Legislação CRIMINAL ESPECIAL *comentada*

Organização:
HIGOR VINICIUS NOGUEIRA JORGE
JOAQUIM LEITÃO JÚNIOR
WILLIAM GARCEZ

Legislação CRIMINAL ESPECIAL *comentada*

2021

EDITORA *Jus*PODIVM
www.editorajuspodivm.com.br

EDITORA
*Jus*PODIVM
www.editorajuspodivm.com.br

Rua Território Rio Branco, 87 – Pituba – CEP: 41830-530 – Salvador – Bahia
Tel: (71) 3045.9051
• Contato: https://www.editorajuspodivm.com.br/sac

Diagramação: Ana Paula Lopes Corrêa (aninha_lopescorrea@hotmail.com)

Capa: Maitê Coelho *(maitescoelho@yahoo.com.br)*

G215l Garcez, William
Legislação Criminal Especial Comentada / Higor Vinicius Nogueira Jorge, Joaquim Leitão Júnior, William Garcez – Salvador: Editora JusPodivm, 2021.
1.360 p.

Inclui Bibliografia.

ISBN 978-65-5680-299-2.

1. Direito Penal. 2. Legislação Criminal. I. Garcez, William. II. Leitão Júnior, Joaquim. III. Jorge, Higor Vinicius Nogueira. IV. Título.

CDD 341.5

PREFÁCIO

Tem-se dito que eles são os primeiros garantidores do complexo sistema jurídico penal. Embora honrosa, a justa denominação é reducionista e traz grande responsabilidade. São mais que isso, muito mais. A função de autoridade policial é a mais difícil de descrever, em face de sua delicada complexidade. São, como policiais, uma das poucas atividades em que o desafio diário principal é "voltar vivo para casa". Lutam, no mais das vezes, uma guerra desigual, em que já entram no campo de batalha em desvantagem de todas as ordens, material, pessoal e, a pior delas, de carência de uma sólida e coesa legislação penal.

É pouco provável que algum entusiasta concurseiro tenha a perfeita compreensão do verdadeiro alcance da carreira da autoridade policial. Em uma rápida leitura de um edital de concurso para delegado de polícia, pode-se ficar com a equivocada impressão de que se trata de "mais uma carreira jurídica".

Ao longo dos anos, a autoridade policial descobre as atividades que nenhum edital seria capaz de descrever. Eventuais erros cometidos em carreiras diversas, acarretam prejuízos incalculáveis aos envolvidos, mas os da autoridade policial podem gerar consequências mais gravosas. Um erro de um delegado em um ambiente de crise, acarreta a morte de um inocente e o decreto da sua própria prisão. Não há margem para erro.

Além do tirocínio policial, a autoridade depende da perfeita compreensão do ordenamento jurídico, pois dela será o primeiro enquadramento penal oficial. A história tem mostrado que uma investigação malconduzida pode acarretar na declaração de inocência de um culpado e, o pior, na de culpa de um inocente.

O Rei Salomão, ao revelar ínfima porção de sua sabedoria no livro de Provérbios, advertiu que "Até mesmo o tolo passará por sábio, se conservar sua boca fechada; e, se dominar a língua, parecerá até que tem grande inteligência" (17:28). Ao que se percebe, o legislador brasileiro não atenta para o ensinamento que se pode extrair do texto bíblico. Temos leis demais, somos prolixos e rasteiros na elaboração de tipos penais. A hiperinflação legislativa, maior indicativo de um Direito Penal que se apresenta como o "primeiro da fila", enfraquece a autoridade do Estado. Não bastasse, a oscilação jurisprudencial fragiliza, ainda mais, o inconsistente sistema jurídico penal.

As leis que, confortavelmente são criadas e interpretadas dentro de pomposos cômodos públicos, são as que, na pessoa do policial, sobem morros, invadem cativeiros e libertam cativos, ouvem os mais sórdidos planos em escutas telefônicas, sofrem a impotência de não conseguir evitar as agressões nos ambientes de violência doméstica, e, muitas vezes, se voltam contra os que a executam.

Havia uma lacuna no mundo jurídico, uma obra pensada, amadurecida e escrita, exclusivamente, por Delegados de Polícia, homens e mulheres que enfrentaram duros concursos públicos, que descobriram o peso da responsabilidade de ostentarem o título de primeiros garantidores da legalidade, e que não se acomodaram dentro de delegacias, mas se encorajaram a dialogar com os demais operadores do direito e com a comunidade acadêmica.

Trata-se, certamente, de uma obra com um olhar diferenciado, daquele(a) que vivencia, lá na ponta, a [in]eficácia de cada lei que será aqui tratada.

Espero que essa "árvore renda bons frutos", que atenda aos propósitos dos leitores, daqueles que buscam as carreiras jurídicas e policiais, dos ocupantes de cargos públicos, dos acadêmicos e de todos os que apreciam uma boa atualização. E quanto aos autores, que a responsabilidade da escrita aprimore as suas atividades investigatórias e que Deus, em sua infinita bondade e misericórdia, guarde-os na honrada missão de servir e proteger.

Porto Alegre, pandemia de 2020.

Davi André Costa Silva

Advogado.

APRESENTAÇÃO

É com muita satisfação e envaidecida que apresento este "Compêndio de Legislação Criminal Especial Comentada", escrito com raros brilho e profundidade por Delegados de Polícia que, não bastasse o exercício diuturno dos aspectos mais visíveis do poder estatal, exercitam ainda a nobre função de Professores.

Na história legislativa do Direito Penal brasileiro viu-se nas últimas décadas um movimento de "descodificação" diante da profusão de leis penais especiais, a cuidar o legislador infraconstitucional apressadamente de novos fatos e valores, mas nem sempre editadas tais normas com coerência interna ou externa, tampouco sistematização com o direito material e processual vigente, a constituírem-se algumas em verdadeiros "microssistemas" – como o Estatuto da Criança e do Adolescente (Lei nº 8.069/90) e aquele do Desarmamento (Lei nº 10.826/2003), além da Lei dos Crimes Hediondos (nº 8.072/90) e da Lei de Drogas (nº 11.343/2006).

Pois aqui nesta obra, esses e outros diplomas legais colacionados se mostram referenciados com normas outras que lhes são pertinentes, com decisões judiciais esclarecedoras e com doutrina escolhida, restando assim "iluminados" pela *expertise* dos autores, operadores do Direito e acadêmicos estudiosos.

E exercendo eles seu mister em diferentes estados da Federação – exemplificadamente, Marcel Gomes Oliveira é Delegado de Polícia de Mato Grosso, Joerberth Nunes e Thiago Albeche, do Rio Grande do Sul, Reyner Mousinho, do Amapá, e Wagner Carrasco, de São Paulo, também por isso é mais variada e enriquecedora a perspectiva de cada um sobre a aplicação prática das normas analisadas.

Se esta obra pretendia ser apenas um "compêndio" ou compilação, quiçá exposição resumida, certo é que diante de sua atualidade e coerência se mostra bem mais que isto, a constituir-se em instigante e renovadora contribuição ao estudo do Direito Penal e Processual Penal, merecendo os autores e organizadores aplauso entusiasmado e atenção daqui para frente.

Ivana David

Juíza Substituta em 2.º Grau – Outubro de 2020.

SOBRE OS AUTORES

ANTÔNIO FLÁVIO ROCHA FREIRE

Delegado de Polícia Federal. Bacharel em Direito (Faculdade Pio X) e em Ciências Econômicas (Universidade Federal de Sergipe); pós-graduado em Direito Processual (Escola da Magistratura de Sergipe); especialista em Inteligência de Segurança Pública (SENASP); aprovado nos concursos: Delegado de Mato de Mato Grosso (2017), Polícia Rodoviária Federal (2003) e Polícia Civil de Sergipe (2001); coautor do livro "Mapeando Editais para Delegado de Polícia" (Juspodivm); Professor de Direito Penal, Proc. Penal e Legislação Penal Especial para carreiras policiais (Cpiuris, Ponto dos Concursos, Portal Concursos e 1Plano) e para pós-graduação em ciências criminais (IEJUR). Contato via Instagram: @prof_flaviofreire.

BRUNO FONTENELE CABRAL

Delegado de Polícia Federal – Classe Especial (2007-2020). Mestre em Administração Pública pela Universidade de Brasília – UnB. Autor de 9 livros e 127 artigos jurídicos publicados. Professor do Curso Ênfase, do Curso Grancursos online e da Academia Nacional de Polícia (ANP/PF).

EVERSON APARECIDO CONTELLI

Doutorando em Direito pela UENP – Universidade Estadual do Norte do Paraná. Mestre em Direito pela UENP. Especialista em Direito Processual. Professor da Academia de Polícia de São Paulo. Delegado de Polícia no Estado de São Paulo. Professor de cursos de Pós-graduação e de Graduação em Direito. Autor do livro *Acesso à Justiça Criminal* e de capítulos de livros e artigos no Brasil e no exterior.

GABRIELA MADRID AQUINO

Delegada de Polícia Federal – Graduada em Direito pela Universidade Federal de Santa Maria (2002). Mestre em Administração Pública Profissional pela Universidade de Brasília.

HIGOR VINICIUS NOGUEIRA JORGE

Delegado de Polícia e professor da Academia de Polícia na Polícia Civil do Estado de São Paulo, titular da cadeira 30 da Academia de Ciências, Artes e Letras dos Delegados de Polícia do Estado de São Paulo e membro do conselho de ética da Associação dos Delegados de Polícia do Estado de São Paulo. Também é membro da Associação Internacional de Informática Forense (ASIIF), da Associação Internacional de Investigação de Crimes de Alta Tecnologia (HTCIA) e da Associação Internacional da Polícia (IPA - Brasil), professor de inteligência cibernética do Ministério da Justiça, professor da pós-graduação Advocacia no Direito Digital e Proteção de Dados na Escola Brasileira de Direito (EBRADI), professor da pós-graduação em Compliance e Direito Anticorrupção e da pós-graduação em Direito Político e Eleitoral do Complexo de Ensino Renato Saraiva (CERS), professor da especialização Direito Digital Aplicado e Compliance Digital do MeuCurso, professor da pós-graduação em penal e processo penal da Escola Superior da Advocacia (ESA-OAB/SP); professor da especialização da Associação dos Diplomados da Escola Superior de Guerra, membro do grupo de estudos de direito digital e compliance da Federação das Indústrias do Estado de São Paulo (Fiesp) e investigador digital forense certificado pela REDLIF. Em 2017, 2019 e 2020 foi escolhido na categoria "Jurídica" entre os melhores Delegados do Brasil pelo Portal Nacional dos Delegados & Revista da Defesa Social. É coautor das obras "Manual de Interceptação Telefônica e Telemática" e "Fake News e Eleições – O Guia Definitivo" e coordenador dos livros "Enfrentamento da Corrupção e Investigação Criminal Tecnológica", "Manual de Educação Digital, Cibercidadania e Prevenção de Crimes

Cibernéticos" e "Tratado de Investigação Criminal Tecnológica", publicados pela editora Juspodivm, além ser autor/coautor de outras obras jurídicas. Possui o site www.higorjorge.com.br.

JAKELLINE COSTA BARROS DOS SANTOS

Delegada de Polícia no Estado de São Paulo. Ex-Assessora Judiciária do Tribunal de Justiça do Estado de Alagoas. Professora de Direito Processual Penal em curso preparatório para concursos públicos. Coaching no Estratégia Concursos. Bacharel em Direito pelo Centro Universitário CESMAC. Curso de Pós-Graduação "lato sensu" em Direito Processual Penal pela Faculdade IBMEC São Paulo e Instituto Damásio de Direito, *em andamento*, com término previsto para 12.02.2021. Curso de Pós-Graduação "lato sensu" em Segurança Pública pelo Centro Universitário UniDomBosco, *em andamento*, com término previsto para 21.12.2020. Rede social: https://www.instagram.com/jakellinebarrosss/.

JOAQUIM LEITÃO JÚNIOR

Delegado de Polícia em Mato Grosso desde 2012, atualmente no cargo de Diretor Adjunto da Academia da Polícia Civil de Mato Grosso. Colunista do site Justiça e Polícia, coautor de obras jurídicas, autor de artigos jurídicos, palestrante e professor de cursos preparatórios para concursos públicos.

Redes sociais

Instagram: https://www.instagram.com/joaquimleitaojr/ (joaquimleitaojr)

Facebook: https://www.facebook.com/joaquimleitaojunior/ (Professor Joaquim Leitão Júnior)

Twitter: https://twitter.com/JoaquimL [Joaquim Leitão Júnior (LEITÃO) @JoaquimL]

Email: juniorleitaoadv@hotmail.com

JOÃO PAULO FIRPO FONTES

Delegado de Polícia Civil no Estado do Mato Grosso. Ex-escrivão de Polícia Federal (2006-2020). Graduado em Direito pela Universidade Católica do Salvador (UCSAL). Pós-graduado em Ciências Criminais pelas Faculdades Jorge Amado em parceria com o Curso Preparatório para Carreira Jurídica Juspodivm. Foi professor de Legislação Penal Especial e coordenador do Curso Ênfase. Foi professor da Academia Nacional de Polícia (ANP/PF).

JOERBERTH PINTO NUNES

Delegado de Polícia Civil do Estado do Rio Grande do Sul, Diretor de Departamento de Polícia do Interior, Mestre em Direito Público, Professor da Escola Superior da Magistratura do Rio Grande do Sul, Professor da Fundação do Ministério Público do Rio Grande do Sul, Professor da Fundação da Defensoria Pública do Estado do Rio Grande do Sul, Professor do Curso Aprovadores, Professor de Pós-graduação.

KLEBER LEANDRO TOLEDO RODRIGUES

Formado em Direito pelo Centro Universitário Eurípedes de Marília-SP e possui Especialização em Direito Administrativo Contemporâneo pelo Instituto de Direito Administrativo de Goiás – IDAG. É Delegado de Polícia Civil no Estado de Goiás, já tendo atuado em diversas delegacias, inclusive especializadas, e na Assessoria da Superintendência de Polícia Judiciária. Foi Gerente de Inteligência Estratégica da Superintendência de Inteligência Integrada da Secretaria de Segurança Pública do Estado de Goiás e atualmente é Coordenador dos Grupos de Investigação de Homicídios e de Repressão a Narcóticos da 4ª Delegacia Regional de Polícia Civil. É professor da Escola Superior da Polícia Civil do Estado de Goiás e mentor para concursos.

Rede social: www.instagram.com/prof.klebertoledo

MARCEL GOMES DE OLIVEIRA

Delegado de Polícia no Estado do Mato Grosso, atualmente lotado na Delegacia Especializada de Homicídio e Proteção à Pessoa – DHPP. Especialista. Professor da Academia de Polícia Judiciária Civil do Estado do Mato Grosso – ACADEPOL/MT. Autor de obras jurídicas.

MARCELO DE LIMA LESSA

Delegado de Polícia do Estado de São Paulo. Professor concursado da Academia de Polícia "Dr. Coriolano Nogueira Cobra" (ACADEPOL). Graduado em Gerenciamento de Crises e Negociação de Reféns pelo *Federal Bureau of Investigation* (FBI) e em Controle e Resolução de Conflitos e Situações de Crise com Reféns pelo Ministério da Justiça. Atuou no Grupo de Operações Especiais (GOE), no Grupo Especial de Reação (GER) e no Grupo Armado de Repressão a Roubos (GARRA) da Polícia Civil do Estado de São Paulo. Autor de livros e artigos. Redes sociais: www.facebook.com/marcelo.l.985 (facebook); @mlimalessa (instagram); @marcelolessa72 (twitter).

OSVALDO EVANGELISTA JÚNIOR

Delegado de Polícia do Estado de São Paulo. Professor concursado da Academia de Polícia "Dr. Coriolano Nogueira Cobra". Professor da Faculdade Eduvale de Avaré/SP. Professor da Universidade Anhanguera – *Campus* Vila Mariana – São Paulo/SP. Membro do Instituto Brasileiro de Ciências Criminais (IBCCRIM). Especialista em Direito e Processo Penal pela Universidade Estadual de Londrina (UEL). Pós-graduado em Direito Penal Econômico Internacional pela Universidade de Coimbra – Portugal/IBCCRIM. Redes sociais: www.instagram.com/osvaldoevangelistajunior.

PATRICIA CHALFUN DE MATOS FONSECA ORRIN

Delegada de Polícia do Estado de São Paulo. Professora Universitária e de cursos jurídicos para concursos públicos. Graduada em Direito pela Universidade Presbiteriana Mackenzie. Especialista em Direito Tributário pela Universidade Presbiteriana Mackenzie. Especialista em Direito Público pelo Centro Universitário Salesiano de São Paulo – Unisal. Coautora de obras jurídicas para concursos públicos. Palestrante.

PAULO REYNER CAMARGO MOUSINHO

Delegado de Polícia Civil no Estado do Amapá; instrutor da Academia Integrada de Formação e Aperfeiçoamento do Amapá (AIFA), contratado mediante processo seletivo; professor convidado da pós-graduação de Direito Penal da Escola Superior de Advocacia do Amapá (ESA/AP); professor de cursos preparatórios para concursos públicos, Presidente do Conselho Editorial da Revista on-line Justiça & Polícia (www.juspol.com.br) e administrador do site; autor do livro *Peças e Prática da Atividade Policial* pela editora Clube de Autores; coautor do livro *Tratado Contemporâneo de Polícia Judiciária* pela editora Umanos, autor de diversos artigos jurídicos sobre temas correlatos. Especialista em Política e Gestão em Segurança Pública pela Escola de Administração Pública do Amapá (EAP) em parceria com a Universidade Estácio de Sá. Redes sociais: www.instagram.com/justicaepolicia; www.instagram.com/pauloreyner/.

RAFAEL FRANCISCO MARCONDES DE MORAES

Delegado de Polícia do Estado de São Paulo. Professor concursado da Academia de Polícia "Dr. Coriolano Nogueira Cobra" de São Paulo (ACADEPOL). Mestre e Doutorando em Direito Processual Penal pela Faculdade de Direito da Universidade de São Paulo (USP). Graduado pela Faculdade de Direito de Sorocaba (FADI). Autor de livros e artigos. Redes sociais: www.facebook.com/rafael.moraes.3745 (facebook); @rafaelfmmoraes (instagram); @rafaelfmarc (twitter).

RAPHAEL ZANON DA SILVA

Graduado em Direito pela Pontifícia Universidade Católica de São Paulo (2009), pós-graduado em Direito Público pela Faculdade de Direito Damásio de Jesus (2011), em Direito Penal pela Escola Paulista de Magistratura-SP (2014) e em Direito Processual Penal pela Escola Paulista de Magistratura-SP (2016). Aprovado no exame 140° da OAB, é ex-Delegado de Polícia do Estado do Espírito Santo e atualmente é Delegado de Polícia Civil do Estado de São Paulo em exercício no Departamento de Inteligência da Polícia Civil. Na área acadêmica atuou como Professor de Direito Penal junto à Anhanguera Educacional, como professor convidado do Curso Complexo Andreucci de Ensino e Federal Concursos. É professor concursado da cadeira de Inquérito Policial na Academia da Polícia Civil do Estado de São Paulo.

RODOLFO LUIZ DECARLI

Delegado de Polícia Civil no Estado de São Paulo. Graduado em Direito pela Pontifícia Universidade Católica de São Paulo, tendo recebido o prêmio "Menção Honrosa". Especialista em Direito Processual pela Pontifícia Universidade Católica de São Paulo, com atuação na área acadêmica. Professor de cursos de graduação e pós-graduação. Professor concursado da Academia de Polícia Civil de São Paulo. Professor do curso "AdVerum". Ex-Professor da Rede de Ensino Luiz Flávio Gomes – LFG e do Curso Preparatório Federal Concursos.

RUBENS SALLES PEREIRA ORRIN

Delegado de Polícia Civil do Estado de São Paulo, Professor da ACADEPOL/SP, Especialista em Processo Penal. Ingressou na Polícia Civil do Estado de São Paulo no ano de 2002, trabalhou no Departamento de Narcóticos do Estado de São Paulo (DENARC), Setor de Operações Especiais, Grupo Especial de Repressão ao Crime Organizado e Divisão de Investigações sobre Entorpecentes e no Grupo Especial de Assessoramento a Locais de Crimes da Divisão de Homicídios do Departamento de Homicídios e Proteção à Pessoa (DHPP). Atualmente encontra-se lotado no Departamento de Polícia Judiciária da Capital (DECAP).

RUCHESTER MARREIROS BARBOSA

Delegado de Polícia Civil de 1ª Classe do Estado do Rio de Janeiro. Foi aluno do doutorado em Direitos Humanos da Universidad Nacional Lomas de Zamora, Argentina, foi aluno do mestrado em Criminologia e Processo Penal da Universidade Cândido Mendes, Centro, Rio de Janeiro. Especialista em Direito Penal e Direito Processual Penal pela Universidade Cândido Mendes-Rio de Janeiro/RJ, Graduado Bacharel em Direito pela Universidade Cândido Mendes-Rio de Janeiro/RJ, Professor de Processo Penal da Escola da Magistratura do Estado do Rio de Janeiro/RJ. Professor de Direiro Penal e Legislação Penal Extravagente do Complexo de Ensino Renato Saraiva: Curso e Faculdade (CERS), Fortaleza/CE. Professor do Verbo Jurídico - Rio Grande do Sul/RS. Professor de Penal do GranCursos On Line - Brasília/DF. Professor de Penal, Processo Penal e Direitos Humanos da Pós-graduação em Segurança Pública da Faculdade CERS. Ex-professor de Pós-graduação em Penal e Processo Penal da UNESA-Rio de Janeiro/RJ, da Escola Nacional de Polícia Judiciária-Projeto EADELTA/Brasília-DF, da Pós-Graduação em Ciências Criminais da FAIPE--Cuiabá/MT, da Pós-Graduação em Ciências Criminais da FACTOPAR/Apucarana-PR, da Pós-Graduação em Ciências Criminais do Portal F3-Rio de Janeiro/RJ. Professor da Pós-graduação em Ciências Criminais do Curso FORUM-Rio de Janeiro/RJ e professor de Direitos Humanos no curso preparatório FORUM. Ex--Professor de Processo Penal da Pós-graduação em Direito, Processo e Advocacia Criminal da Universidade Castelo Branco-Rio de Janeiro/RJ, da Fundação de Apoio ao Ensino e Pesquisa da Polícia Civil-Rio de Janeiro/RJ, ex-Professor de Direito Penal Econômico da Pós-graduação em Direito e Planejamento Tributário da UNESA/RJ, na Pós-graduação de Direito Tributário do Portal F3/RJ e da Pós-graduação em Direito Penal Econômico da Universidade Cândido Mendes/RJ. Ex-Professor de Direito Penal Ambiental da Pós-graduação em Direito Ambiental da UNESA/RJ, ex-Professor de Penal e Processo Penal do Banco de Talentos da Secretaria de Estado de Segurança do Rio de Janeiro, ex-Professor convidado do curso preparatório para concurso SUPREMO - Belo Horizonte/MG. Professor de Direito Penal na Pós-graduação do professor Gabriel Habib. Ex-Professor de Direito Penal Informático da Pós-graduação em Direito Digital da UNESA/RJ. Professor de Teoria da Investigação e Perícia Curso EAD Investigação Forense e Perícia--UNESA/RJ. Professor conteundista de Direito Penal da DELINEA Tecnologia Educacional, Florianópolis/SC, ex-Professor de Penal e Processo Penal do curso on line PROAB, preparatório para exame da Ordem dos Advogados do Brasil e do curso on line preparatório para o ENADE da UNESA/RJ. Membro do grupo de trabalho da sub-relatoria revisora do projeto do novo Código de Processo Penal (CPP). Membro Titular da International Association of Penal Law. Membro da Law Enforcement Against Prohibiton. Coautor de diversas obras jurídicas publicadas por diversas editoras, palestrante, articulista em periódicos e revistas especializadas, colunista da revista eletrônica Consultor Jurídico (www.conjur.com.br) e da revista Canal Ciências Criminais (canalcienciascriminais.com.br). ex-Apresentador do programa Plantão Policial na Rádio Federal, rádioweb administrada pelo Sindicato dos Delegados de Polícia Federal do Estado do Rio de Janeiro. Instagram: @ruchestermarreiros; email: ruchester.marreiros@gmail.com

THIAGO SOLON GONÇALVES ALBECHE

Delegado de Polícia do Rio Grande do Sul. Especialista em Direito Processual Penal. Professor da ACADEPOL do RS. Autor de obras e artigos jurídicos.

WAGNER MARTINS CARRASCO DE OLIVEIRA

Delegado da Polícia Civil do Estado de São Paulo, em exercício na 1ª Delegacia da Divisão de Investigações Gerais (DIG) do Departamento de Investigações Criminais (DEIC). Graduado em Direito. Especialista em Ciências Penais. Mestre em Adolescentes em Conflito com a Lei.

WALTER MARTINS MULLER

Delegado de Polícia de 1ª classe. Professor da Academia da Polícia Civil do Estado de São Paulo. Professor Titular da cadeira de Direito Processual Penal da UniFUNEC de Santa Fé do Sul. Possui Mestrado em Direito Processual Penal e pós-graduação *lato sensu* em Direito Processual. Especialista em Segurança Pública e Sistema de Justiça Criminal. Foi Coordenador do Curso de Direito da UniFUNEC de Santa Fé do Sul. Foi professor da UNICASTELO de Fernandópolis, da UniTOLEDO de Araçatuba e da UNIP de Araçatuba. Orientou diversos projetos de pesquisa na área jurídica.

WILLIAM GARCEZ

Delegado de Polícia (PCRS). Pós-graduado com Especialização em Direito Penal e Direito Processual Penal. Professor de Direito Criminal da Graduação e da Pós-graduação da Fundação Educacional Machado de Assis (FEMA) e de cursos preparatórios para concursos públicos (Ad Verum/CERS, Casa do Concurseiro e CPC Concursos/Aprovadores). Autor e coautor de artigos e obras jurídicas. Palestrante. Instagram: @ prof.williamgarcez.

SUMÁRIO

1

CRIMES HEDIONDOS

Lei 8.072/90

WILLIAM GARCEZ

1. FUNDAMENTO CONSTITUCIONAL

A Constituição Federal (art. 5°, XLIII) preceitua que "a lei considerará crimes inafiançáveis e insuscetíveis de graça ou anistia a prática da tortura, o tráfico ilícito de entorpecentes e drogas afins, o terrorismo e os definidos como **crimes hediondos**, por eles respondendo os mandantes, os executores e os que, podendo evitá-los, se omitirem". Esse dispositivo constitucional se apresenta como um **mandado de criminalização** e sua aplicabilidade, no que se refere aos crimes hediondos, está condicionada à definição legal dessa categoria de infrações penais pelo legislador infraconstitucional, o que se consubstancia na Lei 8.072/90.

2. SISTEMAS DE CLASSIFICAÇÃO DOS CRIMES HEDIONDOS

Existem três sistemas de classificação dos crimes hediondos:

Sistema legal: Nesse sistema, cabe ao legislador enunciar, de forma taxativa e exauriente, os crimes que devem ser considerados hediondos. Não se confere ao magistrado qualquer discricionariedade para verificar a natureza hedionda do delito no caso concreto. Haverá um rol expresso em *numerus clausus*. Dessa forma, se o crime estiver elencado do rol legal será considerado hediondo, ainda que, pelo senso comum, a conduta não se transpareça gravidade. O ponto positivo desse sistema é a segurança na aplicação da lei. O ponto negativo é que o legislador ordinário goza de liberdade para etiquetar como crime hediondo a figura típica que bem entender, ainda que atue tão somente em virtude da pressão exercida pela mídia ou popular.

Sistema judicial: Confere-se ao juiz ampla liberdade para identificar a natureza hedionda de cada conduta, analisando-se caso a caso. O ponto positivo é que o juiz não fica limitado a um rol taxativo fixado pela lei. O ponto negativo é que esse sistema de classificação acaba por trazer certa insegurança jurídica, já que os critérios adotados serão exclusivamente subjetivos.

Sistema misto: a lei não estabelece um rol taxativo, mas apresenta um conceito que fornece traços particularizantes dessas infrações penais. Com essa definição orientadora, descrevendo suas características, cabe ao juiz, então, fazer o a análise do caso concreto e enquadrar, ou não, a conduta como crime hediondo. Não se pode negar que esse sistema também possui uma dose de insegurança jurídica, pois a avaliação de cada juiz é individual, baseada na sua experiência de vida. Ademais, seria praticamente impossível a elaboração de um conceito de crime hediondo que agradasse gregos e troianos, i.e., livre de dúvidas e críticas.

3. SISTEMA ADOTADO PELA LEGISLAÇÃO BRASILEIRA

O sistema adotado pela legislação brasileira para definir os crimes hediondos é o **sistema legal**. Dessa forma, para saber se uma infração penal é, ou não, hedionda, basta verificar o teor do **art. 1° da Lei n° 8.072/90**. A adoção desse sistema, impedindo o juiz de analisar a hediondez em cada caso, pode dar ensejo a certas incoerências, como, por exemplo, um beijo lascivo, que, de acordo com o entendimento do aplicador da lei, pode tipificar crime de estupro (art. 213, CP), rotulado como hediondo por forçado art. 1°, V, da Lei n° 8.072/90. Por essa razão, alguns juristas sugerem o enquadramento do beijo lascivo na contravenção penal de perturbação de tranquilidade (art. 65, LCP) ou no crime de importunação sexual (art. 215-A, CP), conforme o caso.

Cláusula salvatória: Atento a essa dificuldade na conceituação ou definição legal de crime hediondo, Alberto Zacarias Toron[1] sugere a criação de uma "cláusula salvatória", permitindo que o juiz, em cada caso, possa afastar a natureza hedionda da conduta, ainda que conste no rol fixado pelo legislador. Essa cláusula sugerida, que visa reduzir o rigor legal quando desproporcional no caso taxado pelo legislador, não é aceita pela doutrina majoritária, entretanto, se adotada, poderia solucionar questões de hediondez que a doutrina tem como desproporcionais, v.g., "o beijo lascivo configurador de estupro", a "falsificação de cosméticos" ou alguns casos relativos à "posse ilegal de arma de fogo de uso proibido". Saliente-se que os princípios da legalidade e taxatividade imperam quando da *incriminação das condutas*, de modo que não seria admissível a tipificação de crimes por meio de um critério judicial, mas *excepcionar a tipicidade*, em homenagem à razoabilidade, não nos parece afrontar os pilares do direito penal constitucional, muito pelo contrário. Aliás, o fundamento dessa proposta já é aceito em outros casos, como, v.g., na aplicação do princípio da insignificância e da adequação social. Se é dado ao juiz *excluir a criminalidade* das condutas, porque não lhe é dado a *exclusão da qualificação hedionda*? Guilherme de Souza Nucci[2], com entendimento que parece harmonizar-se com o sistema misto, sustenta que deveria ser permitido ao juiz, caso a caso, concretamente, verificar a hediondez, ou não, de crimes abstratamente definidos pelo legislador, promovendo a sua justa adequação de acordo com as circunstâncias do caso concreto.

1. TORON, Zacarias Alberto. Crimes hediondos: o mito da repressão penal. São Paulo: Revista dos Tribunais, 1996, p. 98.
2. NUCCI, Guilherme de Souza. Leis Penais e Processuais Penais Comentadas. Volume I, Rio de Janeiro: Forense, 2017, p. 498.

4. CRIMES HEDIONDOS DO ROL LEGAL TAXATIVO

O rol taxativo está no art. 1° da Lei n° 8.072/90. Veja-se:

Art. 1° São considerados hediondos os seguintes crimes, todos tipificados no Decreto-Lei no 2.848, de 7 de dezembro de 1940 - Código Penal, consumados ou tentados:

I - homicídio (art. 121), quando praticado em atividade típica de grupo de extermínio, ainda que cometido por um só agente, e homicídio qualificado (art. 121, §2º, incisos I, II, III, IV, V, VI, VII e VIII);

I-A – lesão corporal dolosa de natureza gravíssima (art. 129, §2°) e lesão corporal seguida de morte (art. 129, §3°), quando praticadas contra autoridade ou agente descrito nos arts. 142 e 144 da Constituição Federal, integrantes do sistema prisional e da Força Nacional de Segurança Pública, no exercício da função ou em decorrência dela, ou contra seu cônjuge, companheiro ou parente consanguíneo até terceiro grau, em razão dessa condição;

II - roubo:

a) circunstanciado pela restrição de liberdade da vítima (art. 157, §2º, inciso V);

b) circunstanciado pelo emprego de arma de fogo (art. 157, §2º-A, inciso I) ou pelo emprego de arma de fogo de uso proibido ou restrito (art. 157, §2º-B);

c) qualificado pelo resultado lesão corporal grave ou morte (art. 157, §3º);

III - extorsão qualificada pela restrição da liberdade da vítima, ocorrência de lesão corporal ou morte (art. 158, §3º);

IV - extorsão mediante sequestro e na forma qualificada (art. 159, *caput*, e §§1°, 2° e 3°);

V - estupro (art. 213, *caput* e §§ 1° e 2°);

VI - estupro de vulnerável (art. 217-A, *caput* e §§ 1°, 2°, 3° e 4°);

VII - epidemia com resultado morte (art. 267, §1°).

VII-A – (VETADO)

VII-B - falsificação, corrupção, adulteração ou alteração de produto destinado a fins terapêuticos ou medicinais (art. 273, *caput* e §1°, §1°-A e §1°-B, com a redação dada pela Lei no 9.677, de 2 de julho de 1998).

VIII - favorecimento da prostituição ou de outra forma de exploração sexual de criança ou adolescente ou de vulnerável (art. 218-B, *caput*, e §§ 1º e 2º).

IX - furto qualificado pelo emprego de explosivo ou de artefato análogo que cause perigo comum (art. 155, §4º-A).

Parágrafo único. Consideram-se também hediondos, tentados ou consumados:

I - o crime de genocídio, previsto nos arts. 1º, 2º e 3º da Lei nº 2.889, de 1º de outubro de 1956;

II - o crime de posse ou porte ilegal de arma de fogo de uso proibido, previsto no art. 16 da Lei nº 10.826, de 22 de dezembro de 2003;

III - o crime de comércio ilegal de armas de fogo, previsto no art. 17 da Lei nº 10.826, de 22 de dezembro de 2003;

IV - o crime de tráfico internacional de arma de fogo, acessório ou munição, previsto no art. 18 da Lei nº 10.826, de 22 de dezembro de 2003;

V - o crime de organização criminosa, quando direcionado à prática de crime hediondo ou equiparado.

Rol taxativo e exaustivo: Diante do *sistema legal* adotado, apenas os crimes listados neste dispositivo são hediondos. Contando-se as rotulações legais, efetuadas entre parênteses, no *caput*, são 37 (trinta e sete) figuras etiquetadas de hediondas e, no parágrafo único, são 07 (sete) crimes rotulados com a hediondez.

Código Penal: Conforme prevê o art. 1°, *caput*, da Lei 8.072/90, são hediondos os crimes elencados em seus incisos, *todos tipificados no Código Penal*, além das condutas rotuladas no seu parágrafo único, com tipificação em leis penais especiais. Logo, hediondo será *apenas o crime previsto no Código Penal* ou os rotulados no parágrafo único, nunca um crime tipificado em outro diploma. Exemplos clássicos são o homicídio qualificado previsto no Código Penal Militar (art. 205, §2°) e o homicídio praticado contra o Presidente da República (Lei n° 7.170/83, art. 29), considerado crime político.

Crime militar: Deve-se ter muita atenção neste aspecto, pois a Lei 13.491/17 alterou o conceito de crime militar. Antes, apenas se considerava militar o crime que estivesse tipificado no Código Penal Militar. Hoje, conforme observam Cláudia Barros Portocarrero e Wilson Luiz Palermo Ferreira[3], a redação do art. 9°, II, do CPM prevê que se consideram crimes militares *os crimes previstos neste Código e os previstos na legislação penal*, se praticados na forma estabelecida nas alíneas do dispositivo. Dessa forma, será considerado militar um crime praticado por militar em serviço contra civil, ainda que não descrito no Código Penal Militar. Portanto, é possível haver um **crime militar hediondo**, desde que a sua tipificação esteja em algumas das figuras rotuladas no art. 1°da Lei 8.072/90, portanto, fora do Código Penal Militar. Ademais, somente se cogitará a aplicação da Lei 8.072/90 na justiça militar quando o agente *praticar um crime do Código Penal que não tenha correspondente no CPM*, pois, havendo a dupla tipicidade, pela especialidade, o CPM prevalece sobre o CP. Nessa esteira, por exemplo, caso um militar em serviço pratique o crime de favorecimento da prostituição (art. 218-B, *caput*, CP), que não tem correspondente no CPM, estará configurado um crime militar hediondo. Logo, é possível ter-se a aplicação da Lei 8.072/90 na justiça militar.

Crime tentado ou consumado: Para fins de reconhecimento da natureza hedionda dos crimes estabelecidos nos seus incisos, *pouco importa que o delito seja consumado ou tentado.*

***Labelling Approach*:** Tendo em vista o sistema de classificação adotado, há nitidamente, um processo de rotulação ou etiquetamento, produzido na Teoria do *Labelling Approach*, apadrinhada por Erving Goffman e Howard Becker e direcionada ao estudo da criminologia. Daí a ideia de que o legislador ordinário apenas "rotula" ou "etiqueta", as condutas que quer classificar como hediondas.

Tráfico, terrorismo e tortura: São crimes *equiparados* a hediondos, por interpretação do art. 5°, XLIII, da Constituição Federal. Portanto, não é correto dizer que *são* crimes hediondos, conforme veremos adiante.

Prioridade de tramitação: Conforme dispõe o art. 394-A do Código de Processo Penal "os processos que apurem a prática de crime hediondo terão prioridade de tramitação em todas as instâncias". O dispositivo acompanha a lógica de tratamento mais rígido estabelecido na Constituição Federal. Dessa forma, a lei determina um tratamento mais ágil na fase processual da persecução penal para esta espécie de crime. O dispositivo foi acrescentado pela Lei 13.285/16. Tratando-se de regra processual, aplica-se imediatamente e alcança os procedimentos em curso, devendo respeitar apenas os atos processuais já praticados (art. 2°, CPP).

5. HOMICÍDIO SIMPLES

I - homicídio (art. 121), quando praticado em atividade típica de grupo de extermínio, ainda que cometido por um só agente (...)

3. PORTOCARRERO. Cláudia Barros; FERREIRA, Wilson Luiz Palermo. Leis penais extravagantes – Teoria, jurisprudência e questões comentadas, 4ª edição, Salvador: Juspodivm, 2019, p. 346.

Regra: Homicídio simples não é hediondo.

Hediondez condicionada: Homicídio simples somente é hediondo *quando* praticado em atividade típica de grupo de extermínio.

Homicídio simples e "grupo de extermínio": A leitura do artigo transparece que o homicídio praticado em *atividade típica de grupo de extermínio* é uma modalidade de *homicídio simples*, isso se verifica pelo uso da conjunção aditiva "e" para se referir ao *homicídio qualificado*. Entretanto, deve ser registrado que essa hipótese dificilmente se constataria no mundo dos fatos, pois entendemos inviável um crime de homicídio simples praticado em atividade típica de grupo de extermínio em que não estivesse presente uma das qualificadoras do crime, v.g., motivo torpe, recurso que impossibilitou a defesa da vítima ou meio insidioso. E, nesse caso, conforme Renato Brasileiro de Lima[4], por força do princípio da especialidade, deverá prevalecer afigura do homicídio qualificado.

Grupo de extermínio: Infelizmente, o legislador não teve o cuidado de efetuar essa definição de forma clara, o que vem sendo feito pela doutrina e pela jurisprudência. De acordo com o dicionário, palavra *grupo* significa um conjunto e pessoas. Logo, quando a lei refere-se a grupo, se conclui estar tipificando um crime plurissubjetivo, i.e., crime de concurso necessário de agentes.

Execução do crime por um só agente: É possível. A redação legal estabelece que o delito seja hediondo ainda que "cometido por um só agente". No entanto, deve haver prova de que o executor integra um grupo de extermínio.

Definição jurídica de *grupo*: Segundo Renato Brasileiro de Lima[5], são necessárias pelo menos 03 (três) pessoas para que se possa atestar a presença de um "grupo" de extermínio, ainda que a execução direta da conduta de matar seja delegada a apenas um de seus membros. Trata-se de uma interpretação analógica com o crime de associação criminosa (art. 288, CP).

Definição jurídica de *extermínio*: De acordo com o dicionário, a palavra extermínio significa aniquilamento, destruição. Logo, extermínio tem como característica a *impessoalidade*, de modo que o agente pratica o crime sem saber contra quem está agindo. Não há identificação pessoal da vítima, a qual é morta em virtude de alguma característica que possua. Essa característica pode ter natureza política, religiosa, étnica, etc. ou, ainda, se relacionar à identificação de determinado segmento social, v.g., mendigos, prostitutas, homossexuais, etc.

Número mínimo de vítimas: Não há previsão legal. É possível que se tenha um crime praticado em atividade típica de grupo de extermínio ainda que a execução do ato atinja apenas uma pessoa. O número de vítimas *não influencia* no reconhecimento da "atividade típica de grupo de extermínio". Logo, é irrelevante que a ação criminosa tenha unidade ou pluralidade de vítimas.

6. HOMICÍDIO QUALIFICADO

I – (...) homicídio qualificado (art. 121, §2°, incisos I, II, III, IV, V, VI, VII e VIII);

Regra: Homicídio qualificado é hediondo.

Homicídio qualificado-privilegiado: Essa figura criminosa também é conhecida como *homicídio híbrido*. Prevalece o entendimento pela possibilidade de configuração do homicídio qualificado-privilegiado, desde que a qualificadora tenha natureza objetiva, pois as privilegiadoras (art. 121, §1°, CP) necessariamente possuem natureza subjetiva (STJ, HC 199.602).

Hediondez: O homicídio qualificado-privilegiado não é considerado hediondo (STJ, HC 43.043). Em primeiro lugar, porque não há tipicidade para tal, pois a Lei n° 8.071/90 estabelece como hediondos o homicídio simples praticado em atividade típica de grupo de extermínio e o homicídio qualificado, não fazendo qualquer referência ao homicídio privilegiado. Em segundo lugar, seria incoerente entender como hediondo um crime motiva, por exemplo, por valor moral ou social. E, em terceiro lugar, porque as privilegiadoras (art. 121, §1°) têm natureza subjetiva e as qualificadoras do homicídio híbrido devem ser objetivas, sendo que, em analogia ao art. 67 do CP, aquelas possuem caráter preponderante.

Feminicídio: É figura qualificadora do crime de homicídio (art. 121, §2°, VI, do CP). Assentou-se na jurisprudência o entendimento de que se trata de

4. LIMA, Renato Brasileiro de. Legislação Criminal Especial Comentada. Salvador: Juspodivm, 2015, p. 34.
5. LIMA, Renato Brasileiro de. Legislação Criminal Especial Comentada. Salvador: Juspodivm, 2015, p. 36.

uma *qualificadora de natureza objetiva*, sendo possível, portanto, sua cumulação com outra qualificadora de natureza subjetiva ou com as privilegiadoras (STJ, HC 430.222 e REsp 1.707.113). Logo, é possível configurar-se um homicídio híbrido em situação envolvendo feminicídio. Rogério Sanches Cunha e Ronaldo Batista Pinto[6] lecionam que a competência para o *sumário de culpa* no feminicídio dependerá das leis de organização judiciária, podendo ser do juiz da vara do júri, do juiz criminal ou do juiz do juizado da violência doméstica e familiar contra a mulher.

Tribunal do Júri: A quesitação das privilegiadoras ou outras causas de diminuição da pena *deve anteceder* à quesitação das qualificadoras ou outras causas de aumento de pena (art. 483, §3°, I e II do CPP). Dessa forma, reconhecida a existência do homicídio privilegiado, resta *prejudicada* a quesitação pertinente às qualificadoras de natureza subjetiva.

7. LESÃO CORPORAL GRAVÍSSIMA E SEGUIDA DE MORTE

I-A – lesão corporal dolosa de natureza gravíssima (art. 129, §2°) e lesão corporal seguida de morte (art. 129, §3°), quando praticadas contra autoridade ou agente descrito nos arts. 142 e 144 da Constituição Federal, integrantes do sistema prisional e da Força Nacional de Segurança Pública, no exercício da função ou em decorrência dela, ou contra seu cônjuge, companheiro ou parente consanguíneo até terceiro grau, em razão dessa condição;

Regra: Os crimes de lesão corporal dolosa de natureza gravíssima e lesão corporal dolosa seguida de morte não são hediondos.

Hediondez condicionada: A lesão corporal de natureza gravíssima e seguida de morte somente serão hediondas *quando* praticadas contra membros das instituições descritas nos artigos 142 e 144 da Constituição Federal, integrantes do sistema prisional e da Força Nacional de Segurança Pública, no exercício da função ou em decorrência dela, ou contra seu cônjuge, companheiro ou parente consanguíneo até terceiro grau, em razão dessa condição.

Homicídio: O crime de homicídio eventualmente praticado contra as autoridades e agentes descritos no dispositivo será considerado hediondo, pois se trata de *homicídio qualificado* (art. 121, §2°, VII, do CP).

Autoridade ou agente do art. 142 do CF: São os membros das Forças Armadas (Exército, Marina e Aeronáutica).

Código Penal Militar: Um crime praticado contra os integrantes do art. 142 da CF, nas condições descritas, é um *crime militar*, não havendo, assim, incidência da Lei dos Crimes Hediondos. O dispositivo não possui uma viabilidade jurídica de aplicação. Nesse sentido, Guilherme de Souza Nucci[7], entende que não havia necessidade dessa previsão.

Autoridade ou agente do art. 144 do CF: São os membros da Segurança Pública (Polícia Federal, Polícia Rodoviária Federal, Polícia Ferroviária Federal, Polícia Civil, Polícia Militar, Corpo de Bombeiros e Polícia Penal).

Guardas municipais: Estão abrangidas pelo dispositivo, uma vez que se inserem no art. 144, §8°, da CF. Logo, são agentes da segurança pública *lato sensu* e, não se referindo o dispositivo em análise especificamente ao *caput* do art. 144 da CF, não cabe ao interprete restringir aonde a lei não restringiu.

Agentes da segurança viária: Estão inseridos no art. 144, §10°, da CF. Portanto, se aplica o mesmo entendimento acima descrito.

Integrantes do sistema prisional: Há que se ter atenção que, após a Emenda Constitucional 104/19, os agentes penitenciários (envolvidos diretamente na atividade de carceragem) estão inseridos no art. 144, VI, da CF, sendo, portanto, membros da segurança pública. Logo, em vista da nova "alocação" estão abrangidos naquela parte do dispositivo. Entretanto, esta parte da proteção legal não perde a aplicabilidade, pois, nos juntando a doutrina de Rogério Sanches Cunha e Ronaldo Batista Pinto[8], entendemos que, em homenagem ao princípio da proporcionalidade, em seu viés de proibição de proteção deficiente, a

6. CUNHA, Rogério Sanches; PINTO, Ronaldo Batista; SOUZA, Renee do Ó. Leis Penais Especiais: comentada artigo por artigo. Salvador: Juspodivm, 2019, p. 1778-1779.

7. NUCCI, Guilherme de Souza. Leis Penais e Processuais Penais Comentadas. Volume I, Rio de Janeiro: Forense, 2017, p. 500.

8. CUNHA, Rogério Sanches; PINTO, Ronaldo Batista; SOUZA, Renee do Ó. Leis Penais Especiais: comentada artigo por artigo. Salvador: Juspodivm, 2019, p. 785.

expressão abrange o sistema prisional como um todo, alcançando qualquer agente que atue na execução penal, v.g., membros da comissão de exame criminológico ou do conselho penitenciário.

No exercício da função ou em decorrência dela: O crime deve ser motivado pela função exercida pela vítima, sendo essa a vontade da lei ao conferir a especial proteção legal. Assim, por exemplo, um crime praticado contra um delegado de polícia, em um contexto de acidente de trânsito, não relacionado à sua função, não será considerado crime hediondo. O mesmo se diga de um crime passional.

Servidor aposentado: Pode aplicar-se o dispositivo, pois, ainda que não se possa cogitar a possibilidade de ser agredido "no exercício da função", pode ser vítima do crime "em razão dela", i.e., em decorrência da função que exercia.

Parentesco por afinidade: Não está abrangido pela proteção legal. O dispositivo alude apenas aos *parentes consanguíneos*, silenciando quando ao parentesco por afinidade (casamento ou união: sogro, genro, nora, cunhado).

Parentesco civil: Neste ponto, ainda que o dispositivo faça menção apenas ao parentesco consanguíneo, uma leitura conglobante do ordenamento, com ênfase na Constituição Federal, impede que se exclua o parentesco civil da especial proteção da lei. Logo, logicamente o *filho adotivo*, por exemplo, goza da especial proteção da mesma forma que o filho natural.

Parentesco até terceiro grau: A expressão abrange *ascendentes* (pais, avós e bisavós), *descendentes* (filhos, netos e bisnetos) e *colaterais* (irmãos, tios e sobrinhos).

Lembrete: Na linha colateral não há parente em primeiro grau.

Primo: De acordo com a lei (art. 1592 e 1594, CC), primo é parente colateral de quarto grau, não estando abrangido pela proteção legal.

Lesão corporal simples: Nunca terá natureza hedionda, ainda que praticada contra autoridades e agentes descritos no dispositivo, pois a abrangência da hediondez alcança *apenas* a lesão gravíssima e a seguida de morte.

8. ROUBO

II - roubo:

a) circunstanciado pela restrição de liberdade da vítima (art. 157, §2º, inciso V);

b) circunstanciado pelo emprego de arma de fogo (art. 157, §2º-A, inciso I) ou pelo emprego de arma de fogo de uso proibido ou restrito (art. 157, §2º-B);

c) qualificado pelo resultado lesão corporal grave ou morte (art. 157, §3º);

Regra: O crime de roubo não é hediondo.

Hediondez condicionada: Apenas será hediondo quando se tratar das *figuras circunstanciadas* previstas no art. 157, §2º, inc. V, §2º-A, inc. I e §2º-B ou das *figuras qualificadas* previstas no art. 157, §3º.

Alterações do pacote anticrime: O inc. II foi bastante alterado com a Lei 19.964/19. Antes, o dispositivo apenas rotulava o crime de latrocínio (art. 157, §3º, CP). Agora, a hediondez alcança as duas modalidades qualificadoras, i.e., *resultado lesão corporal grave ou morte*, e duas outras causas majorantes da pena, referidas pelo legislador como roubo circunstanciado, i.e., *restrição da liberdade da vítima e emprego de arma de fogo de uso permitido, proibido e restrito.*

Lex gravior: No que se refere ao novo alcance da hediondez às figuras do roubo circunstanciado pela restrição de liberdade da vítima (art. 157, §2º, inc. V), circunstanciado pelo emprego de arma de fogo (art. 157, §2º-A, inc. I), circunstanciado pelo emprego de arma de fogo de uso proibido ou restrito (art. 157, §2º-B) e qualificado pelo resultado lesão corporal grave (art. 157, §3º), trata-se de *novatio legis in pejus*, não possuindo, portanto, força retroativa.

Restrição da liberdade da vítima: essa majorante (art. 157, §2º, V) incide nos casos em que o agente detém a vítima em seu poder além do necessário para a consumação do crime, i.e., quando a restrição da liberdade extrapola aquela inerente ao roubo.

As majorantes do art. 157, §2º: Além da majorante do inciso V, o §2º, apresenta várias outras causas de especial aumento da pena, nos incisos II, III, IV, VI e VII (se há o concurso de duas ou mais pessoas; se a vítima está em serviço de transporte de valores e o agente conhece tal circunstância; se a subtração for de veículo automotor que venha a ser transportado para outro Estado ou para o exterior; se a subtração for de substâncias explosivas ou de acessórios que, conjunta ou isoladamente, possibilitem sua fabricação, montagem ou emprego; se a violência ou grave ameaça é exercida com emprego de arma branca). *Essas modalidades não são consideradas hediondas.*

Emprego de arma de fogo: A jurisprudência do Superior Tribunal de Justiça já sedimentou o entendimento de que *não é necessária a apreensão* da arma de fogo para a incidência da majorante (REsp 1.687.528).

Armas de uso permitido, proibido e restrito: a hediondez alcança todas as espécies de armas de fogo. Logo, será considerado hediondo todo o roubo em que agente utilizar arma de fogo.

Armas brancas: *Não foram abrangidas pela hediondez.* Trata-se igualmente de roubo circunstanciado, entretanto, a tipicidade está no art. 157, §2°, VII, não alcançada pelo dispositivo em comento.

O art. 157, §2°-A, II: Promove a tipificação do roubo circunstanciado pela destruição ou rompimento de obstáculo mediante o emprego de *explosivo ou artefato análogo que cause perigo comum. Não é considerado crime hediondo.* Trata-se de erro grave do legislador, *ferindo o princípio da proporcionalidade*, ao passo que rotulou como hediondo o crime de furto qualificado pelo emprego de *explosivo ou de artefato análogo que cause perigo comum* (art. 155, §4°-A), o qual, evidentemente, é crime mais leve.

Resultado lesão corporal grave ou morte: são os dois resultados que tornam o roubo qualificado (art. 157, §3°). **Atenção!** Somente se configuram as formas qualificadas quando, da *violência* empregada durante a prática do crime de roubo, ocorrer o resultado agravador. Logo, caso a lesão grave ou morte advenham da grave ameaça empregada no roubo, não há incidência da qualificadora. Em outras palavras, apenas se admite como *resultado qualificador* aquele proveniente da violência física, (*vis corporalis*) empregada no roubo, não se admitindo o resultado qualificador decorrente de *grave ameaça* (*vis compulsiva*). Ainda, há que se ter atenção ao fator temporal, i.e., o resultado qualificador deve ocorrer *durante* a subtração patrimonial, i.e., durante a prática de roubo.

Dolo ou culpa: Atente-se que o resultado qualificador do roubo, lesão corporal grave ou morte, tanto pode advir de dolo quanto de culpa. Trata-se de crime qualificado pelo resultado, onde há dolo da conduta antecedente (crime de roubo) e dolo ou culpa no resultado agravador (lesão grave). Não se trata de crime preterdoloso, onde o resultado mais grave somente pode decorrer de culpa. Dessa forma, *mesmo que o resultado agravador* (lesão corporal grave ou morte) advenha de *culpa*, o roubo será considerado hediondo.

Crítica doutrinária: Parte da doutrina critica o fato de um resultado qualificador a título de culpa ter a mesma punição e tratamento hediondo de um resultado qualificador a título de dolo.

Lesão corporal grave: A lesão corporal grave está tipificada no art. 129, §1° (incapacidade para as ocupações habituais, por mais de trinta dias; perigo de vida; debilidade permanente de membro, sentido ou função; aceleração de parto) e §2° (incapacidade permanente para o trabalho; enfermidade incurável; perda ou inutilização do membro, sentido ou função; deformidade permanente; aborto) do CP. O legislador se utiliza da *mesma nomenclatura* (lesão corporal de natureza grave) para *tipificar duas formas de lesões*: graves (§1°) e gravíssimas (§2°), sendo que, ocorrendo qualquer dos resultados previstos na lei, dolosa ou culposamente, o crime de roubo será qualificado e, consequentemente, considerado hediondo.

Resultado morte: Trata-se do crime de *latrocínio*, definido como o roubo em que da *violência* resultar morte (art. 157, §3°, II). Já era considerado crime hediondo antes do pacote anticrime.

Fator temporal e fator nexo: Diante do que esboçado acima, sobre o resultado qualificador, deve ser anotado que para haver latrocínio a violência tem que ser empregada *durante* (fator tempo) e *em razão do roubo* (fator nexo). Nessa esteira, não haverá crime de latrocínio quando, após a consumação do roubo, o agente mata o gerente do banco que o reconheceu na delegacia de polícia, pois não está presente o *fator tempo*. Igualmente, não será latrocínio quando, durante o roubo, o agente mata um desafeto que aparece no local, pois não está presente o *fator nexo*. Nesses casos, o agente será responsabilizado por crimes autônomos de homicídio.

Consumação e tentativa: O que vai definir se o latrocínio é tentado ou consumado é a morte. Assim, se a morte é consumada o latrocínio é consumado. Se a morte é tentada, o latrocínio é tentado. Pouco importa se a subtração foi ou não concretizada. Esse é o entendimento apresentado pelo Supremo Tribunal Federal ao redigir a súmula 610, onde se lê que "há crime de latrocínio, quando o homicídio se consuma, ainda que não se realize o agente a subtração de bens da vítima".

Morte de terceira pessoa: Configura o latrocínio. A lei apenas exige que a *morte decorra da violência*, não exigindo que seja da própria vítima da lesão patrimonial.

Concurso de agentes: Segundo o Superior Tribunal de Justiça, no caso de concurso de agentes no crime de roubo, *todos deverão responder* pelo resultado morte sempre que houver previsibilidade do resultado, que ocorre quando há *ciência da utilização de arma no crime*, exceto se, pelas circunstâncias, houver a total ruptura do nexo causal (STF, HC 109.151). Se há consciência de que o crime de roubo seria executado com o emprego de arma, era no mínimo previsível a possibilidade de superveniência de um resultado mais grave. Assim, nos termos da jurisprudência do Superior Tribunal de Justiça, diante da regra estabelecida no art. 29, §2°, do Código Penal, responde por latrocínio o *coautor* que participa de um roubo armado, ainda que o disparo fatal tenha sido efetuado por outro agente, bem como o *partícipe* responsável por levar os criminosos ao local do delito, aguardando-os para auxiliar na fuga (RHC 133.575).

Assaltante que mata comparsa: Quando o resultado morte atinge *outro sujeito ativo*, ainda que no contexto do crime de roubo, não haverá latrocínio, mas concurso entre os crimes de roubo e homicídio, *salvo* se a morte do comparsa decorrer de *aberratio ictus* enquanto agia contra a vítima ou terceiro. Portanto, se um assaltante resolve matar outro, durante o roubo, porque este não está seguindo o plano combinado, não haverá latrocínio. Ainda que a morte ocorra *durante a prática da subtração patrimonial*, desconsidera-se o fator temporal quando a morte atinge outro sujeito ativo do roubo. Resultado diverso ocorrer quando um coautor mata outro em *aberratio ictus* (erro na execução ou por acidente - art. 73, CP), neste caso haverá latrocínio. Seria o caso, por exemplo, em que um dos meliantes, ao disparar contra a polícia, por erro na execução, atingir seu parceiro, causando a sua morte.

Morte de coautor do roubo por agente policial: Quando a polícia, acionada em decorrência do roubo, durante a troca de disparos com os meliantes, causar a morte de um coautor, o *sobrevivente não responderá por latrocínio*. No caso, aplica-se a regra acima referida: ainda que a morte tenha ocorrido durante a prática do roubo, desconsidera-se o fator temporal quando a morte atingiu um sujeito ativo.

Morte de coautor por reação da vítima: aplica-se a mesma regra acima e o sobrevivente não responderá por latrocínio. Quando a morte de um dos meliantes decorre da *legítima defesa da vítima* os coautores respondem pelo crime de roubo.

9. EXTORSÃO QUALIFICADA PELA MORTE

> **III - extorsão qualificada pela restrição da liberdade da vítima, ocorrência de lesão corporal ou morte (art. 158, §3º);**

Alterações do pacote anticrime: O inc. III foi alterado com a Lei 19.964/19. Antes, o dispositivo apenas rotulava o crime de extorsão qualificada pela morte (art. 158, §2°). Agora, o legislador *alterou a redação* do dispositivo, inserindo a figura da *extorsão qualificada pela restrição da liberdade da vítima, ocorrência de lesão corporal ou morte*, *suprimindo o §2° da rotulação* entre parênteses.

Sequestro relâmpago: Trata-se do crime previsto no art. 158, §3°, CP: *extorsão qualificada pela restrição da liberdade da vítima*. Antes do pacote anticrime, havia debate doutrinário acerca da natureza hedionda, ou não, desta figura típica quando houvesse o resultado morte, pois, o legislador não etiquetou o §3º como hediondo quando o inclui no art. 158, com a Lei 11.923/09. Uma parte minoritária da doutrina sustentou a hediondez do crime, sugerindo uma interpretação ampliativa do dispositivo, que previa a hediondez do art. 158, §2°. Muito embora esse argumento apresentasse certa coerência e fosse construído para tentar corrigir uma infeliz lacuna na lei, implicaria nítida violação ao princípio da legalidade. Por conta dessa verificação, prevaleceu o entendimento de que o crime de sequestro relâmpago com resultado morte não poderia ser considerado hediondo, diante do esquecimento do legislador em rotulá-lo de expressamente na Lei 8.072/90. **Atenção!** Agora, com as alterações do pacote anticrime, não restam dúvidas de que o sequestro relâmpago é hediondo.

Regra: O sequestro relâmpago será *sempre* crime hediondo. Assim, a extorsão qualificada pela restrição da liberdade da vítima será hedionda ainda que não ocorra resultado agravador de lesão corporal grave ou morte.

Extorsão qualificada pela morte (art. 158, §2°): Essa figura típica deixou de ser crime hediondo. Antes das alterações do pacote anticrime, da mesma forma que ocorria com o crime de roubo (art. 157), a extorsão (art. 158) somente era hedionda se qualificada pela morte. Agora, com a supressão do §2° da rotulação trazida entre parênteses, a triste conclusão é de que o crime de extorsão qualificada pela morte foi excluído do rol taxativo. Logo, *não é mais considerado hediondo*. Ainda que as consequências sejam decepcionantes e lamentáveis, não se pode descuidar que no Direito Penal, como consectário da legalidade, a lei deve ser certa, clara e estrita. Dessa forma, qualquer inconsistência ou incoerência no sistema, que decorra da vontade ou desídia do legislador, deve ser objeto de *lege ferenda*, mas não se podem admitir interpretações extensivas, que vão além do estabelecido pela lei penal. Não cabe ao intérprete da lei penal violar o princípio da legalidade para corrigir os erros do legislador. Admitir essa hipótese seria extremamente nocivo ao sistema das garantias constitucionais e ao Estado Democrático de Direito.

Lex gravior: No que se refere ao novo alcance da hediondez à figura do sequestro relâmpago, i.e., extorsão qualificada pela restrição da liberdade da vítima (art. 158, §3°), trata-se de evidente *novatio legis in pejus*, não possuindo, portanto, força retroativa.

Lex mitior: No que se refere ao afastamento da hediondez da figura da extorsão qualificada pela morte (art. 158, §2°), trata-se de evidente *novatio legis in mellius*, possuindo, portanto, força retroativa para alcançar casos passados.

10. EXTORSÃO MEDIANTE SEQUESTRO

> **IV - extorsão mediante sequestro e na forma qualificada (art. 159, *caput*, e §§1°, 2° e 3°);**

Regra: A extorsão mediante sequestro será hedionda em todas as modalidades. O dispositivo é categórico ao afirmar que será considerado hediondo o delito de extorsão mediante sequestro (*caput*) e na forma qualificada (§§1°, 2° e 3°).

Diferença entre os crimes do art. 158, §3°, CP e 159, CP: Não se podem confundir os crimes de *extorsão qualificada pela restrição da liberdade da vítima* (artigo 158, §3°, CP) e *extorsão mediante sequestro* (art. 159, CP). Na extorsão qualificada pela restrição da liberdade da vítima há apenas *uma vítima* que será objeto da extorsão propriamente dita (constrangimento por violência ou grave ameaça) e também da restrição da liberdade. É o chamado "sequestro relâmpago". Seria o caso do agente que restringe a liberdade da vítima para levá-la até a agência bancária efetuar saque de dinheiro. Na extorsão mediante sequestro há *duas vítimas*, uma que é objeto da extorsão propriamente dita e outra que é objeto da restrição da liberdade. Seria o caso do agente que sequestra o filho para exigir dinheiro do pai, a título de resgate. Lembre-se que, atualmente os dois crimes são considerados hediondos.

11. ESTUPRO

> **V - estupro (art. 213, *caput* e §§ 1° e 2°);**

Regra: O estupro é hediondo em quaisquer das suas modalidades, simples ou qualificado (§1° e 2°).

Tipificação penal e proporcionalidade: O art. 213 do Código Penal tipifica a conduta daquele que "constranger alguém, mediante violência ou grave ameaça, a ter conjunção carnal ou a praticar ou permitir que com ele se pratique outro ato libidinoso". *Conjunção carnal* significa a introdução completa ou incompleta do pênis na cavidade vaginal. *Outro ato libidinoso* é uma extremamente expressão ampla, que abrange, v.g., o coito anal, o sexo oral, o toque nas nádegas ou nos seios, e até o beijo lascivo. Diante dessa constatação, considerando que a pena cominada ao crime de estupro é de reclusão, de 06 (seis) a 10 (dez) anos, há prevalece na doutrina de que atos de pouca importância não devem ser tipificados como estupro, ou tentativa de estupro, sob pena de violação do princípio da proporcionalidade. Nesse aspecto, é importante registrar que a Lei 14.132/21 revogou expressamente a contravenção penal de perturbação da tranquilidade (art. 65, LCP), cujo dispositivo era utilizado, em alguns casos, para se contornar o excesso punitivo, mantendo-se a proporcionalidade entre a conduta praticada e a punição a ser aplicada ao agente. Atualmente, com a revogação da contravenção referida, entendemos que, diante da necessidade de manutenção da observância da proporcionalidade da punição, tais atos de menor gravidade, conforme o caso, podem receber subsunção no crime de importunação sexual (art. 215-A, CP).

Considerações históricas: A Lei 12.015/09 acabou com a figura do *atentado violento ao pudor*, fundindo em um único dispositivo, as figuras típicas sob o nome jurídico de estupro. Hoje, tanto a conjunção carnal quanto qualquer outro ato libidinoso, se exercidos com violência ou grave ameaça, será considerado crime de estupro. Registre-se, também, que as antigas hipóteses de *presunção de violência* (art. 224, CP), hoje são consideradas *elemento objetivo do tipo penal de estupro* *de vulnerável*, conforme estudaremos a seguir. Por fim, anote-se que antes da edição da Lei 12.015/09, os incisos V e VI da Lei 8072/90 tinham redação diversa. O inciso V previa "estupro (art. 213 e sua combinação com o art. 223, *caput* e parágrafo único)" e o inciso VI previa "atentado violento ao pudor (art. 214 e sua combinação com o art. 223, *caput* e parágrafo único)". Isso acabou por criar controvérsia sobre qual modalidade dos crimes era hediondo, se seria apenas a modalidade qualificada ou também a modalidade simples. Naquela época o Supremo Tribunal Federal (HC 81.288 e HC 101.694) e o Superior Tribunal de Justiça (REsp 1.110.520) firmaram entendimento de que ambas as formas deveriam ser consideradas hediondas.

12. ESTUPRO DE VULNERÁVEL

VI - estupro de vulnerável (art. 217-A, *caput* e §§ 1°, 2°, 3° e 4°);

Regra: O estupro de vulnerável é hediondo em quaisquer das suas modalidades, simples ou qualificado (§§1°, 2°, 3° e 4°).

Tipificação penal: O art. 217-A do CP prevê a conduta típica de "ter conjunção carnal ou praticar outro ato libidinoso com menor de 14 (catorze) anos" e seu §1° é claro no sentido de que "incorre na mesma pena quem pratica as ações descritas no *caput* com alguém que, por enfermidade ou deficiência mental, não tem o necessário discernimento para a prática do ato, ou que, por qualquer outra causa, não pode oferecer resistência". Dessa forma, o crime se configura quando a ação do agente é voltada contra menor de 14 anos, pessoa sem discernimento para o ato ou pessoa impossibilitada de oferecer resistência, expressões utilizadas como elemento objetivo do tipo.

Evolução da moral sexual: Diante da evolução da moral sexual, ainda que tenha havido a revogação expressa pela Lei 12.015/09 da previsão da "presunção de violência", constante do antigo art. 224 do CP, há doutrina minoritária sustentando que se deve examinar em cada caso as condições pessoais da vítima, o seu grau de conhecimento e condição de discernimento da conduta incriminada. Entretanto, o crime estudado se trata de uma figura autônoma que apresenta um *critério objetivo de tipicidade*, qual seja, a idade da vítima. Portanto, a expressão "menor de 14 (catorze) anos" é elemento objetivo do tipo penal. Se o agente tiver conhecimento de que a vítima era menor de 14 anos de idade à época do fato, está caracterizado o crime de estupro de vulnerável, pouco importando quaisquer condições apresentadas pela vítima. O Superior Tribunal de Justiça já sedimentou esse entendimento na súmula 593, onde lê que "o crime de estupro de vulnerável configura-se com a conjunção carnal ou prática de ato libidinoso com menor de 14 anos, sendo irrelevante o eventual consentimento da vítima para a prática do ato, experiência sexual anterior ou existência de relacionamento amoroso com o agente". O Supremo Tribunal Federal corrobora essa tese (HC 101.456 e HC 124.830).

Erro de tipo: Se o agente não tiver conhecimento de que vítima era menor de 14 anos de idade na data do fato, sendo a idade da vítima elementar do crime, poderá estar caracterizado o erro de tipo.

Teoria de Romeu e Julieta: Trata-se de teoria importada do direito norte-americano, com a finalidade de alcançar relacionamentos sexuais entre jovens cuja diferença de idade seja pequena. Nos termos desta teoria estadunidense, o ato sexual consentido não seria tipificado como crime, pois ambos estariam no mesmo momento da descoberta da sexualidade. Essa teoria tem sido usada nos tribunais brasileiros, quando a relação sexual ocorre entre dois adolescentes ou entre jovem e adolescente. Nesse sentido, encontramos decisões no TJMS, TJSP e TJSC. Nesses tribunais superiores podemos observar que, havendo consentimento para a pratica do ato sexual por parte da suposta vítima e uma diferença de até 05 (cinco) anos de idade para o seu parceiro, não seria razoável tipificar o ato sexual como estupro. Atente-se que os tribunais não admitem a presente teoria quando há envolvimento de criança (até doze anos incompletos). Sendo assim, o campo de aplicação estaria restrito à hipótese de um casal de namorados de 13 e 18 anos de idade.

13. EPIDEMIA COM RESULTADO MORTE

VII - epidemia com resultado morte (art. 267, §1°).

Regra: O crime de epidemia não é hediondo.

Hediondez condicionada: Apenas será hediondo quando houver o resultado morte. Portanto, o tipo penal de epidemia na modalidade simples (art. 267, *caput*) não é considerado hediondo. Esse raciocínio também se aplica à modalidade culposa prevista no art. 267, § 2°.

Tipificação penal: O 267 do CP prevê a conduta típica de "causar epidemia, mediante a propagação de germes patogênicos" e seu § 1°, alude que "se do fato resulta morte, a pena é aplicada em dobro".

Conceituação: *Epidemia* ocorre quando a contaminação por uma doença ocorre em mais de uma localidade, i.e., quando há um surto de determinada doença infecciosa em diversas regiões. Portanto, difere-se do *surto*, que se verifica com o aumento inopinado do número de casos de uma doença em local específico. Difere-se também da *pandemia*, que se verifica quando a infecção por uma doença é detectada em mais de um continente, podendo adquirir escala global, como no caso da gripe A (gripe suína) ou do coronavírus (COVID-19). Veja-se que, em uma escala de gravidade, a pandemia é o pior dos cenários. Por fim, há também que se estabelecer distinção com a *endemia*, que se verifica quando doença infecciosa ocorre com frequência em uma localidade. Não está relacionada a uma questão quantitativa, trata-se unicamente de uma doença que é típica de determinado local. As doenças endêmicas podem ser sazonais, como, por exemplo, a febre amarela na região norte do país.

Crime preterdoloso: O delito de epidemia qualificado pelo resultado morte é um crime preterdoloso, i.e., o resultado morte somente pode ser atribuído a título de culpa, jamais a título de dolo. É que, havendo dolo no resultado morte o agente responderá por homicídio ou genocídio, conforme o caso.

14. FALSIFICAÇÃO, CORRUPÇÃO, ADULTERAÇÃO OU ALTERAÇÃO DE PRODUTO DESTINADO AFINS TERAPÊUTICOS OU MEDICINAIS

VII-B - falsificação, corrupção, adulteração ou alteração de produto destinado a fins terapêuticos ou medicinais (art. 273, *caput* e § 1°, § 1°-A e § 1°-B).

Resumo da tipificação legal: O art. 273, *caput*, pune o "falsificador" com pena de 10 a 15 anos. O § 1º, ao seu turno, não pune o falsificador, mas sim aquele que "vende, expõe à venda, etc." (lembre-se que o dispositivo não alcança somente o comerciante, mas qualquer pessoa que pratique os verbos descritos no tipo). O § 1º-A promove a equiparada de alguns produtos àqueles do *caput* (inclusive cosméticos e saneantes). O § 1º-B pune condutas equivalentes ao § 1º (vende expõe à venda, etc.) relativas a produtos não necessariamente corrompidos, mas que se enquadram em algumas das situações previstas, como não possuir registro no órgão de vigilância competente (inc. I) ou ter procedência ignorada (inc. V), por exemplo.

Visão geral rotulação da hediondez: A inserção dessa figura como crime hediondo recebe muitas críticas. Guilherme de Sousa Nucci[9] entende que há violação ao princípio da proporcionalidade, pois não haveria sentido se punir crime de perigo, embora grave, com pena superior à prevista para muitos crimes de dano, como, por exemplo, homicídio simples, roubo, estupro. Renato Brasileiro de Lima[10] também critica o dispositivo porque a figura hedionda abrange não somente a *falsificação de produto destinado afins terapêuticos ou medicinais*, como também de *cosméticos e saneantes* (art. 273, § 1°-A), sendo que, sob a ótica de ofensividade à saúde pública, bem jurídico tutelado pelo art. 273, é irrazoável equiparar produtos destinados a fins terapêuticos ou medicinais a *cosméticos* (produtos que servem ao embelezamento) ou *saneantes* (voltados à higienização e desinfecção ambiental), sobretudo se levarmos em consideração a pena cominada, de 10 (dez) a 15 (quinze) anos de reclusão e multa.

Cosméticos e saneantes: Lembre-se que para fins de hediondez, diante do *sistema legal*, independente do *nomen iuris* utilizado pelo legislador, se deve levar em consideração a rotulação prevista entre parênteses. Assim, ainda que cosméticos e saneantes não estejam contemplados na nomenclatura, a figura típica está descrita no artigo 273, §1°-A, do CP, inserida nos parênteses da rotulação da hediondez.

Posições doutrinárias: Diante das críticas antes referidas, Renato Brasileiro de Lima, entende que o art. 273, §1°-A deve ser objeto de interpretação restritiva para que se possa considerar típica apenas a falsificação de cosméticos e saneantes que efetivamente sejam dotados de *potencialidade lesiva* à saúde pública (cremes de tratamento anti-idade com utilização de ácido) e não qualquer cosmético ou saneante (ex. falsificar batom de marca famosa). Tal entendimento é endossado por Cláudia Barros Portocarrero e Wilson Luiz Palermo Ferreira, para os quais, se conferida essa interpretação restritiva, não há falar-se em inconstitucionalidade. Guilherme de Sousa Nucci, por sua vez, leciona não ser contrário à inclusão, no tipo, de cosméticos e saneantes, mas não concorda com a pena do dispositivo, filiando-se ao entendimento do STJ no sentido de que o preceito secundário do art. 273 do CP é inconstitucional,

9. NUCCI, Guilherme de Souza. Leis Penais e Processuais Penais Comentadas. Volume I, Rio de Janeiro: Forense, 2017, p. 506.
10. LIMA, Renato Brasileiro de. Legislação Criminal Especial Comentada. Salvador: Juspodivm, 2015, p. 50.

devendo ser aplicada a pena cominada ao crime de tráfico de drogas, previsto no art. 33 da Lei 11.343/06, em homenagem à proporcionalidade, já que ambos os dispositivos tutelam a saúde pública (HC 239.363 e AgRg no AREsp 1.192.979). O STJ entendeu que, no presente caso, seria necessário promover-se o *ajuste principiológico da norma* (REsp 915.442).

Importação de remédio sem registro na ANVISA: Configura crime descrito no art. 273, §1°-B, inc. I, do CP. No julgamento do RE 979.962, o Supremo Tribunal Federal considerou que a pena de 10 a 15 anos para essa conduta afronta o princípio da proporcionalidade. Assim, em sede de repercussão geral, decidiu-se que "é inconstitucional a aplicação do preceito secundário do artigo 273, do Código Penal, com a redação dada pela Lei 9.677/98 (reclusão de 10 a 15 anos), na hipótese prevista no seu parágrafo 1º-B, inciso I, que versa sobre importação de medicamento sem registro no órgão de vigilância sanitária. Para essa situação específica, fica repristinado o preceito secundário do artigo 273, na redação originária (reclusão de 1 a 3 anos, multa)". Atente-se que, agora, este crime, que segue considerado hediondo, mas com redirecionamento da pena para 01 a 03 anos de reclusão, admite a suspensão condicional do processo (art. 89, Lei 9.099/95).

Aplicação da minorante do tráfico (art. 33, § 4°): Não é cabível por ausência de previsão legal, a aplicação da minorante prevista no §4° do art. 33 da Lei 11.343/06 nos crimes previstos no art.273, § 1°-B, do CP, ainda que se tenha utilizado o preceito secundário do crime de tráfico de drogas (STJ, RvCr 3.064).

Crime de perigo abstrato: O crime de ter em depósito, para venda, produto destinado a fins terapêuticos ou medicinais de procedência ignorada é de *perigo abstrato e independe da prova da ocorrência de efetivo risco* para quem quer que seja. Inclusive, a indispensabilidade do dano concreto à saúde do usuário foi utilizada como fator determinante para determinar-se a falta de harmonia entre o delito e a pena cominada (de 10 a 15 anos de reclusão) quando com o crime de tráfico de drogas, notoriamente mais grave e que tutela mesmo objeto jurídico, i.e., a saúde pública (STJ, AI no HC 239.363).

Crime permanente: O crime previsto no art. 273, §§ 1º e 1º-B, do Código Penal é de natureza permanente, de modo que não há ilegalidade na busca e apreensão por violação de domicílio, uma vez que a própria Constituição Federal autoriza a entrada da autoridade policial, durante o dia ou à noite, independente da expedição de mandado judicial (STJ, AgRg no AREsp 1.192.979).

15. FAVORECIMENTO DA PROSTITUIÇÃO OU DE OUTRA FORMA DE EXPLORAÇÃO SEXUAL DE CRIANÇA OU ADOLESCENTE OU DE VULNERÁVEL

VIII - favorecimento da prostituição ou de outra forma de exploração sexual de criança ou adolescente ou de vulnerável (art. 218-B, *caput*, e §§ 1º e 2º).

Regra: É crime hediondo em todas as modalidades. Repare-se que a hediondez abrange a forma simples (*caput*), bem como o §1° (finalidade de obter vantagem econômica) e o §2° (formas equiparadas).

Comentários gerais: Esse crime foi acrescentado ao Código Penal pela Lei 12.015/09, revogando tacitamente o crime definido no art. 244-A da Lei 8.069/90, e funciona como uma modalidade especial do crime de favorecimento da prostituição ou outra forma de exploração sexual, tipificado no art. 228, CP.

Artigo 244-A, ECA: foi revogado tacitamente pelo art. 218-B, CP.

Precedentes jurisprudenciais: Os precedentes jurisprudenciais do revogado art. 244-A do Estatuto da Criança e do Adolescente, segundo o escólio de Renato Brasileiro de Lima[11], não têm relação com o crime do art. 218-B, pois naquele caso o verbo utilizado é "submeter", sendo que se exigia a *submissão à prostituição. Submissão* significa a condição de poder sobre alguém; *favorecimento* não implica em submissão.

Elementos normativos: O termo *prostituição* designa a atividade habitual em que atos sexuais são praticados em troca de pagamento, não apenas monetário. A *exploração sexual*, por sua vez, configura um elemento normativo que deve ser alcançado mediante a valoração do aplicador da lei.

Tipicidade legal: O art. 218-B, §2°, I, pune o *cliente* que se serve da prostituição de adolescente, com ele praticando conjunção carnal ou outro ato libidinoso, ainda que a relação sexual tenha sido eventual, pois, nesse caso, não se exige habitualidade. Também não influencia na tipicidade o fato de a vítima ser dada à prostituição. O art. 218-B, § 2°, II, pune o *proprietário, gerente ou responsável* pelo local em que se verifiquem as práticas referidas no *caput* do artigo.

11. LIMA, Renato Brasileiro de. Legislação Criminal Especial Comentada. Salvador: Juspodivm, 2015, p. 52.

Princípio da especialidade: o *art. 218-B, caput,* é uma modalidade especial do crime de favorecimento da prostituição ou outra forma de exploração sexual (art. 228, CP), afastando a sua aplicação. E, o *art. 218-B, § 2°, inc. II*, é uma modalidade especial do crime de casa de prostituição (art. 229, CP). Anote-se que as penas do artigo 218-B naturalmente são mais elevadas, em virtude da condição peculiar da pessoa submetida à prostituição ou exploração sexual (criança ou adolescente).

16. FURTO

> **IX - furto qualificado pelo emprego de explosivo ou de artefato análogo que cause perigo comum (art. 155, §4º-A).**

Regra: O crime de furto não é hediondo.

Hediondez condicionada: Apenas será hediondo quando se tratar da *figura qualificada* previstas no art. 155, § 4º-A.

Alterações do pacote anticrime: O inc. IX foi acrescentando pelo pacote anticrime, sendo a primeira vez que uma modalidade do crime de furto figura como hediondo na legislação brasileira.

Considerações históricas da tipificação: O §4°-A foi acrescentado ao art. 155 pela Lei 13.654/19, diante do aumento de condutas nas quais criminosos se utilizam de artefatos explosivos para atacar agências bancárias e similares, a fim de romper os caixas eletrônicos e subtrair o dinheiro neles depositado. Antes da lei referida tais condutas eram enquadradas como furto qualificado pelo rompimento de obstáculo à subtração (art. 155, §4°, I, CP) em concurso com o crime de explosão majorada (art. 251, §2°, CP). Agora, a subsunção penal adequada está no art. 155, § 4°-A, CP, não sendo mais possível o concurso de crimes, fato que encontrava certa resistência por parte da doutrina (que não admitia o concurso entre os crimes de furto qualificado e explosão majorada).

Qualificadora de ordem específica: O crime de *furto pelo emprego de explosivo* (§ 4°-A), por si, acarreta o *rompimento de obstáculo à subtração* (§4°, I). Nesse caso, concorrendo duas qualificadoras, deve prevalecer a mais específica que, no caso, é a do §4°-A, sendo a outra considerada nas circunstâncias judiciais pelo magistrado, na primeira fase de aplicação da pena. O mesmo raciocínio ocorre no caso de estar presente, v.g., a qualificadora do concurso de agente (§ 4°, IV).

Princípio da consunção: o *art. 16, §1°, III, da Lei 10.826/03* prevê como típica a conduta daquele que "possuir, detiver, fabricar ou empregar artefato explosivo ou incendiário, sem autorização ou em desacordo com determinação legal ou regulamentar". Assim, se o agente adquirir explosivo para, em ato contínuo, usar no furto à agência bancária, de acordo com o princípio da consunção, o crime do Estatuto do Desarmamento resta *absorvido* pelo furto qualificado. Apenas não será caso de absorção se as condutas criminosas estiverem temporalmente afastadas. Seria o caso, por exemplo, de determinado grupo criminoso praticar o crime de furto qualificado pelo emprego de explosivos e, posteriormente, em novo cenário fático, no decorrer das investigações, a polícia cumprir mandado de busca e apreensão na casa dos meliantes e apreender artefatos explosivos. Nesse caso, por óbvio, haverá concurso de crimes.

Outras formas qualificadas: Além da qualificadora do §4°-A, o furto apresenta várias qualificadoras. O § 4°, I a IV, estabelece pena qualificada (02 a 08 anos de reclusão) se o crime for praticado "com destruição ou rompimento de obstáculo à subtração da coisa; com abuso de confiança, ou mediante fraude, escalada ou destreza; com emprego de chave falsa ou mediante concurso de duas ou mais pessoas". O §5º prevê pena qualificada (03 a 08 anos de reclusão) "se a subtração for de veículo automotor que venha a ser transportado para outro Estado ou para o exterior". O § 6° determina apenamento qualificado (02 a 05 anos de reclusão) "se a subtração for de semovente domesticável de produção, ainda que abatido ou dividido em partes no local da subtração". E o § 7º estipula pena mais grave (04 a 10 anos de reclusão) "se a subtração for de substâncias explosivas ou de acessórios que, conjunta ou isoladamente, possibilitem sua fabricação, montagem ou emprego". *Nenhuma dessas modalidades qualificadas é hedionda.*

Diferença de tipificação: Deve-se ter atenção para não confundir a qualificadora do *§4º-A*, que pune o furto qualificado *pelo* emprego de explosivo, com a qualificadora do *§7º*, que pune o furto *de* explosivo. Diante da similitude deve-se ter atenção para evitar confusão mental, notadamente porque apenas a modalidade do §4°-A foi *rotulada como crime hediondo.*

Diferenciação de furto e roubo (emprego de explosivo): Como referimos antes, o art. 157, § 2°-A, inc. II, que tipifica o crime de *roubo* majorado pela destruição ou rompimento de obstáculo mediante o emprego de explosivo ou artefato análogo que cause perigo comum, *não foi rotulado como crime hediondo.* Lembre-se que apenas o crime de *furto* qualificado pelo emprego de explosivo ou de artefato análogo que cause perigo comum (art. 155, § 4°-A), está etiquetado com a tarja da hediondez. **Atenção!**

17. GENOCÍDIO

> **Parágrafo único. Consideram-se também hediondos, tentados ou consumados:**
>
> **I - o crime de genocídio, previsto nos arts. 1º, 2º e 3º da Lei nº 2.889, de 1º de outubro de 1956;**

Lei do genocídio: A Lei 2.889/56 tipifica três condutas criminosas. O *art. 1º* pune o *genocídio propriamente dito*, prevendo ser típica a ação de "quem, com a intenção de destruir, no todo ou em parte, grupo nacional, étnico, racial ou religioso, como tal: a) matar membros do grupo; b) causar lesão grave à integridade física ou mental de membros do grupo; c) submeter intencionalmente o grupo a condições de existência capazes de ocasionar-lhe a destruição física total ou parcial; d) adotar medidas destinadas a impedir os nascimentos no seio do grupo; e) efetuar a transferência forçada de crianças do grupo para outro grupo". O *art. 2º* pune a *associação para genocídio*, tipificando a conduta de "associarem-se mais de 03 (três) pessoas para prática dos crimes mencionados no artigo anterior". O *art. 3º* pune a *incitação ao genocídio*, descrevendo como típica a conduta de "Incitar, direta e publicamente alguém a cometer qualquer dos crimes de que trata o art. 1º".

Regra: Todos os crimes são hediondos. Veja-se que a Lei 8.072/90, muito embora se refira apenas ao *nomen iuris* genocídio, acosta a rotulação legal de hediondo a todos os crimes da Lei 2.889/56. Já referimos anteriormente que não importa o nome do crime, mas o exato artigo de lei rotulado pelo legislador. Portanto, não apenas o crime de *genocídio propriamente dito* (art. 1°), mas também os delitos de *associação para genocídio* (art. 2°) e de *incitação ao genocídio* (art. 3°) são hediondos.

Pena de associação para prática de crime hediondo: O art. 8° da Lei 8.072/90 estabelece que será de 03 (três) a 06 (seis) anos de reclusão a pena prevista no art. 288 do CP *quando a associação se referir a crimes hediondos*, prática de *tortura, tráfico ilícito de drogas ou terrorismo*. Logo, considerando-se que o crime de associação para genocídio também é considerado crime hediondo, a ele deve ser aplicada apena prevista no art. 8° da Lei n° 8.072/90.

Homicídio praticado em atividade típica de grupo de extermínio: Há que se ter atenção para não se equivocar na subsunção penal quando da análise de fatos que aparentemente se amoldariam tanto ao *crime de genocídio*, quanto ao crime de *homicídio praticado em atividade típica de grupo de extermínio*. Ainda que guardem semelhanças, realisticamente falando, possuem diferenças marcantes que, na lição de Renato Brasileiro de Lima[12], devem ser identificadas na conduta do agente para a correta tipificação. No *homicídio de grupo de extermínio*, o objetivo do agente é eliminar apenas alguns integrantes de determinado grupo, de modo que o crime estará caracterizado ainda que uma única vítima seja morta. O crime de *genocídio* pressupõe o dolo específico de destruir, no todo ou em parte, determinado grupo. No *homicídio de grupo de extermínio*, o agente pode visar pessoa integrante de qualquer grupo, v.g., homossexuais, prostitutas, idosos, indígenas, etc. O crime de *genocídio* possui sujeito passivo determinado, i.e., apenas grupo nacional, étnico, racial ou religioso (mais restrito, portanto). O *homicídio de grupo de extermínio* visa obrigatoriamente à morte de alguém. O genocídio pode ser praticado por quaisquer das ações descritas nas alíneas "a" a "e" do art. 1° da Lei 2.889/56 (matar membros do grupo; causar lesão grave à integridade física ou mental de membros do grupo; submeter intencionalmente o grupo a condições de existência capazes de ocasionar-lhe a destruição física total ou parcial; adotar medidas destinadas a impedir os nascimentos no seio do grupo; efetuar a transferência forçada de crianças do grupo para outro grupo).O *homicídio de grupo de extermínio* é crime doloso contra a vida, pelo que a competência para processo e julgamento é do Tribunal do Júri. O *genocídio* é crime contra a humanidade, cujo objeto jurídico tutelado é a preservação da pessoa humana, devendo ser julgado por um juiz singular.

Genocídio praticado mediante morte (art. 1°, "a"): Se o genocídio for praticado mediante morte de membros do grupo, em circunstâncias semelhantes de tempo, lugar e modo de execução, consoante a disciplina dos artigos 70, 2ª parte, 71 e 78, inc. I, do CP, o agente *responderá pelos diversos homicídios*, em continuidade delitiva, e pelo crime de *genocídio*, em concurso formal impróprio. Não há falar-se em aplicação do princípio da consunção (STF, RE 351.487).

Associação para genocídio (art. 2°): É crime hediondo. Saliente-se que se trata do único crime de associação considerado hediondo na legislação

---

12. LIMA, Renato Brasileiro de. Legislação Criminal Especial Comentada. Salvador: Juspodivm, 2015, p. 53-54.

brasileira. Nenhum outro crime de *associação* foi rotulado como hediondo pela lei, nem mesmo após o pacote anticrime.

Associação para prática de crime hediondo ou equiparado: Não será considerado crime hediondo a *associação criminosa* para a prática de crimes hediondos ou equiparados, por absoluta ausência de previsão legal. A associação é *crime autônomo* e não se confunde com o objetivo de sua constituição. Inclusive, é possível se configurar o crime de associação mesmo que os seus integrantes não cheguem a praticar o crime para o qual se associaram. Trata-se de um *crime formal* que se consuma independente de qualquer resultado, bastando que se verifique a "estabilidade e permanência, com finalidade de praticar crimes" (STJ, HC 476.215). A rotulação de hediondez do crime (principal) objeto da associação criminosa não se estende a essa (crime acessório).

Organização criminosa para prática de hediondo ou equiparado: É crime hediondo. A *organização criminosa* para a prática de crimes hediondos ou equiparados será considerada hedionda. Porém, veja-se, a *organização criminosa* não se confunde com a *associação criminosa*, conforme veremos adiante. Trata-se de crimes autônomos e independentes, cada um com sua definição legal.

18. CRIMES DO ESTATUTO DO DESARMAMENTO

> **Parágrafo único. Consideram-se também hediondos, tentados ou consumados:**
>
> **II - o crime de posse ou porte ilegal de arma de fogo de uso proibido, previsto no art. 16 da Lei nº 10.826, de 22 de dezembro de 2003;**
>
> **III - o crime de comércio ilegal de armas de fogo, previsto no art. 17 da Lei nº 10.826, de 22 de dezembro de 2003;**
>
> **IV - o crime de tráfico internacional de arma de fogo, acessório ou munição, previsto no art. 18 da Lei nº 10.826, de 22 de dezembro de 2003;**

Alterações do pacote anticrime: Os incisos II, III e IV não faziam parte do dispositivo antes de ser alterado com a Lei 19.964/19. Antes, a lei previa no parágrafo único a hediondez tão somente do "porte de arma de fogo de uso restrito". Agora, o legislador corrige uma incoerência legislativa que se instalou com a edição da Lei 13.497/17, quando o legislador erigiu como hediondo apenas o art. 16 da Lei 10.826/03. Após 2017, se o agente *portasse uma arma de fogo de uso restrito* seria responsabilizado por crime hediondo, porém, se desenvolvesse o *comércio ilegal*, vendendo *várias armas*, por exemplo, não estaria praticando conduta hedionda.

Rotulação da Hediondez: Apenas três figuras típicas do Estatuto do Desarmamento (Lei 10.826/03) foram etiquetadas com a tarja da hediondez, i.e., o *crime de posse ou porte ilegal de arma de fogo de uso proibido* (art. 16); o *crime de comércio ilegal de armas de fogo* (art. 17) e o *crime de tráfico internacional de arma de fogo, acessório ou munição* (art. 18).

Premissa de interpretação: Para que se possa interpretar de forma coerente os dispositivos da Lei 8.072/90, devemos partir do pressuposto básico de interpretação que determina o seguinte: *independente do nome jurídico adotado pelo legislador, o que importa para a definição da hediondez é o dispositivo de lei rotulado com a tarja da hediondez.* É essa interpretação que nos permite dizer que, antes das alterações promovidas pelo pacote anticrime, o sequestro relâmpago (art. 158, §3°) não era hediondo, porém agora passou a ser. Modo inverso, o mesmo raciocínio justifica o fato de que extorsão qualificada pela morte (art. 158. §2°) era hedionda, mas agora deixou de ser. Em outras palavras, quando o legislador quer limitar a hediondez a uma *conduta específica* de algum tipo penal, ele o faz de forma expressa, ainda que às vezes não o faça de forma consciente, mas por desídia. Essa premissa básica, no que se refere à hediondez de crimes da Lei 10.826/03, notadamente porque, historicamente, o legislador sempre conferiu o mesmo tratamento jurídico às condutas praticadas com *armas de uso restrito* e *armas de uso proibido*, prova disso é que a Lei 10.826/03 utilizava a expressão *uso restrito* no nome jurídico do art. 16, mas na descrição da conduta típica utilizava a expressão *uso proibido*. Entretanto, agora, com o pacote anticrime, essas condutas parecem receber tratamento diverso na lei e, assim, a única forma de se *relativizar a premissa básica de interpretação* que acima referimos é para *beneficiar a situação do sujeito ativo*. Não há outra saída viável nos moldes de um direito penal constitucional, ainda que a ideia possa não agradar a alguns. Antes do pacote anticrime, a hediondez abrangia todas as condutas típicas do art. 16 da Lei 10.826/03, isso porque o legislador não havia limitado a previsão legal (art. 1°, parágrafo único, da Lei 8.072/90) ao *caput* ou ao antigo parágrafo único do art. 16 da Lei 10.826/03 (STJ, HC 526.916). Porém, frise-se que antes o dispositivo incriminador estudado não diferenciava as armas de *uso restrito* e de *uso proibido*. O nome jurídico de *todo* o art. 16 era "posse ou porte de arma de fogo de uso restrito", não havendo uma previsão expressa para "armas de uso proibido", diferenciando seu tratamento, no sentido de agravar a situação do agente. Nessa esteira, antes do pacote anticrime, diante da premissa de que *independente do nome jurídico adotado pela lei, o que importa para a definição da hediondez é o dispositivo de lei referido na rotulação*, não era incorreto considerar-se hediondo todo o art. 16. Agora, o art. 16, *caput*, e §1°, referem-se exclusivamente a armas, acessórios e munições de *uso restrito*, atribuindo pena de 03 (três) a 06 (seis) anos de reclusão. E, o §2° do dispositivo prevê a modalidade qualificada do crime, que se verifica quando as condutas descritas no *caput* e no §1° envolverem *arma de fogo de uso proibido*, atribuindo pena de4 (quatro) a 12 (doze) anos de reclusão. Portanto, há nitidamente um tratamento diferenciado entre *arma de uso restrito* e *arma de uso proibido*, sendo muito mais grave o dispensado a última modalidade. Logo, excepcionalmente, no caso do art. 1°, parágrafo único, II, da Lei 8.072/90, entendemos que, para a definição da hediondez, não devemos considerar o dispositivo rotulado, mas a expressão utilizada, qual seja, *armas de uso proibido*, a fim de considerar hediondo apenas o §2° do art. 16 da Lei 10.826/03, sob pena de violação ao princípio da proporcionalidade.

Posse ou porte de arma de fogo de uso proibido (art. 16): Diante dos argumentos acima coalescidos, para corrigir a incoerência e contradição em que evidentemente incorreu o legislador na redação do art. 1°, parágrafo único, II, da Lei 8.072/90, que se refere equivocadamente ao art. 16 da Lei 10.826/06, utilizando-se a expressão *armas de uso proibido*, quando, na verdade, o tipo penal incriminador se refere a *armas de uso restrito*, cremos que deve ser *considerado hediondo* apenas o *art. 16, §2°, da Lei 10.826/03*, onde o legislador efetivamente diferencia com pena mais grave as condutas relativas a *armas de uso proibido*.

A redação do art. 16, §2°: Seguindo a linha de raciocínio posta, há que se considerar hedionda apenas a conduta relativa à posse ou porte de *arma de fogo de uso proibido*, pois esta é a única qualificadora constante no dispositivo em comento, o qual não se refere a *acessório e munição*. Lembre-se que, após o pacote anticrime, não há tipicidade no estatuto do desarmamento para acessório e munição de uso proibido[13]. Se se trata de ato intencional ou desídia do legislador, não cabe ao interprete adotar entendimento que agrave a situação do agente. Repare-se que, neste caso, a expressão *uso proibido* não é usada como forma de apontar o nome jurídico do crime (o que permitiria desconsiderar a expressão e considerar o dispositivo rotulado), mas de *modalidade qualificadora* que se refere apenas às *armas de fogo*, razão pela qual deve ser interpretada nos exatos limites da sua redação, sem ampliações prejudiciais ao imputado. Aliás, frise-se que, neste ponto, o art. 1°, parágrafo único, II, da Lei 8.072, refere-se apenas às *armas de fogo*.

Comércio ilegal de arma de fogo (art. 17): É *crime próprio* que só pode ser praticado *no exercício de atividade comercial ou industrial*. Logo, não pode ser praticado por qualquer pessoa, mas apenas por comerciante ou industrial. A *atividade clandestina* é considerada comercio para fins penais (art. 17, parágrafo único, Lei 10.826/03). É possível que *terceiro* pratique o crime em concurso com um comerciante ou industrial, nos termos do art. 29, do Código Penal. É *crime habitual*, sendo que a *venda ocasional* de uma arma não configura o exercício de atividade comercial. O crime se configura ainda que os objetos sejam de *uso permitido*, de modo que, sendo de *uso proibido ou restrito*, a pena maior (art. 19, Lei 10.826/03).

Extensão da hediondez: Aqui referimos novamente nossa premissa básica de interpretação, segundo a qual, *independente do nome jurídico adotado pelo legislador, o que importa é o dispositivo de lei rotulado com a hediondez*. É que, quando o legislador quer limitar a hediondez a uma *conduta específica* de algum tipo penal, ele o faz de forma expressa. Dessa forma, não tendo limitado a hediondez ao *caput*, todas as modalidades (§§) do art. 17 devem ser consideradas hediondas. Isso porque "comércio ilegal de arma de fogo" é o nome jurídico do dispositivo, ao qual o legislador, como de praxe, apenas reproduz na previsão da hediondez.

Comércio ilegal de acessório ou munição: Deve ser aplicado o mesmo raciocínio acima, de modo que, ainda que no inc. III o legislador tenha se referido apenas ao comércio ilegal de *arma de fogo*, não tendo o mesmo cuidado que teve na descrição do inc. IV, trata-se do nome jurídico do crime que

13. Remetemos o leitor aos comentários feitos ao art. 16, §2°, da Lei 10.826/03.

se pretende erigir a hediondo (art. 17). Logo, com a devida vênia a opiniões em sentido contrário, o *comércio ilegal de acessório e munição também deve ser crime hediondo.*

Participe ou coautor: O terceiro que de qualquer modo participar do crime, em conjunção de esforços e comunhão de vontades, com o comerciante ou industrial, *responderá pelo crime do art. art. 17*, ainda que sua conduta tenha sido desempenhada em *uma única oportunidade*, pois a *habitualidade* é exigida do *sujeito ativo próprio* (comerciante ou industrial) não do coautor ou partícipe. Nesse caso, *o coautor ou partícipe praticará crime hediondo.*

Venda de uma única arma: Não configura comércio ilegal de arma. Pode configurar os crimes dos artigos 14 ou 16, *caput*, da Lei 10/826/03, conforme o caso. Nesse caso, *não se trata de crime hediondo*, pois não há rotulação legal.

Tráfico internacional de arma, acessório ou munição (art. 18): O legislador foi bastante diligente na redação, não deixando margem para discussão acerca do objeto da hediondez quanto à *arma de fogo, acessório e munição*. E, no que se refere à abrangência da hediondez ao crime equiparado (parágrafo único), aplica-se a mesma regra do art. 17, no sentido de que de *todas as modalidades do crime devem ser consideradas hediondas*, pois quando o legislador quer limitar a hediondez a uma *conduta específica* do tipo penal rotulado, ele o faz de forma expressa.

Tráfico internacional: Trata-se da conduta daquele que promove a *entrada ou saída* de armas de fogo, acessório ou munição do *território nacional*, ou, ainda, daquele que favorece essa prática. Trata-se de crime especial em relação ao crime de contrabando, afastando a incidência do artigo 334 do CP. O crime se configura ainda que os objetos sejam de *uso permitido*, de modo que, sendo de *uso proibido ou restrito*, a pena será maior (art. 19, Lei 10.826/03). Trata-se de crime de *mera conduta*, pois a lei não prevê qualquer resultado. *Não é crime habitual.*

Sujeito ativo funcionário público: Se favorecer a importação ou exportação de *arma, acessório ou munição*, responderá pelo crime estudado (art. 18, Lei 10.826/03), o qual, por ser norma especial, afasta a aplicação da norma geral do art. 318 do CP (facilitação de contrabando). Neste caso o funcionário público *praticará crime hediondo*. Situação diferente ocorre se favorecer a importação ou exportação de *arma de brinquedo ou simulacro*, quando responderá pelo crime do art. 318 do CP (facilitação de contrabando) que, neste caso, é especial em relação ao art. 344 do CP (contrabando), tratando-se de *exceção pluralista à teoria monista*. Neste caso, o funcionário público *não pratica crime hediondo.*

Explosivos: Não são tipificados no Estatuto do Desarmamento, de modo que, a importação ou exportação de explosivos *configura contrabando* (art. 344 do CP). Nesse caso, *não será crime hediondo.*

Simulacro e armas de brinquedo: Não fazem parte da tipificação dos crimes do Estatuto do Desarmamento. Nesse ponto, cumpre anotar que a Lei 10.826/03 "vedada a fabricação, venda, comercialização e importação" sem atribuir qualquer sanção penal a essas atividades. Logo, não havendo tipificação especial no Estatuto do desarmamento, por serem vedadas, a sua importação ou exportação *configura contrabando* (art. 344 do CP). Nesse caso, *não será crime hediondo.*

Colete a prova de balas: Não faz parte da tipificação dos crimes do Estatuto do Desarmamento. Assim, sua a importação ou exportação acarretarão responsabilidade pelo *crime de contrabando*, descrito no artigo art. 344 do Código Penal. O entendimento é de que se trata de *proibição relativa*, sujeita a fiscalização e autorização prévia do Comando do exército (STJ, RHC 62.851). Nesse caso, *não será crime hediondo.*

Lex gravior: No que se refere à rotulação da hediondez das figuras referidas, trata-se de *novatio legis in pejus*, não podendo retroagir para alcançar situações passadas.

Lex mitior: No que se refere ao afastamento da hediondez da figura da extorsão qualificada pela morte (art. 158, §2°), trata-se de evidente *novatio legis in mellius*, possuindo, portanto, força retroativa para alcançar casos passados.

19. ORGANIZAÇÃO CRIMINOSA

Parágrafo único. Consideram-se também hediondos, tentados ou consumados:

V - o crime de organização criminosa, quando direcionado à prática de crime hediondo ou equiparado.

Regra: O crime de organização criminosa não é hediondo.

Hediondez condicionada: Apenas será hediondo se a organização criminosa for voltada à prática de crime hediondo ou equiparado.

Organização criminosa: O conceito de organização criminosa está no *art. 1°, §1°, da Lei 12.850/13*, de onde se extrai que "considera-se organização criminosa a associação de 4 (quatro) ou mais pessoas estruturalmente ordenada e caracterizada pela divisão de tarefas, ainda que informalmente, com objetivo de obter, direta ou indiretamente, vantagem de qualquer natureza, mediante a prática de infrações penais cujas penas máximas sejam superiores a 4 (quatro) anos, ou que sejam de caráter transnacional".

Requisitos essenciais para configuração do crime: Analisando o artigo acima transcrito, infere-se que o conceito legal de organização criminosa se forma através da reunião de *cinco requisitos*, i.e., *associação de quatro ou mais pessoas* (nesse número computa o inimputável); *estrutura ordenada com divisão de tarefas* (ainda que informal); *finalidade de obter vantagem* (mas, por ser crime formal, se consuma ainda que a organização não obtenha vantagem que pretenda); *infrações penais graves* (crime ou contravenção com pena máxima superior a quatro anos ou de caráter transnacional, independentemente da pena). Ainda, por ser uma espécie qualificada de associação criminosa, soma-se um *sexto requisito*, a *estabilidade e permanência*, pois, do contrário há simples concurso de agentes.

Diferença para o crime de associação criminosa: O conceito de associação criminosa está no art. 288 do CP, onde se verifica a tipificação criminal da conduta de "associarem-se 3 (três) ou mais pessoas, para o fim específico de cometer crimes". Repare-se que os requisitos para a associação criminosa são mais simples, i.e., *associação de três ou mais pessoas* e *finalidade de praticar crimes*. Na associação criminosa, conforme jurisprudência assentada no Superior Tribunal de Justiça (HC 476.215) se exige a *estabilidade e permanência* para que a conduta se desgarre do simples concurso de agentes. Assim, o crime de associação criminosa se configura com *número menor de integrantes* e a finalidade é dirigida à *prática de qualquer crime* (excluindo-se, portanto, as contravenções).

Tipicidade da hediondez: O crime de *associação criminosa* para a prática de crime hediondo ou equiparado não é hediondo, conforme vimos antes. Apenas o crime de *organização criminosa* direcionada a prática de crime hediondo ou equiparado é considerado crime hediondo. Saliente-se que a *associação para o genocídio* é o único crime de associação considerado hediondo.

20. CRIMES EQUIPARADOS A HEDIONDOS

Previsão constitucional: O art. 5°, XLIII, da Constituição Federal, prevê que "a lei considerará inafiançáveis e insuscetíveis de graça ou anistia a prática da tortura, o tráfico ilícito de entorpecentes e drogas afins, o terrorismo e os definidos como crimes hediondos, por eles respondendo os mandantes, os executores e os que, podendo evitá-los, se omitirem".

Interpretação do dispositivo: Da leitura do artigo acima transcrito infere-se que, tecnicamente, não é correto dizer que a *tortura, o tráfico de drogas* e *o terrorismo* são crimes hediondos, pois o dispositivo usa a conjunção aditiva "e" logo após fazer referência a *estes delitos*, referindo, logo após, os *definidos como crimes hediondos*. Dessa forma, como o dispositivo determina tratamento idêntico ao dos crimes hediondos, a conclusão lógica é de que tortura, tráfico e terrorismo são *equiparados a hediondos*.

Tortura: Trata-se de crime que tutela a dignidade da pessoa, pois a Constituição Federal elenca nos direito e garantias fundamentais que "ninguém será submetido à tortura nem a tratamento desumano ou degradante" (art. 5°, III). Trata-se de um crime que pode atingir a integridade física ou psíquica da vítima, pelo que, de acordo com as circunstâncias pode, ou não, deixar vestígios. A tortura comporta várias modalidades, i.e., *tortura persecutória, tortura probatória ou tortura confissão* (art. 1°, I, "a"); *tortura crime* (art. 1°, I, "b"); *tortura discriminatória, tortura racismo ou tortura preconceituosa* (art. 1°, I, "c") e *tortura castigo ou tortura punitiva* (art. 1°, II). Registre-se que *todas as modalidades de tortura são consideradas hediondas*. Os aspectos conceituais de cada espécie serão abordados quando do estudo da Lei 9.455/97.

Tráfico de drogas: O *tráfico de drogas propriamente dito* é aquele descrito no artigo 33, *caput* e §1°, da Lei 11.343/06. Entretanto, por importante, anote-se que o *conceito jurídico de tráfico de drogas* é extraído a partir do art. 44, *caput*, da Lei 11.343/06, que prevê uma série de vedações aos praticantes de crimes ali elencados. Na esteira desse argumento, a expressão *tráfico de drogas* envolve, além do tráfico propriamente dito (art. 33, *caput* e §1°), o tráfico de maquinário (art. 34), o financiamento (art. 36) e a colaboração (art. 37).

O conceito jurídico de tráfico de drogas: Como consectário lógico desse conceito jurídico (art. 44, *caput,* Lei 11.343/06), *todas* as condutas criminosas acima referidas devem ser *equiparadas aos crimes hediondos* (art. 33, *caput*; art. 33, §1°; art. 34; art. 36 e art. 37).

Associação para o tráfico: *Não é equiparada a crime hediondo.* É necessário observar que, mesmo integrando o rol de crimes previstos no art. 44 da Lei 11.343/06, a jurisprudência do Supremo Tribunal Federal, historicamente, não considera essa figura delitiva equiparada a hediondo (HC 83.017 e HC 83.656).

Financiamento do tráfico: Apesar de o financiamento estar previsto em tipo penal autônomo, o direito não pode permitir interpretações que conduzam ao absurdo, pelo que, se o tráfico propriamente dito é hediondo, tal atributo deve se estender ao crime mais grave, o financiamento (art. 36). Trata-se de homenagem ao *princípio da proporcionalidade.*

Colaboração com o tráfico: Quanto ao crime de colaboração, em que pese também estar inserida em dispositivo diverso (art. 37), e ainda que tenha pena mais branda, é necessário reconhecer que o informante, com sua atitude de cooperação, realisticamente falando, *concorre para o tráfico,* respondendo por delito autônomo apenas porque o legislador resolveu utilizar-se da exceção pluralista na tipificação dessa conduta. Nesse contexto, se o tráfico de drogas propriamente dito é equiparado a crime hediondo, a colaboração também deve ser.

Tráfico privilegiado: Trata-se do crime tipificado no *art. 33, §4°*, da Lei 11.343/06. Durante muito tempo perdurou o entendimento de que a aplicação da causa de diminuição de pena prevista no dispositivo tratado, não afastava hediondez por equiparação do tráfico, pelo que a execução da pena deveria de dar na forma da Lei 8.072/90 (STJ, HC 169.036). O Superior Tribunal de Justiça, à época, inclusive, possuía a súmula 512 tratando do tema, a qual, atualmente, se encontra cancelada. Em 2016, o Supremo Tribunal Federal, analisando a questão, firmou o entendimento de que o *tráfico privilegiado não pode ser equiparado aos crimes hediondo* (HC118.533). O legislador, atento a essa questão jurisprudencial, com as alterações do pacote anticrime, inseriu essa regra no *art. 112, §5°, da Lei de Execuções Penais.*

Terrorismo: Até pouco tempo havia um debate doutrinário acerca da previsão legal, ou não, do crime de terrorismo no ordenamento jurídico nacional. Alguns preconizavam que crime estava previsto no art. 20 da Lei 7.170/83. Outros sublinhavam que o dispositivo não poderia contrair a responsabilização por crime de terrorismo, aludindo que a sua redação é excessivamente aberta, pois, ao utilizar a expressão "atos de terrorismo", haveria nítida violação ao princípio da taxatividade. De fato, sem apresentar uma definição detalhada, não se permite o enquadramento típico por ausência de uma adequada descrição do exato conteúdo da norma. Esse entendimento sempre nos pareceu mais adequado, sob o prisma de um direito penal constitucionalizado. Completando a lacuna legislativa e suplantando a discussão, editou-se Lei 13.260/16, obedecendo-se o mandado de criminalização do art. 5º, XLIII da CF, definido o terrorismo propriamente dito (art. 2°), bem como estabelecendo outras condutas criminosas (artigos 3°, 5° e 6°) que, para nós, se amoldam ao que chamamos de *conceito jurídico de terrorismo* (art. 17).

Conceito jurídico de terrorismo: O *art. 1°* da Lei 13.260/16 é claro ao estabelecer que "esta Lei regulamenta o disposto no inciso XLIII do art. 5° da CF, disciplinando o terrorismo, tratando de disposições investigatórias e processuais e reformulando o conceito de organização terrorista". Ou seja, obedece ao mandamento de criminalização do preceito constitucional. Após, no *art. 2°*, estabelece a uma definição legal, prevendo que "o terrorismo consiste na prática por um ou mais indivíduos dos atos previstos neste artigo, por razões de xenofobia, discriminação ou preconceito de raça, cor, etnia e religião, quando cometidos com a finalidade de provocar terror social ou generalizado, expondo a perigo pessoa, patrimônio, a paz pública ou a incolumidade pública". Esse é o conceito do terrorismo propriamente dito, *stricto sensu.* No entanto, o *art. 17*, estabelece que "aplicam-se as disposições da Lei 8.072/90, aos crimes previstos nesta lei". Dessa forma, estendendo o conceito de terrorismo a *todos* os crimes da lei, está o legislador definindo o que chamamos de *conceito jurídico de terrorismo, lato sensu.* Lembre-se que o art. 5°, XLIII, da CF, apenas determina um tratamento mais grave, *não apresentando definição,* mas estabelecendo que *a lei definirá* os crimes de tortura, tráfico de drogas, terrorismo e os crimes hediondos.

Sistema de classificação do terrorismo: Na esteira do sustentado acima, é perfeitamente constitucional que a lei tenha definido um *conceito legal de terrorismo, stricto sensu,* e um *conceito jurídico de terrorismo, lato sensu*, que abrange *todos os crimes da* *lei*. Utilizamos o mesmo raciocínio que se utiliza na lei 11.343/06. Esse diploma legal define o tráfico de drogas propriamente dito no art. 33 e, após, no art. 44, apresenta um conceito jurídico, mais amplo, vedando benefícios legais às figuras típicas consideradas nessa definição. Diante desse fato, referimos que é possível equiparar a lei 13.260/16 à Lei 8.072/90, no que se refere ao *sistema de classificação do terror*, tendo aquela lei, igualmente, adotado uma espécie de *sistema legal*, no sentido de considerar *crime de terrorismo todos os dispositivos incriminadores nela constantes*.

Abrangência da hediondez: Todos os crimes da Lei 13.260/16 (Lei do Terrorismo) são equiparados a crime hediondo.

21. VEDAÇÕES DE BENEFÍCIOS LEGAIS

A Constituição Federal (art. 5°, XLIII) estabelece algumas vedações a benefícios legais aos praticantes de crimes hediondos e equiparados.

> **Art. 5° (...)**
>
> **(...)**
>
> **XLIII - a lei considerará crimes inafiançáveis e insuscetíveis de graça ou anistia a prática da tortura, o tráfico ilícito de entorpecentes e drogas afins, o terrorismo e os definidos como crimes hediondos, por eles respondendo os mandantes, os executores e os que, podendo evitá-los, se omitirem.**

Na mesma direção, com fins de se harmonizar com o mandamento constitucional, a Lei 8.072/90 também prevê algumas vedações a benefícios legais àquele que praticar crimes hediondos e equiparados. Essas vedações se encontram elencadas no artigo 2°.

> **Art. 2° Os crimes hediondos, a prática da tortura, o tráfico ilícito de entorpecentes e drogas afins e o terrorismo são insuscetíveis de:**
>
> **I - anistia, graça e indulto;**
>
> **II - fiança.**
>
> **§1° A pena por crime previsto neste artigo será cumprida inicialmente em regime fechado.**
>
> **§2° (Revogado pelo pacote anticrime)**
>
> **§3° Em caso de sentença condenatória, o juiz decidirá fundamentadamente se o réu poderá apelar em liberdade.**
>
> **§4° A prisão temporária, sobre a qual dispõe a Lei n° 7.960, de 21 de dezembro de 1989, nos crimes previstos neste artigo, terá o prazo de 30 (trinta) dias, prorrogável por igual período em caso de extrema e comprovada necessidade.**

22. VEDAÇÃO DE ANISTIA, GRAÇA E INDULTO

Regra: Não são cabíveis.

Anistia: A anistia decorre do *Poder Legislativo* (art. 48, VIII, CF), por meio de lei, se destinando a *fatos*, não a pessoas. Acarreta extinção da punibilidade (art. 107, II, CP), equivalendo-se ao esquecimento do crime, fazendo desaparecer todos os seus efeitos penais (primários e secundários). Porém, não apaga os efeitos civis do crime. Possui regramento nos artigos 187 a 193 da Lei 7.210/84.

Graça: A graça decorre do *Poder Executivo* (analogia ao indulto), por decreto presidencial e, se destinando a *pessoas*, é concedida *individualmente*. Alguns chamam a graça de "indulto individual". Acarreta extinção da punibilidade (art. 107, II, CP), fazendo desaparecer o efeito primário da condenação, qual seja, o cumprimento da pena. Entretanto, não apaga os efeitos secundários da condenação (reincidência + artigos 91 e 92 do Código Penal), nem apaga os efeitos civis do crime. Em outras palavras, subsiste o crime e a condenação.

Indulto: o indulto decorre do *Poder Executivo* (art. 84, XII, CF), por decreto presidencial e, se destinando a *pessoas*, é concedido *coletivamente*. Alguns chamam o indulto de "graça coletiva". Acarreta extinção da punibilidade (art. 107, II, CP), fazendo desaparecer o efeito primário da condenação, i.e., o cumprimento da pena. Entretanto, não apaga os efeitos secundários da condenação (reincidência + artigos 91 e 92 do Código Penal), nem apaga os efeitos civis do crime. Ou seja, subsiste o crime e a condenação. Possui regramento nos artigos 187 a 193 da Lei 7.210/84.

Indulto humanitário: A lei não diferencia, logo não é cabível.

Concurso de crime hediondo e crime comum: Caso o condenado esteja cumprindo pena em decorrência do cometimento de crime hediondo ou equiparado, em concurso com outro crime não impeditivo do indulto, o impedimento legal deve prevalecer, pois se trata de vedação com assento constitucional, já que, conforme entendimento do Supremo Tribunal Federal, a expressão *graça* abrange o *indulto*. Logo, não deve ser concedido o benefício correspondente ao crime comum enquanto o apenado não cumprir toda a pena correspondente ao crime hediondo ou equiparado. Em outras palavras, para indultar a pena do crime comum, o apenado deverá cumprir, inicialmente, toda a pena correspondente ao crime hediondo ou equiparado.

Comutação: A comutação equivale-se ao "indulto ou graça parcial", obedecendo a mesma regra de concessão no que se refere à origem, decorrendo do Poder Executivo (por decreto presidencial). Porém, *não acarreta a extinção da pena*, apenas reduza pena privativa de liberdade ou pena restritiva de direito. O art. 5°, XLIII, da Constituição Federal, prevê que *"a lei considerará crimes inafiançáveis e insuscetíveis de graça ou anistia a prática da tortura, o tráfico ilícito de entorpecentes e drogas afins, o terrorismo e os definidos como crimes hediondos, por eles respondendo os mandantes, os executores e os que, podendo evitá-los, se omitirem"*. O art. 2°, I, da Lei 8.072/90, por sua vez, estabelece que "os crimes hediondos, a prática da tortura, o tráfico ilícito de entorpecentes e drogas afins e o terrorismo são *insuscetíveis de anistia, graça e indulto*". Repare que, ao preconizar as vedações legais relativas aos crimes hediondos e equiparados, a Constituição Federal refere-se apenas à *anistia* e à *graça*, deixando de mencionar expressamente o *indulto*. Por essa razão, doutrina minoritária alude que o art. 2°, I, da Lei 8.072/90, ao proibir a concessão do indulto, incorre em flagrante inconstitucionalidade, pois ampliar o rol de vedações.

Constituição Federal: veda anistia e graça.

Lei 8.072/90: veda anistia, graça e indulto.

Posição do STF: Não há inconstitucionalidade. A expressão *graça*, constante do art. 5°, XLIII, da Constituição Federal, deve ser objeto de interpretação extensiva para abranger também a vedação ao *indulto* (HC 90.364 e HC 81.565). E, ainda, a comutação é uma espécie de indulto parcial, sendo vedada aos condenados por crimes hediondos e equiparados (HC 81.567 e HC 81.410).

Particularidade quanto ao crime de tortura: Em relação ao crime de tortura, há que se observar a redação do art. 1°, §6°, da Lei n° 9.455/97, onde se lê que "o crime de tortura é inafiançável e insuscetível de *graça ou anistia*". Veja-se que o dispositivo repete a redação do art. 5°, XLIII, da Constituição Federal e, como se percebe, diverge da redação do art. 2°, I, da Lei 8.072/90, não vedando o indulto. Dessa forma, parte da doutrina sustenta que, por se tratar a Lei da Tortura de norma especial e posterior, *o art. 2°, I, da Lei 8.072/90 teria sido tacitamente revogado*, de modo que, após sua vigência, os condenados pela prática de crimes hediondos e os demais equiparados (no caso, tráfico e terrorismo) também fariam jus ao indulto. O Supremo Tribunal Federal, entretanto, como já referimos, entende que a expressão *graça*, constante do art. 5°, XLIII, da CF, deve ser objeto de interpretação extensiva para abranger também a vedação ao *indulto*. Logo, assentou-se o entendimento de que é vedada a concessão de indulto aos condenados pela prática do crime de tortura, bem como aos crimes de tráfico, terrorismo e hediondos, pois a proibição do indulto decorre diretamente da Constituição Federal, que, ao vedar a graça em seu art. 5°, XLIII, também estaria por vedar implicitamente o indulto (ADI 2.795).

23. FIANÇA

Fiança: Não cabe.

Tanto a Constituição Federal (art. 5°, XLIII) quando a Lei 8.072/90 (art. 2°, II) proíbem a concessão de fiança aos crimes hediondos e aos equiparados, não havendo qualquer discussão sobre o tema.

Inafiançabilidade: Além dos crimes hediondos e dos equiparados (art. 5°, XLIII), a Constituição Federal também considera inafiançáveis o crime de *racismo* (art. 5°, XLII) e a *ação de grupos armados, civis ou militares, contra a ordem constitucional e o Estado Democrático* (art. 5°, XLIV). Não há divergência quanto à inafiançabilidade desses crimes. Aliás, a Lei 11.464/07, alterou o art. 323 do Código de Processo Penal para adequá-lo aos preceitos constitucionais.

24. LIBERDADE PROVISÓRIA

Regra: É cabível.

Não há impedimento legal à concessão de liberdade provisória. E, de acordo com a jurisprudência histórica dos tribunais superiores, conforme se verá a seguir, qualquer dispositivo que estabeleça a vedação da liberdade provisória em abstrato será declarado inconstitucional.

Evolução do art. 2°, inc. II: A redação original do art. 2°, II, da Lei 8.072/90 vedava a concessão de liberdade provisória, com ou sem fiança, aos crimes hediondos e equiparados. Posteriormente, com a edição da Lei 11.464/07, o artigo foi alterado, proibindo somente a*fiança*.

História da jurisprudência: Pacificou-se nas Cortes o entendimento de que *toda e qualquer prisão deve ser necessária e devidamente fundamentada*. O Supremo Tribunal Federal decidiu que o fato de o crime ser hediondo, por si só, não impede a concessão da liberdade provisória, pois qualquer prisão imposta antes do trânsito em julgado de sentença, por ter natureza cautelar, só pode ser decretada quando estiver demonstrada sua necessidade a partir de dados concretos (HC 80.719). O Superior Tribunal de Justiça tem o mesmo entendimento (HC 38.466). Portanto, é possível a liberdade provisória, ainda que seja vedada a fiança. Parece ilógico não se admitir fiança, mas admitir-se a liberdade provisória. Porém, o raciocínio que permite essa conclusão, segundo a jurisprudência, parte da premissa de que no Estado Democrático não se podem admitir prisões *ex lege*. E, ao se vedar a liberdade provisória de modo geral aos crimes hediondos, estar-se-ia impondo verdadeira *prisão cautelar obrigatória*, privando o juiz de analisar a efetiva necessidade da prisão cautelar no caso concreto.

Premissa jurisprudencial: Sobre vedação da liberdade provisória, cumpre sublinhar a decisão proferida pelo Supremo Tribunal Federal no julgamento da ADI 3112, onde se declarou a inconstitucionalidade dos parágrafos únicos dos artigos 14 e 15 e do art. 21, todos da Lei 10.826/03 (Estatuto do Desarmamento). Nessa ocasião, firmou-se a premissa de que a vedação da liberdade provisória em abstrato *afronta aos princípios constitucionais da presunção de inocência e do devido processo legal*. Reforçou-se, ainda, que a Constituição Federal não permite a prisão sem fundamentação. Diante desse cenário, sob a premissa de que *qualquer prisão deve ser necessária e fundamentada*, foi editada Lei 11.464/07, que modificou o art. 2°, II, da Lei 8.072/90, passou vedar unicamente a fiança, a fim de permitir a concessão de liberdade provisória aos crimes hediondos e equiparados. Posteriormente, ainda, ao julgar a mesma matéria, no HC 104.339, Supremo Tribunal Federal, de forma incidental, declarou a inconstitucionalidade do art. 44, *caput*, da Lei 11.343/06, que vedava a liberdade provisória abstratamente, sedimentando, de uma vez por todas, qualquer dúvida sobre a matéria.

Em suma: É cabível a liberdade provisória (sem fiança).

25. MEDIDAS CAUTELARES DIVERSAS DA PRISÃO

Previsão legal: As medidas cautelares diversas da prisão possuem previsão no artigo 319 do Código de Processo Penal.

Regra: É cabível. Não há vedação legal.

Exceção: Fiança (art. 319, VIII, CPP).

Ao tratar das medidas cautelares diversas da prisão, o legislador não estabeleceu nenhuma restrição a sua concessão aos crimes inafiançáveis. Diante dessa inferência, ainda que seja vedada a concessão de fiança nos casos de crimes inafiançáveis, é plenamente possível conceder-se a liberdade provisória cumulada com qualquer das outras medidas cautelares previstas no dispositivo citado.

26. REGIME DE CUMPRIMENTO DA PENA

Regra: É possível que o início do cumprimento da pena privativa de liberdade se dê em qualquer regime, desde que preenchidos os requisitos legais, os quais se encontram no art. 33 do Código Penal.

História da jurisprudência: O Supremo Tribunal Federal declarou a inconstitucionalidade da redação original do art. 2°, §1°, da Lei n° 8.072/90, que previa o cumprimento da pena em regime *integralmente* fechado. Para tanto, a Corte firmou-se no *princípio da individualização da pena*. Estabeleceu-se que o juiz não pode ficar de mãos atadas durante a execução da pena, sobretudo se considerar-se que a progressão de regime tem como razão maior a ressocialização do preso que, mais cedo ou mais tarde, voltará ao convívio social (HC 82.959). Muito embora a inconstitucionalidade tenha sido declarada em sede de controle difuso, a Corte *modulou os efeitos da decisão*, conferindo-lhe eficácia *erga omnes*, aplicando analogicamente o disposto no art. 2 da Lei n° 9.868/99, que se refere ao julgamento em casos de controle concentrado. Posteriormente, foi editada a Lei 11.464/07, modificando a redação do art. 2°, §1°, da Lei 8.072/90, que passou a dispor que "a pena por crime previsto neste artigo será cumprida *inicialmente em regime fechado*". Em que pese a nova redação tivesse alterado o regime de cumprimento da pena de *integralmente* para *inicialmente* fechado, o Supremo Tribunal Federal entendeu que persistia a ofensa ao *princípio da individualização da pena*, declarando, mais uma vez, inconstitucional o dispositivo (HC 111.840). Reforçou-se que, caso a Constituição Federal quisesse, obrigatoriamente, o regime inicial fechado aos crimes hediondos e equiparados, teria incluído a restrição no art. 5°, XLIII, como fez com a fiança, a graça e a anistia.

Lei da Tortura: O art. 1°, §7°, da Lei 9.455/97 preconiza que "o condenado por crime previsto nesta Lei, salvo a hipótese do §2°, iniciará o cumprimento da pena em regime fechado". Essa previsão legal, tal qual o art. 2°, §1°, da Lei 8.072/90, a nosso ver, viola o *princípio da individualização da pena*, não havendo como sustentar-se a sua validade no ordenamento constitucional. Ora, tratam-se de situações idênticas. São duas leis infraconstitucionais estabelecendo regime inicialmente fechado para o cumprimento da pena. Logo, onde há o mesmo fundamento, deve haver o mesmo direito (*ubi eadem ratio ibi idem jus*), ou, melhor, onde há a mesma razão de ser, deve haver a mesma razão de decidir (*ubi eadem legis ratio ibi eadem dispositivo*). Entretanto, o Supremo Tribunal Federal, ao apreciar especificamente essa matéria, em decisão colidente com a adotada no HC 111.840, decidiu que a vedação prevista no art. 1°, §7°, da Lei 9.455/97 não afronta a Constituição Federal (HC 123.316).

Súmula vinculante 26: Após, o Supremo Tribunal Federal editou a súmula vinculante n° 26, determinando que *"para efeito de progressão de regime no cumprimento de pena por crime hediondo ou equiparado, o juízo da execução observará a inconstitucionalidade do art. 2° da Lei 8.072, de 25 de julho de 1990, sem prejuízo de avaliar se o condenado preenche, ou não, os requisitos objetivos e subjetivos do benefício, podendo determinar, para tal fim, de modo fundamentado, a realização de exame criminológico"*.

27. PROGRESSÃO DE REGIME

Regra: É possível.

Alterações do pacote anticrime: O §2° do art. 2° da Lei 8.072/90 foi revogado com o pacote anticrime, sendo que a progressão de regime ao apenado por crime hediondo passou a ser disciplinado no art. 112, incisos V, VI, VII e VIII da Lei 7.210/84 (Lei de Execução Penal). O legislador previu, ainda, que o cometimento de falta grave interrompe o prazo para a obtenção da progressão de regime, sendo que o reinício da contagem observará a pena restante (art. 112, §6°, Lei 7.210/84).

Art. 112. A pena privativa de liberdade será executada em forma progressiva com a transferência para regime menos rigoroso, a ser determinada pelo juiz, quando o preso tiver cumprido ao menos:

(...)

V - 40% da pena, se o apenado for condenado pela prática de crime hediondo ou equiparado, se for primário;

VI - 50% da pena, se o apenado for:

a) condenado pela prática de crime hediondo ou equiparado, com resultado morte, se for primário, vedado o livramento condicional;

b) condenado por exercer o comando, individual ou coletivo, de organização criminosa estruturada para a prática de crime hediondo ou equiparado; ou

c) condenado pela prática do crime de constituição de milícia privada;

VII - 60% da pena, se o apenado for reincidente na prática de crime hediondo ou equiparado;

VIII - 70% da pena, se o apenado for reincidente em crime hediondo ou equiparado com resultado morte, vedado o livramento condicional.

§1° Em todos os casos, o apenado só terá direito à progressão de regime se ostentar boa conduta carcerária, comprovada pelo diretor do estabelecimento, respeitadas as normas que vedam a progressão.

(...)

§5° Não se considera hediondo ou equiparado, para os fins deste artigo, o crime de tráfico de drogas previsto no § 4° do art. 33 da Lei n° 11.343, de 23 de agosto de 2006.

§6° O cometimento de falta grave durante a execução da pena privativa e liberdade interrompe o prazo para a obtenção da progressão no regime de cumprimento da pena, caso em que o reinício da contagem do requisito objetivo terá como base a pena remanescente.

Requisitos objetivos: São os que se refere à quantidade de pena que o condenado deve cumprir para que possa progredir de regime. Ao apenado que cumpre pena por crime hediondo ou equiparado o regramento está no artigo 112, incisos V a VIII.

Requisitos objetivos especiais: No caso de *crime praticado contra a administração pública*, o art. 33, §4°, do Código Penal frisa que, "o condenado por crime contra a administração pública terá a progressão de regime condicionada à reparação do dano que causou, ou à devolução do produto do ilícito praticado, com os acréscimos legais". E, frise-se que, o Supremo Tribunal Federal entende que o dispositivo não possui vício de inconstitucionalidade. No mesmo sentido, entende o Supremo Tribunal Federal que, como regra, o *inadimplemento deliberado da pena de multa* cumulativamente aplicada ao sentenciado impede a progressão no regime. Como exceção, entretanto, poderá ser permitida a progressão se ficar comprovada a absoluta impossibilidade econômica do apenado em quitar a multa (AgR na ProgReg na EP 12). Na ocasião, os ministros da Suprema Corte preconizaram que "em matéria de criminalidade econômica, a pena de multa há de desempenhar papel proeminente. Mais até do que a pena de prisão - que, nas condições atuais, é relativamente breve e não é capaz de promover a ressocialização –, cabe à multa o papel retributivo e preventivo geral da pena, desestimulando, no próprio infrator ou em infratores potenciais, a conduta estigmatizada pela legislação penal". Nessa linha interpretativa, o Superior Tribunal de Justiça entende, que não se declara a extinção da punibilidade pelo cumprimento integral da pena privativa e liberdade quando pendente o pagamento da multa criminal (REsp 1.850.903).

Requisitos subjetivos: Nos termos do §1°, dizem respeito à boa conduta carcerária, a ser comprovada pelo diretor do estabelecimento, respeitadas as normas que vedam a progressão.

Exame criminológico: A Lei 10.792/03, alterando a redação original do art. 112 da Lei de Execução Penal, deixou de exigir o exame criminológico, bem como o parecer técnico da Comissão de Classificação, para a progressão de regime, passando a exigir apenas o bom comportamento carcerário, atestado pelo diretor do estabelecimento penal (redação que hoje se encontra no §1° do dispositivo por força do pacote anticrime). Em que pese a supressão de exigência do exame criminológico, o Supremo Tribunal Federal entende que o juiz execução penal pode determinar a sua realização para avaliar o preenchimento, pelo sentenciado, do requisito subjetivo indispensável à progressão no regime prisional (RHC 116.033).

Regime disciplinar diferenciado: Trata-se de regime mais gravoso que pode incidir durante o cumprimento da pena privativa de liberdade. Encontra-se disciplinado no art. 52, *caput* e §1° da Lei de Execução Penal. Se o apenado estiver sujeito a esse regime disciplinar diferenciado não fará jus à progressão de regime, pois denotam a ausência de mérito do apenado (requisito subjetivo). Nesse sentido é o posicionamento de Norberto Avena[14].

Cumprimento obrigatório: Não há progressão de regime sem que o apenado cumpra os requisitos objetivos e subjetivos, de acordo com a lei. Ou seja, o cumprimento dos requisitos é obrigatório para a progressão de regime.

Exceção ao preenchimento do requisito objetivo: Como exceção à implementação obrigatória do requisito objetivo, o art. 4°, §5°, da Lei 12.850/13 estabelece que "se a colaboração for posterior à sentença, a pena poderá ser reduzida até a metade ou *será admitida a progressão de regime ainda que ausentes os requisitos objetivos*".

Manutenção do vínculo com organização criminosa: Trata-se de hipótese abstrata de não preenchimento do requisito subjetivo, acrescentado pelo pacote anticrime no art. 4°, §9°, da Lei 12.850/13, onde se lê que "o condenado expressamente em sentença por integrar organização criminosa ou por crime praticado por meio de organização criminosa não poderá progredir de regime de cumprimento de pena ou obter livramento condicional ou outros benefícios prisionais *se houver elementos probatórios que indiquem a manutenção do vínculo associativo*".

Inciso V: Estabelece cumprimento de 40% da pena, se o apenado for condenado pela prática de crime hediondo ou equiparado, se for primário. Antes, esse condenado deveria cumprir 2/5 (40%) da pena. Logo, não houve mudança no tratamento jurídico. Registre-se que a progressão de regime do reincidente por crime comum, i.e., não específico em crime hediondo ou equiparado, se encaixa neste dispositivo. Entendemos dessa forma, pois o art. 112 da LEP em momento algum faz menção aos reincidentes por crimes comuns, de modo que a única interpretação possível, embora possa desagradar alguns, é aquela favorável ao reincidente em crime que não seja hediondo ou equiparado, aplicando-se a fração menos gravosa.

Inciso VI, alínea "a": Estabelece cumprimento de 50% da pena, se o apenado for condenado pela prática de crime hediondo ou equiparado, com resultado morte, se for primário, vedado o livramento condicional. Antes, esse condenado deveria cumprir 2/5 (40%) da pena. Trata-se de *Lex gravior*, por *novatio legis in pejus*. Frise-se que a progressão de regime do reincidente por crime comum, i.e., não específico em crime hediondo ou equiparado com resultado morte deve se encaixar neste dispositivo. Entendemos dessa forma, pois o art. 112 da LEP em momento algum faz menção aos reincidentes por crimes comuns, de modo que a única interpretação possível, embora possa desagradar alguns, é aquela favorável ao reincidente em crime que não seja hediondo ou equiparado, aplicando-se a fração menos gravosa. O Superior Tribunal de Justiça possui precedente com esse entendimento (HC 591.315).

***Novatio legis in pejus* (inc. VI):** O novo patamar de cumprimento de pena definido para progressão de

14. AVENA, Norberto. Execução Penal Esquematizado. 2ª edição. São Paulo: Método, 2015, p. 226.

regime nos casos de *condenado pela prática de crime hediondo ou equiparado, com resultado morte, se for primário* (inc. VI), trata-se de *Lex gravior*, pois agrava a situação do apenado, razão qual somente deve ser aplicado aos crimes praticados após sua vigência.Antes, *independente do resultado morte*, sendo primário, a progressão se daria com o cumprimento de 2/5da pena (art. 2°, §2°, da Lei 8.072/90), porém, agora, *havendo resultado morte*, a progressão somente se dará com o cumprimento de 50% da pena. Trata-se do mesmo raciocínio implementado quando da vigência da Lei 11.464/07, oportunidade em que se firmou o entendimento de que, quanto aos crimes cometidos antes da sua vigência, dever-se-ia observar o requisito temporal dos artigos 33 do Código Penal e 112 da Lei 7.210/84 (STJ, Súmula 471), já que se tratavam de dispositivos mais benéficos (STF, HC 94.025 e RE 579.167).

Inciso VI, alínea "b": Estabelece cumprimento de 50% da pena, se o apenado for condenado por exercer o comando, individual ou coletivo, de organização criminosa estruturada para a prática de crime hediondo ou equiparado. O dispositivo estabelece o tratamento jurídico do condenado que chefia ou integra a cúpula de comando da organização criminosa voltada a prática de crime hediondo ou equiparado. Harmoniza-se com o tratamento mais rigoroso que a lei buscar dar a esse agente criminoso, determinando no art. 2°, §3°, da Lei 12.850/13, que "a pena é agravada para quem exerce o comando, individual ou coletivo, da organização criminosa, ainda que não pratique pessoalmente atos de execução". Repare-se que, neste caso, há qualquer distinção quanto ao fato de ser primário ou reincidente.

Inciso VI, alínea "c": Estabelece cumprimento de 50% da pena, se o apenado for condenado pela prática do crime de constituição de milícia privada. Nesse sentido, Renato Brasileiro de Lima[15] leciona que o legislador somente pode estar se referindo ao crime do art. 288-A do Código Penal. Gize-se que, neste caso, há qualquer distinção quanto ao fato de ser primário ou reincidente.

Reincidência específica: Diversamente do regramento da antiga redação do §2° do art. 2° da Lei 8.072/90, que se referia apenas à *reincidência*, abrangendo a genérica e a específica, agora, o legislador não deixou dúvidas de que está se referindo à *reincidência específica em crime hediondo ou equiparado* (inc. VII) ou *reincidência específica em crime hediondo ou equiparado com resultado morte* (inc. VIII), sendo ainda mais específico neste último caso.

Inciso VII: Estabelece cumprimento de 60% da pena, se o apenado for reincidente na prática de crime hediondo ou equiparado. Antes, o condenado deveria cumprir 3/5 (60%) da pena, se reincidente (genérico ou específico). Logo, ao reincidente específico, não há alteração no tratamento jurídico. Porém, ao apenado que possui apenas a reincidência genérica, trata-se de *lex mitior*, por *novatio legis in mellius*.

***Novatio legis in mellius* (inc. VII):** O novo patamar de cumprimento de pena (60%) para progressão de regime nos casos de condenado reincidente na prática de crime hediondo ou equiparado (inc. VII), trata-se de *lex mitior* nos casos em que o apenado possuir apenas a *reincidência genérica*. É que, como a lei passou a exigir a *reincidência específica*, o apenado que possuir reincidência genérica não é considerado reincidente, de acordo com as novas regras, devendo, portanto, cumprir 40% da pena (inc. V) ou, então, 50%, se o crime teve resultado morte (inc. VI, "a").

Inciso VIII: Estabelece cumprimento de 70% da pena, se o apenado for reincidente em crime hediondo ou equiparado com resultado morte, vedado o livramento condicional. Trata-se de *lex gravior*, por *novatio legis in pejus*, ou, então, de *lex mitior*, por *novatio legis in mellius*, conforme o caso.

***Novatio legis in pejus* (inc. VII):** Antes, sendo reincidente (genérico ou específico), independente do resultado morte, a progressão de regime se daria com o cumprimento de 3/5 da pena (art. 2°, §2°, da Lei 8.072/90), porém, agora, sendo *reincidente específico* e *havendo resultado morte*, a progressão somente se dará com o cumprimento de 70% da pena. Ou seja, agrava-se a situação.

***Novatio legis in mellius* (inc. VIII):** Conclusão diferente ocorrerá no caso de *condenado pela prática de crime hediondo ou equiparado, com resultado morte, não reincidente específico.* Repare-se que antes do pacote anticrime, o condenado que possuísse *reincidência genérica* deveria cumprir 3/5 da pena para obter progressão de regime, já que a expressão *reincidente*, coalescida à redação do art. 2°, §2°, da Lei 8.072/90 referia-se à *reincidência genérica* do art. 63 do Código Penal. Ou seja, a reincidência genérica e a específica eram equivalentes, pois produziriam o mesmo resultado no cumprimento da pena. Esse resultado independia do resultado morte, pois a lei não diferenciava. Porém, agora, o condenado que possui *reincidência genérica*, não é mais considerado reincidente, pois, quanto à

15. LIMA, Renato Brasileiro de. Pacote Anticrime. Salvador: Juspodivm, 2020, p. 392.

progressão de regime, passou o novo regramento da Lei 7.210/84 a exigir a *reincidência específica em crime com resultado morte*, sendo que, neste caso, fixou 70% do cumprimento da pena para a progressão de regime. Reforçamos que, atualmente, a *reincidência genérica*, para fins de progressão de regime pela prática de crime hediondo ou equiparado, se *equivale à primariedade* e, assim, *havendo resultado morte*, deverá cumprir 50% da pena (inc. VI, "a"). Da mesma forma, se o condenado for reincidente específico em crime hediondo ou equiparado, mas *sem resultado morte*, deverá cumprir 60% da pena (inc. VII), no entanto, neste caso, não se estará diante de *novatio legis in mellius*, uma vez que, nos termos da legislação revogada, para progredir de regime, esse condenado deveria cumprir 3/5 (60%) da pena. Logo, não houve mudança no tratamento jurídico.

Tráfico privilegiado: Trata-se do crime previsto no art. 33, §4°, da Lei 11.343/06. Entendia-se, inicialmente, que a causa minorante da pena não tinha o condão de afastar a hediondez do crime (Súmula 512, STJ, hoje cancelada). No julgamento do HC 118.533, o Supremo Tribunal Federal sedimentou o entendimento de que o chamado *tráfico privilegiado* não possui natureza hedionda. Atento a esse cenário jurisprudencial, o legislador inseriu o §5° no art. 112 da Lei 7.210/84. Logo, para fins de progressão de pena, se o condenado for primário, deverá cumprir 16% da pena (art. 112, I) e, se for reincidente, 20% (art. 112, II), para progredir ao regime mais brando.

Falta grave e lapso temporal: O pacote anticrime harmoniza a lei com o entendimento que já havia se firmado na doutrina e na jurisprudência quanto à necessidade de zerar a contagem do lapso temporal para progressão de regime no caso de prática de falta grave. O STJ, já havia sedimentado o entendimento de que a prática de falta grave autoriza a regressão de regime e a interrupção da contagem do prazo para a progressão de regime (HC 378.593), acarretando a modificação da data-base e o início de nova contagem do lapso necessário para o preenchimento do requisito objetivo (REsp 1.364.192). Inclusive, conforme a súmula 534, o reinício da contagem do prazo se reinicia a partir do cometimento da infração.

28. PROGRESSÃO DE REGIME PARA CONDENADA GESTANTE OU MÃE

Art. 112. A pena privativa de liberdade será executada em forma progressiva com a transferência para regime menos rigoroso, a ser determinada pelo juiz, quando o preso tiver cumprido ao menos:

(...)

§ 3º No caso de mulher gestante ou que for mãe ou responsável por crianças ou pessoas com deficiência, os requisitos para progressão de regime são, cumulativamente:

I - não ter cometido crime com violência ou grave ameaça a pessoa;

II - não ter cometido o crime contra seu filho ou dependente;

III - ter cumprido ao menos 1/8 (um oitavo) da pena no regime anterior;

IV - ser primária e ter bom comportamento carcerário, comprovado pelo diretor do estabelecimento;

V - não ter integrado organização criminosa.

§4º O cometimento de novo crime doloso ou falta grave implicará a revogação do benefício previsto no § 3º deste artigo.

Progressão especial de regime: A Lei 7.210/84 prevê que a mulher gestante, mãe ou responsável por criança ou pessoas com deficiência, estará sujeita à *disciplina especial* para a progressão de regime, devendo observar-se *cinco requisitos cumulativos*, i.e., não ter cometido crime com violência ou grave ameaça à pessoa; não ter cometido o crime contra seu filho ou dependente; ter cumprido ao menos 1/8 da pena no regime anterior; ser primária e ter bom comportamento carcerário; não ter integrado organização criminosa (art. 112, §3°, Lei 7.210/84).

Prática de falta grave ou crime doloso: O benefício da progressão de regime especial será revogado no caso de cometimento de novo crime doloso ou falta grave (art. 112, §4°, Lei 7.210/84), sendo que, neste caso, além de estar sujeita à regressão de regime, a condenada perde o direito às regras especiais para o caso de uma nova progressão, pois, se tratando de *regra especial* e prevendo a lei a sua revogação nas hipóteses aventadas, deve aplicar-se a *regra geral*.

Crimes hediondos ou equiparados: Ainda que o art. 112, §3°, não faça referência à natureza hedionda, ou não, do crime, lembramos que a progressão de regime especial foi inserida pela Lei 13.769/18, que alterou o art. 2°, §2°, da Lei 8.072/90 (hoje revogado), para estabelecer que "a progressão de regime, no caso dos condenados pelos crimes previstos neste artigo, dar-se-á após o cumprimento de 2/5 da pena, se o apenado for primário, e de 3/5, se reincidente, *observado o disposto nos* §§3º e 4º do art. 112 da Lei nº 7.210/89". Portanto, ainda que este dispositivo tenha sido revogado pelo pacote anticrime, é claro que a vontade do legislador era conferir a progressão de regime especial, independente da natureza hedionda do crime, devendo-se verificar apenas os requisitos estabelecidos nos §§ 3° e 4° do art. 112, da Lei 7.210/84. Não parece que o legislador teve a intenção de alterar esse espírito da lei, já que os parágrafos referidos foram os únicos não alterados pelo legislador. Compartilhando do mesmo pensamento Renato Brasileiro de Lima[16], com o brilhantismo que lhe é peculiar, frisa que, se o legislador quisesse restringir a concessão da progressão especial aos crimes hediondos e equiparados, deveria ter alterado a redação do §3° do art. 112 da Lei 7.210/84. Em sentido contrário, Cleber Masson[17] entende que, na hipótese de crime hediondo ou equiparado, não subsiste a progressão especial, devendo a apenada cumprir os patamares estabelecidos no art. 112, incisos V a VIII.

29. PENA RESTRITIVA DE DIREITO

Regra: É possível.

É cabível a substituição da pena privativa de liberdade por penas restritivas de direitos, desde que o condenado preencha os requisitos do art. 44 do Código Pena. E, tendo em vista o entendimento do Supremo Tribunal Federal, pode-se afirmar que, qualquer dispositivo que vede abstratamente a substituição da pena privativa de liberdade em restritiva de direitos, será declarado inconstitucional.

História da jurisprudência: O Supremo Tribunal Federal declarou a inconstitucionalidade da expressão "vedada a conversão em penas restritivas de direitos", constante do art. 33, §4°, e art. 44, *caput*, da Lei 11.343/06, por violação ao princípio da individualização da pena (HC 97.256). Esse entendimento firmado no STF influenciou a jurisprudência do Superior Tribunal de Justiça que tem decidido da mesma forma (HC 482.234).

30. SUSPENSÃO CONDICIONAL DA PENA

Nomenclatura: O instituto também é chamado de *sursis*.

Regra: É possível.

Não há qualquer impedimento na Constituição Federal ou na Lei 8.072/90. Logo, é cabível a suspensão condicional da pena, desde que o condenado preencha os requisitos do art. 77 do Código Penal.

Exceção: Tráfico de drogas.

Tráfico de drogas: O art. 44 da 11.340/06 (Lei das drogas) veda a concessão da suspensão condicional da pena aos condenados pelos crimes que considera juridicamente como tráfico de drogas, i.e., art. 33, *caput* e §1º, e arts. 34 a 37. Diante dessa vedação legal abstrata, o Supremo Tribunal Federal foi chamado a se manifestar no que se refere à sua validade. Na ocasião, a Suprema Corte decidiu que não há inconstitucionalidade no impedimento legal da suspensão condicional da pena previsto na Lei 11.343/06. Ficou estabelecido que a vedação legal se mostra afinada com a Lei nº 8.072/90 e com o disposto do artigo 5º, XLIII, da Constituição Federal (HC 101.919).

31. PRISÃO DOMICILIAR

Regra: É possível.

É cabível a prisão domiciliar aos condenados pela prática de crimes hediondos e equiparados, desde que preenchidos os pressupostos do art. 117 da Lei 7.210/84, em homenagem ao princípio da dignidade da pessoa, previsto no art. art. 1°, III, da constituição Federal (STF, HC 83.358).

32. AUTORIZAÇÃO DE SAÍDA

Regra: É possível.

Não há vedação às autorizações de saída na Lei n° 8.072/90, de modo que, desde que o Supremo Tribunal Federal passou a admitir a progressão de regime em relação a crimes hediondos e equiparados (HC 82.959), e sedimentou a inconstitucionalidade do regime inicial fechado (HC 111.840), não há qualquer óbice à concessão da permissão de saída, desde que preenchidos os requisitos da Lei 7.210/84 (art. 120 e 121).

Autorização de saída: Trata-se de benefício legal que pode ser concedido em apenas dois casos específicos, i.e., falecimento ou doença grave do cônjuge, companheira, ascendente, descendente ou irmão; e para realizar tratamento médico.

Atenção! Este benefício não se confunde com a *saída temporária*.

33. SAÍDA TEMPORÁRIA

Alterações do pacote anticrime: O pacote anticrime acrescentou dois parágrafos ao art. 122 da Lei de Execução Penal, estabelecendo que *"a ausência de vigilância direta não impede a utilização de equipamento de monitoração eletrônica pelo condenado,*

16. LIMA, Renato Brasileiro de. Pacote Anticrime. Salvador: Juspodivm, 2020, p. 396.
17. MASSON, Cleber. Direito Penal: Parte Geral (art. 1° a 120). 14ª edição, São Paulo: Método, 2020, p. 491.

quando assim determinar o juiz da execução" e que "*não terá direito à saída temporária a que se refere o caput deste artigo o condenado que cumpre pena por praticar crime hediondo com resultado morte*".

Regra: É possível.

Conforme referimos, o Supremo Tribunal Federal passou a admitir a progressão de regime em relação a crimes hediondos e equiparados (HC 82.959), e sedimentou a inconstitucionalidade do regime inicial fechado (HC 111.840), sendo que, desde então, em regra, é cabível a concessão de *saída temporária*, desde que preenchidos os requisitos da Lei 7.210/84 (art. 122 e 123).

Exceção: Condenado que cumpre pena por praticar crime hediondo com resultado morte (art. 122, §2°, Lei 7.210/84).

Saída temporária: Trata-se de benefício que pode ser concedido em três casos, i.e., visita à família; frequência a curso supletivo profissionalizante, bem como de instrução do 2º grau ou superior, na Comarca do Juízo da Execução; e participação em atividades que concorram para o retorno ao convívio social.

34. REMISSÃO

Regra: É possível.

Não há qualquer restrição na Lei 8.072/90, pelo que é perfeitamente possível a remição, nos termos do art. 126 da Lei 7.210/84.

Conceito: Trata-se do benefício conferido ao apenado que *estudar ou trabalhar*. Dessa forma, preenchidos os requisitos, o apenado poderá remir, por trabalho ou por estudo, parte do tempo de execução da pena, sendo que o *desconto* da pena, no caso de *atividade educacional*, será na ordem de 1 (um) dia de pena a cada 12 (doze) horas de estudo, divididas, no mínimo, em 3 (três) dias, e, no caso de *atividade laboral*, na ordem 1 (um) dia de pena a cada 3 (três) dias de trabalho.

35. TRABALHO EXTERNO

Regra: É possível.

Não há restrição na Constituição Federal ou na Lei 8.072/90. Sendo assim, não se pode estabelecer vedar em abstrato à concessão de trabalho externo aos condenados pela prática de crimes hediondos e equiparados, de modo que será cabível sempre que obedecidas as regras dos artigos 36 e 37 da Lei 7.210/84.

Regime fechado: O condenado que se encontrar cumprindo a pena em regime fechado *somente* poderá prestar o trabalho externo em serviço ou obras públicas realizadas por órgãos da Administração Direta ou Indireta, ou entidades privadas.

36. LIVRAMENTO CONDICIONAL

Livramento condicional: No sistema progressivo da execução penal, o livramento condicional pode ser considerado a última fase, possibilitando ao apenado a antecipação da sua liberdade plena. O instituto visa facilitar a reinserção social do condenado.

Alterações do pacote anticrime: O pacote anticrime, embora não tenha produzido alterações diretas nos dispositivos que regulamentam o livramento condicional, implementou alterações nos artigos que regulamentam a progressão de regime. Nessa esteira, ao estipular os novos patamares de cumprimento da pena, no que diz respeito aos condenados pela prática de crime hediondo ou equiparado, *com resultado morte*, o legislador estabeleceu a vedação do livramento condicional (art. 112, art. 112, VI, "a" e VIII, da Lei 7.210/84).

Regra: É cabível.

Será possível a concessão da liberdade condicional ao condenado sempre que preenchidos os requisitos legais previstos no art. 83 do Código Penal e nos artigos 131 a 146 da Lei 7.210/84.

Exceções: Não será cabível o livramento condicional nos casos de *reincidência específica* (art. 83, V, do CP) e quando se tratar de *crime hediondo ou equiparado com resultado morte* (art. 112, VI, "a" e VIII, da Lei de Execução Penal).

O art. 112, VIII, da Lei 7.210/84: Na prática não produzirá mudança na realizada fática, pois, independente do resultado morte, a reincidência específica, já acarreta a vedação da liberdade condicional, nos termos do art. 83, V, do Código Penal, que se refere expressamente à reincidência específica.

O art. 83, V, do CP: O dispositivo se refere de forma expressa à "reincidência específica em crimes desta natureza", abrangendo, logicamente, tanto os crimes *hediondos*, quanto os *equiparados* (tráfico, terrorismo e tortura), restando caracterizada a *reincidência específica* quando praticado qualquer desses crimes, pois todos integram a redação do dispositivo.

Reincidência genérica: Não impede o livramento condicional.

37. PRISÃO TEMPORÁRIA

Alterações do pacote anticrime: O pacote anticrime acrescentou três parágrafos ao art. 2° da

Lei 7.960/89, estabelecendo que "o mandado de prisão conterá necessariamente o período de duração da prisão temporária estabelecido no *caput* deste artigo, bem como o dia em que o preso deverá ser libertado" (§4°-A); que "decorrido o prazo contido no mandado de prisão, a autoridade responsável pela custódia deverá, independentemente de nova ordem da autoridade judicial, pôr imediatamente o preso em liberdade, salvo se já tiver sido comunicada da prorrogação da prisão temporária ou da decretação da prisão preventiva" (§7°); e que "inclui-se o dia do cumprimento do mandado de prisão no cômputo do prazo de prisão temporária" (§8º).

Prisão temporária: Trata-se de uma modalidade de prisão cautelar disciplinada pela Lei 7.960/89. Conforme o entendimento da doutrina majoritária só é cabível em *três hipóteses alternativas*, quais sejam, quando imprescindível para as investigações do inquérito policial (art. 1°, I); quando o imputado não tiver residência fixa (art. 1°, II, primeira parte); ou quando não fornecer elementos necessários ao esclarecimento de sua identidade (art. 1°, II, segunda parte); e, *cumulativamente*, com a existência de fundadas razões de sua autoria ou participação no rol taxativo de crimes definido (art. 1°, III). Essa medida cautelar é decretada pelo Juiz, em face da representação da autoridade policial ou de requerimento do Ministério Público (art. 2°, *caput*).

Regra: É possível.

Rol do art. 1°, III, da Lei 7.960/89: É taxativo, mas não exaustivo.

Prazo máximo da prisão temporária: O prazo fixado como regra é de 05 (cinco) dias, prorrogável por igual período (art. 2°, Lei 7.960/89). Entretanto, no que se refere aos crimes hediondos e equiparados, a Lei 8.072/90 estabelece que a prisão temporária poderá ser decretada por até 30 (trinta) dias, podendo ser prorrogado por igual período se comprovada necessidade (art. 2°, §4°).

Prazo mínimo da prisão temporária: O prazo acima estudado é o prazo limite da prisão temporária. Logo, é possível que a restrição da liberdade seja decretada por um período menor do que o previsto na lei, de acordo com cada caso.

Ampliação do rol: Nem todos os crimes hediondos e equiparados integram o rol taxativo do art. 1°, III, da Lei 7.960/89. Entretanto, é consenso que a Lei 8.072/90, além de ampliar o prazo da prisão temporária, amplia também, o rol dos crimes passíveis da custódia. Dessa forma, a prisão temporária poderá ser decretada para os crimes hediondos e equiparados, ainda que o delito não conste especificamente no rol taxativo da Lei 7.960/89.

Corrente restritiva: Preconiza que as normas que tratam sobre as prisões cautelares não têm natureza penal, já que não alteram a tipificação nem a pena, possuindo, portanto, natureza processual. Dessa forma, tais normas devem ter a contagem do prazo estabelecida de acordo com o art. 798, §1° do CPP, de modo a se excluir o dia de início.

Corrente extensiva: Preconiza que as normas que disciplinam as prisões cautelares possuem natureza híbrida, pois, embora não alteram a tipificação nem a pena, afetam o direito fundamental à liberdade. Dessa forma, tais normas devem ter a contagem do prazo estabelecida de acordo com o art. 10 do CPP, de modo a se incluir o dia de início. Filiamo-nos a essa corrente. Inclusive, frisamos que, para além da discussão sobre a natureza jurídica das normas que tratam sobre prisões cautelares, o art. 2° da LICPP, estabelece que "à prisão preventiva e à fiança aplicar-se-ão os dispositivos que forem mais favoráveis". A regra deve ser aplicada, analogicamente à prisão temporária.

Início da contagem do prazo: O prazo da prisão começa a fluir do momento da captura do preso, não do momento da decisão judicial. E, conforme referimos acima, a contagem do prazo deve ser feita segundo o art. 10 do Código Penal, incluindo-se o dia do começo, já que se trata de restrição da liberdade. Esse entendimento, que sempre nos pareceu mais arejado, de acordo com as bases da Constituição Federal, foi inserido expressamente na lei (art. 2°, §8°, da Lei 7.960/89).

Data da soltura do preso: Com as alterações do pacote anticrime, a lei passou a estabelecer que o mandado de prisão deve conter o prazo de duração da prisão temporária, informando o dia em que o preso deverá ser libertado (art. 2°, §4°-A).

Decurso do prazo da prisão: Decorrido o prazo da prisão, o preso deverá ser colocado em liberdade, a autoridade responsável pela custódia deverá, independentemente de nova ordem da autoridade judicial, pôr imediatamente o preso em liberdade, salvo se já tiver sido comunicada da prorrogação da prisão temporária ou da decretação da prisão preventiva (art. 2°, §8°). A lei determina que a soltura seja determinada pela autoridade competente, sem necessidade de expedir-se alvará de soltura.

Desnecessidade de manutenção da prisão durante o prazo: Se discute na doutrina a possibilidade ou não de o delegado de polícia que representou pela prisão temporária, verificando que a custódia cautelar não é mais necessária, diante obtenção do resultado pretendido, poderia determinar a soltura do preso. Há parcela da doutrina que entende que "somente quem prendeu, pode soltar" e, assim, o delegado não poderia determinar a soltura. Dessa forma, Renato Brasileiro de Lima leciona que o delegado de polícia deve solicitar ao juiz a revogação da prisão. Não somos simpáticos a este entendimento, pois, sendo a prisão a extrema exceção no ordenamento constitucional, quando antes for o preso colocado em liberdade, mais rápido terá garantido seu direito fundamental. Ademais, tratando-se de medida que se originou de ato do delegado de polícia, de modo que o juiz não poderia, de forma alguma, decretar (ou manter) a custódia constritiva da liberdade sem essa representação, não há razão lógica para que o delegado deva solicitar a revogação da medida ao juiz, devendo apenas comunicá-lo da soltura. Esse entendimento é também adotado por Aury Lopes Júnior[18], o qual sustenta que não há necessidade de intervenção judicial para a soltura do preso na hipótese ventilada. Ademais, anote-se que, com o pacote anticrime, o art. 2°, §7°, da Lei 7.960/89, estabelece que a soltura do preso "independentemente de nova ordem da autoridade judicial". Esse dispositivo pode aplicar-se analogicamente ao caso analisado.

38. ACORDO DE NÃO PERSECUÇÃO PENAL

Art. 28-A. Não sendo caso de arquivamento e tendo o investigado confessado formal e circunstancialmente a prática de infração penal sem violência ou grave ameaça e com pena mínima inferior a 4 (quatro) anos, o Ministério Público poderá propor acordo de não persecução penal, desde que necessário e suficiente para reprovação e prevenção do crime, mediante as seguintes condições ajustadas cumulativa e alternativamente:

I - reparar o dano ou restituir a coisa à vítima, exceto na impossibilidade de fazê-lo;

II - renunciar voluntariamente a bens e direitos indicados pelo Ministério Público como instrumentos, produto ou proveito do crime;

III - prestar serviço à comunidade ou a entidades públicas por período correspondente à pena mínima cominada ao delito diminuída de um a dois terços, em local a ser indicado pelo juízo da execução, na forma do Código Penal;

IV - pagar prestação pecuniária, a ser estipulada nos termos do art. 45 do Código Penal, a entidade pública ou de interesse social, a ser indicada pelo juízo da execução, que tenha, preferencialmente, como função proteger bens jurídicos iguais ou semelhantes aos aparentemente lesados pelo delito; ou

V - cumprir, por prazo determinado, outra condição indicada pelo Ministério Público, desde que proporcional e compatível com a infração penal imputada.

§1° Para aferição da pena mínima cominada ao delito a que se refere o *caput* deste artigo, serão consideradas as causas de aumento e diminuição aplicáveis ao caso concreto.

§2° O disposto no *caput* deste artigo não se aplica nas seguintes hipóteses:

I - se for cabível transação penal de competência dos Juizados Especiais Criminais, nos termos da lei;

II - se o investigado for reincidente ou se houver elementos probatórios que indiquem conduta criminal habitual, reiterada ou profissional, exceto se insignificantes as infrações penais pretéritas;

III - ter sido o agente beneficiado nos 5 (cinco) anos anteriores ao cometimento da infração, em acordo de não persecução penal, transação penal ou suspensão condicional do processo; e

IV - nos crimes praticados no âmbito de violência doméstica ou familiar, ou praticados contra a mulher por razões da condição de sexo feminino, em favor do agressor.

§3° O acordo de não persecução penal será formalizado por escrito e será firmado pelo membro do Ministério Público, pelo investigado e por seu defensor.

§4° Para a homologação do acordo de não persecução penal, será realizada audiência na qual o juiz deverá verificar a sua voluntariedade, por meio da oitiva do investigado na presença do seu defensor, e sua legalidade.

§5° Se o juiz considerar inadequadas, insuficientes ou abusivas as condições dispostas no acordo de não persecução penal, devolverá os autos ao Ministério Público para que seja reformulada a proposta de acordo, com concordância do investigado e seu defensor.

§6° Homologado judicialmente o acordo de não persecução penal, o juiz devolverá os autos ao Ministério Público para que inicie sua execução perante o juízo de execução penal.

§7° O juiz poderá recusar homologação à proposta que não atender aos requisitos legais ou quando

18. LOPES JR, Aury. *Direito Processual Penal.* 12ª edição, São Paulo: Saraiva, 2015, p. 679.

não for realizada a adequação a que se refere o §5º deste artigo.

§8º Recusada a homologação, o juiz devolverá os autos ao Ministério Público para a análise da necessidade de complementação das investigações ou o oferecimento da denúncia.

§9º A vítima será intimada da homologação do acordo de não persecução penal e de seu descumprimento.

§10. Descumpridas quaisquer das condições estipuladas no acordo de não persecução penal, o Ministério Público deverá comunicar ao juízo, para fins de sua rescisão e posterior oferecimento de denúncia.

§11. O descumprimento do acordo de não persecução penal pelo investigado também poderá ser utilizado pelo Ministério Público como justificativa para o eventual não oferecimento de suspensão condicional do processo.

§12. A celebração e o cumprimento do acordo de não persecução penal não constarão de certidão de antecedentes criminais, exceto para os fins previstos no inciso III do §2º deste artigo.

§13. Cumprido integralmente o acordo de não persecução penal, o juízo competente decretará a extinção de punibilidade.

§14. No caso de recusa, por parte do Ministério Público, em propor o acordo de não persecução penal, o investigado poderá requerer a remessa dos autos a órgão superior, na forma do art. 28 deste Código.

Pacote anticrime: Trata-se de instituto acrescentado à legislação pela Lei 13.964/19. Frise-se que antes do pacote anticrime, o Conselho Nacional do Ministério Público, ao que nos parece, à época, em clara afronta à ao ordenamento constitucional, editou a Resolução 181/17 (art. 18), autorizando a *negociação* dos seus membros com acusados de crimes, de forma totalmente alheia à justiça.

Natureza jurídica: É negócio jurídico bilateral.

Justiça negocial: Trata-se de mais uma exceção à obrigatoriedade da ação penal. O ordenamento jurídico processual já reconhece outras modalidades de *justiça negocial*, v.g., a transação penal e a suspensão condicional do processo. O objetivo não é unicamente a punição, mas a reparação do dano, se possível, e a racionalização da persecução penal, tornando-a mais objetiva e desburocratizada. Logicamente, na *justiça negocial*, deve haver um necessário arranjo entre os direitos e deveres das partes, permitindo a relativização do devido processo legal, que passa a ser harmonizado a partir de concessões recíprocas. A acusação ganha maior flexibilidade, possuindo espaço para a resolução do litígio de forma mais dinâmica, abdicando, contudo, da pena privativa de liberdade. O imputado, por sua vez, livra-se do pesado fardo do processo, confessando o crime e abdicando da ampla defesa que cede espaço ao ajuste e ao consenso. O acordo de não persecução penal, assim, é visto por nós um típico instituto do *Direito Penal de Segunda Velocidade*, marcado pela transigência entre as partes, sendo firmado entre o Estado e o imputado, de forma consensual, sendo que o Estado assume o compromisso de não mover o processo contra o imputado, desde que este confesse o crime e cumpra as condições ajustadas.

Política Criminal: É uma exceção à obrigatoriedade da ação penal.

Autos da investigação: O acordo deve ser formalizado nos autos da investigação criminal, i.e., no inquérito policial, conduzido pela polícia judiciária, ou no procedimento investigatório criminal, levado a efeito pelo Ministério Público.

Discricionariedade: O acordo não é direito subjetivo do investigado, trata-se de *ato discricionário do Ministério Público*. Aliás, uma característica básica para a sua aplicação é a *consensualidade entre as partes*. Anote-se que, caso fosse, de fato, um direito público subjetivo do imputado, o juiz poderia ordenar a sua feitura *sponte sua*, o que não se admite na espécie. Ademais, o acordo de não persecução penal deve ser formalizado apenas quando necessário e suficiente à reprovação do crime, o que demanda a análise de cada caso. Na jurisprudência, há precedentes no sentido de não se tratar de um direito subjetivo do investigado (STJ, AgRg no RHC 130.58710).

Ação privada: A lei silencia quanto à (im) possibilidade de aplicação do acordo em crimes de ação privada. Assim, entendemos que, por analogia (art. 3°, CPP), deve ser admitido, tal qual ocorre com a transação penal (STJ, HC 34.085), sendo que, no caso, o pacto deve ser firmado entre o querelante e o imputado (STJ, APn 634).

Requisitos: Não ser caso de arquivamento da investigação; ter o investigado confessado formal e circunstancialmente a infração penal; infração penal sem violência ou grave ameaça; pena abstrata mínima inferior a 4 anos.

A confissão como requisito: Há corrente doutrinária sustentando a inconstitucionalidade da exigência da confissão formal como requisito do acordo, por violação ao princípio de que ninguém é obrigado a produzir provas contra si, previsto no art. 5°, LXIII da Constituição Federal[19]. Em sentido contrário, argumenta-se a não violação ao preceito referido, pois o acordo é consensual e o investigado deve estar acompanhado por advogado. Frisa-se que não há o *dever ao silêncio* e o imputado pode confessar o crime se assim o quiser[20]. Estamos de acordo com a segunda corrente, pois a natureza jurídica do acordo é consensual. Logo, a lei não impõe a confissão como forma de embasar uma condenação criminal. Muito pelo contrário, a lei apenas exige a confissão para possibilitar ao réu não responder processo criminal e ter sua punibilidade extinta, sem gerar antecedentes. Basta que cumpra o acordo *consensualmente celebrado*. Nessa ótica, a confissão se torna uma "espécie de caução" de que cumprirá a sua parte do acordo, devendo arcar com o ônus se não honrar a sua palavra. Frise-se que o acordo não lhe é imposto, mas demanda seu consentimento. Assim, não se tratando de um direito subjetivo, mas de uma possibilidade que o Estado lhe oferta, não há qualquer ofensa ao *privilege against self incrimination*.

Infração penal sem violência ou grave ameaça: Há quem lecione que o requisito da inexistência de violência ou grave ameaça deve ser exigido tanto em crimes quanto em contravenções[21]. Outros entendem que a violência ou grave ameaça que integram infrações de menor potencial ofensivo (art. 61, Lei 9.099/95) não tem o condão de impedir o acordo de não persecução penal[22]. Juntamos-nos à segunda corrente, pois a interpretação das regras do art. 28-A do CPP nos levam a crer que, em se tratando de infrações de menor potencial ofensivo, o acordo de não persecução penal é subsidiário da transação penal. Será cabível o acordo sempre que não for cabível a transação (§2°, inc. I). Ora, a transação penal cabe em contravenções e crimes praticados com violência ou grave ameaça, desde que sejam infrações de menor potencial ofensivo. Logo, não há razões lógicas para se impedir o acordo de não persecução penal nos mesmos casos, mormente diante do fato de que ambos os institutos se tratam de medidas descarcerizadoras guiados pela política criminal da intervenção mínima.

Violência dolosa: Ainda que a lei tenha silenciado, acreditamos que o acordo de não persecução criminal possa ser realizado quando a violência for resultante de conduta culposa, v.g., acidente de trânsito que resulte em hematomas.

Pena mínima inferior a quatro anos: Se a pena mínima for *igual* a quatro anos não cabe o acordo, sendo que as *causas de aumento e diminuição* da pena são computadas para a aferição da pena mínima.

Razoabilidade: O acordo de não persecução deve ser necessário e suficiente à reprovação e prevenção do crime. Havendo corrente lecionando que o promotor deve balizar-se pelas circunstâncias do art. 59 do Código Penal[23].

Condições: Reparar dano ou restituir a coisa à vítima; renunciar bens instrumentos, produto ou proveitos do crime; prestar serviços à comunidade ou entidades públicas; pagar prestação pecuniária a entidades públicas ou de interesse social; cumprir *outras condições* impostas no acordo (leia-se, outra PRD qualquer, v.g., perda de bens, interdição de direitos, limitação de fim de semana).

Renúncia de bens: Trata-se de *confisco aquiescido ou consentido*.

Cumulativas ou alternativas: As condições podem ser ajustadas de forma *cumulativa ou alternativa*. A lei não refere nada sobre a possibilidade de que as condições sejam impostas de forma *sucessiva*, pois, caso o imputado não cumpra as condições inicialmente ajustadas (e consensualmente aceitas), não há a possibilidade de o Ministério Público reajustar o acordo inadimplido. Pensamos que, ao não cumprir a sua parte do acordo, o imputado abre mão da oportunidade que o Estado lhe deu de não ser processado.

Vedação do acordo ou requisitos negativos: O acordo de não persecução penal não será permitido nos casos em que for cabível transação penal; o imputado for reincidente; houver prova de conduta criminal

19. Nesse sentido: JUNQUEIRA, Gustavo, et al. Lei anticrime comentada: artigo por artigo. Gustavo Junqueira; Patrícia Vanzolini; Paulo Henrique Fuller; Rodrigo Pardal. São Paulo: Saraiva, 2020, p. 153-154.
20. Nesse sentido: LIMA, Renato Brasileiro de. Pacote Anticrime. Salvador: Juspodivm, 2020, p. 231.
21. Nesse sentido: LIMA, Renato Brasileiro de. Pacote Anticrime. Salvador: Juspodivm, 2020, p. 236.
22. Nesse sentido: JUNQUEIRA, Gustavo, et al. Lei anticrime comentada: artigo por artigo. Gustavo Junqueira; Patrícia Vanzolini; Paulo Henrique Fuller; Rodrigo Pardal. São Paulo: Saraiva, 2020, p. 158.
23. Nesse sentido: JUNQUEIRA, Gustavo, et al. Lei anticrime comentada: artigo por artigo. Gustavo Junqueira; Patrícia Vanzolini; Paulo Henrique Fuller; Rodrigo Pardal. São Paulo: Saraiva, 2020, p. 161.

habitual, reiterada ou profissional; o imputado tiver sido beneficiado com acordo de não persecução, transação penal ou SCP nos 5 anos anteriores; se tratar de crime praticado no âmbito de violência doméstica ou familiar; se tratar de crime praticado contra mulher por razões de condição do sexo feminino.

Momento: Ocorre antes da denúncia, sendo responsabilidade do Ministério Público promovê-lo de modo extrajudicial, *nas suas dependências*.

Crimes ocorridos antes da vigência da Lei 13964/19: Entende-se que acordo de não persecução penal aplica-se a fatos ocorridos antes da vigência do pacote anticrime, desde que não recebida a denúncia (STJ, Resp 1.808.389; Resp 1.852.961).

Recusa do Ministério Público: Se lhe for recusada a proposta de acordo o investigado pode requer a remessa dos autos ao órgão superior, segundo dispõe o art. 28 do Código de Processo Penal.

Audiência judicial para firmar o acordo: Não há. O acordo de não persecução penal deve ser formalizado exclusivamente pelo Ministério Público, não havendo que se marcar audiência judicial para propositura do acordo (TRF4, RSE 5002794-72-2020-4-04-7108). Só há que se falar em designação de audiência após a formalização do acordo.

Formalização: O acordo de não persecução penal é firmado entre o Ministério Público, o investigado e seu defensor.

Homologação pelo juiz[24]**:** O acordo de não persecução penal deve ser homologado pelo juiz[25], ocasião em que deverá realizar audiência para oitiva do investigado, a fim de verificar a voluntariedade. Havendo homologação do acordo a vítima do crime deve ser intimada.

Acordo inadequado: Se o juiz entender inadequadas, insuficientes ou abusivas as condições do acordo, deverá devolvê-lo ao Ministério Público para reformular os seus termos.

Não homologação: O juiz pode recusar-se a homologar o acordo que não atender aos requisitos legais ou que não tenha sido reformulado após a devolução dos autos ao Ministério Público para readequação.

24. O acordo é homologado pelo juiz das garantias (suspenso pelo STF).

25. Ainda que o dispositivo tenha se referido apenas à expressão "juiz", o instituto tem plena aplicabilidade nos casos de foro por prerrogativa de função, nos casos de processos originários dos tribunais superiores (art. 1°, §3°, Lei. 8.038/90).

Recurso cabível: Da homologação ou não homologação do acordo de não persecução penal cabe recurso em sentido estrito (art. 581, XXV, CPP).

Prescrição: A prescrição não corre enquanto não cumprido ou não rescindido o acordo de não persecução penal (art. 116, IV, CP).

Fiscalização: Se homologado, o Ministério Público deverá iniciar a sua execução perante o juízo de execução penal. Parece ilógico que a fiscalização do cumprimento do acordo se dê perante a Vara de Execuções Criminais, uma vez que, conforme referimos, as condições do acordo não têm natureza jurídica de pena, mas de negócio jurídico consensual extraprocessual.

Descumprimento do acordo: O Ministério Público deve comunicar o descumprimento do acordo ao juízo para rescisão. Após, haverá oferecimento da denúncia. Atente-se que o descumprimento pode ser utilizado como justificativa para não oferecimento da SCP, pois, como o imputado não demonstrou responsabilidade no cumprimento do acordo de não persecução penal, é de se presumir seu descaso no cumprimento de qualquer outro benefício ofertado pelo Estado. Frise-se que, havendo o descumprimento do acordo a vítima do crime deve ser intimada.

Cumprimento do acordo: Será decretada extinção da punibilidade; não causará reflexos na culpabilidade do imputado; nada constará da sua certidão de antecedentes criminais.

Crime Hediondo: A lei não veda expressamente a realização do acordo de não persecução penal nos casos de crime hediondo ou equiparado. No entanto, entendemos que nesses casos é *irrazoável aplicar-se o instituto*, pois o art. 28-A permite a medida despenalizadora apenas nos casos em que for *necessário e suficiente à reprovação e prevenção do crime*[26]. Eventual aplicação do acordo de não persecução penal aos crimes hediondos e equiparados fere a lógica do sistema, uma vez que, sendo um instituto despenalizador, impeditivo do processo, não guarda harmonia com crimes a que o legislador, historicamente, tem conferido tratamento criminal mais rígido. A própria Constituição Federal (art. 5°, inc. XLIII) estabelece que *"a lei considerará crimes inafiançáveis e insuscetíveis de graça ou anistia a prática da tortura, o tráfico ilícito de entorpecentes e*

26. Nesse sentido também: LIMA, Renato Brasileiro de. Pacote Anticrime. Salvador: Juspodivm, 2020, p. 229.

drogas afins, o terrorismo e os definidos como crimes hediondos, por eles respondendo os mandantes, os executores e os que, podendo evitá-los, se omitirem". Na escala de gravidade das infrações penais, os crimes hediondos e os equiparados são aqueles que ocupam o ápice da pirâmide, recebendo tratamento especialmente mais severo. Seria desproporcional que o acordo de não persecução penal fosse aplicável nesses casos, impedido o processo contra o imputado. Como comparação, veja-se que as medidas impeditivas do processo (descarcerizadoras ou despenalizadoras), historicamente, apenas são aplicadas em infrações penais de *menor potencial ofensivo* (transação penal) ou *médio potencial ofensivo* (suspensão condicional do processo). Diante dessa constatação, ainda que o acordo de não persecução penal possa ser aplicado nos casos de crime de *grande potencial ofensivo*, não pode ser admitido aos crimes hediondos e equiparados, os quais podem ser definidos como o *suprassumo da reprovabilidade*. Em última análise, consistiria afronta ao art. 5°, XLIII, da Constituição Federal, por violação do princípio da proporcionalidade, sob a ótica da proibição da proteção deficiente.

Trafico privilegiado[27]**:** É o crime do art. 33, §4°, da Lei 11.343/06. Repare-se que a pena mínima do tráfico de drogas é 05 anos (art. 33, *caput*), sendo que, na modalidade privilegiada, com a diminuição da pena de 1/6 a 2/3 (§4°), haverá a possibilidade de *aplicação do acordo de não persecução penal*. Lembre-se que a causa minorante afasta a equiparação da hediondez, de modo que o *tráfico privilegiado não é equiparado a hediondo* (STF, HC 118.533 e art. 112, §5°, da Lei 7.210/84). Assim, não haveria incompatibilidade axiológica na aplicação do instituto do acordo de não persecução penal.

39. ASSOCIAÇÃO CRIMINOSA E DELAÇÃO PREMIADA

Art. 8º Será de três a seis anos de reclusão a pena prevista no art. 288 do Código Penal, quando se tratar de crimes hediondos, prática da tortura, tráfico ilícito de entorpecentes e drogas afins ou terrorismo.

Par. único. O participante e o associado que denunciar à autoridade o bando ou quadrilha, possibilitando seu desmantelamento, terá a pena reduzida de um a dois terços.

Associação criminosa: O dispositivo determina patamares de pena específicos ao crime de associação criminosa voltada à prática de crimes hediondos ou equiparados.

Associação para o tráfico de drogas: Ainda que o dispositivo faça menção ao tráfico, deve-se salientar que a Lei 11.343/06 prevê um crime autônomo de associação para o tráfico (art. 35). Dessa forma, o artigo estudado não tem mais aplicação neste caso.

Associação criminosa majorada: Trata-se da causa de especial aumento da pena prevista no art. 288, parágrafo único, do Código Penal, onde está determinado que "a pena aumenta-se até a metade se a associação é armada ou se houver a participação de criança ou adolescente". Existe uma corrente doutrinária que sustenta a não aplicação desta causa de aumento ao art. 8° da Lei 8.072/90, sob o argumento de que a majoração da pena, neste caso, acarretaria evidente *bis in idem*, além de configurar uma analogia *in malam partem*. Entretanto, em que pese esse entendimento doutrinário, o Supremo Tribunal Federal já entendeu que não há qualquer incompatibilidade na aplicação da majorante do parágrafo único do art. 288 do CP ao art. 8° da Lei 8.072/90 (HC 74.269).

Delação premiada: Trata-se da disposição coalescida ao parágrafo único, onde se possibilita a redução da pena do integrante da associação criminosa que viabilizar o seu desmantelamento, delatando seus comparsas.

Nomenclatura alternativa: Alguns autores referem-se ao instituto da delação premiada como *traição benéfica*.

Bando ou quadrilha: A expressão foi usada no do dispositivo, pois se referia ao antigo *nomen iuris* do crime descrito no art. 288 do Código Penal, que foi alterado para associação criminosa com a edição da Lei 12.850/13. Nesse passo, Guilherme de Souza Nucci[28] leciona que o dispositivo não tem mais validade, pois a lei mais nova (Lei 12.850/13) fasta a mais antiga (art. 8° da Lei 8.072/90).

27. Ainda que grande parte da doutrina faça alusão ao tráfico privilegiado, entendemos que, na essência, não se trata de uma figura privilegiada, pois o legislador não estipula novos patamares mínimo e máximo da pena, prevendo tão somente redução da pena abstrata cominada ao tipo básico, razão pela qual se trata de uma circunstância minorante.

28. NUCCI, Guilherme de Souza. Leis Penais e Processuais Penais Comentadas. Volume I, Rio de Janeiro: Forense, 2017, p. 522.

Não hediondez: A associação criminosa voltada à prática de crime hediondo ou equiparado não é considerada crime hediondo.

40. CAUSAS DE AUMENTO DA PENA

Art. 9º As penas fixadas no art. 6º para os crimes capitulados nos arts. 157, § 3º, 158, § 2º, 159, *caput* e seus §§ 1º, 2º e 3º, 213, *caput* e sua combinação com o art. 223, *caput* e parágrafo único, 214 e sua combinação com o art. 223, *caput* e parágrafo único, todos do Código Penal, são acrescidas de metade, respeitado o limite superior de trinta anos de reclusão, estando a vítima em qualquer das hipóteses referidas no art. 224 também do Código Penal.

Revogação tácita do dispositivo: Este dispositivo não possui mais aplicação, estando tacitamente revogado. É que o art. 7° da Lei 12.015/09 revogou o art. 224 do Código Penal, do qual depende toda a razão lógica de ser das causas de aumento da pena previstas no art. 9° da Lei 8.072/90. Nesse sentido sedimentou-se a jurisprudência do Superior Tribunal de Justiça (REsp. 1.102.005).

2

ABUSO DE AUTORIDADE

Lei 13.869/2019

MARCELO DE LIMA LESSA
RAFAEL FRANCISCO MARCONDES DE MORAES

1. DISPOSIÇÕES GERAIS

Art. 1º Esta Lei define os crimes de abuso de autoridade, cometidos por agente público, servidor ou não, que, no exercício de suas funções ou a pretexto de exercê-las, abuse do poder que lhe tenha sido atribuído.

§ 1º As condutas descritas nesta Lei constituem crime de abuso de autoridade quando praticadas pelo agente com a finalidade específica de prejudicar outrem ou beneficiar a si mesmo ou a terceiro, ou, ainda, por mero capricho ou satisfação pessoal.

§ 2º A divergência na interpretação de lei ou na avaliação de fatos e provas não configura abuso de autoridade.

Comentários: A Lei Federal nº 13.869, de 5 de setembro de 2019, batizada "Nova Lei de Abuso de Autoridade", cuida dos crimes de abuso de autoridade, em substituição à Lei nº 4.898/1965. O novo diploma, com vigência a partir do dia 03 de janeiro de 2020 conforme seu artigo 45, que estabeleceu *vacatio legis* de 120 dias, contados na forma da Lei Complementar nº 95/1998 (art. 8º, § 1º), foi objeto de nova publicação em 27 de setembro de 2019, após veto presidencial de 19 de seus dispositivos e derrubada de 10 deles pelo Congresso Nacional. Em suma, a Lei nº 13.869/2019 revogou, além da Lei nº 4.898/1965, que disciplinava as infrações de abuso de autoridade, também a majorante da violação de domicílio por funcionário público e o delito de abuso de poder antes previstos nos artigos 150, § 2º e 350 do Código Penal. A Nova Lei de Abuso de Autoridade veicula 23 novas infrações penais em seu corpo e ainda insere o artigo 7º-B no Estatuto da Advocacia e a Ordem dos Advogados do Brasil (Lei nº 8.906/1994), criminalizando a violação de algumas prerrogativas advocatícias. Do total de 24 infrações penais criadas, 11 são de menor potencial ofensivo, porquanto a pena cominada não suplanta 2 anos (Lei nº 9.099/95, art. 61). Ademais, o novo diploma legal promoveu alterações pontuais em algumas leis extravagantes. A Lei nº 13.869/2019 representa mais um diploma que intensifica a incidência das garantias processuais penais integrantes do "princípio-síntese" do devido processo legal[1] desde a etapa extrajudicial do processo penal materializada no inquérito policial, derivação intitulada "devida investigação legal"[2] ou "devida investigação criminal"[3], superando rótulos obsoletos como "inquisitório" e "sigiloso" substituídos, respectivamente, por procedimento apuratório (com contraditório possível)[4] e de publicidade

1. BADARÓ, Gustavo Henrique Righi Ivahy. *Processo penal*. Rio de Janeiro: Elsevier, 2014, p. 39-40.
2. BALDAN, Édson Luís. Devida investigação legal como derivação do devido processo legal e como garantia fundamental do imputado. In: KHALED JR., Salah (coord.). *Sistema penal e poder punitivo:* estudos em homenagem ao prof. Aury Lopes Jr. Florianópolis: Empório do Direito, 2015, p.165.
3. COELHO, Emerson Ghirardelli. *Investigação criminal constitucional*. Belo Horizonte: Del Rey, 2017, p. 47-48.
4. CASTRO, Henrique Hoffman Monteiro de. *Inquérito policial tem sido conceituado de forma equivocada*. Revista Consultor Jurídico, 21 fev. 2017; MORAES, Rafael Francisco Marcondes de; PIMENTEL JR., Jaime. *Polícia judiciária e a atuação da defesa na investigação criminal*. Salvador: Juspodivm, 2018, p. 156-162.

restringível[5], sob a premissa de que o desrespeito às cláusulas gerais do devido processo e da dignidade humana inviabiliza e macula a consecução da Justiça Criminal. Interessante adiantar que a nova Lei de Abuso de Autoridade não criminaliza diretamente algumas condutas imbuídas de violência, sobretudo física ou psicológica, antes punidas pela ora revogada Lei nº 4.898/1965, as quais permanecem objeto de outras infrações penais, sobretudo do Código Penal (violência arbitrária, concussão, sequestro etc.) e da Lei de Tortura (Lei Federal n° 9.455/1997).

Elemento subjetivo: O novo diploma legal estabelece, em seu artigo 1º, § 1º, que o crime de abuso só ocorrerá se praticado pelo agente com a **finalidade específica** de **prejudicar outrem** ou **beneficiar a si mesmo** ou **a terceiro**, ou, ainda, por **mero capricho** ou **satisfação pessoal** (por exemplo, a arbitrariedade). Não basta o dolo de praticar a conduta típica de abuso, reclama-se o *animus abutendi*[6]. O agente público deve agir com a finalidade específica (elemento subjetivo especial) de, alternativamente (artigo 1º, §1º): a) prejudicar outrem; b) beneficiar a si mesmo ou a terceiro; c) por mero capricho; e d) por satisfação pessoal. Logo, exige-se o denominado "dolo específico", não existindo, sequer em tese, a figura culposa dos tipos penais. O agente precisa estar claro, visível e integralmente imbuído dos propósitos especificados na norma criminal (além do "especial fim de agir"), sob pena do delito não existir, podendo, se muito, somente ensejar uma eventual irregularidade disciplinar residual, caso prevista em lei para sanção funcional[7]. As instituições estatais de persecução deverão cercar-se de elementos concretos para imputar um crime de abuso de autoridade a alguém. Não basta a mera repetição do texto em tese infringido, sendo indispensável a descrição fundamentada do comportamento a que se busca punição, acrescida de elementos idôneos que demonstrem, minimamente, a presença do elemento subjetivo (dolo específico) e do especial fim de agir, sob pena de, hipoteticamente, também incorrerem em crime da própria nova Lei de Abuso (artigo 30), por ausência de justa causa fundamentada[8].

Divergência de interpretação: Somado ao dolo específico, o § 2º do artigo 1º da Lei nº 13.869/2019 estabelece que "a divergência na interpretação de lei ou na avaliação de fatos e provas não configura abuso de autoridade". Destarte, a **mera divergência** na **interpretação da lei** ou na **avaliação de fatos** e **provas** não autoriza a caracterização de delito de abuso de autoridade, haja vista a independência funcional assegurada a determinados agentes públicos[9], a qual, é bom enfatizar, só existe se devidamente motivada. Decidir sem fundamentar aumenta o risco em desfavor do operador do Direito, porquanto o ato por ele emitido estará comprometido e, aí sim, passível de reprimenda administrativa e criminal. Essa máxima rechaçou o chamado "**crime de hermenêutica**"[10], vale dizer, aquele ilícito em tese punido em razão de mera discordância exegética[11]. A previsão do dolo específico e a ressalva acerca da divergência na interpretação da norma, expressos nos parágrafos do artigo 1º da Lei nº 13.869/2019, são filtros e cautelas adotadas pelo legislador para

5. MORAES, Rafael Francisco Marcondes de; PIMENTEL JR., Jaime. *Polícia judiciária e a atuação da defesa na investigação criminal.* Salvador: Juspodivm, 2018, p.205-210.

6. HOFFMANN, Henrique; COSTA, Adriano Sousa; FONTES, Eduardo. Investigação sem indícios é abuso de autoridade. São Paulo, *Consultor Jurídico*, 7 jul. 2020.

7. LESSA, Marcelo de Lima. O Dolo Específico dos Crimes de Nova Lei de Abuso de Autoridade. Teresina, *Jus Navigandi*, 2 out. 2019.

8. LESSA, Marcelo de Lima; MORAES, Rafael Francisco Marcondes de; GIUDICE, Benedito Ignácio. *Nova Lei de Abuso de Autoridade:* diretrizes de atuação de Polícia Judiciária. São Paulo: Academia de Polícia, 2020, p. 24.

9. No Estado de São Paulo, a inerente independência funcional dos Delegados de Polícia é garantida pela Constituição Estadual (art. 140, § 3º), pela Lei Complementar nº 1.152/11 (alterada ela Lei Complementar nº 1.249/14), pela Portaria DGP-18/98 e pela Recomendação DGP-1/05, e é garantida pela autonomia intelectual para interpretar o ordenamento jurídico e decidir, com imparcialidade e isenção, de modo fundamentado.

10. A expressão ilícito ou "crime de hermenêutica" consta ter sido cunhada por Rui Barbosa, por ocasião da defesa técnica de Autoridade Judicial que se recusou a cumprir disposições da legislação gaúcha por considerá-las inconstitucionais e que, por isso, acabou processado e condenado pelo artigo 226, do Código Penal de 1890, que punia a conduta de "exceder os limites das funções próprias do emprego". BADARÓ, Gustavo Henrique; BREDA, Juliana (Coord.). *Comentários à lei de abuso de autoridade:* Lei nº 13.869, de 5 de setembro de 2019. São Paulo: Thomson Reuters Brasil, 2020, p. 29-30; LEITÃO JR., Joaquim. O delegado de polícia pode cometer "crime de hermenêutica"? In.: LEITÃO JR. Joaquim; HOFFMANN, Henrique; SOUSA, Antônio Francisco (Org.). *Tratado contemporâneo de polícia judiciária.* Cuiabá: Umanos Editora, 2019, p. 33-38.

11. Sobre o tópico analisado, foi aprovada a Súmula nº 1 do Seminário "Polícia Judiciária e a Nova Lei de Abuso de Autoridade (Lei 13.869/2019)", realizado na Academia de Polícia de São Paulo: "Ao Delegado de Polícia é garantida autonomia intelectual para interpretar o ordenamento e decidir, de modo imparcial e fundamentado, quanto ao rumo das diligências adotadas e quanto aos juízos de tipicidade, ilicitude, culpabilidade e demais avaliações de caráter jurídico imanentes à presidência da investigação criminal".

preservar a atuação das instituições públicas e proteger operadores que atuam na tutela da sociedade e dos direitos fundamentais.

2. SUJEITOS ATIVOS DO CRIME

Art. 2º É sujeito ativo do crime de abuso de autoridade qualquer agente público, servidor ou não, da administração direta, indireta ou fundacional de qualquer dos Poderes da União, dos Estados, do Distrito Federal, dos Municípios e de Território, compreendendo, mas não se limitando a:

I - servidores públicos e militares ou pessoas a eles equiparadas;

II - membros do Poder Legislativo;

III - membros do Poder Executivo;

IV - membros do Poder Judiciário;

V - membros do Ministério Público;

VI - membros dos tribunais ou conselhos de contas.

Parágrafo único. Reputa-se agente público, para os efeitos desta Lei, todo aquele que exerce, ainda que transitoriamente ou sem remuneração, por eleição, nomeação, designação, contratação ou qualquer outra forma de investidura ou vínculo, mandato, cargo, emprego ou função em órgão ou entidade abrangidos pelo *caput* deste artigo.

Comentários: No tocante aos sujeitos ativos, a nova Lei serve para o agente público, servidor ou não, mas que no exercício das suas funções ou a pretexto de exercê-las, abuse do poder que lhe tenha sido atribuído. O diploma coíbe o abuso da autoridade, consistente no direito ou poder de se fazer obedecer conferido aos representantes do Estado que, como agentes da lei, são compromissados com a atuação nos limites outorgados pelo ordenamento e, para tanto, sujeitam-se à responsabilização diante do uso ilegítimo dos poderes que lhes são conferidos para o desempenho regular dos serviços públicos. Podem figurar como sujeitos ativos dos novos delitos de abuso de autoridade quaisquer agentes públicos, servidores ou não, da administração direta, indireta ou fundacional de qualquer dos Poderes da União, dos Estados, do Distrito Federal, dos Municípios e de Território, compreendendo, mas não se limitando, conforme elencado no artigo 2º do novel diploma: servidores públicos e militares ou pessoas a eles equiparadas; membros do Poder Legislativo; membros do Poder Executivo; membros do Poder Judiciário; membros do Ministério Público; membros dos tribunais ou conselhos de contas. Portanto, todo aquele que exercer, ainda que transitoriamente ou sem remuneração, por eleição, nomeação, designação, contratação ou qualquer forma de investidura ou vínculo, mandato, cargo, emprego ou função em órgão ou entidade acima mencionada, estará sujeito às penas dos crimes de abuso de autoridade.

Agentes públicos com foro por prerrogativa de função: Tratando-se de servidor público com foro por prerrogativa de função, conhecido como "foro privilegiado", eventual suspeita de prática de abuso de autoridade será remetida ao órgão competente.

Juízes de Direito: Quanto aos Juízes de Direito, a Lei Orgânica da Magistratura Nacional (Lei Complementar nº 35/1979), estabelece no parágrafo único de seu artigo 33 que, quando, no curso de investigação, houver indício da prática de crime por parte do magistrado, a autoridade policial, civil ou militar, remeterá os respectivos autos ao Tribunal ou órgão especial competente para o julgamento, a fim de que prossiga na investigação.

Agentes ministeriais: Em relação aos agentes do órgão da acusação pública, a Lei Orgânica Nacional do Ministério Público (Lei Federal nº 8.625/1993), prevê em seu artigo 41, parágrafo único que, durante a investigação, se houver indício da prática de infração penal por parte de membro do Ministério Público, a autoridade policial, civil ou militar remeterá, imediatamente, sob pena de responsabilidade, os respectivos autos ao Procurador-Geral de Justiça, a quem competirá dar prosseguimento à apuração. Como se nota, caso a suspeita de prática delitiva de abuso de autoridade recair sobre autoridade judicial, agente ministerial ou quaisquer outros servidores com foro por prerrogativa de função ("foro privilegiado"), o expediente será direcionado ao órgão com atribuição para apurar os fatos[12].

Abuso de autoridade praticado por policiais militares: A modificação no Código Penal Militar (Decreto-lei nº 1.001/1969) promovida pela Lei Federal nº 13.491/2017 ensejou opinião no sentido de entender ser competência da Justiça Militar Estadual e correlata atribuição investigativa criminal da corregedoria da instituição miliciana estadual a apuração das infrações da legislação penal especial

12. LESSA, Marcelo de Lima; MORAES, Rafael Francisco Marcondes de; GIUDICE, Benedito Ignácio. *Nova Lei de Abuso de Autoridade:* diretrizes de atuação de Polícia Judiciária. São Paulo: Academia de Polícia, 2020, p.16.

cometidas por policiais militares, em especial dos delitos de abuso de autoridade. Trata-se de posição pendente de consolidação jurisprudencial. Enquanto não houver mudança de orientação, prevalece o entendimento da Súmula nº 172 do Superior Tribunal de Justiça, segundo o qual "Compete à Justiça Comum processar e julgar militar por crime de abuso de autoridade, ainda que praticado em serviço"[13]. Oportuno assinalar que a Lei nº 13.491/2017, a pretexto de estabelecer a Justiça Castrense para situações envolvendo homicídios cometidos por militares das Forças Armadas (Exército, Marinha e Aeronáutica), que consistia no único propósito do respectivo Projeto de Lei, conferiu novo texto ao inciso II do artigo 9º do diploma, que dispõe serem crimes militares em tempo de paz, além dos delitos previstos no Código Penal Militar como estipulava a redação anterior, também aqueles previstos "na legislação penal", dando margem a uma indevida interpretação ampliativa da competência da Justiça Militar para julgar os demais delitos não previstos no Código Penal Castrense, cuja hermenêutica dominante até então referenda como competência da Justiça Comum. A mencionada ginástica interpretativa da aludida modificação legislativa tem sido considerada um grave retrocesso pela doutrina processual penal[14], na contramão da tendência internacional de restringir as atribuições de Justiças Militares, sobretudo por serem compostas majoritariamente por juízes não de direito e civis mas por oficiais milicianos, julgando seus pares, ensejando violação à imparcialidade, ao juiz natural e ao tratamento isonômico entre particulares e agentes estatais, na medida em que decidirão sobre fatos criminosos como tortura e abuso de autoridade entre tantos outros perpetrados por policiais militares contra civis e um filtro constitucional e convencional, somado a uma interpretação conforme a Carta Magna do dispositivo modificado limita à Justiça Militar os fatos que ofendam bens jurídicos concernentes à administração castrense, motivos pelos quais há também a Ação Direta de Inconstitucionalidade (ADI) nº 5.804 em face da citada Lei nº 13.491/17, em trâmite no Supremo Tribunal Federal. Referido entendimento é reforçado pelo Código de Processo Penal Militar (Decreto-lei nº 1.002/1969), que em seu artigo 6º restringe à Justiça Militar Estadual os delitos previstos na Lei Penal Militar cometidos por servidores policiais militares.

3. AÇÃO PENAL

Art. 3º Os crimes previstos nesta Lei são de ação penal pública incondicionada.

§ 1º Será admitida ação privada se a ação penal pública não for intentada no prazo legal, cabendo ao Ministério Público aditar a queixa, repudiá-la e oferecer denúncia substitutiva, intervir em todos os termos do processo, fornecer elementos de prova, interpor recurso e, a todo tempo, no caso de negligência do querelante, retomar a ação como parte principal.

§ 2º A ação privada subsidiária será exercida no prazo de 6 (seis) meses, contado da data em que se esgotar o prazo para oferecimento da denúncia.

Comentários: A ação penal dos crimes de abuso de autoridade é pública incondicionada, mantendo-se a ação privada subsidiária da pública, com prazo de 6 (seis) meses contados da data em que se esgotar o prazo para o oferecimento da denúncia. Portanto, o Estado agirá de ofício, independentemente de provocação da vítima, seguindo a regra do Código Penal (art.100). Todavia, é prudente que o ofendido seja

13. Não alterada a jurisprudência dos Tribunais Superiores, a direção permanece sendo a veiculada na Resolução nº 02/2017, do Conselho Nacional dos Chefes de Polícia Civil (CONCPC), elaborada após o advento da referida Lei nº 13.491/2017 e que assim dispõe em seu artigo 1º: "Considerar atribuição da Polícia Civil e da Polícia Federal, segundo o caso, investigar os crimes dolosos contra a vida e os crimes previstos na legislação comum praticados por militares contra civis, sendo de competência da Justiça Militar Estadual somente os crimes expressamente previstos no Código Penal Militar, quando praticados em serviço ou em razão deste".

14. HOFFMANN, Henrique; COSTA, Adriano Sousa. Conceito de crime militar não foi ampliado pela Lei 13.491/17. São Paulo, Consultor Jurídico, 15 jan. 2019; LOPES JUNIOR, Aury. Lei 13.491/17 fez muito mais do que retirar os militares do tribunal do júri. *Revista Consultor Jurídico*, São Paulo, 20 out. 2017; BARBOSA, Ruchester Marreiros; HOFFMANN, Henrique. Ampliação de competência militar é inconstitucional e inconvencional. *Revista Consultor Jurídico*, São Paulo, 28 nov. 2017; LESSA, Marcelo de Lima; MORAES, Rafael Francisco Marcondes de; GIUDICE, Benedito Ignácio. *Nova Lei de Abuso de Autoridade*: diretrizes de atuação de Polícia Judiciária. São Paulo: Academia de Polícia, 2020, p. 17-21; MORAES, Rafael Francisco Marcondes de. *Prisão em flagrante delito constitucional*. Juspodivm: Salvador, 2018, p. 307-308; MACHADO, Leonardo Marcondes. Lei 13.491/2017: o Brasil na contramão da democracia e dos direitos humanos. *Instituto Brasileiro de Ciências Criminais*. Ano 25, nº 300, novembro/2017, p. 7-8. Nesse sentido, decisão exarada pelo Juizado Especial Criminal da Barra Funda da Capital, do Tribunal de Justiça do Estado de São Paulo, que manteve na Justiça Comum apuração de crime de abuso de autoridade perpetrado por Policial Militar, julgando inconstitucional e inconvencional a aludida modificação no Código Penal Castrense: TJSP, JECrim Barra Funda, Processo 1506694-91.2019.8.26.0050, Juiz de Direito Ulisses Augusto Pascolati Junior, j. 04/10/2019.

instado a pronunciar-se sobre os fatos apurados, a fim de que sejam auferidos elementos que propiciem, minimamente, a instauração da persecução penal, civil ou administrativa.

4. EFEITOS DA CONDENAÇÃO

Art. 4º São efeitos da condenação:

I - tornar certa a obrigação de indenizar o dano causado pelo crime, devendo o juiz, a requerimento do ofendido, fixar na sentença o valor mínimo para reparação dos danos causados pela infração, considerando os prejuízos por ele sofridos;

II - a inabilitação para o exercício de cargo, mandato ou função pública, pelo período de 1 (um) a 5 (cinco) anos;

III - a perda do cargo, do mandato ou da função pública.

Parágrafo único. Os efeitos previstos nos incisos II e III do *caput* deste artigo são condicionados à ocorrência de reincidência em crime de abuso de autoridade e não são automáticos, devendo ser declarados motivadamente na sentença.

Comentários: Constituem efeitos da condenação a obrigação de indenizar o dano causado pelo crime; a inabilitação para o exercício de cargo, mandato ou função pública pelo período de 1 (um) a 5 (cinco) anos e a perda do cargo, do mandato ou da função pública. Estes dois últimos efeitos são condicionados à ocorrência de reincidência em crime de abuso de autoridade e não são automáticos, devendo ser declarados motivadamente na sentença (Lei nº 13.869/2019, art. 4º, I, II e III e parágrafo único).

5. PENAS RESTRITIVAS DE DIREITOS

Art. 5º As penas restritivas de direitos substitutivas das privativas de liberdade previstas nesta Lei são:

I - prestação de serviços à comunidade ou a entidades públicas;

II - suspensão do exercício do cargo, da função ou do mandato, pelo prazo de 1 (um) a 6 (seis) meses, com a perda dos vencimentos e das vantagens;

III - (VETADO).

Parágrafo único. As penas restritivas de direitos podem ser aplicadas autônoma ou cumulativamente.

Comentários: A Lei nº 13.869/2019 dispõe que, em substituição às penas privativas de liberdade, poderão ser aplicadas sanções restritivas de direitos, como a prestação de serviços à comunidade ou a entidades públicas, suspensão do exercício do cargo, da função ou do mandato, pelo prazo de 1 a 6 meses, com a perda dos vencimentos e das vantagens e a proibição de exercer funções de natureza policial ou militar no Município em que tiver sido praticado o crime de abuso e naquele em que residir ou trabalhar a vítima, pelo prazo de 1 a 3 anos, podendo tais penas serem aplicadas autônoma ou cumulativamente.

6. SANÇÕES CIVIS E ADMINISTRATIVAS

Art. 6º As penas previstas nesta Lei serão aplicadas independentemente das sanções de natureza civil ou administrativa cabíveis.

Parágrafo único. As notícias de crimes previstos nesta Lei que descreverem falta funcional serão informadas à autoridade competente com vistas à apuração.

Art. 7º As responsabilidades civil e administrativa são independentes da criminal, não se podendo mais questionar sobre a existência ou a autoria do fato quando essas questões tenham sido decididas no juízo criminal.

Art. 8º Faz coisa julgada em âmbito cível, assim como no administrativo-disciplinar, a sentença penal que reconhecer ter sido o ato praticado em estado de necessidade, em legítima defesa, em estrito cumprimento de dever legal ou no exercício regular de direito.

Comentários: As penas da nova Lei de Abuso de Autoridade serão aplicadas independentemente das sanções de natureza civil ou administrativas cabíveis (Lei nº 13.869/19, art. 6º). Vale lembrar que a punição de condutas criminalizadas, por si só, independe do julgamento civil ou administrativo. As notícias de delitos previstos na nova Lei de Abuso de Autoridade que descreverem falta funcional serão informadas à autoridade competente com vistas à apuração (Lei nº 13.869/19, art. 6º, p.u.), a fim de que esta, em observância à regra da oficialidade, empreste marcha à apuração interna, até a sua conclusão. Já as responsabilidades civil e administrativa, conquanto independam da criminal, não se podem mais questionar sobre a existência ou a autoria do fato quando tais questões tenham sido decididas no juízo criminal (Lei nº 13.869/19, art. 7º). Portanto, se, no processo penal, o agente estatal for absolvido por inexistência do abuso, por falta de prova da existência do abuso, por falta de prova de que o agente concorreu para o abuso, por excludente de antijuridicidade, por erro de fato ou erro de proibição, a sentença criminal repercutirá integralmente no âmbito funcional. Outrossim, faz coisa julgada em âmbito cível, assim como no administrativo-disciplinar, a sentença penal que reconhecer ter sido o ato praticado em estado de necessidade, em legítima defesa, em estrito cumprimento do dever legal ou no exercício regular de direito, em consonância com o artigo 8º da Lei nº 13.869/19, que acompanha a disciplina do artigo 65 do Código de Processo Penal. Por outro lado, a insuficiência, a deficiência ou ineficiência de provas para a condenação criminal não repercutem na esfera administrativa, pois, para esta, a prova pode ser suficiente para embasar uma punição menor, por falta de cumprimento do dever ou transgressão disciplinar.

7. DECRETAÇÃO ILEGAL DE MEDIDA PRIVATIVA DE LIBERDADE

> **Art. 9º Decretar medida de privação da liberdade em manifesta desconformidade com as hipóteses legais:**
>
> **Pena – detenção, de 1 (um) a 4 (quatro) anos, e multa.**
>
> **Parágrafo único. Incorre na mesma pena a autoridade judiciária que, dentro de prazo razoável, deixar de:**
>
> **I – relaxar a prisão manifestamente ilegal;**
>
> **II – substituir a prisão preventiva por medida cautelar diversa ou de conceder liberdade provisória, quando manifestamente cabível;**
>
> **III – deferir liminar ou ordem de habeas corpus, quando manifestamente cabível.**

Verbo nuclear (*caput*): *Decretar*, que significa ordenar, determinar, mandar, estabelecer explicitamente.

Objeto jurídico: Liberdade de locomoção e dignidade da função pública[15].

Objeto material: Sujeito submetido à medida de privação de liberdade ilícita.

Elemento subjetivo: Dolo específico de praticar as condutas típicas (Lei nº 13.869/2019, art. 1º, § 1º).

Sujeito ativo: Autoridades públicas legitimadas a ordenar formalmente a custódia de alguém, vale dizer, o **Delegado de Polícia** como regra para a **prisão em flagrante delito** e o **Juiz de Direito** para as **demais prisões cautelares (preventiva e temporária)**. Isso porque os demais agentes policiais (agentes da Autoridade Policial), incumbidos da captura de suspeitos de práticas delitivas, **executam** medidas de privação de liberdade, não as ordenam e, nesse sentido, tanto a revogada Lei nº 4.898/1965, em seu artigo 4º, alínea "a", quanto o também revogado artigo 350 do Código Penal e ainda o próprio Projeto de Lei que resultou na Lei nº 13.869/2019, no seu vetado artigo 11 (com veto mantido pelo Congresso Nacional) estipulam expressa distinção entre as condutas de "executar" (realizar a captura) e "ordenar" (equivalente a decretar, determinar a prisão). Destarte, os demais servidores policiais não figuram como sujeitos ativos do tipo penal do *caput* do artigo 9º da Lei nº 13.869/2019. Caso privem a liberdade de alguém acreditando equivocadamente estarem escorados na lei, como regra estarão albergados por erro de tipo (Código Penal, art. 20), visto não lhes ser exigida formação jurídica para operar o Direito, razão pela qual não há que se falar em configuração de abuso de autoridade, inclusive por ausência do elemento subjetivo (Lei nº 13.869/19, art. 1º, § 1º). Lado outro, se houver conduta dolosa de um policial em privar deliberada e ilegalmente a liberdade de alguém, poderá o agente estatal, como qualquer pessoa, responder por delitos como sequestro ou cárcere privado (Código Penal, art. 148) ou infrações mais graves como extorsão qualificada ou extorsão mediante sequestro (Código Penal, arts. 158, § 3º e 159), de acordo com as circunstâncias dos casos concretos. Em suma, a autoridade estatal que "decreta" a prisão em flagrante, convertendo a captura em detenção (medida formal de privação de liberdade), no regime jurídico vigente, como regra é o Delegado de Polícia[16].

Sujeito passivo: Indivíduo submetido à medida de privação de liberdade ilícita.

Elemento normativo: A expressão "manifesta desconformidade com as hipóteses legais".

15. LEVORIN, Marco Polo. In: MOREIRA FILHO (Coord.). Nova lei do abuso de autoridade: comentada artigo por artigo. São Paulo: Rideel, 2019, p. 22-23.

16. Sobre o tipo penal em comento, foi aprovada a Súmula nº 2 do Seminário "Polícia Judiciária e a Nova Lei de Abuso de Autoridade (Lei 13.869/2019)", realizado na Academia de Polícia de São Paulo em 19/11/2019: "A decretação da prisão em flagrante pelo Delegado de Polícia mediante lavratura de auto prisional, como espécie de decisão de indiciamento, demanda avaliação do requisito temporal, previsto nas hipóteses do artigo 302 do CPP, assim como do requisito probatório, consubstanciado na fundada suspeita do § 1º do artigo 304 do CPP, sem prejuízo da apuração dos fatos em sede de inquérito policial instaurado via portaria na ausência dos aludidos requisitos legais".

"Manifesto", pois, é o evidente, notório, visível. Desse modo, a decretação da detenção mediante lavratura do auto constritivo de prisão flagrancial deve estar claramente em desacordo com a vontade da lei, sob pena do fato ser atípico penal.

Tipo objetivo: Ao mencionar "medida privativa de liberdade", a figura penal do *caput* do artigo 9º da Lei nº 13.869/2019 alude à privação em sentido estrito, isto é, aquela apartada da mera captura. Refere-se à efetivação da detenção, vale dizer, à determinação da custódia em razão da prática de uma infração penal, pela decretação da prisão em flagrante do suspeito capturado apresentado, considerando tratar-se da única prisão cautelar por infração penal comum ordenada extrajudicialmente. Embora no sistema jurídico brasileiro a expressão "detenção" seja usualmente empregada para designar uma espécie de pena, no campo da privação provisória da liberdade, o vocábulo "detenção" seria o mais adequada à espécie de custódia cautelar retratada na prisão em flagrante, adotando como referência a Resolução nº 43/173, de 9 de dezembro de 1988 da Organização das Nações Unidas (ONU), que veicula o Conjunto de Princípios para a Proteção de todas as Pessoas Sujeitas a qualquer forma de Detenção ou Prisão. Seguindo distinções técnicas das palavras empregadas, a denominada "captura" (CPP, art. 301), executada por qualquer do povo e geralmente por agente do Delegado de Polícia, continua válida e intocada. É o famoso "esteja detido" ("preso em sentido amplo"), emitido em razão da prática de infração penal aparente (CPP, art. 302). Num segundo momento é que ocorrerá, ou não, a conversão dessa captura (a "detenção" propriamente dita), após exame prévio de legalidade realizado pelo Delegado de Polícia na audiência de apresentação e garantias do artigo 304 do CPP. Sem a existência de estado flagrancial (CPP, art. 302) ou de "fundada suspeita" (CPP, art. 304, § 1º), ninguém pode ser recolhido à prisão, vale dizer, não poderá ser decretada a prisão flagrancial.

Prisão em flagrante: As hipóteses legais para a decretação da prisão em flagrante delito, como espécie do gênero decisão de indiciamento, reclamam não apenas a presença do estado de flagrância delitiva, seu requisito temporal, consubstanciado em uma das modalidades elencadas nos incisos do artigo 302 do CPP (flagrante próprio, impróprio ou presumido), mas também e sobretudo a fundada suspeita, seu requisito probatório retratado na justa causa (*fumus commissi delicti*), previsto no § 1º do artigo 304 do diploma processual penal, como suporte indiciário a autorizar o encarceramento extrajudicial fundamentado em face dos axiomas erigidos pela Lei Maior.[17] Nesse particular, tratando-se de aparente estado de flagrância delitiva, o reconhecimento provisório de qualquer das causas descriminantes pelo Delegado de Polícia é medida de rigor a ser adotada, suplantando desacertada cogitação de decretação de prisão e autuação em flagrante delito, que inclusive consubstancia ato ilegal nos casos em que os elementos coligidos indiquem a situação justificante, agora passível de caracterizar abuso de autoridade. Na verdade, para além de mera faculdade, constitui dever legal do Delegado de Polícia avaliar a presença e reconhecer eventuais excludentes de ilicitude, porquanto não há crime quando o sujeito age sob o manto da descriminante, exegese advinda da literalidade do artigo 23, *caput*, do Código Penal, assim como da incidência dos princípios e garantias constitucionais da dignidade humana, da legalidade e da presunção de não culpabilidade e mesmo do senso comum de justiça, posição dominante na literatura jurídica contemporânea[18]. Logo, para além de mera faculdade, cabe ao Delegado de Polícia avaliar questões alusivas às excludentes de antijuridicidade[19] e, também, as envolvendo questões de tipicidade material (insignificantes ou de bagatela). Diante da

17. MORAES, Rafael Francisco Marcondes de. *Prisão em flagrante delito constitucional*. Salvador: Juspodivm, 2018, p. 160-168.

18. BADARÓ, Gustavo Henrique Righi Ivahy. *Processo penal*. Rio de Janeiro: Elsevier, 2014, p.730; DEZEM, Guilherme Madeira. *Curso de processo penal*. São Paulo: Editora Revista dos Tribunais, 2016, p. 316; BRITO, Alexis Couto de; FABRETTI, Humberto Barrionuevo; LIMA, Marco Antonio Ferreira. *Processo penal brasileiro*. São Paulo: Atlas, 2012, p.237-238; MARQUES, José Frederico. Elementos de direito processual penal. Volume IV. Campinas: Bookseller, 1997, p. 86; MARREY, Adriano. *Legítima defesa exclui possibilidade de prisão*. São Paulo: Revista dos Tribunais, v. 665, 1991, p. 386-387; MORAES, Rafael Francisco Marcondes de. *Prisão em flagrante delito constitucional*. Salvador: Juspodivm, 2018, p. 250-265; PAGLIONE, Eduardo Augusto. A prisão em flagrante e as causas excludentes da antijuridicidade. *Boletim IBCCRIM - Instituto Brasileiro de Ciências Criminais*, v.15, set. 2007, p. 15-17; PAULO FILHO, Caetano. *As excludentes de ilicitude na fase pré-processual e seus reflexos no direito administrativo disciplinar*. 2010. 96 p. Monografia (Curso de Especialização em Polícia Judiciária e Sistema de Justiça Criminal do Centro de Estudos Superiores da Polícia Civil "Prof. Maurício Henrique Guimarães Pereira") – Academia de Polícia "Dr. Coriolano Nogueira Cobra", São Paulo, 2010, p. 71-72.

19. Nesse sentido há a Súmula nº 8 do Seminário Integrado da Polícia Judiciária da União e do Estado de São Paulo – Repercussões da Lei 12.830/13 na investigação criminal: "Constitui poder-dever do Delegado de Polícia reconhecer eventual causa de exclusão de ilicitude e, fundamentadamente, abster-se de elaborar auto de prisão em flagrante delito em desfavor do indivíduo autor do fato meramente típico, sem prejuízo da imediata instauração de inquérito policial".

inerente independência funcional como carreira jurídica qualificada pela formação policial[20], tais juízos representam obrigação legal (poder-dever) do Delegado de Polícia. Importante destacar que, enquanto vigora a captura do suspeito apresentado, ou seja, enquanto os fatos em tese delituosos estão sob a apreciação técnica e jurídica do Delegado de Polícia responsável, não há que se falar em abuso, em razão da ausência de elemento subjetivo, porquanto a privação momentânea da liberdade não pode ser confundida, sequer em tese, com efetiva decretação de medida privativa de liberdade (detenção ou prisão em flagrante). O mesmo raciocínio pode ser aplicado ao período em que um investigado sob o qual recaia fundada imputação da prática de infração penal pretérita, permaneça sob breve custódia na Delegacia de Polícia enquanto a Autoridade Policial representa de pronto por medidas cautelares, já que o interesse, nesse caso, não é particular, mas público[21].

Ausência dos requisitos legais: A ausência de fundamentos sólidos e claros torna ilegal a decretação da custódia flagrancial, enseja o denominado criptoflagrante (derivado do criptoindiciamento)[22] ou flagrante obtuso[23] e obsta a lavratura do auto prisional por implicar relaxamento e responsabilização por abuso de autoridade, sem prejuízo da deflagração da correlata investigação policial. Enfim, para afastar cogitação de abuso, o Delegado de Polícia deixará claro que o conduzido está em flagrante delito (ou seja, que existe "crime") e que, sobre ele, recai fundada suspeita de tê-lo praticado. E isso deve ser promovido via fundamentação técnica e jurídica da conduta atribuída ao sujeito apresentado no auto prisional, a fim de explicitar os requisitos legais, vale dizer, qual a espécie de flagrância verificada (própria, imprópria ou ficta) e qual foi "fundada suspeita" erguida contra o autuado e, por fim, quais foram as correlatas razões fáticas e jurídicas do convencimento. Motivado o ato, não há que se questionar a decisão da Autoridade Policial, já que, como visto, a própria Lei nº 13.869/2019 estipula que a divergência na interpretação da lei ou na avaliação de fatos e provas (entre Delegado de Polícia, Agente Ministerial, Autoridade Judicial ou quaisquer outras carreiras jurídicas) não configura abuso de autoridade (artigo 1º, § 2º)[24]. Conquanto a legislação, ao se referir à prisão em flagrante delito, não estabeleça diferenciação, referida segregação provisória divide-se em três momentos bem distintos: 1º) abordagem, captura e condução coercitiva ("prisão-captura"); 2º) decretação e formalização

20. MORAES, Rafael Francisco Marcondes de; PIMENTEL JÚNIOR, Jaime. *Polícia judiciária e a atuação da defesa na investigação criminal.* Salvador: Juspodivm, 2018, p. 24-25.

21. Nesse sentido há orientação dos Tribunais Superiores: STF, HC nº 107.644-SP, 1ª Turma, rel. Min. Ricardo Lewandowski, j. 06.09.2011 e STJ, RHC nº 25.475/SP, Rel. Ministro Jorge Mussi, 5ª Turma, j. 16.09.2010. Cumpre salientar que o original artigo 11 do Projeto da nova Lei de Abuso de Autoridade, que incriminava a conduta de executar a captura, prisão (note-se a própria lei reconhecendo que são institutos diversos) ou busca e apreensão de pessoa que não esteja em situação de flagrante delito ou sem ordem escrita de autoridade judiciária ou de condenado ou internado fugitivo, foi vetado pela Presidência da República e pelo Congresso pois, se vingasse, inviabilizaria a captura e a custódia que por vezes antecede os pedidos de prisão temporária nos casos dos autores de crimes pretéritos que são capturados e reconhecidos dias após a ocorrência do delito.

22. Designa-se criptoindiciamento o indiciamento infundado, destituído da indispensável motivação exarada pelo delegado de polícia, expondo os elementos que o justificam (Lei 12.830/13, art.2º, § 6º), expressão que suscita o neologismo criptoflagrante, derivado da aglutinação do vocábulo flagrante com o antepositivo "cripto", que significa "oculto" ou "secreto", para simbolizar a arbitrária e ilegal decretação de prisão em flagrante desprovida de fundamentação e de acervo mínimo para a justa causa (fundada suspeita – requisito probatório) ou fora das hipóteses de flagrância delitiva (requisito temporal). Moraes, Rafael Francisco Marcondes de. *Prisão em flagrante delito constitucional.* Salvador: Juspodivm, p. 239-248; PAULA, Fernando Shimidt de. *Criptoindiciamento.* São Bernardo do Campo: Universidade Metodista de São Paulo, 2018. p. 106-110.

23. Fala-se em flagrante obtuso, como alusão a uma postura rude ou tola, para retratar leitura deturpada do artigo 304 do CPP, meramente topográfica e carente de filtro constitucional, segundo a qual o Delegado de Polícia deveria lavrar auto de (não) prisão em flagrante em todos os casos e indiscriminadamente, a despeito de não vislumbrar respaldo legal para a custódia ao analisar o contexto fático. CABETTE, Eduardo Luiz Santos. Do flagrante obtuso ou da pretensão de que o delegado de polícia lavre auto de "não prisão" em flagrante em qualquer caso de condução de capturado. *Revista Prática Jurídica,* ano XV, 176, Consulex, p. 6-16, nov. 2016.

24. Do mesmo modo que o Delegado de Polícia precisa motivar o auto prisional, deverá fazer se decidir pela não decretação da prisão em flagrante, quando entender ausente a situação jurídica que caracterize o flagrante. Registrará o fato em boletim de ocorrência circunstanciado, adotando as demais providências cabíveis, inclusive em desfavor dos autores da captura indevida, se for o caso. Embora a ausência de fundamentação da não determinação da prisão em flagrante não configure crime de abuso de autoridade, é certo que a motivação é importante para elidir cogitação de dolo do delito do delito de prevaricação (Código Penal, art. 319), assim como o advérbio "indevidamente" exigido para a configuração de ato de improbidade administrativa (Lei nº 8.429/92, art. 11, II), porquanto justificadas as razões decisórias, salvo em hipóteses teratológicas em manifesta contrariedade à lei, de difícil demonstração, reiterando que a mera divergência de opiniões, como visto, não pode ser confundida com o dolo.

("prisão-custódia"[25], "prisão-formalização" ou prisão em flagrante propriamente dita) e; 3º) recolhimento ao cárcere (ou "prisão-recolhimento")[26].

Prisão preventiva: Já para a prisão preventiva, decretada pelo Juiz de Direito, as hipóteses representam os pressupostos consistentes nos indícios de autoria e na prova da materialidade delitiva (*fumus boni iuris* ou *fumus commissi delicti)* previstos na parte final do artigo 312 do CPP. Os fundamentos, que indicam o "perigo gerado pelo estado de liberdade do imputado" (*periculum in mora* ou *periculum libertatis*), expressão que agora consta expressamente no texto legal, após a reforma pela Lei nº 13.964/2019 ("Pacote Anticrime"), estão descritos no mesmo dispositivo, vale dizer, a garantia da ordem pública, da ordem econômica ou da aplicação da lei penal e a conveniência da instrução criminal. Por fim, as hipóteses legais de admissibilidade estão arroladas no artigo 313 do CPP: crimes dolosos punidos com pena privativa de liberdade máxima superior a 4 quatro anos; sujeito reincidente em crime doloso; delito envolvendo violência doméstica e familiar contra a mulher, criança, adolescente, idoso, enfermo ou pessoa com deficiência, visando a garantir a execução das medidas protetivas de urgência; quando houver dúvida sobre a identidade civil da pessoa ou se esta não fornecer elementos suficientes para esclarecê-la; e ainda quando não cabível a substituição por outra medida cautelar diversa da prisão (CPP, art. 282, § 6º).

Prisão temporária: A seu turno, para a prisão temporária, também decretada pela autoridade judicial, os requisitos são aqueles previstos na Lei Federal nº 7.960/1989, prevalecendo que deve ser demonstrada a imprescindibilidade para investigação (*periculum libertatis*), do artigo 1º, inciso I somada ou à ausência residência fixa ou identidade (*periculum libertatis),* do inciso II do artigo 1º, ou às fundadas razões de cometimento em um dos delitos arrolados no inciso III do mesmo dispositivo (*fumus comissi delicti*).

25. SAAD, Marta. Direito ao silêncio na prisão em flagrante. In: PRADO, Geraldo; MALAN, Diogo (Org.). *Processo penal e democracia: estudos em homenagem aos 20 anos da Constituição da República de 1988.* Rio de Janeiro: Lumen Juris, 2009, p. 435.

26. ZANOTTI, Bruno Taufner; SANTOS, Cleopas Isaías. *Delegado de polícia em ação – teoria e prática no Estado Democrático de Direito.* Salvador: Juspodivm, 2016, p. 348-349; MAGNO, Levy Emanuel. *Curso de processo penal didático.* São Paulo: Atlas, 2013, p. 537; MORAES, Rafael Francisco Marcondes de. *Prisão em flagrante delito constitucional.* Salvador: Juspodivm, 2018, p. 190-228.

Tentativa: Admitida.

Classificação doutrinária: Crime próprio, doloso, formal, instantâneo, comissivo, unissubjetivo, de forma livre e plurissubsistente, de médio potencial ofensivo.

Verbo nuclear das figuras equiparadas (artigo 9º, parágrafo único): *Deixar* (omitir-se) no controle jurisdicional voltado a relaxar a prisão manifestamente ilegal; a substituir custódia preventiva por medida cautelar diversa ou a conceder liberdade provisória, quando manifestamente cabível bem como a deferir liminar ou ordem de *habeas corpus*, quando manifestamente cabível.

Objeto jurídico: Liberdade de locomoção e dignidade da função pública.

Objeto material: Sujeito submetido à medida de privação de liberdade ilícita.

Elemento subjetivo: É o dolo específico (Lei nº 13.869/2019, art. 1º, § 1º).

Sujeito ativo: Autoridade judicial (responsável pelos atos).

Sujeito passivo: Indivíduo submetido à medida de privação de liberdade ilícita.

Elemento normativo: Expressão "prazo razoável", que indica que a conduta será típica quando decorrer certo lapso temporal ente o conhecimento da situação que demanda a atuação da autoridade e a omissão subsequente, entendido como parâmetro o prazo de 24 horas estabelecido na legislação processual penal para o encaminhamento do auto de prisão em flagrante e para a decisão acerca de ação de habeas corpus impetrada (CPP, artigos 306, § 1º e 660)[27].

Comentários: As figuras equiparadas previstas nos incisos I a III do parágrafo único do artigo 9º da Lei nº 13.869/2019 consistem em delitos próprios, que retratam atribuições legais do Juiz de Direito e criminalizam a conduta omissiva da Autoridade Judicial que, "dentro de prazo razoável", deixar de relaxar prisão manifestamente ilegal, de substituir prisão preventiva por medida cautelar diversa ou de conceder liberdade provisória ou ainda de deferir liminar ou ordem de *habeas corpus*, quando manifestamente cabível. Em relação à figura do inciso I,

27. BOTTINI, Pierpaolo Cruz. In.: BADARÓ, Gustavo Henrique; BREDA, Juliana (Coord.). Comentários à lei de abuso de autoridade. São Paulo: Thomson Reuters Brasil, 2020, p. 86.

do parágrafo único do artigo 9º, que pune a conduta da Autoridade Judicial que deixar de relaxar prisão manifestamente ilegal em prazo razoável, oportuno assinalar que relaxar significa diminuir a força, abrandar[28] e, no universo jurídico, desconstituir[29] a prisão flagrancial ante ilicitude que a macula e a torna insubsistente. Logo, a mera divergência de convicção jurídica acerca da tipificação penal dos fatos entre o Delegado de Polícia que decretou a prisão em flagrante e o Juiz de Direito não consiste em ilegalidade e tecnicamente não deve ensejar o relaxamento da custódia flagrancial. Cuida-se de mera reclassificação dos fatos, que pode apenas implicar a concessão de liberdade provisória com ou sem fiança ou outra medida cautelar diversa da prisão, em respeito, acima de tudo, à independência funcional de cada uma das citadas autoridades públicas[30].Em relação às figuras dos incisos II e III do parágrafo único do artigo 9º, oportuno assinalar que o Delegado de Polícia pode (e deve) representar por medidas cautelares diversas da prisão já na comunicação da prisão em flagrante (CPP, arts. 282, § e 319), e nada impede que também promova a impetração de *habeas corpus* se vislumbrar necessário e preenchidos os requisitos no caso concreto[31].

28. HOUAISS, Antônio (1915-1999) e VILLAR, Mauro de Salles (1939-). *Dicionário Houaiss da língua portuguesa.* Rio de Janeiro: Objetiva: 2001, p. 2421.

29. MORAES, Maurício Zanóide de. Análise judicial da prisão em flagrante: por uma abordagem sistêmico-constitucional. *Revista do Advogado*, São Paulo, v.31, n. 113, set. 2011, p. 96.

30. Quanto relaxamento da prisão em flagrante diretamente pelo Delegado de Polícia, como visto, sob um olhar técnico, a Autoridade Policial não "ratifica" nem "homologa" a captura e sim decreta ou não a prisão em flagrante delito, de modo que não há propriamente um "relaxamento" de uma captura pelo Delegado de Polícia. A captura de um suspeito apenas não enseja a determinação da custódia flagrancial quando desprovida dos requisitos legais. O suspeito capturado é apresentado ao Delegado de Polícia para as providências de polícia judiciária cabíveis, dentre as quais a de ordenar ou não a formalização do auto prisional ou, então, determinar o registro circunstanciado dos fatos para apuração em procedimento a ser iniciado por portaria. MORAES, Rafael Francisco Marcondes de. *Prisão em flagrante delito constitucional.* Salvador: Juspodivm, 2018, p.320-323.

31. Há caso concreto em que o Delegado de Polícia Dr. Jaime Pimentel Junior impetrou *Habeas Corpus* em sede de registro policial de captura de procurado, em favor do sujeito contra quem fora expedida a ordem prisional, em virtude da Autoridade Policial verificar fortes indícios de emprego fraudulento de dados contra o sujeito, que indicavam que a pessoa detida não era o autor do fato delituoso, sendo a ordem concedida pelo Poder Judiciário. ALARCÓN, Pietro de Jesús Lora; DRIGO, Leonardo Godoy. Reflexões sobre a atividade policial, a Constituição e os direitos humanos: o caso do delegado que prestigiou a liberdade. *Empório do Direito.* Florianópolis, 13 set. 2019.

Tentativa: Não é admitida, por se tratarem de figuras omissivas.

Classificação doutrinária: Crime próprio, doloso, material, instantâneo, omissivo, unissubjetivo, de forma livre, plurissubsistente e de médio potencial ofensivo.

Acordo de não persecução penal: Em tese cabível, pois a pena mínima é de um ano (vide artigo 28-A, do Código de Processo Penal, incluído pela nova Lei Federal nº 13.964/2019).

8. DECRETAÇÃO DE CONDUÇÃO COERCITIVA DESCABIDA OU SEM PRÉVIA INTIMAÇÃO

Art. 10. Decretar a condução coercitiva de testemunha ou investigado manifestamente descabida ou sem prévia intimação de comparecimento ao juízo:

Pena - detenção, de 1 (um) a 4 (quatro) anos, e multa.

Verbo nuclear: *Decretar*, que significa ordenar, determinar, mandar, estabelecer explicitamente.

Objeto jurídico: Liberdade de locomoção e dignidade da função pública.

Objeto material: Sujeito submetido à condução coercitiva descabida.

Elemento subjetivo: É o dolo específico (Lei nº 13.869/2019, art. 1º, § 1º).

Sujeito ativo: Autoridade legitimada a ordenar condução coercitiva, como regra, Juiz de Direito e Delegado de Polícia.

Sujeito passivo: Testemunha ou investigado que seja submetido à condução coercitiva descabida.

Elemento normativo: "Manifestamente descabida" ou "sem prévia intimação de comparecimento". Quanto à primeira hipótese da lei, isto é, a condução coercitiva manifestamente descabida, o Delegado de Polícia, antes de decretá-la, motivará, preferencialmente em despacho fundamentado, a expedição do mandado nos autos do procedimento investigatório que estiver presidindo, demonstrando a sua imprescindibilidade, lembrando a impossibilidade da medida para fins de interrogatório de mérito do sujeito investigado que, sendo o caso, basta que seja promovido o indiciamento indireto, sem a presença do indiciado, após regular decisão de indiciamento (Lei nº 12.830/2013, art. 2º, § 6º). Justificada a medida de maneira formal, demonstra-se que o ato não é descabido, ou seja, que ele é necessário, e que o comparecimento da testemunha ou do investigado consubstancia manifesto interesse para a instrução do procedimento investigatório. Desse modo, cabe ao Delegado de Polícia fazer uma ligação da pessoa objeto do mandado com os fatos sob apuração, a fim de isentar-se de qualquer reprimenda. Para a segunda hipótese (ausência de prévia intimação), torna-se obrigatória a notificação anterior (termo tecnicamente mais adequado que "intimação")[32] da pessoa, a fim de que ela compareça espontaneamente, o que dispensará sua condução. É importante que a autoridade, de posse da informação que o interessado foi notificado e não compareceu, justifique a imprescindibilidade da medida, decretando, então, a expedição do respectivo mandado. A lei silencia sobre o número de recusas necessárias para que o mandado possa ser expedido. Havendo apenas uma, a condução já se justifica. É relevante, entretanto, que a recusa esteja clara nos autos, pois será ela que dará espeque ao mandado. Essa recalcitrância, assim, poderá ser *direta* ou *indireta*. A *direta* se verifica quando o próprio interessado é pessoalmente cientificado do ato e, sem justificar, não comparece. O agente reporta a notificação formal em relatório, o Escrivão de Polícia certifica a ausência imotivada nos autos e o Delegado de Polícia responsável, ante a falta injustificada, determina a emissão do mandado. Já na *indireta*, o agente estatal constata que o interessado está tentando se subtrair da responsabilidade de comparecer ao ato, seja ocultando-se, seja ofertando subterfúgios por intermédio de terceiros. Nesse caso, ele informa o ocorrido em seu relatório, o Escrivão certifica o não comparecimento e a autoridade presidente emite despacho em que menciona essa circunstância qual seja, a de que existem fundados indícios de que, embora tentada a notificação pessoal do interessado, este demonstrou comportamento recalcitrante que a torna inviável.

Tentativa: Admitida.

Classificação doutrinária: Crime próprio, doloso, formal, instantâneo, comissivo, unissubjetivo, plurissubsistente e de médio potencial ofensivo.

Tipo objetivo: De início, embora a norma se refira a "comparecimento ao juízo", é certo que o instituto da condução coercitiva, tradicionalmente, também se aplica na esfera policial, mormente quando envolve testemunhas, ofendidos ou investigados recalcitrantes, tudo isso em analogia aos artigos 201, parágrafo único, 218 e 260, todos do Código de Processo Penal. O tipo penal também fala em "investigado", vocábulo próprio da etapa extrajudicial do processo penal. A condução coercitiva, pelo próprio nome, impõe obrigatoriedade de acatamento e, por senso jurídico, pressupõe que a pessoa foi devidamente cientificada e não atendeu ao chamado da autoridade. A lei faz referência à "testemunha", que tem como regra obrigação de depor e se calar a verdade pode ensejar delito de falso testemunho (CPP, arts. 211 e 218 e CP, art. 342) e ao "investigado", cuja condução coercitiva prevista no artigo 260 do CPP, quanto ao interrogatório de mérito (sobre os fatos) foi julgada não recepcionada pelo Supremo Tribunal Federal, na decisão das Arguições de Descumprimento de Preceito Fundamental (ADPF) números 395 e 444, como decorrência ao direito ao silêncio, que não abrangeria atos diversos do interrogatório como a identificação e o reconhecimento. Outrossim, conquanto não caracterizadoras do delito por ausência de previsão no tipo penal, há cautelas a serem igualmente adotadas com relação às vítimas (CPP, art. 201, § 1º), aos peritos (CPP, art. 278), aos adolescentes (ECA, art.187) ou quaisquer outras pessoas submetidas à medida, a fim de que a lisura sempre paute o trabalho da polícia judiciária.

Acordo de não persecução penal: Em tese cabível, pois a pena mínima é de um ano (vide artigo 28-A, do Código de Processo Penal, incluído pela nova Lei Federal nº 13.964/2019). Entendemos que a condução coercitiva não deve ser entendida como ato conciso de violência ou grave ameaça apto a impedir o acordo.

9. OMISSÃO DE COMUNICAÇÃO DE PRISÃO À AUTORIDADE JUDICIÁRIA E FIGURAS EQUIPARADAS

Art. 12. Deixar injustificadamente de comunicar prisão em flagrante à autoridade judiciária no prazo legal:

32. Conquanto o próprio CPP por vezes trate de maneira atécnica e confunda as terminologias, a intimação consiste na comunicação de um ato já praticado, enquanto a notificação corresponde à ciência sobre ato futuro, a ser realizado, como uma audiência policial para instruir procedimento investigatório criminal.

Pena - detenção, de 6 (seis) meses a 2 (dois) anos, e multa.

Parágrafo único. Incorre na mesma pena quem:

I - deixa de comunicar, imediatamente, a execução de prisão temporária ou preventiva à autoridade judiciária que a decretou;

II - deixa de comunicar, imediatamente, a prisão de qualquer pessoa e o local onde se encontra à sua família ou à pessoa por ela indicada;

III - deixa de entregar ao preso, no prazo de 24 (vinte e quatro) horas, a nota de culpa, assinada pela autoridade, com o motivo da prisão e os nomes do condutor e das testemunhas;

IV - prolonga a execução de pena privativa de liberdade, de prisão temporária, de prisão preventiva, de medida de segurança ou de internação, deixando, sem motivo justo e excepcionalíssimo, de executar o alvará de soltura imediatamente após recebido ou de promover a soltura do preso quando esgotado o prazo judicial ou legal.

Verbo nuclear (*caput*): *Deixar* (omitir-se).

Objeto jurídico: Liberdade de locomoção e dignidade da função pública.

Objeto material: Sujeito submetido à custódia ilícita.

Elemento subjetivo: Dolo específico (Lei nº 13.869/2019, art. 1º, § 1º).

Sujeito ativo: Autoridade responsável pela comunicação, como regra, o Delegado de Polícia.

Sujeito passivo: Indivíduo custodiado.

Elemento normativo: Expressão injustificadamente. Não basta a ausência de comunicação judicial no prazo aludido mas, também, que ela tenha sido praticada de maneira não justificável.

Tentativa: Não admitida.

Classificação doutrinaria: Crime próprio, formal, omissivo, instantâneo, unissubjetivo, unissubsistente e de menor potencial ofensivo.

Tipo objetivo: O artigo 306 do Código de Processo Penal dispõe que a prisão de qualquer pessoa e o local onde se encontre serão comunicados "imediatamente" ao Juiz competente enquanto, no seu parágrafo 1º, estabelece que em até 24 horas após a captura será encaminhado ao Magistrado competente o auto de prisão em flagrante, em aparente contradição quanto ao lapso temporal para citada comunicação. Na prática, a remessa do auto constritivo prisional no prazo de 24 horas supre a comunicação que a lei determina, porquanto não ser razoável que, a cada início de autuação em flagrante, o Delegado de Polícia, no próprio instante da lavratura, contate a Autoridade Judicial apenas para cientificá-la do início da formalização do ato, cujo controle de legalidade e viabilidade, ao menos naquele momento, não impende a ela, que será necessariamente comunicada via expediente instruído com a documentação pertinente e apta a exercer referido escrutínio. O Código de Processo Penal (art. 306, § 1º) exige ainda a comunicação ao órgão ministerial e à Defensoria Pública, caso o autuado, neste último caso, não tenha Advogado constituído. A nova Lei de Abuso de Autoridade, entretanto, silencia sobre a ausência dessas duas comunicações, as quais, se não forem feitas, podem gerar irregularidades funcionais, porém não configuram o crime em tese, por ausência de previsão legal.

Figura equiparada sobre comunicação da execução de prisão temporária ou preventiva (artigo 12, parágrafo único, inciso I): A expressão "imediatamente" requer elasticidade na interpretação, dada a dinâmica da lavratura do registro policial. Na impossibilidade de comunicação por meio eletrônico, a Autoridade Policial determinará por intermédio de ofício na primeira oportunidade, respeitando-se, por cautela e referência, o prazo de 24 (vinte e quatro) horas previsto para a autuação em flagrante. Assinala-se que, enquanto o dispositivo em comento reclama a comunicação da execução da prisão cautelar à Autoridade Judicial que a decretou, o artigo 289-A, § 3º, do CPP estabelece a comunicação ao Magistrado do local de cumprimento da medida, este informará o Juiz que a decretou. Sugere-se que tanto o Juízo do local do cumprimento quanto aquele responsável pela ordem prisional sejam comunicados, de preferência por meio eletrônico (correio eletrônico institucional etc.).

Figura equiparada sobre comunicação à família ou pessoa indicada pelo custodiado (artigo 12, p.u., inciso II): O advérbio de tempo "imediatamente", de igual forma, requer sensatez na interpretação, dada as dificuldades operacionais que podem surgir. Devem ser consignadas e ponderadas eventuais intercorrências ou mesmo manifestações do próprio preso no sentido de não desejar comunicar sua prisão[33].

---

33. Na Polícia Civil de São Paulo há a Portaria DGP-18/98, que assim dispõe em seu artigo 7º: "Na lavratura do auto de prisão em flagrante, a Autoridade Policial fará constar, no instrumento flagrancial, de maneira minudente e destacada, a comunicação ao preso dos direitos que lhe são constitucionalmente

Prisão: O tipo penal fala em "prisão" e não apenas em prisão em flagrante (detenção). Dito isso, a prudência orienta que, em qualquer hipótese de prisão (flagrante, cautelar, captura, recaptura etc.), a referida comunicação não seja desprezada.

Autuação em flagrante delito: Nos casos de flagrante delito, o Delegado de Polícia consignará no interrogatório do indiciado se ele deseja comunicar familiar ou pessoa de preferência, ofertando dados que tornem isso possível. Deve consignar, também, se a comunicação foi ultimada ou não e, em caso negativo, quais foram os percalços para tanto (não localização, endereço incerto, pessoa ausente, número telefônico desligado etc.).

Privação de liberdade decorrente de mandado: Se a privação for decorrente de mandado judicial, usualmente é registrado um boletim de ocorrência para formalizar a diligência. Nesse caso, será consignado no histórico que o preso foi esclarecido dos seus direitos e que deles declinou ou desejou fazer uso, sendo emprestada ciência da privação de liberdade à pessoa por ele indicada, seguida de nome, meio de contato e grau de relação, familiar ou profissional.

Figura equiparada acerca da entrega da nota de culpa (artigo 12, parágrafo único, inciso III): A expressão "preso", no tipo penal em comento, refere-se claramente ao autuado em flagrante, haja vista ser ele, no sistema processual penal brasileiro, o destinatário da nota de culpa (CF, art. 5º, LXIV e CPP, art. 306, § 2º). Não basta mera negligência, sendo exigido elemento subjetivo na conduta. É mister consignar que o atraso involuntário não configura crime e também não anula o ato, visto ser regra no processo penal que não se declara nulo o ato se dele não emergir prejuízo relevante em desfavor do autuado[34]. Como regra, a Autoridade Policial atentará para o horário da captura e da entrega na nota de culpa, auferindo-se recibo escrito do detido, em duas vias, uma das quais, arquivada na Delegacia de Polícia. O Código de Processo Penal exige que a nota de culpa seja entregue ao autuado em até 24 horas após a realização da constrição (art. 306, § 2º). Em regra, a contagem é feita da captura. Entretanto, quando o fato for de difícil análise, seja pela complexidade do evento, seja pela multiplicidade de autores envolvidos, a Autoridade Policial poderá considerar o prazo a partir da decretação da prisão flagrancial, pela formalização do auto constritivo e justificando eventual atraso de maneira fundamentada, explicitando que o prazo da custódia precedente, foi excepcionalmente absorvido pela dinâmica do ato decisório, que envolve cinco fases distintas, a saber: a) colheita de dados; b) análise de dados; c) seleção de opções; d) planejamento da medida e; e) execução da decisão[35].

Figura equiparada no prolongamento de execução de pena privativa de liberdade, de prisão temporária, de prisão preventiva, de medida de segurança ou de internação (artigo 12, p.u., inciso IV): O tipo penal só se consuma se a prolongação da execução da pena privativa de liberdade ou emissão de alvará de soltura for prolongada ou retardada sem motivo justo e excepcionalíssimo.

Prisão temporária ou civil: Expirado o prazo da prisão civil ou temporária, como regra, o preso deve ser colocado em liberdade, independentemente da expedição de alvará de soltura, ressalvada, no último caso, a decretação de sua prisão preventiva, circunstância que impedirá sua libertação. Entretanto, entendendo o Delegado de Polícia ser desnecessária a continuidade da prisão temporária antes do término do prazo fixado, representará ao juízo competente a revogação, informando as diligências realizadas e as razões de tal convencimento. A Lei Federal n° 7.960/89 não condiciona a soltura do preso temporário a um alvará judicial, motivo pelo qual a questão não é pacífica, já que a interpretação da norma administrativa, em tese, não pode violar garantias constitucionais.

Prisão preventiva: As prisões preventivas não envergam prazo legal pré-estabelecido (doutrina do não-prazo)[36] e, portanto, as solturas devem ser mediante revogação judicial.

assegurados e, ainda, se este compreendeu-lhes o significado e se desejou exercê-los.

§ 1º A comunicação do preso com seu familiar, pessoa por ele indicada ou advogado, será efetuada na forma determinada pela autoridade policial, que deverá autuar com total presteza e máximo empenho, a fim de não frustrar a garantia constitucionalmente assegurada".

34. O atraso na entrega da nota de culpa ao investigado preso em flagrante, embora constitua irregularidade, não determina a nulidade do ato processual regularmente válido. É princípio basilar do processo penal a assertiva de que não se declara nulidade de ato, se dele não resultar prejuízo comprovado para o réu, nos termos do art. 563 do Código de Processo Penal" (STJ - RHC n° 21532/PR, j. 18.10.2007).

35. LESSA, Marcelo de Lima. O poder decisório do delegado de polícia. Teresina, *Jus Navigandi*, Teresina, abril 2018.

36. BADARÓ, Gustavo Henrique Righi Ivahy; LOPES JUNIOR, Aury. *Direito ao processo penal no prazo razoável*. 2 ed., Rio de Janeiro: Lumen Juris, 2009, p. 52-53.

Alvarás de soltura: A execução de alvarás de soltura não é medida automática, pois requer consulta formal aos sistemas eletrônicos de informação criminal e outras medidas de caráter preventivo (análise de prontuário, confirmação de dados, eventual confrontação papilar etc.) o que, involuntariamente, pode gerar eventual atraso no cumprimento da ordem. Desse modo, a Autoridade Policial consignará as ações que adotou, a fim de justificar eventual demora. Registre-se que o excesso de zelo não se confunde, sequer em tese, com o dolo exigido pelo tipo penal, pois aquele é legitimado pelo interesse público, que não pode ser sobreposto ao particular. No mais, se forem excepcionalmente verificadas circunstâncias que comprometam a segurança da Unidade policial ou prisional (rebeliões em curso ou recém debeladas, comprometimento justificado do corpo de segurança, fundada suspeita de ataque, resgate ou fuga etc.), a Autoridade responsável poderá, cautelarmente, protelar o cumprimento do alvará de soltura, justificando sempre a medida. A regra, sem prejuízo dos direitos individuais do preso, será priorizar a segurança.

Acordo de não persecução penal: Não aplicável, em razão da possibilidade de transação penal (vide artigo 28-A, § 2º, I do Código de Processo Penal, incluído pela nova Lei Federal nº 13.964/2019).

10. CONSTRANGIMENTOS ILÍCITOS A PRESO OU DETENTO

Art. 13. Constranger o preso ou o detento, mediante violência, grave ameaça ou redução de sua capacidade de resistência, a:

I - exibir-se ou ter seu corpo ou parte dele exibido à curiosidade pública;

II - submeter-se a situação vexatória ou a constrangimento não autorizado em lei;

III - produzir prova contra si mesmo ou contra terceiro:

Pena - detenção, de 1 (um) a 4 (quatro) anos, e multa, sem prejuízo da pena cominada à violência.

Verbo nuclear: *Constranger*, o que sobretudo por estar associado à violência, à grave ameaça ou à redução da capacidade de resistência, significa coagir, compelir, impor contra a vontade.

Objeto jurídico: Imagem e dignidade humana quanto às figuras dos incisos I e II e direito de defesa e de não autoincriminação em relação ao inciso III.

Objeto material: Sujeito submetido aos constrangimentos.

Elemento subjetivo: Dolo específico de praticar as condutas típicas (Lei nº 13.869/2019, art. 1º, § 1º).

Sujeito ativo: Agente público, notadamente aqueles cujas atribuições compreendam o tratamento com indivíduos abordados e custodiados pelo Estado.

Sujeito passivo: Preso ou detento (direto) e Estado (indireto).

Tentativa: Admite a forma tentada nos três incisos.

Classificação doutrinaria: Crimes próprios, materiais, de forma livre, comissivos, instantâneos, unissubjetivos, plurissubsistentes e de médio potencial ofensivo.

Preso e detento: A redação legal fala em "preso" e "detento". Desse modo, ao menos neste tipo penal, a lei reconhece que se tratam de condições diversas, uma decorrente de condenação (preso) e outra da prática de infração penal (detido/detento).

Violência, grave ameaça ou redução da capacidade de resistência: O tipo exige prática de violência, grave ameaça ou redução de capacidade de resistência (o "exibir como troféu"), os quais não devem ser confundidos com o acompanhamento midiático externo do transporte do preso, porquanto não ser lícito aos órgãos policiais controlarem absolutamente os veículos de comunicação e a imprensa que casualmente se encontrem nas vias de acesso público enquanto determinada diligência é efetuada e filmem ou fotografem o sujeito preso. Aliás, dispositivo que expressamente pretendia criminalizar referido contexto, o artigo 14 do Projeto da nova lei, foi vetado pela Presidência da República e o veto foi mantido pelo Congresso Nacional. O que a lei de abuso de autoridade reprime é constranger o custodiado à exposição gratuita e sensacionalista, à sua expressa revelia[37]. Pondera-se que, se a exposição

37. Consigna-se que, dentre as alterações promovidas pela nova Lei Federal nº 13.964/2019, decorrente do conhecido "pacote anticrime", há o artigo 3º-F do CPP, que atribui ao "juiz de garantias", magistrado responsável pelo controle da legalidade da investigação criminal e salvaguarda dos direitos individuais (novo artigo 3º-B do CPP), assegurar o cumprimento das regras para tratamento dos presos, impedindo ajuste entre autoridades com a imprensa para explorar a imagem do custodiado e, no parágrafo único do dispositivo, prevê a elaboração de regulamento para disciplinar o modo pelo qual as informações sobre a realização da prisão e a identidade do preso serão

ocorrer involuntariamente e em dependência de acesso direto e indireto não controlado, não poderão os agentes públicos ser responsabilizados, dada a impossibilidade operacional de se administrar, de maneira absoluta, esses espaços que em regra são públicos.

Entrevistas de pessoas presas ou detidas: No que concerne às exibições para entrevistas, as quais não deixam de ser apresentações corporais à curiosidade pública, afinal o preso está sob a custódia do Estado e, portanto, poder-se-ia alegar que ele, embora ausente a violência ou grave ameaça, está com a sua capacidade de resistência reduzida. Em algumas Comarcas as exibições de custodiados são disciplinadas por normas das Corregedorias dos Presídios e das Polícias Judiciárias, as quais requerem comunicação à Autoridade Judicial ou a colheita de manifestação escrita do preso, não se opondo à entrevista ou exposição. Consigna-se que a lei fala em "exibição", o que não se confunde com o fornecimento verbal de informações que o preso queira ofertar à mídia, que em regra capta apenas a sua voz. É certo que essas ações podem ser monitoradas pelas Autoridades Policiais, a fim de que a eventual entrevista não se transforme em "interrogatório público", cuja condução, por reserva legal, cabe ao Delegado de Polícia. A aferição de autorização por termo ou captação por vídeo é suficiente para a exposição voluntária do custodiado.

Divulgação de foto de interesse policial: Em relação à divulgação de fotos de interesse policial, vale dizer, de pessoas investigadas cuja identificação seja imprescindível (autor de fatos criminosos em série, pessoa procurada e/ou foragida etc.), não se vislumbra irregularidade na exposição, por manifesta falta de elemento subjetivo, visto que o tipo penal reclama a finalidade específica de prejudicar outrem ou beneficiar a si mesmo ou a terceiro ou, ainda, por mero capricho ou satisfação pessoal. Nesse caso, o interesse é notadamente público, não se confundindo com ato de mera liberalidade tendente a, de modo intencional, macular a imagem da pessoa investigada.

Situação vexatória ou a constrangimento não autorizado em lei (artigo 13, inciso II): situação vexatória é aquela que humilha, causa vergonha, dor ou aflição. É a execração pública. Constranger significa coagir, física ou moralmente. Destarte, o preso ou detento não pode ser submetido ao vexame público, sob pena da autoridade que o tem em custódia ser responsabilizada. Essa exposição deve ser precedida de dolo e não em circunstâncias casuais que, eventualmente, venham a recair sobre a opinião acerca do caráter perverso de uma prática criminosa ou pelo próprio clamor público dela decorrente. Os agentes estatais devem zelar pela preservação do sujeito custodiado e não pela opinião coletiva sobre as nefastas ações dele, cujo controle sobre as repercussões é impossível. No que tange ao constrangimento, é certo que o preso/detento, legalmente, pode suportar diversos deles, como a prisão, a contenção por algemas, os reconhecimentos, os interrogatórios, as conduções em veículos policiais entre outros. Por outro lado, o que a norma veda é o constrangimento não autorizado, isto é, obrigá-lo a não fazer o que a lei permite, ou a fazer o que ela não manda. O agente público deve ter a disciplina consciente de interpretar o senso médio para identificar um possível resultado vexatório ou constrangimento de natureza ilegal. Se a submissão não tiver amparo em lei ordinária ou no poder de polícia da administração (que decorre de lei), o agente estatal deve se abster de executar a ação, pautando sua conduta pelo bom senso e pelas regras gerais de trato com as pessoas presas/detidas, insculpidas na Lei de Execuções Penais, em diretrizes profissionais e na sua própria consciência. O tipo penal em comento é deveras vago e, assim como os demais da presente lei, reclama dolo específico. Nessa toada, ações que visem a preservar o interesse público devem ser priorizadas, pois o foco que as move é superior ao meramente individual.

Métodos de busca pessoal e abordagem: Conquanto a lei autorize a busca pessoal, ela silencia sobre os métodos de como ela deve ser exercida, afinal, na prática, podem surgir várias situações que escapam ao controle do agente público, emergindo, daí, a discricionariedade do ato, que deve ser minimamente motivado, conforme o cenário exigir[38]. Em regra, a busca pessoal será exercida pelo contato físico (mãos) entre o policial e o abordado. Nesse caso, ela será *direta*. Entretanto, por falta de previsão legal, para a localização das coisas a serem apreendidas, poderão ser empregados quaisquer meios lícitos,

transmitidas à imprensa. Não se olvida de decisão liminar nas Ações Diretas de Inconstitucionalidade (ADIs) nº 6.298, 6.299, 6.300 e 6.305, em trâmite conjunto no STF, que suspendeu a eficácia dos dispositivos que cuidam do "juiz das garantias" no CPP.

38. LESSA, Marcelo de Lima; MARTINS JR., Ricardo Fleck. Métodos adequados de busca pessoal, algemação e condução de presos diante da nova lei de abuso de autoridade. Teresina, *Jus Navigandi*, 18 out. 2019.

ainda que *indiretos*, quais sejam: métodos oculares, mecânicos (portais fixos, detectores de metais portáteis), radioscópicos (raio-x), cães farejadores etc.

Exibição de arma de fogo e uso de força: O ato de apontar armas de fogo na direção de um suspeito não é ilícito, pois a ação objetiva apenas demonstrar força coercitiva estatal e evitar uma reação inoportuna e indesejada, na medida em que o agente estatal não sabe com quem está lidando. Todavia, num cenário em que não se verifique agressão direta, a arma, preferencialmente, deve ser exibida num ângulo de 45º, a fim de que, na hipótese de recalcitrância, o policial, antes de adotar uma medida extrema, tenha a oportunidade de usar maior severidade e erguê-la em 90º. Seria uma transição entre o estado de "atenção" (45º) e o de "alerta" (90º). Por outro lado, nos casos de perseguição ou reação grave ou violenta, o policial precisa ter liberdade para agir do modo que melhor lhe aprouver, desde que, intencionalmente, não exponha terceiros a risco. Quanto ao uso da força por agentes de segurança pública, vale registrar a existência da portaria interministerial nº 4226/10, a qual, com supedâneo em diversos diplomas internacionais de proteção aos direitos humanos, traz diversas diretrizes sobre o uso legítimo da arma de fogo, em especial, em sua diretriz nº 7 dispõe que "o ato de apontar arma de fogo contra pessoas durante os procedimentos de abordagem não deverá ser uma prática rotineira e indiscriminada"[39]. Buscas pessoais contra a parede, com as mãos sobre a cabeça, de joelhos e em decúbito ventral (que poderão, genericamente, ser tachadas de "vexatórias"), desde que com base no poder de polícia da administração pública (buscas preventivas ou administrativas) e com escora nos artigos 284 e 292 do Código de Processo Penal (força indispensável e meios necessários de defesa no caso de resistência, tentativa de fuga ou oposição a prisão), estarão como regra imunes a alegações de abuso sumário, porquanto operacional e legalmente justificáveis.

Busca preliminar: A busca preliminar de uma pessoa suspeita é aquela feita num primeiro momento da ação policial, para fins de diminuição de riscos e controle do cenário. Geralmente ocorre na via pública ou no momento da detenção, ainda que em ambiente fechado. Será contra a parede (ou anteparo), com as mãos sobre a cabeça, de joelhos ou em decúbito ventral. Não é demais lembrar que o artigo 249 do Código de Processo Penal estabelece que "a busca em mulher será feita por outra mulher, se não importar retardamento ou prejuízo da diligência". Entretanto, referido dispositivo aplica-se apenas à busca preliminar, pois a íntima (pós-detenção) pressupõe um ambiente já serenado e discreto, não demandando, assim, eventual prejuízo em caso de espera por uma agente policial do sexo feminino.

Busca em pessoa transexual: Segundo orientação contida na cartilha de Atuação Policial na Proteção dos Direitos Humanos de Pessoas em Situação de Vulnerabilidade[40], editada pela Secretaria Nacional de Segurança Pública (SENASP), as travestis e mulheres transexuais (sexo originalmente masculino, mas que têm identidade de gênero oposta ao seu sexo biológico) deverão ter a identificação social feminina preservada (usar termos femininos) e, prioritariamente, deverão ser revistadas por policiais femininas. Se houver resistência ou superioridade física da abordada e isso vier a representar perigo para a policial feminina, esta, cautelarmente, estará licenciada de revistá-la. Os homens transexuais (sexo originalmente feminino, mas que têm identidade de gênero oposta ao seu sexo biológico) deverão ter a identificação masculina preservada (utilizar termos masculinos) e, prioritariamente, deverão ser revistados por policiais femininas, haja vista a existência de lei que regula a busca pessoal em mulheres. A sua eventual condução será feita em separado dos homens cuja identidade de gênero estiver alinhada ao sexo biológico. Necessário entender que tal posicionamento como regra protegerá não só a dignidade da pessoa transexual abordada e, eventualmente, revistada, como também o próprio policial em uma futura cogitação de abuso, mesmo que desarrazoada, uma vez que não há vedação legal para que policiais femininas possam realizar buscas em pessoas de ambos os sexos biológicos (CPP, art. 244).

Busca minuciosa (íntima): A busca minuciosa (íntima) em suspeito é aquela feita num segundo momento da custódia e implica, em regra, a exposição da intimidade individual das pessoas. Geralmente antecede a entrada do custodiado no cárcere, a fim de que não carregue consigo instrumentos ofensivos (armas), michas, drogas ou objetos ilícitos. Nela, o indivíduo será despido em ambiente controlado e não aberto a terceiros, para inspeção corporal e das

39. Portaria interministerial nº 4226, de 31 de dezembro de 2010. Disponível em: https://www.conjur.com.br/dl/integra-portaria-ministerial.pdf.

40. Disponível em: https://www.justica.gov.br/central-de-conteudo/seguranca-publica/cartilhas/a_cartilha_policial_2013.pdf

vestes. No que tange à revista íntima de funcionárias nos locais de trabalho, a Lei Federal nº 13.271/2016, dispõe que as empresas privadas, os órgãos e entidades da administração pública, direta e indireta, ficam proibidos de adotar qualquer prática de revista íntima de suas funcionárias e de clientes do sexo feminino, sujeitando os infratores a pena de multa. Vale anotar que o dispositivo que tratava da revista íntima em ambiente prisional foi vetado.

Busca minuciosa (íntima) em visitante de estabelecimento prisional: A regra é priorizar a revista mecânica (*scanner*, detector de metal, raio-x etc.), em local reservado. Em caso de suspeita, poderá ser encaminhado a um ambulatório onde um médico averiguará a suspeita mediante exame específico. Confirmada a suspeita inicial, com porte de objetos ilícitos, por exemplo, será apresentado na Delegacia de Polícia. Ademais, não se pode desprezar que, existindo fundada suspeita da posse de objeto que constitua corpo de delito (mesmo que por parte de visitante), a regra, em tese, passa ser a do artigo 244 do Código de Processo Penal. Na hipótese de encontro de aparelho de telefonia móvel celular, por exemplo, não se olvida do crime do artigo 349-A do Código Penal, ocasião em que o visitante passa a ser suspeito de prática delituosa[41].

Emprego de algemas: Pode ocorrer que da busca pessoal decorra a captura do abordado. Nesses casos, o agente estatal procederá à algemação do indivíduo para, na sequência, conduzi-lo. As hipóteses legais estão previstas no Decreto Federal nº 8.858/2016, que admite o emprego de algemas em casos de resistência e de fundado receio de fuga ou de perigo à integridade física própria ou alheia, causado pelo preso ou por terceiros, justificada a sua excepcionalidade por escrito, vedado o uso em mulheres presas em qualquer unidade do sistema penitenciário nacional durante o trabalho de parto, no trajeto da parturiente entre a unidade prisional e a unidade hospitalar e após o parto, durante o período em que se encontrar hospitalizada. Salienta-se que a Lei Federal nº 13.060/2014 dispõe que as instituições policiais priorizem a utilização de instrumentos de menor potencial ofensivo e menor potencial letal, com a intenção de preservar vidas e minimizar danos à integridade das pessoas, obedecendo os princípios da legalidade, da necessidade, da razoabilidade e da proporcionalidade para o uso racional da força, que prestigiem a tutela da integridade física e psíquica do cidadão[42]. O uso convencional de algemas implica hipóteses de prisão ou transporte comum, em que as algemas são colocadas, em regra, nos pulsos do detido/preso, que permanece com as mãos voltadas para trás, dorso com dorso e polegares elevados. Isso é necessário para trazer segurança aos policiais e aos próprios custodiados, a fim de que o conduzido não esboce reações agressivas, como estrangulamentos, arrebatamento de armas ou ações similares.

Parturientes: Pelo Decreto Federal nº 8.858/16, não podem ser algemadas mulheres presas em qualquer unidade do sistema penitenciário nacional durante o trabalho de parto, no trajeto da parturiente entre a unidade prisional e a unidade hospitalar e após o parto, durante o período em que se encontrar hospitalizada.

Crianças: Às crianças infratoras (até 12 anos de idade incompletos) são previstas apenas medidas de proteção e não socioeducativas. Não devem elas, portanto, como regra serem apresentadas em unidades policiais, mas sim aos Conselhos Tutelares (ECA, arts. 105 e 136). A regra, destarte, é não as submeter a busca pessoal ou algemação, salvo quando o cenário, diante de uma situação extrema (criança notoriamente agressiva surpreendida portando arma de fogo etc.), assim exigir.

Adolescentes: Adolescentes infratores (de 12 a 18 anos de idade incompletos) podem ser algemados sem restrições, salvo aquelas previstas para as pessoas adultas. O que a lei veda, no caso dos adolescentes, é a condução ou transporte em compartimento fechado de veículo policial, em condições atentatórias à sua dignidade, que impliquem risco à sua integridade física ou mental (ECA, art. 178).

Idosos: No caso de pessoa idosa (60 anos de idade ou mais), cujas ações se enquadrem no que a lei autoriza, também inexiste restrição específica quanto ao uso de algemas, remanescendo aos agentes estatais, entretanto, o bom senso de empregá-las com

41. No Estado de São Paulo, o tema é disciplinado pela Lei Estadual nº 15.552/2014, que proíbe a busca íntima em visitante de estabelecimento prisional, assim entendida como aquela que obriga a pessoa despir-se, fazer agachamento ou dar saltos, submeter-se a exames clínicos invasivos.

42. OLIVEIRA, Alexandre Pinto de. *A conduta policial e as técnicas de abordagem à luz da doutrina de direitos humanos na missão constitucional da Polícia Civil*. 2016. 107 p. Monografia (Processo seletivo de professor de conduta policial e técnicas de abordagem) - Academia de Polícia "Dr. Coriolano Nogueira Cobra". São Paulo, 2016, p. 14.

o menor constrangimento possível. A cartilha de Atuação Policial na Proteção dos Direitos Humanos de Pessoas em Situação de Vulnerabilidade[43], editada pela SENASP, orienta que as pessoas idosas, quando necessário, serão algemadas pela frente, se isso não prejudicar a segurança.

Pessoas com deficiência: Na hipótese de pessoas com deficiência, é importante avaliar, na prática, o tipo de deficiência aliada à efetiva necessidade de algemação pois, se improvável o receio de fuga ou inexistente perigo à integridade física própria ou alheia causada pelo preso ou terceiro, o ato não será necessário. Pessoas idosas e deficientes têm limitações físicas naturais, portanto é recomendável que os policiais não as coloquem em posições desconfortáveis (joelhos, chão etc.) e incompatíveis com a capacidade reativa que, seja pela idade ou pela estrutura física, não ostentem.

Constrangimento a produzir prova contra si mesmo ou contra terceiro (artigo 13, inciso III): Nada mais é do que a consagração do princípio da não autoincriminação, inerente ao exercício do direito de defesa e sobretudo à autodefesa. Consiste no direito ao silêncio, de não declarar nada contra si próprio, de não confessar e de não apresentar provas que o incriminem. Abrange, ainda, ao direito de não participar, de maneira ativa, de atos probatórios que venham a incriminá-lo, bem como de não ceder seu corpo para que seja produzida prova de caráter incriminador.

Direito ao silêncio: No que tange ao direito ao silêncio, mister consignar que o interrogado optou por exercê-lo, assegurando a autodefesa negativa.

Diligências para formação probatória: Nas hipóteses de diligências para formação probatória, relevante que sejam precedidas de decisão fundamentada, notificando o investigado sobre a sua participação, a qual poderá ser acompanhada da respectiva defesa técnica, sendo lícito ao Advogado, inclusive, apresentar razões e quesitos (EAOAB – Lei nº 8.906/94, art. 7º, XXI, alínea "a"). Nos eventos de reconstituição de fato criminoso o investigado não pode ser compelido a dele participar e, caso o faça voluntariamente, é prudente que a autoridade responsável assinale nos autos sua expressa manifestação de vontade.

"Etilômetro" ou "bafômetro": No que tange ao teste de aparelho alveolar pulmonar ("etilômetro" ou "bafômetro"), em que pese o motorista abordado possa recusar-se no âmbito criminal diante da garantia da não autoincriminação, pode ser sancionado administrativamente (CTB, art. 165-A). Vale recordar que a verificação da capacidade psicomotora alterada em virtude da ingestão de álcool ou de outra droga também poderá ser obtida por outros meios lícitos, como vídeos ou provas testemunhais, de modo a configurar eventual crime de embriaguez ao volante (CTB, art. 306, *caput* e § 2º). Frisa-se que, na prática, a contraprova é um instrumento importante de defesa, a ser consignado nos autos que o investigado foi esclarecido a respeito dela, mas ainda assim declinou.

Intervenção médica em caso de ingestão de drogas: Em regra, a intervenção médica em caso de ingestão de droga deve ser facultada, salvo se objetivar preservar a integridade física do suspeito. O Superior Tribunal de Justiça já entendeu que o exame médico nesses casos assemelha-se, efetivamente, a uma busca pessoal, com auxílio de equipamento específico, não havendo a necessidade de um agir positivo por parte do investigado (HC 149.146, j. 27/08/2009). O princípio de não fazer prova contra si não impede que o suspeito seja submetido à investigação, sob pena de inviabilizar buscas pessoais diretas e indiretas. Ademais, é notória a alta probabilidade de que cápsulas contendo drogas ingeridas podem se romper no interior do organismo humano, causando a morte da pessoa, de modo a autorizar intervenção médica para que tais objetos sejam expelidos, protegendo o sujeito contra algo que ele próprio deu causa. Dessa maneira, o uso de procedimentos médicos aptos a expelir drogas ingeridas se traduz em intervenção estatal em favor da integridade física e da vida, bens tutelados pelo ordenamento jurídico vigente. Assim, é importante a avaliação do estado de saúde do suspeito, com chancela médica se possível, a fim de que a aferição desse tipo de diligência não seja objeto de questionamentos. Justificadas as providências adotadas, eventual prova obtida será lícita.

Acordo de não persecução penal: Inaplicável em razão da existência de "violência" ou "grave ameaça", conforme prevê a lei (vide artigo 28-A, do Código de Processo Penal, incluído pela nova Lei Federal nº 13.964/2019).

43. Disponível em: https://www.justica.gov.br/central-de-conteudo/seguranca-publica/cartilhas/a_cartilha_policial_2013.pdf.

11. CONSTRANGIMENTO A PESSOA IMPEDIDA E FIGURAS EQUIPARADAS

> **Art. 15. Constranger a depor, sob ameaça de prisão, pessoa que, em razão de função, ministério, ofício ou profissão, deva guardar segredo ou resguardar sigilo:**
>
> **Pena - detenção, de 1 (um) a 4 (quatro) anos, e multa.**
>
> **Parágrafo único. Incorre na mesma pena quem prossegue com o interrogatório:**
>
> **I - de pessoa que tenha decidido exercer o direito ao silêncio; ou**
>
> **II - de pessoa que tenha optado por ser assistida por advogado ou defensor público, sem a presença de seu patrono.**

Verbo nuclear: *Constranger*, que significa coagir, impelir, impor contra a vontade, em relação à figura do *caput*. *Prosseguir*, nas figuras do parágrafo único, que significa continuar, levar adiante, nas hipóteses, avançar com a inquirição do sujeito que tenha exercido o direito ao silêncio ou optado por sua assistência jurídica.

Objeto jurídico: Liberdade individual na figura do *caput* e direito de defesa nas figuras do parágrafo único.

Objeto material: Sujeito submetido ao constrangimento ilícito de depor na figura do *caput* e indivíduo que tenha solicitado permanecer calado ou assistência jurídica nas figuras do parágrafo único.

Elemento subjetivo: Dolo específico de realizar as condutas típicas (Lei nº 13.869/2019, art. 1º, § 1º).

Sujeito ativo: Autoridade responsável pela presidência da audiência da testemunha (*caput*) ou do investigado, indiciado ou acusado (parágrafo único) e eventuais agentes estatais envolvidos.

Sujeito passivo: Pessoa física que sofre diretamente o constrangimento (direto ou imediato) e Estado (mediato ou indireto)[44].

Tentativa: Admitida.

Classificação doutrinaria: Crimes próprios, materiais, comissivos, instantâneos, unissubjetivos, plurissubsistentes e de médio potencial ofensivo.

Pessoas impedidas de depor: O tipo penal do artigo 15, *caput* refere-se às pessoas impedidas de depor, nos termos do artigo 207 do Código de Processo Penal, as quais, entretanto, se desobrigadas pela parte interessada, poderão prestar seu testemunho se quiserem.

Advogados: Sigilo profissional no processo em que atuarem ou sobre fato conhecido no exercício profissional (EAOAB, art. 7º, XIX e Código de Ética e Disciplina da OAB – Resolução CFOAB 02/2015, arts. 35 a 38).

Parlamentares: Sigilo sobre informações recebidas ou prestadas em razão do mandato e pessoas relacionadas (CF, art.53, § 6º e CESP, art.14, § 6º).

Médicos: Conforme Código de Ética Médica (Resolução CFM 1.931/2009, art. 73).

Psicólogos: Sigilo de acordo com o Código de Ética Profissional (Resolução CFP 10/05, art. 9º).

Sacerdotes religiosos: Sigilo decorrente do livre desenvolvimento da religião e da liberdade de consciência e de crença (CF, art. 5º, VI).

Jornalistas: Decorre do sigilo da divulgação da fonte para exercício profissional e liberdade de informação jornalística (CF, arts. 5º, XIV e 220, § 1º; Código de Ética dos Jornalistas Brasileiros, art. 5º).

Pessoa que decida exercer direito ao silêncio (inciso I) e que opte pela defesa técnica (inciso II): Tais circunstâncias devem ser consignadas no interrogatório para encerramento do respectivo o termo lavrado. Consiste em prerrogativa do Advogado assistir a seus clientes investigados durante a apuração de infrações, sob pena de nulidade absoluta do respectivo interrogatório ou depoimento e, subsequentemente, de todos os elementos investigatórios e probatórios dele decorrentes ou derivados, direta ou indiretamente (EAOAB, art. 7º, XXI). Logo, se o interrogando condicionar sua oitiva à presença de seu defensor, o Delegado de Polícia poderá consignar essa manifestação, assinalando que o indiciado optou por permanecer em silêncio até receber orientação de seu advogado, sem prejuízo de posterior inquirição caso o defensor compareça. A ausência de defesa técnica não obsta a formalização da prisão em flagrante.

Aviso de Miranda: Tais cenários são parametrizados com a aplicação da tese desenvolvida no famoso "aviso de Miranda" (*Miranda warning* ou *Miranda rights*), segundo a qual a pessoa deve ser advertida pelos agentes policiais já no momento

44. CUNHA, Rogério Sanches; GRECO, Rogério. *Abuso de autoridade:* Lei 13.869/2019 comentada artigo por artigo. Salvador: Juspodivm, 2019, p.149.

de sua abordagem e captura, acerca do seu direito de permanecer calado, além de acionar assistência advocatícia e de não produzir prova contra si, reforçando a relevância de consignar manifestações do interrogado, viabilizar o contato e a presença do Defensor, sobretudo em audiências policiais com gravação audiovisual (CPP, art. 405, § 1º)[45]. De igual modo, devem ser desconsideradas eventuais confissões informais para evitar o chamado "interrogatório sub-reptício" ou travestido de entrevista, seguindo orientação jurisprudencial (STF, Reclamação 33.711-SP, j. 11/06/2019), de maneira a avaliar todo o conjunto probatório para decidir sobre o indiciamento, em especial na decretação de prisão em flagrante delito.

Acordo de não persecução penal: No *caput*, discutível, em razão da máxima "sob ameaça", que pode ter interpretação subjetiva pelo operador, a fim de equipará-la indiretamente a "grave ameaça", em razão do estado de vulnerabilidade do sujeito passivo. Nos demais, em tese cabível, pois a pena mínima é de um ano (vide artigo 28-A, do Código de Processo Penal, incluído pela nova Lei Federal nº 13.964/2019).

12. OMISSÃO DE IDENTIFICAÇÃO E FALSA IDENTIFICAÇÃO

Art. 16. Deixar de identificar-se ou identificar-se falsamente ao preso por ocasião de sua captura ou quando deva fazê-lo durante sua detenção ou prisão:

Pena - detenção, de 6 (seis) meses a 2 (dois) anos, e multa.

Parágrafo único. Incorre na mesma pena quem, como responsável por interrogatório em sede de procedimento investigatório de infração penal, deixa de identificar-se ao preso ou atribui a si mesmo falsa identidade, cargo ou função.

Ações nucleares: *Deixar*, que significa omitir-se, não realizar uma ação exigida e *identificar-se* falsamente, que corresponde à conduta de fornecer dados inexistentes ou de outra pessoa, fugindo de sua responsabilidade funcional[46].

Objeto jurídico: Direito constitucional da pessoa custodiada conhecer a identidade do agente responsável por sua captura ou por seu interrogatório (CF, art. 5º, LXIV)[47].

Objeto material: Sujeito submetido à medida de privação de liberdade ilícita.

Elemento subjetivo: Dolo específico de realizar as condutas típicas (Lei nº 13.869/2019, art. 1º, § 1º).

Sujeito ativo: Agente público incumbido da abordagem e captura de um suspeito na figura do *caput* e autoridade responsável por presidir ou agente por auxiliar em interrogatório, na figura do parágrafo único.

Sujeito passivo: Pessoa capturada ou presa (*caput*) e indivíduo interrogado (parágrafo único).

Tentativa: Admitida na hipótese de utilização de modalidade escrita para a identificação falsa. Na modalidade omissiva, não se admite.

Classificação doutrinária: Crime próprio, omissivo na conduta de "omitir-se" e comissivo na de identificar-se falsamente, doloso, de mera conduta, unissubjetivo, unissubsistente, instantâneo e de menor potencial ofensivo.

Comentários: Consagra-se o comando do inciso LXIV do artigo 5º da Constituição Federal, o qual dispõe que o preso tem direito à identificação dos responsáveis por sua captura ou por seu interrogatório policial. A lei estabelece que o condutor se identifique ao sujeito abordado por ocasião da captura ou quando deva fazê-lo durante sua detenção ou prisão. Identificar-se falsamente, por óbvio, também é considerado crime. Ou seja, em tese, a identificação deve ser feita de pronto, pelo agente estatal que executou a custódia. Da mesma forma, o Delegado de Polícia, como autoridade responsável

45. O "aviso de Miranda" tem origem em julgamento do ano de 1966 pela Corte Suprema dos Estados Unidos da América, no caso Miranda *versus* Arizona, envolvendo a pessoa de Ernesto Miranda, preso pela polícia de Phoenix e submetido a interrogatório em que confessou prática delituosa, porém sem que fosse alertado quanto ao direito de ter um Advogado presente. Na decisão, firmou-se o entendimento de que não são válidas as declarações prestadas aos órgãos policiais por uma pessoa sem que antes ela seja informada de que tem o direito de não responder, que tudo que disser poderá ser utilizado contra ela e que tem direito a um defensor escolhido ou nomeadoANSELMO, Márcio Adriano. Direito ao silêncio e sua devida interpretação. In:ANSELMO, Márcio Adriano; et al. *Investigação criminal pela polícia judiciária*. Rio de Janeiro: Lumen Juris, 2016, p. 105-110; MORAES, Rafael Francisco Marcondes de. Prisão em flagrante delito constitucional. Salvador: Juspodivm, 2018, p. 174-179.

46. MOREIRA FILHO (Coord.). Nova lei do abuso de autoridade: comentada artigo por artigo. São Paulo: Rideel, 2019, p.61.

47. BADARÓ, Gustavo Henrique; BREDA, Juliana (Coord.). *Comentários à lei de abuso de autoridade:* Lei nº 13.869, de 5 de setembro de 2019. São Paulo: Thomson Reuters Brasil, 2020, p.110.

pelo interrogatório em sede de procedimento investigatório criminal previsto em lei (inquérito policial), deve identificar-se ao indiciado.

Tarjetas: Nas ruas, a dinâmica por vezes impede que o agente policial, durante uma abordagem e captura, tenha tempo hábil de serenar o ambiente e ofertar a sua identificação. Os policiais militares e guardas civis, em regra, usam tarjetas que os identificam, ato que, de maneira geral, faz cumprir o que a lei reclama. Já os policiais civis operam com vestes comuns e, quando fazem uso de complementos de vestuário ou uniformes, geralmente não usam tarjetas de qualificação, salvo constantes nos complementos de vestuário ofertados pelo Estado. Nesses exemplos, se há identificação ostensiva de pronto, não há que se falar em configuração de ilícito, visto que, num segundo momento e com o ambiente controlado, na Delegacia de Polícia, isso será feito. O espírito da norma é vedar o anonimato da prisão, algo que será sanado na formalização da custódia. Assim, esquecer-se de se identificar de pronto ou não o fazê-lo em razão da dinâmica operacional da custódia não é ilegal, por evidente ausência de dolo específico.

Balaclavas: Em relação às capturas executadas por grupos táticos durante operações de alto risco, não é razoável que os seus integrantes, que normalmente fazem uso de balaclavas[48], procedam a sua imediata retirada e identificação, já que isso pode atrapalhar a execução dos trabalhos e a própria segurança dos envolvidos, considerando o dinamismo desses cenários. Se as instituições estatais possuírem normas internas do uso desse equipamento de proteção individual, estas são suficientes para justificar a ação e, caso não as possuam, a própria dinâmica do ambiente é o bastante para legitimar a postergação da identificação, que será feita quando do registro da ação policial, logo depois.

Interrogatório policial: O Delegado de Polícia que preside o interrogatório do preso ou o registro de ocorrências policiais (cumprimento de prisões cautelares, captura ou recaptura), determinará expressa menção do nome dos responsáveis pela captura, conforme já adotado na praxe de polícia judiciária, em consonância com o dispositivo da nova lei em comento. No que tange à autoridade responsável pelo interrogatório, o nome do Delegado de Polícia já consta expressamente nos termos formalizados.

Acordo de não persecução penal: Não aplicável, em razão da possibilidade de transação penal (vide artigo 28-A, § 2º, I do Código de Processo Penal, incluído pela nova Lei Federal nº 13.964/2019).

13. INTERROGATÓRIO POLICIAL DURANTE REPOUSO NOTURNO

> **Art. 18. Submeter o preso a interrogatório policial durante o período de repouso noturno, salvo se capturado em flagrante delito ou se ele, devidamente assistido, consentir em prestar declarações:**
>
> **Pena - detenção, de 6 (seis) meses a 2 (dois) anos, e multa.**

Verbo nuclear: *Submeter*, que significa expor, sujeitar o indivíduo ao ato.

Objeto jurídico: Dignidade e direito de defesa e de não autoincriminação do preso[49].

Objeto material: Sujeito submetido à medida de privação de liberdade ilícita.

Elemento subjetivo: Dolo específico (Lei nº 13.869/2019, art. 1º, § 1º).

Sujeito ativo: Autoridade responsável para presidir o interrogatório, admitida a participação de outros agentes estatais.

Sujeito passivo: Indivíduo submetido ao interrogatório policial.

Tentativa: Admitida.

Classificação doutrinaria: Crime próprio, doloso, instantâneo, formal, unissubjetivo, plurissubsistente, de perigo abstrato, comissivo e de menor potencial ofensivo.

Abrangência do vocábulo "preso": Em outras passagens, a nova Lei de Abuso de Autoridade menciona "investigado" (arts. 10, 20, p.u., 25, p.u., 28, 29 e 31) e "detento" (art. 13), ensejando, assim, caráter amplo ao objeto das normas, direcionando-as a situações distintas. Destarte, para uma interpretação teleológica, adotando como paradigma a Resolução 43/173, de 1988, da Organização das Nações Unidas

48. LESSA, Marcelo de Lima. O uso de balaclava em operações policiais de alto risco. Teresina, *Jus Navigandi*, out. 2017.

49. SIMANTOB, Fábio Tofic. In: BADARÓ, Gustavo Henrique; BREDA, Juliana (Coord.). *Comentários à lei de abuso de autoridade:* Lei nº 13.869, de 5 de setembro de 2019. São Paulo: Thomson Reuters Brasil, 2020, p.118.

(ONU), que estabelece o Conjunto de Princípios para a Proteção de Todas as Pessoas Sujeitas a Qualquer forma de Detenção ou Prisão, a palavra "preso" restringe-se à pessoa privada de liberdade decorrente de condenação criminal. Nesses parâmetros, a figura penal do artigo 18 não miraria a pessoa meramente investigada, visto não estar "presa" e que, a rigor, também não é tecnicamente "interrogada" e sim ouvida em "declarações"[50]. No contexto descrito, o que o tipo penal pretende coibir, numa primeira avaliação, é o interrogatório noturno de pessoa já presa, seja por condenação, seja por ordem judicial abrangendo, assim, o preso temporário ou preventivo. Logo, seria o exemplo do custodiado que, no meio da noite, é sorrateiramente retirado da cela para ser submetido a um interrogatório policial. Nessa primeira discussão aventada para estabelecer o sujeito passivo da infração penal do artigo 18 do novel diploma, ampliado genericamente o conceito de "preso", qualquer sujeito capturado ou detido estaria abarcado, o que não parece ser o propósito do legislador, na medida em que não mencionou de maneira específica termos como "investigado" ou "capturado" como o fez em outros dispositivos da nova lei. Já uma leitura em sentido mais técnico, delimita o sujeito passivo ao indivíduo condenado ou preso por ordem judicial (custodiado preventivo ou temporário)[51].

Limitação ao interrogatório de mérito: É possível indagar se a vedação ao interrogatório policial no repouso noturno, abrange tanto a primeira parte do ato, afeta aos dados qualificativos e à ciência do teor da imputação ("interrogatório de qualificação"), quanto na segunda parte do interrogatório, que compreende as respostas sobre os fatos propriamente ditos, vale dizer, sobre o mérito do evento apurado ("interrogatório de mérito")[52]. Ressalta-se que, na etapa policial do processo penal, o interrogatório resulta da decisão de indiciamento exarada pelo Delegado de Polícia mediante ato fundamentado (Lei 12.830/13, art. 2º, § 6º), em sede de despacho no curso de inquérito policial instaurado por portaria ou no corpo de auto prisional quando proferido por ocasião da decretação de prisão em flagrante delito[53]. A decisão de indiciamento funciona com um filtro para a formalização dos três atos dela resultantes, que são conhecidos pela expressão "formal indiciamento", assim compreendidos: a qualificação e interrogatório (CPP, arts. 6º, V e 185 e ss.), a identificação (CPP, art. 6º, VIII) e a obtenção de informações sobre a vida pregressa do indiciado (CPP, art. 6º, IX)[54]. Por meio dos atos derivados da decisão de indiciamento o sujeito é cientificado dos fatos contra ele imputados e tem possibilidade de se manifestar e intentar medidas dentro do inquérito policial (defesa endógena) ou fora dos autos investigatórios por via judicial (defesa exógena)[55], de modo que o indiciamento deve ser visto como um marco a partir do qual sobretudo o direito de defesa pode e deve ser exercido[56]. Portanto, o interrogatório policial é precedido da decisão de indiciamento pelo Delegado de Polícia presidente do procedimento investigatório criminal e o que a nova lei parece proibir é o interrogatório objetivo, de mérito, afeto às perguntas sobre os fatos em si, quando promovido no "repouso noturno" e não exatamente a qualificação e a ciência da imputação (interrogatório de qualificação). Assim, o direito de permanecer calado, conhecido como autodefesa negativa, está atrelado ao interrogatório de mérito e não ao ato preliminar de qualificação pessoal, visto que a recusa ao fornecimento de dados

50. LESSA, Marcelo de Lima; MORAES, Rafael Francisco Marcondes de. A nova lei de abuso de autoridade (Lei 13.869/19) e os limites ao interrogatório policial do preso durante o período noturno. Teresina, *Jus Navigandi*, 29 nov. 2019. Disponível em: <http://jus.com.br/artigos/78104>. Acesso em: 04 dez. 2019.. Conquanto a nova Lei de Abuso de Autoridade mencione que o preso assistido prestará "declarações", a redação do legislador não parece ter adotado nomenclatura técnica concernente ao documento da oitiva do indiciado, ao qual é reservado o auto de qualificação e "interrogatório", enquanto o mero investigado, como regra, é preliminarmente ouvido em termo de declarações. Possivelmente a expressão "declarações" do artigo 18 foi lançada em sentido amplo e atécnico.

51. Em relação ao artigo 18 da Lei nº 13.869/2019, foi aprovada a Súmula nº 4, no Seminário Polícia Judiciária e a Nova Lei de Abuso de Autoridade (Lei 13.869/19), realizado na Academia de Polícia de São Paulo, em 19/11/2019: "O vocábulo 'preso', empregado no artigo 18 da Lei Federal 13.869/2019, abrange o custodiado temporário ou preventivo e não equivale ao mero investigado que, asseguradas as garantias fundamentais, sobretudo o direito de autodefesa e de acionar defesa técnica, poderá ser ouvido em declarações, sem prejuízo de pronta representação pela prisão provisória diante da suspeita de envolvimento em prática delitiva pretérita e do preenchimento dos requisitos legais".

52. BADARÓ, Gustavo Henrique Righi Ivahy. *Processo penal*. Rio de Janeiro: Elsevier, 2014, p. 310.

53. MORAES, Rafael Francisco Marcondes de. *Prisão em flagrante delito constitucional*. Salvador: Juspodivm, 2018, p. 160-168.

54. MORAES, Rafael Francisco Marcondes de; PIMENTEL JR., Jaime. *Polícia judiciária e a atuação da defesa na investigação criminal*. Salvador: Juspodivm, 2018, p. 103-119.

55. SAAD, Marta Cristina Cury. *O direito de defesa no inquérito policial*. São Paulo: Revista dos tribunais, 2004, p. 270-271.

56. SAAD, Marta Cristina Cury. Indiciamento como ato fundamentado da autoridade policial. *Boletim informativo IBRASPP – Instituto Brasileiro de Direito Processual Penal*. Ano 03, nº 05, 2013, p.20.

sobre a própria identidade pode inclusive configurar contravenção penal (Decreto-lei nº 3.688/41, art. 68)"[57]. São fases distintas. Qualificar e cientificar sobre a imputação não é proibido, sequer à noite. Aliás, esclarecer sobre os fatos imputados abrange relevante aspecto do direito de defesa, a viabilizar o conhecimento e a participação do investigado e de sua defesa técnica. Já o interrogatório de mérito, sobre o fato apurado (CPP, arts. 6º, V e 187, § 2º, incisos I a VIII), envolve a proteção objeto da figura penal do artigo 18 da nova lei.

"Repouso noturno": Para a concepção do elemento normativo "período noturno", por analogia, despontam três caminhos como soluções. O primeiro é o do artigo 212 do Código de Processo Civil (Lei 13.105/15), que dispõe que os atos processuais serão realizados em dias úteis, das 6 às 20 horas. O segundo critério, também de caráter objetivo, encontra-se no artigo 22, inciso III, da própria nova Lei de Abuso, que pune o cumprimento de mandado de busca e apreensão domiciliar após as 21 horas e antes das 5 horas[58]. Já o terceiro caminho inclina-se a um critério psicossociológico, alusivo aos costumes e convenções sociais, acompanhando compreensão conferida pela literatura jurídica da mesma expressão "repouso noturno" que figura como causa de aumento do delito de furto prevista no § 1º, do artigo 155 do Código Penal, que difere de lugar para lugar em razão da realidade e da vida noturna de cada localidade, associado ao interstício entre o pôr do sol e a aurora do dia subsequente[59]. Como se observa, se houver pormenorizada fundamentação da autoridade responsável inexiste delito de abuso, mormente enquanto não consolidado posicionamento sobre o conteúdo da expressão, à luz da vedação ao famigerado ilícito de hermenêutica, expressa no § 2º, do artigo 2º, da nova Lei 13.869/2019[60].

Interrogatório de mérito do preso em flagrante: Conquanto a redação legal autorize o interrogatório extrajudicial do autuado em flagrante ainda que no período do repouso noturno, é preciso cautela quando o indiciado manifestar o direito de quedar-se silente ou solicitar defesa técnica, oportunidade em que o interrogatório sobre os fatos (de mérito) será encerrado ou sobrestado, seguindo-se os demais trâmites da formalização. Oportuno lembrar que o artigo 15, em seu parágrafo único, incisos I e II, da Lei nº 13.869/2019 criminaliza o ato de prosseguir com o interrogatório de pessoa que tenha decidido exercer o direito de silêncio ou daquele que tenha optado por ser assistido por Advogado ou Defensor Público. Logo, em tais circunstâncias, o auto de qualificação e interrogatório será formalizado, para fins de qualificação e ciência das garantias fundamentais, vedando-se, apenas, o interrogatório objetivo sobre os fatos imputados, constando a manifestação do interrogado de permanecer silente e aguardar ulterior orientação de defesa técnica.

Natureza da assistência para o interrogatório policial: O conteúdo da expressão "devidamente assistido", não foi definido. Uma leitura possível seria no sentido de que, se a nova lei pretendesse restringir essa assistência a uma natureza jurídica, como sinônimo de defesa técnica, teria feito expressamente, como no texto do citado inciso II, do parágrafo único, de seu artigo 15. Para uma interpretação ampliativa, tal qual a antiga figura do curador nomeado para o indiciado maior de 18 e menor de 21 anos de idade, com base no artigo 15 do CPP, usual antes da reforma do Código Civil, que não era necessariamente um Advogado, a aludida "assistência" do artigo 18 da nova lei de abuso poderá ser realizada por familiar ou pessoa indicada pelo preso durante o interrogatório de mérito no período de repouso noturno, caso o interrogado deseje ofertar sua versão, exercendo assim sua autodefesa positiva.

Acordo de não persecução penal: Não aplicável, em razão da possibilidade de transação penal (vide artigo 28-A, § 2º, I do Código de Processo Penal, incluído pela nova Lei Federal nº 13.964/2019).

---

57. EL DEBS, Aline Iacovelo. Natureza jurídica do interrogatório. *Revista Jus Navigandi*, ISSN 1518-4862, Teresina, ano 7, n. 58, 1 ago. 2002.

58. CUNHA, Rogério Sanches; GRECO, Rogério. *Abuso de autoridade:* Lei 13.869/2019 comentada artigo por artigo. Salvador: Juspodivm, 2019, p. 158-163.

59. LESSA, Marcelo de Lima. *Padrões sugeridos de conduta policial diante da nova lei de abuso de autoridade.* Santos: Edição do Autor, 2019, p.31; HUNGRIA, Nelson; FRAGOSO, Heleno Cláudio. *Comentários ao Código Penal.* Rio de Janeiro: Forense, 1980, p. 30.

60. Também sobre o artigo 18 da Lei nº 13.869/2019, foi aprovada a Súmula nº 5, no Seminário Polícia Judiciária e a Nova Lei de Abuso de Autoridade (Lei 13.869/19), realizado na Academia de Polícia de São Paulo, em 19/11/2019: "A expressão "repouso noturno", do artigo 18 da Lei Federal 13.869/2019, abrange período em que as pessoas ordinariamente descansam e dormem, consubstanciando parâmetros desse elemento normativo, segundo juízo motivado do Delegado de Polícia responsável, os costumes e convenções locais, a vedação temporal entre 21 horas de um dia e 5 horas do dia seguinte para a execução de busca domiciliar prevista no inciso III do § 1º do artigo 22 do mesmo diploma legal, assim como o interstício entre o pôr do sol e a aurora do dia subsequente".

14. IMPEDIMENTO OU RETARDAMENTO INJUSTIFICADO DE ENVIO DE PLEITO À AUTORIDADE JUDICIAL

Art. 19. Impedir ou retardar, injustificadamente, o envio de pleito de preso à autoridade judiciária competente para a apreciação da legalidade de sua prisão ou das circunstâncias de sua custódia:

Pena - detenção, de 1 (um) a 4 (quatro) anos, e multa.

Parágrafo único. Incorre na mesma pena o magistrado que, ciente do impedimento ou da demora, deixa de tomar as providências tendentes a saná-lo ou, não sendo competente para decidir sobre a prisão, deixa de enviar o pedido à autoridade judiciária que o seja.

Verbo nuclear: Quanto à figura do *caput*, *impedir*, que significa obstruir, colocar obstáculo, e *retardar*, que consiste em protelar, demorar. Já na figura do parágrafo único, *deixar* de tomar providências ou de enviar, que representam a omissão na consecução de dever funcional.

Objeto jurídico: Direito do preso à petição e de se comunicar, notadamente com a autoridade judicial competente[61].

Objeto material: Pleito à autoridade judicial competente[62].

Elemento subjetivo: Dolo específico de realizar as condutas típicas (Lei nº 13.869/2019, art. 1º, § 1º).

Sujeito ativo: Na figura do *caput*, o agente público incumbido de providenciar o envio do expediente ao juízo competente, sobretudo das atividades de polícia judiciária e de administração penitenciária. Na figura do parágrafo único, o Juiz de Direito.

Sujeito passivo: Pessoa custodiada.

Tentativa: Admitida na ação de impedir e não admitida nas condutas omissivas.

Classificação doutrinária: Crime próprio, comissivo (na ação de impedir) e omissivo (nas ações de retardar ou deixar de fazer), unissubjetivo, instantâneo, unissubsistente e de médio potencial ofensivo.

Comentários: O tipo penal reforça orientações no âmbito da atividade de polícia judiciária que sejam consignados requerimentos (verbais ou escritos) do preso ou seu defensor e eventual (in)deferimento se o Delegado de Polícia for a autoridade responsável pela medida, como nas hipóteses de concessão de fiança extrajudicial, desclassificação jurídica dos fatos entre outras, sem prejuízo da requisição de exames periciais cabíveis ou representação ou impetração de *Habeas Corpus* para retificação de aparentes equívocos quando dirigidos ao Judiciário[63]. Quanto ao retardo intencional de remessa do auto de prisão em flagrante ao Judiciário, há tipo penal específico no artigo 12 da nova lei. Já a figura equiparada do parágrafo único do artigo 19 da Lei nº 13.869/19 destina-se expressamente às atribuições dos Juízes de Direito.

Acordo de não persecução penal: Em tese cabível, pois a pena mínima é de um ano (vide artigo 28-A, do Código de Processo Penal, incluído pela nova Lei Federal nº 13.964/2019).

15. IMPEDIMENTO DE ENTREVISTA PESSOAL E RESERVADA DO PRESO

Art. 20. Impedir, sem justa causa, a entrevista pessoal e reservada do preso com seu advogado:

Pena - detenção, de 6 (seis) meses a 2 (dois) anos, e multa.

Parágrafo único. Incorre na mesma pena quem impede o preso, o réu solto ou o investigado de entrevistar-se pessoal e reservadamente com seu advogado ou defensor, por prazo razoável, antes de audiência judicial, e de sentar-se ao seu lado e com ele comunicar-se durante a audiência, salvo no curso de interrogatório ou no caso de audiência realizada por videoconferência.

Verbo nuclear: *Impedir*, que significa obstruir, obstar, frustrar, impossibilitar.

Objeto jurídico: Garantia da ampla defesa e prerrogativa advocatícia de comunicação com cliente.

61. SIMANTOB, Fábio Tofic. In: BADARÓ, Gustavo Henrique; BREDA, Juliana (Coord.). *Comentários à lei de abuso de autoridade:* Lei nº 13.869, de 5 de setembro de 2019. São Paulo: Thomson Reuters Brasil, 2020, p.120.

62. MOREIRA FILHO (Coord.). Nova lei do abuso de autoridade: comentada artigo por artigo. São Paulo: Rideel, 2019, p. 64.

63. Há caso concreto em que o Delegado de Polícia Dr. Jaime Pimentel Junior impetrou *Habeas Corpus* em sede de registro policial de captura de procurado, em favor do sujeito contra quem fora expedida a ordem prisional, em virtude da Autoridade Policial verificar fortes indícios de emprego fraudulento de dados contra o sujeito, que indicavam que a pessoa detida não era o autor do fato delituoso, sendo a ordem concedida pelo Poder Judiciário. ALARCÓN, Pietro de Jesús Lora; DRIGO, Leonardo Godoy. Reflexões sobre a atividade policial, a Constituição e os direitos humanos: o caso do delegado que prestigiou a liberdade. *Empório do Direito*. Florianópolis, 13 set. 2019.

Objeto material: Entrevista reservada do preso com seu defensor[64].

Elemento subjetivo: Dolo específico de realizar as condutas típicas (Lei nº 13.869/2019, art. 1º, § 1º).

Sujeito ativo: Agentes públicos, em especial aqueles incumbidos da custódia de presos no sistema de segurança pública e justiça criminal.

Sujeito passivo: O preso e o seu Advogado.

Tentativa: Admitida.

Classificação doutrinaria: Crime próprio, doloso, formal, unissubjetivo, unissubsistente e de menor potencial ofensivo.

Comentários: A expressão "preso" é empregada em sentido amplo, aplicável a qualquer indivíduo que, ainda que momentaneamente, esteja privado da liberdade, em respeito ao espírito do artigo 5º, inciso LV da Carta Magna e ao próprio Estatuto da Advocacia e a Ordem dos Advogados do Brasil (Lei nº 8.906/1994) que, em seu artigo 7º, inciso III, estabelece como direito do Advogado comunicar-se com seus clientes, pessoal e reservadamente, mesmo sem procuração, quando estes se acharem "presos", "detidos" ou "recolhidos". Logo, referido dispositivo difere as três condições constritivas, portanto, válido ao preso, ao réu solto ou ao investigado. A Convenção Americana sobre Direitos Humanos (Pacto de São José da Costa Rica, promulgada pelo Decreto nº 678/1992, estipula em sentido similar em seu artigo 8.2, "d", como direito do acusado de defender-se pessoalmente ou de ser assistido por um defensor de sua escolha e de comunicar-se, livremente e em particular, com seu defensor.

Conflito com artigo 7º-B do Estatuto da Advocacia: O tipo penal do artigo 20 da Lei nº 13.869/19 cuida textualmente da "entrevista" do preso com seu Defensor, não da "comunicação" do Advogado com seu cliente, cujo impedimento doloso passou a ser criminalizado no artigo 7º-B, do Estatuto da Advocacia (Lei nº 8.906/1994), infração penal incluída pelo artigo 43 da própria Lei nº 13.869/2019. Não se olvida que, na prática, pode ocorrer eventual conflito aparente entre as duas figuras penais para a devida subsunção e classificação jurídica, a ser dirimido pela avaliação das circunstâncias fáticas. No mais, há figura equiparada no parágrafo único do artigo 20 da Lei nº 13.869/19, que exige que o prazo da entrevista seja razoável e, embora aluda à audiência judicial, poderá ser questionada em âmbito policial. Com referência ao Advogado sentar-se ao lado do cliente, o dispositivo não se aplica quando o interrogatório estiver em curso ou em caso de audiência por videoconferência[65].

Elemento normativo: O tipo penal reclama impedimento "sem justa causa", a qual, se demonstrada, obstará a entrevista, ao menos naquele instante, enquanto perdurar a adversidade fundamentada. De acordo com o artigo 13 da Lei Federal 8.906/1994 (EAOAB), o documento de identidade profissional do Advogado é de uso obrigatório no exercício das suas funções, constituindo prova de identidade civil para todos os fins. Deve ser, pois, solicitado ao causídico, antes do acesso ao cliente (capturado/detido/preso) na Delegacia de Polícia, a fim de identificá-lo formalmente. Sem a identificação, o acesso pode ser cautelarmente obstado, até comprovação por meios idôneos da regular condição profissional do interessado. Sugere-se que o Delegado de Polícia responsável, durante o interrogatório, consigne que, antes da audiência, foi assegurada a entrevista pessoal e reservada com sua defesa técnica, devidamente identificada. Para outras hipóteses, basta a identificação do Defensor no respectivo registro policial lavrado. Anota-se que o impedimento indevido de assistência advocatícia no interrogatório, enseja a nulidade do ato e contamina os elementos investigatórios e probatórios dele decorrentes ou derivados, direta ou indiretamente, por força do artigo 7º, inciso XXI da citada Lei nº 8.906/94 (EAOAB). Por fim, presente justificativa plausível e excepcional, tais como incidentes carcerários, a entrevista poderá ser sobrestada, até que a segurança seja restaurada para viabilizar a entrevista do Defensor com o cliente preso.

Acordo de não persecução penal: Não aplicável, em razão da possibilidade de transação penal (vide artigo 28-A, § 2º, I do Código de Processo Penal, incluído pela nova Lei Federal nº 13.964/2019).

16. CONFINAMENTO ILEGAL DE PRESOS DE AMBOS OS SEXOS NA MESMA CELA

Art. 21. Manter presos de ambos os sexos na mesma cela ou espaço de confinamento:

64. MOREIRA FILHO (Coord.). *Nova lei do abuso de autoridade*: comentada artigo por artigo. São Paulo: Rideel, 2019, p.68.

65. LESSA, Marcelo de Lima; MORAES, Rafael Francisco Marcondes de; GIUDICE, Benedito Ignácio. *Nova Lei de Abuso de Autoridade:* diretrizes de atuação de Polícia Judiciária. São Paulo: Academia de Polícia, 2020, p.98.

Pena - detenção, de 1 (um) a 4 (quatro) anos, e multa.

Parágrafo único. Incorre na mesma pena quem mantém, na mesma cela, criança ou adolescente na companhia de maior de idade ou em ambiente inadequado, observado o disposto na Lei 8.069, de 13 de julho de 1990 (Estatuto da Criança e do Adolescente).

Verbo nuclear: *Manter* corresponde à ação de fazer permanecer ou ficar.

Objeto jurídico: Dignidade humana e em especial a dignidade sexual, a integridade física e moral dos custodiados[66].

Objeto material: Sujeito submetido à medida de privação de liberdade ilícita.

Elemento subjetivo: Dolo específico de realizar a conduta típica (Lei nº 13.869/2019, art. 1º, § 1º).

Sujeito ativo: Agente estatal, sobretudo aquele responsável pelas pessoas custodiadas.

Sujeito passivo: Pessoa custodiada pelo Estado.

Tentativa: Admitida.

Classificação doutrinária: Crime próprio, doloso, formal, de perigo abstrato, permanente, comissivo, unissubjetivo, de forma livre, plurissubsistente e de médio potencial ofensivo.

Comentários: Embora o dispositivo mencione "presos", ele se aplica aos capturados e aos detidos, haja vista a possibilidade destes, na etapa policial do processo penal, também poderem ser encarcerados e conduzidos em compartimentos veiculares de constrição.

Cela ou espaço de confinamento: Cela é o cárcere, o conceito é mais restrito. Espaço de confinamento é o local isolado como, por exemplo, o compartimento constritivo de viatura policial, porão, sala diminuta etc. Custodiados de sexos diversos devem permanecer separados. O artigo 82, § 1º, da Lei de Execução Penal (Lei nº 7.210/1984) já prevê que a mulher, separadamente, seja recolhida a estabelecimento próprio e adequado à sua condição pessoal. Anota-se, por fim, que estar na mesma sala arejada não se confunde com estar mesmo espaço de confinamento, cuja definição, em essência, é bem mais restrita.

Adolescente infrator: Quanto ao adolescente infrator, este, após os procedimentos policiais, será encaminhado ao órgão do Ministério Público local. Nos casos em que a apresentação imediata for impossível, o adolescente aguardará em dependência separada da destinada a maiores, conforme artigo 175 e parágrafos da Lei Federal nº 8.069/1990 (ECA).

Ambiente inadequado: Acerca do "ambiente inadequado", vislumbra-se como sendo aquele manifestamente insalubre, equiparado à cela forte ou cafua. A cela convencional, de ambiente gradeado e dotado de vigilância suficiente acauteladora, própria para a custódia, não se equipara.

Ambos os sexos: Em alusão à expressão "ambos os sexos", podem emergir dúvidas no que toca ao homem transexual e à mulher transexual. O artigo 2º do Decreto Federal nº 8.727/17, dispõe que os órgãos e as entidades da administração pública federal direta, autárquica e fundacional, em seus atos e procedimentos, adotarão o nome social da pessoa travesti ou transexual. Assim, por simetria, entende-se que o gênero deve ser respeitado, inclusive no ato de colocação em celas e espaços de constrição veiculares, objetivando preservar não apenas a pessoa custodiada mas também os próprios agentes estatais.

Adolescentes e mulheres: Realizada a apreensão de adolescente infrator, a autoridade zelará para ele não permaneça na mesma cela ou espaço de confinamento que um adulto, prevenindo eventual atentado à integridade física do menor sob custódia do Estado. Caso as dependências da Unidade não sejam arquitetonicamente adequadas, o ideal é que os adultos fiquem no interior das celas e os adolescentes permaneçam separados, mas sempre vigiados. Por ser doloso, o tipo penal requer intenção direta em burlar a norma, o que não se confunde com a ocorrência de força maior, em a autoridade ou agente estatal, por razões alheias à sua vontade, não tenha dependências acauteladoras outras. Nesse caso, será analisado o cenário e as condições disponíveis, dentro de uma lógica de bom senso, adequando a situação concreta aos objetivos da legislação, sem prejuízo de acionamento e necessário concurso com outros órgãos públicos responsáveis pela tutela de crianças e adolescentes. Não é recomendável que, no caso de ausência de outras celas, o adolescente ou a mulher sejam algemados e deixados sem vigilância. Embora o artigo 2º do Decreto Federal nº 8.858/16

66. AZEVEDO, André Boiani e. In: MOREIRA FILHO (Coord.). *Nova lei do abuso de autoridade*: comentada artigo por artigo. São Paulo: Rideel, 2019, p.71-73.

admita o emprego de algemas em casos de resistência e de fundado receio de fuga causado pelo preso, a locução "e" foi impropriamente lançada na redação do dispositivo, porquanto o "fundado receio de fuga" nem sempre decorre de resistência, sobretudo nas hipóteses de infrator conhecido, suspeito de delito grave, transporte de presos, escoltas etc. Destarte, inexistindo dependência apartada na repartição estatal, desde que a detida ou o adolescente apreendido permaneça sob vigilância aproximada, não se vislumbra óbice de que permaneça algemado até a remoção o mais breve possível para outra repartição destinatária ou unidade de atendimento respectiva.

Homens transexuais: Os homens transexuais (sexo anatomicamente feminino, mas com identidade de gênero psicologicamente oposta ao seu sexo biológico)[67] terão a identificação masculina preservada (empregando termos masculinos) e, prioritariamente, serão revistados por policiais femininas, haja vista a existência de disposição legal que regula a busca pessoal em mulheres (CPP, art. 249). A sua eventual condução ou detenção será feita em separado dos homens biológicos. Isso decorre sobretudo da interpretação do Decreto Federal n° 8.727/17 (reconhecimento da identidade de gênero na administração pública federal).

Travestis e mulheres transexuais: As travestis e mulheres transexuais (sexo anatomicamente masculino, que possuem identidade de gênero psicologicamente oposta ao seu sexo biológico)[68] terão a identificação social feminina preservada (emprego de termos femininos) e, prioritariamente, serão revistadas por policiais femininas as quais, legalmente, não estão proibidas de revistar pessoas de ambos os sexos biológicos. Se houver resistência ou superioridade física da abordada e isso representar perigo para a policial feminina, esta, cautelarmente, estará licenciada de revistá-la. A eventual condução ou detenção será executada em separado dos homens biológicos. Isso decorre da interpretação do Decreto Federal n° 8.727/17 (reconhecimento da identidade de gênero na administração pública federal).

Acordo de não persecução penal: Em tese cabível, pois a pena mínima é de um ano (vide artigo 28-A, do Código de Processo Penal, incluído pela nova Lei Federal nº 13.964/2019).

17. INVASÃO ILEGAL DE DOMICÍLIO

Art. 22. Invadir ou adentrar, clandestina ou astuciosamente, ou à revelia da vontade do ocupante, imóvel alheio ou suas dependências, ou nele permanecer nas mesmas condições, sem determinação judicial ou fora das condições estabelecidas em lei:

Pena - detenção, de 1 (um) a 4 (quatro) anos, e multa.

§ 1º Incorre na mesma pena, na forma prevista no *caput* deste artigo, quem:

I - coage alguém, mediante violência ou grave ameaça, a franquear-lhe o acesso a imóvel ou suas dependências;

II - (VETADO);

III - cumpre mandado de busca e apreensão domiciliar após as 21h (vinte e uma horas) ou antes das 5h (cinco horas).

§ 2º Não haverá crime se o ingresso for para prestar socorro, ou quando houver fundados indícios que indiquem a necessidade do ingresso em razão de situação de flagrante delito ou de desastre.

Verbo nuclear: Na figura do *caput*, o verbo *invadir* tem o sentido de ingresso ostensivo, por meios violentos para o acesso ao imóvel ou suas dependências, enquanto o verbo *adentrar* significa entrar, introduzir-se, sem violência no imóvel alheio ou suas dependências[69]. No § 1º, o *coagir* (inciso I) consiste em subjugar, impor contra a vontade, enquanto o cumprir significa executar, efetivar.

Objeto jurídico: Inviolabilidade domiciliar (CF, art. 5º, XI).

Objeto material: Imóvel alheio.

Elemento subjetivo: Dolo específico de realizar as condutas típicas (Lei nº 13.869/2019, art. 1º, § 1º).

Sujeito ativo: Agente estatal, mormente autoridade policial e seus agentes.

Sujeito passivo: Tanto proprietário quanto o ocupante do imóvel objeto da conduta[70].

---

67. Nesse sentido: Resolução Conjunta do Conselho Nacional de Combate à Discriminação (CNCD) e do Conselho Nacional de Política Criminal e Penitenciária (CNPCP) nº 1, de 15 de abril de 2014.

68. Nesse sentido: Resolução Conjunta do Conselho Nacional de Combate à Discriminação (CNCD) e do Conselho Nacional de Política Criminal e Penitenciária (CNPCP) nº 1, de 15 de abril de 2014.

69. CUNHA, Rogério Sanches; GRECO, Rogério. *Abuso de autoridade:* Lei 13.869/2019 comentada artigo por artigo. Salvador: Juspodivm, 2019, p.193-194.

70. AZEVEDO, André Boiani e. In: MOREIRA FILHO (Coord.). *Nova lei do abuso de autoridade*: comentada artigo por artigo. São Paulo: Rideel, 2019, p. 75.

Tentativa: Admite (exceto na modalidade "permanecer").

Classificação doutrinária: Crime próprio, doloso, de mera conduta (*caput*) ou material (§ 1º), instantâneo (permanente na modalidade "permanecer"), comissivo (omissivo na modalidade "permanecer"), unissubjetivo, de forma livre, plurissubsistente[71] e de médio potencial ofensivo.

Comentários: O *caput* do artigo 22 ora em análise alude à conduta similar ao delito de violação de domicílio majorado pela prática por funcionário público ou com abuso de poder, que era previsto no artigo 150, § 2º do Código Penal, dispositivo revogado pela Nova Lei de Abuso de Autoridade (art. 44). Já as figuras equiparadas, dos incisos do § 1º do artigo 22 da nova lei, criminalizam as condutas de quem coage, mediante violência ou grave ameaça, de pessoa a franquear-lhe o acesso a imóvel ou suas dependências bem como daquele que executa mandado de busca domiciliar após as 21 ou antes das 5 horas.

Imóvel alheio: A palavra "imóvel alheio", empregada no artigo 22 da nova lei, admite interpretação mais ampla que o vocábulo "casa", adotado no Código Penal (CP, art. 150) e na Lei Maior (CF, art. 5º, XI), de modo a abranger, na linha do artigo 79 do Código Civil, qualquer edificação, desde o solo, até construções não abertas ao público[72].

Excludente de tipicidade: O § 2º do artigo 22 ressalva que não há delito se o ingresso domiciliar for para prestação de socorro ou se houver fundados indícios que indiquem a necessidade do ingresso em razão de situação de flagrante delito ou desastre, em atenção ao comando inserto no inciso XI, do artigo 5º da Constituição Federal.

Aferição da autorização: O acesso a imóvel ou suas dependências sem ordem judicial ou fora das ressalvas legais deve ser precedido de cautela, zelando o agente policial para que a manifestação de vontade do titular do local seja expressa e não apenas tácita. É certo que a dinâmica das ruas dificulta essa formalização. Todavia, com os recursos tecnológicos atuais, se disponíveis aos policiais, recomenda-se que a anuência do interessado seja formalizada pelos meios disponíveis no momento, seja por prova testemunhal idônea, seja por assinatura em formulário apropriado (termo de aferição de consentimento em campo) ou mesmo por captação audiovisual.

Mandados de busca domiciliar: Com relação ao cumprimento de mandados judiciais de busca domiciliar a regra é similar. Os policiais responsáveis pela execução da ordem judicial podem fazer uso de recursos tecnológicos que registrem o horário da entrada bem como o da própria diligência, rechaçando questionamentos diante da idoneidade do meio e da lisura da ação registrada. Anota-se que, considerando o comando constitucional no sentido de que a determinação judicial para busca domiciliar seja executada durante o dia (CF, art. 5º, XI), a orientação mais segura consiste em que os agentes estatais atentem-se para a existência de luz solar para iniciar o cumprimento do mandado, de maneira aliada ao período entre 5 horas da manhã e 21 horas da noite, tendo em vista o lapso temporal ora estabelecido no inciso III, do § 1º, do artigo 22 da Nova Lei de Abuso de Autoridade. Outrossim, não haverá delito se o ingresso, referendando comando constitucional, for para prestar socorro ou se existirem fundados indícios que indiquem a necessidade do ingresso em razão de situação de flagrante delito ou de desastre. Quanto à expressão "fundados indícios", é importante que os agentes estatais estejam de posse de dados concretos que justifiquem, primeiro perante o Delegado de Polícia responsável, e depois na etapa judicial do processo se necessário, os motivos fáticos que os levaram a acreditar que havia estado flagrancial delitivo para adentrar no imóvel.

Denúncias anônimas: Em tais hipóteses, recomenda-se a realização de investigação preliminar para averiguar informações concretas, considerando orientação jurisprudencial do Superior Tribunal de Justiça (RHC nº 83.501-SP, j. 06/03/2018), que entendeu que "denúncia anônima" somada à fuga do suspeito, por si sós, não representam fundadas razões a autorizar o ingresso no domicílio sem consentimento ou determinação judicial, por inexistir referência à prévia investigação policial para verificar a veracidade das informações recebidas.

Acordo de não persecução penal: Em tese cabível, pois a pena mínima é de um ano (vide artigo 28-A, do Código de Processo Penal, incluído pela

71. AZEVEDO, André Boiani e. In: MOREIRA FILHO (Coord.). *Nova lei do abuso de autoridade*: comentada artigo por artigo. São Paulo: Rideel, 2019, p.74-75.

72. CUNHA, Rogério Sanches; GRECO, Rogério. *Abuso de autoridade:* Lei 13.869/2019 comentada artigo por artigo. Salvador: Juspodivm, 2019, p.195-196; MOREIRA FILHO, Guaracy (Coord.); AZEVEDO, André Boiani e [et al]. *Nova lei do abuso de autoridade comentada artigo por artigo*. São Paulo: Rideel, 2019, p.74-76.

nova Lei Federal nº 13.964/2019). Incabível, entretanto, no § 1º, I, em razão da máxima "violência ou grave ameaça".

18. INOVAÇÃO ARTIFICIOSA NO CURSO DE INVESTIGAÇÃO OU DE PROCESSO

Art. 23. Inovar artificiosamente, no curso de diligência, de investigação ou de processo, o estado de lugar, de coisa ou de pessoa, com o fim de eximir-se de responsabilidade ou de responsabilizar criminalmente alguém ou agravar-lhe a responsabilidade:

Pena - detenção, de 1 (um) a 4 (quatro) anos, e multa.

Parágrafo único. Incorre na mesma pena quem pratica a conduta com o intuito de:

I - eximir-se de responsabilidade civil ou administrativa por excesso praticado no curso de diligência;

II - omitir dados ou informações ou divulgar dados ou informações incompletos para desviar o curso da investigação, da diligência ou do processo.

Verbo nuclear: *Inovar* tem o sentido de modificar, alterar, artificiosamente, vale dizer, de modo fraudulento.

Objeto jurídico: Administração da justiça e a honra da pessoa eventualmente incriminada injustamente[73].

Objeto material: Lugar, coisa ou pessoa cujo estado seja artificiosamente alterado.

Elemento subjetivo: Dolo específico de realizar a conduta típica (Lei nº 13.869/2019, art. 1º, § 1º), além da vontade de se eximir (ser inocentado) de responsabilidade criminal, ou de indevidamente responsabilizar (tornar culpa um inocente) ou agravar a responsabilidade criminal (tornar mais severa a punição) de alguém[74].

Sujeito ativo: Agente público, mormente o atuante nas instituições de segurança pública e justiça criminal diante dos campos especificados no tipo (curso de diligência, de investigação ou de processo)

Sujeito passivo: Pessoa física ou jurídica prejudicada com a inovação artificiosa (direto ou imediato) e também o Estado (sujeito passivo indireto ou mediato).

Tentativa: Admitida.

Classificação doutrinária: Crime próprio, doloso, material, instantâneo, comissivo, unissubjetivo, de forma livre, plurissubsistente e de médio potencial ofensivo.

Fraude processual: Trata-se de figura penal derivada e qualificada em confronto com a fraude processual, criminalizada no artigo 342 do Código Penal. O tipo penal do artigo 23 da nova lei reclama especial fim de agir, "com o fim de eximir-se de responsabilidade ou de responsabilizar criminalmente alguém ou agravar-lhe a responsabilidade". As denominadas "provas plantadas" parecem também ser o foco do *caput* desse dispositivo.

Comentários: Caso a autoridade verifique indícios da aludida prática fraudulenta, determinará a apuração imparcial para a verdade atingível dos fatos para as devidas responsabilizações. Vislumbra-se a aplicação da figura penal a cenários como a autolesão e o dano deliberado para fins de indevida isenção de responsabilidade ou imputação a terceiro, assim como a recolha de projéteis e estojos deflagrados, a supressão de individuais palmares e plantares de local de fato delituoso com o escopo de eximir-se de futura responsabilidade entre outras hipóteses semelhantes. As condutas típicas demandam a chamada disciplina consciente, responsável por regrar o processo decisório do agente, porquanto os tipos penais são autoexplicativos e não requerem maior esforço intelectual para interpretação.

Omissão ou divulgação incompleta de dados ou informações: Quanto à omissão de dados ou informações ou divulgação de dados ou informações incompletas para desviar o curso da investigação, da diligência ou do processo, trata-se de figura equiparada a ser observada pelos responsáveis pela transcrição de medidas como interceptações telefônicas, os quais zelarão para que os dados de interesse policial não sejam omitidos, observando o elemento objetivo reclamado para a configuração do ilícito penal[75].

73. AZEVEDO, André Boiani e. In: MOREIRA FILHO (Coord.). *Nova lei do abuso de autoridade*: comentada artigo por artigo. São Paulo: Rideel, 2019, p.81.

74. AZEVEDO, André Boiani e. In: MOREIRA FILHO (Coord.). *Nova lei do abuso de autoridade*: comentada artigo por artigo. São Paulo: Rideel, 2019, p.80-81.

75. Sobre os cuidados na preservação do estado de lugar, de coisa ou de pessoa, relevante também a observância das novas disposições sobre a denominada "cadeia de custódia", prevista nos artigos 158-A a 158-F do CPP, acrescidos pela Lei Federal nº 13.964/2019, fruto do chamado "Pacote Anticrime".

Acordo de não persecução penal: Em tese cabível, pois a pena mínima é de um ano (vide artigo 28-A, do Código de Processo Penal, incluído pela nova Lei Federal nº 13.964/2019).

19. CONSTRANGIMENTO PARA ADMISSÃO DE MORTO EM HOSPITAL

Art. 24. Constranger, sob violência ou grave ameaça, funcionário ou empregado de instituição hospitalar pública ou privada a admitir para tratamento pessoa cujo óbito já tenha ocorrido, com o fim de alterar local ou momento de crime, prejudicando sua apuração.

Pena - detenção, de 1 (um) a 4 (quatro) anos, e multa, além da pena correspondente à violência.

Verbo nuclear: *Constranger*, no sentido de coagir, impor contra a vontade.

Objeto jurídico: Administração da justiça e liberdade individual e integridade física da pessoa coagida.

Objeto material: Funcionário ou empregado de instituição hospitalar coagido.

Elemento subjetivo: Dolo específico de realizar a conduta típica (Lei nº 13.869/2019, art. 1º, § 1º), associado ao propósito de prejudicar a apuração alterando o local ou o momento do evento.

Sujeito ativo: Agente público, em especial aqueles das instituições de segurança pública envolvidos em ocorrências que resultem morte.

Sujeito passivo: Pessoa física constrangida pela violência ou ameaça (vítima imediata ou direta), além do Estado (sujeito passivo mediato ou indireto).

Tentativa: Admitida.

Classificação doutrinária: Crime próprio, doloso, material, instantâneo, comissivo, unissubjetivo, de forma livre, plurissubsistente e de médio potencial ofensivo.

Comentários: Salvo as mortes notórias (decapitações, destruições do sistema nervoso central etc.), não é lícito a agentes estatais (mormente policiais) atestá-la com absoluto grau de certeza, porquanto não lhe ser exigida formação em ciências médicas. Na dúvida, cabe ao agente público socorrer a pessoa ferida, inclusive para que não se alegue eventual omissão, prestigiando o direito à vida e à integridade física. Neste cenário, é certo que o socorro será promovido, como regra, por pessoa leiga em ciências médicas, a qual não terá condições concretas de saber se o ferido está morto. Logo, o estabelecimento de saúde como regra não poderá recusar o atendimento prévio, pois o policial não é médico e não tem condições técnicas de, salvo nas mortes notórias, aferir, com certeza, esse resultado fatal[76].

Acordo de não persecução penal: Inaplicável em razão da existência de "violência" ou "grave ameaça", conforme prevê a lei (vide artigo 28-A, do Código de Processo Penal, incluído pela nova Lei Federal nº 13.964/2019).

20. OBTENÇÃO OU USO DE PROVA ILÍCITA

Art. 25. Proceder à obtenção de prova, em procedimento de investigação ou fiscalização, por meio manifestamente ilícito:

Pena - detenção, de 1 (um) a 4 (quatro) anos, e multa.

Parágrafo único. Incorre na mesma pena quem faz uso de prova, em desfavor do investigado ou fiscalizado, com prévio conhecimento de sua ilicitude.

---

76. No tocante às hipóteses de mortes decorrentes de intervenção policial, convém lembrar a ressalva da competência da Justiça Comum (Tribunal do Júri) e investigação pelas respectivas instituições de polícia judiciária (Polícias Civis) mesmo quando a suspeita recair sobre militares dos Estados (CF, arts. 5º, XXXVIII e 125, § 4º), assim como a previsão do novo artigo 14-A, do CPP, inserido pela Lei Federal nº 13.964/2019 ("pacote anticrime"), que assim dispõe: "Nos casos em que servidores vinculados às instituições dispostas no art. 144 da Constituição Federal figurarem como investigados em inquéritos policiais, inquéritos policiais militares e demais procedimentos extrajudiciais, cujo objeto for a investigação de fatos relacionados ao **uso da força letal praticados no exercício profissional**, de forma consumada ou tentada, incluindo as situações dispostas no art. 23 do Decreto-Lei nº 2.848, de 7 de setembro de 1940 (Código Penal), o indiciado poderá constituir **defensor**.
§ 1º Para os casos previstos no *caput* deste artigo, o investigado deverá ser **citado** da **instauração do procedimento investigatório**, podendo constituir defensor no prazo de até 48 (quarenta e oito) horas a contar do recebimento da citação.
§ 2º Esgotado o prazo disposto no § 1º deste artigo com **ausência de nomeaçãode defensor** pelo investigado, a **autoridade responsável pela investigação** deverá intimar a **instituição** a que estava vinculado o investigado à época da ocorrência dos fatos, para que essa, no prazo de 48 (quarenta e oito) horas, **indique defensor para a representação do investigado**.
§ 3º (VETADO).
§ 4º (VETADO).
§ 5º (VETADO).
§ 6º As disposições constantes deste artigo se aplicam aos servidores militares vinculados às instituições dispostas no art. 142 da Constituição Federal, desde que os fatos investigados digam respeito a missões para a Garantia da Lei e da Ordem".

Verbo nuclear: *Proceder* tem o sentido de praticar de realizar a obtenção de prova por meio espúrio (*caput*), enquanto *fazer uso* (parágrafo único) implica utilizar, levar em consideração o aludido elemento probatório de que teve prévia ciência da ilegalidade.

Objeto jurídico: Administração da justiça.

Objeto material: Regras legais e constitucionais de obtenção e utilização de provas.

Elemento subjetivo: Dolo específico de realizar a conduta típica (Lei nº 13.869/2019, art. 1º, § 1º).

Sujeito ativo: Agente público, sobretudo aqueles incumbidos de atividades investigatórias e fiscalizatórias.

Sujeito passivo: Estado e pessoa eventualmente prejudicada pela prova ilícita[77].

Tentativa: Não admitida.

Classificação doutrinária: Crime próprio, doloso, formal, instantâneo, comissivo, unissubjetivo, de forma livre, unissubsistente e de médio potencial ofensivo.

Prova ilícita: Auferir prova por meio ilícito é, portanto, obtê-la em patente inobservância de normas constitucionais ou legais, com violação de regra de direito material, vale dizer, regras que pautam os fatos jurídicos. A confissão sob tortura é um exemplo. Segundo o artigo 5º, inciso LVI da Constituição Federal "são inadmissíveis, no processo, as provas obtidas por meios ilícitos", quais sejam, aquelas auferidas com violação à intimidade, vida privada, honra, imagem, domicílio e das comunicações, existindo a exceção da escuta telefônica autorizada pela Justiça. De acordo com o Código de Processo Penal, em seu artigo 157 e § 1º, são inadmissíveis, devendo ser desentranhadas do processo, as provas ilícitas, assim entendidas as obtidas em violação a normas constitucionais ou legais. São também inadmissíveis as provas derivadas das ilícitas, salvo quando não evidenciado o nexo de causalidade entre umas e outras, ou quando as derivadas puderem ser obtidas por uma fonte independente das primeiras.

Uso de prova ilícita (parágrafo único): Incorre na mesma pena aquele que faz uso da prova em desfavor do investigado, com prévio conhecimento da sua ilicitude. Outra figura típica dolosa que exige "prévio conhecimento" para sua configuração. Logo, em razão da própria nova Lei de Abuso de Autoridade estabelecer que a divergência na interpretação de lei ou na avaliação de fatos e provas não caracteriza abuso de autoridade (art. 1º, § 2º), o ideal é que os Delegados de Polícia, diante de provas cuja ilicitude seja objeto de controvérsia na jurisprudência, adotem um posicionamento defensável e fundamentem a sua decisão. Assim, devem as autoridades avaliar, tanto na audiência de apresentação e garantias do artigo 304 do CPP, acerca da captura de um suspeito, quanto durante a presidência da investigação criminal de um modo geral, a legitimidade com que o acervo probatório foi obtido. Se identificar vício de licitude, redobrará a cautela e os fundamentos de atos decisórios, considerando que a Lei nº 13.869/19 criminaliza não somente a obtenção da prova espúria, mas também sua utilização deliberada em desfavor do investigado, inclusive para lastrear eventual decretação de prisão flagrancial[78].

Acesso a dados armazenados em aparelhos eletrônicos: Com relação ao acesso de dados armazenados em aparelhos eletrônicos, mormente em telefones celulares, a orientação jurisprudencial ainda é controversa sobre tratar-se ou não de matéria objeto de reserva absoluta de jurisdição, de modo a reclamar ou não prévia autorização judicial. Até 2014, a posição encabeçada pelo Supremo Tribunal Federal no paradigmático HC 91.867-PA[79], era no sentido de que o aludido acesso não demandaria prévia ordem judicial. Por esse entendimento, a proteção do inciso XII, do artigo 5º da Lei Maior abarcaria a comunicação dos dados, porém não os dados em si e o depósito registral deles contidos nos dispositivos eletrônicos, característica cada vez mais comum nos aparelhos de telefonia móvel com múltiplas funcionalidades (*smartphones*), equipados com aplicativos de comunicação que permitem a troca e o armazenamento de mensagens e arquivos de imagem, de áudio e de vídeo. Todavia, com o advento da Lei Federal nº 12.965/2014, o conhecido "Marco Civil da *Internet*", que estabeleceu princípios,

77. AZEVEDO, André Boiani e. In: MOREIRA FILHO (Coord.). *Nova lei do abuso de autoridade*: comentada artigo por artigo. São Paulo: Rideel, 2019, p.84-85.

78. Acerca do artigo 25 da Nova Lei de Abuso de Autoridade em comento, foi aprovada a Súmula nº 6 do Seminário "Polícia Judiciária e a Nova Lei de Abuso de Autoridade (Lei 13.869/2019)", realizado na Academia de Polícia no dia 19/11/2019: "A obtenção e o uso de prova cuja licitude seja objeto de controvérsia jurisprudencial ou doutrinária estão albergados na ressalva de divergência na interpretação de lei ou na avaliação de fatos e provas do § 2º do artigo 1º da Lei Federal 13.869/2019".

79. STF, HC nº 91.867-PA, 2ª Turma, Relator Min. Gilmar Mendes, j. 24/04/2012.

garantias, direitos e deveres para o uso da rede mundial de computadores no Brasil, o debate foi redirecionado, mormente diante do artigo 7º, inciso III, do referido diploma, que reivindica autorização judicial para o acesso às "comunicações privadas armazenadas". Conquanto a redação do citado dispositivo mencione "comunicações privadas armazenadas" e nem todos os dados e documentos contidos em um aparelho eletrônico sejam, necessariamente, provenientes de uma "comunicação privada", a nova disciplina conferida pela Lei nº 12.965/14 ocasionou uma alteração na orientação jurisprudencial, que começou a considerar o acesso ao conteúdo de tais dispositivos objeto de reserva jurisdicional absoluta, com destaque para o Superior Tribunal de Justiça, que a partir de 2016 passou a anular decisões lastreadas na obtenção de dados armazenados em equipamentos eletrônicos sem autorização prévia do Poder Judiciário, como na decisão do HC nº 51.531-RO[80]. Contudo, o próprio Superior Tribunal de Justiça tem revelado em alguns julgados importantes ressalvas, em especial na decisão da 6ª Turma exarada no HC nº 388.008-AP[81], de agosto de 2017, no sentido de legitimar o acesso direto e extrajudicial aos dados armazenados em aparelho de telefonia celular quando a demora na obtenção de uma prévia ordem judicial puder acarretar "prejuízos à investigação" ou "especialmente à vítima do delito"[82]. Atualmente o debate se encontra no Supremo Tribunal Federal, na pendência da decisão do Agravo em Recurso Extraordinário (ARE) nº 1.042.075-RJ[83], que em novembro de 2017 reconheceu a existência de repercussão geral da matéria constitucional suscitada. Em síntese, há posição no sentido de que apenas a interceptação da comunicação dos dados depende de autorização judicial (CF, art. 5º, XII), ao passo que o mero acesso de dados registrados (CF, art. 5º, X), não. Em tais hipóteses, seria prudente às instituições de polícia judiciária acessá-los no interesse da investigação criminal (últimas chamadas, conteúdos de conversas etc.), a fim de que a diligência não se frustrasse e a colheita de informações tendentes a esclarecer a autoria e a materialidade dos delitos fosse preservada[84]. De outra banda, também existem as destacadas posições de que o artigo 7º, inciso III da Lei nº 12.965/14 resguarda quaisquer dados pessoais auferidos a partir da utilização da *internet*, incluindo aqueles armazenados em aparelhos de telefonia móvel celular. Os dados armazenados decorrentes de mensagens do tipo SMS ou de aplicativos multiplataforma de mensagens instantâneas, bem como os e-mails, dizem respeito à intimidade e a vida privada das pessoas, sendo assim invioláveis nos termos do artigo 5º, X, da Lei Maior. Se houver prévia ordem judicial para a busca e apreensão dos aparelhos eletrônicos, a autorização judicial específica para acesso ao conteúdo seria desnecessária[85].

Guardas Municipais: Há divergência se as Guardas Municipais podem realizar atos próprios de policiamento ostensivo e preventivo, como abordagens e buscas pessoais e fiscalizações em veículos, funcionando como uma "Polícia Municipal"[86]. Não há como negar que, ao se depararem com suspeita de prática delitiva em estado flagrancial, os Guardas Municipais estão respaldados a agir inclusive a título de "flagrante facultativo" e normalmente com melhores recursos materiais e capacitação profissional se comparados aos cidadãos particulares, ainda que sejam indivíduos que labutem como seguranças ou vigilantes privados. A questão denota maior divergência no tocante ao exercício de um poder de polícia e ao correlato e eventual dever de agir dos Guardas Civis em face de situações delituosas, mormente à luz de algumas disposições do Estatuto Geral das Guardas Municipais (Lei Federal nº 13.022/2014)[87]. Mencionado diploma, em seu artigo 5º, estipula competências administrativas específicas das guardas municipais dentre as quais, notadamente: "prevenir e inibir, pela presença e vigilância, bem como coibir, infrações penais ou administrativas e atos infracionais que atentem contra os bens, serviços e instalações municipais" (inciso II), "atuar, preventiva e permanentemente, no território

80. STJ, HC nº 51.531-RO, 6ª Turma, Relator Min. Nefi Cordeiro, j. 19/04/2016.

81. STJ, HC nº 388.008-AP, 6ª Turma, Relatora Min. Maria Thereza de Assis Moura, j. 03/08/2017.

82. MORAES, Rafael Francisco Marcondes de. Polícia judiciária, direitos humanos e o acesso ao conteúdo de aparelhos eletrônicos. In: JORGE, Higor Vinicius Nogueira. *Tratado de investigação criminal tecnológica*. Salvador: Juspodivm, 2020, p. 269-284.

83. STF, ARE nº 1.042.075-RJ, Relator Ministro Dias Toffoli.

84. Nesse sentido: HC 91867, Relator(a): Min. GILMAR MENDES, Segunda Turma, julgado em 24/04/2012, ACÓRDÃO ELETRÔNICO DJe-185 DIVULG 19-09-2012 PUBLIC 20-09-2012 e RHC 75.800/PR, Rel. Ministro FELIX FISCHER, QUINTA TURMA, julgado em 15/09/2016, DJe 26/09/2016 – quando se tratar de busca e apreensão de aparelhos celulares judicialmente concedida.

85. Nesse sentido: REsp 1675501/MG, Rel. Ministro SEBASTIÃO REIS JÚNIOR, SEXTA TURMA, j.17/10/2017, DJe 27/10/2017 e RHC 77.232/SC, Rel. Ministro FELIX FISCHER, QUINTA TURMA, julgado em 03/10/2017, DJe 16/10/2017.

86. MORAES, Rafael Francisco Marcondes de. *Prisão em flagrante delito constitucional*. Salvador: Juspodivm, 2018, p. 45-48.

87. MORAES, Rafael Francisco Marcondes de. *Prisão em flagrante delito constitucional*. Salvador: Juspodivm, 2018, p. 45-48.

do Município, para a proteção sistêmica da população que utiliza os bens, serviços e instalações municipais" (inciso III), "colaborar, de forma integrada com os órgãos de segurança pública, em ações conjuntas que contribuam com a paz social" (inciso IV); "garantir o atendimento de ocorrências emergenciais, ou prestá-lo direta e imediatamente quando deparar-se com elas" (inciso XIII); e, de modo específico quanto à prisão em flagrante delito, "encaminhar ao delegado de polícia, diante de flagrante delito, o autor da infração, preservando o local do crime, quando possível e sempre que necessário" (inciso XIV). A leitura dos incisos do artigo 5º da Lei nº 13.022/2014 permite concluir que há previsão e comando legal para que os Guardas Municipais atuem no policiamento ostensivo, ainda que, preliminarmente, na atribuição precípua de proteção ao patrimônio municipal e, de maneira supletiva, na prevenção criminal e na preservação da ordem pública, figurando explicitamente como "agentes do Delegado de Polícia" diante de situações de estado flagrancial delitivo, que desencadeiem a obrigação de abordagem e captura do suspeito e sua pronta apresentação à Autoridade Policial, o que remete, ao menos em tese, a um dever legal e, por consequência, ensejaria modalidade de "flagrante compulsório" ou "obrigatório"[88]. De toda sorte, as controvérsias mais comuns orbitam hipóteses que se afastam propriamente da tutela do patrimônio municipal e envolvem crimes como os da Lei de Drogas (Lei nº 11.343/2006) e do Estatuto do Desarmamento (Lei nº 10.826/2003), quando os Guardas Civis surpreendem indivíduos na posse de substâncias ilícitas ou de armas de fogo, por exemplo. Em 2018, houve decisão do Tribunal de Justiça do Estado de São Paulo considerou ilícita prova auferida quando da captura em flagrante por comércio de drogas ilícitas operada por agentes da Guarda Civil do Município de Salto[89]. Nessa hipótese, o Delegado de Polícia que decretou a prisão em flagrante ao lavrar o auto constritivo, caso essa custódia se desse sob a égide da nova Lei de Abuso, poderia ser questionado como incurso no crime do artigo 25 em comento? Ora, se o Delegado de Polícia fundamentar o ato decisório, jamais. Embora e jurisprudência já tenha se manifestado naquele sentido, é certo que ela está longe de ser pacífica, pois, como dito, também existem julgados[90] que, em razão do disposto no artigo 301 do CPP, consideram legítima a captura por comércio de drogas executada por Guardas Municipais, afinal são agentes de defesa social, integrantes de instituição elencada no capítulo da Segurança Pública da Constituição Federal (art. 144, § 8º). Portanto, quando o Delegado de Polícia estiver diante de matéria controversa, torna-se ainda mais relevante a motivação de sua convicção jurídica, garantida pela imanente independência funcional e preservada expressamente pelo artigo 1º, § 2º, da Lei nº 13.869/2019.

Investigações criminais realizadas por instituições não policiais: Pode ocorrer que o Delegado de Polícia se depare com o resultado de investigações realizadas por outras organizações que, fazendo às vezes de instituição de polícia judiciária, deleguem a execução de atos operacionais a outras como, por exemplo, o cumprimento de mandados de busca domiciliar, apresentando o produto da diligência na Delegacia de Polícia. Nesse caso, sem entrar no mérito da atribuição constitucional dos órgãos em tese implicados, é certo que a jurisprudência tem reconhecido que, em situações excepcionais, instituições outras poderiam conduzir investigações criminais, a despeito de ausência de respaldo legal e constitucional. Nesses casos, a utilização desses meios de prova pode ser questionada, afinal envolvem teses jurídicas antagônicas, mas, em contrapartida, de validade defensável. Dito isso, o que importa é que, sem prejuízo de quem conduziu ou executou a diligência e auferiu a prova, os Delegados de Polícia não têm a obrigação de convalidar eventuais capturas quando entendam não haver flagrância ou fundada suspeita da prática de infração penal e assim não decretem a custódia. Melhor dizendo, se não vislumbrarem justa causa, não há que se falar em recolha ao cárcere, principalmente se a Autoridade Policial, para formar a sua convicção, não teve acesso ao conjunto probatório que deu causa aos fatos que lhe foram apresentados, até porque este pode ser ilegal ou insuficiente. Não apenas o Delegado de Polícia, mas qualquer agente estatal, não pode ser objeto de ação de improbidade administrativa se decidiram de maneira fundamentada e de boa-fé[91].

Acordo de não persecução penal: Em tese cabível, pois a pena mínima é de um ano (vide artigo 28-A, do Código de Processo Penal, incluído pela nova Lei Federal nº 13.964/2019).

88. MORAES, Rafael Francisco Marcondes de. *Prisão em flagrante delito constitucional.* Salvador: Juspodivm, 2018, p. 45-48.
89. Apelação Criminal nº 0001118- 92.2017.8.26.0526.
90. STJ, HC 426.969/SP, Rel. Ministro Reynaldo Soares da Fonseca, Quinta Turma, julgado em 27/02/2018, DJe 08/03/2018).
91. Nesse sentido: TJRS, Processo 11300950499, 2ª Vara da Fazenda Pública.

21. REQUISIÇÃO OU INSTAURAÇÃO DE PROCEDIMENTO INVESTIGATÓRIO SEM INDÍCIOS

Art. 27. Requisitar instauração ou instaurar procedimento investigatório de infração penal ou administrativa, em desfavor de alguém, à falta de qualquer indício da prática de crime, de ilícito funcional ou de infração administrativa:

Pena - detenção, de 6 (seis) meses a 2 (dois) anos, e multa.

Parágrafo único. Não há crime quando se tratar de sindicância ou investigação preliminar sumária, devidamente justificada.

Verbo nuclear: *Requisitar* tem o sentido de reivindicar com autorização legal, encaminhar por imperativo legal ao órgão responsável para determinada providência[92]. Já *instaurar* consiste em deflagrar, iniciar o procedimento investigatório.

Objeto jurídico: Administração da justiça e dignidade da pessoa investigada injustamente.

Objeto material: Pessoa contra quem for imputado o fato descrito na requisição ou no ato de instauração.

Elemento subjetivo: Dolo específico de realizar a conduta típica (Lei nº 13.869/2019, art. 1º, § 1º).

Sujeito ativo: Agente público com atribuição para requisitar ou para instaurar procedimentos investigatórios de infrações penais ou administrativas.

Sujeito passivo: Pessoa passível de ser investigada no procedimento requisitado ou instaurado (sujeito passivo direto ou imediato), assim como o Estado (sujeito passivo indireto ou mediato).

Tentativa: Não admitida.

Classificação doutrinária: Crime próprio, instantâneo, comissivo, doloso, formal, unissubjetivo, unissubsistente e de menor potencial ofensivo.

Comentários: No contexto do artigo em estudo, a Lei Federal nº 13.964/2019, resultante do projeto conhecido como "Pacote Anticrime", acrescentou o artigo 3º-B no CPP que, em seu inciso IX, dispõe competir ao "juiz de garantias", responsável pelo controle da legalidade da investigação criminal, determinar o trancamento do inquérito policial quando não houver fundamento razoável para a instauração ou prosseguimento da apuração[93].

Sindicância ou investigação preliminar sumária: De acordo com o disposto no parágrafo único do artigo 27 em estudo, tratando-se de sindicância ou investigação preliminar sumária, devidamente justificada, não há crime. Referido dispositivo referenda a denominada "verificação de procedência de informações", prevista no artigo 5º, § 3º, do Código de Processo Penal, a fim de filtrar a instauração infundada de inquéritos policiais contra alguém, a falta de qualquer indício de infração penal. O artigo 27 em comento fala na necessidade de "indício", cujo conceito por ser extraído do artigo 239 do CPP, segundo o qual "considera-se indício a circunstância conhecida e provada, que, tendo relação com o fato, autorize, por indução, concluir-se a existência de outra ou outras circunstâncias". Assim, presentes tais circunstâncias, não há que se falar em infração penal. É certo que as instituições de polícia judiciária, por vezes, deflagram investigações sobre eventos que, conquanto ainda não identificada natureza delituosa, possuem repercussão no meio policial como, por exemplo, as mortes suspeitas. Nesse caso, a investigação não visa esta ou aquela pessoa ("alguém") mas sim, o fato em si, com potencial de configurar eventual infração penal. Diante disso, não há que se falar na configuração da infração penal do artigo 27, até por ausência de dolo. No âmbito da polícia judiciária, o tipo penal reflete na instauração de procedimento investigatório de infração penal ou administrativa. Seria, destarte, o inquérito policial (e por simetria, o termo circunstanciado) e o processo administrativo disciplinar. A verificação de procedência de informações, a apuração preliminar e a sindicância administrativa, estas duas últimas, atribuições da Corregedoria, estão excluídas, desde que a autoridade responsável justifique, devidamente, a consentânea deflagração. Dessa maneira, o Delegado de Polícia, na Portaria instauradora (tanto de inquérito quanto de processo administrativo), reservará

92. DECARLI, Rodolfo Luiz; Zanon, Raphael. Requisição para instauração de inquérito policial: imperativo legal ou ordem? Teresina, Jus Navigandi, mar. 2017.

93. Em relação ao artigo 27 da Lei nº 13.869/2019 foi aprovada a Súmula nº 10 do Seminário "Polícia Judiciária e a Nova Lei de Abuso de Autoridade (Lei 13.869/2019)", realizado na Academia de Polícia em 19/11/2019: "Quando a notícia de fato não viabilizar instauração de procedimento investigatório, o Delegado de Polícia responsável determinará a verificação da procedência das informações a título de investigação preliminar sumária, em atenção ao artigo 5º, § 3º, do CPP, sem prejuízo de ulterior acautelamento fundamentado enquanto não obtidos elementos indiciários que denotem justa causa para deflagrar o procedimento legal cabível".

espaço para demonstrar, de modo inequívoco, os indícios concretos que possui para a deflagração do procedimento contra alguém. Postura similar será adotada nos casos de sindicância ou investigação preliminar sumária (verificação de procedência de informações ou apuração preliminar), as quais, para não configurarem a infração penal em análise, devem ser justificadas. É consagração do postulado da motivação, que pauta os atos estatais[94].

Requisições: Conquanto a lei fale em "requisição" (demanda por imperativo legal), esta deve possuir respaldo expresso no ordenamento, como qualquer ato estatal, em homenagem à legalidade pública. Doravante, torna-se ainda mais relevante a atenção no atendimento a requisições desprovidas da indicação de indício da prática de infração penal. Identificada eventual requisição infundada, será objeto de manifestação e retorno para reapreciação do requisitante, sob pena deste também incorrer na figura do artigo 27 da Nova Lei de Abuso de Autoridade.

Conflito com figura do artigo 30 da Lei nº 13.869/2019: Trata-se de tipo penal que encontra semelhanças com a figura do artigo 30 da lei em comento, com diferença sobretudo quanto à pena cominada mais branda no artigo 27. No artigo 30, conquanto o legislador tenha empregado a expressão "persecução", que teoricamente abrange tanto a investigação quanto o processo, há posição no sentido de que o delito do artigo 30 trata do processo em sentido estrito (de natureza penal, administrativa ou civil), ao passo que o artigo 27 estaria limitada à etapa investigativa de cada seara[95]. Ademais, enquanto a figura penal do artigo 27 fala em "instaurar procedimento investigatório de infração penal ou administrativa, em desfavor de alguém, à falta de qualquer indício da prática de crime, de ilícito funcional ou de infração administrativa", o do artigo 30 estabelece como criminosa a conduta de "iniciar ou proceder a persecução penal, civil ou administrativa sem justa causa fundamentada ou contra quem sabe inocente". O primeiro fala em "falta de indício" enquanto o segundo alude à "ausência de justa causa ou contra quem se sabe inocente".

Acordo de não persecução penal: Não aplicável, em razão da possibilidade de transação penal (vide artigo 28-A, § 2º, I do Código de Processo Penal, incluído pela nova Lei Federal nº 13.964/2019).

22. DIVULGAÇÃO ILEGAL DE GRAVAÇÃO

Art. 28. Divulgar gravação ou trecho de gravação sem relação com a prova que se pretenda produzir, expondo a intimidade ou a vida privada ou ferindo a honra ou a imagem do investigado ou acusado:

Pena - detenção, de 1 (um) a 4 (quatro) anos, e multa.

Verbo nuclear: *Divulgar* tem o sentido de publicar, difundir, propagar.

Objeto jurídico: Intimidade e vida privada das pessoas envolvidas de modo imediato ou principal e, secundariamente, o bom funcionamento do Estado[96].

Objeto material: Gravação sem relação com a prova cuja produção seja pretendida.

Elemento subjetivo: Dolo específico de realizar a conduta típica (Lei nº 13.869/2019, art. 1º, § 1º).

Sujeito ativo: Agentes públicos, principalmente aqueles que, por meio de suas atribuições funcionais, detém acesso ao objeto material (gravações), como integrantes das instituições de investigação e justiça criminal.

Sujeito passivo: Pessoa física ou jurídica atingida pela conduta abusiva (imediato ou principal) e Poder Público (mediato ou secundário).

Tentativa: Admitida.

Classificação doutrinária: Crime próprio, doloso, comissivo, material, unissubjetivo e de médio potencial ofensivo.

Comentários: Divulgar não se confunde com levantar sigilo. Divulgar, de maneira deliberada,

94. No Estado de São Paulo, a Portaria DGP-18/1998, dispõe, em seu artigo 2º e seguintes, que o Delegado de Polícia não instaurará inquérito policial quando os fatos levados à sua consideração não configurarem, manifestamente, qualquer ilícito penal. Igual postura adotará, em face de qualquer hipótese determinante de falta de justa causa para a deflagração da investigação criminal, indicando as razões jurídicas e fáticas em ato fundamentado. O boletim de ocorrência que, nesses mesmos termos, não viabilizar instauração de procedimento investigatório, será arquivado mediante despacho fundamentado da Autoridade Policial responsável.

95. LESSA, Marcelo de Lima; MORAES, Rafael Francisco Marcondes de; GIUDICE, Benedito Ignácio. *Nova Lei de Abuso de Autoridade:* diretrizes de atuação de Polícia Judiciária. São Paulo: Academia de Polícia, 2020, p. 129; COSTA, Adriano Sousa; FONTES, Eduardo; HOFFMANN, Henrique. *Lei de abuso de autoridade.* Salvador: Juspodivm, 2020, p. 300.

96. COSTA, Adriano Sousa; FONTES, Eduardo; HOFFMANN, Henrique. *Lei de abuso de autoridade.* Salvador: Juspodivm, 2020, p.283.

significa propagar o conteúdo sem relação com a prova que se pretenda produzir (tipo objetivo). Já o levantamento do sigilo objetiva como regra proporcionar a defesa do sujeito investigado ou acusado. Na esfera da polícia judiciária, orienta-se disciplina consciente de quem ouve e registra em relatório as conversações legalmente captadas, zelando para que o sigilo, no caso de conteúdo sem relação com a prova que se pretenda produzir, seja devidamente preservado[97]. Como o tipo penal é exclusivamente doloso, requer a comprovação de divulgação intencional e não decorrente de mera culpa.

Acordo de não persecução penal: Em tese cabível, pois a pena mínima é de um ano (vide artigo 28-A, do Código de Processo Penal, incluído pela nova Lei Federal nº 13.964/2019).

23. PRESTAÇÃO DE INFORMAÇÃO FALSA SOBRE PROCEDIMENTO

Art. 29. Prestar informação falsa sobre procedimento judicial, policial, fiscal ou administrativo com o fim de prejudicar interesse de investigado:

Pena - detenção, de 6 (seis) meses a 2 (dois) anos, e multa.

Verbo nuclear: *Prestar* informação, no sentido de fornecer, dar conhecimento.

Objeto jurídico: Administração da justiça.

Objeto material: Informação falsa sobre procedimento judicial, policial, fiscal ou administrativo.

Elemento subjetivo: Dolo específico de realizar a conduta típica (Lei nº 13.869/2019, art. 1º, § 1º), somado ao propósito de prejudicar interesse de investigado.

Sujeito ativo: Agente público, notadamente aquele que possui acesso ou tenha incumbência de prestar informações sobre procedimentos judiciais, policiais ou administrativo.

Sujeito passivo: Pessoa que sofre a prática abusiva (sujeito passivo imediato ou principal) e o Estado (sujeito passivo secundário ou mediato).

Tentativa: Admitida.

Classificação doutrinária: Crime próprio, doloso, formal, unissubjetivo, comissivo, plurissubsistente e de menor potencial ofensivo.

Comentários: A "prestação de informação falsa" difere de "omissão de informação relevante", motivo pelo qual a eventual sonegação de dados de interesse da investigação (ato omissivo e não comissivo), em tese não se amolda à infração penal. Espera-se disciplina consciente dos agentes estatais em zelar para que informações relevantes não sejam propagadas. O ato de sonegação é omissivo e o "calar-se" não constitui crime, conquanto possa eventualmente caracterizar outras infrações penais ou mesmo funcionais. Lado outro, mentir, deliberadamente, visando prejudicar interesse do investigado em procedimento policial, configura o ilícito penal.

Acordo de não persecução penal: Não aplicável, em razão da possibilidade de transação penal (vide artigo 28-A, § 2º, I do Código de Processo Penal, incluído pela nova Lei Federal nº 13.964/2019).

24. DEFLAGRAÇÃO DE PERSECUÇÃO SEM JUSTA CAUSA OU CONTRA INOCENTE

Art. 30. Dar início ou proceder à persecução penal, civil ou administrativa sem justa causa fundamentada ou contra quem sabe inocente:

Pena - detenção, de 1 (um) a 4 (quatro) anos, e multa.

Verbo nuclear: *Dar início* é deflagrar, começar, promover a persecução penal, civil ou administrativa, ciente da ausência de justa causa ou da inocência do sujeito investigado. Já *proceder* tem o sentido de prosseguir, continuar com persecução já iniciada, apesar das aludidas circunstâncias.

Objeto jurídico: Administração de justiça, bem como a dignidade e a liberdade do inocente investigado.

Objeto material: Persecução penal, civil ou administrativa.

---

97. No Estado de São Paulo, por força da Resolução SSP-142/2014, cabe ao Delegado de Polícia que conduz a medida cautelar de interceptação telefônica, informática ou telemática, a transcrição, nos termos da legislação vigente das comunicações gravadas em mídia que não exijam conhecimento técnico-científico. A transcrição será realizada por policial civil subordinado designado pela Autoridade Policial e, apenas excepcionalmente, será requisitada ao Instituto de Criminalística. As transcrições ou análises das comunicações gravadas em mídia que exijam conhecimentos técnico-científicos serão requisitadas ao Instituto de Criminalística para elaboração de laudo pericial nos termos do Código de Processo Penal.

Elemento subjetivo: Dolo específico de realizar a conduta típica (Lei nº 13.869/2019, art. 1º, § 1º).

Sujeito ativo: Agente público com atribuições para iniciar ou prosseguir com persecução penal, civil ou administrativa.

Sujeito passivo: Pessoa que sofre a conduta típica abusiva (sujeito passivo imediato ou principal) e o Estado (sujeito passivo secundário ou mediato).

Tentativa: Admitida.

Classificação doutrinária: Crime de mão própria, material, unissubjetivo, instantâneo (na conduta "dar início") e permanente (na conduta "proceder"), comissivo e de médio potencial ofensivo[98].

Conflito com figura do artigo 27 da Lei nº 13.869/2019: Trata-se de tipo penal aparentemente similar ao do artigo 27 da lei em comento, com diferença sobretudo quanto à pena cominada mais severa. Apesar do legislador tem empregado a expressão "persecução", que teoricamente abrange tanto a investigação quanto o processo, há posição no sentido de que o delito do artigo 30 cuida do processo em sentido estrito, de natureza penal, administrativa ou civil, enquanto o artigo 27 estaria restrito à etapa investigativa de cada seara[99]. Ademais, enquanto a figura penal do artigo 27 fala em "instaurar procedimento investigatório de infração penal ou administrativa, em desfavor de alguém, à falta de qualquer indício da prática de crime, de ilícito funcional ou de infração administrativa", o do artigo 30 estabelece como criminosa a conduta de "iniciar ou proceder a persecução penal, civil ou administrativa sem justa causa fundamentada ou contra quem sabe inocente". O primeiro fala em "falta de indício" ao passo que o segundo alude à "ausência de justa causa ou contra quem se sabe inocente". Ou seja, buscou o legislador reforçar as garantias dos investigados contra imputações e apurações infundadas.

Pessoa sabidamente inocente: Com relação à pessoa "sabidamente inocente", descrita no tipo penal, trata-se de elemento normativo de difícil verificação, na medida que devem ser demonstrados elementos concretos de que o responsável pela persecução tinha consciência sobre a inocência do perseguido, já que a configuração reclama elemento subjetivo nesse sentido.

Acordo de não persecução penal: Em tese cabível, pois a pena mínima é de um ano (vide artigo 28-A, do Código de Processo Penal, incluído pela nova Lei Federal nº 13.964/2019).

98. COSTA, Adriano Sousa; FONTES, Eduardo; HOFFMANN, Henrique. *Lei de abuso de autoridade*. Salvador: Juspodivm, 2020, p. 300.

99. LESSA, Marcelo de Lima; MORAES, Rafael Francisco Marcondes de; GIUDICE, Benedito Ignácio. *Nova Lei de Abuso de Autoridade:* diretrizes de atuação de Polícia Judiciária. São Paulo: Academia de Polícia, 2020, p. 129; COSTA, Adriano Sousa; FONTES, Eduardo; HOFFMANN, Henrique. *Lei de abuso de autoridade*. Salvador: Juspodivm, 2020, p. 300.

25. PROCRASTINAÇÃO INJUSTIFICADA DE INVESTIGAÇÃO

Art. 31. Estender injustificadamente a investigação, procrastinando-a em prejuízo do investigado ou fiscalizado:

Pena - detenção, de 6 (seis) meses a 2 (dois) anos, e multa.

Parágrafo único. Incorre na mesma pena quem, inexistindo prazo para execução ou conclusão de procedimento, o estende de forma imotivada, procrastinando-o em prejuízo do investigado ou do fiscalizado.

Ação nuclear do tipo: *Estender* tem o sentido de prolongar, tornar mais longo no tempo, protelar.

Objeto jurídico: Administração da justiça.

Objeto material: Procedimento investigatório cuja duração seja questionada.

Elemento subjetivo: Dolo específico de realizar a conduta típica (Lei nº 13.869/2019, art. 1º, § 1º), com o propósito de prejudicar interesse do investigado ou fiscalizado.

Sujeito ativo: Agente público, mormente aquele com atribuições para a presidência de investigações ou fiscalizações.

Sujeito passivo: O sujeito investigado ou fiscalizado e, secundariamente o Estado.

Tentativa: Admitida na modalidade comissiva, quando o delito torna-se plurissubsistente e fracionável e não admitida por incompatibilidade na conduta omissiva, como, por exemplo, ao "engavetar" uma apuração[100].

Classificação doutrinária: Crime próprio, doloso, comissivo (regra) ou omissivo (exceção), material, unissubjetivo, permanente e de menor potencial ofensivo.

100. COSTA, Adriano Sousa; FONTES, Eduardo; HOFFMANN, Henrique. *Lei de abuso de autoridade*. Salvador: Juspodivm, 2020, p. 312.

Comentários: Trata-se de infração penal inspirada no princípio da razoável duração do processo (CF, art. 5º, LXXVIII), de modo que, para sua configuração, eventual demora na investigação deve ser injustificada, daí a necessidade de dolo. Necessária, também, a existência de prejuízo concreto em desfavor do investigado, sem a qual inexiste o delito.

Figura equiparada do parágrafo único: Protelação imotivada em procedimento não dotado de prazo para execução e conclusão, gerando prejuízo ao investigado. Na esfera penal, seria o caso, a título de exemplo, da investigação previamente realizada para fins de aferição de procedência de informações, prevista no art. 5º, § 3º do CPP. Essa, por não ter prazo legal específico, embora possa ter em âmbito administrativo, requer motivação na sua marcha, a fim de que não se alegue eventual abuso. Nos Estados onde a referida medida não é internamente disciplinada, o prazo deve ser o considerado razoável, adotando como referência os prazos legais de conclusão do inquérito policial. Conquanto o artigo 5º do CPP estabeleça que o inquérito policial, nos crimes de ação penal pública incondicionada, é iniciado de ofício, é certo que a regra da obrigatoriedade está atrelada à presença de indícios de autoria e materialidade, ou seja, de justa causa. Assim, ante a insuficiência de qualquer um deles, não há óbice ao Delegado de Polícia determinar a verificação da procedência de informações (ou medida similar, ainda que sobre o boletim de ocorrência), cuja finalidade é exatamente essa, isto é, angariar eventual justa causa para decidir sobre a instauração do procedimento investigatório criminal. Não se trata de análise de conveniência mas sim, de precaução, afinal a falta de justa causa para iniciar a persecução penal (em quaisquer das suas fases), segundo a própria nova Lei de Abuso de Autoridade, agora pode configurar crime (artigo 30). Deve ser ainda observada a motivação do ato administrativo, a fim de que restem patentes as justificativas que levaram à involuntária demora do ato, bem como para que fique demonstrado que o interesse público foi ponderado[101].

101. Vale lembrar, por oportuno, que a nova Lei Federal nº 13.964/2019, decorrente do projeto conhecido como "Pacote Anticrime", acrescentou o artigo 3º-B no CPP que, em seu inciso VIII, combinado com o § 2º, estabelece ao "juiz de garantias" decidir sobre a prorrogação do prazo de duração do inquérito policial no caso de investigado preso, por até quinze dias e uma única vez. Não se olvida de decisão liminar nas Ações Diretas de Inconstitucionalidade (ADIs) nº 6.298, 6.299, 6.300 e 6.305, em trâmite conjunto no STF, que suspendeu a eficácia dos dispositivos que cuidam do "juiz das garantias" no CPP.

Acordo de não persecução penal: Não aplicável, em razão da possibilidade de transação penal (vide artigo 28-A, § 2º, I do Código de Processo Penal, incluído pela nova Lei Federal nº 13.964/2019).

26. NEGATIVA DE ACESSO AOS AUTOS INVESTIGATÓRIOS

Art. 32. Negar ao interessado, seu defensor ou advogado acesso aos autos de investigação preliminar, ao termo circunstanciado, ao inquérito ou a qualquer outro procedimento investigatório de infração penal, civil ou administrativa, assim como impedir a obtenção de cópias, ressalvado o acesso a peças relativas a diligências em curso, ou que indiquem a realização de diligências futuras, cujo sigilo seja imprescindível:

Pena - detenção, de 6 (seis) meses a 2 (dois) anos, e multa.

Verbo nuclear: *Negar* significa recusar, rejeitar o direito de acesso aos autos de procedimentos investigatórios, de infração penal, civil ou administrativa. Já *impedir* tem o sentido de embaraçar, obstar, tolher o direito à obtenção de cópias.

Objeto jurídico: Direito de defesa e correlata prerrogativa de acesso aos autos dos Advogados.

Objeto material: Autos investigatórios cujo acesso seja reivindicado pelo interessado ou seu defensor.

Elemento subjetivo: Dolo específico de realizar a conduta típica (Lei nº 13.869/2019, art. 1º, § 1º).

Sujeito ativo: Agentes públicos, mormente aqueles responsáveis pela presidência dos procedimentos investigatórios e, como eventuais partícipes, servidores que prestam auxílio na guarda de referidos autos.

Sujeito passivo: Interessado que tem negado seu acesso, assim como seu defensor.

Tentativa: Admitida.

Classificação doutrinária: Crime próprio, doloso, formal, unissubjetivo, comissivo (regra) ou omissivo (exceção) e de menor potencial ofensivo.

Prerrogativas advocatícias: A infração penal em comento criminaliza a violação de prerrogativas dos Advogados previstas no Estatuto da Advocacia e a Ordem dos Advogados do Brasil (Lei nº 8.906/1994). A citada **Lei nº 8.906/94**, nos **incisos XIII e XIV de seu artigo 7º** estipula como direitos do Advogado "examinar, em qualquer órgão dos Poderes Judiciário e Legislativo, ou da Administração Pública em geral, autos de processos findos ou em andamento, mesmo sem procuração, quando não estiverem sujeitos a sigilo ou segredo de justiça, assegurada a obtenção de cópias, com possibilidade de tomar apontamentos" e "examinar, em **qualquer instituição responsável por conduzir investigação, mesmo sem procuração**, autos de flagrante e de investigações de qualquer natureza, findos ou em andamento, ainda que conclusos à autoridade, podendo copiar peças e tomar apontamentos, em meio físico ou digital". No atual estágio de afirmação do Estado Democrático de Direito, a regra para atuação do Estado é a da **publicidade**, por exigência expressa da Carta Magna, que no inciso LX de seu artigo 5º dispõe que "a lei só poderá restringir a publicidade dos atos processuais quando a defesa da intimidade ou o interesse social o exigirem", e no *caput* de seu artigo 37 elenca o princípio da publicidade como norte de obediência por toda a Administração Pública. Sendo assim, necessária a releitura da suposta característica do inquérito policial que, na doutrina mais conservadora, sem maiores reflexões, costuma ser considerado como sendo em regra um procedimento sigiloso, com base na redação do artigo 20, *caput*, do CPP: "A autoridade assegurará no inquérito o sigilo necessário à elucidação do fato ou exigido pelo interesse da sociedade". Conforme se depreende da própria redação do destacado artigo 20 do CPP, o sigilo não se configura regra, mas exceção, sendo somente modulado e admitido enquanto demonstrada e comprovada a sua necessidade, ou ainda, no mesmo sentido, quando o interesse público vier a conclamá-lo[102]. Para a adequação dos instrumentos de formalização da investigação criminal (inquérito policial e termo circunstanciado), à luz da garantia e do princípio da publicidade imposto para todo o Poder Público, comando escancarado na Constituição Federal em seu citado artigo 37, mister se faz reconhecer o inquérito policial como sendo um **procedimento de publicidade restringível**[103], e não sigiloso como regra. Não se olvida que há circunstâncias que exigem que o acesso aos autos investigatórios sejam restringidos, para acesso somente ao Advogado constituído, dele exigindo procuração (quando decretado sigilo externo, logo sendo público, como regra)[104], quanto para que o Defensor e o investigado, por prazo determinado, não tenham conhecimento sobre diligências em curso que possam comprometer a apuração (sigilo interno), circunstâncias excepcionais previstas no próprio Estatuto da Advocacia e a Ordem dos Advogados do Brasil (Lei nº 8.906/1994), conforme parágrafos 10 e 11 de seu artigo 7º[105]. Nesse sentido também há a Súmula Vinculante nº 14, do Supremo Tribunal Federal[106].

Publicidade dos procedimentos investigatórios: Vislumbram-se três níveis de intensidade da limitação à publicidade dos autos de procedimentos investigatórios[107]: **1º) Publicidade externa**: representa a regra geral, com acesso aos autos investigatórios a todo interessado, não se exigindo procuração do Advogado para acesso (EAOAB, art. 7º, XIV); **2º) Publicidade interna** ou **sigilo externo**: segundo nível correspondente ao denominado "**segredo de justiça**", tornando os autos acessíveis apenas às partes diretamente interessadas e seus respectivos Advogados, exigindo procuração (EAOAB, art. 7º, § 10); **3º) Sigilo interno:** terceiro e excepcional nível, afeto aos elementos relacionados a diligências em andamento e ainda não documentadas nos autos investigatórios principais, normalmente tramitando em autos apartados, com acesso restrito às autoridades e agentes públicos, por imprescindível prazo determinado (EAOAB, art.

102. LESSA, Marcelo de Lima. *O sigilo na fase inquisitiva*. São Paulo: Informativo Adpesp – Associação dos Delegados de Polícia do Estado de São Paulo, 2004.
103. MORAES, Rafael Francisco Marcondes de; PIMENTEL JR., Jaime. *Polícia judiciária e a atuação da defesa na investigação criminal*. Salvador: Juspodivm, 2018, p. 205-212.
104. A despeito da ausência de expressa autorização constitucional e da falta de disciplina em lei (CF, art.22, inciso I), o polêmico exercício direto de função investigatória pelo ministério público (e não pelas instituições com atribuição própria de polícia judiciária) foi referendado pelo STF, no Recurso Extraordinário nº 593.727-MG, de 14 de maio de 2015 e, em relação ao controverso procedimento investigatório criminal realizado pelo órgão da acusação, a Resolução nº 181/2017, do Conselho Nacional do Ministério Público (CNMP), dispõe em seu artigo 15 que "Os atos e peças do procedimento investigatório criminal são **públicos**, nos termos desta Resolução, salvo disposição legal em contrário ou por razões de interesse público ou conveniência da investigação", reforçando que os autos investigatórios criminais, como regra, são públicos, admitindo a restrição fundamentada via sigilo (externo ou interno).
105. EAOAB, art. 7º, § 10: "Nos **autos sujeitos a sigilo**, deve o advogado apresentar **procuração** para o exercício dos direitos de que trata o inciso XIV.

    § 11. No caso previsto no inciso XIV, a autoridade competente poderá delimitar o acesso do advogado aos elementos de prova relacionados a diligências em andamento e ainda não documentados nos autos, quando houver risco de comprometimento da eficiência, da eficácia ou da finalidade das diligências".
106. STF, SV 14: "É direito do defensor, no interesse do representado, ter acesso amplo aos elementos de prova que, já documentados em procedimento investigatório realizado por órgão com competência de polícia judiciária, digam respeito ao exercício do direito de defesa".
107. MORAES, Rafael Francisco Marcondes de; PIMENTEL JR., Jaime. *Polícia judiciária e a atuação da defesa na investigação criminal*. Salvador: Juspodivm, 2018, p. 205-212; BADARÓ, Gustavo Henrique Righi Ivahy. *Processo penal*. Rio de Janeiro: Elsevier, 2014, p. 27.

7º, § 11). Apesar da regra da publicidade externa, com acesso aos autos pelo Defensor sem procuração, se a lei determinar ou o Delegado de Polícia considerar necessário para a defesa da intimidade dos envolvidos ou do interesse social na investigação dos fatos poderá decretar a publicidade interna (também denominada sigilo externo ou "segredo de justiça"), com base na Carta Magna (art. 5º, LX), no CPP (art. 20) e no próprio Estatuto da Advocacia (art. 7º, § 10). Por fim, para as diligências em andamento que possam ser comprometidas pelo acesso aos envolvidos e seus defensores, é possível a decretação de sigilo interno, se a própria lei não o impuser, com fulcro também no Estatuto da Advocacia (art. 7º, § 11)[108-109].

Interessado: O tipo penal em comento é mais abrangente que outros da nova lei, pois pune a ação negativa também ao "interessado". Interessado, entretanto, não é qualquer curioso, mas quem possui algum envolvimento ou interesse no objeto do procedimento apuratório.

Abrangência: A figura penal abrange o procedimento investigatório preliminar (a própria nova Lei de Abuso admite a sua existência), o termo circunstanciado, o inquérito policial ou para qualquer outro procedimento similar, civil ou administrativo.

Acesso e extração de cópias: A aferição de cópias também é permitida (mesmo as digitais), salvo no caso de peças relativas a diligências em curso ou que indiquem a realização de diligências futuras.

Restrições à publicidade e ao acesso aos autos (sigilo externo e interno): O acesso pode ser restringido por decisão motivada do presidente do procedimento investigatório ou por imposição legal. Nesse sentido, o Código Penal, em seu artigo 234-B, estipula o segredo de justiça (sigilo externo ou publicidade interna) à apuração de delitos contra a dignidade sexual. De igual modo, a Lei de Repressão às Organizações Criminosas (Lei Federal nº 12.850/13, artigos 3º-B, 7º, §§ 2º e 3º, 8º, § § 2º e 3º, 10, 12 e 23), prevê o sigilo nas hipóteses de colaboração premiada, de ação controlada e de infiltração de agentes, de modo que o acesso aos autos será restrito ao Juiz de Direito, à acusação e ao Delegado de Polícia, como forma de garantir o êxito das investigações até o encerramento das diligências em andamento (sigilo interno). Portanto, para os atos relativos a medidas em curso ou que indiquem a realização de diligências futuras, cujo sigilo seja imprescindível, o acesso poderá ser obstado, inclusive de acordo com a própria redação do artigo 32 da nova Lei de Abuso. Como visto, a ressalva quanto à possibilidade excepcional do sigilo (externo ou interno), mormente o decretado pelo Delegado de Polícia, consta também no Estatuto da Ordem dos Advogados (artigo 7º, §§ 10 e 11). Há ainda exceção à publicidade na Lei de Interceptações Telefônicas (Lei nº 9.296/96, artigo 8º, *caput* e parágrafo único), ao autorizar a preservação do sigilo das diligências, gravações e transcrições respectivas, as quais tramitam em autos apartados, de modo que o apensamento opera-se antes do relatório final do procedimento investigatório.

Identidade do Advogado: Consoante artigo 13 do Estatuto da Advocacia (Lei nº 8.906/1994), o documento de identidade profissional do Advogado é de uso obrigatório no exercício das suas funções, constituindo prova de identidade civil para todos os fins. Deve ser, nessas hipóteses, solicitado o documento ao profissional para que tenha acesso ao procedimento, a fim de identificá-lo formalmente.

Abertura de vistas: A abertura de vistas para acesso dos autos ao causídico ou ao interessado, deve ser promovida de maneira formal e mediante termo, a fim de que o exame fique documentado, inclusive acerca de horário, local e data.

Acordo de não persecução penal: Não aplicável, em razão da possibilidade de transação penal (vide artigo 28-A, § 2º, I do Código de Processo Penal, incluído pela nova Lei Federal nº 13.964/2019).

27. EXIGÊNCIA ILEGAL DE INFORMAÇÃO OU CUMPRIMENTO DE OBRIGAÇÃO

> **Art. 33. Exigir informação ou cumprimento de obrigação, inclusive o dever de fazer ou de não fazer, sem expresso amparo legal:**

108. Quanto ao dispositivo em comento, foi aprovada a Súmula nº 3 do Seminário "Polícia Judiciária e a Nova Lei de Abuso de Autoridade (Lei 13.869/2019)", realizado na Academia de Polícia no dia 19/11/2020: "O Delegado de Polícia decretará o sigilo externo de procedimento investigatório, fundamentadamente, para a tutela da intimidade ou do interesse social e, do mesmo modo, determinará o sigilo interno quando houver risco de comprometimento da eficiência, da eficácia ou da finalidade das diligências a serem realizadas".

109. Registra-se ainda que a Lei nº 13.964/2019, oriunda do projeto batizado "Pacote Anticrime", inseriu o novo artigo 3º-B no CPP, que em seu inciso XV estipula competir ao "juiz de garantias" assegurar, quando necessário, o direito outorgado ao investigado e ao seu defensor de acesso a todos os elementos informativos e provas produzidos no âmbito da investigação criminal, salvo no que concerne, estritamente, às diligências em andamento. Não se olvida de decisão liminar nas Ações Diretas de Inconstitucionalidade (ADIs) nº 6.298, 6.299, 6.300 e 6.305, em trâmite conjunto no STF, que suspendeu a eficácia dos dispositivos que cuidam do "juiz das garantias" no CPP.

Pena - detenção, de 6 (seis) meses a 2 (dois) anos, e multa.

Parágrafo único. Incorre na mesma pena quem se utiliza de cargo ou função pública ou invoca a condição de agente público para se eximir de obrigação legal ou para obter vantagem ou privilégio indevido.

Verbo nuclear: *Exigir* (*caput*) tem o sentido de determinar, obrigar, ordenar. Já *utilizar* o cargo ou função (parágrafo único), significa praticar ato no exercício funcional, com finalidade de satisfazer interesse pessoal, enquanto *invocar* consiste em chamar ao auxílio, sustentar a condição sem ato revestido de caráter oficial, na concepção mais popular da famigerada "carteirada"[110].

Objeto jurídico: Administração da justiça.

Objeto material: Pessoa contra quem recaem as condutas descritas no tipo.

Elemento subjetivo: Dolo específico de realizar a conduta típica (Lei nº 13.869/2019, art. 1º, § 1º).

Sujeito ativo: Agente público.

Sujeito passivo: Pessoa física ou jurídica que sofre a conduta abusiva (imediato ou principal) e o Estado (mediato ou secundário).

Tentativa: Admitida, se praticado na forma escrita[111].

Classificação doutrinária: Crime próprio, doloso, formal, unissubjetivo, comissivo e de menor potencial ofensivo.

Comentários: Tipo penal similar ao de constrangimento ilegal (CP, art. 146), mas sem a exigência de violência ou grave ameaça. Nele, pune-se a conduta de exigir informação (informe, dado, parecer, esclarecimento, explicação etc.) ou cumprimento de obrigação (ação, encargo, exercício, tarefa etc.), inclusive o dever de fazer (atuar) ou de não fazer (omitir-se), sem amparo legal[112].

Privilégio indevido: A exibição de cédula de identidade funcional para, fora de serviço, ingressar em cinemas, casa de shows etc., sem efetuar o respectivo pagamento, pode configurar o comportamento vedado pela lei, afinal, ao invocar a condição de agente estatal, em tese, o sujeito estaria tencionado a obter vantagem ou privilégio indevido. No caso das cortesias, o elemento subjetivo pode inexistir, se resultar de ato voluntário de quem a oferta, salvo se o servidor, alegando essa condição, pretender obtê-la a revelia de quem de direito, sujeitando-se ao crime da nova lei de Abuso ou outra infração mais grave como concussão ou corrupção a título de exemplo. A identidade funcional é um documento de identificação, não podendo ser usada em desconformidade com a sua função, mormente para isentar ou privilegiar, indevidamente, o seu portador, sob pena das consequências legais.

Medida prevista em lei: Caso o agente estatal, invocando essa condição, identifique-se com o propósito de isentar-se a ser submetido a medida prevista em lei, tais como fiscalizações de trânsito, autuação por infração administrativa, entre outras, o delito do artigo 33, parágrafo único da nova lei poderá ocorrer. Entretanto, quando as circunstâncias assim o exigirem, o servidor, por dever de ofício, deve se identificar e, em sendo o caso, colaborar com quem, no exercício da função, o interpelou.

Vantagem indevida: O tipo penal exige que o agente estatal se utilize do cargo ou invoque a função, ou seja, execute uma ação ativa para auferir vantagem ou privilégio indevido. Poderia se questionar, ainda, a conduta do funcionário que, fazendo uso de uma cortesia, ingressasse, por exemplo, numa casa de shows. No mesmo sentido, poder-se-ia questionar a ação do servidor que aceitasse uma refeição graciosa (privilégio ou vantagem em razão da função o cargo), de determinado estabelecimento comercial. A cortesia, isto é, a demonstração gratuita de apreço ou reverência, é um ato voluntário de quem a oferece, afinal, no ideário popular, a gratidão a agentes como médicos, enfermeiros, bombeiros, policiais entre outros, pelas funções que exercem (de cuidado e proteção), está arraigada no meio social. Longe de configurar uma obrigação, nada mais é do que uma singela mostra de respeito, de educação e, enfim, de gentileza. Nessas hipóteses, como regra o agente público não estaria utilizando-se do cargo ou invocando essa condição para auferir vantagem ou privilégio, mas atendendo com

110. SIMANTOB, Fábio Tofic. In: BADARÓ, Gustavo Henrique; BREDA, Juliana (Coord.). *Comentários à lei de abuso de autoridade:* Lei nº 13.869, de 5 de setembro de 2019. São Paulo: Thomson Reuters Brasil, 2020, p.165.

111. COSTA, Adriano Sousa; FONTES, Eduardo; HOFFMANN, Henrique. *Lei de abuso de autoridade.* Salvador: Juspodivm, 2020, p. 335.

112. Sobre o dispositivo ora estudado, foi aprovada a Súmula nº 7 do Seminário "Polícia Judiciária e a Nova Lei de Abuso de Autoridade (Lei 13.869/2019)", realizado na Academia de Polícia no dia 19/11/2019: "A exigência de informações ou obrigações com amparo nas prerrogativas ordinárias e de persecução atreladas ao poder-dever de presidência da investigação criminal dos Delegados de Polícia retrata medida legítima e eventual desatendimento injustificado pode ensejar responsabilização civil, administrativa e penal".

polidez a ato voluntário motivado por boa vontade. Não se vislumbra, portanto e em princípio, o elemento subjetivo (dolo específico) na conduta de agente estatal que aceita um mimo ínfimo (refeição) e ocasional dessa natureza, afinal o Direito Penal não pode se ocupar de pequenices, mormente as de crassa atipicidade. Vale assinalar que, ao analisar o delito de corrupção passiva (CP, art. 317), que é bem mais grave, a jurisprudência assim já entendeu[113]: "Excluem-se da incriminação de corrupção pequenas doações ocasionais recebidas pelo funcionário, em razão de suas funções. Em tais casos não há de sua parte consciência de aceitar retribuição por um ato funcional, que é elementar ao dolo do delito, nem haveria vontade de corromper". O que o agente público deve ter é a consciência de saber a considerável diferença entre cortesia e temor reverencial, este sim imoral e passível de reprimenda. Aceitar, passivamente, uma demonstração de apreço, não equivale a auferir vantagem ou privilégio, isso, por manifesta ausência de dolo. Destarte, a disciplina consciente, princípio da ética, deve servir de guia ao agente estatal, a fim de que este, de acordo com os costumes sociais, tenha condições de equilibrar a sensatez e saber diferenciar cortesia de peita ou improbidade, a qual, para existir, demanda demonstração de dolo ou conluio, sob pena de responsabilidade objetiva, que é vedada no Direito Penal[114].

Acordo de não persecução penal: Não aplicável, em razão da possibilidade de transação penal (vide artigo 28-A, § 2º, I do Código de Processo Penal, incluído pela nova Lei Federal nº 13.964/2019).

28. DECRETAÇÃO EXCESSIVA DE INDISPONIBILIDADE DE ATIVOS

> **Art. 36. Decretar, em processo judicial, a indisponibilidade de ativos financeiros em quantia que extrapole exacerbadamente o valor estimado para a satisfação da dívida da parte e, ante a demonstração, pela parte, da excessividade da medida, deixar de corrigi-la:**
>
> **Pena - detenção, de 1 (um) a 4 (quatro) anos, e multa.**

Verbo nuclear: *Decretar* significa ordenar, determinar, mandar, deliberar, decidir, estabelecer explicitamente, enquanto *deixar* tem o sentido de omitir-se, não fazer.

Objeto jurídico: Administração da justiça.

Objeto material: Regras legais e constitucionais de realização da indisponibilidade de ativos financeiros para satisfação de dívida[115].

Elemento subjetivo: Dolo específico de realizar a conduta típica (Lei nº 13.869/2019, art. 1º, § 1º).

Sujeito ativo: Agentes públicos investidos de poder jurisdicional (juízes de direito, desembargadores e ministros).

Sujeito passivo: Pessoa prejudicada pela indevida indisponibilidade de ativos financeiros.

Tentativa: Não admitida.

Classificação doutrinária: Crime de mão própria, material, unissubjetivo, de conduta mista, comissivo (decretar) ou omissivo (deixar) e de médio potencial ofensivo[116].

Ativos financeiros: Bens líquidos escriturados que geram renda ao titular. A legislação prioriza a expropriação de dinheiro do executado (CPC - Lei nº 13.105/2015, art. 835) e, para a penhora de dinheiro em depósito ou em aplicação financeira, a pedido do exequente, a autoridade judicial determinará às instituições financeiras que a indisponibilidade de ativos financeiros do executado, limitada ao valor indicado na execução (CPC, art. 854).

Exacerbadamente: Elemento normativo que tem sido sugerido como o dobro, triplo ou outro fator multiplicador ainda maior do valor estimado para a satisfação da dívida[117].

Acordo de não persecução penal: Em tese cabível, pois a pena mínima é de um ano (vide artigo 28-A, do Código de Processo Penal, incluído pela nova Lei Federal nº 13.964/2019).

113. TJSP – AC – Rel. Humberto da Nova –*RT*389/93.

114. Em relação ao tópico em análise, foi aprovada a Súmula nº 8 do Seminário "Polícia Judiciária e a Nova Lei de Abuso de Autoridade (Lei 13.869/2019)", realizado na Academia de Polícia em 19/11/2019: "A identificação formal de agente estatal quando as circunstâncias exigirem assim como a resposta cortês a ato voluntário e gratuito de particular motivado por respeito, educação ou gentileza não configura abuso de autoridade por ausência de dolo na conduta".

115. AZEVEDO, André Boiani e. In: MOREIRA FILHO (Coord.). *Nova lei do abuso de autoridade*: comentada artigo por artigo. São Paulo: Rideel, 2019, p.101-105.

116. COSTA, Adriano Sousa; FONTES, Eduardo; HOFFMANN, Henrique. *Lei de abuso de autoridade*. Salvador: Juspodivm, 2020, p.337-343.

117. BADARÓ, Gustavo Henrique; BREDA, Juliana (Coord.). *Comentários à lei de abuso de autoridade:* Lei nº 13.869, de 5 de setembro de 2019. São Paulo: Thomson Reuters Brasil, 2020, p.170.

29. MOROSIDADE INJUSTIFICADA NO EXAME DE PROCESSO

Art. 37. Demorar demasiada e injustificadamente no exame de processo de que tenha requerido vista em órgão colegiado, com o intuito de procrastinar seu andamento ou retardar o julgamento:

Pena - detenção, de 6 (seis) meses a 2 (dois) anos, e multa.

Verbo nuclear: *Demorar* (causar atraso).

Objeto jurídico: Administração da justiça.

Objeto material: Regras legais e regimentais sobre prazo para vista em julgamentos colegiados.

Elemento subjetivo: Dolo específico de realizar a conduta típica (Lei nº 13.869/2019, art. 1º, § 1º), com intuito de procrastinar andamento ou retardar julgamento de processo.

Sujeito ativo: Agentes públicos investidos de poder jurisdicional como juízes de direito, desembargadores e ministros, assim como integrantes de órgãos colegiados administrativos e políticos como Tribunais de Contas, Conselho Administrativo de Defesa da Concorrência, Conselho de Contribuintes e Recursos Fiscais[118].

Sujeito passivo: Pessoa física ou jurídica prejudicada pela procrastinação do andamento ou retardamento do julgamento[119].

Tentativa: Não admitida.

Classificação doutrinária: Crime de mão própria, doloso, formal, unissubjetivo, omissivo (regra) ou comissivo (exceção) e de menor potencial ofensivo.

Acordo de não persecução penal: Não aplicável, em razão da possibilidade de transação penal (vide artigo 28-A, § 2º, I do Código de Processo Penal, incluído pela nova Lei Federal nº 13.964/2019).

30. ANTECIPAÇÃO DE CULPA POR MEIO DE COMUNICAÇÃO

Art. 38. Antecipar o responsável pelas investigações, por meio de comunicação, inclusive rede social, atribuição de culpa, antes de concluídas as apurações e formalizada a acusação:

Pena - detenção, de 6 (seis) meses a 2 (dois) anos, e multa.

Verbo nuclear: *Antecipar* significa anunciar previamente, adiantar, predizer.

Objeto jurídico: Intimidade e vida privada (imediato) e administração pública (mediato).

Objeto material: Divulgação antecipada de atribuição de culpa.

Elemento subjetivo: Dolo específico de realizar a conduta típica (Lei nº 13.869/2019, art. 1º, § 1º).

Sujeito ativo: Agente público responsável por investigações (penais ou extrapenais).

Sujeito passivo: Pessoa que sofre a conduta abusiva e, secundariamente, o Estado.

Tentativa: Admitida, na forma escrita.

Classificação doutrinária: Crime próprio, doloso, formal, unibssubjetivo, comissivo e de menor potencial ofensivo.

Comentários: Trata-se de tipo penal inédito que, em exame preliminar, visa a potencializar a proteção ao direito de imagem do investigado, notadamente na etapa extrajudicial do processo penal. Transmite a ideia de que não foi direcionado apenas à investigação criminal, vocação e atribuição constitucional das instituições de polícia judiciária, mas também a investigações por outros órgãos públicos e de outras naturezas como os interesses difusos ou coletivos. No caso das instituições de polícia judiciária, o Delegado de Polícia[120], genuína Autoridade Policial, incumbida de presidir a investigação criminal, vale dizer, responsável por essa missão estatal, ao passo que os seus demais agentes subordinados, sob as ordens e supervisão do Delegado de Polícia, executam esse mister. De acordo com a redação do tipo penal deve haver, por meio de comunicação ou rede social, atribuição de culpa, antes de concluídas as apurações e formalizada a acusação.

Atribuição de culpa: "Culpa", em sentido amplo, significa responsabilidade por um ato que cause danos ou prejuízos a terceiros. Em sentido estrito, representa um *status* decorrente da incontestável prática de um ato ilícito. Ou seja, nessa hipótese, a autoridade responsável,

118. COSTA, Adriano Sousa; FONTES, Eduardo; HOFFMANN, Henrique. *Lei de abuso de autoridade*. Salvador: Juspodivm, 2020, p. 346.

119. AZEVEDO, André Boiani e. In: MOREIRA FILHO (Coord.). *Nova lei do abuso de autoridade*: comentada artigo por artigo. São Paulo: Rideel, 2019, p.105-106.

120. Lei Federal nº 12.830/13, art. 2º, § 1º.

antes de concluídas as apurações "e" formalizada a acusação, atribui a um sujeito, por meio de comunicação ou rede social, afirmando que este, sumária e efetivamente, é o "culpado" (sentido estrito) do fato apurado. A lei usa a locução "e", dando a ideia de que a conduta a ser punida deve ser realizada antes do fim do inquérito policial (apuração) "e" antes da formalização da acusação (denúncia ou queixa-crime).

Indiciamento:[121] O legislador não utilizou o vocábulo "imputação", que ensejaria cenário diverso, pois esta poderia ser equivalente ao ato de indiciamento, mas não é. A decisão de indiciamento, devidamente motivada, decorre de expresso comando legal e dos postulados da motivação e da publicidade (Lei nº 12.830/13, art. 2º, § 6º)[122].A decisão de indiciamento é considerada o ato pelo qual o Delegado de Polícia manifesta sua convicção jurídica motivada ao imputar a uma pessoa a condição de provável autor ou partícipe da infração penal investigada no inquérito policial. Essa é a acepção do indiciamento sob o enfoque material, é o indiciamento propriamente dito ("indiciamento material"). Este não se confunde com as três peças dele resultantes (qualificação e interrogatório; informações sobre a vida pregressa e identificação) que integram o chamado **"formal indiciamento"**, imediatamente oriundo do **indiciamento material (decisão de indiciamento),** o qual, como visto, consiste na exteriorização da convicção jurídica fundamentada do Delegado de Polícia ao reputar determinada pessoa como provável autor ou partícipe do fato delituoso investigado[123].Até o momento do indiciamento, o sujeito é tratado como "investigado", ou seja, mero "suspeito" ou "averiguado" ou, apenas, como mera "parte" envolvida. Formalizado o ato, o indivíduo passa a ser designado "indiciado" e, na concepção técnico-jurídica justificada da Autoridade Policial presidente do inquérito policial, figura como "provável autor" do fato objeto da investigação criminal. Trata-se, pois, da transposição de um juízo de possibilidade (mera suspeita) para outro de probabilidade (fundada suspeita). Nos casos de prisão em flagrante, o auto prisional substitui e equivale ao decisão de indiciamento, razão pela qual a "fundada suspeita" imposta pela lei processual para decretar a custódia provisória em flagrância (CPP, art. 304, § 1º) demanda também regular deliberação motivada, e implica da mesma maneira o formal indiciamento do sujeito, encerrando um juízo de probabilidade calcado no convencimento pela análise técnico-jurídica do fato, desenvolvido nos mesmos moldes e com idêntico raciocínio ao do indiciamento exarado no curso de procedimento investigatório iniciado via portaria, conquanto realizado em sede de cognição sumaríssima, pelo qual o indivíduo preso e autuado em flagrante delito passa a figurar como o "provável autor" da infração penal apurada[124].

Acordo de não persecução penal: Não aplicável, em razão da possibilidade de transação penal (vide artigo 28-A, § 2º, I do Código de Processo Penal, incluído pela nova Lei Federal nº 13.964/2019).

31. ALTERAÇÃO NA LEI DE PRISÃO TEMPORÁRIA

Comentários: O artigo 40 da Lei nº 13.869/19 alterou o artigo 2º da Lei n° 7.960/89, que passa a prever que o mandado de prisão temporária conterá necessariamente o período de duração da prisão temporária estabelecido no *caput* do artigo (como regra cinco dias), bem como o dia em que o preso deverá ser libertado. Decorrido o prazo contido no mandado prisional, a autoridade responsável pela custódia, independentemente de nova ordem judicial, colocará imediatamente o preso em liberdade, salvo se já tiver sido comunicada da prorrogação da prisão temporária ou da conversão em prisão preventiva. Inclui-se o dia do cumprimento do mandado de prisão no cômputo do prazo de prisão temporária.

32. INTERCEPTAÇÃO TELEFÔNICA ILEGAL

O artigo 41 da Lei nº 13.869/2019 conferiu a seguinte redação ao artigo 10 da Lei nº 9.269/1996:

> **Constitui crime realizar interceptação de comunicações telefônicas, de informática ou telemática,**

121. Quanto ao ponto sob análise, foi aprovada a Súmula nº 9 do Seminário "Polícia Judiciária e a Nova Lei de Abuso de Autoridade (Lei 13.869/2019)", realizado na Academia de Polícia em 19/11/2019: "A exposição dos fundamentos do juízo de probabilidade voltado a indicar autoria, materialidade e circunstâncias do fato apurado, inerente à decisão de indiciamento, ato privativo do Delegado de Polícia, não exprime prévia atribuição de culpa própria da acusação formal, porquanto decorrente de exigência legal e dos postulados da publicidade e da motivação dos atos estatais".

122. MOREIRA FILHO, Guaracy (Coord.); AZEVEDO, André Boiani e [et al]. *Nova lei do abuso de autoridade comentada artigo por artigo*. São Paulo: Rideel, 2019, p. 109.

123. MORAES, Rafael Francisco Marcondes de; PIMENTEL JR., Jaime. *Polícia judiciária e a atuação da defesa na investigação criminal*. Salvador: Juspodivm, 2018, p. 103-120.

124. MORAES, Rafael Francisco Marcondes de; PIMENTEL JR., Jaime. *Polícia judiciária e a atuação da defesa na investigação criminal*. Salvador: Juspodivm, 2018, p. 103-120.

> **promover escuta ambiental ou quebrar segredo da Justiça, sem autorização judicial ou com objetivos não autorizados em lei:**
>
> **Pena - reclusão, de 2 (dois) a 4 (quatro) anos, e multa.**
>
> **Parágrafo único. Incorre na mesma pena a autoridade judicial que determina a execução de conduta prevista no *caput* deste artigo com objetivo não autorizado em lei**

Verbo nuclear: *Realizar* é efetuar, colocar em prática. Quanto ao *promover* a escuta ambiental, o dispositivo teria sido derrogado pelo artigo 10-A da Lei de Interceptação Telefônica, inserido pela Lei nº 13.964/2019 ("Pacote Anticrime"), que pune a captação ambiental de sinais eletromagnéticos, ópticos ou acústicos sem autorização judicial[125].

Objeto jurídico: Intimidade e vida privada (imediato ou principal) e administração estatal (mediato).

Objeto material: Interceptação de comunicações telefônicas, de informática ou telemática, bem como escuta ambiental e quebra de segredo de justiça.

Elemento subjetivo: Dolo de realizar as condutas típicas.

Sujeito ativo: Qualquer pessoa (crime comum).

Sujeito passivo: Pessoa que sofre a conduta típica (principal) e, secundariamente, o Estado.

Tentativa: Admitida.

Classificação doutrinária: Crime comum, material, unissubjetivo, comissivo e de médio potencial ofensivo.

Acordo de não persecução penal: Em tese cabível, pois a pena mínima é de um ano (vide artigo 28-A, do Código de Processo Penal, incluído pela nova Lei Federal nº 13.964/2019).

33. ALTERAÇÃO NO ESTATUTO DA CRIANÇA E DO ADOLESCENTE

O artigo 42 da Lei nº 13.869/19 inseriu o artigo 227-A na Lei nº 8.069/1990, com a seguinte redação:

> **Art. 227-A Os efeitos da condenação prevista no inciso I do *caput* do art. 92 do Decreto-Lei nº 2.848, de 7 de dezembro de 1940 (Código Penal), para os crimes previstos nesta lei, praticados por servidores públicos com abuso de autoridade, serão condicionados à ocorrência de reincidência.**
>
> **Parágrafo único. A perda do cargo, do mandato ou da função, nesse caso, independerá da pena aplicada na reincidência.**

34. VIOLAÇÃO DE PRERROGATIVAS DE ADVOGADO

O artigo 43 da Lei nº 13.869/19 acrescentou o artigo 7º-B na Lei nº 8.906/1994 (EAOAB), que veicula nova infração penal com o seguinte texto:

> **Art.7º-B Constitui crime violar direito ou prerrogativa de advogado previstos no incisos II, III, IV e V do *caput* do art. 7º desta Lei:**
>
> **Pena – detenção, de 3 (três meses) a 1 (um) ano, e multa.**

A seu turno, o artigo 7º do EAOAB, assim estipula em seus incisos II, III, IV e V, como direitos do Advogado:

> **II - a inviolabilidade de seu escritório ou local de trabalho, bem como de seus instrumentos de trabalho, de sua correspondência escrita, eletrônica, telefônica e telemática, desde que relativas ao exercício da advocacia;**
>
> **III - comunicar-se com seus clientes, pessoal e reservadamente, mesmo sem procuração, quando estes se acharem presos, detidos ou recolhidos em estabelecimentos civis ou militares, ainda que considerados incomunicáveis;**
>
> **IV - ter a presença de representante da OAB, quando preso em flagrante, por motivo ligado ao exercício da advocacia, para lavratura do auto respectivo, sob pena de nulidade e, nos demais casos, a comunicação expressa à seccional da OAB**
>
> **V - não ser recolhido preso, antes de sentença transitada em julgado, senão em sala de Estado Maior, com instalações e comodidades condignas e, na sua falta, em prisão domiciliar.**

Objeto jurídico: Prerrogativas advocatícias.

Objeto material: Procurador que teve violadas suas prerrogativas.

Elemento subjetivo: Dolo específico de realizar a conduta típica (Lei nº 13.869/2019, art. 1º, § 1º).

Sujeito ativo: Embora mais comum por agentes públicos da segurança pública e da justiça criminal, pode ser praticado por qualquer pessoa (crime comum).

Sujeito passivo: Advogado cujas prerrogativas forem violadas.

---

125. COSTA, Adriano Sousa; FONTES, Eduardo; HOFFMANN, Henrique. *Lei de abuso de autoridade*. Salvador: Juspodivm, 2020, p.367-368.

Tentativa: Admitida, saldo na modalidade omissiva (deixar de comunicar a OAB na prisão de Advogado por motivo ligado ao exercício advocatício).

Classificação doutrinária: Crime comum, material, unissubjetivo, comissivo (regra) ou omissivo (exceção) e de menor potencial ofensivo.

Inviolabilidade do escritório: Em relação ao inciso II (inviolabilidade do escritório), oportuno lembrar que cabe mandado de busca cumprido na presença de representante da OAB quando presentes indícios de prática criminosas por parte de Advogado, disciplinado do próprio EAOAB (art.7º, § 6º).

Comunicação reservada com cliente: Quanto à prerrogativa advocatícia do inciso III, vale reportar aos comentários sobre a infração penal do artigo 20 da Lei nº 13.869/19, que pune a conduta de impedir injustificadamente a entrevista pessoal e reservada do preso com seu Advogado, cenário que na prática poderá ensejar eventual conflito aparente entre as duas normas. Na busca de uma solução para as duas infrações coexistirem, considerando que a pena do delito do novo artigo 7º-B do EAOAB é menor e que a "comunicação" em tese pode ser tratada como algo mais simples que uma "entrevista", acredita-se que a violação à mera comunicação (contato visual e breve diálogo por exemplo) estará propensa à configuração do artigo 7º-B do EAOAB, enquanto o impedimento indevido e doloso da entrevista pessoal e reservada (diálogo amplo com orientações profissionais) tende a caracterizar o crime do artigo 20 da nova Lei de Abuso de Autoridade. Na dúvida, pondera-se que prevalecerá a imputação da infração penal mais branda ao eventual agente estatal suspeito.

Prisão em flagrante de Advogado: No que tange à prerrogativa do inciso IV, do artigo 7º do EAOAB, a presença de representante da OAB é reclamada se o Advogado estiver no exercício profissional. Nas demais situações, notadamente na vida particular, a decretação da prisão em flagrante e correlata formalização seguirão normalmente, bastando a comunicação expressa à respectiva seccional da OAB.

Custódia em sala de Estado Maior: Sobre a prerrogativa do inciso V, do artigo 7º, que prevê o recolhimento do Advogado preso em sala de "Estado Maior", a expressão é entendida como referente a grupo de oficiais que assessoram o comandante de uma organização militar (Forças Armadas ou Polícias Militares). Conquanto o dispositivo mencione que, na falta da aludida "sala de Estado Maior", o Advogado seja colocado em prisão domiciliar, há posição jurisprudencial no sentido de que a ausência de espaço dessa natureza, por si só, não enseja a prisão domiciliar, sendo suficiente uma cela especial, com condições de salubridade e dignidade humana, separada de outros presos[126]. Na aludida hipótese, a autoridade responsável pela custódia do Advogado preso pode oficiar órgãos militares locais para verificar a disponibilidade de uma sala de Estado de Maior.

Acordo de não persecução penal: Não aplicável, em razão da possibilidade de transação penal (vide artigo 28-A, § 2º, I do Código de Processo Penal, incluído pela nova Lei Federal nº 13.964/2019).

35. PROCEDIMENTO

> **Art. 39. Aplicam-se ao processo e ao julgamento dos delitos previstos nesta Lei, no que couber, as disposições do Decreto-Lei nº 3.689, de 3 de outubro de 1941 (Código de Processo Penal) e da Lei nº 9.099, de 26 de setembro de 1995.**

Comentários: Ao estabelecer a aplicação do Código de Processo Penal e da Lei nº 9.099/95 aos delitos de abuso de autoridade, a Lei nº 13.869/2019 referenda a repressão às infrações de menor potencial ofensivo nela previstas (artigos 12, 16, 18, 20, 27, 29, 31, 32, 33, 37, 38 e 43), como regra, por intermédio do procedimento sumaríssimo dos Juizados Especiais Criminais (JECrim), com a correlata apuração extrajudicial via termo circunstanciado, procedimento investigatório para tais ilícitos, cuja pena máxima não suplante 2 anos, autorizando as respectivas benesses e institutos despenalizantes, notadamente a transação penal (CPP, artigo 394, Lei nº 9.099/95, artigos 61, 69 e 76). Lado outro, para as demais infrações penais da Lei nº 13.869/2019, de médio potencial ofensivo, já que a pena máxima cominada não ultrapassa 4 anos (artigos 9º, 10, 13, 15, 19, 21, 22, 23, 24,25,28, 30, 36 e 41), aplica-se o procedimento especial para processamento de crimes de responsabilidade dos funcionários públicos, previsto nos artigos 513 a 518 do CPP, que apresenta a particularidade de contraditório prévio ao recebimento da denúncia, apesar do entendimento jurisprudencial

126. CUNHA, Rogério Sanches; GRECO, Rogério. *Abuso de autoridade:* Lei 13.869/2019 comentada artigo por artigo. Salvador: Juspodivm, 2019, p.317-318; STJ, RE nº 1.648.174-MT, Rel. Sebastião Reis Jr, j. 28/03/2017. Outrossim, há orientação no sentido de que não faz jus à citada prerrogativa o Advogado suspenso dos quadros da OAB (STJ, HC nº 368.393-MG, j. 20/09/2016).

firmado no verbete da Súmula 330 do Superior Tribunal de Justiça, no sentido de ser desnecessária a resposta preliminar de que trata o artigo 514 do CPP na ação penal instruída por inquérito policial[127].

REFERÊNCIAS

ALARCÓN, Pietro de Jesús Lora; DRIGO, Leonardo Godoy. Reflexões sobre a atividade policial, a Constituição e os direitos humanos: o caso do delegado que prestigiou a liberdade. *Empório do Direito*, Florianópolis, 13 set. 2019. Disponível em: <http://emporiododireito.com.br/leitura/reflexoes-sobre-a-atividade-policial-a-constituicao-e-os-direitos-humanos-o-caso-de-delegado-que-prestigiou-a-liberdade>. Acesso em: 03 dez. 2019.

ANSELMO, Márcio Adriano. Direito ao silêncio e sua devida interpretação. In: ANSELMO, Márcio Adriano; et al. *Investigação criminal pela polícia judiciária*. Rio de Janeiro: Lumen Juris, 2016.

BADARÓ, Gustavo Henrique; BREDA, Juliana (Coord.). *Comentários à lei de abuso de autoridade:* Lei nº 13.869, de 5 de setembro de 2019. São Paulo: Thomson Reuters Brasil, 2020.

BADARÓ, Gustavo Henrique Righi Ivahy. *Processo penal.* Rio de Janeiro: Elsevier, 2014.

BALDAN, Édson Luis. Devida investigação legal como derivação do devido processo legal e como garantia fundamental do imputado. In: KHALED JR., Salah (coord.). *Sistema penal e poder punitivo:* estudos em homenagem ao prof. Aury Lopes Jr. Florianópolis: Empório do Direito, 2015, p.155-182.

BARBOSA, Ruchester Marreiros. A nova lei de abuso de autoridade e a inconstitucionalidade que não é para tanto. São Paulo, *Consultor Jurídico,* 1º out. 2019.

BRITO, Alexis Couto de; FABRETTI, Humberto Barrionuevo; LIMA, Marco Antonio Ferreira. *Processo penal brasileiro.* São Paulo: Atlas, 2012.

CABETTE, Eduardo Luiz Santos. Do flagrante obtuso ou da pretensão de que o delegado de polícia lavre auto de "não prisão" em flagrante em qualquer caso de condução de capturado. *Revista Prática Jurídica*, ano XV, 176, Consulex, p. 6-16, nov. 2016.

CARVALHO, Gabriela Ponte; DUARTE, Evandro Piza. *Revista Brasileira de Direito Processual Penal*, Porto Alegre, vol. 4, n. 1, jan.-abr. 2018.

CASTRO, Henrique Hoffmann Monteiro de; BARBOSA, Ruchester Marreiros. Ampliação de competência militar é inconstitucional e inconvencional. *Revista Consultor Jurídico*, São Paulo, 28 nov. 2017.

CASTRO, Henrique Hoffmann Monteiro de. *Inquérito policial tem sido conceituado de forma equivocada.* Revista Consultor Jurídico, 21 fev. 2017. Disponível em: <www.conjur.com.br/2017-fev-21/academia-policia-inquerito-policial-sido-conceituado-forma-equivocada>. Acesso em: 05 jan. 2020.

COELHO, Emerson Ghirardelli. *Investigação criminal constitucional.* Belo Horizonte: Del Rey, 2017.

COLAÇO, Marcelo Ricardo. Efeito backlash da condução coercitiva na lei de abuso de autoridade. São Paulo, *Consultor Jurídico,* 17 set. 2019.

COSTA, Adriano Sousa; FONTES, Eduardo; HOFFMANN, Henrique. *Lei de abuso de autoridade.* Salvador: Juspodivm, 2020.

CUNHA, Rogério Sanches; GRECO, Rogério. *Abuso de autoridade:* Lei 13.869/2019 comentada artigo por artigo. Salvador: Juspodivm, 2019.

CUNHA, Rogério Sanches. *Manual de direito penal:* parte especial (arts.121 a 361). Salvador: Juspodivm, 2016, p. 710-711.

DELMANTO, Celso [et al]. *Código penal comentado.* Rio de Janeiro: Renovar, 2002.

DEZEM, Guilherme Madeira. *Curso de processo penal.* São Paulo: Editora Revista dos Tribunais, 2016.

EL DEBS, Aline Iacovelo. Natureza jurídica do interrogatório. *Revista Jus Navigandi*, ISSN 1518-4862, Teresina, ano 7, n. 58, 1 ago. 2002. Disponível em: https://jus.com.br/artigos/3123. Acesso em: 20 nov. 2019. Acesso em: 04 dez. 2019.

ESTEFAM, André. *Direito penal* - volume 4: parte especial. São Paulo: Saraiva, 2005.

GARCIA, Thiago. *Tudo que o que você precisa saber sobre:* delegado de polícia, Lei Maria da Penha e princípio da insignificância. São Paulo: Rideel, 2019.

HOUAISS, Antônio (1915-1999) e VILLAR, Mauro de Salles (1939-). *Dicionário Houaiss da língua portuguesa.* Rio de Janeiro: Objetiva: 2001.

HUNGRIA, Nelson; FRAGOSO, Heleno Cláudio. *Comentários ao Código Penal.* Rio de Janeiro: Forense, 1980.

LESSA, Marcelo de Lima; MORAES, Rafael Francisco Marcondes de. A nova lei de abuso de autoridade (Lei 13.869/19) e os limites ao interrogatório policial do preso durante o período noturno. Teresina, *Jus Navigandi*, 29 nov. 2019. Disponível em: <http://jus.com.br/artigos/78104>. Acesso em: 04 jan. 2020.

LESSA, Marcelo de Lima; MORAES, Rafael Francisco Marcondes de. A nova lei de abuso de autoridade entra em vigor e intensifica devida investigação. Teresina, *Jus Navigandi*, 3 jan. 2020. Disponível em:

127. SAAD, Marta. In: BADARÓ, Gustavo Henrique; BREDA, Juliana (Coord.). *Comentários à lei de abuso de autoridade:* Lei nº 13.869, de 5 de setembro de 2019. São Paulo: Thomson Reuters Brasil, 2020, p.177-184.

<http://jus.com.br/artigos/78764>. Acesso em: 3 jan. 2020.

LESSA, Marcelo de Lima; MARTINS JR., Ricardo Fleck. Métodos adequados de busca pessoal, algemação e condução de presos diante da nova lei de abuso de autoridade. Teresina, *Jus Navigandi*, 18 out. 2019. Disponível em: <http://jus.com.br/artigos/77256>. Acesso em: 03 jan. 2020.

LESSA, Marcelo de Lima. O Dolo Específico dos Crimes de Nova Lei de Abuso de Autoridade. Teresina, *Jus Navigandi*, 2 out. 2019. Disponível em: <http://jus.com.br/artigos/76366>. Acesso em 04 dez. 2019.

LESSA, Marcelo de Lima. O poder decisório do delegado de polícia. Teresina, *Jus Navigandi*, abr. 2018. Disponível em: <http://jus.com.br/artigos/65673>. Acesso em: 03 dez. 2019.

LESSA, Marcelo de Lima. O uso de balaclava em operações policiais de alto risco. Teresina, *Jus Navigandi*, out. 2017. Disponível em: <http://jus.com.br/artigos/61397>. Acesso em: 04 dez. 2019.

LESSA, Marcelo de Lima. *O sigilo na fase inquisitiva*. São Paulo: Informativo Adpesp – Associação dos Delegados de Polícia do Estado de São Paulo, 2004.

LESSA, Marcelo de Lima. *Padrões sugeridos de conduta policial diante da nova lei de abuso de autoridade*. Santos: Edição do Autor, 2019.

LESSA, Marcelo de Lima. Policiais de Folga Podem entrar Armados em Estabelecimentos Vigiados por Segurança Privada? Teresina, *Jus Navigandi*, abr. 2019. Disponível em: <http://jus.com.br/artigos/73045>. Acesso em 04 dez. 2019.

LOPES JUNIOR, Aury. Lei 13.491/17 fez muito mais do que retirar os militares do tribunal do júri. *Revista Consultor Jurídico*, São Paulo, 20 out. 2017.

MACHADO, Leonardo Marcondes. Lei 13.491/2017: o Brasil na contramão da democracia e dos direitos humanos. *Instituto Brasileiro de Ciências Criminais*. Ano 25, nº 300, novembro/2017, p. 7-8.

MAGNO, Levy Emanuel. *Curso de processo penal didático*. São Paulo: Atlas, 2013.

MARQUES, José Frederico. *Elementos de direito processual penal – vol. IV.* Campinas: Bookseller, 1997.

MARREY, Adriano. *Legítima defesa exclui possibilidade de prisão*. São Paulo: Revista dos Tribunais, v. 665, 1991, p. 386-387.

MORAES, Maurício Zanóide de. Análise judicial da prisão em flagrante: por uma abordagem sistêmico-constitucional. *Revista do Advogado*, São Paulo, v.31, n. 113, set. 2011, p. 92-100.

MORAES, Rafael Francisco Marcondes de; PIMENTEL JR., Jaime. *Polícia judiciária e a atuação da defesa na investigação criminal.* Salvador: Juspodivm, 2018.

MORAES, Rafael Francisco Marcondes de. Acesso a dispositivos eletrônicos e a devida investigação legal. In: ANTONIALLI, Dennys; FRAGOSO, Nathalie (Eds.). *Direitos fundamentais e processo penal na era digital – vol. II*. São Paulo: InternetLab, 2019, p. 132-157.

MORAES, Rafael Francisco Marcondes de. *Prisão em flagrante delito constitucional.* Salvador: Juspodivm, 2018.

MOREIRA FILHO, Guaracy (Coord.); AZEVEDO, André Boiani e [et al]. *Nova lei do abuso de autoridade comentada artigo por artigo*. São Paulo: Rideel, 2019.

NUCCI, Guilherme de Souza. A nova lei de abuso de autoridade, 3 out. 2019. *Migalhas*, ISSN 1983-392X.

OLIVEIRA, Alexandre Pinto de. *A conduta policial e as técnicas de abordagem à luz da doutrina de direitos humanos na missão constitucional da Polícia Civil*. 2016. 107 p. Monografia (Processo seletivo de professor de conduta policial e técnicas de abordagem) - Academia de Polícia "Dr. Coriolano Nogueira Cobra". São Paulo, 2016.

PAGLIONE, Eduardo Augusto. A prisão em flagrante e as causas excludentes da antijuridicidade. *Boletim IBCCRIM - Instituto Brasileiro de Ciências Criminais*, v.15, set. 2007, p. 15-17.

PAULA, Fernando Shimidt de. *Criptoindiciamento.* São Bernardo do Campo: UMESP, 2018.

PAULO FILHO, Caetano. *As excludentes de ilicitude na fase pré-processual e seus reflexos no direito administrativo disciplinar*. 2010. 96 p. Monografia (Curso de Especialização em Polícia Judiciária e Sistema de Justiça Criminal do Centro de Estudos Superiores da Polícia Civil "Prof. Maurício Henrique Guimarães Pereira") – Academia de Polícia "Dr. Coriolano Nogueira Cobra", São Paulo, 2010.

ROCHA JR., Arnaldo; MORAIS, Filipe de. As inconstitucionalidades da nova lei de abuso de autoridade. São Paulo, *Adpesp*, 5 set. 2019.

SAAD, Marta Cristina Cury. Direito ao silêncio na prisão em flagrante. In: PRADO, Geraldo; MALAN, Diogo (Org.). *Processo penal e democracia: estudos em homenagem aos 20 anos da Constituição da República de 1988*. Rio de Janeiro: Lumen Juris, 2009, p. 423-453.

SAAD, Marta Cristina Cury. Indiciamento como ato fundamentado da autoridade policial. *Boletim informativo Instituto Brasileiro de Direito Processual Penal (IBRASPP)*. Ano 03, nº 05, p.19-21, 2013.

SAAD, Marta Cristina Cury. *O direito de defesa no inquérito policial.* São Paulo: Revista dos tribunais, 2004.

ZANOTTI, Bruno Taufner; SANTOS, Cleopas Isaías. *Delegado de polícia em ação – teoria e prática no Estado Democrático de Direito*. Salvador: Juspodivm, 2016.

3

CONTRAVENÇÕES PENAIS

Dec.-lei 3.688/1941

JOAQUIM LEITÃO JÚNIOR

1. INTRODUÇÃO

Apesar de duras críticas da doutrina quanto à necessidade da revogação "in totum" da Lei de Contravenções Penais, fato é que ela (a lei) continua a vigorar em nosso ordenamento jurídico, sendo de grande valia o enfrentamento de seus dispositivos legais.

Iniciamos o trabalho apresentando as súmulas do Superior Tribunal de Justiça quanto às contravenções penais. Vejamos o quadro abaixo:

Súmulas do Superior Tribunal de Justiça sobre a Lei de Contravenção Penal

Súmula 38: Compete a justiça estadual comum, na vigência da Constituição de 1988, o processo por contravenção penal, ainda que praticada em detrimento de bens, serviços ou interesse da União ou de suas entidades.

Súmula 588: A prática de crime ou contravenção penal contra a mulher com violência ou grave ameaça no ambiente doméstico impossibilita a substituição da pena privativa de liberdade por restritiva de direitos.

Súmula 589: É inaplicável o princípio da insignificância nos crimes ou contravenções penais praticados contra a mulher no âmbito das relações domésticas.

O Supremo Tribunal Federal também possui súmula quanto às contravenções penais. Vejamos o quadro abaixo:

Súmulas do Supremo Tribunal Federal sobre contravenção penal

Súmula 720: O art. 309 do Código de Trânsito Brasileiro, que reclama decorra do fato perigo de dano, derrogou o art. 32 da Lei das Contravenções Penais no tocante à direção sem habilitação em vias terrestres.

Art. 1º Aplicam-se as contravenções às regras gerais do Código Penal, sempre que a presente lei não disponha de modo diverso.

Comentários: No Brasil as infrações penais se dividem em crime e contravenção penal.

João Biffe Júnior e Joaquim Leitão Júnior discorrem sobre as várias terminologias que a contravenção penal recebe:

> O que é delito liliputiano?
>
> **Liliputiano** é um adjetivo utilizado para qualificar aquilo que é extremamente pequeno.
>
> *A expressão* **"delito liliputiano"** ***refere-se às contravenções penais, também denominadas de "crime vagabundo" ou "crime anão".***
>
> Referida terminologia é relativa ao personagem "Liliputе", o habitante de uma ilha imaginária do romance *Viagens de Gulliver*, do escritor inglês Jonathan Swift (1667-1745), onde os habitantes medem apenas seis polegadas.
>
> Evitar as expressões "crime liliputiano", "crime anão" e "crime vagabundo" é importante, pois, na verdade, não há crime, uma vez que o Brasil adota o sistema dualista (binário) diferenciando os crimes das contravenções penais.
>
> Preconiza o art. 1.o da Lei de Introdução ao Código Penal: "Considera-se crime a infração penal que a lei comina pena de reclusão ou de detenção, quer isoladamente, quer alternativa ou cumulativamente com a pena de multa; contravenção, a infração penal a que a lei comina, isoladamente, pena de prisão simples ou de multa, ou ambas, alternativa ou cumulativamente (BIFFE; LEITÃO, 2017, p. 47).

As contravenções penais são consideradas infrações de menor potencial ofensivo.

Art. 2º A lei brasileira só é aplicável à contravenção praticada no território nacional.

Comentários: Em âmbito de contravenção penal a lei brasileira só é aplicável à contravenção praticada no território nacional. O legislador pátrio não adotou a extraterritorialidade nas contravenções penais. Nem mesmo as exceções existentes para crimes do art. 7º, do Código Penal Brasileiro não se estendem às contravenções penais.

Não é possível extradição de estrangeiro por Contravenção Penal praticada no Brasil (posicionamento do STF e STJ), porque o art. 83, da Lei de Imigração (Lei nº 13.445, de 24 de maio de 2017) (que revogou o antigo **Estatuto do Estrangeiro**) só permite, expressamente, a extradição em razão de prática de crime, silenciando sobre as contravenções penais.

> Art. 83. São condições para concessão da extradição:
>
> I - **ter sido o crime cometido no território do Estado** requerente ou serem aplicáveis ao extraditando as leis penais desse Estado; e
>
> II - estar o extraditando respondendo a processo investigatório ou a processo penal ou ter sido condenado pelas autoridades judiciárias do Estado requerente a pena privativa de liberdade.

No antigo Estatuto do Estrangeiro essa proibição de extradição estrangeiro que praticasse contravenção penal em território brasileiro estava expressa no art. 77, II, Lei nº 6815/80.

O STF nesse sentido proferiu recente decisão:

> Extradição passiva instrutória. Dupla tipicidade. Entrega autorizada quanto ao crime de homicídio culposo majorado pela omissão de socorro. **Impossibilidade de extradição pela contravenção penal de condução negligente**. Extradição autorizada em parte. I – A autorização concedida por esta Suprema Corte para entrega do extraditando ao Estado requerente depende do preenchimento das condições gerais, dos requisitos específicos sobre a conduta criminosa e da assunção dos compromissos especificados no art. 96 da Lei de Migração (Lei 13.445/2017). II – A omissão de socorro praticada no contexto do art. 302 do Código de Trânsito Brasileiro – CTB enquadra-se, em tese, como majorante do tipo, e não como o tipo autônomo previsto no art. 304 do CTB. **III – A contravenção penal de condução negligente não enseja extradição.** IV – Extradição autorizada em parte (Ext 1514, Relator(a): Min. Ricardo Lewandowski, Segunda Turma, julgado em 13/03/2018, acórdão eletrônico DJe-058 DIVULG 23-03-2018 PUBLIC 26-03-2018) [grifo nosso].

Art. 3º Para a existência da contravenção, basta a ação ou omissão voluntária. Deve-se, todavia, ter em conta o dolo ou a culpa, se a lei faz depender, de um ou de outra, qualquer efeito jurídico.

Comentários: Para a existência da contravenção, a ação ou omissão precisam ser voluntárias.

Para parcela da doutrina, o elemento subjetivo nas contravenções penais é a mera voluntariedade da ação ou omissão, que não precisa de qualquer finalidade dirigida. Assim, à constatação do tipo contravencional prescinde de dolo ou culpa.

Há outra parcela da doutrina moderna que sustenta ser necessário levar em conta o dolo ou a culpa para as contravenções penais, se a lei exigir. Com isso, quando o tipo contravencional for omisso, busca-se o dolo. Caso contrário, o legislador entenderá que o ato do tipo contravencional reclama apenas culpa se estiver expresso. Em verdade, a culpa na Lei de Contravenções Penais sobressai da própria descrição típica do fato[1], pois a Lei de Contravenções Penais não emprega as expressões usuais como aquelas do Código Penal Brasileiro "se o crime é culposo" ou no "caso de culpa". Defendemos sob essa perspectiva que parece a mais correta, de que diante da teoria finalista adotada no Brasil, o art. 3º da Lei de Contravenções Penais não teria mais aplicabilidade ou se tivesse aplicabilidade, essa se sustentaria apenas com uma releitura substancial em seu teor, sob pena de admitir a responsabilidade objetiva em nosso ordenamento, que foi vedada na reforma penal de 1984.

Defendemos essa segunda posição, qual seja, o art. 3º, da LCP deve ser relido para exprimir que a contravenção penal, assim como o crime, exige o dolo (como elemento subjetivo) ou a culpa (como elemento normativo) e estando ausentes o dolo ou a culpa, o fato será atípico.

Noutro giro, não se terá a contravenção se for uma conduta involuntária, ou seja, uma conduta que não decorra da vontade do agente, como por

1. **Dica:** Quando se tiver perante infração culposa na Lei Contravencional, o legislador empregará expressões indicativas de ausência de cuidado na prática da conduta ou expressões que derivem da imperícia, imprudência ou negligência – o que acaba por evidenciar a culpa.

exemplo, uma ação praticada sob coação moral irresistível ou ato reflexo.

A doutrina classifica as contravenções penais em duas espécies:

Contravenções Típicas ou Próprias:	Contravenções Atípicas ou Impróprias:
É necessária apenas a voluntariedade para a configuração da contravenção penal. Depende tão somente de uma ação ou omissão voluntária, despida de qualquer elemento psíquico. É a regra nas contravenções penais para a corrente tradicional.	A contravenção penal exige o dolo ou a culpa na conduta do agente para se ter o tipo contravencional. Nova visão para a corrente contemporânea.
Corrente tradicional	**Corrente moderna**

Art. 4º Não é punível a tentativa de contravenção.

Comentários: Em sede de contravenção penal, a tentativa pode até ser admissível a depender da conduta, todavia o que o legislador fez foi optar por política criminal pela não punição da tentativa de contravenção.

A doutrina prega que a maioria das contravenções penais são infrações formais ou de mera conduta que não trazem resultado naturalístico (material), e isso impediria a tentativa por não admitir fracionamento do *iter criminis*. Vemos tal premissa com certa ressalva, porquanto o ponto nodal está em visualizar a possibilidade de se admitir o fracionamento ou não do *iter criminis*. Com isso, se é possível o fracionamento da conduta (fato plurissubsistente), a tentativa em regra tem vida. Do contrário, se é fato unissubsistente (único ato – sem fracionamento), não se permite a *conatus*.

Essa mesma doutrina aduz que apenas as contravenções penais com resultados naturalísticos (infrações materiais) com fragmentação do *iter criminis*, é que permitiriam a aplicação do instituto da tentativa. Contudo, como já dito acima, em decorrência do baixo grau de potencialidade lesiva das contravenções penais, por razões de política criminal, o legislador ordinário optou por não punir a tentativa de fatos contravencionais.

Art. 5º As penas principais são:

I – prisão simples.

II – multa.

Comentários: As duas penas previstas em sede de contravenção penal são:

a) **prisão simples.**

b) **multa.**

A prisão simples é a terminologia dada à pena privativa de liberdade na contravenção penal. A prisão simples se dá sem rigor penitenciário em estabelecimento especial ou em local separado nos presídios comuns que possuem regimes semiabertos ou abertos.

Disso decorre uma importante conclusão, qual seja, em nenhuma hipótese pode ser imposta ao contraventor pena de reclusão ou detenção.

Os regimes da prisão simples são o semiabertos ou abertos. Não pode o regime fechado nem mesmo a título de regressão de regime.

O condenado deve ficar em estabelecimento especial ou em local separado nos presídios comuns, separados dos presos condenados à reclusão ou detenção. A pena não sendo superior a 15 (quinze) dias (ou até 15 dias) o trabalho é facultativo. O tempo máximo para a pena de prisão simples é de 5 (cinco) anos.

Na prática devido às penas alternativas à prisão e a uma série de outros benefícios penais é quase impossível de se ver na prática alguém preso cumprindo pena por contravenção penal.

De outro lado, a multa é a pena pecuniária imposta ao contraventor. As regras são as mesmas elencadas nos arts. 49, 52, 58 e 60, todos do Código Penal Brasileiro.

Ademais, a pena de multa variará de um mínimo de 10 (dez) dias-multa, calculado cada dia multa na quantidade de 1/30 (um trigésimo) do salário mínimo a 5 (cinco) salários mínimos.

Os valores das multas na Lei de Contravenção Penal estão fixados em réis e contos de réis (moeda corrente quando a lei entrou em vigor).

Esse sistema foi revogado pela Lei 7.209/84 e se usa os artigos supracitados, consoante entendimento do Superior Tribunal de Justiça.

Art. 6º A pena de prisão simples deve ser cumprida, sem rigor penitenciário, em estabelecimento especial ou seção especial de prisão comum, em regime semi-aberto ou aberto. (Redação dada pela Lei nº 6.416, de 24.5.1977)

§ 1º O condenado a pena de prisão simples fica sempre separado dos condenados a pena de reclusão ou de detenção.

§ 2º O trabalho é facultativo, se a pena aplicada, não excede a quinze dias.

Comentários: Remetemos o leitor aos comentários nos tópicos anteriores em que comentamos sobre o assunto.

Art. 7º Verifica-se a reincidência quando o agente pratica uma contravenção depois de passar em julgado a sentença que o tenha condenado, no Brasil ou no estrangeiro, por qualquer crime, ou, no Brasil, por motivo de contravenção.

Comentários: Para melhor compreensão do assunto trazemos o quadro abaixo:

Hipótese anterior	Hipótese posterior	Resultado
a) condenação definitiva de crime no Brasil ou no estrangeiro +	cometimento de nova contravenção penal	Gera reincidência (art. 7º da "lei" de contravenções);
b) condenação definitiva de crime no Brasil +	cometimento de nova contravenção	Gera reincidência (art. 7º);
c) condenação definitiva de contravenção no Brasil +	cometimento de novo crime	NÃO gera reincidência (ausência de previsão legal para tanto).

Observação: **A condenação no estrangeiro não precisa ser homologada pelo STJ.**

Art. 8º No caso de ignorância ou de errada compreensão da lei, quando escusáveis, a pena pode deixar de ser aplicada.

Comentários: Há segmento da doutrina abraçando a tese de que o art. 8º da Lei de Contravenção Penal foi inteiramente revogado pelo art. 21 do Código Penal Brasileiro (Damásio Evangelista de Jesus[2]).

Todavia, há outro setor doutrinário afirmando que apenas parte do art. 8º da Lei de Contravenção Penal continua em vigor no que toca à parte da "ignorância da lei" (desconhecimento sobre a existência da lei) por ser mais benéfica do que o Código Penal Brasileiro, mais precisamente no trecho que diz respeito à "errada compreensão da lei" (erro escusável sobre a ilicitude do fato). Apenas houve assim, revogação tácita de parte do mencionado dispositivo da Lei de Contravenção Penal pelo art. 21, *caput*, segunda parte, do CPB (MACIEL, Silvio Luiz. Lei de Contravenção Penal. In: GOMES, Luiz Flávio; CUNHA, Rogério Sanches (Coord.). **Legislação Criminal Especial**. São Paulo: RT, 2009, p. 96).

Art. 9º A multa converte-se em prisão simples, de acordo com o que dispõe o Código Penal sobre a conversão de multa em detenção.

Parágrafo único. Se a multa é a única pena cominada, a conversão em prisão simples se faz entre os limites de quinze dias e três meses.

Comentários: Para a doutrina houve revogação tácita da redação do art. art. 51, do Código Penal Brasileiro que foi alterada pela Lei nº 9.280/1996, com abolição da conversão da multa em prisão. Jamais ocorrerá esta conversão em prisão em sede de contravenção. Não confunda multa com a pena restritiva de prestação pecuniária (que se descumprida esta última, pode dar ensejo a conversão em privativa de liberdade).

É preciso saber também se a multa foi aplicada em sede de transação penal[3] ou sentença condenatória para parte da doutrina.

2. JESUS, Damásio Evangelista de. Lei das Contravenções Penais Anotadas. São Paulo: Saraiva, 1994, p. 39.

3. **Seção V**
Das Despesas Processuais
Art. 87. Nos casos de homologação do acordo civil e aplicação de pena restritiva de direitos ou **multa (arts. 74 e 76, § 4º)**, as

a) Se aplicada em transação penal[4] **e havendo descumprimento:** O Ministério Público poderá ofertar denúncia com a propositura de ação penal (posicionamento majoritário).

A jurisprudência vai mais longe para dizer que em mesmo não havendo sentença homologatória, o STJ tem admitido a oferta da denúncia pelo *Parquet* com a propositura de ação penal (REsp 75.868, rel. Min. Çaurita Vazm DJU de 11. 12.2006, p. 413).

b) Se a multa for aplicada isoladamente em sentença penal: Abre-se 3 (correntes) aqui sobre o tema.

1ª corrente: Para uma corrente seria dívida ativa e deveria ser executada perante a Vara da Fazenda Pública (STJ - REsp 1.519.777) em sistema de recurso repetitivo (tema 931).

Ainda se tem uma observação, pois se a multa da contravenção penal não for apurada no Juizado Especial Criminal, mas sim na Justiça Comum, por razões diversas, a Vara das Execuções Fiscais da Fazenda Pública serão competentes (STJ, REsp 845.902/RS, DJU 06.08.2007, p. 659).

2ª corrente: Uma segunda corrente, o Juízo responsável seria da Vara da Execução Penal, acaso a pena de multa não seja exclusiva (e exista uma pena restritiva de direito ou de prisão) (Alexandre de Moraes e Gianpaolo Smanio[5]).

O STJ possui precedentes para darem suporte tanto a segunda corrente como para terceira corrente separando apenas o fato de que se for pena exclusiva de multa, a competência seria exclusiva do Juizado Especial Criminal.

De outro lado, se já tivesse a pena de multa com a presença de uma pena restritiva de direito ou de prisão, a competência seria da Vara da Execução Penal (STJ – CComp 48.275/RS, rel. Min. Maria Thereza de Assis Moura, DJU de 26.03.2007, p. 197; STJ - CComp 48.257/RS, rel. Min. Arnaldo Esteves de Lima, Dj 23.10.2006; STJ – CComp 47.894/RS, rel. Min. José Arnaldo da Fonseca, DJ 08.06.2005).

3ª corrente: Para outra corrente seria executada exclusivamente no Juizado Especial Criminal, à luz de uma interpretação literal do art. 84, da Lei 9.099/1995 (Luiz Flávio Gomes[6] e Guilherme de Souza Nucci[7]).

---

despesas processuais serão reduzidas, conforme dispuser lei estadual.

Art. 74. A composição dos danos civis será reduzida a escrito e, homologada pelo Juiz mediante sentença irrecorrível, terá eficácia de título a ser executado no juízo civil competente.

Parágrafo único. Tratando-se de ação penal de iniciativa privada ou de ação penal pública condicionada à representação, o acordo homologado acarreta a renúncia ao direito de queixa ou representação.

Art. 76. Havendo representação ou tratando-se de crime de ação penal pública incondicionada, não sendo caso de arquivamento, **o Ministério Público poderá propor a aplicação imediata de pena restritiva de direitos ou multas, a ser especificada na proposta.**

[...]

§ 4º Acolhendo a proposta do Ministério Público aceita pelo autor da infração, o Juiz aplicará a pena restritiva de direitos ou multa, que não importará em reincidência, sendo registrada apenas para impedir novamente o mesmo benefício no prazo de cinco anos.

Seção IV

Da Execução

Art. 84. Aplicada exclusivamente pena de multa, seu cumprimento far-se-á mediante pagamento **na Secretaria do Juizado.**

Parágrafo único. Efetuado o pagamento, o Juiz declarará extinta a punibilidade, determinando que a condenação não fique constando dos registros criminais, exceto para fins de requisição judicial.

Art. 85. Não efetuado o pagamento de multa, será feita a conversão em pena privativa da liberdade, ou restritiva de direitos, nos termos previstos em lei.

4. O STJ e o STF divergem sobre a natureza da transação penal. Para o STJ: "A sentença homologatória de transação penal, por sua natureza, gera eficácia de coisa julgada formal e material, impedindo, mesmo ante o descumprimento do avençado pelo paciente, a instauração de ação penal. A decisão que determina o prosseguimento da ação penal e considera insubsistente a transação homologada configura constrangimento ilegal" (STJ HC 30.212/MG, Min. Jorge Scartezzini).
Já para o STF:
"A transformação automática da pena restritiva de direitos em privativa de liberdade discrepa a garantia constitucional de devido processo legal. Impõe-se, uma fez descumprido o termo de transação, a declaração de insuficiência deste último, retornando-se ao estado anterior, dando-se oportunidade ao Ministério Público de vir a requerer a instauração do inquérito policial ou ofertar denúncia" (STF, HC 79.572/GO, Rel. Min. Marco Aurélio).
E mais:
"EMENTA: HABEAS CORPUS. PACIENTE ACUSADO DOS CRIMES DOS ARTS. 129 E 147 DO CÓDIGO PENAL. CONSTRANGIMENTO ILEGAL QUE CONSISTIRIA NA CONVERSÃO, EM PRISÃO, DA PENA DE DOAR CERTA QUANTIDADE DE ALIMENTO À "CASA DA CRIANÇA", RESULTANTE DE TRANSAÇÃO, QUE NÃO FOI CUMPRIDA. ALEGADA OFENSA AO PRINCÍPIO DO DEVIDO PROCESSO LEGAL. Conversão que, se mantida, valeria pela possibilidade de privar-se da liberdade de locomoção quem não foi condenado, em processo regular, sob as garantias do contraditório e da ampla defesa, como exigido nos incs. LIV, LV e LVII do art. 5º da Constituição Federal. Habeas corpus deferido" (STF REsp 268.319/PR, Min. Ilmar Galvão).

5. MORAES, Alexandre; SMANIO, Gianpaolo Poggio. Legislação Penal Especial, 10 Ed. São Paulo: Atlas, 2007, p. 296 e 299.
6. GOMES, Luiz Flávio. Nova Lei de Drogas Comentada. São Paulo: Ed. RT, 2006, p. 138.
7. NUCCI, Guilherme de Souza. Leis Penais e Processuais Penais Comentadas. São Paulo: Ed. RT, 2007, p. 704-705.

O art. 84 do Juizado Especial Criminal prevê que:

Seção IV

Da Execução

Art. 84. Aplicada exclusivamente pena de multa, seu cumprimento far-se-á mediante pagamento na Secretaria do Juizado.

Parágrafo único. Efetuado o pagamento, o Juiz declarará extinta a punibilidade, determinando que a condenação não fique constando dos registros criminais, exceto para fins de requisição judicial.

Art. 85. Não efetuado o pagamento de multa, será feita a conversão em pena privativa da liberdade, ou restritiva de direitos, nos termos previstos em lei.

Vale lembrar que independente da corrente a ser adotada, essa previsão do art. 85, da Lei do Juizado Especial Criminal não se aplica mais (posição majoritária), diante do art. 51, do Código Penal Brasileiro. **A explicação é simples, pois a multa por ter caráter extrapenal** é transformada em dívida ativa tributária da União, por força da Lei 9.268/1996 que alterou a redação do art. 51, da Lei Penal (STJ – HC 33.487/SP, rel. Min. Gilson Dipp, DJ 01.07.2004).

Se a multa for aplicada cumulativamente com pena privativa de liberdade e restritiva de direito: Será processada perante o órgão competente, nos termos da lei.

O art. 86, da Lei do Juizado Especial Criminal assegura que:

Art. 86. A execução das penas privativas de liberdade e restritivas de direitos, ou de multa cumulada com estas, será processada perante o órgão competente, nos termos da lei.

Como dito acima, se a pena de multa for aplicada mais a presença de uma pena restritiva de direito ou de prisão, a competência será da Vara da Execução Penal (STJ – CComp 48.275/RS, rel. Min. Maria Thereza de Assis Moura, DJU de 26.03.2007, p. 197; STJ - CComp 48.257/RS, rel. Min. Arnaldo Esteves de Lima, Dj 23.10.2006; STJ - CComp 47.894/RS, rel. Min. José Arnaldo da Fonseca, DJ 08.06.2005).

Ademais, o entendimento do STJ é pela extinção da punibilidade em razão do cumprimento da pena privativa de liberdade, ainda que pendente o pagamento da multa. Assim, a falta de pagamento de multa não impede a extinção da punibilidade (REsp 1.519.777) em sistema de recurso repetitivo (tema 931).

Art. 10. A duração da pena de prisão simples não pode, em caso algum, ser superior a cinco anos, nem a importância das multas ultrapassar cinquenta contos.

Art. 11. Desde que reunidas as condições legais, o juiz pode suspender por tempo não inferior a um ano nem superior a três, a execução da pena de prisão simples, bem como conceder livramento condicional. Redação dada pela Lei nº 6.416, de 24.5.1977)

Comentários: No que diz respeito às contravenções penais, a duração máxima da pena de prisão simples não pode ultrapassar o prazo superior de 05 (cinco) anos.

A doutrina prega que a inteligência da Súmula nº 715 do STF se aplica nesta situação, assim, se a pena unificada por contravenção (exemplo de várias contravenções em concursos de infrações penais) poderá levar à condenação superior a pena de 05 (cinco) anos. De qualquer forma, à luz da Lei das Contravenções Penal o prazo de 05 (cinco) anos de pena continuarão sendo o prazo máximo, para fins de cumprimento das penas decorrentes das contravenções, todavia, para fins de progressão de regime e outros benefícios será levado em conta o total da condenação (não apenas os 5 anos, mas o prazo total da pena), nos termos da Súmula nº 715 do STF.

Quanto à multa, a importância desta não pode ultrapassar cinquenta contos. Assim, como foi o art. 10 derrogado pelo art. 49, §§ 1º e 2º, do Código Penal, o valor máximo de multa para um contraventor será de 1.800 salários mínimos [360 dias-multa, somados com o valor de 5 vezes o salário mínimo para cada dia-multa]. Esse valor ainda pode ser triplicado, caso o máximo seja insuficiente em virtude da condição financeira do condenado (art. 60, § 1º, do CPB). Advertimos de que embora possível esta situação, seria uma raridade para ocorrer, pois a pena deve ser aplicada com observância aos princípios da proporcionalidade e razoabilidade, e em sede de contravenção penal a gravidade para justificar penas elevadas nessas proporções seria quase impraticáveis.

Em caso de concurso de contravenções penais, as penas de multas devem ser somadas, assim, serão aplicadas individualmente para cada contravenção à luz do art. 72, do CPB.

Adiante, pela redação do art. 11, da LCP, é possível o *sursis* e o livramento condicional, destacando que o prazo para o sursis será de 1 (um) a 3 (três) anos, em que as regras do Código Penal Brasileiro se aplicam subsidiariamente a estes institutos.

Notadamente, o *sursis* e o livramento condicional por contravenção penal serão raros de aplicabilidade, em decorrência de uma série de outras medidas despenalizadoras (composição civil de danos, transação penal, suspensão condicional do processo entre outros).

Art. 12. As penas acessórias são a publicação da sentença e as seguintes interdições de direitos:

I – a incapacidade temporária para profissão ou atividade, cujo exercício dependa de habilitação especial, licença ou autorização do poder público;

II – a suspensão dos direitos políticos.

Parágrafo único. Incorrem:

a) na interdição sob nº I, por um mês a dois anos, o condenado por motivo de contravenção cometida com abuso de profissão ou atividade ou com infração de dever a ela inerente;

b) na interdição sob nº II, o condenado a pena privativa de liberdade, enquanto dure a execução da pena ou a aplicação da medida de segurança detentiva.

Comentários: A grande maioria da doutrina sustenta que o art. 12, da LCP estaria revogado pela Lei 7.209/1984 que deu nova roupagem a Parte Geral do Código Penal Brasileiro, com à extinção da expressão "penas acessórias".

Por zelo ao leitor, citamos que Guilherme de Souza Nucci[8] defende posição contrária, afirmando que as penas acessórias continuam em pleno vigor em nosso ordenamento jurídico, alertando que na verdade as penas acessórias se transformaram em "efeitos da condenação", logo houve alteração na terminologia e não no efeito concreto. Outro argumento usado pelo renomado jurista é de que o art. 1º, da Lei de Contravenções Penais, que reza que aplica a Parte Geral do Código Penal quando a Lei de Contravenções Penais não dispuser de modo diverso, onde a literalidade do art. 12 em cartaz confirmaria essa disposição diversa, diante da parte geral.

Art. 13. Aplicam-se, por motivo de contravenção, as medidas de segurança estabelecidas no Código Penal, à exceção do exílio local.

Comentários: É admissível aplicar ao condenado por contravenção penal, as medidas de segurança estabelecidas no Código Penal, como a internação e o tratamento ambulatorial. O objetivo da medida é preventivo e curativo. Aplicam-se os mesmos dispositivos legais dos arts. 96 a 99, todos da Parte Geral do Código Penal Brasileiro.

As medidas de segurança podem ser aplicadas somente em sentença penal, advertindo ser inviável sua aplicação por meio de transação penal.

A medida de segurança de exílio local foi extinta após a reforma da Parte Geral do Código Penal Brasileiro.

Art. 14. Presumem-se perigosos, além dos indivíduos a que se referem os ns. I e II do art. 78 do Código Penal:

I – o condenado por motivo de contravenção cometido, em estado de embriaguez pelo álcool ou substância de efeitos análogos, quando habitual a embriaguez;

II – o condenado por vadiagem ou mendicância;

Comentários: Neste ponto, convém frisar que a presunção de periculosidade em qualquer dos seus vértices nos dispositivos supra foi extinta após a reforma da Parte Geral do Código Penal Brasileiro.

Há vozes na doutrina sustentando que referente à vadiagem ou mendicância seria um fator estigmatizante e marginalizador, em colisão com à Constituição Federal e alinhado ao Direito Penal do Autor.

A pessoa perigosa existente hoje é apenas para fins das medidas de segurança aos inimputáveis sujeitos a tais medidas, lembrando que a presunção de periculosidade foi revogada após a reforma da Parte Geral do Código Penal Brasileiro.

Art. 15. São internados em colônia agrícola ou em instituto de trabalho, de reeducação ou de ensino profissional, pelo prazo mínimo de um ano: (Regulamento)

I – o condenado por vadiagem (art. 59);

II – o condenado por mendicância (art. 60 e seu parágrafo);

Comentários: O **sistema do duplo binário; sistema do *doppio binário;* sistema do duplo trilho ou sistema da dupla via** era aquele em que o semi-imputável perigoso cumpria inicialmente a pena privativa de liberdade, e, ao final desta, se subsistisse a periculosidade, era submetido à medida de segurança simultaneamente, ou seja, em outras palavras, se permitia à aplicação cumulativa.

8. NUCCI, Guilherme de Souza. Leis Penais e Processuais Penais Comentadas. 4º Edição revista, atualizada e ampliada. São Paulo, Editora Revista dos Tribunais, 2009, p. 163.

Cleber Rogério Masson sobre **sistema do duplo binário, *doppio binário,* duplo trilho ou dupla via,** ensina que:

> O art. 98 do CP acolheu o sistema vicariante ou unitário, pois ao semi-imputável será aplicada pena, reduzida de um a dois terços, ou medida de segurança, conforme seja mais adequado ao caso concreto. **Antes da reforma da Parte Geral do CP pela Lei 7.209/1984, imperava o sistema do duplo binário (derivado do italiano *doppio binario),* também chamado de duplo trilho ou dupla via,** pelo qual o semi-imputável perigoso cumpria inicialmente a pena privativa de liberdade, e, ao final desta, se subsistisse a periculosidade, era submetido à medida de segurança.
>
> Em relação aos semi-imputáveis, a sentença sempre será condenatória, tanto na hipótese de aplicação de pena privativa de liberdade como no caso de sua substituição por medida de segurança. Mas, uma vez aplicada a medida de segurança, segue-se o mesmo regramento existente para os inimputáveis no tocante à execução da sanção penal (MASSON, 2016, p. 534)[9].

Portanto, o **sistema do duplo binário; sistema do *doppio binário;* sistema do duplo trilho ou sistema da dupla via** do art. 15, incisos I e II, da LCP, foram revogados após a reforma da Parte Geral do Código Penal Brasileiro.

Atualmente, parte considerável da doutrina afirma que art. 98 do Código Penal acolheu o **sistema vicariante ou unitário.**

Compete frisar que, o **sistema vicariante ou unitário** diz respeito à possibilidade de conferir ao semi-imputável à aplicação de pena, reduzida de um a dois terços, ou medida de segurança, conforme seja mais adequado ao caso concreto.

Importante ressaltar ainda para fins de concurso, que há defensores de que nosso sistema seria na verdade o sistema alternativo (e não o **sistema vicariante ou unitário**):

> [...] não é correto dizer que hoje adotamos o sistema vicariante. **Nosso sistema é o alternativo**". (2007, p.900). Explica seu posicionamento alegando que "Hoje vigora o sistema alternativo (que a doutrina brasileira chama equivocadamente de vicariante), ou seja, ou se aplica pena ou medida de segurança (as duas conseqüências jurídicas não podem ter incidência concomitante em razão de um fato criminoso) (GOMES; GARCÍA-PABLOS DE MOLINA, 2007, p.900)[10].

9. MASSON, Cleber Rogério. **Código Penal comentado.** 4. ed. rev., atual. e ampl. - Rio de Janeiro: Forense; São Paulo: MÉTODO, 2016.
10. GOMES, Luiz Flávio; GARCÍA-PABLOS DE MOLINA, Antonio. Direito Penal Parte Geral. São Paulo: Revista dos Tribunais, 2007, v.2.

Adiante, como já dito anteriormente, há vozes na doutrina sustentando que referente à vadiagem ou mendicância seria um fator estigmatizante e marginalizador, em colisão com à Constituição Federal e alinhado ao Direito Penal do Autor.

Art. 16. O prazo mínimo de duração da internação em manicômio judiciário ou em casa de custódia e tratamento é de seis meses.

Parágrafo único. O juiz, entretanto, pode, ao invés de decretar a internação, submeter o indivíduo a liberdade vigiada.

Comentários: Em nossa opinião, o art. 16, *caput*, e parágrafo único, ambos da LCP, continuam em vigor[11]. Em detrimento da especialidade entre a medida de segurança do Código Penal Brasileiro e da Lei de Contravenção Penal, o art. 16, *caput*, da LCP prevalece, logo, o prazo mínimo de eventual medida de segurança imposta por prática de contravenção penal será de 06 (seis) meses (e de crime é de 1 a 3 anos o prazo mínimo da medida de segurança). Já o prazo máximo de medida de segurança imposta ao contraventor é por prazo indeterminado tal como é em caso de crime.

Ao julgador é dado à opção discricionária de encampar internação ou ao tratamento ambulatorial (espécies de medida de segurança) ao agente que pratica infração penal. Em sede de contravenção a possibilidade de internar não gera discussão alguma, todavia, a mesma sorte, não assiste quanto ao vigor ou não da liberdade vigiada que gera imensa discussão, embora a maioria da doutrina brada que a liberdade vigiada foi revogada após a reforma da Parte Geral do Código Penal Brasileiro.

As regras de medidas de segurança contidas nos arts. 96 a 99, todos do Código Penal e do art. 175 a 179 da Lei de Execução Penal se aplicam aqui em sede de contravenção penal, com as observações externadas.

Art. 17. A ação penal é pública, devendo a autoridade proceder de ofício.

11. Damásio Evangelista de Jesus defende que o art. 16 da LCP foi alterado pela reforma da parte geral do Código Penal Brasileiro, e com isto, o prazo mínimo de internação teria sido alterado de 06 (seis) meses para na verdade ser de 1 (um) ano a 03 (três) anos. Antecipamos de forma respeitosa nossa posição contrária ao renomado jurista, calcado na premissa de que pelo critério (ou princípio) da especialidade prevalece à disposição da Lei de Contravenção Penal. Logo, o prazo mínimo de internação continua sendo de 06 (seis) meses.

Comentários: Todas as contravenções do Decreto-Lei nº 3.688/41 devem ser processadas por ação penal pública incondicionada, onde faremos algumas ressalvas no decorrer da obra de dispositivos específicos em que o assunto é controvertido sobre essa afirmação. Citemos o exemplo das vias de fatos em que 02 (duas) correntes sustentam pontos de vistas diferentes sobre esta ótica.

Com advento e vigência da Lei nº 9.099/95 (Juizados Especiais Criminais), as contravenções penais passaram a ser consideradas infrações de menor potencial ofensivo e, em regra, seguem o rito procedimental previsto para o Juizado Especial Criminal (art. 61, Lei nº 9.099/95).

Entretanto, nas situações em que as contravenções penais forem conexas com crime – de não menor potencial ofensivo –, elas serão processadas pelo juízo comum.

Para investigação da prática de contravenções penais, em regra[12] não é mais instaurado Inquérito

12. Se diz em regra, porque em virtude da Lei Maria da Penha e das decisões do STF e do STJ, as contravenções penais ocorridas em âmbito doméstico, cuja vítima fosse do gênero feminino, seriam apuradas mediante Auto de Prisão em Flagrante Delito (APFD) ou Portaria – ambos instrumentos aptos a dar vida ao Inquérito Policial. Vejamos o artigo publicado sobre o assunto que cuida do tema com bastante profundidade:
"A contravenção penal de vias de fatos no âmbito da violência doméstica à luz da jurisprudência do STJ/STF
Muito se debate em sede policial e jurídica se a contravenção penal de vias de fatos, no âmbito da violência doméstica, seria autuada por Termo Circunstanciado de Ocorrência (TCO) ou se seria autuada por Auto de Prisão em Flagrante Delito (e até mesmo por Portaria, para o nascedouro do Inquérito Policial.
A discussão se dá principalmente, por conta da redação do art. 41, da Lei 11.340/20106 (Lei Maria da Penha) que enuncia quanto aos "crimes praticados" com violência doméstica e familiar contra a mulher, independentemente da pena prevista, não se aplica a Lei no 9.099, de 26 de setembro de 1995.
Nesse ponto, veja a redação do art. 41, da Lei 11.340/20106 (Lei Maria da Penha):
"Art. 41. Aos crimes praticados com violência doméstica e familiar contra a mulher, independentemente da pena prevista, não se aplica a Lei no 9.099, de 26 de setembro de 1995".
Nota-se que o legislador ordinário aventou, expressamente, apenas e tão somente a expressão **"crimes"**, deixando de fora a terminologia **contravenção.**
Apesar de se entender imensamente questionável, com todo respeito, à atuação com ativismo do Superior Tribunal de Justiça no esforço interpretativo de algo não previsto expressamente pelo legislador pátrio em lei, com alargamento em norma penal incriminadora (não permitida pelas regras hermenêuticas em âmbito penal), a Corte Superior entendeu que a expressão crime deveria abranger a contravenção penal de vias de fato.
Sempre discutindo respeitosamente, pensa-se que a interpretação do colendo Superior Tribunal de Justiça seria estritamente técnica, no caso concreto, apenas se a lei em comento tivesse abordado expressamente "infração penal" ou tivesse abordado expressamente "crimes e contravenções penais".
Do contrário, é temerário e inaceitável o alargamento em norma penal incriminadora (não permitido pelas regras hermenêuticas em âmbito penal), porque acaba por via oblíqua ou transversa, o Poder Judiciário agir como verdadeiro legislador positivo, criando-se normas ou tipos incriminadores com expansão de incidência penal, em que essa tarefa cabe apenas ao Poder Legislativo. Assim, a expressão "crime" pela lei deveria se limitar tão somente a isto, alicerçado ao fato de que não existem palavras inúteis no texto da lei e no silêncio eloquente do legislador.
Todavia, abranger nesse processo interpretativo à contravenção penal de vias de fato, sem ser por via legislativa, mas por decisão judicial, indica com todo respeito, uma possível desobediência ao princípio da legalidade (art. 5º, inciso I, CF/88) e princípio da reserva legal, onde apenas lei é que pode criar crime e cominar pena.
Com a "permissa vênia", não se posiciona contra o ativismo judicial que é bem-vindo nas mais diversas áreas do Direito e nem se faz discurso machista com ignorância a todo histórico e contexto de violência familiar e doméstica, contudo, em âmbito criminal o ativismo judicial parece não ter espaço.
De qualquer forma, a contravenção penal de vias de fatos, no âmbito da violência doméstica, à luz da jurisprudência do STJ, teve afastado a incidência da Lei 9.099/1995.
Assim, o que isso implica em termos práticos?
Em julgado da Sexta Turma, um homem denunciado pela suposta prática de contravenções penais porque teria praticado vias de fato contra sua ex-companheira, bem como perturbado a sua tranquilidade, entendia ser cabível a transação penal ao seu caso, em razão de o artigo 41 da Lei Maria da Penha vedar a incidência da Lei 9.099 apenas em relação aos crimes e não às contravenções penais.
O colegiado, entretanto, destacou que, apesar de o artigo 41 da lei Maria da Penha fazer referência apenas a "crimes", a orientação do STJ é de que não se aplicam os institutos despenalizadores da Lei 9.099 a nenhuma prática delituosa contra a mulher no âmbito doméstico e familiar, ainda que configure contravenção penal.
O relator, ministro Rogerio Schietti, reconheceu que uma interpretação literal do artigo 41 poderia levar à conclusão de que a Lei 9.099 poderia ser aplicada às contravenções penais praticadas com violência doméstica e familiar contra a mulher, mas, segundo ele, os fins sociais da Lei Maria da Penha impedem essa conclusão (**STJ -HC 280.788**).
"À luz da finalidade última da norma e do enfoque da ordem jurídico-constitucional, tenho que, considerados os fins sociais a que a lei se destina, o preceito afasta a Lei 9.099, de forma categórica, tanto aos crimes quanto às contravenções penais praticados contra mulheres no âmbito doméstico e familiar", concluiu o relator.
A propósito, confira-se a ementa do julgado pela Corte Cidadã:
"EMENTA
HABEAS CORPUS. *WRIT* SUBSTITUTIVO DE RECURSO PRÓPRIO. LEI MARIA DA PENHA. CONTRAVENÇÃO PENAL. TRANSAÇÃO PENAL. IMPOSSIBILIDADE. MANIFESTO CONSTRANGIMENTO ILEGAL NÃO EVIDENCIADO.
1. O Superior Tribunal de Justiça, alinhando-se à nova jurisprudência da Corte Suprema, também passou a restringir as hipóteses de cabimento do *habeas corpus*, não admitindo que o remédio constitucional seja utilizado em substituição ao recurso ou ação cabível, ressalvadas as situações em que, à vista

da flagrante ilegalidade do ato apontado como coator, em prejuízo da liberdade do (a) paciente, seja cogente a concessão, de ofício, da ordem de *habeas corpus*.

2. Uma interpretação literal do do disposto no artigo 41 da Lei n. 11.340/2006 viabilizaria, em apressado olhar, a conclusão de que os institutos despenalizadores da Lei n. 9.099/1995, entre eles a transação penal, seriam aplicáveis às contravenções penais praticadas com violência doméstica e familiar contra a mulher.

3. À luz da finalidade última da norma e do enfoque da ordem jurídico-constitucional, tem-se que, considerados os fins sociais a que a lei se destina, o artigo 41 da Lei n. 11.340/2006 afasta a incidência da Lei n. 9.099/1995, de forma categórica, tanto aos crimes quanto às contravenções penais praticados contra mulheres no âmbito doméstico e familiar. Vale dizer, a *mens legis* do disposto no referido preceito não poderia ser outra, senão a de alcançar também as contravenções penais.

4. Uma vez que o paciente está sendo acusado da prática, em tese, de vias de fato e de perturbação da tranquilidade de sua ex-companheira, com quem manteve vínculo afetivo por cerca de oito anos, não há nenhuma ilegalidade manifesta no ponto em que se entendeu que não seria aplicável o benefício da transação penal em seu favor.

5. *Habeas corpus* não conhecido" **(STJ - HABEAS CORPUS Nº 280.788 - RS (2013/0359552-9).**

Ademais, quando do julgamento do HC n. 196.253/MS (DJe 31/5/2013), de relatoria do Ministro Og Fernandes, a Sexta Turma deste Superior Tribunal de Justiça afirmou "serem inaplicáveis **aos crimes e às contravenções penais** regulados pela **Lei Maria da Penha**, os institutos despenalizadores da Lei n. **9.099**/95, por expressa vedação legal".

Os argumentos utilizados para se chegar nesta interpretação, por mais nobres e aparentemente legítimos para se corrigir atrocidades na violência de gênero (e o machismo) histórica, devem ser considerados no mínimo preocupantes e perigosos por enveredar em caminhos não técnicos em Direito Penal. Os respeitosos argumentos desta corrente, centram numa abordagem das disposições previstas no Capítulo VII do Título VIII da Constituição Federal, no sentido de que a família, base da sociedade, merece especial proteção do Estado, o legislador ordinário editou, em 7.8.2006, a Lei n.11.340/2006, que criou mecanismos para coibir a violência doméstica e familiar contra a mulher, nos termos do § 8º do artigo 226 da Constituição da República, da Convenção sobre a Eliminação de Todas as Formas de Discriminação contra as Mulheres e da Convenção Interamericana para Prevenir, Punir e Erradicar a Violência contra a Mulher.

Outro argumento é de que o artigo 1º e artigo 10 da Lei n. 11.340/2006 disciplina, de maneira clara, o objetivo da Lei Maria da Penha, que foi, precipuamente, o de criar mecanismos capazes de coibir e prevenir a violência doméstica e familiar contra a mulher. Neste sentido, é o artigo 10, da apontada Lei:

"Art. 1º Esta Lei cria mecanismos para coibir e prevenir a violência doméstica e familiar contra a mulher, nos termos do § 8º do art. 226 da Constituição Federal, da Convenção sobre a Eliminação de Todas as Formas de Violência contra a Mulher, da Convenção Interamericana para Prevenir, Punir e Erradicar a Violência contra a Mulher e de outros tratados internacionais ratificados pela República Federativa do Brasil; dispõe sobre a criação dos Juizados de Violência Doméstica e Familiar contra a Mulher; e estabelece medidas de assistência e proteção às mulheres em situação de violência doméstica e familiar".

Assim, para essa linha de entendimento, com o fim especial de dar concretude ao texto constitucional e aos tratados e convenções internacionais de erradicação de todas as formas de violência contra a mulher, deve ser realizada uma leitura ampliativa do texto (art. 41, da Lei Maria da Penha), com propósito de mitigar e reduzir, tanto quanto possível, a violência doméstica e familiar contra a mulher (não só a violência física, mas também a psicológica, a sexual, a patrimonial, a social, a moral). Para essa corrente, a verdadeira essência do princípio da igualdade: tratar igualmente os iguais e desigualmente os desiguais, de modo que uma interpretação literal do dispositivo mencionado viabilizaria, em apressado olhar, a conclusão de que os institutos despenalizadores da Lei n. 9.099/1995, entre eles a transação penal, seriam aplicáveis às contravenções penais praticadas com violência doméstica e familiar contra a mulher – o que não seria verdade para essa corrente.

Essa linha doutrinária continua a fundamentar seu ponto de vista, lançando-se do argumento de que a finalidade última da norma e do enfoque da ordem jurídico-constitucional, com a consideração dos **fins sociais** a que a lei se destina, o preceito afasta a Lei n. 9.099/1995, de forma categórica, tanto aos crimes quanto às contravenções penais praticados contra mulheres no âmbito doméstico e familiar, valendo dizer, que a *mens legis* do dispositivo citado não poderia ser outra, senão a de **alcançar também as contravenções penais.**

Dando prosseguimento a essa linha de entendimento, o próprio disposto no artigo 4º reafirmaria nessa visão, a necessidade de se observar os fins sociais a que se destina essa lei, em especial as condições peculiares das mulheres em situação de violência doméstica e familiar. A propósito, confira-se:

"Art. 4º Na interpretação desta Lei, serão considerados os fins sociais a que ela se destina e, especialmente, as condições peculiares das mulheres em situação de violência doméstica e familiar".

Esse também foi o entendimento adotado pelo Supremo Tribunal Federal, quando do julgamento do HC n. 106.212/MS (DJ 13/6/2011), de relatoria do Ministro Marco Aurélio, em que se adotou o posicionamento no sentido de que **o artigo 41 seria aplicado aos crimes e às contravenções penais** praticadas no âmbito de violência doméstica e familiar. Analise-se a ementa do julgado:

"VIOLÊNCIA DOMÉSTICA – ARTIGO 41 DA LEI Nº 11.340/06 – ALCANCE.

O preceito do artigo 41 da Lei nº 11.340/06 alcança toda e qualquer prática delituosa contra a mulher, até mesmo quando consubstancia contravenção penal, como é a relativa a vias de fato.

VIOLÊNCIA DOMÉSTICA – ARTIGO 41 DA LEI Nº 11.340/06 – AFASTAMENTO DA LEI Nº 9.099/95 –CONSTITUCIONALIDADE.

Ante a opção político-normativa prevista no artigo 98, inciso I, e a proteção versada no artigo 226, § 8º, ambos daConstituição Federal, surge harmônico com esta última o afastamento peremptório da Lei nº 9.099/95 – mediante o artigo 41 da Lei nº 11.340/06 – no processo-crime a revelar violência contra a mulher.

Isso porque, segundo o disposto no artigo 226, § 8º, da Constituição Federal, "O Estado assegurará a assistência à família na pessoa de cada um dos que a integram, criando mecanismos para coibir a violência no âmbito de suas relações" (STF - HC n. 106.212/MS (DJ 13/6/2011), Relator (a): Min. MARCO AURÉLIO, Tribunal Pleno, julgado em 24/03/2011, PROCESSO ELETRÔNICO DJe-112 DIVULG 10-06-2011 PUBLIC 13-06-2011 RTJ VOL-00219- PP-00521 RT v. 100, n. 910, 2011, p. 307-327).

Com isto, a conclusão inarredável em termos práticos, é de que **a contravenção penal de vias de fatos no âmbito da violência doméstica à luz da jurisprudência do STJ (e até mesmo do STF)** deve ser autuada por Auto de Prisão em Flagrante Delito (e até mesmo por Portaria para o nascedouro do inquérito policial – e não autuada por Termo Circunstanciado de Ocorrência (TCO).

Nesse ponto, alerta-se que de qualquer forma, que o caminho para se corrigir os equívocos em decorrência da omissão do legislador e pontos da violência de gênero e doméstica, no âmbito incriminador e de incidência legal, é a lei e a educação. Repita-se mais uma vez: não se posiciona em desfavor do ativismo judicial que é bem-vindo nas mais diversas áreas do Direito, contudo, em âmbito criminal o ativismo judicial parece não ter espaço.

Retomando o cerne do debate, diga-se de passagem que, o Supremo ao afirmar que a ação penal seria pública incondicionada nos casos de lesões corporais leves e culposas tão somente à mulher em âmbito doméstico foi categórico:

"Entendeu-se não ser aplicável aos crimes glosados pela lei discutida o que disposto na Lei 9.099/95, de maneira que, em se **tratando de lesões corporais, mesmo que de natureza leve ou culposa**, praticadas contra a mulher em âmbito doméstico, a ação penal cabível seria pública incondicionada. Acentuou-se, entretanto, permanecer a necessidade de representação para crimes dispostos em leis diversas da 9.099/95, como o de ameaça e os cometidos contra a dignidade sexual. Consignou-se que o Tribunal, ao julgar o HC 106212/MS (DJe de 13.6.2011), declarara, em processo subjetivo, a constitucionalidade do art. 41 da Lei 11.340/2006, no que afastaria a aplicação da Lei dos Juizados Especiais relativamente aos crimes cometidos com violência doméstica e familiar contra a mulher, independentemente da pena prevista."

Por unanimidade, o Plenário do Supremo Tribunal Federal (STF) declarou, nesta quinta-feira (24), a constitucionalidade do artigo 41 da Lei 11.340/2006 (Lei Maria da Penha), que afastou a aplicação do artigo 89 da Lei nº 9.099/95 quanto aos crimes praticados com violência doméstica e familiar contra a mulher, tornando impossível a aplicação dos institutos despenalizadores nela previstos, como a suspensão condicional do processo".

A decisão foi tomada, como já dito, no julgamento do Habeas Corpus (HC) 106212,

O ministro Marco Aurélio, na ocasião aduziu que a constitucionalidade do artigo 41 dá concretude, entre outros, ao artigo 226, parágrafo 8º, da Constituição Federal (CF), que dispõe que "o Estado assegurará a assistência à família na pessoa de cada um dos que a integram, criando mecanismos para coibir a violência no âmbito de suas relações".

O ministro disse que o dispositivo se coaduna com o que propunha Ruy Barbosa, segundo o qual a regra de igualdade é tratar desigualmente os desiguais. Isto porque a mulher, ao sofrer violência no lar, encontra-se em situação desigual perante o homem.

Na oportunidade deste julgamento, o ministro Marco Aurélio descartou, também, o argumento de que o juízo competente para julgar o paciente seria um juizado criminal especial, em virtude da baixa ofensividade do delito. Os ministros apontaram que a violência contra a mulher é grave, pois não se limita apenas ao aspecto físico, mas também ao seu estado psíquico e emocional, que ficam gravemente abalados quando ela é vítima de violência, com consequências muitas vezes indeléveis.

Foi pontuado também a desigualdade histórica que a mulher vem sofrendo em relação ao homem, como argumento. Tanto que, até 1830, o direito penal brasileiro chegava a permitir ao marido matar a mulher, quando a encontrasse em flagrante adultério.

Entretanto, conforme lembrou, o direito brasileiro vem evoluindo e encontrou seu ápice na Constituição de 1988, que assegurou em seu texto a igualdade entre homem e mulher.

Abordou também que, é preciso que haja ações afirmativas para que a lei formal se transforme em lei material. Por isso, ele defendeu a inserção diária, nos meios de comunicação, de mensagens afirmativas contra a violência da mulher e de fortalecimento da família.

O princípio do tratamento desigual às mulheres foi empregado neste julgamento, em face de sua histórica desigualdade perante os homens dentro do lar.

O ministro Ricardo Lewandowski disse que o legislador, ao votar o artigo 41 da Lei Maria da Penha, disse claramente que o crime de violência doméstica contra a mulher é de maior poder ofensivo.

Por seu turno, nesta linha, o ministro Joaquim Barbosa concordou com o argumento de que a Lei Maria da Penha buscou proteger e fomentar o desenvolvimento do núcleo familiar sem violência, sem submissão da mulher, contribuindo para restituir sua liberdade, assim acabando com o poder patriarcal do homem em casa.

O ministro Ayres Britto definiu como "constitucionalismo fraterno" a filosofia de remoção de preconceitos contida na Constituição Federal de 1988, citando os artigos 3º e 5º da CF.

Dando sequência, o ministro Gilmar Mendes, ao também votar com o relator, considerou "legítimo este experimento institucional", representado pela Lei Maria da Penha, sublinhando que a violência doméstica contra a mulher "decorre de deplorável situação de domínio", provocada, geralmente, pela dependência econômica da mulher.

A ministra aposentada Ellen Gracie lembrou que a Lei Maria da Penha foi editada quando ela presidia o Conselho Nacional de Justiça (CNJ) e ensejou um impulso ao estabelecimento de juizados especiais da mulher.

Em seu voto, o ministro Cezar Peluso disse que o artigo 98 da Constituição, ao definir a competência dos juizados especiais, não definiu o que sejam infrações penais com menor poder ofensivo. Portanto, segundo o aludido ministro, a lei infraconstitucional está autorizada a definir o que seja tal infração.

No pano de fundo desta decisão, se tem que, ao apontar pela constitucionalidade do art. 41, da Lei Maria da Penha (que cinge apenas a expressão "crime"), acabou o intérprete, por meio das Cortes Superiores, indo além para instituir, via judicial, a abrangência da contravenção penal de vias de fato – ao arrepio da lei propriamente dita.

Obviamente que, a contravenção de vias de fato apesar de se aproximar da lesão corporal leve ou culposa, não pode ser equiparada e tratada com a mesma igualdada para os fins legais de forma técnica.

Os argumentos utilizados para se chegar nesta interpretação, por mais nobres que sejam e aparentemente legítimos para se corrigir atrocidades na violência de gênero (e o machismo) histórica, devem ser considerados no mínimo preocupantes e perigosos por enveredar em caminhos não técnicos em Direito Penal.

Mesmo em tempo de que apenas se prestigia o discurso do politicamente (in)correto, registra-se que, o caminho para se corrigir os equívocos, em decorrência da omissão do legislador e para se imprimir repressão e combate da violência de gênero e doméstica, no âmbito incriminador e de incidência legal na esfera-criminal, deve passar pelo crivo da lei e a educação.

Conclusão

Apesar de ser temerário e inaceitável o alargamento em norma penal incriminadora (não permitido), porque acaba por via oblíqua ou transversa, o Poder Judiciário criar normas ou tipos incriminadores em que essa tarefa cabe apenas ao Poder Legislativo, e de entender que a expressão crime deveria abranger expressamente a contravenção penal de vias de fato, por via legislativa, e, não por decisão judicial com todo

Policial, mas lavrado o Termo Circunstanciado de Ocorrência (TCO) – que é um procedimento simplificado e sem rigores formais.

O contraventor autuado pela Polícia que se dirigir imediatamente ao Juizado ou assumir o compromisso de a ele comparecer, não poderá ser preso em flagrante e nem se exigirá fiança (artigo 69, par. Único, da Lei nº 9.099/1995).

O Ministério Público, ao receber o Termo Circunstanciado de Ocorrência (TCO), postulará ao Juízo a designação de audiência preliminar (artigo 70, da Lei nº 9.099/1995), e proporá à aplicação imediata de pena não privativa de liberdade, ou seja, de pena restritiva de direito ou de multa (artigo 72, da Lei nº 9.099/1995), e uma vez aceita pelo contraventor, essa pena restritiva de direito ou de multa não terá caráter condenatório nem efeitos civis (artigo 76, § 6º, da Lei nº 9.099/1995).

O contraventor que aceitar a pena restritiva de direito ou de multa (artigo 72, da Lei nº 9.099/1995) somente será impedido de obter igual benefício no prazo de 05 (cinco) anos (artigo 76, § 4º, da Lei nº 9.099/1995).

Em caso de não aceitação da proposta do Ministério Público pelo contraventor, o procedimento seguirá o rito do artigo 77 e seguintes da Lei nº 9.099/1995 até os seus ulteriores termos, podendo culminar com condenação, absolvição entre outros desdobramentos.

DICAS:

Espécie de ação penal: Pela literalidade da lei todas as contravenções do Decreto-Lei nº 3.688/41 devem ser processadas por ação penal pública incondicionada.

Limite de cumprimento de pena: o limite de cumprimento de pena para contravenções penais é de 5 (cinco) anos, somadas as condenações.

Tipo de pena privativa de liberdade: a pena privativa da liberdade em sede de contravenção penal sempre será de prisão simples. Período de provas da suspensão condicional da pena (*sursis*): 1 a 3 anos.

Prisão temporária e Prisão Preventiva: não são admitidas as medidas cautelares de prisão temporária e prisão temporária nas contravenções penais quando se empreende uma leitura nos requisitos, pressupostos e hipóteses para tanto.

Tentativa ("conatus"): A tentativa não é punida nas contravenções, embora seja admitida em algumas condutas contravencionais. Isso sempre cai em provas, por isso recomendamos cuidado: a tentativa não é punida nas contravenções, por razões de política criminal.

Conversão da pena de multa em prisão simples: embora haja previsão no art. 9º do DL 3.688/41, atualmente não se admite pela revogação inserida pela 9.268/96 que alterou o art. 51 do Código Penal, e trata a multa como dívida de valor.

Ainda existem outras dicas das distinções importantes entre crime e contravenção penal:	
Crime	**Contravenção Penal**
A tentativa é punível nos crimes (art. 14, II, CPB);	Já nas contravenções embora a tentativa possa ser admitida, não é punida por razões de política criminal (art. 4º da LCP);
Nos crimes a ação penal pode ser pública (condicionada ou incondicionada) ou ação penal privada (art. 100, CPB);	De outro lado, as contravenções penais serão apuradas por meio de ação penal pública incondicionada (art. 17, LCP);
O limite de cumprimento das penas privativas de liberdade de crimes será de 30 (trinta) anos (art. 75, CPB);	Noutro giro, nas contravenções penais, o limite temporal de cumprimento da pena é de 5 (cinco) anos (art. 10, LCP);
Desde que preenchidos os requisitos legais, os crimes praticados no exterior podem ser punidos no Brasil (admite-se à aplicação do princípio da extraterritorialidade da lei penal brasileira com outras variáveis);	De outra banda, as contravenções penais somente serão punidas quando cometidas em território nacional (art. 2º, LCP). Logo, não se aplica o princípio da extraterritorialidade da lei penal brasileira em relação às contravenções penais.
O período de sursis é de 2 a 4 anos, ou de 4 a 6 anos nos casos de sursis humanitário ou etário os casos de crimes;	Já nas contravenções, o período de sursis é de 1 a 3 anos (art. 11, LCP).
Não se permite a aplicação do erro de direito para os crimes.	Noutro quadrante, é possível a aplicação do erro de direito para as contravenções.

Citemos também dicas do quadro sobre a reincidência na contravenção penal:

respeito, em obediência ao princípio da legalidade (art. 5º, inciso I, CF/88) e princípio da reserva legal, onde apenas lei é que pode criar crime e cominar pena, **a contravenção penal de vias de fatos no âmbito da violência doméstica à luz da jurisprudência do STJ (e até mesmo do STF)** deve ser autuada por Auto de Prisão em Flagrante Delito (e até mesmo por Portaria para o nascedouro do inquérito policial – e não autuada por Termo Circunstanciado de Ocorrência (TCO)" (LEITÃO JÚNIOR, Joaquim. **A contravenção penal de vias de fato no âmbito da violência doméstica à luz da jurisprudência do STJ e do STF.Revista Jus Navigandi,** ISSN 1518-4862, Teresina, ano 23, n. 5532, 24 ago. 2018. Disponível em: https://jus.com.br/artigos/68532. Acesso em: 26 mar. 2020.).

Hipótese anterior	Hipótese posterior	Resultado
a) condenação definitiva de crime no Brasil ou no estrangeiro +	cometimento de nova contravenção penal	Gera reincidência (art. 7º da "lei" de contravenções);
b) condenação definitiva de crime no Brasil +	cometimento de nova contravenção	Gera reincidência (art. 7º);
c) condenação definitiva de contravenção no Brasil +	cometimento de novo crime	NÃO gera reincidência (ausência de previsão legal para tanto).

Observação: A condenação no estrangeiro não precisa ser homologada pelo STJ.

(Im)possibilidade de absorção de crime por contravenção: Para o STF é inviável um crime ser absorvido por contravenção penal. Vejamos:

> EMENTA Habeas corpus. Penal. **Princípio da consunção. Alegação de que o crime de falso (art. 304 do CP) constitui meio de execução para a consumação da infração de exercício ilegal da profissão (art. 47 do DL nº 3.688/41).** Não ocorrência. **Impossibilidade de um tipo penal previsto no Código Penal ser absolvido por uma infração tipificada na Lei de Contravenções Penais.** Ordem denegada. **1. O princípio da consunção é aplicável quando um delito de alcance menos abrangente praticado pelo agente for meio necessário ou fase preparatória ou executória para a prática de um delito de alcance mais abrangente. 2. Com base nesse conceito, em regra geral, a consunção acaba por determinar que a conduta mais grave praticada pelo agente (crime-fim) absorve a conduta menos grave (crime-meio).** 3. Na espécie, a aplicabilidade do princípio da consunção na forma pleiteada encontra óbice tanto no fato de o crime de uso de documento falso (art. 304 do CP) praticado pelo paciente não ter sido meio necessário nem fase para consecução da infração de exercício ilegal da profissão (art. 47 do DL nº 3.688/41) quanto na impossibilidade de um crime tipificado no Código Penal ser absorvido por uma infração tipificada na Lei de Contravenções Penais. 4. Habeas corpus denegado (HC 121652, Relator(a): Min. DIAS TOFFOLI, Primeira Turma, julgado em 22/04/2014, PROCESSO ELETRÔNICO DJe-107 DIVULG 03-06-2014 PUBLIC 04-06-2014).

Competência para julgar e processar a contravenção penal:

Regra: O art. 109, inciso IV, da CF/88 diz expressamente que a Justiça Federal não julga contravenções penais, logo, ainda que a contravenção atinja bens, serviços e interesses da União, a Contravenção Penal em regra é julgada pela Justiça Estadual, mais precisamente pelo Juizado Especial Criminal (JECRIM).

A Justiça Comum Estadual (Vara Criminal Comum) pode até processar e julgar uma contravenção, mas nas hipóteses da Lei 9.099/1995.

Existe também a Súmula nº 38 editada pelo STJ: *"Compete à Justiça Estadual Comum, na vigência da Constituição de 1988, o processo por contravenção penal, ainda que praticada em detrimento de bens, serviços ou interesse da União ou de suas entidades"*.

Exceção: Se o contraventor possuir foro especial na Justiça Federal pode nesta hipótese, pelo critério funcional se sobrepor ao critério federal e ser julgado pela Justiça Federal. O exemplo trabalhado é de um Juiz Federal que venha incorrer em contravenção penal, onde este será julgado pelo Tribunal Regional Federal.

Recordemos ainda que, segundo entendimento do Superior Tribunal de Justiça (STJ) e a doutrina majoritária, as regras processuais sobre conexão e continência se curvam à regra constitucional inserta no art.109, IV da Constituição Federal, submetendo à separação obrigatória dos processos. A título de exemplificação, citemos a Competência do Tribunal do Júri na esfera federal em conexão com contravenção penal, em que seguindo este raciocínio deve haver separação obrigatória.

PARTE ESPECIAL

CAPÍTULO I

DAS CONTRAVENÇÕES REFERENTES À PESSOA

Art. 18. Fabricar, importar, exportar, ter em depósito ou vender, sem permissão da autoridade, arma ou munição:

Pena – prisão simples, de três meses a um ano, ou multa, de um a cinco contos de réis, ou ambas cumulativamente, se o fato não constitui crime contra a ordem política ou social.

Revogação desta parte da lei quanto à arma de fogo e munições pelo advento da Lei 9.437/1997 e depois Lei 10.826/2013: Esta parte da lei sobre revogação quanto à arma de fogo e munições pelo advento da Lei 9.437/1997 e depois Lei 10.826/2013. Prosseguindo-se nas análises, se falarmos em arma de fogo e munições, pelo critério (ou princípio) da especialidade deveremos nos reportar a lei de regência (Lei 10.826/2013).

(In)aplicabilidade quanto às armas brancas: A doutrina discute sobre armas próprias (são aquelas destinadas especificamente para o ataque ou defesa) ou impróprias (são objetos empregados indevidamente para o ataque ou defesa. Exemplo é a chave de fenda).

A despeito da discussão doutrinária e jurisprudencial, há vozes abordando que o dispositivo seria aplicável à arma branca. Nossa opinião é de que o dispositivo realmente pode ser aplicado às armas brancas se existir alguma norma que permita a fabricação, importação, exportação ou venda delas e o agente venha a agir com algumas das condutas sem estar com permissão para tanto. Esse entendimento é calçado no elemento normativo do tipo penal quando o injusto penal usa a terminologia "sem permissão da autoridade".

Com isto, não existindo a necessidade de permissão, pensamos que não se fala em tipicidade da conduta de armas brancas. Esta também é a posição dos penalistas Guilherme de Souza Nucci e Silvio Luiz Maciel.

Conceito de arma: Arma é o instrumento que pode ser empregado tanto para o ataque como para defesa.

Verbos nucleares: Os verbos nucleares são *fabricar, importar, exportar, ter em depósito* ou *vender. Fabricar* é (construir; manufaturar; engendrar e inventar); *importar* significa (trazer para o território nacional ou mandar vir ou trazer de outro país. Introduzir de um Estado para o outro Estado); *exportar* é (promover a saída do território, ou seja, vender para fora do país); *ter em depósito* implica armazenar, manter, em caráter prolongado, num determinado local; *vender* significa (alienar (um objeto) mediante certo preço; transmitir a outrem mediante preço pago; trocar ou negociar objeto por dinheiro).

Objeto jurídico: É a segurança pública e a integridade física das pessoas.

Objeto material: Em nossa concepção é arma branca, onde por razões lógicas se excluem as armas de fogo e munições que estão sob a égide de outra lei.

Sujeito ativo: Pode ser qualquer pessoa, por ser infração comum.

Sujeito passivo: A Coletividade.

Elemento subjetivo: É o dolo com a vontade livre e consciente de dirigir a conduta para um fim. Não se exige elemento subjetivo especial e nem existe a modalidade culposa neste injusto penal.

Elemento normativo: A expressão "sem permissão da autoridade" constitui elemento normativo do tipo penal. Anota-se que é um elemento vinculado à ilicitude. Com isso, havendo permissão o fato é atípico.

Consumação: Com a mera prática dos verbos fabricar, importar, exportar, ter em depósito ou vender se terá à consumação do tipo contravencional.

Tentativa: Apesar de ser plurissubsistente (conduta por mais de um ato) que poderia sugerir a possível "conatus", a tentativa não é punida pela redação do art. 4º, da LCP.

Suspensão condicional do processo: É possível diante do "quantum" mínimo da pena prevista.

Conflito/Confronto: Se importar ou introduzir arma no território nacional, por qualquer forma, sem autorização da autoridade federal competente, armamento ou material militar privativo das Forças Armadas incidirá no art. 12 da Lei de Segurança Nacional (Lei nº 7.170/1983).

Nas mesmas penas incorre quem fabricar, vender, transportar, receber, ocultar, manter em depósito ou distribuir armamento ou material versado no dispositivo em estudo.

Não se visualiza em regra, a possibilidade de aplicação do art. 18 da Lei de Contravenção Penal às condutas militares, exceto se vertermos para a ótica de fabricação, uso, posse de **lanças, flechas, espadas** entre outras **armas brancas** para fins militares.

Classificação doutrinária: Infração comum; mera conduta; forma ou execução livre; perigo abstrato; comissivo; instantâneo nas modalidades (fabricar, importar, exportar, vender); permanente na conduta (ter em depósito); unissubjetivo; plurissubsistente.

Acordo de Não Persecução Penal: Em regra, não caberá o acordo de não persecução penal, se couber transação penal que tem cabimento nesta hipótese. Excepcionalmente, caso não preenchido os requisitos da transação penal, é que caberá acordo de não persecução penal, se presentes todos os requisitos legais do art. 28-A, do CPP.

Ação penal: Ação penal pública incondicionada.

> **Art. 19. Trazer consigo arma fora de casa ou de dependência desta, sem licença da autoridade:**
>
> **Pena – prisão simples, de quinze dias a seis meses, ou multa, de duzentos mil réis a três contos de réis, ou ambas cumulativamente.**

Revogação desta parte da lei quanto à arma de fogo e munições pelo advento da Lei 9.437/1997 e depois Lei 10.826/2013: Esta parte da lei sobre revogação quanto à arma de fogo e munições pelo advento da Lei 9.437/1997 e depois Lei 10.826/2013. Prosseguindo-se nas análises, se falarmos em arma de fogo e munições, pelo critério (ou princípio) da especialidade deveremos nos reportar a lei de regência (Lei 10.826/2013).

(In)aplicabilidade quanto às armas brancas: A doutrina discute sobre armas próprias (são aquelas destinadas especificamente para o ataque ou defesa) ou impróprias (são objetos empregados indevidamente para o ataque ou defesa. Exemplo é a chave de fenda).

Em que pese à discussão doutrinária e jurisprudencial, há vozes abordando que o dispositivo seria aplicável à arma branca. Nossa opinião é de que o dispositivo realmente pode ser aplicado às armas brancas se existir alguma norma que permita e o agente venha a agir adotando alguma das condutas sem licença da autoridade para o porte. Esse entendimento é calçado no elemento normativo do tipo penal quando o injusto penal usa a terminologia "sem licença da autoridade".

Com isto, não existindo a necessidade de licença e regulamentação[13], pensamos que não se fala em tipicidade da conduta de armas brancas. De qualquer forma, cabe citarmos que o STJ entende que o art. 19, da LCP continua aplicável no que toca as armas brancas (STJ – Resp 549056/SP, rel. Min Laurita Vaz, DJU 01.03.2004; STJ HC 33099/SP, rel. Ministro Paulo Medina).

Em julgado mais recente no ano de 2020, o STJ confirmou no Recurso em *Habeas Corpus* nº 56128, cujo relator do recurso era o ministro Ribeiro Dantas, que o artigo 19 da Lei das Contravenções Penais continua aplicável em relação à arma branca.

Verbo nuclear: O verbo é *trazer*. *Trazer* significa (conduzir, levar, transferir, transportar de um ponto para outro; acompanhar, dirigir, encaminhar, guiar). *Trazer consigo* revela (carregar junto ao corpo ou próximo a ele).

Objeto jurídico: É a segurança pública e a integridade física das pessoas.

Objeto material: Em nossa concepção é arma branca, onde por razões lógicas se excluem as armas de fogo e munições que estão sob a égide de outra lei.

Sujeito ativo: Pode ser qualquer pessoa, por ser infração comum.

Sujeito passivo: A Coletividade.

Elemento subjetivo: É o dolo com a vontade livre e consciente de dirigir a conduta para um fim. Não se exige elemento subjetivo especial e nem existe a modalidade culposa neste injusto penal.

Elemento normativo: A expressão "**sem licença da autoridade**" cuida-se de elemento normativo do tipo penal e havendo licença estaremos diante de fato atípico.

Elemento especial do tipo: A "casa" cuida-se de local destinado à moradia, residência ou habitação e é reputada como elemento especial do tipo. O tratamento dado no art. 150, § 4º, do CPB dá uma dimensão da terminologia "casa" em que trailer e outros meios podem gerar discussão neste ponto.

Consumação: Com a mera conduta da prática do verbo trazer se terá à consumação do tipo contravencional.

Tentativa: Apesar de ser plurissubsistente (conduta por mais de um ato) que poderia sugerir a possível "conatus", a tentativa não é punida pela redação do art. 4º, da LCP.

Suspensão condicional do processo: É possível diante do "quantum" mínimo da pena prevista.

Classificação doutrinária: Infração comum; mera conduta; forma ou execução livre; perigo abstrato; comissivo; permanente na conduta (trazer consigo); unissubjetivo; plurissubsistente.

Acordo de Não Persecução Penal: Em regra, não caberá o acordo de não persecução penal, se couber transação penal que tem cabimento nesta

13. Nem mesmo o Decreto nº 6.911/1935 que proíbe o porte de armas brancas com ação ofensiva (facão, punhal, espada, estilete com lâminas com mais de 10 centímetros de comprimento e navalhas de qualquer dimensão) seria suficiente para permitir à aplicabilidade do art. 19, da LCP.

hipótese. Excepcionalmente, caso não preenchido os requisitos da transação penal, é que caberá acordo de não persecução penal, se presentes todos os requisitos legais do art. 28-A, do CPP.

Ação penal: Ação penal pública incondicionada.

Confisco da arma branca: Partindo da premissa da tipicidade da conduta pelo STJ e por parte da doutrina (lembrando a nossa posição pela atipicidade da conduta, diante de não existir a necessidade de licença e regulamentação da conduta de portar armas brancas), há 02 (duas) correntes sobre o tema.

1ª corrente: é possível o confisco da arma branca na hipótese de condenação por contravenção penal de porte de arma branca (corrente majoritária na doutrina e jurisprudência do STJ (STJ - Resp 83.857/SP). O argumento é a incidência subsidiária do art. 91, inciso II, alínea "a", do CPB, por ser instrumento.

2ª corrente: não é possível o confisco da arma branca na hipótese de condenação por contravenção penal de porte de arma branca. O argumento é de ser incabível o art. 91, inciso II, alínea "a", do CPB que aponta apenas para instrumentos de crime a não de contravenção penal e nem objeto material.

CUIDADO: Há doutrina que prega o contrário quanto ao confisco. Nessa direção, Luciano Casaroti afirma que:

"a) **Inadmissibilidade do confisco:** não é possível o confisco do objeto material da contravenção de porte de arma, posto que o art. 91, II, 'a', do CP utiliza a expressão 'crime', não sendo possível dar interpretação ampliativa para estender as contravenções. Essa é a posição majoritária;

b) Admissibilidade do confisco: o artigo 1º da Lei das Contravenções Penais dispõe que 'aplicam-se às contravenções penais as regras gerais do Código Penal, sempre que a presente Lei não disponha de modo diverso', firmando hipótese de aplicação subsidiária. Assim, tendo em vista que a Lei de Contravenções Penais é omissa no tocante ao confisco, deverão ser aplicadas as normas do Código Penal e, portanto, perfeitamente possível a aplicação do confisco às contravenções penais" (CASAROTI, Luciano. Leis Penais Especiais Comentadas artigo por artigo. Coordenação Rogério Sanches Cunha Ronaldo Batista Pinto Renee do Ó Souza. Editora Juspodivm, Salvador: 2018, p. 31-32).

Jurisprudência do STJ e STF acerca do art. 19, da LCP:

O STJ entende que o art. 19, da LCP continua em vigor no que toca as armas brancas, tendo apenas sido revogada no tocante a arma de fogo pela Lei 10.826/03 (caso de inexistência de ab-rogação e sim de derrogação da norma) (STJ - Resp 549056/SP, rel. Min Laurita Vaz, DJU 01.03.2004; STJ HC 33099/SP, rel. Ministro Paulo Medina). Mais recentemente, a Corte decidiu também no mesmo sentido no RHC nº 56.128 da 5ª Turma do STJ, Rel. Min. Ribeiro Dantas, julgado em 10/03/2020 (Informativo nº 668).

Por sua vez, o STF entendeu que a questão é de repercussão geral (tema 857)[14] onde o art. 19 da Lei de Contravenções Penais[15] deverá ser analisada sob o ponto de vista de ser uma norma penal em branco e a regulamentação para a indicação da necessidade de autorização para que fosse portada a arma branca. Pensamos que há grande possibilidade de o STF seguir a linha de que como inexiste esta norma regulamentadora até o momento, a conduta de quem porta arma branca seja considerada atípica, via de regra (nossa posição a depender do contexto fático)[16].

> **§ 1º A pena é aumentada de um terço até metade, se o agente já foi condenado, em sentença irrecorrível, por violência contra pessoa.**

Comentários: Partindo da premissa da tipicidade da conduta pelo STJ e por parte da doutrina (lembrando a nossa posição pela atipicidade da conduta, diante de não existir a necessidade de licença e regulamentação da conduta de portar armas brancas), a causa de aumento de pena será de 1/3 (um terço) até metade, se o agente já foi condenado, em sentença irrecorrível, por violência contra pessoa, não se exigindo que o agente seja tecnicamente reincidente.

---

14. **TEMA 857 - Tipicidade da conduta de portar arma branca, considerada a ausência da regulamentação exigida no tipo do art. 19 da Lei das Contravenções Penais.**
15. STF: "EMENTA: CONSTITUCIONAL. PENAL. ART. 19 DA LEI DAS CONTRAVENÇÕES PENAIS. PORTE DE ARMA BRANCA. PRINCÍPIO DA LEGALIDADE PENAL. ANÁLISE SOBRE A OBSERVÂNCIA DO PRINCÍPIO DA TAXATIVIDADE DA CONDUTA DESCRITA. REPERCUSSÃO GERAL RECONHECIDA. Questão relevante do ponto de vista social e jurídico" (REPERCUSSÃO GERAL NO RECURSO EXTRAORDINÁRIO COM AGRAVO 901.623 SÃO PAULO).
16. Até o fechamento da obra, o STF não havia julgado o aludido recurso.

§ 2º Incorre na pena de prisão simples, de quinze dias a três meses, ou multa, de duzentos mil réis a um conto de réis, quem, possuindo arma ou munição:

a) deixa de fazer comunicação ou entrega à autoridade, quando a lei o determina;

b) permite que alienado menor de 18 anos ou pessoa inexperiente no manejo de arma a tenha consigo;

c) omite as cautelas necessárias para impedir que dela se apodere facilmente alienado, menor de 18 anos ou pessoa inexperiente em manejá-la.

Comentários: Esta parte foi revogada pelo advento do Estatuto do Desarmamento.

Art. 20. Anunciar processo, substância ou objeto destinado a provocar aborto: (Redação dada pela Lei nº 6.734, de 1979)

Pena - multa de hum mil cruzeiros a dez mil cruzeiros. (Redação dada pela Lei nº 6.734, de 1979)

Verbo nuclear: O verbo nuclear é *anunciar*. *Anunciar* significa (divulgar, noticiar, pôr anúncio de, publicar, fazer conhecer, fazer saber, comunicar).

Objeto jurídico: É a vida do feto (vida intrauterina) primariamente. Secundariamente, a sociedade para garantir a paz pública.

Objeto material: É o processo, a substância ou objeto destinado que causa o aborto.

Sujeito ativo: Pode ser qualquer pessoa, por ser infração comum.

Sujeito passivo: Uma corrente sustenta que seja o Estado. Outra corrente aborda que é o feto. Já uma terceira corrente sustenta ser a Sociedade.

Elemento subjetivo: É o dolo com a vontade livre e consciente de dirigir a conduta para um fim. Não se exige elemento subjetivo especial.

Consumação: Com a mera conduta da prática anunciar se terá à consumação do tipo contravencional.

Tentativa: Apesar de ser plurissubsistente (conduta por mais de um ato e que pode ser fracionada) que poderia sugerir a possível "conatus", a tentativa não é punida pela redação do art. 4º, da LCP.

Suspensão condicional do processo: É possível diante do "quantum" mínimo da pena prevista.

Classificação doutrinária: Infração comum; mera conduta; forma ou execução livre; perigo abstrato; comissivo; unissubjetivo; plurissubsistente.

Acordo de Não Persecução Penal: Em regra, não caberá o acordo de não persecução penal, se couber transação penal que tem cabimento nesta hipótese. Excepcionalmente, caso não preenchido os requisitos da transação penal, é que caberá acordo de não persecução penal, se presentes todos os requisitos legais do art. 28-A, do CPP.

Ação penal: Ação penal pública incondicionada.

Art. 21. Praticar vias de fato contra alguém:

Pena – prisão simples, de quinze dias a três meses, ou multa, de cem mil réis a um conto de réis, se o fato não constitui crime.

Verbo nuclear: O verbo nuclear é *praticar* vias de fato. O verbo *praticar* corresponde (a levar a efeito; realizar; executar; cometer; exercer; fazer atos de ataque ou violência em face da pessoa que não configure lesão corporal). A via de fato é uma definição residual, ou seja, o que não se apresentar como lesão poderá recair como vias de fatos. É importante que esses atos de ataques ou violências sejam dirigidos às pessoas e não de objetos, onde tende a não configurar em regra o fato em cartaz.

Objeto jurídico: A incolumidade pessoal do ser humano.

Objeto material: É a pessoa humana que sofre a agressão.

Sujeito ativo: Pode ser qualquer pessoa, por ser crime comum.

Sujeito passivo: Pode ser qualquer pessoa.

Elemento subjetivo: É o dolo com a vontade livre e consciente de dirigir a conduta para um fim. Não se exige elemento subjetivo especial.

Consumação: Depende de algum prejuízo visível que não constitua lesão corporal. É infração material.

Tentativa: Apesar de ser plurissubsistente (conduta por mais de um ato) que poderia sugerir a possível "conatus" (apesar de se cogitar ser unissubsistente também), a tentativa não é punida pela redação do art. 4º, da LCP.

Suspensão condicional do processo: É possível diante do "quantum" mínimo da pena prevista.

Classificação doutrinária: Infração comum; infração material por depender de algum prejuízo visível que não constitua lesão corporal; forma ou execução livre; comissivo; instantâneo; unissubjetivo; unissubsistente ou plurissubsistente.

Acordo de Não Persecução Penal: Em regra, não caberá o acordo de não persecução penal, se couber transação penal que tem cabimento nesta hipótese. Excepcionalmente, caso não preenchido os requisitos da transação penal, é que caberá acordo de não persecução penal, se presentes todos os requisitos legais do art. 28-A, do CPP.

Ação penal: Ação penal pública incondicionada pela letra da lei quanto às vias de fato, apesar de ser controvertido.

De outro lado, há corrente doutrinária e jurisprudencial sustentando que embora o Código Penal não especifique a natureza de sua ação penal quanto à lesão corporal, o que faria com que intuitivamente fosse ação penal pública incondicionada, o art. 88 da Lei nº 9.099/95 prevê que dependeria de representação, a ação penal relativa aos crimes de lesões corporais leves e lesões culposas. Essa corrente continua argumentando que haveria uma desproporcionalidade gritante, pois a ação penal referente à contravenção de vias de fato (*minus*) seria pública incondicionada, mas a ação penal da lesão corporal, infração penal mais grave (*plus*), dependeria de representação (condição de procedibilidade).

Essa corrente da desproporcionalidade legal, deu azo ao enunciado 76 do FONAJE que dispõe "A ação penal relativa à contravenção de vias de fato dependerá de representação".

A máxima desta corrente é a de que se a lesão corporal, que é mais grave, depende de representação, também deve ser exigida a representação em relação às vias de fato.

Contudo, apesar do enunciado do FONAJE e do denso fundamento sobre a desproporcionalidade instituída na legislação, há decisões do Superior Tribunal de Justiça que priorizam a Lei das Contravenções Penais, não estendendo o art. 88 da Lei nº 9.099/95 às vias de fato:

> [...]
>
> 1. O artigo 88 da Lei n.º 9.099/95, que tornou condicionada à representação a ação penal por lesões corporais leves e lesões culposas, **não se estende à persecução das contravenções penais. A contravenção penal de vias de fato, insculpida no artigo 21 da Lei de Contravenções Penais (Decreto Lei n.º 3.688/41), ainda que de menor potencial ofensivo em relação ao crime de lesão corporal, não foi incluída nas hipóteses do artigo 88 da Lei n.º 9.099-95.**
>
> **2. A Lei de Contravenções Penais (Decreto Lei n.º 3.688/41) continua em pleno vigor e nela há expressa previsão legal de que a ação penal é pública incondicionada, conforme disciplina o seu artigo** 17.
>
> 3. Recurso ordinário desprovido (STJ - RHC 47.253/MS, Rel. Ministra Maria Thereza De Assis Moura, Sexta Turma, julgado em 04/12/2014, DJe 17/12/2014).

Posições do STJ e do STF sobre a ação penal em vias de fato: A contravenção do art. 21, da LCP além de ser ação penal pública incondicionada na visão do STJ, é também ação penal pública incondicionada na visão do STF[17].

Vias de fato em face de gênero mulher no âmbito doméstico; ação penal e instrumentos persecutórios policiais: No que tange às vias de fato praticadas[18] no contexto de violência doméstica, a

17. Trata-se do HC 80617/MG – 1ª. Turma, Rel. Min. Sepúlveda Pertence, julgado em 20.03.2001, DJ de 04.05.2001, p. 00005, do qual transcrevo sua ementa:
"**Ação penal pública incondicionada: contravenção de vias de fato (LCP, art. 17). A regra do art. 17 LCP — segundo a qual a persecução das contravenções penais se faz mediante ação pública incondicionada — não foi alterada, sequer com relação à de vias de fato, pelo art. 88 L. 9.099/95,** que condicionou à representação a ação penal por lesões corporais leves".

18. Muito se debate em sede policial e jurídica se a contravenção penal de vias de fatos, no âmbito da violência doméstica, seria autuada por Termo Circunstanciado de Ocorrência (TCO) ou se seria autuada por Auto de Prisão em Flagrante Delito (e até mesmo por Portaria, para o nascedouro do Inquérito Policial). A discussão se dá principalmente, por conta da redação do art. 41, da Lei 11.340/20106 (Lei Maria da Penha) que enuncia quanto aos "crimes praticados" com violência doméstica e familiar contra a mulher, independentemente da pena prevista, não se aplica a Lei no 9.099, de 26 de setembro de 1995. Nesse ponto, veja a redação do art. 41, da Lei 11.340/20106 (Lei Maria da Penha):
"Art. 41. Aos crimes praticados com violência doméstica e familiar contra a mulher, independentemente da pena prevista, não se aplica a Lei no 9.099, de 26 de setembro de 1995".
Nota-se que o legislador ordinário aventou, expressamente, apenas e tão somente a expressão **"crimes"**, deixando de fora a terminologia **contravenção.**
Apesar de se entender imensamente questionável, com todo respeito, à atuação com ativismo do Superior Tribunal de Justiça no esforço interpretativo de algo não previsto expressamente pelo legislador pátrio em lei, com alargamento em norma penal incriminadora (não permitida pelas regras hermenêuticas em âmbito penal), a Corte Superior entendeu que a expressão crime deveria abranger a contravenção penal de vias de fato **(STJ -HC 280.788)**.
Sempre discutindo respeitosamente, pensa-se que a interpretação do colendo Superior Tribunal de Justiça seria estritamente técnica, no caso concreto, apenas se a lei em comento tivesse abordado expressamente "infração penal" ou tivesse abordado expressamente "crimes e contravenções penais".
Do contrário, é temerário e inaceitável o alargamento em norma penal incriminadora (não permitido pelas regras hermenêuticas em âmbito penal), porque acaba por via oblíqua ou transversa, o Poder Judiciário agir como verdadeiro legislador positivo, criando-se normas ou tipos incriminadores com

jurisprudência entende que a ação penal é pública incondicionada, da mesma forma que a ação referente à lesão corporal leve, haja vista que a Lei nº 9.099/95 não seria aplicável às infrações penais apuradas no âmbito da Lei Maria da Penha:

> [...]
>
> 3. Seja caso de lesão corporal leve, **seja de vias de fato, se praticado em contexto de violência doméstica ou familiar, não há falar em necessidade de representação da vítima para a persecução penal.** 4. Agravo regimental improvido (STJ - AgRg no AREsp 703.829/MG, Rel. Ministro Sebastião Reis Júnior, Sexta Turma, julgado em 27/10/2015, DJe 16/11/2015).

Adiante, a contravenção de vias de fato (art. 21) não admite o princípio da insignificância no âmbito da violência doméstica, segundo entendimento do STJ e o STF.

Corte de cabelo forçado (desautorizado pela vontade) da vítima e discussão: A doutrina e jurisprudência não se entendem neste ponto. Uma corrente sustenta que o corte de cabelo sem autorização da pessoa (corte compulsório como trote acadêmico/universitário, por exemplo, configura contravenção de vias de fato ou injúria real se foi realizado para ultrajar a vítima) (Nelson Hungria e Fernando Capez[19]). De outro lado, uma outra corrente sustenta que o corte de cabelo ou barba configuraria lesão corporal, porquanto o cabelo pertence a integridade corporal[20].

Vias de fatos recíprocas: É possível a vias de fatos recíprocas, que aquela em que ambos se agridem com atos de ataque ou violência dirigidos às pessoas simultaneamente, mas sem gerar lesão corporal, fazendo a ressalva que poderemos ter também a legítima defesa agressiva neste caso, a depender do contexto.

Sobre a compulsoriedade de adulto maior e capaz (ou adolescente) raspar o cabelo para ingresso em estabelecimento penal ou de internação: O assunto é polêmico.

O fato é o que o tema em apreço divide opiniões e rende infindáveis discussões com pontos de vistas jurídicos diferentes.

Sem tomar como partido qual lado seria o correto, é noticiado nos bastidores que um dos motivos de se raspar o cabelo do preso é para evitar ocultação de objetos cortantes com a finalidade de ferir guardas entre os cabelos, bem como para transportar e serem entregues a outros presos, ou mesmo para se matar.

Além disso, se fala também que a medida visa resguardar o aspecto de higiene e padronização do grupo prisional visando, inclusive, a identificação visual do preso em caso de tentativa de fuga.

Nesse ponto, sob o pálio constitucional para essa corrente a medida visaria tutelar a segurança

---

expansão de incidência penal, em que essa tarefa cabe legitimamente apenas ao Poder Legislativo. Assim, a expressão "crime" pela lei deveria se limitar tão somente a isto, alicerçado ao fato de que não existem palavras inúteis no texto da lei e no silêncio eloquente do legislador.

Todavia, abranger nesse processo interpretativo à contravenção penal de vias de fato, sem ser por via legislativa, mas por decisão judicial, indica com todo respeito, uma possível desobediência ao princípio da legalidade (art. 5º, inciso I, CF/88) e princípio da reserva legal, onde apenas lei é que pode criar crime e cominar pena.

Com a "permissa vênia", não se posiciona contra o ativismo judicial que é bem-vindo nas mais diversas áreas do Direito e nem se faz discurso machista com ignorância a todo histórico e contexto de violência familiar e doméstica, contudo, em âmbito criminal o ativismo judicial parece não ter espaço.

Esse também foi o entendimento adotado pelo Supremo Tribunal Federal, quando do julgamento do HC n. 106.212/MS (DJ 13/6/2011), de relatoria do Ministro Marco Aurélio, em que se adotou o posicionamento no sentido de que **o artigo 41 seria aplicado aos crimes e às contravenções penais** praticadas no âmbito de violência doméstica e familiar. Analise-se a ementa do julgado:

"VIOLÊNCIA DOMÉSTICA – ARTIGO 41 DA LEI Nº 11.340/06 – ALCANCE.

O preceito do artigo 41 da Lei nº 11.340/06 alcança toda e qualquer prática delituosa contra a mulher, até mesmo quando consubstancia contravenção penal, como é a relativa a vias de fato.

VIOLÊNCIA DOMÉSTICA – ARTIGO 41 DA LEI Nº 11.340/06 – AFASTAMENTO DA LEI Nº 9.099/95 – CONSTITUCIONALIDADE.

Ante a opção político-normativa prevista no artigo 98, inciso I, e a proteção versada no artigo 226, § 8º, ambos da Constituição Federal, surge harmônico com esta última o afastamento peremptório da Lei nº 9.099/95 – mediante o artigo 41 da Lei nº 11.340/06 – no processo-crime a revelar violência contra a mulher.

Isso porque, segundo o disposto no artigo 226, § 8º, da Constituição Federal, "O Estado assegurará a assistência à família na pessoa de cada um dos que a integram, criando mecanismos para coibir a violência no âmbito de suas relações" (STF - HC n. 106.212/MS (DJ 13/6/2011), Relator (a): Min. MARCO AURÉLIO, Tribunal Pleno, julgado em 24/03/2011, PROCESSO ELETRÔNICO DJe-112 DIVULG 10-06-2011 PUBLIC 13-06-2011 RTJ VOL-00219- PP-00521 RT v. 100, n. 910, 2011, p. 307-327).

Com isto, a conclusão inarredável em termos práticos em respeito à posição jurisprudencial, mesmo não concordando, é de que **a contravenção penal de vias de fatos no âmbito da violência doméstica à luz da jurisprudência do STJ (e até mesmo do STF)** deve ser autuada por **Auto de Prisão em Flagrante Delito** (e até mesmo por Portaria para o nascedouro do inquérito policial – e não autuada por Termo Circunstanciado de Ocorrência (TCO) e que a aplicação a Lei nº 9.099/1995 resta inviável (inclusive representação) entre outros reflexos.

19. CAPEZ, Fernando. Curso de Direito Penal. vol. 2. São Paulo: Saraiva, 2004, p. 136.
20. JUTACRIM 72/368.

interna dos estabelecimentos prisionais, segurança do preso, proteção à vida e a saúde.

Vale anotar que, essa prática além de obrigatória para militares, também é usual em monastérios pelos monges budistas e etc. – embora sejam situações distintas.

A raspagem de cabelo no sistema prisional é algo cultural e até então nunca havia chamado à atenção da classe jurídica, até que os alvos presos mudassem de cor e classe social.

De outro giro, os defensores da inconstitucionalidade e inconvencionalidade do ato compulsório de raspar a cabeça, se agarram no fato de que isso seria tratamento degradante e absurdamente desumano, além de ser uma espécie de arbitrariedade e antecipação da pena sem previsão legal com nítida violação ao princípio da dignidade da pessoa humana.

Aliado a isto, a compulsoriedade de raspar o cabelo do preso feriria um importante detalhe na esfera do indivíduo preso: o livre arbítrio com a privação do relevante traço de sua identidade!

Essa corrente ainda prega que não haveria qualquer lógica ou representatividade dessa raspagem de cabelo obrigatória para o encarceramento e suas finalidades, constituindo mais nítido efeito marginalizador promovido pelo Estado.

No ano de 2003, em um emblemático caso apreciado pela Corte Europeia de Direitos Humanos, a Bulgária foi considerada violadora de normas internacionais que proíbem a prática de tortura e tratamento degradante e desumano aos presos, porquanto determinou que o senhor, Todor Antimov Yankov, tivesse o seu cabelo cortado compulsoriamente (caso Yankov vs. Bulgária), caso semelhante ao que ocorre no sistema prisional brasileiro.

Não se pode olvidar que o Brasil é signatário de Tratados e Convenções Internacionais com previsão semelhante, como é o caso do Pacto de São José da Costa Rica e devem ser observados, lembrando que nenhum direito pode ser exercido de forma abusiva.

Diante da atualidade do debate e do relevo do precedente europeu, cita-se trechos da referida decisão que poderia ser aplicável ao caso brasileiro:

> 112. Uma característica particular do tratamento em questão – A RASPAGEM FORÇADA DO CABELO DE UM PRISIONEIRO – consiste na mudança forçada da aparência de uma pessoa pela remoção do seu cabelo. A pessoa tratada dessa maneira provavelmente experimentará um SENTIMENTO DE INFERIORIDADE UMA VEZ QUE SUA APARÊNCIA FÍSICA É TRANSFORMADA CONTRA A SUA VONTADE. (...). 114. A Corte, portanto, considera que a raspagem forçada do cabelo de detentos é fundamentalmente um ato que pode ter o efeito de inferiorizar a dignidade dos prisioneiros ou despertar sentimentos de inferioridade capazes de humilhá-los ou os degradar. (...) 117. A Corte, portanto, considera que, mesmo que a intenção não seja a de humilhar, A REMOÇÃO DO CABELO DE UM DETENTO SEM JUSTIFICATIVA ESPECÍFICA CONTÉM, EM SI, UM ELEMENTO DE PUNIÇÃO ARBITRÁRIA e, dessa maneira provavelmente representará, aos olhos do detento, um ato que tem como objetivo sua degradação ou subjugação.

No Brasil, temos julgados, por exemplo, do Tribunal de Justiça de São Paulo, proibindo a prática de raspagem compulsória de jovens adolescentes que ingressam na Fundação Casa. Veja:

> APELAÇÃO. **Ação Civil Pública Imposição de impedimento à Fundação Casa de raspar o cabelo dos adolescentes internados. Direito coletivo caracterizado Adequação da ação civil pública Legitimidade ativa da defensoria pública.** Possibilidade jurídica Inexistência de violação ao princípio da separação dos poderes. **Violação ao livre desenvolvimento da personalidade dos adolescentes e ao Direito à dignidade (um dos fundamentos da nossa República) – Pretensão respaldada em normas da Constituição Federal e do Estatuto da Criança e do Adolescente. Possibilidade de cominação de multa diária à Fazenda Pública Sentença mantida.** Recurso a que se nega provimento (TJSP – Apelante: Fundação Centro de Atendimento Sócio Educativo ao Adolescente (Fundação Casa) Apelada: Defensoria Pública do Estado Comarca: Vara da Infância e Juventude de Ribeirão Preto – SP).

De outra banda, se tem a decisão advinda do Tribunal de Justiça do Rio de Janeiro para presos adultos que, foi diametralmente oposta das anteriores (se permitindo) o corte compulsório do cabelo por parte do sistema prisional. Analisemos:

> APELAÇÃO CÍVEL. **AÇÃO CIVIL PÚBLICA. DEMANDA ATRAVÉS DA QUAL SE OBJETIVA SEJA DECLARADA A PROIBIÇÃO DE SUBMISSÃO DOS PRESOS SOB CUSTÓDIA DA SECRETARIA ESTADUAL DE ADMINISTRAÇÃO PENITENCIÁRIA DO ESTADO DO RIO DE JANEIRO** E DA SECRETARIA DE ESTADO DE SEGURANÇA PÚBLICA **AO CORTE DE CABELO E DE BARBA COMPULSÓRIOS,** BEM ASSIM A CONDENAÇÃO DO ENTE ESTATAL EM OBRIGAÇÃO DE FAZER CONSISTENTE NA PRESTAÇÃO DE ASSISTÊNCIA MATERIAL PARA A MANUTENÇÃO DO ASSEIO PESSOAL DOS PRESOS CUSTODIADOS NAS UNIDADES PRISIONAIS SOB A RESPONSABILIDADE DOS ÓRGÃOS REFERIDOS, EM FREQUÊNCIA E QUANTIDADE COMPATÍVEIS COM DITA FINALIDADE. [...] **MEDIDA QUE NÃO IMPLICA EM**

OFENSA AOS DIREITOS FUNDAMENTAIS DA INTEGRIDADE FÍSICA E MORAL, PRIVACIDADE E DIGNIDADE DA PESSOA HUMANA QUE INTEGRAM O ELENCO DOS DIREITOS FUNDAMENTAIS DO CIDADÃO BRASILEIRO. EMPREGO DA TÉCNICA DA PONDERAÇÃO DE INTERESSES. ASSEIO PESSOAL DA POPULAÇÃO CARCERÁRIA, O QUE PERPASSA PELO CORTE DE CABELO E BARBA, QUE CONSTITUI PROVIDÊNCIA INDISPENSÁVEL AO CONTROLE DA PROLIFERAÇÃO DE PRAGAS E DOENÇAS, QUE, SABIDAMENTE, ENCONTRAM CONDIÇÕES PROPÍCIAS EM GRANDES AGLOMERAÇÕES. DIREITO DE TODA A POPULAÇÃO CARCERÁRIA, DOS FUNCIONÁRIOS QUE LÁ DESEMPENHAM SUAS FUNÇÕES, E PORQUE NÃO DIZER, DA PRÓPRIA COLETIVIDADE, A UM AMBIENTE SADIO, MANTENDO-SE UM NÍVEL MÉDIO DE HIGIENE, COM A CONSEQUENTE DIMINUIÇÃO DO RISCO DE DOENÇAS, SEM QUE TAL IMPLIQUE EM INDIGNIDADE DO PRESO. PROVIDÊNCIA QUE, ADEMAIS, PERMITE A MANUTENÇÃO DA ORDEM E DISCIPLINA NO INTERIOR DAS UNIDADES PRISIONAIS, BEM ASSIM A DIGNA APRESENTAÇÃO PESSOAL DO PRESO PERANTE SEUS PARES E SEUS FAMILIARES. (TJRJ – Ação: **0315505-67.2011.8.19.0001** Protocolo: **3204/2013.00367687**– APELANTE: DEFENSORIA PUBLICA DO ESTADO DO RIO DE JANEIRO APELADO: ESTADO DO RIO DE JANEIRO PROC. EST.: CRISTIANO FRANCO MARTINS Relator: DES. CRISTINA TEREZA GAULIA Revisor: DES. HELENO RIBEIRO PEREIRA NUNES).

Parágrafo único. Aumenta-se a pena de 1/3 (um terço) até a metade se a vítima é maior de 60 (sessenta) anos. (Incluído pela Lei nº 10.741, de 2003)

Comentários: O parágrafo único, do art. 21, da LCP, prevê a causa de aumento de pena de 1/3 (um terço) até a metade, caso a vítima seja maior de 60 (sessenta) anos.

Art. 22. Receber em estabelecimento psiquiátrico, e nele internar, sem as formalidades legais, pessoa apresentada como doente mental:

Pena – multa, de trezentos mil réis a três contos de réis.

Verbos nucleares: Os verbos do tipo objetivo são *receber* e *internar*. *Receber* quer dizer (aceitar; acolher; admitir); *internar* é (abrigar, tornar-se interno em [hospital, num colégio etc.] e introduzir-se).

Objeto jurídico: É a liberdade de ir e vir do enfermo que deve ser controlada pelo Estado. Para outra corrente é a regularidade dos serviços nos estabelecimentos psiquiátricos e a saúde das pessoas.

Objeto material: É a pessoa humana internada.

Sujeito ativo: Na conduta receber pode ser apenas os funcionários do estabelecimento psiquiátrico. No verbo internar pode ser qualquer pessoa. Há uma corrente que prega que pode ser tanto os funcionários do estabelecimento psiquiátrico como o médico do hospital ou estabelecimento congênere.

Sujeito passivo: Para uma corrente é apenas a pessoa apresentada como doente mental pode figurar como vítima (Silvio Luiz Maciel[21]). Uma outra corrente diz que pode ser sujeito passivo tanto a pessoa sã como pessoa doente (Damásio Evangelista de Jesus[22]; Manoel Pedro Pimentel, Manoel Carlos da Costa Leite e José Duarte mencionados por Wilson Ninno[23]).

Elemento subjetivo: É o dolo com a vontade livre e consciente de dirigir a conduta para um fim. Não se exige elemento subjetivo especial e nem há modalidade culposa.

Norma penal em branco: Tem-se aqui uma contravenção penal em branco que é complementada por outros diplomas legais sobre regras de internação de pessoas com deficiência mental. A Lei nº 10.261/2001 e a Portaria nº 2.931/2002 do Ministério da Saúde são diplomas legais que traçam essas regras e de suma importância ao intérprete, pois se a internação estiver em conformidade com aqueles diplomas, o fato será atípico.

Consumação: Com a mera prática dos verbos receber ou internar se terá à consumação do tipo contravencional.

Tentativa: Apesar de ser plurissubsistente (conduta por mais de um ato) que poderia sugerir a possível "conatus", a tentativa não é punida pela redação do art. 4º, da LCP.

Confronto/conflito: Parte da doutrina entende que essa conduta na verdade diante de sua gravidade geraria o crime de cárcere privado ou sequestro do art. 148, § 1º, inciso II, do Código Penal Brasileiro.

21. MACIEL, Silvio Luiz. Contravenções penais. In: GOMES, Luiz Flávio; CUNHA, Rogério Sanches (Coord.). **Legislação Criminal Especial**. São Paulo: RT, 2009,p. 113.
22. JESUS, Damásio Evangelista de. Lei das Contravenções Penais Anotadas. São Paulo: Saraiva, 1994, p. 22.
23. NINNO, Wilson. Leis Penais Especiais e Sua Interpretação Jurisprudencial. São Paulo: Ed. RT, 2002, vol. 1, p. 158.

Suspensão condicional do processo: É possível diante do "quantum" mínimo da pena prevista.

Classificação doutrinária: Infração comum para alguns e infração própria para outra corrente; mera conduta; forma ou execução livre; comissivo (*caput*); permanente; unissubjetivo; plurissubsistente.

Acordo de Não Persecução Penal: Em regra, não caberá o acordo de não persecução penal, se couber transação penal que tem cabimento nesta hipótese. Excepcionalmente, caso não preenchido os requisitos da transação penal, é que caberá acordo de não persecução penal, se presentes todos os requisitos legais do art. 28-A, do CPP.

Ação penal: Ação penal pública incondicionada.

§ 1º Aplica-se a mesma pena a quem deixa de comunicar a autoridade competente, no prazo legal, internação que tenha admitido, por motivo de urgência, sem as formalidades legais.

Comentários: Tem-se aqui a figura equiparada, onde em hipótese de internação que tenha sido admitida, por motivo de urgência, o responsável legal deixa de comunicar a autoridade competente, no prazo legal. Essa omissão deve ser dolosa para fins de incidir o tipo contravencional.

Caso o responsável técnico não proceda à comunicação ao Ministério Público em 72 (setenta e duas horas) horas, incidirá nesta contravenção em estudo (art. 8º, § 1º, da Lei 10.216/2001).

A consumação se dá com o exaurimento do prazo para a comunicação que não é feita dentro dele.

Não há possibilidade de tentativa, pois a contravenção é omissiva própria (omissão própria), onde não se admite "conatus", lembrando ainda que se admitisse, a tentativa não seria punível, nos termos do art. 4º, da LCP.

Aplicam-se os demais comentários anteriores do *caput*, no que for compatível.

§ 2º Incorre na pena de prisão simples, de quinze dias a três meses, ou multa de quinhentos mil réis a cinco contos de réis, aquele que, sem observar as prescrições legais, deixa retirar-se ou despede de estabelecimento psiquiátrico pessoa nele, internada.

Comentários: Tem-se aqui a figura qualificada na hipótese daquele que, sem observar as prescrições legais, deixa **retirar-se** ou **despede** de estabelecimento psiquiátrico pessoa nele internada.

A conduta omissiva própria onde deixa de retirar-se o paciente do local (abandonar o local; tirar-se do local), sem obedecer às formalidades legais, ou a conduta comissiva de despedir (expulsar; ir embora) o paciente sem obedecer às formalidades legais, faz incidir esta forma qualificada.

Observação: Guilherme de Souza Nucci[24] sustenta que essa conduta deveria no máximo configurar infração administrativa.

Art. 23. Receber e ter sob custódia doente mental, fora do caso previsto no artigo anterior, sem autorização de quem de direito:

Pena – prisão simples, de quinze dias a três meses, ou multa, de quinhentos mil réis a cinco contos de réis.

Verbos nucleares: Os verbos do tipo objetivo são *receber* e *ter* sob custódia. *Receber* quer (dizer aceitar; acolher; admitir). O verbo *ter* implica em (agarrar; aguentar; conservar preso; segurar; gozar; desfrutar; possuir; usufruir).

Objeto jurídico: É a incolumidade do doente mental para uma corrente. Para outra corrente é a liberdade de ir e vir do enfermo que deve ser controlada pelo Estado.

Objeto material: É o doente mental.

Sujeito ativo: Pode ser qualquer pessoa, por ser infração penal comum.

Sujeito passivo: É o doente mental.

Elemento subjetivo: É o dolo com a vontade livre e consciente de dirigir a conduta para um fim. Não se exige elemento subjetivo especial e nem há previsão da modalidade culposa.

Consumação: Com a mera prática dos verbos receber ou ter se terá à consumação do tipo contravencional.

Tentativa: Apesar de ser plurissubsistente (conduta por mais de um ato) que poderia sugerir a possível "conatus", a tentativa não é punida pela redação do art. 4º, da LCP.

24. NUCCI, Guilherme de Souza. Leis Penais e Processuais Penais Comentadas. 4º Edição revista, atualizada e ampliada. São Paulo, Editora Revista dos Tribunais, 2009, p. 174.

Confronto/conflito: Entende-se que se a finalidade dessa conduta for na verdade de restringir ou vedar a liberdade do doente mental, estaremos diante do crime de cárcere privado ou sequestro do art. 148, § 1º e 2º, ambos do Código Penal Brasileiro, em face da gravidade da conduta.

Suspensão condicional do processo: É possível diante do "quantum" mínimo da pena prevista.

Acordo de Não Persecução Penal: Em regra, não caberá o acordo de não persecução penal, se couber transação penal que tem cabimento nesta hipótese. Excepcionalmente, caso não preenchido os requisitos da transação penal, é que caberá acordo de não persecução penal, se presentes todos os requisitos legais do art. 28-A, do CPP.

Ação penal: Ação penal pública incondicionada.

Observação: Guilherme de Souza Nucci[25] sustenta pela inaplicabilidade dessa conduta, porém, caso se sustente sua feição residual do tipo contravencional do art. 23 da LCP com o art. 22 da LCP, o mínimo a exigir é o dolo, não se contentando apenas com a voluntariedade da conduta.

CAPÍTULO II

DAS CONTRAVENÇÕES REFERENTES AO PATRIMÔNIO

Art. 24. Fabricar, ceder ou vender gazua ou instrumento empregado usualmente na prática de crime de furto:

Pena – prisão simples, de seis meses a dois anos, e multa, de trezentos mil réis a três contos de réis.

Verbos nucleares: Os verbos nucleares são *fabricar, ceder* ou *vender. Fabricar* é (construir; produzir, manufaturar; engendrar e inventar). *Ceder* significa (dar, entregar; conceder; concordar). *Vender* significa (alienar [um objeto] mediante certo preço; transmitir a outrem mediante preço pago; trocar ou negociar objeto por dinheiro).

Objeto jurídico: É a segurança pública primariamente; e secundariamente o patrimônio alheio.

Objeto material: É a gazua ou qualquer outro instrumento destinado de maneira usual a prática delitiva de furto.

Sujeito ativo: Pode ser qualquer pessoa, por ser infração penal comum.

Sujeito passivo: A Sociedade; A Coletividade.

Elemento subjetivo: É o dolo, acrescido com o elemento subjetivo específico destes objetos serem **fabricados, cedidos** ou **vendidos** para a prática de furto. Fora isso, por si só as condutas de fabricar, ceder ou vender gazúa ou instrumento similar não é ilícito penal.

Consumação: Infração formal, bastando à prática dos verbos **fabricar, ceder** ou **vender** sem que haja necessariamente um resultado naturalístico no mundo dos fatos – que pode vir acontecer.

Tentativa: Apesar de ser plurissubsistente (conduta por mais de um ato) que poderia sugerir a possível "conatus", a tentativa não é punida pela redação do art. 4º, da LCP.

Classificação doutrinária: Infração comum; infração formal; forma ou execução livre; comissivo; instantâneo; de perigo concreto; unissubjetivo; plurissubsistente.

Suspensão condicional do processo: É possível diante do "quantum" mínimo da pena prevista.

Acordo de Não Persecução Penal: Em regra, não caberá o acordo de não persecução penal, se couber transação penal que tem cabimento nesta hipótese. Excepcionalmente, caso não preenchido os requisitos da transação penal, é que caberá acordo de não persecução penal, se presentes todos os requisitos legais do art. 28-A, do CPP.

Ação penal: Ação penal pública incondicionada.

Observação: Guilherme de Souza Nucci[26] sustenta que essa conduta seria inconstitucional por estar dissociada da ordem constitucional ou deveria ter aplicabilidade restrita.

Art. 25. Ter alguém em seu poder, depois de condenado, por crime de furto ou roubo, ou enquanto sujeito à liberdade vigiada ou quando conhecido como vadio ou mendigo, gazuas, chaves falsas ou alteradas ou instrumentos empregados usualmente na prática de crime de furto, desde que não prove destinação legítima:

Pena – prisão simples, de dois meses a um ano, e multa de duzentos mil réis a dois contos de réis.

Comentários: O STF declarou o artigo 25 da Lei de Contravenções Penais (LCP) não recepcionado

25. NUCCI, Guilherme de Souza. Leis Penais e Processuais Penais Comentadas. 4º Edição revista, atualizada e ampliada. São Paulo, Editora Revista dos Tribunais, 2009, p. 175.

26. NUCCI, Guilherme de Souza. Leis Penais e Processuais Penais Comentadas. 4º Edição revista, atualizada e ampliada. São Paulo, Editora Revista dos Tribunais, 2009, p. 176.

pela Constituição Federal (CF) de 1988 por ser discriminatório e contrariar o princípio fundamental da isonomia. A matéria teve repercussão geral reconhecida (STF - RE 583523/RS). De qualquer forma, por compromisso a cátedra, discorreremos sobre o dispositivo.

Verbo nuclear: A conduta nuclear *éter.* O *éter* (agarrar; aguentar; conservar preso; segurar; gozar; desfrutar; possuir; usufruir).

Objeto jurídico: É a Segurança Pública (primariamente/imediatamente); Patrimônio Alheio (secundariamente/mediatamente). Para outra corrente é apenas o Patrimônio (Damásio Evangelista de Jesus[27]).

Objeto material: São as gazuas, chaves falsas, alteradas entre outros instrumentos inseridos no injusto penal.

Sujeito ativo: Somente pode ser o vadio; o mendigo ou o condenado anteriormente por furto ou roubo. Assim, se afigura como infração própria (contravenção própria), pois depende de uma condição do sujeito ativo para sua ocorrência.

Vadio é o indivíduo que vive da ociosidade com habitualidade não possuindo renda para custear a sua subsistência, embora possua condições para trabalhar.

Mendigo é o indivíduo pedinte que vive de esmolas e doações de terceiros para sobreviver.

O **agente o condenado anteriormente por furto ou roubo** deve ter sido condenado de modo definitivo, ou seja, que não caiba mais condenação para fins de incidência do tipo.

O agente contraventor quando for condenado definitivo por furto ou roubo deve ter ciência definitiva da condenação para fins de incidência do tipo. Caso não tenha o fato será atípico.

Sujeito passivo: A Coletividade.

Elemento subjetivo: É o dolo, acrescido do elemento subjetivo do tipo específico na vontade de praticar furto. Fora isso, por si só as condutas de **ter chaves falsas ou alteradas ou instrumentos empregados ou instrumento similar** não são ilícitas penalmente, pois podem ser, por exemplo, instrumento de trabalho de um chaveiro ou auxiliar de chaveiro. Não há modalidade culposa.

Condenado reabilitado: Se o condenado foi reabilitado, há doutrina afirmando que o agente não poderia ser sujeito ativo desta contravenção.

Condenado reincidente: Outro entendimento defendido é de que o sujeito ativo desta contravenção não precisa ser reincidente, pois o tipo contravencional usa à expressão "condenado". Concordamos com esta posição.

Adolescente: No que toca a possibilidade de o adolescente incidir nesta contravenção, um ala da doutrina não admite, sob o argumento de que não se pode falar em condenação a adolescente, mas tecnicamente em aplicação de medida socioeducativa. Em suma, pensamos que em ambos os casos, substancialmente, guardadas as proporções para cada hipótese, tem-se uma "condenação" com reflexos diferentes. Não se pode negar que aplicação da medida socioeducativa não seja uma "condenação" com suas peculiaridades. Afinal, depois do devido processo penal da ação socioeducativa, é imposta uma medida ao adolescente. Ademais, o ato infracional realizado por adolescente é uma conduta análoga a crime ou contravenção. Com isso, pensamos ser possível o enquadramento do adolescente neste tipo contravencional, ainda que necessário o uso de uma interpretação extensiva de norma penal.

Isso não se cuida de analogia "in malam partem".

A **interpretação analógica** é o processo de averiguação do sentido da norma jurídica, em que se vale de elementos fornecidos pela própria lei, através de método de semelhança. Para ser mais didático, a interpretação analógica tem vez sempre que o legislador apresenta uma forma casuística (fechada) seguida de uma fórmula genérica (aberta). **Exemplo:** a existência de lei para o caso concreto em que se tem um rol de exemplos seguido de forma genérica, como a exemplificação doutrinária do art. 121, § 2º, I do CP - mediante paga ou promessa de recompensa, ***ou por outro motivo torpe*** - a paga ou promessa de recompensa em si, são exemplos de motivo torpe. Com isso, o Código Penal utiliza a fórmula casuística e, após, apresenta uma fórmula genérica ("ou por outro motivo torpe").

Noutro giro, a **interpretação extensiva** é o processo de extração do autêntico significado da norma, ampliando-se o alcance das palavras legais, a fim de se atender a real finalidade do texto. Nesta,

27. JESUS, Damásio Evangelista. Lei das Contravenções Penais anotada: Decreto-lei n. 3.688, de 3-10-1941. – 12. ed. – São Paulo: Saraiva, 2010, p. 61.

existe uma norma regulando a hipótese, de modo que não se aplica a norma do caso análogo, não mencionando, tal norma, expressamente essa eficácia, devendo o intérprete ampliar seu significado além do que estiver expresso.

Tanto a interpretação analógica e a interpretação extensiva são perfeitamente aplicáveis em Direito Penal, e por consequência, no Estatuto da Criança e do Adolescente na parte "criminal" – previsão de crimes no diploma. Já a analogia "in malam partem" é proibida tanto no Direito Penal como no Estatuto da Criança e do Adolescente na parte "criminal".

Expressão "desde que não prove destinação legítima": Parcela da doutrina entende pela inconstitucionalidade desta expressão, pois além de maltratar o princípio constitucional da presunção do estado de inocência, acaba por inverter o ônus da acusação que caberia provar que os objetos eram destinados a prática de infração penal.

Liberdade vigiada: Não existe mais em nosso ordenamento depois da Reforma Penal de 1984.

Consumação: Por ser infração formal, a consumação ocorre com a posse do objeto material, dispensando resultado naturalístico.

Tentativa: Apesar de ser plurissubsistente (conduta por mais de um ato) que poderia sugerir a possível "conatus", a tentativa não é punida pela redação do art. 4º, da LCP.

Suspensão condicional do processo: É possível diante do "quantum" mínimo da pena prevista.

Classificação doutrinária: Infração própria; formal; de forma ou execução livre; perigo concreto; permanente na conduta (ter); unissubjetivo; plurissubsistente.

Confronto/Conflito: Se um indivíduo for surpreendido com uma gazua, chaves falsas, tenazes, formões ou instrumento similar, praticando o furto, responderá por furto qualificado, ficando absorvida a contravenção penal. Se o indivíduo emprestar estes instrumentos a terceiros ciente de que serão empregados na prática de furto, responderá por partícipe do delito que vir ocorrer.

Acordo de Não Persecução Penal: Em regra, não caberá o acordo de não persecução penal, se couber transação penal que tem cabimento nesta hipótese. Excepcionalmente, caso não preenchido os requisitos da transação penal, é que caberá acordo de não persecução penal, se presentes todos os requisitos legais do art. 28-A, do CPP.

Ação penal: Ação penal pública incondicionada.

Jurisprudência do STF: O STF declarou o artigo 25 da Lei de Contravenções Penais (LCP) não recepcionado pela Constituição Federal (CF) de 1988 por ser discriminatório e contrariar o princípio fundamental da isonomia. A matéria teve repercussão geral reconhecida (STF - RE 583523/RS). Vejamos a ementa do julgado:

> **Recurso extraordinário. Constitucional. Direito Penal. Contravenção penal. 2. Posse não justificada de instrumento de emprego usual na prática de furto (artigo 25 do Decreto-Lei n. 3.688/1941).** Réu condenado em definitivo por diversos crimes de furto. Alegação de que o tipo não teria sido recepcionado pela Constituição Federal de 1988. Arguição de ofensa aos princípios da isonomia e da presunção de inocência. **3. Aplicação da sistemática da repercussão geral – tema 113**, por maioria de votos em 24.10.2008, rel. Ministro Cezar Peluso. 4. Ocorrência da prescrição intercorrente da pretensão punitiva antes da redistribuição do processo a esta relatoria. Superação da prescrição para exame da recepção do tipo contravencional pela Constituição Federal antes do reconhecimento da extinção da punibilidade, por ser mais benéfico ao recorrente. 5. Possibilidade do exercício de fiscalização da constitucionalidade das leis em matéria penal. Infração penal de perigo abstrato à luz do princípio da proporcionalidade. **6. Reconhecimento de violação aos princípios da dignidade da pessoa humana e da isonomia, previstos nos artigos 1º, inciso III; e 5º, *caput* e inciso I, da Constituição Federal. Não recepção do artigo 25 do Decreto-Lei 3.688/41 pela Constituição Federal de 1988.** 7. Recurso extraordinário conhecido e provido para absolver o recorrente nos termos do artigo 386, inciso III, do Código de Processo Penal (STF - PLENÁRIO. RECURSO EXTRAORDINÁRIO Nº 583.523 - RIO GRANDE DO SUL RELATOR: MIN. GILMAR MENDES RECTE.(S) :RONILDO SOUZA MOREIRA ADV.(A/S) :DPE-RS - ALINE CORRÊA LOVATTO RECDO.(A/S) :MINISTÉRIO PÚBLICO DO ESTADO DO RIO GRANDE DO SUL – Julgamento em 03/10/2013).

No mesmo sentido: STF - Recurso Extraordinário nº 755565/RS.

Observação: Guilherme de Souza Nucci[28] sustenta que essa conduta seria inconstitucional, mas se possível sua aplicação, no mínimo deveria exigir a prova de que o agente contraventor pretendia usar o instrumento para a prática de furto.

Art. 26. Abrir alguém, no exercício de profissão de serralheiro ou oficio análogo, a pedido ou por

28. NUCCI, Guilherme de Souza. Leis Penais e Processuais Penais Comentadas. 4º Edição revista, atualizada e ampliada. São Paulo, Editora Revista dos Tribunais, 2009, p. 179.

incumbência de pessoa de cuja legitimidade não se tenha certificado previamente, fechadura ou qualquer outro aparelho destinado à defesa de lugar nu objeto:

Pena – prisão simples, de quinze dias a três meses, ou multa, de duzentos mil réis a um conto de réis.

Verbo nuclear: O verbo é *abrir* que consiste (em destrancar, descerrar; dar acesso; permitir o acesso; permitir a entrada e desobstruir).

Objeto jurídico: É o patrimônio do proprietário ou do possuidor do local violado e também a Segurança Pública (primariamente/imediatamente); Patrimônio Alheio (secundariamente/mediatamente). Para outra corrente é apenas o Patrimônio.

Objeto material: Pelo tipo penal é a fechadura ou outro aparelho que tem a finalidade e destinação de defesa do lugar do objeto.

Sujeito ativo: Apenas os profissionais serralheiros ou de ofício análogo (chaveiro). A doutrina adverte para o cuidado da expressão serralheiro, já que pode abranger tanto o profissional especializado em fabricar ou consertar fechaduras, como o profissional especializado em fabricações metálicas. Com isto, se o profissional serralheiro não lida com especialização em fechadura, não poderia ser contraventor desta infração penal.

Sujeito passivo: É o proprietário ou do possuidor do local violado. Para a doutrina de Guilherme de Souza Nucci, o sujeito passivo é a Sociedade[29].

Elemento subjetivo: Na verdade, o que se tem aqui é a culpa como elemento do tipo que já foi inserida na própria redação do tipo contravencional. O tipo em estudo contém terminologias indicativas de quebra de dever de cuidado objetivo de uma conduta negligente. O agente não procurar se certificar com segurança sobre a legitimidade de quem o contratou relativo ao local.

Consumação: Por ser infração formal, a consumação ocorre com a posse do objeto material, dispensando resultado naturalístico – que ainda sim pode ocorrer, mas que não é necessário para fins de consumação que se dá de forma antecipada.

Tentativa: Apesar de ser plurissubsistente (conduta por mais de um ato) que poderia sugerir a possível "conatus", a tentativa não é punida pela redação do art. 4º, da LCP.

Classificação doutrinária: Infração comum; formal; de forma ou execução livre; perigo concreto; comissiva; instantâneo; permanente na conduta (ter em depósito); unissubjetiva; plurissubsistente.

Suspensão condicional do processo: É possível diante do "quantum" mínimo da pena prevista.

Acordo de Não Persecução Penal: Em regra, não caberá o acordo de não persecução penal, se couber transação penal que tem cabimento nesta hipótese. Excepcionalmente, caso não preenchido os requisitos da transação penal, é que caberá acordo de não persecução penal, se presentes todos os requisitos legais do art. 28-A, do CPP.

Ação penal: Ação penal pública incondicionada.

Observação: Guilherme de Souza Nucci[30] sustenta que essa conduta seria inconstitucional por estar dissociada da ordem constitucional ou deveria ter aplicabilidade restrita.

Exploração de credulidade pública

Art. 27. Explorar a credulidade pública mediante sortilégios, predição do futuro, explicação de sonho, ou práticas congêneres: (Revogado pela Lei nº 9.521, de 27.11.1997)

Pena – prisão simples, de um a seis meses, e multa, de quinhentos mil réis a cinco contos de réis. (Revogado pela Lei nº 9.521, de 27.11.1997)

CAPÍTULO III

DAS CONTRAVENÇÕES REFERENTES À INCOLUMIDADE PÚBLICA

Art. 28. Disparar arma de fogo em lugar habitado ou em suas adjacências, em via pública ou em direção a ela:

Pena – prisão simples, de um a seis meses, ou multa, de trezentos mil réis a três contos de réis.

Comentários: O dispositivo em análise foi revogado pelo art. 10, §1º, da Lei 9.437/1997, que depois foi revogado pelo art. 15, da Lei 10.826/2003.

Parágrafo único. Incorre na pena de prisão simples, de quinze dias a dois meses, ou multa, de duzentos

29. NUCCI, Guilherme de Souza. Leis Penais e Processuais Penais Comentadas. 4º Edição revista, atualizada e ampliada. São Paulo, Editora Revista dos Tribunais, 2009, p. 180.

30. NUCCI, Guilherme de Souza. Leis Penais e Processuais Penais Comentadas. 4º Edição revista, atualizada e ampliada. São Paulo, Editora Revista dos Tribunais, 2009, p. 180.

mil réis a dois contos de réis, quem, em lugar habitado ou em suas adjacências, em via pública ou em direção a ela, sem licença da autoridade, causa deflagração perigosa, queima fogo de artifício ou solta balão aceso.

Verbo nuclear: O verbo nuclear é *queimar*. *Queimar* é (consumir; destruir por meio de fogo; produzir muito calor; arder). A queima de fogo de artifício deve se dar em lugar habitado ou em suas adjacências (local em que pessoas residam ou em suas proximidades), ou em via pública ou em direção a ela (vias abertas ao público). É importante explicar que parte da doutrina e jurisprudência se divide quanto à aplicabilidade ou não desta contravenção penal do parágrafo único, do art. 28, da LCP. Vejamos a 2 (duas) correntes sobre o tema:

1ª corrente: A parte da doutrina e jurisprudência que entende ser inaplicável, se baseia no entendimento de que a contravenção penal do parágrafo único, do art. 28, da LCP é de perigo concreto e por ser de infração de perigo concreto teria sido revogada pelo art. 251, *caput* ou § 1º do mesmo artigo, ambos do CPB e pelo art. 16, parágrafo único, III, da Lei 10.826/2003 – que são de perigo concreto.

2ª corrente: A outra parte da doutrina e jurisprudência que entende ser aplicável, advoga a ideia de que a contravenção penal do parágrafo único, do art. 28, da LCP é de perigo abstrato e por ser de infração de perigo abstrato estaria em pleno vigor. Assim, a conduta que não cause perigo concreto continua a permitir a inteligência do parágrafo único, do art. 28, da LCP.

Objeto jurídico: A incolumidade pública e a integridade física das pessoas.

Objeto material: É o fogo de artifício.

Sujeito ativo: Pode ser qualquer pessoa, por ser infração comum.

Sujeito passivo: A Coletividade; A Sociedade.

Elemento subjetivo: É o dolo com a vontade livre e consciente de dirigir a conduta para um fim, com ciência prévia de que não possui autorização da autoridade competente. Ora, se o agente queima fogo de artifício e desde já sabe que não tem autorização para tanto, é o suficiente para se imputar a contravenção em tela. Não se exige elemento subjetivo especial.

Norma penal em branco: A expressão "sem licença da autoridade" cuida-se de uma **norma penal em branco**, com isso havendo autorização é fato atípico.

O art. 2º, do Decreto-Lei 4.238/1942 classifica os fogos de artifício em conformidade com a potencialidade: classe A, B, C e D. Os fogos de classes 'A' e 'B' não necessitam de autorização. Com isso, a simples queima desses fogos não gera tipicidade.

O fogo de artifício da classe 'C' depende de autorização se a queima ocorrer em festa pública (seja em qualquer lugar ou do perímetro urbano).

Já o fogo de artifício de classe 'D' depende de autorização em qualquer das situações.

O art. 11, do Decreto-Lei 4.238/1942[31] assevera que a fiscalização deste diploma compete as Autoridades Policiais, assim, a licença para a queima de fogos de artifício das classes C e D deve ser conferida por Delegado de Polícia, sem prejuízo de outras autoridades elencadas nos demais normas diversas.

Consumação: Com a mera prática queimar fogo de artifício, sem licença da autoridade, se terá à consumação do tipo contravencional.

Tentativa: Apesar de ser plurissubsistente (conduta por mais de um ato) que poderia sugerir a possível "conatus", a tentativa não é punida pela redação do art. 4º, da LCP.

Conflito/Confronto: Soltar balões acesos está previsto atualmente no art. 42, da Lei 9.605/1998, que revogou neste ponto o parágrafo único, do art. 28, da LCP.

A queima de fogo de artifício: Baseado nas exposições acima, ao que parece esta hipótese, a depender da corrente que se adota, seria a única parte aplicável do tipo contravencional, razão pela qual o dispositivo será analisado apenas sob esta ótica doravante.

Mais possíveis conflitos/confrontos:

Os arts. 13-A, inciso VII, da Lei 10.671/2003 (Estatuto do Torcedor) e o art. 41-B, § 1º, inciso II, da Lei 10.671/2003 (Estatuto do Torcedor) x a Contravenção Penal do parágrafo único, do art. 28, da LCP = prevalece a lei especial do Estatuto do Torcedor.

Com a deflagração do fogo de artifício que venha a lesionar alguma pessoa, se terá o crime de lesão corporal dolosa ou culposa, com absorção da contravenção.

31. Art. 11. Compete a fiscalização deste decreto-lei as autoridades policiais.

Art. 244 do ECA prevê o crime de vender, fornecer ainda que gratuitamente ou entregar de qualquer forma fogos de estampido ou de artifício a criança ou ao adolescente. Lembra que o reduzido potencial que seja incapaz de provocar qualquer dano físico em caso de utilização indevida.

O art. 16, parágrafo único, inciso V, da Lei 10.826/2003 criminaliza a venda, entrega ou fornecimento, ainda que gratuitamente, de explosivo a criança ou adolescente.

Classificação doutrinária: Infração comum; mera conduta; de forma ou execução livre; perigo abstrato; comissivo; instantâneo; unissubjetiva; plurissubsistente.

Suspensão condicional do processo: É possível diante do "quantum" mínimo da pena prevista.

Acordo de Não Persecução Penal: Em regra, não caberá o acordo de não persecução penal, se couber transação penal que tem cabimento nesta hipótese. Excepcionalmente, caso não preenchido os requisitos da transação penal, é que caberá acordo de não persecução penal, se presentes todos os requisitos legais do art. 28-A, do CPP.

Ação penal: Ação penal pública incondicionada.

Art. 29. Provocar o desabamento de construção ou, por erro no projeto ou na execução, dar-lhe causa:

Pena – multa, de um a dez contos de réis, se o fato não constitui crime contra a incolumidade pública.

Verbos nucleares: Os verbos nucleares são *provocar*o desabamento de construção ou, por erro no projeto ou na execução *dar causa. Provocar* é ser (a causa; motivo de algo; ocasionar; gerar; produzir); *dar causa* significa (originar, produzir; dar motivo; ser fonte de algo; iniciar).

É necessário demonstrar um nexo de causalidade material entre o desabamento de construção e o erro no projeto ou na execução da obra, para configurar a infração do art. 29 da LCP.

Desabamento consiste no o ato de vir a ruir; cair; vir abaixo, derribar que pode ser total ou parcial.

Distinção entre desabamento e desmoronamento: o desabamento corresponde à queda de construção. Já o desmoronamento é deslocamento de parte do solo. Assim, o **desmoronamento** pode configurar crime e não a contravenção em análise.

Construção significa tudo o que se edifica ou ergue no solo, podendo ser casa, edifício, muro, ponte, galpão, torre etc.

Objeto jurídico: A incolumidade pública.

Objeto material: É a construção.

Sujeito ativo: Pode ser qualquer pessoa, por ser infração comum[32].

Sujeito passivo: A Coletividade; A Sociedade; O Estado.

Elemento subjetivo: A primeira conduta do tipo é dolosa. Já a segunda é modalidade culposa. Não há elemento subjetivo específico do tipo.

Consumação: Com a efetiva prática das condutas, por ser infração material[33].

Tentativa: Apesar de a primeira parte do tipo penal sugerir a possível "conatus", a tentativa não é punida pela redação do art. 4º, da LCP.

Confronto da contravenção do art. 29 da LCP x Crime do art. 256, parágrafo único, do CPB: Se exposta a perigo comum a generalidade de pessoas, teremos o crime do art. 256, parágrafo único, do CP, porquanto o crime descrito no art. 256, parágrafo único, do CPB apenas se caracteriza quando exposta a perigo comum a generalidade de pessoas. Do contrário, se isso não ocorrer, teremos a hipótese prevista no art. 29 da LCP.

Confronto da contravenção do art. 29 da LCP x Crime de Homicídio ou Lesão Corporal: Se ocorrer o evento morte ou lesão corporal, estas absorverão a contravenção penal em estudo, diante da subsidiariedade da contravenção.

Classificação doutrinária: Infração comum; material (ou de mera conduta, a depender da doutrina); de forma ou execução livre; de dano (ou perigo abstrato a depender da doutrina); comissivo; instantâneo; unissubjetiva; unissubsistente ou plurissubsistente a depender da conduta.

Suspensão condicional do processo: É possível diante do "quantum" mínimo da pena prevista.

Acordo de Não Persecução Penal: Em regra, não caberá o acordo de não persecução penal, se

32. Há doutrina que prega na segunda parte, tratar-se de infração própria, "onde somente pode ser sujeito ativo o responsável pelo projeto ou pela execução da obra (engenheiro, calculista, projetista, mestre de obras etc.)" (ANDREUCCI, 2017, p. 577).
33. Cuidado: Há doutrina dizendo ser crime de mera conduta (NUCCI, 2009, P. 183).

couber transação penal que tem cabimento nesta hipótese. Excepcionalmente, caso não preenchido os requisitos da transação penal, é que caberá acordo de não persecução penal, se presentes todos os requisitos legais do art. 28-A, do CPP.

Ação penal: Ação penal pública incondicionada.

> **Art. 30. Omitir alguém a providência reclamada pelo Estado ruinoso de construção que lhe pertence ou cuja conservação lhe incumbe:**
>
> **Pena – multa, de um a cinco contos de réis.**

Verbo nuclear: O verbo nuclear é *omitir* alguém a providência reclamada pelo Estado ruinoso de construção que lhe pertence ou cuja conservação lhe incumbe. *Omitir* consiste (em deixar de fazer; reservar; silenciar; deixar de providenciar; não mencionar; deixa de consignar; deixa de constar). Temos ainda o elemento nuclear na vertente da **construção** significa tudo o que se edifica ou ergue no solo, podendo ser casa, edifício, muro, ponte, galpão, torre etc.

Objeto jurídico: A incolumidade pública.

Objeto material: É a construção em estado ruinoso.

Da necessidade de ciência prévia do estado ruinoso da construção: É necessária a ciência prévia do estado ruinoso da construção para responsabilização na infração penal do art. 30, da LCP. Em havendo absoluto desconhecimento do estado ruinoso da construção, defendemos não haver infração penal.

Sujeito ativo: É o proprietário da construção ou a terceira pessoa a quem incumbe a conservação da construção (síndico; administrador de condomínio, caseiro, zelador, locatário ou usufrutuário).

Sujeito passivo: A Coletividade; A Sociedade.

Elemento subjetivo: É o dolo[34].

Consumação: Se dá com a simples omissão, independentemente de outro resultado no mundo naturalístico.

Tentativa: Por ser infração omissiva própria e conduta unissubsistente nem há possibilidade de sugerir a tentativa. Ademais, a tentativa não é punida pela redação do art. 4º, da LCP.

Classificação doutrinária: Infração própria; de mera conduta; de forma ou execução livre; omissivo; instantâneo; unissubjetivo; unissubsistente.

Suspensão condicional do processo: É possível diante do "quantum" mínimo da pena prevista.

Acordo de Não Persecução Penal: Em regra, não caberá o acordo de não persecução penal, se couber transação penal que tem cabimento nesta hipótese. Excepcionalmente, caso não preenchido os requisitos da transação penal, é que caberá acordo de não persecução penal, se presentes todos os requisitos legais do art. 28-A, do CPP.

Ação penal: Ação penal pública incondicionada.

> **Art. 31. Deixar em liberdade, confiar à guarda de pessoa inexperiente, ou não guardar com a devida cautela animal perigoso:**
>
> **Pena – prisão simples, de dez dias a dois meses, ou multa, de cem mil réis a um conto de réis.**

Verbos nucleares: Os verbos nucleares são *deixar; confiar à guarda* e *não guardar.*

Deixar corresponde a (causar ou permitir que ocorra; aceitar; admitir; autorizar; consentir). As condutas nucleares desse injusto penal *deixar* e *não guardar*, são condutas omissivas, em que pese parte da doutrina dizer que deixar é conduta comissiva[35].

Confiar à guarda é (entregar a outrem para fins de vigilância);

Não guardar corresponde a (não vigiar; não conservar; não tomar conta; não defender; não proteger; não conservar; não manter em bom estado).

Temos também elemento nucleares na vertente da **devida cautela** e **pessoa inexperiente. Devida cautela** é a atenção indispensável. **Pessoa inexperiente** é aquela que não tem habilidade ou condições especiais para ficar com a guarda animal bravo, com as cautelas necessárias.

O crime do art. 31 da Lei das Contravenções Penais se configura, em havendo prova segura de que o animal deixado em liberdade é perigoso à incolumidade pública.

Objeto jurídico: A incolumidade pública.

34. A doutrina de Ricardo Andreucci prega que: "pode ser o dolo ou a culpa. Se o agente foi notificado pela autoridade pública ou por quem de direito a efetuar reparos na obra e não o fez, a contravenção penal será dolosa. Mas, caso simplesmente se omita, ciente do estado ruinoso da obra, a contravenção será culposa" (ANDREUCCI, 2017, p. 578).

35. Ricardo Antonio Andreucci, op. cit. p., 578.

Objeto material: Extrai do tipo penal que é o animal perigoso.

Sujeito ativo: Qualquer pessoa, podendo ser o proprietário, possuidor do animal ou terceira pessoa a quem o animal foi confiado.

Sujeito passivo: A Sociedade; A Coletividade primariamente. De forma secundária, a pessoa exposta eventualmente a perigo de dano.

Elemento subjetivo: É o dolo, exceto a conduta de não guardar com a devida cautela animal perigoso, sendo esta modalidade culposa.

Elemento normativo: A expressão **"animal perigoso"** exige elemento de valoração cultural, antecipando que pode ser animal selvagem, doméstico ou domesticável. Se animal for inofensivo, defendemos a atipicidade da conduta.

Consumação: Se dá com mera liberdade do animal bravo ou com a entrega a pessoa sem experiência ou ainda com a omissão de cautela na guarda do animal perigoso.

Tentativa: Por ser infração omissiva própria e conduta unissubsistente[36] nem há possibilidade de sugerir a tentativa. Ademais, a tentativa não é punida pela redação do art. 4º, da LCP.

Confronto do art. 31 da Lei das Contravenções Penais x Lesão corporal culposa: Caso advenha da falta de cautela ou da omissão, o efetivo dano à integridade corporal de outrem, suportando a vítima lesão corporal, estará caracterizado o crime do art. 129, § 6º, do Código Penal Brasileiro.

Classificação doutrinária: Infração comum; de perigo abstrato (ou perigo concreto a depender a corrente doutrinária adotada); de forma ou execução livre; comissiva ou omissivo, a depender da conduta; instantâneo ou permanente a depender do caso concreto; unissubjetivo; unissubsistente (ou plurissubsistente a depender da conduta e da doutrina).

Suspensão condicional do processo: É possível diante do "quantum" mínimo da pena prevista.

Acordo de Não Persecução Penal: Em regra, não caberá o acordo de não persecução penal, se couber transação penal que tem cabimento nesta hipótese. Excepcionalmente, caso não preenchido os requisitos da transação penal, é que caberá acordo de não persecução penal, se presentes todos os requisitos legais do art. 28-A, do CPP.

Ação penal: Ação penal pública incondicionada.

Parágrafo único. Incorre na mesma pena quem:

Comentários: O parágrafo único, do art. 31, da LCP fixou as condutas equiparadas.

a) na via pública, abandona animal de tiro, carga ou corrida, ou o confia à pessoa inexperiente;

Verbos nucleares: Os verbos nucleares são *abandonar; confiar à pessoa inexperiente.* Pune-se quem abandona animal de tiro, carga ou corrida na via pública, ou o confia à pessoa inexperiente.

Abandonar é (deixar desamparado; deixar solto; largar; renunciar a; desistir de). A conduta nuclear desse injusto penal *abandonar*, é conduta omissiva, em que pese parte da doutrina dizer que deixar é conduta comissiva[37]; *confiar à guarda* é (entregar a outrem para fins de vigilância); *não guardar* corresponde a (não vigiar; não conservar; não tomar conta; não defender; não proteger; não conservar; não manter em bom estado).

Temos também elemento nucleares na vertente **via pública, animal de tiro, animal de carga e animal de corrida** que necessitam ser aclarados.

Via pública é via de acesso comum do público.

Animal de tiro é aquele que puxa veículo ou que impulsiona veículo, onde conduz com rapidez (carruagens, charretes, carroças).

Animal de carga é aquele que carrega carga ou para carregar coisas (cavalos de carga, burros ou mulas de carga e bovinos de carga).

Animal de corrida é aquele que concorre e disputa competições com uso de velocidade, ou o animal veloz que carregue pessoas em seu dorso lombar.

Objeto jurídico: A incolumidade pública.

Objeto material: Extrai do tipo penal que é o animal de tiro, carga ou corrida.

Sujeito ativo: Qualquer pessoa, podendo ser o proprietário, possuidor do animal ou terceira pessoa a quem o animal foi confiado.

---

36. Há quem defenda além de ser crime unissubsistente, é crime plurissubsistente (admite mais de um ato) a depender do caso concreto e de perigo concreto. Nesse sentido, Guilherme de Souza Nucci. Op. cit., p., 187.

37. Ricardo Antonio Andreucci, op. cit. p., 578.

Sujeito passivo: A Sociedade; A Coletividade.

Elemento subjetivo: É o dolo, exceto a conduta de não guardar com a devida cautela animal perigoso, sendo esta modalidade culposa.[38]

Consumação: Se dá com a simples conduta independente de produzir perigo à outrem.

Tentativa: A tentativa não é punida pela redação do art. 4º, da LCP.

Confronto do parágrafo único, alínea 'a', do art. 31, da LCP x art. 132, do CPB: Se o abandono se der em local privado não se terá a contravenção do parágrafo único, alínea 'a', do art. 31, da LCP. Caso o animal nesta situação seja perigoso poderá se ter o delito do art. 132, do CPB.

Confronto do parágrafo único, alínea 'a', do art. 31, da LCP x art. 164, do CPB: Ademais, se o abandono se der em propriedade alheia, em que não haja autorização da pessoa de direito, que venha a causar prejuízo, teremos o crime do art. 164, do CPB.

Confronto do parágrafo único, alínea 'a', do art. 31, da LCP x art. 31, *caput*, da LCP: Caso seja animal bravio e a entrega dele seja a pessoa inexperiente, teremos a contravenção do **art. 31, *caput*, da LCP.**

Classificação doutrinária: Infração comum; de perigo abstrato (ou perigo concreto [e mera conduta][39] a depender a corrente doutrinária adotada); de forma ou execução livre; comissiva ou omissivo, a depender da conduta; instantâneo ou permanente a depender do caso concreto; unissubjetivo; unissubsistente (ou plurissubsistente a depender da conduta e da doutrina).

Suspensão condicional do processo: É possível diante do "quantum" mínimo da pena prevista.

Acordo de Não Persecução Penal: Em regra, não caberá o acordo de não persecução penal, se couber transação penal que tem cabimento nesta hipótese. Excepcionalmente, caso não preenchido os requisitos da transação penal, é que caberá acordo de não persecução penal, se presentes todos os requisitos legais do art. 28-A, do CPP.

Ação penal: Ação penal pública incondicionada.

b) excita ou irrita animal, expondo a perigo a segurança alheia;

Verbo nuclear: Os verbos nucleares são *excitar* ou *irritar* animal, expondo a perigo a segurança alheia. *Excitar* consiste em (despertar; instigar; avivar; estimular; incitar; atiçar; provocar; enfurecer[-se]; encolerizar[-se]; exaltar[-se]); *irritar* é (provocar; importunar; perturbar; tornar irado; encolerizar; deixar bravo);

Temos também elemento nuclear na vertente **animal.** O animal neste ponto não é bravio, porém, o indivíduo excita ou irrita até tornar o animal perigoso a outrem.

Excitar ou *irritar* animal em jaula em regra não configura a contravenção. Já de outro lado, perpetrar essas condutas em animal solto que esteja dando espetáculo no circo exterioriza risco a terceiros que podem ser atacados. Logo, para nós tem a contravenção penal em tela.

Objeto jurídico: A incolumidade pública.

Objeto material: No tipo penal aponta o animal como objeto material.

Sujeito ativo: Qualquer pessoa.

Sujeito passivo: A Sociedade; A Coletividade primariamente. De modo secundário, é a pessoa que é exposta a possibilidade de lesão.

Elemento subjetivo: É o dolo.

Consumação: Se dá com alguma das condutas acima que possa produzir perigo à outrem.

Tentativa: Apesar de sugerir que os atos do tipo contravencional sejam fragmentados para admitir a tentativa, esta não é punida pela redação do art. 4º, da LCP.

Confronto do parágrafo único, alínea 'b', do art. 31, da LCP x Homicídio ou lesão corporal: O indivíduo não pode agir com intenção de lançar o animal contra outrem, pois, nesse caso, haverá o delito de homicídio ou lesão corporal.

Classificação doutrinária: Infração comum; de perigo concreto [ou mera conduta][40] a depender a corrente doutrinária adotada); de forma ou execução livre; comissiva; instantâneo; unissubjetivo; plurissubsistente.

38. Guilherme de Souza Nucci prega que tudo é doloso e de que nãohá elemento subjetivo específico e nem se pune a modalidade culposa. Op. cit.,p., 187.

39. Nesse sentido: Guilherme de Souza Nucci. Op. cit.,p., 187.

40. Nesse sentido: Guilherme de Souza Nucci. Op. cit.,p., 187.

Suspensão condicional do processo: É possível diante do "quantum" mínimo da pena prevista.

Acordo de Não Persecução Penal: Em regra, não caberá o acordo de não persecução penal, se couber transação penal que tem cabimento nesta hipótese. Excepcionalmente, caso não preenchido os requisitos da transação penal, é que caberá acordo de não persecução penal, se presentes todos os requisitos legais do art. 28-A, do CPP.

Ação penal: Ação penal pública incondicionada.

> **c) conduz animal, na via pública, pondo em perigo a segurança alheia.**

Verbo nuclear: O verbo nuclear é *conduzir* que significa (guiar ou comandar; dirigir; levar).

Temos também o elemento nuclear na vertente da **via pública** que é a via de acesso comum do público.

A conduta deve ocasionar risco de dano à incolumidade pública para ensejar a contravenção em apreço.

Objeto jurídico: A incolumidade pública.

Objeto material: Pelo tipo penal é o animal conduzido.

Sujeito ativo: É o indivíduo que conduz o animal.

Sujeito passivo: A Sociedade; A Coletividade primariamente. De modo secundário, é a pessoa que é exposta a possibilidade de lesão.

Elemento subjetivo: É o dolo. Não se exige elemento subjetivo específico e nem modalidade culposa[41].

Consumação: Se dá com alguma das condutas acima que possa produzir perigo a outrem.

Tentativa: Apesar de sugerir que os atos do tipo contravencional sejam fragmentados para admitir a tentativa, esta não é punida pela redação do art. 4º, da LCP.

Confronto do parágrafo único, alínea 'c', do art. 31, da LCP x Homicídio ou lesão corporal: O indivíduo não pode agir com intenção de lançar o animal contra outrem, pois, nesse caso, haverá o delito de homicídio ou lesão corporal.

Classificação doutrinária: Infração própria; de perigo concreto [ou mera conduta][42] a depender a corrente doutrinária adotada); de forma ou execução livre; comissiva; instantâneo; unissubjetivo; plurissubsistente.

Suspensão condicional do processo: É possível diante do "quantum" mínimo da pena prevista.

Acordo de Não Persecução Penal: Em regra, não caberá o acordo de não persecução penal, se couber transação penal que tem cabimento nesta hipótese. Excepcionalmente, caso não preenchido os requisitos da transação penal, é que caberá acordo de não persecução penal, se presentes todos os requisitos legais do art. 28-A, do CPP.

Ação penal: Ação penal pública incondicionada.

> **Art. 32. Dirigir, sem a devida habilitação, veículo na via pública, ou embarcação a motor em aguas públicas:**
>
> **Pena – multa, de duzentos mil réis a dois contos de réis.**

Verbo nuclear: A conduta nuclear é *dirigir* sem a devida habilitação, veículo na via pública, ou embarcação a motor em águas públicas. *Dirigir* é (dar direção a, encaminhar; guiar; comandar).

Temos também elementos nucleares na vertente **embarcação a motor e embarcações movidas por propulsão humana** que merecem ser aclarados.

Embarcação a motor abrange qualquer meio de transporte empregado na água que tem movimento pela propulsão de motor (jet-skis, lanchas, barcos a motor entre outros).

Embarcações movidas por propulsão humana como barco a vela, caiaques entre outros estão foras da abrangência do tipo contravencional, ainda que seja necessária a habilitação.

Objeto jurídico: A incolumidade pública e a segurança no trânsito aquático em águas públicas.

Objeto material: É a embarcação a motor.

Derrogação da infração em estudo pelo Código de Trânsito Brasileiro: Com a entrada em vigor

41. Victor Eduardo Rios Gonçalves diz que a conduta pode ser culposa, pois "Significa conduzir com imperícia ou omitindo as cautelas necessárias para a espécie de animal ou pelas circunstâncias do percurso" (GONÇALVES, 2011, p. 156).

42. Nesse sentido: Guilherme de Souza Nucci. Op. cit.,p., 187.

do Código de Trânsito Brasileiro passou a existir discussão de aplicabilidade ou não do art. 32 da LCP para condutores de veículo sem habilitações, surgindo 2 (duas) correntes[43].

1ª corrente: Há relação de subsidiariedade entre o art. 32 da LCP e o art. 309 do CTB, em que a condução de pessoa inabilitada não gerar nenhum perigo de dano, configuraria o tipo contravencional do art. 32 da LCP, por ser de perigo abstrato.

2ª corrente: Com advento do art. 309 do CTB houve uma revogação tácita do art. 32 da LCP.

O assunto diverge no seio da jurisprudência dos Tribunais Superiores.

No Superior Tribunal de Justiça o entendimento caminha com parcela da posição doutrinária que entende que ainda o dispositivo do art. 32 da LCP estaria em vigor, por meio de veículo na via terrestre:

> **PENAL. RECURSO ESPECIAL. DIREÇÃO SEM HABILITAÇÃO. *ABOLITIO CRIMINIS*. ART. 32 DA LCP E ART. 309 DA LEI Nº 9.503/97.**
>
> **I - O art. 309 da Lei nº 9.503/97 trata de crime de perigo concreto e o art. 32 da LCP versa sobre contravenção de perigo abstrato.**
>
> **II - A *novatio legis*, que apresenta a tipificação de conduta mais censurável, não revogou a contravenção de incidência subsidiária.**
>
> **III - Conduta anterior à vigência da Lei nº 9.503/97 deve ser considerada como contravenção penal.**
>
> **Recurso conhecido e desprovido. Habeas Corpus concedido de ofício alterando-se a tipificação para o art. 32 da LCP. (Recurso Especial nº 284107 - SP, 5ª Turma, Rel. Min. FELIX FISCHER, j. 06/02/2001, D.J.U. de 12/03/2001, p. 169).**
>
> **PENAL. RECURSO ESPECIAL. DIREÇÃO SEM HABILITAÇÃO. ABOLITIO CRIMINIS. ARTS. 32 DA LCP E ART. 309 DA LEI Nº 9.503/97.**
>
> **I - O art. 309 da Lei nº 9.503/97 trata de crime de perigo concreto e o art. 32 da LCP versa sobre contravenção de perigo abstrato.**
>
> **II - A *novatio legis*, que apresenta a tipificação de conduta mais censurável, não revogou a contravenção de incidência subsidiária.**
>
> **Recurso provido. (RESP 227002 - SP, 5ª Turma, Rel. Min. Felix Fischer, j. 11/04/2000, D.J.U. de 15/05/2000, p. 00183).**
>
> **HABEAS CORPUS - LEI DE CONTRAVENÇÕES PENAIS - DIRIGIR SEM HABILITAÇÃO - CÓDIGO NACIONAL DE TRÂNSITO - COEXISTÊNCIA - POSSIBILIDADE.**
>
> **- A contravenção penal "dirigir sem habilitação", prevista no art. 32 da Lei de Contravenções Penais não foi revogada pelo art. 309 da Lei 9.503/97 (Código de Trânsito). Este versa sobre perigo concreto e aquele, sobre perigo abstrato. As duas figuras são distintas e coexistem perfeitamente.**
>
> **- Ordem denegada. (HC 10251 - SP, 5ª Turma, Rel. Min. Jorge Scartezzini, j. 14/12/1999, D.J.U. de 24/04/2000, p. 00063).**
>
> **RECURSO ESPECIAL - LEI DAS CONTRAVENÇÕES PENAIS - DIRIGIR SEM HABILITAÇÃO - CÓDIGO NACIONAL DE TRÂNSITO - COEXISTÊNCIA - POSSIBILIDADE.**
>
> **- A contravenção penal "dirigir sem habilitação", prevista no art. 32, da Lei das Contravenções Penais, não foi revogada pelo art. 309, da Lei 9.503/97 (Código de Trânsito). Este versa sobre perigo concreto, e aquele, sobre perigo abstrato. As duas figuras são distintas e coexistem perfeitamente.**
>
> **- Recurso conhecido e provido para determinar o julgamento do mérito da apelação interposta perante o Tribunal a quo. (STJ RESP 231.508 - SP, 5ª Turma, Rel. Min. JORGE SCARTEZZINI, ainda não publicado na internet).**

Já no STF a posição muda e atualmente, entendemos na esteira do entendimento adiante do STF de que o tema não comporta mais discussão, pois a condução veículo terrestre por pessoa sem habilitação está regulada pelo Código de Trânsito Brasileiro. Logo, caso a conduta não venha a gerar perigo de dano, estaremos diante de mera infração administrativa do CTB. Se por outro lado, gerar perigo de dano, teremos o crime do art. 309, do CTB. O art. 32 da LCP está em pleno vigor, apenas para a embarcação a motor conduzida em águas públicas por pessoa sem habilitação. Veja entendimento do STF sobre o assunto:

> HABEAS CORPUS. ARTIGO 32, PRIMEIRA PARTE, DA LEI DE CONTRAVENÇÕES PENAIS. DISPOSITIVO QUE RESULTOU REVOGADO PELO NOVO CÓDIGO DE TRÂNSITO BRASILEIRO – CTB.
>
> Se é certo que não houve revogação expressa do dispositivo em apreço e, também, que, em tese, não seria ele incompatível com o disposto no art. 309 do CTB, a sua derrogação, na parte indicada, decorreu de haver o CTB, como é próprio das codificações, tratado de

43. Há entendimento diverso capitaneado pela doutrina de Victor Eduardo Rios Gonçalves, ensinando 3 (três) correntes e fala sobre a culpa ao invés do dolo: "Discute-se se a contravenção do art. 32 fica absorvida se o agente, na condução da embarcação, comete crime culposo. A primeira corrente diz que sim, porque é meio para o crime culposo. A segunda diz que não, porque as objetividades jurídicas são diferentes (uma de perigo abstrato e outra de dano) e os momentos consumativos também são diversos. Já a terceira corrente defende que só ocorre absorção se o crime culposo tiver sido cometido por *imperícia*, porque o art. 32 da Lei das Contravenções Penais pune o condutor da embarcação justamente por presumir que ele é imperito" (GONÇALVES, 2011, p. 157).

todas as infrações penais comissíveis na condução de veículos automotores, o que, de resto, ficou expressamente declarado no art. 161. Habeas corpus deferido (STF - *Habeas Corpus* 80.362, Relator Ministro Ilmar Galvão, DJ 4.10.2002).

Pelos motivos aqui delineados e, sobretudo pelo que ficou sedimentado com o julgamento do Recurso Ordinário em *Habeas Corpus* nº 80.362, entendemos que o Código de Trânsito Brasileiro revogou a direção perigosa em vias terrestres tipificada na primeira parte do art. 34 do Decreto-Lei nº 3.688/1941. Em julgado mais recente ainda que de forma monocrática o STF confirmou esse entendimento (STF - ARE 635241/RS - Relator Ministro Gilmar Mendes - Julgamento: 27/06/2012).

A Súmula 720/STF do Supremo Tribunal Federal reforça nosso entendimento:

> O ART. 309 DO CÓDIGO DE TRÂNSITO BRASILEIRO, QUE RECLAMA DECORRA DO FATO PERIGO DE DANO, DERROGOU O ART. 32 DA LEI DAS CONTRAVENÇÕES PENAIS NO TOCANTE À DIREÇÃO SEM HABILITAÇÃO EM VIAS TERRESTRES.

Com isso, o tipo contravencional será comentado apenas sob a ótica da condução da embarcação em águas públicas sem habilitação.

Para fins de configuração do tipo condução da embarcação em águas públicas sem a devida habilitação, não é necessário para sua configuração, à ocorrência de perigo concreto. Basta o perigo abstrato da conduta de conduzir por si só a embarcação sem habilitação, pouco importando se estava conduzindo de forma normal e regular à embarcação.

Caso condução da embarcação em águas públicas sem a devida habilitação, se dê em águas particulares, não se terá configurado a infração penal em estudo, mas poderá ter a infração penal do art. 132, o CPB (causar perigo para a vida ou saúde de outrem).

Condutor da embarcação habilitado, mas não esteja portando a documentação: Caso o condutor da embarcação seja habilitado, mas não esteja portando a documentação não se terá a contravenção em apreço, mas apenas infração administrativa.

Condutor da embarcação com habilitação vencida: Há doutrina de Guilherme de Souza Nucci[44] ensinando ser a contravenção do art. 32, da LCP.

Norma penal em branco: É necessário o complemento outras normas para compreender a dimensão e incidência ou não do dispositivo em cartaz.

Elemento subjetivo: É o dolo. Não há elemento subjetivo específico e nem modalidade culposa.

Sujeito ativo: Qualquer pessoa.

Sujeito passivo: A Coletividade; Sociedade.

Consumação: Se dá com a efetiva condução da embarcação em águas públicas.

Tentativa: Apesar de sugerir que o ato do tipo contravencional seja fragmentado para admitir a tentativa, esta não é punida pela redação do art. 4º, da LCP.

Confronto do art. 32, da LCP x art. 132, do CPB: Caso condução da embarcação em águas públicas sem a devida habilitação, se dê em águas particulares, não se terá configurado a infração penal em estudo, mas poderá ter a infração penal do art. 132, o CPB (causar perigo para a vida ou saúde de outrem).

Confronto do art. 32, da LCP x art. 39, da Lei de Drogas: Caso a condução da embarcação ocorra após o consumo de drogas, com dano potencial à incolumidade de outrem, teremos o delito do art. 39, da Lei de Drogas.

Confronto do art. 32, da LCP x Lesão corporal ou morte: Há discussões de que o art. 32, da LCP restaria absorvido pela lesão corporal ou morte obtida por pessoa sem habilitação que ocasionou o evento. Há também corrente pregando pelo concurso de crime, qual seja, a lesão corporal ou morte em concurso com o art. 32, da LCP.

Classificação doutrinária: Infração comum; de perigo abstrato [ou mera conduta][45] (a depender a corrente doutrinária adotada); de forma ou execução livre; comissiva; instantâneo; unissubjetivo; plurissubsistente.

Suspensão condicional do processo: É possível diante do "quantum" mínimo da pena prevista.

Acordo de Não Persecução Penal: Em regra, não caberá o acordo de não persecução penal, se couber transação penal que tem cabimento nesta hipótese. Excepcionalmente, caso não preenchido os requisitos da transação penal, é que caberá acordo

44. Op. cit. p., 189.

45. Nesse sentido: Guilherme de Souza Nucci. Op. cit.,p., 187.

de não persecução penal, se presentes todos os requisitos legais do art. 28-A, do CPP.

Ação penal: Ação penal pública incondicionada.

Art. 33. Dirigir aeronave sem estar devidamente licenciado:

Pena – prisão simples, de quinze dias a três meses, e multa, de duzentos mil réis a dois contos de réis.

Verbo nuclear: A conduta nuclear é dirigir aeronave sem estar devidamente licenciado. *Dirigir* é (dar direção a; encaminhar; guiar; comandar).

O art. 106 da Lei nº 7.565/1986 (Código Brasileiro de Aeronáutica) define aeronave como todo "aparelho manobrável em vôo, que possa sustentar-se e circular no espaço aéreo, mediante reações aerodinâmicas, apto a transportar pessoas ou coisas".

Assim, o conceito abrange aviões, helicópteros, dirigíveis, planadores.

Objeto jurídico: A incolumidade pública e segurança do espaço aéreo.

Objeto material: É a aeronave consoante se extrai do injusto contravencional.

Sujeito ativo: Qualquer pessoa.

Sujeito passivo: A Coletividade; Sociedade.

Elemento subjetivo: É o dolo. Não há elemento subjetivo específico e nem modalidade culposa.

Norma penal em branco: É necessário o complemento outras normas para compreender a dimensão e incidência ou não do dispositivo em voga.

Consumação: Se dá com a efetiva condução da embarcação em águas públicas.

Tentativa: Apesar de sugerir que o ato do tipo contravencional seja fragmentado para admitir a tentativa, esta não é punida pela redação do art. 4º, da LCP.

Confronto do art. 33, da LCP x art. 39, da Lei de Drogas: Caso a condução da aeronave ocorra após o consumo de drogas, com dano potencial à incolumidade de outrem, teremos o delito do art. 39, da Lei de Drogas.

Confronto do art. 33, da LCP x 35 da LCP (abuso na aviação) ou art. 132, do CPB: Caso condução da aeronave sem a devida habilitação, venha causar perigo para a vida ou saúde de outrem, não se terá configurado a infração penal em estudo, mas poderá ter a infração penal do art. 132, o CPB ou até mesmo a contravenção do art. 35 da LCP (abuso na aviação).

Confronto do art. 33, da LCP x Lesão corporal ou morte: Há discussões de que o art. 33, da LCP restaria absorvido pela lesão corporal ou morte obtida por pessoa, sem a devida habilitação, que ocasionou o evento. Há também corrente pregando pelo concurso de crime, qual seja, a lesão corporal ou morte em concurso com o art. 33, da LCP.

Classificação doutrinária: Infração comum; de perigo abstrato [ou mera conduta][46]a depender a corrente doutrinária adotada); de forma ou execução livre; comissiva; instantâneo; unissubjetivo; plurissubsistente.

Suspensão condicional do processo: É possível diante do "quantum" mínimo da pena prevista.

Acordo de Não Persecução Penal: Em regra, não caberá o acordo de não persecução penal, se couber transação penal que tem cabimento nesta hipótese. Excepcionalmente, caso não preenchido os requisitos da transação penal, é que caberá acordo de não persecução penal, se presentes todos os requisitos legais do art. 28-A, do CPP.

Ação penal: Ação penal pública incondicionada.

Art. 34. Dirigir veículos na via pública, ou embarcações em águas públicas, pondo em perigo a segurança alheia:

Pena – prisão simples, de quinze dias a três meses, ou multa, de trezentos mil réis a dois contos de réis.

Observação: Como o assunto é controvertido, pois para parcela da doutrina e jurisprudência admite-se a vigência do dispositivo para veículo terrestre e a outra corrente não para veículo terrestre, comentaremos o tipo em sua integralidade.

Derrogação da infração em tela pelo Código de Trânsito Brasileiro: Com a entrada em vigor do Código de Trânsito Brasileiro passou a existir 3 (três) formas de direção perigosa que viraram crimes pelo Código de Trânsito Brasileiro:

1ª Embriaguez ao volante (art. 306, CTB)

2ª Racha (art. 309, CTB)

46. Nesse sentido: Guilherme de Souza Nucci. Op. cit.,p., 190.

3ª Excesso de velocidade ou velocidade incompatível (art. 311, CTB)

Antes da entrada do Código de Trânsito Brasileiro, essas condutas listadas acima eram simples contravenções penais previstas no art. 34. Porém, como já dito, com o advento do CTB, elas passaram a caracterizar os citados crimes.

A doutrina pátria apesar de divergir sobre a derrogação ou não do art. 34 da LCP pelo CTB, de forma majoritária entende que ainda o dispositivo do art. 34 da LCP estaria em vigor, por meio de outras formas de direção perigosa com veículo na via terrestre, não abrangidas pelo CTB, mas pelo o art. 34 da LCP. Desse modo, o dispositivo continuaria em vigor, no que se refere à direção perigosa de veículo automotor, porque há outras formas de direção perigosa não abrangidas por esses três novos crimes tipificados no CTB (ex.: cavalo de pau (que agora poderia estar no CTB diante das últimas alterações da Lei de Trânsito); freadas bruscas; trafegar na contramão; ultrapassar pela direita; violar sucessivos faróis vermelhos (conhecida "roleta russa") entre outras práticas.

Na jurisprudência o entendimento é dividido também, embora o entendimento do STF pareça caminhar noutra direção, qual seja, pela derrogação do art. 34, da LCP em qualquer situação, por meio de outras formas de direção perigosa com veículo na via terrestre. Em decisão do STF sobre o art. 32, primeira parte, do LCP (que trataria de assunto de trânsito), aquela Corte adotou o entendimento de revogação da Lei de Contravenções Penais pelo Código de Trânsito Brasileiro. Vejamos:

> **HABEAS CORPUS. ARTIGO 32, PRIMEIRA PARTE, DA LEI DE CONTRAVENÇÕES PENAIS. DISPOSITIVO QUE RESULTOU REVOGADO PELO NOVO CÓDIGO DE TRÂNSITO BRASILEIRO - CTB.**
>
> **Se é certo que não houve revogação expressa do dispositivo em apreço e, também, que, em tese, não seria ele incompatível com o disposto no art. 309 do CTB, a sua derrogação, na parte indicada, decorreu de haver o CTB, como é próprio das codificações, tratado de todas as infrações penais comissíveis na condução de veículos automotores, o que, de resto, ficou expressamente declarado no art. 161. Habeas corpus deferido (STF - *Habeas Corpus* 80.362, Relator Ministro Ilmar Galvão, DJ 4.10.2002).**

Pelas razões que ficaram sedimentadas com o julgamento do Recurso Ordinário em *Habeas Corpus* nº 80.362 acima, entendemos que o Código de Trânsito Brasileiro revogou a direção perigosa em vias terrestres tipificada na primeira parte do art. 34 do Decreto-Lei nº 3.688/1941. Em julgado mais recente ainda que de forma monocrática, o STF confirmou esse entendimento (STF - ARE 635241/RS – Relator Ministro Gilmar Mendes - Julgamento: 27/06/2012) de que art. 34 do Decreto-Lei nº 3.688/1941 restou revogado pelo Código de Trânsito Brasileiro.

De qualquer forma, lembre-se também que, o dispositivo em estudo está em plena vigência quanto à direção perigosa de embarcação em águas públicas e nesse ponto não se tem discussão.

Verbo nuclear: A conduta nuclear é *dirigir* veículos na via pública, ou embarcações em águas públicas, pondo em perigo a segurança alheia. *Dirigir* é (dar direção a, encaminhar; guiar; comandar).

Veículo é meio de transporte que pode ser a motor ou não. Abrange o veículo automotor, ciclomotor, veículo de propulsão humana e de propulsão animal.

Embarcação é meio de navegação apta a navegar sobre a água a motor ou não. Abrange qualquer meio de transporte empregado na água que tem movimento pela propulsão de motor (jet-skis, lanchas, barcos a motor entre outros) ou **embarcações** movidas por propulsão humana como barco a vela, caiaques entre outros.

Definição de "via pública": Vias públicas são as vias de acesso ao público (ruas, estradas, etc.), consoante o art. 2º, da Lei de Trânsito.

E estacionamento privativos, estacionamentos de supermercado, shopping, supermercado, loja: O assunto é controvertido doutrinariamente.

Para o Guilherme de Souza Nucci[47]é hipótese de via pública, pois para ele, via pública é onde se permite o trânsito de pessoas, sem restrição.

Já para Damásio Evangelista de Jesus[48]; Alexandre de Moraes e Gianpaolo Poggio *Smanio*[49;] Fernando Capez[50], apontada como jurisprudência majoritária, não caracteriza via pública.

Interior de fazenda privada, garagem própria da residência, pátio de posto de gasolina: Não são consideradas vias públicas.

47. Op. cit., p. 191.
48. JESUS, Damásio de. Lei das Contravenções Penais anotada: Decreto-lei n. 3.688, de 3-10-1941. – 12. ed. – São Paulo: Saraiva, 2010, p. 78.
49. MORAES, Alexandre de; SMANIO, Gianpaolo Poggio. Legislação Penal Especial, 10ª Edição, São Paulo: Atlas, p. 215.
50. CAPEZ, Fernando. Curso de Direito Penal. vol.4. 4ª Edição. São Paulo: Saraiva, 2009, p. 321.

Caso alguém venha a praticar direção perigosa nesses locais **(estacionamento de supermercado, shopping, supermercado, loja, interior de fazenda privada, garagem própria da residência, pátio de posto de gasolina):** Pode caracterizar o art. 132 do Código Penal – perigo para a vida ou saúde de outrem.

E as vias internas de condomínios? Essas vias internas são consideradas vias públicas, porque expressamente previstas no art. 2º do CTB. Se alguém estiver dirigindo de forma perigosa neste tipo de via, estará praticando esta Contravenção Penal. O mesmo se dá também com fundamento na Lei de Parcelamento do Solo Urbano (Lei nº 6.766/1979) que preceitua ser via pública, para fins legais.

Objeto jurídico: A incolumidade pública; segurança viária e a segurança aquaviária.

Objeto material: Pelo tipo contravencional é o veículo ou a embarcação.

Sujeito ativo: Qualquer pessoa, habilitada ou não.

Sujeito passivo: A Coletividade; Sociedade.

Elemento subjetivo: É o dolo.

Elemento normativo do tipo: A expressão **"pondo em perigo a segurança alheia"** é o elemento normativo que deve ser avaliada no caso. Consigna-se que, a infração divide a doutrina e jurisprudência, pois uma ala defende ser infração de perigo abstrato e a outra ala de perigo concreto.

Consumação: Com as simples condutas, dispensando resultado material, embora a infração em estudo divide a doutrina e jurisprudência, pois uma ala defende ser infração de perigo abstrato e a outra ala de perigo concreto. Importante se ater a isso, para definir a consumação ou não do tipo em análise.

Tentativa: Apesar de sugerir que o ato do tipo contravencional seja fragmentado para admitir a tentativa, esta não é punida pela redação do art. 4º, da LCP.

Direção perigosa culposa: Como o tipo contravencional admite apenas o dolo, ou para outra corrente, a simples voluntariedade, a direção perigosa culposa, levando-se em conta o entendimento de parcela da doutrina e jurisprudência que admite a vigência do dispositivo para veículo terrestre, seria considerado fato atípico.

Conflito do art. 34 da LCP (quando o fato não caracterizar o delito, para parcela da doutrina e jurisprudência que admite a vigência do dispositivo para veículo terrestre) x art. 32 da LCP (quando o fato não caracterizar o delito para parcela da doutrina e jurisprudência quem admite a vigência do dispositivo para veículo terrestre): Há 4 (quatro) posições sobre o assunto.

1ª posição: Teríamos o concurso material entre o art. 34 da LCP e o art. 32 da LCP, sem absorção de uma, em vista da outra (RT, 440:399 e 533:347).

2ª posição: O art. 34 da LCP absorve o art. 32 da LCP (RT, 548:336).

3ª posição: Teríamos o concurso formal entre o art. 34 da LCP e o art. 32 da LCP (TACRimSP, ACrim nº 692.925, 12ª Câmara).

4ª posição: O art. 34 da LCP apenas absorveria o art. 32 da LCP em hipótese de a pessoa não ser habilitada fosse imperita, ocorrendo o perigo (RT, 700:347).

Conflito do art. 34 da LCP (para parcela da doutrina e jurisprudência que admite a vigência do dispositivo para veículo terrestre) x homicídio culposo (art. 302, do CTB) ou lesão corporal (art. 303, do CTB) na direção de veículo: Há 3 (três) posições sobre o assunto, senão analisemos:

1ª posição: Teríamos o concurso material entre o homicídio culposo (art. 302, do CTB) ou lesão corporal (art. 303, do CTB) na direção de veículo e art. 34 da LCP, sem absorção de uma, em vista da outra (RT, 578:360), ainda que o agente agira com imperícia.

2ª posição: O delito culposo do homicídio ou lesão corporal absorve o art. 34 da LCP (RT, 526:391).

3ª posição: Teríamos a absorção entre homicídio culposo (art. 302, do CTB) ou lesão corporal (art. 303, do CTB) na direção de veículo e art. 34 da LCP, em vista do art. 34 da LCP, apenas se o sujeito agira com imperícia. Logo, havendo imprudência ou negligencia se terá concurso de infrações (RT, 541:439).

Conflito do art. 34 da LCP (para parcela da doutrina e jurisprudência que admite o vigor do dispositivo para veículo terrestre) x Homicídio (art. 121, do CPB) ou Lesão Corporal (art. 129, do CPB) na direção de veículo que de forma dolosa causa algum desse evento: Responde o agente pelo crime de homicídio (art. 121, do CPB) ou lesão corporal (art. 129, do CPB) na direção de veículo. A contravenção do art. 34 da LCP (para parcela da doutrina e jurisprudência que admite o vigor do dispositivo para veículo terrestre) restaria absorvida nessa situação.

Conflito do art. 34 da LCP (para parcela da doutrina e jurisprudência que admite o vigor do dispositivo para veículo terrestre) x art. 309, do CTB: Incide-se o art. 309, do CTB por tudo dito anteriormente nos comentários do tipo objetivo para onde se remete o leitor.

Conflito do art. 34 da LCP (para parcela da doutrina e jurisprudência que admite o vigor do dispositivo para veículo terrestre) x Embriaguez ao volante (art. 306, CTB); Racha (art. 309, CTB); e Excesso de velocidade ou velocidade incompatível (art. 311, CTB): Vai prevalecer o delito de embriaguez ao volante (art. 306, CTB); racha (art. 309, CTB); e/ou excesso de velocidade ou velocidade incompatível (art. 311, CTB).

Conflito do art. 34 da LCP (quanto à embarcação) x art. 39 da Lei de Drogas: O delito art. 39 da Lei de Drogas revogou parcialmente o art. 34 da LCP.

Conflito do art. 34 da LCP (para parcela da doutrina e jurisprudência que admite o vigor do dispositivo para veículo terrestre) x art. 163 do CPB: Caso em decorrência do fato – para parcela da doutrina e jurisprudência que admite o vigor do dispositivo – o veículo terrestre, por meio da direção perigosa, causar dano, há o entendimento deste crime de dano absorver a contravenção.

Conflito do art. 34 da LCP x art. 132, do CPB: Vai depender do caso concreto. O crime do art. 132 do CPB é de perigo individual, logo, atinge pessoa certa e determinada. Já a contravenção do art. 34 da LCP expõe a perigo de dano a incolumidade pública, ou seja, perigo de ordem coletiva. O crime do art. 132 do CPB é de perigo concreto, enquanto a contravenção para parcela da doutrina e da jurisprudência é infração de perigo abstrato (e para outra corrente de perigo concreto).

Ademais, caso alguém venha a praticar direção perigosa nesses locais **(estacionamento de supermercado, shopping, supermercado, loja, interior de fazenda privada, garagem própria da residência, pátio de posto de gasolina):** Pode caracterizar o art. 132 do Código Penal – perigo para a vida ou saúde de outrem.

Classificação doutrinária: Infração comum; de perigo abstrato ou concreto [e ainda se tem a corrente que defende ser infração de mera conduta][51] (a depender a corrente doutrinária adotada); de forma ou execução livre; comissiva; instantâneo; unissubjetivo; plurissubsistente.

Suspensão condicional do processo: É possível diante do "quantum" mínimo da pena prevista.

Acordo de Não Persecução Penal: Em regra, não caberá o acordo de não persecução penal, se couber transação penal que tem cabimento nesta hipótese. Excepcionalmente, caso não preenchido os requisitos da transação penal, é que caberá acordo de não persecução penal, se presentes todos os requisitos legais do art. 28-A, do CPP.

Ação penal: Ação penal pública incondicionada.

Art. 35. Entregar-se na prática da aviação, a acrobacias ou a vôos baixos, fora da zona em que a lei o permite, ou fazer descer a aeronave fora dos lugares destinados a esse fim:

Pena – prisão simples, de quinze dias a três meses, ou multa, de quinhentos mil réis a cinco contos de réis.

Verbos nucleares: Os verbos nucleares são *entregar-se* ou *fazer descer*. Pune-se no tipo contravencional às condutas de **"entregar-se na prática da aviação, a acrobacias ou a vôos baixos, fora da zona em que a lei o permite, ou fazer descer a aeronave fora dos lugares destinados a esse fim".**

Entregar-se consiste em (passar para a posse de alguém; fazer chegar; devolver; restituir ou colocar algo à disposição de alguém).

Fazer descer é (efetuar o sentido de descer; executar o ato de descer; realizar o descimento; implementar o ato de descer).

Aeronave pode ser definida como qualquer máquina capaz de sustentar voo, e a grande maioria também é capaz de alçar voo por meios próprios. Ele contrabalança a força da gravidade utilizando ou sustentação estática ou sustentação dinâmica de um aerofólio, ou em alguns casos a força para baixo devida a tração de motores a reação (Disponível em:<< https://pt.wikipedia.org/wiki/Aeronave#cite_note-1>>).

Objeto jurídico: É a incolumidade pública e a segurança aeroviária.

51. Nesse sentido: Guilherme de Souza Nucci. Op. cit.,p., 191.

Objeto material: O objeto material é a aeronave.

Sujeito ativo: Qualquer pessoa.

Sujeito passivo: A Coletividade; A Sociedade.

Elemento subjetivo: É o dolo. Não se exige elemento subjetivo específico e nem modalidade culposa.

Norma penal em branco: O dispositivo reclama complemento de normas legais sobre aviação que determinam os locais permitidos para acrobacias, pousos e as alturas normais para vôo, mormente o Código da Aeronáutica (Lei nº 7.565/1986).

Consumação: Com as simples condutas, dispensando resultado material, embora a infração em estudo divide a doutrina e jurisprudência, pois uma ala defende ser infração de perigo abstrato e a outra ala de perigo concreto. Importante se ater a isso, para definir a consumação ou não do tipo em análise.

Tentativa: Apesar de sugerir que o ato do tipo contravencional seja fragmentado para admitir a tentativa, esta não é punida pela redação do art. 4º, da LCP.

Necessidade de pouso forçado: Não incide à contravenção penal em tela, primeiro por ausência de dolo e depois por estarmos diante de estado de necessidade (hipótese de excludente de ilicitude ou antijuridicidade da conduta).

Pouso em pista clandestina: Em regra, configurará à infração penal do art. 35, da LCP, exceto se não for meio para conduta mais grave, como transporte de droga etc., onde a contravenção restará absorvida.

Se há emprego de violência ou grave ameaça para obrigar o piloto a realizar pouso fora da zona própria: O agente que empregar de violência ou grave ameaça, obrigando o piloto a realizar pouso fora da zona própria, incidirá no crime de constrangimento ilegal ou por eventuais crimes mais graves, como homicídio ou lesão corporal, caso venha se dar o evento morte ou de lesão em tripulante ou passageiro.

Conflito do art. 35 da LCP x art. 33, da LCP: A direção de aeronave sem a devida licença configura o art. 33, da LCP. De outro lado, se o agente além de estar na direção de aeronave sem a devida licença e ainda promove acrobacias, vôos baixos ou faz pousos ilegais, há doutrina dizendo que o agente responderá nesse caso apenas pelo o art. 33, da LCP, porque a situação causada de perigo é uma só (mesmos bens jurídicos tutelados) e a pena do art. 33 da LCP seria mais severa do que a do art. 35, da LCP – havendo à absorção daquele por este último e não concurso de infrações penais[52].

Conflito do art. 35 da LCP x Art. 39 da Lei de Drogas: O agente que após o consumo de drogas promove acrobacias, vôos baixos ou faz pousos ilegais com aeronave, incidirá o art. 39 da Lei de Drogas.

Conflito do art. 35 da LCP x Homicídio (art. 121, do CPB) ou Lesão Corporal (art. 129, do CPB) na direção de aeronave de forma dolosa ou culposa venha causar algum desse evento: Responde o agente pelo crime de homicídio (art. 121, do CPB) ou lesão corporal (art. 129, do CPB) na direção de aeronave. A contravenção do art. 35 da LCP restaria absorvida nessa situação.

Conflito do art. 35 da LCP x art. 163 do CPB: Caso em decorrência dos fatos do tipo, a aeronave venha a causar dano, há o entendimento deste crime de dano absorver a contravenção do art. 35 da LCP.

Classificação doutrinária: Infração comum; mera conduta; de forma ou execução livre; comissiva; instantâneo; unissubjetivo; plurissubsistente.

Suspensão condicional do processo: É possível diante do "quantum" mínimo da pena prevista.

Acordo de Não Persecução Penal: Em regra, não caberá o acordo de não persecução penal, se couber transação penal que tem cabimento nesta hipótese. Excepcionalmente, caso não preenchido os requisitos da transação penal, é que caberá acordo de não persecução penal, se presentes todos os requisitos legais do art. 28-A, do CPP.

Ação penal: Ação penal pública incondicionada.

Art. 36. Deixar de colocar na via pública, sinal ou obstáculo, determinado em lei ou pela autoridade e destinado a evitar perigo a transeuntes:

Pena – prisão simples, de dez dias a dois meses, ou multa, de duzentos mil réis a dois contos de réis.

Verbo nuclear: O verbo nuclear é *deixar* de colocar na via pública, sinal ou obstáculo, determinado em lei ou pela autoridade e destinado a evitar

52. Nesse sentido: Luiz Flávio Gomes e Silvio Maciel. Op. cit. p., 132.

perigo a transeuntes. *Deixar* corresponde a (causar ou permitir que ocorra; aceitar; admitir; autorizar; consentir). A conduta nuclear desse injusto penal *deixar*, é conduta omissiva, em que pese parte da doutrina dizer que *deixar* é conduta comissiva[53].

Objeto jurídico: A incolumidade pública.

Objeto material: Pelo tipo contravencional é o sinal ou obstáculo.

Sujeito ativo: Pode ser autor dessa infração apenas a pessoa em situação de cumprir o dever de colocar o sinal ou obstáculo.

Sujeito passivo: Os transeuntes (por meio dos pedestres ou motoristas de veículos).

Elemento subjetivo: É o dolo. Todavia, existe corrente sustentando que seria uma conduta nitidamente culposa, pois fala em falta de dever de cuidado.

Norma penal em branco: A expressão **"determinado em lei ou pela autoridade"** é norma penal em branco (e para outra parcela da doutrina: elemento normativo do tipo[54]) que depende de perquirir nas legislações esparsas para complementar o conteúdo do injusto contravencional.

Consumação: Ocorre no exato momento em que se deixa de colocar na via pública, sinal ou obstáculo, determinado em lei ou pela autoridade e destinado a evitar perigo a transeuntes.

Tentativa: Não é possível sugerir a "conatus", e esta não é punida pela redação do art. 4º, da LCP.

Classificação doutrinária: Infração própria; mera conduta; de forma ou execução livre; omissiva (ou comissiva a depender da doutrina); instantâneo; unissubjetivo; unissubsistente.

Suspensão condicional do processo: É possível diante do "quantum" mínimo da pena prevista.

Acordo de Não Persecução Penal: Em regra, não caberá o acordo de não persecução penal, se couber transação penal que tem cabimento nesta hipótese. Excepcionalmente, caso não preenchido os requisitos da transação penal, é que caberá acordo de não persecução penal, se presentes todos os requisitos legais do art. 28-A, do CPP.

Ação penal: Ação penal pública incondicionada.

53. Ricardo Antonio Andreucci, op. cit. p., 578.

54. Damásio Evangelista de Jesus. Op. cit. p., 84.

Parágrafo único. Incorre na mesma pena quem:

a) apaga sinal luminoso, destrói ou remove sinal de outra natureza ou obstáculo destinado a evitar perigo a transeuntes;

b) remove qualquer outro sinal de serviço público.

Verbos nucleares: Os tipos verbais são *apagar, destruir* ou *remover* sendo que dividida em dois pontos:

a) apaga sinal luminoso, destrói ou remove sinal de outra natureza ou obstáculo destinado a evitar perigo a transeuntes;

b) remove qualquer outro sinal de serviço público.

Apagar corresponde (a fazer desaparecer; escurecer; destruir; extinguir; deletar; eliminar ou suprimir); *destruir* é (extinguir; danificar integralmente; fazer desaparecer; aniquilar; eliminar; arruinar); *remover* consiste em (tornar a mover; mudar ou passar de um lugar para outro; superar; afastar).

Objeto jurídico, elemento subjetivo, sujeito passivo: São os mesmos citados anteriormente quando dos comentários do *caput*, do art. 36, da LCP.

Objeto material: É o sinal luminoso ou de outra natureza ou obstáculo.

Sujeito ativo: Pode ser qualquer pessoa.

Consumação: Ocorre no exato momento em que se realiza qualquer das condutas desta contravenção.

Tentativa: Apesar de ser possível sugerir a "conatus" pela fragmentação dos atos nas condutas, esta não é punida pela redação do art. 4º, da LCP.

Classificação doutrinária: Infração comum; mera conduta; de forma ou execução livre; comissiva; instantâneo; unissubjetivo; plurissubsistente.

Suspensão condicional do processo: É possível diante do "quantum" mínimo da pena prevista.

Acordo de Não Persecução Penal: Tem cabimento.

Ação penal: Ação penal pública incondicionada.

Art. 37. Arremessar ou derramar em via pública, ou em lugar de uso comum, ou do uso alheio, coisa que possa ofender, sujar ou molestar alguém:

Pena – multa, de duzentos mil réis a dois contos de réis.

Verbos nucleares: Os verbos nucleares do tipo são *arremessar* ou *derramar*em via pública, ou em lugar de uso comum, ou do uso alheio, coisa que possa ofender, sujar ou molestar alguém. *Arremessar* significa (atirar; lançar e jogar algo); *derramar* consiste em (entornar; dispersar e fazer correr para fora). Cumpre destacar que, esse *arremessar* ou *derramar* deve ser idôneo e apto a ofender, sujar ou molestar alguém. Do contrário, poderemos ter fato atípico.

Via pública nada mais é do que ruas, praças, estradas, avenidas, vias de uso comum, ou seja, que não há restrição de acesso em regra, pois o acesso é público.

Lugar de uso comum é considerado logradouro que pode ser utilizado por diversas pessoas, que podem se locais abertos ou fechados ao público.

Lugar de uso alheio é reputado como local que não seja de propriedade, posse ou detenção do sujeito ativo da contravenção.

Dando continuidade aos conceitos dos termos empregados do tipo contravencional, ainda temos:

Ofender é insultar; fazer mal; fazer alguma ofensa; ferir; ultrajar; injuriar alguém.

Sujar consiste em conspurcar; enodoar; emporcalhar e manchar.

Por sua vez, **molestar** é afetar; incomodar; maltratar; atacar; perturbar e atrapalhar.

Contravenção subsidiária (Infração penal subsidiária): Na hipótese de ocorrer o resultado lesivo, em virtude do arremesso ou derramamento, restará configurado o crime: dano, injúria real, lesão corporal entre outros

Objeto jurídico: A incolumidade pública.

Objeto material: Entendemos que pode ser qualquer coisa que possa ofender, sujar ou molestar alguém.

Sujeito ativo: Pode ser qualquer pessoa.

Sujeito passivo: A Coletividade; A Sociedade de forma primária. Secundariamente, a pessoa exposta ao perigo de dano.

Elemento subjetivo: É o dolo.

Consumação: A consumação se dá com a prática do arremesso ou derrame da coisa.

Tentativa: Apesar de ser possível sugerir a "conatus" pela fragmentação dos atos nas condutas, esta não é punida pela redação do art. 4º, da LCP.

Classificação doutrinária: Infração comum; mera conduta; de forma ou execução livre; comissiva; instantânea; unissubjetiva; plurissubsistente.

Suspensão condicional do processo: É possível a suspensão condicional do processo.

Acordo de Não Persecução Penal: Em regra, não caberá o acordo de não persecução penal, se couber transação penal que tem cabimento nesta hipótese. Excepcionalmente, caso não preenchido os requisitos da transação penal, é que caberá acordo de não persecução penal, se presentes todos os requisitos legais do art. 28-A, do CPP.

Ação penal: Ação penal pública incondicionada.

Parágrafo único. Na mesma pena incorre aquele que, sem as devidas cautelas, coloca ou deixa suspensa coisa que, caindo em via pública ou em lugar de uso comum ou de uso alheio, possa ofender, sujar ou molestar alguém.

Verbos nucleares: Os verbos nucleares do tipo são **colocar** sem as devidas cautelas ou **deixar suspensa** coisa que, caindo em via pública ou em lugar de uso comum ou de uso alheio, possa ofender, sujar ou molestar alguém. *Colocar* significa (pôr[-se] em determinado lugar; estabelecer e instalar); *deixar suspensa* consiste (deixar pendente; pendurar; suspender; abandonar; desistir; permitir; esquecer; desamparar; cessar).

Cumpre destacar que, esse *colocar* ou *deixar suspenso* devem ser idôneos e aptos a ofender, sujar ou molestar alguém. Do contrário, poderemos ter fato atípico.

Via pública nada mais é do que ruas, praças, estradas, avenidas, vias de uso comum, ou seja, que não há restrição de acesso em regra, pois o acesso é público.

Lugar de uso comum é considerado logradouro que pode ser utilizado por diversas pessoas, que podem se locais abertos ou fechados ao público.

Lugar de uso alheio é reputado como local que não seja de propriedade, posse ou detenção do sujeito ativo da contravenção.

Dando continuidade aos conceitos dos termos empregados do tipo contravencional, ainda temos:

Ofender é insultar; fazer mal; fazer alguma ofensa; ferir; ultrajar; injuriar alguém.

Sujar consiste em conspurcar; enodoar; emporcalhar e manchar.

Por sua vez, **molestar** é afetar; incomodar; maltratar; atacar; perturbar e atrapalhar.

Contravenção subsidiária (Infração penal subsidiária): Na hipótese de ocorrer o resultado lesivo, em virtude das condutas do parágrafo único, restará configurado o crime: dano, lesão corporal entre outros.

Objeto jurídico: A incolumidade pública.

Objeto material: É a coisa suspensa que vem a cair na via pública, lugar de uso comum ou uso alheio com potencial de lesionar.

Sujeito ativo: Pode ser qualquer pessoa.

Sujeito passivo: A Coletividade; A Sociedade de forma primária. Secundariamente, a pessoa exposta ao perigo de dano.

Elemento subjetivo: É a culpa que advém da ausência das cautelas devidas, indicando imprudência e negligência (elemento normativo do tipo contravencional).

Consumação: A consumação se dá com a colocação ou suspensão da coisa, sem as devidas cautelas.

Tentativa: Apesar de ser possível sugerir a "conatus" pela fragmentação dos atos nas condutas, esta não é punida pela redação do art. 4º, da LCP.

Classificação doutrinária: Infração comum; mera conduta; de forma ou execução livre; comissiva; instantânea; unissubjetiva; plurissubsistente.

Suspensão condicional do processo: É possível a suspensão condicional do processo.

Acordo de Não Persecução Penal: Em regra, não caberá o acordo de não persecução penal, se couber transação penal que tem cabimento nesta hipótese. Excepcionalmente, caso não preenchido os requisitos da transação penal, é que caberá acordo de não persecução penal, se presentes todos os requisitos legais do art. 28-A, do CPP.

Ação penal: Ação penal pública incondicionada.

> **Art. 38. Provocar, abusivamente, emissão de fumaça, vapor ou gás, que possa ofender ou molestar alguém:**
>
> **Pena – multa, de duzentos mil réis a dois contos de réis.**

Verbo nuclear: O verbo nuclear do tipo é **provocar,** abusivamente, emissão de fumaça, vapor ou gás, que possa ofender ou molestar alguém. *Provocar* é (ser a causa; motivo de algo; ocasionar; gerar e produzir). Dando continuidade às definições dos termos empregados do tipo contravencional, ainda temos: **Emissão abusiva de fumaça, vapor ou gás** é aquela que sai da regularidade e normalidade, se apresentando como um inconveniente, excesso, abuso e aborrecimento. *Ofende ré* (insultar; fazer mal; fazer alguma ofensa; ferir; ultrajar; injuriar alguém). Por sua vez, *molestar* é (afetar; incomodar; maltratar; atacar; perturbar e atrapalhar). A emissão normal e regular de fumaça, vapor ou gás não é apta para constituir à contravenção penal.

Objeto jurídico: A incolumidade pública.

Objeto material: Consoante o tipo contravencional, o objeto material consiste na fumaça, vapor ou gás.

Sujeito ativo: Pode ser qualquer pessoa.

Sujeito passivo: A Coletividade; A Sociedade de forma primária. Secundariamente, a pessoa exposta ao perigo de dano.

Elemento subjetivo: É o dolo.

Consumação: A consumação se dá com a emissão abusiva da fumaça, vapor ou gás.

Tentativa: Além de não ser possível sugerir a "conatus" pela não fragmentação dos atos nas condutas, esta não é punida pela redação do art. 4º, da LCP.

Confronto do art. 38, da LCP x Crimes ambientais: Como é infração penal subsidiária, a Lei nº. 9.605/98 (Lei dos Crimes Ambientais) previu crimes específicos para a poluição de qualquer natureza (art. 54, art. 56 e art. 60) e caso venha ocorrer a poluição ambiental pelo uso abusivo de fumaça, vapor ou gás, pelos princípios (ou critérios) da especialidade e posterioridade, a Lei do Crime Ambiental tende a prevalecer.

Confronto do art. 38, da LCP x Uso de gás tóxico ou asfixiante (art. 252, do CPB): Como é infração penal subsidiária, é importante se ater ao crime previsto no art. 252 do Código Penal Brasileiro, que tende a prevalecer a depender das circunstâncias fáticas.

Confronto do art. 38, da LCP x Art. 121 ou art. 129, do CPB: Como é infração penal subsidiária, se a emissão provocar a morte ou lesão à integridade física e psíquica de outrem, teremos o crime do art.

121 ou art. 129, do CPB, restando absorvida à contravenção penal do art. 38, da LCP.

Classificação doutrinária: Infração comum; mera conduta; de forma ou execução livre; comissiva; instantânea; unissubjetiva; plurissubsistente.

Suspensão condicional do processo: É possível a suspensão condicional do processo.

Acordo de Não Persecução Penal: Em regra, não caberá o acordo de não persecução penal, se couber transação penal que tem cabimento nesta hipótese. Excepcionalmente, caso não preenchido os requisitos da transação penal, é que caberá acordo de não persecução penal, se presentes todos os requisitos legais do art. 28-A, do CPP.

Ação penal: Ação penal pública incondicionada.

CAPÍTULO IV

DAS CONTRAVENÇÕES REFERENTES À PAZ PÚBLICA

Art. 39. Participar de associação de mais de cinco pessoas, que se reúnam periodicamente, sob compromisso de ocultar à autoridade a existência, objetivo, organização ou administração da associação:

Pena – prisão simples, de um a seis meses, ou multa, de trezentos mil réis a três contos de réis.

Verbo nuclear: O verbo nuclear é *participar* de associação de mais de cinco pessoas, que se reúnam periodicamente, sob compromisso de ocultar à autoridade a existência, objetivo, organização ou administração da associação. O verbo *participar* significa (fazer parte; interagir; integrar e tomar parte). Somente teremos esta contravenção se associação for para fins ilícitos e não seja para o cometimento de crimes. Em tese, é difícil visualizar essa situação, porque na grande maioria das vezes, a associação para fins ilícitos já tende a ser para fins criminosos.

Associação: Nada mais é do que uma aliança ou grupo de pessoas reunidas, por tempo que se prolongue no tempo, visando algum fim.

Número de integrantes: Para configurar esta infração penal, a associação deve conter mais de 05 (cinco) pessoas, ou seja, no mínimo devem ter 06 (seis) pessoas.

Associação secreta: Para incidência do tipo em análise, é essencial que o caráter da associação seja secreto, caracterizado pela não revelação à autoridade de sua existência, finalidade, forma, composição entre outras variáveis.

Reuniões periódicas: Outrossim, é fundamental que a associação venha a reunir periodicamente.

A habitualidade é outro ponto fundamental para à ocorrência do tipo contravencional.

A liberdade de associação e de reunião estão previstas no art. 5º, XVIII, XIX e XX, da Constituição Federal. Contudo, se espera que essas reuniões e associações tenham o fito de promover objetivos lícitos.

Com isso se as associações para fins lícitos, é totalmente inconstitucional imputar contravenção penal às pessoas pelo mero fato destas que venham a integrar à associação não informem à autoridade, os objetivos, funcionamento e administração. Não raras vezes, para o exercício destas associações usufruem de outros direitos fundamentais, não sendo permitida a intromissão indevida do Estado.

A doutrina cita o exemplo de entidade criada para estudo de drogaditos ou homossexuais. Talvez seus membros não queiram expor isso, devido à alta carga de preconceito e discriminação. Não é razoável e nem proporcional, o Estado exigir à revelação nesse caso, pois além de afrontar o direito à associação, acaba por violar o direito à intimidade e à privacidade dos associados e de outros que participem das reuniões.

Obviamente, em regra, com algumas exceções em debates que inclinariam para entender que determinados direitos (direito ao pensamento/direito à consciência; direito à não ser torturado/vedação à tortura entre outros) fossem absolutos, não existem direitos ilimitados e absolutos, até porque a própria Constituição Federal proíbe associações para fins paramilitares e para fins ilícitos (art. 5º inciso XIX, CF/88).

Com isso, se as associações forem com o propósito ilegal, o tipo contravencional é aplicável, embora muitas das vezes teremos o crime de associação criminosa; organização criminosa ou constituição de milícia privada entre outros que tendem a absorver à infração penal em estudo – que é subsidiária.

Objeto jurídico: A segurança pública; A paz pública; A proteção da ordem jurídica e pública.

Objeto material: Extrai do tipo contravencional que é o compromisso de ocultação da autoridade.

Sujeito ativo: Pode ser qualquer pessoa.

Sujeito passivo: A Coletividade; A Sociedade; O Estado.

Elemento subjetivo: É o dolo.

Consumação: Como se cuida de contravenção penal habitual, para sua configuração deve se provar a habitualidade. Ocorrendo a habitualidade com a conduta do tipo, se terá consumado o dispositivo em cartaz.

Tentativa: Além de não ser possível sugerir a "conatus" pela não fragmentação dos atos nas condutas, esta não é punida pela redação do art. 4º, da LCP.

Confronto do art. 38, da LCP x Associação criminosa; organização criminosa ou constituição de milícia privada: Em caso de eventual conflito do art. 38, da LCP com associação criminosa; organização criminosa ou constituição de milícia privada entre outros, estes tendem a absorver à infração penal em estudo – que é subsidiária.

Classificação doutrinária: Infração comum; mera conduta; de forma ou execução vinculada; comissiva; habitual; instantânea; unissubjetiva; plurissubsistente.

Suspensão condicional do processo: É possível a suspensão condicional do processo.

Acordo de Não Persecução Penal: Em regra, não caberá o acordo de não persecução penal, se couber transação penal que tem cabimento nesta hipótese. Excepcionalmente, caso não preenchido os requisitos da transação penal, é que caberá acordo de não persecução penal, se presentes todos os requisitos legais do art. 28-A, do CPP.

Ação penal: Ação penal pública incondicionada.

§ 1º Na mesma pena incorre o proprietário ou ocupante de prédio que o cede, no todo ou em parte, para reunião de associação que saiba ser de caráter secreto.

Verbo nuclear: O verbo nuclear é *ceder* o proprietário ou ocupante de prédio, no todo ou em parte, para reunião de associação que saiba ser de caráter secreto. *Ceder* é (dar; entregar; transferir a propriedade ou direito de uma coisa a outra pessoa; conceder; concordar). Para a configuração do tipo em estudo, basta a cessão do prédio no todo ou em parte e que haja ciência prévia do proprietário ou ocupante de prédio, que à reunião de associação seja de caráter secreto.

Objeto jurídico: A segurança pública; A paz pública; A proteção da ordem jurídica e pública.

Objeto material: Extrai do tipo contravencional que é o compromisso de ocultação da autoridade.

Sujeito ativo: Pode ser qualquer pessoa.

Sujeito passivo: A Coletividade; A Sociedade; O Estado.

Elemento subjetivo: É o dolo.

Consumação: Para sua consumação basta à efetiva cessão do prédio no todo ou em parte.

Tentativa: Apesar de ser possível sugerir a "conatus" pela fragmentação dos atos na conduta de ceder, esta não é possível por ser infração habitual e não ser punida pela redação do art. 4º, da LCP.

Classificação doutrinária: Infração comum; mera conduta; de forma ou execução vinculada; comissiva; habitual; instantânea; unissubjetiva; plurissubsistente.

Suspensão condicional do processo: É possível a suspensão condicional do processo.

Acordo de Não Persecução Penal: Em regra, não caberá o acordo de não persecução penal, se couber transação penal que tem cabimento nesta hipótese. Excepcionalmente, caso não preenchido os requisitos da transação penal, é que caberá acordo de não persecução penal, se presentes todos os requisitos legais do art. 28-A, do CPP.

Ação penal: Ação penal pública incondicionada.

§ 2º O juiz pode, tendo em vista as circunstâncias, deixar de aplicar a pena, quando lícito o objeto da associação.

Comentários: A doutrina critica essa previsão do perdão judicial para associação com objeto lícito, pois para a maioria doutrinária entende que essa previsão não teria sido recepcionada, pois se o objeto for lícito o fato é atípico, não havendo que se falar em tipo contravencional e muito menos em perdão de fato atípico[55-56].

De qualquer forma, o dispositivo contempla a possibilidade mesmo que absurda diante de não ter sido recepcionada, de o juiz deixar de aplicar a pena se lícito o objeto da associação dentro da sua faculdade e discricionariedade projetada na independência funcional e autonomia de atuação.

Art. 40. Provocar tumulto ou portar-se de modo inconveniente ou desrespeitoso, em solenidade

55. Luiz Flávio Gomes e Silvio Maciel. Op. cit. p., 136.
56. Guilherme de Souza Nucci. Op. cit. p., 199.

ou ato oficial, em assembléia ou espetáculo público, se o fato não constitui infração penal mais grave;

Pena – prisão simples, de quinze dias a seis meses, ou multa, de duzentos mil réis a dois contos de réis.

Verbos nucleares: Os verbos nucleares são *provocar* ou *portar*. *Provocar* é ser a causa; motivo de algo; ocasionar; gerar; produzir. *Portar* significa (comportar-se; proceder; agir).

A Lei de Contravenção Penal prevê duas condutas diferentes. A primeira conduta é provocar tumulto, onde à configuração não depende de análise da finalidade do agente no ato, e nem tampouco o modo de execução que pode ser qualquer um. A segunda conduta, sobre portar-se de modo inconveniente ou desrespeitoso, cumpre pontuar que, a legislação contravencional tipifica esta conduta, caso seja praticada em algum dos lugares expressamente enumerados pelo legislador ordinário.

Tumulto é qualquer desordem, motim, confusão, alvoroço, agitação em aglomeração de pessoas.

Modo inconveniente ou desrespeitoso é agir fora dos padrões socialmente aceitáveis. Isso é traduzido por vaias, apitos, gritos, xingamentos, risadas, lançar objetos, invadir quadra ou campo de futebol durante partida, entre outras variáveis formas, a depender do caso concreto.

Local da prática é onde se dá a solenidade, o ato oficial[57], assembleia[58-59], jogo, apresentação ou espetáculo público. É necessário que o local seja em local público[60].

Caso seja em local privado, como evento festivo promovido por particular, festa de quermesse entre outras, não haverá esta contravenção (RT, 369. 208).

Objeto jurídico: A tranquilidade pública, porquanto visa preservar a ordem de solenidades, atos oficiais, espetáculos e assembleias; A Paz Pública.

57. A solenidade ou ato oficial seriam as festas cívicas, inaugurações de obras públicas, discursos de governantes entre outros.

58. A doutrina ensina que é a reunião de uma determinada categoria para discussão de assuntos do interesse dela (desta categoria).

59. Se o fato ocorre em reuniões particulares, estaremos diante de fato atípico.

60. Doutrina de Victor Eduardo Rios Gonçalves prega que abrange: "[...] cinemas, teatros, *shows* em estádios, em via pública ou ginásios de esporte, circo" (GONÇALVES, 2011, p. 160).

Objeto material: Extrai-se pelo tipo contravencional que o objeto material é a solenidade, o ato oficial, assembleia ou espetáculo público.

Sujeito ativo: Pode ser qualquer pessoa.

Sujeito passivo: A Sociedade; A Coletividade.

Elemento subjetivo: É o dolo.

Consumação: Se dá com a efetiva ocorrência do tumulto ou conduta inconveniente.

Tentativa: Além de não ser possível sugerir a "conatus" pela fragmentação dos atos na conduta de provocar ou portar, esta não é punível pela redação do art. 4º, da LCP.

Confronto do art. 40, da LCP x art. 41, da LCP: Em hipótese do tumulto ser provocado por meio de falsa alarma, teremos a contravenção do art. 41, da LCP pelo princípio da especialidade.

Confronto do art. 40, da LCP x Art. 121 ou art. 129, do CPB: Como é infração penal subsidiária, se os atos do tipo causar morte ou lesão à integridade física e psíquica de outrem, teremos o crime do art. 121 ou art. 129, do CPB, restando absorvida à contravenção penal do art. 40, da LCP.

Confronto do art. 40, da LCP x 41-B da Lei n. 12.299/2010 (Estatuto do Torcedor)[61]: Com

61. **"CAPÍTULO XI-A**
DOS CRIMES
'Art. 41-B. Promover tumulto, praticar ou incitar a violência, ou invadir local restrito aos competidores em eventos esportivos:
Pena - reclusão de 1 (um) a 2 (dois) anos e multa.
§ 1º Incorrerá nas mesmas penas o torcedor que:
I - promover tumulto, praticar ou incitar a violência num raio de 5.000 (cinco mil) metros ao redor do local de realização do evento esportivo, ou durante o trajeto de ida e volta do local da realização do evento;
II - portar, deter ou transportar, no interior do estádio, em suas imediações ou no seu trajeto, em dia de realização de evento esportivo, quaisquer instrumentos que possam servir para a prática de violência.
§ 2º Na sentença penal condenatória, o juiz deverá converter a pena de reclusão em pena impeditiva de comparecimento às proximidades do estádio, bem como a qualquer local em que se realize evento esportivo, pelo prazo de 3 (três) meses a 3 (três) anos, de acordo com a gravidade da conduta, na hipótese de o agente ser primário, ter bons antecedentes e não ter sido punido anteriormente pela prática de condutas previstas neste artigo.
§ 3º A pena impeditiva de comparecimento às proximidades do estádio, bem como a qualquer local em que se realize evento esportivo, converter-se-á em privativa de liberdade quando ocorrer o descumprimento injustificado da restrição imposta.
§ 4º Na conversão de pena prevista no § 2º, a sentença deverá determinar, ainda, a obrigatoriedade suplementar de o agente permanecer em estabelecimento indicado pelo juiz, no

advento da Lei n. 12.299/2010 (Estatuto do Torcedor), comete o crime do 41-B da Lei n. 12.299/2010 (Estatuto do Torcedor) apenado com reclusão, de 1 a 2 anos, e multa, quem provoca tumulto em estádios ou ginásios, ou em suas imediações, por ocasião de evento esportivo, bem como quem invade local restrito aos competidores.

Classificação doutrinária: Infração comum; mera conduta; de forma ou execução livre; comissiva; instantânea; unissubjetiva; plurissubsistente.

Suspensão condicional do processo: É possível a suspensão condicional do processo.

Acordo de Não Persecução Penal: Em regra, não caberá o acordo de não persecução penal, se couber transação penal que tem cabimento nesta hipótese. Excepcionalmente, caso não preenchido os requisitos da transação penal, é que caberá acordo de não persecução penal, se presentes todos os requisitos legais do art. 28-A, do CPP.

Ação penal: Ação penal pública incondicionada.

Art. 41. Provocar alarma, anunciando desastre ou perigo inexistente, ou praticar qualquer ato capaz de produzir pânico ou tumulto:

Pena – prisão simples, de quinze dias a seis meses, ou multa, de duzentos mil réis a dois contos de réis.

Verbo nuclear: O tipo contravencional possui duas condutas. Os verbos nucleares são *provocar* e *praticar.* Eles estão destinados para cada uma das partes que integram o tipo.

1ª parte: *Provocar* é ser (a causa; motivo de algo; ocasionar; gerar; produzir); *provocar alarma* neste contexto é (dar origem ou causa à confusão; tumulto; aviso de perigo; alvoroço; terror; inquietação etc.); *anunciar* é (divulgar; informar; dar publicidade). **Desastre** é (tragédia ou acontecimento chocante; funesto; calamitoso ou de graves resultados ou proporções). **Perigo** é uma situação de risco. **Inexistente** é que não existe; que não aconteceu e nem está prestes a acontecer.

2ª parte: O verbo *praticar* corresponde a (levar a efeito; realizar; executar; cometer; exercer; fazer atos). Já *praticar qualquer ato capaz de produzir pânico ou tumulto* neste contexto é (encampar qualquer comportamento com a possibilidade de originar desespero de um número determinado ou indeterminado de pessoas ou tumulto entre elas). A doutrina ensina que não é necessário que o ato cause efetivamente tumulto ou pânico entre as pessoas. Se contenta apenas que os atos sejam potencialmente aptos para provocar esses resultados, por ser contravenção formal.

O meio de execução para a contravenção em estudo é variado, já que a conduta pode ser materializada por escrito, por telefone, oralmente etc.

Podemos exemplificar o falso alarma de fogo ou de bomba em determinado local.

Objeto jurídico: A paz pública; A segurança pública; A Ordem Pública.

Objeto material: É o tumulto gerado.

Sujeito ativo: Pode ser qualquer pessoa.

Sujeito passivo: A Sociedade; A Coletividade; O Estado.

Elemento subjetivo: É o dolo com a vontade livre e consciente de provocar o alarma ou outro ato qualquer que seja capaz de criar tumulto ou pânico.

Consumação: Tem-se a consumação com a efetiva criação do alarma ou perturbação.

Tentativa: Apesar de ser possível sugerir a "conatus" pela fragmentação dos atos na conduta de praticar, esta não é punível pela redação do art. 4º, da LCP.

Confronto do art. 41 da LCP x Lei de imprensa: Na hipótese de o meio empregado pelo agente seja através da imprensa (escrita, falada, televisiva etc.), estaria caracterizado, em tese, o crime do art. 16, I, da Lei n. 5.250/67. Todavia, o STF, por maioria dos seus Ministros, declarou no ano de 2009, toda a Lei da Imprensa como não recepcionada pela Constituição Federal, na Arguição de Descumprimento de Preceito Fundamental (ADPF) 130[62].

Classificação doutrinária: Infração comum; mera conduta; de forma ou execução livre; comissiva; instantânea; unissubjetiva; plurissubsistente.

período compreendido entre as 2 (duas) horas antecedentes e as 2 (duas) horas posteriores à realização de partidas de entidade de prática desportiva ou de competição determinada. § 5º Na hipótese de o representante do Ministério Público propor aplicação da pena restritiva de direito prevista no art. 76 da Lei no 9.099, de 26 de setembro de 1995, o juiz aplicará a sanção prevista no § 2º.'

62. Disponível em: <http://www.stf.jus.br/portal/cms/vernoticiadetalhe.asp?idconteudo=107402>.

Suspensão condicional do processo: É possível a suspensão condicional do processo.

Acordo de Não Persecução Penal: Em regra, não caberá o acordo de não persecução penal, se couber transação penal que tem cabimento nesta hipótese. Excepcionalmente, caso não preenchido os requisitos da transação penal, é que caberá acordo de não persecução penal, se presentes todos os requisitos legais do art. 28-A, do CPP.

Ação penal: Ação penal pública incondicionada.

Art. 42. Perturbar alguém o trabalho ou o sossego alheios:

I – com gritaria ou algazarra;

II – exercendo profissão incômoda ou ruidosa, em desacordo com as prescrições legais;

III – abusando de instrumentos sonoros ou sinais acústicos;

IV – provocando ou não procurando impedir barulho produzido por animal de que tem a guarda:

Pena – prisão simples, de quinze dias a três meses, ou multa, de duzentos mil réis a dois contos de réis.

Verbo nuclear: O verbo nuclear é **perturbar** alguém o trabalho ou o sossego alheios. *Perturbar* corresponde a (causar desordem, confusão, aborrecer, incomodar, atrapalhar). Primeiro ponto a ser destacado em nossos comentários é de que a expressão "alguém", utilizada pelo legislador, quis se referir ao agente da perturbação e não à vítima.

Dando sequência, entendemos que não basta que apenas uma pessoa sinta-se atingida pela perturbação, já que o tipo exige trabalho ou sossego "alheios". Ademais, para nós, a conduta de perturbar em atingido mais de uma pessoa, o tipo estará configurado, vez que a Lei se empregou o vocábulo "alheios" no plural.

Diga-se de passagem que, à perturbação do sossego da tranquilidade que venha a atingir apenas uma pessoa determinada, em regra, poderá configurar a contravenção do art. 65, da LCP.

Aliás, *datíssima máxima vênia*, não concordamos com a tese de que seja necessário um número reduzido ou considerável de pessoas atingidas com a perturbação e incomodadas, para tanto configurar o art. 42, da LCP. Para nós bastam que sejam incomodadas mais de uma pessoa, o que se enquadraria dentro da expressão "alheios", no plural. Obviamente, havendo um número reduzido de pessoas ou de considerável de pessoas que sejam atingidas com a perturbação e incomodadas isso poderá ser levado em conta pela extensão da conduta, até mesmo para eventual dosimetria de pena no art. 59, do CBP, mas não como requisito para configuração do tipo em estudo.

Entendemos também que não se deve levar em consideração a maior ou menor possibilidade de sujeição do incomodado frente à perturbação, pois o legislador não criou esse critério, não cabendo ao intérprete agir como legislador positivo.

Há quem defenda a necessidade de se considerar os costumes, a cultura de um povo etc., trazendo exemplificações de festas cívicas, carnaval, copa do mundo de futebol, serenatas. Essa doutrina[63] entende que o barulho referente à esses eventos festivos não configuraria a contravenção em apreço.

Passemos agora as formas trazidas pelo legislador:

I) *Gritaria ou algazarra*: Pode se materializar pela voz humana alta ou alvoroço. Em verdade, a gritaria é o barulho produzido pela voz do ser humano. Já a algazarra é um barulho produzido por qualquer outra forma, com exceção das formas previstas nos demais incisos). Podemos exemplificar em quebrar garrafas, bater ou usar instrumentos que produzam barulhos, chutar latas, bater panela, conversar alto etc.

II) *Exercício de profissão incômoda ou ruidosa*: para a incidência desta contravenção penal, é essencial que haja um diploma regulamentada as atividades laborais, através do poder público competente, com fixação do horário de funcionamento de indústrias, fábricas, igrejas, bares, restaurantes e quaisquer outros estabelecimentos comerciais; o limite dos ruídos entre outras particularidades.

Ademais, estamos diante de **norma penal em branco**, que exige complementação. Com isso, é crucial analisar: os códigos de posturas, regulamentos e outros atos normativos municipais, assim como a existência de autorização ou de licença, a região (se zona/setor comercial, zona/setor residencial ou zona/setor industrial) onde é produzido o barulho, o horário, qual o limite de decibéis admitido para a área, se o estabelecimento tem licença da municipalidade e se eventual licença admite funcionamento noturno entre outras variáveis.

63. Victor Eduardo Rios Gonçalves prega isso (GONÇALVES, 2011, p. 161).

Na hipótese de o estabelecimento atuar dentro das normas estabelecidas e que ainda sim estiver incomodando pessoas, não haverá, em tese, a contravenção, pois não faz sentido o Direito fomentar atividades que sigam rigorosamente todos os ditames legais e ao mesmo tempo responsabilizá-las pela tipicidade conglobante, já que se exige e aguarda de um ordenamento jurídico, o mínimo de harmonia, segurança jurídica e coerência.

Nessa situação, os concidadãos incomodados devem procurar as autoridades competentes (inclusive a instância legislativa e as técnicas) para procurar alterar a regulamentação e para cessar o eventual problema.

Por fim, embora não concordemos, a jurisprudência tem exigido habitualidade para fins de configuração da hipótese prevista nesse dispositivo.

III) *Abuso de instrumentos sonoros ou de sinais acústicos*: **Instrumentos sonoros** são aqueles aptos a emitirem ou produzir sons. **Sinais acústicos** são os mecanismos de emitirem os sons ou meios de propagação dos sons em um ambiente. Abrangem os apitos, sinos, buzinas entre outros. O legislador ordinário responsabiliza o agente contraventor pelo abuso de aparelhagem de som (instrumentos sonoros) ou dos meios de sinais acústicos que tenham à destinação específica de produzir efeitos sonoros.

IV) *Provocar ou não procurar impedir barulho provocado por animal de que tenha a guarda*: Esse inciso traz 02 (duas) formas típicas. A primeira forma se dá de modo ativo, em que há provocação do animal para que ele produza ou faça o barulho. A segunda forma é de modo omissivo, qual seja, não se impede que o animal produza ou faça o barulho.

O ruído é o som ou conjunto de sons desagradáveis, indesejáveis e perturbadores.

Já o som pode ser qualquer variação de pressão (na água, no ar, espaço entre outros) que o ouvido humano venha a captar.

Objeto jurídico: A paz pública.

Objeto material: É o trabalho ou sossego alheios referente a terceiros.

Sujeito ativo: Qualquer pessoa.

Sujeito passivo: A Sociedade; A Coletividade de forma primária. Secundariamente, as pessoas prejudicadas com essa perturbação.

Elemento subjetivo: É o dolo, apesar de existir posições na jurisprudência entendendo bastar à voluntariedade para o ato.

Consumação: A consumação se dá com a efetiva perturbação do trabalho ou sossego alheios.

Tentativa: Apesar de ser possível sugerir a "conatus" pela fragmentação dos atos na conduta de perturbar, esta não é punível pela redação do art. 4º, da LCP.

Classificação doutrinária: Infração comum; formal ou material a depender da corrente que se adotar; de forma ou execução vinculada; comissiva, mas excepcionalmente pode ter a modalidade omissiva quando não se impede o barulho pelo animal; instantânea; unissubjetiva; plurissubsistente.

Suspensão condicional do processo: É possível a suspensão condicional do processo.

Culto religioso e a poluição sonora contravencional: Apesar de ser assegurada a liberdade religiosa[64], assim como a liberdade de culto religioso,

64. Inegavelmente, a garantia do culto religioso se apresenta como um princípio constitucional, ventilado pela Constituição Federal, em seu art. 5º inciso VI, que diz o seguinte: "é inviolável a liberdade de consciência e de crença, sendo assegurado o livre exercício dos cultos religiosos e garantida, na forma da lei, a proteção aos locais de culto e a suas liturgias".
Contudo, para o exercício dos cultos religiosos é necessário a obedecer e harmonizar-se a outros dispositivos constitucionais e infralegais, entre eles temos o artigo 225 que nos dá as seguintes garantias:
"Art. 225. Todos têm direito ao meio ambiente ecologicamente equilibrado, bem de uso comum do povo e essencial à sadia qualidade de vida, impondo-se ao Poder Público e à coletividade o dever de defendê-lo e preservá-lo para as presentes e futuras gerações".
A Lei nº 10.406/02 que deu vida ao Código Civil Brasileiro, também trouxe disciplina para proibir abusos pela emissão sonora nos seus seguintes artigos:
"Art. 1.277. O proprietário ou o possuidor de um prédio tem o direito de fazer cessar as interferências prejudiciais à segurança, ao sossego e à saúde dos que o habitam, provocadas pela utilização de propriedade vizinha".
"Art. 1.279. Ainda que por decisão judicial devam ser toleradas as interferências, poderá o vizinho exigir a sua redução, ou eliminação, quando estas se tornarem possíveis".
Diante dessa tensão entre direitos, o culto religioso é protegido por nossa Constituição, todavia, a Lei Fundamental também protege a nossa saúde (direito à vida) e ao Meio Ambiente, e para isso a legislação infraconstitucional pátria fora instituída, visando justamente conciliar o exercício do culto religioso e garantir ao mesmo tempo o sossego e a paz pública no Meio Ambiente, sem que traga prejuízos para nenhum destes bens protegidos.
Apesar de apresentar em linha de princípio como algo não misturável, há a compatibilidade entre às opções musicais e sonoras (dentro do direito ao lazer), os exercícios dos cultos

suas liturgias entre outras variáveis, obviamente, não existem direitos ilimitados e absolutos no Estado Democrático Constitucional de Direito Humanos. Logo, é perfeitamente possível à incidência desta contravenção de poluição sonora (art. 65, da LCP ou até mesmo do art. 54, da Lei do Meio Ambiente, a depender do contexto). Assim, quando se tratar de culto religioso e a emissão dos ruídos prejudicarem os direitos alheios poderemos ter a contravenção em estudo e é esse o entendimento que a jurisprudência pátria e a doutrina vem aplicando na prática.

Para quem é cético quanto aos dos ruídos na saúde das pessoas, Paulo Affonso Leme Machado (2009, p.695) aborda que:

> Como efeitos do ruído sobre a saúde em geral registra-se sintomas de grande fadiga, lassidão, fraqueza. O rito cárdico acelera-se a pressão arterial aumenta. Quanto ao sistema respiratório, pode-se registrar dispneia e impressão de asfixia. No concernente ao aparelho digestivo, as glândulas encarregadas de fabricar ou de regular os elementos químicos fundamentais para o equilíbrio humano são atingidas (como supra-renais, hipófise etc.) (MACHADO, Paulo Affonso Leme. Direito ambiental brasileiro. 18. Ed. rev., atual. E ampl. São Paulo: Malheiros, 2009).

Vale gizar que, o incômodo ou perturbação estão relacionados aos efeitos diretamente produzidos pelos ruídos, sinais sonoros e acústicos sobre certas atividades, como por exemplo: a perturbação da conversação, da concentração mental, do repouso e dos lares residenciais (em sentido amplo).

Ademais, a existência e a dimensão do incômodo são determinadas pelo grau de exposição física e por outras variáveis a serem aferidas no caso concreto.

Celso Antonio Pacheco Fiorillo, destaca os efeitos dos ruídos da seguinte maneira (2012, p.326):

> De fato os efeitos dos ruídos não são diminutos. Informam os especialistas da área que ficar surdo é só uma das conseqüências. Diz-se que o resultado mais traiçoeiro ocorre em níveis moderados de ruído, porque lentamente vão causando estresse, distúrbios físicos, mentais e psicológicos, insônia e problemas auditivos. Além disso, sintomas secundários aparecem: Aumento da pressão arterial, paralisação do estômago e intestino, má irritação da pele e até mesmo impotência sexual (FIORILLO, Celso Antonio Pacheco. Curso de direito ambiental brasileiro. 13 Ed. rev., atual. E ampl. São Paulo: Saraiva, 2012).

Música ou show ao vivo em bares ou outros estabelecimentos congêneres: Entendemos que configura a contravenção de perturbação do trabalho ou sossego alheios, a conduta do proprietário, possuidor, gerente ou responsável pelo bar ou outros estabelecimentos congêneres que promovem apresentações de música (shows) ao vivo, causando barulho acima dos limites toleráveis, em horário impróprio. É irrelevante que se tenha à autorização para funcionamento do estabelecimento ou a mudança posterior da conduta do proprietário, possuidor, gerente ou responsável pelo bar.

Bares, boates, danceterias entre outros estabelecimentos congêneres: O abuso de instrumentos sonoros em casas de shows, boate e danceteria, conjugado ou não com gritaria ou algazarra, com à perturbando o sossego alheio de um número indeterminado de pessoas caracteriza contravenção penal em análise.

Questão do horário: Em regra, o horário pouco importará para fins de configuração da infração penal em estudo, já que a legislação não faz exigência e nem especifica qual seria esse horário, não podendo intérprete agir como legislador positivo. Pensamos que a única situação talvez passível de discussão, seja em relação ao incido II, do art. 42, da LCP, pois para a configuração do *exercício de profissão incômoda ou ruidosa* é essencial que haja um diploma regulamentando as atividades laborais, através do poder público competente, com fixação do horário de funcionamento de indústrias, fábricas, igrejas, bares, restaurantes e quaisquer outros estabelecimentos comerciais; o limite dos ruídos entre outras particularidades.

Estamos diante de **norma penal em branco**, que exige complementação. Com isso, é crucial analisar: os códigos de posturas, regulamentos e outros atos normativos municipais, assim como a existência de autorização ou de licença, a região (se zona/setor comercial, zona/setor residencial ou zona/setor

religiosos e ao direito ao silêncio para se proteger ao Meio Ambiente saudável e implicitamente à saúde (direito à vida).

Os adeptos das opções musicais e sonoras (dentro do direito ao lazer) e dos exercícios dos cultos religiosos podem perfeitamente usar de seus direitos, desde que não prejudiquem o direito a sadia qualidade de vida de seus vizinhos, vez que o abuso de direito é punido e o Estado deve estar atento a isso, pois não raras vezes esses abusos podem gerar um nível tão alto de estresse a desencadear que o vizinho (vítima) procure o seu vizinho poluidor, não suportando mas aquele incômodo para reclamar e nem sempre isso termina de forma pacífica (resultando em agressão ou até em morte).

O Estado Democrático de Direito, é garantidor dos direitos através da Carta Magna, contudo essa proíbe os abusos cometidos pelas as pessoas, trazendo soluções para os conflitos existentes na estrutura estatal.

industrial) onde é produzido o barulho, o horário, qual o limite de decibéis admitido para a área, se o estabelecimento tem licença da municipalidade e se eventual licença admite funcionamento noturno entre outras variáveis.

Confronto do art. 42 da LCP x Art. 65 da LCP: A diferença da perturbação do sossego do **art. 42 da LCP e art. 65 da LCP** é que o primeiro atinge um número indeterminado de pessoas, enquanto no segundo à perturbação da tranquilidade atinge pessoa determinada (**art. 65 da LCP**). Assim, dependerá do caso concreto para se tipificar a conduta.

Na análise dessas contravenções penais, a Autoridade Policial deverá examinar apenas o requisito quanto ao número de vítima em potencial, ou seja, a quantidade de pessoas afetadas pelo barulho.

Os dois dispositivos do **art. 42 da LCP e art. 65 da LCP** se distinguem por dois requisitos, um sendo quanto o número de vítimas (onde o para se aplicar o artigo 42 é necessário existir duas ou mais vítimas e para à aplicabilidade do artigo 65 é possível existir apenas uma) e o segundo requisito diz respeito à pena, porquanto no artigo 42 a pena pode chegar até os 3 (três) meses de prisão, e já no artigo 65 a pena é de 2 (dois) meses.

Na prática há Delegados de Polícia, Comandos da Polícia Militar, Membros do Ministério Público e do Poder Judiciário aplicando o entendimento "contra lege" de que para à persecução **art. 42 da LCP e art. 65 da LCP** é necessário à representação da vítima, o que *datíssima máxima vênia* está equivocado, pois pela redação do art. 17, da Lei nº 3.688/1941 é desnecessária à representação da vítima, visto que as contravenções penais são incondicionadas a representação, conforme o próprio artigo 17, que preconiza o seguinte: "Art. 17. A ação penal é pública, devendo a autoridade proceder de ofício".

(Des)necessidade de Perícia: O tema sofre certa oscilação na doutrina e jurisprudência. Ressaltamos de qualquer forma que, a perícia por ser prova técnica é sempre recomendável para solapar em regra qualquer dúvida e evitar discussões pueris tecnicamente demonstradas, exceto se o próprio laudo deixar margem para questionamentos. Pensamos que o laudo pericial é dispensável, desde que haja outro meio hábil de prova, como, por exemplo, a prova testemunhal, áudios, vídeos entre outros abaixo comentados.

Em reforço ao nosso entendimento, embora não seja do caso específico, a divergência existente sobre a (des)necessidade de prova pericial para se constatar a poluição sonora, foi decidido pelo Supremo Tribunal Federal no caso de crime de poluição sonora que o laudo pericial é dispensável, desde que haja outro meio hábil de prova. Ao menos esse raciocínio condutor do STF, analogicamente pode ser aplicado aqui em sede de contravenção penal, conforme traz o seguinte julgado:

> Ementa: RECURSO ORDINÁRIO EM HABEAS CORPUS. PENAL. PROCESSUAL PENAL. CRIME AMBIENTAL. POLUIÇÃO SONORA. AUSÊNCIA DE PROVA PERICIAL. ALEGAÇÃO DE NULIDADE DA SENTENÇA CONDENATÓRIA. INSUBSISTÊNCIA. NÃO PROVIMENTO DO RECURSO.
>
> I – Nulidade da sentença condenatória em virtude da não realização da prova pericial visando à comprovação da prática de crime ambiental (poluição sonora).
>
> II – Alegação insubsistente, pois, conforme assentou o acórdão impugnado, a materialidade do delito foi comprovada pela prova testemunhal.
>
> III – Esse entendimento vai ao encontro de jurisprudência consolidada desta Corte no sentido de que embora a **produção da prova técnica seja necessária para esclarecer situações de dúvida objetiva acerca da existência da infração penal, o seu afastamento é sistemático e teleologicamente autorizado pela legislação processual penal nos casos em há nos autos outros elementos idôneos aptos a comprovar a materialidade do delito"** (HC 108.463/MG, Rel. Min. Teori Zavascki).
>
> IV – Recurso ordinário não provido [grifos nossos] (STF – RHC 117465 – DF, Segunda Turma, relator Min. Ricardo Lewandowski. Data de julgamento: 04/02;2014).

E mais agora pelo STJ, em decisão recente no sentido de dispensabilidade da perícia (STJ - EREsp 1417279/SC, Rel. Ministro JOEL ILAN PACIORNIK, TERCEIRA SEÇÃO, julgado em 11/04/2018, DJe 20/04/2018). Nesta direção, o Superior Tribunal de Justiça já decidiu que:

> Ementa Oficial
>
> DIREITO PENAL E PROCESSUAL PENAL. EMBARGOS DE DIVERGÊNCIA. DISSÍDIO CONFIGURADO. CRIME DO ART. 54 DA LEI N. 9.605/98. AUTORIA E MATERIALIDADE COMPROVADAS. NATUREZA FORMAL DO DELITO. REALIZAÇÃO DE PERÍCIA. DESNECESSIDADE. POTENCIALIDADE DE DANO À SAÚDE. EMBARGOS DE DIVERGÊNCIA PROVIDOS. RECURSO ESPECIAL DESPROVIDO. 1. O delito previsto na primeira parte do artigo 54 da Lei n. 9.605/1998 possui natureza formal, sendo suficiente a potencialidade de dano à saúde humana para configuração da conduta delitiva, não se exigindo, portanto, a realização de perícia. Embargos de Divergência providos, recurso especial desprovido. (STJ - EREsp 1417279/SC, Rel. Ministro JOEL ILAN PACIORNIK, TERCEIRA SEÇÃO, julgado em 11/04/2018, DJe 20/04/2018)

Ora, apesar da variação de fundamentação das Cortes Superiores em que o resultado de qualquer forma converge pela dispensabilidade da perícia, o raciocínio é o seguinte: se em crime que é mais grave ("plus": mais), o STF e STJ não exigem a perícia por motivações e fundamentos diferentes, desde que haja outros meios idôneos para demonstrar os fatos (ou que realmente a infração seja formal), com maior razão na contravenção que é "minus" (menos) não há que se exigir a perícia, como condição única para ensejar condenação ou demonstração dos fatos.

Confronto do art. 54 da Lei do Meio Ambiente x art. 42, da Lei das Contravenções Penais (Poluição Sonora): Com o veto do art. 59 da Lei em estudo, a doutrina entende que permanece em vigência o art. 42, da Lei das Contravenções Penais no que toca à poluição sonora. Contudo, se à poluição sonora for de modo que resulte ou possa resultar em danos à saúde humana ou que provoque a mortandade de animais ou destruição significativa da flora, incidirá o crime do art. 54 da Lei do Meio Ambiente.

Outras provas para fins de comprovação: Na aplicação da contravenção penal por perturbação do sossego alheio a prova testemunhal, é por si só, prova cabal para que se aplique as medidas cabíveis para aqueles que se voltem contra a paz pública e os sossegos alheios.

O recomendável é que nessas situações, com o acionamento da força policial, haja apreensão dos instrumentos ou dos objetos responsáveis pelo som, se for a hipótese. Isso reforçará a prática da contravenção em tela.

Outrossim, é recomendável que as pessoas incomodadas gravem áudios, imagens (fotografias) e vídeos sobre os ruídos, algazarras, gritarias, efeitos sonoros ou acústicos, sejam por meio de celulares entre outros equipamentos.

Há também a possibilidade de acionar um tabelião ou oficial para acompanhar os ruídos, algazarras, gritarias, efeitos sonoros ou acústicos e consignar em ata notarial.

Eventual celebração de termo de ajustamento de conduta (TAC) com órgão ambiental impede a instauração de ação penal? Apesar de na prática ser de difícil visualização essa celebração de termo de ajustamento de conduta (TAC) com órgão ambiental, em sede de contravenção penal, e apesar também de existir vozes na doutrina pregando isso para fins de crime (em que o cenário muda de panorama), nos valemos mais uma vez do raciocínio de comparação, o STJ e a maioria da doutrina entendem que assinatura do termo de ajustamento de conduta com órgão ambiental não impede a instauração de ação penal (Informativo nº 625 do STJ: Corte Especial - APn 888-DF, Rel. Min. Nancy Andrighi, por unanimidade, julgado em 02/05/2018, DJe 10/05/2018). É óbvio que, o caso concreto do julgado acima, trata de crime ambiental, mas pensamos que a premissa é aplicada aqui também com maior razão. O argumento central é da independência de instâncias em regra, ou seja, a adoção de providências em determinado âmbito de atuação em regra não tem efeitos impeditivos sobre outros procedimentos nas demais esferas. Essa regra só é excepcionada quando o juízo criminal a reconhecer a inexistência do fato ou negativa de autoria. Afora tais situações, a regra é a independência das instâncias.

O Termo de Ajustamento de Conduta (TAC) nada mais é do que a possibilidade de os órgãos públicos legitimados celebrarem acordos com interessados, como forma de atender às exigências legais, mediante cominações, que terá eficácia de título executivo extrajudicial.

Assim, se remotamente for possível uma celebração de termo de ajustamento de conduta (TAC) com órgão ambiental, **em contravenção de poluição sonora, o mesmo raciocínio acima pela impossibilidade de** impedir a instauração de ação penal **deve ser aplicado, pois** se em crime que é mais grave ("plus": mais), essa é a posição (**impossibilidade de o acordo** impedir a instauração de ação penal), com maior razão deve ser na contravenção que é "minus" (menos).

Acordo de Não Persecução Penal: Em regra, não caberá o acordo de não persecução penal, se couber transação penal que tem cabimento nesta hipótese. Excepcionalmente, caso não preenchido os requisitos da transação penal, é que caberá acordo de não persecução penal, se presentes todos os requisitos legais do art. 28-A, do CPP.

Ação penal: Ação penal pública incondicionada.

CAPÍTULO V

DAS CONTRAVENÇÕES REFERENTES À FÉ PÚBLICA

Art. 43. Recusar-se a receber, pelo seu valor, moeda de curso legal no país:

Pena – multa, de duzentos mil réis a dois contos de réis.

Verbo nuclear: O verbo nuclear do tipo contravencional é *recusar-se* a receber, pelo seu valor, moeda de curso legal no país. *Recusar-se* significa (não aceitar; inadmitir; refugar, não admitir; rejeitar; negar; opor-se; resistir a). Estamos diante de crime omissivo para parcela da doutrina (Ricardo Antonio Andreucci)[65], pois o Estado, de forma coercitiva, impõe a todos os cidadãos que ninguém pode recusar essa moeda, seja de papel ou de metal em curso, porque o direito de pagar corresponde à obrigação de receber. O art. 1º, *caput*, do Decreto-lei 857/1969 reputa como nulo qualquer contrato, título ou documento que limite ou recuse o pagamento em moeda em curso legal no país.

Valor legal: O valor legal é aquele indicado na própria moeda (papel ou metal).

Moeda estrangeira: A moeda estrangeira pode ser recusada, porquanto não é tido como moedas em curso no país, nos termos do art. 1º, *caput*, do Decreto-lei 857/1969.

Recusa ilegítima: Para a configuração desta contravenção, a recusa deve ser ilegítima, ou seja, não razoável e nem justificável.

A **recusa legítima** se apresenta quando a moeda, em papel ou metal, estiver fora dos padrões admitidos pela casa da moeda, como por exemplo, estiver rasgada, com numeração de série apagada, com peso inferior etc.

A **suspeita de falsidade** da moeda é uma recusa legítima, já que sua inidoneidade de falsidade não pode obrigar o destinatário a ser obrigado a receber, podendo ser recusada nesta hipótese.

Títulos de cheques: Não se equiparam também a moedas legal, com isso, a recusa em recebê-lo não faz configurar a contravenção em estudo.

Aceitação de moeda com valor inferior ao nela declarado: Em caso de aceitação da moeda como condição de que valor seja inferior à própria expressão nela contida, há a configura a contravenção penal.

Registre-se oportunamente que apenas e tão somente a União pode emitir moeda (art. 21, VII, da CF/88).

Objeto jurídico: A proteção das relações econômicas. A validade do curso da moeda em vigor.

Objeto material: É a moeda em curso legal do país.

Sujeito ativo: Qualquer pessoa.

Sujeito passivo: O Estado.

Elemento subjetivo: É o dolo.

Consumação: Se dá com a recusa ou aceitação da moeda por valor inferior.

Tentativa: Não é possível e nem é punida pelo art. 4º, da LCP.

Classificação doutrinária: Infração comum; mera conduta; de forma ou execução livre; comissiva para parte da doutrina (Guilherme de Souza Nucci) e omissiva para outra parte da doutrina (Ricardo Antonio Andreucci); instantânea; unissubjetiva; unissubsistente ou plurissubsistente a depender da situação.

Suspensão condicional do processo: É possível.

Acordo de Não Persecução Penal: Em regra, não caberá o acordo de não persecução penal, se couber transação penal que tem cabimento nesta hipótese. Excepcionalmente, caso não preenchido os requisitos da transação penal, é que caberá acordo de não persecução penal, se presentes todos os requisitos legais do art. 28-A, do CPP.

Ação penal: Ação penal pública incondicionada.

Art. 44. Usar, como propaganda, de impresso ou objeto que pessoa inexperiente ou rústica possa confundir com moeda:

Pena – multa, de duzentos mil réis a dois contos de réis.

Verbo nuclear: O verbo nuclear é *usar* como propaganda, de impresso ou objeto que pessoa inexperiente ou rústica possa confundir com moeda. *Usar* corresponde a (utilizar; empregar; fazer uso de propaganda, de impresso ou objeto que pessoa inexperiente ou rústica possa confundir com moeda).

Não é necessário que o agente ativo distribua grandes quantidades de panfletos, cartões, anúncios entre outros, bastando apenas um para atrair a incidência do tipo contravencional.

A **moeda** para fins do tipo pode ser tanto a moeda nacional como estrangeira.

Ademais, a **imitação de moeda** por si só não constitui ilícito penal, vez que é necessário ainda que

65. E para outra parcela da doutrina comissiva, por dar ideia de ação, segundo Guilherme de Souza Nucci.

isso venha causar confusão em pessoa inexperiente ou rústica.

Por **pessoa inexperiente** devemos compreender a pessoa ingênua, inocente, crédula.

Quanto à expressão **pessoa rústica** devemos entender aquela pessoa sem estudo, com desconhecimento, rude, ignorante, sem instrução, grosseira.

Objeto jurídico: A fé pública. A validade com a perfeita circulação da moeda em curso.

Objeto material: É o impresso ou objeto semelhante com a moeda.

Sujeito ativo: Qualquer pessoa, por se tratar de infração penal comum.

Sujeito passivo: O Estado.

Elemento subjetivo: É o dolo.

Consumação: A consumação se dá com o uso do impresso ou objeto.

Exame pericial: É essencial para materializar à infração penal em estudo.

Tentativa: Não é possível e nem é punida pelo art. 4º, da LCP.

Utilizar panfletos de protestos: Utilizar panfletos em forma de protestos não configura a infração penal em análise, ainda que sejam papéis semelhantes à moeda autêntica.

Conflito do art. 44 da LCP x art. 171, *caput*, do CPB: Em caso de confronto do art. 44 da LCP x art. 171, *caput*, do CPB, por moeda grosseiramente falsa, com o objetivo de obter vantagem ilícita em prejuízo alheio teremos o crime do art. 171, do CPB, segundo inteligência da Súmula nº 73, do STJ.

Conflito do art. 44 da LCP x art. 289, *caput*, do CPB: Em hipótese de **mera imitação,** teremos à contravenção em exame, vez que esta cuida da mera imitação da moeda. De outro lado, se estivermos diante de falsificação, haverá à configuração do crime do art. 289 do Código Penal Brasileiro.

Classificação doutrinária: Infração comum; mera conduta; de forma ou execução livre; comissiva; instantânea; unissubjetiva; plurissubsistente.

Suspensão condicional do processo: É possível.

Acordo de Não Persecução Penal: Em regra, não caberá o acordo de não persecução penal, se couber transação penal que tem cabimento nesta hipótese. Excepcionalmente, caso não preenchido os requisitos da transação penal, é que caberá acordo de não persecução penal, se presentes todos os requisitos legais do art. 28-A, do CPP.

Ação penal: Ação penal pública incondicionada.

Art. 45. Fingir-se funcionário público:

Pena – prisão simples, de um a três meses, ou multa, de quinhentos mil réis a três contos de réis.

Verbo nuclear: O verbo do tipo é *fingir(-se)* funcionário público, que corresponde a (simular; aparentar; passar por algo). Os exemplos que podemos trazer são: o agente que se passa fingindo ou simulando ser Delegado de Polícia; Promotor de Justiça; Juiz de Direito. Quanto à necessidade ou não de reiteração do ato (habitualidade), a doutrina se divide. Para Victor Eduardo Rios Gonçalves[66], a configuração da contravenção não exige à reiteração ou continuidade de condutas, bastando uma ação para consumá-la (GONÇALVES, 2011). No mesmo sentido, Ricardo Antonio Andreucci, para quem o tipo é infração de mera conduta, pouco importando o objetivo do agente[67]. A qualidade da simulação deve ter o condão de induzir em erro a Autoridade ou um número indeterminado de pessoas.

Objeto jurídico: A fé pública.

Objeto material: Recai sobre o cargo, emprego ou função pública.

Sujeito ativo: Qualquer pessoa. A infração pode ser praticada até por funcionário público que finja possuir função diversa da que realmente exerce.

Sujeito passivo: O Estado; A Coletividade.

Elemento subjetivo: É o dolo.

Elemento normativo do tipo: A expressão **"funcionário público"** é elemento normativo do tipo, devendo se buscar esse conceito dentro daquela redação do art. 327 do Código Penal Brasileiro[68]. O

66. Op. cit. p., 164.
67. Op. cit. p., 596.
68. **Art. 327** - Considera-se funcionário público, para os efeitos penais, quem, embora transitoriamente ou sem remuneração, exerce cargo, emprego ou função pública.
Parágrafo único. Equipara-se a funcionário público quem exerce cargo, emprego ou função em entidade paraestatal.
§ 1º - Equipara-se a funcionário público quem exerce cargo, emprego ou função em entidade paraestatal. (Parágrafo único renumerado pela Lei nº 6.799, de 1980)
§ 1º - Equipara-se a funcionário público quem exerce cargo, emprego ou função em entidade paraestatal, e quem trabalha

"funcionário público" pode ser da esfera federal, estadual ou municipal.

Consumação: Ocorre com o ato de simulação ou de fingimento ser funcionário público.

Tentativa: Apesar de visualizar possível fragmentação dos atos, por ser infração plurisssubsistente, a tentativa não é punida pelo art. 4º, da LCP.

Confronto do art. 45 da LCP x Crime de Falsa Identidade (art. 307, do CPB): Em caso do crime sob "nomem iuris" de falsa identidade (art. 307 do CPB), o agente assume a personalidade (identidade) de outrem, atribuindo-se a aludida identidade para proveito próprio ou alheio ou para causar dano a outrem. Já na contravenção penal em comento, o agente se limita a fingir, simular ou aparentar ser funcionário público.

Confronto do art. 45 da LCP x Art. 324 do CPB: Caso alguém venha entrar no exercício da função pública antes da satisfeitas as condições legais ou continua a exercê-la, com afronta às formalidades legais, haverá incidência do art. 324, do CPB[69].

Confronto do art. 45 da LCP x Usurpação de função pública (art. 328, do CPB): Na hipótese do crime de usurpação de função pública (art. 328 do CP), o agente ingressa aos quadros da Administração Pública sem investidura formal, onde passa a ocupar um lugar e se introduz irregularmente no aparelhamento do Estado. De outro lado, na contravenção em estudo, o agente se limita apenas a fingir, aparentar e simular ser funcionário público, fora dos quadros da administração e do aparelhamento estatal.

Há doutrina que explica isso de forma diferente para se chegar a mesma conclusão. Vejamos a doutrina de Victor Eduardo Rios Gonçalves:

> Se o agente se limita a passar por funcionário público, sem assumir especificamente a função de qualquer funcionário e sem praticar atos inerentes ao cargo, pratica a contravenção. Se vai além, chegando a praticar atos próprios e exclusivos da função pública, pratica crime de usurpação de função pública, previsto no art. 328 do Código Penal. Se o agente se faz passar por policial militar, ameaça prender alguém por um fato qualquer e exige dinheiro para não o fazer, o crime será o de extorsão (art. 158 do CP), por ter havido grave ameaça (GONÇALVES, 2011, p. 164).

Confronto do art. 45 da LCP x Estelionato (art. 171, do CPB): Em hipótese de existir objetivo de obter para si ou para outrem, vantagem ilícita, em prejuízo alheio, induzindo ou mantendo alguém em erro, mediante artifício, ardil, ou qualquer outro meio fraudulento, teremos o crime de estelionato (art.171 do CPB).

Confronto do art. 45 da LCP x Art. 46 da LCP: A diferença entre à contravenção do art. 45 da LCP e do art. 46 da LCP é que aquela do art. 45 da LCP admite qualquer modo de execução, tais como palavras, gestos, escritos entre outros, enquanto se o agente, vir a usar, publicamente, uniforme ou distintivo de função pública que não exerce, incidirá na contravenção do art. 46, da LCP.

Confronto do art. 45 da LCP x Extorsão (art. 158 do CP): Se o agente vir a praticar atos próprios e exclusivos da função pública, se passando por policial, materializando um constrangimento dirigido a alguém, mediante violência ou grave ameaça, e com o intuito de obter para si ou para outrem indevida vantagem econômica, a fazer, tolerar que se faça ou deixar de fazer alguma coisa (com exigência de dinheiro para não realizar à prisão), teremos, em tese, o crime de extorsão (art. 158 do CPB), por ter havido violência ou grave ameaça e o objetivo de obter para si ou para outrem vantagem econômica indevida[70].

Confronto do art. 45 da LCP x Uso de Documento Falso (art. 297, do CPB ; art. 299, do CPB e art. 304, do CPB): Na hipótese de ser usado ou confeccionado documento falso, a depender do caso poderemos ter a incidência do art. 297, do CPB ; art. 299, do CPB e art. 304, do CPB.

---

para empresa prestadora de serviço contratada ou conveniada para a execução de atividade típica da Administração Pública. (Incluído pela Lei nº 9.983, de 2000)

69. **Art. 324** - Entrar no exercício de função pública antes de satisfeitas as exigências legais, ou continuar a exercê-la, sem autorização, depois de saber oficialmente que foi exonerado, removido, substituído ou suspenso:
Pena - detenção, de quinze dias a um mês, ou multa.

70. **Art. 158** - Constranger alguém, mediante violência ou grave ameaça, e com o intuito de obter para si ou para outrem indevida vantagem econômica, a fazer, tolerar que se faça ou deixar de fazer alguma coisa:
Pena - reclusão, de quatro a dez anos, e multa.
§ 1º - Se o crime é cometido por duas ou mais pessoas, ou com emprego de arma, aumenta-se a pena de um terço até metade.
§ 2º - Aplica-se à extorsão praticada mediante violência o disposto no § 3º do artigo anterior. Vide Lei nº 8.072, de 25.7.90
§ 3º Se o crime é cometido mediante a restrição da liberdade da vítima, e essa condição é necessária para a obtenção da vantagem econômica, a pena é de reclusão, de 6 (seis) a 12 (doze) anos, além da multa; se resulta lesão corporal grave ou morte, aplicam-se as penas previstas no art. 159, §§ 2º e 3º, respectivamente. (Incluído pela Lei nº 11.923, de 2009)

Confronto do art. 45 da LCP x Art. 345, do CPB (Exercício Arbitrário das Próprias Razões): Na hipótese de o agente fingir a qualidade de funcionário público para realizar justiça com as próprias mãos (com o exercício ilegal de uma pretensão legítima, se terá o delito do art. 345, do CPB (Exercício Arbitrário das Próprias Razões).

Classificação doutrinária: Infração comum; mera conduta; de forma ou execução livre; comissiva; instantânea; unissubjetiva; plurissubsistente.

Suspensão condicional do processo: É possível.

Acordo de Não Persecução Penal: Em regra, não caberá o acordo de não persecução penal, se couber transação penal que tem cabimento nesta hipótese. Excepcionalmente, caso não preenchido os requisitos da transação penal, é que caberá acordo de não persecução penal, se presentes todos os requisitos legais do art. 28-A, do CPP.

Ação penal: Ação penal pública incondicionada.

> **Art. 46. Usar, publicamente, de uniforme, ou distintivo de função pública que não exerce; usar, indevidamente, de sinal, distintivo ou denominação cujo emprego seja regulado por lei. (Redação dada pelo Decreto-Lei nº 6.916, de 2.10.1944)**
>
> **Pena – multa, de duzentos a dois mil cruzeiros, se o fato não constitui infração penal mais grave. (Redação dada pelo Decreto-Lei nº 6.916, de 2.10.1944)**

Verbo nuclear: O verbo nuclear *usar* se divide em 02 (dois) momentos no art. 46, da LCP. O tipo contravencional dispõe **"usar, publicamente, de uniforme, ou distintivo de função pública que não exerce; usar, indevidamente, de sinal, distintivo ou denominação cujo emprego seja regulado por lei"**. *Usar* corresponde a (utilizar; empregar; portar; vestir; fazer).

Uniforme significa a indumentária, traje, fardamento ou vestimenta privativo de instituição; de uma classe ou categoria – aqui de função pública.

Distintivo corresponde ao sinal identificador e distinção de uma qualidade relacionada com emprego do setor público.

A expressão **publicamente** é o elemento espacial do tipo penal, que traduz em lugar público; acessível ao público ou à vista de todos.

No **emprego do sinal, distintivo ou denominação regulado por lei** exige que exista uma regulamentação legal sobre o emprego do sinal, distintivo ou denominação, sob pena de não configura a segunda parte, do tipo contravencional em exame.

O mero porte de uniforme, ou distintivo de função pública que não exerce não é idôneo para configurar o tipo contravencional.

O tipo contravencional do art. 46, da LCP é subsidiário (critério da subsidiariedade), ou seja, somente se aplica, caso não ocorra crime mais grave.

Objeto jurídico: A fé pública.

Objeto material: É o uniforme, distintivo, sinal ou denominação de emprego disciplinado em lei.

Sujeito ativo: Qualquer pessoa, inclusive o próprio funcionário público caso utilize uniforme ou distintivo que não exerce.

Sujeito passivo: O Estado; A Coletividade primariamente. De forma secundária, podemos ter o órgão ou entidade em que o uniforme, distintivo, sinal ou denominação foi empregado indevidamente.

Elemento subjetivo: É o dolo.

Elemento normativo do tipo: A expressão **"função pública"** é elemento normativo do tipo, devendo se buscar esse conceito.

A **"função pública"** pode ser da esfera federal, estadual ou municipal.

Consumação: Teremos à consumação no caso havendo o efetivo uso do uniforme ou distintivo de forma publica de função que não exerce; ou ainda com o efetivo uso de sinal, distintivo ou denominação em descompasso com à regulamentação legal.

Tentativa: Apesar de visualizar possível fragmentação dos atos, por ser infração plurisssubsistente, a tentativa não é punida pelo art. 4º, da LCP.

Confronto do Art. 46 da LCP x art. 45 da LCP: A diferença entre à contravenção do art. 45 da LCP e do art. 46 da LCP é que aquela do art. 45 da LCP admite qualquer modo de execução, tais como palavras, gestos, escritos entre outros, enquanto se o agente, vir a usar, publicamente, uniforme ou distintivo de função pública que não exerce, incidirá na contravenção do art. 46, da LCP. Assim, se o agente usar o uniforme simplesmente por usa, sem maiores consequências e sem intuito de fingir-se ou simular-se funcionário público, teremos a contravenção do art. 46, da LCP. Já de outra banda, se o intuito do agente, ao utilizar o uniforme, for o de fingir-se funcionário público, simulando essa qualidade, teremos a contravenção do art. 45, da LCP.

Confronto do Art. 46 da LCP x art. 296, § 1º, inciso III, do CPB: Referente ao uso de distintivo, a contravenção em análise está revogada tacitamente pelo art. 296, § 1º, inciso III, do CPB (redação dada pela Lei nº 9.983/2000).

Confronto do art. 46 da LCP x Uniforme, insígnia ou distintivo militar (art. 171 do CPM): Na hipótese de uso de uniforme ou distintivo militar haverá o crime militar previsto no art. 171 do CPM, pelo princípio da especialidade.

Confronto do art. 46 da LCP x Uniforme, insígnia ou distintivo militar (art. 172 do CPM): Na hipótese de uso de uniforme ou distintivo militar haverá o crime militar previsto no art. 172 do CPM, pelo princípio da especialidade.

Competência em caso "função pública" ser da esfera federal: A competência em caso da **"função pública"** ser da esfera federal não será da Justiça Federal, mas da Justiça Estadual, porquanto em regra[71] a Justiça Federal não processa e julga contravenção (art. 109, IV, da CF/88 e Súmula 38 do STJ).

Classificação doutrinária: Infração comum; mera conduta; de forma ou execução livre; comissiva; instantânea; unissubjetiva; plurissubsistente.

Suspensão condicional do processo: É possível.

Acordo de Não Persecução Penal: Em regra, não caberá o acordo de não persecução penal, se couber transação penal que tem cabimento nesta hipótese. Excepcionalmente, caso não preenchido os requisitos da transação penal, é que caberá acordo de não persecução penal, se presentes todos os requisitos legais do art. 28-A, do CPP.

Ação penal: Ação penal pública incondicionada.

CAPÍTULO VI

DAS CONTRAVENÇÕES RELATIVAS À ORGANIZAÇÃO DO TRABALHO

Art. 47. Exercer profissão ou atividade econômica ou anunciar que a exerce, sem preencher as condições a que por lei está subordinado o seu exercício:

Pena – prisão simples, de quinze dias a três meses, ou multa, de quinhentos mil réis a cinco contos de réis.

Verbos nucleares: Os verbos nucleares são *exercer* ou *anunciar*. O tipo preconiza que **"exercer profissão ou atividade econômica ou anunciar que a exerce, sem preencher as condições a que por lei está subordinado o seu exercício"** faz surgir à infração em estudo. *Exercer* é (praticar; exercitar, realizar); *anunciar* significa (divulgar; noticiar; pôr anúncio de; publicar; fazer conhecer; fazer saber; comunicar). Não se exige a finalidade lucrativa para o tipo em cartaz. Ademais, por ser infração de perigo, para a sua configuração não depende de existência de prejuízo. O direito constitucional a liberdade do trabalho encontra assento no art. 5º, XIII da Constituição Federal que assegura o seguinte "é livre o exercício de qualquer trabalho, ofício ou profissão, atendidas as qualificações profissionais que a lei estabelecer".

Caso a profissão ou atividade exercida não seja regulamentada em lei, não há a contravenção (estaremos diante de fato atípico).

Quanto à habitualidade esta é exigida[72], em face da expressão "exercer"[73]que vem de "exercício", conquanto existam posicionamentos contrários tanto na jurisprudência quanto na doutrina. Exemplos: advocacia, taxista[74], segurança (ou vigilante), corretor de imóveis. Já na expressão anunciar a infração é instantânea, se contentando com o mero anúncio por si só para ocorrer a contravenção penal do art. 47, da LCP.

Objeto jurídico: Tutela-se o interesse social para que certas profissões sejam exercidas apenas e tão somente por pessoas que reúnam os atributos e qualificações previstos em lei. Assim, protege-se as classes profissionais e econômicas.

Objeto material: É a profissão ou atividade que é exercida ou anunciada.

Sujeito ativo: Qualquer pessoa.

Sujeito passivo: O Estado; A Coletividade primariamente. De forma secundária, podemos a

71. Alertamos para a exceção em tópico introdutório dos nossos comentários para onde remetemos o leitor.

72. Ricardo Antonio Andreucci entende pela habitualidade sem fazer distinção dos verbos. Op. cit. p., 598.

73. Luiz Flávio Gomes e Silvio Maciel faz a distinção da necessidade de habitualidade dos verbos "exercer" e "anunciar", o primeiro sendo habitual e o segundo sendo instantâneo (e de mera conduta). Op. cit. p., 146.

74. Há 2 posições para os taxistas. A 1ª corrente prega ser a contravenção penal do art. 47, da LCP, caso não se observe a lei para o exercício da profissão. Já uma 2ª corrente sustenta não ser infração penal, caso o agente que esteja no exercício da profissão não se observe a lei para tanto. A primeira corrente é que nos filiamos.

classe profissional ou econômica prejudicada pelo exercício ilegal da atividade e até mesmo a pessoa possivelmente prejudicada, por pessoa inabilitada formalmente para tanto.

Elemento subjetivo: É o dolo.

Norma penal em branco: O tipo necessita de complementação, visto que as profissões ou atividade devem estar reguladas em lei.

Para outra doutrina (Damásio Evangelista de Jesus) a expressão "**sem preencher as condições a que por lei está subordinado o seu exercício**"[75]é **elemento normativo do tipo.**

Consumação: Se dá com a realização do ato ou com o anúncio.

Tentativa: Apesar de visualizar possível fragmentação dos atos, por ser infração plurisssubsistente, a tentativa não é punida pelo art. 4º, da LCP.

Exercício da advocacia: O exercício da advocacia sem observância das condições exigidas pela Lei nº 8.906/1994 (Estatuto da Ordem dos Advogados do Brasil), fará incidir à contravenção em apreço do art. 47, da LCP.

Advogado suspenso ou impedido: O STF[76] e o STJ[77] entende que se o advogado exercer à advocacia no período de suspensão ou impedimento, incidirá na contravenção do art. 47, da LCP. Essa é a nossa posição também sobre o assunto.

Todavia, a doutrina alerta para um entendimento isolado de que o advogado que vir a exercer à advocacia no período de suspensão responderá pelo crime do art. 205, do CPB[78].

Confronto do art. 47 da LCP x O exercício ilegal da medicina, dentista, farmácia: Tem-se o crime do art. 282 do CP, caso a conduta seja de "exercer" quaisquer das profissões de medicina, dentista e farmacêutico. Do outro lado, caso a conduta seja apenas de "anunciar" que exerce quaisquer das profissões de medicina, dentista e farmacêutico teremos a contravenção do art. 47, da LCP.

Confronto do art. 47 da LCP x Profissão de enfermeiro(a): A prática da conduta de profissão de enfermeiro não configura o crime do art. 282, do CPB, porque não prevê expressamente essa profissão. Assim, remanesce a contravenção do art. 47, da LCP.

Confronto do art. 47 da LCP x Estelionato (art. 171, do CPB): Em hipótese de existir objetivo de obter para si ou para outrem, vantagem ilícita, em prejuízo alheio, induzindo ou mantendo alguém em erro, mediante artifício, ardil, ou qualquer outro meio fraudulento, teremos o crime de estelionato (art.171 do CPB). Exemplo: Pessoa que anuncia ser advogado (quando não é) e recebe de forma antecipada os honorários e desaparece, incide no crime de estelionato.

Confronto do art. 47 da LCP x Prática de comércio de pedras e metais preciosos (ourives): A pessoa pode praticar o comércio de pedras e metais preciosos (ourives) de forma tranquila, pois não há exigência da lei de requisitos para exercê-la. Nesse caso, não se tem a contravenção do art. 47, da LCP.

Confronto do art. 47 da LCP x Profissão de mototaxista: Como foi regulamentada a profissão de mototaxista pela Lei 12.009/2009 em que se exige requisitos para exercê-la, pensamos configurar a infração penal em análise, caso não se amolde às exigências e ainda sim o agente venha a exercer a profissão de mototaxista. Antes do advento da Lei 12.009/2009, algumas Leis estaduais que visavam regulamentar foram declaradas inconstitucionais pelo STF, sob o argumento de que a competência para legislar sobre normas de trânsito em transporte é privativa da União.

Confronto do art. 47 da LCP x Art. 205, do CPB: Caso o agente venha exercer atividade ao qual está impedido por decisão administrativa, incorrerá no crime do art. 205, do CPB.

Confronto do art. 47 da LCP x Art. 359 do CPB: Caso o agente venha exercer atividade ao qual está suspenso ou privado por decisão judicial, incorrerá no crime do art. 359 do CPB.

MACETE: Se a contravenção do art. 47 da LCP estiver em confronto com algum crime, restará absorvida pelo delito.

Confronto do art. 47 da LCP x Flanelinha/ Lavador de Carros e Guardadores de Carros: A jurisprudência do STJ já sedimentou o entendimento de não se enquadrar na contravenção do art. 47 da LCP, embora aqueles que as exerçam devam estar registrados nas Delegacias Regionais do Trabalho pela Lei 6.242/1975. Vejamos:

75. Op. cit. p., 96.
76. STF – RHC nº 57.121, rel. Min. Cunha Peixoto, DJ 31/08/1979, p. 6468.
77. STJ – RHC nº 7537/SP, rel. Min. José Dantas; DJ 08/09/1998, p. 77.
78. Art. 205 - Exercer atividade, de que está impedido por decisão administrativa:

Exercício Irregular de Profissão: Em decisões recentes o STJ entendeu que as atividades de "lavador de carros" e "guardadores de carros", embora aqueles que as exerçam devam estar registrados nas Delegacias Regionais do Trabalho pela Lei 6.242/1975, caso não o fizerem, não tem o condão de caracterizar a contravenção penal do art. 47 do DL 3.688/41. Isto porque as atividades tratadas não exigem qualquer tipo de conhecimentos técnicos para seus exercícios.

Exercício da função de flanelinha sem registro não configura contravenção penal - STJ

O exercício da função de guardador ou lavador de carros, conhecida popularmente como flanelinha, não configura atividade econômica especializada (HC 457849) apta a caracterizar a contravenção penal prevista pelo artigo 47 do Decreto-Lei 3.688/41 – exercer profissão ou atividade econômica sem preencher as condições exigidas por lei.

A jurisprudência do Supremo Tribunal Federal e do Superior Tribunal de Justiça levou a presidente do STJ, ministra Laurita Vaz, a deferir liminar para suspender os efeitos da condenação à pena de um mês e 15 dias aplicada contra um guardador autônomo de carros que trabalhava sem autorização na Barra da Tijuca, Zona Oeste do Rio de Janeiro.

De acordo com o Ministério Público, o flanelinha exercia a atividade no bairro carioca mesmo sem cumprir as condições previstas na Lei Federal 6.242/75, no Decreto Presidencial 79.797/77 e na Lei Municipal 1.182/87. Segundo o MP, em um dos casos apontados por testemunhas, o guardador cobrou R$ 20 para vigiar um veículo estacionado no local e chegou a discutir com uma pessoa que discordou do valor cobrado.

Conduta atípica

Após a condenação em primeira instância, o guardador apelou ao Tribunal de Justiça do Rio de Janeiro (TJRJ), mas a sentença foi mantida sob o fundamento de que não seria plausível o argumento de atipicidade da conduta, já que ele exercia a atividade sem observar as condições estabelecidas na legislação.

Ainda segundo o TJRJ, também não seria possível reconhecer a insignificância da conduta em virtude da quantia abusiva exigida para o estacionamento dos veículos e da insegurança social gerada pelo comportamento do réu.

A ministra Laurita Vaz destacou entendimentos do STF e do STJ no sentido de que é atípica a conduta de exercer a atividade de guardador de carros sem o registro nos órgãos competentes, ainda que esta exigência esteja prevista em lei.

"Desse modo, verifica-se, na hipótese, a plausibilidade do direito invocado e o risco na demora do provimento jurisdicional, tendo em vista que se trata de acórdão condenatório confirmado em segunda instância e, portanto, sujeito à execução imediata", concluiu a ministra ao deferir o pedido de liminar.

O mérito do habeas corpus ainda será analisado pela Sexta Turma. O relator é o ministro Nefi Cordeiro (Fonte: STJ. Disponível em:<<http://www.stj.jus.br/sites/STJ/default/pt_BR/Comunica%C3%A7%C3%A3o/noticias/Not%C3%ADcias/Exerc%C3%ADcio-da-fun%C3%A7%C3%A3o-de-flanelinha-sem-registro-n%C3%A3o-configura-contraven%C3%A7%C3%A3o-penal>>. Acesso em 22 de agosto de 2018).

Classificação doutrinária: Infração comum; mera conduta; de forma ou execução livre; comissiva; instantânea na forma verbal anunciar e habitual na forma exercer; unissubjetiva; plurissubsistente.

Suspensão condicional do processo: É possível.

Acordo de Não Persecução Penal: Em regra, não caberá o acordo de não persecução penal, se couber transação penal que tem cabimento nesta hipótese. Excepcionalmente, caso não preenchido os requisitos da transação penal, é que caberá acordo de não persecução penal, se presentes todos os requisitos legais do art. 28-A, do CPP.

Ação penal: Ação penal pública incondicionada.

Art. 48. Exercer, sem observância das prescrições legais, comércio de antiguidades, de obras de arte, ou de manuscritos e livros antigos ou raros:

Pena – prisão simples de um a seis meses, ou multa, de um a dez contos de réis.

Verbo nuclear: O verbo nuclear é *exercer* sem observância das prescrições legais, comércio de antiguidades, de obras de arte, ou de manuscritos e livros antigos ou raros. *Exercer* é (executar; exercitar; realizar; providenciar; promover).

Obras de arte ou manuscritos é o ofício exercido por antiquário: Por antiquário se entende aquele que lida com o comércio de antiguidades, de obras de arte, manuscritos e livros antigos ou raros.

Livros antigos ou raros devem ser compreendidos entre aqueles em que as edições são limitadas.

Habitualidade é requisito fundamental para à ocorrência da contravenção.

Objeto jurídico: Proteger o comércio de obras de artes, antiguidades, manuscritos livros antigos.

Objeto material: É o comércio de antiguidades, obras de arte, de manuscritos e livros antigos ou raros.

Sujeito ativo: Qualquer pessoa.

Sujeito passivo: O Estado.

Elemento subjetivo: É o dolo voltado para a conduta do tipo. Não se exige elemento específico e nem há previsão de modalidade culposa.

Elemento normativo de tipo: Para incidência do tipo contravencional, se faz necessário que o comércio das antiguidades, obras de arte, manuscritos e livros se faça "sem observância das prescrições legais".

Consumação: Se dá com a configuração do tipo após a habitualidade.

Tentativa: Por ser infração habitual não se teria como cogitar a "conatus", lembrando que a tentativa não é punida pelo art. 4º, da LCP.

Confronto do art. 48 da LCP x Art. 175, do CPB: Caso o comerciante venda uma imitação ou réplica de uma antiguidade, raridade ou de uma obra de arte, com indução do comprador em erro, teremos o crime do art. 175, do CPB (fraude no comércio).

Confronto do art. 48 da LCP x Art. 62, inciso I, da Lei do Meio Ambiente: Na hipótese de destruir, inutilizar ou deteriorar arquivo, museu, biblioteca, pinacoteca, instalação científica ou similar que esteja protegida por lei, ato administrativo ou decisão judicial, configura o crime do art. 62, inciso I, da Lei 9.605/1998 (crime ambiental contra o patrimônio cultural).

Confronto do art. 48 da LCP x Art. 20, § 1º, da Lei nº 7.716/1989: Em se tratando de comércio de símbolos, ornamentos ou distintivos que tenham a cruz suástica ou gamada, com objetivo de divulgar o nazismo configura o delito do art. 20, § 1º, da Lei nº 7.716/1989. De outro lado, se não tiver a finalidade de propagar o nazismo, o fato será atípico.

Classificação doutrinária: Infração comum; mera conduta; de forma ou execução livre; comissiva; instantânea; habitual; unissubjetiva; plurissubsistente.

Suspensão condicional do processo: É possível.

Acordo de Não Persecução Penal: Em regra, não caberá o acordo de não persecução penal, se couber transação penal que tem cabimento nesta hipótese. Excepcionalmente, caso não preenchido os requisitos da transação penal, é que caberá acordo de não persecução penal, se presentes todos os requisitos legais do art. 28-A, do CPP.

Ação penal: Ação penal pública incondicionada.

Art. 49. Infringir determinação legal relativa à matrícula ou à escrituração de indústria, de comércio, ou de outra atividade:

Pena – multa, de duzentos mil réis a cinco contos de réis.

Verbo nuclear: A conduta nuclear é exteriorizada pelo verbo *infringir*, que significa (transgredir, violar, afrontar, inobservar). O tipo contravencional preconiza que "**infringir determinação legal relativa à matrícula ou à escrituração de indústria, de comércio, ou de outra atividade**" revela fato de relevância para a seara infracional.

Objeto jurídico: Se tutela o normal funcionamento e constituição de firmas comerciais, industriais e outras atividades. Em outras palavras, se protege à organização do trabalho em si.

Objeto material: É a matrícula ou à escrituração de indústria, de comércio, ou de outra atividade.

Sujeito ativo: Apenas pode ser sujeito ativo, a pessoa responsável pela matrícula ou escrituração da firma, já que se cuida de contravenção própria.

Sujeito passivo: O Estado.

Elemento subjetivo: É o dolo. Não se exige elemento específico e nem há previsão de modalidade culposa.

Norma penal em branco: A expressão "**determinação legal**" cuida de norma penal em branco, que precisa ser complementada pela legislação ordinária.

Outra atividade: Pode ser de membros das bolsas de valores, despachantes aduaneiros, trapicheiros (que atuam nos trapiches que são os grandes armazéns, próximos a um cais), leiloeiros entre outros.

Consumação: A consumação se dá com a prática de qualquer ato caracterizador da infração à determinação legal.

Tentativa: Apesar de visualizar possível fragmentação dos atos, por ser infração plurissubsistente, a tentativa não é punida pelo art. 4º, da LCP.

MACETE: Caso as ilegalidades em escriturações possam configurar crimes no Código Penal Brasileiro ou em Legislação Penal Extravagante (Especial), a contravenção restará absorvida pelo delito.

Confronto do art. 49 da LCP x Art. 177, *caput*, e §§ 1º e 2º, do CPB: Assim, em hipótese de promover a fundação de sociedade por ações, formulando em prospectos ou comunicação ao público ou assembleia, afirmação falsa sobre a constituição da sociedade, ou com ocultação fraudulenta de fato a ela relativa em sociedades por ações, poderemos ter o crime do art. 177, *caput*, e §§ 1º e 2º, do CPB.

Confronto do art. 49 da LCP x Arts. 1º e 2º, da Lei nº 8.137/1990: Adiante, a fraude em escriturações de livros fiscais, com o objetivo de lesar a Administração Fazendária Fiscal, pode configurar crime contra à ordem tributária (arts. 1º e 2º, da Lei nº 8.137/1990).

Confronto do art. 49 da LCP x Arts. 3º, 6º, 10 e 12 da Lei nº 7.492/1986: Já a fraude em escriturações de instituição financeiras pode atrair a incidência do crime contra o sistema financeiro em uma das vertentes dos arts. 3º, 6º, 10 e 12 da Lei nº 7.492/1986 (Lei do Sistema Financeiro Nacional).

Classificação doutrinária: Infração própria; mera conduta; de forma ou execução vinculada; comissiva; instantânea; unissubjetiva; plurissubsistente.

Suspensão condicional do processo: É possível.

Acordo de Não Persecução Penal: Em regra, não caberá o acordo de não persecução penal, se couber transação penal que tem cabimento nesta hipótese. Excepcionalmente, caso não preenchido os requisitos da transação penal, é que caberá acordo de não persecução penal, se presentes todos os requisitos legais do art. 28-A, do CPP.

Ação penal: Ação penal pública incondicionada.

CAPÍTULO VII

DAS CONTRAVENÇÕES RELATIVAS À POLÍCIA DE COSTUMES

Art. 50. Estabelecer ou explorar jogo de azar em lugar público ou acessível ao público, mediante o pagamento de entrada ou sem ele: (Vide Decreto-Lei nº 4.866, de 23.10.1942) (Vide Decreto-Lei 9.215, de 30.4.1946)

Pena – prisão simples, de três meses a um ano, e multa, de dois a quinze contos de réis, estendendo-se os efeitos da condenação à perda dos moveis e objetos de decoração do local.

Verbos nucleares: Dois são os verbos nucleares *estabelecer* ou *explorar. Estabelecer* consiste em (instalar; estruturar; manter; fixar. Colocar algo preparado para entrar em funcionamento). De outro lado, o verbo nuclear *explorar* significa (tirar proveito ou utilidade de algo).

A habitualidade é exigida para configuração do tipo contravencional.

Quanto ao **intuito de lucro** cumpre destacar que, o assunto é controvertido. Parte da doutrina defende ser necessário o objetivo de lucro para à configuração da contravenção. Parte de outra corrente sustenta ser dispensável.

Seguindo a letra a lei, é intuitivo seguirmos a primeira corrente, ou seja, aquela que defende ser necessário o objetivo de lucro para à configuração da contravenção, porque o próprio tipo faz alusão ao pagamento.

Há doutrina que prega que a **finalidade beneficente** não afasta a ilicitude da contravenção, exceto se tiver autorização do Ministério da Fazenda.

Quanto ao local, entende-se que pode ser oneroso ou gratuito, pois em ambas as situações ocorrem a contravenção em estudo.

Existe uma classificação sobre os jogos, classificando-os de jogos proibidos, tolerados e autorizados. Vejamos um a um:

Jogos Proibidos: são os jogos em que o fator sorte é absoluto ou deve preponderar. A habilidade dos jogadores possui diminuta ou nenhuma relevância para o resultado exitoso no jogo. A título de exemplificação de jogo proibido citamos o "jogo do bicho"[79-80-81-82].

---

79. RECURSO CRIME. CONTRAVENÇÃO PENAL. JOGO DO BICHO, ART. 58, DECRETO-LEI 6.259/44. TIPICIDADE E SUFICIÊNCIA PROBATÓRIA. SENTENÇA CONDENATÓRIA MANTIDA, COM REDIMENSIONAMENTO DAS PENAS APLICADAS.
"1-Em cumprimento a mandado de busca e apreensão, foram apreendidos objetos comuns à prática do delito, bem como surpreendidos os apontadores e os intermediadores do jogo, que foram denunciados.
"2- O fato de a banqueira do jogo não se encontrar, naquele momento, não impede sua condenação, uma vez que notório o fato de ser a co-ré a dona da banca.
"3- Comprovada a ocorrência do fato criminoso, a condenação é conseqüência necessária.
PRELIMINARES AFASTADAS. RECURSO PARCIALMENTE PROVIDO PARA REDIMENSIONAR A PENA. (Recurso Crime Nº 71001694413, Turma Recursal Criminal, Turmas Recursais, Relator: Cristina Pereira Gonzales, Julgado em 11/08/2008)].
80. APELAÇÃO CRIMINAL. 'JOGO DO BICHO' (ART. 58, DO DECRETO-LEI N. 6.259/44 - CONTRAVENÇÃO). INFRAÇÃO DE MENOR POTENCIAL OFENSIVO - PENA RESTRITIVA DE DIREITOS E MULTA - DELITO PRATICADO ANTES DA VIGÊNCIA DA LEI N. 9.099/95. NORMA DE CARÁTER PENAL - OPORTUNIDADE DE TRANSAÇÃO OU SUSPENSÃO CONDICIONAL DO PROCESSO - RECURSO PENDENTE - APLICAÇÃO IMEDIATA - NÃO CONHECIMENTO DAS APELAÇÕES (ACrim n. 34.160, de Papanduva, Rel. Des. Jorge Mussi).
81. HABEAS CORPUS. DENÚNCIA REJEITADA EM JUIZADO ESPECIAL CRIMINAL E RECEBIDA EM ACÓRDÃO DE TURMA RECURSAL. ART. 58, § 1º, B, DO DECRETO-LEI Nº 6.259/44. JOGO DO BICHO.
"1. O art. 58, § 1º, alínea b, do Decreto-lei nº 6.259/44, tipifica, expressamente, a conduta do transportador de material usado no jogo do bicho.
"2. A tese de que o paciente desconhecia o conteúdo dos envelopes que carregava, circunstância que afastaria o dolo, implica exame aprofundado de matéria fática, o que é inviável em sede de habeas corpus.
"3. Ordem indeferida" (STF - HC 83087 / RJ, Rel, Min. ELLEN GRACIE).
82. RECURSO ESPECIAL. JOGO DO BICHO. ART. 58, §1º, ALÍNEAS "A" E "B", DO DECRETO-LEI Nº 6.259/44. DISPOSITIVO EM PLENA

Jogos Tolerados: consistem naqueles jogos em que para a vitória e a perda não existe uma dependência do fator da sorte, porquanto o resultado vai depender de proporções iguais ou similares da habilidade do jogador e do caráter aleatório do jogo.

Jogos Autorizados: referem aos jogos disciplinados em lei, diante do interesse social. Podemos citar como exemplos: as competições esportivas, as loterias, corridas de motociclismo etc.

Para fins de contravenção penal, apenas os jogos proibidos por lei é que ingressariam na tipia em tela.

Objeto jurídico: Protegem-se os bons costumes.

Objeto material: Nada mais é do que o jogo de azar.

Sujeito ativo: Qualquer pessoa.

Sujeito passivo: O Estado.

Elemento subjetivo: É o dolo.

Normal penal em branco: Apesar de a Lei explicar o que vem a ser jogo de azar, existe uma parte em branco para completar a norma, o que impõe a necessidade de se valer da Lei 7.291/84 sobre corrida de cavalo.

Normal penal explicativa: O § 3º; e § 4º, do art. 50, da LCP são normas contravencionais explicativas. Os dispositivos apresentam da seguinte forma:

> *§ 3º Consideram-se, jogos de azar:*
>
> *a) o jogo em que o ganho e a perda dependem exclusiva ou principalmente da sorte;*
>
> *b) as apostas sobre corrida de cavalos fora de hipódromo ou de local onde sejam autorizadas;*
>
> *c) as apostas sobre qualquer outra competição esportiva.*
>
> *§ 4º Equiparam-se, para os efeitos penais, a lugar acessível ao público:*
>
> *a) a casa particular em que se realizam jogos de azar, quando deles habitualmente participam pessoas que não sejam da família de quem a ocupa;*
>
> *b) o hotel ou casa de habitação coletiva, a cujos hóspedes e moradores se proporciona jogo de azar;*
>
> *c) a sede ou dependência de sociedade ou associação, em que se realiza jogo de azar;*
>
> *d) o estabelecimento destinado à exploração de jogo de azar, ainda que se dissimule esse* ***destino.***

Risco: O risco ganha diferença em vista da habilidade do jogador. No risco, o ganho não está com a condição de destreza e o resultado é aleatório.

Sorte: Nesta hipótese, o ganho não está condicionado à destreza do jogador, e o resultado do jogo é aleatório.

Os elementos do jogo de azar são: 1) risco + 2) fim de lucro. Há doutrina que entende

A doutrina considera como jogos de azar: o monte; jaburu; ronda; pôquer; pif-paf (é controvertido existindo 02 correntes, uma sendo pela contravenção e outra pela atipicidade da conduta); bingos sem autorização; rolo-flash (assunto controvertido também para ser ou não contravenção); apostas via satélite (STF – 2ª Turma HC nº 80.908, rel. Min. Carlos Velloso; 23.10.2001); máquinas eletrônicas; caças-níqueis; vídeopôquers.

De outro giro, a doutrina considera que caixeta; truco sem apostas; jogos de chapinhas ou da tampinha [jogo do pinguim; ou pula macaco] (assunto controvertido também para ser ou não contravenção) não seriam jogos de azar.

Quanto ao pôquer eletrônico a jurisprudência se divide também entre a tipificação correta. A 1ª corrente defende que seria crime contra a economia popular (STJ - REsp 1954, 6ª Turma, DJU, 4 de fevereiro 1991, p. 584). Já a 2ª corrente sustenta estarmos, em tese, perante à configuração do jogo de azar (RT, 626: 152).

Máquina de Caça Nível: Caracteriza a contravenção, no entanto se for adulterada para que o jogador não ganhe, tratará-se de estelionato.

"Book-maker": Diz respeito às apostas nas corridas de cavalos que acabam sendo realizadas por pessoas sem qualquer vinculação lícita com o hipódromo ou com os locais autorizados, se dando na clandestinidade, anotando e fazendo apostas por conta própria ou de terceiro.

Jogos de azar praticados a bordo de navios, transatlânticos e equivalentes: Os jogos de azar praticados a bordo de navios, transatlânticos e equivalentes causam discussões. Assim, depende do contexto fático e se o navio e equivalentes enquadrariam no conceito de casa ou estabelecimento destinado à exploração de jogos de azar – ainda que dissimule este destino – entre outras equivalências, mas por exemplo, se o local for acessível ao público e com habitualidade recepciona jogadores e for praticado em território brasileiro ou for navio brasileiro em alto-mar é possível a responsabilização dos participantes e organizadores. Todavia, se for em navios, transatlânticos e equivalentes em território

---

VIGÊNCIA. CONTRAVENÇÃO PENAL. "Recurso provido" (STJ - REsp215153 / SP, Rel. Min. JOSÉ ARNALDO DA FONSECA).

estrangeiro ou navio estrangeiro em alto-mar não haverá responsabilização contravencional pelas leis brasileiras, diante do art. 2º, da Lei de Contravenções Penais, porquanto a lei brasileira contravencional só é aplicável à contravenção penal perpetrada no território nacional. Isso não quer dizer, porém, de que não haverá responsabilização por crimes, sendo importante a distinção entre contravenção e delito (crime).

Jogatinas de azar em aeronaves em sentido amplo em espaço aéreo brasileiro: Depende do contexto fático e se as aeronaves enquadrariam no conceito de casa ou estabelecimento destinado à exploração de jogos de azar - ainda que dissimule este destino - entre outras equivalências, mas por exemplo, se o local for acessível ao público e com habitualidade recepciona jogadores, não vemos empecilho para configuração do fato contravencional. Contudo, se for aeronave em território estrangeiro ou aeronave estrangeira em espaço aéreo diverso do brasileiro não haverá responsabilização contravencional pelas leis brasileiras, diante do art. 2º, da Lei de Contravenções Penais, porquanto a lei brasileira contravencional só é aplicável à contravenção penal perpetrada no território nacional. Isso não implica, porém, de que não haverá responsabilização por crimes, sendo importante a distinção entre contravenção e delito (crime).

Jogos de azar praticados a bordo de navios, transatlânticos e equivalentes, bem como aeronaves em sentido amplo fora do espaço marítimo e aéreo brasileiro: Além das observações de o local ser acessível ao público e com habitualidade para recepcionar jogadores, entendemos que se os navios, transatlânticos e equivalentes, assim como a aeronaves estiverem fora do território brasileiro (território estrangeiro) não haverá responsabilização contravencional pelas leis brasileiras, diante do art. 2º, da Lei de Contravenções Penais, porquanto a lei brasileira contravencional só é aplicável à contravenção penal perpetrada no território nacional. Todavia, não importa em dizer de que não haverá responsabilização por crimes, sendo importante a distinção entre contravenção e delito (crime).

Apostas sobre corridas de cavalos: A corrida de cavalo fora do hipódromo ou de local autorizado está prevista na Lei de Contravenção Penal. A aposta em corrida de cavalo somente é lícita se ocorrer em hipódromos ou nas sedes e dependências das entidades autoridades a realizar essas corridas. Fora desses locais, se tem a contravenção penal.

O STF reconheceu a contravenção sobre a corrida de cavalos fora do hipódromo, no exterior captada via satélite e exibida no estabelecimento, no sistema *simulcasting*[83] sem carta patente para laborar em coleta de apostas (STF - HC nº 80908-RS, rel. Min. Carlos Velloso. DJU 29.08.2003).

Também se considerou a contravenção na aposta realizada por telefone sem a presença física do apostador em lugar não permitido (RT 380/216).

Qualquer outra competição esportiva: Essa disposição abrange qualquer outra aposta em competição como futebol, atletismo, corrida de veículos, motocicletas, basquete, vôlei entre outros.

Lugar acessível ao público por equiparação: É o suficiente para configurar a contravenção penal por equiparação alguns locais privados que sejam acessíveis ao público, por força do art. 50, § 4º, da LCP.

Casa particular onde se realizam jogos de azar: Depende do contexto. Por exemplo, se a casa é acessível ao público e com habitualidade recepciona jogadores que não integram a família ocupante do imóvel, temos o local acessível ao público por equiparação. Logo, incide a contravenção.

De outro lado, se tão somente membros da família praticam o jogo de azar ainda que haja aposta de valores, a casa não ganha equiparação de local acessível ao público. Com isso, não se tem a contravenção em estudo.

Outrossim, não haverá à contravenção no caso de os convidados participarem esporadicamente do jogo - não tendo habitualidade.

Estabelecimento com destino à exploração de jogo de azar ainda que haja à dissimulação: O dispositivo diz respeito às casas de jogos restritas [não abertas ao público] a grupos limitados de pessoas, logo, ainda que apresentem fachadas de outros estabelecimentos haverá à contravenção.

Sede ou dependência de sociedade ou associação onde realiza jogo de azar: Se for para a prática de jogos em clubes de forma habitual para prática de jogos de azar de integrantes de grupos restritos de pessoas que se reúnem para tanto, incide à contravenção. Do contrário, se os clubes forem constituídos para realização de jogos de carta, truco etc., não haverá a contravenção, pois não são considerados jogos de azar.

83. "Transmissão simultânea".

Bingo: Caso preenchidas as condições estabelecidas na Lei n. 8.672/93, os bingos promovidos pelos clubes esportivos não caracterizam ilícito penal.

Bingos beneficentes: Há 2 correntes. Para uma corrente é fato típico e contravenção do art. 50, da LCP (RT 679 e 684/339). Noutra corrente, se considera atípica a conduta (RT 724/290).

Gincanas, jogos beneficentes*, jogos em família, bolão esportivo, roleta para sorteio de prendas em evento religiosos e rifas: Parcela da doutrina e jurisprudência tem relevado práticas desse naipe e entendido como fatos atípicos.

Jogo de cartas: Há variáveis, mas o jogo de cartas denominado de pontinho é considerado jogo de azar, senão vejamos:

> EMENTA: CONTRAVENCAO. JOGO DE AZAR. PONTINHO. O JOGO DE CARTAS CONHECIDO COMO PONTINHO OBSERVAÇÃO PODE SER CONSIDERADO COMO DE AZAR, EIS QUE DEPENDE MAIS DA OBSERVAÇÃO E HABILIDADE DO JOGADOR DO QUE DA SORTE, A QUAL INFLUI EM PEQUENA PARCELA. ABSOLVICAO DECRETADA (Apelação Crime Nº 296035934, Terceira Câmara Criminal, Tribunal de Alçada do RS, Relator: Constantino Lisboa de Azevedo, Julgado em 29/10/1996).

Hotel ou casa de habitação coletiva, onde hóspedes e moradores proporcionam jogos de azar: Na hipótese do hotel e casa com habitação coletiva promover com habitualidade jogos para os hóspedes e habitantes, o local será consideração acessível ao público por equiparação, incidindo à contravenção.

Consumação: Ocorre com os verbos nucleares, ou seja, com o efetivo estabelecimento ou exploração do jogo de azar.

Tentativa: Por ser infração plurissubsistente poderia até se cogitar fragmentação dos atos para "conatus", lembrando que a tentativa não é punida pelo art. 4º, da LCP.

Classificação doutrinária: Infração comum; mera conduta; de forma ou execução livre; comissiva na forma verbal "estabelecer" e permanente na forma "explorar"; instantânea; unissubjetiva; plurissubsistente.

Suspensão condicional do processo: Admitida.

Acordo de Não Persecução Penal: Em regra, não caberá o acordo de não persecução penal, se couber transação penal que tem cabimento nesta hipótese. Excepcionalmente, caso não preenchido os requisitos da transação penal, é que caberá acordo de não persecução penal, se presentes todos os requisitos legais do art. 28-A, do CPP.

Ação penal: Ação penal pública incondicionada.

Contravenção de Jogo de Azar e Competência de Jurisdição: Compete à Justiça Estadual o julgamento, embora exista o controle da União Federal sobre jogos, seguindo o que determina a Súmula 38 do STJ ("Compete a Justiça Estadual Comum, na vigência da Constituição de 1988, o processo por contravenção penal, ainda que praticada em detrimento de bens, serviços ou interesses da União ou de suas entidades").

Jurisprudência do STF: O STF através do **Recurso Extraordinário nº 966177** enfrentará se a proibição de jogos de azar prevista em legislação de 1941 é compatível com a Constituição Federal. Até o fechamento desta edição não houve o julgamento da questão. Vejamos:

> **STF decidirá se proibição de jogos de azar prevista em legislação de 1941 é compatível com a Constituição**
>
> O Supremo Tribunal Federal (STF) julgará se a definição como infração penal da exploração de jogos de azar, constante da Lei das Contravenções Penais (1941), choca-se com preceitos da Constituição de 1988. Por deliberação do Plenário Virtual, os ministros reconheceram a repercussão geral do tema. O caso concreto a ser examinado é o Recurso Extraordinário (RE) 966177, em que o Ministério Público do Rio Grande do Sul questiona acórdão da Turma Recursal dos Juizados Especiais Criminais no estado que considerou atípica a conduta de exploração de jogo de azar, desconsiderando a prática uma contravenção penal sob o argumento de que os fundamentos que embasaram a proibição não se coadunam com os princípios constitucionais vigentes.
>
> Relator do recurso, o ministro Luiz Fux afirmou que a questão é controvertida e envolve matéria constitucional relevante do ponto de vista econômico, político, social e jurídico, ultrapassando os interesses subjetivos da causa, por isso merece reflexão do STF. "A questão posta à apreciação deste Supremo Tribunal Federal é eminentemente constitucional, uma vez que o tribunal *a quo* afastou a tipicidade do jogo de azar lastreado em preceitos constitucionais relativos à livre iniciativa e às liberdades fundamentais, previstos nos artigos 1º, inciso IV; 5º, inciso XLI; e 170 da Constituição Federal", afirmou. O ministro ressaltou que todas as Turmas Recursais Criminais do Tribunal de Justiça do Estado do Rio Grande do Sul têm entendido no mesmo sentido, fazendo com que no Rio Grande do Sul a prática do jogo de azar não seja mais considerada contravenção penal. "Assim, entendo por incontestável a relevância do tema a exigir o reconhecimento de sua repercussão geral", asseverou Fux.

Segundo o artigo 50 da Lei das Contravenções Penais, estabelecer ou explorar jogo de azar em lugar público ou acessível ao público, mediante o pagamento de entrada ou sem ele, é contravenção penal sujeita à pena de prisão simples, de três meses a um ano, e multa. Em 2015 uma nova lei (Lei 13.155/2015) atualizou o valor da multa – que "de dois a 15 contos de réis" – para R$ 2 mil a R$ 200 mil para quem é encontrado participando do jogo, ainda que pela internet ou por qualquer outro meio de comunicação, como ponteiro ou apostador.

VP/FB

Processos relacionados: **RE 966177** (Disponível em: <<http://www.stf.jus.br/portal/cms/verNoticiaDetalhe.asp?idConteudo=329938>>. Acesso em 30 de agosto de 2018).

Jurisprudência do STJ: Até aqui a jurisprudência do Superior Tribunal de Justiça é uníssona no sentido de aplicar à contravenção penal à exploração e funcionamento das máquinas de jogos eletrônicos, caça-níqueis, bingos e similares. Com isso, aguarda-se a decisão do STF acima citada para colocar uma pá de cal no assunto.

§ 1º A pena é aumentada de um terço, se existe entre os empregados ou participa do jogo pessoa menor de dezoito anos.

Causa de aumento de pena: O legislador ordinário inseriu uma causa de aumento nessa contravenção penal. Assim, tem incidência a causa de aumento por motivo de proteção à pessoa menor de 18 anos.

§ 2º Incorre na pena de multa, de R$ 2.000,00 (dois mil reais) a R$ 200.000,00 (duzentos mil reais), quem é encontrado a participar do jogo, ainda que pela internet ou por qualquer outro meio de comunicação, como ponteiro ou apostador. (Redação dada pela Lei nº 13.155, de 2015)

Comentários: O legislador previu causa de equiparação de quem é encontrado a participar do jogo, ainda que pela internet ou por qualquer outro meio de comunicação, como ponteiro ou apostador.

Ponteiro: É denominado de apontador. A doutrina explica esse ponteiro ou apontador nada mais é do aquele que está à frente do jogo, que toma notas, preenche pules etc.

Apostador: Consiste naquele que participa do jogo de azar, com realização de apostas.

§ 3º Consideram-se, jogos de azar:

a) o jogo em que o ganho e a perda dependem exclusiva ou principalmente da sorte;

b) as apostas sobre corrida de cavalos fora de hipódromo ou de local onde sejam autorizadas;

c) as apostas sobre qualquer outra competição esportiva.

§ 4º Equiparam-se, para os efeitos penais, a lugar acessível ao público:

a) a casa particular em que se realizam jogos de azar, quando deles habitualmente participam pessoas que não sejam da família de quem a ocupa;

b) o hotel ou casa de habitação coletiva, a cujos hóspedes e moradores se proporciona jogo de azar;

c) a sede ou dependência de sociedade ou associação, em que se realiza jogo de azar;

d) o estabelecimento destinado à exploração de jogo de azar, ainda que se dissimule esse destino.

Comentários: Vide nas notas anteriores.

Críticas à criminalização dos jogos de azar: Há uma crítica acentuada por parte da criminalização dos jogos de azar, mormente por ser o Estado o maior promovedor do jogo de azar. Estaria o Estado acima de tudo, sem ter limite da sua atuação e da própria moral? É apenas uma reflexão ao leitor que pode ser explorado numa questão de concurso público.

Efeitos da condenação: O confisco de máquinas é efeito da condenação.

Art. 51. Promover ou fazer extrair loteria, sem autorização legal:

Pena – prisão simples, de seis meses a dois anos, e multa, de cinco a dez contos de réis, estendendo-se os efeitos da condenação à perda dos moveis existentes no local.

Revogação: O dispositivo foi revogado e substituído pelo art. 45 do Decreto-lei 6.259/44. A loteria consiste em toda operação que se dá com distribuição de bilhetes, listas, cupões, vales, símbolos, sinais ou meios análogos, que acaba por depender de sorteios de prêmio em dinheiro ou bens de outra natureza.

Art. 52. Introduzir, no país, para o fim de comércio, bilhete de loteria, rifa ou tômbola estrangeiras:

Pena – prisão simples, de quatro meses a um ano, e multa, de um a cinco contos de réis.

Revogação: Houve revogação pelo art. 46 e 50, ambos do Decreto-Lei n. 6.259/1944.

Art. 53. Introduzir, para o fim de comércio, bilhete de loteria estadual em território onde não possa legalmente circular:

Pena – prisão simples, de dois a seis meses, e multa, de um a três contos de réis.

Revogação: Houve revogação pelo art. 46, 48 e 50, todos do Decreto-Lei n. 6.259/1944.

Art. 54. Exibir ou ter sob sua guarda lista de sorteio de loteria estrangeira:

Pena – prisão simples, de um a três meses, e multa, de duzentos mil réis a um conto de réis.

Parágrafo único. Incorre na mesma pena quem exibe ou tem sob sua guarda lista de sorteio de loteria estadual, em território onde esta não possa legalmente circular.

Revogação: Houve revogação pelo art. 49, do Decreto-Lei n. 6.259/1944.

Art. 55. Imprimir ou executar qualquer serviço de feitura de bilhetes, lista de sorteio, avisos ou cartazes relativos a loteria, em lugar onde ela não possa legalmente circular:

Pena – prisão simples, de um a seis meses, e multa, de duzentos mil réis a dois contos de réis.

Revogação: Ocorreu à revogação pelo art. 51 do Decreto-lei nº 6.259/1944.

Art. 56. Distribuir ou transportar cartazes, listas de sorteio ou avisos de loteria, onde ela não possa legalmente circular:

Pena – prisão simples, de um a três meses, e multa, de cem a quinhentos mil réis.

Revogação: Ocorreu à revogação pelo art. 52 do Decreto-lei nº 6.259/1944.

Art. 57. Divulgar, por meio de jornal ou outro impresso, de rádio, cinema, ou qualquer outra forma, ainda que disfarçadamente, anúncio, aviso ou resultado de extração de loteria, onde a circulação dos seus bilhetes não seria legal:

Pena – multa, de um a dez contos de réis.

Revogação: Ocorreu à revogação pelo art. 55 e 56, ambos do Decreto-lei nº 6.259/1944.

Jogo do bicho

Art. 58. Explorar ou realizar a loteria denominada jogo do bicho, ou praticar qualquer ato relativo à sua realização ou exploração:

Pena – prisão simples, de quatro meses a um ano, e multa, de dois a vinte contos de réis.

Parágrafo único. Incorre na pena de multa, de duzentos mil réis a dois contos de réis, aquele que participa da loteria, visando a obtenção de prêmio, para si ou para terceiro.

Revogação: A doutrina esmagadora sustenta que esse dispositivo foi revogado pelo art. 58 do Decreto-Lei n. 6.259/1944. Todavia, comentaremos pela importância do dispositivo, que continua em aplicação para parcela minoritária ainda que pelo princípio da continuidade normativa-típica pelo art. 58 do Decreto-Lei n. 6.259/1944.

Verbos nucleares: Os verbos nucleares são*explorarourealizar*. O verbo nuclear*explorar*significa (tirar proveito ou utilidade de algo). De outro norte, a conduta *realizar* corresponde a "levar a efeito; realizar; executar; cometer; exercer; fazer atos".

Exige-se habitualidade para a incidência da contravenção penal para parte da doutrina, embora a jurisprudência sustente não necessitar dessa habitualidade para configuração do fato em tela.

Objeto jurídico: Tutelam-se os bons costumes.

Objeto material: Loteria do jogo do bicho.

Sujeito ativo: Qualquer pessoa válida para o trabalho que não tenha como prover sua subsistência que pode ser o banqueiro ou vendedor, mas não pára por aí.

O colaborador pela prática contravencional também responde e é uma forma das figuras equiparadas

O intermediário também é responsabilizado. O intermediário é aquele que faz a ponte para que as apostas se materializem e depois repassa às apostas aos banqueiros. Para sua responsabilização independe da identificação do banqueiro.

Sujeito passivo: A Coletividade. O Estado.

Elemento subjetivo: É o dolo.

Consumação: Com a realização das condutas do tipo contravencional.

Tentativa: Apesar de cogitar a possibilidade de fragmentação dos atos, não se pune a tentativa, segundo redação do art. 4º LCP.

Apuração de listas e organização de mapas do jogo: A pessoa que promove essa organização com confecção de listas e mapeia os pontos de jogo, também incide nesta contravenção.

Promoção ou realização do jogo: Em nossa visão, a alínea "d" do art. 58, da LCP é desnecessária, porque se as condutas já estariam abrangidas anteriormente pelas demais alíneas. Todavia, caso uma conduta não enquadre nas anteriores, a alínea "d" teria o papel de subsidiar essa incidência.

Exame pericial: É essencial para comprovar que o material era destinado a prática de jogo do bicho.

Princípio da adequação social frente aos costumes da exploração da prática de jogos de azar pelo Estado: Há parcela da doutrina e jurisprudência que encampa teses para buscar a atipicidade, todavia o STF e o STJ não abraçam aquelas teses, refutando todas (STJ – Resp 25115/RO, rel. Min. Edson Vidigal, DJU 14/06/1993; REsp 54716-PR, rel. Min. Assis Toledo, DJ 28/11/2004).

Classificação doutrinária: Infração própria na primeira figura e infração comum para a segunda parte do tipo contravencional; mera conduta; de forma ou execução livre; comissiva; habitual; instantânea; unissubjetiva; plurissubsistente.

Súmula 51 do STJ: Para punição do intermediário não é necessário identificar o banqueiro.

Comentários sobre a Lei nº 1.508/51: A Lei nº 1.508/51 prevê procedimento especial para o jogo do bicho. Em regra: Importante à realização de perícia na documentação ou material apreendido.

Suspensão condicional do processo: Admite-se o benefício penal em tela.

Acordo de Não Persecução Penal: Em regra, não caberá o acordo de não persecução penal, se couber transação penal que tem cabimento nesta hipótese. Excepcionalmente, caso não preenchido os requisitos da transação penal, é que caberá acordo de não persecução penal, se presentes todos os requisitos legais do art. 28-A, do CPP.

Ação penal: Ação penal pública incondicionada.

Art. 59. Entregar-se alguém habitualmente à ociosidade, sendo válido para o trabalho, sem ter renda que lhe assegure meios bastantes de subsistência, ou prover à própria subsistência mediante ocupação ilícita:

Pena – prisão simples, de quinze dias a três meses.

Verbo nuclear: O verbo nuclear se ver na conduta *entregar-se*. A tradução de *entregar* corresponde a (dar algo; repassar; restituir; devolver).

Nesta contravenção de vadiagem, o agente contraventor não trabalha, mesmo sendo válido para tanto ou vive de ocupação ilícita.

O ócio e validez para o labor são essenciais. O **ócio** consiste na situação da pessoa que não faz nada, sem razão plausível desta inatividade. Já a **validez para o labor** exige que o indivíduo esteja apto para trabalhar. Assim, não estando apto não se tem como aplicar a contravenção.

A **habitualidade** é imprescindível para a tipificação do ilícito, embora haja doutrina pregando ser tipo de mera conduta. O **desemprego involuntário (aquele estado de desemprego não querido)** não caracteriza a habitualidade necessária para a vadiagem.

A doutrina critica imensamente essa previsão contravencional, já que se pune o "bon vivant" da classe pobre, pois o rico acaba por sair das garras penais, uma vez que abastardo em recursos financeiros garante meios bastantes para sua sobrevivência.

Com isso, guardada as críticas, a grande maioria da doutrina e jurisprudência exige à habitualidade para configuração do tipo contravencional em estudo. Aliás, numa apressada leitura da tipicidade no dispositivo legal se extrai isso.

Inconstitucionalidade do tipo contravencional: Há setor da doutrina que advoga a tese de inconstitucionalidade, pois se parte de uma presunção de periculosidade incompatível com ordem constitucional, embora não se pode descartar as probabilidades, já que uma pessoa sem renda tende a realizar delitos para se manter. De qualquer forma, partir do pressuposto de que todos os ociosos praticarão ilícitos é leviano, discriminatório e preconceituoso (art. 5º, inciso XLI, da CF/88). Ainda se cria também um ferimento ao princípio da dignidade da pessoa humana (art. 1º, inciso II, da CF/88) por incriminar uma opção de vida e da igualdade (art. 5º, *caput*, da CF/88), pois acaba por incriminar apenas a ala pobre ociosa, sendo que a rica não incidiria na contravenção, pois o agente tendo renda não praticará – o contrário do pobre que será responsabilizado.

Critica se aqui que estaríamos diante de um Direito Penal do Autor, porquanto se responsabilidade pelo estilo de vida da pessoa e o que ela é e não pelos fatos em si.

Nossa posição é de inconstitucionalidade do dispositivo, porém, comentaremos o tipo contravencional.

Objeto jurídico: Protege-se os bons costumes.

Objeto material: Diz respeito aos bons costumes.

Sujeito ativo: Qualquer pessoa válida para o trabalho que não tenha como prover sua subsistência ou que proveja à própria subsistência mediante ocupação ilícita.

Sujeito passivo: A Coletividade. A Sociedade.

Elemento subjetivo: O elemento subjetivo é o dolo.

Consumação: Ocorre com os verbos nucleares, ou seja, com as condutas habituais, embora haja doutrina pregando ser tipo de mera conduta.

Tentativa: Por ser infração plurissubsistente poderia até se cogitar fragmentação dos atos para "conatus", lembrando que a tentativa não é punida pelo art. 4º, da LCP.

Prostituição x Vadiagem: Não caracteriza, pois apesar de ser imoral não é atividade ilícita.

Desemprego involuntário: Além de não caracterizar a habitualidade necessária para a vadiagem, nos parece que o desemprego em regra, é algo involuntário por parte do agente contravencional. Logo, não parece num primeiro plano, razoável imputar ao indivíduo a contravenção pelo mero desemprego involuntário. De outro lado, em caso de desemprego voluntário a questão torna-se discutível a ponto de permitir a depender dos fatos, a incidência do ato contravencional em análise.

Vendedor ambulante: Não é considerado vadio para fins contravencionais.

"Bico" ou "Ponta de Atividades Artísticas na Rua": Viver de bico ou de fazer ponta de atividades artísticas na rua, sem exercer atividade ilícita não configura a contravenção.

"Flanelinha" ou "guardadores de carros nas ruas": Apesar de existir quem entenda que é contravenção seja aqui ou seja no art. 47, da LCP, apesar de controverso nos tribunais e na doutrina, o STJ entendeu ser fato atípico em recente data remetendo o leitor ao art. 47, da LCP.

"Trottoir masculino": O ***trottoir*** é uma palavra francesa que quer dizer "calçada". Porém no contexto em estudo é o lugar por onde as pessoas passeiam e aproveitam pra se conhecerem. Aqui é o caminhar que os homens prostitutos fazem quando ficam a espera de suas potenciais clientes. Existe 02 (duas) posições primando ser ou não contravenção penal.

A 1ª corrente diz que por si só isso não configura o tipo contravencional de vadiagem.

Já outra 2ª corrente entende que configuraria à vadiagem.

Nossa posição é pela 1ª corrente.

"Trottoir feminino": O ***trottoir*** é uma palavra francesa que quer dizer "calçada". Contudo, nesse contexto é o lugar por onde as pessoas passeiam e aproveitam para se conhecerem. Em outras palavras, é o caminhar que as prostitutas fazem quando ficam à espera de seus possíveis clientes. Estendemos a mesma observação acima quanto as correntes sobre o tema.

Engraxate; vendedor de quinquilharia; trabalho avulso (biscateiro); vendedor ambulante de flores; vendedor ambulante de chocolate; vendedor ambulante de feiras: Essas atividades não configuram o tipo contravencional de vadiagem. Pelo contrário, demonstram que a pessoa estar a exercer atividade.

Condenado foragido impossibilidade pela situação jurídica de obter bons antecedentes que possibilite o emprego: Pela situação exposta, não configura o tipo contravencional de vadiagem.

Compromisso perante a Autoridade Policial de ocupar-se em atividade lícita por prazo determinado: Apesar de desuso, se discutia se o fato por si só, o compromisso perante a Autoridade Policial de ocupar-se em atividade lícita por prazo determinado não cumprido poderia conduzir à contravenção penal da vadiagem. A orientação é de que em regra não teremos à contravenção penal da vadiagem. Cabe ao Estado policial ou acusação demonstrar que o acusado teria emprego, mas não admitiu por vadiagem.

Egresso da FEBEM ou de Casa de Detenção que está sem emprego: Pela situação em exposição, não configura o tipo contravencional de vadiagem.

Classificação doutrinária: Infração própria na primeira figura e infração comum para a segunda parte do tipo contravencional; mera conduta; de forma ou execução livre; comissiva; habitual; instantânea; unissubjetiva; plurissubsistente.

Suspensão condicional do processo: Admite-se o benefício em evidência.

Acordo de Não Persecução Penal: Em regra, não caberá o acordo de não persecução penal, se couber transação penal que tem cabimento nesta hipótese. Excepcionalmente, caso não preenchido os requisitos da transação penal, é que caberá acordo de não persecução penal, se presentes todos os requisitos legais do art. 28-A, do CPP.

Ação penal: Ação penal pública incondicionada.

Parágrafo único. A aquisição superveniente de renda, que assegure ao condenado meios bastantes de subsistência, extingue a pena.

Comentários: O legislador apesar das críticas já acentuadas pela doutrina e jurisprudência sobre esse tipo contravencional, previu que a aquisição superveniente de renda, que assegure ao condenado meios bastantes de subsistência, extingue a pena.

~~Art. 60. Mendigar, por ociosidade ou cupidez:~~ (Revogado pela Lei nº 11.983, de 2009)

~~Pena – prisão simples, de quinze dias a três meses.~~ (Revogado pela Lei nº 11.983, de 2009)

~~Parágrafo único. Aumenta-se a pena de um sexto a um terço, se a contravenção é praticada:~~ (Revogado pela Lei nº 11.983, de 2009)

~~a) de modo vexatório, ameaçador ou fraudulento.~~ (Revogado pela Lei nº 11.983, de 2009)

~~b) mediante simulação de moléstia ou deformidade;~~ (Revogado pela Lei nº 11.983, de 2009)

~~c) em companhia de alienado ou de menor de dezoito anos.~~ (Revogado pela Lei nº 11.983, de 2009)

Comentários: Com advento da Lei nº 11.983/2009, ocorreu à denominada "abolitio criminis".

Art. 61. Importunar alguém, em lugar público ou acessível ao público, de modo ofensivo ao pudor:

Pena – multa, de duzentos mil réis a dois contos de réis.

Verbo nuclear: O verbo nuclear da conduta *importunar* quer dizer (perturbar; molestar; incomodar; amolar e estorvar). Pune-se quem venha a **importunar alguém, em lugar público ou acessível ao público, de modo ofensivo ao pudor.** A conduta em regra não pode envolver, qualquer tipo de contato físico que envolva constrangimento mediante violência ou grave ameaça, hipótese em que estará configurado o crime de estupro.

O **local público ou acessível ao público** é fundamental para configuração do tipo em exame. Se for em local particular, aplica-se a contravenção de perturbação da tranquilidade, prevista no art. 65 da LCP.

Exemplos da contravenção do art. 61, da LCP, temos em regra, o beijo na boca sem o consentimento da vítima (podendo configurar um crime), perseguição automobilística (conforme a conduta), encostar-se lascivamente em mulher, passar as mãos nas nádegas da vítima, chamar a vítima de "biscatinha" ou outros termos indecorosos, "trombada" na vítima com propósitos.

Passar as mãos nas nádegas (apalpadela), propostas amorosas indecorosas, palavras indecorosas que não caracterizarem crimes contra a honra.

O convite reiterado para prática de atos homossexuais, beliscão nas nádegas, beijo roubado.

Exibir-se nu em público: ato obsceno (art. 223 do CP).

Se o ato for praticado mediante violência ou grave ameaça, caracterizar-se-á estupro (art. 213, segunda parte, do CP).

Objeto jurídico: Os bons costumes e até a dignidade sexual. Ainda se tutela a pudicícia da pessoa importunada.

Objeto material: É pessoa humana importunada.

Sujeito ativo: Qualquer pessoa.

Sujeito passivo: Pode ser qualquer pessoa.

Elemento subjetivo: É dolo.

Consumação: A consumação se dá com à ação descrita na conduta.

Tentativa: Por ser infração plurissubsistente poderia até se cogitar fragmentação dos atos para "conatus" (ou unissubsistente com único ato), lembrando que a tentativa não é punida pelo art. 4º, da LCP.

Beijo roubado: É um assunto controvertido e dependerá do caso concreto. Afinal, o "beijo roubado" é crime ou contravenção penal?

O beijo roubado pode ser considerado crime ou contravenção, a depender do caso.

Para responder essa indagação deve-se analisar o contexto fático e todas as suas singularidades.

A decisão que causou essa discussão é proveniente do Tribunal de Justiça de Mato Grosso e foi reformada em grau de recurso no Superior Tribunal de Justiça.

Longe de qualquer discurso sexista, patriarcal ou da nossa sociedade eminentemente machista, não é qualquer "beijo roubado" que serve para configurar crime contra a dignidade sexual dentro do princípio da proporcionalidade e razoabilidade.

Realmente, sem querer fazes às vezes de advogado de defesa do Tribunal de Justiça de Mato Grosso, órgão notável pelas grandes decisões reiteradas sob os casos postos em sua análise, a resposta não é tão simples como alguns pensam e criticaram de forma açodada a decisão da Corte Matogrossense reformada pelo Superior Tribunal de Justiça. E mais uma vez deve se repetir que a resposta irá depender muito do fato em si apresentado no caso concreto.

A discussão ganha mais relevância e polêmica quando se lançam argumentos tais como: "e se a vítima fosse sua mãe, sua esposa, sua filha ou um parente do gênero feminino próxima de você?"

Em análise à doutrina e jurisprudência, temos posições para todos os gostos[1][2][3][4][5], mas chamamos à atenção de que não se pode aplicar as tipificações de forma indiscriminada. Deve se ter um temperamento, sob pena de se criar distorções e injustiças tanto com a vítima como para o meliante frente aos fatos.

O fato analisado na ocasião do julgamento do Superior Tribunal de Justiça tinha um *plus*, ou seja, da forma violenta com que se deu o beijo roubado entre outras singularidades do caso. A hipótese examinada no caso não se trata daqueles "beijos roubados" em eventos festivos ou até mesmo os famosos "selinhos" etc. Trata-se na verdade, de um autêntico fato voltado contra à dignidade sexual. No caso enfrentado[6], um indivíduo estava sobre uma mulher menor de idade com o joelho inclinado e pressionando o corpo dessa mulher, com o ato do beijo lascivo naquela. No julgamento constou ainda, que o indivíduo somente não avançou em seus atos para à conjunção carnal, devido à intervenção de um motoqueiro que passava no exato instante que os fatos se desenrolavam.

Ora, como se pode observar nesse caso específico pelos ingredientes fáticos apresentados, tudo leva para desaguar no crime de estupro, lembrando que o crime de estupro com a última reforma trazida pela Lei nº 12.015, de 2009 nesse ponto, não se limitou mais apenas e tão somente na conjunção carnal, mas ampliou seu feixe de incidência para abranger além da conjunção carnal, qualquer ato libidinoso diverso da conjunção carnal – e aqui entra uma série de atos que podem margear a zona cinzenta do crime de estupro, constrangimento ilegal ou da contravenção penal de importunação ofensiva ao pudor.

Convém lembrar-se, que objeto material no crime de estupro é a pessoa quem sofre o constrangimento. Já o objeto jurídico tutelado é a liberdade sexual.

Igualmente, é importante distinguir para fins de compreensão o conceito de conjunção carnal e ato libidinoso diverso da conjunção. A par dessa preocupação, o doutrinador, Guilherme de Souza Nucci, explica que:

> *Conjunção carnal: é um termo específico, dependente de apreciação particularizada, que significa a introdução do pênis na vagina. "Restritivo é o critério pelo qual apenas se admite como conjunção carnal a cópula secundum naturam; amplo, o compreensivo da cópula normal e da anal; e amplíssimo o que engloba o ato sexual e qualquer equivalente do mesmo; assim, a cópula vaginal, a anal e a fellatio in ore" (cf. JOÃO MESTIERI, Do delito de estupro, p. 59). O critério prevalente, no Brasil, é o restritivo. Tal interpretação advém, dentre outros motivos, do fato de o legislador ter utilizado, no mesmo art. 213, a expressão "outro ato libidinoso", dando mostras de que, afora a união pênis-vagina, todas as demais formas de libidinagem estão compreendidas nesse tipo penal. Não importa, para a configuração do estupro, se houve ou não ejaculação por parte do homem e muito menos se o hímen rompeu-se (no caso da mulher virgem)* (NUCCI, 2015, p. 1.199).

Dando sequência às exposições, nos valendo mais uma vez sobre as lições de Guilherme de Souza Nucci, este nos ensina que ato libidinoso diverso da conjunção carnal, no caso do beijo, apenas abrangeria o beijo lascivo, nos indicando que:

> *ato libidinoso: é o ato voluptuoso, lascivo, que tem por finalidade satisfazer o prazer sexual, tais como o sexo oral ou anal, o toque em partes íntimas, a masturbação, o beijo lascivo, a introdução na vagina dos dedos ou de outros objetos, dentre outros. Quanto ao beijo, excluem-se os castos, furtivos ou brevíssimos, tais como os dados na face ou rapidamente nos lábios ("selinho"). Incluem-se os beijos voluptuosos, com "longa e intensa descarga de libido", nas palavras de Hungria, dados na boca, com a introdução da língua* (NUCCI, 2015, p. 1.199).

Sobre essa análise, Cezar Roberto Bitencourt, preleciona a respeito do beijo lascivo diferenciando, o beijo lascivo como demonstração de afeto e do beijo lascivo como forma de humilhar a vítima, embora admita a possibilidade de ambas, as condutas terem o condão de configurarem crime de estupro:

> *[...] Outro exemplo, em que seria preciso um pouco de razoabilidade para o intérprete, é o "roubo de um beijo lascivo". Por "beijo lascivo" entende-se o beijo destinado a produzir ou estimular o prazer sexual, diferentemente de um rápido e fugaz toque entre os lábios.* ***Pois bem, se o indivíduo rouba um beijo lascivo da vítima como forma de demonstrar-lhe seu afeto, ter-se-á uma conduta diferente daquela em que o sujeito rouba o beijo lascivo para humilhar a vítima.*** *Qualquer das hipóteses poderia, em tese, configurar o estupro, haja vista o constrangimento a que a vítima é submetida, a violência no ato em si, e o ato libidinoso (tendente a produzir ou estimular o prazer). É necessário, portanto, que se verifique a real ofensa ao bem jurídico "dignidade sexual", no fruir da liberdade da vítima em escolher com quem e quando quer beijar* (BITENCOURT, 2012, p.46).

Edgard Magalhães de Noronha reafirma essa posição enérgica quanto ao beijo lascivo (quando ainda existia o tipo do art. 214, do Código Penal [Atentado Violento ao Pudor] que migrou com advento da Lei nº 12.015, de 2009 para o crime de estupro do art. 213, do mesmo diploma) ao afirmar sobre o beijo que "não temos dúvida em considerá-lo ato de libidinagem, capaz de integrar o crime deste artigo, quando dado, por meio de violência ou ameaça, num impulso de luxúria e de volúpia" (NORONHA, 1964, p. 167).

Luiz Regis Prado na mesma linha apregoa que:

> *a inclusão de todos os tipos de cópula no delito de estupro, qualificando o atentado violento ao pudor como um crime menos grave. [...] Um desafio que causa inquietação à doutrina e aos tribunais é a gradação dos atos libidinosos, que, obviamente, posicionam-se numa linha ascendente de um simples toque até o coito anal, que situa-se no mesmo grau do estupro. Assim, se é correta a classificação do beijo lascivo ou com fim erótico como ato libidinoso, não é menos correto afirmar que a aplicação ao agente da pena mínima de seis anos, nesses casos, ofende substancialmente o princípio da proporcionalidade das penas* (PRADO, 2010, p. 210).

Entretanto, não se pode perder de vistas outra faceta tratada pela doutrina, acerca do beijo lascivo. Assim, entendendo que o beijo lascivo não configura atentado violento ao pudor, Rogério Greco aduz que o agente:

> *(...) Poderá nesse caso ser responsabilizado pelo delito de constrangimento ilegal, previsto no art. 146 do Código Penal, ou mesmo pela contravenção penal de importunação ofensiva ao pudor (art. 61 da LCP), dependendo da intensidade e da gravidade do fato praticado, evitando-se, outrossim, a aplicação de uma pena extremamente desproporcional* (GRECO, 2015, p. 504).

Rogério Sanches Cunha pontua também que:

> *A expressão 'outro ato libidinoso' é bastante ampla, porosa e, se não interpretada com cautela, pode culminar em séria injustiça, como já registrada pela nossa jurisprudência quando os Tribunais subsumiam ao tipo do art. 214 do CP o simples beijo lascivo. De lege ferenda (leitura futura), deve o legislador exemplificar os atos considerados libidinosos, permitindo ao aplicador encontrar outros que com aqueles se assemelham. Por enquanto, de lege lata (lei posta), precisa o aplicador aquilatar o caso concreto e concluir se o ato praticado foi capaz de ferir ou não a dignidade sexual da vítima. Como exemplo citamos o coito anum, inter femora, a fellatio, o cunnilingus, o anilingus, ou ainda a associação da fellatio e o cunnilingus, a cópula axiliar, entre os seios, vulvar, etc* (CUNHA, 2010. p. 250).

De forma similar aos posicionamentos em exposição, o professor, Paulo José da Costa Junior, ilustra que:

> *Discute-se se o beijo possa ser considerado um ato libidinoso. (...) O beijo dado nos seios, no colo ou em outras partes pudendas do corpo poderá configurar-se como ato de libidinagem. Entretanto, como a lei penal pune a prática de ato libidinoso praticado mediante violência, será difícil configurá-la se o agente vier a beijar de inopino, embora em partes mais recatadas a vítima. De mais a mais, existe uma hierarquia da luxúria, se os atos libidinosos correspondem a diversos graus de devassidão, o beijo, nos tempos atuais, não pode ser considerado um ato de descomedimento do apetite carnal* (COSTA JUNIOR, Paulo José da. Código Penal Comentado, Editora Saraiva, 2011).

A propósito, sobre o crime de estupro vale transcrever o que reza o art. 213, do Código Penal Brasileiro, bem como seu aspecto doutrinário quanto à abrangência dessa tutela da dignidade sexual. Vejamos:

> ***TÍTULO VI***
>
> ***DOS CRIMES CONTRA A DIGNIDADE SEXUAL***
>
> ***CAPÍTULO I***
>
> ***DOS CRIMES CONTRA A LIBERDADE SEXUAL***
>
> ***Estupro***
>
> *Art. 213. Constranger alguém, mediante violência ou grave ameaça, a ter conjunção carnal ou a praticar ou permitir que com ele se pratique outro ato libidinoso: (Redação dada pela Lei nº 12.015, de 2009)*
>
> *Pena – reclusão, de 6 (seis) a 10 (dez) anos. (Redação dada pela Lei nº 12.015, de 2009)*
>
> *1º Se da conduta resulta lesão corporal de natureza grave ou se a vítima é menor de 18 (dezoito) ou maior de 14 (catorze) anos: (Incluído pela Lei nº 12.015, de 2009)*
>
> *Pena – reclusão, de 8 (oito) a 12 (doze) anos. (Incluído pela Lei nº 12.015, de 2009)*

> *2º Se da conduta resulta morte: (Incluído pela Lei nº 12.015, de 2009)*
>
> *Pena – reclusão, de 12 (doze) a 30 (trinta) anos" (Incluído pela Lei nº 12.015, de 2009)*

Seguindo o posicionamento de alguns doutrinadores, o beijo lascivo poderia se enquadrar também nas premissas insculpidas do art. 146, do Estatuto Penal:

> ***Constrangimento ilegal***
>
> ***Art. 146.*** *Constranger alguém, mediante violência ou grave ameaça, ou depois de lhe haver reduzido, por qualquer outro meio, a capacidade de resistência, a não fazer o que a lei permite, ou a fazer o que ela não manda: Pena – detenção, de três meses a um ano, ou multa.*

De outro quadrante, para outra parcela da doutrina, o beijo lascivo se amoldaria à contravenção penal da importunação ofensiva enumerada no art. 61, da Lei de Contravenção Penal. Confira-se:

> *Art. 61. Importunar alguem, em lugar público ou acessivel ao público, de modo ofensivo ao pudor:*
>
> *Pena – multa, de duzentos mil réis a dois contos de réis.*

Extrai-se das discussões apresentadas, que o "beijo roubado" para ser crime ou contravenção penal deverá ser analisado os fins lascivos (libidinosos) ou não em si, bem como o próprio contexto fático (se há violência ou grave ameaça) com o comportamento da vítima (se consentiu ou não) entre outros detalhes, elementos esses que nortearão a resposta a ser construída no caso concreto.

Por fim, a resposta quanto à polêmica se o "beijo roubado" é crime ou contravenção penal não será tão simples como alguns pensam e vai depender exclusivamente do fato em si posto sob análise, que vai reclamar dos profissionais do Direito, a arguta sensibilidade, desarraigada da cultura sexista e machista sem ruborizar a mulher, sob a lupa do valor axiológico da Justiça. Por isso, atrevemos e ousamos a afirmar, que infelizmente sob o ponto de vista da segurança jurídica, essa é uma discussão que está longe de ser pacificada.

Classificação doutrinária: Infração comum; mera conduta; de forma ou execução livre; comissiva; instantânea; unissubjetiva; unissubsistente ou plurissubsistente.

Suspensão condicional do processo: Admite-se o instituto.

Acordo de Não Persecução Penal: Em regra, não caberá o acordo de não persecução penal, se couber transação penal que tem cabimento nesta hipótese. Excepcionalmente, caso não preenchido os requisitos da transação penal, é que caberá acordo de não persecução penal, se presentes todos os requisitos legais do art. 28-A, do CPP.

Ação penal: Ação penal pública incondicionada.

> **Art. 62. Apresentar-se publicamente em estado de embriaguez, de modo que cause escândalo ou ponha em perigo a segurança própria ou alheia:**
>
> **Pena – prisão simples, de quinze dias a três meses, ou multa, de duzentos mil réis a dois contos de réis.**

Verbo nuclear: O verbo nuclear é *apresentar-se* publicamente em estado de embriaguez, de modo que cause escândalo ou ponha em perigo a segurança própria ou alheia. O vocábulo *apresentar-se* corresponde a (tornar presente; exibir-se; pôr diante; à vista ou na presença de; oferecer para ser visto ou recebido; mostrar; comparecer; ser presente; fazer conhecer; introduzir).

Convém registrar que, a embriaguez nada mais é do que a intoxicação aguda e transitória causada pelo álcool ou substância de efeitos análogos.

Registre-se que esta figura contravencional da embriaguez é de duvidosa constitucionalidade quanto a sua validade, após advento da Constituição Federal de 1988, embora ainda haja aplicação dela no mundo jurídico.

Presença dos requisitos: A par disso, sustentamos serem necessários os 03 (três) requisitos para completude típica, quais seja, apresentar publicamente, estado de embriaguez, cause escândalo ou ponha em perigo a segurança própria ou alheia. Uma condição, considerada isolada, não constitui a contravenção em estudo.

Há jurisprudência contra e a favor de que a prova testemunhal supre o exame clínico ou de dosagem alcoólica, devendo se ter cuidado em provas de concurso público quanto a este detalhe.

Não se exige o dano efetivo, bastando a probabilidade de sua ocorrência.

O **exame de dosagem alcoólica** não é exigido para a comprovação da embriaguez (*RT*, 458/421).

Para a doutrina, a **habitualidade** não se faz necessária para incidir à configuração da contravenção penal em testilha. Diga-se de passagem também, que a simples embriaguez por si só não é suficiente para caracterizar a infração penal.

Objeto jurídico: Protege-se os bons costumes e a incolumidade pública.

Objeto material: É o álcool.

Sujeito ativo: Qualquer pessoa.

Sujeito passivo: A Coletividade primariamente e secundariamente a pessoa cuja segurança é exposta.

Elemento subjetivo: É o dolo.

Consumação: Com apresentação do agente embriagado em público nas condições e locais descritos na conduta.

Tentativa: Por ser infração plurissubsistente poderia até se cogitar fragmentação dos atos para "conatus", lembrando que a tentativa não é punida pelo art. 4º, da LCP.

Conflito do art. 62 da LCP x Art. 329, do CPB (Crime de Resistência): Pode haver concurso com resistência ou esta absorver aquela. Há duas posições: 1ª) há concurso material de infração (orientação isolada). Nesse sentido: RT, 468:361; 2ª) a contravenção é absorvida pelo crime de resistência (posição dominante). Nesse sentido: JTACrimSP, 35:68; RT, 468:359.

Nossa posição é de que ocorre à absorção quando a resistência constitui manifestação da embriaguez, todavia, se as duas condutas, da embriaguez e da resistência podem ser separadas, há concurso de infrações.

Conflito do art. 62 da LCP x Art. 137, do CPB (Crime de Rixa): A rixa absorve a contravenção de embriaguez.

Conflito do art. 62 da LCP x Art. 21 da LCP (Vias de Fato): A vias de fato absorve a embriaguez em nosso sentir, embora haja posição ao inverso.

Conflito do art. 62 da LCP x Delito culposo de trânsito: Há prevalência do crime culposo que absorve a contravenção de embriaguez (RT, 432:368 e 538:374).

Conflito do art. 62 da LCP x Art. 306 do CTB: Dirigir veículo em estado de embriaguez configura o crime do art. 306 do CTB.

Conflito do art. 62 da LCP x Art. 331, do CPB (Desacato): Temos aqui 03 (três) posições jurídicas sobre o tema. Vejamos:

1ª corrente: o desacato necessita de dolo específico (dolo do crime de desacato), sendo que a embriaguez do agente seria incompatível com esse elemento subjetivo, detalhes suficientes para excluírem o delito de desacato.

2ª corrente: como o delito de desacato não exige dolo específico, conclui-se que o estado de embriaguez não exclui o crime de desacato.

3ª corrente: não é qualquer estado de embriaguez que exclui o elemento subjetivo do crime de desacato, exigindo-se que elimine a capacidade intelectual e volitiva do sujeito (posição dominante).

Conflito do art. 62 da LCP x Art. 132, do CPB: Vai depender do caso concreto, pois no plano abstrato não é tarefa simples. Lembra-se que o crime do art. 132, do CPB exige expor a perigo direto e iminente à vida ou a saúde de outrem.

Crítica quanto à disposição contravencional: É no mínimo de duvidosa constitucionalidade este dispositivo após o advento da Constituição Federal, já que o Direito Penal visa tutelar a alteridade. De qualquer forma, como o tipo faz menção à apresentar-se publicamente em estado de embriaguez, de modo que cause escândalo ou ponha em perigo a segurança própria ou alheia, a única forma de sustentar sua higidez é por uma filtragem constitucional e partindo da premissa de que ele poderia afetar à segurança de terceiro. Do contrário, este tipo é de constitucionalidade questionável.

Classificação doutrinária: Infração comum; mera conduta; de forma ou execução livre; comissiva; instantânea; unissubjetiva; plurissubsistente.

Suspensão condicional do processo: É admitido o benefício legal.

Acordo de Não Persecução Penal: Em regra, não caberá o acordo de não persecução penal, se couber transação penal que tem cabimento nesta hipótese. Excepcionalmente, caso não preenchido os requisitos da transação penal, é que caberá acordo de não persecução penal, se presentes todos os requisitos legais do art. 28-A, do CPP.

Ação penal: Ação penal pública incondicionada.

Parágrafo único. Se habitual a embriaguez, o contraventor é internado em casa de custódia e tratamento.

Comentários: A **embriaguez habitual** acaba por enseja a colocação do agente em hospital de custódia e tratamento. Entretanto, com o advento da nova Parte Geral do Código Penal de 1984, entendemos que a internação do contraventor somente poderá ocorrer se a embriaguez habitual ocasionar, mediante comprovação pericial, a incapacidade de entender o caráter ilícito do fato ou de determinar-se de acordo com esse entendimento, sendo, então, pelo seu estado crônico, considerada doença mental.

O estado de embriaguez como já dito, consiste na intoxicação aguda e transitória causada pelo álcool ou substância de efeitos análogos. Para sua comprovação não se exige exame de dosagem alcoólica, se contentando a prova testemunhal.

O local publicamente que nada mais é do que um lugar público, acessível ao público, lugar aberto ao público, em que se encontram ou que as pessoas podem ir.

A habitualidade não é exigida, sendo que a sua ocorrência pode ensejar o seu internamento em casa de custódia ou tratamento, conforme redação do parágrafo único (após ser considerado inimputável, nos termos do art. 96 e seguintes do CP). Logo, não é a embriaguez habitual que leva à internação, mas sim a embriaguez patológica que leve a inimputabilidade ou semi-imputabilidade.

Art. 63. Servir bebidas alcoólicas:

I - a menor de dezoito anos; (Revogado pela Lei nº 13.106, de 2015)

II - a quem se acha em estado de embriaguez;

III - a pessoa que o agente sabe sofrer das faculdades mentais;

IV - a pessoa que o agente sabe estar judicialmente proibida de frequentar lugares onde se consome bebida de tal natureza:

Pena - prisão simples, de dois meses a um ano, ou multa, de quinhentos mil réis a cinco contos de réis.

Revogação parcial do tipo contravencional: O inciso I, do art. 63, da LCP, foi revogado pela Lei nº 13.106, de 2015.

Verbo nuclear: O verbo nuclear é *servir* que significa (dar, oferecer, ministrar, apresentar a consumo).

Nota-se que há diferença entre *servir* e *vender* apesar de num passado não tão longe, foi objeto de inúmeras discussões. O verbo *servir* (passa à impressão de consumo imediato), enquanto o verbo *vender* (indica que a bebida alcoólica será consumida oportunamente, mediatamente).

A **bebida alcoólica** nada mais é do que aquela que contém qualquer graduação alcoólica ou qualquer quantidade de álcool em sua fórmula ou composição.

ATENÇÃO: Revogação do art. 63, I da Lei de Contravenções Penais: O art. 63, inciso I, do Decreto-lei nº 3.688/41, que punia a conduta de servir bebida alcoólica a menor de dezoito anos, foi revogado pela Lei nº 13.106/15, que, ao mesmo tempo, modificou o art. 243 do Estatuto da Criança e do Adolescente para inserir tipificar a conduta como crime punido com detenção de dois a quatro anos, além da multa. Com isso, colocou-se uma pá de cal no assunto.

Objeto jurídico: Os bons costumes e a incolumidade de menores, pessoas embriagadas e de doentes mentais.

Objeto material: É o menor de 18 (dezoito anos), o embriagado, o alienado mental e a pessoa impedida de frequentar lugares onde se oferta bebida alcoólica.

Sujeito ativo: Qualquer pessoa para maioria da doutrina. A doutrina de Guilherme de Souza Nucci diz que é infração penal própria.

Sujeito passivo: A Coletividade.

Elemento subjetivo: É o dolo.

Consumação: Com a ação descrita na conduta.

Tentativa: Embora possível, não se pune pelo art. 4º LCP.

Bebida alcoólica para menor de 18 anos x ECA antes do advento da Lei nº 13.106/15 e a Lei de Contravenção Penal: O artigo 243 do Estatuto da Criança e do Adolescente antes da Lei nº 13.106/15 não tipificava essa situação como crime. O ECA incriminava as condutas de "vender, fornecer, ainda que gratuitamente, ministrar ou entregar, de qualquer forma, à criança ou ao adolescente, sem justa causa, produtos cujos componentes possam causar dependência física ou psíquica, ainda que por utilização indevida", mas não fazia alusão à bebida alcoólica. Logo, à bebida alcoólica estava abrangida pela contravenção penal. Esse era o entendimento do STJ (RHC 19661/MS, Rel. Ministro Arnaldo Esteves Lima, Quinta Turma, julgado em 22/08/2006, DJ 18/09/2006 p. 339).

No quadro atual, servir, fornecer, ministrar ou entregar de qualquer forma bebida alcoólica à criança ou adolescente é crime do art. 243, do ECA, pois, com a Lei nº 13.106/15 colocou-se uma pá de cal no assunto.

Classificação doutrinária: Infração comum para maioria da doutrina. Cuidado que para a doutrina de Guilherme de Souza Nucci seria infração penal própria; mera conduta; de forma ou execução livre; comissiva; instantânea; unissubjetiva; unissubsistente ou plurissubsistente a depender do ato.

Suspensão condicional do processo: Admite-se o instituto.

Acordo de Não Persecução Penal: Em regra, não caberá o acordo de não persecução penal, se couber transação penal que tem cabimento nesta hipótese. Excepcionalmente, caso não preenchido os requisitos da transação penal, é que caberá acordo de não persecução penal, se presentes todos os requisitos legais do art. 28-A, do CPP.

Ação penal: Ação penal pública incondicionada.

Art. 64. Tratar animal com crueldade ou submetê-lo a trabalho excessivo:

Pena – prisão simples, de dez dias a um mês, ou multa, de cem a quinhentos mil réis

§ 1º Na mesma pena incorre aquele que, embora para fins didáticos ou científicos, realiza em lugar público ou exposto ao publico, experiência dolorosa ou cruel em animal vivo.

§ 2º Aplica-se a pena com aumento de metade, se o animal é submetido a trabalho excessivo ou tratado com crueldade, em exibição ou espetáculo público.

Comentários: O art. 64, da LCP, foi revogado pela art. 32, *caput* e parágrafos 1ºe 2º da lei nº 9.605/98, que prevê crime de maus tratos que passou a punir com detenção de 3 meses a 1 ano a conduta de quem realizar a prática de ato de abuso, maus-tratos, ferir ou mutilar animais silvestres, domésticos ou domesticados, nativos ou exóticos.

Art. 65. Molestar alguém ou perturbar-lhe a tranquilidade, por acinte ou por motivo reprovável:

Pena – prisão simples, de quinze dias a dois meses, ou multa, de duzentos mil réis a dois contos de réis.

Verbos nucleares: Os verbos nucleares são *molestar* e *perturbar* a tranquilidade, por acinte ou por motivo reprovável. *Molestar* corresponde a (incomodar, irritar, atormentar, aborrecer) e *perturbar* significa (atrapalhar, amolar, atarantar, abalar, provocar).

Acinte corresponde a fazer alguma coisa contra a vontade de alguém, de propósito, de caso pensado. Já o **motivo reprovável** diz respeito ao motivo censurável, que gera indignação, que causa espécie.

Não requer a publicidade e nem violência à vítima.

Exemplos dessa contravenção são: soltar rojões, bombinhas ou outros equivalentes na direção ou próximo da residência da vítima. Podemos citar também os exemplos de atirar pedras no telhado da residência da vítima, balançar o portão da residência da vítima; persistir em entrar com uso insistente da maçaneta da porta em horários inconvenientes em cidade pacata entre outras.

Objeto jurídico: A tranquilidade pessoal.

Objeto material: É a pessoal molestada ou perturbada.

Local: A perturbação tem que ser privada e individualizada a número restrito de pessoas, porquanto se for pública e alcançar número indeterminado de pessoas configura o tipo do art. 42, da LCP.

Sujeito ativo: Qualquer pessoa.

Sujeito passivo: Qualquer pessoa determinada.

Elemento subjetivo: É o dolo especifico por acinte, de propósito ou por motivo reprovável.

Consumação: Se dá com à ação descrita na conduta, ou seja, no instante em que o agente molesta ou perturba a vítima, por acinte ou motivo reprovável.

Tentativa: Não é punida pelo art. 4º LCP.

Conflito do art. 65, da LCP x Art. 61, da LCP: Caso a importunação vise atingir ao pudor da vítima e seja realizada em lugar público e acessível ao público, teremos a contravenção do art. 61, da LCP.

Confronto do art. 65 da LCP x Art. 42 da LCP: A diferença da perturbação do sossego do **art. 42 da LCP** e **art. 65 da LCP** é que o primeiro atinge um número indeterminado de pessoas, enquanto no segundo à perturbação da tranquilidade atinge pessoa determinada (**art. 65 da LCP**). Assim, dependerá do caso concreto para se tipificar a conduta.

Na análise dessas contravenções penais, a Autoridade Policial deverá examinar apenas o requisito quanto ao número de vítima em potencial, ou seja, a quantidade de pessoas afetadas pelo barulho.

Os dois dispositivos do **art. 42 da LCP** e **art. 65 da LCP** se distinguem por dois requisitos, um sendo quanto o número de vítimas (onde o para se aplicar o artigo 42 é necessário existir duas ou mais vítimas e para à aplicabilidade do artigo 65 é possível existir apenas uma) e o segundo requisito diz respeito à pena, porquanto no artigo 42 a pena pode chegar até os 3 (três) meses de prisão, e já no artigo 65 a pena é de 2 (dois) meses.

Na prática há Delegados de Polícia, Comandos da Polícia Militar, Membros do Ministério Público e do Poder Judiciário aplicando o entendimento "contra lege" de que para à persecução **art. 42 da LCP** e **art. 65 da LCP** é necessário à representação da vítima, o que *datíssima máxima vênia* está equivocado, pois pela redação do art. 17, da Lei nº 3.688/1941 é desnecessária à representação da vítima, visto que as contravenções penais são incondicionadas a representação, conforme o próprio artigo 17, que preconiza o seguinte: "Art. 17. A ação penal é pública, devendo a autoridade proceder de ofício".

(Des)necessidade de Perícia: O tema sofre certa oscilação na doutrina e jurisprudência. Ressaltamos de qualquer forma que, a perícia por ser prova técnica é sempre recomendável para solapar em regra qualquer dúvida e evitar discussões pueris tecnicamente demonstradas, exceto se o próprio laudo deixar margem para questionamentos. Pensamos que o laudo pericial é dispensável, desde que haja outro meio hábil de prova, como, por exemplo, a prova testemunhal, áudios, vídeos entre outros abaixo comentados.

Em reforço ao nosso entendimento, embora não seja do caso específico, a divergência existente sobre a (des)necessidade de prova pericial para se constatar a poluição sonora, foi decidido pelo Supremo Tribunal Federal no caso de crime de poluição sonora que o laudo pericial é dispensável, desde que haja outro meio hábil de prova. Ao menos esse raciocínio condutor do STF, analogicamente pode ser aplicado aqui em sede de contravenção penal, conforme traz o seguinte julgado:

> Ementa: RECURSO ORDINÁRIO EM HABEAS CORPUS. PENAL. PROCESSUAL PENAL. CRIME AMBIENTAL. POLUIÇÃO SONORA. AUSÊNCIA DE PROVA PERICIAL. ALEGAÇÃO DE NULIDADE DA SENTENÇA CONDENATÓRIA. INSUBSISTÊNCIA. NÃO PROVIMENTO DO RECURSO.
>
> I – Nulidade da sentença condenatória em virtude da não realização da prova pericial visando à comprovação da prática de crime ambiental (poluição sonora).
>
> II – Alegação insubsistente, pois, conforme assentou o acórdão impugnado, a materialidade do delito foi comprovada pela prova testemunhal.
>
> III – Esse entendimento vai ao encontro de jurisprudência consolidada desta Corte no sentido de que embora a **produção da prova técnica seja necessária para esclarecer situações de dúvida objetiva acerca da existência da infração penal, o seu afastamento é sistemático e teleologicamente autorizado pela legislação processual penal nos casos em há nos autos outros elementos idôneos aptos a comprovar a materialidade do delito** (HC 108.463/MG, Rel. Min. Teori Zavascki).
>
> IV – Recurso ordinário não provido [grifos nossos] (STF – RHC 117465 – DF, Segunda Turma, relator Min. Ricardo Lewandowski. Data de julgamento: 04/02;2014).

E mais agora pelo STJ, em decisão recente no sentido de dispensabilidade da perícia (STJ - EREsp 1417279/SC, Rel. Ministro JOEL ILAN PACIORNIK, TERCEIRA SEÇÃO, julgado em 11/04/2018, DJe 20/04/2018). Nesta direção, o Superior Tribunal de Justiça já decidiu que:

> Ementa Oficial
>
> DIREITO PENAL E PROCESSUAL PENAL. EMBARGOS DE DIVERGÊNCIA. DISSÍDIO CONFIGURADO. CRIME DO ART. 54 DA LEI N. 9.605/98. AUTORIA E MATERIALIDADE COMPROVADAS. NATUREZA FORMAL DO DELITO. REALIZAÇÃO DE PERÍCIA. DESNECESSIDADE. POTENCIALIDADE DE DANO À SAÚDE. EMBARGOS DE DIVERGÊNCIA PROVIDOS. RECURSO ESPECIAL DESPROVIDO. 1. O delito previsto na primeira parte do artigo 54 da Lei n. 9.605/1998 possui natureza formal, sendo suficiente a potencialidade de dano à saúde humana para configuração da conduta delitiva, não se exigindo, portanto, a realização de perícia. Embargos de Divergência providos, recurso especial desprovido. (STJ - EREsp 1417279/SC, Rel. Ministro JOEL ILAN PACIORNIK, TERCEIRA SEÇÃO, julgado em 11/04/2018, DJe 20/04/2018)

Ora, apesar da variação de fundamentação das Cortes Superiores em que o resultado de qualquer forma converge pela dispensabilidade da perícia, o raciocínio é o seguinte: se em crime que é mais grave ("plus": mais), o STF e STJ não exigem a perícia por motivações e fundamentos diferentes, desde que haja outros meios idôneos para demonstrar os fatos (ou que realmente a infração seja formal), com maior razão na contravenção que é "minus" (menos) não há que se exigir a perícia, como condição única para ensejar condenação ou demonstração dos fatos.

Outras provas para fins de comprovação: Na aplicação da contravenção penal do art. 65, da LCP, é por si só, prova cabal para que se aplique as medidas cabíveis para aqueles que a afronta a paz e sossego alheio.

O recomendável é que nessas situações, com o acionamento da força policial, haja apreensão dos instrumentos ou dos objetos responsáveis pelo som, se for a hipótese. Isso reforçará a prática da contravenção em tela.

Outrossim, é recomendável que as pessoas incomodadas gravem áudios, imagens (fotografias) e vídeos sobre os ruídos, algazarras, gritarias, efeitos sonoros ou acústicos, sejam por meio de celulares entre outros equipamentos.

Há também a possibilidade de acionar um tabelião ou oficial para acompanhar os ruídos, algazarras, gritarias, efeitos sonoros ou acústicos e consignar em ata notarial.

Eventual celebração de termo de ajustamento de conduta (TAC) com órgão ambiental impede a instauração de ação penal? Apesar de na prática ser de difícil visualização essa celebração de termo de ajustamento de conduta (TAC) com órgão ambiental, em sede de contravenção penal, e apesar também de existir vozes na doutrina pregando isso para fins de crime (em que o cenário muda de panorama), nos valemos mais uma vez do raciocínio de comparação, o STJ e a maioria da doutrina entendem que assinatura do termo de ajustamento de conduta com órgão ambiental não impede a instauração de ação penal (Informativo nº 625 do STJ: Corte Especial - **APn 888-DF**, Rel. Min. Nancy Andrighi, por unanimidade, julgado em 02/05/2018, DJe 10/05/2018). É óbvio que, o caso concreto do julgado acima, trata de crime ambiental, mas pensamos que a premissa é aplicada aqui também com maior razão. O argumento central é da independência de instâncias em regra, ou seja, a adoção de providências em determinado âmbito de atuação em regra não tem efeitos impeditivos sobre outros procedimentos nas demais esferas. Essa regra só é excepcionada quando o juízo criminal a reconhecer a inexistência do fato ou negativa de autoria. Afora tais situações, a regra é a independência das instâncias.

O Termo de Ajustamento de Conduta (TAC) nada mais é do que a possibilidade dos órgãos públicos legitimados celebrar acordos com interessados, como forma de atender às exigências legais, mediante cominações, que terá eficácia de título executivo extrajudicial.

Assim, se remotamente for possível uma celebração de termo de ajustamento de conduta (TAC) com órgão ambiental, **na contravenção do art. 65, da LCP por meio de poluição sonora, o mesmo raciocínio acima pela impossibilidade de** impedir a instauração de ação penal **deve ser aplicado, pois** se em crime que é mais grave ("plus": mais), essa é a posição (**impossibilidade de o acordo** impedir a instauração de ação penal), com maior razão deve ser na contravenção que é "minus" (menos).

Classificação doutrinária: Infração comum; mera conduta; de forma ou execução livre; comissiva; instantânea embora a depender do ato pode se projetar permanência no tempo; unissubjetiva; plurissubsistente.

Suspensão condicional do processo: Admite à incidência do instituto.

Acordo de Não Persecução Penal: Em regra, não caberá o acordo de não persecução penal, se couber transação penal que tem cabimento nesta hipótese. Excepcionalmente, caso não preenchido os requisitos da transação penal, é que caberá acordo de não persecução penal, se presentes todos os requisitos legais do art. 28-A, do CPP.

Ação penal: Ação penal pública incondicionada.

Revogação do art. 65 da Lei de Contravenções Penais: Foi recém aprovado o Projeto de Lei nº 1.369, de 2019 de iniciativa da Senadora Leila Barros (PSB/DF), que se transformou na Lei Federal nº 14.132/2021 sancionada recentemente pelo Presidente da República.

O Projeto em si com sanção presidencial, altera o Decreto-Lei nº 2.848, de 7 de dezembro de 1940 (Código Penal), para incluir o art. 147-A, que dispõe sobre o crime de perseguição obsessiva, mais conhecido como ***stalking (perseguição persistente*** - Lei Federal nº 14.132/2021***)***.

Criminaliza-se aqui a conduta de perseguição obsessiva, em caso de perseguição reiterada com ameaças, restrição da locomoção ou invasão da privacidade, com a revogação da figura contravencional de perturbação da tranqüilidade (art. 65, da LCP). O crime de perseguição passa a substituir esse ato contravencional na legislação brasileira.

Das críticas quanto à revogação do art. 65 da Lei de Contravenções Penais: Entendemos que o legislador não precisava ter promovido à revogação do art. 65 da Lei de Contravenções Penais, ainda que parcela esmagadora da doutrina entenda que o aludido arcabouço legal do diploma legal que trata da Lei de Contravenções Penais devesse ser revogado "in totum".

Nossa argumentação é de que o legislador ordinário poderia ter optado pela manutenção do aludido dispositivo, já que agora poderá deixar a porta aberta para a impunidade em condutas de poluição sonora e similares que não se enquadre no art. 54 da Lei do Meio Ambiente e nem no art. 42 da LCP – em que o operador subsidiariamente tinha o art. 65, da LCP. Logo, teria um possível vácuo criado pelo legislador.

Com a revogação do dispositivo contravencional pela Lei Federal nº 14.132/2021, pensamos que se terá a problemática de não incidência do princípio da continuidade normativa-típica, primeiro porque a lei cria exigência para conduta penalmente relevante que não se amoldaria às disposições contravencionais e sendo também mais gravosa. Deste modo, inclinaríamos a dizer que as pessoas que respondessem por este fato contravencional seriam contempladas pelo instituto penal da "abolitio criminis".

O art. 65 da LCP então revogado, era um verdadeiro "coringa" jurídico extirpado do ordenamento jurídico.

De mais a mais, como já sublinhado em tópico anterior, encampamos a crítica de que teria que ter sido criado uma figura similar na própria lei nova direcionada às pessoas jurídicas, tendo em vista que também penalmente invadem a privacidade e liberdade com práticas abusivas e lesivas a bens jurídicos intrínsecos do indivíduo, já que a Constituição Federal prevê a responsabilidade penal de pessoas jurídicas de forma não restrita, em que o legislador infraconstitucional perdeu a oportunidade de versar sobre essa matéria na recém sancionada lei federal em estudo.

CAPÍTULO VIII

DAS CONTRAVENÇÕES REFERENTES À ADMINISTRAÇÃO PÚBLICA

Art. 66. Deixar de comunicar à autoridade competente:

I – crime de ação pública, de que teve conhecimento no exercício de função pública, desde que a ação penal não dependa de representação;

II – crime de ação pública, de que teve conhecimento no exercício da medicina ou de outra profissão sanitária, desde que a ação penal não dependa de representação e a comunicação não exponha o cliente a procedimento criminal:

Pena – multa, de trezentos mil réis a três contos de réis.

Verbo nuclear: Os verbos nucleares são *deixar de comunicar* (não avisar; não informar; não proceder a ciência) à autoridade competente de crime de ação pública, de que teve conhecimento no exercício de função pública, desde que a ação penal não dependa de representação; crime de ação pública, de que teve conhecimento no exercício da medicina ou de outra profissão sanitária, desde que a ação penal não dependa de representação e a comunicação não exponha o cliente a procedimento criminal.

As formas de comunicação pregadas são escritas ou orais que podem se materializar de inúmeros modos.

O tipo faz alusão apenas ao "crime". Logo "contravenção penal" não estaria abrangida para incidir o tipo em tela. Assim, a omissão da comunicação de contravenção não há infração penal.

Prazo para a comunicação e crítica ao legislador ordinário: Há uma crítica neste tipo, pois o legislador não previu o lapso temporal necessário para configurar o tipo contravencional. O ideal é que tão logo, o responsável legal conheça da situação impositiva, promova à comunicação dentro da maior brevidade possível, sob pena de incidir a contravenção em estudo. Portanto, o caso concreto será a bussola para indicar a ocorrência ou não da contravenção.

Objeto jurídico: O normal funcionamento da Administração Pública.

Objeto material: É o crime de ação pública que foi ocultado.

Sujeito ativo: Por ser infração penal própria, apenas e somente podem ser sujeitos ativos, o funcionário público, no caso do inciso I, o médico ou outro profissional da saúde no caso do inciso II, do art. 66, da LCP. O conceito de funcionário público deve ser extraído do art. 327 do Código Penal Brasileiro.

Sujeito passivo: O Estado primariamente. Secundariamente, é a Sociedade.

Elemento subjetivo: É o dolo.

Elementos normativos do tipo: As expressões "crime", "função pública", "ação pública" e "representação" são elementos normativos do tipo.

Consumação: Com a simples omissão do agente em proceder à comunicação que tinha o dever de fazer, com o decurso de tempo juridicamente relevante para tanto.

Tentativa: Não se pune a tentativa, segundo o art. 4º LCP.

Classificação doutrinária: Infração própria; mera conduta; de forma ou execução livre; comissiva por omissão; instantânea; unissubjetiva; unissubsistente.

Suspensão condicional do processo: Admite a suspensão condicional do processo.

Acordo de Não Persecução Penal: Em regra, não caberá o acordo de não persecução penal, se couber transação penal que tem cabimento nesta hipótese. Excepcionalmente, caso não preenchido os requisitos da transação penal, é que caberá acordo de não persecução penal, se presentes todos os requisitos legais do art. 28-A, do CPP.

Ação penal: Ação penal pública incondicionada.

Art. 67. Inumar ou exumar cadáver, com infração das disposições legais:

Pena – prisão simples, de um mês a um ano, ou multa, de duzentos mil réis a dois contos de réis.

Verbo nuclear: As condutas incriminadoras são*inumar* e *exumar.* O verbo *inumar* corresponde (a enterrar, cobrir de terra, sepultar). Já o verbo *exumar* consiste em (desenterrar, escavar, descobrir). A exumação está prevista, no art. 163, no CPP. De outro lado, a inumação encontra abrigo no art. 77 e art. 88 da Lei n. 6.015/73 (Lei de Registros Públicos), que em resumo, estabelecem o procedimento que deve anteceder o sepultamento ou inumação. O mero fato de haver realizado o enterro de um cadáver, com desrespeito às disposições legais ao tema e que só consentem o enterramento em cemitério, não torna o agente incurso no art. 211 do CP, mas na redação do art. 67 da Lei das Contravenções Penais. O transporte irregular de cadáver não constitui por si só contravenção penal em tela. A exumação ou imunação irregular de restos mortais (ossada) não incide à contravenção.

Objeto jurídico: O normal funcionamento da Administração Pública quanto às regras de inumação e exumação.

Objeto material: É o cadáver.

Sujeito ativo: Qualquer pessoa, por ser infração penal comum.

Sujeito passivo: A Coletividade. O Estado.

Elemento subjetivo: É o dolo.

Norma penal em branco: A expressão **"infração das disposições legais"** é norma penal em branco, a ser complemento de outras disposições legais. Para Damásio Evangelista de Jesus a expressão supra seria em verdade **elemento normativo do tipo**[84].

Consumação: Ocorre com a efetiva inumação ou exumação.

Tentativa: A "conatus" não é punida pelo art. 4º LCP.

Conflito do art. 67, da LCP x Art. 209, do CPB: A perturbação de enterro é crime do art. 209, do CPB.

Conflito do art. 67, da LCP x Art. 210, do CPB: Na hipótese de violar ou profanar sepultura ou urna funerária é crime art. 210, do CPB.

Conflito do art. 67, da LCP x Art. 211, do CPB (Crime de Ocultação de Cadáver): Agora se a conduta tem por objetivo destruir, ocultar ou subtrair o cadáver ou parte dele, a infração penal será do art. 211, do CPB (Crime de Ocultação de Cadáver). A objetividade jurídica da parte do Código Penal Brasileiro desta situação em evidência, tutela o respeito aos mortos, enquanto na contravenção penal existe apenas a inumação ou exumação com descumprimento das disposições legais, sem maiores consequências.

Conflito do art. 67, da LCP x Art. 212, do CPB: O vilipêndio ao cadáver faz incidir o crime do art. 211, do CPB.

Classificação doutrinária: Infração comum; mera conduta; de forma ou execução livre; comissiva; instantânea; unissubjetiva; plurissubsistente.

Suspensão condicional do processo: Admite-se o instituto em cena.

Acordo de Não Persecução Penal: Em regra, não caberá o acordo de não persecução penal, se couber transação penal que tem cabimento nesta hipótese. Excepcionalmente, caso não preenchido os requisitos da transação penal, é que caberá acordo de não persecução penal, se presentes todos os requisitos legais do art. 28-A, do CPP.

Ação penal: Ação penal pública incondicionada.

84. Op. cit. p., 131.

Art. 68. Recusar à autoridade, quando por esta, justificadamente solicitados ou exigidos, dados ou indicações concernentes à própria identidade, estado, profissão, domicílio e residência:

Pena – multa, de duzentos mil réis a dois contos de réis.

Parágrafo único. Incorre na pena de prisão simples, de um a seis meses, e multa, de duzentos mil réis a dois contos de réis, se o fato não constitui infração penal mais grave, quem, nas mesmas circunstâncias, faz declarações inverídicas a respeito de sua identidade pessoal, estado, profissão, domicílio e residência.

Verbo nuclear: A conduta verbal aqui é *recusar*, que significa (negar-se, opor-se, resistir). Pensamos que não fere o direito convencional da proibição da autoincriminação, pois não se fala em fatos, mas em qualificação. De qualquer forma, por zelo, cumpre mencionar a existência de corrente que prega que esse dispositivo feriria o direito convencional da proibição da autoincriminação e assim qualquer dado falso repassado seria fato atípico. Esse direito também estaria dentro da autodefesa. Diga-se de passagem que, não concordamos com essa posição.

Objeto jurídico: O normal funcionamento da Administração Pública. Visa evitar também que cause obstáculo à identificação ou qualificação das pessoas pelas Autoridades.

O conceito de Autoridade sobre variações neste contexto contravencional: Entendemos ser apenas à Autoridade Policial (Delegado de Polícia) e Autoridade Judiciária (Juiz de Direito). Todavia, por honestidade à cátedra há correntes que pregam ser além da Autoridade Policial e Autoridade Judiciária, a Autoridade Administrativa e a Autoridade Ministerial (Promotor de Justiça).

Objeto material: Diz respeito à qualificação individualizada.

Sujeito ativo: Qualquer pessoa, por ser infração penal comum.

Sujeito passivo: O Estado.

Elemento subjetivo: É o dolo.

Consumação: Ocorre com a mera recusa quando justificadamente solicitados ou exigidos, dados ou indicações concernentes à própria identidade, estado, profissão, domicílio e residência.

Tentativa: Não se pune à tentativa, segundo art. 4º, da LCP.

Confronto do art. 68, da LCP x Art. 307, do CPB (Crime de Falsa Identidade): O art. 307, do CPB (Crime de Falsa Identidade)o agente visa a obter vantagem em proveito próprio ou alheio ou causar dano a terceiro, elementos típicos inexistentes na contravenção. Já na contravenção há simples recusa de fornecimento de elementos de identificação pessoal. Essa questão é tormentosa, mas prevalece que citar dados falsos qualificativos configura sim o crime do art. 307, do CPB. Essa é posição do STJ e do STF sobre o tema.

Confronto do art. 68, da LCP x Crime de falsificação de documentos: O crime de falsificação de documentos absorve a contravenção no que toca à recusa de dados sobre sua própria identidade ou qualificação (RF, 317:328 e 309:235).

Classificação doutrinária: Infração comum; mera conduta; de forma ou execução livre; omissiva; instantânea; unissubjetiva; unissubsistente.

Suspensão condicional do processo: O *caput* do art. 68, da LCP admite. De outro lado, o parágrafo art. 68, da LCP único não admite, porquanto é subsidiário[85] e atrairá outros tipos penais que extrapolaria a pena mínima para incidência do instituto.

Acordo de Não Persecução Penal: Em regra, não caberá o acordo de não persecução penal, se couber transação penal que tem cabimento nesta hipótese. Excepcionalmente, caso não preenchido os requisitos da transação penal, é que caberá acordo de não persecução penal, se presentes todos os requisitos legais do art. 28-A, do CPP.

Ação penal: Ação penal pública incondicionada.

Art. 69. Exercer, no território nacional, atividade remunerada o estrangeiro que nele se encontre como turista, visitante ou viajante em trânsito:

Pena - prisão simples, de três meses a um ano.

Revogação: Foi revogado expressamente pela Lei nº 6.815/1980 (Estatuto do Estrangeiro), que por sua vez foi revogada pela novel Lei nº 13.445/2017 (Lei da Migração ou Estatuto da Migração).

A novel Lei nº 13.445/2017 (Lei da Migração ou Estatuto da Migração) reconhece a migração como um direito e torna explícito o repúdio à xenofobia, ao racismo e a outras formas de discriminação. O novo

85. Pode configurar os crimes do arts. 298, 299, art. 304 ou art. 307, todos do CPB. Como se nota, é de difícil incidência, porquanto à prestação de falsa de informações poderá configurar o delito de falsidade documental ou de falsa identidade.

diploma legal veio substituir o Estatuto do Estrangeiro, criado durante a ditadura militar, que tratava o imigrante como uma ameaça à segurança nacional.

Art. 70. Praticar qualquer ato que importe violação do monopólio postal da União:

Pena – prisão simples, de três meses a um ano, ou multa, de três a dez contos de réis, ou ambas cumulativamente.

Revogação: Foi revogado pelo art. 42, e parágrafo único, da Lei 6.538/1978 (Lei dos Serviços Postais), mas pela importância do assunto comentaremos.

Verbo nuclear: O verbo é *praticar* que consiste em (realizar ou fazer qualquer ato de violação que consiste em infringir, transgredir o monopólio postal da União).

Objeto jurídico: Tutela-se o monopólio postal da União.

Objeto material: Serviço postal afeto à União.

Sujeito ativo: Como é contravenção comum, pode ser perpetrada por qualquer pessoa.

Sujeito passivo: O Estado.

Elemento subjetivo: É o dolo.

Consumação: Com a prática da ação descrita na conduta.

Tentativa: Embora seja possível fracionar a conduta, não se pune a tentativa, conforme o art. 4º LCP.

Suspensão condicional do processo: Admite.

Acordo de Não Persecução Penal: Em regra, não caberá o acordo de não persecução penal, se couber transação penal que tem cabimento nesta hipótese. Excepcionalmente, caso não preenchido os requisitos da transação penal, é que caberá acordo de não persecução penal, se presentes todos os requisitos legais do art. 28-A, do CPP.

Ação penal: Ação penal pública incondicionada.

DISPOSIÇÕES FINAIS

Art. 71. Ressalvada a legislação especial sobre florestas, caça e pesca, revogam-se as disposições em contrário.

Comentários: O legislador assegurou fazendo a ressalva de que exceto a legislação especial sobre florestas, caça e pesca, revogava as disposições em contrário.

Art. 72. Esta lei entrará em vigor no dia 1º de janeiro de 1942.

Rio de Janeiro, 3 de outubro de 1941; 120º da Independência e 58º da República.

GETULIO VARGAS. *Francisco Campos.*

Este texto não substitui o publicado no DOU de 3.10.1941

Referências Bibliográficas:

AL, Caio Cesar Matsumoto et. **Roteiro de Estudo: Jogos de Azar**. Portal Jurídico Investidura, Florianópolis/SC, 16 Jul. 2009. Disponível em: investidura.com.br/biblioteca-juridica/artigos/direito-penal/3931-roteiro-de-estudojogos-de-azar. Acesso em: 20 Ago. 2020.

ANDREUCCI, Ricardo Antonio. **Legislação penal especial.** – 12. ed. atual. e ampl. – São Paulo: Saraiva, 2017.

BIFFE JUNIOR, João; LEITÃO JÚNIOR, Joaquim. **Concursos públicos: terminologias e teorias inusitadas.** – Rio de Janeiro: Forense; São Paulo: MÉTODO, 2017.

BITENCOURT, Cezar Roberto. **Tratado de Direito Penal: parte especial 4** – 6 ed., São Paulo: Editora Saraiva, 2012.

BRASIL. Superior Tribunal de Justiça – **AgRg no Ag 1176949 SC 2009/0133208-2** – Data de publicação: 07/06/2010.

_____. Superior Tribunal de Justiça – **REsp 751036 RS 2005/0080774-2** –Data de publicação: 07/11/2005.

_____. Superior Tribunal de Justiça – **REsp 1053083 SP 2008/0093162-8** – Data de publicação: 06/04/2009.

_____. Superior Tribunal de Justiça – Relator(a) Ministro GILSON DIPP (1111) Órgão Julgador T5 – QUINTA TURMA Data do Julgamento 17/08/2006. Data da Publicação/Fonte DJ 11/09/2006 p. 344.

COSTA JUNIOR, Paulo José da. **Código Penal Comentado,** Editora Saraiva, 2011.

CUNHA, R. S. **Direito penal: parte especial.** 3. ed. ver., atual e ampl. São Paulo: Revista dos Tribunais, 2010.

CAPEZ, Fernando. **Curso de Direito Penal.** vol. 2. São Paulo: Saraiva, 2004.

CAPEZ, Fernando. **Curso de Direito Penal: legislação penal especial.** Volume 4. 4ª Edição. São Paulo, Editora Saraiva, 2009.

CASAROTI, Luciano. **Leis Penais Especiais: Comentadas artigo por artigo.** Coordenação Rogério Sanches Cunha Ronaldo Batista Pinto Renee do Ó Souza. Editora Juspodivm, Salvador: 2018.

CONJUR. ATO DE VIOLÊNCIA – **Turma do STJ condena por estupro jovem que beijou adolescente à força.** Publicada em 19 de outubro de 2016. Disponível em: http://www.conjur.com.br/2016-out-19/jovem-beijou-adolescente-forca-condenado-estupro?utm_source=dlvr.it&utm_medium=facebook).

FIORILLO, Celso Antonio Pacheco. **Curso de direito ambiental brasileiro.** 13 Ed. rev., atual. E ampl. São Paulo: Saraiva, 2012.

GOMES, Luiz Flávio; GARCÍA-PABLOS DE MOLINA, Antonio. **Direito Penal Parte Geral**. São Paulo: Revista dos Tribunais, 2007, v.2.

GOMES, Luiz Flávio. **Nova Lei de Drogas Comentada.** São Paulo: Ed. RT, 2006.

GONÇALVES, Victor Eduardo Rios. **Legislação penal especial**. – 8. ed. – São Paulo: Saraiva, 2011. – (Coleção sinopses jurídicas; v. 24).

GRECO, Rogério. **Curso de Direito Penal: parte especial,** volume III. 12ª. ed. Niterói-RJ: Impetus, 2015.

JESUS, Damásio Evangelista de. **Lei das Contravenções Penais Anotadas.** São Paulo: Saraiva, 1994.

JESUS, Damásio de. **Lei das Contravenções Penais anotada:** Decreto-lei n. 3.688, de 3-10-1941. – 12. ed. – São Paulo: Saraiva, 2010.

MACHADO, Paulo Affonso Leme. **Direito ambiental brasileiro.** 18. Ed. rev., atual. E ampl. São Paulo: Malheiros, 2009.

MACHADO, Paulo Affonso Leme. **Direito ambiental brasileiro.** 18. Ed. rev., atual. E ampl. São Paulo: Malheiros, 2009.

MACIEL, Silvio Luiz. Contravenções penais. In: GOMES, Luiz Flávio; CUNHA, Rogério Sanches (Coord.). **Legislação Criminal Especial**. São Paulo: RT, 2009.

MASSON, Cleber Rogério. **Código Penal comentado.** 4. ed. rev., atual. e ampl. - Rio de Janeiro: Forense; São Paulo: MÉTODO, 2016.

MORAES, Alexandre; SMANIO, Gianpaolo Poggio. **Legislação Penal Especial**, 10 Ed. São Paulo: Atlas, 2007.

MORAES, Alexandre de; SMANIO, Gianpaolo Poggio. **Legislação Penal Especial.** 10ª Edição, São Paulo: Atlas.

NINNO, Wilson. **Leis Penais Especiais e Sua Interpretação Jurisprudencial.** São Paulo: Ed. RT, 2002, vol. 1.

NUCCI, Guilherme de Souza. **Leis Penais e Processuais Penais Comentadas.** São Paulo: Ed. RT, 2007.

NUCCI, Guilherme de Souza. **Leis Penais e Processuais Penais Comentadas.** 4º Edição revista, atualizada e ampliada. São Paulo, Editora Revista dos Tribunais, 2009.

NUCCI, Guilherme de Souza. **Código penal comentado.** – 15. ed. rev., atual. e ampl. – Rio de Janeiro: Forense, 2015.

NORONHA, Edgard Magalhães. **Direito penal.** 2. ed. São Paulo: Saraiva, 1964. v. 3.

PRADO, L. R. **Curso de direito penal brasileiro: parte especial:arts. 121 a 249.** 8. ed. rev. atual. e ampl. São Paulo: Revista dos Tribunais, 2010. v. 2.

Revista CONJUR. **TIPIFICAÇÃO EXCESSIVA – Sem violência, acariciar partes íntimas não é atentado ao pudor, decide STJ. Extraída do site CONJUR.** Publicada em 4 de julho de 2014. Disponível em: <http://www.conjur.com.br/2014-jul-04/violencia-acariciar-partes-intimas-nao-atentado-pudor.> Acessado em 23 de outubro de 2016.

4

CRIMES DO ESTATUTO DA CRIANÇA E DO ADOLESCENTE

Lei 8.069/1990

JOAQUIM LEITÃO JÚNIOR

Súmulas do Superior Tribunal de Justiça acerca do Estatuto da Criança e do Adolescente

Súmula 265 - É necessária a oitiva do menor infrator antes de decretar-se a regressão da medida sócio-educativa.

Súmula 338 - A prescrição penal é aplicável nas medidas sócio-educativas.

Súmula 342 - No procedimento para aplicação de medida sócio-educativa, é nula a desistência de outras provas em face da confissão do adolescente.

Súmula 492 - O ato infracional análogo ao tráfico de drogas, por si só, não conduz obrigatoriamente à imposição de medida socioeducativa de internação do adolescente. (Súmula 492, TERCEIRA SEÇÃO, julgado em 08/08/2012, DJe 13/08/2012)

Súmula 500 - A configuração do crime do art. 244-B do ECA independe da prova da efetiva corrupção do menor, por se tratar de delito formal.

Súmula 605 - A superveniência da maioridade penal não interfere na apuração de ato infracional nem na aplicabilidade de medida socioeducativa em curso, inclusive na liberdade assistida, enquanto não atingida a idade de 21 anos.

Jurisprudência em tese do Superior Tribunal de Justiça acerca do Estatuto da Criança e do Adolescente

1) O ato infracional análogo ao tráfico de drogas, por si só, não conduz obrigatoriamente à imposição de medida socioeducativa de internação do adolescente. (Súmula n. 492/STJ)
Acórdãos dos precedentes sobre o tema

HC 342956/SP, Rel. Ministro REYNALDO SOARES DA FONSECA, QUINTA TURMA, Julgado em 02/02/2016, DJE 10/02/2016

AgRg no REsp 1523192/SP, Rel. Ministro NEFI CORDEIRO, Julgado em 17/12/2015, DJE 05/02/2016

RHC 039900/RJ, Rel. Ministro RIBEIRO DANTAS, QUINTA TURMA, Julgado em 17/12/2015, DJE 02/02/2016 **HC 339918/SP**, Rel. Ministro ROGERIO SCHIETTI CRUZ, Julgado em 24/11/2015, DJE 17/12/2015

HC 334127/SP, Rel. Ministro ERICSON MARANHO (DESEMBARGADOR CONVOCADO DO TJ/SP), Julgado em 03/11/2015 ,DJE 19/11/2015

HC 327152/SP, Rel. Ministro NEWTON TRISOTTO (DESEMBARGADOR CONVOCADO DO TJ/SC), QUINTA TURMA, Julgado em 08/09/2015, DJE 30/09/2015

AgRg no HC 322674/SP, Rel. Ministro SEBASTIÃO REIS JÚNIOR, Julgado em 25/08/2015, DJE 15/09/2015

AgRg no HC 308330/SP, Rel. Ministro LEOPOLDO DE ARRUDA RAPOSO (DESEMBARGADOR CONVOCADO DO TJ/PE), QUINTA TURMA, Julgado em 30/06/2015, DJE 10/08/2015.

2) A existência de relatório técnico favorável à progressão ou extinção de medida socioeducativa não vincula o juiz.
Acórdãos dos precedentes sobre o tema

HC 325441/SP, Rel. Ministro ROGERIO SCHIETTI CRUZ, Julgado em 17/11/2015,DJE 02/12/2015

HC 336235/SP, Rel. Ministro REYNALDO SOARES DA FONSECA, QUINTA TURMA, Julgado em 24/11/2015, DJE 01/12/2015

RHC 053244/MG, Rel. Ministro NEFI CORDEIRO, Julgado em 22/09/2015,DJE 19/10/2015

HC 323690/SP, Rel. Ministro FELIX FISCHER, QUINTA TURMA, Julgado em 08/09/2015, DJE 01/10/2015

HC 307727/SP, Rel. Ministro NEWTON TRISOTTO (DESEMBARGADOR CONVOCADO DO TJ/SC), QUINTA TURMA, Julgado em 02/06/2015, DJE 09/06/2015

HC 299243/SP, Rel. Ministra MARIA THEREZA DE ASSIS MOURA, Julgado em 16/12/2014,DJE 03/02/2015

RHC 053416/PA, Rel. Ministro ERICSON MARANHO (DESEMBARGADOR CONVOCADO DO TJ/SP), Julgado em 04/12/2014, DJE 03/02/2015

HC 287497/PE, Rel. Ministra MARILZA MAYNARD (DESEMBARGADORA CONVOCADA DO TJ/SE), Julgado em 05/08/2014, DJE 11/09/2014

HC 326258/SP, Rel. Ministro RIBEIRO DANTAS, QUINTA TURMA, Julgado em 20/10/2015, DJE 26/10/2015

3) É possível a incidência do princípio da insignificância nos procedimentos que apuram a prática de ato infracional.

Acórdãos dos precedentes sobre o tema

HC 292824/SP, Rel. Ministro GURGEL DE FARIA, QUINTA TURMA, Julgado em 30/06/2015, DJE 05/08/2015

HC 276358/SP, Rel. Ministro NEFI CORDEIRO, Julgado em 02/09/2014, DJE 22/09/2014

HC 243950/PA, Rel. Ministra MARILZA MAYNARD (DESEMBARGADORA CONVOCADA DO TJ/SE), Julgado em 10/12/2013, DJE 04/08/2014

REsp 1293097/RS, Rel. Ministra REGINA HELENA COSTA, QUINTA TURMA, Julgado em 05/11/2013, DJE 11/11/2013

HC 253769/ES, Rel. Ministro SEBASTIÃO REIS JÚNIOR, Julgado em 03/10/2013, DJE 15/10/2013

HC 239436/RS, Rel. Ministra LAURITA VAZ, QUINTA TURMA, Julgado em 13/08/2013, DJE 23/08/2013

HC 221468/RS, Rel. Ministro OG FERNANDES, Julgado em 07/05/2013, DJE 17/06/2013

HC 203540/RS, Rel. Ministra MARIA THEREZA DE ASSIS MOURA, Julgado em 23/10/2012, DJE 29/10/2012

HC 227049/RS, Rel. Ministro ADILSON VIEIRA MACABU (DESEMBARGADOR CONVOCADO DO TJ/RJ), QUINTA TURMA, Julgado em 03/05/2012, DJE 01/08/2012

REsp 1198132/RS, Rel. Ministro GILSON DIPP, QUINTA TURMA, Julgado em 13/03/2012, DJE 20/03/2012

Veja também os periódicos (atualizados até a data de publicação):

Informativo de Jurisprudência n. 0481, publicado em 26 de agosto de 2011.

4) A medida socioeducativa de internação está autorizada nas hipóteses taxativamente previstas no art. 122 do ECA, sendo vedado ao julgador dar qualquer interpretação extensiva do dispositivo.

Acórdãos dos precedentes sobre o tema

HC 342956/SP, Rel. Ministro REYNALDO SOARES DA FONSECA, QUINTA TURMA, Julgado em 02/02/2016, DJE 10/02/2016

AgRg no REsp 1523192/SP, Rel. Ministro NEFI CORDEIRO, Julgado em 17/12/2015, DJE 05/02/2016

HC 334432/SP, Rel. Ministro FELIX FISCHER, QUINTA TURMA, Julgado em 17/11/2015, DJE 26/11/2015

HC 333835/SP, Rel. Ministro ROGERIO SCHIETTI CRUZ, Julgado em 05/11/2015, DJE 23/11/2015

AgRg no AREsp 700954/MG, Rel. Ministro GURGEL DE FARIA, QUINTA TURMA, Julgado em 15/10/2015, DJE 05/11/2015

AgRg no HC 308330/SP, Rel. Ministro LEOPOLDO DE ARRUDA RAPOSO (DESEMBARGADOR CONVOCADO DO TJ/PE), QUINTA TURMA, Julgado em 30/06/2015, DJE 10/08/2015

HC 317986/SP, Rel. Ministro SEBASTIÃO REIS JÚNIOR, Julgado em 16/06/2015, DJE 29/06/2015

HC 291858/SP, Rel. Ministro ERICSON MARANHO (DESEMBARGADOR CONVOCADO DO TJ/SP), Julgado em 21/05/2015, DJE 02/06/2015

HC 303929/SP, Rel. Ministro JORGE MUSSI, QUINTA TURMA, Julgado em 07/04/2015, DJE 15/04/2015

HC 287497/PE, Rel. Ministra MARILZA MAYNARD (DESEMBARGADORA CONVOCADA DO TJ/SE), Julgado em 05/08/2014, DJE 11/09/2014

5) A aplicação da medida de semiliberdade, a despeito do disposto no art. 120, § 2º, do ECA, não se vincula à taxatividade estabelecida no art. 122 do mesmo estatuto.

Acórdãos dos precedentes sobre o tema

HC 330067/RJ, Rel. Ministro GURGEL DE FARIA, QUINTA TURMA, Julgado em 27/10/2015, DJE 11/11/2015

HC 319539/SP, Rel. Ministro SEBASTIÃO REIS JÚNIOR, Julgado em 23/06/2015, DJE 03/08/2015

HC 306249/MG, Rel. Ministro ERICSON MARANHO (DESEMBARGADOR CONVOCADO DO TJ/SP), Julgado em 16/04/2015, DJE 29/04/2015

HC 254806/MG, Rel. Ministro ROGERIO SCHIETTI CRUZ, Julgado em 13/05/2014, DJE 27/05/2014

RHC 040591/SP, Rel. Ministra ASSUSETE MAGALHÃES, Julgado em 05/11/2013, DJE 08/05/2014

HC 211477/DF, Rel. Ministro OG FERNANDES, Julgado em 22/03/2012, DJE 11/04/2012

HC 143301/DF, Rel. Ministra LAURITA VAZ, QUINTA TURMA, Julgado em 08/11/2011, DJE 21/11/2011

6) A internação provisória prevista no art. 108 do ECA não pode exceder o prazo máximo e improrrogável de 45 dias, não havendo que se falar na incidência da Súmula n. 52 do STJ.

Acórdãos dos precedentes sobre o tema

HC 306667/SP, Rel. Ministro ROGERIO SCHIETTI CRUZ, Julgado em 24/02/2015, DJE 02/03/2015

HC 216584/PA, Rel. Ministra LAURITA VAZ, QUINTA TURMA, Julgado em 04/12/2012, DJE 11/12/2012

HC 192563/ES, Rel. Ministro GILSON DIPP, QUINTA TURMA, Julgado em 07/04/2011, DJE 28/04/2011

RHC 027213/RS, Rel. Ministro ARNALDO ESTEVES LIMA, QUINTA TURMA, Julgado em 11/05/2010, DJE 21/06/2010

HC 131770/RS, Rel. Ministro NAPOLEÃO NUNES MAIA FILHO, QUINTA TURMA, Julgado em 26/05/2009, DJE 29/06/2009

AgRg no HC 099499/PI, Rel. Ministro OG FERNANDES, Julgado em 02/12/2008, DJE 19/12/2008

HC 099501/PI, Rel. Ministro JORGE MUSSI, QUINTA TURMA, Julgado em 23/09/2008, DJE 28/10/2008

HC 105723/MS, Rel. Ministra JANE SILVA (DESEMBARGADORA CONVOCADA DO TJ/MG), Julgado em 05/06/2008,DJE 23/06/2008

RHC 021509/PI, Rel. Ministro FELIX FISCHER, QUINTA TURMA, Julgado em 14/08/2007, DJ 05/11/2007

Decisões Monocráticas

HC 344129/RS, Rel. Ministro NEFI CORDEIRO, Julgado em 07/12/2015, Publicado em 17/12/2015

7) A internação-sanção, imposta em razão de descumprimento injustificado de medida socioeducativa, não pode exceder o prazo de 3 (três) meses.

Acórdãos dos precedentes sobre o tema

HC 312633/SP, Rel. Ministro ROGERIO SCHIETTI CRUZ, Julgado em 24/03/2015, DJE 06/04/2015

HC 280970/SP, Rel. Ministra MARILZA MAYNARD (DESEMBARGADORA CONVOCADA DO TJ/SE), Julgado em 20/03/2014, DJE 10/04/2014

HC 286407/PE, Rel. Ministro MARCO AURÉLIO BELLIZZE, QUINTA TURMA, Julgado em 08/04/2014, DJE 23/04/2014

HC 204088/PE, Rel. Ministro SEBASTIÃO REIS JÚNIOR, Julgado em 24/04/2012, DJE 20/08/2012

HC 228147/PE, Rel. Ministro GILSON DIPP, QUINTA TURMA, Julgado em 07/08/2012, DJE 14/08/2012

HC 213507/SP, Rel. Ministra ALDERITA RAMOS DE OLIVEIRA (DESEMBARGADORA CONVOCADA DO TJ/PE), Julgado em 26/06/2012, DJE 01/08/2012

HC 183490/DF, Rel. Ministro OG FERNANDES, Julgado em 22/03/2012, DJE 18/06/2012

Veja também os periódicos (atualizados até a data de publicação):

Informativo de Jurisprudência n. 0249, publicado em 03 de junho de 2005.

8) A prática de atos infracionais não pode ser considerada para fins de reincidência ou maus antecedentes, mas serve para justificar a manutenção da prisão preventiva para a garantia da ordem pública.

Acórdãos dos precedentes sobre o tema

RHC 065442/SP, Rel. Ministro FELIX FISCHER, QUINTA TURMA, Julgado em 16/02/2016, DJE 24/02/2016

RHC 064887/MG, Rel. Ministro SEBASTIÃO REIS JÚNIOR, Julgado em 01/12/2015, DJE 17/12/2015

HC 315618/SP, Rel. Ministro RIBEIRO DANTAS, QUINTA TURMA, Julgado em 10/11/2015, DJE 18/11/2015

RHC 060213/MS, Rel. Ministro GURGEL DE FARIA, QUINTA TURMA, Julgado em 18/08/2015, DJE 03/09/2015

HC 321244/DF, Rel. Ministro LEOPOLDO DE ARRUDA RAPOSO (DESEMBARGADOR CONVOCADO DO TJ/PE), QUINTA TURMA, Julgado em 18/06/2015, DJE 25/06/2015

RHC 052816/MS, Rel. Ministro NEWTON TRISOTTO (DESEMBARGADOR CONVOCADO DO TJ/SC), QUINTA TURMA, Julgado em 16/04/2015, DJE 22/04/2015

RHC 051929/MS, Rel. Ministro JORGE MUSSI, QUINTA TURMA, Julgado em 11/11/2014, DJE 28/11/2014

RHC 043350/MS, Rel. Ministra MARILZA MAYNARD (DESEMBARGADORA CONVOCADA DO TJ/SE), Julgado em 24/04/2014, DJE 17/09/2014

RHC 044207/DF, Rel. Ministra LAURITA VAZ, QUINTA TURMA, Julgado em 15/05/2014, DJE 23/05/2014

Veja também os periódicos (atualizados até a data de publicação):

Informativo de Jurisprudência n. 0554, publicado em 25 de fevereiro de 2015.

9) A existência de anterior prática de ato infracional não pode servir de fundamento à prisão preventiva.

Acórdãos dos precedentes sobre o tema

HC 338936/SP, Rel. Ministro NEFI CORDEIRO, Julgado em 17/12/2015, DJE 05/02/2016

HC 334922/AL, Rel. Ministra MARIA THEREZA DE ASSIS MOURA, Julgado em 03/12/2015, DJE 14/12/2015

HC 334148/SP, Rel. Ministro REYNALDO SOARES DA FONSECA, QUINTA TURMA, Julgado em 06/10/2015, DJE 13/10/2015

10) A atenuante da confissão espontânea não tem aplicabilidade em sede de procedimento relativo à apuração de ato infracional.

Acórdãos dos precedentes sobre o tema

HC 332176/DF, Rel. Ministro RIBEIRO DANTAS, QUINTA TURMA, Julgado em 03/11/2015, DJE 13/11/2015

HC 330926/SC, Rel. Ministro NEFI CORDEIRO, Julgado em 08/09/2015, DJE 29/09/2015

HC 192371/DF, Rel. Ministro SEBASTIÃO REIS JÚNIOR, Julgado em 06/12/2011, DJE 01/02/2012

REsp 101739/DF, Rel. Ministro WALDEMAR ZVEITER, TERCEIRA TURMA, Julgado em 04/08/1998, DJ 14/09/1998

HC 102158/DF, Rel. Ministro FELIX FISCHER, QUINTA TURMA, Julgado em 15/05/2008, DJE 04/08/2008

11) A prescrição penal é aplicável nas medidas socioeducativas. (Súmula n. 338/STJ).

Acórdãos dos precedentes sobre o tema

HC 313610/SP, Rel. Ministro NEFI CORDEIRO, Julgado em 06/10/2015, DJE 29/10/2015

HC 321729/PB, Rel. Ministra MARIA THEREZA DE ASSIS MOURA, Julgado em 01/09/2015, DJE 20/10/2015

HC 305616/SP, Rel. Ministro ROGERIO SCHIETTI CRUZ, Julgado em 16/04/2015, DJE 27/04/2015

AgRg no AREsp 082815/PA, Rel. Ministra LAURITA VAZ, QUINTA TURMA, Julgado em 17/05/2012, DJE 28/05/2012

HC 172357/RJ, Rel. Ministro GILSON DIPP, QUINTA TURMA, Julgado em 28/02/2012, DJE 05/03/2012

REsp 1164854/RS, Rel. Ministro HONILDO AMARAL DE MELLO CASTRO (DESEMBARGADOR CONVOCADO DO TJ/AP), QUINTA TURMA, Julgado em 26/10/2010, DJE 16/11/2010

Veja também os periódicos (atualizados até a data de publicação):

Informativo de Jurisprudência n. 0345, publicado em 22 de fevereiro de 2008.

12) A superveniência da maioridade penal ou civil não afasta a possibilidade de aplicação de medida socioeducativa, devendo-se levar em consideração a idade do menor ao tempo do fato.

Acórdãos dos precedentes sobre o tema

HC 289812/MG, Rel. Ministra MARIA THEREZA DE ASSIS MOURA, Julgado em 04/09/2014, DJE 16/09/2014

AgRg no AREsp 440381/BA, Rel. Ministra MARILZA MAYNARD (DESEMBARGADORA CONVOCADA DO TJ/SE), Julgado em 13/05/2014, DJE 23/05/2014

AgRg no AREsp 449770/MG, Rel. Ministro MARCO AURÉLIO BELLIZZE, QUINTA TURMA, Julgado em 08/05/2014, DJE 21/05/2014

MC 020798/RJ, Rel. Ministra LAURITA VAZ, QUINTA TURMA, Julgado em 07/11/2013, DJE 25/11/2013

HC 243524/RJ, Rel. Ministro SEBASTIÃO REIS JÚNIOR, Julgado em 03/10/2013, DJE 15/10/2013

RHC 031763/RJ, Rel. Ministro VASCO DELLA GIUSTINA (DESEMBARGADOR CONVOCADO DO TJ/RS), Julgado em 15/05/2012, DJE 13/06/2012

MC 019098/RJ, Rel. Ministro OG FERNANDES, Julgado em 17/05/2012, DJE 04/06/2012

HC 190124/SP, Rel. Ministro NAPOLEÃO NUNES MAIA FILHO, QUINTA TURMA, Julgado em 05/04/2011, DJE 12/05/2011

Veja também os periódicos (atualizados até a data de publicação):

Informativo de Jurisprudência n. 0345, publicado em 22 de fevereiro de 2008.

13) A maioridade penal não implica a liberação compulsória do menor infrator, fato que somente se dá aos 21 anos nos termos do art. 121, §5°, do ECA.

Acórdãos dos precedentes sobre o tema

HC 318980/SP, Rel. Ministro RIBEIRO DANTAS, QUINTA TURMA, Julgado em 17/11/2015, DJE 23/11/2015

AgRg no REsp 1167880/RS, Rel. Ministro NEFI CORDEIRO, Julgado em 18/12/2014, DJE 12/02/2015

HC 289812/MG, Rel. Ministra MARIA THEREZA DE ASSIS MOURA, Julgado em 04/09/2014, DJE 16/09/2014

EDcl no AgRg no AREsp 445921/BA, Rel. Ministro MARCO AURÉLIO BELLIZZE, QUINTA TURMA, Julgado em 18/06/2014, DJE 27/06/2014

REsp 1340450/RJ, Rel. Ministra MARILZA MAYNARD (DESEMBARGADORA CONVOCADA DO TJ/SE), Julgado em 05/12/2013, DJE 16/12/2013

MC 020798/RJ, Rel. Ministra LAURITA VAZ, QUINTA TURMA, Julgado em 07/11/2013, DJE 25/11/2013

HC 243524/RJ, Rel. Ministro SEBASTIÃO REIS JÚNIOR, Julgado em 03/10/2013, DJE 15/10/2013

Veja também os periódicos (atualizados até a data de publicação):

Informativo de Jurisprudência n. 0345, publicado em 22 de fevereiro de 2008.

14) O cumprimento de medida socioeducativa de internação em estabelecimento prisional viola o art. 123 do ECA, ainda que em local separado dos maiores de idade condenados.

Acórdãos dos precedentes sobre o tema

HC 272847/MG, Rel. Ministra LAURITA VAZ, QUINTA TURMA, Julgado em 15/08/2013, DJE 26/08/2013

HC 202412/MG, Rel. Ministra MARILZA MAYNARD (DESEMBARGADORA CONVOCADA DO TJ/SE), QUINTA TURMA, Julgado em 21/03/2013, DJE 03/04/2013

HC 234935/MG, Rel. Ministro OG FERNANDES, Julgado em 18/06/2012, DJE 29/06/2012

HC 113371/PI, Rel. Ministra MARIA THEREZA DE ASSIS MOURA, Julgado em 28/04/2009, DJE 18/05/2009

HC 055280/GO, Rel. Ministro ARNALDO ESTEVES LIMA, QUINTA TURMA, Julgado em 27/09/2007,DJ 22/10/2007

15) A gravidade do ato infracional equiparado ao crime de ameaça (art. 147 do CP) não se subsume à grave ameaça exigida para a aplicação da medida de internação (art. 122, I, do ECA).

Acórdãos dos precedentes sobre o tema

HC 338517/SP, Rel. Ministro NEFI CORDEIRO, Julgado em 17/12/2015, DJE 05/02/2016

HC 316059/SP, Rel. Ministro FELIX FISCHER, QUINTA TURMA, Julgado em 22/09/2015, DJE 01/10/2015

HC 284110/MG, Rel. Ministra MARILZA MAYNARD (DESEMBARGADORA CONVOCADA DO TJ/SE), Julgado em 25/03/2014, DJE 11/04/2014

HC 271160/SP, Rel. Ministra LAURITA VAZ, QUINTA TURMA, Julgado em 03/09/2013, DJE 11/09/2013

16) O prazo para interpor agravo contra decisão denegatória de recurso especial em matéria penal é de cinco dias (art. 28 da Lei n. 8.038/90), aplicando-se às hipóteses de apuração de ato infracional.

Acórdãos dos precedentes sobre o tema

AgRg no AREsp 695316/SP, Rel. Ministro GURGEL DE FARIA, QUINTA TURMA, Julgado em 16/06/2015, DJE 03/08/2015

AgRg no AREsp 150291/PA, Rel. Ministro JORGE MUSSI, QUINTA TURMA, Julgado em 20/06/2013, DJE 01/08/2013

AgRg no AREsp 188518/PA, Rel. Ministra LAURITA VAZ, QUINTA TURMA, Julgado em 02/10/2012, DJE 09/10/2012

17) É necessária a oitiva do menor infrator antes de decretar-se a regressão da medida socioeducativa. (Súmula n. 265/STJ)

Acórdãos dos precedentes sobre o tema

HC 318980/SP, Rel. Ministro RIBEIRO DANTAS, QUINTA TURMA, Julgado em 17/11/2015, DJE 23/11/2015

HC 250518/PE, Rel. Ministro NEFI CORDEIRO, Julgado em 10/02/2015, DJE 23/02/2015

HC 280398/SP, Rel. Ministra MARIA THEREZA DE ASSIS MOURA, Julgado em 19/08/2014, DJE 29/08/2014

HC 280970/SP, Rel. Ministra MARILZA MAYNARD (DESEMBARGADORA CONVOCADA DO TJ/SE), Julgado em 20/03/2014, DJE 10/04/2014

HC 236650/RJ, Rel. Ministro GILSON DIPP, QUINTA TURMA, Julgado em 26/06/2012, DJE 01/08/2012

HC 213507/SP, Rel. Ministra ALDERITA RAMOS DE OLIVEIRA (DESEMBARGADORA CONVOCADA DO TJ/PE), Julgado em 26/06/2012, DJE 01/08/2012

HC 183490/DF, Rel. Ministro OG FERNANDES, Julgado em 22/03/2012, DJE 18/06/2012

18) O Estatuto da Criança e do Adolescente não estipulou um número mínimo de atos infracionais graves para justificar a internação com base na reiteração (art. 122, II, do ECA), não havendo que se falar, portanto, no número mínimo de três atos infracionais.

Acórdãos dos precedentes sobre o tema

HC 339439/SP, Rel. Ministro GURGEL DE FARIA, QUINTA TURMA, Julgado em 15/12/2015,DJE 15/02/2016

HC 340002/SC, Rel. Ministro REYNALDO SOARES DA FONSECA, QUINTA TURMA, Julgado em 02/02/2016, DJE 10/02/2016

HC 326211/SP, Rel. Ministro FELIX FISCHER, QUINTA TURMA, Julgado em 22/09/2015, DJE 01/10/2015

HC 314210/SP, Rel. Ministro LEOPOLDO DE ARRUDA RAPOSO (DESEMBARGADOR CONVOCADO DO TJ/PE), QUINTA TURMA, Julgado em 28/04/2015, DJE 13/05/2015

HC 291362/PE, Rel. Ministro NEWTON TRISOTTO (DESEMBARGADOR CONVOCADO DO TJ/SC), QUINTA TURMA, Julgado em 19/03/2015, DJE 08/04/2015

AgRg no HC 298226/AL, Rel. Ministro JORGE MUSSI, QUINTA TURMA, Julgado em 10/03/2015, DJE 18/03/2015

HC 305987/RJ, Rel. Ministro WALTER DE ALMEIDA GUILHERME (DESEMBARGADOR CONVOCADO DO TJ/SP), QUINTA TURMA, Julgado em 20/11/2014, DJE 27/11/2014

RHC 048629/SP, Rel. Ministro MARCO AURÉLIO BELLIZZE, QUINTA TURMA, Julgado em 07/08/2014, DJE 21/08/2014

Veja também os periódicos (atualizados até a data de publicação):

Informativo de Jurisprudência n. 0536, publicado em 26 de março de 2014.

19) Os atos infracionais compreendidos na remissão não servem para caracterizar a reiteração nos moldes do art. 122, II, do ECA.

Acórdãos dos precedentes sobre o tema

HC 331888/SP, Rel. Ministro RIBEIRO DANTAS, QUINTA TURMA, Julgado em 27/10/2015,DJE 09/11/2015

HC 327152/SP, Rel. Ministro NEWTON TRISOTTO (DESEMBARGADOR CONVOCADO DO TJ/SC), QUINTA TURMA, Julgado em 08/09/2015,DJE 30/09/2015

HC 292962/PE, Rel. Ministro FELIX FISCHER, QUINTA TURMA, Julgado em 16/04/2015,DJE 29/04/2015

HC 280550/SP, Rel. Ministra MARILZA MAYNARD (DESEMBARGADORA CONVOCADA DO TJ/SE), Julgado em 11/03/2014,DJE 31/03/2014

HC 252038/DF, Rel. Ministra ASSUSETE MAGALHÃES, Julgado em 10/12/2013,DJE 10/02/2014

HC 246083/SP, Rel. Ministro CAMPOS MARQUES (DESEMBARGADOR CONVOCADO DO TJ/PR), QUINTA TURMA, Julgado em 20/11/2012,DJE 26/11/2012

HC 220079/SP, Rel. Ministro MARCO AURÉLIO BELLIZZE, QUINTA TURMA, Julgado em 24/04/2012,DJE 01/06/2012

HC 177317/RS, Rel. Ministro SEBASTIÃO REIS JÚNIOR, Julgado em 29/03/2012,DJE 25/04/2012

20) A reiteração capaz de ensejar a incidência da medida socioeducativa de internação (art. 122, II, do ECA) só ocorre quando praticados, no mínimo, dois atos infracionais graves anteriores.

Acórdãos dos precedentes sobre o tema

HC 337874/SP, Rel. Ministro ERICSON MARANHO (DESEMBARGADOR CONVOCADO DO TJ/SP), Julgado em 04/02/2016,DJE 18/02/2016

HC 338517/SP, Rel. Ministro NEFI CORDEIRO, Julgado em 17/12/2015, DJE 05/02/2016

HC 330573/SP, Rel. Ministro ROGERIO SCHIETTI CRUZ, Julgado em 05/11/2015, DJE 23/11/2015

HC 310309/SP, Rel. Ministro SEBASTIÃO REIS JÚNIOR, Julgado em 30/06/2015, DJE 04/08/2015

HC 323517/SP, Rel. Ministra MARIA THEREZA DE ASSIS MOURA, Julgado em 18/06/2015, DJE 30/06/2015

HC 252400/PE, Rel. Ministra ASSUSETE MAGALHÃES, Julgado em 05/09/2013, DJE 13/05/2014

HC 280550/SP, Rel. Ministra MARILZA MAYNARD (DESEMBARGADORA CONVOCADA DO TJ/SE), Julgado em 11/03/2014, DJE 31/03/2014.

Título I

Das Disposições Preliminares

Art. 1º Esta Lei dispõe sobre a proteção integral à criança e ao adolescente.

Comentários: A **doutrina/postulado ou princípio da proteção integral** deve ser compreendida como um conjunto amplo de mecanismos jurídicos voltados à tutela da criança e do adolescente.

A **doutrina/postulado ou princípio da proteção integral** possui ligação com o **princípio do melhor interesse da criança ou do adolescente,** onde este quer significar que na busca e conflito de todas as situações envolvendo criança e adolescente, as soluções deverão se priorizar no melhor interesse destes.

Estes princípios inclusive podem servir para nortear o exegeta nas interpretações em matérias de atos infracionais e desvios de condutas.

Art. 2º Considera-se criança, para os efeitos desta Lei, a pessoa até doze anos de idade incompletos, e adolescente aquela entre doze e dezoito anos de idade.

Comentários: No Estatuto da Criança e do Adolescente, o Brasil adotou o critério cronológico absoluto (também denominado de critério biológico).

O legislador assim entende:

Criança: para os efeitos do Estatuto da Criança e do Adolescente se considera criança a pessoa até doze anos de idade incompletos. Assim, a pessoa humana de 0 anos até 11 anos e 364 dias é considerada criança para fins da lei. Ao contabilizar mais 1 dia dentro dos 364 dias (somando 365 dias) para atingir mais um aniversário se inteira mais 1 ano e a criança passa à adolescência.

Adolescente: para os efeitos do Estatuto da Criança e do Adolescente se considera adolescente aquele entre 12 (doze) anos completos até 17 anos (até a véspera do seu aniversário às 23hs:59min), porque no dia que inteirar 18(dezoito) anos de idade sai da condição de adolescente e passa em regra a ser imputável (maior e capaz), com sujeição ao Código Penal e outros diplomas legais.

Critérios de Idade/ Critérios Etários/ Critérios Cronológicos/ Critérios Biológicos	Pessoas
De 0 a 12 anos incompletos	Criança
De 12 completos e 18 anos incompletos	Adolescente
A partir de 18 anos completos	Maior plenamente capaz

Assim, crianças em "desvios de condutas" (atos infracionais) e adolescentes em conflito com a lei são penalmente inimputáveis para fins penais, embora estejam sujeitos às medidas previstas no Estatuto da Criança e do Adolescente.

As **crianças em "desvios de condutas" (atos infracionais)** estão sujeitas às medidas de proteção em regra. Já os **adolescentes em conflito com a lei** estão passíveis de medidas socioeducativas.

Pessoa	Legislação de incidência	Ato perpetrado pela pessoa	Medida prevista
Criança (até 12 anos incompletos)	Estatuto da Criança e do Adolescente	Ato Infracional (ECA) Doutrina: Fala em "desvio de conduta"	Medida de proteção
Adolescente (12 anos completos a 18 anos incompletos)	Estatuto da Criança e do Adolescente	Ato Infracional	Medida de proteção e medida socioeducativa
Maior capaz (18 anos completos)		Crime ou Contravenção Penal	Pena privativa de liberdade; pena restritiva de direitos e multa

Parágrafo único. Nos casos expressos em lei, aplica-se excepcionalmente este Estatuto às pessoas entre dezoito e vinte e um anos de idade.

Comentários: Em regra, o Estatuto Menorista é dirigido para crianças e adolescentes. Todavia, em casos excepcionais admite ele pode incidir a pessoas entre 18 anos de e 21 anos de idade.

Posição com advento do Código Civil de 2002: Com advento do Código Civil de 2002 com a fixação da maioridade nos 18 anos, alguns juízes passaram a entender que à representação dirigida entre pessoas de 18 anos e 21 anos perderia objeto, e por consequência, deveria ser extinta sem resolução de mérito, sob o argumento de que o Estatuto não mais poderia ser aplicado, já que seria norma anterior.

Posição do STJ sobre o tema: O STJ entende que para a aplicação do **ECA** , leva-se em consideração apenas a idade do menor ao tempo do fato (**ECA**, artigo **104**, **parágrafo único**). A orientação dominante no STJ é no sentido de que à liberação obrigatória do adolescente infrator pelo ECA se dá somente quando ele completa 21 anos, "nos termos do artigo **121**, **parágrafo 5º**, do **ECA**, dispositivo que não foi alterado com a entrada em vigor do novo Código Civil" (STJ - HC 108356).

Corroborando esse posicionamento, tempos depois o STJ editou a Súmula 605 do STJ **com a seguinte redação**: "A superveniência da maioridade penal não interfere na apuração de ato infracional nem na aplicabilidade de medida socioeducativa em curso, inclusive na liberdade assistida, enquanto não atingida a idade de 21 anos".

Se um adolescente pratica um ato infracional na véspera de seu aniversário de 18 anos análogo a uma tentativa de homicídio e somente depois do aniversário, a vítima vai a óbito? O que deverá ser imputado a ele?

Pensamos que o adolescente responde por homicídio consumado, pois a sua idade é regida no momento do ato (art. 104, ECA). Assim, ele responderá por ato infracional similar ao homicídio consumado sob a regência do ECA– e não por homicídio consumado pela regência do Código Penal Brasileiro, Código Processo Penal e Legislação Extravagante.

Sublinha-se que o Estatuto da Criança e do Adolescente adotou o critério cronológico absoluto (também denominado de critério biológico). Na verdade, a previsão do critério cronológico/critério biológico está expressamente contida no art. 27, do Código Penal Brasil que estende dentro do diálogo das fontes para incidir no o Estatuto da Criança e do Adolescente.

Pessoa	Legislação de incidência	Ato perpetrado pela pessoa	Medida prevista
Criança (até 12 anos incompletos)	Estatuto da Criança e do Adolescente	Ato Infracional (ECA) Doutrina: Fala em "desvio de conduta"	Medida de proteção
Adolescente (12 anos completos a 18 anos incompletos)	Estatuto da Criança e do Adolescente	Ato Infracional	Medida de proteção e medida socioeducativa
Maior capaz (18 anos completos)		Crime ou Contravenção Penal	Pena privativa de liberdade; pena restritiva de direitos e multa

Além disso, no Estatuto da Criança e do Adolescente, o Brasil adotou o critério/princípio/teoria da atividade quanto à conduta no aspecto temporal (tempo).

Código Penal Brasileiro *Critério/princípio/teoria que rege à conduta do agente no tempo*	Estatuto da Criança e do Adolescente *Critério/princípio/teoria que rege à conduta da criança/adolescente no tempo*
O **Código Penal Brasileiro** adota o **critério/princípio/teoria da atividade** quanto à conduta do agente no tempo	O **Estatuto da Criança e do Adolescente** adota também o **critério/princípio/teoria da atividade** quanto à conduta da criança/adolescente no tempo

Por isso, no exemplo supra, o adolescente em conflito com a lei responderá pelo ato infracional equiparado a homicídio, porque na época da ação (atividade) era adolescente e isso é o que importa para fins da ECA.

Com isto, apesar de o resultado ter se consumado depois de atingida a maioridade com a vítima indo a óbito, o que legislador contenta é que os fatos (que deram vez ao ato infracional similar de homicídio) se deram quando o agente era adolescente, pouco importando o resultado para incidência ou não do ECA ou outro diploma. Se projeta aqui a época da ocorrência dos fatos (ato infracional similar de homicídio) à atividade infracional.

Título III

Da Prática de Ato Infracional

Capítulo I

Disposições Gerais

Art. 103. Considera-se ato infracional a conduta descrita como crime ou contravenção penal.

Comentários: O legislador usou o critério equiparação e similitude de que os atos infracionais corresponderiam analogamente às mesmas tipificações previstas como crime ou contravenção penal em nosso ordenamento jurídico. Em outras palavras, o ato infracional teria como base qualquer conduta prevista como crime ou contravenção. Realmente não faria qualquer sentido que o legislador ordinário não aproveitasses os crimes e contravenções penais existentes e previsse regramento diferente com criação de "tertium genius" de infrações às crianças e aos adolescentes.

Aplicação prática para fins de concurso: Por isso em provas concurso público e até mesmo na redação profissional do dia a dia, o correto é dizer que o **adolescente em conflito com a lei** praticou ato infracional análogo/similar/semelhante/equiparado ao crime ou contravenção. Há também a expressão "adolescente infrator" que na atualidade é empregada como correta também, embora tende a entrar em desuso, em virtude do advento da expressão **adolescente em conflito com a lei**. Evitar o uso da expressão "menor infrator", "menor de idade", "menor" e equivalentes, por possuírem sentidos pejorativos e ser expressões inapropriadas e atécnicas. Ademais, estes termos para doutrina, subjetivamente, trariam discriminações/estigmatizações e postura de exclusão social com remessa ao antigo e revogado Código de Menores, incompatíveis com a atual legislação em vigor (Estatuto da Criança e do Adolescente). De mais a mais, há outros argumentos de que estas expressões seriam incompatíveis para designar criança e adolescente, porque como sujeitos de direitos no "ECA", tais terminologias acabam levando ao entendimento de que as crianças e adolescentes seriam indivíduos sob a tutela da família ou outros responsáveis não tendo direitos autônomos como pessoa sob esta ótica.

Quanto à **criança** embora eventualmente possa perpetrar atos infracionais até por força do próprio texto literal do Estatuto Menorista (art. 105), a mesma na verdade para doutrina "cometerá desvio de conduta", tecnicamente falando[1].

A polêmica quanto à possibilidade de redução da maioridade penal (menoridade) no Brasil: Primeiro ponto que deve ser registrado é de que a menoridade segue critérios de política criminal e não postulados científicos, tanto que a Convenção Americana dos Direitos Humanos deixa na liberdade de cada Estado para fixar a menoridade.

Depois de sublinhado este ponto, indaga-se: **Pode o Brasil reduzir a maioridade penal?**

Sobre o assunto 2 (duas) correntes:

1ª corrente: O Brasil não pode o Brasil reduzir a maioridade penal, porquanto o art. 228 da Constituição Federal é cláusula pétrea, sendo imutável nas situações de redução e extinção dos direitos fundamentais (posição defendida por Luiz Flávio Gomes entre outros na doutrina).

2ª corrente: O Brasil pode o Brasil reduzir a maioridade penal, porque o art. 228 da Constituição Federal não é cláusula pétrea. Assim, pode haver redução da maioridade penal (posição defendida por Fernando Capez entre outros na doutrina).

Observação: Tende a prevalecer no meio jurídico, a **1ª corrente**, assim também como para fins de concursos públicos.

Vulnerabilidade de adolescente que pratica ato infracional: Outro assunto intrigante é a rebeldia de parcelas dos Conselhos Tutelares do país em não

1. **Cuidado:** Contra este entendimento há uma posição de que é possível a realização do auto de apreensão da criança, mas esta depois deverá ser encaminhada ao Conselho Tutelar, não sendo possível nenhuma restrição à sua liberdade (Murilo José Digiácomo e Ildeara de Amorim Digiácomo, *Estatuto da Criança e do Adolescente anotado e interpretado*, p. 291).

cumprirem sua missão com exatidão que é tutelar de forma satisfatória os interesses e direitos da criança e o adolescente em situação de vulnerabilidade (situação de risco). A criança e o adolescente por serem pessoas em desenvolvimento já são vulneráveis por si só e essa presunção decorre pela própria lei (ECA).

Tanto é verdade que, atos civis realizados por pessoas abaixo de 16 (dezesseis) anos exigem à representação (que sejam representadas) por seus pais ou responsáveis legais e as pessoas acima de 16 e abaixo de 18 são assistidas por seus pais ou responsáveis legais pelo Código Civil – quando não emancipados.

Com isso, reclama não raras às vezes a presença dos Conselheiros Tutelares por ser essencial para realização e acompanhamento dos atos. O art. 136, do ECA enumera as atribuições deste órgão, senão vejamos:

> Capítulo II
>
> Das Atribuições do Conselho
>
> Art. 136. São atribuições do Conselho Tutelar:
>
> **I - atender as crianças e adolescentes nas hipóteses previstas nos arts. 98 e 105, aplicando as medidas previstas no art. 101, I a VII;**
>
> II - atender e aconselhar os pais ou responsável, aplicando as medidas previstas no art. 129, I a VII;
>
> III - promover a execução de suas decisões, podendo para tanto:
>
> a) requisitar serviços públicos nas áreas de saúde, educação, serviço social, previdência, trabalho e segurança;
>
> b) representar junto à autoridade judiciária nos casos de descumprimento injustificado de suas deliberações.
>
> IV - encaminhar ao Ministério Público notícia de fato que constitua infração administrativa ou penal contra os direitos da criança ou adolescente;
>
> V - encaminhar à autoridade judiciária os casos de sua competência;
>
> **VI - providenciar a medida estabelecida pela autoridade judiciária, dentre as previstas no art. 101, de I a VI, para o adolescente autor de ato infracional;**
>
> VII - expedir notificações;
>
> VIII - requisitar certidões de nascimento e de óbito de criança ou adolescente quando necessário;
>
> IX - assessorar o Poder Executivo local na elaboração da proposta orçamentária para planos e programas de atendimento dos direitos da criança e do adolescente;
>
> X - representar, em nome da pessoa e da família, contra a violação dos direitos previstos no **art. 220, § 3º, inciso II, da Constituição Federal;**
>
> XI - representar ao Ministério Público para efeito das ações de perda ou suspensão do poder familiar, após esgotadas as possibilidades de manutenção da criança ou do adolescente junto à família natural. **(Redação dada pela Lei nº 12.010, de 2009) Vigência**
>
> XII - promover e incentivar, na comunidade e nos grupos profissionais, ações de divulgação e treinamento para o reconhecimento de sintomas de maus-tratos em crianças e adolescentes. **(Incluído pela Lei nº 13.046, de 2014)**
>
> Parágrafo único. Se, no exercício de suas atribuições, o Conselho Tutelar entender necessário o afastamento do convívio familiar, comunicará incontinenti o fato ao Ministério Público, prestando-lhe informações sobre os motivos de tal entendimento e as providências tomadas para a orientação, o apoio e a promoção social da família. **(Incluído pela Lei nº 12.010, de 2009) Vigência**
>
> Art. 137. As decisões do Conselho Tutelar somente poderão ser revistas pela autoridade judiciária a pedido de quem tenha legítimo interesse."

Apenas pela singela leitura do art. 136, incisos I e VI, do ECA já é possível concluir que é tarefa do Conselho Tutelar **atender as crianças e adolescentes nas hipóteses previstas nos arts. 98 e 105, aplicando as medidas previstas no art. 101, inciso I ao inciso VII e providenciar a medida estabelecida pela autoridade judiciária, dentre as previstas no art. 101, de I a VI, para o adolescente autor de ato infracional.**

Chama-se atenção que não se pode permitir que membros deste importante órgão, adotem deliberações contrárias à lei e a própria essência de sua criação – que é defender interesses e direitos das crianças e adolescentes por meio de fiscalização e de prevenção –, mesmo porque os integrantes deste órgão são remunerados pelos serviços que prestam e eleitos pelo povo. Entendemos que o legislador pecou em admitir a eleição para à colocação de conselheiros no quadro do Conselho Tutelar, pois pensamos que por ser cargo que lida com situações a desagradar a vários interesses, o mais adequado é que o provimento para o cargo de conselheiro tutelar fosse por meio de concurso público.

Não é atribuição das Polícias Judiciárias promover o recambiamento e remoção/transporte do adolescente liberado pela Autoridade Policial, após à formalização dos atos policiais, para a entrega daquele ao seio familiar ou entrega à responsável legal que não resida na localidade da apreensão (que em regra, corresponderá, a da Delegacia de Polícia), nem mesmo é atribuição das Polícias Judiciárias abrigá-lo. Isso nitidamente é tarefa do Conselho Tutelar, onde o Estatuto da Criança e do Adolescente não deixa nenhuma dúvida sobre isso.

Faz-se a ressalva acima para o responsável legal que não resida na localidade da apreensão do adolescente (que em regra, corresponderá da Delegacia de Polícia que este foi apresentado) a tarefa para a entrega aos pais ou aos responsáveis legais será do Conselho Tutelar, pois se os pais ou os responsáveis pelo adolescente forem da cidade aí caberá a Polícia Judiciária proceder a entrega do adolescente ao responsável na sede da Delegacia, mediante termos próprios.

O art. 174, do ECA, demonstra isso:

> **Art. 174. Comparecendo qualquer dos pais ou responsável, o adolescente será prontamente liberado pela autoridade policial, sob termo de compromisso e responsabilidade de sua apresentação ao representante do Ministério Público, no mesmo dia ou, sendo impossível, no primeiro dia útil imediato,** exceto quando, pela gravidade do ato infracional e sua repercussão social, deva o adolescente permanecer sob internação para garantia de sua segurança pessoal ou manutenção da ordem pública.

Estamos falando em caso de adolescente liberado pela prática de ato infracional, após à formalização em regra do Boletim de Ocorrência Circunstanciado "BOC" ou até mesmo da lavratura do Auto de Apreensão em Flagrante de Ato Infracional "AAFAI", porque se for mantido apreendido pela Autoridade Policial, o tratamento ganha outra roupagem do art. 175, do ECA:

> Art. 175. Em caso de não liberação, a autoridade policial encaminhará, desde logo, o adolescente ao representante do Ministério Público, juntamente com cópia do auto de apreensão ou boletim de ocorrência. § 1º Sendo impossível a apresentação imediata, a autoridade policial encaminhará o adolescente à entidade de atendimento, que fará a apresentação ao representante do Ministério Público no prazo de vinte e quatro horas.
>
> § 2º Nas localidades onde não houver entidade de atendimento, a apresentação far-se-á pela autoridade policial. À falta de repartição policial especializada, o adolescente aguardará a apresentação em dependência separada da destinada a maiores, não podendo, em qualquer hipótese, exceder o prazo referido no parágrafo anterior.

Perceba-se que esta situação do art. 175, do ECA, é outra hipótese que caberá a Autoridade Policial à apresentação do adolescente ao Ministério Público – e não aos pais ou responsáveis legais. Afora isso, com todo respeito, qualquer outra engenharia jurídica de solução está fora da legislação, e portanto, ilegal.

Vulnerabilidade de adolescente conduzido até a Delegacia de Polícia que não é autuado pela prática ato infracional e não tem os pais e nenhum responsável por si na cidade: A vulnerabilidade de adolescente (situação de risco) conduzido até a Delegacia de Polícia que não é autuado pela prática ato infracional e não tem os pais e nenhum responsável na cidade é presumida por si só pela própria lei (ECA).

Apenas pela singela leitura do art. 136, incisos I e VI, do ECA já é possível concluir que é tarefa do Conselho Tutelar **atender as crianças e adolescentes nas hipóteses previstas nos arts. 98[2] e 105[3], aplicando as medidas previstas no art. 101, I a VII[4] e providenciar a medida estabelecida pela autoridade judiciária, dentre as previstas no art. 101, de I a VI, para o adolescente autor de ato infracional.**

Não é atribuição das Polícias Judiciárias promover o recambiamento e remoção/transporte do adolescente liberado pela Autoridade Policial, após à formalização dos atos policiais, para a entrega daquele ao seio familiar ou entrega à responsável legal que não resida na localidade da apreensão (que em regra, corresponderá, a da Delegacia de Polícia), nem mesmo é atribuição das Polícias Judiciárias abrigá-lo. Isso nitidamente é tarefa do Conselho Tutelar, onde

---

2. Título II
Das Medidas de Proteção
Capítulo I
Disposições Gerais
Art. 98. As medidas de proteção à criança e ao adolescente são aplicáveis sempre que os direitos reconhecidos nesta Lei forem ameaçados ou violados:
I - por ação ou omissão da sociedade ou do Estado;
II - por falta, omissão ou abuso dos pais ou responsável;
III - em razão de sua conduta.

3. Título III
Da Prática de Ato Infracional
Capítulo I
Disposições Gerais
Art. 105. Ao ato infracional praticado por criança corresponderão as medidas previstas no art. 101.

4. Art. 101. Verificada qualquer das hipóteses previstas no art. 98, a autoridade competente poderá determinar, dentre outras, as seguintes medidas:
I - encaminhamento aos pais ou responsável, mediante termo de responsabilidade;
II - orientação, apoio e acompanhamento temporários;
III - matrícula e freqüência obrigatórias em estabelecimento oficial de ensino fundamental;
IV - inclusão em serviços e programas oficiais ou comunitários de proteção, apoio e promoção da família, da criança e do adolescente; **(Redação dada pela Lei nº 13.257, de 2016)**
V - requisição de tratamento médico, psicológico ou psiquiátrico, em regime hospitalar ou ambulatorial;
VI - inclusão em programa oficial ou comunitário de auxílio, orientação e tratamento a alcoólatras e toxicômanos;
VII - acolhimento institucional; (Redação dada pela Lei nº 12.010, de 2009)

o Estatuto da Criança e do Adolescente não deixa nenhuma dúvida sobre isso.

Faz-se a ressalva para o responsável legal que não resida na localidade da apreensão do adolescente (que em regra, corresponderá, a da Delegacia de Polícia que este foi apresentado) a tarefa para a entrega aos pais ou aos responsáveis legais será do Conselho Tutelar, pois se os pais ou os responsáveis pelo adolescente forem da cidade aí caberá a Polícia Judiciária proceder a entrega do adolescente ao responsável na sede da Delegacia, mediante termos próprios.

O art. 174, do ECA, demonstra isso:

> **Art. 174. Comparecendo qualquer dos pais ou responsável, o adolescente será prontamente liberado pela autoridade policial, sob termo de compromisso e responsabilidade de sua apresentação ao representante do Ministério Público, no mesmo dia ou, sendo impossível, no primeiro dia útil imediato,** exceto quando, pela gravidade do ato infracional e sua repercussão social, deva o adolescente permanecer sob internação para garantia de sua segurança pessoal ou manutenção da ordem pública.

Chama-se atenção que não se pode permitir que membros deste importante órgão adotem deliberações com base no art. 137, do ECA, contrárias à lei e a própria essência de sua criação – que é defender interesses e direitos das crianças e adolescentes por meio de fiscalização –, mesmo porque os integrantes deste órgão são remunerados pelo serviço que prestam e eleitos pelo povo. Entendemos que o legislador pecou em admitir a eleição para à colocação de conselheiros no quadro do Conselho Tutelar, pois pensamos que por ser cargo que lida com situações a desagradar a vários interesses, o mais adequado é que o provimento para o cargo de conselheiro tutelar fosse por meio de concurso público.

Não existe vácuo para outra interpretação, pois a Lei 8.069/19990 ao atribuir ao Conselho à atribuição de **atender as crianças e adolescentes nas hipóteses previstas nos arts. 98 e 105, aplicando as medidas previstas no art. 101, I a VII (art. 136, inciso I, do ECA)** (medida esta de ofício ou por determinação da Autoridade) propiciou também adiante ao referido órgão tutelar, o **encaminhamento do adolescente aos pais ou responsável, mediante termo de responsabilidade (art. 101, inciso I, ECA),** como meio de materializar essa situação. É medida de ofício imposta a Conselho Tutelar (embora também possa ser por determinação da Autoridade), não dependendo de determinação judicial, pois a interpretação é sistemática (em conjunto) e não "interpretação de conveniência" ou "à la carte" para os conselheiros integrantes se eximirem de responsabilidades "ex lege".

Pensamos que se os conselheiros se recusarem a cumprir seu múnus, a Autoridade Policial deverá autuá-los pelo crime prevaricação (e até de desobediência, apesar de gerar discussão aqui neste ponto) e remeter ofícios ao Ministério Público da Infância e Juventude, assim como ao Juízo da Vara da Infância e Juventude para providências legais, bem como cópias ao Ministério Público de Defesa do Patrimônio Público (com relatórios dos investigadores/inspetores e certidão de escrivão com os demais atos policiais) para apurar eventuais atos de improbidade administrativa dos conselheiros e adoção de providências respectivas, uma vez que são remunerados e exercem cargo público. Ainda sim pensamos ser interessante acionar à Corregedoria da Polícia que a Autoridade Policial está ligado para adoção de medidas também nos diversos âmbitos, assim como o Sindicato e as Associações de Defesa das Prerrogativas dos Delegados de Polícia.

Estamos falando em caso de adolescente liberado pela prática de ato infracional, após à formalização em regra do Boletim de Ocorrência Circunstanciado "BOC" ou até mesmo da lavratura do Auto de Apreensão em Flagrante de Ato Infracional "AAFAI" em que é liberado, porque se for mantido apreendido pela Autoridade Policial, o tratamento ganha uma outra roupagem, qual seja, a do art. 175, do ECA:

> Art. 175. Em caso de não liberação, a autoridade policial encaminhará, desde logo, o adolescente ao representante do Ministério Público, juntamente com cópia do auto de apreensão ou boletim de ocorrência.
>
> § 1º Sendo impossível a apresentação imediata, a autoridade policial encaminhará o adolescente à entidade de atendimento, que fará a apresentação ao representante do Ministério Público no prazo de vinte e quatro horas.
>
> § 2º Nas localidades onde não houver entidade de atendimento, a apresentação far-se-á pela autoridade policial. À falta de repartição policial especializada, o adolescente aguardará a apresentação em dependência separada da destinada a maiores, não podendo, em qualquer hipótese, exceder o prazo referido no parágrafo anterior.

Notadamente, esta situação do art. 175, do ECA, é outra hipótese que caberá a Autoridade Policial à apresentação do adolescente ao Ministério Público – e não aos pais ou responsáveis legais. Afora isso, com todo respeito, qualquer outra engenharia jurídica de solução está fora da legislação, e portanto, ilegal.

Art. 104. São penalmente inimputáveis os menores de dezoito anos, sujeitos às medidas previstas nesta Lei.

Comentários: O Brasil no Código Penal Brasileiro adotou o critério biopsicológico para fins de aferir a imputabilidade do indivíduo.

Já para fins do Estatuto da Criança e do Adolescente, aplica-se o critério absolutamente cronológico (ou conhecido também de biológico). Vejamos o quadro abaixo:

Critérios de Idade/ Critérios Etários/ Critérios Cronológicos/ Critérios Biológicos	Pessoas
De 0 a 12 anos incompletos	Criança
De 12 completos e 18 anos incompletos	Adolescente
A partir de 18 anos completos	Maior plenamente capaz

Além disso, o Brasil no Estatuto da Criança e do Adolescente adotou também o critério/princípio/teoria da atividade quanto à conduta no tempo, lembrando da existência das 3 (três) teorias sobre o "tempo do crime" (ato infracional), sendo elas: teoria da atividade; teoria do resultado e teoria mista ou da ubiquidade. Para compreensão trazemos à baila outro quadro:

Código Penal Brasileiro *Critério/princípio/teoria que rege à conduta do agente no tempo*	**Estatuto da Criança e do Adolescente** *Critério/princípio/teoria que rege à conduta da criança/adolescente no tempo*
O **Código Penal Brasileiro** adota o **critério/princípio/teoria da atividade** quanto à conduta do agente no tempo	O **Estatuto da Criança e do Adolescente** adota também o **critério/princípio/teoria da atividade** quanto à conduta da criança/adolescente no tempo

Logo, crianças e adolescentes são penalmente inimputáveis para fins penais, embora estejam sujeitos às medidas previstas no Estatuto da Criança e do Adolescente.

Pessoa	Legislação de incidência	Ato perpetrado pela pessoa	Medida prevista
Criança (até 12 anos incompletos)	Estatuto da Criança e do Adolescente	Ato Infracional (ECA) Doutrina: Fala em "desvio de conduta"	Medida de proteção
Adolescente (12 anos completos a 18 anos incompletos)	Estatuto da Criança e do Adolescente	Ato Infracional	Medida de proteção e medida socioeducativa
Maior capaz (18 anos completos)		Crime ou Contravenção Penal	Pena privativa de liberdade; pena restritiva de direitos e multa

Parágrafo único. Para os efeitos desta Lei, deve ser considerada a idade do adolescente à data do fato.

Comentários: No Brasil, o Estatuto da Criança e do Adolescente adotou o critério/princípio/teoria da atividade quanto à conduta no tempo. Assim, a idade do adolescente deve ser considerada na data do fato pelo critério/princípio/teoria da atividade. Esta também é a posição pacífica do STJ sobre a matéria (vide no MC.20797/RJ, 5ª Turma, Relatora Laurita Vaz, DJ 07.11.2013) entre outros.

Art. 105. Ao ato infracional praticado por criança corresponderão as medidas previstas no art. 101.

Comentários: Apesar de a criança poder praticar ato infracional pelos termos do art. 105 do ECA, a criança se submeterá apenas as medidas protetivas (ou medidas de proteção). Não se aplica medida socioeducativa em face de criança que porventura incorrer em ato infracional ("desvio de conduta" para doutrina).

Não cabe também a detenção ou apreensão em flagrante da criança que porventura perpetrar ato infracional (desvio de conduta), por maior gravidade possível que externe.

Sublinha-se que a crianças não permanecem internadas provisoriamente, e devem ser entregues ao responsável legal; na hipótese de o responsável legal se negar a comparecer ou mesmo não for encontrado pela Polícia Civil, competirá ao órgão do Conselho Tutelar a missão de materializar a retirada da criança da Delegacia de Polícia e a encaminhar aos seus pais (aplicação do art. 136, inciso I, do ECA). Nesta senda, o Tribunal de Justiça de São Paulo já julgou que:

> Sendo criança, por definição legal, ao menor não se aplicam os dispositivos que regem a prática de atos por adolescentes (TJSP – C. Esp. – Ap. 15.560-0 – Rel. Sabino Neto – j. 29-12-92 – *JTJ-LEX* 146/130).

Um ponto importante a ser consignado também nesta ocasião, diz respeito de que a criança pode estar envolvida com outras pessoas em fatos relevantes para a seara infracional ou penal, podendo ser adolescentes ou até mesmo maiores imputáveis, para a prática de atos infracionais-delitivos. Nesta situação, demandará uma investigação policial, todavia, o alvo desta investigação será o adolescente e/ou o adulto imputável envolvido, devendo no máximo ser levantada na circunstância, a forma que ocorreu a participação da criança no evento sob apuração.

Ademais, não haverá impedimento para que a Polícia Civil proceda à apreensão de armas de fogo, munições, *res furtivas*, drogas entre outros objetos de origem ilícita e instrumentos empregados para prática de atos ilícitos, que possam ser encontrados em poder da criança, visando uma futura investigação policial, focando na origem dos mesmos e o possível envolvimento de adolescentes e adultos imputáveis, em concurso ou não de pessoas com a criança, sem prejuízo do adolescente e o adulto responderem por corrupção de menor (caso reste evidenciado tais fatos).

Crítica: Obviamente segmentos da sociedade que apoiam a redução da menoridade criticam esse tratamento benevolente, principalmente quando se tem a figura do adolescente e o cenário de ato infracional de grandes proporções, como o caso do Champinha em São Paulo[5].

---

5. "A Justiça de São Paulo quer ouvir Roberto Aparecido Alves Cardoso, o Champinha, de 28 anos, para decidir se o mantém internado na Unidade Experimental de Saúde (UES), na capital paulista, ou o coloca em liberdade, em regime ambulatorial para ele continuar o tratamento mental.
Acusado de participar das torturas e dos assassinatos de Felipe Caffé, de 19 anos, e Liana Friedenbach, de 16, em 2003, Champinha foi internado naquele ano na extinta Febem, atual Fundação Casa. Em 2006, quando o então infrator terminou de cumprir medidas sócio-educativas, ele transferido a UES, onde está atualmente, porque foi considerado perigoso para voltar ao convívio social.
Nesta quinta-feira (28), Champinha é aguardado no Fórum de Embu-Guaçu, na Grande São Paulo, onde ocorreu o crime. Ele estaria há cerca de cinco anos sem comparecer a uma audiência judicial.
Além de Champinha, o juiz Willi Lucarelli também pretende ouvir, a partir das 14h, a defesa do interno, que pede o fim da internação; representantes do projeto de desinternação elaborado exclusivamente para ele; a acusação, que quer mantê-lo internado; a perícia, responsável pelos laudos psiquiátricos do paciente; e funcionários da UES, na Zona Norte da capital paulista, onde o interno está desde os 21 anos sem poder sair.
Em março deste ano, o Supremo Tribunal Federal (STF), em Brasília, negou recurso da Defensoria Pública que solicitava a desinternação de Champinha. A defesa sugeria a ida dele à casa de um parente e reavaliações periódicas em um hospital psiquiátrico até que se atestasse a existência de condições do seu retorno ao convívio social. Em tese, não cabe mais recurso porque a decisão é da instância máxima da Justiça.
Além do STF, o Superior Tribunal de Justiça (STJ), na capital federal, e o Tribunal de Justiça (TJ), em São Paulo, já haviam negado pedidos anteriores da defesa de Champinha para ele ir a regime ambulatorial.
Atualmente, Champinha está interditado civilmente na UES, por decisão da Justiça, porque teria doença mental. O interno passa por avaliações semestrais com psicólogos e psiquiatras. Eles elaboram laudos periódicos sobre o comportamento do rapaz, que cometeu os crimes quando tinha 16 anos.
Mas apesar de a Justiça de São Paulo também ter negado o pedido da defesa para desinternar Champinha, ela sugere numa sentença, de abril deste ano, que é preciso discutir os resultados das últimas avaliações sobre o estado da saúde mental do paciente.
O G1 apurou que num dos trechos, o juiz Lucarelli comenta que há contradições num laudo feito no final do ano passado. O magistrado escreveu, por exemplo, que a perícia atestou que a internação de Champinha na UES não melhora seu tratamento.
Segundo o documento, essa doença faz com que Champinha não sinta culpa, desrespeite às leis e regras sociais, tendo predisposição a se envolver em atos violentos, além de ser extremamente impulsivo.
O juiz citou ainda que os peritos concluíram que o interditado tem condições, mesmo que mínimas, de controlar seus impulsos. Há contradição, porém, na descrição da perícia sobre o risco que Champinha representa à sociedade. O documento atestou a periculosidade do interno para outras pessoas.

Outro argumento utilizado por esta corrente é de que o Direito Comparado muitas das vezes diante do nosso atual estágio de evolução humana tem entendido que as crianças e o adolescente de hoje teriam, a depender das circunstâncias, maturidade suficiente para serem imputáveis penalmente como os adultos.

Capítulo II

Dos Direitos Individuais

Art. 106. Nenhum adolescente será privado de sua liberdade senão em flagrante de ato infracional ou por ordem escrita e fundamentada da autoridade judiciária competente.

Comentários: O adolescente somente será privado de sua liberdade através de flagrante de ato infracional ou por ordem escrita e fundamentada da autoridade judiciária competente.

Competência do Juízo da Vara da Infância e Adolescência para atos infracionais: Diante de eventuais atos infracionais perpetrados por adolescente não compete ao Juízo Criminal julgar e processar os fatos, mas ao **Juízo da Vara da Infância e Adolescência.**

Competência do Juízo da Vara da Infância e Adolescência estadual para julgar e processar atos infracionais ainda que praticados contra bens, interesses e serviços da União: A competência é do Juiz da Infância e Juventude (estadual), não obstante a violação contra bens, interesses e serviços da União. Vejamos entendimento do STJ:

> PROCESSUAL PENAL. **CONFLITO DE COMPETÊNCIA. ATO INFRACIONAL PRATICADO EM DETRIMENTO DA CAIXA ECONÔMICA FEDERAL ART. 109, IV, DA CF. INAPLICABILIDADE. COMPETÊNCIA DO JUÍZO SUSCITADO.** 1. A Carta da Republica de 1988 dispõe, no art. 227, que "é dever da família, da sociedade e do Estado assegurar à criança, ao adolescente e ao jovem, com absoluta prioridade, o direito à vida, à saúde, à alimentação, à educação, ao lazer, à profissionalização, à cultura, à dignidade, ao respeito, à liberdade e à convivência

---

Diante das dúvidas a respeito dos exames mentais, o juiz marcou para a tarde desta quinta-feira uma audiência para acusação e defesa justificarem seus argumentos a favor e contrários à internação de Champinha. Após as argumentações, contando inclusive com a oitiva do interditado, é que a Justiça irá decidir se ele continuará dentro da UES ou poderá sair dela, morar com a família e fazer exames periódicos numa unidade médica indicada.
Procurada pelo G1 para comentar o assunto, a assessoria de imprensa da Defensoria Pública informou que não iria comentar o assunto antes da audiência. A promotora Maria Gabriela Prado Manssur não quis falar do caso, alegando que ele está sob segredo de Justiça.
Crime em Embu-Guaçu
Há 12 anos, Champinha e mais quatro homens participaram dos assassinatos dos namorados Felipe e Liana. O casal foi morto na mata de Embu-Guaçu, onde tinha ido acampar. Felipe foi assassinado com um tiro na nuca e Liana virou refém do grupo. Ela ficou quatro dias em cativeiro, período em que foi torturada e estuprada. Depois, foi morta a facadas por Champinha.
Quatro adultos foram condenados pelos crimes. Como era menor de 18 anos de idade à época, Champinha foi inicialmente internado na Fundação Casa, onde ficou três anos cumprindo medidas sócio-educativas, como determina o Estatuto da Criança e do Adolescente (ECA). Depois, a Justiça paulista acatou pedido do Ministério Público Estadual (MPE) para decretar sua interdição civil, alegando que ele sofre de doença mental grave que coloca em risco outras pessoas.
Em outras palavras, a custódia de Champinha passou a ser responsabilidade do governo de São Paulo. O MPE recorreu à Lei 10.216/01, que protege portadores de transtorno mental, para garantir contenção mesmo após concluído o prazo máximo de internação na Fundação Casa - no caso de Champinha, isso ocorreu em novembro de 2006.
A decisão da Justiça de levar Champinha para a UES foi baseada em laudo psiquiátrico do Instituto Médico Legal (IML), que diagnosticou o então menor com transtorno de personalidade antissocial, um dos termos médicos para definir os psicopatas, e leve retardo mental, podendo cometer atos irracionais para ter o que deseja.
Segundo o documento, essa doença faz com que Champinha não sinta culpa, desrespeite às leis e regras sociais, tendo predisposição a se envolver em atos violentos, além de ser extremamente impulsivo.
O juiz citou ainda que os peritos concluíram que o interditado tem condições, mesmo que mínimas, de controlar seus impulsos.
Ministério Público Estadual
Desde o crime 2003, o quadro de saúde mental de Champinha tem se mantido inalterado, segundo os laudos médicos.
Champinha é descrito nos laudos como quieto, vivendo em ambiente restrito, de convívio controlado com outros internos por estar jurado de morte. Mantém contato com a mãe, que o visita na UES, que fica no Pari, Zona Norte da capital. A unidade, que é de competência da Secretaria de Estado da Saúde (SES), se destina à recuperar jovens infratores com distúrbios mentais graves.
Para a Promotoria, Champinha tem de permanecer internado na UES porque pode voltar a cometer crimes se for solto para cumprir uma medida ambulatorial.
Ministério Público Federal
Em 2013, o Ministério Público Federal (MPF) protocolou ação civil pública com pedido de liminar para extinguir a UES. No entendimento do procurador regional dos Direitos do Cidadão, Pedro Antônio de Oliveira Machado, o tratamento aos jovens na unidade não era adequado aos distúrbios mentais que têm. Ainda não há decisão judicial a esse respeito" (**Internado há 12 anos, Champinha é esperado em Fórum de Embu-Guaçu. Justiça de SP quer decidir nesta quinta se o mantém internado ou solto.** Aos 16 anos, ele matou Liana Friendenbach e ajudou a matar namorado. Publicado em 28/05/2015. Disponível em: **http://g1.globo.com/sao-paulo/noticia/2015/05/internado-ha-12-anos-champinha-e-esperado-em-forum-de-embu-guacu.html**. Acesso em 23 de maio de 2018).

familiar e comunitária, além de colocá-los a salvo de toda forma de negligência, discriminação, exploração, violência, crueldade e opressão". 2. Assegura, ainda, como proteção especial, a "garantia de pleno e formal conhecimento da atribuição de ato infracional, igualdade na relação processual e defesa técnica por profissional habilitado, segundo dispuser a legislação tutelar específica" (art. 227, § 3º, IV, da CF). **3. O art. 148, inciso I, do Estatuto da Criança e do Adolescente estabelece que "a Justiça da Infância e da Juventude é competente para conhecer de representações promovidas pelo Ministério Público, para apuração de ato infracional atribuído a adolescente, aplicando as medidas cabíveis".4. "Ainda que a conduta praticada determine a competência da justiça federal, por caracterizar ofensa aos interesses da União, sendo o autor dos fatos inimputável não há que se falar em crime, mas, sim, ato infracional, afastando a aplicação do art. 109, IV da Constituição Federal"** (CC 86.408/MA, Rel. Ministra MARIA THEREZA DE ASSIS MOURA, TERCEIRA SEÇÃO, DJ de 17/09/2007). **5. Hipótese em que foi instaurado inquérito policial para apurar ato infracional análogo ao crime de roubo circunstanciado, supostamente praticado por menores infratores em desfavor da Agência dos CORREIOS e dos clientes que se encontravam no local, o que afasta a competência da Justiça Federal.** 6. Conflito conhecido para declarar a competência do Juízo de Direito da Vara da Infância e Juventude de Poço Fundo - MG, o suscitado (STJ - CC: 145166 MG 2016/0023174-3, Relator: Ministro RIBEIRO DANTAS, Data de Julgamento: 14/12/2016, S3 - TERCEIRA SEÇÃO, Data de Publicação: DJe 01/02/2017) [grifos e destaques nossos].

Atribuição da Polícia Judiciária Civil para atos infracionais ainda que os mesmos sejam dirigidos contra bens, interesses e serviços da União: Em caso de atos infracionais perpetrados contra bens, interesses e serviços da União, a atribuição será da Polícia Judiciária Civil para atuar no caso – e não da Polícia Federal. O fundamento é de que o art. 148, inciso I, do Estatuto da Criança e do Adolescente preconiza que "a Justiça da Infância e da Juventude é competente para conhecer de representações promovidas pelo Ministério Público, para apuração de ato infracional atribuído a adolescente, aplicando as medidas cabíveis". Por simetria, se o Juízo competente é da esfera estadual (e não federal), assim como o Ministério Público é o estadual (e não federal), por consequência, surge como raciocínio natural e intuitivo de que à atribuição seja da **Polícia Judiciária Civil para atos infracionais ainda que os mesmos sejam dirigidos contra bens, interesses e serviços da União.**

Com isto, ainda que a conduta infracional seja praticada com ofensa a bens, interesses e serviços da União, sendo o autor dos fatos adolescente (inimputável) à atribuição será da Polícia Civil.

Parágrafo único. O adolescente tem direito à identificação dos responsáveis pela sua apreensão, devendo ser informado acerca de seus direitos.

Art. 107. A apreensão de qualquer adolescente e o local onde se encontra recolhido serão incontinenti comunicados à autoridade judiciária competente e à família do apreendido ou à pessoa por ele indicada.

Parágrafo único. Examinar-se-á, desde logo e sob pena de responsabilidade, a possibilidade de liberação imediata.

Comentários: O rol dos direitos não é limitado apenas e tão somente aos dispositivos em cotejo. O Estatuto da Criança e do Adolescente praticamente previu as mesmas garantias asseguradas na Constituição Federal, com algumas variáveis. Há inúmeros outros direitos do adolescente dispersos pela legislação em cartaz.

Nos dispositivos em estudos temos os seguintes direitos em prol do adolescente:

1) o adolescente apenas será privado de sua liberdade diante da apreensão em flagrante de ato infracional ou por ordem escrita e fundamentada da autoridade judiciária competente;

2) o adolescente tem direito à identificação dos responsáveis pela sua apreensão, devendo ser informado acerca de seus direitos;

3) à apreensão de qualquer adolescente e o local onde se encontra recolhido serão imediatamente comunicados à autoridade judiciária competente e à família do apreendido ou à pessoa por ele indicada.

Art. 108. A internação, antes da sentença, pode ser determinada pelo prazo máximo de quarenta e cinco dias.

Parágrafo único. A decisão deverá ser fundamentada e basear-se em indícios suficientes de autoria e materialidade, demonstrada a necessidade imperiosa da medida.

Comentários: Por ser medida cautelar, a medida de internação provisória em face de adolescente deve orientar-se pela maior brevidade possível e respeitar rigorosamente o prazo de 45 (quarenta e cinco) dias. Ademais, a decisão deve ser fundamentada em conformidade com a própria Constituição Federal (art. 93, inciso IX, CF) e (art. 106, parte final, ECA) e ter alicerce em indícios suficientes de autoria e materialidade, com demonstração da necessidade imperiosa da medida de internação.

Obviamente, a decisão deve ser proferida por uma autoridade judiciária competente.

A doutrina trabalha com 3 (três) requisitos para fins de internação provisória, sendo eles os seguintes:

1) indícios suficientes de autoria;

2) indícios suficientes de materialidade infracional (delitiva);

3) imperiosa necessidade da medida (gravidade do ato infracional + sua repercussão social = deva o adolescente permanecer sob internação para garantia de sua segurança pessoal ou manutenção da ordem pública).

Deve ser feita uma interpretação sistemática e de conjugação do art. 174, art. 108 e art. 122 e art. 123, parágrafo único, todos do ECA.

A par do que foi falado, o art. 174 assevera que comparecendo qualquer dos pais ou responsável, o adolescente será prontamente liberado pela autoridade policial, sob termo de compromisso e responsabilidade de sua apresentação ao representante do Ministério Público, no mesmo dia ou, sendo impossível, no primeiro dia útil imediato, exceto quando, pela gravidade do ato infracional e sua repercussão social, deva o adolescente permanecer sob internação para garantia de sua segurança pessoal ou manutenção da ordem pública. Vejamos a seguir uma ilustração para melhor compreensão:

Espécies de internações

Internação medida socioeducativa (art. 121 e art. 122, ambos do ECA)

Gênero internação

Internação provisória como medida cautelar (art. 174, art. 108, art. 122 e art. 123, parágrafo único, todos do ECA)

Prazo para o encerramento da ação socioeducativa: Nas situações em que o adolescente estiver apreendido, através da internação provisória, o Estatuto fixa um prazo limite de 45 (quarenta e cinco) dias para o encerramento do procedimento (art. 183). Transcorrido o prazo sem a finalização da ação (processo), o adolescente deve ser posto em liberdade.

Em caso de o adolescente estar em liberdade, não há um prazo legal para finalização do processo. Imensa parte das ações socioeducativas que miram na apuração de ato infracional atribuído a adolescente não se encerra em 45 (quarenta e cinco) dias, diante do grande volume de processos nas varas especializadas, assim como da complexidade de alguns processos.

Posição da jurisprudência pela improrrogabilidade do prazo da internação provisória do adolescente: é posição da jurisprudência do STJ de que o prazo para a internação provisória de adolescente é improrrogável. Veja ementa do STJ sobre o tema:

> Ementa
>
> CRIMINAL. HC. ADOLESCENTE. **PERÍODO DE INTERNAÇÃO SUPERIOR AO PERMITIDO PELO ESTATUTO DA CRIANÇA E DO ADOLESCENTE. IMPOSSIBILIDADE.** CONSTRANGIMENTO ILEGAL CARACTERIZADO. ORDEM CONCEDIDA.
>
> **I. O prazo de internação provisória de adolescente infrator não pode ultrapassar aquele previsto no Estatuto da Criança e do Adolescente - 45 dias - sob pena de se contrariar o propósito da Legislação, que pretende a celeridade dos processos e a internação como medida adotada apenas excepcionalmente.**
>
> II. Deve ser cassado o acórdão recorrido para determinar a imediata liberação do paciente, se por outro motivo não estiver internado. III. Ordem concedida, nos termos do voto do Relator (STJ – Processo HC 68162 MS 2006/0223693-2 - Órgão Julgador: T5 - QUINTA TURMA; **Publicação:** DJ 12.03.2007 p. 295, **Julgamento** 6 de Fevereiro de 2007, Relator Ministro GILSON DIPP).

Posição do STF também sobre a improrrogabilidade da internação provisória do adolescente: HC nº 94000/PI, rel. Min. Carlos Brito, 17.06.2008 (Informativo nº 511 - STF); HC nº 93784/PI, rel. Min. Carlos Brito, 16.12.2008 (Informativo nº 533 - STF).

Art. 109. O adolescente civilmente identificado não será submetido a identificação compulsória pelos órgãos policiais, de proteção e judiciais, salvo para efeito de confrontação, havendo dúvida fundada.

Comentários: O adolescente quando for civilmente identificado não será submetido a identificação compulsória pelos órgãos policiais, de proteção e judiciais, exceto se houver dúvida fundada em que à confrontação será necessária para solapar dúvidas.

Capítulo III

Das Garantias Processuais

Art. 110. Nenhum adolescente será privado de sua liberdade sem o devido processo legal.

Comentários: O Estatuto da Criança e do Adolescente previu a mesma garantia assegurada na

Constituição Federal quanto ao princípio/postulado do devido processo legal (art. 5º, inciso LIV, da CF88).

Os demais princípios derivam do princípio/postulado do devido processo legal, como o princípio do contraditório e da ampla defesa (art. 5º, inciso LV, CF/88).

Já o princípio da ampla defesa quer dizer que a parte deve ter a possibilidade de provar suas alegações de forma plena, principalmente quando se está em jogo à privação da liberdade.

O princípio do contraditório corresponde à possibilidade de a parte influir na convicção do julgador para alcançar um fim específico no processo.

Art. 111. São asseguradas ao adolescente, entre outras, as seguintes garantias:

I - pleno e formal conhecimento da atribuição de ato infracional, mediante citação ou meio equivalente;

Comentários: Na prática policial se criou a nota de pleno e formal conhecimento da atribuição de ato infracional e para dar ciência das garantias e direitos assegurados ao adolescente apreendido por suposta prática de ato infracional. A aludida nota procura fazer às vezes da nota de ciência dos direitos e garantias constitucionais e da nota de culpa.

Já na fase judicial esta prática também é observada com os temperamentos devidos.

II - igualdade na relação processual, podendo confrontar-se com vítimas e testemunhas e produzir todas as provas necessárias à sua defesa;

Comentários: A lei tem tela apregoa a igualdade do adolescente em conflito com a lei na relação processual, podendo este confrontar com vítimas e testemunhas e produzir todas as provas necessárias à sua defesa.

III - defesa técnica por advogado;

Comentários: É assegurada ao adolescente em conflito com a lei, a defesa técnica por advogado ou defensor público.

IV - assistência judiciária gratuita e integral aos necessitados, na forma da lei;

Comentários: Ao adolescente em conflito com a lei, é garantida a assistência judiciária gratuita e integral a quem for considerado necessitado, na forma da lei.

V - direito de ser ouvido pessoalmente pela autoridade competente;

Comentários: Ao adolescente em conflito com a lei é garantido o direito de ser ouvido pessoalmente pela autoridade competente.

Temos ainda 2 (duas) súmulas importantes sobre o assunto.

A primeira súmula nº 265 do STJ diz respeito sobre a possibilidade de regressão de medida socioeducativa e a necessidade de ouvir previamente o adolescente. Vejamos:

> É necessária a oitiva do menor infrator antes de decretar-se a regressão da medida socioeducativa (Súmula 265, TERCEIRA SEÇÃO, julgado em 22/05/2002, DJ 29/05/2002 p. 135).

A outra súmula nº 342 do STJ fala acerca da nulidade em se desistir das demais provas quando houver confissão do adolescente. Confira-se:

> No procedimento para aplicação de medida socioeducativa, é nula a desistência de outras provas em face da confissão do adolescente (Súmula 342, TERCEIRA SEÇÃO, julgado em 27/06/2007, DJ 13/08/2007 p. 581).

VI - direito de solicitar a presença de seus pais ou responsável em qualquer fase do procedimento.

Comentários: O adolescente tem em seu favor, o direito de ter a presença de seus pais ou responsável em qualquer fase do procedimento.

No dispositivo em exame podemos visualizar todas as garantias processuais em prol do adolescente.

Capítulo IV

Das Medidas Sócio-Educativas

Seção I

Disposições Gerais

Art. 112. Verificada a prática de ato infracional, a autoridade competente poderá aplicar ao adolescente as seguintes medidas:

Comentários: Na ocorrência da prática de ato infracional, a autoridade judiciária competente poderá aplicar ao adolescente as medidas socioeducativas listadas abaixa:

I - advertência;

II - obrigação de reparar o dano;

III - prestação de serviços à comunidade;

IV - liberdade assistida;

V - inserção em regime de semi-liberdade;

VI - internação em estabelecimento educacional;

Comentários: O rol das medidas socioeducativas está listado taxativamente no art. 112, incisos I até o IV, do ECA.

Observa-se que cada uma das medidas socioeducativas possui uma abrangência pedagógica, sendo que a de maior abrangência pedagógica é a internação e a de menor abrangência pedagógica é a advertência.

A gravidade isolada por si só do ato infracional não pode justificar a aplicação de internação, embora aquela possa conduzir a aludida medida, uma vez que devem ser considerados também a capacidade de cumprimento, as circunstâncias, a gravidade e se haveria outra medida mais adequada a ser aplicada, diante dos fatos à luz do Estatuto da Criança e do Adolescente.

Possibilidade de cumulatividade e substituição de medidas socioeducativas: É possível a cumulação de medidas socioeducativas e de proteção (medidas protetivas) a um adolescente (art. 113 e art. 99, ambos do ECA).

Igualmente, é possível à substituição às medidas a qualquer tempo, desde que observe o contraditório, oportunizando a oitiva prévia do adolescente e de seu advogado (ou defensor) para que manifestem sobre adequação e pertinência da substituição da medida, a teor do que preconiza a Súmula nº 265, do STJ.

Aplicabilidade de prescrição das medidas socioeducativas, segundo a súmula nº 338 do STJ: Surgiram grandes embates sobre à aplicação ou não da prescrição penal em sede do Estatuto da Criança e do Adolescente.

O Superior Tribunal de Justiça de forma reiterada entendia aplicável o instituto da prescrição às medidas socioeducativas e a parte de sua jurisprudência sedimentada editou a súmula 338 com o seguinte teor: *"A prescrição penal é aplicável nas medidas sócio-educativas"*.

O argumento principal do Superior Tribunal de Justiça para incidência do instituto da prescrição das medidas socioeducativas foi de que estas possuiriam finalidades pedagógicas, repressivas e punitivas e sob estas óticas não poderiam conceber ao Estado o direito de aplicá-las *ad aeternum*.

Forma aritmética de cálculo sobre a prescrição das medidas socioeducativa, segundo entendimento do STJ:

Inicialmente, convém assinalar que o assunto não está previsto no Estatuto da Criança e do Adolescente.

Os critérios aritméticos de cálculo da prescrição no seio do ECA foram criados pela jurisprudência.

O Superior Tribunal de Justiça não emprega os prazos fixados para os crimes nas leis penais quando confrontados com ato infracional, ou seja, estes prazos previstos como pena máxima – ou pena ideal – para um crime de estelionato, furto, roubo, homicídio ou tráfico de drogas entre outros não são aplicados.

Para realizar este cálculo, o STJ parte da tabela de contagem de prazos da parte geral do Código Penal Brasileiro, com **o tempo de cumprimento da medida socioeducativa** previsto no Estatuto. Diante dos artigos do Código Penal que disciplinam a prescrição, 02 (dois) dispositivos são importantes para o cálculo da prescrição das medidas socioeducativas, sendo eles o art. 109 e art. 115, ambos do CPB.

A primeira parte do art. 115 estabelece que "são reduzidos de metade os prazos de prescrição quando o criminoso era, ao tempo do crime, menor de 21 (vinte e um) anos".

Em sede do Estatuto da Criança e do Adolescente, o ato infracional sempre diz respeito a adolescente (com as ressalvas já feitas sobre a criança anteriormente), logo, o adolescente é alguém menor de 21 anos à data do fato. Com isto, os prazos prescricionais são **sempre reduzidos de metade** para o cálculo das medidas socioeducativas.

Dando sequência ao passo a passo de cálculo, o art. 109 do Código Penal traz uma tabela para contagem de prazos prescricionais e esses prazos são aplicáveis tanto para medidas privativas de liberdade (internação e semiliberdade), quanto para as restritivas de direitos (obrigação de reparar o dano, prestação de serviços à comunidade e liberdade assistida), seguindo as diretrizes do art. 109, do parágrafo único, do Código Penal.

Para o cálculo da prescrição da medida socioeducativa, devemos examinar o tempo de cumprimento de medida aplicada na sentença e consultar a tabela do art. 109 do Código Penal para verificar a ocorrência do prazo prescricional.

Exemplo didático de prescrição em medida restritiva de direitos segundo entendimento do STJ: Para o STJ se for aplicada a medida socioeducativa de liberdade assistida pelo prazo de 1 ano ao adolescente, devemos nos ater ao art. 109, inciso V, do Código Penal, onde estabelece que o prazo prescricional é de 4 anos quando a pena é igual a 1 ano e não exceda a 2 (dois) anos.

Assim, com a redução de prazo do art. 115, temos que o prazo prescricional da medida socioeducativa aplicada ao adolescente é de 2 anos.

O Superior Tribunal de Justiça aplicou esta fórmula de cálculo no precedente HC 192.312/SP, Rel. Min. Maria Thereza de Assis Moura, 6ª Turma, julgado em 07/02/2013, DJe 20/02/2013.

Exemplo didático de prescrição em medida privativa de liberdade segundo entendimento acima do STJ: Em sendo aplicadas medidas socioeducativas de semiliberdade e internação ao adolescente, em regra não se estabelece prazo fixo de cumprimento de medida (Estatuto, art. 121, § 2º), podendo variar entre o mínimo de 6 meses e ao máximo de 3 anos (art. 121, § 3º), com reanálise sempre em 06 (seis) meses. Assim, para o cálculo da prescrição, é utilizado o prazo máximo de 3 anos, que importa em prazo prescricional de 8 anos (CP, art. 109, IV). Com à redução do prazo de 08 (oito) anos à metade (art. 115), tem-se que o prazo prescricional das medidas privativas de liberdade são de 4 (quatro) anos.

Quanto à medida socioeducativa de internação-sanção (que prevê prazo máximo de 3 meses, sendo exceção à regra), podemos aplicar o mesmo raciocínio acima, com os temperamentos devidos quanto à obtenção do prazo prescricional que será diverso. Defendemos aqui ser aplicado o art. 109, inciso VI, do CPB, ou seja, o prazo prescricional de 3 (três) anos - porque a medida socioeducativa é inferior a 01 (um) ano [3 meses] – será reduzido de metade, onde se terá 1 (um) ano e 06 (seis) meses para a execução da medida, sob pena de prescrição.

VII - qualquer uma das previstas no art. 101, I a VI.

Comentários: O inciso VII, do art. 112, do ECA assegura a aplicação de medidas de proteção (medidas protetivas) em prol do adolescente que venha a praticar ato infracional. Via de regra, o adolescente em conflito com a lei quando pratica ato infracional se coloca numa situação natural de vulnerabilidade (art. 98, inciso III, ECA) e quase sempre poderá dar ensejo à aplicação de medida protetiva pelo Conselho Tutelar (de ofício [art. 136, inciso I, ECA]) e pelo próprio Poder Judiciário [art. 112, *caput*]. Muitas das vezes se percebe que o adolescente em conflito com a lei não está devidamente matriculado em estabelecimento oficial de ensino formal; adolescente desacompanhado dos pais ou responsáveis em locais e horários inapropriados, onde deverá ser entregue mediante termo; necessita de orientação, apoio e acompanhamento temporários; necessita de inserção de programa comunitário ou oficial de auxílio à família, à criança e ao adolescente; necessita de inclusão em serviços e programas oficiais ou comunitários de proteção, apoio e promoção da família, da criança e do adolescente; necessita de submissão de tratamento médico, psicológico ou psiquiátrico, em regime hospitalar ou ambulatorial; necessita de programa oficial ou comunitário de auxílio, orientação e tratamento a alcoólatras e toxicômanos (principalmente aqui que adolescentes exercem microtraficância e ao mesmo tempo são usuários/dependentes químicos).

§ 1º A medida aplicada ao adolescente levará em conta a sua capacidade de cumpri-la, as circunstâncias e a gravidade da infração.

§ 2º Em hipótese alguma e sob pretexto algum, será admitida a prestação de trabalho forçado.

Comentários: O trabalho ou prestação de trabalho forçado é vedado ao adolescente em conflito com a lei, dando mostra de que o ECA seguiu as mesmas diretrizes da Constituição Federal no art. 5º XLVII, alínea "c", dirigida ao adulto preso.

§ 3º Os adolescentes portadores de doença ou deficiência mental receberão tratamento individual e especializado, em local adequado às suas condições.

Comentários: Quando estivermos perante adolescentes em conflitos com a lei que sejam portadores de doença ou deficiência mental estes deverão receber tratamento individual e especializado, em local adequado às suas condições.

O ECA visa justamente tutelar de maneira adequada o adolescente que esteja nestas situações de doença ou deficiência mental.

O STJ ao menos em 3 (três) ocasiões aplicou expressamente o art. 112, §§1º e 3º, do ECA (RHC 8.642-SP, DJ 6/9/1999; RHC 11.039-SP, DJ 27.8/2001 e RHC 13.188-RJ, Rel. Min. Gilson Dipp, julgado em 6/3/2003).

Observação: Quanto a este último precedente RHC 13.188-RJ, Rel. Min. Gilson Dipp, julgado em 6/3/2003 houve um erro material na referência indevida pelo STJ quanto ao art. 122, §§1º e 3º, quando na verdade a transcrição deveria ser art. 112, §§1º e 3º, do ECA.

Art. 113. Aplica-se a este Capítulo o disposto nos arts. 99 e 100.

Possibilidade de cumulatividade e substituição de medidas socioeducativas: É possível a cumulação de medidas socioeducativas e de proteção (medidas protetivas) a um adolescente, segundo o art. 113 e art. 99, ambos do ECA.

Igualmente, é possível à substituição às medidas a qualquer tempo, desde que observe o contraditório, oportunizando a oitiva prévia do adolescente e de seu advogado (ou defensor) para que manifestem sobre adequação e pertinência da substituição da medida, a teor do que preconiza a Súmula nº 265, do STJ.

Art. 114. A imposição das medidas previstas nos incisos II a VI do art. 112 pressupõe a existência de provas suficientes da autoria e da materialidade da infração, ressalvada a hipótese de remissão, nos termos do art. 127.

Comentários: Para aplicação das medidas socioeducativas enumeradas nos incisos II a VI do art. 112 deve estar presente a existência de provas suficientes da autoria e da materialidade da infração, com exceção da hipótese de remissão (art. 127, ECA).

Aplica-se ao ECA o mesmo raciocínio da prova no processo penal com os temperamentos devidos, visando ao convencimento do magistrado da infância e da juventude. Assim, incide os mesmos princípios da prova no processo penal aqui.

É bem verdade que a prova menorista é mais perfunctória do que aquela do processo penal, contudo há uma corrente jurisprudencial em plena expansão que tem exigido maior dilação probatória no ECA.

Por isso, a existência da Súmula nº 342 do STJ.

Ademais, no que toca ao efeito ou valor da prova se tem a classificação da prova em:

- **prova plena e prova não plena.**

A prova plena nada mais é do que a prova necessária para a formação de um juízo de certeza no julgador. Já de outro lado, a prova não plena é um mero juízo probabilidade, não se exigindo uma certeza aos olhos do julgador.

Igualmente, não se admite a prova proibida no ECA. Dentro dessa perspectiva, não se admite a espécie de prova proibida:

- **a prova ilícita:** violação de direito material;

- **e a prova ilegítima:** violação de regra procedimental contida no ECA.

Veda-se também a **prova ilícita por derivação no ECA**. A **prova ilícita por derivação** consiste naquela inicialmente lícita que é decorrente de uma conduta inicial ilícita que pode ser validada ou não. Neste prisma, aplicam-se as exceções contempladas na lei processual penal, validando a prova (i)lícita derivada se esta esta for independente e não se relacionar com a anterior. Vejamos melhor:

1 - a fonte independente em que não mais existe vínculo com a conduta ilícita anterior;

2 - a descoberta inevitável em que pelos meios investigativos, a referida prova ilícita derivada iria de qualquer modo ser descoberta.

A regra do **ônus da prova** do art. 156 do CPP é perfeitamente aplicável ao ECA, subsidiariamente por força do art. 226, ECA.

O ônus da prova é a obrigação que os contendores têm de provar pelos meios admissíveis a verdade dos fatos das versões expostas em Juízo. Para melhor didática e efeitos práticos, o ônus da prova consiste de quem apresenta uma pretensão em Juízo, deve provar os fatos constitutivos do seu direito. Com isso, o Ministério Público incumbe provar os fatos alegados na sua representação que mira na eventual aplicação de medida socioeducativa.

Ademais, quem apresenta versões que visam impedir, extinguir, modificar os fatos passa a ter o ônus de prova-los dentro da regra do **ônus da prova**. O fato aqui merece observação é que de existe discussão doutrinária no processo penal de quando o acusado apresenta versão de hipóteses de excludentes de antijuridicidade ou ilicitude (fatos modificativos) poderia ter ou não o dever de provar à luz do art. 386, inciso VI, parte final, do CPP. Há 2 (duas) correntes sobre o tema:

1ª) corrente: Diante da "teoria da *ratio cognoscendi* ou da indiciariedade", em sendo o fato típico naturalmente presume que seja ilícito. Logo, a defesa abordando isto no processo penal caberá a esta provar a versão de hipóteses de excludentes de antijuridicidade ou ilicitude (fatos modificativos). Esta corrente prevalece na doutrina.

2ª) corrente: O ônus da prova caberia à acusação, mas deveria provar a tipicidade, ilicitude e culpabilidade. Com isto, por força do princípio da presunção da inocência, na regra de julgamento do "in dubio pro reo" no art. 386, inciso VI, parte final, do CPP, a simples dúvida quando versão de hipóteses de excludentes de antijuridicidade ou ilicitude (fatos modificativos) autoriza à absolvição do acusado. O mesmo se daria com a possível dúvida quando à culpabilidade. A defesa neste prisma, não teria o ônus de provar no processo penal a versão de hipóteses de excludentes de antijuridicidade ou ilicitude (fatos modificativos).

Já no ECA a regra de hipóteses de excludentes de antijuridicidade ou ilicitude sofre temperamentos. Nesse sentido, vejamos:

> Não se tratando de processo-crime, mas de verificação de fatos praticados por adolescente, ao qual a lei de regência destina medidas educativas e não punitivas, os fatos criminosos praticados não podem ser avaliados com o mesmo enfoque da Justiça Criminal, nem se lhes aplica as regras do Código Penal. O que impende considerar é que o adolescente tenha praticado fato que justifique a medida, pouco importando que caracterize crime, ou não, ou que milite em seu favor qualquer das excludentes do crime e de pena (TJSP – C. Esp. – Ap. 19.195-0 – Rel. Ney Almada – j. 28-7-94).

Parágrafo único. A advertência poderá ser aplicada sempre que houver prova da materialidade e indícios suficientes da autoria.

Comentários: O parágrafo único do art. 114, do ECA, é controvertido.

Uma corrente defende a literalidade do aludido dispositivo legal, ou seja, a advertência pode ser aplicada quando existir prova da materialidade e indícios suficientes da autoria.

A outra corrente defende que para a aplicação da medida socioeducativa de advertência existe a necessidade de uma prova plena. Nessa direção, cumpre mencionar que a posição do STJ é de que diante do caráter punitivo para aplicação da medida socioeducativa se exigiria uma dilação probatória mais profunda e detalhada.

Seção II

Da Advertência

Art. 115. A advertência consistirá em admoestação verbal, que será reduzida a termo e assinada.

Comentários: A medida socioeducativa de advertência tem caráter pedagógico, consistindo numa admoestação verbal, ou seja, o juiz promove a leitura do ato cometido e colhe o comprometimento do adolescente em conflito com a lei de que a situação não se repetirá. A medida de advertência se esgota em si mesma, não sendo necessário acompanhamento posterior.

Necessidade de realização de audiência admonitória para aplicação da medida de advertência: Para a aplicação da medida socioeducativa de advertência é necessária a realização de audiência admonitória. Essa audiência deve ser conduzida pelo juiz da Vara da Infância e Juventude, não se admitindo que faça através de outro servidor, mesmo em sede de homologação de remissão cumulada com advertência (STJ, REsp 104.485/DF, julgado em 13-3-2002).

Seção III

Da Obrigação de Reparar o Dano

Art. 116. Em se tratando de ato infracional com reflexos patrimoniais, a autoridade poderá determinar, se for o caso, que o adolescente restitua a coisa, promova o ressarcimento do dano, ou, por outra forma, compense o prejuízo da vítima.

Parágrafo único. Havendo manifesta impossibilidade, a medida poderá ser substituída por outra adequada.

Comentários: A medida socioeducativa da **Obrigação de Reparar o Dano** tem vez diante de ato infracional com reflexos patrimoniais, se for a hipótese.

Em síntese, a medida em tela visa a restituição da coisa, o ressarcimento do dano ou a compensação do prejuízo da vítima. A depender da situação, o juiz poderá determinar ao ressarcimento do dano por outra forma, a fim de compensar o prejuízo da vítima.

De outro quadra, sendo manifestamente inviável e impossível, a medida socioeducativa da **Obrigação de Reparar o Dano** poderá ser substituída por outra medida adequada.

Seção IV

Da Prestação de Serviços à Comunidade

Art. 117. A prestação de serviços comunitários consiste na realização de tarefas gratuitas de interesse geral, por período não excedente a seis meses, junto a entidades assistenciais, hospitais, escolas e outros estabelecimentos congêneres, bem como em programas comunitários ou governamentais.

Comentários: A prestação de serviços comunitários (espécie de medida socioeducativa) se dá com a realização de tarefas gratuitas de interesse geral, perante as entidades assistenciais, hospitais, escolas e outros estabelecimentos congêneres, bem como em programas comunitários ou governamentais.

O período máximo para prestação de serviços comunitários será de 06 (seis) meses, com carga horária máxima de 08 (oito) horas por semana.

Parágrafo único. As tarefas serão atribuídas conforme as aptidões do adolescente, devendo ser cumpridas durante jornada máxima de oito horas semanais, aos sábados, domingos e feriados ou em dias úteis, de modo a não prejudicar a freqüência à escola ou à jornada normal de trabalho.

Comentários: As tarefas serão dadas levando em conta as aptidões do adolescente e poderão ocorrerem aos sábados, domingos e feriados ou em dias úteis, desde que não prejudique a frequência à escola ou à jornada normal de trabalho do adolescente.

Seção V

Da Liberdade Assistida

Art. 118. A liberdade assistida será adotada sempre que se afigurar a medida mais adequada para o fim de acompanhar, auxiliar e orientar o adolescente.

Comentários: A **liberdade assistida** terá sempre em vista à orientação, apoio e acompanhamento do adolescente. O prazo mínimo de sua fixação é de 06 (seis) meses.

§ 1º A autoridade designará pessoa capacitada para acompanhar o caso, a qual poderá ser recomendada por entidade ou programa de atendimento.

§ 2º A liberdade assistida será fixada pelo prazo mínimo de seis meses, podendo a qualquer tempo ser prorrogada, revogada ou substituída por outra medida, ouvido o orientador, o Ministério Público e o defensor.

Art. 119. Incumbe ao orientador, com o apoio e a supervisão da autoridade competente, a realização dos seguintes encargos, entre outros:

I - promover socialmente o adolescente e sua família, fornecendo-lhes orientação e inserindo-os, se necessário, em programa oficial ou comunitário de auxílio e assistência social;

II - supervisionar a freqüência e o aproveitamento escolar do adolescente, promovendo, inclusive, sua matrícula;

III - diligenciar no sentido da profissionalização do adolescente e de sua inserção no mercado de trabalho;

IV - apresentar relatório do caso.

Seção VI

Do Regime de Semi-liberdade

Art. 120. O regime de semi-liberdade pode ser determinado desde o início, ou como forma de transição para o meio aberto, possibilitada a realização de atividades externas, independentemente de autorização judicial.

§ 1º São obrigatórias a escolarização e a profissionalização, devendo, sempre que possível, ser utilizados os recursos existentes na comunidade.

§ 2º A medida não comporta prazo determinado aplicando-se, no que couber, as disposições relativas à internação.

Comentários: O **regime de semiliberdade** não comporta prazo determinado e pode ser imposta inicialmente como medida ou como forma de transição para a liberdade.

Aplica-se ao **regime de semiliberdade** no que couber, a internação. Na semiliberdade, serão permitidas as atividades externas e essas atividades são obrigatórias e de essência para que a medida alcance sua finalidade.

Diferentemente do que ocorre na internação, essas atividades poderão ser vedadas pela autoridade judiciária.

Na semiliberdade, aplica-se o princípio da incompletude institucional.

Seção VII

Da Internação

Art. 121. A internação constitui medida privativa da liberdade, sujeita aos princípios de brevidade, excepcionalidade e respeito à condição peculiar de pessoa em desenvolvimento.

Comentários: O julgador apenas e tão somente poderá aplicar a medida de internação ao adolescente infrator nas hipóteses taxativamente (*numerus clausus*) previstas no art. 122 do ECA, uma vez que a medida, em face do adolescente, é medida de exceção, devendo ser aplicada e mantida somente quando evidenciada sua necessidade, em observância ao espírito do Estatuto e aos princípios, que visa à reintegração do menor à sociedade (STJ HC 213778).

A internação deve observar os princípios de brevidade, excepcionalidade e respeito à condição peculiar de pessoa em desenvolvimento.

Não se tem dúvida de que a medida socioeducativa de internação é a medida mais extrema de todas enumeradas no ECA e consiste na **restrição total da liberdade**, onde o adolescente permanecerá com sua liberdade cerceada integralmente de modo legítimo, desde que outra medida não seja adequada à ressocialização. A internação a depender da hipótese, pode se dar **com prazo determinado ou com prazo indeterminado**, mas não poderá, em qualquer caso, ultrapassar o prazo de 03 (três) anos e será reavaliada a cada 06 (seis) meses, com exceção da internação-sanção.

A internação com prazo determinado: é limitado a 03 (três) meses. Também chamada de internação-sanção ou regressão de medida.

Em regra, as medidas socioeducativas podem ser substituídas umas pelas outras, pode ter a progressão ou regressão das medidas.

Aliás, o Supremo Tribunal Federal em sede de internação firmou precedente sobre o limite de capacidade das unidades de execução de medida socioeducativa de internação, no sentido em que todo o país estas unidades não ultrapassem a sua capacidade projetada para recebimento de adolescentes em conflito com a lei. A decisão se deu no julgamento do Habeas Corpus coletivo (HC) 143988[6]:

> Por unanimidade, a Segunda Turma do Supremo Tribunal Federal (STF) determinou que as unidades de execução de medida socioeducativa de internação de adolescentes em todo o país não ultrapassem a sua capacidade projetada. A decisão se deu no julgamento do Habeas Corpus coletivo (HC) 143988, na sessão virtual encerrada em 21/8.
>
> [...]
>
> No julgamento do mérito do HC coletivo, a Segunda Turma seguiu o voto do ministro Edson Fachin, que fixou ainda critérios a serem observados pelos magistrados nas unidades de internação que operam com a taxa de ocupação superior à capacidade projetada, como a liberação de nova vaga na hipótese de ingresso e a reavaliação dos adolescentes internados exclusivamente em razão da reiteração em infrações cometidas sem violência ou grave ameaça à pessoa.
>
> Foi determinada ainda a transferência dos adolescentes sobressalentes para outras unidades que não estejam com capacidade de ocupação superior ao limite projetado, contanto que em localidade próxima à residência dos seus familiares.

No julgamento do mérito do HC coletivo, a Segunda Turma seguiu o voto do ministro Edson Fachin, que fixou ainda critérios a serem observados pelos magistrados nas unidades de internação que operam com a taxa de ocupação superior à capacidade projetada, como a liberação de nova vaga na hipótese de ingresso e a reavaliação dos adolescentes internados exclusivamente em razão da reiteração em infrações cometidas sem violência ou grave ameaça à pessoa.

> Foi determinada ainda a transferência dos adolescentes sobressalentes para outras unidades que não estejam com capacidade de ocupação superior ao limite projetado, contanto que em localidade próxima à residência dos seus familiares.

> Caso as medidas sejam insuficientes e a transferência não seja possível, o magistrado deverá atender ao parâmetro fixado no artigo 49, inciso II, da Lei 12.594/2012, que dispõe sobre o Sistema Nacional de Atendimento Socioeducativo - Sinase, até que seja atingido o limite máximo de ocupação. O dispositivo prevê que o adolescente pode ser incluído em programa de meio aberto quando não houver vaga para o cumprimento de medida de privação da liberdade, exceto nos casos de ato infracional cometido mediante grave ameaça ou violência à pessoa, quando ele deverá ser internado em unidade mais próxima de seu local de residência.
>
> **Internação domiciliar**
>
> Na hipótese de impossibilidade de adoção dessas medidas, deve haver a conversão da internação em internações domiciliares, sem qualquer prejuízo ao correto cumprimento do plano individual de atendimento, podendo ser adotadas diligências adicionais para viabilizar seu adequado acompanhamento e execução. Pela decisão, a internação domiciliar poderá ser cumulada

6. STF - Habeas Corpus coletivo (HC) 143988. Ministro Relator Edson Fachin. Disponível em:<<http://www.stf.jus.br/portal/cms/verNoticiaDetalhe.asp?idConteudo=450193>>. Acesso em 11 de setembro de 2020.

com a imposição de medidas protetivas e/ou acompanhada da advertência ao adolescente infrator de que o descumprimento injustificado do plano individual de atendimento ou a reiteração em atos infracionais poderá acarretar a volta ao estabelecimento de origem.

Observatório Judicial

A Segunda Turma propôs ainda a criação de um Observatório Judicial no STF sobre o cumprimento das internações socioeducativas na forma de comissão temporária, a ser designada pelo presidente da Corte, com o objetivo de acompanhar os efeitos da deliberação neste caso, especialmente em relação aos dados estatísticos sobre o cumprimento das medidas estabelecidas e o percentual de lotação das unidades de internação.

Superlotação

O ministro Edson Fachin ressaltou que, segundo informações dos autos, há superlotação em algumas unidades da federação, o que justifica a necessidade de atuação reparadora do Poder Judiciário. Dados do Conselho Nacional de Justiça (CNJ) mostram que nove estados apresentam índice da taxa de ocupação acima de 100%: Acre, Bahia, Ceará, Espírito Santo, Minas Gerais, Pernambuco, Rio Grande do Sul, Rio de Janeiro e Sergipe. "Não se afigura viável, portanto, pretender que o STF, em tema tão sensível, alusivo à dignidade dos adolescentes internados, venha a chancelar a superlotação nas unidades destinadas ao cumprimento de medidas socioeducativas", disse.

Direitos fundamentais

Ainda de acordo com o relator, a Corte Interamericana de Direitos Humanos (CIDH) deferiu medidas provisórias para proteção à vida e à integridade pessoal de todas as crianças e adolescentes em unidades de internação no Espírito Santo e em São Paulo.

Fachin assinalou, ainda, que os meios de ampliar a proteção dos bens jurídicos devem ser objeto de debates no Legislativo, mas cumpre ao Judiciário zelar pelo respeito aos direitos fundamentais e atuar nas hipóteses de violação iminente ou em curso. A seu ver, a limitação do ingresso de adolescentes nas unidades em patamar superior à capacidade de vagas projetadas, além de cessar as possíveis violações, previne a afronta aos preceitos da Constituição Federal que asseguram a proteção integral dos adolescentes, além de fortalecer o postulado de respeito à condição peculiar de pessoa em desenvolvimento (STF, 2020, disponível *on line*).

Dando sequência à internação, segundo a doutrina pátria, existem 3 (três) espécies de internação: **internação provisória, internação definitiva e internação-sanção.**

1) A **internação provisória** é medida cautelar excepcional aplicada, em face do adolescente antes de eventual aplicação da medida socioeducativa e terá prazo de 45 dias de duração.

Por ser medida cautelar, a medida de internação provisória em face de adolescente deve orientar-se pela maior brevidade possível e respeitar rigorosamente o prazo de 45 (quarenta e cinco) dias. Ademais, a decisão deve ser fundamentada em conformidade com a própria Constituição Federal (art. 93, inciso IX, CF) (art. 106, parte final, ECA) e ter alicerce em indícios suficientes de autoria e materialidade, com demonstração da necessidade imperiosa da medida de internação.

Pela lógica do ordenamento jurídica, a decisão deve ser proferida por uma autoridade judiciária competente. A doutrina trabalha com 3 requisitos para fins de internação provisória, sendo eles os seguintes:

1)indícios suficientes de autoria;

2)materialidade;

3)imperiosa necessidade da medida.

Deve ser feita uma interpretação sistemática e de conjugação do art. 174, art. 108 e art. 122 (no que for aplicável) e art. 123, parágrafo único, todos do ECA. Aliás, topograficamente, dentro da medida socioeducativa de internação, está inserida a internação provisória.

Prazo para o encerramento da ação socioeducativa: Nas situações em que o adolescente estiver apreendido, através da internação provisória, o Estatuto fixa um prazo limite de 45 (quarenta e cinco) dias para o encerramento do procedimento (art. 183). Transcorrido o prazo sem a finalização da ação (processo), o adolescente deve ser posto em liberdade.

Em caso de o adolescente estar em liberdade, não há um prazo legal para finalização do processo. Imensa parte das ações socioeducativas que miram na apuração de ato infracional atribuído a adolescente não se encerra em 45 (quarenta e cinco) dias, diante do grande volume de processos nas varas especializadas, assim como da complexidade de alguns processos.

Posição da jurisprudência pela improrrogabilidade do prazo da internação provisória do adolescente: é posição da jurisprudência do STJ de que o prazo para a internação de adolescente é improrrogável.

2) A **internação definitiva:** é aquela medida socioeducativa aplicada de internação após o devido processo legal na ação socioeducativa.

3) Por sua vez, a **internação-sanção:** É também denominada de **medida socioeducativa de**

internação-sanção ou de internação com prazo determinado. Terá aplicação quando o juiz da execução verificar no caso que o adolescente tem reiterado de forma injustificada no descumprimento da medida socioeducativa que está sendo acompanhada. Outrossim, a medida é denominada também denominada de **regressão de medida**, pois é justamente em virtude do injustificado descumprimento de medida socioeducativa imposta anteriormente ao adolescente.

Observação: O prazo que a lei faz remissão é **3 (três) meses** - e não 90 (noventa dias).

> **§ 1º Será permitida a realização de atividades externas, a critério da equipe técnica da entidade, salvo expressa determinação judicial em contrário.**

Comentários: Na internação é possível a realização de atividades externas, diante da fixação de critério da equipe técnica da entidade, exceto se tiver expressa determinação judicial em contrário.

É bem verdade que apesar da regra de "regime fechado", é possível a realização de atividades externas, contudo, somente se acompanhadas por educadores. Ademais, é possível ao magistrado, a depender da situação, vedá-las.

> **§ 2º A medida não comporta prazo determinado, devendo sua manutenção ser reavaliada, mediante decisão fundamentada, no máximo a cada seis meses.**

Comentários: Pela literalidade da lei, a **medida de internação não comportaria prazo determinado**, todavia, numa leitura sistemática do Estatuto em tela, se percebe que a internação a depender da hipótese, pode se dar **com prazo determinado ou com prazo indeterminado**, mas não poderá, em qualquer caso, ultrapassar o prazo de 03 (três) anos e será reavaliada a cada 06 (seis) meses, com exceção da internação-sanção.

A **internação com prazo determinado**: O prazo é limitado a 03 (três) meses. Também chamada de **internação-sanção** ou **regressão de medida.**

> **§ 3º Em nenhuma hipótese o período máximo de internação excederá a três anos.**

Comentários: Em regra, pela literalidade do ECA, nenhuma hipótese de internação poderá exceder a 3 (três) anos.

Prazo para cumprimento de medidas socioeducativas de internação diversas, segundo entendimento do STJ: Em regra, pela literalidade do ECA, nenhuma hipótese de internação poderá exceder a 3 (três) anos.

> **E se o adolescente responder por mais de uma ação socioeducativa por atos infracionais gravíssimos (por exemplo, roubo duplamente majorado por emprego de arma e de concurso de pessoas e homicídio qualificado) na qual poderia render internações poderá permanecer internado por prazo superior a 03 (três) anos?**

Comentários: O ECA não disciplina esta situação em que o adolescente responda por mais de uma ação socioeducativa por atos infracionais gravíssimos (por exemplo, roubo duplamente majorado por emprego de arma e de concurso de pessoas e homicídio qualificado) na qual poderia render internações. Contudo, o STJ ao enfrentar situação entendeu de forma sábia (assim como decorreria naturalmente, se fosse um adulto que respondesse por vários fatos criminosos diferentes e em ações penais distintas) que o prazo do art. 121, § 3º, do ECA é contabilizado individualmente de cada internação (decorrentes de ações diferentes e internações diversas por fatos distintos). Com isso, no exemplo acima, se ao adolescente é imposta 2(duas) internações em ações diferentes, por atos infracionais distintos, é perfeitamente possível que o adolescente permaneça por prazo superior a 3 (três) anos.

Nesse sentido, confira o precedente do STJ no RHC nº 12.187-RS, Rel. Min. Felix Fischer, julgado em 05/02/2002.

> **§ 4º Atingido o limite estabelecido no parágrafo anterior, o adolescente deverá ser liberado, colocado em regime de semi-liberdade ou de liberdade assistida.**
>
> **§ 5º A liberação será compulsória aos vinte e um anos de idade.**
>
> **§ 6º Em qualquer hipótese a desinternação será precedida de autorização judicial, ouvido o Ministério Público.**

Comentários: Na hipótese de atingir o limite do prazo, o adolescente deverá ser liberado, colocado em regime de semi-liberdade ou de liberdade assistida.

A legislação assegura que a liberação do adolescente será obrigatória aos 21 (vinte e um) anos de idade.

Em qualquer hipótese, a eventual desinternação se dará por meio de autorização judicial, com oitiva prévia do Ministério Público.

§ 7º A determinação judicial mencionada no § 1º poderá ser revista a qualquer tempo pela autoridade judiciária. (Incluído pela Lei nº 12.594, de 2012) (Vide)

Comentários: Durante a internação é possível a realização de atividades externas, a critério da equipe técnica da entidade, salvo expressa determinação judicial em contrário.

Essa medida poderá ser revista a qualquer tempo pela autoridade judiciária.

Art. 122. A medida de internação só poderá ser aplicada quando:

Comentários: Numa leitura singela do art. 122 e dos comentários anteriores acerca do instituto da internação decorrem duas conclusões lógicas: a internação não é obrigatória (pois o legislador usa a expressão "poderá") e para sua aplicação deve considerar 2 (duas) premissas: 1) a internação somente será aplicada nas hipóteses expressamente contidas em lei; e 2) ainda que estejam nessas hipóteses, o julgador poderá impor medida diversa e menos gravosa ao adolescente.

A par desta constatação, o **§ 2º, do art. 121, do ECA (Em nenhuma hipótese será aplicada a internação, havendo outra medida adequada)** reforça nossa exposição e de que não existe palavras inúteis no texto da lei.

I - tratar-se de ato infracional cometido mediante grave ameaça ou violência a pessoa;

Comentários: Diga-se de passagem que, não é qualquer ato infracional que o legislador ordinário se contenta para a internação provisória, devendo-se exigir esses predicados de situações que desbordem da normalidade, sob das advertências citadas e uma inversão de tratamento jurídico.

Nota-se que, **as medidas privativas de liberdade ao adolescente são aplicáveis somente diante de circunstâncias efetivamente graves, seja para a segurança social e ordem pública, seja para a segurança do próprio adolescente infrator, observando-se, com rigor, o estabelecido no art. 122, e incisos, do ECA.**

Com maior razão é que a melhor doutrina e jurisprudência defendem que a medida rigorosa de internação e lavratura de auto de apreensão devem ser temperados, à vista dos princípios da razoabilidade, proporcionalidade, do adolescente em desenvolvimento e todo sistema principiológico do Estatuto da Criança e do Adolescente.

Atos infracionais análogos a crimes de menor potencial ofensivo: Por exemplo, **atos infracionais de menor potencial ofensivo** análogos à lesão corporal (art. 129, *caput*, do CPB); vias de fato (art. 21, da LCP) e ameaça (art. 147, do CPB) não são suficientes para renderem à internação do adolescente, em regra.

Os supostos atos infracionais análogos à lesão corporal (art. 129, *caput*, do CPB); vias de fato (art. 21, da LCP) e ameaça (art. 147 , do CPB) poderiam, em tese e até ensejar a internação do adolescente em conflito com a lei, lavratura de procedimento de auto de apreensão de flagrante de ato infracional e até mesmo à internação, todavia, não faz sentido encampar esse entendimento pelo simples detalhe de ter sido perpetrado mediante ameaça ou violência às pessoas, já que um mesmo caso desse para um adulto (maior e capaz) renderia apenas um Termo Circunstanciado de Ocorrência, com sua posterior liberação – se firmado o compromisso legal de comparecer no Juizado. Esse tratamento sem dúvida, criaria uma verdadeira aberração, principalmente diante do nosso sistema voltado na proteção, no maior e melhor interesse ao adolescente, da situação do adolescente em desenvolvimento e da excecionalidade da privação a liberdade, ferindo deste modo, toda a principiologia traçada no ordenamento jurídico neste ponto.

Inserir um adolescente num sistema repleto de adolescentes com vícios e posturas não exemplares, não parece ser uma medida adequada e oportuna.

A par disso, em ato infracional análogo à lesão corporal (mais grave ainda que a ameaça), o Superior Tribunal de Justiça entendeu não ensejar à internação, decidindo que:

> *ESTATUTO DA CRIANÇA E DO ADOLESCENTE - ECA. HABEAS CORPUS. ATOS INFRACIONAIS EQUIPARADOS AOS CRIMES DE* ***LESÃO CORPORAL LEVE*** *E DANO QUALIFICADO. APLICAÇÃO DA MEDIDA SOCIOEDUCATIVA DE INTERNAÇÃO PELO PRAZO DE 8 MESES FUNDAMENTADA NA GRAVIDADE GENÉRICA DO ATO INFRACIONAL. PRINCÍPIO DA*

EXCEPCIONALIDADE. ARTS. 227, § 3º, V, DA CF E 122, § 2º, DO ECA. CONSTRANGIMENTO ILEGAL CONFIGURADO. ORDEM CONCEDIDA.

*1. Tratando-se de menor inimputável, não existe pretensão punitiva estatal propriamente, mas apenas pretensão educativa, que, na verdade, é dever não só do Estado, mas da família, da comunidade e da sociedade em geral, conforme disposto expressamente na legislação de regência (Lei 8.069/90, art. 4º) e na Constituição Federal (art. 227). 2. De fato, é nesse contexto que se deve enxergar o efeito primordial das medidas socioeducativas, mesmo que apresentem, eventualmente, características expiatórias (efeito secundário), pois o indiscutível e indispensável caráter pedagógico é que justifica a aplicação das aludidas medidas, da forma como previstas na legislação especial (Lei 8.069/90, arts. 112 a 125), que se destinam essencialmente à formação e reeducação do adolescente infrator, também considerado como pessoa em desenvolvimento (Lei 8.069/90, art. 6º), sujeito à proteção integral (Lei 8.069/90, art. 1º), por critério simplesmente etário (Lei 8.069/90, art. 2º, caput). 3. Conquanto seja firme o magistério jurisprudencial do Superior Tribunal de Justiça no sentido de que o ato infracional cometido com violência ou grave ameaça a pessoa é passível de aplicação da medida socioeducativa de internação (art. 122, inc. I, da Lei 8.069/90), **tal orientação não afasta a necessidade de que sejam observados os princípios adotados pelo Estatuto da Criança e do Adolescente na aferição da medida mais adequada à recuperação, formação e reeducação do adolescente infrator.4. Evidencia-se a existência de constrangimento ilegal na decisão que determinou a aplicação de medida socioeducativa de internação ao paciente baseada na gravidade abstrata do ato, sem apontar relevante motivo concreto que justificasse a imposição de medida mais gravosa.** 5. Ordem concedida para anular a sentença e o acórdão recorrido, apenas no que se refere à medida socioeducativa imposta, a fim de que outra seja aplicada ao paciente, que deverá aguardar a nova decisão em liberdade assistida* (STJ. 5ª T. HC nº 110195/ES. Rel. Min. Arnaldo Esteves de Lima. J. em 14/04/2009. DJ 18/05/2009).

O mesmo raciocínio da lesão corporal (cometido mediante violência [e a vias de fato]) se aplica em caso de ameaça (ameaça dirigida) em sede de ato infracional. Tanto que o Tribunal de Justiça do Paraná decidiu que em caso de ato infracional análogo de ameaça (cujo raciocínio é perfeitamente aplicável no caso) não pode ensejar à internação (e por consequência isto influi no procedimento a ser adotado, como à confecção do Boletim de Ocorrência Circunstanciado [BOC]. Vejamos:

*RECURSO DE APELAÇÃO. ECA. **ATO INFRACIONAL EQUIPARADO À AMEAÇA (ART. 147, CAPUT, DO CP).** INTERNAÇÃO. EXCEPCIONALIDADE DA MEDIDA. NÃO CARACTERIZAÇÃO DE NENHUMA DAS HIPÓTESES AUTORIZADORAS DO ART. 122 DO ECA. IMPOSSIBILIDADE DE SUBSTITUIÇÃO. APLICAÇÃO, DE OFÍCIO, DAS MEDIDAS PREVISTAS NO ART. 101, INCISOS II, V E VI DO ESTATUTO DA CRIANÇA E DO ADOLESCENTE. SENTENÇA MANTIDA. RECURSO DESPROVIDO. As medidas privativas de liberdade são aplicáveis somente diante de circunstâncias efetivamente graves, seja para a segurança social, seja para a segurança do próprio adolescente infrator, observando-se, com rigor, o estabelecido no art. 122, e incisos, do ECA. Outrossim, as condições pessoais do adolescente denotam a necessidade de aplicação das medidas protetivas previstas no art. 101, incisos II, V e VI, do ECA* (TJPR. 2ª C. Crim. Rec.Ap.ECA nº 0493047-0. Rel. Des. Carlos Augusto A. de Melo. J. em 12/11/2009).

Diga-se de passagem que, não é qualquer violência ou ameaça que o legislador ordinário se contenta, devendo-se exigir esses predicados de situações que desbordem da normalidade, sob das advertências citadas e uma inversão de tratamento jurídico.

Tráfico ilícito de entorpecente: O próprio Superior Tribunal de Justiça tem admitido que o tráfico ilícito de entorpecente por si só apesar de ser ato grave não se revela suficiente para internação e lavratura de Auto de Apreensão de Ato Infracional num primeiro momento.

E mais precedentes da Corte de Cidadania:

O art. 122 da Lei n. 8.069/1990 estabelece que a internação do adolescente somente será cabível quando o ato infracional for perpetrado com violência ou grave ameaça à pessoa ou na hipótese de reiteração na prática de outras infrações graves ou de descumprimento reiterado e injustificado de medida prévia. 2. A prática de ato infracional equiparado ao delito de tráfico de entorpecentes, em virtude da sua gravidade abstrata, por si só, não autoriza a segregação dos menores. 3. É assente na jurisprudência desta Corte o entendimento no sentido de que 'a reiteração prevista nos incisos II e III do art. 122 do ECA, não se confunde com o conceito de reincidência, de sorte que, para sua configuração, é necessária a prática de, pelo menos, 3 atos anteriores, seja infração grave ou medida anteriormente imposta, respectivamente.' [...] In casu, não obstante contar com quatro registros em sua folha de antecedentes, o menor fora beneficiado com a remissão em duas oportunidades, razão pela qual não há que se falar em reiteração, uma vez que o art. 127 do ECA determina que aludido instituto não implica reconhecimento de responsabilidade nem vale como antecedentes (HC 164819 SP, Rel. Ministro JORGE MUSSI, QUINTA TURMA, julgado em 21/09/2010, DJe 18/10/2010).

A prática de ato infracional equiparado ao tráfico de entorpecentes não é suficiente, por si só, com fundamento em sua gravidade abstrata, para determinar a imposição de medida socioeducativa de internação (HC 185474 SP, Rel. Ministro GILSON DIPP, QUINTA TURMA, julgado em 07/04/2011, DJe 28/04/2011).

Recentemente para sacramentar esta posição foi editada a Súmula nº 492 do STJ com o seguinte teor:

"O ato infracional análogo ao tráfico de drogas, por si só, não conduz obrigatoriamente à imposição de medida socioeducativa de internação do adolescente".

Posição do STJ quanto à possibilidade de internação de adolescente gestante ou com filho em amamentação: Para o STJ se reveste de legalidade à internação de adolescente gestante ou com o filho em amamentação, diante da gravidade do ato infracional imputado, desde que assegurada atenção integral à sua saúde, bem como as condições necessárias para que permaneça com seu filho durante o período de amamentação (observadas às condições adequadas de cumprimento da medida socioeducativa). Vejamos:

Inicialmente, anota-se que não há impeditivo legal para a internação de adolescente gestante ou com filho em amamentação, desde que seja garantida atenção integral à (espaço) sua saúde, além de asseguradas as condições necessárias para que a paciente permaneça com o seu filho durante o período de amamentação (arts. 60 e 63 da Lei n. 12.594/2012 - SINASE). Com o advento da Lei n. 13.257/2016, nomeada Estatuto da Primeira Infância, o rol de hipóteses em que é permitida a inserção da mãe em um regime de prisão domiciliar foi ampliado, ficando evidente o compromisso do legislador com a proteção da criança e seu desenvolvimento nos primeiros anos de vida. Ademais, os adolescentes gozam de todos os direitos fundamentais inerentes à pessoa humana, de maneira que as garantias processuais asseguradas àquele que atingiu a maioridade poderiam ser aplicadas aos menores infratores, em atenção ao disposto no art. 3º da Lei n. 8.069/1990. Assim, a gravidade do ato infracional praticado e as adequadas condições em que a medida socioeducativa é cumprida, afastam a ilegalidade da aplicação da medida de internação (**STJ - HC 543.279-SP, Rel. Min. Reynaldo Soares da Fonseca, Quinta Turma, por unanimidade, julgado em 10/03/2020, DJe 25/03/2020 – Informativo 668 do STJ**).

II - por reiteração no cometimento de outras infrações graves;

Comentários: Antigamente se tinha um posicionamento doutrinário e jurisprudencial de que era necessário ao menos 3 (três) atos infracionais anteriores e de infrações graves para ensejar a internação nesta hipótese.

Ocorre que, em lugar nenhum na legislação em vigor encontrava esta exigência, logo, não se tendo essa exigência pelo princípio da legalidade (art. 5º, inciso II, da CF/88), não há que se falar nesta exigência.

Atualmente, a posição da jurisprudência do STJ e do STF é no sentido de que apenas 2 (dois) atos infracionais graves seriam suficientes para internação do art. 122, inciso II, do ECA.

Diferença técnica entre reiteração e reincidência: A diferença entre reiteração e reincidência é essencial para compreensão do assunto. Tecnicamente, embora tenha pontos de contatos, reiteração é diferente de reincidência, assim embora toda reincidência no pano de fundo, consista numa reiteração, nem toda reiteração será uma reincidência propriamente dita.

Reincidência para fins penais é quando o agente criminoso pratica nova infração penal, depois de ser condenado com trânsito em julgado da pena para a defesa. Havendo nova prática pelo agente criminoso de infração penal no cumprimento da pena (teremos à **reincidência real**) se esta prática for antes de cumprir a pena (teremos a **reincidência ficta**).

Já a reiteração para fins penais/processual penal consiste na simples prática de mais de uma infração penal pelo agente criminoso. Isso pode revelar sua personalidade e índole voltada ao crime (para fins penais) e concretamente revelaria também que o agente ameaçaria à ordem pública (para fins processuais penais), uma vez que se mantido solto poderia reiterar (praticar nova) infração penal.

Transportando o conceito da reiteração com os temperamentos para o ECA, a reiteração exigida para fins de internação (com seus desdobramentos nos aspectos procedimentais) é de prática de ato infracional grave.

Com isso, apesar do esforço grande para fins de praticidade, antigamente o próprio STJ procurava aproximar os institutos. O STJ dizia que reiteração era a prática ao menos de 3 (três) ou mais atos infracionais graves e reincidência era a prática de 2 (dois) atos infracionais graves anteriormente. Nessa época para o STJ, a reincidência não geraria a internação. Veja o precedente do STJ no HC 62294-RJ, 5ª Turma, Rel. Min. Arnaldo Esteves Lima, julgamento em 13/02/2007. Publicado em 12/03/2007); STJ 98.679-SP; 6ª Turma. Rel. Min. Jane Silva (Desembargadora convocada do TJMG); julgado em 04/04/2—8. Publicado em 12/05/2008.

Infrações graves: O que seriam infrações graves para fins do ECA?

Observe-se que a legislação em comento não faz alusão ao que seriam graves infrações para os fins da lei em estudo. Seriam atos perpetrado mediante grave ameaça e violência em si?

Conquanto a diferença entre os posicionamentos doutrinários seja tênue sobre o que vem a ser grave ameaça e violência, parte da doutrina usa o critério de analisar o ato infracional grave como aquele cometido mediante grave ameaça, explicando que se trata daquele em que o mal prenunciado deve ser certo (não vago), verossímil (possível de ocorrer), iminente (que está para ocorrer, e não previsto para futuro longínquo) e inevitável (que o ameaçado não possa evitar). Por sua vez, esta mesma doutrina afirma que a violência referida nesse inciso I, do art. 122, do ECA, é aquela considerada *vis physica*, que é praticada sobre a pessoa, causando lesões corporais (para nós não seria qualquer lesão corporal e dependeria muito da análise do caso concreto) ou morte, considerados crimes apenados com reclusão (LIBERATI, 2002).

Outra parte da doutrina emprega apenas o critério do preceito secundário da natureza da pena de reclusão – prevista na infração penal para apontar sua gravidade –, a render o auto de apreensão em flagrante de ato infracional e até mesmo a internação a depender do caso concreto (que será melhor avaliada adiante). Nessa linha de compreensão, sobre o que se tem por ato infracional grave, faz-se importante reproduzir o ensinamento de Jurandir Norberto Marçura:

> Considerando que o legislador valeu-se dos conceitos de crime e contravenção penal para definir o ato infracional (art.103), devemos buscar na lei penal o balizamento necessário para a conceitação [*sic*] de ato infracional grave. Nela, os crimes considerados graves são apenados com reclusão; os crimes leves e as contravenções penais, com detenção, prisão simples e/ou multa. Por conseguinte, entende-se por grave o ato infracional a que a lei penal comina pena de reclusão (MARÇURA, 2002, p.518, *apud* MORAES,2009, p. 805).

Pensamos que sejam os **atos infracionais graves** para fins das medidas em tela, aqueles cujos preceitos secundários prevejam reclusão. Nesta direção, citamos **Wilson Donizete Liberati**[7], ao comentar o inciso II do art. 122 do Estatuto, pondera:

> ***É a prática da reincidência nas infrações penais apenadas com reclusão, prevista, no Código Penal,*** *como agravante (CP, art. 61, I).* ***A medida extrema da internação, nesse caso, é justificada para o adolescente que, já tendo recebido a aplicação de alguma medida, voltou a praticar outros atos infracionais de natureza grave,*** *demonstrando com sua conduta que a medida anteriormente proposta não foi suficiente para recuperá-lo e reintegrá-lo à sociedade. Percebe-se, assim, que existe um índice maior de censurabilidade na conduta do infrator [grifos nossos].*

Retomando a discussão no que diz respeito à reiteração de ato infracional, a jurisprudência do STJ, na esteira da jurisprudência do Supremo Tribunal Federal, firmou o entendimento de que o Estatuto da Criança e do Adolescente não estipulou um número mínimo de atos infracionais graves para justificar a internação do menor infrator com fulcro no art. 122, inciso II, do ECA (reiteração no cometimento de outras infrações graves).

Desse modo, seguindo uma nova orientação, cabe ao magistrado analisar as peculiaridades de cada caso e as condições específicas do adolescente a fim de melhor aplicar o direito. Nesse sentido:

> *HABEAS CORPUS IMPETRADO EM SUBSTITUIÇÃO AO RECURSO PREVISTO NO ORDENAMENTO JURÍDICO. 1. NÃO CABIMENTO. MODIFICAÇÃO DE ENTENDIMENTO JURISPRUDENCIAL. RESTRIÇÃO DO REMÉDIO CONSTITUCIONAL. EXAME EXCEPCIONAL QUE VISA PRIVILEGIAR A AMPLA DEFESA E O DEVIDO PROCESSO LEGAL. 2. ESTATUTO DA CRIANÇA E DO ADOLESCENTE. ATO INFRACIONAL ANÁLOGO AO DELITO DE TRÁFICO DE ENTORPECENTES. MEDIDA SOCIOEDUCATIVA DE INTERNAÇÃO. 3. REITERAÇÃO INFRACIONAL. PRÁTICA DE NO MÍNIMO TRÊS ATOS ANTERIORES. DESNECESSIDADE. AUSÊNCIA DE PREVISÃO LEGAL. ADOÇÃO DO ENTENDIMENTO DO SUPREMO TRIBUNAL FEDERAL. 4. HABEAS CORPUS NÃO CONHECIDO.*
>
> *1. A jurisprudência do Superior Tribunal de Justiça, buscando a racionalidade do ordenamento jurídico e a funcionalidade do sistema recursal, vinha se firmando, mais recentemente, no sentido de ser imperiosa a restrição do cabimento do remédio constitucional às hipóteses previstas na Constituição Federal e no Código de Processo Penal. Nessa linha de evolução hermenêutica, o Supremo Tribunal Federal passou a não mais admitir habeas corpus que tenha por objetivo substituir o recurso ordinariamente cabível para a espécie. Precedentes. Contudo, devem ser analisadas as questões suscitadas na inicial no intuito de verificar a existência de constrangimento ilegal evidente - a ser sanado mediante a concessão de habeas corpus de ofício -, evitando-se prejuízos à ampla defesa e ao devido processo legal.*
>
> *2. De acordo com a jurisprudência do Supremo Tribunal Federal, não existe fundamento legal para o*

7. Comentários ao Estatuto da Criança e do Adolescente. 7. ed. rev. e ampl. São Paulo: Malheiros. p. 120.

argumento de que é necessário o número mínimo de três atos infracionais graves para a incidência do inciso II do art. 122 do Estatuto da Criança e do Adolescente. Para a Corte Suprema, o aplicador da lei deve analisar e levar em consideração as peculiaridades de cada caso concreto para uma melhor aplicação do direito. Pondera que o magistrado deve apreciar as condições específicas do adolescente - meio social onde vive, grau de escolaridade, família - dentre outros elementos que permitam uma maior análise subjetiva do menor.3. Na espécie, a medida de internação foi aplicada de acordo com o Estatuto da Criança e do Adolescente, bem assim em atenção às particularidades do caso, tendo em vista a quantidade e natureza da droga apreendida (treze porções, pesando 17,77g de crack), evidenciando o comprometimento dos adolescentes com o crime, bem como a reiteração do cometimento de outras infrações, já tendo, inclusive, sido aplicadas outras medidas socioeducativas, sem sucesso.4. Habeas corpus não conhecido (HC 277.068/SP, Relator Ministro MARCO AURÉLIO BELLIZZE, DJe de 2/5/2014)

HABEAS CORPUS SUBSTITUTIVO DE RECURSO ESPECIAL. NÃO-CABIMENTO. RESSALVA DO ENTENDIMENTO PESSOAL DA RELATORA. ATO INFRACIONAL ANÁLOGO AO CRIME DE TRÁFICO ILÍCITO DE DROGAS. MEDIDA DE INTERNAÇÃO ADEQUADA À RESSOCIALIZAÇÃO DO ADOLESCENTE. AUSÊNCIA DE ILEGALIDADE FLAGRANTE QUE, EVENTUALMENTE, PUDESSE ENSEJAR A CONCESSÃO DA ORDEM DE OFÍCIO. HABEAS CORPUS NÃO CONHECIDO. LIMINAR CASSADA.

[...]

3. A Quinta Turma desta Corte Superior, seguindo precedentes do Supremo Tribunal Federal, tem ressaltado que o termo "reiteração" previsto no art. 122, incisos II e III, do Estatuto da Criança e do Adolescente, prescinde da existência de três ou mais condutas infracionais, pela completa ausência de fundamento normativo para tanto.

4. É cabível, em casos excepcionais, a medida de internação ao menor que comete ato infracional equivalente ao crime de tráfico ilícito de drogas, nomeadamente quando as circunstâncias concretas demonstram se tratar da única medida socioeducativa adequada à sua ressocialização. Essa interpretação, decerto, não viola o enunciado da Súmula n.º 492 desta Corte Superior - muito claro no sentido de vedar a medida de internação como consequência obrigatória da prática do referido ato infracional -, e, por outro lado, prestigia as necessidades pedagógicas do adolescente, à luz do que dispõem o art. 100, c.c. art. 113, ambos do ECA.5. Hipótese em que o acórdão consignou que foi aplicada ao adolescente, em outro processo, medida socioeducativa de liberdade assistida, a qual, segundo informações recebidas da Vara de Infância e Juventude, não vem sendo cumprida, descaso inadmissível que reforça a necessidade de maior contundência na resposta estatal, corroborando ser imprescindível a medida de internação.6. Ordem de habeas corpus não conhecida. Cassada a liminar anteriormente concedida. (HC 277.601/MG, Relatora Ministra Laurita Vaz, DJe de 7/3/2014)

No mesmo sentido as seguintes decisões monocráticas: HC 288.015/SP, Relatora Ministra Regina Helena Costa, DJe de 8/8/2014; HC 282.853/PE, Relator Ministro Jorge Mussi, DJe de 7/8/2014; HC 287.351/SP, Relatora Ministra Laurita Vaz, DJe de 26/5/2014.

E na Suprema Corte:

"PROCESSUAL PENAL. HABEAS CORPUS. ESTATUTO DA CRIANÇA E DO ADOLESCENTE ECA. ATO INFRACIONAL EQUIPARADO A TRÁFICO DE ENTORPECENTES. MEDIDA SÓCIO-EDUCATIVA DE INTERNAÇÃO. CARÁTER EXTREMO. ART. 122 DO ECA. ROL TAXATIVO. ATO INFRACIONAL NÃO COMETIDO MEDIANTE GRAVE AMEAÇA OU VIOLÊNCIA A PESSOA. GRAVIDADE DO ATO E GARANTIA DA INTEGRIDADE FÍSICA DO MENOR. FUNDAMENTOS NÃO INDÔNIOS PARA A APLICAÇÃO DA MEDIDA DE INTERNAÇÃO. REITERAÇÃO NA PRÁTICA DELITUOSA. FUNDAMENTO QUE AUTORIZA A INTERNAÇÃO (ART. 122, II, DO ECA). NÚMERO MÍNIMO DE DELITOS ANTERIORMENTE COMETIDOS PARA CARACTERIZAÇÃO DA REINCIDÊNCIA. AUSÊNCIA DE PREVISÃO LEGAL. ORDEM INDEFERIDA. A internação, dentre todas as medidas sócio-educativas, constitui a mais severa, porquanto implica na privação da liberdade do menor.[...] 5. O inciso II do artigo 122 do ECA não prevê número mínimo de delitos anteriormente cometidos para fins de caracterização da reiteração na prática criminosa (Precedente: HC n. 84.218/SP, 1ª Turma, Relator Ministro JOAQUIM BARBOSA, DJ de 18.4.08).6. In casu, o paciente cumpriu anteriormente medida de internação pela prática de ato infracional equiparado a roubo qualificado. [...]. 7.Ordem indeferida" (HC 94.447/SP, Relator Ministro LUIZ FUX, DJe 6/5/2011).

Atos infracionais similares a crimes hediondos: Embora o ECA não faça alusão, pensamos que por força do art. 103 do ECA se aplica perfeitamente o etiquetamento da hediondez para imprimir a noção de gravidade do ato infracional para fins do art. 122, II, ECA (em caso de reiteração de ato infracional grave). Aliás, neste sentir, se extrai de inúmeros acórdãos dos Tribunais de 2ª instância e do próprio STJ que fazem alusões à hediondez de atos infracionais análogos a crimes hediondos.

Ato infracional tentado grave: Pensamos que por força do art. 103 do ECA, o ato infracional tentado grave também tem o condão de ensejar eventual aplicação da medida em tela (art. 122, II, ECA), com seus desdobramentos na esfera policial (lavratura de Auto de Apreensão em Flagrante de Ato Infracional ao invés de BOC, etc.).

III - por descumprimento reiterado e injustificável da medida anteriormente imposta.

§ 1º O prazo de internação na hipótese do inciso III deste artigo não poderá ser superior a 3 (três) meses, devendo ser decretada judicialmente após o devido processo legal. (Redação dada pela Lei nº 12.594, de 2012) (Vide)

Comentários: É também denominada de **medida de internação-sanção.** Terá aplicação quando o juiz da execução verificar no caso que o adolescente tem reiterado de forma injustificada no descumprimento da medida socioeducativa que está sendo acompanhada. Outrossim, a medida é denominada também denominada de **regressão de medida**, pois é justamente em vista do injustificado descumprimento de medida socioeducativa imposta anteriormente ao adolescente que se tem a vez.

Preenchimento dos requisitos ou pressupostos essenciais para permitir a incidência desta internação:

Imposição de medida socioeducativa após o devido processo legal (por exemplo, prestação de serviço à comunidade);

Intimação do adolescente da imposição da medida socioeducativa supra, com decurso do prazo "in albis" – preclusão para insurgir via recursal;

o adolescente mesmo após sendo intimado novamente depois da preclusão recursal, reitera o não cumprimento da medida (reiteradamente); e nem justifica convicentemente (injustificada) o descumprimento da medida socioeducativa.

Observação: Apenas neste contexto em que o adolescente tem reiterado de forma injustificada no descumprimento da medida socioeducativa é que se poderá impor à regressão da medida e regredi-lo para impor a internação-sanção de 3 meses.

Medida socioeducativa de internação-sanção não é automática: Como se nota, a medida de regressão para impor a internação-sanção de 3 meses não é automática.

Ausência de requisitos ou pressupostos essenciais para permitir a incidência desta internação: Ademais, ausente um desses requisitos é possível não se regredir a medida. Assim, por exemplo, se o adolescente lograr êxito em justificar de forma convincente o não cumprimento da medida por motivos alheios à sua vontade[8], bem como provar que não foi intimado nem da sentença e nem para dar início ao cumprimento da medida entre outros possíveis argumentos de nulidade que antecede a sentença para desconstituir eventual sentença, ou posterior que tenham o condão de impedir o cumprimento da medida, restará ausente os requisitos ou pressupostos essenciais para a medida.

Observação: O prazo que a lei faz remissão é **3 (três) meses** – e não 90 (noventa dias).

Prazo peremptório (fatal) de 3 (três) meses: O prazo desta medida de internação-sanção (com prazo determinado ou de regressão de medida) é peremptório de 3 (três) meses. Se extrapolar este prazo está evidenciado o constrangimento ilegal. Nesta direção, o STJ também entende desta forma:

> CRIMINAL. ECA. ATO INFRACIONAL EQUIPARADO A ROUBO QUALIFICADO. SEMILIBERDADE. DESCUMPRIMENTO. SUBSTITUIÇÃO POR INTERNAÇÃO POR PRAZO INDETERMINADO. **LAPSO TEMPORAL LIMITADO A TRÊS MESES. CONSTRANGIMENTO ILEGAL. ORDEM CONCEDIDA.** Deve-se observar o caráter excepcional da medida de internação, não obstante a autorização dada pelo Estatuto da Criança e do Adolescente para a substituição de medidas sócio-educativas. **A internação com base no inciso III do art. 122 do Estatuto da Criança e do Adolescente deve observar o lapso temporal máximo do parágrafo único do mesmo dispositivo, qual seja, três meses.** Precedentes desta Corte. Deve ser cassada a decisão que estabeleceu internação por prazo indeterminado, determinando-se a imediata liberação do paciente, devendo outra ser proferida. Ordem concedida, nos termos do voto do Relator (STJ - HC: 26214 SP 2002/0176626-5, Relator: Ministro GILSON DIPP, Data de Julgamento: 06/05/2004, T5 - QUINTA TURMA, Data de Publicação: DJ 14.06.2004 p. 249).

Para sintetizar tudo que falamos até o momento, é válido apresentar o quadro didático das hipóteses de internação:

8. O juiz pode neste caso concreto adequar a medida às possibilidades do adolescente ou até mesmo substituir a medida por outra.

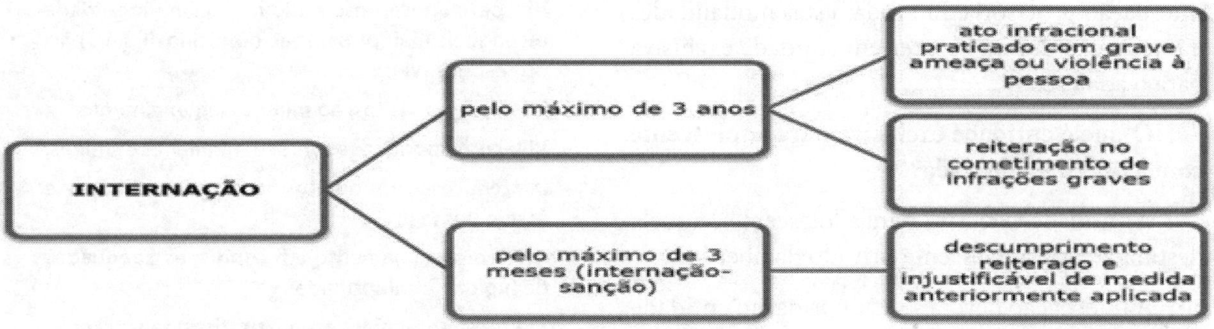

Lembrar: A medida de internação será reavaliada a cada 06 (seis) meses, com exceção da internação-sanção.

> **§ 2º. Em nenhuma hipótese será aplicada a internação, havendo outra medida adequada.**

Comentários: Isso revela que a internação é medida extrema e somente deverá incidir se não existir outra medida adequada para o caso.

No caso de a internação ser possível de aplicação desde o início, mas o juiz dentro da sua margem de discricionariedade entender que caberia uma medida menos gravosa, havendo posteriormente descumprimento desta medida menos gravosa pode se impor à internação? Suponhamos que um adolescente pratica um ato infracional análogo ao homicídio tentado e é imposta medida de semiliberdade. Depois disto, o adolescente pratica um ato infracional similar a furto. Poderia aplicar-se a internação por prazo indeterminado (art. 122. Incisos I e II, ECA), em relação ao outro ato de homicídio tentado como regressão em decorrência deste novo ato de furto?

Há 2 (duas) correntes jurisprudenciais nos Tribunais Superiores:

Uma primeira resposta admite esta substituição e o julgador poderia impor internação por prazo indeterminado. Esse entendimento é do próprio STJ (HC nº 43.511-SP, Rel. Min. Hélio Quaglia Barbosa, julgado em 09/02/2006 [Informativo nº 273]).

Já a segunda corrente é capitaneada pelo STF, onde entende que não se admite esta substituição. O que se permitiria no caso era apenas à aplicação da medida de proteção (art. 113, do ECA). Assim, a substituição de medidas previstas no art. 113, do ECA se limita as medidas protetivas. Havendo eventual descumprimento de medidas socioeducativas, é possível apenas a regressão da internação-sanção de 3 (três) meses e não da internação por prazo indeterminado art. 122, incisos I e II, ambos do ECA.

Outro argumento do STF é de que compete ao Juízo da Infância e Juventude no mérito da ação socioeducativa, aplicar a internação lastreada no art. 122, incisos I e II, ambos do ECA, após o procedimento apuratório. Se todavia, o julgador não aplica estas medidas (no caso do homicídio tentado) e decide aplicar semiliberdade por exemplo, não pode depois extrapolar os limites do título executivo da medida (no caso semiliberdade) relativa a segunda prática de furto "a posteriori", por exemplo, vez que este ato infracional por si só não estaria sujeito inicialmente à internação por prazo indeterminado, como descumprimento da medida de semiliberdade e sim de internação-sanção.

Críticas ao posicionamento do STF para prova de juiz, delegado de polícia ou de promotor de justiça: Embora possa não se aplicar à regressão ao primeiro caso de ato infracional semelhante ao homicídio tentado, com a nova prática de furto pelo adolescente que já tinha sido imposta semiliberdade (referente à tentativa de homicídio), para nós não impediria à incidência de internação por prazo indeterminado com aplicação do art. 122, inciso II, do ECA, ao furto em si considerado ato infracional grave – e não ao homicídio tentado como regressão.

> **Art. 123. A internação deverá ser cumprida em entidade exclusiva para adolescentes, em local distinto daquele destinado ao abrigo, obedecida rigorosa separação por critérios de idade, compleição física e gravidade da infração.**

Comentários: A medida privativa de liberdade de internação será cumprida em entidade exclusiva para adolescentes. Como a lei não distingue quais internações está se referindo, o entendimento doutrinário que se tem é de que serve tanto para a medida de internação (e suas espécies) quanto à internação provisória. Em todas estas modalidades a internação deverá ocorrer em entidade exclusiva para o adolescente.

O que é entidade exclusiva para adolescente com a liberdade privada?

A entidade exclusiva para adolescente é aquela destinada para adolescente privado da liberdade.

A internação deverá ser cumprida em entidade exclusiva para adolescentes, em local distinto daquele destinado ao abrigo, obedecida rigorosa separação por critérios de idade, compleição física e gravidade da infração.

Comentários: Em todas as hipóteses de internação deverá ser obedecida rigorosamente à separação por critérios de idade, compleição física e gravidade da infração.

Parágrafo único. Durante o período de internação, inclusive provisória, serão obrigatórias atividades pedagógicas.

Comentários: O legislador impôs a obrigatoriedade de que durante o período de internação, inclusive provisória, serão obrigatórias atividades pedagógicas ao adolescente em conflito com a lei.

Em que pese a existência de respeitosa doutrina e jurisprudência minoritária que insiste numa leitura apenas do art. 174 do ECA, para fins de internação provisória, lembremos que deve ser feita uma interpretação sistemática e de conjugação do art. 174, art. 108, art. 122 e art. 123, parágrafo único, todos do ECA.

Topograficamente, a "internação provisória" foi falada no mesmo tópico que se tratou da "internação medida socioeducativa". Logo, com os temperamentos devidos, é necessária uma interpretação sistemática para harmonizar as singularidades do Estatuto Menorista.

Art. 124. São direitos do adolescente privado de liberdade, entre outros, os seguintes:

I - entrevistar-se pessoalmente com o representante do Ministério Público;

II - peticionar diretamente a qualquer autoridade;

III - avistar-se reservadamente com seu defensor;

IV - ser informado de sua situação processual, sempre que solicitada;

V - ser tratado com respeito e dignidade;

VI - permanecer internado na mesma localidade ou naquela mais próxima ao domicílio de seus pais ou responsável;

VII - receber visitas, ao menos, semanalmente;

VIII - corresponder-se com seus familiares e amigos;

IX - ter acesso aos objetos necessários à higiene e asseio pessoal;

X - habitar alojamento em condições adequadas de higiene e salubridade;

XI - receber escolarização e profissionalização;

XII - realizar atividades culturais, esportivas e de lazer;

XIII - ter acesso aos meios de comunicação social;

XIV - receber assistência religiosa, segundo a sua crença, e desde que assim o deseje;

XV - manter a posse de seus objetos pessoais e dispor de local seguro para guardá-los, recebendo comprovante daqueles porventura depositados em poder da entidade;

XVI - receber, quando de sua desinternação, os documentos pessoais indispensáveis à vida em sociedade.

Comentários: No art. 124, do ECA estão elencados os direitos assegurados ao adolescente privado de liberdade.

§ 1º Em nenhum caso haverá incomunicabilidade.

Comentários: Não se pode em nenhuma hipótese aplicar a incomunicabilidade ao adolescente em conflito com a lei.

§ 2º A autoridade judiciária poderá suspender temporariamente a visita, inclusive de pais ou responsável, se existirem motivos sérios e fundados de sua prejudicialidade aos interesses do adolescente.

Comentários: Como não existem direitos absolutos, a autoridade judiciária poderá suspender temporariamente a visita, se existirem motivos sérios e fundados de sua prejudicialidade aos interesses do adolescente. Essa suspensão inclusive pode temporariamente impedir a vista dos pais ou responsável, caso haja motivos sérios e fundados de sua prejudicialidade aos interesses do adolescente.

Art. 125. É dever do Estado zelar pela integridade física e mental dos internos, cabendo-lhe adotar as medidas adequadas de contenção e segurança.

Comentários: O Estado tem o dever de zelar pela integridade física e mental dos internos, cabendo-lhe adotar as medidas adequadas de contenção e segurança.

Sobre a obrigatoriedade de adolescente raspar o cabelo: O assunto é polêmico.

O fato é o que o tema em apreço divide opiniões e rende infindáveis discussões com pontos de vistas jurídicos diferentes.

Sem tomar como partido qual lado seria o correto, é noticiado nos bastidores que um dos motivos de se raspar o cabelo do preso é para evitar ocultação de objetos cortantes com a finalidade de ferir guardas entre os cabelos, bem como para transportar e serem entregues a outros presos, ou mesmo para se matar.

Além disso, se fala também que a medida visa resguardar o aspecto de higiene e padronização do grupo prisional visando, inclusive, a identificação visual do preso em caso de tentativa de fuga.

Nesse ponto, sob o pálio constitucional para essa corrente a medida visaria tutelar a segurança interna dos estabelecimentos prisionais, segurança do preso, proteção à vida e a saúde.

Vale anotar que, essa prática além de obrigatória para militares, também é usual em monastérios pelos monges budistas e etc. – embora sejam situações distintas.

A raspagem de cabelo no sistema prisional é algo cultural e até então nunca havia chamado à atenção da classe jurídica, até que os alvos presos mudassem de cor e classe social.

De qualquer forma, os defensores da inconstitucionalidade e inconvencionalidade do ato compulsório de raspar a cabeça, se agarram no fato de que isso seria tratamento degradante e absolutamente desumano, além de ser uma espécie de arbitrariedade e antecipação da pena sem previsão legal com nítida violação ao princípio da dignidade da pessoa humana.

Aliado a isto, a compulsoriedade de raspar o cabelo do preso feriria um importante detalhe na esfera do indivíduo preso: o livre arbítrio com a privação do relevante traço de sua identidade!

Essa corrente ainda prega que não haveria qualquer lógica ou representatividade dessa raspagem de cabelo obrigatória para o encarceramento e suas finalidades, constituindo mais nítido efeito marginalizador promovido pelo Estado.

No ano de 2003, em um emblemático caso apreciado pela Corte Europeia de Direitos Humanos, a Bulgária foi considerada violadora de normas internacionais que proíbem a prática de tortura e tratamento degradante e desumano aos presos, porquanto determinou que o senhor, Todor Antimov Yankov, tivesse o seu cabelo cortado compulsoriamente (caso Yankov vs. Bulgária), caso semelhante ao que ocorre no sistema prisional brasileiro.

Não se pode olvidar que o Brasil é signatário de Tratados e Convenções Internacionais com previsão similar, como é o caso do Pacto de São José da Costa Rica e devem ser observados, lembrando que nenhum direito pode ser exercido de forma abusiva.

Diante da atualidade do debate e do relevo do precedente europeu, cita-se trechos da referida decisão que poderia ser aplicável ao caso brasileiro:

> 112. Uma característica particular do tratamento em questão – A RASPAGEM FORÇADA DO CABELO DE UM PRISIONEIRO – consiste na mudança forçada da aparência de uma pessoa pela remoção do seu cabelo. A pessoa tratada dessa maneira provavelmente experimentará um SENTIMENTO DE INFERIORIDADE UMA VEZ QUE SUA APARÊNCIA FÍSICA É TRANSFORMADA CONTRA A SUA VONTADE. (...). 114. A Corte, portanto, considera que a raspagem forçada do cabelo de detentos é fundamentalmente um ato que pode ter o efeito de inferiorizar a dignidade dos prisioneiros ou despertar sentimentos de inferioridade capazes de humilhá-los ou os degradar. (...) 117. A Corte, portanto, considera que, mesmo que a intenção não seja a de humilhar, A REMOÇÃO DO CABELO DE UM DETENTO SEM JUSTIFICATIVA ESPECÍFICA CONTÉM, EM SI, UM ELEMENTO DE PUNIÇÃO ARBITRÁRIA e, dessa maneira provavelmente representará, aos olhos do detento, um ato que tem como objetivo sua degradação ou subjugação.

No Brasil, temos julgados, por exemplo, do Tribunal de Justiça de São Paulo, proibindo a prática de raspagem compulsória de jovens adolescentes que ingressam na Fundação Casa. Veja:

> APELAÇÃO. **Ação Civil Pública Imposição de impedimento à Fundação Casa de raspar o cabelo dos adolescentes internados. Direito coletivo caracterizado Adequação da ação civil pública Legitimidade ativa da defensoria pública.** Possibilidade jurídica Inexistência de violação ao princípio da separação dos poderes. **Violação ao livre desenvolvimento da personalidade dos adolescentes e ao Direito à dignidade (um dos fundamentos da nossa República) – Pretensão respaldada em normas da Constituição Federal e do Estatuto da Criança e do Adolescente. Possibilidade de cominação de multa diária à Fazenda Pública Sentença mantida.** Recurso a que se nega provimento" (TJSP – Apelante: Fundação Centro de Atendimento Sócio Educativo ao Adolescente

(Fundação Casa) Apelada: Defensoria Pública do Estado Comarca: Vara da Infância e Juventude de Ribeirão Preto – SP).

De outra banda, se tem a decisão advinda do Tribunal de Justiça do Rio de Janeiro para presos adultos que, foi diametralmente oposta das anteriores (se permitindo) o corte compulsório do cabelo por parte do sistema prisional. Analisemos:

> APELAÇÃO CÍVEL. **AÇÃO CIVIL PÚBLICA. DEMANDA ATRAVÉS DA QUAL SE OBJETIVA SEJA DECLARADA A PROIBIÇÃO DE SUBMISSÃO DOS PRESOS SOB CUSTÓDIA DA SECRETARIA ESTADUAL DE ADMINISTRAÇÃO PENITENCIÁRIA DO ESTADO DO RIO DE JANEIRO** E DA SECRETARIA DE ESTADO DE SEGURANÇA PÚBLICA **AO CORTE DE CABELO E DE BARBA COMPULSÓRIOS,** BEM ASSIM A CONDENAÇÃO DO ENTE ESTATAL EM OBRIGAÇÃO DE FAZER CONSISTENTE NA PRESTAÇÃO DE ASSISTÊNCIA MATERIAL PARA A MANUTENÇÃO DO ASSEIO PESSOAL DOS PRESOS CUSTODIADOS NAS UNIDADES PRISIONAIS SOB A RESPONSABILIDADE DOS ÓRGÃOS REFERIDOS, EM FREQUÊNCIA E QUANTIDADE COMPATÍVEIS COM DITA FINALIDADE. [...] **MEDIDA QUE NÃO IMPLICA EM OFENSA AOS DIREITOS FUNDAMENTAIS DA INTEGRIDADE FÍSICA E MORAL, PRIVACIDADE E DIGNIDADE DA PESSOA HUMANA QUE INTEGRAM O ELENCO DOS DIREITOS FUNDAMENTAIS DO CIDADÃO BRASILEIRO. EMPREGO DA TÉCNICA DA PONDERAÇÃO DE INTERESSES. ASSEIO PESSOAL DA POPULAÇÃO CARCERÁRIA, O QUE PERPASSA PELO CORTE DE CABELO E BARBA, QUE CONSTITUI PROVIDÊNCIA INDISPENSÁVEL AO CONTROLE DA PROLIFERAÇÃO DE PRAGAS E DOENÇAS, QUE, SABIDAMENTE, ENCONTRAM CONDIÇÕES PROPÍCIAS EM GRANDES AGLOMERAÇÕES. DIREITO DE TODA A POPULAÇÃO CARCERÁRIA, DOS FUNCIONÁRIOS QUE LÁ DESEMPENHAM SUAS FUNÇÕES, E PORQUE NÃO DIZER, DA PRÓPRIA COLETIVIDADE, A UM AMBIENTE SADIO, MANTENDO-SE UM NÍVEL MÉDIO DE HIGIENE, COM A CONSEQUENTE DIMINUIÇÃO DO RISCO DE DOENÇAS, SEM QUE TAL IMPLIQUE EM INDIGNIDADE DO PRESO.** PROVIDÊNCIA QUE, ADEMAIS, PERMITE A MANUTENÇÃO DA ORDEM E DISCIPLINA NO INTERIOR DAS UNIDADES PRISIONAIS, BEM ASSIM A DIGNA APRESENTAÇÃO PESSOAL DO PRESO PERANTE SEUS PARES E SEUS FAMILIARES". (TJRJ – Ação: **0315505-67.2011.8.19.0001** Protocolo: **3204/2013.00367687** – APELANTE: DEFENSORIA PUBLICA DO ESTADO DO RIO DE JANEIRO APELADO: ESTADO DO RIO DE JANEIRO PROC. EST.: CRISTIANO FRANCO MARTINS Relator: DES. CRISTINA TEREZA GAULIA Revisor: DES. HELENO RIBEIRO PEREIRA NUNES).

Capítulo V

Da Remissão

Art. 126. Antes de iniciado o procedimento judicial para apuração de ato infracional, o representante do Ministério Público poderá conceder a remissão, como forma de exclusão do processo, atendendo às circunstâncias e conseqüências do fato, ao contexto social, bem como à personalidade do adolescente e sua maior ou menor participação no ato infracional.

Comentários: Antes de dado o início ao procedimento judicial para apuração de ato infracional, o representante do Ministério Público poderá conceder a remissão, como forma de exclusão do processo, atendendo às circunstâncias e conseqüências do fato, ao contexto social, bem como à personalidade do adolescente e sua maior ou menor participação no ato infracional. Para tanto trazemos o quadro abaixo para melhor compreensão:

Remissão extraprocessual ou ministerial, como forma de exclusão do processo	Remissão judicial ou processual, como forma de suspensão ou de extinção do processo
Ministério Público	Juiz
Momento: **Antes de iniciado o procedimento judicial para apuração de ato infracional**	Momento: **Iniciado o procedimento, a concessão da remissão compete à autoridade judiciária**

Remissão extraprocessual ou ministerial, como forma de exclusão do processo: A **remissão extraprocessual ou ministerial, como forma de exclusão do processo** consiste no perdão realizado pelo Promotor de Justiça ao adolescente infrator de natureza administrativa, onde o juiz, em regra, homologa este ato. Sustenta-se que o ato em apreço seja uma manifestação da soberania do Ministério Público, pois pode o *Parquet* decidir pela aplicação da medida. Essa postura se assemelha a *opinio delicti* desenvolvida nos procedimentos policiais na hipótese de transação do art. 76 da Lei nº 9.099/95. A **remissão extraprocessual ou ministerial, como forma de exclusão do processo** é forma de exclusão do processo, e exige homologação pelo Poder Judiciário.

O Superior Tribunal de Justiça já enfrentou sobre a possibilidade da aplicação cumulativa de remissão e medida socioeducativa a ser proposta pelo Ministério Público (art. 201, inciso I, do ECA), mas deve ter a adesão e concordância do adolescente e de seu defensor público (ou advogado privado constituído), em atendimento aos princípios do contraditório, da ampla defesa e do devido processo legal.

O juízo pode discordar da concessão da remissão pelo Ministério Público, hipótese em que deverá remeter os autos ao Procurador-Geral de Justiça (art. 181, § 2º, do ECA). Abre-se um parêntese aqui que o STJ numa ocasião entendeu que *"pode o magistrado, ao homologar a remissão concedida pelo órgão ministerial, impor outra medida socioeducativa prevista na Lei nº 8.069/90, excetuadas aquelas que impliquem semiliberdade ou internação do menor infrator"* (REsp 457.684-SP, rel. Min. Hamilton Carvalhido, 6ª T., j. 25-8-2004, v. u., *DJ* 13-12-2004).

Assim, a **remissão extraprocessual ou ministerial, como forma de exclusão do processo** poderá até ser cumulada com medida socioeducativa, desde que não seja medida socioeducativa restritiva de liberdade (a semi-liberdade e a internação) do adolescente.

Remissão judicial ou processual, como forma de suspensão ou de extinção do processo: A **remissão judicial ou processual, como forma de suspensão ou de extinção do processo** é feita pelo juiz da Vara da Infância e da Juventude e pressupõe o início do procedimento. Esta remissão em estudo importa em suspensão ou extinção do processo.

Sobre a remissão em cartaz é importante destacar a redação da Súmula 108, do STJ: "A aplicação de medidas socioeducativas ao adolescente, pela prática de ato infracional, é da competência exclusiva do juiz."

Esta espécie de remissão poderá ser deferida pelo Juiz, após oitiva do Ministério Público, sob pena de nulidade e em sendo concedida importará na extinção do processo, se não for cumulada com medida socioeducativa ou se a medida esgotar-se em si mesma (advertência).

De outro lado, importará na suspensão do processo, se for necessário o acompanhamento em razão da medida socioeducativa cumulada. Nessa hipótese não existe polêmica e nem controvérsia quanto à aceitação da cumulação da remissão com a medida socioeducativa dada pelo magistrado.

Se não deferida à remissão ou se não for requerido o arquivamento, o Ministério Público oferecerá a representação.

Parágrafo único. Iniciado o procedimento, a concessão da remissão pela autoridade judiciária importará na suspensão ou extinção do processo.

Art. 127. A remissão não implica necessariamente o reconhecimento ou comprovação da responsabilidade, nem prevalece para efeito de antecedentes, podendo incluir eventualmente a aplicação de qualquer das medidas previstas em lei, exceto a colocação em regime de semi-liberdade e a internação.

Comentários: Em ambos os casos de remissão (ministerial e judicial), nunca importará em reconhecimento de autoria ou prevalecerá para fins de antecedentes.

Recomendamos o leitor, a leitura do tópico anterior sobre a remissão da autoridade judiciária, caso reste alguma dúvida.

Art. 128. A medida aplicada por força da remissão poderá ser revista judicialmente, a qualquer tempo, mediante pedido expresso do adolescente ou de seu representante legal, ou do Ministério Público.

Comentários: É perfeitamente possível a revisão pelo Juiz da Vara da Infância e Juventude da aplicação da medida de remissão, onde terá legitimidade para requerê-la, o adolescente através de seu advogado (ou defensor público), seu representante ou o Ministério Público, mesmo porque pela própria essência da lei que lida com pessoa em desenvolvimento, não faria sentido que fosse uma medida estanque, quando a dinâmica é essencial para recuperar o adolescente, ainda que de forma utópica. Com isso, se percebe que só existe coisa julgada formal e não material.

Seção V

Da Apuração de Ato Infracional Atribuído a Adolescente

Apuração do ato infracional atribuído a adolescente: Os princípios processuais constitucionais do contraditório, ampla defesa, devido processo legal e duração razoável do processo são plenamente aplicáveis. Aliás, o próprio Estatuto Menorista enumera um rol de direitos individuais (arts. 106 a 109) e garantias processuais em prol dos adolescentes que praticam atos infracionais (art. 110 e 111, ambos do ECA), sendo fundamental a conjugação daqueles dispositivos com os dispositivos desta seção do ECA.

Desnecessidade de representação como condição da ação socioeducativa - posição do STJ: O STJ tem posição jurisprudencial firme de que ato infracional sob a regência do Estatuto da Criança e do Adolescente, a ação é sempre pública incondicionada, assim, a representação não é condição de procedibilidade ainda que nos atos infracionais perpetrados análogos a infrações penais que exigem a representação (nem para fins de procedimentos policiais e muito menos para ações socioeducativas) (STJ - HC 160.292/MG, Rei. Min. Jorge Mussi, 5ª Turma, julgado em 24/05/2011, DJe 02/06/2011).

Art. 171. O adolescente apreendido por força de ordem judicial será, desde logo, encaminhado à autoridade judiciária.

Comentários: Pela dicção do art. 171, do ECA, o mesmo faz alusão a ordem judicial, ou seja, em anterior expedição de mandado de busca e apreensão. Assim, havendo cumprimento de mandado judicial neste viés pela Polícia Judiciária, se impõe a imediata apresentação do adolescente, inclusive em hipótese de internação-sanção.

Com materialização da apreensão do adolescente por mandado judicial, deve-se encaminhar o adolescente ao Poder Judiciário.

Prazo para encaminhamento: Embora a legislação de regência não faça alusão do prazo determinado de encaminhamento em virtude da materialização da apreensão do adolescente por mandado judicial, a expressão "desde logo", intuitivamente, dá a impressão de imediaticidade do ato, ou seja, o mais breve possível.

Há doutrina que sustenta o uso de parâmetro do prazo de 24 horas, considerando a existência de plantão judiciário no local.

Em exame deste ponto, cumpre ressaltar que existem 04 (quatro) hipóteses de internação por determinação da autoridade judicial:

(1) internação provisória em razão de recebimento da representação, em que o Poder Judiciário impõe como medida cautelar, a internação provisória;

(2) internação em virtude de aplicação da medida socioeducativa de internação ou semiliberdade;

(3) apreensão após fuga do adolescente da entidade de atendimento;

(4) apreensão do adolescente infrator estando anteriormente em lugar incerto e não sabido.

Para melhor compreensão do assunto, vejamos o quadro abaixo:

Espécie de apreensão materializada em face do adolescente infrator	Encaminhamento do adolescente infrator
Cumprimento de ordem judicial	O adolescente infrator será encaminhado à Autoridade Judiciária (art. 171, ECA)
Flagrante de ato infracional	O adolescente infrator será encaminhado à Autoridade Policial (Delegado de Polícia) (art. 172, ECA)

Art. 172. O adolescente apreendido em flagrante de ato infracional será, desde logo, encaminhado à autoridade policial competente.

Nascedouro da fase administrativa ou pré-processual: Semelhante do que se dá na esfera de apuração de infração penal praticada por adulto, mas com menor rigor, a fase administrativa da apuração do ato infracional se inicia, em regra, na Delegacia de Polícia, com um rigor menor.

A Autoridade Policial dentro da sua independência funcional e autonomia deliberará sobre a situação posta aos seus cuidados.

Parágrafo único. Havendo repartição policial especializada para atendimento de adolescente e em se tratando de ato infracional praticado em co-autoria com maior, prevalecerá a atribuição da repartição especializada, que, após as providências necessárias e conforme o caso, encaminhará o adulto à repartição policial própria.

Art. 173. Em caso de flagrante de ato infracional cometido mediante violência ou grave ameaça a pessoa, a autoridade policial, sem prejuízo do disposto nos arts. 106, parágrafo único, e 107, deverá:

I - lavrar auto de apreensão, ouvidos as testemunhas e o adolescente;

II - apreender o produto e os instrumentos da infração;

III - requisitar os exames ou perícias necessários à comprovação da materialidade e autoria da infração.

Parágrafo único. Nas demais hipóteses de flagrante, a lavratura do auto poderá ser substituída por boletim de ocorrência circunstanciada.

Comentários: Na hipótese do adolescente em conflito com a lei ser encaminhado à autoridade policial, em decorrência de ato infracional, as providências a serem tomadas dependerão do tipo de ato infracional cometido.

1ª hipótese: Se o **ato infracional for praticado mediante violência ou grave ameaça à pessoa**, há a necessidade de lavratura de auto de apreensão, oitiva de testemunhas e do adolescente, apreensão dos produtos e instrumentos da infração e requisição de exames e perícias (art. 173, incisos I, II e III, todos do ECA).

2ª hipótese: Se o **ato infracional for praticado sem violência ou grave ameaça à pessoa**, a lavratura de auto de apreensão em flagrante de ato infracional (AAFAI) poderá ser substituída por Boletim de Ocorrência Circunstanciado [BOC] (art. 173, p.ú., ECA).

Neste ponto, apesar de na prática se ter um entendimento desalinhado e uma crença de que o Boletim de Ocorrência Circunstanciado [BOC] corresponderia também à liberação, isto não procede.

Aliás, é indiscutível no nosso ponto de vista de que, a Autoridade Policial poderá "decretar" ou "ratificar" em face do adolescente à apreensão provisória (em caso de captura e condução, a título precário e efêmero), ainda que se lavre o Boletim de Ocorrência Circunstanciado [BOC], já que por mais que o ato não tenha exteriorizado violência ou grave ameaça à pessoa para lavratura do Auto de Apreensão em Flagrante de Ato Infracional (AAFAI; AAF entre outros expressões equivalentes), pode ser hipótese de não proceder à liberação do adolescente infrator – mais sim de internação provisória –, quando presentes a gravidade do ato infracional entre outros predicados para tanto.

Citamos como exemplo, o ato infracional análogo ao tráfico de entorpecente com expressiva quantidade de drogas apreendidas, em que haja a repercussão social, bem como seja necessário assegurar a segurança pessoal do adolescente ou a ordem pública (art. 108, 123, parágrafo único, art. 174, do ECA entre outros dispositivos). Nesta exemplificação, o ato infracional similar ao tráfico de drogas é um ato infracional cometido sem violência ou grave ameaça a pessoa, mas reputado como grave (para a corrente doutrinária que leva em conta a sanção prevista no preceito secundário do tipo penal) – sendo necessário ainda outros predicados para tanto que vamos admitir estarem presentes na hipótese.

Note-se que, por mais que se tenha ocorrido a lavratura de Boletim de Ocorrência Circunstanciado [BOC] em face do adolescente sem a sua liberação, isto por si só, não seria óbice para que rendesse uma internação provisória em seu desfavor – se presentes os requisitos e pressupostos legais para a medida –, que dependerá também de uma decisão judicial (vez que àquela "decretação" ou "ratificação" da apreensão provisória, em face do adolescente pela Autoridade Policial (em caso de captura e condução em sede policial) foi a título precário e efêmero, dependendo de uma ordem judicial que decrete a medida, segundo os ditames constitucionais e legais.

Art. 174. Comparecendo qualquer dos pais ou responsável, o adolescente será prontamente liberado pela autoridade policial, sob termo de compromisso e responsabilidade de sua apresentação ao representante do Ministério Público, no mesmo dia ou, sendo impossível, no primeiro dia útil imediato, exceto quando, pela gravidade do ato infracional e sua repercussão social, deva o adolescente permanecer sob internação para garantia de sua segurança pessoal ou manutenção da ordem pública.

Comentários: Demonstrando o passo a passo dos atos, a próxima diligência seguinte é o encaminhamento do adolescente ao Ministério Público, o que pode se dar de 3 (três) maneiras:

por seus pais (ou responsável);

pela própria Autoridade Policial (Delegado de Polícia);

ou pela entidade de atendimento.

Na hipótese de os pais que se apresentam à Autoridade Policial (Delegado de Polícia), o adolescente pode ser liberado para comparecer ao Ministério Público com sua família, desde que o ato infracional não seja grave e sua repercussão social não coloque em risco o adolescente ou a manutenção da ordem pública (art.174, ECA).

Dito de outra forma, em sendo hipótese de ato infracional grave e de grande repercussão social, a Autoridade Policial (Delegado de Polícia) pode manter o adolescente apreendido provisoriamente para garantia de sua segurança pessoal ou para manutenção da ordem pública até que sobrevenha manifestação do *Parquet* e à decisão judicial, decretando a internação provisória (com a manutenção da apreensão provisória decretada ou ratificada pela Autoridade Policial) ou não decretando-a (onde ocorrerá à liberação do adolescente).

Nessa situação, em que não ocorre a liberação do adolescente, é a própria Autoridade Policial (Delegado de Polícia) que o encaminha imediatamente para o Ministério Público (art. 175, ECA) que também avaliará a situação, podendo requerer ou não à internação provisória do adolescente.

Há discussão se a Autoridade Policial teria legitimidade ou não para representar pela internação provisória do adolescente, em que abordaremos mais adiante.

O legislador aponta as hipóteses de internação provisória do adolescente em conflito com a lei como sendo: **gravidade do ato infracional e sua repercussão social, deva o adolescente permanecer sob internação para garantia de sua segurança pessoal ou manutenção da ordem pública.** Todavia, deve ser feita uma interpretação sistemática e de conjugação do art. 174, art. 108, art. 122 e art. 123, parágrafo único, todos do ECA, mesmo porque topograficamente o legislador tratou da internação provisória dentro do tópico da internação como medida socioeducativa, não existindo palavras inúteis no texto da lei.

O art. 108 do Estatuto da Criança e do Adolescente apregoa que antes da sentença, a internação provisória poderá ser decretada nas hipóteses de existirem:

1) indícios suficientes de autoria;

2) indícios suficientes de materialidade infracional (delitiva);

3) imperiosa necessidade da medida (gravidade do ato infracional + sua repercussão social = deva o adolescente permanecer sob internação para garantia de sua segurança pessoal ou manutenção da ordem pública).

Deve ser feita uma interpretação sistemática e de conjugação do art. 174, art. 108 e art. 122 e art. 123, parágrafo único, todos do ECA.

A par do que foi falado, o art. 174 assevera que comparecendo qualquer dos pais ou responsável, o adolescente será prontamente liberado pela autoridade policial, sob termo de compromisso e responsabilidade de sua apresentação ao representante do Ministério Público, no mesmo dia ou, sendo impossível, no primeiro dia útil imediato, exceto quando, pela gravidade do ato infracional e sua repercussão social, deva o adolescente permanecer sob internação para garantia de sua segurança pessoal ou manutenção da ordem pública.

Vejamos a seguir uma ilustração para melhor compreensão:

Gênero internação

Espécies de internações

Internação medida socioeducativa (art. 121 e art. 122, ambos do ECA) com suas variações.

Internação provisória como medida cautelar (art. 174, art. 108, art. 122 e art. 123, parágrafo único, todos do ECA).

Retomando à análise do artigo em voga, vejamos melhor uma a uma das hipóteses do art. 174, *caput*, do ECA que devem ser conjugadas com as demais, consoante dito acima:

gravidade do ato infracional: a gravidade a ser levar em conta não pode ser a abstrata, mas a gravidade concreta.

Observe-se que a legislação em comento não faz alusão o que são graves infrações para os fins da lei em estudo. Seriam atos perpetrados mediante grave ameaça e violência em si?

Conquanto a diferença entre os posicionamentos doutrinários seja tênue sobre o que vem a ser grave ameaça e violência, parte da doutrina usa o critério de analisar o ato infracional grave como aquele cometido mediante grave ameaça, explicando que se trata daquele em que o mal prenunciado deve ser certo (não vago), verossímil (possível de ocorrer), iminente (que está para ocorrer, e não previsto para futuro longínquo) e inevitável (que o ameaçado não possa evitar).

Outra parte da doutrina emprega apenas o critério do preceito secundário da natureza da pena de reclusão – prevista na infração penal para apontar sua gravidade –, a render o auto de apreensão em flagrante de ato infracional e até mesmo a internação a depender do caso concreto (que será melhor avaliada adiante). Nessa linha de compreensão, sobre o que se tem por ato infracional grave, faz-se importante reproduzir o ensinamento de Jurandir Norberto Marçura:

> Considerando que o legislador valeu-se dos conceitos de crime e contravenção penal para definir o ato infracional (art.103), devemos buscar na lei penal o balizamento necessário para a conceitação [*sic*] de ato infracional grave. Nela, os crimes considerados graves são apenados com reclusão; os crimes leves e as contravenções penais, com detenção, prisão simples e/ou multa. Por conseguinte, entende-se por grave o ato infracional a que a lei penal comina pena de reclusão (MARÇURA, 2002, p.518, *apud* MORAES,2009, p. 805).

Pensamos que sejam os **atos infracionais graves** para fins das medidas em tela, aqueles cujos preceitos secundários prevejam reclusão.

Avançando nos estudos das hipóteses para internação provisória, temos a repercussão socia do ato infracional entre outros:

repercussão social: ato infracional que traga um clamor social de maneira intensa, também é outro requisito para a internação provisória do adolescente em conflito com a lei e está vinculado a garantia da ordem pública.

garantia da sua segurança pessoal: há uma crítica da doutrina neste ponto, pois fazendo-se uma analogia a situação de um adulto, ninguém em plena consciência vai preferir ficar preso do que solto, apenas por conta de se sentir ameaçado por terceiro. A única forma excepcional para emprego deste fundamento aliado a outras conjugações é para que evite que o adolescente seja alvo de vingança. Assim, protege-se em caso excepcionalíssimo à sobrevivência do adolescente.

manutenção da ordem pública: a ordem pública deve ser concreta, não se prestando a idoneidade da motivação de ordem pública abstratamente desgarrada de qualquer elemento concreto. Há críticas inclusive da doutrina no sentido de que foi mal redigido, já que a ordem pública abarca tanto a gravidade social quanto à repercussão social. Aliás, como já dito a repercussão social do ato infracional está vinculada à manutenção da ordem pública.

O princípio da homogeneidade corolário da proporcionalidade do processo penal se aplica aqui também por analogia, somente tendo incidência a internação provisória nas hipóteses que ao final couber medida socioeducativa de internação em uma das 3 (três) hipóteses previstas na lei. Não faz sentido dar um tratamento diverso do dado na internação provisória em sede de medida de cautelar de segregação da liberdade, se ao final não será possível à aplicação da medida socioeducativa de internação, sob pena de inverter a lógica. Em se confirmando uma delas, virtualmente por projeção abstrata, deve se conjugar aos requisitos e critérios do art. 174 e art. 108, ambos desta lei.

Por derradeiro, em não sendo possível a apresentação imediata do adolescente ao Ministério Público, a Autoridade Policial (Delegado de Polícia) deve encaminhá-lo à entidade de atendimento que, por sua vez, será a responsável pela apresentação do adolescente ao órgão ministerial, no prazo de 24 (vinte e quatro) horas (art. 175, § 12).

NOTA DE DESTAQUE: A Lei ao contrário de que alguns aplicadores da lei sustentam e até mesmo representantes legais e seus agentes socioeducativos ou equivalentes dessas entidades, não exige decisão judicial prévia para o encaminhamento do adolescente que se dá por força da própria lei, não podendo o intérprete, diante do princípio da legalidade criar entraves. Essa conclusão é importante, porque não raras vezes às responsabilidades são transferidas a Autoridade Policial (Delegado de Polícia) ao arrepio da lei por simples comodidade ou talvez por ignorância.

Art. 175. Em caso de não liberação, a autoridade policial encaminhará, desde logo, o adolescente ao representante do Ministério Público, juntamente com cópia do auto de apreensão ou boletim de ocorrência.

§ 1º Sendo impossível a apresentação imediata, a autoridade policial encaminhará o adolescente à entidade de atendimento, que fará a apresentação ao representante do Ministério Público no prazo de vinte e quatro horas.

Comentários: O que é entidade de atendimento para fins do "ECA"?[9] A entidade de atendimento para esses fins é aquela com a finalidade de atender

---

9. **CAPÍTULO II**
DAS ENTIDADES DE ATENDIMENTO
Seção I
Disposições Gerais
Art. 90. As entidades de atendimentos são responsáveis pela manutenção das próprias unidades, assim como pelo planejamento e execução de programas de **proteção e sócioeducativos destinados a crianças e adolescentes, em regime de:**
I – orientação e apoio sócio-familiar;
II – apoio sócio-educativo em meio aberto;
III – colocação familiar;
IV – acolhimento institucional; (Inciso com redação dada pela Lei nº 12.010, de 3/8/2009)
V – prestação de serviços à comunidade; (Inciso com redação dada pela Lei nº 12.594, de 18/1/2012, publicada no DOU de 19/1/2012, em vigor 90 (noventa) dias após a publicação)
VI – liberdade assistida; (Inciso com redação dada pela Lei nº 12.594, de 18/1/2012, publicada no DOU de 19/1/2012, em vigor 90 (noventa) dias após a publicação)
VII – semiliberdade; e (Inciso com redação dada pela Lei nº 12.594, de 18/1/2012, publicada no DOU de 19/1/2012, em vigor 90 (noventa) dias após a publicação)
VIII – internação. (Inciso com redação dada pela Lei nº 12.594, de 18/1/2012, publicada no DOU de 19/1/2012, em vigor 90 (noventa) dias após a publicação)
§ 1º As **entidades governamentais e não governamentais** deverão proceder à inscrição de seus programas, especificando os regimes de atendimento, na forma definida neste artigo, no Conselho Municipal dos Direitos da Criança e do Adolescente, o qual manterá registro das inscrições e de suas alterações, do que fará comunicação ao Conselho Tutelar e à autoridade judiciária. (Parágrafo único transformado em § 1º pela Lei nº 12.010, de 3/8/2009).

crianças e adolescentes que estiverem em situação de risco pessoal ou social por terem seus direitos violados, em razão de ação ou omissão da sociedade ou do Estado, a falta, omissão ou abuso dos pais ou responsável, ou em razão de sua própria conduta, nos termos do art. 98 do Estatuto da Criança e do Adolescente (Lei nº 8.069/90).

A sua principal finalidade é promover a execução de medidas de proteção ou medidas socioeducativas para aqueles que assim as necessitem, de acordo com os arts. 111 e 112, ambos do Estatuto da Criança e do Adolescente, podendo funcionar em regime de apoio e orientação sócio familiar, apoio sócio educativo em meio aberto, colocação familiar, acolhimento institucional, liberdade assistida, semiliberdade ou, nos casos mais graves, regime de internação.

O ECA classifica as entidades de atendimento em governamentais ou não governamentais.

Inexistência de entidade de atendimento: Nas localidades em que não houver entidade de atendimento, a apresentação do adolescente far-se-á pela Autoridade Policial (Delegado de Polícia). À falta de repartição policial especializada, o adolescente aguardará a apresentação em dependência separada da destinada a maiores, não podendo, em qualquer hipótese, exceder o prazo referido no parágrafo anterior - prazo máximo de 5 (cinco) dias.

Ao ser decretada a internação provisória o adolescente de plano ou não sendo o caso de imediata liberação daquela apreensão provisória (até eventual decisão por uma internação ou não), aquele deve ser encaminhado a uma entidade de atendimento. Se não existir entidade de atendimento na localidade, será encaminhado para outra localidade. Sendo impossível a transferência, o adolescente aguardará sua remoção em repartição policial, não podendo ultrapassar o prazo máximo de 05 (cinco) dias. Dentro desses 45 (quarenta e cinco) dias da internação provisória, apenas em 05 (cinco), o adolescente poderá, eventualmente, permanecer em repartição policial. Se acaso o prazo de internação provisória não for cumprido, sem justo motivo, poderá haver a configuração do crime tipificado no art. 235, do ECA.

A Lei ao contrário de que alguns aplicadores da lei sustentam e até mesmo representantes legais de seus agentes socioeducativos ou equivalentes dessas entidades, não exige decisão judicial prévia para o encaminhamento do adolescente que se dá por força da própria lei, não podendo o intérprete, diante do princípio da legalidade criar entraves. Essa conclusão é importante, porque não raras vezes responsabilidades são transferidas a Autoridade Policial (Delegado de Polícia) ao arrepio da lei por simples comodidade ou talvez por ignorância.

Repita-se que, apenas se não existir entidade de atendimento na localidade é que o adolescente será encaminhado para outra localidade e sendo impossível a transferência, o adolescente aguardará sua remoção em repartição policial, não podendo ultrapassar o prazo máximo de 05 (cinco) dias.

Assim, pela literalidade do Estatuto da Criança e do Adolescente em existindo entidades de atendimento, o adolescente apreendido provisoriamente e não liberado pela Autoridade Policial deverá ser encaminhado às mesmas – ainda que a internação provisória não tenha sido decretada pelo Poder Judiciário –, com maior razão não faz sentido o adolescente infrator permanecer na Delegacia de Polícia que para nós seria até uma hipotética ilegalidade diante da existência de entidades de atendimentos. *Mutatis mutandis*, a situação do adolescente em conflito com a lei apreendido provisoriamente em flagrante de ato infracional é similar a hipótese do adulto com a prisão flagrancial decretada ou ratificada pela Autoridade Policial.

Art. 176. Sendo o adolescente liberado, a autoridade policial encaminhará imediatamente ao representante do Ministério Público cópia do auto de apreensão ou boletim de ocorrência.

Art. 177. Se, afastada a hipótese de flagrante, houver indícios de participação de adolescente na prática de ato infracional, a autoridade policial encaminhará ao representante do Ministério Público relatório das investigações e demais documentos.

Art. 178. O adolescente a quem se atribua autoria de ato infracional não poderá ser conduzido ou transportado em compartimento fechado de veículo policial, em condições atentatórias à sua dignidade, ou que impliquem risco à sua integridade física ou mental, sob pena de responsabilidade.

Art. 179. Apresentado o adolescente, o representante do Ministério Público, no mesmo dia e à vista do auto de apreensão, boletim de ocorrência ou relatório policial, devidamente autuados pelo cartório judicial e com informação sobre os antecedentes do adolescente, procederá imediata e informalmente à sua oitiva e, em sendo possível, de seus pais ou responsável, vítima e testemunhas.

Parágrafo único. Em caso de não apresentação, o representante do Ministério Público notificará os pais ou responsável para apresentação do adolescente, podendo requisitar o concurso das polícias civil e militar.

Art. 180. Adotadas as providências a que alude o artigo anterior, o representante do Ministério Público poderá:

I - promover o arquivamento dos autos;

II - conceder a remissão;

III - representar à autoridade judiciária para aplicação de medida sócio-educativa.

Art. 181. Promovido o arquivamento dos autos ou concedida a remissão pelo representante do Ministério Público, mediante termo fundamentado, que conterá o resumo dos fatos, os autos serão conclusos à autoridade judiciária para homologação.

§ 1º Homologado o arquivamento ou a remissão, a autoridade judiciária determinará, conforme o caso, o cumprimento da medida.

§ 2º Discordando, a autoridade judiciária fará remessa dos autos ao Procurador-Geral de Justiça, mediante despacho fundamentado, e este oferecerá representação, designará outro membro do Ministério Público para apresentá-la, ou ratificará o arquivamento ou a remissão, que só então estará a autoridade judiciária obrigada a homologar.

Art. 182. Se, por qualquer razão, o representante do Ministério Público não promover o arquivamento ou conceder a remissão, oferecerá representação à autoridade judiciária, propondo a instauração de procedimento para aplicação da medida sócio-educativa que se afigurar a mais adequada.

Comentários: A representação é um ato formal do *Parquet* que dirige uma pretensão acusatória em face de um adolescente em conflito com a lei. A título de comparação é como se fosse um ato, em face de um adulto, equivalendo tecnicamente a uma denúncia formal.

Assim, é por meio da representação ministerial que o Ministério Público da Promotoria da Infância e Juventude veicula uma pretensão socioeducativa que poderá redundar em remissão processual ou judicial e até mesmo em imposição de medidas socioeducativas, sem olvidar de possível absolvição, trancamento entre outros desdobramentos.

A representação pela literalidade da legislação de regência independe de prova pré-constituída da autoria e materialidade. Em que pese essa assertiva, não é bem assim tecnicamente falando. O dispositivo exteriorizado pelo art. 182, *§ 2º* do Estatuto deve ser interpretado com cuidado. A Autoridade Policial (Delegado de Polícia) encaminha por meio de procedimento apuratório de ato infracional, os elementos informativos (e de prova) para possibilitar ao representante do Ministério Público, a formação de sua convicção sobre o ato infracional (assim como ocorre na *opinio delicti* no processo criminal). Diante dos dados apresentados, o promotor de justiça forma dentro da independência funcional e autonomia sua opinião pessoal e adota a postura adequada: arquivamento, remissão ou oferecimento de representação.

Não sendo caso de arquivamento ou remissão, será oferecida por petição por escrito, ou oralmente, em audiência (sessão) perante o Poder Judiciário e para isso será necessário base empírica da autoria e materialidade, propiciando a justa causa da ação socioeducativa.

Com o recebimento da representação, dá-se início à ação socioeducativa, onde o juiz vai designar a audiência de apresentação.

Cabe assinalar por enquanto, que o entendimento que vem sendo aplicável é de que o procedimento para apuração do ato infracional não se inverteu em razão em razão das modificações trazidas ao Código de Processo Penal, pois em obediência ao princípio da especialidade, prevalece o Estatuto Menorista em detrimento ao Código de Processo Penal que é aplicado subsidiariamente na espécie.

§ 1º A representação será oferecida por petição, que conterá o breve resumo dos fatos e a classificação do ato infracional e, quando necessário, o rol de testemunhas, podendo ser deduzida oralmente, em sessão diária instalada pela autoridade judiciária.

§ 2º A representação independe de prova pré-constituída da autoria e materialidade.

Art. 183. O prazo máximo e improrrogável para a conclusão do procedimento, estando o adolescente internado provisoriamente, será de quarenta e cinco dias.

Art. 184. Oferecida a representação, a autoridade judiciária designará audiência de apresentação do adolescente, decidindo, desde logo, sobre a decretação ou manutenção da internação, observado o disposto no art. 108 e parágrafo.

Comentários: A representação pela literalidade da legislação de regência independe de prova pré-constituída da autoria e materialidade. Em que pese essa assertiva, não é bem assim tecnicamente falando. O dispositivo exteriorizado pelo art. 182, *§ 2º* do Estatuto deve ser interpretado com cuidado. A

Autoridade Policial (Delegado de Polícia) encaminha por meio de procedimento apuratório de ato infracional, os elementos informativos (e de prova) para possibilitar ao representante do Ministério Público, a formação de sua convicção sobre o ato infracional (assim como ocorre na *opinio delicti* no processo criminal). Diante dos dados apresentados, o promotor de justiça forma dentro da independência funcional e autonomia sua opinião pessoal e adota a postura adequada: arquivamento, remissão ou oferecimento de representação.

§ 1º O adolescente e seus pais ou responsável serão cientificados do teor da representação, e notificados a comparecer à audiência, acompanhados de advogado.

§ 2º Se os pais ou responsável não forem localizados, a autoridade judiciária dará curador especial ao adolescente.

§ 3º Não sendo localizado o adolescente, a autoridade judiciária expedirá mandado de busca e apreensão, determinando o sobrestamento do feito, até a efetiva apresentação.

Comentários: A representação e o recebimento desta pelo Juízo (que muita das vezes se dá implicitamente) com a citação (cientificação) devida do representado, forma à relação da ação socioeducativa que é pública incondicionada, sendo descabido aplicar aos procedimentos para apuração de ato infracional as normas que exigem a representação e/ou autorização ou queixa-crime do ofendido como condição de procedibilidade para a instauração da ação penal (no caso, ação socioeducativa).

Se acaso o adolescente estiver gozando de sua liberdade e não for localizado para a audiência de apresentação, será expedido mandado de busca e apreensão.

Assim, ao adolescente não encontrado poderá haver uma decisão judicial determinando sua busca e apreensão que será materializada por um mandado em face daquele.

Caso o adolescente seja encontrado e não compareça à audiência aprazada de apresentação, redesignava-se a data da audiência e determinava-se a expedição de mandado de condução coercitiva. Agora com a recente decisão do Supremo Tribunal Federal vedado a condução coercitiva embora não se tenha dito nada em face do adolescente em conflito com a lei, a tendência é que surjam interpretações nos dois viés, mas com preponderância na vedação de tal medida em sintonia com o julgado do STF[10]– que não concordamos, mas que deve ser respeitado.

Caso seja expedido mandado de busca a apreensão, sendo o adolescente apreendido, deverá ser apresentado ao juiz, onde remetemos o leitor aos tópicos anteriores em que explicamos a situação com mais detalhes.

§ 4º Estando o adolescente internado, será requisitada a sua apresentação, sem prejuízo da notificação dos pais ou responsável.

Art. 185. A internação, decretada ou mantida pela autoridade judiciária, não poderá ser cumprida em estabelecimento prisional.

§ 1º Inexistindo na comarca entidade com as características definidas no art. 123, o adolescente deverá ser imediatamente transferido para a localidade mais próxima.

§ 2º Sendo impossível a pronta transferência, o adolescente aguardará sua remoção em repartição policial, desde que em seção isolada dos adultos e com instalações apropriadas, não podendo ultrapassar o prazo máximo de cinco dias, sob pena de responsabilidade.

Art. 186. Comparecendo o adolescente, seus pais ou responsável, a autoridade judiciária procederá à oitiva dos mesmos, podendo solicitar opinião de profissional qualificado.

§ 1º Se a autoridade judiciária entender adequada a remissão, ouvirá o representante do Ministério Público, proferindo decisão.

§ 2º Sendo o fato grave, passível de aplicação de medida de internação ou colocação em regime de semi-liberdade, a autoridade judiciária, verificando que o adolescente não possui advogado constituído, nomeará defensor, designando, desde logo, audiência em continuação, podendo determinar a realização de diligências e estudo do caso.

§ 3º O advogado constituído ou o defensor nomeado, no prazo de três dias contado da audiência de apresentação, oferecerá defesa prévia e rol de testemunhas.

10. A posição do STF foi finalizada no julgamento da Arguição de Descumprimento de Preceito Fundamental 395, do PT, e na Arguição de Descumprimento de Preceito Fundamental 444, da Ordem dos Advogados do Brasil. A agremiação partidária e a Ordem dos Advogados do Brasil pediram que fosse reconhecida a incompatibilidade do artigo 260 do Código de Processo Penal (CPP), que prevê a condução, com a Constituição Federal.Em conformidade dessa norma, "se o acusado não atender à intimação para o interrogatório, reconhecimento ou qualquer outro ato que, sem ele, não possa ser realizado, a autoridade poderá mandar conduzi-lo à sua presença. A maioria do STF formada em 2018 entendeu que o instrumento atinge garantias constitucionais, como o direito ao silêncio, a não se autoincriminar, a liberdade de ir e vir, entre outros.

§ 4º Na audiência em continuação, ouvidas as testemunhas arroladas na representação e na defesa prévia, cumpridas as diligências e juntado o relatório da equipe interprofissional, será dada a palavra ao representante do Ministério Público e ao defensor, sucessivamente, pelo tempo de vinte minutos para cada um, prorrogável por mais dez, a critério da autoridade judiciária, que em seguida proferirá decisão.

Art. 187. Se o adolescente, devidamente notificado, não comparecer, injustificadamente à audiência de apresentação, a autoridade judiciária designará nova data, determinando sua condução coercitiva.

Art. 188. A remissão, como forma de extinção ou suspensão do processo, poderá ser aplicada em qualquer fase do procedimento, antes da sentença.

Art. 189. A autoridade judiciária não aplicará qualquer medida, desde que reconheça na sentença:

I - estar provada a inexistência do fato;

II - não haver prova da existência do fato;

III - não constituir o fato ato infracional;

IV - não existir prova de ter o adolescente concorrido para o ato infracional.

Parágrafo único. Na hipótese deste artigo, estando o adolescente internado, será imediatamente colocado em liberdade.

Comentários: Acerca da audiência de apresentação é sempre de bom alvitre trazer a redação Súmula nº 342 do STJ: "No procedimento para aplicação de medida sócio-educativa, é nula a desistência de outras provas em face da confissão do adolescente".

Com isso para aplicação de medida socioeducativa, necessária será a audiência em continuação (que equivaleria a audiência de instrução e julgamento do Código de Processo Penal).

Na audiência de apresentação, o adolescente será ouvido, bem como seus pais ou responsável.

O adolescente representado terá o prazo de 03 (três) dias a contar da audiência para apresentar à defesa prévia – continua a mesma terminologia (defesa prévia) mesmo com as reformas posteriores da legislação processual penal (que passou a ser resposta à acusação).

Se o adolescente estiver assistido por defensor público, cumpre rememorar que, a Defensoria Pública goza das prerrogativas da intimação pessoal e da contagem em dobro de prazos processuais, nos termos do art. 128, inciso I, da Lei Complementar nº 80/1994.

A não apresentação da defesa prévia não gera, por si só, nulidade, pois pode ser opção de estratégia da defesa técnica do adolescente. Todavia, caso apresentada a defesa prévia, o seu não recebimento pelo Juízo da Vara da Infância e Juventude caracteriza cerceamento de defesa e gera a nulidade, consoante o entendimento do Superior Tribunal de Justiça (REsp 203.882-SC, Rei. Min. Vicente leal, julgado em 6/3/2001).

Na audiência em continuação será produzida a prova oral.

Dando sequência, ao final, debates e prolação da sentença que poderá impor medida socioeducativa ou de não aplicação de medida socioeducativa nas hipóteses do art. 189, do ECA. Em sendo hipótese do art. 189, do ECA e estando o adolescente internado, será imediatamente colocado em liberdade.

(Des)necessidade de laudo da equipe interprofissional e a posição do STF: À luz do § 4º, do art. 186, do ECA, o laudo da equipe interprofissional deve ser coligido para o ventre dos autos antes da prolação da sentença.

Segundo posição do Supremo Tribunal Federal, embora seja relevante, o laudo técnico pode ser dispensado e a prolação de sentença não é nula por isso, já que é elemento probatório com o mesmo peso dos demais, que pode ou não ser acolhido pelo julgador (STF- HC 107473, Relatora Min. Rosa Weber, 1ª Turma, julgado em 11/12/2012).

Ademais, não há em regra, hierarquia de provas em nosso sistema.

Por derradeiro, vale lembrar que não se aplica o princípio da identidade física do juiz ao procedimento para apuração do ato infracional (STJ - HC 162737/DF; e Supremo Tribunal Federal: RHC nº 105198/DF, rei. Min. Gilmar Mendes, 23.11.2010).

Escusa absolutória e possibilidade de incidência no ato infracional (STJ):

Segundo posição do STJ, essa regra também se aplica ao adolescente que pratica ato infracional análogo. Vejamos:

Informativo nº 0531

Período: 4 de dezembro de 2013.

DIREITO DA CRIANÇA E DO ADOLESCENTE E PENAL. APLICABILIDADE DE ESCUSA ABSOLUTÓRIA NA HIPÓTESE DE ATO INFRACIONAL.

Nos casos de ato infracional equiparado a crime contra o patrimônio, é possível que o adolescente

seja **beneficiado pela escusa absolutória prevista no art. 181, 11, do** CP. De acordo com o referido artigo, é isento de pena, entre outras hipóteses, o descendente que comete crime contra o patrimônio em prejuízo de ascendente, ressalvadas as exceções delineadas no art. 183 do mesmo diploma legal, cujo teor proíbe a aplicação da escusa: a) se o crime é de roubo ou de extorsão, ou, em geral, quando haja emprego de grave ameaça ou violência à pessoa; b) ao estranho que participa do crime; ou c)se o crime é praticado contra pessoa com idade igual ou superiora 60 anos. Efetivamente, por razões de política criminal, com base na existência de laços familiares ou afetivos entre os envolvidos, o legislador optou por afastar a punibilidade de determinadas pessoas.

Nessa conjuntura, se cumpre aos ascendentes o dever de lidar com descendentes maiores que lhes causem canos ao patrimônio, sem que haja interesse estatal na aplicação de pena, também não se observa, com maior razão, interesse na aplicação de medida socioeducativa ao adolescente pela prática do mesmo fato. Com efeito, tendo em mente que, nos termos do art. 103 do ECA, ato infracional é a conduta descrita como crime ou contravenção penal, é possível a aplicação de algumas normas penais na omissão do referido diploma legal, sobretudo na hipótese em que se mostrarem mais benéficas ao adolescente. Ademais, não há razoabilidade no contexto em que é prevista imunidade absoluta ao sujeito maior de 18 anos que pratique crime em detrimento do patrimônio de seu ascendente, mas no qual seria permitida a aplicação de medida socioeducativa, diante da mesma situação fática, ao adolescente. De igual modo, a despeito da função reeducativa ou pedagógica da medida socioeducativa que eventualmente vier a ser imposta, não é razoável a ingerência do Estado nessa relação específica entre ascendente e descendente, porque, a teor do disposto no art. 1.634, I, do CC, compete aos pais, quanto à pessoa dos filhos menores, dirigir-lhes a criação e educação. Portanto, se na presença da imunidade absoluta aqui tratada não há interesse estatal na aplicação de pena, de idêntico modo, não deve haver interesse na aplicação de medida socioeducativa (HC 251.681-PR, Rel. Min. Sebastião Reis Júnior, Sexta Turma, julgado em 3/10/2013).

Art. 190. A intimação da sentença que aplicar medida de internação ou regime de semi-liberdade será feita:

I - ao adolescente e ao seu defensor;

II - quando não for encontrado o adolescente, a seus pais ou responsável, sem prejuízo do defensor.

§ 1º Sendo outra a medida aplicada, a intimação far-se-á unicamente na pessoa do defensor.

§ 2º Recaindo a intimação na pessoa do adolescente, deverá este manifestar se deseja ou não recorrer da sentença.

Comentários: Da sentença prolatada com aplicação de medida socioeducativa de internação ou de semiliberdade deverão ser intimados o defensor e o adolescente.

Caso o adolescente não seja encontrado, serão intimados seus pais ou responsável, além do defensor.

Na hipótese de a medida socioeducativa for outra (em meio aberto), poderá a intimação ocorrer somente na pessoa do defensor.

Com à intimação do adolescente sobre a sentença, este manifestará se tem ou não interesse em recorrer, lembrando que prevalecerá a vontade em recorrer, quer seja do adolescente ou quer seja do defensor.

Seção V-A

(Incluído pela Lei nº 13.441, de 2017)

Da Infiltração de Agentes de Polícia para a Investigação de Crimes contra a Dignidade Sexual de Criança e de Adolescente"

Art. 190-A. A infiltração de agentes de polícia na internet com o fim de investigar os crimes previstos nos arts. 240, 241, 241-A, 241-B, 241-C e 241-D desta Lei e nos arts. 154-A, 217-A, 218, 218-A e 218-B do Decreto-Lei nº 2.848, de 7 de dezembro de 1940 (Código Penal), obedecerá às seguintes regras: (Incluído pela Lei nº 13.441, de 2017)

I – será precedida de autorização judicial devidamente circunstanciada e fundamentada, que estabelecerá os limites da infiltração para obtenção de prova, ouvido o Ministério Público; (Incluído pela Lei nº 13.441, de 2017)

II – dar-se-á mediante requerimento do Ministério Público ou representação de delegado de polícia e conterá a demonstração de sua necessidade, o alcance das tarefas dos policiais, os nomes ou apelidos das pessoas investigadas e, quando possível, os dados de conexão ou cadastrais que permitam a identificação dessas pessoas; (Incluído pela Lei nº 13.441, de 2017)

III – não poderá exceder o prazo de 90 (noventa) dias, sem prejuízo de eventuais renovações, desde que o total não exceda a 720 (setecentos e vinte) dias e seja demonstrada sua efetiva necessidade, a critério da autoridade judicial. (Incluído pela Lei nº 13.441, de 2017)

§ 1º A autoridade judicial e o Ministério Público poderão requisitar relatórios parciais da operação de infiltração antes do término do prazo de que trata o inciso II do § 1º deste artigo. (Incluído pela Lei nº 13.441, de 2017)

§ 2º Para efeitos do disposto no inciso I do § 1º deste artigo, consideram-se: (Incluído pela Lei nº 13.441, de 2017)

I – dados de conexão: informações referentes a hora, data, início, término, duração, endereço de Protocolo de Internet (IP) utilizado e terminal de origem da conexão; (Incluído pela Lei nº 13.441, de 2017)

II – dados cadastrais: informações referentes a nome e endereço de assinante ou de usuário registrado ou autenticado para a conexão a quem endereço de IP, identificação de usuário ou código de acesso tenha sido atribuído no momento da conexão.

§ 3º A infiltração de agentes de polícia na internet não será admitida se a prova puder ser obtida por outros meios. (Incluído pela Lei nº 13.441, de 2017)

Art. 190-B. As informações da operação de infiltração serão encaminhadas diretamente ao juiz responsável pela autorização da medida, que zelará por seu sigilo. (Incluído pela Lei nº 13.441, de 2017)

Parágrafo único. Antes da conclusão da operação, o acesso aos autos será reservado ao juiz, ao Ministério Público e ao delegado de polícia responsável pela operação, com o objetivo de garantir o sigilo das investigações. (Incluído pela Lei nº 13.441, de 2017)

Art. 190-C. Não comete crime o policial que oculta a sua identidade para, por meio da internet, colher indícios de autoria e materialidade dos crimes previstos nos arts. 240, 241, 241-A, 241-B, 241-C e 241-D desta Lei e nos arts. 154-A, 217-A, 218, 218-A e 218-B do Decreto-Lei nº 2.848, de 7 de dezembro de 1940 (Código Penal). (Incluído pela Lei nº 13.441, de 2017)

Parágrafo único. O agente policial infiltrado que deixar de observar a estrita finalidade da investigação responderá pelos excessos praticados. (Incluído pela Lei nº 13.441, de 2017)

Art. 190-D. Os órgãos de registro e cadastro público poderão incluir nos bancos de dados próprios, mediante procedimento sigiloso e requisição da autoridade judicial, as informações necessárias à efetividade da identidade fictícia criada. (Incluído pela Lei nº 13.441, de 2017)

Parágrafo único. O procedimento sigiloso de que trata esta Seção será numerado e tombado em livro específico. (Incluído pela Lei nº 13.441, de 2017)

Art. 190-E. Concluída a investigação, todos os atos eletrônicos praticados durante a operação deverão ser registrados, gravados, armazenados e encaminhados ao juiz e ao Ministério Público, juntamente com relatório circunstanciado. (Incluído pela Lei nº 13.441, de 2017)

Parágrafo único. Os atos eletrônicos registrados citados no *caput* deste artigo serão reunidos em autos apartados e apensados ao processo criminal juntamente com o inquérito policial, assegurando-se a preservação da identidade do agente policial infiltrado e a intimidade das crianças e dos adolescentes envolvidos. (Incluído pela Lei nº 13.441, de 2017)

Comentários: Foi publicada a Lei nº 13.441/2017, com a entrada de vigência imediata, que permite a infiltração de agentes de polícia na internet, com objetivo precípuo de investigar crimes contra a dignidade sexual de criança e de adolescente.

A Lei nº 13.441/2017 exigiu alguns requisitos para se permitir que o agente policial infiltre virtualmente na internet, quais sejam esses requisitos:

autorização judicial mediante requerimento do Ministério Público ou do Delegado de Polícia, em que conterá a demonstração de sua necessidade;

o alcance das tarefas dos policiais;

os nomes ou apelidos das pessoas investigadas;

e, quando possível, os dados de conexão ou cadastrais que permitam a identificação dessas pessoas.

Ademais, convém destacar que o legislador fixou prazo para a infiltração que não poderá exceder o prazo de 90 (noventa) dias, sem prejuízo de eventuais renovações, desde que o total não exceda a 720 (setecentos e vinte) dias.

Com a "devida vênia" acreditamos que, o legislador caminhou de forma infeliz ao fixar prazo, porque em crimes desse jaez, exige-se tempo e a obtenção de confiança para se infiltrar e coletar o máximo de elementos informativos (ou provas). Assim, o legislador ao fixar prazo máximo acaba engessando e por comprometer investigações que exigem maior lapso temporal. O correto em nosso sentir seria apenas exigir motivação idônea para renovação da infiltração, dentro do prazo de 90 dias, por sucessivas vezes e enquanto fosse imprescindível, mas não fixar um prazo definitivo como fez de 720 dias como assim o fez o nosso legislador.

Ah! Alguns poderiam estar se perguntando: existe investigação que centra mais de 2[1] (dois) anos para não coletar nada? Esse prazo não seria mais do que razoável e proporcional? Como resposta acreditem, cada vez mais as pessoas que se utilizam do mundo virtual para essas práticas estão mais "ariscas" o que dificulta a infiltração e estabelecimento de vínculos capazes de permitirem a coleta maior de elementos. O feixe dos princípios da razoabilidade e proporcionalidade devem ser vistos com parcimônia dentro de uma investigação, mormente diante da nossa realidade caótica (em boa parte das unidades federativas) e para se evitar a hipertrofia da proteção estatal.

Somado a isto, o efetivo humano das polícias e as ferramentas tecnológicas (internet com capacidade adequada, computadores e outros dispositivos) também podem ser um problema sob o prisma do prazo, porque boa parte da Polícia Judiciária trabalha além do limite, muitas vezes utilizando dinheiro do próprio bolso para levar adiante a atividade investigativa.

De mais a mais, em avanço às explanações, cabe abordar que o legislador trouxe como marco limítrofe de que a infiltração não será admitida quando a prova puder ser obtida por outros meios, à semelhança da interceptação telefônica, por se tratar de uma medida extremamente invasiva.

Adiante, a Lei nº 13.441/2017 estabeleceu também que, o policial que se infiltrar e ocultar a sua identidade para colher indícios de autoria e materialidade dos crimes contra a dignidade sexual de criança e de adolescente não cometerá crimes.

Certamente, correntes sobre a natureza jurídica de que o policial infiltrado não cometerá crimes surgirão neste ponto sustentando: hipótese de exclusão de antijuridicidade/ilicitude (exercício regular de direito; estrito dever do cumprimento legal); causa de isenção de pena; causa excludente de tipicidade (tipicidade conglobante); causa supralegal de excludente de ilicitude/antijuricidade; causa supralegal de excludente de culpabilidade entre outras.

De outro lado, a Lei inicialmente apenas apontou o acesso e aplicação da infiltração virtual em determinados crimes (arts. 240, 241, 241-A, 241-B, 241-C e 241-D do ECA e nos arts. 154-A, 217-A, 218, 218-A e 218-B do Código Penal), mas não restringiu de forma expressa a possibilidade de incidir em crimes diversos e fora dos mencionados dispositivos citados no Estatuto da Criança do Adolescente.

Nessa senda, já conseguimos visualizar um ponto que certamente será debatido na doutrina e na jurisprudência: É possível a infiltração de agente policial na internet para que se investigue outros crimes como associação criminosa, tráfico de drogas, lavagem de dinheiro, dentre outros conexos ou não com as infrações penais supra?

Atrevemos como resposta a sustentar que sim, ou seja, acreditamos que é perfeitamente possível a infiltração virtual de agente policial na internet para que se investigue outros crimes, tais como tráfico de drogas, associação criminosa, lavagem de dinheiro entre outros. Os argumentos são os seguintes:

1. Vigora no direito brasileiro a livre iniciativa probatória, assim, em tema de prova, se não houver vedação expressa, a prova é permitida;

2. A lei não proibiu a infiltração virtual em outros crimes, mas apenas apontou alguns crimes. Embora seja precoce para se falar que se trata de uma lei geral sobre infiltração de agentes na internet, preferimos sustentar que a lei veio a tratar da infiltração nos crimes mencionados;

3. O legislador não restringiu de forma expressa, não cabendo o intérprete limitar o alcance das previsões no campo probatório. O silêncio eloquente do legislador foi sagaz, pois quando silenciou quando poderia expressamente vedar o alcance em outros crimes, o legislador deixou a via aberta para se estender a interpretação e o alcance;

4. Infrações penais graves devem merecer o mesmo tratamento processual penal, sob pena de se criar tratamentos distintos injustificados;

5. A criação de previsão legal sobre produção probatória para determinados crimes não implica em dizer que está vedada a mesma produção probatória para outros crimes;

6. Proibição de proteção ineficiente ao aparelho estatal;

7. Proporcionalidade e razoabilidade no alcance da infiltração em outras infrações penais graves;

Noutro quadrante, já antecipamos que certamente surgirão vozes contrárias[11] bradando ser inviável estender a infiltração virtual em outros crimes (afora do âmbito dos dispositivos legais expressamente citados na novel lei que altera o Estatuto da Criança e do Adolescente), vez que trata de limitação de direito fundamental, devendo ser interpretada restritivamente e eventual infiltração será declarada prova ilícita.

Apenas por desencargo de consciência e para evitar brados estéreis, acrescenta-se que a infiltração virtual já era discutida, doutrinariamente, no âmbito da organização criminosa e agora o legislador de forma expressa contemplou esse importante instituto em nosso diploma.

Por fim, sem sombras de dúvidas, apesar de alguns apontamentos pontuais, a Lei nº 13.441/2017

11. Quanto à natureza do rol de crimes autorizadores da infiltração virtual existem 2 correntes: a) taxativo, em razão do caráter excepcional do procedimento (nesse sentido: SANNINI NETO, Francisco. **Infiltração virtual de agentes é um avanço nas técnicas especiais de investigação criminal.** In: Canal Ciências Criminais, mai. 2017. Disponível em: **https://canalcienciascriminais.com.br/infiltracao-virtual-agentes**. Acesso em: 11 mai. 2017); b) e a exposta anteriormente defendida pelo nosso entendimento.

deu um grande passo para auxiliar no combate e repressão desses crimes contra a dignidade sexual que deixam marcas indeléveis do algoz sobre a vítima, além de se permitir o emprego da infiltração virtual, no campo investigativo, em outros crimes fora do Estatuto da Criança e do Adolescente.

Título VII

Dos Crimes e Das Infrações Administrativas

Capítulo I

Dos Crimes

Seção I

Disposições Gerais

Art. 225. Este Capítulo dispõe sobre crimes praticados contra a criança e o adolescente, por ação ou omissão, sem prejuízo do disposto na legislação penal.

Art. 226. Aplicam-se aos crimes definidos nesta Lei as normas da Parte Geral do Código Penal e, quanto ao processo, as pertinentes ao Código de Processo Penal.

Comentários: O Código Penal e o Código de Processo Penal são aplicados subsidiariamente, ou seja, na omissão do Estatuto da Criança e do Adolescente, se aplicam os diplomas legais em tela.

Há doutrina que critica esta previsão, sob o argumento de que seria inútil, já que seria um processo normal de interpretação e aplicação da parte geral do Código Penal quanto aos crimes delineados no Estatuto da Criança e do Adolescente e do Código de Processo Penal referente as normas processuais.

Art. 227. Os crimes definidos nesta Lei são de ação pública incondicionada.

Comentários: Os atos infracionais análogos aos crimes definidos nesta Lei são todos de ação pública incondicionada.

Há doutrina que critica esta forma de previsão, sob o argumento de que seria inútil esta previsão, por contrariar a regra comezinha de que em caso de omissão da ação penal, o intérprete deverá ter em mente a incidência da ação penal pública incondicionada, conforme regra estatuída no Código Penal Brasileiro. Para esta doutrina, bastaria que o legislador omitisse sobre isso para incidir a ação penal pública incondicionada.

Este posicionamento também é do STJ. Vejamos:

EMENTA: HABEAS CORPUS. ECA. ATO INFRACIONAL EQUIPARADO AO CRIME DE AMEAÇA. DESNECESSIDADE DE REPRESENTAÇÃO DA VÍTIMA. APLICAÇÃO DA MEDIDA DE INTERNAÇÃO POR PRAZO INDETERMINADO. REITERAÇÃO INFRACIONAL. INDICAÇÃO DE SETE ATOS ANTERIORES. ART. 122, II, DO ECA. HIPÓTESE AUTORIZATIVA. ILEGALIDADE NÃO CONFIGURADA. ORDEM DENEGADA. 1. O Estatuto da Criança e do Adolescente, nos artigos 171 e seguintes, que tratam da apuração de ato infracional atribuído a adolescente, não impõe a necessidade de representação da vítima como condição de procedibilidade da ação, registrando somente que, apresentado o menor a quem se atribua a autoria de ato infracional, caberá ao Ministério Público promover o arquivamento dos autos, conceder a remissão ou representar à autoridade judiciária para a aplicação de medida socioeducativa (arts. 180, 182 e 201, II). 2. Portanto, o procedimento de apuração de ato infracional é sempre de iniciativa exclusiva do Ministério Público, a quem cabe decidir acerca da propositura da ação sócio-educativa, independentemente da manifestação do ofendido. [...]" (STJ, 5ª Turma, HC nº 160292/MG, Rel. Min. Jorge Mussi, DJe de 02/06/2011. No mesmo sentido: STJ, 6ª Turma, RHC 15617/GO, Rel. Min. Paulo Medina, DJ 20 de 20/06/2005).

E as contravenções penais? Embora o legislador neste dispositivo específico tenha sido impreciso (e até omisso), a regra de atos infracionais análogos às contravenções penais também são ação penal pública incondicionadas, consoante construção doutrinária e jurisprudencial.

Seção II

Dos Crimes em Espécie

Art. 228. Deixar o encarregado de serviço ou o dirigente de estabelecimento de atenção à saúde de gestante de manter registro das atividades desenvolvidas, na forma e prazo referidos no art. 10 desta Lei, bem como de fornecer à parturiente ou a seu responsável, por ocasião da alta médica, declaração de nascimento, onde constem as intercorrências do parto e do desenvolvimento do neonato:

Pena - detenção de seis meses a dois anos.

Parágrafo único. Se o crime é culposo:

Pena - detenção de dois a seis meses, ou multa.

Verbo nuclear: Os verbos do tipo são *deixar, manter, fornecer. Deixar* significa (largar, abster, soltar, abandonar, desamparar, não se importar, não ligar, poupar, respeitar, consentir, permitir, omitir e não considerar); *manter* corresponde a (conservar, preservar, sustentar, defender, respeitar, continuar ou prosseguir em; fazer permanecer em); *fornecer* corresponde a (abastecer; equipar; dar; prover; produzir ou munir do necessário).

O art. 10[12] do Estatuto da Criança e do Adolescente é complemento do dispositivo legal em estudo e abrange as duas situações.

Objeto jurídico: A proteção é dupla ou bipartida, logo, a lei quando busca a manutenção do prontuário, tutela-se a vida e a saúde do neonato (recém-nascido), da gestante e da mulher que deu à luz, mais especificamente os direitos elencados no art. 10, I e IV. A norma quer resguardar no caso o direito à consulta aos prontuários médicos. Na segunda hipótese (falta de entrega da declaração de nascido vivo), tutela-se o neonato e a mulher que deu à luz.

Objeto material: Verte-se no registro das atividades por qualquer meio de livro, cadernos, fichas, CD, DVD, disco rígido de computador etc.

Sujeito ativo: É crime próprio, pois se exige que o agente criminoso seja o encarregado de serviço ou o dirigente de estabelecimento de atenção à saúde de gestante, responsável em manter registro das atividades desenvolvidas.

Sujeito passivo: É a criança recém-nascida (sujeito passivo principal). O sujeito passivo secundário seria a parturiente e seu possível responsável.

Elemento subjetivo: É o dolo com a consciência e voluntariedade de produzir o resultado ou de uma conduta dirigida para um fim. Não se exige elemento subjetivo específico.

Forma culposa: É prevista no parágrafo único, do art. 238, do ECA.

Consumação: Consuma-se com as condutas do tipo penal, qual seja, a simples abstenção do ato de mantença do registro mencionado no *caput* ou na mera omissão do fornecimento da declaração de nascimento. É crime formal.

Tentativa: Não se admite tentativa, pois se cuida de crime omissivo próprio.

Classificação doutrinária: é crime próprio; formal; crime instantâneo; forma vinculada; omissivo; perigo abstrato; unissubjetivo; unissubsistente.

Suspensão condicional do processo: Admite-se em virtude da pena mínimo. É crime de menor potencial ofensivo.

Acordo de Não Persecução Penal: Em regra, não caberá o acordo de não persecução penal, se couber transação penal que tem cabimento nesta hipótese. Excepcionalmente, caso não preenchido os requisitos da transação penal, é que caberá acordo de não persecução penal, se presentes todos os requisitos legais do art. 28-A, do CPP.

Ação penal: Ação penal pública incondicionada.

Art. 229. Deixar o médico, enfermeiro ou dirigente de estabelecimento de atenção à saúde de gestante de identificar corretamente o neonato e a parturiente, por ocasião do parto, bem como deixar de proceder aos exames referidos no art. 10 desta Lei:

Pena - detenção de seis meses a dois anos.

Parágrafo único. Se o crime é culposo:

Pena - detenção de dois a seis meses, ou multa.

Verbo nuclear: A conduta nuclear é *deixar* que significa (não fazer; não realizar; interromper; suspender; abandonar, desamparar). No contexto, o tipo objetivo é deixar de identificar o neonato (art. 10, II) e a parturiente e também deixar de fazer o exame de diagnóstico e terapêutica de recém-nascido (art. 10, III) (exame do "pezinho"). É crime omissivo próprio.

Objeto jurídico: Tutela-se a vida e saúde do neonato (recém-nascido) e da gestante. Tutela-se também à identificação, já que a legislação quer evitar troca de bebês.

Objeto material: É o neonato e a parturiente em que não são identificados.

Sujeito ativo: É o médico, o enfermeiro ou o dirigente do hospital. Recomendamos ao leitor que no mais retorne às observações anteriores do art. 228, ECA, neste ponto quanto ao sujeito ativo (crime próprio).

---

12. **Art. 10.** Os hospitais e demais estabelecimentos de atenção à saúde de gestantes, públicos e particulares, são obrigados a:
I - manter registro das atividades desenvolvidas, através de prontuários individuais, pelo prazo de dezoito anos;
II - identificar o recém-nascido mediante o registro de sua impressão plantar e digital e da impressão digital da mãe, sem prejuízo de outras formas normatizadas pela autoridade administrativa competente;
III - proceder a exames visando ao diagnóstico e terapêutica de anormalidades no metabolismo do recém-nascido, bem como prestar orientação aos pais;
IV - fornecer declaração de nascimento onde constem necessariamente as intercorrências do parto e do desenvolvimento do neonato;
V - manter alojamento conjunto, possibilitando ao neonato a permanência junto à mãe.
VI - acompanhar a prática do processo de amamentação, prestando orientações quanto à técnica adequada, enquanto a mãe permanecer na unidade hospitalar, utilizando o corpo técnico já existente. (Incluído pela Lei nº 13.436, de 2017) (Vigência)

Sujeito passivo: A Coletividade, assim como neonato e a parturiente.

Elemento subjetivo: É o dolo com a vontade livre e consciente de dirigir a conduta para um fim, que neste caso é deixar de identificar o neonato e a parturiente ou em deixar de fazer o denominado exame do "pezinho". Se tem aqui a modalidade culposa, em forma de negligência. Se existir necessidade de habilitação específica do encarregado, a forma da culpa é de imperícia.

Consumação: Como o delito é omissivo ("deixar de"), se consuma com a simples omissão.

Tentativa: Não admite tentativa, por ser crime omissivo próprio. Igualmente, a forma culposa também não admite a "conatus".

Classificação doutrinária: Crime próprio, omissivo próprio, de mera conduta (para outra parte da doutrina é formal), de perigo, doloso ou culposo, de menor potencial ofensivo.

Suspensão condicional do processo: É possível diante do "quantum" mínimo previsto no preceito secundário.

Acordo de Não Persecução Penal: Em regra, não caberá o acordo de não persecução penal, se couber transação penal que tem cabimento nesta hipótese. Excepcionalmente, caso não preenchido os requisitos da transação penal, é que caberá acordo de não persecução penal, se presentes todos os requisitos legais do art. 28-A, do CPP.

Ação penal: Ação penal pública incondicionada.

Art. 230. Privar a criança ou o adolescente de sua liberdade, procedendo à sua apreensão sem estar em flagrante de ato infracional ou inexistindo ordem escrita da autoridade judiciária competente:

Pena - detenção de seis meses a dois anos.

Parágrafo único. Incide na mesma pena aquele que procede à apreensão sem observância das formalidades legais.

Verbo nuclear: O verbo nuclear aqui é *privar*. *Privar* é (tolher; recusar ou tirar a; despojar; impedir de ter a posse ou gozo de alguma coisa ou de algum bem; abster-se; dispensar; prescindir). Neste contexto, privar a criança ou adolescente de sua liberdade fora das condições exigidas por lei, que é sem o flagrante de ato infracional ou sem mandado judicial. Um exemplo citado pela doutrina é realizar privação de liberdade à semelhança da prisão para averiguação.

Objeto jurídico: A liberdade física da criança ou do adolescente, exteriorizada no seu direito constitucional de ir e vir.

Objeto material: A criança e o adolescente.

Sujeito ativo: É a pessoa encarregada do ato de apreensão: policial civil e militar, autoridade policial entre outras, assim como qualquer pessoa que procede à apreensão. Contra esta posição, advogando a tese de que é crime próprio no qual deve ser praticado por agente da autoridade pública (CONDACK, 2015, p. 1140).

Sujeito passivo: É o adolescente sujeito ao constrangimento. Quanto à criança, esta não é passível de apreensão, já que esta restrição de liberdade incumbe apenas ao adolescente, lembrando de uma corrente que permite à apreensão da criança e sua entrega ao Conselho Tutelar para aplicar medida de proteção entre outras providências (CONDACK, 2015, p. 1140).

Entendemos que a criança que eventualmente vir a praticar ato infracional (desvio de conduta) deverá ser apresentada em regra ao Conselho Tutelar para possíveis aplicações de medidas protetivas, sem a necessidade de confeccionar também em regra, o Boletim de Ocorrência, exceto se tiver envolvimento de adolescentes ou adultos, assim como apreensões de objetos de crimes (drogas, *res furtivas*) ou instrumentos de crime (ato infracional) [armas de fogo, munições etc.] que imponham possíveis esclarecimentos da origem e indiquem a participação de terceiros.

Elemento subjetivo: É o dolo com a vontade livre e consciente de dirigir a conduta para um fim.

Consumação: O delito é comissivo, consumando-se com a efetiva apreensão da criança ou adolescente por tempo juridicamente relevante. Embora trata-se de crime permanente em que a doutrina cogita a possibilidade de tentativa que para nós de difícil visualização. Na forma do parágrafo único, por ser omissivo próprio consuma-se com a apreensão sem a obediência das formalidades legais. Não se admite nesse caso a forma tentada.

Tentativa: A tentativa é admitida quanto ao verbo privar do *caput*. Na forma do parágrafo único, por ser omissivo próprio não se admite a forma tentada.

Classificação doutrinária: Crime comum (ou próprio a depender da corrente adotada), mera conduta (para outra parte da doutrina é crime material); comissivo (verbo privar); omissivo próprio (sem observar); doloso, permanente, cabe tentativa (*caput*); não cabe tentativa no parágrafo único (por ser omissivo próprio).

Confronto/Conflito: Deve prevalecer o delito do art. 230, do ECA que sobrepõe em relação ao delito do art. 9º, da Lei nº 13.869/2019 [Nova Lei de Abuso de Autoridade] (art. 4º, *a*, *b*, *c* e *d* da Lei nº 4.898/65 [antiga Lei de Abuso de Autoridade]) no tocante ao delito tendo como sujeito passivo o adolescente, aplicando-se o princípio da especialidade

Caso haja restrição da liberdade de criança por tempo juridicamente relevante, o crime poderá ser do art. 148, § 1º, IV, do CP.

Suspensão condicional do processo: É possível diante do *quantum* mínimo previsto.

Acordo de Não Persecução Penal: Em regra, não caberá o acordo de não persecução penal, se couber transação penal que tem cabimento nesta hipótese. Excepcionalmente, caso não preenchido os requisitos da transação penal, é que caberá acordo de não persecução penal, se presentes todos os requisitos legais do art. 28-A, do CPP.

Ação penal: Ação penal pública incondicionada.

É apreensão legal sem observância das formalidades (art. 230, parágrafo único): Configura o delito à ***apreensão legal sem observância das formalidades***, uma vez que se cuida de uma conduta omissiva, que desatende as regras do art. 106, parágrafo único e arts. 171, 172, 173, 174, 175, 176 e 178, todos do ECA.

Erro de tipo: É plenamente possível a incidência do erro de tipo, no caso em que o agente pensa estar na hipótese legal, mas na realidade não está.

Art. 231. Deixar a autoridade policial responsável pela apreensão de criança ou adolescente de fazer imediata comunicação à autoridade judiciária competente e à família do apreendido ou à pessoa por ele indicada:

Pena - detenção de seis meses a dois anos.

Verbo nuclear: A conduta nuclear é *deixar* que significa (não fazer; não realizar; interromper; suspender; abandonar, desamparar). No contexto, o tipo objetivo é deixar a Autoridade Policial (Delegado de Polícia) de realizar a dupla comunicação exigida, comunicação esta a ser dirigida ao Poder Judiciário (Juízo da Infância e Juventude) e à família do apreendido ou da pessoa por ele indicada. O direito de comunicar a família tem previsão na Constituição da República (art. 52, inc. LXII) e nos artigos 15 e 16, do Estatuto Menorista. O mesmo se diga quanto às previsões deste dever no caso de apreensão de infrator em conflito com a lei, em relação à comunicação ao Poder Judiciário.

Objeto jurídico: Protege-se o direito à liberdade da criança* e do adolescente, no sentido de se minimizar o período de restrição deste e o direito à convivência familiar previsto no art.19 do ECA e no art. 107, *caput*, do ECA.

Objeto material: A criança e o adolescente.

Exige-se a dupla comunicação imediata: A dupla comunicação é exigida a ser dirigida ao Poder Judiciário (Juízo da Infância e Juventude) e à família do apreendido ou da pessoa por ele indicada. Se faltar uma desta comunicação ao destinatário, se terá o crime. Essa comunicação deve ser imediata segundo a redação do dispositivo em cartaz, embora deve ser analisar o caso concreto, pois há Delegacias distantes de comarcas e sem estrutura, inclusive de material humano (principalmente sem Delegado ou com Delegado cumulando mais de uma Delegacia). Há também um outro ingrediente a ser comentado, porquanto cada vez mais adolescentes têm se inserido em atos infracionais e tem se negado em Delegacia a indicar pessoa responsável para à comunicação, endereços, telefones etc., de modo que inviabiliza à comunicação. É importante que o escrivão ou investigador sob ordem do Delegado de Polícia venha exarar certidão ou confeccionar documentos (relatório policial de investigadores/inspetores) entre outros documentos (nota de pleno formal conhecimento) que habilmente comprove que esse direito foi outorgado ao infrator. O dolo deve ser claro e inequívoco, pois se a comunicação não for realizada imediatamente por motivos alheios como os já citados, pensamos não configurar o crime.

Sujeito ativo: É a Autoridade Policial (Delegado de Polícia) responsável pela apreensão de criança ou adolescente. Há parte da doutrina procurando ampliar a abrangência da terminologia Autoridade Policial, embora prevaleça que seja apenas Delegado de Polícia. Pode ser tanto o Delegado de Polícia Titular; Delegado de Polícia Adjunto ou Delegado de Polícia Plantonista ou Delegado de Polícia Substituto. Caso outros policiais subordinados ao Delegado venham praticar o fato em concurso de pessoas, também responderão por outros tipos penais, pela teoria pluralista (exceção a teoria monista).

Sujeito passivo: A criança* ou adolescente. Quanto à criança, embora haja doutrina majoritária dizendo que ela não pode ser apreendida, há tese contrária afirmando a possibilidade desta restrição de liberdade que permite à apreensão da criança e sua entrega ao Conselho Tutelar para aplicar medida de proteção entre outras providências (CONDACK, 2015, p. 1142).

Anota-se mais uma vez que, compartilhamos do pensamento de que a criança que, eventualmente vir a praticar ato infracional (desvio de conduta) deverá ser apresentada em regra ao Conselho Tutelar para possíveis aplicações de medidas protetivas, sem a necessidade de confeccionar também em regra, o Boletim de Ocorrência, exceto se tiver envolvimento de adolescentes ou adultos, assim como apreensões de objetos de crimes (drogas, *res furtivas*) ou instrumentos de crime (ato infracional) [armas de fogo, munições etc.] que imponham possíveis esclarecimentos da origem e indiquem a participação de terceiros.

Elemento subjetivo: É o dolo com a vontade livre e consciente de dirigir a conduta para um fim, consistente em deixar de fazer a imediata comunicação aos destinatários. Não se exige elemento subjetivo especial. Não há modalidade culposa.

Consumação: O delito se consuma com a mera omissão do agente, dispensando-se o resultado naturalístico (crime formal).

Tentativa: Não se admite por ser crime omissivo próprio.

Classificação doutrinária: É crime próprio, omissivo próprio, de mera conduta (para outra corrente doutrinária é crime formal), de perigo (para outra corrente de perigo abstrato), doloso, de menor potencial ofensivo.

Suspensão condicional do processo: É possível diante do preceito secundário igual ou inferior a 1 (um) ano.

Acordo de Não Persecução Penal: Em regra, não caberá o acordo de não persecução penal, se couber transação penal que tem cabimento nesta hipótese. Excepcionalmente, caso não preenchido os requisitos da transação penal, é que caberá acordo de não persecução penal, se presentes todos os requisitos legais do art. 28-A, do CPP.

Ação penal: Ação penal pública incondicionada.

Art. 232. Submeter criança ou adolescente sob sua autoridade, guarda ou vigilância a vexame ou a constrangimento:

Pena - detenção de seis meses a dois anos.

Verbo nuclear: A conduta nuclear é *submeter* que consiste (em dominar; obrigar; subjugar; privar de sua liberdade; sujeitar-se; estar exposto; subordinar a criança ou adolescente sob sua autoridade, guarda ou vigilância a vexame ou a constrangimento).

Objeto jurídico: Protege-se a integridade física, psíquica e moral da criança e do adolescente que são asseguradas no art. 17 do ECA.

Objeto material: É a criança ou adolescente.

Sujeito ativo: É a pessoa detentora do poder sobre o menor. Pode deter a autoridade quem a lei confere em regra a responsabilidade pelo menor como o pai, mãe (poder familiar), o tutor, o curador entre outros que vierem a submeter criança ou adolescente, sob sua autoridade, guarda ou vigilância a vexame ou a constrangimento. A guarda exercida pelo guardião pode coincidir ou não com a autoridade, pois acaba sendo responsável pela direção da criança e do adolescente. Já a vigilância consiste naquele que exerce momentaneamente o controle sobre o menor como o professor, diretor (e cargos e funções equivalentes) de escola, o diretor ou o funcionário da creche. Exemplo quanto ao diretor: conduta daquele dirigente de escola particular que, em razão de pendência com os pais, submete criança ou adolescente a vexame ou a constrangimento é incriminada. O policial também que sem razão alguma coloca uma arma sob a cabeça de uma criança.

Sujeito passivo: É o menor submetido a vexame ou constrangimento.

Elemento subjetivo: É o dolo com a vontade livre e consciente de dirigir a conduta para um fim, no caso de submeter a criança ou o adolescente a vexame ou constrangimento.

Consumação: O crime é material e exige o resultado (vexame ou constrangimento) no mundo naturalístico.

Tentativa: Admite-se a tentativa.

Classificação doutrinária: É crime próprio, comissivo, plurissubsistente, material, doloso, instantâneo, de menor potencial ofensivo.

Suspensão condicional do processo: É possível diante do preceito secundário igual ou inferior a 1 (um) ano.

Acordo de Não Persecução Penal: Em regra, não caberá o acordo de não persecução penal, se couber transação penal que tem cabimento nesta hipótese. Excepcionalmente, caso não preenchido os requisitos da transação penal, é que caberá acordo de não persecução penal, se presentes todos os requisitos legais do art. 28-A, do CPP.

Ação penal: Ação penal pública incondicionada.

Jurisprudência do STJ:

> EMENTA RECURSO ESPECIAL. ATENTADO VIOLENTO AO PUDOR COM VIOLÊNCIA PRESUMIDA. DOLO DE SATISFAÇÃO DA LASCÍVIA. DESCLASSIFICAÇÃO PARA O **ARTIGO 232** DO ECA. VÍTIMA CRIANÇA. INCOMPATIBILIDADE. Artigo 214, *CAPUT*, C/C OS artigos 224, "A", E 226, II, TODOS DO CÓDIGO PENAL (VIGENTES À ÉPOCA DOS FATOS). CONSUMAÇÃO. QUALQUER ATO DE LIBIDINAGEM OFENSIVO À DIGNIDADE SEXUAL. RECURSO PROVIDO.
>
> 1. A controvérsia atinente à inadequada desclassificação para a contravenção penal prevista no artigo 232 do ECA prescinde do reexame de provas, sendo suficiente a revaloração de fatos incontroversos explicitados no acórdão recorrido.
>
> 2. Nega-se vigência aos artigos 214, *caput*, c/c os artigos 224, "a", e 226, II, (redação anterior à Lei n. 12.015/2009), todos do CP, quando, diante de atos lascivos, diversos da conjunção carnal e atentatórios à liberdade sexual da vítima (adolescentes), desclassifica-se a conduta para o crime do **artigo 232 do ECA, ao fundamento de que a ação do acusado consistiu em "toques rápidos, sem revelar luxúria e desejo incontidos".**
>
> 3. A proteção integral à criança, em especial no que se refere às agressões sexuais, é preocupação constante de nosso Estado, constitucionalmente garantida (artigo 227, *caput*, c/c o § 4º da Constituição da República), e de instrumentos internacionais.
>
> 4. É pacífica a compreensão de que o delito de atentado violento ao pudor com violência presumida se consuma com a prática de qualquer ato de libidinagem ofensivo à dignidade sexual da vítima. Precedentes.
>
> 5. Recurso especial provido, a fim de reconhecer a contrariedade do acórdão aos artigos 214 e 224, "a", ambos do Código Penal, e restabelecer a sentença de primeiro grau, mantendo-se, todavia a prescrição em relação aos delitos dos artigos 136, § 3º, do Código Penal e 232 da Lei n. 8.069/1990 (STJ - REsp 1531465 - 06/06/2016

RECURSO ESPECIAL Nº 1.531.465 - GO (2015/0111924-5) RELATOR: MINISTRO ROGERIO SCHIETTI CRUZ RECORRENTE: MINISTÉRIO PÚBLICO DO ESTADO DE GOIÁS RECORRIDO: V M DOS S ADVOGADO: PALMESTRON FRANCISCO CABRAL).

Art. 233 (Revogado pela Lei nº 9.455/1997)

Art. 234. Deixar a autoridade competente, sem justa causa, de ordenar a imediata liberação de criança ou adolescente, tão logo tenha conhecimento da ilegalidade da apreensão:

Pena - detenção de seis meses a dois anos.

Verbo nuclear: A conduta nuclear que é *deixar* significa (largar, abster, soltar abandonar, desamparar, não se importar, não ligar, poupar, respeitar, consentir, permitir, omitir e não considerar). No contexto, a autoridade competente deixa, sem justa causa, de ordenar a imediata liberação de criança ou adolescente, assim que tiver conhecimento da ilegalidade da apreensão.

Objeto jurídico: Tutela-se a liberdade de ir e vir de locomoção de criança ou do adolescente.

Objeto material: É a criança ou o adolescente.

Sujeito ativo: O sujeito ativo é a autoridade coatora que pode ser Autoridade Judiciária e a Policial. Há doutrina que defende ainda como sujeito ativo o Promotor de Justiça, vez que para a essa doutrina é possível entender que há o poder ministerial no momento de decidir pela representação, arquivamento ou remissão (posição esta que apesar de razoável, não concordamos), pois as únicas Autoridades nesse plano que lidam com a possibilidade de conferir a liberdade seriam o Delegado de Polícia e o Juiz de Direito em nossa ótica.

Sujeito passivo: É a criança ou o adolescente submetido à custódia ilegal. Quanto à criança fazemos aquela mesma remissão da posição que defende a possibilidade de sua apreensão, ainda que a criança seja entregue depois ao Conselho Tutelar para aplicação de medidas de proteção, embora entendamos que a criança que, eventualmente vir a praticar ato infracional (desvio de conduta) deverá ser apresentada em regra ao Conselho Tutelar para possíveis aplicações de medidas protetivas, sem a necessidade de confeccionar também em regra, o Boletim de Ocorrência, exceto se tiver envolvimento de adolescentes ou adultos, assim como apreensões de objetos de crimes (drogas, *res furtivas*) ou instrumentos de crime (ato infracional) [armas de fogo, munições etc.] que imponham possíveis esclarecimentos da origem e indiquem a participação de terceiros.

Elemento subjetivo: É o dolo com a vontade livre e consciente de dirigir a conduta para um fim de que a criança ou o adolescente esteja custodiado ilegalmente e omitir em sua imediata liberação.

Elemento normativo: As expressões **"sem justa causa"** e **"imediata liberação"** reclamam valoração. Se tiver **"justa causa"** o fato é atípico, pois se à apreensão foi adequada à luz do Direito, a Autoridade adotará às providências legais. Quanto à **"imediata liberação"** a exegese a ser dada é de que deve ser imediata, rápida e breve a liberação sem transcurso indevido de tempo para liberação. Em ambos os casos, é importante anotar que o tempo deve ser o suficiente para a confecção dos termos devidos para materializar à liberação e entrega do menor ao responsável legal, uma vez que não pode ficar a mercê da própria sorte. Há outros aspectos que devem ser considerados também, como responsáveis legais pelo adolescente, uma vez que nem sempre os responsáveis estão na localidade em que são apreendidos, porquanto cada vez mais adolescentes têm se inserido em atos infracionais e tem se negado em Delegacia a indicar pessoa responsável para à entrega e até mesmo comunicação, endereços, telefones etc., de modo que inviabiliza os atos de entrega de forma imediata. É importante que o escrivão ou o investigador sob ordem do Delegado de Polícia [ou escrivão; analista ou gestor do Juiz de Direito produzam documentos] venham exarar certidão ou confeccionar documento (relatório policial de investigadores/inspetores) entre outros documentos que habilmente comprovem que essas tentativas foram feitas e da própria conduta do infrator em recusar ou simplesmente silenciar. Estes documentos são importantes para eximir as Autoridades de eventuais responsabilidades. O dolo deve ser claro e inequívoco, pois se a liberação não for realizada imediatamente por motivos alheios como os já citados, pensamos não configurar o crime.

Consumação: Pelo fato de o crime em tela ser omissivo próprio ("deixar de"), se consuma com a simples omissão, ou seja, assim que as Autoridades tomarem ciência da ilegalidade da apreensão e não procederem à imediata, rápida e breve a liberação do infrator, com as demais observações já realizadas acima, o crime estará consumado.

Tentativa: Tratando-se de crime omissivo próprio, não se admite a tentativa. Outro argumento é por ser também crime unissubsistente em que apenas um ato consuma o crime, não se fracionando a conduta (não se cogitando a tentativa).

Erro sobre a ilicitude do fato: É possível incidir quando a Autoridade entender que se trata de apreensão legal. Exemplificando-se, o Juiz de Direito mantém a custódia do menor com base em informações fornecidas pelo Delegado de Polícia, ou os investigadores de polícia/inspetores passam informações não condizentes com a realidade ao Delegado de Polícia ao materializar a lavratura do ato procedimental. No primeiro caso, responde a autoridade policial pelo delito e já no segundo, os investigadores/inspetores responderão, mas por outro delito, por ser exceção da teoria pluralista (da teoria monista).

Conflito/Confronto: Em eventual conflito/confronto prevalecerá o delito do Estatuto Menorista, obedecendo-se o princípio da especialidade sobre a Lei de abuso de autoridade art. 9º da Nova Lei de Abuso de Autoridade (antigo art. 4º, alínea "d", Lei nº 4.898/65).

Classificação doutrinária: Crime próprio; omissivo próprio; crime material (para outra doutrina crime de mera conduta); de forma ou execução livre; permanente; de dano (de perigo para outra doutrina); doloso; não admite tentativa; de menor potencial ofensivo; permanente; unissubjetivo e unissubsistente.

Suspensão condicional do processo: É possível diante do "quantum" mínimo previsto no preceito secundário.

Acordo de Não Persecução Penal: Em regra, não caberá o acordo de não persecução penal, se couber transação penal que tem cabimento nesta hipótese. Excepcionalmente, caso não preenchido os requisitos da transação penal, é que caberá acordo de não persecução penal, se presentes todos os requisitos legais do art. 28-A, do CPP.

Ação penal: Ação penal pública incondicionada.

Art. 235. Descumprir, injustificadamente, prazo fixado nesta Lei em benefício de adolescente privado de liberdade:

Pena - detenção de seis meses a dois anos.

Verbo nuclear: O verbo nuclear é *descumprir* que se traduz em (deixar de cumprir; desatender; inobservar; desobedecer). Em relação à prática de ato infracional, há prazo para sua internação provisória de 45 (quarenta e cinco) dias; também há o prazo de internação definitiva de 3 (três) anos ou 3 (três) meses, na hipótese de regressão (descumprimento injustificável de medida anteriormente imposta). Há também o crime se descumprir injustificadamente o prazo de apresentação do adolescente apreendido pela Autoridade Policial ao Ministério Público, no prazo de 24 (vinte e quatro horas), nos termos do art. 175, §§ 1º e 2º). Também incide no delito se injustificadamente descumprir o prazo de transferência de adolescente internado provisoriamente em repartição policial para entidade de atendimento, onde o prazo é de 05 (cinco dias), conforme redação do art. 185, § 2º, ECA. Há também mais 2(duas) hipóteses em que poderemos ter esse mesmo crime, que é descumprir injustificadamente o prazo de reavaliação da internação no máximo a cada 6 (seis meses), nos termos do art. 121, § 2º, do ECA ou descumprir a liberação compulsória de 21 (vinte e um anos), segundo inteligência do art. 121, § 5º, do Estatuto Menorista. Nessa senda, se injustificadamente descumprir algum dos prazos fixados nesta Lei em benefício de adolescente privado de liberdade, se terá em regra o crime tipificado em estudo.

Objeto jurídico: Protege-se a liberdade de locomoção da criança e do adolescente. Igual o comentário do artigo anterior neste ponto, há doutrina defendendo que o dispositivo legal tutelaria em verdade a integridade física, psíquica e moral do adolescente prevista no art.17, do ECA.

Objeto material: Versa sore o prazo fixado em legislação, que acaba não sendo observado.

Sujeito ativo: É autoridade responsável pelo cumprimento do prazo. Neste cenário, podemos ter como sujeito ativo, o Juiz de Direito quanto ao cumprimento do prazo de 45 dias no que concerne à finalização do procedimento relativo ao ato infracional. Podemos ter ainda a Autoridade Policial quanto à apresentação do adolescente em conflito com a lei ao Ministério Público para oitiva informal. Há doutrina que advoga a possibilidade do membro do Ministério Público (Promotor de Justiça) incorrer nesta prática também. Veja que estamos diante de crime próprio.

Sujeito passivo: É o adolescente que é submetido à privação de liberdade por prazo superior ao prazo previsto em lei.

Elemento subjetivo: É o dolo com a vontade livre e consciente de dirigir a conduta para um fim de que descumprir sem justificativa de que a criança ou o adolescente continue privado da sua liberdade acima do prazo legal, o que constitui ilegalidade, quando não procede a sua imediata liberação depois de transcorrido o prazo legal. Não se pode permitir o descumprimento dos prazos do Estatuto.

Elemento normativo: A expressão **injustificadamente** depende de valoração. Assim, se o descumprimento for justificável estaremos diante de fato atípico. Nesse sentido, podemos citar como exemplo, a situação do Juiz de Direito que não possui local para efetivar a transferência do adolescente em estabelecimento adequado, pois neste caso não descumpre o prazo e não há como imputar a conduta em estudo – ao menos em regra.

Consumação: Pelo fato de o crime em tela ser omissivo próprio ("descumprir"), se consuma com a simples omissão, ou seja, assim que as Autoridades deixarem extrapolar o prazo de privação de liberdade do adolescente e não procederem à imediata, rápida e breve a liberação do infrator, com as demais observações já realizadas acima, o crime estará consumado.

Tentativa: Tratando-se de crime omissivo próprio, não se admite a tentativa. Outro argumento é por ser também crime unissubsistente em que apenas um ato consuma o crime, não se podendo fracionar a conduta. Logo, não se tem a tentativa.

Classificação doutrinária: Crime próprio, omissivo próprio, material (para outra parte da doutrina crime de mera conduta), doloso, não admite tentativa, de menor potencial ofensivo, de forma ou execução livre; permanente; de dano (de perigo para outra doutrina); unissubjetivo e unissubsistente.

Suspensão condicional do processo: É possível diante do "quantum" mínimo previsto no preceito secundário.

Acordo de Não Persecução Penal: Em regra, não caberá o acordo de não persecução penal, se couber transação penal que tem cabimento nesta hipótese. Excepcionalmente, caso não preenchido os requisitos da transação penal, é que caberá acordo de não persecução penal, se presentes todos os requisitos legais do art. 28-A, do CPP.

Ação penal: Ação penal pública incondicionada.

Art. 236. Impedir ou embaraçar a ação de autoridade judiciária, membro do Conselho Tutelar ou representante do Ministério Público no exercício de função prevista nesta Lei:

Pena - detenção de seis meses a dois anos.

Verbo nuclear: Os verbos nucleares são *impedir* ou *embaraçar*. *Impedir* é (colocar obstáculo; interromper; dificultar a ação; dificultar; privar de; tolher; proibir). *Embaraçar* é (pôr embaraço; complicar; atrapalhar e perturbar). Cuida-se de conduta do agente que venha de alguma forma nos núcleos verbais *impedir* ou *embaraçar* à ação de autoridade judiciária, membro do Conselho Tutelar ou representante do Ministério Público no exercício de função prevista nesta Lei.

Objeto jurídico: É a Administração da Justiça no sistema de proteção da criança e do adolescente.

Objeto material: É a ação da autoridade judiciária, membro de do Conselho Tutelar ou representante do Ministério Público.

Sujeito ativo: Por se tratar de crime comum, pode ser qualquer pessoa.

Sujeito passivo: O Estado.

Elemento subjetivo: É o dolo com a vontade livre e consciente de dirigir a conduta para o fim de **impedir** ou **embaraçar**. Não se exige elemento subjetivo especial e nem há previsão da modalidade culposa.

Consumação: A consumação ocorre com a prática de impedir ou embaraçar.

Tentativa: Admissível.

Classificação doutrinária: Crime comum; material (conduta impedir) e formal (conduta embaraçar) e há doutrina afirmando ser ambas as condutas crimes formais[13]; comissivo; de forma ou execução livre; perigo abstrato; comissiva; instantâneo; unissubjetiva; plurissubsistente ou unissistente a depender da conduta.

Suspensão condicional do processo: É possível diante do "quantum" mínimo previsto no preceito secundário.

Acordo de Não Persecução Penal: Em regra, não caberá o acordo de não persecução penal, se couber transação penal que tem cabimento nesta hipótese. Excepcionalmente, caso não preenchido os requisitos da transação penal, é que caberá acordo de não persecução penal, se presentes todos os requisitos legais do art. 28-A, do CPP.

Ação penal: Ação penal pública incondicionada.

13. Guilherme de Souza Nucci. p. 248.

Art. 237. Subtrair criança ou adolescente ao poder de quem o tem sob sua guarda em virtude de lei ou ordem judicial, com o fim de colocação em lar substituto:

Pena - reclusão de dois a seis anos, e multa.

Verbo nuclear: O verbo nuclear é *subtrair* que diz respeito a (retirar; surrupiar ou furtar a criança ou o adolescente de quem tenha a sua guarda). O legislador usou como "mens legis", o instrumento legal neste ponto, para coibir o denominado "tráfico de menores", ou seja, a "comercialização" de menores, mediante à subtração de seus responsáveis legais.

Guarda significa vigilância permanente. A guarda pode decorrer por força da própria lei ou ordem judicial.

Objeto jurídico: Busca a proteção do direito infantojuvenil à convivência familiar e comunitária, regrada no Estatuto nos artigos 19 e seguintes do Estatuto Menorista. Para outra corrente doutrinária, o delito tutela-se a integridade física, psíquica e moral da criança ou adolescente prevista no art. 17, do ECA e o próprio direito do guardião.

Objeto material: É a criança ou adolescente.

Sujeito ativo: É qualquer pessoa, por ser crime comum.

Sujeito passivo: É a criança ou o adolescente.

Elemento subjetivo: É o dolo com a vontade livre e consciente de dirigir a conduta para um fim. O tipo penal possui um especial fim de agir que reside na finalidade específica de colocar a criança ou o adolescente subtraído em lar substituto que seria um novo lar com urna nova família para a criança ou o adolescente. Não se admite a modalidade culposa.

Consumação: O delito consuma-se com a efetiva subtração da vítima, mesmo que ela não chegue a ser colocada em lar substituto. Cuidado que a doutrina oscila quanto ao entendimento de ser crime formal ou crime material (nossa posição é de que estamos diante de crime material, logo, se consuma com a efetiva subtração da vítima).

Tentativa: Admite tentativa.

Classificação doutrinária: Crime comum; formal (e para outra parte da doutrina material); doloso; comissivo; de dano; instantâneo; plurissubsistente; admite tentativa.

Suspensão condicional do processo: É incabível, porque a pena mínima cominada ultrapassa l ano (art. 89 da Lei 9.099/95).

Conflito/Confronto: Pelo princípio da especialidade esse injusto penal é especial referente ao delito de subtração de incapazes contido no art. 249 do Código Penal e deve prevalecer num eventual conflito.

Perdão judicial: Há posicionamento doutrinário que entende aplicável ao artigo 237 a previsão do artigo 249, § 2º, do Código Penal, em que há previsão de perdão judicial, pois como os tipos penais são similares e diante do artigo 226 do Estatuto – que prevê a aplicação subsidiária do Código Penal –, defendendo essa possibilidade.

Acordo de Não Persecução Penal: Tem cabimento, se preenchido todos os requisitos legais do art. 28-A, do CPP (incluído pela Lei nº 13.964/19) e não couber transação penal.

Ação penal: Ação penal pública incondicionada.

Jurisprudência do STJ:

> EMENTA HABEAS CORPUS. **TRÁFICO DE CRIANÇAS.** ATIPICIDADE DA CONDUTA. INOCORRÊNCIA. TRANCAMENTO DA AÇÃO PENAL. **INVIABILIDADE.**
>
> 1. O trancamento da ação penal na via do habeas corpus é medida de índole excepcional, cabível somente nas hipóteses em que desponte de plano, sem um exame detalhado dos elementos fáticos, a inocência do acusado, a atipicidade da conduta ou a extinção da punibilidade.
>
> 2. No caso, as provas juntadas aos autos indicam a **suposta prática do crime de tráfico de crianças, havendo, inclusive, notícia de que a ora paciente responde a outra ação penal na Justiça Federal por fato análogo.**
>
> 3. Assim, faz-se necessário o prosseguimento da ação penal, na qual será possibilitado o pleno exercício das garantias do contraditório e da ampla defesa, com a produção do material probatório, sem os limites da via eleita.
>
> 4. Ordem denegada [(STJ - HABEAS CORPUS Nº 47.676 - PB (2005/0148600-9) RELATOR: MINISTRO OG FERNANDES IMPETRANTE: VALDILENE CAVALCANTE LOPES ADVOGADO: ANTÔNIO CARLOS MONTEIRO IMPETRADO: TRIBUNAL DE JUSTIÇA DO ESTADO DA PARAÍBA PACIENTE: VALDILENE CAVALCANTE LOPES. 24 de agosto de 2009 (data do julgamento)].

Art. 238. Prometer ou efetivar a entrega de filho ou pupilo a terceiro, mediante paga ou recompensa:

Pena - reclusão de um a quatro anos, e multa.

Parágrafo único. Incide nas mesmas penas quem oferece ou efetiva a paga ou recompensa.

Verbo nuclear: Os verbos do tipo objetivo são *prometer* ou *efetivar. Prometer* significa (comprometer; compromissar; fazer promessa; dar esperançar; fazer algo no futuro); *efetivar* quer dizer (realizar a entrega efetivamente naquele exato momento); *oferecer* (parágrafo único, do art. 238, ECA) é (conceder; é dar; agraciar; ceder; conferir; dadivar; disponibilizar; dispor; doar; obsequiar; ofertar; outorgar; presentear; prover).

Cumpre-nos agora enfrentarmos os demais termos do tipo. **Paga** corresponde ao pagamento de dinheiro no momento da entrega do filho ou do pupilo a outrem. A paga demonstra uma relação de atualidade entre a entrega do dinheiro e a entrega do menor. Já a **recompensa** diz respeito ao pagamento futuro (à paga futura), não indicando à relação de atualidade. Neste caso de **recompensa,** a forma se dá onde primeiro o agente entrega o menor para, depois, receber o dinheiro a título de recompensa.

Objeto jurídico: Constitui na tutela dos interesses da criança e o do adolescente no reforço da ligação dos laços familiares legais ou de outra situação de cunho familiar proveniente do Poder Judiciário, através de decisão do magistrado.

Objeto material: É a criança ou adolescente (dentro da ótica filho ou pupilo).

Sujeito ativo: Os pais, o tutor ou o guardião e por exigir qualidade própria dos agentes criminosos, trata-se de crime próprio.

Sujeito passivo: A criança ou o adolescente.

Elemento subjetivo: É o dolo externado pela vontade livre e consciente de entregar o filho ou pupilo a terceiro. Exige-se o elemento subjetivo específico para fins de recebimento de paga ou recompensa (*caput*). Não se pune a modalidade culposa.

Consumação: O delito opera à consumação com a simples promessa ou com a efetiva entrega do menor (criança ou o adolescente).

Tentativa: Admite tentativa.

Classificação doutrinária: Crime próprio; formal na conduta *prometer* e material na conduta *efetivar;* doloso; comissivo; de dano; doloso; instantâneo, admite tentativa. Há outra doutrina dizendo que os verbos "prometer", "oferecer" e "efetivar" nas duas primeiras ("prometer" e "oferecer") seriam o crime formal e na última ("efetivar") seria crime material. Essa mesma doutrina afirma que seria crime próprio (no *caput*) e crime comum (par. único), comissivo, doloso.

Suspensão condicional do processo: É perfeitamente cabível a suspensão condicional do processo em razão de a pena mínima ser de apenas um ano (art. 89, Lei nº 9.099/95).

Acordo de Não Persecução Penal: Tem cabimento.

Ação penal: Ação penal pública incondicionada.

Comentários quanto a conduta equiparada do parágrafo único do art. 238, do ECA: No art. 238, parágrafo único, do ECA, o legislador criminalizou a conduta da pessoa que oferece ou efetiva a paga ou a recompensa, se preocupando com a outra face da história. A razão é simples, pois se de um lado os pais, o tutor ou o guardião promete ou efetiva a entrega do menor, do outro lado, existe alguém que oferece ou efetiva a paga ou recompensa, sendo essa pessoa a quem o parágrafo único abrange para responsabilizar criminalmente.

Elemento subjetivo: É o dolo que se traduz na vontade livre e consciente de oferecer a paga ou recompensa ao genitor ou tutor ou de efetivá-la, com objetivo da entrega do filho ou pupilo (parágrafo único).

Tipo penal misto alternativo: Na hipótese de o agente incidir em mais de uma conduta descrita no tipo penal no mesmo contexto fático, responderá por um delito apenas.

Consumação: O delito se consuma com a simples oferta de recompensa ou com a efetivação do pagamento, devendo-se atentar que é crime formal na conduta *oferecer* e crime material na conduta *efetivar*.

Tentativa: Admite tentativa.

Classificação: Crime comum; formal na conduta *oferecer* e material na conduta *efetivar;* doloso; comissivo; de dano; tipo misto alternativo; instantâneo; admite tentativa.

Suspensão condicional do processo: É cabível diante da pena mínima cominada não ultrapassar 1 ano (art. 89 da Lei 9.099/95).

Acordo de Não Persecução Penal: Tem cabimento, se preenchido todos os requisitos legais do art. 28-A, do CPP (incluído pela Lei nº 13.964/19) e não couber transação penal.

Ação penal: Ação penal pública incondicionada.

Art. 239. Promover ou auxiliar a efetivação de ato destinado ao envio de criança ou adolescente para o exterior com inobservância das formalidades legais ou com o fito de obter lucro:

Pena - reclusão de quatro a seis anos, e multa.

Verbos nucleares: Os verbos do tipo penal são *promover* ou *auxiliar. Promover* quer dizer (dar impulso a; fomentar; trabalhar a favor de; ser a causa de; originar; levar a efeito. No contexto do injusto penal sob estudo, quer dizer realizar o efetivo envio do menor ao exterior, de forma que o menor efetivamente deixe o território nacional e ingresse no território estrangeiro). *Auxiliar* corresponde em (tornar fácil; auxiliar; ajudar; contribuir; desimpedir; propiciar meios para se tornar algo possível sem esforço ou custo. No contexto do tipo penal é a prática de qualquer ato material que contribua para o envio do menor ao exterior. A segunda conduta poderia dar a impressão de configurar, a princípio, a conduta do partícipe na conduta de promover o envio do menor ao exterior). Todavia, o legislador fez a opção desta conduta ser elevada à espécie de autoria propriamente dita, porquanto nesta conduta verbal *auxiliar* não é necessário que o menor seja efetivamente enviado ao exterior, bastando tão somente, para a configuração do delito em cartaz, a prática de qualquer conduta antecedente ao envio que contribua para ele. Com isto, configura o auxílio a conduta de providenciar as passagens aéreas, marítimas ou terrestres, bem como o empréstimo de um veículo para o envio do menor ao exterior, assim como a providência da documentação necessária para o menor deixar o país entre outras. O Decreto nº 2.740/98 ratifica a Convenção Interamericana sobre o Tráfico Internacional de Menores.

Objeto jurídico: O bem jurídico tutelado é o direito da criança e do adolescente à convivência familiar (art. 19 e seguintes, todos do ECA). Para outra corrente doutrinária, o delito tutela a integridade física, psíquica e moral da criança ou adolescente prevista no art. 17, do ECA.

Objeto material: É o ato destinado à remessa de criança ou adolescente ao exterior.

Sujeito ativo: Pode ser qualquer pessoa, por se tratar de crime comum.

Sujeito passivo: A criança ou o adolescente.

Elemento subjetivo: É o dolo livre e consciente de realizar a conduta para o fim de **promover ou auxiliar a efetivação de ato destinado ao envio**

de criança ou adolescente para o exterior com inobservância das formalidades legais ou com o fito de obter lucro. Cabe consignar que, pode haver elemento subjetivo específico que é o fim de lucro (**fito de obter lucro**) do agente na hipótese de ele promover ou auxiliar a efetivação de ato destinado ao envio da criança ou do adolescente ao exterior com a observância das formalidades legais.

Elemento normativo do tipo: Inobservância das formalidades legais. Neste caso, deve ser valorado as formalidades legais do envio do menor que estão descritas em lei. Se ocorrer às observâncias, o fato será atípico. De outro lado, se ocorrer o envio sem obedecer às regras o fato será típico e relevante.

Consumação: O crime se consuma com a promoção ou auxílio de ato para o envio de criança ou adolescente ao exterior.

Tentativa: Incabível a tentativa para o STJ. Para a doutrina é possível a tentativa.

Classificação doutrinária: Crime comum; material na conduta *promover* e formal na conduta *auxiliar;* doloso; comissivo; de perigo abstrato; instantâneo; admite tentativa (para a doutrina é possível e para o STJ não se admite a tentativa).

Conflitos: Há vozes sustentando que o § *2º* do artigo 245 do Código Penal teria sido revogado com o advento do presente art. 239, do aludido Estatuto. Se os pais cometerem crime relacionado não respondem pelo delito do art. 239 do ECA, surgindo 02 (duas) situações hipotéticas: 1) caso haja entrega a pessoa com perigo material e moral, respondem pelo crime do art. 245, do CP; 2) se a entrega não for acompanhada desse perigo, respondem pelo delito do art. 238 do ECA.

Suspensão condicional do processo: Não é cabível.

Acordo de Não Persecução Penal: Não Tem cabimento, porquanto os requisitos legais do art. 28-A, do CPP (incluído pela Lei nº 13.964/19) exige que a pena mínima literalmente seja inferior a 4 (quatro) anos. Há vozes minoritária advogando o contrário, porém, entendemos que se o legislador quisesse comtemplar a possibilidade diversa, ele teria feito expressamente a previsão de pena igual ou inferior a 4 (quatro) anos e não o fez, deixando claro sua opção legislativa.

Ação penal: Ação penal pública incondicionada.

Posições do STJ sobre o art. 239, do ECA:

EMENTA PENAL E PROCESSO PENAL. HABEAS CORPUS SUBSTITUTIVO DE RECURSO PRÓPRIO. INADEQUAÇÃO. SENTENÇA APÓCRIFA E ATENUANTE DA CONFISSÃO ESPONTÂNEA. PLEITOS NÃO EXAMINADOS PELO TRIBUNAL DE ORIGEM. IMPOSSIBILIDADE DE ANÁLISE. INDEVIDA SUPRESSÃO DE INSTÂNCIA. CORRELAÇÃO ENTRE ACUSAÇÃO E SENTENÇA. COTEJO. IDENTIDADE ENTRE O FATO NARRADO NA DENÚNCIA E O CONSIDERADO PELA SENTENÇA. AUSÊNCIA DE NULIDADE. DOSIMETRIA. DISCRICIONARIEDADE RELATIVA. PENA-BASE INICIALMENTE ESTABELECIDA ACIMA DO MÍNIMO LEGAL. CIRCUNSTÂNCIAS JUDICIAIS DESFAVORÁVEIS (CULPABILIDADE, CIRCUNSTÂNCIAS E CONSEQUÊNCIAS). MOTIVAÇÃO IDÔNEA. PERSONALIDADE E MOTIVOS. AFASTAMENTO. AGRAVANTE DO artigo 62, I, DO CP. REVOLVIMENTO FÁTICO-PROBATÓRIO. IMPROPRIEDADE DA VIA ELEITA. OBSERVÂNCIA DO CONSAGRADO PARÂMETRO DE 1/8. PENA BASE SUPERIOR À FIXADA PELA ORIGEM. IMPOSSIBILIDADE. NON REFORMATIO IN PEJUS. PENA DEFINITIVA INALTERADA. WRIT NÃO CONHECIDO. ORDEM CONCEDIDA DE OFÍCIO, SEM ALTERAÇÃO DA PENA DEFINITIVA.

1. Esta Corte e o Supremo Tribunal Federal pacificaram orientação no sentido de que não cabe habeas corpus substitutivo do recurso legalmente previsto para a hipótese, impondo-se o não conhecimento da impetração, salvo quando constatada a existência de flagrante ilegalidade no ato judicial impugnado.

2. A discussão acerca da autenticidade da sentença proferida pelo Juízo de primeiro grau não foi debatida no Tribunal de origem.

3. Hipótese em que o ato alegado como coator foi praticado por Juiz de primeiro grau e não pelo Tribunal a quo, motivo pelo qual não pode esta Corte Superior examinar a matéria sob pena de incorrer em indevida supressão de instância. Precedente.

4. Para verificar a devida obediência à regra da correlação entre acusação e sentença, faz-se necessário realizar cotejo entre as respetivas peças processuais, a fim de observar se os fatos imputados na peça acusatória guardam relação com aqueles levados em consideração pelo magistrado no ato decisório. Precedentes.

5. No caso, verificou-se que o fato alegadamente novo? de a conduta da paciente estar impregnada da finalidade de obter lucro?, considerado pela sentença para a condenação, havia sido apresentado na peça acusatória.

6. A individualização da pena é submetida aos elementos de convicção judiciais acerca das circunstâncias do crime, cabendo às Cortes Superiores apenas o controle da legalidade e da constitucionalidade dos critérios empregados, a fim de evitar eventuais arbitrariedades. Dessarte, salvo flagrante ilegalidade, o reexame das circunstâncias judiciais e os critérios concretos de individualização da pena mostram-se inadequados à estreita via do habeas corpus, pois exigiriam revolvimento probatório.

7. A culpabilidade, para fins do artigo 59 do CP, deve ser compreendida como juízo de reprovabilidade da

conduta, apontando maior ou menor censurabilidade do comportamento do réu. Não se trata de verificação da ocorrência dos elementos da culpabilidade, para que se possa concluir pela prática ou não de delito, mas, sim, do grau de reprovação penal da conduta do agente, mediante demonstração de elementos concretos do delito.

8. No caso, o Julgador de 1ª grau entendeu ser o grau de censura da conduta superior à própria ao crime previsto no **artigo 239 do ECA**, haja vista que a paciente "encomendou previamente a criança, subtraindo-a da guarda da mãe biológica, mesmo sabendo que se tratava de neonato que deveria, necessariamente, ser alimentado com leite materno, e escondeu-o em sua própria residência, não lhe dispensando cuidados necessários e indispensáveis, o que levou a infante à severa infecção intestinal e urinária". Realmente, deve ser reconhecida a reprovabilidade superior da conduta, não havendo se falar em flagrante ilegalidade quanto ao ponto.

9. A personalidade do agente resulta da análise do perfil subjetivo do réu, no que se refere à aspectos morais e psicológicos, a fim de aferir a existência de caráter voltado à prática de infrações penais. No caso, considerou-se, para o aumento da pena base, que a paciente "denota transtornos anti-sociais, constatáveis pela dificuldade em se amoldar às regras de convivência social e trabalho honesto, tanto que desponta dos autos que fazia - ao menos à época - da mercancia de menores, a que destinava à adoção internacional, sua principal atividade", fato que, por si só, não é indicativo de personalidade criminosa. 10. No que tange aos motivos do crime, justificou-se a valoração negativa, tendo em vista "a vontade de lucro fácil, através da ilegal colocação de crianças em família substituta, mediante o pagamento advindo dos adotantes alienígenas". Por certo, essa fundamentação não pode ser tida por idônea, pois nada de concreto foi deduzido, na medida em que a "vontade de lucro fácil" representa motivo inerente ao crime descrito no **artigo 239 do ECA**. Precedentes. 11. No que se refere às circunstâncias do delito, o incremento da pena na primeira fase da dosimetria mereceu fundamentação idônea, por ter a paciente "tentado legalizar o processo adotivo, embora soubesse que já havia começado de forma tortuosa, mas dando, assim, ares de legalidade à sua conduta criminosa, porém lucrativa, o que só não se concretizou porque a justiça local percebeu a série de irregularidades de que o caso se revestia", o que denota a gravidade superior da conduta e a necessidade de resposta penal superior, em atendimento aos princípios da proporcionalidade e da individualização da pena. 12. Em relação às consequências do crime, que devem ser entendidas como o resultado da ação do agente, a avaliação negativa de tal circunstância judicial mostra-se escorreita se o dano material ou moral causado ao bem jurídico tutelado se revelar superior ao inerente ao tipo penal. In casu, o fato de a paciente ter "periclitado a vida do menor, que culminou transportado em ambulância para hospital local, dado que resultou extremamente debilitado", constitui fundamento idôneo para a exasperação da pena-base.

13. Não há falar em bis in idem no exame das circunstâncias judiciais, pois o agravamento do estado de saúde da criança foi utilizado como fundamento desfavorável apenas nas consequências do crime, uma vez que a reprovabilidade superior da conduta, elevando a culpabilidade, ocorreu pelo fato de a paciente ter encomendado ?previamente a criança, subtraindo-a da guarda da mãe biológica, mesmo sabendo que se tratava de neonato que deveria, necessariamente, ser alimentado com leite materno, e escondeu-o em sua própria residência, não lhe dispensando cuidados necessários e indispensáveis?. 14. Se as instâncias ordinárias, mediante valoração do acervo probatório produzido nos autos, concluíram, de forma fundamentada, pela incidência da agravante prevista no artigo 62, I, do CP, tendo em vista que a paciente "promoveu e organizou a cooperação e dirigiu a atividade de Fernando Veloso de Oliveira Júnior no crime", não cabe a esta Corte a análise das afirmações relacionadas ao pleito afastamento da agravante, na medida em que demandaria exame detido de provas, inviável em sede de writ.

15. A discussão acerca da incidência da referida atenuante da confissão espontânea (artigo 65, III, "d", do CP) não foi debatida nas instâncias ordinárias, motivo pelo qual não pode esta Corte Superior examinar a matéria sob pena de incorrer em indevida supressão de instância. 16. Diante do afastamento de duas das circunstâncias judiciais levadas em consideração pelas instâncias ordinárias para a definição da pena base, estabelecido o consagrado parâmetro de aumento de 1/8 (um oitavo) para cada circunstância desfavorável e fazendo-as incidir sobre o intervalo de pena em abstrato do preceito secundário do crime em apreço, ter-se-ia pena base superior à fixada pela Origem.

17. Observando-se o princípio non reformatio in pejus, mantém-se tanto a pena base quanto a definitiva nos mesmos patamares fixados pelo Tribunal de origem.

18. Habeas corpus não conhecido. Ordem concedida de ofício, mas sem alteração da pena fixada pelo Tribunal a quo" (STJ - HABEAS CORPUS Nº 389.200 - PE (2017/0036633-0) RELATOR: MINISTRO RIBEIRO DANTAS IMPETRANTE: GUILHERME ALMEIDA DE MOURA E OUTRO ADVOGADO: GUILHERME ALMEIDA DE MOURA E OUTRO(S) - PB011813 IMPETRADO: TRIBUNAL REGIONAL FEDERAL DA 5A REGIÃO PACIENTE: MARIA DE FATIMA LEITE FERREIRA. Julgamento em 27 de abril de 2017).

EMENTA RECURSO ESPECIAL. PENAL E PROCESSO PENAL. CONEXÃO. AUSÊNCIA DE PREQUESTIONAMENTO. ENVIO DE MENOR AO EXTERIOR MEDIANTE FRAUDE. ADEQUAÇÃO TÍPICA. PENA-BASE. FUNDAMENTAÇÃO IDÔNEA. LEI 8.069/90. PERDÃO JUDICIAL E REDUÇÃO DA PENA. EFICÁCIA DA CONTRIBUIÇÃO. REEXAME DE PROVA.

1. É inadmissível o recurso especial acerca de questão surgida no julgamento dos embargos e sobre a qual não foram opostos novos declaratórios para fins de prequestionamento. (Enunciados 282 e 356/STF).

2. **O artigo 239 do ECA pune quem promove ou auxilia o envio de criança ou adolescente para o Exterior com intuito de lucro independentemente da finalidade do envio, vale dizer, para fins lícitos ou ilícitos. E a fraude que qualifica o delito no seu parágrafo único pode se configurar na falsidade material e ideológica perpetrada para a consecução do objetivo criminoso, podendo ser empregada tanto contra a criança quanto contra a Administração Pública e seus agentes.**

3. Não há ilegalidade na fixação da pena-base um pouco acima do mínimo legal se valorada negativamente a circunstância judicial relativa à culpabilidade da ré que, por ser bacharel em direito, tinha pleno conhecimento de que estava realizando ações criminosas graves.

4. Se as instâncias ordinárias, examinando os fatos da causa, decidiram que a recorrente não faz jus ao perdão judicial mas sim à redução de pena em 1/3, não pode esta Corte Superior conceder o perdão judicial, nem proceder à alteração do patamar da redução sem revolver o acervo fático-probatório com vistas à aferição da amplitude e da eficácia da sua contribuição para a conclusão do processo criminal.5. Recurso improvido (STJ - RECURSO ESPECIAL Nº 1.202.292 - RJ (2010/0120078-4) RELATORA: MINISTRA MARIA THEREZA DE ASSIS MOURA RECORRENTE: VALÉRIA COELHO CALDAS ADVOGADO: MARCO AURÉLIO TORRES SANTOS E OUTRO(S) RECORRIDO: MINISTÉRIO PÚBLICO FEDERAL. Data do Julgamento: 21 de maio de 2013).

Posição do STJ sobre o art. 239 ser crime de mera conduta e sobre a tentativa: O art. 239 tipifica a conduta de "promover ou auxiliar a efetivação de ato destinado ao envio de criança ou adolescente para o exterior com inobservância das formalidades legais ou com o fito de obter lucro". O Superior Tribunal de Justiça analisou se o crime é de resultado ou de mera conduta e, por conseguinte, se admitia a forma tentada. Por maioria, prevaleceu na Corte o entendimento de que o art. 239 do ECA **é crime de mera conduta**, sendo **incabível a tentativa**: HC 39.332-RJ, Rel. originário Min. Nilson Naves, Rel. para acórdão Min. Hamilton Carvalhido, julgado em 9/12/2005.

Parágrafo único. Se há emprego de violência, grave ameaça ou fraude: (Incluído pela Lei nº 10.764, de 12.11.2003)

Pena - reclusão, de 6 (seis) a 8 (oito) anos, além da pena correspondente à violência.

Comentários: O art. 239, parágrafo único, contempla uma qualificadora do emprego de violência, grave ameaça ou fraude. Com isso, em se dando esses meios executórios, o legislador estabeleceu uma qualificadora, cuja pena é maior em razão da maior reprovabilidade da conduta. Não bastasse isto, o legislador contemplou ainda à aplicação também da pena correspondente à violência, deste modo, além da pena cominada para o tipo penal em estudo, deve ser aplicada a pena da lesão corporal, se for o caso.

Competência para o crime do art. 239 do ECA e posição do STF: A competência para processar e o julgamento desse delito é da Justiça Federal, diante da redação do art. 109, inciso V, da CF/88. O STF já julgou que:

> **Tráfico internacional de crianças e competência jurisdicional**
>
> (...).O Colegiado realçou que a decisão impugnada destacara que, no caso, estaria envolvido o cumprimento de tratados internacionais dos quais o Brasil seria signatário, a atrair a incidência do inciso V do art. 109 da CF. (...).Vencido o Ministro Marco Aurélio, que deferia a ordem. Assentava a competência da justiça comum estadual para o processamento e julgamento do crime em comento. Afirmou que, considerado o que previsto no ECA, não haveria norma específica que direcionasse seu julgamento à atuação da justiça federal (STF. Primeira Turma HC 121472/PE, rei. Min. Dias Toffoli, 19.8.2014 - Informativo nº 755).

Atribuições para investigações: Isso implica também em concluir de que, em regra a investigação nestes casos caberá à Polícia Federal (atribuição primária), embora nada impeça e nem haja ilegalidade de a Polícia Judiciária Civil Estadual porventura possa vir a investigar também (atribuição secundária/ subsidiária).

Art. 240. Produzir, reproduzir, dirigir, fotografar, filmar ou registrar, por qualquer meio, cena de sexo explícito ou pornográfica, envolvendo criança ou adolescente: (Redação dada pela Lei nº 11.829, de 2008)

Pena – reclusão, de 4 (quatro) a 8 (oito) anos, e multa. (Redação dada pela Lei nº 11.829, de 2008)

Verbos nucleares: Os verbos nucleares são *produzir, reproduzir, dirigir, fotografar, filmar* ou *registrar. Produzir* nada mais é do que (dar existência; gerar; criar; fazer; realizar; motivar; causar; fabricar; manufaturar; financiar filmes ou peças teatrais); *reproduzir* consiste em (tornar a produzir; tornar a apresentar; exibir ou mostrar; copiar; imitar; retratar); *dirigir* é (dar direção a, encaminhar;

guiar; comandar); *fotografar* traduz em (reproduzir por meio de fotografia; retratar; tirar fotografias ou retratos com máquina fotográfica); *filmar* quer significar (registrar acontecimentos, ou cenas representadas, em filme cinematográfico); *registrar* é (dar o registro; transcrever; anotar; referir; mencionar no sentido de retratar).

Objeto jurídico: É tutelar para uma formação moral das crianças e adolescentes.

Objeto material: É a criança ou adolescente em cena de sexo explícito ou pornográfico.

Conceito de pedofilia: A pedofilia traduz-se no transtorno da sexualidade manifestada por uma atração fantasiosa e pelo desejo nutrido de prática sexual de um adulto por uma criança ou por um adolescente. Tecnicamente, não existe crime de pedofilia, mas se cuida na verdade de um transtorno como já dito.

Sujeito ativo: Pode ser qualquer pessoa, por ser crime comum.

Sujeito passivo: É a criança ou o adolescente.

Elemento subjetivo: É o dolo traduzido na vontade livre e consciente de praticar uma das condutas (produzir, reproduzir, dirigir, fotografar, filmar e registrar).

Norma penal em branco: As expressões empregadas pelo legislador exigem no tipo em tela, uma investigação pelo julgador diante das normas de conduta que se encontra na própria lei para compreender o que é sexo explícito ou pornográfico.

O conceito de cena de sexo explícito ou pornográfica está inserida no art. 241-E da presente lei, nos seguintes termos: "Para efeito dos crimes previstos nesta Lei, a expressão "cena de sexo explícito ou pornográfica" compreende qualquer situação que envolva criança ou adolescente em atividades sexuais explícitas, reais ou simuladas, ou exibição dos órgãos genitais de uma criança ou adolescente para fins primordialmente sexuais".

Consumação: O delito consuma-se com a prática das condutas típicas.

Tentativa: Admite-se a "conatus".

Classificação doutrinária: Crime comum; formal; doloso; comissivo; de perigo abstrato; instantâneo; tipo penal misto alternativo; admite tentativa.

Suspensão condicional do processo: Incabível, pois a pena mínima cominada ultrapassa 1 ano (art. 89 ela Lei 9.099/95).

Acordo de Não Persecução Penal: Não Tem cabimento, porquanto os requisitos legais do art. 28-A, do CPP (incluído pela Lei nº 13.964/19) exige que a pena mínima literalmente seja inferior a 4 (quatro) anos. Há vozes minoritária advogando o contrário, porém, entendemos que se o legislador quisesse comtemplar a possibilidade diversa, ele teria feito expressamente a previsão de pena igual ou inferior a 4 (quatro) anos e não o fez, deixando claro sua opção legislativa.

Ação penal: Ação penal pública incondicionada.

Jurisprudência do STJ: A Corte de Cidadania possui alguns precedentes sobre o assunto, senão vejamos:

> **ECA. FILMAGENS. CENAS ERÓTICAS OU PORNOGRÁFICAS.**
>
> A conduta do réu, ao permitir a filmagem, em seu apartamento, de cenas eróticas envolvendo crianças e adolescentes, e com eles contracenando, incide no tipo descrito no art. 240, parágrafo único, do ECA. O uso real ou simulado de entorpecente, além de atos libidinosos, induzindo menores à prática de infração penal, configura a corrupção descrita no art. 1º da Lei n. 2.252/1954. A Turma conheceu parcialmente do recurso e nesta parte lhe negou provimento(**STJ - REsp 264.233-RO**, Rel. Min. José Arnaldo da Fonseca, julgado em 18/12/2003).

> EMENTA HABEAS CORPUS SUBSTITUTO DE RECURSO PRÓPRIO. INADEQUAÇÃO DA VIA ELEITA. ESTUPRO DE VULNERÁVEL CONTRA VÍTIMA SEM CAPACIDADE DE OFERECER RESISTÊNCIA. FILMAGEM DE IMAGEM **PORNOGRÁFICA PREVALECENDO-SE DE REAÇÃO DE HOSPITALIDADE. FORNECIMENTO DE BEBIDA ALCOÓLICA A ADOLESCENTE. CORRUPÇÃO DE MENORES. PRISÃO PREVENTIVA.** FUNDAMENTAÇÃO IDÔNEA. MODUS OPERANDI. REPROVABILIDADE DA CONDUTA. CONSTRANGIMENTO ILEGAL NÃO EVIDENCIADO. ORDEM NÃO CONHECIDA.
>
> 1. O habeas corpus não pode ser utilizado como substitutivo de recurso próprio, a fim de que não se desvirtue a finalidade dessa garantia constitucional, com a exceção de quando a ilegalidade apontada é flagrante, hipótese em que se concede a ordem de ofício.
> 2. A privação antecipada da liberdade do cidadão acusado de crime reveste-se de caráter excepcional em nosso ordenamento jurídico (artigo 5º, LXI, LXV e LXVI, da CF). Assim, a medida, embora possível, deve estar embasada em decisão judicial fundamentada (artigo 93, IX, da CF), que demonstre a existência da prova da materialidade do crime e a presença de indícios suficientes da autoria, bem como a ocorrência de um ou mais pressupostos do artigo 312 do Código de Processo Penal. Exige-se, ainda, na linha perfilhada pela jurisprudência dominante deste Superior Tribunal de Justiça e do Supremo Tribunal Federal, que a decisão

esteja pautada em motivação concreta, sendo vedadas considerações abstratas sobre a gravidade do crime. 3. Hipótese na qual foi realizada reunião de adolescentes, amigos da filha do paciente, em sua casa, ocasião em que este ofereceu bebidas alcoólicas misturadas com refrigerantes aos menores. Um deles, em razão do álcool, teve sua capacidade psicomotora afetada ao ponto de perder quase por completo os sentidos. Aproveitando-se dessa situação, os presentes, sob supervisão do paciente, despiram a vítima e passaram a inserir frasco de desodorante em seu ânus, simulando coito anal, enquanto proferiam palavras injuriosas em seu desfavor. Além disso, toda a circunstância foi registrada em vídeo, com a ciência do paciente, tendo as imagens posteriormente sido compartilhadas entre os estudantes do colégio onde a vítima estuda. 4. Mostra-se necessária a medida extrema diante da periculosidade do recorrente, evidenciada pelo modus operandi especialmente reprovável do crime, envolto em crueldade e repugnância que supera as condições comuns dos crimes ora imputados ao réu. Ressalte que toda a dinâmica dos fatos foi praticada na presença de sua própria filha, o que torna ainda mais grotesca a conduta relatada. 5. Ordem não conhecida (STJ - HABEAS CORPUS Nº 436.235 - SC (2018/0028879-3) RELATOR: MINISTRO REYNALDO SOARES DA FONSECA IMPETRANTE: LUIS CLEI ROSA E OUTRO ADVOGADOS: LUIS CLEI ROSA - SC027714 TIAGO ROSA PEDROSO - SC039027 IMPETRADO: TRIBUNAL DE JUSTIÇA DO ESTADO DE SANTA CATARINA PACIENTE: D A H. Data do Julgamento: 20 de março de 2018).

EMENTA PENAL. CONFLITO DE COMPETÊNCIA. **PORNOGRAFIA INFANTIL. TRANSNACIONALIDADE. INDÍCIOS. INFRAÇÃO PREVISTA EM TRATADO OU CONVENÇÃO INTERNACIONAL. COMPETÊNCIA DA JUSTIÇA FEDERAL.**

1. A "internet" se constitui em um meio de comunicação que possibilita a divulgação de informações e imagens em todo o mundo, podendo ultrapassar as fronteiras de um país e produzir efeitos de âmbito internacional.

2. **A Justiça Federal é competente, conforme disposição do inciso V, do artigo 109, da Constituição da República, quando se tratar de infrações previstas em tratados ou convenções internacionais, como é caso do racismo, previsto na Convenção Internacional sobre a Eliminação de todas as Formas de Discriminação Racial, da qual o Brasil é signatário, assim como nos crimes de guarda de moeda falsa, de tráfico internacional de entorpecentes, de tráfico de mulheres, de envio ilegal e tráfico de menores, de tortura, de pornografia infantil e pedofilia e corrupção ativa e tráfico de influência nas transações comerciais internacionais.**

3. Conflito de competência conhecido para declarar a competência da Justiça Federal (STJ - CONFLITO DE COMPETÊNCIA Nº 132.984 - MG (2014/0062292-0) RELATOR: MINISTRO GURGEL DE FARIA R.P/ ACÓRDÃO: MINISTRO MOURA RIBEIRO SUSCITANTE: JUÍZO FEDERAL DE UNAI - SJ/MG SUSCITADO: JUIZO DE DIREITO DE BONFINÓPOLIS DE MINAS - MG INTERES.: E M A D INTERES. MINISTÉRIO PÚBLICO FEDERAL. Data do julgamento: 28 de maio de 2014).

§ 1º Incorre nas mesmas penas quem agencia, facilita, recruta, coage, ou de qualquer modo intermedeia a participação de criança ou adolescente nas cenas referidas no *caput* deste artigo, ou ainda quem com esses contracena. (Redação dada pela Lei nº 11.829, de 2008)

Verbos nucleares: Temos os seguintes verbos *agenciar, facilitar, recrutar, coagir, intermediar* e *contracenar. Agenciar* nada mais é do que (negociar ou servir de agente para promover o encontro entre dois ou mais indivíduos como representante legais de uma delas); *facilitar* é (tornar fácil; auxiliar; ajudar; desimpedir; propiciar meios para se tornar algo possível sem esforço ou custo); *recrutar* é (juntar, reunir, arregimentar pessoas ou buscar adeptos); *coagir* é (forçar; obrigar ou constranger); *intermediar* é ser (intermediário a favor de alguém; intervir ou colocar-se entre dois ou mais indivíduos para promover o contato); *contracenar* é (representar; interpretar; realizar participação teatral ou representação teatral, televisiva, cinematográfica ou fotográfica).

Uma peculiaridade do verbo contracenar é de que vincula ao envolvimento da criança ou adolescente e complementa os demais verbos.

O legislador fez a opção de trazer essas condutas para um tipo penal autônomo, para que o agente criminoso destas condutas não seja considerado como partícipe, mas como autor dessa infração penal autônoma prevista no parágrafo primeiro. A segunda parte do parágrafo primeiro criminaliza a conduta de quem contracena com criança ou adolescente. Neste caso, se houver algum contato físico de cunho sexual entre o agente que contracena e a criança ou adolescente que seja menor de 14 anos, o agente praticará o delito de estupro de vulnerável (art. 217-A do Código Penal).

Objeto jurídico: É a proteção límpida, perfeita, reta para a formação moral da criança e do adolescente.

Objeto material: É a criança ou o adolescente.

Sujeito ativo: Pode ser qualquer pessoa, por ser crime comum.

Sujeito passivo: É a criança ou o adolescente.

Elemento subjetivo: É o dolo com a vontade livre e consciente de dirigir a conduta para um fim. Não se exige elemento subjetivo especial.

Consumação: Com a realização dos verbos nucleares do tipo, onde não depende de resultado no mundo naturalístico (efetivo prejuízo para formação moral). É crime formal.

Tentativa: Admite tentativa.

Conflito: A segunda parte do parágrafo primeiro criminaliza a conduta de quem contracena com criança ou adolescente. Neste caso, se houver algum contato físico de cunho sexual entre o agente que contracena e a criança ou adolescente que seja menor de 14 anos, o agente praticará o delito de estupro de vulnerável (art. 217-A do Código Penal).

Classificação doutrinária: Crime comum; formal; doloso; comissivo; de perigo abstrato; instantâneo; admite tentativa.

Suspensão condicional do processo: Incabível, pois a pena mínima cominada ultrapassa 1 ano (art. 89 da Lei 9.099/95).

Possibilidade deste crime em estudo ser praticado em concurso formal com os crimes de satisfação de lascívia mediante presença de criança ou adolescente (art. 218-A, CP) ou de favorecimento da prostituição ou outra forma de exploração sexual de vulnerável (art. 218-B do CP): É perfeitamente admissível, devendo a pena ser aplicada de acordo com o disposto no art. 70, *caput*, segunda parte, do CPB.

Acordo de Não Persecução Penal: Não Tem cabimento, porquanto os requisitos legais do art. 28-A, do CPP (incluído pela Lei nº 13.964/19) exige que a pena mínima literalmente seja inferior a 4 (quatro) anos. Há vozes minoritária advogando o contrário, porém, entendemos que se o legislador quisesse comtemplar a possibilidade diversa, ele teria feito expressamente a previsão de pena igual ou inferior a 4 (quatro) anos e não o fez, deixando claro sua opção legislativa.

Ação penal: Ação penal pública incondicionada.

§ 2º Aumenta-se a pena de 1/3 (um terço) se o agente comete o crime: (Redação dada pela Lei nº 11.829, de 2008)

Comentários: No § 2º, do art. 240, do ECA, está prevista uma causa especial de aumento de pena que deve incidir na terceira fase da dosimetria da pena, conforme o disposto no art. 68 do Código Penal Brasileiro.

I – no exercício de cargo ou função pública ou a pretexto de exercê-la; (Redação dada pela Lei nº 11.829, de 2008)

Comentários: Em que pese o legislador mencione o "exercício de cargo ou função pública", o necessário para a incidência dessa causa especial de aumento de pena é que o agente tenha um vínculo formal com o Estado nessas circunstâncias.

II – prevalecendo-se de relações domésticas, de coabitação ou de hospitalidade; ou (Redação dada pela Lei nº 11.829, de 2008)

Comentários: Deve ser compreendido por relação doméstica o convívio permanente de pessoas, com ou sem vínculo familiar, inclusive abrangendo as pessoas esporadicamente agregadas. Por sua vez, a coabitação corresponde à moradia conjunta ou sob o mesmo teto. Já a relação de hospitalidade está ligada ao ato de permanência temporária em lar alheio. Igualmente, cuida-se de uma causa especial de aumento de pena.

III – prevalecendo-se de relações de parentesco consangüíneo ou afim até o terceiro grau, ou por adoção, de tutor, curador, preceptor, empregador da vítima ou de quem, a qualquer outro título, tenha autoridade sobre ela, ou com seu consentimento. (Incluído pela Lei nº 11.829, de 2008)

Comentários: O legislador conferiu uma maior abrangência nas relações de parentesco em sentido amplo, com objetivo de propiciar o maior alcance possível dessa causa especial de aumento de pena. Somado a isto, o legislador ordinário abrangeu relação de emprego ou qualquer forma de autoridade. Por derradeiro, registra-se que em relação ao parentesco consanguíneo ou afim, o legislador alcançou apenas e tão somente até o parentesco consanguíneo ou afim de terceiro grau.

Art. 241. Vender ou expor à venda fotografia, vídeo ou outro registro que contenha cena de sexo explícito ou pornográfica envolvendo criança ou adolescente: (Redação dada pela Lei nº 11.829, de 2008)

Pena – reclusão, de 4 (quatro) a 8 (oito) anos, e multa. (Redação dada pela Lei nº 11.829, de 2008)

Verbos nucleares: Têm-se os verbos *vender* ou *expor à venda*. *Vender* é (ato de transferir a propriedade mediante a cobrança de um preço; alienar (um objeto) mediante certo preço; transmitir a outrem mediante preço pago; trocar ou negociar objeto por dinheiro); *expor à venda* significa (exibir; ofertar; mostrar; expor o que está apto a ser vendido ou comercializado). Outra dica importante de diferenciação deste artigo com o artigo 240, do ECA, é que esse art. 240 do diploma em tablado cuida das condutas referentes à **confecção do material pornográfico**, ao passo em que as **condutas de distribuição desse material** estão listadas no artigo 241, do ECA. Convém consignar que, o legislador ordinário permitiu à utilização de interpretação analógica ao fazer alusão "qualquer outro registro", vez que não importa a natureza do material, mas o seu conteúdo.

Objeto jurídico: O tipo penal em espécie tutela a integridade e formação moral da criança e do adolescente.

Objeto material: É a fotografia, o vídeo ou outro registro que contenha pornografia ou sexo explícito envolvendo criança ou adolescente.

Sujeito ativo: Pode ser qualquer pessoa, por ser crime comum.

Sujeito passivo: É a criança e o adolescente.

Elemento subjetivo: O dolo do crime é a vontade livre e consciente de vender ou expor à venda o material pornográfico compreendido no dispositivo legal em apreço (fotografia, vídeo ou outro registro que contenha cena de sexo explícito ou pornográfica envolvendo criança ou adolescente).

Consumação: O delito em estudo se consuma com a prática das condutas típicas, com isso à consumação ocorre com o ato de venda ou expor à venda. Trata-se de crime de mera conduta (para o STJ, e não de resultado; e crime formal para parte da doutrina).

Tentativa: A tentativa é admitida.

Classificação doutrinária: Crime comum; de mera conduta (para o STJ; para parte da doutrina é crime formal); doloso; comissivo; de perigo abstrato; instantâneo na conduta *vender* e permanente na conduta *expor à venda;* admite tentativa pelo menos na modalidade *vender*; comum, doloso, comissivo.

Suspensão condicional do processo: Incabível a suspensão condicional do processo, eis que a pena mínima cominada ultrapassa 1 ano (art. 89 da Lei 9.099/95).

Acordo de Não Persecução Penal: Não Tem cabimento, porquanto dentre os requisitos legais do art. 28-A, do CPP (incluído pela Lei nº 13.964/19) exige que a pena mínima literalmente seja inferior a 4 (quatro) anos. Há vozes minoritária advogando o contrário, porém, entendemos que se o legislador quisesse comtemplar a possibilidade diversa, ele teria feito expressamente a previsão de pena igual ou inferior a 4 (quatro) anos e não o fez, deixando claro sua opção legislativa.

Ação penal: Ação penal pública incondicionada.

Sobre a competência para apuração deste crime: Apesar das oscilações jurisprudenciais e da própria doutrina podemos estabelecer algumas premissas. Em regra pode dizer que, a competência para apuração desta infração penal em estudo é da justiça Estadual, porquanto na hipótese de a conduta ultrapassar os limites do território nacional, quando praticada por meio da rede mundial de computadores, restará configurada a transnacionalidade (como se dá na venda do material para o exterior), ocasião em que teremos a competência da Justiça Federal com fundamento no art. 109, V da CR/88 (jurisprudência, inclusive do STF[14] e parte da doutrina). De outro lado, se não tiver a transnacionalidade, a competência será da Justiça da Estadual (doutrina).

Posição do STJ sobre divulgação de pornografia infantil com alcance transnacional para atrair a competência da Justiça Federal: O Superior Tribunal de Justiça fixou o entendimento de que delitos ligados à pornografia infantil com consequências transnacionais devem ser processados e julgados pela Justiça Federal (STJ - CC 120.999-CE, Rel. Min. Alderita Ramos de Oliveira (Desembargadora convocada do TJ-PE), julgado em 24/10/2012).

Posição do STJ acerca da competência e impossibilidade de identificação da origem do conteúdo de pornografia: Como destacado acima, o critério de fixação de competência adotado pelo Superior Tribunal de Justiça **é o do local onde o material é disponibilizado. Caso não seja possível**

14. O STF vai mais longe ainda para afirmar que **compete à Justiça Federal processar e julgar os crimes consistentes em disponibilizar ou adquirir material pornográfico envolvendo criança ou adolescente (ECA, artigos 241, 241-A e 241-B) quando praticados por meio da rede mundial de computadores.** O STF entende nesses casos de que a competência da Justiça Federal decorreria da incidência do art. 109, V, da CF, já que seria produto de convenção internacional, subscrita pelo Brasil, para tutelar as crianças da prática nefasta e abominável de exploração de imagem pela internet. Com isto, para a Corte, ao considerar a amplitude do acesso ao sítio virtual, no qual as imagens ilícitas teriam sido divulgadas, restaria caracterizada a internacionalidade dos fatos.

identificar tal ponto, a Corte adota o entendimento de que é competente o juízo federal que primeiro tomar conhecimento do fato (STJ - CC 130.134-TO, Rel. Min. Marilza Maynard (Desembargadora convocada do TJ-SE), julgado em 9/10/2013).

Posição do STF sobre a competência em caso de material de conteúdo de pornografia pela rede mundial de computadores:

> **Repercussão Geral - Pedofilia e competência - Compete à Justiça Federal processar e julgar os crimes consistentes em disponibilizar ou adquirir material pornográfico envolvendo criança ou adolescente (ECA, artigos 241, 241-A e 241-B),** quando praticados por meio da rede mundial de computadores.(...) O Tribunal entendeu que a competência da Justiça Federal decorreria da incidência do art. 109, V, da CF (...). Ressaltou que, no tocante à matéria objeto do recurso extraordinário, o ECA seria produto de convenção internacional, subscrita pelo Brasil, para proteger as crianças da prática nefasta e abominável de exploração de imagem na internet. (...). Assim, ao considerar a amplitude do acesso ao sítio virtual, no qual as imagens ilícitas teriam sido divulgadas, estaria caracterizada a internacionalidade do dano produzido ou potencial. Vencidos os Ministros Marco Aurélio (relator) e Dias Toffoli, quedavam provimento ao recurso e fixavam a competência da Justiça Estadual (...) (SF - RE 628624/MG, Plenário Rel. orig. Min. Marco Aurélio, red. p/ o acórdão Min. Edson Fachin, 28 e 29.10.2015 - Informativo nº 805).

Atribuições para investigações: Isso implica também concluir de que, em regra a investigação nestes casos caberá à Polícia Federal (atribuição primária), embora nada impeça e nem haja ilegalidade de a Polícia Judiciária Civil Estadual porventura possa vir a investigar também (atribuição secundária/subsidiária).

> **Art. 241-A. Oferecer, trocar, disponibilizar, transmitir, distribuir, publicar ou divulgar por qualquer meio, inclusive por meio de sistema de informática ou telemático, fotografia, vídeo ou outro registro que contenha cena de sexo explícito ou pornográfica envolvendo criança ou adolescente: (Incluído pela Lei nº 11.829, de 2008)**
>
> **Pena – reclusão, de 3 (três) a 6 (seis) anos, e multa. (Incluído pela Lei nº 11.829, de 2008)**

Verbos nucleares: Os verbos nucleares do crime em análise são *oferecer, trocar, disponibilizar, transmitir, distribuir, publicar* ou *divulgar*. *Oferecer* corresponde a ofertar; apresentar para aceitação; prestar-se ou propor-se a fazer alguma coisa; dar; proporcionar e pôr à disposição; *trocar* é (dar em troca; dar uma coisa por outra; permuta); *disponibilizar* é (tornar disponível; oferecer ao público determinado serviço ou informação, com a possibilidade de uso ou acesso; deixar pronto para o acesso); *transmitir* é (expedir; propagar; enviar ou encaminhar); *distribuir* consiste (em repartir; espalhar; fazer chegar a vários locais); *publicar* é (editar; normalmente através de livro; levar ao conhecimento público; tornar público e notório); *divulgar* é (difundir; apregoar; tornar conhecido; tornar-se conhecido ou público; propagar-se).

O meio para a prática do delito é livre, abrangendo o sistema de informática ou telemático.

Informática quer dizer sobre o conjunto de conhecimentos e técnicas vinculadas ao tratamento racional e automático de informação (armazenamento, análise, organização e transmissão), o qual se encontra associado à utilização de computadores e respectivos programas para tanto.

Por outro lado, **telemática** significa o conjunto de tecnologias da informação e da comunicação decorrente da soma entre os recursos das telecomunicações (telefonia, satélite, cabo, fibras ópticas etc.) e da informática (computadores, periféricos, *softwares* e sistemas de redes), que possibilita o processamento, à compressão, o armazenamento e a comunicação de grandes quantidades de dados (nos formatos de texto, imagem e som), em curto prazo de tempo, entre usuários localizados em qualquer ponto do mundo. Podemos exemplificar neste contexto, à transmissão de vídeos pelos *sites* na Internet.

Posição do STF sobre o assunto: *"Publicar: difundir imagem para número indeterminado de pessoas. Não se restringe, portanto, a revistas e jornais, alcançando a internet"* (STF – HC 76.689- 0/PB – Rel. Min. Sepúlveda Pertence – *DJ*, 6-11-1998, p. 3).

Objeto jurídico: O tipo em estudo tutela a integridade e formação moral da criança e do adolescente.

Objeto material: É a fotografia, o vídeo ou outro registro que contenha pornografia ou sexo explícito envolvendo criança e adolescente.

Sujeito ativo: Qualquer pessoa, por se tratar-se de crime comum.

Sujeito passivo: A criança e o adolescente envolvidos.

Elemento subjetivo: O dolo para a prática deste crime é a vontade livre e consciente de praticar a conduta para o fim de alguma das condutas múltiplas. Não se exige elemento específico e não há previsão de modalidade culposa.

Norma penal em branco: A expressão "cena de sexo explícito ou pornográfica" é uma norma penal em branco e o seu conteúdo é extraído do art. 241-E da presente lei, nos seguintes termos: "Para efeito dos crimes previstos nesta Lei, a expressão "cena de sexo explícito ou pornográfica" compreende qualquer situação que envolva criança ou adolescente em atividades sexuais explícitas, reais ou simuladas, ou exibição dos órgãos genitais de uma criança ou adolescente para fins primordialmente sexuais".

Consumação: O delito em estudo se consuma com a oferta, troca, disponibilização, transmissão, distribuição, publicação ou divulgação, ou seja, o crime se dá com a efetiva prática das condutas incriminadas, independentemente de qualquer resultado naturalístico. Trata-se de crime formal. A transmissão é conduta permanente, permanecendo a consumação enquanto houver a conduta. Nos demais casos, o crime é instantâneo.

Tentativa: A tentativa é admitida.

Classificação doutrinária: Crime comum; formal; doloso; comissivo; de perigo abstrato; de forma ou execução livre; tipo misto alternativo; instantâneo (tem doutrina que sustenta que pode haver crime permanente nas condutas *oferecer, disponibilizar* e *divulgar* a depender do meio executório); unissubjetivo; plurissubsistente e admite tentativa.

Suspensão condicional do processo: Não cabe o benefício em tela.

Posição do STJ se existe a automática consunção quando ocorrem armazenamento e compartilhamento de material pornográfico infantojuvenil no art. 241-A e 241-B, ambos do ECA: Deve haver análise das singularidades de cada caso e o contexto fático. Com isto, em regra, não há automática consunção quando ocorrem armazenamento e compartilhamento de material pornográfico infantojuvenil. Analisemos o julgado do STJ:

> Caracteriza o crime do art. 241-A do ECA oferecer, trocar, disponibilizar, transmitir, distribuir, publicar ou divulgar por qualquer meio, inclusive por meio de sistema de informática ou telemático, fotografia, vídeo ou outro registro que contenha cena de sexo explícito ou pornográfica envolvendo criança ou adolescente (pena de 3 a 6 de reclusão e multa).Já o art. 241-B do mesmo estatuto estabelece que "adquirir, possuir ou armazenar, por qualquer meio, fotografia, vídeo ou outra forma de registro que contenha cena de sexo explícito ou pornográfica envolvendo criança ou adolescente" atrai a sanção de 1 a 4 anos de reclusão e multa. Via de regra, não há automática consunção quando ocorrem armazenamento e compartilhamento de material pornográfico infanto-juvenil. Deveras, o cometimento de um dos crimes não perpassa, necessariamente, pela prática do outro, mas é possível a absorção, a depender das peculiaridades de cada caso, quando as duas condutas guardem, entre si, uma relação de meio e fim estreitamente vinculadas. O princípio da consunção exige um nexo de dependência entre a sucessão de fatos. Se evidenciado pelo caderno probatório que um dos crimes é absolutamente autônomo, sem relação de subordinação com o outro, o réu deverá responder por ambos, em concurso material (STJ - REsp 1.579.578-PR, Rel. Min. Rogerio Schietti Cruz, Sexta Turma, por maioria, julgado em 04/02/2020, DJe 17/02/2020).

Posição do STJ se o grande interesse em pornografia infantil é motivo idôneo para valorar negativamente a pena-base do réu como conduta social ou personalidade: Para o STJ, o grande interesse por material que contenha cena de sexo explícito ou pornográfica envolvendo criança ou adolescente é ínsito ao crime descrito no art. 241-A da Lei n. 8.069/1999, sendo que o referido dado já foi sopesado pelo legislador para criminalizar a conduta e estabelecer severa sanção penal. Logo, inviável dosimetria que valora o grande interesse em pornografia infantil. Vejamos:

> Cinge-se a controvérsia a decidir se o grande interesse em pornografia infantil é motivo idôneo para valorar negativamente a pena-base do réu, a título de conduta social ou personalidade do agente que cometeu o crime do art. 241-A da Lei n. 8.069/1990.Caracteriza o crime do art. 241-A do ECA oferecer, trocar, disponibilizar, transmitir, distribuir, publicar ou divulgar por qualquer meio, inclusive por meio de sistema de informática ou telemático, fotografia, vídeo ou outro registro que contenha cena de sexo explícito ou pornográfica envolvendo criança ou adolescente (pena de 3 a 6 de reclusão e multa).Nesse contexto, o dado inerente ao tipo penal não justifica a exasperação da pena-base, a título de conduta social ou personalidade. O grande interesse por material que contenha cena de sexo explícito ou pornográfica envolvendo criança ou adolescente é ínsito ao crime descrito no art. 241-A da Lei n. 8.069/1999. O referido dado já foi sopesado pelo legislador para criminalizar a conduta e estabelecer severa sanção penal, com o objetivo, justamente, de proteger a dignidade das crianças e dos adolescentes, pondo-os a salvo de formas desviadas de satisfação sexual (STJ - REsp 1.579.578-PR, Rel. Min. Rogerio Schietti Cruz, Sexta Turma, por maioria, julgado em 04/02/2020, DJe 17/02/2020).

Dica sobre competência: O STJ e o STF, assim como a doutrina oscilaram bastante sobre a matéria. Prevalecia até então que na maioria dos casos não existia a transnacionalidade, onde a competência era da Justiça Estadual e de que não bastava o fato de o Brasil ser signatário de tratado ou convenção internacional, sendo necessário que o agente devesse dar causa ao resultado dentro e fora do território nacional (STJ, CC nº 103.011/MG, j. 13.3.2013)[15]. Todavia, ao menos jurisprudencialmente a posição mudou com o recurso que o STF julgou em repercussão geral abaixo (onde essa deve ser a tendência a ser seguida).

Posição do STF sobre a competência em caso de material de conteúdo de pornografia pela rede mundial de computadores:

> **Repercussão Geral - Pedofilia e competência - Compete à Justiça Federal processar e julgar os crimes consistentes em disponibilizar ou adquirir material pornográfico envolvendo criança ou adolescente (ECA, artigos 241, 241-A e 241-B),** quando praticados por meio da rede mundial de computadores. (...) O Tribunal entendeu que a competência da Justiça Federal decorreria da incidência do art. 109, V, da CF (...). Ressaltou que, no tocante à matéria objeto do recurso extraordinário, o ECA seria produto de convenção internacional, subscrita pelo Brasil, para proteger as crianças da prática nefasta e abominável de exploração de imagem na internet. (...). Assim, ao considerar a amplitude do acesso ao sítio virtual, no qual as imagens ilícitas teriam sido divulgadas, estaria caracterizada a internacionalidade do dano produzido ou potencial. Vencidos os Ministros Marco Aurélio (relator) e Dias Toffoli, quedavam provimento ao recurso e fixavam a competência da Justiça Estadual (...) (SF - RE 628624/MG, Plenário rel. orig. Min. Marco Aurélio, red. p/ o acórdão Min. Edson Fachin, 28 e 29.10.2015 - Informativo nº 805).

Acordo de Não Persecução Penal: Tem cabimento, se preenchido todos os requisitos legais do art. 28-A, do CPP (incluído pela Lei nº 13.964/19) e não couber transação penal.

Ação penal: Ação penal pública incondicionada.

> **§ 1º Nas mesmas penas incorre quem: (Incluído pela Lei nº 11.829, de 2008)**
>
> **I – assegura os meios ou serviços para o armazenamento das fotografias, cenas ou imagens de que trata o *caput* deste artigo; (Incluído pela Lei nº 11.829, de 2008)**
>
> **II – assegura, por qualquer meio, o acesso por rede de computadores às fotografias, cenas ou imagens de que trata o *caput* deste artigo. (Incluído pela Lei nº 11.829, de 2008)**
>
> **§ 2º As condutas tipificadas nos incisos I e II do § 1º deste artigo são puníveis quando o responsável legal pela prestação do serviço, oficialmente notificado, deixa de desabilitar o acesso ao conteúdo ilícito de que trata o *caput* deste artigo. (Incluído pela Lei nº 11.829, de 2008)**

Comentários: Em continuidade às análises, o § 1º traz duas condutas equiparadas ao *caput*. A primeira diz respeito a assegurar os meios para o armazenamento das fotografias, cenas ou imagens de que trata o '*caput*' do artigo. A segunda assegura, por qualquer meio, o acesso por rede de computadores às fotografias, cenas ou imagens de que trata o *caput* deste artigo.

Verbo nuclear: Em ambas as figuras dos incisos I e II, o verbo nuclear é *assegurar*. *Assegurar* é (garantir; tornar seguro; afirmar-se; proporcionar a realização de algo com a certeza).

Objeto jurídico: O tipo em estudo também tutela a integridade e formação moral da criança e do adolescente.

Objeto material: É o meio ou serviço de armazenamento de fotografias, vídeos ou registro de pornografias com envolvimento de menores.

Sujeito ativo da primeira figura: Para a doutrina majoritária é crime comum e pode ser cometido por qualquer pessoa. Para outra ala da doutrina (Válter Kenji Ishida[16]) seria crime próprio onde à pessoa física que assegura os meios para armazenamento que venha possibilitar que o *site* abrigue as fotografias, cenas ou imagens. Essa pessoa é quem seria sujeito ativo. Qualquer é um que navega na rede

---

15. Em sentido diverso de entendimento dentro do próprio STJ: "DIREITO PROCESSUAL PENAL. DEFINIÇÃO DA COMPETÊNCIA PARA APURAÇÃO DA PRÁTICA DO CRIME PREVISTO NO ART. 241 DO ECA [*sic*].
Não tendo sido identificado o responsável e o local em que ocorrido o ato de publicação de imagens pedófilo-pornográficas em site de relacionamento de abrangência internacional, competirá ao juízo federal que primeiro tomar conhecimento do fato apurar o suposto crime de publicação de pornografia envolvendo criança ou adolescente (art. 241 do ECA [*sic*]). Por se tratar de site de relacionamento de abrangência internacional- que possibilita o acesso dos dados constantes de suas páginas, em qualquer local do mundo, por qualquer pessoa dele integrante- deve ser reconhecida, no que diz respeito ao crime em análise, a transnacionalidade necessária à determinação da competência da Justiça Federal. Posto isso, cabe registrar que o delito previsto no art. 241 do ECA [*sic*] se consuma com o ato de publicação das imagens. Entretanto, configurada dúvida quanto ao local do cometimento da infração e em relação ao responsável pela divulgação das imagens contendo pornografia infantil, deve se firmar a competência pela prevenção a favor do juízo federal em que as investigações tiveram início (art.72, § 2°, do CPP)" (STJ. Terceira Seção. CC 130.134-TO, Rei. Min. Marilza Maynard (Desembargadora convocada do TJ-SE), julgado em 9/10/2013 - Informativo no 532).

16. ISHIDA, Válter Kenji. Estatuto da criança e do adolescente: doutrina e jurisprudência . – 16. ed. – São Paulo: Atlas, 2015, p. 629.

mundial de computadores tem conhecimento que existem tanto no Brasil e no mundo *sites* de relacionamento onde é comum a inserção de fotografias – o que é lamentável.

Sujeito ativo da segunda figura: Para a doutrina majoritária é crime comum e pode ser cometido por qualquer pessoa. Para outra ala doutrinária (Válter Kenji Ishida[17]), seria crime próprio, pois a segunda figura diz respeito a pessoa física representante do *site* que assegura o acesso por rede de computadores às fotografias, cenas ou imagens. Essa pessoa é quem seria sujeito ativo, vez que permite que os internautas no seu *site* tenham acesso às imagens.

Sujeito passivo em ambos os casos das figuras primeira e segunda: É a criança ou o adolescente.

Consumação: Se opera à consumação de ambos os delitos com a simples condutas do tipo penal, independentemente de qualquer resultado naturalístico. Na primeira figura entendemos que a simples conduta de o agente assegurar os meios para o armazenamento, isto é, disponibilize o acesso do internauta para a inserção da imagem é suficiente para consumação. Não há necessidade do efetivo armazenamento. Já na segunda figura, entendemos que o suficiente para consumação é de que se possibilite o acesso, não exigindo que este ocorra, porquanto há dispensa de que os internautas tenham efetivamente acessado as imagens.

Preservação de dados: Para a jurisprudência do STJ, o cadastro de dados dos usuários da Internet deveria ser mantido pelo provedor no mínimo pelo prazo de três anos. Este prazo se refere à prescrição nas ações de reparação civil (art. 206, § 3º, V, do CC) (STJ, REsp 1.398.985, Rel. Min. Nancy Andrighi). Contudo, com advento do art. 13 da Lei nº 12.965, de 23 de abril 2014 (Lei do Marco Civil da Internet) preconiza que o administrador de sistema autônomo deverá manter por 01 (um) ano o registro de conexão. Adiante, o art. 15 da Lei nº 12.965, de 23 de abril 2014 (Lei do Marco Civil da Internet) estatui que o registro de acesso de aplicações seja mantido por 06 (seis) meses. Em qualquer das hipóteses, poderá haver requisição administrativa (e representação ou requerimento a depender dos agentes estatais envolvidos) pela autoridade policial, autoridade administrativa ou pelo Ministério Público ao juiz competente para o acesso ou das aplicações.

Condição objetiva de punibilidade: A Lei nº 11.829/08 fixou condição objetiva de punibilidade ao exigir como condição de punição, a omissão do responsável legal pela prestação do serviço, oficialmente notificado que deixa de desabilitar o acesso ao conteúdo ilícito. A negativa do responsável legal pela prestação do serviço (de armazenamento ou de acesso), após oficialmente notificado, em desabilitar o acesso ao conteúdo ilícito é que gera a punibilidade.

É importante se ter em mente que esses dispositivos legais (§ 1º, incisos I e/ou II) devem ser conjugados com o parágrafo 2º, ou seja, o crime só ocorre se, devidamente notificado, o agente não desabilita o acesso ao conteúdo ilícito.

Posição do STF sobre a competência em caso de material de conteúdo de pornografia pela rede mundial de computadores:

> **Repercussão Geral - Pedofilia e competência - Compete à Justiça Federal processar e julgar os crimes consistentes em disponibilizar ou adquirir material pornográfico envolvendo criança ou adolescente (ECA, artigos 241, 241-A e 241-B),** quando praticados por meio da rede mundial de computadores.(...) O Tribunal entendeu que a competência da Justiça Federal decorreria da incidência do art. 109, V, da CF (...). Ressaltou que, no tocante à matéria objeto do recurso extraordinário, o ECA seria produto de convenção internacional, subscrita pelo Brasil, para proteger as crianças da prática nefasta e abominável de exploração de imagem na internet. (...). Assim, ao considerar a amplitude do acesso ao sítio virtual, no qual as imagens ilícitas teriam sido divulgadas, estaria caracterizada a internacionalidade do dano produzido ou potencial. Vencidos os Ministros Marco Aurélio (relator) e Dias Toffoli, quedavam provimento ao recurso e fixavam a competência da Justiça Estadual (...) (SF - RE 628624/MG, Plenário rel. orig. Min. Marco Aurélio, red. p/ o acórdão Min. Edson Fachin, 28 e 29.10.2015 - Informativo nº 805).

Classificação doutrinária: Crime comum; formal (para parte minoritária da doutrina é de mera conduta); doloso; comissivo; de perigo abstrato; de forma ou execução livre; instantâneo (tem doutrina que sustenta que pode haver crime permanente nas condutas *oferecer, disponibilizar* e *divulgar [outra doutrina apenas nas modalidades disponibilizar* e *divulgar*[18]*]* a depender do meio executório); unissubjetivo; plurissubsistente e admite tentativa.

Suspensão condicional do processo: Não cabe o benefício em tela.

17. ISHIDA, Válter Kenji. Estatuto da criança e do adolescente: doutrina e jurisprudência . – 16. ed. – São Paulo: Atlas, 2015, p. 629.

18. Guilherme de Souza Nucci. 4ª Edição, Revista dos Tribunais: 2009, p. 259.

Acordo de Não Persecução Penal: Tem cabimento, se preenchido todos os requisitos legais do art. 28-A, do CPP (incluído pela Lei nº 13.964/19) e não couber transação penal.

Ação penal: Ação penal pública incondicionada.

> Art. 241-B. Adquirir, possuir ou armazenar, por qualquer meio, fotografia, vídeo ou outra forma de registro que contenha cena de sexo explícito ou pornográfica envolvendo criança ou adolescente: (Incluído pela Lei nº 11.829, de 2008)
>
> Pena – reclusão, de 1 (um) a 4 (quatro) anos, e multa. (Incluído pela Lei nº 11.829, de 2008)

Verbo nuclear: Os verbos nucleares do tipo penal são *adquirir, possuir* ou *armazenar. Adquirir* significa (receber; alcançar; conseguir, obter; ganhar o material de alguém); *possuir* consiste em (ter a posse de; ter como propriedade; ter em seu poder; desfrutar; exercer; gozar; desfrutar; em ter o material contendo pedofilia em sua posse; *armazenar* quer dizer (guardar; recolher em armazém; conter em depósito; acumular). O legislador ordinário pretendeu impedir que esse material fosse guardado, armazenado ou adquirido por alguém, eis que essa conduta pode gerar a circulação daquele (art. 241-A).

Objeto jurídico: O tipo penal tutela a integridade e formação moral da criança e do adolescente.

Objeto material: É a fotografia, vídeo ou qualquer registro de pornografia com menores de 18 (dezoito) anos.

Sujeito ativo: Em sendo crime comum, o sujeito ativo pode ser qualquer pessoa.

Sujeito passivo: É a criança e o adolescente envolvido.

Elemento subjetivo: É o dolo com a vontade livre e consciente de adquirir, possuir ou armazenar, por qualquer meio, fotografia, vídeo ou outra forma de registro que contenha cena de sexo explícito ou pornográfica envolvendo criança ou adolescente. Parte da doutrina sustenta caber o dolo eventual. Não se admite a forma culposa e nem se exige fim especial.

Erro de tipo: Pensamos ser sustentável de que em algumas situações, o agente criminoso possa imaginar que justificadamente a fotografia pertença a pessoa maior de 18 (dezoito) anos. Parece a nosso ver ser escusável de erro nesta circunstância, a configurar situação de atipicidade.

Norma penal em branco quanto à expressão "cena de sexo explícito ou pornográfica": A expressão "cena de sexo explícito ou pornográfica" é uma norma penal em branco e o seu conteúdo é extraído do art. 241-E da presente lei, nos seguintes termos: "Para efeito dos crimes previstos nesta Lei, a expressão "cena de sexo explícito ou pornográfica" compreende qualquer situação que envolva criança ou adolescente em atividades sexuais explícitas, reais ou simuladas, ou exibição dos órgãos genitais de uma criança ou adolescente para fins primordialmente sexuais".

Consumação: O delito se consuma com a prática das condutas típicas.

Tentativa: A tentativa é admitida.

Classificação doutrinária: Crime comum; formal; de forma ou execução livre; doloso; comissivo; de perigo abstrato; instantâneo, mas pode configurar crime permanente nas condutas *oferecer, disponibilizar* e *divulgar* a depender do meio executório; unissubjetivo; plurissubsistente; tipo misto alternativo; admite tentativa.

Suspensão condicional do processo: Incabível, diante da pena mínima cominada ultrapassar 1 (um) ano (art. 89 da Lei 9.099/95).

Acordo de Não Persecução Penal: Tem cabimento, se preenchido todos os requisitos legais do art. 28-A, do CPP (incluído pela Lei nº 13.964/19) e não couber transação penal.

Ação penal: Ação penal pública incondicionada.

Posição do STJ se existe a automática consunção quando ocorrem armazenamento e compartilhamento de material pornográfico infantojuvenil no art. 241-A e 241-B, ambos do ECA: Deve haver análise das singularidades de cada caso com o contexto fático. Com isto, em regra, não há automática consunção quando ocorrem armazenamento e compartilhamento de material pornográfico infantojuvenil. Analisemos o julgado do STJ:

> Caracteriza o crime do art. 241-A do ECA oferecer, trocar, disponibilizar, transmitir, distribuir, publicar ou divulgar por qualquer meio, inclusive por meio de sistema de informática ou telemático, fotografia, vídeo ou outro registro que contenha cena de sexo explícito ou pornográfica envolvendo criança ou adolescente (pena de 3 a 6 de reclusão e multa).Já o art. 241-B do mesmo estatuto estabelece que "adquirir, possuir ou armazenar, por qualquer meio, fotografia, vídeo ou outra forma de registro

que contenha cena de sexo explícito ou pornográfica envolvendo criança ou adolescente" atrai a sanção de 1 a 4 anos de reclusão e multa. Via de regra, não há automática consunção quando ocorrem armazenamento e compartilhamento de material pornográfico infanto-juvenil. Deveras, o cometimento de um dos crimes não perpassa, necessariamente, pela prática do outro, mas é possível a absorção, a depender das peculiaridades de cada caso, quando as duas condutas guardem, entre si, uma relação de meio e fim estreitamente vinculadas. O princípio da consunção exige um nexo de dependência entre a sucessão de fatos. Se evidenciado pelo caderno probatório que um dos crimes é absolutamente autônomo, sem relação de subordinação com o outro, o réu deverá responder por ambos, em concurso material (STJ - REsp 1.579.578-PR, Rel. Min. Rogerio Schietti Cruz, Sexta Turma, por maioria, julgado em 04/02/2020, DJe 17/02/2020).

Posição do STF sobre a competência em caso de material de conteúdo de pornografia pela rede mundial de computadores:

Repercussão Geral - Pedofilia e competência - Compete à Justiça Federal processar e julgar os crimes consistentes em disponibilizar ou adquirir material pornográfico envolvendo criança ou adolescente (ECA, artigos 241, 241-A e 241-B), quando praticados por meio da rede mundial de computadores. (...) O Tribunal entendeu que a competência da Justiça Federal decorreria da incidência do art. 109, V, da CF (...). Ressaltou que, no tocante à matéria objeto do recurso extraordinário, o ECA seria produto de convenção internacional, subscrita pelo Brasil, para proteger as crianças da prática nefasta e abominável de exploração de imagem na internet. (...). Assim, ao considerar a amplitude do acesso ao sítio virtual, no qual as imagens ilícitas teriam sido divulgadas, estaria caracterizada a internacionalidade do dano produzido ou potencial. Vencidos os Ministros Marco Aurélio (relator) e Dias Toffoli, quedavam provimento ao recurso e fixavam a competência da Justiça Estadual (...) (SF - RE 628624/MG, Plenário rel. orig. Min. Marco Aurélio, red. p/ o acórdão Min. Edson Fachin, 28 e 29.10.2015 - Informativo nº 805).

§ 1º A pena é diminuída de 1 (um) a 2/3 (dois terços) se de pequena quantidade o material a que se refere o *caput* deste artigo. (Incluído pela Lei nº 11.829, de 2008)

Comentários: A legislação não especificou e nem ofertou critérios objetivos para se aferir qual seria o volume para se considerar **pequena quantidade do material de cena de sexo explícito ou pornográfico** envolvendo criança ou adolescente. Com isso, vai depender do caso concreto para se aferir essa causa de diminuição de pena pelo Juiz no momento da prolação da sentença, em regra. O dispositivo em exame, cuida-se de causa especial de diminuição de pena que deve incidir na terceira fase do critério trifásico de dosimetria da pena contido no art. 68 do Código Penal Brasileiro.

§ 2º Não há crime se a posse ou o armazenamento tem a finalidade de comunicar às autoridades competentes a ocorrência das condutas descritas nos arts. 240, 241, 241-A e 241-C desta Lei, quando a comunicação for feita por: (Incluído pela Lei nº 11.829, de 2008)

I – agente público no exercício de suas funções; (Incluído pela Lei nº 11.829, de 2008)

II – membro de entidade, legalmente constituída, que inclua, entre suas finalidades institucionais, o recebimento, o processamento e o encaminhamento de notícia dos crimes referidos neste parágrafo; (Incluído pela Lei nº 11.829, de 2008)

III – representante legal e funcionários responsáveis de provedor de acesso ou serviço prestado por meio de rede de computadores, até o recebimento do material relativo à notícia feita à autoridade policial, ao Ministério Público ou ao Poder Judiciário. (Incluído pela Lei nº 11.829, de 2008)

Causa de exclusão de atipicidade/ilicitude: A Lei nº 11.829/08 inseriu **excludente de tipicidade/ilicitude** ao trazer à tona de que não existe crime se o agente possui ou armazena o registro com a finalidade de comunicar a ocorrência dos crimes dos arts. 240, 241, 241-A e 241-C desde que a comunicação seja realizada por: I – agente público no exercício de suas funções; II – membro de entidade, legalmente constituída, que inclua, entre suas finalidades institucionais, o recebimento, o processsamento e o encaminhamento de notícia dos crimes referidos neste parágrafo. É o caso de organizações não governamentais com essa finalidade; III – representante legal e funcionários responsáveis de provedor de acesso ou serviço prestado por meio de rede de computadores, até o recebimento do material relativo à notícia feita à Autoridade Policial, ao Ministério Público ou ao Poder Judiciário. Por obviedade essas pessoas enumeradas acima deverão manter o sigilo. Para expressiva doutrina a menção da lei nesse ponto seria uma redundância, vez que o dolo do crime em estudo não estaria presente, porquanto a intenção do agente seria de tão somente comunicar a ocorrência dos crimes dos arts. 240, 241-A e 241-C, todos do ECA. De qualquer forma, para nós como segurança jurídica é coisa rara, o legislador de forma sapiente garantiu a atipicidade/exclusão de ilicitude nessas circunstâncias.

§ 3º As pessoas referidas no § 2º deste artigo deverão manter sob sigilo o material ilícito referido. (Incluído pela Lei nº 11.829, de 2008)

Dever de sigilo do material ilícito: O legislador inseriu um sigilo com nobre objetivo de evitar, ainda que seja pelo motivo do § 2°, qualquer forma de menção ou divulgação do material que contiver a pedofilia, evitando a prática do delito do art. 241-A, do ECA, por meio da circulação ou movimentação indevida do material.

Art. 241-C. Simular a participação de criança ou adolescente em cena de sexo explícito ou pornográfica por meio de adulteração, montagem ou modificação de fotografia, vídeo ou qualquer outra forma de representação visual: (Incluído pela Lei nº 11.829, de 2008)

Pena – reclusão, de 1 (um) a 3 (três) anos, e multa. (Incluído pela Lei nº 11.829, de 2008)

Verbo nuclear: O verbo nuclear do tipo objetivo é *simular*. *Simular* significa (fingir; representar como se semelhante fosse; dar a algo a aparência do que realmente não é; imitar). Nesse delito, pune-se a conduta do agente que representa, como se fosse real, a participação de criança ou de adolescente em cena de sexo explícito ou de pornografia. No plano real, o menor não está na cena de sexo explícito ou na cena pornográfica, mas o agente simula essa situação por meio da adulteração (falsificação ou contrafação), da montagem (sobreposição de imagens ou outros artifícios) ou da modificação (transformação) de fotografia, vídeo ou qualquer outra forma de representação visual, que são os meios executórios para a simulação.

Objeto jurídico: O tipo penal tutela a integridade e formação moral da criança e do adolescente.

Objeto material: Recai sobre foto, vídeo, ou outra forma de representação visual pornográfica simulada, que haja menores abaixo de 18 anos.

Sujeito ativo: Qualquer pessoa. Trata-se de crime comum.

Sujeito passivo: É a criança ou o adolescente.

Elemento subjetivo: O dolo do crime é a vontade livre e consciente de simular através da adulteração, montagem ou modificação com a participação de criança ou adolescente em cena de sexo explícito ou pornográfica por meio de adulteração, montagem ou modificação de fotografia, vídeo ou qualquer outra forma de representação visual. Não existe a modalidade culposa e nem elemento subjetivo específico.

Norma penal em branco quanto à expressão "Cena de sexo explícito ou pornográfica.": Mais uma vez estamos diante de um tipo penal em branco, uma vez que o conceito de cena de sexo explícito ou pornográfica está contido no art. 241-E da presente lei, os seguintes termos: "Para efeito dos crimes previstos nesta Lei, a expressão "cena de sexo explícito ou pornográfica" compreende qualquer situação que envolva criança ou adolescente em atividades sexuais explícitas, reais ou simuladas, ou exibição dos órgãos genitais de uma criança ou adolescente para fins primordialmente sexuais".

Consumação: O delito consuma-se com a finalização da simulação na fotografia, no vídeo ou em qualquer outra forma de representação visual.

Tentativa: É possível.

Classificação doutrinária: Crime comum; formal; doloso; comissivo; de perigo abstrato; de forma ou execução livre; instantâneo; unissubjetivo; plurissubsistente; admite tentativa.

Suspensão condicional do processo: Cabível, pois a pena mínima cominada não ultrapassa 1 ano (art. 89 da Lei 9.099/95).

Acordo de Não Persecução Penal: Tem cabimento, se preenchido todos os requisitos legais do art. 28-A, do CPP (incluído pela Lei nº 13.964/19) e não couber transação penal.

Ação penal: Ação penal pública incondicionada.

Parágrafo único. Incorre nas mesmas penas quem vende, expõe à venda, disponibiliza, distribui, publica ou divulga por qualquer meio, adquire, possui ou armazena o material produzido na forma do *caput* deste artigo. (Incluído pela Lei nº 11.829, de 2008)

Objeto jurídico: O tipo penal tutela a integridade e formação moral da criança e do adolescente.

Objeto material: Recai sobre foto, vídeo, ou outra forma de representação visual pornográfica simulada, que haja menores abaixo de 18 anos.

Verbo nuclear: O tipo em cartaz incrimina qualquer forma de circulação, movimentação, divulgação, publicação ou armazenamento do material simulado que envolva cena de sexo explícito ou de pornografia simulada com criança ou adolescente. Como se observa, inúmeros dos verbos poderiam nos remeter à configuração dos delitos contidos nos arts. 241, 241-A e 241-B, todos do ECA, todavia, a diferença é que nesses tipos penais o material é verdadeiro, isso é, no material existem na realidade crianças ou adolescentes em cenas de sexo explícito ou pornográfica. Já no tipo penal em análise, não há crianças ou adolescentes na realidade em cenas de sexo explícito ou pornográfica no material, mas apenas à simulação disso – o que não deixa de ser grave.

CUIDADO: Se a imagem for verdadeira, poderemos estar perante os crimes dos arts. 241, 241-A e 241-B, todos do ECA, a depender do caso concreto.

Sujeito ativo: Qualquer pessoa, vez que se trata de crime comum.

Sujeito passivo: É a criança ou o adolescente.

Elemento subjetivo: O dolo do crime é a vontade livre e consciente de simular através da adulteração, montagem ou modificação. Não existe a modalidade culposa e nem elemento subjetivo específico.

Consumação: O delito consuma com a prática das condutas típicas.

Tentativa: Admite-se a tentativa.

Classificação doutrinária: Crime comum; formal; doloso; comissivo; de perigo abstrato; instantâneo nas modalidades de condutas *vender, distribuir, publicar e adquirir.* De outro lado é crime permanente nas modalidades de condutas *expor à venda, possuir·, armazenar.* Faz-se a ressalva de que as condutas *disponibilizar* e *divulgar* a depender do caso concreto podem configurar crime instantâneo ou permanente; tipo misto alternativo; admite tentativa.

Suspensão condicional do processo: Cabível, pois a pena mínima cominada não ultrapassa 1 ano (art. 89 da Lei 9.099/95).

Acordo de Não Persecução Penal: Tem cabimento, se preenchido todos os requisitos legais do art. 28-A, do CPP (incluído pela Lei nº 13.964/19) e não couber transação penal.

Ação penal: Ação penal pública incondicionada.

Art. 241-D. Aliciar, assediar, instigar ou constranger, por qualquer meio de comunicação, criança, com o fim de com ela praticar ato libidinoso: (Incluído pela Lei nº 11.829, de 2008)

Pena – reclusão, de 1 (um) a 3 (três) anos, e multa. (Incluído pela Lei nº 11.829, de 2008)

Verbo nuclear: *Aliciar* significa (atrair, convidar, seduzir, subornar, instigar, incitar criar promessas enganosas visando a prática de ato libidinoso com criança); *assediar* diz respeito a (importunar, molestar com propostas ou condutas inoportunas visando a prática de ato libidinoso com criança); *instigar* corresponde (a estimular, incitar, induzir e provocar a criança, visando a prática de ato libidinoso com esta); *constranger* possui dois significados, variando o acompanhamento ou não de complemento. Se o verbo *constranger* estiver acompanhado de complemento, como por exemplo, "mediante violência ou grave ameaça", significa coagir, compelir, obrigar, forçar à vítima. De outro lado, se o verbo *constranger* não estiver acompanhado de complemento, o ato de constranger corresponde a (incomodar, importunar, envergonhar, embaraçar alguém). Assim, se tem a conduta do tipo penal em estudo de *constranger* alguém neste contexto significa, corresponde a (incomodar, importunar, envergonhar, embaraçar alguém com a finalidade de com ela praticar ato libidinoso com criança).

O tipo penal admite que o ato de aliciar, assediar, instigar ou constranger se dê por qualquer meio de comunicação junto da criança, cuidando-se de crime de ação livre quanto aos meios de comunicações em si.

As condutas do injusto penal em exame são plurinucleares, tipo misto alternativo; crime de ação múltipla ou ação/tipo/crime/delito de conteúdo variado. A ocorrência de mais de uma dessas condutas no mesmo contexto fático não ensejará novo crime, caracterizando tão somente crime único.

Objeto jurídico: Há dois planos de tutela na órbita penal. O primeiro diz respeito à formação moral de crianças. Noutro segundo plano, é a proteção preventiva da liberdade sexual da criança.

Objeto material: É a criança.

Elemento normativo: A expressão **meio de comunicação** deverá ser aferida no caso concreto para verificar seu alcance e incidência.

Redes sociais e **salas de bate papo** são exemplos deste meio de comunicações entre tantos outros na modernidade.

Sujeito ativo: Pode ser qualquer pessoa, por ser crime comum.

Sujeito passivo: É apenas a criança (com até 11 anos completos). O adolescente não é tutelado neste dispositivo legal.

Elemento subjetivo: É o dolo com a vontade livre e consciente de dirigir a conduta para um fim. Aqui se exige o elemento subjetivo especial, qual seja, o fim de praticar ato libidinoso com criança (comportamento denominado de *grooming*). Não há previsão da modalidade culposa no injusto penal sob exame.

Consumação: O crime é formal, com a dispensa da efetiva prática do ato libidinoso. Assim, se consuma com o aliciamento, assédio, instigação ou constrangimento. Na hipótese de aliciamento, há um entendimento de que para consumação seja necessário se atrair a criança ou adolescente ao agente, entretanto, mesmo que não atraindo a criança, já estará o agente assediando, o que revela a consumação do tipo.

Tentativa: É possível a "conatus".

Classificação doutrinária: Crime comum; formal; de forma ou execução livre; comissivo/por ação; instantâneo, perigo abstrato, unissubjetivo; plurissubsistente.

Suspensão condicional do processo: É admissível.

Acordo de Não Persecução Penal: Tem cabimento, se preenchido todos os requisitos legais do art. 28-A, do CPP (incluído pela Lei nº 13.964/19) e não couber transação penal.

Ação penal: Ação penal pública incondicionada.

Parágrafo único. Nas mesmas penas incorre quem: (Incluído pela Lei nº 11.829, de 2008)

I – facilita ou induz o acesso à criança de material contendo cena de sexo explícito ou pornográfica com o fim de com ela praticar ato libidinoso; (Incluído pela Lei nº 11.829, de 2008)

Verbos nucleares: Os verbos são *facilitar* ou *induzir*. *Facilitar* é (tornar fácil; auxiliar; ajudar; desimpedir; propiciar meios para se tornar algo possível sem esforço ou custo); *induzir* é (incutir; dar a ideia; sugerir; aconselhar; instigar; persuadir à prática de alguma coisa; causar; inspirar).

Objeto jurídico: Se tem dois planos de tutela. O primeiro diz respeito à formação moral de crianças. Noutro segundo plano, é a proteção preventiva da liberdade sexual da criança.

Objeto material: É a criança.

Sujeito ativo: Pode ser qualquer pessoa, por ser crime comum.

Sujeito passivo: É apenas a criança (com até 11 anos completos). O adolescente não é tutelado neste dispositivo legal.

Elemento subjetivo: É o dolo com a vontade livre e consciente de dirigir a conduta para um fim. Aqui se exige o elemento subjetivo especial, qual seja, o fim de praticar ato libidinoso com criança. Não há previsão da modalidade culposa no injusto penal sob exame.

Consumação: O crime é formal, com a dispensa da efetiva prática do ato libidinoso. Assim, não precisa de resultado no mundo naturalístico.

Tentativa: É possível a "conatus".

Classificação doutrinária: Crime comum; formal; de forma ou execução livre; comissivo/por ação; instantâneo, perigo abstrato, unissubjetivo; plurissubsistente.

Suspensão condicional do processo: É admissível.

Acordo de Não Persecução Penal: Tem cabimento, se preenchido todos os requisitos legais do art. 28-A, do CPP (incluído pela Lei nº 13.964/19) e não couber transação penal.

Ação penal: Ação penal pública incondicionada.

II – pratica as condutas descritas no *caput* deste artigo com o fim de induzir criança a se exibir de forma pornográfica ou sexualmente explícita. (Incluído pela Lei nº 11.829, de 2008)

Comentários: O inciso II remete-se as condutas descritas no *caput*, quais sejam: *aliciar, assediar, instigar* ou *constranger*. *Aliciar* significa (atrair, convidar, seduzir, subornar, instigar, incitar criar promessas enganosas visando a prática de ato libidinoso com criança). *Assediar* diz respeito a (importunar, molestar com propostas ou condutas inoportunas visando a prática de ato libidinoso com criança). *Instigar* corresponde a (estimular, incitar, induzir e provocar a criança, visando a prática de ato libidinoso com esta). *Constranger* possui dois significados, variando o acompanhamento ou não de complemento. Se o verbo *constranger* estiver acompanhado de complemento, como por exemplo, "mediante violência ou grave ameaça", significa (coagir, compelir, obrigar, forçar à vítima). De outro lado, se o verbo *constranger* não estiver acompanhado de complemento, o ato de constranger corresponde a (incomodar, importunar, envergonhar, embaraçar alguém). Assim, se tem a conduta do tipo penal em estudo de *constranger* alguém neste contexto significa, corresponde a (incomodar, importunar, envergonhar, embaraçar alguém com a finalidade de com ela praticar ato libidinoso com criança).

Tipo remetido: A técnica empregada pelo legislador é conhecida como tipo remetido, pois as tipias do inciso II, do parágrafo único, do art. 241-D, do ECA, é formada pelos mesmos verbos da cabeça (*caput*) do artigo e se mira para o mesmo objeto de proteção, que é a criança. Todavia, altera-se o elemento subjetivo, que nesta situação é a finalidade de obter cenas pornográficas ou de sexo explícito de criança. O agente criminoso não deseja manter relação sexual com a criança, mas tem por objetivo obter fotografias, vídeos ou outros registros. Essa infração constitui como forma de prevenção à ocorrência das figuras dos arts. 240, 241 e 241-A, do ECA.

Objeto jurídico: Se tem dois planos de tutela. O primeiro diz respeito à formação moral de crianças. Noutro segundo plano, é a proteção preventiva da liberdade sexual da criança.

Objeto material: É a criança.

Sujeito ativo: Pode ser qualquer pessoa, por ser crime comum.

Sujeito passivo: É apenas a criança (com até 11 anos completos). O adolescente não é tutelado neste dispositivo legal.

Elemento subjetivo: É o dolo com a vontade livre e consciente de dirigir a conduta para um fim. Aqui se exige o elemento subjetivo especial, qual seja, agir com indução da criança a se exibir de forma pornográfica ou sexualmente explícita. Se não tive presente este fim, o crime não restará configurado. Não há previsão da modalidade culposa no injusto penal sob exame.

Consumação: O crime é formal, com a dispensa da efetiva prática de que a criança venha se exibir. Assim, não precisa de resultado no mundo naturalístico.

Tentativa: É possível a "conatus".

Classificação doutrinária: Crime comum; formal; doloso; de forma ou execução livre; comissivo/por ação; instantâneo, perigo abstrato, unissubjetivo; plurissubsistente.

Suspensão condicional do processo: É admissível.

Acordo de Não Persecução Penal: Tem cabimento, se preenchido todos os requisitos legais do art. 28-A, do CPP (incluído pela Lei nº 13.964/19) e não couber transação penal.

Ação penal: Ação penal pública incondicionada.

Art. 241-E. Para efeito dos crimes previstos nesta Lei, a expressão "cena de sexo explícito ou pornográfica" compreende qualquer situação que envolva criança ou adolescente em atividades sexuais explícitas, reais ou simuladas, ou exibição dos órgãos genitais de uma criança ou adolescente para fins primordialmente sexuais. (Incluído pela Lei nº 11.829, de 2008)

Comentários: O dispositivo em análise é aquilo que a doutrina pátria convencionou a chamar de norma penal explicativa. O legislador definiu que a expressão "cena de sexo explícito ou pornográfica" consiste em qualquer situação que envolva criança ou adolescente em atividades sexuais explícitas, reais ou simuladas, ou exibição dos órgãos genitais de uma criança ou adolescente para fins primordialmente sexuais. Há setor da doutrina criticando que embora o conceito seja amplo do contexto da pornografia e de cena de sexo, o legislador deixou aquém este alcance para os parâmetros contemporâneos e deveria ter deixado a interpretação mais aberta, o que certamente também geraria crítica da doutrina garantista.

Art. 242. Vender, fornecer ainda que gratuitamente ou entregar, de qualquer forma, a criança ou adolescente arma, munição ou explosivo:

Pena - reclusão, de 3 (três) a 6 (seis) anos. (Redação dada pela Lei nº 10.764, de 12.11.2003)

Verbos nucleares: Os verbos do injusto penal são *vender, fornecer* ou *entregar. Vender* significa (alienar [um objeto] mediante certo preço; transmitir a outrem mediante preço pago; trocar ou negociar objeto por dinheiro); *fornecer* corresponde (abastecer; equipar; dar; prover; produzir ou munir do necessário); *entregar* consiste em (passar para a posse de alguém; fazer chegar; devolver; restituir ou colocar algo à disposição de alguém). Os verbos vender e fornecer **arma, munição ou explosivo** à **criança ou adolescente** podem ser praticados ainda que gratuitamente. Ademais, o verbo entregar **arma, munição ou explosivo** pode se dar de qualquer forma à **criança ou adolescente.**

Este tipo foi criado em decorrência de possível violação da proibição contida no art. 81, incisos II e III, do "ECA", que estatuem o seguinte:

> **"Seção II**
>
> **Dos Produtos e Serviços**
>
> Art. 81. É proibida a venda à criança ou ao adolescente de:
>
> [...]
>
> **II - bebidas alcoólicas;**
>
> **III - produtos cujos componentes possam causar dependência física ou psíquica ainda que por utilização indevida;"**

Objeto jurídico: Busca-se proteger a integridade física e moral da criança ou adolescente.

Objeto material: É a arma, munição ou explosivo.

Confronto do art. 13 do Estatuto do Desarmamento e o artigo em estudo: Pode haver cogitação qual dispositivo deve prevalecer entre o art. 13 do Estatuto do Desarmamento e o artigo em estudo.

O art. 13, da Lei nº 10.826/2003 apresenta a seguinte redação: **"Deixar de observar as cautelas necessárias para impedir que menor de 18 (dezoito) anos ou pessoa portadora de deficiência mental se apodere de arma de fogo que esteja sob sua posse ou que seja de sua propriedade" caracteriza, em tese, crime punível detenção, de 1 (um) a 2 (dois) anos, e multa. Parágrafo único. Nas mesmas penas incorrem o proprietário ou diretor responsável ele empresa de segurança e transporte ele valores que deixarem de registrar ocorrência policial e ele comunicar à Polícia Federal perda, furto, roubo ou outras formas ele extravio ele arma de fogo, acessório ou munição que estejam sob sua guarda, nas primeiras 24 (vinte quatro) horas depois ele ocorrido o fato."**

Para a doutrina, a diferença dos tipos penais reside no objeto material dos referidos delitos, pois no art. 13 do Estatuto do Desarmamento abrange arma de fogo, e o dispositivo no Estatuto Menorista abrange arma que não seja de fogo, como a arma branca - onde pensamos que deve haver uma certa cautela e prudência nesse entendimento, pois existe discussão sobre o que vem a ser arma branca própria e imprópria, não podendo se aplicar indiscriminadamente, sob pena de se criar insegurança jurídica. Quanto à arma branca própria parece não ter dúvidas de sua incidência, agora à arma branca imprópria dependeria do contexto e do caso concreto em si.

Uma outra diferença é de que no art. 13 do Estatuto do Desarmamento, se exige a culpa e é crime omissivo, enquanto aqui o crime é doloso e comissivo (por ação). O argumento de que crianças e adolescentes por se tratarem de "seres imaturos" não poderiam ter acesso a armas brancas impróprias não pode ter a força hercúlea por si só de incriminar, em regra, essas situações, devendo analisar o caso concreto em si, pois nossas crianças e adolescentes de hoje não são tão ingênuas como as de outrora, mormente com a tecnologia e as inúmeras fontes de informações hodiernas. Não desconsideramos, obviamente, de que uma arma imprópria pode causar estragos indescritíveis, assim como arma própria ou arma branca própria pode proporcionar.

Discussão quanto omissão de cautela às munições para criança e adolescente: Quanto à omissão de cautela de munições para criança e adolescentes há discussão, pois como o Estatuto do Desarmamento não fala da omissão de cautela de munição para o adulto maior e capaz penalmente, não se podendo ampliar para incidir aqui também.

Poderia se ter no máximo para quem omite o dever de cautela às munições para criança e adolescentes, a contravenção do art. 19, da Lei Contravenções Penais, o que de qualquer forma é altamente controvertido também. Lembra-se que o tipo penal está redigido da seguinte forma: **"Vender, fornecer ainda que gratuitamente ou entregar, de qualquer forma, a criança ou adolescente arma, munição ou explosivo."**

CUIDADO: Se a conduta for **"vender, fornecer ainda que gratuitamente ou entregar, de qualquer forma, munição à criança ou adolescente"**, a discussão altera de figura penal passando para ao **art. 16, par. único, inciso V do Estatuto do Desarmamento.**

Conflito do artigo em estudo e art. 16, par. único, inciso V do Estatuto do Desarmamento: O art. 16, par. único, inciso V, da Lei nº 10.826/2003 considera crime, punível de 03 (três) a 06 (seis) anos de reclusão, e multa quem "vender, entregar ou fornecer, ainda que gratuitamente, arma de fogo, acessório, munição ou explosivo a criança ou adolescente".

Pelo critério da especialização e cronológico (lei posterior) já que a lei de armas é posterior ao Estatuto Menorista, o delito descrito no art. 242 do

ECA teria sido revogado parcialmente de forma tática, pois a conduta de vender, fornecer ou entregar arma de fogo, munição ou explosivo a criança ou adolescente configuraria agora o delito previsto no Estatuto do Desarmamento. De outro lado, como o ECA não fez menção à arma *de fogo,* continua aplicável somente quando se tratar de arma de outra natureza, ou seja, que não seja de fogo com as ressalvas já feitas quanto a necessidade de cautela e prudência, em relação as armas brancas impróprias.

Ademais, o art. 16, par. único, da Lei nº 10.826/2003, traz um tratamento mais rigoroso ao agente, por incluir a multa como pena a ser também aplicada, conjuntamente com a privativa de liberdade, prevendo ainda em seu art. 21 que tal infração é "insuscetível de liberdade provisória" – embora o STF tenha entendido ser inconstitucional à proibição em abstrato da liberdade provisória, cabendo ao julgador analisar no caso concreto.

O tipo penal do art. 242 do ECA permanece aplicável para o caso de o agente vender, fornecer ou entregar a criança ou adolescente arma branca.

Vigência do art. 242 do ECA apenas para arma branca: A doutrina diz que a sua vigência serve apenas para questão de arma branca (faca, etc.), onde pensamos que deve haver uma certa cautela e prudência nesse entendimento. Sustentamos isso, porque existe discussão sobre o que vem a ser arma branca própria e imprópria, não podendo se aplicar indiscriminadamente, sob pena de se criar insegurança jurídica. Quanto à arma branca própria parece não ter dúvidas de sua incidência, agora à arma branca imprópria dependeria do contexto e do caso concreto em si.

A doutrina discute sobre armas brancas próprias (são aquelas destinadas especificamente para o ataque ou defesa) ou armas brancas impróprias (que são objetos empregados indevidamente para o ataque ou defesa. Exemplos são a chave de fenda, martelo, machado).

As condutas do injusto penal em exame são plurinucleares, tipo misto alternativo; crime de ação múltipla ou ação/tipo/crime/delito de conteúdo variado. A ocorrência de mais de uma dessas condutas no mesmo contexto fático não ensejará novo crime, caracterizando tão somente crime único.

Sujeito ativo: Pode ser qualquer pessoa, por se tratar de crime comum.

Sujeito passivo: É a criança ou o adolescente.

Elemento subjetivo: É o dolo com a vontade livre e consciente de vender, fornecer gratuitamente ou entregar de qualquer forma a arma à criança ou ao adolescente.

Consumação: O delito consuma-se com a prática das condutas típicas.

Tentativa: É cabível a tentativa.

Classificação doutrinária: Crime comum; formal; doloso; comissivo; de perigo abstrato; instantâneo; admite tentativa; tipo misto alternativo; doloso; de perigo abstrato; cabe tentativa.

Suspensão condicional do processo: Não é possível, porquanto a pena mínima cominada ultrapassa 1 ano (art. 89 da Lei 9.099/95).

Acordo de Não Persecução Penal: Tem cabimento, se preenchido todos os requisitos legais do art. 28-A, do CPP (incluído pela Lei nº 13.964/19) e não couber transação penal.

Ação penal: Ação penal pública incondicionada.

Art. 243. Vender, fornecer, servir, ministrar ou entregar, ainda que gratuitamente, de qualquer forma, a criança ou a adolescente, bebida alcoólica ou, sem justa causa, outros produtos cujos componentes possam causar dependência física ou psíquica: (Redação dada pela Lei nº 13.106, de 2015)

Pena - detenção de 2 (dois) a 4 (quatro) anos, e multa, se o fato não constitui crime mais grave. (Redação dada pela Lei nº 13.106, de 2015)

Verbo nuclear: Os verbos nucleares do tipo objetivo consistem nas modalidades *vender, fornecer, servir, ministrar* ou *entregar.* Vejamos o que cada um corresponde. *Vender* significa (alienar [um objeto] mediante certo preço; transmitir a outrem mediante preço pago; trocar ou negociar objeto por dinheiro); *fornecer* corresponde (abastecer; equipar; dar; prover; produzir ou munir do necessário); *servir* significa (estar a serviço, prestar serviços; cuidar; ajudar, auxiliar, ser útil; estar às ordens de, atender; aproveitar-se de, usar, utilizar-se de; dar, fornecer, ministrar, oferecer; aproveitar, convir, ser útil; agradar, satisfazer); *ministrar* corresponde (a dar, fornecer, apresentar, servir); *entregar* consiste em (passar para a posse de alguém; fazer chegar; devolver; restituir ou colocar algo à disposição de alguém).

Todos esses verbos (*vender, fornecer, servir, ministrar* ou *entregar*) podem ser praticados ainda que gratuitamente e de qualquer forma pelo agente criminoso (sujeito ativo), bastando que a bebida alcoólica ou os outros produtos cujos componentes possam causar dependência física ou psíquica, sem justa causa, de alguma forma pelos verbos nucleares acima cheguem ao poder da criança ou do adolescente.

Como decorrência desta proibição, o art. 81, incisos II e III, do "ECA" estatuem que:

> **Seção II**
>
> **Dos Produtos e Serviços**
>
> Art. 81. É proibida a venda à criança ou ao adolescente de:
>
> [...]
>
> **II - bebidas alcoólicas;**
>
> **III - produtos cujos componentes possam causar dependência física ou psíquica ainda que por utilização indevida;**

Pela singela leitura do art. 81, incisos II e III, do "ECA" se percebe a abrangência do citado dispositivo legal para tutelar a criança e o adolescente.

O crime do art. 243 do ECA, é um tipo penal aberto (e não lei/norma penal em branco) e qualquer produto poderá ser enquadrado no conceito fornecido, desde que em sua composição, possua substâncias que possam causar dependência física ou psíquica.

Por sua vez, a redação do artigo 243 do ECA, não faz distinção entre produtos lícitos ou ilícitos, assim o que a norma penal em evidência pretende coibir é a venda ou fornecimento de produtos que possam causar dependência física ou psíquica ao menor (incluindo-se cigarros).

O Superior Tribunal de Justiça já entendeu desta forma acerca do tema, sustentando que o cigarro pode causar dependência química e, como tal, se enquadraria no crime previsto no artigo 243 da Lei 8.069/90 (STJ - REsp 1.359.455).

Objeto jurídico: É a saúde pública, em particular a saúde da criança e do adolescente, e a boa integração social. Para outra parte da doutrina, tutela-se a integridade física e moral da criança ou adolescente.

Objeto material: Consiste no produto apto a capaz de gerar dependência física ou psíquica.

Sujeito ativo: Pode ser qualquer pessoa.

Sujeito passivo: É o menor de 18 anos, enquadrando neste prisma criança e adolescente.

Elemento subjetivo: É o dolo com a vontade livre e consciente realizar as condutas do injusto penal em estudo. Não é necessário elemento específico subjetivo. Admite-se o dolo eventual. Não haverá crime se o sujeito agiu apenas com culpa.

Elementos normativos do tipo: Aqui para configuração do delito na segunda parte do tipo penal (**ou, sem justa causa, outros produtos cujos componentes possam causar dependência física ou psíquica**) se exige ainda o elemento normativo "sem justa causa", pois se estiver presente a justa causa poderemos estar perante fato atípico.

Cigarro de maconha é suficiente para configurar este delito? Embora seja possível baseado neste raciocínio analógico à decisão do STJ (STJ - REsp 1.359.455), havendo **venda, fornecimento, a conduta de servir, ministrar ou entregar** drogas à criança e ao adolescente, o delito será outro (art. 33 da Lei de Drogas, com causa de aumento de pena do art. 40, inciso VI, da Lei nº 11.343/2006).

Cigarro eletrônico caracteriza? O "cigarro eletrônico", "e-cigars", "e-cigarette", "caneta vapor", e-ciggy, ecigar ou o "e-cigarro" consiste num dispositivo que contém uma bateria e uma resistência que aquece o líquido em seu interior.

Esse líquido (composto de propilenoglicol que pode causar doenças e substâncias aromatizantes) pode conter ou não a substância de nicotina (elemento responsável pela dependência) e a pessoa aspira da mesma forma como faz com o cigarro comum, mas é expelido vapor em vez de fumaça[19]. Todavia, é importante ter em mente que este não é um mero vapor d'água, pois contém substâncias tóxicas que podem ser nociva tão quanto um cigarro convencional ou até mesmo maior. Há quem defenda que as substâncias podem ser menos nocivas de um cigarro convencional.

O "cigarro eletrônico","e-cigars", "e-cigarette", "caneta vapor", e-ciggy, ecigar ou o "e-cigarro" dentre outras denominações foi inventado em 2003 por um farmacêutico chinês chamado Hon Lik[20], sob a publicidade de ser uma forma menos nociva de

19. Perez, Cristina.OS RISCOS DO CIGARRO ELETRÔNICO.Publicado em: 29 de outubro de 2015 no site Fundação do Câncer com você, pela vida. Disponível em:<<https://www.cancer.org.br/os-riscos-do-cigarro-eletronico/>>. Acesso em 05 de junho de 2018.
20. Há quem sustente que na verdade, o cigarro eletrônico é invento de uma empresa chinesa Golden Dragon Group, como alternativa ao tabagismo.

consumir a nicotina, sem que o tabaco fosse queimado, evitando assim, em tese, a eliminação das outras mais de 4.700 substâncias produzidas nessa queima.

O aparelho funciona com o uso de refis, e eles nem sempre precisam conter nicotina em sua solução. Alguns desses refis têm sabores como chocolate, baunilha, menta e morango, o que os ajuda a se tornarem mais palatáveis.

Ainda sobre a nocividade do "cigarro eletrônico", "e-cigars", "e-cigarette", "caneta vapor", e-ciggy, ecigar ou o "e-cigarro" à saúde, existe um documento de apoio da Associação Médica Brasileira (AMB) - e das Sociedades Médicas a ela filiadas - à proibição dos Dispositivos Eletrônicos no Brasil. O documento enfatiza a nocividade do uso do cigarro eletrônico para a saúde do usuário. A Associação Médica Brasileira (AMB) destaca, também no documento, o poder do "cigarro eletrônico" para atrair usuários jovens, instigando ao hábito de fumar.

Há resultados preliminares de uma pesquisa da faculdade de medicina da Universidade de Nova York, indicando que o cigarro eletrônico poderia aumentar o risco de danos ao coração, pulmões e bexiga, contudo, os resultados não são conclusivos, já que esse tipo de investigação pode levar alguns anos para dar certeza sobre os resultados preliminares obtidos até então.

Outrossim, há um **Relatório da Convenção Quadro para o Controle do Tabaco da Organização Mundial da Saúde (CQCT - OMS)** convidando os 181 países participantes da Convenção a proibirem Dispositivos Eletrônicos para Fumar[21].

De qualquer forma, vale pontuar que não existe ainda um estudo científico definitivo por parte da Organização Mundial da Saúde (OMS) para essa questão e enquanto isso, seguem às discussões com opiniões divididas sobre o tema.

Diante desse quadro, a perícia será essencial no caso concreto para apontar se o cigarro eletrônico pode ou não ser considerado produto cujos componentes possam causar dependência física ou psíquica. Se for positiva a resposta da perícia, qual seja, que o cigarro eletrônico pode ser considerado produto cujos componentes possam causar dependência física ou psíquica, entendemos possível, baseado no raciocínio analógico à decisão do STJ (STJ - REsp 1.359.455), à configuração do crime do art. 243 do ECA além de outros relevantes penais – conforme se verá adiante.

Desde 2009, a Agência Nacional de Vigilância Sanitária (Anvisa) proíbe a comercialização, importação e a publicidade do cigarro eletrônico, baseada no princípio da precaução, já que não há estudo que comprove que ele pode ser usado como uma alternativa ao cigarro. A par disso, como já dito, foi publicada a Resolução RDC 46/2009 da Anvisa, onde esta resolução traz as seguintes proibições:

> Art. 1º Fica proibida a comercialização, a importação e a propaganda de quaisquer dispositivos eletrônicos para fumar, conhecidos como cigarros eletrônicos, e-cigaretes, e-ciggy, ecigar, entre outros, especialmente os que aleguem substituição de cigarro, cigarrilha, charuto, cachimbo e similares no hábito de fumar ou objetivem alternativa ao tratamento do tabagismo

Com isso, entendemos possível baseado neste raciocínio analógico à decisão do STJ (STJ - REsp 1.359.455) **à configuração do crime do art. 243 do ECA [ocorrendo as condutas vender, fornecer, servir, ministrar ou entregar** o "cigarro eletrônico", "e-cigars", "e-cigarette", "caneta vapor" ou o "e-cigarro" à criança e ao adolescente, desde que comprovado pericialmente que o **produto contenha componentes que possam causar dependência física ou psíquica] e até mesmo o crime de contrabando (podendo haver concurso de crimes, a depender do contexto fático)**.

Isso não se cuida de analogia "in malam partem".

A **interpretação analógica** é o processo de averiguação do sentido da norma jurídica, em que se vale de elementos fornecidos pela própria lei, através de método de semelhança. Para ser mais didático, a interpretação analógica tem vez sempre que o legislador apresenta uma forma casuística (fechada) seguida de uma fórmula genérica (aberta). Exemplo: a existência de lei para o caso concreto em que se tem um rol de exemplos seguido de forma genérica, como a exemplificação doutrinária do art. 121, § 2º, I do CP - mediante paga ou promessa de recompensa, ***ou por outro motivo torpe*** - a paga ou promessa de recompensa em si, são exemplos de motivo torpe. Com isso, o Código Penal utiliza a

21. ANVISA. **Por que o cigarro eletrônico não é autorizado? Proibidos no Brasil desde 2009, os e-cigarettes ainda não têm a segurança comprovada para sua utilização. Pesquisas apontam para riscos.**Publicado: 02/02/2018. Última Modificação: 10/04/2018 no Portal da Anvisa.Disponível em:<<**http://portal.anvisa.gov.br/noticias/-/asset_publisher/FXrpx9qY7FbU/content/por-que-o-cigarro-eletronico-nao-e-autorizado-/219201/pop_up?_101_INSTANCE_FXrpx9qY7FbU_viewMode=print**>>. Acesso em 05 de junho de 2018.

fórmula casuística e, após, apresenta uma fórmula genérica ("ou por outro motivo torpe").

Noutro giro, a **interpretação extensiva** é o processo de extração do autêntico significado da norma, ampliando-se o alcance das palavras legais, a fim de se atender a real finalidade do texto. Nesta, existe uma norma regulando a hipótese, de modo que não se aplica a norma do caso análogo, não mencionando, tal norma, expressamente essa eficácia, devendo o intérprete ampliar seu significado além do que estiver expresso. Com a apresentação das 3 situações, podemos afirmar categoricamente que o art. 243, do ECA cuida-se de uma interpretação analógica, porque o legislador especifica a bebida alcoólica (uso de casuística fechada) e outros produtos cujos componentes possam causar dependência física ou psíquica (uma fórmula genérica e aberta).

Tanto a interpretação analógica e a interpretação extensiva são perfeitamente aplicáveis em Direito Penal, e por consequência, no Estatuto da Criança e do Adolescente na parte "criminal" - previsão de crimes no diploma, como a situação em espécie. Já a analogia "in malam partem" é proibida tanto no Direito Penal como no Estatuto da Criança e do Adolescente na parte "criminal".

Narguilé/narguile e equivalentes configura? Igualmente, entendemos possível a configuração do delito em análise, baseado no raciocínio analógico ao precedente do STJ (STJ - REsp 1.359.455).

As mesmas considerações quanto às explicações dos verbos **vender, fornecer, servir, ministrar ou entregar** o "cigarro eletrônico", "e-cigars", "e-cigarette", "caneta vapor" ou o "e-cigarro" à criança e ao adolescente são aplicadas aqui com as adequações no que toca ao **narguilé/narguile e equivalentes.**

A **narguilé/narguile** (nome de origem árabe) é conhecida como **shisha, cachimbo d' água, hookah** (na Índia), **goza** (nos países do norte da África), **narguilê, narguila, nakla, arguile.**

Sobre a **narguilé/narguile** ou **shisha** veja o que a Anvisa diz em seu Portal:

> Alegar que o fumo para narguilé não faz mal à saúde, ou faz menos mal à saúde, é no mínimo temerário, pois os dados apontam que o uso do narguilé poderia, até mesmo, ser mais maléfico a saúde que os próprios [*sic*] cigarros. Estudo em 2010 (1) encontrou os seguintes teores na fumaça desses produtos: CO -150 mg, nicotina – 4mg e alcatrão – 602 mg.
>
> São valores muito superiores aos de referência para cigarros, a saber: CO - 10mg, nicotina - 1mg e alcatrão - 10 mg de CO. Sendo assim, temos um valor 15 vezes maior de CO, 4 vezes maior de nicotina e 60 vezes de alcatrão, no narguilé em relação ao cigarro.
>
> Outro estudo de 2005 (2) apresenta valores semelhantes (2,94 mg de nicotina, 802 mg de alcatrão e 145 mg de CO). Este estudo aponta, ainda, uma presença significativa de policiclico aromáticos (conhecidos agentes carcinogênicos) na fumaça do narguilé.
>
> Outro ponto também que as pessoas não se dão conta é que o volume de fumaça tragada no narguilé é muito maior quando comparado com o do cigarro. Vejamos abaixo os perfis de tragadas mais utilizados para cigarro – Método da ISO (3) e para narguilé (2).
>
> É importante lembrar que os valores expressos são em mg do componente de interesse/g de tabaco. Um cigarro hoje em dia tem cerca de 0,8 g de tabaco, enquanto a rodada de shisha, outro nome para o narguilé, usa pelo menos umas 10 gramas de tabaco (ou seja mais de 10 X a quantidade de tabaco fumado). Esse fato, por si só, já garantiria uma maior quantidade de componentes tóxicos inaladas.

Perfil da Tragada	Cigarro	Shisha
Número de tragadas	10	171
Duração da tragada	2 s	2,6 s
Volume da Tragada	35 ml	530 ml
Intervalo da tragada	60 s	17 s
Volume total de fumaça tragada	0,35 l	90,63 l

A maioria das marcas de shisha no mercado não possuem registro dos dados cadastrais na Anvisa, ou seja, tratam-se de produtos ilegais do ponto de vista sanitário, que tem grande apelo para crianças e adolescentes, associadas ainda com enganosas alegações de que possuiriam riscos reduzidos a saúde" (Narguilé ou shisha. ANVISA - AGÊNCIA NACIONAL DE VIGILÂNCIA SANITÁRIA. Disponível: <<http://portal.anvisa.gov.br/resultado-de-busca?p_p_id=101&p_p_lifecycle=0&p_p_state=maximized&p_p_mode=view&p_p_col_id=column-1&p_p_col_count=1&_101_struts_action=%2Fasset_publisher%2Fview_content&_101_assetEntryId=2860320&_101_type=content&_101_groupId=219201&_101_urlTitle=narguile-ou-shisha&inheritRedirect=true>>. Acesso em 08 de junho de 2018).

Como se nota, a **narguilé/narguile** ou **shisha** teoricamente são mais prejudiciais do que o cigarro convencional.

A narguilé é um frasco de vidro (metal ou cerâmica; algumas são ornamentadas com desenhos), uma ou mais mangueiras e um fornilho – que é um recipiente – coberto por uma mistura de tabaco, sabores e aromas revestidos por carvão. Devido ser utilizado um filtro de água antes de a fumaça ser aspirada pelo fumante, a narguilé é vista como menos prejudicial à saúde. Contudo, a Organização Mundial da Saúde (OMS) divulgou dados que mostram justamente o contrário, apontando que uma sessão de uso de narguilé, que dura em média de 20 a 80 minutos, equivale à fumaça de 100 cigarros. Abrimos um parêntese aqui de que esse ponto quanto aos malefícios é divergente entre estudiosos. Ademais, há substâncias utilizadas que são proibidas pela Anvisa, assim, a depender do caso concreto poderemos ter tipificação de contrabando também.

Sobre a **analogia "in malam partem"**, a **interpretação analógica** ou **interpretação extensiva,** as mesmas observações anteriores do "cigarro eletrônico", "e-cigars", "e-cigarette", "caneta vapor" ou o "e-cigarro" à criança e ao adolescente se aplicam aqui na **narguilé/narguile** ou **shisha** – lembrando que a interpretação analógica se dá neste ponto também, porque o legislador especifica a bebida alcoólica (uso de casuística fechada) e outros produtos cujos componentes possam causar dependência física ou psíquica (uma fórmula genérica e aberta).

Com isso, entendemos possível baseado neste raciocínio analógico à decisão do STJ (STJ - REsp 1.359.455) à configuração do crime do **art. 243 do ECA [ocorrendo as condutas vender, fornecer, servir, ministrar ou entregar** a **narguilé/narguile** ou **shisha** à criança e ao adolescente.

Charuto e cachimbo: As mesmas observações anteriores se aplicam aqui.

E o *thinner*? Está regrado pela Resolução nº 345, de 15-12-2005 (ANVISA) e pelo custo mais baixo, está sendo trocado pelas crianças e adolescentes moradores de rua, em prejuízo da cola de sapateiro, para fins de uso.

"Cola de sapateiro"? Configura o art. 243, do ECA.

Outros solventes e outros inalantes, que por utilização indevida, podem causar dependência física ou psíquica? Configura também o art. 243, do ECA.

Venda, fornecimento, servir, ministrar ou entregar drogas à criança e ao adolescente: Ocorrendo a **venda, fornecimento, e a conduta de servir, ministrar ou entregar** drogas à criança e ao adolescente, o delito será outro (art. 33 da Lei de Drogas, com causa de aumento de pena do art. 40, inciso VI, da Lei nº 11.343/2006). Neste caso, não se aplica o art. 243, do ECA, pois qualquer droga listada no rol da Portaria SVS/MS nº 344, de 12 de maio de 1998 e demais do Ministério da Saúde é sujeita à Lei de Drogas. O art. 14, I, alínea *"a"*, do Decreto nº 5.912, de 27 de setembro de 2006, apregoa ser atribuição do Ministério da Saúde a publicação de listas atualizadas.

Consumação: As condutas no tipo penal em estudo se consumam com suas práticas, independentemente, do resultado no mundo naturalístico do menor.

Desse modo, ocorrendo a venda, fornecimento, entrega à criança ou ao adolescente, o crime se consuma, ainda que criança ou ao adolescente não ingira a bebida ou não use o produto. Não é preciso o efetivo consumo para que o delito se consume. Também é dispensável que a vítima tenha algum problema de saúde por conta da substância.

Tentativa: Admite-se tentativa.

Advento da Lei nº 13.106, de 2015) e a discussão antes da aludida lei se era ou não crime ou contravenção penal: Existia uma discussão doutrinária e jurisprudencial antes do advento da **Lei nº 13.106, de 2015)** se as condutas de **vender, fornecer, servir, ministrar ou entregar bebida alcoólica, ainda que gratuitamente, de qualquer forma, a criança ou a adolescente,** era ou não crimes ou contravenções penais.

Havia posições de ambos os lados (uma corrente sustentando ser crime, com base na antiga redação do art. 243, do ECA e a outra corrente que sustentava ser a contravenção penal do art. 63, I do Decreto-Lei 3.688/1941[22]), embora o Superior Tri-

22. **VENDA. ÁLCOOL. ADOLESCENTES.**
A venda de bebida alcoólica a menores de 18 anos é típica e encontra correspondência no art. 63, I, da Lei de Contravenções Penais. No caso, a errônea capitulação dos fatos no art. 243 do ECA não justifica o trancamento da ação penal; como consabido, o agente defende-se dos fatos e não de sua capitulação jurídica. Com esse entendimento, a Turma acolheu o parecer do MPF e concedeu a ordem de ofício para alterar a capitulação dos fatos. Precedentes citados: RHC 20.618-MG, DJe 6/9/2010; HC 89.696-SP, DJe 23/8/2010; HC 113.896-PR, DJe 16/11/2010, e Ag 1.275.948-PR, DJe 6/4/2010 (**STJ** - **RHC**

bunal de Justiça tivesse decidido depois de muita oscilação que **vender ou fornecer** bebida alcoólica antigamente (antes da lei supra) não serviria para configurar o antigo art. 243, do ECA.

Com isso, o legislador tempos depois, editou a Lei nº 13.106, de 2015 onde foi colocado uma pá de cal na discussão, se entendendo de ora em diante, que as condutas de **vender, fornecer** (previstas na antiga redação) **e servir, ministrar ou entregar bebida alcoólica, ainda que gratuitamente, de qualquer forma, a criança ou a adolescente,** seriam crimes previstos expressamente no art. 243, do ECA.

As condutas do injusto penal em exame são plurinucleares, tipo misto alternativo; crime de ação múltipla ou ação/tipo/crime/delito de conteúdo variado. A ocorrência de mais de uma dessas condutas no mesmo contexto fático não ensejará novo crime, caracterizando tão somente crime único.

Vender, fornecer, servir, ministrar ou entregar bebida alcoólica, ainda que gratuitamente, de qualquer forma, a criança ou a adolescente ou, sem justa causa, outros produtos cujos componentes possam causar dependência física ou psíquica para mais de 1 (uma) criança ou adolescente no mesmo contexto fático ou em contexto fático diverso: Podemos estar perante concurso formal, concurso material e até mesmo crime continuado se preencher os requisitos do art. 71, do CPB, por se violar mais de um bem jurídico tutelado.

Pessoa comum, o pai, mãe, parente ou conhecido que a título de brincadeira, permite que o filho, criança ou adolescente, ingira um gole de sua bebida alcoólica, haverá crime? Pensamos que a resposta seja positiva, ou seja, ocorre o crime em testilha.

Sem prejuízo do crime, ainda existe pela Lei n. 13.106/2015, uma infração administrativa de multa para quem desatende a regra no art. 258-C que estabelece o seguinte: "Art. 258 - C. Descumprir a proibição estabelecida no inciso II do art. 81:Pena – multa de R$ 3.000,00 (três mil reais) a R$ 10.000,00 (dez mil reais);"

Assim, se um empresário proprietário de um bar vende cerveja para um jovem de 17 anos, ele responderá agora pelo crime do art. 243 do ECA e também, como sanção administrativa, pela multa do art. 258-C. Antigamente na redação originária do "ECA", não se tinha esta disposição.

Classificação doutrinária: Crime/delito comum; crime/delito formal; crime/delito de ação livre; crime/delito por ação (comissivo); crime/delito subsidiário (se o fato não constitui crime mais grave); instantâneo; delitos plurinucleares (tipo misto alternativo; crime de ação múltipla ou ação/tipo/crime/delito de conteúdo variado); unissubjetivo; anormal, plurissubjetivo; admite-se "conatus".

Suspensão condicional do processo: Diante da previsão de pena de detenção de 2 (dois) a 4 (quatro) anos, **não** cabe **suspensão condicional do processo (sursis processual).**

Acordo de Não Persecução Penal: Tem cabimento, se preenchido todos os requisitos legais do art. 28-A, do CPP (incluído pela Lei nº 13.964/19) e não couber transação penal.

Ação penal: Ação penal pública incondicionada.

Art. 244. Vender, fornecer ainda que gratuitamente ou entregar, de qualquer forma, a criança ou adolescente fogos de estampido ou de artifício, exceto aqueles que, pelo seu reduzido potencial, sejam incapazes de provocar qualquer dano físico em caso de utilização indevida:

Pena - detenção de seis meses a dois anos, e multa.

Verbos nucleares: Os verbos do tipo penal são *vender, fornecer* ou *entregar. Vender* significa (alienar [um objeto] mediante certo preço; transmitir a outrem mediante preço pago; trocar ou negociar objeto por dinheiro); *fornecer* corresponde (abastecer; equipar; dar; prover; produzir ou munir do necessário); *entregar* consiste (em passar para a posse de alguém; fazer chegar; devolver; restituir ou colocar algo à disposição de alguém). A punição decorre do perigo que a situação externa aos menores que usam fogos de artifícios e estampidos sem a supervisão de um responsável, onde podemos ter tragédias anunciadas para os menores e para quem estiver nas proximidades. Como decorrência desta proibição, o art. 81, incisos I e IV, do "ECA" prescrevem que:

> **Seção II**
>
> **Dos Produtos e Serviços**
>
> Art. 81. É proibida a venda à criança ou ao adolescente de:
>
> **I - armas, munições e explosivos;**
>
> [...]

28.689-RJ, Rel. Min. Celso Limongi (Desembargador convocado do TJ-SP), julgado em 5/5/2011).
Com o advento da **Lei nº 13.106, de 2015), a discussão supra perdeu sentido, pois agora é crime indiscutivelmente.**

IV - fogos de estampido e de artifício, exceto aqueles que pelo seu reduzido potencial sejam incapazes de provocar qualquer dano físico em caso de utilização indevida;

As condutas do injusto penal em exame são plurinucleares, tipo misto alternativo; crime de ação múltipla e/ou ação/tipo/crime/delito de conteúdo variado. A ocorrência de mais de uma dessas condutas no mesmo contexto fático não ensejará novo crime, caracterizando tão somente crime único.

Fogos de estampidos: São peças e instrumentos em atividade de pirotecnia que podem queimar e propiciar barulhos sonoros. Aqui se produz apenas ruídos ou explosões, não produzindo desenhos ou luzes coloridas. Exemplos: rojões e bombinhas (popularmente conhecidas como fogos de São João).

Fogos de artifícios: O conceito de fogos de artifícios está no art. 3º, LII, do Anexo do Decreto 3.665/2000. Em suma é "designação comum de peças pirotécnicas para transmitir a inflamação a fim de produzir luz, ruído, incêndios ou explosões, e normalmente empregadas em atividades." Aqui se produz ruídos, explosões, desenhos ou luzes coloridas (efeitos visuais).

Objeto jurídico: É a proteção da incolumidade física das crianças e dos adolescentes. De forma secundária se tutela também a integridade física de outras pessoas.

Objeto material: Recai sobre os fogos de estampido ou de artifício.

Sujeito ativo: Pode ser qualquer pessoa.

Sujeito passivo: É o menor de 18 anos, enquadrando neste prisma criança e adolescente. De modo secundário e indiretamente se tem como sujeito passivo, a coletividade, pois os fogos de artifícios em posse de crianças e adolescentes trazem perigo comum.

Elemento subjetivo: É o dolo com a vontade livre e consciente realizar as condutas do injusto penal em cartaz. Não se exige nenhum elemento subjetivo específico.

Consumação: O delito se consuma com a realização das condutas. É crime formal e não depende de resultado no mundo naturalístico.

Tentativa: É possível a tentativa, por estarmos perante crime plurissubsistente (pode ser fragmentado em vários atos).

Confronto: O tipo penal em análise não se confunde com art. 16, parágrafo único, VI, da Lei nº 10.826/2003, porque os objetos do Estatuto do Desarmamento são armas de fogo, munição, acessórios e explosivos que de alguma forma dentro dos núcleos verbais do tipo são destinados à crianças ou adolescentes e já no Estatuto Menorista os objetos são fogos de estampidos e artifícios que possam causar perigo ou sejam capazes de causar qualquer violação à integridade física ao ser utilizado pela criança ou adolescente.

Classificação doutrinária: Crime/delito comum; de forma livre; unissubjetivo; plurissubsistente; formal; doloso; ação (comissivo) perigo abstrato; instantâneo; possível a *conatus*.

Suspensão condicional do processo: É cabível, já que a penas mínima não excede a 1 ano.

Acordo de Não Persecução Penal: Em regra, não caberá o acordo de não persecução penal, se couber transação penal que tem cabimento nesta hipótese. Excepcionalmente, caso não preenchido os requisitos da transação penal, é que caberá acordo de não persecução penal, se presentes todos os requisitos legais do art. 28-A, do CPP.

Ação penal: Ação penal pública incondicionada.

Art. 244-A. Submeter criança ou adolescente, como tais definidos no *caput* do art. 2º desta Lei, à prostituição ou à exploração sexual: (Incluído pela Lei nº 9.975, de 23.6.2000)

Pena – reclusão de quatro a dez anos e multa, além da perda de bens e valores utilizados na prática criminosa em favor do Fundo dos Direitos da Criança e do Adolescente da unidade da Federação (Estado ou Distrito Federal) em que foi cometido o crime, ressalvado o direito de terceiro de boa-fé. (Redação dada pela Lei nº 13.440, de 2017)

§ 1º Incorrem nas mesmas penas o proprietário, o gerente ou o responsável pelo local em que se verifique a submissão de criança ou adolescente às práticas referidas no *caput* deste artigo. (Incluído pela Lei nº 9.975, de 23.6.2000)

§ 2º Constitui efeito obrigatório da condenação a cassação da licença de localização e de funcionamento do estabelecimento. (Incluído pela Lei nº 9.975, de 23.6.2000)

Comentários: O art. 244-A, do ECA que ganhou vida com a Lei nº 9.975/2000 foi tacitamente revogado com a superveniência da Lei nº 12.015/2009 que instituiu o art. 218-B no Código Penal Brasileiro, diante da redação idêntica deste dispositivo legal em vista do art. 244-A, do ECA. Com isto pelo critério cronológico, apesar de se estar perante lei especial, para a doutrina ocorreu à revogação tácita do art. 244-A, do ECA.

Art. 244-B. Corromper ou facilitar a corrupção de menor de 18 (dezoito) anos, com ele praticando infração penal ou induzindo-o a praticá-la: (Incluído pela Lei nº 12.015, de 2009)

Pena - reclusão, de 1 (um) a 4 (quatro) anos. (Incluído pela Lei nº 12.015, de 2009)

Verbos nucleares: *Corromper* ou *facilitar* são os verbos nucleares do tipo penal em estudo. *Corromper* pelo nosso dicionário significa (deteriorar[-se]; perverter; tornar podre, estragar, decompor, alterar, adulterar, perverter, depravar, viciar, subornar, peitar, comprar entre outros). Já o verbo *facilitar* corresponde a (tornar ou fazer fácil, ou exequível; prontificar-se, restar-se, dispor-se; pôr à disposição; facultar; apresentar ou representar [algo] como fácil entre outros).

Não é de hoje que se tem notado cada vez mais, o recrutamento de adolescentes e crianças por adultos para praticarem relevantes penais, mormente pela realidade brasileira em que as medidas socioeducativas – previstas em lei – voltadas para os adolescentes em conflito com a lei são complacentes por demais.

Aliado a isto, na prática, o sistema infantojuvenil dificilmente tem reeducado e ressocializado adolescentes infratores – assim como ocorre em nossos presídios e cadeias relativamente aos adultos maiores e capazes.

A legislação neste ponto traz uma postura do legislador em impedir uma posição negativa do menor ao ambiente infracional, que incuta em sua mente o caminho do crime como uma opção de vida.

As condutas do injusto penal em análise são plurinucleares, tipo misto alternativo; crime de ação múltipla ou ação/tipo/crime/delito de conteúdo variado. A ocorrência de mais de uma dessas condutas no mesmo contexto fático não ensejará novo crime, caracterizando tão somente crime único.

O maior e capaz que corromper o adolescente, com ele praticando a infração penal ou induzindo-o a praticá-la e a discussão do concurso de crime: O delito do art. 244-B, do ECA, pode ser executado em 2 modos.

1ª situação: A primeira situação diz respeito em que o adulto maior e capaz com ele (criança e/ou adolescente) praticam à infração penal em concurso de pessoas. Exemplificando: um adulto maior e capaz que pratica um roubo juntamente com o adolescente/criança. Pode se cogitar o concurso material ou concurso formal impróprio de crimes, a depender do contexto fático apresentado, respondendo o adulto de qualquer forma pelos 2 (dois) crimes: um sendo de roubo e outro de corrupção de menores em concurso material ou concurso formal impróprio de crimes, dependendo do caso concreto.

Já o adolescente infrator responderá apenas pelo ato infracional similar de roubo no caso exemplificado.

Quanto à criança pelo hipotético ato infracional (desvio de conduta) similar de roubo no caso exemplificado, esta estará sujeita apenas às medidas protetivas.

2ª situação: A segunda situação diz respeito em que o adulto maior e capaz induz (criança e/ou adolescente) a praticar(em) à infração penal (ato infracional).

Poderia se falar numa singela participação do adulto maior e capaz no ato infracional no ato de "induzir", todavia, a opção do legislador foi de alçar a conduta do adulto maior e capaz à condição de autoria (como autor intelectual).

Exemplificando: um adulto maior e capaz que induz um adolescente/criança a pratica ato infracional análogo a roubo. Pode se cogitar o concurso material ou concurso formal impróprio de crimes, a depender do contexto fático apresentado, respondendo o adulto de qualquer forma pelo 2 (dois) crimes: um sendo de roubo e outro de corrupção de menores em concurso material ou concurso formal impróprio de crimes, dependendo do caso concreto.

Já o adolescente infrator responderá apenas pelo ato infracional similar de roubo no caso exemplificado.

Quanto à criança pelo hipotético ato infracional (desvio de conduta) similar de roubo no caso exemplificado, esta estará sujeita apenas às medidas protetivas.

E no caso do adolescente e criança que recruta o adulto ou dirige conduta de adulto em infrações penais?

Já o adolescente e/ou criança que recruta um adulto maior e capaz para a prática de infrações penais numa eventualidade, este adulto maior e capaz tem o dever de impedir ou fazer com que o adolescente e/ou criança desista da empreitada delitiva-infracional.

Entendemos que numa ordem natural da vida, os mais velhos (leiam-se adultos maiores e capazes) sempre conduzem os adolescentes e/ou crianças e é isto que se aguarda da lógica, e aderindo o adulto maior e capaz ao recrutamento ou sendo dirigido por adolescente e/ou criança com subversão da ordem para a prática de infrações penais, acabaria o adulto maior e capaz praticando o crime do art. 244-B, do ECA, pois todos mutuamente, na pior das hipóteses, teriam aderido a conduta convergente ao delito (ato infracional) em tela, em que o adulto maior e capaz hipoteticamente corrompeu e/ou facilitou hipoteticamente a corrupção do(s, a, as) adolescente(s) e/ou criança em testilha na prática delitiva-infracional, de acordo com o contexto fático.

Cumpre lembrar que não se indaga se o adolescente ou a criança era ou não voltados para a prática de atos infracionais, sendo irrelevante para o caso concreto.

O maior de idade e capaz (adulto), num plano ético constitucional tem o dever de contribuir ao bem do(a) adolescente e evitar que adolescentes e crianças enveredem pelo "mundo do crime".

O art. 227 da CF/88 e arts. 1º e 4º, ambos do "ECA" trazem como imposição o dever da família, sociedade e Estado de zelar pelo bem da criança e do adolescente, onde o(s) adulto(s) maior(es) e capaz(es) está(ão) topograficamente inserido(s) no seio social.

Na prática, parcela dos casos revelam que todos (adultos e adolescentes) têm mutuamente aderidos a conduta convergente ao delito (ato infracional) em tela, o que para nós, hipoteticamente, indica que o adulto acaba por corromper ou facilitar hipoteticamente à corrupção do(s, a, as) adolescente(s) na prática delitiva-infracional.

A interpretação teleológica e sistemática do "ECA" com fulcro nos princípios da proteção integral ao menor e do melhor interesse leva a conclusão de que o maior corrompendo ou facilitando a corrupção do menor deve incidir nas penas do art. 244-B, porque do contrário estaria se ferindo e maltratando os princípios supra deitados no art. 1º, do "ECA".

O mínimo que se espera eticamente de um cidadão "maior de idade e capaz" neste caso é que não contribua para o firme propósito psicológico do adolescente e/ou criança nem contribua com ânimo do infrator no intento de cometer atos infracionais.

O adulto maior e capaz neste caso deve desencorajar o(s, a, as) adolescente e não o contrário, como hipoteticamente, agir de maneira convergente aos fins delitivos e infracionais.

Ademais, como já dito, não se perquire se o adolescente ou a criança era ou não voltados para a prática de atos infracionais, sendo irrelevante para o caso concreto.

Por derradeiro, a Súmula nº 500 do Superior Tribunal de Justiça orienta que o crime de corrupção de menor é **crime formal**, ou seja, independe de resultado no mundo material. É posição do STF também (vide HC 92014/SP, publicado em 21/11/2008; HC 97197/PR, Rel. Min. Joaquim Barbosa, 27/10/2009).

Revogação da antiga Lei nº 2.252/1954 com advento do art. 244-B, do ECA e a questão da "abolitio criminis" ou princípio da continuidade normativo típica: Para nós a antiga Lei nº 2.252/1954 apesar de revogada pelo advento do art. 244-B, do ECA, fez com que ocorresse o princípio da continuidade normativo típica e não a "abolitio criminis".

Objeto jurídico: O bem jurídico aqui é a formação moral do menor de idade (STJ – REsp 1.680.114-GO, Rel. Min. Sebastião Reis Júnior, por unanimidade, julgado em 10/10/17, DJe 16/10/17).

Objeto material: A criança e o adolescente.

Sujeito ativo: Pode ser qualquer pessoa.

Sujeito passivo: É o menor de 18 anos, enquadrando neste prisma criança e adolescente.

Elemento subjetivo: É o dolo com a vontade livre e consciente de corromper ou facilitar à corrupção.

Consumação: As condutas no tipo penal em exame se consumam com suas práticas, independentemente, de corrupção moral social como resultado no mundo naturalístico do menor. Não importa também se o menor está ou não envolvido em infrações penais anteriores ao fato e se sua moral social seja censurada. A Súmula nº 500 do Superior Tribunal de Justiça orienta que o crime de corrupção de menor é **crime formal**, ou seja, independe de resultado no mundo material. É posição do STF também (vide HC 92014/SP, publicado em 21/11/2008; HC 97197/PR, Rel. Min. Joaquim Barbosa, 27/10/2009).

Crítica: Parte da doutrina critica esta posição, por ignorar a juventude dos dias atuais, assim como por ignorar situações em que o menor de 18 anos está envolvido com o mundo do crime até mesmo mais que o adulto maior e capaz e que assim o bem tutelado restaria vazio para ser protegido. Essa crítica é rechaçada pela jurisprudência majoritária dos Tribunais Superiores e doutrina.

Tentativa: Admite-se a *conatus*.

2 (dois) ou mais adolescentes/crianças corrompidos ou com facilitação à corrupção no mesmo contexto fático: As situações que envolvam 2(dois) ou mais adolescentes/crianças corrompidos ou com facilitação à corrupção por adulto(s) em concurso de crimes, no mesmo contexto fático, correspondem a 2 ou mais crimes de corromper ou facilitar a corrupção de adolescente ou criança por ter sido violado dois bens jurídicos tutelados.

O mesmo raciocínio se aplica nas hipóteses de mais de 03 adolescentes/crianças corrompidas por adultos, e assim, por diante.

O argumento jurídico central é que, uma vez violado dois ou mais bens jurídicos tutelados no mesmo contexto fático e tendo como sujeito passivo do crime de corrupção de menores (a criança ou o adolescente) submetidos à corrupção, se tem obviamente mais de um atingimento aos bens tutelados, incidindo assim 02 (dois) ou mais crimes ao perpetrador, sob pena de proteção deficiente pelo Estado ao adolescente e criança em desenvolvimento.

O sujeito passivo é o menor de idade que pratica ou é induzido a praticar a infração penal (ato infracional), motivo esse que quando se tiverem dois indivíduos ou mais vitimados pela conduta do agente imputável, a conduta é mais gravosa.

Ademais, o princípio da prioridade absoluta e da máxima proteção na tutela de crianças e adolescentes impede que se ignore a prática de crime que tem como alvo mais de uma vítima sujeito de direitos.

Seria desproporcional, inadequado e irrazoável estabelecer, para o agente, a mesma pena que caberia àquele que corrompesse apenas um menor de idade com incidência do princípio da vedação da proteção insuficiente ou do impedimento da proteção deficiente.

Não pode o perpetrador criminoso se valer da própria torpeza (tendo a plena consciência e vontade de corromper ou facilitar à corrupção de menores – mais de um menor) e almejar no caso concreto responder apenas por um delito, para subtrair-se das garras estatais.

Compactua da nossa posição o STJ, onde pedimos vênia para transcrevermos o aresto:

> De início, cumpre salientar que o *caput* do art. 244-B do Estatuto da Criança e do Adolescente dispõe que está sujeito a pena de 1 a 4 anos de reclusão, aquele que "*corromper ou facilitar a corrupção de menor de 18 (dezoito) anos, com ele praticando infração penal ou induzindo-o a praticá-la*". Segundo a doutrina, o bem jurídico tutelado pelo art. 244-B do ECA é a formação moral da criança e do adolescente no que se refere à necessidade de eles não ingressarem ou permanecerem no mundo da criminalidade. **Ora, se o bem jurídico tutelado pelo crime de corrupção de menores é a sua formação moral, caso duas crianças/adolescentes tiverem seu amadurecimento moral violado, em razão de estímulos a praticar o crime ou a permanecer na seara criminosa, dois foram os bens jurídicos violados.** Da mesma forma, dois são os sujeitos passivos atingidos, uma vez que a doutrina é unânime em reconhecer que o sujeito passivo do crime de corrupção de menores é a criança ou o adolescente submetido à corrupção. O entendimento perfilhado também se coaduna com os princípios da prioridade absoluta e do melhor interesse da criança e do adolescente, vez que trata cada uma delas como sujeitos de direitos. **Ademais, seria desarrazoado atribuir a prática de crime único ao réu que corrompeu dois adolescentes, assim como ao que corrompeu apenas um** (STJ – REsp 1.680.114-GO, Rel. Min. Sebastião Reis Júnior, por unanimidade, julgado em 10/10/2017, DJe 16/10/2017).

Interessante indagação surge neste contexto: o adolescente ou criança podem corromper ou facilitar à corrupção de outros adolescentes/crianças? A resposta para nós é positiva, ou seja, é possível que o adolescente ou a criança incida no art. 244-B, do Estatuto da Criança e do Adolescente.

Pensa-se e defende-se que, não há impedimento legal algum, que o próprio adolescente ou criança se enquadre numa eventualidade do art. 244-B, do Estatuto da Criança e do Adolescente, caso por exemplo, forneça ou sirva bebida alcóolica ou cigarro à outro adolescente ou criança ou também venha corromper ou facilitar à corrupção destes em outras práticas infracionais.

Por mais que o tipo penal esteja num diploma que tutela os interesses e direitos da criança e do adolescente, não faz sentido o legislador deixar os próprios sujeitos de direito desprotegidos de condutas análogos que vierem a ser perpetradas por adolescente em face de criança ou outro adolescente (sob pena de violação ao princípio da proibição da proteção deficiente).

Esta conclusão é reforçada quando se empreende a leitura no art. 103 e seguintes do Estatuto do Menor.

Outro argumento é que o ato infracional pode estar previsto tanto no Código Penal quanto em legislações penais extravagantes (esparsas). Com isto, o fato de o tipo infracional encontrar-se no Estatuto da Criança e do Adolescente não impede a incidência do crime de corrupção de menores, pois o legislador confere à ampla proteção (dupla proteção) à criança e ao adolescente: quer seja quando o adolescente ou criança figurem como vítima, quer seja quando estas figurem como perpetradores dos fatos e se tenha de outro lado também crianças e adolescentes vítimas.

Com isto, as mesmas condutas em que o adulto eventualmente pode incidir, o adolescente ou a criança também estão sujeitos no plano da Lei Menorista – lembrando que quanto à criança se aplica as medidas de proteção.

Classificação doutrinária: Delito/crime comum; formal, doloso; ação (comissivo); perigo abstrato, instantâneo e admite tentativa.

Suspensão condicional do processo: É cabível a suspensão condicional do processo (*sursis* processual), já que a pena mínima não excede a 1 ano, nos moldes do art. 89, da Lei 9.099/1995.

Acordo de Não Persecução Penal: Tem cabimento, se preenchido todos os requisitos legais do art. 28-A, do CPP (incluído pela Lei nº 13.964/19) e não couber transação penal.

Ação penal: Ação penal pública incondicionada.

§ 1º Incorre nas penas previstas no *caput* deste artigo quem pratica as condutas ali tipificadas utilizando-se de quaisquer meios eletrônicos, inclusive salas de bate-papo da internet. (Incluído pela Lei nº 12.015, de 2009)

Verbo nuclear: Aqui se tem o mesmo delito e pena anterior, onde apenas sua forma de realização é que se dá de modo diferente. As condutas tipificadas aqui são praticadas por quaisquer meios eletrônicos como salas de bate-papo da internet, WhatsApp, Facebook, Telegram, Kik, Skype, SnapChat, Messenger, GoSMS Pro, Im+, WeChat. BBM, Viber, dentre outros.

O legislador se preocupou com os avanços tecnológicos, onde a internet pode servir de instrumento para inserir adolescentes e crianças na prática de atos infracionais.

Paira uma crítica da doutrina que esta previsão equiparada no § 1º, do art. 244-B, do ECA, seria desnecessária, pois como o *caput* preconiza forma livre em sua execução, o *caput* abrangeria esta possibilidade.

Objeto jurídico: O bem jurídico aqui é a formação moral do menor de idade (STJ – REsp 1.680.114-GO, Rel. Min. Sebastião Reis Júnior, por unanimidade, julgado em 10/10/17, DJe 16/10/17).

Objeto material: A criança e o adolescente.

Sujeito ativo: Pode ser qualquer pessoa.

Sujeito passivo: É o menor de 18 anos, enquadrando neste prisma criança e adolescente.

Elemento subjetivo: É o dolo com a vontade livre e consciente de corromper ou facilitar à corrupção.

Consumação: É **crime formal**, ou seja, independe de resultado no mundo material. As demais observações anteriores do art. 244-B, *caput*, do ECA, são estendidas para cá.

Tentativa: Admite-se a tentativa.

Classificação doutrinária: Delito/crime comum; formal, doloso; ação (comissivo); perigo abstrato, instantâneo e admite tentativa.

Suspensão condicional do processo: É cabível a suspensão condicional do processo (*sursis* processual), já que a pena mínima não excede a 1 ano, nos moldes do art. 89, da Lei 9.099/1995.

Acordo de não persecução penal: Tem cabimento, se preenchido todos os requisitos legais do art. 28-A, do CPP (incluído pela Lei nº 13.964/19) e não couber transação penal.

Ação penal: Ação penal pública incondicionada.

Jurisprudência do STJ:

> ECA. FILMAGENS. CENAS ERÓTICAS OU PORNOGRÁFICAS.
>
> A conduta do réu, ao permitir a filmagem, em seu apartamento, de cenas eróticas envolvendo crianças e adolescentes, e com eles contracenando, incide no tipo descrito no art. 240, parágrafo único, do ECA. **O uso real ou simulado de entorpecente, além de atos libidinosos, induzindo menores à prática de infração penal, configura a corrupção descrita no art. 1º da Lei n. 2.252/1954.** A Turma conheceu parcialmente do recurso e nesta parte lhe negou provimento (STJ - **REsp 264.233-RO**, Rel. Min. José Arnaldo da Fonseca, julgado em 18/12/2003).

§ 2º As penas previstas no *caput* deste artigo são aumentadas de um terço no caso de a infração cometida ou induzida estar incluída no rol do art. 1º da Lei no 8.072, de 25 de julho de 1990 (Incluído pela Lei nº 12.015, de 2009)

Comentários: Caso a infração cometida ou induzimento estar incluída no rol do art. 1º da Lei nº 8.072, de 25 de julho de 1990, as penas previstas no *caput* deste artigo serão aumentadas de 1/3 (um terço) no caso.

A doutrina aponta que se for criem equiparado a hediondo não incidir esta causa de aumento, uma vez que o legislador contemplou apenas crimes hediondos (art. 1º, da Lei nº 8.072/1990) e não equiparados a hediondos (art. 2º, da Lei nº 8.072/1990).

Bibliografias:

ANVISA. **Por que o cigarro eletrônico não é autorizado? Proibidos no Brasil desde 2009, os e-cigarettes ainda não têm a segurança comprovada para sua utilização. Pesquisas apontam para riscos.** Publicado: 02/02/2018. Última Modificação: 10/04/2018 no Portal da Anvisa. Disponível em:<<**http://portal.anvisa.gov.br/noticias/-/asset_publisher/FXrpx9qY7FbU/content/por-que-o-cigarro-eletronico-nao-e-autorizado-/219201/pop_up?_101_INSTANCE_FXrpx9qY7FbU_viewMode=print**>>. Acesso em 05 de junho de 2018.

CONDACK, Cláudia Canto. **Curso de direito da criança e do adolescente: aspectos teóricos e práticos.** Kátia Regina Ferreira Lobo Maciel (Coordenação). 8ª Edição Revista e Atualizada. São Paulo, Saraiva, 2015.

DIGIÁCOMO, Murilo José; DIGIÁCOMO, Ildeara de Amorim. **Estatuto da Criança e do Adolescente anotado e interpretado.** Publicação do Ministério Público do Estado do Paraná. Curitiba, 2010.

ISHIDA, Válter Kenji. **Estatuto da criança e do adolescente: doutrina e jurisprudência .** - 16. ed. - São Paulo: Atlas, 2015.

LIBERATI, Wilson Donizeti. **Comentários ao Estatuto da Criança e do Adolescente.** 6ª ed. São Paulo: Malheiros Editores, 2002.

LIBERATI, Wilson Donizete. **Comentários ao Estatuto da Criança e do Adolescente.** 7. ed. rev. e ampl. São Paulo: Malheiros.

MAÇURA, Jurandir Norberto. In: CURY, Munir (Coord.) **Estatuto da Criança e do Adolescente comentado - Comentários Jurídicos e Sociais.** 5ª ed. São Paulo: Malheiros, 2002.

NUCCI, Guilherme de Souza. **Leis penais e processuais penais comentadas.** 4ª Edição revista e ampliada. São Paulo: Editora Revista dos Tribunais, 2009.

PEREZ, Cristina. **OS RISCOS DO CIGARRO ELETRÔNICO.** Publicado em: 29 de outubro de 2015 no site Fundação do Câncer com você, pela vida. Disponível em:<<https://www.cancer.org.br/os-riscos-do-cigarro-eletronico/>>. Acesso em 05 de junho de 2018.

SANNINI NETO, Francisco. **Infiltração virtual de agentes é um avanço nas técnicas especiais de investigação criminal.** In: Canal Ciências Criminais, mai. 2017. Disponível em: **https://canalcienciascriminais.com.br/infiltracao-virtual-agentes.** Acesso em: 11 mai. 2017.

5

CRIMES DO ESTATUTO DO IDOSO

Lei 10.741/2003

WAGNER MARTINS CARRASCO DE OLIVEIRA

1. CONSIDERAÇÕES INICIAIS

Comentários: A Lei 10.741/2003 trata-se do Estatuto do Idoso e encontra fundamento constitucional no artigo 230 da Constituição Federal, que, em suma, estabelece que família, sociedade e Estado têm o dever de amparo ao idoso: "A família, a sociedade e o Estado têm o dever de amparar as pessoas idosas, assegurando sua participação na comunidade, defendendo sua dignidade e bem--estar e garantindo-lhes o direito à vida". O título VI do Estatuto do Idoso prevê os crimes praticados contra os idosos. Este título é dividido em dois capítulos: capítulo I, que trata das disposições gerais (artigos 93 e 94); e capítulo II, que trata dos crimes em espécie (artigos 95 a 108). Cabe ainda estabelecer que o título VII, que trata das disposições finais e transitórias, além de trazer uma série de alterações ao Código Penal e Leis Penais Especiais, tipificou um crime no artigo 109. Todos os capítulos citados serão tratados. Em relação ao capítulo que trata dos crimes em espécie, é importante salientar que o legislador não optou por estabelecer a cada qual das condutas tipificadas um *nomen juris*, preferindo apenas tipificar a conduta; porém, por questões didáticas, optamos por intitulá-los.

2. DISPOSIÇÕES GERAIS

Art. 93. Aplicam-se subsidiariamente, no que couber, as disposições da Lei n. 7.347, de 24 de julho de 1985.

Comentários: O legislador permitiu a aplicação supletiva da Lei 7.347/1985, que é a Lei da Ação Civil Pública, no que couber. Porém, embora haja essa cautela por parte do legislador, mostra-se desnecessária tal medida, já que não há, em ambos os instrumentos legais, qualquer disposição conflitante ou que demande citada previsão.

Art. 94. Aos crimes previstos nesta Lei, cuja pena máxima privativa de liberdade não ultrapasse 4 (quatro) anos, aplica-se o procedimento previsto na Lei n. 9.099, de 26 de setembro de 1995, e, subsidiariamente, no que couber, as disposições do Código Penal e do Código de Processo Penal.

Comentários: Nesse artigo, o legislador explicitou a possibilidade de aplicação do procedimento da Lei 9.099/95. Ao interpretar o presente artigo, poder-se-ia indagar o seguinte: 1) O legislador quis estipular a possibilidade de aplicação aos crimes previstos no Estatuto do Idoso cuja pena não ultrapasse os 4 (quatro) anos, do procedimento célere que tem disciplinamento na Lei 9.099/95, além dos benefícios da transação penal e suspensão condicional do processo – neste último caso, se atendidos os requisitos que possibilitam esses institutos; 2) O legislador não teve a intenção de abranger a possibilidade de aplicação da transação penal e suspensão condicional do processo previstos na Lei 9.099/95 aos crimes dessa lei cuja pena seja superior a dois anos, mas tão somente possibilitar a aplicação do procedimento menos complexo e mais rápido da Lei 9.099/95; 3) Houve a ampliação do que pode-se interpretar no direito penal pátrio como "crime de menor potencial ofensivo"; 4) Ampliou-se o conceito de "crime de menor potencial ofensivo" apenas em se tratando dos delitos disciplinados no Estatuto do Idoso. Porém, o Supremo Tribunal Federal, em decisão acerca da Ação Direta de Inconstitucionalidade 3.096-5 – STF, que teve como relatora a Ministra Carmen Lúcia, de 16 de junho de 2010, resolveu interpretar o presente artigo, estipulando, em suma, que será aplicável aos crimes do Estatuto do Idoso cuja pena não exaspere 4 (quatro) anos, o procedimento sumaríssimo da Lei 9.099/95, já que isso beneficiará o idoso que é vítima e protegido por referido Estatuto; e ainda decidiram os ministros quanto à impossibilidade do autor do crime beneficiar-se da transação penal e da suspensão condicional do processo. Agiu corretamente o STF quanto à inaplicabilidade dos benefícios acima (quando os crimes exasperam os limites legais, ou seja, a pena máxima do crime for superior a dois anos para a transação, e quando a pena mínima do crime for superior a um ano no caso da suspensão condicional do processo), já que a lei em comento tem como objetivo estabelecer uma maior proteção ao idoso. Porém, quanto à aplicação do procedimento célere, da Lei 9.099/95, a casos em que os crimes do Estatuto do Idoso não sejam de menor potencial ofensivo, entendo inadmissível por violação à Constituição Federal, embora pareça ter sido essa a vontade do legislador nas disposições do artigo em comento. Ainda, não seria crível permitir ao autor dos delitos previstos na lei em comento os benefícios despenalizadores da Lei 9.099/95, pois contrariaria o fim precípuo do Estatuto, que é dar maior proteção ao idoso, bem como beneficiaria o autor do crime, privilegiando-o mesmo que tenha cometido um delito que tinha como vítima um idoso.

Acordo de Não Persecução Penal: A Lei 13.964/19 incluiu o artigo 28-A, no Código de Processo Penal. Este estabelece o "acordo de não persecução penal", elencando os requisitos autorizadores deste instituto. O *caput* do artigo possibilita ao Ministério Público propor o acordo de não persecução penal desde que: a) não seja caso de arquivamento do procedimento persecutório; b) o investigado tenha confessado formalmente e de forma circunstanciada a prática da infração penal; c) que a infração penal seja praticada sem violência ou grave ameaça; d) que a pena mínima da infração penal seja inferior a 4 (quatro) anos. Ainda, os incisos do artigo 28-A apresentam as condições que poderão ser aplicadas, cumulativa ou alternativamente, aos beneficiados pelo acordo de não persecução penal. Embora, objetivamente, alguns requisitos explanados acima estejam presentes nos crimes da lei em comento, não podemos olvidar que o Estatuto do Idoso, tem a proteção ao idoso como finalidade. Destarte, entendo que os crimes previstos neste Estatuto somente permitem a aplicação do acordo de não persecução penal quando atenderem aos requisitos previstos no artigo 76 da Lei 9.099/95 (no caso da Transação Penal) e no artigo 89 (em se tratando da Suspensão Condicional do Processo), numa interpretação analógica ao que já decidiu o Supremo Tribunal Federal em Ação Direta de Inconstitucionalidade 3.096-5 – STF, acerca da impossibilidade do autor beneficiar-se com a transação penal e a suspensão condicional do processo, conforme explanado nos comentários acima. Entendimento diverso, traria um benefício ao autor e desnaturaria a finalidade precípua do Estatuto do Idoso. Cabe observar, que o inciso I, do §2º, do artigo 28-A do Código de Processo Penal assevera que quando for cabível a transação penal, não se aplica o acordo de não persecução penal.

Transação Penal e Suspensão Condicional do Processo: Aos crimes do Estatuto do Idoso, que sejam de menor potencial ofensivo e que possuam os requisitos legais, é possível a aplicação desses dois benefícios penais, nos termos da Lei 9.099/95.

3. AÇÃO PENAL NOS CRIMES DO ESTATUTO DO IDOSO

> **Art. 95. Os crimes definidos nesta Lei são de ação penal pública incondicionada, não se lhes aplicando os arts. 181 e 182 do Código Penal.**

Comentários: Os artigos 181 e 182 do Código Penal tratam-se de dois artigos que estabelecem disposições gerais aos delitos contra o patrimônio, tipificados nos artigos 155 a 180 do Código Penal. Tanto no artigo 181 quanto no artigo 182 há hipóteses em que os idosos, como vítimas, poderiam enquadrar-se. O artigo 181 do Código Penal prevê causa de extinção de punibilidade quando o crime contra o patrimônio (excetuando-se o previsto no artigo 183 do Código Penal) forem praticados em prejuízo do cônjuge (na constância da sociedade conjugal), de ascendente ou descendente, inobstante, podendo este cônjuge ou parente ser um idoso. O artigo 181 prevê que os crimes contra o patrimônio processar-se-ão por meio de ação penal pública condicionada à representação, caso a vítima seja: cônjuge desquitado ou judicialmente separado do autor, irmão (legítimo ou não), tio ou sobrinho coabitante com o autor. Entretanto, o legislador fez questão de explicitar que ambos os artigos não se aplicarão aos crimes previstos no Estatuto do Idoso. Com isso, o legislador estabeleceu uma maior proteção ao idoso e proibiu a aplicação do benefício aos crimes previstos no Estatuto do Idoso. Para melhor compreensão do que foi abordado, transcrevo, *ipsis literis*, os artigos 181 e 182 do Código Penal:

> Art. 181 - É isento de pena quem comete qualquer dos crimes previstos neste título, em prejuízo:
>
> I - do cônjuge, na constância da sociedade conjugal;
>
> II - de ascendente ou descendente, seja o parentesco legítimo ou ilegítimo, seja civil ou natural.
>
> Art. 182 - Somente se procede mediante representação, se o crime previsto neste título é cometido em prejuízo:
>
> I - do cônjuge desquitado ou judicialmente separado;
>
> II - de irmão, legítimo ou ilegítimo;
>
> III - de tio ou sobrinho, com quem o agente coabita.
>
> Art. 183 - Não se aplica o disposto nos dois artigos anteriores:
>
> I - se o crime é de roubo ou de extorsão, ou, em geral, quando haja emprego de grave ameaça ou violência à pessoa;
>
> II - ao estranho que participa do crime.
>
> III - se o crime é praticado contra pessoa com idade igual ou superior a 60 (sessenta) anos.

4. DISCRIMINAÇÃO A IDOSO

Art. 96. Discriminar pessoa idosa, impedindo ou dificultando seu acesso a operações bancárias, aos meios de transporte, ao direito de contratar ou por qualquer outro meio ou instrumento necessário ao exercício da cidadania, por motivo de idade:

Pena – reclusão de 6 (seis) meses a 1 (um) ano e multa.

§ 1º Na mesma pena incorre quem desdenhar, humilhar, menosprezar ou discriminar pessoa idosa, por qualquer motivo.

§ 2º A pena será aumentada de 1/3 (um terço) se a vítima se encontrar sob os cuidados ou responsabilidade do agente.

Verbo nuclear: *Discriminar* (diferenciar, discernir, distinguir). Neste crime temos o verbo "discriminar" como forma de conduta do agente. Esta discriminação dá-se com relação ao idoso, e o *caput* exemplifica algumas formas dessa distinção ao mencionar "impedindo ou dificultando acesso a operações bancárias, aos meios de transporte, ao direito de contratar", e ainda se utiliza de uma fórmula genérica a fim de abranger qualquer outra discriminação em razão da idade que diga respeito ao exercício da cidadania, como por exemplo o acesso a um teatro.

Objeto jurídico: Este crime tutela o idoso.

Objeto material: O idoso.

Elemento subjetivo: É o dolo. Não se admite a modalidade culposa.

Sujeito ativo: Qualquer pessoa.

Sujeito passivo: O idoso. Considera-se idoso, nos termos do artigo 1º da lei em comento, as pessoas com idade igual ou superior a 60 (sessenta anos). Alguns autores, com razão, criticam a utilização do termo "igual", como, por exemplo, fez com propriedade Nucci:

> A regra é a utilização da expressão 'maior de' para definir uma idade qualquer em função da aplicação de determinados direitos ou para a exigência de certas obrigações. Exemplo disso se encontra no Código Penal: 'São circunstâncias que sempre atenuam a pena: I ser o agente menor de 21 (vinte e um), na data do fato, ou maior de 70 (setenta) anos na data da sentença' (art. 65, I com grifo nosso). Igualmente se pode conferir no art. 115 do Código Penal a expressão 'maior de 70 (setenta) anos'. Logo, bastaria dizer 'maior de 60 anos' para todos os fins previstos nesta Lei. Aliás, quem completa a idade de 60 anos, passa a ser maior de 60. Cada minuto e hora do dia do aniversário (e todo dia após essa data) de quem completa a referida idade, demonstra o transcurso do tempo, razão pela qual a maioridade é apenas confirmada. Soa, pois, redundante dizer 'igual ou superior a 60 anos'. Seria o mesmo que mencionar para efeito da aplicação da atenuante, a expressão 'igual ou superior a 70 anos'. Em suma, quando citarmos a pessoa idosa, cremos válido enunciar somente 'maior de 60'. (NUCCI, 2019, p. 624)

Figura equiparada: O § 1º do artigo 96 estabeleceu uma figura equiparada, punindo com a mesma pena aquele que desdenhar (desprezar, depreciar, desqualificar), humilhar (aviltar, achincalhar, rebaixar), menosprezar (desprezar, depreciar, desqualificar) ou discriminar (diferenciar, discernir, distinguir) pessoa idosa, por qualquer motivo. A 3ª Turma Recursal dos Juizados Especiais do Tribunal de Justiça do Distrito Federal decidiu em Processo 0016289-08.2015.8.07.0003, Apelação Criminal (AC), publicado no Diário da Justiça Eletrônico (DJe) em 10/06/2016, p. 429/432, o seguinte:

> Ementa: Penal: Lei nº 10.741/2003, Art. 96 §1º (Estatuto do Idoso). I. Conduta criminosa consistente em frequentes injúrias dirigidas à genitora biológica idosa, com nítido propósito (vontade livre e consciente) de impor-lhe humilhação no próprio ambiente doméstico. II. Violação à proteção da dignidade da pessoa idosa (Lei n. 10.741/2003, Art. 3º) que, no caso concreto,

> transcende à mera tutela da honra subjetiva delineada no Art. 140 § 3º do Código Penal. III. Contexto probatório harmônico acerca da existência do tipo penal e da autoria. IV. Tipicidade da conduta ao Art. 96 § 1 da Lei n. 10.741/2003. Recurso conhecido e provido. (TJ-DF 20150310162893 0016289-08.2015.8.07.0003, Relator: FERNANDO ANTONIO TAVERNARD LIMA, Data de Julgamento: 07/06/2016, 3ª Turma Recursal, Data de Publicação: Publicado no DJE: 10/06/2016. Pág.: 429/432)

Causa de aumento de pena: O § 2º do artigo 96 estabelece uma causa de aumento de pena em 1/3, caso a vítima esteja sob os cuidados ou responsabilidade do agente.

Consumação: O crime se consuma com a pratica da conduta, independente da produção do resultado.

Tentativa: Admite-se a tentativa quando o crime não ocorrer por circunstâncias alheias à vontade do agente.

Classificação doutrinária: *Crime comum* (pode ser praticado por qualquer pessoa); *formal* (não é necessário para a consumação do crime a ocorrência do resultado, bastando a realização da conduta); *de perigo abstrato* (o perigo gerado pela conduta é presumido pela lei); *doloso* (o agente quer o resultado ou assume o risco de produzi-lo); *de forma livre* (pode ser praticado por qualquer meio de execução); *comissivo* (os verbos indicam ações); *instantâneo* (a consumação se dá em um momento específico); *unissubjetivo ou de concurso eventual* (pode ser praticado por um só agente); *plurissubsistente* (admite fracionamento dos atos de execução); *admite tentativa.*

5. OMISSÃO DE SOCORRO A IDOSO

> **Art. 97. Deixar de prestar assistência ao idoso, quando possível fazê-lo sem risco pessoal, em situação de iminente perigo, ou recusar, retardar ou dificultar sua assistência à saúde, sem justa causa, ou não pedir, nesses casos, o socorro de autoridade pública:**
>
> **Pena – detenção de 6 (seis) meses a 1 (um) ano e multa.**
>
> **Parágrafo único. A pena é aumentada de metade, se da omissão resulta lesão corporal de natureza grave, e triplicada, se resulta a morte.**

Verbos nucleares: Este tipo penal pode ser dividido em três partes. Na primeira parte, o legislador prevê que é crime *deixar de prestar assistência* (se esquivar, se abster, se negar a prestar assistência ao idoso) quando o idoso estiver em situação de iminente perigo e desde que não se exponha a risco pessoal e que haja a possibilidade de prestar esta assistência, apresentando similitude com o crime de Omissão de Socorro previsto no artigo 135 do Código Penal. Na segunda parte, o legislador tipifica as condutas de *recusar* (rejeitar, enjeitar, abnegar) *retardar* (demorar, delongar, atardar) *dificultar* (estorvar, obstar, atravancar) a assistência à saúde, sem que haja uma justificativa plausível ("justa causa"). Na terceira parte, o legislador criminalizou a conduta daquele que não pedir socorro da autoridade pública nos casos especificados no tipo, semelhante ao que fez o legislador penal na parte final do artigo 135 do Código Penal.

Objeto jurídico: É a tutela ao idoso.

Objeto material: É o idoso deixado ao desamparo.

Elemento subjetivo: É o dolo. Não se admite a modalidade culposa.

Sujeito ativo: É a pessoa que tenha por lei ou através de mandado judicial a obrigação de cuidado com o idoso. É importante frisar que o crime em testilha trata-se de uma norma penal em branco, sendo que devemos nos valer de norma extrapenal para saber quais são aqueles que possuem o dever de amparo ao idoso. O artigo 1694 e seguintes do Código Civil se encarregam dessa estipulação. Importante frisar que no momento da prática dos fatos o autor tenha por lei ou por mandado a obrigação de cuidado com relação ao idoso. Já decidiu o Tribunal de Justiça do Rio Grande do Sul, nesse sentido:

> APELAÇÃO. CRIMES CONTRA O ESTATUTO DO IDOSO. ART. 97, PARÁGRAFO ÚNICO. OMISSÃO DE SOCORRO QUALIFICADA. RECURSO DO MP. PLEITO CONDENATÓRIO. DESCABIMENTO. AUSÊNCIA DE PROVAS DO DOLO. ABSOLVIÇÃO MANTIDA. Não havendo prova inconcussa e estreme de dúvidas do dolo das acusadas, impõe-se a manutenção da absolvição. Caso em que as provas produzidas em juízo são insuficientes para determinar se as rés, dolosamente, deixaram de prestar socorro adequado à vítima idosa, internada em clínica geriátrica. Parecer do Ministério Público, nesta instância, favorável às denunciadas. APELO DESPROVIDO. (TJ-RS - ACR: 70057330805 RS, Relator: José Luiz John dos Santos, Data de Julgamento: 23/03/2016, Quinta Câmara Criminal - Regime de Exceção, Data de Publicação: 04/04/2016)

Sujeito passivo: É o idoso.

Causa de aumento de pena: O parágrafo único estabelece duas causas de aumento de pena: a) a pena será aumentada pela metade, caso a vítima sofra lesão corporal de natureza grave em decorrência da omissão; b) a pena será triplicada se em decorrência da omissão sobrevier o resultado morte. Cabe estabelecer que em ambos os casos estaremos diante de uma situação de crime preterdoloso, aplicando-se os aumentos de pena somente se o autor agir com dolo na conduta antecedente e culpa na consequente (lesão corporal grave ou morte).

Consumação: O crime se consuma com a pratica da conduta, independente da produção do resultado.

Tentativa: Admite-se a tentativa quando o crime não ocorrer por circunstâncias alheias à vontade do agente.

Classificação doutrinária: *Crime comum* (pode ser praticado por qualquer pessoa); *formal* (não depende de resultado naturalístico à sua consumação); *de perigo concreto* (deve ser demonstrada a possibilidade de lesão ao idoso); *doloso* (o agente quer o resultado ou assume o risco de produzi-lo); *de forma livre* (pode ser praticado por qualquer meio de execução); *instantâneo* (a consumação ocorre no exato momento da prática da conduta); *unissubjetivo* (é possível seu cometimento por um só agente); *unissubsistente* (é possível seu cometimento por meio de um só ato); *admite tentativa.*

6. ABANDONO DE IDOSO

Art. 98. Abandonar o idoso em hospitais, casas de saúde, entidades de longa permanência, ou congêneres, ou não prover suas necessidades básicas, quando obrigado por lei ou mandado:

Pena – detenção de 6 (seis) meses a 3 (três) anos e multa.

Verbos nucleares: Esse delito pode ser realizado de duas maneiras. A primeira delas é por meio do verbo *abandonar* (desamparar, desprezar, largar). Nessa maneira, o crime em tela é praticado por meio do abandono do idoso em determinados locais, quer seja, em hospitais, casas de saúde, entidades de longa permanência, ou congêneres. A segunda maneira de realização desse crime é através da conduta de *não prover* (não aprovisionar, não aparelhar, não abastecer).

Objeto jurídico: Tutela ao idoso.

Objeto material: Idoso.

Elemento subjetivo: É o dolo. Não se admite a modalidade culposa.

Sujeito ativo: Pessoa que tenha o dever, por lei ou mandado, de cuidado para com o idoso ou de prover as necessidades básicas do idoso. Trata-se de normal penal em branco, e para verificação de quem pode figurar, no caso concreto, como sujeito ativo, imprescindível a análise dos artigos 1694 e seguintes do Código Civil. O Tribunal de Justiça do Rio de Janeiro reconheceu a prática desse delito à companheira, que abandou idoso com 84 (oitenta e quatro) anos de idade, quando estava próximo de sua morte:

> EMENTA Habeas Corpus. Paciente denunciada pela prática em tese dos crimes praticados nos artigos 97 e 98 do Estatuto do Idoso (Lei 10.741/2003). Pedido liminar de suspensão da ação penal originária, que restou indeferido. Pleito de trancamento da ação penal por ausência de justa causa e exclusão do assistente de acusação. 1. A autoridade impetrada informou que, conforme a denúncia, a paciente, na condição de companheira da vítima, um senhor idoso, com 84 anos de idade, responsabilizou-se por sua internação, abandonando-o no Hospital, sem qualquer justificativa, e deixou de prestar-lhe assistência. Segundo se colhe dos autos, em datas próximas ao seu falecimento (08/05/2010), o idoso "era constantemente visto em trajes maltrapilhos, com odor de urina e sem alimentação". 2. Destaco e rejeito a preliminar ministerial de não conhecimento pela inadequação da via eleita, eis que mesmo na via estreita do habeas corpus é possível se obter o trancamento da ação penal. 3. Contudo, não se pode deferir esse pleito defensivo já que, de início, não se verifica violação ao princípio do devido processo legal ou ausência flagrante de justa causa para oferecimento da peça exordial, devendo a questão ser examinada em primeira instância, de forma mais percuciente, na qual há uma amplitude na apreciação e valoração probatória, ao contrário do que ocorre no âmbito estrito do writ. Para que esta medida fosse adotada em sede do remédio heroico, os fatos alegados na inicial deveriam estar demonstrados de forma clara e inequívoca, o que não ocorreu na hipótese vertente. O impetrante não evidenciou, de plano, a liquidez e certeza do direito por si alegado, não se vislumbrando assim qualquer ato ilegal ou arbitrário que mereça ser reparado. 4. O pedido de exclusão dos assistentes de acusação deve ser pela via processual adequada. 5. Ordem denegada, devendo a ação penal originária prosseguir seu curso normal. (TJ-RJ - HC: 00710722820128190000 RIO DE JANEIRO NITEROI 2 VARA CRIMINAL, Relator: CAIRO ITALO FRANCA DAVID, Data de Julgamento: 23/05/2013, QUINTA CÂMARA CRIMINAL, Data de Publicação: 05/06/2013)

Sujeito passivo: O idoso abandonado nos locais indicados no tipo penal ou que não teve o suprimento de suas necessidades materiais.

Classificação doutrinária: *Crime próprio* (só pode ser praticado por pessoa que possua o dever, ou por meio de mandado ou por força de lei, de amparar o idoso); *formal* (não depende de resultado naturalístico à sua consumação); *omissivo* (os verbos indicam omissão); *de perigo concreto* (o perigo gerado pela conduta deve ser demonstrado, ou seja, deve haver uma demonstração de probabilidade de lesão ao idoso); *doloso* (o agente quer o resultado ou assume o risco de produzi-lo); *de forma livre* (pode ser praticado por qualquer meio de execução); *instantâneo* (a consumação ocorre no exato momento da prática da conduta); *não admite tentativa.*

7. PERICLITAÇÃO DA VIDA DO IDOSO

Art. 99. Expor a perigo a integridade e a saúde, física ou psíquica, do idoso, submetendo-o a condições desumanas ou degradantes ou privando-o de alimentos e cuidados indispensáveis, quando obrigado a fazê-lo, ou sujeitando-o a trabalho excessivo ou inadequado:

Pena – detenção de 2 (dois) meses a 1 (um) ano e multa.

§ 1º Se do fato resulta lesão corporal de natureza grave:

Pena – reclusão de 1 (um) a 4 (quatro) anos.

§ 2º Se resulta a morte:

Pena – reclusão de 4 (quatro) a 12 (doze) anos.

Verbo nuclear: Para melhor compreensão acerca desse delito é importante saber que é praticado através da conduta (do verbo) de *expor* (colocar; deixar; submeter) a perigo a integridade e a saúde do idoso. Essa exposição dar-se-á por meio de três formas: a) submetendo o idoso a condições desumanas ou degradantes; b) privando o idoso de alimentos e/ou cuidados indispensáveis; c) sujeitando o idoso a trabalho excessivo ou inadequado.

Objeto jurídico: A tutela ao idoso.

Objeto material: É o idoso exposto a perigo pelas situações estabelecidas no tipo penal.

Elemento subjetivo: É o dolo. Não se admite a modalidade culposa. O Tribunal de Justiça de Minas Gerais já decidiu, entendendo existir no crime em comento um dolo específico, conforme decisão transcrita abaixo:

> EMENTA: APELAÇÃO - ESTATUTO DO IDOSO - CRIME DE MAUS TRATOS - AUSÊNCIA DE COMPROVAÇÃO DO ELEMENTO SUBJETIVO ESPECÍFICO EXIGIDO PELO TIPO PENAL - ABSOLVIÇÃO - NECESSIDADE. Para a configuração do delito previsto no art. 99, da Lei nº 10.741/2003, é necessário que o agente aja deliberadamente com intuito de maltratar o idoso. Exige-se o dolo específico de subjugar/menosprezar a vítima. Destarte, situações de vulnerabilidade advindas de limitações econômicas e sociais não são suficientes para caracterizar o delito. (TJ-MG - APR: 10713130033978001 MG, Relator: Kárin Emmerich, Data de Julgamento: 08/05/2018, Data de Publicação: 16/05/2018)

Sujeito ativo: Qualquer pessoa poderá ser sujeito ativo, quando o crime for praticado submetendo o idoso a condições desumanas ou degradantes ou sujeitando o idoso a trabalho excessivo ou inadequado. Porém, quando o crime é praticado por meio da privação do idoso de alimentos e/ou cuidados indispensáveis, exige-se uma qualidade especial do agente, quer seja, ter o dever legal ou por mandado de prover esse suporte material ao idoso. Portanto, nesse caso trata-se de norma penal em branco e o operador do direito precisará se recorrer do Código Civil para o correto enquadramento legal.

Sujeito passivo: É o idoso exposto a perigo.

Elemento normativo: O tipo penal nos apresenta elementos normativos. Ao usar o termo "condição desumana ou degradante", exige do legislador um aspecto valorativo para considerar, diante da situação concreta, se está presente a condição desumana ou degradante exigida no tipo. O mesmo ocorre diante do termo "trabalho excessivo ou inadequado".

Figuras qualificadas: Os dois parágrafos do artigo 99 definiram figuras qualificadoras do crime em comento. Ambos os parágrafos qualificam o crime em razão do resultado. O § 1º estabelece uma pena de reclusão de 1 (um) a 4 (quatro) anos se do fato resultar lesão corporal grave. Já o § 2º estabelece uma pena de reclusão de 4 (quatro) a 12 (doze) anos se do fato resultar morte. É importante frisar ainda que além de estarmos diante de qualificadoras, já que estabelecem penas maiores e autônomas com relação ao crime simples estabelecido no *caput*, também estamos diante de crimes preterdolosos, pois o dolo diz respeito a conduta antecedente, enquanto o resultado lesão corporal grave ou morte são produzidos de forma culposa.

Consumação: O crime se consuma com a prática da conduta, independente da produção do resultado.

Tentativa: Admite-se a tentativa quando o crime não ocorrer por circunstâncias alheias à vontade do agente.

Classificação doutrinária: *Crime comum* (pode ser praticado por qualquer pessoa, quando a exposição a perigo ocorre através da submissão a condições desumanas e degradantes ou à sujeição a trabalho excessivo ou inadequado); *crime próprio* (que exige uma qualidade especial do agente, quando a exposição a perigo ocorre por meio da privação de alimentos e cuidados indispensáveis, e ainda, submetendo o idoso a trabalho excessivo ou inadequado); *formal* (não depende de resultado naturalístico à sua consumação); *comissivo* (praticado por meio de ação); *omissivo* (os verbos indicam omissão); *de perigo concreto* (o perigo gerado pela conduta deve ser demonstrado, ou seja, deve haver uma demonstração de probabilidade de lesão ao idoso); *doloso* (o agente quer o resultado ou assume o risco de produzi-lo); *de forma vinculada* (o tipo estabelece os meios de execução); *instantâneo com efeitos permanentes* (a consumação ocorre no exato momento da prática da conduta, mas os efeitos do ato permanecem); *unissubsistente* (cometido por um só ato) ou *plurissubsistente* (cometido por vários atos); *não admite tentativa* (na modalidade unissubsistente); *admite tentativa* (quando na forma plurissubsistente).

8. OUTRAS HIPÓTESES DE DISCRIMINAÇÃO DO IDOSO

Comentários: O legislador estabeleceu nos cinco incisos do artigo 100 diversas formas de discriminação. Foi adotada uma fórmula anormal ou anômala de tipificação de crimes, já que usou o *caput* para impor que constituem crimes e fixar o preceito secundário (pena), definindo os crimes nos respectivos incisos.

Art. 100. Constitui crime punível com reclusão de 6 (seis) meses a 1 (um) ano e multa:

I – obstar o acesso de alguém a qualquer cargo público por motivo de idade;

Verbo nuclear: *Obstar* (atravancar, impedir, obstaculizar) o acesso a cargo público por motivo de idade, e, nesse caso, deve-se entender aqueles com mais de 60 anos de idade, ou seja, o idoso (ou então, como dispõe a lei, com 60 anos ou mais).

Objeto jurídico: A tutela ao idoso.

Objeto material: O idoso que foi obstado de ter acesso a cargo público.

Elemento subjetivo: É o dolo. Não se admite a modalidade culposa.

Sujeito ativo: Pessoa que tem competência para impedir o acesso ao cargo público.

Sujeito passivo: É o idoso.

Consumação: O crime se consuma com a pratica da conduta, independente da produção do resultado.

Tentativa: Admite-se a tentativa quando o crime não ocorrer por circunstâncias alheias à vontade do agente.

Classificação doutrinária: *Crime próprio* (exige qualidade especial do agente); *formal* (não depende de resultado naturalístico à sua consumação); *omissivo* (os verbos indicam omissão); *comissivo* (se realiza por meio de uma ação); *doloso* (o agente quer o resultado ou assume o risco de produzi-lo); *de forma livre* (pode ser praticado por qualquer meio de execução); *instantâneo* (a consumação ocorre no exato momento da prática da conduta); *unissubjetivo* (por ser praticado por uma só pessoa); *plurissubsistente* (pode ser praticado por diversos atos); *admite tentativa.*

II – negar a alguém, por motivo de idade, emprego ou trabalho;

Verbo nuclear: *Negar* (recusar, dizer não, censurar) emprego ou trabalho por motivo de idade, e, nesse caso, deve-se entender aquele com idade maior de 60 anos, ou seja, o idoso (ou então, como dispõe a lei, com 60 anos ou mais).

Objeto jurídico: A tutela ao idoso.

Objeto material: O idoso.

Elemento subjetivo: É o dolo. Não se admite a modalidade culposa.

Sujeito ativo: Pessoa que tem atribuição para impedir o acesso ao cargo público.

Sujeito passivo: É o idoso.

Consumação: O crime se consuma com a pratica da conduta, independente da produção do resultado.

Tentativa: Admite-se a tentativa quando o crime não ocorrer por circunstâncias alheias à vontade do agente.

Classificação doutrinária: *Crime próprio* (exige qualidade especial do agente); *formal* (não depende de resultado naturalístico à sua consumação); *omissivo* (os verbos indicam omissão); *comissivo* (se realiza por meio de uma ação); *doloso* (o agente quer o resultado ou assume o risco de produzi-lo); *de forma livre* (pode ser praticado por qualquer meio de execução); *instantâneo* (a consumação ocorre no exato momento da prática da conduta); *unissubjetivo* (por ser praticado por uma só pessoa); *plurissubsistente* (pode ser praticado por diversos atos); *admite tentativa.*

III – recusar, retardar ou dificultar atendimento ou deixar de prestar assistência à saúde, sem justa causa, a pessoa idosa;

Verbos nucleares: *Recusar* (abdicar, abnegar, enjeitar) retardar (protelar, postergar, procrastinar) ou *dificultar* (obstaculizar, estorvar, atrapalhar) atendimento; *deixar* (se abster, abnegar, negar) de prestar assistência à saúde, sem justa causa, à pessoa idosa.

Objeto jurídico: A tutela ao idoso.

Objeto material: O idoso.

Elemento subjetivo: É o dolo. Não se admite a modalidade culposa.

Sujeito ativo: Qualquer pessoa.

Sujeito passivo: É o idoso.

Elemento normativo: O termo "sem justa causa" é um elemento normativo, pois depende de valoração do operador do direito.

Consumação: O crime se consuma com a pratica da conduta, independente da produção do resultado.

Tentativa: Admite-se a tentativa quando o crime não ocorrer por circunstâncias alheias à vontade do agente.

Classificação doutrinária: *Crime comum* (não se exige qualidade especial do agente); *formal* (não depende de resultado naturalístico à sua consumação); *omissivo* (os verbos indicam omissão); *comissivo,* exceto no verbo "deixar" (se realiza por meio de uma ação); omissivo, no verbo "deixar" (a conduta denota uma omissão); *doloso* (o agente quer o resultado ou assume o risco de produzi-lo); *de forma livre* (pode ser praticado por qualquer meio de execução); *instantâneo* (a consumação ocorre no exato momento da prática da conduta); *unissubjetivo* (por ser praticado por uma só pessoa); *unissubsistente* (pode ser praticado por um único ato); *plurissubsistente* (pode ser praticado por diversos atos); *admite tentativa quando plurissubsistente.*

IV – deixar de cumprir, retardar ou frustrar, sem justo motivo, a execução de ordem judicial expedida na ação civil a que alude esta Lei;

Verbos nucleares: *Deixar de cumprir* (desobedecer, se abster, descumprir); *retardar* (atrasar, protelar, procrastinar); *frustrar* (obstruir, obstaculizar, impedir) ordem judicial na ação civil a que alude esta lei;

Objeto jurídico: A tutela ao idoso e a administração da justiça.

Objeto material: O idoso.

Elemento subjetivo: É o dolo. Não se admite a modalidade culposa.

Sujeito ativo: A pessoa sobre a qual recaia a ordem judicial.

Sujeito passivo: É o idoso.

Consumação: O crime se consuma com a pratica da conduta, independente da produção do resultado.

Tentativa: Admite-se a tentativa quando o crime não ocorrer por circunstâncias alheias à vontade do agente.

Classificação doutrinária: *Crime próprio* (se exige qualidade especial do agente); *formal* (não depende de resultado naturalístico à sua consumação); *omissivo* (os verbos indicam omissão); *comissivo,* exceto na conduta de deixar de cumprir (se realiza por meio de uma ação); *omissivo,* na conduta de deixar de cumprir (a conduta denota uma omissão); *doloso* (o agente quer o resultado ou assume o risco de produzi-lo); *de forma livre* (pode ser praticado por qualquer meio de execução); *instantâneo* (a consumação ocorre no exato momento da prática da conduta); *unissubjetivo* (por ser praticado por uma só pessoa); *unissubsistente* (pode ser praticado por um único ato); *plurissubsistente* (pode ser praticado por diversos atos); *admite tentativa quando plurissubsistente.*

V – recusar, retardar ou omitir dados técnicos indispensáveis à propositura da ação civil objeto desta Lei, quando requisitados pelo Ministério Público.

Verbos nucleares: *Recusar* (enjeitar, desprezar, abdicar); *retardar* (atrasar, protelar, procrastinar); *omitir* (suprimir, ocultar, disfarçar) dados técnicos indispensáveis à propositura da ação civil, quando requisitados pelo Ministério Público.

Objeto jurídico: A tutela ao idoso.

Objeto material: O dado técnico indispensável à propositura da ação e que tenha sido requisitado pelo Ministério Público.

Elemento subjetivo: É o dolo. Não se admite a modalidade culposa.

Sujeito ativo: É o destinatário da requisição.

Sujeito passivo: É o idoso.

Consumação: O crime se consuma com a pratica da conduta, independente da produção do resultado.

Tentativa: Admite-se a tentativa quando o crime não ocorrer por circunstâncias alheias à vontade do agente.

Classificação doutrinária: *Crime próprio* (exige qualidade especial do agente); *formal* (não depende de resultado naturalístico à sua consumação); *omissivo* (os verbos indicam omissão); *comissivo,* nos verbos "recusar" e "retardar" (se realiza por meio de uma ação); *omissivo,* no verbo "omitir" (se realiza por meio de conduta omissiva); *doloso* (o agente quer o resultado ou assume o risco de produzi-lo); *de forma livre* (pode ser praticado por qualquer meio de execução); *instantâneo* (a consumação ocorre no exato momento da prática da conduta); *unissubjetivo* (por ser praticado por uma só pessoa); *unissubsistente* (pode ser praticado por um único ato); *plurissubsistente* (pode ser praticado por diversos atos); *admite tentativa quando plurissubsistente.*

9. DESOBEDIÊNCIA NAS AÇÕES EM QUE FIGURAR IDOSO

> **Art. 101. Deixar de cumprir, retardar ou frustrar, sem justo motivo, a execução de ordem judicial expedida nas ações em que for parte ou interveniente o idoso:**
>
> **Pena – detenção de 6 (seis) meses a 1 (um) ano e multa.**

Verbos nucleares: *Deixar de cumprir* (desobedecer, se abster, descumprir); *retardar* (atrasar, protelar, procrastinar); *frustrar* (obstruir, obstaculizar, impedir), sem motivo justo, a execução de ordem judicial expedida nas ações em que o idoso figurar.

Objeto jurídico: É a tutela ao idoso. Porém, também protege a administração da justiça.

Objeto material: É a ordem judicial expedida nas ações em que o idoso for parte ou interveniente.

Elemento subjetivo: É o dolo. Não se admite a modalidade culposa.

O Tribunal de Justiça de São Paulo explanou o seguinte fundamento em sede de AC nº 0000929-20.2016.8.26.0407: "No que diz respeito ao crime previsto no artigo 101 da Lei nº 10.741/2003 (Estatuto do Idoso), o dolo consistente na vontade de desobedecer; é imprescindível à sua tipificação", e ainda proferiu decisão no seguinte sentido:

> APELAÇÃO CRIMINAL. Estatuto do Idoso. Artigo 101 da Lei nº 10.741/03. Ausência de elemento subjetivo do tipo absolvição sumária. Caso em que a própria procuradoria Geral de Justiça se manifestou pela manutenção da sentença. Negado provimento ao recurso. (TJ-SP - APL: 00009292020168260407 SP 0000929-20.2016.8.26.0407, Relator: De Paula Santos, Data de Julgamento: 04/10/2018, 13ª Câmara de Direito Criminal, Data de Publicação: 05/10/2018)

Sujeito ativo: Pode ser sujeito ativo somente aquele que deva cumprir a ordem judicial.

Sujeito passivo: É sujeito passivo desse crime o idoso que for parte ou interveniente em ação. Mas, não podemos olvidar que o Estado também será sujeito passivo, pois há uma dupla violação a bens jurídicos. Ou seja, como tratado acima, além do idoso, o legislador também tutelou a administração da justiça.

Consumação: O crime se consuma com a pratica da conduta, independente da produção do resultado.

Tentativa: Admite-se a tentativa quando o crime não ocorrer por circunstâncias alheias à vontade do agente.

Classificação doutrinária: *Crime próprio* (exige qualidade especial do agente); *formal* (não depende de resultado naturalístico à sua consumação); *omissivo* (os verbos indicam omissão); *de perigo abstrato* (o perigo gerado pela conduta não precisa ser demonstrado, bastando que se presuma); *comissivo* (em que os verbos indicam uma ação, como nas condutas de retardar e frustrar) e *omissivo* (quando os verbos indicam uma omissão, como no caso de deixar de cumprir); *doloso* (o agente quer o resultado ou assume o risco de produzi-lo); *de forma livre* (pode ser praticado por qualquer meio de execução); *instantâneo* (a consumação ocorre no exato momento da prática da conduta); *unissubjetivo* (pode ser cometido por uma só pessoa); *unissubsistente* (cometido por meio de um único ato); *plurissubsistente* (cometido por meio de vários atos); *não admite tentativa* (na forma unissubsistente); *admite tentativa* (na forma plurissubsitente).

10. APROPRIAÇÃO INDÉBITA DE BENS DE IDOSO

> **Art. 102. Apropriar-se de ou desviar bens, proventos, pensão ou qualquer outro rendimento do idoso, dando-lhes aplicação diversa da de sua finalidade:**
>
> **Pena – reclusão de 1 (um) a 4 (quatro) anos e multa.**

Verbos nucleares: Este crime se realiza por meio da prática do verbo *apropriar-se* (apossar-se, assenhorar-se, apoderar-se) e do verbo "desviar" (mudar o rumo, deslocar, alterar o destino) bens, proventos, pensão ou qualquer outro rendimento do idoso.

Objeto jurídico: É a tutela ao idoso e seu patrimônio.

Objeto material: São objetos materiais desse crime os bens, proventos, pensão ou rendimento.

Elemento subjetivo: É o dolo. Não se admite a modalidade culposa.

Sujeito ativo: O sujeito ativo será tão somente quem já tem a posse dos bens, proventos, pensão ou rendimento e se apropria destes ou dá a eles aplicação diversa.

Sujeito passivo: O idoso que tem seus bens, proventos, pensão e rendimentos apropriados ou desviados.

Consumação: O crime se consuma com a ocorrência do resultado.

Tentativa: Admite-se a tentativa quando o crime não ocorrer por circunstâncias alheias à vontade do agente.

Classificação doutrinária: *Crime próprio* (exige uma qualidade especial do sujeito ativo, na conduta de apropriar-se); *crime comum* (pode ser praticado por qualquer pessoa, na conduta de desviar); *material* (exige a ocorrência do resultado), *doloso* (o agente quer o resultado ou assume o risco de produzi-lo); *de forma livre* (pode ser praticado por qualquer meio de execução); *comissivo* (os verbos indicam ação na conduta de desviar) e *omissivo* (os verbos indicam omissão, na conduta de apropriar-se); *instantâneo* (se consuma no exato momento da prática da conduta); *permanente* (a consumação se protrai no tempo), onde a análise do caso concreto determinará se o crime se consuma no exato momento da prática da conduta de apropriar-se ou se essa consumação se protrai no tempo, sendo que após a consumação o agente continuou em posse o bem; *unissubjetivo ou de concurso eventual* (pode ser praticado por um só agente); *unissubjetivo* (pode ser praticado por meio de uma conduta); *unissubsistente* (não admite o fracionamento dos atos executórios); *plurissubsistente* (admite fracionamento dos atos de execução); *admite tentativa na forma plurissubsistente.*

11. RECUSA DE ACOLHIMENTO OU PERMANÊNCIA DE IDOSO EM ENTIDADE DE ATENDIMENTO

> **Art. 103. Negar o acolhimento ou a permanência do idoso, como abrigado, por recusa deste em outorgar procuração à entidade de atendimento:**
>
> **Pena – detenção de 6 (seis) meses a 1 (um) ano e multa.**

Verbo nuclear: *Negar* (censurar, abnegar, desacolher) o acolhimento ou a permanência do idoso como abrigado.

Objeto jurídico: O idoso e seu patrimônio.

Objeto material: O idoso.

Elemento subjetivo: É o dolo. Não se admite a modalidade culposa.

Sujeito ativo: O responsável por determinar o acolhimento ou permanência do idoso em casa de acolhimento.

Sujeito passivo: É o idoso.

Consumação: O crime se consuma com a prática da conduta, independente da produção do resultado.

Tentativa: Admite-se a tentativa quando o crime não ocorrer por circunstâncias alheias à vontade do agente.

Classificação doutrinária: *Crime próprio* (exige qualidade especial do agente); *formal* (não depende de resultado naturalístico à sua consumação); *comissivo* (os verbos indicam ação); *de perigo concreto* (o perigo gerado pela conduta deve ser demonstrado, ou seja, deve haver uma demonstração de probabilidade de lesão ao idoso); *comissivo* (...) e *omissivo* (...); *doloso* (o agente quer o resultado ou assume o risco de produzi-lo); *de forma livre* (pode ser praticado por qualquer meio de execução); *instantâneo* (a consumação ocorre no exato momento da prática da conduta); *unissubjetivo* (pode ser cometido por um único agente); *unissubsistente* (pode ser realizado por meio de apenas uma conduta); *admite tentativa.*

12. EXERCÍCIO ARBITRÁRIO DAS PRÓPRIAS RAZÕES PARA RECEBIMENTO OU RESSARCIMENTO DE DÍVIDA CONTRAÍDA POR IDOSO

Art. 104. Reter o cartão magnético de conta bancária relativa a benefícios, proventos ou pensão do idoso, bem como qualquer outro documento com objetivo de assegurar recebimento ou ressarcimento de dívida:

Pena – detenção de 6 (seis) meses a 2 (dois) anos e multa.

Verbo nuclear: *Reter* (segurar, apreender, prender) cartão magnético ou documento. O Tribunal de Justiça do Rio Grande do Sul já se deparou com situação que se amolda ao presente dispositivo, sendo que o crime foi realizado por meio do verbo "reter"; no caso julgado pelo tribunal, a responsável por asilo retinha cartões magnéticos de conta bancária relativa a benefícios de pelo menos 6 (seis) idosos. Abaixo a decisão transcrita:

> APELAÇÃO CRIME. FATO 01. EXPOR A PERIGO A INTEGRIDADE E A SAÚDE FÍSICA OU PSÍQUICA DO IDOSO, SUBMETENDO-O A CONDIÇÕES DESUMANAS OU DEGRADANTES, PRIVANDO-O DE ALIMENTOS E CUIDADOS INDISPENSÁVEIS, QUANDO OBRIGADO A FAZÊ-LO, OU SUJEITANDO-O A TRABALHO EXCESSIVO OU INADEQUADO COM RESULTADO MORTE -ARTIGO 99, *CAPUT* , DA LEI N.º 10741/03. ABSOLVIÇÃO. Impõe-se a absolvição quando há dúvida quanto ao fato de ter sido a idosa atendida logo depois da queda e bem como a respeito da causa mortis da acusada. FATOS 02 A 11. EXPOR A PERIGO A INTEGRIDADE E A SAÚDE FÍSICA OU PSÍQUICA DE IDOSOS RESIDENTES EM ASILO, SUBMETENDO-OS A CONDIÇÕES DESUMANAS OU DEGRADANTES, PRIVANDO-O DE ALIMENTOS E CUIDADOS INDISPENSÁVEIS, QUANDO OBRIGADO A FAZÊ-LO, OU SUJEITANDO-O A TRABALHO EXCESSIVO OU INADEQUADO - ARTIGO 99, *CAPUT*, DA LEI Nº 10.741/03. CONDENAÇÃO. Mantida a condenação, pois devidamente demonstrado que as precárias condições do local e de higiene, como a existência de fiação elétrica exposta, de mofo nas paredes, de ambientes pouco ventilados ou iluminados, de alimentos mal acondicionados, de remédios misturados com alimentos e de moscas sobrevoando os idosos colocavam em risco a integridade e saúde física das vítimas. , FATOS 12 a 17. RETER O CARTÃO MAGNÉTICO DA CONTA BANCÁRIA RELATIVA A... BENEFÍCIOS, PROVENTOS OU PENSÃO DOS IDOSOS, COM O OBJETIVO DE ASSEGURAR RECEBIMENTO OU RESSARCIMENTO DA DÍVIDA. - ARTIGO 104 DA LEI Nº 10.741/03. Mantida a condenação, eis que devidamente demonstrada a retenção dos cartões bancários pertinentes a benefícios, proventos ou pensão dos idosos. PENA. DOSIMETRIA. Redimensionada a pena-base do delito previsto no artigo 99, *caput*, da Lei 10.741/03. CONCURSO FORMAL E CONTINUIDADE DELITIVA. Mantido o concurso formal entre os fatos 02 a 11, eis que as condições inadequadas atingiram vários idosos. Bem como a continuidade delitiva em relação aos fatos 12 a 17 e o quantum de aumento fixado na sentença. RECURSO DEFENSIVO PARCIALMENTE PROVIDO E MINISTERIAL IMPROVIDO. (Apelação Crime Nº 70077078343, Quinta Câmara Criminal, Tribunal de Justiça do RS, Relator: Genacéia da Silva Alberton, Julgado em 10/10/2018.) (TJ-RS - ACR: 70077078343 RS, Relator: Genacéia da Silva Alberton, Data de Julgamento: 10/10/2018, Quinta Câmara Criminal, Data de Publicação: Diário da Justiça do dia 18/10/2018) (grifo nosso)

Objeto jurídico: A tutela ao idoso e seu patrimônio.

Objeto material: É o cartão magnético ou outro documento.

Elemento subjetivo: É o dolo. O tipo penal pressupõe o elemento subjetivo específico, isto é, os verbos devem ser praticados com o fito de assegurar o recebimento ou ressarcimento de dívida.

Sujeito ativo: Somente será sujeito ativo aquele para quem o idoso deve.

Sujeito passivo: É o idoso.

Consumação: O crime se consuma com a prática da conduta, independente da produção do resultado.

Tentativa: Admite-se a tentativa quando o crime não ocorrer por circunstâncias alheias à vontade do agente.

Classificação doutrinária: *Crime próprio* (exige uma qualidade especial do sujeito ativo, na conduta de apropriar-se); *formal* (não é exigida a produção do resultado para que se dê a consumação, bastando que pratique a conduta); *doloso* (o agente quer o resultado ou assume o risco de produzi-lo); *de forma livre* (pode ser praticado por qualquer meio de execução); *comissivo,* em regra (os verbos indicam ações), e *omissivo*, em algumas hipóteses (os verbos indicam omissão); *instantâneo* (a consumação se dá no momento da prática da conduta); *unissubjetivo ou de concurso eventual* (pode ser praticado por um só agente); *unissubsistente* (não admite o fracionamento dos atos executórios); *plurissubsistente* (admite fracionamento dos atos de execução); *admite tentativa na forma plurissubsistente.*

13. OFENSA À HONRA DO IDOSO

Art. 105. Exibir ou veicular, por qualquer meio de comunicação, informações ou imagens depreciativas ou injuriosas à pessoa do idoso:

Pena – detenção de 1 (um) a 3 (três) anos e multa.

Verbos nucleares: *Exibir* (mostrar, transnudar, apresentar), *veicular* (propagar, propalar, espalhar).

Objeto jurídico: É a tutela ao idoso e sua honra, tanto subjetiva quanto objetiva.

Objeto material: É o informe ou imagem depreciativa ou injuriosa.

Elemento subjetivo: É o dolo. Não se admite a modalidade culposa. Este crime exige um fim específico implícito, quer seja, denegrir o idoso. Se a finalidade específica não for essa, não há o que se falar em configuração desse crime. O indivíduo que age com *animus jocandi* não responderá por esse delito.

Elemento normativo: Encontra-se nas expressões "depreciativa" ou "injuriosas", ambas se relacionando à honra do idoso, mas exigindo uma valoração por parte do autor.

Sujeito ativo: Qualquer pessoa.

Sujeito passivo: É o idoso.

Consumação: O crime se consuma com a pratica da conduta, independente da produção do resultado.

Tentativa: Admite-se a tentativa quando o crime não ocorrer por circunstâncias alheias à vontade do agente.

Classificação doutrinária: *Crime comum* (pode ser praticado por qualquer pessoa); *formal* (não exige a ocorrência de resultado naturalístico à sua consumação); *doloso* (o agente quer o resultado ou assume o risco de produzi-lo); *de forma livre* (pode ser praticado por qualquer meio de execução); *comissivo* (os verbos indicam ações); *instantâneo* (a consumação se dá em um momento específico); *unissubjetivo ou de concurso eventual* (pode ser praticado por um só agente); *plurissubsistente* (admite fracionamento dos atos de execução) e *unissubsistente* (pode ser praticado por um só ato) dependendo da forma que o autor decidiu realizar o crime; *admite tentativa se plurissistente.*

14. INDUZIMENTO DE IDOSO À OUTORGA DE PROCURAÇÃO

Art. 106. Induzir pessoa idosa sem discernimento de seus atos a outorgar procuração para fins de administração de bens ou deles dispor livremente:

Pena – reclusão de 2 (dois) a 4 (quatro) anos.

Verbo nuclear: *Induzir* (convencer, aconselhar, atiçar) a outorgar procuração.

Objeto jurídico: É a proteção ao idoso e seu patrimônio.

Objeto material: É a procuração.

Elemento subjetivo: É o dolo. Não se admite a modalidade culposa.

Elemento normativo: Encontra-se na expressão *sem discernimento,* devendo o operador do direito estabelecer uma valoração diante do caso concreto se a pessoa possui ou não discernimento no momento da outorga da procuração. Portanto, é necessária a demonstração de que a pessoa idosa não possuía discernimento no momento da lavratura da procuração, sob pena de não se configurar o presente delito. O Tribunal de Justiça de São Paulo já se manifestou nesse sentido em recurso de apelação:

> ARTIGO 106 DO ESTATUTO DO IDOSO - RECURSO DO MINISTÉRIO PÚBLICO – condenação nos termos da denúncia. Não há nos autos prova efetiva de que a idosa não tinha discernimento do momento do ato. Recurso desprovido. (TJ-SP - APL: 00121233120108260050 SP 0012123-31.2010.8.26.0050, Relator: Marcos Correa, Data de Julgamento: 27/10/2016, 6ª Câmara de Direito Criminal, Data de Publicação: 31/10/2016)

Sujeito ativo: Qualquer pessoa.

Sujeito passivo: É o idoso.

Consumação: O crime se consuma com a pratica da conduta, independente da produção do resultado.

Tentativa: Admite-se a tentativa quando o crime não ocorrer por circunstâncias alheias à vontade do agente.

Classificação doutrinária: *Crime comum* (pode ser praticado por qualquer pessoa); *formal* (não se exige resultado naturalístico à sua consumação); *doloso* (o agente quer o resultado ou assume o risco de produzi-lo); *de forma livre* (pode ser praticado por qualquer meio de execução); *comissivo* (os verbos indicam ações); *instantâneo* (a consumação se dá em um momento específico); *permanente nas condutas de guardar, ter em depósito, transportar e trazer consigo* (a consumação se protrai no tempo); *unissubjetivo ou de concurso eventual* (pode ser praticado por um só agente); *plurissubsistente* (admite fracionamento dos atos de execução); *admite tentativa.*

15. CONSTRANGIMENTO ILEGAL A IDOSO

Art. 107. Coagir, de qualquer modo, o idoso a doar, contratar, testar ou outorgar procuração:

Pena – reclusão de 2 (dois) a 5 (cinco) anos.

Verbo nuclear: *Coagir* (obrigar, compelir, constranger).

Objeto jurídico: É a proteção ao idoso com enfoque em seu patrimônio.

Objeto material: É a doação, o contrato, o testamento e a procuração.

Elemento subjetivo: É o dolo. Não se admite a modalidade culposa.

Sujeito ativo: Qualquer pessoa.

Sujeito passivo: É o idoso.

Consumação: O crime se consuma com a prática da conduta, independente da produção do resultado.

Tentativa: Admite-se a tentativa quando o crime não ocorrer por circunstâncias alheias à vontade do agente.

Classificação doutrinária: *Crime comum* (pode ser praticado por qualquer pessoa); *formal* (não é necessário que a conduta se realize para que haja consumação do crime); *doloso* (o agente quer o resultado ou assume o risco de produzi-lo); *de forma livre* (pode ser praticado por qualquer meio de execução); *comissivo* (os verbos indicam ações); *instantâneo na* (a consumação se dá em um momento específico); *unissubjetivo ou de concurso eventual* (pode ser praticado por um só agente); *plurissubsistente* (admite fracionamento dos atos de execução); *admite tentativa.*

16. LAVRATURA DE ATO NOTARIAL RELACIONADO A IDOSO

Art. 108. Lavrar ato notarial que envolva pessoa idosa sem discernimento de seus atos, sem a devida representação legal:

Pena – reclusão de 2 (dois) a 4 (quatro) anos.

Verbo nuclear: *Lavrar* (fazer, redigir, elaborar) ato notarial.

Objeto jurídico: É a tutela ao idoso.

Objeto material: É o ato notarial.

Elemento subjetivo: É o dolo. Não se admite a modalidade culposa.

Elemento normativo: Encontra-se na expressão "sem discernimento", que deve ser valorado pelo operador do direito.

Sujeito ativo: É o funcionário do cartório, ou seja, o notário ou respectivo preposto.

Sujeito passivo: É o idoso.

Consumação: O crime se consuma com a prática da conduta, independente da produção do resultado.

Tentativa: Admite-se a tentativa quando o crime não ocorrer por circunstâncias alheias à vontade do agente.

Classificação doutrinária: *Crime próprio* (exige uma qualidade especial por parte do agente); *formal* (não se exige o resultado para a consumação, bastando a realização do verbo; *doloso* (o agente quer o resultado ou assume o risco de produzi-lo); *de forma vinculada* (só pode ser praticado através de lavratura de ato notarial, cujas formalidades são determinadas por lei específica);*comissivo* (os verbos indicam ações); *instantâneo na conduta adquirir* (a consumação se dá em um momento específico); *unissubjetivo ou de concurso eventual* (pode ser praticado por um só agente); *plurissubsistente* (admite fracionamento dos atos de execução); *admite tentativa.*

17. IMPEDIMENTO OU EMBARAÇO A ATOS DO MP OU ÓRGÃO FISCALIZADOR

Art. 109. Impedir ou embaraçar ato do representante do Ministério Público ou de qualquer outro agente fiscalizador:

Pena – reclusão de 6 (seis) meses a 1 (um) ano e multa.

Comentários: Como já abordado anteriormente, este delito se situa no título VII, que trata das disposições finais e transitórias. Isso é uma impropriedade por parte do legislador, pois não há uma justificativa para situá-lo nesse título, ao invés de estar disposto no título anterior, onde se situam todos os demais crimes desta lei.

Verbos nucleares: *Impedir* (obstar, barrar, frustrar) *embaraçar* (empatar, perturbar, dificultar) ato do representante do Ministério Público ou agente fiscalizador. Um exemplo desse crime foi a situação ocorrida no Município de Peruíbe e que teve apelação julgada pela 2ª Câmara Criminal do Tribunal de Justiça do Estado de São Paulo, em que uma responsável por instituição de longa permanência para idosos, após ser acusada por crimes do Estatuto do Idoso em concurso, recebeu a determinação para o fechamento do asilo e restituição dos idosos a seus familiares; entretanto mudou o local e nome da instituição de longa permanência para idosos, e ao receber visita do agente fiscalizador negou a sua entrada no local; assim, praticou conduta que se amolda ao previsto neste artigo 109[1].

Objeto jurídico: Esse delito possui dupla objetividade jurídica, portanto temos como objeto jurídico tanto a tutela ao idoso quanto a administração da justiça.

Objeto material: É o ato o representante do Ministério Público ou de outro agente fiscalizador.

Elemento subjetivo: É o dolo. Não se admite a modalidade culposa.

Consumação: O crime se consuma com a pratica da conduta, independente da produção do resultado.

Tentativa: Admite-se a tentativa quando o crime não ocorrer por circunstâncias alheias à vontade do agente.

Classificação doutrinária: *Crime comum* (pode ser praticado por qualquer pessoa); *formal* (não há necessidade de produção do resultado naturalístico à sua consumação); *de perigo abstrato* (o perigo gerado pela conduta é presumido pela lei); *doloso* (o agente quer o resultado ou assume o risco de produzi-lo); *de forma livre* (pode ser praticado por qualquer meio de execução); *comissivo* (os verbos indicam ações); *instantâneo na conduta adquirir* (a consumação se dá em um momento específico); *unissubjetivo ou de concurso eventual* (pode ser praticado por um só agente); *plurissubsistente* (admite fracionamento dos atos de execução); *admite tentativa.*

REFERÊNCIAS

ANDREUCCI, Ricardo Antonio. *Legislação Penal Especial.* 8. ed. São Paulo: Saraiva, 2011.

CAPEZ, Fernando. *Curso de Direito Penal*: Legislação Penal Especial. São Paulo: Saraiva, 2012. v. 4.

DELMANTO, Roberto; DELMANTO JUNIOR, Roberto; ALMEIDA, Fabio M. de. *Leis penais especiais comentadas.* 2. ed. São Paulo: Editora Saraiva, 2014.

NUCCI, Guilherme de Souza. *Leis penais e processuais penais comentadas.* 2. ed. Rio de Janeiro: Editora Revista dos Tribunais, 2007.

NUCCI, Guilherme de Souza. *Leis penais e processuais penais comentadas.* 12. ed. Rio de Janeiro: Forense, 2019.

1. TJ/SP: Apelação Criminal nº 0000978-85.2018.8.26.0441 – Voto nº 11274. Disponível em: https://jurisprudencia.s3.amazonaws.com/TJ-SP. Acesso em: 23 ago. 2020, às 22h29.

6

CRIMES CONTRA PORTADORES DE DEFICIÊNCIA

Leis 13.146/2015 e 7.853/1989

MARCEL GOMES DE OLIVEIRA

1. INTRODUÇÃO AO ESTUDO DA TUTELA DA PESSOA COM DEFICIÊNCIA

1.1. Noções gerais

A proteção às pessoas portadoras de deficiência encontra grande amparo na legislação pátria. Desde a Constituição Federal de 1988, a Tratados Internacionais com força de emenda constitucional (aprovado nos termos do §3º do art. 5, da CF), até as mais diversas legislações ordinárias (Código Penal, Código de Processo Penal, Legislações Penais Especiais etc.), o legislador buscou afastar qualquer intuito discriminatório contra o portador de deficiência. Motivo pelo qual, iremos, a seguir, esboçar de forma didática todos diplomas que tratam de alguma forma do assunto. Para se entender a sistemática da proteção das pessoas portadoras de deficiência, se faz necessário compreender de forma conglobada toda a matéria.

Lei nº. 7.853/1989: Dispõe sobre o apoio às pessoas portadoras de deficiência, sua integração social, sobre a Coordenadoria Nacional para Integração da Pessoa Portadora de Deficiência - CORDE, institui a tutela jurisdicional de interesses coletivos ou difusos dessas pessoas, disciplina a atuação do Ministério Público, ***define crimes***, e dá outras providências.

Enfim, esse foi o primeiro diploma a tratar sobre as pessoas portadoras de deficiência, com seu advento ainda no ano de 1989, portanto, logo após a promulgação da Constituição Federal de 1988.

Decreto nº. 3.298/1999: Regulamenta a Lei nº. 7.853/1989, que dispõe sobre a Política Nacional para a Integração da Pessoa Portadora de Deficiência, consolida as normas de proteção, e dá outras providências. Enfim, é este Decreto que fornece diversos conceitos no campo das pessoas com deficiência.

Decreto nº. 9.508/2018: Estabelece diversas normativas acerca da *reserva às pessoas com deficiência percentual de cargos e de empregos públicos ofertados em concursos públicos e em processos seletivos no âmbito da administração pública federal direta e indireta,* regulamentando o disposto no art. 34, § 2º e § 3º, e no art. 35 da Lei nº 13.146.

Lei nº. 13.146/2015: Institui a Lei Brasileira de Inclusão da Pessoa com Deficiência (Estatuto da Pessoa com Deficiência). A citada lei também ***define crimes***, além de ser o corpo jurídico mais complexo e completo acerca da tutela das pessoas portadores de deficiência, motivo pelo qual adotaremos esta lei como base angular dos comentários que serão realizados a seguir. Não é por acaso que o legislador a denominou de "Estatuto da Pessoa com Deficiência", isso se dá pelo fato que qualquer pessoa acometida por deficiência – seja ela qual for -, tem amplo amparo e respaldo legal na consulta dos dispositivos ali enumerados.

1.2. Constituição federal

a Constituição Federal de 1988, dentro da sua classificação quanto a extensão, trata-se de uma Carta densa, prolixa, analítica. Daí se dizer que que se trata de uma constituição "extensa que disciplina longa e minuciosamente todas as particularidades ocorrentes e consideradas relevantes no momento para o Estado e para a sociedade, definindo largamente os fins atribuídos ao Estado"[1].

Fato é que a temática da pessoa com deficiência foi amplamente inserida nas normas constitucionais, revelando uma preocupação do legislador constituinte com essa parcela da população que merecia um tratamento diferenciando para alcançar, de fato, a tão almejada igualdade material.

Dignidade da pessoa humana: Entre os fundamentos da República Federativa do Brasil temos a *dignidade da pessoa humana* (art. 1º, III, CF), sendo "que este fundamento afasta a ideia de predomínio das concepções transpessoalistas de Estado e nação, em detrimento da liberdade individual"[2].

Objetivos da República Federativa do Brasil: Dentre os objetivos encontra-se o de *construir uma sociedade livre, justa e solidárias* (art. 3º, I, CF) e *promover o bem de todos, sem preconceitos de origem, raça, sexo, cor, idade e quaisquer outras formas de discriminação* (art. 3º, IV, CF).

Princípio da igualdade: Não se pode olvidar do consagrado princípio da *igualdade* (art. 5º, *caput*, CF), onde os iguais devem ser tratados de forma igual, enquanto os desiguais na medida das suas desigualdades.

Direitos trabalhistas: Ainda sobre o prisma constitucional e corolário à dignidade da pessoa humana *o trabalho* figura como direito social básico (art. 6º, *caput*, CF). Num prisma mais específico, no âmbito laboral, prevê a Constituição que "Art. 7º. São direitos dos trabalhadores urbanos e rurais, além de outros que visem à melhoria de sua condição social: XXXI - proibição de qualquer discriminação no tocante a salário e critérios de admissão do trabalhador portador de deficiência".

Competência comum dos entes federativos: No âmbito das competências prevê a Carta de 1988 que "Art. 23. É competência comum da União, dos Estados, do Distrito Federal e dos Municípios: II - cuidar da saúde e assistência pública, da proteção e garantia das pessoas portadoras de deficiência". Ou seja, nenhum dos entes federativos podem se escusar dessa obrigação. O mesmo se diga em relação a elaboração de leis, onde "Art. 24. Compete à União, aos Estados e ao Distrito Federal legislar concorrentemente sobre: XIV - proteção e integração social das pessoas portadoras de deficiência".

Concursos públicos: Dispõe o art. 37, VIII, da CF que "Art. 37. A administração pública direta e indireta de qualquer dos Poderes da União, dos Estados, do Distrito Federal e dos Municípios obedecerá aos princípios de legalidade, impessoalidade, moralidade, publicidade e eficiência e, também, ao seguinte: VIII - a lei reservará percentual dos cargos e empregos públicos para as pessoas portadoras de deficiência e definirá os critérios de sua admissão".

Previdência social diferenciada: Conforme o §4º e §4º-A do artigo 40, da CF/88, com redação dada pela EC nº. 103/2019, "é vedada a adoção de requisitos ou critérios diferenciados para concessão de benefícios em regime próprio de previdência social, ressalvado o disposto nos §§ 4º-A, 4º-B, 4º-C e 5º". Por sua vez, o § 4º-A, incluído pela EC nº. 103/2019, prescreve que "poderão ser estabelecidos por lei complementar do respectivo ente federativo idade e tempo de contribuição diferenciados para aposentadoria de *servidores com deficiência, previamente submetidos a avaliação biopsicossocial realizada por equipe multiprofissional e interdisciplinar*".

Pagamento de precatórios: Sobre o tema prevê a Constituição Federal que "Art. 100. Os pagamentos devidos pelas Fazendas Públicas Federal, Estaduais, Distrital e Municipais, em virtude de sentença judiciária, far-se-ão exclusivamente na ordem cronológica de apresentação dos precatórios e à conta dos créditos respectivos, proibida a designação de casos ou de pessoas nas dotações orçamentárias e nos créditos adicionais abertos para este fim. § 2º Os débitos de natureza alimentícia cujos titulares, originários ou por sucessão hereditária, tenham 60 (sessenta) anos de idade, ou sejam portadores de doença grave, ou pessoas com deficiência, assim definidos na forma da lei, serão pagos com preferência sobre todos os demais débitos, até o valor equivalente ao triplo fixado em lei para os fins do disposto no § 3º deste artigo, admitido o fracionamento para essa finalidade, sendo que o restante será pago na ordem cronológica de apresentação do precatório".

Saúde: Ainda sobre o prisma constitucional e corolário à dignidade da pessoa humana a *saúde* figura como direito social básico (art. 6º, *caput*, CF). Num prisma mais específico prescreve o art. 196 que "a saúde é direito de todos e dever do Estado, garantido mediante políticas sociais e econômicas

1. CUNHA JUNIOR, Dirley da. Curso de Direito Constitucional. Salvador: Juspodivm, 2008, p. 114.
2. MORAES, Alexandre de. *Direitos humanos fundamentais*. 5. Ed. São Paulo: Atlas, 2003, p. 60.

que visem à redução do risco de doença e de outros agravos e ao acesso universal e igualitário às ações e serviços para sua promoção, proteção e recuperação".

Benefícios sociais: Conforme o §1º, inciso I, do artigo 201, da CF/88, com redação dada pela EC nº. 103/2019: "§ 1º É vedada a adoção de requisitos ou critérios diferenciados para concessão de benefícios, ressalvada, nos termos de lei complementar, a possibilidade de previsão de idade e tempo de contribuição distintos da regra geral para concessão de aposentadoria exclusivamente em favor dos segurados: I - com deficiência, previamente submetidos a avaliação biopsicossocial realizada por equipe multiprofissional e interdisciplinar".

Assistência Social: Prevê o art. 203, incisos IV e V da Carta que "Art. 203. A assistência social será prestada a quem dela necessitar, independentemente de contribuição à seguridade social, e tem por objetivos: IV - a habilitação e reabilitação das pessoas portadoras de deficiência e a promoção de sua integração à vida comunitária; V - a garantia de um salário mínimo de benefício mensal à pessoa portadora de deficiência e ao idoso que comprovem não possuir meios de prover à própria manutenção ou de tê-la provida por sua família, conforme dispuser a lei".

Educação: A educação, direito de todos e dever do Estado e da família, será promovida e incentivada com a colaboração da sociedade, visando ao pleno desenvolvimento da pessoa, seu preparo para o exercício da cidadania e sua qualificação para o trabalho (art. 205, CF). Registre-se ainda que o ensino será ministrado com base nos seguintes princípios: igualdade de condições para o acesso e permanência na escola (art. 206, I, CF). Já o artigo 208 da CF, aduz "Art. 208. O dever do Estado com a educação será efetivado mediante a garantia de: III - atendimento educacional especializado aos portadores de deficiência, preferencialmente na rede regular de ensino".

Direitos da criança e do adolescente: Prevê o art. 227, §1º, II e §2º da Constituição que "Art. 227. É dever da família, da sociedade e do Estado assegurar à criança, ao adolescente e ao jovem, com absoluta prioridade, o direito à vida, à saúde, à alimentação, à educação, ao lazer, à profissionalização, à cultura, à dignidade, ao respeito, à liberdade e à convivência familiar e comunitária, além de colocá-los a salvo de toda forma de negligência, discriminação, exploração, violência, crueldade e opressão. § 1º O Estado promoverá programas de assistência integral à saúde da criança, do adolescente e do jovem, admitida a participação de entidades não governamentais, mediante políticas específicas e obedecendo aos seguintes preceitos: II - criação de programas de prevenção e atendimento especializado para as pessoas portadoras de deficiência física, sensorial ou mental, bem como de integração social do adolescente e do jovem portador de deficiência, mediante o treinamento para o trabalho e a convivência, e a facilitação do acesso aos bens e serviços coletivos, com a eliminação de obstáculos arquitetônicos e de todas as formas de discriminação".

Acessibilidade: Prevê o art. 227, §2º c/c art. 244 da CF/88 que "Art. 244 - A lei disporá sobre a adaptação dos logradouros, dos edifícios de uso público e dos veículos de transporte coletivo atualmente existentes a fim de garantir acesso adequado às pessoas portadoras de deficiência, conforme o disposto no art. 227, § 2º" (§ 2º A lei disporá sobre normas de construção dos logradouros e dos edifícios de uso público e de fabricação de veículos de transporte coletivo, a fim de garantir acesso adequado às pessoas portadoras de deficiência).

1.3. Tratados Internacionais

Tratado Internacional - Convenção Interamericana para a Eliminação de Todas as Formas de Discriminação contra as Pessoas Portadoras de Deficiência: Esta Convenção tem por objetivo prevenir e eliminar todas as formas de discriminação contra as pessoas portadoras de deficiência e propiciar a sua plena integração à sociedade. Foi promulgado no Brasil através do Decreto nº. 3.956, de 8 de outubro de 2001.

Tratado internacional - Convenção Internacional sobre os Direitos das Pessoas com Deficiência (Convenção de Nova York): Tem o objetivo de "promover, proteger e assegurar o exercício pleno e equitativo de todos os direitos humanos e liberdades fundamentais por todas as pessoas com deficiência e promover o respeito pela sua dignidade inerente". Foi promulgado no Brasil através do Decreto nº. 6.949, de 25 de agosto de 2009[3]. No Julgamento da ADI

3. "Na mesma linha afirmativa, há poucos anos, incorporou-se ao ordenamento constitucional a Convenção Internacional sobre os Direitos das Pessoas com Deficiência, primeiro tratado internacional aprovado pelo rito legislativo previsto no art. 5º, § 3º, da CF, o qual foi internalizado por meio do Decreto presidencial 6.949/2009" [**ADI 903**, rel. min. Dias Toffoli, j. 22-5-2013, P, *DJE* de 7-2-2014.].

5357, o Supremo Tribunal Federal, assentou que: "(...) 1. A Convenção Internacional sobre os Direitos da Pessoa com Deficiência concretiza o princípio da igualdade como fundamento de uma sociedade democrática que respeita a dignidade humana. 2. À luz da Convenção e, por consequência, da própria Constituição da República, o ensino inclusivo em todos os níveis de educação não é realidade estranha ao ordenamento jurídico pátrio, mas sim imperativo que se põe mediante regra explícita (...)".

Tratado Internacional de Marraqueche: Tem o objetivo de facilitar o acesso a obras publicadas às pessoas cegas, com deficiência visual ou com outras dificuldades para ter acesso ao texto impresso. Foi promulgado no Brasil através do Decreto nº. 9.522, de 8 de outubro de 2018.

Por fim, há de ser acrescido que, de acordo com o §3º do art. 5º da Constituição Federal, "Os tratados e convenções internacionais sobre direitos humanos que forem aprovados, em cada Casa do Congresso Nacional, em dois turnos, por três quintos dos votos dos respectivos membros, serão equivalentes às emendas constitucionais", daí se dizer que, no que tange a Convenção de Nova York e o Tratado de Marraqueche, ambos são equivalentes a emendas constitucionais.

1.4. Código Penal

Diversos são os crimes previstos no Código Penal onde se faz necessário se socorrer do conceito de pessoa com deficiência. Motivo pelo qual a conduta criminosa recai justamente sobre essas pessoas, havendo em determinados casos crimes específicos para a tutela da pessoa portadora de deficiência, como é o caso do crime de estupro de vulnerável (art. 217-A, CP), em que a vítima pode ser pessoa com *deficiência mental*. Já em outros casos, o fato do crime ser cometido contra a pessoa portadora de deficiência poderá dar ensejo a alguma qualificadora ou causa de aumento de pena, conforme veremos a seguir.

Código Penal – causa de aumento de pena no crime de feminicídio: O crime de homicídio qualificado pelo feminicídio, incluído pela lei 13.104 de 2015, vem previsto no art. 121, §2º, IV, do CP. Por sua vez, se o crime de feminicídio for praticado contra pessoa menor de 14 (catorze) anos, maior de 60 (sessenta) anos, ***com deficiência ou portadora de doenças degenerativas que acarretem condição limitante ou de vulnerabilidade física ou mental***, a pena será aumentada de 1/3 (um terço) até a metade.

Código Penal – causa de aumento de pena no crime de induzimento, instigação ou auxílio a suicídio ou a automutilação: O art. 122 do Código Penal, teve sua redação alterada pela Lei nº. 13.968 de 2019, mudando substancialmente o teor do dispositivo. Por sua vez, se da automutilação ou da tentativa de suicídio resulta em lesão corporal de natureza gravíssima e é cometido contra menor de 14 (quatorze) anos ou contra quem, por enfermidade ou ***deficiência mental***, não tem o necessário discernimento para a prática do ato, ou que, por qualquer outra causa, não pode oferecer resistência, responde o agente pelo crime de lesão corporal gravíssima. (com inteligência dos §§ 1º e 6º do art. 122, c/c art. 129, §2º, todos do CP).

Código Penal – causa de aumento de pena no crime lesão corporal em decorrência de violência doméstica: O crime de lesão corporal qualificada pela violência doméstica vem disposto no art. 129, §9º, do CP: "Art. 129. Ofender a integridade corporal ou a saúde de outrem: § 9º Se a lesão for praticada contra ascendente, descendente, irmão, cônjuge ou companheiro, ou com quem conviva ou tenha convivido, ou, ainda, prevalecendo-se o agente das relações domésticas, de coabitação ou de hospitalidade: Pena - detenção, de 3 (três) meses a 3 (três) anos". Todavia, acrescenta o §11 que: "Na hipótese do § 9º deste artigo, a pena será aumentada de um terço se o crime for cometido contra ***pessoa portadora de deficiência***".

Código Penal – injúria qualificada: Designa o art. 140, §3º do CP: "Art. 140 - Injuriar alguém, ofendendo-lhe a dignidade ou o decoro: 3º Se a injúria consiste na utilização de elementos referentes a raça, cor, etnia, religião, origem ou a condição de pessoa idosa ou ***portadora de deficiência***: Pena - reclusão de um a três anos e multa".

Código Penal – causa de aumento de pena para calúnia e difamação: Preceitua o inciso IV, do art. 141 do CP: "Art. 141 - As penas cominadas neste Capítulo aumentam-se de um terço, se qualquer dos crimes é cometido: IV – contra pessoa maior de 60 (sessenta) anos ***ou portadora de deficiência, exceto no caso de injúria***". A exceção vista no dispositivo é justamente para se vedar o *bis in idem*, uma vez que aquele que comete injúria se utilizando de elementos referentes a condição de pessoa portadora de deficiência já responde por injúria qualificada.

Código Penal – causa de aumento de pena no tráfico de pessoas: Estabelece o art. 149-A, do

Código Penal do Crime de tráfico de pessoas, sendo que no seu §1º, fica disposto que "§ 1º A pena é aumentada de um terço até a metade se: II - o crime for cometido contra criança, adolescente ou pessoa idosa ou ***com deficiência***".

Código Penal – ação penal pública incondicionada no crime de estelionato: O crime de estelionato vem estampado no art. 171 do Código Penal. Com as modificações introduzidas pela Lei nº.13.964 de 2019, tal delito passou a ser, como regra, de ação penal pública condicionada a representação. Excepcionalmente, o crime será de ação penal pública incondicionada, se a vítima for a Administração Pública, direta ou indireta; criança ou adolescente; ***pessoa com deficiência mental***; ou maior de 70 (setenta) anos de idade ou incapaz" (com inteligência do art. 171, §5º, incisos I, II, III e IV).

Código Penal – causa de aumento de pena no crime de frustração de direito assegurado por lei trabalhista: Prescreve o art. 203, §2º do CP: "Art. 203 - Frustrar, mediante fraude ou violência, direito assegurado pela legislação do trabalho: Pena - detenção de um ano a dois anos, e multa, além da pena correspondente à violência. § 2º A pena é aumentada de um sexto a um terço se a vítima é menor de dezoito anos, idosa, gestante, indígena ou ***portadora de deficiência física ou mental***".

Código Penal – causa de aumento de pena no crime de aliciamento de trabalhadores de um local para outro do território nacional: "Art. 207 - Aliciar trabalhadores, com o fim de levá-los de uma para outra localidade do território nacional: Pena - detenção de um a três anos, e multa. § 2º A pena é aumentada de um sexto a um terço se a vítima é menor de dezoito anos, idosa, gestante, indígena ou ***portadora de deficiência física ou mental***".

Código Penal – crime de estupro de vulnerável: Conforme o §1º do art. 217-A, do Código Penal, incorre na pena de reclusão, de 8 (oito) a 15 (quinze) anos quem pratica conjunção carnal ou outro ato libidinoso com alguém que, por enfermidade ou ***deficiência mental***, não tem o necessário discernimento para a prática do ato, ou que, por qualquer outra causa, não pode oferecer resistência.

Código Penal – crime de favorecimento da prostituição ou de outra forma de exploração sexual de criança ou adolescente ou de vulnerável: Estabelece do art. 218-B, do Código Penal: "Art. 218-B. Submeter, induzir ou atrair à prostituição ou outra forma de exploração sexual alguém menor de 18 (dezoito) anos ou que, por enfermidade ou ***deficiência mental***, não tem o necessário discernimento para a prática do ato, facilitá-la, impedir ou dificultar que a abandone: Pena - reclusão, de 4 (quatro) a 10 (dez) anos".

Código Penal – causa de aumento de pena nos crimes contra a dignidade sexual: Estabelece o art. 234-A, IV do Código Penal, com redação dada pela Lei nº. 13.718 de 2018, que em todos os delitos contra a dignidade sexual (previstos no Título VI do Código Penal) a pena será aumentada "de 1/3 (um terço) a 2/3 (dois terços), se o agente transmite à vítima doença sexualmente transmissível de que sabe ou deveria saber ser portador, ou se a vítima é idosa ***ou pessoa com deficiência***".

1.5. Código de Processo Penal

O Código de Processo Penal traz diversos dispositivos citando a pessoa portadora de deficiência, onde também se faz necessário se socorrer do conceito de pessoa com deficiência, conforme veremos a seguir.

Código de Processo Penal – dever da autoridade policial no interrogatório do indiciado: O inciso X, incluído pela Lei nº. 13.257/2016, ao art. 6º do CPP, dispõe: "Art. 6º Logo que tiver conhecimento da prática da infração penal, a autoridade policial deverá: X - colher informações sobre a existência de filhos, respectivas idades ***e se possuem alguma deficiência*** e o nome e o contato de eventual responsável pelos cuidados dos filhos, indicado pela pessoa presa". Esse dispositivo tem uma consequência lógica na análise da eventual manutenção da prisão do flagranteado e uma possível concessão de liberdade provisória ou prisão domiciliar. No mesmo sentido o teor do art. 304, §4º do CPP (também incluído pela lei nº. 13.257/2016), que trata do auto de prisão em flagrante: "§ 4º Da lavratura do auto de prisão em flagrante deverá constar a informação sobre a existência de filhos, respectivas idades e se possuem alguma deficiência e o nome e o contato de eventual responsável pelos cuidados dos filhos, indicado pela pessoa presa".

Código de Processo Penal – prioridade na confecção do exame de corpo de delito: A lei nº. 13.721/2018, incluiu no art. 158, do CPP, um novo parágrafo único, estabelecendo prioridade na confecção de exame de corpo de delito de pessoas com deficiência. Nestes termos: "Art. 158. (...) Parágrafo único. Dar-se-á prioridade à realização do exame de corpo de delito quando se tratar de crime que envolva: II - violência contra criança, adolescente, idoso ou ***pessoa com deficiência***".

Código de Processo Penal – dever da autoridade judicial no interrogatório do acusado: O inciso §10, incluído pela Lei nº. 13.257/2016, ao art. 185 do CPP, que disciplina o interrogatório do acusado, estabelece que: "Art. 185. (...) § 10. Do interrogatório deverá constar a informação sobre a existência de filhos, respectivas idades ***e se possuem alguma deficiência*** e o nome e o contato de eventual responsável pelos cuidados dos filhos, indicado pela pessoa presa".

Código de Processo Penal – testemunho sem compromisso para deficientes mentais: Dispõe o art. 208 do CPP:" Art. 208. Não se deferirá o compromisso a que alude o art. 203 aos doentes e deficientes mentais e aos menores de 14 (quatorze) anos, nem às pessoas a que se refere o art. 206".

Código de Processo Penal – crime de violência doméstica contra portador de deficiência e possibilidade de prisão preventiva: Estabelece o art. 313, III, CPP: "Art. 313. Nos termos do art. 312 deste Código, será admitida a decretação da prisão preventiva: III - se o crime envolver violência doméstica e familiar contra a mulher, criança, adolescente, idoso, enfermo ***ou pessoa com deficiência***, para garantir a execução das medidas protetivas de urgência".

Código de Processo Penal – substituição da prisão preventiva pela prisão domiciliar: Inicialmente dispõe o art. 318, III do CPP, que o juiz poderá substituir a prisão preventiva pela domiciliar se "imprescindível aos cuidados especiais de pessoa menor de 6 (seis) anos de idade ou com deficiência". Posteriormente, através da Lei nº. 13.769/2018, foi acrescido o art. 318-A e 318-B, ao CPP, prevendo que: "Art. 318-A. A prisão preventiva imposta à mulher gestante ou que for mãe ou responsável por crianças ou pessoas com deficiência será substituída por prisão domiciliar, desde que: I - não tenha cometido crime com violência ou grave ameaça a pessoa; II - não tenha cometido o crime contra seu filho ou dependente". Por fim, salienta-se que a substituição da prisão preventiva pela prisão domiciliar poderá ser efetuada sem prejuízo da aplicação concomitante das medidas cautelares diversas da prisão (*v.g.* monitoração eletrônica).

1.6. Lei de Execução Penal

Lei de execução penal – do trabalho interno do reeducando deficiente físico: Prevê a Lei nº. 7.210/1984 – Lei de Execução Penal, nos artigos 31 e 32, que: "Art. 31. O condenado à pena privativa de liberdade está obrigado ao trabalho na medida de suas aptidões e capacidade. Parágrafo único. Para o preso provisório, o trabalho não é obrigatório e só poderá ser executado no interior do estabelecimento. Art. 32. Na atribuição do trabalho deverão ser levadas em conta a habilitação, a condição pessoal e as necessidades futuras do preso, bem como as oportunidades oferecidas pelo mercado. § 1º Deverá ser limitado, tanto quanto possível, o artesanato sem expressão econômica, salvo nas regiões de turismo. § 2º Os maiores de 60 (sessenta) anos poderão solicitar ocupação adequada à sua idade. § 3º Os doentes ou deficientes físicos somente exercerão atividades apropriadas ao seu estado".

Lei de execução penal – progressão de regime da mulher responsável por pessoa com deficiência: Estabelece a Lei nº. 7.210/1984 – Lei de Execução Penal, tratamento diferenciado na progressão de regime da mulher responsável por pessoa com deficiência, dispondo o art. 112, §3º, que: "no caso de mulher gestante ou que for mãe ou responsável por crianças ou pessoas com deficiência, os requisitos para progressão de regime são, cumulativamente: não ter cometido crime com violência ou grave ameaça a pessoa; não ter cometido o crime contra seu filho ou dependente; ter cumprido ao menos 1/8 (um oitavo) da pena no regime anterior; ser primária e ter bom comportamento carcerário, comprovado pelo diretor do estabelecimento; não ter integrado organização criminosa".

Lei de execução penal – colocação no regime aberto: Dispõe o art. 117, inciso III, da Lei de Execução Penal – Lei nº. 7.210/1984 -, que "Art. 117. Somente se admitirá o recolhimento do beneficiário de regime aberto em residência particular quando se tratar de: (...) III - condenada com filho menor ou deficiente físico ou mental".

1.7. Legislação Previdenciária

Assistência Social – benefício de prestação continuada: Dispõe a Lei nº. 13.146/2015, que: "Art. 40. É assegurado à pessoa com deficiência que não possua meios para prover sua subsistência nem de tê-la provida por sua família o benefício mensal de 1 (um) salário-mínimo, nos termos da Lei nº. 8.742, de 7 de dezembro de 1993".

Por sua vez, a Lei nº. 8.742/1993 que dispõe sobre a organização da Assistência Social e dá outras providências, prevê que "Art. 20. O benefício de prestação continuada é a garantia de um salário-mínimo mensal à pessoa com deficiência e ao idoso com 65 (sessenta e cinco) anos ou mais que comprovem não possuir meios de prover a própria manutenção nem de tê-la provida por sua família". Salienta-se ainda que para a concessão do citado benefício deverá ser observado os demais requisitados previstos nos parágrafos do citado artigo.

Previdência social - aposentadoria diferenciada: Prevê a Lei nº. 13.146/2015, que: "Art. 41. A pessoa com deficiência segurada do Regime Geral de Previdência Social (RGPS) tem direito à aposentadoria nos termos da Lei Complementar nº 142, de 8 de maio de 2013".

Já a Lei Complementar nº. 142/2013, regulamenta a concessão de aposentadoria da pessoa com deficiência segurada do Regime Geral de Previdência Social - RGPS. Estabelecendo ainda que: "Art. 2º Para o reconhecimento do direito à aposentadoria de que trata esta Lei Complementar, considera-se pessoa com deficiência aquela que tem impedimentos de longo prazo de natureza física, mental, intelectual ou sensorial, os quais, em interação com diversas barreiras, podem obstruir sua participação plena e efetiva na sociedade em igualdade de condições com as demais pessoas".

Previdência social - pensão especial na "Síndrome da Talidomida": Estabelece a Lei nº. 7.070/1982 que: "Art. 1º - Fica o Poder Executivo autorizado a conceder pensão especial, mensal, vitalícia e intransferível, aos portadores da deficiência física conhecida como "Síndrome da Talidomida" que a requererem, devida a partir da entrada do pedido de pagamento no Instituto Nacional de Previdência Social - INPS".

1.8. Outras Legislações

Língua Brasileira de Sinais - Libras: A Lei nº 10.436, de 24 de abril de 2002, *dispõe sobre a Língua Brasileira de Sinais - Libras e dá outras providências.* Estabelece que: *"Art. 1º É reconhecida como meio legal de comunicação e expressão a Língua Brasileira de Sinais - Libras e outros recursos de expressão a ela associados. Parágrafo único. Entende-se como Língua Brasileira de Sinais - Libras a forma de comunicação e expressão, em que o sistema linguístico de natureza visual-motora, com estrutura gramatical própria, constituem um sistema linguístico de transmissão de ideias e fatos, oriundos de comunidades de pessoas surdas do Brasil".*

Acesso a concursos públicos: A Lei nº. 8.112/1990, que dispõe sobre o regime jurídico dos servidores públicos civis da União, das autarquias e das fundações públicas federais, estabelece no art. 5º, §2º que "Às pessoas portadoras de deficiência é assegurado o direito de se inscrever em concurso público para provimento de cargo cujas atribuições sejam compatíveis com a deficiência de que são portadoras; para tais pessoas serão reservadas até 20% (vinte por cento) das vagas oferecidas no concurso".

Código Eleitoral - fácil acessibilidade em locais de votação: Prescreve o art. 135, §6º-A, com redação dada pela Lei nº. 13;146/2015, que "Os Tribunais Regionais Eleitorais deverão, a cada eleição, expedir instruções aos Juízes Eleitorais para orientá-los na escolha dos locais de votação, de maneira a garantir acessibilidade para o eleitor com deficiência ou com mobilidade reduzida, inclusive em seu entorno e nos sistemas de transporte que lhe dão acesso".

Lei da prioridade de atendimento: A lei nº. 10.048/2000, estabelece, entre outras disposições, que "as *pessoas com deficiência*, terão atendimento prioritário, nos termos desta Lei" (art. 1º).

Já as repartições públicas e empresas concessionárias de serviços públicos estão obrigadas a dispensar atendimento prioritário, por meio de serviços individualizados que assegurem tratamento diferenciado e atendimento imediato às pessoas acima mencionadas. Ademais, é assegurada, em todas as instituições financeiras, a prioridade de atendimento às pessoas portadoras de deficiência.

As empresas públicas de transporte e as concessionárias de transporte coletivo reservarão assentos, devidamente identificados, para as pessoas portadoras de deficiência.

Os logradouros e sanitários públicos, bem como os edifícios de uso público, terão normas de construção, para efeito de licenciamento da respectiva edificação, baixadas pela autoridade competente, destinadas a facilitar o acesso e uso desses locais pelas pessoas portadoras de deficiência.

Passe livre no meio de transporte interestadual: A Lei nº. 9.899/1994, concede passe livre às pessoas portadoras de deficiência no sistema de transporte coletivo interestadual. Assim fica estabelecido no art. 1º da citada lei: "É concedido passe livre às pessoas portadoras de deficiência, comprovadamente carentes, no sistema de transporte coletivo interestadual".

Código de Trânsito Brasileiro: "Art. 14. Compete aos Conselhos Estaduais de Trânsito - CETRAN e ao Conselho de Trânsito do Distrito Federal - CONTRANDIFE: VI - indicar um representante para compor a comissão examinadora de candidatos portadores de deficiência física à habilitação para conduzir veículos automotores". Tal dispositivo democratiza a acessibilidade a veículos automotores para portadores de deficiência, vez que traz esse grupo para dentro das comissões examinadores, buscando dar maior respaldo para tal grupo no momento da realização dos exames.

2. COMENTÁRIOS À LEI Nº. 13.146/2015 – ESTATUTO DA PESSOA COM DEFICIÊNCIA

2.1. Noções gerais

> **Art. 1º É instituída a Lei Brasileira de Inclusão da Pessoa com Deficiência (Estatuto da Pessoa com Deficiência), destinada a assegurar e a promover, em condições de igualdade, o exercício dos direitos e das liberdades fundamentais por pessoa com deficiência, visando à sua inclusão social e cidadania.**
>
> **Parágrafo único. Esta Lei tem como base a Convenção sobre os Direitos das Pessoas com Deficiência e seu Protocolo Facultativo, ratificados pelo Congresso Nacional por meio do Decreto Legislativo nº 186, de 9 de julho de 2008, em conformidade com o procedimento previsto no § 3º do art. 5º da Constituição da República Federativa do Brasil, em vigor para o Brasil, no plano jurídico externo, desde 31 de agosto de 2008, e promulgados pelo Decreto nº 6.949, de 25 de agosto de 2009, data de início de sua vigência no plano interno.**

Introdução: A Lei nº. 13.146 de 6 de julho de 2015, instituiu a Lei Brasileira de Inclusão da Pessoa com Deficiência (Estatuto da Pessoa com Deficiência). Trata-se nitidamente de uma lei antidiscriminatória, assim "quanto às leis antidiscriminatórias ou leis que proíbem a discriminação negativa, são normas específicas que protegem os direitos de determinados grupos sociais que podem sofrer um tratamento diferente por causa de uma característica própria, como por exemplo, a diferença de gênero, preferência sexual, estilo de vida ou por ter alguma deficiência física, intelectual ou sensorial"[4].

Enfim, uma lei antidiscriminatória "geralmente não estabelece direito e sim, determina a proibição de determinados comportamentos sociais em relação às características próprias de grupos sociais fragilizados. Com relação às pessoas com deficiência, por exemplo, o sistema procura impedir comportamentos como negar trabalho ou emprego, impedir a inscrição em concursos públicos ou recusar matrícula em estabelecimento de ensino"[5].

Objetivo: O Estatuto da Pessoa com Deficiência tem um objetivo central, um caminho a ser tomado, isto é, estando "destinado a assegurar e a promover, em condições de igualdade, o exercício dos direitos e das liberdades fundamentais por pessoa com deficiência".

Finalidade: O objetivo é o caminho que se percorre para atingir determinada finalidade, e o Estatuto da Pessoa com Deficiência deixa claro que "visa a inclusão social e cidadania da pessoa com deficiência".

Bases legais: Conforme o parágrafo único do art. 1º, o Estatuto da Pessoa com Deficiência tem como base a Convenção sobre os Direitos das Pessoas com Deficiência e seu Protocolo Facultativo, ratificados pelo Congresso Nacional por meio do Decreto Legislativo nº 186/2008, em vigor para o Brasil, no plano jurídico externo, desde 31 de agosto de 2008, e promulgados pelo Decreto nº 6.949, de 25 de agosto de 2009, data de início de sua vigência no plano interno.

Mandados constitucionais de criminalização: O poder Constituinte originário deixou estampado na Constituição Federal de 1988, um mandamento ao legislador infraconstitucional, de vir a criminalizar, em determinado momento, certas condutas por serem consideradas atentatórias aos próprios preceitos de um Estado Democrático de Direito. Verifica-se, assim, uma relevância de determinados bens jurídicos, que para sua efetiva proteção, deverá se lançar mão do Direito Penal (*ultima ratio*).

Isto demonstra que "a Constituição não deve ser vista de forma unilateral, preocupada apenas com a defesa do indivíduo potencialmente criminoso (ou acusado como tal), mas também com as potenciais vítimas e com a defesa de toda a sociedade"[6].

4. *A Convenção sobre Direitos das Pessoas com Deficiência Comentada.* Coordenação de Ana Paula Crosara Resende e Flavia Maria de Paiva Vital. Brasília: Secretaria Especial dos Direitos Humanos. Coordenadoria Nacional para Integração da Pessoa Portadora de Deficiência, 2008, p. 26.
5. Idem.
6. CUNHA, Maria da Conceição Ferreira da. *Constituição e crime: uma perspectiva da criminalização e descriminalização.* Porto: Universidade Católica Portuguesa, 1995, p. 307.

Dito isto, "os mandados de criminalização indicam matérias sobre as quais o legislador ordinário não tem a faculdade de legislar, mas a obrigatoriedade de tratar, protegendo determinados bens ou interesses de forma adequada e, dentro do possível, integral"[7].

É nesta linha de raciocínio que vem o artigo 5º, XLI, CF – prevendo que "a lei punirá qualquer *discriminação atentatória dos direitos e liberdades fundamentais*". Enfim, o citado dispositivo se trata de nítido exemplo de mandado constitucional de criminalização expresso (explícito).

Art. 2º Considera-se pessoa com deficiência aquela que tem impedimento de longo prazo de natureza física, mental, intelectual ou sensorial, o qual, em interação com uma ou mais barreiras, pode obstruir sua participação plena e efetiva na sociedade em igualdade de condições com as demais pessoas.

§ 1º A avaliação da deficiência, quando necessária, será biopsicossocial, realizada por equipe multiprofissional e interdisciplinar e considerará:

I - os impedimentos nas funções e nas estruturas do corpo;

II - os fatores socioambientais, psicológicos e pessoais;

III - a limitação no desempenho de atividades; e

IV - a restrição de participação.

§ 2º O Poder Executivo criará instrumentos para avaliação da deficiência. (Vide Lei nº 13.846, de 2019)

Conceito de pessoa com deficiência: Considera-se pessoa com deficiência aquela que tem impedimento de longo prazo de natureza física, mental, intelectual ou sensorial, o qual, em interação com uma ou mais barreiras, pode obstruir sua participação plena e efetiva na sociedade em igualdade de condições com as demais pessoas. Por sua vez, os artigos 3º e 4º do Decreto 3.298/1999, que regulamentou a Lei nº. 7.853/1989, esmiúça o conceito de cada uma das formas de deficiência, vejamos:

> **Art. 3º** Para os efeitos deste Decreto, considera-se:
>
> I - **deficiência** – toda perda ou anormalidade de uma estrutura ou função psicológica, fisiológica ou anatômica que gere incapacidade para o desempenho de atividade, dentro do padrão considerado normal para o ser humano;
>
> II – **deficiência permanente** – aquela que ocorreu ou se estabilizou durante um período de tempo suficiente para não permitir recuperação ou ter probabilidade de que se altere, apesar de novos tratamentos; e
>
> III - **incapacidade** – uma redução efetiva e acentuada da capacidade de integração social, com necessidade de equipamentos, adaptações, meios ou recursos especiais para que a pessoa portadora de deficiência possa receber ou transmitir informações necessárias ao seu bem-estar pessoal e ao desempenho de função ou atividade a ser exercida.
>
> **Art. 4º** É considerada pessoa portadora de deficiência a que se enquadra nas seguintes categorias:
>
> I – **deficiência física** - alteração completa ou parcial de um ou mais segmentos do corpo humano, acarretando o comprometimento da função física, apresentando-se sob a forma de paraplegia, paraparesia, monoplegia, monoparesia, tetraplegia, tetraparesia, triplegia, triparesia, hemiplegia, hemiparesia, ostomia, amputação ou ausência de membro, paralisia cerebral, nanismo, membros com deformidade congênita ou adquirida, exceto as deformidades estéticas e as que não produzam dificuldades para o desempenho de funções;
>
> II – **deficiência auditiva** - perda bilateral, parcial ou total, de quarenta e um decibéis (dB) ou mais, aferida por audiograma nas frequências de 500HZ, 1.000HZ, 2.000Hz e 3.000Hz;
>
> III – **deficiência visual** - cegueira, na qual a acuidade visual é igual ou menor que 0,05 no melhor olho, com a melhor correção óptica; a baixa visão, que significa acuidade visual entre 0,3 e 0,05 no melhor olho, com a melhor correção óptica; os casos nos quais a somatória da medida do campo visual em ambos os olhos for igual ou menor que 60o; ou a ocorrência simultânea de quaisquer das condições anteriores;
>
> IV – **deficiência mental** – funcionamento intelectual significativamente inferior à média, com manifestação antes dos dezoito anos e limitações associadas a duas ou mais áreas de habilidades adaptativas, tais como:
>
> a) comunicação;
>
> b) cuidado pessoal;
>
> c) habilidades sociais;
>
> d) utilização dos recursos da comunidade;
>
> e) saúde e segurança;
>
> f) habilidades acadêmicas;
>
> g) lazer; e
>
> h) trabalho;
>
> V – **deficiência múltipla** – associação de duas ou mais deficiências.

Normal penal em branco: Norma penal em branco é aquela cujo preceito primário (conduta incriminada) dependerá de complemento. No caso dos crimes da lei em comento, será necessário de complementação do conceito de "pessoa com

7. MASSON, Cleber Rogério. *Direito Penal esquematizado: parte geral*. 9. ed. Rio de Janeiro: Forense; São Paulo: Método, 2015, p. 22.

deficiência", o qual será preenchido justamente com aquele fornecido pelo art. 2º, do presente diploma.

Art. 4º Toda pessoa com deficiência tem direito à igualdade de oportunidades com as demais pessoas e não sofrerá nenhuma espécie de discriminação.

§ 1º Considera-se discriminação em razão da deficiência toda forma de distinção, restrição ou exclusão, por ação ou omissão, que tenha o propósito ou o efeito de prejudicar, impedir ou anular o reconhecimento ou o exercício dos direitos e das liberdades fundamentais de pessoa com deficiência, incluindo a recusa de adaptações razoáveis e de fornecimento de tecnologias assistivas.

§ 2º A pessoa com deficiência não está obrigada à fruição de benefícios decorrentes de ação afirmativa.

Direito amplo a igualdade: Toda pessoa com deficiência tem direito à igualdade de oportunidades com as demais pessoas e não sofrerá nenhuma espécie de discriminação. Soa de forma notória tal dispositivo, todavia, acreditamos se tratar de algo fundamental para atingir aqueles a quem o estatuto se destina em especial – as pessoas portadoras de deficiência e seus familiares. Os diplomas jurídicos não são voltados exclusivamente para exegetas jurídicos, mas para todas as pessoas. Por isso a linguagem deve ser clara e de fácil percepção e, os estatutos especiais – como o estatuto da Pessoa com Deficiência –, se ateve a isso.

Conceito de discriminação em razão da deficiência: Considera-se discriminação em razão da deficiência toda forma de distinção, restrição ou exclusão, por ação ou omissão, que tenha o propósito ou o efeito de prejudicar, impedir ou anular o reconhecimento ou o exercício dos direitos e das liberdades fundamentais de pessoa com deficiência, incluindo a recusa de adaptações razoáveis e de fornecimento de tecnologias assistivas (§1º, art. 4º). Em resumo, discriminar é apartar, afastar, tratar de forma desigual. No objeto da presente lei a discriminação recai sobre a pessoa com deficiência (conceito do art. 2º, desta lei) e, tal conceito deverá ser utilizado como baliza interpretativa para a condutas criminosas.

A pessoa com deficiência não está obrigada à fruição de benefícios decorrentes de ação afirmativa: Está relacionado ao assunto da discriminação negativa e discriminação positiva, onde podemos afirmar que as discriminações positivas (também chamadas de afirmativas) são aquelas que buscam concretizar o princípio da igualdade material, trazendo tratamento diferenciado, com determinadas vantagens, para aquelas pessoas que se encontram em situação de desvantagem. Inúmeras vezes a Suprema Corte já se manifestou acerca da possibilidade das ações afirmativas, que buscam corrigir injustiças e desvantagens em nosso ordenamento (*v.g.* cotas raciais, lei de violência doméstica e familiar contra a mulher etc.). Por outro lado, a denominada discriminação negativa é justamente aquela em que esta lei busca combater, ou seja, aquela discriminação estampada no art. 4º, §1º da Lei nº. 13.146/2015 (Estatuto da Pessoa com Deficiência), citado no tópico anterior.

3. DOS CRIMES DA LEI Nº. 13.146/2015 – ESTATUTO DA PESSOA COM DEFICIÊNCIA

Art. 88. Praticar, induzir ou incitar discriminação de pessoa em razão de sua deficiência:

Pena - reclusão, de 1 (um) a 3 (três) anos, e multa.

Introdução: Lembramos que entre os objetivos da República Federativa do Brasil está estampado o de construir uma sociedade livre, justa e solidárias (art. 3º, I, CF) e promover o bem de todos, sem preconceitos de origem, raça, sexo, cor, idade e quaisquer outras formas de discriminação (art. 3º, IV, CF). A discriminação, seja ela qual for, vai de encontro ao princípio da isonomia (igualdade) sob o prisma material, onde os iguais devem ser tratados de forma igual, enquanto os desiguais na medida das suas desigualdades.

Objetividade jurídica: A norma em análise tem como objetivo jurídico combater as práticas discriminatórias.

Objeto material: O delito recai sobre a pessoa portadora de deficiência.

Verbos nucleares do tipo: É *praticar* (realizar, pôr em prática), *induzir* (criar uma ideia inexistente) ou *incitar* (fomentar uma ideia já existente) discriminação de pessoa em razão de sua deficiência. A *discriminação* é o ponto central do tipo penal, formalizada por atos de segregação, tratamento odioso e parcial pelo fato da pessoa portar determinada deficiência. Seria o exemplo daquele que se recusa "a conviver no mesmo ambiente (social, escolar, laborativo etc.) com pessoas com necessidades especiais"[8], neste caso

8. CUNHA, Rogério Sanches; PINTO, Ronaldo Batista. Pessoa com deficiência – Leis nº. 13.146/2015 e 7.853/1989. In: CUNHA,

o agente estaria *praticando* discriminação de pessoa em razão da sua deficiência.

Tipo penal misto alternativo: Trata-se de tipo misto alternativo, sendo que a prática de qualquer das condutas (praticar, induzir ou incitar), no mesmo contexto fático, enseja um único crime.

Norma penal em branco: O preceito primário depende de complemento do conceito de "deficiência", o qual será preenchido com aquele fornecido pelo art. 2º, do presente diploma.

Sujeito ativo: Trata-se de crime comum, podendo ser praticado por qualquer pessoa (não se exigindo qualquer qualidade especial do agente). Deve ser lembrando que a pena será aumentada em 1/3 (um terço) se a vítima se encontrar sob cuidado e responsabilidade do agente (§1º, do art. 88, Lei 13.146/15).

Sujeito passivo: O sujeito passivo imediato (eventual) é a pessoa portadora de deficiência, conforme conceito fornecido pelo art. 2º, da Lei nº. 13.146/15: "Considera-se pessoa com deficiência aquela que tem impedimento de longo prazo de natureza física, mental, intelectual ou sensorial, o qual, em interação com uma ou mais barreiras, pode obstruir sua participação plena e efetiva na sociedade em igualdade de condições com as demais pessoas". Já o sujeito passivo mediato (constante) é o Estado.

Elemento subjetivo: É o dolo (direto ou eventual) de praticar de forma consciente e voluntária qualquer das condutas descritas no tipo penal. E, não se pune a modalidade culposa, por falta de previsão legal.

Elemento subjetivo específico: Há o especial fim de agir no sentido de discriminar a vítima *"em razão de sua deficiência"*[9]. Sendo que tal finalidade específica pode ser aclarada pelo §1º do art. 4º desta lei: "§ 1º Considera-se discriminação em razão da deficiência toda forma de distinção, restrição ou exclusão, por ação ou omissão, que tenha o propósito ou o efeito de prejudicar, impedir ou anular o reconhecimento ou o exercício dos direitos e das liberdades fundamentais de pessoa com deficiência, incluindo a recusa de adaptações razoáveis e de fornecimento de tecnologias assistivas".

Consumação: Trata-se em todas as modalidades (praticar, induzir ou incitar) de *crime formal* (de consumação antecipada ou de resultado cortado), se consumando independentemente de se atingir o resultado. Não exige o tipo penal que o crime seja praticado *publicamente* (dirigido a um número indeterminado de pessoas).

Consumação e crime permanente: Temos o crime permanente quando a consumação se prolonga no tempo. Portanto, perfeitamente compatível com o delito em tela, quando o agente, por exemplo, publicar cartazes em marquises ou em redes sociais. Assim, enquanto perdurar a publicação o crime estará em plena consumação, sendo possível a realização de prisão em flagrante do agente a qualquer momento.

Tentativa: É perfeitamente possível dependendo do meio escolhido pelo agente. Por exemplo, se a conduta (induzir ou instigar) se der de forma verbal será inviável o *conatus*, por se tratar delito unissubsistente, onde não poderá haver o fracionamento do *iter criminis*. Por outro lado, se qualquer dos núcleos se der na forma escrita, será possível a tentativa[10].

Pena: Na forma simples (*caput*) reclusão, de 1 (um) a 3 (três) anos, e multa.

Classificação doutrinária: Trata-se de *crime comum* (não demanda qualquer qualidade especial do agente); *formal ou de consumação antecipada* (ou seja, não se exige a produção do resultado naturalístico); *permanente* (dependendo do meio eleito pelo agente); de *forma livre* (ou seja, admite-se qualquer meio de execução – escrita, verbal, gestos, etc.); *comissivo* (imperioso uma ação) e, excepcionalmente, *comissivo por omissão* (omissivo impróprio, ou seja, é a aplicação do art. 13, § 2.º, do Código Penal); *instantâneo* (consuma-se de forma imediata); *unissubjetivo, unilateral ou de concurso eventual* (que pode ser praticado por um só agente); *plurissubsistente* (vários atos integram a conduta) ou *unissubsistentes* (um único ato integra a conduta), dependendo do

Rogério Sanches; PINTO, Ronaldo Batista; SOUZA, Renne do Ó (Coord). Leis penais especiais comentadas. 3. Ed. Salvador: Juspodivm, 2020, p. p. 2026.

9. Há doutrina que afirma não existir elemento subjetivo específico do tipo: "Inexiste elemento subjetivo específico" (NUCCI, Guilherme de Souza. Leis penais e processuais penais comentadas. Volume 1. 13. ed. Rio de Janeiro: Forense, 2020, p. 475).

10. Há doutrina advogando a inviabilidade da tentativa, nestes termos "parece-nos impossível a tentativa, ainda que na forma escrita, que, mesmo interceptada antes de eventual divulgação pública, sempre chegará ao conhecimento de quem interceptou (o próprio deficiente ou terceiro)" (CUNHA, Rogério Sanches; PINTO, Ronaldo Batista. *Leis penais especiais comentadas*. 3. ed. Juspodivm: Salvador, 2020, p. 2026).

meio escolhido pelo agente. Admissível a tentativa na modalidade plurissubsistente.

Ação penal: Segue a regra do art. 100 do CP: "a ação penal é pública, salvo quando a lei expressamente a declara privativa do ofendido". Assim, como a lei não disciplinou nada em contrário, verifica-se que se trata de ação penal pública incondicionada. Lembrando ainda que por força constitucional (art. 5º, LIX) "será admitida ação privada nos crimes de ação pública, se esta não for intentada no prazo legal". Por fim, deve ser observado que a requisição de novas diligências ou a promoção do arquivamento pelo *Parquet*, não dão ensejo a alegação de inércia, logo, inviável suscitar a ação penal subsidiária da pública.

Lei nº. 9.099/1995: Na forma simples (*caput*), trata-se de crime de *médio potencial ofensivo*, tendo em vista que a pena mínima não ultrapassa um ano, autorizando assim a incidência da suspensão condicional do processo, desde que presente os requisitos do art. 89 da Lei nº. 9.099/1995. Já nas formas majorada (§1º) e qualificada (§2º), trata-se de crime de *elevado potencial ofensivo*, inviável a aplicação dos institutos da lei dos juizados especiais criminais.

Acordo de não persecução penal: De acordo coma redação do art. 28-A, do Código de Processo Penal (incluído pela nova Lei Federal nº 13.964/2019), se a infração penal não for cometida mediante violência ou grave ameaça à pessoa; a pena abstrata mínima ser inferior a 4 (quatro) anos e havendo confissão formal, é possível o cabimento de Acordo de Não Persecução Penal (ANPP), desde que presentes os demais requisitos para tanto. Portanto, tanto na hipótese simples, quando na hipótese qualificada seriam cabíveis o acordo de não persecução penal, tendo em vista que a pena mínima abstrata não ultrapassa quatro anos.

Competência para processo e julgamento: Via de regra será processado e julgado pela justiça estadual. Excepcionalmente, nos casos do art. 109 da Constituição Federal, haverá competência da Justiça Federal. Não se pode perder de vista se o sujeito ativo for militar, quando a competência será da Justiça Militar Estadual ou da União, conforme o caso, nos termos do art. 9º, CPM. Deve ainda ser levado com consideração as situações em que o sujeito ativo deter foro por prerrogativa de função, onde será processado e julgado no respectivo tribunal competente.

Conflito aparente de normas com o delito do art. 140, §3º do Código Penal: O crime do art. 88, *caput*, da Lei nº. 13.146/2015, muito se assemelha ao delito de injúria preconceito, disposto no art. 140, §3º, do Código Penal[11]. Porém, com ele não deve ser confundido. O primeiro está voltado a práticas discriminatórias, isto é, alijar o portador de deficiência, seja praticando, induzindo ou incitando a discriminação. Enquanto o segundo (art. 140, §3º, CP), está voltado para a proteção da honra subjetiva da vítima, por exemplo, realizar xingamentos fazendo referência a deficiência da vítima. Dito isto, "recusar-se a conviver no mesmo ambiente (social, escolar, laborativo etc.) com pessoa com necessidades especiais, não configura injúria, mas o crime do art. 88 da Lei 13.146/15"[12].

§ 1º Aumenta-se a pena em 1/3 (um terço) se a vítima encontrar-se sob cuidado e responsabilidade do agente.

Causa de aumento de pena: Diante da maior reprovabilidade da conduta do agente, prevê o §1º, que se aumenta a pena em 1/3 (um terço) se a vítima se encontrar sob cuidado e responsabilidade do agente. Há dois pontos importantes a serem observados no citado dispositivo, o primeiro diz respeito que a causa de aumento é peremptória *em* 1/3 (um terço); segundo, a vítima deverá estar sob o cuidado *e* responsabilidade do agente, havendo uma dupla obrigação para a configuração do crime (sob o cuidado + responsabilidade). Por fim, por sua natureza de causa de aumento de pena será analisado na terceira fase da aplicação da pena.

Encontra-se sob cuidado e responsabilidade do agente – a questão do atendente pessoal: Para fins de aplicação do estatuto da pessoa com deficiência, foram estabelecidos diversos conceitos, entre eles o de *atendente pessoal* (art. 3º, XII), sendo que considera-se "atendente pessoal: pessoa, membro ou não da família, que, com ou sem remuneração, assiste ou presta cuidados básicos e essenciais à pessoa com deficiência no exercício de suas atividades diárias, excluídas as técnicas ou os procedimentos identificados com profissões legalmente estabelecidas". Dito isto, verifica-se que o conceito do art. 3º,

11. Art. 140 - Injuriar alguém, ofendendo-lhe a dignidade ou o decoro:
§ 3º Se a injúria consiste na utilização de elementos referentes a raça, cor, etnia, religião, origem ou a condição de pessoa idosa ou portadora de deficiência:
Pena - reclusão de um a três anos e multa.
12. CUNHA, Rogério Sanches; PINTO, Ronaldo Batista. *Leis penais especiais comentadas*. 3. ed. Juspodivm: Salvador, 2020, p. 2026.

XII, poderá desempenhar função de complementar o dispositivo em comento.

Encontra-se sob cuidado e responsabilidade do agente – a questão do profissional de apoio escolar: Para fins de aplicação do estatuto da pessoa com deficiência, foram estabelecidos diversos conceitos, entre eles o de *profissional de apoio escolar* (art. 3º, XIII), sendo que considera-se "profissional de apoio escolar: pessoa que exerce atividades de alimentação, higiene e locomoção do estudante com deficiência e atua em todas as atividades escolares nas quais se fizer necessária, em todos os níveis e modalidades de ensino, em instituições públicas e privadas, excluídas as técnicas ou os procedimentos identificados com profissões legalmente estabelecidas". Dito isto, verifica-se que o conceito do art. 3º, XIII, poderá desempenhar função de complementar o dispositivo em comento.

Encontra-se sob cuidado e responsabilidade do agente – a questão do acompanhante: Para fins de aplicação do estatuto da pessoa com deficiência, foram estabelecidos diversos conceitos, entre eles o de *acompanhante* (art. 3º, XIV), sendo que se considera "acompanhante: aquele que acompanha a pessoa com deficiência, podendo ou não desempenhar as funções de atendente pessoal". Dito isto, verifica-se que o conceito do art. 3º, XIV, poderá desempenhar função de complementar o dispositivo em comento.

Suspensão condicional do processo: Para fins de aplicação da Lei nº. 9.099/1995, tem que levar em consideração a eventual existência de causas de aumento ou diminuição de pena. Portanto, caso aplicável no caso concreto a causa de aumento do §1º (aumenta-se a pena em um terço), ficará afastado o benefício da suspensão condicional do processo.

§ 2º Se qualquer dos crimes previstos no *caput* deste artigo é cometido por intermédio de meios de comunicação social ou de publicação de qualquer natureza:

Pena - reclusão, de 2 (dois) a 5 (cinco) anos, e multa.

Figura qualificada: A pena é redefinida - *reclusão, de 2 (dois) a 5 (cinco) anos, e multa* -, se o agente praticar, induzir ou incitar a discriminação de pessoa em razão de sua deficiência por intermédio de meios de comunicação social (redes sociais – *Facebook, Instagram, LinkedIn, Twitter* etc.) ou de publicação de qualquer natureza (periódicos, folhetins, jornais, revistas, livros etc.). Observe que em tais situações a probabilidade de dano é exponencial, tendo em vista os alcances realizados através da internet ou por outros meios de publicação, por isso merecendo maior reprimenda.

Pena: Reclusão, de 2 (dois) a 5 (cinco) anos, e multa.

Lei nº. 9.099/1995: A forma qualificada trata-se de crime de *elevado potencial ofensivo*, sendo inviável a aplicação dos institutos da lei dos juizados especiais criminais.

§ 3º Na hipótese do § 2º deste artigo, o juiz poderá determinar, ouvido o Ministério Público ou a pedido deste, ainda antes do inquérito policial, sob pena de desobediência:

I - recolhimento ou busca e apreensão dos exemplares do material discriminatório;

II - interdição das respectivas mensagens ou páginas de informação na internet.

§ 4º Na hipótese do § 2º deste artigo, constitui efeito da condenação, após o trânsito em julgado da decisão, a destruição do material apreendido.

Censura de páginas de *internet* e material discriminatório: Ainda como consequência lógica da forma qualificada (§2º), prevê o §3º que "o juiz poderá determinar, ouvido o Ministério Público ou a pedido deste, ainda antes do inquérito policial, sob pena de desobediência: I - recolhimento ou busca e apreensão dos exemplares do material discriminatório; II - interdição das respectivas mensagens ou páginas de informação na internet". Afinal, de nada adiantaria buscar coibir de todas as formas as práticas discriminatórias e permanecer com a divulgação.

Destruição do material discriminatório após o trânsito em julgado: Ainda como consequência lógica dessa prática perniciosa prescreve o §4º que "nos casos das práticas de discriminação serem realizadas por meios de comunicação social ou de publicação de qualquer natureza constitui efeito da condenação, após o trânsito em julgado da decisão, a *destruição do material apreendido*".

Art. 89. Apropriar-se de ou desviar bens, proventos, pensão, benefícios, remuneração ou qualquer outro rendimento de pessoa com deficiência:

Pena - reclusão, de 1 (um) a 4 (quatro) anos, e multa.

Introdução: Os direitos e garantias das pessoas deficientes abrange também a condição de vida digna, sendo esta alcançada, muitas vezes, através de determinados bens, proventos, pensão, benefícios, remuneração ou qualquer outro rendimento (*v.g.* alugueis de imóveis). O delito em tela muito se aproxima do crime de apropriação indébita (art. 168, CP), todavia, deste se distancia no momento em que não se exige que o agente tenha a posse ou detenção de bens, proventos, pensão, benefícios, remuneração ou qualquer outro rendimento de pessoa com deficiência.

Objetividade jurídica: Busca-se proteger o patrimônio da pessoa com deficiência.

Objeto material: A conduta recai sobre os bens, proventos, pensão, benefícios, remuneração ou qualquer outro rendimento do deficiente.

Verbos nucleares do tipo: "*Apropriar-se* significa tomar posse de coisa pertencente a outrem; apossar-se com ânimo de assenhoreamento; *desviar* significa dar destino diverso ao que seria natural ou lícito. O objeto dessas condutas alternativas são os bens (móveis ou imóveis), proventos (salário), pensão (remuneração do aposentado ou cônjuge remanescente), benefícios (quaisquer valores expressivos em moeda), remuneração (qualquer valor monetário) ou qualquer outro rendimento (é o residual, podendo ser o aluguel de bens imóveis, por exemplo) de pessoa com deficiência"[13].

Interpretação analógica: A redação do dispositivo é finalizada pela expressão *"ou qualquer outro rendimento de pessoa com deficiência"*. Nesta situação estamos diante da interpretação analógica, onde poderá juiz, através da análise concreto, alargar a intepretação do rol anteriormente enumerado (bens, proventos, pensão, benefícios, remuneração), justamente pela expressa previsão legal da fórmula genérica (ou qualquer outro rendimento de pessoa com deficiência).

Tipo penal misto alternativo: Trata-se de tipo misto alternativo, sendo que a prática de ambas as condutas (apropriar e desviar), no mesmo contexto fático, enseja um único crime.

Norma penal em branco: O preceito primário depende de complemento do conceito de "deficiência", o qual será preenchido com aquele fornecido pelo art. 2º, do presente diploma.

Arrependimento posterior: O instituto do arrependimento posterior vem previsto no art. 16 do Código Penal, nestes termos: "Art. 16 - Nos crimes cometidos sem violência ou grave ameaça à pessoa, reparado o dano ou restituída a coisa, até o recebimento da denúncia ou da queixa, por ato voluntário do agente, a pena será reduzida de um a dois terços". Portanto, preenchido os requisitos do art. 16, poderá o agente se valer de tal instituto.

Sujeito ativo: Trata-se de crime comum, podendo ser praticado por qualquer pessoa (não se exigindo qualquer qualidade especial do agente). Observe que sendo o crime praticado por tutor, curador, síndico, liquidatário, inventariante, testamenteiro ou depositário judicial; ou por aquele que se apropriou em razão de ofício ou de profissão, a pena será aumentada em 1/3 (um terço) – art. 89, parágrafo único, I e II.

Sujeito passivo: O sujeito passivo imediato (eventual) é a pessoa portadora de deficiência, conforme conceito fornecido pelo art. 2º, da Lei nº. 13.146/15: "Considera-se pessoa com deficiência aquela que tem impedimento de longo prazo de natureza física, mental, intelectual ou sensorial, o qual, em interação com uma ou mais barreiras, pode obstruir sua participação plena e efetiva na sociedade em igualdade de condições com as demais pessoas". Já o sujeito passivo mediato (constante) é o Estado.

Elemento subjetivo: É o dolo (direto ou eventual) de praticar de forma consciente e voluntária qualquer das condutas descritas no tipo penal. Não há qualquer finalidade específica. E, não se pune a modalidade culposa, por falta de previsão legal.

Consumação: Trata-se de crime material ou causal (ou seja, se exige a produção do resultado naturalístico), verificado no caso com a diminuição patrimonial da pessoa deficiente.

Tentativa: É perfeitamente possível, seja na apropriação como no desvio, já que estamos diante de delito plurissubsistente, onde poderá haver o fracionamento do *iter criminis*.

Pena: Reclusão, de 1 (um) a 4 (quatro) anos, e multa.

Classificação doutrinária: Trata-se de *crime comum* (não demanda qualquer qualidade especial do agente); *material* (ou seja, se exige a produção do resultado naturalístico); *permanente* (dependendo do meio eleito pelo agente); *de forma livre* (ou seja, admite-se qualquer meio de execução

13. NUCCI, Guilherme de Souza. Leis penais e processuais penais comentadas. Volume 1. 13. ed. Rio de Janeiro: Forense, 2020, p. 477-478.

– escrita, verbal, gestos, etc.); *comissivo ou omissivo próprio* (na apropriação) e *comissivo* (no desvio), e, excepcionalmente, *comissivo por omissão* (omissivo impróprio, ou seja, é a aplicação do art. 13, § 2.º, do Código Penal); *instantâneo* (consuma-se de forma imediata); *unissubjetivo, unilateral ou de concurso eventual* (que pode ser praticado por um só agente); *plurissubsistente* (vários atos integram a conduta) ou *unissubsistentes* (um único ato integra a conduta), dependendo do meio escolhido pelo agente. Admissível a tentativa na modalidade plurissubsistente.

Ação penal: Segue a regra do art. 100 do CP: "a ação penal é pública, salvo quando a lei expressamente a declara privativa do ofendido". Assim, como a lei não disciplinou nada em contrário, verifica-se que se trata de ação penal pública incondicionada. Lembrando ainda que por força constitucional (art. 5º, LIX) "será admitida ação privada nos crimes de ação pública, se esta não for intentada no prazo legal". Por fim, deve ser observado que a requisição de novas diligências ou a promoção do arquivamento pelo *Parquet*, não dão ensejo a alegação de inércia, logo, inviável suscitar a ação penal subsidiária da pública.

Suspensão condicional do processo: Trata-se de crime de *médio potencial ofensivo*, tendo em vista que a pena mínima não ultrapassa um ano, autorizando assim a incidência da suspensão condicional do processo, desde que presente os requisitos do art. 89 da Lei nº. 9.099/1995. Todavia, se incidir a causa de aumento de pena do parágrafo único, o delito torna-se de *elevado potencial ofensivo*, sendo inaplicável a lei dos juizados especiais.

Acordo de não persecução penal: De acordo coma redação do art. 28-A, do Código de Processo Penal (incluído pela nova Lei Federal nº 13.964/2019), se a infração penal não for cometida mediante violência ou grave ameaça à pessoa; a pena abstrata mínima ser inferior a 4 (quatro) anos e havendo confissão formal, é possível o cabimento de Acordo de Não Persecução Penal (ANPP), desde que presentes os demais requisitos para tanto.

Competência para processo e julgamento: Via de regra será processado e julgado pela justiça estadual. Excepcionalmente, nos casos do art. 109 da Constituição Federal, haverá competência da Justiça Federal. Não se pode perder de vista se o sujeito ativo for militar, quando a competência será da Justiça Militar Estadual ou da União, conforme o caso, nos termos do art. 9º, CPM. Deve ainda ser levado com consideração as situações em que o sujeito ativo deter foro por prerrogativa de função, onde será processado e julgado no respectivo tribunal competente.

Conflito aparente de normas com o delito do art. 168, do Código Penal: Pela aplicação do princípio da especialidade – a norma especial prevalece sobre a norma geral –, quando a vítima se tratar de pessoa com deficiência, nos termos do art. 2º, terá aplicação do delito do art. 89, da Lei nº. 13.146/2015, ficando afastado o delito de apropriação indébita (CP, art. 168).

Conflito aparente de normas com o delito do art. 102 da Lei nº. 10.741/2003 (Estatuto do Idoso): Pela aplicação do princípio da especialidade – a norma especial prevalece sobre a norma geral –, quando a vítima se tratar de pessoa com deficiência, nos termos do art. 2º, terá aplicação do delito do art. 89, da Lei nº. 13.146/2015.

E quando se tratar de vítima idosa e portadora de deficiência? Pode acontecer a citada situação onde a vítima, pessoa com 60 anos de idade e portadora de deficiência, vir a ser vítima de, por exemplo, alguém que se aproprie dos seus bens. Nesta situação, aplicar-se-ia qual dos dispositivos: art. 89, da Lei nº. 13.146/15 ou art. 102, da Lei nº. 10.741/13? Entendemos que neste caso deverá ser aplicado o delito do art. 89 da Lei nº. 13.146/15, pois, embora ambos possuam a mesma pena (reclusão, de um a quatro anos, e multa), o delito do art. 90 é mais restrito (atinge parcela menor da população), além de ter possíveis causas de aumento aplicáveis ao caso concreto (parágrafo único, art. 89).

Imunidades do art. 181 e 182 do Código Penal e sua eventual aplicabilidade ao delito do art. 89, da Lei nº. 13.146/2015: Analisando os artigos 181 e 182 do Código Penal, constata-se que ambos são aplicáveis aos crimes previstos naquele "título", ou seja, estritamente aos crimes patrimoniais, não abarcando demais legislações especiais que venham a tratar de delitos similares. Ademais, como salienta a doutrina "conclusão diversa redundaria numa clara proteção deficitária do Estado. Não se pode ignorar que, na esmagadora maioria das vezes, quem tutela o patrimônio da pessoa com deficiência é seu parente próximo (cônjuge, companheiro, ascendente, descendente ou irmão). Garantir-lhes, desde logo, causa especial de exclusão de punibilidade quando arbitrariamente atacam a fortuna da pessoa com deficiência, soa com indisfarçável absurdos"[14].

14. CUNHA, Rogério Sanches; PINTO, Ronaldo Batista. *Leis penais especiais comentadas*. 3. ed. Juspodivm: Salvador, 2020, p. 2028.

Parágrafo único. Aumenta-se a pena em 1/3 (um terço) se o crime é cometido:

I - por tutor, curador, síndico, liquidatário, inventariante, testamenteiro ou depositário judicial; ou

II - por aquele que se apropriou em razão de ofício ou de profissão.

Causas de aumento de pena: Se o crime é cometido por tutor, curador, síndico, liquidatário, inventariante, testamenteiro ou depositário judicial; ou por aquele que se apropriou em razão de ofício ou de profissão a pena será aumentada em 1/3 (um terço). Trata-se de causa de aumento de pena obrigatória que incidirá na terceira fase da aplicação da pena. A majoração da reprimenda justifica-se pelo grau de confiança depositado em tais pessoas. Não se trata de qualquer pessoa, mas de pessoas com qualidade especial de gerir os bens, proventos ou qualquer outro rendimento da pessoa deficiente.

Suspensão condicional do processo: Para fins de aplicação da Lei nº. 9.099/1995, tem que levar em consideração a eventual existência de causas de aumento ou diminuição de pena. Portanto, caso aplicável no caso concreto a causa de aumento do parágrafo único (aumenta-se a pena em um terço), ficará afastado o benefício da suspensão condicional do processo.

Art. 90. Abandonar pessoa com deficiência em hospitais, casas de saúde, entidades de abrigamento ou congêneres:

Pena - reclusão, de 6 (seis) meses a 3 (três) anos, e multa.

Introdução: O delito de abandono de pessoa com deficiência é uma demonstração de alijamento social, de fuga de responsabilidades inerentes a própria vida ou mandamento legal, mesquinhez por parte daquele a quem se deveria esperar resguardo, amparo e cuidado. A Carta Magna de 1988, estampa no seu art. 227, *caput* que "é dever da família, da sociedade e do Estado assegurar à criança, ao adolescente e ao jovem, com absoluta prioridade, o direito à vida, à saúde, à alimentação, à educação, ao lazer, à profissionalização, à cultura, à dignidade, ao respeito, à liberdade e à convivência familiar e comunitária, além de colocá-los a salvo de toda forma de negligência, discriminação, exploração, violência, crueldade e opressão". Estabelece ainda o inciso II, do §1º do art. 227, que o Estado ainda promoverá a "II - criação de programas de prevenção e atendimento especializado para as pessoas portadoras de deficiência física, sensorial ou mental, bem como de integração social do adolescente e do jovem portador de deficiência, mediante o treinamento para o trabalho e a convivência, e a facilitação do acesso aos bens e serviços coletivos, com a eliminação de obstáculos arquitetônicos e de todas as formas de discriminação".

Enfim, a conduta incriminada pelo art. 90 busca coibir justamente o alijamento social da pessoa com deficiência.

Objetividade jurídica: A norma em análise tem como objetivo jurídico combater as práticas discriminatórias.

Objeto material: O delito recai sobre a pessoa portadora de deficiência.

Verbos nucleares do tipo: É *abandonar* (deixar, largar, desamparar) pessoa com deficiência em hospitais, casas de saúde, entidades de abrigamento ou congêneres. O abandono tem sentido de algo contínuo, definitivo, com lapso temporal juridicamente relevante.

A conduta *abandonar* pode ser comissiva ou omissiva, a depender do caso concreto.

Norma penal em branco: O preceito primário depende de complemento do conceito de "pessoa com deficiência", o qual será preenchido com aquele fornecido pelo art. 2º, do presente diploma.

Hospitais, casas de saúde, entidades de abrigamento ou congêneres: Hospital é o local onde se realizado atendimento de saúde (envolve hospitais gerais, hospitais especializados etc.); casas de saúde (hospícios, sanatórios); as entidades de abrigamento (*v.g.* lar de pessoas deficientes), por fim, o legislador lança mão da *interpretação analógica*, buscando alcançar instituições semelhantes as anteriores descritas, *v.g.* o centro de atendimento psicossocial.

Sujeito ativo: No delito em comento há duas situações distintas. O *"caput"* trata-se de crime comum, podendo ser praticado por qualquer pessoa (não se exigindo qualquer qualidade especial do agente), enquanto o *"parágrafo único"* trata-se de crime próprio, exigindo uma qualidade especial do agente, enfim, só podendo ser praticado por aquele que tem a obrigação por lei ou mandado de prover as necessidades básicas de pessoa com deficiência[15].

15. Observe que há doutrina que não faz essa distinção, informando que tanto no *caput* quanto no parágrafo único o delito será

Sujeito passivo: O sujeito passivo imediato (eventual) é a pessoa portadora de deficiência, conforme conceito fornecido pelo art. 2º, da Lei nº. 13.146/15: "Considera-se pessoa com deficiência aquela que tem impedimento de longo prazo de natureza física, mental, intelectual ou sensorial, o qual, em interação com uma ou mais barreiras, pode obstruir sua participação plena e efetiva na sociedade em igualdade de condições com as demais pessoas". Já o sujeito passivo mediato (constante) é o Estado.

Elemento subjetivo: É o dolo (direto ou eventual) de praticar de forma consciente e voluntária qualquer das condutas descritas no tipo penal. Não há qualquer finalidade específica. E, não se pune a modalidade culposa, por falta de previsão legal.

Consumação: Há divergência na doutrina. Para uns, o delito do *caput* se trata de crime de mera conduta, se consumando com o simples abandono. Prevalecendo, todavia, se tratar de crime formal. Na análise da consumação deve ser observado de que forma se dá a conduta *abandonar* – se comissiva ou omissiva –, para se saber da possibilidade da ocorrência ou não da tentativa.

Tentativa: Se o abandono se dá de forma omissiva será inadmissível o *conatus* por se tratar de delito omissivo impróprio e unissubsistente. Por outro lado, se a forma do abandono for através de uma ação (comissiva), será possível a tentativa, pois estaremos diante de delito plurissubsistente.

Pena: Reclusão, de 6 (seis) meses a 3 (três) anos, e multa.

Ação penal: Segue a regra do art. 100 do CP: "a ação penal é pública, salvo quando a lei expressamente a declara privativa do ofendido". Assim, como a lei não disciplinou nada em contrário, verifica-se que se trata de ação penal pública incondicionada. Lembrando ainda que por força constitucional (art. 5º, LIX) "será admitida ação privada nos crimes de ação pública, se esta não for intentada no prazo legal". Por fim, deve ser observado que a requisição de novas diligências ou a promoção do arquivamento pelo *Parquet*, não dão ensejo a alegação de inércia, logo, inviável suscitar a ação penal subsidiária da pública.

Suspensão condicional do processo: Trata-se de crime de *médio potencial ofensivo*, tendo em vista que a pena mínima não ultrapassa um ano, autorizando assim a incidência da suspensão condicional do processo, desde que presente os requisitos do art. 89 da Lei nº. 9.099/1995.

Acordo de não persecução penal: De acordo coma redação do art. 28-A, do Código de Processo Penal (incluído pela nova Lei Federal nº 13.964/2019), se a infração penal não for cometida mediante violência ou grave ameaça à pessoa; a pena abstrata mínima ser inferior a 4 (quatro) anos e havendo confissão formal, é possível o cabimento de Acordo de Não Persecução Penal (ANPP), desde que presentes os demais requisitos para tanto.

Competência para processo e julgamento: Via de regra será processado e julgado pela justiça estadual. Excepcionalmente, nos casos do art. 109 da Constituição Federal, haverá competência da Justiça Federal. Não se pode perder de vista se o sujeito ativo for militar, quando a competência será da Justiça Militar Estadual ou da União, conforme o caso, nos termos do art. 9º, CPM. Deve ainda ser levado com consideração as situações em que o sujeito ativo deter foro por prerrogativa de função, onde será processado e julgado no respectivo tribunal competente.

Classificação doutrinária: No *caput*, trata-se de *crime comum* (não demanda qualquer qualidade especial do agente), enquanto no *parágrafo único* de *crime próprio* (demanda uma qualidade especial do agente); prevalece ser *formal* (ou seja, é dispensável a produção do resultado naturalístico); de *forma livre* (ou seja, admite-se qualquer meio de execução – escrita, verbal, gestos, etc.); de *perigo abstrato* (dispensa a comprovação do perigo da conduta); *comissivo* ou *omissivo*, dependendo do caso concreto; *instantâneo* (consuma-se de forma imediata), porém os efeitos do abandono se prolongam no tempo; *unissubjetivo, unilateral ou de concurso eventual* (que pode ser praticado por um só agente); *plurissubsistente* (vários atos integram a conduta) ou *unissubsistente* (um único ato integra a conduta), dependendo do meio escolhido pelo agente. Admissível a tentativa apenas na modalidade plurissubsistente.

Conflito aparente de normas com o delito do art. 133, do Código Penal: O art. 133 do CP, prevê o crime de abandono de incapaz, nestes termos: Art. 133 - Abandonar pessoa que está sob seu cuidado, guarda, vigilância ou autoridade, e, por qualquer motivo, incapaz de defender-se dos riscos resultantes do abandono: Pena - detenção, de seis meses a três anos. § 1º - Se do abandono resulta

---

próprio, neste sentido (HABIB, Gabriel. Leis Penais especiais. 11. ed. Salvador: Juspodivum, 2019, p. 298) e; (NUCCI, Guilherme de Souza. Leis penais e processuais penais comentadas. Volume 1. 13. ed. Rio de Janeiro: Forense, 2020, p. 479).

lesão corporal de natureza grave: Pena - reclusão, de um a cinco anos. § 2º - Se resulta a morte: Pena - reclusão, de quatro a doze anos. § 3º - As penas cominadas neste artigo aumentam-se de um terço: I - se o abandono ocorre em lugar ermo; II - se o agente é ascendente ou descendente, cônjuge, irmão, tutor ou curador da vítima. III – se a vítima é maior de 60 (sessenta) anos. Dito isto, da análise do delito de abuso de incapaz e do delito do art. 90, constata-se que "em observância aos princípios da especialidade, na hipótese de abandono à pessoa com deficiência em hospitais, casas de saúde entidades de abrigamento ou congêneres, a regra para a imputação penal dar-se-á pelo artigo 90 da Lei nº 13.146/15 e não ao do Artigo 133 do Código Penal, pela condição específica da vítima, no caso, a pessoa com deficiência"[16].

Conflito aparente de normas com o delito do art. 244, do Código Penal: Pela aplicação do princípio da especialidade – a norma especial prevalece sobre a norma geral –, quando a vítima se tratar de pessoa com deficiência, nos termos do art. 2º, terá aplicação do delito do art. 90, da Lei nº. 13.146/2015, afastando a norma geral do art. 244 do Código Penal.

Conflito aparente de normas com o delito do art. 98 da Lei nº. 10.741/2003 (Estatuto do Idoso): Pela aplicação do princípio da especialidade – a norma especial prevalece sobre a norma geral -, quando a vítima se tratar de pessoa com deficiência, nos termos do art. 2º, terá aplicação do delito do art. 90, da Lei nº. 13.146/2015, afastando a norma do art. 98 do Estatuto do Idoso.

E quando se tratar de vítima idosa e portadora de deficiência? Pode acontecer a citada situação onde a vítima, pessoa com 60 anos de idade e portadora de deficiência, vir a ser vítima de, por exemplo, alguém que a abandone em uma casa de saúde. Nesta situação, aplicar-se-ia qual dos dispositivos: art. 90, da Lei nº. 13.146/15 ou art. 98, da Lei nº. 10.741/13? Entendemos que neste caso deverá ser aplicado o delito do art. 90 da Lei nº. 13.146/15, pois, embora ambos possuam a mesma pena (detenção, de seis meses a três anos, e multa), o delito do art. 90 é mais restrito (atinge parcela menor da população).

16. RIBEIRO, Guilherme Braga da Rocha; PEDRO, Mariana Silva. *Capítulo 17 - Dos crimes e das infrações administrativas*: Lei Brasileira de Inclusão da Pessoa com Deficiência – Comentada. SETUBAL, Joyce Marquezin; FAYAN, Regiane Alves Costa (orgs.). Campinas: Fundação FEAC, 2016, p. 272.

Parágrafo único. Na mesma pena incorre quem não prover as necessidades básicas de pessoa com deficiência quando obrigado por lei ou mandado.

Modalidade equiparada: Na mesma pena (reclusão de seis meses a três anos, e multa) incorre quem *não prover* as necessidades básicas de pessoa com deficiência quando obrigado por lei ou mandado. Ademais, trata-se de modalidade especial do delito de abandono material (art. 244, CP).

Objetividade jurídica: A norma em análise tem como objetivo jurídico combater as práticas discriminatórias.

Objeto material: O delito recai sobre a pessoa portadora de deficiência.

Verbos nucleares do tipo: É *não prover* (não fornecer, não suprir, não dotar).

Necessidades básicas: Pode se afirmar que se entende por necessidades básicas da pessoa com deficiência "o rol de recursos materiais necessários à sua sobrevivência, compreendendo alimentação, vestuário, tratamento da saúde etc., ou sejas, as necessidades fundamentais à manutenção da pessoa humana com dignidade"[17].

Pessoa com deficiência: O preceito primário depende de complemento do conceito de "pessoa com deficiência", o qual será preenchido com aquele fornecido pelo art. 2º, do presente diploma.

Quando obrigado por lei ou mandado: A obrigação pode decorrer de lei (*v.g.* os pais em relação aos filhos menores) ou por mandado (*v.g.* decisão judicial).

Sujeito ativo: Trata-se de crime próprio, exigindo uma qualidade especial do agente, enfim, só podendo ser praticado por aquele que tem a obrigação por lei ou mandado de prover as necessidades básicas de pessoa com deficiência.

Sujeito passivo: O sujeito passivo imediato (eventual) é a pessoa portadora de deficiência, conforme conceito fornecido pelo art. 2º, da Lei nº. 13.146/15.

Elemento subjetivo: É o dolo (direto ou eventual) de praticar de forma consciente e voluntária a conduta de não prover as necessidades básicas de

17. CUNHA, Rogério Sanches; PINTO, Ronaldo Batista. *Leis penais especiais comentadas*. 3. ed. Juspodivm: Salvador, 2020, p. 2029.

pessoa com deficiência quando obrigado por lei ou mandado. Não há qualquer finalidade específica. E, não se pune a modalidade culposa, por falta de previsão legal.

Consumação: É crime de mera conduta, se consumado no exato momento que se deixa de prover a pessoa com deficiência das suas necessidades básicas. Observe que o núcleo do tipo penal (não prover) é compatível com o crime permanente, assim, enquanto perdurar no tempo o não provimento será possível o flagrante.

Tentativa: É inviável, por se tratar de delito omissivo próprio. Lembre-se que *não prover* tem o mesmo sentido de "deixar de".

Pena: Reclusão, de 6 (seis) meses a 3 (três) anos, e multa.

Ação penal: É pública incondicionada.

Conflito aparente de normas com o delito do art. 244, do Código Penal: Prevê o art. 244 do Código Penal o delito de abandono material, nestes termos: "Art. 244. Deixar, sem justa causa, de prover a subsistência do cônjuge, ou de filho menor de 18 (dezoito) anos ou inapto para o trabalho, ou de ascendente inválido ou maior de 60 (sessenta) anos, não lhes proporcionando os recursos necessários ou faltando ao pagamento de pensão alimentícia judicialmente acordada, fixada ou majorada; deixar, sem justa causa, de socorrer descendente ou ascendente, gravemente enfermo: Pena - detenção, de 1 (um) a 4 (quatro) anos e multa, de uma a dez vezes o maior salário mínimo vigente no País". Enfim, pelo princípio da especialidade, quando se tratar de abandono material de pessoa com deficiência e o agente esteja obrigado por lei ou mandado, haverá o delito do parágrafo único do art. 90.

Art. 91. Reter ou utilizar cartão magnético, qualquer meio eletrônico ou documento de pessoa com deficiência destinados ao recebimento de benefícios, proventos, pensões ou remuneração ou à realização de operações financeiras, com o fim de obter vantagem indevida para si ou para outrem:

Pena - detenção, de 6 (seis) meses a 2 (dois) anos, e multa.

Introdução: Não rara as vezes, a pessoa com deficiência, faz jus a algum benefício, e, muitas vezes por questões de limitação, ficam impossibilitadas de retirarem pessoalmente os benefícios, proventos, pensões ou remuneração ou até mesmo à realização de operações financeiras, motivo pelo qual, poderá haver um terceiro responsável para tanto. Verifica-se que, o que se incrimina não é o simples fato do terceiro reter ou utilizar o cartão magnético, mas o de reter ou utilizar o cartão magnético com o fim de obter vantagem indevida para si ou para outrem. Portanto, se a retenção ou utilização se der em favor da própria pessoa com deficiência não há que se falar no delito do art. 91.

Objetividade jurídica: Busca-se proteger o patrimônio da pessoa com deficiência.

Objeto material: A conduta recai sobre o cartão magnético, qualquer meio eletrônico (*v.g.* aplicativos eletrônicos) ou documento apto para a realização de operações financeiras.

Verbos nucleares do tipo: É *reter* (agarrar, pegar) ou *utilizar* (empregar, usar, operar) cartão magnético, qualquer meio eletrônico ou documento de pessoa com deficiência destinados ao recebimento de benefícios, proventos, pensões ou remuneração ou à realização de operações financeiras, com o fim de obter vantagem indevida para si ou para outrem.

A conduta *reter* admite tanto a forma comissiva como omissiva. Teríamos a forma comissiva, por exemplo, quando o agente guarda indevidamente o cartão no seu bolso ou esconde em um armário. Por outro lado, teria a forma omissiva própria quando o agente souber onde se encontra o cartão e permanecer inerte, calado, omisso, justamente para não fazer chegar à pessoa com deficiência.

Já a conduta *utilizar* só pode ser comissiva.

Cartão magnético, qualquer meio eletrônico ou documento de pessoa com deficiência destinados ao recebimento de benefícios, proventos, pensões ou remuneração ou à realização de operações financeiras: Cartão magnético, trata-se dos cartões de crédito ou débito; qualquer meio eletrônico ou documento de pessoa com deficiência destinados ao recebimento de benefício (*v.g.* senhas de aplicativos bancários, registros gerais, carteira de trabalho etc.).

Tipo penal misto alternativo: Trata-se de tipo misto alternativo, sendo que a prática de ambas as condutas (reter ou utilizar), no mesmo contexto fático, enseja um único crime.

Norma penal em branco: O preceito primário depende de complemento do conceito de "pessoa com deficiência", o qual será preenchido com aquele fornecido pelo art. 2º, do presente diploma.

Sujeito ativo: Trata-se de crime comum, podendo ser praticado por qualquer pessoa (não se exigindo qualquer qualidade especial do agente). Observe que sendo o crime praticado por tutor ou curador, a pena será aumentada em 1/3 (um terço) – parágrafo único, do art. 91.

Sujeito passivo: O sujeito passivo imediato (eventual) é a pessoa portadora de deficiência, conforme conceito fornecido pelo art. 2º, da Lei nº. 13.146/15: "Considera-se pessoa com deficiência aquela que tem impedimento de longo prazo de natureza física, mental, intelectual ou sensorial, o qual, em interação com uma ou mais barreiras, pode obstruir sua participação plena e efetiva na sociedade em igualdade de condições com as demais pessoas". Já o sujeito passivo mediato (constante) é o Estado.

Elemento subjetivo: É o dolo (direto ou eventual) de praticar de forma consciente e voluntária qualquer das condutas descritas no tipo penal. Não se pune a modalidade culposa, por falta de previsão legal.

Elemento subjetivo específico: Há o especial fim de agir no sentido que o agente deve *"obter a vantagem indevida para si ou para outrem"*.

Consumação: Para nós, assim como para a maioria da doutrina se trata de delito formal, se consumando no momento da retenção ou utilização do cartão, sendo dispensável o locupletamento por parte do agente. Para outros se trata de delito material, onde seria exigido a produção do resultado naturalístico (demonstração de efetivo prejuízo para a pessoa deficiente) para o crime restar consumado[18].

Tentativa: Não será admissível na modalidade *reter*, por se trata de crime omissivo impróprio, onde é inviável o fracionamento da conduta. Já na modalidade utilizar, por se tratar de crime comissivo, demonstra perfeita adequação com o *conatus*.

Crime permanente: Observe que a modalidade reter é crime permanente, sendo que a consumação se prolonga no tempo, admitindo-se, assim, a prisão em flagrante do agente a qualquer momento.

Pena: Detenção, de 6 (seis) meses a 2 (dois) anos, e multa.

Ação penal: Segue a regra do art. 100 do CP: "a ação penal é pública, salvo quando a lei expressamente a declara privativa do ofendido". Assim, como a lei não disciplinou nada em contrário, verifica-se que se trata de ação penal pública incondicionada. Lembrando ainda que por força constitucional (art. 5º, LIX) "será admitida ação privada nos crimes de ação pública, se esta não for intentada no prazo legal". Por fim, deve ser observado que a requisição de novas diligências ou a promoção do arquivamento pelo *Parquet*, não dão ensejo a alegação de inércia, logo, inviável suscitar a ação penal subsidiária da pública.

Suspensão condicional do processo: Trata-se de crime de *menor potencial ofensivo*, porquanto a pena máxima não ultrapassa dois anos, autorizando assim a incidência dos benefícios da Lei nº. 9.099/1995. Todavia, se incidir a causa de aumento de pena do parágrafo único (aumenta-se a pena em 1/3 se o crime é cometido por tutor ou curador), o delito passa a ser de *médio potencial ofensivo*, autorizando apenas a incidência da suspensão condicional do processo, desde que presente os requisitos do art. 89 da Lei dos juizados especiais.

Acordo de não persecução penal: De acordo coma redação do art. 28-A, do Código de Processo Penal (incluído pela nova Lei Federal nº 13.964/2019), se a infração penal não for cometida mediante violência ou grave ameaça à pessoa; a pena abstrata mínima ser inferior a 4 (quatro) anos e havendo confissão formal, é possível o cabimento de Acordo de Não Persecução Penal (ANPP), desde que presentes os demais requisitos para tanto.

Competência para processo e julgamento: Via de regra será processado e julgado pelo Juizado Especial Criminal. Excepcionalmente, nos casos do art. 109 da Constituição Federal, haverá competência do Juizado Especial Federal Criminal. Não se pode perder de vista se o sujeito ativo for militar, quando a competência será da Justiça Militar Estadual ou da União, conforme o caso, nos termos do art. 9º, CPM. Deve ainda ser levado em consideração as situações em que o sujeito ativo deter foro por prerrogativa de função, onde será processado e julgado no respectivo tribunal competente.

Classificação doutrinária: Trata-se de *crime comum* (não demanda qualquer qualidade especial do agente); prevalece ser *formal* (ou seja, é dispensável a produção do resultado naturalístico); de *forma livre* (ou seja, admite-se qualquer meio de execução – escrita, verbal, gestos, etc.); de *perigo abstrato* (dispensa a comprovação do perigo da conduta); *comissivo ou*

18. Entendendo se tratar de delito material - (NUCCI, Guilherme de Souza. Leis penais e processuais penais comentadas. Volume 1. 13. ed. Rio de Janeiro: Forense, 2020, p. 480).

omissivo, dependendo do caso concreto; *instantâneo* (consuma-se de forma imediata); *permanente* (na modalidade reter); *unissubjetivo, unilateral ou de concurso eventual* (que pode ser praticado por um só agente); *plurissubsistente* (vários atos integram a conduta) ou *unissubsistente* (um único ato integra a conduta), dependendo do meio escolhido pelo agente. Admissível a tentativa apenas na modalidade plurissubsistente.

Conflito aparente de normas com o delito do art. 168, do Código Penal: Pela aplicação do princípio da especialidade – a norma especial prevalece sobre a norma geral –, quando a vítima se tratar de pessoa com deficiência, nos termos do art. 2º, terá aplicação do delito do art. 91, da Lei nº. 13.146/2015, afastando-se o delito do art. 168 do CP.

Conflito aparente de normas com o delito do art. 171, do Código Penal: O art. 171 do Código Penal, trata do delito de estelionato[19]. Esse crime tem como característica o emprego de fraude para a obtenção da vantagem indevida. Já o delito do art. 91, da Lei 13.146/2015, não faz menção a qualquer tipo de meio fraudulento. Assim, se o agente "reter ou utilizar cartão magnético, qualquer meio eletrônico ou documento de pessoa com deficiência destinados ao recebimento de benefícios, proventos, pensões ou remuneração ou à realização de operações financeiras, com o fim de obter vantagem indevida para si ou para outrem", utilizando-se de fraude, incorrerá no delito de estelionato (CP, art. 171).

Conflito aparente de normas com o delito do art. 104 da Lei nº. 10.741/2003 (Estatuto do Idoso): Pela aplicação do princípio da especialidade – a norma especial prevalece sobre a norma geral –, quando a vítima se tratar de pessoa com deficiência, nos termos do art. 2º, terá aplicação do delito do art. 91, da Lei nº. 13.146/2015, afastando-se o dispositivo do estatuto do idoso.

E se a vítima for pessoa idosa e com deficiência? Pode acontecer a citada situação onde a vítima, pessoa com 60 anos de idade e portadora de deficiência, vir a ser vítima de, por exemplo, alguém que retenha seu cartão magnético com o fim de obter vantagem indevida. Nesta situação, aplicar-se-ia qual dos dispositivos: art. 91 da Lei nº. 13.146/15 ou art. 104 da Lei nº. 10.741/13? Entendemos que neste caso deverá ser aplicado o delito do art. 91 da Lei nº. 13.146/15, pois, embora ambos possuam a mesma pena (detenção, de seis meses a dois anos, e multa), o delito do art. 91 é mais restrito (atinge parcela menor da população), além de conter causa de aumento específica.

Imunidades do art. 181 e 182 do Código Penal e sua eventual aplicabilidade ao delito do art. 91, da Lei nº. 13.146/2015: Analisando os artigos 181 e 182 do Código Penal, constata-se que ambos são aplicáveis aos crimes previstos naquele "título", ou seja, estritamente aos crimes patrimoniais, não abarcando demais legislações especiais que venham a tratar de delitos similares. Portanto, pelos comentários já alinhavados no art. 89, aqui também não se aplicará tais imunidades.

Parágrafo único. Aumenta-se a pena em 1/3 (um terço) se o crime é cometido por tutor ou curador.

Causa de aumento de pena: A pena será aumentada em 1/3 (um terço) se o crime for cometido por tutor ou curador. Tutor é a pessoa adulta e capaz, que terá um encargo judicial para proteger e administrar o patrimônio de *crianças ou adolescentes*. Já o curador é a pessoa adulta e capaz, que terá o encargo de judicial para proteger e administrar o patrimônio de uma pessoa maior de dezoito anos, declarada incapaz para os atos da vida civil. Certo é que em ambos os casos – tutor ou curador – tem a função primordial de zelar pelos interesses do tutelado ou curatelado. Por tais razões, diante da confiança depositada em tais pessoas, justifica-se a majoração da pena em 1/3 (um terço) para aqueles que quebrarem essa relação. Ademais, ao contrário do *caput*, no parágrafo único estamos diante de um crime próprio, que demanda a qualidade especial do agente (ser tutor ou curador).

Suspensão condicional do processo: Para fins de aplicação da Lei nº. 9.099/1995, tem que levar em consideração a eventual existência de causas de aumento ou diminuição de pena. Portanto, caso aplicável no caso concreto a causa de aumento do parágrafo único (aumenta-se a pena em um terço), o delito deixa de ser de menor potencial ofensivo (tendo em vista que a pena máxima ultrapassará dois anos), passando a ser de *médio potencial ofensivo*, autorizando apenas a incidência da suspensão condicional do processo, desde que presente os requisitos do art. 89 da Lei nº. 9.099/1995.

19. Art. 171 - Obter, para si ou para outrem, vantagem ilícita, em prejuízo alheio, induzindo ou mantendo alguém em erro, mediante artifício, ardil, ou qualquer outro meio fraudulento: Pena - reclusão, de um a cinco anos, e multa, de quinhentos mil réis a dez contos de réis.

Art. 127. Esta Lei entra em vigor após decorridos 180 (cento e oitenta) dias de sua publicação oficial.

Comentários: A Lei nº. 13.146/2015, foi publicada no Diário Oficial da União de 6 de julho de 2015, havendo período de *vacatio legis* de 180 (cento e oitenta dias), só entrando em vigor no dia 2 de janeiro de 2016.

4. COMENTÁRIOS À LEI Nº. 7.853/1989 – LEI DE APOIO ÀS PESSOAS PORTADORAS DE DEFICIÊNCIA

Art. 1º Ficam estabelecidas normas gerais que asseguram o pleno exercício dos direitos individuais e sociais das pessoas portadoras de deficiências, e sua efetiva integração social, nos termos desta Lei.

§ 1º Na aplicação e interpretação desta Lei, serão considerados os valores básicos da igualdade de tratamento e oportunidade, da justiça social, do respeito à dignidade da pessoa humana, do bem-estar, e outros, indicados na Constituição ou justificados pelos princípios gerais de direito.

§ 2º As normas desta Lei visam garantir às pessoas portadoras de deficiência as ações governamentais necessárias ao seu cumprimento e das demais disposições constitucionais e legais que lhes concernem, afastadas as discriminações e os preconceitos de qualquer espécie, e entendida a matéria como obrigação nacional a cargo do Poder Público e da sociedade.

Estabelecimento de normas gerais: A Lei nº. 7.853/1989 veio estabelecer normas gerais para assegurar o pleno exercício dos direitos individuais e sociais das pessoas portadoras de deficiências, e sua efetiva integração social. O estabelecimento de normas gerais, não exclui, portanto, o eventual estabelecimento de normas específicas.

Forma de aplicar e interpretar a lei: Na aplicação e interpretação das leis que tratam das pessoas com deficiência, deverão ser considerados os valores básicos da igualdade de tratamento e oportunidade, da justiça social, do respeito à dignidade da pessoa humana, do bem-estar, e outros, indicados na Constituição ou justificados pelos princípios gerais de direito.

Garantias gerais: As normas da Lei nº. 7.853/1989, visam garantir às pessoas portadoras de deficiência as ações governamentais necessárias ao seu cumprimento e das demais disposições constitucionais e legais que lhes concernem, afastadas as discriminações e os preconceitos de qualquer espécie, e entendida a matéria como obrigação nacional a cargo do Poder Público e da sociedade.

Dos Princípios: Prescreve o art. 5º do Decreto nº. 3.298/1999, que regulamenta a Lei nº 7.853/1989: "Art. 5º A Política Nacional para a Integração da Pessoa Portadora de Deficiência, em consonância com o Programa Nacional de Direitos Humanos, obedecerá aos seguintes princípios: I - desenvolvimento de ação conjunta do Estado e da sociedade civil, de modo a assegurar a plena integração da pessoa portadora de deficiência no contexto socioeconômico e cultural; II - estabelecimento de mecanismos e instrumentos legais e operacionais que assegurem às pessoas portadoras de deficiência o pleno exercício de seus direitos básicos que, decorrentes da Constituição e das leis, propiciam o seu bem-estar pessoal, social e econômico; e III - respeito às pessoas portadoras de deficiência, que devem receber igualdade de oportunidades na sociedade por reconhecimento dos direitos que lhes são assegurados, sem privilégios ou paternalismos".

Das Diretrizes: Estabelece o art. 6º do Decreto nº. 3.298/1999, que regulamenta a Lei no 7.853/1989: "Art. 6º São diretrizes da Política Nacional para a Integração da Pessoa Portadora de Deficiência: I - estabelecer mecanismos que acelerem e favoreçam a inclusão social da pessoa portadora de deficiência; II - adotar estratégias de articulação com órgãos e entidades públicos e privados, bem assim com organismos internacionais e estrangeiros para a implantação desta Política; III - incluir a pessoa portadora de deficiência, respeitadas as suas peculiaridades, em todas as iniciativas governamentais relacionadas à educação, à saúde, ao trabalho, à edificação pública, à previdência social, à assistência social, ao transporte, à habitação, à cultura, ao esporte e ao lazer; IV - viabilizar a participação da pessoa portadora de deficiência em todas as fases de implementação dessa Política, por intermédio de suas entidades representativas; V - ampliar as alternativas de inserção econômica da pessoa portadora de deficiência, proporcionando a ela qualificação profissional e incorporação no mercado de trabalho; e VI - garantir o efetivo atendimento das necessidades da pessoa portadora de deficiência, sem o cunho assistencialista".

Dos Objetivos: Dispõe o art. 7º do Decreto nº. 3.298/1999, que regulamenta a Lei no 7.853/1989: "Art. 7º São objetivos da Política Nacional para a

Integração da Pessoa Portadora de Deficiência: I - o acesso, o ingresso e a permanência da pessoa portadora de deficiência em todos os serviços oferecidos à comunidade; II - integração das ações dos órgãos e das entidades públicos e privados nas áreas de saúde, educação, trabalho, transporte, assistência social, edificação pública, previdência social, habitação, cultura, desporto e lazer, visando à prevenção das deficiências, à eliminação de suas múltiplas causas e à inclusão social; III - desenvolvimento de programas setoriais destinados ao atendimento das necessidades especiais da pessoa portadora de deficiência; IV - formação de recursos humanos para atendimento da pessoa portadora de deficiência; e V - garantia da efetividade dos programas de prevenção, de atendimento especializado e de inclusão social".

Dos Instrumentos: Prevê o art. 8º do Decreto nº. 3.298/1999, que regulamenta a Lei no 7.853/1989: "Art. 8º São instrumentos da Política Nacional para a Integração da Pessoa Portadora de Deficiência: I - a articulação entre entidades governamentais e não-governamentais que tenham responsabilidades quanto ao atendimento da pessoa portadora de deficiência, em nível federal, estadual, do Distrito Federal e municipal; II - o fomento à formação de recursos humanos para adequado e eficiente atendimento da pessoa portadora de deficiência; III - a aplicação da legislação específica que disciplina a reserva de mercado de trabalho, em favor da pessoa portadora de deficiência, nos órgãos e nas entidades públicos e privados; IV - o fomento da tecnologia de bioengenharia voltada para a pessoa portadora de deficiência, bem como a facilitação da importação de equipamentos; e V - a fiscalização do cumprimento da legislação pertinente à pessoa portadora de deficiência".

Art. 2º Ao Poder Público e seus órgãos cabe assegurar às pessoas portadoras de deficiência o pleno exercício de seus direitos básicos, inclusive dos direitos à educação, à saúde, ao trabalho, ao lazer, à previdência social, ao amparo à infância e à maternidade, e de outros que, decorrentes da Constituição e das leis, propiciem seu bem-estar pessoal, social e econômico.

Parágrafo único. Para o fim estabelecido no *caput* deste artigo, os órgãos e entidades da administração direta e indireta devem dispensar, no âmbito de sua competência e finalidade, aos assuntos objetos esta Lei, tratamento prioritário e adequado, tendente a viabilizar, sem prejuízo de outras, as seguintes medidas:

I - na área da educação:

a) a inclusão, no sistema educacional, da Educação Especial como modalidade educativa que abranja a educação precoce, a pré-escolar, as de 1º e 2º graus, a supletiva, a habilitação e reabilitação profissionais, com currículos, etapas e exigências de diplomação próprios;

b) a inserção, no referido sistema educacional, das escolas especiais, privadas e públicas;

c) a oferta, obrigatória e gratuita, da Educação Especial em estabelecimento público de ensino;

d) o oferecimento obrigatório de programas de Educação Especial a nível pré-escolar, em unidades hospitalares e congêneres nas quais estejam internados, por prazo igual ou superior a 1 (um) ano, educandos portadores de deficiência;

e) o acesso de alunos portadores de deficiência aos benefícios conferidos aos demais educandos, inclusive material escolar, merenda escolar e bolsas de estudo;

f) a matrícula compulsória em cursos regulares de estabelecimentos públicos e particulares de pessoas portadoras de deficiência capazes de se integrarem no sistema regular de ensino;

II - na área da saúde:

a) a promoção de ações preventivas, como as referentes ao planejamento familiar, ao aconselhamento genético, ao acompanhamento da gravidez, do parto e do puerpério, à nutrição da mulher e da criança, à identificação e ao controle da gestante e do feto de alto risco, à imunização, às doenças do metabolismo e seu diagnóstico e ao encaminhamento precoce de outras doenças causadoras de deficiência;

b) o desenvolvimento de programas especiais de prevenção de acidente do trabalho e de trânsito, e de tratamento adequado a suas vítimas;

c) a criação de uma rede de serviços especializados em reabilitação e habilitação;

d) a garantia de acesso das pessoas portadoras de deficiência aos estabelecimentos de saúde públicos e privados, e de seu adequado tratamento neles, sob normas técnicas e padrões de conduta apropriados;

e) a garantia de atendimento domiciliar de saúde ao deficiente grave não internado;

f) o desenvolvimento de programas de saúde voltados para as pessoas portadoras de deficiência, desenvolvidos com a participação da sociedade e que lhes ensejem a integração social;

III - na área da formação profissional e do trabalho:

a) o apoio governamental à formação profissional, e a garantia de acesso aos serviços concernentes, inclusive aos cursos regulares voltados à formação profissional;

b) o empenho do Poder Público quanto ao surgimento e à manutenção de empregos, inclusive de

> tempo parcial, destinados às pessoas portadoras de deficiência que não tenham acesso aos empregos comuns;
>
> c) a promoção de ações eficazes que propiciem a inserção, nos setores públicos e privado, de pessoas portadoras de deficiência;
>
> d) a adoção de legislação específica que discipline a reserva de mercado de trabalho, em favor das pessoas portadoras de deficiência, nas entidades da Administração Pública e do setor privado, e que regulamente a organização de oficinas e congêneres integradas ao mercado de trabalho, e a situação, nelas, das pessoas portadoras de deficiência;
>
> IV - na área de recursos humanos:
>
> a) a formação de professores de nível médio para a Educação Especial, de técnicos de nível médio especializados na habilitação e reabilitação, e de instrutores para formação profissional;
>
> b) a formação e qualificação de recursos humanos que, nas diversas áreas de conhecimento, inclusive de nível superior, atendam à demanda e às necessidades reais das pessoas portadoras de deficiências;
>
> c) o incentivo à pesquisa e ao desenvolvimento tecnológico em todas as áreas do conhecimento relacionadas com a pessoa portadora de deficiência;
>
> V - na área das edificações:
>
> a) a adoção e a efetiva execução de normas que garantam a funcionalidade das edificações e vias públicas, que evitem ou removam os óbices às pessoas portadoras de deficiência, permitam o acesso destas a edifícios, a logradouros e a meios de transporte.

Introdução: Pela análise do art. 2º, denota-se que o poder público, em todas as esferas (federal, estadual, municipal e distrital) devem ofertar tratamento prioritário e adequado, tendente a viabilizar, diversas medidas: a) na área da educação b) na área da saúde; c) na área da formação profissional e do trabalho; d) na área dos recursos humanos e; e) na área das edificações, sem prejuízo de outras.

Enfim, podemos citar como alguns exemplos: *na área da educação* temos a Língua Brasileira de Sinais – Libras (Lei nº 10.436, de 24 de abril de 2002, dispõe sobre a Língua Brasileira de Sinais - Libras e dá outras providências); *na área da formação profissional e do trabalho* temos o acesso a concursos públicos (art. 5º, §2º, da Lei nº. 8.112/1990), que garante às pessoas portadoras de deficiência o direito de se inscrever em concurso público para provimento de cargo cujas atribuições sejam compatíveis com a deficiência de que são portadoras, sendo reservadas até 20% (vinte por cento) das vagas oferecidas no concurso; *na área das edificações* temos o Código Eleitoral, que determina a observância de fácil acessibilidade em locais de votação etc.

> **Art. 8º Constitui crime punível com reclusão de 2 (dois) a 5 (cinco) anos e multa: (Redação dada pela Lei nº. 13.146/2015)**

Introdução: Parcela da doutrina entende que a redação do *caput* do art. 8º, é dotada de falta de técnica legislativa, pelo fato da pena (preceito secundário) vir antes das condutas criminosas (preceito primário)[20]. Ousamos discordar dos nobres doutrinadores que assim entendem. De fato, os estudiosos do direito têm plena percepção que o tipo penal é dotado de um preceito primário (conduta descrita) seguido de um preceito secundário (pena cominada). Mas devemos lembrar que o objetivo das legislações criminais afirmativas é atingir todas as pessoas e, de fato, soa de forma notória para os profanos a expressão "constitui crime" seguida da pena cominada "punível com reclusão de 2 (dois) a 5 (cinco) anos e multa". Em resumo, uma pessoa leiga sem qualquer conhecimento jurídico, saberá de antemão que, aquelas condutas descritas posteriormente são crimes, porquanto já ficou estampado no *caput* tal redação. Vale ainda salientar que o art. 81, da Lei nº. 13.146/2015, aduz que "os direitos da pessoa com deficiência serão garantidos por ocasião da aplicação de sanções penais".

Novatio legis in pejus: O *caput* do art. 8º, teve sua redação alterada pela Lei nº. 13.146/2015. Certo é que tal alteração terminou por recrudescer a pena imposta às condutas descritas nos incisos do citado dispositivo. Assim, neste ponto específico, trata-se de *lex gravior*, e por força constitucional (art. 5º, inc. XL) "a lei penal não retroagirá, salvo para beneficiar o réu", terá sua aplicação para o futuro. Vejamos a tabela abaixo:

Antes – redação original	Depois – redação dada pela Lei nº. 13.146/15
Art. 8º Constitui crime punível com reclusão de 1 (um) a 4 (quatro) anos, e multa:	Art. 8º Constitui crime punível com reclusão de 2 (dois) a 5 (cinco) anos e multa:

Fundamento constitucional: Através da análise dos dispositivos constitucionais, percebe-se que a lei

20. Neste sentido: (CUNHA, Rogério Sanches; PINTO, Ronaldo Batista. *Leis penais especiais comentadas*. 3. ed. Juspodivm: Salvador, 2020, p. 2032). E, (HABIB, Gabriel. Leis Penais especiais. 11. ed. Salvador: Juspodivm, 2019, p. 937).

em comento encontra forte respaldo na Carta Maior, onde entre os fundamentos da República Federativa do Brasil temos a *dignidade da pessoa humana* (art. 1º, III, CF), sendo "que este fundamento afasta a ideia de predomínio das concepções transpessoalistas de Estado e nação, em detrimento da liberdade individual"[21].

Em seguida, a República Federativa do Brasil estampa entre os seus objetivos o de *construir uma sociedade livre, justa e solidárias* (art. 3º, I, CF) e *promover o bem de todos, sem preconceitos de origem, raça, sexo, cor, idade e quaisquer outras formas de discriminação* (art. 3º, IV, CF).

Não se pode olvidar do consagrado princípio da *igualdade* (art. 5º, *caput*, CF), onde os iguais devem ser tratados de forma igual, enquanto os desiguais na medida das suas desigualdades. No mais, nos comentários de cada um dos incisos a seguir, esboçaremos os fundamentos constitucionais específicos.

Mandados constitucionais de criminalização: O poder Constituinte originário deixou estampado na Constituição Federal de 1988, um mandamento ao legislador infraconstitucional, de vir a criminalizar, em determinado momento, certas condutas por serem consideradas atentatórias aos próprios preceitos de um Estado Democrático de Direito. Verifica-se, assim, uma relevância de determinados bens jurídicos, que para sua efetiva proteção, deverá se lançar mão do Direito Penal (*ultima ratio*).

Isto demonstra que "a Constituição não deve ser vista de forma unilateral, preocupada apenas com a defesa do indivíduo potencialmente criminoso (ou acusado como tal), mas também com as potenciais vítimas e com a defesa de toda a sociedade"[22].

Dito isto, "os mandados de criminalização indicam matérias sobre as quais o legislador ordinário não tem a faculdade de legislar, mas a obrigatoriedade de tratar, protegendo determinados bens ou interesses de forma adequada e, dentro do possível, integral"[23].

É nesta linha de raciocínio que vem o artigo 5º, XLI, CF – que prevê que "a lei punirá qualquer *discriminação atentatória dos direitos e liberdades fundamentais*". Enfim, o citado dispositivo se trata de nítido exemplo de mandado constitucional de criminalização expresso (explícito).

Condutas discriminatórias: A discriminação pela própria definição do dicionário Aurélio é a ação de discriminar, de segregar alguém, tratando essa pessoa de maneira diferente e parcial[24]. No caso da lei em tela incrimina justamente algumas condutas, relacionadas a esse tratamento injusto e discriminatório contra as pessoas portadoras de deficiência.

Salienta-se que o art. 4º, §1º da Lei nº. 13.146/2015 (Estatuto da Pessoa com Deficiência), afirma que "Considera-se discriminação em razão da deficiência toda forma de distinção, restrição ou exclusão, por ação ou omissão, que tenha o propósito ou o efeito de prejudicar, impedir ou anular o reconhecimento ou o exercício dos direitos e das liberdades fundamentais de pessoa com deficiência, incluindo a recusa de adaptações razoáveis e de fornecimento de tecnologias assistivas".

Discriminação negativa e discriminação positiva: Podemos afirmar que as discriminações positivas (também chamadas de afirmativas) são aquelas que buscam concretizar o princípio da igualdade material, trazendo tratamento diferenciado, com determinadas vantagens, para aquelas pessoas que se encontram em situação de desvantagem. Inúmeras vezes a Suprema Corte já se manifestou acerca da possibilidade das ações afirmativas, que buscam corrigir injustiças e desvantagens em nosso ordenamento (*v.g.* cotas raciais, lei de violência doméstica e familiar contra a mulher etc.). Por outro lado, a denominada discriminação negativa é justamente aquela em que esta lei busca combater, ou seja, aquela discriminação estampada no art. 4º, §1º da Lei nº. 13.146/2015 (Estatuto da Pessoa com Deficiência), citado no tópico anterior.

Pena: Todas as condutas são punidas com reclusão, de 2 (dois) a 5 (cinco) anos, e multa.

Ação penal: Segue a regra do art. 100 do CP: "a ação penal é pública, salvo quando a lei expressamente a declara privativa do ofendido". Assim, como a lei não disciplinou nada em contrário, verifica-se que se trata de ação penal pública incondicionada.

---

21. MORAES, Alexandre de. *Direitos humanos fundamentais*. 5. Ed. São Paulo: Atlas, 2003, p. 60.
22. CUNHA, Maria da Conceição Ferreira da. *Constituição e crime: uma perspectiva da criminalização e descriminalização*. Porto: Universidade Católica Portuguesa, 1995, p. 307.
23. MASSON, Cleber Rogério. *Direito Penal esquematizado: parte geral*. 9. ed. Rio de Janeiro: Forense; São Paulo: Método, 2015, p. 22.
24. Disponível em: https://www.dicio.com.br/discriminacao/. Acesso em 15/06/2020.

Lembrando ainda que por força constitucional (art. 5º, LIX) "será admitida ação privada nos crimes de ação pública, se esta não for intentada no prazo legal". Por fim, deve ser observado que a requisição de novas diligências ou a promoção do arquivamento pelo *Parquet*, não dão ensejo a alegação de inércia, logo, inviável suscitar a ação penal subsidiária da pública.

Suspensão condicional do processo: Trata-se de crime de *elevado potencial ofensivo*, sendo inviável a aplicação dos institutos da Lei nº. 9.099/1995.

Acordo de não persecução penal: De acordo coma redação do art. 28-A, do Código de Processo Penal (incluído pela nova Lei Federal nº 13.964/2019), se a infração penal não for cometida mediante violência ou grave ameaça à pessoa; a pena abstrata mínima ser inferior a 4 (quatro) anos e havendo confissão formal, é possível o cabimento de Acordo de Não Persecução Penal (ANPP), desde que presentes os demais requisitos para tanto.

Competência para processo e julgamento: Via de regra será processado e julgado pela justiça estadual. Excepcionalmente, nos casos do art. 109 da Constituição Federal, haverá competência da Justiça Federal. Não se pode perder de vista se o sujeito ativo for militar, quando a competência será da Justiça Militar Estadual ou da União, conforme o caso, nos termos do art. 9º, CPM. Deve ainda ser levado com consideração as situações em que o sujeito ativo deter foro por prerrogativa de função, onde será processado e julgado no respectivo tribunal competente.

I - recusar, cobrar valores adicionais, suspender, procrastinar, cancelar ou fazer cessar inscrição de aluno em estabelecimento de ensino de qualquer curso ou grau, público ou privado, em razão de sua deficiência; (Redação dada pela Lei nº. 13.146/2015)

Introdução: Conforme visto alhures há diversos fundamentos constitucionais gerais que dão embasamento a presente lei. Ainda assim, no âmbito específico do delito em estudo, podemos afirmar que "a *educação*, direito de todos e dever do Estado e da família, será promovida e incentivada com a colaboração da sociedade, visando ao pleno desenvolvimento da pessoa, seu preparo para o exercício da cidadania e sua qualificação para o trabalho" (art. 205, CF). Ademais, "o ensino será ministrado com base nos seguintes princípios: I - igualdade de condições para o acesso e permanência nas escolas (art. 206, I, da CF). Por fim, "o dever do Estado com a educação será efetivado mediante a garantia de: III - atendimento educacional especializado aos portadores de deficiência, preferencialmente na rede regular de ensino" (art. 208, III, da CF).

Ademais, o próprio art. 2º, I, da Lei nº. 7.853/1989, c/c art. 27 ao art. 30 da Lei nº. 13.146/2015, c/c art. 24 ao art. 29 do Decreto nº. 3.298/1999, estabelecem diversas normativas acerca do acesso à educação das pessoas portadoras de deficiência.

Nova lei penal incriminadora: O inciso em comento teve sua redação alterada pela Lei nº. 13.146/2015. Certo é que tal alteração terminou por criar uma nova figura delituosa – descrita na conduta de *"cobrar valores adicionais, de aluno em estabelecimento de ensino de qualquer curso ou grau, público ou privado, em razão de sua deficiência"*. Assim, neste ponto específico, trata-se de nova lei penal incriminadora e por força constitucional (art. 5º, inc. XXXIX) e infraconstitucional (art. 1º, CP), será aplicada para o futuro, afinal, não há crime sem lei anterior que o defina e não há pena sem prévia cominação legal. Vejamos a tabela abaixo:

Antes – redação original	Depois – redação dada pela Lei nº. 13.146/15
I - recusar, suspender, procrastinar, cancelar ou fazer cessar, ***sem justa causa***, a inscrição de aluno em estabelecimento de ensino de qualquer curso ou grau, público ou privado, por motivos derivados da deficiência que porta.	I - recusar, ***cobrar valores adicionais***, suspender, procrastinar, cancelar ou fazer cessar inscrição de aluno em estabelecimento de ensino de qualquer curso ou grau, público ou privado, em razão de sua deficiência.

Ainda no que tange a *cobrança de valores adicionais*, prescreve o art. 28, §1º, da Lei nº. 13.146/2015 que "Às instituições privadas, de qualquer nível e modalidade de ensino, aplica-se obrigatoriamente o disposto nos incisos I, II, III, V, VII, VIII, IX, X, XI, XII, XIII, XIV, XV, XVI, XVII e XVIII do *caput* deste artigo, *sendo vedada a cobrança de valores adicionais de qualquer natureza em suas mensalidades, anuidades e matrículas no cumprimento dessas determinações*".

Há de salientar que na época do advento do Estatuto da Pessoa com Deficiência – Lei nº. 13.146/2015, a Confederação Nacional dos Estabelecimentos de Ensino (Confenen), ajuizou a ADI nº. 5357, questionando a constitucionalidade do §1º do artigo 28, pois segundo a entidade, "as normas representam violação de diversos dispositivos constitucionais, entre eles o artigo 208, inciso III, que prevê como dever do Estado o atendimento educacional aos deficientes. Alegou ainda que o dispositivo estabelecia medidas de alto custo para as escolas privadas, o que levaria ao encerramento das atividades de muitas delas".

Enfim, a Suprema Corte julgou improcedente a ação direta de inconstitucionalidade, referendando os seguintes argumentos pela Constitucionalidade da Lei nº. 13.146/2015 (Estatuto da Pessoa com Deficiência):

> "AÇÃO DIRETA DE INCONSTITUCIONALIDADE. MEDIDA CAUTELAR. LEI 13.146/2015. ESTATUTO DA PESSOA COM DEFICIÊNCIA. ENSINO INCLUSIVO. CONVENÇÃO INTERNACIONAL SOBRE OS DIREITOS DA PESSOA COM DEFICIÊNCIA. INDEFERIMENTO DA MEDIDA CAUTELAR. CONSTITUCIONALIDADE DA LEI 13.146/2015 (arts. 28, § 1º e 30, *caput*, da Lei nº 13.146/2015).
>
> 1. A Convenção Internacional sobre os Direitos da Pessoa com Deficiência concretiza o princípio da igualdade como fundamento de uma sociedade democrática que respeita a dignidade humana.
>
> 2. À luz da Convenção e, por consequência, da própria Constituição da República, o ensino inclusivo em todos os níveis de educação não é realidade estranha ao ordenamento jurídico pátrio, mas sim imperativo que se põe mediante regra explícita.
>
> 3. Nessa toada, a Constituição da República prevê em diversos dispositivos a proteção da pessoa com deficiência, conforme se verifica nos artigos 7º, XXXI, 23, II, 24, XIV, 37, VIII, 40, § 4º, I, 201, § 1º, 203, IV e V, 208, III, 227, § 1º, II, e § 2º, e 244.
>
> 4. Pluralidade e igualdade são duas faces da mesma moeda. O respeito à pluralidade não prescinde do respeito ao princípio da igualdade. E na atual quadra histórica, uma leitura focada tão somente em seu aspecto formal não satisfaz a completude que exige o princípio. Assim, a igualdade não se esgota com a previsão normativa de acesso igualitário a bens jurídicos, mas engloba também a previsão normativa de medidas que efetivamente possibilitem tal acesso e sua efetivação concreta.
>
> 5. O enclausuramento em face do diferente furta o colorido da vivência cotidiana, privando-nos da estupefação diante do que se coloca como novo, como diferente.
>
> 6. É somente com o convívio com a diferença e com o seu necessário acolhimento que pode haver a construção de uma sociedade livre, justa e solidária, em que o bem de todos seja promovido sem preconceitos de origem, raça, sexo, cor, idade e quaisquer outras formas de discriminação (Art. 3º, I e IV, CRFB).
>
> 7. A Lei nº 13.146/2015 indica assumir o compromisso ético de acolhimento e pluralidade democrática adotados pela Constituição ao exigir que não apenas as escolas públicas, mas também as particulares deverão pautar sua atuação educacional a partir de todas as facetas e potencialidades que o direito fundamental à educação possui e que são densificadas em seu Capítulo IV.
>
> 8. Medida cautelar indeferida.
>
> 9. Conversão do julgamento do referendo do indeferimento da cautelar, por unanimidade, em julgamento definitivo de mérito, julgando, por maioria e nos termos do Voto do Min. Relator Edson Fachin, improcedente a presente ação direta de inconstitucionalidade" (ADI 5357 MC-Ref, Tribunal Pleno, Rel. Min. Edson Fachin, DJe 10.11.2016)

Constata-se ainda que a expressão *"sem justa causa"*, prevista na redação original, que se tratava de elementar do crime, foi excluída da atual redação, assim buscou o legislador frear teses esdrúxulas que visassem justificar a discriminação de pessoas deficientes.

Por isso é possível afirmar que "a deficiência da pessoa não é motivo idôneo (e, portanto, não há justa causa) para, por exemplo, recusar ou cancelar a inscrição do aluno"[25].

Verbos nucleares do tipo: É *recusar (repelir, não conceder), cobrar valores adicionais* (além do previsto para alunos sem deficiência), *suspender* (interromper de forma temporária), *procrastinar* (retardar, deixar para depois), *cancelar (tornar nulo, sem efeito)* ou *fazer cessar* (não prosseguir) inscrição de aluno em estabelecimento de ensino de qualquer curso ou grau, público ou privado, em razão de sua deficiência.

Nas primeiras condutas (recusar, cobrar valores adicionais, procrastinar, cancelar ou segregar), busca-se combater a discriminação na sua forma embrionária, isto é, antes ou durante a inscrição (matrícula) do *aluno portador de deficiência, em* estabelecimento de ensino de qualquer curso ou grau, público ou privado, em razão de sua deficiência.

Por outra via, na última conduta (impedir que permaneça), o fito do dispositivo é combater a discriminação tardia, ou seja, eventualmente descoberta após a matrícula e já iniciada as aulas.

Tipo penal misto alternativo: diversas são as condutas descritas no tipo penal (recusar, cobrar valores adicionais, suspender, procrastinar, cancelar ou fazer cessar), sendo que a prática de mais de uma conduta, no mesmo contexto fático, enseja um único crime.

Estabelecimento de ensino de qualquer curso ou grau, público ou privado: A matéria vem

25. CUNHA, Rogério Sanches; PINTO, Ronaldo Batista. *Leis penais especiais comentadas*. 3. ed. Juspodivm: Salvador, 2020, p. 033.

disciplinada nas Leis n. 7.853/1989 e 13.146/2015, bem como no Decreto nº. 3.298/99, que regulamenta a Lei nº. 7.853/1989. Dito isto, inicialmente prescreve o art. 2º, I, alíneas *"a" e "f"*, da Lei nº. 7.853/1989, que o poder público deverá viabilizar as seguintes medidas na área da educação: a) a inclusão, no sistema educacional, da Educação Especial como modalidade educativa que abranja a educação precoce, a pré-escolar, as de 1º e 2º graus, a supletiva, a habilitação e reabilitação profissionais, com currículos, etapas e exigências de diplomação próprios; f) a matrícula compulsória em cursos regulares de estabelecimentos públicos e particulares de pessoas portadoras de deficiência capazes de se integrarem no sistema regular de ensino. Por sua vez, o Decreto nº. 3.298/99, que regulamenta a citada lei, prevê que: "Art. 24. Os órgãos e as entidades da Administração Pública Federal direta e indireta responsáveis pela educação dispensarão tratamento prioritário e adequado aos assuntos objeto deste Decreto, viabilizando, sem prejuízo de outras, as seguintes medidas: I - a matrícula compulsória em cursos regulares de estabelecimentos públicos e particulares de pessoa portadora de deficiência capazes de se integrar na rede regular de ensino; II - a inclusão, no sistema educacional, da educação especial como modalidade de educação escolar que permeia transversalmente todos os níveis e as modalidades de ensino; III - a inserção, no sistema educacional, das escolas ou instituições especializadas públicas e privadas; IV - a oferta, obrigatória e gratuita, da educação especial em estabelecimentos públicos de ensino; V - o oferecimento obrigatório dos serviços de educação especial ao educando portador de deficiência em unidades hospitalares e congêneres nas quais esteja internado por prazo igual ou superior a um ano; e VI - o acesso de aluno portador de deficiência aos benefícios conferidos aos demais educandos, inclusive material escolar, transporte, merenda escolar e bolsas de estudo".

Estabelece ainda o art. 25 do Decreto nº. 3.298/99: "Art. 25. Os serviços de educação especial serão ofertados nas instituições de ensino público ou privado do sistema de educação geral, de forma transitória ou permanente, mediante programas de apoio para o aluno que está integrado no sistema regular de ensino, ou em escolas especializadas exclusivamente quando a educação das escolas comuns não puder satisfazer as necessidades educativas ou sociais do aluno ou quando necessário ao bem-estar do educando".

Acrescenta-se ainda que a Lei nº. 13.146/2015, dispõe no art. 27 que "a educação constitui direito da pessoa com deficiência, assegurados sistema educacional inclusivo em todos os níveis e aprendizado ao longo de toda a vida, de forma a alcançar o máximo desenvolvimento possível de seus talentos e habilidades físicas, sensoriais, intelectuais e sociais, segundo suas características, interesses e necessidades de aprendizagem".

Objetividade jurídica: Busca combater toda e qualquer discriminação contra o portador de deficiência no âmbito educacional. Encampando por via de consequência os postulados da *igualdade* e da *dignidade da pessoa humana*.

Objeto material: O delito recai sobre o portador de deficiência que é vítima da discriminação.

Sujeito ativo: Prevalece se tratar de crime próprio, vez que o sujeito ativo deve deter qualidade especial de trabalhar em estabelecimento de ensino de qualquer curso ou grau, público ou privado, no mesmo sentido o STJ (REsp 1022478). Dito isto, o sujeito ativo "pode ser o sócio ou o empregado do estabelecimento, bem como o funcionário público responsável pelo estabelecimento público de ensino"[26]. Há entendimento minoritário que entende se tratar de delito comum, onde não se exigiria qualquer qualidade especial do agente[27].

Sujeito passivo: O sujeito passivo imediato (eventual) é o aluno portador de deficiência, nos termos do art. 2º, da Lei nº. 13.146/15. Já o sujeito passivo mediato (constante) é o Estado.

Elemento subjetivo: É o dolo (direto ou eventual) de praticar de forma consciente e voluntária qualquer das condutas descritas no tipo penal. Há também expressa previsão legal da finalidade específica (elemento subjetivo específico do tipo) de discriminar a vítima *"em razão de sua deficiência"*.

Não há previsão legal da modalidade culposa, o que torna inviável a punição por culpa.

Consumação: Trata-se em todas as modalidades (recusar, cobrar valores adicionais, suspender, procrastinar, cancelar ou fazer cessar) de *crime formal* (de consumação antecipada ou de resultado cortado), se consumando independentemente de se atingir o resultado naturalístico.

26. Idem.
27. Neste sentido: (HABIB, Gabriel. Leis Penais especiais. 11. ed. Salvador: Juspodivm, 2019, p. 937).

Tentativa: É perfeitamente possível dependendo do meio escolhido pelo agente.

Classificação doutrinária: Trata-se de *crime próprio* (demanda um sujeito ativo qualificado ou especial), embora haja entendimento minoritário afirmando se tratar de crime comum; *formal ou de consumação antecipada* (ou seja, não se exige a produção do resultado naturalístico); de *forma livre* (ou seja, admite-se qualquer meio de execução – escrita, verbal, gestos, etc.); *comissivo* (imperioso uma ação) e, excepcionalmente, *comissivo por omissão* (omissivo impróprio, ou seja, é a aplicação do art. 13, § 2.º, do Código Penal); *instantâneo* (consuma-se de forma imediata); *unissubjetivo, unilateral ou de concurso eventual* (que pode ser praticado por um só agente); *plurissubsistente* (vários atos integram a conduta) ou *unissubsistentes* (um único ato integra a conduta), dependendo do meio escolhido pelo agente. Admissível a tentativa na modalidade plurissubsistente.

Jurisprudência aplicada: O Superior Tribunal de Justiça, no julgamento do REsp 1022478, assentou que: "Penal e Processo Penal. Recurso Especial. Violação ao artigo 8º, inciso I, da lei nº 7.853/89. Ocorrência. Analogia. Impossibilidade no Direito Penal. Recusa, suspensão, procrastinação, cancelamento ou cessação da inscrição de pessoa portadora de deficiência em estabelecimento de ensino. Inocorrência. Não aceitação pelo professor de aluno deficiente em sua sala de aula. Conduta atípica. Inexistência de prejuízo à inscrição da vítima. Crime próprio. Não descrição de que a recorrente tenha qualificação para praticá-lo. Recurso especial a que se dá provimento. 1. A analogia, a qual consiste em aplicar a uma hipótese não prevista em lei disposição legal relativa a um caso semelhante, é terminantemente proibida em direito penal, o qual deve estrita observância ao princípio da legalidade. Se o legislador não previu dada conduta como criminosa, é porque esta se mostra irrelevante na esfera penal, não podendo, portanto, ser abrangida por meio da analogia. 2. A conduta do professor que impede aluno portador de deficiência física de assistir aula na sala em que leciona não se subsume ao tipo penal do artigo 8º, inciso I, da Lei 7.853/89, que incrimina a conduta de "recusar, suspender, procrastinar, cancelar ou fazer cessar, sem justa causa, a inscrição de aluno em estabelecimento de ensino de qualquer curso ou grau, público ou privado, por motivos derivados da deficiência que porta". 3. Recurso especial a que se dá provimento, para restabelecer a decisão de 1º grau, que rejeitou a denúncia, ante o reconhecimento da atipicidade da conduta".

II - obstar inscrição em concurso público ou acesso de alguém a qualquer cargo ou emprego público, em razão de sua deficiência; (Redação dada pela Lei nº. 13.146/2015)

Introdução: O artigo 37, VIII, da CF/88 define que "Art. 37 - A administração pública direta, indireta ou fundacional, de qualquer dos Poderes da União, dos Estados, do Distrito Federal e dos Municípios obedecerá aos princípios de legalidade, impessoalidade, moralidade, publicidade e, também, ao seguinte: VIII - a lei reservará percentual dos cargos e empregos públicos *para as pessoas portadoras de deficiência e definirá os critérios de sua admissão*".

Acrescenta-se que o próprio art. 2º, III, alíneas "c" e "d" da Lei nº. 7.853/1989 c/c art. 34, § 2º e § 3º, art. 35 da Lei nº 13.146 c/c os dispositivos do Decreto nº. 9.508/2018, estabelecem diversas normativas acerca da *reserva às pessoas com deficiência percentual de cargos e de empregos públicos ofertados em concursos públicos e em processos seletivos no âmbito da administração pública federal direta e indireta.*

Nova lei penal incriminadora: O inciso em comento teve sua redação alterada pela Lei nº. 13.146/2015. Vejamos a tabela abaixo:

Antes – redação original	Depois – redação dada pela Lei nº. 13.146/15
II - obstar, ***sem justa causa***, o acesso de alguém a qualquer cargo público, por motivos derivados de sua deficiência;	II - obstar inscrição em concurso público ou acesso de alguém a qualquer cargo ou emprego público, em razão de sua deficiência;

Através da análise do dispositivo atual, constata-se que foi inserido expressamente a conduta de *"obstar inscrição em concurso público"*, bem como foi acrescido o acesso a *"emprego público"*.

Constata-se ainda que a expressão *"sem justa causa"*, prevista na redação original, que se tratava de elementar do crime, foi excluída da atual redação, assim buscou o legislador frear teses esdrúxulas que visassem justificar a discriminação da pessoa com deficiência.

Assim, trata-se de uma nova lei penal prejudicial ao réu *(novatio legis in pejus)*, motivo pelo qual por força constitucional (art. 5º, inc. XL) "a lei penal não retroagirá, salvo para beneficiar o réu". No mais, as modificações inseridas só tiveram aplicação a partir do dia 03 de janeiro de 2016 (início da vigência da Lei nº. 13.146/15), projetando seus efeitos apenas para o futuro.

Verbos nucleares do tipo: É *obstar* (impedir, atrapalhar, inibir) inscrição em concurso público ou acesso de alguém a qualquer cargo ou emprego público, em razão de sua deficiência.

Inscrição em concurso público ou acesso de alguém a qualquer cargo ou emprego público: A matéria vem disciplinada nas Leis nºs. 7.853/1989 e 13.146/2015, bem como no Decreto nº. 9.508/2018, que regulamenta as citadas leis. Assim, inicialmente prescreve o art. 2º, III, alíneas *"c" e "d"*, da Lei nº. 7.853/1989, que o poder público deverá viabilizar as seguintes medidas na área da formação profissional e do trabalho: c) a promoção de ações eficazes que propiciem a inserção, nos setores públicos e privado, de pessoas portadoras de deficiência; d) a adoção de legislação específica que discipline a reserva de mercado de trabalho, em favor das pessoas portadoras de deficiência, nas entidades da Administração Pública e do setor privado, e que regulamente a organização de oficinas e congêneres integradas ao mercado de trabalho, e a situação, nelas, das pessoas portadoras de deficiência".

No mais, a matéria vem disciplinada ainda na Lei nº. 13.146/2015, estabelecendo que "Art. 34. A pessoa com deficiência tem direito ao trabalho de sua livre escolha e aceitação, em ambiente acessível e inclusivo, em igualdade de oportunidades com as demais pessoas. § 2º A pessoa com deficiência tem direito, em igualdade de oportunidades com as demais pessoas, a condições justas e favoráveis de trabalho, incluindo igual remuneração por trabalho de igual valor. § 3º É vedada restrição ao trabalho da pessoa com deficiência e qualquer discriminação em razão de sua condição, inclusive nas etapas de recrutamento, seleção, contratação, admissão, exames admissional e periódico, permanência no emprego, ascensão profissional e reabilitação profissional, bem como exigência de aptidão plena". Art. 35. É finalidade primordial das políticas públicas de trabalho e emprego promover e garantir condições de acesso e de permanência da pessoa com deficiência no campo de trabalho".

Por sua vez, o Decreto nº. 9.508/2018, que regulamenta a citada lei, prevê que: "Art. 1º Fica assegurado à pessoa com deficiência o direito de se inscrever, no âmbito da administração pública federal direta e indireta e em igualdade de oportunidade com os demais candidatos, nas seguintes seleções: I - em concurso público para o provimento de cargos efetivos e de empregos públicos; e II - em processos seletivos para a contratação por tempo determinado para atender necessidade temporária de excepcional interesse público, de que trata a Lei nº 8.745, de 9 de dezembro de 1993.

Objetividade jurídico: Busca combater toda e qualquer discriminação contra o portador de deficiência. Encampando por via de consequência os postulados da *igualdade* e da *dignidade da pessoa humana.*

Objeto material: O delito recai sobre o portador de deficiência que é vítima da discriminação.

Sujeito ativo: Prevalece se tratar de crime próprio, vez que o sujeito ativo deve deter qualidade especial de obstar inscrição em concurso público ou acesso de alguém a qualquer cargo ou emprego público, em razão de sua deficiência. Por exemplo, o médico da junta médica, o examinador da prova, o responsável pela inscrição etc. Há entendimento minoritário que entende se tratar de delito comum, onde não se exigiria qualquer qualidade especial do agente[28].

Sujeito passivo: O sujeito passivo imediato (eventual) é o portador de deficiência, nos termos do art. 2º, da Lei nº. 13.146/15. Já o sujeito passivo mediato (constante) é o Estado.

Elemento subjetivo: É o dolo (direto ou eventual) de praticar de forma consciente e voluntária qualquer das condutas descritas no tipo penal. Há também expressa previsão legal da finalidade específica (elemento subjetivo específico do tipo) de discriminar a vítima *"em razão de sua deficiência"*.

Não há previsão legal da modalidade culposa, o que torna inviável a punição por culpa.

Consumação: Trata-se de *crime formal* (de consumação antecipada ou de resultado cortado), se consumando independentemente de se atingir o resultado naturalístico. Ou seja, o crime se consuma com o simples fato de obstar a inscrição, ainda que o candidato com deficiência venha posteriormente realizá-la. Por exemplo, em determinado dia a vítima vai se inscrever no concurso e o funcionário daquele dia obsta a inscrição. No dia seguinte a vítima retorna e consegue se inscrever com outro funcionário.

28. Neste sentido: (HABIB, Gabriel. Leis Penais especiais. 11. ed. Salvador: Juspodivm, 2019, p. 939).

Tentativa: É perfeitamente possível, já que estamos diante de delito plurissubsistente, onde poderá haver o fracionamento do *iter criminis*.

Classificação doutrinária: Trata-se de *crime próprio* (demanda um sujeito ativo qualificado ou especial), embora haja entendimento minoritário afirmando se tratar de crime comum; *formal ou de consumação antecipada* (ou seja, não se exige a produção do resultado naturalístico); de *forma livre* (ou seja, admite-se qualquer meio de execução – escrita, verbal, gestos, etc.); *comissivo* (imperioso uma ação) e, excepcionalmente, comissivo por omissão (omissivo impróprio, ou seja, é a aplicação do art. 13, § 2.º, do Código Penal); *instantâneo* (consuma-se de forma imediata); *unissubjetivo, unilateral ou de concurso eventual* (que pode ser praticado por um só agente); *plurissubsistente* (vários atos integram a conduta) ou *unissubsistentes* (um único ato integra a conduta), dependendo do meio escolhido pelo agente. Admissível a tentativa na modalidade plurissubsistente.

III - negar ou obstar emprego, trabalho ou promoção à pessoa em razão de sua deficiência; (Redação dada pela Lei nº. 13.146/2015)

Introdução: Encontra-se fundado constitucionalmente no art. 7º, XXXI, da CF, nestes termos: "Artigo 7º - São direitos dos trabalhadores urbanos e rurais, além de outros que visem à melhoria de sua condição social: XXXI - proibição de qualquer discriminação no tocante a salário e critério de admissão do trabalhador *portador de deficiência*".

Acrescenta-se que, o próprio art. 2º, III, alíneas "a", "b", "c" e "d" da Lei nº. 7.853/1989 c/c art. 34, §2º, §3º, §4º e §5º e art. 35 da Lei nº 13.146 c/c os artigos 34 ao 36 do Decreto nº. 3.289/1990, estabelecem diversas normativas acerca do acesso ao trabalho, emprego e promoção das pessoas portadoras de deficiência.

Nova lei penal incriminadora: O inciso em comento teve sua redação alterada pela Lei nº. 13.146/2015. Vejamos a tabela abaixo:

Antes – redação original	Depois – redação dada pela Lei nº. 13.146/15
II - negar, ***sem justa causa***, a alguém, por motivos derivados de sua deficiência, emprego ou trabalho;	III - negar ou *obstar* emprego, trabalho *ou promoção* à pessoa em razão de sua deficiência;

Através da análise do dispositivo atual, constata-se que foi inserido expressamente a conduta de *"obstar emprego ou trabalho à pessoa em razão da sua deficiência"*, bem como foi acrescido o acesso a figura delituosa de *"negar ou obstar promoção à pessoa em razão da sua deficiência"*.

Constata-se ainda que a expressão *"sem justa causa"*, prevista na redação original, que se tratava de elementar do crime, foi excluída da atual redação, assim buscou o legislador frear teses esdrúxulas que visassem justificar a discriminação da pessoa com deficiência.

Assim, trata-se de uma nova lei penal prejudicial ao réu *(novatio legis in pejus)*, motivo pelo qual por força constitucional (art. 5º, inc. XL) não poderá retroagir para atingir fatos passados. Dito isto, as modificações inseridas só tiveram aplicação a partir do dia 03 de janeiro de 2016 (início da vigência da Lei nº. 13.146/15), projetando seus efeitos apenas para o futuro.

Verbos nucleares do tipo: É *negar* (censurar, recusar) *ou obstar* (criar barreiras, dificultar) *emprego* (ocupação laboral em serviço público ou privado), *trabalho* (qualquer ocupação laboral, ainda que não remunerada – *v.g.* trabalho voluntário) *ou promoção* (elevar, ascender, melhorar) à pessoa, em razão de sua deficiência.

Tipo penal misto alternativo: Trata-se de tipo misto alternativo, sendo que a prática das condutas (negar ou obstar), no mesmo contexto fático, enseja um único crime.

Emprego, trabalho ou promoção: A matéria vem disciplinada nas Leis nºs. 7.853/1989 e 13.146/2015, bem como no Decreto nº. 3.298/99, que regulamenta a Lei nº. 7.853/1989. Dito isto, inicialmente prevê o art. 2º, III, alíneas "a" e "b", da Lei nº. 7.853/1989, que o poder público deverá viabilizar as seguintes medidas na área da formação profissional e do trabalho "a) o apoio governamental à formação profissional, e a garantia de acesso aos serviços concernentes, inclusive aos cursos regulares voltados à formação profissional; b) o empenho do Poder Público quanto ao surgimento e à manutenção de empregos, inclusive de tempo parcial, destinados às pessoas portadoras de deficiência que não tenham acesso aos empregos comuns".

Dando continuidade à matéria, prevê o Decreto nº. 3.298/99: "Art. 34. É finalidade primordial da política de emprego a inserção da pessoa portadora de deficiência no mercado de trabalho ou sua incorporação ao sistema produtivo mediante regime especial de trabalho protegido". Como forma de alcançar os citados objetivos, disciplina o art. 36 que: "A empresa com cem ou mais empregados está obrigada a preencher de dois a cinco por cento de seus cargos com beneficiários da Previdência Social reabilitados ou com pessoa portadora de deficiência habilitada, na seguinte proporção: até duzentos empregados, dois por cento; de duzentos e um a quinhentos empregados, três por cento; de quinhentos e um a mil empregados, quatro por cento; ou mais de mil empregados, cinco por cento".

Acrescenta-se, por fim, que a Lei nº. 13.146/2015 também dispõe sobre o assunto da seguinte forma: "Art. 34. A pessoa com deficiência tem direito ao trabalho de sua livre escolha e aceitação, em ambiente acessível e inclusivo, em igualdade de oportunidades com as demais pessoas. § 2º A pessoa com deficiência tem direito, em igualdade de oportunidades com as demais pessoas, a condições justas e favoráveis de trabalho, incluindo igual remuneração por trabalho de igual valor. § 3º É vedada restrição ao trabalho da pessoa com deficiência e qualquer discriminação em razão de sua condição, inclusive nas etapas de recrutamento, seleção, contratação, admissão, exames admissional e periódico, permanência no emprego, ascensão profissional e reabilitação profissional, bem como exigência de aptidão plena. § 4º A pessoa com deficiência tem direito à participação e ao acesso a cursos, treinamentos, educação continuada, planos de carreira, promoções, bonificações e incentivos profissionais oferecidos pelo empregador, em igualdade de oportunidades com os demais empregados".

Objetividade jurídica: Busca combater toda e qualquer discriminação contra o portador de deficiência no âmbito laboral. Encampando por via de consequência os postulados da *igualdade* e da *dignidade da pessoa humana*.

Objeto material: O delito recai sobre o portador de deficiência que é vítima da discriminação.

Sujeito ativo: Prevalece se tratar de crime próprio, vez que o sujeito ativo deve deter qualidade especial de vir a negar ou obstar emprego, trabalho ou promoção à pessoa em razão de sua deficiência. Há entendimento minoritário afirmando se tratar de delito comum, não se exigindo qualquer qualidade especial do agente[29].

Sujeito passivo: O sujeito passivo imediato (eventual) é o portador de deficiência, nos termos do art. 2º, da Lei nº. 13.146/15. Já o sujeito passivo mediato (constante) é o Estado.

Elemento subjetivo: É o dolo (direto ou eventual) de praticar de forma consciente e voluntária qualquer das condutas descritas no tipo penal. Há também expressa previsão legal da finalidade específica (elemento subjetivo específico do tipo) de discriminar a vítima *"em razão de sua deficiência"*.

Não há previsão legal da modalidade culposa, o que torna inviável a punição por culpa.

Consumação: Trata-se em todas as modalidades (negar ou obstar) de *crime formal* (de consumação antecipada ou de resultado cortado), se consumando independentemente de se atingir o resultado naturalístico.

Tentativa: É perfeitamente possível dependendo do meio escolhido pelo agente. Por exemplo, se a negativa se der de forma verbal será inviável o *conatus*, por se tratar delito unissubsistente, onde não poderá haver o fracionamento do *iter criminis*. Por outro lado, se a negativa se der na forma escrita, será possível o fracionamento da conduta.

Classificação doutrinária: Trata-se de *crime próprio* (demanda um sujeito ativo qualificado ou especial), embora haja entendimento minoritário afirmando se tratar de crime comum; *formal ou de consumação antecipada* (ou seja, não se exige a produção do resultado naturalístico); de *forma livre* (ou seja, admite-se qualquer meio de execução – escrita, verbal, gestos, etc.); *comissivo* (imperioso uma ação) e, excepcionalmente, *comissivo por omissão* (omissivo impróprio, ou seja, é a aplicação do art. 13, § 2.º, do Código Penal); *instantâneo* (consuma-se de forma imediata); *unissubjetivo, unilateral ou de concurso eventual* (que pode ser praticado por um só agente); *plurissubsistente* (vários atos integram a conduta) ou *unissubsistentes* (um único ato integra a conduta), dependendo do meio escolhido pelo agente. Admissível a tentativa na modalidade plurissubsistente.

IV - recusar, retardar ou dificultar internação ou deixar de prestar assistência médico-hospitalar e ambulatorial à pessoa com deficiência; (Redação dada pela Lei nº. 13.146/2015)

Introdução: Prevê o *caput* do art. 196 da Carta Maior que "a saúde é direito de todos e dever do

29. Neste sentido: (HABIB, Gabriel. Leis Penais especiais. 11. ed. Salvador: Juspodivm, 2019, p. 940).

Estado, garantido mediante políticas sociais e econômicas que visem à redução do risco de doença e de outros agravos e ao acesso universal e igualitário às ações e serviços para sua promoção, proteção e recuperação". Acrescenta-se que, o próprio art. 2º, II, alíneas "a", "b", "c", "d", "e" e "f" da Lei nº. 7.853/1989 c/c art. 18 ao art. 26 da Lei nº 13.146 c/c os artigos 16 ao 23 do Decreto nº. 3.289/1990, estabelecem diversas normativas acerca do acesso ao sistema de saúde à pessoa com deficiência.

Nova lei penal incriminadora: O inciso em comento teve sua redação alterada pela Lei nº. 13.146/2015. Vejamos a tabela abaixo:

Antes – redação original	Depois – redação dada pela Lei nº. 13.146/15
IV - recusar, retardar ou dificultar internação ou deixar de prestar assistência médico-hospitalar e ambulatorial, ***quando possível***, à pessoa portadora de deficiência;	IV - recusar, retardar ou dificultar internação ou deixar de prestar assistência médico-hospitalar e ambulatorial à pessoa com deficiência;

Através da análise do dispositivo atual, constata-se que a expressão *"quando possível"*, prevista na redação original, que se tratava de elementar do crime, foi excluída da atual redação, assim buscou o legislador frear teses esdrúxulas que visassem justificar a discriminação da pessoa com deficiência.

Ademais, é importante salientar que tal "alteração possui caráter mais retórico, e não de alteração substancial. E isto porque, como cediço, o Direito Penal não pode exigir de ninguém atitudes heroicas ou beatificáveis. (...) desta forma, é óbvio que somente haverá o crime em comento quando as condutas consistentes na prestação de assistência médico-hospitalar e ambulatorial forem possíveis"[30].

Verbos nucleares do tipo: É *recusar* (não conceder, repelir), *retardar* (adiar, atrasar) ou *dificultar* (criar obstáculos) internação ou *deixar de prestar assistência* (omitir os cuidados necessários, não dar atendimento) médico-hospitalar e ambulatorial (seja através de tratamento ambulatorial, cedendo medicamentos ou qualquer outro voltado ao bem-estar), à pessoa com deficiência. No mais, as condutas (recusar e retardar), são modalidade comissivas, exigindo um fazer (ação) por parte do agente; enquanto a conduta deixar, se trata de modalidade omissiva.

Tipo penal misto alternativo: Trata-se de tipo misto alternativo, sendo que a prática de ambas as condutas (recusar, retardar ou deixar de prestar), no mesmo contexto fático, enseja um único crime.

Assistência médico-hospitalar e ambulatorial: Estabelece o art. 2º, II, *d*, da Lei nº. 7.853/1989: "a garantia de acesso das pessoas portadoras de deficiência aos estabelecimentos de saúde públicos e privados, e de seu adequado tratamento neles, sob normas técnicas e padrões de conduta apropriados". Por sua vez, o Decreto nº. 3.298/99, que regulamenta a citada lei, prevê que: "Art. 16. Os órgãos e as entidades da Administração Pública Federal direta e indireta responsáveis pela saúde devem dispensar aos assuntos objeto deste Decreto tratamento prioritário e adequado, viabilizando, sem prejuízo de outras, as seguintes medidas: IV - a garantia de acesso da pessoa portadora de deficiência aos estabelecimentos de saúde públicos e privados e de seu adequado tratamento sob normas técnicas e padrões de conduta apropriados". Acrescenta-se ainda que a Lei nº. 13.146/2015 dispõe no art. 18 que "é assegurada atenção integral à saúde da pessoa com deficiência em todos os níveis de complexidade, por intermédio do SUS, garantido acesso universal e igualitário".

Objetividade jurídica: Busca combater toda e qualquer discriminação contra o portador de deficiência. Encampando por via se consequência os postulados da *igualdade* e da *dignidade da pessoa humana*, porquanto não se pode falar em vida digna com distinções de tratamento e sem acesso a saúde.

Objeto material: O delito recai sobre o portador de deficiência que é vítima da discriminação.

Sujeito ativo: Prevalece setratar de crime próprio, vez que o sujeito ativo deve deter qualidade especial de vir a recusar, retardar ou dificultar internação ou deixar de prestar assistência médico-hospitalar e ambulatorial à pessoa com deficiência. Todavia, há entendimento minoritário afirmando, que na primeira parte do dispositivo (recusar, retardar ou dificultar internação) se tratar de delito comum, não se exigindo qualquer qualidade especial do agente, enquanto na segunda parte (deixar de prestar assistência médico hospitalar e ambulatorial à pessoa com deficiência), seria crime próprio[31].

Sujeito passivo: O sujeito passivo imediato (eventual) é o portador de deficiência, nos termos

30. ROQUE, Fábio. Legislação criminal para concursos. ROQUE, Fábio; TÁVORA, Nestor; ALENCAR, Rosmar Rodrigues (Coord). 5. ed. Salvador: Juspodivm, 2020, p. 1282.

31. Neste sentido: (HABIB, Gabriel. Leis Penais especiais. 11. ed. Salvador: Juspodivm, 2019, p. 941).

do art. 2º, da Lei nº. 13.146/15. Já o sujeito passivo mediato (constante) é o Estado.

Elemento subjetivo: É o dolo (direto ou eventual) de praticar de forma consciente e voluntária qualquer das condutas descritas no tipo penal. Há também expressa previsão legal da finalidade específica (elemento subjetivo específico do tipo) de discriminar a vítima *"em razão de sua deficiência"*.

Não há previsão legal da modalidade culposa, o que torna inviável a punição por culpa.

Consumação: Trata-se de *crime formal* (de consumação antecipada ou de resultado cortado), se consumando independentemente de se atingir o resultado naturalístico. Ou seja, o crime se consuma com o simples fato de recusar, retardar ou dificultar internação ou deixar de prestar assistência médico-hospitalar e ambulatorial à pessoa com deficiência, ainda que a pessoa com deficiência venha posteriormente realizá-la.

Tentativa: É perfeitamente possível nas modalidades comissivas (recusar e dificultar), já que estamos diante de delito plurissubsistente, onde poderá haver o fracionamento do *iter criminis*. Já nas modalidades omissivas (deixar de prestar assistência e retardar) é inviável o conatus, por se tratar de modalidades omissivas próprias.

Classificação doutrinária: Trata-se de *crime próprio* (demanda um sujeito ativo qualificado ou especial), embora haja entendimento minoritário em sentido contrário; *formal ou de consumação antecipada* (ou seja, não se exige a produção do resultado naturalístico); de *forma livre* (ou seja, admite-se qualquer meio de execução - escrita, verbal, gestos, etc.); *comissivo* (imperioso uma ação) e, excepcionalmente, *comissivo por omissão* (omissivo impróprio, ou seja, é a aplicação do art. 13, § 2.º, do Código Penal); *instantâneo* (consuma-se de forma imediata); *unissubjetivo, unilateral ou de concurso eventual* (que pode ser praticado por um só agente); plurissubsistente (vários atos integram a conduta) ou *unissubsistentes* (um único ato integra a conduta), dependendo do meio escolhido pelo agente. Admissível a tentativa na modalidade plurissubsistente.

V - deixar de cumprir, retardar ou frustrar execução de ordem judicial expedida na ação civil a que alude esta Lei; (Redação dada pela Lei nº. 13.146/2015)

Introdução: O dispositivo em análise tem por objetivo tutelar a força cogente das decisões emanadas do Poder Judiciário. Vez que, de nada adiantaria as decisões judiciais serem proferidas e não serem cumpridas. Assim, conforme apregoa a doutrina "cuida o legislador de proteger a autoridade da justiça, contra a teimosia e desobediência daquele que, no interesse próprio ou de outrem, despreza seus mandamentos, colocando-se em flagrante choque com ela, provocando-lhe o descrédito"[32].

Nova lei penal incriminadora: O inciso em comento teve sua redação alterada pela Lei nº. 13.146/2015. Vejamos a tabela abaixo:

Antes – redação original	Depois – redação dada pela Lei nº. 13.146/15
V - deixar de cumprir, retardar ou frustrar, ***sem justo motivo***, a execução de ordem judicial expedida na ação civil a que alude esta Lei;	V - deixar de cumprir, retardar ou frustrar execução de ordem judicial expedida na ação civil a que alude esta Lei;

Através da análise do dispositivo atual, constata-se que a expressão *"sem justo motivo"*, prevista na redação original, que se tratava de elementar do crime, foi excluída da atual redação, assim buscou o legislador frear teses esdrúxulas que visassem justificar a discriminação da pessoa com deficiência.

Certo é que, conforme já dito anteriormente, "não podemos ignorar, porém, que se houver justo motivo para não cumprimento da ordem judicial, é claro que não estará caracterizado o crime, sobretudo pela ausência do dolo, imprescindível para a consumação do delito".

Nesta seara, vale lembrar que durante do tempo da pandemia da COVID-19, onde diversas ações para internação de pessoas em unidades de terapia intensiva não foram cumpridas, pelo simples motivo da impossibilidade total de cumprimento da medida, diante da lotação dos leitos de UTI.

Verbos nucleares do tipo: É *deixar de cumprir* (não dar cumprimento, não realizar), retardar (adiar, postergar) ou frustrar (fracassar) execução de ordem judicial expedida na ação civil a que alude esta Lei (referente a portadores de deficiência).

Tipo penal misto alternativo: Trata-se de tipo misto alternativo, sendo que a prática das condutas

32. CUNHA, Rogério Sanches; PINTO, Ronaldo Batista. *Leis penais especiais comentadas*. 3. ed. Juspodivm: Salvador, 2020, p. 2039.

(deixar de cumprir, retardar ou frustrar), no mesmo contexto fático, enseja um único crime.

Ação civil a que alude esta Lei: O art. 3º da Lei nº. 7.853/89 estabelece que "Art. 3º As medidas judiciais destinadas à proteção de interesses coletivos, difusos, individuais homogêneos e individuais indisponíveis da pessoa com deficiência poderão ser propostas pelo Ministério Público, pela Defensoria Pública, pela União, pelos Estados, pelos Municípios, pelo Distrito Federal, por associação constituída há mais de 1 (um) ano, nos termos da lei civil, por autarquia, por empresa pública e por fundação ou sociedade de economia mista que inclua, entre suas finalidades institucionais, a proteção dos interesses e a promoção de direitos da pessoa com deficiência".

Objetividade jurídica: Busca combater toda e qualquer discriminação contra o portador de deficiência. Encampando por via de consequência os postulados da *igualdade* e da *dignidade da pessoa humana*.

Objeto material: O delito recai sobre a ordem judicial expedida.

Sujeito ativo: Prevalece se tratar de crime próprio, vez que o sujeito ativo deve deter qualidade especial de deixar de cumprir, retardar ou frustrar execução de ordem judicial expedida na ação civil a que alude esta Lei. Há entendimento minoritário afirmando se tratar de delito comum, não se exigindo qualquer qualidade especial do agente[33].

Duas observações importantes devem ser feitas: primeira, a ordem judicial é destinada a determinada pessoa para realizar o seu cumprimento; segunda, nem sempre a pessoa intimada detém poderes para fazer cumprir a ordem judicial. Por isso, o delito em tela tem como sujeito ativo a pessoa que detém poderes para dar o efetivo cumprimento a ordem judicial expedida na ação civil pública a que alude esta lei.

Sujeito passivo: Trata-se de crime vago, vez que o Estado através da Administração da Justiça figura como sujeito passivo imediato. Eventualmente, o terceiro beneficiário da ordem judicial (portador de deficiência) poderá figurar como sujeito passivo mediato.

Elemento subjetivo: É o dolo (direto ou eventual) de praticar de forma consciente e voluntária qualquer das condutas descritas no tipo penal. Aqui, não se exige qualquer qualidade específica.

Não há previsão legal da modalidade culposa, o que torna inviável a punição por culpa.

Consumação: Trata-se de *crime formal* (de consumação antecipada ou de resultado cortado), se consumando independentemente de se atingir o resultado naturalístico. Ou seja, o crime se consuma com o simples fato de deixar de cumprir, retardar ou frustrar execução de ordem judicial expedida na ação civil a que alude esta Lei, ainda que a mesma venha a ser cumprida posteriormente.

Nas modalidades *deixar de cumprir* e *retardar* se trata de crime omissivo próprio. Já na modalidade *frustrar* se trata de delito comissivo.

Tentativa: É perfeitamente possível na modalidade comissiva (frustrar), já que estamos diante de delito plurissubsistente, onde poderá haver o fracionamento do *iter criminis*. Por outra via é inviável o *conatus* na modalidade omissiva própria (deixar de cumprir e retardar).

Classificação doutrinária: Trata-se de *crime próprio* (demanda um sujeito ativo qualificado ou especial), embora haja entendimento minoritário em sentido contrário; *formal ou de consumação antecipada* (ou seja, não se exige a produção do resultado naturalístico); de *forma livre* (ou seja, admite-se qualquer meio de execução – escrita, verbal, gestos, etc.); *comissivo* (imperioso uma ação) ou *omissivo* (imperioso uma inação) e, excepcionalmente, *comissivo por omissão* (omissivo impróprio, ou seja, é a aplicação do art. 13, § 2.º, do Código Penal); *instantâneo* (consuma-se de forma imediata); *unissubjetivo, unilateral ou de concurso eventual* (que pode ser praticado por um só agente); *plurissubsistente* (vários atos integram a conduta) ou *unissubsistentes* (um único ato integra a conduta), dependendo do meio escolhido pelo agente. Admissível a tentativa na modalidade plurissubsistente.

Conflito aparente com o delito do art. 330 do Código Penal: Pelo princípio da especialidade (onde a norma especial prevalece sobre a geral), quando se deixar de cumprir, retardar ou frustrar execução de ordem judicial expedida na ação civil destinadas à pessoa com deficiência, prevalecerá o delito do art. 8º, V, da lei nº. 7.853/1989, aliás, punido muito mais severamente que o art. 330, CP.

Assim, enquanto a pena do crime de desobediência (CP, art. 330) é detenção, de quinze dias a

33. Neste sentido: (HABIB, Gabriel. Leis Penais especiais. 11. ed. Salvador: Juspodivm, 2019, p. 942).

seis meses, e multa; a pena do art. 8º, V, da lei nº. 7.853/1989 é reclusão de 2 (dois) a 5 (cinco) anos e multa.

Por fim, vale registrar que "como em qualquer outro tipo penal que criminaliza a desobediência, parece imprescindível para configurar o delito a presença dos seguintes pressupostos: a) que exista uma ordem (por escrito, palavras ou gestos), diretamente ao destinatário, não bastando simples pedido ou solicitação; b) que a ordem emanada seja individualizada (dirigida à pessoa determinada), substancial e formalmente legal (ainda que injusta), executada por funcionário competente; c) que o destinatário tenha o dever de atende-la, podendo a desobediência ser comissiva ou omissiva, de acordo com a ordem que é imposta ao particular. Se a ordem é de fazer, e o agente não atende, tem-se a desobediência omissiva; se a ordem é de não fazer, mas o agente faz, tem-se a desobediência comissiva"[34].

VI - recusar, retardar ou omitir dados técnicos indispensáveis à propositura da ação civil pública objeto desta Lei, quando requisitados. (Redação dada pela Lei nº. 13.146/2015)

Introdução: A Constituição Federal estabelece que: "Art. 129. São funções institucionais do Ministério Público: III - promover o inquérito civil e a ação civil pública, para a proteção do patrimônio público e social, do meio ambiente e de outros interesses difusos e coletivos". Embora a Carta de 1988 estabeleça como função do Ministério Público a propositura da ação civil pública, nada impede de outros órgãos virem a realizar, como, por exemplo, a Defensoria Pública (art. 4º, VII, da Lei Complementar nº. 80/1994 c/c art. 3º, da Lei nº. 7.853/1989 c/c art. 5º, da Lei nº. 7.347/1985).

Não se pode olvidar que a criminalização de tal conduta é de fundamental importância, porquanto não raras vezes os órgãos requisitantes enfrentam "a força do dinheiro e organização das grandes empresas. Há um poder intimidante no crime em tela necessários para que as informações venham não só dos particulares, como dos empregados públicos (...)[35]".

Nova lei penal incriminadora: O inciso em comento teve sua redação alterada pela Lei nº. 13.146/2015. Vejamos a tabela abaixo:

Antes – redação original	Depois – redação dada pela Lei nº. 13.146/15
VI - recusar, retardar ou omitir dados técnicos indispensáveis à propositura da ação civil objeto desta Lei, quando requisitados ***pelo Ministério Público***.	VI - recusar, retardar ou omitir dados técnicos indispensáveis à propositura da ação civil pública objeto desta Lei, quando requisitados.

Através da análise do dispositivo atual, constata-se que quando qualquer órgão legitimado vier a requisitar dados técnicos indispensáveis à propositura da ação civil pública objeto desta lei, aquele que recursar, retardar ou omitir tais dados estará incorrendo no delito em tela. Anteriormente, só cometia o crime quem recusava retardava ou omitia dados requisitados pelo Ministério Público.

Verbos nucleares do tipo: É *recusar* (rejeitar, negar), *retardar* (adiar, prolongar, prorrogar) ou *omitir* (suprimir, encobrir, silenciar) dados técnicos indispensáveis à propositura da ação civil pública objeto desta Lei (portadores de deficiência), quando requisitados.

Dados técnicos indispensáveis: O tipo penal em comento incrimina a conduta de recusar, retardar ou omitir dados técnicos *indispensáveis*, isto é, imprescindíveis, obrigatoriamente necessários à propositura da ação civil pública objeto desta lei, quando requisitados. Por via de consequência, tem que restar demonstrado que o dado requisitado era indispensável para a caracterização do delito em tela.

Por outra via, caso os dados técnicos requisitado sejam dispensáveis (prescindíveis), poderá vir ocorrer o delito do art. 330, do Código Penal (crime de desobediência), porquanto, neste não há a elementar "indispensável".

Tipo penal misto alternativo: Trata-se de tipo misto alternativo, sendo que a prática das condutas (recusar, retardar ou omitir), no mesmo contexto fático, enseja um único crime.

Ação civil pública objeto desta Lei: O art. 3º da Lei nº. 7.853/89 estabelece que "Art. 3º As medidas judiciais destinadas à proteção de interesses coletivos, difusos, individuais homogêneos e individuais

34. CUNHA, Rogério Sanches; PINTO, Ronaldo Batista. *Leis penais especiais comentadas*. 3. ed. Juspodivm: Salvador, 2020, p. 2040-2041.

35. Neste sentido, ao dissertar sobre o crime do art. 10 da Lei nº. 7.347/1985, similar ao comentado: MACHADO, Paulo Affonso Leme. *Ação Civil Pública*: ambiente, consumidor, patrimônio cultural. 2. Ed. São Paulo: RT, 1987, p. 24.

indisponíveis da pessoa com deficiência poderão ser propostas pelo Ministério Público, pela Defensoria Pública, pela União, pelos Estados, pelos Municípios, pelo Distrito Federal, por associação constituída há mais de 1 (um) ano, nos termos da lei civil, por autarquia, por empresa pública e por fundação ou sociedade de economia mista que inclua, entre suas finalidades institucionais, a proteção dos interesses e a promoção de direitos da pessoa com deficiência".

Objetividade jurídica: Busca combater toda e qualquer discriminação contra o portador de deficiência. Encampando por via de consequência os postulados da *igualdade* e da *dignidade da pessoa humana*.

Objeto material: O delito recai sobre os dados técnicos indispensáveis.

Sujeito ativo: Prevalece se tratar de crime próprio, vez que o sujeito ativo deve deter qualidade especial de pessoa requisitada a apresentar dados técnicos indispensáveis à propositura da ação civil pública objeto desta lei. Há entendimento minoritário afirmando se tratar de delito comum, não se exigindo qualquer qualidade especial do agente[36].

Sujeito passivo: Trata-se de crime vago, vez que o Estado através da Administração da Justiça figura como sujeito passivo imediato. Eventualmente, o terceiro beneficiário da propositura da ação civil pública (portador de deficiência) poderá figurar como sujeito passivo mediato.

Elemento subjetivo: É o dolo (direto ou eventual) de praticar de forma consciente e voluntária qualquer das condutas descritas no tipo penal. Aqui também não se exige qualquer qualidade específica.

Não há previsão legal da modalidade culposa, o que torna inviável a punição por culpa.

Consumação: Trata-se de *crime formal* (de consumação antecipada ou de resultado cortado), se consumando independentemente de se atingir o resultado naturalístico.

Nas modalidades *retardar ou omitir* se trata de crime omissivo próprio. Já na modalidade *recusar* se trata de delito comissivo.

Tentativa: É perfeitamente possível na modalidade comissiva (recusar), já que estamos diante de delito plurissubsistente, onde poderá haver o fracionamento do *iter criminis*. Por outra via é inviável o *conatus* na modalidade omissiva própria (retardar ou omitir).

Classificação doutrinária: Trata-se de *crime próprio* (demanda um sujeito ativo qualificado ou especial), embora haja entendimento minoritário em sentido contrário; *formal ou de consumação antecipada* (ou seja, não se exige a produção do resultado naturalístico); de *forma livre* (ou seja, admite-se qualquer meio de execução – escrita, verbal, gestos, etc.); *comissivo* (imperioso uma ação) ou *omissivo* (imperioso uma inação) e, excepcionalmente, *comissivo por omissão* (omissivo impróprio, ou seja, é a aplicação do art. 13, § 2.º, do Código Penal); *instantâneo* (consuma-se de forma imediata); *unissubjetivo, unilateral ou de concurso eventual* (que pode ser praticado por um só agente); *plurissubsistente* (vários atos integram a conduta) ou *unissubsistentes* (um único ato integra a conduta), dependendo do meio escolhido pelo agente. Admissível a tentativa na modalidade plurissubsistente.

Conflito aparente com o delito do art. 10 da Lei nº. 7.347/1985: O art. 10 da lei da Ação Civil Pública (Lei nº. 7.347/1985) estabelece: "Art. 10. Constitui crime, punido com pena de reclusão de 1 (um) a 3 (três) anos, mais multa, a recusa, o retardamento ou a omissão de dados técnicos indispensáveis à propositura da ação civil, quando requisitados pelo Ministério Público". Pelo princípio da especialidade (onde a norma especial prevalece sobre a geral), quando a ação civil tratar de pessoa deficiente, prevalecerá o delito do art. 8º, VI, da Lei nº. 7.853/1989.

Ademais, deve ser observado que haverá o delito do art. 10, quando a requisição partir apenas do Ministério Público, contrário do que ocorre, portanto, com o delito do art. 8º, VI, da Lei nº. 7.853/1989, onde a requisição poderá partir de qualquer dos órgãos arrolados no art. 3º, da Lei nº. 7.853/1989.

Por fim, enquanto a pena do art. 10, da Lei nº. 7.347/1985 é reclusão de 1 (um) a 3 (três) anos e multa; a pena do art. 8º, VI, da Lei nº. 7.853/1989 é reclusão de 2 (dois) a 5 (cinco) anos e multa, portanto, mais grave.

Jurisprudência aplicada: "Penal. Recusa, retardamento ou omissão de dados técnicos indispensáveis à propositura da ação civil pública. Artigo 8º, VI, da Lei 7.853/89. Provas documentais e testemunhais. Dolo não comprovado. Absolvição. Recurso desprovido. 1. O artigo 8º, VI, da Lei 7.853/89 tem como finalidade precípua assegurar, por meio de norma

36. Neste sentido: (HABIB, Gabriel. Leis Penais especiais. 11. ed. Salvador: Juspodivm, 2019, p. 943).

penal, o exercício das funções atribuídas ao órgão do Ministério Público na propositura de ação civil pública. 2. Para a configuração do elemento subjetivo do tipo penal sob exame, faz-se necessário a ciência do réu sobre o conteúdo das correspondências do Ministério Público, assim como a vontade de recusar, retardar ou omitir os dados requisitados injustificadamente. 3. No presente caso, as provas documentais e testemunhais apenas atestam o recebimento das correspondências por funcionários da prefeitura e eventual acomodação de algumas correspondências sobre a mesa do então prefeito. Nada demonstra que o acusado recebera pessoalmente as correspondências do Ministério Público. Não se pode presumir tal fato *ex nihilo*. 4. Negado provimento ao recurso ministerial. (TRF-4 - ACR: 50054112720144047007 PR 5005411-27.2014.4.04.7007, Relator: VICTOR LUIZ DOS SANTOS LAUS, Data de Julgamento: 13/12/2017, OITAVA TURMA)".

§ 1º Se o crime for praticado contra pessoa com deficiência menor de 18 (dezoito) anos, a pena é agravada em 1/3 (um terço). (Incluído pela Lei nº. 13.146/2015)

Causa de aumento de pena: No caso, a pena é agravada em 1/3 (um terço) se o crime for praticado contra pessoa com deficiência menor de 18 (dezoito) anos. Em resumo, se qualquer das condutas dispostas nos incisos analisados foram praticadas contra criança ou adolescente a pena será aumentada de 1/3 (um terço). A criança discriminada por motivos de deficiência, carregará um estigma difícil de ser apagado, sendo necessário muitas vezes acompanhamento psicológico. Justifica-se assim a maior reprimenda diante da maior possibilidade de lesão aos menores de dezoito anos. Por fim, vale registrar que tal causa de aumento de pena foi acrescida na Lei nº. 7.853/89 com o advento da Lei nº. 13.146/2015, portanto, se trata de *novatio legis in pejus*, não podendo retroagir jamais para atingir fatos passados.

§ 2º A pena pela adoção deliberada de critérios subjetivos para indeferimento de inscrição, de aprovação e de cumprimento de estágio probatório em concursos públicos não exclui a responsabilidade patrimonial pessoal do administrador público pelos danos causados. (Incluído pela Lei nº. 13.146/2015)

Responsabilidade patrimonial pessoal do administrador público: Verifica-se a possibilidade de vir o agente público ser responsabilizado civilmente pelos danos causados, vez que poderá ser atingido o patrimônio pessoal do administrador. Para que essa eventual responsabilidade civil seja cogente ao administrador deverá ele ter agido no sentido de adotar critérios subjetivos para indeferir: inscrições em concursos, aprovações em fases do concurso ou aprovação em estágio probatório.

§ 3º Incorre nas mesmas penas quem impede ou dificulta o ingresso de pessoa com deficiência em planos privados de assistência à saúde, inclusive com cobrança de valores diferenciados. (Incluído pela Lei nº. 13.146/2015)

Introdução: A Lei nº. 13.146/2015 (Estatuto da Pessoa com Deficiência), estabelece no seu art. 20 que "as operadoras de planos e seguros privados de saúde são obrigadas a garantir à pessoa com deficiência, no mínimo, todos os serviços e produtos ofertados aos demais clientes". Acrescenta ainda a citada lei, no art. 23 que "são vedadas todas as formas de discriminação contra a pessoa com deficiência, inclusive por meio de cobrança de valores diferenciados por planos e seguros privados de saúde, em razão de sua condição". Já o Decreto nº. 3.298/1999, no seu art. 16, inciso IV, estabelece que "a garantia de acesso da pessoa portadora de deficiência aos estabelecimentos de saúde públicos e privados e de seu adequado tratamento sob normas técnicas e padrões de conduta apropriados".

Modalidade equiparada: Incorre nas mesmas penas (reclusão, de 2 (dois) a 5 (cinco) anos, e multa) quem impede ou dificulta o ingresso de pessoa com deficiência em planos privados de assistência à saúde, inclusive com cobrança de valores diferenciados.

Nova lei penal incriminadora: O artigo em comento foi incluído ao artigo 8º pela Lei nº. 13.146/2015, tratando-se de nova lei penal incriminadora e por força constitucional (art. 5º, inc. XXXIX) e infraconstitucional (art. 1º, CP), será aplicada para o futuro, afinal, não há crime sem lei anterior que o defina e não há pena sem prévia cominação legal. Há de se afirmar que tal delito "veio em bom tempo. É consabido que, muitas vezes, os planos de saúde criam obstáculos ao ingresso de pessoas com deficiência, sob os mais variados argumentos, impondo, inclusive, não raras vezes, a cobrança de valores adicionais"[37].

37. ROQUE, Fábio. Legislação criminal para concursos. ROQUE, Fábio; TÁVORA, Nestor; ALENCAR, Rosmar Rodrigues (Coord).

Verbos nucleares do tipo: É *impedir* (obstruir, inibir, impossibilitar) ou *dificultar* (complicar, criar obstáculos). No que tange ao núcleo *dificultar* o legislador deixou claro no final do dispositivo que a dificuldade pode ser analisada até mesmo "com a cobrança de valores diferenciados", sendo esta uma nítida forma de vir a dificultar o ingresso de portadores de deficiência em planos de saúde.

Tipo penal misto alternativo: Trata-se de tipo misto alternativo, sendo que a prática de ambas as condutas (impedir ou dificultar), no mesmo contexto fático, enseja um único crime.

Pessoa com deficiência: É aquela nos termos do art. 2º da Lei nº. 13.146/2015: "Art. 2º Considera-se pessoa com deficiência aquela que tem impedimento de longo prazo de natureza física, mental, intelectual ou sensorial, o qual, em interação com uma ou mais barreiras, pode obstruir sua participação plena e efetiva na sociedade em igualdade de condições com as demais pessoas".

Planos privados de assistência à saúde: A Lei nº. 9.656/1998, que dispõe sobre os planos e seguros privados de assistência à saúde, estabelece no seu artigo 1º, inciso I que: "I - Plano Privado de Assistência à Saúde: prestação continuada de serviços ou cobertura de custos assistenciais a preço pré ou pós estabelecido, por prazo indeterminado, com a finalidade de garantir, sem limite financeiro, a assistência à saúde, pela faculdade de acesso e atendimento por profissionais ou serviços de saúde, livremente escolhidos, integrantes ou não de rede credenciada, contratada ou referenciada, visando a assistência médica, hospitalar e odontológica, a ser paga integral ou parcialmente às expensas da operadora contratada, mediante reembolso ou pagamento direto ao prestador, por conta e ordem do consumidor".

Inclusive com cobrança de valores diferenciados: A Lei nº. 9.656/1998, que dispõe sobre os planos e seguros privados de assistência à saúde, estabelece que: "Art. 14. Em razão da idade do consumidor, ou da condição de pessoa portadora de deficiência, ninguém pode ser impedido de participar de planos privados de assistência à saúde".

Objetividade jurídico: Busca combater toda e qualquer discriminação contra o portador de deficiência. Encampando por via de consequência os postulados da *igualdade* e da *dignidade da pessoa humana*.

Objeto material: O delito recai sobre o portador de deficiência que é vítima da discriminação, alijada de contratar planos de saúde.

Sujeito ativo: Trata-se de crime próprio, vez que o sujeito ativo deve deter qualidade especial de pessoa de impedir ou dificultar o ingresso de pessoa com deficiência em planos privados de assistência à saúde, inclusive com cobrança de valores diferenciados.

Sujeito passivo: O sujeito passivo imediato (eventual) é o portador de deficiência, nos termos do art. 2º, da Lei nº. 13.146/15. Já o sujeito passivo mediato (constante) é o Estado.

Elemento subjetivo: É o dolo (direto ou eventual) de praticar de forma consciente e voluntária qualquer das condutas descritas no tipo penal. Há também expressa previsão legal da finalidade específica (elemento subjetivo específico do tipo) de discriminar a vítima *"em razão de sua deficiência"*.

Não há previsão legal da modalidade culposa, o que torna inviável a punição por culpa.

Consumação: Trata-se de *crime formal* (de consumação antecipada ou de resultado cortado), se consumando independentemente de se atingir o resultado naturalístico. Ou seja, o crime se consuma com a simples prática de uma das condutas descritas, sendo dispensável qualquer prejuízo para a vítima.

Tentativa: É perfeitamente possível, já que estamos diante de delito plurissubsistente, onde poderá haver o fracionamento do *iter criminis*.

Pena: Reclusão, de 2 (dois) a 5 (cinco) anos, e multa.

Ação penal: Segue a regra do art. 100 do CP: "a ação penal é pública, salvo quando a lei expressamente a declara privativa do ofendido". Assim, como a lei não disciplinou nada em contrário, verifica-se que se trata de ação penal pública incondicionada. Lembrando ainda que por força constitucional (art. 5º, LIX) "será admitida ação privada nos crimes de ação pública, se esta não for intentada no prazo legal". Por fim, deve ser observado que a requisição de novas diligências ou a promoção do arquivamento pelo *Parquet*, não dão ensejo a alegação de inércia, logo, inviável suscitar a ação penal subsidiária da pública.

Suspensão condicional do processo: Inviável a aplicação de qualquer benefício, por se tratar de crime de elevado potencial ofensivo.

Crimes contra a pessoa portadora de deficiência. 5. ed. Salvador: Juspodivm, 2020, p. 1288.

Acordo de não persecução penal: De acordo coma redação do art. 28-A, do Código de Processo Penal (incluído pela nova Lei Federal nº 13.964/2019), se a infração penal não for cometida mediante violência ou grave ameaça à pessoa; a pena abstrata mínima ser inferior a 4 (quatro) anos e havendo confissão formal, é possível o cabimento de Acordo de Não Persecução Penal (ANPP), desde que presentes os demais requisitos para tanto.

Competência para processo e julgamento: Via de regra será processado e julgado pela justiça estadual. Excepcionalmente, nos casos do art. 109 da Constituição Federal, haverá competência da Justiça Federal. Não se pode perder de vista se o sujeito ativo for militar, quando a competência será da Justiça Militar Estadual ou da União, conforme o caso, nos termos do art. 9º, CPM. Deve ainda ser levado com consideração as situações em que o sujeito ativo deter foro por prerrogativa de função, onde será processado e julgado no respectivo tribunal competente.

Classificação doutrinária: Trata-se de *crime próprio* (demanda um sujeito ativo qualificado ou especial); *formal ou de consumação antecipada* (ou seja, não se exige a produção do resultado naturalístico); de *forma livre* (ou seja, admite-se qualquer meio de execução – escrita, verbal, gestos, etc.); *comissivo* (imperioso uma ação); *instantâneo* (consuma-se de forma imediata); *unissubjetivo, unilateral ou de concurso eventual* (que pode ser praticado por um só agente); *plurissubsistente* (vários atos integram a conduta) ou *unissubsistentes* (um único ato integra a conduta), dependendo do meio escolhido pelo agente. Admissível a tentativa na modalidade plurissubsistente.

§ 4º Se o crime for praticado em atendimento de urgência e emergência, a pena é agravada em 1/3 (um terço).

Causa de aumento de pena: A pena será agravada em 1/3 (um terço) se o crime for praticado em atendimento de urgência e emergência. Entende-se por atendimento de urgência e emergência aqueles disciplinados no art. 35-C, incisos I e II da Lei nº. 9.656/1998, que dispõe sobre os planos e seguros privados de assistência à saúde, nestes termos: "Art. 35-C. É obrigatória a cobertura do atendimento nos casos: I - de emergência, como tal definidos os que implicarem risco imediato de vida ou de lesões irreparáveis para o paciente, caracterizado em declaração do médico assistente; II - de urgência, assim entendidos os resultantes de acidentes pessoais ou de complicações no processo gestacional".

Aplicabilidade restrita ao inciso IV e §3º do art. 8º: Através de uma análise sistemática dos incisos e §§ do artigo 8º, chega-se a conclusão que o âmbito de incidência do §4º fica restrito a duas situações – inciso IV (recusar, retardar ou dificultar internação ou deixar de prestar assistência médico-hospitalar e ambulatorial à pessoa com deficiência) e -, §3º (Incorre nas mesmas penas quem impede ou dificulta o ingresso de pessoa com deficiência em planos privados de assistência à saúde, inclusive com cobrança de valores diferenciados).

REFERÊNCIAS BIBLIOGRÁFICAS

A Convenção sobre Direitos das Pessoas com Deficiência Comentada. Coordenação de Ana Paula Crosara Resende e Flavia Maria de Paiva Vital. Brasília: Secretaria Especial dos Direitos Humanos. Coordenadoria Nacional para Integração da Pessoa Portadora de Deficiência, 2008.

CUNHA, Rogério Sanches. **Leis penais especiais comentadas**. CUNHA, Rogério Sanches; PINTO, Ronaldo Batista; SOUZA, Renne do Ó (Coord). 3. ed. Juspodivm: Salvador, 2020.

CUNHA, Maria da Conceição Ferreira da. **Constituição e crime**: uma perspectiva da criminalização e descriminalização. Porto: Universidade Católica Portuguesa, 1995.

CUNHA JUNIOR, Dirley da. **Curso de Direito Constitucional**. Salvador: Juspodivm, 2008.

HABIB, Gabriel. **Leis penais especiais volume único**. 11. Ed. Salvador: Juspodivm, 2019.

MACHADO, Paulo Affonso Leme. **Ação Civil Pública**: ambiente, consumidor, patrimônio cultural. 2. Ed. São Paulo: RT, 1987.

MASSON, Cleber Rogério. **Direito Penal esquematizado**: parte geral. 9. ed. Rio de Janeiro: Forense; São Paulo: Método, 2015.

NUCCI, Guilherme de Souza. **Leis penais e processuais penais comentadas** – vol. 1. 13 ed. Rio de Janeiro: Forense, 2020.

RIBEIRO, Guilherme Braga da Rocha; PEDRO, Mariana Silva. *Capítulo 17 - Dos crimes e das infrações administrativas*: **Lei Brasileira de Inclusão da Pessoa com Deficiência – Comentada**. SETUBAL, Joyce Marquezin; FAYAN, Regiane Alves Costa (orgs.). Campinas: Fundação FEAC, 2016, p. 272.

ROQUE, Fábio. **Legislação criminal para concursos**. ROQUE, Fábio; TÁVORA, Nestor; ALENCAR, Rosmar Rodrigues (Coord). 5. ed. Salvador: Juspodivm, 2020.

7

CRIMES CONTRA MULHER GRÁVIDA

Lei 9.029/1995

MARCEL GOMES DE OLIVEIRA

Art. 1º É proibida a adoção de qualquer prática discriminatória e limitativa para efeito de acesso à relação de trabalho, ou de sua manutenção, por motivo de sexo, origem, raça, cor, estado civil, situação familiar, deficiência, reabilitação profissional, idade, entre outros, ressalvadas, nesse caso, as hipóteses de proteção à criança e ao adolescente previstas no inciso XXXIII do art. 7º da Constituição Federal. (Redação dada pela Lei nº 13.146, de 2015)

Introdução: A lei nº. 9.029/1995, tem por objetivo proibir a exigência de atestados de gravidez e esterilização, e outras práticas discriminatórias, para efeitos admissionais ou de permanência da relação jurídica de trabalho, por isso afirma Paulo Jakutis que a lei nº. 9.029/1995 "é o diploma brasileiro específico sobre a discriminação no emprego"[1].

Em outras palavras, fica proibida a adoção de qualquer prática discriminatória e limitativa para efeito de acesso à relação de trabalho, ou de sua manutenção, por motivo de sexo, origem, raça, cor, estado civil, situação familiar, deficiência, reabilitação profissional, idade, entre outros.

Fundamento constitucional: Através da análise dos dispositivos constitucionais, percebe-se que a lei em comento encontra forte respaldo na Carta Maior, onde entre os fundamentos da República Federativa do Brasil temos a *dignidade da pessoa humana* (art. 1º, III, CF) e *os valores sociais do trabalho (...)* (art. 1º, IV, CF). O fundamento da *dignidade da pessoa humana* "afasta a ideia de predomínio das concepções transpessoalistas de Estado e nação, em detrimento da liberdade individual"[2], enquanto o fundamento dos valores sociais do trabalho (...) busca cravar que "o ser humano, na concepção capitalista vigente, garante a sua subsistência e de sua família com o trabalho"[3].

Ademais, a República Federativa do Brasil têm como objetivos fundamentais *construir uma sociedade livre, justa e solidárias* (art. 3º, I, CF) e *promover o bem de todos, sem preconceitos de origem, raça, sexo, cor, idade e quaisquer outras formas de discriminação* (art. 3º, IV, CF).

O trabalho figura ainda como direito social básico (art. 6º, *caput*, CF).

Num campo mais específico, o legislador constituinte previu que entre os direitos sociais encontra-se a *"licença à gestante, sem prejuízo do emprego e do salário, com a duração de cento e vinte dias"* (art. 7º, XVIII, CF). Daí se dizer que "de nada adiantaria garantir o emprego o emprego da gestante se ela puder ser excluída, de algum modo, logo no início, isto é, na busca por um trabalho lícito. E mais, não é possível acreditar-se num sistema democrático, que, indiretamente, possa afastar do mercado de trabalho

1. JAKUTIS, Paulo. *Manual de Estudo da Discriminação do Trabalho*. Estudos sobre Discriminação, Assédio Sexual, Assédio Moral e Ações Afirmativas, por meio de comparações entre o Direito do Brasil e dos Estados Unidos. São Paulo: LTr, 2006, p. 159.
2. MORAES, Alexandre de. *Direitos humanos fundamentais*. 5. Ed. São Paulo: Atlas, 2003, p. 60.
3. SIQUEIRA JUNIOR, Paulo Hamilton; OLIVEIRA, Miguel Augusto Machado de. *Direitos Humanos e cidadania*. 2. Ed. São Paulo: Editora Revista dos Tribunais, 2009, p. 146.

as mulheres que possam ser, potencialmente, gestantes, demandando-se, por exemplo, comprovação de esterilização para que possam conseguir um emprego, tudo a permitir que o patrão, no futuro, não seja obrigado a arcar com o pagamento de salário e a mantença da relação de trabalho durante a licença-maternidade"[4].

Por fim, as normas constitucionais inclusive preveem que "a ordem econômica, fundada na valorização do trabalho humano e na livre iniciativa, tem por fim assegurar a todos existência digna, conforme os ditames da justiça social, observados os seguintes princípios: redução das desigualdades regionais e sociais; busca do pleno emprego (art. 170, incisos VII e VIII, CF), além de que "a ordem social tem como base o primado do trabalho, e como objetivo o bem-estar e a justiça sociais" (art. 193, CF).

Por motivo de sexo, origem, raça, cor, estado civil, situação familiar, deficiência, reabilitação profissional, idade, entre outros: O dispositivo em análise faz menção a diversos motivos que podem ensejar a discriminação e limitação para fins de acesso à relação de trabalho, ou para a sua manutenção: por motivo de *sexo* (masculino ou feminino), *origem* (procedência nacional ou internacional), *raça* (conceito amplo e socialmente formado ao longo dos tempos), *cor* (pigmentação da pele – branca, preta, amarela, vermelha, parda etc.) *estado civil* (solteiro, casado, convivente, divorciado e viúvo), *situação familiar* (p. ex. bairro onde mora etc.), *deficiência* (conceito fornecido pelo art. 2º da Lei nº. 13.146/2015), *reabilitação profissional* (dar ao trabalhador acidentado os meios necessários para o retorno ao mercado de trabalho), *idade* (lapso temporal decorrido a partir do nascimento), *entre outros* (p. ex. identidade de gênero – travestis, transexuais e transgêneros –, eventual demanda judicial contra a empresa empregadora[5] ou então prévia pesquisa da situação financeira dos candidatos ao emprego – SPC/SERASA).

No mais, sobre o tema já decidiu o Tribunal Superior do Trabalho, no julgamento do ARR 10425-06.2014.5.3.0061 "que a lei nº. 9.029/1995, em seu artigo 1º, proíbe a adoção de práticas discriminatórias quanto ao acesso ou manutenção da relação de emprego. Embora o dispositivo se refira a discriminação 'por motivo de sexo, origem, raça, cor, estado civil, situação familiar ou idade', doutrina e jurisprudência têm entendido que se trata de menção unicamente exemplificativa, a autorizar a aplicação do art. 8º da CLT, ***para o efeito de reconhecer outras situações de discriminação***. Isso se deve ao fato de que a própria Constituição Federal, em seus artigos 3º, IV, 5º, *caput*, I, VIII, XVII, XX e XLI, 7º, XXX, XXXI e XXXII, veda outras práticas de discriminação. A CLT, em seu art. 373-A, também repele formas de discriminação ao trabalho da mulher, devendo ser acrescentado que a Súmula nº 443 desta Corte é igualmente exemplo de interpretação ampliativa do art. 1º da Lei n º 9.029/95, ao consolidar o entendimento de ser presumível a dispensa discriminatória de empregado portador de HIV".

As hipóteses de proteção à criança e ao adolescente: Nesta situação o próprio dispositivo excepciona, trazendo a ressalva do inciso XXXIII do art. 7º da CF, onde, via de regra, veda o trabalho de crianças e adolescentes. Prescrevendo que são direitos dos trabalhadores urbanos e rurais, além de outros que visem à melhoria de sua condição social "XXXIII - proibição de trabalho noturno, perigoso ou insalubre a menores de dezoito e de qualquer trabalho a menores de dezesseis anos, salvo na condição de aprendiz, a partir de quatorze anos". Observa Silvio Maciel que "nesse caso não se trata de promover a inserção ou manutenção do menor no mercado de trabalho, mas, ao contrário, protegê-lo contra o trabalho infantil ou precoce, tão pernicioso em nosso país"[6].

Ampla proteção ao trabalhador *vs* direito penal: Observe que a ampla proteção ofertada ao trabalhador expressamente disposta no art. 1º da

4. NUCCI, Guilherme de Souza. *Leis penais e processuais penais comentadas*: volume 1. 13. Ed. Rio de Janeiro: Forense, 2020, p. 286.

5. **INDENIZAÇÃO POR DANO MORAL. DISPENSA RETALIATIVA.** O empregador extrapola seu poder diretivo e incorre em abuso de direito quando dispensa empregado em razão de ajuizamento de ação trabalhista. Trata-se de ato legítimo, assegurado constitucionalmente (art. 5º, XXXV, Constituição Federal), de forma a configurar a conduta ilícita do empregador, nos termos do art. 187 do CCB, e o dano causado à dignidade do empregado e ao seu direito de livre acesso à Justiça. Devida, assim, a reparação, nos termos do art. 5º, V e X, da Constituição Federal, 186 e 927 do CCB. Precedentes da Corte. Recurso de revista conhecido e provido. (Processo: **RR - 10425-06.2014.5.03.0061**. Órgão Judicante: 6ª Turma. Relator: PAULO MARCELO DE MIRANDA SERRANO. Julgamento: 22/06/2016. Publicação: 24/06/2016. Tipo de Documento: Acordão).

6. MACIEL, Silvio. Discriminação de gravidez – Lei 9.029/1995. In: GOMES, Luiz Flávio; CUNHA, Rogério Sanches (Coord). *Legislação criminal especial*. 2. Ed. São Paulo: Editora Revista dos Tribunais, 2010, p. 205.

lei e demais dispositivos, não pode jamais ser confundida com as disposições criminais dispostas no art. 2º, porquanto os tipos penais são taxativos, ficando seu âmbito de incriminação restrito as condutas precisamente tipificadas nele. Portanto, as práticas discriminatórias descritas no art. 1º (motivo de sexo, origem, raça, cor, estado civil, situação familiar, deficiência, reabilitação profissional, idade, entre outros), não tem qualquer relação com as condutas incriminadas no art. 2º, analisado a seguir.

Art. 2º Constituem crime as seguintes práticas discriminatórias:

Fundamento constitucional: Vide os comentários ao art. 1º desta lei.

Constituem crimes: Parcela da doutrina entende que faltou técnica legislativa na redação do *caput* do art. 2º, pelo fato de não ter "necessidade de se inserir nos tipos penais incriminadores a expressão 'constituem crimes', bastando descrever as condutas e estipular as penas"[7].

Ousamos discordar dos nobres doutrinadores que assim entendem. De fato, os estudiosos do direito têm plena percepção que o tipo penal é dotado de um preceito primário (conduta descrita) seguido de um preceito secundário (pena cominada), sendo redundante, neste caso, a expressão "constituem crimes".

Mas devemos lembrar que o objetivo das legislações criminais afirmativas, como o caso da lei em tela, é atingir todas as pessoas e, de fato, soa de forma notória para os profanos a expressão "constitui crime".

Em resumo, uma pessoa leiga sem qualquer conhecimento jurídico, saberá de antemão que, aquelas condutas descritas posteriormente são crimes, porquanto já ficou estampado no *caput* que os fatos se tratam de "crimes".

Práticas discriminatórias: As práticas discriminatórias são aquelas que tem a capacidade de gerar tratamento diferente e parcial, quer segregando, quer isolando, quer marginalizando, enfim, separando a pessoa.

I - a exigência de teste, exame, perícia, laudo, atestado, declaração ou qualquer outro procedimento relativo à esterilização ou a estado de gravidez;

(...)

Pena: detenção de um a dois anos e multa.

Fundamento constitucional: Vide os comentários ao art. 1º desta lei.

Verbos nucleares do tipo: É *exigir* (determinar, impor ou ordenar) algo a alguém. Sendo que esta determinação parte do empregador ao empregado(a) ou candidato(a) ao emprego para que venha apresentar ou realizar teste, exame, perícia, laudo, atestado, declaração ou qualquer outro procedimento relativo à esterilização ou a estado de gravidez.

No mais, através de uma interpretação sistemática da Lei nº. 9.029/95, conclui-se que as práticas criminosas descritas no inciso I, do art. 2º, podem ser praticadas antes da contratação do trabalhador(a) ou durante a execução do contrato de trabalho.

Deste modo, "como o tipo não faz nenhuma distinção, entendemos que o crime se caracteriza não só quando tais documentos são exigidos para a admissão da pessoa no trabalho, mas também quando são exigidos para manter o contrato de trabalho já existente. Em outras palavras, o crime pode ocorrer antes de iniciada a relação laboral ou durante a sua vigência. O empregador pode, por exemplo, após exigir o documento e ter ciência da gravidez da trabalhadora, demiti-la, alegando, posteriormente, que não tinha conhecimento do estado de gravidez da vítima; ou então não demitir a funcionária, mas passar a discriminá-la, impondo-lhe, *v.g*, funções e horários constrangedores. Essa nos parece a melhor exegese do dispositivo, tendo em vista que a ementa da lei menciona 'práticas discriminatórias, para efeitos admissionais *ou* de permanência da relação jurídica de trabalho' (*g.n.*). E o art. 1.º, *caput*, tal como já colocado, expressamente, proíbe "a adoção de qualquer prática discriminatória e limitativa para efeito de acesso a relação de emprego, ou sua manutenção"[8].

Diante da discussão acima, o citado autor[9] ainda descreve eventual violação ao princípio da taxatividade (CP, art. 1º) e que tal omissão ("se antes da admissão do emprego ou durante a execução do

7. Neste sentido: (NUCCI, Guilherme de Souza. *Leis penais e processuais penais comentadas:*volume 1. 13. ed. Rio de Janeiro: Forense, 2020, p. 286).

8. Ibidem, p. 207.

9. Ibidem.

contrato de trabalho") eivaria de vícios de constitucionalidade o inciso I do art. 2º. Ousamos discordar do citado mestre, tendo em vista que o crime se consuma com a simples *exigência*, não importando quando (se antes ou durante), já que, seja lá quando se der a exigência, certo é que estará ocorrendo a discriminação.

Teste, exame, perícia, laudo, atestado, declaração ou qualquer outro procedimento relativo à esterilização ou a estado de gravidez: Teste (simples verificação, p. ex. teste de farmácia), exame (verificação médica, p. ex. ultrassom), perícia (análise por profissional médico especializado), laudo (documento escrito por perito), atestado (documento com uma afirmação), declaração (manifestação solene declarando algo) ou qualquer outro procedimento (rol anterior exemplificativo) relativo à esterilização (incapacidade de gerar filhos) ou a estado de gravidez (relacionado à mulher a partir do momento da concepção do embrião).

Objetividade jurídica: A norma em análise tem como objetivo jurídico combater as práticas discriminatórias.

Objeto material: Recai sobre o teste, exame, perícia, laudo, atestado, declaração ou qualquer outro procedimento relativo à esterilização ou a estado de gravidez.

Sujeito ativo: O próprio parágrafo único do art. 2º, analisado a posteriori, estabelece quem poderá ser sujeito ativo do crime. Portanto, estamos diante de um *crime próprio* (que somente poderá ser praticados pelos sujeitos ativos elencados no citado dispositivo).

Sujeito passivo: O sujeito passivo direto ou imediato é a vítima atingida pela prática discriminatória, entendendo a doutrina que na situação da exigência for relativa à esterilização o sujeito passivo poderá ser tanto o homem quanto a mulher; enquanto, por obviedade, se a exigência recair sobre estado de gravidez o sujeito passivo só poderá ser a mulher. Já o sujeito passivo indireto, mediato ou constante será o Estado.

Elemento subjetivo: É o dolo (direto ou eventual) de praticar de forma consciente e voluntária qualquer das condutas descritas no tipo penal, além do mais não há qualquer elemento subjetivo específico (finalidade específica). Também não há previsão legal da modalidade culposa, o que torna inviável a punição por culpa.

Meios de execução: Trata-se de crime de forma livre, podendo ser praticado através de qualquer meio eleito pelo agente.

Consumação: Trata-se de crime formal (de consumação antecipada ou de resultado cortado), se consumando independentemente de se atingir o resultado. Portanto, o crime se consuma no exato instante em que se promove a exigência, pouco importando se a vítima realizará ou não teste, exame, perícia, laudo, atestado, declaração ou qualquer outro procedimento relativo à esterilização ou a estado de gravidez.

Tentativa: Nas hipóteses plurissubsistentes (cometido por vários atos) é perfeitamente possível o *conatus*. Nas hipóteses unissubsistentes (cometido por um único ato) fica inviável a tentativa, por exemplo, quando se tratar de exigência verbal.

Pena: Detenção de 1 (um) a 2 (dois) anos e multa.

Classificação doutrinária: Trata-se de *crime próprio* (ou seja, demanda um sujeito ativo qualificado ou especial, no caso aquele descrito no art. 2º, parágrafo único, desta lei); *formal* (de consumação antecipada ou de resultado cortado); de *forma livre* (pode ser cometido por qualquer meio eleito pelo agente); *comissivo* (imperioso uma ação) e, excepcionalmente, *comissivo por omissão* (omissivo impróprio, ou seja, é a aplicação do art. 13, § 2.º, do Código Penal, quando o agente podia e devia agir para evitar o resultado); *unissubjetivo, unilateral ou de concurso eventual* (que pode ser praticado por um só agente); *plurissubsistente* (vários atos integram a conduta) e *unissubsistente* (um único ato integra a conduta). Admissível a tentativa na forma plurissubsistente.

Ação penal: Segue a regra do art. 100 do CP: "a ação penal é pública, salvo quando a lei expressamente a declara privativa do ofendido". Assim, como a lei não disciplinou nada em contrário, verifica-se que se trata de ação penal pública incondicionada. Lembrando ainda que por força constitucional (art. 5º, LIX) "será admitida ação privada nos crimes de ação pública, se esta não for intentada no prazo legal". Por fim, deve ser observado que a requisição de novas diligências ou a promoção do arquivamento pelo *Parquet*, não dão ensejo a alegação de inércia, logo, inviável suscitar a ação penal subsidiária da pública.

Suspensão condicional do processo: Trata-se de crime de *menor potencial ofensivo*, porquanto a pena máxima não ultrapassa dois anos, autorizando a incidência dos benefícios da Lei nº. 9.099/1995 – Suspensão condicional do processo e a transação penal, desde que preenchidos os requisitos legais para tanto.

Acordo de não persecução penal: De acordo coma redação do art. 28-A, do Código de Processo Penal (incluído pela nova Lei Federal nº 13.964/2019), se a infração penal não for cometida mediante violência ou grave ameaça à pessoa; a pena abstrata mínima ser inferior a 4 (quatro) anos e havendo confissão formal, é possível o cabimento de Acordo de Não Persecução Penal (ANPP), desde que presentes os demais requisitos para tanto.

Competência para processo e julgamento: Via de regra será processado e julgado pelo Juizado Especial Criminal Estadual. Excepcionalmente, nos casos do art. 109 da Constituição Federal, haverá competência do Juizado Especial Federal. Não se pode perder de vista se o sujeito ativo for militar, quando a competência será da Justiça Militar Estadual ou da União, conforme o caso, nos termos do art. 9º, CPM. Deve ainda ser levado em consideração as situações em que o sujeito ativo deter foro por prerrogativa de função, onde será processado e julgado no respectivo tribunal competente.

Há doutrina inclusive que afirma que a competência deve ser firmada nos mesmos moldes dos crimes contra a organização do trabalho (CP, arts. 197 a 207), porquanto o delito do art. 2º seria semelhante àqueles, enfim "se a conduta atingir direito individual do trabalhador, a competência será da Justiça Estadual; atingindo, porém, a coletividade de trabalhadores, será competente a Justiça Federal (art. 109, VI, da CF/88)[10]".

Conflito aparente com o art. 146 do Código Penal: O delito do art. 2º, inciso I, da lei nº. 9.029/1995, tem por objetivo proibir a exigência de atestados de gravidez e esterilização, para efeitos admissionais ou de permanência da relação jurídica de trabalho, ou seja, o agente se vale de um constrangimento contra a vítima, todavia, despido de violência ou grave ameaça. Por outro lado, se ocorrer eventual violência ou grave ameaça poderá caracterizar o delito de constrangimento ilegal (art. 146, CP).

Conflito aparente com o art. 18 da Lei nº. 9.263/1996: O delito do art. 2º, inciso I, da lei nº. 9.029/1995, tem por objetivo proibir a exigência de atestados de gravidez e esterilização, para efeitos admissionais ou de permanência da relação jurídica de trabalho. Já o artigo 18 da Lei nº. 9.263/96 (lei do planejamento familiar) prevê que "Art. 18. Exigir atestado de esterilização *para qualquer fim*. Pena - reclusão, de um a dois anos, e multa".

O âmbito de abrangência do art. 2º da lei nº. 9.029/1995 é menor, pois está restrito para efeitos admissionais ou de permanência da relação jurídica de trabalho, além de ser punido com pena de *detenção*. Por outro lado, o delito do art. 18 da lei nº. 9.263/96, tem um maior espectro, considerando crime a exigência de atestado de esterilização *"para qualquer fim"*, além de ser punido com pena de *reclusão*. Por fim, os crimes da lei nº. 9.029/1995 são *próprios*, só podendo ser praticado pelas pessoas do rol do parágrafo único do art. 2º, enquanto os crimes da Lei nº. 9.263/96 são *comuns*, podendo ser praticado por qualquer pessoa.

Conflito aparente com o delito do art. 3º da Lei nº. 7.716/1989: O delito do art. 2º da lei nº. 9.029/1995 tem por objetivo proibir a exigência de atestados de gravidez e esterilização, para efeitos admissionais ou de permanência da relação jurídica de trabalho. Por outra via, se a conduta do agente for de impedir ou obstar o acesso de alguém, devidamente habilitado, a qualquer cargo da Administração Direta ou Indireta, bem como das concessionárias de serviços públicos, por discriminação ou preconceito de raça, cor, etnia, religião ou procedência nacional, incorrerá no crime do artigo 3.º, da Lei 7.716/89, punido com pena de reclusão de dois a cinco anos. Sem olvidar que os crimes da Lei de Racismo (Lei nº. 7.716/1989), por força constitucional (art. 5º, XLII), são imprescritíveis e inafiançáveis.

Conflito aparente com o delito do art. 4º da Lei nº. 7.716/1989: O delito do art. 2º da lei nº. 9.029/1995 tem por objetivo proibir a exigência de atestados de gravidez e esterilização, para efeitos admissionais ou de permanência da relação jurídica de trabalho. Assim, se a conduta do agente for de negar ou obstar emprego em empresa privada, também por discriminação ou preconceito de raça, cor, etnia, religião ou procedência nacional, incorrerá no crime do artigo 4.º, da Lei 7.716/89, punido com pena de reclusão de dois a cinco anos. Sem olvidar que os crimes da Lei de Racismo (Lei nº. 7.716/1989), por

10. MACIEL, Silvio. Discriminação de gravidez – Lei 9.029/1995. In: GOMES, Luiz Flávio; CUNHA, Rogério Sanches (Coord). *Legislação criminal especial*. 2. Ed. São Paulo: Editora Revista dos Tribunais, 2010, p. 208.

força constitucional (art. 5º, XLII), são imprescritíveis e inafiançáveis.

Conflito aparente com o delito do art. 100 da Lei nº. 10.741/2003: o delito do art. 2º da lei nº. 9.029/1995 tem por objetivo proibir a exigência de atestados de gravidez e esterilização, para efeitos admissionais ou de permanência da relação jurídica de trabalho. Por outro lado, se conduta do agente tiver por fito obstar o acesso de alguém a qualquer cargo público por motivo de idade, ou negar a alguém, por motivo de idade, emprego ou trabalho, incorrerá no crime do art. 100, inciso I e II da Lei 10.741/2003 (Estatuto do Idoso), punível com reclusão de seis meses a um ano e multa. Valendo lembra que o conceito de idoso é fornecido pelo art. 1.º da Lei 10.741/03: a pessoa com idade igual ou superior a 60 anos.

> **Art. 2º Constituem crime as seguintes práticas discriminatórias:**
>
> **(...)**
>
> **II - a adoção de quaisquer medidas, de iniciativa do empregador, que configurem;**
>
> **a) indução ou instigamento à esterilização genética;**
>
> **b) promoção do controle de natalidade, assim não considerado o oferecimento de serviços e de aconselhamento ou planejamento familiar, realizados através de instituições públicas ou privadas, submetidas às normas do Sistema Único de Saúde (SUS).**
>
> **Pena: detenção de um a dois anos e multa.**

Fundamento constitucional: Vide os comentários ao art. 1º desta lei.

Verbos nucleares do tipo: É *adotar* (praticar, assumir ou implementar), quaisquer medidas (cláusula genérica), de iniciativa do empregador (responsável pelo ato), que venham a configurar: a) indução ou instigamento à esterilização genética; b) promoção do controle de natalidade, assim não considerado o oferecimento de serviços e de aconselhamento ou planejamento familiar, realizados através de instituições públicas ou privadas, submetidas às normas do Sistema Único de Saúde (SUS).

Indução ou instigamento à esterilização genética: *Induzir* é criar uma ideia até então inexistente; *instigar* é reforçar uma ideia pré-existente. Esse induzimento ou instigação estão voltados à esterilização genética, que no homem se manifesta através da cirurgia de vasectomia e na mulher através da laqueadura. Ou seja, o empregador pratica a indução ou instigação com objetivo de promover à esterilização genética.

Promoção do controle de natalidade, assim não considerado o oferecimento de serviços e de aconselhamento ou planejamento familiar, realizados através de instituições públicas ou privadas, submetidas às normas do Sistema Único de Saúde (SUS): Neste tipo penal o empregador pratica a promoção (incrementos, estímulos, impulso) do controle de natalidade (medida adotadas para diminuir ou evitar o nascimento de filhos). Sendo que por trás dessa "promoção de controle de natalidade" encontra-se coerções, ameaças por parte do empregador.

Dito isto, o objetivo do dispositivo é proibir qualquer forma coercitiva de controle de natalidade. No mais, conforme deixa claro o próprio dispositivo, as instituições públicas e privadas, podem vir a proporcionar o oferecimento de serviços e de aconselhamento às pessoas para que elas, de forma livre e espontânea, decidam sobre a concepção.

Por isso entendemos com a maioria da doutrina que "não configura fato típico a hipótese que o empregador que aconselha ou auxilia (com total isenção de ameaças, ainda que veladas em caso de negativa) o empregado a buscar (caso seja de seu interesse) os programas oficiais de planejamento familiar, principalmente naqueles casos de pessoas mais humildes e com menor esclarecimento acerca dos serviços públicos disponíveis, que, não raro, já possuem muitos filhos e poucas condições materiais para prover o adequado sustento e amparo da sua prole"[11].

Ainda vale lembrar o art. 226, §7º da Carta de 1988: "Art. 226. A família, base da sociedade, tem especial proteção do Estado. "§ 7º Fundado nos princípios da dignidade da pessoa humana e da paternidade responsável, o planejamento familiar é livre decisão do casal, competindo ao Estado propiciar recursos educacionais e científicos para o exercício desse direito, vedada qualquer forma coercitiva por parte de instituições oficiais ou privadas"". Em outras palavras, o dispositivo constitucional deixa estampado que o planejamento familiar é uma livre decisão do casal, não podendo o empregador e nem sequer o Estado interferir de forma impositiva (coercitiva) sobre este.

---

11. LAURIA, Mariano Paganini. Discriminação durante a gravidez – Lei nº. 9.029/1995. In: CUNHA, Rogério Sanches; PINTO, Ronaldo Batista; SOUZA, Renne do Ó (Coord). **Leis penais especiais comentadas**. 3. Ed. Salvador: Juspodivm, 2020, p. 812.

Elemento normativo do tipo: A própria alínea b, do inciso II, art. 2º, afasta a tipicidade formal quando o controle de natalidade estiver relacionado ao oferecimento de serviços e de aconselhamento ou planejamento familiar, realizados através de instituições públicas ou privadas, submetidas às normas do Sistema Único de Saúde (SUS)[12]. Conforme dito anteriormente, a lei nº. 9.263/96 regulou o §7º do art. 226 da Constituição Federal, dispositivo este que trata do planejamento familiar. Enquanto o planejamento familiar é gênero, o controle de natalidade é espécie, portanto ambos não se confundem. Sendo que se entende por planejamento familiar "o conjunto de ações de regulação da fecundidade que garanta direitos iguais de constituição, limitação ou aumento da prole pela mulher, pelo homem ou pelo casal" (art. 2º, Lei 9.296/96).

Objetividade jurídica: A norma em análise tem como objetivo jurídico combater as práticas discriminatórias.

Objeto material: A conduta recai sobre a pessoa que venha a se esterilizar ou que evite de alguma forma a ter filhos.

Sujeito ativo: O próprio parágrafo único do art. 2º, analisado a posteriori, estabelece quem poderá ser sujeito ativo do crime. Portanto, estamos diante de um *crime próprio* (que somente poderá ser praticados pelos sujeitos ativos elencados no citado dispositivo).

Sujeito passivo: O sujeito passivo direto ou imediato é a vítima atingida pela prática discriminatória, entendendo a doutrina que na situação de indução ou instigamento à esterilização genética o sujeito passivo poderá ser tanto o homem (eventual beneficiário da licença paternidade) quanto a mulher (eventual beneficiária da licença maternidade); o mesmo se dizer se a conduta recair sobre a promoção do controle de natalidade. Já o sujeito passivo indireto, mediato ou constante será o Estado.

Elemento subjetivo: É o dolo (direto ou eventual) de praticar de forma consciente e voluntária qualquer das condutas descritas no tipo penal, além do mais não há qualquer elemento subjetivo específico (finalidade específica). Também não há previsão legal da modalidade culposa, o que torna inviável a punição por culpa.

Meios de execução: Trata-se de crime de forma livre, podendo ser praticado através de qualquer meio eleito pelo agente.

Consumação: Trata-se de crime formal (de consumação antecipada ou de resultado cortado), se consumando independentemente de se atingir o resultado naturalístico.

Tentativa: Nas hipóteses plurissubsistentes (cometido por vários atos) é perfeitamente possível o *conatus*. Nas hipóteses unissubsistentes (cometido por um único ato) fica inviável a tentativa, por exemplo, quando se tratar de adoção de medidas por meio verbal.

Pena: Detenção de 1 (um) a 2 (dois) anos e multa.

Classificação doutrinária: Trata-se de *crime próprio* (ou seja, demanda um sujeito ativo qualificado ou especial, no caso aquele descrito no art. 2º, parágrafo único, desta lei); *formal* (de consumação antecipada ou de resultado cortado); de *forma livre* (pode ser cometido por qualquer meio eleito pelo agente); *comissivo* (imperioso uma ação) e, excepcionalmente, *comissivo por omissão* (omissivo impróprio, ou seja, é a aplicação do art. 13, § 2.º, do Código Penal, quando o agente podia e devia agir para evitar o resultado); *unissubjetivo, unilateral ou de concurso eventual* (que pode ser praticado por um só agente); *plurissubsistente* (vários atos integram a conduta) e *unissubsistente* (um único ato integra a conduta). Admissível a tentativa na forma plurissubsistente.

Ação penal: Segue a regra do art. 100 do CP: "a ação penal é pública, salvo quando a lei expressamente a declara privativa do ofendido". Assim, como a lei não disciplinou nada em contrário, verifica-se que se trata de ação penal pública incondicionada.

12. Vejamos os artigos 4º, 5º e 6º da Lei nº. 9.263/1996 (planejamento familiar):
Art. 4º O planejamento familiar orienta-se por ações preventivas e educativas e pela garantia de acesso igualitário a informações, meios, métodos e técnicas disponíveis para a regulação da fecundidade.
Parágrafo único - O Sistema Único de Saúde promoverá o treinamento de recursos humanos, com ênfase na capacitação do pessoal técnico, visando a promoção de ações de atendimento à saúde reprodutiva.
Art. 5º - É dever do Estado, através do Sistema Único de Saúde, em associação, no que couber, às instâncias componentes do sistema educacional, promover condições e recursos informativos, educacionais, técnicos e científicos que assegurem o livre exercício do planejamento familiar.
Art. 6º As ações de planejamento familiar serão exercidas pelas instituições públicas e privadas, filantrópicas ou não, nos termos desta Lei e das normas de funcionamento e mecanismos de fiscalização estabelecidos pelas instâncias gestoras do Sistema Único de Saúde.
Parágrafo único - Compete à direção nacional do Sistema Único de Saúde definir as normas gerais de planejamento familiar.

Lembrando ainda que por força constitucional (art. 5º, LIX) "será admitida ação privada nos crimes de ação pública, se esta não for intentada no prazo legal". Por fim, deve ser observado que a requisição de novas diligências ou a promoção do arquivamento pelo *Parquet*, não dão ensejo a alegação de inércia, logo, inviável suscitar a ação penal subsidiária da pública.

Suspensão condicional do processo: Trata-se de crime de *menor potencial ofensivo*, porquanto a pena máxima não ultrapassa dois anos, autorizando a incidência dos benefícios da Lei nº. 9.099/1995 – Suspensão condicional do processo e a transação penal, desde que preenchidos os requisitos legais para tanto.

Acordo de não persecução penal: De acordo coma redação do art. 28-A, do Código de Processo Penal (incluído pela nova Lei Federal nº 13.964/2019), se a infração penal não for cometida mediante violência ou grave ameaça à pessoa; a pena abstrata mínima ser inferior a 4 (quatro) anos e havendo confissão formal, é possível o cabimento de Acordo de Não Persecução Penal (ANPP), desde que presentes os demais requisitos para tanto.

Competência para processo e julgamento: Via de regra será processado e julgado pelo Juizado Especial Criminal Estadual. Excepcionalmente, nos casos do art. 109 da Constituição Federal, haverá competência do Juizado Especial Federal. Não se pode perder de vista se o sujeito ativo for militar, quando a competência será da Justiça Militar Estadual ou da União, conforme o caso, nos termos do art. 9º, CPM. Deve ainda ser levado em consideração as situações em que o sujeito ativo deter foro por prerrogativa de função, onde será processado e julgado no respectivo tribunal competente.

Ressalta-se que há doutrina afirmando que a competência deve ser firmada nos mesmos moldes dos crimes contra a organização do trabalho (CP, arts. 197 a 207), porquanto o delito do art. 2º seria semelhante àqueles, enfim "se a conduta atingir direito individual do trabalhador, a competência será da Justiça Estadual; atingindo, porém, a coletividade de trabalhadores, será competente a Justiça Federal (art. 109, VI, da CF/88)[13]".

Conflito aparente com o art. 17, *caput*, da Lei nº. 9.263/1996 (lei do planejamento familiar): O delito do art. 2º, inciso II, alínea "a" da lei nº. 9.029/1995, tem por objetivo proibir a adoção de quaisquer medidas, de iniciativa do *empregador*, que configurem: a) indução ou instigamento à esterilização genética; para efeitos admissionais ou de permanência da relação jurídica de trabalho. Já o artigo 17, *caput*, da Lei nº. 9.263/96 (lei do planejamento familiar) prevê que, *in verbis*: "*Art. 17. Induzir ou instigar dolosamente a prática de esterilização cirúrgica. Pena - reclusão, de um a dois anos*". O âmbito de abrangência do art. 2º, II alínea "a", da lei nº. 9.029/1995 é menor, pois está restrito a indução ou instigamento à esterilização genética para efeitos admissionais ou de permanência da relação jurídica de trabalho, além de ser punido com pena de *detenção*. Por outro lado, o delito do art. 17 da lei nº. 9.263/96, tem um maior espectro, considerando crime induzir ou instigar dolosamente a prática de esterilização cirúrgica, além de ser punido com pena de *reclusão*. Por fim, os crimes da lei nº. 9.029/1995 são *próprios*, só podendo ser praticado pelas pessoas do rol do parágrafo único do art. 2º, enquanto os crimes da Lei nº. 9.263/96 são *comuns*, podendo ser praticado por qualquer pessoa.

Conflito aparente com o art. 3º c/c art. 1º, alínea "d", da Lei nº. 2.889/1956 (lei de genocídio): O delito do art. 2º, inciso II, alínea "a" da lei nº. 9.029/1995, tem por objetivo proibir a adoção de quaisquer medidas, de iniciativa do *empregador*, que configurem: a) indução ou instigamento à esterilização genética, *para efeitos admissionais ou de permanência da relação jurídica de trabalho*. Todavia, se esse empregador tiver por objetivo destruir, no todo ou em parte, grupo nacional, étnico, racial ou religioso, como tal, adotando medidas destinadas a impedir os nascimentos no seio do grupo e, venha porventura, a incitar, direta e publicamente alguém a cometer tais práticas estará incorrendo no crime de genocídio – art. 3º c/c art. 1º, alínea "a" da lei nº. 2.889/56.

> **Art. 2º (...)**
>
> **Parágrafo único. São sujeitos ativos dos crimes a que se refere este artigo:**
>
> **I - a pessoa física empregadora;**
>
> **II - o representante legal do empregador, como definido na legislação trabalhista;**
>
> **III - o dirigente, direto ou por delegação, de órgãos públicos e entidades das administrações públicas direta, indireta e fundacional de qualquer dos Poderes da União, dos Estados, do Distrito Federal e dos Municípios.**

13. MACIEL, Silvio. Discriminação de gravidez – Lei 9.029/1995. In: GOMES, Luiz Flávio; CUNHA, Rogério Sanches (Coord). *Legislação criminal especial*. 2. Ed. São Paulo: Editora Revista dos Tribunais, 2010, p. 208.

Comentários: Conforme já visto anteriormente os delitos previstos nos incisos I e II do art. 2º, são crimes próprios que só poderá ser praticado pelas pessoas expressamente descritas nos incisos I, II e III do parágrafo único do art. 2º.

A pessoa física empregadora: Trata-se do empregador propriamente dito, cujo conceito vem disposto no art. 2º da Consolidação das Leis do Trabalho: "Art. 2º - Considera-se empregador a empresa, individual ou coletiva, que, assumindo os riscos da atividade econômica, admite, assalaria e dirige a prestação pessoal de serviço". Há ainda o empregador por equiparação previsto no §1º do art. 2º: "equiparam-se ao empregador, para os efeitos exclusivos da relação de emprego, os profissionais liberais, as instituições de beneficência, as associações recreativas ou outras instituições sem fins lucrativos, que admitirem trabalhadores como empregados".

O representante legal do empregador, como definido na legislação trabalhista: Nesta situação estamos diante de uma norma penal em branco em sentido amplo heterovitelina, onde o complemento origina-se do Poder Legislativo, mas encontra-se em legislação diversa do preceito estudado. Neste caso, o complemento é oferecido pela legislação trabalhista.

O dirigente, direto ou por delegação, de órgãos públicos e entidades das administrações públicas direta, indireta e fundacional de qualquer dos Poderes da União, dos Estados, do Distrito Federal e dos Municípios: Qualquer dirigente (direto ou por delegação) que ocupem cargos ou funções de direção – seja no âmbito federal, estadual, distrital ou municipal –, é que poderão figurar como sujeito ativo. Por exemplo, "um administrador público que faça constar, no edital de um concurso público, a apresentação de documentos relativos a estado de gravidez ou esterilização, sob pena de indeferimento da inscrição"[14].

Previsão no edital do concurso público e exclusão da candidata grávida: Tanto o STF quanto o STJ firmaram entendimento que deve ser seguido as regras do edital[15]. Hodiernamente, todavia, no que tange especificamente ao estado de gravidez – ambas as Cortes têm entendimento que a proteção à gestante está além de eventuais previsões editalícias em sentido contrário. Nestes termos o julgamento do RMS 52.622-MG, que teve por Relator o Ministro Gurgel de Faria, julgado em 26/03/2019, por unanimidade:

> *"O Supremo Tribunal Federal, sob a sistemática da repercussão geral, nos autos do RE 630.733/DF (DJe 20/11/2013), pacificou o entendimento de que não há direito à remarcação de provas de concurso público em razão de circunstâncias pessoais dos candidatos, exceto se previsto em edital. Ambas as Turmas de Direito Público desta Corte Superior têm acompanhado a orientação firmada na Excelsa Corte. Não obstante, em julgamento realizado em 21/11/2018, também sob a sistemática da repercussão geral, RE 1.058.333/PR, o Supremo Tribunal Federal, entendendo que o RE 630.733/DF não seria aplicável às candidatas gestantes, estabeleceu a seguinte tese: "É constitucional a remarcação do teste de aptidão física de candidata que esteja grávida à época de sua realização, independentemente da previsão expressa em edital do concurso público". Em seu voto, o min. rel. Luiz Fux destacou que "por ter o constituinte estabelecido expressamente a proteção à maternidade, à família e ao planejamento familiar, a condição de gestante goza de proteção constitucional reforçada. Em razão deste amparo constitucional específico, a gravidez não pode causar prejuízo às candidatas, sob pena de malferir os princípios da isonomia e da razoabilidade". Apesar da presente hipótese dos autos analisada não ser exatamente igual à analisada pelo Supremo Tribunal Federal, as premissas estabelecidas no novel julgado são plenamente aplicáveis in casu. Com efeito, a candidata, ao ser convocada para o Curso de Formação para o cargo de Agente penitenciário feminino, encontrava-se em licença maternidade, com apenas um mês de nascimento da sua filha, período em que sabidamente todas as mulheres estão impossibilitadas de praticar atividades físicas, estando totalmente voltadas para amamentação e cuidados com o recém-nascido. Nessa hipótese devem ser observados os direitos destacados em sede de julgamento do RE 1.058.333/PR, constitucionalmente protegidos (saúde, maternidade, família e planejamento familiar), merecendo a candidata lactante o mesmo amparo estabelecido pelo STF para as gestantes". (Informativo nº. 0645, STJ).*

---

14. MACIEL, Silvio. Discriminação de gravidez – Lei 9.029/1995. In: GOMES, Luiz Flávio; CUNHA, Rogério Sanches (Coord). *Legislação criminal especial*. 2. Ed. São Paulo: Editora Revista dos Tribunais, 2010, p. 209.
15. Neste sentido STF (RE 630.733-DF. Relator: Min. Gilmar Mendes): "Inexiste direito dos candidatos em concurso público à prova de segunda chamada nos testes de aptidão física, salvo contrária disposição editalícia, em razão de circunstâncias pessoais, ainda que de caráter fisiológico ou de força maior, mantida a validade das provas de segunda chamada realizadas até a data deste julgamento, em nome da segurança jurídica". "(...) tanto a Administração Pública quanto os candidatos estão vinculados às normas do edital, e verifico que a cláusula editalícia que proíbe a remarcação do teste de aptidão física para data diversa daquela prevista no edital em virtude de caso fortuito que atinja a higidez física do candidato não padece de inconstitucionalidade, mas, ao contrário, confere eficácia ao princípio da isonomia à luz dos postulados da impessoalidade e da supremacia do interesse público".

Em síntese é constitucional a remarcação de curso de formação para o cargo de agente penitenciário feminino de candidata que esteja lactante à época de sua realização, independentemente da previsão expressa em edital do concurso público.

Concurso de pessoas: Pelas regras dispostas na parte geral do Código Penal - art. 30, as circunstâncias e as condições de caráter pessoal não se comunicam, salvo quando elementares do crime. Dito isto, nada impede de terceiros virem a ser coautores ou partícipes do crime em tela, desde que praticado em concurso com os agentes descritos nos incisos do parágrafo único do art. 2º.

Art. 3º Sem prejuízo do prescrito no art. 2º desta Lei e nos dispositivos legais que tipificam os crimes resultantes de

II - a percepção, em dobro, da remuneração do período de afastamento, corrigida monetariamente e acrescida dos juros legais.

Comentários: O dispositivo em tela trata da possibilidade de sanções civis (reparação por dano moral) e trabalhistas (reintegração com ressarcimento integral ou a percepção em dobro da remuneração do período do afastamento)[16]. Por fim, o rompimento da relação de trabalho nos moldes desta lei está estampado no art. 1º, ou seja, por motivo de sexo, origem, raça, cor, estado civil, situação familiar, deficiência, reabilitação profissional, idade, entre outros.

Art. 5º Esta lei entra em vigor na data de sua publicação.

Comentários: a lei nº. 9.029/1995, foi publicada no Diário Oficial da União de 13 de abril de 1995 e nessa data entrou em vigor, não havendo período de *vacatio legis*.

Art. 6º Revogam-se as disposições em contrário.

Comentários: O artigo acima se trata de uma praxe legislativa. A lei nº. 9.029/1995 não revogou qualquer dispositivo. Melhor seria que toda vez que o legislador pretendesse revogar qualquer norma fizesse de forma expressa e não lacônica como na redação do artigo 6º.

BIBLIOGRAFIA

JAKUTIS, Paulo. **Manual de Estudo da Discriminação do Trabalho.** Estudos sobre Discriminação, Assédio Sexual, Assédio Moral e Ações Afirmativas, por meio de comparações entre o Direito do Brasil e dos Estados Unidos. São Paulo: LTr, 2006.

LAURIA, Mariano Paganini. Discriminação durante a gravidez – Lei nº. 9.029/1995. In: CUNHA, Rogério Sanches; PINTO, Ronaldo Batista; SOUZA, Renne do Ó (Coord). **Leis penais especiais comentadas.** 3. Ed. Salvador: Juspodivm, 2020.

MACIEL, Silvio. *Discriminação de gravidez – Lei 9.029/1995.* In: GOMES, Luiz Flávio; CUNHA, Rogério Sanches (Coord). **Legislação criminal especial.** 2. Ed. São Paulo: Editora Revista dos Tribunais, 2010.

MORAES, Alexandre de. **Direitos humanos fundamentais.** 5. Ed. São Paulo: Atlas, 2003.

NUCCI, Guilherme de Souza. **Leis penais e processuais penais comentadas:** volume 1.13. ed. Rio de Janeiro: Forense, 2020.

SIQUEIRA JUNIOR, Paulo Hamilton; OLIVEIRA, Miguel Augusto Machado de. **Direitos Humanos e cidadania.** 2. Ed. São Paulo: Editora Revista dos Tribunais, 2009.

16. Neste sentido já decidiu o TST: "(...) merecida a reintegração (dentro da compreensão hermenêutica da Lei nº. 9.029/95). Óbice do art. 896, § 7º, da CLT, e da Súmula 333 do TST ao fluxo do recuso de revista. **2. INDENIZAÇÃO POR DANO MORAL. EMPREGADO PORTADOR DE DOENÇA GRAVE. ESPONDILITE ANQUILOSANTE. DISPENSA DISCRIMINATÓRIA. CABIMENTO.** (Processo: ARR - 1544-50.2015.5.02.0023. Órgão Judicante: 3ª Turma. Relator: Alberto Luiz Bresciani de Fontan Pereira. Julgamento: 27/05/2020. Publicação: 29/05/2020. Tipo de Documento: Acordão).

8

LEI DE DROGAS

Lei 11.343/2006

WILLIAM GARCEZ

1. FUNDAMENTO CONSTITUCIONAL

A Constituição Federal (art. 5°, XLIII) preceitua que *"a lei considerará crimes inafiançáveis e insuscetíveis de graça ou anistia a prática da tortura, o **tráfico ilícito de entorpecentes e drogas afins**, o terrorismo e os definidos como crimes hediondos, por eles respondendo os mandantes, os executores e os que, podendo evitá-los, se omitirem".*

Esse dispositivo constitucional se apresenta como um **mandado de criminalização** e, quanto ao tráfico de drogas, sua determinação está atendida por meio da Lei 11.343/06, onde o legislador institui o Sistema Nacional de Políticas Públicas sobre Drogas (Sisnad) e, entre outras previsões, estabelece normas para repressão à produção não autorizada e ao tráfico ilícito de drogas.

Tráfico, terrorismo e tortura: São crimes *equiparados* a hediondos por interpretação do art. 5°, XLIII, da Constituição Federal. Portanto, não é correto dizer que *são* crimes hediondos.

2. INTRODUÇÃO

> **Art. 1º Esta Lei institui o Sistema Nacional de Políticas Públicas sobre Drogas - Sisnad; prescreve medidas para prevenção do uso indevido, atenção e reinserção social de usuários e dependentes de drogas; estabelece normas para repressão à produção não autorizada e ao tráfico ilícito de drogas e define crimes.**

O *caput* do artigo inaugural define as diretrizes da política nacional sobre drogas adotada no país, deixando claro que o principal objetivo é conferir tratamento jurídico diverso ao usuário e ao traficante. Nesse passo, entende-se que, enquanto o tráfico deve ser combatido pelo direito criminal, o uso indevido de drogas não deve ser visto como um problema de segurança, mas sim de saúde pública.

Esse objetivo da lei resta claro, ainda, em outros dispositivos, onde regulamenta a finalidade (art. 3°, I e II), os princípios (art. 4°, X), e os objetivos do Sistema Nacional de Política Públicas sobre Drogas. Veja-se:

> Art. 3º O Sisnad tem a finalidade de articular, integrar, organizar e coordenar as atividades relacionadas com:
>
> I - a prevenção do uso indevido, a atenção e a reinserção social de usuários e dependentes de drogas;
>
> II - a repressão da produção não autorizada e do tráfico ilícito de drogas.
>
> Art. 4º São princípios do Sisnad:
>
> X - a observância do equilíbrio entre as atividades de prevenção do uso indevido, atenção e reinserção social de usuários e dependentes de drogas e de repressão à sua produção não autorizada e ao seu tráfico ilícito, visando a garantir a estabilidade e o bem-estar social;
>
> Art. 5º O Sisnad tem os seguintes objetivos:
>
> III - promover a integração entre as políticas de prevenção do uso indevido, atenção e reinserção social de usuários e dependentes de drogas e de repressão à sua produção não autorizada e ao tráfico ilícito e as políticas públicas setoriais dos órgãos do Poder Executivo da União, Distrito Federal, Estados e Municípios;

Antes da vigência da Lei 11.343/06, o usuário estava sujeito a uma pena de detenção, de 06 meses a 02 anos, e pagamento de 20 a 50 dias-multa (Lei n° 6.368/76), conforme previa o art. 16 da Lei 6.368/76.

Agora, a lei impôs a política do desencarceramento do usuário, prevendo como sanções penais: advertência sobre os efeitos das drogas; prestação de serviços à comunidade; e medida de comparecimento a programa ou curso educativo.

3. CONCEITO DE DROGA

Leitura conjunta: A compreensão do conceito de droga depende de uma leitura conjunta do parágrafo único do art. 1° e do art. 66.

> **Art. 1º (...)**
>
> **Parágrafo único. Para fins desta Lei, consideram-se como drogas as substâncias ou os produtos capazes de causar dependência, assim especificados em lei ou relacionados em listas atualizadas periodicamente pelo Poder Executivo da União.**
>
> **Art. 66. Para fins do disposto no parágrafo único do art. 1º desta Lei, até que seja atualizada a terminologia da lista mencionada no preceito, denominam-se drogas substâncias entorpecentes, psicotrópicas, precursoras e outras sob controle especial, da Portaria SVS/MS nº 344, de 12 de maio de 1998.**

Comentários: O art. 1°, parágrafo único, refere que "consideram-se como drogas as substâncias ou os produtos capazes de causar dependência, assim especificados em lei ou relacionados em listas atualizadas periodicamente pelo Poder Executivo da União". Repare-se que não há um conceito fechado, de modo que a simples leitura do dispositivo não apresenta um conceito capaz de, por si, induzir a subsunção penal, pois o artigo não define quais são as *substâncias capazes de causar dependência*. Trata-se de uma *norma penal em branco*, sendo que a conceituação vai depender de outro ato normativo que lhe dê completude. Logo, o termo *droga* funciona como um *elemento normativo de todos os tipos penais da lei*. Nessa esteira, o parágrafo único do at. 1° deve ser lido em conjunto com o art. 66, segundo o qual "para fins do disposto no parágrafo único do art. 1º desta lei, até que seja atualizada a terminologia da lista mencionada no preceito, denominam-se drogas substâncias entorpecentes, psicotrópicas, precursoras e outras sob controle especial, da Portaria SVS/MS n° 344, de 12 de maio de 1998". Portanto, trata-se de *norma penal em branco heterogênea*, uma vez que sua complementação provém de fonte diversa da que a determinou. Assim, para saber se determinada substância se encaixa no *conceito jurídico de droga ilícita*, devemos verificar o conteúdo da Portaria n° 344 da Agência Nacional de Vigilância Sanitária. Registrada essa peculiaridade, atente-se para o fato de que, ainda que uma substância possa causar dependência física ou psíquica, não haverá tipicidade em nenhum artigo da lei 11.340/06 se ela não estiver elencada na referida portaria.

Droga: É elemento normativo de todos os tipos penais.

Norma penal em branco heterogênea: Para os fins criminais, o *conceito de drogas* é fornecido pela Portaria 344/98 da ANVISA.

Exame pericial: Estando a substância elencada na Portaria 344/98 da Agência Nacional de Vigilância Sanitária, não será necessário exame pericial à constatação de que *causa dependência*. Trata-se de presunção *iuris et iure*, que não admite contestação neste ponto. O exame pericial deverá ser necessário para outras finalidades, como natureza e quantidade da substância (STJ, HC 139.667).

4. PROIBIÇÃO DE DROGAS E RESSALVA

> **Art. 2º Ficam proibidas, em todo o território nacional, as drogas, bem como o plantio, a cultura, a colheita e a exploração de vegetais e substratos dos quais possam ser extraídas ou produzidas drogas, ressalvada a hipótese de autorização legal ou regulamentar, bem como o que estabelece a Convenção de Viena, das Nações Unidas, sobre Substâncias Psicotrópicas, de 1971, a respeito de plantas de uso estritamente ritualístico-religioso.**
>
> **Parágrafo único. Pode a União autorizar o plantio, a cultura e a colheita dos vegetais referidos no *caput* deste artigo, exclusivamente para fins medicinais ou científicos, em local e prazo predeterminados, mediante fiscalização, respeitadas as ressalvas supramencionadas.**

Regra: É proibido plantar, cultivar ou colher qualquer tipo de vegetal ou substrato de quais possa extrair ou produzir drogas.

Ressalva: Poderá haver permissão em apenas duas hipóteses, i.e., *plantas de uso estritamente ritualístico-religioso* e nos casos de *autorização legal ou regulamentar para fins medicinais ou científicos*.

Licença prévia: Por essa razão, o art. 31 contém a previsão de que "é *indispensável* a licença prévia da autoridade competente para produzir, extrair, fabricar, transformar, preparar, possuir, manter em depósito, importar, exportar, reexportar, remeter, transportar, expor, oferecer, vender, comprar, trocar, ceder ou adquirir, para qualquer fim, drogas ou matéria-prima destinada à sua preparação, observadas as demais exigências legais".

5. CRIMES DE PERIGO ABSTRATO

Os crimes desta lei, a exceção do art. 39 (conduzir embarcação ou aeronave após o consumo de drogas, expondo a dano potencial a incolumidade de outrem) são *crimes de perigo abstrato*, i.e., presumido, uma vez que se pune o risco à saúde pública por parte de que detém a droga. Nesses tipos penais o legislador não espera um resultado naturalístico decorrente da conduta, apenas descrevendo o comportamento penalmente punível. O que os leva a ter uma ligação umbilical com *crimes de mera conduta*.

Registre-se que há certa resistência de uma parcela minoritária da doutrina em admitir os crimes de perigo abstrato, por suposta ofensa ao *princípio da lesividade ou ofensividade*, segundo o qual qualquer conduta, para ser considerada criminosa, deve ofender um bem jurídico, i.e., provocar efetiva *lesão* ou, então, ao menos um *perigo concreto*, que deve restar provado. Essa corrente doutrinária tem o entendimento de que a mera conduta não deveria ter relevância penal e que, em razão disso, esses crimes seriam inconstitucionais.

Entretanto, o Supremo Tribunal Federal já teve a oportunidade de se manifestar sobre o tema, tendo assentado entendimento de que os *crimes de perigo abstrato são constitucionais* (HC 109.269). Argumenta-se que "a criação de crimes de perigo abstrato não representa, por si só, comportamento inconstitucional por parte do legislador penal, sendo que a tipificação de condutas que geram perigo em abstrato, muitas vezes, acaba sendo a melhor alternativa ou a medida mais eficaz para a proteção de bens jurídico-penais supraindividuais ou de caráter coletivo, como, v.g., o meio ambiente, a saúde etc." (HC 102.087).

Calcado nessa premissa, tem-se que "o legislador pode, dentro de suas amplas margens de avaliação e de decisão, definir quais as medidas mais adequadas e necessárias para a efetiva proteção de determinado bem jurídico, o que lhe permite escolher espécies de tipificação próprias de um direito penal preventivo. Apenas a atividade legislativa que, nessa hipótese, transborde os limites da proporcionalidade, poderá ser tachada de inconstitucional (STF, HC 104.410).

Caminhou bem a jurisprudência do Supremo Tribunal Federal, pois os crimes de perigo abstrato *tutelam bens jurídicos que afetam toda a coletividade*, não possuindo, em regra, uma vítima específica, como costumeiramente se verifica no modelo de punição criminal clássico. A sociedade está em constante evolução e com ela a criminalidade. Não há como se conceber que o legislador somente possa reprimir condutas após a *exposição concreta a perigo* ou a *efetiva lesão* do objeto jurídico, sob pena *de proteção deficiente.*

Não há outra forma de se promover a tutela penal de *bens jurídicos desmaterializados*, senão por meio dos *crimes de perigo abstrato*. Nesse passo, ou o legislador age dessa forma e tutela bens como a saúde pública, o meio ambiente, etc., ou deixa a sociedade a mercê de condutas potencialmente perigosas, sob o pretexto da liberdade de ação.

Desmaterialização dos bens jurídicos: Se relaciona à proteção de bens jurídicos que tutelam a coletividade, tipificando crimes de perigo abstrato. A doutrina moderna também utiliza a expressão *espiritualização dos bens jurídicos.*

6. PRINCÍPIO DA INSIGNIFICÂNCIA

Diante dos argumentos lançados no tópico anterior, há entendimento doutrinário no sentido de que não se aplica o princípio da insignificância em crimes de perigo abstrato. Essa premissa, entretanto, vem sendo relativizada com o passar do tempo, não se tratando mais de uma verdade absoluta. Hoje, pode-se dizer que, em regra, não se aplica o princípio da insignificância em crimes de perigo abstrato, mas, de forma excepcional, poderá haver a aplicação.

As cortes superiores já decidiram, em algumas oportunidades que o princípio da insignificância é inaplicável ao crime de porte de drogas para consumo pessoal, pois, além de ser crime de perigo abstrato, a reduzida quantidade da droga é da própria natureza do crime de porte de entorpecentes para uso próprio (STJ, HC 181.486). O mesmo raciocínio se elaborou a respeito do crime de tráfico de drogas, quando categoricamente se estabeleceu que o postulado seria incompatível com a prática a traficância, pouco importando a quantidade de droga (STF, HC 129.489).

O entendimento acima referido está de acordo com os padrões do direito penal clássico, pois os crimes dos arts. 28 e 33 da Lei 11.343/06, descrevem condutas de perigo abstrato, punindo o risco presumido gerado à saúde pública, representado por quem detém a droga.

Ocorre que, o penalista moderno não se contenta somente com a tipicidade formal da conduta, perquirindo sobre a tipicidade material, pois a tipicidade penal não pode ser percebida com o corriqueiro exercício de subsunção do fato concreto à norma abstrata. Nesse sentido, além da previsão de tipificação formal, para a efetiva configuração da tipicidade, é necessária uma análise material de valoração das circunstâncias de cada caso para se verificar a ocorrência de lesão penalmente relevante ao bem jurídico tutelado.

Nesse viés, tem-se que o princípio da insignificância "reduz o âmbito de proibição aparente da tipicidade legal e, por consequência, torna atípico o fato na seara penal, apesar de haver lesão a bem juridicamente tutelado pela norma penal" (STF, HC 104.403). Tendo em vista esse entendimento, o Supremo Tribunal Federal já aplicou o princípio da insignificância em vários casos onde as condutas tipificadas se apresentavam como crimes de perigo abstrato, tais como, porte de droga para uso pessoal (HC 110.475), porte de munição de uso permitido (HC 133.984), crimes ambientais (HC 112.563).

Registre-se que, como paradigma de sua aplicação, o Supremo tribunal Federal entende que "o princípio da insignificância – que deve ser analisado em conexão com os postulados da fragmentariedade e da intervenção mínima do Estado em matéria penal – tem o sentido de excluir ou de afastar a própria tipicidade penal, examinada na perspectiva de seu caráter material. Doutrina, Tal postulação – que considera necessária, na aferição do relevo material da tipicidade penal, a presença de certos vetores tais como (a) a mínima ofensividade da conduta do agente, (b) a nenhuma periculosidade social da ação, (c) o reduzidíssimo grau de reprovabilidade do comportamento e (d) a inexpressividade da lesão jurídica provocada – apoiou-se, em seu processo de formulação teórica, no reconhecimento de que o caráter subsidiário do sistema penal reclama e impõe, em função dos próprios objetivos por ele visados, a intervenção mínima do Poder Público" (HC 84.812).

Após essa decisão paradigmática do Supremo Tribunal Federal, onde parece terem se fixado requisitos que devem ser avaliados para a aplicação do princípio da insignificância, o Superior Tribunal de Justiça passou a seguir a mesma linha de pensamento (HC 145.963).

Em que pese a clareza da decisão do Supremo Tribunal Federal, ponderamos que, quando se trata de valoração do risco de bens jurídicos materiais, entendidos com aqueles afetos à pessoa individualmente considerada, a verificação dos requisitos preconizados não é tarefa tão difícil. Entretanto, quando a análise que deve ser feita envolve a valoração do risco a um bem jurídico desmaterializado, não se trata de tarefa fácil.

O crime de perigo abstrato tipifica o risco que uma conduta pode gerar a bens jurídicos supraindividuais sob uma análise anterior, estabelecida no próprio tipo penal. Dessa forma, ao antever o risco, o legislador pondera os impactos trazidos pela denominada sociedade de risco, antecipando a tutela de bens jurídicos coletivos. É exatamente por essa razão que existem os crimes de perigo abstrato.

Logo, se o legislador antecipou a punição, é porque o risco ao bem jurídico coletivo está identificado, razão pela qual o Superior Tribunal de Justiça já definiu que "a possibilidade de incidência do princípio da insignificância não pode levar à situação de proteção deficiente ao bem jurídico tutelado. Portanto, não se deve abrir muito o espectro de sua incidência" (HC 446.915).

Dessa forma, as cortes superiores, ainda que aceitem a relativização da proibição geral de aplicação do princípio da insignificância aos crimes de perigo abstrato, não aplicam o postulado em alguns casos, como, por exemplo, porte de arma de fogo (STF, HC 102.087), contrabando (STF, HC 110.964), tráfico de drogas (STJ, HC 195.985).

Como se verifica pelas decisões referidas, não há mais uma regra estanque acerca da impossibilidade de aplicação do princípio da insignificância aos crimes de perigo abstrato. A questão tornou-se mais nebulosa ainda quando, o Supremo Tribunal Federal aplicou o princípio da insignificância ao crime de tráfico de drogas (HC 127.573). Nessa ocasião, o min. Gilmar Mendes, em seu voto, registrou que:

> (...) O princípio da insignificância (das *Geringfügigkeitsprinzip*), ora em debate, nada mais é do que um critério dogmático a ser empregado no âmbito de análise da tipicidade material (ROXIN, Claus. AT, I, Rn. 38,40, 2006) Em uma leitura conjunta do princípio da ofensividade com o princípio da insignificância, estaremos diante de uma conduta atípica quando a conduta não representar, pela irrisória ofensa ao bem jurídico tutelado, um dano (nos crimes de dano), uma certeza de risco de dano (nos crimes de perigo concreto) ou, ao menos, uma possibilidade de risco de dano (nos crimes de perigo abstrato), conquanto haja, de fato, uma subsunção formal do comportamento ao tipo penal. Em verdade, não haverá crime quando

o comportamento não for suficiente para causar um dano, ou um perigo efetivo de dano, ao bem jurídico – quando um dano, ou um risco de dano, ao bem jurídico não for possível diante da mínima ofensividade da conduta. No caso em comento, não existem óbices para que se aplique o princípio da insignificância, já que a ofensividade da conduta da paciente é tão irrisória, que fica descartada a possibilidade de um risco de dano ao bem jurídico tutelado pela norma jurídico-penal. O comportamento da paciente não é capaz de lesionar ou colocar em perigo o bem jurídico protegido pelo art. 33, *caput*, da Lei 11.343/2006. A quantidade de 1 grama de maconha é tão pequena, que a sua comercialização não é capaz de lesionar, ou colocar em perigo, a paz social, a segurança ou a saúde pública, sendo afastada a tipicidade material do tipo penal de tráfico de entorpecentes. Trata-se de um caso exemplar em que não há qualquer demonstração da lesividade material da conduta, a pesar da subsunção desta ao tipo formal. Ante o exposto, nos termos do art. 192 do RISTF, concedo a ordem para considerar a atipicidade material da conduta[1].

Portanto, atualmente, de acordo com o entendimento jurisprudencial coalescido, não há uma definição absoluta sobre a aplicação, ou não, do princípio da insignificância aos crimes de perigo abstrato.

7. CRIMES PERMANENTES

Os *crimes permanentes*, segundo Cleber Masson[2], "são aqueles em que a consumação se protrai no tempo, por vontade do agente", i.e., para a sua consumação é necessário que a situação contrária ao direito se mantenha. O crime de sequestro ou cárcere privado (art. 148, CP) é o exemplo mais comum trazido pela doutrina.

Nesses casos, a ofensa ao bem jurídico protegido pela norma se dá de maneira constante, podendo ser cessada de acordo com a vontade do sujeito ativo. Diferem-se, portanto, dos *crimes instantâneos*, conceituados como aqueles cuja consumação se dá em um momento determinado, razão pela qual também são chamados de crimes de consumação imediata, como, por exemplo, o crime de furto (art. 155, CP). Há ainda os *crimes instantâneos de efeitos permanentes*, que são aqueles cujos efeitos subsistem após a consumação[3], independente da vontade do agente, tal como ocorre no crime de homicídio (art. 121, CP).

O presente estudo é importante na Lei 11.343/06, porque, de acordo com as circunstâncias, crimes como o porte de drogas para uso pessoal (art. 28) ou o tráfico de drogas genuíno (art. 33), poderão ser tanto *crimes instantâneos*, quanto *crimes permanentes*, a depender do verbo nuclear executado pelo agente.

É consenso doutrinário e jurisprudencial que, nos núcleos *ter em depósito, transportar, trazer consigo* e *guardar*, ambos os crimes, de porte para uso e tráfico, serão considerados crimes permanentes. O mesmo se diga de o núcleo *expor à venda*, no caso do tráfico de drogas. Essa diferença é de suma importância para fins penais e processuais, pois existem consequências jurídicas diversas a cada espécie, sendo que, no que tange aos *crimes permanentes*, as normas de sua regência são sempre mais gravosas ao agente.

Nos crimes permanentes a *situação de flagrância* se perdura durante todo o tempo em que o agente se mantiver no desempenho do verbo nuclear, i.e., o agente está em *constante situação de flagrante delito*, conforme dispõe o art. 303 do Código de Processo Penal (STJ, RHC 80.559).

Outra regra de direito material que desfavorece o agente, é que nos crimes permanentes a *prescrição* só começa a correr a partir do dia em que cessar a permanência, conforme preconiza o art. 111, inc. III, do Código Penal. Em outras palavras, o início da contagem do prazo prescricional só ocorre quando cessar a agressão ao bem jurídico.

Ainda, há que se observar que, conforme a súmula 711 do STF, no caso de *sucessão de leis no tempo*, "a lei penal mais grave é aplicável ao crime permanente, se sua vigência é anterior à cessação da permanência". Portanto, sendo o bem jurídico violado de forma contínua e duradoura, renovando-se, a cada momento, a consumação, eventual alteração legislativa, ainda que se apresente como *lex gravior*, deverá ser aplicada ao fato.

E, finalmente, anote-se que, nos crimes permanentes, é *dispensável a expedição de mandado de busca e apreensão domiciliar quando houver flagrante*, pois, segundo a Constituição Federal (art. 5º, inc. XI), "a casa é asilo inviolável do indivíduo, ninguém nela podendo penetrar sem consentimento do morador, salvo em caso de flagrante delito ou desastre, ou para prestar socorro, ou, durante o dia, por determinação judicial".

1. STF, HC 127.573, rel. min. Gilmar Mendes,DJ 25/11/2019.
2. MASSON, Cleber. Direito penal esquematizado – parte geral, vol. 1. 3ª edição. Rio de Janeiro: Forense; São Paulo: Método, 2010, p. 178.
3. MASSON, Cleber. *loc. cit.*

Nesse ponto, ganha especial relevo o crime de tráfico (art. 33), pois o agente que *guarda* ou *tem em depósito* a droga, diante da constante situação de flagrância, está sujeito ao ingresso de policiais em sua residência independente de autorização judicial.

Há que se observar, entretanto, a emblemática decisão do Supremo Tribunal Federal, em sede de repercussão geral, no julgamento do RE 603.616, quando, conferindo legitimidade ao ingresso em residência, independentemente de ordem judicial, acenou os limites aos quais essa prática esta sujeita. Veja-se:

> A entrada forçada em domicílio sem mandado judicial só é lícita, mesmo em período noturno, quando amparada em fundadas razões, devidamente justificadas "a posteriori", que indiquem que dentro da casa ocorre situação de flagrante delito, sob pena de responsabilidade disciplinar, civil e penal do agente ou da autoridade, e de nulidade dos atos praticados. Essa a orientação do Plenário, que reconheceu a repercussão geral do tema e, por maioria, negou provimento a recurso extraordinário em que se discutia, à luz do art. 5º, XI, LV e LVI, da Constituição, a legalidade das provas obtidas mediante invasão de domicílio por autoridades policiais sem o devido mandado de busca e apreensão. O acórdão impugnado assentara o caráter permanente do delito de tráfico de drogas e mantivera condenação criminal fundada em busca domiciliar sem a apresentação de mandado de busca e apreensão. A Corte asseverou que o texto constitucional trata da inviolabilidade domiciliar e de suas exceções no art. 5º, XI ("a casa é asilo inviolável do indivíduo, ninguém nela podendo penetrar sem consentimento do morador, salvo em caso de flagrante delito ou desastre, ou para prestar socorro, ou, durante o dia, por determinação judicial"). Seriam estabelecidas, portanto, quatro exceções à inviolabilidade: a) flagrante delito; b) desastre; c) prestação de socorro; e d) determinação judicial. A interpretação adotada pelo STF seria no sentido de que, se dentro da casa estivesse ocorrendo um crime permanente, seria viável o ingresso forçado pelas forças policiais, independentemente de determinação judicial. Isso se daria porque, por definição, nos crimes permanentes, haveria um interregno entre a consumação e o exaurimento. Nesse interregno, o crime estaria em curso. Assim, se dentro do local protegido o crime permanente estivesse ocorrendo, o perpetrador estaria cometendo o delito. Caracterizada a situação de flagrante, seria viável o ingresso forçado no domicílio. Desse modo, por exemplo, no crime de tráfico de drogas (Lei 11.343/2006, art. 33), estando a droga depositada em uma determinada casa, o morador estaria em situação de flagrante delito, sendo passível de prisão em flagrante. Um policial, em razão disso, poderia ingressar na residência, sem autorização judicial, e realizar a prisão. Entretanto, seria necessário estabelecer uma interpretação que afirmasse a garantia da inviolabilidade da casa e, por outro lado, protegesse os agentes da segurança pública, oferecendo orientação mais segura sobre suas formas de atuação. Nessa medida, a entrada forçada em domicílio, sem uma justificativa conforme o direito, seria arbitrária. Por outro lado, não seria a constatação de situação de flagrância, posterior ao ingresso, que justificaria a medida. Ante o que consignado, seria necessário fortalecer o controle "a posteriori", exigindo dos policiais a demonstração de que a medida fora adotada mediante justa causa, ou seja, que haveria elementos para caracterizar a suspeita de que uma situação a autorizar o ingresso forçado em domicílio estaria presente. O modelo probatório, portanto, deveria ser o mesmo da busca e apreensão domiciliar — apresentação de "fundadas razões", na forma do art. 240, §1º, do CPP —, tratando-se de exigência modesta, compatível com a fase de obtenção de provas. Vencido o Ministro Marco Aurélio, que provia o recurso por entender que não estaria configurado, na espécie, o crime permanente[4].

Portanto, não há dúvidas sobre a possibilidade e legitimidade do ingresso policial em residência particular, ainda que sem ordem judicial, quando no seu interior há um crime sendo praticado. O ponto nevrálgico a se verificar é em que consistem as *fundadas razões* para tanto. Sobre esse aspecto, enfatizamos que a expressão contempla uma ampla variação de significados, devendo o aplicador da lei buscar parâmetros de interpretação mais concretos para completar a "vagueza" da expressão.

O que se pode estabelecer como parâmetro de orientação é que as fundadas razões não se confundem com a *certeza do crime*, mas também não se perfazem com a *mera intuição*. Logo, cada caso deve ser analisado detalhadamente, a fim de se garantir que o ingresso na residência se dê dentro dos limites legais, de modo que a prova eventualmente obtida com a diligência possa ser legitimamente utilizada na persecução criminal.

A jurisprudência tem sedimentado, pouco a pouco, o entendimento daquilo que pode, ou não, ser considerada uma fundada razão. Já se decidiu que a fuga de abordagem (STJ, REsp 1.574.681), a denúncia anônima (STJ, HC 496.420), a denuncia anônima aliada a posterior fuga (STJ, RHC 89.853), a utilização de cão farejador, sem existência de investigação (STJ, HC 566.818) e a "fama de traficante" (STJ, RHC 126.092), por exemplo, não podem ser consideradas justa causa para o ingresso na residência, não devendo, assim, serem usadas como forma de justificar o ingresso na residência sem mandado judicial.

Por outro lado, já decidiu que a fuga de usuários para dentro da casa do traficante (STJ, AgRg no HC

4. STF, RE 603.616, Rel. Min. Gilmar Mendes, DJ 05/11/2015.

513.953), a confissão do agente no sentido de que guarda droga em casa (STJ, AgRg no HC 470.291), a dispensa de objeto pela janela avistada por agente policial (STJ, RHC 106.970), o forte cheiro de maconha (STJ, HC 423.838), a denúncia anônima procedida da certeza visual pelo agente policial (STJ, 1.714.910), a fuga da polícia aliada ao cheiro de maconha (STJ, HC 457.368), denúncia anônima seguida de monitoramento (STJ, HC 437.178) são circunstâncias capazes de autorizar o ingresso na residência, ainda que sem autorização judicial.

8. TEORIA DA SERENDIPIDADE

Serendipidade significa o encontro fortuito de provas, relativamente a fato diferente daquele que é objeto de determinada investigação. Esse instituto se verifica, assim, nos casos em que o investigador sai em busca de uma coisa e acaba por encontrar outra.

Nesse caso, segundo parece predominar na doutrina, a validade dessa prova obtida de modo ocasional, vai depender de duas circunstâncias, i.e., da forma como foi realizada a diligência que originou a descoberta e da existência de conexão ou continência entre o crime originário e o crime descoberto[5]. É dizer: em um primeiro momento, deve-se analisar se a diligência ocorreu dentro dos limites da lei e, em um segundo momento, se há relação entre os fatos.

O encontro fortuito de provas é matéria que possui relevância em todos os crimes, pois se trata de obtenção de provas, mas ganha especial relevo no caso dos crimes da lei de drogas, pois, nesses casos, geralmente, se utilizam três métodos investigativos que propiciam o encontro fortuito de provas, i.e., mandado de busca e apreensão, interceptações telefônicas e extração de dados de telefones.

Nestor Távora e Fábio Roque Araújo[6], citando o escólio do professor Luiz Flávio Gomes, esclarecem que o fenômeno da serendipidade, pode ocorrer de várias formas, comportando sua classificação em serendipidade subjetiva e objetiva.

A *serendipidade subjetiva* se verifica nos casos em que, no decorrer de uma diligência, se descobre a participação de outros agentes no mesmo crime (continência). Esse elemento descoberto, inquestionavelmente, será válido, podendo ser utilizado como prova no processo penal.

A *serendipidade objetiva* se verifica nos casos em que, no decorrer da diligência, se descobre a existência de outras infrações. Nesse caso, a validade da prova obtida fortuitamente vai depender da existência de nexo entre os crimes (conexão). Nesse passo, se o crime apurado tiver relação com o crime descoberto, o elemento obtido fortuitamente será válido e poderá ser utilizado como prova. Essa espécie é chamada de *serendipidade objetiva de primeiro grau.*

Entretanto, se o crime apurado, que originou a diligência, não tiver relação com o crime descoberto, o elemento obtido fortuitamente não será válido como prova no processo penal, devendo ser utilizado como *notitia criminis* do fato novo, autorizando a instauração de nova investigação. Essa espécie é chamada de *serendipidade objetiva de segundo grau.*

Como exemplo, imagine-se a hipótese em que, durante investigação criminal relacionada ao crime de tráfico, a polícia judiciária, cumprindo mandado judicial de busca, com a finalidade de apreender drogas, encontra, ocasionalmente, elementos de informações (fotografias e documentos) que apontam à existência do crime de prostituição infantil. Esses elementos, obtidos fortuitamente, não podem ser utilizados como prova, a legitimar por si uma condenação, mas podem ser utilizados como *notitia criminis* para instaurar novo inquérito policial. Entretanto, se, no mesmo contexto, a polícia encontra, ocasionalmente, documentos que apontam à existência do crime de lavagem de dinheiro, relativamente ao tráfico, esses elementos devem ser considerados válidos como meios de prova.

A classificação acima esboçada é extremamente inteligente quanto aos termos e definições, entretanto, para nós, peca quanto à conclusão. Explicamos: no que se refere ao *encontro fortuito de provas,* entendemos *que* o único requisito que deve ser exigido para que o elemento obtido seja válido como prova é a *forma como foi produzido.*

Essa limitação de validade pela conexão é desproporcional, impondo um ônus desnecessário ao Estado, se a prova já foi obtida dentro das formalidades legais, ainda que de modo fortuito. Logo, se a diligência que resultou no encontro ocasional foi praticada dentro dos limites da lei, atendendo todas as formalidades necessárias, o elemento obtido deve ser aceito como prova, *independente de existir ou não conexão entre os fatos.*

5. Lima, Renato Brasileiro de. Código de Processo Penal comentado – 2ª edição. Salvador: Juspodivm, 2017, p. 546-547.
6. TAVORA, Nestor; Araújo, Fábio Roque. Código de Processo Penal comentado – 11ª edição. Salvador: Juspodivm, 2020, p. 411.

Assim, se no cumprimento de um mandado de busca e apreensão, relativamente ao crime de tráfico, a polícia localizar documentos que apontam para a prática de um crime de corrupção ativa, por exemplo, praticado pelo agente, esse elemento poderá ser utilizado como prova. O mesmo raciocínio deve ser aplicado, por exemplo, se, no curso de uma interceptação telefônica de tráfico de drogas, a polícia interceptar áudio onde se determina a prática de um homicídio. Parece-nos óbvio que esse elemento é válido como meio de prova do crime, caso este venha a se realizado, ainda que não tenha nenhuma relação com o tráfico.

Em não se admitindo esses elementos (obtidos validamente) como prova, mas como *notitia criminis* a justificar nova investigação, está-se obrigando o Estado-investigação e o estado-acusação a provar aquilo que já está provado. E, ao que tudo indica, esse é o entendimento que tem prevalecido na Suprema Corte, onde se encontra jurisprudência no sentido de que "nas interceptações telefônicas validamente determinadas é passível a ocorrência da serendipidade, pela qual, de forma fortuita, são descobertos crimes que não eram objetos da investigação inicial" (STF, HC 106.152 e HC 137.438).

No mesmo sentido, já se decidiu que "o crime achado, i.e., a infração penal desconhecida e, portanto, até aquele momento não investigada, sempre deve ser cuidadosamente analisada para que não se relativize em excesso o art. 5º, XII, da CF. A prova obtida mediante interceptação telefônica, quando referente a crime diverso do investigado, deve ser considerada lícita se presentes os requisitos constitucionais e legais" (STF, HC 129.678).

Nesse julgado, a interceptação telefônica decretada para investigar crime diverso foi admitida como prova de um homicídio, o qual não tinha relação com o crime originariamente investigado, tendo o julgado asseverado que "a prova é considerada lícita, mesmo que o crime achado não tenha relação (não seja conexo) com o delito que estava sendo investigado, desde que tenham sido respeitados os requisitos constitucionais e legais e desde que não tenha havido desvio de finalidade ou fraude".

Portanto, ainda que não exista conexão entre os fatos é possível que a prova encontrada fortuitamente seja utilizada, uma vez que "tal fato não retira, de modo algum, a regularidade dos atos investigatórios, pois não se pode esperar ou mesmo exigir que a autoridade policial, no momento em que dá início à investigação saiba exatamente o que irá encontrar, definindo, de antemão, quais são os crimes configurados" (STJ, REsp 187.189).

Registre-se que o entendimento contrário, exigindo o nexo causal, conduziria a situações absurdas. Hipoteticamente, imagine-se a hipótese em que a polícia judiciária cumpre mandado de busca e apreensão, por exemplo, por crime de furto, para localizar o objeto subtraído, mas, durante a diligência encontra grande quantidade de droga e maquinário, apontando cenário de traficância. Exigindo-se o nexo causal, esses elementos não poderiam ser usados como prova, mas apenas como *notitia crimins* para uma nova investigação.

E não se diga que essa situação é diferente porque se trata de crime permanente, pois o que se está analisando é a *forma como a prova foi encontrada*. No caso, a polícia tinha mandado de busca para apreender *objeto de furto* e, não fosse o mandado de busca para aquela finalidade, a polícia não teria ingressado no local, diante da garantia constitucional da inviolabilidade do domicílio. Utilizar-se o argumento de "ser crime permanente", neste caso, serve apenas para excepcionar uma regra criada sem qualquer razão de ser.

Mais uma vez, este é o entendimento do Supremo Tribunal Federal, o qual já decidiu que "é lícita a apreensão, em escritório de advocacia, de drogas e de arma de fogo, em tese pertencente a advogado, ainda que o mandado de busca e apreensão tenha sido expedido para apreender arma supostamente pertencente a estagiário do escritório, e não ao advogado" (RHC. 39.412).

Nessa decisão, esclareceu-se que "os policiais estavam autorizados a ingressar no escritório de advocacia por meio de mandado regularmente expedido, e a determinação de busca e apreensão se deu para o endereço profissional do investigado e não para uma sala ou mesa específica. (...) Contraria a razoabilidade exigir-se dos policiais envolvidos na diligência que fingissem não ter visto os crimes, para solicitar, posteriormente, um mandado específico de busca e apreensão para o escritório do advogado".

Em suma, a teoria da serendipidade se relaciona com a descoberta ocasional de provas. Esse fenômeno pode ser comparado ao instituto do *resultado diverso do pretendido*, já que o agente da diligência quer um resultado, mas obtém outro. Nesses casos, se a diligência que viabilizou o encontro fortuito atendeu todos os pressupostos legais, esse elemento pode ser utilizado como prova.

9. POSSE DE DROGAS PARA CONSUMO PESSOAL

Art. 28. Quem adquirir, guardar, tiver em depósito, transportar ou trouxer consigo, para consumo pessoal, drogas sem autorização ou em desacordo com determinação legal ou regulamentar será submetido às seguintes penas:

Elementos nucleares do tipo: *adquirir* (obter a propriedade a título oneroso ou gratuito); *guardar* (tomar conta de algo); *ter em depósito* (manter a droga em algum local); *transportar* (conduzir de um local para outro); *trazer consigo* (portar, conduzir junto de si).

Guardar e ter em depósito: Os dois núcleos parecem ter o mesmo significado, entretanto, esclarecemos que a conduta de *ter em depósito* refere-se à livre disposição da droga pelo próprio agente e a conduta de *guardar* refere-se à ocultação da droga para o beneficiamento de terceiro.

Transportar e trazer consigo: Os núcleos parecem ter o mesmo significado, entretanto, frisamos que a conduta de *transportar*, implica na condução da droga em algum meio de transporte e a conduta de *trazer consigo*, refere-se ao porte da droga junto ao corpo.

Objeto jurídico: Saúde pública.

Objeto material: Droga.

Elemento subjetivo: É o dolo. Ainda, o tipo pressupõe um elemento subjetivo específico, i.e., os verbos devem ser praticados *para consumo próprio*. Não se admite a modalidade culposa. Diante da necessidade do especial fim de agir, é classificado como um *tipo penal incongruente* ou *assimétrico*.

Elemento normativo: Encontra-se na expressão *sem autorização ou em desacordo com determinação legal ou regulamentar*. Trata-se de expressão que afastaria a ilicitude da conduta, no entanto, como está inserida no tipo penal, acaba por se tornar elemento do fato típico. Logo, havendo a referida autorização, a conduta será atípica.

Sujeito ativo: Qualquer pessoa.

Sujeito passivo: É a coletividade.

Crime instantâneo: Na modalidade *adquirir* o crime se consuma no momento da *negociação* entre o usuário e o traficante.

Crime permanente: Nos demais, *guardar, ter em depósito, trazer consigo* e *transportar* a consumação se protrai no tempo. Remetemos à leitura do ponto 7, onde analisamos essa modalidade de crime de forma específica.

Tentativa: É possível.

Na modalidade *adquirir*, porém, esclarecimentos precisam ser feitos. O primeiro deles é sobre o *momento em que efetivamente ocorre a aquisição*. Há quem sustente que a aquisição se dá no momento do recebimento da droga. Não concordamos com esse entendimento. Ainda que se trate uma transação ilícita, cumpre asseverar que as transações comerciais de compra e venda, nos termos da legislação civil (art. 482, CC), se aperfeiçoam com o *acordo de vontades* entre o vendedor e o comprador. Ou seja, a aquisição se perfectibiliza com a *concretização da negociação*, não com a entrega da droga. Portanto, se o usuário entra em contato com o traficante, concretiza a negociação, e, no ato do recebimento, é abordado pela polícia, que, mediante interceptação telefônica, monitorou a negociação, *o crime está consumado*, pois ele já havia adquirido a droga. Há quem sustente que, nesse caso, se estaria diante de crime tentado, porque não houve o recebimento da droga. Com a devida vênia a quem pensa dessa forma, entendemos que há grave equívoco. A tentativa se verifica, por exemplo, na hipótese em que o usuário se dirige à boca de fumo de um conhecido traficante e, *durante a aquisição da droga*, é surpreendido pela ação da polícia, *sem concretizar a negociação*. Logo, é possível configurar-se a tentativa na modalidade *adquirir*, realisticamente falando.

Punição da tentativa: Diante da não previsão de pena privativa de liberdade para o crime em questão, juridicamente falando, não há como se aplicar a regra estabelecida no art. 14, parágrafo único, do Código Penal, o qual estabelece que "salvo disposição em contrário, pune-se a tentativa com a pena correspondente ao crime consumado, diminuída de um a dois terços". Dessa forma, entendemos que o juiz deverá pautar-se por um critério de razoabilidade na aplicação da pena.

Crime de ação múltipla: Possui várias formas de execução. Porém, a prática de mais de um verbo nuclear (realização de mais de uma conduta típica), no mesmo contexto fático, caracteriza crime único. Assim, o agente que adquire a droga, leva consigo e guarda, não estará praticando três crimes, mas apenas um. O crime de ação múltipla é também chamado de *tipo misto alternativo* ou de *conteúdo variado*.

Natureza jurídica do art. 28: É crime.

Ainda que quando da vigência da lei tenham surgido diversas teorias explicando a natureza jurídica do art. 28, diante da não previsão de pena privativa de liberdade pelo legislador, fixou-se no STF (RE 430.105) e no STJ (HC 339.592) o entendimento de que a conduta continua sendo crime, tendo se operado apenas a *despenalização.* Uma parte minoritária da doutrina sustentou a *descriminalização* da conduta, referindo que o art. 1° da Lei de Introdução ao Código Penal estabelece que "considera-se crime a infração penal que a lei comina pena de reclusão ou de detenção, quer isoladamente, quer alternativa ou cumulativamente com a pena de multa; contravenção, a infração penal a que a lei comina, isoladamente, pena de prisão simples ou de multa, ou ambas, alternativa ou cumulativamente". Assim, para essa corrente, não havendo pena de reclusão, nem detenção, não haveria crime. Ocorre que o art. 5°, XLVI, da Constituição Federal, determina que "a lei regulará a individualização da pena e adotará, entre outras, as seguintes, privação ou restrição da liberdade; perda de bens; multa; prestação social alternativa; suspensão ou interdição de direitos". Portanto, em que pese a redação do art. 1° da Lei de Introdução ao Código Penal, é possível que existam crimes sem cominação de pena de reclusão ou detenção. Ademais, o art. 28 está inserido no capítulo II, o qual o legislador se refere como "dos crimes e das penas" e, em arremate, quando estabelece as regras do procedimento a ser adotado na espécie, se refere ao Juizado Especial Criminal (art. 48, §1°). Logo, não restam dúvidas que a conduta continua sendo crime. Frisamos, por oportuno, que outra vertente doutrinária sustenta não ter se operado a descriminalização ou a despenalização da conduta, mas apenas a *descarcerização ou desprisionalização.* Com a devida vênia aos entendimentos em sentido contrário, essa nos parece ser a melhor definição para o artigo em comento. É que, em que pese a posição adotada pelo STF no RE 430.105, não houve verdadeiramente a despenalização da conduta do porte para uso, pois, ainda que não haja pena privativa de liberdade, as sanções estabelecidas têm natureza jurídica de pena (STJ, REsp 1.672.654), sendo verdadeiras sanções criminais. Ora, se há penas previstas, não houve a despenalização. Registre-se que qualquer sanção de natureza penal imposta ao indivíduo é uma forma de coerção. (STJ, REsp 1.059.040).

O uso de drogas: Tecnicamente, a lei não proíbe o uso de drogas, pois o verbo *usar* não faz parte da estrutura nuclear do tipo penal. O enquadramento típico do usuário, via de regra, se dá na modalidade de *trazer consigo.* Nesse passo, o agente que permite que um amigo lhe injete droga nas veias não pratica crime. O mesmo se diga do agente que recebe a droga de terceiro, para consumo próprio, e a consome imediatamente (STF, HC 79.189).

O uso pretérito: O verbo *usar* não faz parte do tipo. Logo, se o uso da droga não constitui crime, logicamente o uso pretérito também não constituirá.

Coautoria: É possível. Ocorrerá sempre que duas ou mais pessoas adquirem a droga para uso conjunto. Repare-se que, nesse caso, pouco importa se apenas um dos agentes traz consigo a droga que será consumida por todos. O que deve ser verificado é o acordo de vontades na *finalidade* da aquisição da droga, de modo que *todos os agentes efetuam a compra da droga*, individualmente e para uso pessoal. Deve-se ter cuidado, nessas circunstâncias, para a correta distinção da *coautoria no art. 28* para o *crime descrito no art. 33, §3°*, onde está tipificada a conduta criminosa de "oferecer droga, eventualmente e sem objetivo de lucro, a pessoa de seu relacionamento, para juntos a consumirem". Essa conduta será vista na sequência do estudo. Neste caso, um agente *compra* a droga e *distribui* da forma descrita no tipo penal.

Usuário que vende parte da droga: Deve responder por tráfico de drogas, sendo que a posse para uso pessoal resta absorvida.

Droga no interior de veículo: Imagine-se a situação onde duas ou mais pessoas se encontram viajando de automóvel e, em abordagem policial, após a localização de pequena porção de droga, *um dos ocupantes assume a posse para uso.* Neste caso, não há falar-se em coautoria. Não há possibilidade jurídica de responsabilização dos demais ocupantes do veículo, salvo existência de elementos extraordinários que apontem para esse resultado, v.g., interceptação telefônica. Outra situação peculiar se configura quando duas ou mais pessoas se encontram viajando de automóvel e, em abordagem policial, após a localização da droga, *ninguém assume a responsabilidade.* Há quem sustente que, nesse caso, não havendo algum elemento de prova que aponte a autoria, nenhum deles deve ser responsabilizado. Com a devida vênia, não concordamos com esse entendimento. É que, nesse caso, a responsabilidade pela droga deve ser convergida ao proprietário do veículo (se presente), pois é dele a responsabilidade daquilo que está no interior de seu carro, ou, senão, ao motorista, sendo dele a responsabilidade por aquilo que transporta. Aliás, registre-se que, com a convergência dessa responsabilidade, havendo negativa de autoria por parte da defesa, o art. 156 do Código de Processo Penal prevê que "a prova da alegação incumbirá a quem a fizer", estabelecendo a inversão do ônus da prova, de modo que caberá ao imputado demonstrar, de modo concreto, que a droga encontrada no interior do veículo não lhe pertencia.

Materialidade: A comprovação da materialidade do delito do art. 28 exige a elaboração de laudo de constatação que evidencie a natureza e quantidade da droga (STJ, HC 336.465).

Falta grave: A posse de droga para uso próprio configura crime e, quando cometido no interior do estabelecimento prisional, constitui falta grave, nos termos do art. 52 da Lei de Execução Penal (STJ, HC 301.684).

Crime de perigo abstrato: Há uma probabilidade de dano, que, no entanto, não precisa ocorrer para a consumação do delito. Nesses casos, há uma presunção pela lei de que a prática da conduta representa um risco ao bem jurídico, sendo desnecessária, portanto, a sua comprovação. Remetemos à leitura do ponto 5, onde analisamos essa modalidade de crime de forma específica.

Princípio da insignificância: Conforme esclarecemos no ponto 6, a jurisprudência é tumultuosa. Quer parecer que prevalece o entendimento pela não aplicabilidade. O STJ parece entender que a pequena quantidade de droga não afasta a tipicidade da conduta, sendo uma característica do próprio tipo (HC 158.955 e HC 35.920). O STF também registra decisões nas quais assenta que o princípio da insignificância não pode ser aplicado na espécie (HC 81.734). No entanto, também registra decisões em sentido contrário, admitindo o postulado em relação ao usuário de drogas (HC 110.475).

Porte de drogas no Código Penal Militar: O Código Penal Militar possui tipo específico acerca do *tráfico, posse ou uso de drogas* em lugar sujeito à administração militar. A incriminação referida está no art. 290, onde se tipifica a conduta daquele que "receber, preparar, produzir, vender, fornecer, ainda que gratuitamente, ter em depósito, transportar, trazer consigo, ainda que para uso próprio, guardar, ministrar ou entregar de qualquer forma a consumo substância entorpecente, ou que determine dependência física ou psíquica, em lugar sujeito à administração militar, sem autorização ou em desacordo com determinação legal ou regulamentar". A pena é de *até cinco anos de reclusão*. Saliente-se que, na sistemática adotada no Código Penal Militar é comum que o legislador faça menção apenas à pena máxima, sem dispor quanto à pena mínima, tal qual ocorre no Código Eleitoral, por exemplo, contrariando a regra estabelecida no Código Penal. Assim, a fim de oferecer parâmetro ao magistrado, o art. 58 determina que "o mínimo da pena de reclusão é de um ano, e o máximo de trinta anos; o mínimo da pena de detenção é de trinta dias, e o máximo de dez anos". Conforme jurisprudência do Supremo Tribunal Federal, este crime não foi revogado pelo art. 28 da Lei 11.343/06 (HC 103.684), sendo que, quanto à pena, o dispositivo não contraria o princípio da proporcionalidade e, pelo princípio da especialidade, afasta a aplicação da Lei 11.343/06 (HC 123.190). Ainda, sublinhe-se que, em que pese o que se referiu acerca de aplicação do princípio da insignificância na Lei 11.343/06, está sedimentada a jurisprudência pela não aplicação o princípio da insignificância nos casos do art. 290 do CPM, pois, nesse caso, tutela-se, além da saúde pública, a lisura das instituições militares, o que conduz a um maior rigor da justiça castrense (HC 94.685 e HC 107.688).

Ato infracional: Configura ofensa ao princípio da proteção integral a aplicação de medida de semiliberdade ao adolescente pela prática de ato infracional análogo ao crime previsto no art. 28 (STJ, REsp 1.753.563).

Legalização: Está pendente de julgamento no Supremo Tribunal Federal o RE 635.659, onde se discute a constitucionalidade da criminalização do porte de droga para consumo próprio.

Acordo de não persecução penal: É cabível.

Classificação doutrinária: *Crime comum* (pode ser praticado por qualquer pessoa); *de mera conduta* (não há previsão de resultado naturalístico à sua consumação); *de perigo abstrato* (o perigo gerado pela conduta é presumido pela lei); *crime vago* (tem como sujeito passivo a coletividade); *doloso* (o agente quer o resultado ou assume o risco de produzi-lo); *de forma livre* (pode ser praticado por qualquer meio de execução); *comissivo* (os verbos indicam ações); *instantâneo na conduta adquirir* (a consumação se dá em um momento específico); *permanente nas* *condutas de guardar, ter em depósito, transportar e trazer consegue* (a consumação se protrai no tempo*); unissubjetivo ou de concurso eventual* (pode ser praticado por um só agente); *plurissubsistente* (admite fracionamento dos atos de execução); *admite tentativa.*

§1º Às mesmas medidas submete-se quem, para seu consumo pessoal, semeia, cultiva ou colhe plantas destinadas à preparação de pequena quantidade de substância ou produto capaz de causar dependência física ou psíquica.

Crime equiparado: Trata-se da figura típica descrita no §1°, onde se lê "às mesmas medidas submete-se quem, para seu consumo pessoal, semeia, cultiva ou colhe plantas destinadas à preparação de pequena quantidade de substância ou produto capaz de causar dependência física ou psíquica".

Verbos nucleares: *Semear* (lançar sementes no solo), *cultivar* (viabilizar condições ao desenvolvimento da planta) e *colher* (recolher aquilo que é produzido).

Objeto jurídico: Saúde pública.

Objeto material: Semente ou planta.

Elemento subjetivo: É o dolo.

Sujeito ativo: Qualquer pessoa.

Sujeito passivo: É a coletividade.

Elemento subjetivo: É o dolo e o tipo pressupõe, ainda, o elemento subjetivo específico, i.e., os verbos devem ser praticados para *consumo próprio*. Não se admite a modalidade culposa.

Norma especial: Se apresenta como norma especial em relação ao art. 33, §1°, inciso II, afastando a sua aplicação, desde que fique demonstrado que a finalidade do cultivo seja para *consumo pessoal* e que seja destinado à preparação de *pequena quantidade* de droga.

Destruição das plantações: Remetemos à leitura do ponto 13.

Acordo de não persecução penal: É cabível.

Classificação doutrinária: *Crime comum* (pode ser praticado por qualquer pessoa); *de mera conduta* (não há previsão de resultado naturalístico à sua consumação); *de perigo abstrato* (o perigo gerado pela conduta é presumido pela lei); *crime vago* (tem como sujeito passivo a coletividade); *doloso* (o agente quer o resultado ou assume o risco de produzi-lo); *de forma livre* (pode ser praticado por qualquer meio de execução); *comissivo* (os verbos indicam ações); *instantâneo nas condutas semear e fazer a colheita* (a consumação ocorre em um momento certo); *permanente na conduta cultivar* (a consumação se protrai no tempo*); unissubjetivo ou de concurso eventual* (pode ser praticado por um só agente); *plurissubsistente* (admite fracionamento dos atos de execução); *admite tentativa.*

§2º Para determinar se a droga destinava-se a consumo pessoal, o juiz atenderá à natureza e à quantidade da substância apreendida, ao local e às condições em que se desenvolveu a ação, às circunstâncias sociais e pessoais, bem como à conduta e aos antecedentes do agente.

Sistemas legais de distinção entre usuário e traficante: São dois os sistemas utilizados pelos diversos ordenamentos jurídicos para distinguir o usuário do traficante, o *sistema da quantificação legal*, segundo o qual é fixado uma quantia diária para o consumo pessoal, de modo que, não ultrapassado esse limite, não há tráfico de drogas; e o *sistema da quantificação judicial*, segundo o qual cabe ao juiz analisar, caso a caso, e decidir se se trata de porte para consumo pessoal ou tráfico de drogas. Esse é o critério adotado pela Lei 11.343/06.

A diferenciação de usuário e traficante na lei: A verificação deve ser efetuada a partir da análise de dois artigos legais, i.e., o art. 28, §2°, destinado ao juiz, e o art. 52, inc. I, destinado ao delegado de polícia[7]. O art. 28, §2°, como critério de diferenciação, estabelece que "para determinar se a droga se destinava a consumo pessoal, o *juiz* atenderá à natureza e à quantidade da substância apreendida, ao local e às condições em que se desenvolveu a ação, às circunstâncias sociais e pessoais, bem como à conduta e aos antecedentes do agente". E, no mesmo sentido, o art. 52, inc. I, dispõe que, no ato da remessa do inquérito policial, o *delegado de polícia* "relatará sumariamente as circunstâncias do fato, justificando as razões que a levaram à classificação

7. Ainda que o art. 52, I, destinado ao delegado de polícia, esteja vinculado exclusivamente ao procedimento adotado no caso de trafico de drogas, apurado por inquérito policial, pode-se utilizar os *critérios de identificação criminal* da sua redação para orientar a valoração do caso, pelo delegado de polícia, também no que se refere ao usuário de drogas, muito embora neste caso não exista *relatório* a ser confeccionado, posto que *não há inquérito policial.*

do delito, indicando a quantidade e natureza da substância ou do produto apreendido, o local e as condições em que se desenvolveu a ação criminosa, as circunstâncias da prisão, a conduta, a qualificação e os antecedentes do agente".

Critérios diferenciadores do tráfico: Da leitura dos artigos 28, §2°, e 52, inc. I, verifica-se que os critérios de distinção entre o porte para consumo e o tráfico de drogas são, a quantidade e natureza do produto; o local e as condições em que se desenvolveu a ação; as circunstâncias sociais e pessoais do agente; e os antecedentes criminais.

Natureza e quantidade: É comum o traficante ter consigo pouca quantidade de drogas para ludibriar as autoridades, pretendendo desconfigurar a traficância. É que, se apreendida grande quantidade de droga com um único agente, as autoridades estão autorizadas a concluir que não se trata de mero usuário, já que, embora não haja previsão de quantidade específica, a "pequena quantidade" parece fazer parte do tipo (STJ, AgRg no RHC 68.686). Entretanto, caso apreendida pequena quantidade, ainda que exista a possibilidade de se estar diante porte para consumo, pode-se, da mesma forma, se estar diante de porte para distribuição, caracterizando o tráfico de drogas. Deve-se, neste caso, avaliar os demais critérios oferecidos pelo legislador, como a natureza do produto (maconha, cocaína, êxtase), local e condições da ação, pois, por exemplo, em uma festa *rave* o agente que esteja portando três comprimidos de ecstasy poderá ser identificado como traficante, diante do cenário produzido.

Local e condições em que a ação ocorreu: Deve ser avaliado, por exemplo, se o fato foi praticado em local conhecido como boca de fumo ou, ainda, como ponto de distribuição; a forma de acondicionamento da droga; se há com o agente grande quantidade de dinheiro, em notas quebradas, que pode indicar o lucro obtido com a venda da droga; se há objetos usualmente empregados no tráfico, v.g., balança de precisão e papelotes; diversidade de drogas apreendidas; movimentação intensa de conhecidos usuários.

Circunstâncias da prisão: No caso de prisão do agente, o art. 51, inc. I, de forma ainda mais detalhada determina como critério que deve ser analisado as circunstâncias da prisão, que se assemelha ao critério avaliativo acima estudado. Registre-se, por exemplo, o cenário onde o agente é abordado pela polícia, próximo à fila de entrada de determinado evento, como suposto cambista de ingressos, após a atividade policial ter verificado intenso fluxo de pessoas em contato com o agente. No entanto, no ato da revista, flagra-se apenas um invólucro de cocaína, somado a uma quantidade de dinheiro (notas quebradas). Nesse caso, é perfeitamente cabível a tipificação como tráfico de drogas.

Circunstâncias sociais e pessoais do agente: Nesse ponto, é de suma importância verificar a condição socioeconômica do agente, pois a apreensão de uma considerável quantidade de droga, em uma única ocasião, com indivíduo sabidamente pobre, é um indicativo de traficância. O mesmo raciocínio pode ser feito no caso de frequentes apreensões de pequenas quantidades de droga com o mesmo agente, observando-se o valor total representado pelas apreensões.

Conduta e antecedentes criminais: Tais critérios se harmonizam com a "qualificação" do agente. Trata-se de verificação de casos passados, quanto à existência de outras ocorrências em que o agente esteve envolvido com predicação de uso ou tráfico de drogas. Ainda, cumpre analisar neste momento eventual vínculo que o agente mantenha com traficantes, associações ou, até mesmo, organizações criminosas. Ainda que pequena corrente doutrinária critique esse critério, lecionando que se trata de "direito penal do autor", não há como se negar a sua legitimidade.

I - advertência sobre os efeitos das drogas;

II - prestação de serviços à comunidade;

III - medida educativa de comparecimento a programa ou curso educativo.

§3º As penas previstas nos incisos II e III do *caput* deste artigo serão aplicadas pelo prazo máximo de 5 (cinco) meses.

§4º Em caso de reincidência, as penas previstas nos incisos II e III do *caput* deste artigo serão aplicadas pelo prazo máximo de 10 (dez) meses.

§5º A prestação de serviços à comunidade será cumprida em programas comunitários, entidades educacionais ou assistenciais, hospitais, estabelecimentos congêneres, públicos ou privados sem fins lucrativos, que se ocupem, preferencialmente, da prevenção do consumo ou da recuperação de usuários e dependentes de drogas.

§6º Para garantia do cumprimento das medidas educativas a que se refere o *caput*, nos incisos I, II e III, a que injustificadamente se recuse o agente, poderá o juiz submetê-lo, sucessivamente a:

I - admoestação verbal;

II - multa.

§7º O juiz determinará ao Poder Público que coloque à disposição do infrator, gratuitamente, estabelecimento de saúde, preferencialmente ambulatorial, para tratamento especializado.

Penas: As penas previstas para o usuário de drogas estão previstas nos incisos I, II e III, i.e., advertência sobre os efeitos das drogas; prestação de serviços à comunidade; e medida educativa de comparecimento a programa ou curso educativo.

Duração máxima das penas: A advertência (inc. I) não tem prazo, pois se trata de medida imediata e instantânea. As outras duas penalidades, i.e, prestação de serviços à comunidade (inc. II) e comparecimento a programa ou curso educativo (inc. III), terão o prazo máximo de cinco meses, se o agente for primário, e de dez meses, se for reincidente (§§ 3º e 4º).

Duração mínima das penas: A lei estabelece apenas o patamar máximo das penas, não fazendo qualquer referência sobre o prazo mínimo, o que deve ser ponderado pelo juiz, em vista das circunstâncias do caso concreto. Existe uma parte da doutrina que sustenta a possibilidade de aplicação da *pena zero*, i.e., a possibilidade de o magistrado deixar de aplicar pena.

Reincidência: Tratando-se de penas, podem gerar reincidência.

A regra do §4º: Quanto à regra do §4º, no sentido de que "em caso de reincidência, as penas previstas nos incisos II e III do *caput* deste artigo serão aplicadas pelo prazo máximo de 10 (dez) meses", parte da doutrina entende que a reincidência a que se refere o dispositivo é a *reincidência genérica*[8], i.e., aquela que abrange qualquer outro crime. Entretanto, o STJ fixou entendimento de que se trata de *reincidência específica*, atinente apenas ao mesmo crime (REsp 1.777.304).

Efeitos para fins de reincidência: Ainda que as sanções previstas nos incisos I a III tenham natureza jurídica de penas, firmou-se na jurisprudência do Superior Tribunal de Justiça o entendimento de que, por analogia às contravenções penais, não pode constituir causa geradora de reincidência para outros crimes (Resp 1.672.654). Na ocasião, decidiu-se que, "se a contravenção penal, punível com pena de prisão simples, não configura reincidência, resta inequivocamente desproporcional a consideração, para fins de reincidência, da posse de droga para consumo próprio, que conquanto seja crime, é punida apenas com 'advertência sobre os efeitos das drogas', 'prestação de serviços à comunidade' e 'medida educativa de comparecimento a programa ou curso educativo', mormente se se considerar que em casos tais não há qualquer possibilidade de conversão em pena privativa de liberdade pelo descumprimento, como no caso das penas substitutivas". E em conclusão, assentou-se que, "em face dos questionamentos acerca da proporcionalidade do direito penal para o controle do consumo de drogas em prejuízo de outras medidas de natureza extrapenal relacionadas às políticas de redução de danos, (...) tenho que o prévio apenamento por porte de droga para consumo próprio, nos termos do art. 28 da Lei de Drogas, não deve constituir causa geradora de reincidência". Com a devida vênia ao entendimento assentado na jurisprudência do STJ, tal posicionamento não possui guarida no ordenamento jurídico e, juntando-nos à posição de Claudia Barros Portocarrero e Wilson Luiz Palermo Ferreira[9], lecionamos que a decisão acima referida colide frontalmente com o conceito jurídico de reincidência posto no art. 63 do Código Penal, onde se verifica que "verifica-se a reincidência quando o agente comete novo crime, depois de transitar em julgado a sentença que, no País ou no estrangeiro, o tenha condenado por crime anterior". O dispositivo apenas exige a prática de *novo crime*, não fazendo qualquer distinção entre a modalidade de pena imposta.

Aplicação isolada ou cumulativa: As penas poderão ser aplicadas *isolada* ou *cumulativamente* e, se a pena imposta inicialmente se revelar inadequada o juiz poderá alterá-la a qualquer tempo, ouvidos o Ministério Público e o defensor (art. 27), desde que, logicamente, não esteja prescrita.

Momento de aplicação: As penas previstas podem ser aplicadas em *transação penal* ou em *sentença condenatória*. Logicamente, se impostas em transação penal, não geram antecedente já que não implicam em reconhecimento de culpa, excluindo a reincidência (art. 76, §4º, Lei 9.099/95).

Transação penal: Em sede de *transação penal*, convém ressaltar que o Ministério Público *somente* poderá propor a aplicação das penas previstas no art.

8. LIMA, Renato Brasileiro de. Legislação Criminal Especial Comentada. Salvador: Juspodivm, 2015, p. 723.

9. PORTOCARRERO. Cláudia Barros; FERREIRA, Wilson Luiz Palermo. Leis penais extravagantes – Teoria, jurisprudência e questões comentadas, 4ª edição, Salvador: Juspodivm, 2019, p. 92-93.

28. Ou seja, a lei não admite que a transação penal ao usuário de drogas seja, por exemplo, pagamento de prestação pecuniária ou sesta básica (art. 48, §5°). E, gize-se, caso haja descumprimento injustificado da pena aplicada, não poderá haver o oferecimento de denúncia de imediato, devendo-se obedecer ao disposto no §6°, aplicando-se a admoestação verbal e a multa, sucessivamente. Somente após o exaurimento dessas medidas será possível o oferecimento da denúncia.

Advertência quanto aos efeitos das drogas: A *advertência* deve ser compreendida como um *aviso* quanto às consequências maléficas produzidas pelo uso de drogas, tanto à saúde individual quanto à saúde pública. Nesse passo, pode o magistrado se valer de profissional técnico. Por essa razão, o juiz pode se fazer acompanhar por profissional habilitado na área. Como forma de não estimular a sensação de impunidade, deve o magistrado aplicá-la apenas uma vez, partindo para as demais medidas em caso de reincidência.

Prestação de serviço à comunidade: Conforme o art. 28, §5°, a prestação de serviço à comunidade "será cumprida em programas comunitários, entidades educacionais ou assistenciais, hospitais, estabelecimentos congêneres, públicos ou privados sem fins lucrativos, que se ocupem, preferencialmente, da prevenção do consumo ou da recuperação de usuários e dependentes de drogas". Frise-se que, no Código Penal, a prestação de serviço à comunidade somente pode ser aplicada em substituição à pena privativa de liberdade e seu descumprimento, por óbvio, resulta na conversão em pena privativa de liberdade. Ainda, a prescrição da prestação de serviço à comunidade se dá no mesmo prazo da pena privativa de liberdade substituída. Na Lei 11.343/06, a prestação de serviço a comunidade é pena independente e o seu descumprimento acarreta a aplicação de admoestação verbal ou multa (art. 28, §6°). E, a prescrição ocorre em dois anos (art. 30).

Comparecimento a programa ou curso educativo: Significa que o agente terá a obrigação de comparecer a determinados programas de orientação por profissionais de diversas áreas do conhecimento. A lei não descreve de forma a forma como deve ser dar a aplicação e o cumprimento dessa pena. Assim, conforme Guilherme de Souza Nucci[10], deve-se fazer uma analogia com a prestação e serviço à comunidade, devendo o juiz determinar a pena pelo período de um dia até o máximo de cinco meses.

Prescrição: A prescrição das penas se dá em dois anos (art. 30). A menção às causas de extinção da punibilidade (art. 107 do CP), tratar-se de erro grosseiro do legislador, ou, ao menos, falta de técnica. Já que no tocante às causas interruptivas do prazo prescricional poderia ter feito referência de modo específico ao art. 117 do CP. No mais, ainda que a lei preveja um prazo prescricional especial em relação ao Código Penal, aplicam-se, analogicamente, as regras gerais do instituto no que for compatível, v.g., termo inicial (art. 111 e 112 do CP), redução dos prazos (art. 115 do CP), causas impeditivas (art. 116 do CP), causas interruptivas (art. 117 do CP).

Cumprimento de pena por crime diverso: Caso o agente esteja cumprindo pena por outro crime, por exemplo, em regime fechado, incompatível com cumprimento das penas previstas no art. 28, por óbvio, não haverá prescrição da pretensão executória (art. 116, parágrafo único, CP).

Descumprimento das penas impostas: Caso o usuário descumpra as penas impostas, o juiz pode aplicar a admoestação verbal ou multa (§6°).

Admoestação verbal: Trata-se de censura (mijada), feita oralmente pelo juiz, onde o agente será advertido sobre as consequências do descumprimento da pena imposta. Não há necessidade de redução a termo. O agente será orientado acerca da possibilidade de aplicação da multa, caso insista no descumprimento.

Multa: É o pagamento pecuniário. A fixação do valor da multa deve obedecer ao disposto no art. 29 da Lei 11.343/06, onde se lê que "o juiz, atendendo à reprovabilidade da conduta, fixará o número de dias-multa, em quantidade nunca inferior a 40 (quarenta) nem superior a 100 (cem), atribuindo depois a cada um, segundo a capacidade econômica do agente, o valor de um trinta avos até 3 (três) vezes o valor do maior salário mínimo". A lei silencia acerca da quantidade de vezes a multa coercitiva pode ser aplicada. Nesse passo, Renato Brasileiro de Lima[11] leciona que, como não tem natureza penal é possível que seja aplicada por diversas vezes, desde que evidenciada a renitência em cumprir apena imposta por parte do agente, sendo que, para se

10. NUCCI, Guilherme de Souza. Leis Penais e Processuais Penais Comentadas. Volume I, Rio de Janeiro: Forense, 2017, p. 356.

11. LIMA, Renato Brasileiro de. Legislação Criminal Especial Comentada. Salvador: Juspodivm, 2015, p. 728.

evitar a imposição de uma sanção infinita, o limite máximo para a reiteração desta multa deve ser, por analogia, o montante previsto no art. 29, i.e., cem dias-multa com o valor máximo de até três vezes o valor do maior salário mínimo.

Natureza jurídica do §6°: A admoestação verbal e a multa não têm natureza jurídica de pena. Tratam-se de um instrumento coercitivo à disposição do juiz para assegurar o cumprimento das penas previstas no art. 28, incisos II e III. Repare-se que a advertência sobre os efeitos da droga (inc. I) fica excluída porque *se exaure no próprio ato da sua aplicação*. Saliente-se que, não tendo natureza de pena, sua aplicação não é substitutiva, mas complementar, sendo que não eximem o cumprimento da pena imposta.

Aplicação sucessiva: O §6° refere que a admoestação verbal e a multa serão aplicadas *sucessivamente*, i.e., primeiro, a admoestação verbal; depois, a multa. Portanto, não se admite a aplicação da multa de imediato, como primeiro recurso a ser utilizado pelo juiz. Registre-se, ainda, que, se a pena ocorrer em sede de transação penal, o descumprimento injustificado não dará ensejo ao oferecimento de denúncia, devendo-se percorrer o caminho previsto no dispositivo em estudo.

Morte do agente e pagamento da multa: Como não tem natureza jurídica de pena, o montante devido pode ser cobrado dos sucessores, não havendo violação ao princípio da intranscedência, que somente se aplica às penas criminais. Nesse caso, obviamente, o herdeiro não deve responder por encargos superiores à herança (art. 1.792 do Código Civil).

Descumprimento das penas: Não acarreta responsabilidade pelo crime de desobediência (art. 330, CP). Em primeiro lugar, porque a finalidade da lei não é impor ao usuário o encarceramento. E, em segundo lugar, porque o delito de desobediência não se verifica quando a lei estabelece sanção administrativa, civil ou processual. E, no caso, a lei prevê a consequência jurídica para o descumprimento, i.e., admoestação verbal e multa (§6°).

***Habeas Corpus*:** Como a lei não prevê pena privativa de liberdade, entende-se que não é cabível *habeas corpus* para impedir a persecução criminal.

Diferença da multa do §6° e da pena de multa do CP: A multa do CP é pena autônoma e tem natureza jurídica de sanção penal. A multa do §6° é uma medida de coerção para o cumprimento das penas estabelecidas nos incisos I a III, não tendo natureza jurídica de pena. Outra diferença reside no fato de que a multa do CP se destina ao Fundo Penitenciário (art. 49) e a multa do §6º destina-se ao Fundo Nacional Antidrogas-FUNAD (art. 29, parágrafo único, Lei 11.343/06).

Distinção para a prestação pecuniária: Ainda, convém diferenciar a *multa* (§6°) da *prestação pecuniária*, pena alternativa prevista no Código Penal, a qual "consiste no pagamento em dinheiro à vítima, a seus dependentes ou a entidade pública ou privada com destinação social, de importância fixada pelo juiz, não inferior a 1 (um) salário mínimo nem superior a 360 (trezentos e sessenta) salários mínimos. O valor pago será deduzido do montante de eventual condenação em ação de reparação civil, se coincidentes os beneficiários" (art. 45, §1°, CP).

Execução da pena de multa: A jurisprudência do Superior Tribunal de Justiça havia firmado o entendimento de que a legitimidade para promover a execução da pena de multa seria da Fazenda Pública, pois embora possua natureza de sanção penal, após o trânsito em julgado da sentença condenatória, a sanção pecuniária é considerada dívida de valor e se torna responsabilidade da Fazenda Pública, conforme art. 51 do Código Penal (STJ, REsp 1.115.125 e Súmula 521). Em razão desta posição do Superior Tribunal de Justiça, inclusive, parte da doutrina sustentava a revogação tácita do art. 164 da Lei 7.210/84, onde se verifica que "extraída certidão da sentença condenatória com trânsito em julgado, que valerá como título executivo judicial, o Ministério Público requererá, em autos apartados, a citação do condenado para, no prazo de 10 (dez) dias, pagar o valor da multa ou nomear bens à penhora". Entretanto, o Supremo Tribunal Federal, ao se pronunciar sobre o tema na QO 12 na AP 470 e, posteriormente, de forma específica, na ADI 3.150, em sentido contrário, estabeleceu que atribuição para a execução da pena de multa é do Ministério Público, na Vara de Execução Penal, sendo que, apenas se não adotar as providências para a cobrança no prazo de noventa dias é a competência passará à Fazenda Pública, perante a Vara de Execuções Fiscais. Nesse caso, transcorrido o prazo de noventa dias *in albis*, sem que o Ministério Público dê início à execução da multa, o juiz da Execução Penal deverá cientificar a Fazenda Pública para que então, de forma subsidiária, execute a sanção pecuniária. Portanto, a decisão do Supremo Tribunal Federal, estabelece que o art. 164 da Lei 7.210/84 continua em plena vigência, pois a pena de multa tem natureza penal. A alteração promovida pelo pacote anticrime no art. 51 do Código Penal terminou com essa discussão, sendo estabelecido que "transitada em julgado a sentença condenatória, a multa será executada perante o juiz da execução penal e será considerada dívida de valor, aplicáveis as normas relativas à dívida ativa da Fazenda Pública, inclusive no que concerne às causas interruptivas e suspensivas da prescrição".

Execução da multa do §6°: Conforme referido, a multa do §6° não tem natureza jurídica de pena. Logo, cremos que, neste caso, a competência será da Fazenda Pública, por se constituir propriamente em uma dívida de valor.

10. PROCEDIMENTO ADOTADO QUANTO AO USUÁRIO

Art. 48. O procedimento relativo aos processos por crimes definidos neste Título rege-se pelo disposto neste Capítulo, aplicando-se, subsidiariamente, as disposições do Código de Processo Penal e da Lei de Execução Penal.

§1° O agente de qualquer das condutas previstas no art. 28 desta Lei, salvo se houver concurso com os crimes previstos nos arts. 33 a 37 desta Lei, será processado e julgado na forma dos arts. 60 e seguintes da Lei n° 9.099, de 26 de setembro de 1995, que dispõe sobre os Juizados Especiais Criminais.

§2° Tratando-se da conduta prevista no art. 28 desta Lei, não se imporá prisão em flagrante, devendo o autor do fato ser imediatamente encaminhado ao juízo competente ou, na falta deste, assumir o compromisso de a ele comparecer, lavrando-se termo circunstanciado e providenciando-se as requisições dos exames e perícias necessários.

§3° Se ausente a autoridade judicial, as providências previstas no § 2° deste artigo serão tomadas de imediato pela autoridade policial, no local em que se encontrar, vedada a detenção do agente.

§4° Concluídos os procedimentos de que trata o § 2° deste artigo, o agente será submetido a exame de corpo de delito, se o requerer ou se a autoridade de polícia judiciária entender conveniente, e em seguida liberado.

§5° Para os fins do disposto no art. 76 da Lei n° 9.099, de 1995, que dispõe sobre os Juizados Especiais Criminais, o Ministério Público poderá propor a aplicação imediata de pena prevista no art. 28 desta Lei, a ser especificada na proposta.

Regramento: Está disciplinado no art. 48, §§1° a 5°.

Comentário: A lei estabelece um procedimento especial aos crimes previstos nos arts. 33 a 39, tipificados no Título IV, havendo aplicação subsidiária do Código de Processo Penal e da Lei de Execução Penal. Logicamente que, embora a lei não tenha referido o Código Penal também se aplica supletivamente (art. 12, CP). Entendemos que a redação do art. 48 é, em um primeiro momento, desnecessária, pois sempre que uma lei especial prevê determinado procedimento ele se aplica em detrimento da regra geral, a qual, da mesma forma, sempre possui aplicação subsidiária. E, em um segundo momento, a redação é canhestra, uma vez que, no *caput*, menciona os crimes do Título IV (arts. 33 a 39), mas, nos parágrafos, refere-se aos crimes do Título III (art. 28, *caput* e §1°).

Infração de menor potencial ofensivo: Em virtude das penas que foram estabelecidas pela lei (art. 28, I a III), não há outra inferência senão a de que se trata de infração de menor potencial ofensivo. A bem da verdade, o tratamento dispensado pela lei ao usuário de drogas é ainda mais benéfico e favorável do que aquele dispensado às infrações de menor potencial ofensivo, já que se quer há pena privativa de liberdade prevista.

Competência: É dos Juizados Especiais Criminais (§1°), salvo se, pelas regras de *conexão ou continência*, houver concurso com crime mais grave (art. 60, Lei 9.099/95) ou nas situações excepcionais de casos de *foro por prerrogativa de função*, em que o julgamento será efetuado por um tribunal superior. Nesse aspecto registre-se, ainda, que o crime do art. 28 é de menor potencial ofensivo, o que determina a competência do juizado especial estadual, já que ele não está previsto em tratado internacional e o art. 70 não o inclui dentre os que devem ser julgados pela justiça federal (STJ, CC 144.910).

Prisão em flagrante: O §2° impede a prisão do usuário de drogas, determinando que "não se imporá prisão em flagrante, devendo o autor do fato ser imediatamente encaminhado ao juízo competente ou, na falta deste, assumir o compromisso de a ele comparecer, lavrando-se termo circunstanciado e providenciando-se as requisições dos exames e perícias necessários".

Termo circunstanciado: Trata-se do procedimento legal eleito para a apuração da responsabilidade criminal do usuário de drogas, em substituição ao inquérito policial. Inclusive, repare-se que o §2°, como regra, determina que o termo circunstanciado deveria ser lavrado na própria secretaria do juizado, no ato de encaminhamento do usuário.

Providência imediata: A primeira determinação legal é no sentido de que o usuário seja *imediatamente encaminhado ao juízo competente* (§2°). No entanto, esse preceito nunca é obedecido[12], sendo que, como regra, os usuários são apresentados de imediato ao delegado de polícia, providência que, nos termos da lei, *apenas deveria ser adotada na ausência do juiz* (§3°).

Termo circunstanciado ao usuário de drogas: O STF, ao julgar a ADI 3.807, firmou posição no sentido de que o termo circunstanciado ao usuário de drogas deve ser lavrado preferencialmente pelo juiz competente, entendendo ser constitucional o art. 48, §§ 2° e 3°, da Lei 11.343/06. De acordo com o procedimento previsto nessa norma, o usuário de drogas que se encontrar em flagrante deve ser encaminhado diretamente ao juízo competente para que ali seja lavrado o termo circunstanciado e requisitados os exames e perícias necessários. A confecção do termo circunstanciado, no caso, deve ser feita pelo juiz competente, que é o do JECrim. A decisão do STF preconiza que apenas excepcionalmente, por ausência da autoridade judicial competente, é que o usuário será conduzido até a Delegacia de Polícia. O entendimento, para nós, é equivocado por violar o sistema acusatório e por faltar ao juiz expertise e elementos informativos para, no ato da apresentação do agente, promover a subsunção penal adequada. Remetemos o leitor ao ponto 11 para completa compreensão do nosso ponto de vista.

Apresentação à autoridade policial: No processo penal brasileiro, a autoridade policial é o delegado de polícia. O §3° determina que "se ausente a autoridade judicial, as providências previstas no §2º deste artigo serão tomadas de imediato pela autoridade policial, no local em que se encontrar, vedada a detenção do agente. Por conta da redação deste dispositivo (§3°), quando da entrada em vigor da lei, houve que sustentasse que a lavratura do termo circunstanciado pelo delegado de polícia deveria se dar no lugar em que se encontrasse o usuário, pois, na parte final o dispositivo refere "vedada a detenção do agente". Ou seja, para essa corrente, o delegado deveria se deslocar até o local aonde o usuário se encontrasse para determinar a lavratura do termo circunstanciado, não sendo permitida a sua condução até a Delegacia de Polícia para essa finalidade. Esse entendimento absurdo, obviamente, não prosperou, pois não sobrevive a uma simples análise das regras do processo penal, no que se referem às *fases da prisão em flagrante*. O procedimento da prisão em flagrante compreende quatro fases, quais sejam: *captura, condução à autoridade policial, lavratura do auto de prisão em flagrante e encarceramento*. Feita essa constatação básica, não se precisa de nenhum esforço para se deduzir que quando a lei "veda a detenção do agente" está afirmando a não imposição de flagrante pelo delegado de polícia, i.e., não lavratura do auto de prisão em flagrante (3ª fase), que será substituído pela lavratura do termo circunstanciado, o que, aliás, é o que se infere da interpretação sistemática dos §§3° e 2°, já que a primeira providência da lei seria a apresentação do usuário diretamente ao juiz para a lavratura do termo circunstanciado na própria secretaria do juizado. Nessa esteira, por razões óbvias, entende-se que a expressão "no local em que se encontrar" deve ser lida como *no local em que se encontrar a autoridade policial* e a expressão "vedada a detenção" deve ser lida como *vedada a lavratura do auto de prisão em flagrante e a condução ao cárcere*.

Condução à Delegacia de Polícia: É possível, sendo vedada tão somente a lavratura de auto de prisão em flagrante (§§ 2° e 3°). Após, a lavratura do termo circunstanciado, o delegado de polícia determinara a liberação do usuário.

Negativa de assinar o termo de comparecimento ao juizado: É predominante o entendimento de que, mesmo que o usuário se recuse a assinar o compromisso de comparecimento ao Juizado Especial Criminal (§2°) não poderá ser preso em flagrante. É que a lei não prevê pena privativa de liberdade para o crime do art. 28, logo, seria incoerente impor-se a prisão pré-cautelar quando se nem ao final do processo, com eventual condenação, o infrator seria submetido ao cárcere. Ademais, a lei veda a sua detenção (§3°). Esse procedimento de impossibilidade de prisão do usuário, ainda que se recuse a assinar o compromisso de comparecimento ao juizado, apresenta-se como a *exceção da exceção*. É que, no que se refere às infrações de menor potencial ofensivo, a *regra* é a lavratura do termo circunstanciado (art. 69, Lei 9.099/95), sendo a *exceção* a prisão, no caso de recusa em assinar o termo de comparecimento ao juizado (art. 69, parágrafo único, Lei 9.099/95). E, no caso do usuário, a prisão não é imposta sob

12. O cenário deve mudar após a decisão do STF na ADI 3.807.

nenhuma condição, por isso referimos, é a *exceção da exceção*.

No Juizado Especial Criminal: Haverá a audiência preliminar para a propositura da transação penal, desde que o réu perfaça os requisitos do art. 76 da Lei n. 9.099/95. Preenchidos os requisitos, o promotor de justiça fará a proposta de transação penal, sendo que, nesse caso, somente se admite que a proposta se verse sobre a aplicação imediata das penas previstas no art. 28, I a III, da lei, sendo vedado, por exemplo, que a transação penal verse sobre cesta básica ou prestação pecuniária (§5°). Se o infrator aceitar a proposta e ela for homologada pelo juiz, após o seu cumprimento pelo agente, será declarada extinta a pena. O autor da infração penal, contudo, não perde sua primariedade, pois a transação penal não produz o efeito da reincidência (art. 76, §4°, Lei 9.099/95). Se não houver êxito na transação penal por recusa do agente, ou se este não comparecer à audiência marcada, ou, ainda, se não fizer jus ao benefício, a denúncia deve ser oferecida oralmente na própria audiência, observando-se, após, o rito sumaríssimo dos arts. 77 e seguintes da Lei n. 9.099/95.

Ação penal: A ação é pública incondicionada.

11. O TERMO CIRCUNSTANCIADO AO USUÁRIO DE DROGAS[13]

Ecoa no mundo jurídico os contornos traçados pelo STF no julgamento da ADI 3.807, a respeito da constitucionalidade do art. 48, §3º, da Lei 11.343/06, onde restou assentada a premissa de que "o termo circunstanciado não tem natureza investigatória" e, nessa linha, "a sua lavratura não seria função privativa de polícia judiciária", podendo ser realizada, inclusive, pelo próprio juiz.

Inicialmente, destacamos um equívoco interpretativo quando se nega a natureza investigatória do termo circunstanciado, tendo em vista que a sua função é exatamente a de substituir o inquérito policial, formalizando atos à apuração da responsabilidade penal pela prática de infrações penais de menor potencial ofensivo. Não raras vezes, aliás, se torna imprescindível a requisição de perícia técnica, dados cadastrais ou outros atos de cunho investigatório que são tipicamente de polícia judiciária.

Não há dúvidas de que o termo circunstanciado ingressou no ordenamento jurídico em substituição ao inquérito policial nos casos definidos pela lei 9.099/95, não perdendo a sua essência de formalização prévia do fato, demandando uma valoração jurídico-penal, baseada em um juízo de tipicidade penal, o que deve ser desempenhado pelo delegado de polícia, uma vez que, no sistema acusatório, durante a persecução penal extrajudicial, essa função jamais pode ser exercida pelo juiz.

O termo circunstanciado, assim, trata-se de outro procedimento previsto em lei para materializar uma investigação de natureza criminal, mesmo que perfunctoriamente, e, sendo assim, deve ser presidido pelo delegado de polícia. Aliás, o art. 92 da Lei 9.099/95 refere que "aplicam-se subsidiariamente as disposições do Código Penal e de Processo Penal, no que não forem incompatíveis com esta Lei". E, a natureza dos atos que compõem um procedimento prévio de todo e qualquer processo-crime, no ordenamento constitucional vigente, não é incompatível com a lei dos Juizados Especiais, pelo contrário, hermeuticamente é sistemático. Em outras palavras, aquilo que é investigação criminal não deixa de ser, apenas por seguir o rito sumaríssimo.

O próprio STF, em decisões passadas (ADI 3.614), já havia definido que à Polícia Militar, v.g., não incumbe a apuração de infrações penais comuns, não podendo, portanto, instaurar o termo circunstanciado ou realizar quaisquer atos de polícia judiciária. Ainda, em outro caso (RE 702.617), havia se fixado o entendimento de que a atividade de polícia judiciária compete à Polícia Civil, sendo dela a atribuição para o termo circunstanciado, sob pena de usurpação de sua função.

Nessa linha, em que pese a conclusão do STF no julgamento da ADI 3.807, é certo que a confecção do termo circunstanciado por qualquer órgão que não seja a polícia judiciária é um fato grave e que afronta o Estado Democrático de Direito, haja vista tratar-se de um procedimento investigatório, ainda que simplificado. E, sendo um procedimento investigatório, o fato de ser lavrado por um juiz, avilta as bases de todo o sistema acusatório, notadamente após as alterações do pacote anticrime, onde o juiz está impedido de praticar qualquer ato de ofício na fase preliminar.

13. O presente capítulo é fruto do estudo produzido em conjunto com o amigo e colega *Marcelo de Lima Lessa*, publicado com o título "O julgamento da ADI 3.807 pelo STF: Precisamos falar sobre a lavratura do termo circunstanciado do usuário de drogas". Disponível em: https://meusitejuridico.editorajuspodivm.com.br/2020/08/21/o-julgamento-da-adi-3-807-pelo-stf-precisamos-falar-sobre-lavratura-termo-circunstanciado-usuario-de-drogas/

Não se verifica compatível com a Constituição que o julgador final seja o responsável pela instauração do procedimento apuratório ou gestão da prova. O caminho mais lógico a ser seguido pelo STF, até em respeito a sua própria jurisprudência, seria decidir pela inconstitucionalidade da lei de drogas no que se refere ao permissivo para atuação do juiz na confecção do termo circunstanciado ao usuário de drogas.

E não se diga que esse procedimento já é preconizado na Lei 9.099/95, pois lá o legislador determina que a autoridade policial lavrará termo circunstanciado e o encaminhará imediatamente ao JECrim, providenciando-se as requisições necessárias. Não há previsão de atuação positiva do juiz nesse momento da persecução penal, nem poderia haver, conforme referimos, pois a opção do legislador constitucional foi a de dividir claramente todas as funções da persecução penal.

É certo que os parágrafos do art. 48 da Lei de Drogas parecem dar ênfase ao consumo pessoal enquanto problema de saúde pública, daí a vedação da prisão em flagrante (mas não da captura[14]). Entretanto, a despeito de não ostentar pena privativa de liberdade (mote do não encarceramento), o tipo penal referido ainda é incriminador, tanto é que o próprio legislador, ciente da realidade estrutural do Poder Judiciário no Brasil, previu expressamente uma exceção que viraria regra, i.e., a apresentação do autor do fato a desde sempre presente autoridade de polícia judiciária.

Ademais, o próprio Poder Judiciário já foi instado a manifestar-se nesse sentido, isso diante de um já esperado arremedo de conflito negativo sobre o tema, decidindo que diante da realização do plantão ordinário de forma remota (o que é regra), poderia a autoridade policial lavrar o termo circunstanciado com as cautelas de estilo[15], o que sempre foi feito, independente da existência manifestação do STF. No mesmo sentido, conforme matéria veiculada no Conjur[16], o corregedor-geral do TJSP, decidiu que a lavratura do termo circunstanciado é uma atribuição o delegado de polícia que pode, excepcionalmente, ser feita por um juiz de direito[17].

No entanto, ainda que exista notável balizamento constitucional das atribuições institucionais e cristalino apontamento principiológico acerca do sistema acusatório, o Supremo decidiu que não há ofensa aos mandamentos constitucionais na instauração do procedimento preliminar da persecução penal pelo juiz, e, mais, quando se tratar do usuário de drogas, o juiz possui primazia sobre a autoridade policial nesse mister.

Não bastasse isso, há outro erro primário de ordem técnica e prática, qual seja, a definição da tipificação inicial de quando se configura porte de drogas para consumo e quando se configura tráfico, no momento do registro do fato, compete ao delegado de polícia, pois é este quem detém informações sobre eventuais investigações em andamento sobre tráfico ilícito de drogas.

É necessário lembrar que a pequena quantidade de droga não é o único requisito legal a ser observado para a classificação jurídica do fato, de modo que a própria lei das drogas apresenta extenso rol de critérios que as autoridades devem levar em conta, i.e., quantidade e natureza da substância apreendida, o local e as condições da ação criminosa, as circunstâncias da prisão, a conduta, a qualificação, circunstâncias sociais e pessoais do imputado e os seus antecedentes.

Além disso, deve-se fazer a imprescindível verificação sobre a existência de suspeição de envolvimento do agente com o tráfico de drogas ou, mais, sobre a existência de investigação criminal já em andamento pela polícia judiciária, sob pena de se autuar como usuário pessoa com envolvimento na traficância, lavrando-se erroneamente termo circunstanciado e apreendendo-se a droga que seria a materialidade do tráfico.

Repetimos, é o delegado de polícia a única autoridade que tem permissão constitucional e acesso a dados investigatórios imprescindíveis para fazer a correta adequação típica inicial. Ademais, realisticamente falando, ainda que a pessoa flagrada com drogas não seja traficante, certamente possui ricas e valiosas informações sobre o tráfico, sendo o momento da formalização do registro da ocorrência, na

14. "Não pode e não deve a autoridade, além do tempo necessário àquelas providências de polícia judiciária (edição de termo circunstanciado e de compromisso, apreensão da droga, requisições de exames), manter o indivíduo na delegacia de polícia, constituindo-se o seu prolongamento desnecessário na sobredita *detenção*, explicitamente defesa" (Considerações Sobre a Nova Lei 11.343/2006: Nova Lei de Drogas – Seminário da Academia de Polícia "Dr. Coriolano Nogueira Cobra" – 2006).

15. Processo: 0009161-32.2020.8.08.0035 (Poder Judiciário do Espírito Santo – Plantão 1ª Região).

16. https://www.conjur.com.br/2020-ago-18/corregedoria-tj-sp-decide-apenas-delegados-juizes-podem-lavrar-tco#author. Acessado em 20/08/2020.

17. Decisão disponível em: https://www.conjur.com.br/dl/decisao-tco.pdf. Acessado em 20/08/2020.

Delegacia de Polícia, uma oportunidade ímpar para que o delegado, ou seus agentes, tenham a oportunidade de obter detalhes da traficância.

Nessa esteira, para nós, além de conter vícios de interpretação quanto à natureza do termo circunstanciado e das atribuições do Poder Judiciário no sistema acusatório, a decisão do Supremo Tribunal Federal na ADI 3.807 demonstra nítido desconhecimento dos seus ministros da realidade fora de seus gabinetes, por acreditar que a distinção entre usuário e traficante será eficazmente feita pelo agente que realizar a abordagem ou, então, pelo juiz, no ato da sua apresentação imediata[18].

12. LICENÇA DA AUTORIDADE PARA LEGITIMAR A RESSALVA LEGAL

Art. 31. É indispensável a licença prévia da autoridade competente para produzir, extrair, fabricar, transformar, preparar, possuir, manter em depósito, importar, exportar, reexportar, remeter, transportar, expor, oferecer, vender, comprar, trocar, ceder ou adquirir, para qualquer fim, drogas ou matéria-prima destinada à sua preparação, observadas as demais exigências legais.

Licença da autoridade: Trata-se de licença (autorização expressa) para qualquer forma de manejo de drogas ou matéria prima destinada à preparação, o que se verifica com a prática de qualquer dos verbos nucleares descritos no artigo. Ainda, a licença independente da finalidade do agente, se para fins medicinais ou científicos, e deve observar as demais exigências legais. Anote-se que o art. 2° diz que as drogas são proibidas em todo o território nacional, porém ressalva a permissão em dois casos, i.e., *plantas de uso estritamente ritualístico-religioso;* e *de autorização legal ou regulamentar para fins medicinais ou científicos.* A competência para a emissão da licença referida no dispositivo é da União, através do Ministério da Saúde, conforme art. 2°, parágrafo único, da Lei 8.257/1991 e art. 14, inc. I, alínea "c", do Dec. 5.912/06.

Elemento normativo: Em virtude dessa *licença da autoridade* é que os tipos penais possuem o elemento normativo "sem autorização ou em desacordo com determinação legal ou regulamentar". Trata-se de expressão que afastaria a ilicitude da conduta, no entanto, como está inserida no tipo penal, acaba por afastar a própria tipicidade da conduta.

13. DESTRUIÇÃO DAS PLANTAÇÕES ILÍCITAS

Art. 32. As plantações ilícitas serão imediatamente destruídas pelo delegado de polícia na forma do art. 50-A, que recolherá quantidade suficiente para exame pericial, de tudo lavrando auto de levantamento das condições encontradas, com a delimitação do local, asseguradas as medidas necessárias para a preservação da prova.

§1º (Revogado).

§2º (Revogado).

§3º Em caso de ser utilizada a queimada para destruir a plantação, observar-se-á, além das cautelas necessárias à proteção ao meio ambiente, o disposto no Decreto nº 2.661, de 8 de julho de 1998, no que couber, dispensada a autorização prévia do órgão próprio do Sistema Nacional do Meio Ambiente - Sisnama.

§4º As glebas cultivadas com plantações ilícitas serão expropriadas, conforme o disposto no art. 243 da Constituição Federal, de acordo com a legislação em vigor.

Plantações ilícitas: São as não autorizadas.

Destruição de plantações: Antes de adentrar no enfrentamento do assunto, registre-se que o art. 32 trata exclusivamente da *destruição de plantações*, de modo que a *destruição de drogas apreendidas* está disciplinada no art. 50, §§3°, 4º e 5° e no art. 50-A. Porém, gize-se que o próprio art. 32 refere-se expressamente ao art. 50-A, demonstrando a vinculação de tratamento quanto à matéria. O art. 50-A, teve a sua redação alterada pela Lei 13.840/19, sendo que a sua atual redação estabelece que "a destruição das drogas apreendidas sem a ocorrência de prisão em flagrante será feita por incineração, no prazo máximo de 30 (trinta) dias contados da data da apreensão, guardando-se amostra necessária à realização do laudo definitivo".

Desnecessidade de autorização judicial: A nova redação excluiu a antiga parte final do dispositivo, onde se preconizava "aplicando-se, no que couber, o procedimento dos §§ 3º a 5º do art. 50". Portanto, agora, não se determina mais a observância das regras que disciplinam a destruição da droga

18. Lembre-se que nem o agente da abordagem e nem o juiz possuem acesso a dados, informações e eventuais investigações criminais em andamento na polícia judiciária, pelo que o delegado de polícia é a única autoridade capaz de, *nesse momento*, verificar com maior propriedade a situação jurídica daquele que for flagrado portando drogas.

apreendida em situação de flagrante, devendo o delegado proceder independente de autorização judicial. Compartilhando desse entendimento, tem-se Guilherme de Souza Nucci[19]. Antes da alteração promovida pela Lei 13.840/19 lecionava-se que a destruição imediata das plantações pelo delegado dependia de *autorização judicial*, pois o art. 50-A se reportava ao procedimento previsto no art. 50, §§3°, 4° e 5°, que exige a autorização do juiz. Agora, ao que nos parece, no que se refere à destruição das plantações ilícitas, *autorização judicial não será mais necessária.*

Desnecessidade de oitiva do Ministério Público: Pela mesma razão acima, com a nova redação do dispositivo, não há mais a observância das regras que disciplinam a destruição da droga apreendida em decorrência de prisão em flagrante. A lei derrogou a necessidade da oitiva do Ministério Público.

Celeridade: Ao reformular a redação do art. 50-A a lei estabeleceu maior celeridade ao procedimento de destruição das plantações ilícitas de drogas e matéria-prima à sua preparação, dispensando a necessidade de oitiva do Ministério Público e de autorização judicial, devendo o delegado de polícia proceder de ofício.

Destruição: Se dá por incineração (art. 50-A), observadas as regras de proteção ao meio ambiente, devendo o delegado proceder de acordo com o art. 2° do Dec. 2.661/98, onde está regulamentada a *queima controlada.*

Autorização para uso do fogo: Não é necessária (§3°).

Atribuição para o ato: É do delegado de polícia.

Prazo: Ainda que o art. 32 utilize a expressão "imediatamente", não há necessidade de se produzir uma ação instantânea, pois o art. 50-A estabelece um prazo máximo de até 30 dias para a destruição. Aliás, como a lei permite que se cultivem drogas, vegetais, substratos destinados à sua preparação em situações excepcionais (arts. 2° e 31), convém que o delegado adote as medias e providências necessárias à verificação de que não se trata das hipóteses da ressalva legal.

Procedimento: O delegado de polícia deve adotar precauções para resguardar a materialidade do crime, guardando-se amostra necessária à realização do laudo definitivo (art. 50-A). Assim, antes de determinar a destruição, promoverá o recolhimento de quantidade do produto para remeter à perícia, a fim de viabilizar a demonstração da toxicidade do produto apreendido. Após, realizará vistoria no local e determinará a lavratura de um auto circunstanciado, descrevendo as condições da plantação para que possa decidir quanto ao indiciamento criminal pelo crime do art. 28, §1° (plantio para consumo pessoal) ou do art. 33, §1°, inc. II, (plantio para fins de tráfico).

Expropriação: O art. 243 da Constituição Federal prevê que "as propriedades rurais e urbanas de qualquer região do País onde forem localizadas *culturas ilegais de plantas psicotrópicas* ou a exploração de trabalho escravo *na forma da lei serão expropriadas* e destinadas à reforma agrária e a programas de habitação popular, *sem qualquer indenização ao proprietário* e sem prejuízo de outras sanções previstas em lei, observado, no que couber, o disposto no art. 5°". E, o seu parágrafo único estabelece que "todo e qualquer bem de valor econômico apreendido em decorrência do *tráfico ilícito de entorpecentes e drogas afins* e da exploração de trabalho escravo *será confiscado* e reverterá a fundo especial com destinação específica, na forma da lei".

Indenização: Não há indenização pela expropriação.

Localização de plantações ilícitas: É atribuição da Polícia Federal promover as diligências necessárias à localização de culturas ilegais de plantas psicotrópicas, a fim de que seja promovida a imediata expropriação do imóvel em que forem localizadas (art. 1°, Decreto 577/1992).

Responsabilidade objetiva ou subjetiva: Há divergência sobre o assunto. Para uma corrente doutrinária, a responsabilidade do proprietário de terras usadas para o plantio criminoso é objetiva, i.e., é irrelevante a existência de culpa na utilização ilícita (STJ, REsp 498.742). Para outra corrente, além da cultura ilegal, é necessário demonstrar-se a ciência do proprietário sobre esse fato, evidenciando-se o seu dolo direto no cultivo ilegal ou, ao menos, sua tolerância ou omissão (TRF5, AC 181.603 e STF, RE 635.336). O Supremo Tribunal Federal, no RE 635.336, preconizou que "o proprietário pode afastar sua responsabilidade demonstrando que não incorreu em culpa, pode provar que foi *esbulhado* ou até *enganado por possuidor ou detentor*". Na ocasião, referiu-se que a responsabilidade do proprietário, embora subjetiva, "é bastante próxima à objetiva".

19. NUCCI, Guilherme de Souza. Leis Penais e Processuais Penais Comentadas. Volume I, Rio de Janeiro: Forense, 2017, p. 460.

Condomínio da gleba: Em caso de condomínio, havendo boa-fé de apenas alguns proprietários, a expropriação da terra deve ser aplicada, restando aos proprietários inocentes buscar reparação civil em face dos demais.

Bem de família: Ainda que se trate de "bem de família", destinado à moradia, em homenagem ao *princípio da conveniência das liberdades*, a terra estará sujeita a expropriação, nos termos do art. 3°, VI, da Lei n° 8.009/90, não se podendo opor as regras da impenhorabilidade.

Cultivo em parte da terra: Há divergência acerca do assunto. Uma corrente entende que apenas a parte onde foi identificada a cultura ilegal deve ser expropriada, conferindo interpretação restritiva ao art. 243 da Constituição Federal (TRF5 AC 13.308). Outra corrente entende que a expressão "gleba", se refere à totalidade da propriedade onde se localize cultura ilegal de plantas psicotrópicas, de modo que a expropriação deve recair sobre toda a terra (STF, RE 543.974).

14. CONCEITO JURÍDICO DE TRÁFICO DE DROGAS

Inicialmente, é importante anotar-se que a Lei 11.343/06 não traz um crime cujo *nomen iuris* seja tráfico de drogas. Dessa forma, para fins de definição dos crimes que podem ser enquadrados no que chamamos de *conceito jurídico de tráfico de drogas*, devemos nos valer da jurisprudência e das diretrizes traçadas pelo legislador.

Conforme Renato Brasileiro de Lima[20], o critério legal balizador para alcançar-se essa definição está no *art. 44, caput,* onde o legislador estabelece que "os crimes previstos nos arts. 33, *caput* e §1º, e 34 a 37 desta Lei são inafiançáveis e insuscetíveis de sursis, graça, indulto, anistia e liberdade provisória, vedada a conversão de suas penas em restritivas de direitos", demonstrando quais os delitos pretende conferir tratamento mais rigoroso, cumprindo, assim, o mandado de criminalização constante na Constituição Federal.

Nesse passo, *à exceção do crime de associação para o tráfico* (art. 35), que a jurisprudência histórica nunca considerou equiparado a hediondo (STF, HC 83.017 e HC 83.656), todos os demais delitos mencionados no art. 44, *caput*, i.e., *art. 33, caput, e §1°, art. 34, art. 36 e art. 37*, devem ser compreendidos no conceito jurídico de tráfico de drogas e, portanto, *equiparados aos crimes hediondos.*

Noutro giro, interpretando-se *a contrario sensu* o art. 44, entende-se que não podem ser rotulados como tráfico de drogas os crimes previstos nos art. 28, art. 33, §§ 2° e 3°, art. 38 e art. 39.

20. LIMA, Renato Brasileiro de. Legislação Criminal Especial Comentada. Salvador: Juspodivm, 2015, p. 741.

15. TRÁFICO DE DROGAS GENUÍNO

Art. 33. Importar, exportar, remeter, preparar, produzir, fabricar, adquirir, vender, expor à venda, oferecer, ter em depósito, transportar, trazer consigo, guardar, prescrever, ministrar, entregar a consumo ou fornecer drogas, ainda que gratuitamente, sem autorização ou em desacordo com determinação legal ou regulamentar:

Pena - reclusão de 5 (cinco) a 15 (quinze) anos e pagamento de 500 (quinhentos) a 1.500 (mil e quinhentos) dias-multa.

Verbos nucleares: *Importar* (promover o ingresso no território nacional); *exportar* (levar para fora do país); *remeter* (enviar, dentro do país); *preparar* (obter algo por meio da composição de elementos); *produzir* (dar origem a algo); *fabricar* (é a produção em grande escala); *adquirir* (obter a propriedade de forma gratuita ou onerosa); *vender* (alienar mediante contraprestação); *expor à venda* (colocar à amostra para fins de alienar); *oferecer* (ofertar sem contraprestação); *ter em depósito* (armazenar, conservar), *transportar* (levar de um lugar para outro em veículo), *trazer consigo* (levar de um lugar para outro junto ao corpo), *guardar* (tomar conta, vigiar, ocultar), *prescrever* (receitar, indicar), *ministrar* (introduzir no organismo, aplicar), *entregar a consumo* (se refere a qualquer ação não abrangida pelos verbos anteriormente elencados, trata-se de uma tradição exclusiva) e *fornecer* (prover, entregar, abastecer).

Guardar e ter em depósito: Os dois núcleos parecem ter o mesmo significado, entretanto, esclarecemos que a conduta de *ter em depósito* refere-se à livre disposição da droga pelo próprio agente e a conduta de *guardar* refere-se à ocultação da droga para o beneficiamento de terceiro (outro traficante).

Transportar e trazer consigo: Os núcleos parecem ter o mesmo significado, entretanto, frisamos que a conduta de *transportar,* implica na condução da droga em algum meio de transporte e a conduta de *trazer consigo*, refere-se ao porte da droga junto ao corpo.

Entregar e fornecer: A entrega é una, se verifica com a tradição da droga. O fornecimento pressupõe continuidade, i.e., trata-se de tradição contínua.

Objeto jurídico: Saúde pública.

Objeto material: Droga.

Elemento subjetivo: É o dolo.

A responsabilização por tráfico pressupõe a demonstração de que a droga se destina à distribuição. Entretanto, a *distribuição* não é elemento subjetivo específico do tipo, mas questão de prova que se perfaz por exclusão, i.e., verificação que a droga não é *para consumo pessoal* (quantidade do entorpecente, forma de acondicionamento, variedade da droga, comportamento do acusado, interceptações telefônicas, apreensão de listas de clientes). O fato é que, a posse de drogas para qualquer finalidade que não o consumo pessoal (art. 28), pode configurar o crime do art. 33.

Elemento normativo: Encontra-se na expressão *sem autorização ou em desacordo com determinação legal ou regulamentar*. Trata-se de expressão que afastaria a ilicitude da conduta, no entanto, como está inserida no tipo penal, acaba por se tornar elemento do fato típico. Logo, havendo a referida autorização, a conduta seria atípica.

Sujeito ativo: Qualquer pessoa, *exceto no verbo prescrever*.

Prescrever: É sinônimo de receitar. Nesse elemento nuclear é *crime próprio* que somente pode ser praticado por profissional autorizado a prescrever drogas (medicamentos) v.g., médicos e dentistas. Trata-se da *prescrição dolosa* de drogas, pois a prescrição culposa configura o crime do art. 38, que será estudado adiante. Existem drogas que podem ser vendidas em farmácias, desde que haja prescrição (receita) médica. Assim, caso o médico prescreva o medicamento (droga) com *intenção de facilitar o acesso*, responderá por tráfico de drogas. Nessa modalidade, o crime consuma-se no momento da prescrição, i.e., quando a receita é entregue ao paciente, ainda que ele não adquira a droga.

Sujeito passivo: É a coletividade.

Objetivo de lucro: Não é necessário para configuração do tráfico. O que configura o tráfico é a *distribuição da droga*, e o crime se configura mesmo que o agente entrega a droga ao usuário, *ainda que gratuitamente*.

Crime de ação múltipla: Possui várias formas de execução. Porém, a prática de mais de um verbo nuclear (realização de mais de uma conduta típica), no mesmo contexto fático, caracteriza crime único. Essa espécie delitiva é também chamada de tipo misto alternativo ou de conteúdo variado.

Crime permanente: Alguns verbos nucleares transformam o tráfico em um crime permanente, quais sejam: expor à venda, ter em depósito, transportar, trazer consigo e guardar. Nos demais casos é crime instantâneo. Remetemos à leitura do ponto 7, onde analisamos essa modalidade de forma específica.

Crime instantâneo: Nas modalidades *importar, exportar, remeter, preparar, produzir, fabricar, adquirir, vender, oferecer, prescrever, ministrar, entregar e fornecer* o crime se consuma em momento determinado.

Tentativa: É possível.

Entretanto, da mesma forma que colocamos nos comentários ao art. 28, nos termos do art. 482, CC, as transações comerciais de compra e venda se aperfeiçoam com o acordo de vontades entre o vendedor e o comprador. Ou seja, a *venda se perfaz com a concretização da negociação*, não com a entrega da droga. No mais, sublinhe-se que, na prática, a tentativa dificilmente será vista, pois o dispositivo traz dezoito verbos nucleares, cada um deles com autonomia consumativa, sendo que alguns se constituem em atos preparatórios de condutas posteriores, como, v.g., *preparar*, que é conduta anterior à venda. Logo, se o agente é preso após preparar a droga, mas antes de vender, responderá pela consumação do verbo *preparar*, e não pela tentativa do verbo *vender*.

Materialidade: Tratando-se de crime não transeunte, como regra, a materialidade se verifica com a apreensão da droga e posterior submissão ao exame de corpo de delito (STJ, REsp 1.598.820 e REsp 1.544.057). Entretanto, o próprio STJ tem precedente no qual preconiza que "a ausência de apreensão da droga não torna a conduta atípica se existirem outros elementos de prova que demonstrem o crime de tráfico (HC 131.455).

Encomenda da droga por telefone: Diante do registrado acima, no caso de um agente (A) encomendar droga com outro (B), por telefone, para fins de distribuição na sua cidade, vindo a droga a ser apreendida pela polícia, em poder do entregador (C), antes da efetiva entrega, todos responderão por tráfico de drogas consumado (STJ, REsp 1.384.292). O primeiro agente (A) incide no verbo *adquirir*; o segundo, no verbo *vender*; e o terceiro (C) no verbo *transportar*. Veja-se que os dois primeiros (A e B) praticaram verbos que denotam *crime instantâneo*, consumando-se com o ajuste de vontades sobre o objeto, sendo dispensável a efetiva entrega da droga, enquanto o terceiro (C) praticou verbo que denota crime permanente, consumando-se durante todo tempo em que transportava a mercadoria.

Norma especial: Afasta a incidência do artigo 243 do Estatuto da Criança e do Adolescente sempre que a conduta for relativa a drogas ilícitas, v.g., maconha. Porém, se a conduta for relativa a drogas lícitas, v.g., cigarro, aplica-se o art. 243 do ECA.

Erro de tipo: Ocorre quando o agente não tem consciência de que aquilo que, v.g., guarda ou traz consigo trata-se de droga.

Coautoria: É possível. Ocorrerá sempre que duas ou mais pessoas praticam as condutas nucleares com intuito de distribuição da droga. Deve-se ter cuidado, nessas circunstâncias, para a correta distinção da *coautoria no art. 33* para o *crime do art. 35*, onde está tipificada a conduta de "associarem-se duas ou mais pessoas para o fim de praticar, reiteradamente ou não, qualquer dos crimes previstos nos arts. 33, *caput* e §1º, e 34 desta Lei", que será objeto de análise na sequência. Na coautoria não há estabilidade e permanência.

Droga no interior de veículo: Imagine-se a situação onde duas ou mais pessoas se encontram viajando de automóvel e, em abordagem policial, após a localização da droga, *um dos ocupantes assume a responsabilidade*. Neste caso, não há falar-se em coautoria, não havendo possibilidade de responsabilização dos demais ocupantes do veículo, salvo existência de elementos que apontem para esse resultado, v.g., interceptação telefônica, inquirição dos suspeitos, antecedentes, ou, ainda, a simples acomodação da droga em local onde não se tenha por ocultada dos demais. Trata-se de análise do "vínculo subjetivo para a prática do crime", de modo que quando o cenário apresentado permitir a conclusão de que todos sabiam da existência da droga, todos deverão ser responsabilizados. Outra situação peculiar se configura quando duas ou mais pessoas se encontram viajando de automóvel e, em abordagem policial, após a localização da droga, *ninguém assume a responsabilidade*. Há quem sustente que, nesse caso, não havendo algum elemento de prova que aponte a autoria, nenhum deles deve ser responsabilizado. Com a devida vênia, não concordamos com esse entendimento, pois, se assim for, basta os traficantes transportar a droga em grupo e deixá-la em local onde não se possa imputar a autoria a um passageiro em específico. Nesse caso, não havendo elementos que autorizem a constatação da coautoria ou associação para o tráfico, a responsabilidade deve ser convergida ao proprietário do veículo (se presente), pois é dele a responsabilidade daquilo que está no interior de seu carro, ou, senão, ao motorista, sendo dele a responsabilidade por aquilo que transporta. Aliás, registre-se que, com a convergência dessa responsabilidade, havendo negativa de autoria por parte da defesa, o art. 156 do Código de Processo Penal prevê que "a prova da alegação incumbirá a quem a fizer", estabelecendo a inversão do ônus da prova, de modo que caberá ao imputado demonstrar, de modo concreto, que a droga encontrada no interior do veículo não lhe pertencia.

Crime de perigo abstrato: Há uma probabilidade de dano, que, no entanto, não precisa ocorrer para a consumação do delito. Nesses casos, há uma presunção pela lei de que a prática da conduta representa um risco ao bem jurídico, sendo desnecessária, portanto, a sua comprovação. Remetemos à leitura do ponto 5, onde analisamos essa modalidade de crime de forma específica.

Princípio da insignificância: Conforme discorremos no ponto 6, a jurisprudência é tumultuosa. Prevalece amplamente no Supremo Tribunal Federal a não aplicação (HC 87.319, HC 88.820, HC 94.340 e HC 240.258), sendo o mesmo entendimento adotado no Superior Tribunal de Justiça (HC 59.190, HC 174.361 e HC 156.543). Entretanto, o STF possui um precedente onde aplicou o princípio da insignificância ao crime de tráfico de drogas (HC 127.573).

Dependente químico: O fato de ser o agente conhecido usuário ou dependente de droga não descaracteriza o tráfico, quando presentes elementos que indicam a sua condição de traficante (STF, HC 73.197).

Exercício ilegal da medicina: Se o agente, no exercício irregular da medicina, prescreve substância caracterizada como droga, resta configurado o delito do art. 282 do Código Penal, em concurso formal com o do art. 33, *caput*, da Lei n. 11. 343/2006 (STJ, HC 139.667; STF, HC 104.382).

Revista íntima: Não viola a dignidade da pessoa a revista íntima realizada quando houver fundada suspeita de que o visitante esteja transportando drogas ou outros itens proibidos para o interior da prisão (STJ, HC 460.234).

Palavra de policiais: É válida como meio de prova (art. 202, CPP), não podendo ser rejeitada tão somente pela sua condição funcional, possuindo valor probante no tráfico de droga, como em qualquer outro crime (STJ, HC 393.516). Dessa forma, "*o depoimento dos policiais, prestado em juízo, constitui meio de prova idôneo a resultar na condenação do paciente, notadamente quando ausente qualquer dúvida sobre a imparcialidade das testemunhas, cabendo à defesa o ônus de demonstrar a imprestabilidade da prova*" (STJ, HC 165.561).

Policial que atende ligação telefônica do investigado: Não será válida a prova quando o agente policial atende ligação telefônica do investigado e, se passando por ele, combina a entrega da droga (STJ, HC 511.484). Nesse caso, entende-se que a materialidade do crime está maculada.

Pureza da droga: Não influencia no enquadramento legal. A perícia não precisa descrever o grau de pureza da droga, basta que identifique a presença da substância proibida (STF, 132.909).

Hediondez: É equiparado a hediondo (art. 5°, XLIII, CF).

Confissão espontânea: Conforme súmula 630 do Superior Tribunal de Justiça, "a incidência da atenuante da confissão espontânea no crime de tráfico ilícito de entorpecentes exige o reconhecimento da traficância pelo acusado, não bastando a mera admissão da posse ou propriedade para uso próprio".

Flagrante preparado: Conforme a súmula 145 do Supremo Tribunal Federal, "não há crime quando a preparação do flagrante pela polícia torna impossível a sua consumação", i.e., não existirá prática criminosa quando o fato for preparado pela autoridade, que o faz para fins de realizar a prisão em flagrante. Referimos que o instituto do flagrante preparado foi sensivelmente relativizado com as alterações do pacote anticrime, conforme estudaremos adiante, quando da análise da figura equiparada descrita no §1°, inc. IV, onde se inseriu a figura do *agente policial disfarçado*.

Ato infracional: O ato infracional análogo ao tráfico de drogas, por si, não conduz à medida socioeducativa de internação do menor (STJ, Súmula 492).

Acordo de não persecução penal: Não é cabível.

Classificação doutrinária: *Crime comum* (pode ser praticado por qualquer pessoa); *de mera conduta* (não há previsão de resultado naturalístico à sua consumação); *de perigo abstrato* (o perigo gerado pela conduta é presumido pela lei); *crime vago* (tem como sujeito passivo a coletividade); *doloso* (o agente quer o resultado ou assume o risco de produzi-lo); *de forma livre* (pode ser praticado por qualquer meio de execução); *comissivo* (os verbos indicam ações); *instantâneo nas condutas importar, exportar, remeter, preparar, produzir, fabricar, adquirir, vender, oferecer, prescrever, ministrar, entregar e fornecer* (a consumação se dá em um momento específico); *permanente nas condutas de expor à venda, guardar, ter em depósito, transportar e trazer consigo* (a consumação se protrai no tempo*); unissubjetivo ou de concurso eventual* (pode ser praticado por um só agente); *plurissubsistente* (admite fracionamento dos atos de execução); *admite tentativa.*

§1º Nas mesmas penas incorre quem:

Condutas equiparadas: As condutas descritas são equiparadas ao tráfico genuíno (art. 33, *caput*).

Caráter subsidiário: Parece predominar na doutrina o entendimento de que as condutas do §1°, se praticadas em um mesmo contexto fático, têm caráter subsidiário, i.e., sua aplicação só é possível se o agente não for punido por qualquer das figuras previstas no *caput*. Não concordamos com esse entendimento, juntando-nos à posição de Guilherme de Souza Nucci[21], o qual entende que o agente que praticar condutas descritas no *caput* e no §1° deve responder por dois crimes, em concurso material, formal ou crime continuado, a depender do caso concreto. Assim, o agente que, por exemplo, importar droga e, também, importar matéria-prima destinada ao preparo de droga deve responder por dois crimes.

Hediondez: É equiparado a hediondo (art. 5°, XLIII, CF).

Recomendamos a leitura do ponto 14.

Acordo de não persecução penal: Não é cabível.

I - importa, exporta, remete, produz, fabrica, adquire, vende, expõe à venda, oferece, fornece, tem em depósito, transporta, traz consigo ou guarda, ainda que gratuitamente, sem autorização ou em desacordo com determinação legal ou

21. NUCCI, Guilherme de Souza. Leis Penais e Processuais Penais Comentadas. Volume I, Rio de Janeiro: Forense, 2017, p. 385.

regulamentar, matéria-prima, insumo ou produto químico destinado à preparação de drogas;

Verbos nucleares: Já foram analisados quando do estudo do *caput*.

Objeto material: Matéria-prima, insumo ou produto químico.

Elementos objetivos: *matéria-prima* (é a substância bruta da qual se extrai ou produz drogas); *insumo* (elemento participante do processo de formação da droga); *produtos químicos* (substância química utilizada em laboratório, utilizada no processo de elaboração da droga).

Pasta base de cocaína: É matéria-prima.

Planta de maconha: É matéria-prima.

Semente de maconha: É matéria-prima, pois, "embora não possua tetrahidrocanabinol, princípio ativo da maconha, se destina ao cultivo, constituindo-se em matéria-prima para produção da droga (STJ, 100.437). Inclusive, o dispositivo não exige que os componentes tipificados tenham a potencialidade lesiva da droga, mas apenas que sejam "destinados à preparação de drogas". No entanto, O Supremo Tribunal Federal tem precedente em sentido contrário, preconizando que "a semente não constitui matéria-prima destinada ao preparo da maconha, pois não possui o tetrahidrocanabinol" (STF, HC 143.890). Com a devida vênia, tal entendimento está equivocado, pois, conforme referimos, o dispositivo não exige que os componentes tipificados tenham a potencialidade lesiva da droga, mas apenas que sejam destinados à sua preparação.

Abrangência do dispositivo: Abrange os produtos *exclusivamente* destinados à preparação de drogas, como também os *eventualmente* utilizados com essa finalidade (bicarbonato de sódio, acetona), desde que fique demonstrado que os produtos são "destinados à preparação de drogas" (STJ, HC 45.003).

Toxidade: As substâncias descritas não precisam ter a toxidade da droga, basta que sejam idôneas a sua produção.

Bicarbonato de sódio: É considerado insumo quando utilizado na extração e refinamento da cocaína, aumentando o volume de droga na preparação e oferta ao usuário. Também é utilizado no processo de formação do crack, servindo de diluente juntado à cocaína ou sua pasta base (STJ, REsp 1.544.401).

Acetona e éter: São produtos químicos que podem ser utilizados no processamento da pasta base ou refinamento da cocaína. Também são utilizados o ácido clorídrico, o ácido bórico, o álcool etílico e a querosene.

Lista D2 da portaria 344/98 da ANVISA: Elenca alguns exemplos de substâncias empregadas na produção de drogas, v.g., acetona, éter, clorofórmio e tolueno. São produtos químicos, porém, a Portaria se refere a eles como insumos. Renato Brasileiro de Lima[22] sustenta que esta lista é exemplificativa, sendo possível o enquadramento legal de outras substâncias, pois o art. 66 somente se reporta à Portaria 344/98 para a conceituação de droga, nada referindo acerca de insumos e produtos químicos. Concordamos com esse entendimento, pois os traficantes evoluem constantemente a forma de preparação das drogas, não podendo o aplicador de lei estar engessado pela rasa lista de precursores estabelecida na Portaria. Diversos insumos e produtos químicos sabidamente utilizados pelos traficantes não constam da Portaria, v.g., cal virgem, amônia, querosene, gasolina e cafeína. Esse é também o entendimento do Superior Tribunal de Justiça (HC 441.695).

Cafeína: A cafeína pode ser considerada para a caracterização do tráfico de drogas quando apreendida em contexto de preparo de substâncias como a cocaína (STJ, HC 441.695). A cafeína é considerada insumo quando ilegalmente utilizada para aumentar o volume de cocaína, mantendo as características da droga, com a finalidade de incrementar o lucro na venda.

Classificação doutrinária: *Crime comum* (pode ser praticado por qualquer pessoa); *de mera conduta* (não há previsão de resultado naturalístico à sua consumação); *de perigo abstrato* (o perigo gerado pela conduta é presumido pela lei); *crime vago* (tem como sujeito passivo a coletividade); *doloso* (o agente quer o resultado ou assume o risco de produzi-lo); *de forma livre* (pode ser praticado por qualquer meio de execução); *comissivo* (os verbos indicam ações); *instantâneo nas condutas importar, exportar, remeter, produzir, fabricar, adquirir, vender, oferecer, e fornecer* (a consumação se dá em um momento específico); *permanente nas condutas de expor à venda, guardar, ter em depósito, transportar e trazer consigo* (a consumação se protrai no tempo); *unissubjetivo ou*

22. LIMA, Renato Brasileiro de. Legislação Criminal Especial Comentada. Salvador: Juspodivm, 2015, p. 751, em nota de rodapé.

de concurso eventual (pode ser praticado por um só agente); *plurissubsistente* (admite fracionamento dos atos de execução); *admite tentativa*..

II - semeia, cultiva ou faz a colheita, sem autorização ou em desacordo com determinação legal ou regulamentar, de plantas que se constituam em matéria-prima para a preparação de drogas;

Verbos nucleares: *Semear* (lançar a semente ao solo para que ela germine); *cultivar* (cuidar daquilo que se plantou); *fazer a colheita* (recolher a planta ou os frutos).

Objeto material: Semente ou planta.

Elemento normativo: Encontra-se na expressão *sem autorização ou em desacordo com determinação legal ou regulamentar*. Trata-se de expressão que afastaria a ilicitude da conduta, no entanto, como está inserida no tipo penal, acaba por se tornar elemento do fato típico. Logo, havendo a referida autorização, a conduta será atípica.

Consumação: Segundo Renato Brasileiro de Lima[23], a consumação dessa figura equiparada independe de as plantas apresentarem, ou não, o princípio ativo. A lei exige apenas que as plantas sejam destinadas à preparação de drogas.

Destruição das plantações: Remetemos à leitura do ponto 13.

Diferença para o crime do art. 28, §1°: Conforme referimos antes, o cultivo para consumo (art. 28, §1°) diferencia-se desta modalidade de crime equiparado ao tráfico em virtude de dois aspectos, i.e., a finalidade deve ser o *consumo pessoal*; e as plantas devem ser destinadas à preparação de *pequena quantidade* de droga.

Classificação doutrinária: *Crime comum* (pode ser praticado por qualquer pessoa); *de mera conduta* (não há previsão de resultado naturalístico à sua consumação); *de perigo abstrato* (o perigo gerado pela conduta é presumido pela lei); *crime vago* (tem como sujeito passivo a coletividade); *doloso* (o agente quer o resultado ou assume o risco de produzi-lo); *de forma livre* (pode ser praticado por qualquer meio de execução); *comissivo* (os verbos indicam ações); *instantâneo nas condutas semear e fazer a colheita* (a consumação ocorre em um momento certo); *permanente na conduta cultivar* (a consumação se protrai no tempo*); unissubjetivo ou de concurso eventual* (pode ser praticado por um só agente); *plurissubsistente* (admite fracionamento dos atos de execução); *admite tentativa.*

III - utiliza local ou bem de qualquer natureza de que tem a propriedade, posse, administração, guarda ou vigilância, ou consente que outrem dele se utilize, ainda que gratuitamente, sem autorização ou em desacordo com determinação legal ou regulamentar, para o tráfico ilícito de drogas.

Verbos nucleares: *Utilizar* (aproveitar); *consentir* (autorizar).

Elemento subjetivo: É o dolo. Ainda, o tipo pressupõe um elemento subjetivo específico, i.e., os verbos devem ser praticados *para o tráfico de drogas.* Não se admite a modalidade culposa. Diante da necessidade do especial fim de agir, é classifico como um *tipo penal incongruente* ou *assimétrico.*

Sujeito ativo: É crime próprio que somente pode ser praticado pelos sujeitos que reúnam as qualificações inferidas do dispositivo, i.e., o proprietário, o possuidor, o administrador, o guarda ou o vigilante de determinado local ou bem.

Configuração criminosa: O crime se verifica quando há a *utilização* de um local (estabelecimento comercial, apartamento) ou bem (automóvel, barco, avião), para o tráfico de drogas, bem como quando há o *consentimento* para que um terceiro deles se utilize, com a mesma finalidade.

Consentimento: Pune aquele que não exerce o tráfico, mas permite que o traficante utilize seu local ou bem para distribuir drogas.

Desconhecimento da situação: Se não há conhecimento de que o terceiro pretende usar seu local ou bem para o tráfico de drogas, incide na espécie o instituto do erro de tipo, afastando-se a tipicidade formal da conduta.

Local público ou privado: O crime se consuma em qualquer local, tendo em vista que o dispositivo não restringe seu campo de incidência.

Incoerência do legislador: É incoerente a tipificação deste crime autônomo para quem utiliza local para tráfico. Ora, quem utiliza local ou bem para realizar tráfico de drogas está traficando. Logo, já estaria incurso no art. 33, *caput*. Portanto, na prática, essa figura só incidirá no caso de consentimento na

23. LIMA, Renato Brasileiro de. Legislação Criminal Especial Comentada. Salvador: Juspodivm, 2015, p. 753.

utilização de local ou bem para que, nele, terceiro pratique o tráfico de drogas. É que, ainda que o agente pudesse ser punível como partícipe no tráfico exercido pelo terceiro, a lei destacou um crime autônomo nessa situação.

Consumação: O delito se consuma com o tráfico de drogas, ainda que realizado apenas uma única vez, pois o delito não é habitual. Aliás, registre-se, se *configurada a habitualidade* no consentimento da utilização de bem ou local por terceiro, para fins de tráfico, haverá verdadeiro *custeio do tráfico* (art. 36).

Habitualidade: Não se exige.

Perda do local ou bem: O juiz, ao sentenciar, poderá decretar a perda de do local, veículos, embarcações ou aeronaves utilizados no tráfico (art. 63).

Consentimento para o uso: Se as condutas forem praticadas para favorecer o uso de drogas, não se configura está conduta criminosa, mas o crime previsto no art. 33, §2°, o qual estudaremos na sequência.

Classificação doutrinária: *Crime próprio* (só pode ser praticado por sujeito com as qualidades descritas no dispositivo penal, i.e., proprietário, possuidor, administrador, guarda ou vigilante); *de mera conduta* (não há previsão de resultado naturalístico à sua consumação); *de perigo abstrato* (o perigo gerado pela conduta é presumido pela lei); *crime vago* (tem como sujeito passivo a coletividade); *doloso* (o agente quer o resultado ou assume o risco de produzi-lo); *de forma livre* (pode ser praticado por qualquer meio de execução); *comissivo* (os verbos indicam ações); *instantâneo ou permanente* (dependerá da modalidade escolhida pelo sujeito ativo); *unissubjetivo ou de concurso eventual* (pode ser praticado por um só agente); *plurissubsistente* (admite fracionamento dos atos de execução); *admite tentativa.*

IV - vende ou entrega drogas ou matéria-prima, insumo ou produto químico destinado à preparação de drogas, sem autorização ou em desacordo com a determinação legal ou regulamentar, a agente policial disfarçado, quando presentes elementos probatórios razoáveis de conduta criminal preexistente.

Pacote anticrime: O inciso foi acrescentado pela Lei 13.964/19.

Verbos nucleares: *vender* (alienar mediante contraprestação) e *entregar* (dar, passar às mãos, significa a simples tradição).

Objeto material: drogas, matéria-prima, insumo ou produto químico.

Elemento normativo: Encontra-se na expressão *sem autorização ou em desacordo com determinação legal ou regulamentar*.

Configuração: A configuração delitiva se verifica quando, havendo elementos prévios indicadores de crime, o agente vende ou entrega, ilegalmente, droga ou outro substrato destinado ao seu preparo ao agente policial disfarçado.

Crime instantâneo: consuma-se com a prática das condutas.

Lucratividade: Mantendo a linha de tipificação lógica do tráfico, a configuração do crime não depende exclusivamente da lucratividade, o que se exige é a distribuição da *droga, matéria-prima, insumo* ou *produto químico*. Assim, o tipo se satisfaz com a *venda* (entrega onerosa) ou *entrega (gratuita)*.

Agente policial disfarçado: Trata-se de nova técnica especial de investigação criminal, consistente na ocultação da identidade funcional do agente, i.e., é a atuação de maneira dissimulada para a obtenção de prova da materialidade e autoria do crime de tráfico de drogas, desde que existam elementos informativos razoáveis da conduta criminal preexistente.

Autorização judicial: Não é necessária.

Prazo para conclusão do método investigativo: Não há.

Elemento condicionador: O legislador inseriu no dispositivo o que chamamos de um *elemento normativo condicionador*, o qual funciona como uma espécie de requisito para a configuração típica, i.e., "quando presentes elementos probatórios razoáveis de conduta criminal preexistente". Portanto, o crime de vender ou entregar (condutas instantâneas) a droga ao policial disfarçado somente se configura se existirem elementos prévios acerca da existência do crime, o que afasta essa técnica especial de investigação do *flagrante preparado*. Nesse caso, não há *preparação*, mas a *confirmação* da conduta criminosa.

Elementos que apontem a conduta criminal preexistente: Tais elementos tratam-se, logicamente, de material probatório que deve existir *antes* das condutas de vender ou entregar. É dizer que tais elementos devem preexistir à ação do policial disfarçado, como forma de legitimar a sua ação, devendo ser juntados no auto de prisão em flagrante, pois, esta figura típica trata-se de um crime de flagrante vinculado ou de condução instantânea.

Elementos razoáveis: A lei exige os elementos autorizadores dessa técnica especial de investigação criminal sejam *razoáveis*. Dessa forma, não pode ser admitida a denúncia anônima como o *elemento probatório* da conduta criminal preexistente.

Crime de flagrante vinculado ou de condução instantânea: O dispositivo é por nós batizado de *crime de flagrante vinculado* ou *crime de condução instantânea*, uma vez que a sua configuração está diretamente vinculada à situação de flagrância. Não há configuração desta conduta criminosa quando desvinculada do cenário de flagrante. Tratando-se da venda ou entrega de drogas a agente policial, este, por dever legal, dará voz de prisão ao sujeito ativo, conduzindo-o à Delegacia de Polícia para a lavratura do respectivo auto de prisão em flagrante. Registre-se que a figura do *agente policial disfarçado* se trata de técnica especial de investigação, de modo que, havendo autorização judicial para a não-atuação policial, com a finalidade de identificar e responsabilizar maior número de integrantes de operações de tráfico e distribuição, circunstância que dispensaria a prisão em flagrante, estaremos diante de outra técnica de investigação, i.e., *ação controlada* (art. 53, II, Lei 11.343/06).

Diferença para o agente infiltrado: O agente infiltrado atua *interna corporis*, i.e., no seio da empresa criminosa, agindo, de forma dissimulada, como um de seus membros, tendo pré-excluída sua responsabilidade penal (art. 13, parágrafo único, Lei 12.850/13). Portanto, possui atuação ativa nas agências criminosas. A infiltração policial está prevista nas Leis das Organizações Criminosas, de Drogas e de Lavagem de Capitais, depende de autorização judicial e deve ser executada nos estritos limites e prazo legais. Ainda, sublinhe-se que a infiltração pode ser física ou virtual, conforme a Lei das Organizações Criminosas (art. 10-A) e do Estatuto da Criança e do Adolescente (art. 190-A).

Diferença para o agente provocador: O agente provocador induz alguém a praticar um crime, sem que a pessoa tivesse essa intenção inicial, e, ao mesmo tempo, adota providências para que o crime não se consume, realizando-se a sua prisão em flagrante. É o caso do conhecido flagrante preparado, já declarado hipótese de crime impossível por ineficácia absoluta do meio, nos termos do art. 17 do Código Penal (STF, súmula 145).

Semelhança com o agente encoberto: O *agente encoberto* não se infiltra nas organizações criminosas, se limitando em acompanhar suas atividades pelo *lado de fora. Portanto,* possui atuação passiva e atua disfarçadamente para não revelar a sua identidade, o que se desenvolve por meio de monitoramento discreto ou campana, colhendo elementos probatórios do crime. Independe de autorização judicial e não se submete a prazos para a conclusão do método de investigação. Diante dessa semelhança, conforme lecionamos[24], juntamente com o professor Davi André Costa e Silva "a nova figura, do *agente policial disfarçado*, mais se aproxima do agente encoberto, na medida em que se utiliza, tão somente, do disfarce da identidade funcional do policial, não se exigindo prévia autorização judicial, limitado, entretanto, às estritas hipóteses legais do tráfico de drogas, do comércio ilegal de armas de fogo e do tráfico internacional de armas de fogo".

Ação controlada: Não se confunde com a nova figura do agente policial disfarçado. Trata-se de outra técnica especial de investigação que demanda autorização judicial e conhecimento do itinerário provável dos alvos da diligência (art. 53, inc. II e parágrafo único, Lei 11.343/06). Ainda, esta modalidade dispensa a prisão em flagrante, sendo esta, inclusive, a sua maior razão de ser, pois o objetivo da desta medida investigatória é possibilitar a ação da autoridade no momento mais oportuno para a investigação.

Atribuição para a medida: É exclusivamente da polícia judiciária, i.e., Polícia Federal ou Polícia Civil. Tratando-se de técnica especial de investigação, o agente policial disfarçado só pode ser aquele que possui atribuição investigativa criminal, i.e., para a apuração de crimes[25].

Utilização da técnica em outros crimes: Essa técnica investigativa foi acrescentada pelo pacote anticrime e refere-se, exclusivamente, a três hipóteses de incidência, i.e., tráfico de drogas (art. 33, §1°, IV, Lei 11.343/06), comércio ilegal e tráfico internacional de arma de fogo (art. 17, §2° e art. 18, par. único, Lei 10.826). Dessa forma, ainda que

24. GARCEZ, William; Silva, Davi André Costa e. A figura do policial disfarçado e a mitigação do flagrante preparado. Disponível em: <https://meusitejuridico.editorajuspodivm.com.br/2020/04/08/figura-policial-disfarcado-e-mitigacao-flagrante-preparado/>. Acessado em 25/05/2020.

25. Nesse sentido: LIMA, Renato Brasileiro de. Pacote Anticrime. Salvador: Juspodivm, 2020, p. 478.

exista corrente doutrina admitindo a técnica especial de investigação em qualquer outro crime[26] tendo o legislador limitado essa especial técnica investigativa a essas figuras típicas, entendemos que não poderá ser utilizada fora dessas hipóteses[27]. Inclusive, caso sejam utilizadas em outras modalidades delitivas, inexistindo autorização legal, o *suposto agente disfarçado* atuaria como *agente provocador*, contraindo a súmula 145 do STF.

Disfarce virtual ou cibernético: É possível. A lei não faz restrição.

Mitigação do flagrante preparado: Imagine-se o cenário onde um agente policial, em uma balada, vendo um terceiro fazendo uso de drogas, dirige-se até ele e, se passando por usuário, pede para comprar um pouco da sua droga, com intenção de prendê-lo em flagrante. Essa prisão seria ilegítima, tratando-se de crime impossível por obra do agente provocador (súmula 145, STF). É que o usuário não tinha a droga consigo com *intenção de distribuir*, tendo sido induzido a tal prática. Ou seja, esse usuário não é traficante. O traficante autêntico guarda ou traz consigo a droga, na balada, com intenção de distribuir. Ele quer o lucro da venda. Dessa forma, antes do inc. IV ser inserido no §1° do art. 33, quando o agente policial se dirigia até o traficante e, passando-se por usuário, solicitava a droga, a prisão em flagrante era legítima no ato da entrega. Entretanto, para não se cogitar em preparação do flagrante no verbo *vender*, efetuava-se o enquadramento típico nos outros verbos permanentes do art. 33, v.g., *guardar* ou *trazer consigo*. Agora, após o inc. IV ser inserido no §1° do art. 33, em coautoria com o professor *Davi André Costa e Silva*, já tivemos a oportunidade de sustentar a *mitigação do flagrante preparado*. Na ocasião[28], lecionamos que "o legislador procurou terminar com um embate doutrinário e jurisprudencial que permeava nos casos de *compra de droga por policial disfarçado*. É que, conforme entendimento sedimentado na Súmula 145 do STF, ao adquirir a droga, disfarçadamente, estaria o agente policial praticando o chamado flagrante preparado (provocado, induzido, instigado, delito de ensaio, delito de experiência, delito putativo por obra do agente provocador, crime de teatro ou de laboratório), nas modalidades *vender* e *entregar*, pois, conforme o entendimento abordado, a prisão em flagrante ocorre em razão da indução do agente estatal. Assim, para se evitar a ilegalidade desta prisão não se enquadrava a conduta criminosa nos verbos instantâneos referidos, i.e., vender e entregar, mas sim nas condutas permanentes de *ter em depósito, transportar, trazer consigo* ou *guardar*, quando possível, pois nessas modalidades a consumação se protrai no tempo, estando o agente suscetível à prisão em flagrante a qualquer momento. Diante desse novo cenário jurídico, entendemos que, em outras palavras, a lei deixa claro que a *venda* e *entrega* de droga a agente policial disfarçado não configuram o flagrante preparado, *desde que presentes elementos probatórios razoáveis de conduta criminal preexistente*. Repare-se que a lei traz um *elemento normativo condicionador*, o qual funciona como um *requisito* para a configuração típica. O flagrante só será válido *quando presentes elementos probatórios razoáveis de conduta criminal preexistente*. Se, diversamente, *não houver prova de conduta criminal preexistente* e o policial disfarçado receber a droga do traficante, a prisão em flagrante se dará com base no art. 33, *caput*, da Lei 11.343/06, e somente nos verbos configuradores de crime permanente *(ter em depósito, transportar, trazer consigo* ou *guardar)* se presentes no cenário fático. Assim, três situações podem ocorrer: **a)** Presente o elemento da conduta criminal preexistente, a *venda* ou a *entrega* ao agente policial disfarçado ensejará o flagrante nos termos do art. 33, §1°, IV, da Lei 11.343/06; **b)** Ausente o elemento de conduta criminal preexistente, mas o criminoso prontamente entrega a droga pedida pelo policial disfarçado, só será viável o flagrante nas modalidades de *ter em depósito, transportar, trazer consigo* ou *guardar* e a tipificação ficará no art. 33, *caput*, da Lei 11.343/06; **c)** Ausente o elemento de conduta criminal preexistente, o agente policial disfarçado solicita droga ao traficante e este vai buscá-la em outra localidade, a prisão em flagrante será considerada, inevitavelmente, ilegal, nos termos da Súmula 145 do STF".

Classificação doutrinária: *Crime comum* (pode ser praticado por qualquer pessoa); *de mera conduta* (não há previsão de resultado naturalístico à sua consumação); *de perigo abstrato* (o perigo gerado pela conduta é presumido pela lei); *crime vago* (tem como sujeito passivo a coletividade); *doloso* (o agente

26. BARCELLOS, Bruno Lima; LEITÃO Jr., Joaquim. A emblemática figura do agente policial disfarçado na Lei 13.964/19 (Lei do pacote anticrime). *In Lei anticrime: comentários à Lei 13.964/19*. Belo Horizonte, D'Plácido, 2020, p.94-95.

27. Nesse sentido: LIMA, Renato Brasileiro de. Pacote Anticrime. Salvador: Juspodivm, 2020, p. 477-478.

28. GARCEZ, William; Silva, Davi André Costa e. A figura do policial disfarçado e a mitigação do flagrante preparado. Disponível em: <https://meusitejuridico.editorajuspodivm.com.br/2020/04/08/figura-policial-disfarcado-e-mitigacao-flagrante-preparado/>. Acessado em 25/05/2020.

quer o resultado ou assume o risco de produzi-lo); *de forma livre* (pode ser praticado por qualquer meio de execução); *comissivo* (os verbos indicam ações); *instantâneo; unissubjetivo* (pode ser praticado por um só agente); *plurissubsistente* (admite fracionamento dos atos de execução); *crime de flagrante vinculado ou de condução instantânea* (sua configuração está diretamente vinculada à situação de flagrante); *admite tentativa.*

16. PARTICIPAÇÃO NO USO INDEVIDO

> **Art. 33. (...)**
>
> **§2º Induzir, instigar ou auxiliar alguém ao uso indevido de droga:**
>
> **Pena - detenção, de 1 (um) a 3 (três) anos, e multa de 100 (cem) a 300 (trezentos) dias-multa.**

Verbos nucleares: *induzir* (criar a ideia); *instigar* (reforçar uma ideia já existente); *auxiliar* (facilitação material).

Participação moral e material: Os verbos induzir e instigar formas de *participação moral*; o verbo auxiliar é forma de *participação material*.

Consumação: Há divergência sobre o momento consumativo deste crime. Uma corrente sustenta ser crime formal[29], consumando-se com a prática dos verbos *induzir, instigar ou auxiliar*. Predomina, no entanto, o entendimento de que se trata de material[30], consumando-se com a ocorrência do resultado naturalístico, i.e., com o efetivo uso da droga por terceiro. Estamos de acordo em esse entendimento.

Fornecimento da droga: O crime pune o agente que auxilia o uso indevido de droga, não abrangendo o seu fornecimento. O agente que fornecer a droga deverá responder pelo crime de tráfico (art. 33, *caput*) ou uso compartilhado (§3°), de acordo com as circunstâncias.

Pessoa determinada: A conduta deve visar pessoa determinada. Caso contrário, se a conduta for dirigida à coletividade, como um incentivo genérico ao uso de drogas, pode incidir o crime do art. 286 do CP (incitação ao crime).

Música que incentiva o uso de droga: A conduta de compor letras de música que incentivam o uso de drogas, por não visar pessoa certa, atingindo a coletividade, contrai a incidência do crime do art. 287 do CP (apologia ao crime).

Marcha da maconha: Trata-se de movimento destinado a chamar a atenção do poder legislativo para a descriminação do uso de drogas. Não configura o crime do art. 33, §2°, da Lei 11.343/06, nem o do art. 287 do Código Penal. O Supremo Tribunal Federal entendeu que o movimento se insere no direito à liberdade de expressão (ADPF 187 e ADI 4.274). Entretanto, deve se registrar que durante a "marcha" não pode haver *incitação, incentivo ou apologia ao consumo* (arts. 286 e 287, CP), nem, obviamente, o *uso de drogas* (art. 28 da Lei 11.343/06), ou o auxílio ao uso de drogas (art. 33, §2°, da Lei 11.343/06).

Hediondez: Não é equiparado a hediondo.

Recomendamos a leitura do ponto 14.

Acordo de não persecução penal: É cabível.

Classificação doutrinária: *Crime comum* (pode ser praticado por qualquer pessoa); *material* (somente se consuma com a ocorrência de resultado naturalístico, i.e., o efetivo uso da droga por terceiro); *de perigo abstrato* (o perigo gerado pela conduta é presumido pela lei); *doloso* (o agente quer o resultado ou assume o risco de produzi-lo); *de forma livre* (pode ser praticado por qualquer meio de execução); *comissivo* (os verbos indicam ações); *instantâneo* (se consuma em um momento específico); *unissubjetivo* (pode ser praticado por um só agente); *plurissubsistente* (admite fracionamento dos atos de execução); *admite tentativa.*

17. USO COMPARTILHADO

> **Art. 33. (...)**
>
> **§3° Oferecer droga, eventualmente e sem objetivo de lucro, a pessoa de seu relacionamento, para juntos a consumirem:**
>
> **Pena - detenção, de 6 (seis) meses a 1 (um) ano, e pagamento de 700 (setecentos) a 1.500 (mil e quinhentos) dias-multa, sem prejuízo das penas previstas no art. 28.**

29. Nesse sentido: NUCCI, Guilherme de Souza. Leis Penais e Processuais Penais Comentadas. Volume I, Rio de Janeiro: Forense, 2017, p. 389; CUNHA, Rogério Sanches; PINTO, Ronaldo Batista; SOUZA, Renee do Ó. Leis Penais Especiais: comentada artigo por artigo. Salvador: Juspodivm, 2019, p. 1871.

30. Nesse sentido: LIMA, Renato Brasileiro de. Legislação Criminal Especial Comentada. Salvador: Juspodivm, 2015, p. 756; JUNQUEIRA, Gustavo Octaviano Diniz. Legislação Penal Especial. Vol. 1. São Paulo: Saraiva, 2010. p. 305; PORTOCARRERO. Cláudia Barros; FERREIRA, Wilson Luiz Palermo. Leis penais extravagantes – Teoria, jurisprudência e questões comentadas, 4ª edição, Salvador: Juspodivm, 2019, p. 114.

Verbo nuclear: *Oferecer* (ofertar sem contraprestação).

Requisitos cumulativos: O dispositivo apresenta quatro requisitos cumulativos para a sua configuração, i.e., *eventualidade, gratuidade, pessoa do relacionamento* e *consumo conjunto*. Faltando qualquer desses requisitos a conduta deve ser enquadrada no tráfico de drogas (art. 33, *caput*), na modalidade "fornecer, ainda que gratuitamente".

Eventualmente: O oferecimento não pode ser habitual. Anote-se que, segundo Renato Brasileiro de Lima[31], a eventualidade há de ser analisada sob a ótica do *sujeito ativo*. Assim, mesmo que a droga seja oferecida pela primeira vez a determinada pessoa do relacionamento do agente, restará afastada a configuração do art. 33, §3°, configurando-se o crime de tráfico (*caput*) se ficar demonstrado que o agente já havia oferecido drogas para uso compartilhado a outras pessoas.

Sem objetivo de lucro: Expressão que completa o sentido do verbo oferecer, pois a cessão da droga deve ser gratuita.

Sujeito ativo: Qualquer pessoa.

Sujeito passivo: A coletividade (sujeito passivo primário); *pessoa do relacionamento* (sujeito passivo secundário). Atente-se que ao exigir uma pessoa do relacionamento, o dispositivo prevê a característica específica do sujeito passivo, i.e., sujeito passivo determinado. Trata-se de *crime de subjetividade passiva própria*.

Pessoa de seu relacionamento: A pessoa a quem o sujeito ativo oferece a droga deve ser de seu relacionamento, i.e., de seu círculo de amizades, familiar, colega de trabalho.

Consumo conjunto: É o dolo específico. Logo, se o agente oferecer a droga para que terceiro a leve para casa ou para que faça uso em outra ocasião está afastada a incidência do §3°, devendo responder por tráfico (art. 33, *caput*).

Consumação: O crime consuma-se com a simples oferta da droga, pouco importando se foi aceita pela pessoa de relacionamento do agente, ou mesmo se houve o consumo da droga.

Infração de menor potencial ofensivo: A pena máxima do crime é de um ano de detenção, devendo ser processado de acordo com o rito sumaríssimo, previsto na Lei 9.099/95. A sua apuração se faz mediante termo circunstanciado, dispensando-se a lavratura de inquérito policial.

Conceito jurídico de tráfico: Conforme lecionamos anteriormente, esse crime não se enquadra no conceito de tráfico de drogas (ponto 14).

Concurso com o uso (art. 28): A norma secundária é expressa no sentido de que as penas previstas são aplicadas "sem prejuízo das penas previstas no art. 28". Logo, poderá haver concurso formal entre os dois crimes.

Entrega da droga: O verbo nuclear é oferecer. Logo, o agente que não oferece a droga, mas, simplesmente, atende à solicitação de terceiro de seu relacionamento, entregando a droga para uso compartilhado não estaria praticando esse crime. Entretanto, ao *entregar* a droga, após solicitação, estaria praticando o crime de tráfico (art. 33, *caput*), situação muito mais grave. Assim, nos juntamos à doutrina de Renato Brasileiro de Lima[32], segundo o qual não se deve admitir a inclusão desta conduta no delito de tráfico, sob pena de clara violação do princípio da proporcionalidade, sendo que, presentes os demais elementos especializantes do tipo (requisitos cumulativos), em analogia *in bonam partem*, deve-se concluir que o §3°, abrange não apenas a conduta daquele que oferece a droga para consumo compartilhado, como também a conduta daquele que *entrega* a pedido de terceiro.

Compra conjunta da droga: É comum que a aquisição da droga se dê após a reunião de dinheiro (chamada vaquinha) de um grupo de amigos. Neste caso, se a compra conjunta for *eventual* e não havendo objetivo de lucro por parte daquele que *realizará a compra da droga*, é possível a aplicação do §3°. Entretanto, se o fato ocorre com frequência nos aprece que deve haver a incidência do *caput*.

Oferecimento de droga a inimputável: Há divergência doutrinária. Há quem entenda que se a droga for oferecida à criança, adolescente ou pessoa com deficiência mental, por exemplo, há incidência do dispositivo em comento (§3°) com a causa de aumento do art. 40, VI, da Lei 11.343/06. Por outro lado, outra corrente, a qual nos filiamos, entende que não se pode considerar válida a manifestação de vontade de menores de 14 (catorze) anos, portadoras

31. LIMA, Renato Brasileiro de. Legislação Criminal Especial Comentada. Salvador: Juspodivm, 2015, p. 759.

32. LIMA, Renato Brasileiro de. Legislação Criminal Especial Comentada. Salvador: Juspodivm, 2015, p. 759.

de enfermidade ou deficiência mental ou que, por qualquer outro motivo, não tenham o necessário discernimento para o consumo compartilhado de drogas, devendo incidir o crime de tráfico (art. 33, *caput*).

Hediondez: Não é equiparado a hediondo.

Recomendamos a leitura do ponto 14.

Acordo de não persecução penal: É cabível.

Classificação doutrinária: *Crime comum* (pode ser praticado por qualquer pessoa); *crime de subjetividade passiva própria* (o tipo penal exige "pessoa do relacionamento", portanto, uma qualidade específica do sujeito passivo); *de mera conduta* (não há previsão de resultado naturalístico à sua consumação); *de perigo abstrato* (o perigo gerado pela conduta é presumido pela lei); *doloso* (o agente quer o resultado ou assume o risco de produzi-lo); *de forma livre* (pode ser praticado por qualquer meio de execução); *comissivo* (os verbos indicam ações); *instantâneo* (se consuma em um momento específico); *unissubjetivo* (pode ser praticado por um só agente); *plurissubsistente* (admite fracionamento dos atos de execução); *admite tentativa*.

18. CAUSA ESPECIAL DE DIMINUIÇÃO DA PENA

> **Art. 33. (...)**
>
> **§4° Nos delitos definidos no *caput* e no §1° deste artigo, as penas poderão ser reduzidas de um sexto a dois terços, (...), desde que o agente seja primário, de bons antecedentes, não se dedique às atividades criminosas nem integre organização criminosa.**

Tráfico privilegiado: Ainda que grande parte da doutrina se refira a ao dispositivo como *tráfico privilegiado*, entendemos que, na essência, não se trata de uma figura privilegiada, pois o legislador não estipula novos patamares mínimo e máximo da pena[33], prevendo tão somente redução da pena abstrata cominada ao tipo básico, razão pela qual se trata tecnicamente de uma *circunstância minorante*.

Razão: A circunstância minorante existe por uma questão de política criminal, visando favorecer o pequeno traficante, ainda não envolvido no submundo do crime. Conforme Guilherme de Souza Nucci[34], objetiva a redução da pena do chamado *traficante de primeira viagem*.

Redução da pena: Pode ser de 1/6 a 2/3, de acordo com o caso.

Requisitos: O dispositivo prevê quatro requisitos cumulativos para a aplicação da causa especial de diminuição de pena, i.e., *primariedade* (não reincidente); *bons antecedentes*; *não dedicação ao crime* (possuir atividade lícita e não ter personalidade voltada à criminalidade); *não integrar organização criminosa* (art. 1°, §1°, da Lei n°12.850/13).

Requisitos cumulativos: A causa de diminuição de pena só pode ser aplicada se todos os requisitos, cumulativamente, estiverem presentes (STJ, HC 320.278 e STF, RHC 110.084).

Inquéritos policiais e processos em curso: De acordo com o entendimento do STJ, ainda que não seja possível *exasperar a pena condenatória* com fundamento em inquéritos policiais ou processos em andamento (súmula 444), é possível que inquéritos policiais instaurados e ações penais em curso sejam *considerados maus antecedentes* (STJ, EREsp 1.431.091). Frise-se que o Supremo Tribunal Federal possui precedente em sentido contrário (STF, HC 145.406).

Grande quantidade e diversidade de droga: A *grande quantidade* ou *diversidade de drogas* afasta a incidência da minorante (STJ, HC 194.454, HC 174.547)[35]. Trata-se de interpretação analógica do art. 42, segundo o qual "o juiz, na fixação das penas, considerará, com preponderância sobre o previsto no art. 59 do CP, a natureza e a quantidade da substância ou do produto, a personalidade e a conduta social do agente" (STJ, HC 400.528). Deve ser registrado, entretanto, que "a natureza e a quantidade da droga *não podem ser utilizadas simultaneamente* para justificar o aumento da pena-base e afastar a redução prevista no §4º do art. 33 da Lei n. 11.343/06, sob pena de caracterizar *bis in idem*" (STJ, AgRg no AREsp 704.874).

Reincidência para impedir a minorante e elevar a pena: Segundo Guilherme de Souza Nucci[36]

33. Nesse sentido: LIMA, Renato Brasileiro de. Pacote Anticrime. Salvador: Juspodivm, 2020, p. 408.

34. NUCCI, Guilherme de Souza. Leis Penais e Processuais Penais Comentadas. Volume I, Rio de Janeiro: Forense, 2017, p. 394.

35. Em sentido contrário: NUCCI, Guilherme de Souza. Leis Penais e Processuais Penais Comentadas. Volume I, Rio de Janeiro: Forense, 2017, p. 391.

36. NUCCI, Guilherme de Souza. Leis Penais e Processuais Penais Comentadas. Volume I, Rio de Janeiro: Forense, 2017, p. 397.

não há *bis in idem*, pois o que não se pode fazer é usar a mesma circunstância mais de uma vez como forma de elevar a pena, porém, não há impedimento na sua utilização para impedir algum benefício. No mesmo sentido, o STJ[37] entende que "a utilização da reincidência como agravante genérica e circunstância que afasta a causa especial de diminuição da pena do crime de tráfico não caracteriza *bis in idem* (HC 318.078).

Diminuição em patamar não previsto: É possível que a causa de diminuição da pena seja fixada em patamar diverso do máximo de 2/3, em razão da qualidade e da quantidade de droga apreendida (STJ, HC 322414).

Direito Subjetivo do réu: Preenchidos os requisitos cumulativos, o juiz deve aplicar a causa minorante[38], ficando sob sua discricionariedade apenas o *quantum* da diminuição da pena. Anote-se que o magistrado não está obrigado a aplicar o máximo da redução prevista no dispositivo, tendo discricionariedade para aplicar a redução no patamar que entenda necessário e suficiente para reprovação e prevenção do crime, desde que a decisão seja fundamentada (STF, HC 103.430).

Mula do tráfico: Predomina hoje que a condição de *mula do tráfico*, por si só, não afasta a possibilidade de aplicação da minorante, pois a figura de transportador da droga não induz, automaticamente, à conclusão de que o agente integre, de forma estável e permanente, organização criminosa (STJ, AgRg no REsp 1.772.711). Registre-se que há entendimento em sentido contrário, no sentido de que o agente que transporta entorpecente na função de *mula do tráfico* integra organização criminosa, o que afasta a aplicação da minorante (STJ, HC 339.264). Logo, embora não seja pacífico, é possível admitir-se a minorante às *mulas do tráfico*, desde que fique evidenciado que concorreram para o transporte de *pequena quantidade de droga* e de *modo ocasional*. Nessas circunstâncias, cremos que não se pode afirmar abstratamente que *se dediquem à atividade criminosa*, nem que *integram organização criminosa*. Entretanto, se ficar demonstrado que o agente transportava grande quantidade de droga, mediante remuneração, havendo toda uma estrutura logística para a entrega da droga, não pode incidir a causa de diminuição da pena[39], havendo claro indicativo de que o agente integra da organização (STF, 110.551).

Súmula 501 do STJ e vedação da *lex tertia*: É cabível a aplicação retroativa da Lei 11.343/2006, desde que o resultado da incidência das suas disposições, *na Íntegra*, seja mais favorável ao réu do que o advindo da aplicação da Lein° 6.368/1976, sendo *vedada a combinação de leis*[40].

Hediondez: A causa minorante afasta a equiparação da hediondez. Durante muito tempo perdurou o entendimento de que a aplicação da causa de diminuição de pena não afastava a equiparação do delito de tráfico aos crimes hediondos, pelo que a execução da pena deveria pautar-se pela Lei n° 8.072/90 (STJ, HC 169.036). No entanto, o STF mudou esse entendimento, fixando que o tráfico privilegiado não é equiparado a hediondo (HC 118.533). Na mesma linha, o pacote anticrime acrescentou o §5° ao art. 112 da Lei 7.210/84, estabelecendo que "não se considera hediondo ou equiparado, para os fins deste artigo, o crime de tráfico de drogas previsto no §4º do art. 33 da Lei nº 11.343/06".

Condenação simultânea por tráfico e associação: É inviável a aplicação da causa de diminuição de pena quando há condenação simultânea nos crimes de tráfico de drogas e associação, pois, nesse caso, resta evidenciada a sua dedicação a atividades criminosas ou participação em organização criminosa (STJ, AgRg no AREsp 1.282.174 e HC 313.015).

Esposa que auxilio no tráfico promovido pelo marido: Ainda que auxilie no tráfico de drogas seguindo ordens do marido (companheiro), em situação de dependência, a esposa (companheira) perde o direito à circunstância minorante, pois nitidamente está agindo em associação criminosa com o seu par, ainda que não tenha conhecimento de que integra organização criminosa. Assim, anote-se que, ao executar as ordens do marido, a esposa associa-se ao tráfico de drogas, perdendo direito à minorante. Logicamente, deve haver elemento indiciário de que a esposa está *associada ao tráfico do marido*, não podendo essa circunstância ser presumida, pois a dúvida milita em favor da imputada (STF, HC 154.694).

37. A jurisprudência do STF (HC 107.274), em caso análogo, caminha no mesmo sentido.
38. Nesse sentido: CUNHA, Rogério Sanches; PINTO, Ronaldo Batista; SOUZA, Renee do Ó. Leis Penais Especiais: comentada artigo por artigo. Salvador: Juspodivm, 2019, p. 1874.
39. Nesse sentido: LIMA, Renato Brasileiro de. Legislação Criminal Especial Comentada. Salvador: Juspodivm, 2015, p. 765.
40. No mesmo sentido: STF, RE 600.817.

19. TRÁFICO DE MAQUINÁRIO

Art. 34. Fabricar, adquirir, utilizar, transportar, oferecer, vender, distribuir, entregar a qualquer título, possuir, guardar ou fornecer, ainda que gratuitamente, maquinário, aparelho, instrumento ou qualquer objeto destinado à fabricação, preparação, produção ou transformação de drogas, sem autorização ou em desacordo com determinação legal ou regulamentar:

Pena - reclusão, de 3 (três) a 10 (dez) anos, e pagamento de 1.200 (mil e duzentos) a 2.000 (dois mil) dias-multa.

Verbos nucleares: *Fabricar* (produzir em grande escala); *adquirir* (obter de forma gratuita ou onerosa), *utilizar* (fazer uso), *transportar* (levar de um lugar para outro em veículo), *oferecer* (ofertar sem contraprestação), *vender* (alienar mediante contraprestação), *distribuir* (entregar a diferentes partes, de maneira geral), *entregar* (passar a posse de algo), *possuir* (ter algo em seu poder), *guardar* (tomar conta, vigiar, ocultar) e *fornecer* (prover, entregar, abastecer).

Entregar e fornecer: A entrega é una, se verifica com a tradição da droga. O fornecimento pressupõe continuidade, i.e., trata-se de tradição contínua.

Elementos objetivos: *Fabricação* (produzir em grande escala), *preparação* (obter algo mediante composição de elementos), *produção* (produzir em menor escala) e *transformação* (alteração da composição original).

Objeto jurídico: Saúde pública.

Objeto material: Maquinário, aparelho, instrumento ou outro objeto.

Elemento subjetivo: É o dolo.

Elemento normativo: Encontra-se na expressão *sem autorização ou em desacordo com determinação legal ou regulamentar*. Trata-se de expressão que afastaria a ilicitude da conduta, no entanto, como está inserida no tipo penal, acaba por se tornar elemento do fato típico. Logo, havendo a referida autorização, a conduta será atípica.

Sujeito ativo: Qualquer pessoa.

Sujeito passivo: A coletividade.

Maquinário: O tipo abrange o maquinário com *destinação exclusiva* e também *objetos eventualmente empregados* na fabricação, preparação, produção ou transformação de drogas[41].

Norma subsidiária: Predomina o entendimento de que se trata de crime subsidiário em relação ao tráfico de drogas (art. 33, *caput*). Dessa forma, se, *no mesmo contexto fático*, restar configurado o tráfico, resta afastada a aplicação do art. 34 (STF, HC 104.633). Em sentido contrário, há entendimento no sentido de que esse crime é autônomo em relação ao crime de tráfico (art. 33) não havendo como se aplicar o princípio da consunção quando provado que o agente guarda objetos destinados à preparação da droga e, também, a droga, *ainda que no mesmo contexto*, devendo haver a responsabilização pelos dois crimes (STJ, HC 344.552).

Concurso de crimes: Parece-nos que, *havendo contextos fáticos distintos*, deverá haver concurso de crimes, v.g., o agente guardar a drogas para fins de tráfico e, simultaneamente, possui maquinário e objetos utilizados em laboratório de produção da droga.

Caso prático: Caso não se localize droga durante o cumprimento de um mandado de busca, mas se apreenda uma *balança de precisão*, por exemplo, o agente poderá ser autuado em flagrante delito pelo crime do art. 34, desde que haja elementos no sentido de que o agente está envolvido com o tráfico de drogas.

Balança de precisão: Trata-se de objeto usualmente empregado no tráfico de drogas, utilizado para efetuar a pesagem e preparação da droga que será distribuída aos usuários. Entretanto, a sua apreensão isolada não configura, por si, o crime do art. 34 se não houver elementos que apontem sua destinação ao tráfico (STJ, HC 153.322).

Hediondez: É equiparado a hediondo (art. 5°, XLIII, CF)[42].

Recomendamos a leitura do ponto 14.

Acordo de não persecução penal: Não é cabível.

41. Nesse sentido: NUCCI, Guilherme de Souza. Leis Penais e Processuais Penais Comentadas. Volume I, Rio de Janeiro: Forense, 2017, p. 410; LIMA, Renato Brasileiro de. Legislação Criminal Especial Comentada. Salvador: Juspodivm, 2015, p. 772.

42. Nesse sentido: NUCCI, Guilherme de Souza. Leis Penais e Processuais Penais Comentadas. Volume I, Rio de Janeiro: Forense, 2017, p. 408; JUNQUEIRA, Gustavo Octaviano Diniz. Legislação Penal Especial. Vol. 1. São Paulo: Editora Saraiva, 2010. p. 316; LIMA, Renato Brasileiro de. Legislação Criminal Especial Comentada. Salvador: Juspodivm, 2015, p. 772. Em sentido contrário: CUNHA, Rogério Sanches; PINTO, Ronaldo Batista; SOUZA, Renee do Ó. Leis Penais Especiais: comentada artigo por artigo. Salvador: Juspodivm, 2019, p. 1877.

O art. 28-A do CPP não veda expressamente a realização do acordo de não persecução penal nos casos de crime hediondo ou equiparado. No entanto, entendemos que nesses casos é *irrazoável aplicar-se o instituto*, pois o dispositivo referido permite a medida apenas nos casos em que for *necessário e suficiente à reprovação e prevenção do crime*[43]. Eventual aplicação do acordo de não persecução penal aos crimes hediondos e equiparados termina com a lógica do sistema, pois, sendo um instituto descarcerizador, impeditivo do processo, não guarda harmonia com crimes a que o legislador, historicamente, tem conferido tratamento processual e penal mais rígido. Em última análise, consistiria afronta ao art. 5°, XLIII, da Constituição Federal, por violação do princípio da proporcionalidade, sob a ótica da proibição da proteção deficiente.

Classificação doutrinária: *Crime comum* (pode ser praticado por qualquer pessoa); *de mera conduta* (não há previsão de resultado naturalístico à sua consumação); *de perigo abstrato* (o perigo gerado pela conduta é presumido pela lei); *crime vago* (tem como sujeito passivo a coletividade); *doloso* (o agente quer o resultado ou assume o risco de produzi-lo); *de forma livre* (pode ser praticado por qualquer meio de execução); *comissivo* (os verbos indicam ações); *instantâneo nas condutas fabricar, adquirir, utilizar, oferecer, vender, distribuir, entregar e fornecer* (a consumação se dá em um momento específico); *permanente nas condutas de expor transportar, possuir e guardar* (a consumação se protrai no tempo); *unissubjetivo ou de concurso eventual* (pode ser praticado por um só agente); *plurissubsistente* (admite fracionamento dos atos de execução); *admite tentativa.*

20. ASSOCIAÇÃO PARA O TRÁFICO

Art. 35. Associarem-se duas ou mais pessoas para o fim de praticar, reiteradamente ou não, qualquer dos crimes previstos nos arts. 33, *caput* e §1°, e 34 desta Lei:

Pena - reclusão, de 3 (três) a 10 (dez) anos, e pagamento de 700 (setecentos) a 1.200 (mil e duzentos) dias-multa.

Verbo nuclear: *Associar-se* (reunir-se, aliar-se) de maneira estável e permanente para a realização de um objetivo.

Objeto jurídico: Paz pública.

Objeto material: O crime de tráfico (art. 33, *caput* e §1° ou art. 34).

Elemento subjetivo: É o dolo. O tipo pressupõe, ainda, o elemento subjetivo específico, i.e., a associação deve ser formada *para a prática dos crimes referidos* (art. 33, *caput* e §1°, e art. 34). Não se admite a forma culposa. Diante do especial fim de agir, é classificado como um *tipo penal incongruente* ou *assimétrico*. Segundo lição de Guilherme de Souza Nucci[44], o elemento subjetivo específico seria o "ânimo de associação, de caráter duradouro e estável". Para nós, entretanto, o *ânimo associativo* trata-se de um *requisito* para a configuração delitiva, distinguindo-se do simples concurso de agentes, o que não se confunde com o dolo específico do tipo penal.

Estabilidade e permanência: O crime de associação depende da estabilidade e permanência dos agentes, circunstâncias que o diferem do concurso eventual, previsto no art. 29 do CP (STJ, HC 139.942, HC 235.247 e HC 254.428).

Tentativa: Não é possível. Registre-se que, ainda que se trate de um crime plurissubsistente, admitindo o fracionamento dos atos de execução, o tipo penal exige *estabilidade e permanência* para a sua configuração. Nesse aspecto, se iguala ao crime habitual.

Pratica reiterada de crimes: O dispositivo é claro no sentido de que a pratica de crimes pode ocorrer "reiteradamente ou não". Assim, evidenciada a *estabilidade e permanência*, o crime de associação estará configurado mesmo que os agentes pretendam praticar um único delito de tráfico.

Número de integrantes: O crime de associação para o tráfico exige o *número mínimo de dois agentes*, diferindo-se do crime de associação criminosa do art. 288 do CP, que exige a presença de pelo menos três pessoas. Saliente-se que, para compor o número mínimo (duas pessoas), se admite a *presença de inimputável*, como, v.g., um menor de dezoito anos, bem com a presença de *indivíduo não identificado*, se houver certeza da sua existência (STJ, HC 348.259).

Crime formal: Se consuma independente de qualquer resultado, bastando que se verifique a estabilidade e permanência, com finalidade de praticar os crimes referidos no dispositivo (STJ, HC 476.215).

43. Nesse sentido também: LIMA, Renato Brasileiro de. Pacote Anticrime. Salvador: Juspodivm, 2020, p. 229.

44. NUCCI, Guilherme de Souza. Leis Penais e Processuais Penais Comentadas. Volume I, Rio de Janeiro: Forense, 2017, p. 414.

Configuração independente da prática dos crimes: Por se tratar de crime formal, não é necessário que os crimes dos art. 33, *caput* e §1°, e art. 34 sejam praticados para que ocorra a consumação.

Apreensão de droga: Sendo crime formal, a condenação pelo crime de associação para o tráfico dispensa apreensão da droga (STJ, HC 148.480 e HC 441.712).

Concurso de crimes: Se praticado o crime para o qual os agentes se associaram, deverão responder pelo crime de associação (art. 35) em concurso material com o delito praticado (art. 33, *caput* e §1°, e art. 34).

Associação para o financiamento: Trata-se da figura criminosa do parágrafo único, onde o legislador pune a associação para a prática reiterada do crime definido no art. 36 (financiamento ou custei do tráfico), o que será estudado na sequência.

Não é equiparado a hediondo: Entende-se que o crime do art. 35 não é equiparado a hediondo (STJ, HC 429.672 e STF, HC 83.656).

Acordo de não persecução penal: É cabível.

Classificação doutrinária: *Crime comum* (pode ser praticado por qualquer pessoa); *formal* (não exige resultado naturalístico para sua consumação); *de perigo abstrato* (o perigo gerado pela conduta é presumido pela lei); *crime vago* (tem como sujeito passivo a coletividade); *doloso* (o agente quer o resultado ou assume o risco de produzi-lo); *de forma livre* (pode ser praticado por qualquer meio de execução); *comissivo* (os verbos indicam ações); *permanente* (a consumação se protrai no tempo); *plurissubjetivo ou de concurso necessário* (não pode ser praticado por um só agente); *plurissubsistente* (admite fracionamento dos atos de execução); *não admite tentativa.*

21. ASSOCIAÇÃO PARA FINANCIAR O TRÁFICO

> Art. 35 (...)
>
> **Parágrafo único. Nas mesmas penas do *caput* deste artigo incorre quem se associa para a prática reiterada do crime definido no art. 36 desta Lei.**

Comentários: Esse crime possui a mesma conceituação do *caput*, no que se refere à *estabilidade e permanência de pelo menos duas pessoas.*

Diferenças com o *caput*: O dispositivo defere-se quanto a sua *finalidade* (prática do crime do art. 36) e necessidade de que os agentes pretendam a "pratica reiterada" do crime referido. Nesse dispositivo, se os agentes pretenderem praticar um único delito de financiamento (art. 36) não se perfaz o crime em análise.

Crime formal: Essa modalidade também é considerada crime formal e consuma independente de resultado, bastando que se verifique a *estabilidade e permanência*, com finalidade de *praticar reiteradamente* o crime do art. 36.

Concurso com o crime do art. 36: É possível quando o agente se associa a outrem para financiar o tráfico e efetivamente efetua esse financiamento. Trata-se do mesmo entendimento que permite o concurso entre o crime de tráfico (art. 33) e associação para o tráfico (art. 35, *caput*).

Conluio entre um traficante e um financiador: Neste caso, não há crime de associação, em nenhuma das hipóteses. Conforme Renato Brasileiro de Lima[45], havendo apenas um traficante e um financiador não há associação, pois se o legislador restringiu a tipificação do crime do art. 35, *caput,* à associação para fins de praticar os crimes dos arts. 33, *caput* e §1°, e 34, é evidente que não é possível a inclusão de um associado cujo objetivo seja exclusivamente a prática do delito de financiamento ao tráfico (art. 36).

Acordo de não persecução penal: É cabível.

Classificação doutrinária: *Crime comum* (pode ser praticado por qualquer pessoa); *formal* (não exige resultado naturalístico para sua consumação); *de perigo abstrato* (o perigo gerado pela conduta é presumido pela lei); *crime vago* (tem como sujeito passivo a coletividade); *doloso* (o agente quer o resultado ou assume o risco de produzi-lo); *de forma livre* (pode ser praticado por qualquer meio de execução); *comissivo* (os verbos indicam ações); *permanente* (a consumação se protrai no tempo); *plurissubjetivo ou de concurso necessário* (não pode ser praticado por um só agente); *plurissubsistente* (admite fracionamento dos atos de execução); *não admite tentativa.*

22. FINANCIAMENTO OU CUSTEIO DO TRÁFICO

> **Art. 36. Financiar ou custear a prática de qualquer dos crimes previstos nos arts. 33, *caput* e §1°, e 34 desta Lei:**

45. LIMA, Renato Brasileiro de. Legislação Criminal Especial Comentada. Salvador: Juspodivm, 2015, p. 777.

Pena - reclusão, de 8 (oito) a 20 (vinte) anos, e pagamento de 1.500 (mil e quinhentos) a 4.000 (quatro mil) dias-multa.

Verbos nucleares: *financiar* (sustentar os gastos, bancar, prover o capital necessário); *custear* (prover despesas, gastos, viabilizar os meios). Anote-se que, como *custear* e *financiar* são sinônimos, entende-se, doutrinariamente, que custear tem um significado mais amplo, i.e., não abrange apenas o fornecimento de dinheiro (financiamento), mas também o fornecimento de outros bens (armas, munição, veículos e locais). O objetivo da lei é punir mais severamente a conduta do agente que *sustenta o tráfico de drogas*, não raro, estipulou a pena em abstrato entre oito e vinte anos, mais alta que a do próprio tráfico em si.

Pena mais alta: É o crime da lei com a pena mais alta.

Exceção pluralista: Trata-se de exceção pluralista à teoria monista do concurso de agentes (art. 29, CP), pois o agente que financia ou custeia o tráfico de drogas deveria responder como partícipe deste crime, porém, responderá por crime autônomo (com pena mais grave).

Objeto jurídico: Saúde pública.

Objeto material: O crime de tráfico (art. 33, *caput* e §1° ou art. 34).

Elemento subjetivo: É o dolo. Não há elemento subjetivo especial.

Sujeito ativo: Qualquer pessoa.

Sujeito passivo: A coletividade.

Intenção de lucro: O dispositivo não faz referência a dolo especial. Logo, pouco importa se o agente financia o tráfico sem a intenção de lucro ou se o faz com a intenção de obter vantagem patrimonial.

Crime habitual: Entendemos que o crime em análise é habitual[46], i.e., é necessária a *reiteração do financiamento* para a sua configuração. É que o agente que promover o *auxílio ocasional ao tráfico* responderá como partícipe no art. 33, *caput*, com a majorante do art. 40, inc. VII. Ainda, para sustentar o nosso posicionamento, lembramos que a conduta de *emprestar bem ou local ao traficante*, uma única vez (ocasionalmente), possui tipicidade no art. 33, §1°, inc. III. Frisamos que há, ainda, entendimento do sentido de que se trata de *crime instantâneo*, consumando-se em um momento determinado. Logo, um único ato de financiamento ou custeio seria suficiente à consumação. Registramos, entretanto, que, s.m.j., esse entendimento praticamente inviabiliza a aplicação do art. 33, §1°, inc. III, pois o *consentimento único* de utilização de bem ou local para o tráfico de drogas já estaria tipificando o crime do art. 36. Há, também, quem diga que se trata de *crime permanente*, corrente que, com a devida vênia aos seus defensores, entendemos a menos aceitável, pois a consumação do crime não se prolonga no tempo, uma vez que os verbos *financiar* e *custear* não denotam uma situação duradoura.

Crime formal: É majoritário o entendimento de que se trata de crime formal. Entende-se que os verbos utilizados no dispositivo, i.e., *financiar* e *custear* transparecem a ideia de *disponibilização*, sendo irrelevante o fato de ser atingida a finalidade do financiamento ou custeio. Assim, o crime estará consumado quando o agente colocar à disposição do traficante um valor, bem ou local, pouco importando a efetiva execução do tráfico[47].

Participação na execução do tráfico: É delito autônomo aplicável ao agente que não tem participação direta na execução do tráfico e que se limita a fornecer os recursos necessários para subsidiar as infrações descritas no tipo, i.e., art. 33, *caput* e §1º, e art. 34 (STJ, HC 306.136).

Autofinanciamento: O agente deve responder pelo crime de tráfico por ele praticado (art. 33, *caput* e §1°, ou art. 34) com a majorante prevista no art. 40, inc. VII, (STJ, HC 306.136 e REsp 1.290.296). Posicionamo-nos de acordo com esse entendimento[48]. Registramos, entretanto, que há outras posições doutrinárias sobre o assunto. Há quem lecione que o agente deve responder por tráfico (art. 33 ou 34) em concurso com o financiamento (art. 36). Há quem sustente que o agente deveria responder apenas pelo

46. Nesse sentido: CUNHA, Rogério Sanches; PINTO, Ronaldo Batista; SOUZA, Renee do Ó. Leis Penais Especiais: comentada artigo por artigo. Salvador: Juspodivm, 2019, p. 1881; PORTOCARRERO. Cláudia Barros; FERREIRA, Wilson Luiz Palermo. Leis penais extravagantes – Teoria, jurisprudência e questões comentadas, 4ª edição, Salvador: Juspodivm, 2019, p.139.

47. Nesse sentido: NUCCI, Guilherme de Souza. Leis Penais e Processuais Penais Comentadas. Volume I, Rio de Janeiro: Forense, 2017, p. 419.

48. Nesse sentido: HABIB, Gabriel. Leis Penais Especiais. 9ª Edição. Salvador: Juspodivm, 2017, p. 537.

tráfico (art. 33, *caput* e §1° ou art. 34)[49]. E, há quem sustente que deve responder somente pelo financiamento (art. 36)[50].

Majorante do art. 40, VII: Não se aplica, sob pena de *bis in idem*.

Hediondez: É equiparado a hediondo (art. 5°, XLIII, CF)[51].

Recomendamos a leitura do ponto 14.

Acordo de não persecução penal: Não é cabível.

Classificação doutrinária: *Crime comum* (pode ser praticado por qualquer pessoa); *formal* (não exige resultado naturalístico para sua consumação); *de perigo abstrato* (o perigo gerado pela conduta é presumido pela lei); *crime vago* (tem como sujeito passivo a coletividade); *doloso* (o agente quer o resultado ou assume o risco de produzi-lo); *de forma livre* (pode ser praticado por qualquer meio de execução); *comissivo* (os verbos indicam ações); *habitual* (exige-se a reiteração do comportamento, já que a intenção do legislador é punir mais severamente aquele que sustenta o tráfico); *unissubjetivo ou de concurso eventual* (pode ser praticado por um só agente); *plurissubsistente* (admite fracionamento dos atos de execução); *não admite tentativa* (crime habitual).

23. COLABORAÇÃO COMO INFORMANTE

Art. 37. Colaborar, como informante, com grupo, organização ou associação destinados à prática de qualquer dos crimes previstos nos arts. 33, *caput* e §1°, e 34 desta Lei:

Pena - reclusão, de 2 (dois) a 6 (seis) anos, e pagamento de 300 (trezentos) a 700 (setecentos) dias-multa.

Verbo nuclear: *Colaborar* (cooperar, prestar auxílio).

Configuração: O dispositivo exige a *colaboração como informante*, i.e., o auxílio é restrito ao fornecimento de informações. Qualquer outra forma de colaboração, insere-se na linha de participação do tráfico (art. 29, CP). Ou seja, para a incidência do tipo, o agente não pode praticar diretamente o tráfico de drogas.

Exceção pluralista: Trata-se de exceção pluralista à teoria monista do concurso de agentes (art. 29, CP), pois o agente que colabora como informante do tráfico deveria responder como partícipe deste crime, porém, responderá por crime autônomo (com pena mais leve).

Objeto jurídico: Saúde pública.

Objeto material: O crime de tráfico (art. 33, *caput* e §1° ou art. 34).

Elemento subjetivo: É o dolo. Não há elemento subjetivo especial.

Sujeito ativo: Qualquer pessoa.

Sujeito passivo: A coletividade.

Grupo, organização ou associação: De acordo com sua redação legal, o crime só se caracterizaria se o agente colaborar com grupo, organização ou associação. Sob esse aspecto, há de ser sublinhado que existe divergência sobre a conduta do agente que *colabora como informante de um único traficante*, de modo que há quem diga tratar-se de *fato atípico*, pois o legislador esqueceu-se de tipificar essa conduta. Há, também, quem diga que o agente deve responder como *partícipe no tráfico* (art. 29 do CP), pois, ante a desídia do legislador, aplica-se a regra geral. Entretanto, prevalece o entendimento segundo o qual, na espécie, *deve-se aplicar o próprio art. 37*, em homenagem ao princípio da proporcionalidade, evitando que o agente que colabore com um único traficante seja punido de maneira mais severa do que aquele que colabora como informante de grupo, organização ou associação.

Fogueteiro: Aplica-se o dispositivo (STF, HC 106.155).

Crime subsidiário: Trata-se de um tipo subsidiário em relação aos arts. 33 e 35, tendo como destinatário o agente que colabora como informante, *de forma esporádica, eventual, sem vínculo efetivo*, para o êxito da atividade de grupo, de associação ou de organização criminosa destinados à prática de qualquer dos delitos dos arts. 33, *caput* e §1º, e 34 (STJ, AgRg no REsp 1.738.851).

Colaboração habitual: Como referido, este crime é subsidiário do crime de associação para o tráfico, de modo que a colaboração como informante

49. Nesse sentido: PORTOCARRERO. Cláudia Barros; FERREIRA, Wilson Luiz Palermo. Leis penais extravagantes – Teoria, jurisprudência e questões comentadas, 4ª edição, Salvador: Juspodivm, 2019, p.138.

50. Nesse sentido: LIMA, Renato Brasileiro de. Legislação Criminal Especial Comentada. Salvador: Juspodivm, 2015, p. 781.

51. Nesse sentido: NUCCI, Guilherme de Souza. Leis Penais e Processuais Penais Comentadas. Volume I, Rio de Janeiro: Forense, 2017, p. 419; LIMA, Renato Brasileiro de. Legislação Criminal Especial Comentada. Salvador: Juspodivm, 2015, p. 741-742.

deve ser eventual. Se o agente colaborar de modo *habitual*, estabelecerá um vínculo associativo com os destinatários das informações, agindo como legítimo integrante da associação e contraindo, assim, responsabilidade pelo crime do art. 35.

Funcionário público: Se for praticado por funcionário público, deve-se verificar a *motivação do agente*. Dessa forma, conforme leciona Renato Brasileiro de Lima[52], se o funcionário não solicitou e nem recebeu vantagem, responderá pelo crime do art. 37 com a majorante do art. 40, inc. II. Entretanto, se o funcionário público solicitou ou recebeu vantagem para o repasse das informações, responderá pelo crime do art. 37 em concurso material com o crime de corrupção passiva, descrito no art. 317 do CP.

Crime instantâneo: A consumação se dá em um momento certo e se perfaz com a prática de apenas um *ato de colaboração*. Aliás, caso a colaboração se dê de modo reiterado, permanente, o agente deverá responder pelo crime de associação para o tráfico.

Hediondez: É equiparado a hediondo (art. 5°, XLIII, CF)[53].

Recomendamos a leitura do ponto 14.

Acordo de não persecução penal: Não é cabível.

O art. 28-A do CPP não veda expressamente a realização do acordo de não persecução penal nos casos de crime hediondo ou equiparado. No entanto, entendemos que nesses casos é *irrazoável aplicar-se o instituto*, pois dispositivo referido permite a medida apenas nos casos em que for *necessário e suficiente à reprovação e prevenção do crime*[54]. Eventual aplicação do acordo de não persecução penal aos crimes hediondos e equiparados termina com a lógica do sistema, pois, sendo um instituto descarcerizador, impeditivo do processo, não guarda harmonia com crimes a que o legislador, historicamente, tem conferido tratamento processual e penal mais rígido. Em última análise, consistiria afronta ao art. 5°, XLIII, da Constituição Federal, por violação do princípio da proporcionalidade, sob a ótica da proibição da proteção deficiente.

52. LIMA, Renato Brasileiro de. Legislação Criminal Especial Comentada. Salvador: Juspodivm, 2015, p. 785.

53. Nesse sentido: NUCCI, Guilherme de Souza. Leis Penais e Processuais Penais Comentadas. Volume I, Rio de Janeiro: Forense, 2017, p. 419; LIMA, Renato Brasileiro de. Legislação Criminal Especial Comentada. Salvador: Juspodivm, 2015, p. 741-742.

54. Nesse sentido também: Nesse sentido: LIMA, Renato Brasileiro de. Pacote Anticrime. Salvador: Juspodivm, 2020, p. 229.

Classificação doutrinária: *Crime comum* (pode ser praticado por qualquer pessoa); *formal* (não exige resultado naturalístico para sua consumação); *de perigo abstrato* (o perigo gerado pela conduta é presumido pela lei); *crime vago* (tem como sujeito passivo a coletividade); *doloso* (o agente quer o resultado ou assume o risco de produzi-lo); *de forma livre* (pode ser praticado por qualquer meio de execução); *comissivo* (os verbos indicam ações); *instantâneo* (a consumação se dá em um momento específico); *unissubjetivo ou de concurso eventual* (pode ser praticado por um só agente); unissubsistente ou *plurissubsistente* (a depender da forma da colaboração); *admite tentativa na forma plurissubsistente.*

24. PRESCRIÇÃO OU MINISTRAÇÃO CULPOSA DE DROGAS

> **Art. 38. Prescrever ou ministrar, culposamente, drogas, sem que delas necessite o paciente, ou fazê-lo em doses excessivas ou em desacordo com determinação legal ou regulamentar:**
>
> **Pena - detenção, de 6 (seis) meses a 2 (dois) anos, e pagamento de 50 (cinqüenta) a 200 (duzentos) dias-multa.**
>
> **Parágrafo único. O juiz comunicará a condenação ao Conselho Federal da categoria profissional a que pertença o agente.**

Verbos nucleares: *Prescrever* (receitar), *ministrar* (aplicar).

Objeto jurídico: Saúde pública.

Objeto material: Drogas.

Elemento subjetivo: Não há.

Registramos que, muito embora a maioria da doutrina lecione que o elemento subjetivo do crime é a culpa, não concordamos com tal posicionamento, uma vez que a *culpa é elemento normativo* do tipo penal. A culpa não é elemento subjetivo do tipo, porque não há vontade na conduta culposa, i.e., a culpa não está no subjetivismo do agente.

Elemento normativo: É a culpa. É o único crime culposo da lei.

Modalidades de culpa: Conforme art. 18, II, do CP, a culpa ocorre quando o agente dá causa a um resultado mediante *negligência* (forma omissiva), *imprudência* (forma comissiva) ou imperícia (falta de habilidade na profissão).

Sujeito ativo: Trata-se de *crime próprio* que só pode ser praticado médico ou dentista (verbos prescrever e ministrar), bem como por farmacêutico ou profissional da enfermagem (verbo ministrar).

Sujeito passivo: A coletividade (sujeito passivo primário); paciente alvo do receituário ou aplicação da dose errada (sujeito passivo secundário). Atente-se que ao referir-se a paciente, o dispositivo prevê uma característica específica do sujeito passivo, i.e., sujeito passivo determinado. Trata-se de *crime de subjetividade passiva própria*.

Crime bipróprio: Exige sujeito ativo e sujeito passivo determinados.

Pessoa Paciente: A pessoa a quem o sujeito ativo prescreve ou ministra a droga deve ser *paciente*, i.e., aquele que está doente ou sob cuidados.

Comentários: Trata-se de crime punido exclusivamente a título e culpa. Se houver prescrição ou ministração dolosa de drogas, o agente responderá pelo crime do art. 33, *caput*.

Verbo prescrever: Nesse caso, trata-se de *crime formal*, não sendo necessário para a consumação que o paciente adquira a droga para a consumação do crime. A consumação se dá com a *prescrição*, i.e., com a entrega da receita ao paciente.

Crime de forma vinculada: O dispositivo prevê apenas três formas de execução do crime de prescrever ou ministrar, culposamente, drogas, i.e., *sem que delas necessite o paciente*; *em doses excessivas*; *em desacordo com determinação legal ou regulamentar*.

Pratica dos verbos por pessoa não habilitada: Se a conduta for praticada por agente que não possua as qualidades exigidas no tipo penal (médico, dentista, farmacêutico, enfermeiro ou técnico de enfermagem) o agente responderá pelo crime de tráfico genuíno, descrito no art. 33 (STJ, HC 9.126).

Ocorrência de lesão corporal ou morte: Haverá responsabilização em concurso formal.

Médico prescreve a droga por engodo: Se o paciente enganar o médico para obter a prescrição de droga que não precisa, não há responsabilização do profissional, pois, nesse caso, há erro determinado por terceiro.

Comunicação ao órgão profissional: Havendo a condenação do agente, o juiz realizará comunicação ao respectivo Conselho para que se adotem as medidas administrativas decorrentes do fato. Guilherme de Souza Nucci[55] entende que a comunicação deve ser feita logo que houver o recebimento da denúncia, já que não se trata de *efeito da condenação*. Concordamos com o entendimento do referido autor e acrescentamos, ainda, a possibilidade de delegado de polícia efetuar o comunicado ao Conselho Federal respectivo logo após o indiciamento, pois a medida visa dar conhecimento do fato à autoridade com atribuições para realizar a fiscalização da atividade laboral, sem qualquer prejuízo instantâneo ao profissional. Ademais, como a tipicidade penal é muito mais restringente que a tipicidade administrativa, é possível que, em alguns casos, se tenha um procedimento arquivado no âmbito criminal (que jamais terá condenação), mas em andamento no âmbito administrativo, o que reforça nosso entendimento de que o comunicado pode ser feito pela autoridade policial, tão logo formalize o indiciamento criminal do agente.

Infração de menor potencial ofensivo: A pena máxima do crime é de dois anos de detenção, devendo ser processado conforme o rito sumaríssimo, previsto na Lei 9.099/95. A sua apuração se faz mediante termo circunstanciado, dispensando-se a lavratura de inquérito policial.

Hediondez: Não é equiparado a hediondo.

Recomendamos a leitura do ponto 14.

Acordo de não persecução penal: É cabível.

Classificação doutrinária: *Crime bipróprio* (o tipo exige sujeito ativo e sujeito passivo determinados. Assim, somente pode ser praticado por médico, dentista, farmacêutico ou profissional da enfermagem e contra paciente); *formal* (no verbo prescrever); *material* (no verbo ministrar); *de perigo concreto* (o perigo gerado pela conduta deve ser demonstrado); *culposo* (o agente não quer o resultado, o qual ocorre por imprudência, negligência ou imperícia); *de forma vinculada* (somente pode ser praticado através das fórmulas expressamente previstas no dispositivo); *comissivo* (os verbos indicam ações); *instantâneo* (a consumação se dá em um momento específico); *unissubjetivo ou de concurso eventual* (pode ser praticado por um só agente); *plurissubsistente* (admite fracionamento dos atos de execução); *admite tentativa na forma plurissubsistente*.

55. NUCCI, Guilherme de Souza. Leis Penais e Processuais Penais Comentadas. Volume I, Rio de Janeiro: Forense, 2017, p. 424.

25. DIREÇÃO DE EMBARCAÇÃO OU AERONAVE

Art. 39. Conduzir embarcação ou aeronave após o consumo de drogas, expondo a dano potencial a incolumidade de outrem:

Pena - detenção, de 6 (seis) meses a 3 (três) anos, além da apreensão do veículo, cassação da habilitação respectiva ou proibição de obtê-la, pelo mesmo prazo da pena privativa de liberdade aplicada, e pagamento de 200 (duzentos) a 400 (quatrocentos) dias-multa.

Parágrafo único. As penas de prisão e multa, aplicadas cumulativamente com as demais, serão de 4 (quatro) a 6 (seis) anos e de 400 (quatrocentos) a 600 (seiscentos) dias-multa, se o veículo referido no *caput* deste artigo for de transporte coletivo de passageiros.

Verbo nuclear: *Conduzir* (guiar, dirigir).

Objeto jurídico: Os objetos jurídicos são a segurança dos meios de transporte e a saúde pública.

Objeto material: Embarcação ou aeronave.

Embarcação ou aeronave: O dispositivo só tipifica a condução de embarcação ou aeronave. Sublinhe-se que a condução de veículo automotor sob o efeito de drogas possui adequação típica no art. 306 do CTB.

Embarcação: Conforme o art. 2°, inc. V, da Lei 9.537/97 é qualquer construção sujeita a inscrição na autoridade marítima que se locomova na água, por meios próprios, ou não, transportando pessoas ou cargas, v.g., navio, lancha, barca, Jet ski.

Aeronave: Conforme o art. 106, da Lei 7.565/86 é todo aparelho manobrável em vôo, que possa sustentar-se no espaço aéreo, mediante reações aerodinâmicas, apto a transportar pessoas ou coisas.

Competência: O art. 109, inc. IX, da CF determina ser competência da Justiça Federal o processo e julgamento de crimes cometidos a bordo de navios[56] ou aeronaves, ressalvada a competência da Justiça Militar.

Consumo de drogas: O dispositivo faz referência só ao consumo de drogas. Logo, Conforme Renato Brasileiro de Lima[57], a condução de embarcação ou aeronave sob a influência de álcool não caracteriza o crime, podendo configurar a contravenção previstas no art. 34 da LCP, ou, ainda, o crime do art. 132 do CP, conforme o caso.

Crime de perigo concreto: O perigo deve ser comprovado no caso concreto, sob pena de atipicidade da conduta.

Crime qualificado: Trata-se do crime previsto no parágrafo único, sendo a pena estabelecida entre quatro a seis anos de detenção se o agente pratica o fato em cenário de *transporte coletivo de passageiros.* Nesse ponto, Guilherme de Souza Nucci[58], lembrando que o delito continua sendo de perigo, entende que a opção do legislador é equivocada, tratando-se de um exagero punitivo.

Hediondez: Não é equiparado a hediondo.

Recomendamos a leitura do ponto 14.

Acordo de não persecução penal: É cabível.

Classificação doutrinária: *Crime comum* (pode ser praticado por qualquer pessoa); *formal* (não exige resultado naturalístico para sua consumação); *de perigo concreto* (o perigo deve ser provado no caso concreto); *doloso* (o agente quer o resultado ou assume o risco de produzi-lo); *de forma livre* (pode ser praticado por qualquer meio de execução); *comissivo* (os verbos indicam ações); *instantâneo* (a consumação se dá em um momento específico); *unissubjetivo ou de concurso eventual* (pode ser praticado por um só agente); *plurissubsistente* (admite fracionamento dos atos de execução); *admite tentativa.*

26. CAUSAS DE AUMENTO DA PENA

Art. 40. As penas previstas nos arts. 33 a 37 desta Lei são aumentadas de um sexto a dois terços, se:

Incidência: Crimes dos art. 33 a 37.

***Quantum* de aumento:** De 1/6 a 2/3.

Cumulação de causas majorantes: É possível.

Dupla majoração: A incidência de mais de uma causa de aumento não implica a automática majoração da pena acima do mínimo na terceira fase, pois a sua exasperação exige fundamentação concreta (STJ, HC 329.562).

56. São as embarcações aptas à navegação em alto-mar.

57. LIMA, Renato Brasileiro de. Legislação Criminal Especial Comentada. Salvador: Juspodivm, 2015, p. 788.

58. NUCCI, Guilherme de Souza. Leis Penais e Processuais Penais Comentadas. Volume I, Rio de Janeiro: Forense, 2017, p. 426.

Incidência no tráfico e na associação: Não acarreta *bis in idem* a incidência simultânea das majorantes aos crimes de tráfico e de associação para o tráfico, pois são delitos autônomos e as penas devem ser calculadas separadamente (STJ, HC 250.455).

I - a natureza, a procedência da substância ou do produto apreendido e as circunstâncias do fato evidenciarem a transnacionalidade do delito;

Transnacionalidade: Incide quando o crime transcende o território brasileiro, ainda que não envolva qualquer outro país soberano. Nessa esteira, para a configuração da transnacionalidade basta que o delito ultrapasse os limites que envolvem as demarcações do território, i.e., o espaço aéreo, águas internas e milhas marinhas, sem que alcance outro país.

Internacionalidade: Pressupõe transação criminosa entre agentes de duas ou mais nações soberanas (STF, HC 77.598). Logo, o delito deve alcançar obrigatoriamente mais de um país.

Comentário: Todo crime internacional é também transnacional, mas nem todo crime transacional é internacional. Logo, como a majorante se refere ao crime transnacional, envolve implicitamente o crime internacional.

Competência: Justiça Federal (art. 109, V, CF).

Subseção judicial: Compete ao juiz federal do local da apreensão da droga remetida do exterior pela via postal processar e julgar o crime de tráfico internacional (STJ, Súmula 528).

Transposição da fronteira: Não é necessária a transposição da fronteira para a incidência da majorante, bastando que fique demonstrada a intenção de transferência da droga a outro país, dispensando a ocorrência desse resultado (STJ, CC 109.646, HC 148.130 e REsp 1.290.846).

Dupla ilicitude: Para que configuração do tráfico internacional é necessário que a droga seja considerada ilícita em ambos os países. Dessa forma, a *importação de lança-perfume* (cloreto de etila) da Argentina deve ser julgada pela Justiça Estadual, pois lá não se trata de droga proibida (STJ, CC 34.767).

Tráfico internacional e incidência da causa de aumento: Não há *bis in idem* na aplicação da causa de aumento de pena da transnacionalidade, sob o argumento de que as condutas de *exportar* ou *importar* fazem parte do tipo penal do art. 33 (STJ, AgRg no AREsp 620.417).

II - o agente praticar o crime prevalecendo-se de função pública ou no desempenho de missão de educação, poder familiar, guarda ou vigilância;

Funcionário público: A majorante incide se o agente praticar o fato *prevalecendo-se de função pública*, i.e., deve haver um nexo entre a prática do delito e a atividade do agente.

III - a infração tiver sido cometida nas dependências ou imediações de estabelecimentos prisionais, de ensino ou hospitalares, de sedes de entidades estudantis, sociais, culturais, recreativas, esportivas, ou beneficentes, de locais de trabalho coletivo, de recintos onde se realizem espetáculos ou diversões de qualquer natureza, de serviços de tratamento de dependentes de drogas ou de reinserção social, de unidades militares ou policiais ou em transportes públicos;

Comentários: Visa aumentar a pena daquele que pratica o tráfico nas dependências ou imediações de locais em que há maior facilidade em distribuir a droga, diante da maior concentração de pessoas.

Transporte público: O fato de utilizar-se de transporte público como meio de locomoção ou para transportar a droga não atrai a incidência da majorante, devendo ser constatada a efetiva comercialização em seu interior (STF, HC 120.624; STJ, AgRg no REsp 1.295.786 e HC 455.652).

Rol exemplificativo: O rol de locais previsto no dispositivo não deve ser encarado como taxativo, pois o objetivo da lei é proteger espaços que promovam a aglomeração de pessoas, circunstância que facilita a ação criminosa (STJ, AgRg no AREsp 868.826).

Natureza objetiva: A majorante possui natureza objetiva e se aplica em função do lugar do cometimento do delito, sendo desnecessária a comprovação efetiva de que o crime visava a atingir os frequentadores desses locais (STJ, HC 480.887).

Afastamento da majorante: Pode ser excepcionalmente afastada na hipótese de não existir indicação de que houve o aproveitamento da aglomeração de pessoas ou a exposição dos frequentadores do local à disseminação de drogas, verificando-se, caso a caso, as condições de dia, local e horário da prática do delito. (STJ, HC 454.317).

IV - o crime tiver sido praticado com violência, grave ameaça, emprego de arma de fogo, ou qualquer processo de intimidação difusa ou coletiva;

Comentário: A majorante incide, por exemplo, no caso em que o traficante se utiliza de armas de fogo para proteger a droga, tanto da ação de outros grupos criminosos, como da autoridade policial.

V - caracterizado o tráfico entre Estados da Federação ou entre estes e o Distrito Federal;

Tráfico interestadual: Envolve mais de um Estado ou o DF.

Competência: É competência da Justiça Estadual.

Atribuição investigativa: Polícia Federal (art. 144, §1°, II, CF).

Tráfico intermunicipal: Não se aplica a majorante.

Transposição da fronteira: Não é necessária a transposição da fronteira para a incidência da majorante, bastando que fique demonstrada a intenção de transferência da droga para além das divisórias estaduais (STJ, HC 109.724 e HC 339.138; STF, HC 99.452).

Transnacionalidade e interestadualidade: É cabível a aplicação cumulativa das majorantes relativas à transnacionalidade e à interestadualidade do delito quando evidenciado que a droga proveniente do exterior se destina a mais de um Estado, sendo o intuito dos agentes distribuírem-na por mais de uma localidade do país (STJ, AgRg no REsp 1.744.207).

VI - sua prática envolver ou visar a atingir criança ou adolescente ou a quem tenha, por qualquer motivo, diminuída ou suprimida a capacidade de entendimento e determinação;

Envolver ou atingir: *Envolver* (engajar, trazer para o tráfico); *visar* (buscar, ter como meta). A majorante se aplica quando as pessoas referidas figurem como partícipes (aliciar adolescente para o tráfico) ou como vítimas do crime (venda de droga a adolescente).

Criança: Individuo até 12 anos incompletos.

Adolescente: Individuo entre 12 e 18 anos de idade.

Pessoa com capacidade reduzida ou suprimida: Refere-se a toda e qualquer causa, transitória ou permanente, que debilite o discernimento.

Art. 244-B, ECA: Quando o agente do tráfico *visar atingir criança ou adolescente* responderá por tráfico majorado (art. 33 combinado com art. 40, VI). Porém, quando o agente do tráfico *envolver criança ou adolescente*, a questão deve ser analisada com maior cuidado. Segundo leciona Guilherme de Souza Nucci[59], *caso o menor já esteja corrompido*, deve haver responsabilidade por tráfico com a aplicação da causa majorante; porém, *se o agente corromper o menor*, introduzindo-o no crime, deve haver responsabilidade por tráfico em concurso com o crime de corrupção de menores (art. 244-B, ECA), sem a incidência da majorante. Com a devida vênia ao autor, não concordamos com essa posição. É que, conforme a súmula 500 do STJ, "a configuração do crime do art. 244-B do ECA independe da prova da efetiva corrupção do menor, por se tratar de delito formal". Logo, sendo crime formal, *dispensa-se a efetividade da corrupção*. Ou seja, em qualquer caso, praticando-se o crime juntamente com o menor ou induzindo-o a praticá-lo, estará consumado o crime do art. 244-B do ECA. Não há análise quanto ao resultado, pois este é dispensável para a configuração do tipo. Assim, independente de o menor já estar, ou não, corrompido o crime do artigo 244-B se configura. A questão é apenas sobre definir se, quando o agente do tráfico *envolver criança ou adolescente*, responderá por *tráfico majorado* (art. 33 combinado com art. 40, inc. VI) ou por *tráfico em concurso com corrupção de menores* (art. 33, combinado com ar. 244-B, do ECA). Há que se escolher um dos dois caminhos, *sem análise quanto à efetividade da corrupção que é intrínseca*. Dessa forma, entendemos que, quando o agente do tráfico *envolver criança ou adolescente* deverá responder pelo crime de *tráfico de drogas majorado* (art. 33 combinado com art. 40, inc. VI), uma vez que se trata de norma especial e, em tese, mais benéfica ao agente.

Norma especial: Nosso entendimento é de que essa majorante, *em qualquer caso*, afasta a aplicação do art. 244-B do ECA.

VII - o agente financiar ou custear a prática do crime.

59. Nesse sentido: NUCCI, Guilherme de Souza. Leis Penais e Processuais Penais Comentadas. Volume I, Rio de Janeiro: Forense, 2017, p. 434.

Crime do art. 36: Para evitar o *bis in idem*, esta causa de aumento não se aplica ao crime de "financiamento ou custeio do tráfico".

Autofinanciamento: O agente que atua diretamente na traficância e que também financia ou custeia a aquisição de drogas deve responder pelo crime previsto no art. 33, *caput*, com a incidência da causa de aumento de pena prevista no art. 40, VII, afastando-se a conduta autônoma do art. 36 (STJ, HC 306.136).

27. COLABORAÇÃO PREMIADA

Art. 41. O indiciado ou acusado que colaborar voluntariamente com a investigação policial e o processo criminal na identificação dos demais co-autores ou partícipes do crime e na recuperação total ou parcial do produto do crime, no caso de condenação, terá pena reduzida de um terço a dois terços.

Comentários: O instituto da colaboração premiada será tratado com detalhes no estudo da Lei das Organizações Criminosas (Lei 12.850/13), bem como será novamente referendada no estudo da Lei de Proteção Especial a vítimas e Testemunhas (Lei 9.807/99).

Indiciado ou acusado: O colaborador deve ter sido indiciado nos autos de inquérito policial ou estar respondendo a processo criminal.

Colaboração voluntária: A colaboração deve ser livre de qualquer constrangimento, dispensando-se, entretanto, que seja espontânea.

Arrependimento sincero: A lei não exige motivação, de modo que a colaboração pode ser prestada unicamente para obter a redução da pena, ainda que o agente não se arrependa do crime praticado.

Identificação dos coautores: A colaboração exige que o crime seja praticado em concurso de agentes.

Recuperação do produto do crime: Será a droga, matéria-prima, insumo, produto químico ou maquinário, conforme o caso.

Recuperação do proveito do crime: Não faz parte do dispositivo a recuperação do proveito do crime, i.e., lucro ou vantagem obtida com o tráfico. Para essa finalidade, deve-se buscar a colaboração premiada com base em outras leis, conforme referimos acima.

Colaboração eficaz: Para a aplicação do benefício, a colaboração deve ser eficaz, no sentido de viabilizar a *identificação* dos coautores ou partícipes, bem como a *recuperação* do produto do crime.

Condenação: O benefício se aplica se houver condenação.

Efeito da colaboração eficaz: Redução da pena de 1/3 a 2/3.

Não há, nesse caso, previsão de extinção da punibilidade.

28. INDIVIDUALIZAÇÃO DA PENA

Art. 42. O juiz, na fixação das penas, considerará, com preponderância sobre o previsto no art. 59 do Código Penal, a natureza e a quantidade da substância ou do produto, a personalidade e a conduta social do agente.

Comentários: O artigo determina a preponderância da natureza e da quantidade da droga, bem como da personalidade e da conduta social do agente sobre a regra geral do art. 59 do Código Penal, no momento da individualização da pena por parte do magistrado.

Art. 59 do Código Penal: Deverá ser usado subsidiariamente.

Regime inicial mais gravoso: O juiz pode fixar regime inicial mais gravoso do que aquele relacionado unicamente com o *quantum* da pena ao considerar a natureza ou a quantidade da droga (STJ, HC 314.102).

Afastar minorante e fixar regime: Não há *bis in idem* quando a quantidade e a natureza da droga são consideradas para afastar a minorante do art. 33, §4°, ou modulá-la e, após, para fixar o regime inicial de cumprimento da pena (STJ, AgRg no AREsp 670.161).

29. FIXAÇÃO DA PENA DE MULTA

Art. 43. Na fixação da multa a que se referem os arts. 33 a 39 desta Lei, o juiz, atendendo ao que dispõe o art. 42 desta Lei, determinará o número de dias-multa, atribuindo a cada um, segundo as condições econômicas dos acusados, valor não inferior a um trinta avos nem superior a 5 (cinco) vezes o maior salário-mínimo.

Parágrafo único. As multas, que em caso de concurso de crimes serão impostas sempre cumulativamente, podem ser aumentadas até o décuplo

se, em virtude da situação econômica do acusado, considerá-las o juiz ineficazes, ainda que aplicadas no máximo.

Pena de Multa: É fixada em dias-multa.

Aplicação: Aplica-se aos crimes dos arts. 33 a 39.

Destinatário: A lei silencia quanto à destinação da multa, de modo que o ideal é concluir que pagamento deve ser destinado ao Fundo Penitenciário Nacional, aplicando-se a regra geral do art. 49 do Código Penal. Lembre-se que, em relação à multa do crime do art. 28, a lei prevê que o valor será destinado ao Fundo Nacional Antidrogas (art. 29, parágrafo único).

Execução da *pena de multa*: Tratando-se de multa penal, deve ser executada pelo Ministério Público, na Vara de Execuções Penais. Sobre o assunto, frise-se que a jurisprudência do Superior Tribunal de Justiça havia firmado o entendimento de que a legitimidade para promover a execução da pena de multa seria da Fazenda Pública, pois embora possua natureza de sanção penal, após o trânsito em julgado da sentença condenatória, a sanção pecuniária é considerada dívida de valor e se torna responsabilidade da Fazenda Pública, conforme art. 51 do Código Penal (STJ, REsp 1.115.125 e Súmula 521). Em razão desta posição do Superior Tribunal de Justiça, inclusive, parte da doutrina sustentava a revogação tácita do art. 164 da Lei 7.210/84, onde se verifica que "extraída certidão da sentença condenatória com trânsito em julgado, que valerá como título executivo judicial, o Ministério Público requererá, em autos apartados, a citação do condenado para, no prazo de 10 (dez) dias, pagar o valor da multa ou nomear bens à penhora". Entretanto, o Supremo Tribunal Federal, ao se pronunciar sobre o tema na QO 12 na AP 470 e, posteriormente, de forma específica, na ADI 3.150, em sentido contrário, estabeleceu que atribuição para a execução da pena de multa é do Ministério Público, na Vara de Execução Penal, sendo que, apenas se não adotar as providências para a cobrança no prazo de noventa dias é a competência passará à Fazenda Pública, perante a Vara de Execuções Fiscais. Nesse caso, transcorrido o prazo de noventa dias *in albis*, sem que o Ministério Público dê início à execução da multa, o juiz da Execução Penal deverá cientificar a Fazenda Pública para que então, de forma subsidiária, execute a sanção pecuniária. Portanto, a decisão do Supremo Tribunal Federal, estabelece que o art. 164 da LEP continua em plena vigência, pois a pena de multa tem natureza penal.

Aplicação cumulativa: Havendo *concurso de crime* as penas serão aplicadas cumulativamente. Registre-se que o dispositivo traz o mesmo regramento constante do art. 72 do Código Penal, sendo pacífico que se aplica tanto no caso de *concurso material* quanto de *concurso formal*.

Crime continuado: Há divergência quanto à aplicação do artigo no que se refere ao *crime continuado*, tal qual ocorre com o art. 72 do Código Penal, de modo que uma corrente sustenta que a regra deve ser a mesma do concurso de crimes, i.e., *o juiz deve aplicar todas as penas de multas cabíveis somadas*[60]. Outros *lecionam que o art. 72 do CP não deve ser aplicado ao crime continuado* (e por analogia o art. 43 também não), pois, nessa hipótese, por ficção jurídica, não há concurso de crimes, mas crime único, devendo haver, portanto, apenas uma pena de multa com a exasperação legal, conforme art. 71 do Código Penal[61]. Entendemos melhor o segundo entendimento, a fim de manter-se a lógica estabelecida pela lei, uma vez que o crime continuado é de fato uma ficção jurídica, que, por razoes de política criminal, recebe um tratamento jurídico especial.

30. VEDAÇÃO DE BENEFÍCIOS LEGAIS

A Constituição Federal (art. 5º, XLIII) estabelece algumas vedações a benefícios legais aos praticantes de crimes hediondos e equiparados.

Art. 5º (...)

(...)

XLIII - a lei considerará crimes inafiançáveis e insuscetíveis de graça ou anistia a prática da tortura, o tráfico ilícito de entorpecentes e drogas afins, o terrorismo e os definidos como crimes hediondos, por eles respondendo os mandantes, os executores e os que, podendo evitá-los, se omitirem.

Na mesma direção, com fins de se harmonizar com o mandamento constitucional, a Lei 11.343/06 também prevê algumas vedações a benefícios legais àquele que praticar crimes hediondos e equiparados. Essas vedações se encontram elencadas no artigo 44.

60. Nesse sentido: LIMA, Renato Brasileiro de. Legislação Criminal Especial Comentada. Salvador: Juspodivm, 2015, p. 815-816.

61. Nesse sentido: NUCCI, Guilherme de Souza. Leis Penais e Processuais Penais Comentadas. Volume I, Rio de Janeiro: Forense, 2017, p. 440.

Art. 44. Os crimes previstos nos arts. 33, *caput* e §1°, e 34 a 37 desta Lei são inafiançáveis e insuscetíveis de sursis, graça, indulto, anistia e liberdade provisória, vedada a conversão de suas penas em restritivas de direitos.

Parágrafo único. Nos crimes previstos no *caput* deste artigo, dar-se-á o livramento condicional após o cumprimento de dois terços da pena, vedada sua concessão ao reincidente específico.

Comentário: A maioria dessas vedações, i.e., fiança, graça, indulto, anistia e liberdade provisória, já foram estudadas quando da abordagem da Lei 8.072/90 para onde remetemos o leitor, a fim de evitar repetição.

Fiança: Não é cabível.

Anistia, graça e indulto: Não são cabíveis (STF, HC 90.364).

Liberdade provisória: É cabível (STF, HC 104.339).

Conversão de PPL em PRD: É cabível (STF, HC 97.256).

Nesse aspecto, quanto à vedação da conversão da pena privativa de liberdade em restritiva de direitos, o STF declarou a inconstitucionalidade da parte final do dispositivo, por violação ao princípio da individualização da pena.

Sursis: Não é cabível (STF, HC 101.919).

Nesse ponto, quanto a suspensão condicional da pena, o STF fixou o entendimento de que não há inconstitucionalidade na vedação legal, sendo vedado o *sursis* no delito de tráfico de drogas, em razão do disposto no art. 44 da lei, declarando constitucional a vedação legal (HC 101.919). Parte da doutrina critica a decisão do Supremo, dizendo ser incoerente com a sua própria jurisprudência, pois ao vedar o sursis, a exemplo do que ocorre com a vedação da conversão da pena privativa de liberdade em restritiva de direitos, o art. 44 viola a individualização da pena, e, com base na sua jurisprudência (HC 97.256), a Suprema Corte deveria declará-lo igualmente inconstitucional, permitindo a sua concessão.

Livramento condicional: É cabível, exceto se houver *reincidência específica* nos crimes referidos no *caput*, i.e., todos aqueles que se inserem no que chamamos de *conceito jurídico de tráfico de drogas*.

Requisito objetivo do livramento: Cumprimento de 2/3 da pena.

31. INIMPUTABILIDADE

Art. 45. É isento de pena o agente que, em razão da dependência, ou sob o efeito, proveniente de caso fortuito ou força maior, de droga, era, ao tempo da ação ou da omissão, qualquer que tenha sido a infração penal praticada, inteiramente incapaz de entender o caráter ilícito do fato ou de determinar-se de acordo com esse entendimento.

Parágrafo único. Quando absolver o agente, reconhecendo, por força pericial, que este apresentava, à época do fato previsto neste artigo, as condições referidas no *caput* deste artigo, poderá determinar o juiz, na sentença, o seu encaminhamento para tratamento médico adequado.

Comentário: O artigo veicula causa de *exclusão da culpabilidade*. E, especificamente, refere-se à inimputabilidade do agente por *dependência química*.

Dependência química: É tratada como doença mental. Entretanto, adota-se o *critério biopsicológico* para a constatação da inimputabilidade, sendo que, além de ser dependente (critério biológico), deve ficar demonstrado em perícia que o agente era, ao tempo da ação ou da omissão, inteiramente incapaz de entender o caráter ilícito do seu ato ou de determinar-se conforme esse entendimento (critério psicológico).

Procedimento: A lei silencia quanto ao procedimento a ser adotado para a aferição da inimputabilidade por dependência. Dessa forma, a solução passa pela aplicação da regra geral prevista entre os arts. 149 e 154 do CPP, por meio da instauração de um *incidente de insanidade mental*.

Comprovação da insanidade: Se dá por perícia.

Consequência: Comprovada a inimputabilidade o juiz deve absolver o agente, mediante *sentença de absolvição imprópria*, podendo encaminhá-lo para tratamento, ambulatorial ou internação, conforme o caso.

32. SEMI-IMPUTABILIDADE

Art. 46. As penas podem ser reduzidas de um terço a dois terços se, por força das circunstâncias previstas no art. 45 desta Lei, o agente não possuía, ao tempo da ação ou da omissão, a plena capacidade de entender o caráter ilícito do fato ou de determinar-se de acordo com esse entendimento.

Comentário: O artigo veicula causa de *diminuição da pena*, relativa à redução da capacidade do agente de compreender inteiramente o caráter ilícito de seu ato.

Substituição por medida de segurança: Conforme Guilherme de Souza Nucci[62], não existe óbice em se aplicar medida de segurança substitutiva ao semi-imputável, conforme prevê o art. 98 do Código Penal, que possui aplicação por analogia, sendo mais conveniente uma internação para desintoxicação do vício do que o cumprimento de uma pena, ainda que reduzida.

33. TRATAMENTO MÉDICO

Art. 47. Na sentença condenatória, o juiz, com base em avaliação que ateste a necessidade de encaminhamento do agente para tratamento, realizada por profissional de saúde com competência específica na forma da lei, determinará que a tal se proceda, observado o disposto no art. 26 desta Lei.

Comentário: O dispositivo estabelece que, atestada a necessidade de tratamento médico, no ato da condenação, o juiz determinará que a assistência à saúde seja prestada pelo respectivo sistema penitenciário.

Sentença condenatória: Nesse caso, identifica-se a necessidade de tratamento de saúde, o que será analisado na sentença condenatória. Não se trata de dependência química exculpante ou dirimente, a qual acarreta a absolvição imprópria.

34. INSTRUMENTOS PROTETIVOS

Art. 49. Tratando-se de condutas tipificadas nos arts. 33, *caput* e §1º, e 34 a 37 desta Lei, o juiz, sempre que as circunstâncias o recomendem, empregará os instrumentos protetivos de colaboradores e testemunhas previstos na Lei nº 9.807, de 13 de julho de 1999.

Comentário: O tráfico de drogas é um dos ramos ilegais que mais produz lucro aos criminosos, razão pela qual, em regra, envolve o crime organizado, possuindo ramificações em vários setores. Diante desse fato, dada a periculosidade dos envolvidos nesse nicho, a lei permite que sejam empregados os instrumentos de proteção de colaboradores e testemunhas previstos na Lei nº 9.807/99, para onde remetemos o leitor para maior aprofundamento do assunto.

35. INVESTIGAÇÃO CRIMINAL

Art. 50. Ocorrendo prisão em flagrante, a autoridade de polícia judiciária fará, imediatamente, comunicação ao juiz competente, remetendo-lhe cópia do auto lavrado, do qual será dada vista ao órgão do Ministério Público, em 24 (vinte e quatro) horas.

Comentário: O dispositivo determina as regras para a lavratura do auto de prisão em flagrante, formalidades da perícia preliminar e destruição da droga apreendida. No *caput*, não há diferença de regramento para as disposições gerais do Código de processo penal, pois a autoridade competente para a lavratura do auto de prisão em flagrante é *exclusivamente delegado de polícia*, que deve comunicar a prisão *imediatamente* ao juiz.

Autoridade de polícia judiciária: É apenas o delegado de polícia.

Comunicação imediata ao juiz: A previsão deve ser interpretada da mesma forma em que se interpreta o art. 306 do Código de Processo Penal, de modo que a expressão *imediatamente* compreende o lapso de até 24h após ter sido *formalizada a prisão*, i.e., o mesmo prazo em que o delegado deve expedir a nota de culpa ao preso. Registre-se que a formalização da prisão se dá no momento em que se encerram os atos do flagrante, i.e., no momento em que o delegado de polícia, após apuração dos fatos, se convence da tipicidade formal e material do crime (STF, HC 127.573), da não incidência de excludente de criminalidade, bem como da efetiva configuração da prisão em flagrante, sendo que, na fase pré-processual, essa análise compete apenas à autoridade policial (art. 2°, §1°, da Lei 12.830/13).

Prisão em flagrante: A prisão em flagrante é um poder atribuído à autoridade policial, de acordo com a sua discricionariedade[63], a ser utilizado quando

62. NUCCI, Guilherme de Souza. Leis Penais e Processuais Penais Comentadas. Volume I, Rio de Janeiro: Forense, 2017, p. 453.

63. A autoridade policial goza de poder discricionário de avaliar se efetivamente está diante de notícia procedente, ainda que em tese e que avaliados perfunctoriamente os dados de que dispõe, não operando como mero agente de protocolo, que ordena, sem avaliação alguma, flagrantes e boletins indiscriminadamente (RJTACRIM, 39/341). Para configuração do crime previsto no art. 319 do CP é indispensável que o ato retardado ou omitido se revele contra disposição expressa de lei.

extremamente necessário, a fim de *restringir cautelarmente a liberdade* daquele que deverá ter a restrição da sua liberdade avaliada pelo juiz de direito. Não se trata, portanto, de um dever automático e irracional a ser utilizado em toda e qualquer situação que lhe for apresentada prova da materialidade e indício de autoria. Entendemos que, para a decretação da prisão em flagrante, assim como a prisão preventiva, é imprescindível a verificação da sua efetiva necessidade no caso concreto, estimada pela conjugação do *fumus comissi delicti* e do *periculum libertatis*. E, assim como o magistrado, cabe ao delegado de polícia, que, conforme Guilherme de Souza Nucci, é o *primeiro juiz do fato*[64], identificar e analisar todas as circunstâncias do fato para adequá-lo ao ordenamento jurídico. O ordenamento constitucional é claro: prisão é a exceção, liberdade é a regra. É completamente incoerente e, antes, inconstitucional privar-se qualquer pessoa de sua liberdade, antes do trânsito em julgado da sentença penal condenatória sem um motivo e fundamentação.

Flagrante preparado: Não é válido. Trata-se da utilização de agente provocador. Nesse caso, o agente provocador induz um terceiro a praticar um crime, sem que este tivesse essa intenção, e, ao mesmo tempo, adota providências para que o crime não se consume, realizando-se a sua prisão em flagrante. Trata-se de crime impossível por ineficácia absoluta do meio (STF, súmula 145). Registramos que se deve ter muita atenção à *mitigação do flagrante preparado* após o acréscimo do inc. IV no §1° do art. 33, para onde remetemos o leitor, a fim de angariar uma completa compreensão do assunto.

Flagrante esperado: O flagrante esperado é perfeitamente válido, não devendo ser confundido com o flagrante preparado. Nesse caso, a polícia tem notícias de que uma infração penal será cometida e passa a monitorar a atividade do agente de forma a aguardar o melhor momento para executar a prisão (STJ, RHC 103.456).

§1º Para efeito da lavratura do auto de prisão em flagrante e estabelecimento da materialidade do delito, é suficiente o laudo de constatação da natureza e quantidade da droga, firmado por perito oficial ou, na falta deste, por pessoa idônea.

§2º O perito que subscrever o laudo a que se refere o §1º deste artigo não ficará impedido de participar da elaboração do laudo definitivo.

Laudo preliminar: Para a lavratura do auto de prisão em flagrante é suficiente o laudo de constatação da natureza e da quantidade da droga, sendo desnecessária a elaboração do laudo toxicológico definitivo (STJ, REsp 1.544.057).

Pessoa idônea: A lei determina que, faltando perito oficial, o laudo preliminar pode ser firmado por *pessoa idônea*. O regramento é mais simples do que o estabelecido no art. 159, §1°, do CPP, onde se determina que, faltando o perito oficial, o exame deve ser firmado por *duas pessoas idôneas, portadoras de diploma de curso superior preferencialmente na área específica*.

Impedimento do perito: O perito que subscrever o laudo preliminar não ficará impedido de participar da elaboração do laudo definitivo.

Condição de procedibilidade: O laudo preliminar de constatação da droga constitui condição de procedibilidade para apuração do crime de tráfico de drogas (STJ, RHC 65.205).

Existência de irregularidade no laudo preliminar: O laudo pericial definitivo atestando a ilicitude da droga afasta eventuais irregularidades do laudo preliminar realizado na fase de investigação (STJ, HC 303.511).

Laudo toxicológico definitivo: Deve ser confeccionado de acordo com a regra do art. 159, §1°, do Código de Processo Penal. Trata-se de documento imprescindível à decisão final (art. 58, §§1° e 2°), salvo casos excepcionais, e pode ser requisitado tanto pelo delegado de polícia, nos autos do inquérito policial, quanto pelo promotor de justiça, na fase processual.

Materialidade do tráfico: Por ser crime não transeunte, o tráfico de drogas se comprova com o *laudo toxicológico definitivo*. Entretanto, essa não é uma condição única de demonstração da materialidade se outros elementos, incluindo a prova testemunhal, evidenciarem a existência do crime de forma indireta (STJ, HC 91.727; STF, HC 69.591), conforme prevê o art. 167 do CPP, principalmente quando não há apreensão de droga (STJ, REsp 1.065.592; STF, HC 130.265). Nesse sentido, a prova da traficância pode

Inexistindo norma que obrigue o Delegado de Policia autuar em flagrante todo cidadão apresentado como autor de ilícito penal, considerando seu poder discricionário não há se falar em prevaricação (RT 728/540).

64. NUCCI, Guilherme de Souza. Manual de Processo Penal e Execução Penal – 12ª edição. Rio de Janeiro: Forense, 2015, p. 545.

ser obtida pela quebra de sigilo telefônico, meio hábil para comprovar a materialidade do delito perante a falta da droga, não caracterizando, assim, a ausência de justa causa para a ação penal. (STJ, HC 131.455). Entretanto, o próprio Superior Tribunal de Justiça possui precedente onde não admitiu o recebimento da denúncia em caso onde não houve apreensão da droga, tendo a demonstração do crime se firmado em tão somente em relatórios de interceptação telefônica (STJ, REsp 1.800.660).

Ausência de amostra para laudo definitivo: Se, após a confecção do laudo preliminar, não for guardada amostra da droga para a realização do laudo definitivo, Renato Brasileiro de Lima[65] leciona que o juiz não poderá proferir decisão condenatória, conforme o art. 564, III, "b", e do art. 386, II, do CPP, pois o art. 572 do mesmo Diploma não ressalvou esta nulidade entre aquelas que podem ser sanadas.

Potencial lesivo: O potencial lesivo da droga é previamente aferido pelas autoridades competentes no momento da sua inclusão nas listas da Portaria 344/98 da ANVISA. Por tanto, não é necessário exame pericial para demonstrar que a substância causa dependência (STF, HC 104.382).

> **§3º Recebida cópia do auto de prisão em flagrante, o juiz, no prazo de 10 (dez) dias, certificará a regularidade formal do laudo de constatação e determinará a destruição das drogas apreendidas, guardando-se amostra necessária à realização do laudo definitivo.**
>
> **§4º A destruição das drogas será executada pelo delegado de polícia competente no prazo de 15 (quinze) dias na presença do Ministério Público e da autoridade sanitária.**
>
> **§5º O local será vistoriado antes e depois de efetivada a destruição das drogas referida no §3º, sendo lavrado auto circunstanciado pelo delegado de polícia, certificando-se neste a destruição total delas.**

Comentários: Para a persecução penal, é necessário se preservar amostras da droga apreendida, tanto à realização dos exames periciais preliminar e definitivo, quanto para eventual contraprova pleiteada pela defesa. Adotadas essas precauções, o restante da droga deve ser destruído.

Autorização judicial: Havendo prisão em flagrante, a destruição da droga deve ser determinada pelo juiz.

Prazo para a decisão: O juiz possui 10 dias para decidir.

Oitiva do Ministério Público: Não é necessária.

Precauções: Regularidade do laudo preliminar e separação de parte da droga para a realização do laudo definitivo.

Destruição da droga: Compete ao delegado de polícia.

Prazo da destruição: O delegado possui 15 dias.

Providências: O dispositivo exige a presença do Ministério Público e da autoridade sanitária no ato da destruição da droga.

Vitoria do local: O delegado de polícia realizará vistoria no local e determinará a lavratura de um auto circunstanciado.

Destruição: Se dá por incineração (art. 50-A), observadas as regras de proteção ao meio ambiente, devendo o delegado proceder de acordo com o art. 2° do Dec. 2.661/98, onde está regulamentada a *queima controlada*.

Autorização para uso do fogo: Não é necessária (art. 50-A, §3°).

> **Art. 50-A. A destruição das drogas apreendidas sem a ocorrência de prisão em flagrante será feita por incineração, no prazo máximo de 30 (trinta) dias contados da data da apreensão, guardando-se amostra necessária à realização do laudo definitivo.**

Comentários: Remetemos o leitor ao estudo do art. 32 (ponto 13).

Desnecessidade de autorização judicial: Havendo a apreensão de drogas fora do cenário de prisão em flagrante não é necessário autorização judicial para a sua destruição[66].

Atribuição para a destruição: É do delegado de polícia.

Prazo da destruição: O delegado possui 30 dias.

Precaução: Guardar amostra para a realização do laudo definitivo.

65. LIMA, Renato Brasileiro de. Legislação Criminal Especial Comentada. Salvador: Juspodivm, 2015, p. 848-849.

66. No mesmo sentido: NUCCI, Guilherme de Souza. Leis Penais e Processuais Penais Comentadas. Volume I, Rio de Janeiro: Forense, 2017, p. 460.

Destruição das amostras guardadas para contra prova: Ocorrerá após o encerramento do processo ou arquivamento o inquérito policial (art. 72).

Art. 51. O inquérito policial será concluído no prazo de 30 (trinta) dias, se o indiciado estiver preso, e de 90 (noventa) dias, quando solto.

Parágrafo único. Os prazos a que se refere este artigo podem ser duplicados pelo juiz, ouvido o Ministério Público, mediante pedido justificado da autoridade de polícia judiciária.

Prazo de conclusão do inquérito: O prazo para conclusão das investigações será de 30 dias se o réu estiver solto e 90 dias se o réu estiver preso.

Duplicação dos prazos: É possível se houver pedido justificado do delegado de polícia dirigido ao juiz. O Ministério Público deverá ser ouvido. Registre-se que a lei não especifica quando a duplicação do prazo é justificada, analise que deve ser feita pelo delegado de polícia, caso a caso, e, após, decidida pelo juiz. Diante da lacuna legal, entendemos que a duplicação se justifica em duas hipóteses, i.e., quando se tratar de *fato complexo* (que envolve vários investigados), ou *fato de difícil elucidação* (que demanda meios extraordinários de prova, v.g., atividades de monitoramento discreto, ação controlada, extração e análise de dados telefônicos ou telemáticos, etc.).

Conexão ou continência: Quando o tráfico é cometido em conexão ou continência com outro crime devem ser observados os prazos da Lei 11.343/06.

Prorrogação dos prazos: Quanto ao *indiciado preso*, predomina o entendimento no sentido de que o prazo pode ser prorrogado *apenas única vez*. Em se tratando de *investigado solto*, prevalece o entendimento de que o prazo de 90 dias pode ser *prorrogado sucessivas vezes*, desde que subsista a necessidade de realização de diligências indispensáveis para a formação da prova.

Natureza do prazo: Se o prazo for relativo a *investigado solto*, trata-se de prazo de *natureza processual*, devendo ser contado de acordo com o art. 798, §§1° a 3° do CPP. Entretanto, se o prazo for relativo a *investigado preso* tratar-se de prazo de *natureza penal*, devendo ser contado de acordo com o art. 10 do CP.

Diferença para o art. 10 do CPP: O art. 10 do Código de Processo Penal prevê regramento diferente, estabelecendo que "o inquérito deverá terminar no prazo de 10 dias, se o indiciado tiver sido preso em flagrante, ou estiver preso preventivamente, contado o prazo, nesta hipótese, a partir do dia em que se executar a ordem de prisão, ou no prazo de 30 dias, quando estiver solto, mediante fiança ou sem ela".

Excesso de prazo com investigado preso: Não sendo concluído o inquérito policial no prazo legal, a prisão em flagrante *poderá* ser relaxada e a prisão preventiva revogada. Entretanto, o atraso não configura, de pronto, constrangimento ilegal, devendo ser observado o princípio da razoabilidade (STJ, HC 338.872).

Superação do excesso de prazo: Estando preso o paciente, mas havendo o oferecimento da denúncia, a alegação quanto ao excesso de prazo fica prejudicada (STJ, RHC 62.809). Nesse ponto, registramos que os prazos devem ser considerados de forma global (computando-se todas as fases da persecução penal), admitindo-se certa flexibilização quando razoável (STJ, HC 344.923).

Art. 52. Findos os prazos a que se refere o art. 51 desta Lei, a autoridade de polícia judiciária, remetendo os autos do inquérito ao juízo:

I - relatará sumariamente as circunstâncias do fato, justificando as razões que a levaram à classificação do delito, indicando a quantidade e natureza da substância ou do produto apreendido, o local e as condições em que se desenvolveu a ação criminosa, as circunstâncias da prisão, a conduta, a qualificação e os antecedentes do agente; ou

II - requererá sua devolução para a realização de diligências necessárias.

Parágrafo único. A remessa dos autos far-se-á sem prejuízo de diligências complementares:

I - necessárias ou úteis à plena elucidação do fato, cujo resultado deverá ser encaminhado ao juízo competente até 3 (três) dias antes da audiência de instrução e julgamento;

II - necessárias ou úteis à indicação dos bens, direitos e valores de que seja titular o agente, ou que figurem em seu nome, cujo resultado deverá ser encaminhado ao juízo competente até 3 (três) dias antes da audiência de instrução e julgamento.

Comentários: O dispositivo estabelece a ação da autoridade policial quando se encerrar o prazo para a conclusão do inquérito policial, i.e., confecção de relatório, nos mesmos moldes do art. 10, §1°, do Código de Processo Penal. No relatório do inquérito policial, o delegado deve *justificar as razões que o levaram a classificação do delito* e, para tanto, deve-se valer dos vetores indicados no inc. I (quantidade e natureza da substância ou do produto apreendido, o local e as condições em que se desenvolveu a ação criminosa, as circunstâncias da prisão, a conduta, a qualificação e os antecedentes do agente).

Vetores para justificar o indiciamento: Remetemos à leitura dos comentários tecidos ao art. 28, §2°, onde se analisou cada um dos vetores legais estabelecidos pelo legislador.

Aplicação do dispositivo: O dispositivo aplica-se unicamente aos crimes apurados por inquérito policial (Título IV), já que se refere expressamente ao art. 51, não se aplicando aos crimes apurados por termo circunstanciado (Título III). Assim, a elaboração de relatório para justificar as razões do indiciamento deve ser feita ao final do inquérito policial instaurado para apurar os crimes dos arts. 33 a 39, não havendo imposição legal no que se refere aos crimes do art. 28. Aliás, os crimes apurados de acordo com a Lei 9.099/95, submetem-se a um *rito especialmente célere*, tendo a lei dispensado diversas formalidades constantes do inquérito policial, inclusive, e obviamente, o relatório final.

Indiciamento criminal: O indiciamento promovido pelo delegado de polícia não vincula o promotor de justiça, o qual pode adotar capitulação diversa de acordo com a sua *opinio delicti*.

Diligência complementares: Devem ser juntadas ao processo até três dias antes da audiência de instrução e julgamento. É o caso, por exemplo, do laudo toxicológico definitivo, quando o inquérito foi concluído apenas com o laudo preliminar de constatação da quantidade e natureza da droga. Entretanto, registre-se que o Supremo Tribunal Federal já admitiu a juntada do laudo toxicológico após a sentença condenatória (STF, RHC 110.429), não havendo nulidade se não houver demonstração de prejuízo ao réu.

Art. 53. Em qualquer fase da persecução criminal relativa aos crimes previstos nesta Lei, são permitidos, além dos previstos em lei, mediante autorização judicial e ouvido o Ministério Público, os seguintes procedimentos investigatórios:

I - a infiltração por agentes de polícia, em tarefas de investigação, constituída pelos órgãos especializados pertinentes;

II - a não-atuação policial sobre os portadores de drogas, seus precursores químicos ou outros produtos utilizados em sua produção, que se encontrem no território brasileiro, com a finalidade de identificar e responsabilizar maior número de integrantes de operações de tráfico e distribuição, sem prejuízo da ação penal cabível.

Parágrafo único. Na hipótese do inciso II deste artigo, a autorização será concedida desde que sejam conhecidos o itinerário provável e a identificação dos agentes do delito ou de colaboradores.

Comentários: O artigo possibilita o emprego de técnicas especiais de investigação, as quais são de grande importância na apuração do crime de tráfico de drogas praticado por associações ou organizações criminosas.

Qualquer fase da persecução criminal: As técnicas investigativas podem ser aplicadas tanto na fase pré-processual, quanto na fase processual.

Crimes previstos nesta lei: As técnicas especiais de produção de prova podem ser aplicadas em todos os crimes da lei, o que nos leva a acreditar que podem ser implementadas, inclusive, nos casos do art. 28, pois o legislador não fez limitação aos crimes do Título IV (arts. 33 a 39). Logicamente, na prática, ainda que exista a possibilidade de que o delegado de polícia determine a conversão do termo circunstanciado em inquérito policial, diante da complexidade de produção da prova, em analogia à redação do art. 77, §2°, da Lei 9.099/95, dificilmente a autoridade policial empregará esforços extraordinários na apuração das condutas do usuário de drogas, já que a lei possui como objetivo a *prevenção* ao uso, não a *repressão*. A exceção ocorreria, v.g, no caso de a polícia judiciária utilizar a técnica especial da ação controlada (inc. II) em usuários de drogas com o objetivo de identificar o seu fornecedor ou, ainda, eventuais pontos de venda.

Autorização judicial: Para a utilização das técnicas especiais de investigação, i.e., infiltração policial (inc. I) e ação controlada (inc. II), é necessário a existência de autorização judicial.

Oitiva do Ministério Público: É necessária.

Infiltração policial: Consiste na infiltração de um agente policial na organização ou associação criminosa, que atuará como se fosse um membro, o que pressupõe a existência de sua incidência em crimes plurissubjetivos ou de concurso necessário, i.e., associação criminosa ou organização criminosa. Não há dúvidas de que se trata de uma técnica de investigação em que o agente policial poderá ser colocado em risco, o que acarreta a sua utilização apenas em casos excepcionais, apenas quando a prova não puder em obtida pelos meios ordinários de investigação. Essa técnica especial de obtenção de prova não se confunde com o *agente policial disfarçado*, consistente na ocultação da identidade funcional. Remetemos à leitura dos comentários feitos ao art. 33, §1°, inc. IV.

Agentes policiais: Tratando-se de técnica especial de investigação, diz respeito exclusivamente aos agentes de polícia judiciária.

Ação controlada: Para a autorização judicial da técnica prevista no inc. II, é necessário que se saiba o itinerário provável e a identificação dos agentes do delito ou de colaboradores. Essa técnica especial de investigação pretende a não realização da prisão em flagrante pela autoridade policial em determinadas ocasiões para que a prisão seja realizada no *melhor momento* do ponto de vista da produção da prova e da identificação do maior número de agentes envolvidos na traficância. Trata-se do flagrante retardado, postergado, diferido, prorrogado ou projetado.

Ausência de autorização judicial: No tocante à ação controlada, a ausência de autorização judicial não tornar ilegal a prisão em flagrante postergada, pois o objetivo do instituto é proteger o trabalho investigativo, afastando a eventual responsabilidade criminal ou administrava do agente policial (STJ, REsp 1.655.072).

Organização Criminosa: Tratando-se de tráfico de drogas praticado por organização criminosa, aplicam-se, também, as técnicas investigativas previstas no art. 3° da Lei 12.850/13, i.e., colaboração premiada; captação ambiental de sinais eletromagnéticos, ópticos ou acústicos; acesso a registros de ligações telefônicas e telemáticas, a dados cadastrais constantes de bancos de dados públicos ou privados e a informações eleitorais ou comerciais; interceptação de comunicações telefônicas e telemáticas, nos termos da legislação específica; afastamento dos sigilos financeiro, bancário e fiscal, nos termos da legislação específica; cooperação entre instituições e órgãos federais, distritais, estaduais e municipais na busca de provas e informações de interesse da investigação ou da instrução criminal.

Aprofundamento: Para maiores detalhes sobre o *agente infiltrado* e da *ação controlada*, remetemos aos comentários da Lei 12.850/13.

36. INSTRUÇÃO PROCESSUAL

Prioridade de tramitação: Conforme dispõe o art. 394-A do Código de Processo Penal "os processos que apurem a prática de crime hediondo terão prioridade de tramitação em todas as instâncias". O dispositivo acompanha a lógica de tratamento mais rígido estabelecido na Constituição Federal. Dessa forma, a lei determina um tratamento mais ágil na fase processual da persecução penal para esta espécie de crime. O dispositivo foi acrescentado pela Lei 13.285/16. Tratando-se de regra processual, aplica-se imediatamente e alcança os procedimentos em curso, devendo respeitar apenas os atos processuais já praticados (art. 2°, CPP). Sendo o tráfico de drogas equiparado a crime hediondo, o referido dispositivo deve abranger também a Lei 11.343/06.

Art. 54. Recebidos em juízo os autos do inquérito policial, de Comissão Parlamentar de Inquérito ou peças de informação, dar-se-á vista ao Ministério Público para, no prazo de 10 (dez) dias, adotar uma das seguintes providências:

I - requerer o arquivamento;

II - requisitar as diligências que entender necessárias;

III - oferecer denúncia, arrolar até 5 (cinco) testemunhas e requerer as demais provas que entender pertinentes.

Atuação do Ministério Público: Recebidos os autos da investigação o juiz dará vista ao Ministério Público, abrindo-se três possibilidades, i.e., requerer o arquivamento; requisitar diligências ou oferecer denúncia.

Prazo: O Ministério Público deve manifestar-se em 10 dias.

Arquivamento: Ocorre, em regra, quando não há *justa causa* para a ação penal ou, então nos casos de causa extintiva da punibilidade, v.g., prescrição.

Requisição de diligências: As requisições ministeriais em sede de investigação criminal devem passar por um necessário controle de legalidade e constitucionalidade por parte da autoridade policial encarregada da investigação, pois o poder requisitório não autoriza a formulação de requisições infundadas. As requisições formuladas pelo Ministério Público precisam atender determinadas formalidades legais para alcançarem legitimidade, i.e, fundamentação jurídica, pertinência, imprescindibilidade e momento adequado. Registre-se que a requisição ministerial deve apresentar *fundamento jurídico* (art. 129, VIII, CF), que, para o STJ, é a "circunstância de fato qualificada pelo direito, em que se baseia a pretensão", não sendo suficiente apenas o apontamento do *fundamento legal* (dispositivo de lei regente da matéria). Ainda, a requisição deve ser *imprescindível ao oferecimento da denúncia* (art. 16, CPP), pois o legislador estabelece um caminho progressivo e lógico da persecução penal (para frente), não devendo retroceder, salvo se ausente algum dado *imprescindível*. Os dados imprescindíveis à ação penal são aqueles que se referem à *prova da materialidade* ou *indícios da autoria*, não sendo admitidas requisições protelatórias ou que tenham o objetivo de esgotar os meios probatórios, uma vez que o inquérito policial não é o momento adequado para o exaurimento da prova. Sobre esse aspecto, lecionamos[67], juntamente com *Joaquim Leitão Júnior*, que "faltando qualquer destes requisitos, o delegado não estará obrigado a atender a requisição, devendo, motivadamente, restituir o procedimento à origem, rejeitando seu cumprimento e pensamos que os promotores devam se abster de medidas desta natureza, pois qualquer requisição que destoe do procedimento legal, impondo uma obrigação não prevista na lei, é ilegal e ilegítima".

Denúncia: É a peça inaugural da ação penal pública. A denúncia deve descrever o fato criminoso com todas as suas circunstâncias, a qualificação do acusado ou outros elementos pelos quais ele possa ser identificado, a classificação do crime e o rol de testemunhas (art. 41, CPP).

Testemunhas: Podem ser arroladas até 5 testemunhas.

Art. 55. Oferecida a denúncia, o juiz ordenará a notificação do acusado para oferecer defesa prévia, por escrito, no prazo de 10 (dez) dias.

§1º Na resposta, consistente em defesa preliminar e exceções, o acusado poderá argüir preliminares e invocar todas as razões de defesa, oferecer documentos e justificações, especificar as provas que pretende produzir e, até o número de 5 (cinco), arrolar testemunhas.

§2º As exceções serão processadas em apartado, nos termos dos arts. 95 a 113 do Decreto-Lei nº 3.689, de 3 de outubro de 1941 - Código de Processo Penal.

§3º Se a resposta não for apresentada no prazo, o juiz nomeará defensor para oferecê-la em 10 (dez) dias, concedendo-lhe vista dos autos no ato de nomeação.

§4º Apresentada a defesa, o juiz decidirá em 5 (cinco) dias.

§5º Se entender imprescindível, o juiz, no prazo máximo de 10 (dez) dias, determinará a apresentação do preso, realização de diligências, exames e perícias.

Procedimento especial: O dispositivo estabelece um procedimento especial em relação dos arts. 394 e seguintes do Código de Processo Penal.

Recebimento da denúncia: O juiz não pode recebê-la de plano.

Notificação do acusado: É a cientificação do réu para apresentar defesa prévia, *antes* do recebimento da denúncia.

Prazo para defesa prévia: O réu tem 10 dias.

Amplitude de defesa: O réu pode alegar *todas as razões de defesa* que entender pertinentes.

Obrigatoriedade: Ainda que exista entendimento no sentido de ser obrigatória a defesa prévia (STJ, HC 158.801), entendemos que a apresentação somente será obrigatória ao *defensor dativo*, i.e., aquele *nomeado para oferecê-la*, pois, caso o acusado possua *defensor constituído*, cabe a este optar pela estratégia defensiva que julgar mais adequada, inclusive dispensando a defesa prévia[68]. Registre-se que, o Superior Tribunal de Justiça possui precedente no sentido de que a inobservância do rito procedimental que prevê a apresentação de defesa prévia antes do recebimento da denúncia gera nulidade relativa desde que demonstrados eventuais prejuízos suportados pela defesa (HC 332.396).

Decisão judicial: Apresentada a defesa prévia, o juiz terá 05 dias para decidir se recebe ou se rejeita a denúncia.

Réplica da acusação: Ainda que a lei não estabeleça, fixou-se na jurisprudência do Supremo Tribunal Federal que, apresentada a defesa prévia, onde que são articuladas inclusive preliminares, é cabível a manifestação do Ministério Público (HC 105.739).

Absolvição sumária: Está prevista no art. 397 do CPP, sendo que não há previsão de sua aplicação

67. GARCEZ, William; LEITÃO Jr., Joaquim. Aspectos essenciais ao controle de legalidade da requisição de diligências em sede de investigações policiais: fundamentação jurídica, imprescindibilidade, pertinência, momento e destinatário. Disponível em: <https://meusitejuridico.editorajuspodivm.com.br/2020/05/11/aspectos-essenciais-ao-controle-de-legalidade-da-requisicao-de-diligencias-em-sede-de-investigacoes-policiais-fundamentacao-juridica-imprescindibilidade-pertinencia-momento-e-destinatario/>. Acessado em 26/05/2020.

68. CUNHA, Rogério Sanches; PINTO, Ronaldo Batista; SOUZA, Renee do Ó. Leis Penais Especiais: comentada artigo por artigo. Salvador: Juspodivm, 2019, p. 1929.

no rito especial da Lei 11.343/06. Entretanto, em que pese exista posicionamento em sentido contrário, entendemos que o instituto pode ser aplicado na espécie, pois trata de questões impeditiva do processo. Não há razões para se prosseguir com uma ação penal quando for *evidente*, a existência de causa excludente da ilicitude do fato, de causa excludente da culpabilidade, que o fato narrado não constitui crime, ou, então, que está extinta a punibilidade.

Art. 56. Recebida a denúncia, o juiz designará dia e hora para a audiência de instrução e julgamento, ordenará a citação pessoal do acusado, a intimação do Ministério Público, do assistente, se for o caso, e requisitará os laudos periciais.

§1º Tratando-se de condutas tipificadas como infração do disposto nos arts. 33, *caput* e §1º, e 34 a 37 desta Lei, o juiz, ao receber a denúncia, poderá decretar o afastamento cautelar do denunciado de suas atividades, se for funcionário público, comunicando ao órgão respectivo.

§2º A audiência a que se refere o *caput* deste artigo será realizada dentro dos 30 (trinta) dias seguintes ao recebimento da denúncia, salvo se determinada a realização de avaliação para atestar dependência de drogas, quando se realizará em 90 (noventa) dias.

Audiência: Após receber a denúncia, o juiz marcará a audiência de instrução e julgamento em 30 dias.

Exceção: O prazo para a realização da audiência poderá ser de 90 dias se tiver sido determinada a realização de dependência química do réu.

Citação: Deve ser feita pessoalmente. Mas, não sendo encontrado o acusado, o juiz deverá determinar a citação por edital (art. 361 do CPP) e, ainda, caso o réu esteja se ocultando para não ser citado, poderá ser realizada a citação com hora certa (art. 362 do CPP).

Funcionário Público: Nos casos de tráfico de drogas, após receber a denúncia, o juiz pode afastar o funcionário público das suas atividades. A medida não é automática, pois o §3° estabelece que o "juiz poderá decretar", devendo ser fundamentada, como qualquer media cautelar constritiva de direitos. Dessa decisão do juiz não cabe recurso, podendo o acusado impetrar mandado de segurança.

Afastamento do funcionário público: Por ter natureza de medida cautelar, deve se dar sem prejuízo da remuneração.

Art. 57. Na audiência de instrução e julgamento, após o interrogatório do acusado e a inquirição das testemunhas, será dada a palavra, sucessivamente, ao representante do Ministério Público e ao defensor do acusado, para sustentação oral, pelo prazo de 20 (vinte) minutos para cada um, prorrogável por mais 10 (dez), a critério do juiz.

Parágrafo único. Após proceder ao interrogatório, o juiz indagará das partes se restou algum fato para ser esclarecido, formulando as perguntas correspondentes se o entender pertinente e relevante.

Art. 58. Encerrados os debates, proferirá o juiz sentença de imediato, ou o fará em 10 (dez) dias, ordenando que os autos para isso lhe sejam conclusos.

Hiperconcentração de atos: A lei estabelece que toda a prova seja produzida na audiência de instrução, preservando a *oralidade* e a *imediatidade* como princípios regentes do procedimento.

Sustentação oral: Devido à complexidade de algumas causas, não é incomum que os debates orais sejam convertidos em apresentação de alegações escritas para não haver prejuízo à acusação ou à defesa. Ainda que a lei não refira essa possibilidade, havendo fundado motivo, entendemos que o juiz pode autorizar a conversão, em caráter excepcional. Nesse caso, o prazo para apresentação das alegações escritas será de 05 dias sucessivos para cada parte, aplicando-se a regra do art. 403, §3°, do Código de Processo Penal analogicamente.

Interrogatório do acusado: A lei estabelece que o *primeiro* ato da instrução processual será o interrogatório do réu. O dispositivo colide com a regra do art. 400 do CPP, alterado pela lei 11.719/2008, o qual determina que o interrogatório deve ser o *último* ato da instrução. Há quem entenda que se deve observar o rito especial determinado pela Lei 11.3243/06. Entretanto, com a devida vênia aos que assim pensam, por ser o interrogatório meio de defesa, é mais benéfico ao réu que já conheça todas as provas produzidas conta si antes de se manifestar. Dessa forma, entendemos que o interrogatório deve ocorrer somente após a oitiva das testemunhas, sendo o último ato da instrução, nos termos do art. 400 do Código de Processo Penal. Esse é o escólio do STJ (RHC 39.287) e do STF (HC 127.900).

Sentença: A regra é que a sentença seja dada na própria audiência, afinal, a audiência é de *instrução e julgamento*. Trata-se de homenagem à oralidade e celeridade do procedimento. Porém, conforme referimos anteriormente, devido à complexidade de algumas causas, a lei possibilita ao juiz que determine a conclusão dos autos para sentença, no prazo de 10 dias.

> **Art. 59. Nos crimes previstos nos arts. 33, *caput* e §1º, e 34 a 37 desta Lei, o réu não poderá apelar sem recolher-se à prisão, salvo se for primário e de bons antecedentes, assim reconhecido na sentença condenatória.**

Comentários: O artigo não tem mais aplicabilidade.

Toda prisão imposta antes do trânsito em julgado da sentença penal condenatória possui natureza de medida cautelar constritiva, somente devendo ser decretada quando necessária, e de forma excepcional, sendo calcada nos requisitos legais do *fumus comissi delicti* e do *periculum libertatis*.

37. APREENSÃO, ARRECADAÇÃO E DESTINAÇÃO DE BENS DO ACUSADO

> **Art. 60. O juiz, a requerimento do Ministério Público ou do assistente de acusação, ou mediante representação da autoridade de polícia judiciária, poderá decretar, no curso do inquérito ou da ação penal, a apreensão e outras medidas assecuratórias nos casos em que haja suspeita de que os bens, direitos ou valores sejam produto do crime ou constituam proveito dos crimes previstos nesta Lei, procedendo-se na forma dos arts. 125 e seguintes do Decreto-Lei nº 3.689, de 3 de outubro de 1941 - Código de Processo Penal.**
>
> **§1º (Revogado).**
>
> **§2º (Revogado).**
>
> **§3º Na hipótese do art. 366 do Decreto-Lei nº 3.689, de 3 de outubro de 1941 - Código de Processo Penal, o juiz poderá determinar a prática de atos necessários à conservação dos bens, direitos ou valores.**
>
> **§4º A ordem de apreensão ou sequestro de bens, direitos ou valores poderá ser suspensa pelo juiz, ouvido o Ministério Público, quando a sua execução imediata puder comprometer as investigações.**

Comentários: O artigo disciplina a apreensão e indisponibilidade de bens, direito e valores que constituam *produto* ou *proveito* de crime nela previstos. O objetivo é mantê-los indisponíveis, viabilizando o perdimento após a condenação.

Alteração: O dispositivo foi alterado com a Lei 13.840/19.

Indisponibilidade dos bens: Depende de ordem judicial.

Juiz: O juiz não pode decretar de ofício as medidas constritivas.

Legitimados: Possuem legitimidade para requerer a apreensão e as demais medidas assecuratórias o *Ministério Público*, o *assistente da acusação* e o *delegado de polícia*.

Oitiva do Ministério Público: Não é necessária.

Momentos: As medidas constritivas podem ser decretadas no curso do inquérito policial ou do processo penal.

Produtos do crime: Coisa obtida diretamente com o crime.

Proveito do crime: Coisa obtida indiretamente com o crime.

Medidas assecuratórias: Estão descritas entre os arts. 125 e 144-A do Código de Processo Penal, referindo-se ao *sequestro, arresto e hipoteca legal*. Tais medidas possuem *natureza instrumental e cautelar*.

Medida cautelar: Como qualquer medida cautelar, somente podem ser deferidas quando preenchidos os seus requisitos gerais, i.e., o *fumus boni iuris* (prova da materialidade e indícios suficientes da origem ilícita dos bens), o *periculum in mora* (demora que possa esvaziar a pretensão almejada), e a razoabilidade (deve-se agir com bom senso).

Suspensão da cautelar: É possível quando puder comprometer as investigações. Nesse passo, registre-se, por exemplo, que é possível ao magistrado suspender a busca e apreensão de um veículo ou, ainda, o bloqueio de valores em determinada conta bancária quando a execução da medida puder comprometer a fase inicial da persecução penal.

> **Art. 60-A. Se as medidas assecuratórias de que trata o art. 60 desta Lei recaírem sobre moeda estrangeira, títulos, valores mobiliários ou cheques emitidos como ordem de pagamento, será determinada, imediatamente, a sua conversão em moeda nacional.**
>
> **§1º A moeda estrangeira apreendida em espécie deve ser encaminhada a instituição financeira, ou equiparada, para alienação na forma prevista pelo Conselho Monetário Nacional.**
>
> **§2º Na hipótese de impossibilidade da alienação a que se refere o §1º deste artigo, a moeda estrangeira será custodiada pela instituição financeira até decisão sobre o seu destino.**

§3º Após a decisão sobre o destino da moeda estrangeira a que se refere o §2º deste artigo, caso seja verificada a inexistência de valor de mercado, seus espécimes poderão ser destruídos ou doados à representação diplomática do país de origem.

§4º Os valores relativos às apreensões feitas antes da data de entrada em vigor da Medida Provisória nº 885, de 17 de junho de 2019, e que estejam custodiados nas dependências do Banco Central do Brasil devem ser transferidos à Caixa Econômica Federal, no prazo de 360 (trezentos e sessenta) dias, para que se proceda à alienação ou custódia, de acordo com o previsto nesta Lei.

Comentários: O artigo disciplina a apreensão e indisponibilidade de moeda estrangeira, títulos, valores mobiliários ou cheques emitidos como ordem de pagamento, determinando a imediata conversão em moeda nacional. Registre-se que, nos parágrafos, o legislador demonstrou preocupação especial com as moedas estrangeiras, disciplinando sua alienação (§1º), custódia (§2º) e destinação (§3º). Em regra, a moeda estrangeira deve ser encaminhada ao *Banco Central do Brasil*. O mesmo destino têm as moedas falsas, após sua constatação por perícia.

38. ALIENAÇÃO CAUTELAR DE BENS APREENDIDOS

Art. 61. A apreensão de veículos, embarcações, aeronaves e quaisquer outros meios de transporte e dos maquinários, utensílios, instrumentos e objetos de qualquer natureza utilizados para a prática dos crimes definidos nesta Lei será imediatamente comunicada pela autoridade de polícia judiciária responsável pela investigação ao juízo competente.

§1º O juiz, no prazo de 30 (trinta) dias contado da comunicação de que trata o *caput*, determinará a alienação dos bens apreendidos, excetuadas as armas, que serão recolhidas na forma da legislação específica.

§2º A alienação será realizada em autos apartados, dos quais constará a exposição sucinta do nexo de instrumentalidade entre o delito e os bens apreendidos, a descrição e especificação dos objetos, as informações sobre quem os tiver sob custódia e o local em que se encontrem.

§3º O juiz determinará a avaliação dos bens apreendidos, que será realizada por oficial de justiça, no prazo de 5 (cinco) dias a contar da autuação, ou, caso sejam necessários conhecimentos especializados, por avaliador nomeado pelo juiz, em prazo não superior a 10 (dez) dias.

§4º Feita a avaliação, o juiz intimará o órgão gestor do Funad, o Ministério Público e o interessado para se manifestarem no prazo de 5 (cinco) dias e, dirimidas eventuais divergências, homologará o valor atribuído aos bens.

(§§ 5º a 8º) (Revogados).

§9º O Ministério Público deve fiscalizar o cumprimento da regra estipulada no §1º deste artigo.

§10. Aplica-se a todos os tipos de bens confiscados a regra estabelecida no §1º deste artigo.

§11. Os bens móveis e imóveis devem ser vendidos por meio de hasta pública, preferencialmente por meio eletrônico, assegurada a venda pelo maior lance, por preço não inferior a 50% (cinquenta por cento) do valor da avaliação judicial.

§12. O juiz ordenará às secretarias de fazenda e aos órgãos de registro e controle que efetuem as averbações necessárias, tão logo tenha conhecimento da apreensão.

§13. Na alienação de veículos, embarcações ou aeronaves, a autoridade de trânsito ou o órgão congênere competente para o registro, bem como as secretarias de fazenda, devem proceder à regularização dos bens no prazo de 30 (trinta) dias, ficando o arrematante isento do pagamento de multas, encargos e tributos anteriores, sem prejuízo de execução fiscal em relação ao antigo proprietário.

§14. Eventuais multas, encargos ou tributos pendentes de pagamento não podem ser cobrados do arrematante ou do órgão público alienante como condição para regularização dos bens.

§15. Na hipótese de que trata o §13 deste artigo, a autoridade de trânsito ou o órgão congênere competente para o registro poderá emitir novos identificadores dos bens.

Comentários: O artigo determina a *comunicação imediata ao juiz* no que se refere à *apreensão de qualquer instrumento do crime*, incluindo-se qualquer veículo de transporte ou aparelho utilizados.

Instrumento do crime: Objeto empregado na prática do delito.

Anote-se que para a *apreensão de instrumentos do crime* (drogas, maquinários, veículos) não existe *reserva de jurisdição absoluta*. Os instrumentos do crime podem ser apreendidos pelo delegado de polícia, no momento da prática do crime, em flagrante delito, sem que haja necessidade de ordem judicial (art. 6, II, CPP). Nesse caso, é necessário se observar as limitações constitucionais quanto ao ingresso na residência contidas no art. 5º, XI, da Constituição Federal[69].

69. Para não se revolver essa questão, remetemos o leitor ao ponto 7, quando discorremos sobre a conceituação de *crime permanente* e seus reflexos na Lei das Drogas.

Alienação cautelar: O juiz tem 30 dias para determinar a alienação dos objetos apreendidos, exceto as armas que, após, perícia, deverão ser enviadas ao Comando do Exército para destruição ou doação, conforme determina o art. 25, Lei 10.826/03 (§1°). Não restam dúvidas de que a alienação antecipada é um excelente caminho encontrado para *preservar-se o valor dos objetos apreendidos*, o qual se reverterá em favor da União, no caso de condenação, ou será restituído ao réu, no caso de absolvição. A alienação cautelar se aplica a *qualquer bem confiscado* (§10) e deve ser *fiscalizada pelo Ministério Público* (§9°).

Autos apartados: A alienação cautelar se dá em autos apartados.

Avaliação dos bens: Realizada a autuação dos autos apartados, o juiz determinara a avaliação dos bens no prazo de 05 dias. Havendo a necessidade de conhecimento específico a avaliação será realizada no prazo de 10 dias.

Avaliação: Em regra, é realizada pelo oficial de justiça.

Exceção ocorre se houver necessidade de conhecimento específico.

Manifestação: Após a avaliação, o juiz determinará a intimação do órgão gestor do Funad, do Ministério Público e do interessado se manifestarem no prazo de 05 dias.

Bens móveis e imóveis: Devem ser vendidos em hasta pública e, de preferência, por meio eletrônico, (§11), devendo o juiz determinar as *averbações* necessárias nos órgãos públicos (§12), de modo que, em se tratando de veículos, embarcações ou aeronaves, a autoridade competente tem o prazo de 30 dias para proceder à *regularização dos bens*, sem qualquer custo ao arrematante (§13).

Multas anteriores: As multas anteriores não devem ser cobradas do arrematante, nem do órgão que promoveu o leilão (§14), devendo serem executadas do antigo proprietário (§13, parte final).

Condenação: É prescindível, pois se trata de *alienação cautelar*.

39. UTILIZAÇÃO PROVISÓRIA DE BENS APREENDIDOS

Art. 62. Comprovado o interesse público na utilização de quaisquer dos bens de que trata o art. 61, os órgãos de polícia judiciária, militar e rodoviária poderão deles fazer uso, sob sua responsabilidade e com o objetivo de sua conservação, mediante autorização judicial, ouvido o Ministério Público e garantida a prévia avaliação dos respectivos bens.

§1° (Revogado).

§1°-A. O juízo deve cientificar o órgão gestor do Funad para que, em 10 (dez) dias, avalie a existência do interesse público mencionado no *caput* deste artigo e indique o órgão que deve receber o bem.

§1°-B. Têm prioridade, para os fins do §1°-A deste artigo, os órgãos de segurança pública que participaram das ações de investigação ou repressão ao crime que deu causa à medida.

§2° A autorização judicial de uso de bens deverá conter a descrição do bem e a respectiva avaliação e indicar o órgão responsável por sua utilização.

§3° O órgão responsável pela utilização do bem deverá enviar ao juiz periodicamente, ou a qualquer momento quando por este solicitado, informações sobre seu estado de conservação.

§4° Quando a autorização judicial recair sobre veículos, embarcações ou aeronaves, o juiz ordenará à autoridade ou ao órgão de registro e controle a expedição de certificado provisório de registro e licenciamento em favor do órgão ao qual tenha deferido o uso ou custódia, ficando este livre do pagamento de multas, encargos e tributos anteriores à decisão de utilização do bem até o trânsito em julgado da decisão que decretar o seu perdimento em favor da União.

§5° Na hipótese de levantamento, se houver indicação de que os bens utilizados na forma deste artigo sofreram depreciação superior àquela esperada em razão do transcurso do tempo e do uso, poderá o interessado requerer nova avaliação judicial.

§6° Constatada a depreciação de que trata o §5°, o ente federado ou a entidade que utilizou o bem indenizará o detentor ou proprietário dos bens.

Comentários: O artigo disciplina a *utilização provisória* de qualquer bem que tenha sido utilizado como *instrumento do crime* (art. 61).

Órgãos interessados: Polícia Judiciária, Militar e Rodoviária.

Reserva de Jurisdição: Deve haver autorização judicial.

Oitiva do Ministério Público: É necessária.

Avaliação prévia: É necessária.

Preferência no recebimento do bem: Terá preferência os órgãos de segurança pública que participaram da ação que deu causa à apreensão do bem (§1°-B).

Relatório de conservação: Deve ser enviado periodicamente ou quando solicitado pelo juiz (§3°).

Veículos: Quando a *autorização judicial de uso provisório* se referir a veículos, embarcações ou aeronaves, o juiz determinará à autoridade competente a *expedição de certificado provisório* ao órgão recebedor, que ficará isento de multas e impostos (4°).

Depreciação superior à esperada: Havendo levantamento do bem (5°), o ente federado ou a entidade que utilizou o bem indenizará o proprietário se a depreciação foi superior à esperada.

40. DEPÓSITO DE VALORES APREENDIDOS

> Art. 62-A. O depósito, em dinheiro, de valores referentes ao produto da alienação ou a numerários apreendidos ou que tenham sido convertidos deve ser efetuado na Caixa Econômica Federal, por meio de documento de arrecadação destinado a essa finalidade.
>
> §1° Os depósitos a que se refere o *caput* deste artigo devem ser transferidos, pela Caixa Econômica Federal, para a conta única do Tesouro Nacional, independentemente de qualquer formalidade, no prazo de 24 (vinte e quatro) horas, contado do momento da realização do depósito, onde ficarão à disposição do Funad.
>
> §2° Na hipótese de absolvição do acusado em decisão judicial, o valor do depósito será devolvido a ele pela Caixa Econômica Federal no prazo de até 3 (três) dias úteis, acrescido de juros, na forma estabelecida pelo § 4° do art. 39 da Lei n° 9.250, de 26 de dezembro de 1995.
>
> §3° Na hipótese de decretação do seu perdimento em favor da União, o valor do depósito será transformado em pagamento definitivo, respeitados os direitos de eventuais lesados e de terceiros de boa-fé.
>
> §4° Os valores devolvidos pela Caixa Econômica Federal, por decisão judicial, devem ser efetuados como anulação de receita do Funad no exercício em que ocorrer a devolução.
>
> §5° A Caixa Econômica Federal deve manter o controle dos valores depositados ou devolvidos.

Depósito de valores: Deve ser feito na Caixa Econômica Federal.

Transferência automática: A Caixa Econômica Federal, no prazo de 24h, deve transferir o valor à conta única do Tesouro Nacional (§1°).

Término do processo: Sendo absolvido o réu, o valor apreendido será devolvido através da Caixa Econômica Federal, que receberá o valor acrescido de juros e correção (§2°). Sendo condenado, o valor será perdido à União (§3°).

41. PERDIMENTO E DEVOLUÇÃO DE BENS APREENDIDOS

> Art. 63. Ao proferir a sentença, o juiz decidirá sobre:
>
> I - o perdimento do produto, bem, direito ou valor apreendido ou objeto de medidas assecuratórias; e
>
> II - o levantamento dos valores depositados em conta remunerada e a liberação dos bens utilizados nos termos do art. 62.
>
> §1° Os bens, direitos ou valores apreendidos em decorrência dos crimes tipificados nesta Lei ou objeto de medidas assecuratórias, após decretado seu perdimento em favor da União, serão revertidos diretamente ao Funad.
>
> §2° O juiz remeterá ao órgão gestor do Funad relação dos bens, direitos e valores declarados perdidos, indicando o local em que se encontram e a entidade ou o órgão em cujo poder estejam, para os fins de sua destinação nos termos da legislação vigente.
>
> §3° (Revogado).
>
> §4° Transitada em julgado a sentença condenatória, o juiz do processo, de ofício ou a requerimento do Ministério Público, remeterá à Senad relação dos bens, direitos e valores declarados perdidos em favor da União, indicando, quanto aos bens, o local em que se encontram e a entidade ou o órgão em cujo poder estejam, para os fins de sua destinação nos termos da legislação vigente.
>
> §4°-A. Antes de encaminhar os bens ao órgão gestor do Funad, o juiz deve:
>
> I – ordenar às secretarias de fazenda e aos órgãos de registro e controle que efetuem as averbações necessárias, caso não tenham sido realizadas quando da apreensão; e
>
> II – determinar, no caso de imóveis, o registro de propriedade em favor da União no cartório de registro de imóveis competente, nos termos do *caput* e do parágrafo único do art. 243 da Constituição Federal, afastada a responsabilidade de terceiros prevista no inciso VI do *caput* do art. 134 da Lei n° 5.172, de 25 de outubro de 1966 (Código Tributário Nacional), bem como determinar à Secretaria de Coordenação e Governança do Patrimônio da União a incorporação e entrega do imóvel, tornando-o livre e desembaraçado de quaisquer ônus para sua destinação.
>
> §5° (VETADO).
>
> §6° Na hipótese do inciso II do *caput*, decorridos 360 (trezentos e sessenta) dias do trânsito em julgado e do conhecimento da sentença pelo interessado, os bens apreendidos, os que tenham sido objeto de medidas assecuratórias ou os valo-

res depositados que não forem reclamados serão revertidos ao Funad.

Destino dos bens apreendidos: Ao sentenciar o juiz deverá decidir sobre o *perdimento dos bens ou valores apreendidos* (inc. I); o *levantamento dos valores depositados* (inc. II, primeira parte), se houve apreensão de dinheiro ou se o bem apreendido foi leiloado, ou a *liberação dos bens utilizados* (inc. II, segunda parte), se houve apreensão de bem que não tenha sido leiloado ou que tenha sido autorizada judicialmente a sua utilização provisória por alguma das entidades da segurança pública. A leitura apressada dos incisos I e II pode levar ao equívoco de que o inciso I somente se aplica nos casos de condenação e o inciso II somente se aplica nos casos de absolvição. Entretanto, salientamos que a absolvição do réu em primeira instância não impede que o magistrado condicione a restituição de bens e valores ao trânsito em julgado da decisão. Assim, não haverá qualquer ilegalidade se o juiz absolver o réu e determinar a manutenção da medida constritiva, mormente se houver recurso da acusação, contra a sentença de absolvição do réu, pleiteando a condenação. Nesse sentido, inclusive, há precedente jurisprudencial (STJ, AgRg no RMS 65.414).

Perdimento dos bens: O perdimento dos bens apreendidos não é um efeito automático da sentença, devendo o juiz se manifestar especificamente sobre cada um dos objetos, inclusive sobre os que foram leiloados. Ou seja, todos os objetos que foram alvo de *medida cautelar antecipatória*, no curso do inquérito policial ou do processo penal, devem ser analisados pelo juiz. Logicamente, a regra não se aplica aos objetos que, por si, são ilícitos (art. 91, II, "a", CP).

Perdimento em favor da União: Os objetos que forem declarados perdidos em favor da união serão *revertidos diretamente ao Funad* (§1°).

Averbações e registro: Antes de encaminhar os bens ao Funad o juiz determinara as averbações e registros necessários (§4°-A).

Desídia do interessado: Se o interessado não reclamar a posse de bens ou valores a que tem direito, em até 360 dias depois do trânsito em julgado da sentença, estes serão revertidos ao Funad (§6°).

Bens não apreendidos durante o processo: O artigo analisado se refere apenas aos "bens apreendidos", entretanto, é de suma importância referir que o juiz pode, na sentença, determinar o *confisco de bens não apreendidos*, desde que existam *provas de que foram utilizados para o tráfico*, ainda que de forma ocasional, i.e., sem habitualidade (STF, RE 638.491). Trata-se de inferência lógica do art. 243, parágrafo único, da Constituição Federal, o qual determina que *todo e qualquer bem utilizado no tráfico seja confiscado*. A expropriação de bens em favor da União, decorrente da prática de crime de tráfico ilícito de entorpecentes, constitui efeito automático da sentença penal condenatória, pois se trata de decorrência lógica do art. 243, parágrafo único, da Constituição Federal (STJ, RE 638.491).

42. PEDIDO DE RESTITUIÇÃO DOS BENS APREENDIDOS

Art. 63-A. Nenhum pedido de restituição será conhecido sem o comparecimento pessoal do acusado, podendo o juiz determinar a prática de atos necessários à conservação de bens, direitos ou valores.

Art. 63-B. O juiz determinará a liberação total ou parcial dos bens, direitos e objeto de medidas assecuratórias quando comprovada a licitude de sua origem, mantendo-se a constrição dos bens, direitos e valores necessários e suficientes à reparação dos danos e ao pagamento de prestações pecuniárias, multas e custas decorrentes da infração penal.

Comentário: O conhecimento do pedido de restituição de bens está condicionado ao comparecimento pessoal do acusado.

Não conhecimento: Não conhecimento do pedido significa que não será realizada análise de mérito do documento. Portanto, o pedido não pode ser feito por advogado.

Atribuição: Trata-se de competência do juiz.

Conquanto a lei não faça referência à possibilidade de o delegado de polícia determinar a restituição dos bens apreendidos, entendemos ser possível a aplicação do art. 120, *caput*, do Código de Processo Penal, sempre que "não exista dúvida quanto ao direito do reclamante" e, logicamente, desde que a apreensão se dê por ordem da própria autoridade policial.

Natureza jurídica: O pedido de restituição é questão incidental.

Bem de terceiro: Em que pese o dispositivo referir que "nenhum pedido de restituição será conhecido sem o comparecimento pessoal do acusado", entendemos que, se o bem pertencer a terceira pessoa, a presença do acusado não é necessária, de modo que cabe àquela ingressar com embargos de terceiro (arts. 129 e 130, II, CPP).

Instrumentos do crime: O instrumento do crime pode ser objeto do pedido de restituição. Entretanto, note-se que, quando nos referimos ao pedido de liberação de instrumentos do crime, por óbvio, não estamos falando das drogas. Não se olvide que também são considerados instrumentos do crime os veículos utilizados para o transporte da droga ou, ainda, o maquinário utilizado na sua preparação. Por certo não há que se falar em restituição de drogas, mas, os veículos e maquinários não utilizados exclusivamente no preparo de drogas podem, ocasionalmente, ser restituídos ao seu legítimo proprietário.

Origem do bem: O interessado deverá provar que o bem, direito ou valor que foi tornado indisponível possui origem lícita.

43. SEQUESTRO ALTERNATIVO OU PRESUMIDO

Art. 63-F. Na hipótese de condenação por infrações às quais esta Lei comine pena máxima superior a 6 (seis) anos de reclusão, poderá ser decretada a perda, como produto ou proveito do crime, dos bens correspondentes à diferença entre o valor do patrimônio do condenado e aquele compatível com o seu rendimento lícito.

§1º A decretação da perda prevista no *caput* deste artigo fica condicionada à existência de elementos probatórios que indiquem conduta criminosa habitual, reiterada ou profissional do condenado ou sua vinculação a organização criminosa.

§2º Para efeito da perda prevista no *caput* deste artigo, entende-se por patrimônio do condenado todos os bens:

I - de sua titularidade, ou sobre os quais tenha domínio e benefício direto ou indireto, na data da infração penal, ou recebidos posteriormente; e

II - transferidos a terceiros a título gratuito ou mediante contraprestação irrisória, a partir do início da atividade criminal.

§3º O condenado poderá demonstrar a inexistência da incompatibilidade ou a procedência lícita do patrimônio.

Comentário: O dispositivo se refere ao que batizamos de *sequestro alternativo ou presumido*, uma vez que o legislador estabelece a possibilidade de o juiz decretar, *alternativamente* ao sequestro do produto ou proveito do crime, o sequestro de bens e valores que, *presumidamente,* extrapolam o patrimônio que seria compatível com o rendimento lícito do condenado.

Hipótese: O sequestro alternativo ou presumido somente se aplica nas hipóteses de cometimento de *crime punido abstratamente com pena máxima superior a 06 anos* e desde que existam elementos que indiquem *conduta criminosa habitual, reiterada, profissional* ou *vinculação com organização criminosa.*

Pacote anticrime: O pacote anticrime acrescentou o art. 91-A ao Código Penal, com uma previsão bastante semelhante, porém, dispensando-se a demonstração de *conduta criminosa habitual, reiterada, profissional* ou *vinculação com organização criminosa.*

Requerimento: A lei silencia quanto aos legitimados para postular a medida. Assim, vislumbramos a possibilidade de aplicação analógica de três artigos, i.e., o art. 127 do CPP, o qual estabelece que "o juiz, de ofício, a requerimento do Ministério Público ou do ofendido, ou mediante representação da autoridade policial, poderá ordenar o seqüestro, em qualquer fase do processo ou ainda antes de oferecida a denúncia ou queixa"; o art. 60, *caput*, da Lei 11.343/06, o qual determina que "o juiz, a requerimento do Ministério Público ou do assistente de acusação, ou mediante representação da autoridade de polícia judiciária, poderá decretar, no curso do inquérito ou da ação penal, a apreensão e outras medidas assecuratórias nos casos em que haja suspeita de que os bens, direitos ou valores sejam produto do crime ou constituam proveito dos crimes previstos nesta Lei"; e o art. 91-A, §3°, do CP, onde se lê que "a perda prevista neste artigo deverá ser requerida expressamente pelo Ministério Público, por ocasião do oferecimento da denúncia, com indicação da diferença apurada". Entendemos que a melhor hipótese no caso é a aplicação analógica do art. 60, *caput*, da Lei 11.343/06, previsto na própria lei.

44. COOPERAÇÃO INTERNACIONAL

Art. 65. De conformidade com os princípios da não-intervenção em assuntos internos, da igualdade jurídica e do respeito à integridade territorial dos Estados e às leis e aos regulamentos nacionais em vigor, e observado o espírito das Convenções das Nações Unidas e outros instrumentos jurídicos internacionais relacionados à questão das drogas, de que o Brasil é parte, o governo brasileiro prestará, quando solicitado, cooperação a outros países e organismos internacionais e, quando necessário, deles solicitará a colaboração, nas áreas de:

I - intercâmbio de informações sobre legislações, experiências, projetos e programas voltados para atividades de prevenção do uso indevido, de aten-

ção e de reinserção social de usuários e dependentes de drogas;

II - intercâmbio de inteligência policial sobre produção e tráfico de drogas e delitos conexos, em especial o tráfico de armas, a lavagem de dinheiro e o desvio de precursores químicos;

III - intercâmbio de informações policiais e judiciais sobre produtores e traficantes de drogas e seus precursores químicos.

Cooperação internacional: A cooperação internacional é um modo formal onde um estado soberano solicita a realização de alguma medida. Esta medida pode ser de qualquer natureza, i.e., administrativa, investigativa ou judicial, por exemplo, de acordo com as circunstâncias do caso. Atualmente, a repressão ao tráfico não pode ser feita isoladamente, devendo ser promovida de modo globalizado e de forma integrada pelos estados soberanos. Não há como se enfrentar eficazmente o narcotráfico desconsiderando-se a *transnacionalidade* que, de longa data, se apresenta como característica dessa prática criminosa. O mundo assiste, e não é de hoje, mudanças de tamanha amplitude e profundidade que alteraram todos os padrões até então vigentes em praticamente todos os campos do conhecimento humano. No mundo do crime não foi diferente, as organizações criminosas ganharam muito espaço em diversos ramos, sendo que, no tráfico de drogas, está uma das suas atividades mais antigas e lucrativas. Definitivamente, não há como se enfrentar o tráfico de drogas sem o auxílio de outros países, por meio de intercâmbio de informações sobre leis, técnicas de inteligência policial e até mesmo entendimentos judiciais aplicados nos casos concretos. Trata-se de uma necessária integração, sobretudo nas regiões de fronteira entre nações, em que os agentes criminosos implementam diuturnamente o tráfico. A cooperação internacional, homenageando o princípio da justiça universal, se alinha com a Convenções das Nações Unidas, a fim de combater, a um só tempo, o tráfico de drogas e o crime organizado, compreendidos por nós como a desgraça mundial do século. O crime organizado abala toda a estrutura de poder existente e desafia a força das instituições oficiais de manutenção da ordem, razão pela qual deve ser pronta e integralmente combatido de forma global. Assim, observado o espírito das Convenções das Nações Unidas e outros instrumentos jurídicos internacionais relacionados à questão das drogas, de que o Brasil é parte, é preciso cooperar e pedir a cooperação de outras nações para que se possa frear a criminalidade, que está cada vez mais organizada.

45. DESTRUIÇÃO DAS AMOSTRAS GUARDADAS PARA CONTRAPROVA

Art. 72. Encerrado o processo criminal ou arquivado o inquérito policial, o juiz, de ofício, mediante representação da autoridade de polícia judiciária, ou a requerimento do Ministério Público, determinará a destruição das amostras guardadas para contraprova, certificando nos autos.

Destruição das amostras de drogas: Encerrando-se o processo ou arquivando-se o inquérito policial, as amostras separadas para contraprova poderão ser destruídas. Remetemos à leitura dos comentários ao art. 50-A.

9

CRIMES CONTRA PORTADORES DE HIV

Lei 12.984/2014

MARCEL GOMES DE OLIVEIRA

Art. 1º Constitui crime punível com reclusão, de 1 (um) a 4 (quatro) anos, e multa, as seguintes condutas discriminatórias contra o portador do HIV e o doente de aids, em razão da sua condição de portador ou de doente:

(...)

Introdução: "No ano de 1979, em Los Angeles, os pesquisadores Joel Weismann e Michael Gottlieb notaram um quadro clínico estranho que apresentavam certos pacientes, como febre prolongada, emagrecimento rápido, fadiga acentuada e infecções oportunistas, além de comprovada deficiência do sistema imunológico"[1]. "O fato é que hoje, em toda parte, os portadores de AIDS enfrentam uma situação constrangedora. Sofrem o horror de uma doença que os estigmatiza no convívio social e os avilta na luta pelos meios de sobrevivência. São doente marginais do desprezo e do abandono, mesmo dos que lhe são próximos. Negam-lhes tudo: o afeto, a estima, a solidariedade e, até o direito a morrer com dignidade"[2]. Enfim, é neste cenário segregador que surge a Lei nº. 12.984 de 2014, ainda que tardiamente, definindo o crime de discriminação dos portadores do vírus da imunodeficiência humana (HIV) e doentes de AIDS, com nítido objetivo de reparar socialmente essa segregação criminalizando diversas condutas.

Falta de técnica legislativa na redação do dispositivo: Parcela da doutrina entende que a redação do *caput* do art. 1º, é dotada de falta de técnica legislativa, pelo fato da pena (preceito secundário) vir antes das condutas criminosas (preceito primário)[3]. Ousamos discordar dos nobres doutrinadores que assim entendem. De fato, os estudiosos do direito têm plena percepção que o tipo penal é dotado de um preceito primário (conduta descrita) seguido de um preceito secundário (pena cominada). Mas devemos lembrar que o objetivo das legislações criminais afirmativas é atingir todas as pessoas e, de fato, soa de forma notória para os profanos a expressão "constitui crime" seguida da pena cominada "punível com reclusão de 1 (um) a 4 (quatro) anos e multa".

Em resumo, uma pessoa leiga sem qualquer conhecimento jurídico, saberá de antemão que, aquelas condutas descritas posteriormente são crimes, porquanto já ficou estampado no *caput* que os fatos se tratam de "crimes" punidos com determinada pena.

Fundamento constitucional: Através da análise dos dispositivos constitucionais, percebe-se que a lei em comento encontra forte respaldo na Carta Maior. Inicialmente, entre os fundamentos da República Federativa do Brasil temos a *dignidade da pessoa humana* (art. 1º, III, CF), sendo "que este fundamento afasta a ideia de predomínio das concepções transpessoalistas de Estado e nação, em detrimento da liberdade individual"[4].

1. FRANÇA, Genival Veloso de. *Medicina Legal*. 9. ed. Rio de Janeiro: Guanabara Koogan, 2011, p. 212.
2. Ibidem.
3. Neste sentido: (NUCCI, Guilherme de Souza. *Leis penais e processuais penais comentadas:*volume 1. 13. ed. Rio de Janeiro: Forense, 2020, p. 289).
4. MORAES, Alexandre de. *Direitos humanos fundamentais*. 5. Ed. São Paulo: Atlas, 2003, p. 60.

Em seguida, a República Federativa do Brasil estampa entre os seus objetivos o de *construir uma sociedade livre, justa e solidárias* (art. 3º, I, CF) e *promover o bem de todos, sem preconceitos de origem, raça, sexo, cor, idade e quaisquer outras formas de discriminação* (art. 3º, IV, CF).

Não se pode olvidar do consagrado princípio da *igualdade* (art. 5º, *caput*, CF), onde os iguais devem ser tratados de forma igual, enquanto os desiguais na medida das suas desigualdades. Ainda sobre o prisma constitucional e corolário à dignidade da pessoa humana a *saúde* figura como direito social básico (art. 6º, *caput*, CF).

No mais, nos comentários de cada um dos incisos que dispõem das condutas criminosas, esboçaremos os fundamentos constitucionais específicos.

Mandados constitucionais de criminalização: O poder Constituinte originário deixou estampado na Constituição Federal de 1988, um mandamento ao legislador infraconstitucional, de vir a criminalizar, em determinado momento, certas condutas por serem consideradas atentatórias aos próprios preceitos de um Estado Democrático de Direito. Verifica-se, assim, uma relevância de determinados bens jurídicos, que para sua efetiva proteção deverá se lançar mão do Direito Penal (*ultima ratio*). Isto demonstra que "a Constituição não deve ser vista de forma unilateral, preocupada apenas com a defesa do indivíduo potencialmente criminoso (ou acusado como tal), mas também com as potenciais vítimas e com a defesa de toda a sociedade"[5].

Dito isto, "os mandados de criminalização indicam matérias sobre as quais o legislador ordinário não tem a faculdade de legislar, mas a obrigatoriedade de tratar, protegendo determinados bens ou interesses de forma adequada e, dentro do possível, integral"[6]. É nesta linha de raciocínio que vem o artigo 5º, XLI, CF – que prevê que "a lei punirá qualquer *discriminação atentatória dos direitos e liberdades fundamentais*". Enfim, o citado dispositivo se trata de nítido exemplo de mandado constitucional de criminalização expresso (explícito), sendo que a lei nº. 12.984/2014, enquadra-se nesse aspecto.

A necessária tutela penal voltada à discriminação das pessoas portadoras do vírus HIV ou doente de AIDS: Durante a tramitação do Projeto de Lei nº. 6124/2005, que terminou por se transformar na Lei Ordinária nº. 12.984/2014 diversas discussões foram travadas no âmbito do Congresso Nacional acerca da efetiva necessidade de uma tutela penal para tal tipo de situação, tal qual ocorre nos dias de hoje com relação aos homossexuais.

Enfim, jogando uma pá de cal no assunto o parecer da Comissão de Constituição e Justiça e de Cidadania assentou que "a dignidade da pessoa humana pode ser ofendida de muitas maneiras, e entre elas, indubitável e definitivamente, está a discriminação das pessoas portadoras do vírus HIV ou doente de AIDS. Esta conduta malfere princípios basilares do Estado brasileiro, devendo ser firmemente desencorajada. Não se pode conceber que seja relegada às sanções na esfera civil, sob o pretenso argumento de que é preciso prestigiar o chamado "direito penal mínimo". Por essa razão, a forma de discriminação de que se ocupa a proposição principal merece inequívoca repressão, no campo do direito penal.

Com efeito, os bens tutelados pelo direito penal não interessam exclusivamente ao indivíduo, mas a toda a sociedade. A relação existente entre o autor de um crime e a vítima é de natureza secundária, já que ela não tem o direito de punir. O delito, pois, é ofensa à sociedade, e a pena, consequentemente, atua em função dos interesses desta. Logo, é o Estado o titular do *jus puniendi*, que tem, dessarte, caráter público"[7].

Declaração dos Direitos Fundamentais da Pessoa Portadora do Vírus da Aids: No ano de 1989, diante da realidade social que acometia os portadores do HIV e doentes da AIDS, diversos profissionais da área da saúde e membros da sociedade civil organizada criaram, com o apoio do Departamento de Infeções Sexualmente Transmissíveis, HIV/Aids e Hepatites Virais, o que se denominou de *"Declaração dos Direitos Fundamentais da Pessoa Portadora do Vírus da Aids"*. Sendo o documento aprovado e redigido em encontro nacional realizado no Rio Grande do Sul, na cidade de Porto Alegre.

A seguir, vejamos os dispositivos redigidos durante o Encontro: *"I - Todas as pessoas têm direito à informação clara, exata, sobre a aids; II – Os portadores do vírus têm direito a informações específicas sobre sua condição; III - Todo portador do vírus da aids*

5. CUNHA, Maria da Conceição Ferreira da. *Constituição e crime: uma perspectiva da criminalização e descriminalização*. Porto: Universidade Católica Portuguesa, 1995, p. 307.
6. MASSON, Cleber Rogério. *Direito Penal esquematizado: parte geral*. 9. ed. Rio de Janeiro: Forense; São Paulo: Método, 2015, p. 22.
7. Disponível em: https://www.camara.leg.br/proposicoesWeb/fichadetramitacao?idProposicao=304732. Acesso: 14/06/2020.

tem direito à assistência e ao tratamento, dados sem qualquer restrição, garantindo sua melhor qualidade de vida; IV - Nenhum portador do vírus será submetido a isolamento, quarentena ou qualquer tipo de discriminação; V - Ninguém tem o direito de restringir a liberdade ou os direitos das pessoas pelo único motivo de serem portadoras do HIV/aids, qualquer que seja sua raça, nacionalidade, religião, sexo ou orientação sexual; VI - Todo portador do vírus da aids tem direito à participação em todos os aspectos da vida social. Toda ação que visar a recusar aos portadores do HIV/aids um emprego, um alojamento, uma assistência ou a privá-los disso, ou que tenda a restringi-los à participação em atividades coletivas, escolares e militares, deve ser considerada discriminatória e ser punida por lei; VII - Todas as pessoas têm direito de receber sangue e hemoderivados, órgãos ou tecidos que tenham sido rigorosamente testados para o HIV; VIII - Ninguém poderá fazer referência à doença de alguém, passada ou futura, ou ao resultado de seus testes para o HIV/aids, sem o consentimento da pessoa envolvida. A privacidade do portador do vírus deverá ser assegurada por todos os serviços médicos e assistenciais; IX - Ninguém será submetido aos testes de HIV/aids compulsoriamente, em caso algum. Os testes de aids deverão ser usados exclusivamente para fins diagnósticos, controle de transfusões e transplantes, estudos epidemiológicos e nunca qualquer tipo de controle de pessoas ou populações. Em todos os casos de testes, os interessados deverão ser informados. Os resultados deverão ser transmitidos por um profissional competente; X - Todo portador do vírus tem direito a comunicar apenas às pessoas que deseja seu estado de saúde e o resultado dos seus testes; XI - Toda pessoa com HIV/aids tem direito à continuação de sua vida civil, profissional, sexual e afetiva. Nenhuma ação poderá restringir seus direitos completos à cidadania".[8]

Dessarte, analisando os dispositivos elaborados no Encontro, percebe-se que as diretrizes ali assentadas ainda no ano de 1989 vão de encontro à Lei nº. 12.984/2014 (que definiu o crime de discriminação dos portadores do vírus da imunodeficiência humana (HIV) e doentes de aids), talvez servindo de balizas para esta.

Portador do HIV e doente da aids: De acordo com a cartilha do Ministério da Saúde "HIV é a sigla em inglês do vírus da imunodeficiência humana. Causador da aids, ataca o sistema imunológico, responsável por defender o organismo de doenças"[9]. Já AIDS é a sigla em inglês para síndrome da imunodeficiência adquirida. Em resumo, o agente pode ter o vírus (HIV), mas esse se encontra controlado por medicamentos, motivo pelo qual não se chega ao estado de doente da aids. Todavia, uma vez contraído o vírus e a doença vindo a se manifestar no organismo (*v.g.* baixando a imunidade do agente), estar-se-á diante de um doente da aids. Portanto, deve-se deixar claro que nem todos que contraem HIV desenvolvem aids. Enfim, a Lei nº. 12.984/2014, busca proteger tanto os portadores do vírus HIV, quanto os doentes da aids.

Condutas discriminatórias: A discriminação pela própria definição do dicionário Aurélio é a ação de discriminar, de segregar alguém, tratando essa pessoa de maneira diferente e parcial[10]. No caso da lei em tela incrimina justamente algumas condutas, relacionadas a esse tratamento injusto e discriminatório contra os portadores do HIV e os doentes de aids, em razão da sua condição de portador ou de doente.

Conduta discriminatória e testes pré-admissionais: Uma das formas clássicas de se discriminar os portadores do HIV ou doentes da aids são os denominados "testes pré-admissionais", que nada mais é do que a "solicitação de exames pré-admissionais que se impõe como condição de ingresso no trabalho, na escola e, até mesmo, no internamento hospitalar, na expectativa de surpreender indivíduos sorologicamente positivos"[11].

Em razão da sua condição de portador ou de doente: Trata-se de elemento subjetivo específico do tipo (ou especial), aplicável a todos os incisos do art. 1º. Assim, deverá ser comprovado pela acusação que o agente agiu com a finalidade específica de discriminar o portador do HIV ou o doente de aids, *em razão da sua condição de portador ou de doente.* Isto é, "consistente na vontade de segregar, separar, mostrar-se superior a outro ser humano, em todos os delitos previstos nesta Lei"[12]. Caso esse elemento subjetivo específico não reste demonstrando pelo Ministério Público a conduta será considerada atípica, podendo, eventualmente, caracterizar outro delito (*v.g.* crime contra a honra).

8. Disponível em: http://www.aids.gov.br/pt-br/publico-geral/direitos-das-pvha. Acesso em 14/06/2020.
9. Disponível em: http://www.aids.gov.br/pt-br/publico-geral/o-que-e-hiv. Acesso em 15/06/2020.
10. Disponível em: https://www.dicio.com.br/discriminacao/. Acesso em 15/06/2020.
11. FRANÇA, Genival Veloso de. *Medicina Legal.* 9. ed. Rio de Janeiro: Guanabara Koogan, 2011, p. 214.
12. NUCCI, Guilherme de Souza. *Leis penais e processuais penais comentadas:*volume 1. 13. ed. Rio de Janeiro: Forense, 2020, p. 290.

Em síntese, o agente sabendo que a vítima é portadora do HIV ou doente da aids, simplesmente por este motivo, afasta-o de seleção de emprego, da matrícula em escola ou faculdade, entre outras condutas dispostas nos incisos do art. 1º. Por esta razão se ficar demonstrado que o alijamento do portador do HIV ou doente da aids é cabível no caso concreto, não ensejará o delito em tela, diante da ausência do elemento subjetivo específico do tipo *"em razão da sua condição de portador ou de doente"*.

Pena: Todas as condutas são punidas com reclusão, de 1 (um) a 4 (quatro) anos, e multa.

Ação penal: Segue a regra do art. 100 do CP: "a ação penal é pública, salvo quando a lei expressamente a declara privativa do ofendido". Assim, como a lei não disciplinou nada em contrário, verifica-se que se trata de ação penal pública incondicionada. Lembrando ainda que por força constitucional (art. 5º, LIX) "será admitida ação privada nos crimes de ação pública, se esta não for intentada no prazo legal".

Por fim, deve ser observado que a requisição de novas diligências ou a promoção do arquivamento pelo *Parquet*, não dão ensejo a alegação de inércia, logo, inviável suscitar a ação penal subsidiária da pública.

Suspensão condicional do processo: Trata-se de crime de *médio potencial ofensivo*, tendo em vista que a pena mínima não ultrapassa um ano, autorizando assim a incidência da suspensão condicional do processo, desde que presente os requisitos do art. 89 da Lei nº. 9.099/1995.

Acordo de Não Persecução Penal: De acordo coma redação do art. 28-A, do Código de Processo Penal (incluído pela nova Lei Federal nº 13.964/2019), se a infração penal não for cometida mediante violência ou grave ameaça à pessoa; a pena abstrata mínima ser inferior a 4 (quatro) anos e havendo confissão formal, é possível o cabimento de Acordo de Não Persecução Penal (ANPP), desde que presentes os demais requisitos para tanto.

Portanto, conclui-se que será cabível o acordo de não persecução penal em todos os incisos do art. 1º.

Competência para processo e julgamento: Via de regra será processado e julgado pela justiça estadual. Excepcionalmente, nos casos do art. 109 da Constituição Federal, haverá competência da Justiça Federal. Não se pode perder de vista se o sujeito ativo for militar, quando a competência será da Justiça Militar Estadual ou da União, conforme o caso, nos termos do art. 9º, CPM. Deve ainda ser levado com consideração as situações em que o sujeito ativo deter foro por prerrogativa de função, onde será processado e julgado no respectivo tribunal competente.

I - recusar, procrastinar, cancelar ou segregar a inscrição ou impedir que permaneça como aluno em creche ou estabelecimento de ensino de qualquer curso ou grau, público ou privado;

Fundamento constitucional específico: Conforme visto alhures há diversos fundamentos constitucionais gerais que dão embasamento a presente lei. Ainda assim, no âmbito específico do delito em estudo, podemos afirmar que a Constituição prescreve que "a *educação*, direito de todos e dever do Estado e da família, será promovida e incentivada com a colaboração da sociedade, visando ao pleno desenvolvimento da pessoa, seu preparo para o exercício da cidadania e sua qualificação para o trabalho" (art. 205, CF).

A Carta ainda deixa estampado que "o ensino será ministrado com base no princípio da *igualdade de condições para o acesso e permanência nas escolas* (art. 206, I, da CF).

Por fim, ainda aduz a Lei Maior que "o dever do Estado com a educação será efetivado mediante a garantia de atendimento educacional especializado aos portadores de deficiência, preferencialmente na rede regular de ensino" (art. 208, III, da CF).

Verbos nucleares do tipo: É *recusar* (repelir, não conceder), *procrastinar* (retardar, deixar para depois), *cancelar* (tornar nulo, sem efeito) *ou segregar* (separar, apartar, isolar) *a inscrição* (matrícula) *ou impedir* (dificultar de alguma forma, obstar) *que permaneça* (dê continuidade).

Nas primeiras condutas (recusar, procrastinar, cancelar ou segregar), busca-se combater a discriminação na sua forma embrionária, isto é, antes ou durante a inscrição (matrícula) do *aluno portador do HIV ou doente da aids, em creche ou estabelecimento de ensino de qualquer curso ou grau, público ou privado.* Por outra via, na última conduta (impedir que permaneça), o fito do dispositivo é combater a discriminação tardia, ou seja, eventualmente descoberta após a matrícula e já iniciada as aulas.

Tipo penal misto alternativo: Trata-se de tipo misto alternativo, sendo que a prática de mais de uma conduta (*v.g.* recusar e procrastinar), no mesmo contexto fático, enseja um único crime.

Como aluno: O tipo penal fala em *aluno*, isto é, o estudante, aprendiz, educando, acadêmico. Trata-se de termo amplo, já que qualquer pessoa poderá ser aprendiz de qualquer assunto.

Em creche ou estabelecimento de ensino de qualquer curso ou grau, público ou privado: A *creche* é o estabelecimento de educação infantil para crianças de até três anos de idade. Já o *estabelecimento de ensino de qualquer curso ou grau*, trata-se de expressão genérica que abrange a pré-escola (para crianças de 4 e 5 anos de idade), ensino fundamental, ensino médio, faculdades, universidades, cursos técnicos, cursos de línguas (*v.g.* inglês, espanhol etc.), cursos de música (*v.g.* violão, percussão, bateria etc.), enfim, os mais variados cursos de aprendizado (libras, braile, corte e costura, academias de artes marciais etc.). Deixa estampando ainda o dispositivo que a creche ou o estabelecimento de ensino poderá ser público ou privado.

Objetividade jurídica: Busca combater toda e qualquer discriminação contra o portador do HIV e do doente da AIDS. Encampando por via de consequência os postulados da *igualdade* e da *dignidade da pessoa humana.*

Objeto material: O delito recai sobre o portador do HIV (vírus da imunodeficiência humana) e do doente da AIDS (síndrome da imunodeficiência adquirida).

Sujeito ativo: Trata-se de crime próprio, vez que o sujeito ativo deve deter qualidade especial de trabalhar em creche ou estabelecimento de ensino de qualquer curso ou grau, público ou privado.

Sujeito passivo: O sujeito passivo imediato (eventual) é o portador do HIV e o doente da AIDS. Já o sujeito passivo mediato (constante) é o Estado.

Elemento subjetivo: É o dolo (direto ou eventual) de praticar de forma consciente e voluntária qualquer das condutas descritas no tipo penal. Não há previsão legal da modalidade culposa, o que torna inviável a punição por culpa.

Elemento subjetivo específico: Há o especial fim de agir no sentido de discriminar a vítima *"em razão da sua condição de portador ou doente"*. É imprescindível ficar demonstrado que o agente agiu com essa finalidade, sob pena do crime não restar configurado.

Eliminação de concurso em inspeção de saúde de portador assintomático do vírus HIV: Decidiu o STF no julgamento do ARE 1102145/RJ, datado de 09/02/2018, tendo como relator o Ministro Gilmar Mendes que "(...) 2. Conforme informações prestadas e inspeções de saúde acostadas, observa-se que o Impetrante integra o Corpo de Praças da Armada, é portador assintomático do vírus HIV e encontra-se no serviço ativo da Marinha, 'em pleno gozo de suas prerrogativas, entre elas, o direito à promoção à graduação de Sargento. Contudo, na sua condição de saúde atual, o Autor sofre restrições como impossibilidade de servir embarcado em navios, em unidades operativas de tropa e outras, por tempo indeterminado. Assim, resta evidente que o Impetrante não se encontra em plenas condições para atender ao concurso público (CP-QC-IM/2013', o qual 'é um concurso externo que visa à captação de pessoal em âmbito nacional' para ingresso no Quadro Complementar de Oficiais Intendentes da Marinha. *Logo, não se vislumbra, 'no ato administrativo impugnado, qualquer nódulo de preconceito ou de discriminação em relação ao Impetrante, senão a finalidade específica de selecionar candidatos com aptidão para o serviço militar, com base em critérios preestabelecidos, cujo conhecimento normativo correspondente sempre esteve acessível aos interessados' (...)".*

Embora o caso acima se trate de análise em uma apelação civil, denota-se que, o fato de um edital vedar, por si só, o ingresso de portadores do vírus HIV, não ensejam em "preconceito ou discriminação". Portanto, é uma nítida prova que dolo (elemento subjetivo, acrescido do elemento subjetivo específico) não se presume, devendo sempre restar comprovado através da análise do caso concreto.

Consumação: Trata-se em todas as modalidades (recusar, procrastinar, cancelar ou segregar ou impedir) de *crime formal* (de consumação antecipada ou de resultado cortado), se consumando independentemente de se atingir o resultado naturalístico.

Tentativa: É perfeitamente possível dependendo do meio escolhido pelo agente.

Classificação doutrinária: Trata-se de *crime próprio* (demanda um sujeito ativo qualificado ou especial); *formal ou de consumação antecipada* (ou seja, não se exige a produção do resultado naturalístico); de *forma livre* (ou seja, admite-se qualquer meio de execução – escrita, verbal, gestos, etc.); *comissivo* (imperioso uma ação) e, excepcionalmente, *comissivo por omissão* (omissivo impróprio, ou seja, é a aplicação do art. 13, § 2.º, do Código Penal); *instantâneo* (consuma-se de forma imediata); *unissubjetivo, unilateral ou de concurso eventual* (que pode ser praticado por um só agente); *plurissubsistente* (vários atos integram a conduta) ou *unissubsistentes* (um único ato integra a conduta), dependendo do meio escolhido pelo agente. Admissível a tentativa na modalidade plurissubsistente.

II - negar emprego ou trabalho;

Fundamento constitucional específico: Conforme já dito anteriormente, há diversos fundamentos constitucionais gerais que dão embasamento a presente lei. Porém, especificamente, podemos afirmar que tal delito se encontra encampado pelo art. 7º, I, da CF, onde afirma que são direitos dos trabalhadores urbanos e rurais, além de outros que visem à melhoria de sua condição social, uma *relação de emprego protegida contra despedida arbitrária ou sem justa causa, nos termos de lei complementar, que preverá indenização compensatória, dentre outros direitos.*

Verbos nucleares do tipo: É *negar* (censurar, recusar, repelir, rejeitar). Trata-se de verbo essencialmente comissivo, onde através de uma ação o agente recusa emprego ou trabalho *ao* portador do HIV e o doente de aids, em razão da sua condição de portador ou de doente.

Emprego ou trabalho: *Emprego* (ocupação laboral em serviço público ou privado) ou *trabalho* (qualquer ocupação laboral, ainda que não remunerada – *v.g.* trabalho voluntário).

Objetividade jurídica: Busca combater toda e qualquer discriminação contra o portador do HIV e do doente da AIDS. Encampando por via de consequência os postulados da *igualdade* e da *dignidade da pessoa humana.*

Objeto material: O delito recai sobre o portador do HIV (vírus da imunodeficiência humana) e do doente da AIDS (síndrome da imunodeficiência adquirida).

Sujeito ativo: Trata-se de crime comum, podendo ser praticado por qualquer pessoa (não se exigindo qualquer qualidade especial do agente).

Sujeito passivo: O sujeito passivo imediato (eventual) é o portador do HIV e o doente da AIDS. Já o sujeito passivo mediato (constante) é o Estado.

Elemento subjetivo: É o dolo (direto ou eventual) de praticar de forma consciente e voluntária qualquer das condutas descritas no tipo penal. Há também expressa previsão legal da finalidade específica (elemento subjetivo específico do tipo) disposto na expressão *"em razão da sua condição de portador ou doente"*. Não há previsão legal da modalidade culposa, o que torna inviável a punição por culpa.

Elemento subjetivo específico: Há o especial fim de agir no sentido de discriminar a vítima *"em razão da sua condição de portador ou doente"*. É imprescindível ficar demonstrado que o agente agiu com essa finalidade, sob pena do crime não restar configurado.

Consumação: Trata-se de *crime formal* (de consumação antecipada ou de resultado cortado), se consumando independentemente de se atingir o resultado naturalístico.

Tentativa: É perfeitamente possível dependendo do meio escolhido pelo agente. Por exemplo, se a negativa se der de forma verbal será inviável o *conatus*, por se tratar delito unissubsistente, onde não poderá haver o fracionamento do *iter criminis*. Por outro lado, se a negativa se der na forma escrita, será possível o fracionamento da conduta.

Classificação doutrinária: Trata-se de *crime comum* (pode ser praticado por qualquer pessoa); *formal ou de consumação antecipada* (ou seja, não se exige a produção do resultado naturalístico); de *forma livre* (ou seja, admite-se qualquer meio de execução – escrita, verbal, gestos, etc.); *comissivo* (imperioso uma ação) e, excepcionalmente, *comissivo por omissão* (omissivo impróprio, ou seja, é a aplicação do art. 13, § 2.º, do Código Penal); *instantâneo* (consuma-se de forma imediata); *unissubjetivo, unilateral ou de concurso eventual* (que pode ser praticado por um só agente); *plurissubsistente* (vários atos integram a conduta) ou *unissubsistentes* (um único ato integra a conduta), dependendo do meio escolhido pelo agente. Admissível a tentativa na modalidade plurissubsistente.

III - exonerar ou demitir de seu cargo ou emprego;

Fundamento constitucional específico: Conforme já salientado, há diversos fundamentos constitucionais gerais que dão embasamento a presente lei. Porém, especificamente, podemos afirmar que tal delito se encontra encampado pelo art. 7º, I, da CF, onde afirma que são direitos dos trabalhadores urbanos e rurais, além de outros que visem à melhoria de sua condição social *a relação de emprego protegida contra despedida arbitrária ou sem justa* *causa, nos termos de lei complementar, que preverá indenização compensatória, dentre outros direitos.*

Já em relação aos cargos públicos vale salientar que o art. 37, VIII, da CF/88 define que a administração pública direta, indireta ou fundacional, de qualquer dos Poderes da União, dos Estados, do Distrito Federal e dos Municípios obedecerá aos princípios de legalidade, impessoalidade, moralidade, publicidade e, também, que *a lei reservará percentual dos cargos e empregos públicos para as pessoas portadoras de deficiência e definirá os critérios de sua admissão.*

Verbos nucleares do tipo: É *exonerar* (destituir de um cargo) ou *demitir* (destituir de um emprego)[13] de seu *cargo* ou *emprego*, o portador do HIV e o doente de aids, em razão da sua condição de portador ou de doente. Neste tipo penal, evita-se que aquele que se encontra trabalhando e, venha porventura descobrir ser portador do HIV ou da doença da aids, de ser demitido do seu emprego ou exonerado do seu cargo, simplesmente pelo fato de ser portador.

Deve ser acrescido que, o portador do HIV e o doente da aids, podem ser exonerados ou demitidos, desde que a demissão ou exoneração encontre fundamentação legal para tanto, como por exemplo, os casos de demissão por justa causa.

Cargo ou emprego: O *cargo* é o posto de trabalho voltado ao âmbito da administração pública. Já o *emprego* é o posto de trabalho voltado tanto ao âmbito privado quanto público.

Objetividade jurídica: Busca combater toda e qualquer discriminação contra o portador do HIV e do doente da AIDS. Encampando por via de consequência os postulados da *igualdade* e da *dignidade da pessoa humana.*

Objeto material: O delito recai sobre o portador do HIV (vírus da imunodeficiência humana) e do doente da AIDS (síndrome da imunodeficiência adquirida).

Sujeito ativo: Trata-se de crime próprio, vez que o sujeito ativo deve deter qualidade especial de ser empregador da vítima, com capacidade de demiti-lo ou exonerá-lo.

Sujeito passivo: O sujeito passivo imediato (eventual) é o portador do HIV e o doente da AIDS. Já o sujeito passivo mediato (constante) é o Estado.

Elemento subjetivo: É o dolo (direto ou eventual) de praticar de forma consciente e voluntária qualquer das condutas descritas no tipo penal. Não há previsão legal da modalidade culposa, o que torna inviável a punição por culpa.

Elemento subjetivo específico: Há o especial fim de agir no sentido de discriminar a vítima *"em razão da sua condição de portador ou doente"*. É imprescindível ficar demonstrado que o agente agiu com essa finalidade, sob pena do crime não restar configurado.

Consumação: Trata-se de *crime formal* (de consumação antecipada ou de resultado cortado), se consumando independentemente de se atingir o resultado naturalístico.

Tentativa: É perfeitamente possível dependendo do meio escolhido pelo agente. Por exemplo, se a exoneração ou demissão se der de forma verbal será inviável o *conatus*, por se tratar delito unissubsistente, onde não poderá haver o fracionamento do *iter criminis*. Por outro lado, se a exoneração ou demissão se der na forma escrita – *v.g.* carta de demissão - será possível o fracionamento da conduta.

Classificação doutrinária: Trata-se de *crime próprio* (demanda um sujeito ativo qualificado ou especial); *formal ou de consumação antecipada* (ou seja, não se exige a produção do resultado naturalístico); de *forma livre* (ou seja, admite-se qualquer meio de execução – escrita, verbal, gestos, etc.); *comissivo* (imperioso uma ação) e, excepcionalmente, *comissivo por omissão* (omissivo impróprio, ou seja, é a aplicação do art. 13, § 2.º, do Código Penal); *instantâneo* (consuma-se de forma imediata); *unissubjetivo, unilateral ou de concurso eventual* (que pode ser praticado por um só agente); *plurissubsistente* (vários atos integram a conduta) ou *unissubsistente* (um único ato integra a conduta), dependendo do meio escolhido pelo agente. Admissível a tentativa na modalidade plurissubsistente.

Jurisprudência aplicada: "Empregado portador da Síndrome da Imunodeficiência Adquirida. Dispensa discriminatória. Ônus da prova. A presunção de dispensa arbitrária de empregado portador do vírus da AIDS, fixada na Súmula nº. 443, do TST, atribui ao empregador o ônus da prova quanto à licitude da dispensa. Isto significa dizer que o

13. Via de regra a expressão "demissão" é voltada para destituir alguém de um emprego. Todavia, excepcionalmente, há a possibilidade de um servidor público vir a ser demitido do seu cargo, como, por exemplo, nos casos de prática de infração disciplinar ou crime funcional.

reclamado deverá apresentar em juízo, de forma firme e segura, os motivos de ordem disciplinar, técnico, econômico ou financeiro, que determinaram a dispensa do trabalhador com tal afecção. Mas se assim não o fizer, chega-se à ilação que não havia razões plausíveis, à luz do ordenamento jurídico, para a dispensa do empregado acometido do vírus do HIV, a não ser a odiosa discriminação, que escamba para o abuso de direito, ainda mais quando a prova testemunhal, produzida pelo empregado, confirma a ciência do empregador do real estado clínico do demandante. *Com efeito, o rompimento da relação de trabalho por ato discriminatório, além de ser considerado crime atualmente (Lei 12.984/14)*, enseja a reintegração postulada pelo obreiro, com ressarcimento integral de todo o período de afastamento, mediante pagamento das remunerações devidas, corrigidas monetariamente e acrescidas de juros legais, inteligência do novel inciso I, do artigo 4º, da Lei 9029/95, introduzido pela Lei 13146/2015 - Estatuto da Pessoa com Deficiência.(TRT-1 - RO: 00008869220115010023 RJ, Relator: Tania da Silva Garcia, Data de Julgamento: 04/06/2019, 4a Turma, Data de Publicação: 07/06/2019)".

IV - segregar no ambiente de trabalho ou escolar;

Fundamento constitucional específico: Conforme já analisado anteriormente, decorre do art. 7º, XXXI (referente ao trabalho) e do art. 205 e seguintes da Constituição Federal.

Verbos nucleares do tipo: É *segregar* (separar, desunir, evitar contato) no ambiente de trabalho ou escolar, o portador do HIV e o doente de aids, em razão da sua condição de portador ou de doente. Salienta-se que "é o verbo desta figura típica que mais caracteriza o preconceito e a discriminação"[14]. Se tratando o crime em comento de "uma forma de *apharteid* laboral ou escolar"[15].

Neste tipo penal não se demite, nem se exonera. Aqui, cria distinções, aparta, separa. Seria o caso, por exemplo, de uma empresa criar uma sala específica de trabalho para alocar os portadores de HIV ou de doentes da aids, separando dos demais trabalhadores não acometidos pela doença.

No ambiente de trabalho ou escolar: *No ambiente de trabalho* (lugar onde se exerce qualquer atividade laboral, remunerada ou não) *ou escolar* (lugar onde se estuda – escolas, faculdades, cursos etc.),

Objetividade jurídica: Busca combater toda e qualquer discriminação contra o portador do HIV e do doente da AIDS. Encampando por via de consequência os postulados da *igualdade* e da *dignidade da pessoa humana*.

Objeto material: O delito recai sobre o portador do HIV (vírus da imunodeficiência humana) e do doente da AIDS (síndrome da imunodeficiência adquirida).

Sujeito ativo: Trata-se de crime comum, podendo ser praticado por qualquer pessoa (não se exigindo qualquer qualidade especial do agente).

Sujeito passivo: O sujeito passivo imediato (eventual) é o portador do HIV e o doente da AIDS. Já o sujeito passivo mediato (constante) é o Estado.

Elemento subjetivo: É o dolo (direto ou eventual) de praticar de forma consciente e voluntária qualquer das condutas descritas no tipo penal. Não há previsão legal da modalidade culposa, o que torna inviável a punição por culpa.

Elemento subjetivo específico: Há o especial fim de agir no sentido de discriminar a vítima *"em razão da sua condição de portador ou doente"*. É imprescindível ficar demonstrado que o agente agiu com essa finalidade, sob pena do crime não restar configurado.

Consumação: Trata-se de *crime formal* (de consumação antecipada ou de resultado cortado), se consumando independentemente de se atingir o resultado naturalístico.

Tentativa: É perfeitamente possível dependendo do meio escolhido pelo agente.

Classificação doutrinária: Trata-se de *crime comum* (pode ser praticado por qualquer pessoa); *formal ou de consumação antecipada* (ou seja, não se exige a produção do resultado naturalístico); de *forma livre* (ou seja, admite-se qualquer meio de execução – escrita, verbal, gestos, etc.); *comissivo* (imperioso uma ação) e, excepcionalmente, *comissivo por omissão* (omissivo impróprio, ou seja, é a aplicação do art. 13, § 2.º, do Código Penal); *instantâneo* (consuma-se de forma imediata); *unissubjetivo, unilateral ou de concurso eventual* (que pode ser praticado por um só agente); *plurissubsistente*

14. NUCCI, Guilherme de Souza. *Leis penais e processuais penais comentadas*: volume 1. 13. ed. Rio de Janeiro: Forense, 2020, p. 291.
15. Ibidem.

(vários atos integram a conduta) ou *unissubsistentes* (um único ato integra a conduta), dependendo do meio escolhido pelo agente. Admissível a tentativa na modalidade plurissubsistente.

V - divulgar a condição do portador do HIV ou de doente de aids, com intuito de ofender-lhe a dignidade;

Fundamento constitucional específico: Conforme já visto anteriormente há diversos fundamentos constitucionais gerais que dão embasamento a presente lei. Porém, especificamente, podemos afirmar que tal delito se encontra amparado no artigo 5º, incisos V e X da CF, nestes termos: "Art. 5º (...) V - é assegurado o direito de resposta, proporcional ao agravo, além da indenização por dano material, moral ou à imagem; X - são invioláveis a intimidade, a vida privada, a honra e a imagem das pessoas, assegurado o direito à indenização pelo dano material ou moral decorrente de sua violação".

Verbos nucleares do tipo: É *divulgar* (dar conhecimento, tornar público, propagar) a condição do portador do HIV ou de doente de aids, *com intuito de ofender-lhe a dignidade.* Tal delito é também conhecido como *crime de revelação de soropositividade.*

A condição do portador do HIV ou de doente de aids: Trata-se da condição da própria vítima objeto desta lei. Essa condição se torna possível através do teste da soropositividade, onde se atesta se a pessoa é portadora ou não do HIV ou doente de aids.

Doenças de notificação compulsória e identificação do paciente: A Lei Federal nº. 6.259/1975, estabelece sobre as normas relativas à notificação compulsória de doenças, além de dar outras providências. Assim, é dever de todo cidadão comunicar à autoridade sanitária local a ocorrência de fato, comprovado ou presumível, de caso de doença transmissível, sendo obrigatória a médicos e outros profissionais de saúde no exercício da profissão, bem como aos responsáveis por organizações e estabelecimentos públicos e particulares de saúde e ensino a notificação de casos suspeitos ou confirmados das doenças de notificação compulsória (art. 8º, Lei nº. 6.259/75). Por sua vez, a notificação compulsória de casos de doenças tem *caráter sigiloso*, obrigando nesse sentido as autoridades sanitárias que a tenham recebido (art. 10, Lei nº. 6.259/75). Por fim, a *identificação do paciente* de doenças de notificação compulsória, fora do âmbito médico sanitário, somente poderá efetivar-se, em caráter excepcional, em caso de grande risco à comunidade a juízo da autoridade sanitária e com conhecimento prévio do paciente ou do seu responsável (parágrafo único, art. 10, Lei nº. 6.259/75).

Observe que a Portaria nº. 264/2020, do Ministério da Saúde, estabelece que são doenças de notificação compulsória: *"(26) HIV/AIDS - Infecção pelo Vírus da Imunodeficiência Humana ou Síndrome da Imunodeficiência Adquirida; (27) Infecção pelo HIV em gestante, parturiente ou puérpera e Criança exposta ao risco de transmissão vertical do HIV; (28) Infecção pelo Vírus da Imunodeficiência Humana (HIV)".*

Dito isto, a lei permite a divulgação da identificação do paciente em duas situações:

a) Identificação do paciente **dentro** do âmbito médico sanitário (devendo as autoridades sanitárias observarem o caráter sigiloso da informação);

b) Identificação do paciente **fora** do âmbito médico sanitário, realizado de forma excepcional, devendo ser observado os seguintes requisitos cumulativos:

i. Em caso de grande risco à comunidade a juízo da autoridade sanitária e;

ii. Com prévio conhecimento do paciente ou do seu responsável.

No mais, vale registrar que o próprio tipo penal estabelece uma finalidade específica: *intuito de ofender a dignidade (honra) do portador do HIV ou doente da aids.* Assim, não ficando demonstrando o elemento subjetivo específico o fato restaria atípico.

Por fim, uma vez não registrando a notificação de doença compulsória, poderá o *médico* incorrer no crime de omissão de notificação de doença (CP, art. 269)[16]. Neste caso o profissional da área da saúde estará agindo no estrito cumprimento de um dever legal (causa excludente da ilicitude).

Sigilo no trabalho e sigilo médico – análise do art. 168 da Consolidação das Leis do Trabalho: Prescreve o artigo 168 da CLT que será obrigatório exame médico, por conta do empregador, nas

16. **Omissão de notificação de doença**
Art. 269 - Deixar o médico de denunciar à autoridade pública doença cuja notificação é compulsória:
Pena - detenção, de seis meses a dois anos, e multa.

condições de admissão, demissão e periodicamente. Todavia, essa exigência não afasta o direito de se manter o sigilo da condição do portador do HIV ou de doente de aids no ambiente de trabalho, porquanto o resultado dos exames médicos, inclusive o exame complementar, será comunicado ao trabalhador, observados os preceitos da ética médica.

Objetividade jurídica: Busca combater toda e qualquer discriminação contra o portador do HIV e do doente da AIDS. Encampando por via de consequência os postulados da *igualdade* e da *dignidade da pessoa humana.*

Objeto material: O delito recai sobre o portador do HIV (vírus da imunodeficiência humana) e do doente da AIDS (síndrome da imunodeficiência adquirida).

Sujeito ativo: Trata-se de crime comum, podendo ser praticado por qualquer pessoa (não se exigindo qualquer qualidade especial do agente).

Sujeito passivo: O sujeito passivo imediato (eventual) é o portador do HIV e o doente da AIDS. Já o sujeito passivo mediato (constante) é o Estado.

Elemento subjetivo: É o dolo (direto ou eventual) de praticar de forma consciente e voluntária qualquer das condutas descritas no tipo penal. Não há previsão legal da modalidade culposa, o que torna inviável a punição por culpa.

Elemento subjetivo específico: Há o especial fim de agir disposto na expressão *"com intuito de ofender-lhe a dignidade"*, isto é, ofender a honra, menosprezando, diminuindo, depreciando a pessoa portadora do HIV ou da doença de aids. É imprescindível ficar demonstrado que o agente agiu com essa finalidade, sob pena do crime não restar configurado.

Consumação: Trata-se de *crime formal* (de consumação antecipada ou de resultado cortado), se consumando independentemente de se atingir o resultado naturalístico.

Tentativa: É perfeitamente possível dependendo do meio escolhido pelo agente. Por exemplo, se a divulgação se der de forma verbal será inviável o *conatus*, por se tratar de delito unissubsistente, onde não poderá haver o fracionamento do *iter criminis*. Por outro lado, se a divulgação se der na forma escrita – *v.g.* carta ou cartazes - será possível o fracionamento da conduta.

Classificação doutrinária: Trata-se de *crime comum* (pode ser praticado por qualquer pessoa); *formal ou de consumação antecipada* (ou seja, não se exige a produção do resultado naturalístico); de *forma livre* (ou seja, admite-se qualquer meio de execução – escrita, verbal, gestos, etc.); *comissivo* (imperioso uma ação) e, excepcionalmente, *comissivo por omissão* (omissivo impróprio, ou seja, é a aplicação do art. 13, § 2.º, do Código Penal); *instantâneo* (consuma-se de forma imediata); *unissubjetivo, unilateral ou de concurso eventual* (que pode ser praticado por um só agente); *plurissubsistente* (vários atos integram a conduta) ou *unissubsistente* (um único ato integra a conduta), dependendo do meio escolhido pelo agente. Admissível a tentativa na modalidade plurissubsistente.

Conflito aparente com o delito de injúria – art. 140, do CP: O delito em análise (art. 1º, V, da Lei nº. 12.984/14) muito se assemelha ao delito de injúria (art. 140, CP): *"Art. 140 - Injuriar alguém, ofendendo-lhe a dignidade ou o decoro: Pena - detenção, de um a seis meses, ou multa"*. Todavia, há diversas diferenças esboçadas na tabela abaixo, vejamos:

	Art. 1º, V, da Lei nº. 12.984/14	Art. 140, CP
Tipo penal	Art. 1º (...) V - divulgar a condição do portador do HIV ou de doente de aids, com intuito de ofender-lhe a dignidade;	Art. 140 - Injuriar alguém, ofendendo-lhe a dignidade ou o decoro:
Pena	Reclusão, de 1 (um) a 4 (quatro) anos, e multa.	Detenção, de um a seis meses, ou multa.
Distinções	Conduta: divulgar (dar conhecimento); Ofensa a dignidade (sentimentos de valores morais);	Conduta: injuriar (ofender, insultar). Ofensa a dignidade (sentimento de valores morais) ou o decoro (respeito a atributos físicos, intelectuais, sociais).
Formas qualificadas	Não possui.	Possui (§§ 2º e 3º - injúria real e injúria preconceito).
Causa de aumento de pena	Não possui.	Possui (art. 141, CP).

	Art. 1º, V, da Lei nº. 12.984/14	Art. 140, CP
Perdão judicial	Não há previsão legal.	Há previsão legal - §1º.
Exclusão de crime	Não há previsão legal.	Há previsão legal – art. 142, CP.
Pedido de explicações	Não há previsão legal.	Há previsão legal – art. 144, CP.
Ação penal	Pública incondicionada.	Privada, via de regra.

Jurisprudência aplicada: "Ameaça e Discriminação aos portadores de HIV - autoria demonstrada - conjunto probatório satisfatório - penas mantidas - Recurso da defesa não provido". (...) "o denunciado também divulgou, com o intuito discriminatório, a condição de portadora do HIV, com a finalidade de ofender sua dignidade, tendo pichado a frase: "Amanda tem AIDS" em muro com visibilidade para a via pública" (...) (TJ-SP - APR: SP 0000471-94.2018.8.26.0451, Relator: Heitor Donizete de Oliveira, Data de Julgamento: 11/09/2019, 12ª Câmara de Direito Criminal, Data de Publicação: 11/09/2019).

Jurisprudência aplicada: "Apelação. Contravenção penal de vias de fato, *e crime de revelação de doença*. Absolvição por fragilidade probatória. Não cabimento. Atenuação das penas. Impossibilidade. Aplicação da suspensão condicional das penas. Possibilidade. Parcial provimento ao recurso. A vítima (...) declarou que: 1. estava em seu trabalho quando o Réu chegou, perguntando pelo filho de ambos; (...) 3. em seguida, começou dizer às pessoas que era portadora do vírus HIV, indagando se os instrumentos que utilizava eram esterilizados; 4. seus colegas não sabiam da doença, apenas seu chefe; (...) A testemunha (...) disse que: 1. trabalhava no local havia vinte anos; 2. a vítima estava trabalhando quando o Réu entrou e, proferindo ofensas, afirmou que ela era portadora do vírus HIV, puxando seus cabelos; 3. não sabia da doença da vítima antes do fato. (...) Tem-se como certo que ficou demonstrado o conhecimento do Réu quanto à enfermidade da vítima, e, para fins da proteção especial, entende-se que está presente a motivação de discriminação, em razão da gravidade da AIDS, doença letal, objeto de preconceito na sociedade, principalmente em razão dos grupos de risco a que estava relacionada em passado não muito distante (...). (TJ/SP – APR nº: 0000307-97.2018.8.26.0009, Relator(a) Zorzi Rocha, data do julgamento: 14/11/2019, 6ª Câmara de Direito Criminal, Data da Publicação 18/11/2019).

VI - recusar ou retardar atendimento de saúde.

Fundamento constitucional específico: Prevê o *caput* do art. 196 da Carta Maior que "a saúde é direito de todos e dever do Estado, garantido mediante políticas sociais e econômicas que visem à redução do risco de doença e de outros agravos e ao acesso universal e igualitário às ações e serviços para sua promoção, proteção e recuperação". Nesta seara entra diversos preceitos legislativos específicos voltados aos portadores do HIV e dos doentes da AIDS[17].

Verbos nucleares do tipo: É *recusar* (não conceder, repelir) ou *retardar* (adiar, atrasar) atendimento de saúde, ao portador do HIV e o doente de aids, em razão da sua condição de portador ou de doente. No mais, ambas as condutas (recusar ou retardar), são modalidade comissivas, exigindo um fazer (ação) por parte do agente.

Tipo penal misto alternativo: Trata-se de tipo penal misto alternativo, sendo que a prática de ambas as condutas (*v.g.* recusar e retardar), no mesmo contexto fático, enseja um único crime.

Atendimento de saúde: Se dá através de tratamento ambulatorial, cedendo medicamentos ou qualquer outro voltado ao bem-estar do portador do HIV e do doente de aids. Observe ainda que o tipo penal fala em atendimento na área da saúde, sendo este termo super abrangente, envolvendo até mesmo os atendimentos de habilitação e reabilitação.

No Brasil temos a Lei Federal nº. 9.313/1996, que dispõe sobre a distribuição gratuita de medicamentos aos portadores do HIV e doentes de AIDS. Onde prevê que os portadores do HIV (vírus da imunodeficiência humana) e doentes de AIDS (Síndrome da Imunodeficiência Adquirida) receberão, gratuitamente, do Sistema Único de Saúde, toda a medicação necessária a seu tratamento. Devendo o

17. No âmbito da previdência social temos o benefício de prestação continuada, onde a pessoa incapacitada para o trabalho e vida independente fará *jus* a um salário mínimo de benefício mensal, nos termos do art.20 da Lei nº 8.742/1993. Ainda no âmbito do seguro social há previsão legal para pagamento de auxílio doença (art. 274 a 287 da Instrução Normativa INSS/PRES nº 45/2010), dentre outros direitos.

Poder Executivo, através do Ministério da Saúde, padronizará os medicamentos a serem utilizados em cada estágio evolutivo da infecção e da doença, com vistas a orientar a aquisição dos mesmos pelos gestores do Sistema Único de Saúde. Por fim, a padronização de terapias deverá ser revista e republicada anualmente, ou sempre que se fizer necessário, para se adequar ao conhecimento científico atualizado e à disponibilidade de novos medicamentos no mercado (art. 1º, §§1º e 2º).

Objetividade jurídica: Busca combater toda e qualquer discriminação contra o portador do HIV e do doente da AIDS. Encampando por via de consequência os postulados da *igualdade* e da *dignidade da pessoa humana.*

Objeto material: O delito recai sobre o portador do HIV (vírus da imunodeficiência humana) e do doente da AIDS (síndrome da imunodeficiência adquirida).

Sujeito ativo: Trata-se de crime comum, podendo ser praticado por qualquer pessoa (não se exigindo qualquer qualidade especial do agente). Observe que a expressão "atendimento de saúde" não se restringe a profissionais dessa área, motivo pelo qual até mesmo um atendente da recepção poderá praticar o citado delito.

Sujeito passivo: O sujeito passivo imediato (eventual) é o portador do HIV e o doente da AIDS. Já o sujeito passivo mediato (constante) é o Estado.

Elemento subjetivo: É o dolo (direto ou eventual) de praticar de forma consciente e voluntária qualquer das condutas descritas no tipo penal. Não há previsão legal da modalidade culposa, o que torna inviável a punição por culpa.

Elemento subjetivo específico: Há o especial fim de agir no sentido de discriminar a vítima *"em razão da sua condição de portador ou doente"*. É imprescindível ficar demonstrado que o agente agiu com essa finalidade, sob pena do crime não restar configurado.

Consumação: Trata-se em todas as modalidades (recusar ou retardar) de *crime formal* (de consumação antecipada ou de resultado cortado), se consumando independentemente de se atingir o resultado naturalístico.

Tentativa: Perfeitamente cabível, seja na hipótese de recusar ou retardar, por se tratar de modalidades plurissubsistentes, onde poderá haver o fracionamento do *iter criminis*. Por exemplo, paciente solicita atendimento por carta e a resposta recusando o mesmo é extraviada.

Classificação doutrinária: Trata-se de *crime comum* (pode ser praticado por qualquer pessoa); *formal ou de consumação antecipada* (ou seja, não se exige a produção do resultado naturalístico); de *forma livre* (ou seja, admite-se qualquer meio de execução – escrita, verbal, gestos, etc.); *comissivo* nas modalidades *recusar e retardar* (imperioso uma ação), e, excepcionalmente, *comissivo por omissão* (omissivo impróprio, ou seja, é a aplicação do art. 13, § 2.º, do Código Penal); *instantâneo* (consuma-se de forma imediata); *unissubjetivo, unilateral ou de concurso eventual* (que pode ser praticado por um só agente); *plurissubsistente* (vários atos integram a conduta) ou *unissubsistentes* (um único ato integra a conduta), dependendo do meio escolhido pelo agente. Admissível a tentativa na modalidade plurissubsistente.

Art. 2º Esta Lei entra em vigor na data de sua publicação.

Comentários: A Lei nº. 12.984/2014, foi publicada no Diário Oficial da União de 2 de junho de 2014 e nessa data entrou em vigor, não havendo período de *vacatio legis*.

BIBLIOGRAFIA

CUNHA, Maria da Conceição Ferreira da. **Constituição e crime**: *uma perspectiva da criminalização e descriminalização*. Porto: Universidade Católica Portuguesa, 1995.

FRANÇA, Genival Veloso de. **Medicina Legal**. 9. ed. Rio de Janeiro: Guanabara Koogan, 2011.

MASSON, Cleber Rogério. **Direito Penal esquematizado***: parte geral*. 9. ed. Rio de Janeiro: Forense; São Paulo: Método, 2015.

MORAES, Alexandre de. **Direitos humanos fundamentais**. 5. Ed. São Paulo: Atlas, 2003.

NUCCI, Guilherme de Souza. **Leis penais e processuais penais comentadas:** volume 1. 13. ed. Rio de Janeiro: Forense, 2020.

10

JUIZADOS ESPECIAIS CRIMINAIS

Lei 9.099/1995

WILLIAM GARCEZ

1. FUNDAMENTO CONSTITUCIONAL

A Constituição Federal (art. 98, I) preceitua que "a União, no Distrito Federal e nos Territórios, e os Estados **criarão juizados especiais**, providos por juízes togados, ou togados e leigos, competentes para a conciliação, o julgamento e a execução de causas cíveis de menor complexidade e infrações de menor potencial ofensivo, mediante os procedimentos oral e sumaríssimo, permitidos nas hipóteses previstas em lei, a transação e o julgamento de recursos por turmas de juízes de primeiro grau".

Em decorrência desta previsão constitucional, a Lei 9.099/95 e a Lei 10.259/01 instituíram os Juizados Especiais Criminais, respectivamente, nas esferas estadual e federal, buscando dar efetividade ao direito fundamental da *celeridade da prestação jurisdicional* nos casos de sua competência[1].

Criação do JECrim: A Constituição Federal determina a criação dos Juizados Especiais Criminais para o processo e julgamento das infrações de menor potencial ofensivo. Entretanto, não apresenta uma definição para essa espécie de infrações, declinando à lei ordinária essa missão.

Duplo Reexame: Diante da peculiaridade dos juizados especiais criminais, não há subordinação deles aos Tribunais de Justiça (justiça estadual) ou aos Tribunais Regionais Federais (justiça federal). O modelo dos juizados especiais não se rege pelo duplo grau de jurisdição, mas pelo critério do *duplo reexame*, que se realiza no âmbito do primeiro grau de jurisdição (STF, RE 586.789).

2. APRESENTAÇÃO DO INSTITUTO

Art. 1º Os Juizados Especiais Cíveis e Criminais, órgãos da Justiça Ordinária, serão criados pela União, no Distrito Federal e nos Territórios, e pelos Estados, para conciliação, processo, julgamento e execução, nas causas de sua competência.

Justiça Comum: O JECrim faz parte da justiça comum[2].

Competência: A competência do JECrim se estabelece em razão da *matéria*, de modo que as causas de sua competência serão sempre *infrações de menor potencial ofensivo*, i.e., contravenções penais[3] e crimes cuja pena máxima não seja superior a dois anos.

Procedimento: O JECrim segue o procedimento sumaríssimo.

1. Os Juizados Especiais Federais serão tratados em comentários à Lei 10.259/01. Registre-se apenas que a Lei 10.259/01 foi alterada pela Lei 11.313/06, quando restou alterado o seu art. 2º, o qual se refere à competência do Juizado Especial Federal Criminal para processar e julgar as infrações de menor potencial ofensivo atinentes à Justiça Federal, sem apresentar uma definição de infração de menor potencial ofensivo, que está no art. 61 da Lei 9.099/95.

2. Lembre-se que a jurisdição especial, em matéria penal, é formada apenas pela Justiça Militar e pela Justiça Eleitoral.

3. Anote-se que a Justiça Federal, *em primeiro grau*, não julga contravenções penais (art. 109, IV, CF), conforme veremos a diante.

Expediente investigativo: As infrações de menor potencial ofensivo não são investigadas em inquérito policial, sendo apuradas de forma extremamente célere pela instauração de termo circunstanciado (art. 69, *caput*), com abreviação da fase preliminar (art. 77, §1°), salvo quando a complexidade justificar o afastamento do procedimento sumaríssimo.

3. CRITÉRIOS ORIENTADORES (PRINCÍPIOS)

Art. 2º O processo orientar-se-á pelos critérios da oralidade, simplicidade, informalidade, economia processual e celeridade, buscando, sempre que possível, a conciliação ou a transação.

Art. 62. O processo perante o Juizado Especial orientar-se-á pelos critérios da oralidade, simplicidade, informalidade, economia processual e celeridade, objetivando, sempre que possível, a reparação dos danos sofridos pela vítima e a aplicação de pena não privativa de liberdade.

Comentários: O processo será orientado pelos princípios da *oralidade* (deve-se dar preferência à palavra falada sobre a escrita; os atos essenciais serão reduzidos a termo); *simplicidade* (deve-se reduzir o número de atos; diminuição do material juntado ao procedimento); *informalidade* (não se deve primar pela forma, mas pela finalidade; se determinado ato atingiu a sua finalidade, não será cogitada qualquer nulidade), *economia processual* (entre duas alternativas válidas, deve-se optar pela menos onerosa para o Estado e para as partes; deve-se evitar a repetição ou a pratica de atos desnecessários) e *celeridade* (necessidade de rapidez e agilidade para atingir a prestação jurisdicional no menor tempo possível), buscando, sempre que possível, a conciliação ou a transação.

Justiça negocial: É o contraponto da justiça conflitiva. Atente-se que, com o advento da Lei 9.099/95, princípios tradicionais da jurisdição conflitiva, como os da inderrogabilidade do processo e da pena (não há pena sem processo), da obrigatoriedade e da indisponibilidade da ação penal, são deixados de lado, dando lugar a um *novo paradigma processual penal*, que coloca em destaque a disponibilidade, a discricionariedade regrada e a busca do consenso. Ao estabelecer que a finalidade do JECrim é buscar, sempre que possível, a *conciliação ou a transação*, abre-se mão do direito criminal tradicional, no qual as partes ocupam trincheiras opostas e se mantém em permanente litígio, para se abraçar um modelo de justiça negocial ou consensual.

4. DIREITO PENAL DE SEGUNDA VELOCIDADE

A Lei 9.099/95 se apresenta como espécie de lei inserida no campo do Direito Penal de Segunda Velocidade, que integra o movimento de *expansão do direito penal*, elaborado por Jésus-Maria Silva Sanches[4].

Ao criar a Teoria das Velocidades do Direito Penal, Silva Sanches, em breve síntese, dividiu o direito penal em três velocidades, tendo em vista o *tempo* que o Estado leva para *punir* aquele que comete uma infração penal, i.e., levando-se em consideração o tempo que o Estado leva para concluir o processo penal e aplicar a pena ao infrator.

Assim, o *Direito Penal de Primeira Velocidade* ficou caracterizado pelo respeito às garantias constitucionais clássicas, tendo em vista a aplicação de pena privativa de liberdade. Trata-se do *modelo penal clássico*, onde o direito penal vem representado pela prisão, sem relativização das garantias processuais do imputado. Sublinhe-se que o Estado responde ao crime de forma mais lenta, observando todos os mandamentos do devido processo legal, mas visa o encarceramento do criminoso ao final do processo penal.

O *Direito Penal de Segunda Velocidade*, onde referimos que se insere a lei em estudo, se caracterizou pela substituição da pena de privativa de liberdade por penas alternativas. O Estado abre mão de aplicar ao infrator a pena de prisão, porém estabelece a relativização de garantias do imputado, i.e., opta-se por aplicar penas restritivas de direitos ou pecuniárias, mas, em contrapartida, determina a flexibilização das regras do direito penal clássico, proporcional à menor intensidade da sanção. Anote-se que o Estado responde ao crime de forma mais rápida, mas abdica do cárcere.

O *Direito Penal de Terceira Velocidade* ficou marcado pelo resgate da pena privativa de liberdade e pela manutenção da flexibilização de garantias do

4. SILVA SÁNCHEZ, Jesús-Maria. A expansão do direito penal: aspectos da política criminal nas sociedades pós-industriais (Título original: *La expansión del derecho penal: aspectos de la política criminal en las sociedades postindustriales)*. Trad. Luíz Otávio de Oliveira Rocha. São Paulo: Revista dos Tribunais, 2002.

imputado. Trata-se de uma mescla das velocidades anteriores, sendo um modelo guiado pelos fundamentos do direito penal máximo. Esse modelo abarca o *Direito Penal do Inimigo*. O Estado responde ao crime de forma rápida e intensa, visando a submissão do imputado ao cárcere e restringindo suas garantias.

Atualmente, ainda no campo de expansão do direito penal, fala-se no *Direito Penal de Quarta Velocidade*, que seria destinado àqueles que ostentam (ou ostentaram) a posição de Chefes de Estado e, como tais, violaram gravemente tratados internacionais de tutela de direitos humanos. Seriam os casos de crimes de lesa humanidade, julgados pelo Tribunal Penal Internacional. Esse modelo mantém as diretrizes da terceira velocidade, mas visa supressão de garantias e aplicação de penas severas. Os crimes são imprescritíveis. O Estado responde ao crime de forma imediata e intensa, visando a submissão ao cárcere e supressão de garantias.

5. MEDIDAS DESPENALIZADORAS

Conforme referimos, a finalidade do JECrim é buscar, sempre que possível, a *conciliação ou a transação*, adotando-se um modelo de justiça negocial ou consensual. A acusação ganha maior flexibilidade, possuindo espaço para tentar a resolução do litígio de forma mais dinâmica. O imputado livra-se do pesado fardo do processo, admitindo que a ampla defesa cederá espaço ao consenso. E, a vítima, sempre relegada no processo penal clássico (que se preocupa apenas com a pena do criminoso), ganha papel de protagonismo, tendo os seus interesses tutelados.

A Lei nº 9.099/95 introduziu *quatro medidas despenalizadoras*, com o intuito de evitar o processo ou impedir seu prosseguimento: a) composição dos danos civis[5]; b) transação penal[6]; c) representação nos crimes de lesões corporais leves e lesões culposas[7]; d) suspensão condicional do processo[8].

Além disso, o art. 69, parágrafo único, prevê uma importante *medida descarcerizadora* quando estabelece que "ao autor do fato que, após a lavratura do termo, for imediatamente encaminhado ao juizado ou assumir o compromisso de a ele comparecer, não se imporá prisão em flagrante, nem se exigirá fiança".

Conciliação e transação: A *conciliação* é a primeira medida a ser tentada no JECrim e consiste no acordo entre a vítima e o autor do fato, buscando-se evitar a aplicação de pena por meio da reparação dos danos. A *transação penal* é o ato pelo qual a acusação deixa de litigar, desde que o agressor aceite a penalidade proposta. A transação penal é ato de adesão, onde o autor do fato não pode ajustar os termos, tem apenas a opção de aceitá-la ou não.

Descumprimento: Eventual descumprimento da *composição civil* ou da *transação penal* não pode ser resolvido com a sua conversão em pena privativa de liberdade, conforme veremos, sob pena de violação do devido processo legal.

6. PRIVATIZAÇÃO DO DIREITO PENAL

A *privatização do Direito Penal* refere-se ao destacamento do papel da vítima no âmbito da persecução penal. Sob esse enfoque, vários institutos penais e processuais penais foram criados levando-se em consideração os interesses da vítima (que durante séculos ficou *neutralizada* no processo-crime) em ser ressarcida do dano causado pela infração penal, com primazia sobre a punição do réu.

Nessa linha, parece-nos que a justiça negocial, proposta pela Lei 9.099/95, notadamente o instituto da *composição civil dos danos*, é um consectário lógico desse fenômeno, o qual pode ser observado em vários sistemas penais pelo mundo, apontando que a figura da vítima vem ganhando fundamental importância no Direito Penal.

A composição civil dos danos entre autor de fato e vítima, conforme veremos a seguir, uma vez homologada pelo juiz, acarreta na renúncia ao direito de queixa ou representação (art. 74), sendo clara a preferência legal pelo ressarcimento dos danos da vítima sobre a punição criminal.

---

5. **Art. 74.** A composição dos danos civis será reduzida a escrito e, homologada pelo Juiz mediante sentença irrecorrível, terá eficácia de título a ser executado no juízo civil competente.
6. **Art. 76.** Havendo representação ou tratando-se de crime de ação penal pública incondicionada, não sendo caso de arquivamento, o Ministério Público poderá propor a aplicação imediata de pena restritiva de direitos ou multas, a ser especificada na proposta.
7. **Art. 88.** Além das hipóteses do Código Penal e da legislação especial, dependerá de representação a ação penal relativa aos crimes de lesões corporais leves e lesões culposas.
8. **Art. 89.** Nos crimes em que a pena mínima cominada for igual ou inferior a um ano, abrangidas ou não por esta Lei, o Ministério Público, ao oferecer a denúncia, poderá propor a suspensão do processo, por dois a quatro anos, desde que o acusado não esteja sendo processado ou não tenha sido condenado por outro crime, presentes os demais requisitos que autorizariam a suspensão condicional da pena (art. 77 do Código Penal).

Outros exemplos de *privatização do direito penal*, promovido através da valorização da vítima no processo penal, podem ser verificados nos instituto da *suspensão condicional do processo*, pois a extinção da punibilidade, em regra, depende da reparação do dano causado (art. 89, §1°, I, Lei 9.099/95); a fixação de *valor mínimo indenizatório*, fixado pelo juiz na sentença penal condenatória, visando à reparação dos danos (art. 387, IV, CPP); a *multa reparatória nos crimes de trânsito* (art. 297, CTB).

Ainda podemos citar a *prestação pecuniária* como espécie de pena alternativa à pena privativa de liberdade, cujo destinatário é a vítima ou os seus dependentes (art. 45, §1º, do CP); o *acordo de não persecução penal*, que possui como uma de suas condições a reparação do dano ou restituição da coisa à vítima (art. 28-A, I, CPP); e, também, a própria *ação penal privada*, onde a própria vítima assume o poder das decisões a serem tomadas a partir da infração penal.

Anote-se que a privatização do direito penal acarreta, no âmbito do processo penal, a *flexibilização de sua forma*, notadamente pela inserção do critério da *oportunidade*, como manifestação da mitigação o Estado abdica da pena privativa de liberdade, conforme estudamos no ponto 4.

7. COMPETÊNCIA DOS JUIZADOS ESPECIAIS

Art. 60. O Juizado Especial Criminal, provido por juízes togados ou togados e leigos, tem competência para a conciliação, o julgamento e a execução das infrações penais de menor potencial ofensivo, respeitadas as regras de conexão e continência.

Parágrafo único. Na reunião de processos, perante o juízo comum ou o tribunal do júri, decorrentes da aplicação das regras de conexão e continência, observar-se-ão os institutos da transação penal e da composição dos danos civis.

Composição do JECrim: É formado por juízes togados ou togados e leigos. Conforme art. 7°, *caput*, "os conciliadores e Juízes leigos são auxiliares da Justiça, recrutados, os primeiros, preferentemente, entre os bacharéis em Direito, e os segundos, entre advogados com mais de cinco anos de experiência". E, segundo dispõe o parágrafo único, "os Juízes leigos ficarão impedidos de exercer a advocacia perante os Juizados Especiais, enquanto no desempenho de suas funções".

Regra: Julgamento de infrações de menor potencial ofensivo.

Fixação da competência: A competência do JECrim é fixada com base em dois critérios específicos, i.e., a *natureza da infração penal* (ser infração de menor potencial ofensivo, nos termos do art. 61) e *inexistência de circunstância que desloque a competência* (conexão e continência com infração comum; complexidade ou circunstâncias da causa).

Competência mista: A competência do JECrim é *sui generis*.

Segundo a doutrina de Renato Brasileiro de Lima o JECrim possui *competência relativa*, admitindo modificação, pois a própria lei prevê hipóteses de modificação da competência quando houver, v.g., impossibilidade de citação pessoal do acusado; complexidade da causa; ou conexão e continência com crime comum. Nesse sentido se manifestou o STF (ADI 5.264). Em sentido contrário, Guilherme de Souza Nucci[9] leciona que a competência do JECrim é *absoluta*, pois deriva do art. 98, I, da Constituição Federal. Sob essa ótica, o autor entende que o dispositivo estudado é *inconstitucional*, uma vez que, havendo conexão ou continência entre uma infração de menor potencial ofensivo e um crime comum, deveria haver a *obrigatória cisão dos processos*. A jurisprudência do STJ parece amoldar-se a esse entendimento, inclinando-se pela natureza absoluta da competência, já que fixada em razão da matéria (CC 93.128 e AREsp 1.095.720). No entanto, identificamos que essa corrente apenas se refere à modificação da competência pela *conexão ou continência* (art. 60, parágrafo único), não mencionando os casos em que a modificação da competência se dá pela *impossibilidade de aplicação do rito sumaríssimo*, i.e., impossibilidade de citação pessoal do acusado (art. 66, parágrafo único) e complexidade da causa (art. 77, §2°). Para nós, a competência do JECrim é *sui generis*, sem semelhança com qualquer outra. Trata-se, na essência, de *competência mista*. É absoluta por decorrer de previsão constitucional, mas também é relativa porque permite modificação quando restar inviabilizada a aplicação do rito sumaríssimo. A leitura do art. 98, I, da CF permite inferir que o JECrim tem como fundamento a viabilização da *justiça negocial*, com aplicação de medidas despenalizadoras, em um rito sumaríssimo (célere).

9. Nesse sentido: NUCCI, Guilherme de Souza. Leis Penais e Processuais Penais Comentadas. Volume II, Rio de Janeiro: Forense, 2017, p. 520.

Retirada a sumarização na solução do litígio, não há razões axiológicas para se manter a causa no JECrim, desde que, no juízo comum, se observe o modelo negocial. Não for assim, estaríamos admitindo, contrariamente ao que prevê o texto constitucional, a prolixidade dos juizados especiais. Dessa forma, mais importante do que discutir se a competência do JECrim é absoluta ou relativa, é verificar a possibilidade de aplicação, ou não, dos *institutos despenalizadores previstos na lei* (STJ, CC 47.925), pois, para além da sumarização, é aqui onde reside a razão de ser da *justiça negocial.*

Conexão ou continência: Regra de atração processual que segue às regras do art. 78 do Código de Processo Penal. Entendemos que a previsão do dispositivo, no sentido de se *respeitarem as regras de conexão e continência* deve *ser observada*, desde que não se percam de vista as regras do modelo negocial, *aplicando-se quando possíveis a transação penal e a composição civil dos danos.*

Impossibilidade de citação pessoal do imputado: Determina o art. 66, parágrafo único, que "não encontrado o acusado para ser citado, o Juiz encaminhará as peças existentes ao Juízo comum para adoção do procedimento previsto em lei". Trata-se de causa que modifica a competência do JECrim por impossibilitar a celeridade do procedimento sumaríssimo.

Complexidade da causa: Estabelece o art. 77, §2°, que "se a complexidade ou circunstâncias do caso não permitirem a formulação da denúncia, o Ministério Público poderá requerer ao Juiz o encaminhamento das peças existentes, na forma do parágrafo único do art. 66 desta Lei". Trata-se de causa que modifica a competência do JECrim por impossibilitar a celeridade do procedimento sumaríssimo, v.g., causa com vários acusados; autoria ignorada; fato que demande diligências investigatórias ou necessidade de prova pericial. Aqui, registramos, que, ainda que a lei seja omissa, o próprio delegado de polícia pode deixar de instaurar o termo circunstanciado, apurando o fato por inquérito policial, se verificar *ab initio* que a celeridade pretendida pela lei não será possível, diante da complexidade dos atos investigatórios necessários à elucidação do fato.

Crimes praticados contra idosos: Segundo dispõe o art. 94 da Lei 10.741/03, "aos crimes previstos nesta Lei, cuja pena máxima privativa de liberdade não ultrapasse quatro anos, aplica-se o procedimento previsto na Lei 9.099/95, e, subsidiariamente, no que couber, as disposições do Código Penal e do Código de Processo Penal". Note-se que o dispositivo estabelece a aplicação do *procedimento sumaríssimo* aos crimes cuja pena máxima não ultrapasse 04 anos, *sem permitir a aplicação dos institutos despenalizadores*, o que somente ocorre nas infrações de menor potencial ofensivo (STF, ADI 3.096). Em suma, os crimes do estatuto do idoso (cuja pena não ultrapasse quatro anos) não são considerados infrações de menor potencial ofensivo, porém, serão *processadas e julgadas* de acordo com o procedimento sumaríssimo. Assim, o delegado não deve instaurar inquérito policial, mas sim *termo circunstanciado* para a apuração dessas infrações. O objetivo é promover rápida resposta estatal aos crimes praticados contra idosos.

Reincidente: Não há dispositivo que impeça o reincidente de ser processado e julgado perante o JECrim, caso pratique uma infração penal de menor potencial ofensivo. Porém, não terá direito aos institutos da transação penal (art. 76, §2°, inc. I) nem da suspensão condicional do processo (art. 89).

8. CONCEITO DE INFRAÇÃO DE MENOR POTENCIAL OFENSIVO

Art. 61. Consideram-se infrações penais de menor potencial ofensivo, para os efeitos desta Lei, as contravenções penais e os crimes a que a lei comine pena máxima não superior a 2 (dois) anos, cumulada ou não com multa.

Infrações de menor potencial ofensivo: São as *contravenções* e os *crimes com pena máxima não superior a 02 anos*, cumulada ou não com multa.

Pena privativa de liberdade: O que importa para qualificar-se uma infração de menor potencial ofensivo é a pena privativa de liberdade máxima em abstrato, que não pode ser superior a dois anos, pouco importando se há pena de multa cumulada ou não. Sublinhe-se, por oportuno que também se encaixam no conceito de infrações de menor potencial ofensivo as infrações penais a que a lei não cominar pena privativa de liberdade, estabelecendo outras espécies de sanção penal, como no caso do art. 28, Lei 11.343/06 (STJ, RHC 77.554).

Pena de multa alternativa: Se o crime tiver pena máxima superior a 02 anos não será considerado infração de menor potencial ofensivo, sendo de todo irrelevante que haja pena de multa cominada de maneira alternativa à pena privativa de liberdade (STF, HC 84.719 e HC 109.353; STJ, HC 125.850).

Infrações penais insignificantes: Não se confundem com infrações de menor potencial ofensivo. Ainda que possa parecer difícil sua distinção, não se confundem. A infrações insignificantes, também chamadas bagatelares, são aquelas em que a lesão causada ao bem jurídico é tão irrisória que torna desproporcional a atuação do direito penal para a sua repressão. A insignificância afasta a tipicidade material (STF, HC 84.412). Em uma escala de gravidade, as lesões insignificantes estão abaixo das infrações de menor potencial ofensivo, i.e., elas não merecem a atenção do Direito Penal, sendo que devem ficar fora do ordenamento jurídico criminal. Esse é o entendimento do Supremo Tribunal Federal, segundo o qual "ao prever a categoria de infrações de menor potencial ofensivo (inciso I do art. 98), a Constituição Federal logicamente nega a significância penal de tudo que ficar aquém desse potencial, de logo rotulado de *menor*; ou seja, quando a Constituição Federal concebe a categoria das infrações de menor potencial ofensivo, parece mesmo que o faz na perspectiva de uma conduta atenuadamente danosa para a vítima e a sociedade, é certo, mas ainda assim em grau suficiente de lesividade para justificar uma reação estatal punitiva. Pelo que estabelece um vínculo operacional direto entre o efetivo dano ao bem jurídico tutelado, por menor que seja, e a necessidade de uma resposta punitiva do Estado" (STF, HC 109.277). Nesse passo, o *furto* de uma bala (crime) pode ser considerado insignificante, mas o mesmo não se pode dizer da *perturbação da tranquilidade* promovida em um hospital (contravenção).

Procedimentos especiais: O artigo não faz qualquer ressalva sobre eventuais infrações submetidas a procedimentos especiais, razão pela qual todas as infrações cuja pena máxima não exceda dois anos, *inclusive as de rito especial*, passaram a compor os delitos de menor potencial ofensivo, atraindo a competência dos Juizados Especiais (STJ, HC 163.282). Registre que Guilherme de Souza Nucci[10] em que pese concordar com o entendimento acima referido, faz uma ressalva no que se refere aos *crimes de abuso de autoridade*, aos quais, além da previsão de pena privativa de liberdade, possuem outras penas, como a inabilitação temporária ou a perda do cargo, função ou mandato (art. 4°, II e III, Lei 13.869/19). Outra exceção constatada se refere aos *crimes eleitorais*, os quais obedecem ao rito especial daquele diploma e devem ser processados e julgados na Justiça Eleitoral, observando-se, contudo, os fundamentos da justiça negocial, com a concessão dos institutos despenalizadores quando cabíveis (STJ, CC 37.589). Há que se observar, entretanto, que, ainda que se trate de uma infração de menor potencial ofensivo, não devem ser aplicados os institutos despenalizadores quanto aos crimes eleitorais que contam com um *sistema punitivo especial*, i.e., aqueles que têm, junto com a pena privativa de liberdade, previsão cumulativa de *cassação do registro do candidato*, a exemplo do art. 334 do Código Eleitoral (STJ, CC 37.595).

Crimes militares: Segundo o art. 90-A, "as disposições desta Lei não se aplicam no âmbito da Justiça Militar". Dessa forma, os crimes militares estão afastados da Lei 9.099/95.

Concurso de infrações de menor potencial ofensivo: Havendo concurso de diversas infrações de menor potencial ofensivo, há que se observar a regra do somatório (concurso material) ou exasperação (concurso formal ou crime continuado) para se estabelecer a competência do JECrim. Sempre que o resultado obtido resultar em uma pena máxima superior a dois anos não há que se falar em competência do JECrim (STJ, AgRG no Ag 450.332).

Concurso de crime: Havendo concurso com outros crimes (que não sejam infrações de menor potencial ofensivo) não há que se falar em somatório ou exasperação de pena, pois, aplicando-se as regras da conexão, ambos os crimes serão julgados pelo juízo comum, devendo ser observadas as medidas do modelo negocial (despenalizadoras) quanto à infração de menor potencial ofensivo, nos termos do art. 60, parágrafo único. Esse, inclusive, é o entendimento do Supremo Tribunal Federal (ADI 5.264).

Lei Maria da Penha: O art. 41 da Lei 11.340/06 estabelece que às infrações penais praticadas com violência doméstica e familiar contra a mulher, independentemente da pena prevista, não se aplica a Lei 9.099/95. Saliente-se que o Supremo Tribunal Federal fixou entendimento de que o dispositivo é constitucional (ADC 19) e que a sua redação alcança toda e qualquer prática delituosa contra a mulher, inclusive contravenção penal (STF, HC 106.212). Anote-se, por importante, que, em virtude do art. 41, acima referido, no caso de lesão corporal dolosa leve, qualificado por ter sido praticado no âmbito doméstico e familiar (art. 129, §9°, CP), *contra mulher*, a ação penal será pública incondicionada e não se aplica a suspensão condicional do processo, ainda

10. NUCCI, Guilherme de Souza. Leis Penais e Processuais Penais Comentadas. Volume II, Rio de Janeiro: Forense, 2017, p. 522.

que a pena mínima abstrata cominada ao crime seja de 01 ano.

Ações originárias dos tribunais superiores: Se houver imputado com foro por prerrogativa de função, por mais que a infração penal seja considerada de menor potencial ofensivo, *subsiste a competência do respectivo Tribunal* para o processo e julgamento, o que não inibe a incidência dos institutos despenalizadores quando preenchidos os requisitos legais (STF, Inq. 1055).

Lesão corporal culposa no trânsito: Frise-se que o crime de lesão corporal culposa no trânsito é considerado infração de menor potencial ofensivo e está sujeita ao JECrim, exceto se o crime for praticado nas circunstâncias elencadas no art. 291, §1°, I a III, do Código de Trânsito, i.e., sob a influência de álcool ou qualquer outra substância psicoativa que determine dependência; participando, em via pública, de corrida, disputa ou competição automobilística, de exibição ou demonstração de perícia em manobra de veículo automotor, não autorizada pela autoridade competente; ou transitando em velocidade superior à máxima permitida para a via em 50 km/h (cinquenta quilômetros por hora). Nesses casos, haverá a instauração de inquérito (art. 291, §2°, CTB) e o expediente seguirá o rito ordinário.

Desclassificação para infração de menor potencial ofensivo: Se o juiz, ao apreciar o caso, entender que não se trata de infração penal do rito comum ordinário, mas de infração penal de menor potencial ofensivo, deverá declinar a competência ao JECrim, já que se trata de competência que se estabelece em razão da matéria.

Tentativa e arrependimento posterior: Nas hipóteses de tentativa (art. 14, parágrafo único, CP) e arrependimento posterior (art. 16, CP) a lei prevê que a *pena será diminuída de um a dois terços*. Logo, o crime será de competência do JECrim quando o resultado da subtração resultar em pena máxima inferior a dois anos, considerando-se o menor desconto, i.e., de um terço (STJ, HC 94.927).

Majorantes e minorantes: Caso existam causas de aumento ou de diminuição da pena, estas devem ser levadas em consideração para a fixação da competência do JECrim. Assim, as causas de aumento devem ser consideradas no máximo e as causas de diminuição devem ser consideradas no mínimo, tal qual se verifica no instituto da tentativa (que não deixa de ser uma causa de diminuição). Salientamos que Ricardo Antônio Andreucci[11] leciona uma aplicação diversa da que propomos, no sentido de que as causas de aumento devem ser consideradas no mínimo e as causas de diminuição no máximo.

Agravantes e atenuantes: Não são computadas para a definição da competência do JECrim. Em primeiro lugar, porque não há um *quantum* de aumento ou de diminuição estabelecido na lei (estando à disposição da subjetividade do juiz). E, em segundo lugar, porque não podem aumentar a pena além do máximo, e nem a diminuir aquém do mínimo (STJ, súmula 231), de modo que nada influenciariam.

9. COMPETÊNCIA TERRITORIAL

> **Art. 63. A competência do Juizado será determinada pelo lugar em que foi praticada a infração penal.**

Sinônimos: Competência de foro ou competência *ratione loci*.

Controvérsia doutrinária: A expressão "praticada a infração penal", causa controvérsia na doutrina sobre qual teoria foi adotada para se determinar o local da infração. Há quem sustente a adoção da *teoria da atividade*, ao argumento de que a expressão "praticada a infração penal" deve ser interpretada como o lugar onde ocorreu a ação ou omissão[12]. Há, ainda, quem sustente a adoção da *teoria do resultado*, pois "praticar" é levar a efeito, realizar, de modo que a infração praticada é uma infração realizada, ou, em linguagem jurídico-penal, consumada[13]. Também há entendimento segundo o qual a Lei 9.099/95 adotou a *teoria mista (ubiquidade)*, pois a expressão dúbia utilizada, i.e., "praticada a infração penal", pode referir-se tanto ao ato da ação ou omissão quanto ao ato do resultado[14]. Filiamo-nos à terceira

---

11. ANDREUCCI, Ricardo Antônio, Legislação penal especial. 7ª Edição. São Paulo: Saraiva, 2010, p. 407.

12. GRINOVER, Ada Pellegrini *et al.* Juizados especiais criminais: comentários à Lei 9.099/95, 5ª edição. São Paulo: Revista dos Tribunais, 2005, p. 90; CAPEZ, Fernando. Curso de Direito Penal, Volume 4, Legislação penal especial, 13ª edição. São Paulo: Saraiva, 2018, p. 581; CUNHA, Rogério Sanches; PINTO, Ronaldo Batista; SOUZA, Renee do Ó. Leis Penais Especiais: comentada artigo por artigo. Salvador: Juspodivm, 2019, p. 1044; PAZZAGLINI FILHO, Marino *et al. Juizado especial criminal:* aspectos práticos da Lei nº 9.099/95. 3. ed. rev. e ampl. São Paulo: Atlas, 1999, p. 30-31.

13. TOURINHO FILHO, Fernando da Costa. Processo penal – volume 2, 31ª edição. São Paulo: Saraiva, 2009, p. 100.

14. NUCCI, Guilherme de Souza. Leis Penais e Processuais Penais Comentadas. Volume II, Rio de Janeiro: Forense, 2017, p. 526; ANDREUCCI, Ricardo Antônio, Legislação penal especial. 7ª Edição. São Paulo: Saraiva, 2010, p. 408; MIRABETE, Julio

corrente, entendendo que o foro competente pode ser tanto o do lugar da ação ou omissão quanto o do lugar do resultado. É que o JECrim está ancorado nos princípios da informalidade, simplicidade, economia processual e celeridade, sendo a *teoria mista* a que oferece a melhor solução nos casos em que a ação ou omissão ocorre em uma jurisdição e o resultado em outra, permitindo que se adote a competência do lugar onde o termo circunstanciado seja produzido da forma mais célere e eficiente.

Código Penal e Código de Processo Penal: O Código Penal, no que se refere ao local do crime, adota a *teoria mista (ubiquidade)*, pois, no art. 6°, estabelece que "considera-se praticado o crime no lugar em que ocorreu a ação ou omissão, no todo ou em parte, bem como onde se produziu ou deveria produzir-se o resultado. O Código de Processo Penal, por sua vez, adota a *teoria do resultado*, pois, no art. 70, prevê que "a competência será, de regra, determinada pelo lugar em que se consumar a infração, ou, no caso de tentativa, pelo lugar em que for praticado o último ato de execução". Conforme Guilherme de Souza Nucci[15], os dispositivos parecem ser conflitantes, mas, na verdade, não são. O Código Penal adota a *teoria mista* voltado ao direito penal internacional, nos casos de *crimes à distância*, preservando-se a soberania nacional. O Código de Processo Penal, ao seu turno, adota a *teoria do resultado* voltado ao crime praticado no território nacional, i.e., no Brasil.

10. ATOS PROCESSUAIS

Art. 64. Os atos processuais serão públicos e poderão realizar-se em horário noturno e em qualquer dia da semana, conforme dispuserem as normas de organização judiciária.

Princípio da publicidade: Os atos processuais são públicos. Mas, a publicidade não impede a aplicação do art. 792, §1°, o qual prevê que "se da publicidade da audiência, da sessão ou do ato processual, puder resultar escândalo, inconveniente grave ou perigo de perturbação da ordem, o juiz, ou o tribunal, câmara, ou turma, poderá, de ofício ou a requerimento da parte ou do Ministério Público, determinar que o ato seja realizado a portas fechadas, limitando o número de pessoas que possam estar presentes". Inclusive, a própria Constituição Federal estabelece que "a lei só poderá restringir a publicidade dos atos processuais quando a defesa da intimidade ou o interesse social o exigirem" (art. 5°, LX), bem como que "todos os julgamentos dos órgãos do Poder Judiciário serão públicos, e fundamentadas todas as decisões, sob pena de nulidade, podendo a lei limitar a presença, em determinados atos, às próprias partes e a seus advogados, ou somente a estes, em casos nos quais a preservação do direito à intimidade do interessado no sigilo não prejudique o interesse público à informação" (art. 93, IX).

Realização de atos: Tendo em vista os princípios da celeridade e eficiência, orientadores do procedimento sumaríssimo, os atos processuais podem ser realizados a qualquer horário (inclusive a noite) e a qualquer dia (inclusive em sábados, domingos e feriados).

Art. 65. Os atos processuais serão válidos sempre que preencherem as finalidades para as quais foram realizados, atendidos os critérios indicados no art. 62 desta Lei.

§1° Não se pronunciará qualquer nulidade sem que tenha havido prejuízo.

§2° A prática de atos processuais em outras comarcas poderá ser solicitada por qualquer meio hábil de comunicação.

§3° Serão objeto de registro escrito exclusivamente os atos havidos por essenciais. Os atos realizados em audiência de instrução e julgamento poderão ser gravados em fita magnética ou equivalente.

Validade dos atos: Não existe nulidade absoluta no JECrim.

Um ato processual só será invalidado se houver prova do prejuízo.

Instrumentalidade das formas: A forma é mero instrumento para a realização do ato. Assim, se o ato atingiu a sua finalidade, a formalidade exigida pela lei é apenas um detalhe cuja inobservância não produzirá qualquer efeito, exceto no caso de haver prejuízo devidamente comprovado a uma das partes. A instrumentalidade das formas está diretamente ligada aos princípios da simplicidade, da informalidade e da economia processual.

Atos em outras comarcas: Dispensam a expedição de precatória.

Fabbrini. *Juizados especiais criminais:* comentários, jurisprudência, legislação. São Paulo: Atlas, 1996, p. 40.

15. NUCCI, Guilherme de Souza. Leis Penais e Processuais Penais Comentadas. Volume II, Rio de Janeiro: Forense, 2017, p. 526.

Gravação de atos ou redução a termo sucinto: Em homenagem aos princípios da oralidade e da economia processual, não é necessário formalizar o registro dos atos do processo, salvo aqueles havidos por essenciais. Os atos podem ser gravados ou, quando não houver aparelhagem que viabilize o registro magnético ou digital, reduzidos a termo sucinto, resumindo tudo o que se passar na audiência.

Art. 66. A citação será pessoal e far-se-á no próprio Juizado, sempre que possível, ou por mandado.

Parágrafo único. Não encontrado o acusado para ser citado, o Juiz encaminhará as peças existentes ao Juízo comum para adoção do procedimento previsto em lei.

Finalidade dúplice: A citação funciona como misto de contraditório e de ampla defesa, já que, ao mesmo tempo em que dá ciência ao acusado da instauração do processo criminal, o chama para exercer seu direito de defesa. A citação pode ser real (pessoalmente) ou ficta (feita por hora certa ou por edital).

Falta de citação: A falta de citação configura nulidade absoluta (art. 564, III, "e", do CPP), salvo se o interessado comparecer, pois assim estará suprida a sua finalidade.

Circundução: É o ato pelo qual se julga nula a citação.

Assim, quando anulada a citação diz-se que há *citação circunduta*.

Citação real: A citação no JECrim é sempre pessoal.

Em regra, a citação deve ser efetuada no próprio JECrim, uma vez que o autor do fato comparece à audiência preliminar. E, não havendo conciliação nem transação penal, seguindo-se a denúncia oral, deve haver a imediata citação. Não havendo a denúncia oral, ou não comparecendo à audiência preliminar, o autor do fato deverá ser citado por mandado, pessoalmente.

Citação ficta: Não é admitida.

A citação ficta ocorre em dois casos, "por hora certa" e "por edital". A citação por hora certa é aquela que se realiza segundo o art. 362 do Código de Processo Penal[16] e a citação por edital é aquela prevista no art. 363, §1°, do Código de Processo Penal[17]. Essas modalidades de citação são incompatíveis com os princípios do JECrim, bem como com seu modelo negocial (consensual), pois se o acusado *se oculta para não ser citado* ou *se evade sem deixar endereço*, além de atrasar o processo, dá clara demonstração que não tem interesse em negociar com a vítima (composição) ou com o Estado (transação penal)[18-19].

Não localização do acusado: Caso o acusado não seja encontrado para ser citado, o juiz encaminhará as peças existentes ao Juízo Comum. Trata-se de uma das modalidades de afastamento da competência do JECrim, como frisamos no ponto 6.

Não localização para citação: Registre-se que o deslocamento de competência para a justiça comum só deve ocorrer se não for possível a *citação para a audiência de instrução e julgamento*, não se aplicando no caso da *notificação para a audiência preliminar.*

Localização posterior do réu: Uma vez remetidos os autos ao juízo comum em virtude da impossibilidade de citação pessoal, ainda que o acusado seja localizado, não haverá o restabelecimento da competência do JECrim.

Art. 67. A intimação far-se-á por correspondência, com aviso de recebimento pessoal ou, tratando-se de pessoa jurídica ou firma individual, mediante entrega ao encarregado da recepção, que será obrigatoriamente identificado, ou, sendo necessário, por oficial de justiça, independentemente de mandado ou carta precatória, ou ainda por qualquer meio idôneo de comunicação.

Parágrafo único. Dos atos praticados em audiência considerar-se-ão desde logo cientes as partes, os interessados e defensores.

Intimação: É o ato pelo qual se dá ciência à parte da prática de um ato processual que já se realizou ou que deverá ser realizado. A regra das intimações

16. Art. 362. Verificando que o réu se oculta para não ser citado, o oficial de justiça certificará a ocorrência e procederá à citação com hora certa, na forma estabelecida nos arts. 227 a 229 da Lei no 5.869, de 11 de janeiro de 1973 - Código de Processo Civil.

17. Art. 363. O processo terá completada a sua formação quando realizada a citação do acusado. §1° Não sendo encontrado o acusado, será procedida a citação por edital.

18. Nesse sentido: GIACOMOLLI, Nereu José. Juizados especiais criminais lei 9.099/95. 3ª edição. Porto Alegre: Livraria do advogado, 2009, p. 77; NUCCI, Guilherme de Souza. Leis Penais e Processuais Penais Comentadas. Volume II, Rio de Janeiro: Forense, 2017, p. 529.

19. Registramos que, em que pese a vedação legal, o Enunciado n° 110 do XXV FONAJE admite a citação por hora certa e a citação por carta precatória no âmbito do JECrim.

é diferente da regra da citação (que somente pode ser pessoal). As intimações poderão ser feitas por correspondência com aviso de recebimento pessoal ou, tratando-se de pessoa jurídica, mediante entrega ao encarregado da recepção; por oficial de justiça, independentemente de mandado, haja vista os critérios orientadores; por qualquer meio de comunicação, v.g., SMS, telefonema, e-mail.

Intimação em audiência: Em homenagem à celeridade, economia processual e simplicidade, dos atos praticados em audiência todos os presentes se considerarão intimados.

Art. 68. Do ato de intimação do autor do fato e do mandado de citação do acusado, constará a necessidade de seu comparecimento acompanhado de advogado, com a advertência de que, na sua falta, ser-lhe-á designado defensor público.

Defesa técnica: É indispensável a presença de defensor. O autor do fato deve ser assistido por advogado de sua confiança em *todas as etapas do procedimento sumaríssimo*. Caso o autor do fato compareça sem defensor, deverá ser assistido pela defensoria pública ou por defensor dativo, nomeado pelo juiz. Ainda que sumarizado, trata-se de um processo criminal, não se admitindo que o réu esteja desassistido de defesa técnica[20]. Quando a Constituição Federal assegura aos litigantes, em processo judicial ou administrativo, e aos acusados em geral a ampla defesa (art. 5°, inc. LV), entende-se que a proteção deve abranger o direito à defesa técnica e à autodefesa, não sendo possível que alguém seja processado sem que possua defensor. Logo, mesmo que o acusado queira ser processado sem advogado o juiz tem o dever de providenciar a nomeação de defensor.

Defensor dativo: Em homenagem ao princípio da ampla defesa, é admitida a sua nomeação pelo magistrado, ainda que o dispositivo refira-se apenas à designação de defensor público.

Autor do fato advogado: Caso o acusado seja advogado, poderá exercer sua própria defesa técnica.

Audiência preliminar: Ao utilizar a expressão "do ato da intimação do autor do fato" o legislador está se referindo à *audiência preliminar*, onde lhe será oportunizada a possibilidade de negociar com a vítima (composição civil dos danos), bem como com o Ministério Público (transação penal).

Audiência de instrução e julgamento: Ao utilizar a expressão "do mandado de citação do acusado" o legislador se refere à *audiência de instrução e julgamento*, onde com muito mais razão é de se exigir a presença de defensor para o bom andamento dos trabalhos e para a preservação dos seus direitos, pois estará sendo acusado da prática de uma infração penal.

11. FASE PRELIMINAR DO PROCEDIMENTO SUMARÍSSIMO

Objetivo: O objetivo da fase preliminar é a *conciliação*, pois trata-se de modelo de justiça negocial (consensual). A conciliação é gênero que se divide em *composição civil* e *transação penal*.

Audiência preliminar: É a fase pré-processual em si.

Natureza condicionante: A audiência preliminar é a essência do procedimento sumaríssimo, pois condiciona a existência, ou não, do processo, sendo que a existência deste dependerá do resultado nela obtido.

Composição: A composição refere-se aos danos de natureza civil, sendo realizada entre autor do fato e vítima, acompanhados de advogado. Trata-se da primeira etapa da fase preliminar (art. 74).

Transação: A transação penal trata-se de acordo feito entre o titular da ação penal e o autor do fato, onde é proposta a aplicação imediata de pena não privativa de liberdade. É a segunda etapa da fase preliminar (art. 76).

Art. 69. A autoridade policial que tomar conhecimento da ocorrência lavrará termo circunstanciado e o encaminhará imediatamente ao Juizado, com o autor do fato e a vítima, providenciando-se as requisições dos exames periciais necessários.

Autoridade policial: É o delegado de polícia. Segundo Guilherme de Souza Nucci[21], o processo

20. O art. 10, *caput*, da Lei n° 10.259/01, que disciplina os Juizados Especiais no âmbito da Justiça Federal, dispõe que "as partes poderão designar, por escrito, representantes para a causa, advogado *ou não*". Nesse jaez, o Supremo Tribunal Federal já firmou o entendimento de que quanto aos processos cíveis a imprescindibilidade de advogado é relativa, podendo, portanto, ser afastada pela lei. Contudo, quanto aos processos criminais, em homenagem ao princípio da ampla defesa, é imperativo que o réu compareça ao processo devidamente acompanhado de profissional habilitado, i.e., advogado devidamente inscrito nos quadros da OAB ou defensor público (ADI 3.168).

21. NUCCI, Guilherme de Souza. Juizados Especiais Criminais Federais. São Paulo: Saraiva, 2005, p.57.

penal reconhece apenas duas autoridades, o *juiz*, na fase processual, e o *delegado de polícia*, na fase pré-processual. Frise-se que os policiais civis e militares são agentes da autoridade[22]. A leitura conjunta do art. 144 da CF[23] e do art. 4º do CPP[24] não permitem outra conclusão, pois as funções de *autoridade policial* são atribuídas ao delegado de polícia, civil ou federal, no exercício dos *atos de polícia judiciária*. Qualquer outro agente estatal, ainda que exerça autoridade em campo diverso, é estranho aos dispositivos referidos, não podendo exercer em *nome próprio* atos típicos da autoridade de polícia judiciária. Nesse passo, causa-nos estranheza e preocupação quando alguns segmentos estatais, subvertendo a ordem constitucional e assolando as garantias fundamentais, sustentam a possibilidade de instauração de termo circunstanciado, por exemplo, pela Polícia Militar ou pela Polícia Rodoviária Federal, referindo que "nesse caso" a expressão *autoridade policial* se refere a qualquer policial. A despeito da importância que têm a Polícia Militar e a Polícia Rodoviária Federal no sistema de segurança pública, essas instituições não possuem atribuição constitucional para o exercício de atos de polícia judiciária, incumbindo-lhe, respectivamente, o policiamento e o patrulhamento ostensivo. Esse é o entendimento do STF (ADI 3.614 e RE 702.617). Remetemos à leitura dos comentários feitos ao art. 2º, §1º, da Lei 12.830/13.

Termo circunstanciado: É o procedimento policial que formaliza o registro da ocorrência de infrações de menor potencial ofensivo. Ou seja, substitui o inquérito policial nos casos atinentes ao JECrim. Consubstancia-se na *descrição pormenorizada do fato*, feita com base na palavra da vítima ou comunicante. O termo circunstanciado, por dispensar inquirições no âmbito da polícia judiciária, deve conter todas as informações imprescindíveis para que o Ministério Público possa oferecer a denúncia (art. 77, §1º), caso não seja possível a realização da conciliação (composição civil ou transação penal). Dessa forma, deve conter os *dados detalhados do fato*, i.e., natureza da infração penal; descrição da conduta imputada e sua forma de execução; local, data e hora; identificação da vítima; identificação do autor do fato; identificação de testemunhas, se houver; arrecadação de documentos úteis como prova, se houver; requisição de perícias necessárias; e antecedentes policiais do autor do fato. Conforme entendimento fixado no STF, a atribuição para a lavratura do termo circunstanciado é da polícia judiciária, sob pena de usurpação de função (ADI 3.614 e RE 702.617), exceto no caso do usuário de drogas, quando o procedimento pode ser instaurado pelo juiz competente (ADI 3.807).

Termo circunstanciado ao usuário de drogas: O STF, ao julgar a ADI 3.807, firmou posição no sentido de que o termo circunstanciado ao usuário de drogas deve ser lavrado preferencialmente pelo juiz competente, entendendo ser constitucional o art. 48, §§ 2º e 3º, da Lei 11.343/06. De acordo com o procedimento previsto nessa norma, o usuário de drogas que se encontrar em flagrante deve ser encaminhado diretamente ao juízo competente para que ali seja lavrado o termo circunstanciado e requisitados os exames e perícias necessários. A confecção do termo circunstanciado, no caso, deve ser feita pelo juiz competente, que é o do JECrim. A decisão do STF preconiza que apenas excepcionalmente, por ausência da autoridade judicial competente, é que o usuário será conduzido até a Delegacia de Polícia. Conforme referimos nos comentários ao art. 48 da Lei 11.343/06, para onde remetemos o leitor, a lavratura do termo circunstanciado que a confecção do termo circunstanciado por qualquer órgão que não seja a polícia judiciária é um fato grave e que afronta o Estado Democrático de Direito, haja vista tratar-se de um procedimento investigatório, *ainda que simplificado*. E, sendo um procedimento investigatório, o fato de ser lavrado por um juiz, avilta as bases de todo o sistema acusatório, notadamente após as alterações do pacote anticrime, onde o juiz está impedido de praticar qualquer ato de ofício na fase preliminar.

Encaminhamento imediato: O termo circunstanciado deve ser encaminhado ao JECrim imediatamente, i.e., sem demora, em homenagem aos princípios da economia, informalidade, simplicidade e celeridade. Como se trata de um procedimento que

---

22. Com o mesmo entendimento: NUCCI, Guilherme de Souza. Leis Penais e Processuais Penais Comentadas. Volume II, Rio de Janeiro: Forense, 2017, p. 533.
23. A Constituição Federal, ao tratar da segurança pública, no art. 144, elenca todos os órgãos encarregados de exercê-la, bem como distribui as suas atribuições de forma específica. O texto constitucional é claro ao referir que, como regra, a apuração de infrações penais e o desempenho das funções de polícia judiciária competem à Polícia Federal e às Polícias Civis, reservando às Polícias Militares o policiamento ostensivo e a preservação da ordem pública.
24. O art. 4º do CPP,ao referir *autoridades policiais* excluiu qualquer agente público que não seja autoridade, i.e., que não tenha poder de decisão em nome próprio, nem possa agir ao seu modo, sem supervisão. E, ao utilizar a expressão *polícia judiciária*, por evidente, afastou qualquer outra instituição que não seja as polícias civil e federal.

dispensa atos instrutórios complementares por parte da polícia judiciária, a lei exige apenas a *identificação das partes* (autor e vítima) e *requisição das perícias necessárias*[25]. Registre-se, por pertinente, que, como o termo circunstanciado é um procedimento célere, de *remessa imediata*, que dispensa formalização de oitivas, os dados essenciais, necessários à sua correta formalização, devem ser prestados pela vítima ou comunicante, no ato do registro da ocorrência policial. Dessa forma, em fatos simples, que dispensem atos investigatórios complexos[26], a identificação do autor do fato deve ser apresentada pela vítima, no ato do registro[27].

Requisições necessárias: Diz respeito às diligências sem as quais a infração penal não teria a sua existência ou materialidade comprovadas, como, por exemplo, auto de exame de corpo de delito. Registre-se, por pertinente que, para o *oferecimento da denúncia* não é necessário o exame do corpo de delito quando a materialidade do crime estiver aferida por boletim médico ou prova equivalente (art. 77. §1°). Logo, a *composição civil* e a *transação penal*, atos anteriores ao oferecimento da denúncia, também dispensam o exame do corpo de delito.

Oitivas de testemunhas: Não há inquirições na fase preliminar. O procedimento sumaríssimo estabelece que é dever do delegado de polícia remeter imediatamente o procedimento ao Juizado Especial para que se dê o devido andamento, evitando-se a *cartorização* do procedimento. A Lei 9.099/95 em momento algum refere a oitiva de testemunhas na fase preliminar do procedimento sumaríssimo, sendo que as oitivas ocorrem única e diretamente em juízo (art. 78, §3°), cabendo ao delegado apenas arrolar eventuais testemunhas referidas pela vítima (art. 69), a fim de que sejam intimadas (art. 67) à audiência do juizado, caso não realizada a conciliação (composição e transação), havendo determinação no sentido de que todas as provas serão produzidas na audiência de instrução e julgamento (art. 81,§1°)[28]. Assim, eventuais testemunhas indicadas pela vítima ou pelo autor devem ser ouvidas única e diretamente no Juizado Especial, em homenagem à economia e celeridade, não *havendo duplicidade de oitivas* ou *exaurimento da prova* na fase preliminar, o que transformaria o termo circunstanciado em um mini-inquérito, colidindo frontalmente com o espírito da lei.

Parágrafo único. Ao autor do fato que, após a lavratura do termo, for imediatamente encaminhado ao juizado ou assumir o compromisso de a ele comparecer, não se imporá prisão em flagrante, nem se exigirá fiança. Em caso de violência doméstica, o juiz poderá determinar, como medida de cautela, seu afastamento do lar, domicílio ou local de convivência com a vítima.

Prisão em flagrante: É possível, mas não é a regra.

Regra: Lavratura de Termo Circunstanciado.

Procedimento: O autor do fato deve ser encaminhado de imediato ao JECrim, para audiência preliminar, ou assumir o compromisso de comparecimento quando devidamente intimado. Veja-se que o procedimento sumaríssimo se baseia no senso de responsabilidade e confiança depositada nas partes, uma vez que o objetivo primordial é viabilizar a conciliação.

Condução do autor do fato à Delegacia: É possível, quando a lei diz que ao autor do fato "não se imporá prisão em flagrante, nem se exigirá fiança", está por inviabilizar o seu encarceramento, entretanto é perfeitamente possível a sua captura e condução até a autoridade policial.

Recusa em assinar o termo de comparecimento: Havendo recusa do autor do fato em comparecer ao JECrim, o delegado de polícia poderá determinar a *lavratura do auto de prisão em flagrante*, aplicando-se, desse caso, as regras processuais da liberdade provisória, com ou sem fiança.

Usuário de drogas: Se o autor do fato for enquadrado no art. 28 da Lei 11.343/06, ainda que se

25. Inclusive, sublinhe-se que o objetivo da lei é no sentido de que o procedimento seja instaurado e encaminhado imediatamente, com autor do fato e vítima (presentes), para a realização da audiência preliminar. Entretanto, desconhecemos comarca que conte com JECrim de plantão a qualquer hora do dia ou da noite.

26. Atos investigatórios complexos dizem respeito a ações técnicas que não podem ser realizadas de forma simples, v.g., obtenção de dados cadastrais de telefones ou identificação de perfil falso nas redes sociais.

27. Aliás, frise-se que a *inexistência de identificação da autoria* demandaria diligências investigatórias policiais, o que não se coaduna com a simplicidade e celeridade, sendo caso de modificação da competência para a justiça comum ordinária, pois inviabilizaria a *remessa imediata* ao JECrim. Nesse sentido: Nucci, *op. cit.*, p. 517.

28. O procedimento sumaríssimo, inclusive, é incompatível com requisições para a oitiva de testemunhas no âmbito da polícia judiciária (ver ponto 14).

recuse a assinar termo de comparecimento ao JECrim, *não poderá ser submetido à lavratura de auto de prisão em flagrante*, tendo em vista o art. 48, §2°, desse diploma legal[29].

Afastamento do lar: O dispositivo estabelece o afastamento do lar, nos casos de violência doméstica. Entretanto, sua aplicação restou prejudicada pela vigência da Lei 11.340/06 (Lei Maria da Penha) que, no art. 41, afasta a aplicação da Lei 9.099/95, e, no art. 22, II, estabelece o afastamento do agressor como *medida protetiva de urgência* que, nos termos do art. 12-C, pode ser aplicada pelo juiz, preferencialmente, e pelo delegado de polícia ou outro policial, de forma excepcional e subsidiária.

> **Art. 70. Comparecendo o autor do fato e a vítima, e não sendo possível a realização imediata da audiência preliminar, será designada data próxima, da qual ambos sairão cientes.**
>
> **Art. 71. Na falta do comparecimento de qualquer dos envolvidos, a Secretaria providenciará sua intimação e, se for o caso, a do responsável civil, na forma dos arts. 67 e 68 desta Lei.**

Audiência preliminar: Trata-se da fase pré-processual.

Intimação das partes: É atribuição da secretaria do JECrim, caso as partes compareçam, ou, então, do oficial de justiça (art. 67)[30].

Audiência frustrada: Não havendo a "realização imediata" da audiência preliminar, deverá ser designada data próxima. O dispositivo trabalha com a ideia de que as partes "sejam apresentadas imediatamente" ao JECrim, o que não ocorre na prática. Quase nunca (ou nunca) as audiências preliminares são realizadas imediamente após a lavratura do termo circunstanciado. Assim, devem as partes ser intimadas para o comparecimento na data agendada.

Ausência do autor do fato: O não comparecimento injustificado do autor do fato à audiência preliminar deve ser interpretado como renúncia à justiça negocial (consensual), i.e., demonstra não ter interesse na composição civil do dano ou transação penal, *devendo seguir-se à denúncia oral*.

Ausência da vítima: O não comparecimento injustificado da vítima à audiência preliminar deve ser interpretado como seu desinteresse à justiça negocial, abrindo mão da composição civil, *devendo seguir-se à transação penal*, de acordo com a doutrina tradicional. Tendo em vista que o JECrim tem por objetivo a justiça consensual, caso se trate de ação penal privada ou ação pública condicionada à representação, aplaudimos os juízes e promotores de justiça que entendem pelo arquivamento do termo circunstanciado quando há o não comparecimento injustificado da vítima à audiência preliminar. Trata-se de evidente desinteresse da vítima pelo procedimento estabelecido. Ainda que no ato do registro da ocorrência a vítima tenha oferecido representação, seu não comparecimento injustificado, quando intimada, para nós, deve ser tratado como espécie de *renúncia tácita*. Ademais, a audiência preliminar é o momento onde o promotor pode (e deve) esclarecer fatos que dependam apenas da vítima para o oferecimento da denúncia oral, já que o procedimento deve ser célere. Entendemos que qualquer manifestação de descaso por parte da vítima em relação ao procedimento faz com que se perca a legitimidade na persecução penal. Ademais, o art. 75 estabelece que a audiência preliminar seja a sede própria para o oferecimento da representação, de modo que, o descaso da vítima a que ser interpretado como *renúncia tácita* à persecução penal.

Condução coercitiva: Entendemos não ser cabível na espécie, pois se o objetivo da fase preliminar é a conciliação, o não comparecimento das partes pressupõem seu desinteresse na justiça negocial.

Responsável civil: Seu comparecimento na audiência preliminar é de suma importância, sobretudo por ser ele fundamental na *composição civil dos danos*. Por mais que a responsabilidade penal seja sempre pessoal, não se pode perder de vista que, a depender do caso concreto, é possível que a responsabilidade civil recaia sobre pessoa diversa. v.g., pai, patrão, contratante, etc.

> **Art. 72. Na audiência preliminar, presente o representante do Ministério Público, o autor do fato e a vítima e, se possível, o responsável civil, acompanhados por seus advogados, o Juiz esclarecerá sobre a possibilidade da composição dos danos e da aceitação da proposta de aplicação imediata de pena não privativa de liberdade.**

29. Art. 48, §2°, Lei 11.343/06: "Tratando-se da conduta prevista no art. 28 desta Lei, não se imporá prisão em flagrante, devendo o autor do fato ser imediatamente encaminhado ao juízo competente ou, na falta deste, assumir o compromisso de a ele comparecer, lavrando-se termo circunstanciado e providenciando-se as requisições dos exames e perícias necessários".
30. Não é atribuição da polícia judiciária o gerenciamento da pauta de audiência do JECrim, muito menos a intimação das partes (ver capítulo 12).

Audiência preliminar: De acordo com a lei, o destino imediato do termo circunstanciado é a audiência preliminar. A tentativa de conciliação é o suprassumo do procedimento sumaríssimo. Antes da realização desse ato, frise-se que o delegado de polícia não está obrigado de realizar qualquer ato investigatório, exceto aqueles previstos no art. 69 (identificações e requisições necessárias). Ou seja, antes da realização da audiência preliminar, não há que se cogitar a conversão do termo circunstanciado em inquérito policial para realização de diligências, nem, muito menos, requisitar-se diligências nos autos do termo circunstanciado[31].

Presença de advogado: É indispensável. Autor do fato e vítima devem estar acompanhados de advogado, sendo que a sua ausência deve ser suprida pelo Estado, através de nomeação do magistrado.

Advogado à vítima: A vítima deve ser acompanhada por advogado para que seja devidamente orientada quanto aos termos da composição civil dos danos, desde o montante a ser recebido, forma de execução, irrecorribilidade, até a consequência na punibilidade do autor do fato (art. 74, parágrafo único).

Advogado ao autor: É indispensável a presença de defensor. O autor do fato deve ser assistido por advogado de sua confiança em *todas as etapas do procedimento sumaríssimo*. Caso o autor do fato compareça sem defensor, deverá ser assistido pela defensoria pública ou por defensor dativo, nomeado pelo juiz. Ainda que sumarizado, trata-se de um processo criminal, não se admitindo que o réu esteja desassistido de defesa técnica. Ver comentários feitos ao art. 68.

Presença do promotor de justiça: É indispensável. A lei determina a presença do Ministério Público no ato, pois não havendo a composição civil entre autor do fato e vítima, o promotor de justiça deve dar seguimento a segunda fase da conciliação, i.e., o *oferecimento de transação penal*. E, sendo a transação recusada, em regra, deve dar início à fase de instrução e julgamento, *oferecendo a denúncia oral*.

Presença do juiz: É indispensável, pois se trata do presidente da audiência preliminar. Não existe audiência processual sem juiz. Entretanto, o art. 73 possibilita que a conciliação seja conduzida por *juiz ou conciliador*. Logo, a presença do juiz togado não é imprescindível[32], desde que o conciliador lhe faça as vezes.

Art. 73. A conciliação será conduzida pelo Juiz ou por conciliador sob sua orientação.

Parágrafo único. Os conciliadores são auxiliares da Justiça, recrutados, na forma da lei local, preferentemente entre bacharéis em Direito, excluídos os que exerçam funções na administração da Justiça Criminal.

Conciliador: O parágrafo único apresenta o *conceito de conciliador* que é praticamente copiado do art. 7°, onde se estabelece que "os conciliadores e Juízes leigos são auxiliares da Justiça, recrutados, os primeiros, preferentemente, entre os bacharéis em Direito, e os segundos, entre advogados com mais de cinco anos de experiência".

Bacharéis em Direito: Os conciliadores devem ser escolhidos entre os bacharéis em Direito, *preferencialmente*. É dizer, podem ser escolhidos também entre outros profissionais, desde que a lei local autorize.

Mediador: O conciliador é, na essência, um *mediador do conflito*.

Art. 74. A composição dos danos civis será reduzida a escrito e, homologada pelo Juiz mediante sentença irrecorrível, terá eficácia de título a ser executado no juízo civil competente.

Parágrafo único. Tratando-se de ação penal de iniciativa privada ou de ação penal pública condicionada à representação, o acordo homologado acarreta a renúncia ao direito de queixa ou representação.

Composição civil: É a primeira fase da audiência preliminar. Trata-se da conciliação realizada entre autor do fato e vítima, no que se refere aos danos de natureza civil. Em tese, o Ministério Público não participa desta etapa, a não ser que se trate de causa em que haja interesse de incapazes.

Interesse da composição civil: É da vítima. A composição civil pode ser feita nas infrações penais

31. Com o mesmo entendimento: NUCCI, Guilherme de Souza. Leis Penais e Processuais Penais Comentadas. Volume II, Rio de Janeiro: Forense, 2017, p. 534-535.

32. Registre-se que o art. 98, I, da CF, autoriza que o Juizado Especial seja provido por juízes *togados e leigos*. Ainda que a expressão juiz leigo seja afeta ao direito civil, o dispositivo constitucional dá a deixa para que o juiz togado seja substituído por outro personagem que, em seu nome e sob sua supervisão, conduza audiências nas causas do rito sumaríssimo.

que gerem prejuízos materiais, morais ou estéticos à vítima. Assim, sem dúvida, a reparação do dano causado interessa muito mais para a vítima do que o processo criminal.

Condução: É feita pelo juiz ou conciliador (art. 73).

Homologação: É feita pelo juiz togado.

Irrecorribilidade: A homologação da composição civil é irrecorrível.

Título executivo: A sentença que homologa o acordo tem eficácia de título executivo, sendo que, se o valor não exceder a 40 vezes o salário mínimo, a execução pode ser promovida no próprio Juizado Especial Cível (art. 3°, I), ou, senão, no juízo cível comum.

Renúncia tácita: A composição civil dos danos acarreta a renúncia ao direito de queixa ou representação quando se tratar de *ação penal privada* ou de *ação penal condicionada à representação*, acarretando a extinção da punibilidade do autor do fato (art. 107, inc. V, CP).

Ação penal pública incondicionada: A composição civil dos danos *não impede o Ministério Público* de oferecer proposta de transação penal ou, então, oferecer denúncia contra o autor do fato. Nesse caso, a composição civil dos danos não acarreta a extinção da punibilidade do autor do fato. A lei apenas refere-se às ações privada e pública condicionada. Ou seja, nos crimes de ação penal pública incondicionada, independentemente de obtida, ou não, a composição civil, passa-se obrigatoriamente à análise de oferecimento da transação penal pelo promotor.

Descumprimento do acordo de composição civil: Não devolve à vítima o direito de queixa ou de representação, pois, com a sua homologação, há a extinção da punibilidade do autor do fato, restando à vítima apenas a execução civil.

Coautoria ou participação: Sendo caso de concurso de agentes, a renúncia ao direito de queixa ou representação, decorrente da composição dos danos civis feita com um dos autores, estende-se a todos os coautores e partícipes, ainda que não estejam presentes na audiência preliminar.

Art. 75. Não obtida a composição dos danos civis, será dada imediatamente ao ofendido a oportunidade de exercer o direito de representação verbal, que será reduzida a termo.

Parágrafo único. O não oferecimento da representação na audiência preliminar não implica decadência do direito, que poderá ser exercido no prazo previsto em lei.

Representação: É condição de procedibilidade. Trata-se da manifestação da vítima, ou de seu representante legal, no sentido de que possui interesse na persecução criminal. Vige na representação o princípio da *oportunidade e conveniência*, de modo que a vítima pode escolher se quer, ou não, o processo penal. Entretanto, ao escolher representar, tem-se que a representação é *indivisível*, i.e., havendo concurso de agentes, não pode a vítima escolher quais deseja processar. A representação é quanto ao *fato*, não quanto a cada *autor* individualmente.

Prazo para a representação: O prazo para representação é de seis meses, contados a partir do conhecimento da autoria do crime (art. 38, CPP e art. 103, CP). Dentro do prazo legal a vítima pode se *retratar* e *representar novamente*, quantas vezes quiser. Entretanto, a representação se torna irretratável se oferecida a denúncia (art. 102, CP).

Representação verbal após tentativa de composição: A redação do artigo evidencia a primazia da composição dos danos sobre a punição criminal, o que complementa a redação do artigo anterior. A tentativa de composição civil dos danos será feita de imediato e, se aceita, acarreta renúncia tácita ao processo, se não aceita, abre espaço para o oferecimento da *representação verbal* ou, conforme o caso, *queixa-crime verbal*.

Representação em audiência: Logicamente, essa previsão legal foi concebida pelo legislador baseando-se no fato de que a audiência preliminar seria realizada imediatamente após a instauração do termo circunstanciado (art. 69). No entanto a realidade mostrou caminho diferente. A representação é colhida no ato do registro de ocorrência. Dessa forma, o presente artigo terá aplicação nos casos em que, por lapso, a representação não for colhida pela autoridade policial, no ato do registro da ocorrência policial. Ou, ainda, pode o dispositivo ser interpretado no sentido de que se deve exigir-se da vítima a *confirmação da representação*[33].

---

33. Argumento que, inclusive, reforça nossa tese de que o não comparecimento da vítima à audiência preliminar deve acarretar o arquivamento do termo circunstanciado por renúncia tácita, verificando-se o seu desinteresse pelo procedimento

Art. 76. Havendo representação ou tratando-se de crime de ação penal pública incondicionada, não sendo caso de arquivamento, o Ministério Público poderá propor a aplicação imediata de pena restritiva de direitos ou multas, a ser especificada na proposta.

Transação penal: Trata-se de acordo celebrado entre o Ministério Público e o autor do fato, onde é proposta a aplicação imediata de pena restritiva de direitos ou multas, evitando-se, assim, o processo penal. É a segunda etapa da fase preliminar.

Natureza jurídica da transação penal: Trata-se de um poder-dever do titular da ação penal. Não é direito subjetivo do réu (STF 115.997). Dessa forma, admite-se a não propositura do benefício quando devidamente justificada.

Obrigatoriedade mitigada: No processo penal vige o princípio da obrigatoriedade da ação penal pública, segundo o qual, havendo justa causa (lastro probatório), o Ministério Público deve iniciar o processo. No entanto, alguns institutos relativizam a obrigatoriedade da ação penal, v.g., acordo de não persecução penal, colaboração premiada e a transação penal. Em se tratando de infrações de menor potencial ofensivo, impera o *princípio da obrigatoriedade mitigada*, segundo o qual, ainda que haja justa causa, o Ministério Público pode deixar de oferecer a denúncia, devendo propor a transação penal, desde que preenchidos os requisitos objetivos e subjetivos do art. 76. Dessa forma, também recebe o nome de *princípio da discricionariedade regrada*, pois, caso verifique o titular da ação que os requisitos da transação estão presentes, a proposta é medida que se impõe.

Legitimado: O titular da ação penal (MP ou querelante).

Proposta de transação pelo juiz: Não é admitida (STF, Inq 3.438, RE 296.185). A transação penal faz parte da justiça negocial (consensual), realizada exclusivamente entre as partes, pressupondo aceitação bilateral. O juiz apenas homologa, ou não, o acordo formalizado, de modo que não lhe é dado atravessar-se na negociação das partes, nem a impor a qualquer delas. O juiz não pode aplicá-la de ofício nem se houver requerimento da parte (STJ, HC 571.047).

Recusa do Ministério Público e discordância do juiz: Caso o juiz discorde da posição adotada pelo Ministério Público, entendemos que, com as alterações do pacote anticrime, deve continuar procedendo na forma do art. 28 do CPP, remetendo os autos à instância de revisão ministerial. Caso haja concordância do órgão de revisão do Ministério Público, no que se refere ao não oferecimento da transação penal, o juiz se vê obrigado a acatar a decisão. Trata-se de aplicação analógica da súmula 696 do STF.

Arquivamento do termo circunstanciado: A transação somente é admitida se não for caso de arquivamento do termo circunstanciado. A verificação acerca da justa causa para a ação penal, dessa forma, deve preceder à análise de proposta da transação penal, i.e., se for caso de arquivamento não se deve propor a ação penal. Anote-se que a simplificação do procedimento não afasta a análise quanto à justa causa para o exercício da ação penal, de modo que, verificada a atipicidade formal, insignificância da conduta, ausência de elementos probatórios mínimos ou qualquer outra causa que fragilize ou inviabilize o processo-crime, pode o Ministério Público promover o seu arquivamento.

Ação penal privada: A interpretação literal do dispositivo pode levar à conclusão equivocada de que a transação não poderia ser ofertada nos crime de ação privada, pois a redação só contempla crimes de ação pública incondicionada e condicionada[34]. Não é essa, entretanto, a orientação que prevalece. Logo, é possível a aplicação da transação penal nos crimes de ação penal privada, sendo que a legitimidade para a proposta do benefício, nesses casos, é do *querelante* (STJ, HC 33.929, HC 34.085 e APn 634), que é o titular da ação penal[35]. E, caso o querelante não ofereça a transação penal, como não se trata de um direito subjetivo do imputado, "de duas uma: ou o silêncio há de ser tomado como recusa ou se admite que o juízo competente o provoque a respeito e, em se manifestando desfavorável, que o processo siga seu curso normal" (STF, HC 81.720)[36].

legal estabelecido, já que, pela lei, a audiência preliminar é a *sede própria* para o oferecimento da representação.

34. Nesse sentido: CAPEZ, Fernando. Curso de Direito Penal, Volume 4, Legislação penal especial, 13ª edição. São Paulo: Saraiva, 2018, p. 588.

35. Nesse sentido: NUCCI, Guilherme de Souza. Leis Penais e Processuais Penais Comentadas. Volume II, Rio de Janeiro: Forense, 2017, p. 544; GRINOVER, Ada Pellegrini *et al.* Juizados especiais criminais: comentários à Lei 9.099/95, 5ª edição. São Paulo: Revista dos Tribunais, 2005. p. 150; LIMA, Renato Brasileiro de. Legislação Criminal Especial Comentada. Salvador: Juspodivm, 2015, p. 230.

36. Repare-se que, nesse caso, como o juiz não pode conceder o benefício de ofício (ofensa ao sistema acusatório), nem

Lei Maria da Penha: Não cabe o benefício da transação penal nas infrações penais praticadas contra a mulher no âmbito doméstico e familiar (art. 41, Lei. 11340/06). No mesmo sentido tem-se a súmula 536 do STJ.

Usuário de drogas: Se o autor do fato for enquadrado no crime de posse de droga para consumo pessoal, a transação somente pode consistir em uma das penas previstas no art. 28, I a III, da Lei 11.343/06, tendo em vista o art. 48, §5°, desse diploma legal[37]. Assim, a transação penal do usuário de drogas somente pode consistir em advertência sobre os efeitos das drogas; prestação de serviços à comunidade; medida educativa de comparecimento à programa ou curso educativo. Não se admite, na espécie, *prestação pecuniária* ou *pagamento de cesta básica*.

§1º Nas hipóteses de ser a pena de multa a única aplicável, o Juiz poderá reduzi-la até a metade.

Comentários: Guilherme de Souza Nucci[38] articula crítica bastante coerente ao referido dispositivo, argumentando que, sendo a pena de multa a eleita pelo Ministério Público, como proposta de transação penal, e aceita pelo réu, não há sentido algum em o juiz se imiscuir no acordo das partes e reduzir o valor definido.

§2º Não se admitirá a proposta se ficar comprovado:

Não cabimento de transação penal: O dispositivo prevê *requisitos negativos* da transação penal, i.e., situações cuja verificação impede sua aplicação. O benefício não terá cabimento nas hipóteses descritas, i.e., ter sido o autor da infração condenado, pela prática de crime, à pena privativa de liberdade, por sentença definitiva; ter sido o agente beneficiado anteriormente, no prazo de 05 anos, pela aplicação de pena restritiva ou multa, nos termos deste artigo; os antecedentes, a conduta social e a personalidade do agente, bem como os motivos e as circunstâncias, não indicarem a adoção da medida.

Crimes ambientais: Além dos casos do §2°, caso se trate de crime ambiental, a transação somente poderá ser proposta se houver a *prévia composição do dano ambiental*, exceto se comprovada impossibilidade (art. 27, Lei 9.605/98).

I - ter sido o autor da infração condenado, pela prática de crime, à pena privativa de liberdade, por sentença definitiva;

Natureza: Trata-se de requisito de natureza objetiva.

Condenação criminal: O dispositivo não usou o termo *reincidência* para impedir o benefício, utilizou-se da expressão *ter sido condenado*. Dessa forma, caso o trânsito em julgado da sentença condenatória à pena privativa de liberdade tenha ocorrido após a prática da infração de menor potencial ofensivo, mas antes da audiência preliminar, não caberá transação. Em outras palavras, mesmo sendo primário o autor, pode não ser cabível o benefício da transação penal.

Maus antecedentes: Em decorrência do comentário anterior, como o dispositivo não usou o termo *reincidência*, também impedem o benefício eventuais condenações criminais que tenham ultrapassado o período de caducidade para a configuração da reincidência, i.e., cinco anos, as quais se inserem no contexto dos antecedentes criminais.

Crime doloso ou culposo: O dispositivo refere-se apenas a *crime*, sem referir se de natureza dolosa ou culposa. Assim, a interpretação literal impede o benefício em qualquer hipótese. Entretanto, caso o autor do fato seja reincidente em *crime culposo*, não vemos desproporcionalidade na transação penal, devendo ser promovida uma interpretação sistemática, pois o ordenamento jurídico não costuma vedar benefícios aos agentes nos casos de crimes culposos. Ademais, não se pode olvidar o objetivo do JECrim, a realização de uma justiça negocial.

Contravenção: Condenação anterior pela prática de contravenção não impede o benefício da transação penal. O dispositivo refere-se apenas a *crime*.

Pena privativa de liberdade: O dispositivo refere-se apenas à *pena privativa de liberdade*. Assim, se condenação a pena privativa de liberdade anterior foi substituída por *pena restritiva de direitos*, *multa*

tampouco se admite a formulação de proposta pelo Ministério Público (ação penal privada), a recusa do querelante em oferecer o benefício inviabiliza por completo a transação penal, pois o art. 28 do CPP só se aplica nos casos de ação pública.

37. Art. 48, §5°, Lei 11.343/06: "Para os fins do disposto no art. 76 da Lei nº 9.099, de 1995, que dispõe sobre os Juizados Especiais Criminais, o Ministério Público poderá propor a aplicação imediata de pena prevista no art. 28 desta Lei, a ser especificada na proposta".

38. NUCCI, Guilherme de Souza. Leis Penais e Processuais Penais Comentadas. Volume II, Rio de Janeiro: Forense, 2017, p. 549.

ou se foi concedido o *sursis*, não estará impedido o benefício da transação penal.

II - ter sido o agente beneficiado anteriormente, no prazo de cinco anos, pela aplicação de pena restritiva ou multa, nos termos deste artigo;

Natureza: Trata-se de requisito de natureza objetiva.

Comentários: O dispositivo evita que o agente receba o benefício da transação penal caso já o tenha recebido nos últimos 5 anos. Trata-se de política criminal para impedir a banalização da transação penal.

III - não indicarem os antecedentes, a conduta social e a personalidade do agente, bem como os motivos e as circunstâncias, ser necessária e suficiente a adoção da medida.

Natureza: Trata-se de requisito de natureza subjetiva.

Comentários: Nesse dispositivo, serão levados em consideração os aspectos pessoas do autor do fato, a fim de verificar se a transação penal é razoável (necessária e suficiente) como forma de punição à infração penal praticada.

§3º Aceita a proposta pelo autor da infração e seu defensor, será submetida à apreciação do Juiz.

§4º Acolhendo a proposta do Ministério Público aceita pelo autor da infração, o Juiz aplicará a pena restritiva de direitos ou multa, que não importará em reincidência, sendo registrada apenas para impedir novamente o mesmo benefício no prazo de cinco anos.

Homologação: O acordo firmado deve ser homologado pelo juiz.

Análise do juiz na homologação: O juiz deve verificar a legalidade de acordo, no que se refere ao seu *aspecto formal*, não homologando acordo que não preencha os *requisitos legais*. Verificando o magistrado, por exemplo, que não se trata de infração de menor potencial ofensivo ou que o autor não preenche os requisitos para a concessão do benefício, não deve homologar o acordo.

Não concordância com os termos do acordo: Caso discorde do *conteúdo* ou da *falta de proposta* entendemos que, com as alterações do pacote anticrime, o juiz deve continuar procedendo na forma do art. 28 do CPP, remetendo os autos à instância de revisão ministerial, conforme referimos anteriormente, nos comentários feitos ao *caput*.

Aceitação do autor do fato seu defensor: O §3° prevê a aceitação do autor do fato e seu defensor. O §4°, entretanto, refere-se apenas à aceitação do autor do fato.

Divergência de vontade: Se houver divergência entre a vontade do autor do fato e a de seu defensor, deve prevalecer a vontade daquele, aplicando-se analogicamente o art. 89, §7°, relativamente à suspensão condicional do processo, onde se determina que "se o acusado não aceitar a proposta prevista neste artigo, o processo prosseguirá em seus ulteriores termos". Portanto, prevalece a vontade do autor do fato.

Natureza jurídica da decisão homologatória: Há quem entenda ser *decisão homologatória*[39] e quem entenda ser *condenatória imprópria*[40]. Parece-nos que não há condenação, já que não há o devido processo legal, reconhecimento de culpa ou qualquer outro efeito de uma sentença penal condenatória. Trata-se de fato de uma sentença meramente homologatória. Nesse sentido, aliás, já decidiu o Supremo Tribunal Federal (RE 795.567).

Efeitos da decisão homologatória da transação: A decisão que homologa a transação é registrada apenas para fins de impedir o mesmo benefício no prazo de 05 anos, uma vez que não gera *reincidência, reconhecimento de culpa, maus antecedentes, efeitos civis ou administrativos* (STJ, REsp 1.327.897).

Cumprimento da transação e confisco de bens: Não se admite. O Supremo Tribunal Federal fixou entendimento de que "os efeitos previstos no art. 91 do CP são decorrentes de sentença penal condenatória, o que não se verifica quando há transação, cuja sentença tem natureza homologatória, sem discussão sobre a responsabilidade criminal do aceitante. As consequências da homologação da transação são aquelas *estipuladas de modo consensual* no termo de acordo" (STF, 795.567). Assim, havendo acordo de transação penal e sendo extinta a punibilidade, ante o cumprimento das cláusulas nela estabelecidas, é ilegítimo o ato judicial que decreta o confisco de bem que teria sido utilizado na prática delituosa. O confisco constituiria efeito penal mais gravoso do

39. NUCCI, Guilherme de Souza. Leis Penais e Processuais Penais Comentadas. Volume II, Rio de Janeiro: Forense, 2017, p. 552.
40. CAPEZ, Fernando. Curso de Direito Penal, Volume 4, Legislação penal especial, 13ª edição. São Paulo: Saraiva, 2018, p. 592.

que os encargos que assumiu na transação penal celebrada. Diante desse cenário, parece-nos que, em sede do JECrim, quando se pretender o perdimento do bem utilizado no crime, sendo caso de oferecimento de transação penal, o perdimento do bem deve constar nas condições do acordo, de modo que o agente concorde com a medida.

Prazo prescricional: A homologação do acordo de transação penal não interrompe a prescrição da pretensão punitiva que terá permanecido em curso desde a data do fato (STJ, REsp 564.063). O art. 117, inc. I, do Código Penal, prevê a interrupção da prescrição apenas com o *recebimento da denúncia ou da queixa*[41].

Descumprimento injustificado da transação penal: Se o autor do fato descumprir injustificadamente a transação, fixou-se o entendimento de que se restabelece o *status quo ante*, viabilizando-se a ação penal, pois a homologação da transação não faz coisa julgada material (STF, Súmula vinculante 35). Dessa forma, como consequência, o Superior Tribunal de Justiça, que sustentava a possibilidade de execução do acordo no juízo cível (HC 33.487), reviu sua posição (HC 217.659), alinhando-se à jurisprudência do Supremo Tribunal Federal.

Aceitação da transação e *Habeas Corpus*: O assunto ainda não é pacífico. O Superior Tribunal de Justiça entende que, aceita a proposta de transação penal, não é possível a impetração *Habeas Corpus* para trancar a ação penal, já que não há ação instaurada que se possa trancar (HC 495.148). Entretanto, o Supremo Tribunal Federal entendeu pela possibilidade do remédio constitucional, pois não há nenhuma disposição legal que limite o acesso à justiça nos casos em que o agente tenha celebrado acordo de transação penal, mormente se busca questionar a justa causa para o processo (HC 176.785).

§5º Da sentença prevista no parágrafo anterior caberá a apelação referida no art. 82 desta Lei.

Apelação: Da *decisão homologatória* da transação caberá apelação. Registramos que, sendo o acordo firmado por consenso das partes, parece raro que haja recurso contra a sua homologação, exceto se o juiz inovar, de modo indevido, as condições acordadas.

Decisão não homologatória: Ainda que a lei silencie, entende-se que também caberá apelação contra a decisão que não homologar a transação, pois se trata de uma *decisão interlocutória mista não terminativa*, também chamada *com força de definitiva*, aplicando-se o art. 593, II, do CPP. Guilherme de Souza Nucci[42] entende que se a transação penal é viável, respeitando-se os requisitos legais, mas o juiz recusa-se a homologar o acordo, seria cabível *correição parcial*, pois o juiz estaria tumultuando o processo.

Turma Recursal: É o órgão competente para julgar a apelação.

Duplo Reexame: Diante da peculiaridade dos juizados especiais criminais, não há subordinação deles aos Tribunais de Justiça (justiça estadual) ou aos Tribunais Regionais Federais (justiça federal). O modelo dos juizados especiais não se rege pelo duplo grau de jurisdição, mas pelo critério do *duplo reexame*, que se realiza no âmbito do primeiro grau de jurisdição (STF, RE 586.789).

Legitimidade recursal do assistente de acusação: Para Renato Brasileiro de Lima[43], o assistente da acusação tem interesse em impugnar eventual decisão homologatória da transação penal se presente algum motivo que impeça a celebração do acordo. Segundo o doutrinador referido, se o autor do fato delituoso não preenche os requisitos da transação penal, é evidente o prejuízo causado à vítima diante de um acordo indevidamente homologado, pois a transação não produz efeitos civis (§6º). Assim, o ofendido estará obrigado a dar início a um processo civil para buscar a reparação do dano, pois estará suplantada a possibilidade de obter-se condenação criminal, a qual tem eficácia de título executivo. Ainda que razoável o entendimento acima apresentado, parece-nos que não há viabilidade jurídica para a atuação do assistente da acusação nessa fase preliminar, por uma razão muito simples, não há processo judicial, i.e., não há uma relação processual instalada. Assim, da mesma forma que não se admite assistente de acusação durante o inquérito policial (arts. 268 e 269, CPP), não se deve admitir durante o termo circunstanciado.

41. Infelizmente, perdeu o legislador a chance de acrescentar a decisão homologatória da transação como causa impeditiva ou interruptiva da prescrição no pacote anticrime.

42. NUCCI, Guilherme de Souza. Leis Penais e Processuais Penais Comentadas. Volume II, Rio de Janeiro: Forense, 2017, p. 552.

43. LIMA, Renato Brasileiro de. Legislação Criminal Especial Comentada. Salvador: Juspodivm, 2015, p. 238.

§6º A imposição da sanção de que trata o §4º deste artigo não constará de certidão de antecedentes criminais, salvo para os fins previstos no mesmo dispositivo, e não terá efeitos civis, cabendo aos interessados propor ação cabível no juízo cível.

Efeitos da transação penal: A transação penal é registrada apenas para fins de impedir o mesmo benefício no prazo de 5 anos (§4º), uma vez que não gera *reincidência, reconhecimento de culpa, maus antecedentes, efeitos civis ou administrativos* (STJ, REsp 1.327.897).

Ausência de efeitos civis: Já que a sentença homologatória não se trata de sentença condenatória, não há título executivo a ser executado nos termos do art. 63 do Código de Processo Penal. Dessa forma, se a vítima tiver interesse em indenização civil, deverá ingressar com ação de conhecimento, revolvendo os fatos e discutindo a culpa do imputado, conforme art. 64 do Código de Processo Penal.

Invisibilidade dos efeitos da transação penal: A transação penal é invisível nos assentamentos do imputado, pois apenas é registrada para impedir novamente o benefício (§4º), não constando dos seus antecedentes criminais. Logo, além de não implicar reincidência, não pode ser levada em consideração em outros aspectos da sua vida, como, por exemplo, eliminação em concurso público.

Eliminação em concurso público: O fato de o candidato à vaga ter realizado transação penal não pode ser considerado para efeitos penais ou civis, acarretando a sua exclusão do concurso (§§ 4º e 6º). Conforme referimos, os efeitos da transação se restringem à impossibilidade de concessão do benefício no prazo de cinco anos (STJ, RMS 28.851).

12. INTIMAÇÕES E GERENCIAMENTO DA PAUTA DO JECRIM

A intimação das partes para a audiência preliminar é atribuição afeta à Secretaria do JECrim, encarregada da execução das determinações judiciais, ou ao oficial de justiça, serventuário que tem como uma de suas principais atribuições a realização de intimações.

O art. 71 estabelece que "na falta do comparecimento de qualquer dos envolvidos, a Secretaria providenciará sua intimação e, se for o caso, a do responsável civil, na forma dos arts. 67 e 68 desta Lei". Completando essa previsão, o art. 67 estabelece que "a intimação far-se-á por correspondência, com aviso de recebimento pessoal ou, tratando-se de pessoa jurídica ou firma individual, mediante entrega ao encarregado da recepção, que será obrigatoriamente identificado, ou, sendo necessário, por oficial de justiça, independentemente de mandado ou carta precatória, ou ainda por qualquer meio idôneo de comunicação".

Em que pese a previsão legal expressa quanto ao gerenciamento da pauta de audiências do JECrim e suas respectivas intimações, em várias Comarcas se verifica o gerenciamento da pauta sendo feito pela Polícia Civil e, em situações mais espantosas, pela Polícia Militar. Dessa forma, agentes policias são deslocados de suas atividades de polícia judiciária para organizar e intimar as partes à audiência preliminar do JECrim.

Trata-se de evidente descaso pelas atribuições da polícia judiciária. A audiência preliminar é ato judicial, a ser realizado nas dependências do Poder Judiciário, devendo a sua realização ser viabilizada pelo seu quadro de funcionários, nos termos da lei. Não há dispositivo legal que imponha essa tarefa à Polícia Civil.

A Lei 9.099/95 foi concebida sob o ideal da *apresentação imediata*, o que a prática demonstrou não ser possível, sendo que desconhecemos Comarcas que possuam JECrim de plantão a qualquer hora do dia ou da noite. Dessa forma, formalizado o termo circunstanciado, nos termos do art. 69, o expediente deve ser remetido sem demora (imediatamente) ao Poder Judiciário para que este empregue o rito estabelecido na lei, intimando-se as partes para a audiência preliminar.

Não há que se deslocar policiais civis para essa finalidade. O Poder Judiciário conta com profissionais específicos para a consecução de cada uma das suas atividades, possuindo uma estrutura indiscutivelmente maior do que a polícia judiciária, não sendo sequer razoável que esta canalize seus esforços executando tarefas estranhas às suas atribuições.

Logicamente que, como, via de regra, a vítima está presente no ato do registro da ocorrência policial, formalizada na Delegacia de Polícia, havendo a concordância da autoridade policial, pode a Polícia Civil, em colaboração ao Poder Judiciário, realizar a sua intimação à audiência preliminar, pois, nesse caso, não há, a nosso ver, prejuízo às atribuições da polícia judiciária ou desvio de função.

Entretanto, tal ato deve ser consentido pelo delegado de polícia e isento de qualquer ônus à polícia judiciária, não se admitindo, por exemplo, que os agentes policiais tenham que sair atrás do autor do fato para intimá-lo da audiência (medida que deverá ser complementada pelos serventuários da justiça), ou, então, que o termo circunstanciado retorne à Delegacia de Polícia para nova intimação, caso a audiência preliminar não se realize na data determinada.

13. AUDIÊNCIA DE INSTRUÇÃO E JULGAMENTO

Art. 77. Na ação penal de iniciativa pública, quando não houver aplicação de pena, pela ausência do autor do fato, ou pela não ocorrência da hipótese prevista no art. 76 desta Lei, o Ministério Público oferecerá ao Juiz, de imediato, denúncia oral, se não houver necessidade de diligências imprescindíveis.

§1º Para o oferecimento da denúncia, que será elaborada com base no termo de ocorrência referido no art. 69 desta Lei, com dispensa do inquérito policial, prescindir-se-á do exame do corpo de delito quando a materialidade do crime estiver aferida por boletim médico ou prova equivalente.

§2º Se a complexidade ou circunstâncias do caso não permitirem a formulação da denúncia, o Ministério Público poderá requerer ao Juiz o encaminhamento das peças existentes, na forma do parágrafo único do art. 66 desta Lei.

§3º Na ação penal de iniciativa do ofendido poderá ser oferecida queixa oral, cabendo ao Juiz verificar se a complexidade e as circunstâncias do caso determinam a adoção das providências previstas no parágrafo único do art. 66 desta Lei.

Superação da fase preliminar: Não havendo conciliação (consenso por composição dos danos ou transação), haverá o início da ação penal.

Denúncia oral: A denúncia deve ser oferecida, tão logo frustrada a fase da conciliação. O dispositivo prevê que a denúncia seja *imediata e oral*, sendo reduzida a termo. Anote-se que a denúncia deve satisfazer os requisitos do art. 41 e do art. 395, ambos do Código de Processo Penal, sob pena de rejeição.

Diligências imprescindíveis: É uma *possibilidade excepcional*, já que, como regra, o rito sumaríssimo é incompatível com requisições, uma vez que se orienta pelos princípios da economia, simplicidade e celeridade, não havendo que se falar em retorno dos autos à polícia judiciária, por exemplo, para formalização de atos que busquem simplesmente a *confirmação daquilo que já se sabe*. As requisições devem ser aceitas no procedimento sumaríssimo tão somente quando o termo circunstânciado não for corretamente confeccionado[44], faltando algumas das exigências legais previstas no art. 69, *caput*. Dessa forma, se houver a *descrição pormenorizada dos fatos*, com os *documentos relevantes* que permitam a sua compreensão e *identificação das partes envolvidas*, não há fato que impeça o oferecimento da denúncia ou queixa.

Requisições para inquirição de testemunhas: Não são cabíveis. O rito é *incompatível com duplicidade de oitivas* (na polícia e no judiciário), o que vai de encontro com os princípios norteadores do procedimento, ressalvado raríssimos casos onde a inquirição das testemunhas seja imprescindível à compreensão do fato. Nesse ponto remetemos à leitura do ponto 15.

Denúncia elaborada com base no termo de ocorrência: A ação penal deve ser iniciada com base no termo circunstanciado da ocorrência (§1º), que deve conter os elementos essenciais (art. 69) que permitam a compreensão do fato e formulação da denúncia ou queixa.

Rol de testemunhas: A lei é omissa.

Não há previsão legal quanto ao número de testemunhas que devem ser arroladas. Dessa forma, entendemos que, diante da celeridade e agilidade que orientam o JECrim, o número de testemunhas deve ser gradativamente diminuído em relação aos procedimentos ordinário (8 testemunhas) e sumário (5 testemunhas) previstos no Código de Processo Penal. Logo, é razoável que sejam arroladas até 3 testemunhas por cada parte[45]. Em sentido contrário, Guilherme de Souza Nucci[46] diz que devem ser observadas as mesmas regras do Código de Processo Penal, sendo admitidas 5 ou 8 testemunhas, de acordo com a pena da infração penal. Situação peculiar ocorre quando eventuais testemunhas não tiverem sido referidas pela vítima na formalização do termo circunstanciado de ocorrência. Nesse caso, deve o promotor de justiça perquirir a vítima, na audiência preliminar, antes do oferecimento da denúncia, sobre a existência de eventuais testemunhas, as quais

44. NUCCI, Guilherme de Souza. Leis Penais e Processuais Penais Comentadas. Volume II, Rio de Janeiro: Forense, 2017, p. 554.
45. Essa é, inclusive, a previsão da Lei 9.099/95 quanto ao JECivil (art. 34).
46. NUCCI, Guilherme de Souza. Leis Penais e Processuais Penais Comentadas. Volume II, Rio de Janeiro: Forense, 2017, p. 554.

poderão ser arroladas na peça inicial[47]. Se o fato não tiver testemunhas, entretanto, não há o que ser arrolado, não sendo causa de rejeição da peça inicial, nesse caso.

Dispensa de inquérito: A dispensa do inquérito vai ao encontro da celeridade, informalidade, economia e simplicidade, pois se trata de procedimento formal e com tramite mais lento.

Exame de corpo de delito: Dispensa-se exame de corpo de delito, sendo suficiente boletim médico ou documento equivalente. Ainda que o dispositivo se refira a dispensa do exame de corpo de delito para o *oferecimento da denúncia*, entendemos que o documento é dispensável inclusive para o *julgamento da causa*, pois a sentença deve ser proferida na própria audiência (art. 81). É nesse aspecto que o procedimento sumaríssimo se difere do rito comum, que também possibilita o *oferecimento da denúncia* independentemente da existência de exame de corpo de delito (desde que haja documento equivalente), porém, para a condenação, em regra, é imprescindível o laudo pericial oficial.

Complexidade e circunstâncias da causa: Trata-se de hipóteses em que se admite a modificação da competência do JECrim para o rito comum, pois *inviabilizariam a agilidade do procedimento*, que é um mandamento constitucional, já que a própria constituição estabelece a sua sumarização. Essas condições impostas pela lei, como modificadoras da competência do JECrim, se verificam, por exemplo, quando o fato conta com vários autores ou vítimas; quando a autoria é desconhecida e demanda investigações extraordinárias; quando a materialidade do fato depender de perícia técnica especial; etc.

Verificação da complexidade: Cabe tanto ao titular da ação penal, quanto ao juiz, devendo ser devidamente apontada e fundamentada, possibilitando a adoção de medidas por aquele que discordar. A decisão cabe sempre ao juiz, sendo cabível correição parcial[48] à parte desagradada, pois há apenas duas hipóteses, i.e., ou o juiz remete os autos ao rito comum de ofício ou indefere o pedido das partes.

Pedido do Ministério Público e discordância do juiz: No caso de o promotor requerer a remessa dos autos ao rito comum e o juiz discordar, cremos que deve indeferir o pedido. Ainda que pudesse ocorrer a *remessa dos autos à instância de revisão*, nos termos do art. 28 do CPP, parece-nos que acarretaria uma demora *desarrazoada no rito sumaríssimo*, devendo o juiz proferir a sua decisão, deixando que o Ministério Público maneje a correição parcial, caso entenda que, de fato, há *erro in procedendo*.

Verificação da complexidade pelo delegado: É possível. Caso o delegado de polícia verifique no ato do registro da ocorrência que o fato é complexo (pela inexistência de autoria ou necessidade de perícia técnica especial), *ex officio*, deve determinar a instauração de inquérito policial para a apuração do fato, ainda que, na essência, se trate de infração de menor potencial ofensivo.

Art. 78. Oferecida a denúncia ou queixa, será reduzida a termo, entregando-se cópia ao acusado, que com ela ficará citado e imediatamente cientificado da designação de dia e hora para a audiência de instrução e julgamento, da qual também tomarão ciência o Ministério Público, o ofendido, o responsável civil e seus advogados.

§1º Se o acusado não estiver presente, será citado na forma dos arts. 66 e 68 desta Lei e cientificado da data da audiência de instrução e julgamento, devendo a ela trazer suas testemunhas ou apresentar requerimento para intimação, no mínimo cinco dias antes de sua realização.

§2º Não estando presentes o ofendido e o responsável civil, serão intimados nos termos do art. 67 desta Lei para comparecerem à audiência de instrução e julgamento.

§3º As testemunhas arroladas serão intimadas na forma prevista no art. 67 desta Lei.

Citação na audiência preliminar: Via de regra, as partes se fazem presentes na audiência preliminar, de modo que a citação do imputado ocorre tão logo oferecida a denúncia, na própria audiência. Entretanto, como a sua presença é facultativa, caso esteja ausente, será citado por oficial de justiça (§2º).

Apresentação das testemunhas: A determinação da lei é que o acusado compareça à audiência de instrução com as suas testemunhas, ou, então, apresente requerimento para intimação até 5 dias antes. Logicamente, que, optando por comparecer à audiência de instrução com as testemunhas, a acusação não terá conhecimento prévio, o que é decorrência da agilidade e celeridade do rito.

47. Lembre-se que é imprescindível da presença do Ministério Público na audiência preliminar (art. 72), não somente para a conciliação (transação penal), mas também para angariar os elementos indispensáveis à ação penal que possam ser colhidos diretamente com a vítima, em homenagem à celeridade e simplicidade.

48. Pensamos ser cabível também, excepcionalmente, o mandado de segurança.

Intimação das testemunhas: Pode ser feita do modo mais rápido e eficiente possível. Recomendamos a leitura dos comentários feitos ao art. 67.

Carta precatória: Não há impedimento, mas deve-se ter cuidado. Diante da celeridade do rito deve ser avaliada a efetiva necessidade de expedição de cartas precatórias à oitiva de testemunhas que residirem em outra Comarca. Se as declarações não forem imprescindíveis à busca pela verdade cremos que sua oitiva deve ser dispensada. Caso se trate de *testemunhas da acusação*, como o rol é exposto na denúncia ou queixa, convém que se determine a expedição das cartas precatórias tão logo a inicial seja recebida, pois, quando da audiência de instrução e julgamento, as precatórias já precisam estar devidamente juntadas aos autos, sob pena de causar indesejável atraso. Caso se trate de *testemunhas de defesa*, como o rol pode ser apresentado até cinco dias antes da audiência de instrução e julgamento, a remessa de precatórias deve ser muito bem avaliadas pelo juiz, sob pena de a defesa utilizar esse expediente para postergar o julgamento do processo e, quiçá, obter-se uma extinção da punibilidade pela prescrição.

Responsável civil: Não precisa ir à audiência de instrução, salvo se for testemunha do fato ou quando não se tornar possível a tentativa de conciliação na audiência preliminar (art. 79).

> **Art. 79. No dia e hora designados para a audiência de instrução e julgamento, se na fase preliminar não tiver havido possibilidade de tentativa de conciliação e de oferecimento de proposta pelo Ministério Público, proceder-se-á nos termos dos arts. 72, 73, 74 e 75 desta Lei.**

Nova tentativa de conciliação: Antes de se iniciar a audiência de instrução e julgamento, haverá nova tentativa de composição dos danos e transação penal, caso não tenha sido possível na fase preliminar. Veja-se que a possibilidade somente ocorre *quando não realizada a tentativa de conciliação na fase preliminar*, pois do contrário é *irrazoável a insistência*, havendo um constrangimento às partes.

> **Art. 80. Nenhum ato será adiado, determinando o Juiz, quando imprescindível, a condução coercitiva de quem deva comparecer.**

Adiamento da audiência: Não deve existir, salvo raríssimos casos. Para evitar o adiamento, a lei determina a condução coercitiva dos faltantes. Anote-se que, em cidades muito grandes, por vezes, se torna mais viável adiar o ato do que propriamente aguardar a condução coercitiva daquele que deveria comparecer.

Condução coercitiva da vítima: É possível, mas somente deve ser determinada quando sua *presença for imprescindível* (promover reconhecimento do autor) ou quando suas *declarações forem fundamentais*, pois, em regra, sua palavra já integra o termo circunstanciado de ocorrência, documento que pode ser utilizado como elemento complementar para fundamentar a decisão judicial (art. 155, CPP). Aliás, o art. 201 do CPP, que se aplica subsidiariamente, não obriga a inquirição da vítima, mas determina que seja realizada "sempre que possível". Logo, caso não se torne possível, sua oitiva pode ser dispensada. E, frisamos, caso a ausência injustificada da vítima comprometa a formação da prova ou a agilidade do procedimento, deve a sua manifestação de descaso ser vista como desinteresse pela persecução penal, extinguindo-se o processo. Nesse caso, se a ação for privada, pode-se cogitar aplicação do art. 60, III, do CPP (perempção) e, se a ação for pública condicionada à representação, sustentamos a ocorrência de *perempção imprópria*. Não se olvide que, nas infrações de menor potencial ofensivo, o interesse primordial do Estado não é a punição, mas a valorização da vítima, havendo clara privatização do direito penal[49], de modo que se esta demonstrar desinteresse pela causa, o processo deve ser arquivado.

Condução coercitiva de testemunhas: É possível.

Condução coercitiva do acusado: O Supremo Tribunal Federal sedimentou entendimento de que não é possível a condução coercitiva do acusado para interrogatório, (ADPF 395 e ADPF 444). Dessa forma, a condução do acusado somente é admitida para *atos que não possam ser realizados sem a sua presença*, v.g., reconhecimento pessoal.

> **Art. 81. Aberta a audiência, será dada a palavra ao defensor para responder à acusação, após o que o Juiz receberá, ou não, a denúncia ou queixa; havendo recebimento, serão ouvidas a vítima e as testemunhas de acusação e defesa, interrogando-se a seguir o acusado, se presente, passando-se imediatamente aos debates orais e à prolação da sentença.**

49. Remetemos à leitura do ponto 6.

§1º Todas as provas serão produzidas na audiência de instrução e julgamento, podendo o Juiz limitar ou excluir as que considerar excessivas, impertinentes ou protelatórias.

§2º De todo o ocorrido na audiência será lavrado termo, assinado pelo Juiz e pelas partes, contendo breve resumo dos fatos relevantes ocorridos em audiência e a sentença.

§3º A sentença, dispensado o relatório, mencionará os elementos de convicção do Juiz.

Defesa preliminar oral: Há previsão de *defesa prévia oral* (resposta à acusação) antes de o juiz decidir se recebe ou não a inicial.

Defesa preliminar escrita: A *defesa preliminar escrita*, tal como se dá com a denúncia, pode ser admitida se apresentada no ato da audiência. Nesse ato a defesa pode fazer qualquer alegação que interesse à sua tese.

Recebimento da inicial: Segundo Guilherme de Souza Nucci[50], nos casos em que há defesa preliminar (antes do recebimento), a decisão de receber a inicial, ou não, deve ser ato fundamentado, sob pena de nulidade, pois, do contrário, estaria o juiz apenas ignorando as alegações defensiva com o tradicional "recebo a inicial".

Absolvição sumária: É possível (ver ponto 14).

Ordem de inquirição: Em primeiro lugar ouve-se a vítima; depois as testemunhas da acusação; na sequência as testemunhas da defesa; e, por último, o acusado. A inversão da ordem (v.g., remessa de carta precatória ainda não juntada aos autos ou atraso na condução de testemunha da acusação) é causa de nulidade relativa, devendo haver demonstração de prejuízo e arguição em momento oportuno (STF, 85.271).

Direito ao silêncio: Logicamente, é garantido ao acusado. Se este não desejar ser interrogado, sua vontade deve ser respeitada.

Hiperconcentração dos atos probatórios: Todas as provas devem ser produzidas nessa oportunidade, i.e., na audiência de instrução e julgamento. Ou seja, as provas serão produzidas numa só audiência, podendo o juiz indeferir provas que considerar excessiva, impertinente ou protelatória (§1º), sendo que nenhum ato será adiado, possibilitando-se a condução coercitiva dos faltantes (art. 80).

50. NUCCI, Guilherme de Souza. Leis Penais e Processuais Penais Comentadas. Volume II, Rio de Janeiro: Forense, 2017, p. 560.

Limitação da prova pelo juiz: O juiz pode limitar ou excluir provas excessivas, impertinentes e protelatórias.

Redução a termo: Todos os atos serão reduzidos a termo.

Gravação dos atos: É o ideal (art. 65, §3º).

Sentença: É dispensado o relatório.

Deve haver apenas a fundamentação e o dispositivo.

Art. 82. Da decisão de rejeição da denúncia ou queixa e da sentença caberá apelação, que poderá ser julgada por turma composta de três Juízes em exercício no primeiro grau de jurisdição, reunidos na sede do Juizado.

§1º A apelação será interposta no prazo de dez dias, contados da ciência da sentença pelo Ministério Público, pelo réu e seu defensor, por petição escrita, da qual constarão as razões e o pedido do recorrente.

§2º O recorrido será intimado para oferecer resposta escrita no prazo de dez dias.

§3º As partes poderão requerer a transcrição da gravação da fita magnética a que alude o §3º do art. 65 desta Lei.

§4º As partes serão intimadas da data da sessão de julgamento pela imprensa.

§5º Se a sentença for confirmada pelos próprios fundamentos, a súmula do julgamento servirá de acórdão.

Recurso: Da rejeição da inicial[51] e da sentença cabe *apelação*[52].

Forma: A apelação deve ser *escrita*. Não há sustentação oral.

Prazo para apelação: 10 dias.

Prazo das contrarrazões: 10 dias.

Prazo em dobro: A *Defensoria Pública* possui prazo em dobro na esfera penal (STJ, AgRg no HC 146.823). O *Ministério Público* não possui prazo em dobro na esfera penal (STJ, EREsp 1.187.91).

Contagem do prazo: Aplica-se subsidiariamente a regra do art. 798, *caput* e §1º, do CPP, de modo

51. Lembre-se que no Código de Processo Penal (art. 581, inc. I), o recurso cabível contra a rejeição da denúncia é o *recurso em sentido estrito*.

52. Lembre-se que também cabe recurso de apelação das decisões de homologação da transação e não homologação da transação (art. 76, §5º).

que "os prazos serão contínuos e peremptórios, não se interrompendo por férias, domingo ou dia feriado", sendo que "não se computará o dia do começo, incluindo-se o do vencimento".

Turma Recursal: É o órgão competente para julgar a apelação. Caso não tenham sido criadas as turmas recursais, o juízo *ad quem* continua sendo o TJ, ou TRF, conforme o caso.

Composição da Turma Recursal: A Turma Recursal é composta por três juízes de primeiro grau (art. 98, I, da CF).

Duplo Reexame: Diante da peculiaridade dos juizados especiais criminais, não há subordinação deles aos Tribunais de Justiça (justiça estadual) ou aos Tribunais Regionais Federais (justiça federal). O modelo dos juizados especiais não se rege pelo duplo grau de jurisdição, mas pelo critério do *duplo reexame*, que se realiza no âmbito do primeiro grau de jurisdição (STF, RE 586.789).

Transcrição de gravação: O art. 82, §3°, estabelece que as partes poderão requerer a transcrição da fita magnética na qual foram gravados os atos realizados na audiência de instrução. Renato Brasileiro de Lima[53] entende que esse dispositivo, além de inconstitucional, por afrontar o princípio da oralidade e da economia processual, foi revogado tacitamente pelo art. 405, §2°, do CPP. Parece-nos assistir razão ao autor referido, sendo esse também o nosso entendimento, de modo que a transcrição da fita magnética, além de ser desnecessária, já que as partes terão direito ao conteúdo da gravação, afronta a razoável duração do processo, tendo em vista a agilidade e celeridade do procedimento sumaríssimo.

Transcrição para apuração de falso testemunho: Frisamos que a única razão a se determinar a transcrição do conteúdo da fita magnética, conforme leciona Guilherme de Souza Nucci, seria no caso de o documento impresso possuir uma finalidade específica[54], v.g., solicitar a apuração do crime de falso testemunho à autoridade policial.

Intimação pela imprensa: É a regra no JECrim. Dessa forma, ainda que o Ministério Público e a Defensoria Pública possuam a prerrogativa da intimação pessoal nas suas leis de regência, no JECrim vale a regra especial, sendo as intimações todas pela imprensa (STF, HC 76.915; STJ, HC 105.548 e RHC 79.148).

53. LIMA, Renato Brasileiro de. Legislação Criminal Especial Comentada. Salvador: Juspodivm, 2015, p. 250.

54. NUCCI, Guilherme de Souza. Leis Penais e Processuais Penais Comentadas. Volume II, Rio de Janeiro: Forense, 2017, p. 566.

Art. 83. Cabem embargos de declaração quando, em sentença ou acórdão, houver obscuridade, contradição ou omissão.

§1° Os embargos de declaração serão opostos por escrito ou oralmente, no prazo de cinco dias, contados da ciência da decisão.

§2° Os embargos de declaração interrompem o prazo para a interposição de recurso.

§3° Os erros materiais podem ser corrigidos de ofício.

Embargo de declaração: Se destina a integrar decisões com falta de clareza (obscuridade), conflito entre afirmações (contradição) ou ausência de informação (omissão).

Forma: Podem ser escritos ou orais.

Interrupção do prazo: Os embargos declaratórios interrompem o prazo para a apelação.

Erros materiais: Podem ser corrigidos de ofício.

Não há necessidade de embargos declaratórios nesse caso.

14. ABSOLVIÇÃO SUMÁRIA

Aplicação: De acordo com a redação do art. 394, §4°, do CPP, "as disposições dos arts. 395 a 398 deste Código aplicam-se a todos os procedimentos penais de primeiro grau, *ainda que não regulados neste Código*". Logo, é possível o julgamento antecipado do processo relativamente às infrações de menor potencial ofensivo por meio da *absolvição sumária*[55]. Conforme referimos nos comentários ao art. 76, *caput*, a verificação acerca da *justa causa para a ação penal*, deve preceder à análise da conciliação, de modo que, sendo caso de arquivamento, este deve ser promovido. A simplificação do procedimento não afasta a necessidade de análise dos requisitos do art. 41 e do art. 395, ambos do Código de Processo Penal.

55. Art. 397 do CPP: "Após o cumprimento do disposto no art. 396-A, e parágrafos, deste Código, o juiz deverá absolver sumariamente o acusado quando verificar: I - a existência manifesta de causa excludente da ilicitude do fato; II - a existência manifesta de causa excludente da culpabilidade do agente, salvo inimputabilidade; III - que o fato narrado evidentemente não constitui crime; ou IV - extinta a punibilidade do agente".

Recurso: Contra a absolvição sumária cabe *apelação*, pois se trata de sentença definitiva proferida por juiz singular (art. 593, I, CPP). Registramos que Renato Brasileiro de Lima[56] leciona que, quando a absolvição sumária ocorrer com base em *causa extintiva da punibilidade*, o recurso cabível seria o *recurso em sentido estrito* (art. 581, VIII, do CPP), aplicável de forma subsidiária (art. 92 da Lei nº 9.099/95), uma vez que, nessa hipótese, a decisão não tem natureza absolutória, mas *declaratória*.

15. REQUISIÇÕES DE DILIGÊNCIAS À POLÍCIA JUDICIÁRIA NO JECRIM

Partindo-se dos princípios e regras que norteiam o rito sumaríssimo, através da sua interpretação teleológica, é possível verificar a incompatibilidade de requisições para oitivas e interrogatórios pela polícia judiciária na fase preliminar da persecução penal. A Lei 9.099/95, por determinação constitucional (art. 98, I, CF), instituiu no ordenamento jurídico o JECrim, ancorado, entre outros, nos princípios da simplicidade, celeridade e economia dos atos procedimentais.

Esse contingenciamento de atos, por óbvio, não pode suprimir caros princípios do processo penal, como os do contraditório e da ampla defesa, razão pela qual, após a denúncia, com o processo penal iniciado, ainda que se prime pelos princípios do procedimento sumário, deverá haver a harmonização para que tudo se desenvolva de acordo com o devido processo legal.

A legislação em comento é um microssistema que confere nova roupagem à apuração das infrações de menor potencial ofensivo, simplificando o sistema de justiça criminal por meio de um rito célere e se utilizando dos chamados institutos despenalizadores, como a composição civil, a transação penal e a suspensão condicional do processo, implementando um verdadeiro sistema de *nolo contendere*[57].

Nessa esteira, a Lei 9.099/95 tentou tornar a justiça criminal mais dinâmica quanto às infrações penais abarcadas pelo rito sumaríssimo. Frise-se que, de acordo com o regramento estabelecido, todos os crimes e contravenções penais cuja responsabilidade é apurada por termo circunstanciado fazem parte desse rol, devendo observar à sumarização procedimental.

O termo circunstanciado é um procedimento investigatório[58] que está a cargo da polícia judiciária[59] para angariar elementos mínimos de autoria e materialidade nas infrações de menor potencial ofensivo, substituindo nesses casos o inquérito policial, sem a necessidade de elaboração de termos de declarações ou mesmo de realização do tradicional interrogatório presente no Código de Processo Penal, como bem observa Antônio Henrique Graciano Suxberger[60].

Trata-se de um registro feito pela autoridade onde fica concatenado todos os elementos de informação sobre o fato que chegou ao seu conhecimento, i.e., em lugar do conjunto do termo de oitivas prestadas diante de si, a autoridade apenas narra o que lhe chegou ao conhecimento[61], devendo descrever o fato e informar os meios de prova que poderão ser utilizados em juízo.

A preparação sumária desses elementos mínimos está descrita de forma clara na Lei 9.099/95, de modo que o termo circunstanciados e consubstancia na própria *informatio delicti*, i.e., instrumento destinado a fornecer os elementos de informação para que o promotor de justiça possa ingressar em juízo[62], sendo que, como corolário lógico desse microssistema, o termo circunstanciado deve ser remetido à justiça incontinenti a sua formalização, salvo quando a ausência de dado essencial inviabilizar a identificação das partes ou a compreensão dos fatos.

A lei determina que o termo circunstanciado deve ter o detalhamento dos fatos, tais como: a) local, data e horário; b) natureza da ocorrência; c) possível tipificação legal; d) nome e qualificação da

56. LIMA, Renato Brasileiro de. Legislação Criminal Especial Comentada. Salvador: Juspodivm, 2015, p. 246-247.
57. STF, Inq. 3.715, rel. min. Celso de Mello, j. 13.10.2014.
58. Sugerimos a leitura do ótimo artigo escrito pelo professor Henrique Hoffmann, intitulado "Termo circunstanciado deve ser lavrado pelo delegado, e não pela PM ou PRF". Disponível em: http://www.conjur.com.br/2015-set-29/academia-policia-termo-circunstanciado-lavrado-delegado.
59. STF, Pleno, RE 702.617, rel. min. Luiz Fux, p. 31/08/2012.
60. SUXBERGER, Antônio Henrique Graciano. Juizados Especiais Criminais – Lei 9.099/1995. Em Leis Penais Especiais. 2ª edição. Coordenadores: Rogério Sanches Cunha, Ronaldo Batista Pinto, Renee do Ó Souza. Salvador: Juspodivum, 2019, p. 525, p. 1051.
61. SUXBERGUER, Antônio Henrique Graciano. Juizados Especiais Criminais – Lei 9.099/1995. Em Leis Penais Especiais. 2ª edição. Coordenadores: Rogério Sanches Cunha, Ronaldo Batista Pinto, Renee do Ó Souza. Salvador: Juspodivum, 2019, p. 525, p. 1051.
62. LIMA, Renato Brasileiro de. Legislação Criminal Especial Comentada. 7ª edição. Salvador: Juspodivum, 2019, p. 525.

vítima, com resumo de suas declarações, permitindo a compreensão do fato; e) nome e qualificação do imputado; f) nome e qualificação de testemunhas, se houver; g) indicação de eventuais exames periciais requisitados; h) informação sobre a vida pregressa do imputado.

Nos termos da lei em estudo, com essas informações, é dever legal do delegado de polícia remeter imediatamente o procedimento ao Juizado Especial para que se dê o devido andamento, evitando-se a "cartorização" do procedimento.

Logicamente, como lembra Suxberger[63], o termo circunstanciado, cuja simplicidade orienta a sua definição como o minudenciamento do histórico lançado no boletim de ocorrência, deve permitir ao promotor de justiça possuir dados suficientes para oferecer a proposta de transação penal, requerer o seu arquivamento ou, então, oferecer a denúncia oral.

Já adiantamos, nessa toada, que, quando o termo circunstanciado não for corretamente elaborado, i.e., quando não apresentar os dados determinados pela lei, inviabilizando a compreensão dos fatos e, consequentemente, a formação da opino delicti pelo órgão do Ministério Público, pensamos ser cabível a requisição ministerial para que a autoridade policial preste maiores detalhes do fato, pois nesse caso faltariam os elementos imprescindíveis que deveriam estar presentes.

Apresentada a tese, cumpre-nos, agora, escorá-la na lei.

Pois bem, a apuração das infrações de menor potencial ofensivo deve se dar nos exatos termos da Lei 9.099/95, sendo que, na fase preliminar, o delegado de polícia que tomar conhecimento da infração penal deve lavrar termo circunstanciado e encaminhá-lo imediatamente ao Juizado Especial Criminal, com o autor do fato e a vítima, providenciando-se os exames periciais necessários (art. 69).

A Lei determina que a autoridade policial instaure o procedimento e remeta imediatamente ao Juizado Especial Criminal, devendo: a) identificar autor e vítima; e b) providenciar exames e perícias necessários à demonstração do fato. É importante salientar que o artigo inaugural da Seção II, onde trata da fase preliminar do procedimento, não faz referência à inquirição de testemunhas, que, conforme veremos, possui regramento específico na lei, afastando, assim, a regra de instrução atinente ao inquérito policial, prevista no art. 6ºdo Código de Processo Penal (art. 92). Aliás, o termo circunstanciado vem exatamente para substituir o inquérito e sua necessária formalização de atos investigatórios.

Renato Brasileiro de Lima[64] leciona que o termo circunstanciado "é um relatório sumário da infração de menor potencial ofensivo, contendo a identificação das partes envolvidas, a menção a infração praticada, bem como todos os dados básicos e fundamentais que possibilitem a perfeita individualização dos fatos, a indicação das provas, com rol de testemunhas, quando houver, e, se possível, um croqui, na hipótese de acidente de trânsito, visando a formação da *opinio delicti* pelo titular da ação penal".

A Lei 9.099/95 em momento algum refere a oitiva de testemunhas na fase preliminar do procedimento sumaríssimo, sendo que as oitivas ocorrem única e diretamente em juízo (art. 78, §3°), cabendo ao delegado de polícia apenas arrolar eventuais testemunhas (art. 67) referidas pela vítima, a fim de que sejam intimadas (art. 81, *caput*) à audiência do Juizado, havendo determinação expressa no sentido de que todas as provas serão produzidas na audiência de instrução e julgamento (art. 81, §1°).

Nesse ínterim, eventuais testemunhas indicadas pela vítima ou pelo autor devem ser ouvidas única e diretamente no Juizado Especial, nos termos do rito processual estabelecido, não havendo duplicidade de oitivas ou exaurimento da prova na fase preliminar, o que transformaria o termo circunstanciado em um mini-inquérito, colidindo frontalmente com o que preconiza a Lei 9.099/95.

Faz-se um aparte para frisar que, se nem mesmo o inquérito policial é o momento para o exaurimento de elementos informativos e eventuais provas, contentando-se com a existência de elementos mínimos de autoria e prova da materialidade, com muito menos razão seria o termo circunstanciado, regido por um rito extremamente célere.

Logicamente, é recomendável que na prática, o delegado de polícia seja cauteloso, orientando que o histórico de registro de ocorrência seja descrito de modo a permitir a compreensão do fato delituoso,

63. SUXBERGUER, Antônio Henrique Graciano. Juizados Especiais Criminais – Lei 9.099/1995. Em Leis Penais Especiais. 2ª edição. Coordenadores: Rogério Sanches Cunha, Ronaldo Batista Pinto, Renee do Ó Souza. Salvador: Juspodivum, 2019, p. 525, p. 1051.

64. LIMA, Renato Brasileiro de. Legislação Criminal Especial Comentada. 7ª edição. Salvador: Juspodivum, 2019, p. 525.

descrevendo de forma clara a ação criminosa e todas as suas circunstâncias, a fim de propiciar ao órgão do Ministério Público o oferecimento da denúncia, a qual, conforme expressa previsão legal, deve ser oferecida com base no registro de ocorrência (art. 77, §1°) e, em tese, na audiência, de forma oral, salvo a necessidade de diligências imprescindíveis (art. 77, *caput*).

Não há dúvidas sobre o rito eleito, a lei é clara no sentido de que a denúncia deve ser oferecida com base termo da ocorrência referido no artigo 69. Assim, a inquirição de testemunhas visando a corroboração da versão das partes, não integra o rol de diligência imprescindíveis do rito sumaríssimo, tratando-se de material probatório que deve ser produzido diretamente no Juizado Especial.

Dessa forma, as diligências imprescindíveis aludidas no art. 77, que permitem o não oferecimento da denúncia oral, não dizem respeito à oitiva de testemunhas, pois essa providência tem tratamento especial na lei, sendo meio de prova a ser produzido em Juízo.

Se o termo circunstanciado for corretamente elaborado e enviado ao Juizado Especial, com as informações necessárias à compreensão do fato e com os laudos relevantes para demonstrar a existência e materialidade da infração penal, nada poderia impedir a realização da audiência de conciliação, nem a proposta de transação penal e ainda mesmo o oferecimento da denúncia. A inferência é que, como bem observa Guilherme de Souza Nucci[65] a necessidade dessas diligências imprescindíveis deve ser encarada como exceção e não como regra.

Aliás, ainda que sejam realizadas pela autoridade policial, as oitivas deverão obrigatoriamente ser realizadas repetidamente em juízo, em respeito ao princípio do contraditório. E, se estes procedimentos dúplices forem levados a efeito no procedimento sumaríssimo, se estará ignorando todos os princípios sob os quais se funda a Lei 9.099/95.

Portanto, as diligências imprescindíveis referidas na lei são aquelas que impediriam a descrição do fato na inicial acusatória, determinadas no artigo 69, inviabilizando sua compreensão para formulação da denúncia, i.e., fato não descrito de forma clara no termo da ocorrência, não identificação do autor do fato e da vítima, ou ausência de elementos necessários à materialidade da infração.

Frise-se que, além disso, primando pela celeridade e economia, para o oferecimento da denúncia não é necessário o exame do corpo de delito quando a materialidade do crime estiver aferida por boletim médico ou prova equivalente (art. 77, §1°, *fine*), o que leva a conclusão de que esta diligência – exame pericial oficial – também não se insere nas diligências imprescindíveis.

Atente-se para o fato de que, a fim de evitar a demora da jurisdição e a indevida instrução de termos circunstanciados, transformando-se o expediente em um inquérito policial disfarçado, a lei estabelece que, após a audiência de conciliação, caso verificada complexidade ou circunstâncias, o promotor de justiça pode requerer que o expediente seja encaminhado ao Juízo Comum (77, §2°)[66].

Frisamos, aqui, que a competência dos Juizados Especiais Criminais é fixada pela natureza da infração, i.e., ser infração de menor potencial ofensivo e pela inexistência de complexidade ou circunstância que desloque a causa para o juízo comum. Essas condições que possuem o condão de deslocar a competência do Juizado, ressalvadas as regras de conexão e continência (art. 60, *caput*), estão explicitadas no parágrafo único do art. 66, ao qual se refere expressamente o §2° do art. 77.

Nessa esteira, registre-se que a inquirição de testemunha, diligência que, com o perdão pela tautologia, possui regramento especifico na lei, não acarreta por si complexidade, pois do contrário, novamente, se estaria subvertendo o objetivo do legislador ao criar o rito dos Juizados Especiais Criminais.

E, anote-se: a complexidade ou circunstâncias de deslocamento da causa devem ser verificadas após a audiência preliminar (art. 77, §2°). A um, porque existe a possibilidade de aplicação dos institutos despenalizadores, o que tornaria ilógico qualquer ato instrutório, inclusive realizado em juízo. A dois, pois, primando pela celeridade, o intuito da lei é que pequenos pontos não esclarecidos ou dúvidas que não sejam dotadas de complexidade sejam esclarecidos na audiência preliminar, antes da denúncia oral, já

65. NUCCI, Guilherme de Souza. Leis penais e processuais penais comentadas. Volume 2. 10ª edição. Rio de Janeiro: Forense, 2017, p. 554.

66. Saliente-se que esse requerimento de deslocamento da competência feito pelo Ministério Público, que deve ser fundamentado, será analisado e decidido pelo juiz, já que se trata de hipótese de modificação da competência legal.

que, em regra, o órgão do Ministério Público estará diante de autor e vítima.

Por fim, a lei deixa claro que o rito é incompatível com a inquirição de testemunhas na fase preliminar quando preconiza, em relação ao imputado – que, em regra, não arrolou testemunhas na fase policial – que, quando não estiver presente no Juizado, será citado na forma dos artigos 66 e 68, cientificado da data de instrução e julgamento, devendo trazer suas testemunhas ou apresentar requerimento para intimação, no mínimo, cinco dias antes da audiência (art. 78, §1°).

O procedimento célere estabelecido pela lei, entre outros objetivos já colocados, visando a agilidade da prestação jurisdicional, visa impedir que a polícia judiciária despenda esforços com casos que, em regra, serão extintos sumariamente pelos institutos despenalizadores. Assim, deve ser requisitado pelo ministério público apenas diligências que sejam imprescindíveis à descrição do fato na inicial, que não sejam verificáveis pelo promotor na audiência preliminar (art. 69, *caput*, e 77, §1°).

É muito importante que o Ministério Público compreenda que, agindo com essa cautela, além de respeitar o procedimento legal, estará contribuindo para a agilidade do sistema de justiça criminal como um todo, pois obrará pelo julgamento célere das infrações de menor potencial ofensivo e, ao mesmo tempo, incentivará a polícia judiciária a concentrar suas ações nas infrações mais graves.

Assentadas essas premissas, demonstrado está que o procedimento sumaríssimo é incompatível com a inquirição de testemunhas na fase preliminar e salientamos que requisições à polícia judiciária, para realização de inquirições, não possuem lastro na lei.

Sobre a legalidade do conteúdo da requisição, cumpre registrar que, no processo penal brasileiro, tal instituto é conceituado como um *mandamento legal*. Partindo-se desse conceito, entende-se que, logicamente, qualquer requisição deva, independentemente da autoridade de que emanar, possuir lastro na lei, i.e., dispositivo que lhe confira legalidade e legitimidade, sob pena de se converter em um ato ilegal.

Dessa forma, pode-se dizer que qualquer requisição deve preencher um requisito básico: previsão legal. Não nos referimos aqui à previsão legal genérica quanto ao poder de requisitar, mas à previsão legal específica quanto à diligência objeto da requisição. É dizer que, além da previsão legal no que se refere a *quem* pode requisitar, deve haver previsão legal quanto ao *que* se pode requisitar.

Dito isso, ainda que não se discuta a legalidade do poder requisitório do Ministério Público, nem mesmo o dever do delegado em cumprir as requisições que lhe são destinadas (art. 13, II, CPP), é necessário analisar o lastro legal da diligência objeto de requisição, i.e., se a diligência possui previsão na lei.

Afinal, conforme referimos em outra oportunidade[67]:

> O fato de uma autoridade deter o poder requisitório não a autoriza a utilizá-lo para toda e qualquer diligência, deve haver um filtro de legalidade daquilo que se pretende requisitar. Deste modo, constituindo-se em um mandamento, somente pode ser objeto de requisição diligências que tenham previsão legal.
>
> Isso significa que, além de ser formalmente legal, a requisição deve ser materialmente legal, no sentido de que a análise de seu conteúdo deve se inserir na previsão de algum artigo de lei. O poder requisitório não pode ser exercido fora das hipóteses em que a lei lhe autoriza, sob pena de se transformar em uma ponte para a imposição de mandamento pessoal, sem lastro na lei. Trata-se de um limite e esse limite tem que ser a lei.

Esta preocupação ganha maior densidade agora com a vigência da nova lei de abuso de autoridade, a qual tipifica como crime a requisição sem amparo legal (art. 33, Lei 13.869/19), onde pensamos que os promotores de justiça devam se abster de realizar medidas deste jaez. Não se olvide que, no Estado Democrático de Direito, ninguém pode ser obrigado a fazer ou deixar de fazer alguma coisa, senão em virtude da lei (art. 5º, inciso II, CF/88).

Registramos, por importante que, ainda que tenha dois momentos distintos, o da investigação e o da ação penal, a persecução penal é una, indivisível, e possui um sistema lógico progressivo de atos. Logo, o procedimento não deve retroceder, salvo se ausente dado imprescindível que impeça seu desenvolvimento. Nessa esteira, atento à progressividade da persecução criminal, deve o delegado de polícia

67. GARCEZ, William. JÚNIOR, Joaquim Leitão. A problemática da requisição judicial no âmbito de medidas cautelares penais para oitivas de testemunhas/informantes e até mesmo interrogatórios: ausência de lastro legal. Disponível em: <https://meusitejuridico.editorajuspodivm.com.br/2020/04/16/problematica-da-requisicao-judicial-no-ambito-de-medidas-cautelares-penais-para-oitivas-de-testemunhasinformantes-e-ate-mesmo-interrogatorios-ausencia-de-lastro-legal/>. Acessado em 13 de junho de 2020.

verificar a legalidade e legitimidade de toda requisição que receba[68].

Notadamente, é muito importante que exista convivência harmônica entre todas as instituições encarregadas da persecução criminal, sem subordinação, onde cada autoridade esteja ciente das suas atribuições e responsabilidades e, acima de tudo, respeite os outros personagens que ombreiam pela mesma causa.

Posto isso, concluímos que no rito sumaríssimo existe lastro legal tão somente para requisições relativas às diligências imprescindíveis, determinadas no art. 69 da Lei 9.099/95, i.e., descrição pormenorizada da infração penal com sua provável subsunção penal, identificação do autor do fato e a vítima, requisição dos exames periciais necessários. Tais providências legais são obrigatórias à autoridade policial no ato da lavratura do termo circunstanciado.

Salientamos que o rito sumaríssimo é incompatível com a inquirição de testemunhas na fase pré-processual e, consequentemente, inexiste lastro legal na requisição ministerial para que o delegado de polícia realize interrogatório, oitiva de testemunhas ou informantes em termos circunstanciados. Nesse caso, deve a autoridade policial, fundamentadamente, rejeitar o seu cumprimento[69] e pensamos que os promotores devam se abster de medidas deste jaez.

Reforçamos que qualquer requisição que destoe do procedimento determinado pelo legislador, tumultuando o andamento processual e impondo uma obrigação não prevista na lei, é ilegal e ilegítima. Transcrevemos, por fim, a lição de Cavalcante[70], o qual leciona que "se a requisição do membro do Ministério Público for manifestamente ilegal, a autoridade policial não é obrigada a atendê-la, devendo, de forma motivada, recusar o cumprimento".

16. OUTRAS QUESTÕES RECURSAIS E JURISDICIONAIS IMPORTANTES

Recurso em sentido estrito: Ainda que a Lei 9.099/95 apenas faça referência à apelação e aos embargos declaratórios, é cabível outras espécies de recurso que não sejam incompatíveis com o rito sumaríssimo, v.g., interposição de recurso em sentido estrito no caso de declaração de extinção da punibilidade (art. 581, VIII, CPP).

Recurso Extraordinário: É cabível (STF, súmula 640).

O art. 102, III, da CF aceita em *qualquer decisão de última instância.*

Recurso Especial: Não é cabível (STJ, súmula 203).

O art. 105, III, da CF permite *apenas contra decisão de tribunais.*

***Habeas corpus* contra decisão do JECrim:** O julgamento caberá à Turma Recursal e não do Tribunal de Justiça. Trata-se de homenagem ao princípio da hierarquia jurisdicional (STJ, HC 30.155).

Mandado de segurança e decisão do JECrim: Aplica-se o mesmo raciocínio acima. O julgamento cabe à Turma Recursal e não do Tribunal de Justiça (STJ, súmula 376).

***Habeas corpus* contra decisão da Turma Recursal:** É possível e o julgamento cabe ao Tribunal de Justiça, ou Tribunal Regional Federal, conforme o caso (STF, HC 86.834; STJ, HC 369.717)[71].

Conflito entre JECrim e Juízo comum: Aplica-se a súmula 428 do STJ, a qual prevê que "compete ao Tribunal Regional Federal decidir os conflitos de competência entre juizado especial federal e juízo federal da mesma seção judiciária". Logicamente, se o conflito se der no âmbito estadual deverá ser dirimido pelo Tribunal de Justiça. Entretanto, sublinhe-se que, caso os juízes pertençam a Estados diversos, caberá ao STJ o julgamento do conflito (art. 105, I, "d", CF).

Conflito entre Turma recursal e Tribunal de Justiça: Deverá ser dirimido pelo Superior Tribunal de Justiça (STJ, CC 85.947).

68. GARCEZ, William. JÚNIOR, Joaquim Leitão. Aspectos essenciais ao controle de legalidade da requisição de diligências em sede de investigações policiais: fundamentação jurídica, imprescindibilidade, pertinência, momento e destinatário. Disponível em: <https://meusitejuridico.editorajuspodivm.com.br/2020/05/11/aspectos-essenciais-ao-controle-de-legalidade-da-requisicao-de-diligencias-em-sede-de-investigacoes-policiais-fundamentacao-juridica-imprescindibilidade-pertinencia-momento-e-destinatario/>. Acessado em 13 de junho de 2020.

69. GOMES, Luiz Flávio e SCLIAR, Fábio. Investigação preliminar, polícia judiciária e autonomia. Disponível em: <http://lfg.jusbrasil.com.br/noticias/147325/investigacao-preliminar-policia-judiciaria-e-autonomia-luiz-flavio-gomes-e-fabio-scliar>. Acessado em 13 de junho de 2020.

70. CAVALCANTE, Marcio André Lopes. Comentários à Lei 12.830/2013 - Investigação criminal conduzida por Delegado de Polícia. Disponível em: <http://www.dizerodireito.com.br/2013/06/comentarios-lei-128302013-investigacao.html>. Acessado em 13 de junho de 2020.

71. Anote-se que a súmula 690 do STF perdeu deu objeto.

Tribunal do Júri e desclassificação para o JECrim: Caso o crime seja desclassificado pelo juiz, na primeira fase (pronúncia), operada a preclusão da decisão desclassificatória[72], este deve remeter os autos ao JECrim, a fim de que o juiz competente dê o andamento cabível. Caso o crime seja desclassificado na segunda fase (julgamento em plenário), pelo conselho de sentença, a competência restará ao juiz presidente do Tribunal do Júri, que deverá proferir a decisão na mesma sessão, aplicando, se cabíveis, os institutos despenalizadores da lei.

Tribunal do Júri e suspensão condicional do processo: Caso o crime seja de competência do Tribunal do Júri e exista a possibilidade de aplicação da suspensão condicional do processo, v.g., aborto provocado com o consentimento da gestante (art. 126, CP), a aplicação do benefício cabe ao juiz togado, porém, se o benefício for revogado, a competência para julgar o fato continuará com o Tribunal do Júri. E, havendo a desclassificação do crime pelo conselho de sentença, permitindo o benefício, de acordo com Fernando Capez[73], a suspensão condicional do processo somente pode ser ofertada após operar-se a preclusão da decisão desclassificatória, sob pena de tumulto processual na oferta prematura do benefício (STJ, RHC 11.529)[74].

17. EXECUÇÃO DA PENA

Art. 84. Aplicada exclusivamente pena de multa, seu cumprimento far-se-á mediante pagamento na Secretaria do Juizado.

Parágrafo único. Efetuado o pagamento, o Juiz declarará extinta a punibilidade, determinando que a condenação não fique constando dos registros criminais, exceto para fins de requisição judicial.

Multa: É o pagamento pecuniário (art. 49, CP).

Multa isolada: Se a multa for aplicada sozinha deverá ser cumprida mediante pagamento na secretaria do JECrim, sendo que, efetuado o pagamento, o juiz declarará a extinção da punibilidade.

Art. 85. Não efetuado o pagamento de multa, será feita a conversão em pena privativa da liberdade, ou restritiva de direitos, nos termos previstos em lei.

Não pagamento da multa: O dispositivo não tem mais vigência. Não há mais que se falar em conversão da multa em pena privativa de liberdade ou restritiva de direitos. O art. 51 do Código Penal, alterado pelo pacote anticrime, determina da que "transitada em julgado a sentença condenatória, a multa será executada perante o juiz da execução penal e será considerada dívida de valor, aplicáveis as normas relativas à dívida ativa da Fazenda Pública, inclusive no que concerne às causas interruptivas e suspensivas da prescrição".

Dívida de valor: A multa não paga é dívida de valor.

Execução da pena de multa: A jurisprudência do Superior Tribunal de Justiça havia firmado o entendimento de que a legitimidade para promover a execução da pena de multa seria da Fazenda Pública, pois embora possua natureza de sanção penal, após o trânsito em julgado da sentença condenatória, a sanção pecuniária é considerada dívida de valor e se torna responsabilidade da Fazenda Pública, conforme art. 51 do Código Penal (STJ, REsp 1.115.125 e Súmula 521). Em razão desta posição do Superior Tribunal de Justiça, inclusive, parte da doutrina sustentava a revogação tácita do art. 164 da Lei 7.210/84, onde se verifica que "extraída certidão da sentença condenatória com trânsito em julgado, que valerá como título executivo judicial, o Ministério Público requererá, em autos apartados, a citação do condenado para, no prazo de 10 (dez) dias, pagar o valor da multa ou nomear bens à penhora". Entretanto, o Supremo Tribunal Federal, ao se pronunciar sobre o tema na QO 12 na AP 470 e, posteriormente, de forma específica, na ADI 3.150, em sentido contrário, estabeleceu que atribuição para a execução da pena de multa é do Ministério Público, na Vara de Execução Penal, sendo que, apenas se não adotar as providências para a cobrança no prazo de noventa dias é a competência passará à Fazenda Pública, perante a Vara de Execuções Fiscais. Nesse caso, transcorrido o prazo de noventa dias *in albis*, sem que o Ministério Público dê início à execução da multa, o juiz da Execução Penal deverá cientificar a Fazenda Pública para que então, de forma subsidiária, execute a sanção pecuniária. Portanto, a decisão do Supremo Tribunal Federal, estabelece que o art. 164 da Lei 7.210/84 continua em plena vigência, pois a pena de multa tem natureza penal. A alteração promovida pelo pacote anticrime no art. 51 do Código Penal terminou com essa discussão, sendo estabelecido que "transitada em julgado a sentença condenatória,

72. Da decisão que desclassifica o crime cabe recurso em sentido estrito (art. 581, II, CPP).
73. CAPEZ, Fernando. Curso de Direito Penal, Volume 4, Legislação penal especial, 13ª edição. São Paulo: Saraiva, 2018, p. 622.
74. Em sentido contrário: STJ, HC 24.677.

a multa será executada perante o juiz da execução penal e será considerada dívida de valor, aplicáveis as normas relativas à dívida ativa da Fazenda Pública, inclusive no que concerne às causas interruptivas e suspensivas da prescrição".

Não pagamento da multa isolada: A execução se dá no JECrim[75].

Multa cumulada com outras penas: No caso de penas privativas de liberdade ou restritivas de direitos cumuladas com a pena de multa, incidirá o disposto no art. 86 (princípio da especialidade). Nesses casos, a competência para a execução deve ser da *Vara de Execuções Criminais.*

> **Art. 86. A execução das penas privativas de liberdade e restritivas de direitos, ou de multa cumulada com estas, será processada perante o órgão competente, nos termos da lei.**

Execução das penas: Deve-se ficar atento à *aparente contradição* entre o art. 60, segundo o qual compete ao JECrim a conciliação, o julgamento e a *execução* das infrações de menor potencial ofensivo, e o preceito constante do art. 86, o qual estabelece que a *execução* das penas privativas de liberdade e restritivas de direitos, ou de multa cumulada com estas, será processada perante o órgão competente, nos termos da Lei.

Princípio da especialidade: Vigora o art. 86.

Competência: Vara de Execuções Criminais.

Exceção: A multa isoladamente aplicada é executada no JECrim.

18. REPRESENTAÇÃO DO CRIME DE LESÕES CORPORAIS

> **Art. 88. Além das hipóteses do Código Penal e da legislação especial, dependerá de representação a ação penal relativa aos crimes de lesões corporais leves e lesões culposas.**

Representação: Trata-se de *condição de procedibilidade* da ação penal. É *condição especial* que se soma as demais condições da ação para impedir sua instauração caso não verificada.

Lesão corporal leve ou culposa: Os crimes de *lesão corporal leve* (art. 129, *caput*, CP) e de *lesão corporal culposa* (art. 129, §6°, CP) somente se procedem mediante representação da vítima. Dessa forma, não há que se falar em persecução penal, i.e., procedimento policial ou processo judicial, sem que haja uma manifestação de vontade da vítima.

Lesão corporal culposa no trânsito: É o crime descrito no art. 303 do Código de Trânsito. Também se procede mediante representação.

Contravenções de vias de fato: É a contravenção descrita no art. 21 do Decreto-Lei 3.688/41. Ainda que exista posicionamento em sentido contrário[76], entendemos que também somente se procede mediante representação, pois, se o *mais grave* (lesão corporal) depende de representação, o *mais leve* (contravenção) deve seguir o mesmo caminho. Trata-se de interpretação sistemática.

Lesão corporal leve praticada no âmbito doméstico e familiar: É o crime do art. 129, §9°, do Código Penal. Anote-se que não se trata de infração de menor potencial ofensivo, pois a pena abstrata máxima é de 03 anos de detenção. Nesse caso, se a vítima for mulher (violência de gênero) a ação será pública incondicionada, pois o art. 41 da Lei 11.340/06 afasta a aplicação da Lei 9.099/95 (STJ, súmula 542). Mas, se a vítima for homem a ação penal será pública condicionada à representação, pois não há o afastamento da Lei 9.099/95.

19. SUSPENSÃO CONDICIONAL DO PROCESSO

Instituto desvinculado do JECrim: A suspensão condicional do processo não é um instituto vinculado às infrações de menor potencial ofensivo, de modo que não se aplica somente às infrações julgadas no JECrim. O instituto da suspensão condicional do processo desconsidera a pena máxima da infração penal para considerar apenas a *pena mínima*, que não poderá ser superior a 01 ano.

Infrações de médio potencial ofensivo: As infrações penais que admitem a suspensão condicional do processo são consideradas *infrações de médio potencial ofensivo.*

***Sursis* processual:** A suspensão condicional do processo é chamada por alguns de *sursis processual.*

75. Nesse sentido: NUCCI, Guilherme de Souza. Leis Penais e Processuais Penais Comentadas. Volume II, Rio de Janeiro: Forense, 2017, p. 569.

76. Nesse sentido: STF, HC 80.616.

Art. 89. Nos crimes em que a pena mínima cominada for igual ou inferior a um ano, abrangidas ou não por esta Lei, o Ministério Público, ao oferecer a denúncia, poderá propor a suspensão do processo, por dois a quatro anos, desde que o acusado não esteja sendo processado ou não tenha sido condenado por outro crime, presentes os demais requisitos que autorizariam a suspensão condicional da pena (art. 77 do Código Penal).

Suspensão condicional do processo: A suspensão condicional do processo é o instituto despenalizador por meio do qual se permite a *paralisação do processo* por um período de 02 a 04 anos, desde que observado o cumprimento de certas condições.

Requisitos cumulativos: Os requisitos cumulativos que permitem a suspensão do processo são três, i.e., tratar-se de crime com pena mínima cominada igual ou inferior a 01 ano; não estar sendo processado ou não ter sido condenado por outro crime; presença dos demais requisitos da suspensão condicional da pena.

Verificação dos requisitos: Deve ocorrer na peça inicial acusatória, sendo que não cabe o benefício se o réu, *no momento do oferecimento da denúncia*, responde a outro processo, mesmo que este venha a ser posteriormente suspenso (STJ, REsp 1.154.263).

Requisito objetivo: O requisito objetivo para o benefício se refere à pena mínima que deve ser igual ou inferior a 01 ano.

Contravenções: Embora dispositivo se refira apenas a *crimes* com pena mínima igual ou inferior a 01 ano, admite-se a suspensão condicional no caso de contravenções penais.

Crime abrangido pela Lei 9.099/95: Não importa para a suspensão condicional do processo que o crime seja, ou não, abrangido pelo JECrim, basta que a pena mínima não seja superior a 01 ano. Trata-se de instituto desvinculado da Lei 9.099/95.

Violência doméstica e familiar contra a mulher: Não se aplica o benefício da suspensão condicional do processo aos crimes praticados contra a mulher no âmbito doméstico e familiar (âmbito da Lei Maria da Penha), pois o art. 41 da Lei 11.340/06 afasta a aplicação da Lei 9.099/95.

Causas de modificação da pena: Qualificadoras, privilegiadoras, causas de aumento e de diminuição de pena, são levadas em consideração para se aferir o cabimento da suspensão, a fim de verificar se a pena mínima extrapola 1 ano. Há, sobre o assunto, duas súmulas. A *súmula 723 do STF* determina que "não se admite a suspensão condicional do processo por crime continuado, se a soma da pena mínima da infração mais grave com o aumento mínimo de 1/6 (um sexto) for superior a 1 (um) ano". Na mesma linha, a *súmula 243 do STJ* preconiza que "o benefício da suspensão do processo não é aplicável em relação às infrações penais cometidas em concurso material, concurso formal ou continuidade delitiva, quando a pena mínima cominada, seja pelo somatório, seja pela incidência da majorante, ultrapassar o limite de 1 (um) ano".

Multa alternativa: O dispositivo restringe a suspensão condicional do processo aos crimes com pena mínima cominada igual ou inferior a 01 ano. Entretanto, há precedentes que autorizam o benefício quando for cominada pena de *multa alternativa*, que é menos grave do que qualquer outra pena privativa de liberdade ou restritiva de direito. Dessa forma, ainda que a pena mínima cominada seja superior a 01 ano, poderá ser aplicado o instituto quando a pena de multa estiver cominada de maneira alternativa, como ocorre, por exemplo, no art. 7° da Lei n° 8.137/90 (STF, HC 83.926; STJ, RHC 54.429).

Requisitos subjetivos: Os requisitos subjetivos do benefício dizem respeito ao fato de não estar sendo processado ou não ter sido condenado por outro crime; e à presença dos demais requisitos da suspensão condicional da pena.

Não estar sendo processado: O dispositivo proíbe o benefício se o agente *estiver sendo processado*. Em vista disso, doutrina minoritária entende que o dispositivo ofende ao princípio da presunção da inocência, pois o simples fato de o acusado estar sendo processado não pode figurar como óbice ao benefício. Prepondera o entendimento de que a exigência de não estar sendo processado por outro crime é constitucional, sendo admitido ao legislador impor requisitos aos benefícios instituídos pela lei (STF, HC 85.751).

Inquérito policial em andamento: A existência de inquérito policial em curso não é circunstância idônea a obstar o benefício da suspensão condicional do processo (STJ, RHC 79.751).

Condenação anterior por contravenção: Não impede o benefício. A vedação legal ocorre caso o réu tenha sido condenado por outro *crime*.

Condenação anterior a pena de multa: Impede o benefício, pois o dispositivo não faz distinção, referindo-se a *condenação anterior por crime*.

Pena cumprida há mais de 5 anos: O dispositivo não faz menção à *reincidência*, mas somente à *condenação*. Logo, segundo alguns, a vedação impera ainda que a pena tenha sido cumprida há mais de cinco anos (STJ, HC 8.671). Parece-nos que não há razoabilidade nesse entendimento, pois há uma espécie de vedação *ad infinitum* do benefício caso o réu possua alguma condenação durante a sua vida.

Demais requisitos (art. 77, CP): O dispositivo faz expressa menção aos *requisitos da suspensão condicional da pena* (art. 77, CP), i.e., que não seja reincidente em crime doloso; que a culpabilidade, os antecedentes, a conduta social e personalidade do agente, bem como os motivos e as circunstâncias autorizem a concessão do benefício; e que não seja indicada ou cabível a substituição prevista no art. 44 do Código Penal. Dessa forma, segundo a interpretação de uma parte da doutrina[77], seria requisito da suspensão condicional da pena e, logo, da suspensão condicional do processo, que o crime *não envolva violência ou grave ameaça contra a pessoa*. Entretanto, não é o que prevalece. Os tribunais superiores há muito tempo aceitam a suspensão condicional do processo, v.g., no crime de lesão corporal[78]. Dessa forma, entendemos que, tendo a lei 9.099/95 nítido intuito de despenalização e descarcerização, é possível a aplicação da suspensão condicional do processo em crimes praticados com violência ou grave ameaça, desde que a pena mínima cominada seja igual ou inferior a um ano e que não se trate de crime praticado no âmbito doméstico e familiar contra a mulher.

Reincidência em crime doloso: Obsta o benefício.

Condições judiciais desfavoráveis: Obsta o benefício. Entretanto, anote-se que a extinção da punibilidade do agente pelo cumprimento das condições do sursis processual, operada em processo anterior, não pode ser valorada em seu desfavor como maus antecedentes, personalidade do agente e conduta social (STJ, HC 385.535 e REsp 1.533.788).

Prazo de 5 anos: O prazo de 5 anos, impeditivo de nova transação, aplica-se analogicamente à suspensão condicional do processo (STJ, RHC 80.170).

Disponibilidade regrada: No processo penal vige o princípio da indisponibilidade da ação penal pública, segundo o qual, o Ministério Público não pode desistir da ação intentada. Entretanto, o instituto da suspensão condicional do processo excepciona, de forma legal, esse princípio. Assim, o Ministério Público pode transacionar com o acusado, suspendendo o processo, desde que preenchidos os requisitos objetivos e subjetivos do art. 89.

Natureza jurídica da suspensão condicional do processo: Trata-se de um poder-dever do titular da ação penal. Não é direito subjetivo do réu (STJ, REsp 471.869 e HC 417.876; STF, HC 83.458). Assim, admite-se a não propositura do benefício quando devidamente justificada.

Legitimado: O titular da ação penal (MP ou querelante).

Oferecimento pelo juiz: Não é admitido (STJ, REsp 471.869). Veja-se que a suspensão condicional do processo faz parte da justiça negocial, realizada exclusivamente entre as partes, pressupondo aceitação bilateral. Assim, o juiz não pode aplicar o benefício *sponte propria* (STF, inq. 3.438). O juiz não pode aplicar o benefício nem se houver requerimento da parte (STJ, HC 571.047).

Recusa do Ministério Público e discordância do juiz: Caso o juiz discorde da posição adotada pelo Ministério Público, entendemos que, com as alterações do pacote anticrime, deve continuar procedendo na forma do art. 28 do CPP, remetendo os autos à instância de revisão ministerial (STF, súmula 696). Caso haja concordância do órgão de revisão do Ministério Público, pelo não oferecimento da suspensão condicional do processo, o juiz deve acatar a decisão.

Ação privada: A leitura do dispositivo leva à errada conclusão de que a suspensão condicional do processo não teria cabimento em crimes de ação privada, pois faz menção apenas ao Ministério Público, que atua em ações públicas. No entanto, entende-se que o benefício pode ser aplicado em ação privada, pois, se o ofendido pode escolher entre *nenhuma punição* (v.g. extinção da punibilidade pela decadência, renúncia, perdão) ou a *punição total* (oferecimento da queixa-crime), deve ter a faculdade de oferecer o benefício (STJ, HC 12.276).

77. CUNHA, Rogério Sanches; PINTO, Ronaldo Batista; SOUZA, Renee do Ó. Leis Penais Especiais: comentada artigo por artigo. Salvador: Juspodivm, 2019, p. 1096.

78. Se a pratica de crime com violência ou grave ameaça impedisse o benefício, o crime de lesão corporal (art. 129, CP), que é a violência em si, não admitiria a suspensão condicional do processo, porém, não é o que ocorre, havendo o impedimento apenas se o crime for praticado contra a mulher no âmbito doméstico e familiar, nos termos da súmula 536 do STJ.

Legitimidade na ação privada: Ainda que exista quem sustente a possibilidade de o Ministério Público oferecer a suspensão condicional do processo, prevalece o entendimento de que, nesse caso, a *legitimidade é do querelante*, pois a *suspensão do processo* decorre do poder de *propor a ação* (STF, HC 81.720)[79].

Prerrogativa de foro: Nos processos de competência originária dos Tribunais Superiores, a atribuição para propor o benefício é do Procurador Geral de Justiça. Nesse caso, se houver recusa motivada na proposta do benefício, o Tribunal estará obrigado a acatar a manifestação, pois não há razoabilidade na aplicação do art. 28 do CPP (STF, 83.458).

Concurso de agentes: É perfeitamente possível que a proposta de suspensão seja oferecida apenas em relação a um dos autores do fato. Se aceita, seus efeitos não se estendem aos demais acusados, mas, nesse caso, haverá a separação dos processos (art. 80 do CPP).

§1º Aceita a proposta pelo acusado e seu defensor, na presença do Juiz, este, recebendo a denúncia, poderá suspender o processo, submetendo o acusado a período de prova, sob as seguintes condições:

Ato bilateral: A suspensão condicional do processo é ato bilateral, pois pressupõe a concordância clara e inequívoca do acusado. A sua declaração da vontade deve ser personalíssima, voluntária, formal, vinculada aos termos propostos e assistida por advogado.

Aceite parcial da proposta: Não é possível. Equivale à recusa.

O réu deve aceitar as condições por inteiro ou recusar o benefício.

Aceitação do acusado e seu defensor: É exigência legal.

Aceite sem advogado: Gera nulidade (STJ, HC 29.607).

Aceite e retratação da proposta: Aceita a proposta pelo acusado, ela se torna irretratável, salvo comprovado vício de consentimento, v.g., coação ou erro no aceite (STF, HC 79.810).

Divergência de vontade: Se houver divergência entre a vontade do réu e a de seu defensor, prevalece a vontade daquele, por interpretação do §7°. No escólio de Guilherme de Souza Nucci[80], ainda, lê-se que o acusado, querendo, pode desconstituir o seu defensor, indicando outro profissional para defendê-lo.

Recebimento da denúncia: Pressupõe possibilidade de processo, vencendo-se os requisitos do art. 395 do Código de Processo Penal. Pois, senão, não haveria processo para se suspender. Logo, o recebimento da denúncia é um pressuposto à suspensão condicional do processo. Tratando-se de benefício que deve ser proposto após o recebimento da denúncia, "é correta a decisão que concedeu o benefício ao réu, mesmo após ele tê-la recusado em audiência pretérita, uma vez que o fez em momento anterior ao recebimento da denúncia, não sendo renovada a oferta do benefício no momento oportuno, podendo a proposta ser aceita até o término da instrução criminal" (TJRS, RC 71003413317).

Momento processual: A suspensão condicional do processo deve ser proposta *logo após o recebimento da inicial*, por economia processual. A proposta de suspensão deve ser apresentada *juntamente com a peça inicial*. Assim, recebida a peça acusatória, o juiz deve determinar a citação para que o réu apresente resposta à acusação (arts. 396 e 396-A do CPP). O acusado poderá pleitear, assim, a absolvição sumária (art. 397 do CPP), que, por óbvio, lhe é mais vantajosa. Não sendo caso de absolvição sumária, entendemos que o juiz deve intimar o réu para que diga se aceita o benefício, *antes da audiência de instrução.*

Audiência específica: O dispositivo exige que a aceitação se dê na *presença do juiz*, dessa forma, deve ser marcada audiência específica para o ato[81]. Na prática, contudo, tem-se admitido que o aceite da proposta se dê por escrito.

Aplicação excepcional na sentença condenatória: Só é possível quando houver a desclassificação ou procedência parcial da imputação (súmula 337

79. Repare-se que, nesse caso, como o juiz não pode conceder o benefício de ofício (ofensa ao sistema acusatório), nem tampouco se admite a formulação de proposta pelo Ministério Público (ação penal privada), a recusa do querelante em oferecer a proposta inviabiliza por completo a suspensão condicional do processo, pois o art. 28 do CPP somente se aplica nos casos de ação pública.

80. NUCCI, Guilherme de Souza. Leis Penais e Processuais Penais Comentadas. Volume II, Rio de Janeiro: Forense, 2017, p. 576.

81. Alguns doutrinadores sustentam que a proposta deve ser feita antes do interrogatório, ao final da audiência de instrução e julgamento, o que acarretaria a realização de atos (intimações e oitivas) inúteis, uma vez que, aceita a proposta pelo réu e sendo cumprida, haverá extinção da punibilidade.

do STJ). E, nesses casos, os autos devem ser encaminhados ao Ministério Público para que se manifeste sobre a possibilidade do benefício, não podendo o juiz aplicá-lo *sponte propria* (STJ, HC 393.693). No mais, sublinhe-se que não é possível a aplicação do benefício da suspensão condicional do processo após a sentença condenatória, pois se opera a preclusão (STJ, AgRg no REsp 1.503.569, REsp 1.611.709).

Desclassificação ou procedência parcial da imputação: Nesses casos, se o remanescente da acusação disser respeito à infração penal com pena mínima igual ou inferior a 01 ano, é plenamente possível o oferecimento de proposta de suspensão condicional do processo, aplicando-se a regra do art. 383, §1°, do Código de Processo Penal.

Período de prova: Trata-se do lapso temporal, de 2 a 4 anos, em que o acusado ficará obrigado ao cumprimento das condições impostas.

Prescrição: Fica suspensa durante o período de prova (§6°).

Fiscalização das condições: Compete ao juiz da causa, i.e., o juiz que determinar a suspensão condicional do processo, não ao juiz da execução penal (STJ, CC 21.846).

Recurso: Existe controvérsia na doutrina sobre qual seria o recurso cabível da *decisão judicial que homologa a suspensão condicional do processo*. Há três posições sobre o assunto, o qual parece longe do consenso. Uma corrente entende que o recurso cabível é o de *apelação*, seja porque se trata de decisão com força de definitiva que encerra um incidente processual, seja porque não se admite interpretação extensiva das hipóteses de admissibilidade do recurso em sentido estrito[82]. A segunda corrente entende que o recurso cabível é o *recurso em sentido estrito*, aplicando-se subsidiariamente o art. 581, inc. XI e XVI, do Código de Processo Penal[83]. A terceira corrente entende que a decisão é *irrecorrível*[84], de modo que seria cabível *mandado de segurança*[85], *habeas corpus*[86] ou *correição parcial*[87]. Prevalece a corrente que admite o *recurso em sentido estrito*, a qual nos filiamos, pois a decisão que homologa a suspensão condicional do processo é uma *decisão interlocutória atípica*. Não é caso de apelação, porque não extingue o processo com resolução de mérito, absolvendo ou condenando o réu. Também não seria caso de recurso em sentido estrito, diante do rol taxativo apresentado pelo art. 581 do Código de Processo Penal. Dessa forma, diante da atipicidade da situação, parece-nos melhor aceitar o recurso em sentido estrito do que o recurso e apelação. Mas, como referimos, o debate está longe do consenso. Nessa linha, em virtude da ausência da expressa previsão legal acerca do recurso cabível, o ideal é que os Tribunais Superiores não tolham o direito de ao segundo grau de jurisdição em virtude da via eleita pelo recorrente. Parece-nos que, nesse caso, não há se falar em erro grosseiro na interposição de um recurso por outro (até porque não há previsão legal expressa), aplicando *princípio da fungibilidade dos recursos*, conforme prevê o art. 579 do Código de Processo Penal[88].

Aceitação da suspensão e *Habeas Corpus*: A aceitação pelo réu do benefício da suspensão não inviabiliza a impetração de *habeas corpus*, tendo em vista a possibilidade de se retomar o curso do processo caso as condições impostas sejam descumpridas (STJ, HC 402.718).

I - reparação do dano, salvo impossibilidade de fazê-lo;

Reparação do dano: Não possuindo o réu condições econômicas de reparar o dano, logicamente, poderá receber o benefício.

Extinção da punibilidade: Anote-se que a reparação do dano não é requisito para a aplicação do benefício, mas sim para a extinção da punibilidade.

Privatização do direito penal: Sugerimos a leitura do ponto 6.

II - proibição de freqüentar determinados lugares;

82. STJ, HC 16.377; TJSP, RSE 00025702820148260370.
83. STJ, REsp 263.544, HC 103.053; TRF4, HC 5046354-82.2019.4.04.0000; TJPB, Acórdão 0001387-32.2018.8.15.0000; TJCE, RSE 0000314.26.2015.8.06.0147; TJRJ, 0060960-63.2013.8.19.0000; TJRS, HC 70069692283; TJPR, APL 0002787-89.2016.8.16.0108; TJMG, HC 10000140072919000; TJAP, APL 00023045220168030001; TJDF, Acórdão 20190020030258); na doutrina: LIMA, Renato Brasileiro de. Legislação Criminal Especial Comentada. Salvador: Juspodivm, 2015, p. 272.
84. CAPEZ, Fernando. Curso de Direito Penal, Volume 4, Legislação penal especial, 13ª edição. São Paulo: Saraiva, 2018, p. 612.
85. STJ, RMS 8.719.
86. STJ, HC 32.824.
87. TRF4, COR 5005767-62.2012.404.0000 e COR 5031583-02.2019.4.04.000.
88. STJ, REsp 1.147.915 e REsp 1.532.852.

Crítica: Guilherme de Souza Nucci[89] critica essa medida, a qual tem por *fetiche do legislador*, sendo aplicada em diversos institutos do Direito Penal, v.g., suspensão condicional da pena e livramento condicional. Para o autor referido essa medida é inútil, sendo verdadeiro símbolo de impunidade, uma vez que quase nunca é fiscalizada.

III - proibição de ausentar-se da comarca onde reside, sem autorização do Juiz;

Autorização para sair da Comarca: Trata-se de medida de controle judicial sobre a locomoção do acusado. É necessária autorização judicial para que possa *ausentar-se* da Comarca, não havendo previsão de período. Assim, por certo, deve haver autorização judicial para qualquer ausência, ainda que breve.

Alteração de endereço: Somente exige-se autorização judicial caso o acusado pretenda residir em outra Comarca. Se a alteração de endereço se der na mesma cidade não há necessidade de autorização judicial, mas convém que haja a comunicação ao juízo, diante do dever de justificar as suas atividades (inc. IV).

IV - comparecimento pessoal e obrigatório a juízo, mensalmente, para informar e justificar suas atividades.

Comparecimento pessoal: O acusado deve comparecer a sede do juízo, mensalmente, para *informar e justificar as suas atividades*. Na apresentação, o acusado assina um documento (livro ou ficha) comprovando seu comparecimento pessoal. Nesse ato, convém que o acusado informe fatos da sua vida que possam interessar ao juízo, v.g., alteração de endereço ou profissão.

§2º O Juiz poderá especificar outras condições a que fica subordinada a suspensão, desde que adequadas ao fato e à situação pessoal do acusado.

Outras condições: Além das condições propostas pelo Ministério Público, *a possibilita que o juiz especifique outras condições*, como, por exemplo, a *prestação pecuniária* (STJ, AgRg no RHC 85.835; STF HC 115.721) ou a *prestação de serviço à comunidade* (STJ, REsp 1.498.034), desde que adequadas ao fato e à situação econômica do réu.

Perdimento da fiança: Mostra-se pertinente que seja imposta como condição especial pelo juiz a *perda da fiança prestada* (STJ, AgRg no RHC 85.835).

Legitimidade: Essas condições especiais, como observa Guilherme de Souza Nucci[90], são aplicadas pelo juiz, não pelo Ministério Público. Registramos que o Ministério Público, na proposta, está vinculado às condições do §1°, cabendo, inclusive, ao juiz, exercer a fiscalização da legalidade do ato, não estando obrigado a acatar outras condições impostas no acordo.

§3º A suspensão será revogada se, no curso do prazo, o beneficiário vier a ser processado por outro crime ou não efetuar, sem motivo justificado, a reparação do dano.

Revogação obrigatória: Ocorrerá em dois casos, i.e., se o acusado se tornar réu em outro processo pela prática de crime ou não efetuar a reparação do dano, injustificadamente.

Inconstitucionalidade: Há quem sustente a inconstitucionalidade da previsão, por ofensa ao princípio da presunção da inocência. Não concordamos com esse entendimento, pois a revogação não implica em condenação, mas no prosseguimento da ação penal, respeitando-se o contraditório e a ampla defesa[91]. Trata-se de medida processual, não penal. Ademais, cremos que o legislador deve ter a liberdade para estipular requisitos aos benefícios concedidos na lei.

Privatização do direito penal: Sugerimos a leitura do ponto 6.

Consequência: O processo retoma seu curso. E, o fato de o réu ter concordado com a suspensão condicional do processo, logicamente, não pode ser levado em conta para efeito da culpabilidade, restando intacta a presunção de sua inocência, devendo o autor da ação provar a acusação.

Novo processo pela prática de contravenção: O dispositivo aduz apenas a hipótese de o acusado

89. NUCCI, Guilherme de Souza. Leis Penais e Processuais Penais Comentadas. Volume II, Rio de Janeiro: Forense, 2017, p. 576.

90. NUCCI, Guilherme de Souza. Leis Penais e Processuais Penais Comentadas. Volume II, Rio de Janeiro: Forense, 2017, p. 577.

91. Com o mesmo entendimento: NUCCI, Guilherme de Souza. Leis Penais e Processuais Penais Comentadas. Volume II, Rio de Janeiro: Forense, 2017, p. 578.

"se tornar réu em outro processo pela prática de crime". Nessa esteira, se o acusado se torne réu em outro processo pela prática de contravenção, não será caso de revogação obrigatória, mas facultativa (§4°)[92].

§4º A suspensão poderá ser revogada se o acusado vier a ser processado, no curso do prazo, por contravenção, ou descumprir qualquer outra condição imposta.

Revogação facultativa: Ocorrerá em dois casos, i.e., se o acusado se tornar réu em outro processo pela prática de contravenção ou descumprir outra condição imposta, que não seja a reparação do dano (§3°).

Intimação do réu: Nos casos de revogação facultativa é necessário intimar o acusado para que tenha a oportunidade de se justificar, antes da decisão judicial (STJ, HC 342.438 e REsp 1.391.677).

Consequência: O processo retoma seu curso. E, o fato de o réu ter concordado com a suspensão condicional do processo, logicamente, não pode ser levado em conta para efeito da culpabilidade, restando intacta a presunção de sua inocência, devendo o autor da ação provar a acusação.

§5º Expirado o prazo sem revogação, o Juiz declarará extinta a punibilidade.

Extinção da punibilidade: Terminado o período de prova, sendo cumpridas todas as condições estabelecidas, sem que tenha havido revogação do benefício, deve ser decretada a extinção da punibilidade.

Revogação depois de expirado o prazo: É possível a revogação do benefício, mesmo depois de expirado o prazo do período de prova e declarada extinta a punibilidade, se o fato que motivar a revogação ocorreu durante o período de prova (STJ, HC 359.095, REsp 1.498.034 e AgRg no REsp 1.649.472)[93]. Dessa forma, se uma causa de revogação (obrigatória ou facultativa) ocorreu durante o período de prova, o benefício pode ser revogado mesmo que o este já tenha se encerrado, pois a extinção da punibilidade não ocorre de maneira automática, devendo ser pelo juiz declarada.

Crimes ambientais: A extinção da punibilidade dependerá de laudo de constatação de reparação do dano ambiental, ressalvados os casos de absoluta impossibilidade (art. 28, inc. I, Lei 9.605/98).

§6º Não correrá a prescrição durante o prazo de suspensão do processo.

Prescrição: Não corre a prescrição durante o período de prova.

Causa suspensiva: A prescrição se suspende, não se interrompe. Assim, a contagem do prazo se suspende com a decisão judicial que determina a suspensão do processo e volta a correr (de onde parou) com a decisão judicial que revogar.

§7º Se o acusado não aceitar a proposta prevista neste artigo, o processo prosseguirá em seus ulteriores termos.

Não aceitação do benefício: Se o acusado não aceitar a proposta de suspensão condicional do processo a ação penal seguirá seu curso.

20. JUSTIÇA MILITAR

Art. 90-A. As disposições desta Lei não se aplicam no âmbito da Justiça Militar.

Afastamento do JECrim dos casos militares: Atento à hierarquia e disciplina, que fundamentam a vida militar, entendeu prudente o legislador afastar o procedimento sumaríssimo e seus institutos despenalizadores dos crimes militares, não havendo inconstitucionalidade da previsão (STJ, AgRg no AREsp 1104239).

BIBLIOGRAFIA

ANDREUCCI, Ricardo Antônio, Legislação penal especial. 7ª Edição. São Paulo: Saraiva, 2010.

92. Veja-se que o art. 89, §3°, prevê que a suspensão será revogada se, no curso do prazo, o beneficiário vier a ser processado por outro *crime* ou não efetuar, sem motivo justificado, a *reparação do dano* (revogação obrigatória). O art. 89, §4°, por sua vez, estabelece que a suspensão poderá ser revogada se o acusado vier a ser processado, no curso do prazo, por *contravenção*, ou *descumprir qualquer outra condição imposta* (revogação facultativa). Logo, se processado por crime a revogação é obrigatória, mas se processado por contravenção a revogação é facultativa. No mesmo passo, se não reparar o dano a revogação é obrigatória, mas se descumprir outra condição a revogação é facultativa.

93. Em sentido contrário: NUCCI, Guilherme de Souza. Leis Penais e Processuais Penais Comentadas. Volume II, Rio de Janeiro: Forense, 2017, p. 580.

CAPEZ, Fernando. Curso de Direito Penal, Volume 4, Legislação penal especial, 13ª edição. São Paulo: Saraiva, 2018.

CAVALCANTE, Marcio André Lopes. Comentários à Lei 12.830/2013 - Investigação criminal conduzida por Delegado de Polícia. Disponível em: <http://www.dizerodireito.com.br/2013/06/comentarios-lei-128302013-investigacao.html>.

CUNHA, Rogério Sanches; PINTO, Ronaldo Batista; SOUZA, Renee do Ó. Leis Penais Especiais: comentada artigo por artigo. Salvador: Juspodivm, 2019.

GARCEZ, William. JÚNIOR, Joaquim Leitão. A problemática da requisição judicial no âmbito de medidas cautelares penais para oitivas de testemunhas/informantes e até mesmo interrogatórios: ausência de lastro legal. Disponível em: <https://meusitejuridico.editorajuspodivm.com.br/2020/04/16/problematica-da-requisicao-judicial-no-ambito-de-medidas-cautelares-penais-para-oitivas-de-testemunhasinformantes-e-ate-mesmo-interrogatorios-ausencia-de-lastro-legal/>.

GARCEZ, William. JÚNIOR, Joaquim Leitão. Aspectos essenciais ao controle de legalidade da requisição de diligências em sede de investigações policiais: fundamentação jurídica, imprescindibilidade, pertinência, momento e destinatário. Disponível em: <https://meusitejuridico.editorajuspodivm.com.br/2020/05/11/aspectos-essenciais-ao-controle-de-legalidade-da-requisicao-de-diligencias-em-sede-de-investigacoes-policiais-fundamentacao-juridica-imprescindibilidade-pertinencia-momento-e-destinatario/>.

GIACOMOLLI, Nereu José. Juizados especiais criminais lei 9.099/95. 3ª edição. Porto Alegre: Livraria do advogado, 2009.

GOMES, Luiz Flávio e SCLIAR, Fábio. Investigação preliminar, polícia judiciária e autonomia. Disponível em: <http://lfg.jusbrasil.com.br/noticias/147325/investigacao-preliminar-policia-judiciaria-e-autonomia-luiz-flavio-gomes-e-fabio-scliar>.

GRINOVER, Ada Pellegrini *et al.* Juizados especiais criminais: comentários à Lei 9.099/95, 5ª edição. São Paulo: Revista dos Tribunais, 2005.

LIMA, Renato Brasileiro de. Legislação Criminal Especial Comentada. Salvador: Juspodivm, 2015.

MIRABETE, Julio Fabbrini. *Juizados especiais criminais:* comentários, jurisprudência, legislação. São Paulo: Atlas, 1996.

NUCCI, Guilherme de Souza. Juizados Especiais Criminais Federais. São Paulo: Saraiva, 2005.

NUCCI, Guilherme de Souza. Leis Penais e Processuais Penais Comentadas. Volume II, Rio de Janeiro: Forense, 2017.

PAZZAGLINI FILHO, Marino *et al. Juizado especial criminal:* aspectos práticos da Lei nº 9.099/95. 3. ed. rev. e ampl. São Paulo: Atlas, 1999.

SILVA SÁNCHEZ, Jesús-Maria. A expansão do direito penal: aspectos da política criminal nas sociedades pós-industriais (Título original: *La expansión del derecho penal: aspectos de la política criminal en las sociedades postindustriales).* Trad. Luíz Otávio de Oliveira Rocha. São Paulo: Revista dos Tribunais, 2002.

TOURINHO FILHO, Fernando da Costa. Processo penal – volume 2, 31ª edição. São Paulo: Saraiva, 2009.

11

CONTRAVENÇÕES DISCRIMINATÓRIAS

Lei 7.347/1985

RAPHAEL ZANON DA SILVA

Art. 1º. Constitui contravenção, punida nos termos desta lei, a prática de atos resultantes de preconceito de raça, de cor, de sexo ou de estado civil.

Comentários: publicada sob a égide da Constituição Federal de 1967, teve por objetivo assegurar o direito à igualdade previsto no então art. 150, § 1º: "todos são iguais perante a lei, sem distinção, de sexo, raça, trabalho, credo religioso e convicções políticas. O preconceito de raça será punido pela lei".

Com o advento da Constituição Federal de 1988 e, consequentemente com a edição da lei 7.716/89, a lei em questão foi parcialmente revogada permanecendo a discriminação em razão do sexo ou estado civil.

Caracteriza contravenção penal a prática de preconceito em razão do sexo ou estado civil da vítima, motivo pelo qual todas as infrações penais mencionadas nesta lei serão submetidas à competência dos Juizados Especiais Criminais nos moldes da Lei nº 9.099/95.

Importante salientar que nos termos do art. 1º da Lei de Introdução ao Código Penal "considera-se (...) contravenção, a infração penal a que a lei comina, isoladamente, pena de prisão simples ou de multa, ou ambas, alternativa ou cumulativamente".

Elemento subjetivo: todas as contravenções previstas são punidas a título de dolo, não havendo previsão na forma culposa.

Ação Penal: pública incondicionada, aplicando-se a regra do previsto no art. 100 do Código Penal.

Aplicação da Lei nº 9.099/95: nos termos do art. 61 da Lei dos Juizados Especiais Cíveis e Criminais, as contravenções penais são consideradas infrações penais de menor potencial ofensivo. Neste sentido, a todos os tipos penais da presente lei são cabíveis a aplicação dos institutos despenalizadores previstos pela Lei 9.099/95, tal como a transação penal e a suspensão condicional do processo.

Acordo de não persecução penal: nos termos do art. 28-A do Código de Processo Penal (incluído pela nova Lei Federal nº 13.964/2019), se a infração penal não for cometida mediante violência ou grave ameaça à pessoa; a pena abstrata mínima ser inferior a 4 (quatro) anos e havendo confissão formal, é possível o cabimento de Acordo de Não Persecução Penal (ANPP), desde que presentes os demais requisitos para tanto.

Os crimes previstos na presente Lei admitem a realização do ANPP, haja vista que suas penas mínimas não ultrapassam o patamar de 04 anos, bem como e não possuem "violência" e "grave ameaça" como elementares.

Importante mencionar que, por serem infrações penais de menor potencial ofensivo, o investigado terá direito a transação penal, desde que obedecidos os critérios legais. Logo, trata-se de instituto residual, aplicando-se somente para os casos em que não for cabível transação penal.

Art. 2º. Será considerado agente de contravenção o diretor, gerente ou empregado do estabelecimento que incidir na prática referida no artigo 1º. desta lei.

Comentários: trata-se de norma penal não incriminadora explicativa, nos mesmos moldes do que ocorre com o art. 327 do Código Penal, ampliando o conceito relacionado ao sujeito ativo do delito e possibilitando com que a conduta recaia sobre qualquer funcionário do estabelecimento comercial, desde que presentes os elementos do fato típico (tipicidade, conduta, nexo de causalidade e resultado).

Das Contravenções

Art. 3º. Recusar hospedagem em hotel, pensão, estalagem ou estabelecimento de mesma finalidade, por preconceito de raça, de cor, de sexo ou de estado civil.

Pena - prisão simples, de 3 (três) meses a 1 (um) ano, e multa de 3 (três) a 10 (dez) vezes o maior valor de referência (MVR).

Comentários: trata-se de tipo penal que confronta com o art. 7° da Lei n° 7.716/89. No caso em apreço, conforme mencionado nos comentários do art. 1°, aplica-se, tão somente, à recusa por preconceito de sexo ou estado civil.

Valeu-se o legislador da utilização do recurso da interpretação analógica ao utilizar a expressão "estabelecimento de mesma finalidade", podendo o intérprete utilizá-la para conceituar qualquer outro local diverso que se realize hospedagens.

Diferentemente do tipo previsto na lei de racismo, não houve a previsão de conduta daquele que impede o acesso, mas tão somente daquele que recusa a hospedagem.

Verbo nuclear: recusar (negar, não aceitar).

Elemento subjetivo: dolo, consistente na vontade livre e consciente de praticar atos discriminatórios ou preconceituosos nos termos das condutas previstas no tipo. Exige-se a especial finalidade de discriminar a vítima (elemento subjetivo específico).

Sujeito Ativo: trata-se de crime próprio, somente podendo ser praticado por aquele responsável pelo estabelecimento (sócio, proprietário ou funcionário), ou que tenha a atribuição de viabilizar a hospedagem de pessoas.

O segurança que impede o acesso de alguém ao hotel por motivos de discriminação não praticará a conduta por ausência do verbo "impedir", podendo, no entanto, praticar o crime de constrangimento ilegal caso se utilize de violência ou grave ameaça.

Sujeito Passivo: pode ser qualquer pessoa. Trata-se de crime comum.

Consumação: independe da ocorrência de um resultado naturalístico.

Classificação doutrinária: crime próprio, formal, doloso, comissivo, instantâneo, admite tentativa.

Art. 4º. Recusar a venda de mercadoria em lojas de qualquer gênero ou o atendimento de clientes em restaurantes, bares, confeitarias ou locais semelhantes, abertos ao público, por preconceito de raça, de cor, de sexo ou de estado civil.

Pena - Prisão simples, de 15 (quinze) dias a 3 (três) meses, e multa de 1 (uma) a 3 (três) vezes o maior valor de referência (MVR).

Comentários: trata-se de tipo penal que confronta com o art. 8° da Lei n° 7.716/89. No caso em apreço, conforme mencionado nos comentários do art. 1°, aplica-se, tão somente, à recusa da venda de mercadoria ou atendimento por preconceito de sexo ou estado civil.

No mesmo rumo valeu-se o legislador do uso da interpretação analógica ("ou locais semelhantes") a fim de possibilitar com que o intérprete conceituasse como restaurantes ou similares quaisquer outros estabelecimentos destinados a alimentação e abertos ao público em geral.

Atualmente, entende-se que o artigo 4° encontra-se revogado, parte pela Lei de racismo, parte pela Lei 8.137/90, haja vista que nos casos em que houver discriminação por razões de raça ou cor, aplicar-se-á a primeira. Já nos casos em que houver discriminação por razões de sexo ou estado civil, aplicar-se-á a segunda.

Verbo nuclear: recusar (negar, não aceitar).

Elemento subjetivo: dolo, consistente na vontade livre e consciente de praticar atos discriminatórios ou preconceituosos nos termos das condutas previstas no tipo. Exige-se a especial finalidade de discriminar a vítima (elemento subjetivo específico).

Sujeito Ativo: trata-se de crime próprio, podendo praticar a conduta descrita no tipo o proprietário, responsável ou funcionário pelo estabelecimento.

Sujeito Passivo: pode ser qualquer pessoa. Trata-se de crime comum.

Consumação: independe da ocorrência de um resultado naturalístico.

Classificação doutrinária: crime próprio, formal, doloso, instantâneo, admite tentativa.

Art. 5º. Recusar a entrada de alguém em estabelecimento público, de diversões ou de esporte, por preconceito de raça, de cor, de sexo ou de estado civil.

Pena - Prisão simples, de 15 (quinze dias a 3 (três) meses, e multa de 1 (uma) a 3 (três) vezes o maior valor de referência (MVR).

Comentários: trata-se de tipo penal que confronta com o art. 9° da Lei n° 7.716/89. Neste caso, conforme mencionado nos comentários do art. 1°, aplica-se, tão somente, à recusa da entrada **em estabelecimento público, de diversões ou de esporte** por preconceito de sexo ou estado civil.

A contravenção penal pune aquele que recusa a entrada de alguém em estabelecimento público, nada dizendo acerca do estabelecimento privado, bem como a recusa deva se dar em estabelecimento de diversões ou de esporte. Neste sentido, havendo a recusa, em razão do sexo ou estado civil, em estabelecimento privado, poderá restar caracterizada a contravenção penal do art. 6° da presente lei.

Verbo nuclear: recusar (negar, não aceitar).

Elemento subjetivo: dolo, consistente na vontade livre e consciente de praticar atos discriminatórios ou preconceituosos nos termos das condutas previstas no tipo. Exige-se a especial finalidade de discriminar a vítima (elemento subjetivo específico).

Sujeito Ativo: trata-se de crime próprio, podendo praticar a conduta descrita no tipo o funcionário ou outro responsável pelo estabelecimento e controle de acesso, podendo ser servidor público ou particular.

Sujeito Passivo: pode ser qualquer pessoa. Trata-se de crime comum

Consumação: independe da ocorrência de um resultado naturalístico.

Classificação doutrinária: crime próprio, formal, doloso, comissivo, instantâneo, admite tentativa.

Art. 6º. Recusar a entrada de alguém em qualquer tipo de estabelecimento comercial ou de prestação de serviço, por preconceito de raça, de cor, de sexo ou de estado civil.

Pena - prisão simples, de 15 (quinze) dias e 3 (três) meses, e multa de 1 (uma) a 3 (três) vezes o maior valor de referência (MVR).

Comentários: trata-se de tipo penal que confronta com o art. 5° da Lei n° 7.716/89. No caso em apreço, conforme mencionado nos comentários do art. 1°, aplica-se, tão somente, à recusa da entrada **em estabelecimento comercial ou de prestação de serviço** por preconceito de sexo ou estado civil.

Verbo nuclear: recusar (negar, não aceitar, não admitir).

Elemento subjetivo: dolo, consistente na vontade livre e consciente de praticar atos discriminatórios ou preconceituosos nos termos das condutas previstas no tipo. Exige-se a especial finalidade de discriminar a vítima (elemento subjetivo específico).

Sujeito Ativo: trata-se de crime próprio, somente podendo ser praticado por aquele responsável pelo acesso ao estabelecimento (sócio, proprietário ou funcionário).

Sujeito Passivo: podendo ser qualquer pessoa. Trata-se de crime comum.

Consumação: independe da ocorrência de um resultado naturalístico.

Classificação doutrinária: crime próprio, formal, doloso, comissivo, instantâneo, admite tentativa.

Confronto com o artigo 7°, I da Lei 8.137/90: trata-se de lei que regulamenta as relações de consumo, vedando o favorecimento de comprador ou freguês (Art. 7° Constitui crime contra as relações de consumo: I - favorecer ou preferir, sem justa causa, comprador ou freguês, ressalvados os sistemas de entrega ao consumo por intermédio de distribuidores ou revendedores).

Atualmente, entende-se que o artigo 6° da Lei 7.437/85 encontra-se revogado, parte pela Lei de racismo, parte pela Lei 8.137/90, haja vista que nos casos em que houver discriminação em por razões de raça ou cor, aplicar-se-á a primeira. Já nos casos em que houver discriminação por razões de sexo ou estado civil, aplicar-se-á a segunda.

Art. 7º. Recusar a inscrição de aluno em estabelecimento de ensino de qualquer curso ou grau, por preconceito de raça, de cor, de sexo ou de estado civil.

Pena - prisão simples, de 3 (três) meses a 1 (um) ano, e multa de 1(uma) a três) vezes o maior valor de referência (MVR).

Parágrafo único. Se se tratar de estabelecimento oficial de ensino, a pena será a perda do cargo para o agente, desde que apurada em inquérito regular.

Comentários: nos termos do art. 205 da CF "a educação, direito de todos e dever do Estado e da família, será promovida e incentivada com a colaboração da sociedade, visando ao pleno desenvolvimento da pessoa, seu preparo para o exercício da cidadania e sua qualificação para o trabalho".

Por ser um direto fundamental do ser humano deve ter abrangência universal, sendo vedada a imposição de obstáculos a sua fruição. O tipo veda condutas discriminatórias ou preconceituosas relacionadas ao acesso a este direito por motivos de sexo ou estado civil.

Independe se o estabelecimento for de ensino público ou privado, bem como se de ensino fundamental, médio ou superior.

Verbo nuclear: recusar (negar, não aceitar, não admitir).

Elemento subjetivo: dolo, consistente na vontade livre e consciente de praticar atos discriminatórios ou preconceituosos nos termos das condutas previstas no tipo. Exige-se a especial finalidade de discriminar a vítima (elemento subjetivo específico).

Sujeito Ativo: trata-se de crime próprio, somente podendo ser praticado por aquele responsável pela matrícula do aluno.

Sujeito Passivo: pode ser qualquer pessoa. Trata-se de crime comum.

Consumação: consuma-se o delito independentemente da ocorrência de um resultado naturalístico.

Classificação doutrinária: crime próprio, formal, doloso, comissivo, instantâneo, admite tentativa.

Confronto com o art. 6º da Lei 7.716/89: caso a recusa se dê por motivos de raça, cor, etnia, religião ou procedência nacional restará caracterizado o crime de racismo. A Lei 7.716/89 é posterior a legislação ora estudada, derrogando parte do tipo penal.

Diferentemente do tipo previsto na lei de racismo, o texto legal tange-se a "recusa da inscrição do aluno", ou seja, a matrícula. Por sua vez, a lei 7.716/89 refere-se, além da matrícula, ao impedimento do ingresso de aluno no estabelecimento de ensino, podendo ocorrer em outros momentos do ano letivo.

Parágrafo único: a perda do cargo ou função pública, para o servidor público não é automática, devendo o magistrado os declarar expressamente na sentença.

Art. 8º. Obstar o acesso de alguém a qualquer cargo público civil ou militar, por preconceito de raça, de cor, de sexo ou de estado civil.

Pena - perda do cargo, depois de apurada a responsabilidade em inquérito regular, para o funcionário dirigente da repartição de que dependa a inscrição no concurso de habilitação dos candidatos.

Comentários: trata-se da criação de obstáculos quanto ao acesso a alguém a cargo público por razões de preconceito ou discriminação de sexo ou estado civil. Havendo tal impedimento por força de critério objetivo definido na legislação ou no edital, não há que se falar em crime.

A contravenção penal em comento não comina pena de prisão, motivo pelo qual, ainda que o agente negue o comparecimento ao Juizado Especial Criminal não poderá ser o TC convertido em APFD.

Verbo nuclear: obstar (criar obstáculo, dificuldade, empecilho ou embaraço).

Elemento subjetivo: dolo, consistente na vontade livre e consciente de praticar atos discriminatórios ou preconceituosos nos termos das condutas previstas no tipo.

Sujeito Ativo: trata-se de crime próprio somente podendo responder pelo delito aquele que possui aptidão para obstar o acesso do candidato ao cargo.

Sujeito Passivo: Trata-se de crime comum, podendo qualquer pessoa ser vítima da infração penal.

Consumação: consuma-se o delito independentemente da ocorrência de um resultado naturalístico.

Tentativa: em tese, é possível a tentativa nos casos em que o agente obsta o exercício do cargo público, mas a vítima obtém o direito de ingressar no serviço por força de posterior decisão judicial.

Classificação doutrinária: crime próprio, formal, doloso, comissivo, instantâneo, admite a tentativa.

Confronto com o art. 3° da Lei 7.716/89: caso a criação de obstáculos ou dificuldades se dê por motivos de raça, cor, etnia, religião ou procedência nacional restará caracterizado o crime de racismo.

Diferentemente do tipo previsto na lei de racismo, o texto legal tange-se a criação de um obstáculo a fim de dificultar o acesso de alguém a cargo público por preconceito em razão de sexo ou estado civil. A Lei 7.716/89 refere-se, também, ao impedimento de alguém a cargo da Administração Direta ou Indireta, bem como das concessionárias de serviços públicos.

Soma-se ao fato de que a pessoa deve estar "devidamente habilitada" para o cargo, havendo verdadeiro elemento normativo do tipo, o que não ocorre com a infração em comento.

Outra especialidade encontra-se com relação ao art. 100, I da Lei n° 10.741/2003 (Estatuto do idoso). Assim, aquele que obsta ou impede o acesso a idoso a cargo público por motivo de idade responderá por crime cuja pena é de reclusão que varia de 06 meses a 01 ano e multa.

Pena: a perda do cargo ou função pública, para o servidor público não é automática, devendo o magistrado o declarar expressamente na sentença.

> **Art. 9º. Negar emprego ou trabalho a alguém em autarquia, sociedade de economia mista, empresa concessionária de serviço público ou empresa privada, por preconceito de raça, de cor, de sexo ou de estado civil.**
>
> **Pena - prisão simples, de 3 (três) meses a 1 (um) ano, e multa de 1 (uma) a 3 (três) vezes o maior valor de referência (MVR), no caso de empresa privada; perda do cargo para o responsável pela recusa, no caso de autarquia, sociedade de economia mista e empresa concessionária de serviço público.**

Comentários: trata-se de figura típica aplicada àquele que nega (recusa) emprego em **autarquia, sociedade de economia mista, empresa concessionária de serviço público ou empresa privada** por motivo de discriminação ou preconceito em razão do sexo ou estado civil daquele que se encontra a procura do emprego.

Autarquia é pessoa jurídica de direito público interno, criada por lei específica para titularizar atividade típica da Administração Pública. Por sua vez, considera-se sociedade de economia mista a entidade dotada de personalidade jurídica de direito privado, criada por lei para a exploração de atividade econômica sob a forma de sociedade anônima. Ambas se encontram no conceito de descentralização administrativa.

As concessionárias de serviços públicos são empresas privadas que exploram, sob o regime de concessão, serviços de natureza pública.

Importante lembrar que o tipo não mencionou fundações e empresas públicas, motivo pelo qual entendemos ser possível a utilização da intepretação extensiva, a qual amplia o conteúdo da lei nos casos em que a norma "disser menos do que deveria".

Verbo nuclear: negar (recusar).

Elemento subjetivo: dolo, consistente na vontade livre e consciente de praticar atos discriminatórios ou preconceituosos nos termos das condutas previstas no tipo. Exige-se a especial finalidade de discriminar a vítima (elemento subjetivo específico).

Sujeito Ativo: trata-se de crime próprio, somente podendo ser praticado por aquele responsável pela contratação, exigindo-se qualidade especial do agente.

Sujeito Passivo: trata-se de crime comum.

Consumação: consuma-se o delito independentemente da ocorrência de um resultado naturalístico.

Tentativa: é possível.

Classificação doutrinária: crime próprio, formal, doloso, comissivo, instantâneo, admite a tentativa.

Confronto com os arts. 3° e 4° da Lei n° 7.716/89: aquele nega emprego em empresa privada, ou o acesso de alguém, devidamente habilitado, a qualquer cargo da Administração Direta ou Indireta, bem como das concessionárias de serviços públicos por preconceito de raça, cor, etnia, procedência nacional e religião incorrerá no crime de racismo.

Outra especialidade está nos termos do artigo 100, II da Lei 10.741/03 (Estatuto do Idoso). Aquele que obsta ou impede o acesso a idoso a emprego ou trabalho, por motivo de idade responderá por crime cuja pena é de reclusão que varia de 06 meses a 01 ano e multa.

Pena: o preceito secundário traz duas possibilidades quanto a pena aplicada. Se a negativa ocorrer no âmbito de empresa privada, estará o responsável sujeito à pena de prisão simples. Por sua vez, caso o fato ocorra no âmbito de autarquia, sociedade de economia mista e empresa concessionária de serviço público, a pena será de perda do cargo.

Em ambos os casos, tratar-se-á de crime de menor potencial ofensivo, aplicando-se a Lei nº 9.099/95.

Art. 10. Nos casos de reincidência havidos em estabelecimentos particulares, poderá o juiz determinar a pena adicional de suspensão do funcionamento, por prazo não superior a 3 (três) meses.

Comentários: trata-se de dispositivo que traz a possibilidade de o juiz determinar a suspensão de funcionamento do estabelecimento particular onde houver ocorrido a contravenção penal.

Diferentemente do que ocorre no art. 16 do Código Penal, trata-se de efeito principal da sentença, devendo ser motivado pelo juiz. Tal efeito não é automático, devendo ser declarado expressamente na sentença condenatória.

Para todos os efeitos, deve o intérprete se utilizar do conceito de reincidência previsto no art. 63 do Código Penal, levando-se em conta tratar-se de reincidência específica, ou seja, pela prática de infrações penais discriminatórias.

Art. 11. Esta lei entra em vigor na data de sua publicação.

Art. 12. Revogam-se as disposições em contrário.

Brasília, 20 de dezembro de 1985; 164º da Independência e 97º da República.

JOSÉ SARNEY

Fernando Lyra

12

CONTRAVENÇÕES DA LEI DAS LOTERIAS

Dec.-lei 6.259/44

ANTÔNIO FLÁVIO ROCHA FREIRE

Competência para legislar: compete privativamente à União legislar sobre sistemas de consórcio e sorteios (art. 22, XX da CF/88). Dessa forma, será inconstitucional lei estadual, distrital ou municipal que disponha sobre serviços de loterias.

Súmula Vinculante nº 2: É inconstitucional a lei ou ato normativo Estadual ou Distrital que disponha sobre sistemas de consórcios e sorteios, inclusive bingos e loterias.

1. EXPLORAÇÃO DE SERVIÇOS DE LOTERIAS SEM CONCESSÃO

> **Art. 45. Extrair loteria sem concessão regular do poder competente ou sem a ratificação de que cogita o art. 3º.**
>
> **Penas: de um (1) a quatro (4) anos de prisão simples, multa de cinco mil cruzeiros (Cr$ 5.000,00) a dez mil cruzeiros (Cr$ 10.000,00), além da perda para a Fazenda Nacional de todos os aparelhos de extração, mobiliário, utensílios e valores pertencentes à loteria.**

Verbos nucleares do tipo: *Extrair sem concessão* (explorar economicamente o serviço de loterias sem obter a concessão da entidade pública competente); *extrair sem ratificação* (decreto de ratificação da concessão concedida).

Norma Penal em Branco: Tipo penal que exige uma complementação normativa para produzir todos os seus efeitos. O complemento advém da mesma norma (art. 3º), logo, é classificado como Norma Penal em Branco Homogênea Homovitelina.

Objeto jurídico: Economia popular.

Objeto material: Loterias.

Natureza jurídica: Contravenção penal.

Elemento subjetivo: É o dolo. O tipo penal pressupõe elemento subjetivo específico, os verbos devem ser praticados *para extração do serviço de loterias*. Não se admite a modalidade culposa, tendo em vista a falta de previsão legal.

Elemento normativo: Encontra-se na expressão *sem concessão regular ou sem ratificação*. Trata-se de expressão que afastaria a ilicitude da conduta, no entanto, como está inserida no tipo penal, acaba por se tornar elemento do fato típico. Logo, havendo a referida concessão ou ratificação, a conduta seria atípica.

Sujeito ativo: Qualquer pessoa.

Sujeito passivo: A coletividade.

Crime permanente: Enquanto houver a extração do serviço de loterias sem concessão ou sem a devida ratificação o crime estará sendo consumado.

Tentativa: Por se tratar de contravenção penal, a tentativa não é punível, conforme art. 4º do Decreto-Lei nº 3.688/41.

Classificação doutrinária: *Crime comum* (pode ser praticado por qualquer pessoa); *material* (há previsão de resultado naturalístico e ele é imprescindível para sua consumação); *de perigo abstrato* (o perigo gerado pela conduta é presumido pela lei); *crime vago* (tem como sujeito passivo a coletividade); *doloso* (o agente quer o resultado ou assume o risco de produzi-lo); *de forma livre* (pode ser praticado por qualquer meio de execução); *comissivo* (os verbos indicam ações); *permanente* (a consumação se protrai no tempo); *unissubjetivo ou de concurso eventual* (pode ser praticado por um só agente); *plurissubsistente* (admite fracionamento dos atos de execução), entretanto a modalidade tentada não é punível.

Competência para julgamento: Justiça estadual, ressalvado quando o sujeito ativo possuir foro por prerrogativa de função em Tribunal Regional Federal.

> TJRS. Direito criminal. Contravenção penal. Loteria. Exploração. Autorização. Falta. Contravenção penal. Competência. Juizado especial criminal. Conflito de competência. Contravenção penal. Denúncia que atribui a prática de contravenção penal, tipificada no Decreto-lei 6.259/1944, art. 45, que prevê pena de 01 a 04 anos de prisão simples e/ou multa. Ainda que a pena seja superior a dois anos, continua sendo contravenção, e a pena é de prisão simples e/ou multa. Competência do Jecrim. Conflito procedente. Unânime. (Conflito de Jurisdição Nº 70052812567, Sexta Câmara Criminal, Tribunal de Justiça do RS, Relator: José Luiz John dos Santos, Julgado em 11/04/2013)

> STJ - Competência. Exploração de máquinas caça-níqueis. Ação ordinária proposta pelo Ministério Público com pedido de suspensão de atividade ilícita e o bloqueio de valores recolhidos em instituições bancárias. Julgamento pela Justiça Estadual Comum. Precedentes do STJ. Súmula 38/STJ e Súmula 498/STF. CF/88, art. 109, I. CPC/1973, art. 113, «*caput*». Dec-lei 3.688/41, art. 50. Decreto-lei 6.259/44, art. 45. Lei 1.521/51, art. 2º, IX. «A exploração das máquinas caça-níqueis pode ser enquadrada como contravenção penal, à luz do Decreto-lei 3.688/1941, art. 50 ou extração ilegal de loteria, como estabelece o Decreto-lei 6.259/1944, art. 45 ou ainda, ser considerada crime contra a economia popular nos termos do Lei 1.521/1951, art. 2º, IX, uma vez que as vítimas de tais equipamentos são os particulares, que têm suas economias fraudadas, e não a União.

Ação penal: Ação penal pública incondicionada.

Acordo de não persecução penal: Se enquadra no chamado *espaço de consenso* ou *justiça negociada* no processo penal, ao lado da transação penal e da suspensão condicional do processo. Conforme redação do novo art. 28-A do Código de Processo Penal (incluído pela Lei Federal nº 13.964/19), é possível a celebração do acordo de não persecução penal quando a infração penal não for praticada com violência ou grave ameaça e tiver pena mínima inferior a 4 (quatro) anos. Dessa forma, é cabível o acordo de não persecução penal à infração penal em tela, obedecidos os demais requisitos.

Efeito da Condenação: Perda para a Fazenda Nacional de todos os aparelhos de extração, mobiliário, utensílios e valores pertencentes à loteria. Trata-se de *efeito automático* da condenação.

Máquina caça-níquel: Pode configurar a contravenção em tela (art. 45, Dec-lei nº 6.259/44); contravenção penal do art. 50, Dec-lei nº 3.688/41 ou crime contra economia popular (art. 2º, IX da Lei nº 1.521/51).

> Direito público. Jogos de eletrônicos. Estabelecimento comercial. Exploração de jogos de azar. Máquina caça-níquel. Atividade ilícita. Decreto-lei 3688 de 1941, art. 50. Decreto-lei 6259 de 1944, art. 45. Lei 1521 de 1951, art. 2, IX. Interdição. Multa. Cabimento. Exercício regular de um direito. Mandado de segurança. Dilação probatória. Descabimento. Recurso. Inadequação. Apelação cível. Direito público não especificado. Mandado de segurança. Autuação feita pela municipalidade. Exploração de jogos de azar. Caça-níveis. Exercício regular de direito. Poder de polícia. Ausência de prova pré-constituída. Necessidade de dilação probatória. Inadequação da via eleita. A exploração de jogos de azar através de máquinas caça-níqueis é atividade cuja ilegalidade é de notório conhecimento, tipificada no Decreto-Lei 3.688/1941, art. 50, no Decreto-Lei 6.259/1944, art. 45, ou, ainda, como crime contra a economia popular do Lei 1.521/1951, art. 2º, IX (HC 15.923/MG - STJ). Inexiste ilegalidade quando a Administração aplica multa a estabelecimento comercial que explorava jogos de azar, mantendo máquinas caça-níqueis, interditando o local e condicionando sua reabertura à adoção de medidas objetivando evitar a continuidade de atividades ilícitas, tratando-se de sanções que possuem natureza cautelar, ausente violação à ampla defesa e ao contraditório. Mero exercício regular de direito do administrador, com fundamento no poder de polícia. Em mandado de segurança, a prova deve vir pré-constituída, o que não ocorre na hipótese em apreço, em que a questão acerca da destinação das máquinas para jogos de azar exige dilação probatória, o que revela a inadequação da via do mandado de segurança, prevalecendo, neste momento processual, a presunção de legitimidade e veracidade do ato administrativo. (TJRS – RC 71001958735 RS)

Rifas: Venda de rifas sem autorização do órgão competente pode configurar a contravenção penal de extrair serviços de loterias sem concessão (art. 45 do Dec-lei nº 6.259/44).

> STJ - Competência. Venda de rifas sem autorização do órgão competente. Contravenção penal. Competência da Justiça Estadual. Precedentes do STJ. Súmula 38/STJ. Decreto-lei 6.259/44, art. 45. «Compete à Justiça Estadual o processo e julgamento de feito que visa à apuração de fato previsto como contravenção penal. Incidência da Súmula 38/STJ. (Superior Tribunal de Justiça STJ - CONFLITO DE COMPETÊNCIA: CC 29980 SC 2000/0062381-4)

2. INTRODUÇÃO DE BILHETES DE LOTERIAS NO PAÍS

Art. 46. Introduzir no país bilhetes de loterias, rifas ou tômbolas estrangeiras, ou em qualquer Estado, bilhetes de outra loteria estadual.

Penas: de seis (6) meses a um (1) ano de prisão simples, multa de mil cruzeiros (Cr$ 1.000,00) a cinco mil cruzeiros (Cr$ 5.000,00), além da perda para a Fazenda Nacional de todos os bilhetes apreendidos.

Verbos nucleares do tipo: *Introduzir* (fazer entrar no território brasileiro bilhetes de loterias, rifas ou tômbolas estrangeiras ou introduzir em estado diverso de sua permissão).

Objeto jurídico: Economia popular.

Objeto material: Bilhetes de loterias, rifas ou tômbolas estrangeiras ou pertencentes a estado diverso de sua autorização.

Natureza jurídica: Contravenção penal.

Elemento subjetivo: É o dolo. Os verbos devem ser praticados para introdução de bilhetes de loterias, rifas ou tômbolas estrangeiras no território brasileiro ou de um estado em outro. Não se admite a modalidade culposa, tendo em vista a falta de previsão legal.

Elemento normativo: Muito embora não conste expressamente no tipo penal em análise, caso haja ato normativo de autoridade competente com expressa autorização, excluirá a ilicitude da conduta.

Sujeito ativo: Qualquer pessoa.

Sujeito passivo: A coletividade.

Crime instantâneo: Consuma-se com a mera entrada no território brasileiro com bilhetes de loterias, rifas ou tômbolas estrangeiras ou de um estado em outro.

Tentativa: Por se tratar de contravenção penal, a tentativa não é punível, por força do art. 4º do Decreto-Lei nº 3.688/41.

Classificação doutrinária: *Crime comum* (pode ser praticado por qualquer pessoa); *crime material* (há previsão de resultado naturalístico e ele é imprescindível para sua consumação); *de perigo abstrato* (o perigo gerado pela conduta é presumido pela lei); *crime vago* (tem como sujeito passivo a coletividade); *doloso* (o agente quer o resultado ou assume o risco de produzi-lo); *de forma livre* (pode ser praticado por qualquer meio de execução); *comissivo* (os verbos indicam ações); *instantâneo* (a consumação ocorre com o verbo introduzir); *unissubjetivo ou de concurso eventual* (pode ser praticado por um só agente); *plurissubsistente* (admite fracionamento dos atos de execução), entretanto a modalidade tentada não é punível.

Competência para julgamento: Justiça estadual, ressalvado quando o sujeito ativo possuir foro por prerrogativa de função em Tribunal Regional Federal.

Ação penal: Ação penal pública incondicionada.

Transação penal: Tendo em vista possuir pena máxima de até dois anos, será cabível o oferecimento da transação penal, obedecidos os demais requisitos previstos no art. 76 da Lei nº 9.099/90.

Acordo de não persecução penal: Se enquadra no chamado *espaço de consenso* ou *justiça negociada* no processo penal, ao lado da transação penal e da suspensão condicional do processo. Conforme redação do novo art. 28-A do Código de Processo Penal (incluído pela Lei Federal nº 13.964/19), é possível a celebração do acordo de não persecução penal quando a infração penal não for praticada com violência ou grave ameaça e tiver pena mínima inferior a 4 (quatro) anos. Ressalta-se que o acordo de não persecução penal é subsidiário à transação penal, dessa forma, não será cabível o acordo de não persecução penal à infração penal em tela, tendo em vista ser cabível a transação penal.

Efeito da Condenação: Perda para a Fazenda Nacional de todos os bilhetes apreendidos. Trata-se de *efeito automático* da condenação.

3. POSSUIR LOTERIAS ESTRANGEIRAS

Art. 47. Possuir, ter sob a sua guarda, procurar colocar, distribuir ou lançar em circulação bilhetes de loterias estrangeiras.

Penas: de seis (6) meses e um (1) ano de prisão simples, multa de mil cruzeiros (Cr$ 1.000,00) a cinco mil cruzeiros (Cr$ 5.000,00), além de perda para a Fazenda Nacional de todos os bilhetes apreendidos.

Verbos nucleares do tipo: *Possuir* (ter a posse); *ter sob a sua guarda* (ter sob guarda ou vigilância); *procurar colocar* (apenas atos que visam pôr em circulação); *distribuir* (repassar a pessoas diversas); *lançar em circulação* (circular dentro do território brasileiro).

Objeto jurídico: Economia popular.

Objeto material: Bilhetes de loterias estrangeiras.

Natureza jurídica: Contravenção penal.

Elemento subjetivo: É o dolo. Os verbos possuir e ter não exigem elemento subjetivo específico. Entretanto, os verbos procurar colocar, distribuir e lançar, exigem elemento subjetivo específico. Não se admite a modalidade culposa, tendo em vista a falta de previsão legal.

Elemento normativo: Muito embora não conste expressamente no tipo penal em análise, caso haja ato normativo de autoridade competente com expressa autorização, excluirá a ilicitude da conduta.

Sujeito ativo: Qualquer pessoa.

Sujeito passivo: A coletividade.

Crime instantâneo: Para os verbos "distribuir" ou "lançar em circulação". Consuma-se com a mera distribuição ou circulação do bilhete estrangeiro.

Crime Permanente: Para os verbos "possuir" e "ter sob sua guarda". Sua consumação ocorrerá durante todo o tempo em que o agente possuir ou ter sob sua guarda bilhetes de loterias estrangeiras.

Tentativa: Por se tratar de contravenção penal, a tentativa não é punível, conforme art. 4º do Decreto-Lei nº 3.688/41.

Crime de atentado: A conduta de "procurar colocar" em circulação bilhete estrangeiro configura um crime de atentado, também chamado de crime de empreendimento, isto é, a conduta tentada configura crime consumado, afastando a incidência do art. 14, II do CP.

Classificação doutrinária: *Crime comum* (pode ser praticado por qualquer pessoa); *material* (há previsão de resultado naturalístico e ele é imprescindível para sua consumação); *de perigo abstrato* (o perigo gerado pela conduta é presumido pela lei); *crime vago* (tem como sujeito passivo a coletividade); *doloso* (o agente quer o resultado ou assume o risco de produzi-lo); *de forma livre* (pode ser praticado por qualquer meio de execução); *comissivo* (os verbos indicam ações); *instantâneo* (para as condutas de distribuir, lançar em circulação e procurar colocar em circulação*); permanente (para as condutas de* possuir e ter sob sua guarda*); unissubjetivo ou de concurso eventual* (pode ser praticado por um só agente); *plurissubsistente* (admite fracionamento dos atos de execução), entretanto a modalidade tentada não é punível; *crime de atentado ou de empreendimento* (para a conduta de procurar colocar em circulação bilhetes estrangeiros).

Competência para julgamento: Justiça estadual, ressalvado quando o sujeito ativo possuir foro por prerrogativa de função em Tribunal Regional Federal.

Ação penal: Ação penal pública incondicionada.

Transação penal: Tendo em vista possuir pena máxima de até dois anos, será cabível o oferecimento da transação penal, obedecidos os demais requisitos previstos no art. 76 da Lei nº 9.099/90.

Acordo de não persecução penal: Se enquadra no chamado *espaço de consenso* ou *justiça negociada* no processo penal, ao lado da transação penal e da suspensão condicional do processo. Conforme redação do novo art. 28-A do Código de Processo Penal (incluído pela Lei Federal nº 13.964/19), é possível a celebração do acordo de não persecução penal quando a infração penal não for praticada com violência ou grave ameaça e tiver pena mínima inferior a 4 (quatro) anos. Ressalta-se que o acordo de não persecução penal é subsidiário à transação penal, dessa forma, não será cabível o acordo de não persecução penal à infração penal em tela, tendo em vista ser cabível a transação penal.

Efeito da Condenação: Perda para a Fazenda Nacional de todos os bilhetes apreendidos. Trata-se de *efeito automático* da condenação.

4. POSSUIR BILHETES DE LOTERIA ESTADUAL FORA DO TERRITÓRIO DO RESPECTIVO ESTADO

> **Art. 48. Possuir, ter sob sua guarda, procurar colocar, distribuir ou lançar em circulação bilhetes de loteria estadual fora do território do Estado respectivo.**
>
> **Penas: de dois (2) a seis (6) meses de prisão simples, multa de quinhentos cruzeiros (Cr$ 500,00) a mil cruzeiros (Cr$ 1.000,00), além de perda para a Fazenda Nacional dos bilhetes apreendidos.**

Verbos nucleares do tipo: *Possuir* (ter a posse); *ter sob a sua guarda* (ter sob guarda ou vigilância); *procurar colocar* (apenas atos que visam pôr em circulação); *distribuir* (repassar a pessoas diversas); *lançar em circulação* (circular fora do estado que possui a autorização).

Objeto jurídico: Economia popular.

Objeto material: Bilhetes de loterias estaduais.

Natureza jurídica: Contravenção penal.

Elemento subjetivo: É o dolo. Os verbos *possuir* e *ter* não exigem elemento subjetivo específico. Entretanto, os verbos *procurar colocar*, *distribuir* e *lançar*, exigem elemento subjetivo específico. Não se admite a modalidade culposa, tendo em vista a falta de previsão legal.

Elemento normativo: Muito embora não conste expressamente no tipo penal em análise, caso haja ato normativo de autoridade competente com expressa autorização no estado que se encontra o bilhete, excluirá a ilicitude da conduta.

Sujeito ativo: Qualquer pessoa.

Sujeito passivo: A coletividade.

Crime instantâneo: Para os verbos "distribuir" ou "lançar em circulação". Consuma-se com a mera distribuição ou circulação do bilhete estadual fora de seu respectivo território.

Crime Permanente: Para os verbos "possuir" e "ter sob sua guarda". Sua consumação ocorrerá durante todo o tempo em que o agente possuir ou ter sob sua guarda bilhetes de loterias estaduais fora de seu respectivo território.

Tentativa: Por se tratar de contravenção penal, a tentativa não é punível, conforme art. 4º do Decreto-Lei nº 3.688/41.

Crime de atentado: A conduta de "procurar colocar" em circulação bilhete estadual fora do respectivo estado configura um crime de atentado, também chamado de crime de empreendimento, isto é, a conduta tentada configura crime consumado, afastando a incidência do art. 14, II do CP.

Classificação doutrinária: *Crime comum* (pode ser praticado por qualquer pessoa); *material* (há previsão de resultado naturalístico e ele é imprescindível para sua consumação); *de perigo abstrato* (o perigo gerado pela conduta é presumido pela lei); *crime vago* (tem como sujeito passivo a coletividade); *doloso* (o agente quer o resultado ou assume o risco de produzi-lo); *de forma livre* (pode ser praticado por qualquer meio de execução); *comissivo* (os verbos indicam ações); *instantâneo* (para as condutas de distribuir, lançar em circulação e procurar colocar em circulação*); permanente (para as condutas de* possuir e ter sob sua guarda*); unissubjetivo ou de concurso eventual* (pode ser praticado por um só agente); *plurissubsistente* (admite fracionamento dos atos de execução), entretanto a modalidade tentada não é punível; *crime de atentado ou de empreendimento* (para a conduta de procurar colocar em circulação bilhetes estaduais de estado diverso do que possui autorização).

Competência para julgamento: Justiça estadual, ressalvado quando o sujeito ativo possuir foro por prerrogativa de função em Tribunal Regional Federal.

Ação penal: Ação penal pública incondicionada.

Transação penal: Tendo em vista possuir pena máxima de até dois anos, será cabível o oferecimento da transação penal, obedecidos os demais requisitos previstos no art. 76 da Lei nº 9.099/90.

Acordo de não persecução penal: Se enquadra no chamado *espaço de consenso* ou *justiça negociada* no processo penal, ao lado da transação penal e da suspensão condicional do processo. Conforme redação do novo art. 28-A do Código de Processo Penal (incluído pela Lei Federal nº 13.964/19), é possível a celebração do acordo de não persecução penal quando a infração penal não for praticada com violência ou grave ameaça e tiver pena mínima inferior a 4 (quatro) anos. Ressalta-se que o acordo de não persecução penal é subsidiário à transação penal, dessa forma, não será cabível o acordo de não persecução penal à infração penal em tela, tendo em vista ser cabível a transação penal.

Efeito da Condenação: Perda para a Fazenda Nacional de todos os bilhetes apreendidos. Trata-se de efeito automático da condenação.

5. EXIBIR LISTAS DE SORTEIOS DE LOTERIAS ESTRANGEIRAS OU ESTADUAIS, FORA DO RESPECTIVO ESTADO

> **Art. 49. Exibir, ou ter sob sua guarda, listas de sorteios de loteria estrangeira ou de estadual fora do território do Estado respectivo.**
> **Penas: de em (1) a quatro (4) meses de prisão simples e multa de duzentos cruzeiros (Cr$ 200,00) a quinhentos cruzeiros (Cr$ 500,00).**

Verbos nucleares do tipo: *Exibir* (mostrar em público); *ter sob a sua guarda* (ter sob guarda ou vigilância ou posse) listas de sorteio de loterias estrangeiras ou de estado fora de seu respectivo território.

Objeto jurídico: Economia popular.

Objeto material: Bilhetes de loterias estrangeiros ou estaduais.

Natureza jurídica: Contravenção penal.

Elemento subjetivo: É o dolo. Não se admite a modalidade culposa, tendo em vista a falta de previsão legal.

Elemento normativo: Proibição de exibir ou ter sob guarda bilhetes estrangeiros ou estaduais fora de seu respectivo território.

Sujeito ativo: Qualquer pessoa.

Sujeito passivo: A coletividade.

Crime instantâneo: Para os verbos "exibir". Consuma-se com a mera exibição do bilhete estrangeiro ou estadual fora de seu respectivo território.

Crime Permanente: Para o verbo "ter sob sua guarda". Sua consumação ocorrerá durante todo o tempo em que o agente detiver sob sua guarda bilhetes de loterias estrangeiros ou estaduais fora de respectivo território.

Tentativa: Por se tratar de contravenção penal, a tentativa não é punível, conforme art. 4º do Decreto-Lei nº 3.688/41.

Classificação doutrinária: *Crime comum* (pode ser praticado por qualquer pessoa); *material* (há previsão de resultado naturalístico e ele é imprescindível para sua consumação); *de perigo abstrato* (o perigo gerado pela conduta é presumido pela lei); *crime vago* (tem como sujeito passivo a coletividade); *doloso* (o agente quer o resultado ou assume o risco de produzi-lo); *de forma livre* (pode ser praticado por qualquer meio de execução); *comissivo* (os verbos indicam ações); *instantâneo* (para a conduta de exibir*); permanente (para a conduta de* ter sob sua guarda*); unissubjetivo ou de concurso eventual* (pode ser praticado por um só agente); *plurissubsistente* (admite fracionamento dos atos de execução), entretanto a modalidade tentada não é punível.

Competência para julgamento: Justiça estadual, ressalvado quando o sujeito ativo possuir foro por prerrogativa de função em Tribunal Regional Federal.

Ação penal: Ação penal pública incondicionada.

Transação penal: Tendo em vista possuir pena máxima de até dois anos, será cabível o oferecimento da transação penal, obedecidos os demais requisitos previstos no art. 76 da Lei nº 9.099/90.

Acordo de não persecução penal: Se enquadra no chamado *espaço de consenso* ou *justiça negociada* no processo penal, ao lado da transação penal e da suspensão condicional do processo. Conforme redação do novo art. 28-A do Código de Processo Penal (incluído pela Lei Federal nº 13.964/19), é possível a celebração do acordo de não persecução penal quando a infração penal não for praticada com violência ou grave ameaça e tiver pena mínima inferior a 4 (quatro) anos. Ressalta-se que o acordo de não persecução penal é subsidiário à transação penal, dessa forma, não será cabível o acordo de não persecução penal à infração penal em tela, tendo em vista ser cabível a transação penal.

6. PAGAMENTO DE PRÊMIO DE LOTERIA ESTRANGEIRA OU ESTADUAL PROIBIDA

Art. 50. Efetuar o pagamento de prêmio relativo a bilhete de loteria estrangeira ou estadual que não possa circular legalmente no lugar do pagamento.

Penas: de dois (2) a seis (6) meses de prisão simples e multa de quinhentos cruzeiros (Cr$ 500,00) a mil cruzeiros (Cr$ 1.000,00).

Verbos nucleares do tipo: *Efetuar pagamento* (pagamento de prêmio relativo a bilhete de loteria estrangeira ou estadual que não possa circular legalmente ou no lugar do pagamento).

Objeto jurídico: Economia popular.

Objeto material: Pagamento de bilhetes de loterias estrangeiros ou estaduais.

Natureza jurídica: Contravenção penal.

Elemento subjetivo: É o dolo. O tipo penal pressupõe o elemento subjetivo específico. A conduta de efetuar pagamento deve ser praticada *para premiar vencedor de loteria estrangeira ou de bilhete estadual que não tenha autorização legal.* Não se admite a modalidade culposa, tendo em vista a falta de previsão legal e da necessidade do especial fim de agir.

Elemento normativo: Proibição de efetuar pagamento de prêmio por bilhetes estrangeiros ou estaduais fora de seu respectivo território.

Sujeito ativo: Qualquer pessoa.

Sujeito passivo: A coletividade.

Crime instantâneo: Consuma-se com o pagamento do bilhete estrangeiro ou estadual fora de seu respectivo território.

Tentativa: Por se tratar de contravenção penal, a tentativa não é punível, conforme art. 4º do Decreto-Lei nº 3.688/41.

Classificação doutrinária: *Crime comum* (pode ser praticado por qualquer pessoa); *material* (há previsão de resultado naturalístico e ele é imprescindível para sua consumação - pagamento); *de perigo abstrato* (o perigo gerado pela conduta é presumido pela lei); *crime vago* (tem como sujeito passivo a coletividade); *doloso* (o agente quer o resultado ou assume o risco de produzi-lo); *de forma livre* (pode ser praticado por qualquer meio de execução); *comissivo* (os verbos indicam ações); *instantâneo* (consuma-se com o pagamento do bilhete); *unissubjetivo ou de concurso eventual* (pode ser praticado por um só agente); *plurissubsistente* (admite fracionamento dos atos de execução), entretanto a modalidade tentada não é punível.

Competência para julgamento: Justiça estadual, ressalvado quando o sujeito ativo possuir foro por prerrogativa de função em Tribunal Regional Federal.

Ação penal: Ação penal pública incondicionada.

Transação penal: Tendo em vista possuir pena máxima de até dois anos, será cabível o oferecimento da transação penal, obedecidos os demais requisitos previstos no art. 76 da Lei nº 9.099/90.

Acordo de não persecução penal: Se enquadra no chamado *espaço de consenso* ou *justiça negociada* no processo penal, ao lado da transação penal e da suspensão condicional do processo. Conforme redação do novo art. 28-A do Código de Processo Penal (incluído pela Lei Federal nº 13.964/19), é possível a celebração do acordo de não persecução penal quando a infração penal não for praticada com violência ou grave ameaça e tiver pena mínima inferior a 4 (quatro) anos. Ressalta-se que o acordo de não persecução penal é subsidiário à transação penal, dessa forma, não será cabível o acordo de não persecução penal à infração penal em tela, tendo em vista ser cabível a transação penal.

7. IMPRESSÃO DE BILHETES NÃO AUTORIZADOS

Art. 51. Executar serviços de impressão ou acabamento de bilhetes, listas, avisos ou cartazes, relativos a loteria que não possa legalmente circular no lugar onde se executem tais serviços.

Penas: de dois (2) a seis (6) meses de prisão simples, multa de quinhentos cruzeiros (Cr$ 500,00) a mil cruzeiros (Cr$ 1.000,00), e a inutilização dos bilhetes, listas, avisos e cartazes, além da pena de prisão aos proprietários e gerentes dos respectivos estabelecimentos.

Verbos nucleares do tipo: *Executar serviços de impressão ou acabamento de bilhetes, listas, avisos ou cartazes* (qualquer serviço que tenha por objetivo criar bilhetes de loterias que não possam circular no onde se executa tais serviços).

Objeto jurídico: Economia popular.

Objeto material: Bilhetes, listas, avisos ou cartazes de loterias.

Natureza jurídica: Contravenção penal.

Elemento subjetivo: É o dolo. O tipo penal pressupõe o elemento subjetivo específico. Os serviços de impressão ou acabamento de bilhetes, avisos ou cartazes devem ser relativos a loterias que não possa circular legalmente. Não se admite a modalidade culposa, tendo em vista a falta de previsão legal e da necessidade do especial fim de agir.

Elemento normativo: Deve haver proibição legal de circulação do bilhete, cartaz ou avisos.

Sujeito ativo: Qualquer pessoa.

Sujeito passivo: A coletividade.

Crime instantâneo: Consuma-se com a impressão ou acabamento do bilhete, lista, cartaz ou aviso.

Tentativa: Por se tratar de contravenção penal, a tentativa não é punível, conforme art. 4º do Decreto-Lei nº 3.688/41.

Classificação doutrinária: *Crime comum* (pode ser praticado por qualquer pessoa); *material* (há previsão de resultado naturalístico e ele é imprescindível para sua consumação – impressão ou acabamento); *de perigo abstrato* (o perigo gerado pela conduta é presumido pela lei); *crime vago* (tem como sujeito passivo a coletividade); *doloso* (o agente quer o resultado ou assume o risco de produzi-lo); *de forma livre* (pode ser praticado por qualquer meio de execução); *comissivo* (os verbos indicam ações); *instantâneo* (consuma-se com os serviços de impressão ou acabamento); *unissubjetivo ou de concurso eventual* (pode ser praticado por um só agente); *plurissubsistente* (admite fracionamento dos atos de execução), entretanto a modalidade tentada não é punível.

Competência para julgamento: Justiça estadual, ressalvado quando o sujeito ativo possuir foro por prerrogativa de função em Tribunal Regional Federal.

Ação penal: Ação penal pública incondicionada.

Transação penal: Tendo em vista possuir pena máxima de até dois anos, será cabível o oferecimento da transação penal, obedecidos os demais requisitos previstos no art. 76 da Lei nº 9.099/90.

Acordo de não persecução penal: Se enquadra no chamado *espaço de consenso* ou *justiça negociada* no processo penal, ao lado da transação penal e da suspensão condicional do processo. Conforme redação do novo art. 28-A do Código de Processo Penal (incluído pela Lei Federal nº 13.964/19), é possível a celebração do acordo de não persecução penal quando a infração penal não for praticada com violência ou grave ameaça e tiver pena mínima inferior a 4 (quatro) anos. Ressalta-se que o acordo de não persecução penal é subsidiário à transação penal, dessa forma, não será cabível o acordo de não persecução penal à infração penal em tela, tendo em vista ser cabível a transação penal.

Efeito da Condenação: Inutilização dos bilhetes, listas, avisos e cartazes.

8. DISTRIBUIÇÃO OU TRANSPORTE DE CARTAZES, LISTAS OU AVISOS DE LOTERIAS

Art. 52. Distribuir ou transportar cartazes, listas ou avisos de loterias onde os mesmos não possam legalmente circular.

Penas: de um (1) a quatro (4) meses de prisão simples e multa de duzentos cruzeiros (Cr$ 200,00) a quinhentos cruzeiros (Cr$ 500,00).

Verbos nucleares do tipo: *Distribuir* (conduta de entregar a várias pessoas) ou *transportar* (ato de mover os objetos de um local para outro).

Objeto jurídico: Economia popular.

Objeto material: Cartazes, listas ou avisos.

Natureza jurídica: Contravenção penal.

Elemento subjetivo: É o dolo. O tipo penal não pressupõe o elemento subjetivo específico, basta apenas que haja a distribuição ou transporte que restará configurado a infração penal. Não se admite a modalidade culposa, tendo em vista a falta de previsão legal.

Elemento normativo: Deve haver proibição legal de circulação dos cartazes, listas ou avisos.

Sujeito ativo: Qualquer pessoa.

Sujeito passivo: A coletividade.

Crime permanente: Consuma-se durante todo o momento em que ocorrer o transporte dos cartazes, listas ou avisos.

Crime habitual: Para a conduta de distribuir, faz-se necessário entrega a mais de uma pessoa. Uma única entrega não configura a conduta de distribuir.

Tentativa: Por se tratar de contravenção penal, a tentativa não é punível, conforme art. 4º do Decreto-Lei nº 3.688/41.

Classificação doutrinária: *Crime comum* (pode ser praticado por qualquer pessoa); *material* (há previsão de resultado naturalístico e ele é imprescindível para sua consumação); *de perigo abstrato* (o perigo gerado pela conduta é presumido pela lei); *crime vago* (tem como sujeito passivo a coletividade); *doloso* (o agente quer o resultado ou assume o risco de produzi-lo); *de forma livre* (pode ser praticado por qualquer meio de execução); *comissivo* (os verbos indicam ações); *permanente* (sua consumação se protrai no tempo em que durar a distribuição ou transporte dos cartazes, listas ou avisos); *habitual* (é necessário a reiteração de condutas para configuração do crime); *unissubjetivo ou de concurso eventual* (pode ser praticado por um só agente); *plurissubsistente* (admite fracionamento dos atos de execução), entretanto a modalidade tentada não é punível.

Competência para julgamento: Justiça estadual, ressalvado quando o sujeito ativo possuir foro por prerrogativa de função em Tribunal Regional Federal.

Ação penal: Ação penal pública incondicionada.

Transação penal: Tendo em vista possuir pena máxima de até dois anos, será cabível o oferecimento da transação penal, obedecidos os demais requisitos previstos no art. 76 da Lei nº 9.099/90.

Acordo de não persecução penal: Se enquadra no chamado *espaço de consenso* ou *justiça negociada* no processo penal, ao lado da transação penal e da suspensão condicional do processo. Conforme redação do novo art. 28-A do Código de Processo Penal (incluído pela Lei Federal nº 13.964/19), é possível a celebração do acordo de não persecução penal quando a infração penal não for praticada com violência ou grave ameaça e tiver pena mínima inferior a 4 (quatro) anos. Ressalta-se que o acordo de não persecução penal é subsidiário à transação penal, dessa forma, não será cabível o acordo de não persecução penal à infração penal em tela, tendo em vista ser cabível a transação penal.

9. ESTELIONATO DE BILHETES DE LOTERIAS

Art. 53. Colocar, distribuir ou lançar em circulação bilhetes de loterias relativos a extrações já feitas.

Penas: as do art. 171 do Código Penal.

Verbos nucleares do tipo: *Colocar* (ocorre com o ato de disponibilizar), *distribuir* (entregar a mais de uma pessoa) ou *lançar em circulação* (fazer circular bilhetes de loterias relativos a extrações já feitas). A consumação da infração penal ocorre apenas com a prática dos verbos, não exigindo a obtenção de vantagem indevida.

Norma Penal em Branco: Tipo penal que exige uma complementação normativa para produzir todos os seus efeitos. O complemento advém de uma norma de mesma hierarquia e natureza penal (art. 171 do CP), logo é classificado como Norma Penal em Branco Homogênea Homovitelina. Apenas o preceito secundário é quem necessita de complementação, dessa forma, também é classificado como Norma Penal em Branco às avessas/invertida/remetida.

Objeto jurídico: Economia popular.

Objeto material: Bilhetes de loterias relativos a extrações já feitas.

Natureza jurídica: Contravenção penal.

Elemento subjetivo: É o dolo. O tipo penal não pressupõe o elemento subjetivo específico, não exige finalidade especial do agente, muito menos a obtenção de qualquer vantagem econômica. Não se admite a modalidade culposa, tendo em vista a falta de previsão legal. Entretanto é possível incorrer erro de tipo, caso seja comprovada falsa percepção de que os bilhetes já tenham sido extraídos, situação que excluirá o dolo, tornando a conduta atípica.

Elemento normativo: Os bilhetes de loterias já devem ter sido extraídos.

Sujeito ativo: Qualquer pessoa.

Sujeito passivo: A coletividade.

Crime instantâneo: Consuma-se com a prática dos verbos de *colocar ou lançar em circulação* bilhetes de loterias já extraídos.

Crime habitual: Para a conduta de distribuir, faz-se necessário entrega a mais de uma pessoa. Uma única entrega não configura a conduta de distribuir.

Tentativa: Por se tratar de contravenção penal, a tentativa não é punível, conforme art. 4º do Decreto-Lei nº 3.688/41.

Classificação doutrinária: *Crime comum* (pode ser praticado por qualquer pessoa); *material* (há previsão de resultado naturalístico e ele é imprescindível para sua consumação); *de perigo abstrato* (o perigo gerado pela conduta é presumido pela lei); *crime vago* (tem como sujeito passivo a coletividade); *doloso* (o agente quer o resultado ou assume o risco de produzi-lo); *de forma livre* (pode ser praticado por qualquer meio de execução); *comissivo* (os verbos indicam ações); *instantâneo* (consuma-se com a prática dos verbos nucleares); *habitual* (é necessário a reiteração de condutas para configuração do crime); *unissubjetivo ou de concurso eventual* (pode ser praticado por um só agente); *plurissubsistente* (admite fracionamento dos atos de execução), entretanto a modalidade tentada não é punível.

Competência para julgamento: Justiça estadual, ressalvado quando o sujeito ativo possuir foro por prerrogativa de função em Tribunal Regional Federal.

Ação penal: Ação penal pública incondicionada.

Acordo de não persecução penal: Se enquadra no chamado *espaço de consenso* ou *justiça negociada* no processo penal, ao lado da transação penal e da suspensão condicional do processo. Conforme redação do novo art. 28-A do Código de Processo Penal (incluído pela Lei Federal nº 13.964/19), é possível a celebração do acordo de não persecução penal quando a infração penal não for praticada com violência ou grave ameaça e tiver pena mínima inferior a 4 (quatro) anos. Dessa forma, é cabível o acordo de não persecução penal à infração penal em tela, obedecidos os demais requisitos.

10. FALSIFICAÇÃO DE BILHETES DE LOTERIAS

Art. 54. Falsificar, emendar ou adulterar bilhetes de loteria.

Penas: as do art. 298 do Código Penal.

Verbos nucleares do tipo: *falsificar* (dar aparência enganadora com o objetivo de fraude - fazer passar por verdadeiro o que não é); *emendar* (ato de acrescentar informação ou partes em bilhetes verdadeiros); ou *adulterar* (modificar bilhetes verdadeiros com informações falsas). A consumação da infração penal ocorre apenas com a prática dos verbos, não exigindo a obtenção de vantagem indevida.

Norma Penal em Branco: Tipo penal exige uma complementação normativa para produzir todos os seus efeitos. O complemento advém de uma norma de mesma hierarquia e natureza penal (art. 298 do CP), logo, é classificado como Norma Penal em Branco Homogênea Homovitelina. Apenas o preceito secundário é quem necessita de complementação, assim, também é classificado como Norma Penal em Branco às avessas/invertida/remetida.

Objeto jurídico: Economia popular.

Objeto material: Bilhetes de loterias.

Natureza jurídica: Contravenção penal.

Elemento subjetivo: É o dolo. A exigência de finalidade especial do agente está implícita na prática dos verbos, mas não necessita a obtenção de qualquer vantagem econômica. Não se admite a modalidade culposa, tendo em vista a falta de previsão legal.

Sujeito ativo: Qualquer pessoa.

Sujeito passivo: A coletividade.

Crime instantâneo: Consuma-se com a prática dos verbos de *falsificar, emendar ou adulterar* bilhetes de loterias. Entretanto, seus efeitos são permanentes.

Tentativa: Por se tratar de contravenção penal, a tentativa não é punível, conforme art. 4º do Decreto-Lei nº 3.688/41.

Classificação doutrinária: *Crime comum* (pode ser praticado por qualquer pessoa); *material* (há previsão de resultado naturalístico e ele é imprescindível para sua consumação); *de perigo abstrato* (o perigo gerado pela conduta é presumido pela lei); *crime vago* (tem como sujeito passivo a coletividade); *doloso* (o agente quer o resultado ou assume o risco de produzi-lo); *de forma livre* (pode ser praticado por qualquer meio de execução); *comissivo* (os verbos indicam ações); *instantâneo* (consuma-se com a prática dos verbos nucleares*); unissubjetivo ou de concurso eventual* (pode ser praticado por um só agente); *plurissubsistente* (admite fracionamento dos atos de execução), entretanto a modalidade tentada não é punível.

Competência para julgamento: Justiça estadual, ressalvado quando o sujeito ativo possuir foro por prerrogativa de função em Tribunal Regional Federal.

Ação penal: Ação penal pública incondicionada.

Acordo de não persecução penal: Se enquadra no chamado *espaço de consenso* ou *justiça negociada* no processo penal, ao lado da transação penal e da suspensão condicional do processo. Conforme redação do novo art. 28-A do Código de Processo Penal (incluído pela Lei Federal nº 13.964/19), é possível a celebração do acordo de não persecução penal quando a infração penal não for praticada com violência ou grave ameaça e tiver pena mínima inferior a 4 (quatro) anos. Dessa forma, é cabível o acordo de não persecução penal à infração penal em tela, obedecidos os demais requisitos.

11. DIVULGAÇÃO DE LOTERIAS NÃO AUTORIZADAS

Art. 55. Divulgar por meio de jornal, revista, rádio, cinema ou por qualquer outra forma, clara ou disfarçadamente, anúncio, aviso ou resultado de extração de loteria que não possa legalmente circular no lugar em que funciona a empresa divulgadora.

Penas: de multa de mil cruzeiros (Cr$ 1.000,00) a cinco mil cruzeiros (Cr$ 5.000,00) aplicável aos proprietários e gerentes das respectivas empresas, e o dobro na reincidência.

Parágrafo único. A Fiscalização Geral de Loterias deverá apreender os jornais, revistas ou impressos que inserirem reiteradamente anúncio ou aviso proibidos, e requisitar a cassação da licença para o funcionamento das empresas de rádio e cinema que, da mesma forma, infringirem a disposição deste artigo.

Verbos nucleares do tipo: *divulgar* (ato de anunciar, comunicar ao público em geral aviso ou resultado de extração de loteria que não possa legalmente circular no lugar em que funciona a empresa divulgadora). A consumação da infração penal ocorre apenas com a divulgação por qualquer meio, não exigindo a obtenção de vantagem indevida.

Objeto jurídico: Economia popular.

Objeto material: Jornal, revista, rádio, cinema ou qualquer outro meio de anúncio.

Natureza jurídica: Contravenção penal.

Elemento subjetivo: É o dolo. O tipo penal pressupõe o elemento subjetivo específico, ou seja, a finalidade especial do agente de fazer divulgação de anúncio, aviso ou resultado de extração de loteria que não possa legalmente circular no lugar em que funciona a empresa divulgadora. Entretanto, não se exige obtenção de qualquer vantagem econômica. Não se admite a modalidade culposa, tendo em vista a falta de previsão legal. Importante ressaltar a possibilidade de o agente incorrer em *erro de proibição*, quando desconhecer da ilegalidade da loteria no lugar em que realiza a divulgação.

Elemento normativo: Legalidade da loteria no local da divulgação.

Sujeito ativo: Qualquer pessoa.

Sujeito passivo: A coletividade.

Crime permanente: A infração penal estará sendo consumada durante todo o momento em que ocorrer a divulgação do anúncio, aviso ou resultado de extração de loteria que não possa legalmente circular no lugar em que funciona a empresa divulgadora.

Tentativa: Por se tratar de contravenção penal, a tentativa não é punível, conforme art. 4º do Decreto-Lei nº 3.688/41.

Classificação doutrinária: *Crime comum* (pode ser praticado por qualquer pessoa); *material* (há previsão de resultado naturalístico e ele é imprescindível para sua consumação); *de perigo abstrato* (o perigo gerado pela conduta é presumido pela lei); *crime vago* (tem como sujeito passivo a coletividade); *doloso* (o agente quer o resultado ou assume o risco de produzi-lo); *de forma livre* (pode ser praticado por qualquer meio de execução); *comissivo* (os verbos indicam ações); *permanente* (sua consumação se protrai no tempo*); unissubjetivo ou de concurso eventual* (pode ser praticado por um só agente); *plurissubsistente* (admite fracionamento dos atos de execução), entretanto a modalidade tentada não é punível.

Competência para julgamento: Justiça estadual, ressalvado quando o sujeito ativo possuir foro por prerrogativa de função em Tribunal Regional Federal.

Ação penal: Ação penal pública incondicionada.

12. TRANSMISSÃO DE RESULTADO DE LOTERIAS NÃO AUTORIZADAS

Art. 56. Transmitir pelo telégrafo ou por qualquer outro meio o resultado da extração da loteria que não possa circular no lugar para onde se fizer a transmissão.

Penas: de multa de quinhentos cruzeiros (Cr$ 500,00) a mil cruzeiros (Cr$ 1.000,00).

Parágrafo único. Nas mesmas penas incorrerá a empresa telegráfica particular que efetuar a transmissão;

Verbos nucleares do tipo: *transmitir* (ato de propagar resultado da extração da loteria que não possa circular no lugar para onde se fizer a transmissão). A consumação da infração penal ocorre com a transmissão por qualquer meio, não exigindo a obtenção de vantagem indevida, nem especial fim de agir.

Objeto jurídico: Economia popular.

Objeto material: Telégrafo ou qualquer outro meio de transmissão.

Natureza jurídica: Contravenção penal.

Elemento subjetivo: É o *dolo*. Não se admite a modalidade *culposa*, tendo em vista a falta de previsão legal. Importante ressaltar a possibilidade de o agente incorrer em *erro de proibição*, quando desconhecer da proibição da loteria no lugar em que realiza a transmissão.

Elemento normativo: Legalidade da loteria no local da transmissão.

Sujeito ativo: Pessoa física ou jurídica.

Sujeito passivo: A coletividade.

Crime instantâneo: Consuma-se a infração penal com a transmissão do resultado da extração da loteria que não possa circular no lugar para onde se fizer a transmissão.

Tentativa: Por se tratar de contravenção penal, a tentativa não é punível, conforme art. 4º do Decreto-Lei nº 3.688/41.

Classificação doutrinária: *Crime comum* (pode ser praticado por qualquer pessoa, inclusive pessoa jurídica); *material* (há previsão de resultado naturalístico e ele é imprescindível para sua consumação); *de perigo abstrato* (o perigo gerado pela conduta é presumido pela lei); *crime vago* (tem como sujeito passivo a coletividade); *doloso* (o agente quer o resultado ou assume o risco de produzi-lo); *de forma livre* (pode ser praticado por qualquer meio de execução); *comissivo* (os verbos indicam ações); *instantâneo* (a consumação ocorre com a prática do verbo transmitir*); unissubjetivo ou de concurso eventual* (pode ser praticado por um só agente); *plurissubsistente* (admite fracionamento dos atos de execução), entretanto a modalidade tentada não é punível.

Competência para julgamento: Justiça estadual, ressalvado quando o sujeito ativo possuir foro por prerrogativa de função em Tribunal Regional Federal.

Ação penal: Ação penal pública incondicionada.

13. REALIZAR JOGO DO BICHO

> **Art. 58. Realizar o denominado "jogo do bicho", em que um dos participantes, considerado comprador ou ponto, entrega certa quantia com a indicação de combinações de algarismos ou nome de animais, a que correspondem números, ao outro participante, considerado o vendedor ou banqueiro, que se obriga mediante qualquer sorteio ao pagamento de prêmios em dinheiro.**
>
> **Penas: de seis (6) meses a um (1) ano de prisão simples e multa de dez mil cruzeiros (Cr$ 10.000,00) a cinquenta mil cruzeiros (Cr$ 50.000,00) ao vendedor ou banqueiro, e de quarenta (40) a trinta (30) dias de prisão celular ou multa de duzentos cruzeiros (Cr$ 200,00) a quinhentos cruzeiros (Cr$ 500,00) ao comprador ou ponto. (Vide Lei nº 1.508, de 1951)**

Conceito de jogo do bicho: ocorre quando um dos participantes, considerado *comprador ou ponto*, entrega certa quantia com a indicação de combinações de algarismos ou nome de animais a que correspondem números ao outro participante, considerado o *vendedor ou banqueiro*, que se obriga mediante qualquer sorteio ao pagamento de prêmios em dinheiro.

Verbos nucleares do tipo: *Realizar o jogo do bicho* (engloba as condutas do comprador ou ponto e do vendedor ou banqueiro). A consumação da infração penal ocorre com a realização do jogo por qualquer das partes.

Objeto jurídico: Economia popular.

Objeto material: Combinações de algarismos ou nome de animais.

Natureza jurídica: Contravenção penal.

Elemento subjetivo: É o *dolo*. O tipo penal pressupõe elemento subjetivo específico, ou seja, a finalidade especial dos agentes de realizar jogo do bicho. O comprador ou ponto visa obtenção de determinado prêmio; já o vendedor ou banqueiro tem como objetivo a obtenção de lucro com a realização do jogo. Não se admite a modalidade *culposa*, tendo em vista a falta de previsão legal.

Sujeito ativo: Qualquer pessoa.

Sujeito passivo: A coletividade.

Crime instantâneo: Consuma-se a realização do jogo do bicho.

Tentativa: Por se tratar de contravenção penal, a tentativa não é punível, conforme art. 4º do Decreto-Lei nº 3.688/41.

Classificação doutrinária: *Crime comum* (pode ser praticado por qualquer pessoa); *material* (há previsão de resultado naturalístico e ele é imprescindível para sua consumação); *de perigo abstrato* (o perigo gerado pela conduta é presumido pela lei); *crime vago* (tem como sujeito passivo a coletividade); *doloso* (o agente quer o resultado ou assume o risco de produzi-lo); *de forma vinculada* (somente pode ser praticado na forma prevista no "*caput*"); *comissivo* (os verbos indicam ações); *instantâneo* (a consumação ocorre com a prática do verbo realizar*); plurissubjetivo* (deve haver o concurso de agente); *plurissubsistente* (admite fracionamento dos atos de execução), entretanto a modalidade tentada não é punível.

Competência para julgamento: Justiça estadual, ressalvado quando o sujeito ativo possuir foro por prerrogativa de função em Tribunal Regional Federal.

Ação penal: Ação penal pública incondicionada.

Transação penal: Tendo em vista possuir pena máxima de até dois anos, será cabível o oferecimento da transação penal, obedecidos os demais requisitos previstos no art. 76 da Lei nº 9.099/90.

Acordo de não persecução penal: Se enquadra no chamado *espaço de consenso* ou *justiça negociada* no processo penal, ao lado da transação penal e da suspensão condicional do processo. Conforme redação do novo art. 28-A do Código de Processo Penal (incluído pela Lei Federal nº 13.964/19), é possível a celebração do acordo de não persecução penal quando a infração penal não for praticada com violência ou grave ameaça e tiver pena mínima inferior a 4 (quatro) anos. Ressalta-se que o acordo de não persecução penal é subsidiário à transação penal, dessa forma, não será cabível o acordo de não persecução penal à infração penal em tela, tendo em vista ser cabível a transação penal.

Constitucionalidade: Declarado em diversas oportunidades como infração penal compatível com a Constituição Federal de 1988.

> Jogos de azar. Decreto-lei 6.259/1944, art. 58, § 1º, alínea «b. CF/88. Inexiste conflito entre o Decreto-lei 6.259/1944, art. 58 e a CF/88. (HC 130.621/SP, Rel. Min. MARCO AURÉLIO, Primeira Turma, 04/08/2007)
>
> Jogo do bicho. Contravenção penal. Pena de 4 meses de prisão simples e 10 d.m. em regime aberto. Pretensão absolutória por atipicidade da conduta. Aplicação do princípio da adequação social. Impossibilidade. Improvimento do recurso. Precedentes do STJ. Decreto-lei 6.259/1944, art. 58, § 1ª, «b. Materialidade e autoria restaram comprovadas. Acusado confessou a prática do delito. Inexiste, até o momento, revogação formal e expressa pelo legislador federal do Decreto-lei 6.259/1944, art. 58, a atividade do jogo do bicho há que ser tida como contravenção penal, imputável a todos que com ela estiverem envolvidos, seja na condição de donos de bancas, intermediários ou apostadores. (TJ-RJ - APELAÇÃO: APL 0003041-87.2012.8.19.0021 RJ 0003041-87.2012.8.19.0021).
>
> Recurso especial. Jogo do bicho. Decreto-lei 6.259/1944, art. 58, § 1º, «a e «b. Dispositivo em plena vigência. Contravenção penal. STJ - RECURSO ESPECIAL: REsp 23221 SP 1992/0013775-0

Inaplicação do Princípio da Adequação Social: Não se deve punir criminalmente o comportamento quando, ainda que tipificado em lei, é aceito socialmente e não afronta o sentimento social de justiça. A aplicação desse princípio não tem sido aceita pelos Tribunais Superiores. Assim, não se aplica à conduta de realizar jogo do bicho.

Infração antecedente para a prática da Lavagem de Capitais: Com a nova redação trazida pela Lei nº 12.683/12, a Lei de Lavagem de Capitais (Lei nº 9.613/98) passou a admitir qualquer infração penal como infração antecedente. Logo, a conduta de realizar jogo do bicho pode ser considerada infração penal antecedente para a prática da lavagem de capitais.

14. COLABORAÇÃO COM O JOGO DO BICHO

> **Art. 58**
>
> **§ 1º Incorrerão nas penas estabelecidas para vendedores ou banqueiros: (Vide Lei n º 1.508, de 1951)**
>
> **a) os que servirem de intermediários na efetuação do jogo; (Vide Lei n º 1.508, de 1951)**
>
> **b) os que transportarem, conduzirem, possuírem, tiverem sob sua guarda ou poder, fabricarem, darem, cederem, trocarem, guardarem em qualquer parte, listas com indicações do jogo ou material próprio para a contravenção, bem como de qualquer forma contribuírem para a sua confecção, utilização, curso ou emprego, seja qual for a sua espécie ou quantidade; (Vide Lei n º 1.508, de 1951)**
>
> **c) os que procederem à apuração de listas ou à organização de mapas relativos ao movimento do jogo; (Vide Lei n º 1.508, de 1951)**
>
> **d) os que por qualquer modo promoverem ou facilitarem a realização do jogo. (Vide Lei n º 1.508, de 1951)**
>
> **§ 2º Consideram-se idôneos para a prova do ato contravencional quaisquer listas com indicações claras ou disfarçadas, uma vez que a perícia revele se destinarem à perpetração do jogo do bicho. (Vide Lei n º 1.508, de 1951)**

Verbos nucleares do tipo: *Servir de intermediário* (terceiro que não pratica as condutas previstas no *caput*, mas colabora de alguma forma para outro pratique), *transportar, conduzir, possuir, guardar, fabricar, dar, ceder, contribuir* para confecção, utilização, curso ou emprego de qualquer espécie ou quantidade (listas com indicações do jogo ou material próprio para a contravenção do jogo do bicho); *proceder à apuração de listas ou à organização de mapas* (ato de verificar o número ou animal sorteado relativo ao movimento do jogo do bicho).

Objeto jurídico: Economia popular.

Objeto material: Listas com indicações do jogo ou material próprio para a contravenção do jogo do bicho.

Natureza jurídica: Contravenção penal.

Elemento subjetivo: É o *dolo*. O tipo penal pressupõe elemento subjetivo específico, ou seja, a finalidade especial do agente em contribuir para a confecção, utilização, curso ou emprego de materiais do jogo do bicho. Não se admite a modalidade *culposa,* tendo em vista a falta de previsão legal.

Sujeito ativo: Qualquer pessoa.

Sujeito passivo: A coletividade.

Crime instantâneo: Para as condutas de fabricar, dar e ceder.

Crime permanente: Para as condutas de servir de intermediário, transportar, conduzir, possuir, guardar e proceder à apuração de listas ou à organização de mapas.

Tentativa: Por se tratar de contravenção penal, a tentativa não é punível, conforme art. 4º do Decreto-Lei nº 3.688/41.

Classificação doutrinária: *Crime comum* (pode ser praticado por qualquer pessoa); *material* (há previsão de resultado naturalístico e ele é imprescindível para sua consumação); *de perigo abstrato* (o perigo gerado pela conduta é presumido pela lei); *crime vago* (tem como sujeito passivo a coletividade); *doloso* (o agente quer o resultado ou assume o risco de produzi-lo); *de forma livre* (pode ser praticado por qualquer meio de execução); *comissivo* (os verbos indicam ações); *crime instantâneo* para os verbos fabricar, dar e ceder (a consumação ocorre com a prática do verbo realizar*); crime permanente* para os verbos servir de intermediário, transportar, conduzir, possuir, guardar e proceder à apuração de listas ou à organização de mapas (sua consumação se protrai no tempo*); unissubjetivo ou de concurso eventual* (pode ser praticado por um só agente); *plurissubjetivo* para a conduta de servir como intermediário (deve haver o concurso de agente) *plurissubsistente* para as condutas de fabricar, servir de intermediário, transportar, conduzir, possuir, guardar e proceder à apuração de listas ou à organização de mapas (admite fracionamento dos atos de execução); *unisubsistente* para as condutas de dar e ceder (não admite o fracionamento dos atos de execução).

Punição do Intermediador do Jogo do Bicho: Muito embora essa conduta seja classificada como crime plurissubjetivo (deve haver o concurso de agente), conforme entendimento do STJ a punição do intermediador independe da identificação do vendedor ou banqueiro.

> Súmula nº 51, STJ: A punição do intermediador, no jogo do bicho, independe da identificação do "apostador" ou do "banqueiro".

Competência para julgamento: Justiça estadual, ressalvado quando o sujeito ativo possuir foro por prerrogativa de função em Tribunal Regional Federal.

Ação penal: Ação penal pública incondicionada.

Transação penal: Tendo em vista possuir pena máxima de até dois anos, será cabível o oferecimento da transação penal, obedecidos os demais requisitos previstos no art. 76 da Lei nº 9.099/90.

Acordo de não persecução penal: Se enquadra no chamado *espaço de consenso* ou *justiça negociada* no processo penal, ao lado da transação penal e da suspensão condicional do processo. Conforme redação do novo art. 28-A do Código de Processo Penal (incluído pela Lei Federal nº 13.964/19), é possível a celebração do acordo de não persecução penal quando a infração penal não for praticada com violência ou grave ameaça e tiver pena mínima inferior a 4 (quatro) anos. Ressalta-se que o acordo de não persecução penal é subsidiário à transação penal, dessa forma, não será cabível o acordo de não persecução penal à infração penal em tela, tendo em vista ser cabível a transação penal.

15. CORRIDA DE CAVALO FORA DE HIPÓDROMO

> **Art. 60. Constituem contravenções, puníveis com as penas do art. 45, o jogo sobre corridas de cavalos, feito fora dos hipódromos, ou da sede e dependências das entidades autorizadas, e as apostas sobre quaisquer outras competições esportivas. (Vide Lei n º 1.508, de 1951)**
>
> **Parágrafo único. Consideram-se competições esportivas, aquelas em que se classifiquem vencedores**
>
> **a) pelo esforço físico, destreza ou habilidade do homem;**
>
> **b) pela seleção ou adestramento de animais, postos em disputa, carreira ou luta de qualquer natureza.**

Conceito de competições esportivas: Aquelas em que se classifiquem vencedores pelo esforço físico, destreza ou habilidade do homem ou pela seleção ou adestramento de animais, postos em disputa, carreira ou luta de qualquer natureza.

Verbos nucleares do tipo: *Realizar jogo ou aposta* (conduta que tem por referência a sorte/azar). A consumação da infração penal ocorre com a realização do jogo por qualquer das partes.

Objeto jurídico: Economia popular.

Objeto material: Jogos ou apostas.

Natureza jurídica: Contravenção penal.

Elemento subjetivo: É o *dolo*. O tipo penal pressupõe elemento subjetivo específico, ou seja, a finalidade especial dos agentes de realizar jogo ou aposta. Não se admite a modalidade *culposa,* tendo em vista a falta de previsão legal.

Sujeito ativo: Qualquer pessoa.

Sujeito passivo: A coletividade.

Crime instantâneo: Consuma-se a realização do jogo ou aposta.

Tentativa: Por se tratar de contravenção penal, a tentativa não é punível, conforme art. 4º do Decreto-Lei nº 3.688/41.

Classificação doutrinária: *Crime comum* (pode ser praticado por qualquer pessoa); *material* (há previsão de resultado naturalístico e ele é imprescindível para sua consumação); *de perigo abstrato* (o perigo gerado pela conduta é presumido pela lei); *crime vago* (tem como sujeito passivo a coletividade); *doloso* (o agente quer o resultado ou assume o risco de produzi-lo); *de forma livre* (pode ser praticado por qualquer meio de execução); *comissivo* (os verbos indicam ações); *instantâneo* (a consumação ocorre com a prática da conduta de realizar jogo ou aposta); *plurissubjetivoou de concurso necessário* (deve haver o concurso de agente); *plurissubsistente* (admite fracionamento dos atos de execução), entretanto a modalidade tentada não é punível.

Competência para julgamento: Justiça estadual, ressalvado quando o sujeito ativo possuir foro por prerrogativa de função em Tribunal Regional Federal.

Ação penal: Ação penal pública incondicionada.

Transação penal: Tendo em vista possuir pena máxima de até dois anos, será cabível o oferecimento da transação penal, obedecidos os demais requisitos previstos no art. 76 da Lei nº 9.099/90.

Acordo de não persecução penal: Se enquadra no chamado *espaço de consenso* ou *justiça negociada* no processo penal, ao lado da transação penal e da suspensão condicional do processo. Conforme redação do novo art. 28-A do Código de Processo Penal (incluído pela Lei Federal nº 13.964/19), é possível a celebração do acordo de não persecução penal quando a infração penal não for praticada com violência ou grave ameaça e tiver pena mínima inferior a 4 (quatro) anos. Ressalta-se que o acordo de não persecução penal é subsidiário à transação penal, dessa forma, não será cabível o acordo de não persecução penal à infração penal em tela, tendo em vista ser cabível a transação penal.

Inaplicação do Princípio da Adequação Social: Não se deve punir criminalmente o comportamento quando, ainda que tipificado em lei, é aceito socialmente e não afronta o sentimento social de justiça. A aplicação desse princípio não tem sido aceita pelos Tribunais Superiores. Assim, não se aplica à conduta de realizar jogo ou aposta sobre corridas de cavalos feito fora dos hipódromos ou da sede e dependências das entidades autorizadas, ou sobre quaisquer outras competições esportivas.

Infração antecedente para a prática da Lavagem de Capitais: Com a nova redação trazida pela Lei nº 12.683/12, a Lei de Lavagem de Capitais (Lei nº 9.613/98) passou a admitir qualquer infração penal como infração antecedente. Logo, a conduta de realizar jogo ou aposta sobre corridas de cavalos, feito fora dos hipódromos, ou da sede e dependências das entidades autorizadas, ou sobre quaisquer outras competições esportivas pode ser considerada infração penal antecedente para a prática da lavagem de capitais.

13

CRIMES DE RACISMO

Lei 7.716/1989

RAPHAEL ZANON DA SILVA

CONSIDERAÇÕES INICIAIS

Aspectos Constitucionais: Sancionada em 05 de janeiro de 1989, a Lei nº 7.716/89, tem por objetivo cumprir o mandado de criminalização insculpido no artigo 5º, XLII da Constituição Federal, no qual o constituinte estabelecer ser "***a prática do racismo constitui crime inafiançável e imprescritível***, sujeito à pena de reclusão (...)".

Mais do que um mandado de criminalização, traz o dispositivo o fato de o crime de racismo ser imprescritível, equiparando sua gravidade às condutas relacionadas a ação de grupos armados, civis ou militares, contra a ordem constitucional e o Estado Democrático de Direito (art. 5º, XLIV).

Sob um aspecto macro, vê-se que o próprio constituinte teve por intenção fomentar a igualdade e repudiar atos discriminatórios entre o povo brasileiro, podendo ser seus anseios observados em diversos outros dispositivos constitucionais, dentre eles:

Art. 3º, IV - "Constituem objetivos fundamentais da República Federativa do Brasil: promover o bem de todos, sem preconceitos de origem, raça, sexo, cor, idade e quaisquer outras formas de discriminação".

Art. 4º, VIII - "A República Federativa do Brasil rege-se nas suas relações internacionais pelos seguintes princípios: repúdio ao terrorismo e ao racismo".

Art. 5º, VI - "é inviolável a liberdade de consciência e de crença, sendo assegurado o livre exercício dos cultos religiosos e garantida, na forma da lei, a proteção aos locais de culto e a suas liturgias".

Art. 5º, VIII - "ninguém será privado de direitos por motivo de crença religiosa ou de convicção filosófica ou política, salvo se as invocar para eximir-se de obrigação legal a todos imposta e recusar-se a cumprir prestação alternativa, fixada em lei".

Na esteira da contrariedade à discriminação tem-se que o Brasil é signatário da Convenção Internacional sobre a Eliminação de todas as Formas de Discriminação Racial, internalizada por meio do Decreto nº 65.810 de 08 de dezembro de 1969. Na esteira de seu art. I, 1.

> a expressão "discriminação racial" significará qualquer distinção, exclusão restrição ou preferência baseadas em raça, cor, descendência ou origem nacional ou étnica que tem por objetivo ou efeito anular ou restringir o reconhecimento, gozo ou exercício num mesmo plano, (em igualdade de condição), de direitos humanos e liberdades fundamentais no domínio político econômico, social, cultural ou em qualquer outro domínio de vida pública.

Ainda a fim de afirmar a igualdade entre as raças, foi publicada em 20 de julho de 2010 a Lei nº 12.288, instituindo o Estatuto da Igualdade Racial, que tem por objetivo "garantir à população negra a efetivação da igualdade de oportunidades, a defesa dos direitos étnicos individuais, coletivos e difusos e o combate à discriminação e às demais formas de intolerância étnica".

Imprescritibilidade e inafiançabilidade: considerado um delito grave, resolveu o legislador impedir a ocorrência da prescrição, bem como a possibilidade de o investigado ou acusado livrar-se solto mediante o pagamento de fiança.

A prescrição é causa extintiva da punibilidade relacionada ao decurso do tempo sem a devida atuação do Estado. Liga-se a punição do Estado pela falta de eficiência punitiva. No caso em apreço, não há que se falar na perda do *jus puniendi* pelo Estado brasileiro em razão da imprescritibilidade do crime de racismo, podendo o agente ser investigado, processado e julgado a qualquer tempo.

A fiança, por sua vez, trata-se de medida cautelar que objetiva a concessão da liberdade ao investigado ou acusado mediante o recolhimento de valores ao Estado. Embora o crime de racismo não possibilita a prestação de tal medida, é possível com que seja colocado em liberdade mediante medida cautelar diversa (art. 319 do Código de Processo Penal), desde que ausentes os requisitos para a decretação da prisão preventiva.

Objetividade jurídica: a igualdade.

Objeto material: é a pessoa vítima sobre a qual recai a discriminação. O aqui disposto aplica-se a todos os crimes da Lei nº 7.716/89.

Evolução histórica: inicialmente, a Lei nº 7.716 previa em seu artigo 1° a punição pela discriminação em razão da raça ou cor. Somente em 1997, com a Lei nº 9.459, foram criminalizadas as condutas relacionadas à discriminação em razão da etnia, religião e procedência nacional.

Consta da justificativa do Projeto de Lei nº 1.240-A, de 1995 que:

> (...) visando criminalizar práticas de discriminação ou de preconceito de raça, cor, etnia e procedência nacional, objetiva resgatar todos esses valores e atacar a impunidade. Por este projeto as citadas transgressões não serão mais tipificadas como delitos de calúnia, injúria e difamação, e sim crimes de racismo.

Conselho Nacional de Combate À Discriminação - CNCD: Criado originalmente pelo Decreto nº 5.397/2005, o CNCD foi reformulado, integralmente, pelo Decreto nº 9.883/2019. Trata-se de órgão colegiado "de consulta, assessoramento, estudo, articulação e colaboração do Ministério da Mulher, da Família e dos Direitos Humanos nas questões relativas à proteção dos direitos de indivíduos e grupos sociais afetados por discriminação e intolerância".

Dentre suas atribuições previstas no artigo 2°, estão: II - formular e propor diretrizes de ação governamental voltadas para a defesa dos direitos: a) das minorias étnicas e sociais e b) das vítimas de violência, de preconceito, de discriminação e de intolerância.

Igualdade X Ações afirmativas: as *affirmatives actions* podem ser conceituadas como "(...) poderoso mecanismo de inclusão social, concebido para corrigir e mitigar os efeitos presentes das discriminações ocorridas no passado"[1].

Sob o enfoque legal, o artigo 1°, parágrafo único, I da Lei nº 12.288/10 assim as definiu: "os programas e medidas especiais adotados pelo Estado e pela iniciativa privada para a correção das desigualdades raciais e para a promoção da igualdade de oportunidades".

Tais políticas estatais de tratamento diferenciado buscam redimensionar a igualdade entre grupos historicamente vulneráveis em detrimento daqueles que, em tese, os dominaram durante todo o contexto histórico da humanidade, propiciando a igualdade material entre os seres humanos.

Para Carmen Lúcia, as ações afirmativas podem ser conceituadas como:

> A definição jurídica objetiva e racional da desigualdade dos desiguais, histórica e culturalmente discriminados, é concebida com uma forma para se promover a igualdade daqueles que foram e são marginalizados por preconceitos encravados na cultura dominantes na sociedade. Por esta desigualação positiva promove-se a igualação jurídica efetiva; por ela afirma-se uma formula jurídica para se provocar uma efetiva igualação social, política, econômica segundo o Direito, tal como assegurado formal e materialmente no sistema constitucional democrático. A ação afirmativa é, então uma forma jurídica para se superar o isolamento ou a diminuição social a que se acham sujeitas as minorias[2].

A adoção de políticas afirmativas deve ser precedida de profunda análise e estudos a fim de evitar a discriminação inversa, evitando que sejam atingidos os direitos daqueles que não foram beneficiários da medida e desequilibrando a balança da igualdade. Soma-se ao fato que tais ações são temporárias, extinguindo-se no momento em que as distorções históricas não mais estiverem presentes no seio social.

Acerca do tema, encontra-se a política de ação afirmativa relacionada a reserva de cotas étnicos raciais para a seleção e ingresso de estudantes em universidades. O tema foi debatido na Ação Declaratória de Descumprimento de Preceito Fundamental

1. MASSON, Nathália. Manual de Direito Constitucional - 4ª Ed. Salvador: Juspdvm, 2016. Pag. 247.
2. ROCHA. Carmen Lúcia Antunes. Ação Afirmativa – O Conteúdo Democrático do Princípio da Igualdade Jurídica. Revista Trimestral de Direito Público nº 15, 1996.

nº 186[3], restando julgada improcedente, haja vista ser uma política proporcional e adequada, amoldando-se aos valores e princípios constitucionais.

Princípio da especialidade: o art. 1º, I, alínea "c" da Lei nº 9.455/97 dispõe sobre a chamada tortura discriminatória: "Art. 1º Constitui crime de tortura: I - constranger alguém com emprego de violência ou grave ameaça, causando-lhe sofrimento físico ou mental: c) em razão de discriminação racial ou religiosa". Desta forma, somente se a intenção do agente for de causar intenso sofrimento físico ou mental, mediante violência ou grave ameaça, e em razão de discriminação racial ou religiosa haverá a incidência deste tipo penal.

Agindo o agente por discriminação relacionada a cor, etnia, procedência nacional, por razões de gênero ou orientação sexual (LGBTI+), não haverá a incidência deste tipo penal específico, mas sim de outros delitos, tais como lesão corporal ou homicídio.

Outras formas de discriminação: a Lei nº 7.437/85 tipifica como contravenção penal condutas relacionadas a discriminação em razão raça, cor, sexo ou estado civil. Ressaltamos que a lei será objeto de Estudo em separado tendo a lei em comento derrogado os tipos relacionados à discriminação em razão da raça e cor.

As pessoas portadoras de deficiência física ou mental estão tuteladas pela Lei nº 7.853/89, conforme se depreende de seu art. 8º:

> Art. 8º Constitui crime punível com reclusão de 2 (dois) a 5 (cinco) anos e multa:
>
> I - recusar, cobrar valores adicionais, suspender, procrastinar, cancelar ou fazer cessar inscrição de aluno em estabelecimento de ensino de qualquer curso ou grau, público ou privado, em razão de sua deficiência;
>
> II - obstar inscrição em concurso público ou acesso de alguém a qualquer cargo ou emprego público, em razão de sua deficiência;
>
> III - negar ou obstar emprego, trabalho ou promoção à pessoa em razão de sua deficiência;
>
> IV - recusar, retardar ou dificultar internação ou deixar de prestar assistência médico-hospitalar e ambulatorial à pessoa com deficiência;
>
> V - deixar de cumprir, retardar ou frustrar execução de ordem judicial expedida na ação civil a que alude esta Lei;
>
> VI - recusar, retardar ou omitir dados técnicos indispensáveis à propositura da ação civil pública objeto desta Lei, quando requisitados.
>
> § 1º Se o crime for praticado contra pessoa com deficiência menor de 18 (dezoito) anos, a pena é agravada em 1/3 (um terço).
>
> § 2º A pena pela adoção deliberada de critérios subjetivos para indeferimento de inscrição, de aprovação e de cumprimento de estágio probatório em concursos públicos não exclui a responsabilidade patrimonial pessoal do administrador público pelos danos causados.
>
> § 3º Incorre nas mesmas penas quem impede ou dificulta o ingresso de pessoa com deficiência em planos privados de assistência à saúde, inclusive com cobrança de valores diferenciados.
>
> § 4º Se o crime for praticado em atendimento de urgência e emergência, a pena é agravada em 1/3 (um terço).

Caso Ellwanger: Siegrified Ellwanger foi um industrial e editor gaúcho, o qual negava o holocausto judeu na segunda guerra mundial. Em uma de suas obras, "*Holocausto judeu ou alemão – nos bastidores da mentira do século* (1987)", negou a existência de câmaras de gás na Alemanha nazista, pregando "a mentira histórica até então conhecida".

O editor vendia seus livros com ideais raciais, fazendo com que fosse processado e condenado pela prática do crime previsto no art. 20, § 2º da lei em análise. O caso chegou até o Supremo Tribunal Federal por meio do Habeas Corpus nº 82.424 sob a alegação de que "judeus não constituem raça, mas um povo", o que, em tese, não caracterizaria o crime de racismo.

O STF, entendeu de forma diferente, já que a

> (...) a divisão dos seres humanos em raças resulta de um processo de conteúdo político-social". O racismo, por sua vez, depende da "(...) compatibilização dos conceitos etimológicos, etnológicos, sociológicos, antropológicos ou biológicos, de modo a construir a definição jurídico-constitucional do termo.
>
> (...) A edição e publicação de obras escritas veiculando ideias anti-semitas, que buscam resgatar e dar credibilidade à concepção racial definida pelo regime nazista, negadoras e subversoras de fatos históricos incontroversos como o holocausto, consubstanciadas na pretensa inferioridade e desqualificação do povo judeu, equivalem pelas consequências históricas dos atos em que baseiam.

3. (...) I – Não contraria - ao contrário, prestigia – o princípio da igualdade material, previsto no *caput* do art. 5º da Carta da República, a possibilidade de o Estado lançar mão seja de políticas de cunho universalista, que abrangem um número indeterminados de indivíduos, mediante ações de natureza estrutural, seja de ações afirmativas, que atingem grupos sociais determinados, de maneira pontual, atribuindo a estes certas vantagens, por um tempo limitado, de modo a permitir-lhes a superação de desigualdades decorrentes de situações históricas particulares. (...).

Em suma, ainda que o Min. Moreira Alves tenha chegado à conclusão de que "os judeus não podem ser considerados uma raça"[4], por isso, não se poderia qualificar o crime por discriminação, pelo qual foi condenado Siegfried Ellwanger, como delito de racismo", o plenário assentou o voto no sentido de que "a genética baniu de vez o conceito tradicional de raça e que a divisão dos seres humanos em raças decorre de um processo político-social originado da intolerância dos homens".

Logo, diante de conceito racial de maior amplitude, a tese de que o os judeus caracterizariam um povo não foi vencedora.

Art. 1°. Serão punidos, na forma desta Lei, os crimes resultantes de discriminação ou preconceito de raça, cor, etnia, religião ou procedência nacional.

Comentários: para o estudo da Lei é imprescindível a análise de alguns conceitos.

Discriminação: nos termos no art. 1°, parágrafo 1°, I da Lei 12.888/10 (Estatuto da Desigualdade Racial), discriminação racial é

> toda distinção, exclusão, restrição ou preferência baseada em raça, cor, descendência ou origem nacional ou étnica que tenha por objeto anular ou restringir o reconhecimento, gozo ou exercício, em igualdade de condições, de direitos humanos e liberdades fundamentais nos campos político, econômico, social, cultural ou em qualquer outro campo da vida pública ou privada.

Preconceito: a expressão deriva do latim *praejudicium*. *Prae* significa anterior e *judicium* quer dizer julgamento. É o conceito/julgamento prévio, preestabelecido acerca de alguém. São concepções criadas por determinados indivíduos em detrimento de um grupo a fim de desqualifica-lo em razão da raça, cor, etnia, religião ou procedência nacional.

Raça: o conceito de raça encontra-se atrelada as características físicas e biológicas dos seres humanos, tais como cor da pele, formato da cabeça, tipo de cabelo, dentre outros.

Sob o enfoque genético, não há diferenciação entre os seres humanos, sendo que todos fazem parte de uma mesma espécie. Eventuais diferenças no que atine a cor da pele ou tipo de cabelo encontram-se ligadas às condições ambientais e climáticas em que determinado grupo vivia, sendo uma verdadeira seleção natural do ser humano.

O STF assim entendeu no caso Ellwanger[5]:

> Raça Humana. Subdivisão. Inexistência. Com a definição e o mapeamento do genoma humano, cientificamente não existem distinção entre os homens, seja pela segmentação da pele, formato dos olhos, altura, pelos ou por quaisquer outras características físicas, visto que todos se qualificam como espécie humana. Não há diferenças biológicas entre os seres humanos. Na essência são todos iguais

Cor: é uma característica fenotípica do ser humano. Liga-se a pigmentação da pele de um indivíduo, resultado de sua seleção genética para que se adapte a um determinado ambiente. Muito embora a cor da pele esteja umbilicalmente ligada à raça (ainda que projeto genoma tenha desmitificado tal questão), na prática ainda ocorrem discriminações em razão da cor da pele.

Etnia: liga-se a ideia de um conjunto de indivíduos unidos por laços culturais e linguísticos.

Religião: é a doutrina religiosa ou crença na existência de um poder que transcende a raça humana perfazendo-se em um conjunto de crenças que se perfaz na fé. Intolerâncias em torno da religião do indivíduo ainda são frequentes na civilização contemporânea, motivo pelo exige-se sua tutela.

Procedência nacional: é a origem de um indivíduo, que pode ser tanto de uma região do brasil, quanto do estrangeiro. Liga-se ao preconceito e discriminação aos nordestinos ou sulistas, por exemplo, bem como ideais xenofóbicos.

Em um Estado, é possível que se tenha diversos grupos formados por laços culturais diversos. A exteriorização do preconceito em face de tais grupos pode caracterizar crime de racismo.

Discriminação por orientação sexual: Em junho de 2019 o STF[6] proferiu decisão em sede da Ação Declaratória de Inconstitucionalidade por omissão a fim de reconhecer a omissão legislativa no que toca a prática do crime de racismo em atos atentatórios a direitos fundamentais dos integrantes da comunidade LGBTI+, enquadrando a homofobia e a transfobia como espécies de racismo.

4. http://www.stf.jus.br/portal/cms/verNoticiaDetalhe.asp?idConteudo=61291 – acesso em 26.07.2020.

5. STF, HC 82.424/RS. Rel. Min. Maurício Correa, J. 17.09.2003.
6. STF. ADO n° 26, rel. Min. Celso de Mello; MI n° 4.733, rel. Min. Edson Fachin. Jul. 13.06.2019.

Para o STF:

> O conceito de racismo, compreendido em sua dimensão social, projeta-se para além de aspectos estritamente biológicos ou fenotípicos, pois resulta, enquanto manifestação de poder, de uma construção de índole histórico-cultural motivada pelo objetivo de justificar a desigualdade e destinada ao controle ideológico, à dominação política, à subjugação social e à negação da alteridade, da dignidade e da humanidade daqueles que, por integrarem grupo vulnerável (LGBTI+) e por não pertencerem ao estamento que detém posição de hegemonia em uma dada estrutura social, são considerados estranhos e diferentes, degradados à condição de marginais do ordenamento jurídico, expostos, em consequência de odiosa inferiorização e de perversa estigmatização, a uma injusta e lesiva situação de exclusão do sistema geral de proteção do direito.

Neste sentido, entendeu o STF que existe apenas uma raça, a raça humana, e que racismo é qualquer ato segregacionista de minorias, realizando uma verdadeira interpretação evolutiva do conceito de raça.

Diferença entre racismo e injúria racial: enquanto a injúria tem como objeto jurídico a honra subjetiva da vítima, o crime de preconceito tem como objeto jurídico a igualdade. E mais, regra geral, os crimes de preconceito têm como momento de consumação aquele onde há o impedimento ao exercício de algum direito, ao passo que a injúria depende da ofensa à honra da vítima.

Especificamente sobre o conflito existente entre o art. 20 da lei 7.716/89 e o crime do art. 140, § 3° do Código Penal, o crime de racismo diz respeito à ofensa irradiada a um grupo de pessoas, enquanto o crime de injúria racial dirige-se a uma única vítima. Tanto é que o legislador definiu a conduta do art. 20 da seguinte forma: "Praticar, induzir ou incitar a discriminação ou preconceito de raça, cor, etnia, religião ou procedência nacional".

Logo, "se o agente pretender ofender um indivíduo, valendo-se de caracteres raciais, aplica-se o art. 140, § 3° do Código Penal. No entanto, se o seu real intento for discriminar uma pessoa, embora ofendendo-a, para que, de algum modo, fique segregada, o tipo penal aplicável é o do art. 20"[7].

Este é entendimento da jurisprudência:

> (...) I - O crime do art. 20, da Lei nº 7.716/89, na modalidade de praticar ou incitar a discriminação ou preconceito de procedência nacional, não se confunde com o crime de injúria preconceituosa (art. 140, 3º, do CP). Este tutela a honra subjetiva da pessoa. Aquele, por sua vez, é um sentimento em relação a toda uma coletividade em razão de sua origem (nacionalidade). II - No caso em tela, a intenção dos réus, em princípio, não era precisamente depreciar o passageiro (a vítima), mas salientar sua humilhante condição em virtude de ser brasileiro, i.e., a ideia foi exaltar a superioridade do povo americano em contraposição à posição inferior do povo brasileiro, atentando-se, dessa maneira, contra a coletividade brasileira. Assim, suas condutas, em tese, subsumem-se ao tipo legal do art. 20, da Lei nº 7.716/86. (...)[8].

Vem se entendendo que o crime de injúria racial, muito embora não esteja previsto na lei 7.716/89, é imprescritível e inafiançável por se tratar de um delito de preconceito, o que pode ser analisado do teor do Agravo Regimento no Agravo em Recurso Especial n° 686965/DF, publicado em agosto de 2015 - STJ.

As maiores dúvidas podem recair sobre a incidência do art. 140, § 3° a ofensa dirigida a alguém em razão de sua orientação sexual ou por discriminação de gênero. Neste caso, diante da necessidade de uma interpretação sistêmica do ordenamento jurídico, e tendo a jurisprudência como fonte do direito, cremos que tais condutas possam ser abarcadas pelo tipo penal citado.

O STF também se posicionou sobre o tema no julgamento dos embargos de declaração de decisão tomada em Agravo Regimental no Recurso Extraordinário nº 983.531, do Distrito Federal. Na ocasião, o STF ratificou a decisão emitida pelo STJ, que reconheceu não ser taxativo o rol dos crimes previstos na Lei nº 7.716/1989, encontrando-se presentes o preconceito e a intolerância da conduta tipificada como injúria racial.

JURISPRUDÊNCIA:

> **INJÚRIA EM FACE DE PESSOA LGBT. CRIME DO ART. 140, § 3° DO CP.** Trata-se de reclamação com pedido liminar proposta por Eduardo José Ferreira Senna, para garantir a observância da decisão proferida pelo Supremo Tribunal Federal no julgamento conjunto da ADO 26/DF, de relatoria do Ministro Celso de Mello, e do MI 4.733/DF, de relatoria do Ministro Edson Fachin. O reclamante narra que, em 19/12/2019, enquanto passeava com seus cachorros no interior do condomínio, "o suposto autor do fato (SAF), que estava no condomínio realizando uma mudança, passou com as rodas do carrinho sobre as patas dos cachorros" (págs. 2 da petição inicial). Diz que "interpelou o Sr. Wellington (SAF) sobre a atitude, solicitando-o mais atenção, pois poderia ter ocorrido algo pior", todavia "o [Sr. Wellington] iniciou um processo de desqualificação e xingamentos homofóbicos: 'SEU

7. NUCCI, Guilherme de Souza. Leis penais e processuais penais comentadas. Rio de Janeiro. Forense. 2014. Pag. 292.

8. RHC 19.166/RJ. Min. Felix Fischer. Julgado em 24.10.06.

VIADINHO, SEU MARIQUINHA, VEM FAZER NA MÃO COMIGO'" (pág. 3 da petição inicial). Em razão desses fatos, "todos foram encaminhados à 9ª Delegacia de Polícia Judiciária do Estado do Rio de Janeiro, oportunidade em que foi registrado o Termo Circunstanciado nº. 009-09100/2019 (DOC. 03) dos fatos praticados por Wellington Lemos Guedes" (pág. 14 da petição inicial). Anota, na sequência, que, "a partir dos fatos relatados em sede policial, a autoridade policial adequou a conduta de Wellington aos tipos penais dos artigos 129 e 140 do CP" (pág. 15 da petição inicial). Entende, no entanto, que "a adequação típica da conduta do suposto autor do fato ao crime de injúria simples (artigo 140, *caput*, CP) apresenta-se equivocada", pois "o fato praticado por Wellington possui uma circunstância que qualifica o crime de injúria, fazendo com que ele seja investigado e processado pelo tipo derivado previsto no artigo 140, § 3º, do CP, intitulado doutrinariamente de injúria qualificada pelo preconceito" (pág. 16 da petição inicial). Isso porque o Supremo Tribunal Federal, no julgamento conjunto da ADO 26/DF e do MI 4.733/DF, "reconheceu a mora do Congresso Nacional para incriminar atos atentatórios a direitos fundamentais dos integrantes da comunidade LGBT e decidiu, por maioria, pelo enquadramento da homofobia e da transfobia como tipo penal definido na Lei do Racismo (Lei 7.716/1989), até que o Congresso Nacional edite lei sobre a matéria" (pág. 16 da petição inicial). Aduz que, "excluir do âmbito de proteção da norma incriminadora do artigo 140, § 3º, do CP, os atos atentatórios à dignidade humana das pessoas que sofrem ofensa a sua honra subjetiva em razão da orientação sexual adotada, viola o princípio constitucional da proporcionalidade, em sua vertente da vedação da proteção deficiente" (pág. 19 da petição inicial). Registra, nesse contexto, que "o preceito secundário do tipo penal do artigo 140, § 3º, do CP estabelece uma pena de reclusão de 1 (um) a 3 (três) anos e multa", razão pela qual "o crime de injúria qualificada pelo preconceito em razão da orientação sexual da vítima extrapola o limite quantitativo de pena máxima exigido, qual seja, de 2 (dois) anos", previsto no art. 61 da Lei 9.099/1995 (pág. 21 da petição inicial). Daí porque defende que "[...] o Juízo do 1º Juizado Especial Criminal da Comarca da Capital do TJRJ (Botafogo), ao indeferir o requerimento do Reclamante consistente no reconhecimento da adequação típica da conduta do suposto autor do fato ao tipo derivado do artigo 140, § 3º, do CP, [...] afrontou a autoridade da sua decisão proferida em sede de controle concentrado de constitucionalidade" (pág. 22 da petição inicial). Ao final, formula os seguintes requerimentos: "a. Liminarmente, seja deferido o pedido para o processamento e julgamento do processo em uma das Varas Criminais da Comarca da Capital do Estado do Rio de Janeiro, haja vista a presença do fumus boni iuris e do periculum in mora; [...] d. No mérito, seja confirmada a decisão liminar para garantir a autoridade das decisões deste E. STF, por meio: d.1. Da cassação da r. decisão do Juízo do 1º Juizado Especial Criminal que indeferiu o requerimento do Reclamante consistente no reconhecimento da prática do delito previsto no art. 140, § 3º, do CP, em virtude da sua orientação sexual; e d.2. Do declínio de competência do 1º Juizado Especial Criminal da Capital do Tribunal de Justiça do Estado do Rio de Janeiro para a Vara Criminal competente para processar e julgar o suposto autor dos fatos" (págs. 26-27 da petição inicial; grifos no original). Deferi a liminar apenas para suspender o andamento do Procedimento Criminal em trâmite no 1º Juizado Especial Criminal da Capital/RJ, solicitei informações à autoridade reclamada e determinei, na sequência, que fosse ouvida a Procuradoria-Geral da República (doc. eletrônico 15). O Juízo reclamado prestou esclarecimentos por meio do Ofício/Gabinete 2/2020 (doc. eletrônico 18). O Ministério Público Federal, em parecer da lavra da Subprocuradora-Geral da República Cláudia Sampaio Marques, manifestou-se pela procedência da reclamação (doc. eletrônico 19). É o relatório. Decido. Bem examinados os autos, tenho que é caso de parcial procedência da reclamação. Registro, inicialmente, que, no julgamento conjunto da ADO 26/DF e do MI 4.733/DF, o Plenário do STF decidiu a matéria em exame e proferiu a seguinte tese: "1. Até que sobrevenha lei emanada do Congresso Nacional destinada a implementar os mandados de criminalização definidos nos incisos XLI e XLII do art. 5º da Constituição da República, as condutas homofóbicas e transfóbicas, reais ou supostas, que envolvem aversão odiosa à orientação sexual ou à identidade de gênero de alguém, por traduzirem expressões de racismo, compreendido este em sua dimensão social, ajustam-se, por identidade de razão e mediante adequação típica, aos preceitos primários de incriminação definidos na Lei nº 7.716, de 08/01/1989, constituindo, também, na hipótese de homicídio doloso, circunstância que o qualifica, por configurar motivo torpe (Código Penal, art. 121, § 2º, I, 'in fine'); 2. A repressão penal à prática da homotransfobia não alcança nem restringe ou limita o exercício da liberdade religiosa, qualquer que seja a denominação confessional professada, a cujos fiéis e ministros (sacerdotes, pastores, rabinos, mulás ou clérigos muçulmanos e líderes ou celebrantes das religiões afro-brasileiras, entre outros) é assegurado o direito de pregar e de divulgar, livremente, pela palavra, pela imagem ou por qualquer outro meio, o seu pensamento e de externar suas convicções de acordo com o que se contiver em seus livros e códigos sagrados, bem assim o de ensinar segundo sua orientação doutrinária e/ou teológica, podendo buscar e conquistar prosélitos e praticar os atos de culto e respectiva liturgia, independentemente do espaço, público ou privado, de sua atuação individual ou coletiva, desde que tais manifestações não configurem discurso de ódio, assim entendidas aquelas exteriorizações que incitem a discriminação, a hostilidade ou a violência contra pessoas em razão de sua orientação sexual ou de sua identidade de gênero; 3. O conceito de racismo, compreendido em sua dimensão social, projeta-se para além de aspectos estritamente biológicos ou fenotípicos, pois resulta, enquanto manifestação de poder, de uma construção de índole histórico-cultural motivada pelo objetivo de justificar a desigualdade e destinada ao controle ideológico, à dominação política, à subjugação social e à negação da alteridade, da dignidade e da humanidade daqueles que, por integrarem grupo vulnerável

(LGBTI+) e por não pertencerem ao estamento que detém posição de hegemonia em uma dada estrutura social, são considerados estranhos e diferentes, degradados à condição de marginais do ordenamento jurídico, expostos, em consequência de odiosa inferiorização e de perversa estigmatização, a uma injusta e lesiva situação de exclusão do sistema geral de proteção do direito, vencido o Ministro Marco Aurélio, que não subscreveu a tese proposta. Não participaram, justificadamente, da fixação da tese, os Ministros Roberto Barroso e Alexandre de Moraes. Plenário, 13.06.2019" (grifei). Ao proferir parecer sobre o pedido de declínio da competência a uma das Vara Criminais competente, formulado pela defesa, o Promotor de Justiça oficiante entendeu que: "A ADO nº 26 e o MI n° 4.733, estritamente incluíram a homofobia na tipificação dos crimes já previstos na vetusta Lei 7.716/1989, também conhecida como Lei Caó, que cuidava apenas de racismo, sendo silente a Corte Pretória acerca do § 3° do art. 140 do CP, diploma diverso. Assim, e sendo vedado, como cediço, a analogia em in malam partem em direito penal, não se aplica a qualificadora do art. 140, § 3°, do CP aos crimes de injúria que utilizem elementos referentes à orientação sexual. Face o exposto, requer o Ministério Público o indeferimento de fls. 25/44, reiterando o Parquet fl. 24" (pág. 22 do doc. eletrônico 8). A decisão reclamada, por sua vez, acolheu o parecer Ministerial e indeferiu o requerimento, da seguinte forma: "Fls. 25/44 - Acolho a promoção ministerial e indefiro o pedido de declínio. Aguarde-se a audiência designada" (pág. 23 do doc. eletrônico 8). Com efeito, é possível verificar que há plausibilidade do direito perseguido. Conforme decidiu esta Suprema Corte nas ações invocadas como paradigmas, "as condutas homofóbicas e transfóbicas, reais ou supostas, que envolvem aversão odiosa à orientação sexual ou à identidade de gênero de alguém, por traduzirem expressões de racismo, compreendido este em sua dimensão social, ajustam-se, por identidade de razão e mediante adequação típica, aos preceitos primários de incriminação definidos na Lei nº 7.716, de 08/01/1989, constituindo, também, na hipótese de homicídio doloso, circunstância que o qualifica, por configurar motivo torpe (Código Penal, art. 121, § 2º, I, 'in fine')". Na Rcl 32.559/SP, examinando caso análogo ao presente, o Ministro Gilmar Mendes deferiu a liminar requerida, nos seguintes termos: "Mais recentemente, o Tribunal reafirmou este entendimento ao julgar a Ação Direta por Omissão nº 26, no qual se decidiu que devem ser consideradas crimes, nos termos da Lei 7.716/1989 (Lei Antirracismo) todas as formas de homofobia e transfobia, especialmente as ofensas individuais e coletivas, as ameaças, as agressões e as discriminações motivadas pela orientação sexual e/ou identidade de gênero, real ou suposta, da vítima (ADO 26, rel. Min. Celso de Mello, julg. Em 13.6.2019). É válido destacar que, nesse julgado, a ação deste Tribunal deu-se a partir do reconhecimento de um quadro reiterado de violações de direitos individuais da comunidade LGBT e de outras minorias. A decisão ora reclamada, ao taxar que publicações relacionadas à temática homossexual podem ser consideradas 'conteúdos impróprios' ou 'potencialmente indutor e potencialmente nocivo à criança e ao adolescente', tenta atribuir um desvalor a imagens que envolvem personagens homossexuais. Salienta-se que em nenhum momento cogitou-se de impor as mesmas restrições a publicações que veiculassem imagens de beijo entre casais heterossexual. A própria decisão reconhece que, diante do amparo constitucional aos relacionamentos homoafetivos, a vedação do art. 79 do ECA deveria restar a afastada, ao menos em parte. Todavia, o juízo reclamado considerou que o conteúdo objeto da demanda mandamental não seria 'corriqueiro' e não se encontraria, na sua visão, 'no campo semântico e temático próprio da publicação do livro (livro de quadrinhos de super-heróis que desperta notório interesse em enorme parcela das crianças e jovens, sem relação direta com matérias atinentes à sexualidade). O entendimento de que a veiculação de imagens homoafetivas é 'não corriqueiro' ou 'avesso ao campo semântico de histórias de ficção' reproduz um viés de anormalidade e discriminação que é atribuído às relações homossexuais. Tal interpretação revela-se totalmente incompatível com o texto constitucional e com a jurisprudência desta Suprema Corte, na medida em que diminui e menospreza a dignidade humana e o direito à autodeterminação individual. A situação posta nos autos suscita relembrar que a orientação sexual e a identidade de gênero devem ser consideradas como manifestações do exercício de uma liberdade fundamental, de livre desenvolvimento da personalidade do indivíduo, a qual deve ser protegida, afastado o preconceito ou de qualquer outra forma de discriminação. Por todos os motivos, defiro a liminar para que seja determinada a suspensão os efeitos da decisão proferida pela autoridade coatora, impedindo-se a administração municipal de exercer qualquer tipo de fiscalização de conteúdo, ostensivamente ou à paisana, determinando ainda que: (i) abstenha-se de apreender qualquer livro exposto na Feira Bienal do Livro, e em especial a publicação 'Vingadores: A Cruzada das Crianças' e (ii) abstenha-se de cassar o alvará de funcionamento da Bienal do Livro". Nessa mesma linha de orientação, é possível que, pelo menos em tese, a conduta imputada ao suposto autor do fato seja enquadrada como injúria qualificada, prevista no § 3º do art. 140 do Código Penal, a exemplo do que ficou definido em relação ao crime de homicídio qualificado pelo motivo torpe, referido na tese paradigma. Foi no mesmo sentido a manifestação da Procuradoria-Geral da República ao manifestar-se pela procedência da reclamação: "[...] 9. Não obstante o procedimento criminal se encontre em fase inicial, mostra-se evidente que a discussão sobre a subsunção normativa da conduta penalmente punível está restrita à incidência ou não da qualificadora prevista pelo art. 140, § 3º, do CP, em razão da abrangência do conceito de 'homofobia' pelo conceito legal de racismo. 10. Ao contrário do entendimento adotado pela autoridade reclamada, não se pode concluir que essa Suprema Corte, decidindo que 'as condutas homofóbicas e transfóbicas (...) ajustam-se, por identidade de razão e mediante adequação típica, aos preceitos primários de incriminação definidos na Lei nº 7.716, de 08/01/1989, constituindo, também, na hipótese de homicídio doloso, circunstância que o qualifica, por configurar motivo torpe

(Código Penal, art. 121, § 2º, I, 'in fine')', quis excluir a hipótese da injúria racial, que traz em suas elementares os mesmos preceitos primários dos tipos penais previstos pela Lei nº 7.716/89. Plenamente aplicável, portanto, ao dispositivo do art. 140, § 3º, do CP, a conclusão de que a 'aversão odiosa à orientação sexual ou à identidade de gênero de alguém' traduz expressões de racismo, 'compreendido este em sua dimensão social'. 11. Nesse contexto, faz-se necessário reconhecer que, em tese, a conduta imputada ao suposto autor do fato deve ser enquadrada como injúria qualificada, prevista no § 3º do art. 140 do Código Penal, e não como injúria simples, sob pena de desrespeito ao entendimento firmados pelos acórdãos paradigmas" (págs. 5-6 do doc. eletrônico 19; grifos no original). Assim, embora esta Suprema Corte não possa antecipar-se ao mérito da ação penal proposta pelo reclamante, sobre a correta tipificação das condutas narradas na inicial acusatória, sob pena de violação do princípio do juiz natural, nada impede que seja determinada a sua remessa a uma das varas criminais da comarca da Capital, para que o juízo ao qual o processo for distribuído dê, segundo a sua convicção, o enquadramento penal mais adequado aos fatos que forem apurados durante a instrução criminal. Isso posto, julgo parcialmente procedente a reclamação, para determinar a remessa do Procedimento Criminal 0002666-68.2020.8.19.0001, em trâmite no 1º Juizado Especial Criminal da Capital/RJ, a uma das varas criminais competente para processar e julgar o suposto autor dos fatos. **STF. Rcl 39093/RJ. Ministro Ricardo Lewandowski Relator. Julgada em 23.04.20.**

PUBLICAÇÕES EM SITE DE INTERNET EM FACE DOS JUDEUS SIONISTAS. CRIME DE RACISMO CONFIGURADO. Trata-se de agravo interposto pelo MINISTÉRIO PÚBLICO FEDERAL contra decisão do Tribunal Regional Federal da 2ª Região, que não admitiu o recurso especial manejado com apoio no art. 105, III, "a", da Constituição Federal, em oposição a acórdão assim ementado: "PENAL. ART. 20 DA LEI N.º 7.716/89. ATIPICIDADE. PUBLICAÇÃO EM REDE SOCIAL. RECURSO NÃO PROVIDO.

I - Embora diante de postagens efetivamente ofensivas, é preciso compreender que os crimes resultantes de preconceito de raça ou cor trazem ínsito um aspecto objetivo de afetação real da etnia, raça ou religião ligado aos efeitos materiais causados pelos núcleos típicos dos artigos 3º a 14 da Lei n. 7.716/89. São posturas direcionadas a obstruir o exercício de determinados direitos com base em distinção étnica ou racial, com ações sempre tendentes a impedir ou recusar acesso ou atendimento a certos lugares e serviços ou promover tal distinção nas relações de trabalho, o que não é o caso dos autos. II - Atipicidade confirmada. Recurso não provido." (e-STJ, fl. 97).

Os embargos de declaração opostos foram rejeitados (e-STJ, fl. 148-161).

O recorrente aponta violação aos artigos 1° e 20, §2°, da Lei n° 7.716/89; ao artigo 13 da Convenção Americana de Direitos Humanos (Decreto n° 678/92); e ao artigo 4° da Convenção para Eliminação de Discriminação Racial (Decreto n° 65.810/1969).

Alega, em síntese, que basta "a simples leitura das mensagens publicadas por Rômulo Costa Moreira para verificar a ocorrência, ao menos em tese, de discurso direcionado à segregação de judeus sionistas por motivo de raça, etnia e/ou religião" (e-STJ, fls. 168).

Sustenta, ainda, que o recorrido "promoveu discurso de ódio, publicado em rede social, visando unicamente incentivar o preconceito, a intolerância, a discriminação e até mesmo a violência contra os judeus sionistas, que possuem pensamentos contrários aos do autor" (e-STJ, fls. 169).

Aduz que "a interpretação mais coerente ao caso concreto é a subsunção dos fatos ao tipo penal previsto no 20, § 2°, da Lei 7.716/89, uma vez que as manifestações de ódio proferidas por Rômulo Costa Moreira demonstram conteúdo racista contra judeus sionistas e, assim, estão fora do alcance do direito constitucional à livre manifestação" (e-STJ, fl. 175).

Requer, assim, seja conhecido e provido o apelo especial, a fim de que seja recebida a denúncia em face de Rômulo Costa Moreira, por crime de racismo.

Foram apresentadas contrarrazões (e-STJ, fls. 177-182).

O recurso foi inadmitido em razão da incidência do óbice da Súmula 7/STJ (e-STJ, fls. 188-192). Daí este agravo (e-STJ, fls. 198-207).

O Ministério Público Federal manifestou-se às fls. 228-239 (e-STJ).

É o relatório.

Decido.

A pretensão recursal não merece acolhimento.

Consoante se verifica dos autos, o Ministério Público Federal ofereceu denúncia contra Rômulo Costa Moreira pela prática do delito previsto no art. 20, § 2º, da Lei nº 7.716/1989 (crime de preconceito racial), porquanto teria, nos dias 3/8/2014, 26/9/2014 e 29/9/2014, difundido, por meio da rede social – Facebook –, mensagens com conteúdo discriminatório e preconceituoso, tendo como alvo os "judeus sionistas" (e-STJ, fl. 14).

Extrai-se da denúncia o seguinte conteúdo publicado na página da rede social Facebook vinculada à conta cadastrada em nome do ora agravante:

"Fora com os Judeus sionistas, nazifascistas e genocidas." "Judeus Brasileiros Unem-se a um movimento de Judeus de vários países do mundo em apoio à criação do estado Palestino." "Fora de Gaza, judeus sionistas nazifascistas cúmplices dos ianques." "PODEMOS CONTRIBUIR COM A CAUSA PALESTINA, CAÇANDO OS PORCOS SIONISTAS, COVARDES, GENOCIDAS E INFANTICIDAS, ESPALHADOS PELO NOSSO BRASIL, POIS SÃO APÁTRIDAS." "Terezinha, podemos começar pesquizando (SIC) através do face grupos desses canalhas sionistas e denunciando seus nomes aqui no face, como foi feito com o canalha Aziz e aguardar que algum de nós de um fim no nazifascista!" "O brasil (SIC) é nosso e não queremos que por aqui vivam esses nazifasciztas (SIC), judeus sionistas apátridas, aplaudindo o massacre de nossos irmãos palestinos, sobretudo as crianças!! Que vão viver nos esgotos do inferno!!" Os arts. 1º e 20, § 2º, da Lei nº 7.716/1989, assim dispõem:

"Art. 1º Serão punidos, na forma desta Lei, os crimes resultantes de discriminação ou preconceito de raça, cor, etnia, religião ou procedência nacional."

"Art. 20. Praticar, induzir ou incitar a discriminação ou preconceito de raça, cor, etnia, religião ou procedência nacional.

Pena - reclusão de 1 (um) a 3 (três) anos e multa.

[...] § 2º Se qualquer dos crimes previstos no *caput* é cometido por intermédio dos meios de comunicação social ou publicação de qualquer natureza.

Pena - reclusão de 2 (dois) a 5 (cinco) anos e multa."

Todavia, a inicial acusatória foi rejeitada pelo magistrado de primeiro grau de jurisdição, em decisão que foi posteriormente confirmada pelo Tribunal a quo em acórdão assim fundamentado:

"Ao rejeitar a denúncia (fls. 21/23), o MM. Juiz a quo salientou que as mensagens não seriam direcionadas ao "povo judeu" de um modo geral, e que os judeus sionistas não se caracterizariam como uma raça, etnia, cor ou religião, como exige o tipo do art. 20, §2° da Lei n.° 7.716/89, mas sim um "movimento político, ideológico e religioso", segundo constou de fl. 10 da própria denúncia, de modo que tais manifestações estariam impregnadas também de conteúdo político a condenar supostas práticas violentas atribuídas aos "judeus sionistas" inseridas no contexto da livre manifestação do pensamento (CRFB/88, art. 5°, inciso IV).

Inegável, pela só transcrição, que o teor das postagens claramente evidencia tratamento agressivo, denota virulência dirigida aos "judeus sionistas" como conteúdo logicamente repudiável.

Por sua vez, a decisão combatida traz como premissa relevante o fato de que "judeus sionistas" não seriam uma etnia, religião ou raça, mas sim um movimento político e ideológico compreendendo que não haveria por isso enquadramento dentro dos conceitos estritos do art. 20, §2° da Lei n.° 7.716/89, alinhando-se assim ao relatório da autoridade policial, que foi no sentido do arquivamento do IPL por atipicidade da conduta.

No caso, nem mesmo tal análise mais profunda acerca desses contornos conceituais seria necessária para se concluir pela atipicidade.

Com efeito, é preciso compreender que os crimes resultantes de preconceito de raça ou cor trazem ínsito um aspecto objetivo de afetação real da etnia, raça ou religião ligado aos efeitos materiais causados pelos núcleos típicos dos artigos 3° a 14 da Lei n. 7.716/89. São posturas direcionadas a obstruir o exercício de determinados direitos com base em distinção étnica, racial ou religiosa, com ações sempre tendentes a impedir ou recusar acesso ou atendimento a certos lugares e serviços ou promover tal distinção nas relações de trabalho ou mesmo ações materiais com o objetivo de afetar materialmente determinadas pessoas em razão unicamente da raça, etnia ou crença religiosa.

Por sua vez, aquele que incita ou induz tais práticas, para incorrer no tipo penal do art. 20 da Lei n. 7.716/89, precisa orientar sua conduta àquela obstrução ou afetação material de um determinado direito em razão de raça ou etnia. Não é suficiente a existência de uma mera ofensa à honra aludindo-se à raça ou etnia, situação que poderia configurar, em tese, a denominada injúria qualificada pelo elemento racial (art. 140, §3° do CP).

O crime de racismo, tecnicamente falando, não resulta unicamente de expressões lançadas nas redes sociais sem que haja a correspondente afetação material tanto quanto o crime contra a honra dificilmente se caracterizará a partir de agressivas expressões proferidas no calor de uma discussão ou evento, sem o necessário direcionamento que permita identificar pessoa ou grupo, ao menos determinável. Na verdade, a interpretação e judicialização de postagens em redes sociais, sem a exata contextualização da repercussão concreta, certamente não é linha de ação mais profícua com vistas a combater os crimes de racismo.

Exatamente por isso se reproduzem críticas doutrinárias acerca da abrangência textual do art. 20 da Lei n.° 7.716/89 e a referência que faz à incitação ou induzimento de preconceito. Já tive oportunidade de firmar entendimento no sentido de que o tipo deve ser interpretado em consonância com os princípios da tipicidade estrita e da fragmentariedade, sempre norteando a aplicação do Direito Penal (a exemplo dos votos proferidos nos autos n.° 2012.51.15.000024-8 e 0104800-94.2015.4.02.5001), matizes que ganham ainda maior relevo considerando tratar-se de crime hediondo e imprescritível.

Em suma, seja no aspecto da discriminação ou no aspecto do preconceito sempre é necessário perquirir se há algum tipo de segregação objetiva (incitação ou induzimento a ela) para viabilizar a incidência do art. 20 da Lei n.° 7.716/89." (e-STJ, fls. 94-96, grifou-se).

Conforme se extrai da fundamentação supra, o Tribunal a quo, soberano na análise da prova, indicou concretamente que as mensagens não seriam direcionadas ao "povo judeu" de um modo geral, e que os judeus sionistas não se caracterizam como uma raça, etnia, cor ou religião, como exige o tipo do art. 20, §2°, da Lei n.° 7.716/89, mas como um movimento político e ideológico.

Ademais, o elemento subjetivo, qual seja o dolo de discriminação racial, é tema de prova, o qual não foi reconhecido pelo Tribunal local ante as circunstâncias do fato.

Nesse contexto, para rever a conclusão do julgado combatido, acolhendo o pleito condenatório, seria necessária incursão na seara probatória, vedada no âmbito do recurso especial, nos termos da Súmula 7 desta Corte.

Confira-se, a propósito, o seguinte precedente:

"[...] 3. É assente que cabe ao aplicador da lei, em instância ordinária, fazer um cotejo fático e probatório a fim de analisar a existência de provas suficientes a embasar a condenação, a absolvição e a desclassificação, porquanto é vedado na via eleita o reexame de fatos e provas. Súmula nº 7/STJ.

4. Agravo regimental a que se nega provimento. (AgRg no AREsp 717.308/MT, Rel. Ministra MARIA THEREZA DE ASSIS MOURA, SEXTA TURMA, julgado em 20/08/2015, DJe 08/09/2015).

"PENAL. AGRAVO REGIMENTAL EM AGRAVO EM RECURSO ESPECIAL. INJÚRIA RACIAL. ALEGAÇÃO DE AUSÊNCIA DE DOLO. CONJUNTO PROBATÓRIO. SÚMULA 7/STJ. DOSIMETRIA. AUSÊNCIA DE ILEGALIDADE. RAZOABILIDADE NA FIXAÇÃO DA PENA. SUBSTITUIÇÃO DA PENA. MODALIDADE DE PRESTAÇÃO DE SERVIÇOS À COMUNIDADE. SÚMULA 7/STJ.

1. Modificar as conclusões consignadas no acórdão impugnado para concluir de forma diversa, a respeito do dolo para classificação do delito, necessitaria a incursão no conjunto fático-probatório.

2. Agravo regimental improvido." (AgRg no AREsp 712.284/RS, Rel. Ministro SEBASTIÃO REIS JÚNIOR, SEXTA TURMA, julgado em 13/10/2015, DJe 05/11/2015) Ante o exposto, com fundamento no art. 253, parágrafo único, II, "a", do RISTJ, conheço do agravo para não conhecer do recurso especial. **STJ. AGRAVO EM RECURSO ESPECIAL Nº 1691991 – ES. RELATOR: MINISTRO RIBEIRO DANTAS – Julgado em 03.08.2020.**

HABEAS CORPUS. PENAL E PROCESSUAL PENAL. CRIME DO ART. 20, § 2.º, DA LEI N.º 7.716/89. SUPOSTO PRECONCEITO CONTRA NORDESTINOS. ATIPICIDADE MANIFESTA. NÃO OCORRÊNCIA. TRANCAMENTO DO PROCESSO-CRIME. NÃO CABIMENTO. ORDEM DENEGADA.

DECISÃO Trata-se de habeas corpus, com pedido liminar, impetrado em favor de FERNANDO OTT contra acórdão do Tribunal de Justiça do Estado de Santa Catarina, que denegou a ordem nos autos do HC n. 5008657-36.2019.8.24.0000.

Consta nos autos que o Paciente foi denunciado pela suposta prática do crime do art. 20, § 2.º, da Lei n. 7.716/89.

A peça acusatória narrou o fato delituoso da seguinte maneira (fls. 42/43):

"Durante o mês de outubro de 2018, no Município de Iporã do Oeste, em data e local que serão melhor apurados durante a instrução processual, FERNANDO OTT e JONAS TERHORST praticaram preconceito de procedência nacional, por intermédio de meio de comunicação social.

Na ocasião, Jonas publicou em sua página da rede social Facebook a seguinte mensagem, em forma de imagem: 'Nordeste vota no PT...

Depois vem pro Sul vender rede e capa de volante'. A imagem foi compartilhada por Fernando em sua página da rede social Facebook.

Assim agindo, os denunciados incidiram nas sanções do artigo 20, §2º, da Lei n. 7.716/89."

A denúncia foi recebida.

Irresignada, a Defesa impetrou habeas corpus perante o Tribunal de origem, que denegou a ordem (fls. 252-258).

Neste writ, a Defesa alega que "o fato irrogado ao paciente não é típico, porque a expressão procedência nacional é relativa à nação, a país, e não à região de um determinado país. E, como o fato descrito na denúncia envolve, em tese, preconceito arrimado na procedência regional (população nordestina), não há como falar em subsunção do mesmo ao tipo penal contido art. 20 da Lei n. 7.716/89" (fl. 5; grifos no original).

Sustenta que "está-se diante de compartilhamento, em rede social, de uma mensagem que, ainda que seja deselegante ou grosseira, não ultrapassa, ao contrário do que restou consignado no acórdão combatido, a esfera do direito à liberdade de expressão e não tem o condão de fazer incidir o tipo penal à situação fática in casu" (fl. 7; grifos no original).

Argumenta que "a postagem que deflagrou a denúncia em tela, e que, como se constata primo oculi, não visa a discriminar a população nordestina, e sim emitir uma opinião? repita-se, ainda que deselegante ou grosseira? sobre a mesma" (fl. 7).

Requer "seja concedida medida liminar para determinar a suspensão da ação penal na origem" (fl. 12). No mérito, pugna pelo trancamento da "ação penal em testilha em virtude da atipicidade da conduta imputada ao paciente" (fl. 13).

O pedido liminar foi indeferido pelo Exmo. Ministro Presidente do Superior Tribunal de Justiça, JOÃO OTÁVIO DE NORONHA, no recesso forense (fl. 261).

As informações foram prestadas às fls. 265-284.

O Ministério Público Federal opinou pelo não conhecimento do writ e, se conhecido, pela denegação da ordem (fls. 288-294).

É o relatório. Decido.

O acórdão impugnado está assim fundamentado (fl. 256; sem grifos no original):

"Em que pese a alegação dos Impetrantes, no sentido de que a conduta seria atípica, uma vez que o Dispositivo legal exigiria a prática de preconceito de procedência nacional, enquanto o fato supostamente praticado pelo Paciente traria discriminação de origem regional, tem-se que tal argumento não comporta acolhimento.

Consoante se extrai da lição de Victor Eduardo Rios Gonçalves e José Paulo Baltazar Júnior:

Procedência nacional é expressão que define, primeiramente, o preconceito ou discriminação contra nacionais de outro Estado-Membro ou região do mesmo País, reconhecíveis pelo modo de falar e aparência física, ou ainda pelo conhecimento direto por parte do autor do crime a respeito dessas circunstâncias, como poderá ser o caso de preconceito contra nordestinos, nortistas, cariocas, paulistas, gaúchos, baianos et., ou mesmo contra moradores de certas regiões dentro de um mesmo Estado (STJ, CC 146.983, Fonseca, 3ª S., 24/05/2017). [...] (Legislação penal especial esquematizado - 5ª edição - São Paulo: Saraiva Educação, 2019, p. 450 - grifo no original) Não destoa o posicionamento adotado por Guilherme de Souza Nucci, segundo o qual procedência nacional 'é a origem de nascimento de algum lugar do Brasil. Exemplos: paulista (nascido em São Paulo), carioca (nascido no Rio de Janeiro), gaúcho (nascido no Rio Grande do Sul) etc. Além disso, pode significar, também, a origem de nascimento ou vivência em outro país [...]' (Leis penais e processuais penais comentadas - Volume 1 - 12ª edição - Rio de Janeiro: Forense, 2019, p. 322).

Tem-se, assim, que ao menos em sede de cognição sumária, a conduta supostamente praticada pelo Paciente se subsume ao tipo penal a ele imputado, pelo que deve ser afastado o pleito de trancamento da Ação Penal, o que somente seria admissível, na via estreita do habeas corpus, caso demonstrada, de plano, a sua atipicidade:

[...] Da mesma forma, inviável o acolhimento de atipicidade por violação aos princípios da intervenção mínima, da insignificânca e da lesividade, sob o argumento de que o manifestação do Paciente 'não ultrapassa a esfera do direito à liberdade de expressão'.

Isso porque, consoante entendimento já adotado pela Terceira Câmara Criminal desta Corte de Justiça, em situação envolvendo a publicação de mensagens com cunho discriminatório, direcionadas à população da região nordeste do País, não se pode atribuir caráter absoluto à liberdade de expressão: [...]."

Inicialmente, cumpre ressaltar que o trancamento do processo-crime pela via do habeas corpus é medida de exceção, que só é admissível quando emerge dos autos, sem a necessidade de exame valorativo do conjunto fático ou probatório, a atipicidade do fato, a ausência de indícios capazes de fundamentar a acusação ou, ainda, a extinção da punibilidade, circunstâncias não evidenciadas no caso em apreço.

Como se vê, o Tribunal local mencionou a existência de posicionamento, no âmbito doutrinário, no sentido de que a "procedência nacional 'é a origem de nascimento de algum lugar do Brasil. Exemplos: paulista (nascido em São Paulo), carioca (nascido no Rio de Janeiro), gaúcho (nascido no Rio Grande do Sul)" (fl. 256). Ou seja, o crime do art. 20 da Lei n. 7.716/89 também estaria caracterizado nas hipóteses em que o preconceito estiver relacionado à procedência interna do País (no caso em análise, contra nordestinos).

A propósito, em situação semelhante, também com alegação de ofensa aos nordestinos, confira-se o seguinte julgado da 3.ª Seção desta Corte Superior:

> "CONFLITO NEGATIVO DE COMPETÊNCIA. JUSTIÇA FEDERAL X JUSTIÇA ESTADUAL. INQUÉRITO POLICIAL. COMENTÁRIOS EM TESE DISCRIMINATÓRIOS DO POVO NORDESTINO EMITIDOS POR ESCRITOR/COLUNISTA EM PROGRAMA DE TV A CABO. ART. 20 DA LEI 7.716/89. DÚVIDA SOBRE A TIPICIDADE DA CONDUTA. POSSIBILIDADE DE CONCESSÃO DE HABEAS CORPUS DE OFÍCIO DURANTE O EXAME DE CONFLITO DE COMPETÊNCIA EM SITUAÇÃO DE EXCEPCIONALIDADE. C ASO CONCRETO EM QUE O TRANCAMENTO DAS INVESTIGAÇÕES NESTA INSTÂNCIA SE REVELARIA PREMATURO. OFENSA A COLETIVIDADE E RESULTADO TRANSNACIONAL DA CONDUTA EVIDENCIADOS.
>
> COMPETÊNCIA DA JUSTIÇA FEDERAL. COMPETÊNCIA TERRITORIAL FIXADA PELA PREVENÇÃO.
>
> [...] 3. Situação em que conhecido colunista, num contexto em que comentava a vitória do Partido dos Trabalhadores, nas eleições presidenciais de 2014, qualificou o povo nordestino, que teria votado maciçamente no mencionado partido, de retrógrado, governista, bovino, subalterno em relação ao poder, atrasado, pouco educado e repressor da imprensa.
>
> 4. Ainda que a 'discriminação étnico-racial', tal como definida no art. 1º, parágrafo único, I, Lei 12.288/2010, somente seja punível na medida em que tenha por objetivo ou efeito 'anular ou restringir o reconhecimento, gozo ou exercício, em igualdade de condições, de direitos humanos e liberdades fundamentais nos campos político, econômico, social, cultural ou em qualquer outro campo da vida pública ou privada', a conduta descrita no art. 20, *caput* e § 2º, da Lei 7.716/89 pune, também, a prática, indução ou incitação de 'preconceito', cuja caracterização não é expressamente delimitada na lei.
>
> 5. Com tudo isso em mente, revela-se desaconselhável a concessão de habeas corpus de ofício no caso concreto, seja porque as investigações ainda estão em estágio muito incipiente, sem que tenha sido ouvido o investigado de ordem a melhor se poder discernir o seu animus ao tecer comentários sobre os nordestinos, seja diante da desnecessária supressão de instância, seja diante dos vários precedentes da Terceira Seção do STJ, que, em situações análogas, não reconheceram, de plano, a atipicidade da conduta (discriminação ou preconceito) e resolveram apenas o Conflito de Competência suscitado. A título exemplificativo: CC 150.564/MG, Rel. Ministro REYNALDO SOARES DA FONSECA, TERCEIRA SEÇÃO, julgado em 26/04/2017, DJe 02/05/2017; CC 145.938/RO, Rel. Ministro REYNALDO SOARES DA FONSECA, TERCEIRA SEÇÃO, julgado em 27/04/2016, DJe 04/05/2016; AgRg no AREsp 381.205/RS, Rel. Ministro JORGE MUSSI, QUINTA TURMA, julgado em 12/08/2014, DJe 21/08/2014.
>
> 6. Sobre o tema da tipicidade penal e da possibilidade de seu afastamento em sede de habeas corpus, o chamado realismo jurídico, destacado, a título exemplificativo, por Oliver Wendell Holmes, Karl Liewelyn, Jerome Frank e Felix Cohen, não permite o esquecimento, de plano, da diretriz jurisprudencial contida nos julgamentos do HC 388.051/RJ, Rel. Ministro JOEL ILAN PACIORNIK, QUINTA TURMA, julgado em 25/04/2017, DJe 04/05/2017 e do HC 143.147/BA, Rel. Ministro ERICSON MARANHO - DESEMBARGADOR CONVOCADO DO TJ/SP -, SEXTA TURMA, julgado em 17/03/2016, DJe 31/03/2016, bem como de célebre caso que tramitou no Supremo Tribunal Federal (HC 82424, Relator(a) p/ Acórdão: Ministro MAURÍCIO CORRÊA, TRIBUNAL PLENO, julgado em 17/09/2003, DJ 19-03-2004 PP-00017 EMENT VOL-02144-03 PP-00524).
>
> [...] 10. Conflito conhecido, para declarar a competência de um terceiro Juízo, o Juízo Federal da 13ª Vara da Seção Judiciária de Pernambuco, para a condução e julgamento do Procedimento Investigatório." (CC 146.983/RJ, Rel. Ministro FELIX FISCHER, Rel. p/ Acórdão Ministro REYNALDO SOARES DA FONSECA, TERCEIRA SEÇÃO, julgado em 24/05/2017, DJe 29/06/2017; sem grifos no original.)

De outra parte, a liberdade de expressão, assim como todo direito fundamental, não é absoluto. Desse modo, o seu exercício abusivo pode caracterizar, em tese, a prática de um ilícito penal.

Por oportuno, cito o seguinte julgado da Suprema Corte:

> "HABEAS-CORPUS. PUBLICAÇÃO DE LIVROS: ANTI-SEMITISMO. RACISMO. CRIME IMPRESCRITÍVEL. CONCEITUAÇÃO. ABRANGÊNCIA CONSTITUCIONAL. LIBERDADE DE EXPRESSÃO. LIMITES. ORDEM DENEGADA.
>
> [...] 13. Liberdade de expressão. Garantia constitucional que não se tem como absoluta. Limites morais e jurídicos. O direito à livre expressão não pode abrigar, em sua abrangência, manifestações de conteúdo imoral que implicam ilicitude penal. 14. As liberdades públicas não são incondicionais, por isso devem ser exercidas de maneira harmônica, observados os limites definidos na própria Constituição Federal (CF, artigo 5º, § 2º, primeira parte). O preceito fundamental de liberdade de expressão não consagra o 'direito à incitação ao racismo', dado que um direito individual não pode constituir-se em salvaguarda de condutas ilícitas,

como sucede com os delitos contra a honra. Prevalência dos princípios da dignidade da pessoa humana e da igualdade jurídica.

[...] Ordem denegada." (HC 82424, Relator Min. MOREIRA ALVES, Relator p/ Acórdão: Min. MAURÍCIO CORRÊA, Tribunal Pleno, julgado em 17/09/2003, DJ 19-03-2004 PP-00024 EMENT VOL-02144-03 PP-00524; sem grifos no original.)

Ademais, o "acolhimento da tese de que o paciente não teria agido com dolo demandaria ampla incursão em matéria fático-probatória a ser devidamente esclarecida no curso da ação penal, não sendo possível a análise nestes autos de habeas corpus, de cognição sumária" (HC 477.243/DF, Rel. Ministro SEBASTIÃO REIS JÚNIOR, SEXTA TURMA, julgado em 23/04/2019, DJe 07/05/2019).

Assim, não verifico a manifesta atipicidade defendida pelos Impetrantes.

Dessa forma, não se pode impedir o Estado, antecipadamente, de exercer a função jurisdicional, coibindo-o de realizar o levantamento dos elementos de prova para a verificação da verdade dos fatos. É prematuro, pois, determinar desde já o trancamento do processo-crime.

Ante o exposto, DENEGO a ordem de habeas corpus. STJ. HABEAS CORPUS Nº 558687 - SC (2020/0016857-0). RELATORA: MINISTRA LAURITA VAZ IMPETRANTE: JOAO CARLOS DALMAGRO. Julgado em 30.06.2020.

Art. 2º (Vetado).

Tipos penais da Lei nº 7.716/89: os tipos penais da Lei nº 7.716/89 devem ser interpretados em consonância com o prescrito no artigo 1º. Logo, ainda que os tipos não façam alusão à discriminação ou preconceito em razão da raça, cor, etnia, procedência nacional ou religião destaca-se que somente haverá a incidência criminal se o impedimento ou embaraço ao exercício de algum direito se der por tais razões.

Acrescenta-se eventual discriminação por razões de gênero ou orientação sexual nos moldes do decidido pelo STF conforme ADO nº 26.

Ação Penal: todos os crimes previstos na Lei são de ação penal pública incondicionada.

Acordo de não persecução penal: nos termos do art. 28-A do Código de Processo Penal (incluído pela nova Lei Federal nº 13.964/2019), se a infração penal não for cometida mediante violência ou grave ameaça à pessoa; a pena abstrata mínima ser inferior a 4 (quatro) anos e havendo confissão formal, é possível o cabimento de Acordo de Não Persecução Penal (ANPP), desde que presentes os demais requisitos para tanto.

Os crimes previstos na presente Lei admitem a realização do ANPP, haja vista que suas penas mínimas não ultrapassam o patamar de 04 anos, bem como e não possuem "violência" e "grave ameaça" como elementares.

Art. 3º Impedir ou obstar o acesso de alguém, devidamente habilitado, a qualquer cargo da Administração Direta ou Indireta, bem como das concessionárias de serviços públicos.

Pena: reclusão de dois a cinco anos.

Parágrafo único. Incorre na mesma pena quem, por motivo de discriminação de raça, cor, etnia, religião ou procedência nacional, obstar a promoção funcional. (Incluído pela Lei nº 12.288, de 2010).

Comentários: trata-se do impedimento ou embaraço do acesso a alguém a cargo público por razões de preconceito ou discriminação nos moldes do art. 1º desta Lei. Havendo tal impedimento por força de critério objetivo definido na legislação ou no edital, não há que se falar em crime. Trata-se de tipo penal misto alternativo. Logo, a prática das duas condutas previstas no tipo, em um mesmo contexto fático, caracterizará crime único.

Além do cargo, nada obsta que seja a interpretação extensiva utilizada para que se inclua a função e o emprego público, desde que atendidas as finalidades da lei.

Verbos nucleares: impedir (proibir, vedar); obstar (criar obstáculo, dificuldade, empecilho ou embaraço).

Elemento subjetivo: dolo, consistente na vontade livre e consciente de praticar atos discriminatórios ou preconceituosos nos termos das condutas previstas no tipo.

Elemento normativo: encontra-se na expressão "devidamente habilitado". Para que ocorra a prática criminosa, é necessário que a vítima preencha os requisitos exigidos para a assunção do cargo na Administração Direta, Indireta, ou em concessionárias de serviços públicos.

Considera-se Administração Direta os órgãos públicos, destituídos de personalidade jurídica própria e integrantes da estrutura administrativa. Por sua vez, Administração Indireta recomenta a ideia de descentralização administrativa, perfazendo-se por meio das autarquias, empresas e fundações públicas e as sociedades de economia mista.

As concessionárias de serviços públicos são empresas privadas que exploram, sob o regime de concessão, serviços de natureza pública.

Sujeito Ativo: trata-se de crime próprio somente podendo responder pelo delito aquele que possui aptidão para impedir ou obstar o acesso do candidato ao cargo.

Sujeito Passivo: trata-se de crime comum, exigindo-se, tão somente, que esteja a vítima "devidamente habilitada" para o cargo.

Consumação: consuma-se o delito independentemente da ocorrência de um resultado naturalístico.

Tentativa: em tese, é possível nos casos em que o agente obsta ou impede o exercício do cargo público, mas a vítima obtém o direito de ingressar no serviço por força de posterior decisão judicial.

Classificação doutrinária: crime próprio, formal, doloso, comissivo, instantâneo, admite a tentativa.

Suspensão condicional do processo: não é possível, haja vista a pena mínima cominada ao crime ser maior de 01 ano.

Acordo de não persecução penal: é possível.

Princípio da especialidade: caso a discriminação ou preconceito tenha ocorrido por razões de sexo ou estado civil, a depender do caso, aplicar-se-á os artigos 8° ou 9° da Lei n° 7.437/85.

Outra especialidade encontra-se com relação ao art. 100, I da Lei n° 10.741/2003 (Estatuto do idoso). Assim, aquele que obsta ou impede o acesso a idoso a cargo público por motivo de idade responderá por crime cuja pena é de reclusão que varia de 06 meses a 01 ano e multa.

Figura equiparada: traz o embaraço de promoção funcional por motivo de preconceito ou discriminação em razão da raça, cor, etnia, religião ou procedência nacional do subordinado hierárquico.

O tipo penal, além de impedir o preconceito e a discriminação para o acesso ao cargo público, também tende a punir aquele que obsta a promoção funcional daquele que já se encontra nos quadros da Administração Pública.

Art. 4° Negar ou obstar emprego em empresa privada.

Pena: reclusão de dois a cinco anos.

Comentários: trata-se de figura típica similar a prevista no artigo anterior. No entanto, este caso aplica-se àquele que nega ou obsta (embaraça) emprego em empresa privada por motivo de discriminação ou preconceito em razão da raça, cor, etnia, religião ou procedência nacional daquele que se encontra a procura do emprego.

Verbos nucleares: negar (recusar); obstar (criar obstáculo, dificuldade, empecilho ou embaraço).

Elemento subjetivo: dolo, consistente na vontade livre e consciente de praticar atos discriminatórios ou preconceituosos nos termos das condutas previstas no tipo. Exige-se a especial finalidade de discriminar a vítima (elemento subjetivo específico).

Sujeito Ativo: trata-se de crime próprio, somente podendo ser praticado por aquele responsável pela contratação ou pelo proprietário da empresa, exigindo-se qualidade especial do agente.

A responsabilidade penal é pessoal e individualizada. Logo, caso o proprietário, presidente ou outra pessoa com poder de manda na empresa não tenha conhecimento de tal conduta, não poderá ser ela responsabilizada pelo crime.

Sujeito Passivo: trata-se de crime comum, sendo a pessoa discriminada.

Consumação: consuma-se o delito independentemente da ocorrência de um resultado naturalístico.

Tentativa: em tese, é possível a tentativa nos casos em que o agente nega ou obsta o acesso ao emprego, mas terceiros suprem tal impedimento.

Classificação doutrinária: crime próprio, formal, doloso, comissivo, instantâneo, admite a tentativa.

Suspensão condicional do processo: não é possível, haja vista a pena mínima cominada ao crime ser maior de 01 ano.

Acordo de não persecução penal: é possível.

Confronto com o art. 9° da Lei n° 7.437/85: aquele nega emprego a alguém por preconceito de sexo ou estado civil pratica contravenção penal punida com "prisão simples, de 3 (três) meses a 1 (um) ano, e multa de 1 (uma) a 3 (três) vezes o maior valor de referência (MVR) (...)".

Outra especialidade está nos termos do artigo 100, II da Lei 10.741/03 (Estatuto do Idoso). Aquele que obsta ou impede o acesso a idoso a emprego ou trabalho, por motivo de idade responderá por crime cuja pena é de reclusão que varia de 06 meses a 01 ano e multa.

§ 1° Incorre na mesma pena quem, por motivo de discriminação de raça ou de cor ou práticas resultantes do preconceito de descendência ou origem nacional ou étnica: (Incluído pela Lei n° 12.288, de 2010)(Vigência)

I - deixar de conceder os equipamentos necessários ao empregado em igualdade de condições com os demais trabalhadores; (Incluído pela Lei n° 12.288, de 2010)(Vigência)

II - impedir a ascensão funcional do empregado ou obstar outra forma de benefício profissional; (Incluído pela Lei n° 12.288, de 2010)(Vigência)

III - proporcionar ao empregado tratamento diferenciado no ambiente de trabalho, especialmente quanto ao salário. (Incluído pela Lei n° 12.288, de 2010)(Vigência)

Comentários: cabe dizer que o § 1°, somente faz alusão à discriminação em razão de raça, cor. Já em sua segunda parte, aponta o preconceito relacionado à origem nacional ou étnica, sem fazer qualquer menção à discriminação ou preconceito religioso.

Sobre tal "esquecimento legislativo" entende-se que o fato de o artigo não fazer tal menção, em nada afetará a tipicidade nos casos em que a discriminação ou preconceito se der por questões religiosas, haja vista a previsão do art. 1° desta Lei.

Lembramos que a análise também deverá ser realizada nos moldes do entendimento proferido na ADO n° 26 pelo STF, equiparando a discriminação ou preconceito ao público LGBTI+ ao crime de racismo.

As figuras trazidas pelo parágrafo são equiparadas ao delito do "*caput*", incorrendo o autor na pena de reclusão de 02 a 05 anos.

I - Deixar de conceder os equipamentos necessários ao empregado em igualdade de condições com os demais trabalhadores.

Comentários: trata-se de crime omissivo praticado por aquele que tem a obrigação de fazer a entrega de equipamentos aos empregados. Com relação aos equipamentos, tratam-se de todo e qualquer utensílio necessário para o desenvolvimento de certa atividade laboral.

Importante ressaltar que o tipo penal não visa a proteção ao trabalhador, mas sim assegurar que não haja discriminação no local de trabalho.

Um exemplo da citada conduta pode ser verificado no caso de um engenheiro que deixa de entregar capacetes e luvas a um funcionário de uma construção em razão da cor de sua pele ou religião.

Verbo nuclear: deixar (negar, objetar).

Elemento subjetivo: dolo, consistente na vontade livre e consciente de praticar atos discriminatórios ou preconceituosos nos termos das condutas previstas no tipo. Exige-se a especial finalidade de discriminar a vítima (elemento subjetivo específico).

Sujeito Ativo: A conduta exige uma condição especial do sujeito ativo, podendo ser o empregador ou funcionário responsável pela entrega dos equipamentos.

Sujeito Passivo: trata-se de crime comum, motivo pelo qual qualquer pessoa pode ser vítima do delito.

Consumação: consuma-se o delito com a omissão do agente.

Tentativa: trata-se de crime omissivo impróprio, motivo pelo qual não cabe tentativa.

Classificação doutrinária: crime próprio, de mera conduta, doloso, omissivo próprio, instantâneo, não admite tentativa.

Suspensão condicional do processo: não é possível, haja vista a pena mínima cominada ao crime ser maior de 01 ano.

Acordo de não persecução penal: é possível.

Causa de atipicidade: o não fornecimento, indistintamente, de equipamentos necessários para os empregados não caracteriza a conduta em tela. Necessário que tal omissão, dê se por razões preconceituosas ou discriminatórias.

II - impedir a ascensão funcional do empregado ou obstar outra forma de benefício profissional.

Comentários: nos mesmos moldes do art. 3°, parágrafo único, haverá crime daquele que impede a ascensão funcional ou benefício do empregado por motivos de raça, cor, etnia, procedência nacional, religião assim como por identidade de gênero ou orientação sexual. A diferença, no entanto, recai no fato de que este tipo se aplica aos casos que ocorrerem no âmbito das empresas privadas.

Verbo nuclear: impedir (proibir, vedar), obstar (criar obstáculo, dificuldade, empecilho ou embaraço).

Elemento subjetivo: dolo, consistente na vontade livre e consciente de praticar atos discriminatórios ou preconceituosos nos termos das condutas previstas no tipo. Exige-se a especial finalidade de discriminar a vítima (elemento subjetivo específico).

Sujeito Ativo: trata-se de crime próprio, podendo praticá-lo qualquer um que esteja em situação hierarquicamente superior à vítima e que tenha a condição de promover ou auxiliar na promoção do subordinado.

Sujeito Passivo: pode ser qualquer funcionário da empresa, tratando-se de crime comum.

Consumação: consuma-se o delito independentemente da ocorrência de um resultado naturalístico.

Tentativa: é possível.

Classificação doutrinária: crime próprio, formal, doloso, comissivo, instantâneo, admite a tentativa.

Suspensão condicional do processo: não é possível, haja vista a pena mínima cominada ao crime ser maior de 01 ano.

Acordo de não persecução penal: é possível.

III - proporcionar ao empregado tratamento diferenciado no ambiente de trabalho, especialmente quanto ao salário.

Comentários: trata-se de tipo penal que pune toda e qualquer forma de discriminação no ambiente de trabalho de uma empresa privada. Pune-se, ainda, aquele que pratica tal discriminação por meio de diferenciações salariais.

Eventual discriminação salarial em razão do sexo não é abarcada pela lei em comento e muito menos caracteriza infração penal nos moldes da Lei n° 7.437/85 (não há tipo penal específico). Tal discriminação viola a igualdade insculpida no art. 5°, *caput* da CF e será tratada no âmbito da Justiça do Trabalho.

Verbo nuclear: proporcionar (dar, dispensar, conceder).

Elemento subjetivo: dolo, consistente na vontade livre e consciente de praticar atos discriminatórios ou preconceituosos nos termos das condutas previstas no tipo. Exige-se a especial finalidade de discriminar a vítima (elemento subjetivo específico).

Sujeito Ativo: trata-se de crime próprio, pois exige a existência de relação com a vítima, ainda que sem o requisito de superioridade hierárquica. No entanto, tal condição demonstra-se necessária no que toca a diferenciação salarial.

Sujeito Passivo: é a pessoa discriminada, podendo ser qualquer um.

Consumação: independe da ocorrência de resultado naturalístico.

Tentativa: é possível.

Classificação doutrinária: crime próprio, formal, doloso, comissivo, instantâneo, admite a tentativa.

Suspensão condicional do processo: não é possível, haja vista a pena mínima cominada ao crime ser maior de 01 ano.

Acordo de não persecução penal: é possível.

Causa de atipicidade: para que haja discriminação salarial necessário que se esteja diante de cargos ou empregos equiparados. Não havendo tal equivalência, restara inexistente a discriminação.

§ 2° Ficará sujeito às penas de multa e de prestação de serviços à comunidade, incluindo atividades de promoção da igualdade racial, quem, em anúncios ou qualquer outra forma de recrutamento de trabalhadores, exigir aspectos de aparência próprios de raça ou etnia para emprego cujas atividades não justifiquem essas exigências.

Comentários: incluída pela Lei n° 12.288/10, a conduta diz respeito à exigência de aspectos de aparência próprios de raça ou etnia para emprego cujas atividades não justifiquem essas exigências.

A contrário senso, por expressa previsão no tipo, caso haja tal exigência, necessário que seja justificado, tal como a necessidade de um ator com aparência asiática para interpretar determinado personagem.

Por sua vez, não se pode exigir um recrutamento seletivo para o desempenho de determinadas atividades, tais como a prática da advocacia ou clínica médica.

Verbo nuclear: exigir (impor, obrigar).

Elemento subjetivo: dolo, consistente na vontade livre e consciente de praticar atos discriminatórios ou preconceituosos nos termos das condutas previstas no tipo. Exige-se a especial finalidade de discriminar a vítima (elemento subjetivo específico).

Sujeito ativo: trata-se de crime próprio, recaindo sobre o responsável pelo anúncio ou pela forma de recrutamento.

Sujeito Passivo: é a pessoa discriminada, podem ser qualquer um.

Consumação: independe da ocorrência de um resultado naturalístico.

Tentativa: é possível.

Pena: chama atenção o fato de a pena atribuído ao § 2° do art. 4° da Lei n° 7.716/89 não estar adequada ao preceito constitucional insculpido no art. 5°, XLII da CF não havendo imposição de pena restritiva de liberdade.

Neste ponto, imperioso destacar que, como regra, o ordenamento jurídico não prevê, autonomamente, penas restritivas de direitos, sendo elas derivadas da conversão da pena privativa de liberdade desde que presentes os requisitos do art. 44 do Código Penal.

O Tipo penal ora estudado é uma exceção, assim como o do artigo 28 da Lei n° 11.343/06, tratando-se de infração penal de menor potencial ofensivo e possibilitando a aplicação dos institutos despenalizadores da Lei n° 9.099/95, tais como a transação penal e a suspensão condicional do processo.

O fato de não ser cominada pena privativa de liberdade inviabiliza a prisão do autor do delito, não sendo possível a lavratura de auto de prisão em flagrante delito caso se recuse a assinar o termo de compromisso de comparecimento em juízo. Logo, diante da recusa do agente, caberá ao delegado de polícia consigná-la nos autos do termo circunstanciado de ocorrência e liberá-lo independentemente da lavratura de APFD e pagamento de fiança.

Ao caso também não é cabível a ação constitucional de Habeas Corpus, haja vista a ausência de pena privativa de liberdade prevista ao tipo penal.

Este é o teor do HC 127.834 do STF, julgado em 05.12.17:

> HABEAS CORPUS. PORTE DE DROGAS PARA CONSUMO PRÓPRIO. ART. 28 DA LEI 11.343/2006. AUSÊNCIA DE PREVISÃO DE PENA PRIVATIVA DE LIBERDADE. IMPOSSIBILIDADE DE AMEAÇA À LIBERDADE DE LOCOMOÇÃO. EXTINÇÃO DA PUNIBILIDADE. 1. Imputada ao paciente a prática da conduta prevista no art. 28 da Lei 11.343/2006 (porte de drogas para consumo pessoal), para a **qual não existe previsão de pena privativa de liberdade, está evidenciada a impossibilidade de qualquer ameaça à liberdade de locomoção, de modo que é indevida a utilização deste writ**. (...).

Analisa-se ainda as consequências do descumprimento da pena imposta pelo condenado. Como regra, tendo em vista que penas restritivas de direitos são substitutivas das penas privativas de liberdade, eventual descumprimento gera a conversão em pena privativa de liberdade.

No caso, a pena restritiva de direitos é autônoma, impossibilitando sua conversão. Diferentemente da Lei de drogas, o descumprimento da pena impõe a imposição de outras medidas, como a admoestação verbal ou multa. Logo, o entendimento majoritário encontra-se no sentido de que a pena deverá ser convertida em multa.

Classificação doutrinária: crime próprio, formal, doloso, comissivo, instantâneo, admite a tentativa.

Suspensão condicional do processo: é possível.

Acordo de não persecução penal: é possível, desde que não estejam presentes as hipóteses do art. 28-A, § 2° do CPP.

Art. 5º Recusar ou impedir acesso a estabelecimento comercial, negando-se a servir, atender ou receber cliente ou comprador.

Pena: reclusão de um a três anos.

Comentários: trata-se de tipo penal misto alternativo apresentando algumas condutas que caracterizam o comportamento discriminatório. Logo, a realização de uma ou mais conduta diante de um mesmo contexto fático caracterizará crime único.

Verbos nucleares: recusar (negar, não aceitar, não admitir); impedir (proibir, vedar); negar-se a servir (recusar a prestação do serviço oferecido pelo estabelecimento comercial); negar-se a atender (recusar o atendimento); negar-se a receber (recusar a aceitar no estabelecimento).

Importante lembrar que a ocorrência do delito se encontra ligada ao elemento subjetivo específico consubstanciado na finalidade de agir com preconceito ou discriminação por motivos de raça, cor, etnia, procedência nacional ou religião.

O impedimento de acesso por outros motivos, tais como a lotação do estabelecimento comercial ou a recusa em servir não caracterizarão o delito.

Elemento subjetivo: dolo, consistente na vontade livre e consciente de praticar atos discriminatórios ou preconceituosos nos termos das condutas previstas no tipo. Exige-se a especial finalidade de discriminar a vítima (elemento subjetivo específico).

Sujeito Ativo: trata-se de crime próprio, somente podendo ser praticado por aquele responsável pelo atendimento (sócio, proprietário ou funcionário).

Sujeito Passivo: pode ser qualquer pessoa. Trata-se de crime comum.

Consumação: independe da ocorrência de um resultado naturalístico.

Tentativa: é possível.

Classificação doutrinária: crime próprio, formal, doloso, comissivo, instantâneo, admite tentativa.

Suspensão condicional do processo: é possível.

Acordo de não persecução penal: é possível.

Confronto com o artigo 7°, I da Lei 8.137/90: trata-se de lei que regulamenta as relações de consumo, vedando o favorecimento de comprador ou freguês (Art. 7° Constitui crime contra as relações de consumo: I - favorecer ou preferir, sem justa causa, comprador ou freguês, ressalvados os sistemas de entrega ao consumo por intermédio de distribuidores ou revendedores).

Neste caso, não havendo discriminação em decorrência dos preceitos trazidos pela Lei n° 7.716/89, não há que se falar em racismo, mas sim no art. 7°, I da Lei n° 8.137/90, desde que não haja justa causa para tanto.

Confronto com o art. 4° e 6° da Lei n° 7.437/85: trata-se de lei que regulamenta como contravenção penal a prática de atos resultantes de preconceito de raça, de cor, de sexo ou de estado civil. Foi derrogada pela Lei n° 7.716/89 no que toca à discriminação de raça e cor, permanecendo em vigor no que toca a discriminação decorrente de sexo ou estado civil.

O art. 4° dispõe que será contravenção penal, punida com prisão simples e 15 (quinze) dias a 3 (três) meses, e multa de 1 (uma) a 3 (três) vezes o maior valor de referência, "Recusar a venda de mercadoria em lojas de qualquer gênero ou o atendimento de clientes em restaurantes, bares, confeitarias ou locais semelhantes, abertos ao público, por preconceito de raça, de cor, de sexo ou de estado civil".

Por sua vez, o art. 6° dispõe que "Recusar a entrada de alguém em qualquer tipo de estabelecimento comercial ou de prestação de serviço, por preconceito de raça, de cor, de sexo ou de estado civil". A Punição permanece a mesma do artigo 4°.

Como já mencionado, não mais se aplica às condutas relacionadas ao preconceito e discriminação de raça ou cor, permanecendo no que diz respeito ao preconceito envolvendo sexo ou estado civil.

Atualmente, entende-se que os artigos 4° e 6° da Lei 7.437/85 encontram-se revogados, parte pela Lei de racismo, parte pela Lei 8.137/90, haja vista que nos casos em que houver discriminação por razões de raça ou cor, aplicar-se-á a primeira. Já nos casos em que houver discriminação por razões de sexo ou estado civil, aplicar-se-á a segunda.

Art. 6º Recusar, negar ou impedir a inscrição ou ingresso de aluno em estabelecimento de ensino público ou privado de qualquer grau.

Pena: reclusão de três a cinco anos.

Parágrafo único. Se o crime for praticado contra menor de dezoito anos a pena é agravada de 1/3 (um terço).

Comentários: nos termos do art. 205 da CF:

> a educação, direito de todos e dever do Estado e da família, será promovida e incentivada com a colaboração da sociedade, visando ao pleno desenvolvimento da pessoa, seu preparo para o exercício da cidadania e sua qualificação para o trabalho.

Por ser um direto fundamental do ser humano deve ter abrangência universal, sendo vedado qualquer tipo de impedimento a sua fruição. O tipo veda condutas discriminatórias ou preconceituosas relacionadas ao acesso a este direito por motivos de raça, cor, etnia, procedência nacional ou religião, assim como por questões de gênero ou orientação sexual nos moldes do decidido na ADO n° 26 – STF.

Verbos nucleares: recusar (negar, não aceitar, não admitir); negar (recusar); impedir (proibir, vedar).

Elemento subjetivo: dolo, consistente na vontade livre e consciente de praticar atos discriminatórios ou preconceituosos nos termos das condutas previstas no tipo. Exige-se a especial finalidade de discriminar a vítima (elemento subjetivo específico).

Sujeito Ativo: trata-se de crime próprio, somente podendo ser praticado por aquele responsável pelo atendimento (sócio, proprietário, ou funcionário encarregado da inscrição/admissão do aluno).

Sujeito Passivo: podendo ser qualquer pessoa. Trata-se de crime comum.

Consumação: consuma-se o delito independentemente da ocorrência de um resultado naturalístico.

Tentativa: é possível.

Classificação doutrinária: crime próprio, formal, doloso, comissivo, instantâneo, admite tentativa.

Suspensão condicional do processo: não é possível, haja vista a pena mínima cominada ao crime ser maior de 01 ano.

Acordo de não persecução penal: é possível.

Confronto com o art. 7° da Lei 7.437/85: caso a recusa se dê por razões do sexo ou estado civil, restará caracterizada contravenção penal punida com prisão simples de 3 (três) meses a 1 (um) ano, e multa de 1(uma) a três) vezes o maior valor de referência.

Confronto com o art. 8°, I da Lei 7.853/89: caso a recusa seja por razões de deficiência ligada a pessoa, restará caracterizado o crime previsto no art. 8°, I da Lei 7.853/89 "Art. 8º Constitui crime punível com reclusão de 2 (dois) a 5 (cinco) anos e multa: I - recusar, cobrar valores adicionais, suspender, procrastinar, cancelar ou fazer cessar inscrição de aluno em estabelecimento de ensino de qualquer curso ou grau, público ou privado, em razão de sua deficiência".

Causa de aumento de pena: pune-se com maior severidade a conduta praticada em face de criança ou adolescente, haja vista sua condição peculiar de pessoa em desenvolvimento que pode ser afetada pelo sofrimento causado em razão da discriminação ou preconceito sofrido.

> **Art. 7º Impedir o acesso ou recusar hospedagem em hotel, pensão, estalagem, ou qualquer estabelecimento similar.**
>
> **Pena: reclusão de três a cinco anos.**

Comentários: trata-se de tipo penal misto alternativo fazendo com que a realização de uma ou mais condutas dentro de um mesmo contexto fático caracterize crime único. Logo, o responsável pelo estabelecimento que, embora haja de tal forma, não consiga impedir o acesso de pessoa e, posteriormente, negue a sua hospedagem, praticará apenas uma única conduta criminosa.

Hotel é o local onde se alugam quartos por período de tempo determinado. Pensão, por sua vez, possui um conceito similar ao de um hotel, entendendo-se ter um caráter familiar e por tempo indeterminado. Por fim, a estalagem é tida como sendo um local simples utilizado para repouso noturno.

Valeu-se o legislador da utilização do recurso da interpretação analógica ao utilizar a expressão "qualquer estabelecimento similar", podendo o intérprete utilizá-la para conceituar qualquer outro local diverso que se realize hospedagens.

Verbos nucleares: impedir (proibir, vedar); recusar (negar, não aceitar).

Elemento subjetivo: dolo, consistente na vontade livre e consciente de praticar atos discriminatórios ou preconceituosos nos termos das condutas previstas no tipo. Exige-se a especial finalidade de discriminar a vítima (elemento subjetivo específico).

Sujeito Ativo: trata-se de crime próprio, somente podendo ser praticado por aquele responsável pelo estabelecimento (sócio, proprietário ou funcionário). O segurança que impede o acesso de alguém ao hotel por motivos de discriminação praticará o crime em apreço.

Sujeito Passivo: pode ser qualquer pessoa. Trata-se de crime comum.

Consumação: independe da ocorrência de um resultado naturalístico.

Tentativa: é possível.

Classificação doutrinária: crime próprio, formal, doloso, comissivo, instantâneo, admite tentativa.

Suspensão condicional do processo: não é possível, haja vista a pena mínima cominada ao crime ser maior de 01 ano.

Acordo de não persecução penal: é possível.

Confronto com o art. 3° da Lei 7.437/85: caso a recusa se dê por razões do sexo ou estado civil, restará caracterizada contravenção penal punida com prisão simples de 3 (três) meses a 1 (um) ano, e multa de 3 (três) a 10 (dez) vezes o maior valor de referência.

Art. 8º Impedir o acesso ou recusar atendimento em restaurantes, bares, confeitarias, ou locais semelhantes abertos ao público.

Pena: reclusão de um a três anos.

Comentários: nos moldes do artigo anterior também se trata de tipo penal misto alternativo, de modo que o impedimento ao acesso e a recusa ao atendimento em bares ou locais semelhantes, em um mesmo contexto fático, caracterizará crime único.

No mesmo rumo, valeu-se o legislador do uso da interpretação analógica ("ou locais semelhantes") a fim de possibilitar com que o intérprete conceituasse como restaurantes ou similares quaisquer outros estabelecimentos destinados a alimentação e abertos ao público em geral.

Verbos nucleares: impedir (proibir, vedar); recusar (negar, não aceitar).

Elemento subjetivo: dolo, consistente na vontade livre e consciente de praticar atos discriminatórios ou preconceituosos nos termos das condutas previstas no tipo. Exige-se a especial finalidade de discriminar a vítima (elemento subjetivo específico).

Sujeito Ativo: trata-se de crime próprio, podendo praticar a conduta descrita no tipo o proprietário, responsável ou funcionário pelo estabelecimento.

Sujeito Passivo: pode ser qualquer pessoa. Trata-se de crime comum.

Consumação: independe da ocorrência de um resultado naturalístico. Admite-se a tentativa.

Classificação doutrinária: crime próprio, formal, doloso, instantâneo, admite tentativa.

Suspensão condicional do processo: é possível.

Acordo de não persecução penal: é possível, desde que não estejam presentes as hipóteses do art. 28-A, § 2º do CPP.

Confronto com o art. 4º da Lei 7.437/85: Se o impedimento ou a recusa quanto ao atendimento ocorrer em razão do sexo ou estado civil da vítima, restará caracterizada contravenção penal punida com prisão simples de 15 (quinze) dias a 3 (três) meses, e multa de 1 (uma) a 3 (três) vezes o maior valor de referência.

Jurisprudência: CRIME DE RACISMO. ART. 8º DA LEI 7.716/89. SENTENÇA CONDENATÓRIA MANTIDA. Os insultos, ainda que existentes, não fazem a essência do bem jurídico tutelado, mas é seu meio de manifestação discriminatória. A incriminação visa combater a discriminação, manifestado, na hipótese, pelas palavras dos agentes como meio, mas, principalmente, pela recusa de vender ao cliente, em face de sua tez, produtos de seu estabelecimento. Recurso improvido, por maioria. (Apelação Crime, Nº **70017531229**, Quinta Câmara Criminal, Tribunal de Justiça do RS, Relator: Aramis Nassif, Julgado em: 13-06-2007).

Art. 9º Impedir o acesso ou recusar atendimento em estabelecimentos esportivos, casas de diversões, ou clubes sociais abertos ao público.

Pena: reclusão de um a três anos.

Comentários: novamente tem-se um tipo penal misto alternativo, de modo que o impedimento ao acesso e a recusa ao atendimento em estabelecimentos esportivos, clubes ou casas de diversão, em um mesmo contexto fático, caracterizará crime único.

Impõe se a obrigatoriedade no sentido de os lugares serem abertos ao público, não se encaixando no tipo os locais privativos acessíveis somente por membros. Ressalta-se que a seleção dos membros de tais locais não pode se dar por questões racistas, e sim por outros critérios não vedados por lei.

Neste artigo o legislador não se utilizou de cláusula genérica a fim de possibilitar com que o intérprete conceituasse outros estabelecimentos similares.

Verbos nucleares: impedir (proibir, vedar); recusar (negar, não aceitar).

Elemento subjetivo: dolo, consistente na vontade livre e consciente de praticar atos discriminatórios ou preconceituosos nos termos das condutas previstas no tipo. Exige-se a especial finalidade de discriminar a vítima (elemento subjetivo específico).

Sujeito Ativo: trata-se de crime próprio, podendo praticar a conduta descrita no tipo o proprietário, responsável ou funcionário responsável pelo estabelecimento.

Sujeito Passivo: pode ser qualquer pessoa. Trata-se de crime comum

Consumação: independe da ocorrência de um resultado naturalístico.

Classificação doutrinária: crime próprio, formal, doloso, comissivo, instantâneo, admite tentativa.

Suspensão condicional do processo: é possível.

Acordo de não persecução penal: é possível.

Confronto com o art. 5° da Lei 7.437/85: se a recusa quanto a entrada ocorrer em razão do sexo ou estado civil da vítima, restará caracterizada contravenção penal punida com prisão simples de 15 (quinze) dias a 3 (três) meses, e multa de 1 (uma) a 3 (três) vezes o maior valor de referência.

Ressalta-se que a contravenção penal pune aquele que recusa a entrada de alguém em estabelecimento público, nada dizendo acerca do estabelecimento privado, bem como a recusa deva se dar em estabelecimento de diversões ou de esporte. Neste sentido, havendo a recusa, em razão do sexo ou estado civil, em estabelecimento privado, não há que se falar em infração penal.

Jurisprudência: RECURSO ORDINÁRIO EM HABEAS CORPUS. DIREITO PROCESSUAL PENAL. INÉPCIA DA DENÚNCIA. CRIME DE PRECONCEITO DE RAÇA OU DE COR. AUSÊNCIA DE JUSTA CAUSA. INOCORRÊNCIA.1. A denúncia que se mostra ajustada ao artigo 41 do Código de Processo Penal, ensejando o pleno exercício da garantia constitucional da ampla defesa, não deve, nem pode ser tida e havida como inepta.2. A recusa de admissão no quadro associativo de clube social, em razão de preconceito de raça ou de cor, caracteriza o tipo inserto no artigo 9º da Lei nº 7.716/89, enquanto modo da conduta impedir, que lhe integra o núcleo.3. A faculdade, estatutariamente atribuída à diretoria, de recusar propostas de admissão em clubes sociais, sem declinação dos motivos, não lhe atribui a natureza especial de fechado, de maneira a subtraí-lo da incidência da lei.4. A pretensão de exame de prova é estranha, em regra, ao âmbito angusto do habeas corpus.5. Recurso improvido. RHC **12809** / MG - RECURSO ORDINARIO EM HABEAS CORPUS - 2002/0056329-8. Ministro HAMILTON CARVALHIDO – Julgado em 22.03.2005 - STJ.

> **Art. 10. Impedir o acesso ou recusar atendimento em salões de cabeleireiros, barbearias, termas ou casas de massagem ou estabelecimento com as mesmas finalidades.**
>
> **Pena: reclusão de um a três anos.**

Comentários: trata-se de tipo penal misto alternativo, de modo que o impedimento ao acesso e a recusa ao atendimento em **salões de cabeleireiros, barbearias, termas ou casas de massagem**, em um mesmo contexto fático, caracterizará crime único.

Voltou o legislador a fazer uso da de fórmula genérica a fim de viabilizar a interpretação analógica (“**estabelecimento com as mesmas finalidades**”) pelo intérprete.

Verbos nucleares: impedir (proibir, vedar); recusar (negar, não aceitar).

Elemento subjetivo: dolo, consistente na vontade livre e consciente de praticar atos discriminatórios ou preconceituosos nos termos das condutas previstas no tipo. Exige-se a especial finalidade de discriminar a vítima (elemento subjetivo específico).

Sujeito Ativo: trata-se de crime próprio, podendo praticar a conduta descrita no tipo o proprietário, responsável ou funcionário responsável pelo estabelecimento relacionado à prestação de serviços.

Sujeito Passivo: pode ser qualquer pessoa. Trata-se de crime comum.

Consumação: independe da ocorrência de um resultado naturalístico.

Classificação doutrinária: crime próprio, formal, doloso, comissivo, instantâneo, admite tentativa.

Suspensão condicional do processo: é possível.

Acordo de não persecução penal: é possível, desde que não estejam presentes as hipóteses do art. 28-A, § 2° do CPP.

Confronto com o art. 6° da Lei 7.437/85: se o impedimento ao acesso ou a recusa no atendimento ocorrer em razão do sexo ou estado civil da vítima, restará caracterizada contravenção penal punida com prisão simples de 15 (quinze) dias a 3 (três) meses, e multa de 1 (uma) a 3 (três) vezes o maior valor de referência.

Importante salientar que a contravenção penal dispõe que a recusa quanto a entrada de alguém deve se dar em estabelecimento comercial ou de prestação de serviço, sem fazer menção a cláusula genérica prevista no art.10 da Lei n° 7.716/89.

> **Art. 11. Impedir o acesso às entradas sociais em edifícios públicos ou residenciais e elevadores ou escada de acesso aos mesmos:**
>
> **Pena: reclusão de um a três anos.**

Comentários: o tipo penal prevê apenas uma conduta, que é a de impedir o acesso de pessoas por razões discriminatórias ou preconceituosas em razão da raça, cor, etnia, procedência nacional ou religião, às entradas sociais em edifícios públicos ou residenciais, assim como a elevadores ou escadas.

Duas questões são de interesse: a primeira diz respeito a diferenciação de entradas ou acesso aos prestadores de serviço. Tal distinção se dá por razões relacionadas ao trabalho desempenhado, bem como a fim de preservar a segurança dos condôminos. A segunda diz respeito às diversas legislações municipais que impõe multa (administrativa) àqueles que praticam tal discriminação.

Verbo nuclear: impedir (proibir, vedar).

Elemento subjetivo: dolo, consistente na vontade livre e consciente de praticar atos discriminatórios ou preconceituosos nos termos das condutas previstas no tipo. Exige-se a especial finalidade de discriminar a vítima (elemento subjetivo específico).

Sujeito Ativo: trata-se de crime próprio, podendo praticar a conduta a pessoa que pode impedir o acesso a que se refere o tipo. No caso, pode praticá-la o síndico, o responsável pela segurança, ou até mesmo o condômino.

Sujeito Passivo: pode ser qualquer pessoa. Trata-se de crime comum.

Consumação: independe da ocorrência de um resultado naturalístico. Logo, o crime estará consumado ainda que a vítima tenha acesso, por exemplo, à entrada social do prédio.

Classificação doutrinária: crime próprio, formal, doloso, comissivo, instantâneo, admite tentativa.

Suspensão condicional do processo: é possível.

Acordo de não persecução penal: é possível, desde que não estejam presentes as hipóteses do art. 28-A, § 2° do CPP.

> **Art. 12. Impedir o acesso ou uso de transportes públicos, como aviões, navios barcas, barcos, ônibus, trens, metrô ou qualquer outro meio de transporte concedido.**
>
> **Pena: reclusão de um a três anos.**

Comentários: o tipo penal prevê o impedimento ao acesso ou uso de transporte público, enumerando as seguintes modalidades: aéreo, marítimo e terrestre. Tal conclusão pode ser extraída da fórmula genérica "ou qualquer outro meio de transporte concedido", motivo pelo qual amplia-se sua aplicação a qualquer vedação ao acesso ou uso de transporte público ou autorizado/permitido pelo poder público (táxi ou aplicativos de mobilidade urbana) por razão de preconceito ou discriminação de raça, cor, etnia, procedência nacional religião, ou discriminação em razão do gênero ou orientação sexual.

Os meios de transportes privados não estão abrangidos pelo tipo penal, haja vista que foi expresso o legislador no sentido de o crime incidir sobre aquele que impede o acesso ou uso de transportes públicos.

Nos moldes do art. 6º da CF o transporte é tido como um direito social do cidadão.

Verbo nuclear: impedir (proibir, vedar).

Elemento subjetivo: dolo, consistente na vontade livre e consciente de praticar atos discriminatórios ou preconceituosos nos termos das condutas previstas no tipo. Exige-se a especial finalidade de discriminar a vítima (elemento subjetivo específico).

Sujeito Ativo: trata-se de crime próprio, podendo praticar a conduta a pessoa que pode impedir o acesso ou uso ao transporte público. Tanto o proprietário ou sócio da empresa concessionária do serviço público, responsáveis pela emissão da ordem poderão ser considerados autores do delito. O funcionário que, por sua vez, impede o acesso ao uso do transporte também poderá ser responsabilizado.

Sujeito Passivo: pode ser qualquer pessoa. Trata-se de crime comum.

Consumação: independe da ocorrência de um resultado naturalístico.

Classificação doutrinária: crime próprio, formal, doloso, comissivo, instantâneo, admite tentativa.

Suspensão condicional do processo: é possível.

Acordo de não persecução penal: é possível, desde que não estejam presentes as hipóteses do art. 28-A, § 2° do CPP.

Confronto com o art. 96 da Lei 10.741/03: caso o agente impeça o acesso aos meios de transporte público por pessoa idosa, incorrerá no art. 96 do Estatuto do Idoso: "Art. 96. Discriminar pessoa idosa, impedindo ou dificultando seu acesso a operações bancárias, aos meios de transporte, ao direito de contratar ou por qualquer outro meio ou instrumento necessário ao exercício da cidadania, por motivo de idade: Pena – reclusão de 6 (seis) meses a 1 (um) ano e multa".

Art. 13. Impedir ou obstar o acesso de alguém ao serviço em qualquer ramo das Forças Armadas.

Pena: reclusão de dois a quatro anos.

Comentários: estabelece o art. 143 da CF que o serviço militar é obrigatório no Brasil nos termos da Lei nº 4.375/64. Verifica-se do tipo que se trata do impedimento ou criação de obstáculo ao acesso de alguém a qualquer ramo das Forças Armadas (Aeronáutica, Exército ou Marinha) por razões de discriminação ou preconceito de raça, cor, etnia, procedência nacional ou religião.

A fim de evitar analogia *in malam partem*, o tipo não abrange outras carreiras militares, como as estaduais, motivo pelo qual aplica-se somente às Forças Armadas por especialidade. Nos demais casos, aplicar-se-á os artigos 3º ou 20 da presente lei a depender do caso concreto.

Necessário ressaltar que não se trata de crime militar, haja vista não haver afetação a bem jurídico de tal ordem, mas sim ao direito de igualdade.

Verbos nucleares: impedir (proibir, vedar); obstar (criar obstáculo, dificuldade, empecilho ou embaraço).

Elemento subjetivo: dolo, consistente na vontade livre e consciente de praticar atos discriminatórios ou preconceituosos nos termos das condutas previstas no tipo. Exige-se a especial finalidade de discriminar a vítima (elemento subjetivo específico).

Sujeito Ativo: trata-se de crime próprio, podendo ser praticado pelo militar responsável pela seleção ou pelo comandante/dirigente que dê tal ordem.

Sujeito Passivo: pode ser qualquer pessoa. Trata-se de crime comum.

Consumação: independe da ocorrência de um resultado naturalístico.

Classificação doutrinária: crime próprio, formal, doloso, comissivo, instantâneo, admite tentativa.

Suspensão condicional do processo: não é possível, haja vista a pena mínima cominada ao crime ser maior de 01 ano.

Acordo de não persecução penal: é possível.

Confronto com o art. 8º da Lei nº 7.437/85: se a condutar tratar de discriminação ou preconceito em razão do sexo ou estado civil, aplicar-se-á o tipo em tela, e não o previsto no art. 12 da Lei 7.716/89.

Art. 14. Impedir ou obstar, por qualquer meio ou forma, o casamento ou convivência familiar e social.

Pena: reclusão de dois a quatro anos.

Comentários: A CF estabelece em seu art. 226 que a família é a "base da sociedade, tem especial proteção do Estado", reconhecendo, não só o casamento, mas também a união estável, como entidades jurídicas aptas a formação familiar.

Importante lembrar que a união estável, não necessariamente, deve se dar entre homem e mulher, já que o STF (ADI nº 4277 e ADPF 132) reconheceu a união homoafetiva como união estável.

A configuração do crime pode ocorrer, não só em decorrência das discriminações previstas no art. 1º, mas também se houver discriminação relacionada o grupo LGBT, nos termos do já decidido pelo STF e abordado no início dos comentários a esta lei.

Por sua vez, a convivência familiar encontra-se entre pessoas ligadas por laços de parentesco, não importando o seu grau. Já a convivência social liga-se a relação das pessoas em determinada sociedade, não importando nível social ou local.

Verbos nucleares: impedir (proibir, vedar); obstar (criar obstáculo, dificuldade, empecilho ou embaraço).

Elemento subjetivo: dolo, consistente na vontade livre e consciente de praticar atos discriminatórios ou preconceituosos nos termos das condutas previstas no tipo. Exige-se a especial finalidade de discriminar a vítima (elemento subjetivo específico).

Sujeito Ativo: trata-se de crime comum, podendo ser praticado por qualquer pessoa.

Sujeito Passivo: pode ser qualquer pessoa. Trata-se de crime comum.

Consumação: independe da ocorrência de um resultado naturalístico.

Classificação doutrinária: crime comum, formal, doloso, comissivo, instantâneo, admite tentativa.

Suspensão condicional do processo: não é possível, haja vista a pena mínima cominada ao crime ser maior de 01 ano.

Acordo de não persecução penal: é possível.

Art. 15. (Vetado).

Art. 16. Constitui efeito da condenação a perda do cargo ou função pública, para o servidor público,

e a suspensão do funcionamento do estabelecimento particular por prazo não superior a três meses.

Art. 17. (Vetado).

Art. 18. Os efeitos de que tratam os arts. 16 e 17 desta Lei não são automáticos, devendo ser motivadamente declarados na sentença.

Comentários: a condenação penal possui, além dos efeitos relacionados à seara penal propriamente dita (submissão do condenado à execução forçada da pena imposta), efeitos de caráter extrapenal. Ainda possui como consequências a reincidência, interrupção do prazo prescricional, revogação do *sursis* e outros.

Os artigos 91, 91-A e 92 do Código Penal apontam os efeitos genéricos e específicos da condenação, tais como tornar certa a obrigação de indenizar a vítima; a perda, em favor da união, dos instrumento e produto do crime; e a perda de cargo, função pública ou mandato eletivo, dentre outros.

São dois os efeitos enumerados pela Lei nº 7.716/89: I) a perda do cargo ou função pública, para o servidor público; II) suspensão do funcionamento do estabelecimento particular por prazo não superior a três meses.

Ressalta-se que tanto no CP, quanto na Lei 7.716/89, a perda do cargo ou função pública, para o servidor público não é automática, devendo o magistrado o declarar expressamente na sentença.

Art. 19. (Vetado).

Art. 20. Praticar, induzir ou incitar a discriminação ou preconceito de raça, cor, etnia, religião ou procedência nacional. (Redação dada pela Lei nº 9.459/97)

Pena: reclusão de um a três anos e multa.

Comentários: Inserido por meio da Lei nº 9.459/97 tem a previsão de criminalizar qualquer tipo de manifestação preconceituosa ou discriminatória. A mesma lei acrescentou o art. 140, § 3º no Código Penal, criminalizando com maior rigor a "injúria preconceituosa/racial".

Ressalta-se que, muito embora o *caput* não traga tal prática, o induzimento ou a incitação de discriminação ou preconceito em face do público LGBTI+ caracteriza o crime em tela conforme decidido na ADO nº 26 – STF.

Verbos nucleares: praticar (realizar, fazer, produzir); induzir (criar a ideia); incitar (fomentar, reforçar a ideia existente).

Elemento subjetivo: dolo, consistente na vontade livre e consciente de praticar atos discriminatórios ou preconceituosos nos termos das condutas previstas no tipo. Exige-se a especial finalidade de discriminar a vítima (elemento subjetivo específico).

Sujeito Ativo: trata-se de crime comum, podendo ser praticado por qualquer pessoa.

Sujeito Passivo: pode ser qualquer pessoa. Trata-se de crime comum.

Distinção em relação a injúria real: abordamos o tema ao comentar o artigo primeiro desta Lei. Em suma, o artigo 20 aplica-se nos casos em que a ofensa preconceituosa ou discriminatória for dirigida a todo o grupo e não a pessoa determinada.

Consumação: independe da ocorrência de um resultado naturalístico.

Classificação doutrinária: crime comum, formal, doloso, comissivo, instantâneo, admite tentativa.

Suspensão condicional do processo: é possível.

Acordo de não persecução penal: é possível, desde que não estejam presentes as hipóteses do art. 28-A, § 2º do CPP.

Jurisprudência:

DECLARAÇÕES – CARÁTER DISCRIMINATÓRIO – INEXISTÊNCIA. Declarações desprovidas da finalidade de repressão, dominação, supressão ou eliminação não se investem de caráter discriminatório, sendo insuscetíveis a caracterizarem o crime previsto no artigo 20, cabeça, da Lei nº 7.716/1989. DENÚNCIA – IMUNIDADE PARLAMENTAR – ARTIGO 53 DA CONSTITUIÇÃO FEDERAL – INCIDÊNCIA. A imunidade parlamentar pressupõe nexo de causalidade com o exercício do mandato. Declarações proferidas em razão do cargo de Deputado Federal encontram-se cobertas pela imunidade material. (Inq 4694, Relator(a): Min. MARCO AURÉLIO, Primeira Turma, julgado em 11/09/2018, ACÓRDÃO ELETRÔNICO DJe-167 DIVULG 31-07-2019 PUBLIC 01-08-2019)

EMENTA Recurso ordinário em habeas corpus. Denúncia. Princípio da correlação. Observância. Trancamento da ação penal. Descabimento. Liberdade de manifestação religiosa. Limites excedidos. Recurso ordinário não provido. 1. Inexiste violação do princípio da correlação quando há relação entre os fatos imputados na denúncia e os motivos que levaram ao provimento do pedido da condenação. 2. O direito à liberdade religiosa é, em grande medida, o direito à existência de uma multiplicidade de crenças/descrenças religiosas, que se vinculam e se harmonizam – para a sobrevivência de toda a multiplicidade de fés protegida constitucionalmente – na chamada tolerância religiosa. 3. Há que se distinguir entre o discurso religioso (que é centrado na própria crença e nas razões da crença) e o discurso sobre a crença alheia, especialmente quando se faça com intuito de atingi-la, rebaixá-la ou desmerecê-la (ou a seus seguidores). Um é tipicamente a representação do direito à liberdade de crença religiosa; outro, em sentido diametralmente oposto, é o ataque ao mesmo direito. 4. Como apontado pelo Superior Tribunal de Justiça no julgado recorrido, a conduta do paciente não consiste apenas na "defesa da própria religião, culto, crença ou ideologia, mas, sim, de um ataque ao culto alheio, que põe em risco a liberdade religiosa daqueles que professam fé diferente [d]a do paciente". 5. Recurso ordinário não provido. (RHC 146303, Relator(a): Min. EDSON FACHIN, Relator(a) p/ Acórdão: Min. DIAS TOFFOLI, Segunda Turma, julgado em 06/03/2018, PROCESSO ELETRÔNICO DJe-159 DIVULG 06-08-2018 PUBLIC 07-08-2018)

§ 1º Fabricar, comercializar, distribuir ou veicular símbolos, emblemas, ornamentos, distintivos ou propaganda que utilizem a cruz suástica ou gamada, para fins de divulgação do nazismo.

Pena: reclusão de dois a cinco anos e multa.

Comentários: tipo penal veda a divulgação da ideologia nazista, responsável pelo extermínio de milhões de judeus durante a segunda guerra mundial. Tal ideologia possui caráter preconceituoso e discriminatório contra a raça judaica.

A ideologia nazista prega, dentre outras, o antissemitismo, consubstanciado pelo ódio aos judeus e a ideia de que a raça ariana é suprema em detrimento das demais. Tais conceitos vão de encontro aos princípios fundamentais da República brasileira, insculpidos entre os artigos 1°e 4° da Constituição Federal.

Lembremos que o tipo penal não criminaliza a pessoa por ser nazista. Mas, tão somente o fato relacionado à difusão de tais ideias.

A suástica ou cruz gamada é o emblema oficial do III Reich e do Partido Nacional-Socialista alemão. Por ser o símbolo do nazismo a sua publicização é vedada.

Verbos nucleares: fabricar (produzir algo, manufaturar); comercializar (fazer entrar no processo de distribuição comercial); distribuir (entregar, repartir, dividir); veicular (difundir, propagar, transmitir).

Elemento subjetivo: dolo, consistente na vontade livre e consciente de praticar atos discriminatórios ou preconceituosos nos termos das condutas previstas no tipo. Exige-se a especial finalidade de discriminar a vítima (elemento subjetivo específico).

Sujeito Ativo: trata-se de crime comum, podendo ser praticado por qualquer pessoa.

Sujeito Passivo: pode ser qualquer pessoa. Trata-se de crime comum.

Consumação: independe da ocorrência de um resultado naturalístico.

Classificação doutrinária: crime comum, formal, doloso, comissivo, instantâneo, admite tentativa.

Suspensão condicional do processo: não é possível, haja vista a pena mínima cominada ao crime ser maior de 01 ano.

Acordo de não persecução penal: é possível.

§ 2º Se qualquer dos crimes previstos no *caput* é cometido por intermédio dos meios de comunicação social ou publicação de qualquer natureza:

Pena: reclusão de dois a cinco anos e multa.

Comentários: trata-se de modalidade qualificada do crime previsto no *caput* do artigo 20 nos casos em que for praticado de forma a atingir um maior número de pessoas, tais como ocorre nos casos em que a publicação se dá por meio da internet ou imprensa.

Desta forma, o *caput* do art. 20 terá sua aplicação às situações em que houver um reduzido números de pessoas no ambiente, tais como aulas, palestras e conversas informais, desde que não sejam transmitidas por meio da internet, imprensa ou qualquer outro meio de comunicação social.

Suspensão condicional do processo: não é possível, haja vista a pena mínima cominada ao crime ser maior de 01 ano.

Acordo de não persecução penal: é possível.

§ 3º No caso do parágrafo anterior, o juiz poderá determinar, ouvido o Ministério Público ou a pedido deste, ainda antes do inquérito policial, sob pena de desobediência: (Redação dada pela Lei nº 9.459, de 15/05/97)

I - o recolhimento imediato ou a busca e apreensão dos exemplares do material respectivo;(Incluído pela Lei nº 9.459, de 15/05/97)

II - a cessação das respectivas transmissões radiofônicas, televisivas, eletrônicas ou da publicação

por qualquer meio; (Redação dada pela Lei nº 12.735, de 2012)(Vigência)

III - a interdição das respectivas mensagens ou páginas de informação na rede mundial de computadores. (Incluído pela Lei nº 12.288, de 2010) (Vigência)

Comentários: trata este parágrafo de medidas cautelares reais específicas que podem ser decretadas pelo juiz durante investigações ou processos que versarem sobre a investigação do crime previsto no art. 20.

Com relação a medida prevista no inciso I, necessário distinguir recolhimento, de busca e apreensão. Enquanto o recolhimento recai sobre objeto que esteja à disposição da polícia para sua apreensão, a medida cautelar de busca e apreensão recai sobre local inviolável, sendo necessário ordem judicial para seu cumprimento.

Logo, pode o Delegado de Polícia recolher material relacionado à pratica discriminatória independentemente de autorização judicial, lavrando o respectivo auto de exibição e apreensão de objeto nos moldes do art. 6º, II do CPP.

Por sua vez, as medidas previstas nos incisos II e III tendem evitar a difusão dos conceitos discriminatórios ou preconceituosos pelos meios de comunicação. Neste caso, é importante destacar que enquanto houver a difusão ou publicação em qualquer meio de comunicação, estará presente a situação flagrancial. Trata-se de crime permanente.

§ 4º Na hipótese do § 2º, constitui efeito da condenação, após o trânsito em julgado da decisão, a destruição do material apreendido. (Incluído pela Lei nº 9.459, de 15/05/97)

Comentários: trata-se de efeito secundário da condenação devendo ser os materiais destruídos por qualquer meio determinado pelo juiz.

Art. 21. Esta Lei entra em vigor na data de sua publicação.(Renumerado pela Lei nº 8.081, de 21.9.1990)

Art. 22. Revogam-se as disposições em contrário. (Renumerado pela Lei nº 8.081, de 21.9.1990)

Brasília, 5 de janeiro de 1989; 168º da Independência e 101º da República.

JOSÉ SARNEY

Paulo Brossard

14

CRIMES DE TORTURA

Lei 9.455/1997

PAULO REYNER CAMARGO MOUSINHO

CONSIDERAÇÕES INICIAIS

A Lei que define os crimes de tortura é reflexo de mandamentos constitucionais e convencionais de criminalização. É de se notar que o texto constitucional, no inciso III do art. 5º, prevê que "ninguém será submetido a tortura nem a tratamento desumano ou degradante." Nesse sentido, visando consubstanciar a proteção constitucional, o inciso XLIII do mesmo artigo determina que a lei deve considerar "**inafiançáveis** e **insuscetíveis de graça ou anistia a prática de tortura**, o tráfico de drogas, o terrorismo e os crimes hediondos, **por eles respondendo os mandantes, os executores e os que, podendo evitá-los, se omitem**."

Além disso, o Brasil é signatário de dois tratados internacionais, cujo objetivo é obrigar os Estados a coibirem os crimes de tortura. O primeiro deles trata-se da Convenção contra a Tortura e outros Tratamentos ou Penas Cruéis, internalizada à legislação pátria por meio do Decreto n. 40, de 15 de fevereiro de 1991. O segundo, é a Convenção Interamericana para Prevenir e Punir a Tortura, introduzida pelo Decreto n. 98.386, de 9 de dezembro de 1989.

É de relevância o conhecimento desses documentos internacionais, sobretudo porque podemos extrair conceitos importantes, que nos auxiliam a compreender a *mens legis*. O próprio conceito de tortura, por exemplo, pode ser obtido pela simples leitura do art. 1º da Convenção contra a Tortura e outros Tratamentos ou Penas Cruéis, que prevê:

> Para os fins da presente Convenção, **o termo "tortura" designa (1) qualquer ato pelo qual dores ou sofrimentos agudos, físicos ou mentais, são infligidos intencionalmente a uma pessoa a fim de obter, dela ou de uma terceira pessoa, informações ou confissões**; (2) **de castigá-la por ato que ela ou uma terceira pessoa tenha cometido ou seja suspeita de ter cometido**; (3) de **intimidar ou coagir esta pessoa ou outras pessoas**; ou por (4) **qualquer motivo baseado em discriminação de qualquer natureza**; (5) **quando tais dores ou sofrimentos são infligidos por um funcionário público ou outra pessoa no exercício de funções públicas, ou por sua instigação, ou com o seu consentimento ou aquiescência**. Não se considerará como tortura as dores ou sofrimentos que sejam consequência unicamente de sanções legítimas, ou que sejam inerentes a tais sanções ou delas decorram. (grifo e numeração nossos)

Ressalta-se que o Brasil foi um dos últimos países do Ocidente a tipificar o crime de tortura, um atraso inexplicável para crime tão grave, que possui determinação constitucional de criminalização. Assim, somente em 7 de abril de 1997 o país teve regulada uma legislação sobre o tema. A aprovação da Lei foi impulsionada por uma casuística, o episódio (filmado) envolvendo policiais militares agredindo vários indivíduos com cassetetes, tapas e pontapés, culminando, também, na morte de uma pessoa. Fato ocorrido em março de 1997 na Favela Naval no Estado de São Paulo. A Lei de Tortura foi publicada em abril do mesmo ano.

Bem jurídico tutelado: Em todas as modalidades de tortura há proteção da integridade física, psicológica e, principalmente, da dignidade da pessoa humana.

Teoria do cenário bomba-relógio: Ouvimos sempre que não existe direito absoluto, ou seja, que todo direito pode ser relativizado, decotado ou ponderado se em confronto com outro determinado direito. No entanto, não há como se relativizar a proteção contra a tortura, pois em qualquer circunstância viola o metaprincípio da dignidade da pessoa humana. Surgiu, inclusive, nesse contexto, a chamada Teoria do cenário bomba-relógio que, conforme expõem Joaquim Leitão Júnior e João Biffe Júnior (2017, p. 42):

> Trata-se de um questionamento acerca da proibição absoluta da utilização da tortura como mecanismo de investigação. O exemplo hipotético que deu nome à teoria é o seguinte: imaginemos que um terrorista, envolvido num ataque iminente a milhares de pessoas, seja capturado pelas autoridades, recusando-se a revelar o local onde a bomba está localizada. Constatando-se que ele não colaborará, surge o dilema: preservar sua integridade física, permitindo a morte de milhares, ou relativizar a proibição da tortura diante deste cenário?

Ocorre que a Convenção contra a Tortura e outros Tratamentos ou Penas Cruéis é enfática ao determinar que nenhuma circunstância excepcional (ameaça, estado de guerra, instabilidade política interna ou qualquer outra emergência pública) pode ser invocada como justificativa para a tortura (artigo 2º, 2). Dessa forma, a denominada teoria do cenário bomba-relógio não se mostra compatível com o sistema constitucional pátrio e convencional, no âmbito internacional.

Assim, a proibição de tortura, como se nota, é direito individual absoluto, o qual não pode ser relativizado ou ponderado. Qualquer obtenção de dados, elementos de informação ou provas decorrentes de tortura, invariavelmente, deve ser considerada prova ilícita.

Crime equiparado a hediondo: Conforme previsão constitucional, todas as modalidades criminosas de tortura são equiparadas a crimes hediondos (CF, art. 5º, LXIII). No mesmo sentido, o art. 2º, *caput,* da Lei n. 8.072, de 25 de julho de 1990. Surge alguma discussão em relação à tortura omissão, tema que nos debruçaremos mais adiante em momento oportuno, quando da análise do § 2º do art. 1º da Lei n. 9.455/97.

Prisão temporária: Por conta da previsão constante no § 4º do art. 2º da Lei n. 8.072/90 é cabível prisão temporária para o delito de tortura, inclusive com a possibilidade de alongamento do prazo para 30 dias, prorrogável por igual período em caso de extrema e comprovada necessidade.

Prisão preventiva: A prisão preventiva, evidentemente, mostra-se bastante adequada quando já estabelecidos indícios suficientes de autoria, prova da materialidade delitiva e de perigo gerado pelo estado de liberdade do imputado (CPP, art. 312), sobretudo pela potencial gravidade concreta da conduta, já que a prática de tortura, por si só, causa grande impacto social, danos à vítima e demanda, portanto, ação estatal eficaz. Assim, preenchidos todos os requisitos próprios da segregação preventiva, ela deve ser decretada. Abaixo trecho da jurisprudência envolvendo um caso de tortura em que o STJ manteve o decreto cautelar:

> 1. Apresentada fundamentação concreta para a decretação da prisão preventiva, consistente na periculosidade do acusado em virtude da conduta extremamente violenta contra as vítimas, agredindo-os severamente com chutes, socos e golpes com uma barra de ferro [e que se descumprisse o ordenado] iriam matá-los e atear fogo nos corpos deles, tem-se como evidenciada a gravidade concreta dos delitos pelos quais foi o paciente denunciado, não havendo que se falar em ilegalidade a justificar a concessão da ordem de habeas corpus. 2. Recurso em habeas corpus improvido. **STJ. Recurso em Habeas Corpus: RHC 79.397/SP. Relator: Ministro Nefi Cordeiro. DJe: 22/03/2017.**

O STJ manifestou o mesmo entendimento em outro julgado:

> 1. A necessidade da custódia cautelar restou demonstrada, com espeque em dados concretos dos autos, conforme recomenda a jurisprudência desta Corte. 2. Na hipótese, a decisão proferida na origem está alicerçada na gravidade in concreto dos fatos delituosos, os quais evidenciariam maior reprovabilidade da conduta, cometida por agentes públicos contra um morador da unidade de pacificação em que atuavam. Destacada, ainda, a necessidade de se fazer uso do programa de proteção a testemunhas, tudo a demonstrar a inevitabilidade da prisão para a conveniência da instrução criminal e diante do efetivo risco para a ordem pública. 3. Recurso a que se nega provimento. **STJ. Recurso em Habeas Corpus: RHC 49701/RJ. Relatora: Ministra Maria Thereza de Assis Moura. Sexta Turma. DJe: 03/08/2009.**

Competência para processo e julgamento: A questão da competência, na verdade, depende do sujeito ativo e do local onde ocorreu a tortura. Lembra-se que tortura, salvo exceções legais, é crime comum, portanto, pode ser praticada por qualquer pessoa.

Caso seja praticada por pessoa não investida em cargo ou função pública, contra vítima comum, a competência é da Justiça Estadual. Se a tortura for praticada por um Policial Civil, nas dependências de instalações públicas estaduais, como uma delegacia, a competência, igualmente, será da Justiça

Estadual. Se o sujeito ativo da tortura, todavia, for um Policial Federal que em serviço torture algum preso para obter confissão, atrairá a competência da Justiça Federal, por violar bens, interesse ou serviço da União, nos termos do art. 109, inciso IV, da Constituição Federal.

Militares e tortura: Com a alteração do art. 9º do Código Penal Militar pela Lei n. 13.941/17 houve importante alteração da competência para o processo e julgamento de tortura praticada por militares, pois se antes o entendimento era pela competência da Justiça Comum, Estadual ou Federal, agora, considerando o teor da nova redação do art. 9º, II, do CPM, a competência passou a ser da Justiça Castrense Estadual ou Federal. Assim, caso um Policial Militar pratique tortura, cabe à Auditoria Militar local apreciar o caso. Se a tortura for praticada por um Militar da União, como um Tenente do Exército Brasileiro, a Justiça Militar da União será competente.

Importante ressaltar que a alteração legislativa vem sendo bastante criticada pela maior parte do doutrina, pois há entendimento no sentido de restringir ao máximo a competência da Justiça Militar nos casos de crimes praticados contra civis, conforme orientação da Corte Interamericana de Direitos Humanos, com base no art. 8.1 da Convenção Interamericana de Direitos Humanos[1].

Ademais, a Lei n. 13.941/17 era para ser uma Lei Temporária, com vigência até 31 de dezembro de 2016, mas o art. 2º que tinha essa previsão foi vetado pelo então Presidente da República Michel Temer. Por tudo isso, já existem pelo menos duas ações questionando a constitucionalidade do supra citado diploma normativo (ADI 5901 e ADI 5804).

Com efeito, de toda forma, os inquéritos e processos em andamento que correm na Justiça Comum decorrentes de tortura devem ser remetidos imediatamente à Justiça Militar, salvo se já houver sentença de mérito prolatada. Veja um trecho do julgado do STJ que apreciou o tema:

> [...] considerando que a Lei n.º 13.491/2017 promoveu alteração da competência em razão da matéria, não tem aplicação a regra da *perpetuatio jurisdictionis*, prevista no art. 43 do Código de Processo Civil, aplicada subsidiariamente ao processo penal. Por conseguinte, os inquéritos e processos que tramitam na Justiça Comum devem ser imediatamente remetidos à Justiça Militar, salvo se, à época da vigência da nova Lei, já houver sido proferida sentença de mérito. **STJ. Conflito de Competência: CC 160.902/RJ, Relatora: Ministra Laurita Vaz, Terceira Seção. DJe 18/12/2018.**

Ainda no âmbito da competência, o STJ (CC 102.714/GO) já decidiu, na interessante situação em que havia indícios de Policiais Militares terem torturado um preso nas dependências de delegacia federal, mesmo sem participação direta de Policiais Federais, que cabe à Justiça Federal o processo e julgamento nessas circunstâncias, sobretudo porque a Lei de Tortura tipifica também a conduta omissiva daqueles que possuem o dever evitar a conduta criminosa, conforme descrito no § 2º do art. 1º da Lei n. 9.455/97.

Tortura e conexão com homicídio doloso: Finalmente, ainda no que tange à competência, cumpre dizer que se houver conexão entre tortura e homicídio, a exemplo daquele traficante que tortura seu desafeto, praticando nele toda sorte de maldades para que ele informe onde fica escondida grande quantidade de drogas e, após, mata a vítima dolosamente, há conexão entre os delitos, atraindo a solução do art. 78, inciso I, do CPP, ou seja, o Tribunal do Júri será competente para analisar os dois delitos.

Atribuição para investigação: Em regra a atribuição para investigar os delitos de tortura acompanha a competência para julgamento. Assim, se a competência for da Justiça Federal a atribuição será, em regra, da Polícia Federal. Se couber à Justiça Estadual, a atribuição será da Polícia Judiciária Civil. Se, no entanto, a Justiça Militar for competente, a autoridade policial militar deverá investigar. Lembra-se, contudo, que não existe óbice para que, por exemplo, tomando ciência do cometimento de tortura por Policiais Militares no interior de uma Delegacia de Polícia, o Delegado proceda às investigações e, ao concluí-la, remeta os autos à Justiça Castrense.

Não há impedimento, também, para a lavratura do auto de prisão em flagrante por autoridade civil em relação ao militar, aliás, essa é exatamente a previsão constante no art. 250 do Código de Processo Penal Militar: "**Quando a prisão em flagrante fôr efetuada em lugar não sujeito à administração militar, o auto poderá ser lavrado por autoridade civil**, ou pela autoridade militar do lugar mais

1. Artigo 8. Garantias judiciais. 1. Toda pessoa tem direito a ser ouvida, com as devidas garantias e dentro de um prazo razoável, por um juiz ou tribunal competente, independente e imparcial, estabelecido anteriormente por lei, na apuração de qualquer acusação penal formulada contra ela, ou para que se determinem seus direitos ou obrigações de natureza civil, trabalhista, fiscal ou de qualquer outra natureza.

próximo daquele em que ocorrer a prisão." (grifo nosso)

Tortura e improbidade administrativa: Como já dito, a tortura é crime comum, podendo ser praticada por qualquer pessoa. No entanto, sabe-se que os agentes estatais são, por vezes, sujeitos ativos dos crimes de tortura. Nada mais abjeto, na medida em que a tortura significa total incompetência de se obter elementos probatórios por meios legais. Significa falta de técnica de agentes estatais que, sob o subterfúgio de apurar um crime, cometem outro pior.

Pois bem, o Superior Tribunal de Justiça (REsp. 1.177.910/SE) decidiu que, ponderando que a tortura é um dos mais gravosos atos contra a dignidade da pessoa humana e aos direitos humanos, pode ser punida também pela Lei n. 8.429, 2 de junho de 1992, na medida em que viola Convenções Internacionais, a Constituição Federal, atenta contra toda a coletividade, transgredindo princípios da Administração Pública, incidindo, portanto, no art. 11 da Lei n. 8.429/92 ao violar os deveres e lealdade às instituições, o interesse público e a proteção da legitimidade social.

Comitê Nacional de Prevenção e Combate à Tortura: A Lei nº 12.847, de 2 de agosto de 2013, instituiu o Sistema Nacional de Prevenção e Combate à Tortura; criou o Comitê Nacional de Prevenção e Combate à Tortura e o Mecanismo Nacional de Prevenção e Combate à Tortura.

Prova ilícita: Evidentemente, a prova obtida por meio de tortura é considera ilícita, sendo inadmissível no processo, nos termos do art. 5º, LVI, da CF. Vale dizer, ainda, que devem ser desentranhadas do processo e todos os elementos derivados da sua colheita também são considerados ilícitos (CPP, art. 157).

Confronto com o art. 25 da Lei de Abuso de Autoridade: A Lei n. 13.869, de 5 de setembro de 2019, a nova Lei de Abuso de autoridade, tipificou a conduta de "Proceder à obtenção de prova, em procedimento de investigação ou fiscalização, por meio manifestamente ilícito:" com pena de 1 a 4 anos e multa.

No nosso entendimento, se o sujeito ativo que obtiver a prova decorrente de tortura for o mesmo que praticá-la, deve responder por ambos os delitos, pois enquanto a tortura tutela a integridade física e mental, bem como a liberdade individual, o tipo da Lei de Abuso visa proteger a lisura do sistema de persecução penal. Caso o torturador seja outro indivíduo, aquele que utilizar a prova manifestamente ilícita na investigação responde apenas por abuso, sem olvidar da possibilidade de responder, a depender do caso, pela tortura omissão, tipificada no § 2º do art. 1º da Lei n. 9.455/97.

Tortura durante o período de ditatura militar: Para o STJ (REsp 1.374.376/CE), as ações de indenização por danos morais decorrentes de perseguição, tortura e prisão por motivos políticos durante o regime militar são imprescritíveis. Nesses casos, não se aplica o prazo prescricional de 5 anos previsto no art. 1º do Decreto 20.910/1932. O STJ concluiu que tais demandas são imprescritíveis porque se referem a um período (regime militar) em que a ordem jurídica foi desconsiderada, aplicando uma legislação de exceção, tendo havido, sem dúvida, incontáveis abusos e violações dos direitos fundamentais, mormente do direito à dignidade da pessoa humana (AgRg no Ag 1391062/RS). Não se deve confundir esse entendimento com a prescrição do crime de tortura, analisada no próximo item.

Tortura é crime imprescritível? O texto constitucional, no art. 5º, incisos XLII e XLIV assevera que a prática de racismo e a ação de grupos armados, civis ou militares, contra a ordem constitucional e o Estado Democrático de Direito são imprescritíveis, sendo silente em relação à tortura. Como no ordenamento jurídico brasileiro a regra é a prescrição dos delitos, o STF e a doutrina majoritária entendem que o crime de tortura é prescritível.

No entanto, oportuno mencionar corrente doutrinária que considera os delitos da Lei n. 9.455/97 como imprescritíveis, sob o argumento que conforme previsão no Estatuto de Roma, os crimes sujeitos à jurisdição do Tribunal Penal Internacional seriam imprescritíveis. Abaixo segue transcrição do trecho pertinente do documento internacional:

> **Artigo 7º**
>
> Crimes contra a Humanidade
>
> 1. Para os efeitos do presente Estatuto, entende-se por "crime contra a humanidade", qualquer um dos atos seguintes, quando cometido no quadro de um ataque, generalizado ou sistemático, contra qualquer população civil, havendo conhecimento desse ataque:
>
> *a) Homicídio;*
>
> *b) Extermínio;*
>
> *c) Escravidão;*
>
> d) Deportação ou transferência forçada de uma população;

e) Prisão ou outra forma de privação da liberdade física grave, em violação das normas fundamentais de direito internacional;

f) Tortura;

(...)

Artigo 29

Imprescritibilidade

Os crimes da competência do Tribunal não prescrevem.

Não comungamos com o entendimento que defende a imprescritibilidade do crime de tortura. Lembramos que o Estatuto de Roma foi acolhido pelo ordenamento jurídico brasileiro com *status* de norma supralegal, devendo haver submissão ao ordenamento constitucional pátrio, sobretudo no que diz respeito à disciplina de direitos e garantias individuais. É bom ressaltar, ainda, que o próprio Direito Internacional reconhece o importante princípio *pro homine*, segundo o qual no caso de conflito entre normas internacionais e locais devem prevalecer aquelas mais favoráveis ao jurisdicionado. Ademais, somente lei formal interna pode atribuir imprescritibilidade de crimes no Brasil.

Para espancar qualquer dúvida, vejamos entendimento assente do STF e STJ sobre o tema:

> (...) 2. No julgamento da Ext 1.362, sob relatoria do Ministro Edson Fachin – cujo acórdão ainda não foi publicado –, o Supremo Tribunal Federal decidiu que os crimes contra a humanidade não são imprescritíveis, uma vez que o Brasil até hoje não subscreveu a Convenção da ONU sobre Crimes de Guerra. (...) **STF. 1ª Turma. Ext 1270, Rel. Min. Marco Aurélio, Rel. p/ Acórdão Min. Roberto Barroso, julgado em 12/12/2017.**

> (...) 3. A circunstância de o Estado requerente ter qualificado os delitos imputados ao extraditando como de lesa-humanidade não afasta a sua prescrição, porquanto (a) o Brasil não subscreveu a Convenção sobre a Imprescritibilidade dos Crimes de Guerra e dos Crimes contra a Humanidade, nem aderiu a ela; e (b) apenas lei interna pode dispor sobre prescritibilidade ou imprescritibilidade da pretensão estatal de punir (cf. ADPF 153, Relator(a): Min. EROS GRAU, voto do Min. CELSO DE MELLO, Tribunal Pleno, Dje de 6.8.2010). (...) **STF. Plenário. Ext 1362, Rel. Min. Edson Fachin, Rel. p/ Acórdão Min. Teori Zavascki, julgado em 09/11/2016.**

> (...) O disposto na Convenção sobre a Imprescritibilidade dos Crimes de Guerra e dos Crimes contra a Humanidade não torna inaplicável o art. 107, inciso IV, do Código Penal. **STJ. 3ª Seção. REsp 1.798.903-RJ, Rel. Min. Reynaldo Soares da Fonseca, julgado em 25/09/2019.**

TORTURA

> **Art. 1º Constitui crime de tortura:**
>
> **I - constranger alguém com emprego de violência ou grave ameaça, causando-lhe sofrimento físico ou mental:**

Verbo nuclear: *Constranger* (forçar alguém a fazer algo que não deseja; coagir, restringindo o poder de escolha da vítima).

De acordo com a classificação doutrinária, o crime previsto no art. 1º, ora analisado, trata-se de tipo misto alternativo, ou seja, são diversas ações incriminadas nos incisos e alíneas, todos em complemento à expressão *constitui crime de tortura*, prevista no *caput* do art. 1º.

Desse modo, torna cognoscível o tipo penal por meio da sua análise conjunta com incisos e alíneas que o compõem, tema que passaremos a analisar. Nesse momento, trataremos da análise em separado e comum do inciso I do art. 1º da Lei n. 9.455/97.

Objeto jurídico: A integridade física ou psicológica da vítima, bem como sua liberdade individual. Trata-se, portanto, de objeto complexo, que visa tutelar mais de um bem jurídico.

Objeto material: A pessoa sobre a qual recai a conduta causadora de sofrimento físico ou mental.

Elemento subjetivo: É o dolo. Não há previsão de tortura culposa. Nota-se que nas alíneas que compõe o tipo penal descrito no inciso I do art. 1º existe um especial fim de agir. Nesse sentido, não há que se falar em tortura quando o sujeito ativo pratica o ato desprovido de motivação, conforme constante na lei. Assim, se houver sofrimento da vítima por puro sadismo, outro tipo penal se caracterizará, a exemplo da lesão corporal ou do constrangimento ilegal. Daí surge grande crítica doutrinária, justamente pela restrição do alcance do tipo penal.

Violência ou grave ameaça: É o modo de execução. Violência pode ser compreendida com lesão física; já grave ameaça consiste em intimidação moral, jura de mal grave iminente e verossímil. A grave ameaça, conforme Masson (2014, p. 691), pode se exteriorizar por palavras, gestos simbólicos, utilização de objetos em geral ou qualquer outro meio idôneo a causar temor na vítima. A própria ameaça de tortura pode significar grave ameaça (e tortura psicológica) ou, ainda, a ameaça de estupro, de morte etc.

Sofrimento físico ou mental: Cuida-se de padecimento, sofrimento cruel, o qual pode atingir tanto a esfera da integridade física da vítima quanto seu estado psicológico. Para se caracterizar tortura o sofrimento deve ser considerável. Caso não seja, outros delitos podem restar configurados, tais como lesão corporal leve, vias de fato, constrangimento ilegal, entre outros.

Crime comum: Nota-se que o artigo 1º, I, da Lei n. 9.455/97 é delito comum, ou seja, pode ser praticado por qualquer sujeito, independente de ostentar condição de agente público, diferentemente do que é aplicado em outros países.

Tal circunstância recebe críticas doutrinárias, a exemplo da feita por Flávia Piovesan[2] (2001, on-line):

> Essa concepção transcende a da Convenção, que demanda, necessariamente, para configuração do crime de tortura, a qualidade de agente público. Parece mais adequada a definição da Convenção, ainda que a lei nacional se mostre mais ampla. Isso porque a gravidade da tortura se justifica ao revelar a perversidade do Estado que, de garante de direitos, passa a ter, em seus agentes, brutais violadores de direitos. A tortura subverte a própria lógica do aparato estatal, que de guardião da lei e assegurador de direitos transforma-se em violador da lei e aniquilador de direitos. Daí a exigência de o sujeito ativo do crime de tortura estar vinculado ao Estado, direta ou indiretamente.

Instado a se manifestar sobre o tema, o STJ decidiu que:

> O art. 1.º da Lei nº 9.455/1997, ao tipificar o crime de tortura como crime comum, não ofendeu o que já determinava o art. 1º da Convenção da ONU Contra a Tortura e Outros Tratamentos ou Penas Cruéis, Desumanos ou Degradantes, de 1984, em face da própria ressalva contida no texto ratificado pelo Brasil. **STJ. Recurso Especial: REsp 1.299.787/PR. Mininstra Laurita Vaz, 5ª Turma. DJe 3/2/2014.**

TORTURA PARA OBTER CONFISSÃO, TORTURA PROBATÓRIA, INQUISITORIAL, INSTITUCIONAL, POLÍTICA OU PERSECUTÓRIA

> **Art. 1º Constitui crime de tortura:**
>
> **I - constranger alguém com emprego de violência ou grave ameaça, causando-lhe sofrimento físico ou mental: a) com o fim de obter informação, declaração ou confissão da vítima ou de terceira pessoa;**

Comentários: A chamada tortura confissão, probatória, inquisitorial, institucional, política ou persecutória tem por finalidade especial conseguir informação, declaração ou confissão da própria pessoa ou de terceiro, o qual não deixa de ser vítima indireta do crime também. Ressalta-se que todas as alíneas do inciso I do art. 1º da Lei de Tortura são descritivas de um fim especial de agir.

Márcio Cavalcante[3] (2020, on-line) cita como exemplo o policial que agride o preso até que ele confesse; o patrão que, fazendo ameaçar que o segurança da empresa agrida o empregado, o faz admitir que ele desviou dinheiro do caixa; o credor que, com uma arma na cabeça do devedor, obriga que ele assine um termo de confissão de dívida.

Sujeito ativo: Em se tratando de crime comum, qualquer pessoa pode ser sujeito ativo desse delito.

Sujeito passivo: Considerando que a lei utilizou a palavra "alguém" no inciso I, a vítima também pode ser qualquer pessoa.

Consumação: O delito se consuma com a causação de sofrimento físico ou mental, independente de o sujeito ativo auferir êxito em obter a informação, declaração ou confissão. Nesse viés, notório que se cuida de crime formal, de consumação antecipada ou resultado cortado, pois o resultado, embora possível, não integra a consumação do delito, lhe sendo dispensável. Se ocorrer, haverá mero exaurimento do delito.

Tentativa: Em razão de a execução poder ser fracionada em vários atos, é possível a tentativa. Se o agente, por exemplo, emprega violência ou grave ameaça sem conseguir provocar sofrimento na vítima.

Elemento subjetivo: É o dolo. Inexiste tortura culposa. A conduta requer, ainda, especial fim de agir, sem o qual resta desclassificado o delito.

Suspensão condicional do processo: Não aplicável, na medida em que a pena mínima ultrapassa um ano, conforme prevê o art. 89 da Lei n. 9.099/95.

2. PIOVESAN, Flávia. **Tortura no Brasil: pesadelo sem fim?**. Disponível em: https://nev.prp.usp.br/wp-content/uploads/2015/01/down139.pdf . Acesso em: 29 jun 2020.

3. CAVALCANTE, Márcio André Lopes. **A prática do delito de tortura-castigo (vingativa ou intimidatória), previsto no art. 1º, II, da Lei nº 9.455/97, é crime próprio**. Buscador Dizer o Direito, Manaus. Disponível em: https://www.buscadordizerodireito.com.br/jurisprudencia/detalhes/7bb7a62681a8a0f94ab424b06d172ca3. Acesso em: 27/06/2020.

Acordo de Não Persecução Penal: De acordo coma redação do art. 28-A, do Código de Processo Penal (incluído pela nova Lei Federal nº 13.964/2019), se a infração penal não for cometida mediante violência ou grave ameaça à pessoa; a pena abstrata mínima ser inferior a 4 (quatro) anos e havendo confissão formal. No entanto, não é possível a concessão de Acordo de não Persecução Penal (ANPP), pois o delito é cometido com grave ameaça ou violência à pessoa, sendo inaplicável o benefício.

Ação penal: Ação penal pública incondicionada.

Classificação doutrinária: *Crime comum* (pode ser praticado por qualquer pessoa); *formal* (se consuma independente do resultado); *doloso* (o agente quer o resultado ou assume o risco de produzi-lo); *de forma livre* (pode ser praticado por qualquer meio de execução); *comissivo* (o verbo constranger indica ações); *instantâneo* (a consumação se dá em um momento específico); *unissubjetivo ou de concurso eventual* (pode ser praticado por um só agente); *plurissubsistente* (admite fracionamento dos atos de execução); *de dano* (há necessidade de superveniência de algum resultado material consistente na efetiva lesão ao bem jurídico - integridade física, mental ou liberdade individual); *admite tentativa; equiparado a hediondo* (CF, art. 5º, XLIII c/c art. 2º da Lei n. 8.072/90).

TORTURA CRIME

Art. 1º Constitui crime de tortura:

I - constranger alguém com emprego de violência ou grave ameaça, causando-lhe sofrimento físico ou mental:

b) para provocar ação ou omissão de natureza criminosa;

Comentários: Conhecida como tortura crime, essa modalidade de tortura requer que o agente constranja alguém a praticar algum crime, por ação ou omissão, causando-lhe padecimento físico ou mental. É ilustrativo o exemplo da associação criminosa que mantém o filho de um gerente de banco refém, sob ameaça de morte, para que ele abra o cofre da instituição financeira e subtraia determinada quantia em dinheiro.

Sujeito ativo: Em se tratando de crime comum, qualquer pessoa pode ser sujeito ativo desse delito.

Sujeito passivo: Considerando que a lei utilizou a palavra "alguém" no inciso I, a vítima também pode ser qualquer pessoa.

Consumação: O delito se consuma com a causação de sofrimento físico ou mental, independente de o sujeito ativo auferir êxito em fazer com que a vítima pratique ação ou omissão criminosa. Assim, cuida-se de crime formal, de consumação antecipada ou resultado cortado, pois o resultado, embora possível, não integra a consumação do delito, lhe sendo dispensável. Se ocorrer, haverá mero exaurimento do crime, em concurso material com o crime que a vítima foi obrigada a cometer.

Tentativa: Em razão de a execução poder ser fracionada em vários atos, é possível a tentativa.

Elemento subjetivo: É o dolo. Inexiste tortura culposa. A conduta requer, ainda, especial fim de agir, qual seja, ser levada a efeito para constranger a vítima a praticar algum crime.

Suspensão condicional do processo: Não aplicável, na medida em que a pena mínima ultrapassa um ano, conforme prevê o art. 89 da Lei n. 9.099/95.

Acordo de Não Persecução Penal: De acordo coma redação do art. 28-A, do Código de Processo Penal (incluído pela nova Lei Federal nº 13.964/2019), se a infração penal não for cometida mediante violência ou grave ameaça à pessoa; a pena abstrata mínima ser inferior a 4 (quatro) anos e havendo confissão formal. No entanto, não é possível a concessão de Acordo de não Persecução Penal (ANPP), pois o delito é cometido com grave ameaça ou violência à pessoa, sendo inaplicável o benefício.

Ação penal: Ação penal pública incondicionada.

Tortura contravenção (?): Como o tipo penal diz que a conduta deve ser orientada para que a vítima pratique ação ou omissão de **natureza criminosa**, a fim de não haver analogia em *malam partem*, não se enquadra neste tipo o agente que tortura a vítima para que ela pratique uma contravenção penal. Pode restar caracterizado, contudo, constrangimento ilegal (CP, art. 146). Outra posição seria entender que a expressão *natureza criminosa* merece interpretação extensiva, com o fim de englobar as contravenções penais.

Concurso de crimes: O torturador responderá por tortura crime (art. 1º, I, alínea b) em concurso material com o crime que obrigou a vítima a cometer, pois ela foi mero instrumento do autor mediato do crime. Nesse sentido, a vítima terá agido sob coação moral irresistível, excludente de culpabilidade, nos termos do art. 22 do Código Penal. Ressalta-se, todavia, que se houver coação física irresistível voltada para a prática de um crime, ausente a conduta, será caso de atipicidade em relação à vítima.

Classificação doutrinária: *Crime comum* (pode ser praticado por qualquer pessoa); *formal* (se consuma independente do resultado); *doloso* (o agente quer o resultado ou assume o risco de produzi-lo); *de forma livre* (pode ser praticado por qualquer meio de execução); *comissivo* (o verbo constranger indica ações); *instantâneo* (a consumação se dá em um momento específico); *unissubjetivo ou de concurso eventual* (pode ser praticado por um só agente); *plurissubsistente* (admite fracionamento dos atos de execução); *de dano* (há necessidade de superveniência de algum resultado material consistente na efetiva lesão ao bem jurídico - integridade física, mental ou liberdade individual); *admite tentativa; equiparado a hediondo* (CF, art. 5º, XLIII c/c art. 2º da Lei n. 8.072/90).

TORTURA DISCRIMINATÓRIA, TORTURA PRECONCEITUOSA OU TORTURA RACISMO

> **Art. 1º Constitui crime de tortura:**
>
> **I - constranger alguém com emprego de violência ou grave ameaça, causando-lhe sofrimento físico ou mental:**
>
> **c) em razão de discriminação racial ou religiosa;**

Comentários: No mesmo sentido das alíneas anteriores, a tortura discriminatória, preconceituosa ou tortura racismo, dispõe sobre o especial fim de agir no sentido de causar sofrimento físico ou mental a alguém por conta de sua raça ou religião, condição *sine qua non* para a configuração do tipo.

Rogério Sanches e Ronaldo Batista[4] (2018, p. 1096) nos ensinam que "ao contrário do que ocorre nos dispositivos anteriores, neste, o agente não tortura a vítima esperando dela alguma conduta (positiva ou negativa). Tortura apenas por preconceito à sua raça ou religião."

Podemos citar como exemplo o grupo de neonazistas que, ao encontrar uma pessoa da raça negra, a captura, para em seguida torturá-la com sevícias em razão de sua cor de pele.

Sujeito ativo: Em se tratando de crime comum, qualquer pessoa pode ser sujeito ativo desse delito.

Sujeito passivo: Como a lei utilizou a palavra "alguém" no inciso I, a vítima também pode ser qualquer pessoa.

Consumação: O delito se consuma com a causação de sofrimento físico ou mental em razão da raça ou da religião da vítima. Com não se espera nenhuma conduta da vítima nem há outra circunstância que integre a consumação do delito, entendemos que se cuida de crime material, consistente no sofrimento físico ou mental imposto à vítima.

Tentativa: Como a execução pode ser fracionada em vários atos, é possível a tentativa, a exemplo daquele que utiliza de grave ameaça ou violência, sem causar sofrimento à vítima.

Elemento subjetivo: É o dolo. Inexiste tortura culposa. A conduta requer, ainda, especial fim de agir, qual seja, ser praticada em razão de discriminação racial ou religiosa.

O tipo penal não alcança outras modalidades de discriminação, tais como a homofóbica, xenofóbica, sexual, política etc. Importante mencionar que a redação do crime em comento merece críticas, pois acabou restringindo o conceito de tortura descrito na Convenção contra a Tortura e outros Tratamentos ou Penas Cruéis, que prevê: **qualquer motivo baseado em discriminação de qualquer natureza como idôneo a caracterizar tortura** (art. 1º).

Suspensão condicional do processo: Não aplicável, pois a pena mínima ultrapassa um ano, conforme prevê o art. 89 da Lei n. 9.099/95.

Acordo de Não Persecução Penal: De acordo coma redação do art. 28-A, do Código de Processo Penal (incluído pela nova Lei Federal nº 13.964/2019), se a infração penal não for cometida mediante violência ou grave ameaça à pessoa; a pena abstrata mínima ser inferior a 4 (quatro) anos e havendo confissão formal. No entanto, não é possível a concessão de Acordo de não Persecução Penal (ANPP), pois o delito é cometido com grave ameaça ou violência à pessoa, sendo inaplicável o benefício.

Ação penal: Ação penal pública incondicionada.

4. CUNHA, Rogério Sanches; PINTO, Ronaldo Batista. *Leis Penais Especiais*. Salvador: Juspodivm, 2018, p. 1096.

Classificação doutrinária: Crime comum (pode ser praticado por qualquer pessoa); *material* (se consuma com o sofrimento ou grave ameaça à vítima); *doloso* (o agente quer o resultado ou assume o risco de produzi-lo); *de forma livre* (pode ser praticado por qualquer meio de execução); *comissivo* (o verbo constranger indica ações); *instantâneo* (a consumação se dá em um momento específico); *unissubjetivo ou de concurso eventual* (pode ser praticado por um só agente); *de dano* (há necessidade de superveniência de algum resultado material consistente na efetiva lesão ao bem jurídico – integridade física, mental ou liberdade individual); *plurissubsistente* (admite fracionamento dos atos de execução); *admite tentativa. equiparado a hediondo* (CF, art. 5º, XLIII c/c art. 2º da Lei n. 8.072/90).

TORTURA CASTIGO, PUNITIVA, VINGATIVA OU INTIMIDATÓRIA

Art. 1º Constitui crime de tortura:

II - submeter alguém, sob sua guarda, poder ou autoridade, com emprego de violência ou grave ameaça, a intenso sofrimento físico ou mental, como forma de aplicar castigo pessoal ou medida de caráter preventivo.

Pena - reclusão, de dois a oito anos.

Comentários: A tortura castigo, punitiva, vingativa ou intimidatória tem por escopo tipificar a conduta exasperada daquele que pretende aplicar uma reprimenda à pessoa sujeita a sua guarda, poder ou autoridade, mas exagera e causa **intenso** sofrimento físico ou mental à vítima.

A título de exemplo, temos o caso da mãe que, na intenção de castigar o filho de cinco anos de idade porque ele pegou algumas moedas em cima da mesa para comprar doces, esquenta as moedas no fogo e as coloca nas mãos da criança, causando queimaduras no infante.

Verbos nucleares: *Submeter* (dominar, reprimir, subjugar).

Objeto jurídico: A integridade física ou psicológica da vítima, bem como a liberdade individual são tutelados pela norma penal. Trata-se, portanto, de objeto jurídico complexo, que visa proteger mais de um bem jurídico.

Objeto material: A pessoa sobre a qual recai a conduta causadora de intenso sofrimento físico ou mental.

Violência ou grave ameaça: É o modo de execução. A violência pode ser compreendida com lesão física; já grave ameaça consiste em intimidação moral, jura de mau futuro injusto e grave. A grave ameaça, conforme Masson (2014, p. 691), pode se exteriorizar por palavras, gestos simbólicos, utilização de objetos em geral ou qualquer outro meio idôneo a causar temor na vítima. A própria ameaça de tortura pode significar grave ameaça (e tortura psicológica) ou, ainda, a ameaça de estupro, de morte etc.

Intenso sofrimento físico ou mental: Note que o inciso II do art. 1º exige **intenso sofrimento físico ou mental**, enquanto o inciso I do mesmo artigo menciona apenas sofrimento físico ou mental. Nesse sentido, trata-se de grande padecimento, sofrimento cruel e exagerado, o qual pode atingir tanto a esfera da integridade física da vítima quanto seu estado psicológico. Para se caracterizar tortura, o sofrimento deve ser penoso. Caso não seja, outros delitos podem restar configurados, tais como lesão corporal leve, vias de fato, constrangimento ilegal, entre outros.

Sujeito ativo: Somente pode ser agente ativo do crime de tortura castigo (art. 1º, II, da Lei nº 9.455/97) aquele que detiver outra pessoa sob sua guarda, poder ou autoridade (crime próprio), conforme jurisprudência do STJ (REsp 1.738.264/DF).

Sujeito passivo: Deve ser uma pessoa sujeita à guarda, poder ou autoridade do sujeito ativo.

Guarda, poder ou autoridade: Guarda significa vigilância permanente. Poder decorre do exercício de cargo ou função pública e a autoridade emana do poder familiar, tutela ou curatela. São exemplos o Policial Penal em relação ao preso, o Delegado em relação ao interrogando e os pais em relação aos filhos menores e incapazes, respectivamente.

Consumação: O delito se consuma com a causação de intenso sofrimento físico ou mental, motivado pela suposta necessidade de impor castigo pessoal ou medida de caráter preventivo.

Tentativa: Como a execução pode ser fracionada em vários atos, é possível a tentativa.

Elemento subjetivo: É o dolo. Não há previsão de tortura culposa. Nota-se que no inciso que compõe o tipo penal exige um especial fim de agir. A conduta deve ser direcionada à aplicação de castigo pessoal ou medida de caráter preventivo.

Suspensão condicional do processo: Não aplicável, na medida em que a pena mínima ultrapassa um ano, conforme prevê o art. 89 da Lei n. 9.099/95.

Acordo de Não Persecução Penal: De acordo coma redação do art. 28-A, do Código de Processo Penal (incluído pela nova Lei Federal nº 13.964/2019), se a infração penal não for cometida mediante violência ou grave ameaça à pessoa; a pena abstrata mínima ser inferior a 4 (quatro) anos e havendo confissão formal. No entanto, não é possível a concessão de Acordo de não Persecução Penal (ANPP), pois o delito é cometido com grave ameaça ou violência à pessoa, sendo inaplicável o benefício.

Ação penal: Ação penal pública incondicionada.

Confronto com o crime de maus tratos (CP, art. 136): Um delito que pode causar confusão com a tortura castigo é crime de maus tratos. No entanto, a confusão aparente logo se resolve ao verificar a diferença entre eles. Enquanto a tortura castigo é crime de dano, os maus tratos é crime de perigo; no que diz respeito ao dolo, o art. 136 do CP tem caráter educativo e a intenção do agente visa simplesmente expor a perigo a vida ou saúde da vítima, excedendo os meios de correção, enquanto na tortura punitiva o dolo é de impor intensa sevícia à vítima, causando sofrimento físico ou mental, sem, portanto, caráter educativo. O STJ (REsp 610395/SC) entende que para a configuração do crime de tortura, nesse caso, é indispensável a prova cabal da intenção deliberada de causar o sofrimento físico ou moral, desvinculada do objetivo de educação.

Classificação doutrinária: *Crime bipróprio* (exige uma condição especial tanto do sujeito ativo quanto do sujeito passivo); *material* (exige prova cabal do intenso sofrimento, geralmente obtida por meio de laudo pericial); *doloso* (o agente quer o resultado ou assume o risco de produzi-lo); *de forma livre* (pode ser praticado por qualquer meio de execução); *comissivo* (o verbo submeter indica ações); *instantâneo* (a consumação se dá em um momento específico); *unissubjetivo ou de concurso eventual* (pode ser praticado por um só agente); *plurissubsistente* (admite fracionamento dos atos de execução); *de dano* (há necessidade de superveniência de algum resultado material consistente na efetiva lesão ao bem jurídico – integridade física, mental ou liberdade individual); *admite tentativa; equiparado a hediondo* (CF, art. 5º, XLIII c/c art. 2º da Lei n. 8.072/90).

FORMA EQUIPARADA

§ 1º Na mesma pena incorre quem submete pessoa presa ou sujeita a medida de segurança a sofrimento físico ou mental, por intermédio da prática de ato não previsto em lei ou não resultante de medida legal.

Comentários: Essa modalidade de tortura prevista no § 1º do art. 1º pode confundir estudantes, concursandos e profissionais, na medida em que se diferencia das demais. Aqui, não há necessidade de intenso sofrimento físico ou mental como ocorre no inciso II do art. 1º; nem tampouco se faz necessário um fim específico para a prática do ato, como requer as alíneas do inciso I, basta a qualidade da vítima como sujeita à prisão ou à medida de segurança, que sofre física ou mentalmente em razão de conduta não prevista em lei.

Exemplo que pode ser citado é o Policial Penal que, a despeito da proibição constante na Lei de Execução Penal (LEP, art. 44, §2º), coloca o preso em cela escura por um mês, causando traumas psicológicos à vítima. Temos ainda o diretor de determinado presídio que insere, sem prévia ordem judicial, preso no regime disciplinar diferenciado. Nesses casos, há notória prática de ato não previsto em lei.

Verbos nucleares: *Sujeitar* (reprimir, subjugar, submeter, coagir).

Objeto jurídico: A integridade física ou psicológica da vítima, bem como a liberdade individual. Trata-se, portanto, de objeto jurídico complexo, que visa tutelar mais de um bem jurídico.

Objeto material: A pessoa sobre a qual recai a conduta que causa sofrimento físico ou mental.

Pessoa presa ou sujeita a medida de segurança: Como o legislador não especificou, qualquer pessoa presa ou sujeita a medida de segurança pode ser vítima do crime. É de se dizer, seja prisão em flagrante, cautelar ou decorrente de sentença condenatória transitada em julgado. Da mesma forma, tanto a pessoa sujeita a medida de segurança detentiva quanto a restritiva podem ser vítimas do delito.

Dúvida interessante pode surgir a respeito do preso em decorrência de prisão civil, como o inadimplente de obrigação alimentar. Como a lei não restringiu, entendemos que também está contemplado no tipo penal.

Outro exemplo que pode causar algum embaraço é a situação do adolescente em conflito com a lei que pratica ato infracional. Embora tecnicamente não seja preso, mas apreendido e sujeito à medida socioeducativa, o nosso entendimento é que também pode ser vítima desse delito, pois o artigo 233 do Estatuto da Criança e do Adolescente foi expressamente revogado pela Lei de Tortura no art. 4º.

Assim, é notória a intenção do legislador em substituir o crime revogado pelo disciplinamento legal instituído. De outra sorte, seria ferir o princípio da proporcionalidade na sua vertente proibição de proteção deficiente, já que a Constituição determina especial proteção aos menores por parte da sociedade, do Estado e da família, além de colocá-los a salvo de toda forma de negligência, discriminação, exploração, violência, crueldade e opressão (CF, art. 227). Trata-se, portanto, de interpretação extensiva e não analogia *in malam partem*, o que seria vedado.

Sofrimento físico ou mental: Cuida-se de padecimento, sofrimento cruel, o qual pode atingir tanto a esfera da integridade física da vítima quanto seu estado psicológico. Para se caracterizar tortura, o sofrimento deve ser considerável. Caso não seja, outros delitos podem restar configurados, tais como lesão corporal leve, vias de fato, constrangimento ilegal, entre outros.

Prática de ato não previsto em lei ou não resultante de medida legal: Enquanto os tipos anteriores exigem violência ou grave ameaça, o § 1º exige a prática de ato não previsto em lei ou não resultante de medida legal. Assim, por exemplo, a aplicação da pena em desconformidade com o disposto na Lei de Execução Penal pode configurar o tipo em questão. Trata-se de norma penal em branco, que deve ser complementada pela análise de todo o ordenamento jurídico que regula a prisão e as medidas de segurança.

Entendemos que não apenas a lei em sentido estrito deve ser considerada, mas a legislação como um todo, pois o tipo utilizou a expressão *medida legal*, bem mais ampla.

Sujeito ativo: Qualquer pessoa. Não se pode confundir aqui a situação da vítima com à do agressor, pois enquanto a vítima é somente a pessoa presa ou sujeita a medida de segurança, o autor pode ser qualquer pessoa, embora seja mais comum ser praticada por quem é responsável pela fiscalização do cumprimento dessas medidas. Exemplo dessa possibilidade é o linchamento de pessoa presa pela polícia, quando populares subtraem o preso da custódia dos policiais, lembrando que o crime do art. 353 do CP (arrebatamento de preso) autoriza a cumulação da pena correspondente à violência.

Sujeito passivo: Crime próprio quanto ao sujeito passivo, pois a vítima deve ser uma pessoa presa ou sujeita a medida de segurança.

Consumação: O delito se consuma com a causação de sofrimento físico ou mental, independente de qualquer fim específico.

Tentativa: Como a execução pode ser fracionada em vários atos, é possível a tentativa.

Elemento subjetivo: É o dolo. Não há previsão de tortura culposa. Nota-se que no crime em comento o legislador não exigiu qualquer fim especial de agir. Basta que o agente, portanto, cause sofrimento físico ou mental por intermédio de ato não previsto em lei ou não exigível por medida legal.

O legislador brasileiro preferiu não ser expresso, mas a Convenção contra a Tortura e outros Tratamentos ou Penas Cruéis deixou consignado no **art. 1º** que "***não se considerará como tortura as dores ou sofrimentos que sejam consequência unicamente de sanções legítimas, ou que sejam inerentes a tais sanções ou delas decorram.***"

Tal previsão se deve à diversidade de legislações atinentes a variados países signatários da Convenção, alguns deles com pena de morte. No entanto, também serve à realidade brasileira, pois, logicamente, se o sofrimento (psicológico inerente ao encarceramento, por exemplo) decorre de sanção legalmente prevista, não há que se falar em tortura.

Suspensão condicional do processo: Não aplicável, na medida em que a pena mínima ultrapassa um ano, conforme prevê o art. 89 da Lei n. 9.099/95.

Acordo de Não Persecução Penal: De acordo coma redação do art. 28-A, do Código de Processo Penal (incluído pela nova Lei Federal nº 13.964/2019), se a infração penal não for cometida mediante violência ou grave ameaça à pessoa; a pena abstrata mínima ser inferior a 4 (quatro) anos e havendo confissão formal.

No entanto, não é possível a concessão de Acordo de não Persecução Penal (ANPP), pois embora a pena mínima seja inferior a quatro anos, havendo possibilidade, ainda, de o delito não ser praticado com violência ou grave ameaça à pessoa, não se mostra suficiente à reprovação e prevenção do delito, que é equiparado a hediondo, sendo inaplicável, no nosso entendimento, o benefício.

Ação penal: Ação penal pública incondicionada.

Confronto com o art. 13 da Lei de Abuso de Autoridade (Lei n. 13.869/19): O constrangimento do preso ou detento, mediante violência, grave ameaça ou redução de sua capacidade de resistência a exibir-se ou ter seu corpo ou parte dele exibido à curiosidade pública, ou a submeter-se a situação vexatória ou a constrangimento não autorizado em lei configura abuso de autoridade, conforme previsão específica do art. 13 da Lei n. 13.869/19.

Nota-se que mesmo que a exposição indevida cause desconforto psicológico, atendendo o princípio da especialidade, a Lei de Abuso de Autoridade deve ser aplicada ao caso. Outro ponto de diferenciação consiste no modo de execução, pois enquanto nessa modalidade de tortura não há que se falar em violência ou grave ameaça, o abuso de autoridade requer essa condição. Finalmente, a dolo do agente no caso do abuso de autoridade é o de expor o preso à curiosidade pública ou vexatória, enquanto o dolo na forma equiparada de tortura é o de causar sofrimento físico ou mental.

Classificação doutrinária: *Crime comum* quanto ao sujeito ativo, mas *próprio* em relação ao sujeito passivo; *material* (se consuma com a causação de sofrimento físico ou mental à vítima); *doloso* (o agente quer o resultado ou assume o risco de produzi-lo); *de forma livre* (pode ser praticado por qualquer meio de execução); *comissivo* (o verbo sujeitar indica ações); *instantâneo* (a consumação se dá em um momento específico); *unissubjetivo ou de concurso eventual* (pode ser praticado por um só agente); *plurissubsistente* (admite fracionamento dos atos de execução); *de dano* (há necessidade de superveniência de algum resultado material consistente na efetiva lesão ao bem jurídico – integridade física, mental ou liberdade individual); *admite tentativa; equiparado a hediondo* (CF, art. 5º, XLIII c/c art. 2º da Lei n. 8.072/90).

TORTURA POR OMISSÃO, TORTURA IMPRÓPRIA OU PREVARICAÇÃO ESPECIAL

§ 2º Aquele que se omite em face dessas condutas, quando tinha o dever de evitá-las ou apurá-las, incorre na pena de detenção de um a quatro anos.

Comentários: A tortura por omissão, também chamada de tortura imprópria ou prevaricação especial, tal como descrita no § 2º do art. 1º da Lei n. 9.455/97 é objeto de intensa crítica e controvérsia doutrinária. O ponto nevrálgico consiste em determinar se deve ser aplicado o § 2º do art. 13 do Código Penal, que pune aquele que tem o dever de agir e não o faz a título de crime comissivo por omissão, imputando a mesma pena do crime cujo resultado deveria impedir, ou se deve ser aplicada a pena relativamente pequena do § 2º do art. 1º da Lei de Tortura.

Ocorre que bastaria o legislador ter deixado de escrever o parágrafo para que a solução fosse mais simples, pois a conduta omissiva restaria punida nos termos do CP. Lembra-se que a CF, no art. 5º, inciso XLIII, dispõe que "*a lei considerará crimes inafiançáveis e insuscetíveis de graça ou anistia* ***a prática da tortura****, o tráfico ilícito de entorpecentes e drogas afins, o terrorismo e os definidos como crimes hediondos, por eles respondendo os mandantes, os executores* ***e os que, podendo evitá-los, se omitirem;***".

Nesse sentido, surgiram três correntes sobre a interpretação do § 2º do art. 1º da Lei de Tortura, que se desdobram em importantes consequências.

A primeira corrente advoga sua inconstitucionalidade, baseada no inciso XLIII do art. 5º da CF, pois o legislador deveria punir com a mesma pena o agente que se omite em face da tortura, pois, à luz da inteligência do art. 29 do CP, aquele que se omite deve responder na medida de sua culpabilidade. Assim, no momento da prolação da sentença, o magistrado deveria aplicar àquele que se omite a mesma pena de quem pratica a tortura, ou seja, 2 a 8 anos de reclusão. De tal modo, o crime seria equiparado a hediondo, sendo inadmissível suspensão condicional do processo.

Outra posição defende, porém, a constitucionalidade do dispositivo. Para essa posição, trata-se de uma exceção à teoria monista, devendo ser aplicada a pena prevista de no § 2º do art. 1º, ou seja, de 1 a 4 anos de detenção. Da mesma forma, deve ser afastada a hediondez do crime e, em razão do *quantum* da pena mínima, seria cabível suspensão condicional do processo. **Essa é a posição que prevalece na doutrina e na jurisprudência.**

A terceira posição, defendida por Bechara[5], entretanto, argumenta que o crime previsto no § 2º

5. BECHARA, Fábio Ramazzini. Legislação Penal Especial. São Paulo: Saraiva, 2005.

é omissivo culposo, sendo que, em caso de omissão dolosa o omitente deveria responder com a mesma pena corresponde à tortura e, nesse caso, o delito seria hediondo. De difícil sustentação tal corrente, pois é consabido que os crimes culposos exigem previsão expressa. Ausente essa previsão, tem-se que o elemento subjetivo do tipo é o dolo.

Salienta-se que o **STJ apreciou o tema e decidiu pela constitucionalidade do § 2º do art. 1º da Lei n. 9.455/97** (Resp 1163.756/PR). Mais ainda, ficou assentando ser erro grosseiro aplicar o preceito secundário de tipo penal diverso. Vejamos excerto da aludida decisão:

> PENAL E PROCESSUAL PENAL. RECURSO ESPECIAL. TORTURA. ART. 1º, § 2º DA LEI Nº 9.455/97. CRIME OMISSIVO IMPRÓPRIO. DOSIMETRIA DA PENA. FLAGRANTE ILEGALIDADE. UTILIZAÇÃO PELO MAGISTRADO DO PRECEITO SECUNDÁRIO REFERENTE AO TIPO QUE PREVÊ MODALIDADE MAIS GRAVOSA DO CRIME. RETIFICAÇÃO. PRESCRIÇÃO DA PRETENSÃO PUNITIVA. RECURSO PREJUDICADO. HABEAS CORPUS CONCEDIDO DE OFÍCIO. I - **Configura erro grosseiro a utilização, na fixação da pena, de preceito secundário previsto em tipo penal diverso do qual foi condenado o réu**, notadamente se nele está prevista sanção mais grave. Desse modo, tratando-se de flagrante ilegalidade, deve ser concedida ordem de habeas corpus para retificar a pena aplicada. (grifo nosso) **STJ. Recurso Especial: Resp 1163.756. Relator: Ministro Felix Fischer. DJe 04/10/2010.**

Exemplo típico de tortura por omissão é o do Delegado de Polícia que, notando que os Agentes de Polícia estão agredindo o preso nas dependências da delegacia para obter a confissão de um crime, queda-se inerte, deixando que a tortura ocorra, tanto não fazendo cessar as sevícias, quanto não autuando em flagrante seus subordinados. Salienta-se que, nesse caso, **embora o crime não seja considerado hediondo pela doutrina majoritária e pela jurisprudência, a perda do cargo como efeito automático da condenação continua sendo aplicável.**

Impende ressaltar que não se faz necessária superioridade hierárquica entre o omitente e aqueles que estão praticando a tortura. Basta imaginar a situação hipotética dos Policiais Militares que presenciam populares torturando determinado indivíduo para que ele confesse determinado crime e quedam-se inertes. O crime restará configurado, também, no caso de um dos militares, com o mesmo posto ou graduação de seu companheiro de serviço, presenciá-lo torturando um preso, se omitindo em relação ao crime, deixando de noticiar o caso ao Delegado de Polícia ou ao seu superior hierárquico. A rigor, nesse último caso, deveria ser dada voz de prisão em flagrante para o torturador comissivo.

Verbo nuclear: *Omitir* (deixar de agir ou manifestado, quando esperado).

Objeto jurídico: A integridade física ou psicológica da vítima, bem como a liberdade individual. Trata-se, portanto, de objeto jurídico complexo, que visa proteger mais de um bem jurídico. No caso de ser praticado por funcionário público há, também, a proteção da moralidade administrativa.

Objeto material: A pessoa sobre a qual recai as conduta tipificadas como tortura.

Sujeito ativo: Como somente aquele que tem o dever de evitar ou apurar a tortura pode praticar o crime, trata-se de crime próprio.

Sujeito passivo: Qualquer pessoa pode ser vítima.

Dever de evitar: Cuida-se daquele que tem o dever legal de impedir o resultado, justamente por sua condição de garante, ou seja, de responsável pela segurança física e psicológica da vítima. Tal como ocorre com os pais em relação aos filhos, a babá em relação à criança a ser cuidada, o médico em relação ao paciente, o responsável pelo asilo em relação ao idoso etc.

Dever de apurar: No que tange ao dever de apurar, temos especialmente os integrantes dos órgãos de percussão penal, todos funcionários públicos, como ocorre com o Delegado de Polícia ou membro do Ministério Público em relação aos crimes de tortura que devem investigar.

Importante observação se faz em relação à causa de aumento prevista no art. 1º, § 4º, I, da Lei, pois se entende que não deve ser aplicada, sob pena de *bis in idem* como veremos mais adiante.

Consumação: O crime se consuma com a inação do sujeito ativo. Por ser classificado como crime omissivo próprio ou puro, entendemos que se cuida de delito de mera conduta (desobedece um mandamento legal, independente do resultado), se contrapondo aos crimes omissivos impróprios, que dependem de algum resultado material para consumação.

Tentativa: Inadmissível a tentativa, na medida em que se trata de crime omissivo, que é por natureza unissubsistente, cuja execução não pode ser fracionada.

Elemento subjetivo: A depender da corrente adotada pode ser a culpa ou o dolo. Prevalece que se trata de crime doloso, ante a ausência de previsão expressa sobre a culpa.

Suspensão condicional do processo: A depender da corrente adotada pode ser aplicável ou inaplicável, mas prevalece que deve ser considerada a pena de 1 a 4 anos de detenção, assim, como a pena mínima não ultrapassa um ano, conforme prevê o art. 89 da Lei n. 9.099/95, seria cabível a suspensão condicional do processo.

Acordo de Não Persecução Penal: De acordo coma redação do art. 28-A, do Código de Processo Penal (incluído pela nova Lei Federal nº 13.964/2019), se a infração penal não for cometida mediante violência ou grave ameaça à pessoa; a pena abstrata mínima ser inferior a 4 (quatro) anos e havendo confissão formal.

Interessante discussão deve surgir a respeito da possibilidade de celebração de acordo de não persecução penal na tortura por omissão, pois embora o art. 28-A do CP (com redação dada pela Lei n. 13.964, de 29 de dezembro de 2019) exija que o crime não seja praticado com violência ou grave ameaça, é certo que na omissão o sujeito ativo não pratica propriamente violência ou grave ameaça, apenas deixa de impedi-la.

Nosso entendimento é no sentido de que devem ser observados os demais requisitos do acordo de não persecução penal, sobretudo **a necessidade de suficiência para a reprovação e prevenção do crime**, prevista no *caput* do art. 28-A. Nesse prisma de ideias, não nos parece suficiente à reprovação da omissão em relação ao dever de agir e apurar a tortura, na medida em que tal prática é considerada violadora do meta princípio da dignidade humana, com imposição de criminalização por documentos internacionais e pela própria constituição brasileira. Há de ser ponderado, ainda, o desvalor da conduta referente à inação do sujeito ativo.

Ação penal: Ação penal pública incondicionada.

Confronto com o crime de prevaricação e condescendência criminosa: O Código Penal tipifica dois crimes que podem causar dúvidas em relação à tortura por omissão. O primeiro é o delito de prevaricação (CP, art. 319), que consiste em "retardar ou deixar de praticar, indevidamente, ato de ofício, ou praticá-lo contra disposição expressa de lei, para satisfazer interesse ou sentimento pessoal"; o segundo, todavia, é a condescendência criminosa (CP, art. 320), que consiste em "deixar o funcionário, por indulgência, de responsabilizar subordinado que cometeu infração no exercício do cargo ou, quando lhe falte competência, não levar o fato ao conhecimento da autoridade competente". A dúvida é facilmente resolvida, pois quando se tratar de omissão relacionada à prática de tortura, pelo princípio da especialidade, aplica-se a Lei n. 9.455/97.

Classificação doutrinária: *Crime próprio* (exige uma condição especial do sujeito ativo); *de mera conduta* (desobedece um mandamento legal, independente da ocorrência de um resultado); *doloso* (o agente quer o resultado ou assume o risco de produzi-lo); *de forma livre* (pode ser praticado por qualquer meio de execução); *omissivo próprio*; *instantâneo* (a consumação se dá em um momento específico); *unissubjetivo ou de concurso eventual* (pode ser praticado por um só agente); *unissubsistente* (não admite fracionamento dos atos de execução); não *admite tentativa; equiparado a hediondo* (a depender da corrente adotada).

TORTURA QUALIFICADA PELO RESULTADO

> **§ 3º Se resulta lesão corporal de natureza grave ou gravíssima, a pena é de reclusão de quatro a dez anos; se resulta morte, a reclusão é de oito a dezesseis anos.**

Comentários: Versa sobre qualificadoras aplicáveis a depender do resultado preterdoloso decorrente da tortura: lesão grave ou gravíssima, as quais têm seu conteúdo extraído dos §§ 1º e 2º do art. 129 do Código Penal, respectivamente. Salienta-se que caso haja apenas lesão leve, fica absorvida pela tortura, não qualificando o crime.

Confronto com o crime de homicídio qualificado pelo emprego de tortura (art. 121, § 2º, III, do CP): A diferença consiste no dolo do agente. Ocorre tortura qualificada pelo resultado morte quando o sujeito ativo se excede nos meios de tortura, levando a óbito a vítima, não por dolo, mas por culpa. Do modo inverso, se a intenção for realmente matar a vítima com requintes de crueldade, utilizando como meio a tortura, atrai o delito de homicídio qualificado.

Considerando que as qualificadoras são preterdolosas, o sujeito ativo responde pelo resultado a título de culpa, ou seja, age com dolo na tortura, mas as lesões graves, gravíssimas ou a morte ocorrem por culpa. Caso haja dolo também nas lesões ou na morte da vítima, há que se aplicar o concurso material de crimes entre a tortura e a lesão corporal ou homicídio, ficando afastada a incidência deste parágrafo.

Suspensão condicional do processo: Não aplicável, pois a pena mínima ultrapassa um ano, conforme prevê o art. 89 da Lei n. 9.099/95.

Acordo de Não Persecução Penal: De acordo coma redação do art. 28-A, do Código de Processo Penal (incluído pela nova Lei Federal nº 13.964/2019), se a infração penal não for cometida mediante violência ou grave ameaça à pessoa; a pena abstrata mínima ser inferior a 4 (quatro) anos e havendo confissão formal. No entanto, não é possível a concessão de Acordo de não Persecução Penal (ANPP), pois além de o delito ser cometido com grave ameaça ou violência à pessoa, a pena ultrapassa o previsto na legislação, sendo inaplicável o benefício.

CAUSAS ESPECIAIS DE AUMENTO DE PENA

> **§ 4º Aumenta-se a pena de um sexto até um terço:**
>
> **I - se o crime é cometido por agente público;**

Comentários: O conceito de agente público pode ser extraído do art. 327 do Código Penal, considerando-se como tal quem, "embora transitoriamente ou sem remuneração, exerce cargo, emprego ou função pública", bem como, por equiparação, "quem exerce cargo, emprego ou função em entidade paraestatal, e quem trabalha para empresa prestadora de serviço contratada ou conveniada para a execução de atividade típica da Administração Pública."

Ressalta-se que a incidência da causa de aumento de pena em comento é afastada na hipótese do cometimento dos delitos previstos nos §§ 1º e 2º do art. 1º da Lei de Tortura, pois ser funcionário público já é elementar do tipo, sob pena de punição duplicada pela situação funcional do agente público.

No entanto, alguns autores entendem que se aplica esta causa de aumento mesmo nessas hipóteses, pois não são praticados somente por funcionários públicos, mas sim, também, por pais, professores, médicos, etc. Então, para eles, não existe tipo penal exclusivo praticado por agente público na Lei de Tortura. Quando se diz "sob autoridade", abrange pai com filho, tutor com tutelado, curador com curatelado, médico com paciente, professor com aluno etc.

Causa especial de aumento de pena e majorante da pena base: O STJ já decidiu (AREsp 529364/TO) que a qualidade de policial militar do acusado não pode ser utilizada para majorar a pena-base, *in casu* para negativar a sua personalidade, porquanto o fato de ser agente público incidirá como causa especial de aumento de pena na terceira fase da dosimetria (inciso I do § 4º do artigo 1º da Lei n. 9.455/97), o que ensejaria o vedado *bis in idem.*

> **II – se o crime é cometido contra criança, gestante, portador de deficiência, adolescente ou maior de 60 (sessenta) anos;**

Necessidade de ciência da condição da vítima: Se faz necessário que o agente saiba da condição da vítima para a incidência na causa de aumento. Se, por exemplo, o adolescente aparentar ser maior de idade e não revelar sua idade ao seu algoz, deve ser afastada a incidência neste inciso. Da mesma forma ocorre em relação à mulher com poucas semanas de gravidez ou com o deficiente não aparente. Nesses casos, se não ficar evidenciado que o agente tinha ciência da condição da vítima, não se aplica a causa de aumento em análise.

Criança ou adolescente: O conceito de criança e adolescente deve ser extraído do art. 2º do Estatuto da Criança e do Adolescente, quando preceitua que "considera-se criança, para os efeitos desta Lei, a pessoa até doze anos de idade incompletos, e adolescente aquela entre doze e dezoito anos de idade."

Gestante: É a mulher grávida, em qualquer fase da gravidez.

Portador de deficiência: A Lei n. 13.146/15, que instituiu a Lei brasileira de inclusão da pessoa com deficiência, estabelece o conceito no art. 2º:

> Considera-se pessoa com deficiência aquela que tem impedimento de longo prazo de natureza física, mental, intelectual ou sensorial, o qual, em interação com uma ou mais barreiras, pode obstruir sua participação plena e efetiva na sociedade em igualdade de condições com as demais pessoas.

Maior de 60 anos: Deve ser verificada a idade da vítima à época do crime.

***Bis in idem* com agravante genérica do CP:** No caso de crime de tortura perpetrado contra criança em que há prevalência de relações domésticas e de coabitação, **não configura** *bis in idem* a aplicação conjunta da causa de aumento de pena prevista no art. 1º, § 4º, II, da Lei nº 9.455/1997 (Lei de Tortura) e da agravante genérica estatuída no art. 61, II, "f", do Código Penal, conforme decidiu o STJ.[6]

Embora não tenha decisão a respeito da aplicação da agravante genérica em relação às vítimas grávidas ou maiores de 60 anos prevista na alínea *f* do art. 61 do CP (com abuso de autoridade ou prevalecendo-se de relações domésticas, de coabitação ou de hospitalidade, ou com violência contra a mulher na forma da lei específica), entendemos que, considerando a recente decisão do STJ (HC 362.634/RJ), a mesma regra deve ser aplicada, ou seja, é possível a cumulação a agravante com a causa de aumento de pena. Exemplificando, basta imaginar um idoso torturado por seu filho, no contexto das relações domésticas. Onde existe a mesma razão, o mesmo direito deve ser aplicado.

III - se o crime é cometido mediante sequestro.

Comentários: Por sequestro entende-se a privação da liberdade de locomoção por tempo juridicamente relevante. Embora o legislador não tenha inserido no inciso III o cárcere privado, deve haver interpretação extensiva para incluir também o confinamento da vítima em local fechado, com pouca ou nenhuma possibilidade de locomoção.

A privação da liberdade da vítima deve ser utilizada como meio para a prática de tortura. Se houver um sequestro e durante o seu curso a vítima for torturada por outro motivo, haverá concursos de crimes entre a tortura e sequestro ou cárcere privado (CP, art. 148).

PERDA DO CARGO E INTERDIÇÃO COMO EFEITO AUTOMÁTICO DA CONDENAÇÃO

§ 5º A condenação acarretará a perda do cargo, função ou emprego público e a interdição para seu exercício pelo dobro do prazo da pena aplicada.

Comentários: Um dos poucos casos em que a perda do cargo é considerada efeito automático da condenação, ou seja, basta haver sentença condenatória, sequer é necessária fundamentação explícita do magistrado, diferentemente com o que ocorre na perda do cargo regulamentada pelo Código Penal, no art. 92, I c/c seu parágrafo único.

Conforme explica Gabriel Habib (2014, p. 298), no art. 92, I, do CP, a lei trata da perda do cargo que já era ocupado pelo condenado, enquanto no art. 1º, § 5º da Lei 9455/97 a lei não só trata da perda do cargo, como também da interdição, que á a impossibilidade de se vir a ocupar cargo ou função pública, com efeitos futuros.

Jurisprudência selecionada:

A determinação da perda de cargo público fundada na aplicação de pena privativa de liberdade superior a 4 anos (art. 92, I, b, do CP) pressupõe fundamentação concreta que justifique o cabimento da medida. De fato, para que seja declarada a perda do cargo público, na hipótese descrita no art. 92, I, b, do CP, são necessários dois requisitos: a) que o quantum da sanção penal privativa de liberdade seja superior a 4 anos; e b) que a decisão proferida se apresente de forma motivada, com a explicitação das razões que ensejaram o cabimento da medida. A motivação dos atos jurisdicionais, conforme imposição do art. 93, IX, da CF ("Todos os julgamentos dos órgãos do Poder Judiciário serão públicos, e fundamentadas todas as decisões, sob pena de nulidade..."), funciona como garantia da atuação imparcial e secundum legis (sentido lato) do órgão julgador. Ademais, a motivação dos atos judiciais serve de controle social sobre os atos judiciais e de controle pelas partes sobre a atividade intelectual do julgador, para que verifiquem se este, ao decidir, considerou todos os argumentos e as provas produzidas pelas partes e se bem aplicou o direito ao caso concreto. **Por fim, registre-se que o tratamento jurídico-penal será diverso quando se tratar de crimes previstos no art. 1º da Lei 9.455/1997 (Lei de Tortura). Isso porque, conforme dispõe o § 5º do art. 1º deste diploma legal, a perda do cargo, função ou emprego público é efeito automático da condenação, sendo dispensável fundamentação concreta.** (grifo nosso) **STJ. Recurso Especial: REsp 1.044.866/MG. Relator: Ministro Rogerio Schietti Cruz, DJe: 2/10/2014**

1. O pedido de absolvição esbarra na necessidade de revolvimento do conjunto fático-probatório, providência de todo incompatível com a via estreita do habeas corpus. **2. Além disso, a condenação se baseou em farto conjunto probatório, o qual indica que o paciente teria sido comandado a sessão de tortura, que culminou na morte da vítima. 3. A presença de circunstâncias judiciais desfavoráveis autoriza a fixação da pena-base acima do patamar mínimo.** 4. Na hipótese, a sanção foi fixada um pouco acima do mínimo, em razão de se ter apontado como desfavoráveis a culpabilidade e os motivos do crime. Aquela, em razão de o paciente ter sido o mentor e principal responsável pelas agressões. Estes, sob o fundamento de que o crime foi cometido porque a vítima tinha acusado referido

6. STJ. Habeas Corpus. HC 362.634-RJ. Relatora Min. Maria Thereza de Assis Moura, 6ª Turma. DJe: 16/8/2016.

militar da prática de tráfico de drogas. Assim, não se vislumbra a propalada coação ilegal. 5. "O Tribunal de Justiça local tem competência para decretar, como consequência da condenação, a perda da patente e do posto de oficial da Polícia Militar, tal como previsto no artigo 1º, § 5º, da Lei de Tortura (Lei nº 9.455/97). **Não se trata de hipótese de crime militar." (HC 92.181/MG, Relator Ministro Joaquim Barbosa, DJ de 1º.8.08). 6. A condenação por delito previsto na Lei de Tortura acarreta, como efeito extrapenal automático da sentença condenatória, a perda do cargo, função ou emprego público e a interdição para seu exercício pelo dobro do prazo da pena aplicada.** Precedentes do STJ e do STF.7. No caso, a perda da função pública foi decretada na sentença como efeito da condenação e mantida pelo Tribunal de origem, quando do julgamento da apelação. 8. Ordem denegada. **STJ. Habeas Corpus: HC 49.128/MG. Relator: Ministro Og Fernandes. DJe: 3/3/97.**

O trecho destacado da jurisprudência acima reflete o entendimento anterior à Lei 13.941/17, que alterou a competência da Justiça Militar para abarcar os crimes previstos pela legislação penal em vária situações de militar na ativa contra civil. Hoje, embora a Lei esteja sendo objeto de questionamento constitucional, até decisão final do STF, a Justiça Castrense é competente, conforme já expendido em linhas anteriores.

Tortura por omissão e a perda do cargo: Havia certa divergência sobre a aplicação da perda do cargo e interdição para o seu exercício à tortura por omissão, prevista no § 2º do art. 1º da Lei de Tortura. O STJ (HC 47486/MG) por sua vez, já decidiu pela aplicação do § 5º ora analisado à tortura por omissão, senão vejamos:

> HABEAS CORPUS. CRIMES DE **TORTURA (OMISSÃO CRIMINOSA)**. PRETENSÃO ABSOLUTÓRIA. NECESSIDADE DE REVOLVIMENTO DO CONJUNTO PROBATÓRIO. INCOMPATIBILIDADE COM A VIA ELEITA. **PERDA DA FUNÇÃO PÚBLICA. EFEITO AUTOMÁTICO DA CONDENAÇÃO.** O pedido absolutório, calcado no fundamento de que o paciente não teria ciência da violência praticada no estabelecimento em que trabalhava, demanda inevitável revolvimento do conjunto fático-probatório, providência de todo incompatível com a via eleita. 2. Além disso, a condenação foi lastreada em farto conjunto probatório, incluindo o depoimento de testemunhas, que relataram ter ouvido, de suas casas, vários pedidos de socorro, partidos de dentro do batalhão de polícia. 3. "**O Tribunal de Justiça local tem competência para decretar, como consequência da condenação, a perda da patente e do posto de oficial da Polícia Militar, tal como previsto no art. 1º, § 5º, da Lei de Tortura (Lei nº 9.455/97).** Não se trata de hipótese de crime militar." (HC 92181/MG, Relator Ministro Joaquim Barbosa, DJ de 1º.8.2008). 4**. A condenação por delito previsto na Lei de Tortura acarreta, como efeito extrapenal automático da sentença condenatória, a perda do cargo, função ou emprego público e a interdição para seu exercício pelo dobro do prazo da pena aplicada. Precedentes do STJ e do STF. 5. No caso, a perda da função pública foi decretada na sentença como efeito da condenação e mantida pelo Tribunal de origem, quando do julgamento da apelação.** 6. De mais a mais, embora não se fizesse necessário (por ser efeito automático da condenação), o Magistrado apontou as razões pelas quais deveria ser aplicada também a pena de perda do cargo. 7. Ordem denegada. (grifo nosso)

INAFIANÇABILIDADE, IMPOSSIBILIDADE DE CONCESSÃO DE GRAÇA E ANISTIA

> **§ 6º O crime de tortura é inafiançável e insuscetível de graça ou anistia.**

Inafiançável: O próprio texto constitucional determina a inafiançabilidade do crime de tortura (CF, art. 5º, XLIII). No entanto, embora se trate de crime cujo arbitramento de fiança seja vedado, não há impedimento para concessão de liberdade provisória sem fiança.

Insuscetível de graça: Também conhecida por indulto individual, a graça considera as condições pessoais do condenado. Além disso, depende de provocação e se consubstancia por Decreto Presidencial, culminando na extinção da punibilidade (CP, art. 107, II). Da mesma forma que a anistia, é vedada nos crimes de tortura.

Insuscetível de anistia: Anistia consiste na declaração de que determinados fatos se tornam impuníveis ou insuscetíveis de medida de segurança. A declaração de anistia depende de lei e a competência para sua concessão é do Congresso Nacional. Tem como consequência a extinção da punibilidade, nos termos do art. 107, II, do CP. Nos delitos relacionados na Lei de Tortura, não pode ser concedida.

A questão o indulto: Conforme se percebe da leitura do art. 5º, XLIII da CF, o texto constitucional não proibiu a concessão de indulto nos crimes relacionados à prática de tortura. Do mesmo modo, não se encontra vedação na Lei n. 9.455/97. O único diploma legal que prevê vedação do indulto é a Lei n. 8.072/90, no art. 2º, inciso I.

Nesse sentido, discussão gira em torno do alcance da palavra "graça", pois ao entendermos que o legislador foi genérico, desejando englobar também indulto, seria vedada sua concessão. Por outro lado, se a palavra "graça" estiver sendo usada no sentido estrito, não haveria proibição para outorga de indulto aos crimes relacionados com a prática de tortura.

A título de curiosidade, os decretos presidenciais que concedem o indulto geralmente têm previsão expressa vedando o benefício às pessoas condenadas por tortura. Confira o teor da redação do Decreto n. 9.796, de 8 de fevereiro de 2019. *In verbis*:

Art. 2º Não será concedido indulto às pessoas condenadas por crimes:

> I - considerados hediondos, nos termos da Lei nº 8.072, de 25 de julho de 1990;
>
> II - praticados com grave violência contra pessoa;
>
> III - previstos na:
>
> **a) Lei nº 9.455, de 7 de abril de 1997;**
>
> b) (...)

REGIME INICIAL DE CUMPRIMENTO DA PENA

> **§ 7º O condenado por crime previsto nesta Lei, salvo a hipótese do § 2º, iniciará o cumprimento da pena em regime fechado.**

Comentários: O Plenário do STF, ao julgar o HC 111.840/ES, declarou incidentalmente a inconstitucionalidade do § 1º, do art. 2º, da Lei nº 8.072/90, com a redação que lhe foi dada pela Lei nº 11.464/2007, afastando, dessa forma, a obrigatoriedade do regime inicial fechado para os condenados por crimes hediondos e equiparados, incluído aqui o crime de tortura.

Assim, não é obrigatório que o condenado por crime de tortura inicie o cumprimento da pena no regime prisional fechado. Mas é bom lembrar que há um julgado da 1ª Turma do STF afirmando que o regime inicial no caso de tortura deveria ser obrigatoriamente o fechado (HC 123316/SE).

EXTRATERRITORIALIDADE

> **Art. 2º O disposto nesta Lei aplica-se ainda quando o crime não tenha sido cometido em território nacional, sendo a vítima brasileira ou encontrando-se o agente em local sob jurisdição brasileira.**

Extraterritorialidade incondicionada: O art. 2º prevê duas hipóteses de extraterritorialidade incondicionada. A primeira é em relação à tortura praticada contra vítima brasileira. A segunda, no entanto, diz respeito à situação do agente ter praticado a tortura em local sob a jurisdição brasileira. Para alguns autores a segunda hipótese trata de extraterritorialidade condicionada, senão vejamos a opinião de Marcelo André [7] (2012, p. 122):

> Entendemos que se trata de extraterritorialidade condicionada. A condição não está prevista na lei especial nem no Código Penal, mas em duas convenções sobre a tortura: Convenção Contra a Tortura e Outros Tratamentos ou Penas Cruéis, Desumanos ou Degradantes (art. 12) e a Convenção Interamericana para Prevenir e Punir a Tortura (art. 5º). **Os dispositivos citados condicionam que a lei será aplicada caso não haja extradição. Ou seja, se for caso de extradição, não incidirá a lei do país em que o agente se encontrar.** (grifo nosso)

Jurisprudência selecionada:

> 1. Iniciada a execução dos crimes de redução à condição análoga à de escravo (artigo 149 do CP) e de frustração de direito assegurado na legislação trabalhista (artigo 203 do CP) dentro do território nacional, compete à Justiça brasileira processar e julgar os fatos, independentemente de condicionantes extraterritoriais. Inteligência dos artigos 5º e 6º do Código Penal, representativos do princípio da territorialidade e da teoria da ubiquidade, adotadas pelo ordenamento jurídico brasileiro para a definição do local do crime. 2. **Competência da Justiça brasileira para julgar o crime de tortura cometido contra nacional no exterior como expressão do princípio da extraterritorialidade incondicionada (artigo 2º da Lei nº 9.455/1997). Conexão fática e probatórias com os demais delitos.** Matéria estabilizada na Corte Regional. (grifo nosso) **STJ. Habeas Corpus: HC 386.046/BA. Relator: Maria Thereza de Assis Moura. DJe: 28/08/2018.**
>
> Crime de tortura praticado contra brasileiro no exterior: trata-se de hipótese de extraterritorialidade incondicionada (art. 2º da Lei 9.455/97). No Brasil, a competência para julgar será da Justiça Estadual. O fato de o crime de tortura, praticado contra brasileiros, ter ocorrido no exterior não torna, por si só, a Justiça Federal competente para processar e julgar os agentes estrangeiros. Isso porque a situação não se enquadra, a princípio, em nenhuma das hipóteses do art. 109 da CF/88. (grifo nosso) **STJ. 3ª Seção. CC 107397-DF, Rel. Min. Nefi Cordeiro, DJe: 24/9/2014.**

> **Art. 3º Esta Lei entra em vigor na data de sua publicação.**

7. AZEREDO, Marcelo André. *Direito Penal*. Parte Geral. Salvador: Juspodivm, 2012, p. 122.

TIPO REVOGADO

Art. 4º Revoga-se o art. 233 da Lei nº 8.069, de 13 de julho de 1990 - Estatuto da Criança e do Adolescente.

Comentários: O art. 233 do Estatuto da Criança e do adolescente tinha uma redação muito ampla e por tal motivo era criticado pela doutrina em razão de ferir o princípio da reserva legal. O revogado tipo penal previa: "submeter criança ou adolescente sob sua autoridade guarda ou vigilância a tortura." Com pena variável conforme o resultado lesão corporal grave, gravíssima ou morte.

REFERÊNCIAS BIBLIOGRÁFICAS:

AZEREDO, Marcelo André. *Direito Penal.* Parte Geral. Salvador: Juspodivm, 2012.

BECHARA, Fábio Ramazzini. Legislação Penal Especial. São Paulo: Saraiva, 2005.

BIFFE JÚNIOR, João. Júnior, Joaquim Leitão. Concursos públicos: terminologias e teorias inusitadas. Rio de Janeiro: Forense; São Paulo: Método, 2017.

BRASIL. Constituição da República Federativa do Brasil de 1988. Disponível em: http://www.planalto.gov.br/ccivil_03/constituicao/constituicao.htm. Acesso em 14 jun. 2020.

BRASIL. Decreto nº 40, de fevereiro de 1991. Promulga a Convenção Contra a Tortura e Outros Tratamentos ou Penas Cruéis, Desumanos ou Degradantes. Disponível em: http://www.planalto.gov.br/ccivil_03/decreto/1990-1994/D0040.htm. Acesso em 12 jun. 2020.

BRASIL. Decreto nº 9.706, de 8 de fevereiro de 2019. Concede indulto humanitário e dá outras providências. Disponível em:http://www.planalto.gov.br/ccivil_03/_ato2019-2022/2019/Decreto/D9706.htm. Acesso em 10 jun. 2020.

BRASIL. Decreto-Lei nº 1.001, de 21 de outubro de 1969. Código Penal Militar. Disponível em: http://www.planalto.gov.br/ccivil_03/Decreto-Lei/Del1001.htm. Acesso em 23 jul. 2020.

BRASIL. Decreto-Lei nº 2.848, de 7 de dezembro de 1940. Código Penal. Disponível em: http://www.planalto.gov.br/ccivil_03/decreto-lei/del2848compilado.htm. Acesso em 10 jun. 2020.

BRASIL. Decreto-Lei nº 3.689, de3 de outubro de 1941. Código de Processo Penal. Disponível em: http://www.planalto.gov.br/ccivil_03/decreto-lei/del-3689compilado.htm. Acesso em 10 jun. 2020.

BRASIL. Lei n. 13.869, de 5 de setembro de 2019. Dispõe sobre os crimes de abuso de autoridade; altera a Lei nº 7.960, de 21 de dezembro de 1989, a Lei nº 9.296, de 24 de julho de 1996, a Lei nº 8.069, de 13 de julho de 1990, e a Lei nº 8.906, de 4 de julho de 1994; e revoga a Lei nº 4.898, de 9 de dezembro de 1965, e dispositivos do Decreto-Lei nº 2.848, de 7 de dezembro de 1940 (Código Penal). Disponível em: http://www.planalto.gov.br/ccivil_03/_ato2019-2022/2019/lei/L13869.htm. Acesso em: 10 jul. 2020.

BRASIL. Lei n. 8.072, de 25 de julho de 1990. Dispõe sobre os crimes hediondos, nos termos do art. 5º, inciso XLIII, da Constituição Federal, e determina outras providências. Disponível em: http://www.planalto.gov.br/ccivil_03/leis/l8072.htm. Acesso em 23 jul. 2020.

BRASIL. Lei n. 8.429, de 2 de junho de 1992. Dispõe sobre as sanções aplicáveis aos agentes públicos nos casos de enriquecimento ilícito no exercício de mandato, cargo, emprego ou função na administração pública direta, indireta ou fundacional e dá outras providências. Disponível em: http://www.planalto.gov.br/ccivil_03/leis/l8429.htm/. Acesso em 10/06/2020.

BRASIL. Lei nº 13.146, de 6 de julho de 2015. Institui a Lei brasileira de inclusão da pessoa com deficiência (Estatuto da Pessoa com Deficiência). Disponível em: http://www.planalto.gov.br/ccivil_03/_ato2015-2018/2015/lei/l13146.htm. Acesso em 22 jul. 2020.

BRASIL. Lei nº 7.210, de 11 de julho de 1984. Institui a Lei de Execução Penal. Disponível em: http://www.planalto.gov.br/ccivil_03/leis/l7210compilado.htm. Acesso em: 12 jun. 2020.

BRASIL. Lei nº 9.455, de 7 de abril de 1997. Define os crimes de tortura e dá outras providências. Disponível em: http://www.planalto.gov.br/ccivil_03/leis/L9455.htm. Acesso em 12 jun. 2020.

CAVALCANTE, Márcio André Lopes. A prática do delito de tortura-castigo (vingativa ou intimidatória), previsto no art. 1º, II, da Lei nº 9.455/97, é crime próprio. Buscador Dizer o Direito, Manaus. Disponível em: https://www.buscadordizerodireito.com.br/jurisprudencia/detalhes/7bb7a62681a8a0f94ab424b06d172ca3. Acesso em: 27/06/2020.

CUNHA, Rogério Sanches; PINTO, Ronaldo Batista. *Leis Penais Especiais.* Salvador: Juspodivm, 2018.

HABIB, Gabriel. Leis Penais Especiais, Tomo I. Salvador: 6ª ed. rev. atual. amp. Juspodivm. 2014.

PIOVESAN, Flávia. Tortura no Brasil: pesadelo sem fim?. Disponível em: https://nev.prp.usp.br/wp-content/uploads/2015/01/down139.pdf . Acesso em: 29 jun 2020.

STF. 1ª Turma. Ext 1270, Rel. Min. Marco Aurélio, Rel. p/ Acórdão Min. Roberto Barroso, julgado em 12/12/2017.

STF. Habeas Corpus: HC 11.840/ES. Relator: Ministro Dias Toffoli. DJe: 17/12/2013.

STF. Habeas Corpus: HC 123316/SE. Relator: Ministro Marco Aurélio, DJe: 9/6/2015.

STF. Plenário. Ext 1362, Rel. Min. Edson Fachin, Rel. p/ Acórdão Min. Teori Zavascki, julgado em 09/11/2016.

STJ. 3ª Seção. REsp 1.798.903-RJ, Rel. Min. Reynaldo Soares da Fonseca, julgado em 25/09/2019.

STJ. Agravo em Recuso Especial: AREsp 529364/TO. Relator: Ministro Jorge Mussi. DJe: 30/08/2017.

STJ. Agravo Regimental no Agravo: AgRg no Ag 1391062/RS. Relator: Ministro Benedito Gonçalves, Primeira Turma. DJe: 09/08/2011.

STJ. Conflito de Competência: CC 102.714/GO. Rel. Ministro Jorge Mussi. DJe: 26/05/2010.

STJ. Conflito de Competência: CC 160.902/RJ. Relatora: Ministra Laurita Vaz, Terceira Seção. DJe 18/12/2018.

STJ. Habeas Corpus: HC 383090/SP. Relator: Ministro Joel Ilan Paciornik, 5ª Turma. DJe: 21/03/2017.

STJ. Habeas Corpus: HC 386.046/BA. Relator: Maria Thereza de Assis Moura. DJe: 28/08/2018.

STJ. Habeas Corpus: HC 47486/MG. Relator: Ministro Og Fernandes, 6ª Turma. DJe: 11.12.2019.

STJ. Habeas Corpus: HC 49.128/MG. Relator: Ministro Og Fernandes. DJe: 3/3/97.

STJ. Habeas Corpus. HC 362.634/RJ. Relatora Min. Maria Thereza de Assis Moura, 6ª Turma. DJe: 16/8/2016.

STJ. Recurso em Habeas Corpus: RHC 49701/RJ. Relatora: Ministra Maria Thereza de Assis Moura. Sexta Turma. DJe: 03/08/2009.

STJ. Recurso em Habeas Corpus: RHC 79.397/SP. Relator: Ministro Nefi Cordeiro. DJe: 22/03/2017.

STJ. Recurso Especial: REsp 1.044.866/MG. Relator: Ministro Rogerio Schietti Cruz, DJe: 2/10/2014.

STJ. Recurso Especial: REsp 1.177.910/SE. Relator: Ministro Herman Benjamin, 1ª Seção. DJe: 26/8/2015.

STJ. Recurso Especial: REsp 1.299.787/PR. Ministra Laurita Vaz, 5ª Turma. DJe 3/2/2014.

STJ. Recurso Especial: REsp 1.374.376/CE. Relator Ministro Herman Benjamin, 2ª Turma. DJe: 25/6/2013.

STJ. Recurso Especial: REsp 1.738.264/DF. Relator: Ministro Sebastião Reis Júnior, 6ª Turma. DJe: 23/08/2018.

STJ. Recurso Especial: Resp 1163.756./PR Relator: Ministro Felix Fischer. DJe 04/10/2010.

STJ. Recurso Especial: REsp 610395/SC. Relator: Ministro Gilson Dipp. DJe 02.08.2004.

15

ESTATUTO DO DESARMAMENTO

Lei 10.826/2003

WILLIAM GARCEZ

1. INTRODUÇÃO

A Lei 10.826/03 foi editada com um propósito muito específico, o de desarmar o cidadão, o que justifica o seu nome: Estatuto do Desarmamento. Tendo sido elaborado com esse desiderato, sua redação original, possuía regras bastante rígidas quanto à permissão para posse, porte e comercialização de armas de fogo.

Logo que a Lei entrou em vigor, o art. 35 estabelecia a proibição da comercialização de arma de fogo e munição em todo o território nacional, salvo para as entidades previstas no art. 6°. Por sorte, o artigo nunca teve vigência, graças ao seu §1°, onde se determinava que, para entrar em vigor, o dispositivo dependeria de aprovação em referendo popular. Em outubro de 2005, a população brasileira, por maioria (63,68%), negou vigência à proibição, sendo permitido, portanto, o comércio de armas no país[1].

Diante da possibilidade de comercialização, tem-se que as armas de fogo adquiridas pelos cidadãos estão sujeitas ao controle do Sistema Nacional de Armas (SINARM) ou Sistema de Gerenciamento Militar de Armas (SIGMA), de acordo com as circunstâncias, conforme veremos. Cumpre asseverar que as regras atinentes à aquisição, cadastro, registro, porte e comércio de armas de fogo foram sensivelmente alteradas ao longo dos anos.

Inicialmente, o Estatuto do Desarmamento foi regulamentado pelo Decreto n° 5.123/04, que previa normas sobre registro, posse e comercialização de armas de fogo e munição, bem como sobre o SINARM. Esse diploma foi revogado pelo Decreto n° 9.785/19, que também foi revogado pelo Decreto nº 9.847/19. Ainda, o Estatuto do Desarmamento foi regulamentado pelo Decreto n° 3.665/00, conhecido como R-105, que regulamentava a fiscalização de produtos controlados. Esse diploma foi revogado pelo Decreto n° 9.493/18, que também foi revogado pelo Decreto n° 10.030/19.

Logo, hoje, após as sucessivas revogações promovidas pelo poder legiferante, a **Lei 10.826/03** encontra-se regulamentada pelo **Decreto nº 9.847/19** e pelo **Decreto n° 10.030/19**. Ainda, paralelamente às sucessivas revogações acima referias, outros dois diplomas legais possuem vigência: o **Decreto n° 9.845/19**, que dispõe sobre aquisição, cadastro, registro e posse de armas de fogo e munição, e o **Decreto n° 9.846/19**, que dispõe sobre registro, cadastro e aquisição de armas e de munições por caçadores, colecionadores e atiradores[2].

1. A tarefa de autorizar e fiscalizar a produção e comércio de armas em todo o território nacional é da União (art. 21, VI, CF), sendo vedado aos Estados se imiscuir nessa matéria, salvo autorização expressa, mediante lei complementar (art. 21, parágrafo único, CF).

2. Registre-se, por importante, que o Decreto n.° 10.627/21 alterou o Anexo I ao Decreto nº 10.030/2019; o Decreto n.° 10.628/21 alterou o Decreto n° 9.845/19; o Decreto n.° 10.629/21 alterou o Decreton° 9.846/19; e o Decreto n.° 10.630/21 alterou o Decreton° 9.847/19, sendo que algumas das alterações promovidas tiveram a **eficácia suspensa pelo Supremo Tribunal Federal**, em sede cautelar, na **ADI 6675**, em 12/04/2021, por suposta inconstitucionalidade. Assim, em medida liminar, foi afastada a eficácia dos decretos referidos na parte que introduziu as seguintes mudanças: **a)** afastamento do controle exercido pelo Comando do Exército sobre "projéteis de munição para armas de porte ou portáteis, até o calibre máximo de 12,7 mm", das

2. GLOSSÁRIO

A compreensão dos dispositivos da Lei 10.826/03, bem como dos Decretos que a regulamentam, passa, necessariamente pela compreensão do glossário atinente à matéria, o qual se encontra no Anexo III do Decreto 10.030/19. A seguir, transcrevemos as expressões que julgamos mais importantes ao estudo.

Acessório de arma de fogo: artefato que, acoplado a uma arma, possibilita a melhoria do desempenho do atirador, a modificação de um efeito secundário do tiro ou a modificação do aspecto visual da arma.

Acessório explosivo: engenho não muito sensível, de elevada energia de ativação, que tem por finalidade fornecer energia à continuidade de um trem explosivo e que necessita de um acessório iniciador para ser ativado.

Arma de fogo: arma que arremessa projéteis empregando a força expansiva dos gases, gerados pela combustão de um propelente confinado em uma câmara, normalmente solidária a um cano, que tem a função de dar continuidade à combustão do propelente, além de direção e estabilidade ao projétil.

Arma de pressão: arma cujo princípio de funcionamento é o emprego de gases comprimidos para impulsão de projétil, os quais podem estar previamente armazenados em uma câmara ou ser produzidos por ação de um mecanismo, tal como um êmbolo solidário a uma mola.

Arma de fogo automática: o carregamento, o disparo e todas as operações de funcionamento ocorrem continuamente enquanto o gatilho estiver sendo acionado.

Arma de fogo de repetição: a recarga exige a ação mecânica do atirador sobre um componente para a continuidade do tiro.

Arma de fogo semiautomática: realiza, automaticamente, todas as operações de funcionamento com exceção do disparo, exigindo, para isso, novo acionamento do gatilho.

Arma de pressão: arma cujo princípio de funcionamento é o emprego de gases comprimidos para impulsão de projétil, os quais podem estar previamente armazenados em uma câmara ou ser produzidos por ação de um mecanismo, tal como um êmbolo solidário a uma mola.

Calibre: medida do diâmetro interno do cano de uma arma, medido entre os fundos do raiamento; medida do diâmetro externo de um projétil sem cinta; dimensão usada para definir ou caracterizar um tipo de munição ou de arma.

Carregador: acessório para armazenar cartuchos de munição para disparo de arma de fogo. Pode ser integrante ou independente da arma.

Explosivo: material que, quando iniciado, sofre decomposição muito rápida, com grande liberação de calor e desenvolvimento súbito de pressão.

Fogos de artifício: é um artigo pirotécnico destinado para ser utilizado em entretenimento.

Grupo de produtos controlados: é a classificação secundária referente à distinção dos produtos vinculados a um tipo de PCE.

Homologação: ato pelo qual nas hipóteses e nas formas previstas neste regulamento reconhece-se os certificados de conformidade.

PCE de uso permitido: é o produto controlado cujo acesso e utilização podem ser autorizados para as pessoas em geral, na forma estabelecida pelo Comando do Exército.

PCE de uso restrito: é o produto controlado que devido as suas particularidades técnicas e/ou táticas deve ter seu acesso e utilização restringidos na forma estabelecida pelo Comando do Exército.

Proteções balísticas: produto com a finalidade de deter o impacto ou modificar a trajetória de um projétil contra ele disparado.

Réplica ou simulacro de arma de fogo: para fins do disposto no art. 26 da Lei nº 10.826, de 22 de dezembro

---

"máquinas e prensas (...) para recarga de munições", das "miras optrônicas, holográficas ou reflexivas" e das "miras telescópicas"; **b)** autorização para a prática de tiro recreativo em entidades e clubes de tiro, independentemente de prévio registro dos praticantes; **c)** possibilidade de aquisição de até 06 armas de fogo de uso permitido por civis e 08 armas por agentes estatais com simples declaração de necessidade, revestida de presunção de veracidade; **d)** comprovação pelos CACs da capacidade técnica para o manuseio de armas de fogo por laudo de instrutor de tiro desportivo; **e)** comprovação pelos CACs da aptidão psicológica para aquisição de arma de fogo, mediante laudo fornecido por psicólogo com registro profissional ativo em Conselho Regional de Psicologia, dispensado o credenciamento na Polícia Federal; **f)** dispensa de prévia autorização do Comando do Exército para que os CACs possam adquirir armas de fogo; **g)** aumento do limite máximo de munições que podem ser adquiridas, anualmente, pelos CACs; **h)** possibilidade do Comando do Exército autorizar a aquisição pelos CACs de munições em número superior aos limites pré-estabelecidos; **i)** aquisição de munições por entidades e escolas de tiro em quantidade ilimitada; **j)** prática de tiro desportivo por adolescentes a partir dos 14 (quatorze) anos de idade completos; **k)** validade do porte de armas para todo território nacional; **l)** porte de trânsito dos CACs para armas de fogo municiadas; e **m)** porte simultâneo de até duas armas de fogo por cidadãos.

de 2003, é um objeto que, visualmente, pode ser confundido com uma arma de fogo, mas que não possui aptidão para a realização de tiro de qualquer natureza.

3. TERMINOLOGIAS E CONCEITOS

De acordo com a leitura conjunta do art. 2° do Decreto 9.846/19 com o com o art. 2° do Decreto 9.847/19, denotam-se os conceitos e terminologias úteis à compreensão e necessários à tipificação dos crimes descritos na Lei 10.826/03.

Assim, inferem-se os seguintes conceitos:

Arma de fogo de uso permitido: armas de fogo semiautomáticas ou de repetição que sejam: a) de porte, cujo calibre nominal, com a utilização de munição comum, não atinja, na saída do cano de prova, energia cinética superior a mil e duzentas libras-pé ou mil seiscentos e vinte joules; b) portáteis de alma lisa; ou c) portáteis de alma raiada, cujo calibre nominal, com a utilização de munição comum, não atinja, na saída do cano de prova, energia cinética superior a mil e duzentas libras-pé ou mil seiscentos e vinte joules;

Arma de fogo de uso restrito: as armas de fogo automáticas e as semiautomáticas ou de repetição que sejam: a) não portáteis; b) de porte, cujo calibre nominal, com a utilização de munição comum, atinja, na saída do cano de prova, energia cinética superior a mil e duzentas libras-pé ou mil seiscentos e vinte joules; ou c) portáteis de alma raiada, cujo calibre nominal, com a utilização de munição comum, atinja, na saída do cano de prova, energia cinética superior a mil e duzentas libras-pé ou mil seiscentos e vinte joules;

Arma de fogo de uso proibido: a) as armas de fogo classificadas de uso proibido em acordos e tratados internacionais dos quais a República Federativa do Brasil seja signatária; ou b) as armas de fogo dissimuladas, com aparência de objetos inofensivos;

Munição de uso restrito: as munições que: a) atinjam, na saída do cano de prova de armas de porte ou portáteis de alma raiada, energia cinética superior a mil e duzentas libras-pé ou mil seiscentos e vinte joules; b) sejam traçantes, perfurantes ou fumígenas; c) sejam granadas de obuseiro, de canhão, de morteiro, de mão ou de bocal; ou d) sejam rojões, foguetes, mísseis ou bombas de qualquer natureza;

Munição de uso proibido: as munições que sejam assim definidas em acordo ou tratado internacional de que a República Federativa do Brasil seja signatária e as munições incendiárias ou químicas;

Arma de fogo obsoleta: as armas de fogo que não se prestam ao uso efetivo em caráter permanente, em razão de: a) sua munição e seus elementos de munição não serem mais produzidos; ou b) sua produção ou seu modelo ser muito antigo e fora de uso, caracterizada como relíquia ou peça de coleção inerte;

Arma de fogo de porte: as armas de fogo de dimensões e peso reduzidos que podem ser disparadas pelo atirador com apenas uma de suas mãos, a exemplo de pistolas, revólveres e garruchas;

Arma de fogo portátil: as armas de fogo que, devido às suas dimensões ou ao seu peso, podem ser transportadas por uma pessoa, tais como fuzil, carabina e espingarda;

Arma de fogo não portátil: as armas de fogo que, devido às suas dimensões ou ao seu peso, precisam ser transportadas por mais de uma pessoa, com a utilização de veículos, automotores ou não, ou sejam fixadas em estruturas permanentes;

Munição: cartucho completo ou seus componentes, incluídos o estojo, a espoleta, a carga propulsora, o projétil e a bucha utilizados em armas de fogo;

Cadastro de arma de fogo: inclusão da arma de fogo de produção nacional ou importada em banco de dados, com a descrição de suas características;

Registro: matrícula da arma de fogo que esteja vinculada à identificação do respectivo proprietário em banco de dados;

Os dois dispositivos referidos no início deste capítulo apresentam a mesma redação quanto aos pontos acima discorridos, sendo que apresentam uma redação diversa apenas nos últimos incisos de suas previsões, donde se extraem as seguintes terminologias:

Registros precários: dados referentes ao estoque de armas de fogo, acessórios e munições das empresas autorizadas a comercializá-los; e

Registros próprios: aqueles realizados por órgãos, instituições e corporações em documentos oficiais de caráter permanente.

Porte de trânsito: direito concedido aos colecionadores, aos atiradores e aos caçadores que estejam devidamente registrados no Comando do Exército e aos representantes estrangeiros em competição internacional oficial de tiro realizada no País, de transitar com as armas de fogo de seus respectivos acervos para realizar as suas atividades.

4. ÓRGÃOS DE CONTROLE

Existem dois órgãos de controle de armas de fogo, acessórios e munições com circunscrição em todo o território do país, i.e., o **Sistema Nacional de**

Armas (SINARM), que é instituído pelo Ministério da Justiça e atua no âmbito da Polícia Federal[3], e o **Sistema de Gerenciamento Militar de Armas (SIGMA)**, que é instituído pelo Ministério da Defesa e atua no âmbito do Comando do Exército[4].

5. ATRIBUIÇÕES DO SINARM

Conforme art. 2° da Lei 10.826/03, ao SINARM compete: I - identificar as características e a propriedade de armas de fogo, mediante cadastro; II - cadastrar as armas de fogo produzidas, importadas e vendidas no País; III - cadastrar as autorizações de porte de arma de fogo e as renovações expedidas pela Polícia Federal; IV - cadastrar as transferências de propriedade, extravio, furto, roubo e outras ocorrências suscetíveis de alterar os dados cadastrais, inclusive as decorrentes de fechamento de empresas de segurança privada e de transporte de valores; V - identificar as modificações que alterem as características ou o funcionamento de arma de fogo; VI - integrar no cadastro os acervos policiais já existentes; VII - cadastrar as apreensões de armas de fogo, inclusive as vinculadas a procedimentos policiais e judiciais; VIII - cadastrar os armeiros em atividade no País, bem como conceder licença para exercer a atividade; IX - cadastrar mediante registro os produtores, atacadistas, varejistas, exportadores e importadores autorizados de armas de fogo, acessórios e munições; X - cadastrar a identificação do cano da arma, as características das impressões de raiamento e de microestriamento de projétil disparado, conforme marcação e testes obrigatoriamente realizados pelo fabricante; XI - informar às Secretarias de Segurança Pública dos Estados e do Distrito Federal os registros e autorizações de porte de armas de fogo nos respectivos territórios, bem como manter o cadastro atualizado para consulta.

Ainda, de acordo com o art. 3°, §2°, do Decreto n° 9.847/19, devem ser cadastrados no SINARM: I - os armeiros em atividade no País e as respectivas licenças para o exercício da atividade profissional; II - os produtores, os atacadistas, os varejistas, os exportadores e os importadores autorizados de armas de fogo, acessórios e munições; III - os instrutores de armamento e de tiro credenciados para a aplicação de teste de capacidade técnica, ainda que digam respeito a arma de fogo de uso restrito; e IV - os psicólogos credenciados para a aplicação do exame de aptidão psicológica a que se refere o inciso III do *caput* do art. 4° da Lei n° 10.826, de 2003.

Também devem ser cadastrados no SINARM, conforme art. 3°, §3°, do Decreto n° 9.847/19, as armas de fogo: I - importadas, produzidas e comercializadas no País, de uso permitido ou restrito, exceto aquelas pertencentes às Forças Armadas e Auxiliares, ao Gabinete de Segurança Institucional da Presidência da República e à Agência Brasileira de Inteligência; II - apreendidas, ainda que não constem dos cadastros do Sinarm ou do Sigma, incluídas aquelas vinculadas a procedimentos policiais e judiciais; III - institucionais, dos órgãos constantes nas alíneas "a" a "n"[5]; IV – dos integrantes das instituições constantes nas alíneas "a" a "m"[6]; V - dos

3. Art. 1° da Lei 10.826/03; art. 3° do Decreto 9.847/19.
4. Art. 4° do Decreto 9.847/19.

5. a) da Polícia Federal; b) da Polícia Rodoviária Federal; c) da Força Nacional de Segurança Pública; d) do Departamento Penitenciário Nacional; e) das polícias civis dos Estados e do Distrito Federal; f) dos órgãos policiais da Câmara dos Deputados e do Senado Federal, a que se referem, respectivamente, o inciso IV do *caput* do art. 51 e o inciso XIII do *caput* do art. 52 da Constituição; g) das guardas municipais; h) dos órgãos públicos aos quais sejam vinculados os agentes e os guardas prisionais e os integrantes das escoltas de presos dos Estados e das guardas portuárias; i) dos órgãos do Poder Judiciário, para uso exclusivo de servidores de seus quadros pessoais que efetivamente estejam no exercício de funções de segurança, na forma do regulamento estabelecido pelo Conselho Nacional de Justiça; j) dos órgãos dos Ministérios Públicos da União, dos Estados e do Distrito Federal e Territórios, para uso exclusivo de servidores de seus quadros pessoais que efetivamente estejam no exercício de funções de segurança, na forma do regulamento estabelecido pelo Conselho Nacional do Ministério Público; k) da Secretaria Especial da Receita Federal do Brasil do Ministério da Economia, adquiridas para uso dos integrantes da Carreira de Auditoria da Receita Federal do Brasil, compostos pelos cargos de Auditor-Fiscal e Analista-Tributário; l) do órgão ao qual se vincula a Carreira de Auditoria-Fiscal do Trabalho, adquiridas para uso de seus integrantes; m) dos órgãos públicos cujos servidores tenham autorização, concedida por legislação específica, para portar arma de fogo em serviço e que não tenham sido mencionados nas alíneas "a" a "l"; e n) do Poder Judiciário e do Ministério Público, adquiridas para uso de seus membros.
6. a) da Polícia Federal; b) da Polícia Rodoviária Federal; c) do Departamento Penitenciário Nacional; d) das polícias civis dos Estados e do Distrito Federal; e) dos órgãos policiais da Câmara dos Deputados e do Senado Federal, a que se referem, respectivamente, o inciso IV do *caput* do art. 51 e o inciso XIII do *caput* do art. 52 da Constituição; f) das guardas municipais; g) dos quadros efetivos dos agentes e guardas prisionais, das escoltas de presos dos Estados e das guardas portuárias; h) do quadro efetivo dos órgãos do Poder Judiciário que efetivamente estejam no exercício de funções de segurança, na forma do regulamento estabelecido pelo Conselho Nacional de Justiça; i) do quadro efetivo dos órgãos dos Ministérios Públicos da União, dos Estados e do Distrito Federal e Territórios que efetivamente estejam no exercício de funções de segurança, na forma do regulamento estabelecido pelo Conselho Nacional do Ministério Público; j) dos quadros efetivos da Carreira de Auditoria da Receita Federal do Brasil da Secretaria Especial da Receita Federal do Brasil do Ministério da Economia, composta pelos cargos de Auditor-Fiscal e Analista-Tributário, e da Carreira de Auditoria-Fiscal do Trabalho; k) dos quadros efetivos dos

instrutores de armamento e tiro credenciados pela Polícia Federal; e VI - adquiridas por qualquer cidadão autorizado na forma do disposto no § 1º do art. 4º da Lei nº 10.826, de 2003.

6. ATRIBUIÇÕES DO SIGMA

Conforme o art. 4° §2°, do Decreto n° 9.847/19, serão cadastradas no SIGMA as armas de fogo: I - institucionais, constantes de registros próprios: a) das Forças Armadas; b) das polícias militares e dos corpos de bombeiros militares dos Estados e do Distrito Federal; c) da Agência Brasileira de Inteligência; e d) do Gabinete de Segurança Institucional da Presidência da República; II - dos integrantes: a) das Forças Armadas; b) das polícias militares e dos corpos de bombeiros militares dos Estados e do Distrito Federal; c) da Agência Brasileira de Inteligência; e d) do Gabinete de Segurança Institucional da Presidência da República; III - obsoletas; IV - das representações diplomáticas; e V - importadas ou adquiridas no País com a finalidade de servir como instrumento para a realização de testes e avaliações técnicas.

Ainda, conforme o art. 24 da Lei 10.826/03, excetuados os casos de atribuição do SINARM (art. 2º, Lei nº 10.826/03), compete ao Comando do Exército autorizar e fiscalizar a produção, exportação, importação, desembaraço alfandegário e o comércio de armas de fogo e demais produtos controlados, inclusive o registro e o porte de trânsito de arma de fogo de colecionadores, atiradores e caçadores.

Segundo o art. 6º, *caput* e parágrafo único, do Anexo I, do Decreto 10.030/19, exceto nos casos de atribuição do SINARM (art. 2º, Lei nº 10.826/03), compete ao Comando do Exército regulamentar, autorizar e fiscalizar o exercício, por pessoas físicas ou jurídicas, das atividades relacionadas com produtos controlados pelo Exército de fabricação, comércio, importação, exportação, utilização, prestação de serviços, colecionamento, tiro desportivo ou caça.

7. AQUISIÇÃO E REGISTRO DE ARMA DE FOGO

A regulamentação para **aquisição e registro de arma de fogo** está nos arts. 3° a 5° e 28 da Lei 10.826/03, bem como no art. 12 do Decreto n° 9.847/19, exceto para colecionadores, atiradores e caçadores, quando a regulamentação para aquisição e registro de armas de fogo está no art. 3° do Decreto 9.846/19.

Requisitos para aquisição e registro de arma de uso permitido: a) ter 25 anos; b) declarar de efetiva necessidade; c) comprovar de idoneidade[7]; d) ter ocupação lícita; e) ter residência certa; f) demonstrar capacidade técnica; e g) demonstrar aptidão psicológica para o manuseio de arma de fogo. A idade mínima de 25 anos é a regra, *mas há exceções*, conforme prevê no art. 28 da Lei 10.826/03, onde se lê que "é vedado ao menor de 25 (vinte e cinco) anos adquirir arma de fogo, ressalvados os integrantes das entidades constantes dos incisos I, II, III, V, VI, VII e X do *caput* do art. 6° desta Lei". A mesma regra está inserida no art. 12, §13, do Decreto 9.847/19. Dessa forma, *independentemente de terem 25 anos*, é permitido a aquisição e registro de arma de fogo, aos integrantes das Forças Armadas; integrantes de órgãos da Segurança Pública e da Força Nacional de Segurança Pública; integrantes das guardas municipais das capitais dos Estados e dos Municípios com mais de quinhentos mil habitantes; agentes operacionais da ABIN e do Departamento de Segurança do Gabinete de Segurança Institucional da Presidência da República; integrantes dos órgãos policiais referidos no art. 51, IV, e no art. 52, XIII, da Constituição Federal; integrantes do quadro efetivo dos agentes e guardas prisionais, os integrantes das escoltas de presos e as guardas portuárias; e integrantes das Carreiras de Auditoria da Receita Federal do Brasil e de Auditoria-Fiscal do Trabalho, cargos de Auditor-Fiscal e Analista Tributário.

Aquisição de arma de uso restrito: Para adquirir de arma de fogo de uso restrito, além dos requisitos acima referidos, é necessária autorização prévia ao Comando do Exército (art. 12, §7º, Dec. 9.847/19).

Registro da arma de fogo: Trata-se do documento que comprova a aquisição e propriedade da arma de fogo. O prazo de validade é de até 10 anos (art. 12, §11, Dec. 9.847/19), podendo ser prorrogado. A norma constante no art. 12, §11, do Dec. 9.847/19 revogou tacitamente o disposto no art. 5°, §2° da Lei 10.826/03, quanto ao *prazo para renovação do registro*, que era de três anos. O dispositivo prevê que "os requisitos de que tratam os incisos IV, V e

órgãos públicos cujos servidores tenham autorização, concedida por legislação específica, para portar arma de fogo em serviço e que não tenham sido mencionados nas alíneas "a" a "j"; l) dos membros do Poder Judiciário e do Ministério Público; e m) das empresas de segurança privada e de transporte de valores.

7. A comprovação da idoneidade se faz com a apresentação de certidões negativas de antecedentes criminais fornecidas pela Justiça Federal, Estadual, Militar e Eleitoral e de não estar respondendo a inquérito policial ou a processo criminal.

VI do *caput* serão comprovados, periodicamente, *a cada dez anos*, junto à Polícia Federal, para fins de renovação do Certificado de Registro".

Renovação do registro e comprovação da idoneidade moral: Há uma questão interessante quanto à *idoneidade moral*, prevista no inc. III do art. 12 do Dec. 9.847/19 e no inc. I do art. 4° da Lei 10.826/03. É que o art. 12, §11, do Dec. 9.847/19 nada refere, quando da renovação do registro, sobre nova comprovação da idoneidade moral, referindo-se apenas aos requisitos dos incisos IV, V e VI. Dessa forma, levando-se em conta que não houve revogação expressa do art. 5, §2°, da Lei 10.826/03, poder-se-ia sugerir que a comprovação da idoneidade moral continuaria a ser exigida na periodicidade de três anos. Nesse aspecto, entendemos que houve revogação tácita do §2° do art. 5° da Lei 10.826/02, sendo que a não inclusão do inciso III na redação do §11 do art. 12 do Decreto 9.847/19 ocorreu por lapso do legislador. O fato é que, de acordo com a legislação atual, a *comprovação da idoneidade moral* não precisa ocorrer periodicamente, a cada 10 anos, no ato da renovação do registro da arma de fogo.

Limites do registro: O documento de registro autoriza o proprietário a manter a arma de fogo no *interior de sua residência ou domicílio* (ou dependência desses) ou seu *local de trabalho*, desde que seja o titular ou o responsável legal pelo estabelecimento ou empresa. Trata-se de documento com aplicação *intra murus*.

Residente em área rural: Aos residentes em área rural, considera-se residência ou domicílio "toda a extensão do respectivo imóvel rural" (art. 5°, §5°, Lei 10.826/03). Dessa forma, o agente que possui o documento de registro da arma de fogo pode "portá-la" dentro dos limites da sua propriedade, sem que incorra em crime. Trata-se de figura por nós batizada "porte interno de arma de fogo" ou "porte legal sem documento de porte".

8. PORTE DE ARMA DE FOGO

A regulamentação para **porte de arma de fogo** está nos arts. 6° a 11 da Lei 10.826/03, bem como nos arts. 15 a 18 do Decreto n° 9.847/19, exceto para colecionadores, atiradores e caçadores, hipóteses em que inexiste documento de porte, sendo a *guia de tráfego* o documento que confere a autorização para o tráfego de armas, acessórios e munições (art. 5°, §4°, Decreto n° 9.847/19).

Requisitos para o porte de arma: São exigidos três requisitos, i.e., demonstrar necessidade[8]; atendimento das exigências do art. 4° da Lei 10.826/03; e demonstrar a propriedade da arma de fogo (art. 10, §1°, Lei 10.826/03).

Características do porte: O documento de porte de arma de fogo é pessoal, intransferível e revogável a qualquer tempo (art. 17, Decreto n° 9.847/19).

Validade: O documento de porte de arma de fogo é válido apenas para a arma nele especificada (art. 17, Decreto n° 9.847/19). Não é universal.

Porte da arma de fogo: É o documento que autoriza o proprietário a levar consigo a arma de fogo, além dos limites do registro. Trata-se de documento com aplicação *extra murus*. O documento de porte da arma de fogo terá a mesma validade do documento referente à primeira arma (art. 18, Dec. 9.847/19).

Porte de colecionador, atirador e caçador (arma desmuniciada): É garantido o direito de transporte desmuniciado das armas dos clubes e das escolas de tiro e de seus integrantes e dos colecionadores, dos atiradores e dos caçadores, por meio da apresentação do Certificado de Registro de Colecionador, Atirador e Caçador ou do Certificado de Registro de Arma de Fogo válidos (art. 5°, §2°, Decreto 9.846/19).

Porte de colecionador, atirador e caçador (arma municiada): Poderão portar *uma arma de fogo curta municiada*, alimentada e carregada, pertencente a seu acervo cadastrado no Sinarm ou no Sigma, conforme o caso, quando em *deslocamento para treinamento ou participação em competições*, devendo apresentar o Certificado de Registro de colecionador, atirador e caçador, o Certificado de Registro de Arma de Fogo e a Guia de Tráfego válidos (art. 5°, §3°, Decreto 9.846/19).

Perda e cassação do porte: Perderá o direito de portar arma de fogo o portador dela que seja detido ou abordado *embriagado*; *sob efeito de drogas*; *com porte ostensivo*; *em locais públicos com aglomeração de pessoas* (art. 10, §2°, Lei 10.826/03 e art. 20, §§ 1° e 2° do Dec. 9.847/19). Nesses casos, o porte perde automaticamente sua eficácia (art. 10, §2°, Lei 10.826/03) e a arma deve ser apreendida (art. 20, §1°, Decreto 9.847/19). Anote-se que essas proibições e consequências se aplicam àquele que possui o porte pelo art. 10 da Lei 10.826/03 (art. 20, *caput*, do Dec.

8. A demonstração da necessidade se faz por meio de *exercício de atividade profissional de risco* ou de *ameaça à sua integridade física*.

9.847/19). Portanto, não se aplicam aos funcionários e autoridades que possuem o *porte de arma funcional* (art. 6° da Lei 10.826/03).

Vedação do porte de arma: Os promotores de eventos em locais fechados, com aglomeração superior a mil pessoas, adotarão providências para evitar o ingresso de pessoas armadas, salvo nos casos do art. 5°, VI, da CF (art. 34, *caput*, Lei 10.826). No mesmo sentido, "as empresas responsáveis pela prestação dos serviços de transporte internacional e interestadual de passageiros adotarão as providências necessárias para evitar o embarque de passageiros armados" (art. 34, parágrafo único, Lei 10.826).

9. PORTE DE ARMA DE FOGO POR POLICIAL APOSENTADO

O Superior Tribunal de Justiça possui decisão na qual consta que "o porte de arma de fogo a que têm direito os policiais não se estende aos policiais aposentados. Isso porque, de acordo com o art. 33 do Decreto nº 5.123/04, o porte de arma de fogo está condicionado ao efetivo exercício das funções institucionais por parte dos policiais, motivo pelo qual não se estende aos aposentados" (HC 267.058).

Com a devida vênia a decisão referida, pensamentos que, além de desrespeitar o policial, que passa a vida na linha de frente do combate ao crime, não há coerência nos argumentos, pois, conforme lembram Cláudia Barros Portocarrero e Wilson Luiz Palhermo Ferreira[9], o porte do policial existe por questão funcional (para que possa desempenhar as suas funções), mas também para sua segurança e de sua família, tanto que a lei lhe assegura o porte *mesmo fora de serviço*.

Ora, *em razão da natureza da sua função*, os policias passam a vida combatendo criminosos, pelo que, natural e inevitavelmente, acabam colecionando inimizades. Porém, quando deixam de exercer a função, em razão da aposentadoria, o Superior Tribunal de Justiça promove uma interpretação da lei que culmina com a supressão do direito de portar arma de fogo, criminalizando a conduta.

Para sintetizar os argumentos lançados, nos valemos das palavras de Luiz Eduardo Santos Cabette[10], segundo o qual:

> Ao criminalizar o porte de arma por policial aposentado o STJ acaba virando as costas para agentes estatais que protegeram a sociedade por diversos anos, passando a mensagem de que eles são descartáveis. Como podemos conceber tamanho disparate?! Enquanto em outros países os policiais são tratados como heróis, no Brasil o nosso Poder Judiciário simplesmente desconsidera os serviços prestados por eles e os riscos tantas vezes assumidos em nome da segurança pública.

A decisão do Superior Tribunal de Justiça no HC 267.058 escora-se no art. 33 do Decreto n° 5.123/04 (hoje revogado) segundo o qual "o porte de arma de fogo é deferido aos militares das Forças Armadas, aos policiais federais e estaduais e do Distrito Federal, civis e militares, aos Corpos de Bombeiros Militares, bem como aos policiais da Câmara dos Deputados e do Senado Federal em razão do desempenho de suas funções institucionais".

No nosso ponto de vista, o artigo é de clareza solar ao referir que o porte dos policiais é instituído por lei "em razão do desempenho de suas funções". Em momento algum o dispositivo limita o porte do policial ao "exercício da função". Não é necessário mais do que um parágrafo para se entender a diferença conceitual entre as duas expressões. No *exercício da função*, significa o efetivo desempenhar das suas atribuições, i.e., estar em serviço. Noutro giro, *em razão da função*, é mais amplo, abarcando qualquer fato, ainda que não se encontre o policial em serviço.

A interpretação acima esboçada, em outras circunstâncias do direito penal, é aplicada sem questionamento algum. Veja-se, por exemplo, que o crime de desacato (art. 330, CP) se configura quando o funcionário é ofendido *no exercício da função* (em atividade) ou *em razão dela* (qualquer outra ocasião, fora de serviço). E, ainda, no homicídio qualificado (art. 121, §2°, VII) a pena especial se aplica quando o fato é cometido contra a vítima *no exercício da função* (em atividade) ou *em decorrência dela* (qualquer outra ocasião, fora de serviço).

Portanto, parece lógico que a expressão "em razão do desempenho de suas funções institucionais" (art. 33, Decreto n° 5.123/04), não pretendia limitar o porte de arma de fogo do policial ao *exercício da função*, mas sim contemplá-lo *em razão da função*. Nessa ótica, a decisão do Superior Tribunal de Justiça, além de não apresentar uma interpretação técnica

9. PORTOCARRERO. Cláudia Barros; FERREIRA, Wilson Luiz Palermo. Leis penais extravagantes – Teoria, jurisprudência e questões comentadas, 4ª edição, Salvador: Juspodivm, 2019, p. 247.
10. CABETTE, Luiz Eduardo Santos. Policial aposentado deve ter direito de portar arma de fogo. Disponível em:<https://eduardocabette.jusbrasil.com.br/artigos/390984346/policial-aposentado-deve-ter-direito-de-portar-arma-de-fogo>. Acessado em 02 de junho de 2020.

correta à expressão *em razão da função*, está em total dissonância com a vontade legislativa, pois, a lei assegura ao policial o porte *mesmo fora de serviço* (art. 6°, §1°, Lei 10.826/03).

Reforçamos que a Lei confere o porte nacional de arma de fogo ao policial *em razão da sua função*, sendo que a decisão do Superior Tribunal de Justiça, ao negar esse direito, além de promover uma visível inversão de valores, acarreta um inquestionável retrocesso na tutela do direito à segurança do policial aposentado, ferindo o *efeito cliquet* (proibição do retrocesso) dos direitos e garantias fundamentais.

Por fim, entendemos que o art. 30 do Dec. n.° 9.847/2019, resolveu a questão, estabelecendo que "os integrantes das Forças Armadas e os servidores dos órgãos, instituições e corporações mencionados nos incisos II, V, VI e VII do caput do art. 6º da Lei nº 10.826, de 2003, transferidos para a reserva remunerada ou aposentados, para conservarem a autorização de porte de arma de fogo de sua propriedade deverão submeter-se, a cada dez anos, aos testes de avaliação psicológica a que faz menção o inciso III do caput do art. 4º da Lei nº 10.826, de 2003". E, no seu §1°, determina que "o cumprimento dos requisitos a que se refere o caput será atestado pelos órgãos, instituições e corporações de vinculação".

10. CRIMES DE PERIGO ABSTRATO

Os crimes da lei, a exceção do art. 13, *caput* (omissão de cautela), são **crimes de perigo abstrato,** i.e., presumido, pois se pune o risco à incolumidade pública por parte de que detém arma de fogo, acessório ou munição. Nesses tipos penais o legislador não espera um resultado naturalístico decorrente da conduta, apenas descrevendo o comportamento punível, pelo que têm uma ligação umbilical com *crimes de mera conduta.*

Registre-se que há certa resistência de uma parcela minoritária da doutrina em admitir os crimes de perigo abstrato, por suposta ofensa ao *princípio da lesividade ou ofensividade*, segundo o qual qualquer conduta, para ser considerada criminosa, deve ofender a um bem jurídico, i.e., provocar efetiva *lesão* ou, então, ao menos um *perigo concreto*, que deve restar provado. Essa corrente doutrinária tem o entendimento de que a mera conduta não deveria ter relevância penal e que, em razão disso, esses crimes seriam inconstitucionais.

Entretanto, o Supremo Tribunal Federal já teve a oportunidade de se manifestar sobre o tema, tendo assentado entendimento de que os *crimes de perigo abstrato são constitucionais* (HC 109.269). Argumenta-se que "a criação de crimes de perigo abstrato não representa, por si só, comportamento inconstitucional por parte do legislador penal, sendo que a tipificação de condutas que geram perigo em abstrato, muitas vezes, acaba sendo a melhor alternativa ou a medida mais eficaz para a proteção de bens jurídico-penais supraindividuais ou de caráter coletivo, como, v.g., o meio ambiente, a saúde etc." (HC 102.087).

Calcado nessa premissa, tem-se que "o legislador pode, dentro de suas amplas margens de avaliação e de decisão, definir quais as medidas mais adequadas e necessárias para a efetiva proteção de determinado bem jurídico, o que lhe permite escolher espécies de tipificação próprias de um direito penal preventivo. Apenas a atividade legislativa que, nessa hipótese, transborde os limites da proporcionalidade, poderá ser tachada de inconstitucional" (STF, HC 104.410).

Caminhou bem a jurisprudência do Supremo Tribunal Federal, pois os crimes de perigo abstrato *tutelam bens jurídicos que afetam toda a coletividade*, não possuindo, em regra, uma vítima específica, como costumeiramente se verifica no modelo de punição criminal clássico. A sociedade está em constante evolução e com ela a criminalidade. Não há como se conceber que o legislador somente possa reprimir condutas após a *exposição concreta a perigo* ou a *efetiva lesão* do objeto jurídico, sob pena *de proteção deficiente.*

Não há outra forma de se promover a tutela penal de *bens jurídicos desmaterializados*, senão por meio dos *crimes de perigo abstrato.* Nesse passo, ou o legislador age dessa forma e tutela bens como a incolumidade pública, a saúde pública, etc., ou deixa a sociedade a mercê de condutas potencialmente perigosas, sob o pretexto da liberdade de ação.

Desmaterialização dos bens jurídicos: Se relaciona à proteção de bens jurídicos que tutelam a coletividade, tipificando crimes de perigo abstrato. A doutrina moderna também utiliza a expressão *espiritualização dos bens jurídicos.*

11. PRINCÍPIO DA INSIGNIFICÂNCIA

Diante dos argumentos lançados no tópico anterior, há entendimento doutrinário no sentido de que não se aplica o princípio da insignificância em crimes de perigo abstrato. Essa premissa, entretanto, vem sendo relativizada com o passar do tempo, não se tratando mais de uma verdade absoluta. Hoje, pode-se dizer que, em regra, não se aplica o princípio da insignificância em crimes de perigo abstrato, mas, de forma excepcional, poderá haver a aplicação.

A questão da análise da insignificância da conduta na Lei 10.826/03 tem especial relevo em determinadas situações como, por exemplo, porte de arma desmuniciada, porte de arma desmontada, ou porte de munição isoladamente. A análise acerca da (não) aplicação do princípio da insignificância é feita a partir do entendimento de que essas condutas não seriam capazes de sequer colocar em risco o objeto jurídico tutelado, i.e., a incolumidade pública.

Nos casos acima ventilados, a jurisprudência das cortes superiores possui precedentes no sentido de que, sendo os crimes de perigo abstrato, não há que se falar em insignificância da conduta[11]. O STJ decidiu que "o crime previsto no art. 14 da Lei n. 10.826/2003 é de perigo abstrato, sendo irrelevante o fato de a arma estar desmuniciada ou, até mesmo, desmontada ou estragada, porquanto o objeto jurídico tutelado não é a incolumidade física, e sim a segurança pública e a paz social, colocado sem risco como porte de arma de fogo sem autorização ou em desacordo com determinação legal, revelando-se despicienda até mesmo a comprovação do potencial ofensivo do artefato por laudo pericial" (AgRg nos EAREsp n. 260.556). Registre-se que esse entendimento perdura até os dias atuais, podendo ser verificado no AgRg no AgRg no AREsp 1.437.702.

Há, ainda, entendimento no sentido de que "quanto ao porte de arma de fogo desmuniciada e desmontada, esta Corte uniformizou o entendimento de que o tipo penal em apreço é de perigo abstrato" (STJ, AgRg no AREsp 1367442). Na mesma linha de raciocínio, estabeleceu-se que "o simples fato de possuir ou portar munição caracteriza os delitos previstos nos arts. 12, 14 e 16 da Lei n. 10.826/2003, por se tratar de crime de perigo abstrato e de mera conduta, sendo prescindível a demonstração de lesão ou de perigo concreto ao bem jurídico tutelado, que é a incolumidade pública" (STJ, RHC 102.406).

O Supremo Tribunal Federal possui precedente no sentido de que "a objetividade jurídica da norma em comento transcende a mera proteção da incolumidade pessoal, para alcançar também a tutelada liberdade individual e do corpo social como um todo, asseguradas ambas pelo incremento dos níveis de segurança coletiva que a lei propicia. Mostra-se irrelevante cogitar-se da lesividade da conduta de portar apenas a munição, porque a hipótese é de crime de perigo abstrato, para cuja caracterização não importa o resultado concreto da ação" (HC 113.295).

No mesmo sentido, encontram-se decisões onde se verifica que "o tipo penal do art. 14, da Lei n 10.826/03, ao prever as condutas de portar, deter, adquirir, fornecer, receber, ter em depósito, transportar, ceder, ainda que gratuitamente, emprestar, remeter, empregar, manter sob guarda ou ocultar arma de fogo, acessório ou munição, de uso permitido, sem autorização e em desacordo com determinação legal e regulamentar, contempla crime de mera conduta, sendo suficiente a ação de portar ilegalmente a munição. Objetiva-se, assim, antecipar a punição de fatos que apresentam potencial lesivo à população, prevenindo a prática de crimes" (STF, HC 119.154).

Ainda, há entendimento no sentido de que "o porte ilegal de arma de fogo e munição é crime de perigo abstrato, cuja consumação independe de demonstração da potencialidade lesiva da arma ou da munição" (STF, HC 148.801). Nessa linha, já se decidiu que "os tipos penais de posse e de porte ilegal de arma de fogo, acessórios e ou munição, de uso permitido, são de mera conduta e de perigo abstrato, razão pela qual as características do seu objeto material são irrelevantes, porquanto independe do *quantum* para ofender a segurança e incolumidade públicas, bem como a paz social, bens jurídicos tutelados, sendo ainda despiciendo perquirir-se acerca da potencialidade lesiva das armas e munições eventualmente apreendidas, de modo que, não cabe cogitar quanto à aplicação do princípio da insignificância para fins de descaracterização da lesividade material da conduta" (STF, HC 158.087).

O entendimento acima referido está de acordo com os padrões do direito penal clássico, pois o Estatuto do Desarmamento descreve crimes de perigo abstrato, punindo o risco presumido gerado à incolumidade pública. Ocorre que, o penalista moderno não se contenta somente com a tipicidade formal da conduta, perquirindo sobre a tipicidade material, pois a tipicidade penal não pode ser percebida como o corriqueiro exercício de subsunção do fato concreto à norma abstrata. Nesse sentido, além da previsão de tipificação formal, para a efetiva configuração da tipicidade, é necessária uma análise material de valoração das circunstâncias de cada caso para se verificar a ocorrência de lesão penalmente relevante do bem jurídico tutelado.

Nesse viés, tem-se que o princípio da insignificância "reduz o âmbito de proibição aparente da tipicidade legal e, por consequência, torna atípico o fato na seara penal, apesar de haver lesão a bem juridicamente tutelado pela norma penal" (STF, HC 104.403). Sob esse prisma, o Supremo Tribunal Federal passou a admitir o princípio da insignificância em caso envolvendo *posse de apenas uma munição isoladamente* (HC 132.876; RHC 143.449).

11. Nesse sentido: STJ, HC 211.823 e STF, HC 95.073.

Assim, decidiu-se pela aplicação da insignificância, pois, "a conduta do paciente de manter em sua posse uma única munição de fuzil (calibre 762), recebida, segundo a sentença, de amigos que trabalharam no Exército, não tem o condão de gerar perigo para a sociedade, de modo a contundir o bem jurídico tutelado pela norma penal incriminadora" (STF, HC 154.590).

O Superior Tribunal de Justiça, acompanhando a jurisprudência da Suprema Corte, também passou a admitir a aplicação do princípio da insignificância nos casos de *posse de pequena quantidade de munição isoladamente*, quando desacompanhada de armamento capaz de deflagrá-la e desde que o imputado não integre organização criminosa, pois ambas as circunstâncias conjugadas denotam a inexpressividade da lesão jurídica provocada (AgRg no REsp 1.828.692).

No mesmo sentido, decidiu-se que "o princípio da insignificância é parâmetro utilizado para interpretação da norma penal incriminadora, buscando evitar que o instrumento repressivo estatal persiga condutas que gerem lesões inexpressivas ao bem jurídico tutelado ou, ainda, sequer lhe causem ameaça. Ainda que formalmente típica, a apreensão de oito munições na gaveta do quarto da ré não é capaz de lesionar ou mesmo ameaçar o bem jurídico tutelado, mormente porque ausente qualquer tipo de armamento capaz de deflagrar os projéteis encontrados em seu poder" (STJ, REsp 1.735.871).

Registre-se que, como paradigma de sua aplicação, o Supremo Tribunal Federal entende que "o princípio da insignificância - que deve ser analisado em conexão com os postulados da fragmentariedade e da intervenção mínima do Estado em matéria penal - tem o sentido de excluir ou de afastar a própria tipicidade penal, examinada na perspectiva de seu caráter material. Doutrina, Tal postulação - que considera necessária, na aferição do relevo material da tipicidade penal, a presença de certos vetores tais como (a) a mínima ofensividade da conduta do agente, (b) a nenhuma periculosidade social da ação, (c) o reduzidíssimo grau de reprovabilidade do comportamento e (d) a inexpressividade da lesão jurídica provocada - apoiou-se, em seu processo de formulação teórica, no reconhecimento de que o caráter subsidiário do sistema penal reclama e impõe, em função dos próprios objetivos por ele visados, a intervenção mínima do Poder Público" (HC 84.812).

Após essa decisão paradigmática do STF, onde parece terem se fixado os requisitos que devem ser avaliados para a aplicação do princípio da insignificância, o STJ passou a seguir a mesma linha de pensamento (HC 145.963).

Em que pese a clareza da decisão do Supremo Tribunal Federal, ponderamos que, quando se trata de valoração do risco de bens jurídicos materiais, entendidos com aqueles afetos à pessoa individualmente considerada, a verificação dos requisitos preconizados não é tarefa tão difícil. Entretanto, quando a análise que deve ser feita envolve a valoração do risco a um bem jurídico desmaterializado, não se trata de tarefa fácil.

O crime de perigo abstrato tipifica o risco que uma conduta pode gerar a bens jurídicos supraindividuais, sob uma análise anterior estabelecida no próprio tipo penal. Dessa forma, ao antever o risco, o legislador pondera os impactos trazidos pela denominada sociedade de risco, antecipando a tutela de bens jurídicos coletivos. É exatamente por essa razão que existem os crimes de perigo abstrato.

Logo, se o legislador antecipou a punição, é porque o risco ao bem jurídico coletivo está identificado, razão pela qual o Superior Tribunal de Justiça já definiu que "a possibilidade de incidência do princípio da insignificância não pode levar à situação de proteção deficiente ao bem jurídico tutelado. Portanto, não se deve abrir muito o espectro de sua incidência" (HC 446.915).

Em virtude dos argumentos e precedentes jurisprudenciais lançados, é forçoso concluir que não há uma definição absoluta sobre a aplicação, ou não, do princípio da insignificância aos crimes de perigo abstrato, devendo-se analisar caso a caso, de forma criteriosa e razoável, sob pena de afrontar a separação dos poderes constitucionalmente estabelecidos.

12. CRIMES PERMANENTES

Os *crimes permanentes* são aqueles em que a consumação se protrai no tempo, por vontade do agente, i.e., para a sua consumação é necessário que a situação contrária ao direito se mantenha. O crime de sequestro ou cárcere privado (art. 148, CP) é o exemplo mais comum trazido pela doutrina.

Nesses casos, a ofensa ao bem jurídico protegido pela norma se dá de maneira constante, podendo ser cessada de acordo com a vontade do sujeito ativo. Diferem-se, portanto, dos *crimes instantâneos*, conceituados como aqueles cuja consumação se dá em um momento determinado, razão pela qual também são chamados de crimes de consumação imediata, como, por exemplo, o crime de furto (art. 155, CP).

Há ainda os *crimes instantâneos de efeitos permanentes*, que são aqueles cujos efeitos subsistem após a consumação, independente da vontade do agente, tal como ocorre no crime de homicídio (art. 121, CP).

O presente estudo é importante na Lei 10.826/03, porque, de acordo com as circunstâncias, crimes como aposse ou o porte ilegal de arma, acessório ou munição (art. 12, 14 ou 16), poderão ser tanto *crimes instantâneos*, quanto *crimes permanentes*, a depender do verbo nuclear executado pelo agente.

É consenso que nos verbos nucleares *possuir* e *manter sob guarda, portar, deter, ter em depósito, transportar e ocultar*, as condutas criminosas serão consideradas crimes permanentes. Essa diferença é de suma importância para fins penais e processuais, pois existem consequências jurídicas diversas a cada espécie, sendo que, no que tange aos *crimes permanentes*, as normas de sua regência são sempre mais gravosas ao agente.

Nos crimes permanentes a *situação de flagrância* se perdura durante todo o tempo em que o agente se mantiver no desempenho do verbo nuclear, i.e., o agente está em *constante situação de flagrante delito*, conforme dispõe o art. 303 do Código de Processo Penal (STJ, RHC 80.559).

Outra regra de direito material que desfavorece o agente, é que nos crimes permanentes a *prescrição* só começa a correr a partir do dia em que cessar a permanência, conforme preconiza o art. 111, inc. III, do Código Penal. Em outras palavras, o início da contagem do prazo prescricional só ocorre quando cessar a agressão ao bem jurídico.

Ainda, há que se observar que, conforme a súmula 711 do STF, no caso de *sucessão de leis no tempo*, "a lei penal mais grave é aplicável ao crime permanente, se sua vigência é anterior à cessação da permanência". Portanto, sendo o bem jurídico violado de forma contínua e duradoura, renovando-se a cada momento a consumação, eventual alteração legislativa, ainda que se apresente como *lex gravior*, deverá ser aplicada ao fato.

E, finalmente, anote-se que, nos crimes permanentes, é *dispensável a expedição de mandado de busca e apreensão domiciliar quando houver flagrante*, pois, segundo a Constituição Federal (art. 5º, inc. XI), "a casa é asilo inviolável do indivíduo, ninguém nela podendo penetrar sem consentimento do morador, salvo em caso de flagrante delito ou desastre, ou para prestar socorro, ou, durante o dia, por determinação judicial".

Nesse ponto, ganha especial relevo o crime de posse ilegal de arma de fogo de uso permitido (art. 12) ou restrito (art. 16), pois o agente que *mantiver a posse* do objeto, diante da constante situação de flagrância, está sujeito ao ingresso de policiais em sua residência independente de autorização judicial.

Há que se observar, entretanto, a emblemática decisão do Supremo Tribunal Federal, em sede de repercussão geral, no julgamento do RE 603.616, quando, conferindo legitimidade ao ingresso em residência, independentemente de ordem judicial, acenou os limites aos quais essa prática está sujeita. Veja-se:

> A entrada forçada em domicílio sem mandado judicial só é lícita, mesmo em período noturno, quando amparada em fundadas razões, devidamente justificadas "a posteriori", que indiquem que dentro da casa ocorre situação de flagrante delito, sob pena de responsabilidade disciplinar, civil e penal do agente ou da autoridade, e de nulidade dos atos praticados. Essa a orientação do Plenário, que reconheceu a repercussão geral do tema e, por maioria, negou provimento a recurso extraordinário em que se discutia, à luz do art. 5º, XI, LV e LVI, da Constituição, a legalidade das provas obtidas mediante invasão de domicílio por autoridades policiais sem o devido mandado de busca e apreensão. O acórdão impugnado assentara o caráter permanente do delito de tráfico de drogas e mantivera condenação criminal fundada em busca domiciliar sem a apresentação de mandado de busca e apreensão. A Corte asseverou que o texto constitucional trata da inviolabilidade domiciliar e de suas exceções no art. 5º, XI ("a casa é asilo inviolável do indivíduo, ninguém nela podendo penetrar sem consentimento do morador, salvo em caso de flagrante delito ou desastre, ou para prestar socorro, ou, durante o dia, por determinação judicial"). Seriam estabelecidas, portanto, quatro exceções à inviolabilidade: a) flagrante delito; b) desastre; c) prestação de socorro; e d) determinação judicial. A interpretação adotada pelo STF seria no sentido de que, se dentro da casa estivesse ocorrendo um crime permanente, seria viável o ingresso forçado pelas forças policiais, independentemente de determinação judicial. Isso se daria porque, por definição, nos crimes permanentes, haveria um interregno entre a consumação e o exaurimento. Nesse interregno, o crime estaria em curso. Assim, se dentro do local protegido o crime permanente estivesse ocorrendo, o perpetrador estaria cometendo o delito. Caracterizada a situação de flagrante, seria viável o ingresso forçado no domicílio. Desse modo, por exemplo, no crime de tráfico de drogas (Lei 11.343/2006, art. 33), estando a droga depositada em uma determinada casa, o morador estaria em situação de flagrante delito, sendo passível de prisão em flagrante. Um policial, em razão disso, poderia ingressar na residência, sem autorização judicial, e realizar a prisão. Entretanto, seria necessário estabelecer uma interpretação que afirmasse a garantia da inviolabilidade da casa e, por outro lado, protegesse os agentes da segurança pública, oferecendo orientação mais segura sobre suas formas de atuação. Nessa medida, a entrada

> forçada em domicílio, sem uma justificativa conforme o direito, seria arbitrária. Por outro lado, não seria a constatação de situação de flagrância, posterior ao ingresso, que justificaria a medida. Ante o que consignado, seria necessário fortalecer o controle "a posteriori", exigindo dos policiais a demonstração de que a medida fora adotada mediante justa causa, ou seja, que haveria elementos para caracterizar a suspeita de que uma situação a autorizar o ingresso forçado em domicílio estaria presente. O modelo probatório, portanto, deveria ser o mesmo da busca e apreensão domiciliar — apresentação de "fundadas razões", na forma do art. 240, §1º, do CPP —, tratando-se de exigência modesta, compatível com a fase de obtenção de provas. Vencido o Ministro Marco Aurélio, que provia o recurso por entender que não estaria configurado, na espécie, o crime permanente[12].

Portanto, não há dúvidas sobre a possibilidade e legitimidade do ingresso policial em residência particular, ainda que sem ordem judicial, quando no seu interior há um crime sendo praticado. O ponto nevrálgico a se verificar é em que consistem as *fundadas razões* para tanto. Sobre esse aspecto, enfatizamos que a expressão contempla uma ampla variação de significados, devendo o aplicador da lei buscar parâmetros de interpretação mais concretos para completar a "vagueza" da expressão.

O que se pode estabelecer como parâmetro de orientação é que as fundadas razões não se confundem com a *certeza do crime*, mas também não se perfazem com a *mera intuição*. Logo, cada caso deve ser analisado detalhadamente, a fim de se garantir que o ingresso na residência se dê dentro dos limites legais, de modo que a prova eventualmente obtida com a diligência possa ser legitimamente utilizada na persecução criminal.

13. TEORIA DA SERENDIPIDADE

Serendipidade significa o encontro fortuito de provas, relativamente a fato diferente daquele que é objeto de determinada investigação. Esse instituto se verifica, assim, nos casos em que o investigador sai em busca de uma coisa e acaba por encontrar outra. Nesse caso, se a diligência que viabilizou o encontro fortuito atendeu os pressupostos legais, esse elemento pode ser utilizado como prova. Para aprofundamento do assunto remetemos o leitor ao capítulo 8 da Lei 11.343/06.

14. NORMA PENAL EM BRANCO

Os tipos penais da Lei 10.826/03 fazem referência a "armas de fogo, acessórios e munições", termos aos quais fizemos referência nos capítulos 2 e 3, a fim de apresentá-los ao leitor. Essas expressões se encontram na descrição típica de todos os crimes do Estatuto do Desarmamento, mas não são definidas no corpo deste diploma legal.

Dessa forma, os tipos penais se apresentam como **norma penal em branco heterogênea**, pois a sua complementação provém de *fonte diversa* da que a determinou, i.e., não provém de Lei Ordinária Federal, tal qual a Lei 10.826/03, mas de Decretos, conforme tratamos anteriormente.

A apresentação do conceito de arma de fogo, acessório e munição, bem como de outras expressões atinentes ao Estatuto do Desarmamento, está no art. 2° do Dec. 9.846/19, no art. 2° do Dec. 9.847/19 e no Anexo III do Decreto 10.030/19.

Da leitura desses dispositivos infere-se que a *arma de fogo* é "arma que arremessa projéteis empregando a força expansiva dos gases, gerados pela combustão de um propelente confinado em uma câmara, normalmente solidária a um cano, que tem a função de dar continuidade à combustão do propelente, além de direção e estabilidade ao projétil"; *acessório de arma de fogo* é "artefato que, quando acoplado à arma, possibilita a melhoria do desempenho do atirador, a modificação de um efeito secundário do tiro ou a modificação do aspecto visual da arma; e, *munição* é "cartucho completo ou seus componentes, incluídos o estojo, a espoleta, a carga propulsora, o projétil e a bucha utilizados em armas de fogo".

15. ARMA DE BRINQUEDO E ESPINGARDA DE CHUMBO

O Estatuto do Desarmamento traz a criminalização de condutas que envolvem "armas de fogo, acessório e munição". Assim, tanto a *arma de brinquedo*, quanto a *espingarda de chumbo* não encontram tipicidade formal nos crimes nele elencados.

No que se refere às **armas de brinquedo**, o art. 26 da Lei 10.826/03 prevê que "são vedadas a fabricação, a venda, a comercialização e a importação de brinquedos, réplicas e simulacros de armas de fogo, que com estas se possam confundir", sendo que seu parágrafo único apresenta uma ressalva, prevendo que "excetuam-se da proibição as réplicas e os simulacros destinados à instrução, ao adestramento, ou à coleção de usuário autorizado, nas condições fixadas pelo Comando do Exército".

12. STF, RE 603.616, Rel. Min. Gilmar Mendes, DJ 05/11/2015.

Verifica-se, assim, que a lei estabelece uma *vedação legal*, porém, de forma até ilógica, *não estabelece nenhuma penalidade*, muito menos tipificação criminal para esta conduta. Não há uma consequência legal à vedação estabelecida.

No mesmo sentido, o art. 2°, §1°, do Decreto n° 9.847/19, determina que "fica proibida a produção de réplicas e simulacros que possam ser confundidos com arma de fogo, conforme art. 26 da Lei 10.826/03, que não sejam classificados como arma de pressão, nem destinados à instrução, ao adestramento, ou à coleção de usuário autorizado".

No que se refere à **espingarda de chumbo**, tem-se que sua posse ou porte não configura crime, pelo simples fato de que *não é arma de fogo*. Trata-se de *arma de pressão*, cujo funcionamento se dá por mola ou gás comprimido.

A *arma de pressão*, nos termos do Anexo III do Decreto 10.030/19, é a "arma cujo princípio de funcionamento é o emprego de gases comprimidos para impulsão de projétil, os quais podem estar previamente armazenados em uma câmara ou ser produzidos por ação de um mecanismo, tal como um êmbolo solidário a uma mola".

Veja-se que, conforme explicamos no capítulo 1, a Lei 10.826/03 foi regulamentada pelo Decreto 3.665/00 (R-105), que regulamentava a fiscalização de produtos controlados. Esse diploma foi revogado pelo Dec. 9.493/18, que também foi revogado pelo Dec. 10.030/19, hoje vigente.

Pois bem, o Dec. n° 3.665/00 previa no art. 16, inc. VIII, que seriam de *uso restrito* as "armas de pressão por ação de gás comprimido ou por ação de mola, com calibre superior a seis milímetros, que disparem projéteis de qualquer natureza". Esse dispositivo não possui mais vigência, sendo que não encontramos nos decretos posteriores norma com igual teor. Logo, a inferência que fazemos é de que tais objetos não são mais de uso restrito, entretanto, não deixaram de configurar *produto controlado pelo Exército*, conforme Anexo II do Dec. n° 10.030/19.

Tipificação: Não há tipificação na Lei 10.826/03.

Importação de arma de pressão: A importação não autorizada de arma de pressão, ainda que de calibre inferior a 6 mm, configura contrabando, impedindo aplicação do princípio da insignificância (STJ, AgRg no REsp 1.479.836). No mesmo sentido, o STF fixou entendimento de que "a importação de arma de pressão por ação de gás comprimido, de calibre igual ou inferior a 6 mm, de uso permitido, submete-se a uma proibição relativa, por se tratar de produto controlado pelo Exército. A importação, sem autorização prévia do Exército, de arma de pressão por ação de gás comprimido, de calibre igual ou inferior a 6mm, de uso permitido, tipifica o crime de contrabando. O princípio da insignificância não se aplica ao crime de contrabando (STF, HC 131.943). Portanto, é *imprescindível a prévia autorização do Exército* (STJ, REsp 1.438.097).

Roubo com arma de brinquedo: A utilização de simulacro de arma de fogo, sem potencialidade para realização de disparo, ou arma de brinquedo, como meio de intimidação, serve para a caracterização da elementar grave ameaça para configurar o crime de roubo, porém não se admite para fins de causar a majoração da pena (STJ, HC 445.043).

16. POSSE IRREGULAR DE ARMA DE FOGO DE USO PERMITIDO

Art. 12. Possuir ou manter sob sua guarda arma de fogo, acessório ou munição, de uso permitido, em desacordo com determinação legal ou regulamentar, no interior de sua residência ou dependência desta, ou, ainda no seu local de trabalho, desde que seja o titular ou o responsável legal do estabelecimento ou empresa:

Pena – detenção, de 1 (um) a 3 (três) anos, e multa.

Crítica quanto ao *nomen iuris*: O crime deveria se chamar "posse *ilegal* de arma de fogo de uso permitido", pois, conforme lembra Guilherme de Souza Nucci, ainda que existam disposições regulamentares sobre o assunto, é a lei formal que dispõe a possibilidade, ou não, de posse de arma de fogo, acessório e munição.

Verbos nucleares: *possui* (ter a posse), *manter sob guarda* (cuidar).

Segundo entendimento de uma corrente doutrinária, há imprecisão técnica na sua redação, pois o núcleo *manter sob guarda* implica necessariamente na *posse* da arma[13], sendo que não há diferença onto-

13. Nesse sentido: PORTOCARRERO. Cláudia Barros; FERREIRA, Wilson Luiz Palermo. Leis penais extravagantes – Teoria, jurisprudência e questões comentadas, 4ª edição, Salvador: Juspodivm, 2019, p. 226; NUCCI, Guilherme de Souza. Leis Penais e Processuais Penais Comentadas. Volume II, Rio de Janeiro: Forense, 2017, p. 14.

lógica entre eles. Assiste razão a essa corrente, a qual no filiamos. Aliás, reforçando esse entendimento, lembramos que o núcleo *manter sob sua guarda* (tecnicamente seria *ter em depósito*), previsto no dispositivo, somente pode ser compreendido como a *posse em nome próprio*, já que a *posse em nome de terceiro* configura o *manter sob guarda* previsto no art. 14.

Objeto jurídico: É a incolumidade pública.

Objeto material: Arma de fogo, acessório ou munição (permitidas).

Arma de fogo, acessório e munição: Ver capítulo 14.

De uso permitido: Ver capítulo 3.

Elemento subjetivo: É o dolo. Não se admite forma culposa.

Elemento normativo: Encontra-se na expressão *em desacordo com determinação legal ou regulamentar*. Trata-se de expressão que afastaria a ilicitude da conduta, no entanto, como está inserida no tipo, acaba por se tornar elemento do fato típico. Logo, havendo a referida autorização, a conduta será atípica.

Elemento espacial do tipo: O crime se consuma na *residência* ou no *local de trabalho*, sendo que, neste caso, o dispositivo exige que seja o *titular ou responsável legal* pelo estabelecimento. Portanto, o dispositivo não se aplica a todo e qualquer funcionário do local. Logo, v.g., o proprietário do local que mantiver arma sem registro no local de trabalho responderá por esse crime, mas o funcionário que praticar a mesma conduta vai responder pelo crime de porte ilegal de arma de fogo.

Sujeito ativo: Conforme explicamos acima, dependerá do elemento espacial do dispositivo. Logo, quando a conduta ocorrer na *residência*, o sujeito ativo poderá ser qualquer pessoa, tratando-se de *crime comum*. Entretanto, quando a conduta ocorrer no *local de trabalho*, apenas poderá ser sujeito ativo o titular ou responsável pelo local, tratando-se de *crime próprio*[14].

Sujeito passivo: É a coletividade.

Crime permanente: Os elementos nucleares *possuir* e *manter sob sua guarda* denotam condutas cuja consumação se prolonga no tempo. Remetemos à leitura do capítulo 12, onde essa modalidade de crime foi estudada de forma mais detalhada, apontando seus reflexos no direito criminal.

Apreensão de várias armas no mesmo contexto: É crime único.

Residente em área rural: Aos residentes em área rural, considera-se residência ou domicílio *toda a extensão do respectivo imóvel rural* (art. 5°, §5°, Lei 10.826/03). Dessa forma, o agente que possui o documento de registro da arma de fogo pode "portá-la" dentro dos limites da sua propriedade, sem que incorra em crime de porte ilegal de arma de fogo. É uma verdadeira *posse extensiva*. Trata-se do que batizamos *porte legal sem documento de porte*.

Residente em área urbana: O art. 5°, *caput*, prevê que o registro da arma permite ao proprietário mantê-la exclusivamente no interior de sua residência, ou dependência dessa. E, por *dependências da residência*, acompanhando a lição de Guilherme de Souza Nucci[15], entendemos ser o lugar a ela vinculado, como, por exemplo, o quintal, a garagem, a edícula.

Porte no interior da residência: O agente que possui o documento de registro da arma tem o direito de *possuí-la* ou *guardá-la* em sua residência ou dependência dessa. Dúvidas surgem quanto ao direito de *portar* a arma dentro da sua residência. Sem embargo a entendimentos contrários, entendemos que o fato é atípico, pois o agente está respeitando o elemento espacial do tipo penal "interior de sua residência". Aliás, não existe guia de trânsito para dentro da própria residência, o que seria, inclusive, um absurdo. Ainda, tendo o registro da arma de fogo para defesa pessoal e de sua família, não há razoabilidade em exigir-se que a arma não possa estar *na cintura* do seu proprietário, dentro da sua residência. Trata-se daquilo que batizamos de *porte caseiro*.

Princípio da insignificância: Predomina o entendimento segundo o qual não é possível a sua aplicação, entretanto, há precedentes admitindo, conforme referimos no capítulo 11, para onde remetemos o leitor para maior aprofundamento do assunto.

Arma com registro vencido: O dispositivo pune a posse de arma de fogo *sem registro*.

14. Em sentido contrário, entendendo que o sujeito ativo é sempre qualquer pessoa, tratando-se de crime comum: NUCCI, Guilherme de Souza. Leis Penais e Processuais Penais Comentadas. Volume II, Rio de Janeiro: Forense, 2017, p. 15.

15. NUCCI, Guilherme de Souza. Leis Penais e Processuais Penais Comentadas. Volume II, Rio de Janeiro: Forense, 2017, p. 18.

Parece-nos que, aos olhos da lei, registro vencido equivale à ausência de registro. Como forma de justificar o que acabou de se referir, tomemos exemplos extraídos da legislação. Quem dirigir veículo automotor com a carteira de habilitação vencida será considerado inabilitado para fins penais, estando sujeito às penas do art. 309 do CTB, se a conduta gerar perigo de dano. Da mesma forma, quem efetuar o corte de árvores em floresta de preservação permanente ou, ainda, comercializar motosserra com a licença vencida responderá pelos crimes ambientais dos arts. 39 e 51, respectivamente, pois a licença vencida é equiparada a ausência de licença. Entretanto, o Superior Tribunal de Justiça entende que a posse de arma de fogo com registro vencido não configura o crime, tratando-se apenas de infração administrativa (HC 294.078).

Arma guardada de pessoa falecida: Caso alguém mantenha sob sua guarda arma que recebeu em virtude da morte do proprietário, estando com o *registro vencido*, aplica-se o mesmo raciocínio acima, não se configurando o crime (STJ, RHC 45.614). No caso, entende-se que a posse da arma de fogo sem registro pelo guardião não pode ter lesividade maior do que teria a do proprietário.

Arma recebida como herança: Caso alguém receba, formalmente, uma arma de fogo como herança de pessoa falecida, o raciocínio deve ser diferente. Nesse caso, como há transferência formal de propriedade, para ter a posse legítima, o herdeiro deverá providenciar a regularização da arma, nos termos da lei.

Posse na residência de terceiro: Trata-se de porte ilegal (STJ, HC 83.065). Conforme referimos na análise do *elemento espacial do tipo*, bem como no capítulo 7, o registro da arma de fogo autoriza o possuidor a mantê-la na sua própria residência ou no seu local de trabalho, quando for titular ou responsável.

Boleia de caminhão e interior de taxi: A manutenção de arma de fogo no interior de boleia de caminhão ou taxi configura o crime de porte ilegal (arts. 14 ou 16, conforme o caso), no núcleo *transportar*, pois a boleia do caminhão não é considerada residência, nem local de trabalho (STJ, HC 113.990 e REsp 1.219.901); e o taxi, da mesma forma, não é equiparado a local de trabalho (STJ, AgRg no REsp 1.318.757). Segundo assentado na jurisprudência, tanto o caminhão quanto o taxi são considerados *instrumentos de trabalho* (STJ, HC 116.052).

Acordo de não persecução penal: É cabível.

Classificação doutrinária: *Crime comum se praticado na residência* (pode ser praticado por qualquer pessoa) ou *crime próprio se praticado no local de trabalho* (somente pode ser praticado por sujeito com as qualidades descritas no artigo, i.e., titular ou responsável pelo local); *de mera conduta* (não há previsão de resultado naturalístico à sua consumação); *de perigo abstrato* (o perigo gerado pela conduta é presumido pela lei); *crime vago* (tem como sujeito passivo a coletividade); *doloso* (o agente quer o resultado ou assume o risco de produzi-lo); *de forma livre* (pode ser praticado por qualquer meio de execução); *comissivo* (os verbos indicam ações); *permanente* (a consumação se protrai no tempo); *unissubjetivo ou de concurso eventual* (pode ser praticado por um só agente); *plurissubsistente* (admite fracionamento dos atos de execução); *admite tentativa.*

17. OMISSÃO DE CAUTELA

Art. 13. Deixar de observar as cautelas necessárias para impedir que menor de 18 (dezoito) anos ou pessoa portadora de deficiência mental se apodere de arma de fogo que esteja sob sua posse ou que seja de sua propriedade:

Pena – detenção, de 1 (um) a 2 (dois) anos, e multa.

Elemento nuclear: *Deixar de observar* (não prestar atenção).

Crime omissivo: O núcleo *deixar de* indica omissão.

Objeto jurídico: É a incolumidade pública.

Objeto material: É a arma de fogo, *apenas*.

Acessório e munição: Não fazem parte da descrição da conduta. Logo, caso a conduta omissiva recaia sobre acessório ou munição não haverá crime por ausência de tipicidade formal.

Arma de fogo: Ver capítulo 14.

Elemento subjetivo: Não há.

Registramos que, muito embora a maioria da doutrina lecione que o elemento subjetivo do crime é a culpa, não concordamos com tal posicionamento, uma vez que a *culpa é elemento normativo* do tipo penal. A culpa não é elemento subjetivo do tipo, porque não há vontade na conduta culposa, i.e., a culpa não está no subjetivismo do agente.

Elemento normativo: É a culpa. É o único crime culposo da lei.

Modalidade de culpa: O artigo especifica a modalidade omissiva de culpa, a negligência.

Sujeito ativo: O proprietário ou possuidor da arma.

Sujeito passivo: A coletividade (sujeito passivo primário); *menor de dezoito anos ou deficiente mental* (sujeito passivo secundário). Atente-se que ao referir-se a menor de dezoito anos ou deficiente mental, o artigo estabelece uma característica do sujeito passivo, i.e., um sujeito passivo determinado. Trata-se de *crime de subjetividade passiva própria.*

Crime bipróprio: Exige sujeito ativo e sujeito passivo determinados.

Tentativa: Não é admitida. É uma premissa do Direito Penal que crimes culposos e omissivos próprios não admitem tentativa. No que se refere ao crime culposo, tem-se que o agente não pode "tentar produzir um resultado que não era desejado". E, no que se refere aos crimes omissivos próprios, entende-se que o agente não pode "tentar não fazer algo", i.e., ou ele faz o que deveria fazer e evita o crime ou, então, não faz o que deveria fazer e consuma o crime.

Consumação: Se dá com o apoderamento da arma de fogo pelas pessoas referidos no dispositivo, i.e., menor de dezoito anos ou deficiente mental. Registre-se, neste aspecto, um equívoco que incide em grande parte dos ensinamentos doutrinários por parte daqueles que se atrevem a enfrentar esse ponto. Alguns autores classificam o presente delito como de "mera conduta", porém, no que se refere à consumação, lecionam que o delito apenas se consuma com o "efetivo apoderamento da arma" pelo menor de dezoito anos ou deficiente mental. Os crimes de mera conduta não necessitam de resultado para a sua consumação. Dessa forma, há que se manter a coerência. Ou sustenta-se que o crime é de mera conduta e, então, a consumação se dá independentemente do apoderamento da arma pelo menor ou deficiente, mas com a mera negligência em deixar a arma em local de fácil acesso. Ou se sustenta que o crime é material e, então, a consumação somente se dá com o efetivo apoderamento (que é o resultado da conduta) da arma pelas pessoas referidas no dispositivo, não bastando a mera conduta. Essa é a posição que preferimos.

Comentário: Trata-se de crime punido apenas a título de culpa.

É o único crime culposo previsto na lei.

Entrega dolosa da arma a menor: Não configura este crime, onde se tipifica apenas a forma culposa de omissão de cautela. A entrega dolosa de arma a criança ou adolescente configura o crime do art. 16, §1°, inc. V.

Entrega dolosa da arma a deficiente mental: Não configura este crime, onde se tipifica apenas a forma culposa de omissão de cautela. A entrega dolosa de arma a deficiente mental pode configurar os crimes dos arts. 14 ou 16, conforme se trate de arma de uso permitido ou restrito, no verbo *ceder*.

Concurso de crimes: Se a arma de fogo não for registrada haverá concurso de crimes. O agente responderá pelo crime do art. 13 em concurso com um dos crimes dos artigos 12, 14 ou 16, dependendo das circunstâncias.

Infração de menor potencial ofensivo: Pena máxima de 02 anos.

Acordo de não persecução penal: Não é cabível (art. 28-A, §2°, inc. I, do Código de Processo Penal).

Classificação doutrinária: *Crime bipróprio* (o tipo exige sujeito ativo e sujeito passivo determinados. Assim, somente pode ser praticado pelo proprietário da arma e contra menor de dezoito anos ou deficiente mental); *material* (apenas se consuma com a ocorrência de resultado naturalístico, i.e., o efetivo apoderamento da arma pelo menor de 18 anos ou deficiente mental); *de perigo abstrato* (o perigo gerado pela conduta é presumido pela lei); *culposo* (o agente não quer o resultado, o qual ocorre por negligência); *de forma livre* (pode ser praticado por qualquer meio de execução); *omissivo* (o verbo nuclear indica um não agir); *instantâneo* (se consuma em um momento específico, i.e., o apoderamento da arma); *unissubjetivo ou de concurso eventual* (pode ser praticado por um só agente); *unissubsistente* (não admite fracionamento dos atos de execução); *não admite tentativa.*

18. OMISSÃO DE COMUNICAÇÃO

> Art. 13 (...)
>
> **Parágrafo único. Nas mesmas penas incorrem o proprietário ou diretor responsável de empresa de segurança e transporte de valores que deixarem de registrar ocorrência policial e de comunicar à Polícia Federal perda, furto, roubo ou outras formas de extravio de arma de fogo, acessório ou munição que estejam sob sua guarda, nas primeiras 24 (vinte quatro) horas depois de ocorrido o fato.**

Verbos nucleares: *Deixar de registrar* (não formalizar, não anotar); *deixar de comunicar* (não avisar).

Crime omissivo: O núcleo *deixar de* indica omissão.

Objeto jurídico: É a incolumidade pública.

Objeto material: Arma de fogo, acessório ou munição.

Arma de fogo, acessório e munição: Ver capítulo 14.

Elemento subjetivo: É o dolo.

Diferentemente do *caput*, o parágrafo único não pune a culpa.

Sujeito ativo: O proprietário ou diretor responsável pela empresa.

Se a omissão for sujeito comum o fato será atípico.

Sujeito passivo: É a coletividade.

Tentativa: Não é admitida, pois se trata de um crime omissivo.

Obrigações cumulativas: O dispositivo determina que o agente faça registro de ocorrência policial e comunique o fato à Polícia Federal. Ainda que exista quem sustente que basta a adoção de qualquer das determinações, de forma alternativa, para se afastar a tipicidade[16], entendemos que a conjunção "e" significa adição, impondo atendimento cumulativo. No mesmo sentido, Guilherme de Souza Nucci[17] preconiza que, ao determinar as duas providências, o legislador já prevê a desorganização do Estado no controle das armas de fogo, sendo que apenas seria dispensável a comunicação à Polícia Federal na hipótese em que o próprio registro da ocorrência fosse efetuado nesse órgão policial. O art. 13, *caput* e §3°, do Decreto 9.847/19 mantém as mesmas obrigações aos proprietários de armas de fogo, estabelecendo que os proprietários devam comunicar o fato à polícia judiciária, ao SINARM e a Polícia Federal. Porém, o §1°, determinando um pouco mais de organização e sincronicidade aos serviços do Estado, prevê que "a polícia judiciária remeterá, no prazo de 48h, contado da data de recebimento da comunicação, as informações coletadas à Polícia Federal ou ao Comando do Exército, para fins de cadastro no Sinarm".

Responsabilização cumulativa: A responsabilidade penal não elide a civil e a administrativa, decorrente dos art. 7°, §1°, onde se lê que "o proprietário ou diretor responsável de empresa de segurança privada e de transporte de valores responderá pelo crime previsto no parágrafo único do art. 13 desta Lei, sem prejuízo das demais sanções administrativas e civis, se deixar de registrar ocorrência policial e de comunicar à Polícia Federal perda, furto, roubo ou outras formas de extravio de armas de fogo, acessórios e munições que estejam sob sua guarda, nas primeiras 24 (vinte e quatro) horas depois de ocorrido o fato".

Crime a prazo: A lei prevê prazo de 24h para a sua configuração.

Crítica à redação do dispositivo: Ao prever que as providências do artigo (registro de ocorrência e comunicação à Polícia Federal) sejam feitas no prazo de 24h *depois de ocorrido o fato*, o dispositivo parece adotar responsabilidade penal objetiva, o que é vedado em direito penal. É imprescindível no Direito Penal que o agente seja punido pelo seu conhecimento e, mais, pela sua intenção em praticar o crime. A redação do artigo permite a punição do agente independentemente da ciência do evento. Imagine-se o caso em que a empresa foi arrombada por meliante na sexta-feira, após o horário de expediente, tendo o responsável legal tomado conhecimento do fato apenas na segunda-feira, pela manhã. No mesmo sentido, imagine-se o caso em que o gerente responsável pela empresa foi vítima de roubo, praticado mediante violência, tendo entrado em coma e acordado apenas três dias depois do fato. Nos dois casos sugeridos os agentes já teriam praticado pelo crime mesmo antes de tomarem conhecimento do fato. Portanto, o correto é interpretar-se o dispositivo, harmonizando-o com os fundamentos do *direito penal subjetivo*, implementando-se leitura no sentido de que as providências determinadas (registro de ocorrência e comunicação à PF) sejam feitas no prazo de 24h *depois de ter tomado ciência do fato.*

Infração de menor potencial ofensivo: Pena máxima de 02 anos.

Acordo de não persecução penal: Não é cabível (art. 28-A, §2°, inc. I, do Código de Processo Penal).

Classificação doutrinária: *Crime próprio* (só pode ser praticado por sujeito com as qualidades

16. DELMANTO, Roberto; DELMANTO, Fábio M. de Almeida. Leis Penais Especiais Comentadas. Rio de Janeiro/São Paulo/Recife: Renovar, 2006, p. 633, *apud* NUCCI, *op. cit.*, p. 21; CAPEZ, Fernando. Curso de Direito Penal, Volume 4, Legislação penal especial, 13ª edição. São Paulo: Saraiva, 2018, p. 437.

17. NUCCI, Guilherme de Souza. Leis Penais e Processuais Penais Comentadas. Volume II, Rio de Janeiro: Forense, 2017, p. 21.

descritas no artigo, i.e., proprietário ou diretor responsável pela empresa); *de mera conduta* (não há previsão de resultado naturalístico à sua consumação); *de perigo abstrato* (o perigo é presumido pela lei); *doloso* (o agente quer o resultado ou assume o risco de produzi-lo); *de forma livre* (pode ser praticado por qualquer meio de execução); *omissivo* (o verbo nuclear indica um não agir); *instantâneo* (se consuma em um momento específico, i.e., após 24h); *Crime a prazo* (a lei prevê prazo de 24h para sua configuração); *unissubjetivo* (pode ser praticado por um só agente); *unissubsistente* (não admite fracionamento da execução); *não admite tentativa.*

19. PORTE ILEGAL DE ARMA DE FOGO DE USO PERMITIDO

Art. 14. Portar, deter, adquirir, fornecer, receber, ter em depósito, transportar, ceder, ainda que gratuitamente, emprestar, remeter, empregar, manter sob guarda ou ocultar arma de fogo, acessório ou munição, de uso permitido, sem autorização e em desacordo com determinação legal ou regulamentar:

Pena – reclusão, de 2 (dois) a 4 (quatro) anos, e multa.

Parágrafo único. O crime previsto neste artigo é inafiançável, salvo quando a arma de fogo estiver registrada em nome do agente.

Verbos nucleares: *Portar* (carregar consigo), *deter* (conservar em seu poder), *adquirir* (obter mediante pagamento, comprar), *fornecer* (prover, entregar, abastecer), *receber* (entrar na posse, aceitar algo), *ter em depósito* (armazenar, conservar), *transportar* (levar de um lugar para outro em veículo), *ceder, ainda que gratuitamente* (transferir a posse de forma onerosa ou gratuita), *emprestar* (ceder por tempo determinado), *remeter* (enviar, dentro do país), *empregar* (utilizar), *manter sob guarda* (tomar conta, vigiar) *ou ocultar* (esconder).

Manter sob guarda e ter em depósito: Os dois núcleos parecem ter o mesmo significado, entretanto, esclarecemos que a conduta de *ter em depósito* refere-se à livre disposição da arma pelo agente e a conduta de *manter sob guarda* refere-se à guarda da arma em beneficiamento de terceiro.

Portar e transportar: Os núcleos parecem ter o mesmo significado, entretanto, frisamos que a conduta de *portar* significa trazer consigo, junto ao corpo, e *transportar,* implica na condução da arma em algum meio de transporte.

Objeto jurídico: É a incolumidade pública.

Objeto material: Arma de fogo, acessório ou munição (permitidas)

Arma de fogo, acessório e munição: Ver capítulo 14.

De uso permitido: Ver capítulo 3.

Elemento subjetivo: É o dolo. Não se admite forma culposa.

Elemento normativo: Encontra-se na expressão *sem autorização e em desacordo com determinação legal ou regulamentar.* Trata-se de expressão que afastaria a ilicitude da conduta, no entanto, como está inserida no tipo, acaba por se tornar elemento do fato típico. Logo, havendo a referida autorização, a conduta será atípica.

Sujeito ativo: É qualquer pessoa.

Sujeito passivo: É a coletividade.

Crime permanente: Os elementos nucleares *portar, deter, ter em depósito, transportar, manter sob guarda e ocultar* denotam ações cuja consumação se protrai no tempo. Remetemos à leitura do capítulo 12, onde essa modalidade de crime foi estudada de forma mais detalhada, apontando todos os seus reflexos.

Princípio da insignificância: Predomina o entendimento segundo o qual não é possível a sua aplicação, entretanto, há precedentes admitindo (STF, HC 133.984), conforme referimos no capítulo 11, para onde remetemos o leitor, a fim de aprofundar o estudo sobre o assunto.

Apreensão de várias armas no mesmo contexto: É crime único. A quantidade de armas portadas pelo agente será analisada pelo juiz na dosimetria da pena, quando da valoração das circunstâncias judiciais (art. 59, CP).

Crime de ação múltipla: Possui várias formas de execução. Porém, a prática de mais de um verbo nuclear (realização de mais de uma conduta típica), no mesmo contexto fático, caracteriza crime único. Assim, o agente que adquire a arma, transporta e guarda, não estará praticando três crimes, mas apenas um. O crime de ação múltipla é também chamado de *tipo misto alternativo* ou de *conteúdo variado.*

Venda de uma única arma: Configura o crime. Ainda que o verbo *vender* não faça parte da tipificação, é possível enquadrar a conduta no elemento nuclear *ceder*, pois a venda é uma espécie de cedência onerosa. Logo, ao inserir na redação a expressão "ceder, ainda que gratuitamente", é nítida a intenção de punir, também, a "cedência onerosa", mediante contraprestação. Por fim, lembre-se que a intenção do legislador ao editar o Estatuto do Desarmamento, como o próprio nome sugere, foi retirar da população a disponibilidade direta de armas de fogo.

Porte irregular por agente autorizado: Equivale ao porte ilegal. O Superior Tribunal de Justiça entende caracterizado o crime de porte ilegal de arma de fogo (art. 14) nos casos em que o agente, embora habilitado, pratica o porte de forma irregular, v.g, embriagado, drogado[18], com porte ostensivo, em locais públicos com aglomeração de pessoas[19] (STJ, RHC 35.260).

Colecionador, atirador e caçador: Ainda que habilitados, praticam o crime quando descumprem as regras estabelecidas no Decreto nº 9.846/19[20].

Porte de arma desmuniciada: É crime[21].

Porte de arma desmontada: É crime[22]. Porém, é importante anotar que há entendimento no sentido de que apenas configura-se o crime quando a arma desmontada estiver ao alcance do agente, permitindo a sua montagem[23].

Porte de munição: É crime[24].

A exceção ocorre nos casos de pequena quantidade[25].

Porte de arma quebrada ou estragada: Não é crime. Entende-se que, nesse caso, não há qualquer exposição de perigo ao bem jurídico tutelado[26].

Porte de arma obsoleta: É crime. O fato de ser obsoleta, por si só, não afasta a incidência do tipo penal. Para a exclusão do crime é necessário que a arma seja *muito antiga e fora de uso*, de modo que o laudo pericial aponte a sua não produção de disparos[27]. Sobre o conceito de arma obsoleta, remetemos à leitura do capítulo 3.

Porte de arma com funcionamento imperfeito: É crime. Entende-se que, nesse caso, embora defeituosa, a arma possui potencialidade lesiva[28].

Laudo pericial: É dispensável, para a configuração dos crimes de posse e porte ilegal de arma de fogo, a realização de exame pericial a fim de atestar a potencialidade lesiva da arma[29]. Entretanto, conforme referido acima, se a arma foi apreendida e submetida à perícia, caso o laudo aponte seu não funcionamento, está afastada a tipicidade da conduta[30].

Porte compartilhado: É possível a configuração do porte de arma de fogo compartilhado quando a arma esteja à disposição de ambos os agentes e que nenhum deles assuma o porte. Trata-se de hipótese de concurso de agentes no crime de porte ilegal de arma de fogo, mesmo havendo uma única arma.[31].

Porte de arma registrada: Configura o crime do art. 14 se o agente detém, fora das hipóteses do art. 12, o porte de arma de fogo registrada, sem ter o documento de porte (STJ, Resp 1.883.364).

Utilização da arma em crime diverso: Caso o agente utilize a arma para a prática de outro crime,

18. Lei 10.826/03: **Art. 10.** (...).**§2º** A autorização de porte de arma de fogo, prevista neste artigo, perderá automaticamente sua eficácia caso o portador dela seja detido ou abordado em estado de embriaguez ou sob efeito de substâncias químicas ou alucinógenas.
19. Decreto 9.847/19: **Art. 20.** O titular de porte de arma de fogo para defesa pessoal concedido nos termos do disposto no art. 10 da Lei nº 10.826, de 2003, não poderá conduzi-la ostensivamente ou com ela adentrar ou permanecer em locais públicos, tais como igrejas, escolas, estádios desportivos, clubes, agências bancárias ou outros locais onde haja aglomeração de pessoas em decorrência de eventos de qualquer natureza. **§1º** A inobservância ao disposto neste artigo implicará na cassação do porte de arma de fogo e na apreensão da arma, pela autoridade competente, que adotará as medidas legais pertinentes. **§2º** Aplica-se o disposto no §1º na hipótese de o titular do porte de arma de fogo portar o armamento em estado de embriaguez ou sob o efeito de drogas ou medicamentos que provoquem alteração do desempenho intelectual ou motor.
20. Decreto 9.846/19: **Art. 5º** (...). **§2º** Fica garantido o direito de transporte desmuniciado das armas dos clubes e das escolas de tiro e de seus integrantes e dos colecionadores, dos atiradores e dos caçadores, por meio da apresentação do Certificado de Registro de Colecionador, Atirador e Caçador ou do Certificado de Registro de Arma de Fogo válidos. **§3º** Os colecionadores, os atiradores e os caçadores poderão portar uma arma de fogo curta municiada, alimentada e carregada, pertencente a seu acervo cadastrado no Sinarm ou no Sigma, conforme o caso, sempre que estiverem em deslocamento para treinamento ou participação em competições, por meio da apresentação do Certificado de Registro de Colecionador, Atirador e Caçador, do Certificado de Registro de Arma de Fogo e da Guia de Tráfego válidos.
21. Nesse sentido: STJ, HC 211.823; STF, HC 95.073.
22. Nesse sentido: STJ, 3ª Seção, AgRg no AEREsp 260.556; STJ, AgRg no REsp 1.390.999.
23. Nesse sentido: NUCCI, Guilherme de Souza. Leis Penais e Processuais Penais Comentadas. Volume II, Rio de Janeiro: Forense, 2017, p. 27.
24. Nesse sentido: STF, HC 113.295; STJ, RHC 102.406.
25. Nesse sentido: STF, HC 154.590STJ, REsp 1.735.871.
26. Nesse sentido: STJ, AgRg no AREsp 397.473 e REsp 1.451.397.
27. Nesse sentido: STJ, RHC 121.521.
28. Nesse sentido: STF, HC 93.816.
29. Nesse sentido: STJ, AgRg no AREsp 1.320.612.
30. Nesse sentido: STJ, HC 445.564.
31. Nesse sentido: STJ, HC 352.523 e HC 198.186.

v.g., roubo ou homicídio. Nesse caso, haverá concurso de infrações (STJ, HC 108.232), notadamente quando evidenciado que o porte da arma não tinha como finalidade específica a prática do crime (STJ, HC 448.097). A exceção ocorre quando o porte da arma for meio para o crime fim, i.e., quando o porte se dá especificamente para a prática do crime (STJ, HC 126. 944).

Excludente de criminalidade: Caso o agente utilize uma arma de fogo em situação de legítima defesa, estado de necessidade (causas excludentes da ilicitude) ou por inexigibilidade de conduta diversa (excludente de culpabilidade), por certo, havendo provas dessas circunstâncias, será absolvido do fato principal. Dessa forma, não há razões para se punir a conduta relativa à posse ou porte ilegal, que deverão ser absorvidas, quando consistirem no meio necessário à prática do crime mais grave. Registre-se que, nesse caso, a doutrina costumeiramente analisa o porte ilegal de arma em "sentido estrito", i.e., na modalidade *portar*. Lembramos, no entanto, que, sob o *nomen iuris* "porte ilegal de arma de fogo", o art. 14aponta treze verbos nucleares, v.g., *adquirir, receber, fornecer e ceder*. Sob essa ótica, levando-se em consideração o porte *lato sensu*, entendemos ser viável a responsabilização pelo crime de porte ilegal, ainda que utilizada em legitima defesa, por exemplo. Caso fique provada a aquisição, recebimento, fornecimento ou cedência ilegal da arma de fogo, é possível cogitar-se a responsabilização tanto do agente que a adquiriu ou recebeu (e utilizou-a, em momento futuro, em legítima defesa) quanto daquele que a forneceu ou cedeu, pois, nesse caso, há ruptura no nexo entre os fatos.

Tribunal do júri: O STJ entende que o exame quanto à incidência do princípio da consunção entre os crimes de homicídio e de posse ou porte ilegal de arma de fogo é de competência absoluta do Tribunal do Júri (RESP 1.592.667 e AgRg no REsp 1.364.364). Assim, reconhecida a materialidade do crime contra a vida e existindo indícios de autoria, a submissão ao Tribunal do Júri do julgamento do crime conexo decorre do art. 78, inc. I, do Código de Processo Penal.

Perda de arma registrada como efeito da condenação: Conforme referimos inicialmente, o registro da arma autoriza o seu proprietário a mantê-la em sua residência. Assim, se levá-la (portá-la) fora desses limites, estará praticando o crime de porte ilegal e, sendo condenado, o perdimento da arma é efeito automático da condenação, nos ermos do art. 91, inc. II, alínea "a", do Código Penal.

Parágrafo único: Foi declarado inconstitucional (STF, ADI 3.112).

Logo, o crime é afiançável, inclusive pelo delegado (art. 322, CPP).

Acordo de não persecução penal: É cabível.

Classificação doutrinária: *Crime comum* (pode ser praticado por qualquer pessoa); *de mera conduta* (não há previsão de resultado naturalístico à sua consumação); *de perigo abstrato* (o perigo gerado pela conduta é presumido pela lei); *crime vago* (tem como sujeito passivo a coletividade); *doloso* (o agente quer o resultado ou assume o risco de produzi-lo); *de forma livre* (pode ser praticado por qualquer meio de execução); *comissivo* (os verbos indicam ações); *instantâneo nos núcleos adquirir, receber, fornecer, ceder, emprestar, remeter e empregar* (a consumação se dá em um momento específico) *permanente nos núcleos portar, deter, ter em depósito, transportar, manter sob guarda e ocultar* (a consumação se protrai no tempo*); unissubjetivo ou de concurso eventual* (pode ser praticado por um só agente); *plurissubsistente* (admite fracionamento dos atos de execução); *admite tentativa.*

20. DISPARO DE ARMA E FOGO

Art. 15. Disparar arma de fogo ou acionar munição em lugar habitado ou em suas adjacências, em via pública ou em direção a ela, desde que essa conduta não tenha como finalidade a prática de outro crime:

Pena – reclusão, de 2 (dois) a 4 (quatro) anos, e multa.

Parágrafo único. O crime previsto neste artigo é inafiançável.

Verbos nucleares: *Disparar* (desferir, lançar, deflagrar), *acionar* (fazer funcionar).

Objeto jurídico: É a incolumidade pública.

Objeto material: Munição.

Munição: Ver capítulo 14.

Elemento subjetivo: É o dolo. Não se admite forma culposa.

Portanto, disparo acidental não é punido.

Elemento espacial: Lugar habitado (suas adjacências); via pública.

Lugar habitado: Local onde pessoas residem, vivem.

Adjacências de lugar habitado: É o seu entorno; locais próximos.

Via pública: Local onde transitam veículos, pessoas e animais.

Sujeito ativo: É qualquer pessoa.

Sujeito passivo: É a coletividade.

Crime permanente: Os elementos nucleares *portar, deter, ter em depósito, transportar, manter sob guarda e ocultar* denotam ações cuja consumação se protrai no tempo. Remetemos à leitura do capítulo 12, onde essa modalidade de crime foi estudada de forma mais detalhada, apontando todos os seus reflexos.

Crime subsidiário: Conforme se verifica, este crime só se configura quando a "conduta não tenha como finalidade a prática de outro crime". Repare-se que o tipo penal exige apenas *outro crime*. Assim, por exemplo, o agente que efetuar o disparo de arma de fogo, por exemplo, com a intenção de ameaçar pessoas, não responderia pelo crime de disparo de arma de fogo, mas sim pelo crime de ameaça, que tem penas sensivelmente menores. É incoerente, mas é o estabelecido. Assim, para corrigir essa incoerência legislativa, entendemos que a subsidiariedade do dispositivo somente deve ser observada quando o agente tiver a intenção de praticar *outro crime mais grave*, i.e., deve prevalecer o crime de disparo de arma de fogo sempre que o outro crime (visado pelo agente) tiver pena menor[32]. Não for assim, bastaria o agente alegar, em qualquer caso, que seu disparo possuía a intenção de *ameaçar alguém* para responder apenas pelo crime de ameaça (art. 147, CP) ou, pior ainda, eximir-se totalmente da responsabilidade penal, já que este crime é de ação penal pública condicionada à representação da vítima, a qual sequer existiria, tratando-se de mera estratégia defensiva. Em sentido contrário, Guilherme de Souza Nucci[33] preconiza que a subsidiariedade deve prevalecer sempre que houver a intenção de praticar outro crime. Assim, se a intenção do agente era ferir a vítima, deve responder pelo crime de lesão corporal (art. 129, CP), ainda que a pena deste seja menor. Nesse sentido, inclusive, há decisão do Superior Tribunal de Justiça (REsp 1.656.036).

Finalidade de praticar outro crime: O dispositivo determina que a subsidiariedade depende da *finalidade* (vontade) do agente em realizar outro crime. Logo, caso ocorra um disparo voluntário, mas *sem finalidade especial* não será caso de se afastar a aplicação do dispositivo. Nesse viés, o agente que efetua o disparo e atinge terceiro, causado a sua morte, não responderá pelo *homicídio culposo* (art. 121, §3°, CP), mas pelo crime de disparo (doloso) de arma de fogo.

Disparo acidental: Não configura o crime. O crime é doloso.

Disparo e porte da arma: Há quatro correntes doutrinárias sobre a existência de *concurso de crimes* ou *aplicação do princípio da consunção* entre as condutas de disparo e porte ilegal de arma de fogo. **(a)** A 1ª corrente entende que, em todo caso, há *concurso de crimes*, porque quando do disparo o porte já está consumado; **(b)** A 2ª corrente leciona que, em qualquer caso, deve-se aplicar o *princípio da consunção*, responsabilizando-se o agente apenas pelo crime de disparo, porque o porte é crime meio para o crime fim[34]; **(c)** A 3ª corrente preconiza, em qualquer caso, deve-se aplicar o *princípio da consunção*, de modo que, em sendo a *arma de uso permitido*, o disparo absorve o porte (art. 14), pois ambos são apenados de modo igual, em sendo a *arma de uso restrito ou proibido* (art. 16), o porte absorve o disparo, pois a pena deste é mais leve[35]; **(d)** A 4ª corrente sustenta que a responsabilização vai depender do caso concreto, podendo ocorrer *concurso de crimes ou aplicação do princípio da consunção*, dependerá se as ações foram praticadas no mesmo contexto fático (aplicação do princípio da consunção) ou se estão temporalmente afastadas (concurso de crimes)[36]. Acreditamos que o melhor entendimento é o apresentado pela 4ª corrente, à qual nos filiamos.

Disparo em residência não habitada: Não configura o crime por ausência do elemento espacial

---

32. Nesse sentido: CAPEZ, Fernando. Curso de Direito Penal, Volume 4, Legislação penal especial, 13ª edição. São Paulo: Saraiva, 2018, p. 454; CUNHA, Rogério Sanches; PINTO, Ronaldo Batista; SOUZA, Renee do Ó. Leis Penais Especiais: comentada artigo por artigo. Salvador: Juspodivm, 2019, p. 1664.
33. NUCCI, Guilherme de Souza. Leis Penais e Processuais Penais Comentadas. Volume II, Rio de Janeiro: Forense, 2017, p. 36.
34. Nesse sentido: NUCCI, Guilherme de Souza. Leis Penais e Processuais Penais Comentadas. Volume II, Rio de Janeiro: Forense, 2017, p. 36.
35. Nesse sentido: CUNHA, Rogério Sanches; PINTO, Ronaldo Batista; SOUZA, Renee do Ó. Leis Penais Especiais: comentada artigo por artigo. Salvador: Juspodivm, 2019, p. 1665.
36. STJ, HC 94.673, AgRg no REsp 1.331.199 e AgRg no AREsp 1.211.409.

(lugar habitado ou suas adjacências). Portanto, se o agente estiver sozinho dentro da casa, e efetuar um disparo, o fato será atípico. Se, entretanto, estiver acompanhado por alguém, deverá responder pelo crime do art. 132 do Código Penal, já que colocou em risco a vida ou a saúde de outrem.

Diferença para o art. 132 do Código Penal: Nesse caso, o agente expõe a perigo *pessoa certa*. No caso do art. 15 o perigo é para a *coletividade*.

Disparo em local Ermo (deserto): Não configura o crime. O local ermo nada mais é do que o local desabitado, descaracterizando o elemento espacial do tipo penal. Entende-se que não há perigo à segurança pública. Entretanto, não é dado ao agente presumir que o local é desabitado. Assim, caso o agente alegue desconhecimento de que o local era habitado, tentando valer-se de *erro de tipo*, deve demonstrar cabalmente seu desconhecimento. Não se desincumbindo desse ônus, há que ser responsabilizado pelo crime.

Excludente de ilicitude: Caso o agente efetue disparo em situação de legítima defesa (disparo para evitar furto ou homicídio) ou estado de necessidade (disparo para evitar ataque de animal) não responderá pelo disparo. E, conforme esclarecemos nos comentários ao art. 14, não há razões para se punir as condutas relativas à posse ou porte ilegal, que deverão ser absorvidas, quando consistirem no meio necessário à prática do crime mais grave.

Parágrafo único: Foi declarado inconstitucional (STF, ADI 3.112).

Logo, o crime é afiançável, inclusive pelo delegado (art. 322, CPP).

Acordo de não persecução penal: É cabível.

Classificação doutrinária: *Crime comum* (pode ser praticado por qualquer pessoa); *de mera conduta* (não há previsão de resultado naturalístico à sua consumação); *de perigo abstrato* (o perigo gerado pela conduta é presumido pela lei); *crime vago* (tem como sujeito passivo a coletividade); *doloso* (o agente quer o resultado ou assume o risco de produzi-lo); *de forma livre* (pode ser praticado por qualquer meio de execução); *comissivo* (os verbos indicam ações); *instantâneo* (a consumação se dá em um momento específico); *unissubjetivo* (pode ser praticado por um só agente); *plurissubsistente* (admite fracionamento dos atos de execução); *admite tentativa.*

21. POSSE OU PORTE ILEGAL DE ARMA DE FOGO DE USO RESTRITO

Art. 16. Possuir, deter, portar, adquirir, fornecer, receber, ter em depósito, transportar, ceder, ainda que gratuitamente, emprestar, remeter, empregar, manter sob sua guarda ou ocultar arma de fogo, acessório ou munição de uso restrito, sem autorização e em desacordo com determinação legal ou regulamentar:

Pena – reclusão, de 3 (três) a 6 (seis) anos, e multa.

Pacote anticrime: O dispositivo foi alterado pela Lei 13.964/19. Foi suprimida a expressão *de uso proibido*, que foi realocada no §2°. Antes da alteração legislativa, o *caput* contemplava tanto condutas referente a armas de uso restrito, quanto a armas de uso proibido.

Verbos nucleares: *Possuir* (ter a posse); *deter* (conservar em seu poder); *portar* (carregar consigo); *adquirir* (obter mediante pagamento, comprar); *fornecer* (prover, entregar, abastecer); *receber* (entrar na posse, aceitar algo); *ter em depósito* (armazenar, conservar); *transportar* (levar de um lugar para outro em veículo); *ceder, ainda que gratuitamente* (transferir a posse de forma onerosa ou gratuita); *emprestar* (ceder por tempo determinado); *remeter* (enviar, dentro do país); *empregar* (utilizar); *manter sob guarda* (tomar conta, vigiar) *ou ocultar* (esconder).

Guardar (manter sob guarda) e ter em depósito: Os dois núcleos parecem ter o mesmo significado, entretanto, esclarecemos que a conduta de *ter em depósito,* refere-se à livre disposição da arma pelo agente e a conduta de *guardar* refere-se à ocultação da arma em beneficiamento de terceiro.

Portar e transportar: Os núcleos parecem ter o mesmo significado, entretanto, frisamos que a conduta de *portar* significa trazer consigo, junto ao corpo, e *transportar,* implica na condução da arma em algum meio de transporte.

Configuração do crime: Este crime configura-se de duas formas, i.e., pela *ausência do registro* (no interior da residência, ou dependências dessa, ou no local de trabalho, quando for o titular ou responsável legal pelo estabelecimento); ou pela *ausência do documento de porte*, em qualquer local (*extra murus*).

Objeto jurídico: É a incolumidade pública.

Objeto material: Arma de fogo, acessório ou munição (restritas).

Arma de fogo, acessório e munição: Ver capítulo 14.

De uso restrito: Ver capítulo 3.

Elemento subjetivo: É o dolo. Não se admite forma culposa.

Elemento normativo: Encontra-se na expressão *sem autorização e em desacordo com determinação legal ou regulamentar*. Trata-se de expressão que afastaria a ilicitude da conduta, no entanto, como está inserida no tipo, acaba por se tornar elemento do fato típico. Logo, havendo a referida autorização, a conduta seria atípica.

Sujeito ativo: É qualquer pessoa.

Sujeito passivo: É a coletividade.

Crime permanente: Os elementos nucleares *possuir, portar, deter, ter em depósito, transportar, manter sob guarda e ocultar* denotam condutas cuja consumação se prolonga no tempo. Remetemos à leitura do capítulo 12, onde essa modalidade de crime foi estudada de forma detalhada, apontando seus reflexos para o processo penal.

Venda de uma única arma: Configura o crime. Ainda que o verbo *vender* não faça parte da tipificação, é possível enquadrar a conduta no elemento nuclear *ceder*, pois a venda é uma espécie de cedência onerosa. Logo, ao inserir na redação a expressão "ceder, ainda que gratuitamente", é nítido a intenção de punir, também, a "cedência onerosa", mediante contraprestação.

Hediondez: Não é crime hediondo.

Remetemos aos comentários feitos no capítulo 18 da Lei 8.072/90.

Acordo de não persecução penal: É cabível.

Classificação doutrinária: *Crime comum* (pode ser praticado por qualquer pessoa); *de mera conduta* (não há previsão de resultado naturalístico à sua consumação); *de perigo abstrato* (o perigo gerado pela conduta é presumido pela lei); *crime vago* (tem como sujeito passivo a coletividade); *doloso* (o agente quer o resultado ou assume o risco de produzi-lo); *de forma livre* (pode ser praticado por qualquer meio de execução); *comissivo* (os verbos indicam ações); *instantâneo nos núcleos adquirir, receber, fornecer, ceder, emprestar, remeter e empregar* (a consumação se dá em um momento específico) *permanente nos núcleos possuir, portar, deter, ter em depósito, transportar, manter sob guarda e ocultar* (a consumação se protrai no tempo*); unissubjetivo ou de concurso eventual* (pode ser praticado por um só agente); *plurissubsistente* (admite fracionamento dos atos de execução); *admite tentativa.*

§1º Nas mesmas penas incorre quem:

Crimes equiparados: Os incisos I a VI, que a seguir estudaremos, constituem crimes autônomos, mas equiparados ao *caput*, punidos da mesma forma.

Hediondez: Não são considerados crime hediondo.

Remetemos aos comentários feitos no capítulo 18 da Lei 8.072/90.

I – suprimir ou alterar marca, numeração ou qualquer sinal de identificação de arma de fogo ou artefato;

Verbos nucleares: *Suprimir* (apagar, modificar totalmente); *alterar* (trocar, modificar parcialmente).

Sujeito ativo: É qualquer pessoa.

Sujeito passivo: É a coletividade.

Objeto jurídico: É a incolumidade pública.

Elemento subjetivo: É o dolo. Não se admite forma culposa.

Objeto material: Arma de fogo ou artefato (ver capítulo 14).

Tentativa: Sendo crime plurissubsistente, a tentativa é possível.

A confissão como única prova: Há que se ter muito cuidado com a subsunção do dispositivo ao caso concreto ou, mais precisamente com a descrição legal do palco fático. O delegado de polícia e o promotor de justiça precisam estar atentos às circunstâncias do caso para não permitir que o imputado busque se livrar da punição através de estratégia defensiva técnica. Explicamos. Caso o agente seja abordado portando uma arma com numeração suprimida (conduta subsumida no inc. IV, a qual estudaremos na sequência) e, ao ser conduzido à Delegacia de Polícia, alegue que foi ele o autor da supressão, indicando local e dia em que suprimiu a numeração da arma. Bem, nesse caso, não seria possível a prisão em flagrante delito pelo inc. IV, a qual seria um *post factum* impunível ao autor da própria supressão. Diante desse cenário, deveria ser autuado, em registro simples de ocorrência, como incurso no dispositivo ora estudado (inc. I).

Livrou-se da *prisão em flagrante* e apresentou sua *versão extraprocessual* dos fatos. Então, indiciado e denunciado pela prática confessada no inquérito policial, a supressão da numeração da arma (inc. I), em interrogatório judicial, altera sua versão e passa a sustentar que não foi o autor da supressão, mas que apenas portava a arma. É sabido que o réu se defende dos *fatos*, não da capitulação jurídica da conduta que lhe é inicialmente imputada. Assim, se na imputação do fato, que provavelmente estaria tipificado no inc. I, estiver descrita apenas a conduta de *suprimir* (conforme confissão do agente no inquérito), sem fazer referência ao *porte*, não há como o juiz proferir sentença condenatória, ainda que o réu confesse, em juízo, a conduta de portar. Trata-se de observação ao *princípio da correlação*. É que o fato provado (porte) é diferente do fato narrado (supressão), não sendo caso de *emendatio libelli*, mas de *mutatio libelli*, conforme o art. 384, Código de Processo Penal. Portanto, entendemos que, salvo no caso de prisão em flagrante nas condutas de suprimir ou adulterar (inc. I), o indiciamento e a denúncia devem conter imprescindivelmente referência, ainda que alternativa, ao inc. IV, sendo a conduta de portar devidamente imputada, ainda que o acusado tenha confessado inicialmente a supressão ou adulteração da arma.

Acordo de não persecução penal: É cabível.

Classificação doutrinária: *Crime comum* (pode ser praticado por qualquer pessoa); *material* (há previsão de um resultado naturalístico, i.e., a efetiva supressão ou adulteração)[37]; *de perigo abstrato* (o perigo gerado pela conduta é presumido pela lei); *crime vago* (tem como sujeito passivo a coletividade); *doloso* (o agente quer o resultado ou assume o risco de produzi-lo); *de forma livre* (pode ser praticado por qualquer meio de execução); *comissivo* (os verbos indicam ações); *instantâneo* (a consumação se dá em um momento específico); *unissubjetivo*(pode ser praticado por um só agente); *plurissubsistente* (admite fracionamento dos atos de execução); *admite tentativa.*

II – modificar as características de arma de fogo, de forma a torná-la equivalente a arma de fogo de uso proibido ou restrito ou para fins de dificultar ou de qualquer modo induzir a erro autoridade policial, perito ou juiz;

Verbo nuclear: *Modificar* (alterar, adulterar).

Sujeito ativo: É qualquer pessoa.

Sujeito passivo: É a coletividade.

Objeto jurídico: É a incolumidade pública.

Objeto material: Arma de fogo (ver capítulo 14).

Configuração do crime: O dispositivo descreve duas ações típicas decorrentes da conduta de modificar as características da arma de fogo, i.e., para *torná-la equivalente a arma de uso proibido ou restrito* ou para *dificultar ou induzir a erro a autoridade policial, o perito ou o juiz.*

Elemento subjetivo: É o dolo. O tipo penal pressupõe o elemento subjetivo específico, i.e., o verbo *modificar* deve ser praticado *para os fins descritos*. Não se admite a modalidade culposa. Diante da necessidade do especial fim de agir, é classificado como um *tipo penal incongruente* ou *assimétrico*.

Tentativa: Sendo crime plurissubsistente, a tentativa é possível.

Crime formal: Tratando-se de crime formal, não é necessário que o resultado pretendido pelo agente efetivamente ocorra para a sua consumação. Logo, o *crime estará consumado* ainda que o agente não consiga, na primeira modalidade, tornar a arma de uso permitido em arma de uso restrito ou proibido ou, na segunda modalidade, ainda que não consiga enganar a autoridade policial, o perito ou o juiz. Basta que o agente pratique a conduta com a intenção exigida pela lei[38]. O crime formal é também chamado por alguns de *crime de resultado cortado*.

A efetiva transformação da arma: O agente que modificar as características da arma de fogo (querendo transformá-la em arma de uso restrito ou proibido) deverá responder pelo art. 16, II, na modalidade consumada, ainda que não consiga seu intento. Porém, conseguindo transformar a arma de uso permitido, v.g., em arma de uso restrito, passará

37. Entendendo que o crime é de mera conduta: NUCCI, Guilherme de Souza. Leis Penais e Processuais Penais Comentadas. Volume II, Rio de Janeiro: Forense, 2017, p. 42; CUNHA, Rogério Sanches; PINTO, Ronaldo Batista; SOUZA, Renee do Ó. Leis Penais Especiais: comentada artigo por artigo. Salvador: Juspodivm, 2019, p. 1674.

38. Entendendo que o crime é de mera conduta: NUCCI, Guilherme de Souza. Leis Penais e Processuais Penais Comentadas. Volume II, Rio de Janeiro: Forense, 2017, p. 42. Entendendo que o crime é material na primeira modalidade e formal na segunda: CUNHA, Rogério Sanches; PINTO, Ronaldo Batista; SOUZA, Renee do Ó. Leis Penais Especiais: comentada artigo por artigo. Salvador: Juspodivm, 2019, p. 1677.

a *possuir* ou *deter* arma de uso restrito, consumando, então, o crime do art. 16, *caput*, devendo por este responder. Esse é o argumento que nos leva a reforçar o entendimento de que o dispositivo estudado se trata de crime formal nas duas modalidades de execução.

Princípio da especialidade: O art. 347 do CP (fraude processual) tipifica a conduta daquele que "inovar artificiosamente, na pendência de processo civil ou administrativo, o estado de lugar, de coisa ou de pessoa, a fim de induzir a erro o juiz ou o perito". Esse dispositivo é afastado pelo inciso ora estudado.

Acordo de não persecução penal: É cabível.

Classificação doutrinária: *Crime comum* (pode ser praticado por qualquer pessoa); *formal* (o resultado naturalístico é dispensável à consumação); *de perigo abstrato* (o perigo gerado pela conduta é presumido pela lei); *crime vago* (tem como sujeito passivo a coletividade); *doloso* (o agente quer o resultado ou assume o risco de produzi-lo); *tipo penal incongruente* (há elemento subjetivo específico) *de forma livre* (pode ser praticado por qualquer meio); *comissivo* (os verbos indicam ações); *instantâneo* (a consumação se dá imediatamente à conduta); *unissubjetivo* (pode ser praticado por um só agente); *plurissubsistente* (admite fracionamento dos atos de execução); *admite tentativa.*

III – possuir, detiver, fabricar ou empregar artefato explosivo ou incendiário, sem autorização ou em desacordo com determinação legal ou regulamentar;

Verbos nucleares: *Possuir* (ter a posse); *deter* (conservar em seu poder); *fabricar* (construir); *empregar* (utilizar, dar aplicação).

Sujeito ativo: É qualquer pessoa.

Sujeito passivo: É a coletividade.

Objeto jurídico: É a incolumidade pública.

Elemento subjetivo: É o dolo. Não se admite forma culposa.

Objeto material: Artefato explosivo ou incendiário (ver capítulo 2).

Tentativa: Sendo crime plurissubsistente, a tentativa é possível.

Princípio da especialidade: A doutrina majoritária entende que o art. 253 do CP[39] foi *derrogado* no que se refere à expressão "substância ou engenho explosivo", possuindo vigência apenas quanto a "gás tóxico ou asfixiante"[40]. Porém, advertimos que o dispositivo em comento não trata de todas as situações previstas no art. 253 do CP. Com a devida vênia a quem tem entendimento diferente[41], não concordamos com a afirmação de que "para fornecer ou transportar, é necessário, antes, deter ou possuir", bem como que "quem adquire, possui e quem tenta adquirir, tenta possuir" o artefato. Até admitimos que para *transportar* é necessário *deter* ou *possuir*. No entanto, para *fornecer* ou *adquirir*, definitivamente, não é necessário *possuir*. É possível que o ato de *fornecer* (abastecer) se dê por um intermediário que não entre na posse do artefato. Logo, falta-lhe tipicidade penal no inc. III. No que se refere ao ato de *adquirir*, cumpre recordar que o momento da aquisição, não é o momento em que o agente recebe o objeto da contratação. As transações comerciais de compra e venda, nos termos da legislação civil (art. 482, CC), se aperfeiçoam com o *acordo de vontades entre o vendedor e o comprador*. Ou seja, a *aquisição se perfectibiliza com a concretização da negociação*, não com a entrega do produto. Assim, parece lógico que o agente pode adquirir o artefato, mas não entrar na sua posse. Logo, falta-lhe tipicidade penal no inc. III. Dessa forma, há apenas dois caminhos. Ou o art. 253 do CP possui vigência nas condutas de *adquirir* e *fornecer*, permitindo a correta subsunção penal, ou o art. 253 do CP foi derrogado, diante do tratamento da matéria por lei específica (art. 16, §1°, III, Lei 10.826/03) e as condutas de *adquirir* e *fornecer* são atípicas, de modo que somente se realizará o tipo quando o agente, ao adquirir e fornecer, tiver entrado na posse dos artefatos. Entendemos que *não há tipicidade penal* na Lei n° 10.826/03 para as condutas de *adquirir e fornecer artefato explosivo ou incendiário*. O mesmo se diga da conduta de *vender artefato explosivo ou incendiário*[42]. A tipificação penal dessas condutas na Lei 10.826/03 necessita um contorcionismo jurídico que por nós não é bem-vindo.

Gás lacrimogênio e spray de pimenta: A conduta de portar gás lacrimogênio ou gás de pimenta

39. Art. 253, Código Penal: "Fabricar, fornecer, adquirir, possuir ou transportar, sem licença da autoridade, substância ou engenho explosivo, gás tóxico ou asfixiante, ou material destinado à sua fabricação".

40. Nesse sentido: CUNHA, Rogério Sanches; PINTO, Ronaldo Batista; SOUZA, Renee do Ó. Leis Penais Especiais: comentada artigo por artigo. Salvador: Juspodivm, 2019, p. 1678.

41. Nesse sentido: CAPEZ, Fernando. Curso de Direito Penal, Volume 4, Legislação penal especial, 13ª edição. São Paulo: Saraiva, 2018, p. 476.

42. Exceto se a conduta visar *criança ou adolescente* (art. 16, §1°, V).

não se amolda ao crime do art. 16, parágrafo único, III, da Lei nº 10.826/2003, pois não são *artefatos explosivos*. (STJ, REsp 1.627.028). A subsunção da conduta deve ser feita no art. 253 do Código Penal.

Acordo de não persecução penal: É cabível.

Classificação doutrinária: *Crime comum* (pode ser praticado por qualquer pessoa); *de mera conduta* (não há previsão de resultado naturalístico à sua consumação); *de perigo abstrato* (o perigo gerado pela conduta é presumido pela lei); *crime vago* (tem como sujeito passivo a coletividade); *doloso* (o agente quer o resultado ou assume o risco de produzi-lo); *de forma livre* (pode ser praticado por qualquer meio de execução); *comissivo* (os verbos indicam ações); *instantâneo nos núcleos fabricar e empregar* (a consumação se dá em um momento específico) *permanente nos núcleos possuir e deter* (a consumação se prolonga no tempo); *unissubjetivo* (pode ser praticado por um só agente); *plurissubsistente* (admite fracionamento dos atos de execução); *admite tentativa.*

IV – portar, possuir, adquirir, transportar ou fornecer arma de fogo com numeração, marca ou qualquer outro sinal de identificação raspado, suprimido ou adulterado;

Verbos nucleares: *Portar* (carregar consegue); *possuir* (ter a posse); *adquirir* (obter mediante pagamento, comprar); *transportar* (levar de um lugar para outro em veículo); *fornecer* (prover, entregar, abastecer).

Princípio da especialidade: O art. 180 do Código Penal tipifica a conduta daquele que "adquirir, receber, transportar, conduzir ou ocultar, em proveito próprio ou alheio, coisa que sabe ser produto de crime, ou influir para que terceiro, de boa-fé, a adquira, receba ou oculte". O dispositivo tem a sua aplicação afastada pelo inciso ora estudado.

Arma de uso permitido com numeração raspada: A arma de fogo de uso permitido que tenha a numeração raspada se torna equivalente à arma de uso restrito, devendo o agente responder por este crime (STF, HC 99.582). Registre-se, ainda, que esta conduta não é considerada crime hediondo (STJ, HC 525.249 e HC 575.933).

Acordo de não persecução penal: É cabível.

Classificação doutrinária: *Crime comum* (pode ser praticado por qualquer pessoa); *de mera conduta* (não há previsão de resultado naturalístico à sua consumação); *de perigo abstrato* (o perigo gerado pela conduta é presumido pela lei); *crime vago* (tem como sujeito passivo a coletividade); *doloso* (o agente quer o resultado ou assume o risco de produzi-lo); *de forma livre* (pode ser praticado por qualquer meio de execução); *comissivo* (os verbos indicam ações); *instantâneo nos núcleos adquirir e fornecer* (a consumação se dá no ato da conduta); *permanente nos núcleos portar, possuir e transportar* (a consumação se prolonga no tempo); *unissubjetivo* (pode ser praticado por um só agente); *plurissubsistente* (admite fracionamento dos atos de execução); *admite tentativa.*

V – vender, entregar ou fornecer, ainda que gratuitamente, arma de fogo, acessório, munição ou explosivo a criança ou adolescente; e

Verbos nucleares: *vender* (alienar por contraprestação); *entregar* (passar às mãos, dar a posse); *fornecer* (prover, entregar, abastecer).

Vender: É verbo de configuração instantânea.

Basta uma venda para a consumação (não se exige habitualidade).

Entregar e fornecer: A entrega é una, se verifica com a tradição. O fornecimento pressupõe continuidade, i.e., trata-se de tradição contínua.

Sujeito ativo: É qualquer pessoa.

Sujeito passivo: É a coletividade.

Objeto jurídico: É a incolumidade pública.

Elemento subjetivo: É o dolo. Não se admite forma culposa.

Objeto material: Arma de fogo, acessório, munição ou explosivo.

Arma de fogo, acessório, munição ou explosivo: Ver capítulo 2.

Tentativa: Sendo crime plurissubsistente a tentativa é possível.

Princípio da Especialidade: Afasta a aplicação do art. 242 do ECA, onde se tipifica a conduta de "vender, fornecer ainda que gratuitamente ou entregar, de qualquer forma, a criança ou adolescente arma, munição ou explosivo". Porém, alertamos que como o Estatuto da Criança e do Adolescente não fez menção à arma de fogo, mas apenas à arma, continua aplicável quando se tratar de arma de outra natureza.

Diferença em relação ao art. 13: O dispositivo em comento trata-se de crime doloso e comissivo. O art. 13 trata-se de crime culposo e omissivo.

Venda de arma a menor em atividade comercial: Não configura o crime. Trata-se do crime de comércio ilegal, descrito no art. 17. E, se a arma for de uso restrito ou proibido, aplica-se a causa de aumento da pena prevista no art. 19.

Acordo de não persecução penal: É cabível.

Classificação doutrinária: *Crime comum* (pode ser praticado por qualquer pessoa); *de mera conduta* (não há previsão de resultado naturalístico à sua consumação); *de perigo abstrato* (o perigo gerado pela conduta é presumido pela lei); *crime vago* (tem como sujeito passivo a coletividade); *doloso* (o agente quer o resultado ou assume o risco de produzi-lo); *de forma livre* (pode ser praticado por qualquer meio de execução); *comissivo* (os verbos indicam ações); *instantâneo* (a consumação se dá no ato da conduta); *unissubjetivo* (pode ser praticado por um só agente); *plurissubsistente* (admite fracionamento na execução); *admite tentativa.*

VI – produzir, recarregar ou reciclar, sem autorização legal, ou adulterar, de qualquer forma, munição ou explosivo.

Verbos nucleares: *produzir* (criar, fabricar); *recarregar* (por carga); *reciclar* (renovar, atualizar, viabilizar reutilização); *adulterar* (modificar).

Sujeito ativo: É qualquer pessoa.

Sujeito passivo: É a coletividade.

Objeto jurídico: É a incolumidade pública.

Elemento subjetivo: É o dolo. Não se admite forma culposa.

Objeto material: munição e explosivo (ver capítulo 2).

Tentativa: Sendo crime plurissubsistente, a tentativa é possível.

Crime de ação múltipla: Possui várias formas de execução. Porém, a prática de mais de um verbo nuclear (realização de mais de uma conduta típica), no mesmo contexto fático, caracteriza crime único. Assim, o agente que produz, recarrega e recicla, não estará praticando três crimes, mas apenas um. O crime de ação múltipla é também chamado de *tipo misto alternativo* ou de *conteúdo variado.*

Elemento normativo: Encontra-se na expressão *sem autorização legal.* Trata-se de expressão que afastaria a ilicitude da conduta, no entanto, como está inserida no tipo, acaba por se tornar elemento do fato típico. Logo, havendo a referida autorização, a conduta seria atípica.

Autorização legal: A autorização legal refere-se exclusivamente às condutas de *produzir, recarregar e reciclar* munição ou explosivo, pois é possível se obter autorização para essas finalidades, como, por exemplo, nos casos das escolas de tiro, fábricas de arma, academias de polícia. Entretanto, repare-se que não há previsão de autorização legal para *adulterar* munição ou explosivo, v.g., abrir a ponta do projétil para agravar o impacto. Esse agente jamais obterá autorização legal para essa finalidade. Não há adulteração legal. A conduta será sempre criminosa.

Crime de flagrante vinculado ou de condução instantânea: A sua configuração está diretamente vinculada à situação de flagrante delito, i.e., somente se verifica quando o agente for surpreendido produzindo, recarregando, reciclando ou adulterando o objeto. Não há configuração da conduta criminosa se desvinculada do cenário de flagrante.

Porte de munição adulterada: Não há um crime específico para o porte de munição adulterada. A lei pune a *adulteração* em si. Logo, essa figura típica apenas se configura na modalidade de *flagrante delito*, i.e., no ato da adulteração da munição ou explosivo. É crime de flagrante vinculado ou de condução instantânea. Lembramos, por oportuno, que o agente responderá pelo porte ilegal da munição (se não possuir documento de porte) e poderá responder, também, pelo crime de receptação (art. 180, CP), tendo como crime antecedente a adulteração da munição, ora estudada.

Acordo de não persecução penal: É cabível.

Classificação doutrinária: *Crime comum* (pode ser praticado por qualquer pessoa); *material* (há previsão de um resultado naturalístico, v.g., produção ou adulteração); *de perigo abstrato* (o perigo gerado pela conduta é presumido pela lei); *crime vago* (tem como sujeito passivo a coletividade); *doloso* (o agente quer o resultado ou assume o risco de produzi-lo); *de forma livre* (pode ser praticado por qualquer meio de execução); *comissivo* (os verbos indicam ações); *instantâneo* (a consumação se dá no ato da conduta); *unissubjetivo* (pode ser praticado por um só agente); *plurissubsistente* (admite fracionamento na execução); *crime de flagrante vinculado ou de condução instantânea* (sua configuração está diretamente vinculada à situação de flagrante); *admite tentativa.*

§2º Se as condutas descritas no *caput* e no §1º deste artigo envolverem arma de fogo de uso proibido, a pena é de reclusão, de 4 (quatro) a 12 (doze) anos.

Pacote anticrime: Esse dispositivo foi acrescentado pelo pacote anticrime. Antes, a expressão *de uso proibido* estava inserida no *caput*, juntamente com a expressão *de uso restrito*.

Qualificadora: O dispositivo tem natureza jurídica de qualificadora. A qualificadora do crime se caracteriza por altera as penas mínima e máxima do tipo penal, em virtude do acréscimo de figuras elementares na descrição do comportamento criminoso. Trata-se, portanto, de *tipo penal derivado e autônomo*. Diz-se derivado, porque sua descrição deriva do tipo básico, e autônomo, porque ao estabelecer novos patamares de apenamento, possui aplicação independente. Segundo René Ariel Dotti[43], são qualificadoras as circunstâncias que revelam certos motivos, interesses, meios ou modos de execução; que produzem resultados graves para o bem jurídico afetado ou, então, que expõem a vítima ao maior poder de ação do agente, seja em função da idade, de parentesco ou outra relação de confiança, justificando um tratamento penal mais rigoroso. Anote-se que as qualificadoras, conforme Rogério Sanches Cunha[44], não fazem parte da segunda e terceira etapa na fixação da pena, pois integram o preceito secundário do tipo penal e, deste modo, são consideradas como ponto de partida para a dosimetria da pena.

Objeto material: Armas de uso proibido, compreendidas como as assim consideradas em *acordos e tratados internacionais* e as *armas dissimuladas, com aparência de objetos inofensivos* (ver capítulo 3).

Hediondez: É crime hediondo.

Atenção: O pacote anticrime alterou o art. 1°, parágrafo único, inciso II, da Lei 8.072/90, referindo-se apenas à *arma de uso proibido* (§2°). Logo, armas de uso restrito (*caput* e §1°) não estão abrangidas pela hediondez[45]. Historicamente, o legislador sempre conferiu o mesmo tratamento jurídico às condutas praticadas com *armas de uso restrito* e *armas de uso proibido*, tanto que, antes, o art. 16 utilizava a expressão *uso restrito* no nome jurídico, mas na descrição da conduta típica utilizava a expressão *uso proibido*. Entretanto, agora, com o pacote anticrime, essas condutas parecem receber tratamento diverso na lei. Antes do pacote anticrime, a hediondez abrangia todas as condutas típicas do art. 16, pois o legislador não havia limitado a previsão legal (antiga redação do art. 1°, parágrafo único, da Lei 8.072/90) ao *caput* ou ao antigo parágrafo único do art. 16 da Lei 10.826/03 (STJ, HC 526.916). Porém, antes, a lei não diferenciava as armas de *uso restrito* e de *uso proibido*. O nome jurídico de *todo* o art. 16 era "posse ou porte de arma de fogo de uso restrito", não havendo uma previsão expressa para "armas de uso proibido", diferenciando seu tratamento, no sentido de agravar a situação do agente. Nessa esteira, antes, diante da regra de que *independente do nome jurídico adotado pela lei, o que importa para a definição da hediondez é o artigo de lei referido na rotulação*, não era incorreto considerar-se hediondo todo o art. 16. Agora, o art. 16, *caput*, e §1°, referem-se exclusivamente a armas, acessórios e munições de *uso restrito*, e o §2° (modalidade qualificada) refere-se apenas a *arma de fogo de uso proibido*. Portanto, há nitidamente um tratamento diferenciado entre *arma de uso restrito* e *arma de uso proibido*, sendo mais grave o dispensado a última modalidade. Logo, de modo excepcional, no caso do art. 1°, parágrafo único, II, da Lei 8.072/90, para a definição da hediondez, não devemos considerar o dispositivo rotulado, mas a expressão utilizada, i.e., *armas de uso proibido*, para considerar hediondo apenas o §2° do art. 16, sob pena de violação ao princípio da proporcionalidade.

Arma de uso proibido: Diante dos argumentos acima coalescidos, para corrigir a incoerência e contradição em que evidentemente incorreu o legislador na redação do art. 1°, parágrafo único, inciso II, da Lei 8.072/90, que se refere genericamente ao art. 16, utilizando-se a expressão *armas de uso proibido*, quando, na verdade, esse tipo penal se refere a *armas de uso restrito*, cremos que deve ser *considerado hediondo* apenas o *art. 16, §2°, da Lei 10.826/03*, onde o legislador, de fato, diferencia com pena mais grave as condutas relativas a *armas de uso proibido*.

Tipicidade: Só abrange a expressão "armas".

Acessório e munição: Não há previsão de pena qualificada e, logo, hediondez para acessório e munição. Assim, há que se considerar hedionda apenas a conduta relativa à posse ou porte de *arma de fogo*

---

43. DOTTI, René Ariel. **Curso de Direito Penal**: Parte Geral. 6. ed. São Paulo: Thomson Reuters Brasil, 2018. p. 757-758.
44. CUNHA, Rogério Sanches. **Manual de Direito Penal**: Parte Geral (arts. 1º a 120). 7. ed. Salvador: Juspodivm, 2019. p. 476.
45. Nesse sentido também: LIMA, Renato Brasileiro de. Pacote Anticrime: comentários à Lei 13.964/19. Salvador: Juspodivm, 2020, p. 429.

de uso proibido, pois esta é a única qualificadora referida.

Lex gravior: A qualificação da pena prevista neste dispositivo, no que se refere às *armas de fogo de uso proibido*, trata-se de evidente *novatio legis in pejus*, não possuindo, portanto, força retroativa, devendo ser aplicada apenas aos fatos ocorridos após a sua vigência, *exceto nos casos de crime permanente*, sendo que sugerimos a leitura do capítulo 12.

Acordo de não persecução penal: Não é cabível.

22. COMÉRCIO ILEGAL DE ARMA DE FOGO

> **Art. 17. Adquirir, alugar, receber, transportar, conduzir, ocultar, ter em depósito, desmontar, montar, remontar, adulterar, vender, expor à venda, ou de qualquer forma utilizar, em proveito próprio ou alheio, no exercício de atividade comercial ou industrial, arma de fogo, acessório ou munição, sem autorização ou em desacordo com determinação legal ou regulamentar:**
>
> **Pena - reclusão, de 6 (seis) a 12 (doze) anos, e multa.**
>
> **§1º Equipara-se à atividade comercial ou industrial, para efeito deste artigo, qualquer forma de prestação de serviços, fabricação ou comércio irregular ou clandestino, inclusive o exercido em residência.**

Verbos nucleares: *Adquirir* (obter por contraprestação, comprar); *alugar* (autorizar uso provisório de algo por contraprestação); *receber* (entrar na posse); *transportar* (levar de um lugar para outro em algum meio de transporte); *conduzir* (carregar, trazer consigo, portar); *ocultar* (esconder); *ter em depósito* (ter algo guardado); *desmontar* (separar as peças); *montar* (juntar as peças), *remontar* (reparar, recompor, reunir, consertar); *adulterar* (alterar, modificar parcialmente); *vender* (transferir a propriedade, alienar mediante contraprestação); *expor à venda* (oferecer à comercialização, submeter à alienação); *utilizar* (usar, empregar, dar utilidade).

Sujeito ativo: O comerciante ou industrial.

Sujeito passivo: É a coletividade.

Objeto jurídico: É a incolumidade pública.

Elemento subjetivo: É o dolo. Não se admite forma culposa.

Objeto material: Arma de fogo, acessório ou munição.

Arma de fogo, acessório e munição: Ver capítulo 14.

Objeto de uso permitido, restrito ou proibido: A configuração do crime ocorre ainda que os objetos comercializados sejam de uso permitido. Anote-se que, em se tratando de objetos de uso restrito ou proibido, incidirá a majorante da pena prevista no art. 19.

Crime habitual: Para que se possa falar em *comércio*, deve haver habitualidade na conduta. Afinal, não se considera comerciante aquele que realizar uma única venda. Conforme referimos nos comentários aos arts. 14 e 16.

Venda de uma arma: Aquele que vender uma única arma, não se configurando a habitualidade, poderá ser enquadrado, conforme o caso, no art. 14 (uso permitido); art. 16, *caput*, (uso restrito); art. 16, §2°, (uso proibido); art. 16, §ú, inc. V (criança ou adolescente).

Comércio irregular ou clandestino: Insere-se na tipificação penal. O dispositivo prevê que se considera atividade comercial ou industrial, qualquer tipo de prestação de serviços, i.e., irregular ou clandestino, exercido em residência (§1°).

Coautoria própria: Se verifica quando dois ou mais sujeitos ativos, comerciantes ou industriais, desempenham a atividade em conjunto.

Coautoria de terceiro: Ainda que seja *crime próprio*, é possível se o terceiro atua em conluio com comerciante ou industrial, sabendo da sua condição. Logo, aquele que contribui com o comércio ilegal, responderá pelo mesmo crime, em concurso de agentes (arts. 29 e 30, CP).

Tentativa: Não é possível, já que se trata de crime habitual.

Acordo de não persecução penal: Não é cabível.

Hediondez: É crime hediondo. Sugerimos a leitura dos comentários feitos ao art. 1°, parágrafo único, inciso III, da Lei 8.072/90.

Extensão da hediondez: Lembre-se que, independente do nome jurídico adotado pelo legislador, o que importa na Lei 8.072/90 para a definição da hediondez é o dispositivo de lei rotulado. É que, quando o legislador quer limitar a hediondez a uma conduta específica de algum dispositivo penal, ele o faz de forma expressa. Dessa forma, não tendo limitado a hediondez ao *caput*, todas as modalidades do art. 17 devem ser consideradas hediondas. Isso porque "comércio ilegal de arma de fogo" é o *nomen iuris* do dispositivo, ao qual o legislador, como de praxe, apenas reproduz na previsão da hediondez. Assim, devem ser consideradas hediondas as condutas do *caput* e dos §§ 1° e 2°.

Comércio ilegal de acessório ou munição: Deve ser aplicado o mesmo raciocínio acima, de modo que, ainda que no inc. III o legislador tenha se referido apenas ao comércio ilegal de *arma de fogo*, trata-se do *nomen iuris* do crime que se pretende erigir a hediondo (art. 17). Logo, com a devida vênia a opiniões em sentido contrário, o comércio ilegal de *acessório e munição* também deve ser crime hediondo.

Pacote anticrime: O preceito secundário do dispositivo foi alterado pelo pacote anticrime, sendo que a pena foi aumentada em novos patamares.

Lex gravior: O aumento da pena prevista neste dispositivo trata-se de evidente *novatio legis in pejus*, não possuindo, portanto, força retroativa, devendo ser aplicado apenas aos fatos ocorridos após a sua vigência, *exceto nos casos de crime permanente*, sendo que sugerimos a leitura do capítulo 12.

Classificação doutrinária: *Crime comum* (pode ser praticado por qualquer pessoa); *de mera conduta* (não há previsão de resultado naturalístico à sua consumação); *de perigo abstrato* (o perigo gerado pela conduta é presumido pela lei); *crime vago* (tem como sujeito passivo a coletividade); *doloso* (o agente quer o resultado ou assume o risco de produzi-lo); *de forma livre* (pode ser praticado por qualquer meio de execução); *comissivo* (os verbos indicam ações); *habitual* (exige-se a reiteração do comportamento); *unissubjetivo ou de concurso eventual* (pode ser praticado por um só agente); *plurissubsistente* (admite fracionamento dos atos de execução); *não admite tentativa* (crime habitual).

§2º Incorre na mesma pena quem vende ou entrega arma de fogo, acessório ou munição, sem autorização ou em desacordo com a determinação legal ou regulamentar, a agente policial disfarçado, quando presentes elementos probatórios razoáveis de conduta criminal preexistente.

Pacote anticrime: O §2° foi acrescentado pela Lei 13.964/19.

Verbos nucleares: *vender* (alienar mediante contraprestação) e *entregar* (dar, passar às mãos, significa a simples tradição).

Sujeito ativo: Qualquer pessoa.

Sujeito passivo: É a coletividade.

Objeto jurídico: É a incolumidade pública.

Elemento subjetivo: É o dolo. Não se admite forma culposa.

Objeto material: Arma de fogo, acessório ou munição.

Arma de fogo, acessório ou munição: Ver título 14.

Elemento normativo: Encontra-se na expressão *sem autorização ou em desacordo com determinação legal ou regulamentar*.

Configuração: A configuração delitiva se verifica quando, havendo elementos prévios indicadores de crime, o agente vende ou entrega, ilegalmente, arma de fogo, acessório ou munição ao agente policial disfarçado.

Crime instantâneo: Consuma-se com a prática das condutas.

Lucratividade: A lucratividade não é imprescindível à configuração do crime. O tipo se satisfaz com a *venda* (entrega onerosa) ou *entrega (gratuita)*.

Agente policial disfarçado: Trata-se de nova técnica especial de investigação criminal, consistente na ocultação da identidade funcional do agente, i.e., é a atuação de maneira dissimulada para a obtenção de prova da materialidade e autoria do crime de tráfico de drogas, desde que existam elementos informativos razoáveis da conduta criminal preexistente.

Autorização judicial: Não é necessária.

Prazo para conclusão do método investigativo: Não há.

Elemento condicionador: O legislador inseriu no dispositivo o que chamamos de um *elemento normativo condicionador*, o qual funciona como uma espécie de requisito para a configuração típica, i.e., "quando presentes elementos probatórios razoáveis de conduta criminal preexistente". Portanto, o crime de vender ou entregar (condutas instantâneas) a arma, acessório ou munição ao policial disfarçado somente se configura se existirem elementos prévios acerca da existência de crime, o que afasta essa técnica especial de investigação do chamado *flagrante preparado*. Nesse caso, não há *preparação*, mas a *confirmação* da conduta criminosa.

Elementos que apontem a conduta criminal preexistente: Tais elementos tratam-se, logicamente, de material probatório que deve existir *antes* das condutas de *vender* ou *entregar*. É dizer que tais elementos devem preexistir à ação do policial disfarçado, como forma de legitimar a sua ação, devendo ser juntados no auto de prisão em flagrante, pois, esta figura típica trata-se de um crime de flagrante vinculado ou de condução instantânea.

Elementos razoáveis: A lei exige os elementos autorizadores dessa técnica especial de investigação criminal sejam *razoáveis*. Dessa forma, não pode ser admitida a denúncia anônima como o *elemento probatório* da conduta criminal preexistente.

Crime de flagrante vinculado ou de condução instantânea: O dispositivo é por nós batizado de *crime de flagrante vinculado* ou *crime de condução instantânea*, uma vez que a sua configuração está diretamente vinculada à situação de flagrância. Não há configuração desta conduta criminosa quando desvinculada do cenário de flagrante. Tratando-se da venda ou entrega de arma de fogo, acessório ou munição a agente policial, este, por dever legal, dará voz de prisão ao sujeito ativo, conduzindo-o à Delegacia de Polícia para a lavratura do respectivo auto de prisão em flagrante. Registre-se que a figura do *agente policial disfarçado* trata-se de técnica especial de investigação que não se confunde com a *ação controlada*. Assim, havendo autorização judicial para a não-atuação policial, com a finalidade de identificar e responsabilizar o maior número de integrantes de operações de comércio ilegal de armas, circunstância que dispensaria a *voz de prisão*, estaremos diante de outra técnica de investigação, a *ação controlada* (art. 53, II, Lei 11.343/06).

Diferença para o agente infiltrado: O agente infiltrado atua *interna corporis*, i.e., no seio da empresa criminosa, agindo, de forma dissimulada, como um de seus membros, tendo pré-excluída sua responsabilidade penal (art. 13, parágrafo único, Lei 12.850/13). Portanto, possui atuação ativa nas agências criminosas. A infiltração policial está prevista nas Leis das Organizações Criminosas, de Drogas e de Lavagem de Capitais, depende de autorização judicial e deve ser executada nos estritos limites e prazo legais. Ainda, sublinhe-se que a infiltração pode ser física ou virtual, conforme a Lei das Organizações Criminosas (art. 10-A) e do Estatuto da Criança e do Adolescente (art. 190-A).

Diferença para o agente provocador: O agente provocador induz alguém a praticar um crime, sem que a pessoa tivesse essa intenção inicial, e, ao mesmo tempo, adota providências para que o crime não se consume, realizando-se a sua prisão em flagrante. É o caso do conhecido flagrante preparado, já declarado hipótese de crime impossível por ineficácia absoluta do meio, nos termos do art. 17 do Código Penal (STF, súmula 145).

Semelhança com o agente encoberto: O *agente encoberto* não se infiltra nas organizações criminosas, se limitando em acompanhar suas atividades pelo *lado de fora. Portanto,* possui atuação passiva e atua disfarçadamente para não revelar a sua identidade, o que se desenvolve por meio de monitoramento discreto ou campana, colhendo elementos probatórios do crime. Independe de autorização judicial e não se submete a prazos para a conclusão do método de investigação. Diante dessa semelhança, conforme lecionamos[46], juntamente com o professor *Davi André Costa e Silva*, "a nova figura, do *agente policial disfarçado*, mais se aproxima do agente encoberto, na medida em que se utiliza, tão somente, do disfarce da identidade funcional do policial, não se exigindo prévia autorização judicial, limitado, entretanto, às estritas hipóteses legais do tráfico de drogas, do comércio ilegal de armas de fogo e do tráfico internacional de armas de fogo".

Ação controlada: Não se confunde com a nova figura do agente policial disfarçado. Trata-se de outra técnica especial de investigação que demanda autorização judicial e conhecimento do itinerário provável dos alvos da diligência (art. 53, inc. II e parágrafo único, Lei 11.343/06). Ainda, esta modalidade dispensa a prisão em flagrante, sendo esta, inclusive, a sua maior razão de ser, pois o objetivo da desta medida investigatória é possibilitar a ação da autoridade no momento mais oportuno para a investigação.

Atribuição para a medida: É exclusivamente da polícia judiciária, i.e., Polícia Federal ou Polícia Civil. Tratando-se de técnica especial de investigação, o agente policial disfarçado só pode ser aquele que possui atribuição investigativa criminal, i.e., para a apuração de crimes[47].

Utilização da técnica em outros crimes: Essa técnica investigativa foi acrescentada pelo pacote

---

46. GARCEZ, William; SILVA, Davi André Costa e. A figura do policial disfarçado e a mitigação do flagrante preparado. Disponível em: <https://meusitejuridico.editorajuspodivm.com.br/2020/04/08/figura-policial-disfarcado-e-mitigacao-flagrante-preparado/>. Acessado em 25/05/2020.
47. No mesmo sentido: LIMA, Renato Brasileiro de. Pacote Anticrime. Salvador: Juspodivm, 2020, p. 478.

anticrime e refere-se, exclusivamente, a três hipóteses de incidência, i.e., tráfico de drogas (art. 33, §1°, IV, Lei 11.343/06), comércio ilegal e tráfico internacional de arma de fogo (art. 17, §2° e art. 18, par. único, Lei 10.826). Dessa forma, ainda que exista corrente doutrina admitindo essa técnica especial de investigação em qualquer outro crime[48], tendo o legislador limitado-a a essas figuras típicas, entendemos que não poderá ser utilizada fora dessas hipóteses[49]. Inclusive, caso sejam utilizadas em outras modalidades delitivas, inexistindo autorização legal, o *suposto agente disfarçado* atuaria como *agente provocador*, contraindo a súmula 145 do STF.

Disfarce virtual ou cibernético: É possível. A lei não faz restrição.

Mitigação do flagrante preparado: Remetemos aos comentários feitos ao art. 33, §1°, inciso IV, da Lei 11.343/06.

Competência: É da Justiça Federal (art. 109, IV e V, CF).

Acordo de não persecução penal: Não é cabível.

Hediondez: É crime hediondo. Sugerimos a leitura dos comentários feitos ao art. 1°, parágrafo único, inciso III, da Lei 8.072/90.

Classificação doutrinária: *Crime comum* (pode ser praticado por qualquer pessoa); *de mera conduta* (não há previsão de resultado naturalístico à sua consumação); *de perigo abstrato* (o perigo gerado pela conduta é presumido pela lei); *crime vago* (tem como sujeito passivo a coletividade); *doloso* (o agente quer o resultado ou assume o risco de produzi-lo); *de forma livre* (pode ser praticado por qualquer meio de execução); *comissivo* (os verbos indicam ações); *instantâneo* (a consumação se dá no ato da conduta); *unissubjetivo* (pode ser praticado por um só agente); *plurissubsistente* (admite fracionamento dos atos de execução); *crime de flagrante vinculado ou de condução instantânea* (sua configuração está diretamente vinculada à situação de flagrante); *admite tentativa.*

23. TRÁFICO INTERNACIONAL DE ARMA DE FOGO

> **Art. 18. Importar, exportar, favorecer a entrada ou saída do território nacional, a qualquer título, de arma de fogo, acessório ou munição, sem autorização da autoridade competente:**
>
> **Pena - reclusão, de 8 (oito) a 16 (dezesseis) anos, e multa.**

Verbos nucleares: *Importar* (fazer ingressar no território nacional); *exportar* (fazer sair do território nacional); *favorecer a entrada ou saída* (facilitar a exportação ou a importação, permitir que outrem importe ou exporte).

Sujeito ativo: Qualquer pessoa.

Sujeito passivo: É a coletividade.

Objeto jurídico: É a incolumidade pública.

Elemento subjetivo: É o dolo. Não se admite forma culposa.

Objeto material: Arma de fogo, acessório ou munição.

Arma de fogo, acessório e munição: Ver capítulo 14.

Objeto de uso permitido, restrito ou proibido: A configuração do crime ocorre ainda que os objetos comercializados sejam de uso permitido. Anote-se que, em se tratando de objetos de uso restrito ou proibido, incidirá a majorante da pena prevista no art. 19.

Princípio da Especialidade: Trata-se de crime especial em relação ao crime de contrabando, afastando a incidência do artigo 334 do CP, o qual prevê como típica a conduta de "importar ou exportar mercadoria proibida".

Sujeito ativo funcionário público: Trata-se, também, de caso de aplicação do *princípio da especialidade*. Se o funcionário favorecer a importação ou exportação de *arma, acessório ou munição*, responderá pelo crime estudado (art. 18, Lei 10.826/03), o qual, por ser norma especial, afasta a aplicação do art. 318 do CP (facilitação de contrabando). Situação diferente ocorre se favorecer a importação ou exportação de *arma de brinquedo ou simulacro*, quando responderá pelo crime do art. 318 do CP (facilitação de contrabando) que, neste caso, é especial em relação ao art. 344 do CP (contrabando).

48. BARCELLOS, Bruno Lima; LEITÃO Jr., Joaquim. A emblemática figura do agente policial disfarçado na Lei 13.964/19 (Lei do pacote anticrime). *In Lei anticrime: comentários à Lei 13.964/19.* Belo Horizonte, D'Plácido, 2020, p.94-95.

49. No mesmo sentido: LIMA, Renato Brasileiro de. Pacote Anticrime. Salvador: Juspodivm, 2020, p. 477-478.

Explosivos: Não são tipificados no Estatuto do Desarmamento, de modo que, a importação ou exportação de explosivos *configura contrabando* (art. 344 do CP).

Simulacro e armas de brinquedo: Não fazem parte da tipificação dos crimes do Estatuto do Desarmamento. Nesse ponto, cumpre anotar que a Lei 10.826/03 "vedada a fabricação, venda, comercialização e importação" sem atribuir qualquer sanção penal a essas atividades. Logo, não havendo tipificação especial no Estatuto do desarmamento, por serem vedadas, a sua importação ou exportação *configura contrabando*, previsto no art. 344 do CP (STJ, REsp 1.727.222).

Colete a prova de balas: Não faz parte da tipificação dos crimes do Estatuto do Desarmamento. Assim, sua a importação ou exportação acarretarão responsabilidade pelo *crime de contrabando*, descrito no artigo art. 344 do Código Penal. O entendimento é de que se trata de *proibição relativa*, sujeita a fiscalização e autorização prévia do Comando do exército (STJ, RHC 62.851).

Quantidade de produtos importados: Independente da quantidade de armas, de acessórios ou de munições, não é possível a desclassificação do crime de tráfico internacional de arma de fogo para o delito de contrabando (STJ, AgRg no REsp 1.599.530). Trata-se de homenagem ao princípio da especialidade.

Pacote anticrime: O preceito secundário do dispositivo foi alterado pelo pacote anticrime, sendo que a pena foi aumentada em novos patamares.

Lex gravior: O aumento da pena prevista neste dispositivo trata-se de evidente *novatio legis in pejus*, não possuindo, portanto, força retroativa, devendo ser aplicado apenas aos fatos ocorridos após a sua vigência.

Acordo de não persecução penal: Não é cabível.

Hediondez: É crime hediondo. Sugerimos a leitura dos comentários feitos ao art. 1°, parágrafo único, inciso IV, da Lei 8.072/90.

Classificação doutrinária: *Crime comum* (pode ser praticado por qualquer pessoa); *de mera conduta* (não há previsão de resultado naturalístico à sua consumação); *de perigo abstrato* (o perigo gerado pela conduta é presumido pela lei); *crime vago* (tem como sujeito passivo a coletividade); *doloso* (o agente quer o resultado ou assume o risco de produzi-lo); *de forma livre* (pode ser praticado por qualquer meio de execução); *comissivo* (os verbos indicam ações); *habitual* (exige-se a reiteração do comportamento); *unissubjetivo ou de concurso eventual* (pode ser praticado por um só agente); *plurissubsistente* (admite fracionamento dos atos de execução); *não admite tentativa* (crime habitual).

Parágrafo único. Incorre na mesma pena quem vende ou entrega arma de fogo, acessório ou munição, em operação de importação, sem autorização da autoridade competente, a agente policial disfarçado, quando presentes elementos probatórios razoáveis de conduta criminal preexistente.

Pacote anticrime: O dispositivo foi acrescido pela Lei 13.964/19.

Verbos nucleares: *vender* (alienar mediante contraprestação) e *entregar* (dar, passar às mãos, significa a simples tradição).

Sujeito ativo: Qualquer pessoa.

Sujeito passivo: É a coletividade.

Objeto jurídico: É a incolumidade pública.

Elemento subjetivo: É o dolo. Não se admite forma culposa.

Objeto material: Arma de fogo, acessório ou munição.

Arma de fogo, acessório ou munição: Ver título 14.

Elemento normativo: Encontra-se na expressão *sem autorização da autoridade competente*.

Configuração: A configuração delitiva se verifica quando, havendo elementos prévios indicadores de crime, o agente vende ou entrega, ilegalmente, arma de fogo, acessório ou munição, *em operação de importação*, ao agente policial disfarçado.

Crime instantâneo: Consuma-se com a prática das condutas.

Lucratividade: Não é imprescindível à configuração do crime. Logo, o tipo se satisfaz com a *venda* (entrega onerosa) ou *entrega (gratuita)*.

Agente policial disfarçado: Trata-se de nova técnica especial de investigação criminal, consistente na ocultação da identidade funcional do agente, i.e., é a atuação de maneira dissimulada para a obtenção de prova da materialidade e autoria do crime de tráfico de drogas, desde que existam elementos informativos razoáveis da conduta criminal preexistente.

Autorização judicial: Não é necessária.

Prazo para conclusão do método investigativo: Não há.

Elemento condicionador: O legislador inseriu no dispositivo o que chamamos de um *elemento normativo condicionador*, o qual funciona como uma espécie de requisito para a configuração típica, i.e., "quando presentes elementos probatórios razoáveis de conduta criminal preexistente". Portanto, o crime de vender ou entregar (condutas instantâneas) a arma, acessório ou munição ao policial disfarçado somente se configura se existirem elementos prévios acerca da existência de crime, o que afasta essa técnica especial de investigação do chamado *flagrante preparado*. Nesse caso, não há *preparação*, mas a *confirmação* da conduta criminosa.

Elementos que apontem a conduta criminal preexistente: Tais elementos tratam-se, logicamente, de material probatório que deve existir *antes* das condutas de vender ou entregar. É dizer que tais elementos devem preexistir à ação do policial disfarçado, como forma de legitimar a sua ação, devendo ser juntados no auto de prisão em flagrante, pois, esta figura típica trata-se de um crime de flagrante vinculado ou de condução instantânea.

Elementos razoáveis: A lei exige os elementos autorizadores dessa técnica especial de investigação criminal sejam *razoáveis*. Dessa forma, não pode ser admitida a denúncia anônima como o *elemento probatório* da conduta criminal preexistente.

Crime de flagrante vinculado ou de condução instantânea: O dispositivo é por nós batizado de *crime de flagrante vinculado* ou *crime de condução instantânea*, uma vez que a sua configuração está diretamente vinculada à situação de flagrância. Não há configuração desta conduta criminosa quando desvinculada do cenário de flagrante. Tratando-se da venda ou entrega de arma de fogo, acessório ou munição a agente policial, este, por dever legal, dará voz de prisão ao sujeito ativo, conduzindo-o à Delegacia de Polícia para a lavratura do respectivo auto de prisão em flagrante. Registre-se que a figura do *agente policial disfarçado* se trata de técnica especial de investigação, de modo que, havendo autorização judicial para a não-atuação policial, com a finalidade de identificar e responsabilizar maior número de integrantes de operações de tráfico e distribuição, circunstância que dispensaria a prisão em flagrante, estaremos diante de outra técnica de investigação, i.e., *ação controlada* (art. 53, II, Lei 11.343/06).

Diferença para o agente infiltrado: O agente infiltrado atua *interna corporis*, i.e., no seio da empresa criminosa, agindo, de forma dissimulada, como um de seus membros, tendo pré-excluída sua responsabilidade penal (art. 13, parágrafo único, Lei 12.850/13). Portanto, possui atuação ativa nas agências criminosas. A infiltração policial está prevista nas Leis das Organizações Criminosas, de Drogas e de Lavagem de Capitais, depende de autorização judicial e deve ser executada nos estritos limites e prazo legais. Ainda, sublinhe-se que a infiltração pode ser física ou virtual, conforme a Lei das Organizações Criminosas (art. 10-A) e do Estatuto da Criança e do Adolescente (art. 190-A).

Diferença para o agente provocador: O agente provocador induz alguém a praticar um crime, sem que a pessoa tivesse essa intenção inicial, e, ao mesmo tempo, adota providências para que o crime não se consume, realizando-se a sua prisão em flagrante. É o caso do conhecido flagrante preparado, já declarado hipótese de crime impossível por ineficácia absoluta do meio, nos termos do art. 17 do Código Penal (STF, súmula 145).

Semelhança com o agente encoberto: O *agente encoberto* não se infiltra nas organizações criminosas, se limitando em acompanhar suas atividades pelo *lado de fora. Portanto,* possui atuação passiva e atua disfarçadamente para não revelar a sua identidade, o que se desenvolve por meio de monitoramento discreto ou campana, colhendo elementos probatórios do crime. Independe de autorização judicial e não se submete a prazos para a conclusão do método de investigação. Diante dessa semelhança, conforme lecionamos[50], juntamente com o professor *Davi André Costa e Silva* "a nova figura, do *agente policial disfarçado*, mais se aproxima do agente encoberto, na medida em que se utiliza, tão somente, do disfarce da identidade funcional do policial, não se exigindo prévia autorização judicial, limitado, entretanto, às estritas hipóteses legais do tráfico de drogas, do comércio ilegal de armas de fogo e do tráfico internacional de armas de fogo".

50. GARCEZ, William; Silva, Davi André Costa e. A figura do policial disfarçado e a mitigação do flagrante preparado. Disponível em: <https://meusitejuridico.editorajuspodivm.com.br/2020/04/08/figura-policial-disfarcado-e-mitigacao-flagrante-preparado/>. Acessado em 25/05/2020.

Ação controlada: Não se confunde com a nova figura do agente policial disfarçado. Trata-se de outra técnica especial de investigação que demanda autorização judicial e conhecimento do itinerário provável dos alvos da diligência (art. 53, inc. II e parágrafo único, Lei 11.343/06). Ainda, esta modalidade dispensa a prisão em flagrante, sendo esta, inclusive, a sua maior razão de ser, pois o objetivo da desta medida investigatória é possibilitar a ação da autoridade no momento mais oportuno para a investigação.

Atribuição para a medida: É exclusivamente da polícia judiciária, i.e., Polícia Federal ou Polícia Civil. Tratando-se de técnica especial de investigação, o agente policial disfarçado só pode ser aquele que possui atribuição investigativa criminal, i.e., para a apuração de crimes[51].

Utilização da técnica em outros crimes: Essa técnica investigativa foi acrescentada pelo pacote anticrime e refere-se, exclusivamente, a três hipóteses de incidência, i.e., tráfico de drogas (art. 33, §1°, IV, Lei 11.343/06), comércio ilegal e tráfico internacional de arma de fogo (art. 17, §2° e art. 18, par. único, Lei 10.826). Dessa forma, ainda que exista corrente doutrina admitindo a técnica especial de investigação em qualquer outro crime[52] tendo o legislador limitado essa especial técnica investigativa a essas figuras típicas, entendemos que não poderá ser utilizada fora dessas hipóteses[53]. Inclusive, caso sejam utilizadas em outras modalidades delitivas, inexistindo autorização legal, o *suposto agente disfarçado* atuaria como *agente provocador*, contraindo a súmula 145 do STF.

Disfarce virtual ou cibernético: É possível. A lei não faz restrição.

Mitigação do flagrante preparado: Remetemos aos comentários feitos ao art. 33, §1°, inciso IV, da Lei 11.343/06.

Competência: é da Justiça Federal: (art. 109, IV e V, CF).

Acordo de não persecução penal: Não é cabível.

51. Nesse sentido: LIMA, Renato Brasileiro de. Pacote Anticrime. Salvador: Juspodivm, 2020, p. 478.
52. BARCELLOS, Bruno Lima; LEITÃO Jr., Joaquim. A emblemática figura do agente policial disfarçado na Lei 13.964/19 (Lei do pacote anticrime). *In Lei anticrime: comentários à Lei 13.964/19*. Belo Horizonte, D'Plácido, 2020, p.94-95.
53. Nesse sentido: LIMA, Renato Brasileiro de. Pacote Anticrime. Salvador: Juspodivm, 2020, p. 477-478.

Hediondez: É crime hediondo. Sugerimos a leitura dos comentários feitos ao art. 1°, parágrafo único, inciso III, da Lei 8.072/90.

Classificação doutrinária: *Crime comum* (pode ser praticado por qualquer pessoa); *de mera conduta* (não há previsão de resultado naturalístico à sua consumação); *de perigo abstrato* (o perigo gerado pela conduta é presumido pela lei); *crime vago* (tem como sujeito passivo a coletividade); *doloso* (o agente quer o resultado ou assume o risco de produzi-lo); *de forma livre* (pode ser praticado por qualquer meio de execução); *comissivo* (os verbos indicam ações); *instantâneo* (a consumação se dá no ato da conduta); *unissubjetivo* (pode ser praticado por um só agente); *plurissubsistente* (admite fracionamento dos atos de execução); *crime de flagrante vinculado ou de condução instantânea* (sua configuração está diretamente vinculada à situação de flagrante); *admite tentativa.*

24. CAUSAS DE AUMENTO DA PENA

Comentários: As causas de aumento da pena, também chamadas de *majorantes*, devem ser levadas em consideração pelo juiz na 3ª fase de aplicação da pena. Não há novos patamares mínimo e máximo de pena, mas se estabelecem algumas circunstâncias que implicam na majoração da pena. Na lei, apresentam-se como uma fração, estabelecida pelo legislador, a ser determinada pelo magistrado no caso concreto. Anote-se que, muito embora a lei determine as frações mínima e máxima em que a pena poderá ser majorada, na 3ª fase da dosimetria, a pena final poderá ultrapassar o máximo da pena abstrata prevista na lei.

Concomitância de causas majorantes: Na concomitância de duas majorantes somente pode ser aplicada uma delas na 3ª fase de aplicação da pena (art. 68, §ú, do CP). Porém, a majorante excedente pode ser utilizada pelo juiz na 1ª fase da dosimetria penal, quando da análise das circunstâncias judiciais do art. 59 do Código Penal (STJ, REsp 1.727.832). Nesse caso, não há que se falar em ofensa ao *ne bis in idem* ou à proporcionalidade.

Art. 19. Nos crimes previstos nos arts. 17 e 18, a pena é aumentada da metade se a arma de fogo, acessório ou munição forem de uso proibido ou restrito.

Incidência: incide apenas nos crimes de comércio ilegal de armas de fogo (art. 17) e tráfico internacional de armas de fogo (art. 18).

Objeto material do crime: Trata-se de majorante que leva em conta objeto material do crime, i.e., o fato de a arma de fogo, acessório ou munição serem de uso restrito ou proibido.

Fundamento da majorante: A maior ofensividade ao objeto jurídico que representa a arma, acessório ou munição de uso restrito ou proibido.

> **Art. 20. Nos crimes previstos nos arts. 14, 15, 16, 17 e 18, a pena é aumentada da metade se:**
>
> **I- forem praticados por integrante dos órgãos e empresas referidas nos arts. 6º, 7º e 8º desta Lei;**
>
> **II- o agente for reincidente específico em crimes dessa natureza.**

Pacote anticrime: O dispositivo foi alterado pela Lei 13.964/19, que *acrescentou a reincidência específica* (inc. II) como causa de aumento da pena.

Incidência: incidem nos crimes de porte ilegal de arma de fogo de uso permitido (art. 14); disparo de arma de fogo (art. 15); posse ou porte ilegal de arma de fogo de uso restrito ou proibido (art. 16); comércio ilegal de armas de fogo (art. 17); e tráfico internacional de armas de fogo (art. 18).

Abrangência: A majorante incide sobre todas as figuras criminosas constantes dos tipos penais elencados, pois o legislador não restringiu as hipóteses de aumento da pena a figuras específicas, i.e., aplica-se aos tipos fundamentais (*caput*) e aos crimes derivados, equiparados e qualificados (§§).

Sujeito ativo do crime (inc. I): Trata-se de majorante que leva em conta o sujeito ativo do crime, i.e., o fato de o crime ser praticado pelos agentes que são referidos nos arts. 6°, 7° e 8°.

Fundamento da majorante: O maior desvalor da conduta do agente que se vale do seu direito legal para praticar crimes. Em outras palavras, a lei visa punir mais severamente o agente que pratica condutas criminosas quando deveria dar o exemplo.

Reincidência específica (inc. II): Trata-se de majorante que leva em conta a reincidência específica do agente em crimes dessa natureza. Pela expressão usada, *dessa natureza*, cremos que o legislador quer referir-se aos crimes mencionados no próprio dispositivo, i.e., os crimes dos arts. 14, 15, 16, 17 e 18. Caso quisesse se referir a todos os crimes do Estatuto teria se utilizado da expressão *dessa Lei*.

Lex gravior: A nova majorante (reincidência específica) trata-se de evidente *novatio legis in pejus*, não possuindo, portanto, força retroativa, devendo ser aplicado apenas aos fatos ocorridos após a sua vigência.

Reincidência genérica: Não acarreta o aumento da pena.

25. VEDAÇÃO DA LIBERDADE PROVISÓRIA

Comentários: A redação do art. 21 prevê que "os crimes previstos nos arts. 16, 17 e 18 são insuscetíveis de liberdade provisória", no entanto, o artigo foi declarado inconstitucional pelo STF no julgamento da ADI 3.112.

Premissa jurisprudencial: Sobre vedação da liberdade provisória, cumpre sublinhar a decisão proferida pelo STF no julgamento da ADI 3112, onde se declarou a inconstitucionalidade dos parágrafos únicos dos artigos 14 e 15 e do art. 21, todos da Lei 10.826/03 (Estatuto do Desarmamento). Nessa ocasião, firmou-se a premissa de que a vedação da liberdade provisória em abstrato *afronta aos princípios constitucionais da presunção de inocência e do devido processo legal*. Reforçou-se, ainda, que a Constituição Federal não permite a prisão sem fundamentação. Diante desse cenário, sob a premissa de que *qualquer prisão deve ser necessária e fundamentada*, foi editada Lei 11.464/07, que modificou o art. 2°, II, da Lei 8.072/90, passou vedar unicamente a fiança, a fim de permitir a concessão de liberdade provisória aos crimes hediondos e equiparados. Posteriormente, ainda, ao julgar a mesma matéria, no HC 104.339, o Supremo Tribunal Federal, de forma incidental, declarou a inconstitucionalidade do art. 44, *caput*, da Lei 11.343/06, que vedava a liberdade provisória abstratamente, sedimentando, de uma vez por todas, qualquer dúvida sobre a matéria.

História da jurisprudência: Pacificou-se nas Cortes o entendimento de que *toda e qualquer prisão deve ser necessária e devidamente fundamentada.* O Supremo Tribunal Federal entende que qualquer prisão imposta antes do trânsito em julgado de sentença, por ter natureza cautelar, só pode ser decretada quando estiver demonstrada sua necessidade a partir de dados concretos (HC 80.719). O Superior Tribunal de Justiça tem o mesmo entendimento (HC 38.466).

Regra: É cabível a liberdade provisória.

26. DESTINAÇÃO DE ARMAS APREENDIDAS

> **Art. 25. As armas de fogo apreendidas, após a elaboração do laudo pericial e sua juntada aos**

autos, quando não mais interessarem à persecução penal serão encaminhadas pelo juiz competente ao Comando do Exército, no prazo de até 48 (quarenta e oito) horas, para destruição ou doação aos órgãos de segurança pública ou às Forças Armadas, na forma do regulamento desta Lei.

§1º As armas de fogo encaminhadas ao Comando do Exército que receberem parecer favorável à doação, obedecidos o padrão e a dotação de cada Força Armada ou órgão de segurança pública, atendidos os critérios de prioridade estabelecidos pelo Ministério da Justiça e ouvido o Comando do Exército, serão arroladas em relatório reservado trimestral a ser encaminhado àquelas instituições, abrindo-se-lhes prazo para manifestação de interesse.

§1º-A. As armas de fogo e munições apreendidas em decorrência do tráfico de drogas de abuso, ou de qualquer forma utilizadas em atividades ilícitas de produção ou comercialização de drogas abusivas, ou, ainda, que tenham sido adquiridas com recursos provenientes do tráfico de drogas de abuso, perdidas em favor da União e encaminhadas para o Comando do Exército, devem ser, após perícia ou vistoria que atestem seu bom estado, destinadas com prioridade para os órgãos de segurança pública e do sistema penitenciário da unidade da federação responsável pela apreensão.

§2º O Comando do Exército encaminhará a relação das armas a serem doadas ao juiz competente, que determinará o seu perdimento em favor da instituição beneficiada.

§3º O transporte das armas de fogo doadas será de responsabilidade da instituição beneficiada, que procederá ao seu cadastramento no Sinarm ou no Sigma.

§4º (VETADO)

§5º O Poder Judiciário instituirá instrumentos para o encaminhamento ao Sinarm ou ao Sigma, conforme se trate de arma de uso permitido ou de uso restrito, semestralmente, da relação de armas acauteladas em juízo, mencionando suas características e o local onde se encontram.

Pacote anticrime: O dispositivo foi alterado pela Lei 13.964/19.

Interesse ao processo: *Não havendo mais interesse ao processo*, após a juntada do laudo pericial, as armas apreendidas devem ser encaminhadas ao Comando do Exército para destruição ou doação aos órgãos da segurança pública ou às Forças Armadas.

Encaminhamento: É feito pelo juiz.

Prazo: 48h após a juntada do laudo pericial.

Armas do tráfico de drogas: Após procedimento de praxe (perícia e vistoria pelo Exército), serão destinadas com preferência à entidade responsável pela apreensão (§1º-A). Trata-se de uma regra que visa estimular aos órgãos que atuam na prevenção e na repressão do crime a agirem com eficiência na localização de armamento ilegal.

Transferência de propriedade: Não se trata de medida cautelar que defere o uso provisório da arma a órgãos públicos. Trata-se de decisão judicial que decreta *perdimento do objeto*, no curso da persecução penal.

Trânsito em julgado: Repare-se que a decretação do perdimento de armas de fogo apreendidas *não exige trânsito em julgado da sentença penal.* A lei estabelece ser necessário apenas a apreensão formal; juntada de laudo pericial aos autos; e ausência de interesse na manutenção da apreensão, i.e., desinteresse à ação penal. Preenchidos esses requisitos o juiz tem o prazo de 48h para decretar a perda e encaminhar ao Comando do Exército.

Momento: O dispositivo se refere à persecução penal. Logo, poderá ser decretado o perdimento da arma pelo juiz ainda na fase do inquérito policial, desde que juntado aos autos o laudo pericial.

Perdimento da arma: O perdimento da arma de fogo ocorre em favor da União e, após, a transferência de seu domínio é feita para o órgão público beneficiado e não para a pessoa física que ocupa o cargo de chefia daquele órgão.

Transporte e cadastramento: O transporte e o cadastramento da arma de fogo doada é responsabilidade da instituição beneficiada.

27. BANCO NACIONAL DE PERFIS BALÍSTICOS

Art. 34-A. Os dados relacionados à coleta de registros balísticos serão armazenados no Banco Nacional de Perfis Balísticos.

§1º O Banco Nacional de Perfis Balísticos tem como objetivo cadastrar armas de fogo e armazenar características de classe e individualizadoras de projéteis e de estojos de munição deflagrados por arma de fogo.

§2º O Banco Nacional de Perfis Balísticos será constituído pelos registros de elementos de munição deflagrados por armas de fogo relacionados a crimes, para subsidiar ações destinadas às apurações criminais federais, estaduais e distritais.

§3º O Banco Nacional de Perfis Balísticos será gerido pela unidade oficial de perícia criminal.

§4º Os dados constantes do Banco Nacional de Perfis Balísticos terão caráter sigiloso, e aquele que permitir ou promover sua utilização para fins diversos dos previstos nesta Lei ou em decisão judicial responderá civil, penal e administrativamente.

§5º É vedada a comercialização, total ou parcial, da base de dados do Banco Nacional de Perfis Balísticos.

§6º A formação, a gestão e o acesso ao Banco Nacional de Perfis Balísticos serão regulamentados em ato do Poder Executivo federal.

Pacote anticrime: O dispositivo foi acrescido pela Lei 13.964/19.

Comentários: Trata-se de um dispositivo de caráter administrativo e organizacional, direcionado ao aprimoramento da investigação criminal quanto aos crimes praticados com armas de fogo, criando o Banco Nacional de Perfis Balísticos.

Balística forense: Balística é a parte da perícia criminal que estuda o disparo de projéteis por uma arma de fogo, razão pela qual se concentra no exame de armas de fogo e munições, bem como dos efeitos por elas produzidos. A balística forense se divide em interna ou interior (estuda desde o momento do disparo até o instante em que o projétil sai da arma) e externa ou exterior (estuda os efeitos do disparo, a partir do momento em que o projétil sai da arma até atingir o alvo).

Análise de armas e munições: As *armas de fogo* são examinadas para se determinar os seus dados de qualificação, i.e., tipo, calibre, capacidade de carga, existência ou não de raiamento, bem com tipo e número de raiaduras. Também são realizados, v.g., exames para testar sua funcionalidade e eficiência quando se pretende verificar a possibilidade de uma determinada arma ter produzido um determinado tipo de marca, ferimento ou efeito. As *munições* são analisadas para se determinar o calibre (real e nominal), bem como sua eficiência. Os *projéteis* (objeto lançado com o disparo, através do cano de armas) e os *estojos* (material deflagrado) são avaliados para fins de individualização, pois possuem informações importantíssimas que, na maioria dos casos, através do *exame de confronto balístico*, permitem afirmar se determinada munição foi utilizada em determinada arma de fogo.

Objetivo do Banco de Perfil Balístico: Cadastrar armas de fogo; armazenar dados individualizadores de projéteis e estojos, possibilitando o confronto balístico quando necessário.

Abrangência e atribuição: Trata-se de um *banco nacional*, que se destina a subsidiar investigações criminais federais, estaduais e distritais.

Gerenciamento: Será feito pela unidade oficial de perícia criminal.

Sigilo: O Banco Nacional de Perfis Balísticos é sigiloso, sendo veda a comercialização da sua base de dados. Inclusive, a sua utilização indevida pode acarretar responsabilização civil, penal e administrativa.

BIBLIOGRAFIA

BARCELLOS, Bruno Lima; LEITÃO Jr., Joaquim. A emblemática figura do agente policial disfarçado na Lei 13.964/19 (Lei do pacote anticrime). *In Lei anticrime: comentários à Lei 13.964/19*. Belo Horizonte, D'Plácido, 2020.

CABETTE, Luiz Eduardo Santos. Policial aposentado deve ter direito de portar arma de fogo. Disponível em:<https://eduardocabette.jusbrasil.com.br/artigos/390984346/policial-aposentado-deve-ter-direito-de-portar-arma-de-fogo>.

CAPEZ, Fernando. Curso de Direito Penal, Volume 4, Legislação penal especial, 13ª edição. São Paulo: Saraiva, 2018.

CUNHA, Rogério Sanches; PINTO, Ronaldo Batista; SOUZA, Renee do Ó. Leis Penais Especiais: comentada artigo por artigo. Salvador: Juspodivm, 2019.

CUNHA, Rogério Sanches. Manual de Direito Penal: Parte Geral (arts. 1º a 120). 7. ed. Salvador: Juspodivm, 2019.

DOTTI, René Ariel. Curso de Direito Penal: Parte Geral. 6. ed. São Paulo: Thomson Reuters Brasil, 2018.

GARCEZ, William; SILVA, Davi André Costa e. A figura do policial disfarçado e a mitigação do flagrante preparado. Disponível em: <https://meusitejuridico.editorajuspodivm.com.br/2020/04/08/figura-policial-disfarcado-e-mitigacao-flagrante-preparado/>.

LIMA, Renato Brasileiro de. Legislação Criminal Especial Comentada. Salvador: Juspodivm, 2015.

NUCCI, Guilherme de Souza. Leis Penais e Processuais Penais Comentadas. Volume II, Rio de Janeiro: Forense, 2017.

PORTOCARRERO. Cláudia Barros; FERREIRA, Wilson Luiz Palermo. Leis penais extravagantes – Teoria, jurisprudência e questões comentadas, 4ª edição, Salvador: Juspodivm, 2019.

16

TERRORISMO

Lei 13.260/2016

RUCHESTER MARREIROS BARBOSA

1. FUNDAMENTO CONSTITUCIONAL DA LEI ANTITERRORISMO

A lei traz sua finalidade no seu artigo primeiro ao dispor que:

> *"Art. 1º Esta Lei regulamenta o disposto no inciso XLIII do art. 5º da Constituição Federal, disciplinando o terrorismo, tratando de disposições investigatórias e processuais e reformulando o conceito de organização terrorista."*

Às vésperas das olimpíadas ocorridas no Brasil em 2016, mais precisamente, cinco meses antes de seu início, o legislador, motivado por manifestações populares mais intensas, ocorridas no Brasil, algumas delas, inclusive violentas, bem como os assassinatos ocorridos na noite de 13 de novembro de 2015 em Paris e Saint-Denis, na França foi sancionada a Lei 13.260/16, que trata sobre o conceito de crimes considerados como *atos terroristas*, bem como os mecanismos de investigação e instrução criminal, cuja aplicação, referiu-se o novel diploma, quanto a estes, a aplicação da lei 12.850/13, que trata das ferramentas de investigação, instrução e julgamento dos crimes praticados por organizações criminosas, conforme art. 16.

A referência ao art. 5º, XLIII, da CR/88 nos remete aos mandados de criminalização.

Os mandados de criminalização são hipóteses obrigatórias de intervenção do Estado legislador na criminalização de determinados bens ou interesses dirigidos ao legislador infraconstitucional pelo constituinte originário de forma explícita ou implícita.

A Lei 13.260/16 é um exemplo deste comando, conforme explicitamente dispõe o art. 5º, XLIII da CR, ao determinar que se criminalize condutas consideradas de terrorismo.

As demais normas oriundas do mandado de criminalização contido na norma constitucional em comento, visando a criminalização de bens jurídicos considerados relevantes pelo constituinte originário já estão em vigor, no entanto, faltava a lei que definisse o crime de terrorismo, não tendo sido suficiente o art. 20 da Lei 7.170/83 para este fim, conforme orientação majoritária da doutrina e posição do STF[1].

A Lei 13.260/16 está em consonância com a teoria funcionalista radical de Gunter Jakobs, na qual o crime deve ser a conduta que desestrutura o sistema normativo e a pena deve ser a necessária para a manutenção da credibilidade das instituições com o fim de assegurar a estabilidade social que um sistema em equilíbrio proporciona (JAKOBS, 2012, p. 78-79). Desta forma, para o sistema não ser atingido e o desequilíbrio não transparecer insegurança social, as normas penais devem antecipar a punição aos atos preparatórios sem redução quantitativa da punição, por não ter sido iniciados os atos executórios. O inimigo é uma pessoa perigosa e, portanto, a sua condição pessoal já revela a necessidade da intervenção penal, caracterizando assim, um verdadeiro direito penal do autor e não do fato.

Na visão de Gunter Jakobs, ao se referir ao atentado de 11 de setembro de 2001, em Nova York,

1. PPE 730 QO, Rel. Min. Celso de Mello, 2ª Turma, j. 16/12/14, DJe de 25/02/15.

seguido do atentado de 11 de março de 2004 em Madrid, e o atentado de 07 de julho de 2005, em Londres, se a prevenção penal tivesse atuado, centenas de vidas teriam sido poupadas. Por esta razão, o Estado deve lançar mão dos mecanismos investigativos especiais contra organizações criminosas e terroristas, como a ação controlada, agente infiltrado, colaboração premiada, como mecanismos para impedir ações futuras e não passadas.

Para Silva Sánchez, a transição do "cidadão" ao "inimigo" seria produzida mediante a reincidência, a habitualidade, a delinquência profissional e, finalmente, a integração em organizações delitivas estruturadas (2002. p. 149.), mas perguntado à Jakobs como uma pessoa sairia de um cidadão comum para um inimigo, portanto, uma não pessoa, ou seja, qual seria o momento exato para essa conversão? Como se faria essa transformação? O professor de Bonn não respondeu. (HABIB, 2016, p. 11).

Por estas razões, a doutrina aponta como inconstitucionais mecanismos excepcionais, seja de natureza penal ou processual penal de polarização entre dois tipos de Direitos Penais, que coexistindo em um mesmo ordenamento jurídico brasileiro, a teoria sustentada por Jakobs na constituição de um verdadeiro Direito Penal do autor, posto que se propões o seccionar o Direito Penal entre *"um direito penal de inimigos"*, de cujos *"preceitos penais a ele correspondentes devem por isso ser estritamente separados do direito penal de cidadãos, preferivelmente também na sua apresentação externa."*.

Essa proposta, acaba por flertar com um Direito Penal direcionado a uma "não pessoa", o que viola o princípio da dignidade da pessoa humana e o princípio da presunção de inocência, pois, neste caso, o combate de forma antecipada somente se sustenta em razão da proteção e defesa contra um perigo, pois o fato somente se torna definido, em nosso ordenamento, após o trânsito em julgado de uma decisão penal condenatória. Somente após este fato jurídico, alguém poderia ser considerado, efetivamente "terrorista", antes disso, a lógica que iria prevalecer seria da periculosidade de uma pessoa e não o fato por ela praticado.

2. DOS CRIMES

Art. 2º O terrorismo consiste na prática por um ou mais indivíduos dos atos previstos neste artigo, por razões de xenofobia, discriminação ou preconceito de raça, cor, etnia e religião, quando cometidos com a finalidade de provocar terror social ou generalizado, expondo a perigo pessoa, patrimônio, a paz pública ou a incolumidade pública.

§ 1º São atos de terrorismo:

I - usar ou ameaçar usar, transportar, guardar, portar ou trazer consigo explosivos, gases tóxicos, venenos, conteúdos biológicos, químicos, nucleares ou outros meios capazes de causar danos ou promover destruição em massa;

II - (VETADO);

III - (VETADO);

IV - sabotar o funcionamento ou apoderar-se, com violência, grave ameaça a pessoa ou servindo-se de mecanismos cibernéticos, do controle total ou parcial, ainda que de modo temporário, de meio de comunicação ou de transporte, de portos, aeroportos, estações ferroviárias ou rodoviárias, hospitais, casas de saúde, escolas, estádios esportivos, instalações públicas ou locais onde funcionem serviços públicos essenciais, instalações de geração ou transmissão de energia, instalações militares, instalações de exploração, refino e processamento de petróleo e gás e instituições bancárias e sua rede de atendimento;

V - atentar contra a vida ou a integridade física de pessoa:

Pena - reclusão, de doze a trinta anos, além das sanções correspondentes à ameaça ou à violência.

§ 2º O disposto neste artigo não se aplica à conduta individual ou coletiva de pessoas em manifestações políticas, movimentos sociais, sindicais, religiosos, de classe ou de categoria profissional, direcionados por propósitos sociais ou reivindicatórios, visando a contestar, criticar, protestar ou apoiar, com o objetivo de defender direitos, garantias e liberdades constitucionais, sem prejuízo da tipificação penal contida em lei.

Comentários: A presente norma veio para substituir o art. 20 da Lei 7.170/83, que utiliza a expressão "atos de terrorismo", porém não define terrorismo e tampouco quais seriam esses atos que o identificariam.

A lei prevê o ato terrorista como um crime de perigo abstrato, pune atos preparatórios, além de utilizar em seu elemento normativo o termo *"terror social ou generalizado"* de alcance indeterminado, embarcando em um viés expansionista do direito penal de sociedade pós industrial e invocando um demasiado controle social punitivo formal de prevenção penal de emergência, aproximando-se, nesta toada, com o direito penal de terceira velocidade, denominado de direito penal do inimigo, distinguindo-se da primeira velocidade, que apesar de prever aplicação de pena privativa de liberdade, pressupõe sujeição a regras processuais garantistas, ao passo que o direito penal de segunda velocidade, apesar de flexibilizar as normas processuais penais, prevê pena restritiva de direito ou pecuniária e não privativa de liberdade.

As normas penais incriminadoras definidas na presente lei, não são de um tipo remetido, nem norma penal em branco ou uma norma explicativa, apesar de muito parecida com esta.

A norma explicativa serve para definir o alcance de seus elementos normativos e impedir a indeterminação das interpretações jurídicas quando não há no ordenamento legislação anterior que seja capaz de cumprir a finalidade de determinação do tipo penal, em consonância com o princípio da legalidade, como ocorre no art. 150, §4º ou o 327, ambos do CP.

No caso em tela verificamos a necessidade de juízo de valor pelo intérprete em um preceito primário com variados elementos normativos e mais do que o dolo como elemento subjetivo. Na definição da doutrina (LUISI, 1987. p. 57), são elementos normativos:

> *"Não são, portanto, elementos que se limitam a descrever o natural, mas que dão à ação, ao seu objeto, ou mesmo às circunstâncias, uma significação, um valor. As expressões "honesto", "indevidamente", "sem justa causa", e mesmo, "cruel", "insidioso" para qualificar os meios, são exemplos de elementos típicos normativos.*

Lembremos ainda, que os elementos normativos podem conter expressões jurídicas, culturais, morais ou extrajurídicos. Soma-se a esses elementos, segundo entendimento doutrinário amplamente majoritário, que fazem parte dos elementos do tipo, o descritivo ou objetivo e o subjetivo.

Além destes, que são os mais comumente citados, aponta-se uma outra classificação doutrinária denominada de elementos modais, que dizem respeito a condições específicas de tempo, local ou modo de execução, indispensáveis a caracterização da tipicidade.

Ao que parece o legislador tentou utilizar todo o arsenal de elementos do tipo existentes, como os citados acima, para criar um tipo complexo e anormal (elementos normativos na conduta descritiva do tipo), não se tratando, portanto, de uma norma penal em branco, de tipo remetido ou explicativa. Seria mais uma hipótese de tipo penal anormal, complexo e pluriofensivo.

Ao contrário, nos parece que o legislador esqueceu de elaborar um tipo remetido e uma norma explicativa para *"terror social"* e para *"organização terrorista"*, o que vai de encontro a ideologia do direito penal do inimigo reproduzido em medidas penais excepcionais como:

> *"1. A proliferação de crimes de risco desvinculados de qualquer lógica de ofensividade e previsibilidade; 2. O aumento da criação de tipos penais com ampla antecipação da punibilidade, por meio da incriminação autônoma de atos preparatório de outros crimes e dos chamados delitos associativos(....)*(HABIB, 2016, p. 14)

Esta imprecisão o torna um tipo penal aberto de tal forma que o coloca em total afronta ao princípio da legalidade estrita, cuja relativização se harmoniza com o Direito Penal do Inimigo ou Direito Penal de terceira velocidade.

Não seria a hipótese de classificá-lo como um crime vago, entendido este como:

> *"aquele em que figura como sujeito passivo uma entidade destituída de personalidade jurídica, como a família ou a sociedade. Exemplo: tráfico de drogas (Lei 11.343/2006, art. 33, caput), no qual o sujeito passivo é a coletividade.",*(MASSON, 2014, p. 276).

Estamos diante de um elemento subjetivo vago, por incluir o especial fim de agir de causar *"terror social"*, impossível de se determinar este alcance em razão da indeterminação do bem jurídico tutelado paz pública. Esta mitigação do princípio da estrita legalidade é imperiosa porquanto não ser possível prever o comportamento do inimigo, que deve ser combatido antes mesmo de iniciar suas condutas. Para Günter Jakobs, o inimigo perde a qualidade de pessoa e passa a ser combatido em razão de sua periculosidade e por essa razão os delitos da lei antiterror são de perigo.

Estas são características nitidamente de um direito penal de terceira velocidade, principalmente porque remete a aplicação da lei de crimes hediondos e criminalidade organizada, reconhecidos explícitamente por Jakobs como uma criminalidade que deve ser combatida pela lógica da guerra, razão pela qual suprime garantias individuais, apesar, de algumas destas garantias terem sido retomadas pelo supremo, como a declaração de inconstitucionalidade do cumprimento integral do regime fechado de pena, a necessidade de fundamentar a prisão após decisão condenatória se o réu respondeu o processo em liberdade, a inconstitucionalidade do regime de pena ser obrigatoriamente fechado e a inconstitucionalidade da vedação da liberdade provisória *ex lege*.

Motivação e finalidade especial

Art. 2º, *caput*

Trata-se de um crime cuja descrição típica remete suas condutas às formas vinculadas de seus §1º, tratando-se, portanto de crime vinculado.

O dispositivo ao remeter seu conteúdo aos parágrafos emprega a técnica do tipo remetido com diversas condutas descritas no §1º, que por sua vez empregam elementos normativos que lhe dão amplitude e sentido, formando o que denominamos de elementares remetidas sincréticas ou tipo remetido ao quadrado ou qualificado, porquanto o conceito de ato terrorista remete não somente a uma conduta típica em um único dispositivo, mas remete a diversas condutas típicas em diversos dispositivos, ora descrevendo comportamentos que podem ser realizados de forma livre, ora de forma vinculada.

Assim, o art. 2° conceitua terrorismo como qualquer das condutas descritas no seu §1º, na qual analisaremos a seguir, elencando os motivos e a finalidade para a prática dos *atos de terrorismo* (§1º).

Não devemos perder de vista que as motivações especiais ou comuns, a depender do incido do §1º devem estar ser realizadas com o *especial fim de agir* de **provocar terror social ou generalizado**, que é comum a todas as condutas descritas em seus incisos. Frise-se mesclando motivações especiais e finalidades especiais nos crimes definidos no art. 2º da LA (Lei antiterror).

Neste diapasão, segundo análise de Cláudia Barros Portocarrero e Wilson Luiz Palermo Ferreira (PORTOCARRERO e FERREIRA, 2018, p. 995) *"passamos a ter três elementos na caracterização do terrorismo, quais sejam, o seu fundamento, a forma pela qual será aplicada e a finalidade desejada pelo sujeito ativo.*

Questão tormentosa é se o terrorismo, conquanto delito oriundo de um mandado de criminalização ao dispor de diversos tipos penais (art. 2º; art. 3º; art. 5º; art. 6º, da Lei 13.260/16) **todos seriam considerados equiparados a hediondos** ou se somente o art. 2º.

O entendimento que vem prevalecendo é de que a Constituição da República no art. 5ª, XLIII, considera que a *"lei considerará inafiançáveis e insuscetíveis de graça ou anistia a prática (....) de terrorismo(....)"* e não de atos terroristas, razão pela qual a equiparação a hediondo não se deve restringir a somente ao art. 2º, mas a todos os delitos contidos na lei, corrente na qual entendemos tecnicamente mais adequada, tendo em vista que o art. 17 da LA dispõe que "Aplicam-se as disposições da Lei nº 8.072, de 25 de julho de 1990" à Lei 13.260/16, equiparando para fins do art. 2º da Lei 8.072/90, todos os crimes previstos na LA como equiparados a hediondos. O artigo 17 realizou uma equiparação dos crimes definidos nela aos crimes equiparados a hediondos, consagrando uma equiparação da equiparação. Coisas do legislador.

O bem jurídico tutelado é no entendimento majoritário apenas a **paz pública**, contudo discordamos. Trata-se de um crime pluriofensivo, cujo bem jurídico tutelado, por força das formas de realizações definidas no §1º do art. 2º devem se aproximar ao atingimento de bens jurídicos concretos sejam eles individuais ou coletivos sob pena de se perpetuar em nosso ordenamento a indeterminação do seu alcance diante do altíssimo grau de abstração, consequentemente a inexistência de limitação ao poder de punir. Trata-se, como dissemos, de um tipo penal anormal e complexo composto de um sincretismo de elementares para complementar o conceito de ato terrorista.

Acaso alguém praticar o extermínio de um grupo, tendo, portanto, como sujeito passivo mediato o gênero humano e, especificamente, os grupos nacionais, étnicos, raciais ou religiosos e isso causasse um "terror social", o crime seria de ato terrorista previsto no art. 2º, §1º, V da Lei 13.260/16 ou genocídio, previsto no art. 1º, "a", "b" e "c" da Lei 2.889/56?

O bem jurídico no genocídio, de acordo com o entendimento majoritário na doutrina, é meta-individual consubstanciado na ideia de diversidade e pluralidade como direitos inerentes à própria dignidade humana. E o ato terrorista quando atinge um grupo de pessoas por questão de raça, étnica ou religiosa? Além da dignidade humana ofenderia outro bem jurídico? Não estaria incluído como bem jurídico tutelado a soberania nacional, diante do art. 11 da lei antiterror, cujos crimes são considerados "contra o interesse da União", descambando para a proteção de funções políticas de Estado?

Nos parece que a paz pública por si só não pode ser considerado o bem jurídico a se buscar tutela sob pena de se buscar proteção a sentimentos coletivos, o que por si só acarreta uma indeterminação total de conceito. O qur pretende uma norma penal de proteção a comportamentos tidos como terroristas é o direito à vida digna e não somente a vida isoladamente considerada, ou seja, ao exercício da cidadania com uma vida digna. Apesar da concepção ainda abstrata, incide na análise que a lei tutela diversos bens jurídicos individuais e coletivos, devendo ser analisados sob esse prisma, em nome de um Direito Penal democrático.

Assim sendo, face o atingimento da massa, como bem transindividual, atingido com o "terror social", teríamos, a depender da norma penal incriminado **bens jurídicos individuais**, como vida e patrimônio, **e coletivos**, como transmissão de energia elétrica ou rede de telecomunicações, que serão analisados de *per si*, mas não a paz pública.

Motivos:

Xenofobia: consiste na aversão a pessoa oriunda de outro país.

Discriminação: consiste no tratamento diferenciado a outra pessoa.

Elementos normativos do tipo:

a) Raça: entendemos que não obstante alguns julgados dos tribunais superiores atribuam determinado sentido a determinados elementos normativos, podemos dizer que os tratados e convenções internacionais de direitos humanos fazem parte de nosso ordenamento jurídico e dele não podemos nos dissociar por diversas razões, além da própria necessidade de se realizar a Convencionalidade desses documentos com o ordenamento interno o próprio STF entende que eles são normas supralegais, portanto, fonte formal e primária do intérprete.

Desta forma, o Brasil ratificou por meio do Decreto 65.810 de 08 de dezembro de 1969 a Convenção Internacional sobre a Eliminação de todas as Formas de Discriminação Racial.

Assevera o preâmbulo da Convenção:

> *Considerando que a Carta das Nações Unidas baseia-se em princípios de dignidade e igualdade inerentes a todos os seres humanos, e que todos os Estados Membros comprometeram-se a tomar medidas separadas e conjuntas, em cooperação com a Organização, para a consecução de um dos propósitos das Nações Unidas que é promover e encorajar o respeito universal e observância dos direitos humanos e liberdades fundamentais para todos,* ***sem discriminação de raça, sexo, idioma ou religião****. (destaque nosso)*

Outra passagem de importante destaque da Parte I, artigo I, item 1:

> *Nesta Convenção, a expressão "discriminação racial" significará qualquer distinção, exclusão restrição ou preferência baseadas em raça, cor, descendência ou origem nacional ou étnica que tem por objetivo ou efeito anular ou restringir o reconhecimento, gozo ou exercício num mesmo plano, (em igualdade de condição), de direitos humanos e liberdades fundamentais no domínio político econômico, social, cultural ou em qualquer outro domínio de vida pública.*

O conceito de raça deve ser empregado no sentido jurídico, tendo em vista que o conceito biológico de raça para a espécie humana é insuficiente. Geneticamente, a pessoa humana possui mais de 25 mil genes no seu genoma. A cor da pele, textura do cabelo, formato do nariz e formato dos olhos, por exemplo, são determinados por um número insignificante de genes, o que exclui qualquer possibilidade de se atribuir um tipo de raça, como pode ocorrer em algumas espécies do reino animal irracional.

O sentido jurídico que empregamos é o definido na Convenção acima. É o regime político, econômico, social e cultural de um povo que acaba por definir quem pertence ou não a um determinado grupo, seccionando-os.

Veja que o Tratado não conceitua "raça", justamente porque seu sentido vai depender dos fatores acima mencionados e não de um fator biológico. Ainda que fosse possível identificar "raça" de algum tipo na pessoa humana, seu tratamento inclusivo ou exclusivo dependeria da "raça" dominante, consequentemente de fatores políticos, econômicos, sociais e culturais, que as agregassem ou a excluíssem uma do convívio da outra.

Portanto, é nesse sentido que o documento internacional associa a expressão "raça" à "discriminação racial", ou seja, é irrelevante o conceito de raça, mas que o Estado implemente uma política de enfrentamento a políticas excludentes, inclusive, criminalizando comportamentos voltados a essa finalidade, da mesma forma que nossa Constituição determina a criminalização do "racismo".

Podemos concluir então que "racismo" é o comportamento excludente que se fundamenta nas diferenças genotípicas como política discriminatória e não inclusiva, razão de existir a expressão "discriminação racial" ou "preconceito racial".

A Lei 7.716/89 optou pela expressão "discriminação de raça" ou "preconceito de raça", empregou duas vezes uma e duas vezes a outra ao longo do texto, sem contudo, conceituar o sentido de discriminação ou preconceito, o que reforça nossa tese de que essa expressão deve ser estudada à luz do Decreto 65.810/69.

Não desconhecemos o conceito de "discriminação racial ou étnico-racial" empregado no Estatuto da Igualdade Racial através da Lei 12.288/10 que praticamente copia o conceito do tratado em seu art. 1º, parágrafo único, I. Hierarquicamente, a Convenção está acima desta lei e protege mais diante do emprego da expressão "domínio" ao invés da expressão "campo", empregada por nosso legislador.

Recentemente o STF atribuiu sentido bem amplo ao conceito de discriminação racial ou racismo no julgamento da ADO 26 e do MI 4733 entendendo como espécies de "racismo social" a "homofobia" e "transfobia", consequentemente, o elemento normativo raça alcança comportamentos excludentes de pessoas que compõem grupos sociais que se identifiquem socialmente dessa maneira.

b) Cor: indica a cor da pele. Ou seja, branca, preta, amarela, vermelha, parda, marrom etc. Em tese já estaria abrangida pela concepção da raça, porém, ao especificar esta elementar normativa, acabou por destacar uma característica humana que pode ser tanto de aspecto genético ou fenotípico como o vitiligo, que para alguns está relacionada a predisposição genética, mas nem sempre se desenvolve, havendo casos em que a pessoa com essa doença de pele não tenha registro de manifestação em sua árvore genealógica.

c) Etnia: são características que identificam a pessoa não somente por razões genéticas, mas também socioculturais. Ou seja, o genoma não é a característica preponderante no processo discriminatório ou de preconceito, que se manifesta na forma de se vestir, na linguagem empregada na forma de viver. Alguns autores incluem aqui o aspecto religioso, contudo, não concordamos porque a religião é outra elementar do tipo, não obstante, sociologicamente ou antropologicamente a religião possa ser um aspecto cultural que identifique um grupo social de outro, seja de mesma procedência nacional ou não. Recentemente o STF no bojo do HC 82.424/RS[2] que *"os judeus não constituem raça, religião ou nação, embora a identidade judaica tenha indubitavelmente um componente de caráter nacional."* Ao nosso ver a discriminação em razão da cultura judaica poderia se adequar à discriminação étnica, posto que existem judeus de diversas religiões e de diversas nacionalidades e não podem ser consideradas uma raça, mas podem ser vítimas de racismo.

d) Religião: neste ponto concordamos com a doutrina ao dispor que religião é a crença ou culto praticados por um grupo social, ou ainda a manifestação de crença por meio de doutrinas e rituais próprios, como p. ex., católica, protestante, espírita, muçulmana, islamita etc. (ANDREUCCI, 2018, p. 143). Este autor ressalta, citando Christiano Jorge Santos que a *"discriminação por ateísmo, portanto, constitui fato atípico."* O ateísmo poderia ser enquadrada como uma *"espécie de doutrina filosófica não amparada pela Lei 7.716/89."* Não obstante essa observação quanto ao elemento normativo "religião", nada impede que a adequação típica ocorra por preconceito étnico se essa filosofia fizer parte da expressão cultural de um grupo e seja razão para discriminação ou preconceito. Por fim, contextualizar atos terroristas com motivações racistas também encontra amparo constitucional no art. 4º, VIII da CR/88, ao repudiar o terrorismo e o racismo com um dos princípios que regem as relações internacionais brasileiras.

e) Terror: concordamos com a concepção doutrinária de que se trata do *"medo, espanto, pavor de um mal que ameaça, a ameaça ou um perigo"*. (SZNICK, 1991, p. 201)

f) Social: social e generalizado é o *locus* onde o terror será provocado, na qual social deve ser compreendido como o *"temor imposto à dada coletividade ou grupo de pessoas, os quais, não necessariamente, representarão toda uma generalidade."* (ANDREUCCI, 2018, p. 33)

g) Generalizado: generalizado consiste em *"temor a toda população em sentido amplo"* (ANDREUCCI, 2018, p. 33). A diferença é muito sutil, beirando a uma referência numérica. Ressalte-se que não se pode esquecer que tanto no terror social quanto no generalizado é salutar associar à perspectiva de se colocar em cheque o regime social, estatal e democrático existente.

Especial fim de agir de provocar terror social ou generalizado: segundo a doutrina significa o *"sentimento de terror e pânico geral, capaz de desencadear reações repulsivas destinadas à autoproteção ou repúdio ao risco a ele inerente."* (CUNHA; PINTO; SOUZA, 2020, p. 2053). Outra explicação trazida pelos autores da obra coordenado por Busato (2018, p. 33) seria de que *"terror social e/ou generalizado*

2. Habeas Corpus 82.424/RS, Tribunal Pleno, Rel. Min. Moreira Alves, DJ 19.03.2004.

está atrelado à ideia de colocar em cheque o regime social, estatal e democrático existente."

Não obstante o nobre esforço da doutrina em explicar esse elemento subjetivo, acaba por continuar extremamente subjetivo e sintetizando uma explicação sobre um sentimento que resumiria a pretensa paz pública como bem jurídico atingido ou que caminha para o atingimento a uma questão político ideológica, que não obstante possa existir, porém, não poderia se resumir a eles.

É necessário esmiuçar o *modus operandi* das atividades consideradas terroristas pela doutrina em âmbito internacional para que se possa encontrar uma maior concretude nas condutas dos agentes, em especial se identificar esse especial fim de agir.

Para isso, a doutrina também coleciona ensinamentos sobre o que denomina de método terrorista, que consiste:

a) Escolha aleatória das vítimas (caráter aleatório): os terroristas buscam atingir pessoas não identificadas. Todos são possíveis vítimas dos atentados, o que desembocará na característica seguinte;

b) Intimidação geral e massiva: como o ato terrorista é praticado por qualquer pessoa, o medo e pânico de todos serem atingidos são disseminados indistintamente, provocando uma intimidação geral;

c) Perspectivas de novos ataques: o pânico geral desemboca num sentimento de insegurança permanente e na histeria coletiva, que parte da perspectiva, real ou não, de reiteração dos ataques;

d) Ampla divulgação: o terrorismo sempre se notabilizou pela ampla divulgação de suas atrocidades, de modo que o uso dos meios de comunicação em massa para propalar esses atos integra a maneira de agir dos terroristas.

Terrorismo lesa humanidade

Art. 2º, §1º, I

Verbos nucleares: *usar* (utilizar ou empregar); ou *ameaçar usar* (comportamento que consistem em tentar a utilização ou o emprego); *transportar* (transposição física de um local para outro); *guardar* (custodiar, reservar, conservar ou preservar); *portar* (trazer consigo junto ao corpo); ou *trazer consigo* (o mesmo que portar); explosivos, gases tóxicos, venenos, conteúdos biológicos, químicos, nucleares ou outros meios capazes de causar danos ou promover destruição em massa.

Objeto jurídico: Imediatamente a vida humana e secundariamente a incolumidade pública e ambiental. Entendemos que a segurança pública não se confunde com o bem jurídico meio ambiente.

Objeto material: explosivos, gases tóxicos, venenos, conteúdos biológicos, químicos, nucleares ou qualquer outro artefato, produto ou substância capaz de produzir a mesma finalidade de causar danos ou promover destruição em massa.

Sujeito ativo: Qualquer pessoa.

Sujeito passivo: A Sociedade; A Coletividade; O Estado.

Revogação tácita: O art. 20 da Lei nº 7.170/85.

Elemento subjetivo: É o dolo com a vontade livre e consciente de usar ou ameaçar usar, transportar, guardar, portar ou trazer consigo explosivos, gases tóxicos, venenos, conteúdos biológicos, químicos, nucleares ou outros meios capazes de causar danos ou promover destruição em massa. Trata-se de um crime de intenção na modalidade de crime mutilado de dois atos ou tipos imperfeitos de dois atos, na qual o resultado pode ou não ocorrer, quais sejam danos ou destruição em massa e que podem depender de novo comportamento do agente para que ele se se exaure, mas desnecessário para configurar a consumação. Exemplo usar o explosivo para ser detonado em um edifício com centenas de pessoas com um detonador acionável a distância. Por se tratar de um tipo remetido, não podemos deixar de conjugar esses elementos subjetivos do tipo com o especial fim de agir de provocar terror social ou generalizado, previsto no *caput.*

Consumação: O crime se consuma quando ao agente emprega um dos objetos materiais (no verbo usar) ou tenta empregá-lo (ameaçar usar), no caso dos verbos "transportar, guardar e portar ou trazer consigo" são condutas permanentes. No primeiro, enquanto os objetos materiais estiverem sendo deslocados de um local para outro, no segundo, enquanto os objetos estiverem sendo custodiados e nos últimos, quando estiverem junto ao corpo.

Tentativa: Somente não se admite tentativa no verbo "usar", porquanto o legislador pune como consumado a conduta de "ameaçar usar". Nos demais a tentativa é admissível porque admitem que o comportamento seja plurissubsistente (vários atos).

Inafiançável, imprescritível e insuscetíveis de graça, anistia e indulto: art. 5º, XLII e XLIII da CR/88 conforme já se manifestou o STF no HC suso mencionado: *"escrever, editar, divulgar e comercializar livros 'fazendo apologia de idéias (sic) preconceituosas e discriminatórias' contra a comunidade judaica constitui crime de racismo sujeito às cláusulas de inafiançabilidade e imprescritibilidade (CF, art. 5º, XLII)"*. A imprescritibilidade ocorrerá neste caso por se tratar de ato terrorista motivado por xenofobia, discriminação ou preconceito de raça, cor, etnia e religião, face o comportamento eminentemente racista contido no art. 2º. Nas sendo assim nos delitos previstos nos demais artigos, porquanto é delito equiparado a hediondo, conforme art. 2º da Lei 8.072/90 por ser um terrorismo racista.

Classificação doutrinária: Crime comum; formal não se exigindo a ocorrência de dano ou destruição em massa para se consumar. Basta que os meios empregados como explosivos, gases tóxicos, venenos, conteúdos biológicos, químicos, nucleares ou outros meios, sejam ***capazes*** de causar danos ou promover destruição em massa; forma vinculada; crime de perigo abstrato de periculosidade concreta; comissivo; instantâneo nas condutas usar e ameaçar a usar e permanente nas condutas transportar, guardar, portar ou trazer consigo; unissubjetivo; plurissubsistente em todos os verbos, menos no "ameaçar usar", que é unisubsistente; tipo misto alternativo; doloso.

Suspensão condicional do processo: É inadmissível.

Acordo de Não Persecução Penal: É inadmissível.

Ação penal: Ação penal pública incondicionada.

Art. 2º, §1º, II – vetado

Art. 2º, §1º, III – vetado

Terrorismo sabotagem

Art. 2º, §1º, IV

Verbos nucleares: sabotar (danificar ou destruir) ou apoderar-se (desapossar).

Quanto aos elementos normativos, destacaremos os principais em que se deve ter maior detalhamento jurídico diante da possibilidade de dubiedades de interpretações.

Elementos normativos:

a) violência e grave ameaça a pessoa: a violência é agressão física e grave ameaça é a agressão moral, violência moral. Ambas podem ser diretas ou indiretas.

b) servindo-se de mecanismos cibernéticos: o agente utiliza como instrumento do crime de dados informáticos para poder realizar a sabotagem ou apoderar-se do controle total ou parcial, ainda que de modo temporário, de meio de comunicação ou de transporte, de portos, aeroportos, estações ferroviárias ou rodoviárias, hospitais, casas de saúde, escolas, estádios esportivos, instalações públicas ou locais onde funcionem serviços públicos essenciais, instalações de geração ou transmissão de energia, instalações militares, instalações de exploração, refino e processamento de petróleo e gás e instituições bancárias e sua rede de atendimento; a expressão "mecanismos cibernéticos" seria melhor compreendido com a aderência ao texto da Convenção de Budapeste sobre Cybercrime. Cybercrime vem sendo empregado para crimes praticados por meio de sistemas informáticos.

c) modo temporário: o agente obtém o controle total ou parcial dos mecanismos citados acima por um breve período de tempo, não restando necessário que seja duradouro.

d) meio de comunicação: consiste em uma ferramenta ou meio de transmissão de informações, que vai de uma carta física ao meio eletrônico do e-mail, bem como o sistema de telefonia de cujos conceitos técnicos melhor se encontram nas Leis 6.538/76 e 9.472/97.

e) meio de transporte: consiste em uma ferramenta ou meio de deslocamento de pessoas ou coisas de um lugar para outro, cujo termo técnico podemos encontrar no anexo I da Lei 9.503/97 que elenca todos os meios de transportes terrestres, como também devem ser citados os meios de transportes aéreos, consoante arts. 106 e 107 da Lei 7.565/86, o transporte aquaviário, conforme Lei 9.432/97 e art. 2º, V da Lei 9.966/00, e por último, o meio ferroviário Decreto 1.832/96, regulamento dos transportes ferroviários, que não traz o conceito de trens, que era realizado pelo Decreto revogado 90.959/85 e Decreto 98.973/90, que regulamente o transporte ferroviários de produtos perigosos.

Objeto jurídico: imediatamente são determinados serviços públicos ou particulares de necessidades básicas e mínimas para o funcionamento da estrutura do Estado e mediatamente integridade física e da saúde das pessoas.

Objeto material: as instalações utilizadas para o funcionamento dos serviços referidos no objeto jurídico.

Sujeito ativo: Qualquer pessoa.

Sujeito passivo: A Coletividade.

Elemento subjetivo: É o dolo como vontade livre e consciente de destruir ou tomar o controle dos serviços acima relacionados mediante violência ou grave ameaça ou por meio da internet, além do especial fim de agir de provocar terror social ou generalizado, previsto no *caput*.

Consumação: O crime se consuma quando ao agente destrói ou se apossa no controle, total ou parcial, dos serviços anteriormente mencionados.

Tentativa: admite-se tentativa porque os verbos admitem uma conduta plurissubsistente (vários atos).

Inafiançável e insuscetíveis de graça, anistia e indulto: art. 5º, XLIII da CR/88 e art. 2º da Lei 8.072/90, em se tratando de crime de terrorismo é delito equiparado a hediondo.

Classificação doutrinária: Crime comum; formal na conduta de se apossar dos serviços ou um deles, não se exigindo a ocorrência de dano aos mesmos; material no verbo sabotar porquanto se exige que haja destruição do funcionamento do serviço acarretando dano, consequentemente deixando vestígios; forma vinculada; crime de perigo abstrato de periculosidade concreta; comissivo ou omissivo impróprio; instantâneo; unissubjetivo; plurissubsistente; tipo misto alternativo; doloso.

Suspensão condicional do processo: É inadmissível.

Acordo de Não Persecução Penal: É inadmissível.

Ação penal: Ação penal pública incondicionada.

Terrorismo atentado

Art. 2º, §1º, V

Verbos nucleares: atentar significa colocar em risco a vida ou integridade física da pessoa. Colocar em risco significa tornar incerto se com aquele comportamento do agente a vida ou a integridade física de alguém poderá ser atingida, pegando emprestado as lições da doutrina quando explica o verbo "atentar" previsto no crime de atentado contra a segurança de serviço de utilidade pública, art. 265 do Código Penal. (MAGALHÃES NORONHA, 1988, v. 3, p. 409). Em síntese, é uma hipótese de se punir como consumado a tentativa de homicídio ou de leão corporal.

Elementos normativos: vida e integridade física se refere à pessoa. A vida aqui é a extrauterina e integridade física diz respeito ao aspecto anatômico ou funcional do corpo de uma pessoa.

Objeto jurídico: vida e integridade física.

Objeto material: o corpo humano.

Sujeito ativo: qualquer pessoa.

Sujeito passivo: alguém.

Elemento subjetivo: É o dolo como vontade livre e consciente de colocar em risco a vida ou a integridade física de uma pessoa, além do especial fim de agir de provocar terror social ou generalizado, previsto no *caput*.

Consumação: O crime se consuma com a tentativa de se atingir a vida ou a integridade física.

Tentativa: inadmissível.

Inafiançável e insuscetíveis de graça, anistia e indulto: art. 5º, XLIII da CR/88 e art. 2º da Lei 8.072/90, em se tratando de crime de terrorismo é delito equiparado a hediondo.

Classificação doutrinária: Crime comum; formal; forma vinculada por força do *caput*; crime de perigo abstrato de periculosidade concreta, por incidência do *caput*; comissivo ou omissivo impróprio; instantâneo; unissubjetivo; unissubsistente; doloso.

Suspensão condicional do processo: É inadmissível.

Acordo de Não Persecução Penal: É inadmissível.

Ação penal: Ação penal pública incondicionada.

Conflito aparente de normas: nos crimes definidos nos incisos do art. 2º a pena é de reclusão, de doze a trinta anos, além das sanções correspondentes à ameaça ou à violência. Neste caso, além do crime de terrorismo haverá concurso material correspondente à ameaça ou a violência. Assim, haverá concurso entre um dos incisos do art. 2º e o crime de homicídio, por exemplo. Com essa redação poderemos chegar a conclusão teórica de que se o agente atentar contra a vida de alguém nos moldes do *caput*, e essa pessoa morra, haverá concurso material entre o crime de terrorismo e o homicídio.

Art.2º, §2º: esse parágrafo reforça a ideia que a lei antiterror não possui finalidade política para que possa ser caracterizado, tendo em vista o legislador ter deixado explícito que não se pretende criminalizar manifestações políticas, movimentos sociais, sindicais, religiosos, de classe ou de categoria profissional, direcionados por propósitos sociais ou reivindicatórios, visando a contestar, criticar, protestar ou apoiar, com o objetivo de defender direitos, garantias e liberdades constitucionais.

Art. 3º Promover, constituir, integrar ou prestar auxílio, pessoalmente ou por interposta pessoa, a organização terrorista:

Pena - reclusão, de cinco a oito anos, e multa.

Organização terrorista

Art. 3º, *caput*

Verbos nucleares: promover (fazer com que aconteça ou propiciar), constituir (formar), integrar (fazer parte ou se juntar) ou prestar auxílio (colaboração material) com a organização terrorista.

Elementos normativos:

a) pessoalmente ou por interposta pessoa: significa que o agente que executa um dos verbos do tipo o faz diretamente. Também admite a realização de um dos verbos indiretamente, quando autoriza empregar interposta pessoa, como por exemplo, utiliza-se do artifício do "testa de ferro" ou um "laranja".

b) organização terrorista: não há um conceito próprio ou específico de organização terrorista. O legislador se utilizou da técnica do tipo penal remetido. Neste caso, elemento normativo remetido, ao conceituar reciprocamente a definição de organização criminosa entre art. 19 da Lei 13.260/16 e o art. 1º, §2º, II da Lei 12.850/13, e de forma excepcional, na tipificação de crimes, porquanto o art. 16 da Lei 13.260/16 é explícito em afirmar que se aplicam as disposições da Lei 12.850/13 à lei antiterror para a investigação, processo e julgamento dos crimes da lei antiterror, e não para que os crimes previstos na lei de organização criminosa servisse de complemento aos elementos normativos dos crimes da lei antiterror. Em outras palavras, a doutrina vem apontando que a organização terrorista é uma espécie de organização criminosa, posto que se utiliza do conceito previsto no art. 1º, §1º da Lei 12.850/13. Ora, se o conceito para organização terrorista é o mesmo que o de organização criminosa, torna-se forçoso concluir que são a mesma coisa. Se "a" é igual a "b", então "a" e "b" são a mesma coisa, consequentemente a doutrina, data vênia, se equivoca ao afirmar que organização terrorista seja espécie do gênero organização criminosa. Outrossim, o próprio art. 6º, parágrafo único da LA pune quem oferecer ou receber, obtiver, guardar, mantiver em depósito, solicitar, investir ou de qualquer modo contribuir para a obtenção de ativo, bem ou recurso financeiro, com a finalidade de financiar, total ou parcialmente, pessoa, grupo de pessoas, associação, entidade, **organização criminosa** que tenha como **atividade principal** ou secundária, mesmo em caráter eventual, **a prática dos crimes previstos nesta Lei**. Ora, se a atividade principal de uma organização criminosa é a prática de crimes de terrorismo, não deveria ser uma organização terrorista? O legislador falhou em não definir organização terrorista. Ao nosso ver o art. 3º da Lei antiterror não possui aplicabilidade, restando inconstitucional não existir o conceito de organização terrorista. Assim, quando o agente *"promover, constituir, financiar* (não deixa de ser uma forma de prestar auxílio) *ou integrar, pessoalmente ou por interposta pessoa" a "associação de 4 (quatro) ou mais pessoas estruturalmente ordenada e caracterizada pela divisão de tarefas, ainda que informalmente, com objetivo de obter, direta ou indiretamente, vantagem de qualquer natureza, mediante a prática de infrações penais cujas penas máximas sejam superiores a 4 (quatro) anos, ou que sejam de caráter transnacional"*, haverá o crime de constituição de organização criminosa do art. 2º da Lei 12.850/13, que ao praticarem os tipos penais da Lei 13.260/13, com a ressalva do art. 3º, estaremos diante de uma organização criminosa terrorista e não uma organização terrorista.

Objeto jurídico: a paz pública. Remetemos o leitor a nossa crítica à paz pública nos comentários do *caput* do art. 2º.

Objeto material: não se exige.

Sujeito ativo: qualquer pessoa.

Sujeito passivo: coletividade.

Elemento subjetivo: É o dolo como vontade livre e consciente de associarem duas ou mais pessoas, de maneira estável, para fazer nascer uma organização terrorista.

Consumação: O crime se consuma com a associação de duas ou mais pessoas com o fim de criar, fazer parte ou participar materialmente da organização terrorista.

Tentativa: inadmissível por se tratar de um comportamento tipicamente de atos preparatórios, já considerado punível pelo legislador, seguindo a mesma lógica dos delitos associativos, como do art. 288 do Código Penal.

Inafiançável e insuscetíveis de graça, anistia e indulto: art. 5º, XLIII da CR/88 e art. 2º da Lei 8.072/90, por entendermos que o art. 3º também se configure terrorismo.

Classificação doutrinária: Crime comum; formal; crime de perigo abstrato; comissivo; instantâneo; plurissubjetivo; unissubsistente; doloso.

Suspensão condicional do processo: É inadmissível.

Acordo de Não Persecução Penal: É inadmissível.

Ação penal: Ação penal pública incondicionada.

> **Art. 5º Realizar atos preparatórios de terrorismo com o propósito inequívoco de consumar tal delito:**
>
> **Pena - a correspondente ao delito consumado, diminuída de um quarto até a metade.**
>
> **§ 1º Incorre nas mesmas penas o agente que, com o propósito de praticar atos de terrorismo:**
>
> **I - recrutar, organizar, transportar ou municiar indivíduos que viajem para país distinto daquele de sua residência ou nacionalidade; ou**
>
> **II - fornecer ou receber treinamento em país distinto daquele de sua residência ou nacionalidade.**
>
> **§ 2º Nas hipóteses do § 1º, quando a conduta não envolver treinamento ou viagem para país distinto daquele de sua residência ou nacionalidade, a pena será a correspondente ao delito consumado, diminuída de metade a dois terços.**

Terrorismo organização

Art. 5º, *caput*

Verbos nucleares: realizar. Trata-se de um verbo transitivo direto. Ou seja, quem realiza, realiza alguma coisa. O legislador indicou a realização de "atos preparatórios de terrorismo".

Elementos normativos: atos preparatórios de terrorismo. O que seriam os atos preparatórios do terrorismo? Alguns doutrinadores entendem que há flagrante violação ao princípio da legalidade (BUSATO, 2018, p. 89). A realidade que se impõe nesse tipo de criminalidade é a de se reconhecer a possibilidade de mecanismos jurídicos já conhecidos que se permita a efetivação do delito em tela. Nesse ponto, concordamos com Henrique Hoffmann e Adriano Sousa Costa (2020, p. 308) que afirmam ter sido criado *"um sistema binário de incriminação da preparação: os atos preparatórios distantes só podem ser punidos se definidos como crimes-obstáculo (verbi gratia, artigo 2º, §1º, II, artigo 3º, artigo 5º, §1º e artigo 6º), enquanto os atos preparatórios imediatamente anteriores ao núcleo do tipo penal de terrorismo são criminalizados a título de tentativa (artigo 5º, caput)."*

Objeto jurídico: a paz pública. Remetemos o leitor a nossa crítica à paz pública nos comentários do *caput* do art. 2º.

Objeto material: qualquer pessoa ou coisa.

Sujeito ativo: qualquer pessoa.

Sujeito passivo: coletividade.

Elemento subjetivo: É o dolo como vontade livre e consciente de realizar atos preparatórios para a prática de terrorismo, quais sejam os crimes definidos nos artigos 2º e 6º da LA e o especial fim de agir ter o *"propósito inequívoco de consumar tal delito"*.

Consumação: O crime se consuma com a simples existência concreta de algum ato que se caracterize imediatamente anterior a execução de alguns dos tipos penais do art. 2º ou 6º da LA.

Tentativa: inadmissível por se tratar de um comportamento tipicamente de atos preparatórios.

Inafiançável e insuscetíveis de graça, anistia e indulto: art. 5º, XLIII da CR/88 e art. 2º da Lei 8.072/90, por entendermos que o art. 5º também se configure terrorismo.

Classificação doutrinária: Crime comum; formal; crime de perigo abstrato; comissivo; instantâneo; unissubjetivo; unissubsistente; doloso.

Suspensão condicional do processo: É inadmissível.

Acordo de Não Persecução Penal: É inadmissível.

Ação penal: Ação penal pública incondicionada.

Terrorismo recrutamento

Art. 5º, §1º, I

Verbos nucleares: recrutar (atrair ou reunir), organizar (arrumar ou ordenar), transportar (conduzir ou carregar) ou municiar (prover de munição).

Elementos normativos: indivíduos que viajem para país distinto daquele de sua residência ou nacionalidade: trata-se do *"combatente terrorista estrangeiro" e para* compreendermos o alcance do sentido da expressão, entendemos necessário invocar a Res. CSNU (Conselho de Segurança das Nações Unidas) nº 2.178, ao dispor que são aqueles *"indivíduos que viajam para um Estado distinto daqueles de sua residência ou nacionalidade, com o propósito de perpetrar, planejar, preparar ou participar de atos terroristas, ou fornecer ou receber treinamento para o terrorismo, inclusive em conexão com conflitos armados."*

Objeto jurídico: a paz pública. Remetemos o leitor a nossa crítica à paz pública nos comentários do *caput* do art. 2º.

Objeto material: qualquer pessoa ou armamento e munição.

Sujeito ativo: qualquer pessoa.

Sujeito passivo: coletividade.

Elemento subjetivo: É o dolo como vontade livre e consciente de realizar atos preparatórios para atrair, ordenar, conduzir ou prover de armas e munições para a prática de terrorismo e o especial fim de agir ter o *"propósito inequívoco de consumar tal delito"*.

Consumação: O crime se consuma com a realização dos verbos do crime equiparado, que em verdade está especificando algumas formas que o legislador entendeu como de atos preparatórios.

Tentativa: admissível.

Inafiançável e insuscetíveis de graça, anistia e indulto: art. 5º, XLIII da CR/88 e art. 2º da Lei 8.072/90, por entendermos que o art. 5º, *caput* e os delitos equiparados, também se configurem terrorismo.

Classificação doutrinária: Crime comum; formal; crime de perigo abstrato; comissivo; instantâneo; unissubjetivo; plurissubsistente; doloso.

Suspensão condicional do processo: É inadmissível.

Acordo de Não Persecução Penal: É inadmissível.

Ação penal: Ação penal pública incondicionada.

Terrorismo adestramento

Art. 5º, §1º, II

Verbos nucleares: fornecer (abastecer ou proporcionar) ou receber (obter).

Elementos normativos: treinamento em país distinto daquele de sua residência ou nacionalidade: trata-se do que se denomina de *"Treinamento para terrorismo" e para* compreendermos o alcance do sentido da expressão, entendemos necessário invocar a Res. CSNU (Conselho de Segurança das Nações Unidas) nº 2.178, ao dispor que *"o fato de dar instruções para o fabrico ou para a utilização de explosivos, armas de fogo ou outras armas ou substâncias nocivas ou perigosas ou para outros métodos e técnicas específicos tendo em vista a prática de uma infração terrorista ou contribuir para a sua prática, sabendo que os conhecimentos específicos fornecidos visam à realização de tal objetivo;"*, caracteriza também atos preparatórios ao terrorismo.

Objeto jurídico: a paz pública. Remetemos o leitor a nossa crítica à paz pública nos comentários do *caput* do art. 2º.

Objeto material: qualquer pessoa ou armamento e munição.

Sujeito ativo: qualquer pessoa.

Sujeito passivo: coletividade.

Elemento subjetivo: É o dolo como vontade livre e consciente de realizar atos preparatórios para atrair, ordenar, conduzir ou prover de armas e munições para a prática de terrorismo e o especial fim de agir ter o *"propósito inequívoco de consumar tal delito"*.

Consumação: O crime se consuma com a realização dos verbos do crime equiparado, que em verdade está especificando algumas formas que o legislador entendeu como de atos preparatórios.

Tentativa: admissível.

Inafiançável e insuscetíveis de graça, anistia e indulto: art. 5º, XLIII da CR/88 e art. 2º da Lei 8.072/90, por entendermos que o art. 5º, *caput* e os delitos equiparados, também se configurem terrorismo.

Classificação doutrinária: Crime comum; formal; crime de perigo abstrato; comissivo; instantâneo; unissubjetivo; plurissubsistente; doloso.

Suspensão condicional do processo: É inadmissível.

Acordo de Não Persecução Penal: É inadmissível.

Ação penal: Ação penal pública incondicionada.

Art. 5º, §2º

Trata-se de uma causa de diminuição de pena nas hipóteses sobre o combatente terrorista nacional ou treinamento para o terrorismo ocorrerem em âmbito nacional, sem a transposição de fronteiras.

> **Art. 6º Receber, prover, oferecer, obter, guardar, manter em depósito, solicitar, investir, de qualquer modo, direta ou indiretamente, recursos, ativos, bens, direitos, valores ou serviços de qualquer natureza, para o planejamento, a preparação ou a execução dos crimes previstos nesta Lei:**
>
> **Pena - reclusão, de quinze a trinta anos.**
>
> **Parágrafo único. Incorre na mesma pena quem oferecer ou receber, obtiver, guardar, mantiver em depósito, solicitar, investir ou de qualquer modo contribuir para a obtenção de ativo, bem ou recurso financeiro, com a finalidade de financiar, total ou parcialmente, pessoa, grupo de pessoas, associação, entidade, organização criminosa que tenha como atividade principal ou secundária, mesmo em caráter eventual, a prática dos crimes previstos nesta Lei.**

Financiamento e custeio para o crime de terrorismo

Art. 6º, *caput*

Verbos nucleares: receber (aquele que obtém), e para isso é preciso que exista alguém que esteja praticando a conduta de dar ou até mesmo investindo. Trata-se de um verbo que pressupõe uma ação de bilateralidade necessária, em razão da criminalização daquele que oferece, previsto no parágrafo único do mesmo artigo, perfazendo-se um tipo de concurso necessário; prover (providenciar ou dispor), oferecer (dar), obter (ter êxito ou conseguir), guardar (proteger ou preservar), manter em depósito (assegurar), solicitar (pedir), investir (acometer ou fazer iniciar).

Elementos normativos: de qualquer modo, trata-se de técnica de interpretação analógica, amplamente empregado na legislação penal pátria, não se confundindo com analogia; direta ou indiretamente, quando o tipo é executado pelo próprio autor ou por interposta pessoa; recursos, ativos, bens, direitos, valores ou serviços de qualquer natureza, tem por fim definir a estrutura financeira ou econômica do autor; para o planejamento, seja para a prática de um dos atos preparatórios, como proporcionar uma reunião; a preparação, seja para a prática de uma outra espécie de ato preparatório, como a compra de insumos; ou a execução dos crimes previstos nesta Lei, seja, por fim, para a prática dos atos executórios.

Objeto jurídico: a paz pública. Remetemos o leitor a nossa crítica à paz pública nos comentários do *caput* do art. 2º.

Objeto material: são os recursos, ativos, bens, direitos, valores ou serviços de qualquer natureza.

Sujeito ativo: qualquer pessoa.

Sujeito passivo: coletividade.

Elemento subjetivo: É o dolo como vontade livre e consciente de receber, prover, oferecer, obter, guardar, manter em depósito, solicitar, investir, de qualquer modo, direta ou indiretamente, recursos, ativos, bens, direitos, valores ou serviços de qualquer natureza e o especial fim de agir de praticar tais condutas com o fim de planejar ou preparar ou executar os crimes previstos na LA.

Consumação: O crime se consuma com a realização dos verbos do crime independentemente da ocorrência do planejamento, da preparação ou da execução dos crimes de terrorismo, bem como não é necessária a obtenção de lucro.

Tentativa: admissível para todos os verbos.

Inafiançável e insuscetíveis de graça, anistia e indulto: art. 5º, XLIII da CR/88 e art. 2º da Lei 8.072/90, por entendermos que o art. 6º, *caput* e os delitos equiparados, também se configurem terrorismo.

Classificação doutrinária: Crime comum; formal; crime de perigo abstrato; comissivo; instantâneo, menos no verbo guardar e manter em depósito, que são permanentes; unissubjetivo ou plurissubjetivo na modalidade receber; plurissubsistente; doloso.

Suspensão condicional do processo: É inadmissível.

Acordo de Não Persecução Penal: É inadmissível.

Ação penal: Ação penal pública incondicionada.

Financiamento e custeio para o sujeito ou sujeitos do terrorismo

Art. 6º, parágrafo único

Verbos nucleares: oferecer (dar) ou receber (aquele que obtém); obtiver (ter êxito ou conseguir), guardar (proteger ou preservar), mantiver em depósito (assegurar), solicitar (pedir), investir (acometer ou fazer iniciar) ou de qualquer modo contribuir para. O verbo prover contido no *caput* não de repetiu nesse delito, tendo sido incluído o *contribuir*, na expressão exegética *de qualquer modo*, repetindo a antiga redação do tráfico de drogas equiparado do revogado art. 12, §2º, III: contribui de qualquer forma para incentivar ou difundir o uso indevido ou o tráfico ilícito de substância entorpecente ou que determine dependência física ou psíquica, criticado há época, mas agora resgatado para ampliar o poder punitivo sobre esse tipo de financiamento ou custeio à pessoa ou grupo de pessoas que tenham a finalidade de praticar terrorismo.

Elementos normativos: *de qualquer modo contribui para*, além das observações do tópico anterior, trata-se de técnica de interpretação analógica, amplamente empregado na legislação penal pátria, não se confundindo com analogia; *direta ou indiretamente*, quando o tipo é executado pelo próprio financiador ou por interposta pessoa; *ativo, bem ou recurso* financeiro, não se repetindo no parágrafo as elementares do *caput*, *direitos, valores ou serviços de qualquer natureza*, mas mantendo a mesma lógica de se punir aquele que pretende estruturar financeiramente o criminoso; *total ou parcialmente*, se referindo ao empenho de toda a operação financeira ou somente em parte dela; *pessoa, grupo de pessoas, associação, entidade, organização criminosa*, diferenciando-se do *caput* porquanto a destinação do financiamento é para o sujeito ou sujeitos do crime, enquanto o *caput* é para a preparação, planejamento ou execução do fato criminoso; *que tenha como atividade principal ou secundária*, podendo ser a ocupação principal ou conexa do criminoso ou do grupo de criminosos; *mesmo em caráter eventual*, não se exigindo que o financiador seja associado à pessoa ou integrante do grupo, praticando esse crime através de prática reiterada ou isoladamente; na *prática dos crimes previstos nesta Lei*, exigindo-se somente que esse crime esteja direcionado para a execução dos delitos previstos na LA, não se aplicando aos delitos da Lei 12.590/13, por exemplo.

Objeto jurídico: a paz pública. Remetemos o leitor a nossa crítica à paz pública nos comentários do *caput* do art. 2º.

Objeto material: são os ativos, bens e recursos.

Sujeito ativo: qualquer pessoa.

Sujeito passivo: coletividade.

Elemento subjetivo: É o dolo como vontade livre e consciente de oferecer ou receber, obtiver, guardar, mantiver em depósito, solicitar, investir ou de qualquer modo contribuir para a obtenção de ativo, bem ou recurso financeiro, total ou parcialmente, para pessoa, grupo de pessoas, associação, entidade, organização criminosa que visem praticar crimes previstos na LA e o *especial fim de agir*, consistente na *finalidade de financiar*.

Consumação: O crime se consuma com a realização dos verbos do crime independentemente da prática de qualquer crime previsto na LA ou da destinação do ativo, bem ou recurso financeiro.

Tentativa: admissível para todos os verbos.

Inafiançável e insuscetíveis de graça, anistia e indulto: art. 5º, XLIII da CR/88 e art. 2º da Lei 8.072/90, por entendermos que o art. 6º, parágrafo único, também se configure terrorismo.

Classificação doutrinária: Crime comum; formal; crime de perigo abstrato; comissivo; instantâneo, menos no verbo guardar e manter em depósito, que são permanentes; unissubjetivo ou plurissubjetivo na modalidade receber; plurissubsistente; doloso.

Suspensão condicional do processo: É inadmissível.

Acordo de Não Persecução Penal: É inadmissível.

Ação penal: Ação penal pública incondicionada.

Art. 7º Salvo quando for elementar da prática de qualquer crime previsto nesta Lei, se de algum deles resultar lesão corporal grave, aumenta-se a pena de um terço, se resultar morte, aumenta-se a pena da metade.

Causa de aumento de pena: os crimes praticados terão causa de aumento de pena, quando a violência resultar lesão grave ou morte já não constituir uma elementar do tipo, como é o caso do art. 2º, §1º, V. Outrossim, a previsão da majorante não inviabiliza eventual concurso de crimes entre o delito de terrorismo e um crime de lesão grave ou morte dolosas.

Art. 10. Mesmo antes de iniciada a execução do crime de terrorismo, na hipótese do art. 5º desta Lei, aplicam-se as disposições do art. 15 do Decreto-Lei nº 2.848, de 7 de dezembro de 1940 - Código Penal.

Arrependimento eficaz e desistência voluntária: o dispositivo se aplica ao art. 5º da LA. Como vimos acima, este dispositivo pune atos preparatórios gerais no *caput* e específicos no §1º. Certamente a doutrina se questionaria se poderia haver tentativa na realização de atos preparatórios. Nada impede que fosse possível, visto que o tipo penal aberto admitiria tanto comportamentos unissubsistentes como plurissubsistentes. Em suma, o dispositivo é inócuo, por força do art. 12 do Código Penal, que admite a incidência de *"regras gerais"* do Código Penal, *"aos fatos incriminados por lei especial, se esta não dispuser de modo diverso."* Portanto, a incidência dos institutos da desistência voluntária e arrependimento eficaz seria admitida. Nos parece que sua disposição explícita, além de simbólica, que como uma forma de prêmio, estimularia o criminoso ao não prosseguir com o crime, acabou por limitar sua aplicação somente ao art. 5º, não sendo admitidos nos demais delitos previstos na LA.

Art. 11. Para todos os efeitos legais, considera-se que os crimes previstos nesta Lei são praticados contra o interesse da União, cabendo à Polícia Federal a investigação criminal, em sede de inquérito policial, e à Justiça Federal o seu processamento e julgamento, nos termos do inciso IV do art. 109 da Constituição Federal.

Jurisdição e competência: Ainda na saga sobre os devaneios do legislador infraconstitucional, nos parece flagrantemente inconstitucional a ampliação da competência da justiça federal realizado pelo art. 11 da Lei 13.260/16.

As hipóteses que repercutem em matéria criminal são os incisos IV, V, V-A, VI, VII, IX e X, do art. 109 da CR, mas utilizaremos somente alguns deles para demonstrarmos que o referido artigo está eivado de inconstitucionalidade.

A competência se rege, obviamente além do juiz natural, pelos princípios da tipicidade e indisponibilidade, cujos critérios começam pelos critérios constitucionais, de cujo rol não pode ser ampliado por norma infraconstitucional, se quer de forma transversa, como já se decidiu sobre as contravenções penais, ainda que em detrimentos de bens, serviços ou interesse da União, suas autarquias ou empresas públicas, são de competência da justiça estadual.

Norberto Avena (AVENA, 2014, p. 637) nos relembra um caso bem elucidativo para entendermos a extensão de "detrimentos de bens, serviços e interesses:

> *"(....)integrantes do "Movimento dos Sem-Terra" tentaram invadir a propriedade rural pertencente ao Presidente da República. Nesse caso, não há falar-se em competência da Justiça Federal, pois não se trata o bem em questão de patrimônio da União, mas sim de propriedade particular do Chefe do Executivo. (....)Desta forma, a possível lesão ao patrimônio pessoal ou da família do Exmo. Sr. Presidente da República não tem o condão de atrair a competência da Justiça Federal, justamente por não se enquadrar na previsão constitucional"*[3]

Nesta mesma toada, relembremos a súmula 147, STJ, no sentido de que é competente a Justiça Federal para processar e julgar crimes cometidos contra funcionário público federal, no exercício das funções. Em outras palavras, o funcionário público por si só, por ser federal, não é considerado de interesse da União.

O STJ em pronunciamento em conflito de competência envolvendo a justiça federal e estadual, relacionado por crime na qual figurava como lesada agência dos correios, entendeu que:

> *"Nos crimes praticados em detrimento das agências da Empresa Brasileira de Correios e Telégrafos – ECT, esta Corte Superior já firmou o entendimento de que a fixação da competência depende da natureza econômica do serviço prestado. Se explorado diretamente pela empresa pública – na forma de agência própria –, o crime é de competência da Justiça Federal. De outro vértice, se a exploração se dá por particular, mediante contrato de franquia, a competência para o julgamento da infração é da Justiça estadual"*[4]

Nem mesmo documento falso emitido para fraudar tributos que seriam devidos à autarquia federal foi considerado de interesse da União, acaso não ocorresse efetivo prejuízo à mesma, como não nos deixa mentir a súmula 107 do STJ, *in verbis*:

> *"Compete à Justiça Comum Estadual processar e julgar crime de estelionato praticado mediante falsificação das guias de recolhimento das contribuições previdenciárias, quando não ocorrente lesão à autarquia federal".*

Não foi por outra razão, realizando interpretação estrita do art. 109, IV, o STJ firmou o entendimento de que, quando não há evidente lesão a bens, serviços ou interesse da União, autarquias ou empresas públicas, compete à Justiça estadual, de regra, processar e julgar crime contra a fauna, visto que a proteção ao meio ambiente constitui matéria

3. STJ, CC 36.617/DF, 3.ª Seção, DJ 22.04.2003.
4. CC 122.596/SC, Rel. Min. Sebastião Reis Júnior, j. 08/08/2012.

de competência comum à União, aos estados, aos municípios e ao Distrito Federal[5], ocasião em que cancelou na sessão de 08/11/2000, da 3ª Seção, a súmula 91, que generalizava a competência da justiça federal para crimes contra a fauna.

No âmbito do STF se preconiza o mesmo entendimento, como deixou claro o informativo nº 818 do STF de março de 2016, quando trouxe importante julgado que ratifica as decisões do STJ acima citados. A questão versava de um crime de coação no curso do processo, em procedimento investigatório que reuniu informações sobre diversas práticas delitivas no âmbito da competência de justiça Estadual, não tendo sido *"considerado suficiente para configurar ofensa a serviços ou interesses da União o fato de as testemunhas terem sido inquiridas, também, na Polícia Federal."*[6]

Todo este arcabouço de interpretações sobre a aplicação do art. 109, IV da CR denota claramente que a interpretação que se realiza da competência da justiça federal é restritiva, não se permitindo a ampliação, sequer por via reflexa ou indireta, que amplie a sua competência, como deixou claro o Min. Marco Aurélio em voto recentíssimo no bojo do **HC 105.461/SP** 1ª Turma, j. 29.3.2016.

Neste *habeas* analisando um homicídio de policiais civis planejado no Brasil, mas executado no Uruguai, observou que o fato de o delito ter sido preparado no Brasil não é suficiente para estabelecer a competência da Justiça Federal, pois, caso o encontro não tivesse ocorrido, os agentes não responderiam por infração alguma, ainda que as vítimas já estivessem no Uruguai. Salientou ainda que, como a execução do crime não começou no Brasil, não é possível a aplicação do artigo 109 da Constituição. *"No Brasil, houve a prática de atos meramente preparatórios"*. Em outras palavras, *"o atuar criminoso foi totalmente praticado em Rivera, afastando a incidência da regra constitucional, cuja interpretação há de ser estrita."*

Da mesma forma é a posição dos Tribunais Superiores quando a interpretação restritiva do art. 109, V, CR.

Este dispositivo, bem como a interpretação do STF restou claro que, para que exista a competência federal, é necessária a presença, cumulativa, de dois requisitos: *previsão em tratado* ou *convenção internacional* e *relação de internacionalidade da conduta*. Ou seja, não basta o Brasil ratificar a Convenção para Prevenir e Punir os Atos de Terrorismo Configurados em Delitos Contra as Pessoas e a Extorsão Conexa, Quando Tiverem Eles Transcendência Internacional, concluída em Washington, em 2 de fevereiro de 1999, por meio do Decreto nº 3.018/99.

Não é por outra razão que nem todo crime previsto em tratado internacional é de competência da justiça federal. A julgar de outra maneira, qualquer crime relativo a tráfico de drogas, armas, exploração sexual de menores etc seriam sempre da competência federal. No entanto, estes crimes somente serão processados e julgados na Justiça Federal se forem praticadas com predicados de internacionalidade.

Neste sentido, trazemos à baila a súmula nº 522 do STF:

> *"Salvo ocorrência de tráfico com o exterior, quando, então, a competência será da Justiça Federal, compete a Justiça dos Estados o processo e o julgamento dos crimes relativos a entorpecentes".*

Na doutrina não é diferente do que se extrai da jurisprudência. Alguns autores (NICOLITT, André, 2015, p. 369), por exemplo, ao restringir a interpretação do art. 109, V entendem inconstitucional o art. 70 da Lei 11.343/06 ao argumento de que há distinção entre transnacionalidade e internacionalidade. Este ocorrerá quando da hipótese do art. 109, V da CR, enquanto que a transnacionalidade exige apenas que a atividade transcenda o território nacional, mas não necessita do envolvimento de países soberanos, ou seja, transnacionalidade não exige dupla incriminação, concluindo pela inconstitucionalidade do referido dispositivo, por não poder ampliar a competência da justiça federal, fazendo alusão, inclusive, ao mesmo posicionamento do professor Luiz Flávio Gomes.

Noutro giro, ao recordarmos a atribuição da polícia federal no ar. 144, §1º, I:

> *"apurar infrações penais contra a ordem política e social ou em detrimento de bens, serviços e interesses da União ou de suas entidades autárquicas e empresas públicas, assim como outras infrações cuja prática tenha repercussão interestadual ou internacional e exija repressão uniforme, segundo se dispuser em lei;"*

Percebe-se a intenção do constituinte originário de guardar simetria e pertinência da atribuição da Polícia Federal à competência da Justiça Federal, ao prever a mesma redação já citada de investigar

5. STJ, CC 114.798 – Inf. 466.
6. HC 130.219-ES Rel. Min. Teori Zavascki – Inf. 818.

e depois o processamento de infrações penais (não somente crimes) praticados em detrimento de bens, serviços e interesses da União (...).

No entanto, agregou mais uma atribuição, ampliando as atribuições da Polícia Federal, que não necessariamente resultará em competência da justiça federal, quando define como atribuição, também, infrações penais (crimes e contravenções) de repercussão interestadual e a necessária repressão uniforme, conforme a Lei 10.446/02, alterado pela Lei 13.124/15.

Da mesma forma como ocorre com o crime de tráfico de drogas, as "células terroristas" podem se instalar em um Estado e não necessariamente, em razão da vasta dimensão territorial que possuem os Estados brasileiros, praticarem os crimes definidos como "terroristas" com repercussão exclusivamente Estadual, nem, contudo, atinjam bens, serviços ou interesses da União, podendo, por exemplo, o agente terrorista, por preconceito de raça, cor, etnia ou religião, com o fim de causar terror social ou generalizado, por meio de explosivos, atentar contra a vida e a integridade física de dezenas de pessoas em transportes coletivos, sabotando o funcionamento de uma malha viária intermunicipal.

Neste exemplo não há em absoluto, nenhuma congruência com o texto constitucional, seja no art. 109, IV e art. 144, §1, I, ambos da CR. Não haverá detrimento de bens, serviços ou interesse da União, nem contudo, repercussão interestadual, nem necessariamente necessite de investigação que dependa de repressão uniforme.

Por fim, o art. 109, VI da CR ao prevê a competência da justiça federal para *"os crimes contra a organização do trabalho e, nos casos determinados por lei, contra o sistema financeiro e a ordem econômico-financeira;"*, foi bem explícita em admitir o estabelecimento critérios de definição de sua competência por lei somente nos crimes contra o sistema financeiro e da ordem econômico-financeira, não cabendo ao legislador infraconstitucional, realizar o mesmo na lei antiterrorista, por imperativo constitucional. Quisesse o contrário, teria incluído na redação o terrorismo, como já fez menção explícita no mandado de criminalização para o mesmo no art. 5º, XLIII da CR.

Sabemos que as drogas e as armas de fogo transitam por diversos Estados, inclusive são apreendidas drogas e armas que não são produzidas no Brasil. Alguém tem dúvidas que não necessitem de repressão uniforme? A Polícia Federal as realiza, bem como as Polícias Civis dos Estados também, e mesmo enfrentando este tipo de criminalidade ela não foi extirpada. A mesma lógica se opera nos crimes de terrorismo.

A extensão territorial de dimensão continental do Brasil não permite que uma única Polícia Federal realize investigação adequada, que abarque os 26 Estados, DF e 5.570 municípios. É necessário um trabalho integrado com as Polícias Civis dos Estados, com o ingrediente principal: com Política Nacional e Integrada de Segurança e autonomia financeira e administrativa para gerir as necessidades técnicas das Polícias Judiciárias. Sem isso, se estabelece um estado de coisas inconstitucional e um enfrentamento ao crime pelo método curupira, ou seja, vira entidade folclórica com a cabeça virada para um lado e os pés para o outro.

Art. 12. O juiz, de ofício, a requerimento do Ministério Público ou mediante representação do delegado de polícia, ouvido o Ministério Público em vinte e quatro horas, havendo indícios suficientes de crime previsto nesta Lei, poderá decretar, no curso da investigação ou da ação penal, medidas assecuratórias de bens, direitos ou valores do investigado ou acusado, ou existentes em nome de interpostas pessoas, que sejam instrumento, produto ou proveito dos crimes previstos nesta Lei.

§ 1º Proceder-se-á à alienação antecipada para preservação do valor dos bens sempre que estiverem sujeitos a qualquer grau de deterioração ou depreciação, ou quando houver dificuldade para sua manutenção.

§ 2º O juiz determinará a liberação, total ou parcial, dos bens, direitos e valores quando comprovada a licitude de sua origem e destinação, mantendo-se a constrição dos bens, direitos e valores necessários e suficientes à reparação dos danos e ao pagamento de prestações pecuniárias, multas e custas decorrentes da infração penal.

§ 3º Nenhum pedido de liberação será conhecido sem o comparecimento pessoal do acusado ou de interposta pessoa a que se refere o *caput* deste artigo, podendo o juiz determinar a prática de atos necessários à conservação de bens, direitos ou valores, sem prejuízo do disposto no § 1º.

§ 4º Poderão ser decretadas medidas assecuratórias sobre bens, direitos ou valores para reparação do dano decorrente da infração penal antecedente ou da prevista nesta Lei ou para pagamento de prestação pecuniária, multa e custas.

Medidas cautelares reais e probatórias:

A lei traz em seu bojo o art. 12 que autoriza o juiz atuar como um juiz de instrução, decretando de ofício medidas cautelares, seja na fase da investigação criminal ou no curso do processo em flagrante violação ao sistema acusatório, questão já rechaçada pelo STF pela ADI 1570 ao apreciar o art. 3º da revogada lei 9.034/95, que permitia atuação de ofício do juiz na investigação criminal.

O legislador ao se referir a *"medidas assecuratórias de bens, direitos ou valores do investigado ou acusado, ou existentes em nome de interpostas pessoas, que sejam instrumento, produto ou proveito"* dos crimes de terrorismo se descuida e acaba por vislumbrar uma medida cautelar probatória, quando se faz necessário acautelar a prova relativa aos instrumentos do crime, como por exemplo, armas de fogo, munições, explosivos, gases tóxicos, venenos, conteúdos biológicos ou, químicos, empregados, por exemplo, para a prática do art. 2º, §1º, I da LA. É certo também que a lei de lavagem de dinheiro prevê a possibilidade de tornar indisponível bens imóveis como instrumentos do crime, quando do estudo do seu art. 4º, diga-se de passagem, possuem redação praticamente idêntica, inclusive com os demais parágrafos. Parece, inclusive, que o legislador, desavisadamente "copiou e colou" o texto da lei de lavagem de dinheiro, notadamente quando se refere no §4º do art. 12, a "infração penal antecedente", pois essa expressão faz mais sentido do delito de lavagem por ser delito parasitário e dependente de uma infração penal antecedente.

A lei não faz distinção sobre a natureza dos bens, se móveis ou imóveis, como o realizou o legislador no Código de Processo penal, para o sequestro, arresto e especialização de hipoteca legal, bem como ao admitir medida cautelar sobre instrumento do crime, seja ele bem móvel ou imóvel, se admite a constrição de bens de origem lícita, a semelhança do que ocorre na medida cautelar de especialização de hipoteca legal, porém admitindo-se essa medida na fase investigativa, o que não ocorre com a especialização prevista no Código de Processo Penal, conforme art. 134 que pressupõe *fumus boni iuris*, sou seja, indícios de autoria e prova da infração penal, contudo, no art. 12, basta *"indícios suficientes de crime de terrorismo"*, portanto, exige-se menos requisitos. Em outras palavras, a medida cautelar sobre bens imóveis como instrumentos do crime se equivalem a especialização de hipoteca legal, porquanto são bens que podem ter origem lícita, como por exemplo, o agente utilizar a sua casa como local para preparação dos atos terroristas.

É importante a distinção porque enquanto a medida tiver por objeto o *"produto ou proveito"* do crime estaríamos diante da medida equivalente ao sequestro e a consequência é que o mesmo sirva para dar efetividade aos efeitos civis da sentença penal condenatória, garantindo a reparação do dano causado pela prática da infração penal, contudo, estabelecendo-se como objeto da medida o instrumento do crime, como um imóvel de procedência lícita, como medida equivalente à especialização de hipoteca legal, o mesmo também poderá ser destinado para a garantia da efetivação dos prejuízos advindos da prática criminosa, que muitas das vezes não se encontra o produto ou provento do crime, não ficando a vítima desamparada em seu direito indenizatório advindo da sentença, conforme art. 91, §2º e 91-A do CP, este introduzido pela Lei 13.964/19, ao admitir a perda dos bens presumidamente obtidos por meios ilícitos face a diferença entre o total de seu patrimônio e seus ganhos lícitos. Portanto, o que for incompatível poderá ser objeto de medida cautelar, por ser equiparado a provento do crime, não obstante ostente origem lícita.

A alienação antecipada de bens nada mais é do que a efetivação da garantia de que o valor econômico do mesmo possa ser mantido para a garantia da efetivação dos efeitos civis da sentença penal condenatória, medida também prevista no art. 144-A do CPP.

O §2º do art. 12, corrobora com a sustentação de que há implícito no texto legal a medida de especialização de hipoteca legal, típica medida de constrição patrimonial de origem lícita, ao se referir a manutenção da constrição *"dos bens, direitos e valores necessários e suficientes à reparação dos danos e ao pagamento de prestações pecuniárias"*, decorrentes da infração penal, que na verdade, refere-se o legislador, aos crimes de terrorismo.

O §3º do art. 12 viola o princípio da presunção de inocência porquanto se trata de uma condução coercitiva indireta diante da total desnecessidade de que os bens, direitos ou valores para serem liberados dependam do comparecimento pessoal do investigado ou acusado.

Por fim, o §4º parece que o legislador quer criar um processo penal elástico ou onipresente, pois acaso o ato terrorista praticado por um membro da organização terrorista, v.g. *por realizar atos preparatórios de terrorismo com o propósito inequívoco de consumar tal delito* e no curso do processo ou investigação, haja indício de prática de um crime anterior como lavagem de dinheiro advindo de desvio de verbas públicas, licitação fraudulenta, comércio ou tráfico ilegal de armas de fogo, na instrução processual pelo crime de "ato preparatório terrorista", o juiz "de ofício" poderá decretar medidas como sequestro, arresto ou especialização de hipoteca legal para assegurar, com antecedência, o resultado útil da investigação ou instrução processual respectivamente ao crime antecedente que talvez nem tenha iniciada a investigação ou processo a ele referido, em total afronta ao sistema acusatório.

Utilizando ainda nosso exemplo, e se o processo por "ato preparatório terrorista" se encerrar, sem que processo do crime antecedente (lavagem de dinheiro ou tráfico de armas de fogo) iniciar? E os bens bloqueados para pagamento de reparação de dano pelo crime antecedente (lavagem de dinheiro)? Teríamos uma violação ao devido processo legal por se permitir o atingimento de bens sem o processo correspondente.

Como justificar a cautelaridade no processo por crime "terrorista" para assegurar o processo por crime antecedente, portanto, um processo antecedente? Seria uma espécie de processo penal de natureza dúplice: principal e cautelar ao mesmo tempo? Uma espécie esdrúxula de cautelaridade antecipada para delitos antecedentes. Nos parece que esse raciocínio não pode prosperar.

Art. 13. Quando as circunstâncias o aconselharem, o juiz, ouvido o Ministério Público, nomeará pessoa física ou jurídica qualificada para a administração dos bens, direitos ou valores sujeitos a medidas assecuratórias, mediante termo de compromisso.

Administração dos bens, direitos e valores:

A previsão desse dispositivo possui precedente no procedimento das medidas assecuratórios do Código de Processo Penal, no art. 139, na que dispõe que "*o depósito e a administração dos bens arrestados ficarão sujeitos ao regime do processo civil.*". Neste sentido, aplica-se o art. 159 a 161 da Lei 13.105/15.

Art. 14. A pessoa responsável pela administração dos bens:

I - fará jus a uma remuneração, fixada pelo juiz, que será satisfeita preferencialmente com o produto dos bens objeto da administração;

II - prestará, por determinação judicial, informações periódicas da situação dos bens sob sua administração, bem como explicações e detalhamentos sobre investimentos e reinvestimentos realizados.

Parágrafo único. Os atos relativos à administração dos bens serão levados ao conhecimento do Ministério Público, que requererá o que entender cabível.

Normas sobre a administração dos bens, direitos e valores:

Esse dispositivo deve ser aplicado em conjunto com os previstos no art. 159 do NCPC, conforme explicitado no tópico anterior.

Art. 15. O juiz determinará, na hipótese de existência de tratado ou convenção internacional e por solicitação de autoridade estrangeira competente, medidas assecuratórias sobre bens, direitos ou valores oriundos de crimes descritos nesta Lei praticados no estrangeiro.

§ 1º Aplica-se o disposto neste artigo, independentemente de tratado ou convenção internacional, quando houver reciprocidade do governo do país da autoridade solicitante.

§ 2º Na falta de tratado ou convenção, os bens, direitos ou valores sujeitos a medidas assecuratórias por solicitação de autoridade estrangeira competente ou os recursos provenientes da sua alienação serão repartidos entre o Estado requerente e o Brasil, na proporção de metade, ressalvado o direito do lesado ou de terceiro de boa-fé.

Cooperação jurídica internacional:

A cooperação jurídica internacional em matéria de investigação criminal não se confunde com a competência do STJ para concessão do *exequatur*.

Nesse sentido, chamamos a atenção para a resolução nº 09 do STJ nesse sentido, em especial do art. 7º, parágrafo único, ao dispor que *"os pedidos de cooperação jurídica internacional que tiverem por objeto atos que não ensejem juízo de delibação pelo Superior Tribunal de Justiça, ainda que denominados como carta rogatória, serão encaminhados ou devolvidos ao Ministério da Justiça para as providências necessárias ao cumprimento por auxílio direto."*

Portanto, com o objetivo de garantir efetividade necessária ao cumprimento das medidas cautelares, cuja urgência emerge justamente da necessidade de não se depreciar bens ou de não garantir o bloqueio de valores de forma célere, seu cumprimento se dará diretamente entre os organismos estrangeiros responsáveis pelo processo que apura o crime de terrorismo.

Art. 16. Aplicam-se as disposições da Lei nº 12.850, de 2 agosto de 2013, para a investigação, processo e julgamento dos crimes previstos nesta Lei.

Art. 17. Aplicam-se as disposições da Lei nº 8.072, de 25 de julho de 1990, aos crimes previstos nesta Lei.

Subsidiariedade:

Frise-se que as regras da Lei 12.850/13 aplicáveis aos crimes de terrorismo, dizem respeito às técnicas especiais de investigação criminal, como a colaboração premiada, por exemplo, processo e julgamento, não se referindo aos crimes previstos na lei de organização criminosa.

Art. 18 e 19 promovem alterações nos textos da lei de prisão temporária, incluindo essa possibilidade a todos os delitos da LA e na lei de organização criminosa.

Art. 20. Esta Lei entra em vigor na data de sua publicação.

Vigência: o legislador não previu vacatio, tendo iniciado sua vigência na data da publicação em 17/03/2016 e retificada em 18/03/2016.

REFERÊNCIAS

ANDREUCCI, Ricardo Antonio, *Legislação Penal Especial*. 13ª Ed. atual. e ampl., São Paulo: Saraiva Educação, 2018.

AVENA, Norberto. *Processo Penal Esquematizado*, 6ª. Ed. Rio de Janeiro: Forense; São Paulo: MÉTODO, 2014.

BARBOSA, Ruchester Marreiros. *Terrorismo e Estado de Direito*. In HOFFMANN, Henrique; MACHADO, Leonardo Marcondes; ANSELMO. Márcio Adriano; BARBOSA, Ruchester Marreiros. Polícia Judiciária no Estado de Direito. 2ª Ed. Rio de Janeiro: Lumen Juris, 2017.

BUSATO, Paulo César (Coord.) *Lei antiterror anotada*: Lei 13.260 de março de 2016. FILHO, Acácio Miranda da Silva [et al]. São Paulo: Foco, 2018.

CUNHA, Rogério Sanches, PINTO, Ronaldo Batista e SOUZA, Renee do Ó. (Coord.) *Leis penais especiais comentadas*. 3ª Ed. Salvador: Juspodivm, 2020.

HABIB, Gabriel. *O Direito Penal do Inimigo e a Lei de Crimes Hediondos*. Niterói/RJ: Impetus, 2016.

HOFFMANN, Henrique. COSTA, Adriano Sousa. *Lei de terrorismo, tipos penais e tentativa antecipada*. In HOFFMANN, Henrique e FONTES, Eduardo. Temas Avançados de Polícia Judiciária, 4ª Ed. Salvador; Juspodivm, 2020.

JAKOBS, Gunther. *Fundamentos do direito penal*. Tradução André Lui Callegari e Lúcia Kalil. 2ª Ed. São Paulo: RT, 2012.

LUISI, Luís. *O tipo penal, a teoria finalista e a nova legislação penal*. Porto Alegre: Sérgio Fabris, 1987.

MASSON, Cleber. *Direito penal esquematizado*, vol. 1: parte geral. 8. ed. São Paulo: Método, 2014.

NICOLITT, André. *Manual de Processo Penal*. 5ª. Ed. São Paulo: Revistas dos Tribunais, 2015.

PORTOCARRERO, Cláudia Barros e FERREIRA, Wilson Luiz Palermo. *Leis penais extravagantes*. 3ª Ed. Salvador: Juspodivm, 2018.

SILVA SÁNCHEZ, Jesús-María. *A expansão do direito penal*: aspectos da política criminal nas sociedades pós-industriais. Trad. Luiz Otávio de Oliveira Rocha. São Paulo: RT, 2002.

SZNICK, Valdir. *Comentários à Lei dos Crimes Hediondos*. São Paulo: Edição Universitária de Direito, 1991, apud DAVID, Franco Décio, et all. BUSATO, Paulo César (Org). In Art. 2º, *caput* e §1º. Lei Antiterror Anotada: Lei 13.250 de 16 de março de 2016, São Paulo: Foco, 2018.

17

CRIMES NAS LICITAÇÕES

Lei 8.666/1993

JOERBERTH PINTO NUNES

1. INTRODUÇÃO

Os tipos penais denominados "crimes licitatórios" estavam previstos na lei 8666/93 no art. 89 a 99, bem como a parte processual penal relativa a estes delitos estava elencada no art. 100 a 108. Contudo, com o advento da lei 14.133/21, em seu art. 193, I, tivemos a revogação das partes material e processual penal da citada lei, onde tais crimes foram incluídos no Capítulo II-B do Título XI do Código Penal, que trata dos Crimes contra a Administração Pública, nos artigos 337-E a 337-P.

Logo, a seguir tratamos dos crimes da lei 8.666/93, porém indicando a nova tipificação penal, com "novas nomenclaturas", bem como algumas implicações relevantes seja da nova redação ou da pena atribuída, a fim de facilitar o estudo.

2. CONTRATAÇÃO DIRETA ILEGAL

Art. 89. Dispensar ou inexigir licitação fora das hipóteses previstas em lei, ou deixar de observar as formalidades pertinentes à dispensa ou à inexigibilidade:

Pena - detenção, de 3 (três) a 5 (cinco) anos, e multa.

Parágrafo único. Na mesma pena incorre aquele que, tendo comprovadamente concorrido para a consumação da ilegalidade, beneficiou-se da dispensa ou inexigibilidade ilegal, para celebrar contrato com o Poder Público.

Comentários: Esta lei trata dos denominados crimes licitatórios, onde são tipificadas condutas referentes à fraude à licitação, estando intimamente ligados ao crime de lavagem de dinheiro insculpido na lei 9613/98 devidamente atualizada. No caso, a lei em tela tipifica do art. 89 ao art. 99 os crimes, tratando, pois, da parte de Direito Penal. Já do art. 100 ao art. 108 trata da parte processual penal.

Verbos nucleares: *Dispensar* (prescindir de algo, liberar de alguma obrigação); inexigir (deixar de pedir algo; não reclamar alguma regra); *deixar de observar* (desreipeitar alguma formalidade essencial para o ato). Trata-se de uma norma penal em branco, espécie de lei penal incompleta, pois exige-se para a compreensão de alguns dos elementos do tipo penal conceitos que se encontram em outros diplomas legais, como, no caso, as demais disposições dos artigos 24 e 25 da lei de 8666/93, os quais tratam, respectivamente, dos casos de dispensabilidade e inexigibilidade da licitação.

Objeto jurídico: Ao estudarmos tipos penais, imprescindível se faz saber o bem jurídico tutelado, ou seja, o objeto jurídico. O legislador ao tipificar criminalmente uma conduta de fazer (*facere*) ou não fazer (*nonfacere*), assim age, pois entende que aquela ação ou omissão quando praticada lesa (princípio da lesividade) ou ofende (princípio da ofensividade) determinado bem jurídico que merece a proteção penal, razão pela qual todos os tipos penais do Código Penal pátrio ou previstos em leis esparsas possuem o seu objeto jurídico. No caso vertente, são os interesses da Administração Pública, incluindo os princípios que a regem conforme art. 37 da Constituição Federal.

Objeto material: Trata-se daquilo sobre o qual a conduta típica recai no caso concreto, sendo, *in casu*, é a licitação no caso em concreto, objeto da licitação contrária aos ditames legais.

Sujeito ativo: Trata-se do servidor público, conforme a norma penal explicativa do art. 84 desta lei. Trata-se, portanto, de crime próprio, denominado crime de sujeito qualificado.

Sujeito passivo: É o ente público afetado, sendo a União, Estado, Distrito Federal, Município, Autarquia, Sociedade de Economia Mista, Fundação Pública ou qualquer ente que esteja submetida ao controle da União ou outra entidade federativa.

Elemento subjetivo: Ao estudarem-se os tipos penais, devemos atentar acerca do elemento subjetivo, ou seja, se estamos diante de um tipo penal doloso ou culposo. Conforme o art. 18, parágrafo único do CPB, todo o crime é, em regra, doloso, sendo o crime culposo a exceção, o qual somente haverá quando expressa no tipo penal. Assim, neste caso, o elemento subjetivo é o dolo, não se admitindo, pois, a modalidade culposa, ante a falta de previsão legal. Destarte, cita-se o entendimento do Superior Tribunal de Justiça acerca dolo específico para fins de caracterização do tipo penal em comento: "*Esta Corte, após inicial divergência, pacificou o entendimento de que, para a configuração do crime previsto no art. 89 da Lei n. 8.666/1993, exige-se a presença do dolo específico de causar dano ao erário e a caracterização do efetivo prejuízo.* (AgRg no AREsp 1630006 / DF AGRAVO REGIMENTAL NO AGRAVO EM RECURSO ESPECIAL 2019/0360618-7; Rel. Ministro REYNALDO SOARES DA FONSECA; 5ª Turma; j. 25.08.20).

Consumação: Ocorre no momento da dispensa ou da inexigibilidade indevida.

Tentativa: Em tese, é admissível, na forma plurissubsistente, nos termos do art. 14, II, CP.

Classificação doutrinária: Ao estudar-se o plano da tipicidade no âmbito do Direito Penal, importante o estudo da classificação dos tipos penais nos termos da doutrina. Analisando o tipo penal do art. 89, "caput", tem-se a classificação a seguir. Trata-se de crime próprio (isto, pois, exige-se uma qualidade especial para seu autor, no caso ser um servidor público, também chamados de sujeito qualificado); crime formal (não se exige a produção do resultado naturalístico para sua consumação, diferenciando-se dos crimes materiais, os quais exigem a produção do resultado naturalístico para sua consumação e dos crimes de mera conduta, para os quais o legislador pune no tipo penal a simples conduta do autor, sem qualquer previsão de resultado naturalístico); crime de forma livre (o tipo penal não exige a produção por um meio determinado, diferentemente dos crimes de forma vinculada, os quais exigem que a prática criminosa se dê por determinados meios explícitos no tipo penal); crime comissivo (pune-se a conduta de fazer, a contrário dos crimes omissivos, onde se pune a conduta de não fazer); crime instantâneo (o crime consuma-se num único ato, diferentemente dos crimes permanentes, onde a consumação prolonga-se no tempo e dos crimes instantâneos de efeitos permanentes, pois nestes a consumação ocorre num único ato, porém seus efeitos são permanentes); crime unissubjetivo (o tipo penal pode ser praticado por uma pessoa sozinha, também chamado de crime de concurso facultativo de pessoas, diferenciando-se dos crimes plurissubjetivos, denominados crimes de concurso necessário de pessoas); crime plurissubsistente ou unissubsistente, a depender da forma pela qual o crime ocorra (em sendo plurissubisistente, a conduta pode ser fracionada em vários atos até a consumação, diferentemente dos crimes unissubsistentes, os quais não podem ter a conduta fracionada em vários atos até a consumação).

Suspensão condicional do processo: Trata-se do *sursis processual* previsto no art. 89, lei 9099/95, o qual é cabível nos crimes em que a pena mínima *in abstrato* prevista no tipo penal não é além de 1 (um) ano, presentes os demais requisitos do aludido dispositivo legal. Logo, em tese, não cabe no art. 89, *caput*, desta lei e em sua forma equiparada.

Acordo de não persecução penal: É cabível, nos termos do art. 28-A, CPP.

Ação penal: Ao tratar-se da ação penal, sabe-se que há três grandes espécies de ação penal, quais sejam, ação penal pública incondicionada (regra geral), condicionada e privada, estamos, *in casu*, diante de um crime de *ação penal pública incondicionada*, nos termos do art. 100 desta lei.

Pena: Detenção, de 3 (três) a 5 (cinco) anos, e multa.

Forma equiparada: O art. 89, parágrafo único, trata da forma equiparada do crime.

Novo tipo penal: com o advento da nova lei, virou o artigo 337-E, CP, havendo alteração nos elementos do tipo penal, bem como um aumento da pena mínima e máxima, conforme transcrito abaixo, sendo, *in casu*, uma *novatio legis in pejus*, impedindo, ainda, com a nova pena, a possibilidade do acordo de não persecução penal, em virtude da pena mínima em abstrato ser de 4 (quatro) anos, nos termos do art. 28-A, CPP. Ressalte-se, pois, que não foi reproduzido o parágrafo único do art. 89, lei 8666/93, mas não houve *abolitio criminis* em relação ao particular que se beneficia da dispensa ou da inexigibilidade indevidas da licitação, pois responderá em concurso de pessoas, art. 29, CP, com o autor do novo delito.

Art. 337-E Admitir, possibilitar ou dar causa à contratação direta fora das hipóteses previstas em lei:

Pena – reclusão, de 4 (quatro) a 8 (oito) anos, e multa.

3. FRUSTRAÇÃO DO CARÁTER COMPETITIVO DE LICITAÇÃO

Art. 90. Frustrar ou fraudar, mediante ajuste, combinação ou qualquer outro expediente, o caráter competitivo do procedimento licitatório, com o intuito de obter, para si ou para outrem, vantagem decorrente da adjudicação do objeto da licitação:

Pena - detenção, de 2 (dois) a 4 (quatro) anos, e multa.

Verbos nucleares: *Frustar* (praticar ato visando ao não atingimento do ato perfeito); *fraudar* (enganar, ludibriar); São condutas que são levadas à efeito visando não seguir os trâmites legais para a prática licitatória, conforme as diretrizes elencadas em lei. Procura-se, portanto, evitar que a licitação seja "aparentemente legal", mas, na verdade, ocorre uma ilusão de que está sendo assegurada a transparência do procedimento legalmente previsto e, na verdade, os demais competidores estão sendo ludibriados.

Objeto jurídico: No caso, são os interesses da Administração Pública, incluindo os princípios que a regem conforme art. 37 da Constituição Federal.

Objeto material: Trata-se da competividade entre os licitantes, assegurando a lisura do procedimento licitatório.

Sujeito ativo: Trata-se do participante do procedimento licitatório.

Sujeito passivo: É o ente público afetado, sendo a União, Estado, Distrito Federal, Município, Autarquia, Sociedade de Economia Mista, Fundação Pública ou qualquer ente que esteja submetida ao controle da União ou outra entidade federativa.

Elemento subjetivo: Ao estudarem-se os tipos penais, devemos atentar acerca do elemento subjetivo, ou seja, se estamos diante de um tipo penal doloso ou culposo. Conforme o art. 18, parágrafo único do CPB, todo o crime é, em regra, doloso, sendo o crime culposo a exceção, o qual somente haverá quando expressa no tipo penal. Assim, neste caso, o elemento subjetivo é o dolo, não se admitindo, pois, a modalidade culposa, ante a falta de previsão legal.

Elemento normativo do tipo: São aqueles elementos do tipo penal que expressam um conceito jurídico ou moral, requerendo um juízo de interpretação do aplicador da lei penal. No caso, tem-se no tipo penal em análise como elemento normativo a expressão "caráter competitivo do procedimento licitatório. Isto visa a transparência da licitação, buscando, assim, comprovar que a Administração Pública faça jus ao contribuinte.

Consumação: Ocorre no momento em que a licitação é frustrada ou fraudada.

Tentativa: Em tese, é admissível, nos termos do art. 14, II, CP.

Classificação doutrinária: Ao estudar-se o plano da tipicidade no âmbito do Direito Penal, importante o estudo da classificação dos tipos penais nos termos da doutrina. Analisando o tipo penal do art. 90, tem-se a classificação a seguir. Trata-se de crime próprio (isto, pois, exige-se uma qualidade especial para seu autor, no caso ser um servidor público, também chamados de sujeito qualificado); crime formal (não se exige a produção do resultado naturalístico para sua consumação, diferenciando-se dos crimes materiais, os quais exigem a produção do resultado naturalístico para sua consumação e dos crimes de mera conduta, para os quais o legislador pune no tipo penal a simples conduta do autor, sem qualquer previsão de resultado naturalístico); crime de forma livre (o tipo penal não exige a produção por um meio determinado, diferentemente dos crimes de forma vinculada, os quais exigem que a prática criminosa se dê por determinados meios explícitos no tipo penal); crime comissivo (pune-se a conduta de fazer, a contrário dos crimes omissivos, onde se pune a conduta de não fazer); crime instantâneo (o crime consuma-se num único ato, diferentemente dos crimes permanentes, onde a consumação prolonga-se no tempo e dos crimes instantâneos de efeitos permanentes, pois nestes a consumação ocorre num único ato, porém seus efeitos são permanentes); crime unissubjetivo (o tipo penal pode ser praticado por uma pessoa sozinha, também chamado de crime de concurso facultativo de pessoas, diferenciando-se dos crimes plurissubjetivos, denominados crimes de concurso necessário de pessoas); crime plurissubsistente (a conduta pode ser fracionada em vários atos até a consumação, diferentemente dos crimes unissubsistentes, os quais não podem ter a conduta fracionada em vários atos até a consumação).

Suspensão condicional do processo: Trata-se do *sursis processual* previsto no art. 89, lei 9099/95, o qual é cabível nos crimes em que a pena mínima *in abstrato* prevista no tipo penal não é além de 1 (um) ano, presentes os demais requisitos do aludido dispositivo legal. Logo, em tese, não cabe no art. 90 desta lei.

Acordo de não persecução penal: É cabível, nos termos do art. 28-A, CPP.

Ação penal: Ao tratar-se da ação penal, sabe-se que há três grandes espécies de ação penal, quais sejam, ação penal pública incondicionada (regra geral), condicionada e privada, estamos, *in casu*, diante de um crime de *ação penal pública incondicionada*, nos termos do art. 100 desta lei.

Pena: Detenção, de 2 (dois) a 4 (quatro) anos, e multa.

Novo tipo penal: com o advento da nova lei, virou o artigo 337-F, CP, havendo alteração em relação aos elementos do tipo penal, bem como um aumento da pena mínima e máxima, conforme transcrito abaixo, sendo, *in casu*, uma *novatio legis in pejus*, impedindo, ainda, com a nova pena, a possibilidade do acordo de não persecução penal, em virtude de a pena mínima em abstrato ser de 4 (quatro) anos, nos termos do art. 28-A, CPP.

> **Art. 337-F Frustrar ou fraudar, com o intuito de obter para si ou para outrem vantagem decorrente da adjudicação do objeto da licitação, o caráter competitivo do processo licitatório:**
>
> **Pena – reclusão, de 4 (quatro) anos a 8 (oito) anos, e multa.**

4. PATROCÍNIO DE CONTRATAÇÃO INDEVIDA

> **Art. 91. Patrocinar, direta ou indiretamente, interesse privado perante a Administração, dando causa à instauração de licitação ou à celebração de contrato, cuja invalidação vier a ser decretada pelo Poder Judiciário:**
>
> **Pena - detenção, de 6 (seis) meses a 2 (dois) anos, e multa.**

Verbos nucleares: *Patrocinar* (favorecer ou fazer algo em prol de outrem; favorecer). No caso, por meio desta conduta o autor busca favorecer outrem por meio de um interesse privado, seja de pessoa jurídica, seja de pessoa física, perante a Adminstração Pública, a fim de ser instaurada uma licitação ou contrato público em prol de terceiro.

Objeto jurídico: No caso, são os interesses da Administração Pública, incluindo os princípios que a regem conforme art. 37 da Constituição Federal.

Objeto material: É interesse privado perante a Administração Pública.

Sujeito ativo: É o servidor público, nos termos do art. 84 desta lei. Trata-se, portanto, de crime próprio, denominado crime de sujeito qualificado.

Sujeito passivo: É o ente público afetado, sendo a União, Estado, Distrito Federal, Município, Autarquia, Sociedade de Economia Mista, Fundação Pública ou qualquer ente que esteja submetida ao controle da União ou outra entidade federativa.

Elemento subjetivo: Ao estudarem-se os tipos penais, devemos atentar acerca do elemento subjetivo, ou seja, se estamos diante de um tipo penal doloso ou culposo. Conforme o art. 18, parágrafo único do CPB, todo o crime é, em regra, doloso, sendo o crime culposo a exceção, o qual somente haverá quando expressa no tipo penal. Assim, neste caso, o elemento subjetivo é o dolo, não se admitindo, pois, a modalidade culposa, ante a falta de previsão legal.

Consumação: Ocorre no momento em que a licitação ou o contrato for invalidado pelo Poder Judiciário.

Tentativa: Em tese, não é admissível, nos termos do art. 14, II, CP, pois trata-se de crime condicionado, o qual para sua consumação exige-se ato futuro, qual seja, a invalidação da licitação ou do contrato pelo Poder Judiciário.

Classificação doutrinária: Ao estudar-se o plano da tipicidade no âmbito do Direito Penal, importante o estudo da classificação dos tipos penais nos termos da doutrina. Analisando o tipo penal do art. 91, tem-se a classificação a seguir. Trata-se de crime próprio (isto, pois, exige-se uma qualidade especial para seu autor, no caso ser um servidor público, também chamados de sujeito qualificado); crime material (consuma-se com o alcance do resultado final previsto no tipo penal, diferenciando-se dos crimes formais, os quais não exigem a produção do resultado naturalístico para sua consumação, denominados crimes de consumação antecipada ou de consumação por antecipação e dos crimes de mera conduta, para os quais o legislador pune no tipo penal a simples conduta do autor, sem qualquer previsão de resultado naturalístico); crime de forma livre (o tipo penal não exige a produção por um meio determinado, diferentemente dos crimes de forma vinculada, os quais exigem que a prática criminosa se dê por determinados meios explícitos no tipo penal); crime comissivo (pune-se a conduta de fazer, a contrário dos crimes omissivos, onde se pune a conduta de não fazer); crime instantâneo (o crime consuma-se num único ato, diferentemente dos crimes permanentes, onde a consumação prolonga-se no tempo e dos crimes instantâneos de efeitos permanentes, pois nestes a consumação ocorre num único ato, porém seus efeitos são permanentes); crime unissubjetivo (o tipo penal pode ser praticado por uma pessoa sozinha, também chamado de crime de concurso facultativo de pessoas, diferenciando-se dos crimes plurissubjetivos, denominados crimes de concurso necessário de pessoas); crime plurissubsistente (a conduta pode ser fracionada em vários atos até a consumação, diferentemente dos crimes unissubsistentes, os quais não podem ter a conduta fracionada em vários atos até a consumação).

Infração de menor potencial ofensivo: Trata-se de uma infração penal de menor potencial ofensivo, pois a pena máxima "*in abstrato*" não é além de 2 (dois) anos, nos termos do art. 61, lei 9099/95, admitindo-se, em regra, os institutos da composição dos danos civis e da transação penal (aplicação imediata de pena restritiva de direitos ou multa), previstos, respectivamente, nos artigos 74 e 76, lei 9099/95. Por conseguinte, em havendo o processo criminal, seguirá o procedimento sumaríssimo, qual seja, previsto no art. 394, parágrafo 1º, III, CPP e art. 77 a 81, lei 9099/95. Já a forma qualificada não é uma infração de menor potencial ofensivo.

Suspensão condicional do processo: Trata-se do *sursis processual* previsto no art. 89, lei 9099/95, o qual é cabível nos crimes em que a pena mínima *in abstrato* prevista no tipo penal não é além de 1(um) ano, presentes os demais requisitos do aludido dispositivo legal. Logo, em tese, cabe no art. 91 desta lei.

Acordo de não persecução penal: É cabível, nos termos do art. 28-A, CPP.

Ação penal: Ao tratar-se da ação penal, sabe-se que há três grandes espécies de ação penal, quais sejam, ação penal pública incondicionada (regra geral), condicionada e privada, estamos, *in casu*, diante de um crime de *ação penal pública incondicionada*, nos termos do art. 100 desta lei.

Pena: Detenção, de 6 (seis) meses a 2 (dois) anos, e multa.

Confronto com o art. 321, CP: Trata-se de norma penal especial em relação ao art. 321, CP, o qual trata do crime de advocacia administrativa. Assim, a conduta do autor, *in casu*, encontra tipificação penal simultaneamente em ambos os tipos penais, havendo um denominado conflito aparente de normas, o qual é resolvido pelo princípio da especialidade. Contudo, para fins de tipificação do art. 321, CP, requer-se o agente público valha-se de sua condição de funcionário, o qual não ocorre no tipo penal em tela.

Novo tipo penal: com o advento da nova lei, virou o artigo 337-G, CP, havendo pequena alteração em relação aos elementos do tipo penal, bem como um aumento da pena máxima, conforme transcrito abaixo, sendo, *in casu*, uma *novatio legis in pejus*.

> **Art. 337-G Patrocinar, direta ou indiretamente, interesse privado perante a Administração Pública, dando causa à instauração de licitação ou à celebração de contrato cuja invalidação vier a ser decretada pelo Poder Judiciário:**
>
> **Pena – reclusão, de 6 (seis) meses a 3 (três) anos, e multa.**

5. MODIFICAÇÃO OU PAGAMENTO IRREGULAR EM CONTRATO ADMINISTRATIVO

> **Art. 92. Admitir, possibilitar ou dar causa a qualquer modificação ou vantagem, inclusive prorrogação contratual, em favor do adjudicatário, durante a execução dos contratos celebrados com o Poder Público, sem autorização em lei, no ato convocatório da licitação ou nos respectivos instrumentos contratuais, ou, ainda, pagar fatura com preterição da ordem cronológica de sua exigibilidade, observado o disposto no art. 121 desta Lei:**
>
> **Pena - detenção, de dois a quatro anos, e multa.**
>
> **Parágrafo único. Incide na mesma pena o contratado que, tendo comprovadamente concorrido para a consumação da ilegalidade, obtém vantagem indevida ou se beneficia, injustamente, das modificações ou prorrogações contratuais.**

Verbos nucleares: *Admitir* (aceitar); *possibilitar* (tornar possível); *dar causa* (iniciar); *pagar* (satisfazer a dívida). No caso, por meio desta conduta o autor, faz com que o terceiro obtenha uma modificação contratual ou uma vantagem desta natureza em desacordo com a lei ou, ainda, satisfaz dívida perante terceiro com a preterição da ordem cronológica para pagamentos dos débitos da Administração Pública, observado o art. 121 desta lei. Trata-se de uma norma penal em branco, espécie de lei penal incompleta, pois exige-se para a compreensão de alguns dos elementos do tipo penal conceitos que se encontram em outros diplomas legais, como, no caso, as demais disposições do artigo 121 da lei 8666/93.

Objeto jurídico: No caso, são os interesses da Administração Pública, incluindo os princípios que a regem conforme art. 37 da Constituição Federal.

Objeto material: É o contrato modificado ou prorrogado em benefício a outrem ou o pagamento efetuado em desobediência à ordem cronológica prevista em lei.

Sujeito ativo: É o servidor público, nos termos do art. 84 desta lei. Trata-se, portanto, de crime próprio, denominado crime de sujeito qualificado.

Sujeito passivo: É o ente público afetado, sendo a União, Estado, Distrito Federal, Município, Autarquia, Sociedade de Economia Mista, Fundação Pública ou qualquer ente que esteja submetida ao controle da União ou outra entidade federativa.

Elemento subjetivo: Ao estudarem-se os tipos penais, devemos atentar acerca do elemento subjetivo, ou seja, se estamos diante de um tipo penal doloso ou culposo. Conforme o art. 18, parágrafo único do CPB, todo o crime é, em regra, doloso, sendo o crime culposo a exceção, o qual somente haverá quando expressa no tipo penal. Assim, neste caso, o elemento subjetivo é o dolo, não se admitindo, pois, a modalidade culposa, ante a falta de previsão legal.

Consumação: Ocorre no momento em que é admitida, possibilitada ou dada causa à modificação ou prorrogação contratual em prol de terceiro ou com o pagamento de débito em desacordo com a ordem cronológica prevista em lei.

Tentativa: Em tese, é admissível, nos termos do art. 14, II, CP.

Classificação doutrinária: Ao estudar-se o plano da tipicidade no âmbito do Direito Penal, importante o estudo da classificação dos tipos penais nos termos da doutrina. Analisando o tipo penal do art. 92, tem-se a classificação a seguir. Trata-se de crime próprio (isto, pois, exige-se uma qualidade especial para seu autor, no caso ser um servidor público, também chamados de sujeito qualificado); crime formal (não se exige a produção do resultado naturalístico para sua consumação, diferenciando-se dos crimes materiais, os quais exigem a produção do resultado naturalístico para sua consumação e dos crimes de mera conduta, para os quais o legislador pune no tipo penal a simples conduta do autor, sem qualquer previsão de resultado naturalístico, porém considera-se material na forma do parágrafo único); crime de forma livre (o tipo penal não exige a produção por um meio determinado, diferentemente dos crimes de forma vinculada, os quais exigem que a prática criminosa se dê por determinados meios explícitos no tipo penal); crime comissivo (pune-se a conduta de fazer, a contrário dos crimes omissivos, onde se pune a conduta de não fazer); crime instantâneo (o crime consuma-se num único ato, diferentemente dos crimes permanentes, onde a consumação prolonga-se no tempo e dos crimes instantâneos de efeitos permanentes, pois nestes a consumação ocorre num único ato, porém seus efeitos são permanentes); crime unissubjetivo, porém plurissubjetiva na forma do parágrafo único (quando unissubjetivo, o tipo penal pode ser praticado por uma pessoa sozinha, também chamado de crime de concurso facultativo de pessoas, diferenciando-se dos crimes plurissubjetivos, denominados crimes de concurso necessário de pessoas); crime plurissubsistente (a conduta pode ser fracionada em vários atos até a consumação, diferentemente dos crimes unissubsistentes, os quais não podem ter a conduta fracionada em vários atos até a consumação).

Suspensão condicional do processo: Trata-se do *sursis processual* previsto no art. 89, lei 9099/95, o qual é cabível nos crimes em que a pena mínima *in abstrato* prevista no tipo penal não é além de 1 (um) ano, presentes os demais requisitos do aludido dispositivo legal. Logo, em tese, não é cabível no art. 92 e parágrafo único desta lei.

Acordo de não persecução penal: É cabível, nos termos do art. 28-A, CPP.

Ação penal: Ao tratar-se da ação penal, sabe-se que há três grandes espécies de ação penal, quais sejam, ação penal pública incondicionada (regra geral), condicionada e privada, estamos, *in casu*, diante de um crime de *ação penal pública incondicionada*, nos termos do art. 100 desta lei.

Pena: Detenção, de dois a quatro anos, e multa.

Forma equiparada: O artigo 92, parágrafo único, trata da forma equiparada do crime.

Novo tipo penal: com o advento da nova lei, virou o artigo 337-H, CP, havendo alteração nos elementos do tipo penal, bem como um aumento da pena mínima e máxima, conforme transcrito abaixo, sendo, *in casu*, uma *novatio legis in pejus*, impedindo, ainda, com a nova pena, a possibilidade do acordo de não persecução penal, em virtude da pena mínima em abstrato ser de 4 (quatro) anos, nos termos do art. 28-A, CPP. Ressalte-se, pois, que não foi reproduzido o parágrafo único do art. 92, lei 8666/93, mas não houve *abolitio criminis* em relação ao contratado que, tendo comprovadamente concorrido para a consumação da ilegalidade, obtém vantagem indevida ou se beneficia, injustamente, das modificações ou prorrogações contratuais, pois responderá em concurso de pessoas, art. 29, CP, com o autor do novo delito.

Art. 337-H Admitir, possibilitar ou dar causa a qualquer modificação ou vantagem, inclusive prorrogação contratual, em favor do contratado, durante a execução dos contratos celebrados com a Administração Pública, sem autorização em lei, no edital da licitação ou nos respectivos instrumentos contratuais, ou, ainda, pagar fatura com preterição da ordem cronológica de sua exigibilidade:

Pena – reclusão, de 4 (quatro) anos a 8 (oito) anos, e multa.

6. PERTURBAÇÃO DE PROCESSO LICITATÓRIO

Art. 93. Impedir, perturbar ou fraudar a realização de qualquer ato de procedimento licitatório:

Pena - detenção, de 6 (seis) meses a 2 (dois) anos, e multa.

Verbos nucleares: *Impedir* (por obstáculo; obstruir); perturbar (atrapalhar; causar empecilho); *fraudar* (enganar; ludibriar). No caso, por meio destas condutas, o autor busca a não realização do procedimento licitatório previsto em lei.

Objeto jurídico: No caso, são os interesses da Administração Pública, incluindo os princípios que a regem conforme art. 37 da Constituição Federal.

Objeto material: É o procedimento licitatório impedido de ocorrer ou perturbado ou fraudado.

Sujeito ativo: É qualquer pessoa, logo, trata-se de crime comum, pois o tipo penal não exige qualidade especial para o autor.

Sujeito passivo: É o ente público afetado, sendo a União, Estado, Distrito Federal, Município, Autarquia, Sociedade de Economia Mista, Fundação Pública ou qualquer ente que esteja submetida ao controle da União ou outra entidade federativa.

Elemento subjetivo: Ao estudarem-se os tipos penais, devemos atentar acerca do elemento subjetivo, ou seja, se estamos diante de um tipo penal doloso ou culposo. Conforme o art. 18, parágrafo único do CPB, todo o crime é, em regra, doloso, sendo o crime culposo a exceção, o qual somente haverá quando expressa no tipo penal. Assim, neste caso, o elemento subjetivo é o dolo, não se admitindo, pois, a modalidade culposa, ante a falta de previsão legal.

Consumação: Ocorre no momento em que a licitação é impedida de ocorrer, perturbada ou fraudada.

Tentativa: Em tese, é admissível, nos termos do art. 14, II, CP.

Classificação doutrinária: Ao estudar-se o plano da tipicidade no âmbito do Direito Penal, importante o estudo da classificação dos tipos penais nos termos da doutrina. Analisando o tipo penal do art. 93, tem-se a classificação a seguir. Trata-se de comum (isto, pois, o tipo penal não exige uma qualidade especial para seu autor); crime formal (não se exige a produção do resultado naturalístico para sua consumação, diferenciando-se dos crimes materiais, os quais exigem a produção do resultado naturalístico para sua consumação e dos crimes de mera conduta, para os quais o legislador pune no tipo penal a simples conduta do autor, sem qualquer previsão de resultado naturalístico, porém considera-se material na forma do parágrafo único); crime de forma livre (o tipo penal não exige a produção por um meio determinado, diferentemente dos crimes de forma vinculada, os quais exigem que a prática criminosa se dê por determinados meios explícitos no tipo penal); crime comissivo (pune-se a conduta de fazer, ao contrário dos crimes omissivos, onde se pune a conduta de não fazer); crime instantâneo (o crime consuma-se num único ato, diferentemente dos crimes permanentes, onde a consumação prolonga-se no tempo e dos crimes instantâneos de efeitos permanentes, pois nestes a consumação ocorre num único ato, porém seus efeitos são permanentes); crime unissubjetivo (o tipo penal pode ser praticado por uma pessoa sozinha, também chamado de crime de concurso facultativo de pessoas, diferenciando-se dos crimes plurissubjetivos, denominados crimes de concurso necessário de pessoas); crime plurissubsistente (a conduta pode ser fracionada em vários atos até a consumação, diferentemente dos crimes unissubsistentes, os quais não podem ter a conduta fracionada em vários atos até a consumação).

Infração de menor potencial ofensivo: Trata-se de uma infração penal de menor potencial ofensivo, pois a pena máxima "*in abstrato*" não é além de 2 (dois) anos, nos termos do art. 61, lei 9099/95, admitindo-se, em regra, os institutos da composição dos danos civis e da transação penal (aplicação imediata de pena restritiva de direitos ou multa), previstos, respectivamente, nos artigos 74 e 76, lei 9099/95. Por conseguinte, em havendo o processo criminal, seguirá o procedimento sumaríssimo, qual seja, previsto no art. 394, parágrafo 1º, III, CPP e art. 77 a 81, lei 9099/95.

Suspensão condicional do processo: Trata-se do *sursis processual* previsto no art. 89, lei 9099/95, o qual é cabível nos crimes em que a pena mínima *in abstrato* prevista no tipo penal não é além de 1(um) ano, presentes os demais requisitos do aludido dispositivo legal. Logo, em tese, cabe no art. 93 desta lei.

Acordo de não persecução penal: É cabível, nos termos do art. 28-A, CPP.

Ação penal: Ao tratar-se da ação penal, sabe-se que há três grandes espécies de ação penal, quais sejam, ação penal pública incondicionada (regra geral), condicionada e privada, estamos, *in casu*, diante de um crime de *ação penal pública incondicionada*, nos termos do artigo 100 desta lei.

Pena: Detenção, de 6 (seis) meses a 2 (dois) anos, e multa.

Novo tipo penal: com o advento da nova lei, virou o artigo 337-I, CP, havendo pequena alteração em relação aos elementos do tipo penal, bem como um aumento da pena máxima, conforme transcrito abaixo, sendo, *in casu*, uma *novatio legis in pejus*.

> **Art. 337-I Impedir, perturbar ou fraudar a realização de qualquer ato de processo licitatório:**
>
> **Pena – detenção, de 6 (seis) meses a 3 (três) anos, e multa.**

7. VIOLAÇÃO DE SIGILO EM LICITAÇÃO

> **Art. 94. Devassar o sigilo de proposta apresentada em procedimento licitatório, ou proporcionar a terceiro o ensejo de devassá-lo:**
>
> **Pena - detenção, de 2 (dois) a 3 (três) anos, e multa.**

Verbos nucleares: *Devassar* (tornar público); proporcionar (possibilitar). O autor, por meio destas condutas, ofende o caráter sigiloso da licitação.

Objeto jurídico: No caso, são os interesses da Administração Pública, incluindo os princípios que a regem conforme art. 37 da Constituição Federal.

Objeto material: É a proposta sigilosa.

Sujeito ativo: É qualquer pessoa, logo, trata-se de crime comum, pois o tipo penal não exige qualidade especial para o autor.

Sujeito passivo: É o ente público afetado, sendo a União, Estado, Distrito Federal, Município, Autarquia, Sociedade de Economia Mista, Fundação Pública ou qualquer ente que esteja submetida ao controle da União ou outra entidade federativa.

Elemento subjetivo: Ao estudarem-se os tipos penais, devemos atentar acerca do elemento subjetivo, ou seja, se estamos diante de um tipo penal doloso ou culposo. Conforme o art. 18, parágrafo único do CPB, todo o crime é, em regra, doloso, sendo o crime culposo a exceção, o qual somente haverá quando expressa no tipo penal. Assim, neste caso, o elemento subjetivo é o dolo, não se admitindo, pois, a modalidade culposa, ante a falta de previsão legal.

Consumação: Ocorre no momento em que o sigilo da licitação é devassado ou é proporcionado a terceiro oportunidade para devassá-lo.

Tentativa: Em tese, é admissível, nos termos do art. 14, II, CP.

Classificação doutrinária: Ao estudar-se o plano da tipicidade no âmbito do Direito Penal, importante o estudo da classificação dos tipos penais nos termos da doutrina. Analisando o tipo penal do art. 94, tem-se a classificação a seguir. Trata-se de comum (isto, pois, o tipo penal não exige uma qualidade especial para seu autor); crime formal (não se exige a produção do resultado naturalístico para sua consumação, diferenciando-se dos crimes materiais, os quais exigem a produção do resultado naturalístico para sua consumação e dos crimes de mera conduta, para os quais o legislador pune no tipo penal a simples conduta do autor, sem qualquer previsão de resultado naturalístico, porém considera-se material na forma do parágrafo único); crime de forma livre (o tipo penal não exige a produção por um meio determinado, diferentemente dos crimes de forma vinculada, os quais exigem que a prática criminosa se dê por determinados meios explícitos no tipo penal); crime comissivo (pune-se a conduta de fazer, a contrário dos crimes omissivos, onde se pune a conduta de não fazer); crime instantâneo (o crime consuma-se num único ato, diferentemente dos crimes permanentes, onde a consumação prolonga-se no tempo e dos crimes instantâneos de efeitos permanentes, pois nestes a consumação ocorre num único ato, porém seus efeitos são permanentes); crime unissubjetivo (o tipo penal pode ser praticado por uma pessoa sozinha, também chamado de crime de concurso facultativo de pessoas, diferenciando-se dos crimes plurissubjetivos, denominados crimes de concurso necessário de pessoas); crime plurissubsistente (a conduta pode ser fracionada em vários atos até a consumação, diferentemente dos crimes unissubsistentes, os quais não podem ter a conduta fracionada em vários atos até a consumação).

Suspensão condicional do processo: Trata-se do *sursis processual* previsto no art. 89, lei 9099/95, o qual é cabível nos crimes em que a pena mínima *in abstrato* prevista no tipo penal não é além de 1 (um) ano, presentes os demais requisitos do aludido dispositivo legal. Logo, em tese, não cabe no art. 94 desta lei.

Acordo de não persecução penal: É cabível, nos termos do art. 28-A, CPP.

Ação penal: Ao tratar-se da ação penal, sabe-se que há três grandes espécies de ação penal, quais sejam, ação penal pública incondicionada (regra geral), condicionada e privada, estamos, *in casu*, diante de um crime de *ação penal pública incondicionada*, nos termos do artigo 100 desta lei.

Pena: Detenção, de 2 (dois) a 3 (três) anos, e multa.

Novo tipo penal: com o advento da nova lei, virou o artigo 337-J, CP, havendo pequena alteração em relação aos elementos do tipo penal, conforme abaixo transcrito, mas sem modificação da pena mínima e pena máxima em abstrato.

> **Art. 337-J Devassar o sigilo de proposta apresentada em processo licitatório ou proporcionar a terceiro o ensejo de devassá-lo:**
>
> **Pena – detenção, de 2 (dois) anos a 3 (três) anos, e multa.**

8. AFASTAMENTO DE LICITANTE

> **Art. 95. Afastar ou procura afastar licitante, por meio de violência, grave ameaça, fraude ou oferecimento de vantagem de qualquer tipo:**
>
> **Pena - detenção, de 2 (dois) a 4 (quatro) anos, e multa, além da pena correspondente à violência.**
>
> **Parágrafo único. Incorre na mesma pena quem se abstém ou desiste de licitar, em razão da vantagem oferecida.**

Verbos nucleares: *Afastar* (tirar fora); procurar afastar (tentar meios para impedir) proporcionar (possibilitar). O autor, por meio destas condutas, visa evitar que outros participem do procedimento licitatório, exigindo como elementares a violência, a grave, a fraude ou mediante o oferecimento de vantagem de qualquer natureza.

Objeto jurídico: No caso, são os interesses da Administração Pública, incluindo os princípios que a regem conforme art. 37 da Constituição Federal.

Objeto material: É o outro licitante.

Sujeito ativo: É qualquer pessoa, logo, trata-se de crime comum, pois o tipo penal não exige qualidade especial para o autor.

Sujeito passivo: É o ente público afetado, sendo a União, Estado, Distrito Federal, Município, Autarquia, Sociedade de Economia Mista, Fundação Pública ou qualquer ente que esteja submetida ao controle da União ou outra entidade federativa.

Elemento subjetivo: Ao estudarem-se os tipos penais, devemos atentar acerca do elemento subjetivo, ou seja, se estamos diante de um tipo penal doloso ou culposo. Conforme o art. 18, parágrafo único do CPB, todo o crime é, em regra, doloso, sendo o crime culposo a exceção, o qual somente haverá quando expressa no tipo penal. Assim, neste caso, o elemento subjetivo é o dolo, não se admitindo, pois, a modalidade culposa, ante a falta de previsão legal.

Consumação: Ocorre no momento em que o autor afasta ou pratica ato para afastar o outro licitante, mediante os meios previstos no artigo citado.

Tentativa: Em tese, não é admissível, nos termos do art. 14, II, CP, pois trata-se de crime de atentado ou de empreendimento, onde o legislador pune igualmente a conduta de afastar licitante (forma consumada) com a de procurar afastar (forma tentada).

Classificação doutrinária: Ao estudar-se o plano da tipicidade no âmbito do Direito Penal, importante o estudo da classificação dos tipos penais nos termos da doutrina. Analisando o tipo penal do art. 95, tem-se a classificação a seguir. Trata-se de comum, porém próprio, na forma do parágrafo único (nos crimes comuns não se exige uma qualidade especial para seu autor); crime formal (não se exige a produção do resultado naturalístico para sua consumação, diferenciando-se dos crimes materiais, os quais exigem a produção do resultado naturalístico para sua consumação e dos crimes de mera conduta, para os quais o legislador pune no tipo penal a simples conduta do autor, sem qualquer previsão de resultado naturalístico, porém considera-se material na forma do parágrafo único); crime de forma livre (o tipo penal não exige a produção por um meio determinado, diferentemente dos crimes de forma vinculada, os quais exigem que a prática criminosa se dê por determinados meios explícitos no tipo penal); crime comissivo, mas omissivo no verbo nuclear "abster-se" do parágrafo único (nos crimes comissivos, pune-se a conduta de fazer, ao contrário dos crimes omissivos, onde se pune a conduta de não fazer); crime instantâneo (o crime consuma-se num único ato, diferentemente dos crimes permanentes, onde a consumação prolonga-se no tempo e dos crimes instantâneos de efeitos permanentes, pois nestes a consumação ocorre num único ato, porém seus efeitos são permanentes); crime unissubjetivo, porém é plurissubjetivo na forma do parágrafo único (nos crimes unissubjetivos, o tipo penal pode ser praticado por uma pessoa sozinha, também chamado de crime de concurso facultativo de pessoas, diferenciando-se dos crimes plurissubjetivos, denominados crimes de concurso necessário de pessoas); crime plurissubsistente (a conduta pode ser fracionada em vários atos até a consumação, diferentemente dos crimes unissubsistentes, os quais não podem ter a conduta fracionada em vários atos até a consumação).

Suspensão condicional do processo: Trata-se do *sursis processual* previsto no art. 89, lei 9099/95, o qual é cabível nos crimes em que a pena mínima *in abstrato*prevista no tipo penal não é além de 1(um) ano, presentes os demais requisitos do aludido dispositivo legal. Logo, em tese, não cabe no art. 95 desta lei.

Acordo de não persecução penal: É cabível, nos termos do art. 28-A, CPP.

Ação penal: Ao tratar-se da ação penal, sabe-se que há três grandes espécies de ação penal, quais sejam, ação penal pública incondicionada (regra geral), condicionada e privada, estamos, *in casu*, diante de um crime de *ação penal pública incondicionada*, nos termos do art. 100 desta lei.

Pena: Detenção, de 2 (dois) a 4 (quatro) anos, e multa, além da pena correspondente à violência

Sistema de acumulação material: O tipo penal exige-se no preceito secundário da norma a acumulação material com o crime referente à violência.

Parágrafo único: O art. 95, parágrafo único, trata da forma equiparada do crime.

Novo tipo penal: Com o advento da nova lei, virou o artigo 337-K, CP, havendo alteração em relação aos elementos do tipo penal, bem como um aumento da pena mínima e máxima, conforme transcrito abaixo, sendo, *in casu*, uma *novatio legis in pejus*. Contudo, foi preservada a redação do parágrafo único.

> **Art. 337-K Afastar ou tentar afastar licitante por meio de violência, grave ameaça, fraude ou oferecimento de vantagem de qualquer tipo:**
>
> **Pena – reclusão, de 3 (três) anos a 5 (cinco) anos, e multa, além da pena correspondente à violência.**
>
> **Parágrafo único. Incorre na mesma pena quem se abstém ou desiste de licitar em razão de vantagem oferecida.**

9. FRAUDE EM LICITAÇÃO OU CONTRATO

> **Art. 96. Fraudar, em prejuízo da Fazenda Pública, licitação instaurada para aquisição ou venda de bens ou mercadorias, ou contrato dela decorrente:**
>
> **I - elevando arbitrariamente os preços;**
>
> **II - vendendo, como verdadeira ou perfeita, mercadoria falsificada ou deteriorada;**
>
> **III - entregando uma mercadoria por outra;**
>
> **IV - alterando substância, qualidade ou quantidade da mercadoria fornecida;**
>
> **V - tornando, por qualquer modo, injustamente, mais onerosa a proposta ou a execução do contrato:**
>
> **Pena - detenção, de 3 (três) a 6 (seis) anos, e multa.**

Verbos nucleares: *Fraudar* (ludibriar, agir com má-fe); procurar afastar(tentar meios para impedir) proporcionar (possibilitar). O autor, por meio desta conduta, visa ludibriar o procedimento licitatório adequado, mediante a prática das condutas descritas nos incisos I a V, acarretando, contudo, prejuízo à Fazenda Pública, por tratar-se de elementar previsto no preceito primário da norma.

Objeto jurídico: No caso, são os interesses da Administração Pública, incluindo os princípios que a regem conforme art. 37 da Constituição Federal.

Objeto material: É o preço auferido, a mercadoria trocada ou alterada ou qualquer outro elemento contratual.

Sujeito ativo: É participante da licitação ou o contratado.

Sujeito passivo: É o ente público afetado, sendo a União, Estado, Distrito Federal, Município, Autarquia, Sociedade de Economia Mista, Fundação Pública ou qualquer ente que esteja submetida ao controle da União ou outra entidade federativa.

Elemento subjetivo: Ao estudarem-se os tipos penais, devemos atentar acerca do elemento subjetivo, ou seja, se estamos diante de um tipo penal doloso ou culposo. Conforme o art. 18, parágrafo único do CPB, todo o crime é, em regra, doloso, sendo o crime culposo a exceção, o qual somente haverá quando expressa no tipo penal. Assim, neste caso, o elemento subjetivo é o dolo, não se admitindo, pois, a modalidade culposa, ante a falta de previsão legal.

Consumação: Ocorre no momento em que o autor frauda o procedimento licitatório por meio de sua conduta, mediante a prática dos atos previstos nos incisos I a V.

Tentativa: Em tese, é admissível, nos termos do art. 14, II, CP.

Classificação doutrinária: ao estudar-se o plano da tipicidade no âmbito do Direito Penal, importante o estudo da classificação dos tipos penais nos termos da doutrina. Analisando o tipo penal do art. 96, tem-se a classificação a seguir. Trata-se de crime próprio (isto, pois, exige-se uma qualidade especial para seu autor, no caso ser um servidor público, também chamados de sujeito qualificado); crime material (consuma-se com o alcance do resultado final previsto no tipo penal, diferenciando-se dos crimes formais, os quais não exigem a produção do resultado naturalístico para sua consumação, denominados crimes de consumação antecipada ou de consumação por antecipação e dos crimes de mera conduta, para os quais o legislador pune no tipo penal a simples conduta do autor, sem qualquer previsão de resultado naturalístico); crime de forma vinculada (o tipo penal exige a produção por um meio determinado, diferentemente dos crimes de forma livre, os quais não exigem que a prática criminosa se dê por determinados meios explícitos no tipo penal); crime comissivo (pune-se a conduta de fazer, a contrário dos crimes omissivos, onde se pune a conduta de não fazer); crime instantâneo (o crime consuma-se num único ato, diferentemente dos crimes permanentes, onde a consumação prolonga-se no tempo e dos crimes instantâneos de efeitos permanentes, pois nestes a consumação ocorre num único ato, porém seus efeitos são permanentes); crime unissubjetivo (o tipo penal pode ser praticado por uma pessoa sozinha, também chamado de crime de concurso facultativo de pessoas, diferenciando-se dos crimes plurissubjetivos, denominados crimes de concurso necessário de pessoas); crime plurissubsistente (a conduta pode ser fracionada em vários atos até a consumação, diferentemente dos crimes unissubsistentes, os quais não podem ter a conduta fracionada em vários atos até a consumação).

Suspensão condicional do processo: Trata-se do *sursis processual* previsto no art. 89, lei 9099/95, o qual é cabível nos crimes em que a pena mínima *in abstrato* prevista no tipo penal não é além de 1 (um) ano, presentes os demais requisitos do aludido dispositivo legal. Logo, em tese, não cabe no art. 96 desta lei.

Acordo de não persecução penal: É cabível, nos termos do art. 28-A, CPP.

Ação penal: Ao tratar-se da ação penal, sabe-se que há três grandes espécies de ação penal, quais sejam, ação penal pública incondicionada (regra geral), condicionada e privada, estamos, *in casu*, diante de um crime de *ação penal pública incondicionada*, nos termos do art. 100 desta lei.

Pena: Detenção, de 3 (três) a 6 (seis) anos, e multa.

Novo tipo penal: Com o advento da nova lei, virou o artigo 337-L, CP, havendo alteração em relação aos elementos do tipo penal, inclusive em seus incisos, bem como um aumento da pena mínima e máxima, conforme transcrito abaixo, sendo, *in casu*, uma *novatio legis in pejus*, impedindo, ainda, com a nova pena, a possibilidade do acordo de não persecução penal, em virtude de a pena mínima em abstrato ser de 4 (quatro) anos, nos termos do art. 28-A, CPP.

> **Art. 337-L. Fraudar, em prejuízo da Administração Pública, licitação ou contrato dela decorrente, mediante:**
>
> **I - entrega de mercadoria ou prestação de serviços com qualidade ou em quantidade diversas das previstas no edital ou nos instrumentos contratuais;**
>
> **II - fornecimento, como verdadeira ou perfeita, de mercadoria falsificada, deteriorada, inservível para consumo ou com prazo de validade vencido;**
>
> **III - entrega de uma mercadoria por outra;**
>
> **IV - alteração da substância, qualidade ou quantidade da mercadoria ou do serviço fornecido;**
>
> **V - qualquer meio fraudulento que torne injustamente mais onerosa para a Administração Pública a proposta ou a execução do contrato:**
>
> **Pena - reclusão, de 4 (quatro) anos a 8 (oito) anos, e multa.**

10. CONTRATAÇÃO INIDÔNEA

> **Art. 97. Admitir à licitação ou celebrar contrato com empresa ou profissional declarado inidôneo:**
>
> **Pena - detenção, de 6 (seis) meses a 2 (dois) anos, e multa.**

Parágrafo único. Incide na mesma pena aquele que, declarado inidôneo, venha a licitar ou a contratar com a Administração.

Verbos nucleares: *Admitir* (aceitar; permitir). No caso, por meio desta conduta o autor permite a participação em licitação de uma empresa ou um profissional declarado inidôneo, ou com estes celebra contato.

Objeto jurídico: No caso, são os interesses da Administração Pública, incluindo os princípios que a regem conforme art. 37 da Constituição Federal.

Objeto material: É a licitação ou o contrato administrativo.

Sujeito ativo: É o servidor público, nos termos do art. 84 desta lei. Trata-se, portanto, de crime próprio, denominado crime de sujeito qualificado.

Sujeito passivo: É o ente público afetado, sendo a União, Estado, Distrito Federal, Município, Autarquia, Sociedade de Economia Mista, Fundação Pública ou qualquer ente que esteja submetida ao controle da União ou outra entidade federativa.

Elemento subjetivo: Ao estudarem-se os tipos penais, devemos atentar acerca do elemento subjetivo, ou seja, se estamos diante de um tipo penal doloso ou culposo. Conforme o art. 18, parágrafo único do CPB, todo o crime é, em regra, doloso, sendo o crime culposo a exceção, o qual somente haverá quando expressa no tipo penal. Assim, neste caso, o elemento subjetivo é o dolo, não se admitido, pois a modalidade culposa, ante a falta de previsão legal.

Consumação: Ocorre no momento em que é admitido à licitação empresa ou profissional declarado inidôneo ou com que estes é celebrado o contrato.

Tentativa: Em tese, é admissível, nos termos do art. 14, II, CP.

Classificação doutrinária: Ao estudar-se o plano da tipicidade no âmbito do Direito Penal, importante o estudo da classificação dos tipos penais nos termos da doutrina. Analisando o tipo penal do art. 97, tem-se a classificação a seguir. Trata-se de crime próprio, porém comum na forma do parágrafo único (nos crimes próprios, exige-se uma qualidade especial para seu autor, no caso ser um servidor público, também chamados de sujeito qualificado); crime formal (não se exige a produção do resultado naturalístico para sua consumação, diferenciando-se dos crimes materiais, os quais exigem a produção do resultado naturalístico para sua consumação e dos crimes de mera conduta, para os quais o legislador pune no tipo penal a simples conduta do autor, sem qualquer previsão de resultado naturalístico, porém considera-se material na forma do parágrafo único); crime de forma livre (o tipo penal não exige a produção por um meio determinado, diferentemente dos crimes de forma vinculada, os quais exigem que a prática criminosa se dê por determinados meios explícitos no tipo penal); crime comissivo (pune-se a conduta de fazer, a contrário dos crimes omissivos, onde se pune a conduta de não fazer); crime instantâneo (o crime consuma-se num único ato, diferentemente dos crimes permanentes, onde a consumação prolonga-se no tempo e dos crimes instantâneos de efeitos permanentes, pois nestes a consumação ocorre num único ato, porém seus efeitos são permanentes); crime unissubjetivo (o tipo penal pode ser praticado por uma pessoa sozinha, também chamado de crime de concurso facultativo de pessoas, diferenciando-se dos crimes plurissubjetivos, denominados crimes de concurso necessário de pessoas); crime plurissubsistente (a conduta pode ser fracionada em vários atos até a consumação, diferentemente dos crimes unissubsistentes, os quais não podem ter a conduta fracionada em vários atos até a consumação).

Infração de menor potencial ofensivo: Trata-se de uma infração penal de menor potencial ofensivo, pois a pena máxima "*in abstrato*" não é além de 2 (dois) anos, nos termos do art. 61, lei 9099/95, admitindo-se, em regra, os institutos da composição dos danos civis e da transação penal (aplicação imediata de pena restritiva de direitos ou multa), previstos, respectivamente, nos artigos 74 e 76, lei 9099/95. Por conseguinte, em havendo o processo criminal, seguirá o procedimento sumaríssimo, qual seja, previsto no art. 394, parágrafo 1º, III, CPP e art. 77 a 81, lei 9099/95.

Suspensão condicional do processo: Trata-se do *sursis processual* previsto no art. 89, lei 9099/95, o qual é cabível nos crimes em que a pena mínima *in abstrato* prevista no tipo penal não é além de 1(um) ano, presentes os demais requisitos do aludido dispositivo legal. Logo, em tese, cabe no art. 97 desta lei.

Acordo de não persecução penal: É cabível, nos termos do art. 28-A, CPP.

Ação penal: Ao tratar-se da ação penal, sabe-se que há três grandes espécies de ação penal, quais sejam, ação penal pública incondicionada (regra geral), condicionada e privada, estamos, *in casu*, diante de um crime de *ação penal pública incondicionada*, nos termos do artigo 100 desta lei.

Pena: Detenção, de 6 (seis) meses a 2 (dois) anos, e multa.

Forma equiparada: O art. 97, parágrafo único, trata da forma equiparada do crime.

Novo tipo penal: com o advento da nova lei, virou o artigo 337-M, CP, havendo um desmembramento do tipo penal, pois houve a inclusão do parágrafo 1º e do parágrafo 2º, o qual era o antigo parágrafo único do artigo 97, lei 8666/93. Logo, foi proporcionado um aumento da pena mínima e máxima nos novos tipos penais, conforme transcrito abaixo, sendo, *in casu*, uma *novatio legis in pejus*, ressaltando que no novo tipo penal previsto no parágrafo 1º do art. 337-M, CP e na segunda parte do parágrafo 2º, em virtude de a pena mínima em abstrato ser de 3 (três) anos não é possível o oferecimento da suspensão condicional do processo, denominado "sursis processual", previsto no art. 89, lei 9099/95, diferentemente do tipo penal de origem.

> **Art. 337-M Admitir à licitação empresa ou profissional declarado inidôneo: Pena – reclusão, de 1 (um) ano a 3 (três) anos, e multa. § 1º Celebrar contrato com empresa ou profissional declarado inidôneo:**
>
> **Pena – reclusão, de 3 (três) anos a 6 (seis) anos, e multa. § 2º Incide na mesma pena do caput deste artigo aquele que, declarado inidôneo, venha a participar de licitação e, na mesma pena do § 1º deste artigo, aquele que, declarado inidôneo, venha a contratar com a Administração Pública.**

11. IMPEDIMENTO INDEVIDO

> **Art. 98. Obstar, impedir ou dificultar, injustamente, a inscrição de qualquer interessado nos registros cadastrais ou promover indevidamente a alteração, suspensão ou cancelamento de registro do inscrito:**
>
> **Pena - detenção, de 6 (seis) meses a 2 (dois) anos, e multa.**

Verbos nucleares: *Obstar* (causar empecilho); *impedir* (proibir); *dificultar* (complicar). No caso, por meio destas condutas, o autor, sem justo motivo, obsta, impede ou dificulta seja inscrita determinada pessoa física ou jurídica nos registros de um órgão público ou o retira sua inscrição, seja alterando-a, suspendendo-a ou mesmo cancelando-a.

Objeto jurídico: No caso, são os interesses da Administração Pública, incluindo os princípios que a regem conforme art. 37 da Constituição Federal.

Objeto material: É a inscrição ou o registro.

Sujeito ativo: É o servidor público, nos termos do art.84 desta lei. Trata-se, portanto, de crime próprio, denominado crime de sujeito qualificado.

Sujeito passivo: É o ente público afetado, sendo a União, Estado, Distrito Federal, Município, Autarquia, Sociedade de Economia Mista, Fundação Pública ou qualquer ente que esteja submetida ao controle da União ou outra entidade federativa.

Elemento subjetivo: Ao estudarem-se os tipos penais, devemos atentar acerca do elemento subjetivo, ou seja, se estamos diante de um tipo penal doloso ou culposo. Conforme o art. 18, parágrafo único do CPB, todo o crime é, em regra, doloso, sendo o crime culposo a exceção, o qual somente haverá quando expressa no tipo penal. Assim, neste caso, o elemento subjetivo é o dolo, não se admitindo, pois, a modalidade culposa, ante a falta de previsão legal.

Consumação: Ocorre no momento em que é obstado, impedido ou dificultada a inscrição de alguém perante um órgão público ou promove, de modo indevido, a alteração, a suspensão ou o cancelamento da inscrição.

Tentativa: Em tese, é admissível, nos termos do art. 14, II, CP.

Classificação doutrinária: ao estudar-se o plano da tipicidade no âmbito do Direito Penal, importante o estudo da classificação dos tipos penais nos termos da doutrina. Analisando o tipo penal do art. 98, tem-se a classificação a seguir. Trata-se de crime próprio (nos crimes próprios, exige-se uma qualidade especial para seu autor, no caso ser um servidor público, também chamados de sujeito qualificado); crime formal (não se exige a produção do resultado naturalístico para sua consumação, diferenciando-se dos crimes materiais, os quais exigem a produção do resultado naturalístico para sua consumação e dos crimes de mera conduta, para os quais o legislador pune no tipo penal a simples conduta do autor, sem qualquer previsão de resultado naturalístico, porém considera-se material na forma do parágrafo único); crime de forma livre (o tipo penal não exige a produção por um meio determinado, diferentemente dos crimes de forma vinculada, os quais exigem que a prática criminosa se dê por determinados meios explícitos no tipo penal); crime comissivo (pune-se a conduta de fazer, a contrário dos crimes omissivos, onde se pune a conduta de não fazer); crime instantâneo (o crime consuma-se num único ato, diferentemente dos crimes permanentes, onde a consumação prolonga-se no tempo e dos crimes instantâneos de efeitos permanentes, pois nestes a consumação ocorre num único ato, porém seus efeitos são permanentes); crime unissubjetivo (o tipo penal pode ser praticado por uma pessoa sozinha, também chamado de crime de concurso facultativo de pessoas, diferenciando-se dos crimes plurissubjetivos, denominados crimes de concurso necessário de pessoas); crime plurissubsistente (a conduta pode ser fracionada em vários atos até a consumação, diferentemente dos crimes unissubsistentes, os quais não podem ter a conduta fracionada em vários atos até a consumação).

Infração de menor potencial ofensivo: Trata-se de uma infração penal de menor potencial ofensivo, pois a pena máxima "*in abstrato*" não é além de 2 (dois) anos, nos termos do art. 61, lei 9099/95, admitindo-se, em regra, os institutos da composição dos danos civis e da transação penal (aplicação imediata de pena restritiva de direitos ou multa), previstos, respectivamente, nos artigos 74 e 76, lei 9099/95. Por conseguinte, em havendo o processo criminal, seguirá o procedimento sumaríssimo, qual seja, previsto no art. 394, parágrafo 1º, III, CPP e art. 77 a 81, lei 9099/95.

Suspensão condicional do processo: Trata-se do *sursis processual* previsto no art. 89, lei 9099/95, o qual é cabível nos crimes em que a pena mínima *in abstrato* prevista no tipo penal não é além de 1 (um) ano, presentes os demais requisitos do aludido dispositivo legal. Logo, em tese, cabe no art. 98 desta lei.

Acordo de não persecução penal: É cabível, nos termos do art. 28-A, CPP.

Ação penal: Ao tratar-se da ação penal, sabe-se que há três grandes espécies de ação penal, quais sejam, ação penal pública incondicionada (regra geral), condicionada e privada, estamos, *in casu*, diante de um crime de *ação penal pública incondicionada*, nos termos do art. 100 desta lei.

Pena: Detenção, de 6 (seis) meses a 2 (dois) anos, e multa.

Novo tipo penal: com o advento da nova lei, virou o artigo 337-N, CP, sem alteração em relação aos elementos do tipo penal, bem como em relação à pena em abstrato, conforme transcrito abaixo, sendo reproduzido em seus termos sem qualquer modificação.

Art. 337-N Obstar, impedir ou dificultar injustamente a inscrição de qualquer interessado nos registros cadastrais ou promover indevidamente a alteração, a suspensão ou o cancelamento de registro do inscrito:

Pena – reclusão, de 6 (seis) meses a 2 (dois) anos, e multa.

12. PENA DE MULTA

Art. 99. A pena de multa cominada nos arts. 89 a 98 desta Lei consiste no pagamento de quantia fixada na sentença e calculada em índices percentuais, cuja base corresponderá ao valor da vantagem efetivamente obtida ou potencialmente auferível pelo agente.

§ 1° Os índices a que se refere este artigo não poderão ser inferiores a 2% (dois por cento), nem superiores a 5% (cinco por cento) do valor do contrato licitado ou celebrado com dispensa ou inexigibilidade de licitação.

§ 2° O produto da arrecadação da multa reverterá, conforme o caso, à Fazenda Federal, Distrital, Estadual ou Municipal.

Cálculo da pena de multa: dado o princípio da especialidade, art. 12, CPB, a norma especial prevalece em relação à norma geral. Assim, para fins de cálculo da pena de multa leva-se em consideração a regra do art. 99 desta lei em detrimento às regras do art. 49 e seguintes do CP.

Novo dispositivo penal: com o advento da nova lei, virou o artigo 337-P, CP, havendo alteração em relação à redação do art. 99, lei 8666/93, no que se refere ao cálculo da pena de multa, a qual segue o art. 49 e seguintes do Código Penal.

Art. 337-P A pena de multa cominada aos crimes previstos neste Capítulo seguirá a metodologia de cálculo prevista neste Código e não poderá ser inferior a 2% (dois por cento) do valor do contrato licitado ou celebrado com contratação direta."

13. OMISSÃO GRAVE DE DADO OU DE INFORMAÇÃO POR PROJETISTA

Art. 337-O Omitir, modificar ou entregar à Administração Pública levantamento cadastral ou condição de contorno em relevante dissonância com a realidade, em frustração ao caráter competitivo da licitação ou em detrimento da seleção da proposta mais vantajosa para a Administração Pública,

em contratação para a elaboração de projeto básico, projeto executivo ou anteprojeto, em diálogo competitivo ou em procedimento de manifestação de interesse:

Pena - reclusão, de 6 (seis) meses a 3 (três) anos, e multa.

§ 1º Consideram-se condição de contorno as informações e os levantamentos suficientes e necessários para a definição da solução de projeto e dos respectivos preços pelo licitante, incluídos sondagens, topografia, estudos de demanda, condições ambientais e demais elementos ambientais impactantes, considerados requisitos mínimos ou obrigatórios em normas técnicas que orientam a elaboração de projetos.

§ 2º Se o crime é praticado com o fim de obter benefício, direto ou indireto, próprio ou de outrem, aplica-se em dobro a pena prevista no caput deste artigo.

Nova figura criminosa: Cumpre destacar que tivemos a inclusão dessa nova conduta criminosa, a qual possui tipificação exclusivamente no Código Penal, não possuindo dispositivo correlato na Lei 8.666/93. Trata-se, assim, de *novatio legis incriminadora.*

14. DO PROCESSO E DO PROCEDIMENTO JUDICIAL

Comentários: Esta parte processual penal, conforme já destacado na introdução, foi revogada pela nova lei de licitações, Lei 14.133/21, em seu art. 193, I, porém os novos crimes dos artigos 337-E a 337-O do Código Penal são, ainda, de ação penal pública incondicionada, não havendo novo regramento quanto à espécie de ação penal no que se refere aos estes crimes acima comentados.

Art. 100. Os crimes definidos nesta Lei são de ação penal pública incondicionada, cabendo ao Ministério Público promovê-la.

Espécie de ação penal: Os crimes previstos nesta lei seguem a regra geral, ou seja, são de ação penal pública incondicionada. Há três espécies de ação penal no sistema processual pátrio. A regra é que os crimes sejam de ação penal pública incondicionada. No caso, titular é o Ministério Público, independentemente de manifestação da vítima, conforme art. 129, I, CF. Contudo, há crimes de ação penal pública condicionada à representação ou requisição do Ministro da Justiça, onde o titular será o órgão ministerial, porém necessita destas condições específicas da ação penal para agir, sendo que a lei, neste caso, prevê estas disposições. E, ainda, há a ação penal privada, onde o titular será o ofendido, atuando o Ministério Público não como parte, mas como fiscal da lei. O tema de ação penal é tratado no art. 24 a 62, CPP.

Art. 101. Qualquer pessoa poderá provocar, para os efeitos desta Lei, a iniciativa do Ministério Público, fornecendo-lhe, por escrito, informações sobre o fato e sua autoria, bem como as circunstâncias em que se deu a ocorrência.

Parágrafo único. Quando a comunicação for verbal, mandará a autoridade reduzi-la a termo, assinado pelo apresentante e por duas testemunhas.

Comunicação do fato: A iniciativa de comunicação de qualquer fato criminoso cabe a qualquer pessoa, a qual pode provocar a iniciativa estatal para a persecução penal.

Art. 102. Quando em autos ou documentos de que conhecerem, os magistrados, os membros dos Tribunais ou Conselhos de Contas ou os titulares dos órgãos integrantes do sistema de controle interno de qualquer dos Poderes verificarem a existência dos crimes definidos nesta Lei, remeterão ao Ministério Público as cópias e os documentos necessários ao oferecimento da denúncia.

Dever de ofício: Este dever cabe a todo servidor público, o qual tendo conhecimento de qualquer fato criminoso de ação penal pública incondicionada, comunicar à Autoridade Policial ou a quem de direito.

Art. 103. Será admitida ação penal privada subsidiária da pública, se esta não for ajuizada no prazo legal, aplicando-se, no que couber, o disposto nos arts. 29 e 30 do Código de Processo Penal.

Ação penal privada subsidiária da pública: A ação penal privada subsidiária da pública é uma espécie de ação penal privada, forte no art. 5º, LIX, CF e art. 29, CPP. Esta ocorre nos casos de ação penal pública incondicionada ou condicionada, onde o Ministério Público for inerte, assumindo neste caso, a titularidade da ação penal o ofendido.

Art. 104. Recebida a denúncia e citado o réu, terá este o prazo de 10 (dez) dias para apresentação de defesa escrita, contado da data do seu interrogatório, podendo juntar documentos, arrolar as testemunhas que tiver, em número não superior a

5 (cinco), e indicar as demais provas que pretenda produzir.

Art. 105. Ouvidas as testemunhas da acusação e da defesa e praticadas as diligências instrutórias deferidas ou ordenadas pelo juiz, abrir-se-á, sucessivamente, o prazo de 5 (cinco) dias a cada parte para alegações finais.

Art. 106. Decorrido esse prazo, e conclusos os autos dentro de 24 (vinte e quatro) horas, terá o juiz 10 (dez) dias para proferir a sentença.

Procedimento especial: Em regra, os crimes seguem rito comum ordinário, conforme art. 395 ao art. 405, CPP. Contudo, *in casu*, há previsão de rito especial nos artigos em epígrafe, portanto, tais crimes, em não sendo infrações penais de menor potencial ofensivo, as quais seguirão rito sumaríssimo, previsto no art. 77 a 81, lei 9099/95, obedecerão o rito especial para o processo, aplicando-se subsidiariamente as regras do rito comum ordinário.

Art. 107. Da sentença cabe apelação, interponível no prazo de 5 (cinco) dias.

Recurso de apelação: Cabe da sentença o recurso de apelação no prazo de 5 (cinco) dias, como o é no art. 593 e seguintes do CPP.

Art. 108. No processamento e julgamento das infrações penais definidas nesta Lei, assim como nos recursos e nas execuções que lhes digam respeito, aplicar-se-ão, subsidiariamente, o Código de Processo Penal e a Lei de Execução Penal.

Aplicação subsidiária do Código de Processo Penal e da Lei de Execução Penal: A aplicação das regras do Código de Processo Penal do rito comum ordinário são aplicadas de modo subsidiário nos termos do art. 394, parágrafo 5º, CPP, bem como aplicam-se, subsidiariamente, as regras da lei de execução penal.

REFERÊNCIAS BIBLIOGRÁFICAS

ESTEFAM, André. **Direito Penal. Volume I.** São Paulo. Editora Saraiva. 2010.

NUCCI, Guilherme de Souza. **Leis Penais e Processuais Penais Comentadas. Volume I.** São Paulo. Editora Revista dos Tribunais. 2013.

NUCCI, Guilherme de Souza. **Manual de Direito Penal.** São Paulo. Editora Revista dos Tribunais. 2013.

PRADO, Luiz Régis. **Curso de Direito Penal Brasileiro.** São Paulo. Editora RT. 2015.

TOLEDO, Francisco de Assis. **Princípios Básicos de Direito Penal.** São Paulo. Editora Saraiva. 1994.

18

TRÁFICO DE PESSOAS

Lei 13.344/2019

GABRIELA MADRID AQUINO

1. INTRODUÇÃO

Legislação aplicável: trabalhamos nesta obra com o conceito de Tráfico de Pessoas estabelecido pelo Decreto nº 5.017/2004, instrumento normativo que deu vigência no Brasil ao Protocolo de Palermo, segundo o qual a expressão "Tráfico de Pessoas" significa o recrutamento, o transporte, a transferência, o alojamento ou o acolhimento de pessoas, recorrendo à ameaça ou uso da força ou a outras formas de coação, ao rapto, à fraude, ao engano, ao abuso de autoridade ou à situação de vulnerabilidade ou à entrega ou aceitação de pagamentos ou benefícios para obter o consentimento de uma pessoa que tenha autoridade sobre outra para fins de exploração. Segundo o Protocolo de Palermo a exploração incluirá, no mínimo, a exploração da prostituição de outrem ou outras formas de exploração sexual, o trabalho ou serviços forçados, escravatura ou práticas similares à escravatura, a servidão ou a remoção de órgãos.

Tratamento internacional: Segundo dados da Organização Internacional do Trabalho (OIT), o tráfico de pessoas é uma das atividades criminosas mais lucrativas, com estimativa de 20,9 milhões de vítimas em exploração pelo trabalho forçado e exploração sexual em âmbito mundial. Dentre tais vítimas vislumbram-se nacionais brasileiros, sendo o Brasil local de destino, origem e trânsito de vítimas.

Crime contra a liberdade individual: agora se trata de crime que atenta contra a liberdade individual em razão do capítulo no qual foi inserido ("dos crimes contra a liberdade individual"), podendo dele ser sujeito ativo ou passivo independentemente de qualquer condição de idade, raça, sexo, origem, condição cultural ou capacidade jurídica.

2. ANÁLISE DO ART. 149-A DO CÓDIGO PENAL

Tráfico de Pessoas

Art. 149-A. Agenciar, aliciar, recrutar, transportar, transferir, comprar, alojar ou acolher pessoa, mediante grave ameaça, violência, coação, fraude ou abuso, com a finalidade de:

I - remover-lhe órgãos, tecidos ou partes do corpo;

II - submetê-la a trabalho em condições análogas à de escravo;

III - submetê-la a qualquer tipo de servidão;

IV - adoção ilegal; ou

V - exploração sexual.

Pena - reclusão, de 4 (quatro) a 8 (oito) anos, e multa.

§ 1º A pena é aumentada de um terço até a metade se:

I - o crime for cometido por funcionário público no exercício de suas funções ou a pretexto de exercê-las;

II - o crime for cometido contra criança, adolescente ou pessoa idosa ou com deficiência;

III - o agente se prevalecer de relações de parentesco, domésticas, de coabitação, de hospitalidade, de dependência econômica, de autoridade ou de superioridade hierárquica inerente ao exercício de emprego, cargo ou função; ou

IV - a vítima do tráfico de pessoas for retirada do território nacional.

§ 2º A pena é reduzida de um a dois terços se o agente for primário e não integrar organização criminosa."

Crime misto alternativo: a flexão de quaisquer dos verbos do *caput* do dispositivo (agenciar, aliciar, recrutar, transportar, transferir, comprar, alojar e acolher) acarreta a prática do crime.

Elementares normativas da constituição típica: as elementares "mediante grave ameaça, violência, coação, fraude" restringem a abrangência típica da conduta fática praticada, na medida em que impedem a adequação típica caso não apareçam no caso concreto. A elementar ameaça se refere a mal determinado, iminente e inevitável, sendo importante também lembrar que a elementar violência é aquela corporal, sendo, inclusive, admitida por omissão (quando por exemplo, se deixa de alimentar a vítima).

Sobre a fraude: Quando o criminoso usa de artifícios fraudulentos para obter o consentimento da vítima. Deve-se ter em mente que são necessários o emprego de artifícios e estratagemas idôneos que criem uma situação de fato ou uma disposição de circunstâncias que torne insuperável o erro de pretensa vítima, que, em razão do comportamento fraudulento, seja levada a interpretar, erradamente, o relacionamento, negociação ou qualquer forma de contato com o sujeito ativo que a transforme em vítima do tráfico de pessoas. Para configuração da fraude é imprescindível que a vítima seja de fato iludida pelas promessas formuladas pelo aliciador. Assim, por exemplo, uma profissional do sexo que, tendo aquiescido em uma viagem internacional para o exercício da prostituição e que não tenha no destino as condições de trabalho prometidas será vítima de tráfico de pessoas na elementar normativa "fraude" do tipo penal. Fraude, aqui, é todo ardil, engano, simulação no sentido de fazer com que a vítima se iluda com as promessas levadas a efeito pelo agente, acreditando serem verdadeiras quando, na realidade, não se cumprem no destino. Para NUCCI (2017), até aquela pessoa que admita a prostituição como meio de vida, mediante aliciamento de outrem, e que já exerça anteriormente a atividade poderá se dizer vítima, desde que as condições na prática não guardem consonância com o que lhe fora prometido. Está claro que os elementos que estão em torno da exploração sexual (modo de exercício, idade do profissional do sexo, consentimento) devem ser considerados para a configuração do crime. Nesse sentido, o atual art. 149-A considerou a ausência do consentimento válido como pressuposto à configuração do ilícito. Portanto, a finalidade de exploração sexual é abrangente e pode, em certas situações até envolver a prostituição. Tudo depende do consentimento, se este é livre ou viciado.

Elementares subjetivas do tipo penal: são aquelas relacionadas a intenção do agente no momento da subsunção penal. Aqui previstas como remoção de órgãos, tecidos e partes do corpo, submissão a trabalho em condições análogas a escravidão, qualquer tipo de servidão, adoção ilegal ou exploração sexual. A seguir, detalhamos as elementares subjetivas:

a) Remover-lhe órgãos, tecidos ou partes do corpo:

A Constituição Federal de 1988, no art. 199, § 4º, proibiu expressamente a retirada de órgãos e substâncias do corpo humano, proibindo em sua parte final todo tipo de comercialização. Porém, a Constituição Federal permitiu a utilização de órgãos, tecidos e substâncias humanas para fins humanitários. A Lei nº 9.434, de 4 de fevereiro de 1997, dispôs sobre a remoção de órgãos, tecidos e partes do corpo humano, criminalizando sua remoção para fins comerciais em seu artigo 15: Importante destacarmos que realização de transplantes de órgãos do corpo humano deverá ser realizada em estabelecimento de saúde, público ou privado, e por equipes cirúrgicas previamente autorizadas pelo Sistema Único de Saúde – SUS (Lei nº 9.434/97, art. 2º). A retirada de órgãos do corpo humano após a morte do doador deverá ser precedida de diagnóstico de morte encefálica, mediante procedimentos clínicos e tecnológicos definidos em Resolução do Conselho Federal de Medicina (Lei nº 9.434/97, artigo 3º). Assim, as hipóteses autorizadas de retirada de órgãos do corpo humano são disciplinadas na Lei nº 9.434/97. A remoção de órgãos e tecidos do corpo humano somente é autorizada em casos como *post mortem* encefálica devidamente diagnosticada e, em se tratando de pessoa viva, de órgãos duplos, de parte de órgãos, tecidos ou parte do corpo cuja retirada não impeça o organismo doador de continuar vivendo; não traga risco para a sua integridade; e não represente grave comprometimento de suas aptidões vitais e saúde mental. Observe-se, portanto, um especial fim de agir para enquadramento no tipo penal do art. 149-A: de que o tráfico de pessoas se dê para fins de remoção de órgãos, tecidos ou partes do corpo humano. Havendo apenas remoção de órgãos, tecidos ou partes do corpo humano, sem tráfico de pessoas, o enquadramento será aquele dos tipos penais versados nos artigos 14 a 20 da Lei nº 9.434/97. No caso específico de tráfico de pessoas para fins de remoção de órgãos o consentimento da vítima não afasta a prática do crime, em razão das formalidades legais necessárias à doação, como laços consanguíneos até o 4º grau ou autorização judicial, duplicidade de órgãos e consentimento expresso do receptor.

b) Submetê-la a trabalho em condições análogas à de escravo ou a qualquer tipo de servidão:

As condições análogas à de escravo estão previstas no artigo 149 do Código Penal, sendo o rol exaustivo: a) trabalhos forçados; b) jornada exaustiva; c) condições degradantes de trabalho; d) restrição, por qualquer meio, da locomoção em razão de dívida contraída com o empregador ou preposto; e) cerceamento do uso de qualquer meio de transporte por parte do trabalhador, com o fim de retê-lo no local de trabalho; e f) vigilância ostensiva no local de trabalho ou retenção de documentos ou objetos pessoais do trabalhador. Destaca-se que o elemento finalístico "submissão a qualquer tipo de servidão", constante do inciso III do art. 149-A, do CP, relaciona-se a outras formas de servidão, como o casamento servil. Toda e qualquer forma de servidão, como por exemplo a servidão doméstica, também conhecida como casamento servil, quando a pessoa traficada se casa com alguém que promete uma relação conjugal saudável, mas acaba por obrigá-la a realizar as tarefas domésticas e/ou ter relações sexuais, ainda que contra sua vontade.

c) Adoção ilegal

A legalidade da adoção deve ser dada pela análise das disposições do Código Civil, que disciplina a matéria. O termo "criança", constante dos acordos internacionais firmados pelo Brasil, diz respeito à pessoa até os 18 anos de idade, englobando "crianças e adolescentes". O ECA - Estatuto da Criança e do Adolescente (Lei nº 8.069/90), em seu artigo 2º define "criança" como toda "pessoa até 12 anos de idade incompletos" e adolescente "aquela entre 12 e 18 anos de idade". Porém, o Protocolo Adicional à Convenção das Nações Unidas contra o Crime Organizado Transnacional Relativo à Prevenção, à Repressão e à Punição do Tráfico de Pessoa, em Especial Mulheres e Crianças, em seu artigo 3º considera como criança "qualquer pessoa com idade inferior a 18 anos". Importante destacarmos que consentimento da criança ou adolescente é, em qualquer caso, irrelevante, não afastando o crime, por se tratar de pessoa em especial condição de proteção. Merecem destaque os seguintes aspectos:

Tráfico da pessoa menor de 18 anos ocorre com a finalidade de exploração sexual	CP, art. 149-A, § 1º, II	Consentimento da vítima irrelevante em razão da idade
Entrega da pessoa menor pelos genitores ou tutor com o fim de lucro, sem a finalidade de exploração sexual com remessa ao exterior[1]	artigo 238 do ECA	
Saída da criança ou adolescente promovida por qualquer pessoa (genitores ou não), sem observância das formalidades legais ou com o fito de lucro	art. 239 do ECA	

Em razão da ratificação pelo Brasil da Convenção das Nações Unidas sobre os Direitos da Criança, que em seu artigo 35 estabelece que os Estados-Membros tomarão todas as medidas de caráter nacional, bilateral e multilateral que sejam necessárias para impedir o sequestro, a venda ou o tráfico de crianças, a competência para processar e julgar o crime em análise é da Justiça Federal.

d) Exploração sexual

É o meio pelo qual o indivíduo obtém lucro financeiro por conta da prostituição de outra pessoa ou de violência sexual exercida contra outra pessoa. Neste caso, o exercício da prostituição pode se dar de diversas maneiras, tais como em casas de prostituição, na rua, boates, bares, apartamentos, casas de massagem, hotéis, serviços de acompanhante, empresas de produtos pornográficos (filmes, revistas etc.). No entanto, a exploração sexual não se restringe à exploração da prostituição de outra pessoa.

Tráfico ou contrabando de migrantes: significa a promoção, com o objetivo de obter, direta ou indiretamente, um benefício financeiro ou outro benefício material, da entrada ilegal de uma pessoa num Estado Parte do qual essa pessoa não seja nacional ou residente permanente. Esse conceito está

1. Formalidades legais ou do fito de obter lucro são alternativas, de modo que há crime ainda que a motivação não seja econômica e não haja sequer promessa de pagamento (TRF4, AC 20057000012285-3/PR, Penteado, 8ª. T - 06.12.2006).

melhor detalhado nesta obra, no capítulo que trata da Lei de Migrações (Lei 13.445/2017).

BIBLIOGRAFIA

DORNELAS, Luciano; TERESI, Verônica. Curso EaD Tráfico de Pessoas. Brasília: SENASP, 2012.

GRECO, Rogério. Curso de Direito Penal: parte especial, volume II: introdução à teoria geral da parte especial: crimes contra a pessoa. Niterói, RJ: Imperatriz, 2017.

NUCCI, Guilherme de Souza. Curso de Direito Penal: parte especial – art. 121 a 2012 do Código Penal. Rio de Janeiro: Forense, 2017.

19

LEI GERAL DA COPA

Lei 12.663/2012

WALTER MARTINS MULLER

LEI Nº 12.663, DE 5 DE JUNHO DE 2012

Comentários: No estudo da Lei nº 12.663, de 5 de junho de 2012, mais conhecida como a Lei Geral da Copa (LGC), necessário se faz compreender inicialmente a finalidade a que o diploma legal se destina, sua característica de temporariedade e, em seguida, analisar os tipos penais por ela criados.

A lei em comento, quando da sua elaboração pelo Congresso Nacional, objetivava claramente fornecer substrato legal apto a materializar as exigências constantes do contrato de realização da Copa do Mundo 2014 e da Copa das Confederações 2013, *hosting agreement*[1] firmado entre a FIFA e o governo brasileiro em 2007.

Em linhas gerais, trata-se de lei de conteúdo variado, abordando temas como Direito Administrativo, Comercial, Industrial, Responsabilidade Civil, Penal e Processual, bem como controle aduaneiro e até mesmo a concessão de benefício previdenciário a ex-atletas que tenham participado em uma das cinco campanhas vitoriosas da seleção masculina de futebol em Copas do Mundo.

Em face de alguns dos seus dispositivos, chegou-se a questionar acerca da sua constitucionalidade, através da ADI 4976 promovida pela Procuradoria Geral da República, sendo, todavia, julgada improcedente pelo Supremo Tribunal Federal[2].

Outro as aspecto a ser destacado *ab initio* a respeito da referida lei, diz respeito ao prazo certo e determinado de vigência das normas penais incriminadoras nela inseridas, nos termos do seu artigo 36, *in verbis*:

> **"Art. 36 Os tipos penais previstos neste Capítulo terão vigência até o dia 31 de dezembro de 2014".**

Tratar-se assim de uma hipótese de **lei penal temporária**[3], definida como aquela que tem tempo

1. A fim de assegurar que seus interesses comerciais serão respeitados, a FIFA celebra com os países-sede um *hosting agreement*, isso é, um "acordo de hospedagem", no qual se estabelece uma série de compromissos cuja observância é pré-requisito para a realização dos megaeventos. O documento compromete os realizadores a, eventualmente, elaborar leis específicas e transitórias que assegurem a proteção dos seus interesses.

2. Por dez votos a um, o Plenário do Supremo Tribunal Federal julgou improcedente a ADI 4976, na qual a Procuradoria Geral da República questiona dispositivos da Lei Geral da Copa (Lei 12.663/2012). Os pontos questionados foram os que responsabilizam a União por prejuízos causados por terceiros e por fenômenos da natureza; que concederam prêmio em dinheiro e auxílio mensal aos jogadores das seleções brasileiras campeãs das Copas de 58, 62 e 70; e que isentam a Fifa e suas subsidiárias do pagamento de custas e outras despesas judiciais. O relator, ministro Ricardo Lewandowski, votou pela improcedência da ADI, seguido pelos ministros Luís Roberto Barroso, Teori Zavascki, Rosa Weber, Luiz Fux, Dias Toffoli, Cármen Lúcia, Gilmar Mendes, Marco Aurélio e Celso de Mello, ficando parcialmente vencido o ministro Joaquim Barbosa, presidente do STF.
In: http://www.stf.jus.br/portal/cms/verNoticiaDetalhe.asp?idConteudo=266270

3. Associa-se também aos tipos penais dessa natureza a expressão **crimes de plástico**, criada originariamente por Maximiliano Roberto Ernesto Führer, no seu livro História do Direito Penal - Crime Natural e Crime de Plástico, lançado em 2005 pela Editora Malheiros. Correspondentes às condutas que só são

de vigência determinado em seus próprios dispositivos. Com efeito, os tipos penais definidos pela Lei Geral da Copa devem seguir a regra disposta no artigo 3º, do Decreto-lei n. 2.848, de 07 de dezembro de 1940 – Código Penal, que excepciona o princípio da retroatividade benigna. É dizer: a Lei Geral da Copa deverá ser aplicada aos fatos praticados durante sua vigência, ainda que decorrido o período de sua duração. Nesse sentido, esclarece Nucci que: "...,essas leis (temporárias ou excepcionais) são sempre ultrativas, ou seja, continuam a produzir efeitos aos fatos praticados durante a sua época de vigência, ainda que tenham sido revogadas (art. 3.º, CP). O objetivo é manter o seu poder intimidativo."[4]

Em que pese o fato do diploma legal em comento já não se encontrar vigente, conclui-se pela importância da sua análise visando o conhecimento legislativo dos leitores, a relevância histórico-legislativa, bem como pelo fato de que poderá ser utilizado como referência para eventos futuros.

1. UTILIZAÇÃO INDEVIDA DE SÍMBOLOS OFICIAIS

Art. 30. Reproduzir, imitar, falsificar ou modificar indevidamente quaisquer Símbolos Oficiais de titularidade da FIFA:

Pena - detenção, de 3 (três) meses a 1 (um) ano ou multa.

Tipo objetivo/verbo nuclear: os verbos nucleares do tipo são: **reproduzir** – com o significado de produzir de novo, podendo ser verificado tanto na reprodução total (cópia fiel) ou parcial (com a retirada de um ou alguns dos elementos característicos do símbolo oficial violado); **imitar** - definido como "reproduzir à semelhança de" (o verbo imitar é tratado como sinônimo de reproduzir); **falsificar** - significa contrafazer, ou seja, dar aparência de genuíno ao que não é; ou **modificar** - traduzido como a alteração das formas e aspectos destes símbolos oficiais.

Bem jurídico tutelado: a propriedade industrial. A marca suscetível de registro é aquela considerada como "sinais distintivos visualmente perceptíveis, não compreendidos nas proibições legais" (artigo 122, da Lei nº 9.279, de 14 de maio de 1996). Sucede que, os símbolos oficiais de titularidade da FIFA são enquadrados em uma das hipóteses de sinais não registráveis como marca (artigo 124, inciso I, da Lei n. 9.279, de 14 de maio de 1996).

Todavia, a lei determina que o INPI promova as anotações em seus cadastros, nos seguintes termos:

> Art. 3º da Lei 12663/2012, O Instituto Nacional da Propriedade Industrial (INPI) promoverá a anotação em seus cadastros do alto renome das marcas que consistam nos seguintes Símbolos Oficiais de titularidade da FIFA, nos termos e para os fins da proteção especial de que trata o art. 125 da Lei no 9.279, de 14 de maio de 1996:
>
> I - emblema FIFA;
>
> II - emblemas da Copa das Confederações FIFA 2013 e da Copa do Mundo FIFA 2014;
>
> III - mascotes oficiais da Copa das Confederações FIFA 2013 e da Copa do Mundo FIFA 2014; e
>
> IV - outros Símbolos Oficiais de titularidade da FIFA, indicados pela referida entidade em lista a ser protocolada no INPI, que poderá ser atualizada a qualquer tempo.
>
> Parágrafo único. Não se aplica à proteção prevista neste artigo a vedação de que trata o inciso XIII do art. 124 da Lei nº 9.279, de 14 de maio de 1996.

Objeto material: os símbolos oficiais da FIFA, sendo que a definição de símbolos oficiais da FIFA é prevista no artigo 2º, XVIII da Lei Geral da Copa: sinais visivelmente distintivos, emblemas, marcas, logomarcas, mascotes, lemas, hinos e qualquer outro símbolo de titularidade da FIFA.

Elemento subjetivo: É o dolo (direto ou eventual). Não se admite a modalidade culposa, por ausência de previsão legal.

Elemento normativo do tipo: Encontra-se na expressão ***indevidamente***, que significa: sem a devida autorização do titular. Trata-se de expressão que afastaria a ilicitude da conduta. Logo, havendo a referida autorização, a conduta seria atípica.

Sujeito ativo: Qualquer pessoa, uma vez que os tipos penais não exigem nenhuma qualidade especial dos sujeitos ativos das condutas delituosas, nada impedindo ao coautoria ou participação.

Sujeito passivo: Como sujeito passivo figura a *Fédération Internationale de Football Association* - FIFA, titular dos "Símbolos Oficiais" (sinais não registráveis como marca). Interessante aqui

---

consideradas como relevantes para fins de tipificação penal em um delimitado momento histórico e a luz das peculiaridades de determinadas sociedades, como ocorre com os artigos 30 a 33 da Lei 12.663/12 - Lei Geral da Copa do Mundo. Disponível em:http://juspol.com.br/wp-content/uploads/2019/08/Tabela-de-Classifica%C3%A7%C3%A3o-de-crimes.pdf

4. NUCCI, Guilherme de Souza. Manual de Direito Penal. 16. ed. Rio de Janeiro: Forense, 2020, p. 151.

destacar o conceito legal de FIFA: "associação suíça de direito privado, entidade mundial que regula o esporte de futebol de associação, e suas subsidiárias não domiciliadas no Brasil" (artigo 2º, inciso I, da Lei n. 12.663, de 5 de junho de 2012).

Consumação: ocorre com a efetiva realização dos elementos nucleares do tipo consistentes em reprodução, imitação, falsificação ou modificação indevida, ou seja, sem a autorização do titular. Vale ressaltar que a reprodução de muitas cópias não constitui crime continuado, mas delito único.

Tentativa: é admissível a tentativa por se tratar de crime plurissubsistente, que admite fracionamento.

Classificação doutrinária[5]: *Crime comum* (pode ser praticado por qualquer pessoa); *formal* (por não exigir o evento naturalístico à sua consumação); de *perigo*(bastando para a sua caracterização a potencialidade da ofensa ao bem jurídico tutelado); *doloso* (o agente quer o resultado ou assume o risco de produzi-lo); *tipo misto alternativo*; *de forma livre* (pode ser praticado por qualquer meio de execução); *comissivo* (os verbos indicam ações); *instantâneo* (a consumação se dá em um momento específico); *unissubjetivo ou de concurso eventual* (pode ser praticado por um só agente); *plurissubsistente* (admite fracionamento dos atos de execução); *admite tentativa.*

Art. 31. Importar, exportar, vender, distribuir, oferecer ou expor à venda, ocultar ou manter em estoque Símbolos Oficiais ou produtos resultantes da reprodução, imitação, falsificação ou modificação não autorizadas de Símbolos Oficiais para fins comerciais ou de publicidade:

Pena - detenção, de 1 (um) a 3 (três) meses ou multa.

Tipo objetivo/verbo nuclear: os verbos nucleares do tipo são: **importar**: fazer entrar no território nacional, introduzir no pais, trazer; **exportar**: fazer sair do território brasileiro; **vender**: alienar por certo preço, transferir a propriedade mediante pagamento; **distribuir**: dar ou entregar a diversas pessoas; **oferecer ou expor à venda**: pôr à vista para vender; **ocultar**: esconder ou tornar irreconhecível e; **manter em estoque**: ter em depósito. Nestas hipóteses, as condutas deverão recair sobre: símbolos oficiais ou produtos resultantes da reprodução, imitação, falsificação ou modificação.

Bem jurídico tutelado: a propriedade industrial. (vide comentários ao artigo anterior).

Objeto material: os símbolos oficiais da FIFA, autênticos ou falsificados. Pretende-se punir aquele que, com fins comerciais ou de publicidade, passe a adotar as condutas previstas no tipo.

Elemento subjetivo: Dolo específico, consistente na finalidade comercial ou de publicidade. Conforme esclarece Nucci: "É interessante observar que, apesar de parecer teratológica a previsão vender (...) para fins comerciais, na essência, não se deve conceder interpretação ampla ao tipo incriminador. Noutros termos, se o particular vender a outro um símbolo oficial da Copa do Mundo, em caráter não comercial, inexiste o delito. O mesmo se diga de quem distribua símbolos oficiais gratuitamente, sem qualquer fim comercial ou publicitário. Aliás, a inserção da finalidade específica permite que alguém oculte ou ofereça a terceiro, por exemplo, sem objetivo comercial nem publicitário, até mesmo o produto falsificado. Cuida-se de fato atípico. A única forma de punir quem detém o material falsificado, sem tais fins especiais, seria provar a sua participação no delito previsto no art. 30"[6]. Não se admite a modalidade culposa, por ausência de previsão legal.

Elemento normativo do tipo: Encontra-se na expressão não autorizadas, de modo que se houver autorização para fica descaracterizada a conduta típica.

Sujeito ativo: Qualquer pessoa, uma vez que os tipos penais não exigem nenhuma qualidade especial dos sujeitos ativos das condutas delituosas, nada impedindo ao coautoria ou participação.

Sujeito passivo: Como sujeito passivo figura a *Fédération Internationale de Football Association* - FIFA, titular dos "Símbolos Oficiais" (sinais não registráveis como marca). Interessante aqui destacar o conceito legal de FIFA: "associação suíça de direito privado, entidade mundial que regula o esporte de futebol de associação, e suas subsidiárias não domiciliadas no Brasil" (artigo 2º, inciso I, da Lei n. 12.663, de 5 de junho de 2012).

5. A classificação utilizada na análise dos tipos penais leva em consideração os critérios doutrinários de diversos autores, em especial aqueles apresentados na seguinte obra: NUCCI, Guilherme de Souza. Manual de Direito Penal. 16. ed., Rio de Janeiro: Forense, 2020.

6. Nucci, Guilherme de Souza: Leis Penais e Processuais Comentadas. vol. 1, 6. ed., São Paulo: Editora Revista dos Tribunais, 2012, p. 391.

Consumação: Nas modalidades de importar, exportar, vender e distribuir, a consumação se dá em um momento específico, com a efetiva entrega do objeto material pelo importador ou comprador, tratando-se crimes instantâneos. Nas modalidades de oferecer ou expor à venda, ocultar ou manter em estoque, a consumação se prolonga no tempo, tratando-se de delitos permanentes.

Tentativa: é admissível a tentativa por se tratar de crime plurissubsistente, que admite fracionamento, exceto nas modalidades acima descritas como de natureza permanente, uma vez que a consumação se prolonga no tempo, permitindo a autuação em flagrante durante o tempo em que o agente oferece ou expõe à venda, oculta ou mantém em estoque.

Classificação doutrinária: *Crime comum* (pode ser praticado por qualquer pessoa); formal (por não exigir o evento naturalístico à sua consumação); de *perigo* (bastando para a sua caracterização a potencialidade da ofensa ao bem jurídico tutelado); *doloso* (exigindo, na espécie, a ocorrência do dolo específico, consistente na finalidade comercial ou de publicidade); *tipo misto alternativo*; *de forma livre* (pode ser praticado por qualquer meio de execução); *comissivo* (os verbos indicam ações); *instantâneo, nas modalidades de* importar, exportar, vender e distribuir (a consumação se dá em um momento específico) e, *permanente*, nas modalidades de oferecer ou expor à venda, ocultar ou manter em estoque (nas quais a consumação se prolonga no tempo); *unissubjetivo ou de concurso eventual* (pode ser praticado por um só agente); *plurissubsistente* (admite fracionamento dos atos de execução).

2. MARKETING DE EMBOSCADA POR ASSOCIAÇÃO

Art. 32. Divulgar marcas, produtos ou serviços, com o fim de alcançar vantagem econômica ou publicitária, por meio de associação direta ou indireta com os Eventos ou Símbolos Oficiais, sem autorização da FIFA ou de pessoa por ela indicada, induzindo terceiros a acreditar que tais marcas, produtos ou serviços são aprovados, autorizados ou endossados pela FIFA:

Pena - detenção, de 3 (três) meses a 1 (um) ano ou multa.

Parágrafo único. Na mesma pena incorre quem, sem autorização da FIFA ou de pessoa por ela indicada, vincular o uso de Ingressos, convites ou qualquer espécie de autorização de acesso aos Eventos a ações de publicidade ou atividade comerciais, com o intuito de obter vantagem econômica.

Tipo objetivo/verbo nuclear: os verbos nucleares do tipo são: **divulgar** (propagar, difundir) **marcas** (sinais distintivos visualmente perceptíveis), **produtos** (qualquer bem, móvel ou imóvel, material ou imaterial) ou **serviços** (qualquer atividade fornecida no mercado de consumo mediante remuneração). No parágrafo único encontra-se uma figura penal equiparada àquela definida no *caput, penalizando a conduta de* **vincular o uso de ingressos, convites ou qualquer espécie de autorização de acesso aos Eventos a ações de publicidade ou atividade comerciais**. No artigo 2º, inciso XIX, d a Lei n. 12.663, de 5 de junho de 2012, o legislador penal definiu ingressos como: "documentos ou produtos emitidos pela FIFA que possibilitam o ingresso em um Evento, inclusive pacotes de hospitalidade e similares". Estas práticas são evidenciadas pela execução de propagandas que enganosamente insinuam que determinada empresa esteja apoiando a realização do evento ou o comércio não autorizado que usa como premiação ingressos para assistir às partidas.

Bem jurídico tutelado: a propriedade industrial. (vide comentários ao artigo 30).

Objeto material: os Eventos ou Símbolos Oficiais da FIFA. A definição dos eventos objeto de proteção da norma é encontrada nos termos do art. 2º, inciso IV:

> "Art. 2º....
>
> IV - Eventos: as Competições e as seguintes atividades relacionadas às Competições, oficialmente organizadas, chanceladas, patrocinadas ou apoiadas pela FIFA, Subsidiárias FIFA no Brasil, COL ou CBF:
>
> a) os congressos da FIFA, cerimônias de abertura, encerramento, premiação e outras cerimônias, sorteio preliminar, final e quaisquer outros sorteios, lançamentos de mascote e outras atividades de lançamento;
>
> b) seminários, reuniões, conferências, workshops e coletivas de imprensa;
>
> c) atividades culturais, concertos, exibições, apresentações, espetáculos ou outras expressões culturais, bem como os projetos Futebol pela Esperança (Football for Hope) ou projetos beneficentes similares;
>
> d) partidas de futebol e sessões de treino; e
>
> e) outras atividades consideradas relevantes para a realização, organização, preparação, marketing, divulgação, promoção ou encerramento das Competições;

Elemento subjetivo: Dolo específico, consistente no fim de auferir vantagem econômica ou publicitária. Não se admite a modalidade culposa, por ausência de previsão legal.

Elemento normativo do tipo: Encontra-se inicialmente na expressão "sem autorização da FIFA ou de pessoa por ela indicada". O tipo ainda exige como elementar que terceiros sejam induzidos a acreditar que tais marcas, produtos ou serviços são aprovados, autorizados ou endossados pela FIFA.

Sujeito ativo: Qualquer pessoa. Observa-se que no polo ativo da conduta estarão pessoas ou empresas que visem tirar vantagem econômica da grande exposição que o evento oferece.

Sujeito passivo: Como sujeito passivo figura a *Fédération Internationale de Football Association* - FIFA, organizadora dos eventos e titular dos "Símbolos Oficiais" (sinais não registráveis como marca). O tipo penal traz ainda a possibilidade de figurar como sujeito passivo, pessoa por ela indicada.

Consumação: Ocorre com a divulgação dos símbolos ou eventos, induzindo terceiros a acreditar que tais marcas, produtos ou serviços são aprovados, autorizados ou endossados pela FIFA. Trata-se, assim de crime material, exigindo-se a obtenção do resultado naturalístico para sua consumação[7].

Tentativa: é admissível a tentativa por se tratar de crime plurissubsistente, que admite fracionamento.

Classificação doutrinária: *Crime comum* (pode ser praticado por qualquer pessoa); *material* (o delito prevê e exige a ocorrência do resultado naturalístico caracterizado pelo induzimento de terceiros, para a sua consumação); de *perigo* (bastando para a sua caracterização a potencialidade da ofensa ao bem jurídico tutelado); *doloso* (exigindo, na espécie, a ocorrência do dolo específico, consistente na finalidade de auferir vantagem econômica ou publicitária); *de forma livre* (pode ser praticado por qualquer meio de execução); *comissivo* (os verbos indicam ações); *instantâneo* (a consumação se dá em um momento específico); *unissubjetivo ou de concurso eventual* (pode ser praticado por um só agente); *plurissubsistente* (admite fracionamento dos atos de execução).

3. MARKETING DE EMBOSCADA POR INTRUSÃO

Art. 33. Expor marcas, negócios, estabelecimentos, produtos, serviços ou praticar atividade promocional, não autorizados pela FIFA ou por pessoa por ela indicada, atraindo de qualquer forma a atenção pública nos locais da ocorrência dos Eventos, com o fim de obter vantagem econômica ou publicitária:

Pena - detenção, de 3 (três) meses a 1 (um) ano ou multa.

Tipo objetivo/verbo nuclear: os verbos nucleares do tipo são: **expor** (pôr a vista) **marcas, negócios** (acordos de vontades), **estabelecimentos** (conjunto de bens corpóreos e incorpóreos destinados à atividade empresarial), **produtos, serviços** ou; **praticar atividade promocional** (divulgação da marca com o objetivo de incrementar o seu valor).

Bem jurídico tutelado: a propriedade industrial. (vide comentários ao artigo 30).

A marca suscetível de registro é aquela considerada como "sinais distintivos visualmente perceptíveis, não compreendidos nas proibições legais" (artigo 122, da Lei nº 9.279, de 14 de maio de 1996). Sucede que, os símbolos oficiais de titularidade da FIFA são enquadrados em uma das hipóteses de sinais não registráveis como marca (artigo 124, inciso I, da Lei n. 9.279, de 14 de maio de 1996).

Objeto material: Os símbolos oficiais da FIFA.

Elemento subjetivo: Dolo específico, consistente no fim de obter vantagem econômica ou publicitária. Não se admite a modalidade culposa, por ausência de previsão legal.

Elemento normativo do tipo: para que as condutas sejam consideradas típicas, o legislador descreveu o modo pelo qual estas condutas devem ser praticadas, representado pela expressão: "atraindo de qualquer forma a atenção pública nos locais da ocorrência dos Eventos". Como aponta Nucci: "É preciso, como demanda o próprio tipo penal, potencialidade para atrair a atenção pública; algo inócuo para tal fim torna-se inofensivo, logo, atípico. Ilustrando, ocorre a entrada de um torcedor com a camiseta de determinada marca de veículo; cuida-se de medida insuficiente para atrair a atenção pública"[8].

Sujeito ativo: Qualquer pessoa. Observa-se que no polo ativo da conduta estarão pessoas ou empresas que visem tirar vantagem econômica da grande exposição que o evento oferece.

7. Nesse sentido é a opinião de David Pimentel Baborsa de Siena, in: https://jus.com.br/artigos/22016/lei-geral-da-copa-disposicoes-penais-temporarias

8. Nucci, Guilherme de Souza: Leis Penais e Processuais Comentadas, Volume 1, Ed.RT, 6ª edição, 2012, p. 391.

Sujeito passivo: Como sujeito passivo figura a *Fédération Internationale de Football Association* - FIFA, organizadora dos eventos e titular dos "Símbolos Oficiais" (sinais não registráveis como marca). O tipo penal traz ainda a possibilidade de figurar como sujeito passivo, pessoa por ela indicada.

Consumação: Ocorre com a simples exposição das marcas, negócios, estabelecimentos, produtos, serviços ou com a pratica de atividade promocional.

Tentativa: é admissível a tentativa por se tratar de crime plurissubsistente, que admite fracionamento.

Classificação doutrinária: *Crime comum* (pode ser praticado por qualquer pessoa); *formal* (por não exigir o evento naturalístico, caracterizado por atrair a atenção pública nos locais da ocorrência dos Eventos, para a sua consumação); de *perigo* (bastando para a sua caracterização a potencialidade da ofensa ao bem jurídico tutelado); *doloso* (exigindo, na espécie, a ocorrência do dolo específico, consistente na finalidade de auferir vantagem econômica ou publicitária); *tipo misto alternativo*; *de forma livre* (pode ser praticado por qualquer meio de execução); *comissivo* (os verbos indicam ações); *instantâneo* (a consumação se dá em um momento específico); *unissubjetivo ou de concurso eventual* (pode ser praticado por um só agente); *plurissubsistente* (admite fracionamento dos atos de execução).

4. AÇÃO PENAL

Art. 34. Nos crimes previstos neste Capítulo, somente se procede mediante representação da FIFA.

Ação penal: pública condicionada à representação da FIFA, conforme dispõe o artigo 34, da Lei n. 12.663, de 5 de junho de 2012. Esta disposição excepciona a regra geral de que os crimes contra a propriedade industrial são processados mediante ação penal de iniciativa privada (artigo 199, da Lei n. 9.279, de 14 de maio de 1996).

5. DAS PENAS

No tocante às penas cominadas aos delitos criados pela Lei nº 12663/2012, nos artigos 30 a 33, não são elevadas, sendo que em nenhum dos casos supera a um ano, de modo que, trata-se de infrações penais de menor potencial ofensivo, admitindo-se em todas as hipóteses a aplicação da Lei nº 9.099, de 26 de setembro de 1995, e dos seus institutos despenalizadores, como a transação penal ou suspensão condicional do processo (artigo 61 combinado com os artigos 76 ou 89). Admite-se ainda a possibilidade de composição dos danos civis, nos termos do artigo 74, da Lei nº 9099/95.

6. PENA DE MULTA

Art. 35. Na fixação da pena de multa prevista neste Capítulo e nos arts. 41-B a 41-G da Lei nº 10.671, de 15 de maio de 2003, quando os delitos forem relacionados às Competições, o limite a que se refere o § 1º do art. 49 do Decreto-Lei nº 2.848, de 7 de dezembro de 1940 (Código Penal), pode ser acrescido ou reduzido em até 10 (dez) vezes, de acordo com as condições financeiras do autor da infração e da vantagem indevidamente auferida.

Observa-se ainda a possibilidade de aplicação de pena de multa, alternativamente, nos crimes previstos nesta Lei, bem como no Estatuto de Defesa do Torcedor (artigos 41-B a 41-G, da Lei no 10.671, de 15 de maio de 2003).

Nesse sentido, o artigo 35 da lei em comento prevê a possibilidade de majoração ou diminuição. Para os delitos relacionados aos eventos realizados pela FIFA durante o período de vigência da lei, de forma excepcional e temporária, os limites do valor do dia-multa a ser fixado pelo juiz (de um trigésimo a cinco vezes o valor do salário mínimo vigente ao tempo do fato), poderia ser, acrescido ou reduzido, em até 10 (dez) vezes, de acordo com as condições financeiras do autor da infração e da vantagem indevidamente auferida. Desta forma, as multas eventualmente aplicadas poderiam chegar ao valor de treze milhões de reais, considerando-se os valores da época, dependendo do potencial econômico do infrator.

REFERÊNCIAS BIBLIOGRÁFICAS

NUCCI, Guilherme de Souza. Leis Penais e Processuais Penais Comentadas. 6. ed., v. 1. São Paulo: Editora Revista dos Tribunais, 6ª edição, 2012.

NUCCI, Guilherme de Souza. Manual de Direito Penal. 16. ed. Rio de Janeiro: Forense, 2020.

SIENA, David Pimentel Barbosa. Lei Geral da Copa: disposições penais temporárias. in: https://jus.com.br/artigos/22016/lei-geral-da-copa-disposicoes-penais-temporarias

http://www.stf.jus.br/portal/cms/verNoticiaDetalhe.asp?idConteudo=266270http://juspol.com.br/wp-content/uploads/2019/08/Tabela-de-Classifica%C3%A7%C3%A3o-de-crimes.pdf

20

PROPRIEDADE INTELECTUAL DE PROGRAMA DE COMPUTADOR

Lei 9.609/1998

JOERBERTH PINTO NUNES

Comentários: A presente lei aborda a proteção da propriedade intelectual de programa de computador bem como dispõe sobre sua comercialização no País. Já a lei 9610/98 trata acerca dos direitos autorais, onde estão incluídos os programas de computadores, porém é latente que esta modalidade de direito autoral é específica, distinguindo-se, pois, do modelo normal. Contudo, a lei 9609/98, por sua vez, estabelece todo um regramento contando direitos, bem como deveres às partes que utilizam softwares em suas relações. Logo, o software é um produto de comercialização, havendo, por conseguinte, todo um conjunto de regras a serem observadas para as relações comerciais, inclusive o patenteamento. Analisando esta lei em destaque, nota-se que é dividida em 6 (seis) grandes capítulos, conforme adiante segue. O Capítulo I trata de conceituar no âmbito da legislação o que seja um programa de computador, conforme dispõe o art. 1º, que preceitua tratar-se este de "uma expressão de um conjunto organizado de instruções em linguagem natural ou codificada, contida em suporte físico de qualquer natureza, de emprego necessário em máquinas automáticas de tratamento da informação, dispositivos, instrumentos ou equipamentos periféricos, baseados em técnica digital ou análoga, para fazê-los funcionar de modo e para fins determinados.". Já no âmbito do Capítulo II, o legislador estabelece regras de proteção aos direitos do autor e para o seu registro, abrangendo tanto o software, tal qual como programa de computador, aliado às regras de proteção dos direitos de autor, como toda a sistemática de patente de invenção que alcançam todo o resultado de soluções tecnológicas resultantes de determinado programa de computador. Adiante, o Capítulo III cuida das garantias aos usuários de tais programas, pois, sem dúvida, em se tratando de comércio, há de se ter garantias legais ao destinatário final do produto. Nesta esteira, o Capítulo IV disciplina o contrato de licença de uso, de comercialização e transferência de tecnologia, sendo que o Capítulo V trata, em específico, das infrações penais ora tipificadas e suas respectivas sanções, abordando regras de direito material e processual, como, da pretendida ação penal. E o capítulo VI trata, exclusivamente, de regras finais quanto á publicação da aludida lei.

DAS INFRAÇÕES E SUAS PENALIDADES

> **"Art. 12. Violar direitos de autor de programa de computador:**
>
> **Pena - Detenção de seis meses a dois anos ou multa.**

Verbos nucleares: *Violar* (transgredir ou desrespeitar). Leia-se "violar os direitos do autor" do programa de computador. Trata-se de uma norma penal em branco, espécie de lei penal incompleta, pois exige-se para a compreensão de alguns dos elementos do tipo penal conceitos que se encontram em outros diplomas legais, como, no caso, as demais disposições da lei 9609/98 e lei 9610/98 em relação ao conceito de "*direitos do autor de programa de computador*".

Objeto jurídico: Ao estudarmos tipos penais, imprescindível se faz saber o bem jurídico tutelado, ou seja, o objeto jurídico. O legislador ao tipificar criminalmente uma conduta de fazer (*facere*) ou não fazer (non *facere*), assim age, pois entende que aquela ação ou omissão quando praticada lesa (princípio da lesividade) ou ofende (princípio da ofensividade) determinado bem jurídico que merece a proteção penal, razão pela qual todos os tipos penais do Código Penal pátrio ou previstos em leis esparsas possuem o seu objeto jurídico. No caso vertente, trata-se da propriedade intelectual.

Objeto material: Trata-se daquilo sobre o qual a conduta típica recai no caso concreto, sendo, *in casu*, o programa de computador (software).

Sujeito ativo: O sujeito ativo é qualquer pessoa, tratando-se, pois, de crime comum, eis que tipo penal do at. 12, "*caput*", não requer qualidade especial para seu autor.

Sujeito passivo: O sujeito passivo é naturalmente o autor do programa de computador, bem como, se for o caso, seus herdeiros e sucessores, conforme preceitua o art. 2º, parágrafo 2º, da lei.

Elemento subjetivo: Ao estudarem-se os tipos penais, devemos atentar acerca do elemento subjetivo, ou seja, se estamos diante de um tipo penal doloso ou culposo. Conforme o art. 18, parágrafo único do CPB, todo o crime é, em regra, doloso, sendo o crime culposo a exceção, o qual somente haverá quando expressa no tipo penal. Assim, neste caso, o elemento subjetivo é o dolo, não se admitido, pois a modalidade culposa, ante a falta de previsão legal.

Elemento normativo: São aqueles elementos do tipo penal que expressam um conceito jurídico ou moral, requerendo um juízo de interpretação do aplicador da lei penal. No caso, tem-se no tipo penal em análise como elemento normativo a expressão "programa de computador", já conceituado no art. 1º desta citada lei.

Consumação: Ocorre no momento em que é violado o direito do autor.

Tentativa: É admissível nos termos do art. 14, II, CP.

Classificação doutrinária: Ao estudar-se o plano da tipicidade no âmbito do Direito Penal, importante o estudo da classificação dos tipos penais nos termos da doutrina. Analisando o tipo penal do art. 12, "*caput*", tem-se a classificação a seguir. Trata-se de crime comum (pode ser praticado por qualquer pessoa, ou seja, o tipo penal não exige qualidade especial para seu autor, diferentemente dos crimes próprios, também chamados de sujeito qualificado); crime formal (não se exige a produção do resultado naturalístico para sua consumação, diferenciando-se dos crimes materiais, os quais exigem a produção do resultado naturalístico para sua consumação e dos crimes de mera conduta, para os quais o legislador pune no tipo penal a simples conduta do autor, sem qualquer previsão de resultado naturalístico); crime de forma livre (o tipo penal não exige a produção por um meio determinado, diferentemente dos crimes de forma vinculada, os quais exigem que a prática criminosa se dê por determinados meios explícitos no tipo penal); crime comissivo (pune-se a conduta de fazer, a contrário dos crimes omissivos, onde se pune a conduta de não fazer); crime instantâneo (o crime consuma-se num único ato, diferentemente dos crimes permanentes, onde a consumação prolonga-se no tempo e dos crimes instantâneos de efeitos permanentes, pois nestes a consumação ocorre num único ato, porém seus efeitos são permanentes); crime unissubjetivo (o tipo penal pode ser praticado por uma pessoa sozinha, também chamado de crime de concurso facultativo de pessoas, diferenciando-se dos crimes plurissubjetivos, denominados crimes de concurso necessário de pessoas); crime plurissubsistente (a conduta pode ser fracionada em vários atos até a consumação, diferentemente dos crimes unissubsistentes, os quais não podem ter a conduta fracionada em vários atos até a consumação).

Infração de menor potencial ofensivo: Art. 12, "*caput*". Trata-se de uma infração penal de menor potencial ofensivo, pois a pena máxima "*in abstrato*" não é além de 2 (dois) anos, nos termos do art. 61, lei 9099/95, admitindo-se, em regra, os institutos da composição dos danos civis e da transação penal (aplicação imediata de pena restritiva de direitos ou multa), previstos, respectivamente, nos artigos 74 e 76, lei 9099/95. Por conseguinte, em havendo o processo criminal, seguirá o procedimento sumaríssimo, qual seja, previsto no art. 394, parágrafo 1º, III, CPP e art. 77 a 81, lei 9099/95. Já a forma qualificada não é uma infração de menor potencial ofensivo.

Suspensão Condicional do Processo: Trata-se do *sursis processual* previsto no art. 89, lei 9099/95, o qual é cabível nos crimes em que a pena mínima *in abstrato* prevista no tipo penal não é além de 1(um) ano, presentes os demais requisitos do aludido dispositivo legal. Logo, em tese, cabe no art. 12, *caput*, desta lei e em sua forma qualificada.

Acordo de não persecução penal: É cabível, nos termos do art. 28-A, CPP.

Ação penal: Vide comentários art. 12, parágrafo 3º.

Pena: Detenção de seis meses a dois anos ou multa.

§ 1º Se a violação consistir na reprodução, por qualquer meio, de programa de computador, no todo ou em parte, para fins de comércio, sem autorização expressa do autor ou de quem o represente:

Pena - Reclusão de um a quatro anos e multa.

Forma qualificada: Está prevista no parágrafo 1º do art.12 da lei.

Suspensão Condicional do Processo: Trata-se do *sursis processual* previsto no art. 89, lei 9099/95, o qual é cabível nos crimes em que a pena mínima *in abstrato* prevista no tipo penal não é além de 1 (um) ano, presentes os demais requisitos do aludido dispositivo legal. Logo, em tese, cabe no art. 12, *caput*, desta lei e em sua forma qualificada.

Acordo de não persecução penal: É cabível, nos termos do art. 28-A, CPP.

Ação penal: Vide comentários art. 12, parágrafo 3º.

Pena: Reclusão de um a quatro anos e multa.

§ 2º Na mesma pena do parágrafo anterior incorre quem vende, expõe à venda, introduz no País, adquire, oculta ou tem em depósito, para fins de comércio, original ou cópia de programa de computador, produzido com violação de direito autoral.

Forma equiparada: O art. 12, parágrafo 2º, trata da forma equiparada do crime.

Verbo nuclear: *Vender* (alienar algo mediante valor ou preço); *expor à venda* (exibir ou mostrar a terceiros para aquisição por determinado valor ou preço); *introduzir* (ingressar em território brasileiro); *adquirir* (obter algo seja gratuitamente ou não); *ocultar* (esconder ou cobrir algo); *ter em depósito* (possuir algo conservado em determinado local).

Objeto jurídico: É a propriedade intelectual.

Objeto material: É o programa de computador.

Sujeito ativo: O sujeito ativo pode ser qualquer pessoa.

Sujeito passivo: É o autor do programa de computador, bem como seus herdeiros e sucessores, consoante art. 2º, parágrafo 2º desta citada lei.

Elemento subjetivo: Dolo, não se admitindo a forma culposa, por ausência de previsão legal, nos termos do art. 18, parágrafo único do CP.

Consumação: Ocorre com a venda, a exposição à venda, a introdução no país, ao adquirir, ao ocultar ou ao ter em depósito, para fins de comércio, original ou cópia de programa de computador, o qual fora produzido com violação de direito autoral.

Tentativa: É admissível nos termos do art. 14, II, CP.

Classificação: Trata-se de crime comum (qualquer um pode ser autor), formal (independe da produção do resultado naturalístico para sua consumação), de forma livre (o tipo penal não requer a forma pela qual o crime deva ser praticado), comissivo (pune-se como crime a conduta de fazer), instantâneo (o crime consuma-se num único ato), porém sendo permanente (a conduta prolonga-se no tempo) quanto aos núcleos do tipo "expor à venda", "ocultar" e "ter em depósito", consoante inteligência do art. 303, CPP; unissubjetivo (pode ter como autor somente uma pessoa); plurissubistente (a conduta típica pode ser fracionada em pequenos atos até a consumação).

Suspensão Condicional do Processo: Trata-se do *sursis processual* previsto no art. 89, lei 9099/95, o qual é cabível nos crimes em que a pena mínima *in abstrato* prevista no tipo penal não é além de 1(um) ano, presentes os demais requisitos do aludido dispositivo legal. Logo, em tese, cabe no art. 12, *caput*, desta lei e em sua forma qualificada.

Acordo de não persecução penal: É cabível, nos termos do art. 28-A, CPP.

Ação penal: Vide comentários art. 12, parágrafo 3º.

Pena: Idem ao parágrafo 1º.

§ 3º Nos crimes previstos neste artigo, somente se procede mediante queixa, salvo:

I - quando praticados em prejuízo de entidade de direito público, autarquia, empresa pública, sociedade de economia mista ou fundação instituída pelo poder público;

II - quando, em decorrência de ato delituoso, resultar sonegação fiscal, perda de arrecadação tributária ou prática de quaisquer dos crimes contra a ordem tributária ou contra as relações de consumo.

§ 4º No caso do inciso II do parágrafo anterior, a exigibilidade do tributo, ou contribuição social e qualquer acessório, processar-se-á independentemente de representação.

Ação penal: O parágrafo 3º do art. 12, desta lei, trata acerca da espécie de ação penal. Sabendo-se que há três grandes espécies de ação penal, quais sejam, ação penal pública incondicionada (regra geral), condicionada e privada, estamos, *in casu*, diante de um crime de **ação penal privada**, pois a legislação é expressa ao mencionar que "*somente se procede mediante queixa*" no aludido parágrafo, logo, a iniciativa da ação penal cabe ao ofendido, *ex vi*, artigos 31 e 36, CPP. Contudo, excetuam-se a esta regra, sendo casos de ação penal pública incondicionada, porquanto, será a ação penal de iniciativa do Ministério Público, independentemente de representação da vítima, os previstos nos incisos I e II deste parágrafo, uma vez haver interesse público em tais hipóteses.

Art. 13. A ação penal e as diligências preliminares de busca e apreensão, nos casos de violação de direito de autor de programa de computador, serão precedidas de vistoria, podendo o juiz ordenar a apreensão das cópias produzidas ou comercializadas com violação de direito de autor, suas versões e derivações, em poder do infrator ou de quem as esteja expondo, mantendo em depósito, reproduzindo ou comercializando.

Vistoria e da busca e apreensão: O art. 13 desta lei disciplina regras sobre a ação penal e as consequentes buscas e apreensão. Logo, uma vez deferida a busca judicial do material objeto da reprodução ou utilização não autorizada deva ser submetida à vistoria por perito oficial, o qual acompanhará as buscas, autorizadas com fulcro no art. 240 e seguintes do CPP, porém esta vistoria preliminar é facultativa nos termos da legislação. Contudo, entendemos devam ser observadas as regras dos arts. 524 e seguintes do CPP.

Art. 14. Independentemente da ação penal, o prejudicado poderá intentar ação para proibir ao infrator a prática do ato incriminado, com cominação de pena pecuniária para o caso de transgressão do preceito.

§ 1º A ação de abstenção de prática de ato poderá ser cumulada com a de perdas e danos pelos prejuízos decorrentes da infração.

§ 2º Independentemente de ação cautelar preparatória, o juiz poderá conceder medida liminar proibindo ao infrator a prática do ato incriminado, nos termos deste artigo.

§ 3º Nos procedimentos cíveis, as medidas cautelares de busca e apreensão observarão o disposto no artigo anterior.

§ 4º Na hipótese de serem apresentadas, em juízo, para a defesa dos interesses de qualquer das partes, informações que se caracterizem como confidenciais, deverá o juiz determinar que o processo prossiga em segredo de justiça, vedado o uso de tais informações também à outra parte para outras finalidades.

§ 5º Será responsabilizado por perdas e danos aquele que requerer e promover as medidas previstas neste e nos arts. 12 e 13, agindo de má-fé ou por espírito de emulação, capricho ou erro grosseiro, nos termos dos arts. 16, 17 e 18 do Código de Processo Civil."

Ações de caráter indenizatório: O art. 14 desta lei preconiza ações de caráter indenizatório, inobstante ação de caráter penal já citada, que podem ser ajuizada visando ressarcimento de danos e impeditiva de nova prática danosa.

REFERÊNCIAS BIBLIOGRÁFICAS

ESTEFAM, André. Direito Penal. Volume I. São Paulo. Editora Saraiva. 2010.

JORGE, Higor. Tratado de Investigação Criminal Tecnológica; São Paulo. Juspodivm. 2020.

NUCCI, Guilherme de Souza. Leis Penais e Processuais Penais Comentadas. Volume II. São Paulo. Editora Revista dos Tribunais. 2013.

NUCCI, Guilherme de Souza. Manual de Direito Penal. São Paulo. Editora Revista dos Tribunais. 2013.

PRADO, Luiz Régis. Curso de Direito Penal Brasileiro. São Paulo. Editora RT. 2015.

TOLEDO, Francisco de Assis. Princípios Básicos de Direito Penal. São Paulo. Editora Saraiva. 1994.

21

TIPIFICAÇÃO CRIMINAL DE DELITOS INFORMÁTICOS

Lei 12.737/2012

HIGOR VINICIUS NOGUEIRA JORGE

Art. 154-A. Invadir dispositivo informático alheio, conectado ou não à rede de computadores, mediante violação indevida de mecanismo de segurança e com o fim de obter, adulterar ou destruir dados ou informações sem autorização expressa ou tácita do titular do dispositivo ou instalar vulnerabilidades para obter vantagem ilícita:

Pena - detenção, de 3 (três) meses a 1 (um) ano, e multa.

§ 1º Na mesma pena incorre quem produz, oferece, distribui, vende ou difunde dispositivo ou programa de computador com o intuito de permitir a prática da conduta definida no *caput*.

§ 2º Aumenta-se a pena de um sexto a um terço se da invasão resulta prejuízo econômico.

§ 3º Se da invasão resultar a obtenção de conteúdo de comunicações eletrônicas privadas, segredos comerciais ou industriais, informações sigilosas, assim definidas em lei, ou o controle remoto não autorizado do dispositivo invadido:

Pena - reclusão, de 6 (seis) meses a 2 (dois) anos, e multa, se a conduta não constitui crime mais grave.

§ 4º Na hipótese do § 3º, aumenta-se a pena de um a dois terços se houver divulgação, comercialização ou transmissão a terceiro, a qualquer título, dos dados ou informações obtidos.

§ 5º Aumenta-se a pena de um terço à metade se o crime for praticado contra:

I - Presidente da República, governadores e prefeitos;

II - Presidente do Supremo Tribunal Federal;

III - Presidente da Câmara dos Deputados, do Senado Federal, de Assembleia Legislativa de Estado, da Câmara Legislativa do Distrito Federal ou de Câmara Municipal; ou

IV - dirigente máximo da administração direta e indireta federal, estadual, municipal ou do Distrito Federal.

Art. 154-B. Nos crimes definidos no art. 154-A, somente se procede mediante representação, salvo se o crime é cometido contra a administração pública direta ou indireta de qualquer dos Poderes da União, Estados, Distrito Federal ou Municípios ou contra empresas concessionárias de serviços públicos.

A Lei Nº 12.737, de 30 de novembro de 2012 trata da tipificação criminal de delitos informáticos e realizou alterações no Decreto-Lei nº 2.848, de 7 de dezembro de 1940 - Código Penal, além de outras providências.

A Lei acrescentou os artigos 154-A e 154-B no Código Penal.

Com muita propriedade CABETTE (2020) aborda os motivos de aprovação da referida Lei.

> [...] a legislação sob comento acabou ganhando o epíteto de "Lei Carolina Dieckmann", atriz da Rede Globo de televisão que foi vítima de invasão indevida de imagens contidas em sistema informático de natureza privada e cujo episódio acabou acelerando o andamento de projetos que já tramitavam com o fito de regulamentar essas práticas invasivas perpetradas em meios informáticos para modernização do Código Penal Brasileiro. Antes disso, era necessário tentar tipificar as condutas nos crimes já existentes, nem sempre de forma perfeita.

Elementos nucleares do tipo: São elementos nucleares do tipo *invadir* dispositivo (ingressar forçadamente; acessar indevidamente) e *instalar* vulnerabilidades (executar um código malicioso que torne o dispositivo suscetível a determinados acessos indevidos).

Muito relevantes as considerações apresentadas por Spencer Toth Sydow na obra Curso de Direito Penal Informático:

> Vale destacar que o Brasil andou na contramão da lógica mundial. Enquanto que a maior parte dos países criou um tipo de INTRUSÃO informática, mais abrangente, nós tipificamos a INVASÃO informática, mais específica e com aplicabilidade reduzida. A priori, a inserção do novo delito no artigo referente à violação de segredo profissional pareceu-nos inadequada. Isso se dá pelo fato de que não são somente dados profissionais em qualquer dispositivo informático, sejam pessoais ou profissionais. A inserção sob tal rubrica poderá gerar interpretação equivocada por parte dos operadores (SYDOW, 2020, p. 438).

Objeto jurídico: São objetos jurídicos do crime a liberdade individual e a inviolabilidade dos segredos. Pretende-se proteger o sigilo pessoal e profissional, por intermédio do respeito a sua privacidade, cuja divulgação possa prejudicar a vítima. A denominada sociedade da informação, caracterizada pela intensa utilização de recursos tecnológicos pelas pessoas exige a proteção a referidos objetos jurídicos. Cabe esclarecer que a vítima pode autorizar a invasão e, se isso ocorrer o fato é considerado atípico, em razão do elemento normativo "sem autorização expressa ou tácita do titular".

Objeto material: Dispositivo informático alheio, por exemplo, smartphones, tablets, computadores de mesa, notebooks, assistentes pessoais da Amazon ou do Google, relógios inteligentes (smartwatches), marca-passo etc. Apesar da polêmica, boa parte dos estudiosos entendem que abrange apenas hardwares, não sendo possível a prática do crime se a invasão for feita em software.

Elemento subjetivo: É o dolo, a vontade livre e consciente de invadir e ou instalar a vulnerabilidade no dispositivo. Não admite a modalidade culposa, considerando que é impossível, por negligência, imprudência e imperícia invadir um dispositivo informático. Também não é possível, de forma culposa, instalar uma vulnerabilidade para obter vantagem ilícita.

Elemento normativo: O elemento normativo do tipo é a falta da autorização, expressa ou tácita, para invadir dispositivo informático alheio, conectado ou não à rede de computadores, mediante violação indevida de mecanismo de segurança e com o fim de obter, adulterar ou destruir dados ou informações.

Considerando a localização do elemento normativo do tipo é pertinente concluir que diz respeito apenas a primeira parte do artigo, ou seja, a autorização, tácita ou expressa para realizar a invasão torna o fato atípico, contudo, caso a autorização seja para instalar vulnerabilidades para obter vantagem ilícita, o fato continua sendo criminoso, pois o artigo trata da autorização apenas na sua primeira parte.

Interessante as ponderações apresentadas por Alesandro Gonçalves Barreto, Karina Kufa e Marcelo Mesquita Silva (2020, p. 132):

> Analisando detidamente o *caput*, encontramos a primeira conduta típica: "invadir dispositivo". Diversas são as atividades cibercriminosas possíveis, sendo que o tipo, ao se valer da elementar objetiva "invadir", exclui uma das maiores práticas perpetradas por cibercriminosos: a negação de serviço (DDoS), explicada anteriormente, em que um afluxo de conexões gera a queda de determinada página ou recurso de internet pelo excesso de pedidos. Com isso, serviços essenciais, plataformas de comércio, agregadores de conteúdo, entre outros, podem ficar indisponíveis, gerando prejuízos da ordem de centenas de milhões de dólares; socorro pode deixar de ser prestado e vidas podem ser perdidas. Não há invasão efetivamente, mas ataque à disponibilidade do serviço.

Acerca do elemento subjetivo, os autores supra referidos (BARRETO; KUFA e SILVA, 2020, p. 134) afirmam o seguinte:

> O elemento subjetivo específico do tipo: "com o fim de obter, adulterar ou destruir dados ou informações" peca por não alcançar todas as condutas possíveis. Além de obter, adulterar ou destruir dados, outras práticas são extremamente difundidas, tal como tornar indisponíveis os dados, no caso de ransomware. Esses aplicativos cifram com fortes senha os dados da vítima, obstando seu acesso, e os cibercriminosos exigem um valor para que a vítima os resgate (os dados continuam em sua posse, mas agora indisponíveis pela criptografia realizada pelo malware). Outra conduta omitida é a de expor dados, que não se confunde com a sua obtenção, já que o malfeitor não os transfere para si, mas os disponibiliza, tornando pública informação sensível e explorável por terceiros.

Sujeito ativo: Trata-se de crime comum, podendo ser praticado por qualquer pessoa (não se exigindo qualquer qualidade especial do agente).

Sujeito passivo: De acordo com o tipo penal apenas o titular do dispositivo pode ser vítima deste crime.

Consumação: O crime é formal, considerando que se consuma quando ocorre a invasão do dispositivo ou quando o artefato malicioso (programa espião, vírus) é instalado e também que a consumação não depende da obtenção, adulteração ou destruição dos dados ou informações, nem da obtenção de vantagem ilícita.

Tentativa: Em virtude do crime ser plurissubsistente cabe tentativa. Exemplo, o cidadão tenta instalar um aplicativo malicioso no dispositivo da vítima para obter os dados do seu cartão de crédito, quando fosse utilizado para fazer compras pela internet, contudo o antivírus impede que isso ocorra. A dificuldade para a configuração dessa modalidade tentada reside, principalmente, na complexidade para demonstra, de forma técnica, que ocorreu a tentativa.

Classificação doutrinária: Crime formal. Plurissubsistente. Admite tentativa. De forma livre. Comissivo.

Acordo de Não Persecução Penal: Tem cabimento.

Lei 9.099/95: Trata-se de uma infração de menor potencial ofensivo.

Figuras equiparadas: Aquele que produz, oferece, distribui, vende ou difunde dispositivo ou programa de computador com o objetivo de permitir as condutas previstas no *caput* incorre na mesma pena. Um exemplo é aquele do indivíduo que cria um blog para disponibilizar aplicativos que permitem a invasão e monitoramento ilegal de celulares ou do programador que produz um aplicativo que, ao ser executado pela vítima, formata o seu dispositivo tecnológico. Nestas situações ocorre uma punição em razão da preparação do crime de invasão de dispositivo informático.

Nucci (2013, 777) apresenta uma questão controvertida quanto a punição dessa figura equiparada, considerando que não existe um sujeito passivo determinado que poderia representar em desfavor do autor do delito, considerando que,

> se o sujeito passivo, na realidade, é a sociedade, este delito poderá não ser autonomamente punido, pois o art. 154-B estipula seja a ação pública condicionada à representação da vítima, salvo se o crime é cometido contra administração direta ou indireta. Portanto, quando o agente produz software para invadir computador de pessoa física ou jurídica, não vinculada à administração, constitui-se crime de ação pública condicionada, motivo pelo qual não há quem possa representar, na exata medida em que o sujeito passivo é a sociedade. Inviável punir-se. Se o agente produz programa para invadir computador da administração pública, direta ou indireta, sendo ação pública incondicionada, há viabilidade de punição. Outra hipótese, para permitir a ação penal, advém da junção da figura prevista no § 1.º com a do *caput*. Se Fulano produz o software viabilizador da invasão, transmitindo-o a Beltrano, que o utiliza para violar o computador de Sicrano, pode-se dizer, em apuração conjunta, ter sido sujeito passivo de ambos os crimes Sicrano, que precisa representar contra Fulano e Beltrano. Entretanto, detectando-se somente Fulano e seu programa invasor, sem qualquer nexo com a invasão concretizada, inexiste quem possa contra ele representar.

De acordo com Spencer Toth Sydow (2020, p. 455):

> O tipo, portanto, quer punir os intermediadores e desenvolvedores de programas (vírus, rootkits, trojans, keyloggers etc.) que têm intrínseca em si a capacidade de invadir dispositivos ou gerar vulnerabilidades. No mesmo sentido, os intermediadores e desenvolvedores de dispositivos (dispositivo que mimetiza a tarja magnética do cartão – chupa-cabras – por exemplo).

Causas de aumento: A pena é aumentada de um sexto a um terço se a invasão produziu prejuízo econômico para a vítima. Por exemplo, o agente invade os computadores pertencentes a uma empresa de segurança na internet para obter dados da empresa e, depois de alguns dias, a imprensa noticia os fatos, a empresa perde uma grande quantidade de clientes e sofre prejuízos financeiros.

A pena também será aumentada, de um terço à metade, independente do crime ser simples ou qualificado, nas hipóteses de crime praticado contra: Presidente da República, governadores e prefeitos; Presidente do Supremo Tribunal Federal; Presidente da Câmara dos Deputados, do Senado Federal, de Assembleia Legislativa de Estado, da Câmara Legislativa do Distrito Federal ou de Câmara Municipal; ou dirigente máximo da administração direta e indireta federal, estadual, municipal ou do Distrito Federal.

Assim, caso a invasão seja contra alguma das pessoas supra indicadas a pena será aumentada. Exemplo: Criminoso invade smartphone de presidente da Câmara Municipal de determinada urbe, com o objetivo de obter informações pessoais da vítima e, por isso, a pena será aumentada.

Qualificadoras: Caso a invasão permita a obtenção de conteúdo de comunicações eletrônicas privadas, segredos comerciais ou industriais, informações sigilosas, conforme previsão legal ou o controle remoto não autorizado do dispositivo invadido, a pena será de reclusão de 6 (seis) meses a 2 (dois) anos e multa, caso não constituir crime mais grave.

São exemplos de obtenção do conteúdo de comunicações da vítima, a invasão para ter acesso aos e-mails armazenados na caixa de mensagens da vítima ou obter cópias das conversas de WhatsApp entre a vítima e outras pessoas. Importante esclarecer que esse crime é diferente do crime de interceptação telemática, previsto no artigo 10 da Lei Nº 9.296/1996. Conforme aduzimos no Manual de Interceptação Telefônica e Telemática (FREITAS JÚNIOR; GARZELL; JORGE, 2020, p. 28):

> Em sentido estrito, interceptação telefônica ocorre quando há a captação de comunicação alheia por terceiro, sem o conhecimento dos interlocutores. Exemplo: cinco criminosos envolvidos com o tráfico de drogas se comunicam e, um policial, em razão de ordem judicial autorizativa da interceptação telefônica, sem conhecimento dos interlocutores, recebe, em tempo real, o conteúdo daquelas conversas.

Também se aplica a qualificadora, conforme afirmado supra, caso a invasão possibilite a obtenção de segredos comerciais ou industriais, como nas hipóteses que uma pessoa invade um dispositivo pertencente a uma empresa para obter segredos comerciais pertencentes a ela.

A outra possibilidade de qualificadora ocorre nas hipóteses de controle remoto não autorizado do dispositivo que sofreu a invasão. Tem sido comum a instalação de artefatos maliciosos que permitem controlar o computador a distância, geralmente pela internet, mas não se exclui a possibilidade de controlar o dispositivo via *bluetooth* ou de outra forma. O controle remoto pode ter objetivos específicos, ou seja, ser utilizado para atingir o titular do dispositivo ou, nos casos de controle remoto de diversos dispositivos, pode ser usado para um ataque distribuído de negação de serviço (DDoS).

É importante não olvidar que referidos crimes ocorrem, "caso não constituir crime mais grave".

A pena desta qualificadora pode também ser aumentada, de um a dois terços, "se houver divulgação, comercialização ou transmissão a terceiro, a qualquer título, dos dados ou informações obtidos". Assim, caso um dispositivo informático tenha sido invadido e as fotos e documentos armazenados sejam divulgados, a pena será qualificada.

Ação Penal: A ação penal é pública condicionada a representação. Considerando a indisponibilidade dos interesses envolvidos, nas hipóteses em que o crime for praticado em desfavor da administração pública direta ou indireta de qualquer dos Poderes da União, Estados, Distrito Federal ou Municípios ou contra empresas concessionárias de serviços públicos, conforme apregoa o artigo 154-B do Código Penal, a ação é pública incondicionada.

Classificação doutrinária: Crime comum. Formal. Plurissubsistente. Admite tentativa. Instantâneo. Comissivo.

REFERÊNCIAS BIBLIOGRÁFICAS

CABETTE, Eduardo Luiz Santos; SANNINI NET, Francisco. **Tratado de Legislação Especial Criminal**. 2ª edição. Leme: Editora JH Mizuno, 2020.

CUNHA, Rogério Sanches. **Manual de Direito Penal – Parte Especial – Volume Único**. 12ª edição. Salvador: Juspodivm, 2020.

FIORILLO, Celso Antonio Pacheco; CONTE, Christiany Pegorari. **Crimes no meio ambiente digital e a sociedade da informação**. 2ª ed. São Paulo: Saraiva, 2016.

FREITAS JÚNIOR, Adair Dias; JORGE, Higor Vinicius Nogueira. GARZELLA, Oleno Carlos Faria. **Manual de Interceptação Telefônica e Telemática**. Salvador: Juspodivm, 2020.

JORGE JUNIOR, Hélio Molina; Jorge, Higor Vinicius Nogueira; Novais, Kayki; Fonseca, Ricardo Magno Teixeira. **Fake News e Eleições - O Guia Definitivo**. Salvador: Juspodivm, 2020.

JORGE, Higor Vinicius Nogueira. **Investigação Criminal Tecnológica**. Volumes I e II. Rio de Janeiro: Brasport, 2018.

JORGE, Higor Vinicius Nogueira (Coord.). **Enfrentamento da Corrupção e Investigação Criminal Tecnológica**. Salvador: Juspodivm, 2020.

JORGE, Higor Vinicius Nogueira (Coord.). **Tratado de Investigação Criminal Tecnológica**. Salvador: Juspodivm, 2020.

LIMA, Renato Brasileiro de. **Legislação Criminal Especial Comentada**. Volume único. 8ª edição. Salvador: Juspodivm, 2020.

NUCCI, Guilherme de Souza. **Código Penal Comentado**.13 ed. São Paulo: RT, 2013.

SILVA, Marcelo Mesquita; BARRETO, Alesandro Gonçalves. KUFA, Karina. **Cibercrimes e seus Reflexos no Direito Brasileiro**. Salvador: Juspodivm, 2020.

SYDOW, Spencer Toth. **Curso de Direito Penal Informático** – Partes Geral e Especial. Salvador: Editora Juspodivm, 2020.

WENDT, Emerson.; JORGE, Higor Vinicius Nogueira. **Crimes cibernéticos: ameaças e procedimentos de investigação**. Rio de Janeiro: Brasport, 2012.

22

TRANSPLANTE DE ÓRGÃOS

Lei 9.434/1997

ANTÔNIO FLÁVIO ROCHA FRERE

Comentários: A Lei nº 9.434/97 tem por objetivo reprimir as condutas relacionadas ao *tráfico* de órgão, tecidos ou partes do corpo humano ou de cadáver, nas esferas criminal e administrativa. A disposição gratuita de órgãos, tecidos ou parte do corpo em vida ou após a morte configura *conduta atípica*. Somente é permitido dispor de órgão, tecido ou partes do próprio corpo durante a vida para fins terapêuticos ou para transplante em cônjuge ou parente consanguíneo até o quarto grau. Para que a doação tenha como destinatário qualquer outra pessoa, será necessária previa autorização judicial, dispensada para doação de medula óssea. Ainda assim, somente é permitida a doação cuja retirada não impeça o organismo do doador de continuar vivendo sem risco para a sua integridade física e mental. Não configura objeto material da Lei em comento o sangue, o esperma e óvulo. Mesmo nos casos permitidos, o transplante ou enxertos de tecidos, órgãos ou partes do corpo deverão seguir o regramento legal.

1. REMOÇÃO DE TECIDOS, ÓRGÃOS OU PARTE DO CORPO

Art. 14. Remover tecidos, órgãos ou partes do corpo de pessoa ou cadáver, em desacordo com as disposições desta Lei:

Pena - reclusão, de dois a seis anos, e multa, de 100 a 360 dias-multa.

§ 1.º Se o crime é cometido mediante paga ou promessa de recompensa ou por outro motivo torpe:

Pena - reclusão, de três a oito anos, e multa, de 100 a 150 dias-multa.

§ 2.º Se o crime é praticado em pessoa viva, e resulta para o ofendido:

I - incapacidade para as ocupações habituais, por mais de trinta dias;

II - perigo de vida;

III - debilidade permanente de membro, sentido ou função;

IV - aceleração de parto:

Pena - reclusão, de três a dez anos, e multa, de 100 a 200 dias-multa

§ 3.º Se o crime é praticado em pessoa viva e resulta para o ofendido:

I - Incapacidade para o trabalho;

II - Enfermidade incurável;

III - perda ou inutilização de membro, sentido ou função;

IV - deformidade permanente;

V - aborto:

Pena - reclusão, de quatro a doze anos, e multa, de 150 a 300 dias-multa.

§ 4.º Se o crime é praticado em pessoa viva e resulta morte:

Pena - reclusão, de oito a vinte anos, e multa de 200 a 360 dias-multa.

Verbo nuclear do tipo: *Remover* (significa retirar do corpo humano ou de cadáver).

Mediante paga ou promessa de recompensa: Trata-se de qualificadora do tipo penal. Consiste em fazer a remoção de tecidos, órgãos ou partes do corpo de pessoa ou cadáver motivado por receber pagamento já realizado ou com promessa de recompensa de pagamento futuro. O tipo penal não restringiu à recompensa financeira ou econômica, dessa forma é possível incluir qualquer espécie de recompensa, inclusive sexual. O parágrafo em análise permite ao aplicador da lei realizar interpretação analógica para definir em um caso em concreto se a motivação também configura motivo torpe.

Quando resulta lesão corporal de natureza grave: Trate-se de qualificadora que resulta as mesmas consequências do art. 129, § 1º do Código Penal.

Quando resulta lesão corporal de natureza gravíssima: Trate-se de qualificadora que resulta as mesmas consequências do art. 129, § 2º do Código Penal.

Quando resulta morte: Trata-se de *crime preterdolo*, em que a morte não era querida pelo agente. Caso a morte fosse a intenção do agente, haverá concurso com o crime de homicídio (art. 121 do CP).

Norma Penal em Branco: Tipo penal que exige uma complementação normativa para produzir todos os seus efeitos. O complemento advém da mesma norma, logo é classificado como Norma Penal em Branco Homogênea Homovitelina.

Objeto jurídico: Integridade física, quando a vítima é pessoa viva e o respeito aos mortos, quando ocorre em pessoa morta.

Objeto material: Tecidos, órgãos ou partes do corpo.

Elemento subjetivo: É o dolo. O tipo penal não exige elemento subjetivo específico. Não se admite a modalidade culposa por falta de previsão legal.

Elemento normativo: Encontra-se na expressão *em desacordo com as disposições desta Lei*. Trata-se de expressão que afasta a tipicidade da conduta.

Sujeito ativo: Qualquer pessoa.

Sujeito passivo: É a vítima, quando se tratar de pessoa viva, e família, quando se tratar de morto.

Crime instantâneo: Consuma-se com a remoção do órgão, tecido ou parte do corpo ou do cadáver.

Tentativa: É punida conforme art. 14, II do Código Penal.

Classificação doutrinária: *Crime comum* (pode ser praticado por qualquer pessoa); *material* (o resultado naturalístico é imprescindível para sua consumação); *de dano* (exige a ocorrência de uma lesão ao bem jurídico tutelado); *doloso* (o agente quer o resultado ou assume o risco de produzi-lo); *de forma livre* (pode ser praticado por qualquer meio de execução); *comissivo* (os verbos indicam ações); *instantâneo* (a consumação se dá em um momento específico); *unissubjetivo ou de concurso eventual* (pode ser praticado por um ou mais agentes); *plurissubsistente* (admite fracionamento dos atos de execução).

Justiça competente: Crime de competência da justiça estadual.

Ação penal: Crime de ação penal pública incondicionada.

Infração administrativa: O estabelecimento de saúde e as equipes médico-cirúrgicas envolvidas poderão ser desautorizadas, temporária ou permanentemente, pelas autoridades competentes. Se a instituição é particular, poderá receber multa de 200 a 360 dias-multa e, em caso de reincidência, poderá ter suas atividades suspensas, temporária ou definitivamente, sem direito a qualquer indenização ou compensação por investimentos realizados, bem como ficar proibida de estabelecer contratos ou convênios com entidades públicas e de se beneficiar com créditos oriundos de instituições governamentais ou daquelas em que o Estado é acionista, pelo prazo de cinco anos.

2. COMPRA DE TECIDO, ÓRGÃO OU PARTE DO CORPO HUMANO

Art. 15. Comprar ou vender tecidos, órgãos ou partes do corpo humano:

Pena - reclusão, de três a oito anos, e multa, de 200 a 360 dias-multa.

Parágrafo único. Incorre na mesma pena quem promove, intermedeia, facilita ou aufere qualquer vantagem com a transação.

Verbos nucleares do tipo: *Comprar* (significa adquirir mediante pagamento ou promessa de recompensa); *vender* (significa dispor mediante pagamento ou promessa de recompensa); *promover* (significa fazer publicidade da compra ou venda); *Intermediar* (significa fazer o elo entre o comprador e o vendedor); *facilitar* (espécie de intermediação que apenas pratica conduta capaz de concretizar as condutas de comprar e vender); *auferir vantagem* (qualquer conduta em que o agente se beneficia de alguma forma da compra ou venda).

Objeto jurídico: Integridade física, quando a vítima é pessoa viva e o respeito aos mortos, quando ocorre em pessoa morta.

Objeto material: Tecidos, órgãos ou partes do corpo.

Elemento subjetivo: É o dolo. O tipo penal não exige elemento subjetivo específico. Não se admite a modalidade culposa por falta de previsão legal.

Elemento normativo: A conduta de dispor gratuitamente de tecidos, órgãos ou partes do corpo, conforme disposição desta Lei, configura fato atípico.

Sujeito ativo: Qualquer pessoa.

Sujeito passivo: A coletividade.

Crime instantâneo: Consuma-se com a concretização do negócio entre comprador e o vendedor do órgão, tecido ou parte do corpo.

Tentativa: É punida conforme art. 14, II do Código Penal.

Classificação doutrinária: *Crime comum* (pode ser praticado por qualquer pessoa); *material* (existe resultado naturalístico e ele é imprescindível para sua consumação); *de dano* (exige a ocorrência de uma lesão ao bem jurídico tutelado); crime vago (tem como sujeito passivo a coletividade); *doloso* (o agente quer o resultado ou assume o risco de produzi-lo); *de forma livre* (pode ser praticado por qualquer meio de execução); *comissivo* (os verbos indicam ações); *instantâneo* (a consumação se dá em um momento específico); *plurissubjetivo ou de concurso necessário* (deve ser praticado por concurso de duas ou mais pessoas); *plurissubsistente* (admite fracionamento dos atos de execução).

Justiça competente: Crime de competência da justiça estadual.

Ação penal: Crime de ação penal pública incondicionada.

Acordo de não persecução penal: Se enquadra no chamado *espaço de consenso* ou *justiça negociada* no processo penal, ao lado da transação penal e da suspensão condicional do processo. Conforme redação do novo art. 28-A do Código de Processo Penal (incluído pela Lei Federal nº 13.964/19), é possível a celebração do acordo de não persecução penal quando a infração penal não for praticada com violência ou grave ameaça e tiver pena mínima inferior a 4 (quatro) anos. Dessa forma, é cabível o acordo de não persecução penal à infração penal em tela, obedecidos os demais requisitos.

Infração administrativa: O estabelecimento de saúde e as equipes médico-cirúrgicas envolvidas poderão ser desautorizadas temporária ou permanentemente pelas autoridades competentes. Se a instituição é particular, poderá receber multa de 200 a 360 dias-multa e, em caso de reincidência, poderá ter suas atividades suspensas temporária ou definitivamente, sem direito a qualquer indenização ou compensação por investimentos realizados, bem como ficar proibida de estabelecer contratos ou convênios com entidades públicas e de se beneficiar com créditos oriundos de instituições governamentais ou daquelas em que o Estado é acionista, pelo prazo de cinco anos.

3. REALIZAÇÃO DE TRANSPLANTE OU ENXERTO EM DESACORDO COM A LEI

Art. 16. Realizar transplante ou enxerto utilizando tecidos, órgãos ou partes do corpo humano de que se tem ciência terem sido obtidos em desacordo com os dispositivos desta Lei:

Pena - reclusão, de um a seis anos, e multa, de 150 a 300 dias-multa.

Verbos nucleares do tipo: *Realizar transplante* (procedimento cirúrgico que consiste na reposição de um órgão, tecido ou partes do corpo humano de uma pessoa doente {receptor}, por outro órgão ou tecido normal de um doador vivo ou morto); *enxerto* (procedimento cirúrgico para transplantar tecidos sem nutrição sanguínea).

Norma Penal em Branco: Tipo penal que exige uma complementação normativa para produzir todos os seus efeitos. O complemento advém da mesma norma, logo é classificado como Norma Penal em Branco Homogênea Homovitelina.

Objeto jurídico: Integridade física.

Objeto material: Tecidos, órgãos ou partes do corpo.

Elemento subjetivo: É o dolo. Configura o dolo com o conhecimento do agente de que o transplante ou enxerto está sendo realizado sem observar o regramento legal. Não se admite a modalidade culposa por falta de previsão legal.

Elemento normativo: Encontra-se na expressão *de que se tem ciência terem sido obtidos em desacordo com os dispositivos desta Lei*, ressalvado o art. 10.

Sujeito ativo: O tipo penal não exige qualidade específica do agente, entretanto, trata-se de conduta que só pode ser realizada por profissional médio habilitado.

Sujeito passivo: Direto ou primário é a vítima; indireto ou secundário, a coletividade.

Crime instantâneo: Consuma-se com a realização do transplante ou enxerto do órgão, tecido ou parte do corpo humano.

Tentativa: É punida conforme art. 14, II do Código Penal.

Classificação doutrinária: *Crime próprio* (aqueles que só podem ser cometidos por determinadas classes de pessoas); *material* (o resultado naturalístico é imprescindível para sua consumação); *de dano* (exige a ocorrência de uma lesão ao bem jurídico tutelado); *doloso* (o agente quer o resultado ou assume o risco de produzi-lo); *de forma livre* (pode ser praticado por qualquer meio de execução); *comissivo* (os verbos indicam ações); *instantâneo* (a consumação se dá em um momento específico); *unissubjetivo ou de concurso eventual* (pode ser praticado por um só agente); *plurissubsistente* (admite fracionamento dos atos de execução).

Justiça competente: Crime de competência da justiça estadual.

Ação penal: Crime de ação penal pública incondicionada.

Acordo de não persecução penal: Se enquadra no chamado *espaço de consenso* ou *justiça negociada* no processo penal, ao lado da transação penal e da suspensão condicional do processo. Conforme redação do novo art. 28-A do Código de Processo Penal (incluído pela Lei Federal nº 13.964/19), é possível a celebração do acordo de não persecução penal quando a infração penal não for praticada com violência ou grave ameaça e tiver pena mínima inferior a 4 (quatro) anos. Dessa forma, é cabível o acordo de não persecução penal à infração penal em tela, obedecidos os demais requisitos.

Infração administrativa: O estabelecimento de saúde e as equipes médico-cirúrgicas envolvidas poderão ser desautorizadas temporária ou permanentemente pelas autoridades competentes. Se a instituição é particular, poderá receber multa de 200 a 360 dias-multa e, em caso de reincidência, poderá ter suas atividades suspensas temporária ou definitivamente, sem direito a qualquer indenização ou compensação por investimentos realizados, bem como ficar proibida de estabelecer contratos ou convênios com entidades públicas e de se beneficiar com créditos oriundos de instituições governamentais ou daquelas em que o Estado é acionista, pelo prazo de cinco anos.

4. RECOLHER, TRANSPORTAR, GUARDAR OU DISTRIBUIR PARTES DO CORPO HUMANO

Art. 17 Recolher, transportar, guardar ou distribuir partes do corpo humano de que se tem ciência terem sido obtidos em desacordo com os dispositivos desta Lei:

Pena - reclusão, de seis meses a dois anos, e multa, de 100 a 250 dias-multa.

Verbos nucleares do tipo: *Recolher* (ato de retirar partes do corpo humano de um local e manter sob sua guarda); *transportar* (realizar deslocamento de partes do corpo humano); *guardar* (ter sob sua posse); *distribuir* (ato de repassar para outras pessoas). O agente responderá por crime único mesmo praticando mais de uma conduta prevista do tipo penal, salvo comprovado contextos autônomos.

Norma Penal em Branco: Tipo penal que exige uma complementação normativa para produzir todos os seus efeitos. O complemento advém da mesma norma, logo é classificado como Norma Penal em Branco Homogênea Homovitelina.

Objeto material: Partes do corpo humano.

Elemento subjetivo: É o dolo. Configura o dolo com a realização das condutas tendo a ciência de que estão em desacordo com o regramento legal. Não se admite a modalidade culposa por falta de previsão legal.

Elemento normativo: Encontra-se na expressão *de que se tem ciência terem sido obtidos em desacordo com os dispositivos desta Lei.*

Sujeito ativo: Qualquer pessoa.

Sujeito passivo: A coletividade.

Crime Instantâneo: Para os verbos recolher e distribuir.

Crime permanente: Para os verbos transportar ou guardar partes do corpo humano.

Tentativa: É punida conforme art. 14, II do Código Penal.

Classificação doutrinária: *Crime comum* (pode ser praticado por qualquer pessoa); *material* (o resultado naturalístico é imprescindível para sua consumação); *de dano* (exige a ocorrência de uma lesão ao bem jurídico tutelado); *doloso* (o agente quer o resultado ou assume o risco de produzi-lo); *de forma livre* (pode ser praticado por qualquer meio de execução); *comissivo* (os verbos indicam ações); *instantâneo* (a consumação se dá em um momento específico); *permanente* (a consumação se protrai no tempo); *unissubjetivo ou de concurso eventual* (pode ser praticado por um só agente); *plurissubsistente* (admite fracionamento dos atos de execução); *tipo alternativo* (o tipo penal é composto por várias condutas, sendo necessário realizar apenas uma delas).

Justiça competente: Crime de competência da justiça estadual.

Ação penal: Crime de ação penal pública incondicionada.

Transação penal: Tendo em vista possuir pena máxima de até dois anos, será cabível o oferecimento da transação penal, obedecidos os demais requisitos previstos no art. 76 da Lei nº 9.099/90.

Acordo de não persecução penal: Se enquadra no chamado *espaço de consenso* ou *justiça negociada* no processo penal, ao lado da transação penal e da suspensão condicional do processo. Conforme redação do novo art. 28-A do Código de Processo Penal (incluído pela Lei Federal nº 13.964/19), é possível a celebração do acordo de não persecução penal quando a infração penal não for praticada com violência ou grave ameaça e tiver pena mínima inferior a 4 (quatro) anos. Ressalta-se que o acordo de não persecução penal é subsidiário à transação penal, dessa forma, não será cabível o acordo de não persecução penal à infração penal em tela, tendo em vista ser cabível a transação penal.

Infração administrativa: O estabelecimento de saúde e as equipes médico-cirúrgicas envolvidas poderão ser desautorizadas temporária ou permanentemente pelas autoridades competentes. Se a instituição é particular, poderá receber multa de 200 a 360 dias-multa e, em caso de reincidência, poderá ter suas atividades suspensas temporária ou definitivamente, sem direito a qualquer indenização ou compensação por investimentos realizados, bem como ficar proibida de estabelecer contratos ou convênios com entidades públicas e de se beneficiar com créditos oriundos de instituições governamentais ou daquelas em que o Estado é acionista, pelo prazo de cinco anos.

5. REALIZAR TRANSPLANTE OU ENXERTO SEM O CONSENTIMENTO DO RECEPTOR

Art. 18. Realizar transplante ou enxerto em desacordo com o disposto no art. 10 desta Lei e seu parágrafo único:

Pena - detenção, de seis meses a dois anos.

Verbos nucleares do tipo: *Realizar* transplante (procedimento cirúrgico que consiste na reposição de um órgão, tecido ou partes do corpo humano de uma pessoa doente {receptor}, por outro órgão ou tecido normal de um doador vivo ou morto); *enxerto* (procedimento cirúrgico para transplantar tecidos sem nutrição sanguínea, podendo ser). Trata-se de tipo penal especial em relação ao art. 16, desta Lei.

Receptor: Aquele inscrito em lista única de espera do Sistema Único de Saúde.

Cometimento do receptor: O consentimento deve ser expresso, após ser aconselhado sobre a excepcionalidade e os riscos do procedimento. Nos casos em que o receptor seja juridicamente incapaz ou cujas condições de saúde impeçam ou comprometam a manifestação válida da sua vontade, o consentimento será dado por um de seus pais ou responsáveis legais.

Norma Penal em Branco: Tipo penal que exige uma complementação normativa para produzir todos os seus efeitos. O complemento advém da mesma norma (art. 10), logo é classificado como Norma Penal em Branco Homogênea Homovitelina.

Objeto jurídico: Integridade física.

Objeto material: Tecidos, órgãos ou partes do corpo.

Elemento subjetivo: É o dolo. Configura o dolo com a realização do transplante ou enxerto sem o consentimento do receptor. Não se admite a modalidade culposa por falta de previsão legal.

Elemento normativo: Encontra-se na expressão *em desacordo com o disposto no art. 10 desta Lei e seu parágrafo único.*

Sujeito ativo: O tipo penal não exige qualidade específica do agente, entretanto, trata-se de conduta que só pode ser realizada por profissional médio habilitado.

Sujeito passivo: Direto ou primário é a vítima; indireto ou secundário, a coletividade.

Crime instantâneo: Consuma-se com a realização do transplante ou enxerto do órgão, tecido ou parte do corpo humano.

Tentativa: É punida conforme art. 14, II do Código Penal.

Classificação doutrinária: *Crime próprio* (aqueles que só podem ser cometidos por determinadas classes de pessoas); *material* (o resultado naturalístico é imprescindível para sua consumação); *de perigo abstrato* (o dano é presumido por lei); *doloso* (o agente quer o resultado ou assume o risco de produzi-lo); *de forma livre* (pode ser praticado por qualquer meio de execução); *comissivo* (os verbos indicam ações); *instantâneo* (a consumação se dá em um momento específico); *unissubjetivo ou de concurso eventual* (pode ser praticado por um só agente); *plurissubsistente* (admite fracionamento dos atos de execução).

Justiça competente: Crime de competência da justiça estadual.

Ação penal: Crime de ação penal pública incondicionada.

Transação penal: Tendo em vista possuir pena máxima de até dois anos, será cabível o oferecimento da transação penal, obedecidos os demais requisitos previstos no art. 76 da Lei nº 9.099/90.

Acordo de não persecução penal: Se enquadra no chamado *espaço de consenso* ou *justiça negociada* no processo penal, ao lado da transação penal e da suspensão condicional do processo. Conforme redação do novo art. 28-A do Código de Processo Penal (incluído pela Lei Federal nº 13.964/19), é possível a celebração do acordo de não persecução penal quando a infração penal não for praticada com violência ou grave ameaça e tiver pena mínima inferior a 4 (quatro) anos. Ressalta-se que o acordo de não persecução penal é subsidiário à transação penal, dessa forma, não será cabível o acordo de não persecução penal à infração penal em tela, tendo em vista ser cabível a transação penal.

6. DEIXAR DE DECOMPOR CADÁVER

Art. 19. Deixar de recompor cadáver, devolvendo-lhe aspecto condigno, para sepultamento ou deixar de entregar ou retardar sua entrega aos familiares ou interessados:

Pena - detenção, de seis meses a dois anos.

Verbo nuclear do tipo: *Deixar de recompor cadáver* (conduta de deixar o cadáver sem condições dignas, após o exame de necropsia em que foi retirado tecido, órgão ou partes, para que a família possa realizar o sepultamento).

Objeto jurídico: Respeito aos mortos.

Objeto material: Cadáver sem condições dignas.

Elemento subjetivo: É o dolo. Configura o dolo com a conduta omissiva de não recompor o cadáver após a realização de necropsia, quando da retirada de órgão, tecido ou partes. Não se admite a modalidade culposa por falta de previsão legal.

Elemento normativo: Muito embora não conste expressamente no tipo penal, o elemento normativo encontra-se no art. 8º, em que obriga a recomposição do cadáver após a retirada de órgãos, tecidos ou partes, para que a família possa realizar o sepultamento com dignidade.

Sujeito ativo: O tipo penal não exige qualidade específica do agente, entretanto, trata-se de conduta que só pode ser realizada por profissional médio habilitado.

Sujeito passivo: Direto ou primário, a família do morto; indireto ou secundário, a coletividade.

Crime instantâneo: Consuma-se com a inação em recompor o cadáver após a realização da necropsia.

Tentativa: Trata-se de crime omissivo próprio, motivo pelo qual é incompatível com a modalidade tentada.

Classificação doutrinária: *Crime próprio* (aqueles que só podem ser cometidos por determinadas classes de pessoas); *material* (o resultado naturalístico é imprescindível para sua consumação); *de perigo abstrato* (o dano é presumido por lei); *doloso* (o agente quer o resultado ou assume o risco de produzi-lo); *de forma livre* (pode ser praticado por qualquer meio de execução); *omissivo próprio* (o verbo indica inação e não necessita ser praticado por garantidor); *instantâneo* (a consumação se dá em um momento específico); *unissubjetivo ou de concurso eventual* (pode ser praticado por um só agente); *unisubsistente* (não se admite fracionamento dos atos de execução).

Justiça competente: Crime de competência da justiça estadual.

Ação penal: Crime de ação penal pública incondicionada.

Transação penal: Tendo em vista possuir pena máxima de até dois anos, será cabível o oferecimento da transação penal, obedecidos os demais requisitos previstos no art. 76 da Lei nº 9.099/90.

Acordo de não persecução penal: Se enquadra no chamado *espaço de consenso* ou *justiça negociada* no processo penal, ao lado da transação penal e da suspensão condicional do processo. Conforme redação do novo art. 28-A do Código de Processo Penal (incluído pela Lei Federal nº 13.964/19), é possível a celebração do acordo de não persecução penal quando a infração penal não for praticada com violência ou grave ameaça e tiver pena mínima inferior a 4 (quatro) anos. Ressalta-se que o acordo de não persecução penal é subsidiário à transação penal, dessa forma, não será cabível o acordo de não persecução penal à infração penal em tela, tendo em vista ser cabível a transação penal.

7. PUBLICAR ANÚNCIO DE TRANSPLANTE, ENXERTO, DOAÇÃO OU ARRECADAÇÃO DE FUNDOS EM DESACORDO COM A LEI

> **Art. 20. Publicar anúncio ou apelo público em desacordo com o disposto no art. 11:**
>
> **Pena - multa, de 100 a 200 dias-multa.**

Verbos nucleares do tipo: *Publicar anúncio* (qualquer meio em que se dê publicidade, não exigindo meio de comunicação específico); *publicar apelo público* (ato de despertar compaixão, comoção ou qualquer outro sentimento).

Norma Penal em Branco: Tipo penal que exige uma complementação normativa para produzir todos os seus efeitos. O complemento advém da mesma norma (art. 11), logo é classificado como Norma Penal em Branco Homogênea Homovitelina.

Objeto jurídico: Administração da saúde pública.

Objeto material: Anúncio ou apelo público.

Elemento subjetivo: É o dolo. Não se admite a modalidade culposa por falta de previsão legal.

Elemento normativo: Consiste na expressão *em desacordo com o disposto no art. 11.*

Sujeito ativo: Qualquer pessoa.

Sujeito passivo: A coletividade.

Crime permanente: Para modalidade escrita. Sua consumação ocorrerá durante todo o momento em que estiver ocorrendo o anúncio ou apelo público.

Crime Instantâneo: Para a modalidade verbal. Sua consumação ocorrerá no momento do anúncio ou apelo público.

Tentativa: é punível na modalidade escrita, conforme o art. 14, II do Código Penal.

Classificação doutrinária: *Crime comum* (pode ser praticado por qualquer pessoa); *material* (o resultado naturalístico é imprescindível para sua consumação); *de perigo abstrato* (o dano é presumido por lei); *doloso* (o agente quer o resultado ou assume o risco de produzi-lo); *de forma livre* (pode ser praticado por qualquer meio de execução); *comissivo* (o verbo indica uma ação); *permanente* na modalidade escrita(sua consumação se protrai no tempo); *instantâneo* na modalidade verbal (a consumação se dá em um momento específico); *unissubjetivo ou de concurso eventual* (pode ser praticado por um só agente); *plurissubsistente na modalidade escrita* (admite fracionamento dos atos de execução); *unisubsistentena modalidade verbal* (não se admite fracionamento dos atos de execução).

Justiça competente: Crime de competência da justiça estadual.

Ação penal: Crime de ação penal pública incondicionada.

Empresas de comunicação social: Empresa de comunicação social que veicular anúncio em desacordo com o disposto no art. 11 ficará sujeita às penas previstas no art. 59 da Lei nº 4.117/62 (Código Brasileiro de Telecomunicação): multa; suspensão de até 30 dias; cassação; e detenção.

23

ARGUIÇÃO DE INELEGIBILIDADE

LC 64/1990

KLEBER LEANDRO TOLEDO RODRIGUES

1. CONSIDERAÇÕES INICIAIS

Conceito: Inelegibilidades podem ser conceituadas como obstáculos, impedimentos para o exercício dos direitos políticos passivos, isto é, o direito de ser votado.

Previsão: As hipóteses que acarretam inelegibilidades só podem estar previstas na Constituição Federal e em Lei Complementar. No âmbito infraconstitucional, hipóteses de inelegibilidades estão elencadas na LC n.º 64/1990, com as alterações que lhe foram trazidas pela LC n.º 135/2010 que popularmente ficou conhecida como Lei da Ficha Limpa.

Classificações: As inelegibilidades podem ser *absolutas* (valem para qualquer cargo) ou *relativas* (atingem determinados cargos). Exemplo de inelegibilidade absoluta é o analfabetismo, cuja previsão se encontra no art. 14, § 4º, da CF e no art. 1º, I, *a*, da LC n.º 64/1990. Exemplo de inelegibilidade relativa é a proibição do terceiro mandato consecutivo ao Presidente da Repúblicas, aos Governadores de Estado e do Distrito Federal e aos Prefeitos, os quais só podem ser reeleitos por uma única vez, nos termos do art. 14, § 5º, da CF.

As inelegibilidades também se classificam como *diretas* (a inelegibilidade está no próprio inelegível) e *reflexas* ou *por parentesco* (a inelegibilidade está em parente). Exemplos de inelegibilidade direta são o analfabetismo (art. 14, § 4º, da CF) e a decorrente de demissão do serviço público em processo administrativo ou judicial, pelo prazo de 8 (oito) anos a partir da decisão (art. 1º, I, *o*, da LC n.º 64/1990). Quanto à inelegibilidade reflexa, estipula a CF que são inelegíveis o cônjuge ou parentes, consanguíneos ou afins, na linha reta ou na colateral, até o segundo grau, dos Chefes dos Poderes Executivos Federal, Estadual, Distrital e Municipal, no território circunscricional do titular (art. 14, § 7º).

Ainda podem as inelegibilidades ser classificadas em *inatas* (decorrem da situação do inelegível, não resultando da prática de atos ilícitos, mas sim em razão de parentesco ou em virtude do exercício de certos cargos em determinados momentos) e *cominadas* (são as que se fundamentam em desvio de conduta, de uma sanção, podendo ser subdivididas em *cominadas simples*, quando estipuladas para um único pleito, e *cominadas potenciais*, que são aquelas que acarretam a inelegibilidade para eleições futuras)[1].

Suspensão dos direitos políticos: Inelegibilidade não se confunde com a suspensão dos direitos políticos. Prevê o art. 15, III, da CF a suspensão dos direitos políticos nos casos de condenação criminal transitada em julgado, enquanto durarem seus efeitos. A condenação transitada em julgado é, portanto, uma das causas de suspensão dos direitos políticos. Para bem compreender a diferenciação entre *inelegibilidade* e *suspensão dos direitos políticos* é necessário saber que "*Os direitos políticos integram o núcleo de proteção fundamental do* Jus civitatis, *possibilitando ao cidadão participar na vida política com o exercício do direito de votar e ser votado*"[2]. Verifica-se, portanto,

1. COSTA, Adriano Soares da. Instituições de direito eleitoral. 8ª edição. Rio de Janeiro: Lumen Juris, 2009, p. 151 a 154.
2. RAMAYANA, Marcos. Direito eleitoral. 4ª edição. Niterói: Impetus, 2005, p. 104.

que, enquanto a inelegibilidade é impedimento para o exercício do direito de ser votado, a suspensão dos direitos políticos acarreta o impedimento para o exercício dos direitos de votar e de ser votado. Uma segunda diferença diz respeito à abrangência. A inelegibilidade por condenação criminal se dá apenas em relação a algumas infrações penais ao passo que a suspensão dos direitos políticos se dá para toda e qualquer infração penal. Além disso, a suspensão dos direitos políticos tem início com o trânsito em julgado da condenação criminal e perdurará enquanto durarem seus efeitos, vale dizer, até que haja a extinção da pena[3]. Por sua vez, a inelegibilidade decorrente da condenação criminal terá início com a decisão transitada em julgado ou proferida por órgão judicial colegiado e perdurará por 8 (oito) anos contados a partir da extinção da pena, conforme se verá a seguir. Há que se notar que para a suspensão dos direitos políticos é necessário o trânsito em julgado e para a inelegibilidade basta a condenação por órgão judicial colegiado.

Assim, caso haja condenação transitada em julgado de uma pessoa pela prática do crime de lesão corporal gravíssima (art. 129, § 2º, do CP) a uma pena de 8 (oito) anos de prisão, há a suspensão imediata dos direitos políticos, de modo que ela não poderá votar nem ser votada. Extinta a pena não há que se falar em inelegibilidade, tendo em vista que o crime em tela não está no rol do art. 1º, I, *e*, da LC n.º 64/1990. Se a condenação transitada em julgado a uma pena de 10 (dez) anos for pelo crime de tráfico de drogas (art. 33, *caput*, da Lei n.º 11.343/2006), com o trânsito em julgado ocorre a suspensão dos direitos políticos, de modo que, enquanto não extinta a pena, o indivíduo não poderá vota nem ser votado. Uma vez extinta a pena, inicia-se o período 8 (oito) anos de inelegibilidade, tendo em vista que o crime de tráfico de drogas encontra-se relacionado no art. 1º, I, *e*, da LC n.º 64/1990, de modo que o indivíduo poderá votar, porém não poderá ser votado.

2. INELEGIBILIDADE POR CONDENAÇÃO CRIMINAL

Comentários: Dentre as várias causas que acarretam a inelegibilidade, a LC n.º 64/1990, em seu art. 1º, I, *e*, insere a decorrente de condenação criminal em determinados crimes, excluindo-se os culposos, os considerados de menor potencial ofensivo e os que se processam mediante ação penal privada (art. 1º, § 4º).

> **Art. 1º. São inelegíveis:**
>
> **I – para qualquer cargo:**
>
> **(...)**
>
> **e) os que forem condenados, em decisão transitada em julgado ou proferida por órgão judicial colegiado, desde a condenação até o transcurso do prazo de 8 (oito) anos após o cumprimento da pena, pelos crimes:**

Pressupostos da inelegibilidade: A leitura do dispositivo nos permite extrair os pressupostos para a ocorrência da inelegibilidade. São eles: a) que haja condenação criminal por alguma das infrações penais nele relacionadas; b) que a condenação tenha transitado em julgado ou então proferida por órgão julgador colegiado.

Classificação: A inelegibilidade decorrente de condenação criminal se classifica como *absoluta* (vale para qualquer cargo), *direta* (a inelegibilidade está no próprio inelegível) e *cominada* (decorre da prática de ato ilícito).

Efeito secundário e automático da decisão condenatória: A inelegibilidade decorrente de condenação criminal "*é efeito automático e secundário da decisão criminal condenatória, não necessitando a declaração expressa em seu dispositivo.*"[4]

Início da inelegibilidade: O dispositivo em comento é claro ao afirmar que a inelegibilidade tem início com o trânsito em julgado de decisão condenatório ou proferida por órgão judicial colegiado e se estende pelo período de 8 (oito) anos, contados a partir do encerramento do cumprimento da pena. Entretanto, é preciso conferir uma interpretação abrangente para extrairmos o exato alcance da norma no que tange ao termo inicial do período de 8 (oito) anos. Assim, a melhor interpretação é no sentido de que o termo inicial coincide com a extinção da pena, que pode ocorrer por diversas hipóteses, conforme se verá adiante, não apenas com o encerramento do cumprimento da pena.

Extinção da pena em decorrência de seu cumprimento integral: Cumprida integralmente a pena

3. A pena se extingue por diversos motivos, dentre eles seu cumprimento, a anistia, o indulto e a prescrição da pretensão executória.

4. OLIVEIRA, João Paulo. Direito eleitoral. 3ª Edição, revista, atualizada e ampliada. Salvador: Juspodivm, 2019, p. 178.

restará ela extinta e, assim, começará a fluir do período de inelegibilidade.

Extinção da pena pela prescrição da pretensão executória: Uma vez transitada em julgado a sentença penal condenatória para a acusação e para a defesa, surge para o Estado o interesse em ver o condenado cumprir a pena imposta. Verifica-se, porém, se ocorreu a prescrição levando-se em consideração a pena aplicada. Uma vez ocorrida a prescrição, não poderá o Estado exigir o cumprimento da pena. A prescrição da pretensão executória está disciplinada no art. 110 do CP e leva em consideração os prazos estabelecidos no art. 109 do mesmo diploma. Assim, ocorrendo a prescrição da pretensão executória, a pena não será executada e, portanto, não será cumprida. Nessa hipótese, o termo inicial do período de inelegibilidade será a data em que se deu a extinção da pena pela ocorrência da prescrição da pretensão executória[5]. Importante citar que, pelo fato de a inelegibilidade ser efeito secundário da condenação, ela ocorrerá mesmo com a extinção da pena pela prescrição da pretensão executória. Nesse sentido, o TSE editou a Súmula n.º 59, segundo a qual "*O reconhecimento da prescrição da pretensão executória pela Justiça Comum não afasta a inelegibilidade prevista no art. 1º, I, e, da LC n.º 64/90, porquanto não extingue os efeitos secundários da condenação.*"

Extinção da pena pela anistia: A anistia é a causa de extinção da punibilidade por meio da qual o Estado, valendo-se de uma lei penal, aprovada pelo Poder Legislativo e sancionada pelo Poder Executivo, se esquece do fato criminoso e apaga os efeitos penais principais e secundários, tendo como fundamento razões políticas, sociais, de clemência etc., permanecendo, porém, os efeitos extrapenais da sentença condenatória[6]. Assim, considerando que a inelegibilidade é efeito secundário da decisão criminal condenatória, a extinção da punibilidade pela anistia, por extinguir os efeitos principais e secundários do crime, impede, por consequência, a inelegibilidade.

Extinção da pena pela graça e indulto: Já a graça (indulto individual) e o indulto são causas de extinção da punibilidade por meio das quais, o Estado, através de Decreto do Presidente da República[7], renuncia seu direito de punir ou abre mão de parcela desse direito, face a pessoa determinada (no caso da graça) ou grupo de pessoas (no caso do indulto). Na graça e no indulto, extingue-se a pena, mas subsiste o crime, a condenação transitada em julgado, bem como os efeitos penais e extrapenais da condenação[8]. Subsistem, portanto, os efeitos secundários, sejam eles penais ou extrapenais. Nesse sentido é a Súmula n.º 631 do STJ, segundo a qual "*O indulto extingue os efeitos primários da condenação (pretensão executória), mas não atinge os efeitos secundários, penais e extrapenais.*" Nesse diapasão, no caso de haver extinção da pena pela graça ou pelo indulto a inelegibilidade ocorrerá, tendo em vista ser ela efeito secundário da decisão condenatória[9], e terá como termo inicial a data da extinção da pena pela concessão do benefício.

Extinção da pena em decorrência do término do período de prova na suspensão condicional da pena: O *sursis* consiste na "*suspensão condicional da execução da pena privativa de liberdade, na qual o réu, se assim desejar, se submete durante o período de prova à fiscalização e ao cumprimento de condições judicialmente estabelecidas*"[10]. A suspensão condicional da pena encontra-se disciplinada nos arts. 77 e seguintes do CP. Findo o período de prova sem que tenha havido revogação do benefício, restará extinta a pena. Nessa hipótese, o termo inicial do período de inelegibilidade será a data em que se deu a extinção da pena em decorrência do término do período de prova no *sursis*.

Extinção da pena em decorrência do término do período de prova no livramento condicional: "*Livramento condicional é o benefício que permite ao condenado à pena privativa de liberdade superior a 2 (dois) anos a liberdade antecipada, condicional e precária, desde que cumprida parte da reprimenda imposta e sejam observados os demais requisitos*

5. Nos termos da Súmula n.º 60 do TSE, o termo inicial do prazo de inelegibilidade será a data em que se operou a prescrição da pretensão executória e não a data da sua declaração judicial.
6. CUNHA, Rogério Sanches. Manual de direito penal: parte geral (art. 1º ao 120). 6ª Edição, revista, ampliada e atualizada. Salvador: Juspodivm, 2018, p. 357.
7. A atribuição pode ser delegada aos Ministros de Estado, ao Procurador Geral da República ou ao Advogado Geral da União.
8. CUNHA, Rogério Sanches. Manual de direito penal: parte geral (art. 1º ao 120). 6ª Edição, revista, ampliada e atualizada. Salvador: Juspodivm, 2018, p. 357 e 358.
9. OLIVEIRA, João Paulo. Direito eleitoral. 3ª Edição, revista, atualizada e ampliada. Salvador: Juspodivm, 2019, p. 179.
10. MASSON, Cleber. Direito penal esquematizado. Parte geral. Volume 1 (arts. 1º ao 120). 10ª Edição, revista, atualizada e ampliada. Rio de Janeiro: Forense; São Paulo: Método, 2016, p. 856 e 857.

legais."[11] Uma vez concluído o período de prova sem que tenha ocorrido revogação do benefício, considerar-se-á extinta a pena. Assim, o termo inicial do período de inelegibilidade será a data em que se deu a extinção da pena em decorrência do término do período de prova no livramento condicional.

Revisão criminal e inelegibilidade: Caso no julgamento da revisão criminal seja aplicada pena inferior à pena imposta no primeiro julgamento, extinta a pena aplicada em sede de revisão criminal, seja por seu cumprimento integral ou por qualquer outra das hipóteses acima alinhavadas, inicia-se o período de 8 (oito) anos de inelegibilidade. Caso o julgamento da revisão criminal seja procedente no sentido de rescindir a condenação, independentemente do motivo, não há mais que se falar em inelegibilidade.

Prescrição retroativa e inelegibilidade: Transitada em julgado a sentença penal condenatória, a prescrição da pretensão punitiva passa a ser calculada pela pena efetivamente aplicada, considerando os prazos do art. 109 do CP, tendo por termos inicial e final, respectivamente, a data de recebimento da exordial acusatória e a data da publicação da sentença condenatória (art. 110, § 1º, do CP). Assim, o direito de punir do Estado desaparece e a sentença condenatória é rescindida, não gerando qualquer efeito penal ou extrapenal[12], de modo que não há que se falar em inelegibilidade.

Inelegibilidade antes do trânsito em jugado da sentença penal condenatória: O art. 1º, I, *e*, da LC n.º 64/1990 estabelece que são inelegíveis, para qualquer cargo, os que forem condenados, em decisão transitada em julgado *ou proferida por órgão judicial colegiado*. Assim, mostra-se relevante identificar as decisões preferidas por órgão judicial colegiado que ensejam a inelegibilidade antes do trânsito em julgado. São elas: a) *decisão condenatória proferida pelo Tribunal do Júri*[13]; b) *confirmação pelo tribunal de segunda instância de condenação ou a reforma de sentença absolutória proferidas pelo juízo monocrático*; c) *decisão condenatória proferida pelo tribunal em ação penal de sua competência originária*; d) *decisão condenatória proferida pelo STJ e pelo STF em ação penal de sua competência originária.*

Início da inelegibilidade quando a condenação é proferida por órgão judicial colegiado antes do trânsito em julgado: Existe divergência de entendimento quanto ao momento no qual se tem início a inelegibilidade (não o período de oito anos) em se tratando de condenação proferida por tribunal de segunda instância, seja em sede de recurso ou em ação penal de sua competência originária, e nos casos nos quais a decisão condenatória é proferida pelo STJ e pelo STF em ação penal de sua competência originária. A questão que se coloca é a seguinte: a inelegibilidade tem início com a decisão tomada na sessão de julgamento ou com a publicação da decisão?[14]

Por um lado, entende-se que a inelegibilidade terá início com a decisão proferida na sessão de julgamento sob o argumento que a interpretação literal do disposto no art. 1º, I, *e*, da LC n.º 64/1990 leva a essa conclusão. A decisão judicial proferida por órgão colegiado se dá sempre em sessão de julgamento, muito embora o acórdão possa ser publicado em momento posterior. Ademais, argumenta-se que a inelegibilidade decorrente de decisão proferida por órgão judicial colegiado é a regra e que a sua suspensão em eventual recurso dessa decisão é exceção.

D'outra banda, há entendimento, com o qual concordamos, de que a inelegibilidade terá início com a publicação do acórdão face ao disposto no art. 26-C da LC n. 64/1990, segundo o qual "*O órgão especial do tribunal ao qual couber a apreciação do recurso conta decisões colegiadas a que se referem as alíneas d, e, h, j, l e n do inciso I do art. 1º poderá, em caráter cautelar, suspender a inelegibilidade sempre que existir plausibilidade da pretensão recursal e desde que a providência tenha sido expressamente requerida, sob pena de preclusão, por ocasião da interposição do recurso*". Trata-se da viabilidade de se conferir efeito suspensivo em sede de recurso da decisão proferida pelo órgão colegiado. É sabido que o prazo para a interposição de recurso tem início com a publicação do acórdão. Como só é possível se recorrer da decisão colegiada pleiteando a efeito suspensivo à inelegibilidade após a publicação do acórdão, a conclusão mais

11. MASSON, Cleber. Direito penal esquematizado. Parte geral. Volume 1 (arts. 1º ao 120). 10ª Edição, revista, atualizada e ampliada. Rio de Janeiro: Forense; São Paulo: Método, 2016, p. 879.
12. CUNHA, Rogério Sanches. Manual de direito penal: parte geral (art. 1º ao 120). 6ª Edição, revista, ampliada e atualizada. Salvador: Juspodivm, 2018, p. 367 e 377.
13. O júri é um órgão colegiado heterogêneo, pois composto por juiz togado e por juízes leigos.
14. DECOMAIN, Pedro Roberto. Inelegibilidade por condenação criminal. Biblioteca digital de periódicos. Paraná Eleitoral: revista brasileira de direito eleitoral e ciência política. Curitiba, 2013. Disponível em: <https://revistas.ufpr.br/pe/article/view/42765>. Acesso em: 20 de agosto de 2020.

acertada é a que conduz ao entendimento de que a inelegibilidade somente terá início com a publicação do acórdão. Ademais, estabelece o art. 15 da LC n.º 64/1990 que a negação ou cassação do registro de candidatura, ou ainda a declaração de nulidade do diploma decorrerá do trânsito em julgado ou da *publicação* da decisão proferida por órgão colegiado que declarar a inelegibilidade do candidato. Nesse sentido segue a jurisprudência[15].

Competência para arguição de inelegibilidade: O conhecimento e julgamento da arguição de inelegibilidade é de competência da Justiça Eleitoral, nos termos do art. 2º da LC n.º 64/1990. A arguição será feita perante do TSE quando se tratar e candidato a Presidente e Vice-Presidente da República (parágrafo único, I), perante o TRE quando se tratar de candidato a Senador, Governador e Vice-Governador de Estado e do Distrito Federal, Deputado Federal, Deputado Estadual e Deputado Distrital (parágrafo único, II) e perante os Juízes Eleitorais quando se tratar de candidato a Prefeito, Vice-Prefeito e Vereador (parágrafo único, III).

3. TIPOS PENAIS QUE ENSEJAM A INELEGIBILIDADE

Comentário: O art. 1º, I, *e*, da LC n.º 64/1990, com visto, traz o rol de infrações penais que ensejam a inelegibilidade. São elas:

1. contra a economia popular, a fé pública, a administração pública e o patrimônio público;

Comentário: Tais crimes foram inseridos na LC n.º 64/1990 por meio da LC n.º 135/2010 (Lei da Ficha Limpa).

Crimes contra a economia popular: São os definidos na Lei n.º 1.521/1951 e no art. 65 da Lei n.º 4.591/1964.

Crimes contra a fé pública: São os tipificados nos arts. 289 a 311-A do CP.

Crimes contra a administração pública: São os assim definidos nos arts. 312 a 359-H do CP, os tipificados na Lei n.º 8.666/1993, os previstos no art. 1º do Decreto-Lei n.º 201/1967, os tipificados nos arts. 1º a 3º da Lei n.º 8.137/1990 e os descritos nos arts. 50 e 52 da Lei n.º 6.766/1976.

Crimes contra o patrimônio público: São os crimes contra o patrimônio tipificados nos arts. 155 a 180 do CP quando o sujeito passivo for pessoa jurídica de direito público.

2. contra o patrimônio privado, o sistema financeiro, o mercado de capitais e os previstos na lei que regula a falência;

Comentário: Tais crimes foram inseridos na LC n.º 64/1990 por meio da LC n.º 135/2010 (Lei da Ficha Limpa).

Crimes contra o patrimônio privado: São os crimes contra o patrimônio tipificados nos arts. 155 a 180 do CP quando o sujeito passivo for pessoa física ou jurídica de direito privado.

Crimes contra o sistema financeiro: São os definidos na Lei n.º 7.492/1986.

Crimes contra o mercado de capitais: São os tipificados nos arts. 27-C a 27-E da Lei n.º 6.385/1976.

Crimes falimentares: Estão definidos nos arts. 168 a 178 da Lei n.º 11.101/2005.

3. contra o meio ambiente e a saúde pública;

Comentário: Tais crimes foram inseridos na LC n.º 64/1990 por meio da LC n.º 135/2010 (Lei da Ficha Limpa).

Crimes contra o meio ambiente: São os tipificados na Lei n.º 9.605/1998.

Crimes contra a saúde pública: Estão definidos nos arts. 267 a 284 do CP. Também são crimes contra a saúde pública os tipificados na Lei n.º 11.343/2006. Excepciona-se, porém na presente hipótese, o crime de tráfico de drogas, definido no art. 33 da mencionada lei, em razão de previsão expressa do crime de tráfico de drogas no art. 1º, I, *e*, 7, da LC n.º 64/1990.

4. eleitorais, para os quais a lei comine pena privativa de liberdade;

Comentário: Tais crimes foram inseridos na LC n.º 64/1990 por meio da LC n.º 135/2010 (Lei da Ficha Limpa).

Crimes eleitorais: Os crimes eleitorais estão tipificados nos arts. 289 e 354-A da Lei n.º 4.737/1965, bem como os definidos nos arts. 33, § 4º, 34, §§ 2º e

15. TSE, RMS 504-52.2012.619.0000 RJ, rel. Min. João Otavio de Noronha, DJE 14/03/2014.

3º, 39, § 5º e 72 da Lei n.º 9.504/1997, no art. 25 da LC n.º 64/1990 e no art. 11 da Lei n.º 6.091/1974.

Ressalva: Não acarretará a inelegibilidade caso o preceito secundário do tipo que descreva crime eleitoral preveja pena de multa. Importante que se esclareça que essa ressalva se mostra desnecessária, visto que as infrações penais cujas penas sejam multa são consideradas infrações de menor potencial ofensivo e, por força no art. 1º, § 4º, da LC n.º 64/1990, não acarretam a inelegibilidade.

5. de abuso de autoridade, nos casos em que houver condenação à perda do cargo ou à inabilitação para o exercício de função pública;

Comentário: Tais crimes foram inseridos na LC n.º 64/1990 por meio da LC n.º 135/2010 (Lei da Ficha Limpa).

Crimes de abuso de autoridade: São os crimes tipificados nos arts. 9º a 38 da Lei n.º 13.869/2019.

Ressalva: Somente acarretará a inelegibilidade caso a condenação pelo crime de abuso de autoridade incluir a perda do cargo ou a inabilitação para o exercício da função pública. Tais efeitos da condenação, nos termos do art. 4º, parágrafo único, da Lei n.º 13.869/2019 não são automáticos, devendo ser declarados na sentença de forma motivada e condicionados à reincidência em crime de abuso de autoridade.

6. de lavagem ou ocultação de bens, direitos e valores;

Comentário: Tais crimes foram inseridos na LC n.º 64/1990 por meio da LC n.º 135/2010 (Lei da Ficha Limpa).

Crimes de lavagem ou ocultação de bens, direitos e valores: Estão definidos no art. 1º da Lei n.º 9.613/1998.

7. de tráfico de entorpecentes e drogas afins, racismo, tortura, terrorismo e hediondos;

Comentário: Tais crimes foram inseridos na LC n.º 64/1990 por meio da LC n.º 135/2010 (Lei da Ficha Limpa).

Crime de tráfico de entorpecentes e drogas afins: É o tipificado no art. 33 da Lei n.º 11.343/2006.

Crimes de racismo: São os crimes resultantes de preconceito de raça ou de cor definidos na Lei n.º 7.716/1989.

Crime de tortura: Estão previstos na Lei n.º 9.455/1997.

Crime de terrorismo: São os crimes previstos na Lei n.º 13.260/2016.

Crimes hediondos: Os crimes hediondos são os relacionados no art. 1º da Lei n.º 8.072/1990 com as alterações que lhe foram trazidas pela Lei n.º 8.930/1994, Lei n.º 9.695/1998, Lei n.º 12.015/2009, Lei n.º 12.978/2014, Lei n.º 13.142/2015 e recentemente pela Lei n.º 13.964/2019. Assim, são considerados hediondos os seguintes crimes, consumados ou tentados: I) homicídio (art. 121, do CP), quando praticado em atividade típica de grupo de extermínio, ainda que cometido por um só agente, e o homicídio qualificado (art. 121, § 2º, I a VIII, do CP); I-A) lesão corporal dolosa de natureza gravíssima (art. 129, § 2º, do CP) e lesão corporal seguida de morte (art. 129, § 3º, do CP), quando praticadas contra autoridade ou agente descrito nos arts. 142 e 144 da CF, integrantes do sistema prisional e da Força Nacional de Segurança Pública, no exercício da função ou em decorrência dela, ou contra seu cônjuge, companheiro ou parente consanguíneo até terceiro grau, em razão dessa condição; II) roubo circunstanciado pela restrição de liberdade da vítima (art. 157, § 2º, V, do CP), circunstanciado pelo emprego de arma de fogo (art. 157, § 2º-A, I, do CP) ou pelo emprego de arma de fogo de uso de uso proibido ou restrito (art. 157, § 2º-B, do CP), qualificado pelo resultado lesão corporal grave ou morte (art. 157, § 3º, do CP); III) extorsão qualificada pela restrição da liberdade da vítima, ocorrência de lesão corporal ou morte (art. 158, § 3º, do CP); IV) extorsão mediante sequestro e na forma qualificada (art. 159, *caput*, e §§ 1º a 3º, do CP); V) estupro (art. 213, *caput* e §§ 1º e 2º, do CP); VI) estupro de vulnerável (art. 217-A, *caput* e §§ 1º a 4º, do CP); VII) epidemia com resultado morte (art. 267, § 1º, do CP); VII-B) falsificação, corrupção, adulteração ou alteração de produto destinado a fins terapêuticos ou medicinais (art. 273, *caput* e §§ 1º, 1º-A e 1º-B, do CP); VIII) favorecimento da prostituição ou de outra forma de exploração sexual de criança ou adolescente ou de vulnerável (art. 218-B, *caput* e §§ 1º e 2º, do CP); IX) furto qualificado pelo emprego de explosivo ou de artefato análogo que cause perigo comum (art. 155, §4º-A, do CP). Também são considerados hediondos, nas formas consumada e tentada, nos termos do art. 1º, parágrafo único, da Lei n.º 8.072/1990, os seguintes crimes: I) genocídio (arts. 1º a 3º da Lei n.º 2.889/1956); II) posse ou porte ilegal de arma de fogo de uso proibido (art. 16 da Lei n.º 10.826/2003); III) comércio ilegal de arma de fogo (art. 17 da Lei n.º 10.826/2003); IV) o tráfico internacional de arma de fogo, acessório ou munição (art. 18 da Lei n.º 10.826/2003) e V) organização criminosa (Lei n.º 12.850/2006) quando direcionada à prática de crime hediondo ou equiparado.

Crimes equiparados a hediondos: São equiparados a hediondos os crimes de tortura, tráfico de drogas e o terrorismo, nos termos do art. 2º da Lei n.º 8.072/1990[16]. Tais delitos também acarretam a inelegibilidade nos termos do exposto acima por previsão legal expressa.

8. de redução à condição análoga à de escravo;

Comentário: Tais crimes foram inseridos na LC n.º 64/1990 por meio da LC n.º 135/2010 (Lei da Ficha Limpa).

Crime de redução à condição análoga à de escravo: Trata-se do crime previsto no art. 149, *caput* e § 1º, do CP.

9. contra a vida e a dignidade sexual;

Comentário: Tais crimes foram inseridos na LC n.º 64/1990 por meio da LC n.º 135/2010 (Lei da Ficha Limpa).

Crimes contra a vida: São os delitos tipificados nos arts. 121 a 127 do CP, bem como o delito definido no art. 29 da Lei n.º 7.170/1983.

Crimes contra a dignidade sexual: Estão tipificados nos arts. 213 a 234 do CP.

10. praticados por organização criminosa, quadrilha ou bando;

Comentário: Tais crimes foram inseridos na LC n.º 64/1990 por meio da LC n.º 135/2010 (Lei da Ficha Limpa).

Crimes praticados por organização criminosa, quadrilha ou bando: Uma primeira observação a ser levada em conta diz respeito ao crime de quadrilha ou bando, tipificado no art. 288 do CP, cujo *nomem iuris* foi modificado para associação criminosa pela Lei n.º 12.850/2013, fato que não interfere na incidência da inelegibilidade. Ademais, note-se que, nesse dispositivo[17], não é a condenação pelo crime organização criminosa ou associação criminosa que acarreta a inelegibilidade, mas sim a condenação por qualquer crime que por elas seja perpetrado, excetuando-se os crimes culposos, os de menor potencial ofensivo e dos que se processam mediante ação penal privada, nos termos do art. 1º, § 4º, da LC n.º 64/1990.

§ 4º A inelegibilidade prevista na alínea e do inciso I deste artigo não se aplica aos crimes culposos e àqueles definidos em lei como de menor potencial ofensivo, nem aos crimes de ação penal privada.

Comentários: O dispositivo foi inserido na LC n.º 64/1990 por meio da LC n.º 135/2010 (Lei da Ficha Limpa).

Crimes culposos: Os crimes culposos são aqueles nos quais o resultado ocorrido decorreu de imprudência, negligência ou imperícia do agente, nos termos do art. 18, II, do CP. O sujeito ativo não tinha a intensão de praticar o crime, o qual se deu em virtude de uma quebra de dever de cuidado. Importante relembrar a excepcionalidade do crime culposo, vale dizer, que só há crime culposo quando expressamente previsto em lei (art. 18, parágrafo único, do CP). Levando em consideração que o *animus* do agente não era a prática do crime, para os crimes culposos não incide a inelegibilidade. Assim, muito embora o art. 1º, I, *e*, 9 preveja a inelegibilidade em caso de condenação pelo crime de homicídio (crime contra a vida), caso se trate de homicídio culposo ela restará afastada.

Infrações de menor potencial ofensivo: São as contravenções penais e os crimes a que a lei comine pena máxima não superior a 2 (dois) anos, cumulada ou não com multa, nos termos do art. 61 da Lei n.º 9.099/1995, conforme redação que lhe foi conferida pela Lei n.º 11.313/2006. Em relação às

16. Nesse sentido CUNHA, Rogério Sanches; PINTO, Ronaldo Batista; SOUZA, Renne do Ó. Leis penais especiais comentadas. 3ª Edição, revista, atualizada e ampliada. Salvador: Juspodivm, 2020. p. 592.

17. O crime de organização criminosa entrou para o rol dos crimes hediondos (art. 1º, parágrafo único, V, da Lei n.º 8.072/1990) e acarreta a inelegibilidade por força do disposto no art. 1º, I, *e*, 7, da LC n.º 64/1990).

contravenções penais, nenhuma delas consta do rol taxativo do art. 1º, I, *e*, da LC n.º 64/1990, de modo que a inelegibilidade não atinge os que, pela prática delas, forem condenados. Também são infrações de menor potencial ofensivo os crimes cujo preceito secundário preveja pena máxima igual ou inferior a 2 (dois) anos e/ou multa. Para esses casos não incide a inelegibilidade face a baixa gravidade/reprovabilidade da conduta. Como exemplo citamos os crimes contra o meio ambiente tipificados nos arts. 29, *caput* e §§ 1º a 4º, 31, 32, 44 e 45, da Lei n.º 9.605/1998, e os crimes contra a administração pública definidos nos arts. 328, *caput* (usurpação de função pública), 329, *caput* (resistência), 330 (desobediência) e 331 (desacato), todos do CP.

Crimes de ação penal privada: Via de regra a ação penal é pública, salvo quando a lei expressamente estipular ser ela privativa do ofendido, conforme dispõe o art. 100, *caput*, do CP, a qual, nos termos do § 2º, será promovida por queixa do ofendido ou de seu representante legal. Insta frisar que o afastamento da inelegibilidade somente se dá nos crimes de ação penal exclusivamente privada e de ação penal privada personalíssima, operando-se normalmente em se tratando de ação penal privada subsidiária da pública, uma vez que nesses casos a natureza da ação penal continua sendo pública[18]. Assim, em caso de condenação pelo crime de dano cometido por motivo egoístico ou com considerável prejuízo para a vítima, tipificado no art. 163, parágrafo único, IV, do CP, cuja pena máxima privativa de liberdade é de 3 (três) anos cumulativa com multa (não se trata de infração de menor potencial ofensivo, portanto) e se processa mediante ação penal privada, nos termos do art. 167 do CP, não incide a inelegibilidade, muito embora se trate de crime contra o patrimônio privado.

BIBLIOGRAFIA

COSTA, Adriano Soares da. Instituições de direito eleitoral. 8ª Edição. Rio de Janeiro: Lumen Juris, 2009.

CUNHA, Rogério Sanches. Manual de direito penal: parte geral (art. 1º ao 120). 6ª Edição, revista, ampliada e atualizada. Salvador: Juspodivm, 2018.

CUNHA, Rogério Sanches; PINTO, Ronaldo Batista; SOUZA, Renne do Ó. Leis penais especiais comentadas. 3ª Edição, revista, atualizada e ampliada. Salvador: Juspodivm, 2020.

DECOMAIN, Pedro Roberto. Inelegibilidade por condenação criminal. Biblioteca digital de periódicos. Paraná Eleitoral: revista brasileira de direito eleitoral e ciência política. Curitiba, 2013. Disponível em: <https://revistas.ufpr.br/pe/article/view/42765>. Acesso em: 20 de agosto de 2020.

LIMA, Renato Brasileiro de. Manual de Processo Penal. 7ª Edição, revista, atualizada e ampliada. Salvador: Editora Juspodivm, 2019.

MASSON, Cleber. Direito penal esquematizado. Parte geral. Volume 1 (arts. 1º ao 120). 10ª Edição, revista, atualizada e ampliada. Rio de Janeiro: Forense; São Paulo: Método, 2016.

OLIVEIRA, João Paulo. Direito eleitoral. 3ª Edição, revista, atualizada e ampliada. Salvador: Juspodivm, 2019.

RAMAYANA, Marcos. Direito eleitoral. 4ª edição. Niterói: Impetus, 2005.

18. LIMA, Renato Brasileiro de. Manual de Processo Penal. 7ª Edição revista, atualizada e ampliada. Salvador: Editora Juspodivm, 2019, p. 276.

24

DOS CRIMES ELEITORAIS

OSVALDO EVANGELISTA JÚNIOR

O presente capítulo tem como escopo a análise dos crimes eleitorais previstos no Código Eleitoral (Lei nº 4.737, de 15 de julho de 1965), na Lei de transporte e alimentação de eleitores (Lei nº 6.091, de 15 de agosto de 1974), na Lei de Escrutínio (Lei nº 7.021, de 6 de setembro de 1982) e na Lei de Eleições (Lei nº 9.504, de 30 de setembro de 1997).

CRIMES PREVISTOS NO CÓDIGO ELEITORAL[1]

Art. 289. Inscrever-se fraudulentamente eleitor[2]:

Pena – reclusão até 5 (cinco) anos e pagamento de 5 (cinco) a 15 (quinze) dias-multa.

Verbo nuclear: *Inscrever-se* (alistar-se; apresentar documentos para obtenção ou alteração de título de eleitor).

Objetividade jurídica: É a proteção do processo eleitoral, em especial a regularidade e normalidade do alistamento, no que tange à "formação do corpo eleitoral"[3]. Portanto, possui como bem jurídico tutelado "a higidez do cadastro eleitoral"[4].

Objeto material: Procedimento de alistamento.

Sujeito ativo: Qualquer pessoa.

Sujeito passivo: O Estado.

Elemento subjetivo: É o dolo com a vontade livre e consciente de dirigir a conduta para o fim de inscrever-se fraudulentamente como eleitor.

Elemento normativo do tipo: A expressão *"eleitor"*, exige complemento normativo que deve ser buscado em diplomas que disciplinam a matéria, onde disporão às definições. Portanto, trata-se norma penal em branco.

Conforme o artigo 4º do Código Eleitoral, "são eleitores os brasileiros maiores de 18 anos que se alistarem na forma da lei".

Consumação: O crime se consuma no momento do fornecimento de endereços irreais ou na apresentação de documentos inverídicos.

Tentativa: É possível a tentativa, por ser crime plurissubsistente (vários atos).

Classificação doutrinária: Crime de mão própria; material; forma ou execução livre; comissivo; instantâneo; unissubjetivo; plurissubsistente; doloso; admite a tentativa.

Suspensão condicional do processo: É possível.

1. Lei nº 4.737, de 15 de julho de 1965.
2. **"Ac.-TSE, de 3.3.2015, no REspe nº 571991:** a prestação de auxílio material à inscrição fraudulenta de eleitor caracteriza participação no crime previsto neste artigo." Disponível em: <tse.jus.br/legislacao/codigo-eleitoral/codigo-eleitoral-1/codigo-eleitoral-lei-nb0-4.737-de-15-de-julho-de-1965>. Acesso em 02.set.2020.
3. SPITZCOVSKY, Celso. Direito Eleitoral (Coleção elementos do direito, v. 20). 3ª ed. rev. e atual. São Paulo: Editora Revista dos Tribunais, 2016, p. 271.
4. **Nesse sentido: "Ac.-TSE, de 9.2.2017, no AgR-AI nº 1392**: a higidez do cadastro eleitoral é violada com a transferência fraudulenta de eleitores prevista neste artigo." Disponível em: <tse.jus.br/legislacao/codigo-eleitoral/codigo-eleitoral-1/codigo-eleitoral-lei-nb0-4.737-de-15-de-julho-de-1965>. Acesso em 02.set.2020.

Acordo de Não Persecução Penal: Tem cabimento.

Ação penal: Ação penal pública incondicionada.

Pena: O tipo penal possui pena abstrata privativa de liberdade de reclusão, de um a cinco anos, e de multa, de cinco a quinze dias-multa.

Art. 290. Induzir alguém a se inscrever eleitor com infração de qualquer dispositivo deste Código[56]:

Pena – reclusão até 2 (dois) anos e pagamento de 15 (quinze) a 30 (trinta) dias-multa.

Verbo nuclear: *Induzir* (ser causa ou motivo; inspirar; provocar; criar a ideia).

Objetividade jurídica: É a proteção do processo eleitoral, em especial a regularidade e normalidade do alistamento, no que tange à "formação do corpo eleitoral"[7].

Objeto material: Procedimento de alistamento.

Sujeito ativo: Qualquer pessoa.

Sujeito passivo: O Estado.

Elemento subjetivo: É o dolo com a vontade livre e consciente de dirigir a conduta para o induzir alguém a proceder a inscrição como eleitor com violação a norma do Código Eleitoral.

Elemento normativo do tipo: A expressão *"eleitor"*, exige complemento normativo que deve ser buscado em diplomas que disciplinam a matéria, onde disporão às definições. Portanto, trata-se norma penal em branco.

Conforme o artigo 4º do Código Eleitoral, "são eleitores os brasileiros maiores de 18 anos que se alistarem na forma da lei".

Consumação: O crime se consuma em momento anterior à própria inscrição, quando realiza o estímulo a alguém para praticar ato de inscrição ilegal.

Tentativa: Não é possível a tentativa, pois trata-se de crime unissubsistente, razão pela qual ou se induz e o crime está consumado ou não houve induzimento.

Classificação doutrinária: Crime comum; formal; forma ou execução livre; comissivo; instantâneo; unissubjetivo; unissubsistente; doloso; não admite a tentativa.

Suspensão condicional do processo: É possível.

Acordo de Não Persecução Penal: Tem cabimento.

Ação penal: Ação penal pública incondicionada.

Pena: O tipo penal possui pena abstrata privativa de liberdade de reclusão, de um a dois anos, e de multa, de quinze a trinta dias-multa.

Art. 291. Efetuar o juiz, fraudulentamente, a inscrição de alistamento:

Pena – reclusão até 5 (cinco) anos e pagamento de 5 (cinco) a 15 (quinze) dias-multa.

Verbo nuclear: *Efetuar* (levar a efeito; realizar; efetivar).

Objetividade jurídica: É a proteção do processo eleitoral, em especial a regularidade e normalidade do alistamento, no que tange à "formação do corpo eleitoral"[8].

Objeto material: Procedimento de alistamento.

Sujeito ativo: Somente o juiz eleitoral.

5. "**Ac.-TSE, de 19.4.2005, no RHC nº 68:** *induzir alguém* abrange as condutas de instigar, incitar ou auxiliar terceiro a alistar-se fraudulentamente, aproveitando-se de sua ingenuidade ou de sua ignorância. **Ac.-TSE, de 3.3.2015, no REspe nº 571991**: o crime previsto neste dispositivo somente pode ser praticado pelo eleitor, não admitindo coautoria, mas participação. **Ac.-TSE, de 26.2.2013, no REspe nº 198:** o tipo descrito neste artigo deve ser afastado quando houver o concurso de vontades entre o eleitor e o suposto autor da conduta. **Ac.-TSE, de 18.8.2011, no REspe nº 23310:** o crime de falsidade ideológica eleitoral (art. 350 do CE) não é meio necessário nem fase normal de preparação para a prática do delito tipificado neste artigo. Os crimes descritos são autônomos e podem ser praticados sem que um dependa do outro." Disponível em: <tse.jus.br/legislacao/codigo-eleitoral/codigo-eleitoral-1/codigo-eleitoral-lei-nb0-4.737-de-15-de-julho-de-1965>. Acesso em 02.set.2020.

6. Segundo Luiz Carlos dos Santos Gonçalves, "A redação ampla desse tipo do art. 290 do Código Eleitoral autorizaria o reconhecimento de crime em face de qualquer infração às normas do Código relativas à inscrição ou transferência eleitoral (quem pode fazê-lo, onde deve fazê-lo, que documentos se deve apresentar etc.). Exatamente em razão dessa extensão, entendemos que esse crime desatende à exigência constitucional da 'definição legal da conduta'." Crimes eleitorais e processo penal eleitoral. São Paulo: Atlas, 2012, p. 33.

7. SPITZCOVSKY, Celso. Direito Eleitoral (Coleção elementos do direito, v. 20). 3ª ed. rev. e atual. São Paulo: Editora Revista dos Tribunais, 2016, p. 271.

8. SPITZCOVSKY, Celso. Direito Eleitoral (Coleção elementos do direito, v. 20). 3ª ed. rev. e atual. São Paulo: Editora Revista dos Tribunais, 2016, p. 271.

Sujeito passivo: O Estado.

Elemento subjetivo: É o dolo com a vontade livre e consciente de dirigir a conduta para o fim de efetuar fraudulentamente sua inscrição de alistamento.

Elemento normativo do tipo: A expressão *"alistamento"*, exige complemento normativo, cujas regras para a realização estão disciplinadas nos artigos 42 a 50 do Código Eleitoral. Portanto, trata-se norma penal em branco.

Consumação: O crime se consuma no momento do fornecimento de endereços irreais ou na apresentação de documentos inverídicos.

Tentativa: É possível a tentativa, por ser crime plurissubsistente (vários atos).

Classificação doutrinária: Crime próprio; formal[9]; de conduta vinculada; comissivo; instantâneo; unissubjetivo; plurissubsistente; doloso; admite a tentativa.

Suspensão condicional do processo: É possível.

Acordo de Não Persecução Penal: Tem cabimento.

Ação penal: Ação penal pública incondicionada.

Pena: O tipo penal possui pena abstrata privativa de liberdade de reclusão, de um a cinco anos, e de multa, de cinco a quinze dias-multa.

Art. 292. Negar ou retardar a autoridade judiciária, sem fundamento legal, a inscrição requerida:

Pena – pagamento de 30 a 60 dias-multa.

Verbos nucleares: *Negar* (não realizar; indeferir) ou *retardar* (adiar; delongar; espaçar).

Objetividade jurídica: É a proteção do processo eleitoral, em especial a regularidade e normalidade do alistamento, no que tange a "formação do corpo eleitoral"[10].

Objeto material: Procedimento de alistamento.

Sujeito ativo: Somente o juiz eleitoral.

Sujeito passivo: O Estado. Secundariamente o eleitor prejudicado.

Elemento subjetivo: É o dolo com a vontade livre e consciente de dirigir a conduta para o fim de negar ou retardar, sem amparo legal, inscrição de requerida.

Consumação: O crime se consuma no momento da negativa judicial ou pelo transcurso temporal de forma desarrazoada para a concessão da inscrição requerida, face à ausência de fundamento legal.

Tentativa: É possível a tentativa, por ser crime plurissubsistente (vários atos).

Classificação doutrinária: Crime próprio; formal; de condutas alternativas; comissivo (negar) ou omissivo (retardar), conforme a conduta praticada; instantâneo; unissubjetivo; plurissubsistente; doloso; admite a tentativa.

Suspensão condicional do processo: É possível.

Acordo de Não Persecução Penal: Tem cabimento.

Ação penal: Ação penal pública incondicionada.

Pena: O tipo penal possui pena abstrata de multa, de trinta a sessenta dias-multa.

Art. 293. Perturbar ou impedir de qualquer forma o alistamento[11]:

9. **Em sentido contrário**, Luiz Carlos dos Santos Gonçalves pondera que "a maioria da doutrina considera formal, pois não há necessidade de que o título de eleitor venha a ser concedido para sua consumação. Nesse sentido, Suzana de Camargo Gomes e Marcos Ramayana. Ousamos discordar: a inscrição eleitoral supõe a alimentação do banco de dados eletrônico da Justiça Eleitoral, com a atribuição de um número de inscrição. Portanto, se consuma com a alteração do estado de coisa, pessoa ou lugar, o que o faz dele crime material." Crimes eleitorais e processo penal eleitoral. São Paulo: Atlas, 2012, p. 33.

10. SPITZCOVSKY, Celso. Direito Eleitoral (Coleção elementos do direito, v. 20). 3ª ed. rev. e atual. São Paulo: Editora Revista dos Tribunais, 2016, p. 271.

11. Segundo Luiz Carlos dos Santos Gonçalves, este artigo não foi recepcionado pela vigente constituição federal, nos seguintes termos: "Todavia, quando o Código Eleitoral o fez, por meio desse art. 293, fez mal. Ao falar em 'perturbar' ou 'impedir' de 'qualquer forma' o alistamento, se valeu o legislador de tipicidade excessivamente aberta, que não permite às pessoas o adequado conhecimento de qual é a conduta proibida. O tipo penal desse art. 293, portanto, desatende à exigência da 'definição da conduta criminosa', prevista no art. 5º XXXIX, da Constituição: 'não há crime sem lei anterior que o defina (...)'." Crimes eleitorais e processo penal eleitoral. São Paulo: Atlas, 2012, p. 37.

Pena – detenção de 15 (quinze) dias a 6 (seis) meses ou pagamento de 30 (trinta) a 60 (sessenta) dias-multa.

Verbos nucleares: *Perturbar* (atrapalhar; embaraçar) ou *impedir* (barrar, bloquear, deter, dificultar).

Objetividade jurídica: É a proteção do processo eleitoral, em especial "a regularidade e normalidade"[12] do alistamento, no que tange a "formação do corpo eleitoral"[13].

Objeto material: Procedimento de alistamento.

Sujeito ativo: Qualquer pessoa.

Sujeito passivo: O Estado.

Elemento subjetivo: É o dolo com a vontade livre e consciente de perturbar ou impedir o alistamento eleitoral.

Elemento normativo do tipo: A expressão *"alistamento"*, exige complemento normativo, cujas regras para a realização estão disciplinas nos artigos 42 a 50 do Código Eleitoral. Portanto, trata-se norma penal em branco.

Consumação: O crime se consuma no momento da perturbação ou do impedimento do alistamento. No primeiro caso haverá crime consumado ainda que o eleitor tenha êxito em seu alistamento.

Tentativa: É possível a tentativa, por ser crime plurissubsistente (vários atos).

Classificação doutrinária: Crime comum; formal; de condutas alternativas; comissivo; instantâneo; unissubjetivo; plurissubsistente; doloso; admite a tentativa.

Suspensão condicional do processo: É possível.

Acordo de Não Persecução Penal: Tem cabimento.

Ação penal: Ação penal pública incondicionada.

Pena: O tipo penal possui pena abstrata privativa de liberdade de detenção, de quinze dias a seis meses, ou de multa, de trinta a sessenta dias-multa.

12. GONÇALVES, Luiz Carlos dos Santos. Crimes eleitorais e processo penal eleitoral. São Paulo: Atlas, 2012, p. 37.
13. SPITZCOVSKY, Celso. Direito Eleitoral (Coleção elementos do direito, v. 20). 3ª ed. rev. e atual. São Paulo: Editora Revista dos Tribunais, 2016, p. 271.

Art. 294[14]. (Revogado expressamente pela Lei nº 8.868, de 14 de abril de 1994)

Art. 295[15]. (Revogado tacitamente[16] pela Lei nº 9.504, de 30 de setembro de 1997)

Art. 296. Promover desordem que prejudique os trabalhos eleitorais[17]:

Pena – detenção até 2 (dois) meses e pagamento de 60 (sessenta) a 90 (noventa) dias-multa.

Verbo nuclear: *Promover* (impulsionar; estimular; incentivar; alimentar; motivar).

Objetividade jurídica: É a proteção do processo eleitoral.

Objeto material: Procedimentos destinados à realização das eleições.

Sujeito ativo: Qualquer pessoa[18].

Sujeito passivo: O Estado[19].

Elemento subjetivo: É o dolo com a vontade livre e consciente de promover a desordem para a realização dos trabalhos eleitorais.

Consumação: O crime se consuma com a realização de quaisquer atos que "desestabilize a

14. Possuía a seguinte redação: "Exercer o preparador atribuições fora da sede da localidade para a qual foi designado: Pena – pagamento de 15 (quinze) a 30 (trinta) dias-multa."
15. Possuía a seguinte redação: "Reter título eleitoral contra a vontade do eleitor: Pena – detenção até 2 (dois) meses ou pagamento de 30 a 60 dias-//multa."
16. **Nesse sentido** Luiz Carlos dos Santos Gonçalves, ao observar que "este artigo foi revogado pela Lei 9.504/97, que trouxe redação muito parecida e pena privativa de liberdade ligeiramente maior. Veja-se: 'Art. 91. Nenhum requerimento de inscrição eleitoral ou de transferência será recebido dentro dos cento e cinquenta dias anteriores à data da eleição. Parágrafo único. A retenção de título eleitoral ou do comprovante de alistamento eleitoral constitui crime, punível com detenção, de um a três meses, com a alternativa de prestação de serviços à comunidade por igual período, e multa no valor de cinco a dez mil UFIR.'". Crimes eleitorais e processo penal eleitoral. São Paulo: Atlas, 2012, p. 38.
17. Segundo Luiz Carlos dos Santos Gonçalves, este artigo não foi recepcionado pela vigente constituição federal: "(...) temos por inconstitucional esse dispositivo. Ele também desatende à exigência da 'definição da conduta criminosa', prevista no art. 5º XXXIX, da Constituição: 'não há crime sem lei anterior que o defina (...)'." Crimes eleitorais e processo penal eleitoral. São Paulo: Atlas, 2012, p. 37.
18. TUCUNDUVA, Ricardo Cardozo de Mello (coord.). Manual prático de Polícia Judiciária Eleitoral. São Paulo: Academia de Polícia "Dr. Coriolano Nogueira Cobra", p. 32.
19. TUCUNDUVA, Ricardo Cardozo de Mello (coord.). Manual prático de Polícia Judiciária Eleitoral. São Paulo: Academia de Polícia "Dr. Coriolano Nogueira Cobra", p. 32.

tranquilidade e o regular andamento dos trabalhos eleitorais"[20].

Tentativa: É possível a tentativa, por ser crime plurissubsistente (vários atos).

Classificação doutrinária: Crime comum; material; forma ou execução livre; comissivo; instantâneo; unissubjetivo; plurissubsistente; doloso; admite a tentativa.

Suspensão condicional do processo: É possível.

Acordo de Não Persecução Penal: Tem cabimento.

Ação penal: Ação penal pública incondicionada.

Pena: O tipo penal possui pena abstrata privativa de liberdade de detenção, de quinze dias a dois meses, e de multa, de sessenta a noventa dias-multa.

Art. 297. Impedir ou embaraçar o exercício do sufrágio[21]:

Pena – detenção até 6 (seis) meses e pagamento de 60 (sessenta) a 100 (cem) dias-multa.

Verbos nucleares: *Impedir* (barrar; bloquear; embargar) ou *embaraçar* (atrapalhar; desarranjar; embaralhar).

Objetividade jurídica: É a proteção do processo eleitoral, notadamente a normalidade e a legitimidade da votação.

Objeto material: Procedimentos destinados à realização das eleições.

Sujeito ativo: Qualquer pessoa.

Sujeito passivo: O Estado[22] e o eleitor prejudicado como vítima secundária.

Elemento subjetivo: É o dolo com a vontade livre e consciente de realizar atos para impedir ou embaraçar a votação para escolha de seus representantes, bem como em plebiscitos e referendos.

Consumação: O crime se consuma com a realização de quaisquer atos que "estorve ou obste o exercício do sufrágio, vale dizer, do regular exercício do direito de participar da vida política pelo voto"[23].

O Código Eleitoral em seu artigo 129[24] prevê hipótese de incidência do crime previsto no artigo 297.

Tentativa: É possível a tentativa, por ser crime plurissubsistente (vários atos).

Classificação doutrinária: Crime comum; material; condutas alternativas; comissivo; instantâneo; unissubjetivo; plurissubsistente; doloso; admite a tentativa.

Suspensão condicional do processo: É possível.

Acordo de Não Persecução Penal: Tem cabimento.

Ação penal: Ação penal pública incondicionada.

Pena: O tipo penal possui pena abstrata privativa de liberdade de detenção, de quinze dias a seis meses, e de multa, de sessenta a cem dias-multa.

Art. 298. Prender ou deter eleitor, membro de mesa receptora, fiscal, delegado de partido, com violação do disposto no Art. 236[25]:

Pena – reclusão até 4 (quatro) anos.

---

20. TUCUNDUVA, Ricardo Cardozo de Mello (coord.). Manual prático de Polícia Judiciária Eleitoral. São Paulo: Academia de Polícia "Dr. Coriolano Nogueira Cobra", p. 32.
21. **Res.-TSE nºs 22963/2008 e 22422/2006:** possibilidade de funcionamento do comércio no dia da eleição. Disponível em: <tse.jus.br/legislacao/codigo-eleitoral/codigo-eleitoral-1/codigo-eleitoral-lei-nb0-4.737-de-15-de-julho-de-1965>. Acesso em 02.set.2020.
22. Em sentido diverso, Ricardo Cardozo de Mello Tucunduva (coord.), que entende "como sujeito passivo imediato o eleitor contra quem a atitude seja direcionada, e sujeito passivo mediato a coletividade." Manual prático de Polícia Judiciária Eleitoral. São Paulo: Academia de Polícia "Dr. Coriolano Nogueira Cobra", p. 33.
23. TUCUNDUVA, Ricardo Cardozo de Mello (coord.). Manual prático de Polícia Judiciária Eleitoral. São Paulo: Academia de Polícia "Dr. Coriolano Nogueira Cobra", p. 33.
24. **Código Eleitoral:** "Art. 129. Nas eleições proporcionais os presidentes das mesas receptoras deverão zelar pela preservação das listas de candidatos afixadas dentro das cabinas indevassáveis tomando imediatas providências para a colocação de nova lista no caso de inutilização total ou parcial. Parágrafo único. O eleitor que inutilizar ou arrebatar as listas afixadas nas cabinas indevassáveis ou nos edifícios onde funcionarem mesas receptoras, incorrerá nas penas do artigo 297."
25. **Código Eleitoral:** "Art. 236. Nenhuma autoridade poderá, desde 5 (cinco) dias antes e até 48 (quarenta e oito) horas depois do encerramento da eleição, prender ou deter qualquer eleitor, salvo em flagrante delito ou em virtude de sentença criminal condenatória por crime inafiançável, ou, ainda, por desrespeito a salvo-conduto. § 1º Os membros das mesas receptoras e os fiscais de partido, durante o exercício de suas funções, não poderão ser detidos ou presos, salvo o caso de flagrante delito; da mesma garantia gozarão os candidatos desde 15 (quinze) dias antes da eleição. § 2º Ocorrendo qualquer prisão o preso será imediatamente conduzido à presença do juiz competente

Verbos nucleares: *Prender* (aprisionar; encarcerar) ou *deter* (barrar, bloquear, reter).

Objetividade jurídica: É a proteção do processo eleitoral, notadamente "a normalidade e a legitimidade da votação"[26].

Objeto material: Procedimentos destinados à realização das eleições.

Sujeito ativo: Qualquer pessoa.

Sujeito passivo: O Estado e, como vítima secundária, o eleitor, membro de mesa receptora, fiscal ou delegado de partido preso ou detido indevidamente.

Elemento subjetivo: É o dolo com a vontade livre e consciente de realizar atos para realizar a prisão ou detenção de eleitor, de membro de mesa receptora, fiscal ou delegado de partido, em desacordo com o previsto no artigo 236 do Código Eleitoral.

Consumação: O crime se consuma com a prisão ou detenção de mencionadas pessoas, com infringência ao artigo 236 do Código Eleitoral.

Tentativa: É possível a tentativa, por ser crime plurissubsistente (vários atos).

Classificação doutrinária: Crime comum; material; condutas alternativas; comissivo; instantâneo; unissubjetivo; plurissubsistente; doloso; admite a tentativa.

Suspensão condicional do processo: É possível.

Acordo de Não Persecução Penal: Tem cabimento.

Ação penal: Ação penal pública incondicionada.

Pena: O tipo penal possui pena abstrata privativa de liberdade de reclusão, de um a quatro anos.

Art. 299. Dar, oferecer, prometer, solicitar ou receber, para si ou para outrem, dinheiro, dádiva ou qualquer outra vantagem para obter ou dar voto e para conseguir ou prometer abstenção, ainda que a oferta não seja aceita[27][28]:

Pena – reclusão até 4 (quatro) anos e pagamento de 5 (cinco) a 15 (quinze) dias-multa.

Verbos nucleares: *Dar* (entregar; prestar), *oferecer* (dedicar; presentear), *prometer* (garantir; afirmar; assegurar), *solicitar* (pedir; postular; pleitear) ou *receber* (acolher; admitir; obter; perceber).

Objetividade jurídica: É a proteção do processo eleitoral, notadamente "a normalidade e a legitimidade da votação"[29]. Entretanto, existem "decisões do Tribunal Superior Eleitoral que apontam a liberdade de voto como o bem da vida diretamente protegido por esse tipo penal"[30].

que, se verificar a ilegalidade da detenção, a relaxará e promoverá a responsabilidade do coator."

26. SPITZCOVSKY, Celso. Direito Eleitoral (Coleção elementos do direito, v. 20). 3ª ed. rev. e atual. São Paulo: Editora Revista dos Tribunais, 2016, p. 271.

27. Antonio Carlos da Ponte realizou minucioso estudo sobre a evolução histórica do crime de corrupção eleitoral, bem como análise comparativa com as legislações da França, Alemanha, Portugal, Espanha, Canadá e Argentina. Crimes Eleitorais. São Paulo: Saraiva, 2008, p. 87-106.

28. "**Ac.-TSE, de 18.10.2016, AgR-AI nº 3748:** a promessa de cargo a correligionário em troca de voto não configura o delito previsto neste artigo. **Ac.-TSE, de 5.2.2015, no AgR-AI nº 20903:** o crime previsto neste artigo tutela o livre exercício do voto ou a abstenção do eleitor. **Ac.-TSE, de 26.2.2013, no RHC nº 45224:** na acusação da prática de corrupção eleitoral, a peça acusatória deve indicar qual ou quais eleitores teriam sido beneficiados ou aliciados, sem o que o direito de defesa fica comprometido. **Ac.-TSE, de 25.8.2011, no AgR-AI nº 58648:** a configuração do crime de corrupção eleitoral não se confunde com a realização de promessas de campanha; **Ac.-TSE, de 1º.10.2015, no HC nº 8992:** promessas genéricas de campanha não representam compra de votos. **Ac.-TSE, de 18.8.2011, no HC nº 78048:** o corréu (corruptor passivo), enquanto não denunciado nos crimes de corrupção, pode ser tomado como testemunha, uma vez que o Ministério Público não é obrigado a ajuizar a ação contra todos os envolvidos. **Ac.-TSE, de 2.3.2011, nos ED-REspe nº 58245:** a configuração do delito previsto neste artigo não exige pedido expresso de voto, mas sim a comprovação da finalidade de obter ou dar voto ou prometer abstenção. **Ac.-TSE, de 28.10.2010, no AgR-AI nº 10672:** inaplicabilidade do princípio da insignificância. **Ac.-TSE, de 23.2.2010, HC nº 672:** "Exige-se para a configuração do ilícito penal que o corruptor eleitoral passivo seja pessoa apta a votar". **Ac.-TSE, de 15.3.2007, no Ag nº 6014 e, de 8.3.2007, no REspe nº 25388:** necessidade do dolo específico para a configuração deste crime. **Ac.-TSE, de 3.5.2005, no RHC nº 81:** a disciplina deste artigo não foi alterada pelo art. 41-A da Lei nº 9.504/1997; **Ac.-TSE, de 27.11.2007, no AgRgAg nº 6553**: a absolvição na representação por captação ilícita de sufrágio, ainda que acobertada pela coisa julgada, não obsta a *persecutio criminis* pela prática do tipo penal aqui descrito." Disponível em: <tse.jus.br/legislacao/codigo-eleitoral/codigo-eleitoral-1/codigo-eleitoral-lei-nb0-4.737-de-15-de-julho-de-1965>. Acesso em 02.set.2020.

29. SPITZCOVSKY, Celso. Direito Eleitoral (Coleção elementos do direito, v. 20). 3ª ed. rev. e atual. São Paulo: Editora Revista dos Tribunais, 2016, p. 271.

30. GONÇALVES, Luiz Carlos dos Santos. Crimes eleitorais e processo penal eleitoral. São Paulo: Atlas, 2012, p. 45.

Objeto material: Procedimentos destinados à realização das eleições.

Sujeito ativo: Qualquer pessoa.

Sujeito passivo: O Estado.

Elemento subjetivo: É o dolo com a vontade livre e consciente de dar, oferecer, prometer, solicitar ou receber vantagem com a finalidade específica de obter ou dar voto ou com vistas à abstenção, portanto o tipo possui elemento subjetivo especial.

Consumação: O crime se consuma com a entrega ou recebimento da vantagem, bem como com o mero oferecimento, promessa ou solicitação, nestes últimos casos independentemente de cumprimento do acordado.

Tentativa: É possível a tentativa, por ser crime plurissubsistente (vários atos).

Classificação doutrinária: Crime comum; material; com tipo múltiplo alternativo; comissivo; instantâneo; unissubjetivo; plurissubsistente; doloso; não admite a tentativa[31].

Suspensão condicional do processo: É possível.

Acordo de Não Persecução Penal: Tem cabimento.

Ação penal: Ação penal pública incondicionada.

Pena: O tipo penal possui pena abstrata privativa de liberdade de reclusão, de um a quatro anos, e de multa, de cinco a quinze dias-multa.

Art. 300. Valer-se o servidor público da sua autoridade para coagir alguém a votar ou não votar em determinado candidato ou partido:

Pena – detenção até 6 (seis) meses e pagamento de 60 (sessenta) a 100 (cem) dias-multa.

Parágrafo único. Se o agente é membro ou funcionário da Justiça Eleitoral e comete o crime prevalecendo-se do cargo a pena é agravada.

Verbo nuclear: *Coagir* (obrigar; compelir; forçar; impor; exigir).

Objetividade jurídica: É a proteção do processo eleitoral, notadamente "a normalidade e a legitimidade da votação"[32].

Objeto material: Atuação livre no exercício do direito eleitoral.

Sujeito ativo: Somente servidores públicos.

Sujeito passivo: O Estado, secundariamente o eleitor coagido.

Elemento subjetivo: É o dolo com a vontade livre e consciente de coagir o eleitor, com vistas a suprimir sua liberdade de escolha, razão pela qual possui elemento subjetivo especial.

Consumação: O crime se consuma no momento que o eleitor é coagido, ainda que não ceda ao interesse do agente criminoso.

Tentativa: É possível a tentativa, por ser crime plurissubsistente (vários atos).

Classificação doutrinária: Crime próprio; formal; forma ou execução livre; comissivo; instantâneo; unissubjetivo; plurissubsistente; doloso; admite a tentativa.

Suspensão condicional do processo: É possível.

Acordo de Não Persecução Penal: Tem cabimento, desde que não haja grave ameaça.

Ação penal: Ação penal pública incondicionada.

Pena: O tipo penal possui pena abstrata privativa de liberdade de detenção, de quinze dias a seis meses, e de multa, de sessenta a cem dias-multa. Caso o crime seja praticado por servidor da Justiça Eleitoral, haverá o agravamento da pena, nos termos do artigo 285 do Código Eleitoral[33], ou seja, o aumento de um quinto a um terço.

Art. 301. Usar de violência ou grave ameaça para coagir alguém a votar, ou não votar, em determinado candidato ou partido, ainda que os fins não sejam conseguidos:

31. **Nesse sentido: "Ac.-TSE, de 27.11.2007, no Ag nº 8905:** 'O crime de corrupção eleitoral, por ser crime formal, não admite a forma tentada, sendo o resultado mero exaurimento da conduta criminosa'. Disponível em: <tse.jus.br/legislacao/codigo-eleitoral/codigo-eleitoral-1/codigo-eleitoral-lei-nb0-4.737-de-15-de-julho-de-1965>. Acesso em 02.set.2020.

32. SPITZCOVSKY, Celso. Direito Eleitoral (Coleção elementos do direito, v. 20). 3ª ed. rev. e atual. São Paulo: Editora Revista dos Tribunais, 2016, p. 271.

33. **Código Eleitoral:** "Art. 285. Quando a lei determina a agravação ou atenuação da pena sem mencionar o *quantum*, deve o juiz fixá-lo entre um quinto e um terço, guardados os limites da pena cominada ao crime."

Pena – reclusão até 4 (quatro) anos e pagamento de 5 (cinco) a 15 (quinze) dias-multa.

Verbo nuclear: *Usar* (empregar; aplicar; utilizar) de violência ou grave ameaça.

Objetividade jurídica: É a proteção do processo eleitoral, notadamente "a normalidade e a legitimidade da votação"[34].

Objeto material: Atuação livre no exercício do direito eleitoral.

Sujeito ativo: Qualquer pessoa.

Sujeito passivo: O Estado, secundariamente o eleitor coagido por meio do uso de violência ou da grave ameaça.

Elemento subjetivo: É o dolo com a vontade livre e consciente de coagir o eleitor para suprimir sua liberdade de escolha, portanto não basta coagir, sendo imprescindível a existência do elemento subjetivo especial, o fim especifico almejado.

Consumação: O crime se consuma no momento que o eleitor é coagido, ainda que não ceda ao interesse do agente criminoso.

Tentativa: É possível a tentativa, por ser crime plurissubsistente (vários atos).

Classificação doutrinária: Crime comum; formal; de forma vinculada; comissivo; instantâneo; unissubjetivo; plurissubsistente; doloso; admite a tentativa.

Suspensão condicional do processo: É possível.

Acordo de Não Persecução Penal: Não tem cabimento.

Ação penal: Ação penal pública incondicionada.

Pena: O tipo penal possui pena abstrata privativa de liberdade de reclusão, de um a quatro anos, e de multa, de cinco a quinze dias-multa.

Art. 302. Promover, no dia da eleição, com o fim de impedir, embaraçar ou fraudar o exercício do voto a concentração de eleitores, sob qualquer forma, inclusive o fornecimento gratuito de alimento e transporte coletivo:[35]

Pena – reclusão até 4 (quatro) a 6 (seis) anos e pagamento de 200 (duzentos) a 300 (trezentos) dias-multa.[36]

Verbo nuclear: *Promover* (impulsionar; causar; criar; engendrar) concentração de eleitores.

Objetividade jurídica: É a proteção do processo eleitoral, notadamente "a normalidade e a legitimidade da votação"[37].

Objeto material: Atuação livre no exercício do direito eleitoral.

Sujeito ativo: Qualquer pessoa.

Sujeito passivo: O Estado, secundariamente o eleitor atingido em seu exercício do voto.

Elemento subjetivo: É o dolo com a vontade livre e consciente de promover concentração de eleitores, com o fim de impedir, embaraçar ou fraudar a realização do exercício do voto. O tipo exige o elemento subjetivo especial.

Consumação: O crime se consuma no momento em ocorre a concentração, ainda que não impeça, embarace ou fraude o exercício do voto.

Tentativa: É possível a tentativa, por ser crime plurissubsistente (vários atos).

Classificação doutrinária: Crime comum; formal; de forma vinculada; comissivo; instantâneo; unissubjetivo; plurissubsistente; doloso; admite a tentativa.

Suspensão condicional do processo: Não é possível.

Acordo de Não Persecução Penal: Não tem cabimento.

Ação penal: Ação penal pública incondicionada.

Revogação parcial: A Lei 6.091/1974 revogou, de forma tácita, a parte final deste dispositivo, no que se refere ao "fornecimento gratuito de alimento e transporte coletivo", todavia tais condutas permanecem como infrações penais, pois mencionada lei previu idêntica conduta em seu artigo 11, nos seguintes termos: "Art. 11. Constitui crime eleitoral: (...) III – descumprir a proibição dos artigos 5, 8 e 10.

---

34. SPITZCOVSKY, Celso. Direito Eleitoral (Coleção elementos do direito, v. 20). 3ª ed. rev. e atual. São Paulo: Editora Revista dos Tribunais, 2016, p. 271.
35. Artigo com redação dada pelo Decreto-Lei nº 1.064, de 24 de outubro de 1969.
36. Pena com redação dada pelo Decreto-Lei nº 1.064, de 24 de outubro de 1969.
37. SPITZCOVSKY, Celso. Direito Eleitoral (Coleção elementos do direito, v. 20). 3ª ed. rev. e atual. São Paulo: Editora Revista dos Tribunais, 2016, p. 271.

Pena – reclusão de quatro a seis anos e pagamento de 200 a 300 dias."

Pena: O tipo penal possui pena abstrata privativa de liberdade de reclusão, de quatro a seis anos, e de multa, de duzentos a trezentos dias-multa.

Art. 303. Majorar os preços de utilidades e serviços necessários à realização de eleições, tais como transporte e alimentação de eleitores, impressão, publicidade e divulgação de matéria eleitoral:[38]

Pena – pagamento de 250 a 300 (trezentos) dias-multa.

Verbo nuclear: *Majorar* (acrescentar; aumentar; sobrecarregar; agravar; elevar; subir) preços de utilidades e serviços necessários às eleições.

Objetividade jurídica: É a proteção do processo eleitoral.

Objeto material: Preços de mercadorias ou serviços.

Sujeito ativo: Qualquer pessoa.

Sujeito passivo: O Estado.

Elemento subjetivo: É o dolo com a vontade livre e consciente de aumentar preços de mercadorias e serviços necessários às eleições.

Consumação: O crime se consuma no momento em ocorre o aumento. Embora o tipo não preveja de forma expressa, quando o aumento se dá de forma sem necessidade.

Tentativa: É possível a tentativa, por ser crime plurissubsistente (vários atos).

Classificação doutrinária: Crime comum; formal; comissivo; instantâneo; unissubjetivo; plurissubsistente; doloso; admite a tentativa.

Suspensão condicional do processo: É possível.

Acordo de Não Persecução Penal: Tem cabimento.

Ação penal: Ação penal pública incondicionada.

Pena: O tipo penal possui pena abstrata de multa, de duzentos e cinquenta a trezentos dias-multa.

Art. 304. Ocultar, sonegar, açambarcar ou recusar no dia da eleição o fornecimento, normalmente a todos, de utilidades, alimentação e meios de transporte, ou conceder exclusividade dos mesmos a determinado partido ou candidato:

Pena – pagamento de 250 a 300 (trezentos) dias-multa.

Verbos nucleares: *Ocultar* (camuflar; dissimular; esconder), *sonegar* (sobnegar; disfarçar), *açambarcar* (usurpar; desviar; monopolizar) ou *recusar* (enjeitar; desamparar; refugar), na data das eleições, mercadorias ou serviços, ou *conceder* (anuir; concordar; entregar; prestar)exclusividade a partido ou candidato.

Objetividade jurídica: É a proteção do processo eleitoral.

Objeto material: Mercadorias ou serviços.

Sujeito ativo: Qualquer pessoa.

Sujeito passivo: O Estado e secundariamente o partido ou candidato prejudicado.

Elemento subjetivo: É o dolo com a vontade livre e consciente de ocultar, sonegar, monopolizar, recusar ou conceder exclusividade de mercadorias ou meios de transporte, na data da eleição.

Consumação: O crime se consuma no momento em que o agente oculta, sonega, monopoliza, recusa ou concede a exclusividade da mercadoria ou do meio de transporte sem justa causa.

Tentativa: É possível a tentativa, por ser crime plurissubsistente (vários atos).

Classificação doutrinária: Crime comum; comissivo ou omissivo, conforme a conduta; tipo múltiplo, de condutas alternativas; unissubjetivo; plurissubsistente; doloso; admite a tentativa.

Suspensão condicional do processo: É possível.

Acordo de Não Persecução Penal: Tem cabimento.

38. Segundo Luiz Carlos dos Santos Gonçalves este tipo penal não foi recepcionado pela vigente constituição federal, face à "incompatibilidade com as disposições sobre livre iniciativa e ordem econômica. A lei da oferta e da procura é inerente ao modo de produção capitalista, expressamente adotado pela Constituição Federal. Não se pode esperar que diante da maior procura por utilidades e serviços necessários às eleições, que normalmente ocorre à época das eleições, estejam os fornecedores impossibilitados de formar livremente seus preços, atentos à concorrência. Os preços oscilarão (não necessariamente para mais), não parecendo adequado que um artigo de lei eleitoral sirva como 'tabela' de preços. E se os insumos aumentarem ou a inflação recrudescer?" Crimes eleitorais e processo penal eleitoral. São Paulo: Atlas, 2012, p. 56-57.

Ação penal: Ação penal pública incondicionada.

Pena: O tipo penal possui pena abstrata de multa, de duzentos e cinquenta a trezentos dias-multa.

Art. 305. Intervir autoridade estranha à mesa receptora, salvo o juiz eleitoral, no seu funcionamento sob qualquer pretexto:

Pena – detenção até 6 (seis) meses e pagamento de 60 (sessenta) a 90 (noventa) dias-multa.

Verbo nuclear: *Intervir* (intrometer; irromper; imiscuir-se; interpor).

Objetividade jurídica: É a proteção do processo eleitoral, em especial "a normalidade e a legitimidade da votação"[39].

Objeto material: Procedimento eleitoral.

Sujeito ativo: Qualquer pessoa.

Sujeito passivo: O Estado.

Elemento subjetivo: É o dolo com a vontade livre e consciente de imiscuir-se à mesa receptora quanto ao seu funcionamento.

Consumação: O crime se consuma no momento em ocorre a intromissão do agente, ainda que não acarrete consequências.

Tentativa: É possível a tentativa, por ser crime plurissubsistente (vários atos).

Classificação doutrinária: Crime comum; formal; comissivo; instantâneo; unissubjetivo; plurissubsistente; doloso; admite a tentativa.

Suspensão condicional do processo: É possível.

Acordo de Não Persecução Penal: Tem cabimento.

Ação penal: Ação penal pública incondicionada.

Art. 306. Não observar a ordem em que os eleitores devem ser chamados a votar:[40]

Pena – pagamento de 15 (quinze) a 30 (trinta) dias-multa.

Verbo nuclear: *Observar* (analisar; obedecer; ponderar).

Objetividade jurídica: É a proteção do processo eleitoral, notadamente "a normalidade e a legitimidade da votação"[41].

Objeto material: Procedimento eleitoral.

Sujeito ativo: Qualquer pessoa.

Sujeito passivo: O Estado.

Elemento subjetivo: É o dolo com a vontade livre e consciente de não observar a ordem de chamamento dos eleitores para votarem. O § 2º do artigo 143 do Código Eleitoral[42] deve ser analisado conjuntamente com o tipo penal, pois prevê hipóteses de prioridades e preferência.

Consumação: O crime se consuma no momento em ocorre o desrespeito da ordem de chamamento.

Tentativa: É possível a tentativa, por ser crime plurissubsistente (vários atos).

Classificação doutrinária: Crime comum[43]; formal; comissivo; instantâneo; unissubjetivo; plurissubsistente; doloso; admite a tentativa.

Suspensão condicional do processo: É possível.

Acordo de Não Persecução Penal: Tem cabimento.

Ação penal: Ação penal pública incondicionada.

---

39. SPITZCOVSKY, Celso. Direito Eleitoral (Coleção elementos do direito, v. 20). 3ª ed. rev. e atual. São Paulo: Editora Revista dos Tribunais, 2016, p. 271.
40. Segundo Luiz Carlos dos Santos Gonçalves este tipo penal não foi recepcionado pela vigente constituição federal, pois a conduta "perfaz mera irregularidade administrativa, a não ser que efetivamente implique em coação, fraude ou impedimento do exercício do voto. É a famosa criminalização da 'fura fila', exemplo perfeito da vulgarização do uso do Direito Penal. Entendemos que esse tipo não foi recebido pela Constituição Federal de 1988. Falece a ele um mínimo de 'dignidade penal', um grau suficiente de lesão ou ameaça a um bem jurídico aceito pela Constituição, justificador do emprego de uma sanção penal. Falta-lhe, noutra terminologia, 'tipicidade material', não apenas no caso concreto, mas em todos os enfeixados pela descrição típica. É uma 'bagatela tipificada', o que não se pode aceitar." Crimes eleitorais e processo penal eleitoral. São Paulo: Atlas, 2012, p. 59-60.
41. SPITZCOVSKY, Celso. Direito Eleitoral (Coleção elementos do direito, v. 20). 3ª ed. rev. e atual. São Paulo: Editora Revista dos Tribunais, 2016, p. 271.
42. **Código Eleitoral: Art. 143, § 2º.** Observada a prioridade assegurada aos candidatos, têm preferência para votar o juiz eleitoral da zona, seus auxiliares de serviço, os eleitores de idade avançada os enfermos e as mulheres grávidas.
43. **Em sentido diverso,** Luiz Carlos dos Santos Gonçalves, que entende ser crime próprio. Crimes eleitorais e processo penal eleitoral. São Paulo: Atlas, 2012, p. 59.

Pena: O tipo penal possui pena abstrata de multa, de quinze a trinta dias-multa.

Art. 307. Fornecer ao eleitor cédula oficial já assinalada ou por qualquer forma marcada:

Pena – reclusão até 5 (cinco) anos e pagamento de 5 (cinco) a 15 (quinze) dias-multa.

Verbo nuclear: *Fornecer* (prover; abastecer; aprontar; entregar; aprovisionar).

Objetividade jurídica: É a proteção do processo eleitoral, em especial "a normalidade e a legitimidade da votação"[44].

Objeto material: Procedimento eleitoral.

Sujeito ativo: Qualquer pessoa.

Sujeito passivo: O Estado.

Elemento subjetivo: É o dolo com a vontade livre e consciente de entregar a cédula oficial assinalada ou marcada.

Consumação: O crime se consuma no momento da entrega da cédula oficial, ainda que o eleitor não a utilize efetivamente.

Tentativa: É possível a tentativa, por ser crime plurissubsistente (vários atos).

Classificação doutrinária: Crime comum[45]; formal; comissivo; instantâneo; unissubjetivo; plurissubsistente; doloso; admite a tentativa.

Suspensão condicional do processo: É possível.

Acordo de Não Persecução Penal: Tem cabimento.

Ação penal: Ação penal pública incondicionada.

Pena: O tipo penal possui pena abstrata privativa de liberdade de reclusão, de um a cinco anos, e de multa, de cinco a quinze dias-multa.

44. SPITZCOVSKY, Celso. Direito Eleitoral (Coleção elementos do direito, v. 20). 3ª ed. rev. e atual. São Paulo: Editora Revista dos Tribunais, 2016, p. 271.

45. **Em sentido diverso,** Luiz Carlos dos Santos Gonçalves, que entende ser crime próprio. Segundo o autor, "curiosamente, a defeituosa redação típica permite que o fornecedor da cédula rubricada por outrem não responda por nada, a não ser que esteja agindo em concurso de agentes. Melhor seria um tipo que falasse, simplesmente, em 'fornecer cédula rubricada fora do momento próprio'". Crimes eleitorais e processo penal eleitoral. São Paulo: Atlas, 2012, p. 61.

Art. 308. Rubricar e fornecer a cédula oficial em outra oportunidade que não a de entrega da mesma ao eleitor:

Pena – reclusão até 5 (cinco) anos e pagamento de 60 (sessenta) a 90 (noventa) dias-multa.

Verbo nuclear: *Rubricar* (assinar abreviadamente; chancelar; autenticar) e *fornecer* (entregar, prover, abastecer, aprestar).

Objetividade jurídica: É a proteção do processo eleitoral, em especial "a normalidade e a legitimidade da votação"[46].

Objeto material: Procedimento eleitoral de fornecimento da cédula eleitoral em momento diverso do adequado, o qual deve ser após a verificação do título de eleitor, conforme prevê o inciso V do artigo 146 do Código Eleitoral[47].

Sujeito ativo: Qualquer pessoa.

Sujeito passivo: O Estado.

Elemento subjetivo: É o dolo com a vontade livre e consciente de entregar a cédula oficial, após ser rubricada, em momento diverso do adequado.

Consumação: O crime se consuma no momento da entrega da cédula oficial.

Tentativa: É possível a tentativa, por ser crime plurissubsistente (vários atos).

Classificação doutrinária: Crime comum[48]; comissivo; instantâneo; unissubjetivo; plurissubsistente; doloso; admite a tentativa.

Suspensão condicional do processo: É possível.

Acordo de Não Persecução Penal: Tem cabimento.

46. SPITZCOVSKY, Celso. Direito Eleitoral (Coleção elementos do direito, v. 20). 3ª ed. rev. e atual. São Paulo: Editora Revista dos Tribunais, 2016, p. 271.

47. **Código Eleitoral:** "Art. 146. Observar-se-á na votação o seguinte: (...) V – achando-se em ordem o título e a folha individual e não havendo dúvida sobre a identidade do eleitor, o presidente da mesa o convidará a lançar sua assinatura no verso da folha individual de votação; em seguida entregar-lhe-á a cédula única rubricada no ato pelo presidente e mesários e numerada de acordo com as Instruções do Tribunal Superior instruindo-o sobre a forma de dobrá-la, fazendo-o passar a cabina indevassável, cuja porta ou cortina será encerrada em seguida;".

48. **Em sentido diverso,** Luiz Carlos dos Santos Gonçalves, que entende ser crime próprio. Crimes eleitorais e processo penal eleitoral. São Paulo: Atlas, 2012, p. 60.

Ação penal: Ação penal pública incondicionada.

Pena: O tipo penal possui pena abstrata privativa de liberdade de reclusão, de um a cinco anos, e de multa, de sessenta a noventa dias-multa.

Art. 309. Votar ou tentar votar mais de uma vez, ou em lugar de outrem:

Pena – reclusão até 3 (três) anos.

Verbos nucleares: *Votar* (indicar, sigilosamente, seu candidato ou sua opção, nos casos de plebiscitos ou referendos) ou *tentar votar (intentar; empenhar-se; buscar* concretizar seu voto).

Objetividade jurídica: É a proteção do processo eleitoral, em especial "a normalidade e a legitimidade da votação"[49].

Objeto material: Procedimento eleitoral, por meio de votação indevida.

Sujeito ativo: O eleitor.

Sujeito passivo: O Estado.

Elemento subjetivo: É o dolo com a vontade livre e consciente de votar ou tentar votar indevidamente mais de uma vez.

Consumação: O crime se consuma no momento em ocorre a tentativa do segundo voto ou de sua realização.

Tentativa: Não é possível a tentativa, pois se trata de crime de atentado ou de empreendimento, cuja tentativa prevê punição idêntica à forma consumada.

Classificação doutrinária: Crime próprio; material; de atentado ou empreendimento; comissivo; tipo misto alternativo; instantâneo; unissubjetivo; plurissubsistente; doloso; não admite a tentativa.

Suspensão condicional do processo: É possível.

Acordo de Não Persecução Penal: Tem cabimento.

Ação penal: Ação penal pública incondicionada.

Pena: O tipo penal possui pena abstrata privativa de liberdade de reclusão, de um a três anos.

49. SPITZCOVSKY, Celso. Direito Eleitoral (Coleção elementos do direito, v. 20). 3ª ed. rev. e atual. São Paulo: Editora Revista dos Tribunais, 2016, p. 271.

Art. 310. Praticar, ou permitir membro da mesa receptora que seja praticada, qualquer irregularidade que determine a anulação de votação, salvo no caso do Art. 311:[50-51]

Pena – detenção até 6 (seis) meses ou pagamento de 90 (noventa) a 120 (cento e vinte) dias-multa.

Verbos nucleares: *Praticar* (efetuar; realizar; prestar) ou *permitir* (aceitar; transigir; acatar; aceder; aderir; admitir; aprovar).

Objeto jurídico: É a proteção do processo eleitoral, em especial "a normalidade e a legitimidade da votação"[52].

Objeto material: Procedimento eleitoral.

Sujeito ativo: Pessoa que figure como membro da mesa receptora.

Sujeito passivo: O Estado.

Elemento subjetivo: É o dolo com a vontade livre e consciente de realizar ou permitir a prática de irregularidade, apta à anulação da votação, exceto a os casos abrangidos pelo artigo 311 do Código Eleitoral.

Consumação: O crime se consuma no momento da realização ou permissão da irregularidade, ainda que não ocorra a anulação da eleição.

Tentativa: É possível a tentativa, por ser crime plurissubsistente (vários atos).

Classificação doutrinária: Crime próprio; formal; comissivo (praticar) ou omissivo (permitir), conforme a conduta praticada; instantâneo; unissubjetivo; plurissubsistente; doloso; admite a tentativa.

50. **Código Eleitoral:** "Art. 311. Votar em seção eleitoral em que não está inscrito, salvo nos casos expressamente previstos, e permitir, o presidente da mesa receptora, que o voto seja admitido:"

51. Segundo Luiz Carlos dos Santos Gonçalves este tipo penal não foi recepcionado pela vigente constituição federal, pois ao se referir ao tipo penal, ressalta que ele possui "má redação legislativa", que "cria um crime duplamente remetido, dificultando o conhecimento do comportamento proibido. A pretensão era sancionar qualquer produção dolosa de irregularidade que, como consequência poderia anular a eleição, mas a redação encontrada não o diz, claramente. Por essa razão, temos como inconstitucional esse art. 310, por ofensa à reserva de lei penal que exige da lei a descrição da conduta criminosa. Não se pode descrever crimes como se faz com irregularidades administrativas." Crimes eleitorais e processo penal eleitoral. São Paulo: Atlas, 2012, p. 64.

52. SPITZCOVSKY, Celso. Direito Eleitoral (Coleção elementos do direito, v. 20). 3ª ed. rev. e atual. São Paulo: Editora Revista dos Tribunais, 2016, p. 271.

Suspensão condicional do processo: É possível.

Acordo de Não Persecução Penal: Tem cabimento.

Ação penal: Ação penal pública incondicionada.

Pena: O tipo penal possui pena abstrata privativa de liberdade, de detenção, de quinze dias a seis meses, ou de multa, de noventa a cento e vinte dias multa.

Art. 311. Votar em seção eleitoral em que não está inscrito, salvo nos casos expressamente previstos, e permitir, o presidente da mesa receptora que o voto seja admitido:

Pena – detenção até 1 (um) mês ou pagamento de 5 (cinco) a 15 (quinze) dias-multa para o eleitor e de 20 (vinte) a 30 (trinta) dias-multa para o presidente da mesa.

Verbos nucleares: *Votar* (indicar, sigilosamente, seu candidato ou sua opção, nos casos de plebiscitos ou referendos) ou *permitir* (aceitar; transigir; acatar; aceder; aderir; admitir; aprovar).

Objetividade jurídica: É a proteção do processo eleitoral, em especial "a normalidade e a legitimidade da votação"[53].

Objeto material: Procedimento eleitoral.

Sujeito ativo: O eleitor, em relação à conduta votar, ou o presidente da mesa receptora, em relação à conduta permissiva do voto de forma irregular.

Sujeito passivo: O Estado.

Elemento subjetivo: É o dolo com a vontade livre e consciente do eleitor votar em seção eleitoral indevida ou do presidente da mesa receptora em permitir o voto de forma irregular.

Elemento normativo: O tipo penal possui o elemento normativo "salvo os casos expressamente previstos", os quais abrangem atualmente somente a possibilidade de votar fora da seção no caso de voto em trânsito.

Consumação: O crime se consuma no momento em ocorre o voto ou sua permissão.

Tentativa: É possível a tentativa, por ser crime plurissubsistente (vários atos).

Classificação doutrinária: Crime próprio; material; comissivo (votar) ou omissivo (permitir), conforme a conduta praticada; instantâneo; unissubjetivo; plurissubsistente; doloso; admite a tentativa.

Suspensão condicional do processo: É possível.

Acordo de Não Persecução Penal: Tem cabimento.

Ação penal: Ação penal pública incondicionada.

Pena: O tipo penal possui pena abstrata privativa de liberdade, de detenção, de quinze dias a um mês, ou de multa, de cinco a quinze dias-multa, quando o crime for praticado pelo eleitor. Se praticado pelo presidente da mesa, pena de multa, de vinte a trinta dias-multa.

Art. 312. Violar ou tentar violar o sigilo[54] do voto[55]:

Pena – detenção até 2 (dois) anos.

Verbos nucleares: *Violar* (infringir; desrespeitar; descumprir; desobedecer; ofender) ou *tentar violar* (intentar; empenhar-se; buscar desrespeitar o sigilo).

Objetividade jurídica: É a proteção do processo eleitoral, em especial "a normalidade e a legitimidade da votação"[56].

53. SPITZCOVSKY, Celso. Direito Eleitoral (Coleção elementos do direito, v. 20). 3ª ed. rev. e atual. São Paulo: Editora Revista dos Tribunais, 2016, p. 271.

54. Segundo Joel José Cândido, "para que se fale em violação do sigilo do voto deve-se falar, obrigatoriamente, em contrariedade à vontade do eleitor. Sem isso, não há violação e, por conseguinte, não há crime." Direito penal eleitoral e processo penal eleitoral, 2006, p. 241, *apud* TUCUNDUVA, Ricardo Cardozo de Mello (coord.). Manual prático de Polícia Judiciária Eleitoral. São Paulo: Academia de Polícia "Dr. Coriolano Nogueira Cobra", p. 38.

55. Este crime foi "previsto originalmente no Código Eleitoral de 1932: '§ 20. Violar ou tentar violar o sigilo do voto: Pena – seis meses a três anos de prisão celular e perda do cargo público que exerça.'". GONÇALVES, Luiz Carlos dos Santos Gonçalves. Crimes eleitorais e processo penal eleitoral. São Paulo: Atlas, 2012, p. 66.
Atualmente, prevê a Constituição Federal que o sigilo das votações possui status de cláusula pétrea, nos termos no inciso II, do § 4º, do artigo 60 da CF: "**Art. 60.** A Constituição poderá ser emendada mediante proposta: (...) **§ 4º.** Não será objeto de deliberação a proposta de emenda tendente a abolir: (...) **II** – o voto direto, secreto, universal e periódico; (...)."

56. SPITZCOVSKY, Celso. Direito Eleitoral (Coleção elementos do direito, v. 20). 3ª ed. rev. e atual. São Paulo: Editora Revista dos Tribunais, 2016, p. 271.

Objeto material: Procedimento eleitoral.

Sujeito ativo: Qualquer pessoa.

Sujeito passivo: O Estado.

Elemento subjetivo: É o dolo com a vontade livre e consciente de violar o sigilo do voto.

Consumação: O crime se consuma no momento em que ocorre a tentativa da violação do sigilo do voto ou com a efetiva quebra do sigilo.

Tentativa: Não é possível a tentativa, pois se trata de crime de atentado ou de empreendimento, cuja tentativa prevê punição idêntica à forma consumada.

Classificação doutrinária: Crime comum; material; comissivo; de atentado ou empreendimento; tipo misto alternativo; instantâneo; unissubjetivo; plurissubsistente; doloso; não admite a tentativa.

Suspensão condicional do processo: É possível.

Acordo de Não Persecução Penal: Tem cabimento.

Ação penal: Ação penal pública incondicionada.

Pena: O tipo penal possui pena abstrata privativa de liberdade de detenção, de quinze dias a dois anos.

Art. 313[57]. (Revogado tacitamente pelo artigo 87 da Lei 9.504, de 30 de setembro de 1997)

Art. 314. Deixar o juiz e os membros da Junta de recolher[58] as cédulas apuradas na respectiva urna, fechá-la e lacrá-la, assim que terminar a apuração de cada seção e antes de passar à subsequente, sob qualquer pretexto e ainda que dispensada a providência pelos fiscais, delegados ou candidatos presentes:

Pena – detenção até 2 (dois meses) ou pagamento de 90 (noventa) a 120 (cento e vinte) dias-multa.

Parágrafo único. Nas seções eleitorais em que a contagem dos votos for procedida pela mesa receptora incorrerão na mesma pena o presidente e os mesários que não fecharem e lacrarem a urna após a contagem.

Verbo nuclear: *Deixar* (enjeitar; abnegar; não realizar; afrontar) a recolha de cédulas apuradas.

Objetividade jurídica: É a proteção do processo eleitoral, em especial "a normalidade e a legitimidade da votação"[59].

Objeto material: Procedimento eleitoral, durante a apuração.

Sujeito ativo: O juiz, os membros da Junta, o presidente ou mesários da mesa receptora.

Sujeito passivo: O Estado.

Elemento subjetivo: É o dolo com a vontade livre e consciente de não recolher as cédulas apuradas, fechá-las e lacrá-las na respectiva urna.

Consumação: O crime se consuma no momento em que o agente se omite na recolha das cédulas apuradas para armazená-las na respectiva urna.

Tentativa: Não é possível a tentativa, por se tratar de crime omissivo próprio.

Classificação doutrinária: Crime próprio; omissivo próprio ou comissivo por omissão; instantâneo; unissubjetivo; plurissubsistente; doloso; não admite a tentativa.

Suspensão condicional do processo: É possível.

Acordo de Não Persecução Penal: Tem cabimento.

Ação penal: Ação penal pública incondicionada.

Pena: O tipo penal possui pena abstrata privativa de liberdade de detenção, de quinze dias a dois meses, ou de multa, de noventa a cento e vinte dias-multa.

57. Este artigo possuía a seguinte redação: "**Art. 313.** Deixar o juiz e os membros da Junta de expedir o boletim de apuração imediatamente após a apuração de cada urna e antes de passar à subsequente, sob qualquer pretexto e ainda que dispensada a expedição pelos fiscais, delegados ou candidatos presentes: **Pena** - detenção até dois meses ou pagamento de 90 a 120 dias-multa. **Parágrafo único.** Nas seções eleitorais em que a contagem dos votos for procedida pela mesa receptora incorrerão na mesma pena o presidente e os mesários que não fecharem e lacrarem a urna após a contagem.

58. O dever jurídico de recolher as cédulas apuradas está previsto no **artigo 183 do Código Eleitoral: "Art. 183.** Concluída a apuração, e antes de se passar à subsequente, as cédulas serão recolhidas à urna, sendo esta fechada e lacrada, não podendo ser reaberta senão depois de transitada em julgado a diplomação, salvo nos casos de recontagem de votos. **Parágrafo único.** O descumprimento do disposto no presente artigo, sob qualquer pretexto, constitui o crime eleitoral previsto no Art. 314."

59. SPITZCOVSKY, Celso. Direito Eleitoral (Coleção elementos do direito, v. 20). 3ª ed. rev. e atual. São Paulo: Editora Revista dos Tribunais, 2016, p. 271.

Art. 315. Alterar nos mapas[60] ou nos boletins de apuração a votação obtida por qualquer candidato ou lançar nesses documentos votação que não corresponda às cédulas apuradas:[61]

Pena – reclusão até 5 (cinco) anos e pagamento de 5 (cinco) a 15 (quinze) dias-multa.

Verbos nucleares: *Alterar* (adulterar; corromper; deformar; descaracterizar; deturpar) ou *lançar* (inserir; registrar; digitar; constar; escrever; inscrever).

Objetividade jurídica: É a proteção do processo eleitoral, em especial "a legitimidade das eleições"[62].

Objeto material: Procedimento eleitoral, no momento da apuração dos votos, inclusive nos casos que envolvam votações eletrônicas, conforme dispõe o artigo 15 da Lei nº 6.996, de 7 de junho de 1982[63].

Sujeito ativo: Qualquer pessoa.

Sujeito passivo: O Estado.

Elemento subjetivo: É o dolo com a vontade livre e consciente de alterar ou lançar informações falsas referentes à apuração dos votos.

Consumação: O crime se consuma no momento em ocorre a alteração ou lançamento, ainda que não provoque alteração no resultado final da eleição.

Tentativa: É possível a tentativa, por ser crime plurissubsistente (vários atos).

Classificação doutrinária: Crime comum; material; comissivo; instantâneo; unissubjetivo; plurissubsistente; doloso; admite a tentativa, desde que não se refira a votos realizados por meio de urnas eletrônicas, pois neste caso, em tese, os atos preparatórios já configurariam tipo penal autônomo, previsto no artigo 72[64] da Lei 9.504, de 30 de setembro de 1997.

Suspensão condicional do processo: É possível.

Acordo de Não Persecução Penal: Tem cabimento.

Ação penal: Ação penal pública incondicionada.

Concurso de crimes: Na eventualidade do caso referir-se a crime consumado envolvendo urnas eletrônicas ocorrerá concurso (formal ou material) com o crime previsto no artigo 72, da Lei nº 9.504, de 30 de setembro de 1997, pois para que haja alteração de dados o agente, necessariamente, acessará o programa da urna ou dos computadores que computam a totalização dos votos[65].

Pena: O tipo penal possui pena abstrata privativa de liberdade de reclusão, de um a cinco anos, e de multa, de cinco a quinze dias-multa.

Art. 316. Não receber ou não mencionar nas atas da eleição ou da apuração os protestos devidamente formulados ou deixar de remetê-los à instância superior:

Pena – reclusão até 5 (cinco) anos e pagamento de 5 (cinco) a 15 (quinze) dias-multa.

Verbos nucleares: Não *receber* (acolher; admitir; adotar; recolher; aceitar), não *mencionar*

---

60. Conforme Luiz Carlos dos Santos Gonçalves, "a menção a 'mapas' ou 'boletins de apuração' não é restritiva do meio físico onde se fará a inclusão ou consolidação desses dados, que podem perfeitamente assumir forma eletrônica. Vale dizer, haverá o crime de mapismo se os dados forem alterados em programas ou bancos de dados de computador da Justiça Eleitoral. Alcança, indistintamente, votação por meio de cédulas ou por meio de urnas eletrônicas. No caso de cédulas, apuradas por meios eletrônicos, aplica-se esse art. 315 por disposição legal – Lei 6.996/82, 'art. 15: incorrerá nas penas do art. 315 do Código Eleitoral quem, no processamento eletrônico das cédulas, alterar resultados, qualquer que seja o método utilizado.'" Crimes eleitorais e processo penal eleitoral. São Paulo: Atlas, 2012, p. 69.
61. Este crime remonta sua origem no Código Criminal do Império, cujo artigo 102 possuía o seguinte teor: "**Art. 102.** Falsificar em qualquer eleição as listas dos votos dos Cidadãos, ou Eleitores, lendo nomes diversos dos que nelas estiverem, ou acrescentando, ou admitindo nomes, ou listas; falsificar as actas de qualquer eleição. **Penas** – de prisão com trabalho por seis mezes a tres anos, e de multa correspondente á metade do tempo."
62. SPITZCOVSKY, Celso. Direito Eleitoral (Coleção elementos do direito, v. 20). 3ª ed. rev. e atual. São Paulo: Editora Revista dos Tribunais, 2016, p. 271.
63. **Lei nº 6.996, de 7 de junho de 1982: "Art. 15.** Incorrerá nas penas do art. 315 do Código Eleitoral quem, no processamento eletrônico das cédulas, alterar resultados, qualquer que seja o método utilizado."
64. **Lei nº 9.504, de 30 de setembro de 1997: "Art. 72.** Constituem crimes, puníveis com reclusão, de cinco a dez anos: I - obter acesso a sistema de tratamento automático de dados usado pelo serviço eleitoral, a fim de alterar a apuração ou a contagem de votos; II - desenvolver ou introduzir comando, instrução, ou programa de computador capaz de destruir, apagar, eliminar, alterar, gravar ou transmitir dado, instrução ou programa ou provocar qualquer outro resultado diverso do esperado em sistema de tratamento automático de dados usados pelo serviço eleitoral; III - causar, propositadamente, dano físico ao equipamento usado na votação ou na totalização de votos ou a suas partes."
65. GONÇALVES, Luiz Carlos dos Santos Gonçalves. Crimes eleitorais e processo penal eleitoral. São Paulo: Atlas, 2012, p. 69-70.

(declarar; dizer; expor) ou *deixar* de remetê-los (enjeitar; abnegar; não realizar; afrontar).

Objetividade jurídica: É a proteção do processo eleitoral, em especial "a legitimidade das eleições"[66].

Objeto material: Procedimento eleitoral, durante a realização da eleição ou no momento da apuração dos votos.

Sujeito ativo: Juízes eleitorais, mesários, presidente da mesa receptora de votos[67] ou membros da junta eleitoral, inclusive seu presidente[68].

Sujeito passivo: O Estado.

Elemento subjetivo: É o dolo com a vontade livre e consciente de recusar, omitir ou não remeter protestos devidamente formulados.

Consumação: O crime se consuma no momento em ocorre a omissão em receber, mencionar ou remeter os protestos recebidos, ainda que sua conduta não produza efeitos em razão da providência adotada por outro servidor público.

Tentativa: É possível a tentativa, por ser crime plurissubsistente (vários atos).

Classificação doutrinária: Crime próprio; formal; omissivo próprio; instantâneo; unissubjetivo; plurissubsistente; doloso; admite a tentativa.

Suspensão condicional do processo: É possível.

Acordo de Não Persecução Penal: Tem cabimento.

Ação penal: Ação penal pública incondicionada.

Pena: O tipo penal possui pena abstrata privativa de liberdade de reclusão, de um a cinco anos, e de multa, de cinco a quinze dias-multa.

66. SPITZCOVSKY, Celso. Direito Eleitoral (Coleção elementos do direito, v. 20). 3ª ed. rev. e atual. São Paulo: Editora Revista dos Tribunais, 2016, p. 271.

67. **Código Eleitoral: "Art. 154.** Terminada a votação e declarado o seu encerramento elo presidente, tomará estes as seguintes providências: (...) **III** - mandará lavra, por um dos secretários, a ata da eleição, preenchendo o modelo fornecido pela Justiça Eleitoral, para que conste: (...) **h)** os protestos e as impugnações apresentados pelos fiscais, assim como as decisões sobre eles proferidas, tudo em seu inteiro teor; (...)."

68. **Lei nº 9.504, de 30 de setembro de 1997: "Art. 70.** O Presidente de Junta Eleitoral que deixar de receber ou de mencionar em ata os protestos recebidos, ou ainda, impedir o exercício de fiscalização, pelos partidos ou coligações, deverá ser imediatamente afastado, além de responder pelos crimes previstos na Lei nº 4.737, de 15 de julho de 1965 - Código Eleitoral."

Art. 317. Violar ou tentar violar o sigilo da urna ou dos invólucros.

Pena – reclusão de 3 (três) a 5 (cinco) anos.

Verbos nucleares: *Violar* (infringir; desrespeitar; descumprir; desobedecer; ofender) ou *tentar violar* (intentar; empenhar-se; buscar desrespeitar o sigilo).

Objetividade jurídica: É a proteção do processo eleitoral em especial "a legitimidade das eleições"[69].

Objeto material: Procedimento eleitoral.

Sujeito ativo: Qualquer pessoa.

Sujeito passivo: O Estado.

Elemento subjetivo: É o dolo com a vontade livre e consciente de violar o sigilo da urna ou dos invólucros.

Entretanto, se a intenção do agente for "alterar o resultado, porém conduzirá a crimes diversos e mais graves. Por exemplo, o art. 72 da Lei 9.504/97, relativo à urna eletrônica".[70]

Consumação: O crime se consuma no momento em que ocorre a tentativa da violação do sigilo da urna ou dos invólucros.

Tentativa: Não é possível a tentativa, pois se trata de crime de atentado ou de empreendimento, cuja tentativa prevê punição idêntica à forma consumada.

Classificação doutrinária: Crime comum; formal; comissivo; instantâneo; unissubjetivo; plurissubsistente; doloso; não admite a tentativa.

Suspensão condicional do processo: Não é possível.

Acordo de Não Persecução Penal: Tem cabimento.

Ação penal: Ação penal pública incondicionada.

Pena: O tipo penal possui pena abstrata privativa de liberdade de reclusão, de três a cinco anos.

69. SPITZCOVSKY, Celso. Direito Eleitoral (Coleção elementos do direito, v. 20). 3ª ed. rev. e atual. São Paulo: Editora Revista dos Tribunais, 2016, p. 271.

70. GONÇALVES, Luiz Carlos dos Santos. Crimes eleitorais e processo penal eleitoral. São Paulo: Atlas, 2012, p. 72.

Art. 318. Efetuar a mesa receptora a contagem dos votos da urna quando qualquer eleitor houver votado sob impugnação (art. 190[71]):

Pena – detenção até 1 (um) mês ou pagamento de 30 (trinta) a 60 (sessenta) dias-multa.

Verbo nuclear: *Efetuar* (levar a efeito; realizar; efetivar).

Objetividade jurídica: É a proteção do processo eleitoral.

Objeto material: Procedimento eleitoral, referente a contagem de votos quando um dos eleitores votou sob impugnação, pois o artigo 173 do Código Eleitoral[72] prevê que somente após a resolução da impugnação pode-se realizar a contagem.

Sujeito ativo: Membros da mesa receptora.

Sujeito passivo: O Estado.

Elemento subjetivo: É o dolo com a vontade livre e consciente de realizar a contagem de votos de urna no caso descrito no tipo penal, ou seja, quando qualquer eleitor votar sob impugnação.

Consumação: O crime se consuma com a contagem dos votos da urna.

Tentativa: É possível a tentativa, por ser crime plurissubsistente (vários atos).

Classificação doutrinária: Crime próprio; material; comissivo; instantâneo; unissubjetivo; plurissubsistente; doloso; admite a tentativa.

Suspensão condicional do processo: É possível.

Acordo de Não Persecução Penal: Tem cabimento.

Ação penal: Ação penal pública incondicionada.

Pena: O tipo penal possui pena abstrata privativa de liberdade de detenção, de quinze dias a um mês, ou de multa, de trinta a sessenta dias-multa.

71. **Código Eleitoral: "Art. 190.** Não será efetuada a contagem dos votos pela mesa se esta não se julgar suficientemente garantida, ou se qualquer eleitor houver votado sob impugnação, devendo a mesa, em um ou outro caso, proceder na forma determinada para as demais, das zonas em que a contagem não foi autorizada."

72. **Código Eleitoral: "Art. 173.** Resolvidas as impugnações a Junta passará a apurar os votos. **Parágrafo único.** Na apuração, poderá ser utilizado sistema eletrônico, a critério do Tribunal Superior Eleitoral e na forma por ele estabelecida."

Art. 319. Subscrever o eleitor mais de uma ficha de registro de um ou mais partidos:

Pena – detenção até 1 (um) mês ou pagamento de 10 (dez) a 30 (trinta) dias-multa.

Verbo nuclear: *Subscrever* (assinar; estar de acordo; firmar; aceitar; admitir).

Objetividade jurídica: É a proteção do processo eleitoral, em especial "a formação e funcionamento dos partidos"[73].

Objeto material: A ficha de registro de partido, documento de efetivação de apoio para a criação de um partido político, cuja necessidade tem previsão no § 1º, do artigo 7º[74] e sua comprovação se dá pela mencionada ficha, nos termos do artigo 9º, ambos da Lei Orgânica dos Partidos Políticos (Lei nº 9.096, de 19 de setembro de 1995)[75].

Sujeito ativo: O eleitor. Conforme o meio de auxílio prestado por terceiro, provocará a responsabilização deste pelo crime previsto no artigo 321 do Código Eleitoral.

Sujeito passivo: O Estado.

Elemento subjetivo: É o dolo com a vontade livre e consciente de subscrever mais de uma ficha de registro de partido.

73. SPITZCOVSKY, Celso. Direito Eleitoral (Coleção elementos do direito, v. 20). 3ª ed. rev. e atual. São Paulo: Editora Revista dos Tribunais, 2016, p. 271.

74. **Lei Orgânica dos Partidos Políticos: "Art. 7º.** O partido político, após adquirir personalidade jurídica na forma da lei civil, registra seu estatuto no Tribunal Superior Eleitoral. **§ 1º.** Só é admitido o registro do estatuto de partido político que tenha caráter nacional, considerando-se como tal aquele que comprove, no período de dois anos, o apoiamento de eleitores não filiados a partido político, correspondente a, pelo menos, 0,5% (cinco décimos por cento) dos votos dados na última eleição geral para a Câmara dos Deputados, não computados os votos em branco e os nulos, distribuídos por um terço, ou mais, dos Estados, com um mínimo de 0,1% (um décimo por cento) do eleitorado que haja votado em cada um deles. (...)."

75. **Lei Orgânica dos Partidos Políticos: "Art. 9º.** Feita a constituição e designação, referidas no § 3º do artigo anterior, os dirigentes nacionais promoverão o registro do estatuto do partido junto ao Tribunal Superior Eleitoral, através de requerimento acompanhado de: **I** - exemplar autenticado do inteiro teor do programa e do estatuto partidários, inscritos no Registro Civil; **II** – certidão do registro civil da pessoa jurídica, a que se refere o § 2º do artigo anterior; **III** – certidões dos cartórios eleitorais que comprovem ter o partido obtido o apoiamento mínimo de eleitores a que se refere o § 1º do art. 7º. **§ 1º.** A prova do apoiamento mínimo de eleitores é feita por meio de suas assinaturas, com menção ao número do respectivo título eleitoral, em listas organizadas para cada Zona, sendo a veracidade das respectivas assinaturas e o número dos títulos atestados pelo Escrivão Eleitoral. (...)."

Consumação: O crime se consuma no momento em que ocorre a subscrição da ficha de registro de partido pelo eleitor.

Tentativa: É possível a tentativa, por ser crime plurissubsistente (vários atos).

Classificação doutrinária: Crime próprio; material; comissivo; instantâneo; unissubjetivo; plurissubsistente; doloso; admite a tentativa.

Suspensão condicional do processo: É possível.

Acordo de Não Persecução Penal: Tem cabimento.

Ação penal: Ação penal pública incondicionada.

Pena: O tipo penal possui pena abstrata privativa de liberdade de detenção, de quinze dias a um mês, ou de multa, de dez a trinta dias-multa.

Art. 320. Inscrever-se o eleitor, simultaneamente, em dois ou mais partidos[76]:

Pena – pagamento de 10 (dez) a 20 (vinte) dias--multa.

Verbo nuclear: *Inscrever-se* (alistar-se; apresentar documentos para inscrição).

Objetividade jurídica: É a proteção do processo eleitoral, em especial "a formação e funcionamento dos partidos"[77].

Objeto material: Procedimento de inscrição concomitantemente em dois ou mais partidos políticos.

Sujeito ativo: O Eleitor.

Sujeito passivo: O Estado.

Elemento subjetivo: É o dolo com a vontade livre e consciente de inscrever-se de forma simultânea em dois ou mais partidos.

Consumação: O crime se consuma no momento em que o eleitor se inscreve simultaneamente no segundo partido e não comunica o fato ao Juiz da Zona Eleitoral, pois, nos termos do inciso V do artigo 22 da Lei Orgânica dos Partidos Políticos (Lei nº 9.096, de 19 de setembro de 1995)[78], mencionada comunicação provoca o cancelamento da filiação anterior, impedindo a ocorrência da dupla filiação.

Tentativa: É possível a tentativa, por ser crime plurissubsistente (vários atos).

Classificação doutrinária: Crime de mão própria; material; comissivo; instantâneo; unissubjetivo; plurissubsistente; doloso; admite a tentativa.

Suspensão condicional do processo: É possível.

Acordo de Não Persecução Penal: Tem cabimento.

Ação penal: Ação penal pública incondicionada.

Pena: O tipo penal possui pena abstrata de multa, de dez a vinte dias-multa.

Art. 321. Colher a assinatura do eleitor em mais de uma ficha de registro de partido[79]:

Pena – detenção até 2 (dois) meses ou pagamento de 20 (vinte) a 40 (quarenta) dias-multa.

Verbo nuclear: *Colher* (adquirir; alcançar; coletar; pegar).

Objetividade jurídica: É a proteção do processo eleitoral, em especial "a formação e funcionamento dos partidos"[80].

Objeto material: Procedimento eleitoral.

Sujeito ativo: Qualquer pessoa.

76. Segundo Luiz Carlos dos Santos Gonçalves, este tipo penal não foi recepcionado pela vigente constituição federal, pois sua "escassa lesividade da conduta é sinalizada pela fixação exclusiva da pena de multa. Além disso, muito mais grave do que a imposição de 20 dias-multa é a nulificação de ambas ou todas as filiações, impedindo, por exemplo, que aquele filiado dispute eleições, pois lhe faltará a condição de filiado pelo prazo de um ano antes do pleito, consoante exige o art. 11 da Lei 9.504/97." Crimes eleitorais e processo penal eleitoral. São Paulo: Atlas, 2012, p. 74-75.

77. SPITZCOVSKY, Celso. Direito Eleitoral (Coleção elementos do direito, v. 20). 3ª ed. rev. e atual. São Paulo: Editora Revista dos Tribunais, 2016, p. 271.

78. **Lei Orgânica dos Partidos Políticos**: "**Art. 22**. O cancelamento imediato da filiação partidária verifica-se nos casos de: **I** - morte; **II** – perda dos direitos políticos; **III** – expulsão; **IV** - outras formas previstas no estatuto, com comunicação obrigatória ao atingido no prazo de quarenta e oito horas da decisão; **V** - filiação a outro partido, desde que a pessoa comunique o fato ao juiz da respectiva Zona Eleitoral. **Parágrafo único.** Havendo coexistência de filiações partidárias, prevalecerá a mais recente, devendo a Justiça Eleitoral determinar o cancelamento das demais."

79. Segundo Luiz Carlos dos Santos Gonçalves, este tipo penal também não foi recepcionado em razão de lhe faltar "dignidade penal". Crimes eleitorais e processo penal eleitoral. São Paulo: Atlas, 2012, p. 74-75.

80. SPITZCOVSKY, Celso. Direito Eleitoral (Coleção elementos do direito, v. 20). 3ª ed. rev. e atual. São Paulo: Editora Revista dos Tribunais, 2016, p. 271.

Sujeito passivo: O Estado.

Elemento subjetivo: É o dolo com a vontade livre e consciente de colher a assinatura de eleitor em ficha de registro de partido político, com a ciência de que já assinou outra ficha.

Consumação: O crime se consuma no momento em que ocorre a coleta da assinatura na segunda ficha de registro de partido político.

Tentativa: É possível a tentativa, por ser crime plurissubsistente (vários atos).

Classificação doutrinária: Crime comum; material; comissivo; instantâneo; unissubjetivo; plurissubsistente; doloso; admite a tentativa.

Suspensão condicional do processo: É possível.

Acordo de Não Persecução Penal: Tem cabimento.

Ação penal: Ação penal pública incondicionada.

Pena: O tipo penal possui pena abstrata privativa de liberdade de detenção, de quinze dias a dois meses, ou de multa, de vinte a quarenta dias-multa.

Art. 322[81]. (Revogado expressamente pela Lei nº 9.504, de 30 de setembro de 1997)

Art. 323. Divulgar, na propaganda, fatos que sabe inverídicos, em relação a partidos ou candidatos e capazes de exercerem influência perante o eleitorado:

Pena – detenção até 2 (dois) meses a 1 (um) ano, ou pagamento de 120 (cento e vinte) a 150 (centro e cinquenta) dias-multa.

Parágrafo único. A pena é agravada se o crime é cometido pela imprensa, rádio ou televisão.

Verbo nuclear: *Divulgar* (difundir; disseminar; exprimir; externar; publicar; publicitar; revelar; transmitir).

Objetividade jurídica: É a proteção do processo eleitoral.

Objeto material: Propaganda eleitoral.

Sujeito ativo: Qualquer pessoa.

Sujeito passivo: O Estado e de forma secundária o partido ou candidato afetado.

Elemento subjetivo: É o dolo com a vontade livre e consciente de difundir fato que sabe inverídico, capaz de exercer influência nos eleitores.

Elemento normativo: O tipo penal possui o elemento "propaganda", que no caso se refere à propaganda eleitoral, a qual abrange "três figuras: a propaganda partidária (...), a intrapartidária, destinada à escolha dos candidatos pelos partidos políticos, em suas convenções (art. 36, § 1º, da Lei 9.504/97[82]), e a propaganda eleitoral *strictu sensu*, feita para o convencimento dos eleitores a escolherem determinado candidato ou partido"[83].

Consumação: O crime se consuma no momento em que ocorre a difusão do fato inverídico, ainda que não se obtenha êxito em influenciar os eleitores.

Tentativa: É possível a tentativa, por ser crime plurissubsistente (vários atos).

Classificação doutrinária: Crime comum; material; instantâneo; unissubjetivo; plurissubsistente; doloso; admite a tentativa.

Suspensão condicional do processo: É possível.

Acordo de Não Persecução Penal: Tem cabimento.

Ação penal: Ação penal pública incondicionada.

Pena: O tipo penal possui pena abstrata privativa de liberdade de detenção, de dois meses a um ano, ou de multa, de cento e vinte a cento e cinquenta dias-multa. Quando o crime for praticado pela imprensa, rádio ou televisão haverá agravamento da pena, nos termos do artigo 285 do Código Eleitoral[84], ou seja, haverá causa de aumento da pena de um quinto a um terço.

---

81. Possuía a seguinte redação: "**Art. 322.** Fazer propaganda eleitoral por meio de alto falantes instalados nas sedes partidárias, em qualquer outra dependência do partido, ou em veículos, fora do período autorizado ou, nesse período, em horários não permitidos: **Pena** – detenção até 1 (um) mês ou pagamento de 60 (sessenta) a 90 (noventa) dias-multa. **Parágrafo único.** Incorrerão na multa, além do agente, o diretor ou membro do partido responsável pela transmissão e o condutor do veículo."

82. **Lei nº 9.504, de 30 de setembro de 1997:** "Art. 36. A propaganda eleitoral somente é permitida após o dia 15 de agosto do ano da eleição. § 1º. Ao postulante a candidatura a cargo eletivo é permitida a realização, na quinzena anterior à escolha pelo partido, de propaganda intrapartidária com vista à indicação de seu nome, vedado o uso de rádio, televisão e *outdoor*."

83. GONÇALVES, Luiz Carlos dos Santos. Crimes eleitorais e processo penal eleitoral. São Paulo: Atlas, 2012, p. 76.

84. **Código Eleitoral:** "Art. 285. Quando a lei determina a agravação ou atenuação da pena sem mencionar o *quantum*, deve o

Art. 324. Caluniar alguém, na propaganda eleitoral, ou visando fins de propaganda, imputando-lhe falsamente fato definido como crime:

Pena – detenção de 6 (seis) meses a dois (2) anos, e pagamento de 10 (dez) a 40 (quarenta) dias-multa.

§ 1º. Nas mesmas penas incorre quem, sabendo falsa a imputação, a propala ou divulga.

§ 2º. A prova da verdade do fato imputado exclui o crime, mas não é admitida:

I - se, constituindo o fato imputado crime de ação privada, o ofendido, não foi condenado por sentença irrecorrível;

II - se o fato é imputado ao Presidente da República ou chefe de governo estrangeiro;

III - se do crime imputado, embora de ação pública, o ofendido foi absolvido por sentença irrecorrível.

Verbos nucleares: *Caluniar* (acusar; atribuir, indevidamente, a prática de um crime), *propalar* (alastrar; apregoar; dispersar; espalhar; irradiar) ou *divulgar* (difundir; disseminar; exprimir; externar; publicar; publicitar; revelar; transmitir).

Objetividade jurídica: É a proteção da honra em matéria eleitoral[85], mas principalmente as regras do debate eleitoral[86].

Objeto material: A propaganda eleitoral ou conteúdo criado com a finalidade de ser utilizado como propaganda.

Sujeito ativo: Qualquer pessoa.

Sujeito passivo: O Estado e secundariamente a pessoa atingida pela imputação falsa.

Elemento subjetivo: É o dolo específico de imputar falsamente a prática de crime ou de propalar ou divulgar a imputação que sabe ser falsa, para que produza efeitos eleitorais.

Elemento normativo: O tipo penal possui o elemento "propaganda", que no caso se refere à propaganda eleitoral, a qual abrange "três figuras: a propaganda partidária (...), a intrapartidária, destinada à escolha dos candidatos pelos partidos políticos, em suas convenções (art. 36, § 1º, da Lei 9.504/97), e a propaganda eleitoral *strictu sensu*, feita para o convencimento dos eleitores a escolherem determinado candidato ou partido"[87].

Causa excludente de tipicidade: O tipo penal prevê a possibilidade de afastar a incidência do crime por meio do instituto da exceção da verdade. Entretanto, é vedado o uso da exceção da verdade nos casos elencados no § 2º do artigo 324 do Código Eleitoral.

Consumação: O crime se consuma no momento em ocorre a imputação, a propalação ou a divulgação.

Tentativa: Dependendo do meio utilizado possível a tentativa, por ser crime plurissubsistente (vários atos).

Classificação doutrinária: Crime comum; material; comissivo; instantâneo; unissubjetivo; plurissubsistente; doloso; admite a tentativa.

Suspensão condicional do processo: É possível.

Acordo de Não Persecução Penal: Tem cabimento.

Ação penal: Ação penal pública incondicionada.

Pena: O tipo penal possui pena abstrata privativa de liberdade de detenção, de seis meses a dois anos, e de multa, de dez a quarenta dias-multa. A pena será aumentada de um terço, se o fato se amoldar a uma das hipóteses previstas no artigo 327 do Código Eleitoral[88].

Art. 325. Difamar alguém, na propaganda eleitoral, ou visando a fins de propaganda, imputando-/lhe fato ofensivo à sua reputação:

Pena - detenção de 3 (três) meses a 1 (um) ano, e pagamento de 5 (cinco) a 30 (trinta) dias-multa.

Parágrafo único. A exceção da verdade somente se admite se ofendido é funcionário público e a ofensa é relativa ao exercício de suas funções.

Verbo nuclear: *Difamar* (assetar; detratar; ultrajar).

---

juiz fixá-lo entre um quinto e um terço, guardados os limites da pena cominada ao crime."

85. SPITZCOVSKY, Celso. Direito Eleitoral (Coleção elementos do direito, v. 20). 3ª ed. rev. e atual. São Paulo: Editora Revista dos Tribunais, 2016, p. 271.

86. GONÇALVES, Luiz Carlos dos Santos. Crimes eleitorais e processo penal eleitoral. São Paulo: Atlas, 2012, p. 79.

87. GONÇALVES, Luiz Carlos dos Santos. Crimes eleitorais e processo penal eleitoral. São Paulo: Atlas, 2012, p. 76.

88. **Código Eleitoral:** "Art. 327. As penas cominadas nos arts. 324, 325 e 326 aumentam-se de um terço, se qualquer dos crimes é cometido: I – contra o Presidente da República ou chefe de governo estrangeiro; II – contra funcionário público, em razão de suas funções; III – na presença de várias pessoas, ou por meio que facilite a divulgação da ofensa."

Objetividade jurídica: É a proteção da honra em matéria eleitoral[89], mas principalmente a lisura do processo eleitoral[90].

Objeto material: A propaganda eleitoral ou conteúdo criado com a finalidade de ser usado como propaganda.

Sujeito ativo: Qualquer pessoa.

Sujeito passivo: O Estado e secundariamente a pessoa atingida pela difamação.

Elemento subjetivo: É o dolo específico de difamar, por meio de propaganda eleitoral ou em conteúdo destinado a ser usado como propaganda, com a finalidade de produzir efeitos eleitorais.

Elemento normativo: O tipo penal possui o elemento "propaganda", que no caso se refere à propaganda eleitoral, a qual abrange "três figuras: a propaganda partidária (...), a intrapartidária, destinada à escolha dos candidatos pelos partidos políticos, em suas convenções (art. 36, § 1º, da Lei 9.504/97), e a propaganda eleitoral *strictu sensu*, feita para o convencimento dos eleitores a escolherem determinado candidato ou partido"[91].

Causa excludente de tipicidade: O tipo penal prevê a possibilidade de afastar a incidência do crime por meio do instituto da exceção da verdade, mas tão somente quando o ofendido for funcionário público e a ofensa seja correlata ao exercício de suas funções.

Consumação: O crime se consuma no momento em que ocorre a difamação.

Tentativa: Dependendo do meio utilizado é possível a tentativa, por ser crime plurissubsistente (vários atos).

Classificação doutrinária: Crime comum; formal; comissivo; instantâneo; unissubjetivo; plurissubsistente; doloso; admite a tentativa.

Suspensão condicional do processo: É possível.

Acordo de Não Persecução Penal: Tem cabimento.

Ação penal: Ação penal pública incondicionada.

Pena: O tipo penal possui pena abstrata privativa de liberdade de detenção, de três meses a um ano, e de multa, de cinco a trinta dias-multa. A pena será aumentada de um terço, se o fato se amoldar a uma das hipóteses previstas no artigo 327 do Código Eleitoral[92].

Art. 326. Injuriar alguém, na propaganda eleitoral, ou visando a fins de propaganda, ofendendo-lhe a dignidade ou o decôro:

Pena - detenção até 6 (seis) meses, ou pagamento de 30 (trinta) a 60 (sessenta) dias-multa.

§ 1º O juiz pode deixar de aplicar a pena:

I - se o ofendido, de forma reprovável, provocou diretamente a injúria;

II - no caso de retorsão imediata, que consista em outra injúria.

§ 2º Se a injúria consiste em violência ou vias de fato, que, por sua natureza ou meio empregado, se considerem aviltantes:

Pena - detenção de 3 (três) meses a 1 (um) ano e pagamento de 5 (cinco) a 20 (vinte) dias-multa, além das penas correspondentes à violência prevista no Código Penal.

Verbo nuclear: *Injuriar* (insultar; atassalhar; detratar).

Objetividade jurídica: É a proteção da honra em matéria eleitoral[93], mas principalmente o processo eleitoral.

Objeto material: A propaganda eleitoral ou conteúdo criado com a finalidade de ser usado como propaganda.

Sujeito ativo: Qualquer pessoa.

Sujeito passivo: O Estado e secundariamente a pessoa atingida pela ofensa proferida.

Elemento subjetivo: É o dolo específico de ofender a honra subjetiva da pessoa, ou seja, exige

89. SPITZCOVSKY, Celso. Direito Eleitoral (Coleção elementos do direito, v. 20). 3ª ed. rev. e atual. São Paulo: Editora Revista dos Tribunais, 2016, p. 271.
90. GONÇALVES, Luiz Carlos dos Santos. Crimes eleitorais e processo penal eleitoral. São Paulo: Atlas, 2012, p. 79.
91. GONÇALVES, Luiz Carlos dos Santos. Crimes eleitorais e processo penal eleitoral. São Paulo: Atlas, 2012, p. 76.
92. **Código Eleitoral:** "Art. 327. As penas cominadas nos arts. 324, 325 e 326 aumentam-se de um terço, se qualquer dos crimes é cometido: I – contra o Presidente da República ou chefe de governo estrangeiro; II – contra funcionário público, em razão de suas funções; III – na presença de várias pessoas, ou por meio que facilite a divulgação da ofensa."
93. SPITZCOVSKY, Celso. Direito Eleitoral (Coleção elementos do direito, v. 20). 3ª ed. rev. e atual. São Paulo: Editora Revista dos Tribunais, 2016, p. 271.

animus injuriandi, mas concomitantemente deve existir a intenção de produzir efeitos eleitorais.

Elemento normativo: O tipo penal possui o elemento "propaganda", que no caso se refere à propaganda eleitoral, a qual abrange "três figuras: a propaganda partidária (...), a intrapartidária, destinada à escolha dos candidatos pelos partidos políticos, em suas convenções (art. 36, § 1º, da Lei 9.504/97), e a propaganda eleitoral *strictu sensu*, feita para o convencimento dos eleitores a escolherem determinado candidato ou partido"[94].

Consumação: O crime se consuma no momento em ocorre a injuria, ainda que não provoque os desejados efeitos eleitorais.

Tentativa: Dependendo do meio utilizado é possível a tentativa, por ser crime plurissubsistente (vários atos).

Classificação doutrinária: Crime comum; formal; comissivo; instantâneo; unissubjetivo; plurissubsistente; doloso; admite a tentativa.

Suspensão condicional do processo: É possível.

Acordo de Não Persecução Penal: Tem cabimento quando praticado sem violência.

Perdão judicial: O § 1º do artigo 326 prevê que o magistrado poderá deixar de aplicar a sanção penal ao agente criminoso, caso a vítima da ofensa tenha provocado, de forma reprovável, a conduta do autor, bem como nas hipóteses de retorsão imediata, ou seja, quando o agente revide de pronto uma injúria praticada pela vítima com outra.

Ação penal: Ação penal pública incondicionada.

Pena: O tipo penal possui pena abstrata privativa de liberdade de detenção, de três meses a um ano, e de multa, de cinco a trinta dias-multa. A pena será aumentada de um terço, se o fato se amoldar a uma das hipóteses previstas no artigo 327 do Código Eleitoral[95].

Art. 326-A. Dar causa à instauração de investigação policial, de processo judicial, de investigação administrativa, de inquérito civil ou ação de improbidade administrativa, atribuindo a alguém a prática de crime ou ato infracional de que o sabe inocente, com finalidade eleitoral[96]:

Pena - reclusão, de 2 (dois) a 8 (oito) anos, e multa.

§ 1º A pena é aumentada de sexta parte, se o agente se serve do anonimato ou de nome suposto.

§ 2º A pena é diminuída de metade, se a imputação é de prática de contravenção.

§ 3º (VETADO)

Verbo nuclear: *Dar* (causar; provocar; ensejar).

Objetividade jurídica: É a proteção da honra em matéria eleitoral[97], mas principalmente o processo eleitoral.

Objeto material: A pessoa que foi vítima da imputação falsa de crime ou ato infracional.

Sujeito ativo: Qualquer pessoa.

Sujeito passivo: O Estado e secundariamente a vítima da falsa imputação que desencadeou procedimento ou processo apuratório previsto no tipo penal.

Elemento subjetivo: É o dolo específico de atribuir a alguém a prática de crime ou de ato infracional com a finalidade de que seja instaurado procedimento ou processo mencionado no tipo penal para apurar o alegado, para que possa produzir efeito eleitoral.

Consumação: O crime se consuma no momento em que é instaurada a investigação policial, o processo judicial, a investigação administrativa, o inquérito civil ou a ação de improbidade administrativa, ainda que não provoque resultado em âmbito eleitoral.

Tentativa: É possível a tentativa, por ser crime plurissubsistente (vários atos).

Classificação doutrinária: Crime comum; material; comissivo; instantâneo; unissubjetivo; plurissubsistente; doloso; admite a tentativa.

Suspensão condicional do processo: Não é possível.

Acordo de Não Persecução Penal: Tem cabimento.

94. GONÇALVES, Luiz Carlos dos Santos. Crimes eleitorais e processo penal eleitoral. São Paulo: Atlas, 2012, p. 76.

95. **Código Eleitoral:** "Art. 327. As penas cominadas nos arts. 324, 325 e 326 aumentam-se de um terço, se qualquer dos crimes é cometido: I – contra o Presidente da República ou chefe de governo estrangeiro; II – contra funcionário público, em razão de suas funções; III – na presença de várias pessoas, ou por meio que facilite a divulgação da ofensa."

96. Artigo acrescido pela Lei nº 12.834, de 4 de junho de 2019.

97. SPITZCOVSKY, Celso. Direito Eleitoral (Coleção elementos do direito, v. 20). 3ª ed. rev. e atual. São Paulo: Editora Revista dos Tribunais, 2016, p. 271.

Ação penal: Ação penal pública incondicionada.

Pena: O tipo penal possui pena abstrata privativa de liberdade de reclusão, de dois a oito anos, e de multa. A pena será aumentada de um sexto, caso o agente pratique o crime utilizado de anonimato ou de nome suposto. Caso a imputação falsa seja de contravenção penal haverá a redução de metade da pena.

Art. 327. As penas cominadas nos artigos 324, 325 e 326, aumentam-se de um terço, se qualquer dos crimes é cometido:

I – contra o Presidente da República ou chefe de governo estrangeiro;

II – contra funcionário público, em razão de suas funções;

III - na presença de várias pessoas, ou por meio que facilite a divulgação da ofensa.

Comentários: O dispositivo legal trata-se de causa de aumento de pena, com previsão de acréscimo de um terço, quando a conduta criminosa prevista nos artigos 324, 325 e 326 for praticada contra as pessoas elencadas no artigo em comento, bem como se for na presença de várias pessoas ou por qualquer meio que facilite a propagação da ofensa.

Art. 328[98]. Revogado expressamente pela Lei nº 9.504, de 30 de setembro de 1997.

Art. 329[99]. Revogado expressamente pela Lei nº 9.504, de 30 de setembro de 1997.

Art. 330. Nos casos dos artigos. 328 e 329 se o agente repara o dano antes da sentença final, o juiz pode reduzir a pena.

Comentários: O artigo 330 não foi revogado expressamente, razão pela qual ainda possui vigência, todavia tornou-se inaplicável face à expressa revogação dos artigos 328 e 329 do Código Eleitoral.

Art. 331. Inutilizar, alterar ou perturbar meio de propaganda devidamente empregado:

Pena - detenção até 6 (seis) meses ou pagamento de 90 a 120 dias-multa.

Verbos nucleares: *Inutilizar* (acabar; aniquilar; anular, apagar; arrasar), *alterar* (adulterar; corromper; deformar; descaracterizar; deturpar) ou *perturbar* (atrapalhar; embaraçar).

Objetividade jurídica: É a proteção da propaganda eleitoral[100], em especial o direito ao seu exercício.

Objeto material: A conduta recai sobre a propaganda realizada ou sobre a pessoa que está exercendo o direito à propaganda eleitoral.

Sujeito ativo: Qualquer pessoa.

Sujeito passivo: O Estado e secundariamente quem for prejudicado diretamente pela conduta criminosa.

Elemento subjetivo: É o dolo com a vontade livre e consciente de inutilizar, alterar ou perturbar o direito à propaganda.

Consumação: O crime se consuma no momento em ocorre a inutilização ou alteração da propaganda, bem como com a perturbação ao exercício do direito à propaganda.

Tentativa: É possível a tentativa, por ser crime plurissubsistente (vários atos).

Classificação doutrinária: Crime comum; material; de condutas variadas; comissivo; instantâneo; unissubjetivo; plurissubsistente; doloso; admite a tentativa.

Suspensão condicional do processo: É possível.

98. O artigo 328 do Código Eleitoral possuía a seguinte redação: "Art. 328. Escrever, assinalar ou fazer pinturas em muros, fachadas ou qualquer logradouro público, para fins de propaganda eleitoral, empregando qualquer tipo de tinta, piche, cal ou produto semelhante: Pena – detenção até 6 (seis) meses e pagamento de 40 (quarenta) a 90 (noventa) dias-multa. Parágrafo único. Se a inscrição for realizada em qualquer monumento, ou em coisa tombada pela autoridade competente em virtude de seu valor artístico, arqueológico ou histórico: Pena – detenção de 6 (seis) meses a 2 (dois) anos, e pagamento de 40 (quarenta) a 90 (noventa) dias-multa."

99. O artigo 329 do Código Eleitoral possuía a seguinte redação: "Art. 329. Colocar cartazes, para fins de propaganda eleitoral, em muros, fachadas ou qualquer logradouro público: Pena – detenção até 2 (dois) meses e pagamento de 30 (trinta) a 60 (sessenta) dias-multa. Parágrafo único. Se o cartaz for colocado em qualquer monumento, ou em coisa tombada pela autoridade competente em virtude de seu valor artístico, arqueológico ou histórico: Pena – detenção de 6 (seis) a 2 (dois) anos e pagamento de 30 (trinta) a 60 (sessenta) dias-multa."

100. SPITZCOVSKY, Celso. Direito Eleitoral (Coleção elementos do direito, v. 20). 3ª ed. rev. e atual. São Paulo: Editora Revista dos Tribunais, 2016, p. 271.

Acordo de Não Persecução Penal: Tem cabimento.

Ação penal: Ação penal pública incondicionada.

Pena: O tipo penal possui pena abstrata privativa de liberdade de detenção, de quinze dias a seis meses, e de multa, de noventa a cento e vinte dias-multa.

> **Art. 332. Impedir o exercício de propaganda:**
>
> **Pena - detenção até 6 (seis) meses e pagamento de 30 (trinta) a 60 (sessenta) dias-multa.**

Verbo nuclear: *Impedir* (barrar, bloquear, deter, dificultar).

Objetividade jurídica: É a proteção da propaganda eleitoral[101], em especial o direito ao seu exercício.

Objeto material: A pessoa atingida pela conduta do agente criminoso.

Sujeito ativo: Qualquer pessoa.

Sujeito passivo: O Estado e secundariamente a pessoa diretamente afetada em seu exercício do direito à propaganda.

Elemento subjetivo: É o dolo com a vontade livre e consciente de impedir que a pessoa exercite seu direito à propaganda.

Consumação: O crime se consuma no momento em ocorre o impedimento de realizar a propaganda eleitoral.

Tentativa: É possível a tentativa, por ser crime plurissubsistente (vários atos).

Classificação doutrinária: Crime comum; material; comissivo; instantâneo; unissubjetivo; plurissubsistente; doloso; admite a tentativa.

Suspensão condicional do processo: É possível.

Acordo de Não Persecução Penal: Tem cabimento.

Ação penal: Ação penal pública incondicionada.

101. SPITZCOVSKY, Celso. Direito Eleitoral (Coleção elementos do direito, v. 20). 3ª ed. rev. e atual. São Paulo: Editora Revista dos Tribunais, 2016, p. 271.

Pena: O tipo penal possui pena abstrata privativa de liberdade de detenção, de quinze dias a seis meses, e de multa, de trinta a sessenta dias-multa.

> **Art. 333[102]. Revogado pela Lei nº 9.504, de 30 de setembro de 1997.**
>
> **Art. 334. Utilizar organização comercial de vendas, distribuição de mercadorias, prêmios e sorteios para propaganda ou aliciamento de eleitores:**
>
> **Pena - detenção de 6 (seis) meses a 1 (um) ano e cassação do registro se o responsável for candidato.**

Verbo nuclear: *Utilizar* (usar; empregar; operar; manipular).

Objetividade jurídica: É a proteção do processo eleitoral, em especial o exercício ao direito de propaganda eleitoral em conformidade com o ordenamento jurídico vigente.

Objeto material: A organização comercial utilizada, as mercadorias distribuídas, prêmios e produtos sorteados ou eleitor aliciado.

Sujeito ativo: Qualquer pessoa.

Sujeito passivo: O Estado.

Elemento subjetivo: É o dolo específico de realizar os comportamento descritos no tipo penal com a finalidade de realizar propaganda eleitoral ou aliciar eleitores.

Consumação: O crime se consuma no momento em ocorre a propaganda eleitoral ou com o aliciamento do eleitor.

Tentativa: É possível a tentativa, por ser crime plurissubsistente (vários atos).

Classificação doutrinária: Crime comum; material; comissivo; instantâneo; unissubjetivo; plurissubsistente; doloso; admite a tentativa.

Suspensão condicional do processo: É possível.

Acordo de Não Persecução Penal: Tem cabimento.

Ação penal: Ação penal pública incondicionada.

Pena: O tipo penal possui pena abstrata privativa de liberdade de detenção, de quinze dias a seis

102. O artigo 333 do Código Eleitoral possuía a seguinte redação: "Art. 333. Colocar faixas em logradouros públicos. Pena – detenção até 2(dois) meses ou pagamento de 30 (trinta) a 60 (sessenta) dias-multa."

meses. Caso o agente seja candidato, há também a previsão de pena de cassação de registro.

Art. 335. Fazer propaganda, qualquer que seja a sua forma, em língua estrangeira:[103]

Pena - detenção de 3 (três) a 6 (seis) meses e pagamento de 30 (trinta) a 60 (sessenta) dias-multa.

Parágrafo único. Além da pena cominada, a infração ao presente artigo importa na apreensão e perda do material utilizado na propaganda.

Verbos nucleares: *Fazer* (causar; prestar; produzir; dar; realizar).

Objetividade jurídica: É a proteção do processo eleitoral, em especial a propaganda eleitoral.

Objeto material: A propaganda realizada em língua estrangeira.

Sujeito ativo: Qualquer pessoa.

Sujeito passivo: O Estado.

Elemento subjetivo: É o dolo com a vontade livre e consciente de realizar propaganda em língua estrangeira.

Consumação: O crime se consuma no momento em que se faz a propaganda em língua estrangeira.

Tentativa: É possível a tentativa, por ser crime plurissubsistente (vários atos).

Classificação doutrinária: Crime comum; formal; comissivo; instantâneo; unissubjetivo; plurissubsistente; doloso; admite a tentativa.

Suspensão condicional do processo: É possível.

Acordo de Não Persecução Penal: Tem cabimento.

Ação penal: Ação penal pública incondicionada.

Pena: O tipo penal possui pena abstrata privativa de liberdade de detenção, de três a seis meses, e de multa, de trinta a sessenta dias-multa, bem como prevê a apreensão e a perda do material utilizado na propaganda.

Art. 336. Na sentença que julgar ação penal pela infração de qualquer dos artigos 322, 323, 324, 325, 326,328, 329, 331, 332, 333, 334 e 335, deve o juiz verificar, de acordo com o seu livre convencionamento, se diretório local do partido, por qualquer dos seus membros, concorreu para a prática de delito, ou dela se beneficiou conscientemente.

Parágrafo único. Nesse caso, imporá o juiz ao diretório responsável pena de suspensão de sua atividade eleitoral por prazo de 6 a 12 meses, agravada até o dobro nas reincidências.

Comentários: O dispositivo apresenta relação de infrações penais e determina ao magistrado que, no caso de sentença criminal condenatória por algum dos crimes mencionados, observe se o condenado é membro do diretório local do partido ou se beneficiou em razão da prática delitiva, caso em que aplicará pena de suspensão da atividade eleitoral pelo prazo de seis a doze meses e no caso de reincidência, dobre a pena. Portanto previu pena à pessoa jurídica, ou seja, ao diretório local do partido, embora a Constituição Federal vigente não preveja de forma idêntica, pois limita a responsabilização criminal da pessoa jurídica somente aos casos de crimes ambientais, nos termos do § 3º do artigo 225 da Constituição Federal, cuja norma foi regulamentada pela Lei nº 9.605, de 12 de fevereiro de 1998.

Art. 337. Participar, o estrangeiro ou brasileiro que não estiver no gozo dos seus direitos políticos, de atividades partidárias inclusive comícios e atos de propaganda em recintos fechados ou abertos:

Pena - detenção até 6 (seis) meses e pagamento de 90 (noventa) a 120 (cento e vinte) dias-multa.

Parágrafo único. Na mesma pena incorrerá o responsável pelas emissoras de rádio ou televisão que autorizar transmissões de que participem os mencionados neste artigo, bem como o diretor de jornal que lhes divulgar os pronunciamentos.

Verbo nuclear: *Participar* (envolver-se; entrar; atuar; agir; cooperar).

Objetividade jurídica: É a proteção do processo eleitoral.

Objeto material: Atividades partidárias, dentre elas comícios e atos de propaganda.

103. Segundo Luiz Carlos dos Santos Gonçalves, "esse artigo não foi recepcionado pela Constituição Federal de 1988. Malgrado a adoção do português como idioma oficial do Brasil, art. 13, a criminalização do emprego de língua de língua estrangeira, ainda que na propaganda eleitoral, destoa de qualquer parâmetro de razoabilidade. Na realidade, trata-se de um eco da superada estratégia de 'segurança nacional', menos preocupada com a defesa da soberania do país e muito mais com aqueles que, na época do regime militar, lutavam pela volta da democracia." Crimes eleitorais e processo penal eleitoral. São Paulo: Atlas, 2012, p. 93.

Sujeito ativo: O estrangeiro ou brasileiro que não esteja no gozo de seus direitos políticos, bem como o responsável por emissoras de rádio ou televisão que autorize a transmissão com participantes estrangeiros ou brasileiro que não estejam gozando direitos políticos e diretor de jornal que divulgar o pronunciamento de mencionadas pessoas.

Sujeito passivo: O Estado.

Elemento subjetivo: É o dolo com a vontade livre e consciente de participar de atividades partidárias, de transmitir programas por emissoras de rádio ou televisão ou de divulgar pronunciamentos por jornais.

Consumação: O crime se consuma no momento em que ocorre a participação na atividade partidária, com transmissão do programa ou com a divulgação do pronunciamento.

Tentativa: É possível a tentativa, por ser crime plurissubsistente (vários atos).

Classificação doutrinária: Crime próprio; comissivo; instantâneo; unissubjetivo; plurissubsistente; doloso; admite a tentativa.

Suspensão condicional do processo: É possível.

Acordo de Não Persecução Penal: Tem cabimento.

Ação penal: Ação penal pública incondicionada.

Pena: O tipo penal possui pena abstrata privativa de liberdade de detenção, de quinze dias a seis meses, e de multa, de noventa a cento e vinte dias-multa.

Art. 338. Não assegurar o funcionário postal a prioridade prevista no Art. 239[104,105]:

Pena - Pagamento de 30 (trinta) a 60 (sessenta) dias-multa.

Verbo nuclear: *Assegurar* (garantir; abonar; afiançar; manter).

Objetividade jurídica: É a proteção do processo eleitoral.

Objeto material: O serviço postal sem observância à prioridade prevista.

Sujeito ativo: Funcionários da Empresa Brasileira de Correios e Telégrafos – ECT ou empregados/proprietários de empresas concessionárias do serviço postal.

Sujeito passivo: O Estado.

Elemento subjetivo: É o dolo com a vontade livre e consciente de não assegurar, garantir a prioridade prevista no tipo penal.

Consumação: O crime se consuma no momento em que não ocorre a observância da prioridade.

Tentativa: Não é possível a tentativa, por ser crime omissivo próprio.

Classificação doutrinária: Crime próprio; omissivo; instantâneo; unissubjetivo; plurissubsistente; doloso; não admite a tentativa.

Suspensão condicional do processo: É possível.

Acordo de Não Persecução Penal: Tem cabimento.

Ação penal: Ação penal pública incondicionada.

Pena: O tipo penal possui pena abstrata de multa, de trinta a sessenta dias-multa.

Art. 339 - Destruir, suprimir ou ocultar urna contendo votos, ou documentos relativos à eleição:

Pena - reclusão de 2 (dois) a 6 (seis) anos e pagamento de 5 (cinco) a 15 (quinze) dias-multa.

Parágrafo único. Se o agente é membro ou funcionário da Justiça Eleitoral e comete o crime prevalecendo-se do cargo, a pena é agravada.

Verbos nucleares: *Destruir* (assolar; dilapidar; acabar; anular), *suprimir* (eliminar; aniquilar) ou *ocultar* (abafar; calar; cobrir; esconder; guardar).

Objetividade jurídica: É a proteção do processo eleitoral.

Objeto material: A urna atingida pela conduta.

Sujeito ativo: Qualquer pessoa.

Sujeito passivo: O Estado.

104. **Código Eleitoral: "Art. 239.** Aos partidos políticos é assegurada a prioridade postal durante os 60 (sessenta) dias anteriores à realização das eleições, para remessa de material de propaganda de seus candidatos registrados."

105. Segundo Luiz Carlos dos Santos Gonçalves, "o tipo não foi, todavia, recebido pela Constituição Federal de 1988, por ofensa à reserva da lei penal, segundo o qual 'não há crime sem lei anterior que o defina' (grifamos). A definição não pode ser uma indicação genérica e imprecisa sobre 'não assegurar prioridade postal'". Crimes eleitorais e processo penal eleitoral. São Paulo: Atlas, 2012, p. 97.

Elemento subjetivo: É o dolo com a vontade livre e consciente de atingir a urna para destruí-la, suprimi-la ou ocultá-la.

Consumação: O crime se consuma no momento em que ocorre a efetiva destruição, supressão ou ocultamento da urna.

Tentativa: É possível a tentativa, por ser crime plurissubsistente (vários atos).

Classificação doutrinária: Crime comum; material; de dano; comissivo; instantâneo; unissubjetivo; plurissubsistente; doloso; admite a tentativa.

Suspensão condicional do processo: Não é possível.

Acordo de Não Persecução Penal: Tem cabimento.

Ação penal: Ação penal pública incondicionada.

Pena: O tipo penal possui pena abstrata privativa de liberdade, de reclusão, de dois a seis anos, e de multa, de cinco a quinze dias-multa. Se o crime for praticado por membro ou funcionário da Justiça Eleitoral, prevalecendo do cargo, a pena será aumentada de um quinto a um terço, nos termos do artigo 285 do Código Eleitoral.

Art. 340. Fabricar, mandar fabricar, adquirir, fornecer, ainda que gratuitamente, subtrair ou guardar urnas, objetos, mapas, cédulas ou papéis de uso exclusivo da Justiça Eleitoral:

Pena - reclusão até 3 (três) anos e pagamento de 3 (três) a 15 (quinze) dias-multa.

Parágrafo único. Se o agente é membro ou funcionário da Justiça Eleitoral e comete o crime prevalecendo-se do cargo, a pena é agravada.

Verbos nucleares: *Fabricar* (produzir; conceber; construir; criar), *mandar* (exigir; demandar; obrigar; ordenar; impor), *adquirir* (comprar; ganhar; alcançar), *fornecer* (prover; abastecer; aparelhar; dotar), *subtrair* (excluir; suprimir; retirar; arrebatar) ou *guardar* (acondicionar; armazenar).

Objetividade jurídica: É a proteção do processo eleitoral.

Objeto material: Urnas, objetos, mapas, cédulas ou papéis de uso exclusivo da Justiça Eleitoral.

Sujeito ativo: Qualquer pessoa.

Sujeito passivo: O Estado.

Elemento subjetivo: É o dolo com a vontade livre e consciente de atingir por meio das condutas elencadas as urnas, objetos, mapas, cédulas ou papéis de uso exclusivo da Justiça Eleitoral.

Consumação: O crime se consuma no momento em que ocorre a fabricação, é ordenada a fabricação, com a aquisição, com o fornecimento, com a subtração ou guarda dos objetos citados.

Tentativa: É possível a tentativa, por ser crime plurissubsistente (vários atos).

Classificação doutrinária: Crime comum; material; tipo múltipolo, de conteúdo variado; comissivo; instantâneo; unissubjetivo; plurissubsistente; doloso; admite a tentativa.

Suspensão condicional do processo: É possível.

Acordo de Não Persecução Penal: Tem cabimento.

Ação penal: Ação penal pública incondicionada.

Pena: O tipo penal possui pena abstrata privativa de liberdade, de reclusão, de um a três anos, e de multa, de três a quinze dias-multa. Se o crime for praticado por membro ou funcionário da Justiça Eleitoral, prevalecendo-se do cargo, a pena será aumentada de um quinto a um terço, nos termos do artigo 285 do Código Eleitoral.

Art. 341. Retardar a publicação ou não publicar, o diretor ou qualquer outro funcionário de órgão oficial federal, estadual, ou municipal, as decisões, citações ou intimações da Justiça Eleitoral:

Pena - detenção até 1 (um) mês ou pagamento de 30 (trinta) a 60 (sessenta) dias-multa.

Verbos nucleares: *Retardar* (atardar; adiar; alongar; demorar; diferir; dilatar; espaçar, ou *não publicar* (divulgar, publicitar; propalar).

Objetividade jurídica: É a proteção da Administração da Justiça Eleitoral.

Objeto material: As decisões, citações ou intimações da Justiça Eleitoral.

Sujeito ativo: Diretor ou outro servidor público de órgão oficial federal, estadual ou municipal.

Sujeito passivo: O Estado.

Elemento subjetivo: É o dolo com a vontade livre e consciente de retardar a publicação ou não publicar os mencionados atos da Justiça Eleitoral.

Consumação: O crime se consuma como a omissão do agente criminoso, ainda que posteriormente ocorra, de forma tardia, a realização do ato apto a promover a publicidade.

Tentativa: Não possível a tentativa, por ser crime omissivo próprio.

Classificação doutrinária: Crime próprio; omissivo; instantâneo; unissubjetivo; plurissubsistente; doloso; não admite a tentativa.

Suspensão condicional do processo: É possível.

Acordo de Não Persecução Penal: Tem cabimento.

Ação penal: Ação penal pública incondicionada.

Pena: O tipo penal possui pena abstrata privativa de liberdade, de detenção, de quinze dias a um mês, ou de multa, de trinta a sessenta dias-multa.

> **Art. 342. Não apresentar o órgão do Ministério Público, no prazo legal, denúncia ou deixar de promover a execução de sentença condenatória:**
>
> **Pena - detenção até 2 (dois) meses ou pagamento de 60 (sessenta) a 90 (noventa) dias-multa.**

Verbos nucleares: *Não apresentar* (oferecer; protocolar; entregar) ou deixar (afrontar; não realizar).

Objetividade jurídica: É a proteção da Administração da Justiça Eleitoral.

Objeto material: A atuação do órgão do Ministério Público, ao não apresentar denúncia ou deixar de promover a execução de sentença condenatória.

Sujeito ativo: Órgão do Ministério Público.

Sujeito passivo: O Estado.

Elemento subjetivo: É o dolo com a vontade livre e consciente de não apresentar denúncia nos casos de cabimento, dentro do prazo legal, ou não de não adotar providência para que a ocorra a execução de sentença condenatória.

Consumação: O crime se consuma no momento em ocorre com o transcurso do lapso temporal para o oferecimento da denúncia, mas o representante do Ministério Público se mantém inerte ou quando houver sentença penal condenatória, não adotar providência para sua execução após ter sido intimado.

Tentativa: Não é possível a tentativa, por ser crime omissivo.

Classificação doutrinária: Crime próprio; omissivo próprio; instantâneo; unissubjetivo; unissubsistente; doloso; não admite a tentativa.

Suspensão condicional do processo: É possível.

Acordo de Não Persecução Penal: Tem cabimento.

Ação penal: Ação penal pública incondicionada.

Pena: O tipo penal possui pena abstrata privativa de liberdade, de detenção, de quinze dias a dois meses, ou de multa, de sessenta a noventa dias-multa.

> **Art. 343. Não cumprir o juiz o disposto no § 3º do Art. 357[106]:**
>
> **Pena - detenção até 2 (dois) meses ou pagamento de 60 (sessenta) a 90 (noventa) dias-multa.**

Verbo nuclear: Não *cumprir* (acatar; exercer; obedecer; realizar; respeitar).

Objetividade jurídica: É a proteção da Administração da Justiça Eleitoral.

Objeto material: A atuação do magistrado do Juízo Eleitoral.

Sujeito ativo: Juiz eleitoral.

Sujeito passivo: O Estado.

Elemento subjetivo: É o dolo com a vontade livre e consciente de não representar em razão da constatação da inércia do órgão do Ministério Público.

Consumação: O crime se consuma no momento em que ocorre a omissão do juiz eleitoral, após conhecimento da aparente desídia do Ministério Público.

106. **Código Eleitoral:** "Art. 357. Verificada a infração penal, o Ministério Público oferecerá a denúncia dentro do prazo de 10 (dez) dias. (...) § 3º Se o órgão do Ministério Público não oferecer a denúncia no prazo legal representará contra ele a autoridade judiciária, sem prejuízo da apuração da responsabilidade penal. (...)".

Tentativa: Não é possível a tentativa, por ser crime omissivo.

Classificação doutrinária: Crime próprio; formal; omissivo próprio; instantâneo; unissubjetivo; unissubsistente; doloso; não admite a tentativa.

Suspensão condicional do processo: É possível.

Acordo de Não Persecução Penal: Tem cabimento.

Ação penal: Ação penal pública incondicionada.

Pena: O tipo penal possui pena abstrata privativa de liberdade, de detenção, de quinze dias a dois meses, ou de multa, de sessenta a noventa dias-multa.

> **Art. 344. Recusar ou abandonar o serviço eleitoral sem justa causa:**
>
> **Pena - detenção até 2 (dois) meses ou pagamento de 90 (noventa) a 120 (cento e vinte) dias-multa.**

Verbos nucleares: *Recusar* (enjeitar; deixar; desprezar; refugar) ou *abandonar* (desamparar; largar; rejeitar).

Objetividade jurídica: É a proteção do processo eleitoral.

Objeto material: O serviço eleitoral.

Sujeito ativo: Qualquer pessoa, quando a conduta for recusar, ou integrantes das mesas receptoras de votos, quando a conduta for abandonar.

Sujeito passivo: O Estado.

Elemento subjetivo: É o dolo com a vontade livre e consciente de recusar ou abandonar o serviço eleitoral injustificadamente.

Consumação: O crime se consuma no momento em que ocorre a recusa ou o abandono, sem justificativa.

Tentativa: É possível a tentativa, por ser crime plurissubsistente (vários atos).

Classificação doutrinária: Crime comum (recusar) ou próprio (abandonar); formal; comissivo; instantâneo; unissubjetivo; plurissubsistente; doloso; admite a tentativa.

Suspensão condicional do processo: É possível.

Acordo de Não Persecução Penal: Tem cabimento.

Ação penal: Ação penal pública incondicionada.

Pena: O tipo penal possui pena abstrata privativa de liberdade, de detenção, de quinze dias a dois meses, ou de multa, de sessenta a noventa dias-multa.

> **Art. 345. Não cumprir a autoridade judiciária, ou qualquer funcionário dos órgãos da Justiça Eleitoral, nos prazos legais, os deveres impostos por este Código, se a infração não estiver sujeita a outra penalidade:**
>
> **Pena - pagamento de 30 (trinta) a 90 (noventa) dias-multa.**[107]

Verbos nucleares: Não *cumprir* (acatar; exercer; obedecer; realizar; respeitar).

Objetividade jurídica: É a proteção do processo eleitoral e da Administração da Justiça Eleitoral.

Objeto material: Os deveres impostos pelo Código Eleitoral, quando não houver tipo penal que trate de forma diversa. Os deveres estão previstos em diversos dispositivos do Código Eleitoral, dentre eles os artigos 127[108], 128[109] e 129[110].

---

107. Dispositivo com redação alterada pela Lei nº 4.961, de 4 de maio de 1966.

108. **Código Eleitoral:** "Art. 127. Compete ao presidente da mesa receptora, e, em sua falta, a quem o substituir: I - receber os votos dos eleitores; II - decidir imediatamente todas as dificuldades ou dúvidas que ocorrerem; III - manter a ordem, para o que disporá de força pública necessária; IV - comunicar ao juiz eleitoral, que providenciará imediatamente as ocorrências cuja solução deste dependerem; V - remeter à Junta Eleitoral todos os papéis que tiverem sido utilizados durante a recepção dos votos; VI - autenticar, com a sua rubrica, as cédulas oficiais e numerá-las nos termos das Instruções do Tribunal Superior Eleitoral; VII - assinar as fórmulas de observações dos fiscais ou delegados de partido, sobre as votações; VIII - fiscalizar a distribuição das senhas e, verificando que não estão sendo distribuídas segundo a sua ordem numérica, recolher as de numeração intercalada, acaso retidas, as quais não se poderão mais distribuir; IX - anotar o não comparecimento do eleitor no verso da folha individual de votação."

109. **Código Eleitoral:** "Art. 128. Compete aos secretários: I - distribuir aos eleitores as senhas de entrada previamente rubricadas ou carimbadas segundo a respectiva ordem numérica; II - lavrar a ata da eleição; III - cumprir as demais obrigações que lhes forem atribuídas em instruções. Parágrafo único. As atribuições mencionadas no n.º 1 serão exercidas por um dos secretários e os constantes dos nºs. II e III pelo outro."

110. **Código Eleitoral:** "Art. 129. Nas eleições proporcionais os presidentes das mesas receptoras deverão zelar pela preservação das listas de candidatos afixadas dentro das cabinas

Sujeito ativo: A autoridade judiciária ou qualquer funcionário dos órgãos da Justiça Eleitoral, salvo quando a conduta já não tiver sido prevista noutro dispositivo, podendo ser mencionados como exemplos os artigos 313, 342 e 343, todos do Código Eleitoral.

Sujeito passivo: O Estado.

Elemento subjetivo: É o dolo com a vontade livre e consciente de não cumprir no prazo legal o dever imposto pelo Código Eleitoral.

Consumação: O crime se consuma no momento em que ocorre o transcurso do prazo legal para realização de um dever, sem seu respectivo cumprimento.

Tentativa: Não é possível a tentativa, por ser crime omissivo.

Classificação doutrinária: Crime próprio; omissivo; subsidiário; instantâneo; unissubjetivo; unissubsistente; doloso; não admite a tentativa.

Suspensão condicional do processo: É possível.

Acordo de Não Persecução Penal: Tem cabimento.

Ação penal: Ação penal pública incondicionada.

Pena: O tipo penal possui pena abstrata de multa, de trinta a noventa dias-multa.

Art. 346. Violar o disposto no Art. 377[111]:

Pena - detenção até seis meses e pagamento de 30 a 60 dias-multa.

Parágrafo único. Incorrerão na pena, além da autoridade responsável, os servidores que prestarem serviços e os candidatos, membros ou diretores de partido que derem causa à infração.

Verbo nuclear: *Violar* (infringir; desrespeitar; descumprir; desobedecer; ofender).

Objetividade jurídica: É a proteção do processo eleitoral.

Objeto material: Os serviços públicos ou contratados pelo ente estatal ou as dependências dos órgãos públicos ou das empresas contratadas.

Sujeito ativo: A autoridade eleitoral, os servidores que prestem serviços, os candidatos e os membros ou diretores de partido.

Sujeito passivo: O Estado.

Elemento subjetivo: É o dolo com a vontade livre e consciente de violar um dever previsto no artigo 377 do Código Eleitoral.

Consumação: O crime se consuma no momento em que ocorre a violação ao dever previsto no mencionado dispositivo do diploma eleitoral.

Tentativa: É possível a tentativa, por ser crime plurissubsistente (vários atos).

Classificação doutrinária: Crime próprio; material; comissivo; instantâneo; unissubjetivo; plurissubsistente; doloso; admite a tentativa.

Suspensão condicional do processo: É possível.

Acordo de Não Persecução Penal: Tem cabimento.

Ação penal: Ação penal pública incondicionada.

Pena: O tipo penal possui somente pena abstrata de multa, de trinta a sessenta dias-multa.

Art. 347. Recusar alguém cumprimento ou obediência a diligências, ordens ou instruções da Justiça Eleitoral ou opor embaraços à sua execução:

Pena - detenção de 3 (três) meses a 1 (um) ano e pagamento de 10 (dez) a 20 (vinte) dias-multa.

Verbos nucleares: *Recusar* (enjeitar; desamparar; refugar; rejeitar) ou *opor* (conferir; confrontar; contrapor; defrontar).

Objetividade jurídica: É a proteção da Administração da Justiça Eleitoral.

---

indevassáveis tomando imediatas providências para a colocação de nova lista no caso de inutilização total ou parcial. Parágrafo único. O eleitor que inutilizar ou arrebatar as listas afixadas nas cabinas indevassáveis ou nos edifícios onde funcionarem mesas receptoras, incorrerá nas penas do artigo 297."

111. **Código Eleitoral:** "Art. 377. O serviço de qualquer repartição, federal, estadual, municipal, autarquia, fundação do Estado, sociedade de economia mista, entidade mantida ou subvencionada pelo poder público, ou que realiza contrato com este, inclusive o respectivo prédio e suas dependências não poderá ser utilizado para beneficiar partido ou organização de caráter político. Parágrafo único. O disposto neste artigo será tornado efetivo, a qualquer tempo, pelo órgão competente da Justiça Eleitoral, conforme o âmbito nacional, regional ou municipal do órgão infrator mediante representação fundamentada partidário, ou de qualquer eleitor."

Objeto material: As ordens ou instruções da Justiça Eleitoral, bem como sua execução.

Sujeito ativo: Qualquer pessoa.

Sujeito passivo: O Estado.

Elemento subjetivo: É o dolo com a vontade livre e consciente de não cumprir as ordens ou instruções da Justiça Eleitoral ou de criar embaraços para a sua execução.

Consumação: O crime se consuma no momento em ocorre a recusa ao cumprimento ou da obediência a diligência ou a criação de dificuldades para a execução, ainda que não impeça o ato ou seu cumprimento.

Tentativa: É possível a tentativa, por ser crime plurissubsistente (vários atos).

Classificação doutrinária: Crime comum; formal; omissivo; instantâneo; unissubjetivo; plurissubsistente; doloso; admite a tentativa.

Suspensão condicional do processo: É possível.

Acordo de Não Persecução Penal: Tem cabimento.

Ação penal: Ação penal pública incondicionada.

Pena: O tipo penal possui pena abstrata privativa de liberdade, de detenção, de três meses a um ano, ou de multa, de dez a vinte dias-multa.

Art. 348. Falsificar, no todo ou em parte, documento público, ou alterar documento público verdadeiro, para fins eleitorais:

Pena - reclusão de 2 (dois) a 6 (seis) anos e pagamento de 15 (quinze) a 30 (trinta) dias-multa.

§ 1º Se o agente é funcionário público e comete o crime prevalecendo-se do cargo, a pena é agravada.

§ 2º Para os efeitos penais, equipara-se a documento público o emanado de entidade paraestatal inclusive Fundação do Estado.

Verbos nucleares: *Falsificar* (desfigurar; desvirtuar; modificar; falsar; falsear) *alterar* (adulterar; corromper; deformar; descaracterizar; deturpar).

Objetividade jurídica: É a proteção da fé pública, no âmbito eleitoral[112].

Objeto material: O documento público sobre o qual recaia a conduta.

Sujeito ativo: Qualquer pessoa.

Sujeito passivo: O Estado.

Elemento subjetivo: É o dolo com a vontade livre e consciente de falsificar ou alterar documento público, para fins eleitorais.

Consumação: O crime se consuma no momento em que ocorre a falsificação ou alteração do documento, independentemente do efetivo uso.

Tentativa: É possível a tentativa, por ser crime plurissubsistente (vários atos).

Classificação doutrinária: Crime comum; material; comissivo; instantâneo; unissubjetivo; plurissubsistente; doloso; admite a tentativa.

Suspensão condicional do processo: Não é possível.

Acordo de Não Persecução Penal: Tem cabimento.

Ação penal: Ação penal pública incondicionada.

Pena: O tipo penal possui pena abstrata privativa de liberdade, de reclusão, de dois a seis anos, e de multa, de quinze a trinta dias-multa. Se o crime for praticado por funcionário público, prevalecendo-se do cargo, a pena será aumentada de um quinto a um terço, nos termos do artigo 285 do Código Eleitoral.

Art. 349. Falsificar, no todo ou em parte, documento particular ou alterar documento particular verdadeiro, para fins eleitorais:

Pena - reclusão até 5 (cinco) anos e pagamento de 3 (três) a 10 (dez) dias-multa.

Verbos nucleares: *Falsificar* (desfigurar; desvirtuar; modificar; falsar; falsear) *alterar* (adulterar; corromper; deformar; descaracterizar; deturpar).

Objetividade jurídica: É a proteção da fé pública, no âmbito eleitoral[113].

112. GONÇALVES, Luiz Carlos dos Santos. Crimes eleitorais e processo penal eleitoral. São Paulo: Atlas, 2012, p. 113; SPITZCOVSKY, Celso. Direito Eleitoral (Coleção elementos do direito, v. 20). 3ª ed. rev. e atual. São Paulo: Editora Revista dos Tribunais, 2016, p. 272.

113. GONÇALVES, Luiz Carlos dos Santos. Crimes eleitorais e processo penal eleitoral. São Paulo: Atlas, 2012, p. 113; SPITZCOVSKY, Celso. Direito Eleitoral (Coleção elementos do direito, v. 20). 3ª ed. rev. e atual. São Paulo: Editora Revista dos Tribunais, 2016, p. 272.

Objeto material: O documento particular sobre o qual recaia a conduta.

Sujeito ativo: Qualquer pessoa.

Sujeito passivo: O Estado.

Elemento subjetivo: É o dolo com a vontade livre e consciente de falsificar ou alterar documento particular, para fins eleitorais.

Consumação: O crime se consuma no momento em que ocorre a falsificação ou alteração do documento, independentemente do efetivo uso.

Tentativa: É possível a tentativa, por ser crime plurissubsistente (vários atos).

Classificação doutrinária: Crime comum; material; comissivo; instantâneo; unissubjetivo; plurissubsistente; doloso; admite a tentativa.

Suspensão condicional do processo: É possível.

Acordo de Não Persecução Penal: Tem cabimento.

Ação penal: Ação penal pública incondicionada.

Pena: O tipo penal possui pena abstrata privativa de liberdade, de reclusão, de um a cinco anos, e de multa, de três a dez dias-multa.

Art. 350. Omitir, em documento público ou particular, declaração que dele devia constar, ou nele inserir ou fazer inserir declaração falsa ou diversa da que devia ser escrita, para fins eleitorais:

Pena - reclusão até 5 (cinco) anos e pagamento de 5 (cinco) a 15 (quinze) dias-multa, se o documento é público, e reclusão até 3 (três) anos e pagamento de 3 (três) a 10 (dez) dias-multa se o documento é particular.

Parágrafo único. Se o agente da falsidade documental é funcionário público e comete o crime prevalecendo-se do cargo ou se a falsificação ou alteração é de assentamentos de registro civil, a pena é agravada.

Verbos nucleares: *Omitir* (elidir; encobrir; excluir; suprimir; ocultar; calar; disfarçar), *inserir* (encaixar; colocar; afixar; embutir) ou *fazer* (causar; produzir; acarretar).

Objetividade jurídica: É a proteção da fé pública, no âmbito eleitoral[114].

Objeto material: O documento particular sobre o qual recaia a conduta.

Sujeito ativo: Qualquer pessoa.

Sujeito passivo: O Estado.

Elemento subjetivo: É o dolo com a vontade livre e consciente de aumentar preços de mercadorias e serviços necessários às eleições.

Consumação: O crime se consuma no momento em que ocorre a omissão de declaração que deveria constar ou a inserção ou sua provocação, de informação falsa ou diversa, em documento público ou particular, para fins eleitorais, independentemente do efetivo uso.

Tentativa: É possível a tentativa em sua modalidade comissiva, por ser crime plurissubsistente (vários atos).

Classificação doutrinária: Crime comum; omissivo (omitir) ou comissivo (inserir ou fazer inserir); instantâneo; unissubjetivo; plurissubsistente; doloso; admite a tentativa na modalidade comissiva.

Suspensão condicional do processo: É possível.

Acordo de Não Persecução Penal: Tem cabimento.

Ação penal: Ação penal pública incondicionada.

Pena: O tipo penal possui pena abstrata privativa de liberdade, de reclusão, de um a cinco anos, e de multa, de cinco a quinze dias-multa, se o documento é público e privativa de liberdade, de reclusão, de um a três anos, e de multa, de três a dez dias-multa, se o documento é particular. Se o crime for praticado por funcionário público, prevalecendo-se do cargo, bem como se a falsificação ou alteração é e assentamento de registro civil, a pena será aumentada de um quinto a um terço, nos termos do artigo 285 do Código Eleitoral.

Art. 351. Equipara-se a documento (348, 349 e 350) para os efeitos penais, a fotografia, o filme cinematográfico, o disco fonográfico ou fita de ditafone a que se incorpore declaração ou imagem destinada à prova de fato juridicamente relevante.

114. GONÇALVES, Luiz Carlos dos Santos. Crimes eleitorais e processo penal eleitoral. São Paulo: Atlas, 2012, p. 113; SPITZCOVSKY, Celso. Direito Eleitoral (Coleção elementos do direito, v. 20). 3ª ed. rev. e atual. São Paulo: Editora Revista dos Tribunais, 2016, p. 272.

Comentários: O dispositivo prevê a possibilidade de determinados registros de capitação de som ou imagem serem equiparados a documentos para fins de incidência dos artigos 348, 349 e 350, todos do Código Eleitoral, quando contenham declaração ou imagem destinada à prova de fato juridicamente relevante.

Art. 352. Reconhecer, como verdadeira, no exercício da função pública, firma ou letra que o não seja, para fins eleitorais:

Pena - reclusão até 5 (cinco) anos e pagamento de 5 (cinco) a 15 (quinze) dias-multa se o documento é público, e reclusão até 3 (três) anos e pagamento de 3 (três) a 10 (dez) dias-multa se o documento é particular.

Verbo nuclear: *Reconhecer* (aceitar; acolher; acreditar; admitir; aprovar; assentir).

Objetividade jurídica: É a proteção da fé pública, no âmbito eleitoral[115].

Objeto material: O ato de reconhecimento inverídico da firma ou da letra.

Sujeito ativo: O servidor público competente para realizar o reconhecimento de firma ou letra, podendo ser "tabelião, notário ou cartorário, seja de serventia oficial, seja de serviços notariais e de registro que atuem por delegação do poder público".[116]

Sujeito passivo: O Estado.

Elemento subjetivo: É o dolo com a vontade livre e consciente de reconhecer indevidamente firma ou letra para fins eleitorais.

Consumação: O crime se consuma no momento em ocorre o reconhecimento, independentemente do efetivo uso do documento.

Tentativa: É possível a tentativa, por ser crime plurissubsistente (vários atos).

Classificação doutrinária: Crime próprio; material; comissivo; instantâneo; unissubjetivo; plurissubsistente; doloso; admite a tentativa.

Suspensão condicional do processo: É possível.

Acordo de Não Persecução Penal: Tem cabimento.

Ação penal: Ação penal pública incondicionada.

Pena: O tipo penal possui pena abstrata privativa de liberdade, de reclusão, de um a cinco anos, e de multa, de cinco a quinze dias-multa, se o documento é público e privativa de liberdade, de reclusão, de um a três anos, e de multa, de três a dez dias-multa, se o documento é particular.

Art. 353. Fazer uso de qualquer dos documentos falsificados ou alterados, a que se referem os artigos. 348 a 352:

Pena - a cominada à falsificação ou à alteração.

Verbo nuclear: *Fazer uso* (causar; produzir; acarretar o uso).

Objetividade jurídica: É a proteção da fé pública, no âmbito eleitoral[117].

Objeto material: A utilização do documento falsificado ou alterado.

Sujeito ativo: Qualquer pessoa.

Sujeito passivo: O Estado.

Elemento subjetivo: É o dolo com a vontade livre e consciente de usar o documento falsificado ou alterado.

Consumação: O crime se consuma no momento em ocorre o uso documento falsificado ou alterado.

Tentativa: É possível a tentativa, por ser crime plurissubsistente (vários atos).

Classificação doutrinária: Crime comum; material; comissivo; instantâneo; unissubjetivo; plurissubsistente; doloso; admite a tentativa.

Suspensão condicional do processo: É possível.

Acordo de Não Persecução Penal: Tem cabimento.

Ação penal: Ação penal pública incondicionada.

Pena: O tipo penal prevê como pena abstrata aquela prevista para a falsidade praticada para a produção do documento.

115. GONÇALVES, Luiz Carlos dos Santos. Crimes eleitorais e processo penal eleitoral. São Paulo: Atlas, 2012, p. 113.

116. GONÇALVES, Luiz Carlos dos Santos. Crimes eleitorais e processo penal eleitoral. São Paulo: Atlas, 2012, p. 121.

117. GONÇALVES, Luiz Carlos dos Santos. Crimes eleitorais e processo penal eleitoral. São Paulo: Atlas, 2012, p. 113.

Art. 354. Obter, para uso próprio ou de outrem, documento público ou particular, material ou ideologicamente falso para fins eleitorais:

Pena - a cominada à falsificação ou à alteração.

Verbo nuclear: *Obter* (ganhar; adquirir; alcançar; arranjar; arrecadar; receber).

Objetividade jurídica: É a proteção da fé pública, no âmbito eleitoral[118].

Objeto material: O documento público ou particular contendo falsidade material ou ideológica.

Sujeito ativo: Qualquer pessoa.

Sujeito passivo: O Estado.

Elemento subjetivo: É o dolo com a vontade livre e consciente de obter documento, público ou particular para fins eleitorais, com conhecimento de sua origem espúria em razão de conter falsidade material ou ideológica.

Consumação: O crime se consuma no momento em ocorre a obtenção do documento, ainda que não consiga o agente utilizá-lo para fins eleitorais.

Tentativa: É possível a tentativa, por ser crime plurissubsistente (vários atos).

Classificação doutrinária: Crime comum; material; comissivo; instantâneo; unissubjetivo; plurissubsistente; doloso; admite a tentativa.

Suspensão condicional do processo: É possível.

Acordo de Não Persecução Penal: Tem cabimento.

Ação penal: Ação penal pública incondicionada.

Pena: O tipo penal prevê como pena abstrata aquela prevista para a falsidade praticada para a produção do documento.

Art. 354-A. Apropriar-se o candidato, o administrador financeiro da campanha, ou quem de fato exerça essa função, de bens, recursos ou valores destinados ao financiamento eleitoral, em proveito próprio ou alheio:

Pena - reclusão, de 2 (dois) a 6 (seis) anos, e multa[119].

Verbos nucleares: *Apropriar* (apoderar; apossar; apreender; assenhorar; tomar; usurpar).

Objetividade jurídica: É a proteção do processo eleitoral.

Objeto material: Bens, recursos ou valores destinados ao financiamento eleitoral.

Sujeito ativo: O candidato, o administrador financeiro da campanha ou que efetivamente exerça essa função.

Sujeito passivo: O Estado.

Elemento subjetivo: É o dolo com a vontade livre e consciente de apoderar-se de bens, recursos ou valores destinados ao financiamento eleitoral.

Consumação: O crime se consuma no momento em ocorre a apropriação do bem, do recurso ou do valor.

Tentativa: É possível a tentativa, por ser crime plurissubsistente (vários atos).

Classificação doutrinária: Crime próprio; material; comissivo; instantâneo; unissubjetivo; plurissubsistente; doloso; admite a tentativa.

Suspensão condicional do processo: É possível.

Acordo de Não Persecução Penal: Tem cabimento.

Ação penal: Ação penal pública incondicionada.

Pena: O tipo penal possui pena abstrata privativa de liberdade de reclusão, de dois a seis anos, e de multa.

118. GONÇALVES, Luiz Carlos dos Santos. Crimes eleitorais e processo penal eleitoral. São Paulo: Atlas, 2012, p. 113.

119. O dispositivo foi incluído no Código Eleitoral pela Lei nº 13.488, de 6 de outubro de 2017.

25

CRIMES PREVISTOS NA LEI DE TRANSPORTE E ALIMENTAÇÃO DE ELEITORES

Lei 6.091/1974

OSVALDO EVANGELISTA JÚNIOR

Art. 11. Constitui crime eleitoral:

I – descumprir, o responsável por órgão, repartição ou unidade do serviço público, o dever imposto no art. 3º[1], ou prestar informação inexata que vise a elidir, total ou parcialmente, a contribuição de que ela trata:

Pena – detenção de 15 (quinze) a 6 (seis) meses e pagamento de 60 (sessenta) a 100 (cem) dias-multa.

Verbos nucleares: *Descumprir* (infringir; atropelar; desobedecer; ofender) ou *prestar* (conceder; dar; dispensar; oferecer; servir).

Objetividade jurídica: É a proteção do processo eleitoral.

Objeto material: Recusa em prestar informações ou fornecer dados inexatos acerca do número de veículos e embarcações vinculados ao órgão público para que, caso haja necessidade se proceda o pedido de empréstimo para fins eleitorais e transporte de eleitores.

Sujeito ativo: O funcionário público com competência para prestar a informação referente ao número de veículos ou embarcações.

Sujeito passivo: O Estado.

Elemento subjetivo: É o dolo com a vontade livre e consciente de não enviar as informações exigidas ou de prestá-la com dados inexatos.

Consumação: O crime se consuma com a ausência da informação dentro do prazo legal ou com seu fornecimento com dados inexatos.

Tentativa: É possível a tentativa, por ser crime plurissubsistente (vários atos), na modalidade comissiva (prestar).

Classificação doutrinária: Crime próprio; omissivo (descumprir) ou comissivo (prestar); instantâneo; unissubjetivo; plurissubsistente; doloso; admite a tentativa na modalidade comissiva.

Suspensão condicional do processo: É possível.

Acordo de Não Persecução Penal: Tem cabimento.

Ação penal: Ação penal pública incondicionada.

1. **Lei nº 6.091/1974: "Art. 3º.** Até cinquenta dias antes da data do pleito, os responsáveis por todas as repartições, órgãos e unidades do serviço público federal, estadual e municipal oficiarão à Justiça Eleitoral, informando /o número, a espécie e lotação dos veículos e embarcações de sua propriedade, e justificando, se for o caso, a ocorrência da exceção prevista no parágrafo 1º do art. 1º desta Lei. **§ 1º.** Os veículos e embarcações à disposição da Justiça Eleitoral deverão, mediante comunicação expressa de seus proprietários, estar em condições de ser utilizados, pelo menos, vinte e quatro horas antes das eleições e circularão exibindo de modo bem visível, dístico em letras garrafais, com a frase: "A serviço da Justiça Eleitoral." **§ 2º.** A Justiça Eleitoral, à vista das informações recebidas, planejará a execução do serviço de transporte de eleitores e requisitará aos responsáveis pelas repartições, órgãos ou unidades, até trinta dias antes do pleito, os veículos e embarcações necessários."

Pena: O tipo penal possui pena abstrata privativa de liberdade de detenção, de quinze dias a seis meses, e de multa, de sessenta a cem dias-multa.

II – desatender à requisição de que trata o art. 2º[2]:

Pena – pagamento de 200 (duzentos) a 300 (trezentos) dias-multa, além da apreensão do veículo para o fim previsto;

Verbo nuclear: *Desatender* (descuidar; desprezar; desperceber).

Objetividade jurídica: É a proteção do processo eleitoral.

Objeto material: Veículos e embarcações particulares.

Sujeito ativo: Proprietários de veículos ou embarcações requisitados.

Sujeito passivo: O Estado.

Elemento subjetivo: É o dolo com a vontade livre e consciente de não fornecer veículos e embarcações particulares à Justiça Eleitoral.

Consumação: O crime se consuma no momento em que se dá a reusa injustificada do fornecimento.

Tentativa: Não é possível a tentativa, por ser crime omissivo.

Classificação doutrinária: Crime próprio; omissivo; instantâneo; unissubjetivo; plurissubsistente; doloso; não admite a tentativa.

Suspensão condicional do processo: É possível.

Acordo de Não Persecução Penal: Tem cabimento.

Ação penal: Ação penal pública incondicionada.

Pena: O tipo penal possui pena abstrata de multa, de duzentos a trezentos dias-multa e de apreensão do veículo para ser utilizado pela Justiça Eleitoral.

2. **Lei nº 6.091/1974: "Art. 2º.** Se a utilização de veículos pertencentes às entidades previstas no art. 1º não for suficiente para atender ao disposto nesta Lei, a Justiça Eleitoral requisitará veículos e embarcações a particulares, de preferência os de aluguel. **Parágrafo único.** Os serviços requisitados serão pagos, até trinta dias depois do pleito, a preços que correspondam aos critérios da localidade. A despesa correrá por conta do Fundo Partidário."

III – descumprir a proibição dos artigos 5º[3], 8º[4] e 10[5]:

Pena – reclusão de 4 (quatro) a 6 (seis) anos e pagamento de 200 (duzentos) a 300 (trezentos) dias-multa (art. 302 do Código Eleitoral);

Verbo nuclear: *Descumprir* (infringir; desobedecer; ofender).

Objetividade jurídica: É a proteção do processo eleitoral.

Objeto material: Transporte ou refeição fornecidos aos eleitores.

Sujeito ativo: Qualquer pessoa.

Sujeito passivo: O Estado.

Elemento subjetivo: É o dolo com a vontade livre e consciente de fornecer transporte ou refeição aos eleitores.

Consumação: O crime se consuma no momento em que ocorre o fornecimento de transporte ou de refeição a eleitores.

Tentativa: É possível a tentativa, por ser crime plurissubsistente (vários atos).

Classificação doutrinária: Crime comum; material; comissivo; instantâneo; unissubjetivo; plurissubsistente; doloso; admite a tentativa.

Suspensão condicional do processo: É possível.

Acordo de Não Persecução Penal: Tem cabimento.

Ação penal: Ação penal pública incondicionada.

Pena: O tipo penal possui pena abstrata privativa de liberdade de reclusão, de quatro a seis anos, e de multa, de duzentos a trezentos dias-multa.

3. **Lei nº 6.091/1974: "Art. 5º.** Nenhum veículo ou embarcação poderá fazer transporte de eleitores desde o dia anterior até o posterior à eleição, salvo: **I** - a serviço da Justiça Eleitoral; **II** - coletivos de linhas regulares e não fretados; **III** - de uso individual do proprietário, para o exercício do próprio voto e dos membros da sua família; **IV** - o serviço normal, sem finalidade eleitoral, de veículos de aluguel não atingidos pela requisição de que trata o art. 2º."

4. **Lei nº 6.091/1974: "Art. 8º.** Somente a Justiça Eleitoral poderá, quando imprescindível, em face da absoluta carência de recursos de eleitores da zona rural, fornecer-lhes refeições, correndo, nesta hipótese, as despesas por conta do Fundo Partidário."

5. **Lei nº 6.091/1974: "Art. 10**. É vedado aos candidatos ou órgãos partidários, ou a qualquer pessoa, o fornecimento de transporte ou refeições aos eleitores da zona urbana."

IV - obstar, por qualquer forma, a prestação dos serviços previstos nos arts. 4º[6] e 8º[7] desta Lei, atribuídos à Justiça Eleitoral:

Pena - reclusão de 2 (dois) a 4 (quatro) anos;

Verbo nuclear: *Obstar* (impedir; atravancar; barrar; bloquear; dificultar).

Objetividade jurídica: É a proteção do processo eleitoral.

Objeto material: O transporte e refeições destinados aos eleitores.

Sujeito ativo: Qualquer pessoa.

Sujeito passivo: O Estado.

Elemento subjetivo: É o dolo com a vontade livre e consciente de criar dificuldade para a prestação de serviços de transporte de eleitores ou fornecimento de refeições.

Consumação: O crime se consuma no momento em que o agente cria barreiras para a prestação de mencionados serviços.

Tentativa: É possível a tentativa, por ser crime plurissubsistente (vários atos).

Classificação doutrinária: Crime comum; comissivo; instantâneo; unissubjetivo; plurissubsistente; doloso; admite a tentativa.

Suspensão condicional do processo: É possível.

Acordo de Não Persecução Penal: Tem cabimento.

Ação penal: Ação penal pública incondicionada.

Pena: O tipo penal possui pena abstrata privativa de liberdade de reclusão, de dois a quatro anos.

6. **Lei nº 6.091/1974: "Art. 4º.** Art. 4º Quinze dias antes do pleito, a Justiça Eleitoral divulgará, pelo órgão competente, o quadro geral de percursos e horários programados para o transporte de eleitores, dele fornecendo cópias aos partidos políticos. § 1º O transporte de eleitores somente será feito dentro dos limites territoriais do respectivo município e quando das zonas rurais para as mesas receptoras distar pelo menos dois quilômetros. § 2º Os partidos políticos, os candidatos, ou eleitores em número de vinte, pelo menos, poderão oferecer reclamações em três dias contados da divulgação do quadro. § 3º As reclamações serão apreciadas nos três dias subsequentes, delas cabendo recurso sem efeito suspensivo. § 4º Decididas as reclamações, a Justiça Eleitoral divulgará, pelos meios disponíveis, o quadro definitivo."

7. **Lei nº 6.091/1974: "Art. 8º.** Somente a Justiça Eleitoral poderá, quando imprescindível, em face da absoluta carência de recursos de eleitores da zona rural, fornecer-lhes refeições, correndo, nesta hipótese, as despesas por conta do Fundo Partidário."

V - utilizar em campanha eleitoral, no decurso dos 90 (noventa) dias que antecedem o pleito, veículos e embarcações pertencentes à União, Estados, Territórios, Municípios e respectivas autarquias e sociedades de economia mista:

Pena - cancelamento do registro do candidato ou de seu diploma, se já houver sido proclamado eleito.

Parágrafo único. O responsável, pela guarda do veículo ou da embarcação, será punido com a pena de detenção, de 15 (quinze) dias a 6 (seis) meses, e pagamento de 60 (sessenta) a 100 (cem) dias-multa.

Verbo nuclear: *Utilizar* (usar; empregar; operar; aplicar; manusear; manipular).

Objetividade jurídica: É a proteção do processo eleitoral.

Objeto material: Veículos e embarcações pertencentes à União, aos Estados, aos Municípios e às respectivas autarquias e sociedades de economia mista.

Sujeito ativo: O candidato e o responsável pela guarda do veículo ou da embarcação.

Sujeito passivo: O Estado.

Elemento subjetivo: É o dolo com a vontade livre e consciente de usar indevidamente veículos ou embarcações em campanhas eleitorais.

Consumação: O crime se consuma no momento da utilização indevida do veículo ou da embarcação.

Tentativa: É possível a tentativa, por ser crime plurissubsistente (vários atos).

Classificação doutrinária: Crime próprio; material; comissivo; instantâneo; unissubjetivo; plurissubsistente; doloso; admite a tentativa.

Suspensão condicional do processo: É possível.

Acordo de Não Persecução Penal: Tem cabimento.

Ação penal: Ação penal pública incondicionada.

Pena: Para o candidato, o tipo penal prevê como pena abstrata o cancelamento do registro ou de seu diploma, se já houver sido proclamado eleito. Para o responsável pela guarda do veículo ou da embarcação, há previsão da pena abstrata privativa de liberdade de detenção, de quinze dias a seis meses, e de multa, de sessenta a cem dias-multa.

26

CRIME PREVISTO NA LEI DE ESCRUTÍNIO

Lei 7.021/1982

OSVALDO EVANGELISTA JÚNIOR

Art. 5º. Constitui crime eleitoral destruir, suprimir ou, de qualquer modo, danificar relação de candidatos afixada na cabina indevassável:

Pena – detenção, até 6 (seis) meses, e pagamento de 60 (sessenta) a 100 (cem) dias-multa.

Verbos nucleares: *Destruir* (dilapidar; acabar; aniquilar; anular; apagar), *suprimir* (eliminar; omitir; retirar) ou *danificar* (avariar; despedaçar; lesar; ofender).

Objetividade jurídica: É a proteção do processo eleitoral.

Objeto material: Relação de candidatos afixada na cabina de votação.

Sujeito ativo: Qualquer pessoa.

Sujeito passivo: O Estado.

Elemento subjetivo: É o dolo com a vontade livre e consciente de destruir, suprimir ou danificar a relação de candidatos afixada na cabina de votação.

Consumação: O crime se consuma no momento em que ocorre a destruição, supressão ou dano da relação de candidatos.

Tentativa: É possível a tentativa, por ser crime plurissubsistente (vários atos).

Classificação doutrinária: Crime comum; material; comissivo; instantâneo; unissubjetivo; plurissubsistente; doloso; admite a tentativa.

Suspensão condicional do processo: É possível.

Acordo de Não Persecução Penal: Tem cabimento.

Ação penal: Ação penal pública incondicionada.

Pena: O tipo penal possui pena abstrata privativa de liberdade de detenção, de quinze dias a seis meses, e de multa, de sessenta a cem dias-multa.

27

CRIMES PREVISTOS NA LEI DE ELEIÇÕES

Lei 9.504/1997

OSVALDO EVANGELISTA JÚNIOR

Art. 33. (...) § 4º. A divulgação de pesquisa fraudulenta constitui crime, punível com detenção de 6 (seis) meses a 1 (um) ano e multa no valor de 50.000 (cinquenta mil) a 100.000 (cem mil) UFIR.

Verbo nuclear: *Divulgar* (alastrar; difundir; disseminar; distribuir; irradiar; publicar).

Objetividade jurídica: É a proteção do processo eleitoral.

Objeto material: A pesquisa fraudulenta utilizada.

Sujeito ativo: Qualquer pessoa.

Sujeito passivo: O Estado.

Elemento subjetivo: É o dolo com a vontade livre e consciente de difundir pesquisa fraudulenta.

Consumação: O crime se consuma no momento da divulgação da pesquisa falsa.

Tentativa: É possível a tentativa, por ser crime plurissubsistente (vários atos).

Classificação doutrinária: Crime comum; material; comissivo; instantâneo; unissubjetivo; plurissubsistente; doloso; admite a tentativa.

Suspensão condicional do processo: É possível.

Acordo de Não Persecução Penal: Tem cabimento.

Ação penal: Ação penal pública incondicionada.

Pena: O tipo penal possui pena abstrata privativa de liberdade de detenção, de seis meses a um ano, e de multa, de cinquenta mil a cem mil UFIR.

Art. 34. (...) § 1º Mediante requerimento à Justiça Eleitoral, os partidos poderão ter acesso ao sistema interno de controle, verificação e fiscalização da coleta de dados das entidades que divulgaram pesquisas de opinião relativas às eleições, incluídos os referentes à identificação dos entrevistadores e, por meio de escolha livre e aleatória de planilhas individuais, mapas ou equivalentes, confrontar e conferir os dados publicados, preservada a identidade dos respondentes.

§ 2º O não-cumprimento do disposto neste artigo ou qualquer ato que vise a retardar, impedir ou dificultar a ação fiscalizadora dos partidos constitui crime, punível com detenção, de 6 (seis) meses a 1 (um) ano, com a alternativa de prestação de serviços à comunidade pelo mesmo prazo, e multa no valor de 10.000 (dez mil) a 20.000 (vinte mil) UFIR.

§ 3º A comprovação de irregularidade nos dados publicados sujeita os responsáveis às penas mencionadas no parágrafo anterior, sem prejuízo da obrigatoriedade da veiculação dos dados corretos no mesmo espaço, local, horário, página, caracteres e outros elementos de destaque, de acordo com o veículo usado.

Verbo nuclear: *Descumprir* (infringir; desobedecer; ofender).

Objetividade jurídica: É a proteção do processo eleitoral.

Objeto material: O acesso aos dados de pesquisas eleitorais realizadas.

Sujeito ativo: Qualquer pessoa.

Sujeito passivo: O Estado.

Elemento subjetivo: É o dolo com a vontade livre e consciente de descumprir o direito de acesso às pesquisas eleitorais realizadas.

Consumação: O crime se consuma no momento em que ocorre atraso, impedimento ou dificuldade ao acesso às informações solicitadas.

Tentativa: Não é possível a tentativa, por ser crime omissivo.

Classificação doutrinária: Crime comum; omissivo; instantâneo; unissubjetivo; plurissubsistente; doloso; admite a tentativa.

Suspensão condicional do processo: É possível.

Acordo de Não Persecução Penal: Tem cabimento.

Ação penal: Ação penal pública incondicionada.

Pena: O tipo penal possui pena abstrata privativa de liberdade de detenção, de seis meses a um ano, e de multa, de dez mil a vinte mil UFIR.

Art. 39. A realização de qualquer ato de propaganda partidária ou eleitoral, em recinto aberto ou fechado, não depende de licença da polícia.

§ 5º Constituem crimes, no dia da eleição, puníveis com detenção, de 6 (seis) meses a 1 (um) ano, com a alternativa de prestação de serviços à comunidade pelo mesmo período, e multa no valor de 5.000 (cinco mil) a 15.000 (quinze mil) UFIR:

I - o uso de alto-falantes e amplificadores de som ou a promoção de comício ou carreata;

II - a arregimentação de eleitor ou a propaganda de boca de urna;[1]

III - a divulgação de qualquer espécie de propaganda de partidos políticos ou de seus candidatos;[2]

IV - a publicação de novos conteúdos ou o impulsionamento de conteúdos nas aplicações de internet de que trata o art. 57-B desta Lei, podendo ser mantidos em funcionamento as aplicações e os conteúdos publicados anteriormente.[3]

Verbos nucleares: *Usar* (empregar; manusear; manipular; utilizar), *arregimentar* (agrupar; arrebanhar; associar; convocar; juntar; reunir), *divulgar* (alastrar; difundir; disseminar; distribuir; irradiar); *publicar* (apregoar; dispersar; propalar; publicitar; transmitir) e *impulsionar* (estimular; aguçar; aquecer; atiçar; ativar).

Objetividade jurídica: É a proteção do processo eleitoral.

Objeto material: O eleitor, a propaganda ou publicação relacionada com a conduta praticada.

Sujeito ativo: Qualquer pessoa.

Sujeito passivo: O Estado.

Elemento subjetivo: É o dolo com a vontade livre e consciente de, na data da eleição, usar alto-falantes e amplificadores de som ou promoção de comício ou carreata, arregimentar eleitor ou realizar propaganda e boca de urna, divulgar qualquer espécie de propaganda ou publicar novos conteúdos ou o impulsioná-los por meio da rede mundial de computadores - internet.

Consumação: O crime se consuma no momento da prática de um dos núcleos do tipo penal, independentemente de provocar reflexo no resultado eleitoral.

Tentativa: É possível a tentativa, por ser crime plurissubsistente (vários atos).

Classificação doutrinária: Crime comum; material; comissivo; instantâneo; unissubjetivo; plurissubsistente; doloso; admite a tentativa.

Suspensão condicional do processo: É possível.

Acordo de Não Persecução Penal: Tem cabimento.

Ação penal: Ação penal pública incondicionada.

Pena: O tipo penal possui pena abstrata privativa de liberdade de detenção, de seis meses a um ano, e de multa, de cinco mil a quinze mil UFIR.

1. Inciso com redação dada pela Lei nº 11.300, de 10 de maio de 2006.
2. Inciso com redação dada pela Lei nº 12.034, de 29 de setembro de 2009.
3. Inciso incluído pela Lei nº 13.488, de 6 de outubro de 2017.

Art. 40. O uso, na propaganda eleitoral, de símbolos, frases ou imagens, associadas ou semelhantes às empregadas por órgão de governo, empresa pública ou sociedade de economia mista constitui crime, punível com detenção, de 6 (seis) meses a 1 (um) ano, com a alternativa de prestação de serviços à comunidade pelo mesmo período, e multa no valor de 10.000 (dez mil) a 20.000 (vinte mil) UFIR.

Verbo nuclear: *Usar* (empregar; manusear; manipular; utilizar).

Objetividade jurídica: É a proteção do processo eleitoral.

Objeto material: A propaganda eleitoral que utilize símbolos, frases ou imagens associadas ou semelhantes às empregadas por órgão de governo, empresa pública ou sociedade de economia mista.

Sujeito ativo: Qualquer pessoa.

Sujeito passivo: O Estado.

Elemento subjetivo: É o dolo com a vontade livre e consciente de usar propaganda nos termos do tipo penal.

Consumação: O crime se consuma no momento em que ocorre o uso da propaganda com utilização de símbolos, frases ou imagens associadas ou semelhantes às empregadas por órgão de governo, empresa pública ou sociedade de economia mista.

Tentativa: É possível a tentativa, por ser crime plurissubsistente (vários atos).

Classificação doutrinária: Crime comum; material; comissivo; instantâneo; unissubjetivo; plurissubsistente; doloso; admite a tentativa.

Suspensão condicional do processo: É possível.

Acordo de Não Persecução Penal: Tem cabimento.

Ação penal: Ação penal pública incondicionada.

Pena: O tipo penal possui pena abstrata privativa de liberdade de detenção, de seis meses a um ano, podendo ser substituída por prestação de serviços à comunidade, e de multa, de dez mil a vinte mil a cem mil UFIR.

Art. 57-H. Sem prejuízo das demais sanções legais cabíveis, será punido, com multa de R$ 5.000,00 (cinco mil reais) a R$ 30.000,00 (trinta mil reais), quem realizar propaganda eleitoral na internet, atribuindo indevidamente sua autoria a terceiro, inclusive a candidato, partido ou coligação.[4]

§ 1º Constitui crime a contratação direta ou indireta de grupo de pessoas com a finalidade específica de emitir mensagens ou comentários na internet para ofender a honra ou denegrir a imagem de candidato, partido ou coligação, punível com detenção de 2 (dois) a 4 (quatro) anos e multa de R$ 15.000,00 (quinze mil reais) a R$ 50.000,00 (cinquenta mil reais).[5]

§ 2º Igualmente incorrem em crime, punível com detenção de 6 (seis) meses a 1 (um) ano, com alternativa de prestação de serviços à comunidade pelo mesmo período, e multa de R$ 5.000,00 (cinco mil reais) a R$ 30.000,00 (trinta mil reais), as pessoas contratadas na forma do § 1º.[6]

Verbo nuclear: *Contratar* (transacionar; barganhar; comerciar; mercadejar).

Objetividade jurídica: É a proteção do processo eleitoral.

Objeto material: A contratação de grupo de pessoas para emitir mensagens ou comentários na internet para ofender a honra ou denegrir a imagem de candidato, partido ou coligação.

Sujeito ativo: Qualquer pessoa.

Sujeito passivo: O Estado e secundariamente o candidato, o partido ou a coligação afetados pela conduta criminosa.

Elemento subjetivo: É o dolo com a vontade livre e consciente de celebrar a contratação de grupo de pessoas com a finalidade acima mencionada.

Consumação: O crime se consuma no momento da contratação, ainda que não seja realizada pelo grupo pessoas a emissão de mensagens ou de comentários pela internet.

Tentativa: É possível a tentativa, por ser crime plurissubsistente (vários atos).

Classificação doutrinária: Crime comum; comissivo; instantâneo; unissubjetivo; plurissubsistente; doloso; admite a tentativa.

Suspensão condicional do processo: É possível.

4. Artigo incluído pela Lei nº 12.034, de29 de setembro de 2009.
5. Parágrafo incluído pela Lei nº 12.891, de 11 de dezembro de 2013.
6. Parágrafo incluído pela Lei nº 12.891, de 11 de dezembro de 2013.

Acordo de Não Persecução Penal: Tem cabimento.

Ação penal: Ação penal pública incondicionada.

Pena: Para o contratante o tipo penal possui pena abstrata privativa de liberdade de detenção, de dois a quatro anos, e de multa, de quinze mil reais a cinquenta mil reais. Já para a pessoa contratada, há a previsão da pena abstrata privativa de liberdade de detenção, de seis meses a um ano, com possibilidade de ser substituída por prestação de serviços à comunidade pelo mesmo período, e de multa, de cinco mil reais a trinta mil reais.

Art. 68. O boletim de urna, segundo modelo aprovado pelo Tribunal Superior Eleitoral, conterá os nomes e os números dos candidatos nela votados.

§ 1º O Presidente da Mesa Receptora é obrigado a entregar cópia do boletim de urna aos partidos e coligações concorrentes ao pleito cujos representantes o requeiram até uma hora após a expedição.

§ 2º O descumprimento do disposto no parágrafo anterior constitui crime, punível com detenção, de 1 (um) a 3 (três) meses, com a alternativa de prestação de serviço à comunidade pelo mesmo período, e multa no valor de 1.000 (um mil) a 5.000 (cinco mil) UFIR.

Verbo nuclear: *Descumprir* (infringir; desobedecer; ofender; ofender).

Objetividade jurídica: É a proteção do processo eleitoral.

Objeto material: A cópia do boletim de urna cuja entrega foi recusada.

Sujeito ativo: O presidente da mesa receptora.

Sujeito passivo: O Estado.

Elemento subjetivo: É o dolo com a vontade livre e consciente de não entregar injustificadamente a cópia do boletim de urna ao partido político e à coligação no prazo estabelecido pela lei.

Consumação: O crime se consuma com o transcurso do prazo de uma hora após a expedição, sem que ocorra a entrega da cópia do boletim de urna.

Tentativa: Não é possível a tentativa, por ser crime omissivo próprio.

Classificação doutrinária: Crime próprio; omissivo; instantâneo; unissubjetivo; plurissubsistente; doloso; não admite a tentativa.

Suspensão condicional do processo: É possível.

Acordo de Não Persecução Penal: Tem cabimento.

Ação penal: Ação penal pública incondicionada.

Pena: O tipo penal possui pena abstrata privativa de liberdade de detenção, de um a três meses, com possibilidade de ser convertida em pena de prestação de serviços à comunidade pelo mesmo período, e de multa, de um mil a cinco mil UFIR.

Art. 72. Constituem crimes, puníveis com reclusão, de 5 (cinco) a 10 (dez) anos:

I - obter acesso a sistema de tratamento automático de dados usado pelo serviço eleitoral, a fim de alterar a apuração ou a contagem de votos;

II - desenvolver ou introduzir comando, instrução, ou programa de computador capaz de destruir, apagar, eliminar, alterar, gravar ou transmitir dado, instrução ou programa ou provocar qualquer outro resultado diverso do esperado em sistema de tratamento automático de dados usados pelo serviço eleitoral;

III - causar, propositadamente, dano físico ao equipamento usado na votação ou na totalização de votos ou a suas partes.

Verbos nucleares: *Obter* (ganhar; acertar; adquirir; alcançar; arranjar; arrecadar), *desenvolver* (implementar; construir; aperfeiçoar), *introduzir* (incluir; inserir; adotar; incorporar) ou *causar* (motivar; provocar; originar; produzir; criar; dispor).

Objetividade jurídica: É a proteção do processo eleitoral.

Objeto material: O sistema de tratamento automático de dados usado pelo serviço eleitoral ou o equipamento usado na votação ou totalização de votos ou a suas partes.

Sujeito ativo: Qualquer pessoa.

Sujeito passivo: O Estado.

Elemento subjetivo: É o dolo com a vontade livre e consciente de invadir o sistema de tratamento automático de dados usado pelo sistema eleitoral, destruir, apagar, eliminar, alterar, gravar ou transmitir dados do mencionado sistema ou danificar o equipamento usado na votação ou na totalização de votos ou a suas partes.

Consumação: O crime se consuma no momento da invasão ao citado sistema ou com a alteração ou transmissão dos dados ou da danificação dos referidos equipamentos.

Tentativa: É possível a tentativa, por ser crime plurissubsistente (vários atos).

Classificação doutrinária: Crime comum; comissivo; instantâneo; unissubjetivo; plurissubsistente; doloso; admite a tentativa.

Suspensão condicional do processo: É possível.

Acordo de Não Persecução Penal: Tem cabimento.

Ação penal: Ação penal pública incondicionada.

Pena: O tipo penal possui pena abstrata privativa de liberdade de reclusão, de cinco a dez anos.

Art. 87. Na apuração, será garantido aos fiscais e delegados dos partidos e coligações o direito de observar diretamente, a distância não superior a um metro da mesa, a abertura da urna, a abertura e a contagem das cédulas e o preenchimento do boletim.

§ 1º O não-atendimento ao disposto no *caput* enseja a impugnação do resultado da urna, desde que apresentada antes da divulgação do boletim.

§ 2º Ao final da transcrição dos resultados apurados no boletim, o Presidente da Junta Eleitoral é obrigado a entregar cópia deste aos partidos e coligações concorrentes ao pleito cujos representantes o requeiram até uma hora após sua expedição.

§ 3º Para os fins do disposto no parágrafo anterior, cada partido ou coligação poderá credenciar até três fiscais perante a Junta Eleitoral, funcionando um de cada vez.

§ 4º O descumprimento de qualquer das disposições deste artigo constitui crime, punível com detenção de 1 (um) a 3 (três) meses, com a alternativa de prestação de serviços à comunidade pelo mesmo período e multa, no valor de 1.000 (um mil) a 5.000 (cinco mil) UFIR.

Verbo nuclear: *Descumprir* (infringir; desobedecer; ofender; ofender).

Objetividade jurídica: É a proteção do processo eleitoral.

Objeto material: Os procedimentos de acompanhamento e a fiscalização sobre o resultado de urnas convencionais.

Sujeito ativo: O presidente da junta eleitoral, ou seja, o juiz eleitoral.

Sujeito passivo: O Estado.

Elemento subjetivo: É o dolo com a vontade livre e consciente de desrespeitar os procedimentos de acompanhamento e a fiscalização sobre o resultado de urnas convencionais.

Consumação: O crime se consuma no momento da ação ou omissão que contrarie as regras previstas no tipo penal.

Tentativa: É possível a tentativa, por ser crime plurissubsistente (vários atos), quando a conduta for comissiva.

Classificação doutrinária: Crime próprio; formal; comissivo ou omissivo; instantâneo; unissubjetivo; plurissubsistente; doloso; admite a tentativa na forma comissiva.

Suspensão condicional do processo: É possível.

Acordo de Não Persecução Penal: Tem cabimento.

Ação penal: Ação penal pública incondicionada.

Pena: O tipo penal possui pena abstrata privativa de liberdade de detenção, de um a três meses, com possibilidade de ser convertida em pena de prestação de serviços à comunidade por idêntico período, e de multa, de um mil a cinco mil UFIR.

Art. 91. Nenhum requerimento de inscrição eleitoral ou de transferência será recebido dentro dos cento e cinqüenta dias anteriores à data da eleição.

Parágrafo único. A retenção de título eleitoral ou do comprovante de alistamento eleitoral constitui crime, punível com detenção, de 1 (um) a 3 (três) meses, com a alternativa de prestação de serviços à comunidade por igual período, e multa no valor de 5.000 (cinco mil) a 10.000 (dez mil) UFIR.

Verbo nuclear: *Reter* (preservar; conservar; deter; guardar; pegar; manter).

Objetividade jurídica: É a proteção do processo eleitoral.

Objeto material: O título eleitoral ou o comprovante de alistamento eleitoral.

Sujeito ativo: O funcionário da Justiça Eleitoral.

Sujeito passivo: O Estado e secundariamente o eleitor alcançado pela conduta praticada.

Elemento subjetivo: É o dolo com a vontade livre e consciente de não devolver o título eleitoral ou o comprovante de alistamento eleitoral.

Consumação: O crime se consuma no momento em que o agente se recusa a devolver os documentos em questão.

Tentativa: É possível a tentativa, por ser crime plurissubsistente (vários atos).

Classificação doutrinária: Crime próprio; material; comissivo; instantâneo; unissubjetivo; plurissubsistente; doloso; admite a tentativa.

Suspensão condicional do processo: É possível.

Acordo de Não Persecução Penal: Tem cabimento.

Ação penal: Ação penal pública incondicionada.

Pena: O tipo penal possui pena abstrata privativa de liberdade de detenção, de um a três meses, com possibilidade de ser convertida em pena de prestação de serviços à comunidade por idêntico período, de multa, de cincon mil a dez mil UFIR.

REFERÊNCIAS

CHIMENTI, Ricardo Cunha. Direito Eleitoral (Coleção sinopses jurídicas; v. 29). São Paulo: Saraiva, 2012.

DAL POZZO, Antonio Araldo F.; BOTALLO, Eduardo Domingos; PORTO, Pedro Paulo de Rezende. Lei eleitoral: Lei n. 9.504/97, estrutura, análise e jurisprudência.

FRANCO, Alberto Silva *et al.* Leis penais especiais e sua interpretação jurisprudencial. V. 2. 6 ed. rev. e ampl. São Paulo: Editora Revista dos Tribunais, 1997.

GONÇALVES, Luiz Carlos dos Santos. Crimes Eleitorais e processo penal eleitoral. São Paulo: Atlas, 2012.

GOMES, Suzana de Camargo. Crimes Eleitorais. 2 ed. rev., atual. e ampl. São Paulo: Editora Revista dos Tribunais, 2006.

JORGE, André Guilherme Lemos. Manual de estudos de direito eleitoral e jurisprudência. 2 ed. São Paulo: Consultor Jurídico, 2017.

MILCHES, Vera Maria Nunes. Direito eleitoral: de acordo com a Constituição Federal, LC 64/90, Lei 9.096/95 e Lei 9.504/97. 4 ed. rev. Porto Alegre: Livraria do Advogado Ed., 2006.

PONTE, Antonio Carlos da. Crimes eleitorais. São Paulo: Saraiva, 2010.

RAMAYANA, Marcos. Resumo de direito eleitoral. 2 ed. rev. e atual. Niterói, RJ: Impetus, 2008.

SPITZCOVSKY, Celso. Direito eleitoral (Coleção Elementos do Direito; v. 20). 3 ed. rev. e atual. São Paulo: Editora Revista dos Tribunais, 2016.

STOCO, Rui; STOCO, Leandro de Oliveira. Legislação eleitoral interpretada: doutrina e jurisprudência. 2. ed. reform., atual. e ampl. São Paulo: Editora Revista dos Tribunais, 2006.

TUCUNDUVA, Ricardo Cardozo de Mello (coord.). Manual prático de polícia judiciária eleitoral. São Paulo: Academia de Polícia "Dr. Coriolano Nogueira Cobra", 2014.http://www.tse.jus.br/legislacao/codigo-eleitoral

28

LEI DE IMPROBIDADE ADMINISTRATIVA

Lei 8.429/1992

ANTÔNIO FLÁVIO ROCHA FREIRE
WILLIAM GARCEZ

Comentários iniciais: A doutrina diverge quanto ao conceito de probidade, muito comum encontrar autores que defendem ser sinônimo de moralidade ou até mesmo de legalidade. O posicionamento majoritário da doutrina que deve ser levado para concurso público afirma que a probidade é sinônimo de moralidade, enquanto princípios, em razão de a Constituição Federal ter mencionado em seu texto a moralidade como princípio do art. 37, *caput*, e a improbidade citada como lesão a esse mesmo princípio[1]. Por outro lado, a improbidade não se confundo com a imoralidade, sendo esta uma espécie daquela. Também não como tratar como sinônimo a probidade e a legalidade. Esta advém de um instrumento normativo, taxativo e objetivo, já a probidade vai muito além de simples rol *numerus clausus*, engloba valores, costumes e ética.

Natureza Jurídica: Prevê a aplicação de sanções somente de natureza civil ou política, o que permite a aplicação da legislação penal e administrativa pelo mesmo ato praticado, sem configurar *bis in idem*.

Previsão constitucional: Trata-se do cumprimento de um *mandado de criminalização* trazido pelo art. 37, § 4º da CF/88: os atos de improbidade administrativa importarão a suspensão dos direitos políticos, a perda da função pública, a indisponibilidade dos bens e o ressarcimento ao erário, na forma e gradação previstas em lei, sem prejuízo da ação penal cabível.

Objeto da Lei de Improbidade: Aplicar sanção de natureza civil ou política e o ressarcimento ao erário.

Agente público: Para fins de aplicação desta Lei, agente público é todo aquele que exerce, ainda que transitoriamente ou sem remuneração, por eleição, nomeação, designação, contratação ou qualquer outra forma de investidura ou vínculo, mandato, cargo, emprego ou função administração direta, indireta ou fundacional de qualquer dos Poderes da União, dos Estados, do Distrito Federal, dos Municípios, de Território, de empresa incorporada ao patrimônio público ou de entidade para cuja criação ou custeio o erário haja concorrido ou concorra com mais de cinquenta por cento do patrimônio ou da receita anual.

Sujeito Ativo do ato de improbidade: Agente público (sujeito ativo próprio) e o particular (sujeito ativo impróprio) que induziu, concorreu ou tenha se beneficiado de qualquer forma com a prática do ato de improbidade. Também pode ser considerado sujeito ativo do ato de improbidade administrativa os notariais e registradores não abrangidos pelo conceito de agentes públicos, na categoria de particulares em colaboração com a administração pública[2], bem como os estagiários[3]. Entretanto, o particular sozinho não poder compor o polo passivo de uma ação civil por ato de improbidade, é necessário a

1. CARVALHO, Matheus. Manual de Direito Administrativo. 4ª Edição. Salvador. Ed. Juspodivm, pg. 960. 2017.

2. STJ, 1ª Turma, Resp. 1186787/MG – 24/04/2014.

3. Inf. 568-STJ.

identificação do agente público que concorreu com ato[4].

Crime de Responsabilidade: Todos os agentes políticos se submetem à Lei de Improbidade Administrativa, exceto o Presidente da República, que estará sujeito à Lei de Crimes de Responsabilidade (Lei nº 1.079/50), ao qual possui a mesma natureza jurídica: sanções de natureza civil ou política.

Sujeito Passivo do ato de improbidade: Administração pública direta, indireta ou fundacional de qualquer dos Poderes da União, dos Estados, do Distrito Federal, dos Municípios, de Território, de empresa incorporada ao patrimônio público ou de entidade para cuja criação ou custeio o erário haja concorrido ou concorra com mais de cinquenta por cento do patrimônio ou da receita anual.

Entidades privadas que recebem dinheiro público: As entidades privadas que recebem dinheiro público que equivale a *mais de 50%* de seu capital social, são equiparadas a entes públicos no que diz respeito às sanções aplicadas ao agente, quando figura como sujeito passivo de ato de improbidade. As entidades privadas que recebem dinheiro público que equivale a *menos de 50%* de seu capital social, as sanções impostas ao agente que praticar ato de improbidade contra elas serão apenas de caráter financeiro, limitado ao dinheiro público transferido. Com relação ao ato de improbidade que ultrapassa o valor do dinheiro público recebido, as entidades privadas deverão ingressar com ação privada comum.

Objeto jurídico: Probidade administrativa.

Ação cabível: Processado por meio de ação civil pública por ato de improbidade administrativa, através do rito ordinário previsto na própria Lei de Improbidade Administrativa (Lei nº 8.429/92). Não se utiliza o regramento da Lei nº 7.347/85 (Lei de Ação Civil Pública), tendo em vista que seu objetivo não é anular o ato lesivo ao interesse público, mas aplicar sanção e obter ressarcimento ao erário.

Representação por ato de improbidade: Qualquer pessoa poderá representar à autoridade administrativa competente para que seja instaurada investigação destinada a apurar a prática de ato de improbidade. A representação será escrita ou reduzida a termo, assinada e conterá a qualificação do representante, as informações sobre o fato e sua autoria e a indicação das provas de que tenha conhecimento. Atendidos os requisitos da representação, a autoridade determinará a imediata apuração dos fatos, mas rejeitará a representação, em despacho fundamentado, se esta não contiver as formalidades necessárias. A rejeição não impede a representação ao Ministério Público. Constitui crime (art. 19) a representação por ato de improbidade contra agente público ou terceiro beneficiário, quando o autor da denúncia o sabe ser inocente.

Legitimidade ativa: É o Ministério Público ou a pessoa jurídica lesada. Sendo proposta pelo Ministério Público, necessariamente a pessoa jurídica será notificada (sob pena de nulidade) para, querendo, atuar em litisconsórcio ativo. Sendo proposta pela pessoa jurídica lesada, o Ministério Pública atuará como *custus legis*.

Justiça competente: Tem por parâmetro o sujeito passivo: sendo praticado contra bens, serviços ou interesse da união, será da justiça federal; demais casos, justiça estadual. Em regra, compete à justiça estadual processar e julgar agente público acusado de desvio de verba recebida em razão de convênio firmado com ente federal, salvo se houver a presença da União, de entidade autárquica ou de empresa pública federal na relação processual.

Investigado com foro por prerrogativa de função: A ação civil pública por ato de improbidade administrativa tramitará pelo juiz singular de 1ª instância[5]. Não há que se falar em foro por prerrogativa de função, que somente se aplica à prática de crime[6].

Processamento da ação: Proposta a ação civil pública por ato de improbidade, antes de decidir sobre o recebimento da inicial, o juiz deverá notificar o agente público para apresentar defesa prévia, no prazo de 15 dias. Esse prazo poderá ser contado em dobro em caso de litisconsortes com procuradores distintos[7]. Na dúvida, o juiz deverá receber a inicial (*in dubio pro societate*)[8]. Da decisão que indefere a inicial, caberá apelação; da decisão que recebe a inicial, excepcionalmente caberá agravo (em regra, a decisão que recebe a inicial é irrecorrível). É admitido a realização de acordo de não persecução civil.

Medidas cautelares: Durante o processamento da ação civil pública por ato de improbidade, ou até mesmo antes de iniciada, será cabível: a

4. Inf. 535 – STJ

5. Inf. 527 – STJ.
6. Inf. 901 – STF.
7. STJ – 1ª Turma. Resp. 1221254/RJ. Rel. Min. Arnaldo Esteves Lima – 05/06/2012.
8. Inf. 547 – STJ.

indisponibilidade de bens (inclusive para os bens adquiridos antes da prática do ato de improbidade)[9]; afastamento preventivo de agente público de suas funções (sem prejuízo da remuneração); sequestro de bens; e bloqueio de contas e aplicações financeiras. As medidas cautelares poderão ser preparatórias ou incidentais. As preparatórias são ações autônomas, propostas antes de iniciada a ação civil pública por ato de improbidade, que deverá ser proposta 30 dias após executada a cautelar deferida na ação preparatória. Para o deferimento de medidas cautelares é necessário se comprovar o *fumus boni iuris* e o *periculum in mora*. Contudo, na ação civil por ato de improbidade, o *periculum in mora* é presumido[10].

Prescrição: Ação civil pública por ato de improbidade prescreve em 5 anos, contados após o término do exercício de mandato eletivo, de cargo em comissão ou de função de confiança. Em caso de reeleição, o prazo prescricional somente será contado após o término do mandado final. Sendo agente público efetivo, o prazo será o previsto em lei específica para faltas disciplinares puníveis com demissão a bem do serviço público. Sendo particular, o prazo prescricional será o mesmo previsto para o agente público que concorreu com o ato de improbidade (Súmula 634, STJ). Se o ato de improbidade também constituir infração penal, o prazo prescricional será o previsto na legislação penal. Em qualquer caso, haverá a interrupção do prazo prescricional com o mero ajuizamento da ação civil pública por ato de improbidade[11]. Por expressa previsão constitucional (art. 37, § 5º), a ação de ressarcimento ao erário é imprescritível, entretanto, prevalece o entendimento no STF[12] de ser imprescritível apenas as ações de ressarcimento ao erário fundadas na prática de ato doloso, sendo prescritível quando praticado na modalidade culposa.

Quadro prescricional

Situação	Prazo prescricional
Agente público que exerce mandato, cargo em comissão ou função de confiança.	até cinco anos após o fim do exercício do mandato, cargo ou função.
Agente público que exerce cargo efetivo ou emprego.	prazo prescricional previsto em lei específica para as faltas grave de demissão a bem do serviço público.
Particular.	prazo previsto para o agente público do qual ele concorreu. Caso haja mais de um agente público com prazo prescricional diferente, aplica-se o mais favorável.
Entidades privada que recebeu benefício do Poder Público ou da qual este participe com menos de cinquenta por cento do patrimônio ou receita anual.	até cinco anos após a análise das contas.

Irretroatividade da Lei de Improbidade Administrativa: Conforme entendimento do STJ, a Lei nº 8.429/92 não pode ser aplicada aos atos praticados antes de sua vigência, ainda que ocorridos após a promulgação da Constituição Federal de 1988[13].

1. DOS ATOS DE IMPROBIDADE ADMINISTRATIVA QUE IMPORTAM ENRIQUECIMENTO ILÍCITO

Art. 9º Constitui ato de improbidade administrativa importando enriquecimento ilícito auferir qualquer tipo de vantagem patrimonial indevida em razão do exercício de cargo, mandato, função, emprego ou atividade nas entidades mencionadas no art. 1º desta lei, e notadamente:

I - receber, para si ou para outrem, dinheiro, bem móvel ou imóvel, ou qualquer outra vantagem econômica, direta ou indireta, a título de comissão, percentagem, gratificação ou presente de quem tenha interesse, direto ou indireto, que possa ser atingido ou amparado por ação ou omissão decorrente das atribuições do agente público;

II - perceber vantagem econômica, direta ou indireta, para facilitar a aquisição, permuta ou locação de bem móvel ou imóvel, ou a contratação de serviços pelas entidades referidas no art. 1º por preço superior ao valor de mercado;

III - perceber vantagem econômica, direta ou indireta, para facilitar a alienação, permuta ou locação de bem público ou o fornecimento de serviço por ente estatal por preço inferior ao valor de mercado;

IV - utilizar, em obra ou serviço particular, veículos, máquinas, equipamentos ou material de qualquer natureza, de propriedade ou à disposição de qualquer

9. STJ – 1ª Turma. Resp. 1301695/RS. Rel. Min. Olindo Menezes – 06/10/2015.
10. STJ – 1ª Seção. Resp. 1366721/BA. Rel. Min. Napoleão Nunes Maia – 26/02/2014 – Inf. 547.
11. Inf. 546 – STJ.
12. RE nº 852475, julgado em 08/08/18, Rel. Min. Edson Fachin.
13. STJ, Resp. 1.129.121/GO, Rel. Min. Castro Moreira - 35/05/12.

das entidades mencionadas no art. 1° desta lei, bem como o trabalho de servidores públicos, empregados ou terceiros contratados por essas entidades;

V - receber vantagem econômica de qualquer natureza, direta ou indireta, para tolerar a exploração ou a prática de jogos de azar, de lenocínio, de narcotráfico, de contrabando, de usura ou de qualquer outra atividade ilícita, ou aceitar promessa de tal vantagem;

VI - receber vantagem econômica de qualquer natureza, direta ou indireta, para fazer declaração falsa sobre medição ou avaliação em obras públicas ou qualquer outro serviço, ou sobre quantidade, peso, medida, qualidade ou característica de mercadorias ou bens fornecidos a qualquer das entidades mencionadas no art. 1º desta lei;

VII - adquirir, para si ou para outrem, no exercício de mandato, cargo, emprego ou função pública, bens de qualquer natureza cujo valor seja desproporcional à evolução do patrimônio ou à renda do agente público;

VIII - aceitar emprego, comissão ou exercer atividade de consultoria ou assessoramento para pessoa física ou jurídica que tenha interesse suscetível de ser atingido ou amparado por ação ou omissão decorrente das atribuições do agente público, durante a atividade;

IX - perceber vantagem econômica para intermediar a liberação ou aplicação de verba pública de qualquer natureza;

X - receber vantagem econômica de qualquer natureza, direta ou indiretamente, para omitir ato de ofício, providência ou declaração a que esteja obrigado;

XI - incorporar, por qualquer forma, ao seu patrimônio bens, rendas, verbas ou valores integrantes do acervo patrimonial das entidades mencionadas no art. 1° desta lei;

XII - usar, em proveito próprio, bens, rendas, verbas ou valores integrantes do acervo patrimonial das entidades mencionadas no art. 1° desta lei.

Rol: Meramente exemplificativo.

Objeto material: Vantagem patrimonial indevida em razão do exercício de cargo, mandato, função, emprego ou atividade.

Elemento subjetivo: É o dolo. Não se pune a prática de ato de improbidade por enriquecimento ilícito a título de culpa.

Sanções: As sanções são aplicadas isolada ou cumulativamente, de acordo com a gravidade do fato, ressalvado o ressarcimento ao erário que o juiz não poderá deixar de aplicar. Na fixação das sanções, o juiz levará em conta a extensão do dano causado, assim como o proveito patrimonial obtido pelo agente. A aplicação das sanções independe: da aprovação ou rejeição das contas pelo órgão de controle interno ou pelo Tribunal ou Conselho de Contas; e da efetiva ocorrência de dano ao patrimônio público, salvo quanto à pena de ressarcimento. O juiz aplicará as sanções abaixo, ainda que não requeridas pelo autor da ação, tendo vista que o juiz julgará os fatos e não os pedidos apresentados.

- **Perda da função pública:** A perda do cargo somente se efetiva após o trânsito em julgado de sentença condenatória. O agente perderá a função que ocupava no momento da aplicação da sanção e não a função que ocupava durante a prática do ato de improbidade administrativa[14].
- **Perda dos bens ou valores acrescidos ilicitamente ao patrimônio:** Perda de todos os valores que foram acrescidos com o ato de improbidade administrativa;
- **Suspensão dos direitos políticos por 8 a 10 anos:** Somente se efetiva após o trânsito em julgado de sentença condenatória. Caso a sentença seja silente quanto ao prazo de suspensão, será aplicado o prazo mínimo[15].
- **Multa civil de até três vezes o acrescido ilegalmente;**
- **Proibição de contratar com o Poder Público ou receber benefícios ou incentivos fiscais ou creditícios, direta ou indiretamente, ainda que por intermédio de pessoa jurídica da qual seja sócio majoritário, pelo prazo de dez anos:** Abrange proibição de participação em licitação e recebimento de créditos e benefícios fiscais pelo poder público de qualquer esfera administrativa.
- **Ressarcimento integral do dano.**

2. DOS ATOS DE IMPROBIDADE ADMINISTRATIVA QUE CAUSAM PREJUÍZO AO ERÁRIO

Art. 10. Constitui ato de improbidade administrativa que causa lesão ao erário qualquer ação ou omissão, dolosa ou culposa, que enseje perda patrimonial, desvio, apropriação, malbaratamento ou dilapidação dos bens ou haveres das entidades referidas no art. 1º desta lei, e notadamente:

14. Registre-se que a perda da função pública pretende extirpar da administração aquele que agiu com inidoneidade moral e desvio ético, o que abrange qualquer atividade que o agente esteja desempenhando ao tempo do trânsito em julgado da condenação em ação de improbidade administrativa (STJ, REsp 924.439; EREsp 1.701.967).
15. Registre-se que a suspensão dos direitos políticos alcança qualquer mandato eletivo que esteja sendo exercido na época do trânsito em julgado da condenação em ação de improbidade administrativa (STJ, REsp 1.813.255, j. em 23/10/20).

I - facilitar ou concorrer por qualquer forma para a incorporação ao patrimônio particular, de pessoa física ou jurídica, de bens, rendas, verbas ou valores integrantes do acervo patrimonial das entidades mencionadas no art. 1º desta lei;

II - permitir ou concorrer para que pessoa física ou jurídica privada utilize bens, rendas, verbas ou valores integrantes do acervo patrimonial das entidades mencionadas no art. 1º desta lei, sem a observância das formalidades legais ou regulamentares aplicáveis à espécie;

III - doar à pessoa física ou jurídica bem como ao ente despersonalizado, ainda que de fins educativos ou assistências, bens, rendas, verbas ou valores do patrimônio de qualquer das entidades mencionadas no art. 1º desta lei, sem observância das formalidades legais e regulamentares aplicáveis à espécie;

IV - permitir ou facilitar a alienação, permuta ou locação de bem integrante do patrimônio de qualquer das entidades referidas no art. 1º desta lei, ou ainda a prestação de serviço por parte delas, por preço inferior ao de mercado;

V - permitir ou facilitar a aquisição, permuta ou locação de bem ou serviço por preço superior ao de mercado;

VI - realizar operação financeira sem observância das normas legais e regulamentares ou aceitar garantia insuficiente ou inidônea;

VII - conceder benefício administrativo ou fiscal sem a observância das formalidades legais ou regulamentares aplicáveis à espécie;

VIII - frustrar a licitude de processo licitatório ou de processo seletivo para celebração de parcerias com entidades sem fins lucrativos, ou dispensá-los indevidamente;

IX - ordenar ou permitir a realização de despesas não autorizadas em lei ou regulamento;

X - agir negligentemente na arrecadação de tributo ou renda, bem como no que diz respeito à conservação do patrimônio público;

XI - liberar verba pública sem a estrita observância das normas pertinentes ou influir de qualquer forma para a sua aplicação irregular;

XII - permitir, facilitar ou concorrer para que terceiro se enriqueça ilicitamente;

XIII - permitir que se utilize, em obra ou serviço particular, veículos, máquinas, equipamentos ou material de qualquer natureza, de propriedade ou à disposição de qualquer das entidades mencionadas no art. 1° desta lei, bem como o trabalho de servidor público, empregados ou terceiros contratados por essas entidades.

XIV – celebrar contrato ou outro instrumento que tenha por objeto a prestação de serviços públicos por meio da gestão associada sem observar as formalidades previstas na lei;

XV – celebrar contrato de rateio de consórcio público sem suficiente e prévia dotação orçamentária, ou sem observar as formalidades previstas na lei.

XVI - facilitar ou concorrer, por qualquer forma, para a incorporação, ao patrimônio particular de pessoa física ou jurídica, de bens, rendas, verbas ou valores públicos transferidos pela administração pública a entidades privadas mediante celebração de parcerias, sem a observância das formalidades legais ou regulamentares aplicáveis à espécie;

XVII - permitir ou concorrer para que pessoa física ou jurídica privada utilize bens, rendas, verbas ou valores públicos transferidos pela administração pública a entidade privada mediante celebração de parcerias, sem a observância das formalidades legais ou regulamentares aplicáveis à espécie;

XVIII - celebrar parcerias da administração pública com entidades privadas sem a observância das formalidades legais ou regulamentares aplicáveis à espécie;

XIX - agir negligentemente na celebração, fiscalização e análise das prestações de contas de parcerias firmadas pela administração pública com entidades privadas;

XX - liberar recursos de parcerias firmadas pela administração pública com entidades privadas sem a estrita observância das normas pertinentes ou influir de qualquer forma para a sua aplicação irregular.

XXI - liberar recursos de parcerias firmadas pela administração pública com entidades privadas sem a estrita observância das normas pertinentes ou influir de qualquer forma para a sua aplicação irregular.

Rol: Meramente exemplificativo.

Objeto material: Lesão ao erário. De acordo com o STJ, a conduta do inciso VIII (frustrar a licitude de processo licitatório ou de processo seletivo para celebração de parcerias com entidades sem fins lucrativos, ou dispensá-los indevidamente) não exige a comprovação do dano, ele é presumido (dano *in re ipsa*)[16]. A dispensa indevida de licitação ocasiona prejuízo presumido ao erário[17].

Elemento subjetivo: É o dolo ou a culpa. Por expressa previsão no *caput* do art. 10, é punível a prática de ato improbidade que cause dano ao erário a título de dolo ou culpa.

Sanções: As sanções são aplicadas isolada ou cumulativamente, de acordo com a gravidade do fato, ressalvado o ressarcimento ao erário que o juiz não poderá deixar de aplicar. Na fixação das sanções o juiz levará em conta a extensão do dano causado, assim como o proveito patrimonial obtido pelo agente. A aplicação das sanções independe: da aprovação ou rejeição das contas pelo órgão de controle interno ou pelo

16. STJ – 1ª Turma. Resp. 1542025/MG. Rel. Min. Benedito Gonçalves – 05/06/2018.
17. STJ – 2ª Turma. Resp. 728341/SP. Rel. Min. Og Fernandes – 14/03/2017.

Tribunal ou Conselho de Contas; e da efetiva ocorrência de dano ao patrimônio público, salvo quanto à pena de ressarcimento. O juiz aplicará as sanções abaixo, ainda que não requeridas pelo autor da ação, tendo vista que o juiz julgará os fatos e não os pedidos apresentados.

- **Perda da função pública:** A perda do cargo somente se efetiva após o trânsito em julgado de sentença condenatória. O agente perderá a função que ocupava no momento da aplicação da sanção e não a função que ocupava durante a prática do ato de improbidade administrativa[18].
- **Perda dos bens ou valores acrescidos ilicitamente ao patrimônio:** Perda de todos os valores que foram acrescidos com o ato de improbidade administrativa;
- **Suspensão dos direitos políticos por 5 a 8 anos:** Somente se efetiva após o trânsito em julgado de sentença condenatória. Caso a sentença seja silente quanto ao prazo de suspensão, será aplicado o prazo mínimo[19].
- **Multa civil de até duas vezes o dano causado ao erário;**
- **Proibição de contratar com o Poder Público ou receber benefícios ou incentivos fiscais ou creditícios, direta ou indiretamente, ainda que por intermédio de pessoa jurídica da qual seja sócio majoritário, pelo prazo de cinco anos:** Abrange proibição de participação em licitação e recebimento de créditos e benefícios fiscais pelo poder público de qualquer esfera administrativa.
- **Ressarcimento integral do dano causado.**

3. DOS ATOS DE IMPROBIDADE ADMINISTRATIVA DECORRENTES DE CONCESSÃO OU APLICAÇÃO INDEVIDA DE BENEFÍCIO FINANCEIRO OU TRIBUTÁRIO

Art. 10-A. Constitui ato de improbidade administrativa qualquer ação ou omissão para conceder, aplicar ou manter benefício financeiro ou tributário contrário ao que dispõem o *caput* e o § 1º do art. 8º-A da Lei Complementar nº 116, de 31 de julho de 2003.

Objeto material: Benefício financeiro ou tributário.

Elemento subjetivo: É o dolo. Não se pune a prática de concessão de benefícios financeiros ou tributários a título de culpa.

Ministério Público como legitimado: O Ministério Público tem legitimidade para ajuizar ação civil por ato de improbidade, ainda que a causa de pedir envolva questões tributárias, a exemplo de ato em que agente público tenha cobrado taxa por valor superior ao custo do serviço prestado[20].

Sanções: As sanções são aplicadas isolada ou cumulativamente, de acordo com a gravidade do fato, ressalvado o ressarcimento ao erário que o juiz não poderá deixar de aplicar. Na fixação das sanções o juiz levará em conta a extensão do dano causado, assim como o proveito patrimonial obtido pelo agente. A aplicação das sanções independe: da aprovação ou rejeição das contas pelo órgão de controle interno ou pelo Tribunal ou Conselho de Contas; e da efetiva ocorrência de dano ao patrimônio público, salvo quanto à pena de ressarcimento. O juiz aplicará as sanções abaixo, ainda que não requeridas pelo autor da ação, tendo vista que o juiz julgará os fatos e não os pedidos apresentados.

- **Perda da função pública:** A perda do cargo somente se efetiva após o trânsito em julgado de sentença condenatória. O agente perderá a função que ocupava no momento da aplicação da sanção e não a função que ocupava durante a prática do ato de improbidade administrativa.[21]
- **Suspensão dos direitos políticos por 5 a 8 anos:** Somente se efetiva após o trânsito em julgado de sentença condenatória. Caso a sentença seja silente quanto ao prazo de suspensão, será aplicado o prazo mínimo.[22]
- **Multa civil de até três vezes o valor do benefício financeiro ou tributário concedido;**

18. Registre-se que a perda da função pública pretende extirpar da administração aquele que agiu com inidoneidade moral e desvio ético, o que abrange qualquer atividade que o agente esteja desempenhando ao tempo do trânsito em julgado da condenação em ação de improbidade administrativa (STJ, REsp 924.439; EREsp 1.701.967).
19. Registre-se que a suspensão dos direitos políticos alcança qualquer mandato eletivo que esteja sendo exercido na época do trânsito em julgado da condenação em ação de improbidade administrativa (STJ, REsp 1.813.255, j. em 23/10/20).
20. STJ, 1ª Turma, Resp 1.387.960/SP. Rel. Min. Og Fernandes – 22/05/2014 (Inf. 543 – STJ).
21. Registre-se que a perda da função pública pretende extirpar da administração aquele que agiu com inidoneidade moral e desvio ético, o que abrange qualquer atividade que o agente esteja desempenhando ao tempo do trânsito em julgado da condenação em ação de improbidade administrativa (STJ, REsp 924.439; EREsp 1.701.967).
22. Registre-se que a suspensão dos direitos políticos alcança qualquer mandato eletivo que esteja sendo exercido na época do trânsito em julgado da condenação em ação de improbidade administrativa (STJ, REsp 1.813.255, j. em 23/10/20).

4. DOS ATOS DE IMPROBIDADE ADMINISTRATIVA QUE ATENTAM CONTRA OS PRINCÍPIOS DA ADMINISTRAÇÃO PÚBLICA

> **Art. 11.** Constitui ato de improbidade administrativa que atenta contra os princípios da administração pública qualquer ação ou omissão que viole os deveres de honestidade, imparcialidade, legalidade, e lealdade às instituições, e notadamente:
>
> I - praticar ato visando fim proibido em lei ou regulamento ou diverso daquele previsto, na regra de competência;
>
> II - retardar ou deixar de praticar, indevidamente, ato de ofício;
>
> III - revelar fato ou circunstância de que tem ciência em razão das atribuições e que deva permanecer em segredo;
>
> IV - negar publicidade aos atos oficiais;
>
> V - frustrar a licitude de concurso público;
>
> VI - deixar de prestar contas quando esteja obrigado a fazê-lo;
>
> VII - revelar ou permitir que chegue ao conhecimento de terceiro, antes da respectiva divulgação oficial, teor de medida política ou econômica capaz de afetar o preço de mercadoria, bem ou serviço.
>
> VIII - descumprir as normas relativas à celebração, fiscalização e aprovação de contas de parcerias firmadas pela administração pública com entidades privadas.
>
> IX - deixar de cumprir a exigência de requisitos de acessibilidade previstos na legislação.
>
> X - transferir recurso a entidade privada, em razão da prestação de serviços na área de saúde sem a prévia celebração de contrato, convênio ou instrumento congênere, nos termos do parágrafo único do art. 24 da Lei nº 8.080, de 19 de setembro de 1990.

Rol: Meramente exemplificativo.

Elemento subjetivo: É o dolo. Não se exige finalidade específica do agente. Não há a previsão de punição a título de culpa.

Sujeito ativo: O ato de improbidade administrativa que atente contra os princípios da administração pública exige que seja pratica por agente público ou a ele equiparado, no exercício de sua função pública.

Prática de tortura por agente público: O agente público que pratica o crime de tortura, nessa condição, atenta contra os princípios da administração pública, dessa forma, pratica também ato de improbidade administrativa[23].

Sanções: As sanções são aplicadas isolada ou cumulativamente, de acordo com a gravidade do fato, ressalvado o ressarcimento ao erário que o juiz não poderá deixar de aplicar. Na fixação das sanções o juiz levará em conta a extensão do dano causado, assim como o proveito patrimonial obtido pelo agente. A aplicação das sanções independe: da aprovação ou rejeição das contas pelo órgão de controle interno ou pelo Tribunal ou Conselho de Contas; e da efetiva ocorrência de dano ao patrimônio público, salvo quanto à pena de ressarcimento. O juiz aplicará as sanções abaixo, ainda que não requeridas pelo autor da ação, tendo vista que o juiz julgará os fatos e não os pedidos apresentados.

- **Perda da função pública:** A perda do cargo não é automática e somente se efetiva após o trânsito em julgado de sentença condenatória. O agente perderá a função que ocupava no momento da aplicação da sanção e não a função que ocupava durante a prática do ato de improbidade administrativa[24].
- **Perda dos bens ou valores acrescidos ilicitamente ao patrimônio:** Perda de todos os valores que foram acrescidos com o ato de improbidade administrativa;
- **Suspensão dos direitos políticos por 3 a 5 anos:** Somente se efetiva após o trânsito em julgado de sentença condenatória. Caso a sentença seja silente quanto ao prazo de suspensão, será aplicado o prazo mínimo[25].
- **Multa civil de até cem vezes a remuneração percebida pelo agente:** Caso o infrator não tenha remuneração ou não seja agente público, a multa terá por base o salário mínimo.
- **Proibição de contratar com o Poder Público ou receber benefícios ou incentivos fiscais ou creditícios, direta ou indiretamente, ainda que por intermédio de pessoa jurídica da qual seja sócio majoritário, pelo prazo de três anos:** Abrange proibição de participação em licitação e recebimento de créditos e benefícios fiscais pelo poder público de qualquer esfera administrativa.
- **Ressarcimento integral do dano.**

23. Inf. 577 – STJ.

24. Registre-se que a perda da função pública pretende extirpar da administração aquele que agiu com inidoneidade moral e desvio ético, o que abrange qualquer atividade que o agente esteja desempenhando ao tempo do trânsito em julgado da condenação em ação de improbidade administrativa (STJ, REsp 924.439; EREsp 1.701.967).

25. Registre-se que a suspensão dos direitos políticos alcança qualquer mandato eletivo que esteja sendo exercido na época do trânsito em julgado da condenação em ação de improbidade administrativa (STJ, REsp 1.813.255, j. em 23/10/20).

Quadro comparativo de sanções

	Suspensão direitos políticos	Multa	Proibição de contratar com Poder Público
Atos improbidade que geram enriquecimento ilícito – art. 9ª	prazo: 8 a 10 anos	até 3 vezes o valor acrescido ilicitamente	10 anos
Atos de improbidade que causem prejuízo ao erário – art. 10	prazo 5 a 8 anos	até 2 vezes o dano causado	5 anos
Atos improbidade que atentam contra os princípios – art.11	prazo de 3 a 5 anos	até 100 vezes a remuneração	3 anos
Concessão ilegal de benefício financeiros ou tributários – art. 10-A	prazo de 5 a 8 anos	até 3 vezes o valor do benefício concedido	xxx

5. DAS DISPOSIÇÕES PENAIS

> Art. 19. Constitui crime a representação por ato de improbidade contra agente público ou terceiro beneficiário, quando o autor da denúncia o sabe inocente.
>
> Pena: detenção de seis a dez meses e multa.
>
> Parágrafo único. Além da sanção penal, o denunciante está sujeito a indenizar o denunciado pelos danos materiais, morais ou à imagem que houver provocado.

Verbos nucleares do tipo: *Representar quando o autor da denúncia o sabe ser inocente* (consiste em ato formal de oferecer representação a autoridade pública competente contra agente público ou particular pela prática de ato de improbidade, sabidamente inocente). Não configura o tipo penal em análise a simples comunicação verbal da prática do ato de improbidade administrativa, é necessário haver representação escrita ou reduzida a termo, com a qualificação do representante e assinada.

Aplicação do Princípio da Especialidade: Tipo penal especial em relação ao crime de denunciação caluniosa (art. 339, CP). Assim, praticada a conduta descrita no *caput*, o agente responderá apenas pelo crime em comento, afastando a aplicação do Código Penal, que se mostra norma geral em relação à Lei de Improbidade Administrativa.

Destinatário da representação: Autoridade administrativa com atribuição para apurar a prática de ato de improbidade administrativa (inclui o Ministério Público).

Objeto jurídico: Honra objetiva.

Objeto material: Representação escrita ou reduzida a termo.

Elemento subjetivo: É o dolo. O tipo penal não exige elemento subjetivo específico. Não se admite a modalidade culposa por falta de previsão legal.

Elemento normativo: Consta na expressão "quando o autor da denúncia o sabe inocente".

Sujeito ativo: Qualquer pessoa.

Sujeito passivo: Agente público ou terceiro beneficiário.

Crime instantâneo: consuma-se com o oferecimento da representação formal.

Tentativa: É punida conforme art. 14, II do Código Penal.

Classificação doutrinária: *Crime comum* (pode ser praticado por qualquer pessoa); *material* (existe resultado naturalístico e ele é imprescindível para sua consumação); *de dano* (exige a ocorrência de uma lesão ao bem jurídico tutelado); *doloso* (o agente quer o resultado ou assume o risco de produzi-lo); *de forma vinculada* (deve ser praticado por meio de específico); *comissivo* (os verbos indicam ações); *instantâneo* (a consumação se dá em um momento específico); *unissubjetivo ou de concurso eventual* (pode ser praticado por uma ou mais pessoas); *plurissubsistente* (admite fracionamento dos atos de execução).

Justiça competente: Crime de competência da justiça estadual, quando for agente público estadual ou municipal; será de competência da justiça federal, quando for agente público da União.

Ação penal: Crime de ação penal pública incondicionada.

Transação penal: Tendo em vista possuir pena máxima de até 2 (dois) anos, será cabível o oferecimento da transação penal, obedecidos os demais requisitos previstos no art. 76 da Lei nº 9.099/90.

Acordo de não persecução penal: Se enquadra no chamado *espaço de consenso* ou *justiça negociada* no processo penal, ao lado da transação penal e da suspensão condicional do processo. Conforme redação do novo art. 28-A do Código de Processo Penal (incluído pela Lei Federal nº 13.964/19), é possível a celebração do acordo de não persecução penal quando a infração penal não for praticada com violência ou grave ameaça e tiver pena mínima inferior a 4 (quatro) anos. Ressalta-se que o acordo de não persecução penal é subsidiário à transação penal, dessa forma, não será cabível o acordo de não persecução penal à infração penal em tela, tendo em vista ser cabível a transação penal.

29

LEI DE BIOSSEGURANÇA

Lei 11.105/2005

THIAGO SOLON GONÇALVES ALBECHE

Art. 24. Utilizar embrião humano em desacordo com o que dispõe o art. 5º desta Lei:

Pena – detenção, de 1 (um) a 3 (três) anos, e multa.

Comentários: A Lei de Biossegurança visa a assegurar a coletividade dos avanços da biotecnologia e da biossegurança, que são utilizados, *prima facie*, para permitir a evolução e desenvolvimento de aspectos importantes para a vida humana, como demandas alimentares e terapêuticas. Esse avanço deve ser permitido dentro de determinadas diretrizes éticas e valorativas, buscando evitar ou minimizar os riscos relativos ao desenvolvimento científico que pode por em risco um número indeterminado de pessoas.

Conforme indica o tipo penal, há a necessidade de que, previamente, nos inteiremos do teor do art. 5 da lei em estudo:

> Art. 5º É permitida, para fins de pesquisa e terapia, a utilização de células-tronco embrionárias obtidas de embriões humanos produzidos por fertilização **in vitro** e não utilizados no respectivo procedimento, atendidas as seguintes condições:
>
> I – sejam embriões inviáveis; ou
>
> II – sejam embriões congelados há 3 (três) anos ou mais, na data da publicação desta Lei, ou que, já congelados na data da publicação desta Lei, depois de completarem 3 (três) anos, contados a partir da data de congelamento.
>
> § 1º Em qualquer caso, é necessário o consentimento dos genitores.
>
> § 2º Instituições de pesquisa e serviços de saúde que realizem pesquisa ou terapia com células-tronco embrionárias humanas deverão submeter seus projetos à apreciação e aprovação dos respectivos comitês de ética em pesquisa.

Analisado o art. 5º, podemos tratar especificamente do tipo penal do art. 24 da Lei de Biossegurança.

Verbos nucleares do tipo: *Utilizar* (fazer uso, servir-se). O emprego do embrião humano é realizado em desacordo com o art. 5º, que traz os requisitos para que seja possível a utilização. Portanto, a de pesquisa que utilizar um embrião sem submeter seu projeto à apreciação e aprovação do respectivo comitê de ética, por exemplo, configura o crime do art. 24. Note-se que se a conduta for de comercializar (não prevista na lei), poderemos ter o crime do art. 15 da Lei de Transplantes (9.434/1997).

Conforme Ronaldo Vieira Francisco, "o feto não pode ser objeto de engenharia genética, pesquisas ou outros fins, o que se verifica na 8ª semana após a fecundação, podendo caracterizar aborto consumado ou tentando, sem previsão na lei em estudo, mas previsto no CP[1].

Consumação: Com a efetiva utilização do embrião humano.

Objetividade jurídica: Preservação da vida, da saúde humana e do patrimônio genético. Protege-se o embrião humano, ou seja, o ser humano em formação.

Objeto material: O embrião humano.

1. FRANCISCO, Ronaldo Vieira. Leis Penais Especiais Comentadas Artigo Por Artigo. 2ª ed. rev., atual. e ampl. Salvador: 2019. Editora Juspodivm. p. 1748.

Elemento subjetivo: É o dolo, sem qualquer finalidade específica.

Elemento normativo: *em desacordo com o que dispõe o artigo 5º desta lei.* Assim, é necessária a leitura de outro dispositivo do mesmo diploma legal para que se extraia a perfeita tipicidade da conduta, tratando-se de norma penal em branco.

Sujeito ativo: Qualquer pessoa (ainda que a complexidade do material exija conhecimento técnico elevado). A lei não fez qualquer exigência ou qualificação expressa.

Sujeito passivo: O embrião humano[2] e a coletividade[3].

Classificação doutrinária: *Crime comum* (pode ser praticado por qualquer pessoa); de *mera conduta* (se consuma com a simples ação, sem previsão de resultado naturalístico); de *perigo concreto* (deve ser comprovado o perigo real para vítima certa e determinada)[4]; *doloso* (o agente quer o resultado ou assume o risco de produzi-lo); *de forma livre* (pode ser praticado por qualquer meio de execução); *comissivo* (os verbos indicam ações); *instantâneo* (se consuma em momento definido, sem prolongamento de seus efeitos); *unissubjetivo ou de concurso eventual* (pode ser praticado por um só agente); *plurissubsistente* (admite fracionamento dos atos de execução); alguns autores admitem *tentativa*[5], enquanto outros não[6].

Ação Penal: Pública Incondicionada.

Transação penal: Impossível (art. 76, Lei 9.099/1995).

Suspensão condicional do processo: Tem cabimento (art. 89, Lei 9.099/1995).

Acordo de não persecução penal: Tem cabimento (art. 28-A, CPP).

Art. 25. Praticar engenharia genética em célula germinal humana, zigoto humano ou embrião humano:

Pena – reclusão, de 1 (um) a 4 (quatro) anos, e multa.

Comentários: O art. 25 decorre da violação do art. 6º, inciso III da Lei 11.105/2006, que expressa a proibição de *engenharia genética em célula germinal humana, zigoto humano e embrião humano.*

Verbos nucleares do tipo: *Praticar* (realizar, efetuar, levar a efeito) engenharia genética. Para uma melhor compreensão dessa conduta que recai sobre a célula germinal, zigoto ou embrião humanos, devemos utilizar a definição trazida pela própria lei, nos termos do art. 3º, incisos II, III e IV:

> Art. 3º Para os efeitos desta Lei, considera-se:
>
> (...)
>
> II – ácido desoxirribonucléico - ADN, ácido ribonucléico - ARN: material genético que contém informações determinantes dos caracteres hereditários transmissíveis à descendência;
>
> III – moléculas de ADN/ARN recombinante: as moléculas manipuladas fora das células vivas mediante a modificação de segmentos de ADN/ARN natural ou sintético e que possam multiplicar-se em uma célula viva, ou ainda as moléculas de ADN/ARN resultantes dessa multiplicação; consideram-se também os segmentos de ADN/ARN sintéticos equivalentes aos de ADN/ARN natural;
>
> IV – engenharia genética: atividade de produção e manipulação de moléculas de ADN/ARN recombinante;

Desse modo, a prática de engenharia genética consiste na atividade destinada a concretizar produção e manipulação de moléculas de ADN/ARN recombinante.

Consumação: Com a prática de engenharia genética. Ronaldo Vieira Francisco refere que o crime exige resultado naturalístico com a efetiva manipulação da célula germinal, do zigoto ou do embrião humano[7]. Luiz Régis Prado, por sua vez, ainda que refira que a consumação se dê com a prática de engenharia genética em célula germinal humana, zigoto humano ou embrião humano, leciona que se trata de delito de mera atividade e de perigo abstrato, sendo a tentativa, em tese, inadmissível[8]. Note-se que quando buscamos o conceito de *praticar* engenharia genética previsto no art. 3º, inciso IV da Lei, define-se como atividade de *produção e manipulação* de moléculas de ADN/ARN recombinante. *Produzir* e *manipular* constituem resultados naturalísticos, em

2. PRADO, Luiz Régis. Biossegurança e Direito Penal. Consultado em http://www.professorregisprado.com/resources/Artigos/Luiz_Regis_Prado/Biosseguran%C3%A7a%20e%20Direito%20Penal.pdf p. 4.
3. FRANCISCO, Ronaldo Viera. Ob. cit. p. 1747.
4. Para outros, de perigo abstrato: PRADO, Luiz Régis. Ob. cit. p. 5.
5. FRANCISCO, Ronaldo Vieira. Ob. cit. p. 1749. Adotamos o mesmo entendimento, bastando que o manipulador do embrião tenha dado início a atos executórios e seja impedido por circunstâncias alheias à sua vontade.
6. PRADO, Luiz Régis. Ob. cit. p. 5.
7. FRANCISCO, Ronaldo Vieira. Ob. cit. p. 1750.
8. PRADO, Luiz Regis. Ob. cit. p. 6.

que *produzir* significa dar origem a, gerar, criar, e, *manipular*, preparar manuseando, dar forma, feição. Adotamos, portanto, a primeira posição.

Objetividade jurídica: A integridade genética do genótipo e a preservação da vida, da saúde humana e do patrimônio genético.

Objeto material: A célula germinal humana, o zigoto humano e o embrião humano.

Elemento subjetivo: É o dolo, sem qualquer finalidade específica.

Elemento normativo: *Engenharia genética:* a prática de engenharia genética consiste na atividade destinada a concretizar produção e manipulação de moléculas de ADN/ARN recombinante.

> "Em verdade, a engenharia genética propriamente dita compreende a totalidade de procedimentos dirigidos a alterar o patrimônio hereditário de uma espécie - seja com o fim de superar enfermidade de origem genética, seja com o propósito de produzir modificações com finalidade experimental. Desse modo, a noção de engenharia genética envolve as técnicas de manipulação genética, de clonagem e de sondagem de ADN.

Não se confunde, portanto, com a reprodução humana assistida (inseminação artificial, fecundação *in vitro*) –, pois esta última engloba técnicas destinadas a atenuar a esterilidade de um casal mediante a fecundação de um ser humano por meios não-naturais, não tendo por escopo modificar o patrimônio genético, mas apenas a criação de um novo ser. O Conselho da Europa recomendou a inclusão, no rol dos direitos humanos, da "intangibilidade da herança genética diante das intervenções artificiais".[9]

Célula germinal humana, o *zigoto humano* e o *embrião humano*: trata-se de elementos normativos extrajurídicos[10] que envolvem conceitos próprios de outras áreas do conhecimento, como as disciplinas científicas, tais como a biologia e a genética. Célula germinal humana (art. 3º, inciso VII da Lei de Biossegurança) é a célula-mãe responsável pela formação de gametas presentes nas glândulas sexuais femininas e masculinas e suas descendentes diretas em qualquer grau de ploidia; zigoto humano é a célula que resulta da combinação de um ovócito e de um espermatozoide. Embrião humano é o resultado da fecundação, devendo seu estágio de desenvolvimento ser considerado entre a 2ª e 8ª semanas.

Sujeito ativo: Qualquer pessoa (ainda que a complexidade do material exija conhecimento técnico elevado). A lei não fez qualquer exigência ou qualificação expressa.

Sujeito passivo: O embrião implantado, feto, e a coletividade.

Classificação doutrinária: *Crime comum* (pode ser praticado por qualquer pessoa); *material* (se consuma com o resultado naturalístico) na modalidade *produzir* e de *mera conduta* (se consuma com a simples ação)na forma *manipular*[11]; de *perigo abstrato* (o risco ao bem jurídico é presumido de forma absoluta pela lei); *doloso* (o agente quer o resultado ou assume o risco de produzi-lo); *de forma livre* (pode ser praticado por qualquer meio de execução); *comissivo* (os verbos indicam ações); *instantâneo* (se consuma no em momento bem definido); *unissubjetivo ou de concurso eventual* (pode ser praticado por um só agente); *plurissubsistente* (admite fracionamento dos atos de execução) na modalidade *produzir* e unissubsistente na forma *manipular*; admite *tentativa* apenas na modalidade *produzir*.

Ação Penal: Incondicionada.

Transação penal: Impossível (art. 76, Lei 9.099/1995).

Suspensão condicional do processo: Tem cabimento (art. 89, Lei 9.099/1995).

Acordo de não persecução penal: Tem cabimento (art. 28-A, CPP).

Art. 26. Realizar clonagem humana:

Pena – reclusão, de 2 (dois) a 5 (cinco) anos, e multa.

Comentários: Sob fortes debates éticos, o legislador entendeu por bem reprovar a ação tendente a reproduzir, por meios artificiais, a cópia ou exemplar de ser humano já existente. A doutrina nos traz argumentos contrários à clonagem reprodutiva humana:

> Em resumo, três são os argumentos principais contra a clonagem reprodutiva humana: identidade absoluta negadora da alteridade do clone; instrumentalização negativa da pessoa do clone e determinismo negativo

9. PRADO, Luiz Regis. Ob. cit. p. 4.
10. MASSON, Cleber. Direito penal esquematizado. Parte Geral – Vol. 1. 8ª ed. rev., atual. e ampl. São Paulo: Método. p. 271.

11. Ver discussão no item "consumação".

> da autonomia do clone.[36][12] O problemático da clonagem - afirma-se - "não é a coincidência do genoma de um ser com outro, mas sim o fato de que um ser humano tenha sido produzido como meio para outro fim que não o mesmo e que para isso se lhe tenha sido imposta uma identidade genética com outro ser humano [...]. A manipulação de um ser humano em sua identidade genética com o objetivo de subordiná-lo aos fins de um terceiro produz, sem dúvida, uma instrumentalização que afeta a essência da pessoa, transgredindo assim o predicado da finalidade em si mesmo, que corresponde ao ser humano como pessoa [37][13].

A conduta do art. 26 deriva da previsão do art. 6.º, IV, que proíbe a clonagem humana.

Verbos nucleares do tipo: *Realizar* (efetuar, dar origem a, gerar, criar).

Consumação: Com a realização da clonagem. A clonagem, para nós, trata-se do resultado do processo de reprodução assexuada produzida artificialmente. Portanto, a obtenção do clone é resultado necessário à tipificação, o que classifica o delito como crime *material*[14]. Há entendimento de que o tipo penal não exige resultado naturalístico, sendo crime formal[15].

Objetividade jurídica: A preservação da vida, da saúde humana e do patrimônio genético. Em sentido mais amplo, a "identidade e a irrepetibilidade do ser humano, bem como a inalterabilidade do patrimônio genético da humanidade".[16]

Objeto material: Gametas e embriões.

Elemento subjetivo: É o dolo, sem qualquer finalidade específica.

Elemento normativo: *Clonagem humana*: trata-se de elemento normativo extrajurídico[17] que envolve conceito próprio de outras áreas do conhecimento, tais como a biologia e a genética. Clonagem é a produção de indivíduos geneticamente iguais, por meio da duplicação do material genético sem modificações. É um processo de reprodução assexuada que resulta na obtenção de cópias geneticamente idênticas de um mesmo ser vivo – micro-organismo, vegetal ou animal[18]. Nos termos da própria Lei, é o processo de reprodução assexuada, produzida artificialmente, baseada em um único patrimônio genético, com ou sem utilização de técnicas de engenharia genética (art. 3º, inciso VIII). A lei cita duas diferentes espécies de clonagem: a clonagem *reprodutiva* (art. 3º, inciso IX) e a clonagem *terapêutica* (art. 3º, inciso X).

No entanto, o art. 26, que tipifica penalmente a clonagem *humana,* não é claro suficiente sobre quais espécies de clonagem estariam incriminadas. Para nós, o art. 26 não criminaliza a clonagem *terapêutica*, pois ela não visa à criação de um novo ser humano, mas apenas à obtenção de células-tronco embrionárias para o tratamento de patologias. Entretanto, os limites para a clonagem terapêutica estão estabelecidos no art. 5º da Lei 11.105/2005, conforme explicam PRADO e HANNERRSCHMIDT:

> Além disso, sabe-se que as células-tronco embrionárias são dissociadas na fase do blastócito de um embrião humano clonado.
>
> Deriva daí que a obtenção de células-tronco embrionárias envolve obrigatoriamente a destruição do embrião humano (blastócito)[54]. Desse modo, apesar da não-criminalização da clonagem terapêutica[19],constata-se que sua aplicação estaria ao disposto no artigo 5º da Lei 11.105/2005, que somente permite a utilização de células tronco-embrionárias de embriões humanos excedentários das técnicas de fertilização *in vitro* e não utilizados no respectivo procedimento. Assim, na clonagem terapêutica somente poderiam ser utilizados embriões inviáveis ou criopreservados sobrantes das técnicas de fertilização artificial, e não *produzidos* com a finalidade exclusiva de serem usados na clonagem terapêutica.
>
> De acordo com essa perspectiva – e em uma interpretação sistemáticoteleológica -, o legislador, ao preceituar que a clonagem terapêutica tem por finalidade a produção de células-tronco embrionárias para utilização terapêutica, condiciona o uso da clonagem terapêutica aos limites de permissibilidade dispostos no artigo 5º da Lei 11.105/2005 [55]. Na hipótese de

---

12. PRADO, Luiz Regis *apud* TTOIS, Gilbert. Clonage humain reproductif. In: HOTTOIS, Gilbert; MISSA, Jean-Noël (Dir.). *Nouvelle Encyclopédie de Bioétique*. Bruxellas: De Boeck, 2001, pp. 185-188.
13. PRADO, Luiz Regis *apud* ESER, A. *et alii*. La clonación humana. Fundamentos biológicos e valoração ético jurídica. *Revista de Derecho y GenomaHumano,* Bilbao, n. 9, 1998, p.100.
14. Na mesma linha, Luiz Régis Prado. Ob. cit. p. 8.
15. FRANCISCO, Ronaldo Vieira. Ob. cit. p. 1751.
16. PRADO, Luiz Régis. Ob. cit. p. 7.
17. MASSON, Cleber. Direito penal esquematizado. Parte Geral – Vol. 1. 8ª ed. rev., atual. e ampl. São Paulo: Método. p. 271.
18. Consulta em https://pt.wikipedia.org/wiki/Clonagem_humana#:~:text=Clonagem%20humana%20%C3%A9%20a%20c%C3%B3pia,a%20cultura%20de%20c%C3%A9lulas%20humanas.
19. Os autores noticiam a existência de doutrina considerando tipificadas no art. 25, tanto a clonagem reprodutiva quanto a terapêutica, a exemplo de SOUZA, Paulo Vinicius Sporleder. Clonagem terapêutica: aspectos jurídico-penais. Revista Brasileira de Ciências Criminais, n.53, mar./abr., 2005, p.156; CARVALHO, Gisele Mendes de. *Patrimônio Genético & Direito Penal. De acordo com a Lei 11.105/05.* Biblioteca de Estudos Avançados em Direito Penal e Processual Penal. Curitiba: Juruá, 2007, p.249.

descumprimento, o agente responderá pelo delito disposto no artigo 24 da Lei de Biossegurança (utilizar embriões humanos com fins diversos do art. 5º) [56], e não pelo delito de clonagem (art. 26 da Lei 11.105/2005).[20]

Sujeito ativo: Qualquer pessoa (ainda que a complexidade do procedimento exija conhecimento técnico elevado). A lei não fez qualquer exigência ou qualificação expressa.

Sujeito passivo: O indivíduo nascido do processo de clonagem e a coletividade.

Classificação doutrinária: *Crime comum* (pode ser praticado por qualquer pessoa); *material* (se consuma com o resultado naturalístico[21]) d*eperigo concreto* (deve ser comprovado o perigo real para vítima certa e determinada); *doloso* (o agente quer o resultado ou assume o risco de produzi-lo); *de forma livre* (pode ser praticado por qualquer meio de execução); *comissivo* (o verbo indica ação); *instantâneo* (a consumação ocorre em momento determinado, sem prolongamento no tempo); *unissubjetivo ou de concurso eventual* (pode ser praticado por um só agente); *plurissubsistente* (admite fracionamento dos atos de execução); admite *tentativa.*

Ação Penal: Pública incondicionada.

Transação penal: Impossível (art. 76, Lei 9.099/1995).

Suspensão condicional do processo: Impossível (art. 89, Lei 9.099/1995).

Acordo de não persecução penal: Tem cabimento (art. 28-A, CPP).

Art. 27. Liberar ou descartar OGM no meio ambiente, em desacordo com as normas estabelecidas pela CTNBio e pelos órgãos e entidades de registro e fiscalização:

Pena – reclusão, de 1 (um) a 4 (quatro) anos, e multa.

Verbos nucleares do tipo: *Liberar* (soltar, largar, tornar livre). *Descartar* (significa dispensar após o uso, deixar de usar). A liberação pode decorrer da não observância de todas as medidas de confinamento que protegem o meio ambiente e as pessoas. Essa liberação não possui fins comerciais. Como visto, temos uma norma penal em branco, pois é preciso verificar "as normas estabelecidas pela CTNBio (Comissão Técnica Nacional de Biossegurança) e pelos órgãos e entidades de registra e fiscalização."

Consumação: Com a mera liberação ou descarte do organismo geneticamente modificado no meio ambiente sem observância das normas estabelecidas pela CTNBio e pelos órgãos e entidades de registro e fiscalização. Como será visto adiante, temos que se trata de delito de *mera conduta*, pois além do tipo penal não trazer expresso um resultado naturalístico, o bem jurídico tutelado e os riscos ainda desconhecidos pela ciência e resultantes dessas condutas impõem a aplicação do *princípio da precaução*, que é norteado por um risco não mensurável e imprevisível, ao contrário do *princípio da prevenção*, cuja aplicação considera riscos já conhecidos. Há uma evidente antecipação de tutela penal diante da sensibilidade do bem jurídico protegido.

Objetividade jurídica: A preservação do meio ambiente, a vida e a saúde humanas.

Objeto material: O organismo geneticamente modificado.

Elemento subjetivo: É o dolo, vontade deliberada de praticar as ações descritas no tipo, sem qualquer finalidade específica.

Elemento normativo: *organismo geneticamente modificado (OGM)* é aquele cujo material genético (ADN/ARN) tenha sido alterado por qualquer técnica de engenharia genética, nos termos do art. 3.º, inciso V da Lei de Biossegurança. Não se inserem no conceito de organismo geneticamente modificado aqueles resultantes de técnicas que impliquem a introdução direta, num organismo, de material hereditário, desde que não envolvam a utilização de moléculas de ADN/ARN recombinante ou OGM, tais como: fecundação in vitro, conjugação, transdução, transformação, indução poliplóide e qualquer outro processo natural (art. 3.º, §1.º, Lei 11.105/2005 - Lei de Biossegurança).[22]

A expressão *em desacordo* se refere à inobservância das regras estipuladas pelos órgãos de registro e fiscalização, bem como da CTNBio.

20. PRADO, Luiz Régis; HAMMERSCHIMIDT, Denise. A clonagem terapêutica e seus limites de permissibilidade na Lei de Biossegurança Brasileira (Lei 11.105/05). professorregisprado.com, 2020. Disponível em http://www.publicadireito.com.br/conpedi/manaus/arquivos/anais/bh/denise_hammerschmidt.pdf. Acesso em setembro de 2020. p. 5.144 e 5.145.

21. Consulte discussão no item *consumação*.

22. PRADO, Luis Regis. Biossegurança e Direito Penal. p. 09. Consultado em http://www.professorregisprado.com/resources/Artigos/Luiz_Regis_Prado/Biosseguran%C3%A7a%20e%20Direito%20Penal.pdf. 04 de agosto de 2020.

Sujeito ativo: Qualquer pessoa (ainda que a complexidade do procedimento exija conhecimento técnico elevado). A lei não fez qualquer exigência ou qualificação expressa.

Sujeito passivo: A coletividade.

Classificação doutrinária: *Crime comum* (pode ser praticado por qualquer pessoa); de *mera conduta* (se consuma a simples ação, não havendo previsão de resultado naturalístico);[23] de *perigo abstrato* (o risco ao bem jurídico é presumido de forma absoluta pela lei); *doloso* (o agente quer o resultado ou assume o risco de produzi-lo); *de forma livre* (pode ser praticado por qualquer meio de execução); *comissivo* (os verbos indicam ações); *instantâneo* (a consumação ocorre em momento determinado, sem prolongamento no tempo); *unissubjetivo ou de concurso eventual* (pode ser praticado por um só agente); *unissubsistente* (não admite fracionamento dos atos de execução); não admite *tentativa.*

Ação Penal: Incondicionada.

Transação penal: Impossível (art. 76, Lei 9.099/1995).

Suspensão condicional do processo: Tem cabimento (art. 89, Lei 9.099/1995).

Acordo de não persecução penal: Tem cabimento (art. 28-A, CPP).

~~§ 1º (VETADO)~~

§ 2º Agrava-se a pena:

I - de 1/6 (um sexto) a 1/3 (um terço), se resultar dano à propriedade alheia;

II - de 1/3 (um terço) até a metade, se resultar dano ao meio ambiente;

III - da metade até 2/3 (dois terços), se resultar lesão corporal de natureza grave em outrem;

IV - de 2/3 (dois terços) até o dobro, se resultar a morte de outrem.

Formas qualificadas: No § 2º do art. 27, temos as formas qualificadas do crime de liberação ou descarte de OGM. Nesses casos, temos *crimes preterdolosos materiais*, que somente se consumam com o resultado naturalístico previstos em cada inciso. Nessa mesma linha, o bem jurídico tutelado, além da proteção do meio ambiente (bem jurídico imediato), será aquele protegido em cada uma das hipóteses (bem jurídico mediato): propriedade (inciso I), meio ambiente (inciso II), integridade física (inciso III) e vida (inciso IV). Trata-se de formas *preterdolosas*, em que o resultado qualificado agravador decorre de culpa do agente. Há dolo na *liberação* ou no *descarte* e culpa nos resultados agravados. Para a análise do cabimento ou não de benefícios (transação penal, suspensão condicional do processo e acordo de não persecução penal), há que se considerar as causas de aumento incidentes sobre a pena mínima cominada, nos termos do art. 28-A, § 1º, CPP.

Art. 28. Utilizar, comercializar, registrar, patentear e licenciar tecnologias genéticas de restrição do uso:

Pena – reclusão, de 2 (dois) a 5 (cinco) anos, e multa.

Verbos nucleares do tipo: *Utilizar* (fazer uso, empregar); *comercializar* (significa negociar, inserir no comércio de forma onerosa ou gratuita); *registrar* (fazer inscrição, anotar, inscrever); *patentear* (fazer registro de invenção, registrar como patente); *licenciar* (conceder licença, autorização).

Consumação: Com efetiva ação, ou seja, com a utilização, a comercialização, o registro, o patenteamento ou o licenciamento da tecnologia genética de restrição de uso.

Objetividade jurídica: O meio ambiente, patrimônio genético e os interesses econômicos da sociedade.[24]

Objeto material: Tecnologias genéticas de restrição do uso.

Elemento subjetivo: É o dolo, vontade deliberada de praticar as ações descritas no tipo, sem qualquer finalidade específica.

Elemento normativo: *Tecnologias genéticas de restrição do uso*", nos termos do art. 6º, parágrafo único da Lei de Biossegurança, é qualquer processo de intervenção humana para geração ou multiplicação de plantas geneticamente modificadas para produzir estruturas reprodutivas estéreis, bem como qualquer forma de manipulação genética que vise à ativação ou desativação de genes relacionados à fertilidade das plantas por indutores químicos externos.

Sujeito ativo: Conforme o verbo analisado[25]. As condutas *utilizar* e *comercializar* podem ser praticadas

23. Há doutrina classificando o delito como formal: FRANCISCO, Ronaldo Vieira. Ob. cit. p. 1752. O mesmo autor admite a tentativa para este delito.

24. Ronaldo Vieira Francisco. Ob. cit. p. 1753.

25. Há posição considerando o tipo penal como crime comum (pode ser praticado por qualquer pessoa), como Luiz Régis Prado, ob. cit. p. 10.

por qualquer pessoa, sendo classificadas como *crimes comuns*. Já nos verbos *registrar, patentear e licenciar*, há posição de que somente quem possui a função ou atribuição legal para gerar inscrição (registrar), registrar o privilégio de invenção (patentear) ou autorizar (licenciar) pode consumar o delito. Nessas três hipóteses, teremos *crime próprio*[26] (exige qualidade especial do sujeito ativo). Há posição em sentido contrário, qualificando o delito, em todas as suas ações nucleares, como crime comum[27].

Sujeito passivo: A coletividade e o Estado.

Classificação doutrinária: *Crime comum* (pode ser praticado por qualquer pessoa) quanto aos núcleos *utilizar* e *comercializar* e *crime próprio*[28] (exige qualidade especial do sujeito ativo) quanto aos núcleos *registrar, patentear* e *licenciar*; *crime material* (que se consuma com o resultado naturalístico) nas formas *utilizar* e *comercializar*, e *formal* nas formas *registrar, patentear* e *licenciar*;[29] de *perigo concreto* (deve ser comprovado o perigo real para vítima certa e determinada); *doloso* (o agente quer o resultado ou assume o risco de produzi-lo); *de forma livre* (pode ser praticado por qualquer meio de execução) na modalidade *utilizar* e *comercializar*, e *de forma vinculada* nas formas *registrar, patentear* e *licenciar*; *comissivo* (os verbos indicam ações); *instantâneo* (a consumação ocorre em momento determinado, sem prolongamento no tempo); *unissubjetivo ou de concurso eventual* (pode ser praticado por um só agente); *plurissubsistente* (admite fracionamento dos atos de execução).

Ação Penal: Incondicionada.

Transação penal: Impossível (art. 76, Lei 9.099/1995).

Suspensão condicional do processo: Impossível (art. 89, Lei 9.099/1995).

Acordo de não persecução penal: Tem cabimento (art. 28-A, § 2º, I, CPP).

Art. 29. Produzir, armazenar, transportar, comercializar, importar ou exportar OGM ou seus derivados, sem autorização ou em desacordo com as normas estabelecidas pela CTNBio e pelos órgãos e entidades de registro e fiscalização:

Pena – reclusão, de 1 (um) a 2 (dois) anos, e multa.

Verbos nucleares do tipo: *Produzir* (gerar, criar, elaborar); *armazenar* (estocar, ter em depósito, guardar); *transportar* (levar de um local a outro, transferir); *comercializar* (introduzir no comércio, gratuita ou onerosamente[30], negociar. Assim, até mesmo a permuta de OGM e seus derivados por outros bens caracteriza o crime, pois faz com que estejam circulando e, com isso, expondo o bem jurídico tutelado a risco); *importar* (trazer de país estrangeiro, inserir no território nacional); *exportar* (remeter para fora do país).

Consumação: Com a realização dos verbos enumerados, devendo-se atentar para a classificação de cada um dos crimes a partir das respectivas condutas. Há entendimento de que se trata de crime formal e de perigo.[31]

Objetividade jurídica: A preservação da saúde humana e do patrimônio genético.

Objeto material: OGM ou seus derivados.

Elemento subjetivo: É o dolo, vontade deliberada de praticar as ações descritas no tipo, sem qualquer finalidade específica.

Elemento normativo: *organismo geneticamente modificado (OGM)* é aquele cujo material genético (ADN/ARN) tenha sido alterado por qualquer técnica de engenharia genética, nos termos do art. 3.º, inciso V da Lei de Biossegurança. Os *derivados* são todos os subprodutos obtidos do OGM.

A expressão *sem autorização ou em desacordo* se refere à inobservância das regras estipuladas pelos órgãos de registro e fiscalização, bem como da CTNBio, o que demonstra a existência de norma penal em branco.

Sujeito ativo: Qualquer pessoa. A lei não fez qualquer exigência ou qualificação expressa.

Sujeito passivo: A coletividade.

Classificação doutrinária:

Produzir: *Crime* comum (pode ser praticado por qualquer pessoa); *crime material* (se consuma com a realização do resultado naturalístico, ou seja, com a obtenção do OGM ou seus derivados); de perigo concreto (deve ser comprovado o perigo real para vítima certa e determinada); doloso (o agente quer o resultado ou

26. FRANCISCO, Ronaldo Vieira. Ob. cit. p. 1.753.
27. PRADO, Luiz Régis. Ob. cit. p. 10.
28. Lembrando que há posição em sentido contrário qualificando todas as ações como sendo *crimes comuns*.
29. Há doutrina considerando todos os verbos nucleares como crimes formais. FRANCISCO, Ronaldo Vieira. Ob. cit. p. 1752.
30. Luis Régis Prado define a conduta de *comercializar* como negociar, vender, repassar de forma onerosa. Ob. cit. p. 11.
31. A exemplo de FRANCISCO, Ronaldo Vieira. Ob. cit. p. 1755.

assumo e risco de produzi-lo); de *forma livre* (pode ser praticado por qualquer meio de execução); *comissivo* (os verbos indicam ações); *instantâneo* (se consuma em determinado momento, sem prolongamento); *unissubjetivo ou de concurso eventual* (pode ser praticado por um só agente); *plurissubsistente* (admite fracionamento dos atos de execução); admite *tentativa*.

Armazenar: *crime comum* (pode ser praticado por qualquer pessoa); *crime formal* (se consuma com a ação, independente de resultado naturalístico); de *perigo abstrato (o risco ao bem jurídico é presumido de forma absoluta pela lei);doloso* (o agente quer o resultado ou assumo e risco de produzí-lo); *de forma livre* (pode ser praticado por qualquer meio de execução); *comissivo* (os verbos indicam ações); *permanente* (a consumação se prolonga no tempo); *unissubjetivo* ou *de concurso eventual* (pode ser praticado por um só agente); *plurissubsistente* (admite fracionamento dos atos de execução); admite *tentativa*[32].

Transportar: *crime comum* (pode ser praticado por qualquer pessoa); *crime formal* (se consuma com a ação, independente de resultado naturalístico, sendo indiferente a chegada ou não ao destino pretendido); *de perigo abstrato (o risco ao bem jurídico é presumido de forma absoluta pela lei); doloso* (o agente quer o resultado ou assumo e risco de produzí-lo); *de forma livre* (pode ser praticado por qualquer meio de execução); *comissivo* (os verbos indicam ações); *permanente* (a consumação se prolonga no tempo, enquanto estiver ocorrendo o transporte); *unissubjetivo* ou *de concurso eventual* (pode ser praticado por um só agente); *plurissubsistente* (admite fracionamento dos atos de execução); admite *tentativa*[33].

Comercializar: *crime comum* (pode ser praticado por qualquer pessoa); *crime formal* (se consuma com a ação, independente de resultado naturalístico, bastando o estabelecimento do acordo de vontades); *de perigo abstrato* (o risco ao bem jurídico é presumido de forma absoluta pela lei); *doloso* (o agente quer o resultado ou assumo e risco de produzí-lo); *de forma livre* (pode ser praticado por qualquer meio de execução); *comissivo* (os verbos indicam ações); *instantâneo* (a consumação ocorre em momento definido, sem prolongamento no tempo); *unissubjetivo* ou *de concurso eventual* (pode ser praticado por um só agente); *plurissubsistente* (admite fracionamento dos atos de execução); admite *tentativa*.

32. Para Luiz Régis Prado, não se admite tentativa. Ob. cit. 12.
33. Para Luiz Régis Prado, não se admite tentativa. Ob. cit. 12.

Importar ou Exportar: *crime comum* (pode ser praticado por qualquer pessoa); *crime formal* (se consuma com a ação, independente de resultado naturalístico, bastando a passagem pela barreira alfandegária – quando existente – ou a transposição dos limites fronteiriços – quando a introdução ou remessa não passa pela alfândega, independente de chegada do OGM e seus derivados ao destino pretendido); de *perigo abstrato (o risco ao bem jurídico é presumido de forma absoluta pela lei);doloso* (o agente quer o resultado ou assumo e risco de produzí-lo); de *forma livre* (pode ser praticado por qualquer meio de execução); *comissivo* (os verbos indicam ações) ou *comissivo por omissão* (caso em que, se aquele que tem o dever de evitar o resultado, com consciência, deixa de agir para evitá-lo); *instantâneo* (a consumação ocorre em momento determinado, sem prolongamento no tempo);*plurissubjetivo* (conduta admite fracionamento); admite *tentativa*.

Ação Penal: Incondicionada.

Transação penal: tem cabimento (art. 76, Lei 9.099/1995).

Suspensão condicional do processo: tem cabimento (art. 89, Lei 9.099/1995).

Acordo de não persecução penal: Impossível (art. 28-A, § 2º, I, CPP).

BIBLIOGRAFIA

CUNHA, Rogério Sanches. **Leis penais especiais: comentadas artigo por artigo** / coordenadores Rogério Sanches Cunha, Ronaldo Batista Pinto, Renee do Ó Souza – Salvador: 2 ed. revista, ampl. e atual. Editora Juspodivm, 2019. 2240 p.

CUNHA, Rogério Sanches. Manual de direito penal: parte especial (arts. 121 ao 361). 11ª ed. rev., ampl. e atual. – Salvador: Juspodivm, 2019.

NUCCI, Guilherme de Souza. Código Penal Comentado. 6ª ed. rev., atual. e ampl. São Paulo: Editora Revista dos Tribunais, 2006.

PRADO, Luiz Régis. Biossegurança e Direito Penal. professorregisprado.com, 2020. Disponível em http://www.professorregisprado.com/resources/Artigos/Luiz_Regis_Prado/Biosseguran%C3%A7a%20e%20Direito%20Penal.pdf . Acesso em agosto de 2020.

PRADO, Luiz Régis; HAMMERSCHIMIDT, Denise. A clonagem terapêutica e seus limites de permissibilidade na Lei de Biossegurança Brasileira (Lei 11.105/05). professorregisprado.com, 2020. Disponível em http://www.publicadireito.com.br/conpedi/manaus/arquivos/anais/bh/denise_hammerschmidt.pdf . Acesso em setembro de 2020.

30

LEI DA ATIVIDADE NUCLEAR

Lei 6.453/1977

HIGOR VINICIUS NOGUEIRA JORGE

A Lei nº 6.453/1977 dispõe sobre a responsabilidade civil por danos nucleares e a responsabilidade criminal por atos relacionados com atividades nucleares, além de outras questões correlatas.

Lei Penal Explicativa: Os artigos iniciais da Lei nº 6.453/1977 definem alguns termos técnicos de modo a facilitar a sua interpretação, nos seguintes moldes:

> Artigo 1º - Para os efeitos desta Lei considera-se:
>
> I - "operador", a pessoa jurídica devidamente autorizada para operar instalação nuclear;
>
> II - "combustível nuclear", o material capaz de produzir energia, mediante processo auto-sustentado de fissão nuclear;
>
> III - "produtos ou rejeitos radioativos", os materiais radioativos obtidos durante o processo de produção ou de utilização de combustíveis nucleares, ou cuja radioatividade se tenha originado da exposição às irradiações inerentes a tal processo, salvo os radioisótopos que tenham alcançado o estágio final de elaboração e já se possam utilizar para fins científicos, médicos, agrícolas, comerciais ou industriais;
>
> IV - "material nuclear", o combustível nuclear e os produtos ou rejeitos radioativos;
>
> V - "reator nuclear", qualquer estrutura que contenha combustível nuclear, disposto de tal maneira que, dentro dela, possa ocorrer processo auto-sustentado de fissão nuclear, sem necessidade de fonte adicional de neutrons;
>
> VI - "instalação nuclear":
>
> a) o reator nuclear, salvo o utilizado como fonte de energia em meio de transporte, tanto para sua propulsão como para outros fins;
>
> b) a fábrica que utilize combustível nuclear para a produção de materiais nucleares ou na qual se proceda a tratamento de materiais nucleares, incluídas as instalações de reprocessamento de combustível nuclear irradiado;
>
> c) o local de armazenamento de materiais nucleares, exceto aquele ocasionalmente usado durante seu transporte;
>
> VII - "dano nuclear", o dano pessoal ou material produzido como resultado direto ou indireto das propriedades radioativas, da sua combinação com as propriedades tóxicas ou com outras características dos materiais nucleares, que se encontrem em instalação nuclear, ou dela procedentes ou a ela enviados;
>
> VIII - "acidente nuclear", o fato ou sucessão de fatos da mesma origem, que cause dano nuclear;
>
> IX - "radiação ionizante", a emissão de partículas alfa, beta, neutrons, ions acelerados ou raios X ou gama, capazes de provocar a formação de ions no tecido humano.
>
> Art . 2º - Várias instalações nucleares situadas no mesmo local e que tenham um único operador poderão ser consideradas, pela Comissão Nacional de Energia Nuclear, como uma só instalação nuclear.
>
> Art . 3º - Será também considerado dano nuclear o resultante de acidente nuclear combinado com outras causas, quando não se puderem distinguir os danos não nucleares.

A Lei aborda a responsabilidade civil por danos nucleares, contudo, este não é o escopo desta obra e, por isso, nas próximas páginas será estudada a responsabilidade criminal.

> **Art. 20 - Produzir, processar, fornecer ou usar material nuclear sem a necessária autorização ou para fim diverso do permitido em lei.**
>
> **Pena: reclusão, de quatro a dez anos.**
>
> **Artigos 20, 22, 24 e 25 da Lei n. 6.453/77 revogados de forma tácita pelo artigo 56 da Lei 9.605/98**

Art. 21 - Permitir o responsável pela instalação nuclear sua operação sem a necessária autorização.

Pena: reclusão, de dois a seis anos.

Elementos nucleares do tipo: *Permitir* (autorizar; aquiescer) que uma instalação nuclear opere, sem a necessária autorização.

Objeto jurídico: A adequada exploração e utilização de energia nuclear. Uma instalação nuclear, apesar de regularmente instalada, necessita de autorização da Comissão Nacional de Energia Nuclear (CNEN) para funcionar. A lei objetiva impedir que uma instalação nuclear funcione sem autorização dos respectivos órgãos governamentais.

Objeto material: É a instalação nuclear em operação. De acordo com o artigo 1º, inciso VI da Lei nº 6.453/1977 é instalação nuclear:

> a) o reator nuclear, salvo o utilizado como fonte de energia em meio de transporte, tanto para sua propulsão como para outros fins;
>
> b) a fábrica que utilize combustível nuclear para a produção de materiais nucleares ou na qual se proceda a tratamento de materiais nucleares, incluídas as instalações de reprocessamento de combustível nuclear irradiado;
>
> c) o local de armazenamento de materiais nucleares, exceto aquele ocasionalmente usado durante seu transporte;

Elemento subjetivo: É o dolo, isto é, a vontade livre e consciente de permitir o funcionamento da instalação. No crime em testilha o responsável sabe que não possui a autorização e, mesmo assim, permite o funcionamento.

Elemento normativo: O elemento normativo é a falta de autorização para funcionamento das instalações.

Sujeito ativo: O delito somente pode ser praticado pelo responsável pela instalação. É um crime próprio.

Sujeito passivo: A coletividade.

Consumação: O delito se consuma com a permissão do responsável pela usina para que funcione sem a devida autorização, não sendo necessário o efetivo funcionamento.

Tentativa: O crime não admite tentativa.

Acordo de Não Persecução Penal: É admitido o acordo de não persecução, previsto no art. 28-A, do Código de Processo Penal (incluído pela nova Lei Federal nº 13.964/2019), desde que o delito não seja praticado mediante violência ou grave ameaça à pessoa. Também é necessário a confissão formal do agente, que a pena abstrata mínima seja inferior a 4 (quatro) anos e que não seja cabível a transação penal.

Ação penal: Pública incondicionada.

Classificação doutrinária: Trata-se de um crime comissivo (o verbo exige uma ação), doloso (o autor deseja um resultado ou assume o risco de produzi-lo), formal (não exige um resultado naturalístico) e próprio (somente pode ser praticado por determinadas pessoas, no caso em testilha, somente o responsável pela instalação nuclear).

Art. 22 – Possuir, adquirir, transferir, transportar, guardar ou trazer consigo material nuclear, sem a necessária autorização.

Pena: reclusão, de dois a seis anos.

Artigos 20, 22, 24 e 25 da Lei n. 6.453/77 revogados de forma tácita pelo artigo 56 da Lei 9.605/98

Art. 23 - Transmitir ilicitamente informações sigilosas, concernentes à energia nuclear.

Pena: reclusão, de quatro a oito anos.

Elementos nucleares do tipo: *Transmitir* (propagar; disseminar) informações sigilosas.

Objeto jurídico: A adequada exploração e utilização de energia nuclear.

Objeto material: São as informações sigilosas. No Brasil existe regramento específico sobre a informações relacionadas com a energia nuclear.

Elemento subjetivo: É o dolo, a vontade e livre e consciente de transmitir, de forma ilícita, as informações sigilosas. Não admite a modalidade culposa.

Elemento normativo: É a ilicitude da transmissão das informações, considerando vedação de difusão desse tipo de conhecimento (contrária a lei). Importante considerar que atualmente, boa parte das informações relacionadas com energia nuclear estão a disposição na comunidade científica e em outros meios, sendo necessário avaliar a natureza e outros elementos das informações.

Sujeito ativo: Trata-se de crime comum, podendo ser praticado por qualquer pessoa (não se exigindo qualquer qualidade especial do agente). As informações sigilosas podem ter sido obtidas de forma lícita ou ilícita, contudo a difusão da informação ocorre de forma ilícita.

Sujeito passivo: A coletividade.

Consumação: O crime se consuma no momento ocorreu a transmissão indevida das informações (crime formal, pois não depende de um resultado naturalístico).

Tentativa: Admite-se a tentativa caso o agente seja impedido de realizar a transmissão, por exemplo, ele encaminha uma correspondência com diversas informações confidenciais a integrante de órgão de inteligência de um país interessado nas informações, sendo que a correspondência é impedida de chegar ao destinatário por motivos alheios a vontade do agente.

Acordo de Não Persecução Penal: De acordo com a redação do art. 28-A, do Código de Processo Penal (incluído pela nova Lei Federal nº 13.964/2019), cabe acordo de não persecução penal se a infração penal não for cometida mediante violência ou grave ameaça à pessoa; a pena abstrata mínima for inferior a 4 (quatro) anos, não couber transação penal e ocorrer confissão formal. Considerando que a pena mínima para esse crime é de 4 (quatro) anos não cabe o acordo.

Ação Penal: pública incondicionada.

Classificação doutrinária: doloso (o autor deseja um resultado ou assume o risco de produzi-lo); comissivo (o verbo exige uma ação); comum (pode ser praticado por qualquer pessoa); de forma livre (pode ser praticado por qualquer meio de execução); comissivo (o verbo constranger indica ações); plurissubsistente (admite fracionamento dos atos de execução).

Art. 24 - Extrair, beneficiar ou comerciar ilegalmente minério nuclear.

Pena: reclusão, de dois a seis anos.

Artigos 20, 22, 24 e 25 da Lei n. 6.453/77 revogados de forma tácita pelo artigo 56 da Lei 9.605/98

Art. 25 - Exportar ou importar, sem a necessária licença, material nuclear, minérios nucleares e seus concentrados, minérios de interesse para a energia nuclear e minérios e concentrados que contenham elementos nucleares.

Pena: reclusão, de dois a oito anos.

Artigos 20, 22, 24 e 25 da Lei n. 6.453/77 revogados de forma tácita pelo artigo 56 da Lei 9.605/98

Art. 26 - Deixar de observar as normas de segurança ou de proteção relativas à instalação nuclear ou ao uso, transporte, posse e guarda de material nuclear, expondo a perigo a vida, a integridade física ou o patrimônio de outrem.

Pena: reclusão, de dois a oito anos.

Elementos nucleares do tipo: *Deixar de observar* (descumprir) normas de segurança ou de proteção. O verbo deixar de observar demonstra que é um crime omissivo próprio.

Objeto jurídico: A adequada exploração e utilização de energia nuclear, a vida, a integridade física e o patrimônio de outrem.

Objeto material: São as normas de segurança ou de proteção.

Elemento subjetivo: Dolo de não observar as normas de segurança ou de proteção relativas a instalação e material nuclear de forma que exponha a perigo a vida, a integridade física ou o patrimônio de outrem.

Sujeito ativo: Trata-se de crime próprio, somente podendo ser praticado por aqueles que tem a obrigação de cumprir as normas da Comissão Nacional de Energia Nuclear (CNEN) e se omitem, não cumprindo referidos ditames.

Sujeito passivo: A coletividade e, eventualmente, aquelas pessoas cuja a vida, a integridade ou o patrimônio foram expostos a perigo em razão do comportamento do agente.

Tentativa: Não admite.

Acordo de Não Persecução Penal: É admitido o acordo de não persecução, previsto no art. 28-A, do Código de Processo Penal (incluído pela nova Lei Federal nº 13.964/2019), desde que o delito não seja praticado mediante violência ou grave ameaça à pessoa. Também é necessário a confissão formal do agente, que a pena abstrata mínima seja inferior a 4 (quatro) anos e que não caiba transação penal.

Consumação: O crime se consuma no momento que o agente deixou de cumprir norma de segurança e proteção e foi colocado em risco a vida, integridade física ou patrimônio de outras pessoas.

Ação penal: Ação penal pública incondicionada.

Classificação doutrinária: Crime omissivo próprio (omissão de um dever de agir do agente); próprio (somente pode ser praticado por determinadas pessoas, no caso em testilha, somente aquele que deveria observar as normas); perigo concreto (situação de efetivo perigo); de forma livre (pode ser praticado por qualquer meio de execução).

Art. 27 - Impedir ou dificultar o funcionamento de instalação nuclear ou o transporte de material nuclear.

Pena: reclusão, de quatro a dez anos.

Elementos nucleares do tipo: *Impedir* (obstruir; interromper) ou *dificultar* (prejudicar; embaraçar).

Objeto jurídico: A adequada exploração e funcionamento de instalação nuclear.

Objeto material: É o funcionamento de instalação nuclear ou o transporte de material nuclear.

Elemento subjetivo: É a vontade livre e consciente de impedir ou dificultar o funcionamento da instalação ou do transporte nuclear.

Sujeito ativo: Trata-se de crime comum, podendo ser praticado por qualquer pessoa que impeça ou dificulte o funcionamento da instalação nuclear ou o seu transporte, considerando que o legislador não exigiu qualquer qualidade especial ao agente.

Sujeito passivo: A coletividade.

Tentativa: É possível a tentativa, considerando que é um crime plurissubsistente, sendo que admite o fracionamento de ações.

Acordo de Não Persecução Penal: De acordo coma redação do art. 28-A, do Código de Processo Penal (incluído pela nova Lei Federal nº 13.964/2019), se a infração penal não for cometida mediante violência ou grave ameaça à pessoa; a pena abstrata mínima for inferior a 4 (quatro) anos; não caiba transação penal e ocorra confissão formal. Considerando que a pena mínima é de 4 (quatro) anos não cabe o acordo.

Ação Penal: Ação Penal Pública Incondicionada.

Classificação doutrinária: doloso (o autor deseja um resultado ou assume o risco de produzi-lo); comissivo (o verbo exige uma ação); comum (pode ser praticado por qualquer pessoa); de forma livre (pode ser praticado por qualquer meio de execução); comissivo (o verbo constranger indica ações); plurissubsistente (admite fracionamento dos atos de execução).

31

CRIMES DA LEI DE LOCAÇÃO DE IMÓVEL URBANO

Lei 8.245/1991

RODOLFO LUIZ DECARLI

1. NOÇÕES PRELIMINARES

Os diretos de caráter constitucional relativos à moradia e à vida digna, bem como os fundamentos dos valores sociais do trabalho e da livre iniciativa acarretaram em um crescimento da importância do contrato de locação de imóveis. Assim, de modo a conceder estabilidade e proteção à parte mais fraca na relação, o inquilino, surgiu a Lei 8.245/91.

Deste modo, a lei visa tutelar situações que implicam em nulidade ou anulabilidade contratual e/ou mera desconsideração de eventual exigência descabida, havendo também, caso os dispositivos civis sejam ineficazes, a possibilidade da invocação dos dispositivos criminais de algumas condutas como a "ultima ratio" para o restabelecimento da ordem jurídica violada.

2. CRIMES EM ESPÉCIE

> **Art. 43. Constitui contravenção penal, punível com prisão simples de cinco dias a seis meses ou multa de três a doze meses do valor do último aluguel atualizado, revertida em favor do locatário:**
>
> **I - exigir, por motivo de locação ou sublocação, quantia ou valor além do aluguel e encargos permitidos;**

Verbos nucleares: Exigir (reivindicar, impor como obrigação), valores que extravasavam o valor do aluguel ou encargos.

Objeto jurídico: Tutela-se a o equilíbrio das partes na relação, de modo a preservar a parte mais fraca, o inquilino.

Objeto material: É a quantia ou valor cobrado além do permitido, extravasando o valor do aluguel ou dos encargos (condomínio, IPTU, por exemplo).

Elemento subjetivo: É o dolo. Há, igualmente, elemento subjetivo específico consistente em auferir o valor em decorrência de locação ou sublocação. Inexiste a forma culposa.

Sujeito ativo: Qualquer pessoa.

Sujeito passivo: É o locatário.

Consumação: Ocorre com a exigência do valor indevido, independendo da ocorrência de prejuízo para o locatário.

Tentativa: É admitida na modalidade plurissubsistente, isto é, quando a conduta é praticada em vários atos.

Ação Penal: Ação penal pública incondicionada.

Transação penal: É cabível

Suspensão condicional do processo: É admitida.

Acordo de Não Persecução Penal: Tem cabimento.

Classificação doutrinária: crime de comum (cometido por qualquer pessoal); formal (consuma-se independentemente do efetivo dano ao inquilino); de forma livre (praticado por qualquer meio eleito pelo agente); unissubjetivo (cometido por uma só pessoa); unissubsistente (praticado em um único ato) ou plurissubsistente (vários atos).

II - exigir, por motivo de locação ou sublocação, mais de uma modalidade de garantia num mesmo contrato de locação;

Verbos nucleares: Exigir (reivindicar, impor como obrigação), pluralidade de garantias em um único contrato de locação.

Objeto jurídico: Tutela-se a o equilíbrio das partes na relação, de modo a preservar a parte mais fraca, o inquilino.

Objeto material: É a pluralidade de garantias no mesmo contrato de locação.

Elemento subjetivo: É o dolo. Há, outrossim, elemento subjetivo específico consistente em auferir o valor a pluralidade de garantias de uma locação ou sublocação. Inexiste a forma culposa.

Sujeito ativo: Qualquer pessoa.

Sujeito passivo: É o locatário.

Consumação: Ocorre com a exigência do valor indevido, independendo da ocorrência de prejuízo para o locatário.

Tentativa: É admitida na modalidade plurissubsistente, isto é, quando a conduta é praticada em vários atos.

Ação Penal: Ação penal pública incondicionada.

Transação penal: É cabível.

Suspensão condicional do processo: É admitida.

Acordo de Não Persecução Penal: Tem cabimento.

Classificação doutrinária: crime de comum (cometido por qualquer pessoal); de forma livre (praticado por qualquer meio eleito pelo agente); instantâneo (consuma-se um único momento) unissubjetivo (cometido por uma só pessoa); unissubsistente (praticado em um único ato) ou plurissubsistente (vários atos).

III - cobrar antecipadamente o aluguel, salvo a hipótese do art. 42 e da locação para temporada.

Verbos nucleares: cobrar (criar, elaborar, fazer) por antecipado o aluguel antes do vencimento. A figura estabelece duas exceções: a) a cobrança antecipada ocorre quando o locatário não oferece qualquer garantia (fiador, depósito, fiança bancária, por exemplo); b) quando a locação é para fins de temporada (casas ou apartamento de veraneio, por exemplo).

Objeto jurídico: Tutela-se a o equilíbrio das partes na relação, de modo a preservar a parte mais fraca, o inquilino.

Objeto material: É o valor do aluguel, quitado antes do vencimento.

Elemento subjetivo: É o dolo. Há, outrossim, elemento subjetivo específico consistente em auferir o valor a pluralidade de garantias de uma locação ou sublocação. Inexiste a forma culposa.

Elemento normativo do tipo: Encontra-se na expressão *antecipadamente*. A cobrança do valor é direito do locador, no entanto, o ato antecipado acaba por tornar elemento do fato típico. Assim, cobrança após o vencimento do aluguel, torna a conduta atípica.

Sujeito ativo: Qualquer pessoa.

Sujeito passivo: É o locatário.

Consumação: Ocorre com a mera cobrança antecipada.

Tentativa: É admitida.

Ação Penal: Ação penal pública incondicionada.

Transação penal: É cabível.

Suspensão condicional do processo: É admitida.

Acordo de Não Persecução Penal: Tem cabimento.

Classificação doutrinária: crime de comum (cometido por qualquer pessoal); formal (independe da ocorrência de prejuízo ao locatário embora possa acontecer); de forma livre (praticado por qualquer meio eleito pelo agente); instantâneo (consuma-se um único momento) unissubjetivo (cometido por uma só pessoa); plurissubsistente (vários atos).

Art. 44. Constitui crime de ação pública, punível com detenção de três meses a um ano, que poderá ser substituída pela prestação de serviços à comunidade:

I - recusar - se o locador ou sublocador, nas habitações coletivas multifamiliares, a fornecer recibo discriminado do aluguel e encargos;

Verbos nucleares: recusar (opor-se a algo, agir em contrariedade ao que era devido), na hipótese de locação em habitações coletivas multifamiliares, a fornecer o recibo (objeto) que tem direito o locatário, em virtude do pagamento do aluguel.

Objeto jurídico: Tutela-se a o equilíbrio das partes na relação, de modo a preservar a parte mais fraca, o inquilino.

Objeto material: É o recibo devido.

Elemento subjetivo: É o dolo. Não é previsto o elemento subjetivo específico, tampouco a forma culposa.

Sujeito ativo: É o locador ou sublocador.

Sujeito passivo: É o locatário.

Consumação: Ocorre com a mera recusa da emissão do recibo, independente da ocorrência de qualquer prejuízo.

Tentativa: Não é admitida.

Ação Penal: Ação penal pública incondicionada.

Transação penal: É cabível.

Suspensão condicional do processo: É admitida.

Acordo de Não Persecução Penal: Tem cabimento.

Classificação doutrinária: crime de próprio (praticado por pessoa específica); formal (independe da ocorrência de prejuízo ao locatário embora possa acontecer); de forma livre (praticado por qualquer meio eleito pelo agente); instantâneo (consuma-se um único momento), unissubjetivo (cometido por uma só pessoa); unissubsistente (um só ato).

II - deixar o retomante, dentro de cento e oitenta dias após a entrega do imóvel, no caso do inciso III do art. 47, de usá-lo para o fim declarado ou, usando - o não o fizer pelo prazo mínimo de um ano;

Verbos nucleares: na primeira parte do tipo o verbo deixar (não fazer); a segunda envolve o verbo usar (utilizar para qualquer fim). O objeto, segundo Nucci[1], é o "imóvel retomado, fora do contexto declarado para afastar o inquilino". Ademais, no caso a conduta é omissiva sendo que o seu objeto é a destinação do imóvel recuperado do inquilino. Para que se configure a infração há o prazo de cento e oitenta dias para o início do uso e a configuração do delito, além de requerer a sua utilização pelo prazo mínimo de um ano.

Objeto jurídico: Tutela-se a o equilíbrio das partes na relação, de modo a preservar a parte mais fraca, o inquilino.

Objeto material: É o imóvel retomado.

Elemento subjetivo: É o dolo. Não é previsto o elemento subjetivo específico, tampouco a forma culposa.

Sujeito ativo: Somente o retomante do imóvel.

Sujeito passivo: É o locatário.

Consumação: Ocorre com a omissão do ato proprietário ao receber o imóvel após o transcurso do prazo, ou se o fizer não respeitar o prazo mínimo legal, independente da ocorrência de qualquer prejuízo.

Tentativa: Não é admitida.

Ação Penal: Ação penal pública incondicionada.

Transação penal: É cabível.

Suspensão condicional do processo: É admitida.

Acordo de Não Persecução Penal: Tem cabimento.

Classificação doutrinária: crime de próprio (praticado por pessoa específica); formal (independe da ocorrência de prejuízo ao locatário embora possa acontecer); de forma livre (praticado por qualquer meio eleito pelo agente); instantâneo (consuma-se um único momento), unissubjetivo (cometido por uma só pessoa); unissubsistente (um só ato).

> **Jurisprudência:** "DIREITO CIVIL. LOCAÇÃO COMERCIAL. AÇÃO INDENIZATÓRIA. RETOMADA DO IMÓVEL COMERCIAL PARA USO PRÓPRIO. RENOVAÇÃO DO CONTRATO NEGADA. DESTINAÇÃO DO BEM DIVERSA DA ALEGADA. INDENIZAÇÃO DO ART. 52, INCISO II, DA LEI N.º

1. NUCCI, Guilherme de Souza. Leis penais e processuais penais comentadas. 9ª ed. rev., atual. E ampl. – Rio de Janeiro: Forense, 2015. P. 595.

8.245/91. CABIMENTO. CUMULAÇÃO COM A MULTA DO PARÁGRAFO ÚNICO DO ART. 44. INVIABILIDADE. HIPÓTESE DOS AUTOS QUE NÃO SE SUBSUME ÀS PREVISTAS NO ART. 44. 1. Ocorrendo a destinação diversa da alegada, para o imóvel retomado para uso próprio, nos termos do art. 52, inciso II, da Lei de Locações, tem o Locatário direito à indenização prevista no § 3.º do mencionado artigo. 2. É inviável a cumulação da indenização do § 3.º do art. 52 da Lei n.º 8.245/91 com a multa do art. 44, parágrafo único, da mesma lei, quando o Locador, a despeito de negar a renovação do contrato locatício com fundamento no uso próprio do imóvel, lhe dá destinação diversa, na medida em que esse caso não se subsume a nenhuma das hipóteses previstas nos incisos do referido art. 44. 3. Recurso especial desprovido" (REsp 969.995/PR, 5ªT, Rel. Laurita Vaz, j. 26.08.2010).

III - não iniciar o proprietário, promissário comprador ou promissário cessionário, nos casos do inciso IV do art. 9º, inciso IV do art. 47, inciso I do art. 52 e inciso II do art. 53, a demolição ou a reparação do imóvel, dentro de sessenta dias contados de sua entrega.

Verbos nucleares: Não iniciar (não começar algo). Cuida-se de uma omissão da demolição ou reforma do imóvel entregue pelo locatário para esse fim. O art. 9º, IV, afirma que locação também poderá desfeita para a realização de reparações urgentes determinadas pelo Poder Público, que não possam ser normalmente executadas com a permanência do locatário no imóvel ou, podendo, ele se recuse a consenti-las.

O inciso IV, do art. 47 reza que quando ajustada verbalmente ou por escrito e como prazo inferior a trinta meses, findo o prazo estabelecido, a locação prorroga-se automaticamente, por prazo indeterminado, somente podendo ser retomado o imóvel se for pedido para demolição e edificação licenciada ou para a realização de obras aprovadas pelo Poder Público, que aumentem a área construída, em, no mínimo, vinte por cento ou, se o imóvel for destinado a exploração de hotel ou pensão, em cinquenta por cento.

Já o art. 52, inciso I, determina que o locador não estará obrigado a renovar o contrato se, por determinação do Poder Público, tiver que realizar no imóvel obras que importarem na sua radical transformação; ou para fazer modificações de tal natureza que aumente o valor do negócio ou da propriedade.

Por fim, o inciso II, do art. 53 prescreve que Nas locações de imóveis utilizados por hospitais, unidades sanitárias oficiais, asilos, estabelecimentos de saúde e de ensino autorizados e fiscalizados pelo Poder Público, bem como por entidades religiosas devidamente registradas, o contrato somente poderá ser rescindido se o proprietário, promissário comprador ou promissário cessionário, em caráter irrevogável e imitido na posse, com título registrado, que haja quitado o preço da promessa ou que, não o tendo feito, seja autorizado pelo proprietário, pedir o imóvel para demolição, edificação, licenciada ou reforma que venha a resultar em aumento mínimo de cinquenta por cento da área útil.

Objeto jurídico: Tutela-se a o equilíbrio das partes na relação, de modo a preservar a parte mais fraca, o inquilino.

Objeto material: É o imóvel retomado.

Elemento subjetivo: É o dolo. Não é previsto o elemento subjetivo específico, tampouco a forma culposa.

Sujeito ativo: É o proprietário, promissário comprador ou promissário cessionário.

Sujeito passivo: É o locatário.

Consumação: Ocorre com a mera omissão de não iniciar a demolição ou reparação do bem, independente da ocorrência de qualquer prejuízo.

Tentativa: Não é admitida.

Ação Penal: Ação penal pública incondicionada.

Transação penal: É cabível.

Suspensão condicional do processo: É admitida.

Acordo de Não Persecução Penal: Tem cabimento.

Classificação doutrinária: crime de próprio (praticado por pessoa específica); formal (independe da ocorrência de prejuízo ao locatário embora possa acontecer); de forma livre (praticado por qualquer meio eleito pelo agente); instantâneo (consuma-se um único momento), unissubjetivo (cometido por uma só pessoa); unissubsistente (um só ato), omissivo (não fazer) e sob condição temporal.

IV - executar o despejo com inobservância do disposto no § 2º do art. 65.

Verbos nucleares: Executar (promover uma ação). No caso a conduta é a realização do despejo até o trigésimo dia seguinte ao do falecimento do cônjuge, ascendente, descendente ou irmão de qualquer pessoa habitante do imóvel retomado.

Objeto jurídico: Tutela-se a o equilíbrio das partes na relação, de modo a preservar a parte mais fraca, o inquilino.

Objeto material: É o imóvel retomado.

Elemento subjetivo: É o dolo. Não é previsto o elemento subjetivo específico, tampouco a forma culposa.

Sujeito ativo: Locador.

Sujeito passivo: É o locatário em luto.

Consumação: Ocorre com a prática do ato sem o respeito ao prazo de trinta dias do falecimento do cônjuge, ascendente, descendente ou irmão de qualquer pessoa habitante do bem.

Tentativa: É admitida.

Ação Penal: Ação penal pública incondicionada.

Transação penal: É cabível.

Suspensão condicional do processo: É admitida.

Acordo de Não Persecução Penal: Tem cabimento.

Classificação doutrinária: crime de próprio (praticado por pessoa específica); formal (independe da ocorrência de prejuízo ao locatário embora possa acontecer); de forma livre (praticado por qualquer meio eleito pelo agente); instantâneo (consuma-se um único momento), unissubjetivo (cometido por uma só pessoa); plurissubsistente (praticado em mais de um ato).

Parágrafo único. Ocorrendo qualquer das hipóteses previstas neste artigo, poderá o prejudicado reclamar, em processo próprio, multa equivalente a um mínimo de doze e um máximo de vinte e quatro meses do valor do último aluguel atualizado ou do que esteja sendo cobrado do novo locatário, se realugado o imóvel.

Comentários: No caso há previsão de uma penalidade civil. Nucci entende que a parte civil diz respeito justamente ao único âmbito legítimo desta Lei para punir infrações cometidas contra o locatário, não havendo motivo para ingressar na barreira do ilícito penal. Além disso, destaca que além da punição pela prática do ilícito penal, poderá o locatário obter uma indenização pelos desgastes ilegais suportados.

3. BIBLIOGRAFIA

ANDREUCCI, Ricardo Antonio. Legislação penal especial. 14ª ed. São Paulo: Saraiva Educação, 2019.

CUNHA, Rogério Sanches. Leis Penais especiais: comentadas / Coordenadores Rogério Sanches Cunha, Ronaldo Batista Pinto, Renee de Ó Souza – 3ª. ed. Salvador: Juspodivm, 2020.

DINIZ, Maria Helena. Lei de Locações e imóveis urbanos comentada. 13ª. ed. São Paulo: Saraiva, 2013.

NUCCI, Guilherme de Souza. Leis penais e processuais penais comentadas. 9ª ed. rev., atual. E ampl. – Rio de Janeiro: Forense, 2015.

VENOSA, Sílvio de Salvo. Lei do Inquilinato Comentada-doutrina e prática. 14ª ed. São Paulo: Atlas, 2010.

32

CRIMES DA LEI DE PARCELAMENTO DE SOLO URBANO

Lei 6.766/1979

RODOLFO LUIZ DECARLI

1. NOÇÕES PRELIMINARES

Considera-se parcelamento do solo urbano "o processo urbanístico, cuja finalidade é proceder à divisão de gleba, para fins de ocupação, compreendendo o parcelamento, o loteamento e o desmembramento[1]". A lei trata apenas do parcelamento do solo para fins urbanos, não compreendendo o parcelamento de terras com destinação rural.

Conforme acima, tal processo poderá ser feito mediante loteamento ou desmembramento. A Lei 6.766/79 define loteamento a subdivisão de gleba em lotes destinados à edificação, com abertura de novas vias de circulação, de logradouros públicos ou prolongamento, modificação ou ampliação das vias existentes (art. 2º, §1º).

Portanto, para que haja o loteamento, devem concorrer os seguintes requisitos: a) destinação a edificações; b) abertura de novas vias de circulação; c) abertura de novos logradouros públicos; d) prolongamento ou ampliação das vias ou logradouros públicos já existentes.

Por sua vez, considera-se desmembramento a subdivisão de gleba em lotes destinados à edificação, com o aproveitamento do sistema viário existente, desde que não implique a abertura de novas vias e logradouros públicos, nem prolongamento, modificação ou ampliação dos já existentes.

1. SILVA, Edson Jacinto da. Parcelamento e desmembramento do solo urbano. Leme: Led, 1999, p.4.

A semelhança entre os dois institutos é a edificação para fim habitacional, todavia se diferenciam. Isto porque o desmembramento não implica a abertura de novas vias e logradouros públicos, nem no prolongamento, modificação ou ampliação dos já existentes, o que ocorre em relação ao loteamento.

Compete ao município, de maneira privativa e irretratável, por meio de Lei municipal ou do plano diretor, estabelecer as áreas consideradas urbanas ou urbanizáveis, de expansão urbana e de urbanização específica, sobre as quais poderá aprovar o parcelamento do solo.

Quanto à competência dos crimes, em regra, pertence à justiça estadual quando inexistente o interesse da União, independentemente do titular do domínio[2] ou mesmo quando o delito, a despeito da área pertencer ao patrimônio da União, tenha

2. HABEAS CORPUS. CRIME DE PARCELAMENTO DE SOLO. Art. 50 da Lei 6.766/79. COMPETÊNCIA. TERRA DA UNIÃO. CONTROVÉRSIA EM TORNO DO DESCUMPRIMENTO LEGAL DE REGISTRO. INEXISTÊNCIA DE QUALQUER INTERESSE DA UNIÃO. CONSUNÇÃO AFASTADA NOS AUTOS. JUSTIÇA LOCAL. O descumprimento à norma do Registro Público no caso do parcelamento do solo reclama o interesse local, independentemente da titularidade do domínio, a não ser que demonstrado nos autos o interesse da União para efeito de firmar a competência federal. In casu, toda a discussão volveu-se para o interesse do Município quanto à irregularidade do parcelamento, tendo as decisões condenatórias afastado qualquer outra possibilidade inclusive no tocante a possível consunção. Ordem denegada para manter a competência da Justiça Local. (HC 39.670/RO, Rel. Ministro JOSÉ ARNALDO DA FONSECA, QUINTA TURMA, julgado em 15/02/2005, DJ 07/03/2005).

consequências restritas aos particulares e aos interesses locais[3].

Por fim, na fixação da pena, o Superior Tribunal de Justiça decidiu que são circunstâncias judiciais desfavoráveis ao réu o parcelamento realizado em área de proteção ambiental[4].

2. CRIMES EM ESPÉCIE

Art. 50. Constitui crime contra a Administração Pública.

I - dar início, de qualquer modo, ou efetuar loteamento ou desmembramento do solo para fins urbanos, sem autorização do órgão público competente, ou em desacordo com as disposições desta Lei ou das normas pertinentes do Distrito Federal, Estados e Municípios;

Verbos nucleares: Dar início (envolve a prática de atos concretos preparatórios, tais como terraplanagem, demarcação) e efetuar (realizar, implantar, fazer, compreendendo atos avançados e específicos como a realização de marcação de quadras).

Objeto jurídico: Tutela-se a moralidade administrativa, o regular desempenho do poder de polícia da Administração Pública.

Objeto material: É constituído pelo loteamento ou desmembramento.

Elemento subjetivo: É o dolo. Não é previsto o elemento subjetivo específico, tampouco a forma culposa.

Elemento normativo: Encontra-se na expressão *sem autorização do órgão público competente, ou em desacordo com as disposições desta Lei ou das normas pertinentes do Distrito Federal, Estados e Municípios.* Trata-se de expressão que afastaria a ilicitude da conduta, no entanto, por estar inserida no tipo pena, acaba por se tornar elemento do fato típico. Assim, havendo referida autorização, a conduta seria atípica.

Sujeito ativo: Qualquer pessoa.

Sujeito passivo: O Estado, titular do direito público violado pelo crime. Secundariamente, o particular eventualmente lesado.

Consumação: Ocorre com o início do loteamento ou o desmembramento do solo para fins urbanos sem autorização do órgão público competente, ou em desacordo com as disposições legais desta Lei ou das normas pertinentes dos Estados, Distrito Federal e Municípios.

Tentativa: Nas condutas dar início e efetuar não se admite tentativa.

Ação Penal: Ação penal pública incondicionada.

Suspensão condicional do processo: É admitida.

Acordo de Não Persecução Penal: Tem cabimento.

Classificação doutrinária: crime de perigo abstrato (presumido); formal (consuma-se

---

3. CONSTITUCIONAL. PENAL. COMPETÊNCIA. PARCELAMENTO IRREGULAR DO SOLO URBANO. ART. 50 DA LEI N.º 6.766/79. AUSÊNCIA DE PREJUÍZO DIRETO À UNIÃO. COMPETÊNCIA DA JUSTIÇA DO DISTRITO FEDERAL. - Compete à Justiça Estadual ou do Distrito Federal, conforme o caso, processar e julgar ação penal relativa a delito de parcelamento irregular do solo urbano, previsto na Lei 6.766/79, ainda que se trate de área integrante do patrimônio da União, desde que não se verifique prejuízo direto a esta entidade, restringindo-se as conseqüências do crime a particulares e à Administração Municipal ou do Distrito Federal. - Conflito conhecido. Competência do Juízo de Direito do Distrito Federal (CC 34.454/DF, Rel. Ministro VICENTE LEAL, TERCEIRA SEÇÃO, julgado em 12/06/2002, DJ 01/07/2002).
4. HABEAS CORPUS. PARCELAMENTO IRREGULAR DO SOLO URBANO. DOSIMETRIA. PENA-BASE. FIXAÇÃO ACIMA DO MÍNIMO LEGAL. CIRCUNSTÂNCIAS JUDICIAIS. DESFAVORABILIDADE. ÁREA DE PROTEÇÃO AMBIENTAL. FRAUDE EM DOCUMENTOS PÚBLICOS. MAUS ANTECEDENTES. PERSONALIDADE VOLTADA À PRÁTICA CRIMINOSA. FUNDAMENTAÇÃO. EXISTÊNCIA. AUSÊNCIA DE MANIFESTA ILEGALIDADE OU ABUSO DE PODER RECONHECÍVEIS DE PLANO. CONSTRANGIMENTO ILEGAL NÃO EVIDENCIADO.
1. A elevação da pena-base encontra-se justificada pela desfavorabilidade de algumas das circunstâncias judiciais, sobretudo porque se trata de parcelamento irregular de área destinada à proteção ambiental, realizado mediante fraude de documentos públicos, por agente que se utilizou de seus conhecimentos profissionais para providenciar documentos fraudulentos que conferissem a aparência de legalidade ao empreendimento e que ostenta em sua folha de antecedentes registros relativos ao envolvimento com outros quatro delitos da mesma espécie.
2. Existindo elementos concretos dos autos que apontam para a desfavorabilidade de circunstâncias judiciais, não há o que se falar em ilegalidade a ser sanada através da via eleita na imposição da sanção básica acima do mínimo.
3. A revisão da pena imposta pelas instâncias ordinárias via habeas corpus é possível, mas somente em situações excepcionais, de manifesta ilegalidade ou abuso de poder reconhecíveis de plano, sem maiores incursões em aspectos circunstanciais ou fáticos e probatórios, consoante orientação pacificada neste Superior Tribunal, o que, como visto, não é o caso.
4. Ordem denegada. (HC 209.121/DF. Rel. Ministro JORGE MUSSI, QUINTA TURMA, julgado em 12/06/2012, DJe 03/10/2012).

independentemente do efetivo dano ao interesse da Administração Pública ou do particular).

Prescrição: Aspecto relevante se refere ao seu termo inicial. Para a 1ª corrente, entende-se que o crime em questão é permanente, cuja consumação se prolonga no tempo, pelo desdobramento, em fases de toda a operação; para uma 2ª corrente, esse delito é instantâneo de efeitos permanentes, iniciando-se o prazo na data em que consumou o delito. O STJ já se manifestou no sentido de que o crime é permanente[5].

II - dar início, de qualquer modo, ou efetuar loteamento ou desmembramento do solo para fins urbanos sem observância das determinações constantes do ato administrativo de licença;

Verbos nucleares: Dar início (envolve a prática de atos concretos preparatórios, tais como terraplanagem, demarcação) e efetuar (realizar, implantar, fazer, compreendendo atos avançados e específicos como a realização de marcação de quadras). Neste caso, ocorre o desvio da licença concedida, atuando o agente de forma não consentida pela administração.

Objeto jurídico: Tutela-se a moralidade administrativa, o regular desempenho do poder de polícia da Administração Pública.

Objeto material: É constituído pelo loteamento ou desmembramento.

Elemento subjetivo: É o dolo. Não é previsto o elemento subjetivo específico, tampouco a forma culposa.

Elemento normativo: Encontra-se na expressão *sem observância das determinações constantes do ato administrativo de licença*. Trata-se de expressão que afastaria a ilicitude da conduta, no entanto, por estar inserida no tipo pena, acaba por se tornar elemento do fato típico. Assim, havendo referida observância, a conduta seria atípica.

Sujeito ativo: Qualquer pessoa.

Sujeito passivo: O Estado, titular do direito público violado pelo crime. Secundariamente, o particular eventualmente lesado.

Consumação: Ocorre com o início do loteamento ou o desmembramento do solo para fins urbanos sem autorização do órgão público competente, ou em desacordo com as disposições legais desta Lei ou das normas pertinentes dos Estados, Distrito Federal e Municípios.

Tentativa: Nas condutas dar início e efetuar não se admite tentativa.

Ação Penal: Ação penal pública incondicionada.

Suspensão condicional do processo: É admitida.

Acordo de Não Persecução Penal: Tem cabimento.

Classificação doutrinária: crime de perigo abstrato (presumido); formal (consuma-se independentemente do efetivo dano ao interesse da Administração Pública ou do particular).

III - fazer ou veicular em proposta, contrato, prospecto ou comunicação ao público ou a interessados, afirmação falsa sobre a legalidade de loteamento ou desmembramento do solo para fins urbanos, ou ocultar fraudulentamente fato a ele relativo.

Pena: Reclusão, de 1 (um) a 4 (quatro) anos, e multa de 5 (cinco) a 50 (cinqüenta) vezes o maior salário mínimo vigente no País.

Verbos nucleares: fazer (criar, elaborar, fazer) ou veicular (difundir, espalhar, divulgar) em proposta, contrato (ajuste, negócio), prospecto (folheto, panfleto, volante) ou comunicação (anúncio, notícia, nota, mensagens) ao público ou a interessados, afirmação falsa sobre a legalidade de loteamento ou desmembramento do solo para fins urbanos, ou ocultar (omitir, esconder), referindo-se a informação sobre o parcelamento do solo.

Objeto jurídico: Tutela-se a moralidade administrativa, o regular desempenho do poder de polícia da Administração Pública.

Objeto material: É constituído pelo loteamento ou desmembramento.

---

5. AGRAVOS REGIMENTAIS. RECURSO ESPECIAL. DIREITO PENAL E LEGISLAÇÃO EXTRAVAGANTE. LEI N. 6.766/1979. LEI DO PARCELAMENTO DO SOLO URBANO.MARCO A QUO DA PRESCRIÇÃO. DELITO INSTANTÂNEO DE EFEITOS PERMANENTES. OCORRÊNCIA DE PRESCRIÇÃO IN CASU. RESTABELECIMENTO DA SENTENÇA. EXTINÇÃO DA PUNIBILIDADE VERIFICADA. 1. O crime de loteamento irregular de solo urbano possui natureza de crime instantâneo de efeitos permanente, isto é, o marco inicial do prazo prescricional é a data do início do loteamento, ou seja, a da consumação. 2. Os agravos regimentais não merecem prosperar, porquanto as razões reunidas nas insurgências são incapazes de infirmar o entendimento assentado na decisão agravada. 3. Agravos regimentais improvidos (AgInt no RESP 1580947).

Elemento subjetivo: É o dolo. Não é previsto o elemento subjetivo específico, tampouco a forma culposa.

Sujeito ativo: Qualquer pessoa.

Sujeito passivo: O Estado, titular do direito público violado pelo crime. Secundariamente, o particular eventualmente lesado.

Consumação: Ocorre com a criação ou divulgação da afirmação falsa, ou ainda com a ocultação de informações a ele relativas, independentemente do resultado.

Tentativa: Não se admite a tentativa.

Ação Penal: Ação penal pública incondicionada.

Suspensão condicional do processo: É admitida.

Acordo de Não Persecução Penal: Tem cabimento.

Classificação doutrinária: crime de perigo abstrato (presumido); formal (consuma-se independentemente do efetivo dano ao interesse da Administração Pública ou do particular).

Parágrafo único - O crime definido neste artigo é qualificado, se cometido.

I - por meio de venda, promessa de venda, reserva de lote ou quaisquer outros instrumentos que manifestem a intenção de vender lote em loteamento ou desmembramento não registrado no Registro de Imóveis competente.

Comentários: O legislador previu a forma qualificada quando ocorrer manifestação inequívoca do parcelador (dá-se quando ele, por qualquer meio, manifesta a sua intenção inequívoca de vender em lote irregular) ou quando o parcelamento não for registrado (o parcelamento foi aprovado, mas ainda não teve seu registro concedido).

Portanto, ocorrendo o negócio nestas condições, o crime qualificado está consumado. Inexistindo a intenção de vender, restará configurado o delito em sua forma simples (art. 50, "*caput*", I).

II - com inexistência de título legítimo de propriedade do imóvel loteado ou desmembrado, ressalvado o disposto no art. 18[6], §§ 4º e 5º, desta Lei, ou com omissão fraudulenta de fato a ele relativo, se o fato não constituir crime mais grave.

Pena: Reclusão, de 1 (um) a 5 (cinco) anos, e multa de 10 (dez) a 100 (cem) vezes o maior salário mínimo vigente no País.

Comentários: A inexistência de título de propriedade da gleba é fato que qualifica o crime de parcelamento irregular. Entende-se por título legítimo, o título de propriedade do imóvel, isto é, os contratos de compromissos de compra e venda os formais de partilha, as escrituras de posse.

Pune-se quem pratica negócios sem que seja dono, disposição esta inaplicável aos parcelamentos populares precedidos de desapropriação judicial em curso e com imissão provisória na posse (art. 18, §§4º e 5º). A qualificadora ainda faz referência à omissão fraudulenta. Nesse caso, o parcelador tem o título legítimo da gleba, o qual, entretanto, apresenta irregularidade, que é ocultada fraudulentamente, como ocorre no caso de penhora ou evicção por exemplo.

Art. 51. Quem, de qualquer modo, concorra para a prática dos crimes previstos no artigo anterior desta Lei incide nas penas a estes cominadas, considerados em especial os atos praticados na qualidade de mandatário de loteador, diretor ou gerente de sociedade.

Comentários: Tutela-se a moralidade administrativa, o regular desempenho do poder de polícia da Administração Pública. Trata-se de norma que disciplina o concurso de agentes para a prática dos crimes previstos no artigo 50, sendo uma norma especial em relação ao artigo 29 do Código Penal[7].

Deve-se ter consideração especial pelos atos praticados pelo mandatário do loteador, diretor ou gerente de sociedade, compreendendo o tipo a

6. Lei 6.766/79. Art. 18. § 4º O título de propriedade será dispensado quando se tratar de parcelamento popular, destinado às classes de menor renda, em imóvel declarado de utilidade pública, com processo de desapropriação judicial em curso e imissão provisória na posse, desde que promovido pela União, Estados, Distrito Federal, Municípios ou suas entidades delegadas, autorizadas por lei a implantar projetos de habitação. § 5º No caso de que trata o § 4º, o pedido de registro do parcelamento, além dos documentos mencionados nos incisos V e VI deste artigo, será instruído com cópias autênticas da decisão que tenha concedido a imissão provisória na posse, do decreto de desapropriação, do comprovante de sua publicação na imprensa oficial e, quando formulado por entidades delegadas, da lei de criação e de seus atos constitutivos.

7. Código Penal. Art. 12 - As regras gerais deste Código aplicam-se aos fatos incriminados por lei especial, se esta não dispuser de modo diverso.

responsabilidade penal destes agentes nos negócios. No tocante ao elemento subjetivo é necessária a existência do dolo. No caso é imprescindível que o autor ou partícipe tenha conhecimento da irregularidade que pesa sobre o parcelamento. Não é previsto o elemento subjetivo específico, tampouco a forma culposa.

Quanto aos corretores de imóveis, aplica-se a regra do artigo em comento, desde que ciente da irregularidade do parcelamento que comercializa[8].

Art. 52. Registrar loteamento ou desmembramento não aprovado pelos órgãos competentes, registrar o compromisso de compra e venda a cessão ou promessa de cessão de direitos, ou efetuar registro de contrato de venda de loteamento ou desmembramento não registrado.

Pena: Detenção, de 1 (um) a 2 (dois) anos, e multa de 5 (cinco) a 50 (cinqüenta) vezes o maior salário mínimo vigente no País, sem prejuízo das sanções administrativas cabíveis.

Verbos nucleares: registrar (transcrever, em livro próprio, como prova de autenticidade) ou efetuar (realizar, implantar, fazer). O preceito abarca os loteamentos ou desmembramentos que, apesar de aprovados, não foram registrados (irregulares).

Objeto jurídico: Tutela-se a moralidade administrativa, o regular desempenho do poder de polícia da Administração Pública. Protege-se, ainda, a integridade registraria e os princípios informadores dos Registros Públicos.

Objeto material: é constituído pelo loteamento ou desmembramento.

Elemento subjetivo: É o dolo. Não é previsto o elemento subjetivo específico, tampouco a forma culposa.

Sujeito ativo: Qualquer pessoa.

Sujeito passivo: O Estado, titular do direito público violado pelo crime. Secundariamente, o particular eventualmente lesado.

Consumação: Ocorrerá com o registro do loteamento ou desmembramento não aprovado pela Prefeitura Municipal (ou Distrito Federal), ou com o registro dos instrumentos contratuais de venda de lote ainda não registrado.

Tentativa: É admitida.

Transação Penal: É possível.

Suspensão condicional do processo: Tem cabimento.

Acordo de não persecução penal: Há possibilidade.

Ação Penal: Ação penal pública incondicionada.

3. BIBLIOGRAFIA

ANDREUCCI, Ricardo Antonio. Legislação penal especial. 14ª ed. São Paulo: Saraiva Educação, 2019.

CARVALHO FILHO. José dos Santos. Comentários ao Estatuto da Cidade. 5ª. ed. São Paulo: Atlas, 2013.

CUNHA, Rogério Sanches. Leis Penais especiais: comentadas / Coordenadores Rogério Sanches Cunha, Ronaldo Batista Pinto, Renee de Ó Souza – 3ª. ed. Salvador: Juspodivm, 2020.

LOUREIRO, Luiz Guilherme. Registros Públicos. 3ª. ed. São Paulo: Método, 2012.

PINTO, Victor Carvalho. Direito Urbanístico: plano diretor e direito de propriedade. 4ª ed. São Paulo: Revista dos Tribunais, 2014.

SILVA, Edson Jacinto da. Parcelamento e desmembramento do solo urbano. Leme: Led, 1999.

8. "LOTEAMENTO IRREGULAR. CRIME PREVISTO NO ART. 50, inciso I, DA LEI 6.766/79. Comete o crime previsto no art. 50, inciso I, da Lei Federal n. 6.766/79, o agente que fraciona terreno originário de loteamento anterior, abrindo rua e contrariando lei ambiental municipal, mesmo que tenha tentado dar aparência de condomínio fechado. Inaceitável alegação de desconhecimento da lei municipal, quando o agente é corretor de imóveis e adquiriu o terreno de consciência da impossibilidade de parcelar. APELAÇÃO IMPROVIDA UNÂNIME" (TJRS – Ap. Crim. N. 70.002.295.145 – Rel. Des. Gaspar Marques Batista – 4ª Câm. Crim, - j. 15-5-2001).

33

LEI DE INVASÃO DE TERRAS PÚBLICAS

Lei 4.947/1966

HIGOR VINICIUS NOGUEIRA JORGE

A Lei nº 4.947/1966, aprovada durante o regime militar, conforme seu artigo 1º estabeleceu normas de direito agrário e de ordenamento, disciplinação, fiscalização e controle dos atos e fatos administrativos relativos ao planejamento e à implantação da reforma agrária, na forma do que dispõe a Lei nº 4.504, de 30 de novembro de 1964.

Com o intuito de evitar as invasões de terras públicas realizadas pelos chamados "posseiros", a Lei nº 4.947/1966 tipificou referidas condutas, sendo que esses crimes são ainda praticados, apesar do extenso lapso temporal entre sua aprovação e os dias atuais.

Importante esclarecer que ocorreu a recepção pela Constituição Federal de 1988 do crime de invasão de terras públicas e da lei que criou referido delito.

Art. 20 - Invadir, com intenção de ocupá-las, terras da União, dos Estados e dos Municípios:

Pena: Detenção de 6 meses a 3 anos.

Parágrafo único. Na mesma pena incorre quem, com idêntico propósito, invadir terras de órgãos ou entidades federais, estaduais ou municipais, destinadas à Reforma Agrária.

Elementos nucleares do tipo: *Invadir* (ocupar; penetrar; usurpar) terras que tem consciência de que são propriedade da União, Estados e Municípios.

Objeto jurídico: Proteção do patrimônio da União, Estados de Municípios.

Objeto material: O objeto material do crime são as terras pertencentes à União, Estados e Municípios, inclusive aquelas destinadas à reforma agrária, conforme previsão expressa do seu parágrafo único. Um dos motivos do legislador estabelecer referida previsão foi garantir que a invasão será considerada criminosa, mesmo se for realizada em áreas destinadas à reforma agrária.

Elemento subjetivo: O tipo exige o dolo, isto é, a vontade livre e consciente de invadir as terras protegidas pela previsão legal, ou seja, as terras que pertencem à União, Estados e Municípios ou aquelas pertencentes a órgãos ou entidades federais, estaduais ou municipais destinadas à reforma agrária. O tipo também exige o especial fim de agir que é a intenção de ocupar as terras invadidas. Se o agente promover a invasão sem a consciência de que as terras pertencem as entidades supra nominadas o fato é atípico. O fato também é atípico se a invasão não foi com a intenção de ocupar a propriedade.

Sujeito ativo: Qualquer pessoa.

Sujeito passivo: Podem ser vítimas os órgãos e entidades pertencentes a União, Estados e Municípios que sejam proprietários das terras ocupadas, sejam na área rural ou urbana. Também podem ser vítimas os órgãos e entidades federais, estaduais ou municipais, nas hipóteses que a invasão ocorrer em terras destinadas à reforma agrária, como já indicado anteriormente. Anteriormente houve polêmica sobre a capacidade do Distrito Federal ser vítima do crime, em razão de não constar expressamente no tipo penal, contudo, a questão foi pacificada tendo em vista que a jurisprudência tem se manifestado no sentido de que o Distrito Federal pode ser vítima do crime.

Crime culposo: Não é possível praticar o delito na modalidade culposa.

Crime permanente: A infração penal possui natureza permanente e, por isso, o prazo prescricional somente terá início a partir do momento que cesse a invasão.

Tentativa: A tentativa é admitida, considerando tratar-se de um crime plurissubsistente. Exemplo: a invasão não ocorre porque a polícia impediu a ocupação da propriedade da União.

Consumação: O crime se consuma com a efetiva invasão nas terras públicas.

Invasão e crime ambiental: Caso sejam praticados crimes ambientais durante a invasão, será aplicado o instituto do concurso de crimes.

Natureza permanente ou instantânea de efeitos permanentes: Existe polêmica sobre a natureza instantânea ou permanente do crime e essa questão tem reflexos no início da prescrição da pretensão punitiva em abstrato. Para alguns o crime possui natureza instantânea com efeitos permanentes e, por isso, após a invasão começa a correr o prazo prescricional. De acordo com outros autores, o crime possui natureza permanente e a prescrição somente terá início quando a invasão cessa. O entendimento do subscritor é no sentido de que possui natureza permanente, nos mesmos moldes de decisões majoritárias do STJ, conforme acórdão infra:

> PENAL. AGRAVO REGIMENTAL NO RECURSO ESPECIAL. INVASÃO DE TERRAS PÚBLICAS. ART. 20 DA LEI N. 4.947/1966. CRIME PERMANENTE. ART. 111, III, DO CÓDIGO PENAL. PRECEDENTES. EXTINÇÃO DA PUNIBILIDADE. TERMO INICIAL DA PRESCRIÇÃO. DESOCUPAÇÃO DO BEM PÚBLICO. AGRAVO DESPROVIDO. 1. "O Superior Tribunal de Justiça possui entendimento majoritário no sentido de que o crime de invasão de terras públicas, tipificado no art. 20 da Lei n. 4.947/1966, **tem natureza permanente, pois a ação invasora, com ocupação das terras públicas, tem efeito contínuo, prolongando-se no tempo, por vontade do agente**, sendo indiferente, nesse caso, eventual omissão do Poder Público de buscar reaver a posse do bem imóvel invadido, uma vez que se trata de bem indisponível. Assim, o prazo prescricional somente começa a fluir a partir da cessação da permanência, nos termos do art. 111, III, do Código Penal" (AgInt no REsp n. 1689324/PB, relator Ministro SEBASTIÃO REIS JÚNIOR, SEXTA TURMA, julgado em 21/8/2018, DJe 3/9/2018).2. Agravo regimental desprovido[1] (grifo nosso).

Esbulho possessório: Cabe considerar que a invasão de terras públicas não se confunde com o esbulho possessório. No esbulho é necessário que ocorra violência, grave ameaça ou concurso de duas ou mais pessoas.

Acordo de Não Persecução Penal: É admitido o acordo de não persecução, previsto no art. 28-A, do Código de Processo Penal (incluído pela nova Lei Federal nº 13.964/2019), desde que o delito não seja praticado mediante violência ou grave ameaça à pessoa e não caiba transação penal. Também é necessário a confissão formal do agente e que a pena abstrata mínima seja inferior a 4 (quatro) anos.

Ação Penal: Ação penal pública incondicionada.

Classificação doutrinária: doloso (o autor deseja um resultado ou assume o risco de produzi-lo); formal (não exige um resultado naturalístico); comum (pode ser praticado por qualquer pessoa); formal (se consuma independente do resultado); de forma livre (pode ser praticado por qualquer meio de execução); unissubjetivo ou de concurso eventual (pode ser praticado por um só agente); permanente (o crime se prolonga no tempo em razão da vontade do autor); plurissubsistente (admite fracionamento dos atos de execução); unissubjetivo ou de concurso eventual (pode ser praticado por um só agente).

1. STJ. AgRg no REsp 1732455 / PB. 2018/0072555-8. Relator(a) Ministro ANTONIO SALDANHA PALHEIRO (1182). SEXTA TURMA. 14/05/2019. DJe 24/05/2019.

34

JUIZADOS CRIMINAIS FEDERAIS

Lei 10.259/2001

JAKELLINE COSTA BARROS DOS SANTOS

Dispõe sobre a instituição dos Juizados Especiais Cíveis e Criminais no âmbito da Justiça Federal.

1. DA INSTITUIÇÃO DOS JUIZADOS ESPECIAIS FEDERAIS

Art. 1º São instituídos os Juizados Especiais Cíveis e Criminais da Justiça Federal, aos quais se aplica, no que não conflitar com esta Lei, o disposto na Lei nº 9.099, de 26 de setembro de 1995.

Comentários: O poder constituinte originário (art. 98, I) previu que a União, na seara do Distrito Federal e dos Territórios, bem como os Estados criassem juizados especiais com competência para conciliação, julgamento e execução de causas cíveis de menor complexidade e infrações penais de menor potencial ofensivo. Não havia, naquele instante, norma que autorizasse a criação de juizados especiais federais. Apenas com a Emenda Constitucional 22/99, inserindo o § 1º, ao art. 98, da *Lex Mater*, vislumbrou-se a previsão de surgimento, mediante lei federal, dos Juizados Especiais no âmbito da Justiça Federal. Denota-se que a intenção do poder constituinte foi estabelecer um procedimento mais simples que busca a resolução de conflitos de reduzida complexidade, ampliando o acesso à justiça e trazendo resposta célere ao jurisdicionado. Afinal, "justiça atrasada não é justiça, senão injustiça qualificada e manifesta".[1] Inaugurou-se, pois, no processo penal, o modelo consensual de reação ao crime, a partir do qual vítima, autor e sociedade buscam a restauração do *status quo ante*, dispensando, mediante a adoção dos princípios da oralidade, simplicidade, informalidade, celeridade e economia processual, a tradicional jurisdição de conflito. Perceptível, ademais, que a adoção desse modelo de jurisdição valoriza o papel da vítima no cenário processual penal, trazendo à baila a fase do redescobrimento, momento em que, historicamente, esta volta a ocupar um lugar de relevância na persecução penal.[2] No contexto cível, através do rito ora em estudo, com especial destaque à autocomposição, grande parte das causas são solucionadas em curto espaço de tempo. As partes se tornam verdadeiras protagonistas e, na maioria das vezes, retornam aos seus lares satisfeitas, circunstância que traduz a concretização do acesso à justiça. Tem-se, seguindo a ordem cronológica, a criação da Lei 9.099 no ano de 1995, a regulamentar os Juizados Cíveis e Criminais Estaduais e, apenas em 2001, a edição da Lei 10.259, dispondo acerca desses juízos na estrutura federal. Vislumbra-se um verdadeiro microssistema processual dos Juizados Especiais[3], o qual é composto pelas Leis 9.099/95, 10.259/2001 e 12.153/2009. Tal legislação, destarte, caracteriza o *everyday carry*[4] daqueles que atuam em causas de

1. BARBOSA, 1997, p. 39.

2. FONTES; HOFFMANN, 2018, p. 177.
3. Assim manifestou-se o STJ, no TutPrv no Pedido de Uniformização de Interpretação da Lei nº 909 – SP (2018/0153959-8), Rel. Min. Napoleão Nunes Maia Filho, Dj. 08/02/2019.
4. Cuida-se de expressão que se refere a itens imprescindíveis que são portados todos os dias, de forma que o indivíduo (no nosso caso, membros do Poder Judiciário, do Ministério Público, Órgãos da Segurança Pública, Advogados e Defensores Públicos, Conciliadores, bem como as partes em geral) esteja preparado para situações do cotidiano. A legislação referida

menor complexidade (cíveis e criminais estaduais e federais, além das fazendárias). A Lei 9.099/95, por consectário, primária que é dentro desse sistema, tem aplicação subsidiária aos feitos que tramitam perante os juizados especiais federais.[5]

2. DO JUIZADO ESPECIAL FEDERAL CRIMINAL

Art. 2º Compete ao Juizado Especial Federal Criminal processar e julgar os feitos de competência da Justiça Federal relativos às infrações de menor potencial ofensivo, respeitadas as regras de conexão e continência.

Parágrafo único. Na reunião de processos, perante o juízo comum ou o tribunal do júri, decorrente da aplicação das regras de conexão e continência, observar-se-ão os institutos da transação penal e da composição dos danos civis.

Competência: Ao Juizado Especial Criminal Federal compete o processamento e julgamento das infrações de menor potencial ofensivo, assim definidas no art. 61, da Lei 9.099/95. Sua competência, outrossim, abarca a execução das reprimendas eventualmente aplicadas, segundo inteligência do art. 60, do citado Diploma Legal. Há que se proceder, contudo, interpretação em conformidade com o art. 109, IV, da Constituição Federal[6] e, nesse rumo, a competência se restringe aos crimes para os quais a lei comine pena máxima igual ou inferior a 02 anos, restando excluída a contravenção penal[7]. A doutrina diverge quanto a natureza da competência *ratione materiae*. Parcela entende que, sendo oriunda do texto constitucional (art. 98, I, da CF), é absoluta[8]. Pensamos ser, contudo, de natureza relativa[9]. Em se tratando de competência absoluta, as partes dela não dispõem, tornando-se, assim, imutável. Ocorre que próprio legislador apresentou algumas situações que flexibilizam a competência dos juizados especiais criminais e autorizam a remessa do feito ao juízo comum, a exemplo de estar o réu em local incerto ou não sabido (art. 66, parágrafo único, da Lei 9.099/95). A propósito, o parágrafo único do dispositivo em comento apresenta uma outra situação que permite que um crime de menor potencial ofensivo federal seja processado perante o Juízo Comum ou Tribunal do Júri. Atenta, o legislador, para que não se olvide das regras de conexão e continência. Estas, como sabido, são causas efetivas de mutação da competência e estão regulamentadas no CPP (arts. 76 a 82). Nessa toada, à luz da Súmula 122, do STJ, havendo conexão entre as Justiças Federal e Estadual, a despeito da regra constante do art. 78, II, a, do CPP, caberá ao Juízo Federal o julgamento unificado da causa. Ainda assim, nos casos de conexão entre crime cuja pena máxima seja até dois anos e contravenção penal, com espeque na regra constitucional referida, bem como na Súmula 38, do STJ, haverá o desmembramento do feito com consequente remessa do delito liliputiano à Justiça Estadual.[10] Em todo caso, os institutos despenalizadores da transação penal e da composição civil serão aplicados. De mais a mais, é oportuno observar que nos casos em que houver reunião de processos perante a Vara Federal, por envolverem crimes que são da sua competência, mas, também, conexos a infrações de menor potencial ofensivo, havendo mudança na classificação jurídica da denúncia (*v.g.* pela absolvição parcial), restando apenas a acusação quanto ao crime de menor potencial ofensivo, é imperioso que o Juízo abra vista ao Ministério Público para que este possa ofertar ao acusado os benefícios previstos na Lei 9.099/95.

Nesse sentido, cabe consignar a jurisprudência do TRF da 3ª região:

> PENAL. PROCESSUAL PENAL. ARTIGO 29, § 1º, INCISO III E § 4º, I, DA LEI 9.605/1998. ARTIGO

---

corresponde a instrumento necessário aos que atuam nas causas perante esse microssistema.

5. Diversos enunciados do Fórum Nacional dos Juizados Especiais Federais – Fonajef tratam da aplicação subsidiária da Lei 9.099/95, a exemplo do Enunciado nº 24, que assim dispõe: Reconhecida a incompetência do Juizado Especial Federal, é cabível a extinção de processo, sem julgamento de mérito, nos termos do art. 1 da Lei n. 10.259/2001 e do art. 51, III, da Lei n. 9.099/95, não havendo nisso afronta ao art. 12, parágrafo 2º, da Lei 11.419/06. (Revisado no V FONAJEF)
6. CF/88. Art. 109. Aos juízes federais compete processar e julgar: IV - os crimes políticos e as infrações penais praticadas em detrimento de bens, serviços ou interesse da União ou de suas entidades autárquicas ou empresas públicas, excluídas as contravenções e ressalvada a competência da Justiça Militar e da Justiça Eleitoral.
7. Duas situações, com arrimo na CF/88, excepcionam a regra presente. A primeira delas prevê que a Justiça Federal (por intermédio de seus Tribunais Regionais Federais) é competente para processar e julgar contravenção penal praticada por detentor de prerrogativa de foro (art. 108, I, a). Ainda sob o manto constitucional, é atribuída aos Juízes Federais a competência para processo e julgamento de contravenções que violem direitos indígenas, desde que coletivamente considerados (art. 109, XI).
8. CUNHA; PINTO; SOUZA, 2020, p. 823.
9. DE LIMA, 2020, p. 581.
10. STJ, 3ª Seção, CC 116564/MG., Rel. Min. Marco Aurélio Bellizze, DJ 09/05/2012.

296, § 1º, INCISOS I E III, DO CÓDIGO PENAL. CONCURSO MATERIAL. SENTENÇA ABSOLUTÓRIA QUANTO AO DELITO DE FALSIFICAÇÃO DE SELO PÚBLICO. CONDENAÇÃO PELO CRIME AMBIENTAL. CRIME DE MENOR POTENCIAL OFENSIVO. AUSÊNCIA DE ABERTURA DE VISTA AO MINISTÉRIO PÚBLICO FEDERAL PARA EVENTUAL OFERECIMENTO DE TRANSAÇÃO PENAL. NULIDADE. A sentença superveniente absolveu o acusado quanto ao delito de uso de selo público falsificado (anilha), subsistindo, portanto, tão somente o crime ambiental do art. 29, §1º, inciso III e § 4º, I, da Lei 9.605/1998, que permite, em tese, a aplicação dos institutos previstos na Lei nº 9.099/1995. **A sentença, entretanto, ao invés de oportunizar a manifestação do Ministério Público Federal sobre o eventual cabimento dos referidos benefícios, julgou diretamente o mérito, condenando o acusado pelo delito ambiental. Nesse sentido, diversos precedentes, inclusive das C. Cortes Superiores, já se manifestaram para declarar a nulidade das sentenças que, ao mudar a classificação jurídica da denúncia ou absolver parcialmente o réu da imputação inicialmente prevista, deixaram de dar vista dos autos ao Ministério Público Federal passando diretamente à condenação e dosimetria da pena de delitos que, em tese, fazem jus aos benefícios da Lei nº 9.099/1995.** A Súmula 337 do C. Superior Tribunal de Justiça prevê a possibilidade de oferecimento dos benefícios da Lei 9.099/1995 ao crime remanescente ao prever que "é cabível a suspensão condicional do processo na desclassificação do crime e na procedência parcial da pretensão punitiva", o que amolda-se ao caso ora em questão. Ainda que no caso concreto a condenação do acusado tenha se limitado à prestação pecuniária no valor de 02 (dois) salários mínimos, **é importante apontar que a condenação penal gera efeitos outros, como a reincidência e os antecedentes criminais, e, portanto, deveria ser oportunizado ao menos a possibilidade de que o Ministério Público Federal analise a eventual propositura de tais benefícios despenalizadores, o que pode, ou não, ser aceito pelo acusado.** Declarada a nulidade da sentença a quo na parte condenatória, devendo os autos ser remetidos ao r. juízo sentenciante para posterior encaminhamento ao Ministério Público Federal para que se manifeste acerca da eventual possibilidade de oferecimento de transação penal ao réu. (ACR 0000217-21.2015.4.03.6136, Décima Primeira Turma, Rel. Des. Federal Fausto De Sanctis, j. 22.01.2019, e-DJF3 Judicial 1 30.01.2019). (grifos nossos).

Da fase preliminar: Relevante que tracemos uma síntese do procedimento cabível aos crimes de competência do Juizado Especial Criminal Federal. A Autoridade Policial que tomar conhecimento da ocorrência, procederá com a lavratura do termo circunstanciado. Dois pontos, nesse aspecto, são destacáveis. O STF, no julgamento da ADI 3807, fixou que o termo circunstanciado não é procedimento investigativo, não sendo função privativa de polícia judiciária. Embora a discussão ali travada tenha referência ao art. 48, § 3º, da Lei 11.343/2006, a *ratio decidendi* acaba por refletir no procedimento investigativo simplificado do Juizado Especial Criminal e, certamente, abrirá precedentes para novos debates acerca da legitimidade para lavratura do termo circunstanciado de ocorrência policial. Entendemos, a despeito dos calorosos debates, que o termo circunstanciado é um procedimento simplificado de investigação. Ato de Polícia Judiciária (Federal e Civil), conforme claramente estabelecido no art. 144, § 1º, I e § 4º, da Constituição Federal[11]. Assim sendo, a Autoridade Policial referida no art. 69, da Lei 9.099/95 é, sem qualquer dúvida, o Delegado de Polícia. Aliás, o art. 2º, § 1º, da Lei 12.830/2013, ratifica a legitimidade em questão ao rezar que incumbe ao Delegado de Polícia Judiciária conduzir qualquer procedimento legal que vise apurar as circunstâncias, a materialidade e a autoria de infrações penais, gênero do qual são espécies os crimes e as contravenções penais. Apesar de não ser foco do estudo ora desenvolvido, não custa tecer que a Suprema Corte já se manifestou, em situação anterior, pela inconstitucionalidade de norma que, não observando o art. 144, da Constituição Federal, conferiu legitimidade a outras autoridades para o exercício de atos de Polícia Judiciária. Em sede de controle concentrado, o STF, por maioria, decidiu que o Decreto do Estado do Paraná que permitia a lavratura de termo circunstanciado por praças a Polícia Militar era inconstitucional[12].Ora, o STF, guardião da Constituição Federal, ao admitir na ADI 3807 que o termo circunstanciado não é ato privativo de Polícia Judiciária e, menos ainda, procedimento investigativo, podendo e devendo, naquela hipótese da Lei 11.343/06, ser lavrado prioritariamente pela Autoridade Judicial, não apenas fere o sistema acusatório (art. 129, I, da CF c/c art. 3º-A, do CPP), mas também abre lacuna perigosa apta a subverter a intenção do Poder Constituinte Originário ao

11. "O termo circunstanciado, assim, trata-se de outro procedimento previsto em lei para materializar uma investigação de natureza criminal, mesmo que perfunctoriamente, e, sendo assim, deve ser presidido pelo delegado de polícia. Aliás, o art. 92 da Lei 9.099/95 refere que "aplicam-se subsidiariamente as disposições do Código Penal e de Processo Penal, no que não forem incompatíveis com esta Lei". E, a natureza dos atos que compõem um procedimento prévio de todo e qualquer processo-crime, no ordenamento constitucional vigente, não é incompatível com a lei dos Juizados Especiais, pelo contrário, hermeuticamente é sistemático. Em outras palavras, aquilo que é investigação criminal não deixa de ser, apenas por seguir o rito sumaríssimo" (GARCEZ, LESSA,. 2020).
12. STF, Tribunal Pleno, ADI 3614, Rel. Min. Gilmara Mendes, DJ 20/09/2007.

apresentar específica, rígida e claramente balizas acerca das atribuições das polícias (art. 144, da CF). Frise-se que nada obsta, de forma excepcional, a instauração de inquérito policial objetivando a apuração de crime de menor potencial ofensivo[13].Concluído o trabalho pela Polícia Judiciária, autor e vítima serão encaminhados ao Juizado Especial Criminal para fins de realização de audiência preliminar. Ainda estamos em um momento prévio ao processo e, nesse instante, é prioridade, sob pena de nulidade[14], a tentativa de conciliação, através da composição dos danos e/ou transação penal.

Do procedimento sumaríssimo: A ação penal apenas terá espaço para seu nascimento quando não se mostrar possível o alcance das hipóteses conciliadoras. Prevê, pois, o art. 77, da Lei 9.099/95, o oferecimento de denúncia ou queixa na modalidade oral. A peça inaugural é fundamentada no termo circunstanciado, o que, mais uma vez, fundamenta ser esta peça de cunho investigativo. Embora simplificado, e assim o é por força dos princípios norteadores dos Juizados Especiais Criminais, mantém-se sua característica investigativa e, nessa toada, malgrado o julgamento da ADI 3807, em obediência ao art. 144, § 1º, I e § 4º, da Constituição Federal, sustentamos ser atribuição privativa das Polícias Civis e Federal. Na mesma ocasião, tem-se a citação do acusado, o qual, não se fazendo presente, será citado pessoalmente por intermédio de Oficial de Justiça. Se, porventura, o denunciado estiver em local incerto ou não sabido, o feito será remetido ao Juízo Comum (circunstância na qual será aplicado o procedimento comum sumário). De se notar, portanto, que no âmbito do Juizado Especial Criminal Federal não cabe a citação ficta por edital. Acerca da citação por hora certa (também ficta), o enunciado nº 110 do FONAJE a admite. Designado dia para realização da audiência de instrução e julgamento, nela será oportunizado, mais uma vez, o uso dos institutos despenalizadores. Afinal, esse é o espírito da lei. Inexistindo possibilidade de aplicação das medidas, será apresentada resposta à acusação, seguida do recebimento da denúncia e, nesse caso, procedendo-se com a produção das provas, debates orais e prolação da sentença. Denota-se que a simplicidade do procedimento não exclui os princípios imprescindíveis do contraditório e da ampla defesa. Não por outra razão, em todos os momentos do processo, o acusado deverá estar assistido por Advogado (constituído ou dativo) ou Defensor Público. Na seara criminal, dessarte, descabe a designação de representante, situação prevista no art. 10 desta Lei.

3. DO JUIZADO ESPECIAL FEDERAL CÍVEL

Art. 3º Compete ao Juizado Especial Federal Cível processar, conciliar e julgar causas de competência da Justiça Federal até o valor de sessenta salários mínimos, bem como executar as suas sentenças.

§ 1º Não se incluem na competência do Juizado Especial Cível as causas:

I - referidas no art. 109, incisos II, III e XI, da Constituição Federal, as ações de mandado de segurança, de desapropriação, de divisão e demarcação, populares, execuções fiscais e por improbidade administrativa e as demandas sobre direitos ou interesses difusos, coletivos ou individuais homogêneos;

II - sobre bens imóveis da União, autarquias e fundações públicas federais;

III - para a anulação ou cancelamento de ato administrativo federal, salvo o de natureza previdenciária e o de lançamento fiscal;

IV - que tenham como objeto a impugnação da pena de demissão imposta a servidores públicos civis ou de sanções disciplinares aplicadas a militares.

§ 2º Quando a pretensão versar sobre obrigações vincendas, para fins de competência do Juizado Especial, a soma de doze parcelas não poderá exceder o valor referido no art. 3º, *caput*.

§ 3º No foro onde estiver instalada Vara do Juizado Especial, a sua competência é absoluta.

Comentários: O legislador apresenta regra de competência territorial absoluta[15], de modo que, havendo Unidade Judiciária instalada e sendo a causa de até 60 salários-mínimos, inexiste possibilidade

13. "O termo circunstanciado mencionado no artigo 69, que na esfera policial passou a ser denominado termo circunstanciado de ocorrência policial, objetivou restringir, como regra, o Inquérito Policial. Deve-se acrescentar que a Lei nº 9.099/95 não proíbe a sua instauração nos crimes de menor potencial ofensivo, mormente quando a autoria dos delitos disciplinados pela lei for desconhecida. Nesses casos, sua instauração será imprescindível, sob pena de não ser possível a atuação dos Juizados Especiais Criminais, a quem cabe a atividade jurisdicional. Também caberá instauração quando os termos circunstanciados forem restituídos pelo Ministério Público ou pelo Juiz, para a realização de diligências, ocasião em que poderá ocorrer o indiciamento" (DE QUEIROZ, 2003, p. 109).

14. STJ, 3ª Seção, CC 64.365/SC, Rel. Min. Arnaldo Esteves Lima, DJ 27/09/2006.

15. Situação que se revela excepcional, já que, em tese, a competência territorial é relativa.

de se optar por ingressar com a ação perante a Justiça Comum Federal. Nesse ponto, diferencia-se da 9.099/95, posto que ali o valor da causa corresponde a 40 salários-mínimos e, além disso, o legislador não atribuiu competência absoluta, de forma que cabe à parte optar por ingressar com o feito na Justiça Especializada ou Comum. Ainda no tocante ao valor da causa, este, em caso de litisconsorte ativo, será calculado individualmente[16]. No que pertine à conciliação, cumpre acrescentar a recente alteração implementada pela Lei nº 13.994/2020 aos §§1º e 2º, do art. 22 e ao art. 23, da Lei 9.099/95. Para fortalecer ainda mais o objetivo que a Lei de Juizados carrega – ampliar o acesso à justiça e resolver os conflitos de forma mais ágil e eficiente – bem como, adequar-se às necessidades da modernidade, o legislador previu a possibilidade de a audiência de conciliação, no âmbito dos Juizados Especiais Cíveis, ser realizada por meio de videoconferência. A Lei prevê que o resultado dessa tentativa de conciliação deverá ser reduzido por escrito e assevera que, se o demandado não comparecer ou recusar-se a participar, o Juiz togado proferirá sentença. Forte no que dispõe a normativa do artigo inaugural da Lei ora analisada, sendo a Lei 9.099/95 de aplicabilidade subsidiária, mostra-se possível que se proceda com a audiência conciliatória mediante videoconferência nas causas de competência do Juizado Especial Cível Federal. O § 1º apresenta um rol de matérias que estão excluídas da medida da jurisdição concernente aos Juizados Especiais Cíveis. A exclusão das causas previstas nos incisos II, III, do art. 109[17], da CF, encontram fundamento na soberania nacional. Causas que envolvam a disputa sobre direitos indígenas (art. 109, XI, da CF), não são passíveis de julgamento em sede de Juizado Especial Cível, o que não significa que ações individuais não possam nele tramitar. As ações de mandado de segurança, de desapropriação, de divisão e demarcação, populares, execuções fiscais e por improbidade administrativa e as demandas sobre direitos ou interesses difusos, coletivos ou individuais homogêneos também estão excluídas da competência dos Juizados Especiais Federais. Relativamente ao inciso II, é necessário atentar-se que a vedação não se aplica aos bens imóveis das empresas públicas, menos ainda aos móveis dos mencionados entes da Administração Direta e Indireta. Acerca do inciso III, o próprio legislador mitiga a regra e autoriza a anulação ou cancelamento de ato administrativo federal de natureza previdenciária ou correspondente a lançamento fiscal. Nesse último ponto, há direta relação com o fisco, não se confundido com a mera atividade fiscalizatória do poder de polícia estatal.[18] Em análise ao inciso IV, questiona-se se demais punições administrativas diversas da demissão poderiam ser impugnadas perante o Juízo em questão. Mediante interpretação sistemática, é possível concluir que, não se tratando de pleito que objetive anular ou cancelar as penalidades (afinal, nessa hipótese, existe proibição no inciso III), nada obsta o conhecimento do feito pelo Juizado Especializado. Segundo se depreende do §2º, evitando que em demandas envolvendo prestações vincendas o teto estabelecido para o valor da causa seja ludibriado, foi imposto que a soma de 12 parcelas não pode ultrapassar o montante de 60 salários-mínimos.[19]

Art. 4º O Juiz poderá, de ofício ou a requerimento das partes, deferir medidas cautelares no curso do processo, para evitar dano de difícil reparação.

Comentários: É cediço que a tutela provisória, disciplinada nos arts. 294 a 311, do CPC, é gênero que possui as tutelas de urgência (cautelar e/ou antecipada) e de evidência como espécies. Em que pese a não expressa menção à tutela de urgência antecipada e, ademais, a de evidência, uma vez que o CPC é aplicado subsidiariamente, nada impede sua aplicabilidade. Os Enunciados do FONAJEF são oportunos ao estudo em destaque, sendo de leitura obrigatória para melhor compreensão[20]. Nesse ponto, pois, por incompatibilidade com o simplificado

16. É, nesse sentido, o enunciado 18, do FONAJEF.
17. CF/88. Art. 109. Aos juízes federais compete processar e julgar: II - as causas entre Estado estrangeiro ou organismo internacional e Município ou pessoa domiciliada ou residente no País; III - as causas fundadas em tratado ou contrato da União com Estado estrangeiro ou organismo internacional.

18. CHINI et al., 2020, p. 43.
19. Enunciado 17, do FONAJEF: Não cabe renúncia sobre parcelas vincendas para fins de fixação de competência nos Juizados Especiais Federais. Enunciado 20, do FONAJEF: Não se admite, para firmar competência dos juizados especiais federais, o fracionamento de parcelas vencidas, ou de vencidas e vincendas, decorrentes da mesma relação jurídica material.
20. Enunciado 86: A tutela de urgência em sede de turmas recursais pode ser deferida de ofício; Enunciado 150: A multa derivada de descumprimento de antecipação de tutela com base nos artigos 301, 536 e 537, do CPC/2015, aplicados subsidiariamente, é passível de execução mesmo antes do trânsito em julgado da sentença e Enunciado 178: A tutela provisória em caráter antecedente não se aplica ao rito dos juizados especiais federais, porque a sistemática de revisão da decisão estabilizada (art. 304 do CPC/2015) é incompatível com os arts. 4º e 6º da Lei nº 10.259/2001.

sistema dos Juizados Especiais, que veda o manuseio de ação cautelar, descabe procedimento incidental de concessão da tutela provisória de urgência.

Art. 5º Exceto nos casos do art. 4º, somente será admitido recurso de sentença definitiva.

Comentários: Se a lógica dos Juizados Especiais é fundada, em apertada síntese, no julgamento célere para causas de reduzida complexidade, não faria sentido um sistema recursal amplo. Por tal razão, salvo nos casos de decisões que deferem medidas cautelares, as demais proferidas anteriormente à sentença serão atacadas no próprio recurso inominado.[21] Quanto à sentença terminativa, se a extinção impedir que o autor intente novamente a ação ou, ainda, importar negativa de jurisdição, é possível que seja guerreada mediante recurso inominado.[22] Adequado o registro dos embargos declaratórios, os quais são plenamente cabíveis, nada obstante o silêncio do legislador. Aplicando-se, de modo suplementar, o art. 48, da Lei 9.099/95, os declaratórios são cabíveis em face de sentença ou acórdão, observando-se o prazo de 05 dias. A tempestividade será comprovada por qualquer meio idôneo, em concordância com o Enunciado 109, do FONAJEF, mostrando-se interessante constar que, se a audiência foi gravada por meio magnético ou similar e o material devidamente disponibilizado ao órgão recursal, é prescindível a degravação. Sobre os efeitos do recurso, o Órgão Jurisdicional recebê-lo-á no devolutivo e suspensivo, exceto quanto a eventual decisão proferida em sede de tutela provisória. Tratando da tutela de urgência, em razão da decisão que a profere é propício o manuseio do agravo de instrumento, no prazo de 10 dias.[23]

Art. 6º Podem ser partes no Juizado Especial Federal Cível:

I - como autores, as pessoas físicas e as microempresas e empresas de pequeno porte, assim definidas na Lei no 9.317, de 5 de dezembro de 1996;

II - como rés, a União, autarquias, fundações e empresas públicas federais.

Comentários: Revela-se legítima, como autora, a pessoa física, seja ou não capaz. Nesse caso, inexistindo representante constituído, nomear-se-á curador especial ao incapaz.[24] Igualmente afiguram-se como legítimos autores, na forma, respectivamente, dos Enunciados 82 e 128, do FONAJEF, o espólio e o condomínio edilício. Além disso, tendo em vista a revogação da Lei no 9.317/96, os conceitos de microempresas e empresas de pequeno porte encontram-se na Lei Complementar 123/2006. Para figurarem no polo passivo da demanda, a lei atribuiu legitimidade à União, autarquias, fundações e empresas públicas federais. Obviamente, as sociedades de economia mista, por possuírem foro junto à Justiça Estadual, não são incluídas nesse rol. Havendo uma causa que envolva menor complexidade, a ação será proposta perante um Juizado Especial Cível estadual.[25]

Art. 7º As citações e intimações da União serão feitas na forma prevista nos arts. 35 a 38 da Lei Complementar no 73, de 10 de fevereiro de 1993.

Parágrafo único. A citação das autarquias, fundações e empresas públicas será feita na pessoa do representante máximo da entidade, no local onde proposta a causa, quando ali instalado seu escritório ou representação; se não, na sede da entidade.

Comentários: Em referência à União, com espeque na Lei Orgânica da Advocacia-Geral da União, sua citação poderá ocorrer de duas maneiras, quais sejam, na pessoa do Procurador-Chefe ou do Procurador-Seccional da Fazenda Nacional (causa de natureza tributária - art. 36, III) ou através do Procurador-Chefe ou do Procurador-Seccional da União (causas diversas - art. 35, IV). Por sua vez, em se tratando de autarquias, fundações ou empresas públicas, a citação ocorrerá por intermédio do representante máximo da entidade. Acerca da intimação, o legislador estabeleceu tratamento diferenciado especificamente quanto à União, de modo que aos demais serão aplicadas as regras genéricas e compatíveis com o microssistema. Nesse ínterim, inexiste impedimento para que a parte seja intimada por telefone ou mesmo através do aplicativo WhatsApp ou congênere.[26] Atinge-se, assim, a finalidade do ato

21. Enunciado 107 do FONAJEF.
22. Enunciado 144 do FONAJEF.
23. Nessa toada, dispõe o Enunciado 58 do FONAJEF: Excetuando-se os embargos de declaração, cujo prazo de oposição é de cinco dias, os prazos recursais contra decisões de primeiro grau no âmbito dos Juizados Especiais Federais são sempre de dez dias, independentemente da natureza da decisão recorrida.
24. Enunciado 10 do FONAJEF.
25. A Súmula 517, do STF, assim preceitua: A competência é da Justiça Federal quando a União intervém como assistente nos casos envolvendo sociedades de economia mista.
26. Enunciados 73 e 194 a 196 do FONAJEF.

de forma ágil e observando os critérios orientadores do sistema.

Art. 8º As partes serão intimadas da sentença, quando não proferida esta na audiência em que estiver presente seu representante, por ARMP (aviso de recebimento em mão própria).

§ 1º As demais intimações das partes serão feitas na pessoa dos advogados ou dos Procuradores que oficiem nos respectivos autos, pessoalmente ou por via postal.

§ 2º Os tribunais poderão organizar serviço de intimação das partes e de recepção de petições por meio eletrônico.

Comentários: As regras são hialinas e possuem direta relação com o artigo anterior. Em tese, a sentença deve ser proferida na própria audiência de instrução e julgamento. Todavia, esse dispositivo deixa em evidência a possibilidade, diga-se de passagem excepcional, de ser o feito sentenciado em outro momento, ocasião em que a intimação se concretizará da maneira descrita.

Art. 9º Não haverá prazo diferenciado para a prática de qualquer ato processual pelas pessoas jurídicas de direito público, inclusive a interposição de recursos, devendo a citação para audiência de conciliação ser efetuada com antecedência mínima de trinta dias.

Comentários: Não se vislumbra qualquer privilégio que confira dilação de prazos às pessoas de direito público. A Defensoria Pública, inclusive, não goza de prazo em dobro, nos moldes do Enunciado 53 do FONAJEF. Sobre a contagem dos prazos, temática que ganhou maior relevância após o CPC/15, muito embora persistam os debates no âmbito acadêmico, é certo que, após a criação do art. 12-A da Lei 9.099/95, temos um posicionamento legal a ser perseguido. Portanto, quer se trate de prazo legal ou judicial, este será computado em dias úteis.

Art. 10. As partes poderão designar, por escrito, representantes para a causa, advogado ou não.

Parágrafo único. Os representantes judiciais da União, autarquias, fundações e empresas públicas federais, bem como os indicados na forma do *caput*, ficam autorizados a conciliar, transigir ou desistir, nos processos da competência dos Juizados Especiais Federais.

Comentários: Afere-se regra peculiar relativamente a capacidade postulatória. Com efeito, qualquer que seja o valor da causa, é dispensável a presença do advogado. Além disso, é faculdade das partes a designação de um representante e este não necessariamente deve ser um profissional da advocacia. Nesse contexto, a fim de evitar o exercício irregular da profissão, e destacando-se a advocacia, não se permite indiscriminadamente a atuação do representante. Logo, é defeso que este, não sendo advogado, atue habitualmente e com fim econômico.[27] Com fulcro na jurisprudência do STF, que na ADI3168/DF julgou ser este dispositivo constitucional, inexiste aplicabilidade ao Juizado Especial Criminal Federal, na esfera do qual o réu obrigatoriamente terá defesa técnica.

Art. 11. A entidade pública ré deverá fornecer ao Juizado a documentação de que disponha para o esclarecimento da causa, apresentando-a até a instalação da audiência de conciliação.

Parágrafo único. Para a audiência de composição dos danos resultantes de ilícito criminal (arts. 71, 72 e 74 da Lei no 9.099, de 26 de setembro de 1995), o representante da entidade que comparecer terá poderes para acordar, desistir ou transigir, na forma do art. 10.

Comentários: O *caput* revela que, estando a entidade pública requerida com documentos que sejam relevantes ao esclarecimento dos fatos, é sua incumbência apresentá-los até que se instale a audiência conciliatória. No tocante à composição civil dos danos, medida despenalizadora objeto de estudo no art. 2º, o representante da entidade para fins de acordar, desistir ou transigir, possuirá poderes.

Art. 12. Para efetuar o exame técnico necessário à conciliação ou ao julgamento da causa, o Juiz nomeará pessoa habilitada, que apresentará o laudo até cinco dias antes da audiência, independentemente de intimação das partes.

§ 1º Os honorários do técnico serão antecipados à conta de verba orçamentária do respectivo Tribunal e, quando vencida na causa a entidade pública, seu valor será incluído na ordem de pagamento a ser feita em favor do Tribunal.

§ 2º Nas ações previdenciárias e relativas à assistência social, havendo designação de exame, serão as partes intimadas para, em dez dias, apresentar quesitos e indicar assistentes.

27. Enunciado 83 do FONAJEF.

Comentários: Resta esclarecido que a necessidade de perícia técnica, *de per si*, não afasta a competência do Juizado Especial. Apenas uma demanda de perícia complexa ou onerosa será apta a tornar incompetente este Juízo.[28]

Art. 13. Nas causas de que trata esta Lei, não haverá reexame necessário.

Comentários: Dispensado, pois, o duplo grau de jurisdição obrigatório. Caberá à Fazenda Pública, querendo, recorrer das decisões judiciais.

Art. 14. Caberá pedido de uniformização de interpretação de lei federal quando houver divergência entre decisões sobre questões de direito material proferidas por Turmas Recursais na interpretação da lei.

§ 1º O pedido fundado em divergência entre Turmas da mesma Região será julgado em reunião conjunta das Turmas em conflito, sob a presidência do Juiz Coordenador.

§ 2º O pedido fundado em divergência entre decisões de turmas de diferentes regiões ou da proferida em contrariedade a súmula ou jurisprudência dominante do STJ será julgado por Turma de Uniformização, integrada por juízes de Turmas Recursais, sob a presidência do Coordenador da Justiça Federal.

§ 3º A reunião de juízes domiciliados em cidades diversas será feita pela via eletrônica.

§ 4º Quando a orientação acolhida pela Turma de Uniformização, em questões de direito material, contrariar súmula ou jurisprudência dominante no Superior Tribunal de Justiça -STJ, a parte interessada poderá provocar a manifestação deste, que dirimirá a divergência.

§ 5º No caso do § 4º, presente a plausibilidade do direito invocado e havendo fundado receio de dano de difícil reparação, poderá o relator conceder, de ofício ou a requerimento do interessado, medida liminar determinando a suspensão dos processos nos quais a controvérsia esteja estabelecida.

§ 6º Eventuais pedidos de uniformização idênticos, recebidos subsequentemente em quaisquer Turmas Recursais, ficarão retidos nos autos, aguardando-se pronunciamento do Superior Tribunal de Justiça.

§ 7º Se necessário, o relator pedirá informações ao Presidente da Turma Recursal ou Coordenador da Turma de Uniformização e ouvirá o Ministério Público, no prazo de cinco dias. Eventuais interessados, ainda que não sejam partes no processo, poderão se manifestar, no prazo de trinta dias.

§ 8º Decorridos os prazos referidos no § 7º, o relator incluirá o pedido em pauta na Seção, com preferência sobre todos os demais feitos, ressalvados os processos com réus presos, os habeas corpus e os mandados de segurança.

§ 9º Publicado o acórdão respectivo, os pedidos retidos referidos no § 6º serão apreciados pelas Turmas Recursais, que poderão exercer juízo de retratação ou declará-los prejudicados, se veicularem tese não acolhida pelo Superior Tribunal de Justiça.

§ 10. Os Tribunais Regionais, o Superior Tribunal de Justiça e o Supremo Tribunal Federal, no âmbito de suas competências, expedirão normas regulamentando a composição dos órgãos e os procedimentos a serem adotados para o processamento e o julgamento do pedido de uniformização e do recurso extraordinário.

Comentários: Trata-se de incidente de uniformização de interpretação (não previsto para os Juizados Especiais Estaduais) que possui a finalidade de solucionar as divergências que possam surgir, trazendo, destarte, segurança jurídica ao jurisdicionado. O pedido em questão não pode versar sobre matéria processual[29] e não se confunde com o reexame da matéria de fato[30].

Art. 15. O recurso extraordinário, para os efeitos desta Lei, será processado e julgado segundo o estabelecido nos §§ 4º a 9º do art. 14, além da observância das normas do Regimento.

Comentários: O recurso extraordinário, na forma do art. 32, da Resolução nº 586/2019 do Conselho da Justiça Federal, pode ser interposto no prazo de 15 dias perante o presidente da Turma Nacional de Uniformização. O juízo de prelibação é realizado pelo presidente e, uma vez admitido o recurso, haverá remessa dos autos ao STF.

Art. 16. O cumprimento do acordo ou da sentença, com trânsito em julgado, que imponham obrigação de fazer, não fazer ou entrega de coisa certa, será efetuado mediante ofício do Juiz à autoridade citada para a causa, com cópia da sentença ou do acordo.

Comentários: Quanto à execução da sentença ou do acordo que imponham obrigação de fazer, não

28. Enunciado 91 do FONAJEF.

29. Súmula 43 da TNU.

30. Súmula 42 da TNU.

fazer ou entrega de coisa certa, oportuno mencionar que não são admissíveis embargos de execução.[31] Assim sendo, independe de incidente o exame de eventual impugnação apresentada pelo executado.

Art. 17. Tratando-se de obrigação de pagar quantia certa, após o trânsito em julgado da decisão, o pagamento será efetuado no prazo de sessenta dias, contados da entrega da requisição, por ordem do Juiz, à autoridade citada para a causa, na agência mais próxima da Caixa Econômica Federal ou do Banco do Brasil, independentemente de precatório.

§ 1º Para os efeitos do § 3º do art. 100 da Constituição Federal, as obrigações ali definidas como de pequeno valor, a serem pagas independentemente de precatório, terão como limite o mesmo valor estabelecido nesta Lei para a competência do Juizado Especial Federal Cível (art. 3º, *caput*).

§ 2º Desatendida a requisição judicial, o Juiz determinará o seqüestro do numerário suficiente ao cumprimento da decisão.

§ 3º São vedados o fracionamento, repartição ou quebra do valor da execução, de modo que o pagamento se faça, em parte, na forma estabelecida no § 1º deste artigo, e, em parte, mediante expedição do precatório, e a expedição de precatório complementar ou suplementar do valor pago.

§ 4º Se o valor da execução ultrapassar o estabelecido no § 1º, o pagamento far-se-á, sempre, por meio do precatório, sendo facultado à parte exeqüente a renúncia ao crédito do valor excedente, para que possa optar pelo pagamento do saldo sem o precatório, da forma lá prevista.

Comentários: Em se tratando de obrigação de pagar quantia certa, após o trânsito em julgado, emitir-se-á uma RPV (requisição de pequeno valor). A RPV é uma forma de pagamento bem mais célere que o precatório e, dessa forma, compatível com a agilidade dessa Justiça Especializada. Descumprida a requisição, haverá sequestro de verba pública a fim de satisfazer o credor. A execução provisória para pagamento de quantia certa, por fim, não é viável em sede de Juizado e, nesse rumo, é o Enunciado nº 35 do FONAJEF.

Art. 18. Os Juizados Especiais serão instalados por decisão do Tribunal Regional Federal. O Juiz presidente do Juizado designará os conciliadores pelo período de dois anos, admitida a recondução. O exercício dessas funções será gratuito, assegurados os direitos e prerrogativas do jurado (art. 437 do Código de Processo Penal).

Parágrafo único. Serão instalados Juizados Especiais Adjuntos nas localidades cujo movimento forense não justifique a existência de Juizado Especial, cabendo ao Tribunal designar a Vara onde funcionará.

Comentários: Muito embora o CPC, no art. 169, *caput*, disponha que o conciliador e o mediador receberão pelo seu trabalho remuneração prevista em tabela fixada pelo Tribunal, conforme parâmetros estabelecidos pelo Conselho Nacional de Justiça, tal pagamento não se mostra possível, por vedação legal, na seara dos Juizados Especiais Federais.

Art. 19. No prazo de seis meses, a contar da publicação desta Lei, deverão ser instalados os Juizados Especiais nas capitais dos Estados e no Distrito Federal.

Parágrafo único. Na capital dos Estados, no Distrito Federal e em outras cidades onde for necessário, neste último caso, por decisão do Tribunal Regional Federal, serão instalados Juizados com competência exclusiva para ações previdenciárias.

Comentários: A depender da necessidade, é possível a instalação de Juizados Especiais especializados em ações previdenciárias. Essa medida, por certo, fundamenta-se no interesse público, posto que distribuirá justiça com mais qualidade e rapidez. Trata-se, em síntese, de uma dupla especialidade, considerando que a Lei em debate já resulta da vontade do poder constituinte em tratar de modo diferenciado os casos de menor complexidade.

Art. 20. Onde não houver Vara Federal, a causa poderá ser proposta no Juizado Especial Federal mais próximo do foro definido no art. 4º da Lei no 9.099, de 26 de setembro de 1995, vedada a aplicação desta Lei no juízo estadual.

Comentários: Interessante avaliar esse dispositivo em conjunto com o art. 109, § 3º, da CF[32]. Conclui-se que, inobstante a Lei 10.529/2001 reze que na ausência de Vara Federal a parte possa propor

31. Enunciado 13 do FONAJEF.

32. Art. 109. § 3º. Lei poderá autorizar que as causas de competência da Justiça Federal em que forem parte instituição de previdência social e segurado possam ser processadas e julgadas na justiça estadual quando a comarca do domicílio do segurado não for sede de vara federal.

a ação no Juizado Especial Federal mais próximo, adotando os critérios do art. 4º, da Lei 9.099/95, tal regramento pode ser mitigado no tocante às causas previdenciárias. Sendo partes do feito a instituição de Previdência Social e o segurado, a causa, em tese de competência da Justiça Federal, não havendo Unidade Judiciária na Comarca de domicílio do segurado, poderá ser processada e julgada na Justiça Estadual. O STF entende que o segurado pode ajuizar ação contra a instituição previdenciária perante o Juízo Federal do seu domicílio ou nas Varas Federais da Capital do Estado-Membro[33]. Nessa toada, mostra-se coerente compreender que caberá ao segurado, no caso concreto, optar por ingressar com a ação perante a Justiça Estadual ou em Juizado Especial Federal mais próximo[34].

Art. 21. As Turmas Recursais serão instituídas por decisão do Tribunal Regional Federal, que definirá sua composição e área de competência, podendo abranger mais de uma seção.

Comentários: Cabe ao TRF instituir, definir a composição e a área de competência das Turmas Recursais[35], as quais são compostas por juízes de direito. Esses juízes em exercício no primeiro grau de jurisdição, portanto, atuam nas Turmas no julgamento de recursos.

Art. 22. Os Juizados Especiais serão coordenados por Juiz do respectivo Tribunal Regional, escolhido por seus pares, com mandato de dois anos.

Parágrafo único. O Juiz Federal, quando o exigirem as circunstâncias, poderá determinar o funcionamento do Juizado Especial em caráter itinerante, mediante autorização prévia do Tribunal Regional Federal, com antecedência de dez dias.

Comentários: A justiça itinerante possui previsão constitucional[36] e sua finalidade é facilitar o acesso à justiça. O funcionamento do Juizado Especial itinerante requer autorização prévia do TRF, observando-se a antecedência de 10 dias.

Art. 23. O Conselho da Justiça Federal poderá limitar, por até três anos, contados a partir da publicação desta Lei, a competência dos Juizados Especiais Cíveis, atendendo à necessidade da organização dos serviços judiciários ou administrativos.

Comentários: Trata-se de norma que buscou evitar um impacto em decorrência da criação dos Juizados Especiais Cíveis.

Art. 24. O Centro de Estudos Judiciários do Conselho da Justiça Federal e as Escolas de Magistratura dos Tribunais Regionais Federais criarão programas de informática necessários para subsidiar a instrução das causas submetidas aos Juizados e promoverão cursos de aperfeiçoamento destinados aos seus magistrados e servidores.

Comentários: Constata-se medida destinada ao aprimoramento do serviço público através do desenvolvimento de programas de informática e promoção de cursos aos magistrados e servidores.

Art. 25. Não serão remetidas aos Juizados Especiais as demandas ajuizadas até a data de sua instalação.

Comentários: A despeito de o CPC asseverar, no art. 14, que a norma processual será aplicável imediatamente aos processos em curso, o legislador optou por não o fazer quanto aos Juizados Especiais Federais. Relevante atentar quanto ao Enunciado 139, do FONAJEF, que excepciona esta regra nos casos em que as varas de Juizados Especiais Federais estiverem na mesma sede jurisdicional.

Art. 26. Competirá aos Tribunais Regionais Federais prestar o suporte administrativo necessário ao funcionamento dos Juizados Especiais.

Comentários: Evidencia-se que cada TRF possui a incumbência de auxiliar administrativamente os Juizados Especiais Federais.

33. Súmula 689 do STF.
34. CHINI et al, 2020, p. 124.
35. O TRF da 3ª Região, em julgado recente, decidiu que "a Turma Recursal Federal constitui juízo revisor das decisões proferidas em primeiro grau de jurisdição e as decisões por ela proferidas não são passíveis de reapreciação pelos Tribunais Regionais Federais, cabendo, em tese, recursos à Turma Regional de Uniformização, à Turma Nacional de Uniformização ou ao Supremo Tribunal Federal."
36. Art.107. § 2º Os Tribunais Regionais Federais instalarão a justiça itinerante, com a realização de audiências e demais funções da atividade jurisdicional, nos limites territoriais da respectiva jurisdição, servindo-se de equipamentos públicos e comunitários.

Art. 27. Esta Lei entra em vigor seis meses após a data de sua publicação.

Comentários: Esta lei não entrou em vigor imediatamente. Expressamente, estabeleceu-se o período de *vacatio legis* correspondente a seis meses.

REFERÊNCIAS

BARBOSA, Rui. Oração aos moços. edição popular anotada por Adriano da Gama Kury. – 5.ed. Rio de Janeiro: Fundação Casa de Rui Barbosa, 1997.

CHINI et al. Juizados Especiais Cíveis e Criminais no âmbito da justiça federal: lei nº. 10.259/200 comentada. Salvador: Juspodivm, 2020.

CUNHA, Rogério Sanches; PINTO, Ronaldo Batista; SOUZA. Renee do Ó. Leis penais especiais: comentadas. 3. ed. Salvador: Juspodivm, 2020.

DE QUEIROZ, Carlos Alberto Marchi. Manual de polícia judiciária: doutrina, modelos, legislação. 2 ed. São Paulo: Delegacia Geral de Polícia. 2003.

FONTES, Eduardo; HOFFMANN, Henrique. Carreiras policiais: criminologia. Salvador: Juspodivm, 2018.

GARCEZ, William; LESSA, Marcelo de Lima. O julgamento da ADI 3.807: Precisamos falar sobre a lavratura do termo circunstanciado do usuário de drogas. Revista Jus Navigandi, Teresina, ano 25, n. 6263, ago. 2020.

LIMA, Renato Brasileiro de. Manual de processo penal: volume único. 8. ed. Salvador: Juspodivm, 2020.

BIBLIOGRAFIA

AVENA, Norberto. **Processo penal**. 10 ed. São Paulo: MÉTODO, 2018.

DA CUNHA JR, Dirley. **Curso de direito constitucional**. 7 ed. Salvador: Juspodivm. 2013.

DE OLIVEIRA, Natacha Alves. **Criminologia**. 2 ed. Salvador: Juspodivm, 2020.

FERNANDES, Bernardo Gonçalves. **Curso de Direito Constitucional**. 9 ed. Salvador: Juspodivm. 2017.

GRECO, Rogério. **Curso de direito penal** - parte geral. Vol I. 18 ed. Rio de Janeiro: Impetus. 2016.

JUSPODIVM. **Vade Mecum.** 7 ed. Salvador: Juspodivm. 2020.

LENZA, Pedro. **Direito constitucional esquematizado.** 20 ed. São Paulo: Saraiva. 2016.

MASSON, Cleber. **Direito penal esquematizado** - parte geral. Vol I. 7 ed. São Paulo: MÉTODO, 2013.

SILVA, José Afonso da. **Curso de direito constitucional positivo** .41 ed. São Paulo: Malheiros, 2018.

SILVA, Márcio Alberto Gomes. **Inquérito público**: uma análise jurídica e prática da fase pré-processual.5 ed. Salvador: Juspodivm. 2020.

35

LEI DA COOPERAÇÃO FEDERATIVA NO ÂMBITO DA SEGURANÇA PÚBLICA

Lei 11.473/2007

MARCELO DE LIMA LESSA
RAFAEL FRANCISCO MARCONDES DE MORAES

Conversão da MPV 345, de 2007: A norma teve nascedouro na Medida Provisória nº 345, de 2007, cuja proposta era a de operacionalizar os meios tendentes a implantar no Brasil a "Força Nacional de Segurança Pública", sob a forma de convênios entre os Estados brasileiros, com espeque no art. 241 da Constituição Federal.

Revogação da Lei Federal nº 10.277, de 10 de setembro de 2001: A Lei nº 10.277, de 10 de setembro de 2001, que instituía medida para assegurar o funcionamento de serviços e atividades imprescindíveis à segurança pública, foi expressamente revogada pela Lei nº 11.473, de 10 de maio de 2007, a qual passou a disciplinar a cooperação federativa no âmbito da segurança pública. Em 29 de novembro de 2004, com o escopo de aplacar os elevados índices de violência no país, bem como, dificuldades outras verificadas em alguns organismos policiais (greves, efetivo diminuto etc.), o Decreto nº 5.289 disciplinou regras para o desenvolvimento da Força Nacional de Segurança Pública, a ser eventualmente empregada em qualquer ponto do país para preservar a ordem pública e a incolumidade das pessoas e do patrimônio, mediante solicitação expressa do Governador de Estado ou de Ministro de Estado[1].

Força Nacional de Segurança Pública: A Força Nacional de Segurança Pública é um programa de cooperação que atua de modo federativo (em todo o território nacional), formada pelo efetivo civil e militar advindo dos órgãos estatais conveniados após prévio treinamento especial levado a cabo pelo Ministério da Justiça. Teve inspiração nas Forças de Paz das Nações Unidas, as quais se constituem em forças armadas multinacionais para atuar em zonas de conflito armado. Não existe cargo efetivo na Força Nacional, permanecendo os seus membros vinculados aos seus órgãos de origem. Não é um órgão autônomo de segurança pública (uma "Polícia"), mas apenas um convênio cooperativo para auxílio aos Estados membros[2].

Contingente mínimo: Por força do artigo 4º, §5º do Decreto nº 6.189, de 20 de agosto de 2007, o Ministério da Justiça deverá assegurar contingente permanente mínimo de quinhentos homens da Força Nacional de Segurança Pública treinados para emprego imediato[3].

Princípios a serem observados: Nas atividades da Força Nacional de Segurança Pública – cujos servidores são designados pelo Ministério da Justiça –, deverão ser atendidos inúmeros princípios[4],

1. Decreto nº 5.289, de 29 de novembro de 2004, art. 4º, com a redação dada pelo Decreto nº 7.957, de 12 de março de 2013.
2. Tribunal Regional Federal da 1ª Região – AC 686 PA 2009.39.00.000686-2. Disponível em: <https://trf1.jusbrasil.com.br/jurisprudencia/23075903/apelacao-civel-ac-686-pa--20093900000686-2-trf1>. Acessado em 14 jul. 2020.
3. Decreto nº 5.289, de 29 de novembro de 2004, art. 4º, parágrafo 5º.
4. Decreto nº 5.289, de 29 de novembro de 2004, art. 3º.

dentre os quais o respeito aos direitos individuais e coletivos[5], inclusive à integridade moral das pessoas; o uso moderado e proporcional da força[6]; a unidade de comando[7]; a eficácia; o pronto atendimento; o emprego de técnicas proporcionais e adequadas de controle de distúrbios civis[8]; a qualificação especial para gestão de conflitos[9]; e a solidariedade federativa.

Treinamento prévio: O contingente da Força Nacional deverá ser composto por servidores que tenham recebido treinamento prévio do Ministério da Justiça para atuação conjunta, policiais federais e das entidades federadas aderentes[10]. No caso de necessidade de recursos humanos complementares ou suplementares, a União poderá fornecê-los[11].

Atribuições originárias: as atribuições dos agentes envolvidos na Força Nacional são as previstas no art. 144 da Constituição Federal e na legislação em vigor[12].

Sede: A sede da Força Nacional é no Gama, região administrativa do Distrito Federal, sendo que as Forças Armadas, desde que autorizadas pelo Presidente, e outros órgãos desvinculados do Ministério da Justiça poderão oferecer instalações, recursos de inteligência, transporte, logística e treinamento em colaboração a Força Nacional[13].

Art. 1º A União poderá firmar convênio com os Estados e o Distrito Federal para executar atividades e serviços imprescindíveis à preservação da ordem pública e da incolumidade das pessoas e do patrimônio.

Faculdade: O artigo 1º alude a uma possibilidade, ou seja, não possui conotação obrigatória, pois fala em "poderá" firmar convênio. Esse acerto de adesão (acordo entre entes administrativos para a realização de objetivos de interesse comum), em sendo efetuado, poderá ser realizado entre a União e os Estados e o Distrito Federal (de forma voluntária), sempre que houver a necessidade motivada da execução de atividades e serviços considerados imprescindíveis à preservação da ordem pública e da incolumidade das pessoas e do patrimônio.

Atividades imprescindíveis: "Atividades e serviços considerados imprescindíveis" são aqueles sem os quais a paz, com os recursos ordinários do Estado (forças de segurança pública locais), não pode ser reavida.

Preservação da ordem pública: No que tange à expressão "preservação da ordem pública", esta abrange uma ação de retomada a uma ordem em tese já quebrada e que precisa ser restaurada. Difere de "manutenção da ordem", consistente na presunção de que o *status* encontra-se inviolado. Desse modo, nos cenários em que a ordem pública esteja comprometida (partida), já haveria um dos requisitos para a deflagração da medida, que é cumulativa à "preservação da incolumidade das pessoas e do patrimônio", em razão da locução "e" (e não "ou"), constante da redação do artigo. Assim, existente tal soma de cenários, a medida, em conjugação aos demais mandamentos legais, poderá ser avaliada.

Área de atuação: Em atenção ao art. 4º, § 3º do Decreto 5.289, de 29 de novembro de 2004, o ato ministerial que determina o emprego da Força Nacional deverá conter a área de atuação, limitação de prazo de ação, medidas de preservação da ordem a ser implantadas e diretrizes de operações. Se houver emprego das Forças Armadas para garantia da lei e da ordem, o Presidente poderá determinar que os recursos materiais da Força Nacional sejam dispostos ao Ministério da Defesa[14].

Art. 2º A cooperação federativa de que trata o art. 1º desta Lei, para os fins nela dispostos, compreende operações conjuntas, transferências de recursos e desenvolvimento de atividades de capacitação e qualificação de profissionais, no âmbito do Ministério da Justiça e Segurança Pública.

Parágrafo único. As atividades de cooperação federativa têm caráter consensual e serão desen-

5. Constituição da República Federativa do Brasil, art. 5º.
6. Vide Lei nº 13.060, de 22 de dezembro de 2014.
7. Art. 5º Os servidores de órgãos de segurança pública mobilizados para atuar de forma integrada, no programa de cooperação federativa, ficarão sob coordenação do Ministério da Justiça enquanto durar sua mobilização, mas não deixam de integrar o quadro funcional de seus respectivos órgãos. Decreto 5289.
8. Tumulto violento na via pública que compromete a paz social.
9. Controle, gerenciamento e resolução de crises (ocorrências policiais com vidas em perigo).
10. Decreto nº 5.289, de 29 de novembro de 2004, art. 4º, parágrafo 2º.
11. Decreto nº 5.289, de 29 de novembro de 2004, art. 9º.
12. Decreto nº 5.289, de 29 de novembro de 2004, art. 4º, parágrafo 4º.
13. Decreto nº 5.289, de 29 de novembro de 2004, art. 9º, parágrafo 1º.
14. Decreto nº 5.289, de 29 de novembro de 2004, art. 9º, parágrafo 2º.

volvidas sob a coordenação conjunta da União e do Ente convenente.

Abrangência: Dispositivo com redação dada pela Lei nº 13.844, de 18 de junho de 2019. Pela redação do artigo, verifica-se que a cooperação federativa compreende ações consensuais e conjuntas (âmbitos federal e estadual), transferência de recursos e fomento de atividades de capacitação e qualificação de profissionais (ensino e instrução), no contexto no Ministério da Justiça e Segurança Pública, tudo sob a gerência da União. Os Estados, se fornecerem recursos materiais e logísticos, também poderão participar de operações conjuntas da Força Nacional[15].

Coordenação e preparo: Ao Ministério da Justiça, nos termos do artigo 10 do Decreto nº 5.289, de 29 de novembro de 2004, cabe coordenar o planejamento e o preparo para a mobilização da Força Nacional, definindo estrutura de comando; dispor recursos materiais e financeiros; consultar e solicitar apoio a outros órgãos da administração federal sobre aspectos alusivos a Força Nacional; gerir ações de inteligência das informações produzidas pelos organismos de segurança pública; adquirir materiais necessárias as ações da Força Nacional; estabelecer critérios de seleção e treinamento, bem como, executar tais ações; realizar o planejamento orçamentário e financeiro das atividades da Força Nacional; estabelecer interlocuções entre os órgãos executivos e de segurança pública para a disponibilização de recursos e, enfim, definir o uniforme a ser envergado pelos componentes mobilizados.

Art. 3º Consideram-se atividades e serviços imprescindíveis à preservação da ordem pública e da incolumidade das pessoas e do patrimônio, para os fins desta Lei:

I - o policiamento ostensivo;

II - o cumprimento de mandados de prisão;

III - o cumprimento de alvarás de soltura;

IV - a guarda, a vigilância e a custódia de presos;

V - os serviços técnico-periciais, qualquer que seja sua modalidade;

VI - o registro e a investigação de ocorrências policiais;

VII - as atividades relacionadas à segurança dos grandes eventos.

VIII - as atividades de inteligência de segurança pública;

IX - a coordenação de ações e operações integradas de segurança pública;

X - o auxílio na ocorrência de catástrofes ou desastres coletivos, inclusive para reconhecimento de vitimados; e

XI - o apoio às atividades de conservação e policiamento ambiental.

§ 1º - revogado pela Lei nº 13.844/2019.

§ 2º A cooperação federativa no âmbito do Ministério da Segurança Pública também ocorrerá para fins de desenvolvimento de atividades de apoio administrativo e de projetos na área de segurança pública.

Imprescindibilidade: Como visto, o caráter da imprescindibilidade se faz necessário para a adoção do convênio. Nos termos da lei, onze são as ações que caracterizam as atividades e serviços aludidos, as quais, por comporem um rol exemplificativo (FOREAUX, RODRIGO, 2019), poderão ser complementadas por Decreto do Presidente da República.

Policiamento ostensivo: Trata-se do mote principal da cooperação federativa. Policiamento ostensivo é aquele que implica a exposição visual da polícia, de modo a, com sua presença, desestimular a prática de infrações penais e comportamentos antissociais e, em caso de quebra da ordem, prontamente restabelecê-la. O Decreto nº 88.777, de 30 de setembro de 1983, que aprovou o regulamento para as polícias e bombeiros castrenses, em seu artigo 2º, item 27, considera policiamento ostensivo toda ação policial, exclusiva das Policias Militares em cujo emprego o homem ou a fração de tropa engajados sejam identificados de relance, quer pela farda quer pelo equipamento, ou viatura, objetivando a manutenção da ordem pública. Seguindo a letra da norma, são tipos dessa modalidade de policiamento, a cargo das Polícias Militares (salvo as atribuições das Forças Armadas), o ostensivo geral, urbano e rural; de trânsito; florestal e de mananciais; rodoviária e ferroviário, nas estradas estaduais; portuário; fluvial e lacustre; de radiopatrulha terrestre e aérea; de segurança externa dos estabelecimentos penais do Estado e outros fixados em legislação da Unidade Federativa, ouvido o Estado-Maior do Exército através da Inspetoria-Geral das Polícias Militares[16]. Desse modo,

15. Decreto nº 5.289, de 29 de novembro de 2004, art. 9º, parágrafo 3º.

16. Regulamento para as policias militares e corpos de bombeiros militares (R-200). Disponível em: <http://www.planalto.gov.br/ccivil_03/decreto/D88777.htm>. Acessado em 16 de jul. 2020.

subsume-se que a Força Nacional de Segurança Pública, quando mobilizada, pode executar quaisquer dessas missões, dada a amplitude do conceito, seja a pé, em veículos terrestres, aéreos e embarcações, com montaria ou na condução de animais de faro. É certo que a Constituição Federal, no artigo 144 e parágrafos, emprega as palavras "policiamento ostensivo" (para as Polícias Militares) e "patrulhamento ostensivo" (para as Polícias Ferroviária e Rodoviária Federal), dando a ideia de que ambas teriam fundamentos diversos. De fato, a expressão "policiamento" aparenta ser mais ampla, envolvendo atividades de vigília, fiscalização e proteção[17]. Já a "patrulha"seria uma expressão mais restrita, e "deriva do francês *patrouiller*, que significa atravessar poças. "É excelente o conceito da palavra, porque uma boa patrulha implica o enfrentamento de condições adversas, andar em lugares encharcados, passagens pouco iluminadas, escadas velhas e ermas, sob a chuva ou tempestade, dia e noite, no inverno e no verão"[18]. Destarte, o "policiamento" seria uma ação ordinária e de presença constante. Já a "patrulha", algo mais específico, levada a efeito em cenários e ambientes pré-classificados como perigosos, atípicos ou hostis. Na prática, porém, nada impede que elas sejam vistas como expressões sinônimas, pois, em regra, uma ação acaba decorrendo da outra. Assim, não se vislumbra óbice para que a Força Nacional de Segurança Pública execute tanto o "policiamento ostensivo" quanto o "patrulhamento", dada a equivalência das atividades.

Cumprimento de mandados de prisão: O cumprimento de mandados de prisão é tido como uma atividade típica de polícia judiciária, pois envolve auxílio direito ao Poder Judiciário e, em regra, ocorre no pós-delito, nos expressos comandos do artigo 13, inciso III, do Código de Processo Penal (Decreto-lei nº 3.689, de 3 de outubro de 1941). Destarte, considerando que o Decreto nº 5.289, de 29 de novembro de 2004 permite a atuação de servidores civis das atividades-fim dos órgãos de segurança pública nas atividades desenvolvidas no âmbito da Força Nacional de Segurança Pública, vislumbra-se que a coordenação de tal atividade, preferencialmente, deve ficar a cargo desses profissionais (policiais civis), sem prejuízo do auxílio operacional do corpo militar convencional mobilizado, em cenários e situações que exijam tal presença.

Cumprimento de alvarás de soltura: O cumprimento de um alvará de soltura implica obrigatoriamente uma prisão anteriormente formalizada, seja por captura de "procurado" (sujeito que ostenta ordem judicial de prisão pendente, "em aberto") ou foragido; seja excepcionalmente por auto flagrancial decretado por Delegado de Polícia, que também pode expedi-lo nas hipóteses legais[19]. No caso de pessoa já presa em estabelecimento prisional, a atuação caberia aos servidores das atividades-fim dos órgãos do sistema prisional dos entes federativos que celebrarem convênio (polícias penais), nos termos do art. 5º da Lei nº 11.473, de 10 de maio de 2007[20].

Guarda, vigilância e custódia de presos: Neste item há três ações específicas para presos. A guarda, a vigilância e a custódia. "Guardar" significa proteger, manter e preservar. "Vigiar" é observar com atenção. E "custodiar" é deter em dependência dotada de vigilância. O item aparente ser direcionado para quem já possui tais funções de maneira ordinária, as quais não se confundem, a primeira vista, com as de captura e guarda provisória até a finalização das providências de polícia judiciária. No caso, tratando-se de pessoas cuja prisão já esteja devidamente documentada, tal múnus competiria aos servidores das atividades-fim dos órgãos do sistema prisional conveniados, integrantes das polícias penais (CF, artigo 144, VI e § 5º-A).

Serviços técnico-periciais, qualquer que seja sua modalidade: Segundo o artigo 5º da Lei nº 11.473, de 10 de maio de 2007, as atividades de cooperação, nesse particular, serão desempenhadas por servidores das atividades-fim dos órgãos de perícia criminal dos entes federativos que celebrarem convênio, quais sejam, aqueles que, integrados por policiais civis com expertise na matéria (legistas, peritos etc.), exercem tal mister em seus Estados de origem. No caso de institutos que eventualmente venham a ser administrativamente apartados das instituições de polícia judiciária e seus servidores percam o *status* de policiais, não se vislumbra impedimento para que sejam aproveitados, visto que a legislação menciona apenas servidor da atividade-fim de perícia criminal, separando-os dos

17. FOREAUX, Rodrigo. Segurança Pública. Editora Juspodivm. 2019. p. 71.
18. BELLI, Antônio. Manual do Guarda Civil – Instrução Policial. Sugestões Literárias. 1966. p. 19.
19. Código de Processo Penal, art. 322.
20. Redação dada pela Lei nº 13.844, de 18 de junho de 2019.

de órgãos de segurança pública em sentido estrito. O único percalço seria de cunho operacional, pois não sendo mais policiais (perdendo, assim, a prerrogativa de porte funcional de arma de fogo), existiria o encargo de estarem sempre assistidos por policiais civis ou militares de carreira, em locais de criminalidade fincados em ambiente crítico ou de alto risco. O artigo 2º-A, inciso III, do Decreto nº 5.289, de 29 de novembro de 2004, licencia a atuação de servidores civis na Força Nacional para a realização de atividades periciais e de identificação civil e criminal direcionadas à colheita e resguardo de indícios ou provas de fatos ou delito em tese.

Registro e investigação de ocorrências policiais: Dispositivo incluído pela Lei nº 13.500, de 26 de outubro de 2017, alude claramente aos órgãos com atribuição de polícia judiciária e investigação das infrações penais, quais sejam, às Polícias Civis estaduais. Ainda que alguns Estados da Federação permitam o registro inicial de ocorrências por agentes de outras corporações, é certo que a investigação, desde que não envolva delitos militares, caberá às instituições de polícia judiciária, cujos membros mobilizados na Força Nacional prestarão auxílio às ações de polícia judiciária estadual na investigação de causas, circunstâncias, motivos, autoria e materialidade, nos termos do artigo 2º-A, I, do Decreto nº 5.289, de 29 de novembro de 2004, de modo que a presidência dos consentâneos inquéritos policiais caberá à Autoridade Policial (Delegado de Polícia) da respectiva circunscrição legal, em obediência aos comandos do artigo 4º do Código de Processo Penal e do artigo 2º, § 1º da Lei Federal nº 12.830, de 20 de julho de 2013[21].

Atividades relacionadas à segurança dos grandes eventos: Item com redação dada pela Lei nº 13.173, de 21 de outubro de 2015 e que a rigor pode ser executado tanto por policiais militares quanto civis eventualmente mobilizados, cada qual na sua especialidade. A segurança de grandes eventos (esportivos, midiáticos, políticos etc.) envolve a presença ostensiva e a velada, zelando-se pela integridade dos participantes e do patrimônio público e particular, bem como prevenindo e reprimindo distúrbios e ações nocivas ao meio.

Atividades de inteligência de segurança pública: Redação dada pela Lei nº 13.500, de 26 de outubro de 2017. Atividade de inteligência em segurança pública, a rigor, é aquela que, identificando ameaças reais ou potenciais, produz conhecimento com o condão de fornecer subsídios à tomada de decisões que tenha por objetivo garantir a ordem interna e neutralizar ações delituosas[22]. Pode ser exercida por agência policial que possua unidade e pessoal especializado na área, cujos reflexos poderão repercutir nas áreas de polícia ostensiva ou judiciária. Nos termos do artigo 2º-A, II, do Decreto nº 5.289, de 29 de novembro de 2004, o emprego de servidores civis na Força Nacional, nesse particular, visa ao auxílio às ações de inteligência relacionadas às atividades destinadas à preservação da ordem pública e da incolumidade das pessoas e do patrimônio[23].

Coordenação de ações e operações integradas de segurança pública: Inciso incluído pela Lei nº 13.756, de 12 de dezembro de 2018. Objetiva o apoio operacional às corporações policiais estaduais em ações de polícia ostensiva ou judiciária, geralmente sob a forma de "forças-tarefa" integradas, para reestabelecimento da ordem ou investigação de delitos. A Força Nacional, ainda, objetiva dar apoio a ações que busquem proteger pessoas, grupos e órgãos sociais que promovam e tutelem direitos humanos e liberdades fundamentais[24].

Auxílio na ocorrência de catástrofes ou desastres coletivos, inclusive para reconhecimento de vitimados: Redação advinda da Lei nº 13.756, de 12 de dezembro de 2018. Trata-se de participação de natureza multidisciplinar, envolvendo servidores dos Corpos de Bombeiros, das perícias e dos institutos médicos legais, preferencialmente. Item na linha do disposto no art. 2º-A, IV, do Decreto nº 5.289, de 29 de novembro de 2004, de similar redação.

Apoio às atividades de conservação e policiamento ambiental: Inovação trazida pela Lei nº 13.756, de 12 de dezembro de 2018. Conforme o artigo 2º-B, do Decreto nº 5.289, de 29 de novembro de 2004[25], foi instituída a Companhia de Operações Ambientais da Força Nacional de Segurança Pública, com os objetivos de apoiar as ações de fiscalização ambiental desenvolvidas por órgãos federais, estaduais, distritais e municipais na proteção do meio ambiente; atuar na prevenção a crimes e infrações

21. Decreto nº 5.289, de 29 de novembro de 2004, art. 2º A.
22. Decreto nº 3.695, de 21 de dezembro de 2000, art. 2º, § 3º.
23. Incluído pelo Decreto nº 7.318, de 28 de setembro de 2010.
24. Decreto nº 5.289, de 29 de novembro de 2004 (art. 2-A, V, incluído pelo Decreto nº 7.957, de 12 de março de 2013).
25. Inserido por força do Decreto nº 7.957, de 12 de março de 2013.

ambientais; executar tarefas de defesa civil em defesa do meio ambiente; auxiliar as ações da polícia judiciária na investigação de crimes ambientais; e prestar auxílio à realização de levantamentos e laudos técnicos sobre impactos ambientais negativos. A mesma norma, em seu art. 2-A, VI, prevê apoio às atividades de conservação e policiamento ambiental[26].

Cooperação federativa no âmbito do Ministério da Segurança Pública para fins de desenvolvimento de atividades de apoio administrativo e de projetos na área de segurança pública (§ 2º): Parágrafo incluído pela Lei nº 13.756, de 12 de dezembro de 2018 e que visa a emprestar suporte administrativo e de projetos locais, os quais agora contam com a possibilidade de cooperação junto ao Ministério da Segurança Pública.

Art. 4º Os ajustes celebrados na forma do art. 1º desta Lei deverão conter, essencialmente:

I - identificação do objeto;

II - identificação de metas;

III - definição das etapas ou fases de execução;

IV - plano de aplicação dos recursos financeiros;

V - cronograma de desembolso;

VI - previsão de início e fim da execução do objeto; e

VII - especificação do aporte de recursos, quando for o caso.

Parágrafo único. A União, por intermédio do Ministério da Justiça, poderá colocar à disposição dos Estados e do Distrito Federal, em caráter emergencial e provisório, servidores públicos federais, ocupantes de cargos congêneres e de formação técnica compatível, para execução do convênio de cooperação federativa de que trata esta Lei, sem ônus.

Ajustes: Dispositivo que trata da parte técnica e administrativa alusiva ao ajuste, necessário a edificar o ato autorizador da medida. Foco no objeto; nas metas; etapas; fases de execução; plano de recursos e desembolso; previsão de início e término e aporte de recursos. Em caso de necessidade, a União poderá dispor de servidores para executar o convênio, sem qualquer ônus.

Art. 5º As atividades de cooperação federativa no âmbito do Ministério da Justiça e Segurança Pública serão desempenhadas por militares dos Estados e do Distrito Federal e por servidores das atividades-fim dos órgãos de segurança pública, do sistema prisional e de perícia criminal dos entes federativos que celebrarem convênio, na forma do art. 1º desta Lei.

§ 1º - Se forem insuficientes os convênios firmados entre a União e os entes federados para suprir a previsão do efetivo da Força Nacional de Segurança Pública (FNSP), e em face da necessidade de excepcional interesse público, as atividades previstas no *caput* deste artigo poderão ser desempenhadas em caráter voluntário[27]:

I – por militares e por servidores das atividades fim dos órgãos de segurança pública e dos órgãos de perícia criminal da União, dos Estados e do Distrito Federal que tenham passado a inatividade há menos de cinco anos[28];

II – Por reservistas que tenham servido como militares temporários das Forças Armadas e passado para a reserva há menos de cinco anos, nos termos do convênio celebrado entre o Ministério da Defesa e o Ministério da Justiça e Segurança Pública[29].

§ 2º (VETADO):

§ 3º Os militares, os servidores e os reservistas de que trata o §1º deste artigo serão mobilizados na FNSP, no mesmo posto, graduação ou cargo que exerciam nas respectivas instituições quando estavam no serviço ativo[30].

§ 4º - O disposto no §1º deste artigo aplica-se às hipóteses em que a condição de inatividades não tenha ocorrido em razão de doença, acidente, invalidez, incapacidade, idade-limite, aposentadoria compulsória, licenciamento ou exclusão a bem da disciplina, condenação judicial transitada em julgado ou expulsão[31].

§ 5º - Aos militares, aos servidores e aos reservistas de que trata o §1º deste artigo aplica-se o regime disciplinar a que estão submetidos nas respectivas instituições de origem[32].

§ 6º - O disposto nos arts. 6º e 7º desta Lei aplica-se aos militares, aos servidores e aos reservistas de que tratar o §1º deste artigo[33].

§ 7º - Anualmente, será realizada a previsão do efetivo da FNSP pelo Ministério da Justiça e Segurança Pública, com prioridade para convocação, na seguinte ordem[34]:

26. Inserido por força do Decreto nº 7.957, de 12 de março de 2013.

27. Redação dada pela Lei nº 13.500, de 26 de outubro de 2017.
28. Redação dada pela Lei nº 13.500, de 26 de outubro de 2017.
29. Redação dada pela Lei nº 13.500, de 26 de outubro de 2017.
30. Redação dada pela Lei nº 13.500, de 26 de outubro de 2017.
31. Redação dada pela Lei nº 13.500, de 26 de outubro de 2017.
32. Redação dada pela Lei nº 13.500, de 26 de outubro de 2017.
33. Redação dada pela Lei nº 13.500, de 26 de outubro de 2017.
34. Redação dada pela Lei nº 13.500, de 26 de outubro de 2017.

I – dos militares e dos servidores referidos no *caput* deste artigo;

II – dos militares, dos servidores e dos reservistas referidos no §1º deste artigo que já possuírem o curso de formação da FNSP da data de publicação desta Lei.

§ 8º - A convocação dos voluntários dar-se-á por processo seletivo cujos critérios serão definidos em regulamento[35].

§ 9º Os militares e os servidores referidos no *caput* e no § 1º deste artigo, mobilizados para a Senasp, inclusive para a FNSP, poderão nela permanecer pelo prazo máximo de dois anos, prorrogável por ato do Ministro de Estado da Justiça e Segurança Pública, mediante anuência específica do respectivo ente federado convenente[36].

§ 10 A permanência, até o dia 31 de janeiro de 2020, dos reservistas referidos no inciso II do parágrafo 1º deste artigo que, na data da publicação desta Lei, estiverem mobilizados pela FNSP, está condicionada a previsão orçamentária a que se refere o parágrafo 7º deste artigo e a sua situação será definida por regulamento do Ministério da Justiça e Segurança Pública[37].

§ 11 Os integrantes da Secretaria Nacional de Segurança Pública, incluídos os da Força Nacional de Segurança Pública, os da Secretaria de Operações Integradas e os do Departamento Penitenciário Nacional que venham a responder a inquérito policial ou a processo judicial em função do seu emprego nas atividades e nos serviços referidos no art. 3º desta Lei serão representados judicialmente pela Advocacia-Geral da União[38].

§ 12 (VETADO).

§ 13 A mobilização para a FNSP dos reservistas a que se refere o inciso II do parágrafo 1º deste artigo será restrita àqueles que contarem mais de um ano de serviço militar e menos de nove anos de serviço público e que atenderem às demais condições estabelecidas por esta Lei e pelo Ministério da Justiça e Segurança Pública, considerando, ainda, que a eventual prorrogação de sua permanência na FNSP só será concedida se não implicar estabilidade[39].

§ 14 As despesas com a convocação e com a manutenção dos reservistas a que se refere o inciso II do parágrafo 1º deste artigo serão custeadas com dotações orçamentárias do Ministério da Justiça e Segurança Pública, nos termos do convênio estabelecido com o Ministério da Defesa, no período em que integrarem os quadros da Força Nacional de Segurança Pública[40].

§ 15 O disposto no inciso II do *caput* do art. 6º da Lei nº 10.826 de 22 de dezembro de 2003, aplica-se aos militares da reserva remunerada dos Estados e do Distrito Federal que exerçam cargo ou função em Gabinete Militar, em Casa Militar ou em órgão equivalente dos governos dos Estados e do Distrito Federal[41].

Contexto: A redação original previa apenas militares e servidores civis dos entes federados. Com o advento da Lei nº 13.844, de 18 de junho de 2019, passou-se a abranger, além dos militares, os servidores das atividades-fim dos órgãos de segurança pública, do sistema prisional e de perícia criminal. Desse modo, estão aptos a atuar os policiais militares e, das atividades-fim, os civis e os penais[42] (do sistema prisional) dos Estados, além de, nos entes federados que possuam órgãos de perícia oficial não policial, os servidores civis destes.

Guardas Civis dos Municípios: Com relação aos guardas civis dos Municípios, ao menos por ora, não há previsão quanto à possibilidade de participação no convênio, diante da literalidade do dispositivo. Não parece ser admitida uma interpretação extensiva nesse sentido. Idêntico raciocínio aplica-se aos funcionários das polícias legislativas e os agentes de trânsito, que não pertencem a órgãos de segurança pública em sentido estrito.

Voluntários (§ 1º): Dispositivo que, excepcionalmente, permite o emprego de voluntários específicos no efetivo da Força Nacional, isso em caso de insuficiência e necessidade.

Inatividade (§ 1º, inciso I): Por inatividade devemos entender os servidores aposentados e os militares já em reserva, há menos de cinco anos, como condição obrigatória de mobilização.

Militares temporários (§ 1º, inciso II): Os militares temporários são aqueles que exercem atividades de interesse das Forças Armadas, cujo ingresso é obrigatório ou voluntário, através de processo seletivo simplificado conduzido pelas Regiões Militares. Os contratos duram em regra doze meses, podendo ser prorrogados por idêntico período, não sendo

35. Redação dada pela Lei nº 13.500, de 26 de outubro de 2017.
36. Redação dada pela Lei nº 13.500, de 26 de outubro de 2017.
37. Redação dada pela Lei nº 13.500, de 26 de outubro de 2017.
38. Redação dada pela Lei nº 13.500, de 26 de outubro de 2017.
39. Redação dada pela Lei nº 13.500, de 26 de outubro de 2017.
40. Redação dada pela Lei nº 13.500, de 26 de outubro de 2017.
41. Redação dada pela Lei nº 13.500, de 26 de outubro de 2017.
42. Redação dada pela Emenda Constitucional nº 104, de 2019, a qual deu nova redação ao art. 144 da CF, VI, criando as polícias penais federal, estaduais e distrital.

permitido ultrapassar o lapso de oito anos. O interessado serve como oficial médico, farmacêutico, dentista ou veterinário; oficial técnico temporário; sargento técnico temporário ou cabo especialista temporário.

Posto, graduação e cargo (§ 3º): Dispositivo que visa a garantir o *status quo ante* daqueles que, nas condições do parágrafo, forem mobilizados na Força Nacional. "Posto" é o grau hierárquico concedido ao oficial, seja ele das Forças Armadas ou das Polícias Militares. "Graduação" é o grau hierárquico da praça. E "cargo" é o conjunto de atribuições e responsabilidades emprestadas ao servidor público, e que geralmente compõe uma carreira.

Rol taxativo (§ 4º): O rol é taxativo e autoexplicativo, dando ênfase aos profissionais que não se enquadrem nas situações especificadas.

Órgão correcional (§ 5º): Significa que não existe previsão de um órgão correcional na Força Nacional, remanescendo as Corregedorias Estaduais das respectivas agências de segurança pública o mister de apurar eventuais faltas por eles cometidas. No caso de servidores não policiais (órgãos estatais de perícia apartados das polícias civis e compostos por integrantes de carreira não policial, se ou quando criados), as apurações criminais ficam a cargo das polícias judiciárias dos Estados, sem prejuízo das persecuções administrativas, remanescentes aos órgãos de controle interno estatal.

Estrutura hierárquica (§5º): Em obediência ao artigo 11 do Decreto nº 5.289, de 29 de novembro de 2004, a estrutura hierárquica e a unidade de comando dos órgãos de segurança pública federais e estaduais serão observados nas operações da Força Nacional.

Pagamento de diária (§ 6º): O teor do § 6º trata do recebimento de diária dos servidores mobilizados na Força Nacional de Segurança Pública em razão de deslocamento, bem como do pagamento de indenização no caso de invalidez incapacitante para o trabalho, extensível aos dependentes.

Previsão do efetivo (§ 7º): O § 7º prevê a prioridade de convocação para os militares dos Estados e do Distrito Federal e servidores das atividades-fim dos órgãos de segurança pública, do sistema prisional e de perícia criminal dos entes federativos que celebrarem convênio e, em sequência, dos militares, servidores e reservistas que já tenham formação pela Força Nacional.

Regulamento (§ 8º): A mobilização, o emprego e a desmobilização dos reservistas voluntários que tenham servido como militares temporários das Forças Armadas e passado para a reserva há menos de cinco anos, nos termos da Lei nº 11,473, de 10 de maio de 2007, é disciplina pela Portaria nº 49, de 30 de janeiro de 2020, do Ministério da Justiça e Segurança Pública[43].

Período de mobilização (§ 9º): A norma prevê o prazo máximo de dois anos, prorrogável por deliberação ministerial, exigindo-se anuência do ente conveniado.

Condição (§ 10): O dispositivo refere-se aos reservistas que tenham servido como militares temporários das Forças Armadas e passado para a reserva há menos de cinco anos, cuja permanência está condicionada a orçamento anual previsto no parágrafo 7º.

Garantia jurídica (§ 11): Trata-se de garantia dada ao membro da Força Nacional de que, caso venha a responder inquérito policial ou processo no policiamento ostensivo; no cumprimento de mandados de prisão; no cumprimento de alvarás de soltura; na guarda, vigilância e custódia de presos; nos serviços técnico-periciais, qualquer que seja sua modalidade; no registro e a investigação de ocorrências policiais; nas atividades relacionadas à segurança dos grandes eventos; nas atividades de inteligência de segurança pública; na coordenação de ações e operações integradas de segurança pública; no auxílio na ocorrência de catástrofes ou desastres coletivos, inclusive para reconhecimento de vitimados; no apoio às atividades de conservação e no policiamento ambiental, seja ele representado judicialmente pela Advocacia-Geral da União.

Citação sobre a instauração de inquérito polical e processo judicial: Nos termos dos artigos 14-A, do Código de Processo Penal e do artigo 16-A, do Código de Processo Penal Militar (Decreto-lei nº 1.002, de 21 de outubro de 1969), incluídos pela Lei nº 13.964, de 24 de dezembro de 2019, conhecida como "Pacote Anticrime", agentes policiais que figurarem como investigados em procedimentos cujo objeto for a apuração de fatos alusivos ao emprego de força letal no exercício profissional, deverão ser citados sobre a instauração do procedimento investigatório e poderão constituir defensor em

43. Disponível em: <http://www.in.gov.br/web/dou/-/portaria-n-49-de-30-de-janeiro-de-2020-240824443>. Acessado em 30 de jul. 2020.

até 48 horas para que sejam representados, ou, em caso negativo, ter sua instituição intimada a indicar defensor para tanto, aplicando-se tal princípio aos militares das Forças Armadas desde que os fatos tenham ligação com atividades de garantia da lei e da ordem. Referidas disposições, sob o manto da AGU, também aplicam-se aos servidores mobilizados na Força Nacional, pois, ainda que provisoriamente engajados, eles não perdem a vinculação às instituições dispostas no artigo 144 da Constituição Federal, posto serem, por atividade e formação profissional, policiais estaduais.

Mobilização (§ 13): O dispositivo é autoexplicativo, referindo-se aos critérios de mobilização de reservistas.

Despesas com convocação e manutenção (§ 14): Item que deixa clara a responsabilidade pelas despesas decorrentes das convocações dos reservistas, as quais caberão as dotações orçamentárias do Ministério da Justiça, conforme convênio com o Ministério da Defesa, respeitado o prazo de integração na Força Nacional.

Porte funcional de arma de fogo (§ 15): Nos termos do artigo 6º, II, do Estatuto do Desarmamento (Lei Federal nº 10.826, de 22 de dezembro de 2003), é assegurado porte de arma em todo o território nacional para os integrantes da Força Nacional de Segurança Pública, neles incluídos, em razão do parágrafo 15 em comento, os militares da reserva remunerada que exerçam cargo ou função nos órgãos nele citados.

Art. 6º Os servidores civis e militares dos Estados e do Distrito Federal que participarem de atividades desenvolvidas em decorrência de convênio de cooperação de que trata esta Lei farão jus ao recebimento de diária a ser paga na forma prevista no art. 4º da Lei nº 8.162, de 8 de janeiro de 1991[44].

§ 1º A diária de que trata o *caput* deste artigo será concedida aos servidores enquanto mobilizados no âmbito do programa da Força Nacional de Segurança Pública em razão de deslocamento da sede em caráter eventual ou transitório para outro ponto do território nacional e não será computada para efeito de adicional de férias e do 13º (décimo terceiro) salário, nem integrará os salários, remunerações, subsídios, proventos ou pensões, inclusive alimentícias[45].

§ 2º A diária de que trata o *caput* deste artigo será custeada pelo Fundo Nacional de Segurança Pública, instituído pela Lei nº 10.201, de 14 de fevereiro de 2001 e, excepcionalmente, à conta de dotação orçamentária da União[46].

Diária: A diária é uma ajuda de custo dada ao militar ou servidor mobilizado na Força Nacional quando este precisar se deslocar até o local de missão ou trabalho, a fim de suportar despesas extras. Conforme o art. 5º, parágrafo único do Decreto nº 5.289, de 29 de novembro de 2004, os servidores civis e militares mobilizados farão jus a diária, a ser paga nos termos da referida lei.

Art. 7º O servidor civil ou militar vitimado durante as atividades de cooperação federativa de que trata esta Lei, bem como o Policial Federal, o Policial Rodoviário Federal, o Policial Civil e o Policial Militar, em ação operacional conjunta com a Força Nacional de Segurança Pública, farão jus, no caso de invalidez incapacitante para o trabalho, à indenização no valor de R$ 100.000,00 (cem mil reais), e seus dependentes, ao mesmo valor, no caso de morte[47].

Parágrafo único. A indenização de que trata o *caput* deste artigo correrá à conta do Fundo Nacional de Segurança Pública.

Indenização: Indenização é uma compensação a ser paga caso o mobilizado, bem como, de integrantes das Polícias Federal, Civil e Militar em ação operacional conjunta com a Força Nacional, sejam vitimados em ações das quais resulte invalidez incapacitante para o trabalho ou morte, sendo ela custeada pelo Fundo Nacional de Segurança Pública.

Assistência médica: O artigo 6º, do Decreto nº 5.289, de 29 de novembro de 2004, estabelece que o Ministério da Justiça elaborará proposta para assistência médica e segura de vida e acidentes aos agentes mobilizados que, em ação, venham a ser vitimados.

Art. 8º As indenizações previstas nesta Lei não excluem outros direitos e vantagens previstos em legislação específica.

44. Redação dada pela Lei nº 13.500, de 26 de outubro de 2017.
45. Redação dada pela Lei nº 13.500, de 26 de outubro de 2017.
46. Redação dada pela Lei nº 13.500, de 26 de outubro de 2017.
47. Redação dada pela Lei nº 13.500, de 26 de outubro de 2017.

Extensão: A norma ressalva outros diretos assegurados aos mobilizados, mormente os alusivos às suas instituições de origem.

Art. 9º Ficam criados, no âmbito do Poder Executivo Federal, para atender às necessidades do Programa da Força Nacional de Segurança Pública, 9 (nove) cargos em comissão do Grupo Direção e Assessoramento Superiores DAS, sendo 1 (um) DAS-5, 3 (três) DAS-4 e 5 (cinco) DAS-3.

Programa a ser atendido: Trata da criação de nove cargos em comissão (nomeação baseada na confiança) do Grupo Direção e Assessoramento Superiores, para fins de atendimento das necessidades do Programa da Força Nacional de Segurança Pública.

Art. 10. Esta Lei entra em vigor na data de sua publicação.

Vigência: A lei passou a vigorar no dia 10 de maio de 2007.

Art. 11. Fica revogada a Lei nº 10.277, de 10 de setembro de 2001.

Norma revogada: A norma revogada instituía medidas para assegurar o funcionamento de serviços e atividades imprescindíveis à segurança pública, através de convênio da União com os Estados membros.

Brasília, 10 de maio de 2007; 186º da Independência e 119º da República.

LUIZ INÁCIO LULA DA SILVA

Tarso Genro

Paulo Bernardo Silva

REFERÊNCIAS

ARAÚJO, Leonardo Novo Oliveira Andrade de. Direito Operacional. 1. Ed. São Paulo: Ícone, 2019.

BELLI, Antônio. Manual do Guarda Civil – Instrução Policial. Sugestões Literárias. 1966.

FOREAUX, Rodrigo. Segurança Pública. Salvador: Juspodium, 2019.

SILVA, José Afonso da. Curso de Direito Constitucional Positivo. São Paulo: RT, 1990.

36

LEI DO DEPOIMENTO ESPECIAL DE MENORES

Lei 13.431/2017

JOAQUIM LEITÃO JÚNIOR

TÍTULO I

DISPOSIÇÕES GERAIS

Art. 1º Esta Lei normatiza e organiza o sistema de garantia de direitos da criança e do adolescente vítima ou testemunha de violência, cria mecanismos para prevenir e coibir a violência, nos termos do art. 227 da Constituição Federal, da Convenção sobre os Direitos da Criança e seus protocolos adicionais, da Resolução nº 20/2005 do Conselho Econômico e Social das Nações Unidas e de outros diplomas internacionais, e estabelece medidas de assistência e proteção à criança e ao adolescente em situação de violência.

Comentários: O legislador ordinário ao edificar a presente lei fez a opção de normatizar e organizar o sistema de garantia de direitos da criança e do adolescente vítima ou testemunha de violência.

A presente lei tem por escopo criar mecanismos para prevenir e coibir a violência, nos termos do art. 227 da Constituição Federal, da Convenção sobre os Direitos da Criança e seus protocolos adicionais, da Resolução nº 20/2005 do Conselho Econômico e Social das Nações Unidas e outros diplomas internacionais.

Convém destacar que, a lei fixa medidas de assistência e proteção à criança e ao adolescente em situação de violência, medidas estas derivadas de uma série de pactos internacionais que o Brasil é signatário.

Embora saibamos que a nova Lei nº 13.431/2017 (Lei do Depoimento Sem Dano ou do Depoimento Especial) já se encontra em vigor, a mesma despertara desde o início, inúmeras celeumas na sua aplicabilidade.

Art. 2º A criança e o adolescente gozam dos direitos fundamentais inerentes à pessoa humana, sendo-lhes asseguradas a proteção integral e as oportunidades e facilidades para viver sem violência e preservar sua saúde física e mental e seu desenvolvimento moral, intelectual e social, e gozam de direitos específicos à sua condição de vítima ou testemunha.

Parágrafo único. A União, os Estados, o Distrito Federal e os Municípios desenvolverão políticas integradas e coordenadas que visem a garantir os direitos humanos da criança e do adolescente no âmbito das relações domésticas, familiares e sociais, para resguardá-los de toda forma de negligência, discriminação, exploração, violência, abuso, crueldade e opressão.

Comentários: As crianças e adolescentes diferentes do antigo Estatuto do Menor que não lhes consideravam como sujeitos de direito, com advento da Constituição Federal e Estatuto da Criança e do Adolescente foram elevados ao status e tratamentos como sujeitos de direito, disso decorrendo uma série de direitos e garantias.

As crianças e adolescentes gozam dos direitos fundamentais inerentes à pessoa humana, em que são garantidos sob o prisma legal, a proteção integral e as oportunidades e facilidades para viver sem violência e preservar sua saúde física, mental, bem como o seu desenvolvimento moral, intelectual e social.

O mais importante ainda decorrente desta lei em estudo, é que se conferiu às crianças e adolescentes o gozo dos direitos específicos à sua condição de vítima ou testemunha, surgindo daí não se revitimizar a vítima e testemunha dentre a faixa etária fixada em lei. Além disto, se positivou o que o legislador denominou atecnicamente de "depoimento sem dano" ou "depoimento especial". Dizemos atecnicamente, porque o legislador empregou indistintamente "depoimento" tanto para vítima quanto para a testemunha, sabendo que a vítima tecnicamente não "depõe", mas presta "declarações" ou "esclarecimentos", "oitivas" dentre outras terminologias sob os fatos, sem os compromissos legais, embora tendo outras consequências jurídicas, em caso de falseamento dos fatos.

Art. 3º Na aplicação e interpretação desta Lei, serão considerados os fins sociais a que ela se destina e, especialmente, as condições peculiares da criança e do adolescente como pessoas em desenvolvimento, às quais o Estado, a família e a sociedade devem assegurar a fruição dos direitos fundamentais com absoluta prioridade.

Parágrafo único. A aplicação desta Lei é facultativa para as vítimas e testemunhas de violência entre 18 (dezoito) e 21 (vinte e um) anos, conforme disposto no parágrafo único do art. 2º da Lei nº 8.069, de 13 de julho de 1990 (Estatuto da Criança e do Adolescente).

Comentários: A lei em tablado fez a mesma opção que a própria Lei de Introdução às Normas Brasileiras (LINDB) já contempla, o que a nosso ver seria desnecessária. Assim, o intérprete poderia no processo de interpretação se socorrer da Lei de Introdução às Normas Brasileiras (LINDB) que apregoa que na aplicação e interpretação desta Lei os fins sociais a que ela se destina serão considerados, sem necessidade de nova lei nessa direção.

Pode até ser que, o legislador quisesse reforçar que a interpretação desta Lei deve levar em conta os fins sociais, todavia, em nosso sentir, desnecessariamente.

Com isto, na aplicação e interpretação desta Lei, serão considerados os fins sociais a que ela se destina e, o intérprete deverá considerar as condições peculiares da criança e do adolescente como pessoas em desenvolvimento, às quais o Estado, a família e a sociedade terão o dever de assegurar a fruição dos direitos fundamentais com absoluta prioridade.

Art. 4º Para os efeitos desta Lei, sem prejuízo da tipificação das condutas criminosas, são formas de violência:

I - violência física, entendida como a ação infligida à criança ou ao adolescente que ofenda sua integridade ou saúde corporal ou que lhe cause sofrimento físico;

II - violência psicológica:

a) qualquer conduta de discriminação, depreciação ou desrespeito em relação à criança ou ao adolescente mediante ameaça, constrangimento, humilhação, manipulação, isolamento, agressão verbal e xingamento, ridicularização, indiferença, exploração ou intimidação sistemática (bullying) que possa comprometer seu desenvolvimento psíquico ou emocional;

b) o ato de alienação parental, assim entendido como a interferência na formação psicológica da criança ou do adolescente, promovida ou induzida por um dos genitores, pelos avós ou por quem os tenha sob sua autoridade, guarda ou vigilância, que leve ao repúdio de genitor ou que cause prejuízo ao estabelecimento ou à manutenção de vínculo com este;

c) qualquer conduta que exponha a criança ou o adolescente, direta ou indiretamente, a crime violento contra membro de sua família ou de sua rede de apoio, independentemente do ambiente em que cometido, particularmente quando isto a torna testemunha;

III - violência sexual, entendida como qualquer conduta que constranja a criança ou o adolescente a praticar ou presenciar conjunção carnal ou qualquer outro ato libidinoso, inclusive exposição do corpo em foto ou vídeo por meio eletrônico ou não, que compreenda:

a) abuso sexual, entendido como toda ação que se utiliza da criança ou do adolescente para fins sexuais, seja conjunção carnal ou outro ato libidinoso, realizado de modo presencial ou por meio eletrônico, para estimulação sexual do agente ou de terceiro;

b) exploração sexual comercial, entendida como o uso da criança ou do adolescente em atividade sexual em troca de remuneração ou qualquer outra forma de compensação, de forma independente ou sob patrocínio, apoio ou incentivo de terceiro, seja de modo presencial ou por meio eletrônico;

c) tráfico de pessoas, entendido como o recrutamento, o transporte, a transferência, o alojamento ou o acolhimento da criança ou do adolescente, dentro do território nacional ou para o estrangeiro, com o fim de exploração sexual, mediante ameaça, uso de força ou outra forma de coação, rapto, fraude, engano, abuso de autoridade, aproveitamento de situação de vulnerabilidade ou entrega ou aceitação de pagamento, entre os casos previstos na legislação;

IV - violência institucional, entendida como a praticada por instituição pública ou conveniada, inclusive quando gerar revitimização.

§ 1º Para os efeitos desta Lei, a criança e o adolescente serão ouvidos sobre a situação de violência por meio de escuta especializada e depoimento especial.

§ 2º Os órgãos de saúde, assistência social, educação, segurança pública e justiça adotarão os procedimentos necessários por ocasião da revelação espontânea da violência.

§ 3º Na hipótese de revelação espontânea da violência, a criança e o adolescente serão chamados a confirmar os fatos na forma especificada no § 1º deste artigo, salvo em caso de intervenções de saúde.

§ 4º O não cumprimento do disposto nesta Lei implicará a aplicação das sanções previstas na Lei nº 8.069, de 13 de julho de 1990 (Estatuto da Criança e do Adolescente).

Comentários: A "mens legis" contida na Lei nº 13.431/2017 **(Lei do Depoimento Sem Dano ou do Depoimento Especial)** foi justamente de evitar revitimização da vítima criança/adolescente ou criança/adolescente testemunha de violência e ao mesmo tempo conferir o mínimo de contato possível com fatos que possam atrapalhar o desenvolvimento psicológico à vítima criança/adolescente ou a criança/adolescente testemunha de violência.

Nesse contexto, a legislação em comento previu apenas a violência psicológica, física, sexual e institucional dentre o rol trazido pelo legislador.

Cada um destes conceitos de violência psicológica, física, sexual e institucional estão elencados na legislação em cartaz para onde remetemos o leitor. Como a lei amplia direitos e garantias, entendemos que a interpretação neste ponto pode ser ampliativa para abarcar outros conceitos de violência psicológica, física, sexual e institucional. Neste ponto, ao que parece, o "conceito de violência" inserido na Lei nº 13.431/2017 **(Lei do Depoimento Sem Dano ou do Depoimento Especial)**, semelhante do que ocorreu na Lei Maria da Penha e em outras legislações, trará discussões doutrinárias da magnitude: ser um conceito aberto e amplo de cunho protetivo[1]ou apenas restrito? Apesar de ser sustentável ambas as visões, talvez se permita uma interpretação aberta, ampliativa, teleológica e finalística, para acima de tudo se tutelar a figura da criança e do adolescente em desenvolvimento dentre os elementos fornecidos pelo legislador ordinário.

Seguindo as diretrizes desta Lei, a criança e o adolescente serão ouvidos sobre a situação de violência por meio de escuta especializada e depoimento especial.

Por **escuta especializada** devemos entender uma entrevista especializada por profissionais capacitados para ouvir e entrevistar (sem colheita por meio de termo) a vítima criança/adolescente ou criança/adolescente testemunha de violência nas hipóteses assinaladas pela lei em comento. Esta **escuta especializada** está limitada apenas ao relato do necessário para o cumprimento da finalidade de proteção social e de provimento de cuidados.

Já **"depoimento especial"** (que seria a colheita por meio de termo) ao nosso ver, consistiria na colheita formal de "oitiva" em sentido amplo por meio de termo subscrito pelos atores responsáveis aos autos e as pessoas ouvidas – no caso: a vítima criança/adolescente ou criança/adolescente testemunha de violência nas hipóteses assinaladas pela lei em testilha. Anotamos que a terminologia **"depoimento especial"** foi empregada sem tecnicidade, pois o legislador empregou indistintamente "depoimento" tanto para vítima quanto para a testemunha, sabendo que a vítima tecnicamente não "depõe", mas presta "declarações", "esclarecimentos", "oitivas" dentre outras terminologias sob os fatos, sem os compromissos legais e outras consequências jurídicas – embora possam responder por denunciação caluniosa a depender do caso concreto. A testemunha, por sua vez, presta depoimento com o compromisso legal e eventuais inverdades ou omissões relevantes poderão configurar crime de falso testemunho.

É importante à adoção de um protocolo ou fluxo pelos órgãos de saúde, assistência social, educação, segurança pública e justiça, visando adotarem os procedimentos necessários por ocasião da revelação espontânea da violência.

Na hipótese de revelação espontânea da violência, a criança e o adolescente serão chamados a confirmar os fatos na forma especificada no § 1º deste artigo, salvo em caso de intervenções de saúde.

1. Como por exemplo, no ato de fornecer bebida alcóolica à criança ou adolescente não deixa de ser uma violência ainda que psicológica à vítima, já que causa violação à integridade física/mental que o álcool, potencialmente, pode gerar no desenvolvimento do adolescente em formação.

Advertimos que o não cumprimento do disposto nesta Lei implicará a aplicação das sanções previstas na Lei nº 8.069, de 13 de julho de 1990 (Estatuto da Criança e do Adolescente).

TÍTULO II

DOS DIREITOS E GARANTIAS

Art. 5º A aplicação desta Lei, sem prejuízo dos princípios estabelecidos nas demais normas nacionais e internacionais de proteção dos direitos da criança e do adolescente, terá como base, entre outros, os direitos e garantias fundamentais da criança e do adolescente a:

I - receber prioridade absoluta e ter considerada a condição peculiar de pessoa em desenvolvimento;

II - receber tratamento digno e abrangente;

III - ter a intimidade e as condições pessoais protegidas quando vítima ou testemunha de violência;

IV - ser protegido contra qualquer tipo de discriminação, independentemente de classe, sexo, raça, etnia, renda, cultura, nível educacional, idade, religião, nacionalidade, procedência regional, regularidade migratória, deficiência ou qualquer outra condição sua, de seus pais ou de seus representantes legais;

V - receber informação adequada à sua etapa de desenvolvimento sobre direitos, inclusive sociais, serviços disponíveis, representação jurídica, medidas de proteção, reparação de danos e qualquer procedimento a que seja submetido;

VI - ser ouvido e expressar seus desejos e opiniões, assim como permanecer em silêncio;

VII - receber assistência qualificada jurídica e psicossocial especializada, que facilite a sua participação e o resguarde contra comportamento inadequado adotado pelos demais órgãos atuantes no processo;

VIII - ser resguardado e protegido de sofrimento, com direito a apoio, planejamento de sua participação, prioridade na tramitação do processo, celeridade processual, idoneidade do atendimento e limitação das intervenções;

IX - ser ouvido em horário que lhe for mais adequado e conveniente, sempre que possível;

X - ter segurança, com avaliação contínua sobre possibilidades de intimidação, ameaça e outras formas de violência;

XI - ser assistido por profissional capacitado e conhecer os profissionais que participam dos procedimentos de escuta especializada e depoimento especial;

XII - ser reparado quando seus direitos forem violados;

XIII - conviver em família e em comunidade;

XIV - ter as informações prestadas tratadas confidencialmente, sendo vedada a utilização ou o repasse a terceiro das declarações feitas pela criança e pelo adolescente vítima, salvo para os fins de assistência à saúde e de persecução penal;

XV - prestar declarações em formato adaptado à criança e ao adolescente com deficiência ou em idioma diverso do português.

Parágrafo único. O planejamento referido no inciso VIII, no caso de depoimento especial, será realizado entre os profissionais especializados e o juízo.

Comentários: Dentro da aplicação desta Lei, sem prejuízo dos princípios estabelecidos nas demais normas nacionais e internacionais de proteção dos direitos da criança e do adolescente, terá como base, entre outros, os direitos e garantias fundamentais da criança e do adolescente a:

- receber prioridade absoluta e ter considerada a condição peculiar de pessoa em desenvolvimento;
- receber tratamento digno e abrangente;
- ter a intimidade e as condições pessoais protegidas quando vítima ou testemunha de violência;
- ser protegido contra qualquer tipo de discriminação, independentemente de classe, sexo, raça, etnia, renda, cultura, nível educacional, idade, religião, nacionalidade, procedência regional, regularidade migratória, deficiência ou qualquer outra condição sua, de seus pais ou de seus representantes legais;
- receber informação adequada à sua etapa de desenvolvimento sobre direitos, inclusive sociais, serviços disponíveis, representação jurídica, medidas de proteção, reparação de danos e qualquer procedimento a que seja submetido;
- ser ouvido e expressar seus desejos e opiniões, assim como permanecer em silêncio;
- receber assistência qualificada jurídica e psicossocial especializada, que facilite a sua participação e o resguarde contra comportamento inadequado adotado pelos demais órgãos atuantes no processo;
- ser resguardado e protegido de sofrimento, com direito a apoio, planejamento de sua participação, prioridade na tramitação do processo,

celeridade processual, idoneidade do atendimento e limitação das intervenções;

- ser ouvido em horário que lhe for mais adequado e conveniente, sempre que possível;
- ter segurança, com avaliação contínua sobre possibilidades de intimidação, ameaça e outras formas de violência;
- ser assistido por profissional capacitado e conhecer os profissionais que participam dos procedimentos de escuta especializada e depoimento especial;
- ser reparado quando seus direitos forem violados;
- conviver em família e em comunidade;
- ter as informações prestadas tratadas confidencialmente, sendo vedada a utilização ou o repasse a terceiro das declarações feitas pela criança e pelo adolescente vítima, salvo para os fins de assistência à saúde e de persecução penal;
- prestar declarações em formato adaptado à criança e ao adolescente com deficiência ou em idioma diverso do português.

O planejamento referido deverá resguardar e proteger à criança e o adolescente de sofrimento, com direito a apoio, planejamento de sua participação, prioridade na tramitação do processo, celeridade processual, idoneidade do atendimento e limitação das intervenções, no caso de depoimento especial, será realizado entre os profissionais especializados e o juízo.

Art. 6º A criança e o adolescente vítima ou testemunha de violência têm direito a pleitear, por meio de seu representante legal, medidas protetivas contra o autor da violência.

Parágrafo único. Os casos omissos nesta Lei serão interpretados à luz do disposto na Lei nº 8.069, de 13 de julho de 1990 (Estatuto da Criança e do Adolescente), na Lei nº 11.340, de 7 de agosto de 2006 (Lei Maria da Penha), e em normas conexas.

Comentários: O legislador conferiu à criança e o adolescente vítima ou testemunha de violência o direito a pleitear, por meio de seu representante legal, medidas protetivas contra o autor da violência.

Este dispositivo legal passa a ter uma ligação direta com o art. 313, inciso III, do Código de Processo Penal:

> "Art. 313. Nos termos do art. 312 deste Código, será admitida a decretação da prisão preventiva: (Redação dada pela Lei nº 12.403, de 2011).
>
> I - nos crimes dolosos punidos com pena privativa de liberdade máxima superior a 4 (quatro) anos; (Redação dada pela Lei nº 12.403, de 2011).
>
> II - se tiver sido condenado por outro crime doloso, em sentença transitada em julgado, ressalvado o disposto no inciso I do *caput* do art. 64 do Decreto-Lei nº 2.848, de 7 de dezembro de 1940 - Código Penal; (Redação dada pela Lei nº 12.403, de 2011).
>
> **III - se o crime envolver violência doméstica e familiar contra a mulher, criança, adolescente, idoso, enfermo ou pessoa com deficiência, para garantir a execução das medidas protetivas de urgência;** (Redação dada pela Lei nº 12.403, de 2011)."

Com isto, levando em consideração o art. 313, inciso III e se preenchidos os demais requisitos do art. 312, do CPP, poderemos ter à decretação da medida cautelar de prisão preventiva.

Ademais, os casos omissos nesta Lei serão interpretados à luz do disposto na Lei nº 8.069, de 13 de julho de 1990 (Estatuto da Criança e do Adolescente), na Lei nº 11.340, de 7 de agosto de 2006 (Lei Maria da Penha), e em normas conexas.

TÍTULO III

DA ESCUTA ESPECIALIZADA E DO DEPOIMENTO ESPECIAL

Art. 7º Escuta especializada é o procedimento de entrevista sobre situação de violência com criança ou adolescente perante órgão da rede de proteção, limitado o relato estritamente ao necessário para o cumprimento de sua finalidade.

Comentários: Por **escuta especializada** devemos entender uma entrevista especializada por profissionais capacitados para ouvir e entrevistar (sem colheita por meio de termo) a vítima criança/adolescente ou criança/adolescente testemunha de violência nas hipóteses assinaladas pela lei em comento. Esta **escuta especializada** está limitada apenas ao relato do necessário para o cumprimento da finalidade de proteção social e de provimento de cuidados.

Assim, como existem redes de proteção na violência doméstica, o legislador positiva esta escuta especializada de criança e o adolescente vítima ou testemunha de violência perante o órgão da rede de proteção. Isto tudo no campo ideal do mundo perfeito, porque no campo prático da realidade, até o momento não se constituíram na grande parte do país esta rede de proteção e protocolos, o que acaba por frustrar a aplicabilidade da lei em tela.

De mais a mais, dentro da realidade propiciada pelo Estado brasileiro, no desempenho das funções e atividades policiais - aquém do necessário - e ao mesmo tempo da falta de sintonia entre Lei e o "mundo real", a Polícia Judiciária em todo país têm se esforçado e procurado ao máximo atender as diretrizes da Lei em comento, porém por ausência de equipe especializada e de equipamentos (para escuta e depoimento) no primeiro atendimento na Delegacia ou em Juízo, a grande maioria não tem conseguido realizar a contento, os atos em sua plenitude, em obediência a indigitada Lei – se limitando apenas aos atos prévios de possível atendimento especializado.

Art. 8º Depoimento especial é o procedimento de oitiva de criança ou adolescente vítima ou testemunha de violência perante autoridade policial ou judiciária.

Comentários: O **"depoimento especial"** (que seria a colheita por meio de termo) ao nosso ver, consistiria na colheita formal de "oitiva" em sentido amplo por meio de termo subscrito pelos atores responsáveis aos autos e as pessoas ouvidas - no caso: a vítima criança/adolescente ou criança/adolescente testemunha de violência nas hipóteses assinaladas pela lei em testilha. Anotamos que a terminologia **"depoimento especial"** foi empregada sem tecnicidade, pois o legislador empregou indistintamente "depoimento" tanto para vítima quanto para a testemunha, sabendo que a vítima tecnicamente não "depõe", mas presta "declarações", "esclarecimentos", "oitivas" dentre outras terminologias sob os fatos, sem os compromissos legais e outras consequências jurídicas - embora possam responder por denunciação caluniosa a depender do caso concreto. A testemunha, por sua vez, presta depoimento com o compromisso legal e eventuais inverdades ou omissões relevantes poderão configurar crime de falso testemunho.

O ideal é que se cunhasse a expressão **"oitiva sem dano"** ou **"oitiva especial"** para designar um caso ou outro, já que seria gênero no qual depoimento seria espécie.

Outro questionamento é se essa "oitiva sem dano" ou "oitiva especial" será apenas em Juízo ou em Delegacia de Polícia?

Pensa-se que essa "oitiva sem dano" ou "oitiva especial" poderá se dar em Juízo ou em Delegacia, embora fique nítido de que o propósito do legislador foi de ser tomar preferencialmente apenas uma oitiva para evitar a revitimização. Não foi a toa que o legislador no art. 8º, da Lei nº 13.431/2017 previu que:

> "TÍTULO III
>
> DA ESCUTA ESPECIALIZADA E DO DEPOIMENTO ESPECIAL
>
> [...]
>
> Art. 8º **Depoimento especial é o procedimento de oitiva de criança ou adolescente vítima ou testemunha** de violência **perante autoridade policial ou judiciária**."

Partindo-se a premissa de que não existem palavras inúteis do texto da lei, o **depoimento especial é o procedimento de oitiva de criança ou adolescente vítima ou testemunha** de violência **perante autoridade policial ou judiciária.**

A par disto, foi editado o Decreto nº 9.603/2018 para regulamentar a Lei nº 13.431, de 4 de abril de 2017, que estabelece o sistema de garantia de direitos da criança e do adolescente vítima ou testemunha de violência e neste ato normativo previu novamente a possibilidade de o **depoimento especial ser o procedimento de oitiva de criança ou adolescente vítima ou testemunha** de violência **perante autoridade policial ou judiciária**.

Estabelecida esta premissa, como proceder então em termos práticos diante desta constatação?

Em termos práticos, a autoridade policial ou judiciária deverá avaliar se é indispensável a oitiva da criança ou do adolescente, consideradas as demais provas existentes, de forma a preservar sua saúde física e mental e seu desenvolvimento moral, intelectual e social, onde a criança ou o adolescente serão respeitados em sua iniciativa de não falar sobre a violência sofrida.

O "depoimento especial" se for indispensável na avaliação dos atores legitimados, deverá ser gravado com equipamento que assegure a qualidade audiovisual, em sala de depoimento especial será reservada, silenciosa, com decoração acolhedora e simples, para evitar distrações. Neste caso, no que se refere a criança e o adolescente ouvidos perante a polícia, entendemos não ter sob o aspecto técnico prova propriamente dita, mas apenas elementos informativos, o que não impediria nova oitiva em Juízo, assegurando ampla defesa e contraditório

– fato que colidiria com o espírito da lei que era justamente de evitar a revitimização.

Sendo dispensável a oitiva de plano, o recomendável é que após a escuta especializada ocorra **a liberação das crianças e dos adolescentes (vítimas) sem oitivas formais, com a coleta apenas da escuta especializada com profissionais da rede de proteção (integrada por psicólogos, assistentes sociais, profissionais da saúde, segurança pública, educação, direitos humanos etc, com o preenchimento de formulários) ou (atendimento especializado pelos policiais [investigadores, escrivães e até mesmo Delegados de Polícia], caso tenham tido capacitação), diante da vigência da Nova Lei nº 13.431/2017 (Lei do Depoimento Sem Dano ou do Depoimento Especial) até porque pela letra da Lei, essa oitiva pode se dar tanto na Delegacia**[23] **ou em Juízo**[4]. Assim, de qualquer forma, embora não seja o ideal, é o que se tem "à la carte" para oferecer de plano, **enquanto não se confira a estrutura almejada e se instale a equipe ou rede especializada responsável para tanto**, buscando atender o espírito da lei, já que nem capacitação e estrutura o legislador ordinário se preocupou em conferir às Polícias Judiciárias e os demais atores envolvidos.

Assim, apesar de a Lei nº 13.431/2017 (Lei do Depoimento Sem Dano ou do Depoimento Especial) já estar em vigor, a solução encontrada tem sido a apontada acima, enquanto não se estruture e crie a equipe ou rede especializada responsável para tanto em outras localidades.

De qualquer forma, em sendo dispensável num primeiro momento a oitiva da vítima ou testemunha nas circunstâncias desta Lei, deverá a Autoridade Policial Titular da unidade policial responsável pela condução das investigações em tela, avaliar posteriormente, a possível representação policial (ou provocação ao Ministério Público) por antecipação de prova (com oitiva dos adolescentes na forma da lei supra) [art. 21, inciso VI, da Lei nº 13.431/2017], dentre outros entendimentos da Autoridade Policial responsável pelo caso (diante das hipóteses enumeradas no art. 21, incisos I *usque* V, da Lei nº 13.431/2017), dentro da sua independência funcional/autonomia[5].

2. Art. 8º Depoimento especial é o procedimento de oitiva de criança ou adolescente vítima ou testemunha de violência perante autoridade policial ou judiciária.

3. O delegado de polícia, Marcelo Ricardo Colaço, nesse ponto assevera que: "Apesar de não constar expressamente no artigo 12 a figura da autoridade policial, por meio de uma interpretação sistemática com o artigo 8º, verifica-se se estender a ela, quando presidir a tomada do depoimento em tais casos, a utilização dos procedimentos traçados legalmente. Em especial, deve ser respeitada, dentre outras, a intervenção do profissional com expertise técnica, que poderá adaptar as perguntas à linguagem de melhor compreensão da criança ou do adolescente, gravação do ato e em áudio e vídeo, além de todas as medidas apropriadas para a preservação da intimidade e da privacidade da vítima ou testemunha, evitando-se, peremptoriamente, o contato com o suposto autor ou acusado, ou com outra pessoa que represente ameaça, coação ou constrangimento.Oportuno neste momento salientar, que em relação à tomada do Depoimento especial por parte da autoridade policial, já começam a surgir vozes no sentido de que não poderia ser a medida por ela executada, pois alçada a prova antecipada e, como é consabido, em fase policial, em regra, são colhidos elementos informativos e não provas. Entretanto, também é de conhecimento público que para uma ação imediata, como numa prisão em flagrante executada na madrugada, com o fim de se buscar elementos mínimos de autoria ou materialidade delitiva, a autoridade policial terá de proceder à oitiva dessa criança, que, por conseguinte, pautada na legislação em comento, deverá respeitar os trâmites procedimentais legalmente descritos, sob pena de tornar inócua a nova regulamentação, pois estarão ausentes os cuidados necessários, gerando, consequentemente, a malfadada vitimização secundária. Nesta senda, advogando pela possibilidade de a autoridade policial presidir – presidir, pois em verdade será efetuada diretamente pelo profissional com expertise na área da psicologia ou assistência social, evitando causar dano - a execução do Depoimento sem dano, aduzem Henrique Hoffmann Monteiro de Castro e Paulo Eduardo Léporea [sic]:'Regra geral, o depoimento especial deve ser realizado uma única vez (artigo 11), através de produção antecipada de prova judicial (artigo 156, I do CPP), garantida a ampla defesa do investigado. Ou seja, **preferencialmente** deve ser realizado como prova antecipada, a ser produzida perante o juiz com observância do contraditório real antes mesmo do início do processo, ou se deflagrado o processo antes da audiência de instrução e julgamento. **Se impossível sua realização, deve-se proceder ao depoimento especial em sede policial, e repeti-lo posteriormente em juízo'" (COLAÇO, 2018, p.1).**

4. **Ocorre que diante da ausência de equipamentos, assim como de equipe especializada para proceder nos termos e diretrizes da legislação em comento, que prima apenas por uma única oitiva do adolescente (vítima) - oitiva esta na Delegacia ou em Juízo -, se tem notícia de que não está sendo realizada até o momento na grande maioria das unidades federativas do país.**

5. Entendemos que a Autoridade Policial - apesar de o texto expresso da lei endereçar à provocação do Delegado de Polícia ao Ministério Público -, pode perfeitamente representar, diretamente, ao Poder Judiciário, por tal antecipação da prova, pois se pode o mais que é representar pela prisão entre outras medidas extremamente gravosas, pode o menos que é propiciar a produção de provas em prol de pessoas vulneráveis (crianças e adolescentes). A opção do legislador apesar de ter aparentemente se enveredado pelo tema "capacidade postulatória", não foi feliz e nem observou os direitos em jogo, a propiciar expressamente a possibilidade de o Delegado de Polícia a manejar representação policial, até porque em regra, será colhido o parecer ministerial sobre o caso.

Ainda em termos práticos e como já dito, as crianças e os adolescentes conduzidos na condição de vítimas/testemunhas de violência, após as entrevistas, deverão ser liberadas e entregues aos responsáveis legais, mediante termo.

Art. 9º A criança ou o adolescente será resguardado de qualquer contato, ainda que visual, com o suposto autor ou acusado, ou com outra pessoa que represente ameaça, coação ou constrangimento.

Comentários: Preocupado com a revitimização e outros efeitos psicológicos nocivos eventualmente causados à criança ou o adolescente nas hipóteses desta Lei, o legislador sabidamente impôs à vedação de qualquer contato, ainda que visual, com o suposto autor ou acusado, ou com outra pessoa que represente ameaça, coação ou constrangimento perante a criança ou o adolescente.

Art. 10. A escuta especializada e o depoimento especial serão realizados em local apropriado e acolhedor, com infraestrutura e espaço físico que garantam a privacidade da criança ou do adolescente vítima ou testemunha de violência.

Comentários: A Lei em tela positiva o mandamento de que a escuta especializada e o depoimento especial serão realizados em local apropriado e acolhedor, com infraestrutura e espaço físico que garantam a privacidade da criança ou do adolescente vítima ou testemunha de violência.

Já tecemos nossas críticas nos tópicos anteriores quanto à falta de estrutura e outras preocupações para onde remetemos o leitor.

Art. 11. O depoimento especial reger-se-á por protocolos e, sempre que possível, será realizado uma única vez, em sede de produção antecipada de prova judicial, garantida a ampla defesa do investigado.

§ 1º O depoimento especial seguirá o rito cautelar de antecipação de prova:

I - quando a criança ou o adolescente tiver menos de 7 (sete) anos;

II - em caso de violência sexual.

§ 2º Não será admitida a tomada de novo depoimento especial, salvo quando justificada a sua imprescindibilidade pela autoridade competente e houver a concordância da vítima ou da testemunha, ou de seu representante legal.

Comentários: Como já tecemos em tópicos anteriores, o depoimento especial reger-se-á por protocolos ou fluxos a serem estabelecidos e sempre que possível deverá ser realizado apenas uma única vez, em sede de produção antecipada de prova judicial, garantida a ampla defesa do investigado.

Com isto, afora a questão da possibilidade do depoimento especial a ser colhido em sede de Delegacia de Polícia, consoante já sustentamos pelo próprio texto de lei, ao que parece o legislador optou pelo depoimento especial colhido em Juízo para seguir o rito cautelar de antecipação de prova, evitando nossas oitivas. O legislador traz algumas situações que esta ritualística da prova antecipada deverá ser seguida rigorosamente, quais sejam: quando a criança ou o adolescente tiver menos de 7 (sete) anos; em caso de violência sexual.

Desta forma, intuitivamente queremos acreditar que as demais situações, por exclusão, poderiam ser mitigadas por este rigorismo imposto legalmente (com exceção das hipóteses de termos a criança ou adolescente menor de 7 anos e em casos de violência sexual), permitindo esta "oitiva" nas demais circunstâncias em Delegacia de Polícia ou outras adaptações que atendam o fim precípuo desta Lei.

Ademais, o legislador traz como regra de que não será admitida a tomada de novo "depoimento especial" (oitiva especial ou sem dano para nós), salvo quando justificada a sua imprescindibilidade pela autoridade competente e houver a concordância da vítima ou da testemunha, ou de seu representante legal.

Todavia, algumas inquietações precisam ser enfrentadas: com a nova Lei nº 13.431/2017 admite-se acareação da criança/adolescente na condição de vítima ou testemunha de violência? Em resposta se haveria a possibilidade ou não de acareação **da criança/adolescente na condição de vítima ou testemunha de violência** entre seu algoz (criminoso), testemunhas, entre outra vítima (em caso de mais de uma vítima) etc, pensa-se que haverá uma inclinação em se negar essa prática, em virtude da "mens legis" anunciar o impedimento da revitimização da vítima – o que poderá frustrar a busca da verdade real, ainda que utópica em nossa opinião.

Prosseguindo nas exposições, encontramos um outro problema da Lei nº 13.431/2017 no tocante ao exercício do contraditório e da ampla defesa.

Como conciliar o contraditório e ampla defesa em prova antecipada? Não teríamos uma inconstitucionalidade material neste ponto? Uma possível solução imediatista seria da possibilidade de se fazer um contraditório diferido no momento adequado. Sabemos da existência de posicionamentos jurisprudenciais respeitáveis, contudo, será que realmente este contraditório diferido alcançará a mesma segurança e impressão aos destinatários da prova? Em resposta, pensa-se que haverá uma inclinação em não se admitir nem mesmo uma reinquiração da vítima pelo espírito da lei.

Não podemos deixar que leis ordinárias criem ambientes propícios e férteis para injustiças, sob o pretexto e preocupação da revitimização da vítima, por mais nobre que seja. O mais importante tem sido olvidado pelo legislador, que é de focar na proteção da família (base do Estado); num ensino escolar público com qualidade que prepare e auxilie nossas crianças e adolescentes na complementação da educação, inclusive como forma preventiva de vitimização; numa segurança pública eficiente e equipada; entre outras políticas públicas. Insistir em tentar resolver problemas na "canetada" e na seara do Poder Legislativo, certamente, não trará efeitos práticos desejados.

Outro problema está na potencialidade de fantasia criada por crianças e adolescentes em suas mentes, pois embora não seja regra, a literatura da psicologia e psiquiatria forense e policial não deixa escapar de casos emblemáticos[6], em que crianças e adolescente fantasiaram fatos ou deram coloridos diversos, onde acabaram colocando de forma indevida, os seus "algozes" na cadeia.

Ademais, em casos que envolvam disputa de guarda de crianças e adolescentes, não raras vezes estes personagens (crianças e adolescente), a mando dos interessados[7], têm falseado a verdade e colocado seus pais na cadeia (seja para delatarem fictícios estupros, maus tratos entre outros crimes falsos). Com a legislação em vigor, sem dúvida, a busca da verdade real poderá restar comprometida mais uma vez, principalmente a afastar a figura do Delegado no acompanhamento real e próximo (frontalmente e diretamente com a criança ou o adolescente) na coleta dos depoimentos/oitivas.

O ideal é que o legislador tivesse previsto esse acompanhamento não de forma indireta, mas direta, ao menos na esfera policial, por óbvio, por conta da experiência e tirocínio policial com fatos que podem ter sido "arquitetados" para atender no fundo, interesses escusos – como já falado anteriormente.

Não pode ser ignorada a inegável nobreza e objetivo da Lei em comento serem de fundamental importância e constituírem um verdadeiro avanço nas políticas públicas de crimes contra vítimas crianças e adolescentes. Contudo, não estaríamos conferindo poderes por demais a uma vítima ou uma testemunha nas hipóteses desta Lei para colocar na cadeia quem quiser, porque dificilmente teria sua versão confrontada?

Será que os equívocos da literatura policial e do Poder Judiciário não foram suficientes para despertar um enfrentamento sobre o assunto com ressalvas quanto à versão da vítima para se evitar erros?

Outro ponto não debatido até o momento, é que a criação de equipe especializada ou da rede de proteção para ouvir diretamente a vítima ou testemunha ainda que na esfera da Delegacia de Polícia, acabaria diante de algumas interpretações equivocadas, retirando a presença do Delegado de Polícia na sala e diretamente da oitiva. Isso não seria uma inconstitucionalidade e ilegalidade, uma vez que cabe ao Delegado acompanhar a situação presencialmente ou remotamente com interação em tempo real. Isso não seria uma problemática?

Em nosso sentir, o Delegado de Polícia deve adotar uma postura sensata e ao mesmo tempo incisiva para fazer valer suas prerrogativas e atribuições constitucionais e legais, se entender dentro da sua independência e autonomia funcional que, deve acompanhar o ato com sua presença e participação ativa – em busca da verdade real dos fatos – na fase extrajudicial, se for indispensável a oitiva sem dano ou especial da criança e do adolescente (vítima ou testemunhas). A mesma observação se estende aos demais atores envolvidos na persecução penal.

Um ato normativo (lei) hierarquicamente inferior poderia retirar ou dar uma interpretação, tolhendo à atribuição de densidade constitucional da Autoridade Policial na fase extrajudicial, se for indispensável a oitiva sem dano ou especial? Como

6. Lembra-se da máxima de que as falas de crianças e adolescentes em fatos clandestinos de violência sexual, por exemplo, possuem imenso relevo, se coerente e harmônico com os demais elementos.
7. Em especial na alienação parental.

agir diante de uma possível antinomia de leis no mesmo plano ou de interpretação equivocada?

Em resposta, vale mencionar antes de mais nada, que é atribuição constitucional e legal do Delegado de Polícia estar à frente desses atos na fase extrajudicial, se for indispensável à oitiva sem dano ou especial. Logo, em continuidade da resposta, pensamos que estaríamos diante de uma inconstitucionalidade neste ponto ainda que se alegasse a densidade da base principiológica do Estatuto da Criança e do Adolescente para sobrepor. Em sequência, sob o ponto de vista de aparentes antinomias legais entre as atribuições da Lei nº 12.830/2013 entre outras e esta Lei em voga, não temos dúvida de que uma interpretação sistemática se imporia para evitar subversões de ordem legal em nosso sistema.

Aliás, o que esperava do legislador ordinário é que prestigiasse à capacidade postulatória da Autoridade Policial com sua presença direta e real, na sala da oitiva junto com a rede de proteção ou equipe especializada e não conferir margens interpretativas até para a sua retirada à frente de forma direta dos atos, alijando prerrogativas constitucionais e legais, e, ao mesmo tempo deixando-a apenas como acompanhante e mero coadjuvante dos atos.

Afinal, pensa-se com todo respeito sem desmerecer os demais profissionais, que o Delegado de Polícia, na fase extrajudicial, se for indispensável à oitiva sem dano ou especial, tenha as melhores técnicas e métodos de investigação para aprofundar e dirigir os atos – sem figurar como acompanhante e mero coadjuvante – cabendo ao Estado à preocupação em capacitar ele nestas situações e disponibilizar equipamentos com equipe especializada ou a rede de proteção para tanto.

A presença real e direta do Delegado de Polícia é importante nesses atos em sede de Delegacia de Polícia.

Imagine-se se este viés interpretativo passe a ser regra no meio jurídico? Daqui a pouco estarão retirando julgadores (juízes) e outros protagonistas de seus ofícios sob os mais variados pretextos e sutilezas.

Essas são as nossas inquietações quanto à nova Lei nº 13.431/2017 que não podem ser ignoradas.

Art. 12. O depoimento especial será colhido conforme o seguinte procedimento:

I - os profissionais especializados esclarecerão a criança ou o adolescente sobre a tomada do depoimento especial, informando-lhe os seus direitos e os procedimentos a serem adotados e planejando sua participação, sendo vedada a leitura da denúncia ou de outras peças processuais;

II - é assegurada à criança ou ao adolescente a livre narrativa sobre a situação de violência, podendo o profissional especializado intervir quando necessário, utilizando técnicas que permitam a elucidação dos fatos;

III - no curso do processo judicial, o depoimento especial será transmitido em tempo real para a sala de audiência, preservado o sigilo;

IV - findo o procedimento previsto no inciso II deste artigo, o juiz, após consultar o Ministério Público, o defensor e os assistentes técnicos, avaliará a pertinência de perguntas complementares, organizadas em bloco;

V - o profissional especializado poderá adaptar as perguntas à linguagem de melhor compreensão da criança ou do adolescente;

VI - o depoimento especial será gravado em áudio e vídeo.

§ 1º À vítima ou testemunha de violência é garantido o direito de prestar depoimento diretamente ao juiz, se assim o entender.

§ 2º O juiz tomará todas as medidas apropriadas para a preservação da intimidade e da privacidade da vítima ou testemunha.

§ 3º O profissional especializado comunicará ao juiz se verificar que a presença, na sala de audiência, do autor da violência pode prejudicar o depoimento especial ou colocar o depoente em situação de risco, caso em que, fazendo constar em termo, será autorizado o afastamento do imputado.

§ 4º Nas hipóteses em que houver risco à vida ou à integridade física da vítima ou testemunha, o juiz tomará as medidas de proteção cabíveis, inclusive a restrição do disposto nos incisos III e VI deste artigo.

§ 5º As condições de preservação e de segurança da mídia relativa ao depoimento da criança ou do adolescente serão objeto de regulamentação, de forma a garantir o direito à intimidade e à privacidade da vítima ou testemunha.

§ 6º O depoimento especial tramitará em segredo de justiça.

Comentários: A lei em cartaz traz para o depoimento especial o seguinte procedimento que será colhido:

- os profissionais especializados esclarecerão a criança ou o adolescente sobre a tomada do depoimento especial, informando-lhe os seus direitos e os procedimentos a serem adotados e planejando sua participação, sendo vedada a leitura da denúncia ou de outras peças processuais;

- é assegurada à criança ou ao adolescente a livre narrativa sobre a situação de violência, podendo o profissional especializado intervir quando necessário, utilizando técnicas que permitam a elucidação dos fatos;
- no curso do processo judicial, o depoimento especial será transmitido em tempo real para a sala de audiência, preservado o sigilo;
- findo o procedimento previsto no inciso II deste artigo, o juiz, após consultar o Ministério Público, o defensor e os assistentes técnicos, avaliará a pertinência de perguntas complementares, organizadas em bloco;
- o profissional especializado poderá adaptar as perguntas à linguagem de melhor compreensão da criança ou do adolescente;
- o depoimento especial será gravado em áudio e vídeo.

É garantido o direito à vítima ou testemunha de violência de prestar depoimento diretamente ao juiz, se assim o entenderem, devendo o juiz adotar todas as medidas apropriadas para a preservação da intimidade e da privacidade da vítima ou testemunha.

Abre-se um parêntese aqui de reforço a tese de que a "oitiva sem dano ou especial" pode ocorrer na esfera inquisitorial. Ora, se é garantido o direito à vítima ou testemunha de violência de prestar depoimento diretamente ao juiz, o contrário quer dizer que é possível aquela oitiva em Delegacia de Polícia, se a vítima ou testemunha estiverem fora daquele rol rigoroso que o legislador trouxe.

Caso o profissional especializado entenda de maneira fundada que a presença do suposto autor da violência enumerada nesta Lei prejudique a oitiva, deverá comunicar ao juiz que a presença, na sala de audiência, do autor da violência prejudicará o depoimento especial ou colocará o depoente em situação de risco, devendo constar em termo com o afastamento do imputado autorizado pelo juiz.

Nas hipóteses em que houver risco à vida ou à integridade física da vítima ou testemunha, o juiz adotará as medidas de proteção cabíveis, inclusive a restrição do disposto nos incisos III e VI deste dispositivo legal em análise.

As condições de preservação e de segurança da mídia relativa ao depoimento da criança ou do adolescente deverão ser observadas, de forma a garantir o direito à intimidade e à privacidade da vítima ou testemunha. O legislador trouxe a necessidade de uma regulamentação para isto.

A par disto, foi editado o Decreto nº 9.603/2018 para regulamentar a Lei nº 13.431, de 4 de abril de 2017, que estabelece o sistema de garantia de direitos da criança e do adolescente vítima ou testemunha de violência. Dentre os trechos deste Decreto, citamos dois que reputamos importantes que dizem respeito à escuta especializada e depoimento sem dano ou especial:

> **Seção II**
>
> **Da escuta especializada**
>
> Art. 19. A escuta especializada é o procedimento realizado pelos órgãos da rede de proteção nos campos da educação, da saúde, da assistência social, da segurança pública e dos direitos humanos, com o objetivo de assegurar o acompanhamento da vítima ou da testemunha de violência, para a superação das consequências da violação sofrida, limitado ao estritamente necessário para o cumprimento da finalidade de proteção social e de provimento de cuidados.
>
> § 1º A criança ou o adolescente deve ser informado em linguagem compatível com o seu desenvolvimento acerca dos procedimentos formais pelos quais terá que passar e sobre a existência de serviços específicos da rede de proteção, de acordo com as demandas de cada situação.
>
> § 2º A busca de informações para o acompanhamento da criança e do adolescente deverá ser priorizada com os profissionais envolvidos no atendimento, com seus familiares ou acompanhantes.
>
> § 3º O profissional envolvido no atendimento primará pela liberdade de expressão da criança ou do adolescente e sua família e evitará questionamentos que fujam aos objetivos da escuta especializada.
>
> § 4º A escuta especializada não tem o escopo de produzir prova para o processo de investigação e de responsabilização, e fica limitada estritamente ao necessário para o cumprimento de sua finalidade de proteção social e de provimento de cuidados.
>
> Art. 20. A escuta especializada será realizada por profissional capacitado conforme o disposto no art. 27.
>
> Art. 21. Os órgãos, os serviços, os programas e os equipamentos da rede de proteção adotarão procedimentos de atendimento condizentes com os princípios estabelecidos no art. 2º.
>
> **Seção III**
>
> **Do depoimento especial**
>
> Art. 22. O depoimento especial é o procedimento de oitiva de criança ou adolescente vítima ou testemunha

de violência perante autoridade policial ou judiciária com a finalidade de produção de provas.

§ 1º O depoimento especial deverá primar pela não revitimização e pelos limites etários e psicológicos de desenvolvimento da criança ou do adolescente.

§ 2º A autoridade policial ou judiciária deverá avaliar se é indispensável a oitiva da criança ou do adolescente, consideradas as demais provas existentes, de forma a preservar sua saúde física e mental e seu desenvolvimento moral, intelectual e social.

§ 3º A criança ou o adolescente serão respeitados em sua iniciativa de não falar sobre a violência sofrida.

Art. 23. O depoimento especial deverá ser gravado com equipamento que assegure a qualidade audiovisual.

Parágrafo único. A sala de depoimento especial será reservada, silenciosa, com decoração acolhedora e simples, para evitar distrações.

Art. 24. A sala de depoimento especial poderá ter sala de observação ou equipamento tecnológico destinado ao acompanhamento e à contribuição de outros profissionais da área da segurança pública e do sistema de justiça.

Art. 25. O depoimento especial será regido por protocolo de oitiva.

Art. 26. O depoimento especial deverá ser conduzido por autoridades capacitadas, observado o disposto no art. 27, e realizado em ambiente adequado ao desenvolvimento da criança ou do adolescente.

§ 1º A condução do depoimento especial observará o seguinte:

I - os repasses de informações ou os questionamentos que possam induzir o relato da criança ou do adolescente deverão ser evitados em qualquer fase da oitiva;

II - os questionamentos que atentem contra a dignidade da criança ou do adolescente ou, ainda, que possam ser considerados violência institucional deverão ser evitados;

III - o profissional responsável conduzirá livremente a oitiva sem interrupções, garantida a sua autonomia profissional e respeitados os códigos de ética e as normas profissionais;

IV - as perguntas demandadas pelos componentes da sala de observação serão realizadas após a conclusão da oitiva;

V - as questões provenientes da sala de observação poderão ser adaptadas à linguagem da criança ou do adolescente e ao nível de seu desenvolvimento cognitivo e emocional, de acordo com o seu interesse superior; e

VI - durante a oitiva, deverão ser respeitadas as pausas prolongadas, os silêncios e os tempos de que a criança ou o adolescente necessitarem.

§ 2º A oitiva deverá ser registrada na sua íntegra desde o começo.

§ 3º Em casos de ocorrência de problemas técnicos impeditivos ou de bloqueios emocionais que impeçam a conclusão da oitiva, ela deverá ser reagendada, respeitadas as particularidades da criança ou do adolescente.

Seção IV

Da capacitação dos profissionais do sistema de garantia de direitos

Art. 27. Os profissionais do sistema de garantia de direitos da criança e do adolescente vítima ou testemunha de violência participarão de cursos de capacitação para o desempenho adequado das funções previstas neste Decreto, respeitada a disponibilidade orçamentária e financeira dos órgãos envolvidos.

Parágrafo único. O Poder Público criará matriz intersetorial de capacitação para os profissionais de que trata este Decreto, considerados os documentos e os atos normativos de referência dos órgãos envolvidos.

Por derradeiro, a oitiva sem dano ou especial tramitará em segredo de justiça, por força desta própria lei – além da previsão constitucional de tutelar a privacidade e intimidade da pessoa.

TÍTULO IV

DA INTEGRAÇÃO DAS POLÍTICAS DE ATENDIMENTO

CAPÍTULO I

DISPOSIÇÕES GERAIS

Art. 13. Qualquer pessoa que tenha conhecimento ou presencie ação ou omissão, praticada em local público ou privado, que constitua violência contra criança ou adolescente tem o dever de comunicar o fato imediatamente ao serviço de recebimento e monitoramento de denúncias, ao conselho tutelar ou à autoridade policial, os quais, por sua vez, cientificarão imediatamente o Ministério Público.

Parágrafo único. A União, os Estados, o Distrito Federal e os Municípios poderão promover, periodicamente, campanhas de conscientização da sociedade, promovendo a identificação das violações de direitos e garantias de crianças e adolescentes e a divulgação dos serviços de proteção e dos fluxos de atendimento, como forma de evitar a violência institucional.

Comentários: O legislador trouxe um dever legal de que qualquer pessoa que tiver conhecimento ou presenciar ação ou omissão, praticada em local público ou privado, que constitua violência contra criança ou adolescente terá de comunicar o fato imediatamente ao serviço de recebimento e monitoramento de denúncias, ao Conselho Tutelar ou à Autoridade Policial, os quais, por sua vez, cientificarão imediatamente o Ministério Público.

A Lei em voga trouxe também a previsão de que a União, os Estados, o Distrito Federal e os Municípios promoverão, periodicamente, campanhas de conscientização da sociedade, visando à identificação das violações de direitos e garantias de crianças e adolescentes e a divulgação dos serviços de proteção e dos fluxos de atendimento, como forma de evitar a violência institucional.

Art. 14. As políticas implementadas nos sistemas de justiça, segurança pública, assistência social, educação e saúde deverão adotar ações articuladas, coordenadas e efetivas voltadas ao acolhimento e ao atendimento integral às vítimas de violência.

§ 1º As ações de que trata o *caput* observarão as seguintes diretrizes:

I - abrangência e integralidade, devendo comportar avaliação e atenção de todas as necessidades da vítima decorrentes da ofensa sofrida;

II - capacitação interdisciplinar continuada, preferencialmente conjunta, dos profissionais;

III - estabelecimento de mecanismos de informação, referência, contrarreferência e monitoramento;

IV - planejamento coordenado do atendimento e do acompanhamento, respeitadas as especificidades da vítima ou testemunha e de suas famílias;

V - celeridade do atendimento, que deve ser realizado imediatamente - ou tão logo quanto possível - após a revelação da violência;

VI - priorização do atendimento em razão da idade ou de eventual prejuízo ao desenvolvimento psicossocial, garantida a intervenção preventiva;

VII - mínima intervenção dos profissionais envolvidos; e

VIII - monitoramento e avaliação periódica das políticas de atendimento.

§ 2º Nos casos de violência sexual, cabe ao responsável da rede de proteção garantir a urgência e a celeridade necessárias ao atendimento de saúde e à produção probatória, preservada a confidencialidade.

Comentários: O enfrentamento destas violências exige à implementação de políticas nos sistemas de justiça, segurança pública, assistência social, educação e saúde, de maneira que estas ações sejam articuladas, coordenadas e efetivas voltadas ao acolhimento e ao atendimento integral às vítimas de violência seguindo às diretrizes traçadas acima.

Nas hipóteses envolvendo violência sexual, competirá ao responsável da rede de proteção garantir a urgência e a celeridade necessárias ao atendimento de saúde e à produção probatória, preservada a confidencialidade.

Art. 15. A União, os Estados, o Distrito Federal e os Municípios poderão criar serviços de atendimento, de ouvidoria ou de resposta, pelos meios de comunicação disponíveis, integrados às redes de proteção, para receber denúncias de violações de direitos de crianças e adolescentes.

Parágrafo único. As denúncias recebidas serão encaminhadas:

I - à autoridade policial do local dos fatos, para apuração;

II - ao conselho tutelar, para aplicação de medidas de proteção; e

III - ao Ministério Público, nos casos que forem de sua atribuição específica.

Art. 16. O poder público poderá criar programas, serviços ou equipamentos que proporcionem atenção e atendimento integral e interinstitucional às crianças e adolescentes vítimas ou testemunhas de violência, compostos por equipes multidisciplinares especializadas.

Parágrafo único. Os programas, serviços ou equipamentos públicos poderão contar com delegacias especializadas, serviços de saúde, perícia médico-legal, serviços socioassistenciais, varas especializadas, Ministério Público e Defensoria Pública, entre outros possíveis de integração, e deverão estabelecer parcerias em caso de indisponibilidade de serviços de atendimento.

Comentários: O legislador trouxe nos dispositivos legais do art. 15 e art. 16 várias alternativas, visando criar, ampliar e fortalecer canais e às redes de proteção destinadas às crianças e adolescentes vítimas ou testemunhas de violência.

O legislador ordinário permitiu também ao poder público a possibilidade de criar programas, serviços ou equipamentos que proporcionem atenção e atendimento integral e interinstitucional às crianças e adolescentes vítimas ou testemunhas de violência, compostos por equipes multidisciplinares especializadas.

Neste prisma, o poder público poderá implementar programas, serviços ou equipamentos públicos que contem com delegacias especializadas, serviços de saúde, perícia médico-legal, serviços socioassistenciais, varas especializadas, Ministério Público e Defensoria Pública, entre outros possíveis de integração, e deverão estabelecer parcerias em caso de indisponibilidade de serviços de atendimento.

CAPÍTULO II

SAÚDE

Art. 17. A União, os Estados, o Distrito Federal e os Municípios poderão criar, no âmbito do Sistema Único de Saúde (SUS), serviços para atenção integral à criança e ao adolescente em situação de

violência, de forma a garantir o atendimento acolhedor.

Art. 18. A coleta, guarda provisória e preservação de material com vestígios de violência serão realizadas pelo Instituto Médico Legal (IML) ou por serviço credenciado do sistema de saúde mais próximo, que entregará o material para perícia imediata, observado o disposto no art. 5º desta Lei.

Comentários: A lei em tela trouxe a possibilidade de a União, os Estados, o Distrito Federal e os Municípios criar, no âmbito do Sistema Único de Saúde (SUS), serviços para atenção integral à criança e ao adolescente em situação de violência, de forma a garantir o atendimento acolhedor (art. 17).

Outrossim, o legislador previu que a coleta, guarda provisória e preservação de material com vestígios de violência serão realizadas pelo Instituto Médico Legal (IML) ou por serviço credenciado do sistema de saúde mais próximo, que entregará o material para perícia imediata, observado o disposto no art. 5º desta Lei (art. 18).

Com advento do Pacote Anticrime (Lei Federal nº 13.964/2019), teremos que observar a cadeia de custódia quanto à coleta, guarda provisória e preservação de material com vestígios de violência entre outras nuances.

CAPÍTULO III

DA ASSISTÊNCIA SOCIAL

Art. 19. A União, os Estados, o Distrito Federal e os Municípios poderão estabelecer, no âmbito do Sistema Único de Assistência Social (Suas), os seguintes procedimentos:

I - elaboração de plano individual e familiar de atendimento, valorizando a participação da criança e do adolescente e, sempre que possível, a preservação dos vínculos familiares;

II - atenção à vulnerabilidade indireta dos demais membros da família decorrente da situação de violência, e solicitação, quando necessário, aos órgãos competentes, de inclusão da vítima ou testemunha e de suas famílias nas políticas, programas e serviços existentes;

III - avaliação e atenção às situações de intimidação, ameaça, constrangimento ou discriminação decorrentes da vitimização, inclusive durante o trâmite do processo judicial, as quais deverão ser comunicadas imediatamente à autoridade judicial para tomada de providências; e

IV - representação ao Ministério Público, nos casos de falta de responsável legal com capacidade protetiva em razão da situação de violência, para colocação da criança ou do adolescente sob os cuidados da família extensa, de família substituta ou de serviço de acolhimento familiar ou, em sua falta, institucional.

CAPÍTULO IV

DA SEGURANÇA PÚBLICA

Art. 20. O poder público poderá criar delegacias especializadas no atendimento de crianças e adolescentes vítimas de violência.

§ 1º Na elaboração de suas propostas orçamentárias, as unidades da Federação alocarão recursos para manutenção de equipes multidisciplinares destinadas a assessorar as delegacias especializadas.

§ 2º Até a criação do órgão previsto no *caput* deste artigo, a vítima será encaminhada prioritariamente a delegacia especializada em temas de direitos humanos.

§ 3º A tomada de depoimento especial da criança ou do adolescente vítima ou testemunha de violência observará o disposto no art. 14 desta Lei.

Comentários: O legislador trouxe nos dispositivos legais do art. 19 e art. 20 um tratamento de procedimentos quanto à assistência social no âmbito da União, os Estados, o Distrito Federal e os Municípios.

Adiante, o legislador ordinário previu a possibilidade de se criar delegacias especializadas no atendimento de crianças e adolescentes vítimas de violência, assim como orientou que na elaboração de suas propostas orçamentárias, as unidades da Federação deverão alocar recursos para manutenção de equipes multidisciplinares destinadas a assessorar as delegacias especializadas.

Art. 21. Constatado que a criança ou o adolescente está em risco, a autoridade policial requisitará à autoridade judicial responsável, em qualquer momento dos procedimentos de investigação e responsabilização dos suspeitos, as medidas de proteção pertinentes, entre as quais:

I - evitar o contato direto da criança ou do adolescente vítima ou testemunha de violência com o suposto autor da violência;

II - solicitar o afastamento cautelar do investigado da residência ou local de convivência, em se tratando de pessoa que tenha contato com a criança ou o adolescente;

III - requerer a prisão preventiva do investigado, quando houver suficientes indícios de ameaça à

criança ou adolescente vítima ou testemunha de violência;

IV - solicitar aos órgãos socioassistenciais a inclusão da vítima e de sua família nos atendimentos a que têm direito;

V - requerer a inclusão da criança ou do adolescente em programa de proteção a vítimas ou testemunhas ameaçadas; e

VI - representar ao Ministério Público para que proponha ação cautelar de antecipação de prova, resguardados os pressupostos legais e as garantias previstas no art. 5º desta Lei, sempre que a demora possa causar prejuízo ao desenvolvimento da criança ou do adolescente.

Comentários: O legislador conferiu um papel importante ao Delegado de Polícia, apontando que uma vez constatado que a criança ou o adolescente está em risco, a autoridade policial requisitará à autoridade judicial responsável, em qualquer momento dos procedimentos de investigação e responsabilização dos suspeitos, as medidas de proteção pertinentes, entre as quais:

- evitar o contato direto da criança ou do adolescente vítima ou testemunha de violência com o suposto autor da violência;
- solicitar o afastamento cautelar do investigado da residência ou local de convivência, em se tratando de pessoa que tenha contato com a criança ou o adolescente;
- requerer a prisão preventiva do investigado, quando houver suficientes indícios de ameaça à criança ou adolescente vítima ou testemunha de violência;
- solicitar aos órgãos socioassistenciais a inclusão da vítima e de sua família nos atendimentos a que têm direito;
- requerer a inclusão da criança ou do adolescente em programa de proteção a vítimas ou testemunhas ameaçadas; e
- representar ao Ministério Público para que proponha ação cautelar de antecipação de prova, resguardados os pressupostos legais e as garantias previstas no art. 5º desta Lei, sempre que a demora possa causar prejuízo ao desenvolvimento da criança ou do adolescente.

No que tange ao Delegado de Polícia ter que representar ao Ministério Público para a ação cautelar de antecipação de prova, a nossa crítica reside ao fato de que o legislador perdeu a oportunidade de encurtar os caminhos e conferir uma prioridade absoluta e integral à criança e o adolescente, possibilitando uma representação direta ao Poder Judiciário.

Ora, se o Delegado de Polícia pode representar por situações mais graves, não parece razoável e proporcional reduzir o campo de autuação pela discussão de capacidade postulatória ou não, como se isto fosse mais importante, do que efetivamente os direitos em jogo da criança e do adolescente nas situações desta Lei.

O doutrinador, Guilherme de Souza Nucci, acena não ver "[...] óbice a que o delegado represente ao juiz para que, também noutras situações, haja a colheita antecipada e única da prova"[8].

Art. 22. Os órgãos policiais envolvidos envidarão esforços investigativos para que o depoimento especial não seja o único meio de prova para o julgamento do réu.

Comentários: Compete frisar que, os órgãos policiais envolvidos deverão adotar esforços investigativos para que o "depoimento" especial não seja o único meio de prova para o julgamento do réu.

Aqui lembramos novamente da crítica ao legislador em ter dado uma acepção atécnica à expressão "depoimento" para vítima criança e adolescente e testemunha criança e adolescente nas hipóteses legais desta Lei.

Por "órgãos policiais" investigativos, devemos entender apenas à Polícia Judiciária Civil e Polícia Federal, nos termos do art. 144, §1º e § 4º, da CF/88, advertindo que a grande maioria destes casos serão de atribuição da Polícia Civil pela própria matéria em si.

CAPÍTULO V

DA JUSTIÇA

Art. 23. Os órgãos responsáveis pela organização judiciária poderão criar juizados ou varas especializadas em crimes contra a criança e o adolescente.

Parágrafo único. Até a implementação do disposto no *caput* deste artigo, o julgamento e a execução

8. NUCCI, Guilherme de Souza. **A escuta, o depoimento especial e o novo crime de violação de sigilo processual.** Publicado em *12 de abril de 2017* - Artigo > ECA. *Disponível em:*<< http://www.guilhermenucci.com.br/artigo/escuta-e-o-depoimento-especial-e-o-novo-crime-de-violacao-de-sigilo-processual>>. Acesso em 30 de maio de 2020.

das causas decorrentes das práticas de violência ficarão, preferencialmente, a cargo dos juizados ou varas especializadas em violência doméstica e temas afins.

Comentários: Assim como tem ocorrido à criação de Varas Especializadas contra o Crime Organizado, Lavagem de Capitais, Violência Doméstica, a lei estabelece a possibilidade dos órgãos responsáveis pela organização judiciária poderão criar juizados ou varas especializadas em crimes contra a criança e o adolescente. Devemos por zelo ao debate, consignar que, independentemente desta Lei, a possibilidade de se criar juizados ou varas especializadas em crimes contra a criança e o adolescente já é viabilizada pela própria Constituição Federal.

Adiante, o legislador ordinário fixou que até a implementação do disposto no *caput* deste artigo, o julgamento e a execução das causas decorrentes das práticas de violência ficarão, preferencialmente, a cargo dos juizados ou varas especializadas em violência doméstica e temas afins.

TÍTULO V
DOS CRIMES

Art. 24. Violar sigilo processual, permitindo que depoimento de criança ou adolescente seja assistido por pessoa estranha ao processo, sem autorização judicial e sem o consentimento do depoente ou de seu representante legal.

Pena - reclusão, de 1 (um) a 4 (quatro) anos, e multa.

Verbos nucleares: Os verbos nucleares são *violar* e *permitir*. Apesar de entendermos redundantes as expressões empregadas pelo legislador, o foco principal será o verbo "violar", pois "violando" automaticamente se "permitirá" algo. Como o verbo nuclear consiste em violar, permitindo que seja assistido o depoimento, a revelação verbal do seu conteúdo não acarreta esse crime, podendo acarretar outro tipo penal. *Violar* é (infringir, transgredir, quebrantar e revelar indiscretamente). *Permitir* significa (dar permissão ou licença; consentir ou autorizar a fazer uso; admitir, tolerar e tornar possível).

A Constituição Federal em seu art. 5º, inciso LX, assim como, os arts. 5º, inciso III, 10 e 12, incisos III e VI desta Lei e arts. 5º, 17, 18 e 100, par. único, inciso V, todos do ECA regulam o sigilo de processo interligado à vida íntima e privada da pessoa humana, e em especial aqui, da criança e adolescente vítima ou testemunhas nas circunstâncias de violência desta Lei em estudo.

Notadamente, o sigilo é absoluto na tramitação dos processos envolvendo crianças e adolescentes vítimas ou testemunhas. Com isto, a sua violação faz nascer sanções de natureza cível e administrativa, além da criminal.

O acesso indevido a terceiros ao acesso à sala de audiências em que se realiza o ato, à transmissão da entrevista com a criança/adolescente vítima ou testemunha, ou ainda o acesso à mídia contendo a gravação do ato (por iniciativa de magistrados, delegados de polícia, técnicos ou mesmo das partes e outras pessoas que tenham acesso ao processo, como escrivães, assessores etc.), sem prejuízo das sanções acima, haverá a incidência, em tese, do crime tipificado no art. 24, desta Lei.

Observa-se que, não há ressalvas quanto à natureza do processo, para a configuração da infração penal prevista no art. 24 desta Lei, não importando se o processo que teve o sigilo violado tramita perante a Justiça Penal, Infância e Juventude, Vara Cível e/ou Vara de Família (já que a oitiva da vítima ou testemunha deve ser efetuada, a princípio, uma única vez, e um único relato pode ser utilizado – em sede de "prova emprestada" – em ações distintas, que tramitam perante Juízos diversos, estendendo a força do sigilo da própria lei, embora caibam em todos os casos ser decretado o "segredo de justiça" para se reforçar, com as mesmas cautelas e restrições de acesso, mormente à mídia contendo o "depoimento", relativas às pessoas estranhas ao processo.

Entendemos que o legislador lembrou em criminalizar apenas e tão somente a violação do sigilo processual, se olvidando do Inquérito Policial, já que a redação do tipo pena não abrangeria o sigilo do procedimento investigativo. Desta forma, a divulgação de "depoimento especial" feito excepcionalmente na Delegacia de Polícia durante o inquérito policial não faz incidir o tipo penal em estudo. Porém, esta violação do sigilo por meio de revelação verbal ou outra forma possível do "depoimento" quanto à "quebra do sigilo" no Inquérito Policial são suficientes para configurar o delito de violação de sigilo funcional previsto no artigo 325 do Código Penal Brasileiro.

Objeto jurídico: É a proteção ao sigilo processual conferido ao "depoimento" de criança ou adolescente, pois se pretende tutelar a integridade moral e a formação psicológica da criança ou adolescente vítima ou testemunhas nestas circunstâncias desta Lei, que será sempre o sujeito passivo da infração penal respectiva.

Objeto material: É a violação da "oitiva" da criança ou do adolescente.

Sujeito ativo: Entendemos que se trata de crime próprio. Logo, apenas o juiz, defensor público, advogado, promotor de justiça, assessores, o profissional da escuta especializada, pois são as pessoas diretamente ligadas à criança ou adolescente, podendo franquear acesso à sala onde se encontram.

Todavia, o assunto é polêmico. Há quem entenda que o sujeito ativo "pode ser qualquer pessoa que tenha acesso ao depoimento sendo, portanto, crime comum" (ZANON, DECARLI, 2017, p. 1).

Sujeito passivo: O sujeito passivo imediato é a criança ou adolescente. Já como sujeito mediato, o Estado.

Elemento subjetivo: É o dolo com a vontade livre e consciente de dirigir a conduta para o fim de violar sigilo processual, permitindo que depoimento de criança ou adolescente seja assistido por pessoa estranha ao processo, sem autorização judicial e sem o consentimento do depoente ou de seu representante legal. Não se exige elemento subjetivo específico e não há previsão de modalidade culposa.

Fato atípico: As expressões "**autorização judicial e sem o consentimento do depoente ou de seu representante legal**", se presentes no caso concreto, retira a tipicidade dos fatos.

Consumação: O fato se consuma com a simples revelação da oitiva. O tipo penal se contenta que apenas e tão somente uma única pessoa estranha à demanda assistindo àquela oitiva, haverá a consumação dos fatos. Estamos diante de **crime formal**, que dispensa o efetivo dano à Administração Pública.

Tentativa: É possível a tentativa

Classificação doutrinária: Crime próprio ou comum a depender da corrente doutrinária a ser adotada; cuida-se de crime formal, que dispensa o efetivo dano à administração pública. É possível a tentativa. Como o verbo nuclear consiste em violar, permitindo que seja assistido o depoimento, a revelação verbal do seu conteúdo não acarreta esse crime, embora pode incidir outra tipia; forma ou execução livre, em regra; comissivo ou omissivo; doloso; unissubjetivo (unilateral e monossubjetivo).

Confronto do art. 24 desta Lei com o art. 25 da Lei de Abuso de Autoridade: Vai depender do contexto fático em si, embora os tipos sejam diversos com proteções diferentes, não se descartando ainda, a possibilidade de concurso de crimes.

Confronto do art. 24 desta Lei com o art. 325, do CPB: Há apenas aparente confronto, porque o legislador ordinário lembrou em criminalizar apenas e tão somente a violação do sigilo processual, se olvidando do Inquérito Policial, já que a redação do tipo pena não abrangeria o sigilo do procedimento investigativo. Deste modo, a eventual divulgação de "depoimento especial ou sem dano" feito excepcionalmente na Delegacia de Polícia durante o Inquérito Policial não faz incidir o tipo penal em estudo do art. 24 desta Lei. Porém, esta violação do sigilo por meio de revelação verbal ou outra forma possível do "depoimento" quanto à "quebra do sigilo" no inquérito policial são suficientes para configurar o delito de violação de sigilo funcional previsto no artigo 325 do Código Penal Brasileiro.

Suspensão condicional do processo: É possível.

Acordo de Não Persecução Penal: Tem cabimento, se preenchido todos os requisitos legais do art. 28-A, do CPP (incluído pela Lei nº 13.964/19) e não couber transação penal.

Ação penal: Ação penal pública incondicionada.

TÍTULO VI

DISPOSIÇÕES FINAIS E TRANSITÓRIAS

Art. 25. O art. 208 da Lei nº 8.069, de 13 de julho de 1990 (Estatuto da Criança e do Adolescente) , passa a vigorar acrescido do seguinte inciso XI:

"Art. 208. ....

..

XI -de políticas e programas integrados de atendimento à criança e ao adolescente vítima ou testemunha de violência..................................." (NR)

Comentários: A Lei em voga acrescentou o inciso XI, do art. 208, do ECA, referente à adoção de políticas e programas integrados de atendimento à criança e ao adolescente vítima ou testemunha de violência.

Art. 26. Cabe ao poder público, no prazo máximo de 60 (sessenta) dias contado da entrada em vigor desta Lei, emanar atos normativos necessários à sua efetividade.

Comentários: Competirá ao poder público, no prazo máximo de 60 (sessenta) dias contado da entrada em vigor desta Lei, emanar atos normativos necessários à sua efetividade.

> **Art. 27. Cabe aos Estados, ao Distrito Federal e aos Municípios, no prazo máximo de 180 (cento e oitenta) dias contado da entrada em vigor desta Lei, estabelecer normas sobre o sistema de garantia de direitos da criança e do adolescente vítima ou testemunha de violência, no âmbito das respectivas competências.**

Comentários: O legislador trouxe aos Estados, ao Distrito Federal e aos Municípios, o prazo máximo de 180 (cento e oitenta) dias contado da entrada em vigor desta Lei, para estabelecerem normas sobre o sistema de garantia de direitos da criança e do adolescente vítima ou testemunha de violência, no âmbito das respectivas competências.

> **Art. 28. Revoga-se o art. 248 da Lei nº 8.069, de 13 de julho de 1990 (Estatuto da Criança e do Adolescente).**

Comentários: O art. 28 da aludida lei em estudo revogou o art. 248 da Lei nº 8.069, de 13 de julho de 1990 (Estatuto da Criança e do Adolescente), dispositivo este que possibilitava a regularização da guarda de adolescente, no prazo de cinco dias, com o fim de regularizar a guarda de adolescente trazido de outra comarca para a prestação de serviço doméstico, mesmo que autorizado pelos pais ou responsável.

> **Art. 29. Esta Lei entra em vigor após decorrido 1 (um) ano de sua publicação oficial.**

Comentários: A legislação entrou em vigor após o transcurso de 1 (um) ano de sua publicação oficial. Entendemos que o prazo de *vacatio legis* foi extenso demais, diante de uma lei com apenas 29 (vinte e nove) artigos, com o objetivo de dar proteção integral à criança e ao adolescente, com absoluta prioridade, proteção integral e a celeridade. Posto isto, o prazo de 01 (um) ano para a vigência não encontra razoabilidade e proporcionalidade, sendo uma marca do legislador brasileiro que se preocupa resolver as coisas na "caneta", sem estruturar e capacitar os atores envolvidos dos desideratos da lei dirigidos. Aliás, apenas se justificaria a demora da entrada em vigência desta Lei, se o legislador junto ao Estado que presenta estivesse(m) preocupado neste lapso em conferir estrutura e capacitação mínima para atender esta Lei, fato que não ocorreu até hoje em vários lugares.

Brasília, 4 de abril de 2017; 196º da Independência e 129º da República.

MICHEL TEMER

Osmar Serraglio

Este texto não substitui o publicado no DOU de 5.4.2017

REFERÊNCIAS BIBLIOGRÁFICAS:

COLAÇO, Marcelo Ricardo. **DEPOIMENTO SEM DANO, ESCUTA ESPECIALIZADA E MEDIDAS DE PROTEÇÃO À CRIANÇA E AO ADOLESCENTE NA FASE POLICIAL.** Publicado no site Empório do Direito em 05/04/2018. Disponível em:<<http://emporiododireito.com.br/leitura/depoimento-sem-dano-escuta-especializada-e-medidas-de-protecao-a-crianca-e-ao-adolescente-na-fase-policial>>. Acesso em 08 de agosto de 2018.

CASTRO, Henrique Hoffmann Monteiro de; LÉPORE, Paulo Eduardo. **Lei protege criança e adolescente vítima ou testemunha de violência.** Publicado no site Conjur em 06/04/2018. Disponível em:<<https://www.conjur.com.br/2017-abr-06/lei-garante-protecao-menor-vitima-ou-testemunha-violencia>>. Acesso em 08 de agosto de 2018.

LEITÃO JÚNIOR, Joaquim. A nova Lei nº 13.431/2017 (Lei do Depoimento sem Dano ou do Depoimento Especial) com suas nuances, polêmicas e disparates. Revista Jus Navigandi, ISSN 1518-4862, Teresina, ano 23, n. 5517, 9 ago. 2018. Disponível em:<<https://jus.com.br/artigos/68179>>. Acesso em: 29 maio 2020.

NUCCI, Guilherme de Souza. A escuta, o depoimento especial e o novo crime de violação de sigilo processual. Publicado em *12 de abril de 2017 no site do Guilherme Nucci* - Artigo > ECA. *Disponível em:*<<http://www.guilhermenucci.com.br/artigo/escuta-e-o-depoimento-especial-e-o-novo-crime-de-violacao-de-sigilo-processual>>. Acesso em 30 de maio de 2020.

ZANON, Raphael; DECARLI, Rodolfo Luiz.Lei n 13.431 e a garantia dos direitos fundamentais da criança e do adolescente. Publicado em 04/2017. Disponível em:<<https://jus.com.br/artigos/57008/lei-n-13-431-e-a-garantia-dos-direitos-fundamentais-da-crianca-e-do-adolescente>>. Acesso em 30 de maio de 2020.

37

LEI DA PESSOA DESAPARECIDA

Lei 13.812/2019

JOAQUIM LEITÃO JÚNIOR
MARCEL GOMES DE OLIVEIRA

INTRODUÇÃO

Art. 1º Esta Lei institui a Política Nacional de Busca de Pessoas Desaparecidas e cria o Cadastro Nacional de Pessoas Desaparecidas.

Parágrafo único. Os deveres atribuídos por esta Lei aos Estados e a órgãos estaduais aplicam-se ao Distrito Federal e aos Territórios.

Introdução: A Lei nº. 13.812, de 16 de março de 2019, instituiu em nosso país a Política Nacional de Busca de Pessoas Desaparecidas, criou o Cadastro Nacional de Pessoas Desaparecidas e alterou a Lei nº 8.069/1990 (Estatuto da Criança e do Adolescente).

O desaparecimento de pessoas no Brasil é um fenômeno ainda pouco compreendido em suas causas, mas em linhas gerais esses desaparecimentos estão relacionados a fugas do lar, subtração parental ou familiar, sequestro não familiar, tráfico de pessoas etc. De uma forma geral, muitos desses casos são solucionados em pouco tempo, tendo em vista que a grande maioria se deve a fugas voluntárias. No entanto, certo percentual ainda permanece sem solução. Por este motivo, que se buscou criar um Cadastro Nacional de Pessoas Desaparecidas, para uniformizar em âmbito nacional as políticas públicas desta área.

Temos documentos internacionais importantes sobre o desaparecimento de pessoas tais como o Estatuto de Roma, Declaração da ONU sobre a Proteção de Todas as Pessoas contra os Desaparecimentos Forçados, Convenção Interamericana sobre o Desaparecimento Forçado de Pessoas.

A dignidade da pessoa humana: A dignidade da pessoa humana está alojada em nossa Constituição Federal como um dos fundamentos (art. 3º, inciso III, da CF/88) que espraiam efeitos no Estado Democrático de Direito da República Federativa do Brasil. A doutrina e jurisprudência pátria tratam este fundamento como princípio da dignidade da pessoa humana. Em verdade, a dignidade da pessoa humana é um epicentro axiomático do nosso ordenamento pátrio, em que todo o arcabouço jurídico e políticas públicas no mundo ideal devem e deveriam ser construídos a partir do valor racional e sistemático do fundamento constitucional da dignidade da pessoa humana e trazer todo tratamento vertido e derivado desse valor da dignidade da pessoa humana dentro de um acordo ou consenso razoável e racional.

Pessoas desaparecidas e direitos humanos: Os direitos humanos estão intrinsecamente entrelaçados com tutela estatal a ser conferida às pessoas desaparecidas e aos seus entes familiares. Aqui o fundamento constitucional da dignidade da pessoa humana, ou melhor, o princípio da dignidade da pessoa humana também dialoga, obviamente, com os direitos humanos, já que o desparecimento de pessoas pode ter relação a alguma prática delitiva, tais como: homicídio com ocultação de cadáver; subtração de incapazes; sequestro e cárcere privado; redução a condição análoga à de escravo; tráfico de pessoas etc. Nesse tipo de situação – conjugado a questão do desparecimento, se aflora o próprio procedimento de investigação criminal. Portanto, muitas vezes o desaparecimento da pessoa pode estar relacionado a qualquer prática criminosa que tenha vínculo na tipificação o desaparecimento de alguém. Temos ainda a situação do "desaparecimento forçado", decorrente de períodos ditatoriais que o Tratado de Roma disciplinou como sendo crime contra a humanidade (art. 7º ER), sujeito ao julgamento do Tribunal Penal Internacional (TPI) (art. 5º, ER). Logo, a depender da situação, o desaparecimento de pessoa pode constituir uma violação aos direitos humanos.

Convenção Internacional para a Proteção de Todas as Pessoas contra o Desaparecimento Forçado: O Decreto nº. 8.767/2016, promulgou a Convenção Internacional para a Proteção de Todas as Pessoas contra o Desaparecimento Forçado, firmada pela República Federativa do Brasil em 6 de fevereiro de 2007, anexa ao próprio decreto.

Protocolo Adicional à Convenção das Nações Unidas contra o Crime Organizado Transnacional Relativo à Prevenção, Repressão e Punição do Tráfico de Pessoas, em Especial Mulheres e Crianças: O Decreto nº. 5.017/2004, promulgou o Protocolo Adicional à Convenção das Nações Unidas contra o Crime Organizado Transnacional Relativo à Prevenção, Repressão e Punição do Tráfico de Pessoas, em Especial Mulheres e Crianças, anexa ao próprio decreto.

Conceito de desaparecimento: A Cartilha de enfrentamento ao desaparecimento, define este como sendo "o sumiço repentino de alguém, sem aviso prévio a familiares ou a terceiros. Uma pessoa é considerada desaparecida quando não pode ser localizada nos lugares que costuma frequentar, nem encontrada de qualquer outra forma. Não é necessário aguardar algum intervalo de tempo para que alguém seja considerado como desaparecido. Várias causas podem levar a essa desaparição, por exemplo, conflitos familiares, uso problemático de drogas, alcoolismo, transtorno mental, depressão, violência, dentre outras"[1].

Espécies de desaparecimento – voluntário, involuntário e forçado: A Cartilha de enfrentamento ao desaparecimento estabelece ainda as espécies de desaparecimento (voluntário, involuntário e forçado) e seus respectivos conceitos, enfim, "O desaparecimento pode ser: **a) Voluntário** - quando a pessoa se afasta por vontade própria e sem avisar. Isso pode acontecer por motivos diversos: desentendimentos, medo, aflição, choque de visões, planos de vida diferentes, etc. **b) Involuntário** - quando a pessoa é afastada do cotidiano por um evento sobre o qual não tem controle, como um acidente, um problema de saúde, um desastre natural; ou **c) Forçado** - quando outras pessoas provocam o afastamento, sem a concordância da pessoa. Como em um sequestro, ou ação do próprio Estado"[2].

O registro do Boletim de Ocorrência e o mito das 24h (vinte quatro horas) do desparecimento: De antemão vale registrar que não existe qualquer fundamentação para o Boletim de Ocorrência só ser registrado após algumas horas. Dito isto, em caso de desaparecimento de pessoa o Boletim de Ocorrência deverá ser registrado imediatamente. Ressalta-se que "quanto mais rápido você iniciar a sua busca, maiores as possibilidades de localização. Só você que convive com a pessoa desaparecida é capaz de perceber uma mudança brusca de rotina. É dever da autoridade policial fazer o registro da forma mais completa possível e dar início às buscas imediatamente"[3].

Seria um absurdo se exigir qualquer lapso temporal para o registro da ocorrência de pessoa desaparecida, senão vejamos: determinada pessoa reside na cidade de Foz do Iguaçu, estado do Paraná, a qual faz fronteira com os países do Paraguai e Argentina, fronteiras essas que podem ser ultrapassadas em poucos minutos. Assim, digamos que essa pessoa residente em Foz do Iguaçu desaparece. Seria completamente irracional exigir, portanto, lapso temporal, para se registrar ocorrências de desaparecimentos. Lembramos ainda que os mesmos argumentos se aplicam nas cidades em que possuem aeroportos e portos, o que facilitaria o arrebatamento da pessoa em poucas horas.

Pessoas desaparecidas e eventuais tipificações penais: Como dito anteriormente, em algumas situações, o desparecimento de pessoas pode estar relacionado a alguma prática criminosa – homicídio

1. *Cartilha de enfrentamento ao desaparecimento:* orientações e direitos na busca de uma pessoa desaparecida. Prefeitura de São Paulo. São Paulo: Prefeitura de São Paulo, 2016, p. 7.
2. *Cartilha de enfrentamento ao desaparecimento:* orientações e direitos na busca de uma pessoa desaparecida. Prefeitura de São Paulo. São Paulo: Prefeitura de São Paulo, 2016, p. 7-8.
3. Idem, p. 12-13.

com ocultação de cadáver; subtração de incapazes; sequestro e cárcere privado; redução a condição análoga à de escravo; tráfico de pessoas etc. Nesse tipo de situação – conjugado a questão do desparecimento, se aflora o próprio procedimento de investigação criminal. Portanto, muitas vezes o desaparecimento da pessoa pode estar relacionado a qualquer prática criminosa que tenha intrinsicamente na tipificação o desaparecimento de alguém.

Sequestro e cárcere privado: O sequestro e cárcere privado estão criminalizados no art. 148, do Código Penal Brasileiro no capítulo dos crimes contra a liberdade individual. As condutas nucleares são privar alguém de sua liberdade, pelo menor tempo que seja, mediante sequestro ou cárcere privado, em que a conduta é punível com reclusão, de 1 a 3 anos. A doutrina diferencia sequestro e cárcere privado. O art. 148, do Código Penal Brasileiro dispõe que:

> **Art. 148** - Privar alguém de sua liberdade, mediante sequestro ou cárcere privado:
>
> **Pena** - reclusão, de um a três anos.
>
> **§ 1º** - A pena é de reclusão, de dois a cinco anos:
>
> **I** – se a vítima é ascendente, descendente, cônjuge ou companheiro do agente ou maior de 60 (sessenta) anos;
>
> **II** - se o crime é praticado mediante internação da vítima em casa de saúde ou hospital;
>
> **III** - se a privação da liberdade dura mais de quinze dias.
>
> **IV** – se o crime é praticado contra menor de 18 (dezoito) anos;
>
> **V** – se o crime é praticado com fins libidinosos.
>
> **§ 2º** - Se resulta à vítima, em razão de maus-tratos ou da natureza da detenção, grave sofrimento físico ou moral:
>
> **Pena** - reclusão, de dois a oito anos.

A doutrina diz que no sequestro, a vítima tem maior liberdade de locomoção, enquanto no cárcere privado, a vítima é privada da liberdade num ambiente fechado, dentro de um quarto, banheiro etc.

Com isto, fazendo um link entre o sequestro o cárcere privado, pode ser que a pessoa supostamente desaparecida esteja numa destas situações, por isso, a correlação.

Redução à condição análoga à de escravo: O art. 149 do Código Penal Brasileiro criminaliza a conduta de reduzir alguém à condição análoga a de escravo, por meio da submissão a trabalho forçado ou jornada exaustiva, pela sujeição a condições degradantes de trabalho, ou mediante a restrição da liberdade de locomoção, em virtude de dívida, cominando pena privativa de liberdade de 02 (dois) a 08 (oito) anos. Para a incidência do delito, há discussão sobre a necessidade de cerceamento da liberdade de locomoção ou se bastaria à submissão da vítima "a condições degradantes de trabalho". Vejamos o que reza o art. 149 do Código Penal Brasileiro:

> **Art. 149**. Reduzir alguém a condição análoga à de escravo, quer submetendo-o a trabalhos forçados ou a jornada exaustiva, quer sujeitando-o a condições degradantes de trabalho, quer restringindo, por qualquer meio, sua locomoção em razão de dívida contraída com o empregador ou preposto:
>
> **Pena** - reclusão, de dois a oito anos, e multa, além da pena correspondente à violência.
>
> **§ 1º** Nas mesmas penas incorre quem
>
> **I** - cerceia o uso de qualquer meio de transporte por parte do trabalhador, com o fim de retê-lo no local de trabalho;
>
> **II** - mantém vigilância ostensiva no local de trabalho ou se apodera de documentos ou objetos pessoais do trabalhador, com o fim de retê-lo no local de trabalho.
>
> **§ 2º** A pena é aumentada de metade, se o crime é cometido:
>
> **I** - contra criança ou adolescente;
>
> **II** - por motivo de preconceito de raça, cor, etnia, religião ou origem".

Temos que ter o cuidado e sagacidade para distinguir o modelo antigo de escravidão com a modelo contemporâneo da **"escravidão moderna"**.

Neste ponto, não temos dúvidas de que a concepção conservadora de escravidão do homem afrodescendente acorrentado não é mais factível, já que a escravidão contemporânea é diferente e sutil da escravidão do passado. Por isso, é importante atentar a realidade, em vista do injusto penal do art. 149 do Código Penal, porquanto cuida da condição análoga a de escravo. Isto implica em reconhecer que tecnicamente frente à abolição da escravatura, não seria possível reduzir alguém à condição de propriedade de outrem, por isso cuidaria de reduzir à condição análoga a de escravo.

Outra problemática que temos, diz respeito sobre a amplitude da definição de "condições degradantes" para fins de avaliação da ocorrência do crime de redução de trabalhadores a condições análogas à de escravo.

Em posicionamento recentíssimo do Superior Tribunal de Justiça sobre o art. 149, do CPB, restou decidido no Recurso Especial nº 1843150[4] da Sexta Turma que, o delito de trabalho escravo não exige restrição à liberdade.

A jurisprudência do STJ – é clara no sentido de que o delito se configura independentemente de restrição à liberdade, e que este é um crime de ação múltipla e conteúdo variado, senão vejamos:

> "AGRAVO REGIMENTAL NO AGRAVO EM RECURSO ESPECIAL. CRIME DO ART. 149 DO CÓDIGO PENAL. RESTRIÇÃO À LIBERDADE DO TRABALHADOR NÃO É CONDIÇÃO ÚNICA DE SUBSUNÇÃO TÍPICA. TRATAMENTO SUBUMANO AO TRABALHADOR. CONDIÇÕES DEGRADANTES DE TRABALHO. FATO TÍPICO. SÚMULA N. 568/STJ. AGRAVO NÃO PROVIDO. 1. O artigo 149 do Código Penal dispõe que configura crime a conduta de "reduzir alguém a condição análoga à de escravo, quer submetendo-o a trabalhos forçados ou a jornada exaustiva, quer sujeitando-o a condições degradantes de trabalho, quer restringindo, por qualquer meio, sua locomoção em razão de dívida contraída com o empregador ou preposto". 2. O crime de redução a condição análoga à de escravo pode ocorrer independentemente da restrição à liberdade de locomoção do trabalhador, uma vez que esta é apenas uma das formas de cometimento do delito, mas não é a única. O referido tipo penal prevê outras condutas que podem ofender o bem juridicamente tutelado, isto é, a liberdade de o indivíduo ir, vir e se autodeterminar, dentre elas submeter o sujeito passivo do delito a condições degradantes de trabalho. Precedentes do STJ e STF. [...] 4. Agravo regimental não provido. (AgRg no AREsp 1467766/PR, Rel. Ministro REYNALDO SOARES DA FONSECA, QUINTA TURMA, julgado em 27/08/2019, DJe 10/09/2019.)

> "AGRAVO REGIMENTAL EM RECURSO ORDINÁRIO EM HABEAS CORPUS. REITERAÇÃO DE RECURSO JÁ ANALISADO POR ESTA CORTE. PEDIDO DE EXTENSÃO DE ORDEM CONCEDIDA A CORRÉU PELO COLEGIADO DE ORIGEM. AUSÊNCIA DE SIMILITUDE FÁTICA-PROCESSUAL ENTRE OS DENUNCIADOS. REQUISITOS DO ART. 580 DO CPP NÃO ATENDIDOS. AGRAVO DESPROVIDO. [...] 3. No art. 149 do Código Penal são previstas condutas alternativas que, isoladamente, subsumem-se ao crime de redução a condição análoga à de escravo, tratando-se, portanto, de crime plurissubsistente. Assim, tendo sido atribuído ao réu o verbo "sujeitar alguém a condições degradantes de trabalho", o simples fato de não ter sido descrito cerceamento do direito de locomoção dos trabalhares explorados não denota a ausência de tipicidade das condutas descritas na peça acusatória. 4. Agravo regimental desprovido". (AgRg no RHC 85.875/PI, Rel. Ministro RIBEIRO DANTAS, QUINTA TURMA, julgado em 24/04/2018, DJe 02/05/2018.)

O Supremo Tribunal Federal[5][6] adota o mesmo entendimento do STJ, qual seja, o crime de redução

4. "RECURSO ESPECIAL Nº 1.843.150 - PA (2019/0306530-1) RELATOR: MINISTRO NEFI CORDEIRO RECORRENTE: MINISTÉRIO PÚBLICO FEDERAL RECORRIDO: LUIZ EVALDO GLÓRIA ADVOGADOS: RAPHAEL SAMPAIO VALE E OUTRO(S) - PA008891 THIAGO BATISTA GERHARDT - PA017028 TIBÉRIO CÉSAR SAMPAIO TEIXEIRA - PA016520 EMENTA RECURSO ESPECIAL. REDUÇÃO À CONDIÇÃO ANÁLOGA À DE ESCRAVO. CONDENAÇÃO EM 1º GRAU. AFASTAMENTO PELO TRIBUNAL DE ORIGEM PORQUE NÃO CONFIGURADA RESTRIÇÃO À LIBERDADE DOS TRABALHADORES OU RETENÇÃO POR VIGILÂNCIA OU MEDIANTE APOSSAMENTO DE DOCUMENTOS PESSOAIS. CRIME DE AÇÃO MÚLTIPLA E CONTEÚDO VARIADO. SUBMISSÃO A CONDIÇÕES DE TRABALHO DEGRADANTES. DELITO CONFIGURADO. CONDENAÇÃO RESTABELECIDA. RECURSO PROVIDO. 1. Nos termos da jurisprudência desta Corte, o delito de submissão à condição análoga à de escravo se configura independentemente de restrição à liberdade dos trabalhadores ou retenção no local de trabalho por vigilância ou apossamento de seus documentos, como crime de ação múltipla e conteúdo variado, bastando, a teor do art. 149 do CP, a demonstração de submissão a trabalhos forçados, a jornadas exaustivas ou a condições degradantes. Precedentes. 2. Devidamente fundamentada a condenação pela prática do referido delito em razão das condições degradantes de trabalho e de habitação a que as vítimas eram submetidas, consubstanciadas no não fornecimento de água potável, no não oferecimento, aos trabalhadores, de serviços de privada por meio de fossas adequadas ou outro processo similar, de habitação adequada, sendo-lhes fornecido alojamento em barracos cobertos de palha e lona, sustentados por frágeis caibros de madeira branca, no meio da mata, sem qualquer proteção lateral, com exposição a riscos, não há falar em absolvição. 3. Recurso especial provido para restabelecer a sentença condenatória, determinando que o Tribunal de origem prossiga no exame do recurso de apelação defensivo."

5. "Crime de redução a condição análoga à de escravo: caracterização e competência: A Justiça Federal é competente para julgar o crime de redução a condição análoga à de escravo. I. Trata-se de Recurso Extraordinário que impugnou decisão em habeas corpus, na qual foi reconhecida a incompetência da Justiça Federal para julgar o crime do artigo 149 do Código Penal (redução a condição análoga à de escravo). Alegou-se que a competência era da Justiça Federal, uma vez que a aplicação das normas do Direito do Trabalho é de competência da Administração Direta Federal, contrariando, desse modo, o artigo 109, IV da Constituição Federal. II. O Supremo Tribunal Federal considerou, por maioria, que o bem jurídico tutelado pelo artigo 149 do Código Penal vai além da liberdade individual, englobando também a dignidade da pessoa humana e os direitos trabalhistas e previdenciários. Tais valores consubstanciam o sistema social trazido pela Constituição, o que acaba por ocasionar a competência da Justiça Federal para o julgamento desse tipo de crime". [RE 459510, rel. min. Cezar Peluso, red. p/ o ac. min. Dias Toffoli, P, j. 26-11-2015, DJE de 12-04-2016] No mesmo sentido: RE 541627, rel. min. Ellen Gracie, 2ª T, j. 14-10-2008, DJE de 21-11-2008; RE 398041, rel. min. Joaquim Barbosa, P, j. 30-11-2006, DJE de 19-12-2008.

6. Caracterização do crime de redução a condição análoga à de escravo: Não há necessidade de violência física, de coação direta a liberdade de ir e vir ou de servidão por dívida para caracterizar o crime de redução a condição análoga à de escravo. I. Trata-se de decisão de recebimento de denúncia, na qual os réus foram acusados pelo crime do artigo 149 do Código Penal, porque aliciavam e empregavam trabalhadores migrantes nordestinos em Minas Gerais. Os trabalhadores sofriam violações a sua dignidade, em vista das precárias condições do

de trabalhadores a condições análogas a de escravo se configura mediante a sujeição do trabalhador a condições degradantes, não se exigindo necessariamente a privação da liberdade (Supremo Tribunal Federal. Inquérito nº 3412 Tribunal Pleno, Rel. Min. Marco Aurélio, Rel. p/ acórdão Min. Rosa Weber, DJe 12/11/2012).

Com isto, fazendo um paralelo entre o do crime em cartaz, pode ser que a pessoa supostamente desaparecida esteja nesta situação, por isso, a correlação.

Tráfico de pessoas: O tráfico de pessoas vem tipificado no art. 149-A do CP, senão vejamos:

> **Art. 149-A.**Agenciar, aliciar, recrutar, transportar, transferir, comprar, alojar ou acolher pessoa, mediante grave ameaça, violência, coação, fraude ou abuso, com a finalidade de:
>
> I - remover-lhe órgãos, tecidos ou partes do corpo;
>
> II - submetê-la a trabalho em condições análogas à de escravo;
>
> III - submetê-la a qualquer tipo de servidão;
>
> IV - adoção ilegal; ou
>
> V - exploração sexual.
>
> **Pena** - reclusão, de 4 (quatro) a 8 (oito) anos, e multa.
>
> § 1º A pena é aumentada de um terço até a metade se:
>
> I - o crime for cometido por funcionário público no exercício de suas funções ou a pretexto de exercê-las;
>
> II - o crime for cometido contra criança, adolescente ou pessoa idosa ou com deficiência;
>
> III - o agente se prevalecer de relações de parentesco, domésticas, de coabitação, de hospitalidade, de dependência econômica, de autoridade ou de superioridade hierárquica inerente ao exercício de emprego, cargo ou função; ou
>
> IV - a vítima do tráfico de pessoas for retirada do território nacional.
>
> § 2º A pena é reduzida de um a dois terços se o agente for primário e não integrar organização criminosa.

Posta a questão, fazendo um paralelo entre a infração penal em cartaz, pode ser que a pessoa supostamente desaparecida esteja nesta situação, por isso, a correlação.

No Brasil a Lei nº. 13.344/2016, dispõe sobre prevenção e repressão ao tráfico interno e internacional de pessoas e sobre medidas de atenção às vítimas. Foi esta lei que alterou profundamente a legislação penal e processual penal brasileira, recrudescendo o tratamento para este tipo de crime, bem como amparando as autoridades policiais de instrumentos mais eficazes para a investigação de pessoas desaparecidas.

Estabelece ainda que o enfrentamento ao tráfico de pessoas atenderá aos seguintes princípios: a) respeito à dignidade da pessoa humana; b) promoção e garantia da cidadania e dos direitos humanos; c) universalidade, indivisibilidade e interdependência; d) não discriminação por motivo de gênero, orientação sexual, origem étnica ou social, procedência, nacionalidade, atuação profissional, raça, religião, faixa etária, situação migratória ou outro status; e) transversalidade das dimensões de gênero, orientação sexual, origem étnica ou social, procedência, raça e faixa etária nas políticas públicas; f) atenção integral às vítimas diretas e indiretas, independentemente de nacionalidade e de colaboração em investigações ou processos judiciais; g) proteção integral da criança e do adolescente.

Por sua vez, as diretrizes para o enfrentamento ao tráfico de pessoas são as seguintes: a) fortalecimento do pacto federativo, por meio da atuação conjunta e articulada das esferas de governo no âmbito das respectivas competências; b) articulação com organizações governamentais e não governamentais nacionais e estrangeiras; c) incentivo à participação da sociedade em instâncias de controle social e das entidades de classe ou profissionais na discussão das políticas sobre tráfico de pessoas; d) estruturação da rede de enfrentamento ao tráfico de pessoas, envolvendo todas as esferas de governo e organizações da sociedade civil; e) fortalecimento da atuação em áreas ou regiões de maior incidência do delito, como as de fronteira, portos, aeroportos, rodovias e estações rodoviárias e ferroviárias; f) estímulo à cooperação internacional; g) incentivo à realização de estudos e pesquisas e ao seu compartilhamento; h) preservação do sigilo dos procedimentos administrativos e judiciais, nos termos da lei; i) gestão integrada para coordenação da política e dos planos nacionais de enfrentamento ao tráfico de pessoas.

alojamento em que viviam, das jornadas exaustivas, do comprometimento de suas rendas com compras perante estabelecimento comercial ligado ao empregador e da impossibilidade de retornarem a suas regiões de origem, em razão do custo da viagem de regresso. A defesa alegou que os trabalhadores não eram submetidos a vigilância, tendo liberdade de ir e vir. II. A Segunda Turma do Supremo Tribunal Federal decidiu, seguindo jurisprudência da Corte, que não era necessária a violência física para configurar o delito de redução à condição análoga à de escravo, bastando haver "a coisificação do trabalhador, com a reiterada ofensa a direitos fundamentais, vulnerando a sua dignidade como ser humano". Em vista disso, recebeu a denúncia". [Inq 3564, rel. min. Ricardo Lewandowski, 2ª T, j. 19-8-2014, DJE de 17-10-2014]

A prevenção ao tráfico de pessoas, precede a repressão, sendo que a prevenção se dá pelo meio da implementação de medidas intersetoriais e integradas nas áreas de saúde, educação, trabalho, segurança pública, justiça, turismo, assistência social, desenvolvimento rural, esportes, comunicação, cultura e direitos humanos; de campanhas socioeducativas e de conscientização, considerando as diferentes realidades e linguagens; de incentivo à mobilização e à participação da sociedade civil; e de incentivo a projetos de prevenção ao tráfico de pessoas.

Por fim, a repressão ao tráfico de pessoas dar-se-á por meio da cooperação entre órgãos do sistema de justiça e segurança, nacionais e estrangeiros; da integração de políticas e ações de repressão aos crimes correlatos e da responsabilização dos seus autores; da formação de equipes conjuntas de investigação.

Subtração de incapazes: O delito de subtração de capazes vem tipificado no art. 249 do CP:

> **Art. 249** - Subtrair menor de dezoito anos ou interdito ao poder de quem o tem sob sua guarda em virtude de lei ou de ordem judicial:
>
> **Pena** - detenção, de dois meses a dois anos, se o fato não constitui elemento de outro crime.
>
> **§ 1º** - O fato de ser o agente pai ou tutor do menor ou curador do interdito não o exime de pena, se destituído ou temporariamente privado do pátrio poder, tutela, curatela ou guarda.
>
> **§ 2º** - No caso de restituição do menor ou do interdito, se este não sofreu maus-tratos ou privações, o juiz pode deixar de aplicar pena.

Desta forma, fazendo um paralelo entre a infração penal em voga, pode ser que a pessoa supostamente desaparecida esteja nesta situação, por isso, a correlação.

Extorsão: O delito de extorsão está inserido no art. 158, do CPB e dispõe que incorrerá em crime aquele que constranger alguém, mediante violência ou grave ameaça, e com o intuito de obter para si ou para outrem indevida vantagem econômica, a fazer, tolerar que se faça ou deixar de fazer alguma coisa. O dispositivo se apresenta com o seguinte injusto penal:

> **Art. 158** - Constranger alguém, mediante violência ou grave ameaça, e com o intuito de obter para si ou para outrem indevida vantagem econômica, a fazer, tolerar que se faça ou deixar de fazer alguma coisa:
>
> **Pena** - reclusão, de quatro a dez anos, e multa.
>
> **§ 1º** - Se o crime é cometido por duas ou mais pessoas, ou com emprego de arma, aumenta-se a pena de um terço até metade.
>
> **§ 2º** - Aplica-se à extorsão praticada mediante violência o disposto no § 3º do artigo anterior.
>
> **§ 3º** Se o crime é cometido mediante a restrição da liberdade da vítima, e essa condição é necessária para a obtenção da vantagem econômica, a pena é de reclusão, de 6 (seis) a 12 (doze) anos, além da multa; se resulta lesão corporal grave ou morte, aplicam-se as penas previstas no art. 159, §§ 2º e 3º, respectivamente.

Apresentada o tipo penal e fazendo um paralelo entre a infração penal em cartaz, pode ser que a pessoa supostamente desaparecida esteja nesta situação, por isso, a correlação.

Extorsão mediante sequestro: O desaparecimento de pessoa pode ter algum liame com a conduta de sequestrar pessoa com o fim de obter, para si ou para outrem, qualquer vantagem, como condição ou preço do resgate. O art. 159, do CBP criminaliza a seguinte conduta:

> **Art. 159** - Sequestrar pessoa com o fim de obter, para si ou para outrem, qualquer vantagem, como condição ou preço do resgate:
>
> **Pena** - reclusão, de oito a quinze anos.
>
> **§ 1º** Se o sequestro dura mais de 24 (vinte e quatro) horas, se o sequestrado é menor de 18 (dezoito) ou maior de 60 (sessenta) anos, ou se o crime é cometido por bando ou quadrilha.
>
> **Pena** - reclusão, de doze a vinte anos.
>
> **§ 2º** - Se do fato resulta lesão corporal de natureza grave:
>
> **Pena** - reclusão, de dezesseis a vinte e quatro anos.
>
> **§ 3º** - Se resulta a morte:
>
> **Pena** - reclusão, de vinte e quatro a trinta anos.
>
> **§ 4º** - Se o crime é cometido em concurso, o concorrente que o denunciar à autoridade, facilitando a libertação do sequestrado, terá sua pena reduzida de um a dois terços.

Subtração para colocação em lar substituto: O delito de subtração de criança e de adolescente está previsto no art. 237 da Lei nº. 8.069/1990 – Estatuto da Criança e do Adolescente:

> **Art. 237.** Subtrair criança ou adolescente ao poder de quem o tem sob sua guarda em virtude de lei ou ordem judicial, com o fim de colocação em lar substituto:
>
> **Pena** - reclusão de dois a seis anos, e multa.

Deste modo, fazendo um paralelo entre a infração penal em cartaz, pode ser que a pessoa supostamente desaparecida esteja nesta situação, por isso, a correlação.

Envio de criança e adolescente para o exterior, sem formalidades legais ou com objetivo de lucro:

O desaparecimento de pessoa pode ter relação com a situação de promover ou auxiliar a efetivação de ato destinado ao envio de criança ou adolescente para o exterior com inobservância das formalidades legais ou com o fito de obter lucro. Esta situação é incriminada no art. 239, do ECA:

> **Art. 239.** Promover ou auxiliar a efetivação de ato destinado ao envio de criança ou adolescente para o exterior com inobservância das formalidades legais ou com o fito de obter lucro:
>
> **Pena** - reclusão de quatro a seis anos, e multa.
>
> **Parágrafo único**. Se há emprego de violência, grave ameaça ou fraude:
>
> **Pena** - reclusão, de 6 (seis) a 8 (oito) anos, além da pena correspondente à violência.

É importante ao operador do Direito esta sensibilidade sem descartar à correlação do desaparecimento de pessoa com algum tipo penal.

Por sua vez, insta salientar que o Código de Processo Penal nos arts. 13-A e 13-B trouxe instrumentos importantes na persecução de situações que pessoas podem estar desaparecidas ou não. Pedimos licença para transcrevê-los:

> **Art. 13-A.** Nos crimes previstos nos arts. 148, 149 e 149-A, no § 3º do art. 158 e no art. 159 do Decreto-Lei no 2.848, de 7 de dezembro de 1940 (Código Penal), e no art. 239 da Lei no 8.069, de 13 de julho de 1990 (Estatuto da Criança e do Adolescente), o membro do Ministério Público ou o delegado de polícia poderá requisitar, de quaisquer órgãos do poder público ou de empresas da iniciativa privada, dados e informações cadastrais da vítima ou de suspeitos.
>
> **Parágrafo único.** A requisição, que será atendida no prazo de 24 (vinte e quatro) horas, conterá:
>
> I - o nome da autoridade requisitante;
>
> II - o número do inquérito policial; e
>
> III - a identificação da unidade de polícia judiciária responsável pela investigação.
>
> **Art. 13-B.** Se necessário à prevenção e à repressão dos crimes relacionados ao tráfico de pessoas, o membro do Ministério Público ou o delegado de polícia poderão requisitar, mediante autorização judicial, às empresas prestadoras de serviço de telecomunicações e/ou telemática que disponibilizem imediatamente os meios técnicos adequados – como sinais, informações e outros – que permitam a localização da vítima ou dos suspeitos do delito em curso.
>
> **§ 1º** Para os efeitos deste artigo, sinal significa posicionamento da estação de cobertura, setorização e intensidade de radiofrequência.
>
> **§ 2º** Na hipótese de que trata o *caput*, o sinal:
>
> I - não permitirá acesso ao conteúdo da comunicação de qualquer natureza, que dependerá de autorização judicial, conforme disposto em lei;
>
> II - deverá ser fornecido pela prestadora de telefonia móvel celular por período não superior a 30 (trinta) dias, renovável por uma única vez, por igual período;
>
> III - para períodos superiores àquele de que trata o inciso II, será necessária a apresentação de ordem judicial.
>
> **§ 3º** Na hipótese prevista neste artigo, o inquérito policial deverá ser instaurado no prazo máximo de 72 (setenta e duas) horas, contado do registro da respectiva ocorrência policial.
>
> **§ 4º** Não havendo manifestação judicial no prazo de 12 (doze) horas, a autoridade competente requisitará às empresas prestadoras de serviço de telecomunicações e/ou telemática que disponibilizem imediatamente os meios técnicos adequados – como sinais, informações e outros – que permitam a localização da vítima ou dos suspeitos do delito em curso, com imediata comunicação ao juiz.

Podemos perceber um avanço em termos legislativos de várias normas – inclusive o Código de Processo Penal – a subsidiarem concretamente pessoas desaparecidas nas situações acima, e isso é louvável, demonstrando uma sintonia interessante do legislador ainda que em parte com a realidade.

CONCEITOS GERAIS

> **Art. 2º Para efeitos desta Lei, considera-se:**
>
> **I - pessoa desaparecida: todo ser humano cujo paradeiro é desconhecido, não importando a causa de seu desaparecimento, até que sua recuperação e identificação tenham sido confirmadas por vias físicas ou científicas;**

Comentários: O legislador ordinário com intuito de explicar os termos da lei em estudo entendeu que deve ser considerada como "pessoa desaparecida" todo ser humano cujo paradeiro é desconhecido, não importando a causa de seu desaparecimento, até que sua recuperação e identificação tenham sido confirmadas por vias físicas (v.g. localização da pessoa) ou científicas (v.g. exame de DNA, perícia papiloscópica etc.). Lembrando que o desaparecimento da pessoa poderá estar relacionado a crimes, conforme visto anteriormente (*v.g.* sequestro, subtração de incapazes etc.).

> **II - criança ou adolescente desaparecido: toda pessoa desaparecida menor de 18 (dezoito) anos;**

Comentários: Conforme o art. 2º do Estatuto da Criança e do Adolescente "considera-se criança, para os efeitos desta Lei, a pessoa até doze anos de idade incompletos, e adolescente aquela entre doze e dezoito anos de idade". De uma forma geral, quando se trata de pessoas abrangidas por este conceito "criança ou adolescente desparecido", haverá por parte do poder público algumas prioridade em sua localização, quando comparado com pessoas adultas.

III - autoridade central federal: órgão responsável pela consolidação das informações em nível nacional, pela definição das diretrizes da investigação de pessoas desaparecidas e pela coordenação das ações de cooperação operacional entre os órgãos de segurança pública;

Comentários: Devemos ter por definição de autoridade central federal dentro da legislação das pessoas desparecidas, como o órgão responsável pela consolidação das informações em nível nacional, pela definição das diretrizes da investigação de pessoas desaparecidas e pela coordenação das ações de cooperação operacional entre os órgãos de segurança pública.

IV - autoridade central estadual: órgão responsável pela consolidação das informações em nível estadual, pela definição das diretrizes da investigação de pessoas desaparecidas em âmbito estadual e pela coordenação das ações de cooperação operacional entre os órgãos de segurança pública;

Comentários: Já a autoridade central estadual a lei a definiu como o órgão responsável pela consolidação das informações no âmbito estadual, assim como pelo estabelecimento das diretrizes da investigação de pessoas desaparecidas e pela coordenação das ações de cooperação operacional entre os órgãos de segurança pública no âmbito estadual.

V - cooperação operacional: compartilhamento de informações e integração de sistemas de informação entre órgãos estaduais e federais com a finalidade de unificar e aperfeiçoar o sistema nacional de localização de pessoas desaparecidas, coordenado pelos órgãos de segurança pública, com a intervenção de outras entidades, quando necessário.

Comentários: A legislação em comento definiu a cooperação operacional como o compartilhamento de informações e integração de sistemas de informação entre órgãos estaduais e federais com o objetivo de unificar e aperfeiçoar o sistema nacional de localização de pessoas desaparecidas. A cooperação operacional será coordenado pelos órgãos de segurança pública, com a possibilidade de intervenção de outras entidades, se for necessário.

PRINCÍPIO DA PRIORIDADE DE BUSCA E LOCALIZAÇÃO DE PESSOAS DESAPARECIDAS

Art. 3º A busca e a localização de pessoas desaparecidas são consideradas prioridade com caráter de urgência pelo poder público e devem ser realizadas preferencialmente por órgãos investigativos especializados, sendo obrigatória a cooperação operacional por meio de cadastro nacional, incluídos órgãos de segurança pública e outras entidades que venham a intervir nesses casos.

Comentários: Temos no art. 3º o que denominados de princípio da prioridade de busca e localização de pessoas desaparecidas, vez que o poder público deve ter como prioridade com caráter de urgência a imediata busca e a localização de pessoas desaparecidas. Isso se dá pelo fato, que em investigações desse tipo, o êxito para a localização da pessoa desaparecida está atrelado justamente ao imediatismo das primeiras diligências. Não raras vezes, as pessoas desaparecidas ainda conseguem ser localizadas no bairro ou município de residência.

Investigação conduzidas preferencialmente por órgãos investigativos especializados: Defendemos como não poderia ser diferente que, a investigação de pessoas desaparecidas deve ser conduzida preferencialmente por órgãos investigativos especializados, segundo os ditames do art. 3º, da aludida lei.

Faz todo sentido esta redação, embora por força da Constituição Federal as Polícias Judiciárias sejam as instituições incumbidas e vocacionadas deste mister investigativo. Logo, soaria como desnecessário este mandamento infralegal, somado ao fato de que parcela significativa dos desaparecimentos de pessoas estão relacionados à crimes, o que faz incidir às atribuições constitucionais e legais das Polícias Judiciárias.

De qualquer forma, a previsão desta lei infralegal reforça às atribuições investigativas das Polícias Judiciárias em caso de pessoas desaparecidas.

Do processo investigativo de pessoa desaparecida: O processo de investigação, localização e busca de pessoa desaparecida se dará mediante a adoção de diversos procedimentos, como por exemplo, o registro do caso (através de Boletim de Ocorrência ou documento análogo)[7]; realização de entrevista primária com o comunicante (normalmente algum familiar que leva a notícia ao conhecimento da polícia); adoção de ações coordenadas com outras instituições (notificações à hospitais, casas de tratamento etc.); confecção de cartaz da pessoa desaparecida (ganha destaque a divulgação nas redes sociais); tomada de depoimentos (compreender o possível motivo do desaparecimento); requisições de imagens de circuito de câmeras (tentar verificar possíveis regiões em que a pessoa desaparecida transitou); requisições de dados cadastrais à empresas de transporte urbano; requisições de dados cadastrais às empresas de telefonia; classificação, características e avaliação dos riscos em que a pessoa desaparecida se encontra (criança, adolescente, idosos com comorbidades são mais vulneráveis); representações de medias cautelares sob reserva de jurisdição (prisão, busca e apreensão, interceptação telefônica, quebra do sigilo telefônico e bancário etc.).

Obrigação de cooperação operacional por meio de cadastro nacional: O liame investigativo e cooperativo entre instituições é fundamental para o êxito na localização de pessoas desaparecidas. A obrigatoriedade dessa cooperação repousa sobre o cadastro nacional de pessoas desaparecidas, que, em resumo, se trata de um arcabouçou de informações públicas e sigilosas, que contenha diversos dados relacionados ao desaparecimento de uma pessoa. Por consequência lógicas, integram essa cooperação operacional os órgãos de segurança pública e outras entidades que venham eventualmente a intervir nessas situações.

Princípio da primazia da investigação pela localização de crianças e adolescentes desaparecidas: Vem estampado no §2º, do artigo 208 do Estatuto da Criança e do Adolescente, afirmando que "a investigação do desaparecimento de crianças ou adolescentes será realizada imediatamente após notificação aos órgãos competentes, que deverão comunicar o fato aos portos, aeroportos, Polícia Rodoviária e companhias de transporte interestaduais e internacionais, fornecendo-lhes todos os dados necessários à identificação do desaparecido". Observe que no caso de investigação envolvendo desaparecimento de criança há um dever básico a ser seguido de praxe no início das investigações que é "comunicar o fato aos portos, aeroportos, Polícia Rodoviária e companhias de transporte interestaduais e internacionais", isso se dá pelo fato do Brasil ser um país de dimensões continentais e ter todos os tipos de fronteira – terrestre, aérea, fluvial, marítima e lacustre –, motivo pelo qual a saída do país se tornará mais dificultosa se houver o empenho e envolvimento de todos os órgãos responsáveis pelo controle de entrada e saída de pessoas do país.

DIRETRIZES DA LEI DE PESSOAS DESAPARECIDAS

Art. 4º No cumprimento do disposto no art. 3º desta Lei, o poder público observará as seguintes diretrizes:

I - desenvolvimento de programas de inteligência e articulação entre órgãos de segurança pública e demais órgãos públicos na investigação das circunstâncias do desaparecimento, até a localização da pessoa desaparecida;

II - apoio e empenho do poder público à pesquisa e ao desenvolvimento científico e tecnológico voltados às análises que auxiliem e contribuam para a elucidação dos casos de desaparecimento, até a localização da pessoa desaparecida;

III - participação dos órgãos públicos e da sociedade civil na formulação, na definição e no controle das ações da política de que trata esta Lei;

IV - desenvolvimento de sistema de informações, transferência de dados e comunicação em rede entre os diversos órgãos envolvidos, principalmente os de segurança pública, de modo a agilizar a divulgação dos desaparecimentos e a contribuir com as investigações, a busca e a localização de pessoas desaparecidas;

V - disponibilização e divulgação, na internet, nos diversos meios de comunicação e em outros meios, de informações que contenham dados básicos das pessoas desaparecidas;

VI - capacitação permanente dos agentes públicos responsáveis pela investigação dos casos de desaparecimento e pela identificação das pessoas desaparecidas.

Parágrafo único. Para fins do disposto no inciso III do *caput* deste artigo, participarão, entre outros, representantes:

I - de órgãos de segurança pública;

II - de órgãos de direitos humanos e de defesa da cidadania;

7. Por mais ululante que seja, insta salientar que não há necessidade de se aguardar o prazo de 24h (vinte e quatro horas), para registro da ocorrência. O êxito das investigações, muitas vezes, repousa justamente nestas primeiras horas, sendo totalmente descabido se exigir tal lapso temporal para se iniciar uma investigação de desaparecimento de pessoa.

III - dos institutos de identificação, de medicina legal e de criminalística;

IV - do Ministério Público;

V - da Defensoria Pública;

VI - da Assistência Social;

VII - dos conselhos de direitos com foco em segmentos populacionais vulneráveis;

VIII - dos Conselhos Tutelares.

Comentários: Para o efetivo cumprimento de busca e localização de pessoas desaparecidas, o poder público deverá observar diversas diretrizes, entre elas a participação dos órgãos públicos da sociedade civil na formulação, na definição e no controle das ações da política de que trata a lei de pessoas desaparecidas. Enfim, entre os órgãos que participarão, entre outros, temos: a) órgãos de segurança pública (polícia civil, polícia militar, polícia penal, polícia federal, polícia rodoviária federal, guarda municipal etc.); b) órgãos de direitos humanos e de defesa da cidadania (conselhos estaduais e municipais de direitos humanos); c) institutos de identificação, de medicina legal e de criminalística (são órgãos voltados à perícia técnica e papiloscopia, imprescindíveis nas investigações, em especial quando se necessita de identificação da vítima); d) Ministério Público; e) Defensoria Pública; f) Assistência Social; g) conselhos de direitos com foco em segmentos populacionais vulneráveis; h) dos Conselhos Tutelares.

Essa ampla participação tem como foco integrar de forma conglobada todo a sociedade e, em especial os órgãos públicos, em busca do mesmo objetivo: a localização da pessoa desaparecida. Certo é que, com a realização de esforço conjunto de todos os órgãos envolvidos a probabilidade de localização da vítima se torna exponencial.

DO CADASTRO NACIONAL DE PESSOAS DESAPARECIDAS

Art. 5º O Cadastro Nacional de Pessoas Desaparecidas, que tem por objetivo implementar e dar suporte à política de que trata esta Lei, será composto de:

I - banco de informações públicas, de livre acesso por meio da internet, com informações acerca das características físicas das pessoas desaparecidas, fotos e outras informações úteis para sua identificação sempre que não houver risco para a vida da pessoa desaparecida;

II - banco de informações sigilosas, destinado aos órgãos de segurança pública, com registros padronizados de cada ocorrência e com o número do boletim de ocorrência, que deverá ser o mesmo do inquérito policial, bem como informações acerca das características físicas das pessoas desaparecidas, fotos, contatos dos familiares ou responsáveis pela inclusão dos dados da pessoa desaparecida no cadastro e qualquer outra informação relevante para sua pronta localização;

III - banco de informações sigilosas, destinado aos órgãos de segurança pública, que conterá informações genéticas e não genéticas das pessoas desaparecidas e de seus familiares, destinado exclusivamente a encontrar e a identificar a pessoa desaparecida.

§ 1º O órgão competente implantará, coordenará e atualizará o Cadastro Nacional de Pessoas Desaparecidas em cooperação operacional e técnica com os Estados e demais entes federados.

§ 2º No âmbito federal, ficará a cargo da Polícia Federal, por meio do agente de investigação, a interlocução de casos de competência internacional, inclusive a coordenação com a Interpol e demais órgãos internacionais.

§ 3º As informações do cadastro serão inseridas, atualizadas e validadas exclusivamente pelas autoridades de segurança pública competentes para a investigação.

§ 4º A não inserção, a não atualização e a não validação dos dados do Cadastro Nacional de Pessoas Desaparecidas implicará o impedimento de transferências voluntárias da União.

Comentários: Ainda no ano de 2009, ao propor um projeto de lei acerca da criação do "Cadastro Nacional de Pessoas Desaparecidas", o legislador afirmou que "O desaparecimento de pessoas no Brasil é um fenômeno ainda pouco compreendido em suas causas. Não existem estatísticas precisas sobre esse assunto, mas estima-se que no Brasil desapareçam cerca de 45.000 pessoas todos os anos. Muitos desses casos se resolvem em pouco tempo e se devem a fugas voluntárias. No entanto, cerca de 15% deles permanecem sem solução. Essa quantidade de ocorrências que permanecem insolúveis é elevada e justifica a criação de um Cadastro Nacional de Pessoas Desaparecidas, que é o objeto de nossa proposição. Além de propor a criação do cadastro, fornecemos alguns parâmetros mínimos para que esse cadastro seja bem-sucedido em sua criação no ambiente federativo. A União será responsável pela sua manutenção, os Estados e Municípios participarão mediante instrumentos de cooperação a serem futuramente celebrados e os custos serão suportados pelo Fundo Nacional de Segurança Pública. Por todo o exposto e pela relevância do tema, contamos com o apoio dos nobres Pares para a aprovação da presente proposta”[8].

Certo é que diversas medidas previstas no projeto de lei do ano de 2009, foram abraçadas pelo legislador na lei nº. 13.812/2019, sendo que o Cadastro Nacional de Pessoas Desaparecidas é fundamental para a consecução de todas as demais medidas a serem adotadas no âmbito das investigações, não por acaso, o próprio artigo dispor como sanção o impedimento de transferências voluntárias da União, nos casos de não inserção, não atualização e a não validação dos dados do Cadastro Nacional de Pessoas Desaparecidas.

DÚVIDAS ACERCA DA IDENTIDADE DE CADÁVER

Art. 6º Em caso de dúvida acerca da identidade de cadáver, promover-se-á a coleta de informações físicas e genéticas, que serão inseridas no cadastro de que trata o art. 5º desta Lei.

Comentários: A dúvida surge a partir do momento em que não há informações suficientes para individualizar o cadáver localizado. Muitas vezes quando a pessoa desparece é procedido com um registro do desaparecimento, formalizado através de procedimento próprio (Boletim de Ocorrência, Auto de Investigação Preliminar etc.), onde algum familiar ou conhecido do desparecido reduz a termo todas as informações possíveis que possam vir a ajudar na sua localização (p. ex. roupa que estava utilizando, cicatrizes, tatuagens, veículo que utilizava, características físicas – peso, altura, cor, cabelo). Todavia, há casos que apenas se localiza a ossada, sendo neste caso inevitável, a coleta de informações genéticas, sendo, por sua vez, a coleta de informações físicas restrita ao sexo (análise dos ossos da bacia), para se saber se se trata de ossada feminina ou masculina.

Uma vez colhida as informações físicas e genéticas, serão essas inseridas no Cadastro Nacional de Pessoas Desaparecidas, para vir auxiliar no futuro a real identificação daquele cadáver. Com tal medida pretende-se reduzir, ou se possível extinguir, o enterro de pessoas não identificadas.

8. Disponível em: https://www.camara.leg.br/proposicoesWeb/prop_mostrarintegra?codteor=728144&filename=PL-6699-2009

ELABORAÇÃO ANUAL DE RELATÓRIOS ESTATÍSTICOS

Art. 7º A autoridade central federal e as autoridades centrais estaduais elaborarão relatório anual, com as estatísticas acerca dos desaparecimentos, do qual deverão constar:

I - número total de pessoas desaparecidas;

II - número de crianças e adolescentes desaparecidos;

III - quantidade de casos solucionados;

IV - causas dos desaparecimentos solucionados.

Comentários: A legislação em tela impõe a elaboração anual de relatórios estatísticos sobre as pessoas desaparecidas, devendo incluir a totalidade de pessoas desaparecidas; crianças e adolescentes desaparecidos; quantitativo de casos concretos resolvidos sobre os desaparecimentos solucionados.

Dados de estatísticas são importantes para nortear políticas e ações do poder público.

PROVIDÊNCIAS INICIAIS A SEREM ADOTADAS PARA LOCALIZAÇÃO

Art. 8º Ao ser comunicada sobre o desaparecimento de uma pessoa, a autoridade do órgão de segurança pública, em observância às diretrizes elaboradas pela autoridade central, adotará todas as providências visando à sua localização, comunicará o fato às demais autoridades competentes e incluirá as informações no cadastro de que trata o art. 5º desta Lei.

§ 1º A notificação do desaparecimento será imediatamente registrada no Cadastro Nacional de Pessoas Desaparecidas e na Rede de Integração Nacional de Informações de Segurança Pública, Justiça e Fiscalização (Rede SinespInfoseg) ou sistema similar de notificação adotado pelo Poder Executivo.

§ 2º Aplicar-se-á o disposto no § 2º do art. 208 da Lei nº 8.069, de 13 de julho de 1990 (Estatuto da Criança e do Adolescente), nos casos em que a autoridade policial verificar a existência de qualquer indício de vulnerabilidade da pessoa desaparecida.

§ 3º O desaparecimento de criança ou adolescente será comunicado ao Conselho Tutelar.

§ 4º A autoridade alertará o comunicante acerca da necessidade de informar o reaparecimento ou retorno da pessoa desaparecida.

Comentários: Com a comunicação acerca do desaparecimento de uma pessoa, a autoridade do órgão de segurança pública, em obediência às diretrizes elaboradas pela autoridade central, adotará todas as providências visando à sua localização, providenciando à comunicação do fato às demais autoridades competentes, com a inclusão das informações no cadastro de que trata o art. 5º desta Lei.

Cabe ressaltar que, a notificação do desaparecimento deverá ser imediatamente registrada no Cadastro Nacional de Pessoas Desaparecidas e na Rede de Integração Nacional de Informações de Segurança Pública, Justiça e Fiscalização (Rede SinespInfoseg) ou sistema similar de notificação adotado pelo Poder Executivo.

Nas hipóteses em que a autoridade policial verificar a existência de qualquer indício de vulnerabilidade da pessoa desaparecida deverá ser aplicado o disposto no § 2º do art. 208 da Lei nº 8.069, de 13 de julho de 1990 (Estatuto da Criança e do Adolescente), isto é, decorre do próprio princípio da primazia da investigação pela localização de crianças e adolescentes desaparecidas, já explanado alhures.

Ademais, o eventual desaparecimento de criança ou adolescente deverá comunicado ao Conselho Tutelar.

Por fim, a autoridade alertará o comunicante acerca da necessidade de informar o reaparecimento ou retorno da pessoa desaparecida.

PRINCÍPIO DA PERENIDADE DAS INVESTIGAÇÕES ATÉ EFETIVA LOCALIZAÇÃO

> **Art. 9º As investigações sobre o desaparecimento serão realizadas até a efetiva localização da pessoa.**

Comentários: Em resumo, não existe a possibilidade de arquivamento das investigações policiais acerca de pessoas desaparecidas por expressa previsão legal. Com isso, o objetivo final será sempre a localização da pessoa, não importando se em vida ou em morte.

Assim, a resposta do paradeiro do desaparecido à família é aspecto central da Lei, não podendo o Estado-polícia se dar por satisfeito, enquanto não se ter uma resposta da localização da pessoa.

Parece com todo respeito, mais uma ignorância da realidade pelo legislador pátrio, porquanto por mais nobre que seja o intuito da *"mens legis"*, sabe-se que no crime de homicídio (extremamente grave) não se tem essa exigência legal (investigação perene), agora criar uma exigência dessa envergadura em um desaparecimento seria proporcional?

Não estamos a dizer que o desaparecimento seja um caso banal da literatura policial, mas é que guardadas as proporções devidas de um e o outro, temos dificuldades em sustentar não existir perenidade de investigação em crime de homicídio, e existir de outro lado, perenidade de investigação num desaparecimento, conquanto tenhamos lei para tanto.

Confronto com o art. 6º e 7º do Código Civil – a questão da morte presumida: Uma análise inquietante e provocativa diz respeito dos possíveis reflexos e diálogo entre o Código Civil Brasileiro e o desaparecimento de pessoas.

O art. 6º do Código Civil preconiza que a existência da pessoa natural termina com a morte, onde esta é presumida quanto aos ausentes, nos casos em que a lei autoriza a abertura de sucessão definitiva.

Adiante, o art. 7º, do mesmo diploma legal estabelece que a morte presumida pode ser declarada, sem decretação de ausência nas hipóteses em que for extremamente provável a morte de quem estava em perigo de vida (I); e se alguém, desaparecido em campanha ou feito prisioneiro, não for encontrado até dois anos após o término da guerra (II).

Todavia, esta declaração da morte presumida, nestas situações supra, somente poderá ser requerida depois de esgotadas as buscas e averiguações, devendo a sentença fixar a data provável do falecimento. Vejamos as disposições dos indigitados artigos:

> **Art. 6º** A existência da pessoa natural termina com a morte; presume-se esta, quanto aos ausentes, nos casos em que a lei autoriza a abertura de sucessão definitiva.
>
> **Art. 7º** Pode ser declarada a morte presumida, sem decretação de ausência:
>
> **I** - se for extremamente provável a morte de quem estava em perigo de vida;
>
> **II** - se alguém, desaparecido em campanha ou feito prisioneiro, não for encontrado até dois anos após o término da guerra.
>
> **Parágrafo único.** A declaração da morte presumida, nesses casos, somente poderá ser requerida depois de esgotadas as buscas e averiguações, devendo a sentença fixar a data provável do falecimento.

Por outro lado, temos o princípio da perenidade das investigações, que consiste na imposição de diligências investigativas até à localização da pessoa desaparecida, ainda que esteja sem vida.

Diante disto, podemos extrair alguns reflexos, já que uma vez declarada a morte presumida não fará sentido buscas para encontrar a pessoa desaparecida, exceto se partirmos sob a ótica do princípio da perenidade das investigações até à localização da pessoa desaparecida ainda que esteja sem vida.

Relativo ao instituto da ausência em si do Direito Civil, esta trará reflexos na esfera civil e no campo penal também, embora nos pareça restar em conflito também com o princípio da perenidade das investigações, que imporia diligências até à localização da pessoa desaparecida ainda que sem vida também.

RETROCESSO À ATIVIDADE INVESTIGATIVA

Art. 10. As autoridades de segurança pública, mediante autorização judicial, poderão obter dados sobre a localização de aparelho de telefonia móvel sempre que houver indícios de risco à vida ou à integridade física da pessoa desaparecida.

Comentários: Entendemos que ao condicionar a necessidade prévia de obter autorização judicial para obtenção de dados e localização de aparelho, o legislador retrocedeu nessa matéria, pelo menos no que toca ao dado de Estação Rádio Base (ERB) quando se compara com a **jurisprudência**[9].Em nosso sentir, a Lei nº. 13.812/19 trouxe uma possibilidade de quebra de Estação Rádio Base (ERB) para fins civis e não criminais; pois em muitos casos o desaparecimento de pessoa não está relacionado a crime. Observe ainda que o legislador não permitiu à interceptação telefônicas, mas apenas a localização do celular, em resumo: "A Estação Rádio Base (ERB)".

Não nos parece razoável essa vedação abstrata trazida pelo legislador, porque acaba reduzindo o espectro de ferramentas necessárias para localizar pessoas desaparecidas, sem uma motivação plausível e razoável e ainda pode causar embaraço em evoluções investigativas.

Nessa linha, suponhamos que por detrás desse "desaparecimento", exista uma organização criminosa incumbida de realizar homicídios que ocasionaram os "desaparecimentos". Com essa vedação abstrata, certamente, poderá obstruir que num primeiro momento situação tidas por mero "desaparecimento" seja impedida de lançar mão desse mecanismo de interceptação telefônica.

E mais, poderá causar discussões, se eventual interceptação porventura deferida, possa ser acoimada ou não de ilícita, pois se constatada que estávamos num "desaparecimento" e depois evoluindo para constatação de homicídio, no mínimo dará azo para brados defensivos querendo impingir ilegalidade das provas ou elementos informativos obtidos pela interceptação.

Previsão similar no Código de Processo Penal: O Código de Processo Penal estabeleceu no art. 13-A e art. 13-B, previsão similar do art. 10 desta lei, vejamos:

> **Art. 13-A.** Nos crimes previstos nos arts. 148, 149 e 149-A, no § 3º do art. 158 e no art. 159 do Decreto-Lei no 2.848, de 7 de dezembro de 1940 (Código Penal), e no art. 239 da Lei no 8.069, de 13 de julho de 1990 (Estatuto da Criança e do Adolescente), o membro do Ministério Público ou o delegado de polícia poderá requisitar, de quaisquer órgãos do poder público ou de empresas da iniciativa privada, dados e informações cadastrais da vítima ou de suspeitos. (Incluído pela Lei nº 13.344, de 2016)
>
> **Parágrafo único**. A requisição, que será atendida no prazo de 24 (vinte e quatro) horas, conterá: (Incluído pela Lei nº 13.344, de 2016)
>
> **I** - o nome da autoridade requisitante; (Incluído pela Lei nº 13.344, de 2016)
>
> **II** - o número do inquérito policial; e (Incluído pela Lei nº 13.344, de 2016)
>
> **III** - a identificação da unidade de polícia judiciária responsável pela investigação. (Incluído pela Lei nº 13.344, de 2016)
>
> **Art. 13-B.** Se necessário à prevenção e à repressão dos crimes relacionados ao tráfico de pessoas, o membro do Ministério Público ou o delegado de polícia poderão requisitar, mediante autorização judicial, às empresas prestadoras de serviço de telecomunicações e/ou telemática que disponibilizem imediatamente os meios técnicos adequados – como sinais, informações e outros – que permitam a localização da vítima ou dos suspeitos do delito em curso. (Incluído pela Lei nº 13.344, de 2016)
>
> **§ 1º** Para os efeitos deste artigo, sinal significa posicionamento da estação de cobertura, setorização e intensidade de radiofrequência. (Incluído pela Lei nº 13.344, de 2016)
>
> **§ 2º** Na hipótese de que trata o *caput*, o sinal: (Incluído pela Lei nº 13.344, de 2016)
>
> **I** - não permitirá acesso ao conteúdo da comunicação de qualquer natureza, que dependerá de autorização

9. Admite-se a quebra de sigilo de dados da ERB (estação rádio base) sem a necessidade de autorização judicial (STJ, HC 247.331).

judicial, conforme disposto em lei; (Incluído pela Lei nº 13.344, de 2016)

II - deverá ser fornecido pela prestadora de telefonia móvel celular por período não superior a 30 (trinta) dias, renovável por uma única vez, por igual período; (Incluído pela Lei nº 13.344, de 2016)

III - para períodos superiores àquele de que trata o inciso II, será necessária a apresentação de ordem judicial. (Incluído pela Lei nº 13.344, de 2016)

§ 3º Na hipótese prevista neste artigo, o inquérito policial deverá ser instaurado no prazo máximo de 72 (setenta e duas) horas, contado do registro da respectiva ocorrência policial. (Incluído pela Lei nº 13.344, de 2016)

§ 4º Não havendo manifestação judicial no prazo de 12 (doze) horas, a autoridade competente requisitará às empresas prestadoras de serviço de telecomunicações e/ou telemática que disponibilizem imediatamente os meios técnicos adequados – como sinais, informações e outros – que permitam a localização da vítima ou dos suspeitos do delito em curso, com imediata comunicação ao juiz. (Incluído pela Lei nº 13.344, de 2016)

PRINCÍPIO DA INFORMAÇÃO SOBRE O INGRESSO DE PESSOAS SEM IDENTIFICAÇÃO EM ESTABELECIMENTOS GERAIS

Art. 11. Os hospitais, as clínicas e os albergues, públicos ou privados, deverão informar às autoridades públicas sobre o ingresso ou o cadastro de pessoas sem a devida identificação em suas dependências.

Comentários: Temos no art. 11 o que denominados de princípio da informação sobre o ingresso de pessoas sem identificação em estabelecimentos gerais (hospitais, clínicas e albergues). Esse dispositivo é fundamental para a consecução das políticas de localização de pessoas desaparecidas. Para aqueles que atuam na área sabe que muitas vezes as pessoas desaparecidas, sofrem de problemas psicológicos, psiquiátricos, de perda de memória ou outros problemas de saúde que, inevitavelmente, remetem a alguma dessas instituições. Não por acaso muitos familiares se deslocarem a essas instituições em busca de seus entes queridos que se encontram desparecidos. Assim, o estado vincula esses estabelecimentos em geral a prestarem informações às autoridades públicas sobre o ingresso ou o cadastro de pessoas sem a devida identificação em suas dependências.

Pessoa sem a devida identificação: Prescreve a lei de identificação criminal que, a identificação civil poderá ser realizada através de qualquer dos documentos listados no art. 2º, da Lei nº 12.037/2009:

- Carteira de identidade
- Carteira de trabalho
- Carteira profissional
- Passaporte
- Carteira de identificação funcional
- Outro documento público que permita a identificação do indiciado.
- Documentos de identificação militares.

Então, ingressando alguém nestes lugares, por uma leitura analógica da Lei de Identificação Criminal, os responsáveis no mínimo deverão exigir destas pessoas à apresentação dos documentos acima listados para fins da lei em tablado.

PRINCÍPIO DA PUBLICIZAÇÃO PRIMÁRIA DE PESSOAS DESAPARECIDAS

Art. 12. O poder público envidará esforços para celebrar convênios com emissoras de rádio e televisão para a transmissão de alertas urgentes sobre o desaparecimento de crianças e adolescentes, observados os seguintes critérios:

I - confirmação do desaparecimento pelo órgão de segurança pública competente;

II - evidência de que a vida ou a integridade física da criança ou do adolescente desaparecido está em risco;

III - descrição detalhada da criança ou do adolescente desaparecido, bem como do suspeito ou do veículo envolvido no ato.

§ 1º A transmissão de alertas restringir-se-á aos casos em que houver informações suficientes para a identificação e a localização da criança ou do adolescente desaparecido ou do suspeito.

§ 2º O alerta de que trata o *caput* deste artigo não será utilizado quando a difusão da mensagem puder implicar aumento do risco para a criança ou o adolescente desaparecido ou comprometer as investigações em curso.

§ 3º O convênio referido no *caput* deste artigo pode ser celebrado, ainda, com empresas de transporte e organizações não governamentais.

§ 4º A autoridade central federal e as autoridades centrais estaduais definirão os agentes responsáveis pela emissão do alerta.

Comentários: Na análise do dispositivo em comento, constata-se que o poder público realizará todos os esforços para celebrar convênios com emissoras de rádio e televisão para a transmissão de alertas urgentes sobre o desaparecimento de crianças e adolescentes. Por sua vez, para que haja a divulgação deverão ser observados três requisitos cumulativos: a) confirmação do desaparecimento pelo órgão de segurança pública competente; b) evidência de que a vida ou a integridade física da criança ou do adolescente desaparecido está em risco; c) descrição detalhada da criança ou do adolescente desaparecido, bem como do suspeito ou do veículo envolvido no ato.

Princípio da publicização primária de pessoas desaparecidas: Falamos em princípio da publicização primária, pois é este que deverá ser adotado como primazia pelo poder público para a localização específica de crianças desaparecidas. Trata-se de público mais vulnerável ao desparecimento. Motivo pelo qual no *caput* do art. 12, o verbo utilizado é "envidará" (aplicará com empenho), ou seja, essa é uma diretriz que deverá ser buscada pelos órgãos públicos, entendemos aqui, que se trata de norma imperativa, dotada de força cogente, não havendo discricionaridade por parte do poder público em não buscar realizar esse tipo de convênio. Observe ainda que independentemente das emissoras de rádio e televisão virem aceitar o convênio o poder público deverá envidar esforços nesse sentido.

PRINCÍPIO DA PUBLICIZAÇÃO SECUNDÁRIA DE PESSOAS DESAPARECIDAS

Art. 13. O poder público também poderá promover, mediante convênio com órgãos de comunicação social e outros entes privados, a divulgação de informações e imagens de pessoas desaparecidas ainda que não haja evidência de risco à vida ou à integridade física dessas pessoas.

Parágrafo único. A divulgação de informações e imagens de que trata o *caput* deste artigo será feita mediante prévia autorização dos pais ou do responsável, no caso de crianças ou adolescentes desaparecidos, e, no caso de adultos desaparecidos, quando houver indícios da prática de infração penal.

Comentários: Ao poder público é facultado promover, mediante convênio com órgãos de comunicação social (emissoras de TV, rádios etc.) e outros entes privados (empresas privadas), a divulgação de informações e imagens de pessoas desaparecidas. Todavia, para que haja essa divulgação tem que restar comprovado que não haverá risco à vida ou à integridade física da pessoa desaparecida. Caso contrário, havendo evidência de risco, a divulgação não pode ser realizada.

Princípio da publicização secundária de pessoas desaparecidas: Enquanto no art. 12 a busca da publicização é primária (imperativa), no art. 13 é secundária (facultativa), porquanto o poder público tem discricionaridade de vir a celebrar tais convênios.

Confronto do art. 12 com o art. 13, ambos da Lei nº. 13.812/2019: O leitor que se atentar a redação de ambos os dispositivos poderá evidenciar algumas incongruências. Para melhor entender o tema vejamos a tabela abaixo:

Art. 12	Art. 13
Envidará esforços para celebrar convênios com emissoras de rádio e televisão (são órgãos de comunicação social).	Poderá promover, mediante convênio com órgãos de comunicação social (rádio, televisão etc.) e outros entes privados
transmissão de alertas urgentes sobre o desaparecimento de crianças e adolescentes	divulgação de informações e imagens de pessoas desaparecidas
Não há qualquer necessidade de autorização.	será feita mediante prévia autorização dos pais ou do responsável, no caso de crianças ou adolescentes desaparecidos
O art. 12, só trata de crianças e adolescentes.	no caso de adultos desaparecidos, quando houver indícios da prática de infração penal.

Enfim, analisando a tabela acima pode verificar que o art. 12 tem como objetivo a transmissão de *alerta urgente* (ou seja, a criança ou adolescente acabou de desaparecer e precisar dar uma publicidade imediata ao fato), través de emissores de rádio e televisão. Para que haja essa publicidade primária não é necessária autorização dos pais, mas apenas o cumprimento dos critérios estabelecidos no dispositivo. E, por fim, a possibilidade de alertas urgentes só encampa crianças e adolescentes, portanto não se trata de "qualquer pessoa desaparecida". Em outras linhas, o art. 13 é mais abrangente, pois já não trata de alerta urgente, mas de simples divulgação, podendo essa ser realizada através os órgãos de comunicação social ou até mesmo entes privados (*v.g.* empresas de transporte de carga que estampa fotografias de pessoas desaparecidas na parte traseira do caminhão baú). Ademais, abrange crianças, adolescentes e pessoas adultas. Sendo que para que haja divulgação de imagens de criança e adolescente é necessários a prévia autorização dos pais ou do responsável. Já nos casos de adultos desaparecidos, essa divulgação ocorrerá quando houver indícios da prática de infração penal (*v.g.* a pessoa foi possível vítima de homicídio e seu corpo está ocultado).

ALTERAÇÕES PROMOVIDAS NA LEI Nº. 8.069/1990

Art. 14. O art. 83 da Lei nº 8.069, de 13 de julho de 1990(Estatuto da Criança e do Adolescente), passa a vigorar com as seguintes alterações:

Art. 83 . Nenhuma criança ou adolescente menor de 16 (dezesseis) anos poderá viajar para fora da comarca onde reside desacompanhado dos pais ou dos responsáveis sem expressa autorização judicial.

§ 1º A autorização não será exigida quando:

a) tratar-se de comarca contígua à da residência da criança ou do adolescente menor de 16 (dezesseis) anos, se na mesma unidade da Federação, ou incluída na mesma região metropolitana;

b) a criança ou o adolescente menor de 16 (dezesseis) anos estiver acompanhado:

Comentários: A regra trazida pelo dispositivo legal traz que nenhuma criança ou adolescente menor de 16 (dezesseis) anos poderá viajar para fora da comarca onde reside desacompanhado dos pais ou dos responsáveis sem expressa autorização judicial.

Entretanto, essa autorização não será exigida quando:

a) tratar-se de comarca contígua à da residência da criança ou do adolescente menor de 16 (dezesseis) anos, se na mesma unidade da Federação, ou incluída na mesma região metropolitana;

b) a criança ou o adolescente menor de 16 (dezesseis) anos estiver acompanhado.

Nos valendo do quadro trazido por Márcio André Lopes Cavalcante[10], podemos elencar o resumo dos arts. 83 a 85 do ECA:

Viagem NACIONAL	
Situação	**É necessária autorização?**
Criança e adolescente menor de 16 anos viajar com o pai e a mãe.	NÃO
Criança e adolescente menor de 16 anos viajar só com o pai ou só com a mãe.	NÃO
Criança e adolescente menor de 16 anos viajar com algum ascendente (avô, bisavô).	NÃO (nem dos pais nem do juiz)
Criança e adolescente menor de 16 anos viajar com algum colateral, maior de idade, até 3º grau (irmão, tio e sobrinho).	NÃO (nem dos pais nem do juiz)
Criança e adolescente menor de 16 anos viajar acompanhada de uma pessoa maior de idade, mas que não seja nenhum dos parentes acima listados (ex: amigo da família, chefe de excursão, treinador de time).	SIM Será necessária uma autorização expressa do pai, mãe ou responsável (ex: tutor) pela criança.
Criança e adolescente menor de 16 anos viajar sem estar acompanhada por uma pessoa maior de idade.	SIM Será necessária uma autorização do juiz da infância e juventude.
Criança e adolescente menor de 16 anos viajar desacompanhada de parentes para comarca vizinha, localizada dentro do mesmo Estado, ou para comarca que pertença à mesma região metropolitana.	NÃO (nem dos pais nem do juiz)
Adolescente maior de 16 anos viajar desacompanhado de pais, responsável, parente ou qualquer outra pessoa.	NÃO Adolescentes maiores de 16 anos podem viajar pelo Brasil sem autorização.

10. CAVALCANTE, Márcio André Lopes. **Lei 13.812/2019: Política Nacional de Busca de Pessoas Desaparecidas**. Publicado em 20 de março de 2019. Disponível em:<<https://www.dizerodireito.com.br/2019/03/ola-amigos-do-dizer-o-direito-foi.html>>. Disponível em 24 de março de 2018.

<table>
<tr><th colspan="2">Viagem ao EXTERIOR</th></tr>
<tr><th>Situação</th><th>Necessária autorização?</th></tr>
<tr><td>Criança ou adolescente (ou seja, qualquer pessoa menor de 18 anos) viajar acompanhado do pai e da mãe.</td><td>NÃO</td></tr>
<tr><td>Criança ou adolescente (pessoa menor de 18 anos) viajar com o seu responsável (ex: guardião, tutor ou curador).</td><td>NÃO</td></tr>
<tr><td>Criança ou adolescente (pessoa menor de 18 anos) viajar só com o pai ou só com a mãe.</td><td>SIM
Nesse caso, será necessária:
1) autorização judicial; OU
2) autorização expressa do pai ou mãe que não for viajar, através de documento com firma reconhecida.
Obs: não será necessária autorização com firma reconhecida se os pais estiverem presentes no embarque.</td></tr>
<tr><td>Criança ou adolescente (pessoa menor de 18 anos) viajar desacompanhado</td><td rowspan="3">SIM
Nesse caso, será necessária:
1) autorização judicial; OU
2) autorização expressa do pai e da mãe, com firma reconhecida.
Obs: não será necessária autorização com firma reconhecida se os pais estiverem presentes no embarque.</td></tr>
<tr><td>Criança ou adolescente (pessoa menor de 18 anos) viajar em companhia de terceiros maiores e capazes, designados pelos genitores.</td></tr>
<tr><td>Em todos os outros casos (ex: avô, tio, irmão, chefe de excursão, treinador de time etc.).</td></tr>
<tr><td>Criança ou adolescente (pessoa menor de 18 anos) nascido no Brasil viajar em companhia de residente ou domiciliado no exterior.</td><td>SIM
Necessária prévia e expressa autorização judicial.</td></tr>
</table>

Infração administrativa: A transgressão das regras acima ensejará a prática da infração administrativa enumerada no art. 251, do ECA:

> **Art. 251.** Transportar criança ou adolescente, por qualquer meio, com inobservância do disposto nos arts. 83, 84 e 85 desta Lei:
>
> **Pena** – multa de três a vinte salários de referência, aplicando-se o dobro em caso de reincidência.

PRINCÍPIO DO AMPARO FAMILIAR

> **Art. 15. O poder público implementará programas de atendimento psicossocial à família de pessoas desaparecidas.**

Comentários: O desiderato do legislador foi dar o suporte necessário na esfera psicológica e social à família que teve o ente desaparecido. É comum vermos as unidades responsáveis pelo primeiro atendimento nos casos de pessoas desaparecidas não deter um programa de atendimento psicossocial para familiares de pessoas desparecidas. O desespero dessas famílias é muitas vezes realizado por agentes da segurança pública, que tentam minimizar os impactos emocionais de quem acabou de registrar uma ocorrência de desparecimento.

Atendimento psicossocial: O atendimento psicossocial deverá seguir protocolos para prestar atendimento adequado à família de pessoas desaparecidas.

O FIM DA CISÃO ENTRE BANCO DE DADOS DE PESSOAS DESAPARECIDAS

> **Art. 16. O Cadastro Nacional de Crianças e Adolescentes Desaparecidos, criado pela Lei nº 12.127, de 17 de dezembro de 2009, fará parte do Cadastro Nacional de Pessoas Desaparecidas.**

Comentários: A Lei nº. 12.127 havia criado no ano de 2009 o Cadastro Nacional de Crianças e Adolescentes desparecidos, porém, agora com o advento da Lei nº. 13.812 de 2019, o legislador está unificando todos os bancos de dados em um único: o Cadastro Nacional de Pessoas Desaparecidas (englobando adultos, crianças e adolescentes) – inteligência do art. 16.

DISQUE 100 E DISQUE PESSOAS DESAPARECIDAS

> **Art. 17. O órgão competente do Poder Executivo providenciará número telefônico gratuito, de**

âmbito nacional, para fornecimento e recebimento de informações relacionadas ao cadastro de que trata esta Lei.

Parágrafo único. O Cadastro Nacional de Crianças e Adolescentes Desaparecidos manterá o Disque 100 para recebimento de denúncias de desaparecimento de crianças e adolescentes.

Comentários: Pensamos que faltou tato ao legislador ao redigir tal artigo, pois, poderia em um único número telefônico (Disque 100) englobar por completo o fornecimento e recebimento de informações, não necessitando um número novo ou expectativa para tanto.

O *"Disque 100"* já é amplamente conhecido. Além do mais, a criação de um novo número demandará novos esforços de divulgação e com toda certeza, causará confusão para aqueles que mais fornecem informações: a população!

ARTIGO 18 (VETADO)

Art. 18. (VETADO).

Comentários: O art. 18, vetado pelo Presidente da República, tinha a seguinte redação "o Poder Executivo regulamentará o disposto nesta Lei no prazo de 90 (noventa) dias." As razões para o veto presidencial foram as seguintes: "A propositura legislativa ao estabelecer, em seu artigo 18, o prazo de 90 (noventa) dias para que o Poder Executivo regulamente o disposto na norma, acaba por violar o princípio da interdependência e harmonia entre os poderes, que encontra espeque no art. 2º da Constituição da República.

A Constituição estabelece um modelo de Estado que não se baseia em uma separação estanque de poderes, mas em um sistema de freios e contrapesos que envolvem limitações recíprocas entre eles, assim como prevê a possibilidade do exercício de competências que tipicamente caberiam a outro, com o fim de dar efetividade às disposições constitucionais e evitar atos eventualmente abusivos por parte de cada um deles. É a independência e interdependência dos poderes do Estado.

Portanto, ao fixar o prazo de 90 (noventa) dias para que o Poder Executivo exerça a função regulamentar prevista no artigo 84, IV da Constituição da República, o Projeto de Lei em apreço, além de restringir o exercício de um poder administrativo para além das hipóteses constitucionalmente previstas, infringiu o princípio da harmonia e independência entre os poderes na esteira, inclusive, da jurisprudência do Supremo Tribunal Federal, espelhada na ADI 3394, por seu Tribunal Pleno, julgado em 02/04/2007.

Essas, Senhor Presidente, as razões que me levaram a vetar o dispositivo acima mencionado do projeto em causa, as quais ora submeto à elevada apreciação dos Senhores Membros do Congresso Nacional".

ENTRADA EM VIGOR DA LEI

Art. 19. Esta Lei entra em vigor na data de sua publicação.

Comentários: A Lei nº. 13.812/2019, foi publicada no Diário Oficial da União de 16 de março de 2019 e nessa data entrou em vigor, não havendo período de *vacatio legis.*

Brasília, 16 de março de 2019; 198º da Independência e 131º da República.

JAIR MESSIAS BOLSONARO

Sérgio Moro

Damares Regina Alves

REFERÊNCIAS BIBLIOGRÁFICAS

Cartilha de enfrentamento ao desaparecimento: orientações e direitos na busca de uma pessoa desaparecida. Prefeitura de São Paulo. São Paulo: Prefeitura de São Paulo, 2016.

CAVALCANTE, Márcio André Lopes. **Lei 13.812/2019: Política Nacional de Busca de Pessoas Desaparecidas.** Publicado em 20 de março de 2019. Disponível em:<<https://www.dizerodireito.com.br/2019/03/ola-amigos-do-dizer-o-direito-foi.html>>. Disponível em 24 de março de 2021.

38

PRISÃO TEMPORÁRIA

Lei 7.960/1989

WALTER MARTINS MULLER

Comentários: A Lei nº 7960, de 21 de dezembro de 1989, foi editada com o claro intuito de suprir a lacuna deixada pela Constituição Federal de 1988, que levou à extinção da antiga prisão para averiguações. Pouco tempo depois da entrada em vigor da nova Carta Política, ficou evidente a necessidade de uma nova modalidade prisão em decorrência do enfraquecimento da atividade policial investigativa e, consequentemente, o fortalecimento da criminalidade. Assim sendo, através da medida provisória nº 111/89, posteriormente aprovada pelo Congresso Nacional, originou-se a referida lei, instituindo no sistema criminal pátrio uma nova modalidade de prisão cautelar de natureza processual destinada exclusivamente à fase investigativa, durante o inquérito policial, a respeito de crimes graves, que é a prisão temporária.

Feitas essas considerações iniciais, passemos à análise das disposições legais que a regem.

1. HIPÓTESES DE CABIMENTO

Art. 1° Caberá prisão temporária:

I - quando imprescindível para as investigações do inquérito policial;

Da leitura do inciso I, extraem-se algumas conclusões importantes.

A primeira delas, diz respeito ao emprego da prisão temporária, **exclusivamente na fase de investigação criminal**, representada pelo inquérito policial[1], conforme expressamente indicado no texto legal. Conclui-se assim, que não se admite a decretação da prisão temporária na fase processual, ou seja, após o oferecimento da denúncia ou queixa.

Ainda em relação ao inciso I, importante interpretar o significado da expressão: **imprescindível para as investigações.** Apesar das críticas doutrinárias em torno do conceito de imprescindibilidade ser considerado extremamente vago, o entendimento dominante é no sentido de que se deve demonstrar que a liberdade do investigado está inviabilizando as investigações de algum modo. Não basta uma referência genérica, a "imprescindibilidade para investigações". Deve ser demonstrada a existência do *periculum libertatis*, ou seja, existe um risco demonstrável em concreto de que o indivíduo, se não for preso, atrapalhará o bom andamento da investigação, com a prática de condutas tendentes a destruição de provas ou intimidação de testemunhas, entre outras. Nesse sentido:

> PROCESSUAL PENAL. HABEAS CORPUS. PRISÃO TEMPORÁRIA. LIMINAR DEFERIDA EM SEDE DE COGNIÇÃO SUMÁRIA. PREJUDICIALIDADE

1. Na visão de Renato Brasileiro de Lima: "No entanto, sendo o inquérito policial peça dispensável ao oferecimento da peça acusatória, desde que ajusta causa necessária à deflagração da ação penal esteja respaldada por outros elementos de convicção (CPP, art. 39, § 5º), não sendo a função investigatória uma atribuição exclusiva da Polícia Judiciária (CPP, art. 4º, parágrafo único), queremos crer que a existência de inquérito policial em andamento não é indispensável para a decretação da temporária. Há, sim, necessidade de que haja uma investigação preliminar em curso (v.g., comissão parlamentar de inquérito, procedimento investigatório criminal presidido pelo órgão do Ministério Público, etc.), que demande a prisão do investigado para melhor apuração do fato delituoso. (TJSP - 4ã C. - HC 275.316/3 - Rei. Passos de Freitas - JTJ - LEX 217/345)." p. 1030.

DOS ARGUMENTOS RELATIVOS À LEGALIDADE DA MEDIDA CAUTELAR. MANUTENÇÃO DOS EFEITOS PRODUZIDOS. ORDEM CONCEDIDA. 1. A prisão temporária, como espécie de prisão provisória, é instrumento destinado exclusivamente à investigação realizada ainda na fase do inquérito policial, dispondo a legislação de regência que o prazo máximo para manter um suspeito detido com base nessa medida é de cinco dias, prorrogável por igual período quando extrema e absolutamente necessário (Lei nº 7.960/89, art. 2º), ressalvando-se os casos em que o delito investigado estiver incluído no rol dos crimes hediondos, hipótese de incidência do disposto no § 3º do art. 2º da Lei nº 8.072/90. 2. Assim sendo, ainda que se reconheça a legalidade da prisão temporária na hipótese em exame, não há como negar que a impetração encontra-se sem objeto, uma vez que não existe circunstância de extrema e comprovada necessidade que perdure pelo tempo decorrido desde a soltura dos pacientes (23/7/2005) até a presente data, sendo, indiscutível, que o seu cumprimento agora implicaria constrangimento ilegal, tendo em vista o inegável distanciamento de sua finalidade. 3. Portanto, para o julgamento do mérito deste mandamus, prejudicada restou a análise dos argumentos deduzidos pelo impetrante em sua peça inaugural, restando para o Colegiado apenas confirmar a liminar concedida no exercício do juízo de cognição sumária, para preservar os efeitos por ela já produzidos e evitar, agora, a ocorrência de eventual constrangimento ilegal. 4. Ordem concedida.

(STJ - HC: 45901 PB 2005/0117806-0, Relator: Ministro ARNALDO ESTEVES LIMA, Data de Julgamento: 06/10/2005, T5 - QUINTA TURMA, Data de Publicação: --> DJ 14/11/2005 p. 363)

Renato Brasileiro de Lima[2] observa ainda que, "Ao decretar a prisão temporária, deve o juiz ter sempre em mente o princípio da proporcionalidade, notadamente em seu segundo subprincípio, qual seja, o da necessidade, devendo se questionar se não existe outra medida cautelar diversa da prisão menos gravosa". E conclui: "Impõe-se, portanto, interpretar extensivamente o art. 282, § 6º, e o art. 310, II, ambos do CPP, com redação determinada pela Lei nº 12.403/11, no sentido de que, quando as medidas cautelares diversas da prisão se revelarem adequadas ou suficientes para tutelar as investigações, a prisão temporária não poderá ser decretada."

II - quando o indicado não tiver residência fixa ou não fornecer elementos necessários ao esclarecimento de sua identidade;

Na redação do inciso II, apresentam-se outras duas hipóteses destinadas a assegurar o resultado da investigação criminal e evitar a impunidade em decorrência do risco de fuga ou da impossibilidade da correta identificação do suspeito. A primeira situação está associada ao fato do indiciado **não possuir residência fixa**. A segunda diz respeito ao fato de **não fornecer elementos suficientes sobre sua identidade**. Referidas hipóteses, de natureza mais objetiva, não comportam maiores dificuldades interpretativas.

A condição de não possuir residência fixa, deve ser interpretada como a ausência total de um endereço onde possa o indiciado ser localizado[3].

No que tange à custódia cautelar destinada a conhecer a identidade do indiciado, entende-se que só pode ser aceitável, no caso de fracasso das diligências policiais previamente realizadas. Ainda assim, o tempo limite de cárcere temporário deve ser o estritamente necessário para submeter o indivíduo à identificação criminal, sem que seja necessário cumprir todo o prazo previsto na lei[4].

III - quando houver fundadas razões, de acordo com qualquer prova admitida na legislação penal, de autoria ou participação do indiciado nos seguintes crimes:

a) homicídio doloso (art. 121, *caput*, e seu § 2º);

b) sequestro ou cárcere privado (art. 148, *caput*, e seus §§ 1º e 2º);

c) roubo (art. 157, *caput*, e seus §§ 1º, 2º e 3º);

d) extorsão (art. 158, *caput*, e seus §§ 1º e 2º)5;

e) extorsão mediante sequestro (art. 159, *caput*, e seus §§ 1º, 2º e 3º);

2. LIMA, Renato Brasileiro. **Manual de processo penal**: volume único. 7. ed. rev., ampl. e atual. - Salvador: Ed. Juspodivm, 2019, P. 1031.

3. Nesse sentido: STJ, 53 Turma, RHC 12.658/SP, Rei. Min. José Arnaldo da Fonseca, DJ 28/04/2003 p. 209. E ainda: STJ, 5ã Turma, HC 75.488/SP, Rei. Min. Gilson Dipp, DJ 29/06/2007 p. 683.

4. LIMA, Renato Brasileiro. Manual de Processo Penal. p. 1032.

5. Por força da Lei 11.923/2009, foi acrescido ao art. 158 do Código Penal, o § 3º, cuidando da conduta típica conhecida como sequestro relâmpago, com a seguinte redação: "Se o crime é cometido mediante a restrição da liberdade da vítima, e essa condição é necessária para a obtenção da vantagem econômica, a pena é de reclusão, de 6 (seis) a 12 (doze) anos, além da multa; se resulta lesão corporal grave ou morte, aplicam-se as penas previstas no art. 159, §§ 2º e 3º, respectivamente". Na lição de Guilherme de Souza Nucci, embora não tenha ocorrido a alteração da Lei 7960/89, "parece-nos possível, entretanto, decretar a prisão temporária nessa situação, por se tratar de lei processual, que admite analogia". In: Manual de Processo e Execução Penal, p. 531.

f) estupro (art. 213, *caput*, e sua combinação com o art. 2236, *caput*, e parágrafo único);

g) atentado violento ao pudor (art. 214, *caput*, e sua combinação com o art. 223, *caput*, e parágrafo único)[7];

h) rapto violento (art. 2198, e sua combinação com o art. 223 *caput*, e parágrafo único);

i) epidemia com resultado de morte (art. 267, § 1°);

j) envenenamento de água potável ou substância alimentícia ou medicinal qualificado pela morte (art. 270, *caput*, combinado com art. 285);

l) quadrilha ou bando (art. 288), todos do Código Penal;

m) genocídio (arts. 1°, 2° e 3° da Lei n° 2.889, de 1° de outubro de 1956), em qualquer de suas formas típicas;

n) tráfico de drogas9 (art. 12 da Lei n° 6.368, de 21 de outubro de 1976);

o) crimes contra o sistema financeiro (Lei n° 7.492, de 16 de junho de 1986).

p) crimes previstos na Lei de Terrorismo. (Incluído pela Lei nº 13.260, de 2016)

No tocante ao inciso III, também deve ser analisado sob dois aspectos.

Inicialmente, destaca-se a exigência da demonstração do chamado *fumus comissi delicti*, que, literalmente, significa a fumaça da prática de um crime. Exige assim o legislador a demonstração dos indícios de autoria ou de participação do suspeito na prática de algum dos delitos elencados nas alíneas "a" a "p", do referido inciso. Desse modo, o pedido de prisão não pode ser formulado de modo aleatório, sem nenhuma vinculação do suspeito com a prática delitiva, sob pena de denegação do pedido.

Analisa-se ainda o inciso III em face do rol de infrações penais mencionadas. A pergunta mais frequente em torno do tema é se esse rol seria taxativo ou se admite ampliação.

Trata-se de um rol **taxativo**, e que deve ser interpretado restritivamente, uma vez que afeta a liberdade das pessoas. À evidência, tratou o legislador das infrações penais mais graves, que exigem das autoridades responsáveis pela persecução penal uma resposta mais efetiva, demandando o emprego de medidas de caráter pessoal mais rigorosas, como é o caso da prisão temporária.

Em que pese a taxatividade afirmada acima, ao permitir a prisão temporária nos crimes hediondos ao lado dos equiparados, surge um rol mais amplo de crimes que se submetem à prisão temporária. Esse rol é encontrado no artigo 1º da Lei nº 8072/90, com a seguinte redação:

> Art. 1º: São considerados hediondos os seguintes crimes, todos tipificados no decreto-lei no 2.848, de 7 de dezembro de 1940 - Código Penal, consumados ou tentados:
>
> **I** – homicídio (art. 121), quando praticado em atividade típica de grupo de extermínio, ainda que cometido por um só agente, e homicídio qualificado (art. 121, § 2º, incisos I, II, III, IV, V, VI e VII);
>
> **I** - A – lesão corporal dolosa de natureza gravíssima (art. 129, § 2º) e lesão corporal seguida de morte (art. 129, § 3º), quando praticadas contra autoridade ou agente descrito nos arts. 142 e 144 da Constituição Federal, integrantes do sistema prisional e da Força Nacional de Segurança Pública, no exercício da função ou em decorrência dela, ou contra seu cônjuge, companheiro ou parente consanguíneo até terceiro grau, em razão dessa condição;
>
> **II** - Latrocínio (art. 157, § 3º, **in fine**);
>
> **III** - Extorsão qualificada pela morte (art. 158, § 2º);
>
> **IV** - Extorsão mediante sequestro e na forma qualificada (art. 159, ***caput***, e §§ 1º, 2º e 3º);
>
> **V** - Estupro (art. 213, ***caput*** e §§ 1º e 2º);
>
> **VI** - Estupro de vulnerável (art. 217-A, ***caput*** e §§ 1º, 2º, 3º e 4º);
>
> **VII** - Epidemia com resultado morte (art. 267, § 1º);
>
> **VII**-B - Falsificação, corrupção, adulteração ou alteração de produto destinado a fins terapêuticos ou medicinais (art. 273, *caput* e § 1º, § 1º-A e § 1º-B, com a redação dada pela lei no 9.677, de 2 de julho de 1998).
>
> **VIII** - Favorecimento da prostituição ou de outra forma de exploração sexual de criança ou adolescente ou de vulnerável (art. 218-B, *caput*, e §§ 1º e 2º).
>
> Parágrafo único. Consideram-se também hediondos o crime de genocídio previsto nos arts. 1º, 2º e 3º da lei nº 2.889, de 1º de outubro de 1956, e o de posse ou porte ilegal de arma de fogo de uso restrito, previsto no art. 16 da Lei nº 10.826, de 22 de dezembro de 2003, todos tentados ou consumados.

2. PRESSUPOSTOS DA TEMPORÁRIA

A partir da análise do artigo 1º da Lei nº 7960/89, que nos apresenta as hipóteses de cabimento da prisão temporária, exige-se ainda uma interpretação acerca dos pressupostos necessários à sua decretação.

6. O mencionado art. 223 foi revogado pela Lei 12015/2009.
7. Os artigos 214 e 223 foram revogados pela Lei 12015/2009.
8. O art. 219 foi revogado pela Lei 11.106/2005.
9. O art. 12 da Lei 6368/79 foi substituído pelo art. 33 da Lei 11343/2006.

Essa interpretação, todavia, reflete diversos posicionamentos doutrinários, que variam conforme a exigência de atendimento dos incisos I a III do referido artigo.

Numa exegese mais rigorosa, exige-se a presença dos incisos I, II e III, simultaneamente, ou seja, a prisão somente será decretada quando: imprescindível para a investigação, quando o indivíduo não possuir residência física ou identificação civil e houver indícios de autoria ou de participação em um dos crimes graves previstos em lei. Esse entendimento chegou a ser defendido por Antonio Scarance Fernandes, todavia, conforme o próprio autor esclarece "essa exigência tornaria muito difícil a temporária, impedindo, por exemplo, a prisão de todos os que têm residência fixa e identidade certa, pois faltaria o requisito do inc. II"[10].

No extremo oposto, encontra-se a posição de Mirabete[11], para quem os requisitos não precisam ser cumulados, bastando a presença de qualquer dos incisos: I ou II ou III. Esse também é o entendimento de Tourinho[12].

Aury Lopes Junior, por sua vez, defende que os incisos I e III devem estar sempre presentes, sendo o inciso II é facultativo.

> "A prisão temporária somente poderá ser decretada quando estiverem presentes as situações previstas nos incisos III e I. A situação descrita no inciso II apenas reforça o fundamento da prisão, logo, pode haver prisão temporária pela conjugação dos três incisos. Todas as demais combinações não autorizam a prisão temporária"[13].

A corrente sustentada por Vicente Greco Filho defende que, após a análise dos incisos I, II e III, da Lei nº 7.960/89, devem ser acrescidas as hipóteses que autorizam a prisão preventiva. Segundo ele, "essas hipóteses parecem ser puramente alternativas e destituídas de qualquer outro requisito. Todavia, assim não podem ser interpretadas. Apesar de instituírem uma presunção de necessidade da prisão, não teria cabimento a sua decretação se a situação demonstrasse cabalmente o contrário. É preciso, pois, combiná-las entre si e combiná-las com as hipóteses de prisão preventiva, ainda que em sentido inverso, somente para excluir a decretação"[14].

Por fim, encontra-se a corrente, segundo a qual deve o inciso III, que configura o de *fumus comissi delicti*, deve estar sempre presente, sendo combinado com o inciso I ou com o inciso II, representativos do *periculum libertatis*. Conjugam-se assim os pressupostos do inciso III com os incisos I ou II. Esta é a corrente que prevalece na doutrina e na jurisprudência.

Nesse sentido, Antonio Scarance Fernandes, revendo sua posição anteriormente explicita, afirma: "Não se exige, no caso concreto, a presença conjunta destes dois incisos. Basta um deles. Em resumo, seria possível a medida constritiva quando, presente o requisito do inc. III, estivesse ele acompanhado de um dos requisitos previstos nos incisos I e II"[15].

Na mesma linha de raciocínio: "Tendo por fim não banalizar a decretação da prisão temporária, torna-se necessário interpretar em conjunto, o disposto no art. 1º, I e II com o III, da Lei 7.960/89. Assim, o correto é associar os incisos I e II ao inciso III, viabilizando as hipóteses razoáveis para a custódia cautelar de alguém"[16].

3. QUEM DECRETA A PRISÃO TEMPORÁRIA

Art. 2° A prisão temporária será decretada pelo Juiz, em face da representação da autoridade policial ou de requerimento do Ministério Público, e terá o prazo de 5 (cinco) dias, prorrogável por igual período em caso de extrema e comprovada necessidade.

O artigo 2º da Lei nº 7960/89 é expresso no sentido de que **somente o Juiz pode decretar a prisão temporária** de uma pessoa. A regra consagra as disposições constitucionais que dizem respeito à prisão, segundo a qual, nos termos do art. 5º, inciso LXI – "ninguém será preso senão em flagrante delito ou por ordem escrita e fundamentada de autoridade judiciária competente, salvo nos casos de transgressão militar ou crime propriamente militar, definidos em lei."

10. FERNADES, AntonioScarance. **Processo Penal Constitucional** .2. ed. rev. e atual. São Paulo: Editora Revista dos Tribunais, 2000. p. 297.
11. MIRABETE, Julio Fabbrini. FABBRINI, Renato N. **Manual de processo penal.** 24. ed. São Paulo: Atlas, 2012.
12. TOURINHO FILHO, Fernando da Costa. **Manual de processo penal.** 11. ed. São Paulo: Saraiva, 2013, p. 456.
13. LOPES JR, Aury. **Direito Processual Penal**. 13. ed. São Paulo: Saraiva, p. 556.
14. GRECO FILHO, Vicente. **Manual de processo penal**. 69 ed. São Paulo: Saraiva, 1999. p. 272/273.
15. FERNADES, AntonioScarance. **Processo Penal Constitucional** .2. ed. rev. e atual. São Paulo: Editora Revista dos Tribunais, 2000. p. 297.
16. NUCCI, Guilherme de Souza. **Manual de Processo Penal e Execução Penal**. 11. ed. rev. e atual. Rio de Janeiro: Forense, 2014, pág. 531.

Nesse sentido, devemos ainda observar o disposto na Exposição de Motivos da referida Lei, que: "a prisão só pode ser executada depois da expedição do mandado judicial. Com isso, procura impedir que a representação policial se transforme em simples comunicação ao Poder Judiciário".

Vale aqui destacar que, embora a prisão temporária seja decretada pelo juiz, não poderá fazê-lo de ofício, ou seja, sem que aja manifestação nesse sentido pela autoridade policial ou pelo representante do Ministério Público.

A justificativa para tal vedação está diretamente relacionada com a finalidade da prisão temporária, conforme já mencionado anteriormente, destinada a viabilizar as investigações realizadas durante o inquérito policial. Assim, não faria sentido que o magistrado, de ofício, decretasse a prisão do investigado, sem que o próprio delegado de polícia que preside o feito, ou eventualmente o membro do MP que o acompanha, vislumbrem a necessidade do encarceramento provisório do(s) investigado(s).

4. QUEM PODE PEDIR A PRISÃO TEMPORÁRIA

Art. 2° A prisão temporária será decretada pelo Juiz, em face da representação da autoridade policial ou de requerimento do Ministério Público, e terá o prazo de 5 (cinco) dias, prorrogável por igual período em caso de extrema e comprovada necessidade.

A resposta a essa indagação, já expressada nos comentários anteriores, encontra-se também no artigo 2º, segundo o qual, estão autorizados a pedir a decretação da prisão temporária, o **delegado de polícia**, que o faz mediante **representação** ao Juiz. Nada mais natural que o pedido de decretação seja feito pelo delegado de polícia, uma vez que se trata da autoridade responsável pelas investigações e a presidência do inquérito policial. Todavia, admite-se ainda, nos termos da lei, que **o representante do Ministério Público** também o faça, mediante requerimento dirigido ao Juiz.

5. NECESSIDADE DE MANIFESTAÇÃO DO MINISTÉRIO PÚBLICO

§1° Na hipótese de representação da autoridade policial, o Juiz, antes de decidir, ouvirá o Ministério Público.

Por força do contido no § 1º do artigo 2º, quando o pedido de decretação da prisão temporária ocorrer mediante representação da autoridade policial, determina a lei que, antes de decidir, o Juiz ouça o Ministério Público.

6. PRAZO PARA O JUIZ DECIDIR

§2° O despacho que decretar a prisão temporária deverá ser fundamentado e prolatado dentro do prazo de 24 (vinte e quatro) horas, contadas a partir do recebimento da representação ou do requerimento.

Uma vez recebida a representação ou o requerimento com o pedido de decretação da prisão temporária, O Juiz deverá fazê-lo, em despacho fundamentado, no prazo de 24 horas.

7. PRAZO DE DURAÇÃO DA PRISÃO TEMPORÁRIA

Art. 2° A prisão temporária será decretada pelo Juiz, em face da representação da autoridade policial ou de requerimento do Ministério Público, e terá o prazo de 5 (cinco) dias, prorrogável por igual período em caso de extrema e comprovada necessidade.

Em regra, nos termos do artigo 2º da Lei 7960/89, a prisão temporária será decretada com o prazo o de cinco dias, prorrogável por igual período (mais 5 dias), em casos de extrema e comprovada necessidade.

Todavia, por força no disposto na § 4º, do art. 2º, da Lei nº 8072/90, quanto aos crimes hediondos, a prática de tortura, o tráfico ilícito de entorpecentes e drogas afins e o terrorismo, esse prazo é de 30 dias, prorrogável por igual período (mais 30 dias), também em casos de extrema e comprovada necessidade.

§4° A prisão temporária, sobre a qual dispõe a Lei no 7.960, de 21 de dezembro de 1989, nos crimes previstos neste artigo, terá o prazo de 30 (trinta) dias, prorrogável por igual período em caso de extrema e comprovada necessidade. (Incluído pela Lei nº 11.464, de 2007)

Esgotado o prazo da prisão temporária, o preso deve ser colocado imediatamente em liberdade, não sendo necessária a expedição de alvará de soltura. O preso somente permanecerá no cárcere, entretanto, caso haja a prisão temporária tenha sido prorrogada ou convertida em preventiva, nos termos da legislação vigente.

8. CONTAGEM DO PRAZO

§8º Inclui-se o dia do cumprimento do mandado de prisão no cômputo do prazo de prisão temporária. (Redação dada pela Lei nº 13.869. de 2019)

Nos termos da lei vale ressaltar que o prazo da prisão começa a ser contado da data em que o representado ou requerido for recolhido ao estabelecimento penal, mesmo que seja no último minuto daquele dia. Caso o indivíduo seja condenado ao final do processo, o tempo em que tiver permanecido preso temporariamente deverá ser computado na pena privativa de liberdade ou na medida de segurança eventualmente aplicada, conforme manda a regra da detração penal, encontrada no art. 42 do Código Penal.

9. EXCESSO DE PRAZO E ABUSO DE AUTORIDADE

Por ocasião da edição da Lei nº 7960/89, ficou evidente a preocupação com o risco de que a prisão fosse prolongada injusticadamente, retardando-se a soltura da pessoa preso, mesmo após o esgotamento do prazo para a qual fora determinada, de modo que, foi determinado o acréscimo da alínea "i" ao art. 4º da Lei nº 4898/65, que se trata dos crimes de abuso de autoridade, com seguinte redação:

> "Art. 4º ....
>
> i) prolongar a execução de prisão temporária, de pena ou de medida de segurança, deixando de expedir em tempo oportuno ou de cumprir imediatamente ordem de liberdade;"

Com a entrada em vigor da nova Lei de Abuso de Autoridade, Lei nº 13869/2019, a tendência de incriminação de condutas consideradas abusivas que guardam relação com as prisões foi mantida, conforme demonstra o art. 12 da referida lei, *in verbis*:

> Art. 12. Deixar injustificadamente de comunicar prisão em flagrante à autoridade judiciária no prazo legal:
>
> Pena - detenção, de 6 (seis) meses a 2 (dois) anos, e multa.
>
> Parágrafo único. Incorre na mesma pena quem:
>
> I - deixa de comunicar, imediatamente, a execução de prisão temporária ou preventiva à autoridade judiciária que a decretou;
>
> II - deixa de comunicar, imediatamente, a prisão de qualquer pessoa e o local onde se encontra à sua família ou à pessoa por ela indicada;
>
> III - deixa de entregar ao preso, no prazo de 24 (vinte e quatro) horas, a nota de culpa, assinada pela autoridade, com o motivo da prisão e os nomes do condutor e das testemunhas;
>
> IV - **prolonga a execução** de pena privativa de liberdade, **de prisão temporária**, de prisão preventiva, de medida de segurança ou de internação, deixando, sem motivo justo e excepcionalíssimo, de executar o alvará de soltura imediatamente após recebido ou de promover a soltura do preso quando esgotado o prazo judicial ou legal.

10. PROCEDIMENTO DA PRISÃO TEMPORÁRIA

A fim de se estabelecer alguns parâmetros práticas acerca do procedimento que envolve a prisão temporária, passa-se a estruturá-la, passo a passo, como segue:

a) **Provocação**: o procedimento começa de uma provocação, emanada de uma representação da autoridade policial ou de um requerimento do Ministério Público;

b) **Manifestação do MP**: em caso de representação da autoridade policial, antes de decidir, o Juiz dará vista ao MP para manifestação acerca do pedido formulado;

c) **Despacho do Juiz**: no prazo de 24 horas, deverá o Juiz decidir a respeito do pedido, decretando ou não a prisão temporária, de forma fundamentada;

d) **Expedição do mandado de prisão**: decidindo o Juiz pela decretação da prisão temporária, seja expedido o competente mandado de prisão, em duas vias, sendo que, no ato da prisão, uma delas será entregue ao indiciado e servirá como nota de culpa, nos termos do § 4º, do art. 2º;

e) **Duração da prisão**: a prisão temporária poderá ser decretada pelo prazo de 5 (cinco) dias, prorrogáveis por igual período, em caso de extrema e comprovada necessidade. Tratando-se de crimes hediondos, a prática de tortura, o tráfico ilícito de entorpecentes e drogas afins e o terrorismo, esse prazo é de 30 dias, prorrogável por igual período (mais 30 dias), também em casos de extrema e comprovada necessidade. Por força da **Lei nº 13869/2019**, foi introduzido no art. 2º da Lei nº 7960/89, o § 4-A, que determina a indicação, no mandado de prisão, do período de duração da prisão, bem como o dia em que o preso deverá ser libertado. A referida lei alterou ainda a redação do § 7º do mesmo artigo, determinando a soltura imediata do preso após o término do prazo da prisão, independentemente de nova ordem da autoridade judicial, salvo se já tiver sido comunicada da prorrogação da prisão temporária ou da decretação da prisão preventiva;

f) **Necessidade do mandado para que a prisão seja executada**: a regra prevista no § 5º do art. 2º determina que a prisão somente seja executada, depois da expedição do mandado judicial;

g) **Direitos do preso**: após efetuar a prisão, deverá a autoridade policial informar o preso dos direitos previstos no art. 5° da Constituição Federal, conforme dispõe o § 6° do art. 2º;

h) **Acompanhamento do Juiz**: poderá o juiz, de ofício, ou a requerimento do Ministério Público e do Advogado, objetivando a fiscalização do andamento da prisão temporária, determinar as seguintes medidas: determinar que o preso lhe seja apresentado, solicitar informações e esclarecimentos da autoridade policial e submetê-lo a exame de corpo de delito, nos termos do § 3º do art. 2º. A realização de exame de corpo de delito também é medida de extrema importância, servindo para resguardar a integridade da pessoa presa e da própria autoridade responsável pela prisão. Tal exame deve ser realizado no momento inicial da prisão, bem como no seu término;

i) **Separação dos presos:** nos termos do art. 3º da Lei nº 7.960/89 e o art. 300, CPP, tem a mesma redação, de forma que o preso cautelar, qualquer que seja ele, deve ficar separado do preso definitivo.

REFERÊNCIAS BIBLIOGRÁFICAS

CAPEZ, Fernando. **Curso de processo penal.** 14. ed. São Paulo: Saraiva, 2007, p. 4

FERNADES, Antonio Scarance. **Processo Penal Constitucional.** 2. ed. rev. e atual. São Paulo: Editora Revista dos Tribunais, 2000.

LIMA, Renato Brasileiro. **Manual de processo penal**: volume único / Renato Brasileiro de Lima - 7. ed. rev., ampl. e atual. - Salvador: Ed. Juspodivm, 2019.

MIRABETE, Julio Fabbrini. FABBRINI, Renato N. **Manual de processo penal.** 24. ed. São Paulo: Atlas, 2012.

NUCCI, Guilherme de Souza. **Manual de Processo Penal e Execução Penal.** 11. ed. rev. e atual. Rio de Janeiro: Forense, 2014.

TOURINHO FILHO, Fernando da Costa. **Manual de processo penal.** 11. ed. São Paulo: Saraiva, 2013.

39

CRIMES AMBIENTAIS

Lei 9.605/1998

JOAQUIM LEITÃO JÚNIOR

INTRODUÇÃO

Comentários: As criminalizações das condutas que ofendam ao Meio Ambiente, decorrem do mandato de criminalização (ainda que implícito) previsto na Constituição Federal. O Meio Ambiente é de suma importância para as gerações atuais e futuras.

O fundamento constitucional desta proteção está no art. 225 da Constituição Federal.

O art. 225, § 3º, CF/88 preconiza o seguinte:

> *"Art. 225 (...) § 3º As condutas e atividades consideradas lesivas ao meio ambiente sujeitarão os infratores, pessoas físicas ou jurídicas, a sanções penais e administrativas, independentemente da obrigação de reparar os danos causados".*

O conceito de meio ambiente se classifica segundo a doutrina pátria em: meio ambiente natural; meio ambiente cultural, meio ambiente artificial e meio ambiente do trabalho. Propomos os quadros abaixo para melhor compreensão:

Classificação do conceito meio ambiente:

Meio Ambiente Natural;

Meio Ambiente Cultural;

Meio Ambiente Artificial;

e Meio Ambiente do Trabalho.

Meio Ambiente

Natural	Cultural	Artificial	Trabalho
É o composto pela biosfera (água, ar, e solo), fauna e flora.	É composto pela parte histórica, paisagística, arqueológica etc.	É composto pelo espaço urbano construído.	Diz respeito ao meio ambiente do labor em que se desenvolve o trabalho.

Notadamente, o constituinte se preocupou em tutelar o Meio Ambiente na Carta Magna nas esferas cíveis, administrativas e criminais.

Com isso, podemos ter a noção da abrangência do vocábulo meio ambiente, onde parte da doutrina também crítica à redundância desta terminologia empregada pelo legislador, uma vez que **"meio"** nada mais é do que o **"ambiente"** e o ambiente vice-versa ao "meio", pregando-se que o ideal seria que constasse meio ecológico entre outras expressões equivalentes e não as expressões sinônimas conectadas ao "meio ambiente".

Art. 1º (VETADO)

Art. 2º Quem, de qualquer forma, concorre para a prática dos crimes previstos nesta Lei, incide nas penas a estes cominadas, na medida da sua culpabilidade, bem como o diretor, o administrador, o membro de conselho e de órgão técnico, o auditor, o gerente, o preposto ou mandatário de pessoa jurídica, que, sabendo da conduta criminosa de outrem, deixar de impedir a sua prática, quando podia agir para evitá-la.

Comentários: Grande parte da doutrina, senão a maioria critica esta previsão na primeira parte do dispositivo legal, por ser desnecessária, já que o art. 29 do Código Penal já prevê esta regra que é aplicável em regra a toda legislação, salvo disposição em contrário.

"Autor" é aquele que realiza os verbos nucleares do tipo penal e o "partícipe" aquele que presta auxílio moral ou material ao executor. Se houver mais de um autor ou partícipe no mesmo crime neste contexto serão considerados coautores ou partícipes. Cada um concorrente (autor ou partícipe) responde na medida de sua culpabilidade (grau de censurabilidade).

Já a segunda parte legal do dispositivo recebe elogios da doutrina, pois deixa claro à relevância penal da omissão, constituindo um acréscimo ao disposto no art. 13, §3º, do CPB.

A omissão no Direito Penal é relevante quando o omitente podia e devia agir para evitar o resultado.

O art. 13, § 2, do Código Penal Brasileiro reza que:

> [...]§ **2º** - A omissão é penalmente relevante quando o omitente devia e podia agir para evitar o resultado. O dever de agir incumbe a quem: (Incluído pela Lei nº 7.209, de 11.7.1984)
>
> **a)** tenha por lei obrigação de cuidado, proteção ou vigilância; (Incluído pela Lei nº 7.209, de 11.7.1984)
>
> **b)** de outra forma, assumiu a responsabilidade de impedir o resultado; (Incluído pela Lei nº 7.209, de 11.7.1984)
>
> **c)** com seu comportamento anterior, criou o risco da ocorrência do resultado. (Incluído pela Lei nº 7.209, de 11.7.1984)

Com isto, o diretor, o administrador, o membro de conselho e de órgão técnico, o auditor, o gerente, o preposto ou mandatário de pessoa jurídica, que, sabendo da conduta criminosa de outrem na seara ambiental, deixar de impedir a sua prática, quando podia agir para evitá-la, responderá também.

Sem embargo disso, há outras teorias interessantes para se discutir como a teoria do domínio do fato e a teoria do domínio por organização.

Impede ressaltar que a teoria do domínio do fato pelo domínio da vontade em virtude de aparatos organizados de poder, também denominada de teoria do domínio por organização, é assunto muito recente na literatura jurídico-penal brasileira.

Para melhor compreender a estrutura e as premissas dessa teoria que se aplica e serve para nortear a compreensão do caso investigado, cumpre enfatizar que a diretriz estabelecida pela teoria do domínio por organização, a autoria mediata nestes casos de domínio por organização, se baseia primeiramente, na fungibilidade do autor direto e no domínio automático do subordinado por parte do aparato organizado de poder.

Portanto, o domínio por organização tem como pressuposto o domínio sobre uma coletividade de executores (a organização), sendo que o autor mediato (o homem de trás) realiza o fato por meio de algum dos executores pertencentes à associação criminosa ou organização dirigida por ele, e que, em razão das condições, este autor direto se caracteriza como um sujeito fungível (fácil ou automaticamente substituível) e carente de significação, portanto, não sendo sequer necessário que o autor mediato o conheça.

Acrescenta-se a isto, que os aparatos de poder devem consistir em associações criminosas e organizações criminosas, de forma que não se pode incluir aí as empresas. Em harmonia com o expendido, ClausRoxin, leciona que:

> "*Ela*[1] *– se baseia na tese de que em uma organização delitiva os homens de trás, que ordenam fatos puníveis com poder de mando autônomo, também podem ser responsabilizados como autores mediatos, se os executores diretos igualmente forem punidos como autores plenamente responsáveis. Estes homens de trás são caracterizados, na linguagem alemã corrente, como 'autores de escritório' (Schreibtischtäter). Minha idéia era a de transpor este conceito cotidiano às precisas categorias da dogmática jurídica. A razão imediata para este esforço era justamente o processo promovido em Jerusalém contra Adolf Eichmann, um dos principais responsáveis pelo assassinato de judeus no período nazista*" (ROXIN, 2009, p. 69-70).

Em continuidade das explanações, cabe verter a nossa atenção quanto aos pressupostos necessários para a **teoria do domínio por organização.** Valendo-nos do artigo intitulado de "*O domínio por organização como forma independente de autoria mediata*", o alemão Claus Roxin (2009), cita 04 (quatro) fatores sobre os quais se pode atribuir o domínio do fato ao "homem de trás", sendo os seguintes:

Poder de mando

Desvinculação do direito pelo aparato de poder

A fungibilidade do executor direto

A disposição essencialmente elevada dos executores ao fato (ROXIN, 2009).

Por esse modelo sistematizado, a autoria do "homem de trás" dá-se partindo do seu poder fático

1. A teoria do domínio por organização.

de condução, no sentido de um modelo de imputação normativo, de maneira que na organização a responsabilidade aumenta com o afastamento do plano da execução.

Art. 3º As pessoas jurídicas serão responsabilizadas administrativa, civil e penalmente conforme o disposto nesta Lei, nos casos em que a infração seja cometida por decisão de seu representante legal ou contratual, ou de seu órgão colegiado, no interesse ou benefício da sua entidade.

Comentários: Eis um assunto extremamente polêmico em matéria ambiental na parte criminal.

O art. 225, § 3º, CF/88 contempla expressamente que tanto pessoa física ou jurídica podem se sujeitar às sanções penais, senão vejamos:

> *"Art. 225 (...) § 3º As condutas e atividades consideradas lesivas ao meio ambiente sujeitarão os infratores, pessoas físicas ou jurídicas, a sanções penais e administrativas, independentemente da obrigação de reparar os danos causados".*

A Lei n.º 9.605/98, repetindo o dispositivo constitucional em maior dimensão fixou no art. 3º que:

> *"Art. 3º As pessoas jurídicas serão responsabilizadas administrativa, civil e penalmente conforme o disposto nesta Lei, nos casos em que a infração seja cometida por decisão de seu representante legal ou contratual, ou de seu órgão colegiado, no interesse ou benefício da sua entidade.*
>
> *Parágrafo único. A responsabilidade das pessoas jurídicas não exclui a das pessoas físicas, autoras, co-autoras ou partícipes do mesmo fato".*

Mesmo com a previsão constitucional e legal expressa da possibilidade de responsabilizar a pessoa jurídica por crime ambiental, o tema ainda gera discussão. Com isto surge a seguinte indagação: é possível responsabilizar criminalmente a pessoa jurídica por crime ambiental?

1ª CORRENTE: Não é possível responsabilizar criminalmente a pessoa jurídica por crime ambiental. O argumento usado aqui é de que a Constituição Federal não previu a responsabilidade penal da pessoa jurídica, mas apenas sua responsabilidade administrativa. Já adiantamos que se cuida de corrente minoritária.

A ala deste pensamento interpreta o § 3º do art. 225 da CF/88, sob o ângulo de que os infratores pessoas físicas estão sujeitos às sanções penais e os infratores pessoas jurídicas as sanções administrativas.

Para esta corrente, quando o dispositivo constitucional faz alusão às sanções penais, ele está na verdade se referindo apenas às pessoas físicas.

Defendem essa corrente: Miguel Reale Jr., José Cretela Jr (CAVALCANTE, 2015).

2ª CORRENTE: Não é possível responsabilizar criminalmente a pessoa jurídica por crime ambiental. A tese defendida neste ponto é de que a responsabilidade da pessoa jurídica é incompatível com a teoria do crime adotada no Brasil. Em âmbito doutrinário é a posição majoritária no tema.

Outro argumento que soma a este é de que princípio da personalidade da pena (art. 5º, inciso XLV, CF) impediria a responsabilidade penal da pessoa jurídica, pois não se poderia transferir responsabilidade penal da pessoa física para a pessoa jurídica.

O renomado professor penalista, Silvio Maciel, aborda não ser possível à responsabilização à pessoa jurídica em crime ambiental, porquanto a pessoa jurídica é fruto de ficção jurídica, dentro da Teoria da ficção jurídica, de Savigny, segundo a qual as pessoas jurídicas são puras abstrações, desprovidas de consciência e vontade (*societas delinquere non potest*). Logo, "são desprovidas de consciência, vontade e finalidade e, portanto, não podem praticar condutas tipicamente humanas, como as condutas criminosas" (Meio Ambiente. Lei 9.605, 12.02.1998. In: GOMES, Luiz Flávio; CUNHA, Rogério Sanches (Coord.). **Legislação Criminal Especial**. São Paulo: RT, 2009, p. 691).

Sob este ponto de vista, as pessoas jurídicas não podem ser responsabilizadas criminalmente, vez que não têm capacidade de externar uma **conduta** (não têm dolo ou culpa) e nem agem com **culpabilidade** (não têm imputabilidade nem potencial consciência da ilicitude).

Além disso, o professor penalista, Silvio Maciel pontua que "é inútil a aplicação de pena às pessoas jurídicas. As penas têm por finalidades prevenir crimes e reeducar o infrator (prevenção geral e especial, positiva e negativa), impossíveis de serem alcançadas em relação às pessoas jurídicas, que são entes fictícios, incapazes de assimilar tais efeitos da sanção penal" (Meio Ambiente. Lei 9.605, 12.02.1998. In: GOMES, Luiz Flávio; CUNHA, Rogério Sanches (Coord.). **Legislação Criminal Especial**. São Paulo: RT, 2009, p. 692).

Estão filiados a esta corrente José Henrique Pierangelli, Eugênio Raul Zaffaroni, René Ariel Dotti,

Luiz Regis Prado, Alberto Silva Franco, Fernando da Costa Tourinho Filho, Roberto Delmanto, Luiz Flávio Gomes, entre outros (CAVALCANTE, 2015).

3ª CORRENTE: Sim. É possível responsabilizar criminalmente a pessoa jurídica por crime ambiental, porque a responsabilização penal da pessoa jurídica no caso de crimes ambientais está determinada no § 3º do art. 225 da CF/88.

A pessoa jurídica pode ser responsabilizada penalmente por crimes ambientais ainda que não haja responsabilização de pessoas físicas.

O argumento central desta corrente é pragmático e normativo: pode haver responsabilidade penal porque a Constituição Federal assim determinou e quis.

O § 3º do art. 225 da CF/88 não exige, para que haja responsabilidade penal da pessoa jurídica, que pessoas físicas sejam também, obrigatoriamente, denunciadas e apenadas.

Igualmente, o art. 3º da Lei n.º 9.605/98 em momento algum faz esta dupla exigência ou imputação (ou imputações paralelas).

Esta corrente é defendida, dentre outros, por Vladimir Aras e Gilberto Passos de Freitas: "(...) a denúncia poderá ser dirigida apenas contra a pessoa jurídica, caso não se descubra a autoria das pessoas naturais, e poderá, também, ser direcionada contra todos. Foi exatamente para isto que elas, as pessoas jurídicas, passaram a ser responsabilizadas. Na maioria absoluta dos casos, não se descobria a autoria do delito. Com isto, a punição findava por ser na pessoa de um empregado, de regra o último elo da hierarquia da corporação. E quanto mais poderosa a pessoa jurídica, mais difícil se tornava identificar os causadores reais do dano. No caso de multinacionais, a dificuldade torna-se maior, e o agente, por vezes, nem reside no Brasil. Pois bem, agora o Ministério Público poderá imputar o crime às pessoas naturais e à pessoa jurídica, juntos ou separadamente. A opção dependerá do caso concreto." (*Crimes Contra a Natureza*. São Paulo: RT, 2006, p. 70) (CAVALCANTE, 2015).

Atualmente, esta é a posição do STJ e do STF – que dispensam a **teoria da dupla exigência ou da dupla imputação (ou imputações paralelas)** para responsabilização e persecução penal à pessoa jurídica por crimes ambientais.

4ª CORRENTE: Sim. É possível responsabilizar criminalmente a pessoa jurídica por crime ambiental, desde que em conjunto com uma pessoa física.

O STJ (EDcl no REsp 865.864/PR, Rel. Min. Adilson Vieira Macabu (Desembargador Convocado do TJ/RJ), Quinta Turma, julgado em 20/10/2011) possuía o entendimento de que era possível a responsabilidade penal da pessoa jurídica em crimes ambientais, desde que houvesse a imputação simultânea do ente moral e da pessoa natural que atua em seu nome ou em seu benefício (CAVALCANTE, 2015).

O efeito prático desta corrente é de que o Ministério Público não poderia formular a denúncia apenas contra a pessoa jurídica, devendo, obrigatoriamente, identificar e apontar as pessoas físicas que, atuando em nome e proveito da pessoa jurídica, participaram do evento delituoso, sob pena da exordial não ser recebida (REsp 610.114/RN). Este entendimento é extraído da redação do art. 3º da Lei n.º 9.605/98:

> *"Art. 3º As pessoas jurídicas serão responsabilizadas administrativa, civil e penalmente conforme o disposto nesta Lei,* ***nos casos em que a infração seja cometida por decisão de seu representante legal ou contratual, ou de seu órgão colegiado, no interesse ou benefício da sua entidade.***
>
> *Parágrafo único. A responsabilidade das pessoas jurídicas não exclui a das pessoas físicas, autoras, co-autoras ou partícipes do mesmo fato" [grifos nossos].*

No que toca esta discussão, o penalista e professor, Silvio Maciel, aborda que:

> "Pelo referido dispositivo é possível punir apenas a pessoa física, ou a pessoa física e a pessoa jurídica concomitantemente. Não é possível, entretanto, punir apenas a pessoa jurídica, já que o *caput* do art. 3º somente permite a responsabilização do ente moral se identificado o ato do representante legal ou contratual ou do órgão colegiado que ensejou a decisão da prática infracional. Assim, conforme já expusemos acima, não é possível denunciar, isoladamente, a pessoa jurídica já que sempre haverá uma pessoa física (ou diversas) co-responsável pela infração. Em relação aos entes morais, os crimes ambientais são, portanto, delitos plurissubjetivos ou de concurso necessário (crimes de encontro)" (Meio Ambiente. Lei 9.605, 12.02.1998. In: GOMES, Luiz Flávio; CUNHA, Rogério Sanches (Coord.). **Legislação Criminal Especial**. São Paulo: RT, 2009,p. 702-703).

Na doutrina, essa é a posição dentre outros de Édis Milaré (CAVALCANTE, 2015).

Antigamente, eram estas as posições jurisprudenciais do STJ e do STF – que foram superadas.

Parágrafo único. A responsabilidade das pessoas jurídicas não exclui a das pessoas físicas, autoras, co-autoras ou partícipes do mesmo fato.

Comentários: Partimos da premissa de que é possível à responsabilização da pessoa jurídica em crimes ambientais, segundo jurisprudência do STJ e STF. Antigamente, as posições jurisprudenciais do STJ e do STF eram pela aplicação da **teoria da dupla exigência ou da dupla imputação** (ou **imputações paralelas**) para responsabilização e persecução penal à pessoa jurídica por crimes ambientais – posições que foram superadas.

Antigamente prevalecia o entendimento de que a **teoria da dupla imputação ou a teoria da dupla exigência de imputação** (ou **imputações paralelas**) se aplicava, onde a persecução penal e eventual condenação da pessoa jurídica só poderiam se dar com a presença de pessoa física. Isso implicava para fins de efeito prático que o Ministério Público não poderia formular a denúncia apenas contra a pessoa jurídica, devendo, obrigatoriamente, identificar e apontar as pessoas físicas que, atuando em nome e proveito da pessoa jurídica, participaram do evento delituoso, sob pena da exordial não ser recebida.

O mesmo se dava com a condenação que seguia a mesma diretriz, ou seja, pessoas físicas e jurídicas deveriam ser condenadas simultaneamente pelo mesmo evento de crime ambiental, sob pena de serem absolvidas (em instâncias superiores, mediante recurso, quando não eram absolvidas no próprio juízo de piso lastreado nesta teoria), caso uma fosse condenada e a outra absolvida à luz da **teoria da dupla imputação ou a teoria da dupla exigência de imputação** (ou **imputações paralelas**).

Atualmente, esta é a posição do STJ e do STF – que dispensam a **teoria da dupla exigência de imputação ou da dupla imputação** (ou **imputações paralelas**) para responsabilização e persecução penal à pessoa jurídica por crimes ambientais.

Cumpre lembrar que a **responsabilidade penal** é sempre **subjetiva.**

Em decorrência disto, a pessoa jurídica poderá ser responsabilizada penalmente apenas e tão somente se presentes dois pressupostos cumulativos (deixando claro que não é a **teoria da dupla exigência de imputação ou da dupla imputação** [(ou **imputações paralelas**]). Vejamos:

- o crime tenha sido cometido por decisão de seu representante legal ou contratual, ou de seu órgão colegiado;
- o crime ambiental tenha se consumado no interesse ou benefício da entidade.

Destarte, concluímos que a responsabilidade penal da pessoa jurídica pela prática de crimes ambientais é subjetiva ***e*** independente ***da responsabilização simultânea da pessoa física por ela responsável.***

Apenas por zelo ao debate e o compromisso de nosso leitor ser diferenciado, citamos que na doutrina, o tema conta com 4 correntes que sintetizamos com o quadro abaixo disponibilizando o link para consulta dos fundamentos de cada uma das correntes:

No Brasil, existe a responsabilidade penal das pessoas jurídicas por crimes ambientais?			
1ª corrente: NÃO	2ª corrente: NÃO	**3ª corrente: SIM**	4ª corrente: SIM
A CF/88 não previu a responsabilidade penal da pessoa jurídica, mas apenas sua responsabilidade administrativa. É amplamente minoritária.	A responsabilidade da pessoa jurídica é incompatível com a teoria do crime adotada no Brasil. É a posição majoritária na doutrina.	**É possível porque há previsão expressa na CF. A pessoa jurídica pode ser punida penalmente por crimes ambientais ainda que não haja responsabilização de pessoas físicas. É a posição do STJ e STF.**	É possível, desde que em conjunto com uma pessoa física. Chamada de teoria da dupla imputação. Era a antiga posição da jurisprudência.

Fonte: Dizer o Direito

Disponível em: <<http://www.dizerodireito.com.br/2015/10/e-possivel-responsabilizacao-penal-da.html>>. Acesso em 20 de agosto de 2020.

Desse modo, a responsabilidade das pessoas jurídicas não exclui a responsabilidade das pessoas físicas, autoras, coautoras ou partícipes do mesmo fato e vice-versa (conforme será melhor explicado adiante).

Teoria da dupla imputação: Para a **"Teoria da Dupla Imputação" (dupla exigência de imputação ou de imputações paralelas)** em crimes ambientais somente é possível responsabilizar e a persecução penal de Pessoa Jurídica se for ela denunciada e em coautoria com pessoa física, que tenha agido com elemento subjetivo próprio. Este é o fundamento para a dupla imputação necessária – e não o princípio da indivisibilidade, inaplicável na ação penal pública.

Dentro da **"Teoria da Dupla Imputação"** é impossível imputar o delito ambiental exclusivamente à pessoa jurídica, pois por trás do ato criminoso sempre existe uma pessoa física, impondo-se a necessidade de descobri-la para que faça parte (necessariamente) do polo passivo da ação penal.

Em outras palavras, para a **"Teoria da Dupla Imputação"** a pessoa jurídica não poderá responder sozinha e há necessidade de que também as pessoas físicas por ela responsáveis também respondam para que ela possa ser responsabilizada.

O STJ antes do STF modificar seu posicionamento vinha aplicando a **"Teoria da Dupla Imputação"** em crimes ambientais, ou seja, vinha exigindo que deveria figurar juntamente na denúncia com a pessoa jurídica, a pessoa física.

Não obstante esses detalhes, todavia, apenas depois que o STF[2] mudou sua posição para não aplicar a dita teoria, o STJ também modificou sua anterior orientação, de modo a entender ser possível à responsabilização penal da pessoa jurídica, independentemente da pessoa física.

Justamente por isso é que também o STJ entende que a dupla imputação não é aplicável quando o intuito é apenas denunciar a pessoa física ou a pessoa jurídica por crimes ambientais.

Veja o aresto emanado pelo STJ sobre a matéria:

> *"DIREITO PENAL E PROCESSUAL PENAL. DESNECESSIDADE DE DUPLA IMPUTAÇÃO EM CRIMES AMBIENTAIS.* É possível a responsabilização penal da pessoa jurídica por delitos ambientais independentemente da responsabilização concomitante da pessoa física que agia em seu nome. *Conforme orientação da Primeira Turma do STF, "O art. 225, § 3º, da Constituição Federal não condiciona a responsabilização penal da pessoa jurídica por crimes ambientais à simultânea persecução penal da pessoa física em tese responsável no âmbito da empresa. A norma constitucional não impõe a necessária dupla imputação" (RE 548.181, Primeira Turma, DJe 29/10/2014).*

Cita-se ainda os precedentes do STJ na mesma linha: RHC 53.208-SP, Sexta Turma, DJe 1º/6/2015; HC 248.073-MT, Quinta Turma, DJe 10/4/2014; e RHC 40.317-SP, Quinta Turma, DJe 29/10/2013. RMS 39.173-BA, Rel. Min. Reynaldo Soares da Fonseca, julgado em 6/8/2015, DJe 13/8/2015.

Assim, atualmente, há uniformidade na jurisprudência tanto do STJ como no STF, quanto à desnecessidade de aplicação da teoria da dupla imputação para fins de persecução penal e responsabilização penal da pessoa jurídica por crimes ambientais.

DICA DE OURO: Parte da doutrina refere-se a **"Teoria da Dupla Imputação"(dupla exigência de imputação ou de imputações paralelas)** e a outra parte da doutrina refere-se a **"Sistema da Dupla Imputação"(sistema de dupla exigência de imputação ou sistema de imputações paralelas)** no lugar de **"teoria"** tudo para convergir sobre a mesma coisa. Ambas as expressões **"teoria"** ou **"sistema"** estão corretas, onde frisamos que o emprego de **"teoria"** para se referir à **dupla imputação" (dupla exigência de imputação ou de imputações paralelas)** seja mais usual.

Responsabilidade penal por empréstimo, por ricochete, subsequente ou por procuração da pessoa jurídica por crime ambiental: É possível diante de decisão do representante legal da pessoa jurídica ou contratual ou de seu órgão colegiado.

Sobre o assunto Luiz Régis Prado diz que "trata-se da teoria da responsabilidade penal por ricochete, de empréstimo, subseqüente ou por procuração, que é explicada através do mecanismo denominado *emprunt de criminalité*, feito à pessoa física pela pessoa jurídica, e que tem como suporte obrigatório a intervenção humana. Noutro dizer: a responsabilidade penal da pessoa moral está condicionada à prática de um fato punível suscetível de ser reprovado a uma pessoa física" (PRADO, Luiz Regis (Org.). Responsabilidade Penal das Pessoas Jurídicas: em defesa do princípio da imputação penal subjetiva. São Paulo: Editora Revista dos Tribunais, 2001, p. 123/124).

2. Argumentos empregados pelo STF que deu outro tratamento ao tema e entendeu pela desnecessidade da incidência da **"Teoria da Dupla Imputação"**:
"O art. 225, § 3º, da Constituição Federal **não** condiciona a responsabilização penal da pessoa jurídica por crimes ambientais à simultânea persecução penal da pessoa física em tese responsável no âmbito da empresa. A norma constitucional não impõe a necessária dupla imputação.
Condicionar a aplicação do art. 225, §3º, da Carta Política a uma concreta imputação também à pessoa física implica indevida restrição da norma constitucional, que expressa a intenção do constituinte originário não apenas de ampliar o alcance das sanções penais, mas também de evitar a impunidade pelos crimes ambientais frente às imensas dificuldades de individualização dos responsáveis internamente às corporações, além de reforçar a tutela do bem jurídico ambiental".
E mais: STF. 1ª Turma. RE 548181/PR, Rel. Min. Rosa Weber, julgado em 6/8/2013 (Info 714).

É importante se ter em mente essa visão, porque não raramente indivíduos acabam se escondendo por debaixo dos contratos que criam as pessoas jurídicas por ficções jurídicas, como se estivessem sob um manto protetor, porque a responsabilidade em grupo poderia ser diluída e o poder exercido em vista do crime torna-se difuso – o que seria um atrativo criminoso chancelado pelo Estado, caso o legislador não tivesse sido sagaz para tutelar esta situação, como assim fez.

Responsabilidade penal da pessoa jurídica por crime ambiental culposo: O assunto é controvertido no âmbito doutrinário. Desse modo, parte da doutrina entende que não é possível a responsabilidade penal da pessoa jurídica por crime ambiental culposo e a outra parte da doutrina admite essa possibilidade.

A jurisprudência entende possível responsabilidade penal da pessoa jurídica por crime ambiental culposo, desde que a decisão seja culposa e haja nexo de causalidade do resultado com a decisão.

Pessoa jurídica de Direito Público pode ser responsabilizada por crime ambiental?

Sobre o assunto existem 2 (duas) correntes, conforme abaixo:

1ª corrente: A pessoa jurídica de Direito Público pode ser responsabilizada por crime ambiental, uma vez que, se a Constituição Federal e a Lei Ambiental não diferencia responsabilidades de pessoas jurídica de direito privado e direito público, não caberia ao intérprete distinguir. Ademais, não existem palavras inúteis no texto da lei (em sentido amplo), logo, se há previsão de responsabilidade da pessoa jurídica em crime ambiental, não se vê razão para deixar de aplicar responsabilidade penal em face da pessoa jurídica de Direito Público. Afinal, onde há mesma razão, se aplica o mesmo direito. Filiam-se a esta corrente, a doutrina de Guilherme de Souza Nucci, Paulo Afonso Leme Machado e Luiz Flávio Gomes (em que este último admite a possibilidade, mas sustenta que a responsabilidade em face da pessoa jurídica de direito público seria um ato de direito judicial sancionador e não do direito penal).

2ª corrente: A pessoa jurídica de Direito Público não pode ser responsabilizada por crime ambiental, sob o argumento de que o Estado não pode punir a si mesmo, por ser detentor desse monopólio da Justiça Criminal.

Soma-se ao argumento acima, o fator de que para esta corrente, as penas aplicadas a pessoa jurídica de direito público seriam inviáveis, pois a multa recairia sobre os próprios contribuintes cidadãos, já que seriam pagas pelos cofres públicos. Já sob à luz das penas restritivas de direitos, também seria inviáveis, porquanto o próprio Estado prestaria serviço público, demonstrando uma incoerência. Filiam-se a esta corrente, a doutrina de Gilberto Passos de Freitas, Vladimir Aras e Edson Milaré.

Art. 4º Poderá ser desconsiderada a pessoa jurídica sempre que sua personalidade for obstáculo ao ressarcimento de prejuízos causados à qualidade do meio ambiente.

Comentários: Existe a **teoria maior** e a **teoria menor** sobre a **desconsideração da pessoa jurídica.** No Direito Ambiental, incide a **teoria menor (ou teoria objetiva)** sobre a **desconsideração da pessoa jurídica**, com isso, havendo elementos concretos de que a personalidade da pessoa jurídica seja obstáculo ao ressarcimento de prejuízos causados à qualidade do meio ambiente, poderá haver a desconsideração. Não exige que haja a insolvência, desvio de finalidade, ato intencional, fraude ou abuso de direito para confusão patrimonial – diferente da **teoria maior (teoria subjetiva ou teoria maior subjetiva da desconsideração)** que exige – reclamando apenas que a personalidade seja obstáculo.

A **desconsideração da pessoa jurídica** é também denominada de "disregard doctrine"

O STJ já teve oportunidade de aplicar a **teoria menor (ou teoria objetiva)** sobre a **desconsideração da pessoa jurídica** (REsp nº 1.071.741 e REsp 279.273).

A **desconsideração da pessoa jurídica para responsabilização da pessoa jurídica** está em sintonia com o princípio da intranscedência da responsabilidade penal ou da individualização da pena.

A **teoria menor (ou teoria objetiva),** além de ser exceção à regra geral, tem incidência no Direito Ambiental, no Direito do Consumidor, na Ordem Econômica entre outros ramos com suas variações.

Art. 5º (VETADO)

CAPÍTULO II

DA APLICAÇÃO DA PENA

Art. 6º Para imposição e gradação da penalidade, a autoridade competente observará:

Comentários: O art. 6º da Lei do Meio Ambiente traz a gradação que deverá ser usada para fins de aplicação da penalidade pela autoridade competente e supletivamente se aplicará o art. 6 da Lei do Meio Ambiente e art. 59, do Código Penal Brasileiro. Vejamos as disposições contidas no art. 6º da referida lei:

> **Art. 6º [...]**
>
> **I - a gravidade do fato, tendo em vista os motivos da infração e suas conseqüências para a saúde pública e para o meio ambiente;**
>
> **II - os antecedentes do infrator quanto ao cumprimento da legislação de interesse ambiental;**
>
> **III - a situação econômica do infrator, no caso de multa.**

O legislador traz como gradação de eventual penalidade a ser imposta pelo Juízo Criminal as hipóteses acima como balizas.

Todas estas hipóteses supra do art. 6º da referida lei se somariam com as circunstâncias do art. 59, do Código Penal Brasileiro – estas últimas – aplicadas subsidiariamente (supletivamente e adicionalmente, desde que não haja conflito) pelo julgador na 1ª etapa da dosimetria da pena dentro do critério trifásico. Há o entendimento doutrinário também de que o comando normativo também orientaria outras autoridades administrativas ambientais na aplicação de penalidade.

O critério trifásico (art. 68, do CPB) para fins de dosimetria da pena no direito ambiental criminal (direito penal ambiental) se apresenta singularmente da seguinte forma:

Primeira fase/Primeira etapa: Fixa a quantidade da pena-base que gravita abstratamente entre a pena mínima e a pena máxima prevista no preceito secundário do tipo penal. Nesta fase conjuga-se o art. 6º, incisos I até o inciso III, da Lei nº 9.605/1998 + art. 59, do CPB. Do ponto de vista jurídico, não há diferença substancial, pois os incisos I *usque* III do art. 6º da Lei do Meio Ambiente têm a mesma correspondência das circunstâncias do art. 59, do CPB. Ademais, o art. 59, do CPB continua aplicável subsidiariamente.

Segunda fase/ Segunda etapa: Agravantes e atenuantes genéricas previstas nos arts. 14 e 15, ambos da Lei nº 9.605/1998. As agravantes e atenuantes do art. 61 até art. 66, do CPB não podem ser consideradas na fixação da pena de crimes previstos nesta lei especial. Sem embargo disto, em caso de omissão da Lei do Meio Ambiente frente ao concurso das circunstâncias agravantes e atenuantes na forma do art. 67, do CPB, este deve ser aplicado subsidiariamente por força do art. 79, da Lei nº 9.605/1998.

Terceira fase/ Terceira etapa: Nesta fase ou etapa incidem as denominadas causas de aumento e diminuição de pena.

> **Art. 7º As penas restritivas de direitos são autônomas e substituem as privativas de liberdade quando:**

Comentários: A grande maioria das penas restritivas de direitos previstas no Código Penal Brasileiro (art. 44 do CPB) e em outros diplomas legais especiais, assim como as penas restritivas de direitos previstas aqui, guardam praticamente as mesmas características: são autônomas e substitutivas às penas privativas de liberdade. Todavia, apesar do ponto comum das características, registre-se que as penas restritivas de direitos previstas aqui possuem particularidades e requisitos que as diferenciam das penas restritivas de direitos previstas no Código Penal Brasileiro (art. 44 do CPB) e de outros diplomas legais especiais.

> **I - tratar-se de crime culposo ou for aplicada a pena privativa de liberdade inferior a quatro anos;**
>
> **II - a culpabilidade, os antecedentes, a conduta social e a personalidade do condenado, bem como os motivos e as circunstâncias do crime indicarem que a substituição seja suficiente para efeitos de reprovação e prevenção do crime.**

Comentários: Terão vezes as penas restritivas de direitos quando estivermos perante situação de crime culposo ou for aplicada a pena privativa de liberdade inferior a 04 (quatro) anos. Estes seriam os requisitos objetivos para fins da possibilidade de aplicação da restritiva de direitos.

Adiante a culpabilidade, os antecedentes, a conduta social e a personalidade do condenado, bem como os motivos e as circunstâncias do crime indicarem devem ser levados em consideração para avaliar se a substituição será suficiente para efeitos de reprovação e prevenção do crime. Esses seriam os requisitos subjetivos para fins da possibilidade de aplicação da restritiva de direitos.

As penas restritivas de direitos juntamente com a pena de multa são as únicas aplicadas à pessoa jurídica, por razões óbvias, uma vez que seria inimaginável visualizar uma pessoa jurídica presa (ente fictício).

Temos para nós apesar de grande parte da doutrina silenciar sobre o assunto, que os requisitos do art. 7º da Lei em estudo são cumulativos (objetivos e subjetivos).

Sobre eventual violência ou grave ameaça, parte da doutrina aponta que a exceção do art. 69 da Lei do Meio Ambiente em face de funcionário público, não seria factível cogitar essas particularidades em outros dispositivos penais, e, ainda sim a Lei Ambiental não impediria eventual substituição neste caso. Outra parte da doutrina, simplesmente diz que é inexistente este óbice sob o prisma legal.

Outrossim, a Lei Ambiental não impede para fins de substituição de pena privativa por restritiva de direitos, se o agente criminoso for reincidente em crime doloso para ter o benefício em tela (diferente da previsão do art. 44, inciso II, do CPB).

Vejamos o quadro comparativo de distinção entre os requisitos para fins de substituição de pena privativa de liberdade por restritiva de direitos da Lei do Meio Ambiente e do Código Penal:

Lei nº 9.605/1998	Código Penal Brasileiro
Crime culposo - Condenação inferior a 4 (quatro) anos Crime doloso	Crime culposo - Condenação igual ou inferior a 4 (quatro) anos Crime doloso
Circunstâncias judiciais favoráveis	Circunstâncias judiciais favoráveis
X	Crime sem violência ou grave ameaça à pessoa
X	Não reincidência em crime doloso

Vejamos agora o comparativo das espécies de penas restritivas de direitos previstas na Lei do Meio Ambiente e no Código Penal:

Lei nº 9.605/1998	Código Penal Brasileiro
1) Prestação de serviços (art. 9º) Essa prestação de serviço prevista aqui é diferente do Código Penal	1) Art. 46 CPB
2) Interdição temporária de direitos (art. 10) Prazos de interdição em crimes dolosos:**5 anos** Prazos de interdição em crimes culposos:**3 anos**	2) Art. 47, incisos I e II, CPB
3) Suspensão parcial ou total de atividades (art. 11)	3) X
4) Prestação pecuniária (art. 12) A prestação pecuniária vai de 1 a 360 salários mínimos. A legislação especial em estudo aborda tão somente como destinatário a vítima, entidade pública ou privada com fim social. Caso o agente criminoso beneficiário venha a aceitar, a prestação pecuniária poderá ser substituída por outra (substituição inominada). Na hipótese de a prestação pecuniária não ser efetivamente paga, poderá ser convertida em pena de prisão, pois é espécie de pena restritiva de direito – diferente da multa/pecuniária que não pode ser convertida em prisão (posição do STJ/STF).	4) Art. 45, § 1º, CPB = A vítima e seus sucessores dependentes ou a entidade pública privada com o fim social
5) Recolhimento domiciliar (art. 13)	5) Limitação de fim de semana (art. 48 do CPB)

Observação: A pena restritiva imposta à pessoa jurídica de proibição de contratar com o Poder Público ou receber subsídios, subvenções ou doações não pode ultrapassar a duração de 10 (dez) anos, seja crime doloso ou culposo (art. 22, inciso III, e § 3º, da Lei nº 9.605/1998.

Parágrafo único. As penas restritivas de direitos a que se refere este artigo terão a mesma duração da pena privativa de liberdade substituída.

Comentários: O dispositivo legal neste parágrafo único do art. 7º, da Lei em voga, deixa claro que as penas restritivas de direitos terão a mesma duração da pena privativa de liberdade substituída.

Art. 8º As penas restritivas de direito são:

I - prestação de serviços à comunidade;

II - interdição temporária de direitos;

III - suspensão parcial ou total de atividades;

IV - prestação pecuniária;

V - recolhimento domiciliar.

Comentários: O art. 8º, da Lei em estudo, enumera uma a uma, as penas restritivas de direitos previstas na Lei do Meio Ambiente. A grande maioria das penas previstas aqui coincidem com as penas restritivas de direito do Código Penal Brasileiro, embora haja variações daquelas que as tornam peculiares em vistas destas enumeradas no Código Penal Brasileiro.

Art. 9º A prestação de serviços à comunidade consiste na atribuição ao condenado de tarefas gratuitas junto a parques e jardins públicos e unidades de conservação, e, no caso de dano da coisa particular, pública ou tombada, na restauração desta, se possível.

Comentários: Após prever as penas restritivas de direitos, o legislador adiante teceu explicações (normas/leis penais explicativas) o que vem a ser a pena prestação de serviços à comunidade sob a ótica de crime ambiental.

Segundo a lei, a prestação de serviços à comunidade é a atribuição conferida ao condenado, consistente no desempenho de tarefas gratuitas junto a parques e jardins públicos e unidades de conservação. Na hipótese de existir dano em face da coisa particular, pública ou tombada, caberá à restauração desta pelo condenado, se possível.

Art. 10. As penas de interdição temporária de direito são a proibição de o condenado contratar com o Poder Público, de receber incentivos fiscais ou quaisquer outros benefícios, bem como de participar de licitações, pelo prazo de cinco anos, no caso de crimes dolosos, e de três anos, no de crimes culposos.

Comentários: Já a interdição temporária de direito consiste em proibição de o condenado contratar com o Poder Público, assim como de receber incentivos fiscais ou quaisquer outros benefícios, bem como de participar de licitações, pelo prazo de 5 (cinco) anos, no caso de crimes dolosos, e de 3 (três) anos, no de crimes culposos.

Portanto, a interdição temporária de direitos (art. 10) traz os seguintes prazos:

Prazos de interdição em **crimes dolosos: 5 anos**

Prazos de interdição em **crimes culposos: 3 anos**

Art. 11. A suspensão de atividades será aplicada quando estas não estiverem obedecendo às prescrições legais.

Comentários: Há discussão na doutrina sobre o âmbito de incidência **de suspensão parcial ou total de atividades** (se apenas para pessoa jurídica ou para pessoa jurídica e pessoa física).

Há corrente sustentando que a **suspensão parcial ou total de atividades** aplica apenas para pessoa jurídica.

Já a outra corrente pregando que a **suspensão parcial ou total de atividades** deste dispositivo legal aplica somente para pessoa física, pois é substitutiva da pena privativa de liberdade, sanção esta voltada exclusivamente à pessoa física. Outro argumento para esta corrente é de que a Lei do Meio Ambiente cuidou da pena restritiva de direitos à pessoa jurídica em dois dispositivos legais (art. 22 e art. 23) fazendo claramente a distinção. Logo, o art. 11 aplicaria somente ao empresário individual que é pessoa física.

A suspensão parcial ou total de atividades tem vez quando não se estiver obedecendo às prescrições legais.

Art. 12. A prestação pecuniária consiste no pagamento em dinheiro à vítima ou à entidade pública ou privada com fim social, de importância, fixada pelo juiz, não inferior a um salário mínimo nem superior a trezentos e sessenta salários mínimos. O valor pago será deduzido do montante de eventual reparação civil a que for condenado o infrator.

Comentários: A prestação pecuniária nada mais é do que o pagamento em pecúnia (dinheiro) feito para a vítima, à entidade pública ou entidade privada com fim social, de importância, fixada pelo juiz, não inferior a 01 (um) salário mínimo nem superior a 360 (trezentos e sessenta) salários mínimos.

Ademais, o valor pago a título de prestação pecuniária será deduzido do montante de eventual reparação civil a que for condenado o infrator. Vejamos de maneira pedagógica o quadro abaixo:

Prestação pecuniária

Mínima	Máxima
Não inferior a **01 (um) salário mínimo**	Nem superior a **360 (trezentos e sessenta) salários mínimos**

Art. 13. O recolhimento domiciliar baseia-se na autodisciplina e senso de responsabilidade do condenado, que deverá, sem vigilância, trabalhar, freqüentar curso ou exercer atividade autorizada, permanecendo recolhido nos dias e horários de folga em residência ou em qualquer local destinado a sua moradia habitual, conforme estabelecido na sentença condenatória.

Comentários: O recolhimento domiciliar se baseia na autodisciplina e senso de responsabilidade do condenado por crime ambiental. Em suma, diante da autodisciplina e senso de responsabilidade do condenado, na pena restritiva de direito de recolhimento domiciliar não haverá vigilância, para aquele condenado trabalhar, freqüentar curso ou exercer atividade autorizada, onde deverá permanecer recolhido nos dias e horários de folga em residência ou em qualquer local destinado a sua moradia habitual, tudo de acordo com o que for fixado na sentença condenatória.

No Código Penal existe o instituto da pena restritiva de direitos de limitação de fim de semana (parecido com o recolhimento domiciliar, guardada as proporções de cada um), onde o condenado deve recolher por 05 (cinco) horas aos sábados e domingos em casa de albergado ou estabelecimento similar. Há conflito na doutrina se no caso ausência de casa de albergado ou estabelecimento similar para fins de cumprimento de limitação de fim de semana poderia ou não acarretar a prisão domiciliar. Há correntes doutrinárias para os 2 (dois) lados.

Art. 14. São circunstâncias que atenuam a pena:

Comentários: O legislador trouxe circunstâncias peculiares condizentes como atenuantes genéricas na legislação ambiental criminal.

I - baixo grau de instrução ou escolaridade do agente;

Comentários: Na hipótese de o agente criminoso ter **baixo grau de instrução ou escolaridade do agente** haverá a incidência da atenuante em cartaz, pois diminui a reprovabilidade da conduta relevante. Acaso o **baixo grau de instrução** do agente criminoso seja tão alto ao nível de ignorância, a ponto de comprometer o entendimento mínimo sobre a situação, poderá ser capaz de retirar o potencial conhecimento da ilicitude (erro de proibição) com as suas consequências (erro escusável) ou diminuir a pena (se for erro inescusável).

II - arrependimento do infrator, manifestado pela espontânea reparação do dano, ou limitação significativa da degradação ambiental causada;

Comentários: Caso haja arrependimento do infrator, este (o arrependimento do infrator) deverá ser exteriorizado pela espontânea reparação do dano ou com a limitação significativa da degradação ambiental causada. Havendo uma destas hipóteses haverá a atenuante.

Contudo, a doutrina diverge aqui sobre até que momento desta reparação seria possível a atenuante ou outro instituto.

1ª corrente: Uma corrente prega que atenuante recairia se a **reparação do dano** fosse antes ou depois de recebida à denúncia, porque nestes casos será sempre atenuante genérica nos crimes ambientais (Roberto Delmanto, Roberto Delmanto Junior e Fabio M. de Almeida Delmanto[3]).

2ª corrente: Outra corrente sustenta que a atenuante terá vez se a **reparação do dano** se der apenas após o recebimento da denúncia. Se a reparação se der depois do recebimento da vestibular acusatória, o agente criminoso deverá ser agraciado com a causa de diminuição de pena do arrependimento posterior (Luiz Flávio Gomes e Silvio Maciel[4]).

III - comunicação prévia pelo agente do perigo iminente de degradação ambiental;

3. Leis Penais Especiais Comentadas. Rio de Janeiro: Ed. Renovar, 2006, p. 400.
4. Legislação criminal especial. 2ª Edição, revista, atualizada e ampliada. Coordenação, Luiz Flávio Gomes e Rogério Sanches Cunha. Editora Revista dos Tribunais. São Paulo, p. 832-833.

Comentários: A **comunicação prévia às autoridades** sobre os fatos gera consequências benéficas ao agente criminoso, diante de eventuais crimes ambientais por si perpetrados "a posteriori" a esta comunicação.

IV - colaboração com os agentes encarregados da vigilância e do controle ambiental.

Comentários: A **colaboração do criminoso para com os agentes estatais** encarregados de vigilância e do controle ambiental é denominada de "delação premiada ambiental" e também é hipótese de atenuar a pena. Para a incidência desta atenuante, é necessário que o agente criminoso colabore com as investigações e processo, com a indicação de local da degradação causada; de outros envolvidos; detalhes de como o dano foi causado entre outros.

Art. 15. São circunstâncias que agravam a pena, quando não constituem ou qualificam o crime:

Comentários: São circunstâncias que agravam a pena, quando não constituem ou qualificam o crime:

I - reincidência nos crimes de natureza ambiental;

Comentários: A reincidência específica nos crimes de natureza ambiental não reclama que sejam apenas crimes capitulados transitados em julgados na Lei 9.605/1998 com o cometimento de novo crime previsto na mesma lei. A Lei em estudo contenta apenas que seja crime de natureza ambiental transitado em julgado com a prática de novo crime ambiental, não se exigindo que seja crime somente previsto nesta lei.

Se o agente tem condenação definitiva em contravenção penal por dano ambiental e comete novo crime ambiental não haverá reincidência.

De outro lado, se o agente criminoso comete crime previsto no Código Penal e é condenado com trânsito em julgado e pratica crime ambiental não haverá reincidência. Vejamos o quadro comparativo do assunto para melhor compreensão:

Crime de natureza ambiental previsto na Lei do Meio Ambiente com trânsito em julgado e prática de novo crime ambiental nesta mesma Lei ou em outras Leis (desde que sejam crimes de natureza ambiental)	A condenação definitiva de agente por contravenção penal de dano ambiental e cometimento de novo crime ambiental (previsto nesta lei ou em outra legislação)	Se o agente criminoso comete crime previsto no Código Penal pelo qual é condenado com trânsito em julgado e pratica um crime novo de natureza ambiental
A reincidência específica nos crimes de natureza ambiental não reclama que seja apenas crimes capitulados transitados em julgados na Lei 9.605/1998 com o cometimento de novo crime da mesma lei. A Lei em estudo contenta apenas que seja crime de natureza ambiental transitado em julgado com a prática de novo crime ambiental, não se exigindo que seja crime somente previsto nesta lei.	Essa condenação definitiva de agente por contravenção penal de dano ambiental e após isto haja novo cometimento de crime ambiental (previsto nesta lei ou em outra legislação) não se tem a reincidência desta Lei 9.605/1998.	No caso de o agente criminoso cometer crime previsto no Código Penal pelo qual é condenado com trânsito em julgado e venha a praticar um crime novo de natureza ambiental não se fala em reincidência desta Lei 9.605/1998.
Haverá reincidência	**Não haverá reincidência**	**Não haverá reincidência**

II - ter o agente cometido a infração:

Comentários: Parte da doutrina critica o vasto rol de agravante, como opção do legislador, aduzindo que o legislador se olvidou de que a maioria das agravantes constituem elementares que integram o próprio tipo penal ou são causas de aumento de pena, sendo praticamente inviável a incidência, sob pena de "bis in idem".

a) para obter vantagem pecuniária;

Comentários: Pune-se mais gravemente aquela situação em que o agente criminoso através da infração penal ambiental busca o lucro.

O intérprete deve se ater para se evitar o "bis in idem" aqui desta agravante em vista do art. 29, inciso III, da Lei do Meio Ambiente, o mesmo se dando quanto ao art. 51 da mesma lei dentre outros dispositivos.

b) coagindo outrem para a execução material da infração;

Comentários: Pune-se mais gravemente a situação em que o agente criminoso é autor intelectual do crime. É importante frisar que, diferente do Código Penal, se pune de forma mais grave apenas à coação, pois o induzimento não tem previsão legal em infração penal ambiental. A coação significa empregar grave ameaça (coação moral/vis compulsiva) ou a força física (coação física ou a vis absoluta) para que um terceiro faça ou deixe de fazer alguma coisa.

Em se cuidando de grave ameaça (coação moral/vis compulsiva) e de forma irresistível, terá em seu favor a exclusão da culpabilidade, nos dizeres do art. 22, do CPB, porque não teve vontade espontânea, respondendo apenas o coator pelo ato com a agravante em cartaz.

Se a coação for resistível, o coato responderá pelo crime, todavia, terá a atenuante do art. 65, inciso III, alínea 'c', do CPB. Já o coator responderá normalmente pelo delito com a agravante em tela.

Já em sendo utilizado a força física (coação física ou a *vis absoluta*), o coagido não responderá por crime algum, vez que não existiu voluntariedade, não havendo conduta que exige vontade e manifestação da vontade. Nesta hipótese, apenas o coator responderá pelo ato com a agravante em voga.

c) afetando ou expondo a perigo, de maneira grave, a saúde pública ou o meio ambiente;

Comentários: A agravante somente terá incidência se afetar ou expor a perigo, de modo grave, a saúde pública ou o meio ambiente.

Há uma crítica da doutrina neste ponto. Parte da doutrina prega que incide apenas em crimes dolosos (Roberto Delmanto; Roberto Delmanto Junior e Fabio M. de Almeida Delmanto) e outra parte sustenta que seria tanto em crimes ambientais dolosos e culposos, por conta da potencialidade lesiva (Guilherme de Souza Nucci), o que é inadmissível.

Um outro ponto, alvo de crítica pela doutrina, é o excesso por parte do legislador em criar situações como esta que pode redundar em "bis in idem", pois poderá se punir o agente criminoso duas vezes pelo mesmo fato (Guilherme de Souza Nucci).

d) concorrendo para danos à propriedade alheia;

Comentários: Há uma crítica da doutrina nesta agravante, já que se o agente dolosamente praticar o crime ambiental juntamente com o crime de dano, responderá por concurso de crime de conduta prevista na Lei do Meio Ambiente com o crime de dano. Para essa doutrina, a agravante em exame seria inútil.

A única hipótese para salvar a agravante seria diante da situação em que o agente criminoso pratica conduta prevista na Lei do Meio Ambiente, e culposamente com essa conduta provoque dano na propriedade vizinha, porque deixaria de existir o concurso de crimes (Guilherme de Souza Nucci).

Entretanto, cumpre registrar que há doutrina sustentando ser esta agravante aplicável apenas em crime doloso – o que tornaria a agravante útil e sem os empecilhos anotados acima (Roberto Delmanto; Roberto Delmanto Junior e Fabio M. de Almeida Delmanto).

e) atingindo áreas de unidades de conservação ou áreas sujeitas, por ato do Poder Público, a regime especial de uso;

Comentários: Há doutrina abordando que a agravante em exame seria também inútil, porque haveria concurso de crimes. Todavia, para esta mesma doutrina a única hipótese para salvar a agravante seria diante da situação em que o agente criminoso pratica conduta prevista na Lei do Meio Ambiente, e culposamente, com essa conduta provoque degradação em áreas de unidades de conservação ou áreas sujeitas, por ato do Poder Público, a regime especial de uso, porque deixaria de existir o concurso de crimes (Guilherme de Souza Nucci).

Entretanto, mais uma vez registramos que há doutrina sustentando ser esta agravante aplicável apenas em crime doloso – o que tornaria a agravante útil e sem os empecilhos anotados acima (Roberto Delmanto; Roberto Delmanto Junior e Fabio M. de Almeida Delmanto).

f) atingindo áreas urbanas ou quaisquer assentamentos humanos;

Comentários: Terá incidência a agravante quando a conduta atingir áreas urbanas ou quaisquer assentamentos humanos.

Há doutrina dizendo que haveria concurso de crimes, o delito ambiental e a conduta de atingir áreas urbanas ou quaisquer assentamentos humanos. Só teria incidência desta agravante, caso o crime ambiental perpetrado em zona rural provocasse consequências em zona urbanas ou em residências de pessoas. Essa mesma acena a possibilidade de aplicação desta agravante quando o delito foi culposo e não existir figura delitiva para tanto (Guilherme de Souza Nucci).

Existe doutrina também asseverando para o cuidado do odioso "bis in idem", como por exemplo, a impossibilidade de incidência desta agravante com o art. 40 desta lei (Roberto Delmanto; Roberto Delmanto Junior e Fabio M. de Almeida Delmanto).

g) em período de defeso à fauna;

Comentários: Existe uma crítica doutrinária acerca desta agravante, no sentido de que no Brasil a caça é proibida em praticamente todos os lugares e haveria uma causa de aumento de pena no art. 29, § 4º, inciso II, da lei em cotejo, o que demonstraria o descabimento da agravante. Não faz sentido criar-se uma elevação de pena, quando a regra de vedação é praticamente total, exceto em raras exceções. Nem se pensasse no período defeso da fauna de peixes (denominada também deictiológica), não se teria a agravante, pois, essa situação é elementar do art. 34, *caput*, da Lei do Meio Ambiente.

h) em domingos ou feriados;

Comentários: A razão de ser desta agravante é porque nestes dias, a fiscalização do Estado tende a ser reduzida, com isto, se aquilata mais gravosa a conduta ambiental praticada nestes dias. O alerta importante é para se evitar o "bis in idem" diante de situações em que a conduta contiver **"em domingos ou feriados"** como elementar do tipo.

i) à noite;

Comentários: A razão de ser desta agravante, se dá porquanto nesta ocasião, a fiscalização do Estado tende a ser reduzida, com isto, se torna mais gravosa a conduta ambiental praticada nestes dias. A advertência alerta importante é para se evitar o "bis in idem" diante de situações em que a conduta contiver **"**à noite" como elementar do tipo. Existe a discussão se a expressão "a noite" seria levado em consideração o horário ou o fator pôr do sol e ao crepúsculo matutino.

j) em épocas de seca ou inundações;

Comentários: Em que pese às épocas de seca ou inundações serem distintas, a razão de ser é que neste período a natureza está mais vulnerável. O alerta importante é para se evitar o "bis in idem" diante de situações em que a conduta contiver essa previsão como elementar do tipo.

l) no interior do espaço territorial especialmente protegido;

Comentários: Diante do fato de o Poder Público eleger espaço territorial para conferir maior proteção, em havendo degradação destas áreas, a conduta é mais reprovável, o que justifica uma punição mais gravosa.

m) com o emprego de métodos cruéis para abate ou captura de animais;

Comentários: A utilização de métodos cruéis para abater ou capturar, releva um comportamento mais insensível do agente criminoso em crimes ambientais, o que justifica uma punição mais gravosa.

n) mediante fraude ou abuso de confiança;

Comentários: A fraude nada mais é do que um expediente para burlar alguma situação, enganando alguém com emprego de meios ardilosos ou artificiosos. Já o abuso de confiança é uma forma em que a confiança é traída por alguma pessoa que nutre esse sentimento com outra. A doutrina cita como exemplo, quando um empregado tiver autonomia para adotar deliberações em nome do empregador na sua ausência; também se terá quando a vítima e agente criminoso efetivamente tiverem uma relação de amizade em que a confiança impera.

Entendemos que não basta mera relação empregatícia ou amizade efêmera para configuração desta agravante.

o) mediante abuso do direito de licença, permissão ou autorização ambiental;

Comentários: O agente criminoso no uso do exercício de um direito abusa do direito de licença, permissão ou autorização ambiental. É essencial que o agente tenha consciência deste agir. O alerta importante é para se evitar o "bis in idem" diante de situações em que a conduta contiver essa previsão como elementar do tipo.

p) no interesse de pessoa jurídica mantida, total ou parcialmente, por verbas públicas ou beneficiada por incentivos fiscais;

Comentários: O legislador entendeu que essa agravante tem sua razão de ser, pois no interesse de pessoa jurídica mantida, total ou parcialmente, por verbas públicas ou beneficiada por incentivos fiscais teríamos uma espécie de traição, diante da deslealdade, já que se espera uma postura leal e íntegra daquela para com o Estado. O agente ainda que pessoa física, com a consciência de que por meio de sua conduta criminosa beneficiará a pessoa jurídica mantida pelo Estado de alguma forma, acaba sendo um coautor nessa situação. Aí residiria a justificativa de agravar a situação.

q) atingindo espécies ameaçadas, listadas em relatórios oficiais das autoridades competentes;

Comentários: O legislador preocupado com a extinção instituiu a agravante em espécie. A agravante é uma norma penal em branco, dependendo de consulta mais precisamente das espécies ameaçadas contidas nas listas dos relatórios oficiais dos órgãos competentes.

A advertência aqui é para se evitar o "bis in idem" diante de situações em que a conduta contiver essa previsão como causa de aumento de pena.

r) facilitada por funcionário público no exercício de suas funções.

Comentários: O legislador tornou-se fato mais grave, o fato de o agente criminoso privado pratica o crime ambiental com a conivência do funcionário público.

Parte da doutrina exige que o funcionário público seja lotado em órgão ambiental para nexo da conduta (Guilherme de Souza Nucci). Outra doutrina dispensa essa particularidade (Roberto Delmanto; Roberto Delmanto Junior e Fabio M. de Almeida Delmanto).

Ademais, há doutrina sustentando que se o agente criminoso da infração penal ambiental for o mesmo servidor público, poderá haver crime próprio e autônomo do funcionário público, como corrupção ou prevaricação, e a depender da forma de execução do crime, o funcionário público poderá ser autor ou partícipe do delito do meio ambiente [não havendo à incidência desta agravante] (Guilherme de Souza Nucci).

Art. 16. Nos crimes previstos nesta Lei, a suspensão condicional da pena pode ser aplicada nos casos de condenação a pena privativa de liberdade não superior a três anos.

Comentários: Os crimes contidos nesta Lei, a suspensão condicional da pena tem uma particularidade, porque pode ser aplicada nos casos de condenação a pena privativa de liberdade não superior a 3 (três) anos – enquanto no Código Penal, a previsão da pena privativa de liberdade é de 02 (dois) anos Art. 77, do CPB). Percebe-se que, a legislação ambiental criminal é mais benéfica. Ademais, a intenção do legislador foi de fazer incidir as regras do "sursis" no Código Penal, com respeito a algumas variações desta lei especial.

Art. 17. A verificação da reparação a que se refere o <u>§ 2º do art. 78 do Código Penal</u> será feita mediante laudo de reparação do dano ambiental, e as condições a serem impostas pelo juiz deverão relacionar-se com a proteção ao meio ambiente.

Comentários: O legislador exigiu que para fins de comprovação da reparação a que se refere o § 2º do art. 78 do Código Penal, esta se dará mediante laudo de reparação do dano ambiental. Ademais, as condições a serem impostas pelo juiz deverão relacionar-se com a proteção ao meio ambiente, ou seja, deve haver uma razão de ser, sob pena de serem acoimadas de ilegais e escapulirem das finalidades traçadas pela lei em tela.

Art. 18. A multa será calculada segundo os critérios do Código Penal; se revelar-se ineficaz, ainda que aplicada no valor máximo, poderá ser aumentada até três vezes, tendo em vista o valor da vantagem econômica auferida.

Comentários: A multa será calculada segundo os critérios do Código Penal (delineados no art. 49, do CPB). Caso se revele ineficaz, ainda que aplicada no valor máximo, poderá ser aumentada até 03 (três) vezes, tendo em vista o valor da vantagem econômica auferida.

Multa

Mínimo previsto em regra	Máximo previsto em regra
10 (dez) dias-multa	360 (trezentos e sessenta) dias-multa

Para cada dia-multa poderá ser fixado o valor não inferior de até **1/30 (um trigésimo)** do salário mínimo vigente ao tempo do fato e nem superior de **5 (cinco) vezes** esse salário mínimo vigente ao tempo do fato para cada dia-multa (art. 49, §, 1º, do CPB).

A multa mesmo que aplicada no máximo poderá ser triplicada, diante do valor da vantagem obtida com o crime.

CUIDADO: No Código Penal Brasileiro, o julgador também pode triplicar a pena de multa, porém deverá levar em conta a situação econômica do agente criminoso - e não do valor da vantagem obtida com o crime.

O valor da multa será atualizado, quando da execução, pelos índices de correção monetária (art. 49, §, 2º, do CPB).

Art. 19. A perícia de constatação do dano ambiental, sempre que possível, fixará o montante do prejuízo causado para efeitos de prestação de fiança e cálculo de multa.

Comentários: Como os crimes materiais em regra deixam vestígios, a prova pericial é um dos meios para formação da materialidade delitiva. O legislador diante disso aproveitou também para que a perícia de constatação do dano ambiental, sempre que possível, fixasse o montante do prejuízo causado para efeitos de prestação de fiança e cálculo de multa. Assim, além da materialidade delitiva, a perícia do dano ambiental dentro do possível deve fixar o montante do prejuízo causado para efeitos de prestação de fiança e cálculo de multa.

Quanto ao aspecto da fiança há críticas por parte da doutrina, diante do *quantum* da pena ser baixa, e que criaria um contrassenso.

No que toca a multa, é de grande valia a perícia, em sintonia com art. 18, da Lei do Meio Ambiente, para se ter ideia da dimensão da vantagem auferida pelo agente criminoso.

Parágrafo único. A perícia produzida no inquérito civil ou no juízo cível poderá ser aproveitada no processo penal, instaurando-se o contraditório.

Comentários: É perfeitamente possível a prova emprestada de perícia produzida no inquérito civil ou no juízo cível no processo penal, desde que se permita a ampla defesa e contraditório em torno da prova emprestada.

Art. 20. A sentença penal condenatória, sempre que possível, fixará o valor mínimo para reparação dos danos causados pela infração, considerando os prejuízos sofridos pelo ofendido ou pelo meio ambiente.

Comentários: É uma tendência de se conferir no Direito Penal e no Direito Processo Penal uma ótica mais voltada sob a visão de reparar à vítima. Seguindo essa tendência, a Lei nº 9.605/1998 previu que na sentença penal condenatória, sempre que possível, o julgador fixará o valor mínimo para reparação dos danos causados pela infração, considerando os prejuízos sofridos pelo ofendido ou pelo meio ambiente. O Código de Processo Penal mais recentemente também fez esta inserção no art. 387, inciso IV, do CPP (Lei nº 11.719/2008).

Esta inclinação mais do que justa voltada à proteção da vítima de infração penal, foi cunhada de **3ª (terceira) via do Direito Penal**.

A **terceira via do Direito Penal** consiste justamente na reparação de danos conferida à vítima de infração penal, medida esta que teria legitimação no princípio da subsidiariedade do direito penal, já que além da pena e da medida de segurança (como sanções penais), a reparação cível é mais uma medida penal independente (terceira via), que alia elementos do direito civil e cumpre com os fins da pena. Esta reparação substituiria ou amenizaria a pena naqueles casos nos quais sejam pertinentes aos fins da pena e às necessidades da vítima, aproximando mais da realidade social.

As Polícias Judiciarias, o Poder Judiciário, o Ministério Público e os demais órgãos do sistema de justiça criminal, dentro do seu quadro de atribuições constitucionais-legais e de competências administrativas devem atuar com foco nas políticas-criminais do direito penal, levando especialmente em conta à reparação dos danos causados pela infração penal, reparação esta de danos que não necessariamente se limita a ordem patrimonial, já que poderá ser de ordem moral, tais como: uma retratação, pedido de desculpas, etc. (PALERMO, 2005).

Parágrafo único. Transitada em julgado a sentença condenatória, a execução poderá efetuar-se pelo valor fixado nos termos do *caput*, sem prejuízo da liquidação para apuração do dano efetivamente sofrido.

Comentários: Com o trânsito em julgado (preclusão) da sentença condenatória penal, a execução poderá efetuar-se pelo valor fixado nos termos do *caput*, sem prejuízo da liquidação para apuração do dano efetivamente sofrido.

Um assunto importante acerca da sentença condenatória em matéria ambiental, é o assunto sobre o **transporte 'in utilibus' da coisa julgada (ou da coisa julgada 'in utilibus').**

O transporte 'in utilibus' da coisa julgada (ou da coisa julgada 'in utilibus') não se limita apenas ao campo do Direito do Consumidor, mas se aplica ao Direito Ambiental e outros ramos.

O transporte 'in utilibus' da coisa julgada (ou da coisa julgada 'in utilibus') consiste na possibilidade de extensão dos efeitos da sentença coletiva transitada em julgado no âmbito do processo coletivo, através da ampliação dos seus limites subjetivos nos casos de procedência do pedido ao plano individual. Em outras palavras, podemos conceituar como **transporte "in utilibus" da coisa julgada** a ampliação da eficácia subjetiva da coisa julgada decorrente de sentença proferida em demanda de natureza coletiva, a fim de alcançar, sempre em benefício, nunca em prejuízo, terceiros que não integraram a relação processual.

Assim, a vítima do evento, titular do direito individual homogêneo violado, apenas precisará comprovar o dano e o nexo de causalidade para se beneficiar dos efeitos da coisa julgada coletiva, com a finalidade de se proceder à liquidação e à execução individuais, conforme se depreende do art. 103, §3º, do Código de Defesa do Consumidor.

Acerca do **transporte 'in utilibus' da coisa julgada**, Hermes Zaneti Jr. e Leonardo de Medeiros Garcia ensinam que:

> **Transporte *in utilibus* (só atinge os indivíduos se for para beneficiá-los): O parágrafo 3º possibilita ao titular de direito individual liquidar e executar a sentença coletiva que tutela direitos difusos e coletivos em sentido estrito, sobre a mesma questão de direito.** Fica garantido ao titular do direito individual, **em caso de procedência da demanda coletiva, utilizar a sentença coletiva no seu processo individual (transporte *in utilibus*), desde que comprove a identidade fática e jurídica de situações, nos mesmos moldes da ação civil *ex delicto*** (ZANETI JR.; GARCIA, 2016, p. 374) [sem grifos no original].

O Superior Tribunal de Justiça já apreciou o tema quando instado, decidindo da seguinte forma, senão vejamos:

> PROCESSUAL CIVIL. AÇÃO COLETIVA. EXECUÇÃO INDIVIDUAL EMBARGOS À EXECUÇÃO PROPOSTOS PELA FAZENDA PÚBLICA. ANÁLISE DA PRESCRIÇÃO. POSSIBILIDADE. RESSALVA CONTIDA NO ARTIGO 741, VI, DO CPC. AFASTAMENTO. 1. A prescrição pode ser invocada em sede de embargos à execução de título judicial, quando se tratar de execução individual de sentença proferida em ação coletiva. 2. A execução de sentença genérica de procedência, proferida em sede de ação coletiva lato sensu- ação civil pública ou ação coletiva ordinária -, demanda uma cognição exauriente e contraditório amplo sobre a existência do direito reconhecido na ação coletiva. 3. O art. 741, VI, do CPC, sobre interditar a suscitação de questão anterior à sentença, nos embargos à execução, não se aplica a execução individual *in utilibus*, porquanto é nessa oportunidade que se pode suscitar a prescrição contra a pretensão individual, mercê de a referida defesa poder ser alegada em qualquer tempo e grau de jurisdição (STJ, REsp 1057562,Rei. Min. Luiz Fux, DJe 04/11/2010).

Devemos consignar ainda, a possibilidade de transporte 'in utilibus' da coisa julgada na esfera criminal, nos casos em que a tutela penal confere proteção a bens jurídicos difusos e coletivos, como o meio ambiente, por exemplo. O art. 103, §4º, do CDC, permite a extensão dos efeitos da sentença penal condenatória para fins de execução individual na seara cível.

Todavia, a sentença coletiva de improcedência do pedido não produz efeitos na esfera individual, não prejudicando as pretensões individuais decorrentes dos crimes ambientais.

E mais sobre o assunto do transporte 'in utilibus' da coisa julgada na seara penal, Hermes Zaneti Jr. e Leonardo de Medeiros Garcia explicam que:

> Tutela penal coletiva:
>
> **O artigo prevê no parágrafo 4º a possibilidade de extensão *in utilibus* da sentença penal condenatória que verse sobre bens jurídicos coletivos, por exemplo, a condenação de uma empresa por crime de poluição, previsto na Lei dos Crimes Ambientais, per-**

mitirá aos titulares de direitos individuais conexos ajuizar sua liquidação e execução no cível (ZANETI JR.; GARCIA, 2016, p. 376) [sem destaques no original].

Para se falar em coisa julgada "in utilibus" devemos ter em mente: procedência da pretensão contida na ação coletiva sobre bens jurídicos coletivos.

O tema do **transporte "in utilibus" da coisa julgada** *já foi objeto de indagação* na prova subjetiva do MPE/MG - Promotor em 2011. Igualmente, essa questão do **transporte "in utilibus" da coisa julgada** caiu na 2ª fase do concurso de Delegado de Mato Grosso do Edital 002/2009, mas no aspecto do **transporte "in utilibus" da coisa julgada no processo penal.**

Art. 21. As penas aplicáveis isolada, cumulativa ou alternativamente às pessoas jurídicas, de acordo com o disposto no art. 3º, são:

I - multa;

II - restritivas de direitos;

III - prestação de serviços à comunidade.

Comentários: O dispositivo em cartaz traz as penas restritivas de direitos aplicáveis de forma isolada, cumulativa ou alternativamente às pessoas jurídicas. Parte-se do pressuposto da possibilidade de responsabilizar pessoa jurídica por crime ambiental.

Em tópicos anteriores comentamos sobre uma a uma dessas penas para onde remetemos o(a) prezado(a) leitor(a) neste ponto.

Essas penas têm vezes quando se prolata sentença penal condenatória com trânsito em julgado (sentença irrecorrível).

Ademais, ao contrário das penas restritivas de direitos previstas para pessoas físicas (art. 7º, da Lei 9.605/1998), as penas do art. 21 são penas originárias, autônomas e independentes e não substitutivas para parte da doutrina. A par disso, esta doutrina sustentando que legislador deixou sob a discricionariedade regrada do julgador a imposição dessas penas restritivas de direitos aplicadas de forma isolada, cumulativa ou alternativamente às pessoas jurídicas, devendo no caso concreto fundamentar a eleição da escolha (Roberto Delmanto; Roberto Delmanto Junior e Fabio M. de Almeida Delmanto).

De outra banda, há doutrina criticando e dizendo que o julgador deve respeito ao preceito secundário. Desse modo, embora o dispositivo passe a impressão de que essas penas podem ser aplicadas independentemente do preceito secundário, não é esta interpretação que se espera. O julgador além de não ser legislador positivo está vinculado ao preceito secundário e poderá aplicar uma dessas penas supra, apenas se elas coincidirem com os preceitos secundários do tipo – objeto da condenação. Do contrário não poderá aplicar as penas acima, vez que o julgador está vinculado e atrelado ao preceito secundário do injusto penal (Guilherme de Souza Nucci).

Art. 22. As penas restritivas de direitos da pessoa jurídica são:

I - suspensão parcial ou total de atividades;

Comentários: Em tópicos anteriores comentamos sobre uma a uma dessas penas para onde remetemos o(a) prezado(a) leitor(a) para os tópicos da pessoa física (art. 8º, incisos III e art. 11, ambos da Lei do Meio Ambiente) que com algumas diferenças que apontaremos aqui, repetem praticamente tudo.

O requisito para a incidência desta pena, além da condenação, é essencial que a pessoa jurídica, através da administração, esteja desobedecendo à legislação ou disposições regulamentares quanto à proteção ambiental.

É uma pena substitutiva para parte da doutrina (Guilherme de Souza Nucci) e pena originária/primitiva/principal e independente para outra corrente doutrinária (Roberto Delmanto; Roberto Delmanto Junior e Fabio M. de Almeida Delmanto).

O prazo de suspensão deve ser limitado, temporário, razoável e proporcional. O parâmetro prazal sugerido pela doutrina é entre o mínimo e o máximo da pena privativa de liberdade que seria eventualmente aplicada, se fosse para uma pessoa física. Se o delito, por exemplo, possuir pena privativa de liberdade de 06 (seis) meses a 01(um) ano, o julgador deverá aplicar a suspensão das atividades da pessoa jurídica dentro deste prazo mínimo e máximo, dentro dos critérios gerais de aplicabilidade da pena.

Na situação da pessoa física, esta pena de suspensão é pena substitutiva da privativa de liberdade, enquanto aqui ela é pena originária. Essa pena desempenha 2 (dois) importantes papéis: **prevenção especial** (porque atinge não só a empresa condenada, mas cotista, acionistas e indiretamente fornecedores e até mesmo empregados) para evitar nova infração penal ambiental e **prevenção geral** (para que outros administradores obedeçam a legislação do Meio Ambiente).

II - interdição temporária de estabelecimento, obra ou atividade;

Comentários: A pena restritiva de direito prevista aqui é aplicada como pena principal e não substitutiva. Somente tem vez quando a pessoa jurídica for condenada com sentença penal condenatória irrecorrível e ainda continua funcionando sem a devida autorização, ou em desacordo com a concedida ou com violação de disposição legal ou regulamentar.

III - proibição de contratar com o Poder Público, bem como dele obter subsídios, subvenções ou doações.

§ 1º A suspensão de atividades será aplicada quando estas não estiverem obedecendo às disposições legais ou regulamentares, relativas à proteção do meio ambiente.

§ 2º A interdição será aplicada quando o estabelecimento, obra ou atividade estiver funcionando sem a devida autorização, ou em desacordo com a concedida, ou com violação de disposição legal ou regulamentar.

Comentários: O dispositivo legal enumera as penas restritivas de direitos direcionadas a pessoa jurídica.

Nos §1º e §2º, do dispositivo em análise, como estamos diante de norma/lei penal em branco é importante se ater as disposições legais e regulamentares extrapenais concernente à proteção do meio ambiente, assim como no que toca à formalização, disposição e os limites das autorizações para se aferir com exatidão estas circunstâncias.

§ 3º A proibição de contratar com o Poder Público e dele obter subsídios, subvenções ou doações não poderá exceder o prazo de dez anos.

Comentários: A pena restritiva imposta à pessoa jurídica de proibição de contratar com o Poder Público ou receber subsídios, subvenções ou doações não pode ultrapassar a duração de 10 (dez) anos, seja crime doloso ou culposos (art. 22, inciso III, e § 3º, da Lei nº 9.605/1998.

Art. 23. A prestação de serviços à comunidade pela pessoa jurídica consistirá em:

Comentários: A doutrina de Guilherme de Souza Nucci prega que esta pena restritiva de direito não poderia ter sido projetada como autônoma/principal, como foi realizado no art. 21, III, da aludida lei.

Roberto Delmanto, Roberto Delmanto Junior e Fabio M. de Almeida Delmanto ensinam o oposto, ou seja, esta pena restritiva de direito foi inserida como autônoma/principal e não seria pena substitutiva como o art. 8º, inciso I, da lei em comento.

A prestação de serviços à comunidade pela pessoa jurídica consistirá em: I - custeio de programas e de projetos ambientais; II - execução de obras de recuperação de áreas degradadas; III - manutenção de espaços públicos; e IV - contribuições a entidades ambientais ou culturais públicas.

I - custeio de programas e de projetos ambientais;

Comentários: Será do tempo previsto da pena privativa de liberdade em abstrato, que depois foi fixada no caso concreto, com a posterior substituição pela restritiva de prestação de serviços à comunidade, consistente no custeio de programas e projetos ambientais, imposta por sentença penal condenatória em desfavor da pessoa jurídica. São planos que visam sustentar e financiar programas e projetos ambientais. Programas seriam atividades ligadas ao meio ambiente, enquanto planos seriam obras e construções com objetivo de melhoria ou manutenção do meio ambiente.

II - execução de obras de recuperação de áreas degradadas;

Comentários: Será do tempo previsto da pena privativa de liberdade em abstrato, que depois foi fixada no caso concreto, com a posterior substituição pela restritiva de prestação de serviços à comunidade, consistente em execução de obras de recuperação de áreas degradadas, aplicada por sentença penal condenatória em desfavor da pessoa jurídica. Deverá ser executada uma obra para materializar ou efetivar obras de recuperação para recomposição do estado original das áreas degradadas.

III - manutenção de espaços públicos;

Comentários: Será do tempo previsto da pena privativa de liberdade em abstrato, que depois foi fixada no caso concreto, com a posterior substituição pela restritiva de prestação de serviços à comunidade, consistente na manutenção de espaços públicos, aplicada por sentença penal condenatória em desfavor da pessoa jurídica. Significa que a pessoa jurídica será obrigada a manter o espaço público com o dinheiro, mão de obra a depender da situação. Com a finalização da pena, caberá o Estado dar sequência ou providenciar outro condenado para dar continuidade.

IV - contribuições a entidades ambientais ou culturais públicas.

Comentários: Será do tempo previsto da pena privativa de liberdade em abstrato, que depois foi fixada em concreto, com a posterior substituição pela restritiva de prestação de serviços à comunidade, consistente em contribuições a entidades ambientais ou culturais públicas, aplicada por sentença penal condenatória em desfavor da pessoa jurídica. Traduz-se cooperar ou colaborar com as entidades ambientais ou culturais. A lei não fala em valores em pecúnia.

A discussão que vai gravitar nestas hipóteses de prestação de serviços à comunidade pela pessoa jurídica, é de qual o juízo será competente após o trânsito em julgado para ser cumprida a pena restritiva de direitos. Caberá ao Juízo da Execução Penal, que a depender das localidades poderá se centrar em Varas ou Juízos que cumulam tanto a fase da ação penal (da condenação) como a de execução ou poderemos ter Varas Especializadas diversas.

Art. 24. A pessoa jurídica constituída ou utilizada, preponderantemente, com o fim de permitir, facilitar ou ocultar a prática de crime definido nesta Lei terá decretada sua liquidação forçada, seu patrimônio será considerado instrumento do crime e como tal perdido em favor do Fundo Penitenciário Nacional.

Comentários: Pela literalidade do dispositivo legal, a pessoa jurídica constituída ou utilizada, preponderantemente, com o fim de permitir, facilitar ou ocultar a prática de crime definido nesta Lei terá decretada sua liquidação forçada e seu patrimônio será considerado instrumento do crime e como tal perdido, em favor do Fundo Penitenciário Nacional.

A liquidação seria uma pena acessória e deve estar expressa na denúncia. Exige-se que de forma preponderante, a finalidade de permitir, facilitar ou ocultar a prática de crime definido nesta Lei pela pessoa jurídica constituída ou utilizada.

Não se tem notícia de pessoa jurídica constituída para esse desiderato e se sustenta que a redação seria mais preventiva.

Outrossim, se aborda que o efeito da **liquidação forçada** não é automático e deve ser mencionado expressamente no comando sentencial e fundamentado na sentença.

CAPÍTULO III

DA APREENSÃO DO PRODUTO E DO INSTRUMENTO DE INFRAÇÃO ADMINISTRATIVA OU DE CRIME

Art. 25. Verificada a infração, serão apreendidos seus produtos e instrumentos, lavrando-se os respectivos autos.

Comentários: Caso ocorra a hipotética infração ambiental (administrativa ou criminal), os produtos e instrumentos serão apreendidos, com a lavratura dos respectivos autos (art. 25, da Lei do Meio Ambiente) e isso poderá se dar tanto pela autoridade policial como pela autoridade administrativa. Não existe discussão neste ponto do *caput* do art. 25.

Entretanto, a doutrina de Guilherme de Souza Nucci diz ser dispensável a previsão do dispositivo supra[5], diante da existência do Código de Processo Penal, pois na hipótese de infração ambiental criminal, a autoridade policial deveria apreender os objetos que tiverem relação com o fato, tão logo sejam liberados pela perícia, além de colher todas "as provas" que servirem para esclarecimento dos fatos por força daquele diploma processual (art. 6º, inciso II e III, do CPP).

Destaca-se que não há empecilho também para que o juiz, mediante requerimento do Ministério Público ou de representação policial do delegado de polícia determine o sequestro do produto do crime (art. 125 e demais, do CPP).

Há corrente doutrinária de Roberto Delmanto; Roberto Delmanto Junior e Fabio M. de Almeida Delmanto sustentando que as providências dos §§

5. NUCCI, Guilherme de Souza. Leis penais e processuais penais comentadas. 4ª Edição revista, atualizada e ampliada. São Paulo: Editora Revista dos Tribunais, 2009, p. 904.

1º ao 4º, do art. 25, da Lei do Meio Ambiente, seriam de índole administrativa e não criminal[6].

§ 1º Os animais serão prioritariamente libertados em seu habitat ou, sendo tal medida inviável ou não recomendável por questões sanitárias, entregues a jardins zoológicos, fundações ou entidades assemelhadas, para guarda e cuidados sob a responsabilidade de técnicos habilitados. (Redação dada pela Lei nº 13.052, de 2014)

Comentários: Em caso de apreensão de animais decorrentes de hipotética infração ambiental, após o trabalho pericial, policial e/ou dos agentes ambientais, eles serão prioritariamente libertados em seu habitat ou, sendo a medida inviável ou não recomendável por questões sanitárias, os animais entregues a jardins zoológicos, fundações ou entidades assemelhadas, para guarda e cuidados sob a responsabilidade de técnicos habilitados, mediante termos e ofícios de encaminhamento, se for o caso. Não há razão para manter os animais apreendidos em Delegacia de Polícia ou no Prédio do Fórum.

§ 2º Até que os animais sejam entregues às instituições mencionadas no § 1º deste artigo, o órgão autuante zelará para que eles sejam mantidos em condições adequadas de acondicionamento e transporte que garantam o seu bem-estar físico. (Redação dada pela Lei nº 13.052, de 2014)

Comentários: Dentro da logística para a entrega dos animais apreendidos decorrentes de hipotética infração ambiental, às instituições mencionadas no § 1º do artigo em voga (jardins zoológicos, fundações ou entidades assemelhadas), o órgão autuante (órgão policial; ambiental ou congênere) zelará para que eles sejam mantidos em condições adequadas de acondicionamento e transporte que garantam o seu bem-estar físico.

§ 3º Tratando-se de produtos perecíveis ou madeiras, serão estes avaliados e doados a instituições científicas, hospitalares, penais e outras com fins beneficentes. (Renumerando do §2º para §3º pela Lei nº 13.052, de 2014)

Comentários: Em sendo produtos perecíveis ou madeiras apreendidas em decorrência de hipotética infração ambiental, aqueles serão avaliados e doados a instituições científicas, hospitalares, penais e outras com fins beneficentes. É importante à atuação célere e eficiente dos órgãos competentes para evitar o perecimento e ao mesmo tempo observar a destinação adequada.

Caso posteriormente se revele no julgamento, com decisão definitiva em processo administrativo ou judicial que, não ocorreu infração penal administrativa ou penal ou até mesmo que à apreensão foi ilegal, resta a via do direito de indenização ao prejudicado com a ação estatal.

§ 4° Os produtos e subprodutos da fauna não perecíveis serão destruídos ou doados a instituições científicas, culturais ou educacionais. (Renumerando do §3º para §4º pela Lei nº 13.052, de 2014)

Comentários: Produto é tudo aquilo fabricado em função do animal abatido. O subproduto é o que resta depois da utilização do produto. Os produtos ou subprodutos não perecíveis serão destruídos ou doados às instituições científicas, culturais ou educacionais. Nota-se que há uma alternatividade no dispositivo legal.

§ 5º Os instrumentos utilizados na prática da infração serão vendidos, garantida a sua descaracterização por meio da reciclagem. (Renumerando do §4º para §5º pela Lei nº 13.052, de 2014)

Comentários: Embora possível à restituição dos instrumentos utilizados na prática da infração ambiental se for lícito (parcela das posições doutrinárias e jurisprudenciais) e não constituírem seu porte, fabrico ou alienação infrações penais, o assunto é deveras controvertido.

É válido consignar que, a Lei do Meio Ambiente, diferente do Código Penal, não faz alusão dos instrumentos e seu uso, detenção, porte, fabrico ou alienação constituírem infrações penais, o que leva crer pela "mens legis" e por parte da doutrina, que a mensagem da lei foi de se permitir à apreensão de quaisquer instrumentos empregados na infração ambiental, independente de seu uso, detenção, porte, fabrico ou alienação constituírem infrações penais.

Todavia, pela regra geral legal do dispositivo legal esses instrumentos deverão ser vendidos, com a garantia da sua possível descaracterização através de reciclagem.

6. DELMANTO, Roberto; DELMANTO JUNIOR, Roberto; DELMANTO Fabio M. de Almeida. Leis Penais Especiais Comentadas. Rio de Janeiro: Ed. Renovar, 2006, p. 420.

Ademais, se os instrumentos utilizados na prática da infração ou os produtos obtidos interessarem às investigações ou ao processo[7], não poderão ser restituídos, nos termos do art. 118, do CPP, implicando inclusive no impedimento de possível venda até que se supere a ausência de interesse para as investigações ou para o processo. Se houver condenação criminal também, há natural tendência "ex lege" de se decretar a perda dos instrumentos.

Perdimento: É possível o perdimento do produto e do instrumento de crime em favor da União, após o trânsito em julgado da condenação penal.

Confisco: É possível o confisco de instrumentos utilizados em infrações ambientais, desde que seu uso, detenção, porte, fabrico ou alienação constituírem infrações penais.

Caminhão de madeira apreendido em que o veículo está em dias e não é usado constantemente para a prática de ilícito ambiental: A jurisprudência tem se posicionado que é desproporcional e desarrazoado o perdimento do veículo nestas situações de transporte de madeira em desacordo com a lei em que o veículo está em dias e não é usado constantemente para a prática de ilícito ambiental, mormente se existir comprovante de atuação regular e devidamente inscrita no ramo de comercialização de madeira. O STJ adiciona ainda que deve ser **comprovada a intenção do proprietário do veículo no sentido de efetuar transporte de madeira desacobertada de documentação hábil ao menos para à apreensão e a manutenção do ato de apreensão**[8].

Quanto ao perdimento e apreensão, o STJ manifesta a seguinte posição:

"ADMINISTRATIVO. INFRAÇÃO ADMINISTRATIVA. IBAMA. AUSÊNCIA DE OMISSÃO NO ACÓRDÃO. APREENSÃO DO VEÍCULO. NECESSIDADE DE PROCESSO ADMINISTRATIVO E COMPROVAÇÃO DE MÁ-FÉ. MULTA. VALIDADE. REEXAME DE PROVAS. SÚMULA 7/STJ. VEÍCULO. PENA DE PERDIMENTO. NECESSIDADE DE COMPROVAÇÃO DA PARTICIPAÇÃO DO PROPRIETÁRIO NO ILÍCITO. (...) 2. Insuscetível de revisão, nesta via recursal, o entendimento do Tribunal de origem, de que é nulo o auto de apreensão do veículo e de que não há responsabilidade do proprietário do referido bem no ilícito, pois o exame demanda incursão no contexto fático-probatório, o que é defeso em recurso especial, nos termos da Súmula 7/STJ. 3.**Improcedente a aplicação da pena de perdimento de veículo quando não forem devidamente comprovadas, mediante regular processo administrativo, a responsabilidade e a má-fé do proprietário na prática do ilícito.** Agravo regimental improvido" (STJ - AgRg no REsp 1.331.644/PA, Rel. Min. Humberto Martins, Segunda Turma, julgado em 18/10/2012, DJe 25/10/2012).

"ADMINISTRATIVO. INFRAÇÃO. **VEÍCULO TRANSPORTADOR E MERCADORIA APREENDIDA. PENA DE PERDIMENTO DO VEÍCULO. PROCESSO ADMINISTRATIVO. NECESSIDADE.** 1. A Segunda Turma firmou o **entendimento de que não cabe a aplicação da pena de perdimento de veículo quando não forem devidamente comprovadas, mediante regular processo administrativo, a responsabilidade e a má-fé de seu proprietário na prática do ilícito.** 2. Agravo Regimental não provido" (STJ - AgRg no REsp 1.295.754/DF, Rel. Min. Herman Benjamin, Segunda Turma, julgado em 1°/3/2012, DJe 12/4/2012).

"ADMINISTRATIVO. RECURSO ESPECIAL. PODER DE POLÍCIA. VEÍCULO UTILIZADO NA PRÁTICA DE CONTRABANDO. PENA DE PERDIMENTO. NECESSIDADE DE PROCESSO ADMINISTRATIVO E COMPROVAÇÃO DE MÁ-FÉ. 1. Trata-se de ação proposta pelo rito ordinário objetivando anulação de ato administrativo que determinou a perda de perdimento de veículo de propriedade da parte autora em decorrência de apreensão de mercadorias. 2. Os órgãos julgadores não estão obrigados a examinar todas as teses levantadas pelo jurisdicionado durante um processo judicial, bastando que as decisões proferidas estejam devida e coerentemente fundamentadas, em obediência ao que determina o art. 93, inc. IX, da Constituição da República vigente. Isto não caracteriza ofensa ao art. 535 do CPC. Precedentes. 3. Quanto ao mérito, o Tribunal *a quo* consignou (fl. 103): **'de fato, não há como se comprovar o envolvimento da empresa-autora na prática do descaminho, não se vislumbrando indícios suficientes de que o proprietário do veículo é o responsável pelas mercadorias**

---

7. Sem prejuízo de eventual destruição ou doação dos produtos, a depender do caso concreto.

8. ADMINISTRATIVO. PROCESSUAL CIVIL. **INFRAÇÃO AMBIENTAL. TRANSPORTE DE MADEIRA. DIVERGÊNCIA ENTRE A ESPÉCIE DA MADEIRA TRANSPORTADA E A CONSTANTE DA GUIA FLORESTAL. APREENSÃO DE VEÍCULO. NÃO DEMONSTRAÇÃO DE SUA UTILIZAÇÃO PARA FINS EXCLUSIVOS DE CRIME AMBIENTAL.** REEXAME DE PROVAS. SÚMULA 7/STJ. 1. No caso dos autos, houve **transporte irregular de madeira em razão de a madeira especificada na Guia Florestal ser diversa da que estava sendo transportada no veículo apreendido**. 2. As instâncias ordinárias, procedendo à análise do conjunto fático-probatório, **concluíram inexistir indicação de uso específico e exclusivo do veículo apreendido para a prática de atividades ilícitas, voltadas à agressão do meio ambiente, bem como não ter sido comprovada a intenção do proprietário do veículo no sentido de efetuar transporte de madeira desacobertada de documentação hábil.** 3. "A decisão da Corte de origem não destoa da jurisprudência do STJ no sentido de que a **apreensão dos "produtos e instrumentos" utilizados para a prática da infração não pode dissociar-se do elemento volitivo**" (STJ - REsp 1.436.070/RO, Rel. Min. Humberto Martins, Segunda Turma, julgado em 19/03/2015, acórdão pendente de publicação).

transportadas sem cobertura fiscal'. 4. O Tribunal de origem manteve-se fiel à **jurisprudência desta Corte Superior, segundo a qual não cabe a aplicação da pena de perdimento de bens quando não forem devidamente comprovadas, por meio de regular processo administrativo, a responsabilidade e a má-fé do proprietário de veículo na prática do ilícito.** 5. Recurso especial não provido" (STJ - REsp 1.290.541/RJ, Rel. Rel. Min. Mauro Campbell Marques, Segunda Turma, julgado em 13/12/2011, DJe 2/2/2012).

"TRIBUTÁRIO. APREENSÃO DE VEÍCULO. EXPORTAÇÃO CLANDESTINA NÃO CONFIGURADA. AUSÊNCIA DE RESPONSABILIDADE E DOLO DO AGRAVADO. INCABÍVEL PENA DE PERDIMENTO. PRETENSÃO DE REEXAME DE PROVAS. 1. O Tribunal de origem, procedendo com amparo nos elementos de convicção dos autos, decidiu que **não ficou caracterizada a tentativa de exportação clandestina do veículo, pelo agravado, nem dolo na prática da conduta. 2. Para rever tal entendimento seria imprescindível exceder os fundamentos colacionados no acórdão vergastado, por demandar incursão no contexto fático-probatório dos autos, o que é defeso em recurso especial nos termos da Súmula 7 desta Corte de Justiça. 3. O Superior Tribunal de Justiça entende que não cabe a aplicação da pena de perdimento de bens quando não comprovadas devidamente a responsabilidade e a má-fé do proprietário do veículo na prática do ilícito**. Agravo regimental improvido" (STJ - AgRg no Ag 1.397.684/SP, Rel. Min. Humberto Martins, Segunda Turma, julgado em 2/6/2011, DJe 13/6/2011).

Caminhão de madeira apreendido em que o veículo não está em dias ou é usado constantemente para a prática de ilícito ambiental: A jurisprudência nesta situação tem se posicionado que é proporcional e razoável ao menos à apreensão e o perdimento do veículo nestas situações de transporte de madeira em desacordo com a lei, em que o veículo é usado constantemente para a prática de ilícito ambiental (com outras atuações) – uso constante; com a finalidade exclusiva e específica para prática de ilícito.

Barco, motor de barco, varas de pescar entre outros: Os mesmos raciocínios desenvolvidos acima dos comentários dos itens anteriores devem ser aplicados aqui, diferenciando se aqueles eram usados constantemente ou não para a prática de ilícitos ambientais.

Débito fiscal por si só não autoriza à apreensão além do tempo necessário da autuação e manutenção da apreensão de veículo que esteja transportando madeira ou outros produtos de origem vegetal com as respectivas licenças, mas sem a nota fiscal: A jurisprudência em regra inclina-se que à apreensão não pode ser realizada para fins apenas de coagir ao pagamento de tributos. Deve-se lavrar o auto de infração fiscal e à apreensão temporária da carga e do veículo será até encerrar a lavratura do auto com as notificações devidas e em regra, deverá ser procedida à liberação do veículo e da carga – desde que a carga esteja acobertada dos demais documentos ambientais e próprio veículo esteja regular.

Apreensão de "caminhão toreiro" com madeira transportada de forma ilegal: Há jurisprudência entendendo não ser possível a restituição desse veículo, uma vez que esse veículo é nitidamente usado na região de Floresta Amazônica para conduzir grandes troncos e "toras" grandes de madeira pesadas, em matas de difíceis acessos. Geralmente, são usados pelos chamados "garimpeiros de madeira".

O **"caminhão toreiro"** é um caminhão que geralmente é uma carcaça da parte dianteira da cabine (quando tem) e até mesmo sem a cabine e com carroceria rústica que permita o transporte de grandes madeiras.

Veículo de terceiro supostamente de boa-fé apreendido com transporte de madeira ou de outros produtos de origem vegetal: Em regra, a jurisprudência entende que o veículo de terceiro supostamente de boa-fé apreendido não pode ser apreendido, se este terceiro não sabia que seu emprego seria destinado ao uso constante; com a finalidade exclusiva e específica para prática de ilícitos. Do contrário, é possível visualizar à apreensão e até mesmo perdimento dentro da proporcionalidade e razoabilidade, a serem aferidos no caso concreto.

Ausência de guia para transporte de produto florestal (transporte de madeira) ou outros produtos de origem vegetal; Guia para transporte de produto florestal (transporte de madeira) com volume de madeira a maior/a menor ou diversa da qualidade da transportada ou de outros produtos de origem vegetal: Entendemos como apto para à atuação ao menos do condutor num primeiro momento, sem prejuízo de responsabilizar os demais que tinham ciência dessa situação e assim executaram o verbo ou auxiliariam como partícipe, uma vez o condutor tem o dever no exercício da profissão de transporte de carga de realizar o transporte de carga acobertadas de notas fiscais e demais documentos ambientais necessários[9]. Não há que se falar em

9. Na esfera administrativa ambiental, o STJ tem o entendimento dessa situação se tratar de responsabilidade por dano

boa-fé quem transporta carga em inobservância às exigências legais.

É óbvio também, não ser exigível e nem razoável por outro lado, que o condutor tenha conhecimentos técnicos da madeira transportada, devendo cientificar no mínimo do que aquela madeira seria, em tese, a informada pelos contratantes do transporte, já que a relação civil se presume a boa-fé, devendo nesses casos eventualmente responsabilizar os contratantes se sabiam previamente de madeiras em desacordo com a lei nos casos supra.

A jurisprudência em parte, tem admitido que à apreensão deve se dar apenas na parte excedente da madeira ou da parte diversa da madeira ou de outro produto de origem vegetal que não conste no documento ambiental e até mesmo fiscal a depender do caso concreto, devendo a outra parte regular ser restituída.

Mas como proceder essa tarefa de analisar madeiras? Às vezes ou quase sempre os órgãos que tem contato com essa situação (como PRF, Polícia Militar, Polícia Civil, Polícias Ambientais entre outros órgãos) carecem de pessoas habilitadas para proceder o laudo/o auto de constatação e até mesmo o ato de classificação dessa madeira ou produto de origem vegetal que é difícil para se ter no caso concreto no calor dos fatos.

O recomendável nessas situações de dúvidas, é que nem à restituição[10]ocorra de plano, mas apenas depois que se passar por essa análise técnica de pessoa habilitada, o que nem sempre é possível aferir de plano, às vezes dependendo de dias e meses, quando não, até anos, a depender da localidade.

Possibilidade de regularização do documento fiscal: A jurisprudência pátria tem se inclinado pela possibilidade de regularização fiscal da madeira ou de produto de origem vegetal diversa, quer seja com apresentação de nota fiscal em outro momento, mas sem o condão de impedir eventuais atuações e lavraturas das respectivas infrações administrativas-fiscais, se cabíveis pela legislação sobre o tema.

CAPÍTULO IV

DA AÇÃO E DO PROCESSO PENAL

Art. 26. Nas infrações penais previstas nesta Lei, a ação penal é pública incondicionada.

Parágrafo único. (VETADO)

Comentários: Pela regra do art. 100, *caput*, do Código Penal Brasileiro, aplicável na espécie, seria desnecessária a previsão expressa de as infrações penais ambientais serem perseguidas por ação penal pública incondicionada. Por isto, bastaria que o legislador silenciasse para se aplicar a regra.

De qualquer forma, o legislador visualizando a relevância do Meio Ambiente para a Coletividade e Sociedade entendeu por bem consignar expressamente.

Art. 27. Nos crimes ambientais de menor potencial ofensivo, a proposta de aplicação imediata de pena restritiva de direitos ou multa, prevista no art. 76 da Lei nº 9.099, de 26 de setembro de 1995, somente poderá ser formulada desde que tenha havido a prévia composição do dano ambiental, de que trata o art. 74 da mesma lei, salvo em caso de comprovada impossibilidade.

Comentários: Apesar da expressão textual da lei sobre os crimes ambientais (onde preferimos uma releitura de infração penal; para abranger, por óbvio, as contravenções penais) de menor potencial ofensivo, cumpre pontuarmos que elas podem estar

ambiental objetiva, devendo o flagrado como transportador, ter o poder-dever de confirmar a regularidade da sua carga com as consequência daí derivadas (REsp 1602106/PR, Rel. Min. Ricardo Villas Boas Cueva, DJ 22/11/2017 em recurso repetitivo). Repita: isso na esfera administrativa ambiental – e não na ambiental-penal.

10. "AGRAVO REGIMENTAL – AGRAVO DE INSTRUMENTO – LIMINAR CONCEDIDA POR RELATOR SUBSTITUTO – MANDADO DE SEGURANÇA EXTINTO SEM RESOLUÇÃO DO MÉRITO – INADEQUAÇÃO DA VIA ELEITA – DIVERGÊNCIA DE ESSÊNCIA DE MADEIRA COM A GUIA FLORESTAL [...] 2- **Não se admite a liberação da carga da qual há suspeita de prática de ilícito penal, nos termos da legislação ambiental vigente, em razão de divergência de essência da madeira com a Guia Florestal transportada**" (TJMT - N.U 0071381-71.2012.8.11.0000, Desa. MARIA EROTIDES KNEIP, PRIMEIRA CÂMARA DE DIREITO PÚBLICO E COLETIVO, Julgado em 17/07/2012, Publicado no DJE 03/08/2012).

"RECURSO DE APELAÇÃO CÍVEL - MANDADO DE SEGURANÇA - CARÊNCIA DA AÇÃO - INADEQUAÇÃO DA VIA ELEITA - **LIBERAÇÃO DE MADEIRA APREENDIDA NA ESFERA CRIMINAL** - IMPOSSIBILIDADE - SENTENÇA MANTIDA - RECURSO DESPROVIDO. **Correta a decisão que acolheu a preliminar de carência da ação, por inadequação da via mandamental para restituição da carga de madeira apreendida por autoridade policial, ou seja, na esfera criminal, haja vista a existência de procedimento próprio e instrumento adequado para liberação da carga**" (TJMT - N.U 0000998- 84.2010.8.11.0082, Des. JOSÉ TADEU CURY, PRIMEIRA CÂMARA DE DIREITO PÚBLICO E COLETIVO, Julgado em 24/04/2012, Publicado no DJE 10/05/2012).

previstas tanto na Lei 9.605/1998 como em demais diplomas especiais extravagantes.

As infrações penais de menor potencial ofensivo são aquelas, cujas penas máximas em abstrato não ultrapassem 02 (dois) anos ou multa. Não importa se a infração penal seja da competência da justiça federal ou justiça estadual, bem como estejam previstas em leis especiais ou não (art. 2º da Lei nº 10.259/2002[11] e art. 61, da Lei 9.099/1995[12]).

Transação penal no âmbito ambiental condicionada: A transação penal no âmbito ambiental é condicionada, ou seja, depende de composição dos danos ambientais para se permitir a transação penal.

Termo de Ajustamento de Conduta (TAC)/ Compromisso de Ajustamento de Conduta (CAC)/ Termo de Compromisso Ambiental (TCA): Geralmente a reparação do dano por meio da composição ambiental é materializada através dos denominados **Termo de Ajustamento de Conduta (TAC)/Compromisso de Ajustamento de Conduta (CAC)/ Termo de Compromisso Ambiental (TCA)** entre o órgão ambiental competente ou do Ministério Público e o agente infrator. Com a celebração do **Termo de Ajustamento de Conduta (TAC)/ Compromisso de Ajustamento de Conduta (CAC)/Termo de Compromisso Ambiental (TCA)** é possível a transação penal em seguida.

Art. 28. As disposições do art. 89 da Lei nº 9.099, de 26 de setembro de 1995, aplicam-se aos crimes de menor potencial ofensivo definidos nesta Lei, com as seguintes modificações:

I - a declaração de extinção de punibilidade, de que trata o § 5° do artigo referido no *caput*, dependerá de laudo de constatação de reparação do dano ambiental, ressalvada a impossibilidade prevista no inciso I do § 1° do mesmo artigo;

II - na hipótese de o laudo de constatação comprovar não ter sido completa a reparação, o prazo de suspensão do processo será prorrogado, até o período máximo previsto no artigo referido no *caput*, acrescido de mais um ano, com suspensão do prazo da prescrição;

III - no período de prorrogação, não se aplicarão as condições dos incisos II, III e IV do § 1° do artigo mencionado no *caput*;

IV - findo o prazo de prorrogação, proceder-se-á à lavratura de novo laudo de constatação de reparação do dano ambiental, podendo, conforme seu resultado, ser novamente prorrogado o período de suspensão, até o máximo previsto no inciso II deste artigo, observado o disposto no inciso III;

V - esgotado o prazo máximo de prorrogação, a declaração de extinção de punibilidade dependerá de laudo de constatação que comprove ter o acusado tomado as providências necessárias à reparação integral do dano.

Comentários: As disposições legais do art. 89 da Lei nº 9.099, de 26 de setembro de 1995, são aplicadas aos crimes ambientais de menor potencial ofensivo definidos nesta Lei, com as seguintes modificações dadas por cada um dos incisos acima.

CAPÍTULO V

DOS CRIMES CONTRA O MEIO AMBIENTE

Seção I

Dos Crimes contra a Fauna

Art. 29. Matar, perseguir, caçar, apanhar, utilizar espécimes da fauna silvestre, nativos ou em rota migratória, sem a devida permissão, licença ou autorização da autoridade competente, ou em desacordo com a obtida:

Pena - detenção de seis meses a um ano, e multa.

Verbos nucleares: Os verbos nucleares do tipo objetivo em estudo são: matar, perseguir, caçar, apanhar, utilizar espécimes da fauna silvestre, nativos ou em rota migratória. *Matar* significa (eliminar; ceifar; retirar a vida); *Perseguir* quer dizer (correr atrás; ir ao encalço; ir atrás). *Caçar* pode ter vários objetivos que vão desde (matar, perseguir, apanhar e utilizar o animal). Ainda *caçar* pode significar (perseguir animais; por se a procurar ou apanhar animais). *Apanhar* corresponde (a aprisionar; deter; fechar; recolher animais). *Utilizar* é (empregar ou fazer uso de animais). As condutas do injusto penal em exame são plurinucleares, tipo misto alternativo; crime de ação múltipla ou de ação/tipo/crime/delito de conteúdo variado. A ocorrência de mais de uma dessas condutas no mesmo contexto fático não ensejará novo crime, caracterizando tão somente crime único.

11. Art. 2º Compete ao Juizado Especial Federal Criminal processar e julgar os feitos de competência da Justiça Federal relativos às infrações de menor potencial ofensivo, respeitadas as regras de conexão e continência **(Redação dada pela Lei nº 11.313, de 2006)**.

12. Art. 61. Consideram-se infrações penais de menor potencial ofensivo, para os efeitos desta Lei, as contravenções penais e os crimes a que a lei comine pena máxima não superior a 2 (dois) anos, cumulada ou não com multa.

Objeto jurídico: É a proteção ao meio ambiente e em especial os animais da fauna silvestre, nativos ou em rota migratória.

Objeto material: Espécime da fauna.

CUIDADO: Ao longo do trabalho procuramos nos ater quanto ao bem jurídico tutelado (objetividade jurídica; bem jurídico tutelado) e pudemos notar que a doutrina diverge com variações. Por questão didática vamos constar desde agora essa observação que valerá para praticamente todo o trabalho neste ponto. Há quem entende que os tipos penais da Lei em estudo tutelam o equilíbrio ecológico do meio ambiente[13]. Há também doutrina que fala que seria tutela da proteção ao meio ambiente[14]. Por fim, ainda há doutrina[15] que defende a preservação do meio ambiente.

Sujeito ativo: Pode ser qualquer pessoa, até mesmo a pessoa jurídica. Cuida-se de crime comum.

Sujeito passivo: É a sociedade, legítima possuidora e detentora do direito de gozar de um Meio Ambiente saudável, a incluir a fauna e a flora. Para outro setor doutrinário, o sujeito passivo é o Estado e a Coletividade.

Norma/lei penal em branco: Estamos diante de norma/lei penal em branco. É indispensável buscar a legislação extrapenal para ver precisamente a incidência ou não da norma, no que toca **"sem a devida permissão", "licença" ou "autorização da autoridade competente", ou "em desacordo com a obtida"**.

Elemento subjetivo: É o dolo, ou seja, a vontade livre, consciente e dirigida para o fim do tipo em análise. Não se exige elemento subjetivo específico e nem há previsão da modalidade culposa.

Elemento normativo do tipo: As expressões **"sem a devida permissão", "licença" ou "autorização da autoridade competente", ou "em desacordo com a obtida"** indicam que estamos diante dos elementos normativos do tipo. Com isso, é indispensável buscar a legislação extrapenal para ver precisamente a incidência ou não da norma em vista dos fatos. De outro lado, em havendo autorização ou equivalente, o fato será atípico. Há doutrina que cita isso como **norma penal em branco**[16].

Consumação: Com o resultado naturalístico das ações contidas nos verbos **matar, apanhar e utilizar** espécimes da fauna silvestre, nativos ou em rota migratória. Nas formas **perseguir** e **caçar** cuida-se de crime formal, em que o resultado é dispensável. Assim, ainda que o agente criminoso não consiga apreender ou realizar o abate do animal, o crime estará consumado.

Tentativa: É possível para a doutrina majoritária, embora a doutrina minoritária defenda não ser possível a "conatus".

Classificação doutrinária: Crime comum; crime material (modalidades "matar"; "caçar"; "apanhar"); formal (nas formas "perseguir" e "utilizar"); forma ou execução livre; comissivo; instantâneo (nas formas "matar"; "caçar"; "apanhar" e "utilizar"); permanente (nas formas "perseguir"); de perigo abstrato; unissubjetivo; plurissubsistente; admite-se tentativa pela doutrina majoritária (lembrando que para a doutrina minoritária não seria cabível).

Suspensão condicional do processo: Cabe suspensão condicional do processo (*sursis* processual), devido sua pena mínima ser inferior a 1 (um) ano.

Acordo de Não Persecução Penal: Tem cabimento, se preenchido todos os requisitos legais do art. 28-A, do CPP (incluído pela Lei nº 13.964/19) e não couber transação penal.

Ação penal: Ação penal pública incondicionada.

> **§ 1º Incorre nas mesmas penas:**
>
> **I - quem impede a procriação da fauna, sem licença, autorização ou em desacordo com a obtida;**

Verbo nuclear: O verbo do tipo é apenas o *impedir*. *Impedir* consiste (em criar obstáculo; embaraçar; interromper; obstruir; não permitir; dificultar à ação; privar; tolher).

Objeto jurídico: É proteção ao meio ambiente.

Objeto material: Espécime da fauna.

Sujeito ativo: Pode ser qualquer pessoa.

13. Fernando Capez que na maioria dos delitos que comentam na Lei do Meio Ambiente, sustenta que tutelam o equilíbrio ecológico. Op. cit., p. 128.
14. Guilherme de Souza Nucci. Op. cit.
15. Luiz Flávio Gomes e Silvio Maciel. Op. cit.
16. NUCCI, Guilherme de Souza. Leis penais e processuais penais comentadas. 4ª Edição revista e ampliada. São Paulo: Editora Revista dos Tribunais, 2009, p. 909.

Sujeito passivo: É a sociedade, legítima possuidora e detentora do direito de gozar de um Meio Ambiente saudável, a incluir a fauna e a flora. Para outro setor doutrinário, o sujeito passivo é o Estado e a Coletividade apenas.

Elemento normativo: As expressões **"licença", "autorização" ou "em desacordo com a obtida"** indicam que estamos diante dos elementos normativos do tipo. Com isso, é indispensável buscar a legislação extrapenal para ver precisamente a incidência ou não da norma, no que toca aos fatos. De outro lado, em havendo autorização ou equivalente, o fato será atípico.

Elemento subjetivo: É o dolo, ou seja, a vontade livre, consciente e dirigida para o fim do tipo em análise. Não se exige elemento subjetivo específico e nem há previsão da modalidade culposa.

Norma/lei penal em branco: Estamos diante de norma/lei penal em branco. É indispensável buscar a legislação extrapenal para ver precisamente a incidência ou não da norma, no que toca as expressões **"licença", "autorização" ou "em desacordo com a obtida"**. Há doutrina que cita isso como **elemento normativo do tipo**[17].

Consumação: Com a produção do efetivo resultado material da conduta. Estamos diante de crime material, ou seja, para configuração deste crime em estudo é essencial que a conduta produza resultado naturalístico.

Tentativa: É possível.

Classificação doutrinária: Crime comum; crime material; forma ou execução livre; comissivo; instantâneo; de perigo abstrato; unissubjetivo; plurissubsistente; admite-se tentativa.

Suspensão condicional do processo: Cabe suspensão condicional do processo (sursis processual).

Acordo de Não Persecução Penal: Tem cabimento, se preenchido todos os requisitos legais do art. 28-A, do CPP (incluído pela Lei nº 13.964/19) e não couber transação penal.

Ação penal: Ação penal pública incondicionada.

> **II - quem modifica, danifica ou destrói ninho, abrigo ou criadouro natural;**

Verbos nucleares: O legislador previu 3 (três) verbos nucleares aqui. São eles: *modificar, danificar* ou *destruir*. *Modificar* corresponde (a alterar; mudar; transformar). *Danificar* significa (deteriorar ou danificar parcialmente; estragar; causar danos; prejudicar). *Destruir* é (extinguir; danificar integralmente; fazer desaparecer; aniquilar; eliminar; arruinar).

Objeto jurídico: É proteção ao meio ambiente.

Objeto material: É o ninho, abrigo ou criadouro natural.

Sujeito ativo: Pode ser qualquer pessoa, pois estamos diante de crime comum.

Sujeito passivo: É a sociedade, legítima possuidora e detentora do direito de gozar de um Meio Ambiente saudável, a incluir a fauna e a flora. Para outro setor doutrinário, o sujeito passivo é o Estado e a Coletividade.

Elemento subjetivo: É o dolo com a vontade livre e consciente de dirigir a conduta para o fim de **modificar, danificar** ou **destruir** ninho, abrigo ou criadouro natural. Não se exige elemento subjetivo específico e nem há modalidade culposa.

Consumação: Com a modificação do mundo natural através das condutas. É crime material.

Tentativa: Admite-se a tentativa.

Classificação doutrinária: Crime comum; crime material; forma ou execução livre; comissivo; instantâneo; de perigo abstrato; unissubjetivo; plurissubsistente e unissubsistente; admite-se tentativa.

Suspensão condicional do processo: Cabe suspensão condicional do processo (*sursis* processual).

Acordo de Não Persecução Penal: Tem cabimento, se preenchido todos os requisitos legais do art. 28-A, do CPP (incluído pela Lei nº 13.964/19) e não couber transação penal.

Ação penal: Ação penal pública incondicionada.

> **III - quem vende, expõe à venda, exporta ou adquire, guarda, tem em cativeiro ou depósito, utiliza ou transporta ovos, larvas ou espécimes da fauna silvestre, nativa ou em rota migratória, bem como produtos e objetos dela oriundos, provenientes de criadouros não autorizados ou sem a devida permissão, licença ou autorização da autoridade competente.**

Verbos nucleares: Os verbos nucleares do tipo objetivo são: *vender, expor à venda, exportar, adqui-*

17. DELMANTO, Roberto. Leis penais especiais comentadas. Rio de Janeiro: Editora Renovar, 2006, p. 433.

rir, guardar, ter em cativeiro ou depósito, utilizar ou *transportar*. *Vender* significa (alienar [um objeto] mediante certo preço; transmitir a outrem mediante preço pago; trocar ou negociar objeto por dinheiro). *Expor à venda* significa (exibir; ofertar; mostrar; expor o que está apto a ser vendido ou comercializado). *Exportar* é (vender para fora do país [produtos nacionais]. É promover a saída do território, ou seja, vender para fora do país). *Adquirir* significa (receber; alcançar; conseguir, obter; ganhar o material de alguém). *Guardar* corresponde (a vigiar, para conservar, defender ou proteger; conservar, manter em bom estado). *Ter em cativeiro ou depósito* é (gozar; desfrutar, possuir, usufruir; obter; conservar preso; dominar, possuir. Implica armazenar, manter, em caráter prolongado, num determinado local). *Utilizar* é (tornar útil; fazer uso de; servir-se de; tirar proveito de). *Transportar* é (conduzir de um lugar para outro; passar-se de um lugar para outro; trasladar).

Objeto jurídico: É proteção ao meio ambiente.

Objeto material: Constitui o ovo, larva, espécime de fauna silvestre ou em rota migratória, produto ou objeto oriundo da fauna ou de criadouro ilegal.

Sujeito ativo: Pode ser qualquer pessoa, pois estamos diante de crime comum.

Sujeito passivo: É a sociedade, legítima possuidora e detentora do direito de gozar de um Meio Ambiente saudável, a incluir a fauna e a flora. Para outro setor doutrinário, o sujeito passivo é o Estado e a Coletividade.

Elemento subjetivo: É o dolo com a vontade livre e consciente de dirigir a conduta para o fim de **modificar, danificar** ou **destruir** ninho, abrigo ou criadouro natural. Não se exige elemento subjetivo específico e nem há modalidade culposa.

Elemento normativo do tipo: As expressões "**não autorizados; sem a devida permissão", "licença" ou "autorização da autoridade competente"** indicam que estamos diante dos elementos normativos do tipo[18]. Com isso, é indispensável buscar a legislação extrapenal para ver precisamente a incidência ou não da norma em vista dos fatos. De outro lado, em havendo autorização ou equivalente, o fato será atípico. Há doutrina que cita isso como **norma penal em branco**[19]. A doutrina ainda segue sustentando que para a conduta ser típica, os ovos e larvas ou espécimes devem ser oriundas de criadouros não autorizados ou sem a devida permissão ou autorização da autoridade competente.

Consumação: Com a modificação do mundo natural através das condutas. É crime material.

Tentativa: Admite-se a tentativa.

Classificação doutrinária: Crime comum; crime material (modalidades "vender"; "exportar"; "adquirir"; "guardar"; "ter em cativeiro" ou "depósito" e "transportar"); crime formal (modalidades "utilizar" e "expor à venda"); forma ou execução livre; comissivo; instantâneo (modalidades vender; exportar; adquirir; e utilizar); permanente ("expor à venda"; "guardar"; "ter em cativeiro ou depósito" e "transportar") de perigo abstrato; unissubjetivo; plurissubsistente e unissubsistente; admite-se tentativa.

Suspensão condicional do processo: Cabe suspensão condicional do processo (sursis processual).

Acordo de Não Persecução Penal: Tem cabimento, se preenchido todos os requisitos legais do art. 28-A, do CPP (incluído pela Lei nº 13.964/19) e não couber transação penal.

Ação penal: Ação penal pública incondicionada.

§ 2º No caso de guarda doméstica de espécie silvestre não considerada ameaçada de extinção, pode o juiz, considerando as circunstâncias, deixar de aplicar a pena.

Comentários: A legislação prevê perdão judicial no caso de guarda doméstica de espécie silvestre não considerada ameaçada de extinção, a depender das circunstâncias. A lei não especificou as situações, mas a doutrina trabalha com o art. 6º da Lei do Meio Ambiente e art. 59, do CPB. Não se quer dizer que há uma autorização para isso, mas devido aos fatos, a lei acaba prevendo um perdão judicial.

§ 3º São espécimes da fauna silvestre todos aqueles pertencentes às espécies nativas, migratórias e quaisquer outras, aquáticas ou terrestres, que tenham todo ou parte de seu ciclo de vida ocorrendo

18. DELMANTO, Roberto. Leis penais especiais comentadas. Rio de Janeiro: Editora Renovar, 2006, p. 434.

19. NUCCI, Guilherme de Souza. Leis penais e processuais penais comentadas. 4ª Edição revista e ampliada. São Paulo: Editora Revista dos Tribunais, 2009.

dentro dos limites do território brasileiro, ou águas jurisdicionais brasileiras.

Comentários: O § 3º, do art. 29, da Lei do Meio Ambiente traz a norma penal/lei penal explicativa sobre o que venha a ser espécimes da fauna silvestre.

Espécime nada mais é do que um exemplar de determinada espécie. Espécimes são dois ou mais exemplares de determinada espécie.

Espécies nativas são as nacionais, excluindo as espécies estrangeiras.

Espécies migratórias[20] são os animais que realizam viagens periódicas ou irregulares de um país para o outro, segundo dicionário (Novo Dicionário Aurélio, Editora Nova Fronteira, p. 1334).

E já a expressão **"quaisquer outras"** se refere às espécies aquáticas e terrestres.

Uma observação é necessária, pois pela redação literal do disposto em apreço, dá a impressão de que os animais que não sejam da fauna silvestre estariam desamparados, o que não é verdade, porquanto a proteção destes está em outros dispositivos legais – que não o art. 29 da Lei do Meio Ambiente. Exemplo disso são os animais domésticos, domesticados, os de cativeiro ou cativeiros e os exóticos (estrangeiros), cuja proteção destes encontra estampada no art. 32 da Lei do Meio Ambiente.

Ao todo são 06 (seis) categorias de espécimes de fauna silvestre: anfíbios; aves; insetos, invertebrados terrestres, mamíferos e répteis.

Por derradeiro, vale advertir que, as espécimes de fauna aquática são objeto de outros tipos penais desta lei.

§ 4º A pena é aumentada de metade, se o crime é praticado:

I - contra espécie rara ou considerada ameaçada de extinção, ainda que somente no local da infração;

II - em período proibido à caça;

III - durante a noite;

IV - com abuso de licença;

V - em unidade de conservação;

VI - com emprego de métodos ou instrumentos capazes de provocar destruição em massa.

20. A Lei nº 5.197/1967 não tutelava os animais em rota migratória.

§ 5º A pena é aumentada até o triplo, se o crime decorre do exercício de caça profissional.

Comentários: O § 4º, do dispositivo em estudo estabelece causa de aumento de pena na metade, se o crime é praticado: I - contra espécie rara ou considerada ameaçada de extinção, ainda que somente no local da infração; II - em período proibido à caça; III - durante a noite; IV - com abuso de licença; V - em unidade de conservação; VI - com emprego de métodos ou instrumentos capazes de provocar destruição em massa. Alertamos para o cuidado de "bis in idem" para algumas das causas de aumento de pena com parte das agravantes. Já o § 5º dispõe que a pena será aumentada até o triplo, se o crime decorre do exercício de caça profissional, porquanto é uma situação de censura maior.

§ 6º As disposições deste artigo não se aplicam aos atos de pesca.

Comentários: O § 6º do art. 29, da Lei do Meio Ambiente, impede a aplicabilidade do § 4º e § 5º, do mesmo artigo aos atos de pesca. Os atos concernentes à pesca estão disciplinados no art. 33 a 35 da Lei do Meio Ambiente.

Art. 30. Exportar para o exterior peles e couros de anfíbios e répteis em bruto, sem a autorização da autoridade ambiental competente:

Pena - reclusão, de um a três anos, e multa.

Verbo nuclear: O verbo do tipo penal em estudo é *exportar*. *Exportar* é (vender para fora do país (produtos nacionais). É promover a saída do território, ou seja, vender para fora do país). Há crítica quanto à redundância do tipo quando o legislador usou a expressão "exportar para o exterior". **Anfíbios** são animais vertebrados de pele lisa, sem escamas, rica em glândulas de veneno e muco, e em regra, capazes de respirarem fora da água quando adultos com temperatura do corpo que varia conforme a do meio ambiente. Por isso são considerados pecilotérmicos (ex.: sapo, salamandras)[21]. **Répteis** são animais vertebrados com a temperatura do corpo variável com adaptação à vida terrestre com uso dos pulmões e a uma pele coriácea que impede a evaporação da água (ex. cobra, lagarto, jacaré, tartaruga)[22].

21. DELMANTO, Roberto. Leis penais especiais comentadas. Rio de Janeiro: Editora Renovar, 2006, p. 443.

22. DELMANTO, Roberto. Leis penais especiais comentadas. Rio de Janeiro: Editora Renovar, 2006, p. 443.

Objeto jurídico: O Meio Ambiente, principalmente os répteis e anfíbios que integram a fauna brasileira.

Objeto material: É a pele ou couro de anfíbios e répteis em bruto.

Sujeito ativo: Pode ser qualquer pessoa, pois estamos diante de crime comum.

Sujeito passivo: É o Estado; A Sociedade.

Elemento subjetivo: É o dolo com a vontade livre e consciente de dirigir a conduta para um fim. Não se exige elemento subjetivo específico.

Elemento normativo do tipo: A expressão "**sem a autorização da autoridade ambiental competente**", indica que estamos diante do elemento normativo do tipo, vez que está dentro do próprio tipo objetivo. Com isso, é necessário que se busque a legislação extrapenal para ver precisamente a incidência ou não do tipo penal em vista dos fatos. De outro lado, em havendo autorização ou equivalente, o fato será atípico. Há doutrina que cita isso como **norma penal em branco**[23].

Peles e couros de anfíbios e répteis em bruto: Peles são membranas que revestem o corpo e couros é a pele espessa de anfíbios. As peles e couros devem ser brutos, ou seja, 'in natura', sem que sejam tratados ou manipulados.

Consumação: O delito se consuma no exato momento em que as peles ou coros saem do território nacional pela alfândega, ou por via, clandestina.

Tentativa: É possível.

Conflito com art. 29, inciso III, da Lei do Meio Ambiente: Pode haver conflito com o art. 29, inciso III, da Lei do Meio Ambiente. A diferença é que no art. 30 da mesma lei, a conduta tem por objetivo a exportação de pele e couros bruto (*in natura*) de anfíbios e répteis e não de qualquer espécie da fauna silvestre.

Conflito com art. 334-A, do CPB: Diante do princípio da especialidade, o art. 30 da Lei do Meio Ambiente deve sobrepor ao art. 334-A, do CPB – que se pune a exportação de mercadoria proibida.

Revogação tácita do art. 27 e art. 18, ambos da Lei 5.197/1967 pelo art. 30 da Lei Meio Ambiente: Com o advento do art. 30 da Lei Meio Ambiente houve revogação tácita do art. 27 e art. 18, ambos da Lei 5.197/1967.

Classificação doutrinária: Infração comum; material; forma ou execução livre; perigo abstrato; comissivo; instantâneo; unissubjetivo; plurissubsistente; doloso; admite tentativa.

Suspensão condicional do processo: É cabível.

Acordo de Não Persecução Penal: É cabível, conforme redação do novo art. 28-A do Código de Processo Penal (incluído pela Lei nº 13.964/19), quando infração penal não for praticada com violência ou grave ameaça e possuir pena mínima inferior a 4 (quatro) anos – desde que não caiba transação penal também. Dessa forma, é cabível o acordo de não persecução penal à infração penal em tela, obedecidos os demais requisitos.

Ação penal: Ação penal pública incondicionada.

> **Art. 31. Introduzir espécime animal no País, sem parecer técnico oficial favorável e licença expedida por autoridade competente:**
>
> **Pena - detenção, de três meses a um ano, e multa.**

Verbo nuclear: O verbo nuclear é **introduzir. Introduzir** significa fazer entrar; inserir; importar espécime animal no País, sem parecer técnico oficial favorável e licença expedida por autoridade competente. Abrange qualquer animal e um único exemplar de animal é o suficiente para configurar o crime. Exemplo disso, imagine-se uma vaca com a doença conhecida vulgarmente como "mal da vaca louca", já que é suficiente para causar danos nefastos ao meio ambiente e a saúde pública.

Objeto jurídico: É o meio ambiente, dando importância ao equilíbrio do ecossistema.

Objeto material: É espécime de animal.

Sujeito ativo: Pode ser qualquer pessoa, pois estamos diante de crime comum.

Sujeito passivo: É o Estado; A Sociedade.

Elemento subjetivo: É o dolo com a vontade livre e consciente de dirigir a conduta para o fim do tipo penal. Não se exige elemento subjetivo específico.

Elemento normativo do tipo: As expressões "**sem parecer técnico oficial favorável e licença expedida por autoridade competente**", indicam

23. NUCCI, Guilherme de Souza. Leis penais e processuais penais comentadas. 4ª Edição revista e ampliada. São Paulo: Editora Revista dos Tribunais, 2009, p. 913.

que estamos diante dos elementos normativos do tipo. Com isso, é indispensável buscar a legislação extrapenal para ver precisamente a incidência ou não da norma em vista dos fatos. De outro lado, em havendo parecer técnico, licença ou equivalente, o fato será atípico.

Há doutrina que cita isso como **norma penal em branco**[24].

Consumação: O delito se consuma no exato momento em que a espécime animal é liberada pela alfândega no território nacional; se por via, clandestina ou outra via, se dá no momento em que espécime animal é introduzida em território nacional.

Tentativa: Admite-se a tentativa.

Classificação doutrinária: Crime comum; material; forma ou execução livre; perigo abstrato; comissivo; instantâneo; unissubjetivo; plurissubsistente; doloso; admite tentativa.

Suspensão condicional do processo: É cabível.

Acordo de Não Persecução Penal: Tem cabimento, se preenchido todos os requisitos legais do art. 28-A, do CPP (incluído pela Lei nº 13.964/19) e não couber transação penal.

Ação penal: Ação penal pública incondicionada.

Art. 32. Praticar ato de abuso, maus-tratos, ferir ou mutilar animais silvestres, domésticos ou domesticados, nativos ou exóticos:

Pena - detenção, de três meses a um ano, e multa.

§ 1º Incorre nas mesmas penas quem realiza experiência dolorosa ou cruel em animal vivo, ainda que para fins didáticos ou científicos, quando existirem recursos alternativos.

§ 1º-A Quando se tratar de cão ou gato, a pena para as condutas descritas no *caput* deste artigo será de reclusão, de 2 (dois) a 5 (cinco) anos, multa e proibição da guarda. (Incluído pela Lei nº 14.064, de 2020)

§ 2º A pena é aumentada de um sexto a um terço, se ocorre morte do animal.

Verbos nucleares: Os verbos nucleares são *praticar, ferir* ou *mutilar. Praticar* corresponde (a levar a efeito; realizar; executar; cometer; exercer; fazer atos de ataque ou violência, com abuso ou de maus tratos em face de animal).

A Resolução nº 1.236/2018 do Conselho Federal de Medicina Veterinária define e caracteriza o que vem a ser ato de crueldade, abuso e maus- tratos contra animais vertebrados. Em verdade, essa resolução norteia o conceito destas condutas, uma vez que a lei ambiental não trouxe os conceitos definidores de cada verbo do tipo penal em estudo. A propósito, vejamos o art. 2º da Resolução nº 1.236/2018 do Conselho Federal de Medicina Veterinária:

> "Art. 2º Para os fins desta Resolução, devem ser consideradas as seguintes definições:
>
> I - animais vertebrados: o conjunto de indivíduos pertencentes ao reino animal, filo dos Cordados, subfilo dos Vertebrados, incluindo indivíduos de quaisquer espécies domésticas, domesticadas ou silvestres, nativas ou exóticas;
>
> II - maus-tratos: qualquer ato, direto ou indireto, comissivo ou omissivo, que intencionalmente ou por negligência, imperícia ou imprudência provoque dor ou sofrimento desnecessários aos animais;
>
> III - crueldade: qualquer ato intencional que provoque dor ou sofrimento desnecessários nos animais, bem como intencionalmente impetrar maus tratos continuamente aos animais;
>
> IV - abuso: qualquer ato intencional, comissivo ou omissivo, que implique no uso despropositado, indevido, excessivo, demasiado, incorreto de animais, causando prejuízos de ordem física e/ou psicológica, incluindo os atos caracterizados como abuso sexual;
>
> V - abate: conjunto de procedimentos utilizados nos estabelecimentos autorizados para provocar a morte de animais destinados ao aproveitamento de seus produtos e subprodutos, baseados em conhecimento científico visando minimizar dor, sofrimento e/ou estresse;
>
> VI - transporte - deslocamento do(s) animal(is) por período transitório no qual subsiste com ou sem suporte alimentar e/ou hídrico;
>
> VII - comercialização - situação transitória de exposição de animais para a venda no qual subsiste com ou sem suporte alimentar e/ou hídrico;
>
> VIII - depopulação: procedimento para promover a eliminação de determinado número de animais simultaneamente, visando minimizar sofrimento, dor e/ou estresse, utilizado em casos de emergência, controle sanitário e/ou ambiental;
>
> IX - eutanásia: indução da cessação da vida, por meio de método tecnicamente aceitável e cientificamente comprovado, realizado, assistido e/ou supervisionado por médico veterinário, para garantir uma morte sem dor e sofrimento ao animal;
>
> X - animais sinantrópicos - animais que se adaptaram a viver junto ao homem, a despeito da vontade deste. Podem causar prejuízos econômicos, transmitir doenças, causar agravos à saúde do homem ou de outros animais, portanto, são considerados, em muitos casos,

24. NUCCI, Guilherme de Souza. Leis penais e processuais penais comentadas. 4ª Edição revista e ampliada. São Paulo: Editora Revista dos Tribunais, 2009, p. 914.

indesejáveis e problemas de saúde pública e/ou ambiental;

XI - corpo de delito - conjunto de vestígios materiais resultantes da prática de maus-tratos, abuso e/ou crueldade contra os animais;

XII - contenção física - uso de mecanismos mecânicos ou manuais para restringir a movimentação visando a proteção do animal ou de terceiros durante procedimentos; e,

XIII - contenção química - uso de fármacos analgésicos, anestésicos ou psicotrópicos, cujo uso é de competência exclusiva de médico veterinário, para restringir a movimentação visando a proteção do animal ou de terceiros durante procedimentos."

Portanto, em nossa concepção, o **ato de abuso** é ação injusta comissiva ou omissiva, que de maneira indevido, excessiva, demasiada, incorreta submeta ao animal a situação abusiva. **Maus-tratos** é qualquer ato, direto ou indireto, comissivo ou omissivo, que de maneira intencional ou culposa venham provocar dor ou sofrimento desnecessários aos animais. *Ferir* significa (causar ferimento; lesionar a integridade física; causar sofrimento a; magoar, causar machucado; machucar). *Mutilar* significa (cortar alguma parte do corpo; privar algum membro do corpo).

É um tipo misto alternativo; plurinuclear ou crime de ação múltipla ou ação/tipo/crime/delito de conteúdo variado. A ocorrência de mais de uma dessas condutas no mesmo contexto fático não ensejará novo crime, caracterizando tão somente crime único – embora essas ações podem servir para dosimetria do art. 6º, da Lei do Meio Ambiente e art. 59, do CPB.

Animais silvestres ou selvagens consistem naqueles animais pertencentes às espécies nativas ou naturais, migratórias e quaisquer outras, aquáticas ou terrestres, que tenham todo ou parte de seu ciclo de vida dentro dos limites do território brasileiro ou águas jurisdicionais brasileiras. Este conceito é extraído do § 3º, do art. 29, da Lei 9.605/1998. Podemos citar como exemplos de animais silvestres ou selvagens: a onça, tamanduá, papagaio, morcego, jiboia, jabuti, jacaré-do-papo-amarelo.

Animais domésticos são aqueles animais que vivem ou são criados em casa. Já os **animais domesticados** são aqueles animais que sofreram um processo contínuo e sistemático de domesticação para amansá-lo; domá-lo. Como exemplos podemos citar os cães, gatos, cavalos, galinha, pato entre outros.

Animais nativos são aqueles animais oriundos de uma localidade determinada (nacional), em que esses animais podem ser silvestres (selvagens) ou domésticos.

Animais exóticos são aqueles animais que são pertencentes a países estrangeiros (fauna estrangeira), ou seja, são aqueles em que o ciclo de vida natural ocorre em território distinto daquele que é empregado como referência e até mesmo do local em que o animal se encontra no momento de referência. Devemos sublinhar também que, as espécies ou subespécies inclusive domésticas eventualmente introduzidas pelo homem em estado selvagem, também são consideradas exóticas. Exemplo de animal exótico ao Brasil é o leão, porque é originário do continente africano.

Registramos a crítica da doutrina que sustenta não existir 05 (cinco) modalidades de animais, pois um animal dentro de determinada modalidade poderá variar, pois a adjetivação "silvestre" dá a possibilidade de ser qualquer das possibilidades (doméstico, domesticados, nativos ou exóticos)[25].

Objeto jurídico: Protege-se a integridade física dos animais. Para Guilherme de Souza Nucci se tutela o meio ambiente com incentivo à honestidade pública[26].

Objeto material: É o animal silvestre (selvagem), embora este pode ser doméstico, domesticado, nativo ou exótico.

Sujeito ativo: Pode ser qualquer pessoa, pois estamos diante de crime comum.

Sujeito passivo: É o Estado; A Sociedade; A Coletividade (principal/primário). Tem doutrina que acrescenta ainda o proprietário do animal como sujeito passivo, caso a conduta tenha sido realizada por terceiro.

Elemento subjetivo: É o dolo com a vontade livre e consciente de dirigir a conduta para o fim do tipo penal. Não se exige elemento subjetivo específico.

Consumação: Com a efetiva prática dos verbos. No caso de abuso e maus-tratos não é exigido o resultado, enquanto nas modalidades de ferir e mutilar é necessário o resultado para consumação.

Tentativa: Admite-se a tentativa.

25. NUCCI, Guilherme de Souza. Leis penais e processuais penais comentadas. 4ª Edição revista e ampliada. São Paulo: Editora Revista dos Tribunais, 2009, p. 916.

26. NUCCI, Guilherme de Souza. Leis penais e processuais penais comentadas. 4ª Edição revista e ampliada. São Paulo: Editora Revista dos Tribunais, 2009, p. 916.

Rodeios: Sobre o tema há 5 (cinco) correntes. As quatro primeiras correntes com fundamentos diferentes entendem pela possibilidade do exercício do rodeio, com reflexos jurídicos diversos (lembrando que o rodeio tem uma variação de modalidades, indo desde de a montaria até vaquejada, prova de laço, pega garrote entre outras diversidades[27]). As correntes existentes são direcionadas à análise dos rodeios sobre as modalidades de vaquejada e prova de laço dentre as demais abaixo, senão analisemos:

Uma primeira corrente sustenta que se o rodeio (Lei nº 10.220/2001) seguir a Lei Federal nº 10.519/2002 será exercício regular de direito. Vale consignar que, há uma presunção de constitucionalidade que milita em favor das leis em si.

A segunda corrente diz que pode incidir uma causa supralegal de exclusão e tipicidade pela adequação social.

A terceira corrente diz que pode configurar erro de ilicitude de fato que pelas circunstâncias, não conhecia a proibição legal, causando a redução de pena.

A quarta corrente aborda a premissa de que se o direito interno fomenta determinada prática, não pode ao mesmo tempo, o mesmíssimo ordenamento proibir. Exige-se do ordenamento jurídico coerência e harmonia para propiciar a segurança jurídica aos seus cidadãos. Em havendo permissão e ao mesmo tempo possível proibição, estamos diante da tipicidade conglobante, sendo fato atípico.

A quinta corrente defende que eventuais leis federais e leis estaduais que não se afinem com a Constituição Federal poderão incorrer em inconstitucionalidades materiais. Logo, não se pode realizar a prática de rodeios nas modalidades nominadas de *calf roping, bull god, bareback, team roping*, ou em tradução de acordo com o nosso vernáculo, laçada de bezerro, laçada dupla, pega garrote e vaquejada (TJSP. ADI nº 2146983-12.2015.8.26-0000[28]; TJSP. MS nº 74.276[29], Relator Desembargador Renato Nalini). Alertamos para uma posição trazida pela doutrina de Luiz Flávio Gomes e de Silvio Maciel, aduzindo que a Lei Federal acerca dos Rodeios "*é materialmente inconstitucional, por violar o mencionado art. 225, § 1º, inciso VII da CF que proíbe quaisquer práticas que submetam os animais a crueldades. A propósito, em dezenas de cidades do interior de São Paulo, foi declarada incidentalmente a inconstitucionalidade da Lei 10.519/2002, com a consequente proibição da realização do rodeio*" (GOMES; MACIEL, 2010, p. 877)[30]. Aliás, devemos consignar que esta mesma doutrina considera que o rodeio por si só, acarretaria imenso sofrimento aos animais por maus-tratos, porquanto a aglomeração de pessoas, níveis de som, iluminação e a condição dos animais antes de entrar na própria arena – seriam suficientes para render os maus-tratos.

Para concurso público, na hora de responder uma questão em eventual prova discursiva é importante raciocinar qual o concurso está prestando para trazer uma resposta satisfatória e aguardada pela Banca Examinadora. Acreditamos ser inviável exigir uma questão desta natureza em prova objetiva de concurso público, pois certamente seria alvo de questionamento.

Brigas de galo (rinhas), vaquejadas e farra do boi: As mesmas correntes anteriores se aplicam

27. *Calfroping, bullgod, bareback, teamroping*, ou em tradução de acordo com o nosso vernáculo, laçada de bezerro, laçada dupla, pega garrote e vaquejada. Entende-se que estas práticas hipoteticamente consistiriam na tração na região cervical e cauda e na derrubada dos bezerros, causando dor e sofrimento aos animais.

28. "DIRETA DE INCONSTITUCIONALIDADE. Impugnação a Lei Municipal nº 5.056, de 10 de fevereiro de 2015, que revogou o artigo 2º da Lei Municipal nº 4,446, de 23 de novembro de 2010, do Município de Barretos, que vedava a realização das provas de laço e vaquejada. Violação de dispositivos da Constituição Estadual e Federal. Precedentes do STF – Ação procedente para declarar a inconstitucionalidade da Lei nº 5.056/2015" (TJSP- Ação Direta de Inconstitucionalidade nº 2146983-12.2015.8.26.0000 Autor: Procurador Geral de Justiça do Estado de São Paulo Réus: Presidente da Câmara Municipal de Barretos e Prefeito Municipal de Barretos Comarca: São Paulo, Relator, Péricles Piza).

29. "Contravenção Penal – Crueldade contra animais – Circo de rodeios – Espetáculos que mascaram, em substância, um simulacro de touradas – Cassação de Alvará de Funcionamento – Pretendida violação do direito líquido e certo – Pretensão repelida – Aplicação do art. 64 da Lei de Contravenções Penais – Ilícito Penal – Atividade que incide em norma punitiva da Lei das Contravenções Penais – Invocação inadmissível, conseqüentemente, de direito líquido e certo – Segurança denegada. Uma vez que a autoridade pública informa que a atividade executada pelo impetrante, em seu chamado circo de rodeios, incide na norma punitiva do art. 64 da Lei de Contravenções Penais, a segurança deve ser denegada. Ninguém pode pretender direito líquido e certo a prática de um ilícito penal. Saber que os animais utilizados pelo impetrante na realização de seu espetáculos eram realmente tratados com crueldade, qual o afirma, com presunção de verdade, à autoridade pública, constitui matéria de fato, cuja apuração transcende o âmbito do Mandado de Segurança. O que, todavia, é fora de dúvida é que ninguém pode pretender direito, muito menos líquido e certo, a perpetrar, sob égide da Justiça, um ilícito penal" (TJSP. MS nº 74.276. Rel. Des. Renato Nalini).

30. Op. cit., p. 877.

ao assunto em tela com as adaptações voltadas às **brigas de galo (rinhas), vaquejadas e farra do boi.**

Todavia, vale anotar que já houve reconhecimento da inconstitucionalidade da "farra do boi" e da "rinha de galo" pelo Supremo Tribunal Federal, que eram consideradas "manifestações culturais", manifestações estas traduzidas em sofrimento de bois e bezerros e submissão de galos a confrontos, que podem ocasionar em morte ou graves ferimentos.

Nesse sentido, podemos citar respectivamente os seguintes precedentes do STF:

> COSTUME - MANIFESTAÇÃO CULTURAL - ESTÍMULO - RAZOABILIDADE - **PRESERVAÇÃO DA FAUNA E DA FLORA - ANIMAIS - CRUELDADE. A obrigação de o Estado garantir a todos o pleno exercício de direitos culturais, incentivando a valorização e a difusão das manifestações, não prescinde da observância da norma do inciso VII do artigo 225 da Constituição Federal, no que veda prática que acabe por submeter os animais à crueldade.** Procedimento discrepante da norma constitucional denominado "farra do boi" (STF - RE: 153531 SC, Relator: Min. FRANCISCO REZEK, Data de Julgamento: 03/06/1997, Segunda Turma, Data de Publicação: DJ 13-03-1998 PP-00013 EMENT VOL-01902-02 PP-00388) (grifo nosso).
>
> AÇÃO DIRETA DE INCONSTITUCIONALIDADE. **LEI N. 11.366/00 DO ESTADO DE SANTA CATARINA. ATO NORMATIVO QUE AUTORIZA E REGULAMENTA A CRIAÇÃO E A EXPOSIÇÃO DE AVES DE RAÇA E A REALIZAÇÃO DE "BRIGAS DE GALO". A sujeição da vida animal a experiências de crueldade não é compatível com a Constituição do Brasil. Precedentes da Corte. Pedido de declaração de inconstitucionalidade julgado procedente** (STF - ADI: 2514 SC, Relator: EROS GRAU, Data de Julgamento: 29/06/2005, Tribunal Pleno, Data de Publicação: DJ 09-12-2005 PP-00004 EMENT VOL02217-01 PP-00163 LEXSTF v. 27, n. 324, 2005, 42-47) (destaque nosso).

Dando sequência, foi publicada no ano de 2017, a **Emenda Constitucional 96/2017**, que libera vaquejadas e rodeios em todo o território brasileiro. O texto constitucional sem citar expressamente essas práticas define que não se consideram cruéis modalidades desportivas com animais quando forem manifestações culturais registradas como bem de natureza imaterial integrante do patrimônio cultural brasileiro — onde a vaquejada e o rodeio já foram reconhecidos dessa forma pela **Lei 13.364/2016**, sancionada em novembro do ano de 2017. Isso é o que chama de **reação legislativa**[31] como resposta à

31. A **reação legislativa, "leis in your face"**, superação legislativa ou ativismo congressual consiste na edição de uma lei ou Emenda Constitucional procurando superar o entendimento anterior da jurisprudência ou provocar um novo pronunciamento do Supremo Tribunal Federal, a respeito de determinado tema, mesmo que a Corte já tenha decidido o assunto em sede de controle concentrado de constitucionalidade. Esse fenômeno se cunhou por **reação legislativa, "leis in your face"**, superação legislativa ou ativismo congressual.
A reação legislativa é um modo de "ativismo congressual" com o objetivo de o Congresso Nacional reverter situações de autoritarismo judicial ou de comportamento antidialógico por parte do Supremo Tribunal Federal, estando, portanto, amparado no princípio da separação de poderes (art. 2º, da CF/88).
O ativismo congressual consiste na participação mais efetiva e intensa do Congresso Nacional nos assuntos constitucionais.
Não se pode olvidar que, o Poder Legislativo, assim como, o Poder Judiciário, também, é considerado um verdadeiro intérprete da Constituição e é justamente por isso que ele pode agir dessa forma.
Parece-nos também possível, guardada as singularidades, que essa situação possa se estender no controle concentrado de constitucionalidade no âmbito do Tribunal de Justiça.
Retomando sobre o tema, o juiz federal, Márcio André Lopes Cavalcante, conceitua**reação legislativa, "leis in your face"**, superação legislativa ou ativismo congressual:
"O Poder Legislativo também é considerado um intérprete autêntico da Constituição e justamente por isso ele pode editar uma lei ou EC tentando superar o entendimento anterior ou provocar um novo pronunciamento do STF a respeito de determinado tema, mesmo que a Corte já tenha decidido o assunto em sede de controle concentrado de constitucionalidade. A isso se dá o nome de "reação legislativa" ou "superação legislativa".
A reação legislativa é uma forma de "ativismo congressual" com o objetivo de o Congresso Nacional reverter situações de autoritarismo judicial ou de comportamento antidialógico por parte do STF, estando, portanto, amparado no princípio da separação de poderes.
O ativismo congressual consiste na participação mais efetiva e intensa do Congresso Nacional nos assuntos constitucionais" (CAVALCANTE, 2017, p.1).
Exemplo disso temos a vaquejada que foi julgada inconstitucional pelo Supremo Tribunal Federal e posteriormente, foi objeto de emenda constitucional e se permitiu essa prática por meio da Constituição Federal.
Certamente, a matéria objeto da emenda constitucional que permitiu a vaquejada será questionada no Supremo Tribunal Federal.
Ademais, o Plenário do STF, ao julgar as ADIs 4430 e 4795, declarou inconstitucionais determinados dispositivos legais da Lei nº 9.504/97 (denominada de Lei das Eleições).
Em outubro de 2013, o Congresso Nacional editou a Lei nº 12.875/2013, que alterou novamente a Lei nº 9.504/97 prevendo algumas regras semelhantes àquelas que já haviam sido declaradas inconstitucionais pelo STF no julgamento das ADIs 4430 e 4795.
Dessa forma, a Lei nº 12.875/2013 foi uma nítida reação legislativa à decisão do STF, uma forma de o Congresso Nacional superar a interpretação legislativa dada pela Corte ao assunto.
O juiz federal, Márcio André Lopes *Cavalcante, acerca desse caso eleitoral afirmou que:*
"[...]Voltando ao caso concreto:
No caso concreto da Lei nº 12.875/2013, o Congresso Nacional procurou superar o precedente fixado pelo STF nas ADIs 4.430 e 4.795. Todavia, o STF, examinando as justificativas do projeto que deu origem à lei e analisando a inocorrência de mudanças na sociedade entre a data da decisão passada e os dias atuais,

decisão do Plenário do Supremo Tribunal Federal (STF) que julgou procedente a Ação Direta de Inconstitucionalidade (ADI) 4983, ajuizada pelo procurador-geral da República contra a Lei 15.299/2013, do Estado do Ceará, que regulamenta a vaquejada como prática desportiva e cultural no estado.

Na sequência, o Procurador-geral da época, Rodrigo Janot, ajuizou no Supremo Tribunal Federal (STF) a Ação Direta de Inconstitucionalidade (ADI) 5772, com pedido de liminar, para questionar a Emenda Constitucional (EC) 96/2017, segundo a

---

entendeu que não foi legítima a tentativa de reversão da interpretação fixada pelo Tribunal.

Para o STF, os argumentos invocados pelo Legislativo não são capazes de infirmar (retirar à força) a tese jurídica fixada no julgamento das ADIs 4.430 e 4.795.

Por essa razão, o Plenário da Corte, por maioria, julgou inconstitucional a Lei nº 12.875/2013.

STF. Plenário. ADI 5105/DF, Rel. Min. Luiz Fux, julgado em 1º/10/2015 (Info 801)" (CAVALCANTE, 2017, p.1).

Com isso surge uma indagação natural: se houver uma "reação legislativa", com toda a certeza o STF irá julgar novamente a nova lei inconstitucional, não é verdade?

A resposta é não e vai depender do que o STF repensará no seu entendimento anterior e evolua para uma nova interpretação, chegando a conclusão diferente daquilo que havia decidido e, assim, concorde com a nova lei editada com o mesmo conteúdo da anterior.

A propósito, veja o que ensina Daniel Sarmento e Cláudio Pereira de Souza Neto, citados pelo Min. Luiz Fux em seu voto:

"(...) não é salutar atribuir a um único órgão qualquer a prerrogativa de dar a última palavra sobre o sentido da Constituição. (...). É preferível adotar-se um modelo que não atribua a nenhuma instituição – nem do Judiciário, nem do Legislativo – o "direito de errar por último", abrindo-se a permanente possibilidade de correções recíprocas no campo da hermenêutica constitucional, com base na ideia de diálogo, em lugar da visão tradicional, que concede a última palavra nessa área ao STF.

(...)

As decisões do STF em matéria constitucional são insuscetíveis de invalidação pelas instâncias políticas. Isso, porém, não impede que seja editada uma nova lei, com conteúdo similar àquela que foi declarada inconstitucional. Essa posição pode ser derivada do próprio texto constitucional, que não estendeu ao Poder Legislativo os efeitos vinculantes das decisões proferidas pelo STF no controle de constitucionalidade (art. 102, § 2º, e art. 103-A, da Constituição). Se o fato ocorrer, é muito provável que a nova lei seja também declarada inconstitucional. Mas o resultado pode ser diferente. O STF pode e deve refletir sobre os argumentos adicionais fornecidos pelo Parlamento ou debatidos pela opinião pública para dar suporte ao novo ato normativo, e não ignorá-los, tomando a nova medida legislativa como afronta à sua autoridade. Nesse ínterim, além da possibilidade de alteração de posicionamento de alguns ministros, pode haver também a mudança na composição da Corte, com reflexões no resultado do julgamento."

(SARMENTO, Daniel; SOUZA NETO, Cláudio Pereira de. *Direito Constitucional*. Teoria, história e métodos de trabalho. Belo Horizonte: Fórum, 2012, p. 402-405)

Há exemplos de "reação legislativa" que foram consideradas exitosas, ou seja, que foram acolhidas pelo STF gerando uma "correção jurisprudencial"?

A resposta é positiva. Citemos o exemplo que diz respeito à chamada Lei da Ficha Limpa (LC 135/2010).

Anteriormente a essa Lei, o Tribunal Superior Eleitoral e o Supremo Tribunal Federal possuíam jurisprudência consolidada no sentido de que não era possível reconhecer a inelegibilidade do candidato a não ser que houvesse contra ele uma condenação transitada em julgado. O fundamento para esse entendimento residia no princípio da presunção de inocência.

A Lei Complementar nº 135/2010 foi produzida com o objetivo de superar esse entendimento.

Segundo o texto legal previu essa lei, não ser necessário que a decisão condenatória tenha transitado em julgado para que o condenado se torne inelegível, bastando que tenha sido proferida por órgão colegiado (exs: TRE, TJ, TRF).

O STF, superando seus antigos precedentes, entendeu que a reação legislativa foi legítima e que a Lei da Ficha Limpa é constitucional e não viola o princípio da presunção de inocência. (STF. Plenário. ADC 29/DF, ADC 30/DF, ADI 4578/DF, Rel. Min. Luiz Fux, julgados em 15 e 16/2/2012).

Esse caso concreto, dentre outros, aponta que, na teoria não existe uma supremacia judicial do STF e que é possível, em tese, a existência de um diálogo (abertura dialógica) por meio do qual o Legislativo proponha por meio de leis, correções à jurisprudência do Supremo, alterando a forma de a Corte interpretar a Constituição.

O importante além da abertura dialógica institucional é evitar abusos por ambos os Poderes, dentro do desempenho do seu múnus constitucional.

O juiz federal, Márcio André Lopes *Cavalcante, obtempera acerca de algumas conclusões frente à* **reação legislativa, "leis in your face"**, superação legislativa ou ativismo congressual. Vejamos:

"Algumas conclusões do STF sobre o tema:

a) O STF não subtrai *ex ante* a faculdade de correção legislativa pelo constituinte reformador ou legislador ordinário. Em outras palavras, o STF não proíbe que o Poder Legislativo edite leis ou emendas constitucionais em sentido contrário ao que a Corte já decidiu. Não existe uma vedação prévia a tais atos normativos. O legislador pode, por emenda constitucional ou lei ordinária, superar a jurisprudência. Trata-se de uma reação legislativa à decisão da Corte Constitucional com o objetivo de reversão jurisprudencial.

b) No caso de reversão jurisprudencial (reação legislativa) proposta por meio de emenda constitucional, a invalidação somente ocorrerá nas restritas hipóteses de violação aos limites previstos no art. 60, e seus §§, da CF/88. Em suma, se o Congresso editar uma emenda constitucional buscando alterar a interpretação dada pelo STF para determinado tema, essa emenda somente poderá ser declarada inconstitucional se ofender uma cláusula pétrea ou o processo legislativo para edição de emendas.

c) No caso de reversão jurisprudencial proposta por lei ordinária, a lei que frontalmente colidir com a jurisprudência do STF nasce com presunção relativa de inconstitucionalidade, de forma que caberá ao legislador o ônus de demonstrar, argumentativamente, que a correção do precedente se afigura legítima. A novel legislação que frontalmente colida com a jurisprudência (leis *in your face*) se submete a um controle de constitucionalidade mais rigoroso.

Para ser considerada válida, o Congresso Nacional deverá comprovar que as premissas fáticas e jurídicas sobre as quais se fundou a decisão do STF no passado não mais subsistem. O Poder Legislativo promoverá verdadeira hipótese de mutação constitucional pela via legislativa" (CAVALCANTE, 2017, p.1).

O tema é atual e importante para a vida da prática jurídica e concursos públicos.

qual práticas desportivas que utilizem animais não são consideradas cruéis desde que sejam manifestações culturais (**questiona normas que autorizam a prática da vaquejada no país**).

Além da emenda, a ação também impugna leis federais que regulamentam a prática da vaquejada.

As regras infraconstitucionais questionadas são dispositivos da Lei 13.364/2016, que elevam a prática da vaquejada à condição de patrimônio cultural imaterial, e da Lei 10.220/2001, que institui normas sobre a atividade de peão de rodeio e o equipara a atleta profissional, incluindo as vaquejadas como modalidade de provas de rodeio.

Segundo Rodrigo Janot, procurador da república da época, a EC 96/2017 colidiria com as normas constitucionais de proteção ao ambiente e, em particular, com as do artigo 225, parágrafo 1º, que impõe ao Poder Público a proteção da fauna e da flora e veda práticas que submetam animais a crueldade. Argumentara que a emenda contraria decisão recente do STF no julgamento que considerou inconstitucional a prática de vaquejadas no Estado do Ceará. Naquele julgamento (ADI 4983), o Plenário definiu que "a obrigação de o Estado garantir a todos o pleno exercício de direitos culturais, incentivando a valorização e a difusão das manifestações, não prescinde da observância do disposto no inciso VII do artigo 225 da Carta Federal, o qual veda prática que acabe por submeter os animais à crueldade".

Na avaliação do procurador-geral da república da época, "não se pode dissociar a proteção da fauna, particularmente contra tratamento cruel, mesmo que em nome de manifestações culturais vetustas, da proteção e valorização que a própria Constituição atribui à dignidade humana", já que a crueldade intrínseca de determinada atividade não desaparece pelo fato de uma norma jurídica a rotular como manifestação cultural.

"A crueldade ali permanecerá, qualquer que seja o tratamento jurídico a ela atribuído", sustenta. A situação torna-se mais grave, segundo ele, com a existência das Leis 13.364/2016 e 10.220/2001, que trazem regras para regulamentar a prática.

O procurador-geral lembrou ainda de decisões do STF que consideraram práticas cruéis contra os animais as brigas de galo e a farra do boi, e da tramitação de outras ações semelhantes na Corte para questionar leis estaduais que permitem a vaquejada como manifestação cultural ou desportiva.

Assim, pediu a concessão de medida cautelar para suspender a eficácia das normas questionadas e, no mérito, sua declaração de inconstitucionalidade.

A ADI nº 5772 teve seu rito abreviado pela Suprema Corte (Fonte: http://www.stf.jus.br/portal/cms/verNoticiaDetalhe.asp?idConteudo=355108). Até o fechamento desta edição não ocorrera o julgamento, consoante consulta de andamento processual pelo sítio eletrônico do STF – o mesmo se dando com à Ação Direta de Inconstitucionalidade nº 5728 que possui identidade parcial de objeto com a outra ação supra.

Classificação doutrinária: Crime comum; formal no verbo **praticar ato de abuso, maus-tratos**; e material nas modalidades "ferir" e "mutilar"; forma ou execução livre; perigo abstrato; comissivo; instantâneo; unissubjetivo; plurissubsistente; doloso; admite tentativa.

Suspensão condicional do processo: É cabível.

Acordo de Não Persecução Penal: Tem cabimento, se preenchido todos os requisitos legais do art. 28-A, do CPP (incluído pela Lei nº 13.964/19) e não couber transação penal.

Ação penal: Ação penal pública incondicionada.

§ 1º Incorre nas mesmas penas quem realiza experiência dolorosa ou cruel em animal vivo, ainda que para fins didáticos ou científicos, quando existirem recursos alternativos.

Comentários: O § 1º do art. 32, da Lei do Meio Ambiente é uma conduta equiparada. Essa conduta contida aqui estava antes descrita no art. 64, §1º, da LCP, porém foi revogado. O tipo penal em estudo visa coibir quem realiza experiência dolorosa ou cruel em animal vivo, ainda que para fins didáticos ou científicos, quando existirem recursos alternativos. Obviamente, o animal para incidência desta conduta equiparada deve estar vivo.

Exercício regular do direito: Havendo regulamentação da prática e o profissional venha obedecer toda a sistemática das regras traçadas, pensamos ser causa de exclusão de ilicitude de exercício regular de direito (art. 23, inciso III, do CPB). Haveria ainda exclusão de culpabilidade.

Cumpre lembrar também, que o art. 14, da Lei nº 5.197/1967 ainda está em vigência, onde esse artigo visualiza a possibilidade de licença a cientista para coleta de material destinados a fins científicos.

Ademais, a Lei nº 6.638/1979 preconiza a vivissecação e se esta for realizada em conformidade com o seu regramento, o agente estará dentro do exercício regular de direito, embora possa responder pelo excesso.

A objeção de consciência no experimento com animal vivo: A **objeção de consciência** é uma prerrogativa inserida na **Constituição Federal** de 1988 onde se traduz que ninguém será privado de direitos por motivo de crença religiosa ou de convicção filosófica ou política, salvo se as invocar para eximir-se de obrigação legal a todos imposta e recusar-se a cumprir prestação alternativa, fixada em lei.

A objeção de consciência, nada mais é do que um ato praticado pelo sujeito que se recusa a obedecer à ordem superior que viola sua integridade moral, religiosa, filosófica, espiritual, cultural, política, etc. É um legítimo direito do estudante, que, de modo pacífico e consciente, invoca para resguardar as suas convicções garantidas pela Carta Política e para salvar a vida, poupando os animais de sofrimentos.

Pode se dizer que sob certos aspectos, a **objeção de consciência** se aproxima muito à desobediência civil, e constitui uma legítima recusa à metodologia científica oficial, ao permitir que o aluno dissidente resguarde suas convicções filosóficas diante de procedimentos didáticos que se perfazem mediante a matança ou experimento cruel com outros seres vivos (como amimais).

Em outra forma de dizer, a **objeção de consciência** se dá quando alguém invoca a sua convicção pessoal lastreada em crença religiosa, convicção filosófica ou política para não cumprir uma obrigação imposta a todos, devendo então cumprir uma prestação alternativa, fixada em lei.

Registre-se que a **objeção de consciência** está abrigada no **artigo 5º, inciso VIII**, que fixa o seguinte: "ninguém será privado de direitos por motivo de crença religiosa ou de convicção filosófica ou política, salvo se as invocar para eximir-se de obrigação legal a todos imposta e recusar-se a cumprir prestação alternativa, fixada em lei".

Outrossim, a **objeção de consciência** encontra assento no artigo 18, 1ª. parte, da Declaração Universal dos Direitos Humanos, carta proclamada em 1948 pela Assembleia Geral das Nações Unidas e devidamente subscrita pelo Brasil que anuncia o seguinte: "**Todo homem tem direito à liberdade de pensamento, consciência e religião**".

Essa premissa também foi consagrada no seio da nossa Constituição Federal, em artigo 5º, VI, "in verbis": **"É inviolável a liberdade de consciência e de crença [...]"**.

Não se pode olvidar que o Brasil é um **estado laico**, com a separação nítida entre Estado e Igreja, consoante se extrai das redações dos artigos **5º**, inciso **VI**, e **19**, inciso **I**, ambos da **Constituição Federal**.

Desse modo, a **objeção de consciência** deve ser associada ao respeito que o Estado brasileiro devota à crença religiosa de cada um, assim como à sua convicção filosófica ou política.

Segundo a doutrina Gilmar Ferreira Mendes, Inocêncio Mártires Coelho e Paulo Gustavo Gonet Branco, a **objeção de consciência:**

> (...) traduz forma máxima de respeito à intimidade e à consciência do indivíduo. O Estado abre mão do princípio de que a maioria democrática impõe as normas para todos, em troca de não sacrificar a integridade íntima do indivíduo (MENDES; COELHO; BRANCO, 2008, p. 414).

A **objeção de consciência** se apresenta como a preferência da norma subjetiva de agir em detrimento a obrigação legal, desde que calcada nos motivos de crença religiosa, de convicção filosófica ou política.

Como se nota, a **objeção de consciência** se materializa no mundo jurídico, quando alguém invoca a sua convicção pessoal para não cumprir uma obrigação imposta a todos, devendo então cumprir uma prestação alternativa, fixada em lei.

Entretanto, se a pessoa invocar a **objeção de consciência** e, ao mesmo tempo, deixar de cumprir a prestação alternativa fixada em lei poderemos ter os seguintes reflexos jurídicos que se dividem em 02 (duas) correntes.

O ordenamento acaba por assim, garantir a possibilidade de o estudante da área de biomédicas invocar a opção pela escusa de consciência à experimentação animal, com fundamento no artigo 5º, inciso VIII, da Constituição Federal, em seu próprio favor, sem riscos de retaliações, porque ninguém pode ser obrigado a fazer aquilo que desrespeite seus princípios filosóficos, culturais ou políticos, tampouco que ofenda sua integridade moral e espiritual.

O direito à **objeção de consciência** nas atividades de experimentação animal, não é uma mera liberalidade da Instituição de Ensino adepta à metodologia conservadora, mas sim um direito líquido e certo dos alunos, a quem se permitirá uma contraprestação didática - trabalho alternativo ou atividade similar – compatível com a postura de ordem religiosa, filosófica, política, moral etc.

Para o exercício da **objeção de consciência,** o estudante deve protocolar seu pleito de resistência junto ao professor da disciplina, em que a metodologia é objetada ou diretamente ao diretor da instituição de ensino, fazendo-o com fundamento no artigo 5º, incisos VIII (escusa de consciência) e XXXIV, "a" (direito de petição), da CF e com a possibilidade de se buscar às vias judiciais, nos termos do art. 5º, inciso LXIX da CF (Mandado de Segurança), na hipótese de o pedido ser negado, sem prejuízo de buscar órgãos como as Secretarias de Educação; Ouvidorias; 'ONGs' de proteção aos animais; Ministério da Educação; Ministério Público; Tribunal de Contas entre outros.

Por fim, a terminologia **objeção de consciência,** é também denominada de escusa de consciência, imperativo de consciência, objetar à consciência, direito à objecção de consciênciapara corresponder ao mesmo significado.

> **§ 1º-A Quando se tratar de cão ou gato, a pena para as condutas descritas no *caput* deste artigo será de reclusão, de 2 (dois) a 5 (cinco) anos, multa e proibição da guarda. (Incluído pela Lei nº 14.064, de 2020)**

Cuida-se da nova Lei Federal nº 14.064/2020, denominada de "Lei Sansão", em virtude de um pitbull que teve as patas traseiras decepadas no município de Confins-MG que causou comoção em todo o Brasil.

Não vamos adentrar ao fato de ser a lei mais um fruto do populismo penal ou da inflação legislativa penal, porém, de qualquer forma, a lei acaba por recrudescer o tratamento penal a quem praticar ato de abuso, maus-tratos, ferir ou mutilar animais que sejam cães ou gatos. Temos nitidamente uma nova qualificadora e por ser lei vem agravar ainda mais, não pode retroagir.

O legislador ordinário não quis abranger animais silvestres, nativos ou exótico, onde pode ter perdido uma grande oportunidade de ampliar a tutela penal, pois em que pese o cão e gato serem animais mais comuns culturalmente falando em nossa sociedade, isso não quer dizer que outros animais não pudessem receber a mesma tutela penal para tanto. Afinal, uma pessoa pode ter um coelho, um suíno ou outro animal que nutra a mesma intensidade sentimental daquele que cria cão e gato. Qual a diferença disto? Apenas o animal de criação.

No Brasil, por exemplo, a carne suína está inclusa no consumo alimentar de maneira mais popularizada e há notícias de algumas pessoas de forma menos habitual também consumirem carne de coelho.

Há culturas por exemplo como a da China, que o cão é um prato habitual que é consumido pela população.

Talvez a única explicação plausível e racional, seja o legislador ter optado politicamente pela expressão cão e gato para evitar polêmicas e facilitar à aprovação da lei, pois outros Projetos similares se arrastavam por anos no Congresso Nacional.

Isso é confirmado também, quando se analisa a ementa inicial do Projeto de Lei nº 1.095/2019 e depois da tramitação do Projeto de Lei em tela, teve uma redução da ementa, cuja ementa originária previa animais silvestres, nativos ou exótico, além do cão e gato. A propósito, vejamos a ementa originária:

Ementa

> Altera a Lei nº 9.605, de 12 de fevereiro de 1998 para estabelecer pena de reclusão a quem praticar ato de abuso, maus-tratos, ferir ou mutilar animais silvestres, domésticos ou domesticados, nativos ou exóticos; e instituir penas para estabelecimentos comerciais ou rurais que concorrerem para a prática do crime.

Agora comparemos a ementa depois dos avanços do Projeto de Lei 1.095/2019 que se transformou na Lei Federal nº 14.064/2020, denominada de "Lei Sansão":

Nova Ementa da Redação

> NOVA EMENTA: Altera a Lei nº 9.605, de 12 de fevereiro de 1998, para aumentar as penas cominadas ao crime de maus-tratos aos animais quando se tratar de cão ou gato.

Comparemos de maneira mais didática no quadro abaixo:

Ementa originária	Nova ementa
Ementa Altera a Lei nº 9.605, de 12 de fevereiro de 1998 para estabelecer pena de reclusão a quem praticar ato de abuso, maus-tratos, ferir ou mutilar animais silvestres, domésticos ou domesticados, nativos ou exóticos; e instituir penas para estabelecimentos comerciais ou rurais que concorrerem para a prática do crime	**Nova Ementa da Redação** NOVA EMENTA: Altera a Lei nº 9.605, de 12 de fevereiro de 1998, para aumentar as penas cominadas ao crime de maus-tratos aos animais quando se tratar de cão ou gato.

A interpretação histórica do processo legislativo que motivou o legislador com a *mens legis* e a *mens legislatoris*, assim como o contexto político de produção de lei não devem ser desprezados pelo intérprete.

Portanto, estas são as primeiras impressões extraídas sobre a nova lei.

Avancemos na análise da qualificadora.

Verbos nucleares, objeto jurídico, objeto material, sujeito ativo, sujeito passivo, elemento subjetivo, consumação, tentativa e classificação doutrinária: Tudo que foi falado anteriormente quando dos comentários do *caput* do artigo, se aplica aqui nestes pontos.

Suspensão condicional do processo: Não é possível a suspensão condicional do processo, já que a pena mínima ultrapassa 01 (um) ano.

Acordo de Não Persecução Penal: Tem cabimento, se preenchido todos os requisitos legais do art. 28-A, do CPP (incluído pela Lei nº 13.964/19) e não couber transação penal.

Ação penal: Ação penal pública incondicionada.

> **§ 2º A pena é aumentada de um sexto a um terço, se ocorre morte do animal.**

Comentários: O legislador previu uma causa de aumento de pena se ocorrer as condutas do art. 32, da lei do Meio Ambiente, com o evento morte.

> **Art. 33. Provocar, pela emissão de efluentes ou carreamento de materiais, o perecimento de espécimes da fauna aquática existentes em rios, lagos, açudes, lagoas, baías ou águas jurisdicionais brasileiras:**
>
> **Pena - detenção, de um a três anos, ou multa, ou ambas cumulativamente.**

Verbo nuclear: O verbo nuclear é *provocar*. *Provocar* é ser a causa; motivo de algo; ocasionar; gerar; produzir à emissão de efluentes ou carreamento de materiais, o perecimento de espécimes da fauna aquática existentes em rios, lagos, açudes, lagoas, baías ou águas jurisdicionais brasileiras. Para a tipicidade da conduta, é necessário que a morte dos animais ocorra em decorrência da emissão de efluentes por meio de resíduos, rejeitos ou de carreamento de materiais (águas poluídas ou sujas). **Rios** são cursos de águas correntes. **Lagos** são porções de águas contidas por terras. **Açudes** são construções com objetivo de represar água para fins de irrigação, industrial ou de abastecimento de populações. **Lagoas** nada mais são do que lagos diminutos. **Baías** são golfos que deságuam no mar. As **águas jurisdicionais brasileiras** consistem no mar territorial brasileiro de até 12 milhas marítimas a partir da baixa mar (art. 1º, da Lei nº 8.617/1993).

Necessidade de perícia: Para se comprovar a materialidade delitiva, será necessária à realização da perícia.

Revogação tácita do art. 27, § 2º, da Lei nº 5.197/1967: O art. 33, *caput*, da Lei do Meio Ambiente revogou tacitamente o art. 27, § 2º, da Lei nº 5.197/1967 que punia a conduta de provocar pelo uso direto ou indireto de agrotóxicos ou qualquer outra substância química, o perecimento de espécimes da fauna ictiológica (aquática) em rios, lagos, açudes, lagoas, baías ou mar territorial.

Objeto jurídico: A fauna aquática.

Objeto material: É a fauna aquática.

Sujeito ativo: Pode ser qualquer pessoa, pois estamos diante de crime comum.

Sujeito passivo: É o Estado; A Sociedade; A Coletividade (principal/primário). Tem doutrina que acrescenta ainda como sujeito passivo secundário, o proprietário/possuidor/detentor da propriedade como sujeito passivo, caso a conduta tenha sido realizada por terceiro.

Elemento subjetivo: É o dolo com a consciência e vontade livre de realizar a conduta. Admite-se o dolo direito, dolo indireto (ou dolo eventual). Não há modalidade culposa.

Consumação: Se dá com o perecimento de espécimes de fauna aquática.

Tentativa: Para Roberto Delmanto a tentativa não é possível[32-33]. Já para Guilherme de Souza Nucci é admissível a tentativa[34-35].

Concurso de crimes: Em sendo a hipótese de emissão de efluentes há doutrina dizendo que pode haver concurso formal ou material de crimes do art. 33 e art. 54, ambos da Lei do Meio Ambiente (Luís Paulo Sirvinskas, Vladimir e Gilberto Passos de Freitas, respectivamente). Todavia, o assunto é controvertido e a doutrina de Roberto Delmanto, Roberto Delmanto Junior e Fábio Delmanto não admite, sob pena de "bis in idem"[36].

Classificação doutrinária: Crime comum; material; forma ou execução livre; perigo abstrato; comissivo; instantâneo; unissubjetivo; plurissubsistente; doloso.

Suspensão condicional do processo: É possível a suspensão condicional do processo.

Acordo de Não Persecução Penal: Tem cabimento, se preenchido todos os requisitos legais do art. 28-A, do CPP (incluído pela Lei nº 13.964/19) e não couber transação penal.

Ação penal: Ação penal pública incondicionada.

Parágrafo único. Incorre nas mesmas penas:

I - quem causa degradação em viveiros, açudes ou estações de aqüicultura de domínio público;

Verbo nuclear: O verbo é *causar*. *Causar* significa originar, produzir; dar motivo; ser fonte de algo; iniciar à degradação (deterioração, estrago) em viveiros, açudes ou estações de aquicultura de domínio público. A conduta pode ser por ação ou omissão. Não se exige a mortandade de peixes, como no *caput* do art. 33 da Lei 9.605/1998, já que o objeto material de proteção são os viveiros, açudes ou estações de aquicultura de domínio público. Se os locais (viveiros, estações de aquicultura ou açudes) forem particulares, pode ocorrer o crime do art. 163, do CPB ou ainda o art. 33, *caput*, da Lei 9.605/1998 e até mesmo art. 29, *caput*, da mesma lei, no caso de perecer espécimes da fauna aquática. **Viveiros** são criadouros ou lugares onde espécimes da fauna aquática são reproduzidos ou criados. **Açudes** são construções com objetivo de represar água para fins de irrigação, industrial ou de abastecimento de populações. **Estações de aquicultura** é onde se criam e multiplicam animais e plantas aquáticas.

Objeto jurídico: Tem por objetivo tutelar a fauna aquática silvestre.

Objeto material: É a fauna aquática.

Sujeito ativo: Qualquer pessoa.

Sujeito passivo: A Sociedade; A Coletividade (primário; imediato) para uma corrente doutrinária. Para outra corrente, além daqueles podem secundariamente ser sujeito passivo, o proprietário dos viveiros, açudes e estações de aquicultura (União, Estado, Município e Distrito Federal ou alguma autarquia ou fundação).

Elemento subjetivo: É o dolo com a vontade livre e consciente de produzir o resultado. Não se exige elemento específico e nem há modalidade culposa.

Consumação: Se dá com a prática da conduta causar que dependerá de resultado no mundo naturalístico. Por isso é crime material.

Tentativa: É possível.

Conflito: Caso a degradação seja proveniente de pesca ilegal em viveiros, estações de aquicultura públicas ou açudes haveria o crime do art. 33, inciso I, da Lei do Meio Ambiente, ficando o crime de pesca ilegal absorvido (art. 34 ou art. 35, da mesma lei em estudo).

Confronto: Se os locais (viveiros, estações de aquicultura ou açudes) forem particulares, pode ocorrer o crime do art. 163, do CPB ou ainda o art. 33, *caput*, da Lei 9.605/1998 e até mesmo art. 29, *caput* da mesma lei, no caso de perecer espécimes da fauna aquática.

Classificação doutrinária: Crime comum; material; forma ou execução livre; perigo abstrato;

32. DELMANTO, Roberto. Leis penais especiais comentadas. Rio de Janeiro: Editora Renovar, 2006, p. 451.
33. FREITAS, Vladimir; FREITAS, Gilberto Passos de, p. 118: também comungam pela impossibilidade de tentativa no *caput*, do art. 33, da Lei do Meio Ambiente.
34. NUCCI, Guilherme de Souza. Leis penais e processuais penais comentadas. 4ª Edição revista e ampliada. São Paulo: Editora Revista dos Tribunais, 2009, p. 919.
35. No mesmo sentido, Luiz Flávio Gomes e Silvio Maciel, p. 882.
36. DELMANTO, Roberto. Leis penais especiais comentadas. Rio de Janeiro: Editora Renovar, 2006, p. 451.

comissivo; instantâneo; unissubjetivo; plurissubsistente; doloso.

Suspensão condicional do processo: É possível a suspensão condicional do processo.

Acordo de Não Persecução Penal: Tem cabimento, se preenchido todos os requisitos legais do art. 28-A, do CPP (incluído pela Lei nº 13.964/19) e não couber transação penal.

Ação penal: Ação penal pública incondicionada.

II - quem explora campos naturais de invertebrados aquáticos e algas, sem licença, permissão ou autorização da autoridade competente;

Verbo nuclear: O verbo nuclear é *explorar* que significa (tirar proveito ou utilidade de algo; ir à descoberta de; percorrer com o objetivo de fazer descobertas geográficas ou científicas; observar, examinar (uma região) com fins comerciais ou militares; estudar, analisar, pesquisar) **campos naturais de invertebrados aquáticos e algas, sem licença, permissão ou autorização da autoridade competente.**

Objeto jurídico: Tem por objetivo tutelar os invertebrados aquáticos (animal metazoário[37] que não possui notocórdio[38] ou espinha dorsal) e algas.

Objeto material: É a fauna aquática.

Sujeito ativo: Qualquer pessoa.

Sujeito passivo: A Sociedade; A Coletividade; O Estado.

Elemento subjetivo: É o dolo com a vontade livre e consciente de produzir o resultado. Não se exige elemento específico e nem há modalidade culposa.

Elemento normativo do tipo: As expressões **"sem licença, permissão ou autorização da autoridade competente"** compõem os elementos normativos do tipo penal, e se houver licença, permissão ou autorização da autoridade competente o fato será atípico.

Há doutrina que cita isso como **norma penal em branco**[39].

Consumação: Se dá com a prática da conduta explorar que independerá de resultado no mundo naturalístico. Por isso é crime formal[40].

Tentativa: É possível.

Classificação doutrinária: Crime comum; formal (cuidado com a observação de Nucci que entende ser crime material); forma ou execução livre; perigo abstrato; comissivo; instantâneo; unissubjetivo; plurissubsistente; doloso, admite tentativa.

Suspensão condicional do processo: É possível a suspensão condicional do processo.

Acordo de Não Persecução Penal: Tem cabimento, se preenchido todos os requisitos legais do art. 28-A, do CPP (incluído pela Lei nº 13.964/19) e não couber transação penal.

Ação penal: Ação penal pública incondicionada.

III - quem fundeia embarcações ou lança detritos de qualquer natureza sobre bancos de moluscos ou corais, devidamente demarcados em carta náutica.

Verbos nucleares: Os verbos nucleares são *fundear* e *lançar*. *Fundear* é (ancorar ou aportar às **embarcações** [transporte que flutua e navega sobre a água]). *Lançar* significa (atirar; jogar **detritos** [sobras de resíduos; lixo; restos de algo] **de qualquer**

37. Engloba os seres que constituem o chamado Reino Animalia (podendo ser vertebrados ou não). "Nos graus mais inferiores dos metazoários estão as esponjas, que acreditam os especialistas, se originaram de protozoários primitivos. **Os metazoários são seres heterotróficos, isso significa que eles não possuem a capacidade de produzir as substâncias ideais para o funcionamento adequado de seu organismo. Além disso, por serem multicelulares, as células dos metazoários estão organizadas de modo que constituam dois tipos de tecido: *o epitelial e o tecido conjuntivo.*** Na maioria dos casos, os metazoários apresentam capacidade de locomoção e se reproduzem de forma sexuada, ou seja, envolve a união de gametas. No entanto, existem metazoários invertebrados que se reproduzem de maneira assexuada". Disponível em:<<**https://www.grupoescolar.com/pesquisa/metazoarios.html**>>. Acesso em 17 de julho de 2018.

38. "A **corda dorsal**, **notocorda** ou **notocórdio**, é uma estrutura em forma de vareta que se forma no embrião dos animais do cladeChordata entre o tubo digestivo e a medula espinal. Embora nessa fase o notocórdio possa ser considerado como um primeiro "esqueleto" – e de fato continua a funcionar como tal nas mixinas no anfioxo e nas lampréias - não deve ser confundido com a coluna vertebral dos restantes animais adultos do grupo dos Vertebrata". Disponível em:<<https://educalingo.com/pt/dic-pt/notocordio>>. Acesso em 17 de julho de 2018.

39. NUCCI, Guilherme de Souza. Leis penais e processuais penais comentadas. 4ª Edição revista e ampliada. São Paulo: Editora Revista dos Tribunais, 2009, p. 920.

40. Para Nucci é **crime material**. NUCCI, Guilherme de Souza. Leis penais e processuais penais comentadas. 4ª Edição revista e ampliada. São Paulo: Editora Revista dos Tribunais, 2009, p. 920.

natureza sobre bancos de moluscos ou corais, devidamente demarcados em carta náutica).

Objeto jurídico: Visa tutelar à preservação de bancos de moluscos ou corais, devidamente demarcados em carta náutica.

Objeto material: Fauna aquática.

Sujeito ativo: Qualquer pessoa.

Sujeito passivo: A Sociedade; A Coletividade.

Elemento subjetivo: É o dolo com a vontade livre e consciente de produzir o resultado. Não se exige elemento específico e nem há modalidade culposa.

Consumação: Se dá com a prática da conduta fundear que independerá de resultado no mundo naturalístico. Por isso é crime formal.

Tentativa: É possível.

Classificação doutrinária: Crime comum; formal; forma ou execução livre; perigo abstrato; comissivo; instantâneo; unissubjetivo; plurissubsistente; doloso; admite tentativa.

Suspensão condicional do processo: É possível a suspensão condicional do processo.

Acordo de Não Persecução Penal: Tem cabimento, se preenchido todos os requisitos legais do art. 28-A, do CPP (incluído pela Lei nº 13.964/19) e não couber transação penal.

> **Art. 34. Pescar em período no qual a pesca seja proibida ou em lugares interditados por órgão competente:**
>
> **Pena - detenção de um ano a três anos ou multa, ou ambas as penas cumulativamente.**

Verbo nuclear: O verbo nuclear do tipo objetivo é *pescar* que pode ter o significado (de apanhar da água o peixe ou crustáceo; colher na água, como se apanha o peixe). Há quem defenda que esta conduta não poderia ter este significado, pois ela já está delineada, no art. 36 da Lei do Meio Ambiente, onde se leva em consideração os atos tendentes a retirar, extrair, coletar, apanhar, apreender ou capturar espécimes dos grupos dos peixes, crustáceos, moluscos e vegetais hidróbios, suscetíveis ou não de aproveitamento econômico, ressalvadas as espécies ameaçadas de extinção, constantes nas listas oficiais da fauna e da flora (Roberto Delmanto; Roberto Delmanto Junior e Fabio M. de Almeida Delmanto[41]). De qualquer forma, entendemos que a pesca que se incrimina aqui é no sentido do inicialmente exposto em que aquela conduta se realiza em período no qual a pesca seja proibida ou em lugares interditados (vedados) por órgão competente.

Objeto jurídico: Protege-se ao Meio Ambiente, e em especial o equilíbrio ecológico e a preservação da fauna aquática.

Objeto material: É a fauna aquática.

Sujeito ativo: Qualquer pessoa.

Sujeito passivo: A Sociedade; A Coletividade; O Estado.

Elemento subjetivo: É o dolo com a vontade livre e consciente de dirigir a conduta para o fim de pescar em período no qual a pesca seja proibida ou em lugares interditados por órgão competente. Não se exige elemento subjetivo específico e nem existe punição de modalidade culposa.

Elemento normativo do tipo: As expressões **"pesca seja proibida" ou "em lugares interditados por órgão competente"** reclamam complemento normativo que devem ser buscados em diplomas normativos que disciplinam a matéria. Há doutrina que cita isso como **norma penal em branco**[42].

As Portarias e outros atos normativos, geralmente, são baixados em conjuntos pelo IBAMA e por órgãos ambientais de diversos Estados sobre a pesca, que podem ser diplomas normativos temporários ou não, a determinados locais. Os sites do IBAMA e do respectivo órgão ambiental da unidade federativa costumam dar as informações detalhadas sobre essa situação.

Consumação: O assunto é controvertido, pois alguns sustentam ser crime formal e outros argumentam que se trataria de crime material. Para a corrente do crime formal bastaria a conduta, sem necessidade do resultado naturalístico, onde a tentativa não existiria. De outro lado, para a corrente do crime material seria necessário à ocorrência do resultado com a pesca efetiva, admitindo-se a "conatus". A doutrina de Roberto Delmanto, Roberto Delmanto Junior e Fábio Delmanto não admite a tentativa[43];

41. Op cit. p. 455.

42. NUCCI, Guilherme de Souza. Leis penais e processuais penais comentadas. 4ª Edição revista e ampliada. São Paulo: Editora Revista dos Tribunais, 2009, p. 921.

43. DELMANTO, Roberto. Leis penais especiais comentadas. Rio de Janeiro: Editora Renovar, 2006, p. 455.

Luiz Flávio Gomes e Silvio Maciel[44] também não admitem a tentativa. Na mesma esteira é a doutrina de Vladimir Passos de Freitas e Gilberto Passos de Freitas que sustentam não existir a tentativa. Já Guilherme de Souza Nucci[45]e Luiz Regis Prado[46] admitem a tentativa. Na jurisprudência, entende que o crime é formal, logo, não existiria a tentativa.

Tentativa: Vide os comentários anteriores na consumação.

Classificação doutrinária: Crime comum; formal (ou material a depender da corrente a adotar); forma ou execução livre; perigo abstrato; comissivo; unissubjetivo; plurissubsistente; doloso; não admite tentativa (ou admite a tentativa a depender da corrente a adotar).

Confronto: Se for cetáceo[47], a Lei nº 7.643/1987 encontra-se em vigor, onde responsabiliza criminalmente quem pesca ou de qualquer forma pratica o molestamento intencional de todas as espécie de cetáceo nas águas brasileiras jurisdicionais.

Com relação aos cetáceos muito cuidado: Luiz Regis Prado e Édis Milaré entendem que este delito de pesca ou de qualquer forma pratica o molestamento intencional de todas as espécies de cetáceo nas águas brasileiras jurisdicionais foi revogado pela Lei nº 9.605/1998. Já Vladimir e Gilberto Passos de Freitas[48] e Roberto Delmanto[49] entendem que este delito de pesca ou de qualquer forma pratica o molestamento intencional de todas as espécie de cetáceo nas águas brasileiras jurisdicionais está em vigor. Em que pese a rusga, o STJ já deliberou que o artigo está em vigor (STJ, HC 19.279/SC, rel. Ministro Gilson Dipp, DJU 10.03.2003).

Suspensão condicional do processo: É possível a suspensão condicional do processo.

Acordo de Não Persecução Penal: Tem cabimento, se preenchido todos os requisitos legais do art. 28-A, do CPP (incluído pela Lei nº 13.964/19) e não couber transação penal.

Ação penal: Ação penal pública incondicionada.

Jurisprudência e insignificância: A Quinta Turma do STJ afastou recentemente o princípio da insignificância na apreensão de uma dúzia de camarões. Vejamos:

> "A Quinta Turma do STJ afastou recentemente o princípio da insignificância na apreensão de uma dúzia de camarões.
>
> Por unanimidade de votos, a Quinta Turma do Superior Tribunal de Justiça (STJ) não acolheu pedido de aplicação do princípio da insignificância em ato de pesca proibida, no qual dois pescadores foram surpreendidos com uma dúzia de camarões.
>
> De acordo com o processo, os dois homens denunciados pela prática de crime ambiental, além de estar pescando em período de defeso, utilizavam uma rede de uso proibido, conhecida como "coca".
>
> A denúncia foi rejeitada em primeira instância, por aplicação do princípio da insignificância. O Tribunal Regional Federal da 4ª Região (TRF4), entretanto, reformou a decisão sob o fundamento de não ser possível a aplicação da bagatela aos crimes ambientais.
>
> Segundo o acórdão, "o delito previsto no artigo 34, *caput*, da Lei 9.605/98 perfectibiliza-se com qualquer ato tendente à captura de espécimes ictiológicos, **considerado crime formal** e, por conseguinte, independe de resultado naturalístico, prescindindo de efetivo dano ambiental para sua configuração".
>
> No STJ, o relator, ministro Ribeiro Dantas, reconheceu que o fundamento apresentado pelo TRF4 já se encontra superado na corte. Segundo ele, a jurisprudência do tribunal admite a possibilidade de aplicação da insignificância aos delitos ambientais quando demonstrada a ínfima ofensividade ao bem ambiental tutelado, mesmo quando a conduta tenha ocorrido durante o período de defeso.
>
> O ministro destacou, no **entanto, vários julgados da corte nos quais a insignificância foi afastada diante da utilização de petrechos proibidos ou da apreensão do pescado no momento do flagrante**.
>
> 'No caso dos autos, os agentes estavam ´pescando em época e com petrechos proibidos´, havia na rede dois espécimes de camarão, ´e aproximadamente outros dez em uma bacia´. Portanto, como visto, não é o caso de se aplicar o princípio da insignificância', concluiu o relator" [grifos nossos]. (Fonte:<<http://www.stj.jus.br/sites/STJ/default/pt_BR/Comunica%C3%A7%C3%A3o/noticias/Not%C3%ADcias/Quinta-Turma-afasta-princ%C3%ADpio-da-insignific%C3%A2ncia-na-apreens%C3%A3o-de-uma-d%C3%BAzia-de-camar%C3%B5es>>. Disponível em 17 de julho de 2018).

Parágrafo único. Incorre nas mesmas penas quem:

I - pesca espécies que devam ser preservadas ou espécimes com tamanhos inferiores aos permitidos;

II - pesca quantidades superiores às permitidas, ou mediante a utilização de aparelhos, petrechos, técnicas e métodos não permitidos;

44. Op cit. 885.
45. Op cit. 922.
46. Prado, Luiz Regis. Direito Penal do Ambiente. São Paulo: Ed. RT, 2005, p.266.
47. **Cetáceos** é mamífero aquático, como a baleia, golfinho, cachalote.
48. Op cit. 272-276.
49. Op cit. 455.

Verbo nuclear: A conduta é equiparada a "**pescar**", cujo conceito se extrai do art. 36, da Lei em estudo, e pressupõe que a pesca se dá em períodos e locais permitidos. Nos incisos I e II, a conduta é equiparada a pescar, cujo conceito se extrai do art. 36, da Lei em estudo, e como já dito, pressupõe que a pesca se dá em períodos e locais permitidos, todavia, o agente:

1) pesca espécies que devam ser preservadas;

2) pesca espécimes com tamanhos inferiores aos permitidos;

3) pesca quantidades superiores às permitidas;

4) pesca mediante a utilização de aparelhos, petrechos, técnicas e métodos não permitidos (exemplos: anzóis de galho, redes de malha fina, espinhéis etc.);

Objeto jurídico: É a proteção ao meio ambiente.

Objeto material: Espécime protegido ou com tamanho incompatível no que toca à fauna aquática.

Sujeito ativo: Qualquer pessoa.

Sujeito passivo: A Sociedade; A Coletividade; O Estado.

Elemento subjetivo: É o dolo com a vontade livre e consciente de dirigir a conduta para o fim de pescar: 1) pesca espécies que devam ser preservadas; 2) pesca espécimes com tamanhos inferiores aos permitidos; 3) pesca quantidades superiores às permitidas; e 4) pesca mediante a utilização de aparelhos, petrechos, técnicas e métodos não permitidos. Há doutrina que admite o dolo eventual (indireto).

Elemento normativo do tipo: As expressões "**pesca espécies que devam ser preservadas ou espécimes com tamanhos inferiores aos permitidos; pesca quantidades superiores às permitidas, ou mediante a utilização de aparelhos, petrechos, técnicas e métodos não permitidos**", reclamam complemento normativo que devem ser buscados em diplomas normativos que disciplinam a matéria, onde disporão:

1) as espécies que devam ser preservadas;

2) as espécimes com tamanhos inferiores aos permitidos;

3) as quantidades superiores às permitidas;

4) a utilização de aparelhos, petrechos, técnicas e métodos não permitidos.

Há doutrina que cita isso como **norma penal em branco**[50].

Fato atípico: Obviamente, estando em conformidade com os diplomas normativos, pensamos ser o fato atípico.

Consumação: O assunto é controvertido, pois alguns sustentam ser crime formal e outros argumentam que se trataria de crime material. Para a corrente do crime formal bastaria a conduta, sem necessidade do resultado naturalístico, onde a tentativa não existiria. De outro lado, para a corrente do crime material seria necessário à ocorrência do resultado com a pesca efetiva, admitindo-se a "conatus". Ainda há doutrina sustentando que além da ação, teria que haver a omissão do agente em não devolver a espécime pescada em desacordo com a lei, com vida ainda ao seu habitat e tem doutrina que entende isso não ser necessário, pois quem age desta forma, deixa nítido que já age sabendo que está em desconformidade com a lei.

Tentativa: Vide os comentários anteriores na consumação.

Erro de tipo e o erro sobre a ilicitude do fato: O erro de tipo e o erro sobre a ilicitude do fato podem ocorrer, com as suas consequências jurídicas de excluir o dolo, ou isentar ou acarretar à diminuição da pena, respectivamente.

Classificação doutrinária: Crime comum; formal (ou material a depender da corrente a adotar); forma ou execução livre; perigo abstrato; comissivo; unissubjetivo; plurissubsistente; doloso; não admite tentativa (ou admite a tentativa a depender da corrente a adotar).

Confronto: Se houver conflito com art. 35, da Lei do Meio Ambiente, incidirá este quanto ao inciso II, parágrafo único, do art. 34, da Lei em comento.

Suspensão condicional do processo: É possível a suspensão condicional do processo.

Acordo de Não Persecução Penal: Tem cabimento, se preenchido todos os requisitos legais do art. 28-A, do CPP (incluído pela Lei nº 13.964/19) e não couber transação penal.

Ação penal: Ação penal pública incondicionada.

---

50. NUCCI, Guilherme de Souza. Leis penais e processuais penais comentadas. 4ª Edição revista e ampliada. São Paulo: Editora Revista dos Tribunais, 2009, p. 921.

III - transporta, comercializa, beneficia ou industrializa espécimes provenientes da coleta, apanha e pesca proibidas.

Verbos nucleares: Os verbos nucleares são *transportar, comercializar, beneficiar* ou *industrializar. Transportar* corresponde (levar de um lugar para outro; conduzir ou passar de um lugar para outro; trasladar). *Comercializar* significa (apresentar algo para ser objeto de negociação; tornar comercial; colocar no comércio). *Beneficiar* consiste (em dar condições para consumo; fazer benefício a; favorecer; melhorar). *Industrializar* é (fazer o aproveitamento da matéria-prima da indústria; dar caráter de industrial a, tornar industrial [transformar matérias-primas em bens de consumo ou de produção]; tornar-se industrial). A conduta de *transportar, comercializar, beneficiar* ou *industrializar* espécimes provenientes da coleta, apanha e pesca proibida, não se limita ao inciso III, do tipo penal, pois depende da conjugação dos incisos I e II, do parágrafo único, do art. 34 da Lei do Meio Ambiente. Assim, os incisos I e II, do parágrafo único, do art. 34 da Lei do Meio Ambiente estariam abrangidos dentro destas condutas, ou seja, o agente que transporta, comercializa, beneficia ou industrializa espécimes provenientes da coleta, apanha e pesca proibidas também de espécimes pescadas em épocas ou locais interditados; espécimes preservadas ou espécimes pescadas em tamanhos inferiores cometeriam este crime. Em outras palavras, este tipo é consequência dos demais incisos anteriores (incisos I e II).

Como se pode ver, as condutas do injusto penal em exame são plurinucleares, tipo misto alternativo; crime de ação múltipla ou ação/tipo/crime/delito de conteúdo variado. A ocorrência de mais de uma dessas condutas no mesmo contexto fático não ensejará novo crime, caracterizando tão somente crime único e eventualmente, poderão servir para dosimetria de pena no art. 6º da Lei do Meio Ambiente e art. 59, do CPB.

Objeto jurídico: Protege-se ao Meio Ambiente, e em especial o equilíbrio ecológico e a preservação da fauna aquática.

Objeto material: Espécime colhida de maneira ilegal.

Sujeito ativo: Qualquer pessoa que não seja o pescador. Pune-se a ação de terceiros que não é o pescador.

Sujeito passivo: A Sociedade; A Coletividade; O Estado.

Elemento subjetivo: É o dolo com a vontade livre e consciente de dirigir a conduta para o fim de transportar, comercializar, beneficiar ou industrializar espécimes provenientes da coleta, apanha e pesca proibidas. Não há elemento específico e nem forma culposa.

Elemento normativo do tipo: A expressão **"pesca proibidas"**, reclama complemento normativo que deve ser buscado em diplomas normativos que disciplinam a matéria, onde disporão as hipóteses de pesca permitida. Há doutrina que cita isso como **norma penal em branco**[51].

Fato atípico: Obviamente, estando em conformidade com os diplomas normativos, pensamos ser o fato atípico.

Erro de tipo e o erro sobre a ilicitude do fato: O erro de tipo e o erro sobre a ilicitude do fato podem ocorrer, com as suas consequências jurídicas de excluir o dolo, ou isentar ou acarretar à diminuição da pena, respectivamente.

Confronto: Se houver conflito deste inciso III, do parágrafo único, do art. 34, da Lei em comento quanto ao art. 180, do Código Penal Brasileiro, incidirá aquele pelo princípio da especialidade.

Consumação: Com a prática de qualquer das condutas no inciso III, do parágrafo único, do art. 34, da Lei do Meio Ambiente.

Tentativa: É possível.

Classificação doutrinária: Crime comum; material; forma ou execução livre; perigo abstrato; comissivo; instantâneo nos verbos "comercializar", "beneficiar" ou "industrializar" e permanente na modalidade "transportar"; unissubjetivo; plurissubsistente; doloso; admite tentativa.

Suspensão condicional do processo: É possível a suspensão condicional do processo.

Acordo de Não Persecução Penal: Tem cabimento, se preenchido todos os requisitos legais do art. 28-A, do CPP (incluído pela Lei nº 13.964/19) e não couber transação penal.

Ação penal: Ação penal pública incondicionada.

---

51. NUCCI, Guilherme de Souza. Leis penais e processuais penais comentadas. 4ª Edição revista e ampliada. São Paulo: Editora Revista dos Tribunais, 2009.

Art. 35. Pescar mediante a utilização de:

I - explosivos ou substâncias que, em contato com a água, produzam efeito semelhante;

II - substâncias tóxicas, ou outro meio proibido pela autoridade competente:

Pena - reclusão de um ano a cinco anos.

Verbo nuclear: A conduta nuclear *pescar* é definida pelo art. 36, da Lei em cartaz, onde se leva em consideração os atos tendentes (a retirar, extrair, coletar, apanhar, apreender ou capturar espécimes dos grupos dos peixes, crustáceos, moluscos e vegetais hidróbios, suscetíveis ou não de aproveitamento econômico, ressalvadas as espécies ameaçadas de extinção, constantes nas listas oficiais da fauna e da flora).

Objeto jurídico: Protege-se ao Meio Ambiente, com ênfase no equilíbrio ecológico e a preservação da fauna aquática.

Objeto material: Fauna aquática.

Sujeito ativo: Qualquer pessoa.

Sujeito passivo: A Sociedade; A Coletividade; O Estado.

Revogação tácita: O dispositivo em exame revogou tacitamente o art. 27, § 3º, da Lei nº 5.197/1967 que responsabilizava penalmente a pesca predatória com instrumento proibido como explosivo, erva ou substância química de qualquer natureza. Outrossim, revogou o art. 8º, da Lei nº 7.679/1988 que responsabilizava criminalmente a pesca com uso de explosivos ou substância que, em contato com a água, produzam efeito semelhante ou com substância tóxica.

Elemento subjetivo: É o dolo com a vontade livre e consciente de dirigir a conduta para o fim de pescar mediante a utilização de explosivos ou substâncias que, em contato com a água, produzam efeito semelhante e substâncias tóxicas, ou outro meio proibido pela autoridade competente. Não há elemento específico e nem forma culposa.

Consumação: O crime se consuma com a prática das condutas, independentemente de haver a efetiva apanha ou retirada de peixe ou outra espécime aquática dentro do âmbito de proteção da norma. É crime formal (ou material[52] a depender da corrente a adotar). Se encampar a tese do crime material, deve considerar para fins de consumação, a retirada efetiva de peixe ou outra espécime aquática dentro do âmbito de proteção da norma.

Tentativa: Uma corrente que sustenta o dispositivo em tela ser crime formal, entende inadmissível a tentativa (doutrina de Luiz Flávio Gomes e Silvio Maciel[53] não admite a tentativa). Há ainda doutrina advogando o crime formal, mas que por ser plurissubsistente seria possível a tentativa, já que se fragmentaria o "iter criminis" (Roberto Delmanto, Roberto Delmanto Junior e Fábio Delmanto[54] admite a tentativa com essa tese). Já com outro fundamento embora o resultado seja o mesmo, Guilherme de Souza Nucci[55], admite a tentativa, por ser crime material e plurissubsistente.

Concurso de crimes: A depender da hipótese, o agente criminoso poderá responder pelos crimes do art. 34 e art. 35, da Lei nº 9.605/1998. Exemplo trabalhado é do pescador que realiza pesca em período proibido e usa explosivo. Neste caso responde em concurso formal de crimes.

Se a conduta do art. 35 da Lei nº 9.605/1998 colocar em perigo a vida, a integridade física ou patrimônio de alguém, o agente responderá pelo crime do art. 251, do CPB (crime de explosão) ou art. 252, do CPB (crime de uso de gás tóxico ou asfixiante).

Confronto: Se for cetáceo[56], a Lei nº 7.643/1987 encontra-se em vigor, onde responsabiliza criminalmente quem pesca ou de qualquer forma pratica o molestamento intencional de todas as espécies de cetáceo nas águas brasileiras jurisdicionais.

Com relação aos cetáceos muito cuidado: Luiz Regis Prado e Édis Milaré entendem que este delito de pesca ou de qualquer forma pratica o molestamento intencional de todas as espécies de cetáceo nas águas brasileiras jurisdicionais foi revogado pela Lei nº 9.605/1998. Já Vladimir e Gilberto Passos de Freitas[57]e Roberto Delmanto-[58]entendem que este delito de pesca ou de qualquer forma pratica o molestamento intencional de

52. NUCCI, Guilherme de Souza. Leis penais e processuais penais comentadas. 4ª Edição revista e ampliada. São Paulo: Editora Revista dos Tribunais, 2009, p. 924.

53. Op cit. 887.

54. DELMANTO, Roberto. Leis penais especiais comentadas. Rio de Janeiro: Editora Renovar, 2006, p. 459.

55. Op cit. 924.

56. **Cetáceo** é mamífero aquático, como a baleia, golfinho, cachalote.

57. Op cit. 272-276.

58. Op cit. 455.

todas as espécies de cetáceo nas águas brasileiras jurisdicionais está em vigor. Em que pese a rusga doutrinária, o STJ já deliberou que o artigo está em vigor (STJ, HC 19.279/SC, rel. Ministro Gilson Dipp, DJU 10.03.2003).

Classificação doutrinária: Crime comum; formal (ou material a depender da corrente a adotar); forma ou execução vinculada; perigo abstrato; comissivo; instantâneo; unissubjetivo; plurissubsistente; doloso; não admite tentativa (ou admite a tentativa a depender da corrente a adotar).

Suspensão condicional do processo: É possível a suspensão condicional do processo.

Acordo de Não Persecução Penal: Tem cabimento, se preenchido todos os requisitos legais do art. 28-A, do CPP (incluído pela Lei nº 13.964/19) e não couber transação penal.

Ação penal: Ação penal pública incondicionada.

Art. 36. Para os efeitos desta Lei, considera-se pesca todo ato tendente a retirar, extrair, coletar, apanhar, apreender ou capturar espécimes dos grupos dos peixes, crustáceos, moluscos e vegetais hidróbios, suscetíveis ou não de aproveitamento econômico, ressalvadas as espécies ameaçadas de extinção, constantes nas listas oficiais da fauna e da flora.

Comentários: Estamos diante de uma norma penal explicativa, que complementa as normas penais em branco que se reportam à pesca, como são os casos do art. 34 e 35, da Lei nº 9.605/1998.

O conceito de pesca trazido pela da Lei nº 9.605/1998 se aproxima bastante do art. 1º do Decreto-Lei nº 221/1967 (Código de Pesca) que traz à definição sobre pesca.

O legislador ordinário considera-se para os efeitos desta Lei que pesca é "todo ato tendente a retirar, extrair, coletar, apanhar, apreender ou capturar espécimes dos grupos dos peixes, crustáceos, moluscos e vegetais hidróbios, suscetíveis ou não de aproveitamento econômico, ressalvadas as espécies ameaçadas de extinção, constantes nas listas oficiais da fauna e da flora".

Esse conceito é restritivo e deve se aplicar apenas para os fatos desta lei, não servindo para aplicação de outras legislações extravagantes.

Art. 37. Não é crime o abate de animal, quando realizado:

Comentários: O art. 37 da Lei nº 9.605/1998 preconiza 3 (três) hipóteses de exclusão de ilicitude ou de tipicidade de crimes contra a fauna.

Em que pese essas excludentes tenham aplicabilidade tão somente aos crimes contra a fauna, não há óbice de que para os outros delitos previstos nesta lei sejam aplicadas as descriminantes do Código Penal Brasileiro, como estado de necessidade, estrito cumprimento do dever legal, exercício regular de direito e legítima defesa.

I - em estado de necessidade, para saciar a fome do agente ou de sua família;

Comentários: O legislador previu o estado de necessidade, acrescentando "para saciar a fome do agente ou de sua família".

Se o abate for mediante uso de arma de fogo portada ilegalmente, o agente pode responder pela Lei nº 10.826/2003. Cumpre lembrar que, os moradores de áreas rurais, maiores de 25 (vinte e cinco) anos, que comprovarem a necessidade de arma para proverem a subsistência alimentar familiar, devem obter porte de caçador junto à Polícia Federal.

Crítica: Há doutrina que critica, pois seria desnecessária esta previsão diante da existência do mesmo instituto no Código Penal Brasileiro (art. 24) que prevê o estado de necessidade para "salvar de perigo atual direito próprio ou alheio, cujo sacrifício não é razoável exigir".

II - para proteger lavouras, pomares e rebanhos da ação predatória ou destruidora de animais, desde que legal e expressamente autorizado pela autoridade competente;

Comentários: O legislador previu outra excludente de ilicitude ou de tipicidade consistente, colimando o abate de animal de ação predatória ou destruidora para proteger lavouras, pomares e rebanhos, desde que legal e expressamente autorizado pela autoridade competente.

Parte da doutrina aborda que esta autorização deve ser individual, onde o agente deve providenciá-la junto ao órgão ambiental competente[59], assim como há doutrina advogando a tese de que as autorizações não cingem apenas em autorizações individuais, mas em atos normativos impessoais (gerais)[60].

Se o animal for nocivo (com definição em ato legal) o agente pode ser beneficiado pela excludente ainda que não esteja autorizado a abater o animal.

Crítica: Há doutrina que critica essa disposição, pois estaríamos diante de um estado de necessidade em que é necessária a autorização prévia da autoridade competente, pois se um animal é abatido quando coloca o patrimônio, fonte de sobrevivência do sitiante, em risco de dano, é intuitivo estarmos diante do estado de necessidade justificante. Demandar autorização nesta situação seria dar carta branca para que o rebanho, por exemplo fosse dizimado até sair a autorização prévia, sabendo da grande burocracia e do demasiado tempo para se obter o expediente.

III - (VETADO)

IV - por ser nocivo o animal, desde que assim caracterizado pelo órgão competente.

Comentários: Se o animal for nocivo (com definição em ato legal) o agente pode ser beneficiado pela excludente em regra, mas há doutrina que vai mais longe dizendo que ainda sim o agente pode se valer da benesse em tela mesmo que não esteja autorizado a abater o animal, bastando para tanto que o animal nocivo esteja listado em ato normativo.

Críticas: Há doutrina que critica essa disposição, pois estaríamos mais uma vez diante de um estado de necessidade em que é necessária a autorização prévia da autoridade competente, pois se um animal é nocivo não é lógico ter autorização prévia para afastar o potencial causador do dano, o que vai contra a própria lógica do estado de necessidade, porquanto o agente nesta situação deve matar, apanhar ou afugentar o animal nocivo de qualquer modo, sem aguardar qualquer tipo de avaliação e autorização prévia do órgão ambiental competente, para "salvar de perigo atual direito próprio ou alheio, cujo sacrifício não é razoável exigir", sabendo da grande burocracia e do demasiado tempo para se obter qualquer expediente ambiental em nosso país. Há outra crítica também de que não existem animais nocivos, já que todos possuiriam uma função e utilidade no sistema ambiental, em vista do equilíbrio e da cadeia alimentar.

Seção II

Dos Crimes contra a Flora

Comentários: Flora é o conjunto das espécies vegetais existentes em determinada região.

Art. 38. Destruir ou danificar floresta considerada de preservação permanente, mesmo que em formação, ou utilizá-la com infringência das normas de proteção:

Pena - detenção, de um a três anos, ou multa, ou ambas as penas cumulativamente.

Verbos nucleares: Os verbos nucleares são *destruir, danificar* e *utilizar. Destruir* é (extinguir; danificar integralmente; fazer desaparecer; aniquilar; eliminar; arruinar). *Danificar* significa (deteriorar ou danificar parcialmente; estragar; causar danos; prejudicar). *Utilizar* é (fazer uso; empregar; é tornar útil; servir-se de; tirar proveito de). É irrelevante a obtenção da vantagem econômica auferida para fins de configurar o crime, embora possa ser dosada na pena.

Revogação tácita: O art. 38 da Lei nº 9.605/1998 revogou tacitamente o art. 26, alínea "a", da Lei nº 4.771/1965 (Código Florestal) – que era tido como uma contravenção de conduta semelhante.

Objeto jurídico: É a proteção ao meio ambiente, com ênfase na proteção de florestas de preservação permanente, ainda que esteja em formação.

Objeto material: Floresta de preservação permanente.

Sujeito ativo: Qualquer pessoa.

Sujeito passivo: A Sociedade; A Coletividade; O Estado.

Elemento subjetivo: É o dolo com a vontade livre e consciente de dirigir a conduta para o fim **de destruir ou danificar floresta considerada de preservação permanente, mesmo que em formação, ou utilizá-la com infringência das normas de proteção.** Não se exige elemento subjetivo específico e há previsão de modalidade culposa no art. 38, parágrafo único, da Lei nº 9.605/1998.

59. PRADO, Luiz Regis. Direito Penal do Ambiente, p. 241; Delmanto, Roberto et all, op. cit, p. 460.

60. Luiz Flávio Gomes e Silvio Maciel, op. cit, p. 891.

Elemento normativo do tipo: As expressões "**floresta considerada de preservação permanente, mesmo que em formação, ou utilizá-la com infringência das normas de proteção**", reclamam complementos normativos que devem ser buscados em diplomas normativos que disciplinam a matéria, onde disporão às definições. Há doutrina que cita isso como **norma penal em branco**[61].

Florestas são grandes extensões de área constituídas (encobertas) por árvores de grande porte.

As florestas de preservação permanente são espécies do gênero áreas de preservação permanente (APPs) estatuídas no art. 2º e art. 3º, ambos da Lei nº 4.771/1965 (Código Florestal).

As áreas de preservação permanente podem ser estatuídas por determinação legal ou por ato do poder público federal, estadual ou municipal ou distrital (lei o ato administrativo). Essas áreas podem ser públicas ou privadas.

Não é demais lembrar que há situações excepcionais em que o Código Florestal e a Resolução do CONAMA nº 369/2006 permitem a supressão total ou parcial das florestas, mediante autorização prévia do Poder Público (art. 3º, § 1º, da Lei 4.771/1965), com a realização de obras e serviços sem incorrer no crime do art. 38, da Lei em comento (art. 4º, §§ 1 a 7º, da Lei nº 4.771/1965, com redação dada pela Medida Provisória nº 2.166-67/2001). Sobre a Medida Provisória nº 2.166-67/2001, convém ressaltar que foi objeto da ADI nº 3.540, onde o STF considerou constitucional a Medida Provisória – reconhecendo ser lícito ao Poder Público autorizar, licenciar ou permitir a execução de obras e/ou realização de serviços e obras de serviços em espaços territoriais especialmente protegidos. Após, essa decisão sobreveio a Resolução do CONAMA nº 369/2006 regulamentando outras situações.

O Novo Código Florestal também veio na mesma direção de se permitir a supressão total ou parcial das florestas, mediante autorização prévia do Poder Público[62].

Obviamente, estando em desconformidade com os diplomas normativos quanto às normas de proteção se terá o crime. De outra parte, não se enquadrando nas definições de floresta de preservação permanente, pensamos ser o fato atípico ou enquadrar, eventualmente, em outro tipo penal.

Florestas em áreas indígenas: São também consideradas de preservação permanente (art. 3º, §2º, da Lei 4.771/1965) e podem ser exploradas pela própria comunidade indígena. Pode ocorrer supressão para execução de obras, projetos, planos e atividades de utilidade pública ou interesse social, que necessitam de autorização do órgão competente.

Florestas de preservação permanente em formação: É aquela que está se formando e apenas a perícia que poderá determinar se a vegetação em formação possui ou não características de floresta para fins de incidência do crime em estudo.

Florestas artificiais de preservação permanente: As florestas artificiais (formadas por florestamento ou reflorestamento) podem ser declaradas de preservação permanente e vir a ser objeto material do crime do art. 38 da Lei do Meio Ambiente.

61. NUCCI, Guilherme de Souza. Leis penais e processuais penais comentadas. 4ª Edição revista e ampliada. São Paulo: Editora Revista dos Tribunais, 2009, p. 929.

62. O Supremo Tribunal Federal (STF) concluiu recentemente (2018) o julgamento sobre o novo Código Florestal (Lei 12.651/2012). Na ocasião reconheceu a validade de vários dispositivos, declarando alguns trechos inconstitucionais e atribuindo interpretação conforme a outros ítens. O tema foi abordado no julgamento conjunto da Ação Declaratória de Constitucionalidade (ADC) 42 e das Ações Diretas de Inconstitucionalidade (ADIs) 4901, 4902, 4903 e 4937.
Um dos pontos mais discutidos sobre a lei foi a questão da "anistia" conferida aos proprietários que aderirem ao Programa de Regularização Ambiental (PRA). Segundo a lei, quem adere a programa não fica sujeito a sanções referentes a infrações cometidas antes do marco temporal de 22 de junho de 2008. O entendimento da Corte foi de que o caso não configura anistia, uma vez que os proprietários continuam sujeitos a punição na hipótese de descumprimento dos ajustes firmados nos termos de compromisso. A regra prevista na norma teria, na verdade, a finalidade de estimular a recuperação de áreas degradadas. O ponto recebeu interpretação conforme do STF a fim de afastar o risco de prescrição ou decadência da punibilidade no decurso do termo de compromisso assumido pelo proprietário.
Houve ainda a declaração de inconstitucionalidade de dispositivos relativos ao entorno de nascentes e olhos d'água intermitentes. Foi atribuída interpretação conforme a Constituição Federal à norma para que essas áreas sejam consideradas de proteção permanente e de preservação ambiental.
Outro ponto da abordado pelo STF foi com relação à intervenção excepcional em Áreas de Preservação Permanente. Nesse caso, foram reduzidas as hipóteses de intervenção previstas na lei. Ficou determinado que a **intervenção por interesse social ou utilidade pública fica condicionado à inexistência de alternativa técnica ou locacional à atividade proposta. Foi reduzindo também o rol de casos de utilidade pública previstos, de forma a excluir a hipótese de obras voltadas à gestão de resíduos e vinculadas à realização de competições esportivas** (Fonte - disponível em:<<**http://www.stf.jus.br/portal/cms/verNoticiaDetalhe.asp?idConteudo=370937**>>. Acesso em18 de julho de 2018).

Consumação: O crime se consuma com a destruição e danificação ou com a utilização legal, sendo as duas primeiras condutas crimes materiais e a outra conduta crime formal. Para Guilherme de Souza Nucci todas as modalidades são crimes materiais[63].

Tentativa: O assunto é controvertido. Para uma corrente[64] não é admissível a tentativa, por ser crime unissubsistente (de um ato só). Para outra seria possível a tentativa[65] por ser crime plurissubsistente (vários atos).

Confronto do art. 38 da Lei nº 9.605/1998 e art. 41, parágrafo único, da Lei nº 9.605/1998: Se ocorrer incêndio culposo na floresta de preservação permanente – que constitui um dos meios de destruir ou danificar a floresta – configura o art. 41, parágrafo único, da Lei nº 9.605/1998.

Confronto do art. 38 da Lei nº 9.605/1998 e art. 40, da Lei nº 9.605/1998: Caso o dano causado seja dirigido as Florestas Nacionais, pertencentes ao Poder Público, são unidades de conservação de uso sustentável, caracteriza crime do art. 40, da Lei nº 9.605/1998.

Confronto do art. 38 da Lei nº 9.605/1998 e art. 39, da Lei nº 9.605/1998: Na hipótese de corte de árvore em florestas de preservação permanente, se terá o crime do art. 39 da Lei nº 9.605/1998.

Concurso de crime de furto e art. 38 da Lei nº 9.605/1998: Em caso de subtração em preservação permanente, por exemplo, de pessoas que invadem uma propriedade e de lá subtraem palmito "in natura", com danificação à floresta de várias unidades, se tem o concurso de crimes de furto do art. 38, da Lei em exame, diante de objetos jurídicos diversamente tutelados.

Recomendação de requisição de perícia do porte da árvore: Recomenda-se diante de notícia de possível fato do art. 38 da Lei em tela, que haja requisição de perícia, acerca do porte das árvores alvos de quaisquer das condutas do tipo, porquanto vai indicar se é floresta ou não, porquanto não é qualquer tipo de vegetação que atrai o dispositivo em tela. Em caso negativo de perícia para comprovar o porte grande da árvore para indicar ser floresta, pode acarretar a absolvição, embora isto não implique no descarte da possibilidade de existir outra tipificação penal, a depender da moldura fática.

No sentido implícito da necessidade da perícia[66] para apontar ao porte, citamos o escólio do Tribunal de Justiça de Mato Grosso:

> APELAÇÃO CRIMINAL – CRIME AMBIENTAL (ART. 38 DA LEI N. 9.605/98) – DESTRUIÇÃO OU DANIFICAÇÃO DE FLORESTA CONSIDERADA DE PRESERVAÇÃO PERMANENTE – SENTENÇA ABSOLUTÓRIA – INSURGÊNCIA MINISTERIAL – ALMEJADA CONDENAÇÃO DOS ACUSADOS – IMPERTINÊNCIA – ELEMENTAR DO TIPO PENAL NÃO CARACTERIZADA – INVIABILIDADE DA AMPLIAÇÃO DO CONCEITO NORMATIVO DO DELITO SOB PENA DE OFENSA AO PRINCÍPIO DA LEGALIDADE – APELO DESPROVIDO. Em matéria penal as normas incriminadoras devem ser interpretadas restritivamente. Assim, eventual ampliação do conceito de floresta inserido no preceito incriminador previsto no art. 38 da Lei n. 9.605/985 para que sejam englobados na figura típica os casos de destruição ou danificação de quaisquer outras formas de vegetação violaria o princípio da legalidade, na medida em que se estaria promovendo malfazeja analogia in malam partem, o que é vedado. (TJ-MT - APL: 00010069520098110082188502018 MT, Relator: DES. PEDRO SAKAMOTO, Data de Julgamento: 06/06/2018, SEGUNDA CÂMARA CRIMINAL, Data de Publicação: 14/06/2018)

Em sentido similar, o Superior Tribunal de Justiça já deliberou que:

> *O elemento normativo 'floresta', constante do tipo de injusto do art. 38 da Lei 9.605/98, é a **formação arbórea densa, de alto porte, que recobre área de terra mais ou menos extensa. O elemento central é o fato de ser constituída por árvores de grande porte.** Dessa forma, não abarca a vegetação rasteira". (STJ, Habeas corpus nº. 74.950/SP, rel. Min. Felix Fischer, j. em 21/6/2007).*

Classificação doutrinária: Crime comum; material nas condutas (destruir ou danificar) e formal (na utilizar) (ou material para todas as condutas, a depender da corrente a adotar); forma ou execução livre; perigo abstrato; comissivo; instantâneo nas condutas (destruir ou danificar) e permanente na "utilizar"; unissubjetivo; unissubsistente (ou plurissubsistente a depender da corrente adotada); tipo misto alternativo; doloso; não admite tentativa (ou admite a tentativa a depender da corrente a adotar).

Suspensão condicional do processo: É possível.

63. NUCCI, Guilherme de Souza. Leis penais e processuais penais comentadas. 4ª Edição revista e ampliada. São Paulo: Editora Revista dos Tribunais, 2009, p. 930.
64. DELMANTO, Roberto *et all.* Leis penais especiais comentadas. Rio de Janeiro: Editora Renovar, 2006, p. 462.
65. NUCCI, Guilherme de Souza. Leis penais e processuais penais comentadas. 4ª Edição revista e ampliada. São Paulo: Editora Revista dos Tribunais, 2009, p. 930.
66. Na mesma direção, o TJMT julgou o Recurso de Apelação Criminal (RAC) nº 23937/2017 – 1ª Câmara Criminal. Julgado em 10/06/2017.

Acordo de Não Persecução Penal: Tem cabimento, se preenchido todos os requisitos legais do art. 28-A, do CPP (incluído pela Lei nº 13.964/19) e não couber transação penal.

Ação penal: Ação penal pública incondicionada.

Parágrafo único. Se o crime for culposo, a pena será reduzida à metade.

Comentários: O legislador previu a forma culposa, que advém da imperícia, imprudência ou negligência. Assim, se o crime for culposo, a pena será reduzida à metade.

Art. 38-A. Destruir ou danificar vegetação primária ou secundária, em estágio avançado ou médio de regeneração, do Bioma Mata Atlântica, ou utilizá-la com infringência das normas de proteção: (Incluído pela Lei nº 11.428, de 2006).

Pena - detenção, de 1 (um) a 3 (três) anos, ou multa, ou ambas as penas cumulativamente. (Incluído pela Lei nº 11.428, de 2006).

Verbos nucleares: Os verbos nucleares são *destruir, danificar* e *utilizar. Destruir* é (extinguir; danificar integralmente; fazer desaparecer; aniquilar; eliminar; arruinar). *Danificar* significa (deteriorar ou danificar parcialmente; estragar; causar danos; prejudicar). *Utilizar* é (fazer uso; empregar; é tornar útil; servir-se de; tirar proveito de).

Bioma da Mata Atlântica: O art. 2º da Lei nº 11.428/2006 traz o que tipo de formações florestais e ecossistemas que devem considerados como integrantes do Bioma da Mata Atlântica.

Objeto jurídico: É a proteção ao meio ambiente, com ênfase na tutela da vegetação primária ou secundária, em estágio avançado ou médio de regeneração, do Bioma Mata Atlântica.

Objeto material: Constitui a vegetação do Bioma Mata Atlântica contido no injusto penal.

Sujeito ativo: Qualquer pessoa.

Sujeito passivo: A Sociedade; A Coletividade; O Estado.

Elemento subjetivo: É o dolo com a vontade livre e consciente de dirigir a conduta para o fim de destruir ou danificar vegetação primária ou secundária, em estágio avançado ou médio de regeneração, do Bioma Mata Atlântica, ou utilizá-la com infringência das normas de proteção. Não se exige elemento subjetivo específico e há previsão de modalidade culposa.

Elemento normativo do tipo: As expressões **"vegetação primária" ou "secundária", "em estágio avançado ou médio de regeneração, do Bioma Mata Atlântica"** ou **"com infringência das normas de proteção"**, reclamam complementos normativos que devem ser buscados em diplomas normativos extrapenais que disciplinam a matéria, onde disporão às definições. Há doutrina que cita isso como **norma penal em branco**[67].

Fato atípico: Obviamente, não se enquadrando nas definições de **"vegetação primária" ou "secundária", "em estágio avançado ou médio de regeneração, do Bioma Mata Atlântica"** ou se não existir **"com infringência das normas de proteção"**, pensamos ser o fato atípico ou enquadrar, eventualmente, em outro tipo penal.

Consumação: A consumação se dá à destruição, danificação e utilização da vegetação protegida.

Tentativa: Admite-se.

Classificação doutrinária: Crime comum; material; forma ou execução livre; perigo abstrato; comissivo; instantâneo nas condutas (destruir ou danificar); unissubjetivo; plurissubsistente; tipo misto alternativo; doloso e culposo; admite tentativa.

Suspensão condicional do processo: É possível a suspensão condicional do processo.

Acordo de Não Persecução Penal: Tem cabimento, se preenchido todos os requisitos legais do art. 28-A, do CPP (incluído pela Lei nº 13.964/19) e não couber transação penal.

Ação penal: Ação penal pública incondicionada.

Parágrafo único. Se o crime for culposo, a pena será reduzida à metade. (Incluído pela Lei nº 11.428, de 2006).

Comentários: O dispositivo em análise contempla a previsão de modalidade culposa, em que ocorrendo uma eventual condenação, a pena será reduzida à metade. A forma culposa deriva da imperícia, imprudência ou negligência.

67. NUCCI, Guilherme de Souza. Leis penais e processuais penais comentadas. 4ª Edição revista e ampliada. São Paulo: Editora Revista dos Tribunais, 2009, p. 932.

Art. 39. Cortar árvores em floresta considerada de preservação permanente, sem permissão da autoridade competente:

Pena - detenção, de um a três anos, ou multa, ou ambas as penas cumulativamente.

Verbo nuclear: O verbo é *cortar* (que significa derrubar pelo corte; separar uma parte do todo da árvore). O tipo exige que as árvores sejam vivas, ou seja, em pé e com seiva em floresta de preservação permanente quando da ação delitiva.

Controvérsia sobre o corte único de uma árvore em floresta de preservação permanente: Existe a controvérsia se o corte único de uma árvore em floresta de preservação permanente configura o crime ou não. Há 2 (duas) correntes sobre o tema a saberem:

1ª) Fato atípico, pois o injusto penal fala em árvores, e literalmente o corte apenas de uma não se amoldaria ao crime que exige o plural, ou seja, mais de uma árvore (Luiz Flávio Gomes e Silvio Maciel[68]; Luis Paulo Sirvinskas[69]; Roberto Delmanto[70]).

2ª) Fato típico, porque o emprego do substantivo no plural está ligado ao fato de estar na floresta, reduto em que se terá muitas árvores (Vladimir e Gilberto Passos Freitas[71]; Eládio Lecey[72]).

Há doutrina sustentando que nesse caso seria crime impossível, já que não já o que tutelar.

Objeto jurídico: É a proteção ao meio ambiente, com ênfase na tutela das florestas de preservação permanente.

Objeto material: É a árvore localizada em floresta de preservação permanente.

Sujeito ativo: Qualquer pessoa.

Sujeito passivo: A Sociedade; A Coletividade; O Estado primariamente. De forma secundária podemos ter o proprietário, possuidor e detentor da área onde ocorreu a ação delitiva.

Elemento subjetivo: É o dolo com a vontade livre e consciente dirigida para o fim de cortar árvores em floresta considerada de preservação permanente, sem permissão da autoridade competente.

Elemento normativo do tipo: As expressões **"floresta"**; **"considerada de preservação permanente"** e **"sem permissão da autoridade competente"**, reclamam complementos normativos que devem ser buscados em diplomas normativos diversos ou extrapenais que disciplinam a matéria, onde disporão às definições. Há doutrina que cita isso como **norma penal em branco**[73].

Florestas são grandes extensões de área constituídas (encobertas) por árvores de grande porte.

As florestas de preservação permanente são espécies do gênero áreas de preservação permanente (APPs) estatuídas no art. 2º e art. 3º, ambos da Lei nº 4.771/1965 (Código Florestal).

As áreas de preservação permanente podem ser estatuídas por determinação legal ou por ato do poder público federal, estadual ou municipal ou distrital (lei o ato administrativo). Essas áreas podem ser públicas ou privadas.

Estando em conformidade com os diplomas normativos quanto às definições das expressões e sem que haja permissão, se terá o crime. Noutro giro, obviamente, não se enquadrando nas definições de **"floresta"; "considerada de preservação permanente"** ou caso haja **"permissão da autoridade competente"**, pensamos ser o fato atípico ou enquadrar, eventualmente, em outro tipo penal.

Consumação: A consumação se dá com o corte efetivo de ao menos 2 (duas) árvores, lembrando-se da discussão doutrinária anterior em que para parte da doutrina apenas o corte de 01 (uma) árvore seria suficiente. É crime material.

Tentativa: Admite-se a "conatus".

Confronto: Se o corte se der em florestas de preservação permanente em formação e como o tipo penal não faz alusão "em formação" para fins de incidência penal, haveria o crime do art. 38 da lei em estudo – e não o art. 39 da mesma *lex*, pois o corte se revela como destruição ou danificação.

Mais confronto: Se o agente cortar árvore onde por ato do poder público seja reputada como madei-

68. Op cit. 898.
69. SIRVINSKAS,Luis Paulo. Tutela penal do Meio Ambiente. São Paulo: Saraiva, 2004, p. 157.
70. Op cit. 470.
71. Op cit. 142.
72. LECEY, Eládio. Crimes e contravenções Florestais: o impacto da Lei 9.605/98. São Paulo: RA, 16:36-37, out./dez. 1999.
73. NUCCI, Guilherme de Souza. Leis penais e processuais penais comentadas. 4ª Edição revista e ampliada. São Paulo: Editora Revista dos Tribunais, 2009, p. 932.

ra de lei (madeira nobre) praticará o delito do art. 45, da Lei do Meio Ambiente.

Classificação doutrinária: Crime comum; material; forma ou execução livre; perigo abstrato; comissivo; instantâneo; unissubjetivo; plurissubsistente; doloso; admite tentativa.

Suspensão condicional do processo: É cabível.

Acordo de Não Persecução Penal: Tem cabimento, se preenchido todos os requisitos legais do art. 28-A, do CPP (incluído pela Lei nº 13.964/19) e não couber transação penal.

Ação penal: Ação penal pública incondicionada.

Art. 40. Causar dano direto ou indireto às Unidades de Conservação e às áreas de que trata o art. 27 do Decreto nº 99.274, de 6 de junho de 1990, independentemente de sua localização:

Pena - reclusão, de um a cinco anos.

Verbo nuclear: O verbo é *causar*. *Causar* significa (originar; produzir; dar motivo; iniciar dano direto ou indireto às Unidades de Conservação e às áreas de que trata o art. 27 do Decreto nº 99.274, de 6 de junho de 1990, independentemente de sua localização). As unidades de conservação estão previstas na Lei nº 9.985/2000 e se dividem em unidade de conservação de proteção integral e de uso sustentável. O rol enumerado no art. 40, § 1º e o art. 40-A, § 1º, ambos da Lei do Meio Ambiente é taxativo das unidades de conservação, onde outras unidades de conservação não listadas não estariam protegidas por esses dispositivos legais, sendo nossa posição (No mesmo sentido: Luiz Flávio Gomes e Silvio Maciel). Todavia, há entendimento jurisprudencial (TJSP[74]) e doutrinário (Vladimir e Gilberto Passos de Freitas) admitindo a proteção à parques estaduais e municipais. Não concordamos com essa posição, embora respeitemos, porquanto o legislador quando da reforma da lei suprimiu nas discussões a expressão "parque estadual", quando da alteração, demonstrando que não tinha por objetivo incluir esta proteção, não podendo o intérprete agir como legislador positivo.

Críticas quanto à inconstitucionalidade do dispositivo legal: Devido sua abstratividade, abertura e generalidade da expressão "causar dano direto ou indireto" há vozes ecoando pela inconstitucionalidade do artigo em exame, pois haveria afronta ao princípio da taxatividade.

Objeto jurídico: Cuida-se do meio ambiente, com ênfase das unidades de conservação e as áreas próximas denominadas de circundantes num raio de 10 quilômetros.

Objeto material: É a Unidade de Conservação e as áreas circundantes. Por razões lógicas, o objeto material abrange os componentes das Unidades de Conservação como as estações ecológicas, reservas biológicas, parques nacionais, monumentos naturais e refúgios de vida silvestre.

Sujeito ativo: Qualquer pessoa.

Sujeito passivo: A Sociedade; A Coletividade; O Estado primariamente. De forma secundária podemos ter o proprietário, possuidor e detentor da área onde ocorreu a ação delitiva.

Elemento subjetivo: É o dolo com a vontade livre e consciente dirigida para o fim de causar dano direto ou indireto às Unidades de Conservação e às áreas de que trata o art. 27 do Decreto nº 99.274, de 6 de junho de 1990, independentemente de sua localização. Não há exigência do elemento subjetivo específico do tipo. É prevista a modalidade culposa.

Consumação: A consumação ocorre com a produção de resultado material do dano direto ou indireto dessas unidades de conservação, por ser crime material.

Tentativa: É controvertida em sede doutrinária, havendo vozes para admissibilidade e vozes pela não aceitação da tentativa (Guilherme de Souza Nucci[75]; Luiz Flávio Gomes e Silvio Maciel[76] admitem). Já Roberto Delmanto, Roberto Delmanto Junior e Fabio Delmanto[77] não aceitam.

Classificação doutrinária: Crime comum; material; forma ou execução livre; perigo abstrato; comissivo; instantâneo; unissubjetivo; plurissubsistente; doloso; admite tentativa (ou não admite tentativa, a depender da corrente).

Suspensão condicional do processo: É cabível.

Acordo de Não Persecução Penal: Tem cabimento, se preenchido todos os requisitos legais do

74. RT 794/600 e JTJ 249/455.

75. Op. cit., p. 933.

76. Op. cit.,p. 901.

77. Op. cit.,p. 475.

art. 28-A, do CPP (incluído pela Lei nº 13.964/19) e não couber transação penal.

Ação penal: Ação penal pública incondicionada.

§ 1º Entende-se por Unidades de Conservação de Proteção Integral as Estações Ecológicas, as Reservas Biológicas, os Parques Nacionais, os Monumentos Naturais e os Refúgios de Vida Silvestre. (Redação dada pela Lei nº 9.985, de 2000)

Comentários: O dispositivo em análise nada mais é do que uma norma penal explicativa que vem aclarar o que o legislador entende por Unidades de Conservação de Proteção Integral, sendo as seguintes: **as Estações Ecológicas, as Reservas Biológicas, os Parques Nacionais, os Monumentos Naturais e os Refúgios de Vida Silvestre.**

§ 2º A ocorrência de dano afetando espécies ameaçadas de extinção no interior das Unidades de Conservação de Proteção Integral será considerada circunstância agravante para a fixação da pena. (Redação dada pela Lei nº 9.985, de 2000)

Comentários: Caso ocorra **dano afetando espécies ameaçadas de extinção no interior das Unidades de Conservação de Proteção Integral**, aplica-se esta agravante por ser especialíssima, em vista do art. 15, inciso II, alínea "q", da mesma lei. É necessário cuidado para evitar o odioso "bis in idem", e em caso de conflito deve prevalecer a agravante do § 2º, do art. 40, da Lei do Meio Ambiente, diante da especialidade.

Cuidado: Há doutrina respeitável de Luiz Flávio Gomes e Silvio Maciel[78] que entende que neste caso incide o art. 15, inciso II, alínea "q", da mesma lei.

§ 3º Se o crime for culposo, a pena será reduzida à metade.

Comentários: O dispositivo em análise contempla a previsão de modalidade culposa, em que ocorrendo uma eventual condenação, a pena será reduzida à metade. A forma culposa deriva da imperícia, imprudência ou negligência.

Art. 40-A. (VETADO) (Incluído pela Lei nº 9.985, de 2000)

§ 1º Entende-se por Unidades de Conservação de Uso Sustentável as Áreas de Proteção Ambiental, as Áreas de Relevante Interesse Ecológico, as Florestas Nacionais, as Reservas Extrativistas, as Reservas de Fauna, as Reservas de Desenvolvimento Sustentável e as Reservas Particulares do Patrimônio Natural. (Incluído pela Lei nº 9.985, de 2000)

Comentários: O dispositivo em análise nada mais é do que uma norma penal explicativa que vem aclarar o que o legislador entende por Unidades de Conservação de Uso Sustentável: **as Áreas de Proteção Ambiental, as Áreas de Relevante Interesse Ecológico, as Florestas Nacionais, as Reservas Extrativistas, as Reservas de Fauna, as Reservas de Desenvolvimento Sustentável e as Reservas Particulares do Patrimônio Natural.**

Em tom de repetição, frisamos mais uma vez que, o rol enumerado no art. 40, § 1º e o art. 40-A, § 1º, ambos da Lei do Meio Ambiente é taxativo das unidades de conservação, onde outras unidades de conservação não listadas não estariam protegidas por esses dispositivos legais, sendo nossa posição (No mesmo sentido: Luiz Flávio Gomes e Silvio Maciel). Todavia, há entendimento jurisprudencial (TJSP[79]) e doutrinário (Vladimir e Gilberto Passos de Freitas) admitindo a proteção à parques estaduais e municipais. Não concordamos com essa posição, embora respeitemos, porquanto o legislador quando da reforma da lei suprimiu nas discussões a expressão "parque estadual", quando da alteração, demonstrando que não tinha por objetivo incluir esta proteção, não podendo o intérprete agir como legislador positivo.

§ 2º A ocorrência de dano afetando espécies ameaçadas de extinção no interior das Unidades de Conservação de Uso Sustentável será considerada circunstância agravante para a fixação da pena. (Incluído pela Lei nº 9.985, de 2000)

Comentários: O § 2º, do art. 40, da Lei do Meio Ambiente prevê uma agravante que é aplicada na segunda fase da dosimetria da pena (art. 68 do CPB), em caso de condenação. A agravante tem vida se haver à ocorrência de dano afetando espécies

78. Op. cit., p. 901.

79. RT 794/600 e JTJ 249/455.

ameaçadas de extinção no interior das Unidades de Conservação de Uso Sustentável.

Críticas são lançadas pela doutrina por entender que é previsão desnecessária, já que o art. 15, inciso II, alínea "q", da mesma lei já previa como agravante. É necessário cuidado para evitar o odioso "bis in idem", e em caso de conflito deve prevalecer a agravante do § 2º, do art. 40-A, da Lei do Meio Ambiente, diante da especialidade.

§ 3º Se o crime for culposo, a pena será reduzida à metade. (Incluído pela Lei nº 9.985, de 2000)

Comentários: O dispositivo em análise contempla a previsão de modalidade culposa, em que ocorrendo uma eventual condenação, a pena será reduzida à metade. A forma culposa deriva da imperícia, imprudência ou negligência.

Art. 41. Provocar incêndio em mata ou floresta:

Pena - reclusão, de dois a quatro anos, e multa.

Verbo nuclear: O verbo nuclear do tipo penal é *provocar. Provocar* (é ser a causa; motivo de algo; ocasionar; gerar; produzir incêndio em mata ou floresta). **Incêndio** nada mais é do que um fogo intenso forte (ou grande fogo) com o grande poder de destruição e prejuízos de toda ordem. **Florestas** são grandes extensões de área constituídas (encobertas) por árvores de grande porte. Vale ressaltar que, o tipo não faz exigência de florestas de preservação permanente. **Matas** são extensões de terras onde se agrupam árvores nativas ou plantadas.

O laudo pericial é essencial para comprovar a materialidade, possibilitar à reparação e apontar eventual extensão do dano, a fim de ser permitir outras benesses.

Existência de autorização do órgão competente: Havendo a existência de autorização do órgão competente para atear fogo em mata ou floresta para fins agropecuários e florestais, não se terá o crime em cartaz, diante do exercício regular de direito (art. 23, inciso III, do CPB).

Objeto jurídico: Tutela-se a preservação do meio ambiente, com ênfase na proteção das matas e florestas.

Objeto material: Temos a mata ou floresta.

Sujeito ativo: Qualquer pessoa.

Sujeito passivo: A Sociedade; A Coletividade; O Estado primariamente. De forma secundária podemos ter o proprietário, possuidor e detentor da área onde ocorreu a ação delitiva.

Elemento subjetivo: É o dolo com a vontade livre e consciente dirigida para o fim de provocar incêndio em mata ou floresta. Não há exigência do elemento subjetivo específico do tipo. É prevista a modalidade culposa.

Consumação: A consumação ocorre com a produção do incêndio que pode ser parcial ou total, cujos efeitos são de resultado material, por ser crime material. O laudo pericial é essencial tanto ao crime doloso quanto ao culposo.

Tentativa: É controvertida em sede doutrinária, havendo vozes para admissibilidade e vozes pela não aceitação da tentativa. Guilherme de Souza Nucci[80]; Luiz Flávio Gomes e Silvio Maciel[81] admitem. Já Roberto Delmanto, Roberto Delmanto Junior e Fabio Delmanto[82] não aceitam.

Classificação doutrinária: Crime comum; material; forma ou execução livre; perigo abstrato; comissivo; instantâneo; unissubjetivo; plurissubsistente; doloso; admite tentativa (ou não admite tentativa, a depender da corrente).

Confronto do art. 41 da Lei do Meio Ambiente com a contravenção penal do art. 26, alínea 'e', do Código Florestal: A contravenção penal do art. 26, alínea 'e', do Código Florestal incrimina a conduta de "fazer fogo, por qualquer modo, em florestas e demais formas de vegetação, sem tomar as precauções adequadas". A conduta tem uma abrangência menor quanto ao incêndio do art. 41 da Lei do Meio Ambiente, logo, é conduta menos grave, embora a tutela seja idêntica: proteger o meio ambiente. A contravenção penal do art. 26, alínea 'e', do Código Florestal é infração penal de perigo, enquanto o art. 41 da Lei do Meio Ambiente é crime de dano (material). Assim, a contravenção penal em nossa opinião está em vigor e incide nas situações em que o fogo é realizado de modo descuidado, sem gerar incêndio. Noutro giro, na hipótese de incêndio causado por falta de cuidado, o crime será do art. 41, parágrafo único, da Lei do Meio Ambiente (crime culposo de provocar incêndio em mata ou floresta).

80. Op. cit., p. 939.

81. Op. cit., p. 901.

82. Op. cit., p. 479.

Confronto do art. 41 da Lei do Meio Ambiente com o incêndio do art. 250, Código Penal Brasileiro: Na hipótese do incêndio se dar em mata ou floresta, em regra incide o art. 41 da Lei do Meio Ambiente pelo princípio da especialidade. Repetimos em regra, pois há exceções conforme se verá adiante. Contudo, se o incêndio ocorrer e, lavoura ou pastagem, incidirá o art. 250, § 1º, alínea 'h', do Código Penal Brasileiro. No Código Penal se tutela a incolumidade pública (a vida, integridade física e patrimonial das pessoas), enquanto no art. 41 da Lei do Meio Ambiente se tutela o meio ambiente. O art. 41 da Lei do Meio Ambiente não revogou o incêndio do art. 250, do CPB. Assim, em hipótese que o art. 250, do CPB venha atingir floresta ou mata, onde haverá causa de aumento de pena, é essencial averiguar qual o objeto jurídico violado frontalmente: a incolumidade pública (a vida, integridade física e patrimonial das pessoas) ou o meio ambiente (sem exposição a perigo a vida, a integridade física e patrimonial), porquanto o art. 250, do CPB visualiza em seus preceitos secundários do *caput* ou em seu § 1º, inciso II, alínea "h", do CPB penas mais gravosas do que do art. 41 da Lei do Meio Ambiente.

A doutrina ilustra que se o incêndio na mata ou floresta não trazer perigo a coletividade pública, incidirá o art. 41 da Lei do Meio Ambiente. Noutro quadrante, se o incêndio na mata ou floresta trazer perigo a incolumidade pública (a vida, integridade física e patrimonial das pessoas) e ao mesmo tempo ao meio ambiente, se terá o crime do art. 250, do CPB.

Confronto do art. 41 da Lei do Meio Ambiente com o crime do art. 163 do CPB: Deve-se ater ao caso concreto, ver qual era o objeto que se queria atingir ou que foi violado para se concluir por um ou pelo outro crime.

Confronto do art. 41 da Lei do Meio Ambiente com o homicídio: Se a intenção do agente era matar os moradores do sítio próximo a floresta ou mata, se terá o crime de homicídio tentado ou consumado.

Queimadas de cana de açúcar[83] e outras culturas: Caso as queimadas de cana de açúcar e outras culturas sejam realizadas, em conformidade com o Decreto 2.661/1998, haverá o exercício regula de direito, não se falando em crime.

83. No que tange especificamente à queima da cana-de-açúcar, ao reconhecer a inconstitucionalidade de lei municipal que proibia tal atividade, a Suprema Corte emitiu o v. Acórdão cuja ementa segue: RECURSO EXTRAORDINÁRIO EM AÇÃO DIRETA DE INCONSTITUCIONALIDADE ESTADUAL. LIMITES DA COMPETÊNCIA MUNICIPAL. **LEI MUNICIPAL QUE PROÍBE A QUEIMA DE PALHA DE CANA-DE-AÇÚCAR E O USO DO FOGO EM ATIVIDADES AGRÍCOLAS**. LEI MUNICIPAL Nº 1.952, DE 20 DE DEZEMBRO DE 1995, DO MUNICÍPIO DE PAULÍNIA. **RECONHECIDA REPERCUSSÃO GERAL.** ALEGAÇÃO DE VIOLAÇÃO AOS ARTIGOS 23, *CAPUT* E PARÁGRAFO ÚNICO, Nº 14, 192, § 1º E 193, XX E XXI, DA CONSTITUIÇÃO DO ESTADO DE SÃO PAULO E ARTIGOS 23, VI E VII, 24, VI E 30, I E II DA CRFB. 1. O Município é competente para legislar sobre meio ambiente com União e Estado, no limite de seu interesse local e desde que tal regramento seja e harmônico com a disciplina estabelecida pelos demais entes federados (art. 24, VI c/c 30, I e II da CRFB). 2. O Judiciário está inserido na sociedade e, por este motivo, deve estar atento também aos seus anseios, no sentido de ter em mente o objetivo de saciar as necessidades, visto que também é um serviço público. 3. In casu, porquanto inegável conteúdo multidisciplinar da matéria de fundo, envolvendo questões sociais, econômicas e políticas, não é permitido a esta Corte se furtar de sua análise para o estabelecimento do alcance de sua decisão. São elas: (i) a relevante diminuição – progressiva e planejada – da utilização da queima de cana-de-açúcar; (ii) a impossibilidade do manejo de máquinas diante da existência de áreas cultiváveis acidentadas; (iii) cultivo de cana em minifúndios; (iv) trabalhadores com baixa escolaridade; (v) e a poluição existente independentemente da opção escolhida. 4. Em que pese a inevitável mecanização total no cultivo da cana, é preciso reduzir ao máximo o seu aspecto negativo. Assim, diante dos valores sopesados, editou-se uma lei estadual que cuida da forma que entende ser devida a execução da necessidade de sua respectiva população. Tal diploma reflete, sem dúvida alguma, uma forma de compatibilização desejável pela sociedade, que, acrescida ao poder concedido diretamente pela Constituição, consolida de sobremaneira seu posicionamento no mundo jurídico estadual como um standard a ser observado e respeitado pelas demais unidades da federação adstritas ao Estado de São Paulo. 5. Sob a perspectiva estritamente jurídica, é interessante observar o ensinamento do eminente doutrinador Hely Lopes Meireles, segundo o qual "se caracteriza pela predominância e não pela exclusividade do interesse para o município, em relação ao do Estado e da União. Isso porque não há assunto municipal que não seja reflexamente de interesse estadual e nacional. A diferença é apenas de grau, e não de substância." (Direito Administrativo Brasileiro. São Paulo: Malheiros Editores, 1996. p. 121.) 6. Função precípua do município, que é atender diretamente o cidadão. Destarte, não é permitida uma interpretação pelo Supremo Tribunal Federal, na qual não se reconheça o interesse do município em fazer com que sua população goze de um meio ambiente equilibrado. 7. Entretanto, impossível identificar interesse local que fundamente a permanência da vigência da lei municipal, pois ambos os diplomas legislativos têm o fito de resolver a mesma necessidade social, que é a manutenção de um meio ambiente equilibrado no que tange especificamente a queima da cana-de-açúcar. 8. Distinção entre a proibição contida na norma questionada e a eliminação progressiva disciplina na legislação estadual, que gera efeitos totalmente diversos e, caso se opte pela sua constitucionalidade, acarretará esvaziamento do comando normativo de quem é competente para regular o assunto, levando ao completo descumprimento do dever deste Supremo Tribunal Federal de guardar a imperatividade da Constituição. 9. Recurso extraordinário conhecido e provido para declarar a inconstitucionalidade da Lei Municipal nº 1.952, de 20 de dezembro de 1995, do Município de Paulínia. (Tribunal Pleno, RE 586224/SP, Relator Min. Luiz Fux, DJe 07/05/2015).

Contudo, se forem realizadas às margens o fato poderá configurar o art. 250, § 1º, inciso II, alínea "h", ou § 2º, do CPB ou art. 54, da Lei do Meio Ambiente, mas jamais o art. 41, da Lei do Meio Ambiente, porque cana de açúcar e outras culturas não podem ser consideradas florestas ou matas, nem artificiais.

O STJ entendeu no julgamento de situação cível, que as lavouras de cana de açúcar estão abrangidas pela expressão "demais formas de vegetação", do art. 27 do Código Florestal e que a queima deve se dar com permissão do Poder Público. Se, a licença ambiental é ilícita a queima, onde determinou a abstenção desta prática (STJ, REsp 439456/SP, DJU 26/03/2007).

Suspensão condicional do processo: Não é cabível.

Acordo de Não Persecução Penal: Tem cabimento, se preenchido todos os requisitos legais do art. 28-A, do CPP (incluído pela Lei nº 13.964/19) e não couber transação penal.

Ação penal: Ação penal pública incondicionada.

Parágrafo único. Se o crime é culposo, a pena é de detenção de seis meses a um ano, e multa.

Comentários: O dispositivo sob reflexão prevê a modalidade culposa, em que é vista uma pena de detenção de 06 (seis) meses a 1(um) ano. A forma culposa deriva da imperícia, imprudência ou negligência.

Art. 42. Fabricar, vender, transportar ou soltar balões que possam provocar incêndios nas florestas e demais formas de vegetação, em áreas urbanas ou qualquer tipo de assentamento humano:

Pena - detenção de um a três anos ou multa, ou ambas as penas cumulativamente.

Verbos nucleares: Os verbos nucleares são *fabricar, vender, transportar ou soltar* balões que possam provocar incêndios nas florestas e demais formas de vegetação, em áreas urbanas ou qualquer tipo de assentamento humano. Vejamos um a um: *Fabricar*(é construir; manufaturar; engendrar e inventar); *vender* significa [alienar (um objeto) mediante certo preço; transmitir a outrem mediante preço pago; trocar ou negociar objeto por dinheiro]; *transportar* corresponde (levar de um lugar para outro; conduzir ou passar de um lugar para outro; trasladar); *soltar* é (fazer subir; lançar; liberar; deixar ir).

Objeto jurídico: Tutela-se a preservação do meio ambiente, e ao mesmo tempo a incolumidade pública nas áreas urbanas e próximos de assentamentos humanos.

Objeto material: É o balão que tem o potencial de causar incêndio.

Sujeito ativo: Qualquer pessoa.

Sujeito passivo: A Sociedade; A Coletividade; O Estado primariamente. De forma secundária podemos ter o proprietário, possuidor e detentor da área onde ocorreu a ação delitiva.

Elemento subjetivo: É o dolo com a vontade livre e consciente de dirigir a conduta para o fim de fabricar, vender, transportar ou soltar balões que possam provocar incêndios nas florestas e demais formas de vegetação, em áreas urbanas ou qualquer tipo de assentamento humano. Não se exige elemento subjetivo específico e nem é prevista a modalidade culposa.

Elemento normativo do tipo: As expressões **"balão"; "incêndio"; "florestas"; "demais formas de vegetação"; "em áreas urbanas" ou "qualquer tipo de assentamento humano"** são tidas como elementos normativos dos tipos, que reclamam complemento. Com isso, é indispensável buscar a legislação e até mesmo em fontes extrapenais, se for o caso, para ver precisamente a incidência ou não da norma em vista dos fatos. Há doutrina que cita isso como **norma penal em branco**[84]. **Balão** é um artefato de papel fino ou de seda de formato variado, que ao ser inflado por força expansiva do ar, é aquecido pelo fogo de buchas acesas em uma ou mais bocas de arame, onde sobe aos ares depois disto. **Incêndio** nada mais é do que um fogo intenso forte (ou grande fogo) com o grande poder de destruição e prejuízos de toda ordem. **Florestas** são grandes extensões de área constituídas (encobertas) por árvores de grande porte. Vale ressaltar que, o tipo não faz exigência de florestas de preservação permanente. **Demais formas de vegetação** são os arbustos, pastos, canteiros entre outras variedades (plantadas ou nativas). **Em áreas urbanas** nada mais são do que as cidades, com a concentração de mo-

84. NUCCI, Guilherme de Souza. Leis penais e processuais penais comentadas. 4ª Edição revista e ampliada. São Paulo: Editora Revista dos Tribunais, 2009, p. 920.

radas; estabelecimentos empresariais e industriais. **Qualquer tipo de assentamento humano** consiste em lugar onde haja pessoas. É conceito residual de áreas urbanas.

Consumação: Consuma-se a mera conduta prevista, não sendo necessário que ocorra um dano efetivo.

Tentativa: É possível.

Conflito/Confronto do art. 42 da Lei do Meio Ambiente com o parágrafo único, do art. 28, da LCP: Soltar balões acesos está previsto atualmente no art. 42, da Lei 9.605/1998, que revogou neste ponto o parágrafo único, do art. 28, da LCP. Houve revogação tácita nesse caso. Logo, em situações que se amoldam à tipia em discussão, deve incidir o art. 42, da Lei 9.605/1998.

Conflito/Confronto do art. 42 da Lei do Meio Ambiente e art. 26, alínea "f", da Lei 4.771/1965 (Código Florestal): Houve revogação tácita também nesse caso com advento do art. 42, da Lei 9.605/1998. Logo, em situações que se amoldam à tipia em análise, deve incidir o art. 42, da Lei 9.605/1998.

Conflito/Confronto do art. 42 da Lei do Meio Ambiente e art. 41 da Lei do Meio Ambiente: Na hipótese de o balão provocar incêndio em mata ou floresta, incidirá o art. 41 da Lei do Meio Ambiente, que pode ser aplicado inclusive a título de dolo eventual.

Conflito/Confronto do art. 42 da Lei do Meio Ambiente com o incêndio do art. 250, Código Penal Brasileiro: Na situação de o balão causar incêndio em casa, prédios entre outras pode atrair a incidência do art. 250, da CPB.

CUIDADO: Nestas situações acima de aparente conflito há doutrina que entende, que se o balão efetivamente causar o incêndio, o agente responde pelo concurso de crimes do art. 42 da Lei em estudo com o art. 250, da CPB (doloso ou culposo) (Luiz Flávio Gomes e Silvio Maciel[85]), caso o fogo venha a se dar nas demais formas de vegetação ou em áreas urbanas ou assentamentos humanos. Essa mesma doutrina, faz a observação de que o art. 42 em estudo não poderá ser absorvido, vez que já estará consumado quando ocorrer o incêndio. Outro argumento desta doutrina é de que na hipótese de crime culposo, as penas do art. 41 da Lei em testilha e do art. 250 do CPB são menores da pena prevista do art. 42 da Lei do Meio Ambiente, com isso não seria lógico o delito menos grave absorver o mais gravoso.

Classificação doutrinária: Crime comum; formal; forma ou execução livre; perigo abstrato; comissivo; instantâneo, com exceção do verbo "transportar", onde a conduta imprime permanência; unissubjetivo; plurissubsistente; doloso; admite tentativa.

Suspensão condicional do processo: É cabível a suspensão condicional do processo.

Acordo de Não Persecução Penal: Tem cabimento, se preenchido todos os requisitos legais do art. 28-A, do CPP (incluído pela Lei nº 13.964/19) e não couber transação penal.

Ação penal: Ação penal pública incondicionada.

Art. 43. (VETADO)

Art. 44. Extrair de florestas de domínio público ou consideradas de preservação permanente, sem prévia autorização, pedra, areia, cal ou qualquer espécie de minerais:

Pena - detenção, de seis meses a um ano, e multa.

Revogação tácita: O art. 44 da Lei do Meio Ambiente revogou de forma tácita, o art. 26, alínea 'o', da Lei 4.771/1965 que responsabilizava como contravenção penal quem extraísse "de florestas de domínio público ou consideradas de preservação permanente, sem prévia autorização, pedra, areia, cal ou qualquer outra espécie de minerais".

Verbo nuclear: A conduta nuclear é *extrair* que significa (retirar; arrancar; tirar; sacar e separar) de florestas de domínio público ou consideradas de preservação permanente, sem prévia autorização, pedra, areia, cal ou qualquer espécie de minerais. **Florestas de domínio público** são aquelas pertencentes a entes públicos, mas de uso comum da população. **Florestas** são grandes extensões de área constituídas (encobertas) por árvores de grande porte. As florestas de preservação permanente são espécies do gênero áreas de preservação permanente (APPs) estatuídas no art. 2º e art. 3º, ambos da Lei nº 4.771/1965 (Código Florestal). As áreas de preservação permanente podem ser estatuídas por determinação legal ou por ato do poder público federal, estadual ou municipal ou distrital (lei o ato administrativo). Essas áreas podem ser públicas ou privadas.

85. Op. cit., p. 904.

Estando a conduta incriminada em conformidade com os diplomas normativos quanto às definições e sem que haja autorização, se terá o crime.

Noutro giro, obviamente, não se enquadrando nas definições de **"floresta de domínio público"** ou **"considerada de preservação permanente"** ou caso haja **"autorização prévia da autoridade competente"**, pensamos ser o fato atípico ou enquadrar, eventualmente, em outro tipo penal.

É importante também a conceituação dos demais elementos do tipo objetivo. Assim, pedra é matéria mineral sólida de natureza das rochas. **Areia** consiste no produto de desagregação das rochas. **Cal** é a calcinação das pedras calcárias. **Qualquer espécie de minerais** consiste nos elementos ou compostos químicos formados por processos inorgânicos de composição química e natural da crosta terrestre.

Perícia: Pensamos ser imprescindível a perícia, diante do art. 158, do CPP, mormente para possibilitar reparação do dano, suspensão condicional do processo e a extinção da punibilidade, como consequência.

Objeto jurídico: É a tutela do meio ambiente das florestas de domínio público ou consideradas de preservação permanente, com ênfase aos recursos minerais essenciais, visando o equilíbrio dos ecossistemas. Para a doutrina de Guilherme de Souza Nucci é a mera proteção ao meio ambiente[86].

Objeto material: O objeto material é a pedra, areia, cal ou a outra espécie de mineral.

Sujeito ativo: Qualquer pessoa.

Sujeito passivo: A Sociedade; A Coletividade; O Estado primariamente. De forma secundária podemos ter o proprietário, possuidor e detentor da área onde ocorreu a ação delitiva.

Elemento subjetivo: É o dolo com a vontade livre e consciente de dirigir a conduta para o fim de **extrair** que significa retirar; arrancar; tirar; sacar e separar de florestas de domínio público ou consideradas de preservação permanente, sem prévia autorização, pedra, areia, cal ou qualquer espécie de minerais. Não se exige elemento subjetivo específico e nem é prevista a modalidade culposa.

Elemento normativo do tipo: A expressão **"sem prévia autorização"** indica que estamos diante de situação que reclama complemento normativo no tipo. Com isso, é indispensável buscar a legislação penal ou extrapenal para ver precisamente a incidência ou não da norma em vista dos fatos. Há doutrina que cita isso como **norma penal em branco**[87].

Consumação: Ocorre com efetiva extração, sem prévia autorização, de pedra, areia, cal ou qualquer espécie de minerais de florestas de domínio público ou consideradas de preservação permanente. Cuida-se de crime material.

Tentativa: A tentativa é possível.

Confronto: Se a extração se der, sem prévia autorização, em área diversa da de domínio público ou consideradas de preservação permanente poderemos ter o crime do art. 55, da Lei do Meio Ambiente.

Classificação doutrinária: Crime comum; material; forma ou execução livre; perigo abstrato; comissivo; instantâneo; unissubjetivo; plurissubsistente; doloso; admite tentativa.

Suspensão condicional do processo: É cabível a suspensão condicional do processo.

Acordo de Não Persecução Penal: Tem cabimento, se preenchido todos os requisitos legais do art. 28-A, do CPP (incluído pela Lei nº 13.964/19) e não couber transação penal.

Ação penal: Ação penal pública incondicionada.

Art. 45. Cortar ou transformar em carvão madeira de lei, assim classificada por ato do Poder Público, para fins industriais, energéticos ou para qualquer outra exploração, econômica ou não, em desacordo com as determinações legais:

Pena - reclusão, de um a dois anos, e multa.

Revogação tácita: O art. 45 da Lei do Meio Ambiente revogou de forma tácita, o art. 26, alínea 'q', da Lei 4.771/1965 (Código Florestal) que responsabilizava como contravenção penal quem transformasse "madeiras de lei em carvão, inclusive para qualquer efeito industrial, sem licença da autoridade competente".

86. Op. cit., p. 941.

87. NUCCI, Guilherme de Souza. Leis penais e processuais penais comentadas. 4ª Edição revista e ampliada. São Paulo: Editora Revista dos Tribunais, 2009, p. 920.

Verbos nucleares: Os verbos nucleares do tipo penal são *cortar* e *transformar*em carvão madeira de lei, assim classificada por ato do Poder Público, para fins industriais, energéticos ou para qualquer outra exploração, econômica ou não, em desacordo com as determinações legais. *Cortar* significa (derrubar pelo corte; tralhar; seccionar; separar uma parte do todo da árvore). *Transformar* é (modificar corresponde a alterar; mudar; dar nova forma). Há elementos nucleares que precisam ser conceituados, desta forma, **carvão** é a substância combustível sólida negra, que decorre da combustão incompleta da madeira. **Madeira de lei** é a madeira de durabilidade maior (madeira dura, mais forte), sólida e resistente própria para construções, obras e trabalhos expostos às intempéries. Citemos algumas: mogno, cedro, jacarandá, pau-brasil, araucária, imbuia, carvalho, faia, teca dentre outras.

Há doutrina, como de Guilherme de Souza Nucci[88], que critica a forma com o verbo cortar foi exposta no tipo penal, já que separa do objeto.

Objeto jurídico: A proteção do meio ambiente, com ênfase às árvores consideradas madeira de lei (madeira nobre).

Objeto material: Constitui a madeira de lei.

Sujeito ativo: Qualquer pessoa, por ser crime comum.

Sujeito passivo: A Sociedade; A Coletividade; O Estado primariamente. De forma secundária podemos ter o proprietário, possuidor e detentor da área onde ocorreu a ação delitiva.

Elemento subjetivo: É o dolo com a vontade livre e consciente de dirigir a conduta para o fim de cortar ou transformar em carvão madeira de lei, assim classificada por ato do Poder Público, para fins industriais, energéticos ou para qualquer outra exploração, econômica ou não, em desacordo com as determinações legais. Aqui se exige elemento subjetivo específico (ou especial fim de agir): fins industriais; energéticos, ou para qualquer outra exploração, econômica ou não.

Elemento normativo do tipo: As expressões "**madeira de lei, assim classificada por ato do Poder Público**" e "**em desacordo com as determinações legais**", indicam que estamos diante dos elementos que exigem complementos. Com isso, é indispensável buscar a legislação extrapenal para ver precisamente a incidência ou não da norma em vista dos fatos.

Há doutrina que cita isso como **norma penal em branco**[89].

Estando a conduta incriminada em conformidade com os diplomas normativos extrapenais quanto às definições ("**madeira de lei, assim classificada por ato do Poder Público**") e "**em desacordo com as determinações legais**", se terá o crime.

Noutro giro, obviamente, não se enquadrando nas definições de "**madeira de lei, assim classificada por ato do Poder Público**" ou caso haja "**em acordo com as determinações legais**", pensamos ser o fato atípico ou enquadrar, na pior das hipóteses, eventualmente, em outro tipo penal.

Consumação: Ocorre com o efetivo corte ou transformação da madeira de lei em carvão. Cuida-se de crime material e mesmo se a madeira de lei cortada não tiver exploração econômica estaremos diante do crime em tela.

Tentativa: A tentativa é possível.

Confronto do art. 45 da Lei do Meio Ambiente com o art. 39 do mesmo diploma: Ocorrendo o confronto do art. 45 da Lei do Meio Ambiente com o art. 39 do mesmo diploma, se as árvores forem madeiras de lei, em desacordo com a lei, e com os fins acima poderemos ter o art. 45 em voga. De outro lado, se as árvores não forem madeiras de lei e forem cortadas em florestas de preservação permanente sem permissão da autoridade competente, incidirá o art. 39 da Lei do Meio Ambiente.

Agora e se na situação, o agente vir a cortar madeira de lei, em floresta de preservação permanente. Esse agente deve responder pelo art. 45 da Lei do Meio Ambiente com o art. 39 do mesmo diploma? A doutrina de Luiz Flávio Gomes e Silvio Maciel aplicam como solução o princípio da consunção nesta hipótese, prevalecendo o crime do art. 45 da Lei em cotejo.

Classificação doutrinária: Crime comum; material (ou formal a depender da outra corrente[90]); forma ou execução livre; perigo abstrato; comissivo;

88. Op. cit., p. 942.

89. NUCCI, Guilherme de Souza. Leis penais e processuais penais comentadas. 4ª Edição revista e ampliada. São Paulo: Editora Revista dos Tribunais, 2009, p. 942.

90. NUCCI. Op. cit., p. 942.

instantâneo; unissubjetivo; plurissubsistente; doloso; admite tentativa.

Suspensão condicional do processo: É possível.

Acordo de Não Persecução Penal: Tem cabimento, se preenchido todos os requisitos legais do art. 28-A, do CPP (incluído pela Lei nº 13.964/19) e não couber transação penal.

Ação penal: Ação penal pública incondicionada.

> **Art. 46. Receber ou adquirir, para fins comerciais ou industriais, madeira, lenha, carvão e outros produtos de origem vegetal, sem exigir a exibição de licença do vendedor, outorgada pela autoridade competente, e sem munir-se da via que deverá acompanhar o produto até final beneficiamento:**
>
> **Pena - detenção, de seis meses a um ano, e multa.**

Revogação tácita: O art. 46 da Lei do Meio Ambiente revogou de forma tácita, o art. 26, alínea 'h' e 'i', da Lei 4.771/1965 (Código Florestal) que responsabilizava como contravenção penal quem enveredasse por condutas semelhantes.

Verbos nucleares: Os verbos nucleares são *receber* ou *adquirir* para fins comerciais ou industriais, madeira, lenha, carvão e outros produtos de origem vegetal, sem exigir a exibição de licença do vendedor, outorgada pela autoridade competente, e sem munir-se da via que deverá acompanhar o produto até final beneficiamento. *Receber* corresponde (a tomar; aceitar; admitir; acolher; assumir a posse ou detenção). *Adquirir* significa (comprar; receber; alcançar; conseguir, obter; ganhar; por compra; doação; permuta ou doação em pagamento). Há elementos nucleares também que merecem definição. Neste passo, **madeira** consiste no cerne das árvores que é formado por lenho secundário morto. **Lenha** nada mais é do que porção de ramos, achas e fragmentos de troncos de árvores com a finalidade de servirem de combustível. **Carvão** é uma substância combustível sólida, negra e decorrente da combustão incompleta de materiais orgânicos. **Outros produtos de origem vegetal** é a definição subsidiária, ou seja, em regra, o que não corresponder às classificações acima poderá ser enquadrada aqui como, por exemplo, resinas, raízes, látex, óleo de cedro, xaxim dentre outros.

Nos produtos de origem vegetal inclui-se apenas os produtos "in natura" relativas às plantas (ao reino animal), já que os manufaturados e industrializados não estariam abrangidos pela norma[91]. Apesar de o crime ter a conjunção aditiva "e" haverá o delito se **sem exigir a exibição de licença do vendedor, outorgada pela autoridade competente** ou **sem munir-se da via que deverá acompanhar o produto até final beneficiamento.** Com isso apenas uma das omissões supra já é suficiente para configurar o crime, uma vez que prejudica a fiscalização ambiental. **Beneficiamento** é a "operação de descasque, limpeza, polimento, descaroçamento, parboilização, separação e/ou outras por que se fazem passar certos produtos agrícolas antes de serem industrializados ou distribuídos para consumo"[92].

Objeto jurídico: É a proteção do meio ambiente, com ênfase na flora para a fiscalização e o controle da comercialização e industrialização de madeira, lenha, carvão e outros produtos de origem vegetal.

Objeto material: Temos como objeto material a madeira, a lenha, o carvão e outros produtos de origem vegetal.

Sujeito ativo: Apenas a pessoa de exerce atividade comercial ou industrial, por ser crime próprio. Para a doutrina, o consumidor final particular (que comprar saco de carvão para o churrasco de final de semana) e pessoa que eventualmente vende ilegalmente esses produtos estariam excluídos.

CUIDADO: Fernando Capez entende que qualquer pessoa pode ser sujeito ativo[93].

Sujeito passivo: A Sociedade; A Coletividade; O Estado primariamente. De forma secundária podemos ter o proprietário, possuidor e detentor da área onde ocorreu a ação delitiva.

Elemento subjetivo: É o dolo com a vontade livre e consciente de dirigir a conduta para o fim de receber ou adquirir, para fins comerciais ou industriais, madeira, lenha, carvão e outros produtos de origem vegetal, sem exigir a exibição de licença do vendedor, outorgada pela autoridade competente,

---

91. Posição da doutrina de Vladimir e Gilberto Passos de Freitas. Op. cit., p. 163; Luis Regis Prado. Op. cit., p. 340. De outro lado, a jurisprudência entende que os produtos industrializados também estariam protegidos pelo tipo (TACrimSP, AC 12.98.933-2, j. 13.03.202, rela. Juiz Ricardo Feitosa).
92. Dicionário Hoauiss da Língua Portuguesa.
93. CAPEZ, Fernando. Curso de Direito Penal: legislação penal especial. Volume 4. 4ª Edição. São Paulo, Editora Saraiva, 2009.

e sem munir-se da via que deverá acompanhar o produto até final beneficiamento. Aqui se exige elemento subjetivo específico (ou especial fim de agir): fins comerciais e industriais. Não há forma culposa prevista.

Elemento normativo do tipo: As expressões **"sem exigir a exibição de licença do vendedor, outorgada pela autoridade competente** ou **sem munir-se da via que deverá acompanhar o produto até final beneficiamento"**, indicam que estamos diante dos elementos que exigem complementos. Com isso, é indispensável buscar a legislação extrapenal para ver precisamente a incidência ou não da norma em vista dos fatos.

Há doutrina que cita isso como **norma penal em branco**[94-95].

A licença que se faz alusão é qualquer documento que seja criado ou exigido pela autoridade competente. A Resolução do CONAMA nº 379 de 2006 dispõe que os órgãos competentes venham disponibilizarem o documento para o transporte e armazenamento de produtos e subprodutos florestais de origem nativa, através da Rede Mundial de Computadores (internet). Entretanto, há precedente do TRF 4ª Região afirmando que o único meio hábil para se obter a necessária autorização do transporte de produto florestal é a **AFTP (Autorização para Transporte de Produtos Florestais)**, não existindo nenhum um outro para tanto (TRF 4ª R. Ap em MS 2004.70.00.034008-6, Rel. Edgard Antônio Lippmann Júnior, DE 07/-4/3008).

Estando as condutas incriminadas em conformidade com os diplomas normativos extrapenais quanto às definições **"sem exigir a exibição de licença do vendedor, outorgada pela autoridade competente** ou **sem munir-se da via que deverá acompanhar o produto até final beneficiamento"**, se terá o crime.

Noutro giro, obviamente, não se enquadrando nas definições de **"sem exigir a exibição de licença do vendedor, outorgada pela autoridade competente** ou **sem munir-se da via que deverá acompanhar o produto até final beneficiamento"** ou estando em conformidade com as exigências extrapenais, pensamos ser o fato atípico ou enquadrar, na pior das hipóteses (eventualmente na primeira situação), em outro tipo penal.

Consumação: Ocorre no momento em recebe ou adquire, para fins comerciais ou industriais, madeira, lenha, carvão e outros produtos de origem vegetal.

Tentativa: É possível.

Classificação doutrinária: Crime próprio (com a ressalva da posição de Fernando Capez que prega ser crime comum); formal; forma ou execução livre; perigo abstrato; comissivo; instantâneo; unissubjetivo; plurissubsistente; doloso; admite tentativa.

Suspensão condicional do processo: É possível a suspensão condicional do processo.

Acordo de Não Persecução Penal: Tem cabimento, se preenchido todos os requisitos legais do art. 28-A, do CPP (incluído pela Lei nº 13.964/19) e não couber transação penal. Excepcionalmente, caso não preenchido os requisitos da transação penal, é que caberá acordo de não persecução penal, se presentes todos os requisitos legais do art. 28-A, do CPP.

Ação penal: Ação penal pública incondicionada.

Parágrafo único. Incorre nas mesmas penas quem vende, expõe à venda, tem em depósito, transporta ou guarda madeira, lenha, carvão e outros produtos de origem vegetal, sem licença válida para todo o tempo da viagem ou do armazenamento, outorgada pela autoridade competente.

Comentários: O legislador trouxe no parágrafo único, do art. 46, da Lei do Meio Ambiente a conduta equiparada com outros verbos nucleares, sendo eles os seguintes: *vender, expor à venda, ter em depósito, transportar ou guardar*. Mais adiante será explanado um a um dos verbos.

Verbos nucleares: Os verbos são *vender, expor à venda, ter em depósito, transportar* ou *guardar* madeira, lenha, carvão e outros produtos de origem vegetal, sem licença válida para todo o tempo da viagem ou do armazenamento, outorgada pela autoridade competente. *Vender* significa (alienar [um objeto] mediante certo preço; transmitir a outrem mediante preço pago; trocar ou negociar objeto por dinheiro); *expor à venda* significa (exibir; ofertar; mostrar; expor o que está apto a ser vendido ou comercializado); *ter em depósito* (é gozar da posse de

94. NUCCI, Guilherme de Souza. Leis penais e processuais penais comentadas. 4ª Edição revista e ampliada. São Paulo: Editora Revista dos Tribunais, 2009, p. 943.

95. No mesmo sentido, Luiz Flávio Gomes e Silvio Maciel, op. cit., p. 908.

algo em depósito; desfrutar; possuir algo; usufruir; conservar o domínio. Implica armazenar; manter, em caráter prolongado, num determinado local); *transportar* é conduzir de um lugar para outro; passar-se de um lugar para outro; trasladar); *guardar* corresponde (a vigiar, para conservar, defender ou proteger; conservar, manter em bom estado).

Objeto jurídico: É a proteção do meio ambiente, com ênfase na flora para a fiscalização e o controle da comercialização e industrialização de madeira, lenha, carvão e outros produtos de origem vegetal.

Objeto material: Em nossa concepção é a madeira, lenha carvão ou ouros produtos de origem vegetal.

Sujeito ativo: Esse ponto é controvertido na doutrina. Para Guilherme de Souza Nucci[96] é crime próprio, logo, apenas comerciante ou a pessoa jurídica podem ser sujeitos ativos desta figura equiparada. Já a doutrina de Roberto Delmanto, Roberto Delmanto Júnior e Fábio M. de Almeida Delmanto[97]; Luiz Flávio Gomes; Silvio Maciel[98] e Fernando Capez[99] que pregam ser crime comum, assim, logo, podem sujeitos ativos desta figura equiparada ser qualquer pessoa.

Sujeito passivo: A Sociedade; A Coletividade; O Estado.

Elemento subjetivo: É o dolo com a vontade livre e consciente de dirigir a conduta para o fim de vender, expor à venda, ter em depósito, transportar ou guardar madeira, lenha, carvão e outros produtos de origem vegetal, sem licença válida para todo o tempo da viagem ou do armazenamento, outorgada pela autoridade competente. Sobre o elemento específico do tipo para fins de comercialização ou industrialização a doutrina também se conflita. Há doutrina que entende não ter fim específico do tipo (Guilherme de Souza Nucci[100]; Luiz Flávio Gomes; Silvio Maciel[101]). Já a doutrina de Fábio M. de Almeida Delmanto; Luiz Flávio Gomes entende que deve haver um fim específico para as modalidades ter em depósito, transportar ou guardar. Não há forma culposa prevista.

96. Op. cit., p. 944.
97. Op. cit., p. 489.
98. Op. cit., p. 909.
99. Op. cit., p. 126.
100. Op. cit., p. 944.
101. Op. cit., p. 909.

Elemento normativo do tipo: As expressões **"sem licença válida para todo o tempo da viagem ou do armazenamento, outorgada pela autoridade competente"**, indicam que estamos diante dos elementos que exigem complementos. Com isso, é indispensável buscar a legislação extrapenal para ver precisamente a incidência ou não da norma em vista dos fatos.

Há doutrina que cita isso como **norma penal em branco**[102].

Estando **"sem licença válida para todo o tempo da viagem ou do armazenamento, outorgada pela autoridade competente"**, consoante os diplomas normativos legais e extrapenais quanto às definições, se terá o crime.

Noutro giro, obviamente, estando em conformidade com as exigências legais e extrapenais **"com licença válida para todo o tempo da viagem ou do armazenamento, outorgada pela autoridade competente"**, pensamos ser o fato atípico.

Ausência de guia para transporte de produto florestal (transporte de madeira) ou outros produtos de origem vegetal; Guia para transporte de produto florestal (transporte de madeira) com volume de madeira a maior/a menor ou diversa da qualidade da transportada ou de outros produtos de origem vegetal: Entendemos como apto para à atuação ao menos do condutor num primeiro momento sem prejuízo de responsabilizar os demais que tinham ciência dessa situação e assim executaram o verbo ou auxiliariam como partícipe, uma vez o condutor tem o dever no exercício da profissão de transporte de carga de realizar o transporte de carga acobertadas de notas fiscais e demais documentos ambientais necessários. Não que se falar em boa-fé quem transporta carga em inobservância às exigências legais.

É óbvio também, não ser exigível e nem razoável por outro lado, que o condutor tenha conhecimentos técnicos da madeira transportada, devendo cientificar no mínimo do que aquela madeira seria, em tese, a informada pelos contratantes do transporte, já que a relação civil se presume a boa-fé, devendo nesses casos eventualmente responsabilizar os contratantes se sabiam previamente de madeiras em desacordo com a lei nos casos supra.

102. NUCCI, Guilherme de Souza. Leis penais e processuais penais comentadas. 4ª Edição revista e ampliada. São Paulo: Editora Revista dos Tribunais, 2009, p. 943.

A jurisprudência tem admitido que à apreensão deve se dar na parte excedente da madeira ou da parte diversa da madeira ou de outro produto de origem vegetal que não conste no documento ambiental e até mesmo fiscal a depender do caso concreto, devendo a outra parte ser restituída.

Mas como proceder essa tarefa de analisar madeiras? Às vezes ou quase sempre os órgãos que tem contato com essa situação (como PRF, Polícia Militar, Polícia Civil, Polícias Ambientais entre outros) carecem de pessoas habilitadas para proceder o laudo/o auto de constatação e até mesmo o ato de classificação dessa madeira ou produto de origem vegetal que é difícil para se ter no caso concreto no calor dos fatos.

O recomendável nessas situações de dúvidas, é que nem à restituição ocorra de plano, mas apenas depois que se passar por essa análise técnica de pessoa habilitada, o que nem sempre é possível aferir de plano, às vezes dependendo de dias e meses, quando não até anos, a depender da localidade.

Apreensão de "caminhão toreiro" com madeira transportada de forma ilegal: Há jurisprudência entendendo não ser possível a restituição desse veículo, uma vez que esse veículo é nitidamente usado na região de Floresta Amazônica para conduzir grandes troncos e "toras" grandes de madeira pesadas, em matas de difíceis acessos. Geralmente, são usados pelos chamados "garimpeiros de madeira".

O **"caminhão toreiro"** é um caminhão que geralmente é uma carcaça da parte dianteira da cabine (quando tem) e até mesmo sem a cabine e com carroceria rústica que permita o transporte de grandes madeiras.

Consumação: Na primeira modalidade "vender" é crime instantâneo e a consumação se dá no instante que ocorre a venda. Nas demais modalidades **"expor à venda, te em depósito, transportar** ou **guardar"** são condutas permanentes se perdurando no tempo até cessarem.

Tentativa: A tentativa também sobre oscilação de entendimento. Para parte da doutrina[103]é possível apenas na modalidade "vender" e nas outras não seria possível. Ademais, para outra corrente doutrinária[104]quase todas as modalidades admitem a tentativa, com exceção da modalidade "ter em depósito e guardar" que são crimes permanentes. Por fim, outra corrente[105]aborda que, é possível a tentativa nas modalidades "receber", "adquirir" e "vender". Nas hipóteses de "expor à venda", "ter em depósito", "transportar", "guardar" não é possível, por serem crimes de mera conduta.

Confronto do art. 46, parágrafo único, da Lei do Meio Ambiente com o art. 38, art. 39, art. 40, art. 44 e art. 45, todos da Lei do Meio Ambiente: Se o sujeito "vender" "expor à venda", "ter em depósito", "transportar", "guardar" a madeira, lenha ou carvão ou outros produtos de origem vegetal for a mesma pessoa que tiver incidido nas condutas dos art. 38, art. 39, art. 40, art. 44 e art. 45, todos da Lei do Meio Ambiente não haverá concurso de crimes, sob pena de "bis in idem" e o agente responderá pelos crimes acima em obediência ao princípio da consunção, onde o art. 46, parágrafo único, da Lei do Meio Ambiente será mero exaurimento.

Confronto do art. 46, parágrafo único, da Lei do Meio Ambiente e falsificação de documentos: Não é raro falsificação de licenças (ATPFs; Guias Florestais) para enganar a fiscalização ambiental e possibilitar à comercialização ilícita dos objetos citados. Havendo à falsificação ou uso de documento falsificado neste contexto, se terá o crime de falsidade documental ou uso de documento falso em concurso do crime do art. 46, parágrafo único, da Lei do Meio Ambiente, já que tutelam bens jurídicos diversos. A competência para processar e julgar nesta situação, tende a ser em regra da Justiça Federal para as infrações em tela, diante da conexão e da Súmula nº 122, do STJ, se o órgão responsável pela emissão do documento falso ou fiscalização – a quem o documento foi falso foi apresentado – for federal. Ademais, nesta mesma situação, se o órgão responsável pela emissão do documento falso ou fiscalização – a quem o documento falso foi apresentado – for estadual, aí tende ser da justiça estadual.

Isso traz reflexo também para os órgãos com atribuições para as investigações criminais, onde se aplica o mesmo raciocínio (Polícia Federal ou Polícia Civil, lembrando que há Delegacias da Polícia Civil Especializadas do Meio Ambiente).

103. Roberto Delmanto, Roberto Delmanto Júnior e Fábio M. de Almeida Delmanto. Op. cit., p. 489.

104. Luiz Flávio Gomes; Silvio Maciel. Op. cit., p. 909.

105. Fernando Capez. Op. cit., p. 127, lembrando que os verbos nucleares "receber", "adquirir" não são expressos no tipo equiparado.

CUIDADO: Há jurisprudência do TRF da 1ª Região que entendia de que o crime de falsidade documental era absorvido pelo delito ambiental em estudo (TRF – 1ª, Reg. ACR 2006.39.00.007320-4/PA, Rel. Des. Federal Mário César Pinheiro, e-DJF 1, 11/04/2008, p. 72).

Classificação doutrinária: Crime comum para maioria da doutrina (ou próprio com a ressalva da posição de Guilherme de Souza Nucci que prega ser crime próprio); formal para a maioria da doutrina (ou de mera conduta[106]); forma ou execução livre; perigo abstrato; comissivo; instantâneo na modalidade "vender" e permanente nas modalidades "expor à venda", "ter em depósito", "transportar", "guardar"; unissubjetivo; plurissubsistente; doloso; admite tentativa com as ressalvas anteriores.

Suspensão condicional do processo: É possível a suspensão condicional do processo.

Acordo de Não Persecução Penal: Tem cabimento, se preenchido todos os requisitos legais do art. 28-A, do CPP (incluído pela Lei nº 13.964/19) e não couber transação penal.

Ação penal: Ação penal pública incondicionada.

Art. 47. (VETADO)

Art. 48. Impedir ou dificultar a regeneração natural de florestas e demais formas de vegetação:

Pena - detenção, de seis meses a um ano, e multa.

Revogação tácita: O art. 48 da Lei do Meio Ambiente revogou de forma tácita, o art. 26, alínea 'g', da Lei 4.771/1965 (Código Florestal) que responsabilizava como contravenção penal quem enveredasse por condutas semelhantes.

Verbos nucleares: Os verbos do tipo são **"impedir"** ou **"dificultar"** a regeneração natural de florestas e demais formas de vegetação. **"Impedir"** consiste em criar obstáculo; embaraçar; interromper; obstruir; não permitir; dificultar à ação; privar; tolher. Por sua vez, **"dificultar"** pode ser considerado como sinônimo de impedir, embora tenha um significado que acaba distinguindo. **"Dificultar"** significa pôr impedimentos ou obstáculos a; embargar, estorvar; atrapalhar; tornar difícil; tornar custoso; colocar dificuldade e tornar trabalhoso.

Regeneração natural se dá pela própria natureza, sem que o ser humano intervenha.

Não se aceita na proteção deste tipo penal, a **regeneração artificial** que é aquela que se dá pelo ser humano, com reflorestamento ou reposição florestal.

Florestas são grandes extensões de área constituídas (encobertas) por árvores de grande porte.

Demais formas de vegetação são os arbustos, pastos, canteiros entre outras variedades de vegetação (nativas). Há doutrina[107] que critica esse ponto **"demais formas de vegetação"**, sustentando ser expressão aberta, vaga e imprecisa por demais e que acarretaria inconstitucionalidade, por violar o princípio da taxatividade e legalidade.

Vegetação irrelevante como, por exemplo, capinzal de um terreno baldio de área privada da zona urbana, com a finalidade de manter ele limpo não pratica a infração em exame.

Objeto jurídico: É a proteção ao meio ambiente, com ênfase as florestas e demais formas de vegetação.

Objeto material: É a floresta ou outra forma de vegetação afetada.

Sujeito ativo: Pode ser qualquer pessoa, inclusive o proprietário, possuidor ou detentor da área.

Sujeito passivo: A Sociedade; A Coletividade e O Estado primariamente. De forma secundária podemos ter o proprietário, possuidor e detentor da área onde ocorreu a ação delitiva – desde que estes não tenham sido os responsáveis.

Elemento subjetivo: É o dolo com a vontade livre e consciente de dirigir a conduta para um fim. Não se exige elemento subjetivo específico e nem modalidade culposa.

Consumação: Ocorre com efetiva conduta de **"impedir"** ou **"dificultar"** a regeneração natural de florestas e demais formas de vegetação. Cuida-se de crime material.

Tentativa: O assunto é polêmico. A maioria da doutrina admite tentativa e nessa posição; Luiz Flávio Gomes; Silvio Maciel[108]e Fernando Capez[109]. Em direção oposta pela não possibilidade da ten-

106. Fernando Capez. Op. cit., p. 127.

107. Roberto Delmanto, Roberto Delmanto Júnior e Fábio M. de Almeida Delmanto. Op. cit., 493.

108. Op. cit., p. 912.

109. Op. cit., p. 128.

tativa, cita-se a doutrina de Roberto Delmanto, Roberto Delmanto Júnior e Fábio M. de Almeida Delmanto[110].

Exame pericial: É essencial para comprovar o delito.

Confronto do art. 48 da Lei do Meio Ambiente com o art. 39 da Lei em tela: Se alguém impedir regeneração de floresta artificial de preservação permanente incidirá no art. 39 da Lei em comento.

Classificação doutrinária: Crime comum; material (crime permanente para o STJ[111-112-113]); forma ou execução livre; perigo abstrato; comissivo; instantâneo; unissubjetivo; plurissubsistente (há doutrina que sustenta se unissubsistente[114]); doloso; admite tentativa com as ressalvas anteriores.

Suspensão condicional do processo: É possível a suspensão condicional do processo.

Acordo de Não Persecução Penal: Tem cabimento, se preenchido todos os requisitos legais do art. 28-A, do CPP (incluído pela Lei nº 13.964/19) e não couber transação penal. Excepcionalmente, caso não preenchido os requisitos da transação penal, é que caberá acordo de não persecução penal, se presentes todos os requisitos legais do art. 28-A, do CPP.

Ação penal: Ação penal pública incondicionada.

Art. 49. Destruir, danificar, lesar ou maltratar, por qualquer modo ou meio, plantas de ornamentação de logradouros públicos ou em propriedade privada alheia:

Pena - detenção, de três meses a um ano, ou multa, ou ambas as penas cumulativamente.

Verbos nucleares: Os verbos típicos são *destruir, danificar, lesar* ou *maltratar* por qualquer modo ou meio, plantas de ornamentação de logradouros públicos ou em propriedade privada alheia. *Destruir* é (extinguir; danificar integralmente; fazer desaparecer; aniquilar; eliminar; arruinar); *danificar* significa (deteriorar ou danificar parcialmente; estragar; causar danos; prejudicar); *lesar* é (causar lesão a; molestar; ofender fisicamente; ferir); *maltratar* é (infligir maus tratos; tratar mal; insultar; lesar; praticar maus tratos; tratar com violência; desrespeitar; bater; espancar; lesar fisicamente; dar mau acolhimento a; receber mal).

As condutas do injusto penal em exame são plurinucleares, tipo misto alternativo; crime de ação múltipla ou ação/tipo/crime/delito de conteúdo va-

110. Op. cit., p. 493.

111. AGRAVO REGIMENTAL NO RECURSO ESPECIAL. ART. 48 DA LEI 9.605/98. CRIME AMBIENTAL. NATUREZA PERMANENTE. ATIVIDADE CRIMINOSA QUE SE PROLONGA NO TEMPO. RECURSO NÃO PROVIDO. 1. O crime imputado ao agravante configura-se como crime permanente, pois, mesmo que o dano ambiental tenha se iniciado com a construção das edificações em dezembro de 2003, a conservação e a manutenção das construções na área de conservação ambiental impedem que a vegetação se regenere, prolongando-se assim os danos causados ao meio ambiente. Precedentes. 2. Se a ocupação ou a degradação da área ocorreu, e continua ocorrendo, impedindo e dificultando a sua regeneração natural, permanece o recorrente em cometimento da infração penal. 3. A ausência de informação acerca da cessação da permanência impede a aferição do transcurso do lapso prescricional e impõe o prosseguimento do inquérito policial. 4. Agravo regimental não provido (AgRg no REsp 1.133.632/SC, Rel. Ministro ROGERIO SCHIETTI CRUZ, SEXTA TURMA, DJe 10/10/2016).

112. AGRAVO REGIMENTAL NO AGRAVO EM RECURSO ESPECIAL. CRIMES AMBIENTAIS. ART. 48 DA LEI N. 9.605/98. **CRIME PERMANENTE**. CONSUMAÇÃO. DISSÍDIO JURISPRUDENCIAL. PRESCRIÇÃO DA PRETENSÃO PUNITIVA. NÃO CONFIGURAÇÃO. ATIPICIDADE DA CONDUTA. NECESSIDADE DE REEXAME DE FATOS E PROVAS I - "**O crime imputado ao agravante configura-se como crime permanente**, pois, mesmo que o dano ambiental tenha se iniciado com a construção das edificações em dezembro de 2003, a conservação e a manutenção das construções na área de conservação ambiental impedem que a vegetação se regenere, prolongando-se assim os danos causados ao meio ambiente" (AgRg no REsp n. 1.133.632/SC, Sexta Turma, Rel. Min. Rogerio Schietti Cruz, DJe de 10/10/2016). II - Partindo da premissa de que o delito em questão é considerado crime permanente, a alegação de prescrição da pretensão punitiva estatal deve ser afastada, uma vez que, nos termos do v. acórdão recorrido, a prática do delito se protrai no tempo e provoca a violação contínua e duradoura do bem jurídico tutelado, com a renovação a cada momento da consumação, de forma que a contagem do prazo prescricional só tem início com a cessação da permanência. III - O pleito relativo ao reconhecimento da atipicidade da conduta esbarra na necessidade de revolvimento do acervo fático-probatório, providência que não se coaduna com os estreitos limites do recurso especial, a teor do enunciado n. 7 da Súmula desta Corte. Agravo regimental desprovido (AgRg no AREsp 312.502/DF, Rel. Ministro FELIX FISCHER, QUINTA TURMA, DJe 1º/8/2017).

113. AGRAVO REGIMENTAL. RECURSO ESPECIAL. CRIME AMBIENTAL. ART. 48 DA LEI N. 9.605/98. **DELITO PERMANENTE**. PRESCRIÇÃO DA PRETENSÃO PUNITIVA. INOCORRÊNCIA. INSURGÊNCIA DESPROVIDA. 1. **O delito previsto no art. 48 da Lei de Crimes Ambientais possui natureza permanente, cuja consumação se perdura no tempo até que ocorra a cessação da atividade lesiva ao meio ambiente, momento a partir do qual se considera consumado e se inicia a contagem do prazo prescricional,** nos termos do art. 111, inciso III, do Código Penal. Precedentes. 2. Agravo regimental desprovido (AgRg no REsp 1.482.369/DF, Rel. Ministro LEOPOLDO DE ARRUDA RAPOSO, QUINTA TURMA, DJe 24/6/2015).

114. Delmanto, Roberto Delmanto Júnior e Fábio M. de Almeida Delmanto. Op. cit., p. 493.

riado. A ocorrência de mais de uma dessas condutas no mesmo contexto fático não ensejará novo crime, caracterizando tão somente crime único – embora possam ser dosadas no art. 6º da Lei do Meio Ambiente e art. 59, do CPB.

É importante perscrutarmos o significado do elemento nuclear plantas de ornamentação (integrante da flora) que são aquelas com a finalidade de embelezar, enfeitar ou decorar o local que poderá estar situado nos **logradouros públicos ou em propriedade privada alheia.** Os conceitos de **logradouros públicos ou em propriedade privada alheia** serão analisados quando do elemento normativo do tipo.

Chamamos à atenção que essa lesão (em sentido amplo) às plantas de ornamentação deve ser significativa para atrair à tutela ambiental.

Objeto jurídico: Aqui a doutrina diverge. Há quem entende ser a preservação do meio ambiente, em especial as plantas de ornamentação[115]. Outra vertente da doutrina fala que se tutela aqui o equilíbrio ecológico[116]. Há também a doutrina que fala que a tutela seria da preservação do meio ambiente urbano[117]. Por fim, há doutrina[118]que defende a proteção do meio ambiente, notadamente as plantas de ornamentação existentes em logradouro públicos e em propriedades privadas alheias.

Objeto material: Neste caso, o objeto material é a planta de ornamentação de lugares públicos ou privados.

Sujeito ativo: Pode ser qualquer pessoa, por ser crime comum.

Sujeito passivo: A Sociedade; A Coletividade e O Estado primariamente. De forma secundária podemos ter o proprietário, possuidor e detentor da área onde ocorreu a ação delitiva em que estão as plantas ornamentais – que podem ser pessoa jurídica de Direito Pública ou particular.

Elemento subjetivo: É o dolo com a vontade livre e consciente de dirigir a conduta para o fim de **destruir, danificar, lesar ou maltratar** por qualquer modo ou meio, plantas de ornamentação de logradouros públicos ou em propriedade privada alheia. Não se exige elemento subjetivo específico e há previsão da modalidade culposa.

Elementos normativos: Fernando Capez[119] entende que as expressões **"logradouros públicos" ou "em propriedade privada alheia"** reclamariam complemento normativo. **Logradouros públicos** são avenidas, ruas, canteiros, alamedas, praças, parques, jardins públicos etc. **Em propriedade privada alheia** pode ser considerado edifícios, prédios, casas (zona urbana) ou chácaras, sítios, fazendas etc. (zona rural).

Extração e poda de remoção de galhos, folhas, controle e para o desenvolvimento e manutenção da jardinagem: A extração e poda de remoção de galhos, folhas, controle e para o desenvolvimento e manutenção da jardinagem, desde que realizadas dentro do padrão normal e de eventuais regras municipais entre outras, não nos parece ser suficientes para configurarem crime.

Se a conduta for justificadamente praticada pelo Poder Público ou com licenciamento ambiental ou equivalente: Poderá ser fato atípico, a depender do caso concreto.

Exame pericial: É essencial para comprovar o delito.

Consumação: Se dá com efetivo dano às plantas de ornamentação.

Tentativa: É possível para a maioria da doutrina, embora a doutrina de Roberto Delmanto, Roberto Delmanto Júnior e Fábio M. de Almeida Delmanto[120] entende que na modalidade "maltratar" não seja factível, assim como as demais modalidades sejam de difícil visualização.

Destruição, danificação, lesão ou maltratamento das plantas de ornamentação pelo próprio agente em sua própria propriedade: Se o próprio agente **destrói, danifica, lesa ou maltrata** as plantas de ornamentação em sua própria propriedade (sentido lato) não comente o crime, pois o tipo exige "propriedade privada alheia".

Possibilidade da ocorrência do crime em estudo de propriedade alheia habitada ou não: Pouco importa se há **destruição, danificação, lesão ou**

115. Luiz Flávio Gomes e Silvio Maciel. Op. cit., p. 913.
116. Fernando Capez que na maioria dos delitos que comentam na Lei do Meio Ambiente, sustenta que tutelam o equilíbrio ecológico. Op. cit., p. 128.
117. Vladimir e Gilberto Passos de Freitas. Op. cit., p. 172.
118. Roberto Delmanto, Roberto Delmanto Júnior e Fábio M. de Almeida Delmanto. Op. cit., 495.
119. Op. cit., p. 129.
120. Op. cit., p. 496.

maltratamento das plantas de ornamentação de propriedade alheia habitada ou não, pois neste caso, pensamos que há configuração do injusto penal.

Confronto do crime do art. 49 da Lei do Meio Ambiente com o art. 163 (e seus parágrafos), do Código Penal: A doutrina[121] de Roberto Delmanto, Roberto Delmanto Júnior e Fábio M. de Almeida Delmanto prega que por ser inconstitucional o art. 49 da Lei do Meio Ambiente, deve se aplicar o art. 163 (e seus parágrafos), do Código Penal em caso de dano às plantas públicas e privadas, desde que economicamente relevantes.

Classificação doutrinária: Crime comum; material; forma ou execução livre; perigo abstrato; comissivo; instantâneo; unissubjetivo; plurissubsistente; doloso; admite tentativa com as ressalvas anteriores.

Suspensão condicional do processo: É possível a suspensão condicional do processo.

Acordo de Não Persecução Penal: Tem cabimento, se preenchido todos os requisitos legais do art. 28-A, do CPP (incluído pela Lei nº 13.964/19) e não couber transação penal. Excepcionalmente, caso não preenchido os requisitos da transação penal, é que caberá acordo de não persecução penal, se presentes todos os requisitos legais do art. 28-A, do CPP.

Ação penal: Ação penal pública incondicionada.

Parágrafo único. No crime culposo, a pena é de um a seis meses, ou multa.

Comentários: A modalidade culposa neste tipo é criticada por maioria da doutrina pela incompatibilidade das condutas com a forma culposa, uma vez que essas modalidades seriam compatíveis apenas com o dolo. Há doutrina[122] que vai mais longe para defender a inaplicabilidade deste ponto. Guilherme de Souza Nucci[123] branda pela inconstitucionalidade de algumas situações peculiares do dispositivo em análise.

Art. 50. Destruir ou danificar florestas nativas ou plantadas ou vegetação fixadora de dunas, protetora de mangues, objeto de especial preservação:

Pena - detenção, de três meses a um ano, e multa.

Verbos nucleares: As condutas do tipo penal são *destruir* ou *danificar*. *Destruir* é (extinguir; danificar integralmente; fazer desaparecer; aniquilar; eliminar; arruinar; extinguir); *danificar* significa (deteriorar ou danificar parcialmente; estragar; causar danos; prejudicar).

Por **florestas nativas** devem ser entendidas aquelas que não possuem intervenção humana, ou seja, aquelas naturais/originais. Quanto às **florestas plantadas** são aquelas que têm a intervenção humana, ou seja, artificiais.

A **vegetação fixadora de dunas** que são plantas ao redor das dunas, tem por finalidade estagnar e preservar às dunas, que se formam com a aglutinação de partículas de areias.

Ademais, a **vegetação protetora de mangues** é aquela que protege os mangues.

As **dunas** "são montes ou colinas de areia formados pela ação dos ventos à beira-mar"[124].

Já os **mangues** "são terrenos pantanosos situados juntos às praias, rios, lagos e desaguadouros, caracterizadas pela presença de várias plantas, especificamente a *Rhizophora mangle*"[125-126].

De mais a mais, em que pese às dunas e os manguezais serem reputados de preservação permanente pelo Código Florestal, a expressão "objeto de especial preservação" está relacionada tão comente aos termos "florestas" e "vegetação". Caso à **destruição ou danificação de florestas nativas ou plantadas** for de preservação permanente incidirá no art. 38 da Lei em comento.

Objeto jurídico: É a preservação do meio ambiente, com ênfase das florestas nativas ou plantadas se das vegetações de dunas, protetora de mangues.

Objeto material: Tem-se por objeto material a floresta nativa ou plantada, assim como a vegetação fixadora de dunas e protetor de mangues.

Sujeito ativo: Pode ser qualquer pessoa, por ser crime comum.

121. Op. cit., 496.

122. Vladimir Passos de Freitas e Gilmar Passos de Freitas. Crimes contra a Natureza, 7ª ed. São Paulo, Revista dos Tribunais, 2001, p. 148.

123. Op. cit., p. 946.

124. PRADO, Luiz Regis, op. cit., p. 352.

125. PRADO, Luiz Regis, op. cit., p. 352.

126. Ainda há a *Laguncularia* e *Avicennia*como espécies de vegetais dos gêneros.

Sujeito passivo: A Sociedade; A Coletividade e o Estado primariamente. De forma secundária podemos ter o proprietário, possuidor e detentor da área onde ocorreu a ação delitiva em que estão as florestas nativas ou plantadas ou vegetação fixadora de dunas, protetora de mangues.

Elemento subjetivo: É o dolo com a vontade livre e consciente de dirigir a conduta para o fim do tipo penal em análise. Não se exige elemento subjetivo específico e nem há modalidade culposa.

Elemento normativo do tipo: A expressão **"objeto de especial preservação"**, indica que estamos diante de elemento que exige complemento. Com isso, é indispensável buscar na própria lei e na legislação extrapenal para ver precisamente a incidência ou não da norma em vista dos fatos.

Há doutrina que cita isso como **norma penal em branco**[127].

Ocorrendo à **destruição ou danificação de florestas nativas ou plantadas ou vegetação fixadora de dunas, protetora de mangues "objeto de especial preservação"**, consoante os diplomas normativos legais e extrapenais quanto às definições, se terá o crime.

Noutro giro, obviamente, estando em desconformidade com as exigências legais e extrapenais **"objeto de especial preservação"**, pensamos ser o fato atípico ou na pior das hipóteses configurar outro tipo penal.

Consumação: Se dá com a efetiva destruição ou danificação de florestas nativas ou plantadas ou vegetação fixadora de dunas, protetora de mangues, objeto de especial preservação. É crime material.

Tentativa: É possível.

Confronto do art. 50 da Lei do Meio Ambiente com o art. 38 da Lei em tela: Se à **destruição ou danificação de florestas nativas ou plantadas** for de preservação permanente incidirá no art. 38 da Lei em comento.

Classificação doutrinária: Crime comum; material; forma ou execução livre; perigo abstrato; comissivo; instantâneo; unissubjetivo; plurissubsistente; doloso; admite tentativa.

127. NUCCI, Guilherme de Souza. Leis penais e processuais penais comentadas. 4ª Edição revista e ampliada. São Paulo: Editora Revista dos Tribunais, 2009, p. 946.

Suspensão condicional do processo: É possível a suspensão condicional do processo.

Acordo de Não Persecução Penal: Tem cabimento, se preenchido todos os requisitos legais do art. 28-A, do CPP (incluído pela Lei nº 13.964/19) e não couber transação penal. Excepcionalmente, caso não preenchido os requisitos da transação penal, é que caberá acordo de não persecução penal, se presentes todos os requisitos legais do art. 28-A, do CPP.

Ação penal: Ação penal pública incondicionada.

Art. 50-A. Desmatar, explorar economicamente ou degradar floresta, plantada ou nativa, em terras de domínio público ou devolutas, sem autorização do órgão competente: (Incluído pela Lei nº 11.284, de 2006)

Pena - reclusão de 2 (dois) a 4 (quatro) anos e multa. (Incluído pela Lei nº 11.284, de 2006)

Verbos nucleares: Os verbos são *desmatar*, *explorar (economicamente)* ou *degradar* floresta, plantada ou nativa, em terras de domínio público ou devolutas, sem autorização do órgão competente. *Desmatar* significa (derrubar árvores em grande escala e proporções; limpar ou tirar o mato ou a mata; desflorestar); *explorar* é (tirar proveito econômico ou lucrativo; exercer atividade com proveito financeiro; ir à descoberta de; percorrer com o objetivo de fazer descobertas; observar; examinar com fins comerciais; estudar; analisar; pesquisar; tirar proveito ou utilidade de alguma coisa); *degradar* nada mais é (do que decompor; alterar; desgastar; deteriorar; rebaixar graduação ou categoria; tornar(-se) desprezível).

Por **florestas** devem ser compreendidas grandes extensões de área constituídas (encobertas) por árvores de grande porte.

Florestas nativas devem ser entendidas aquelas que não possuem intervenção humana, ou seja, aquelas naturais/originais. Quanto às **florestas plantadas** são aquelas que têm a intervenção humana, ou seja, artificiais.

É essencial que as **florestas nativas ou florestas plantadas** estejam localizadas **em terras de domínio público ou devolutas.** Essas definições são encontradas em diplomas normativos.

As condutas do injusto penal em exame são plurinucleares, tipo misto alternativo; crime de ação múltipla ou ação/tipo/crime/delito de conteúdo variado. A ocorrência de mais de uma dessas condutas no mesmo contexto fático não ensejará novo crime, caracterizando tão somente crime único, embora as várias condutas podem ser sopesadas no art. 6º, da Lei do Meio Ambiente e art. 59, do CPB.

Objeto jurídico: É a preservação do meio ambiente, com ênfase da floresta, plantada ou nativa, em terras de domínio público ou devolutas.

Objeto material: É a floresta plantada ou nativa.

Sujeito ativo: Pode ser qualquer pessoa, por ser crime comum.

Sujeito passivo: A Sociedade; A Coletividade e o Estado primariamente. De forma secundária podemos ter o proprietário, possuidor e detentor da área onde ocorreu a ação delitiva em que localiza à **floresta, plantada ou nativa, em terras de domínio público ou devolutas.**

Elemento subjetivo: É o dolo com a vontade livre e consciente de dirigir a conduta para o fim do tipo penal em análise. Não se exige elemento subjetivo específico e nem há modalidade culposa.

Elemento normativo: A expressão **"sem autorização do órgão competente"** indica que estamos diante de elemento que exige complemento. Com isso, é indispensável buscar na própria legislação extrapenal para ver precisamente a incidência ou não da norma em vista dos fatos.

Há doutrina que cita isso como **norma penal em branco**[128].

Ocorrendo os verbos **desmatar, explorar (economicamente)** ou **degradar** floresta, plantada ou nativa, em terras de domínio público ou devolutas, **"sem autorização do órgão competente"**, se terá o crime.

Noutro giro, obviamente, **"havendo autorização do órgão competente"**, o fato será atípico.

Consumação: Se dá com uma das efetivas condutas descritas no injusto penal. É crime material.

Tentativa: É possível.

Classificação doutrinária: Crime comum; material; forma ou execução livre; perigo abstrato; comissivo; instantâneo; unissubjetivo; plurissubsistente; doloso; admite tentativa.

Suspensão condicional do processo: É possível a suspensão condicional do processo.

Acordo de Não Persecução Penal: Tem cabimento, se preenchido todos os requisitos legais do art. 28-A, do CPP (incluído pela Lei nº 13.964/19) e não couber transação penal.

Ação penal: Ação penal pública incondicionada.

§ 1º Não é crime a conduta praticada quando necessária à subsistência imediata pessoal do agente ou de sua família. (Incluído pela Lei nº 11.284, de 2006)

Comentários: O legislador previu o estado de necessidade, acrescentando "necessária à subsistência imediata pessoal do agente ou de sua família".

Crítica: Há doutrina que critica, pois seria desnecessária esta previsão diante da existência do mesmo instituto no Código Penal Brasileiro (art. 24) que prevê o estado de necessidade para "salvar de perigo atual direito próprio ou alheio, cujo sacrifício não é razoável exigir", já que entre o bem vida e a proteção do Meio Ambiente, deve-se salvar a vida primeiramente.

§ 2º Se a área explorada for superior a 1.000 ha (mil hectares), a pena será aumentada de 1 (um) ano por milhar de hectare. (Incluído pela Lei nº 11.284, de 2006)

Comentários: O legislador previu uma causa de aumento de pena neste § 2º, caso a área explorada seja superior a 1.000 ha (mil hectares), hipótese em que a pena será aumentada de 1 (um) ano por milhar de hectare. O raciocínio do legislador foi a consequência e extensão que o crime nesta situação proporciona, logo, à punição deve ser mais elevada.

Art. 51. Comercializar motosserra ou utilizá-la em florestas e nas demais formas de vegetação, sem licença ou registro da autoridade competente:

Pena - detenção, de três meses a um ano, e multa.

Revogação tácita: O art. 51 da Lei do Meio Ambiente revogou de forma tácita, o art. 45, § 3º, da Lei 4.771/1965 (Código Florestal) que responsabilizava como contravenção penal quem enveredasse por condutas semelhantes sem licença.

128. NUCCI, Guilherme de Souza. Leis penais e processuais penais comentadas. 4ª Edição revista e ampliada. São Paulo: Editora Revista dos Tribunais, 2009, p. 947.

Verbos nucleares: Os verbos são *comercializar* e *utilizar* **motosserra** em florestas e nas demais formas de vegetação, sem licença ou registro da autoridade competente. *Comercializar* significa (apresentar algo para ser objeto de negociação; tornar comercial; colocar no comércio); *utilizar* é (empregar ou fazer uso). O elemento nuclear é **motosserra** que é um instrumento composto por uma serra movida a motor para serrar madeira.

As condutas do injusto penal em exame são plurinucleares, tipo misto alternativo; crime de ação múltipla ou de ação/tipo/crime/delito de conteúdo variado. A ocorrência de mais de uma dessas condutas no mesmo contexto fático não ensejará novo crime, caracterizando tão somente crime único.

Objeto jurídico: Se tutela à preservação do meio ambiente, com ênfase na proteção das florestas e demais formas de vegetação da flora.

Objeto material: É a motosserra.

Sujeito ativo: Pode ser qualquer pessoa, por ser crime comum.

Sujeito passivo: A Sociedade; A Coletividade e o Estado primariamente. De forma secundária podemos ter o proprietário, possuidor e detentor da área onde ocorreu a ação delitiva em que localiza às florestas e nas demais formas de vegetação que a motosserra foi empregada, sem licença ou registro da autoridade competente.

Elemento subjetivo: É o dolo com a vontade livre e consciente de dirigir a conduta para o fim do tipo penal em análise. Não se exige elemento subjetivo específico e nem há modalidade culposa.

Elemento normativo: A expressão **"sem licença ou registro da autoridade competente"** indica que estamos diante de elemento que reclama complemento. Com isso, é indispensável buscar na própria legislação extrapenal para ver precisamente a incidência ou não da norma em vista dos fatos.

Há doutrina que cita isso como **norma penal em branco**[129].

Ocorrendo os verbos **comercializar motosserra ou utilizá-la em florestas e nas demais formas de vegetação, sem licença ou registro da autoridade competente**, se terá o crime.

Noutro giro, obviamente, havendo **"licença ou registro da autoridade competente"** para **comercializar motosserra ou utilizá-la em florestas e nas demais formas de vegetação**, defendemos ser o fato atípico.

Havendo o abuso da licença se terá o crime, com possível circunstância agravante.

"Licença ou registro da autoridade competente" dos estabelecimentos empresariais/comerciais: O art. 45 do Código Florestal impõe o dever do registro dos estabelecimentos empresariais/comerciais que comercializem motosserras, assim como daqueles que adquirirem o aludido equipamento. Ainda se exige a licença para o porte e uso de motosserras com renovação a cada 02 (dois) anos perante o IBAMA, nos termos do art. 45, § 1º, do Código Florestal. Somado a isto, os fabricantes de motosserras a imprimirem em local visível do equipamento numeração sequencial de que deverá ser encaminhada ao IBAMA e deverá constar nas novas fiscais respectivas, segundo inteligência do art. 45, § 2º, do Código Florestal.

"Licença ou registro da autoridade competente" vencida ou expirada: Para nós deixa de ter a eficácia e efeito jurídico, reputando que o beneficiário encontra sem a licença ou registro. Existe uma razão de ser para a validade da licença e do registro, e não se pode relegar isso apenas às instâncias administrativas como mera infração administrativa. Além do mais, pensar em ser apenas uma infração administrativa fomentaria que licenças e registros se tornasse "ad aeternum" ao menos para fins penais – o que não é aceitável – porque exige-se um controle sobre atividades de impacto ou de potencial impacto ao Meio Ambiente.

Árvores caídas pela ação natural do tempo ou em árvores que não estejam abrangidas pela proteção legal (exemplo eucaliptais plantados para fins comerciais): A nosso ver, não constituem crimes do art. 51 da Lei do Meio Ambiente, pois são árvores caídas pela ação natural do tempo (ou seja, não foi devido à utilização da motosserra), bem como na hipótese de árvores que não estejam abrangidas pela proteção legal (exemplo eucaliptais plantados para fins comerciais), não faz sentido a incidência da norma penal. Obviamente, podemos ter outros relevantes penais, a depender do contexto e do caso concreto.

Consumação: Se dá com a comercialização ou utilização de motosserra em florestas e nas demais

129. NUCCI, Guilherme de Souza. Leis penais e processuais penais comentadas. 4ª Edição revista e ampliada. São Paulo: Editora Revista dos Tribunais, 2009, p. 948.

formas de vegetação, sem licença ou registro da autoridade competente.

Tentativa: É plenamente possível, com a ressalva do entendimento da doutrina de Roberto Delmanto, Roberto Delmanto Júnior e Fábio M. de Almeida Delmanto[130] para quem na primeira modalidade comercializar é possível a "conatus", porquanto na modalidade usar seria unissubsistente (única conduta) não podendo fracionar.

Classificação doutrinária: Crime comum; formal; forma ou execução livre; perigo abstrato; comissivo; instantâneo; unissubjetivo; plurissubsistente (ou unissubsistente se adotada a doutrina supra); doloso; admite tentativa, com a ressalva acima.

Suspensão condicional do processo: É possível a suspensão condicional do processo.

Acordo de Não Persecução Penal: Em regra, não caberá o acordo de não persecução penal, se couber transação penal que tem cabimento nesta hipótese. Excepcionalmente, caso não preenchido os requisitos da transação penal, é que caberá acordo de não persecução penal, se presentes todos os requisitos legais do art. 28-A, do CPP.

Ação penal: Ação penal pública incondicionada.

Art. 52. Penetrar em Unidades de Conservação conduzindo substâncias ou instrumentos próprios para caça ou para exploração de produtos ou subprodutos florestais, sem licença da autoridade competente:

Pena - detenção, de seis meses a um ano, e multa.

Revogação parcial: O art. 52 da Lei do Meio Ambiente revogou de forma parcial, o art. 26, alínea 'c', da Lei 4.771/1965 (Código Florestal) que responsabilizava como contravenção penal quem enveredasse por conduta semelhante.

Verbos nucleares: Apesar de não ser unânime pensamos que os verbos são *penetrar* e *conduzir* em Unidades de Conservação substâncias ou instrumentos próprios para caça ou para exploração de produtos ou subprodutos florestais, sem licença da autoridade competente. *Penetrar* é (ingressar; passar para dentro; transpor; entrar; invadir; introduzir-se); *conduzir* **é (transportar consigo de um lugar para outro; passar-se consigo de um lugar para outr**o; trasladar algo consigo; carregar, portar ou levar algo consigo).

Há o elemento nuclear que deve ser conceituado que são as **Unidades de Conservação**, uma vez que estas estão definidas na Lei 9.985/2001 que criou o Sistema Nacional de Unidades de Conservação (SNUC). Podem ser as Unidades de Proteção Integral e as Unidades de Uso Sustentável com seus desdobramentos. Essas unidades são extremamente fundamentais para proteger o Meio Ambiente.

Objeto jurídico: A proteção é conferida ao meio ambiente, com ênfase na flora e fauna.

Objeto material: É a Unidade de Conservação.

Sujeito ativo: Pode ser qualquer pessoa, por ser crime comum.

Sujeito passivo: A Sociedade; A Coletividade e o Estado primariamente. De forma secundária podemos ter o proprietário, possuidor e detentor da área onde ocorreu a ação delitiva em que localiza a **Unidade de Conservação, sem licença da autoridade competente.**

Elemento subjetivo: É o dolo com a vontade livre e consciente de dirigir a conduta para o fim do tipo penal em análise. Não se exige elemento subjetivo específico e nem há modalidade culposa.

Elemento normativo: A expressão **"sem licença da autoridade competente"** indica que estamos diante de elemento que reclama complemento. Com isso, é indispensável buscar na própria legislação extrapenal para ver precisamente a incidência ou não da norma em vista dos fatos.

Há doutrina que cita isso como **norma penal em branco**[131].

Ocorrendo os verbos **penetrar** e **conduzir em Unidades de Conservação** substâncias ou instrumentos próprios para caça ou para exploração de produtos ou subprodutos florestais **"sem licença da autoridade competente"**, se terá o crime.

Noutro giro, obviamente, **"havendo licença da autoridade competente"** para **penetrar** e **conduzir em Unidades de Conservação** substâncias ou instrumentos próprios para caça ou para exploração de produtos ou subprodutos florestais, defendemos ser o fato atípico.

130. Op. cit., p. 500.

131. NUCCI, Guilherme de Souza. Leis penais e processuais penais comentadas. 4ª Edição revista e ampliada. São Paulo: Editora Revista dos Tribunais, 2009, p. 949.

Havendo o abuso da licença se terá o crime, com possível circunstância agravante.

Consumação: Se dá com a **penetração** e **condução em Unidades de Conservação** substâncias ou instrumentos próprios para caça ou para exploração de produtos ou subprodutos florestais, sem licença da autoridade competente.

Tentativa: É controvertido o tema. A doutrina de Roberto Delmanto, Roberto Delmanto Júnior e Fábio M. de Almeida Delmanto[132] e de Guilherme de Souza Nucci sustentam que é impossível a "conatus", porquanto na modalidade penetrar seria unissubsistente (única conduta) não podendo fracionar (primeira doutrina) e no ponto de vista da mesma doutrina com variação de argumento (segunda doutrina) dependeria do meio eleito que poderia punir a preparação de outro crime). Admitindo a possibilidade da tentativa temos a doutrina de Fernando Capez[133].

Confronto do art. 52 da Lei do Meio Ambiente com o art. 51 da Lei do Meio Ambiente: Se o indivíduo usar o motosserra e, floresta e demais formas de vegetação não abrangidas pelas Unidades de Conservação, sem licença ou registro, se terá o crime do art. 51 da Lei do Meio Ambiente.

Confronto do art. 52 da Lei do Meio Ambiente com o art. 14 ou art. 16, da Lei nº 10.826/2003: Caso o agente esteja portando arma de fogo dentro da Unidade de Conservação sem autorização da autoridade competente e em desacordo com a lei quanto ao porte de arma de fogo, poderá incidir em concurso formal de crimes do art. 52 da Lei do Meio Ambiente com o art. 14 (arma de uso permitido) ou art. 16 (arma de uso restrito), da Lei nº 10.826/2003, porquanto tutelam bens jurídicos diversos.

Classificação doutrinária: Crime comum; formal; forma ou execução livre; perigo abstrato; comissivo; instantâneo; unissubjetivo; plurissubsistente (ou unissubsistente se adotada a doutrina supra); doloso; não admite tentativa, com a ressalva acima.

Suspensão condicional do processo: É possível a suspensão condicional do processo.

Acordo de Não Persecução Penal: Em regra, não caberá o acordo de não persecução penal, se couber transação penal que tem cabimento nesta hipótese. Excepcionalmente, caso não preenchido os requisitos da transação penal, é que caberá acordo de não persecução penal, se presentes todos os requisitos legais do art. 28-A, do CPP.

Ação penal: Ação penal pública incondicionada.

Art. 53. Nos crimes previstos nesta Seção, a pena é aumentada de um sexto a um terço se:

I - do fato resulta a diminuição de águas naturais, a erosão do solo ou a modificação do regime climático;

II - o crime é cometido:

a) no período de queda das sementes;

b) no período de formação de vegetações;

c) contra espécies raras ou ameaçadas de extinção, ainda que a ameaça ocorra somente no local da infração;

d) em época de seca ou inundação;

e) durante a noite, em domingo ou feriado.

Comentários: O art. 53 da Lei do Meio Ambiente traz as hipóteses em que a pena é aumentada de um sexto a um terço, caso sejam crimes previstos nesta seção.

Logo, se o fato resulta a diminuição de águas naturais ou em erosão do solo ou na modificação do regime climático, tem-se a causa de aumento de pena.

Outrossim, se o crime for praticado: a) no período de queda das sementes; b) no período de formação de vegetações; c) contra espécies raras ou ameaçadas de extinção, ainda que a ameaça ocorra somente no local da infração; d) em época de seca ou inundação; e) durante a noite, em domingo ou feriado, a pena será aumentada de um sexto a um terço, caso os crimes perpetrados estejam previstos nesta seção.

Seção III
Da Poluição e outros Crimes Ambientais

Comentários: A poluição é a degradação da qualidade ambiental resultante de atividades que, direta ou indiretamente:

a) prejudiquem a saúde, a segurança e o bem-estar;

b) criem condições adversas às atividades sociais e econômicas;

c) afetem desfavoravelmente a biota (conjunto de seres animais e vegetais de uma região);

132. Op. cit., p. 502.

133. Op. cit., p. 136.

d) afetem as condições estéticas e sanitárias do meio ambiente;

e) lancem matérias ou energia em desacordo com padrões ambientais.

O bem jurídico tutelado nesses crimes desta seção, é o meio ambiente relacionado à pureza e limpeza da água, do ar e do solo, ou seja, do patrimônio natural e à qualidade de vida.

Art. 54. Causar poluição de qualquer natureza em níveis tais que resultem ou possam resultar em danos à saúde humana, ou que provoquem a mortandade de animais ou a destruição significativa da flora:

Pena - reclusão, de um a quatro anos, e multa.

Verbo nuclear: O verbo é *causar*. *Causar* significa (originar, produzir; dar motivo; iniciar à degradação [deterioração, estrago] através da poluição de qualquer natureza em níveis tais que resultem ou possam resultar em danos à saúde humana, ou que provoquem a mortandade de animais ou a destruição significativa da flora).

A Lei nº 6.938/1981 (Lei de Política Nacional do Meio Ambiente) trouxe à definição de poluição como sendo à "degradação da qualidade ambiental resultante de atividades que direta ou indiretamente: prejudiquem a saúde, a segurança e o bem-estar da população; criem condições adversas às atividades sociais e econômicas; afetem desfavoravelmente a biota; afetem as condições estéticas ou sanitárias do meio ambiente; lancem matérias ou energia em desacordo com os padrões ambientais estabelecidos".

Como se nota a definição de poluição é por demais ampla e nos remete para inúmeras espécies de poluições:

Poluição sonora;

Poluição hídrica;

Poluição do solo;

Poluição visual;

Poluição atmosférica;

Poluição por resíduos sólidos;

Poluição térmica;

Poluição radioativa etc.;

Objeto jurídico: É o meio ambiente relacionado à pureza e limpeza da água, do ar e do solo, ou seja, do patrimônio natural e à qualidade de vida. Protege-se à fauna e a flora.

Objeto material: É o ser humano, o animal e a vegetação.

Sujeito ativo: Pode ser qualquer pessoa, por ser crime comum.

Sujeito passivo: A Sociedade; A Coletividade e o Estado primariamente. De forma secundária podemos ter o proprietário, possuidor e detentor da área ou da pessoa que usufrua da localidade onde ocorreu a ação delitiva e sofreu os efeitos da poluição. O proprietário e possuidor de animais e plantas destruídas podem ser também sujeitos passivos.

Elemento subjetivo: É o dolo com a vontade livre e consciente de dirigir a conduta para o fim do tipo penal em análise. Não se exige elemento subjetivo específico, embora se puna à modalidade culposa.

Consumação: O assunto é controvertido, pois parcela da jurisprudência e doutrina sustenta ser crime material (inclusive crime permanente[134] no

134. **A Quinta Turma do STJ entende que o crime de poluição qualificada tem natureza permanente em recente julgado.** Na ocasião a Quinta Turma do Superior Tribunal de Justiça (STJ) posicionou que o crime de poluição qualificada, se o agente poluidor deixa de cumprir ordem administrativa para reparar o dano ambiental, é de natureza permanente, que perdura enquanto se mantiver a desobediência.
A Corte reafirmou jurisprudência segundo a qual não é possível aferir o transcurso da prescrição quando há continuidade das atividades ilícitas contrárias ao meio ambiente.
Com esse entendimento, a Quinta Turma confirmou decisão do relator, ministro Joel Ilan Paciornik, que, em dezembro de 2019, negou o recurso especial de uma empresa condenada por poluição qualificada. No recurso, a empresa pedia o reconhecimento da prescrição, sob o argumento de que causar poluição seria delito de consumação instantânea.
A empresa foi condenada com base no artigo 54, parágrafos 2º, I, II, III e IV, e 3º, e no artigo 56, parágrafo 1º, I e II, combinados com o artigo 58, I, da Lei 9.605/1998.
Para entender o caso concreto, tratava-se de lixo tóxico, onde a segundo a denúncia do Ministério Público do Pará, no período de 1999 a 2002, a empresa encaminhou lixo tóxico para a Companhia Brasileira de Bauxita (CBB), localizada no município de Ulianópolis (PA), em desacordo com as exigências estabelecidas em lei, causando poluição atmosférica, destruição significativa da flora, danos à saúde humana e morte de animais, além de ter tornado a área imprópria para ocupação.
O juízo de primeiro grau reconheceu a prescrição do crime, considerando como marco inicial da contagem do prazo o ano de 2002, quando houve o último registro de remessa de lixo industrial por parte da empresa ré. A decisão foi reformada pelo Tribunal de Justiça do Pará, o qual entendeu que o crime continuava a ser praticado, pois a empresa não removeu os resíduos tóxicos nem providenciou a reparação do dano.
Em seu voto, o ministro Joel Ilan Paciornik explicou as diferenças entre o crime permanente e o instantâneo de efeitos permanentes. Reportando-se à doutrina sobre o tema, ele

art. 54, inciso I, da aludida lei). De outra banda, se tem parte da doutrina e jurisprudência pregando ser crime formal. Há por fim, uma corrente híbrida, que diz haver crime de perigo e crime de dano, a depender da modalidade e para essa corrente a primeira modalidade será a poluição que coloque em risco e na segunda modalidade que efetivamente venha causar danos à saúde humana, mortandade de animais ou destruição significativa da flora. Prevalece atualmente ser crime formal, logo, basta realizar suas condutas para sua consumação. Nesta direção, o Superior Tribunal de Justiça já decidiu que:

> Ementa Oficial
>
> DIREITO PENAL E PROCESSUAL PENAL. EMBARGOS DE DIVERGÊNCIA. DISSÍDIO CONFIGURADO. CRIME DO ART. 54 DA LEI N. 9.605/98. AUTORIA E MATERIALIDADE COMPROVADAS. NATUREZA FORMAL DO DELITO. REALIZAÇÃO DE PERÍCIA. DESNECESSIDADE. POTENCIALIDADE DE DANO À SAÚDE. EMBARGOS DE DIVERGÊNCIA PROVIDOS. RECURSO ESPECIAL DESPROVIDO. 1. O delito previsto na primeira parte do artigo 54 da Lei n. 9.605/1998 possui natureza formal, sendo suficiente a

---

destacou que, no permanente, o momento consumativo é uma situação duradoura, cujo início não coincide com a sua cessação. Além disso, a manutenção da situação de permanência depende da vontade do próprio agente.

Já nos crimes instantâneos de efeitos permanentes, o resultado da ação é permanente, e não a conduta do agente. O retorno à situação anterior, nesses casos, foge à sua alçada.

O relator observou que as condutas atribuídas à ré, caracterizadas como crime permanente, consistiram em causar poluição com danos à população e ao meio ambiente, em desacordo com as leis de proteção, e omitir-se na adoção das medidas de precaução diante do risco de dano grave ou irreversível ao ecossistema.

Segundo Joel Paciornik, há dificuldade em classificar a poluição qualificada quanto ao momento de sua consumação, "na medida em que podemos visualizar uma conduta inicial definida – causar poluição – que pode restar configurada simplesmente na primeira ação ou omissão por parte do autor ou perdurar no tempo".

De acordo com o ministro, a doutrina, ao analisar a Lei 9.605/1998, entende que ocorre a consumação do crime quando há descumprimento de medidas determinadas pelo órgão administrativo competente, tratando-se de crime permanente, que se protrai no tempo enquanto dura a desobediência.

Para o relator, o armazenamento do lixo industrial da empresa resultou em poluição grave da área degradada, sendo que até o momento ela não tomou providências para reparar o dano.

"No caso em exame, entendo que o crime de poluição qualificada é permanente, diante da continuidade da prática infracional, ainda que por omissão da parte autora, que foi prontamente notificada a reparar o dano causado – retirar os resíduos – e não o fez", afirmou Paciornik.

O ministro lembrou que a prescrição nos crimes ambientais, praticados por pessoas jurídicas, tem vinculação direta com os preceitos do artigo 109 do Código Penal e, por consequência, do artigo 111. Ele destacou que o STJ tem se posicionado pela impossibilidade de aferição do transcurso do prazo prescricional nos delitos cometidos em desfavor do meio ambiente, quando pautado na continuidade das atividades ilícitas.

"A meu ver, esse posicionamento vem tomando força e deve ser a linha de orientação a ser seguida, considerado o bem jurídico-constitucional de elevado valor a que a lei faz referência – direito ao meio ambiente ecologicamente equilibrado –, que legitima a intervenção do Estado no controle das ações praticadas a seu desfavor, devendo ser promovida a efetiva aplicação das normas penais", concluiu o ministro (Fonte: Superior Tribunal de Justiça).

Veja a ementa:

EMENTA AGRAVO REGIMENTAL NO RECURSO ESPECIAL. PENAL E PROCESSUAL PENAL. POLUIÇÃO AMBIENTAL QUALIFICADA. ARTIGOS 54 § 1º, I, II, III E IV E § 3º E 56, § 1º, I E II, c/c 58, I, TODOS DA LEI N. 9.605/98. ENVIO E ARMAZENAMENTO DE RESÍDUOS TÓXICOS. PROVIDÊNCIAS NÃO EFETIVADAS PARA REPARAÇÃO DO DANO CAUSADO. NATUREZA PERMANENTE DA CONDUTA. PRÁTICA QUE SE PERDUROU NO TEMPO. NÃO CESSAÇÃO DA ATIVIDADE. IMPOSSIBILIDADE DE AFERIÇÃO DA PRESCRIÇÃO. PRECEDENTES. BEM JURÍDICO-CONSTITUCIONAL DE ELEVADO VALOR. DIREITO AO MEIO AMBIENTE ECOLOGICAMENTE EQUILIBRADO. INEXISTÊNCIA DE OMISSÃO NO ACÓRDÃO RECORRIDO. AGRAVO REGIMENTAL DESPROVIDO. 1. A controvérsia cinge-se em estabelecer se os delitos pelos quais a empresa agravante foi condenada - poluição, na sua modalidade qualificada (arts. 54, § 2º, I, II, III e IV e § 3º e 56, § 1º, I e II, c/c 58, I, da Lei n. 9.605/98), considerado o momento de sua consumação, são de natureza permanente ou instantânea de efeitos permanentes, para fins de reconhecimento de prescrição. 2. *In casu*, as condutas delituosas se resumem na ação de causar poluição ambiental que provoque danos à população e ao próprio ambiente, em desacordo com as exigências estabelecidas na legislação de proteção, e na omissão em adotar medidas de precaução nos casos de risco de dano grave ou irreversível ao ecossistema. Com efeito, há dificuldade de classificação do tipo legal quanto ao momento de sua consumação na medida em que é de fácil visualização a conduta inicial definida – causar poluição – que pode restar configurada simplesmente na primeira ação ou omissão por parte do autor ou, ainda, perdurar no tempo. 3. No caso dos autos, a empresa agravante armazenou seu lixo industrial, no município de Ulianópolis, e, dessa conduta, resultou poluição grave da área degradada, sendo que, até o momento de prolação do julgado, não teria tomado providências para reparar o dano, caracterizando a continuidade da prática infracional. Desse modo, constata-se que o crime de poluição qualificada em exame é permanente, ainda que por omissão da parte recorrente, que foi prontamente notificada a reparar o dano causado. 4. Esta Corte tem se posicionado pela impossibilidade de aferição do transcurso do lapso prescricional quanto a delito cometido em desfavor do meio ambiente, quando pautado na continuidade das atividades ilícitas. 5. Esse posicionamento vem tomando força e deve ser a linha de orientação a ser seguida, considerado o bem jurídico-constitucional de elevado valor a que a lei faz referência – direito ao meio ambiente ecologicamente equilibrado – que legitima a intervenção do Estado no controle das ações praticadas a seu desfavor, devendo ser promovida a efetiva aplicação das normas penais. 6. Não há falar em omissão no aresto hostilizado, pois se rechaçou a tese posta nas contrarrazões ao argumento de que a recorrente admitiu ter recebido notificação da Prefeitura Municipal de Ulianópolis para retirar os resíduos e assim não o fez. 7. Agravo regimental desprovido." (STJ - Quinta Turma. AgRg no RECURSO ESPECIAL Nº 1.847.097 - PA (2019/0331562-0). RELATOR : MINISTRO JOEL ILAN PACIORNIK. JULGADO: 05/03/2020)

potencialidade de dano à saúde humana para configuração da conduta delitiva, não se exigindo, portanto, a realização de perícia. Embargos de Divergência providos, recurso especial desprovido (STJ - EREsp 1417279/SC, Rel. Ministro JOEL ILAN PACIORNIK, TERCEIRA SEÇÃO, julgado em 11/04/2018, DJe 20/04/2018)

Necessidade de perícia: O assunto oscila na doutrina e jurisprudência. Há corrente que sustenta pela necessidade perícia e outra pela dispensabilidade de perícia. No Superior Tribunal de Justiça tem decisões em ambos os sentidos (como na doutrina), e mais recente no sentido de dispensabilidade da perícia (STJ - EREsp 1417279/SC, Rel. Ministro JOEL ILAN PACIORNIK, TERCEIRA SEÇÃO, julgado em 11/04/2018, DJe 20/04/2018).

Recomendação quanto a exigir ou não perícia: Recomendamos na prática sempre pela formalização de requisição de perícias para evitar discussões e questionamentos.

Celebração de termo de ajustamento de conduta (TAC) com órgão ambiental impede a instauração de ação penal? Apesar de existir vozes na doutrina pregando isso, o STJ entende e a maioria da doutrina entendem que assinatura do termo de ajustamento de conduta com órgão ambiental não impede a instauração de ação penal (Informativo nº 625 do STJ: Corte Especial – **APn 888-DF**, Rel. Min. Nancy Andrighi, por unanimidade, julgado em 02/05/2018, DJe 10/05/2018)[135]. O argumento central é da independência de instâncias em regra, ou seja, a adoção de providências em determinado âmbito de atuação em regra não tem efeitos impeditivos sobre outros procedimentos nas demais esferas. Essa regra só é excepcionada quando o juízo criminal a reconhecer a inexistência do fato ou negativa de autoria. Afora tais situações, a regra é a independência.

O Termo de Ajustamento de Conduta (TAC) nada mais é do que a possibilidade de os órgãos públicos legitimados celebrarem acordos com interessados, como forma de atender às exigências legais, mediante cominações, que terá eficácia de título executivo extrajudicial.

Tentativa: É admissível.

Confronto do art. 54 da Lei do Meio Ambiente x com art. 15 da Lei nº 7.170/1983: Neste caso pode configurar o crime do art. 15 da Lei nº 7.170/1983.

Confronto do art. 54 da Lei do Meio Ambiente x contravenção penal do art. 38 da Lei

135. PROCESSUAL PENAL. CONSELHEIRO DE TRIBUNAL DE CONTAS ESTADUAL. **CRIMES AMBIENTAIS.** ARTS. 38, 40 E 48 DA LEI 9.605/98. DENÚNCIA. REQUISITOS. ART. 41 DO CPP. APTIDÃO. JUSTA CAUSA. ART. 395, III, DO CPP. LASTRO PROBATÓRIO MÍNIMO. PRESENÇA. ABSOLVIÇÃO SUMÁRIA. ART. 397 DO CPP. INVIABILIDADE. RECEBIMENTO.
1. O propósito da presente fase procedimental é verificar a aptidão da denúncia e a possibilidade de absolvição sumária do acusado, a quem é imputada a suposta prática, em concurso formal (art. 70 do CP), de crimes de dano em floresta em área considerada de preservação permanente ou sua utilização com infringência às normas de proteção; de dano direto ou indireto a Unidades de Conservação; e de impedir ou dificultar a regeneração natural de florestas e demais formas de vegetação (arts. 38, 40 e 48 da Lei 9.605/98).
2. Ocorre a inépcia da denúncia ou queixa quando sua deficiência resultar em prejuízo ao exercício da ampla defesa do acusado, ante a falta de descrição do fato criminoso, da ausência de imputação de fatos determinados ou da circunstância de da exposição não resultar logicamente a conclusão.
3. Na presente hipótese, a denúncia demonstra de forma satisfatória os fatos e a conduta do acusado, que teria, supostamente, entre os anos de 2013 e 2016, por meio de seus prepostos, a) suprimido vegetação em Área de Proteção Ambiental por meio do corte de espécies lenhosas não identificadas, para a instalação de uma tubulação na margem esquerda do Córrego Sucuri; b) praticado intervenções na estrada entre a encosta do morro e a margem esquerda do Córrego Sucuri, com a retirada de material terroso da encosta, o que gerou processo erosivo com carreamento do solo em direção à margem esquerda do referido curso d´água; e c) impedido a regeneração da vegetação natural no local. Não há, por consequência, prejuízo a seu direito de ampla defesa.
4. A justa causa corresponde a um lastro mínimo de prova, o qual deve ser capaz de demonstrar a pertinência do pedido condenatório, corroborando a narrativa contida na denúncia e a imputação dos fatos e do resultado ao acusado, o que se verifica na hipótese em exame, pois a responsabilidade do denunciado, a ocorrência dos danos ambientais e o nexo de causalidade entre a conduta e o resultado estão lastreados em laudos periciais e depoimentos testemunhais.
5. O exame de forma antecipada do mérito da pretensão punitiva, que acarreta a absolvição sumária do acusado, depende da demonstração indiscutível, inquestionável, dos pressupostos que autorizariam improcedência da acusação, cuja ocorrência deve, pois, prescindir de produção probatória.
6. Na hipótese em exame, as alegações do acusado de atipicidade formal e material dependem de regular instrução processual sob o crivo do contraditório, o que desautoriza a absolvição neste momento processual.
7. **A assinatura do termo de ajustamento de conduta com o órgão ambiental estadual não impede a instauração da ação penal, pois não elide a tipicidade formal das condutas imputadas ao acusado, repercutindo, na hipótese de condenação, na dosimetria da pena.**
8. A jurisprudência desta Corte admite a aplicação do princípio da insignificância aos crimes ambientais, desde que, analisadas as circunstâncias específicas do caso concreto, se observe que o grau de reprovabilidade, a relevância da periculosidade social, bem como a ofensividade da conduta não prejudiquem a manutenção do equilíbrio ecológico, o que, na hipótese concreta, não é possível de ser aferido, de plano, no atual momento processual.
9. Denúncia recebida (STJ, Corte Especial, APn 888/DF, Rel. Min. Nancy Andrighi, julgado em 02/05/2018).

de Contravenções Penais (emissão de fumaça, gás ou vapor): O art. 38 da Lei de Contravenções Penais (emissão de fumaça, gás ou vapor) continua em vigor. Contudo, se à emissão de fumaça, gás ou vapor for de modo que resulte ou possa resultar em danos à saúde humana ou que provoque a mortandade de animais ou destruição significativa da flora, incidirá o crime do art. 54 da Lei do Meio Ambiente.

Confronto do art. 54 da Lei do Meio Ambiente x Arts. 15 e 16, ambos Lei nº 7.802/1989: Os arts. 15 e 16, ambos Lei nº 7.802/1989 prescrevem que:

> Art. 15. Aquele que produzir, comercializar, transportar, aplicar, prestar serviço, der destinação a resíduos e embalagens vazias de agrotóxicos, seus componentes e afins, em descumprimento às exigências estabelecidas na legislação pertinente estará sujeito à pena de reclusão, de dois a quatro anos, além de multa. **(Redação dada pela Lei nº 9.974, de 2000)**
>
> Art. 16. O empregador, profissional responsável ou o prestador de serviço, que deixar de promover as medidas necessárias de proteção à saúde e ao meio ambiente, estará sujeito à pena de reclusão de 2 (dois) a 4 (quatro) anos, além de multa de 100 (cem) a 1.000 (mil) MVR. Em caso de culpa, será punido com pena de reclusão de 1 (um) a 3 (três) anos, além de multa de 50 (cinqüenta) a 500 (quinhentos) MVR.

No art. 15 Lei 7.802/1989 se tutela a saúde pública e se traz os verbos *produzir* (fazer, fabricar, gerar), *comercializar* (comerciar, mercadejar), *transportar* (carregar, conduzir, trasladar), *aplicar* (empregar, destinar), *prestar* (dispensar, conceder) e *dar* (dedicar, destinar, consagrar), denotando tipo misto alternativo, em que a prática de mais de uma conduta tipifica apenas um crime. O elemento subjetivo é o dolo, não sendo admitida a modalidade culposa. As condutas devem ser praticadas *em descumprimento às exigências estabelecidas na legislação pertinente, porquanto existem* várias exigências para a produção, comercialização, transporte, aplicação e prestação de serviços envolvendo agrotóxicos, seus componentes e afins, além de exigências relativas à destinação de resíduos e embalagens vazias de agrotóxicos, seus componentes e afins. No dispositivo em cartaz do art. 15 da Lei de Agrotóxico se tem o crime formal, não se exigindo, para a consumação, a efetiva ocorrência do resultado naturalístico, qual seja, o efetivo dano à saúde pública. É crime de perigo abstrato (presumido).

Já no art. 16 da Lei 7.802/1989 tutela da saúde pública e do meio ambiente. O verbo *deixar* (omitir), apresenta o crime omissivo próprio e traz **norma penal em branco,** onde para a perfeita caracterização do crime, a omissão deve se referir à promoção das *medidas necessárias de proteção à saúde e ao meio ambiente,* que devem vir estabelecidas em leis, regulamentos ou normas administrativas. O **elemento subjetivo** aqui é o dolo, sendo admitida também a modalidade culposa, com pena menos grave. A **consumação** se dá com a omissão na prática das medidas necessárias de proteção à saúde e ao meio ambiente.

Com isso, dependerá muito do caso concreto para verificar a incidência do dispositivo legal mais adequado para a hipótese. Pela regra cronológica, a Lei nº 9.605/1998 é posterior, ou seja, por esse critério a Lei nº 9.605/1998 teria revogado ainda que tacitamente às eventuais disposições contrárias contidas na Lei 7.802/1989. Pelo critério da especialidade, ambas as Leis são especiais.

Confronto do art. 54 da Lei do Meio Ambiente x Lei nº 6.453/1977 (Atividades Nucleares): Os arts. 19 e seguintes da Lei nº 6.453/1977 (Atividades Nucleares) preconizam que:

> CAPÍTULO III
>
> DA RESPONSABILIDADE CRIMINAL
>
> Art. 19 - Constituem crimes na exploração e utilização de energia nuclear os descritos neste Capítulo, além dos tipificados na legislação sobre segurança nacional e nas demais leis.
>
> Art. 20 - Produzir, processar, fornecer ou usar material nuclear sem a necessária autorização ou para fim diverso do permitido em lei.
>
> Pena: reclusão, de quatro a dez anos.
>
> Art. 21 - Permitir o responsável pela instalação nuclear sua operação sem a necessária autorização.
>
> Pena: reclusão, de dois a seis anos.
>
> Art. 22 - Possuir, adquirir, transferir, transportar, guardar ou trazer consigo material nuclear, sem a necessária autorização.
>
> Pena: reclusão, de dois a seis anos.
>
> Art. 23 - Transmitir ilicitamente informações sigilosas, concernentes à energia nuclear.
>
> Pena: reclusão, de quatro a oito anos.
>
> Art. 24 - Extrair, beneficiar ou comerciar ilegalmente minério nuclear.
>
> Pena: reclusão, de dois a seis anos.
>
> Art. 25 - Exportar ou importar, sem a necessária licença, material nuclear, minérios nucleares e seus concentrados, minérios de interesse para a energia nuclear e minérios e concentrados que contenham elementos nucleares.
>
> Pena: reclusão, de dois a oito anos.
>
> Art. 26 - Deixar de observar as normas de segurança ou de proteção relativas à instalação nuclear ou ao uso,

transporte, posse e guarda de material nuclear, expondo a perigo a vida, a integridade física ou o patrimônio de outrem.

Pena: reclusão, de dois a oito anos.

Art. 27 - Impedir ou dificultar o funcionamento de instalação nuclear ou o transporte de material nuclear.

Pena: reclusão, de quatro a dez anos.

Com isso, dependerá muito do caso concreto para verificar a incidência do dispositivo legal mais adequado para a hipótese. Pela regra cronológica, a Lei nº 9.605/1998 é posterior, ou seja, por esse critério, a Lei nº 9.605/1998 teria revogado ainda que tacitamente às eventuais disposições contrárias contidas na Lei nº 6.453/1977 (Atividades Nucleares) que porventura colidissem. Pelo critério da especialidade, ambas as Leis são especiais.

OBSERVAÇÃO: A doutrina de Luiz Flávio Gomes e de Silvio Maciel[136] asseveram que pode configurar o crime na Lei nº 6.453/1977 (Atividades Nucleares).

Confronto do art. 54 da Lei do Meio Ambiente x art. 42, da Lei das Contravenções Penais (Poluição Sonora): Com o veto do art. 59 da Lei em estudo, a doutrina entende que permanece em vigência o art. 42, da Lei das Contravenções Penais no que toca à poluição sonora. Contudo, se à poluição sonora for de modo que resulte ou possa resultar em danos à saúde humana ou que provoque a mortandade de animais ou destruição significativa da flora, incidirá o crime do art. 54 da Lei do Meio Ambiente.

Confronto do art. 54 da Lei do Meio Ambiente x art. 270 e art. 271, ambos do Código Penal Brasileiro: Em caso de confronto do art. 54 da Lei do Meio Ambiente x art. 270[137], *caput*, do Código Penal Brasileiro incidirá para parte da doutrina[138], o art. 54, da Lei 9.605/98 pelos critérios da especialidade, posterioridade e por ser lei penal mais benéfica ao infrator (que deve retroagir).

Outra parte doutrinária defende o entendimento de que envenenar é mais grave do que poluir, a ponto da conduta prevista no Código Penal (envenenar) ter sido considerada crime hediondo[139]. Autores como Guilherme de Souza Nucci[140] e de Rogério Greco[141] advertem que o perigo gerado pela conduta prevista no artigo 270 do CPB é superior ao do art. 54 da Lei 9.605/98.

No art. 54 da Lei cos Crimes Ambientais está prevista a conduta para quem causar poluição das águas ou dos recursos hídricos. A pena do art. 270, do CP - reclusão, de 10 a 15 anos - é mais severa do que a sanção descrita no crime ambiental (reclusão, de um a quatro ou de um a cinco anos). Para essa doutrina, o crime de envenenamento de água potável descrito no art. 270, do CP, permaneceria em vigore deveria ser visto como espécie qualificada do tipo penal genérico previsto no art. 54, da Lei dos Crimes Ambientais. Em conclusão desta doutrina, se o art. 270, *caput*, do CP não foi revogado, de igual modo, os dois parágrafos que se referem ao tipo equivalente e à modalidade culposa estariam em vigor. Seguindo a mesma posição, porém com argumento diferente, é a doutrina de Luiz Flávio Gomes e de Silvio Maciel[142]que pelo critério da especialidade [*sic*] deve prevalecer o art. 270 do CPB – não se aplicando concurso de crimes entre o art. 54 da Lei do Meio Ambiente e o art. 270 do CPB.

Dica para fins de concursos públicos: Diante de o assunto ser controvertido no âmbito da doutrina, dependerá do teor da indagação em provas de concurso público. Se for numa questão discursiva, é válido citar os dois posicionamentos sobre o tema. Entretanto, se for numa questão objetiva, poderá se ter à anulação da questão, diante da sua controvérsia.

Já em caso de confronto do art. 54 da Lei do Meio Ambiente x art. 271[143], do Código Penal Bra-

136. Op. cit., p. 928.

137. O art. 270, do CPB, exige à comprovação de efetivo perigo de dano ao bem juridicamente tutelado. Com isso, é necessária a comprovação, mediante perícia, de que a água envenenada efetivamente apresentava risco à saúde pública.

138. Bruna Azevedo de Castro defende que a conduta prevista no art. 270, 1ª. parte, do Código Penal foi revogada pelo art. 54 da Lei 9.605/98, pois se trata de lei posterior e mais benéfica ao infrator.

139. In: FRANCO, Alberto Silva; STOCO, Rui (Coord.). Código penal e sua interpretação. 8. ed. rev., atual. e ampl. São Paulo: RT, 2007, p. 1295-7.

140. NUCCI, Guilherme de Souza. Leis penais e processuais penais comentadas. Vol. 2. 6ª. ed. refor. e atual. São Paulo: RT, 2012, p. 589.

141. GRECO, Rogério. Curso de direito penal: parte especial, vol IV, p. 131.

142. Op. cit., p. 928.

143. Lembre-se que a doutrina prega que para à incidência do art. 271 do CPB é requisito do tipo que a corrupção ou poluição efetivamente torne a água nociva (prejudicial, danosa) à saúde humana. A água imprópria para o consumo é nociva à saúde (já num raciocínio inverso: a água que não é nociva à saúde é, evidentemente, é própria para o consumo). Em outras palavras, se percebe que o tipo tutela as mesmas nuances do tipo penal mais do brando do art. 54 da Lei do Meio Ambiente.

sileiro, embora o assunto seja polêmico, incidirá o art. 54, § 2º III, da Lei n 9.605/98 critérios da especialidade, posterioridade e por ser lei penal mais benéfica ao infrator (que deve retroagir).

Doutrinariamente, Celeste Pereira Gomes[144], Bruna Azevedo de Castro[145], Paulo Affonso Leme Machado[146] e Ney Moura Teles[147] defendem à revogação do art. 271, do CPB, em vista do art. 54, da Lei n 9.605/98.

Victor Rios Gonçalves[148] adota posição contrária, ou seja, pela vigência do art. 271, do CPB, em vista do art. 54, da Lei n 9.605/98. A sua linha de raciocínio é de que existem águas correntes que podem ser potáveis em parte e quem poluí-la ou corrompê-la, seja ela de uso comum ou particular, desde que apta ao consumo humano, incidirá no crime do art. 271 do CPB. Contudo, se houver poluição de água não potável, haverá o crime previsto no art. 54, *caput*, da Lei 9.605/98. Seguindo a mesma posição, porém com argumento diferente, é a doutrina de Luiz Flávio Gomes e de Silvio Maciel[149] que pelo critério da especialidade [*sic*] deve prevalecer o art. 271 do CPB – não se aplicando concurso de crimes entre o art. 54 da Lei do Meio Ambiente e o art. 271 do CPB.

Dica para fins de concursos públicos: Diante de o assunto ser controvertido no âmbito doutrinário, dependerá do teor da indagação em provas de concurso público. Alertamos que a corrente majoritária é de que houve à revogação do art. 271, do CPB, em vista do art. 54, da Lei n 9.605/98 que ganha adepto de peso, no caso o STJ. Se for numa questão discursiva, é válido citar os dois posicionamentos sobre o tema. Entretanto, se for numa questão objetiva, poderá se ter discussão, diante da sua controvérsia.

Jurisprudência do STJ sobre o assunto: O STJ entendeu que o art. 271 do CPB foi ab-rogado pelo art. 54 da Lei do Meio Ambiente ainda que a penas deste último fosse mais branda (STJ – HC 178.423/GO, Relator Min. Gilson Dipp, DJE 19/12/2011).

Classificação doutrinária: Crime comum; formal (ou material a depender da corrente adotada) ou híbrida (admite espécie de crime material e formal a depender da modalidade); forma ou execução livre; perigo abstrato; comissivo (há que entenda conduta omissiva também); instantâneo; unissubjetivo; plurissubsistente; doloso no *caput*; admite tentativa.

Suspensão condicional do processo: É possível a suspensão condicional do processo.

Acordo de Não Persecução Penal: Tem cabimento, se preenchido todos os requisitos legais do art. 28-A, do CPP (incluído pela Lei nº 13.964/19) e não couber transação penal.

Ação penal: Ação penal pública incondicionada.

§ 1º Se o crime é culposo:
Pena - detenção, de seis meses a um ano, e multa.

Comentários: O dispositivo sob reflexão prevê a modalidade culposa, em que é vista uma pena de detenção de 06 (seis) meses a 1(um) ano. A forma culposa deriva da imperícia, imprudência ou negligência.

Há críticas veementes lançadas na doutrina sobre a localização da figura culposa que pela técnica legislativa deveria ser a última previsão do artigo analisado, pois topograficamente passa a impressão de que onde está situação e o § 2º adiante do mesmo artigo seria aplicado tanto ao *caput* do art. 54, da Lei do Meio Ambiente (figura dolosa), quanto ao §1º da mesma lei (figura culposa).

Jurisprudência do STJ: O STJ tem entendido que na poluição ambiental qualificada quer seja dos artigos 54 § 1º, I, II, III e IV e § 3º e 56, § 1º, I e II, c/c 58, I, da Lei n. 9.605/1998, o envio e armazenamento de resíduos tóxicos é de natureza permanente da conduta. Vejamos:

144. GOMES, Celeste Leite dos Santos Pereira. Crimes contra o meio ambiente: responsabilidade e sanção penal. (Maria Celeste Cordeiro Leite Santos Coord.). 2. ed. aum. e atual. São Paulo: Juarez de Oliveira, 1999, p. 144.

145. CASTRO, Bruna Azevedo de. Poluição hídrica, p. 110.

146. MACHADO, Paulo Affonso Leme. Da poluição e de outros crimes ambientais na Lei 9.605/98. Revista de Direito Ambiental – Publicação oficial do Instituto "O Direito por um Planeta Verde", ano 4, n. 14, p.9-19, São Paulo, RT, abr.-jun. 1999, p. 11.

147. TELES, Ney Moura. Direito penal: parte geral: art. 1º. a 120, São Paulo: Atlas, 2004, vol. 1, p. 248.

148. GONÇALVES, Victor Eduardo Rios. Direito penal esquematizado: parte especial. (Coord. Pedro Lenza) 4ª. ed. rev. e atual. São Paulo: Saraiva, 2014, p. 665. Gilberto Passos de Freitas, também assume posição contrária à corrente doutrinária predominante. In: FREITAS, Gilberto Passos de. Do crime de poluição. p. 107-152. In: FREITAS, Vladimir Passos de (Org.). Direito ambiental em evolução: nº. 1. 2ª. ed.(ano 2003), 5ª. reimpr. Curitiba: Juruá, 2008, p. 147. Ver, ainda: José Silva Júnior e Guilherme Madeira Dezem em: FRANCO, Alberto Silva; STOCO, Rui (Coord.). Código penal e sua interpretação, p. 1301.

149. Op. cit., p. 928.

A controvérsia cinge-se a estabelecer se os delitos pelos quais a empresa foi condenada - poluição, na sua modalidade qualificada (arts. 54, § 2º, I, II, III e IV e § 3º e 56, § 1º, I e II, c/c 58, I, da Lei n. 9.605/98), considerado o momento de sua consumação, são de natureza permanente ou instantânea de efeitos permanentes, para fins de reconhecimento de prescrição. De antemão, é necessário fazer a distinção dos conceitos legais - crime permanente e crime instantâneo de efeitos permanentes - de modo a tornar claro o raciocínio jurídico empregado. A diferença de classificação consiste na ação tomada pelo agente quanto aos efeitos gerados pela conduta delitiva inicial, pois para o crime permanente, realizada a ação típica, os efeitos só perduram no tempo por nova ação do autor ou diante da sua inércia em cumprir determinação estipulada, enquanto que nos crimes instantâneos de efeitos permanentes o delito se consuma tão somente no primeiro momento, sendo as consequências daí geradas independentes da sua vontade. As condutas delituosas previstas nos artigos 54, § 1º, I, II, III e IV e § 3º e 56, § 1º, I e II, c/c 58, I, da Lei n. 9.605/1998, se resumem na ação de causar poluição ambiental que provoque danos à população e ao próprio ambiente, em desacordo com as exigências estabelecidas na legislação de proteção, e na omissão em adotar medidas de precaução nos casos de risco de dano grave ou irreversível ao ecossistema. Percebe-se a dificuldade de classificação do tipo legal quanto ao momento de sua consumação, na medida em que podemos visualizar uma conduta inicial definida - causar poluição - que pode restar configurada simplesmente na primeira ação ou omissão do autor, ou perdurar no tempo. Recorre-se à doutrina, que em comentários à Lei n. 9.605/1998, salienta que: «A consumação do crime ocorre quando há descumprimento de medidas determinadas pelo Órgão competente. Trata-se de crime permanente, que se protrai no tempo enquanto durar a desobediência à ordem administrativa. Entretanto, se essa ordem se consubstanciar em um ato instantâneo, o crime vai se configurar no exato momento em que o ato agressor da determinação administrativa é praticado». **Ademais, verifica-se que a conduta criminosa ultrapassou a ação inicial, ou seja, os efeitos decorrentes da poluição permaneceram diante da própria omissão da empresa recorrente em corrigir ou diminuir os efeitos geradores da conduta inaugural**. Registra-se que esta Corte tem se posicionado pela impossibilidade de aferição do transcurso do lapso prescricional quanto a delito cometido em desfavor do meio ambiente, quando pautado na continuidade das atividades ilícitas. Esse posicionamento vem tomando força e deve ser a linha de orientação a ser seguida, considerado o bem jurídico-constitucional de elevado valor a que a lei faz referência - direito ao meio ambiente ecologicamente equilibrado - que legitima a intervenção do Estado no controle das ações praticadas a seu desfavor, devendo ser promovida a efetiva aplicação das normas penais (**STJ - AgRg no REsp 1.847.097-PA, Rel. Min. Joel Ilan Paciornik, Quinta Turma, por unanimidade, julgado em 05/03/2020, DJe 13/03/2020**).

§ 2º Se o crime:

I - tornar uma área, urbana ou rural, imprópria para a ocupação humana;

II - causar poluição atmosférica que provoque a retirada, ainda que momentânea, dos habitantes das áreas afetadas, ou que cause danos diretos à saúde da população;

III - causar poluição hídrica que torne necessária a interrupção do abastecimento público de água de uma comunidade;

IV - dificultar ou impedir o uso público das praias;

V - ocorrer por lançamento de resíduos sólidos, líquidos ou gasosos, ou detritos, óleos ou substâncias oleosas, em desacordo com as exigências estabelecidas em leis ou regulamentos:

Pena - reclusão, de um a cinco anos.

Comentários: O legislador fixou o crime (delito) qualificado pelo resultado no § 2º do art. 54, da Lei do Meio Ambiente se ocorrer quaisquer das hipóteses a seguir enumeradas:

I - tornar uma área, urbana ou rural, imprópria para a ocupação humana;

II - causar poluição atmosférica que provoque a retirada, ainda que momentânea, dos habitantes das áreas afetadas, ou que cause danos diretos à saúde da população;

III - causar poluição hídrica que torne necessária a interrupção do abastecimento público de água de uma comunidade;

IV - dificultar ou impedir o uso público das praias;

V - ocorrer por lançamento de resíduos sólidos, líquidos ou gasosos, ou detritos, óleos ou substâncias oleosas, em desacordo com as exigências estabelecidas em leis ou regulamentos.

Jurisprudência do STJ: O STJ tem entendido que na poluição ambiental qualificada quer seja dos artigos 54 § 1º, I, II, III e IV e § 3º e 56, § 1º, I e II, c/c 58, I, da Lei n. 9.605/1998, o envio e armazenamento de resíduos tóxicos é de natureza permanente da conduta. Vejamos:

> A controvérsia cinge-se a estabelecer se os delitos pelos quais a empresa foi condenada - poluição, na sua modalidade qualificada (arts. 54, § 2º, I, II, III e IV e § 3º e 56, § 1º, I e II, c/c 58, I, da Lei n. 9.605/98), considerado o momento de sua consumação, são de natureza permanente ou instantânea de efeitos permanentes, para fins de reconhecimento de prescrição. De antemão, é necessário fazer a distinção dos conceitos legais - crime permanente e crime instantâneo de efeitos permanen-

tes - de modo a tornar claro o raciocínio jurídico empregado. A diferença de classificação consiste na ação tomada pelo agente quanto aos efeitos gerados pela conduta delitiva inicial, pois para o crime permanente, realizada a ação típica, os efeitos só perduram no tempo por nova ação do autor ou diante da sua inércia em cumprir determinação estipulada, enquanto que nos crimes instantâneos de efeitos permanentes o delito se consuma tão somente no primeiro momento, sendo as consequências daí geradas independentes da sua vontade. As condutas delituosas previstas nos artigos 54, § 1º, I, II, III e IV e § 3º e 56, § 1º, I e II, c/c 58, I, da Lei n. 9.605/1998, se resumem na ação de causar poluição ambiental que provoque danos à população e ao próprio ambiente, em desacordo com as exigências estabelecidas na legislação de proteção, e na omissão em adotar medidas de precaução nos casos de risco de dano grave ou irreversível ao ecossistema. Percebe-se a dificuldade de classificação do tipo legal quanto ao momento de sua consumação, na medida em que podemos visualizar uma conduta inicial definida - causar poluição - que pode restar configurada simplesmente na primeira ação ou omissão do autor, ou perdurar no tempo. Recorre-se à doutrina, que em comentários à Lei n. 9.605/1998, salienta que: «A consumação do crime ocorre quando há descumprimento de medidas determinadas pelo Órgão competente. Trata-se de crime permanente, que se protrai no tempo enquanto durar a desobediência à ordem administrativa. Entretanto, se essa ordem se consubstanciar em um ato instantâneo, o crime vai se configurar no exato momento em que o ato agressor da determinação administrativa é praticado». **Ademais, verifica-se que a conduta criminosa ultrapassou a ação inicial, ou seja, os efeitos decorrentes da poluição permaneceram diante da própria omissão da empresa recorrente em corrigir ou diminuir os efeitos geradores da conduta inaugural**. Registra-se que esta Corte tem se posicionado pela impossibilidade de aferição do transcurso do lapso prescricional quanto a delito cometido em desfavor do meio ambiente, quando pautado na continuidade das atividades ilícitas. Esse posicionamento vem tomando força e deve ser a linha de orientação a ser seguida, considerado o bem jurídico-constitucional de elevado valor a que a lei faz referência - direito ao meio ambiente ecologicamente equilibrado - que legitima a intervenção do Estado no controle das ações praticadas a seu desfavor, devendo ser promovida a efetiva aplicação das normas penais (**STJ - AgRg no REsp 1.847.097-PA, Rel. Min. Joel Ilan Paciornik, Quinta Turma, por unanimidade, julgado em 05/03/2020, DJe 13/03/2020**).

§ 3º Incorre nas mesmas penas previstas no parágrafo anterior quem deixar de adotar, quando assim o exigir a autoridade competente, medidas de precaução em caso de risco de dano ambiental grave ou irreversível.

Comentários: O legislador previu igual penal do § 2º, a conduta omissiva do agente que tem o dever de agir em virtude da exigência da autoridade competente, diante de hipóteses de grave risco ambiental ou irreversível, deixa de fazê-lo. O tipo penal protege o meio ambiente e as pessoas que vivem nele, repassando ainda um poder à autoridade ambiental. A exigência deve ser razoável, proporcional, objetiva e clara com ordem dirigida a pessoa determinável. Outrossim, deve ser observado os requisitos do ato administrativo com ciência prévia e pessoal da pessoa que as exigências são dirigidas.

Art. 55. Executar pesquisa, lavra ou extração de recursos minerais sem a competente autorização, permissão, concessão ou licença, ou em desacordo com a obtida:

Pena - detenção, de seis meses a um ano, e multa.

Verbo nuclear: O verbo é executar pesquisa, lavra ou extração de recursos minerais sem a competente autorização, permissão, concessão ou licença, ou em desacordo com a obtida. *Executar* significa (tornar efetivo; realizar; levar a efeito). **Pesquisa** é o levantamento por meio de estudo ou pesquisa. **Lavra** consiste na exploração de conjunto de operações coordenadas, com objetivo de aproveitamento industrial da jazida, desde que a extração das substâncias minerais úteis contiver até o beneficiamento destas. **Extração** é a retirada para separar uma substância do corpo que fazia parte.

É cediço que, as atividades de minério são regulamentadas pelo Código de Mineração (Decreto-lei nº 227/1967).

Objeto jurídico: É a proteção do meio ambiente como um todo (proteção do solo, flora, água e fauna aquática/terrestre), com ênfase na tutela dos recursos minerais.

Objeto material: É a pesquisa, lavra ou extração de recursos minerais.

Sujeito ativo: Qualquer pessoa.

Sujeito passivo: A Sociedade; A Coletividade; O Estado primariamente. De forma secundária podemos ter o proprietário, possuidor e detentor da área onde ocorreu a ação delitiva – se ação foi levada na sua clandestinidade.

Elemento subjetivo: É o dolo com a vontade livre e consciente de dirigir a conduta para o fim de executar pesquisa, lavra ou extração de recursos minerais sem a competente autorização, permissão, concessão ou licença, ou em desacordo com a obtida.

Não se exige elemento subjetivo específico e nem há forma culposa.

Elemento normativo do tipo: As expressões "**sem a competente autorização, permissão, concessão ou licença, ou em desacordo com a obtida**", indicam que estamos diante dos elementos normativos do tipo. Com isso, é indispensável buscar a legislação extrapenal para ver precisamente a incidência ou não da norma em vista dos fatos. Há doutrina que cita isso como **norma penal em branco**[150].

Ocorrendo o verbo **executar** pesquisa, lavra ou extração de recursos minerais **"sem a competente autorização, permissão, concessão ou licença, ou em desacordo com a obtida"**, se terá o crime.

Noutro giro, obviamente, **"havendo a competente autorização, permissão, concessão ou licença, ou atuação em acordo com a obtida"**, defendemos ser o fato atípico.

Caso o indivíduo tenha apenas autorização de pesquisa e esteja executando a lavra ou a extração do minera se terá configura o crime em estudo.

A **autorização, permissão, concessão ou licença** é conferida pelo Departamento Nacional de Produtos Minerais (DNPM). Registre-se também que há alguns órgãos no âmbito estadual que concedem estas autorizações e licenças.

Consumação: Com a efetivação da pesquisa, lavra ou extração de recursos minerais sem a competente autorização, permissão, concessão ou licença, ou em desacordo com a obtida.

Tentativa: É controvertido o assunto aqui. Para parte da doutrina a tentativa é possível (Guilherme de Souza Nucci[151] e Fernando Capez[152]). Outro setor doutrinário entende não ser possível (Delmanto, Roberto Delmanto Júnior e Fábio M. de Almeida Delmanto[153]).

Confronto do art. 55 da Lei do Meio Ambiente x art. 2º, da Lei 8.176//1991: O assunto é controvertido, pois parcela da doutrina e jurisprudência comungam da posição de que o art. 2º, da Lei 8.176//1991 foi tacitamente revogado pelo art. 55 da Lei do Meio Ambiente, sob argumento de ambos tratam sobre a mesma conduta delitiva que é a exploração ilegal de recursos minerais da União. Contudo, não é esta a posição do STJ que vem sufragando o entendimento de que há diversidade entre os bens jurídicos tutelados entre os dispositivos analisados, logo, estamos diante do concurso formal de crimes entre o art. 2º, da Lei 8.176/1991 e o art. 55 da Lei do Meio Ambiente.

Jurisprudência do STJ sobre o aparente confronto do art. 55 da Lei do Meio Ambiente x art. 2º, da Lei 8.176//1991:

> RECURSO ESPECIAL. DIVERGÊNCIA JURISPRUDENCIAL DEVIDAMENTE COMPROVADA. **EXTRAÇÃO DE AREIA SEM AUTORIZAÇÃO. CRIME AMBIENTAL E CONTRA A ORDEM ECONÔMICA. EXISTÊNCIA DE CONCURSO FORMAL. OBJETOS JURÍDICOS DISTINTOS.** 1. A divergência foi demonstrada na forma preconizada nos artigos 541, parágrafo único, do Código de Processo Civil e 255, §§ 1º e 2º, do Regimento Interno do Superior Tribunal de Justiça. **2. Não existe conflito aparente de normas entre o delito previsto no art. 55 da Lei n.º 9.605/98, que objetiva proteger o meio ambiente, e o crime do art. 2.º, *caput*, da Lei n.º 8.176/91, que defende a ordem econômica, pois tutelam bens jurídicos distintos, existindo, na verdade, concurso formal.** Precedentes. 3. Recurso especial conhecido e provido (STJ - RECURSO ESPECIAL Nº 922.588 - BA (2007/0025644-7) RELATORA: MINISTRA LAURITA VAZ. DJ: 29/10/2007).

No mesmo sentido, da jurisprudência desta Corte Superior:

> RECURSO EM HABEAS CORPUS. EXTRAÇÃO DE AREIA SEM AUTORIZAÇÃO DO ÓRGÃO COMPETENTE COM FINALIDADE MERCANTIL. **USURPAÇÃO X EXTRAÇÃO. CONFLITO APARENTE DE NORMAS. INOCORRÊNCIA. DIVERSIDADE DE OBJETOS JURÍDICOS. CONCURSO FORMAL CONFIGURADO.** RECURSO NÃO PROVIDO. **1. O art. 2º da Lei 8.176/91 descreve o crime de usurpação, como modalidade de delito contra o patrimônio público, consistente em produzir bens ou explorar matéria-prima pertencente à União, sem autorização legal ou em desacordo com as obrigações impostas pelo título autorizativo. Já o art. 55 da Lei 9.605/98 descreve delito contra o meio-ambiente, consubstanciado na extração de recursos minerais sem a competente autorização, permissão, concessão ou licença, ou em desacordo com a obtida.** 2. O recurso em habeas corpus constitui-se em meio impróprio para a análise de alegações que exijam o exame do conjunto fático-probatório – como a possível existência de documento que dispense a empresa da apresentar licença para extração de areia – tendo em vista a incabível dilação que se faria necessária. 3. [...] 4. Recurso a que se nega provimento (RHC 16.801/SP, 6.ª Turma, Rel. Min. HÉLIO QUAGLIA BARBOSA, DJ 14/11/2005).

---

150. NUCCI, Guilherme de Souza. Leis penais e processuais penais comentadas. 4ª Edição revista e ampliada. São Paulo: Editora Revista dos Tribunais, 2009, p. 954.
151. Op. cit., p. 954.
152. Op. cit., p. 147.
153. Op. cit., p. 512.

PENAL. RECURSO ESPECIAL. **EXTRAÇÃO DE AREIA SEM AUTORIZAÇÃO DO ÓRGÃO COMPETENTE. INEXISTÊNCIA DE CONFLITO APARENTE DE NORMAS. ART. 2º DA LEI Nº 8.176/91 E ART. 55 DA LEI Nº 9.605/98. DISTINÇÃO DE OBJETIVOS QUANTO À TUTELA JURÍDICA.** INOCORRÊNCIA DE RETROATIVIDADE DA LEI MAIS BENIGNA. **Uma vez tutelados bens jurídicos diversos não há que se falar no denominado conflito de leis penais no tempo, não sendo hipótese, portanto, de derrogação.** O art. 2º da Lei nº 8.176/91 cuida de delito contra o patrimônio público, consistente em produzir bens ou explorar matéria-prima pertencente à União, sem autorização legal ou em desacordo com as obrigações impostas por título autorizativo. O art. 55 da Lei nº 9.605/98, por sua vez, descreve crime contra o meio ambiente. Recurso provido (REsp 646.869/SP, 5.ª Turma, Rel. Ministro JOSÉ ARNALDO DA FONSECA, DJ 13/12/2004).

PENAL. HABEAS CORPUS. **EXTRAÇÃO DE AREIA SEM AUTORIZAÇÃO.** DERROGAÇÃO. LEX MITIOR. **ART. 2º DA LEI Nº 8.176/91 E ART. 55 DA LEI Nº 9.605/98.** INOCORRÊNCIA DA NOVATIO LEGIS IN MELLIUS. **I - Quando as normas incriminadoras tutelam bens jurídicos diversos inocorre o denominado conflito de leis penais no tempo. Não há, no caso, derrogação.** II - O art. 2º da Lei nº 8.176/91 indica o delito da usurpação como forma de infração contra o patrimônio público, consistente em produzir bens ou explorar matéria-prima pertencente à União, sem autorização legal ou em desacordo com as obrigações impostas por título autorizativo. O art. 55 da Lei nº 9.605/98, por sua vez, descreve crime contra o meio ambiente. Habeas corpus denegado (HC 36.624/SP, 5.ª Turma, Rel. Min. FELIX FISCHER, DJ 04/10/2004).

Competência: Se afetar bens da União, a competência para processar e julgar eventual ação penal é da Justiça Federal. Este é o entendimento do STJ também:

CONFLITO NEGATIVO DE COMPETÊNCIA. CRIME AMBIENTAL. EXTRAÇÃO DE AREIA. USURPAÇÃO. CRIMES CONEXOS. INTERESSE DA UNIÃO. COMPETÊNCIA DA JUSTIÇA FEDERAL. É federal a competência para processar e julgar ação penal fundada na extração de areia de leito de rio, bem constitucionalmente afeto à União Federal, sem a licença de órgão ambiental. O crime de usurpação, conexo ao de extração de areia de bem da União, enseja a competência da Justiça Federal. Conflito conhecido para declarar competente o juízo suscitado, o Juízo Federal da 2ª Vara Criminal da Seção Judiciária do Estado do Rio de Janeiro (STJ - CONFLITO DE COMPETÊNCIA Nº 49.330 - RJ (2005/0065783-5) RELATOR: MINISTRO PAULO MEDINA).

CONFLITO DE COMPETÊNCIA. PENAL. JUÍZOS FEDERAL E ESTADUAL. PARCELAMENTO ILEGAL DE SOLO URBANO. ÁREA DE PRESERVAÇÃO AMBIENTAL. INTERESSE DA UNIÃO. PRECEDENTES ANÁLOGOS. Constatado que a área parcelada é de domínio da União, impõe-se a aplicação do art. 109, IV da Constituição Federal. Conflito conhecido, declarando-se a competência do juízo federal suscitante (CC 35.335/DF, Rel. Min. JOSÉ ARNALDO DA FONSECA, DJ de 02.02.2004).

Competência em caso de continência ou conexão de atingir bens da União e ao mesmo tempo bens particulares: Se afetar bens da União e ao mesmo tempo bens privados de terceiros, a competência para processar e julgar eventual ação penal é também da Justiça Federal, à luz do art. 76, inciso III, do CPP e da Súmula nº 122, do STJ. Este é o entendimento do STJ também:

CC - CRIMES QUE AFETAM INTERESSES PARTICULARES E DA UNIÃO - COMPETÊNCIA POR CONEXÃO OU CONTINÊNCIA. - SE A PROVA DE UMA INFRAÇÃO OU DE QUALQUER DE SUAS CIRCUNSTANCIAS ELEMENTARES INFLUIR NA PROVA DE OUTRA INFRAÇÃO, TEM-SE A COMPETÊNCIA POR CONEXÃO OU CONTINÊNCIA, A TEOR DO ART. 76, III, CPP. - HAVENDO A JUSTIÇA FEDERAL RECEBIDO PARCIALMENTE A DENUNCIA PARA JULGAR SOMENTE OS CRIMES DE SUA COMPETÊNCIA, TAMBÉM LHE CABERÁ O JULGAMENTO DOS RESTANTES, POIS O RESULTADO DE UNS, INFLUENCIARA NOS OUTROS. - COMPETENTE, "IN CASU", A JUSTIÇA FEDERAL, SUSCITADA (STJ - CC 5.103/RS, Rel. Min. CID FLAQUER SCARTEZZINI, DJ de 25.11.1996).

Atribuições para investigações: Isso implica também de que em regra, a investigação nestes casos caberá à Polícia Federal (atribuição primária).

Competência em caso de a conduta não atingir bens da União, mas apenas bens particulares ou bens de outros entes que não sejam integrantes da União: A competência em caso de a conduta não atingir bens da União, mas apenas bens particulares ou bens de outros entes que não sejam integrantes da União é da Justiça Estadual. Este é o entendimento do STJ também:

EMENTA CRIMINAL. AGRAVO REGIMENTAL. CONFLITO NEGATIVO DE COMPETÊNCIA. EXTRAÇÃO DE AREIA EM PROPRIEDADE PARTICULAR. INEXISTÊNCIA DE INTERESSE JURÍDICO E DE LESÃO A BENS, SERVIÇOS DA UNIÃO. COMPETÊNCIA DA JUSTIÇA ESTADUAL. 1. Consoante interativa jurisprudência do Superior Tribunal de Justiça compete à Justiça Estadual o processo e julgamento de feito que objetive à apuração de possível crime ambiental, consistente na extração de areia sem a devida autorização do órgão competente, quando perpetrado em propriedade particular. 2. In casu, não restou demonstrado a existência de eventual lesão a bens, serviços ou interesses da União, a ensejar a atração da competência da Justiça Federal. 3. Agravo desprovido (STJ - AgRg no CONFLITO DE COMPE-

TÊNCIA Nº 30.932 - SP (2000/0130688-0), relatora MINISTRA LAURITA VAZ).

Ementa: CONSTITUCIONAL. COMPETÊNCIA. EXTRAÇÃO DE AREIA. CRIME FEDERAL. INEXISTÊNCIA. - A extração de areia a céu aberto, em leito de pequeno rio não configura crime da competência da Justiça Federal, pois não atenta contra bens, serviços ou interesses da União Federal. - Conflito de Competência conhecido. Competência da Justiça Estadual. (Juízo suscitado) (CC n.º 36.225/SP, rel. Min. VICENTE LEAL, DJ de 09/12/2002, p. 00282).

Ementa: CRIMINAL. CONFLITO DE COMPETÊNCIA. EXTRAÇÃO DE AREIA EM PROPRIEDADE PARTICULAR. PEQUENA QUANTIDADE. UTILIZAÇÃO DE PÁS MANUAIS, À CÉU ABERTO. LESÃO A BENS, SERVIÇOS OU INTERESSES DA UNIÃO NÃO-DEMONSTRADA. INTERESSE JURÍDICO NÃO-CONFIGURADO. COMPETÊNCIA DA JUSTIÇA ESTADUAL. Compete à Justiça Estadual o processo e julgamento de feito que visa à apuração de possível crime de furto consistente na extração de pequena quantidade de areia, a céu aberto, em propriedade particular, não restando demonstrada a existência de eventual lesão a bens, serviços ou interesses da União, a ensejar a competência da Justiça Federal. Hipótese em que não se verificou a extração de areia de praia em faixa litorânea, nem tampouco do subsolo, até mesmo pelos instrumentos que teriam sido utilizados - 'pás manuais', a céu aberto. Precedentes. Interesse jurídico da União não configurado. Conflito conhecido para declarar a competência do Juízo de Direito da 2ª Vara Criminal do Espírito Santo do Pinhal/SP, o Suscitado (CC n.º 34.183/SP, rel. Min. GILSON DIPP, DJ de 05/08/2002, p. 00201).

Atribuições para investigações em caso de a conduta não atingir bens da União, mas apenas bens particulares ou bens de outros entes que não sejam integrantes da União: Isso implica também de que em regra, a investigação nestes casos caberá à Polícia Judiciária Civil Estadual.

Classificação doutrinária: Crime comum; mera conduta ou formal; forma ou execução livre; perigo abstrato; comissivo; instantâneo (há doutrina[154] dizendo que nas duas primeiras condutas [pesquisa e lavra] seriam crimes permanentes e na extração poderia ser permanente ou instantâneo, a depender do caso concreto); unissubjetivo; plurissubsistente; doloso no *caput*; admite tentativa (ou não admite a tentativa, consoante a doutrina a ser adotada).

Suspensão condicional do processo: É possível a suspensão condicional do processo.

Acordo de Não Persecução Penal: Em regra, não caberá o acordo de não persecução penal, se couber transação penal que tem cabimento nesta hipótese. Excepcionalmente, caso não preenchido os requisitos da transação penal, é que caberá acordo de não persecução penal, se presentes todos os requisitos legais do art. 28-A, do CPP.

Ação penal: Ação penal pública incondicionada.

Parágrafo único. Nas mesmas penas incorre quem deixa de recuperar a área pesquisada ou explorada, nos termos da autorização, permissão, licença, concessão ou determinação do órgão competente.

Verbo nuclear: O verbo nuclear no parágrafo único, do art. 55, da Lei do Ambiente é *deixar* que significa (não fazer; suspender; abandonar; desistir; permitir; esquecer; desamparar; cessar). O legislador pune aqui quem **deixa de recuperar de recuperar a área pesquisada ou explorada, nos termos da autorização, permissão, licença, concessão ou determinação do órgão competente.**

Objeto jurídico: A proteção do meio ambiente como um todo, com ênfase na proteção do solo, flora, água e fauna aquática.

Objeto material: É a área objeto de pesquisa ou de exploração.

Sujeito ativo: Qualquer pessoa.

Sujeito passivo: A Sociedade; A Coletividade; O Estado primariamente. De forma secundária podemos ter o proprietário, possuidor e detentor da área onde ocorreu a ação delitiva – se ação foi levada na sua clandestinidade.

Elemento subjetivo: É o dolo com a vontade livre e consciente de dirigir a conduta para o fim de deixar de recuperar a área pesquisada ou explorada, nos termos da autorização, permissão, licença, concessão ou determinação do órgão competente. Não se exige elemento subjetivo específico e nem há forma culposa.

Elemento normativo do tipo: As expressões **"nos termos da autorização, permissão, licença, concessão ou determinação do órgão competente"**, indicam que estamos diante dos elementos normativos do tipo. Com isso, é indispensável buscar a legislação extrapenal para ver precisamente a incidência ou não da norma em vista dos fatos.

154. Luiz Flávio Gomes e Silvio Maciel. Op. cit. 929.

Há doutrina que cita isso como **norma penal em branco**[155].

Consumação: Com à não recuperação da área explorada, ou seja, com realização da conduta de deixar de recuperar a área pesquisada ou explorada, nos termos da autorização, permissão, licença, concessão ou determinação do órgão competente.

Tentativa: Não admite.

Classificação doutrinária: Crime comum; formal; forma ou execução livre; perigo abstrato; omissivo próprio; instantâneo; unissubjetivo; unissubsistente; doloso; não admite tentativa.

Suspensão condicional do processo: É possível a suspensão condicional do processo.

Acordo de Não Persecução Penal: Em regra, não caberá o acordo de não persecução penal, se couber transação penal que tem cabimento nesta hipótese. Excepcionalmente, caso não preenchido os requisitos da transação penal, é que caberá acordo de não persecução penal, se presentes todos os requisitos legais do art. 28-A, do CPP.

Ação penal: Ação penal pública incondicionada.

Art. 56. Produzir, processar, embalar, importar, exportar, comercializar, fornecer, transportar, armazenar, guardar, ter em depósito ou usar produto ou substância tóxica, perigosa ou nociva à saúde humana ou ao meio ambiente, em desacordo com as exigências estabelecidas em leis ou nos seus regulamentos:

Pena - reclusão, de um a quatro anos, e multa.

Verbos nucleares: Os verbos nucleares são *produzir, processar, embalar, importar, exportar, comercializar, fornecer, transportar, armazenar, guardar, ter em depósito* ou *usar* tóxica, perigosa ou nociva à saúde humana ou ao meio ambiente, em desacordo com as exigências estabelecidas em leis ou nos seus regulamentos. *Produzir* é (fazer qualquer obra; dar impulso para que algo aconteça; iniciar; acarretar; promover; criar; executar); *processar* é (promover operações que tragam mudanças ou sucessões de estados); *embalar* é (acondicionar em pacotes, fardos e caixas); *importar* (trazer para o território nacional ou mandar vir ou trazer de outro país. Introduzir de um Estado para o outro Estado); *exportar* é (promover a saída do território, ou seja, vender para fora do país); *comercializar* significa (apresentar algo para ser objeto de negociação; tornar comercial; colocar no comércio); *fornecer* corresponde a (abastecer; equipar; dar; prover; produzir ou munir do necessário); *transportar* corresponde (levar de um lugar para outro; conduzir ou passar de um lugar para outro; trasladar); *armazenar* implica (em guardar ou manter algo em caráter prolongado, num determinado local); *guardar* corresponde (a vigiar, para conservar, defender ou proteger; conservar, manter em bom estado); *ter em depósito* implica em (armazenar, manter, em caráter prolongado, num determinado local); *usar* corresponde a (utilizar; é tornar útil; fazer uso de; servir-se de; tirar proveito de).

Produto ou substância tóxica é a que tem nocividade como propriedade de envenenar entre outras.

Produto ou substância perigosa é a substância que causa algum perigo.

Produto ou substância nociva à saúde humana ou ao meio ambiente que podem prejudicar ou causar dano à saúde humana ou ao meio ambiente.

As condutas do injusto penal em exame são plurinucleares, tipo misto alternativo; crime de ação múltipla ou ação/tipo/crime/delito de conteúdo variado. A ocorrência de mais de uma dessas condutas no mesmo contexto fático não ensejará novo crime, caracterizando tão somente crime único, embora possam ser consideradas na dosimetria da pena (art. 6º da Lei do Meio Ambiente + art. 59 do CPB).

Objeto jurídico: O bem jurídico tutelado é saúde humana e o meio ambiente.

Objeto material: É o produto ou substância tóxica.

Sujeito ativo: Qualquer pessoa.

Sujeito passivo: A Sociedade; A Coletividade; O Estado.

Elemento subjetivo: É o dolo com a vontade livre e consciente de dirigir a conduta para o fim do tipo penal em análise. Não se exige elemento subjetivo específico, embora haja previsão da forma culposa.

Elemento normativo do tipo: As expressões **"em desacordo com as exigências estabelecidas em leis ou nos seus regulamentos"**, indicam que estamos diante dos elementos normativos do tipo.

155. NUCCI, Guilherme de Souza. Leis penais e processuais penais comentadas. 4ª Edição revista e ampliada. São Paulo: Editora Revista dos Tribunais, 2009, p. 954.

Com isso, é indispensável buscar a legislação extrapenal para ver precisamente a incidência ou não da norma em vista dos fatos. Há doutrina que cita isso como **norma penal em branco**[156].

Consumação: Consumação se dá com a prática dos verbos do injusto penal em estudo.

Tentativa: É possível, embora de difícil visualização.

Classificação doutrinária: Crime comum; formal; forma ou execução livre; perigo abstrato; comissivo; instantâneo (produzir, processar, embalar, importar, exportar, comercializar, fornecer, transportar ou usar) ou permanente (armazenar, guardar, ter em depósito) a depender das condutas; unissubjetivo; plurissubsistente; doloso; admite tentativa, embora de difícil visualização.

Jurisprudência do STJ quanto a não configuração da transnacionalidade somente pelo fato de o produto (agrotóxico) ser encontrado na propriedade do investigado ter procedência estrangeira:

> PENAL. CONFLITO DE COMPETÊNCIA. **ART. 15 DA LEI N. 7.802/1989** OU **ART. 56 DA LEI N. 9.605/1998.MANTER EM DEPÓSITO AGROTÓXICO DE PROCEDÊNCIA ESTRANGEIRA. TRANSNACIONALIDADE DO DELITO.** NÃO CARACTERIZAÇÃO. COMPETÊNCIA DA JUSTIÇA ESTADUAL. 1. Constitui crime: a) «produzir, comercializar, transportar, aplicar, prestar serviço, dar destinação a resíduos e embalagens vazias de agrotóxicos, seus componentes e afins, em descumprimento às exigências estabelecidas na legislação pertinente» (Lei n. 7.802/1989, art. 15); b) «produzir, processar, embalar, importar, exportar, comercializar, fornecer, transportar, armazenar, guardar, ter em depósito ou usar produto ou substância tóxica, perigosa ou nociva à saúde humana ou ao meio ambiente, em desacordo com as exigências estabelecidas em leis ou nos seus regulamentos» (Lei n. 9.605/1998, art. 56). **Tão somente o fato de o produto (agrotóxico) encontrado na propriedade do investigado ter procedência estrangeira não atrai a competência da Justiça Federal para processar e julgar a ação penal que, em razão dele, eventualmente vier a ser instaurada, salvo se houver provas ou fortes indícios da transnacionalidade da conduta delitiva ou de conexão probatória.** 2. Conflito conhecido para declarar a competência do Juízo de Direito da Vara Criminal da Comarca de Ponta Porã/MS, ora suscitado (STJ - CC 127183 / MS CONFLITO DE COMPETÊNCIA 2013/0062421-5 - S3 - TERCEIRA SEÇÃO, Rel. Min. NEWTON TRISOTTO; Data da Publicação 01/09/2015).

DICA: Para atrair a competência da Justiça Federal deve haver provas (elementos informativos) ou fortes indícios da transnacionalidade da conduta delitiva ou de conexão probatória.

Atribuições para investigações: Isso implica também de que em regra a investigação nestes casos caberá à Polícia Federal (atribuição primária) se haver provas (elementos informativos) ou fortes indícios da transnacionalidade da conduta delitiva ou de conexão probatória de matéria de competência federal com estadual, embora nada impeça e nem haja ilegalidade de a Polícia Judiciária Civil Estadual porventura possa vir a investigar também (atribuição remanescente/subsidiária se não tiver transnacionalidade).

Confronto do art. 56 da Lei do Meio Ambiente x Art. 15, Lei nº 7.802/1989: Quando não estiverem presentes elementos no sentido de que o agente, tendo recebido na rodoviária de fronteiras ou em outras localidades em mala com produto que sabia ter procedência estrangeira para transporte dentro do território nacional, ou que tenha ajustado ou aderido à importação antes da sua consumação, não se pode falar em participação na importação de substância tóxica (artigo 56 da Lei nº 9.605/98), **mas em delito autônomo de transporte de agrotóxico (artigo 15 da Lei n° 7.802/89).** A par disso, veja jurisprudência do STJ sobre o assunto:

> RECURSO ESPECIAL. DIREITO PENAL. **IMPORTAÇÃO DE SUBSTANCIA TÓXICA (ARTIGO 56 DA LEI Nº 9.605/98)** E TRANSPORTE DE AGROTÓXICO (ARTIGO 15 DA LEI N° 7.802/89). ADEQUAÇÃO TÍPICA. 1. Inexistindo elementos no sentido de que o denunciado, tendo recebido na rodoviária de Foz de Iguaçu mala com produto que sabia ter procedência estrangeira para transporte dentro do território nacional, tenha ajustado ou aderido à importação antes da sua consumação, não se pode falar em participação na importação de substância tóxica (artigo 56 da Lei nº 9.605/98) **mas em delito autônomo de transporte de agrotóxico (artigo 15 da Lei n° 7.802/89).** 2. A participação na modalidade de co-autoria sucessiva, em que o partícipe resolve aderir à conduta delituosa após o início da sua execução, exige, além do liame subjetivo comum a todo concurso de agentes, que a adesão ocorra antes da consumação do delito. 3. Recurso provido (STJ - REsp 1449266 / PR RECURSO ESPECIAL 2014/0092305-5 T6 - SEXTA TURMA; Rela. Min. MARIA THEREZA DE ASSIS MOURA – Data da publicação 26/08/2015).

OBSERVAÇÃO: Há doutrina falando que não houve revogação o art. 15 da Lei n° 7.802/89 e deve aplicar o art. 15 da Lei n° 7.802/89 para os casos específicos de agrotóxicos, com aplicação entretanto,

156. NUCCI, Guilherme de Souza. Leis penais e processuais penais comentadas. 4ª Edição revista e ampliada. São Paulo: Editora Revista dos Tribunais, 2009, p. 956.

da pena do art. 56, da Lei do Meio Ambiente por questão de justiça[157].

Outrossim, há vozes sustentando que o art. 15 da Lei n° 7.802/89 foi revogado tacitamente pelo crime do art. 56, da Lei do Meio Ambiente[158].

Confronto do art. 56 da Lei do Meio Ambiente x Art. 278, do CPB: Podem ter duas interpretações possíveis. A primeira é de que o art. 56 da Lei do Meio Ambiente por ser lei especial e posterior ao Código Penal Brasileiro teria revogado o art. 278, do CPB. Noutra banda, se teria o argumento da possibilidade da vigência do art. 278, do CPB e da sua convivência no ordenamento com o art. 56 da Lei do Meio Ambiente. Guilherme de Souza Nucci[159] defendendo essa posição, aduz também que a parte final do art. 56 da Lei Ambiental exigiria para incidência da lei penal a tutela de produto em legislação específica e com isso, seria sustentável que o art. 278, do CPB teria afastamento apenas quando se tratasse de produtos ou substâncias nocivas à saúde humana ou ao Meio Ambiente. Para os demais casos, sem que os produtos ou substâncias nocivas à saúde humana estejam listados em leis ou regulamentos específicos, incidirá o art. 278, do CPB.

Confronto do art. 56 da Lei do Meio Ambiente x Art. 16, Lei nº 7.802/1989: No conflito do art. 56 da Lei do Meio Ambiente entre o art. 16, Lei nº 7.802/1989 há 2 (duas) posições doutrinárias. Guilherme de Souza Nucci[160] defende que o art. 16, Lei nº 7.802/1989 por ser lei especial incidindo em caso de agrotóxico, continua em vigência. De outro lado, Luiz Flávio Gomes e Silvio Maciel[161] abordam que o art. 16, Lei nº 7.802/1989 entra em conflito com art. 68 da Lei do Meio Ambiente onde dependerá do caso concreto.

Suspensão condicional do processo: É possível a suspensão condicional do processo.

Acordo de Não Persecução Penal: Tem cabimento, se preenchido todos os requisitos legais do art. 28-A, do CPP (incluído pela Lei nº 13.964/19) e não couber transação penal.

Ação penal: Ação penal pública incondicionada.

§ 1º Nas mesmas penas incorre quem: (Redação dada pela Lei nº 12.305, de 2010)

I - abandona os produtos ou substâncias referidos no *caput* ou os utiliza em desacordo com as normas ambientais ou de segurança; (Incluído pela Lei nº 12.305, de 2010)

II - manipula, acondiciona, armazena, coleta, transporta, reutiliza, recicla ou dá destinação final a resíduos perigosos de forma diversa da estabelecida em lei ou regulamento. (Incluído pela Lei nº 12.305, de 2010)

Comentários: O legislador ordinário criou as condutas equiparadas no § 1º, incisos I e II, ambos da Lei do Meio Ambiente.

Aplicam-se os mesmos comentários anteriores do *caput*, no que for compatível.

Jurisprudência do STJ: O STJ tem entendido que na poluição ambiental qualificada quer seja dos artigos 54 § 1º, I, II, III e IV e § 3º e 56, § 1º, I e II, c/c 58, I, todos da Lei n. 9.605/1998, o envio e armazenamento de resíduos tóxicos é de natureza permanente da conduta. Vejamos:

> A controvérsia cinge-se a estabelecer se os delitos pelos quais a empresa foi condenada - poluição, na sua modalidade qualificada (arts. 54, § 2º, I, II, III e IV e § 3º e 56, § 1º, I e II, c/c 58, I, da Lei n. 9.605/98), considerado o momento de sua consumação, são de natureza permanente ou instantânea de efeitos permanentes, para fins de reconhecimento de prescrição. De antemão, é necessário fazer a distinção dos conceitos legais - crime permanente e crime instantâneo de efeitos permanentes - de modo a tornar claro o raciocínio jurídico empregado. A diferença de classificação consiste na ação tomada pelo agente quanto aos efeitos gerados pela conduta delitiva inicial, pois para o crime permanente, realizada a ação típica, os efeitos só perduram no tempo por nova ação do autor ou diante da sua inércia em cumprir determinação estipulada, enquanto que nos crimes instantâneos de efeitos permanentes o delito se consuma tão somente no primeiro momento, sendo as consequências daí geradas independentes da sua vontade. As condutas delituosas previstas nos artigos 54, § 1º, I, II, III e IV e § 3º e 56, § 1º, I e II, c/c 58, I, da Lei n. 9.605/1998, se resumem na ação de causar poluição ambiental que provoque danos à população e ao próprio ambiente, em desacordo com as exigências estabelecidas na legislação de proteção, e na omissão

157. Vladimir Passos e Gilberto Passos de Freitas. Op. cit., p. 221-223. Na mesma direção é a doutrina de Guilherme de Souza Nucci; Luiz Flávio Gomes e Silvio Maciel. Seguindo a mesma opinião: Roberto Delmanto, Roberto Delmanto Junior e Fábio M. de Almeida Delmanto.

158. Posição contrária: SIRVINSKA, Paulo Luís. Op. cit., p. 205. Filiado a esta doutrina também tem Paulo Afonso Leme Machado e ÉdisMilaré sustentando que o art. 15da Lei n° 7.802/89foi revogado tacitamente pelo crime do art. 56, da Lei do Meio Ambiente.

159. Op. cit., p. 957.

160. Op. cit., p. 956-957.

161. Op. cit., p. 935.

em adotar medidas de precaução nos casos de risco de dano grave ou irreversível ao ecossistema. Percebe-se a dificuldade de classificação do tipo legal quanto ao momento de sua consumação, na medida em que podemos visualizar uma conduta inicial definida - causar poluição - que pode restar configurada simplesmente na primeira ação ou omissão do autor, ou perdurar no tempo. Recorre-se à doutrina, que em comentários à Lei n. 9.605/1998, salienta que: «A consumação do crime ocorre quando há descumprimento de medidas determinadas pelo Órgão competente. Trata-se de crime permanente, que se protrai no tempo enquanto durar a desobediência à ordem administrativa. Entretanto, se essa ordem se consubstanciar em um ato instantâneo, o crime vai se configurar no exato momento em que o ato agressor da determinação administrativa é praticado». **Ademais, verifica-se que a conduta criminosa ultrapassou a ação inicial, ou seja, os efeitos decorrentes da poluição permaneceram diante da própria omissão da empresa recorrente em corrigir ou diminuir os efeitos geradores da conduta inaugural.** Registra-se que esta Corte tem se posicionado pela impossibilidade de aferição do transcurso do lapso prescricional quanto a delito cometido em desfavor do meio ambiente, quando pautado na continuidade das atividades ilícitas. Esse posicionamento vem tomando força e deve ser a linha de orientação a ser seguida, considerado o bem jurídico-constitucional de elevado valor a que a lei faz referência - direito ao meio ambiente ecologicamente equilibrado - que legitima a intervenção do Estado no controle das ações praticadas a seu desfavor, devendo ser promovida a efetiva aplicação das normas penais **(STJ -AgRg no REsp 1.847.097-PA, Rel. Min. Joel Ilan Paciornik, Quinta Turma, por unanimidade, julgado em 05/03/2020, DJe 13/03/2020)**.

§ 2º Se o produto ou a substância for nuclear ou radioativa, a pena é aumentada de um sexto a um terço.

Comentários: O legislador ordinário criou causa de aumento de pena na Lei do Meio Ambiente, na hipótese de o produto ou a substância for nuclear ou radioativa.

§ 3º Se o crime é culposo:

Pena - detenção, de seis meses a um ano, e multa.

Comentários: O legislador previu a forma culposa que deriva de imperícia, negligência ou imprudência.

Aplicam-se os mesmos comentários anteriores do *caput*, no que for compatível, observando que estamos diante da modalidade culposa.

Art. 57. (VETADO)

Art. 58. Nos crimes dolosos previstos nesta Seção, as penas serão aumentadas:

I - de um sexto a um terço, se resulta dano irreversível à flora ou ao meio ambiente em geral;

II - de um terço até a metade, se resulta lesão corporal de natureza grave em outrem;

III - até o dobro, se resultar a morte de outrem.

Comentários: O art. 58 da Lei nº 9.605/1998 trouxe hipóteses de aumento de pena. Essas causas de aumento de pena são aplicadas em analogia "bonam partem" do art. 68, parágrafo único, do CPB.

Jurisprudência do STJ: O STJ tem entendido que na poluição ambiental qualificada quer seja dos artigos 54 § 1º, I, II, III e IV e § 3º e 56, § 1º, I e II, c/c 58, I, da Lei n. 9.605/1998, o envio e armazenamento de resíduos tóxicos é de natureza permanente da conduta. Vejamos:

> A controvérsia cinge-se a estabelecer se os delitos pelos quais a empresa foi condenada - poluição, na sua modalidade qualificada (arts. 54, § 2º, I, II, III e IV e § 3º e 56, § 1º, I e II, c/c 58, I, da Lei n. 9.605/98), considerado o momento de sua consumação, são de natureza permanente ou instantânea de efeitos permanentes, para fins de reconhecimento de prescrição. De antemão, é necessário fazer a distinção dos conceitos legais - crime permanente e crime instantâneo de efeitos permanentes - de modo a tornar claro o raciocínio jurídico empregado. A diferença de classificação consiste na ação tomada pelo agente quanto aos efeitos gerados pela conduta delitiva inicial, pois para o crime permanente, realizada a ação típica, os efeitos só perduram no tempo por nova ação do autor ou diante da sua inércia em cumprir determinação estipulada, enquanto que nos crimes instantâneos de efeitos permanentes o delito se consuma tão somente no primeiro momento, sendo as consequências daí geradas independentes da sua vontade. As condutas delituosas previstas nos artigos 54, § 1º, I, II, III e IV e § 3º e 56, § 1º, I e II, c/c 58, I, da Lei n. 9.605/1998, se resumem na ação de causar poluição ambiental que provoque danos à população e ao próprio ambiente, em desacordo com as exigências estabelecidas na legislação de proteção, e na omissão em adotar medidas de precaução nos casos de risco de dano grave ou irreversível ao ecossistema. Percebe-se a dificuldade de classificação do tipo legal quanto ao momento de sua consumação, na medida em que podemos visualizar uma conduta inicial definida - causar poluição - que pode restar configurada simplesmente na primeira ação ou omissão do autor, ou perdurar no tempo. Recorre-se à doutrina, que em comentários à Lei n. 9.605/1998, salienta que: «A consumação do crime ocorre quando há descumprimento de medidas determinadas pelo Órgão competente. Trata-se de crime permanente, que se protrai no tempo enquanto durar a desobediência à ordem administrativa. Entre-

tanto, se essa ordem se consubstanciar em um ato instantâneo, o crime vai se configurar no exato momento em que o ato agressor da determinação administrativa é praticado». **Ademais, verifica-se que a conduta criminosa ultrapassou a ação inicial, ou seja, os efeitos decorrentes da poluição permaneceram diante da própria omissão da empresa recorrente em corrigir ou diminuir os efeitos geradores da conduta inaugural.** Registra-se que esta Corte tem se posicionado pela impossibilidade de aferição do transcurso do lapso prescricional quanto a delito cometido em desfavor do meio ambiente, quando pautado na continuidade das atividades ilícitas. Esse posicionamento vem tomando força e deve ser a linha de orientação a ser seguida, considerado o bem jurídico-constitucional de elevado valor a que a lei faz referência - direito ao meio ambiente ecologicamente equilibrado - que legitima a intervenção do Estado no controle das ações praticadas a seu desfavor, devendo ser promovida a efetiva aplicação das normas penais (**STJ - AgRg no REsp 1.847.097-PA, Rel. Min. Joel Ilan Paciornik, Quinta Turma, por unanimidade, julgado em 05/03/2020, DJe 13/03/2020**).

Parágrafo único. As penalidades previstas neste artigo somente serão aplicadas se do fato não resultar crime mais grave.

Comentários: O art. 58 da Lei nº 9.605/1998 trouxe uma ressalva importante, pois se as condutas perpetradas (na esfera ambiental) aqui atingirem também outros objetos jurídicos tutelados até de forma mais graves, poderá se ter aplicação de outras legislações. O legislador pretendeu separar a responsabilidade criminal de acordo com cada bem jurídico tutelado. Por exemplo, se pratica um crime ambiental e outro contra a vida no mesmo contexto, se terá os dois crimes e assim por diante.

Art. 59. (VETADO)

Art. 60. Construir, reformar, ampliar, instalar ou fazer funcionar, em qualquer parte do território nacional, estabelecimentos, obras ou serviços potencialmente poluidores, sem licença ou autorização dos órgãos ambientais competentes, ou contrariando as normas legais e regulamentares pertinentes:

Pena - detenção, de um a seis meses, ou multa, ou ambas as penas cumulativamente.

Verbo nuclear: Os verbos nucleares são *construir, reformar, ampliar, instalar* ou *fazer funcionar* em qualquer parte do território nacional, estabelecimentos, obras ou serviços potencialmente poluidores, sem licença ou autorização dos órgãos ambientais competentes, ou contrariando as normas legais e regulamentares pertinentes. *Construir* é (edificar; dar estrutura; gerar; fabricar); *reformar* é (mudar ou modificar em todo ou em parte. É dar melhor forma ou reparar ou consertar. É restaurar; reconstruir; emendar); *ampliar* é (aumentar; alongar ou dilatar); *instalar* consiste em (estabelecer; fixar. Colocar algo preparado para entrar em funcionamento); *fazer funcionar* é (entrar em funcionamento. Colocar em funcionamento ou fazer estar em exercício; fazer mover-se).

Objeto jurídico: É a proteção ao meio ambiente (terrestre, aquático, atmosférico).

Objeto material: É o estabelecimento, obra ou serviço potencialmente poluidor.

Sujeito ativo: Qualquer pessoa.

Sujeito passivo: A Sociedade; A Coletividade; O Estado.

Elemento subjetivo: É o dolo com a vontade livre e consciente de dirigir a conduta para o fim de **construir, reformar, ampliar, instalar ou fazer funcionar** em qualquer parte do território nacional, estabelecimentos, obras ou serviços potencialmente poluidores, sem licença ou autorização dos órgãos ambientais competentes, ou contrariando as normas legais e regulamentares pertinentes. Não se exige elemento subjetivo específico. Também não há modalidade culposa.

Elemento normativo do tipo: As expressões **"sem licença ou autorização dos órgãos ambientais competentes, ou contrariando as normas legais e regulamentares pertinentes"** indicam que estamos diante dos elementos normativos do tipo. Na primeira situação, as expressões **"sem licença ou autorização dos órgãos ambientais competentes"** o agente é punido, porque não tinha obtido estas. Na segunda parte, o agente é responsabilizado, porque embora possua, está **"contrariando as normas legais e regulamentares pertinentes".** As expressões **"território nacional e potencialmente poluidores"** também são reputadas como elemento normativo do tipo. Com isso, é indispensável buscar a legislação extrapenal para ver precisamente a incidência ou não da norma em vista dos fatos. Há doutrina que cita isso como **norma penal em branco**[162].

162. NUCCI, Guilherme de Souza. Leis penais e processuais penais comentadas. 4ª Edição revista e ampliada. São Paulo: Editora Revista dos Tribunais, 2009, p. 960.

De qualquer modo, se o agente realizar as condutas acima **"sem licença ou autorização dos órgãos ambientais competentes, ou contrariando as normas legais e regulamentares pertinentes"** dentro do **"território nacional"** e de forma que seja **"potencialmente poluidores"** terá incorrido no crime em estudo.

Consumação: Se dá com a prática das condutas independentemente do resultado naturalístico. É crime formal.

Tentativa: O assunto da tentativa é controvertido. Para a doutrina de Roberto Delmanto[163], Roberto Delmanto Junior e Fábio M. de Almeida Delmanto não é possível na prática, diante de tantos verbos. Luiz Flavio Gomes e Silvio Maciel[164] no mesmo sentido. Já Fernando Capez[165] e Guilherme de Souza Nucci[166] admitem a tentativa.

Conduta de realizar obra sem estudo de impacto ambiental: Embora haja discussão nas duas direções, pensamos configurar o crime em estudo realizar a obra, sem estudo de impacto ambiental (EIA). O argumento é de que o agente ao realizar a obra sem estudo de impacto ambiental estaria **"sem licença ou autorização dos órgãos ambientais competentes, ou contrariando as normas legais e regulamentares pertinentes".**

Termo de Compromisso e falta de justa causa para ação penal: Em que pese aqui também existir discussão, há o entendimento doutrinário e jurisprudencial de que o Termo de Compromisso ("TC" ou outras terminologias[167] para corresponder ao mesmo instituto) gera à falta de justa causa para ação penal. Defendemos na mesma linha do STJ, de que o Termo de Ajustamento de Compromisso/Conduta (TAC) não impede à ação penal ou procedimento policial. O argumento central é da independência de instâncias em regra, ou seja, a adoção de providências em determinado âmbito de atuação em regra não tem efeitos impeditivos sobre outros procedimentos nas demais esferas. Essa regra só é excepcionada quando o juízo criminal a reconhecer a inexistência do fato ou negativa de autoria. Afora tais situações, a regra é a independência.

163. Op. cit., p. 520.

164. Op. cit., p. 940.

165. Op. cit., p. 153.

166. Op. cit., p. 960.

167. **Termo de Ajustamento de Conduta (TAC)/Compromisso de Ajustamento de Conduta (CAC)/ Termo de Compromisso Ambiental (TCA).**

Confronto do art. 60, da Lei do Meio Ambiente x Art. 54, da Lei do Meio Ambiente: Em caso de estabelecimento, obra ou atividade vir a efetivamente causar poluição, há possibilidade de incidir o art. 54, da Lei do Meio Ambiente, desde que tenha causado ou resultem danos à saúde humana ou que provoquem à mortandade de animais ou destruição significativa da flora.

Classificação doutrinária: Crime comum; formal (Roberto Delmanto[168], Roberto Delmanto Junior e Fábio M. de Almeida Delmanto) ou de mera conduta (Guilherme de Souza Nucci[169]); forma ou execução livre; perigo abstrato; comissivo; instantâneo; unissubjetivo; plurissubsistente; doloso; admite a tentativa, com as ressalvas acima (assunto controvertido).

Jurisprudência do STJ: A Corte da Cidadania entende que para a configuração do delito previsto no art. 60, Lei 9.605/1998, exige o desenvolvimento de atividade potencialmente poluidora sem a correspondente licença ambiental. O fato de ser exigida a licença ambiental não pode gerar a presunção de que a atividade desenvolvida pelo acusado seja potencialmente poluidora. Vejamos adiante:

> Agravo regimental no recurso especial. Crime ambiental. Lei 9.605/1998, art. 60. Atividade potencialmente poluidora. Presunção. Impossibilidade. Dano efetivo não comprovado. Agravo regimental não provido.
>
> 1. A configuração do delito previsto no [*sic*] Lei 9.605/1998, art. 60, exige o desenvolvimento de atividade potencialmente poluidora sem a correspondente licença ambiental. O fato de ser exigida a licença ambiental não pode gerar a presunção de que a atividade desenvolvida pelo acusado seja potencialmente poluidora. 2. Agravo regimental não provido (STJ – AgRg no REsp nº 1.411.354/RS, Min. Moura Ribeiro, Quinta Turma, DJE 26/08/2014).

Suspensão condicional do processo: É possível a suspensão condicional do processo.

Acordo de Não Persecução Penal: Em regra, não caberá o acordo de não persecução penal, se couber transação penal que tem cabimento nesta hipótese. Excepcionalmente, caso não preenchido os requisitos da transação penal, é que caberá acordo de não persecução penal, se presentes todos os requisitos legais do art. 28-A, do CPP.

Ação penal: Ação penal pública incondicionada.

168. Op. cit., p. 520.

169. Op. cit., p. 960.

Art. 61. Disseminar doença ou praga ou espécies que possam causar dano à agricultura, à pecuária, à fauna, à flora ou aos ecossistemas:

Pena - reclusão, de um a quatro anos, e multa.

Revogação tácita: O crime em exame revogou tacitamente o art. 259, do CPB.

Verbo nuclear: O verbo nuclear é *disseminar* doença ou praga ou espécies que possam causar dano à agricultura, à pecuária, à fauna, à flora ou aos ecossistemas. *Disseminar* quer dizer (espalhar, semear, difundir e propagar). **Doença** é enfermidade ou moléstia.

Praga é vegetal e animal daninhos que podem causar estragos.

Espécies que possam causar dano à agricultura (lavoura com a finalidade de produção de alimentos; hortaliças de grande porte etc.).

Pecuária consiste na criação de gado.

Fauna é o conjunto de animais de certa localidade.

Flora é o conjunto de plantas de certa localidade.

Ecossistema diz respeito a qualquer unidade que inclua todos os organismos de certa área, com interação de ambiente físico com troca de materiais componentes vivos.

Objeto jurídico: Tutela-se aqui o meio ambiente em geral e a saúde humana.

Objeto material: É a doença praga ou espécie que tenha potencial de causar dano à agricultura, pecuária, fauna, flora ou em ecossistemas.

Sujeito ativo: Qualquer pessoa.

Sujeito passivo: A Sociedade; A Coletividade; O Estado.

Elemento subjetivo: É o dolo com a vontade livre e consciente de dirigir a conduta para o fim de disseminar doença ou praga ou espécies que possam causar dano à agricultura, à pecuária, à fauna, à flora ou aos ecossistemas. Não se exige elemento subjetivo específico. Também não há modalidade culposa.

Consumação: Se dá com a prática das condutas independentemente do resultado naturalístico. É crime formal.

Tentativa: É possível.

Confronto do art. 61 da Lei do Meio Ambiente x Art. 259, do CPB: O crime em exame revogou tacitamente o art. 259, do CPB.

Confronto do art. 61 da Lei do Meio Ambiente x Art. 27, da Lei nº 11.105/2005 (Lei de Biossegurança): Se a conduta for liberar OGM (Organismo Geneticamente Modificado) no meio ambiente, em desacordo com as normas do CTNBio e pelos órgãos e entidades de registro e fiscalização se terá o crime do art. 27, da Lei nº 11.105/2005 (Lei de Biossegurança).

Confronto do art. 61 da Lei do Meio Ambiente x Art. 267, *caput*, §§1º e 2º, do CPB: Causar epidemia com a propagação de germes patogênicos, faz incidir o delito do art. 267, *caput*, §§1º e 2º, do CPB.

Confronto do art. 61 da Lei do Meio Ambiente x Art. 270, do CPB (ou art. 54 da Lei do Meio Ambiente): Lembrando que há discussões[170] sobre a vigência do art. 270, do CPB, em havendo o envenenamento de água potável, de uso comum ou particular, ou substância alimentícia ou medicinal com finalidade de consumo poderá incidir o art. 270, do CPB ou art. 54, da Lei do Meio Ambiente.

Confronto do art. 61 da Lei do Meio Ambiente x Art. 278, do CPB: Caso haja as condutas nucleares sejam "fabricar, vender, expor à venda, ter em depósito ou, de qualquer forma, entregar" a consumo coisa ou substância nociva à saúde, ainda que não seja com a finalidade de alimentação ou medicinal, teremos o crime do art. 278, do CPB.

Classificação doutrinária: Crime comum; formal; forma ou execução livre; perigo abstrato; comissivo; instantâneo; unissubjetivo; plurissubsistente; doloso; admite a tentativa.

Suspensão condicional do processo: É possível.

Acordo de Não Persecução Penal: Tem cabimento, se preenchido todos os requisitos legais do art. 28-A, do CPP (incluído pela Lei nº 13.964/19) e não couber transação penal.

Ação penal: Ação penal pública incondicionada.

Seção IV

Dos Crimes contra o Ordenamento Urbano e o Patrimônio Cultural

170. Comentários no art. 54, da Lei do Meio Ambiente para onde remete o leitor para inteirar da discussão.

Comentários: O legislador ordinário nesta seção buscou tutelar o meio ambiente no aspecto do ordenamento urbano e do patrimônio cultural, conferindo proteção a outros bens, os arquivos, os museus, os registros, as bibliotecas, as pinacotecas, assim como de lugares especialmente protegidos, em virtude do valor paisagístico, ecológico, turístico, histórico, cultural, religioso, arqueológico, etnográfico ou monumental.

Art. 62. Destruir, inutilizar ou deteriorar:

I - bem especialmente protegido por lei, ato administrativo ou decisão judicial;

II - arquivo, registro, museu, biblioteca, pinacoteca, instalação científica ou similar protegido por lei, ato administrativo ou decisão judicial:

Pena - reclusão, de um a três anos, e multa.

Revogação tácita: O crime em estudo revogou tacitamente o art. 165, do CPB.

Verbos nucleares: Os verbos nucleares são *destruir, inutilizar* ou *deteriorar* bem especialmente protegido por lei, ato administrativo ou decisão judicial ou arquivo, registro, museu, biblioteca, pinacoteca, instalação científica ou similar protegido por lei, ato administrativo ou decisão judicial. *Destruir* é (extinguir; danificar integralmente; fazer desaparecer; aniquilar; eliminar; arruinar; desfazer a coisa de forma que perca sua essência; extinguir); *inutilizar* é (tornar a coisa inservível; sem utilidade de sua destinação); *deteriorar* significa (danificar ou danificar parcialmente; estragar; causar danos; prejudicar; piorar as condições de qualidade ou aspecto).

Objeto jurídico: Busca se tutelar o meio ambiente no aspecto do ordenamento urbano e do patrimônio cultural, conferindo proteção a outros bens, os arquivos, os museus, os registros, as bibliotecas, as pinacotecas, assim como de lugares especialmente protegidos, em virtude do valor paisagístico, ecológico, turístico, histórico, cultural, religioso, arqueológico, etnográfico ou monumental.

Objeto material: É o bem especialmente protegido, arquivo, registro, museu, biblioteca, pinacoteca, instalação científica ou similar protegido por lei, ato administrativo ou decisão judicial.

Sujeito ativo: Qualquer pessoa.

Sujeito passivo: A Sociedade; A Coletividade; O Estado primariamente. De forma secundária podemos ter o proprietário, possuidor e detentor da área onde ocorreu a ação delitiva.

Elemento subjetivo: É o dolo com a vontade livre e consciente de dirigir a conduta para um fim. Não se exige elemento subjetivo específico. É prevista a conduta culposa.

Consumação: Se dá com a efetiva prática das condutas que resultem em danos aos bens com resultados no mundo naturalístico, por se tratar de crime material.

Tentativa: É possível.

Confronto do art. 62 da Lei do Meio Ambiente x Art. 165, do CPB: O crime em exame revogou tacitamente o art. 165, do CPB.

Confronto do art. 62 da Lei do Meio Ambiente x Art. 163, do CPB: Caso os verbos nucleares de **destruir, inutilizar ou deteriorar** bens que não estejam listados especialmente protegido por lei, ato administrativo ou decisão judicial poderá haver o crime do art. 163, do CPB.

Confronto do art. 62 da Lei do Meio Ambiente x Art. 163, parágrafo único, inciso III, do CPB: Caso os verbos nucleares de **destruir, inutilizar ou deteriorar** bens públicos que não estejam listados especialmente protegido por lei, ato administrativo ou decisão judicial poderá haver o crime do art. 163, parágrafo único, inciso III, do CPB.

Classificação doutrinária: Crime comum; material; forma ou execução livre; de dano; comissivo; instantâneo; unissubjetivo; plurissubsistente; doloso (com previsão de modalidade culposa); admite a tentativa.

Suspensão condicional do processo: É possível.

Acordo de Não Persecução Penal: Tem cabimento, se preenchido todos os requisitos legais do art. 28-A, do CPP (incluído pela Lei nº 13.964/19) e não couber transação penal.

Ação penal: Ação penal pública incondicionada.

Parágrafo único. Se o crime for culposo, a pena é de seis meses a um ano de detenção, sem prejuízo da multa.

Comentários: O legislador previu a forma culposa que deriva de imperícia, negligência ou imprudência.

Aplicam-se os mesmos comentários anteriores do *caput* do art. 62 da lei em estudo, no que for compatível, observando que estamos diante da modalidade culposa.

Art. 63. Alterar o aspecto ou estrutura de edificação ou local especialmente protegido por lei, ato administrativo ou decisão judicial, em razão de seu valor paisagístico, ecológico, turístico, artístico, histórico, cultural, religioso, arqueológico, etnográfico ou monumental, sem autorização da autoridade competente ou em desacordo com a concedida:

Pena - reclusão, de um a três anos, e multa.

Revogação tácita: O crime em estudo teria revogado tacitamente o art. 165, do CPB, com a ressalva de que se a alteração não danificar o bem (a não trazer dano) haveria a incidência do art. 165, do CPB. Se a restauração for levada com autorização da autoridade competente, o fato será atípico. Não havendo autorização para restauração, haverá o crime do art. 63, da Lei do Meio Ambiente. Também houve revogação do pelo crime em estudo do art. 166, do CPB.

Acrescente-se também que, o art. 5º, combinado com, art. 29, da Lei 3.924/1961 responsabilizavam o ato de destruição ou mutilação dos monumentos arqueológicos do art. 2º da Lei 3.924/1961 foram revogados pelo crime em estudo.

Verbo nuclear: O verbo nuclear aqui é **"alterar o aspecto ou estrutura de edificação ou local especialmente protegido por lei, ato administrativo ou decisão judicial, em razão de seu valor paisagístico, ecológico, turístico, artístico, histórico, cultural, religioso, arqueológico, etnográfico ou monumental, sem autorização da autoridade competente ou em desacordo com a concedida"**. *Alterar* corresponde (a modificar; mudar; transformar).

Objeto jurídico: É o meio ambiente artificial ou urbano, cultural e ainda o patrimônio alheio (seja público ou privado).

Objeto material: É a edificação ou local especialmente protegido por lei, ato administrativo ou decisão judicial.

Sujeito ativo: Qualquer pessoa.

Sujeito passivo: A Sociedade; A Coletividade; O Estado primariamente. De forma secundária podemos ter o proprietário, possuidor e detentor da área onde ocorreu a ação delitiva.

Elemento subjetivo: É o dolo com a vontade livre e consciente de dirigir a conduta para o fim do injusto penal. O agente que vir a alterar, ainda deve ter ciência prévia, do aspecto ou estrutura de edificação ou local especialmente protegido por lei, ato administrativo ou decisão judicial, em razão de seu valor paisagístico, ecológico, turístico, artístico, histórico, cultural, religioso, arqueológico, etnográfico ou monumental, sem autorização da autoridade competente ou em desacordo com a concedida. Não se exige elemento subjetivo específico. A doutrina aceita o dolo eventual aqui. Não é prevista a conduta culposa no tipo.

Elemento normativo do tipo: As expressões **"sem autorização da autoridade competente ou em desacordo com a concedida"**, indicam que estamos diante dos elementos normativos do tipo. Com isso, é indispensável buscar a legislação extrapenal para ver precisamente a incidência ou não da norma em vista dos fatos.

De qualquer modo, se o agente realizar a conduta acima **"sem autorização da autoridade competente ou em desacordo com a concedida"**, terá incorrido no crime em estudo.

Consumação: Se dá com a efetiva prática da conduta que resulte em alteração aos bens previstos, com resultados no mundo naturalístico, por se tratar de crime material.

Tentativa: Admite-se a tentativa[171].

Confronto do art. 63 da Lei do Meio Ambiente x Art. 65, parágrafo único, da Lei do Meio Ambiente: Se estivermos diante da conduta de pichar, grafitar ou por outro meio conspurcar edificação ou monumento ou coisa tombada, em decorrência do seu valor artístico, arqueológico ou histórico, incidirá o art. 65, parágrafo único, da Lei do Meio Ambiente.

Se estivermos diante da conduta de pichar, grafitar ou por outro meio conspurcar que não seja em edificação ou monumento ou coisa tombada, ou ainda que sejam, mas não tenham valor artístico, arqueológico ou histórico, incidirá o art. 63, da Lei do Meio Ambiente, porquanto a conduta de pichar, grafitar ou por outro meio conspurcar corresponderá à alteração do aspecto do bem – desde que se tenha os outros valores e caso não haja autorização

171. Roberto Delmanto, Roberto Delmanto Junior e Fábio M. de Almeida Delmanto entende que não é possível a tentativa. Op. cit.,. p., 526.

da autoridade competente ou havendo, esteja em desacordo com a concedida.

Perícia: É essencial.

Classificação doutrinária: Crime comum; material; forma ou execução livre; de dano; comissivo; instantâneo; unissubjetivo; plurissubsistente; doloso; admite a tentativa.

Suspensão condicional do processo: Admite-se.

Acordo de Não Persecução Penal: Tem cabimento, se preenchido todos os requisitos legais do art. 28-A, do CPP (incluído pela Lei nº 13.964/19) e não couber transação penal.

Ação penal: Ação penal pública incondicionada.

> **Art. 64. Promover construção em solo não edificável, ou no seu entorno, assim considerado em razão de seu valor paisagístico, ecológico, artístico, turístico, histórico, cultural, religioso, arqueológico, etnográfico ou monumental, sem autorização da autoridade competente ou em desacordo com a concedida:**
>
> **Pena - detenção, de seis meses a um ano, e multa.**

Verbo nuclear: O verbo nuclear é **promover.** O legislador ordinário entendeu por bem e de forma acertada criminalizar aquele que "**promover construção em solo não edificável, ou no seu entorno, assim considerado em razão de seu valor paisagístico, ecológico, artístico, turístico, histórico, cultural, religioso, arqueológico, etnográfico ou monumental, sem autorização da autoridade competente ou em desacordo com a concedida**".

Promover é (fazer qualquer obra; dar impulso para que algo aconteça; iniciar; acarretar; produzir; criar; executar).

Objeto jurídico: Protege-se o meio ambiente (urbano ou rural) de valor paisagístico, ecológico, artístico, turístico, histórico, cultural, religioso, arqueológico, etnográfico ou monumental.

Objeto material: É a construção em solo não edificável.

Sujeito ativo: Qualquer pessoa.

Sujeito passivo: A Sociedade; A Coletividade; O Estado primariamente. De forma secundária podemos ter o proprietário, possuidor e detentor da área onde ocorreu a ação delitiva.

Elemento subjetivo: É o dolo com a vontade livre e consciente de dirigir a conduta para o fim do injusto penal. O agente que vir a promover construção em solo não edificável, ou no seu entorno, ainda deve ter ciência prévia de que nestas localidades existem o valor paisagístico, ecológico, artístico, turístico, histórico, cultural, religioso, arqueológico, etnográfico ou monumental. Não se exige elemento subjetivo específico. Não é prevista a conduta culposa no tipo.

Elemento normativo do tipo: As expressões **"sem autorização da autoridade competente ou em desacordo com a concedida"**, indicam que estamos diante dos elementos normativos do tipo. Com isso, é indispensável buscar a legislação extrapenal para ver precisamente a incidência ou não da norma em vista dos fatos.

Há doutrina que cita isso como **norma penal em branco**[172].

De qualquer modo, se o agente realizar a conduta acima **"sem autorização da autoridade competente ou em desacordo com a concedida"**, terá incorrido no crime em testilha.

Consumação: Se dá com a efetiva prática da conduta, com resultados no mundo naturalístico, por se tratar de crime material.

Tentativa: Quanto à tentativa, mais uma vez o assunto é polêmico. A doutrina de Roberto Delmanto[173], Roberto Delmanto Junior e Fábio M. de Almeida Delmanto sustenta ser impossível à tentativa. Da outra parte que entende possível, citemos Luiz Flávio Gomes e Silvio Maciel[174]; Fernando Capez[175]; Guilherme de Souza Nucci[176].

Classificação doutrinária: Crime comum; material (formal para Nucci[177]); forma ou execução livre; de dano (para Nucci é de perigo abstrato[178]); comissivo; instantâneo; unissubjetivo; plurissubsistente; doloso; admite a tentativa (ou não, a depender da corrente adotado, consoante as ressalvas supra).

172. NUCCI, Guilherme de Souza. Leis penais e processuais penais comentadas. 4ª Edição revista e ampliada. São Paulo: Editora Revista dos Tribunais, 2009, p. 965.
173. Op. cit., p., 528.
174. Op. cit., p., 948.
175. Op. cit., p., 161.
176. Op. cit., p., 965.
177. Op. cit., p., 965.
178. Op. cit., p., 965.

Suspensão condicional do processo: Admite-se a suspensão condicional do processo.

Acordo de Não Persecução Penal: Em regra, não caberá o acordo de não persecução penal, se couber transação penal que tem cabimento nesta hipótese. Excepcionalmente, caso não preenchido os requisitos da transação penal, é que caberá acordo de não persecução penal, se presentes todos os requisitos legais do art. 28-A, do CPP.

Ação penal: Ação penal pública incondicionada.

Art. 65. Pichar ou por outro meio conspurcar edificação ou monumento urbano: (Redação dada pela Lei nº 12.408, de 2011)

Pena - detenção, de 3 (três) meses a 1 (um) ano, e multa. (Redação dada pela Lei nº 12.408, de 2011)

Verbos nucleares: Os verbos nucleares são **pichar e conspurcar.** Pune-se no tipo penal, a conduta de pichar ou por outro meio conspurcar edificação ou monumento urbano. *Pichar* corresponde a (grafitar; desenhar; escrever; rabiscar; grafar; riscar); *conspurcar* consiste (em sujar; manchar; macular; enodoar; emporcalhar; enxovalhar; poluir).

Objeto jurídico: Protege-se ao meio ambiente artificial, com ênfase as edificações e monumentos urbanos.

Objeto material: É a edificação ou monumento urbano.

Sujeito ativo: Qualquer pessoa.

Sujeito passivo: A Sociedade; A Coletividade; O Estado primariamente. De forma secundária podemos ter o proprietário, possuidor e detentor da área onde ocorreu a ação delitiva.

Elemento subjetivo: É o dolo com a vontade livre e consciente de dirigir a conduta para o fim do injusto penal. Não se exige elemento subjetivo específico. Não é prevista a conduta culposa no tipo.

Consumação: Se dá com a efetiva prática das condutas, com resultados no mundo naturalístico, por se tratar de crime material.

Tentativa: É possível[179].

Perícia: É essencial.

179. Roberto Delmanto, Roberto Delmanto Junior e Fábio M. de Almeida Delmanto entende que não é possível a tentativa. Op. cit.,. p., 530. A justificativa é de que seriam condutas unissubsistentes.

Confronto do Art. 65, parágrafo único, da Lei do Meio Ambiente x art. 63 da Lei do Meio Ambiente: Se estivermos diante da conduta de pichar, grafitar ou por outro meio conspurcar edificação ou monumento ou coisa tombada, em decorrência do seu valor artístico, arqueológico ou histórico, incidirá o art. 65, parágrafo único, da Lei do Meio Ambiente.

Se estivermos diante da conduta de pichar, grafitar ou por outro meio conspurcar que não seja em edificação ou monumento urbano ou coisa tombada, incidirá o art. 63, da Lei do Meio Ambiente, porquanto a conduta de pichar, grafitar ou por outro meio conspurcar corresponderá à alteração do aspecto do bem – caso não haja autorização da autoridade competente ou havendo, esteja em desacordo com a concedida.

Classificação doutrinária: Crime comum; material; forma ou execução livre; de dano; comissivo; instantâneo; unissubjetivo; plurissubsistente; doloso; admite a tentativa.

Suspensão condicional do processo: É possível.

Acordo de Não Persecução Penal: Em regra, não caberá o acordo de não persecução penal, se couber transação penal que tem cabimento nesta hipótese. Excepcionalmente, caso não preenchido os requisitos da transação penal, é que caberá acordo de não persecução penal, se presentes todos os requisitos legais do art. 28-A, do CPP.

Ação penal: Ação penal pública incondicionada.

§ 1º Se o ato for realizado em monumento ou coisa tombada em virtude do seu valor artístico, arqueológico ou histórico, a pena é de 6 (seis) meses a 1 (um) ano de detenção e multa. (Renumerado do parágrafo único pela Lei nº 12.408, de 2011)

Comentários: O legislador ordinário previu a forma qualificada.

Verbo nuclear: É o mesmo do *caput*, porém exige que o ato seja realizado em monumento ou coisa tombada em virtude do seu valor artístico, arqueológico ou histórico, a pena é de 6 (seis) meses a 1 (um) ano de detenção e multa.

Objeto jurídico: Meio ambiente cultural.

Objeto material: Protege-se ao meio ambiente artificial, com ênfase em monumento ou coisa tombada.

Sujeito ativo, sujeito passivo, elemento subjetivo do tipo, consumação e tentativa: São os mesmos do *caput*. Vide os comentários realizados no *caput* quanto a estes pontos.

Ciência prévia do monumento ou coisa tombada, em virtude do seu valor artístico, arqueológico ou histórico: É necessário o conhecimento prévio do agente de que o local tombado administrativamente.

Confronto do Art. 65, *caput* ou parágrafo único do mesmo dispositivo, ambos da Lei do Meio Ambiente x art. 163 do CPB: Vai depender do contexto. Se for no contexto da Lei do Meio Ambiente no *caput* ou no parágrafo único, teremos o crime em tela (*caput* ou parágrafo único). Se o ato de pichar ou por outro meio conspurcar edificação ou monumento urbano for o interior de residência, empresa ou indústria (for internamente - paredes internas) com o fim de causar dano e prejuízo ao proprietário ou possuidor, se terá o crime do art. 163, do CPB.

Confronto do Art. 65, *caput* ou parágrafo único, da Lei do Meio Ambiente x Art. 328, do Código Eleitoral: Com a revogação do art. 328, do Código Eleitoral, a propaganda eleitoral que conspurque o ordenamento urbano, incidirá o art. 65, *caput* ou parágrafo único do mesmo dispositivo, da Lei do Meio Ambiente.

Classificação doutrinária: Crime comum; material; forma ou execução livre; de dano; comissivo; instantâneo; unissubjetivo; plurissubsistente; doloso; admite a tentativa.

Suspensão condicional do processo: É possível.

Acordo de Não Persecução Penal: Em regra, não caberá o acordo de não persecução penal, se couber transação penal que tem cabimento nesta hipótese. Excepcionalmente, caso não preenchido os requisitos da transação penal, é que caberá acordo de não persecução penal, se presentes todos os requisitos legais do art. 28-A, do CPP.

Ação penal: Ação penal pública incondicionada.

§ 2º Não constitui crime a prática de grafite realizada com o objetivo de valorizar o patrimônio público ou privado mediante manifestação artística, desde que consentida pelo proprietário e, quando couber, pelo locatário ou arrendatário do bem privado e, no caso de bem público, com a autorização do órgão competente e a observância das posturas municipais e das normas editadas pelos órgãos governamentais responsáveis pela preservação e conservação do patrimônio histórico e artístico nacional. (Incluído pela Lei nº 12.408, de 2011)

Comentários: O legislador ordinário previu a hipótese de não constituir crime, a prática de grafite realizada com o objetivo de valorizar o patrimônio público ou privado mediante manifestação artística, desde que consentida pelo proprietário e, quando couber, pelo locatário ou arrendatário do bem privado e, no caso de bem público, com a autorização do órgão competente e a observância das posturas municipais e das normas editadas pelos órgãos governamentais responsáveis pela preservação e conservação do patrimônio histórico e artístico nacional.

Seção V

Dos Crimes contra a Administração Ambiental

Comentários: Protege-se o meio ambiente através da tutela da administração ambiental, onde os crimes abaixo terão como sujeito ativo o funcionário público ou o particular, a depender do caso concreto.

Art. 66. Fazer o funcionário público afirmação falsa ou enganosa, omitir a verdade, sonegar informações ou dados técnico-científicos em procedimentos de autorização ou de licenciamento ambiental:

Pena - reclusão, de um a três anos, e multa.

Verbos nucleares: Os verbos nucleares são *fazer, omitir* e *sonegar*. Assim, o tipo objetivo é "fazer o funcionário público afirmação falsa ou enganosa, omitir a verdade, sonegar informações ou dados técnico-científicos em procedimentos de autorização ou de licenciamento ambiental".

Fazer é (realizar; exercer; executar; efetuar; efetivar; empreender; praticar; cometer; desempenhar; prestar; consumar; formalizar; perpetrar); *omitir* consiste em (deixar de fazer; reservar; silenciar; não mencionar; deixa de consignar; deixa de constar); *sonegar* é (ocultar; esconder; abafar; afanar).

Como visto, o crime pode ser praticado na forma comissiva ou omissiva.

O injusto penal é denominado de falsidade ideológica ambiental.

Objeto jurídico: O bem juridicamente tutelado é a proteção ao meio ambiente e a moralidade administrativa, assim como regularidade dos procedimentos de autorização e licenciamento ambiental.

Objeto material: É a afirmação falsa ou enganosa ou a informação ou dado técnico-científico não fornecido.

Sujeito ativo: Apenas o funcionário do órgão ambiental encarregado, por ser crime próprio e funcional. Ainda o particular pode concorrer, segundo o art. 30, do CPB.

Sujeito passivo: A Administração Ambiental (da esfera federal, estadual, municipal e distrital) e a Coletividade.

Elemento subjetivo: É o dolo.

Norma penal em branco: As expressões "**informações**", "**dados técnico-científicos**" em "**procedimentos de autorização**" ou de "**licenciamento ambiental**", cuidam-se de norma penal em branco, assim o intérprete deve buscar na legislação ambiental da unidade da federação as informações e dados-científicos que o agente estava obrigado a fornecer.

Consumação: Ocorre com a prática de uma das 03 (três) condutas, ainda que o interessado não obtenha a vantagem. É crime formal.

Tentativa: Na forma comissiva (modalidade: fazer) é possível a tentativa. Já na forma omissiva (modalidades: omitir e sonegar) não é possível, pois a "conatus" não existe em crime omissivo próprio[180].

Concurso de crime: Se o funcionário receber ou aceitar vantagem indevida para realizar o falso, para nós terá o concurso de crime de corrupção passiva e o crime em voga[181], porquanto se tutela bens juridicamente distintos. O particular que terá o delito do art. 333, do CPB.

Confronto do art. 66 da Lei do Meio Ambiente x art. 67 da Lei do Meio Ambiente: Caso o agente conceda licença, autorização ou permissão poderemos estar diante do crime do art. 67 da Lei do Meio Ambiente.

Confronto do art. 66 da Lei do Meio Ambiente x e demais delitos do Código Penal Brasileiro: Caso o agente faça afirmação falsa ou enganosa, omitir a verdade, sonegar informações ou dados técnico-científicos em outros procedimentos de autorização ou de licenciamento que não sejam ambientais, teremos eventualmente os crimes de corrupção passiva (art. 317, do CPB), prevaricação (art. 319, do CPB) entre outros.

Classificação doutrinária: Crime próprio; formal; forma ou execução livre; de perigo abstrato; comissivo ou omissivo a depender da modalidade/conduta; instantâneo; unissubjetivo; plurissubsistente ou unissubsistente; doloso; admite a tentativa na modalidade "fazer" (comissiva).

Suspensão condicional do processo: É possível.

Acordo de Não Persecução Penal: Tem cabimento, se preenchido todos os requisitos legais do art. 28-A, do CPP (incluído pela Lei nº 13.964/19) e não couber transação penal.

Ação penal: Ação penal pública incondicionada.

Art. 67. Conceder o funcionário público licença, autorização ou permissão em desacordo com as normas ambientais, para as atividades, obras ou serviços cuja realização depende de ato autorizativo do Poder Público:

Pena - detenção, de um a três anos, e multa.

Verbo nuclear: A conduta verbal é *conceder* o funcionário público licença, autorização ou permissão em desacordo com as normas ambientais, para as atividades, obras ou serviços cuja realização depende de ato autorizativo do Poder Público. *Conceder* é (dar; agraciar; ceder; conferir; dadivar; disponibilizar; dispor; doar; obsequiar; oferecer; ofertar; outorgar; presentear; prover).

Objeto jurídico: Proteger meio ambiente e a regularidade da administração ambiental.

Objeto material: É a licença, autorização ou permissão em desacordo com as normas ambientais.

Sujeito ativo: Apenas o funcionário do órgão ambiental encarregado, por ser crime próprio e funcional. Ainda o particular pode concorrer, segundo o art. 30, do CPB.

Sujeito passivo: A Administração Ambiental (da esfera federal, estadual, municipal e distrital) e a Coletividade.

180. Roberto Delmanto, Roberto Delmanto Junior e Fábio M. de Almeida Delmanto entende que não é possível a tentativa. Op. cit.,. p., 533. A justificativa é de que seriam condutas unissubsistentes.

181. Há doutrina que defende nessa situação que incide apenas o art. 66, da Lei do Meio Ambiente pelo princípio da especialidade (Roberto Delmanto, Roberto Delmanto Junior e Fábio M. de Almeida Delmanto. Op. cit., p. 534).

Elemento subjetivo: É o dolo e não se exige elemento especial do tipo. No parágrafo único se tem a modalidade culposa.

Norma penal em branco: As expressões "**licença", "autorização" ou "permissão" "em desacordo com as normas ambientais, para as atividades, obras ou serviços cuja realização depende de ato autorizativo do Poder Público"**, cuidam-se de norma penal em branco, assim o intérprete deve buscar na legislação ambiental ou extrapenal da unidade da federação obrigada a fornecer.

Consumação: Ocorre com a efetiva realização da conduta descrita, ainda que não tenha resultado no mundo naturalístico.

Tentativa: É possível a tentativa[182].

Concurso de crime: Se o funcionário receber vantagem indevida para realizar à concessão ilegal, para nós terá o concurso de crime de corrupção passiva e o crime em voga, porquanto se tutela bens juridicamente distintos. Ao particular que conceder a vantagem será imputado o art. 333, do CPB.

Classificação doutrinária: Crime próprio; formal; forma ou execução livre; de perigo abstrato; comissivo; instantâneo; unissubjetivo; plurissubsistente ou unissubsistente; doloso (culposo no parágrafo único); admite a tentativa.

Suspensão condicional do processo: Admite-se a suspensão condicional do processo.

Acordo de Não Persecução Penal: Tem cabimento, se preenchido todos os requisitos legais do art. 28-A, do CPP (incluído pela Lei nº 13.964/19) e não couber transação penal.

Ação penal: Ação penal pública incondicionada.

Parágrafo único. Se o crime é culposo, a pena é de três meses a um ano de detenção, sem prejuízo da multa.

Comentários: O legislador ordinário previu a modalidade culposa que deriva da imprudência, negligência ou imperícia.

Aplicam-se os mesmos comentários anteriores do *caput*, no que for compatível, observando que estamos diante da modalidade culposa.

Art. 68. Deixar, aquele que tiver o dever legal ou contratual de fazê-lo, de cumprir obrigação de relevante interesse ambiental:

Pena - detenção, de um a três anos, e multa.

Verbo nuclear: A conduta nuclear desse injusto penal é *deixar*, ou seja, uma conduta omissiva. O legislador previu que "**deixar, aquele que tiver o dever legal ou contratual de fazê-lo, de cumprir obrigação de relevante interesse ambiental"** incorrerá no crime em estudo. *Deixar* corresponde a (causar ou permitir que ocorra; aceitar; admitir; autorizar; consentir).

Objeto jurídico: A proteção ao meio ambiente.

Objeto material: É a obrigação inadimplida (descumprida).

Sujeito ativo: Apenas o particular ou funcionário público que tenha o dever legal ou contratual de observar à obrigação ambiental.

Sujeito passivo: A Coletividade; A Sociedade; O Estado.

Elemento subjetivo: É o dolo e não se exige elemento subjetivo específico do tipo. No parágrafo único se tem a modalidade culposa.

Consumação: Ocorre com a efetiva realização da conduta descrita, ainda que não tenha resultado no mundo naturalístico.

Tentativa: É possível a tentativa[183].

Conflito do Art. 68 da Lei do Meio Ambiente x Art. 16, Lei nº 7.802/1989: Entendemos que vai depender do caso concreto para verificar qual norma incidir.

Classificação doutrinária: Crime próprio; formal; forma ou execução livre; de perigo abstrato; omissivo; instantâneo; unissubjetivo; unissubsistente; doloso (culposo no parágrafo único); não admite a tentativa.

Suspensão condicional do processo: Admite-se a suspensão condicional do processo.

182. Roberto Delmanto, Roberto Delmanto Junior e Fábio M. de Almeida Delmanto entende que não é possível a tentativa. Op. cit.,. p., 535. A justificativa é de que seria conduta unissubsistente.

183. Roberto Delmanto, Roberto Delmanto Junior e Fábio M. de Almeida Delmanto entende que não é possível a tentativa. Op. cit.,. p., 535.

Acordo de Não Persecução Penal: Tem cabimento, se preenchido todos os requisitos legais do art. 28-A, do CPP (incluído pela Lei nº 13.964/19) e não couber transação penal.

Ação penal: Ação penal pública incondicionada.

> **Parágrafo único. Se o crime é culposo, a pena é de três meses a um ano, sem prejuízo da multa.**

Comentários: O legislador ordinário previu a conduta culposa que advém da imperícia, negligência ou imprudência.

Aplicam-se os mesmos comentários anteriores do *caput*, no que for compatível, observando que estamos diante da modalidade culposa.

> **Art. 69. Obstar ou dificultar a ação fiscalizadora do Poder Público no trato de questões ambientais:**
>
> **Pena - detenção, de um a três anos, e multa.**

Verbos nucleares: Os verbos do tipo são *obstar* ou *dificultar* a ação fiscalizadora do Poder Público no trato de questões ambientais. *Obstar* consiste em (embaraço; impedimento; barreira; criar obstáculo; embaraçar; interromper; obstruir; não permitir; dificultar à ação; privar; tolher). Por sua vez, *dificultar* pode ser considerado como sinônimo de (impedir, embora tenha um significado que acaba distinguindo). *Dificultar* significa ainda (pôr impedimentos ou obstáculos a; embargar, estorvar; atrapalhar; tornar difícil; tornar custoso; colocar dificuldade e tornar trabalhoso).

Objeto jurídico: A proteção ao meio ambiente e a atividade de fiscalização ambiental.

Objeto material: É a ação fiscalizadora do Poder Público acerca das questões ambientais.

Sujeito ativo: Pode ser qualquer pessoa.

Sujeito passivo: A Coletividade; A Sociedade; O Estado primariamente. Eventualmente, o agente público impedido de exercer o dever de fiscalização.

Elemento subjetivo: É o dolo e não se exige elemento subjetivo específico do tipo. No parágrafo único se tem a modalidade culposa.

Consumação: Ocorre com a mera realização das condutas descritas, ainda que não tenha resultado no mundo naturalístico.

Tentativa: É possível a tentativa.

Classificação doutrinária: Crime comum; formal; forma ou execução livre; de perigo abstrato; comissivo; instantâneo; unissubjetivo; plurissubsistente; doloso (culposo no parágrafo único); admite a tentativa.

Suspensão condicional do processo: Admite-se a suspensão condicional do processo.

Acordo de Não Persecução Penal: Tem cabimento, se preenchido todos os requisitos legais do art. 28-A, do CPP (incluído pela Lei nº 13.964/19) e não couber transação penal.

Ação penal: Ação penal pública incondicionada.

> **Art. 69-A. Elaborar ou apresentar, no licenciamento, concessão florestal ou qualquer outro procedimento administrativo, estudo, laudo ou relatório ambiental total ou parcialmente falso ou enganoso, inclusive por omissão: (Incluído pela Lei nº 11.284, de 2006)**
>
> **Pena - reclusão, de 3 (três) a 6 (seis) anos, e multa. (Incluído pela Lei nº 11.284, de 2006)**

Verbos nucleares: Os verbos nucleares são **elaborar** ou **apresentar** no licenciamento, concessão florestal ou qualquer outro procedimento administrativo, estudo, laudo ou relatório ambiental total ou parcialmente falso ou enganoso, inclusive por omissão. *Elaborar* é (preparar; compor; efetuar; executar; fabricar; fazer; formar; produzir; realizar; implementar; conceber; arquitetar; criar; engendrar; gerar; idealizar; idear; inventar; desenvolver; formular; imaginar; traçar); *apresentar* significa (mostrar, expor, exibir, ostentar, passar; evidenciar; demonstrar; exteriorizar, externar).

Objeto jurídico: O meio ambiente e a regularidade do procedimento de licenciamento ou de concessão florestal ou de qualquer outro procedimento atinente às florestas públicas.

Objeto material: É o estudo, laudo ou relatório ambiental total ou parcialmente falso ou enganoso.

Sujeito ativo: É o técnico ou funcionário responsável por elaborar estudo, relatório ou laudo.

Sujeito passivo: É a Administração Pública primariamente. Secundariamente, é a sociedade.

Elemento subjetivo: É o dolo e não se exige elemento subjetivo específico do tipo. No §1º do dispositivo em exame se tem a modalidade culposa.

Consumação: Ocorre com a mera realização das condutas descritas, ainda que não tenha resultado no mundo naturalístico.

Tentativa: É possível a tentativa.

Confrontos do Art. 69-A, da Lei do Meio Ambiente x Art. 342, do CPB; Art. 297, do CPB; Art. 298, do CPB; Art. 299, do CPB e art. 304, do CPB: Em caso de eventual conflito do dispositivo em análise e o Art. 342, do CPB; Art. 297, do CPB; Art. 298, do CPB; Art. 299, do CPB e art. 304, do CPB, incidirá o do art. 69-A, da Lei do Meio Ambiente pelo princípio da especialidade.

Confrontos do Art. 69-A, da Lei do Meio Ambiente x Art. 66 da Lei do Meio Ambiente: Se o agente "fazer afirmação falsa ou enganosa, omitir a verdade, sonegar informações ou dados técnico-científicos em procedimentos de autorização ou de licenciamento ambiental" que não seja licenciamento ou concessão de florestas públicas, teremos o delito do art. 66 da Lei do Meio Ambiente.

Classificação doutrinária: Crime próprio; formal; forma ou execução livre; de perigo abstrato; comissivo; instantâneo; unissubjetivo; unissubsistente na forma apresentar e plurissubsistente na conduta elaborar; doloso (culposo no § 1º); admite a tentativa.

Suspensão condicional do processo: Não cabe a suspensão condicional do processo.

Acordo de Não Persecução Penal: Tem cabimento, se preenchido todos os requisitos legais do art. 28-A, do CPP (incluído pela Lei nº 13.964/19) e não couber transação penal.

Ação penal: Ação penal pública incondicionada.

§ 1º Se o crime é culposo: (Incluído pela Lei nº 11.284, de 2006)

Pena - detenção, de 1 (um) a 3 (três) anos. (Incluído pela Lei nº 11.284, de 2006)

Comentários: O legislador ordinário previu a conduta culposa que advém da imperícia, negligência ou imprudência.

Aplicam-se os mesmos comentários anteriores do *caput*, no que for compatível, observando que estamos diante da modalidade culposa.

§ 2º A pena é aumentada de 1/3 (um terço) a 2/3 (dois terços), se há dano significativo ao meio ambiente, em decorrência do uso da informação falsa, incompleta ou enganosa. (Incluído pela Lei nº 11.284, de 2006)

Comentários: O legislador ordinário previu uma causa de aumento de pena de 1/3 (um terço) a 2/3 (dois terços), em hipótese de haver dano significativo ao meio ambiente, em decorrência do uso da informação falsa, incompleta ou enganosa.

CAPÍTULO VIII

DISPOSIÇÕES FINAIS

Art. 79. Aplicam-se subsidiariamente a esta Lei as disposições do Código Penal e do Código de Processo Penal.

Comentários: O Código Penal e o Código de Processo Penal são subsidiariamente aplicados a esta Lei as disposições, por opção do legislador. Há quem entenda à disposição desnecessária, mas de qualquer forma, ao menos o legislador evita discussões neste ponto.

BIBLIOGRAFIAS

CAPEZ, Fernando. **Curso de Direito Penal: legislação penal especial.** Volume 4. 4ª Edição. São Paulo, Editora Saraiva, 2009.

CAVALCANTE, Márcio André Lopes. Crime do art. 54 e desnecessidade de perícia. Buscador Dizer o Direito, Manaus. Disponível em: <**https://www.buscadordizerodireito.com.br/jurisprudencia/detalhes/df12ecd077efc8c23881028604dbb8cc**>. Acesso em: 09/06/2018.

CAVALCANTE, Márcio André Lopes. É possível a responsabilização penal da pessoa jurídica por crime ambiental, ainda que não haja imputação contra pessoas físicas? Publicado no site Dizer o Direito em *5 de outubro de 2015. Disponível em:*<<http://www.dizerodireito.com.br/2015/10/e-possivel-responsabilizacao-penal-da.html>>. Acesso em 09 de junho de 2018.

DELMANTO, Roberto; DELMANTO JUNIOR, Roberto; DELMANTO Fabio M. de Almeida. **Leis Penais Especiais Comentadas.** Rio de Janeiro: Ed. Renovar, 2006.

FERNANDES, Bernardo Gonçalves. **Curso de Direito Constitucional**. 4 ed. Salvador: Juspodivm, 2012.

FRANCO, Alberto Silva; STOCO, Rui (Coord.). **Código penal e sua interpretação.** 8. ed. rev., atual. e ampl. São Paulo: RT, 2007.

FREITAS, Vladimir Passos de; FREITAS, Gilmar Passos de. **Crimes contra a Natureza**, 7ª ed. São Paulo, Revista dos Tribunais, 2001.

GOMES, Celeste Leite dos Santos Pereira. **Crimes contra o meio ambiente: responsabilidade e sanção penal.** (Maria Celeste Cordeiro Leite Santos Coord.). 2. ed. aum. e atual. São Paulo: Juarez de Oliveira, 1999.

GOMES, Luiz Flávio; CUNHA, Rogério Sanches. **Legislação criminal especial.** 2ª Edição, revista, atualizada e ampliada. Coordenação: Luiz Flávio Gomes e Rogério Sanches Cunha. Editora Revista dos Tribunais. São Paulo.

GONÇALVES, Victor Eduardo Rios. **Direito penal esquematizado: parte especial.** (Coord. Pedro Lenza) 4ª. ed. rev. e atual. São Paulo: Saraiva, 2014.

GRECO, Rogério. **Curso de direito penal: parte especial**, vol. IV.

LECEY, Eládio. **Crimes e contravenções Florestais: o impacto da Lei 9.605/98.** São Paulo: RA, 16:36-37, out./dez. 1999.

LEVAI, Laerte Fernando**. Estudo acadêmico sobre o direito à escusa de consciência na experimentação animal.** Disponível em:<<**http://www.abolicionismoanimal.org.br/artigos/pdf/odireitoescusadeconsci...**>>. Acesso em 26/06/2009.

MACHADO, Paulo Afonso Leme. **Da poluição e de outros crimes ambientais na Lei 9.605/98. Revista de Direito Ambiental – Publicação oficial do Instituto "O Direito por um Planeta Verde"**, ano 4, n. 14, p.9-19, São Paulo, RT, abr.-jun. 1999.

MENDES, Gilmar Ferreira; COELHO, Inocêncio Mártires; BRANCO, Paulo Gustavo Gonet. **Curso de Direito Constitucional**. 2 ed. São Paulo: Saraiva, 2008.

NUCCI, Guilherme de Souza. **Leis penais e processuais penais comentadas.** Vol. 2. 6ª. ed. refor. e atual. São Paulo: RT, 2012.

NUCCI, Guilherme de Souza. **Leis penais e processuais penais comentadas.** 4ª Edição revista, atualizada e ampliada. São Paulo: Editora Revista dos Tribunais, 2009.

PALERMO, Pablo Galain. ***La reparación del daño como 'tercera vía' punitiva? Especial consideración a la posición de Claus Roxin.*** Revista Brasileira de Ciências Criminais. São Paulo, v. 13, n. 55, jul/ago. 2005.

PRADO, Cláudio Amaral do. **Despenalização pela reparação de danos: a terceira via.** Leme: J.H. Mizuno, 2005.

ROXIN, Claus. **O domínio por organização como forma independente de autoria mediata.** *Revista Eletrônica Acadêmica de Direito – Law E-journal – Panóptica*, ano 3, n. 17, nov. 2009.

SIRVINSKAS, Luis Paulo. **Tutela penal do Meio Ambiente.** São Paulo: Saraiva, 2004.

TELES, Ney Moura. **Direito penal: parte geral: art. 1º. a 120**, São Paulo: Atlas, 2004, vol. 1.

ZANETI JR, Hermes; GARCIA, Leonardo de Medeiros. **Direitos Difusos e Coletivos**/coordenador Leonardo de Medeiros Garcia - 7. ed. rev., ampl. e atual.- Salvador: Juspodivm, 2016. (Leis Especiais para Concursos, v.28).

40

AGROTÓXICOS

Lei 7.082/89

JOERBERTH PINTO NUNES

Art. 15. Aquele que produzir, comercializar, transportar, aplicar, prestar serviço, der destinação a resíduos e embalagens vazias de agrotóxicos, seus componentes e afins, em descumprimento às exigências estabelecidas na legislação pertinente estará sujeito à pena de reclusão, de dois a quatro anos, além de multa.

Verbos nucleares: *Produzir* (criar); *comercializar* (colocar no meio social); *transportar* (conduzir); *aplicar* (colocar); prestar serviço (fazer algo a terceiros); dar (fornecer). No caso, por meio destas condutas, o autor atenta contra o cumprimento das exigências previstas em lei quanto a resíduos e embalagens vazias de agrotóxicos e seus componentes diversos. Trata-se de uma norma penal em branco, espécie de lei penal incompleta, pois exige-se para a compreensão de alguns dos elementos do tipo penal conceitos que se encontram em outros diplomas legais.

Objeto jurídico: Ao estudarmos tipos penais, imprescindível se faz saber o bem jurídico tutelado, ou seja, o objeto jurídico. O legislador ao tipificar criminalmente uma conduta de fazer (*facere*) ou não fazer (*non facere*), assim age, pois entende que aquela ação ou omissão quando praticada lesa (princípio da lesividade) ou ofende (princípio da ofensividade) determinado bem jurídico que merece a proteção penal, razão pela qual todos os tipos penais do Código Penal pátrio ou previstos em leis esparsas possuem o seu objeto jurídico. No caso vertente, trata-se do meio ambiente e saúde pública, sendo um delito pluriofensivo.

Objeto material: Trata-se daquilo sobre o qual a conduta típica recai no caso concreto, sendo, *in casu*, os resíduos e embalagens vazias de agrotóxicos e seus componentes diversos.

Sujeito ativo: O sujeito ativo é qualquer pessoa, tratando-se, pois, de crime comum, eis que tipo penal do art.15 da lei não requer qualidade especial para seu autor.

Sujeito passivo: O sujeito passivo é a coletividade, de onde faz parte o meio ambiente.

Elemento subjetivo: Ao estudarem-se os tipos penais, devemos atentar acerca do elemento subjetivo, ou seja, se estamos diante de um tipo penal doloso ou culposo. Conforme o art. 18, parágrafo único do CP, todo o crime é, em regra, doloso, sendo o crime culposo a exceção, o qual somente haverá quando expressa no tipo penal. Assim, neste caso, o elemento subjetivo é o dolo, não se admitido, pois a modalidade culposa, ante a falta de previsão legal.

Elemento normativo: São aqueles elementos do tipo penal que expressam um conceito jurídico ou moral, requerendo um juízo de interpretação do aplicador da lei penal. No caso, tem-se no tipo penal em análise como elemento normativo a expressão "agrotóxicos, seus componentes e afins", já conceituado no art. 2º desta citada lei.

Consumação: Ocorre no momento em que o autor produzir, comercializar, transportar, aplicar, prestar serviço, der destinação a resíduos e embalagens vazias de agrotóxicos, seus componentes e afins, em descumprimento às exigências legais.

Tentativa: É admissível nos termos do art. 14, II, CP.

Classificação doutrinária: Ao estudar-se o plano da tipicidade no âmbito do Direito Penal, importante o estudo da classificação dos tipos penais nos termos da doutrina. Analisando o tipo penal do art. 15, tem-se a classificação a seguir. Trata-se de crime comum (pode ser praticado por qualquer pessoa, ou seja, o tipo penal não exige qualidade especial para seu autor, diferentemente dos crimes próprios, também chamados de sujeito qualificado); crime formal (não se exige a produção do resultado naturalístico para sua consumação, diferenciando-se dos crimes materiais, os quais exigem a produção do resultado naturalístico para sua consumação e dos crimes de mera conduta, para os quais o legislador pune no tipo penal a simples conduta do autor, sem qualquer previsão de resultado naturalístico); crime de forma livre (o tipo penal não exige a produção por um meio determinado, diferentemente dos crimes de forma vinculada, os quais exigem que a prática criminosa se dê por determinados meios explícitos no tipo penal); crime comissivo (pune-se a conduta de fazer, a contrário dos crimes omissivos, onde se pune a conduta de não fazer); crime instantâneo (o crime consuma-se num único ato, diferentemente dos crimes permanentes, onde a consumação prolonga-se no tempo e dos crimes instantâneos de efeitos permanentes, pois nestes a consumação ocorre num único ato, porém seus efeitos são permanentes); crime unissubjetivo (o tipo penal pode ser praticado por uma pessoa sozinha, também chamado de crime de concurso facultativo de pessoas, diferenciando-se dos crimes plurissubjetivos, denominados crimes de concurso necessário de pessoas); crime plurissubsistente (a conduta pode ser fracionada em vários atos até a consumação, diferentemente dos crimes unissubsistentes, os quais não podem ter a conduta fracionada em vários atos até a consumação).

Suspensão Condicional do Processo: Trata-se do *sursis processual* previsto no art. 89, lei 9099/95, o qual é cabível nos crimes em que a pena mínima *in abstrato* prevista no tipo penal não é além de 1(um) ano, presentes os demais requisitos do aludido dispositivo legal. Logo, em tese, não cabe no art. 15, desta lei.

Acordo de não persecução penal: É cabível, nos termos do art. 28-A, CPP.

Ação penal: Trata-se de ação penal pública incondicionada.

Pena: Reclusão de dois a quatro anos e multa.

Confronto com o art. 56 da lei 9605/98: o art. 15 da lei 7802/99 é norma penal especial, prevalecendo em relação ao art.56, lei 9605/98, exceto quanto aos núcleos do tipo "importar" e "exportar", onde esta prevalecerá, apesar de discussão doutrinária neste ponto.

Confronto com o art.180 e parágrafo 1º: o art. 15 da lei 7802/99 prevalece em relação ao art. 180 e parágrafo 1ª do CP, em face do princípio da especialidade.

Art. 16. O empregador, profissional responsável ou o prestador de serviço, que deixar de promover as medidas necessárias de proteção à saúde e ao meio ambiente, estará sujeito à pena de reclusão de 2 (dois) a 4 (quatro) anos, além de multa de 100 (cem) a 1.000 (mil) MVR. Em caso de culpa, será punido com pena de reclusão de 1 (um) a 3 (três) anos, além de multa de 50 (cinqüenta) a 500 (quinhentos) MVR.

Verbos nucleares: *deixar de promover* (abster-se). No caso, por meio destas condutas, o autor atenta contra as medidas necessárias de proteção à saúde e ao meio ambiente. Trata-se de uma norma penal em branco, espécie de lei penal incompleta, pois exige-se para a compreensão de alguns dos elementos do tipo penal conceitos que se encontram em outros diplomas legais.

Objeto jurídico: Ao estudarmos tipos penais, imprescindível se faz saber o bem jurídico tutelado, ou seja, o objeto jurídico. O legislador ao tipificar criminalmente uma conduta de fazer (*facere*) ou não fazer (*non facere*), assim age, pois entende que aquela ação ou omissão quando praticada lesa (princípio da lesividade) ou ofende (princípio da ofensividade) determinado bem jurídico que merece a proteção penal, razão pela qual todos os tipos penais do Código Penal pátrio ou previstos em leis esparsas possuem o seu objeto jurídico. No caso vertente, trata-se do meio ambiente e saúde pública, sendo um delito pluriofensivo.

Objeto material: Trata-se daquilo sobre o qual a conduta típica recai no caso concreto, sendo, *in casu*, medidas necessárias de proteção à saúde e ao meio ambiente quanto aos agrotóxicos e todos os seus componentes.

Sujeito ativo: O sujeito ativo é o empregador, o profissional responsável ou o prestador de serviço, tratando-se, pois, de crime próprio, eis que o tipo penal do art.16 da lei requer qualidade especial para seu autor, denominado crime de sujeito qualificado.

Sujeito passivo: O sujeito passivo é a coletividade, de onde faz parte o meio ambiente.

Elemento subjetivo: Ao estudarem-se os tipos penais, devemos atentar acerca do elemento subjetivo, ou seja, se estamos diante de um tipo penal doloso ou culposo. Conforme o art. 18, parágrafo único do CP, todo o crime é, em regra, doloso, sendo o crime culposo a exceção, o qual somente haverá quando expressa no tipo penal. Assim, neste caso, o elemento subjetivo é o dolo, admitindo-se a modalidade culposa.

Consumação: Ocorre no momento em que o empregador, o profissional responsável ou o prestador de serviço deixar de cumprir com as medidas exigidas de proteção.

Tentativa: Não é admissível por tratar-se crime omissivo puro, na primeira parte do tipo penal, e por ser crime culposo na segunda parte.

Classificação doutrinária: Ao estudar-se o plano da tipicidade no âmbito do Direito Penal, importante o estudo da classificação dos tipos penais nos termos da doutrina. Analisando o tipo penal do art. 16, tem-se a classificação a seguir. Trata-se de crime próprio (isto, pois, exige-se uma qualidade especial para seu autor, no caso ser o empregador, o profissional responsável ou o prestador de serviço, também chamados de sujeito qualificado); crime formal (não se exige a produção do resultado naturalístico para sua consumação, diferenciando-se dos crimes materiais, os quais exigem a produção do resultado naturalístico para sua consumação e dos crimes de mera conduta, para os quais o legislador pune no tipo penal a simples conduta do autor, sem qualquer previsão de resultado naturalístico); crime de forma livre (o tipo penal não exige a produção por um meio determinado, diferentemente dos crimes de forma vinculada, os quais exigem que a prática criminosa se dê por determinados meios explícitos no tipo penal); crime omissivo (pune-se a conduta de não fazer, a contrário dos crimes comissivos, onde se pune a conduta de fazer); crime instantâneo (o crime consuma-se num único ato, diferentemente dos crimes permanentes, onde a consumação prolonga-se no tempo e dos crimes instantâneos de efeitos permanentes, pois nestes a consumação ocorre num único ato, porém seus efeitos são permanentes); crime unissubjetivo (o tipo penal pode ser praticado por uma pessoa sozinha, também chamado de crime de concurso facultativo de pessoas, diferenciando-se dos crimes plurissubjetivos, denominados crimes de concurso necessário de pessoas); crime unissubsistente (a conduta não pode ser fracionada em vários atos até a consumação, diferentemente dos crimes plurissubsistentes, os quais podem ter a conduta fracionada em vários atos até a consumação).

Suspensão Condicional do Processo: Trata-se do *sursis processual* previsto no art. 89, lei 9099/95, o qual é cabível nos crimes em que a pena mínima *in abstrato* prevista no tipo penal não é além de 1(um) ano, presentes os demais requisitos do aludido dispositivo legal. Logo, em tese, não cabe no art. 16, desta lei, porém é cabível na forma culposa.

Acordo de não persecução penal: É cabível, nos termos do art. 28-A, CPP.

Ação penal: Trata-se de ação penal pública incondicionada.

Pena: Reclusão de 2 (dois) a 4 (quatro) anos e multa, além de multa de 100 (cem) a 1000 (mil) MVR. Em caso de culpa, será punido com reclusão de 1 (um) a 3 (três) anos, além de multa de 50 (cinquenta) a 500 (quinhentos) MVR.

REFERÊNCIAS BIBLIOGRÁFICAS

ESTEFAM, André. Direito Penal. Volume I. São Paulo. Editora Saraiva. 2010.

LEITÃO JUNIOR, Joaquim. O Transporte Irregular de Defensivo Agrícola (Agrotóxico) e suas implicações. Disponível em Jus.com.br. Acesso em 15.09.20.

NUCCI, Guilherme de Souza. Manual de Direito Penal. São Paulo. Editora Revista dos Tribunais. 2013.

PRADO, Luiz Régis. Curso de Direito Penal Brasileiro. São Paulo. Editora RT. 2015.

TOLEDO, Francisco de Assis. Princípios Básicos de Direito Penal. São Paulo. Editora Saraiva. 1994.

41

LEI DA INVESTIGAÇÃO CRIMINAL

Lei 12.830/13

WILLIAM GARCEZ

1. INVESTIGAÇÃO CRIMINAL

Art. 1º Esta Lei dispõe sobre a investigação criminal conduzida pelo delegado de polícia.

Investigação criminal: Não há na lei um dispositivo legal que defina expressamente a investigação criminal, i.e., do ponto de vista normativo, não há um conceito taxativo. O ordenamento jurídico faz alusão à investigação criminal, de um modo geral, como sendo a atividade de apuração das infrações penais, dirigida pela polícia judiciária. Diante do vácuo legislativo, o conceito de investigação criminal se tornou tarefa da doutrina. Dessa forma, conceituamos a investigação criminal como o conjunto de atos preliminares da persecução penal, devidamente formalizados em procedimento oficial, que, visando a busca da verdade, se destinam a apurar a existência, materialidade, autoria e circunstâncias de uma infração penal, coletando provas e elementos de informações que serão utilizados para o início da *ação penal*.

Tríplice função: A investigação criminal, destinada a elucidação de fatos supostamente criminosos, possui *tríplice funcionalidade*, i.e, evitar imputações infundadas (função garantidora); preservar a prova e os elementos de informações, bem como os meios de obtenção (função preservadora); propiciar justa causa para a ação penal ou impedir seu início (função preparatória ou inibidora do processo). Em nosso entendimento, essa tríplice função da investigação criminal é um mandamento implícito do sistema, representando uma leitura constitucional do instituto, sendo que a antiquada função unidirecional sustentada pela doutrina clássica, que vincula a investigação criminal exclusivamente ao preparo da acusação, no nosso sentir, está divorciada do Estado Democrático de Direito. A investigação criminal constitucional não pode ser percebida unicamente como preparatória do processo-crime, mas sim de acordo com a sua tríplice funcionalidade, desvinculada das partes processuais.

Legitimidade: A legitimidade à condução da investigação criminal é da polícia judiciária, devendo ser presidida pelo delegado de polícia, personagem que a lei considera a autoridade policial para fins de processo penal. Nesse sentido, Guilherme de Souza Nucci[1] e Julio Frabrinni Mirabete[2] preconizam que a legislação processual faz referência a somente duas autoridades, i.e., a autoridade policial, que é o delegado de polícia, e a autoridade judiciária, que é o juiz.

Constituição Federal: O texto constitucional é claro ao referir que a apuração de infrações penais e o desempenho das funções de polícia judiciária competem à Polícia Federal e às Polícias Civis, reservando às Polícias Militares o policiamento ostensivo e a preservação da ordem pública[3]. As atribuições de todos os órgãos da segurança pública estão elencadas claramente no texto constitucional,

---

1. NUCCI, Guilherme de Souza. Juizados Especiais Criminais Federais. São Paulo: Saraiva, 2005, p.57.
2. MIRABETE, Julio Fabrinni. **Juizados Especiais Criminais – Comentários, Jurisprudência e Legislação.** São Paulo: Atlas, 1997, p. 60-61.
3. Exegese do art. 144, §1°, I e IV, §4° e §5°, da Constituição Federal.

não deixando margens para dúvidas sobre o papel de cada instituição, de modo que a investigação criminal é atribuição privativa da polícia judiciária. Logo, no sistema constitucional verifica-se a existência de duas polícias, i.e., a polícia administrativa e a polícia judiciária. A primeira tem função preventiva, atuando antes da ocorrência do crime, é a Polícia Militar, responsável por evitar a ocorrência de infrações penais. A segunda tem função repressiva, atuando após a prática da infração penal por meio de atividade investigativa, buscando viabilizar a responsabilidade criminal do infrator, é a Polícia Federal e as Polícias Civis. Assim, Conforme Celso Antônio Bandeira de Mello[4], "o que aparta a polícia administrativa da polícia judiciária é que a primeira se predispõe unicamente a impedir ou paralisar atividades antissociais enquanto a segunda se preordena à responsabilização dos violadores da ordem jurídica". Dessa forma, diante das diretrizes constitucionais, é juridicamente impossível que qualquer lei infraconstitucional disponha do assunto de modo diverso, invertendo atribuições ou ampliando-as, pois, caso contrário, haveria violação a um dos mais elementares princípios da dogmática constitucional, o princípio da supremacia da Constituição[5]. Aliás, frisando a necessidade de que a investigação criminal seja exclusivamente da polícia judiciária, o Superior Tribunal e Justiça possui precedente onde considerou ilegal a participação de servidores da ABIN e de ex-agente do SNI nas investigações da Polícia Federal, considerando ilícita a forma de produção da prova (HC 149.250).

Código de Processo Penal: Seguindo as atribuições previstas no texto constitucional, o art. 4°, *caput*, do CPP estabelece que "a polícia judiciária será exercida pelas autoridades policiais no território de suas respectivas circunscrições e terá por fim a apuração das infrações penais e da sua autoria". Sem chance de erro, a investigação criminal é a atividade oficial mais cobiçada. A realidade é pródiga em nos mostrar casos onde há clara usurpação das atribuições da polícia judiciária por órgãos que não detém essa legitimidade constitucional, o que acarreta, por vezes, a formação de entendimentos equivocados que foram induzidos e, ao mesmo tempo, induzem ao erro. O parágrafo único do dispositivo referido prevê que "a competência definida neste artigo não excluirá a de autoridades administrativas, a quem por lei seja cometida a mesma função", redação que, considerada isoladamente, levaria à errada interpretação de que a lei infraconstitucional poderia autorizar outros órgãos oficiais a realizar investigação criminal, estendendo a atribuição constitucionalmente estabelecida. É óbvio que isso não é possível. Não é necessário nenhum esforço para se verificar que o dispositivo, que é de 1941, ao sugerir que a investigação criminal possa ser realizada por outras instituições, diversas da polícia judiciária, não foi recepcionado pela Constituição Federal. Registre-se, por importante, que é a lei infraconstitucional que deve ser lida de acordo com a Constituição e não o contrário. Afinal, a Constituição é o "topo hermenêutico que conformará a interpretação jurídica do restante do sistema"[6]. Anote-se, por fim, que o referido parágrafo único destoa de todo o ordenamento jurídico, pois a legislação vigente permite que outros órgãos façam apenas investigações de natureza não criminal, v.g., infrações econômicas, ambientais, disciplinares, fiscais, civis, administrativas, etc.

Força normativa da Constituição Federal: A força normativa da Constituição não reside apenas na sua adaptação à realidade, sendo que, conforme Konrad Hesse[7], "embora a Constituição não possa, por si só, realizar nada, ela pode impor tarefas. A Constituição transforma-se em força ativa se essas tarefas foram efetivamente realizadas, se existir a disposição de orientar a própria conduta segundo a ordem nela estabelecida, se, a despeito de todos os questionamentos e reservas provenientes dos juízos de conveniência, se puder identificar a vontade de concretizar essa ordem". É dizer, nós precisamos ler a Constituição com vontade de aplicá-la. Assim, a observância da carta básica de direitos constitui uma exigência impreterível do Estado Democrático de Direito, razão pela qual a eficácia da investigação criminal não pode estar desassociada das garantias fundamentais. A devida investigação criminal pressupõe respeito aos postulados constitucionais

4. MELLO, Celso Antônio Bandeira de. Curso de Direito Administrativo – 17ª edição. São Paulo: Malheiros, 2004, p. 731.
5. Em que pese a existência desse aporte constitucional, o STF entende que o Ministério Público pode conduzir, por meios próprios, investigações de natureza criminal (RE 593.727).
6. STRECK, Lenio Luiz. Hermenêutica Jurídica e(m) Crise: uma exploração hermenêutica da construção do direito. 11ª edição. Porto Alegre: Livraria do Advogado, 2014, p. 345.
7. HESSE, Konrad. A força Normativa da Constituição. Tradução de Gilmar Ferreira Mendes. Porto Alegre: Sergio Antônio Fabris Editor, 1991, p. 19. Título original: *Die Normative Kraft der Verfassung apud* PORTOCARRERO. Cláudia Barros; FERREIRA, Wilson Luiz Palermo. Leis penais extravagantes – Teoria, jurisprudência e questões comentadas, 4ª edição, Salvador: Juspodivm, 2019, p. 443.

e, acima de tudo, aos direitos individuais, em especial a dignidade humana, pois, como bem observa Eliomar da Silva Pereira[8], "os direitos e garantias fundamentais atuam como disposições legais de caráter negativo, na medida em que dizem o que não se pode fazer na investigação criminal". E, o ponto de partida dessa observação é que a investigação criminal seja conduzida pela autoridade constitucionalmente prevista. Tendo em vista esse cenário, Daniel Messias da Trindade[9] leciona que "qualquer tentativa de ingerência nas atribuições da Polícia Judiciária deve ser rechaçada, pois, indiscutivelmente, configura um retrocesso no que tange à tutela das garantias individuais e aos direitos humanos e, ofensa ao efeito *cliquet* (princípio da proibição do retrocesso) dos direitos e garantias fundamentais". Nesse viés, não cabe apenas à polícia judiciária brigar pelo respeito de suas atribuições constitucionais, cabe aos advogados, enquanto defensores constituídos, ou aos defensores públicos, apontar ao juízo a inconstitucionalidade e ilegalidade de qualquer expediente investigatório que não tenha sido conduzido pela autoridade de polícia judiciária.

Exceção constitucional: Não há especificamente um monopólio da investigação criminal por parte da polícia judiciária, pois a Constituição excepciona a *apuração das infrações penais militares* (art. 144, §4º). O art. 124 da CF determina que as infrações penais militares serão julgadas pela Justiça Militar. E, nos termos dos art. 7º, 8º e 9º do CPPM, infere-se que a apuração das infrações penais militares será feita por autoridades militares que farão às vezes de polícia judiciária. Trata-se, portanto, de legítima investigação criminal.

Comissão Parlamentar de Inquérito (CPI): As investigações das Comissões Parlamentares de Inquérito, ainda que possuam acento constitucional[10], não podem ter natureza exclusivamente criminal (STF, MS 34.864). Nesse contexto, as CPIs "possuem permissão legal para encaminhar relatório circunstanciado não só ao Ministério Público e à AGU, mas, também, a outros órgãos públicos, podendo veicular, inclusive, documentação que possibilite a instauração de inquérito policial em face de pessoas envolvidas nos fatos apurados" (STF, 35.216). Assim, havendo indícios da prática de crimes, a CPI deve reportar-se ao órgão constitucionalmente designado, mormente no cenário democrático constitucional, conforme abordaremos nos comentários do art. 2º. A investigação exclusivamente criminal não se trata de atribuição das CPIs, as quais podem investigar fatos determinados[11] ou com estes relacionados (STF, HC 71.231), desde que esteja presente o interesse público, mas não com finalidade criminal. É por essa razão que a existência de procedimento criminal investigatório em tramitação não impede a atividade apuratória por uma Comissão Parlamentar de Inquérito, ainda que seus objetos sejam correlatos, pois cada qual possui amplitude distinta, delimitada constitucionalmente, além de *finalidades diversas* (STF, HC 100.341). É óbvio que as conclusões das Comissões Parlamentares de Inquérito possuem *natureza política*, tal qual a sua instalação, pelo que Luiz Pinto Ferreira[12] leciona que "sua conclusão não vale como decisão judicial; tampouco pode ser tida como peça de inquérito policial".

Inquérito parlamentar (CPI): Quanto as apurações das comissões parlamentares de inquérito, ainda que possuam acento constitucional, como referido, *não podem ter* natureza exclusivamente criminal. Assim, o inquérito parlamentar não é um inquérito criminal típico, pois pode visar a apuração de fato de qualquer natureza, *menos penal*. Em outras palavras, pode apurar fato político, administrativo, civil, econômico, etc., porém, não pode ter cunho exclusivamente penal. Registre-se que a parte final do art. 58, *§ 3º*, da CF *não* concede essa permissão, sendo que apenas estabelece a possibilidade de remessa de suas conclusões ao Ministério Público, caso se evidencie prática ilícita (penal ou civil) no decorrer da CPI. Registre-se que, nesse aspecto, a jurisprudência entende que a remessa das conclusões da CPI pode ser feita também à polícia judiciária (STF, 35.216) para formalização da devida investigação criminal. Anote-se, inclusive, que as conclu-

8. PEREIRA, Eliomar da Silva. Teoria da investigação criminal. São Paulo: Almedina, 2010, p. 185.
9. TRINDADE, Daniel Messias da. O garantismo penal e a atividade de polícia judiciária. Porto Alegre: Núria Fabris, 2012, p. 14.
10. Art. 58, §3°, da CF.
11. Considera-se fato determinado o acontecimento de relevante interesse para a vida pública e a ordem constitucional, legal, econômica e social do País, que estiver devidamente caracterizado no requerimento de constituição da Comissão (art. 35, §1°, do Regimento Interno da Câmara dos Deputados). Na jurisprudência, se aceita que fatos privados sejam objeto de CPI, havendo precedente no sentido de que "atos praticados na esfera privada não são imunes à investigação parlamentar, desde que evidenciada a presença de interesse público potencial em tal proceder" (STF, MS 33.751).
12. FERREIRA, Luiz Pinto. Comentários à Constituição Brasileira. São Paulo: Saraiva, 1993, p. 109-110.

sões dos inquéritos parlamentares, não dispensam investigações criminais pela polícia judiciária, como a realidade tem nos mostrado, diante dos diversos interesses que há por trás desse expediente investigatório de natureza política.

Investigação criminal pelo Ministério Público: Cumpre referir que, mesmo diante dos comandos constitucionais que definem as atribuições dos órgãos estatais, o STF sedimentou entendimento de que o Ministério Público pode conduzir investigações de natureza criminal, por meios próprios (RE 593.727), sendo que, a nosso ver, inexiste comando constitucional autorizando tal conclusão. Aliás, sempre defendemos que, ao determinar as funções de cada instituição oficial, a Constituição não estabelece negatividades, estabelece atribuições. Não seria de boa técnica que a Constituição Federal, ao criar os órgãos oficiais, estabelecesse suas atribuições e, incontinenti, as suas "não-atribuições", já que, conferindo determinada atribuição a uma instituição, está automaticamente excluindo-a das demais. Assim, quando a Constituição conferiu a investigação criminal à polícia judiciária, duvidas não restam de que pretendia afastá-la de qualquer outra instituição. Compartilhando do mesmo entendimento, Henrique Hoffmann e Eduardo Fontes[13] asseveram que uma coisa é defender a alteração das regras constitucionais e conferir o poder investigatório ao Ministério Público, outra é afirmar que ela existe à revelia da Constituição. Portanto, ainda que o STF reconheça a constitucionalidade da investigação criminal conduzida pelo Ministério Público, para nós, não há um só artigo na Constituição que autorize essa conclusão.

Classificação da investigação criminal: De acordo com o cenário constitucional em que se desenha a investigação criminal, bem como feita referência às leis infraconstitucionais que, ancoradas nas disposições da Constituição Federal, disciplinam o assunto, estabelecemos que a investigação criminal, atualmente, pode ser dividida em três espécies. **(a)** *Investigação criminal autêntica ou pura*, i.e., aquela autorizada e legitimada pela Constituição Federal, conduzida pela polícia judiciária, sob a presidência do delegado de polícia. Diz-se autêntica ou pura porque se trata do modelo padrão referendado pela Constituição Federal. É a investigação criminal genuína. **(b)** *Investigação criminal derivada*, i.e., aquela igualmente prevista no texto constitucional, mas como exceção ao modelo padrão*14*. Conforme referimos, a Carta Constitucional não conferiu o monopólio da investigação criminal à polícia judiciária, excepcionando a apuração das infrações penais militares. **(c)** *Investigação criminal não autêntica ou impura*, definida como qualquer forma de investigação criminal formalizada fora dos padrões estabelecidos pela Constituição, independentemente da instituição que a realize, pois, diante da inexistência de dispositivo constitucional que lhe confira legitimidade, se apresenta como forma de flexibilização negativa das garantias fundamentais. Diz-se não autêntica ou impura porque não possui previsão constitucional. Enquadram-se nesta categoria, v.g., as investigações criminais feitas diretamente por instituições militares, quando o fato não se trata de um crime militar, e as investigações criminais formalizadas pelo Ministério Público.

2. FUNÇÕES DA AUTORIDADE POLICIAL

Art. 2º As funções de polícia judiciária e a apuração de infrações penais exercidas pelo delegado de polícia são de natureza jurídica, essenciais e exclusivas de Estado.

Funções de polícia judiciária e investigação criminal: Tal qual a Constituição Federal, o dispositivo parece estabelecer distinção entre as *funções de polícia judiciária* e a *apuração das infrações penais*. Segundo Renato Brasileiro de Lima[15], "a expressão polícia judiciária está relacionada às atribuições de auxiliar o Poder Judiciário, cumprindo as ordens judiciárias relativas à execução de mandados de prisão, busca e apreensão, condução coercitiva de testemunhas, etc.", enquanto que a *apuração das infrações penais* vincula-se à atividade de polícia investigativa e relaciona-se à "colheita de elementos informativos quanto à autoria e materialidade das infrações penais". Entretanto, é majoritário o entendimento de que a utilização da expressão polícia

13. HOFFMANN, Henrique; Fontes, Eduardo. Advogado não pode fazer investigação criminal defensiva. Disponível em: https://www.conjur.com.br/2019-jan-29/academia-policia-advogado-nao-realizar-investigacao-criminal. Acessado em 06/07/2020.

14. A *investigação criminal derivada* pode ser *própria* (quando estabelecida na Constituição Federal, em forma de exceção, v.g., apuração dos crimes militares) ou *imprópria* (quando não há propriamente uma investigação criminal, mas a apuração do fato traz elementos que apontam para a prática de crime, v.g., conclusão de CPI).

15. LIMA, Renato Brasileiro de. Legislação Criminal Especial Comentada. Salvador: Juspodivm, 2015, p. 178.

judiciária abrange, por si, a atividade relacionada à apuração das infrações penais. Independente desse debate, o essencial é que a investigação criminal deve ser presidida pelo delegado de polícia, sob pena de violação do art. 144, §1°, I e IV, e §4°, da CF e dos arts. 4° e 157 e parágrafos do CPP, acarretando a nulidade de todos os elementos produzidos.

Natureza das atribuições do delegado de polícia: O dispositivo se apresenta como forma de enaltecer a importância não somente das atribuições do delegado de polícia, mas das funções da polícia judiciária. Antes da Lei 12.830/13, havia quem sustentasse que as funções do delegado de polícia não teriam natureza jurídica, pois se tratavam de atividades materiais de segurança pública. Agora, a lei em estudo sepulta de vez esse argumento. Registre-se que, no mesmo sentido do artigo agora comentado, a Lei 9.266/96, no parágrafo único do artigo 2°-A, dispõe que "os ocupantes do cargo de Delegado de Polícia Federal, autoridades policiais no âmbito da polícia judiciária da União, são responsáveis pela direção das atividades do órgão e exercem função de natureza jurídica e policial, essencial e exclusiva de Estado". Segundo Renato Brasileiro de Lima[16], "se levarmos em consideração que o cargo de Delegado de Polícia é privativo de bacharel em Direito e que o exercício de suas funções guarda relação direta com a aplicação concreta de normas jurídicas aos faros que lhe são apresentados, como ocorre, por exemplo, com a lavratura de auto de prisão em flagrante, indiciamento, representação por decretação de medidas cautelares, é no mínimo estranho admitir que o exercício de tais funções não tenha natureza jurídica". Frisamos que, embora o reconhecimento da natureza jurídica das atribuições do delegado de polícia seja recente no âmbito legal, o cargo já havia adquirido esta posição muito antes, por ser privativo de bacharel em direito e desempenhar papel fundamental na aplicação das normas jurídicas. O STF, aliás, já decidiu no sentido de que "o cargo de delegado de polícia vem sendo equiparado àqueles integrantes das chamadas carreiras jurídicas, a significar maior rigor na seletividade técnico-profissional dos pretendentes ao desempenho das respectivas funções. E essa exigência constitucional tem a sua explicação no fato de que incumbe aos delegados de polícia exercer funções de polícia judiciária, além de presidir as investigações para a apuração de infrações penais, o que requer amplo domínio do ordenamento jurídico" (ADI 3.441). Anote-se que o inquérito policial se constitui em um procedimento preparatório do processo criminal, de modo que, embora tenha natureza administrativa, pode ser considerado verdadeira instrução preliminar. Nesse jaez, ainda que o delegado de polícia não exerça jurisdição, é incontestável que aplica a lei no âmbito preparatório do processo penal. Não raro, o delegado recebe o tratamento por *autoridade de polícia judiciária*. Nessa esteira, Henrique Hoffmann e Gabriel Habib[17] sustentam que o fato de a polícia judiciária estar alocada no capítulo em que a Constituição trata da segurança pública não impede o seu reconhecimento como função essencial à justiça. No mesmo sentido, André Nicolitt[18] ensina que muito embora a polícia judiciária não figure de forma expressa no capítulo das funções essenciais à justiça, implicitamente deve ser reconhecida essa condição em razão de fortalecer o sistema acusatório.

Atividade essencial e exclusiva de Estado: O dispositivo diz que a investigação criminal é essencial em um Estado de Direito, sendo também exclusiva do Poder Público. Dessa forma, estabelecidas essas características, não há falar-se em dispensabilidade (pois essencial) ou transferência (pois exclusiva de Estado) das funções da polícia judiciária à iniciativa privada. O dispositivo veda à privatização ou terceirização das atividades de polícia judiciária e a apuração de infrações penais. Nesse aspecto, registramos que a famigerada *investigação criminal defensiva*, que, obviamente, não possui suporte no ordenamento constitucional, apenas se admite enquanto face da ampla defesa, no sentido de que o acusado e seu defensor podem *localizar fontes de prova* que interessem ao direito de defesa, devendo, após a sua constatação sugeri-la ou apresentá-la à autoridade policial, não se admitindo que o particular produza a prova diretamente. Nesse ponto, Henrique Hoffmann e Eduardo Fontes[19] frisam que "quanto ao particular, seja vítima, suspeito, detetive profissional

16. LIMA, Renato Brasileiro de. Legislação Criminal Especial Comentada. Salvador: Juspodivm, 2015, p. 179.

17. HOFFMANN, Henrique; HABIB, Gabriel. Carreira de delegado de polícia continua sendo jurídica. Disponível em: https://www.conjur.com.br/2019-set-10/hoffmann-habibcarreira-delegado-policia-continua-sendo-juridica#_ftnref19. Acessado em 05 de julho de 2020.

18. NICOLITT, André. *Manual de processo penal*. São Paulo: Revista dos Tribunais, 2016, p. 178.

19. HOFFMANN, Henrique; Fontes, Eduardo. Advogado não pode fazer investigação criminal defensiva. Disponível em: https://www.conjur.com.br/2019-jan-29/academia-policia-advogado-nao-realizar-investigacao-criminal. Acessado em 08/07/2020.

ou mesmo o advogado, não pode realizar a chamada investigação criminal defensiva. Se localizar fontes de prova, deve informar à polícia judiciária, para que tais elementos sejam colhidos mediante chancela oficial. Isto é, para ter idoneidade, a informação deve ser submetida à supervisão estatal. É o entendimento da jurisprudência (...), como o particular não possui fé pública, o Estado-investigação precisa confirmar o dado obtido para que se revista de confiabilidade (STF, AP 912)". Não há como se admitir que o particular decida produzir atos investigatórios com a mesma força e finalidade com que a Constituição deu à polícia judiciária. Ainda que possamos admitir a livre busca pela fonte de informação, a *produção da prova* precisa se dar pelo Estado. Aliás, a própria Lei 13.432/17, que regulamenta o exercício da profissão de detetive particular, estabelece que este só pode realizar a coleta de dados e informações de natureza não criminal (art. 2º). O certo é que nem a acusação e nem a defesa têm permissão constitucional para a realização da investigação criminal, essa atividade é afeta à polícia judiciária. Registre-se que da *exclusividade*, assim, sobressai a sua *essencialidade*, i.e., indispensabilidade. Quando o dispositivo diz que a investigação criminal conduzida pelo delegado de polícia é essencial, ele está confirmando o que sempre pensamos, i.e., que é indispensável, corroborando o texto constitucional e impondo, definitivamente, a releitura do CPP de 1941, no sentido de que a investigação criminal constitucional, em procedimento oficial presidido pelo delegado de polícia, ao mesmo tempo em que deve buscar a elucidação do crime, funciona como um filtro de legalidade contra imputações infundadas. Aliás, da justificativa da lei, ainda enquanto projeto, extrai-se que "vale lembrar a importância do inquérito policial no mundo jurídico, como garantia do direito do cidadão, fato expresso na exposição de motivos do próprio Código de Processo Penal, onde se afirma que o inquérito policial é uma garantia contra apressados e errôneos juízos, formados quando ainda persiste a trepidação moral causada pelo crime ou antes que seja possível uma visão de conjunto dos fatos". Logo, além de ser uma peça informativa, o inquérito é uma peça essencial no sistema de justiça criminal.

O delegado de polícia e a funcionalidade do direito criminal: O direito criminal, sem dúvidas, é um dos instrumentos de controle social formal, caracterizado, em virtude de sua principal resposta visar o cerceamento da liberdade por meio da pena ou cautelarmente, como o mais severo deles. É inegável, nesse passo, a importância das matrizes constitucionais principiológias tanto para a atuação do *legislador*, quanto dos aplicadores da lei. E aqui se insere o delegado de polícia[20]. Diante dessa inferência, é forçoso reconhecer que todos os atores da persecução criminal, neste cenário democrático e constitucional, devem, de maneira obrigatória, contrair o Direito Penal e, retirando o seu excesso, facilitar a sua operacionalização e estabelecer, nos moldes da *proporcionalidade*, as pautas penais necessárias à convivência na sociedade complexa atual[21], principalmente aquelas que afetam o patrimônio e o interesse público, e são praticadas por segmentos privilegiados que acreditam estar acima da lei. Na atualidade, o Direito Penal integra o grupo de instituições que formam o controle social cuja legítima pretensão, diga-se de passagem, é promover e garantir a sujeição das pessoas ao modelo de comportamento imposto. Todavia, a sua realização prática continua incidindo contra uma clientela específica, formada basicamente por pessoas economicamente desfavorecidas. Nesse passo, a redução da incidência do direito criminal, em alguns casos, é uma forma de minorar esta realidade, preservando-o apenas para os casos mais graves, e, ao mesmo tempo, fazê-lo mais operacional contra os estratos sociais privilegiados, onde se acham os autores dos crimes que maltratam a própria existência do corpo social e tem graves consequências coletivas, ofendendo gravemente e do modo mais amplo possível os direitos fundamentais. *O que sustentamos, nesse viés, é uma mudança de operabilidade dos institutos jurí-*

20. Conforme bem lembra Nucci, "o delegado de polícia é o primeiro juiz do fato" (NUCCI, Guilherme de Souza. Manual de Processo Penal e Execução Penal – 12ª edição. Rio de Janeiro: Forense, 2015, p. 545). Na mesma esteira, cumpre recordar as palavras do ministro Celso de Mello quando diz que "o delegado de polícia é o primeiro garantidor da legalidade e da Justiça" (STF, HC 84.548, Rel. Min. Marco Aurélio, DJ 21/06/2012).
21. Sustentamos que, com a evolução da sociedade e a complexidade dos problemas atuais, com muito mais razão que no passado, o Direto Penal deve ser resguardado para as situações mais extremas, onde o Direito Penal, de fato, mereça intervir. Nesse passo, não deve o Direito Penal atuar: a) em casos onde não haja a violação de um bem jurídico relevante, a ponto de necessitar atenção da seara criminal (princípio da fragmentariedade); b) em casos onde outros ramos do direito possam oferecer suporte e solução do conflito (princípio da subsidiariedade); c) em casos onde não haja efetiva lesão ao bem jurídico tutelado (princípio da ofensividade ou lesividade); d) em casos onde o ataque ao bem jurídico acarrete uma lesão ínfima, não merecedora de repressão penal (princípio da insignificância); e e) em casos que a sociedade já tem como normal (princípio da adequação social). Trata-se, pois, de intervenção mínima do Direito Penal.

dicos que vai da simples irracionalidade instrumental para a salvaguarda efetiva dos direitos fundamentais, filtrando a incidência dos postulados repressivos (penais) e constritivos (processuais) do direito criminal àquelas situações onde se demonstrarem realmente necessárias, nas quais a solução não possa ser obtida por outro caminho. Sob esse prisma, os órgãos que compõem o sistema de persecução penal, encarregados pela responsabilização daquele que infringir as regras legais, ao realizarem essa ponderação valorativa necessária, razoável e proporcional do direito criminal, devem, ao mesmo tempo, *controlar os conflitos sociais* e *garantir a máxima efetividade das garantias e dos direitos fundamentais,* evitando incidências desvirtuadas do braço repressor do Estado na sociedade. Não podemos mais aceitar uma interpretação retrospectiva da Constituição Federal e dos direitos fundamentais, nos transformando em meros repetidores de interpretações eivadas de um vício redibitório impregnado. Não podemos mais compactuar com interpretações divorciadas dos ideais do *Estado Constitucional.* Devemos, sim, aplicar a legislação com uma *interpretação prospectiva,* que valoriza a vontade da Constituição, um predicado sempre atual, oriundo dos valores imprescindíveis à democracia. Conforme já apontou o Supremo Tribunal Federal "o sistema jurídico há de considerar a relevantíssima circunstância de que a privação da liberdade e a restrição de direitos do indivíduo somente se justificam quando estritamente necessárias à própria proteção das pessoas, da sociedade e de outros bens jurídicos que lhes sejam essenciais, notadamente naqueles casos em que os valores penalmente tutelados se exponham a dano, efetivo ou potencial, impregnado de significativa lesividade" (HC 110.475). O delegado de polícia possui atribuições que são materialmente judiciais, como, v.g., a deliberação sobre a restrição da liberdade, ou não, daquele que se encontra em estado de flagrância. Assim, a jurisprudência já decidiu que a lavratura do auto de prisão em flagrante pelo delegado não se constitui em um ato automático, a ser por ele praticado diante da simples notícia do ilícito penal pelo condutor, sendo que, em face do sistema processual vigente, o delegado tem o poder de decidir da oportunidade ou não de lavrar o flagrante (RT 679/351). O delegado possui o *direito* de decretar a prisão em flagrante quando entender que o fato evidentemente configura um crime (cunho penal da decisão), sendo que, diante da máxima de que a liberdade é a regra, apenas tem o *dever* de decretá-la quando a situação caracterizadora do flagrante estiver evidenciada, de acordo com o art. 302 do CPP, e desde que a prisão se afigure indispensável ou que não se possa arbitrar a fiança (cunho processual da decisão). O delegado de polícia tem o direito-dever de realizar verdadeiro julgamento sobre (a) existência e crime; (b) estado de flagrância; (c) necessidade da prisão; e (d) arbitramento de fiança. A leitura constitucional da persecução penal aponta que a prisão em flagrante não é uma imposição. Trata-se de um ato discricionário do delegado de polícia, conforme seu juízo de valor (TJSP, HC 990100785710), devendo ser decretada apenas quando a restrição da liberdade for efetivamente necessária. Proporcionalidade, razoabilidade e intervenção mínima devem nortear a incidência do direito criminal (penal e processual). No *Estado Constitucional* os princípios são limites, balizas, mandados de otimização, incutidos no ápice do ordenamento jurídico, irradiando comandos delimitadores para a ação do legislador e dos aplicadores do Direito, como base filosófica do Estado Democrático, impedindo-os de oferecer respostas incompatíveis com a razoabilidade e a proporcionalidade irradiadas. O princípio constitucional penal implícito da *intervenção mínima* é uma imposição substancial de conteúdo que informa a todos aqueles que operam os instrumentos do direito criminal. Esse princípio determina uma interpretação dos comandos repressivos (penais) e constritivos (processuais) voltada para a redução, sempre que possível, do processo de responsabilização criminal, visando conter a intervenção estatal. O delegado de polícia não é um aplicador frio e irracional da lei, devendo, em homenagem aos *princípios fundamentadores do sistema,* desenvolver efetivo controle de constitucionalidade e convencionalidade nos casos concretos apresentados, abstendo-se de realizar atos desproporcionais e desarrazoados, desde que, motivadamente, exponhas as suas razões de decidir. Sabemos que, no Direito, posições arrojadas podem despertar algumas críticas (algumas por maldade, outras pela incompreensão da ideia), mas se a sua essência for sólida e bem fundamentada, a despeito das críticas, seu autor terá a satisfação de ter colaborado para a efetiva aplicabilidade dos fundamentos do *Estado Democrático de Direito.* A intervenção do Estado na vida social ou privada, notadamente em matéria criminal, só se justifica enquanto garantia da razão, por extrema necessidade. Fora desses contornos, configura excesso que deve ser ponderado, sempre de forma fundamentada, por todos os órgãos encarregados de conferir aplicabilidade ao Direito e efetividade à Justiça, sendo o delegado de polícia, a toda evidência, o primeiro encarregado de desempenhar essa atividade. No mais, o delegado não deve admitir ingerências nas suas atividades, notadamente aquelas que ferem a ética, pretendendo impor-lhe convicções jurídicas outras como se fossem absolutas, insinuando a instauração de procedimento administrativo para apuração de irregularidade. Trata-se de uma autoridade cujas atribuições possuem natureza jurídica, estando vinculado apenas à lei e as suas convicções, não podendo ser constrangido por tomar decisões contrárias aos interesses jurídicos de quem quer que seja, desde que as fundamente interpretando a lei, a doutrina e a jurisprudência. O delegado de polícia, assim como qualquer outra autoridade, deve obediência ao ordenamento jurídico e nada mais.

§ 1º Ao delegado de polícia, na qualidade de autoridade policial, cabe a condução da investigação criminal por meio de inquérito policial ou outro procedimento previsto em lei, que tem como objetivo a apuração das circunstâncias, da materialidade e da autoria das infrações penais.

Autoridade policial: É recorrente no direito processual brasileiro, a utilização da expressão *autoridade policial* para conceder a um determinado agente estatal poderes e atribuições constantes da Lei. No vernáculo, *autoridade* significa o direito legalmente estabelecido de se fazer obedecer; o organismo que possui esse poder; designação atribuída ao representante de um governo ou de determinado seguimento ou, ainda, o direito que determina o poder para ordenar; poder exercido para fazer com que (alguém) obedeça; a pessoa que tem esse direito. Assim, infere-se que a autoridade possui legitimação para determinar ações, em nome próprio, representando um seguimento poder estatal. Partindo desta conceituação, Julio Frabrinni Mirabete[22] leciona que "o conceito de *autoridade policial* tem seus limites fixados no léxico e na própria legislação processual. *Autoridade* significa poder, comando, direito e jurisdição, largamente aplicada na terminologia jurídica a expressão como o *poder de comando de uma pessoa*. O *poder de Jurisdição* ou *o direito que se assegura a outrem para praticar determinados atos relativos a pessoas, coisas ou atos*. É o servidor que exerce em nome próprio o poder do estado, tomando decisões, impondo regras, dando ordens, restringindo bens jurídicos e direitos individuais, tudo nos limites da lei. Não tem esse poder, portanto, os agentes públicos que são investigadores, escrivães, policiais militares, subordinados que são às autoridades respectivas. Na legislação processual comum, aliás, só são conhecidas duas espécies de *autoridades*: a autoridade policial, que é o Delegado de Polícia, e a autoridade judiciária, que é o Juiz de Direito". Assim, ainda que exista corrente minoritária desconsiderando os fatos e subvertendo a ordem das coisas, deixamos registrado que, quando o legislador utiliza a expressão "autoridade policial" está se reportando unicamente ao delegado de polícia, que exerce o comando das ações da polícia judiciária, não cabendo compreender nessa expressão qualquer outro agente estatal*23*. É inadmissível, portanto, que qualquer agente do Estado, que não seja o delegado de polícia, resolva instaurar inquéritos policiais, arbitrar fiança, promover indiciamento criminal ou qualquer outra medida constritiva de direitos. Concatenando esse entendimento, Guilherme de Souza Nucci[24] leciona que *"a legislação processual comum, em seu conjunto, refere-se somente a duas autoridades: a autoridade policial, que é o delegado de polícia, e a autoridade judiciária, que é o magistrado"*. Como corolário lógico, qualquer atribuição reservada à polícia judiciária que seja praticada pela Polícia Militar, assim, é ilegal e inconstitucional. Aliás, não sendo caso de crime militar, a ingerência investigativa no trabalho da polícia judiciária, praticada por agente militar, pode configurar os crimes de *usurpação de função pública* e *abuso de autoridade*. Constitui garantia e direito fundamental de cada cidadão ser investigado pelo órgão e pela autoridade oficial referidos na Lei maior. Nessa linha, em perfeita simetria com a Constituição Federal, a primeira chamada da legislação infraconstitucional à expressão autoridade policial se verifica no art. 4º do CPP, onde se lê que "a polícia judiciária será exercida pelas autoridades policiais no território de suas respectivas circunscrições e terá por fim a apuração das infrações penais e da sua autoria". Promovendo-se a leitura conjunta deste dispositivo com as regras do art.144 da CF, resta claro

22. MIRABETE, Julio Fabrinni. **Juizados Especiais Criminais – Comentários, Jurisprudência e Legislação.** São Paulo: Atlas, 1997, p. 60-61.

23. O Ministério do Trabalho e Emprego, observando as disposições legais vigentes, ao elaborar, por meio da Portaria 397/02, a Classificação Brasileira de Ocupações, válida em todo o território nacional, reconhece o delegado de polícia como autoridade policial (Código 2423 – 05 – Delegado de Polícia – Autoridade Policial).

24. NUCCI, Guilherme de Souza. **Juizados Especiais Criminais Federais.** São Paulo: Saraiva, 2005, p.57.

que a polícia judiciária é exercida pelos delegados de polícia de carreira. Não há dúvidas, assim, de que as funções de autoridade policial são atribuídas à figura do delegado de polícia (civil ou federal), no exercício dos atos de polícia judiciária. Dessa forma, qualquer outro agente estatal, ainda que exerça autoridade em campo diverso é estranho ao art. 4º do CPP e, como corolário lógico, não pode exercer em "nome próprio" atos típicos da autoridade de polícia judiciária. O delegado de polícia personifica um agente político estatal que age a modo próprio, desempenhando atribuições constitucionais que, no exercício da atividade investigativa, visa apurar a existência, materialidade e autoria de infrações penais, por meio do inquérito policial ou outro expediente investigatório, observando os direitos e garantias legalmente assegurados à vítima e ao cidadão investigado. O delegado exerce em nome próprio uma parcela do poder estatal, i.e., o poder investigatório. Nesse sentido, dentro dos limites traçados pela lei, toma decisões, restringe bens e direitos individuais, exercendo, portanto, todas as funções de polícia judiciária. Saliente-se que, sacramentando a questão, a Lei 12.830/13 é clara no sentido de que o delegado de polícia é a autoridade policial do processo penal (art. 2º, §1º), sendo o único agente estatal que, no uso das suas atribuições de polícia judiciária, pode presidir procedimentos investigatórios, lavrar auto de prisão em flagrante ou auto de apreensão de adolescente infrator, arbitrar fiança, expedir nota de culpa, requisitar perícias e documentos, representar por medidas cautelares, formalizar indiciamento e quaisquer outros atos afetos à polícia judiciária. Repare-se que tanto o *caput* do art. 4º do CPP, quanto o dispositivo em comento, guardam uma relação harmônica e simétrica com a Constituição Federal, pois corroboram sua opção pela condução da investigação criminal pela polícia judiciária. Finalmente, sublinhe-se que qualquer ato atribuído à autoridade policial que venha a ser praticado por outro agente estatal diverso do delegado de polícia configura, em tese, crimes de *usurpação de função pública* e *abuso de autoridade*.

Investigação criminal constitucional (Estado de Direito): O art. 1º da CF estabelece que o Brasil se rege segundo as regras do Estado Democrático de Direito e possui como um de seus fundamentos a dignidade da pessoa. Essa previsão de regência pelas regras do Estado de Direito significa que o poder da lei está acima da lei do poder. O Estado cria a lei e, ao mesmo tempo, se submete a ela. Nesse cenário, destaca-se o papel exercido pela Constituição. Pois, além de se constituir em um Estado Democrático de Direito, o Brasil funda-se nos conceitos de um Estado Constitucional, de modo que toda e qualquer lei criada deve respeitar os seus limites e as suas diretrizes, sob pena de incompatibilidade com sistema. Nesse contexto, o Estado Constitucional deve assegurar a centralidade da pessoa e a garantia de seus direitos fundamentais como vínculos estruturais de toda a organização política que rege a dinâmica social em todas as suas formas e segmentos. Dessa forma, o Estado deve exteriorizar uma política apta a garantir o respeito às liberdades civis e, sobretudo, aos direitos e garantias fundamentais, prevendo uma efetiva proteção jurídica. Encaixando-se a persecução criminal nesse sistema, é certo que não possa estar desgarrada dos fundamentos da República, devendo observar, com mais tenacidade ainda, as suas bases principiológicas, já que poderá culminar na restrição da liberdade individual. Saliente-se, por oportuno, que o ponto de partida da persecução penal é o inquérito policial, que está a cargo da polícia judiciária, presidido por delegado de polícia de carreira. A principal atribuição da polícia judiciária é a apuração da autoria e materialidade das infrações penais. Assim, ao desenvolver a atividade investigativa, compete ao delegado de polícia, através de análise técnico-jurídica dos fatos, delinear os rumos do procedimento preparatório da eventual ação penal, aplicando, respeitando e fazendo-se respeitar as leis. Esse trabalho, quando bem utilizado pelo Ministério Público, inclusive, pode auxiliar no livre convencimento do Juiz, embora não possa ser utilizado de forma exclusiva (art. 155, CPP). Conforme observa Henrique Hoffmann[25], "a investigação preliminar é o ponto de partida para uma persecução penal bem sucedida, que atenda ao interesse da sociedade de elucidar crimes sem abrir mão do respeito aos direitos mais comezinhos dos investigados". O firmamento do Estado de Direito, na prática e não apenas nos manuais, passa necessariamente pela observância de todas as normas legais democraticamente estatuídas, principalmente por parte dos agentes estatais, e, mais especialmente ainda, quando estamos nos referindo ao poder punitivo. Nesse viés, a investigação criminal, como preliminar de um processo jurídico racional, deve adotar um modelo

25. HOFFMANN, Henrique. Missão da polícia judiciária é buscar a verdade e garantir direitos fundamentais. disponível em: http://www.conjur.com.br/2015-jul-14/academia-policia-missao-policia-judiciária-buscar-verdade-garantir-direitos-fundamentais. Acessado em 05/07/2020.

que, segundo Fábio Motta Lopes[26], "deve assegurar a todos os indivíduos, principalmente àqueles que sejam acusados da prática de uma infração penal, os direitos fundamentais previstos na Constituição Federal, levando-se em conta, sempre, a proteção da dignidade da pessoa humana, princípio fundamental da República Federativa do Brasil (...) e que o poder estatal deve ser limitado". Portanto, o delegado de polícia, como primeiro garantidor da legalidade e da Justiça[27], não pode adotar uma visão unifocal na presidência da investigação criminal, de modo a desprezar as garantias e os direitos individuais do investigado[28]; deve, sim, exercer as suas funções com circunspecção. Com efeito, assim como é clara a outorga legal ao delegado para apurar a materialidade e autoria de infrações penais, também o é, em uma leitura constitucional da investigação, o dever de realizar esse mister com imparcialidade e independência, desvinculado da acusação e da defesa, estando a serviço da Justiça. Aliás, anote-se que tudo o que é produzido no inquérito é posteriormente coalescido ao processo judicial, não sendo incorreto afirmar que o inquérito policial é o "principal mecanismo de produção da verdade processual"[29], já que, como a realidade nos mostra, dado início ao processo, o Ministério Público pouco acrescenta àquilo que foi produzido no inquérito[30]. Assim, as provas produzidas em contraditório judicial, que deveriam ser a espinha dorsal do processo, acabam se tornando coadjuvantes na formação da convicção do juiz[31], convertendo-se o processo em "mera repetição ou encenação da primeira fase"[32]. Nesse diapasão, não há como se negar que o inquérito policial é essencial, resultando na colheita e preservação de elementos de informações que, não raras vezes, são irrepetíveis em juízo, convertendo-se em verdadeiras provas do fato, v.g., levantamentos em locais de crimes, interceptações telefônicas, perícias criminais. Atento a esse fato, Henrique Hoffmann[33] assevera que a polícia judiciária tem a "missão de assegurar que as investigações criminais se mantenham em sintonia com um país democrático e republicano". O direito criminal é, sem dúvidas, um dos meios de controle social, caracterizado, em virtude de sua resposta visar a restrição da liberdade, como o mais severo. Ainda que o inquérito não acarrete a aplicação direta de uma pena, pode resultar na restrição de bens e direitos do investigado, v.g., sequestro ou apreensão de objetos, bloqueio de ativos, prisão cautelar, etc., afetando uma parcela substancial de seus direitos fundamentais. Por essa simples razão, não cabe somente ao juiz, durante o processo, a garantia da efetivação desses direitos individuais, mas também ao delegado, durante o inquérito, já que possui aptidão técnica e jurídica para ser o primeiro guardião das garantias fundamentais. É inegável, portanto, a importância do inquérito policial, onde se consubstancia a investigação criminal, instrumento que deve ser conduzido com estrita obediência às matrizes constitucionais que norteiam a sua legitimação. Dessa forma, a sujeição das pessoas ao modelo de comportamento imposto terá início em um procedimento isento, imparcial e, acima de tudo, constitucional.

O delegado de polícia como garantidor de direitos: No exercício de seu dever constitucional de apurar as infrações penais, o delegado de polícia tem de presidir o inquérito policial, forma de investigação que tem seu regime jurídico traçado a partir da própria Constituição (STF, ADI 3.441), sendo que, em seu ofício, toma decisões, promove indiciamentos, decreta prisão em flagrante, arbitra fiança, i.e., aplica o Direito, decidindo sobre a restrição de bens e direitos individuais. Nessa perspectiva, a função que o delegado tem no comando das investigações criminais assemelha-se à função que o juiz desempenha nos processos judiciais. Ambas as autoridades desempenham um papel de presidência dos trabalhos, aplicando a lei em casos concretos,

26. LOPES, Fábio Motta. Os direitos de informação e de defesa na investigação criminal. Porto Alegre: Livraria do Advogado Editora, 2009, p. 20.
27. STF, HC 84.548, Rel. Min. Marco Aurélio, DJ 21/06/2012.
28. HOFFMANN, Henrique. Missão da polícia judiciária é buscar a verdade e garantir direitos fundamentais. disponível em: http://www.conjur.com.br/2015-jul-14/academia-policia-missao-policia-judiciária-buscar-verdade-garantir-direitos-fundamentais. Acessado em 05/07/2020.
29. CARVALHO, Salo de. O papel dos atores do sistema penal na era do punitivismo (o exemplo privilegiado da aplicação da pena). Rio de Janeiro: Lumen Júris, 2010, p. 89.
30. CHOUKR, Fauzi Hassan. Inquérito policial: novas tendências e prática. IBCRIM, São Paulo, boletim 84, novembro 1999.
31. QUEIROZ, DAVID. Delegado de Polícia, o primeiro garantidor de direitos fundamentais! Mas quem garante os direitos do garantidor?. Disponível em: <https://emporiododireito.com.br/leitura/delegado-de-policia-o-primeiro-garantidor-de-direitos-fundamentais-mas-quem-garante-os-direitos-do-garantidor>. Acessado em 05/07/20.
32. LOPES Jr., Aury. Direito processual penal. São Paulo: Saraiva, 2014. P. 106.
33. HOFFMANN, Henrique. Missão da polícia judiciária é buscar a verdade e garantir direitos fundamentais. disponível em: http://www.conjur.com.br/2015-jul-14/academia-policia-missao-policia-judiciária-buscar-verdade-garantir-direitos-fundamentais. Acessado em 05/07/2020.

guardadas as respectivas peculiaridades, cada um na sua esfera de atuação. Sabemos nós que, ocorrida uma infração penal, surge para o estado o direito de punir. Esse direito se consubstancia no processo penal, originado, na esmagadora maioria dos casos, após a devida investigação criminal realizada pela polícia judiciária. Dessa forma, a investigação criminal levada a cabo por meio do inquérito policial, portanto, revela-se como um instrumento que legitima a persecução penal e o poder punitivo. Citando lição de Basileu Garcia, Archimedes Marques[34] registra que "o delegado de polícia é o guardião da sociedade e das leis penais. Ele verifica, *in loco*, no calor dos fatos, os verdadeiros problemas sociais. Verificando uma infração penal, consubstancia pela entrega ao judiciário dos fatos, do autor, da materialidade, dos motivos, condições e circunstâncias do delito, a fim de auxiliar na prática da justiça. Ele é polícia judiciária". Entretanto, não obstante a Constituição defina que a função precípua da polícia judiciária seja a apuração da materialidade e autoria das infrações penais, não se pode olvidar que ela também estabelece um rol de direito e garantias fundamentais aos cidadãos que deve ser observado pelo Estado em todas as suas ações. Nesse sentido, como observa Henrique Hoffmann, a investigação criminal, como ponto de partida da persecução penal, deve atender ao interesse público de elucidar crimes, mas sem abrir mão do respeito aos direitos e garantias fundamentais do investigado[35], pois "sem os direitos fundamentais o homem não vive, não convive, e, em alguns casos, não sobrevive"[36]. Sabemos que uma das grandes conquistas do Estado Constitucional é justamente a proteção destinada aos direitos e garantias fundamentais, os quais, na primeira geração, tutelam os direitos individuais, impondo limites ao Estado e garantindo as liberdades públicas, e, na segunda geração, preconizam os direitos sociais, de modo a impor ao Estado um agir pautado nos valores de igualdade[37]. Nesse viés, o núcleo do constitucionalismo moderno está na "ascensão da dignidade da pessoa humana à condição de valor jurídico supremo"[38]. A Constituição Federal, ao tratar dos direitos individuais, elenca cada um deles como um direito fundamental, sendo que, como destaca Guilherme de Souza Nucci[39], "a sua origem foi justamente para combater os abusos do Estado, reconhecendo-se que o homem possui valores que estão acima e fora do alcance estatal". E, completa o autor, "os direitos fundamentais em sentido material são os direitos supraestatais, reconhecidos como inerentes à dignidade da pessoa humana". A persecução penal, dessa forma, deve caminhar lado a lado com a franquia de liberdades públicas do cidadão, já que, como lembra Ingo Wolfgang Sarlet, a dignidade da pessoa, reduto intangível do indivíduo, é o centro axiológico em torno do qual gravitam os direitos fundamentais, sendo a última fronteira contra quaisquer ingerências externas[40]. Na ordem constitucional vigente a dignidade da pessoa é o suprassumo dos princípios. Com efeito, Joaquín Arce y Flóres-Valdés aduz que há uma forte "tendência de reconhecimento do ser humano como centro e fim do direito"[41]. Nesse jaez, José Reinaldo de Lima Lopes[42] leciona que "os direitos humanos são instrumentos forjados para defender a pessoa humana não de um indivíduo qualquer (para isso existem os direitos regulares protegidos na órbita da lei ordinária), mas do exercício abusivo do poder". Essa nomenclatura é usualmente empregada no Direito Internacional, pois, quando inter-

34. MARQUES, Archimedes. Delegado de Polícia: Fornecedor de informações ou Operador do Direito?. Disponível em: http://www.jurisway.org.br/v2/dhall.asp?id_dh=1383. Acesso em 07/07/2020.
35. HOFFMANN, Henrique. Missão da polícia judiciária é buscar a verdade e garantir direitos fundamentais. disponível em: http://www.conjur.com.br/2015-jul-14/academia-policia-missao-policia-judiciária-buscar-verdade-garantir-direitos-fundamentais. Acessado em 07/07/2020.
36. BULOS, Uadi Lammêgo. Curso de Direito Constitucional – 7ª Edição. São Paulo: Saraiva, 2012, p. 522.
37. Não desconsiderando a importância das demais *gerações* dentro da "Teoria Geral dos Direitos e Garantias Fundamentais" e para o *Constitucionalismo* como um todo, é necessário reconhecer que, na seara do *direito criminal*, as duas primeiras gerações são as que merecem especial relevo, pois convergem às regras e princípios que norteiam a liberdade individual em contraponto com o poder punitivo do Estado, bem como reverenciam a necessidade de tratamento isonômico e igualitário do indivíduo, tanto no sentido formal (perante a lei) quanto no sentido material (na letra da lei).
38. NOVELINO, Marcelo. Direito Constitucional. – 3ª Edição. Rio de Janeiro: Forense; São Paulo: Método, 2012, p. 61.
39. NUCCI, Guilherme de Souza. Manual de Processo Penal e Execução Penal – 12ª edição. Rio de Janeiro: Forense, 2015, p. 16 e p. 18.
40. SARLET, Ingo Wolfgang. A efeicácia dos Direitos Fundamentais. Porto Alegre: Editora do Advogado, 2009, p. 105/108, *apud* HOFFMANN, Henrique. Missão da Polícia Judiciária é buscar a verdade e garantir direitos fundamentais. Disponível em: http://www.conjur.com.br/2015-jul-14/academia-policia-missao-policia-judiciária-buscar-verdade-garantir-direitos-fundamentais. Acessado em 07/07/2020.
41. Apud NOVELINO, Marcelo. Direito Constitucional. – 3ª Edição. Rio de Janeiro: Forense; São Paulo: Método, 2012, p. 61.
42. LOPES, José Reinaldo de Lima. Direitos Sociais: teoria e prática. São Paulo: Método, 2006, p.43.

nalizada pela Constituição, os *direitos humanos* se constituem nos *direitos e garantias fundamentais*. Assim, diante da necessidade de se produzir uma investigação penal constitucional, surge a *devida investigação criminal*, a qual deve ser conduzida por autoridade investida dessa atribuição, em procedimento oficial, e que, ao mesmo tempo em que busca a elucidação do crime, funciona como um filtro de legalidade e garantismo, no sentido de evitar imputações infundadas e a mácula gratuita ao investigado, a exemplo do que ocorre com o *devido processo legal*, de onde a justiça extrai a obrigatoriedade de tutelar todos os direitos daquele que está sendo processado. Logicamente que, como asseveram Cláudia Barros Portocarrero e Wilson Luiz Palermo Ferreira[43], "não só quem tem a liberdade de locomoção ameaçada pela prática de algo que fira a obrigatoriedade de coexistência merece ter resguardados seus direitos, como aquele que também tem seus direitos feridos ou violados por esse, deve. A análise deve ser sistêmica, sob pena de preterição de indivíduos. O balanceamento dos interesses em conflito, utilizando-se os parâmetros previstos na Constituição, é a chave para a perfeita solução". Trata-se de aplicação do *garantismo penal integral*, expressão que se tornou famosa na doutrina de Douglas Fischer[44], o qual, com propriedade, leciona que "em nossa compreensão (integral) dos postulados garantistas, o Estado deve levar em conta que, na aplicação dos direitos fundamentais (individuais e sociais), há a necessidade de garantir também ao cidadão a eficiência e a segurança, evitando-se a impunidade. O dever de garantir a segurança não está em apenas evitar condutas criminosas que atinjam direitos fundamentais de terceiros, mas também (segundo pensamos) na devida apuração (com respeito aos direitos dos investigados ou processados) do ato ilícito e, em sendo o caso, na punição do responsável". A proposição intelectual do garantismo penal, segundo idealizado por Luigi Ferrajoli[45], de forma bastante sintética, consiste em que sejam respeitados os direitos e garantias fundamentais estabelecidos na Constituição, com ênfase, dizemos nós, no escólio internacional dos direitos humanos. Assim, observando-se atentamente à Carta Magna, é inferência lógica que devemos conferir rígida aplicação aos *direitos e garantias fundamentais*, estabelecidos no Título II, categoria que tem como substratos, os *direitos e deveres individuais e coletivos*, previstos no Capítulo I, e os *direitos sociais*, previstos no Capítulo II, entre outros. Não somos coniventes com o que parcela da jurisprudência nacional vem fazendo, no sentido de prezar-se sempre, e tão somente, pela tutela dos direitos individuais em detrimento dos direitos sociais, sem uma fundamentação razoável capaz de justificar o porquê da escolha pela tutela do *direito de um* em prejuízo de um *direito de todos*, sob a falsa premissa de aplicar o *garantismo penal*. Em verdade, essa visão monocular do garantismo, conforme ensinamentos do professor Douglas Fischer, passa longe da teoria esboçada por Luigi Ferrajoli. Corroboramos com o entendimento do referido autor, pois, para nós, essa visão distorcida e abrasileirada do garantismo penal não passa de *garantismo penal de mão única*, tendente a resguardar apenas os direitos daqueles que andam na contramão da sociedade. O delegado de polícia, portanto, na condição de "primeiro garantidor da legalidade e da Justiça" (STF, HC 84.548), não pode adotar uma visão monocular na presidência da investigação criminal[46]; deve, sim, exercer as suas funções com circunspecção, preservando-se os direitos individuais do investigado, bem como os direitos da vítima e da sociedade. Como salienta Paulo Antônio Coelho dos Santos, não pode o delegado ser autômato[47], cumprindo sem questionar dispositivos legais e mantendo-se alheio aos princípios jurídicos basilares do sistema. Pelo contrário: deve agir como uma peça fundamental na aplicação do Direito e na concretização da Justiça, atuando não só reprimindo e investigando crimes, mas também garantindo direitos e colaborando com a mudança da realidade social brasileira. Ademais, no atual estágio de desenvolvi-

43. PORTOCARRERO. Cláudia Barros; FERREIRA, Wilson Luiz Palermo. Leis penais extravagantes – Teoria, jurisprudência e questões comentadas, 4ª edição, Salvador: Juspodivm, 2019, p. 443.
44. FISCHER, Douglas. Garantismo penal *integral* (e não o *garantismo hiperbólico monocular*) e o princípio da proporcionalidade: breves anotações de compreensão e aproximação dos seus ideais. Disponível em: https://revistadoutrina.trf4.jus.br/index.htm?https://revistadoutrina.trf4.jus.br/artigos/edicao028/douglas_fischer.html. Acessado em 07/07/2020.
45. FERRAJOLI, Luigi. Direito e Razão: Teoria do Garantismo Penal (título original: *Diritto e ragione. Teoria del garantismo penale*). Tradução Ana Paula Zomer Sica e outros. São Paulo: Revista dos Tribunais, 2006.
46. HOFFMANN, Henrique. Missão da polícia judiciária é buscar a verdade e garantir direitos fundamentais. disponível em: http://www.conjur.com.br/2015-jul-14/academia-policia-missao-policia-judiciária-buscar-verdade-garantir-direitos-fundamentais. Acessado em 07/07/2020.
47. SANTOS, Paulo Antônio Coelho dos. *Apud* MARQUES, Archimedes. Delegado de polícia é da carreira jurídica? Disponível em: http://www.conjur.com.br/2009-jun-05/delegado-policia-considerado-carreira-juridica. Acessado em 07/07/2020.

mento atingido pelos direitos humanos no plano internacional, que irradiou seus efeitos no cenário constitucional moderno, "não se deve se pautar pela busca de uma simplificação na fase pré-processual, muito pelo contrário, deve-se buscar o aperfeiçoamento da investigação criminal e a sua leitura constitucional"[48]. Na mesma linha, Fábio Motta Lopes leciona que o Brasil não está preparado para uma simplificação na etapa pré-processual, sustentando a atualização dos atos praticados no inquérito policial de acordo com os parâmetros constitucionais para se garantir um mínimo de direitos aos investigados, ainda que se trate de um procedimento de cunho inquisitivo[49]. Aliás, a combinação entre os direitos fundamentais e a segurança pública é a quinta-essência a ser buscada por um Estado que se diz Democrático e Constitucional. Nunca é demais referir que a sociedade moderna, a um só tempo, quer segurança, respeito aos direitos constitucionais e uma autoridade de polícia judiciária dedicada e capaz de viabilizar o amalgamento desses postulados tão caros, que, em uma análise equivocada, parecem inconciliáveis. Na atual conjuntura, o delegado deve atender ao que a sociedade estabeleceu como sendo o melhor para ela, de acordo com a Constituição. Esse objetivo, logicamente, deverá sempre ser alcançado por meio de um agir justo e proporcional, que garanta, ao mesmo tempo, a segurança da sociedade e os direitos fundamentais daquele que infringiu as regras do sistema. Diante dessas constatações, as quais temos como corolário lógico do Estado Democrático de Direito, não é aceitável que aqueles que atuam no sistema de justiça criminal estejam desatentos à essa necessidade de se implementar uma leitura da investigação criminal harmonizada com os mandamentos constitucionais, notadamente com os direitos e garantias fundamentais. Esse é o pensamento prospectivo que deve nortear a aplicação da lei. Ora, o conhecimento é algo do qual nenhum ser humano pode escapar e, sem dúvida, a consciência que se cria através dele também. O ser humano está destinado ao conhecimento. Entretanto, a ideia de um conhecimento influenciado por fatores ultrapassados não é, para nós que primamos pela capacidade de compreensão da realidade, um pensamento bem-vindo. Nessa linha, aquela imagem antiga do delegado de polícia (sujeito truculento, mecanizado e sem convicção jurídica) é coisa do passado e lá deve permanecer. Assim, moldado a partir dos ideais da Constituição, surge o delegado de polícia do século XXI. Esse novo ator do sistema de persecução criminal possui um perfil que é fruto dos valores que sustentam a democracia substancial e o Estado de Direito. Atua ciente do seu direito-dever de aplicar a lei observando todas as suas diretrizes e de conduzir as investigações criminais de acordo com as suas convicções, zelando tanto pela elucidação do fato criminoso como pelo respeito aos direitos do investigado, constituindo-se, a toda evidência, em um *garantidor de direitos*.

Apuração de *infrações penais*: A Teoria Geral do Crime é o alicerce do Direito Penal. Toda a evolução sofrida pela ciência criminal ao longo do tempo, desde os estudos elaborados por Franz von Liszt e Ernest von Beling, no século XIX, teve, e continuará tendo, reflexos marcantes nos substratos do conceito analítico do delito. Esse fator, como não poderia ser diferente, inspira mudanças em todo o sistema de persecução penal, sobretudo no âmbito pré-processual, onde os contornos da figura delitiva começam a ganhar forma e a reprovabilidade da conduta praticada começa a ser delimitada. Daí, exsurgere, imperiosa necessidade de o delegado de polícia aplicar toda a essência da Teoria Geral do Crime aos casos investigados, evitando o indiciamento criminal de pessoa que não tenha praticado um fato típico, ilícito e culpável, o que seria incoerente e geraria palpável injustiça, além de afrontar os pilares do Estado Democrático de Direito. O conceito de crime não é único. A doutrina é vasta na sua definição. Em linhas gerais, pode-se dizer que, ontologicamente, o crime é uma ofensa à sociedade, pois o seu autor viola o pacto social de bem viver, composto pelas regras estabelecidas para a vida harmônica em sociedade. Os principais aspectos trabalhados para se elaborar a conceituação do crime dentro da sua teoria geral são o formal, o material e o analítico. Por essa razão, quando se fala em "conceito de crime", deve-se perquirir qual desses aspectos está abrangido pela pretensão do interlocutor. Sob o aspecto formal, o crime é toda ação ou omissão proibida pela lei, sob a ameaça de pena, ou seja, tudo aquilo que está inserido em uma lei penal incriminadora porque assim quis o legislador. O aspecto material ilustra que crime é o comportamento humano que fere ou expõe a perigo um bem jurídico relevante e tutelado pela lei; seria a violação de um bem jurídico penalmente protegido. Confor-

48. TRINDADE, Daniel Messias da. O garantismo penal e a atividade de polícia judiciária. Porto Alegre: Núria Fabris, 2012, p. 67.
49. LOPES, Fábio Motta. Os direitos de informação e de defesa na investigação criminal. Porto Alegre: Livraria do Advogado Editora, 2009, *passim* p. 215-217.

me se verifica, esses aspectos do conceito de crime, dada a sua simplicidade, são facilmente compreendidos. No entanto, o mesmo não se pode dizer sobre o aspecto analítico. Quando se estuda seu conceito analítico, o crime pode receber até quatro substratos, conforme a teoria a ser adotada. Para os defensores da teoria bipartida[50] o crime é o fato típico e ilícito, neste caso, a culpabilidade é apenas pressuposto para a aplicação da pena. Os arautos da teoria tripartida[51] sustentam que o crime é o fato típico, ilícito e culpável. Por fim, alude-se que os defensores da teoria quadripartida[52] afirmam ser crime o fato típico, ilícito, culpável e punível[53]. O Código Penal Brasileiro parece inclinar-se pela teoria bipartida, haja vista que, ao referir-se às excludentes de ilicitude, utiliza a expressão *não há crime* e ao se referir às excludentes de culpabilidade utiliza a expressão é isento de pena. A doutrina penal contemporânea prefere a teoria tripartida, incluindo, portanto, a culpabilidade no conceito analítico de crime. Conforme referimos inicialmente, com o passar do tempo, a Teoria Geral do Crime passou por grande evolução conceitual de seus institutos e, consequentemente, a sua aplicabilidade prática sofreu severas alterações, a fim de se adequar às novas ideias. Nos primórdios da sua elaboração, a Escola Clássica cuidava apenas da *tipicidade formal*, a simples subsunção do fato à norma penal incriminadora. Sob essa ótica, para que um fato seja considerado típico, basta que o comportamento do agente se amolde aos elementos descritivos do tipo penal. Assim, por exemplo, um indivíduo que subtrair um pacote de bolachas do supermercado cometerá o crime de furto, pois o art. 155 do CP descreve como típica a conduta de subtrair, para si ou para outrem, coisa alheia móvel. Ocorre que, com a evolução dos estudos, foi-se incrementando a ideia de que a tipicidade deveria ser encarada de forma mais abrangente, de modo que, além da *tipicidade formal*, para que o fato praticado seja considerado um fato típico, seria necessário, ainda, a incidência da *tipicidade material*, representada pela "efetiva lesão ao bem jurídico tutelado pela norma penal". Sob essa ótica, no exemplo descrito acima, a conduta do agente não seria considerada típica para o crime de furto, tendo em vista que o bem jurídico tutelado pela norma do art. 155 do CP, o patrimônio, não sofreu efetiva lesão, dada a insignificância da conduta e seu resultado. A tipicidade material[54], assim, traz para dentro do tipo penal dois princípios que devem ser observados pelos aplicadores do direito quando da análise das condutas criminosas. O *princípio da insignificância*, que orienta a não atuação do Direito Penal quando a conduta perpetrada for ínfima, ou seja, incapaz de lesar o bem protegido (STJ, 234.674; STF HC 84.412). E o *princípio da adequação social*, segundo o qual o Direito Penal não será utilizado para punir condutas que a sociedade já tem como normal. Esses dois princípios acarretam o afastamento do resultado, segundo elemento do fato típico, e, por conseguinte, a tipicidade da conduta. O afastamento do resultado, seja pela sua insignificância ou pela adequação social, significa, em outras palavras, que não houve efetiva lesão ao objeto que a lei penal visava proteger. O consectário lógico da análise da tipicidade material, portanto, perfaz-se com fundamento no *princípio da ofensividade ou de lesividade*, que orienta a não incidência do Direito Penal quando estivermos diante de fato inofensivo, incapaz de agredir a ordem social. Se o bem jurídico tutelado não sofrer agressão, não se deve lançar mão dos institutos do Direito Penal. O princípio da ofensividade, por sua vez, está diretamente relacionado ao *princípio da alteridade*, segundo o qual o Direito Penal não punirá condutas meramente subjetivas[55]

50. Sito: René Ariel Dotti, Damásio E. de Jesus, Júlio Frabbrini Mirabete, Fernando Capez e Celso Delmanto.
51. Sito: Francisco de Assis Toledo, Guilherme de Souza Nucci, César Bittencourt, Rogério Greco.
52. Notadamente Basileu Garcia e Claus Roxin.
53. Saliente-se, a título de informação, que Francesco Carnelutti, chegou a vislumbrar uma *teoria pentapartida*, adotando em seu estudo qualitativo do delito conceitos sistemáticos peculiares ao negócio jurídico, sendo os caracteres: "da capacidade, da legitimação, da causa, da vontade e da forma", não percebendo as diferenças ontológicas entre o delito e o negócio jurídico (*Teoria geral del Delito*, p. 56-256). E, com Luis Jiménez de Asúa, alcançou-se uma *teoria pluripartida*, pois o autor formula para o crime uma definição dogmática: um ato imputável a um homem, que, por supor injusto e culpável uma lei penal, descreve-o tipicamente e sanciona-o com uma pena, e uma definição material: a conduta considerada pelo legislador como contrária a uma norma de cultura reconhecida pelo Estado e lesiva aos bens juridicamente protegidos, procedente de um homem imputável que manifesta com sua agressão perigosidade social (*Tratado de derecho penal*, t III, p. 63-65). *Apud* ROCHA, Fernando A. N. Galvão da. **Direito Penal. Curso Completo. Parte Geral.** 2a Ed. Belo Horizonte: Del Rey, 2007. p. 130.
54. O desenvolvimento da tipicidade material tem grande conotação na *Teoria da Tipicidade Conglobante* e na *Teoria Constitucionalista da Ação*, pois, para essas duas teorias, a tipicidade penal somente se completa com verificação cumulativa da tipicidade formal e da tipicidade material.
55. Em respeito a este princípio, o Direito Penal só pune o *iter criminis* a partir da execução, não punindo o planejamento e a preparação, salvo se, por si, configurarem elemento constitutivo de outro crime.

ou que não ofendam bens jurídicos de terceiros[56]. O crime não é só conduta. É também, e principalmente, resultado, no sentido jurídico material, i.e., efetiva lesão a um bem jurídico protegido pela lei penal e que mereça essa proteção. Com efeito, não tem sentido punir uma conduta quando ela não foi suficiente para ultrapassar a esfera de proteção que a lei penal deve tolerar, como consectário da intervenção mínima, conforme veremos. Esses princípios, como não poderia ser diferente, condicionam todos os aplicadores do direito a verificar se, além da tipicidade formal do delito, fabricada pelo legislador, o comportamento suspeito violou concretamente o bem jurídico tutelado. A tipicidade penal moderna não se esgota na relação de adequação da conduta ao tipo penal, mas exige, em cada caso, efetiva ofensa ao objeto protegido pela lei. Considerando a interpretação a partir do caso concreto, ou mesmo de um caso abstrato, é possível aferir, pela observação da realidade fática ou dos elementos disponíveis na hipótese, se a ofensa ao bem jurídico foi efetivamente significante ou, do contrário, mostrou-se sem importância. Logicamente, em alguns tipos penais, como o homicídio, tendo em vista o bem jurídico tutelado, é desnecessária e desarrazoada a investigação acerca da insignificância do fato. Os princípios penais antes referidos, v.g., insignificância, adequação social, ofensividade e alteridade, são decorrência lógica do *princípio da intervenção mínima*, o qual informa que o Estado Democrático de Direito somente deve utilizar o Direito Penal quando houver extrema necessidade, pela violação de bem jurídico relevante (caráter fragmentário) e como seu último recurso, para resolver conflitos não solucionáveis por outras áreas do Direito (caráter subsidiário). A intervenção mínima do Direito Penal, nessa perspectiva, é decorrente do *princípio da dignidade da pessoa*, expresso no art. 1º, III, da CF, de modo que a sociedade não deve receber a intervenção do braço repressor do Direito quando houver outras alternativas de resolução de conflitos. Assim, tendo em vista a irradiação do princípio da intervenção mínima no ordenamento jurídico, as decisões das autoridades públicas devem, necessariamente, verificar, caso a caso, os *limites da dignidade constitucional do bem jurídico atacado*, constatando se houve, de fato, intolerável forma de ofensa a ponto de exigir uma resposta do Direito Penal. Nessa linha, para o delegado de polícia, primeira autoridade pública a ter contato com os fatos sociais, em um sistema garantista sinalizado pelo nosso modelo de Estado, o princípio da intervenção mínima irradia eminente comando de interpretação que deve ser observado no momento de esboçar o seu convencimento técnico-jurídico sobre determinado fato. Com esse pensamento, Salah Khaled e Alexandre Morais destacam[57], "não só os delegados podem como devem analisar os casos de acordo com o princípio da insignificância. Merecem aplauso e incentivo os delegados que agem dessa forma, pois estão cientes do papel que lhes cabe na investigação preliminar, atuando como filtros de contenção da irracionalidade potencial do sistema penal". Conforme assevera Guilherme de Souza Nucci, o delegado de polícia é o primeiro juiz do fato[58], devendo, nesse condição, funcionar como a primeira barreira de contenção do Direito Penal. Diante dessas constatações, afirmamos que toda a Teoria Geral do Crime deve ser aplicada segundo a ação contagiante dos princípios constitucionais reportados, não havendo possibilidade de dissociação de qualquer instituto jurídico-penal da irradiação das normas constitucionais, seja na interpretação das normas incriminadoras, seja na interpretação das excludentes de criminalidade. Inclusive, refira-se, a Constituição Federal e o Código de Processo Penal estabelecem que ao delegado de polícia compete a apuração das *infrações penais* e da sua autoria. Nesse sentido, salienta Fabrício De Santis[59] que "caso o delegado entenda, juridicamente, analisando o fato sob o prisma de quaisquer teorias da tipicidade que adote (clássica, finalista,

56. Em homenagem a este princípio, também, não se pune a autolesão, salvo se o agente tiver o intuito de fraudar seguro, quando então responderá por estelionato contra a seguradora. É que toda lesão consciente a bem jurídico protegido de terceiro é crime, ainda que seja ocasionada mediante autolesão, mas, nesse caso, a punição se dirige à lesão secundária produzida ao terceiro. Outro exemplo: a mulher grávida, que, consciente de seu estado, tenta o suicídio, não tendo como objetivo aniquilar a vida do feto, mas apenas a sua própria, sabendo, no entanto, que o matará também necessariamente (dolo direto de segundo grau). Sobrevivendo à tentativa, porém ocasionando à morte do feto, ela não responderá pela autolesão (tentativa de suicídio), mas pelo aborto consumado.

57. KHALED JR, Salah H.; ROSA, Alexandre Morais da. **Delegados** relevantes e lesões insignificantes: a legitimidade do reconhecimento da falta de tipicidade material pela autoridade policial. Disponível em http://www.delegados.com.br/juridico/delegados-relevantes-e-lesoes-insignificantes Acessado em 07/07/2020.

58. NUCCI, Guilherme de Souza. Manual de Processo Penal e Execução Penal – 12ª edição. Rio de Janeiro: Forense, 2015, p. 545.

59. CONCEIÇÃO, Fabrício Santis. Delegado é o "Senhor da Tipicidade Penal"?. Disponível em: http://delegados.com.br/exclusivo/121-colunas/fabricio-de-santis/792-delegado-de-policia-senhor-da-tipicidade-penal. Acesso em 07/07/2020.

conglobante, imputação objetiva, constitucionalista do delito, etc.), que o autor não praticou crime, então a única solução será decidir pelo seu não indiciamento, posto que não lhe compete indiciar *autor de fato atípico*, nem *autor de conduta típica e lícita*, mas sim *autor de infração penal*, em outras palavras, autor de crime". O raciocínio não poderia ser diferente, pois, além de não existir nenhum dispositivo legal limitando a análise da infração penal em sua plenitude pelo delegado de polícia, há amplo aporte legislativo e principiológico autorizando e, mais do que isso, impondo essa análise com circunspecção, corolário lógico do Estado Democrático de Direito. O delegado, como garantidor de direitos, tem o dever jurídico e social de lançar mão de todos os institutos que possam convergir para a exclusão do crime, da mesma forma que utiliza os institutos que sugerem a sua caracterização. Nesse jaez, após realizar juízo de valor sobre o fato típico, que é apenas o primeiro substrato do conceito analítico de crime, verificando a sua tipicidade formal e material, o delegado de polícia deve avaliar a ilicitude da conduta e a culpabilidade do agente, institutos que também se inserem na Teoria Geral do Crime. O delegado de polícia deve desempenhar suas atribuições de forma completa, realizando a verificação exauriente do fato praticado, *apurando a autoria de crime*, não de metade do seu conceito analítico.

O inquérito como instrumento de busca pela verdade: A principal função da polícia judiciária é a apuração da autoria e materialidade das infrações penais, de modo que o dispositivo estudado se coaduna com o texto constitucional. A polícia judiciária (Civil ou Federal), é instituição Republicana e, como tal, deve ser imparcial nas suas investigações. E, o delegado, enquanto seu representante, deve ser imparcial, procurando reproduzir, por meio dos instrumentos investigatórios, a realidade fática que provocou a atuação estatal do modo que mais se aproxime da verdade. Portanto, a finalidade precípua do inquérito policial é a busca da realidade fática. Em outras palavras, o papel investigativo confiado à polícia judiciária, como meio de realização de justiça, impõe que o indiciamento do investigado jamais seja considerado mais importante do que a responsável aferição da verdade dos fatos. Nesse ínterim, a busca da verdade exige do delegado de polícia serenidade, senso crítico e a maior isenção possível em face dos fatos investigados, mesmo que seja, como sabemos, incansavelmente cobrado pelas vítimas, seus familiares e, em alguns casos, inclusive, pela opinião pública, que, muitas vezes, clama cegamente por um resultado, mesmo que este não seja o compatível com a verdade. É preciso desvincular-se da anacrônica ideia de que a investigação criminal está a serviço da acusação. Luiz Flávio Gomes e Fábio Scliar[60], corroborando nosso entendimento, lecionam que "o inquérito policial atende ao princípio da isonomia, na medida em que é presidido por autoridade desvinculada dos eventuais futuros órgãos da acusação e da defesa, com o único compromisso de investigar a verdade sobre o fato e sua autoria. O delegado de polícia não está a serviço do Ministério Público, mas do Estado, como autoridade investida de parcela do múnus público no escopo de esclarecer a existência de fatos ilícitos e sua autoria". No mesmo sentido, com a didática que lhe é peculiar, Henrique Hoffmann[61], concatenando o ensinamento de consagrados doutrinadores, ensina que "é necessário adotar pensamento crítico para questionar a afirmação de parcela da doutrina, referendada de maneira irrefletida por muitos, no sentido de que o inquérito policial teria por única função subsidiar o Ministério Público de elementos informativos e probatórios para propor a ação penal. Alguns estudiosos clássicos e modernos da seara criminal já notaram o equívoco dessa assertiva e sublinharam que a função investigativa formalizada pela Polícia Judiciária está longe de se resumir a um suporte da acusação, não possuindo um caráter unidirecional". Com efeito, assim como é clara a outorga legal ao delegado de polícia para apurar a materialidade e autoria de infrações penais, também o é, em uma leitura constitucional da investigação, o dever de realizar esse mister com imparcialidade e independência, uma vez que não está vinculado nem à acusação e nem à defesa, estando a serviço da Justiça. Aliás, anote-se que tudo o que é produzido no inquérito é posteriormente coalescido ao processo judicial, não sendo incorreto afirmar que o inquérito policial é o "principal mecanismo de produção da verdade processual"[62], já que, como a realidade nos mostra, dado início ao processo, o Ministério Público pouco acrescenta àquilo que foi

60. GOMES, Luiz Flávio; SCLIAR, Fábio. Investigação preliminar, polícia judiciária e autonomia. Disponível em: http://lfg.jusbrasil.com.br/noticias/147325/investigacao-preliminar-policia-judiciariaeautonomia-l.... Acessado em 07/07/2020.

61. HOFFMANN, Henrique. Missão da Polícia Judiciária é buscar a verdade e garantir direitos fundamentais. Disponível em: http://www.conjur.com.br/2015-jul-14/academia-policia-missao-policia-judiciária-buscar-verdade-garantir-direitos-fundamentais. Acessado em 07/07/2020.

62. CARVALHO, Salo de. O papel dos atores do sistema penal na era do punitivismo (o exemplo privilegiado da aplicação da pena). Rio de Janeiro: Lumen Júris, 2010, p. 89.

produzido no inquérito[63]. Assim, as provas produzidas em contraditório judicial, que deveriam ser a espinha dorsal do processo, acabam se tornando coadjuvantes na formação da convicção do juiz[64], convertendo-se o processo em "mera repetição ou encenação da primeira fase"[65]. Nesse cenário, o inquérito policial funciona como instrumento de busca pela verdade e, ao mesmo tempo em que objetiva a elucidação de um crime, funciona como um filtro de legalidade, no sentido de evitar imputações infundadas e a mácula gratuita ao investigado.

A ausência de elementos mínimos à apuração: Lecionando a não existência do princípio do *indubio pro societate* na legislação, Henrique Hoffmann[66] aduz que "havendo dúvidas sobre a existência de indícios mínimos de materialidade e autoria, não se deve instaurar o inquérito policial. E se for incerta a presença de indícios veementes do crime e de seu autor, o indiciamento e a acusação não devem ser feitas". O referido doutrinador entende que o princípio do *in dubio pro reo* deve ter aplicação durante toda a persecução penal. Em outros termos, nas palavras do próprio autor, "o inquérito policial somente pode ser iniciado mediante indícios mínimos (princípio de justa causa); o indiciamento e a acusação só são autorizadas com indícios suficientes (justa causa); e a condenação apenas se justifica com provas robustas". A doutrina do professor Henrique merece ser difundida e aplicada. Sempre nos pareceu contraproducente, inclusive, um contrassenso, que, em meio a uma sociedade de risco (moderna), conforme estudos de Ulrich Beck[67], a polícia judiciária tenha que instaurar procedimentos investigatórios sobre fatos que não possuem nenhum elemento indiciário que possa conduzir a uma linha de investigação. Diuturnamente os órgãos policiais registram inúmeras ocorrências. Não é novidade que a *carência de material humano* e a própria *impossibilidade realística* de se elucidar a todos os crimes devem ser sopesadas pela autoridade policial no momento de se determinar, ou não, a instauração de um inquérito policial. A realidade é pródiga em nos mostrar que diversos procedimentos são instaurados sob *justa causa zero*, por nós definida como aquela que jamais irá conduzir a um resultado frutífero, pela total ausência de elementos que apontem à autoria. Esses expedientes servem apenas para entrar nas estatísticas e desviar a atenção da autoridade e dos investigadores dos casos em que há *princípio de justa causa.*

§2º Durante a investigação criminal, cabe ao delegado de polícia a requisição de perícia, informações, documentos e dados que interessem à apuração dos fatos.

Discricionariedade: A discricionariedade é a *liberdade de atuação*, dentro dos limites da lei. Não se confunde, logicamente, com arbitrariedade, que se refere a um agir desgarrado da legalidade. A investigação criminal deve ser formalizada nos autos do inquérito policial, ou outro procedimento, e presidida pelo delegado de polícia de modo discricionário. Isso significa que a condução do apuratório, i.e., a determinação de quais elementos e provas serão produzidos, bem como o momento em que serão produzidos, compete apenas ao delegado de polícia, sendo vedada qualquer ingerência (interna ou externa). Não há que se falar em requisições *durante* o procedimento investigatório, pois a investigação criminal não está diretamente vinculada à acusação, nem a polícia judiciária está a serviço do Ministério Público. É inconcebível sustentar-se modernamente que o inquérito policial possui unicamente o objetivo de produzir provas à acusação. Seria defender que, em um Estado Democrático de Direito, uma das partes sempre estará em vantagem sobre a outra, ferindo o princípio da isonomia, i.e, a paridade de armas na persecução penal, ou o equilíbrio de forças. Assim, as requisições ministeriais somente têm cabimento *após a conclusão da investigação* e devem possuir conteúdo exclusivamente relacionado a elementos *imprescindíveis* ao oferecimento da denúncia (art. 16, CPP). Nesse ponto, Márcio Adriano Anselmo[68] lecio-

63. CHOUKR, Fauzi Hassan. Inquérito policial: novas tendências e prática. IBCRIM, São Paulo, boletim 84, novembro 1999.
64. QUEIROZ, DAVID. Delegado de Polícia, o primeiro garantidor de direitos fundamentais! Mas quem garante os direitos do garantidor?. Disponível em: <https://emporiododireito.com.br/leitura/delegado-de-policia-o-primeiro-garantidor-de-direitos-fundamentais-mas-quem-garante-os-direitos-do-garantidor>. Acessado em 05/07/20.
65. LOPES Jr., Aury. Direito processual penal. São Paulo: Saraiva, 2014. P. 106.
66. HOFFMANN, Henrique. Investigação e acusação não são regidas pelo *in dubio pro societate*. Disponível em: https://www.conjur.com.br/2019-set-25/academia-policia-investigacao-acusacao-nao-sao-regidas-in-dubio-pro-societate#sdfootnote3anc. Acessado em 09/07/2020.
67. BECK, Ulrich. Sociedade de risco: rumo a uma outra modernidade (título original: *Risk Society: Towards a New Modernity*). Tradução de Sebastião Nascimento. São Paulo: Editora 34; 2010.
68. ANSELMO, Márcio Adriano. A presidência do inquérito policial e a requisição de diligências. Disponível em: https://www.conjur.com.br/2015-set-15/academia-policia-presidencia-inquerito-policial-requisicao-diligencias. Acessado em 09/07/20.

na que "a partir da apresentação do relatório, o papel de protagonista da persecução penal é transferido do delegado de polícia, presidente da investigação criminal, para o Ministério Público, titular da ação penal, a quem cabe promover a processualização do feito por meio da apresentação da peça acusatória. Aqui reside o instante em que se mostra cabível a requisição das diligências investigatórias em face do delegado, enquanto presidente da investigação, sem que ocorra disfunção ou desvirtuamento dos órgãos da persecução penal. Não obstante tal autorização, a requisição de diligências investigatórias deve obedecer aos limites legais e constitucionais impostos ao exercício do poder requisitório ministerial, sob pena de ser negada, de forma legítima, pela autoridade policial o cumprimento das diligências". Da mesma forma, eventual requerimento apresentado pela vítima ou pelo indiciado e seu defensor poderá ser desconsiderado pela autoridade policial (art. 14, CPP), salvo se consistir no exame de corpo de delito, nas infrações não transeuntes (art. 184, CPP), sendo que a investigação criminal também não está vinculada à defesa. O inquérito policial destina-se a apuração de infrações penais, visando buscar a verdade, de modo que o controle da investigação criminal cabe ao delegado de polícia. Nessa esteira, a doutrina de Cláudia Barros Portocarrero e Wilson Luiz Palermo Ferreira[69] esclarece que "o delegado de polícia é quem, mediante critério discricionário seu, irá escolher, dentre as possibilidades e métodos de investigação preconizados nos manuais de academias de polícia, aqueles que melhor se enquadrem para a condução da investigação criminal". Assim, ao instaurar o inquérito policial o delegado de polícia o conduz até a sua final apuração, sem que deva seguir um roteiro ou obedecer a uma sequência preestabelecida de atos investigatórios. O delegado vincula-se à lei e age de modo discricionário, sempre de maneira fundamentada e imparcial, pautando seu agir pelos ideais de justiça e eficiência.

Requisição: A *requisição* tem natureza de mandamento legal. Difere da *solicitação*, que não possui força impositiva, sendo que seu descumprimento não acarreta qualquer efeito jurídico. Nesse passo, por se constituir em um mandamento legal, a requisição precisa inegavelmente ter lastro na lei. Aliás, ninguém é obrigado a fazer ou deixar de fazer alguma coisa senão em virtude de lei (art. 5°, II, CF).

Poder requisitório do delegado: Cabendo à polícia judiciária a apuração das infrações penais (art. 144, §1°, I e §4°, CF; art. 4°, CPP), não há como se negar à autoridade policial o direito de "por conta própria" determinar a terceiros a realização de atos inseridos na linha de desdobramento dos trabalhos conduzidos. Sendo o delegado de polícia o presidente do inquérito policial é natural que tenha poder de requisitar, i.e., de exigir perícias, informações, documentos e dados que interessem à apuração dos fatos objeto de investigação. Diante do regramento constitucional, é mister concluir que, no exercício de suas funções, o delegado deve ser dotado dos poderes necessários para o cumprimento de sua atividade, conforme preconiza a já conhecida Teoria dos Poderes Implícitos. Procurando deixar explícito o poder requisitório do delegado de polícia, o art. 6°, III, do CPP prevê que durante a investigação criminal o delegado deverá "colher todas as provas que servirem para o esclarecimento do fato e suas circunstâncias", prevendo o conhecido *poder geral de polícia*. O dispositivo estudado se soma ao art. 6° do CPP e a outros dispositivos da legislação criminal onde o legislador procura conferir liberdade investigatória ao delegado para angariar *sponte propria* as provas que entender necessárias. Nesse sentido, a Lei 12.850/13 (Lei das Organizações Criminosas) prevê que "o delegado de polícia e o Ministério Público terão acesso, independentemente de autorização judicial, apenas aos dados cadastrais do investigado que informem exclusivamente a qualificação pessoal, a filiação e o endereço mantidos pela Justiça Eleitoral, empresas telefônicas, instituições financeiras, provedores de internet e administradoras de cartão de crédito" (art. 15), ainda, determinada que "as empresas de transporte possibilitarão, pelo prazo de cinco anos, acesso direto e permanente do juiz, do Ministério Público ou do delegado de polícia aos bancos de dados de reservas e registro de viagens" (art. 16), e, ainda, que "as concessionárias de telefonia fixa ou móvel manterão, pelo prazo de cinco anos, à disposição das autoridades mencionadas no art. 15, registros de identificação dos números dos terminais de origem e de destino das ligações telefônicas internacionais, interurbanas e locais" (art. 17). Na mesma linha, a Lei 9.613/98 (Lei da Lavagem de Capitais), alterada pela Lei 12.683/12, frisa que "a Autoridade Policial e o Ministério Público terão acesso, exclusivamente, aos dados cadastrais do investigado que informam qualificação pessoal, filiação e endereço, indepen-

69. PORTOCARRERO. Cláudia Barros; FERREIRA, Wilson Luiz Palermo. Leis penais extravagantes – Teoria, jurisprudência e questões comentadas, 4ª edição, Salvador: Juspodivm, 2019, p. 446.

dentemente de autorização judicial, mantidos pela Justiça Eleitoral, pelas empresas telefônicas, pelas instituições financeiras, pelos provedores de internet e pelas administradoras de cartão de crédito" (art. 17-B). Ainda, o art. 13-B do CPP, acrescentado pela Lei 13.344/16, estabelece que "nos crimes previstos nos arts. 148, 149 e 149-A, no § 3º do art. 158 e no art. 159 do Código Penal, e no art. 239 do Estatuto da Criança e do Adolescente, o membro do Ministério Público ou o delegado de polícia poderá requisitar, de quaisquer órgãos do poder público ou de empresas da iniciativa privada, dados e informações cadastrais da vítima ou de suspeitos". Na esteira da legislação, o delegado de polícia somente não terá acesso direto às informações e documentos que estejam abrigados pela chamada *cláusula de reserva de jurisdição,* i.e., quando a Constituição ou a lei infraconstitucional exigir ordem judicial para o fornecimento dos dados. É o que ocorre, por exemplo, quanto à requisição de dados bancários e fiscais (art. 5º, X, da CF) ou com a interceptação telefônica (art. 5º, XII, da CF). Nesse aspecto, é importante frisar que a *comunicação dos dados* possui regramento diferente dos *dados em si* (STF, RE 418.416). É de suma importância, no que se refere à reserva de jurisdição, o comando inserido no art. 13-B, §4°, do CPP, o qual inaugurou na legislação nacional uma *cláusula de reserva de jurisdição temporária,* no que se refere aos *dados de localização em tempo real,* determinando que "se necessário à prevenção e à repressão dos crimes relacionados ao tráfico de pessoas, o membro do Ministério Público ou o delegado de polícia poderão requisitar, *mediante autorização judicial,* às empresas prestadoras de serviço de telecomunicações e/ou telemática que disponibilizem imediatamente os meios técnicos adequados – como sinais, informações e outros – que permitam a localização da vítima ou suspeitos do delito em curso", sendo que "*não havendo manifestação judicial no prazo de doze horas,* a autoridade competente requisitará às empresas prestadoras de serviço de telecomunicações ou telemática que disponibilizem imediatamente os meios técnicos adequados que permitam a localização da vítima ou dos suspeitos do delito em curso, com imediata comunicação ao juiz". Dessa forma, o poder requisitório do delegado, como observa Henrique Hoffmann[70], "permite que a autoridade de polícia judiciária tenha acesso direto (independentemente de autorização judicial) a informações com grau de sigilo intermediário, evitando o fracasso das apurações criminais. Tais dados não são blindados por um sigilo tão rígido que exija ordem judicial para ser quebrado, e ao mesmo tempo não são completamente desprovidos de segredo (não são públicos) – ficando inacessíveis à população em geral".

Sigilo e reserva de jurisdição: O fato de determinada informação estar sob sigilo, não significa obrigatoriamente que esteja sob reserva de jurisdição. O art. 5°, X, da Constituição prevê que "são invioláveis a intimidade, a vida privada, a honra e a imagem das pessoas, assegurado o direito a indenização pelo dano material ou moral decorrente de sua violação". Isso significa que aquilo que disser respeito a *informações pessoais* deve ser *resguardado de publicidade,* i.e., não pode ser exposto à curiosidade pública, mas, isso não significa que obrigatoriamente se demande autorização judicial para o acesso. Apenas se exigirá autorização judicial quando a Constituição ou a lei assim definir. Assim, o poder requisitório do delegado de polícia o autoriza a *romper a barreira do sigilo,* nos termos e limites da lei.

Poder geral de polícia: Trata-se da previsão do art. 6° do Código de Processo Penal, estabelecendo que durante a investigação criminal o delegado de polícia deverá colher todas as provas que servirem para o esclarecimento do fato e suas circunstâncias. O poder geral de polícia é fortalecido pelo poder requisitório, expressamente declarado no dispositivo em análise, estando a autoridade policial autorizada a requisitar *sponte sua* qualquer perícia, informação, documento ou dado que não esteja sob cláusula de reserva de jurisdição, no interesse da investigação.

Clausula de reserva de jurisdição: Conforme a jurisprudência do próprio Supremo Tribunal Federal, "a reserva constitucional de jurisdição importa em submeter, à esfera única de decisão dos magistrados, a prática de determinados atos cuja realização, por efeito de explícita determinação constante do próprio texto da Carta Política, somente pode emanar do juiz, e não de terceiros, inclusive daqueles a quem haja eventualmente atribuído o exercício de poderes de investigação próprios das autoridades judiciais" (MS 23.452). Nessas hipóteses, o delegado de polícia não pode requisitar diretamente a informação, documento, dado ou diligência diretamente ao seu detentor, devendo obrigatoriamente reportar-se ao juiz, representando pela medida pretendida.

70. HOFFMANN, Henrique. Requisição de dados é imprescindível na busca do delegado pela verdade. Disponível em: https://www.conjur.com.br/2016-fev-02/academia-policia-poder-requisitorio-delegado-essencial-busca-verdade. Acessado em 08/07/2020.

Dados bancários e fiscais: A Constituição Federal não faz menção expressa sobre o sigilo dos dados bancários e fiscais, sendo desdobramento do art. 5°, inc. X. A legislação infraconstitucional, assim, encarregou-se da limitação ao seu acesso que somente pode ocorrer sem autorização judicial nos casos de CPI, nos termos do art. 58, §3º da Constituição e art. 4º, §1º, da LC 105/01 ou do próprio Fisco, nos termos dos art. 5º e 6º da Lei Complementar 105/01 e art. 198, §1º, II, do Código Tributário Nacional. Nesse sentido, aliás, o Superior Tribunal de Justiça entendeu que o sigilo de dados bancários e fiscais é medida extrema que deve ser protegido por cláusula de reserva de jurisdição (REsp 115.063), exceto no caso de fiscalização tributária, em sede de procedimento administrativo. O Supremo Tribunal Federal tem o mesmo entendimento (RE 601.314, ADI 2.310, ADI 2.397, ADI 2.386 e ADI 2.859). Assim, o delegado não pode ter acesso aos dados bancários e fiscais diretamente, sendo imprescindível a ordem judicial.

Comunicações telefônicas: O Supremo Tribunal Federal entende que a captação das comunicações telefônicas em andamento está protegida pela cláusula de reserva de jurisdição absoluta, conforme o art. 5°, XII, da Constituição, sendo imprescindível autorização judicial à realização de interceptação telefônica (STF, RE 418.416). Entretanto, é de suma importância frisar que a *comunicação* dos dados possui regramento diferente dos *dados em si*. Nesse sentido, o Supremo Tribunal Federal decidiu que "não se confundem comunicação telefônica e registros telefônicos, que recebem, inclusive, proteção jurídica distinta", impedindo que o art. 5º, XII, seja utilizado para proteger dados enquanto *registro* (STF, HC 91.867). Frise-se que, no mesmo sentido, o plenário do STF decidiu que "é lícita a prova obtida pela autoridade policial, sem autorização judicial, mediante acesso a registro telefônico ou a agenda de contatos de celular apreendido ato contínuo no local do crime atribuído ao acusado, não configurando esse acesso ofensa ao sigilo das comunicações à intimidade ou a privacidade do indivíduo" (RE 1.042.075). Logo, o delegado de polícia não pode requisitar diretamente às operadoras a interceptação de comunicações telefônicas, devendo representar ao juiz (art. 3°, I, Lei 9.296/96).

Registros telefônicos: Corroborando o estudo convergido acima, a jurisprudência do Superior Tribunal de Justiça possui precedente no sentido de que os *registros telefônicos*, i.e., histórico de chamadas pretéritas e de Estações Rádio-Base (ERBs) não estão protegidas por cláusula de reserva de jurisdição, podendo o delegado de polícia requisitá-los diretamente às operadoras (STJ, HC 247.331).

Conversas armazenadas em aparelho: Enquadra-se no conceito de dado telemático. Nesse ponto, a Lei 12.965/14, conhecida como marco civil da internet, determina ser necessário autorização judicial para a obtenção ou extração de dados telemáticos, estando essa medida, sob cláusula de reserva de jurisdição, exceto nos casos em que o aparelho telefônico, pertença à *vítima de homicídio*, que fora apreendido pela polícia (STJ, RHC 86.076), no caso de aparelho apreendido no *interior de estabelecimento prisional* (STJ, HC 546.830) ou no caso de o aparelho ter sido *apreendido em decorrência de autorização judicial de busca e apreensão* (STJ, RHC 75.800). Entendemos, também, que, em situação de flagrante delito, quando há apreensão de aparelho telefônico com o preso, em homenagem ao princípio da proporcionalidade, pode o delegado de polícia acessar os dados armazenados, não havendo que se falar, nesse caso, em reserva de jurisdição. O acesso imediato pela autoridade policial aos dados armazenados no telefone do criminoso pode culminar com diligências úteis à persecução penal ou à tutela de outros bens jurídicos, como, por exemplo, a vida de eventual vítima de sequestro. Entretanto, o Superior Tribunal de Justiça tem entendimento de que é ilícita a devassa de conversas de Whatsapp, obtidas pela polícia em celular apreendido no flagrante, sem prévia autorização judicial (RHC 51.531).

Dados de localização em tempo real: No que se refere aos dados de localização em tempo real a lei exige autorização judicial, conforme se verifica pela art. 13-B do Código de Processo Penal. Entretanto, quando a investigação for relativa ao crime de tráfico de pessoas (art. 149-A do CP), a autorização judicial poderá ser dispensada se não houver manifestação do juiz no prazo de 12 horas. É o que a doutrina denominou *cláusula de reserva de jurisdição temporária*. Portanto, o delegado de polícia não pode requisitar diretamente às operadoras os dados de localização em tempo real, exceto se, na investigação de tráfico de pessoas, o juiz não se manifestar em 12 horas.

Dados de *internet protocol* e *logs de acesso*: A jurisprudência do Superior Tribunal de Justiça possui precedente no sentido de que os dados de usuário de *internet protocol* (IP) e *logs de acesso à rede* não estão sob cláusula de reserva de jurisdição, podendo o delegado de polícia requisitá-los diretamente aos provedores (STJ, HC 83.338).

Prontuário de atendimento hospitalar: Via de regra, os atestados médicos e os prontuários de atendimento hospitalar servem para a demonstração de existência e materialidade de crimes não transeuntes, sendo, na maioria dos casos, enviados ao perito para confecção de auto de exame de corpo de delito indireto. São imprescindíveis, por tanto, à elucidação dos fatos. Em outros casos, os documentos médicos possuem força probante, dispensando a realização da perícia oficial. Nesse aspecto, Henrique Hoffmann[71] aduz que "a legislação esparsa confere força pericial ao prontuário médico em diversas situações, com o objetivo de facilitar a colheita de provas. Podem ser mencionadas a Lei Maria da Penha (art. 12, §3º, Lei 11.340/06) e a Lei dos Juizados Especiais (art. 77, §1º, Lei 9.099/95). Ora, se a requisição de perícia pelo delegado de polícia prescinde de ordem judicial, fere a lógica jurídica e o bom senso sustentar que a exigência do mero boletim médico dependeria de prévia autorização do juiz". As informações particulares de terceiros devem ser mantidas sob sigilo, não se desprezando esse dever. Porém, anote-se que o *sigilo profissional* e a *privacidade do paciente* não são absolutos e a exata compreensão da sua real extensão comporta relativo elastério. Em situações de evidente interesse público, o que se verifica pela pertinência lógica entre a requisição e os fatos investigados, é vedado ao médico ou hospital negar informações à autoridade policial empenhada na apuração dos fatos. Os direitos e garantias fundamentais dispostos no art. 5º da Constituição não são absolutos, devendo ser relativizados pela razoabilidade e pela proporcionalidade, como já decidiu o Supremo Tribunal Federal (MS 23.452). Aliás, nenhum interesse particular deve preponderar sobre o interesse público. Estranho seria interpretar a Constituição apenas sob a ótica do indivíduo, admitindo-se que qualquer visão ou interesse particular possa preponderar sobre valores e interesses maiores, como, no caso de uma investigação criminal, a apuração de uma infração penal e a busca da verdade. Logo, estando protegida pelo art. 5°, X, da Constituição, não há reserva de jurisdição para a medida, a qual pode ser requisitada diretamente pelo delegado de polícia.

§ 3º (VETADO).

§ 4º O inquérito policial ou outro procedimento previsto em lei em curso somente poderá ser avocado ou redistribuído por superior hierárquico, mediante despacho fundamentado, por motivo de interesse público ou nas hipóteses de inobservância dos procedimentos previstos em regulamento da corporação que prejudique a eficácia da investigação.

Avocação: Ocorre quando um superior hierárquico determina que o procedimento corra sob sua própria condução. Trata-se de verdadeira requisição do procedimento investigatório para que seja presidido pelo superior hierárquico.

Redistribuição: Ocorre quando um superior hierárquico transfere a presidência da investigação criminal para outro delegado de polícia. Nesse caso o superior hierárquico retira os autos do inquérito policial da autoridade natural. Trata-se da troca do comando da investigação.

Legitimidade: A legitimidade para a avocação e redistribuição é do superior hierárquico. Não se trata apenas do Chefe de Polícia ou Delegado Geral, podendo se dar, v.g., por um Diretor de Departamento ou Delegado Regional.

Despacho Fundamentado: A avocação e redistribuição de autos de inquérito policial exigem um despacho fundamentado do superior hierárquico, o qual necessariamente estará vinculado **(a)** ao interesse público ou **(b)** à inobservância de procedimentos institucionais que possam prejudicar a investigação.

Interesse público: É o interesse geral, da sociedade. Logicamente, não se trata do interesse de determinado *grupo*, nem muito menos de *uma pessoa*.

Inobservância de procedimentos institucionais: Quando a razão da avocação ou da investigação se der por esse motivo, além de apontar a conduta que supostamente descumpre *procedimento previsto em regulamento interno*, deve o superior demonstrar o *prejuízo à eficácia da investigação*. Nesse aspecto, convém lembrar que, ainda que os regulamentos internos tenham validade *intra murus*, não se pode olvidar que o que orienta a ação de todos os agentes públicos é a lei formal (art. 59, CF). Aliás, procedimentos previstos em regulamento interno não devem ser usados como forma de tolher a convicção técnico-jurídica da autoridade policial, com objetivo de vinculá-la a determinado entendimento. Os regulamentos internos devem ser utilizados como forma de *orientação*, jamais como forma de suprimir a atividade valorativa e discricionária do delegado de polícia no desempenho da sua função. Registre-se que, como bem observa Guilherme de Souza Nucci, permitir a avocação ou a redistribuição de uma investigação criminal por inobservância de regulamento policial é um exagero[72]. O delegado deve fiel observância à lei.

71. HOFFMANN, Henrique. Médico deve fornecer prontuário requisitado pela polícia judiciária. Disponível em: https://www.conjur.com.br/2016-mar-15/academia-policia-medico-fornecer-prontuario-requisitado-policia-judiciaria#_ftn1. Acessado em 08/07/2020.

72. NUCCI, Guilherme de Souza. Leis Penais e Processuais Penais Comentadas. Volume I, Rio de Janeiro: Forense, 2017, p. 596.

Publicidade: Ainda que o dispositivo não tenha sido expresso nesse sentido, é imprescindível que o ato fundamentado tenha publicidade, a fim de garantir o controle de sua legalidade por aquele que se sentir prejudicado, questionando o ato junto às esferas administrativas ou junto ao Poder Judiciário. Sem a publicidade do ato não há acesso à sua motivação de fato e de direito, o que tornaria inócua a necessidade da fundamentação que orientou a decisão e, como preconiza Henrique Hoffmann, a motivação, que não se confunde com o motivo, é a explanação deste[73]. Há quem sustente que o dispositivo seria dispensável, sob o argumento de que todo ato administrativo deve ter sua motivação tornada pública, consoante determinação do art. 50 da Lei 9.784/99. Entretanto, concluímos ser salutar a previsão, deixando a disciplina mais nítida e garantindo maior segurança jurídica à autoridade policial, de modo que qualquer ato administrativo que afete o exercício da sua função deve ter a indicação expressa dos fatos e fundamentos jurídicos, sem expressões obscuras ou com dubiedade, bem como que não se limite à utilização de termos genéricos ou à cópia de dispositivos legais.

Delegado Natural: Ainda que não tenha vértice constitucional, este dispositivo acrescenta o *princípio do delegado natural*. Conforme leciona Guilherme de Souza Nucci, busca-se encontrar similitude ao princípio do juiz natural e do promotor natural, imprescindível para se assegurar o agir imparcial da autoridade[74]. Conforme lembram Cláudia Barros Portocarrero e Wilson Luiz Palermo Ferreira, não se deve conceder um poder estatal que receba influências externas, de modo que tal princípio traz a imparcialidade necessária para a condução das investigações[75] que, por mais que tenham características inquisitivas, devem garantir direitos e buscar a verdade dos fatos, ainda que o resultado não seja necessariamente o indiciamento. O princípio do delegado natural é sustentado também por Nestor Távora e Rosmar Rodrigues Alencar[76], os quais asseveram que "corolário do princípio do delegado natural é a imposição de limites à remoção da autoridade policial, que só poderá ocorrer por ato fundamentado (art. 2°, §5°, Lei 12.830/2013)". Compartilhando do mesmo entendimento, Ruchester Marreiros Barbosa[77], colacionando decisões da Corte Interamericana de Direitos Humanos, assevera que "não restam dúvidas, portanto, que no âmbito interno, por meio da doutrina, e na seara internacional, o princípio do delegado de polícia natural consagrado na Lei 12.830/13, além de efetivar uma garantia constitucional de imparcialidade e independência funcional do Estado-investigação, norma, portanto, materialmente constitucional, representa, no âmbito internacional, nos moldes do artigo 4º, II da CR/88, norma materialmente convencional, diante dos ditames do órgão máximo de interpretação da Convenção Americana de Direitos Humanos, a Corte Interamericana de Direitos Humanos". No processo penal diz-se que forma é garantia. Nessa esteira, na investigação criminal, a garantia do cidadão de ser investigado pelo delegado natural não pode ser retirada sem que haja um motivo de interesse público que legitime o afastamento, sob pena de afastar-se a imparcialidade necessária à sua efetivação.

§ 5º A remoção do delegado de polícia dar-se-á somente por ato fundamentado.

Inamovibilidade relativa: O dispositivo funciona como corolário do princípio do delegado natural[78], impedindo que a autoridade policial seja removida para outra unidade policial, sem que haja um despacho fundamentado do superior hierárquico. Valem as mesmas considerações feitas ao parágrafo anterior, no que diz respeito à avocação ou redistribuição de procedimentos. Guilherme de Souza Nucci entende que o legislador falhou ao permitir a remoção da autoridade por ato de uma só pessoa, aludindo que o ideal seria a decisão por órgão colegiado[79]. Com uma visão crítica, Márcio André Lopes Cavalcante[80], refere que "é extremamente

73. HOFFMANN, Henrique. Inamovibilidade é prerrogativa do delegado e garantia do cidadão. Disponível em: https://www.conjur.com.br/2015-out-27/academia-policia-inamovibilidade-prerrogativa-delegado-garantia-cidadao#_ftnref1. Acessado em 08/07/2020.
74. NUCCI, Guilherme de Souza. Leis Penais e Processuais Penais Comentadas. Volume I, Rio de Janeiro: Forense, 2017, p. 595.
75. PORTOCARRERO. Cláudia Barros; FERREIRA, Wilson Luiz Palermo. Leis penais extravagantes – Teoria, jurisprudência e questões comentadas, 4ª edição, Salvador: Juspodivm, 2019, p. 443.
76. TÁVORA, Nestor e ALENCAR, Rosmar Rodrigues. *Curso de Direito Processual Penal* - 10º edição. Salvador: JusPodivum, 2015, p. 118.
77. BARBOSA, Ruchester Marreiros. Delegado natural é princípio basilar da devida investigação cirminal. Disponível em: https://www.conjur.com.br/2015-out-06/academia-policia-delegado-natural-principio-basilar-investigacao-criminal. Acessado em 08/07/20.
78. PORTOCARRERO. Cláudia Barros; FERREIRA, Wilson Luiz Palermo. Leis penais extravagantes – Teoria, jurisprudência e questões comentadas, 4ª edição, Salvador: Juspodivm, 2019, p. 452.
79. NUCCI, Guilherme de Souza. Leis Penais e Processuais Penais Comentadas. Volume I, Rio de Janeiro: Forense, 2017, p. 596.
80. CAVALCANTE, Márcio André Lopes. Comentários à Lei 12.830/2013 (investigação criminal conduzida por Delegado de Polícia). Disponível em: https://www.dizerodireito.com.

salutar a previsão expressa de que a remoção do Delegado precisa ser um ato fundamentado como forma de minimizar favorecimentos e perseguições decorrentes do trabalho de tais profissionais. Critica-se o fato de a lei não ter elencado hipóteses nas quais seria permitida a remoção do Delegado de Polícia, o que certamente seria muito mais relevante sob o ponto de vista da segurança jurídica. Isso porque, muitas vezes, a remoção *ex officio* de um Delegado que incomode o Governante ou a direção da Polícia para outra Delegacia pode ser motivada por argumentos como 'necessidade do serviço' sem que a veracidade de tal fundamentação possa, em muitos casos, ser controlada de forma satisfatória pelo Poder Judiciário". O objetivo da norma é coibir interferência externas na atividade do delegado de polícia. Logicamente, a publicidade é imprescindível para que se revele à parte interessa a motivação e viabilize a adoção das medidas que entender pertinentes junto à Chefia de Polícia ou ao Poder Judiciário. Nesse contexto, Luiz Flávio Gomes e Fábio Scliar referem que "melhorou em muito a situação dos agentes públicos como um todo, porque não há mais mudança de lotação por motivo disciplinar que resista a um bem impetrado mandado de segurança, uma vez que constituiria evidente desvio de finalidade do ato administrativo. Da mesma forma a avocação ou redistribuição de inquérito policial pelo superior hierárquico, por tratar-se de ato administrativo, deve estar sempre motivado, de molde a demonstrar os pressupostos de fato e de direito que o justifiquem, permitindo o controle da legalidade e da razoabilidade da decisão, sob pena de o mesmo ser declarado nulo".

Transferência e remoção: Anote-se que a tutela do dispositivo não se refere exclusivamente aos casos em que à *transferência de cidade*. A lei protege a *remoção da unidade de trabalho*, i.e., a Delegacia em que o delegado de polícia desenvolve as suas atividades, ainda que isso não implique alteração de residência. O objetivo da lei é impedir que a remoção se dê por motivos escusos ou ilegítimos.

§ 6º O indiciamento, privativo do delegado de polícia, dar-se-á por ato fundamentado, mediante análise técnico-jurídica do fato, que deverá indicar a autoria, materialidade e suas circunstâncias.

Indiciamento criminal: Estabelecida a atribuição investigativa da polícia judiciária, a discricionariedade do delegado de polícia na apuração do fato e o seu direito-dever de analisar toda a teoria geral do crime para identificar se há infração penal, demonstrando o "mosaico do crime"[81], como *causa finalis*, caberá unicamente ao delegado natural, que presidiu a investigação, decidir se promoverá, ou não, o indiciamento criminal. Apenas o delegado de polícia possui *legitimidade* para indiciar alguém. Nesse sentido, Márcio Adriano Anselmo[82] preconiza que "o ato de indiciamento é o ato do delegado de polícia, enquanto presidente da investigação, via de regra praticado ao término da mesma, ao considerar concluída a fase de coleta de elementos probatórios do delito investigado, quando é possível concluir-se pela autoria de determinado crime, individualizando-se o autor". Sendo o inquérito policial o principal instrumento informativo e probatório estabelecido para a conservação da *história do crime*, especial atenção deve-se ter ao seu ato final, o indiciamento. É fato constatado que o caderno investigatório pode conter elementos, não raras vezes, irrepetíveis em juízo (provas com contraditório postergado, portanto) e, quanto à presença de elementos repetíveis, sabe-se que estes são apenas *repetidos* em juízo, pois a eles nada se acrescenta. Assim, a decisão final do delegado de polícia, ancorada nesses elementos, ainda que não tenha caráter vinculante no entendimento do juiz ou do promotor de justiça, os quais fazem sua leitura dos fatos, "aponta indicativos convergentes sobre a responsabilidade penal, com os ônus daí decorrentes", nas palavras de Alexandre Morais da Rosa[83]. O indiciamento criminal é ato fundamentado que consiste na formação do juízo de convencimento do delegado de polícia sobre a existência, materialidade e autoria do fato investigado, onde a autoridade policial aponta que determinada pessoa é provável autora do crime. Trata-se da primeira fase da formação da culpa na persecução criminal, onde a *possibilidade* de autoria transmuta-se na *probabilidade*. Nesse sentido, Leonardo Marcondes Machado[84] refere que "o

br/2013/06/comentarios-lei-128302013-investigacao.html. Acessado em 08/07/20.

81. PORTOCARRERO. Cláudia Barros; FERREIRA, Wilson Luiz Palermo. Leis penais extravagantes – Teoria, jurisprudência e questões comentadas, 4ª edição, Salvador: Juspodivm, 2019, p. 444.
82. ANSELMO, Márcio Adriano. **Passo a passo dos atos praticados no inquérito policial.** Disponível em: https://www.conjur.com.br/2017-ago-22/passo-passo-atos-praticados-inquerito--civil. Acessado em 09/07/20.
83. ROSA, Alexandre Morais da. Guia Compacto de Processo Penal conforme a Teoria dos Jogos - 1ª edição. Rio de Janeiro: Lumen Juris, 2013, p.120.
84. MACHADO, Leonardo Marcondes. **O indiciamento criminal não pode ser ato surpresa.** Disponível em: https://www.conjur.com.br/2018-abr-03/academia-policia-indiciamento-policial-nao-ato-surpresa. Acessado em 09/07/20.

indiciamento implica mudança do status do sujeito passivo envolvido no procedimento de investigação preliminar. É por meio desse ato formal e motivado que o seu estado, anterior, de suspeito ou investigado, passa agora ao de provável (e não possível) autor (isto é: indiciado)". Assim, é inquestionável que o ato de indiciamento, embora não pressuponha a existência de um *juízo de certeza* quanto à autoria do fato (o que ocorre apenas com a sentença condenatória), para que tenha legitimidade, deve resultar de elementos mínimos que permitam a imputação da prática do crime. Logo, não se reduz à condição de ato estatal meramente discricionário[85], mas supõe a formulação, pela autoridade policial (e por esta apenas), de um juízo de valor fundado em elementos indiciários idôneos que deem suporte à suspeita de autoria ou de participação do agente no fato investigado (STF, HC 133.835). O indiciamento, portanto, nas palavras de Guilherme de Souza Nucci, constitui ato administrativo, de índole persecutório-penal, de competência privativa da autoridade policial[86], a quem incumbe, análise técnico-jurídica do fato delituoso, indicando-lhe a autoria, a materialidade e demais elementos circunstanciais, constituindo-se em um ato privativo da autoridade de polícia judiciária. Nesse ponto, colaciona-se o escólio de Rogério Sanches[87], o qual alude que "a partir da edição da Lei nº 12.830/13, reforçou-se a tese de que dentre as *funções privativas* do delegado de polícia está o indiciamento, a ser realizado através de ato fundamentado, mediante análise técnico-jurídica do fato, que deverá indicar a autoria, materialidade e suas circunstâncias. Seguindo alguns precedentes do Supremo Tribunal Federal, em recente decisão o ministro Edson Fachin concedeu *habeas corpus* de ofício para que fosse cassada decisão judicial na parte em que determinava à autoridade policial que procedesse ao indiciamento do paciente". Tratando-se de ato privativo do delegado de polícia, não pode ser a ele requisitado, de modo que "é por meio do indiciamento que a autoridade policial aponta determinada pessoa como a autora do ilícito em apuração. Por se tratar de medida ínsita à fase investigatória, por meio da qual o Delegado de Polícia externa o seu convencimento sobre a autoria dos fatos apurados, não se admite que seja requerida ou determinada pelo magistrado, já que tal procedimento obrigaria o presidente do inquérito à conclusão de que determinado indivíduo seria o responsável pela prática criminosa, em nítida violação ao sistema acusatório adotado pelo ordenamento jurídico pátrio" (STJ, RHC 47.984). No mesmo sentido, o Supremo Tribunal Federal decidiu que "sendo o ato de indiciamento de atribuição exclusiva da autoridade policial, não existe fundamento jurídico que autorize o magistrado, após receber a denúncia, requisitar ao Delegado de Polícia o indiciamento de determinada pessoa. A rigor, requisição dessa natureza é incompatível com o sistema acusatório, que impõe a separação orgânica das funções concernentes à persecução penal, de modo a impedir que o juiz adote qualquer postura inerente à função investigatória" (HC 115.015). Possui a autoridade policial, portanto, enorme responsabilidade diante do sistema de persecução criminal, sendo o primeiro juiz do fato[88], de modo a conferir os primeiros contornos da figura delitiva, preservando a *história do crime* e emitindo o primeiro juízo técnico-jurídico de valor sobre a existência, materialidade e autoria do delito. Assume a condição de primeiro garantidor da legalidade e da justiça (STF, HC 84.548), tendo o dever de agir com imparcialidade, democraticidade e livre de qualquer pressão ou interferência.

Ato fundamentado: Fundamentação é sinônimo de motivação. E, como exaustivamente discorremos, o indiciamento criminal deve ser fundamentado. A ausência de fundamentação acarreta a *nulidade do ato*, sendo que, ao convergir o indiciamento a alguém, deve o delegado apontar os aspectos técnico-jurídicos que motivaram o seu convencimento. Aliás, conforme bem esclarece Francisco Saninni Neto[89], "o indiciamento possui um caráter dúplice, não servindo exclusivamente de instrumento para investigação criminal, mas, sobretudo, como um meio de promoção dos princípios constitucionais do contraditório e ampla defesa durante a *persecutio criminis extra juditio*. Isto, pois, através deste ato o indiciado passa a ter ciência dos fatos que lhes são imputados, bem como dos tipos penais que,

85. A discricionariedade do delegado de polícia, a qual referimos em momento anterior, se refere à condução da investigação criminal, no sentido de que, ao instaurar o inquérito policial, o delegado o conduz até a sua final apuração, sem que deva seguir um roteiro ou obedecer a uma sequência preestabelecida de atos investigatórios. Mas não se estabelece discrição no ato do indiciamento, o qual deve ser juridicamente fundamentado.

86. NUCCI, Guilherme de Souza. Código de Processo Penal Comentado - 14ª edição. São Paulo: Forense, 2015, p. 72.

87. CUNHA, Rogério Sanches. Indiciamento é ato privativo do delegado de polícia. Disponível em: https://meusitejuridico.editorajuspodivm.com.br/2019/05/04/stf-indiciamento-e-ato-privativo-delegado-de-policia/. Acessado em 09/07/20.

88. NUCCI, Guilherme de Souza. Manual de Processo Penal e Execução Penal – 12ª edição. Rio de Janeiro: Forense, 2015, p. 545.

89. NETO, Francisco Sannini. O que é o indiciamento complexo. Disponível em: https://canalcienciascriminais.com.br/o-que-e-o-indiciamento-complexo. Acessado em 09/07/20.

em princípio, ele teria violando, podendo, a partir daí, defender-se da maneira que melhor lhe convier". Nesse sentido, "por ato motivado de indiciamento, o suspeito, contra quem existem frágeis indícios, deixa de sê-lo e passa a figurar como indiciado e, consequentemente, a sofrer constrangimento decorrente dessa condição" (TRF-2, RES em HC 0500663-58.2016.4.02.5101). Na esteira da jurisprudência, portanto, o indiciamento em si é um constrangimento, mas não ilegal, de modo que, apenas assumirá esta condição se não for devidamente fundamentado (STJ, RHC 78.579). Nesse passo, diante de um indiciamento arbitrário ou não fundamentado, é cabível *habeas corpus* (STJ, RHC 55.908), sendo que, constatada a ilegalidade, poderá o juiz determinar o trancamento do inquérito policial, pois "não havendo elementos que o justifiquem, constitui constrangimento ilegal o ato de indiciamento em inquérito policial" (STF, HC 85.541). Se há indícios de crime, motivadamente apontado pelo delegado, incabível o trancamento do inquérito, "todavia, o indiciamento só pode ser realizado se há, para tanto, fundada e objetiva suspeita de participação ou autoria nos eventuais delitos (STJ, HC 8.466). Sublinhe-se, nesse contexto, que não há falar-se em nulidade do indiciamento por ausência de possibilidade de contestação dos fatos. Para que fique claro, a nulidade se refere à ausência de fundamentação. Até porque, conforme o escólio de Henrique Hoffmann[90], "o processo penal costuma seguir a sorte da investigação, apenas chancelando as provas cautelares e irrepetíveis (com a formalização do contraditório diferido) e repetindo as oitivas sob o crivo do contraditório (com sua transformação de elementos informativos em probatórios)". Logicamente que, "a fundamentação exigida para o ato de indiciamento não é a mesma que se exige para o recebimento da denúncia. Indícios mínimos de autoria e de materialidade revelam-se suficientes para fundamentá-lo" (TRF-1, HC 303779520144010000). Anote-se que, tratando-se de um ato fundamentado, quando o delegado de polícia formaliza o indiciamento, ele externa o entendimento de que há *justa causa para a ação penal*. Dessa forma, conforme sempre sustentamos, fundamentado o indiciamento, toda requisição de diligências promovida pelo Ministério Público deve ser juridicamente fundamentada, apontando-se a sua imprescindibilidade e pertinência.

Controle de legalidade de requisições ministeriais[91]: Quando a autoridade policial externa a sua decisão de forma fundamentada pelo indiciamento ela está registrando que há elementos de autoria e materialidade aptos à sustentar o término da investigação e, reflexamente, o início da ação penal, uma vez que o juízo de valor que a autoridade policial faz ao relatar o inquérito é formalizado com base nos mesmos elementos em que o promotor de justiça forma a sua *opinio delicti*. Dessa forma, em condições normais, se existem elementos para se encerrar o inquérito, existem também para se iniciar o processo criminal. Inclusive, saliente-se, o *inquérito policial não é um expediente exauriente*, de modo que os elementos de informação não precisam (e nem devem) ser esgotados nesta fase pré-processual. Nesse passo, se o delegado fundamentou o indiciamento criminal é porque, em tese, há elementos mínimos para a ação penal, a qual, em regra, se estabelece pelo princípio da obrigatoriedade. Dessa forma, qualquer requisição de diligências dirigidas à autoridade policial, para complementar dados investigatórios, deve ser fundamentada, pertinente e imprescindível, i.e. deve referir a *deficiência na coleta da materialidade e autoria do crime*, justificando sua imprescindibilidade, e pontuando especificamente o que entende estar *faltando nos autos do inquérito policial*, com a demonstração de sua pertinência. Logicamente, a decisão externada pelo delegado de polícia ao final do inquérito não vincula a análise do promotor de justiça. São verificações independentes, cada uma realizada em momento específico apontado pela lei. Não se pretende, assim, sugerir a restrição do poder de análise dos dignos representantes do Ministério Público, mas apenas salientar que as diligências objeto de requisição precisam ser *fundamentadas* e *ter lastro na legislação*. O fato é que, ainda que apresente dois momentos distintos, o da investigação e o da ação penal, a persecução criminal é una, indivisível, e possui um *sistema lógico progressivo de acontecimentos*, de modo que o procedimento não deve retroceder, salvo se ausente um dado *imprescindível* ao seu seguimento. Nesse passo, atento à progressividade da persecução penal, deve a autoridade policial, em todos os casos,

90. HOFFMANN, Henrique. Investigação e acusação não são regidas pelo *in dubio pro societate*. Disponível em: https://www.conjur.com.br/2019-set-25/academia-policia-investigacao-acusacao-nao-sao-regidas-in-dubio-pro-societate#sdfootnote3anc. Acessado em 09/07/2020.

91. O presente ponto é parte do estudo elaborado em coautoria com o amigo e colega *Joaquim leitão Júnior*, sob o título "Aspectos essenciais ao controle de legalidade da requisição de diligências em sede de investigações policiais: fundamentação jurídica, imprescindibilidade, pertinência, momento e destinatário. Disponível em: https://meusitejuridico.editorajuspodivm.com.br/2020/05/11/aspectos-essenciais-ao-controle-de-legalidade-da-requisicao-de-diligencias-em-sede-de-investigacoes-policiais-fundamentacao-juridica-imprescindibilidade-pertinencia-momento-e-destinatario/.

verificar a constitucionalidade, legalidade e legitimidade de qualquer requisição que receba. Nesse viés, Leonardo Marcondes[92] ensina que "em primeiro lugar, equiparar requisições a ordens mostra-se completamente incorreto, uma vez que inexiste qualquer relação de subordinação hierárquica funcional dos delegados de polícia em relação aos juízes e membros do *parquet*. Aliás, o mantra segundo o qual *requisições não se discutem, apenas se cumprem* vai na mesma linha. Há, sim, por parte do delegado, o dever jurídico-político de analisar a constitucionalidade da diligência requisitada pelo Judiciário ou pelo Ministério Público antes da sua realização no inquérito policial. Por óbvio, se inconstitucional ou ilegal a requisição, não pode ter qualquer espaço no procedimento investigativo". Portanto, fica nítido que, no seio da investigação criminal constitucional (moderna) compete à autoridade policial realizar o *controle de legalidade lato sensu* que deve permear as requisições dirigidas à polícia judiciária. Para que possua respaldo na ordem constitucional vigente e, assim, legitimidade e legalidade, a requisição confeccionada pelo Ministério Público, no seio das investigações criminais precisa apresentar o seu *fundamento jurídico*. A requisição ministerial dirigida à autoridade policial, nos termos do artigo 129, VIII, da CF, deve apresentar *fundamento jurídico*, que, para o Superior Tribunal de Justiça, é a "*circunstância de fato qualificada pelo direito, em que se baseia a pretensão*", não sendo suficiente apenas o *fundamento legal* (dispositivo de lei regente da matéria)[93], que, refira-se, é implícito a qualquer ato processual. A fundamentação jurídica da requisição ministerial, inclusive, além de ser *elemento essencial de sua constitucionalidade*, é elemento imprescindível para que se possa realizar o *controle de legalidade*. Qualquer requisição ministerial fundamentada simplesmente no *poder requisitório genérico* (art. 129, VIII, CF) ou no *dever legal de atendimento* (art. 13, II, CPP), indiscutivelmente, não vence o primeiro requisito de filtragem estabelecido pela Constituição Federal, i.e., *apresentação do fundamento jurídico*, devendo ser considerada juridicamente infundada. Com o perdão pela tautologia, sublinhamos: a persecução criminal é um sistema lógico progressivo de acontecimentos. Assim, o procedimento indivisível da persecução não deve retroceder, exceto se ausente um dado *imprescindível* que lhe impeça o andamento. Essa *ausência*, quando constatada, deve estar descrita e ser juridicamente pormenorizada e fundamentada na requisição ministerial. Dando sequência ao roteiro de análise do controle de legalidade das requisições ministeriais, insta anotar que, para que possua legitimidade e legalidade, a requisição precisa ser *pertinente e imprescindível*. Nesse aspecto, referimos que a diligência (em forma de requisição) deve ser *imprescindível à ação penal*, conforme determinação expressa do art. 16 do CPP, onde o legislador estabelece o caminho progressivo e lógico (caminhar para frente) que deve nortear a persecução criminal. Trata-se de outro requisito (o segundo) para que a diligência objeto da requisição seja atendida. A par dessa inferência, o dispositivo legal acima referido é expresso no sentido de que o *promotor não poderá requisitar novas diligências, exceto* se imprescindíveis ao oferecimento da denúncia. Nesse passo, ainda que a requisição se constitua em uma diligência possível, como uma simples inquirição, *quando presentes os elementos mínimos de autoria e materialidade*, se desgarra da lei, pois *prescindível à ação*. Nesse sentido, Márcio Anselmo[94] ensina que "não obstante tal autorização, a requisição de diligências investigatórias deve obedecer aos limites legais e constitucionais impostos ao exercício do poder requisitório ministerial, sob pena de ser negada, de forma legítima, pela autoridade policial o cumprimento das diligências. (...) Sendo assim, nota-se que a diligência deve ter por finalidade a construção da materialidade e dos indícios de autoria relacionados aos fatos sob apuração, já que são esses os requisitos para o oferecimento da denúncia". Logo, qualquer diligência ministerial que seja objeto de requisição à polícia judiciária que não tenha devidamente demonstrada a sua *imprescindibilidade*, deve ser considerada *impertinente*, do modo que seu atendimento deve ser refutado, motivadamente, pela autoridade policial. Reforçamos que, para que possuam constitucionalidade, legalidade e legitimidade, as requisições ministeriais convergidas à polícia judiciária precisam ter lastro na lei, preenchendo os requisitos da fundamentação jurídica, pertinência e imprescindibilidade. Faltando qualquer destes requisitos, o delegado não estará obrigado a atender a requisição, devendo, motivadamente, restituir o procedimento

92. MACHADO, Leonardo Marcondes. Sobre requisições e requerimentos no inquérito policial: uma revisão necessária. Disponível em: https://www.conjur.com.br/2018-nov-13/academia-policia-requisicoes-requerimentos-inquerito-revisao-necessaria. Acessado em 04/05/2020.

93. MAZZOLA, Marcelo. A dicotomia entre "fundamento legal" e "fundamento jurídico" na visão do STJ. Disponível em: https://www.conjur.com.br/2019-set-12/marcelo-mazzola-fundamento-legal-fundamento-juridico-stj. Acessado em 28/04/2020.

94. ANSELMO, Márcio Adriano. A presidência do inquérito policial e a requisição de diligências. Disponível em: https://www.conjur.com.br/2015-set-15/academia-policia-presidencia-inquerito-policial-requisicao-diligencias. Acessado em 20/04/2020.

à origem, rejeitando seu cumprimento[95] e pensamos que os promotores devam se abster de medidas desta natureza, pois qualquer requisição que destoe do procedimento legal, impondo uma obrigação não prevista na lei, é ilegal e ilegítima.

Desindiciamento: Não há na legislação vigente previsão legal para que o delegado de polícia promova o desindiciamento, que seria o cancelamento dos atos de indiciamento. Caso o delegado de polícia constate, durante o apuratório, que o seu juízo de convencimento foi viciado, v.g., por um falso testemunho, ainda que não exista previsão legal, o delegado tem o dever constitucional de, *sponte sua*, determinar o desindiciamento. Nesse ponto, Rafael Marcondes de Moraes[96] leciona que a decisão da autoridade policial "deverá ser fundamentada, explicitando os motivos da alteração de convencimento, seja por questões técnico-jurídicas, seja em razão da ciência de novas circunstâncias que afastem a ilicitude do fato ou a culpabilidade do investigado, ou ainda em virtude de erro quanto à pessoa submetida ao indiciamento". No mesmo sentido, Márcio Alberto Gomes Silva[97] alude que "caso a autoridade policial perceba que o ato de indiciamento foi açodado e calcado em prova que cedeu diante da colheita de elementos outros mais robustos", deve manejar despacho fundamentado de desindiciamento.

Requisição para a instauração de investigação: Sublinhe-se que Guilherme de Souza Nucci[98] aponta a necessidade de não confundir *requisição* com *ordem*, "pois nem o representante do Ministério Público, tampouco o juiz, são superiores hierárquicos do delegado, motivo pela qual não podem lhe dar ordens. Requisitar a instauração do inquérito é diferente, pois é um requerimento lastreado em lei, fazendo com que a autoridade policial cumpra a norma e não a vontade particular do promotor ou do magistrado". Dessa forma, quanto à requisição para a instauração de inquérito policial, ressalvada a possibilidade de não atendimento pelo delegado por *inviabilidade jurídica*, como, v.g., fato que dependa de representação; que já esteja prescrito; que tenha sido praticado por inimputável, que tenha sido praticado em outra circunscrição, etc., há que se referir também a possibilidade de não atendimento quando *não houver indicação detalhada do objeto da investigação*. Nesse sentido, o doutrinador referido leciona que "requisições dirigidas à autoridade policial, exigindo a instauração de inquérito contra determinada pessoa, ainda que apontem o crime, em tese, necessitam conter dados suficientes que possibilitem ao delegado tomar providencias e ter um rumo a seguir. Não é cabível um ofício genérico, requisitando a instauração de inquérito contra fulano, pela prática de estelionato, por exemplo. Afinal, o que fez fulano exatamente? Quando e onde? Enfim, a requisição deve sustentar-se em fatos"[99]. Logicamente, para que o inquérito seja devidamente instaurado, o delegado precisar ter conhecimento do fato e todas as suas circunstâncias; a identificação do imputado; as razões pelas quais se dá a suspeição (razões de convicção ou presunção da autoria) ou impossibilidade de fazê-lo; a indicação de testemunhas, se houver; viabilizando-se um *princípio de justa causa* à investigação criminal. Registre-se, finalmente, o cuidado que as autoridades devem ter após a vigência da Lei 13.869/19, a qual tipifica a conduta de requisitar instauração ou instaurar procedimento investigatório de infração penal, em desfavor de alguém, à falta de qualquer indício da prática de crime (art. 27).

Requisição judicial para investigação de crime eleitoral: O Supremo Tribunal Federal entende que o condicionamento da instauração de inquérito policial a uma autorização do Poder Judiciário viola o sistema acusatório, instituindo uma modalidade de controle judicial prévio sobre a condução das investigações (ADI 5.104, j. 21/05/2014). Com esse entendimento, o STF entendeu que o art. 8° da Resolução 23.396/13 do TSE não possui força normativa. Frisa-se que, nesse julgamento, o caso não versava sobre agente com foro privilegiado. Esse entendimento foi reforçado pela Corte no julgamento do AgRg no RE 1.220.641, em 18/12/2020.

Investigação e indiciamento de agente com foro privilegiado: Há que se estabelecer, antes de tudo, que, segundo o novo entendimento do Supremo Tribunal Federal (AP 937, j. 03/05/2018), a prerrogativa de

95. GOMES, Luiz Flávio e SCLIAR, Fábio. Investigação preliminar, polícia judiciária e autonomia. Disponível em http://lfg.jusbrasil.com.br/noticias/147325/investigacao-preliminar-policia-judiciaria-e-autonomia-luiz-flavio-gomes-e-fabio-scliar. Acessado em 22 de abril de 2020.

96. MORAES, Rafael Francisco Marcondes de. Indiciamento na investigação criminal conduzida pelo delegado de polícia. Revista Jus Navigandi, Teresina, ano 19, n. 3849, 14 jan. 2014. Disponível em: https://jus.com.br/artigos/26390. Acesso em 09/07/20.

97. SILVA, Márcio Alberto Gomes. Inquérito Policial – Uma análise jurídica e prática da fase pré-processual. Salvador: Juspodivm, 2018, p. 76.

98. NUCCI, Guilherme de Souza. Código de Processo Penal Comentado - 14ª edição. São Paulo: Forense, 2017, p. 70.

99. NUCCI, Guilherme de Souza. Código de Processo Penal Comentado - 14ª edição. São Paulo: Forense, 2017, p. 72.

foro se limita aos crimes cometidos no exercício do cargo e em razão dele. Dito isso, passamos a discorrer sobre a necessidade – ou não – de autorização do tribunal originário nesses casos. Questão que gera bastante debate no mundo jurídico diz respeito à investigação criminal e ao indiciamento de autoridade com foro por prerrogativa de função. Nesses casos, não há consenso na doutrina sobre a necessidade de autorização, ou não, do Tribunal competente para o início da investigação ou para o ato de indiciamento. Para nós, não há um só artigo na Constituição que imponha a necessidade de autorização à investigação criminal ou ao indiciamento de autoridade com foro privilegiado, muito menos dispositivo que indique que a iniciativa do procedimento investigatório deva ser exclusiva do Ministério Público. O que há é a previsão constitucional de que o processo e julgamento corram mediante o *tribunal natural competente*. Sobre esse ponto o *Supremo Tribunal Federal* possui precedente no sentido de que para a instauração de inquérito policial contra autoridade com foro privilegiado, não precisa a autoridade policial obter prévia autorização da Câmara dos Deputados, nem do Supremo Tribunal Federal, sendo necessário apenas submeter o procedimento, no prazo legal, à Corte competente, pois é perante esta que a ação penal poderá ser processada e julgada (HC 80.592; j. 03/04/2001); após, alterando seu entendimento, definiu que, nos casos de sua competência originária é imprescindível autorização da Corte para que a autoridade policial dê início às investigações, sob pena de nulidade (Inq 2.411, j. 10/10/2007); em outro julgado decidiu que é imprescindível a autorização à investigação, mas que a sua ausência não seria caso de nulidade, exceto se desconsiderada a cláusula de reserva de jurisdição da Corte para eventuais medidas constritivas (Inq 2.952; j. 10/03/2015); após, manifestou-se no sentido de que o delegado não pode instaurar inquérito policial para investigar autoridade com foro privilegiado, ou indiciá-lo, sem a supervisão do Tribunal competente, sob pena de vício que contamina de nulidade os atos da investigação (AP 933, j. 06/10/2015). O *Superior Tribunal de Justiça* possui precedente aludindo que "a instauração de inquérito para investigar autoridade com foro privilegiado sem a supervisão do Tribunal competente torna nulas as provas obtidas durante a fase extrajudicial e, consequentemente, a denúncia (HC 205.721, j. 05/11/2013); após, se firmou entendimento que de que a autorização do tribunal para a investigação de agentes com foro privilegiado seria desnecessária (REsp 1.563.962, j. 08/11/2016). Em outro julgado, a Corte reafirmou a desnecessidade de autorização do Tribunal competente à abertura da investigação criminal, aludindo que "nas hipóteses de haver previsão de foro por prerrogativa de função (...) pretende-se apenas que a autoridade, em razão da importância da função que exerce, seja processada e julgada perante foro mais restrito, formado por julgadores mais experientes, evitando-se persecuções penais infundadas. Da prerrogativa de função, contudo, não decorre qualquer condicionante à atuação do Ministério Público, ou da autoridade policial, no exercício do mister investigatório, sendo, em regra, despicienda a admissibilidade da investigação pelo Tribunal competente" (RHC 77.518, j. 09/03/2017). Reforçamos nosso entendimento no sentido de que a Constituição Federal não exige prévia autorização para que a polícia judiciária investigue quem quer que seja. A leitura do texto constitucional aponta que há uma opção inequívoca pelo sistema acusatório, devendo haver uma separação rígida entre as tarefas de investigar, acusar e julgar. Essa é a única interpretação por nós tida como viável em um Estado Democrático de Direito, pois é a única que preserva a imparcialidade do julgador, em harmonia com o princípio do devido processo legal.

Art. 3º O cargo de delegado de polícia é privativo de bacharel em Direito, devendo-lhe ser dispensado o mesmo tratamento protocolar que recebem os magistrados, os membros da Defensoria Pública e do Ministério Público e os advogados.

Cargo privativo de bacharel em direito: O artigo reforça o disposto no art. 2°, *caput*, onde se estabelece que a as funções exercidas pelo delegado de polícia são de natureza jurídica, essenciais e exclusivas de Estado. Ao estabelecer o mesmo tratamento protocolar que recebem as demais carreiras jurídicas, quanto ao pronome de tratamento "Vossa Excelência", Cláudia Barros Portocarrero e Wilson Luiz Palermo Ferreira[100] frisam que "o preceito equaliza as distorções concernentes no fato de que alguns membros de certas instituições sobrepujam seus interesses pessoais em detrimento do atingimento da real função que ocupam diante do cenário jurídico, que é a de promoção da justiça e resguardo dos interesses e garantias fundamentais". Guilherme de Souza Nucci[101] aponta que "todos esses operadores do Direito, mesmo não possuindo título

100. PORTOCARRERO. Cláudia Barros; FERREIRA, Wilson Luiz Palermo. Leis penais extravagantes – Teoria, jurisprudência e questões comentadas, 4ª edição, Salvador: Juspodivm, 2019, p. 457-458.

101. NUCCI, Guilherme de Souza. Leis Penais e Processuais Penais Comentadas. Volume I, Rio de Janeiro: Forense, 2017, p. 598.

acadêmico condizente, sempre foram, protocolarmente, chamados de "doutor".

BIBLIOGRAFIA

ANSELMO, Márcio Adriano. A presidência do inquérito policial e a requisição de diligências. Disponível em: <https://www.conjur.com.br/2015-set-15/academia-policia-presidencia-inquerito-policial-requisicao-diligencias>.

ANSELMO, Márcio Adriano. **Passo a passo dos atos praticados no inquérito policial.** Disponível em: <https://www.conjur.com.br/2017-ago-22/passo-passo-atos-praticados-inquerito-civil>.

BARBOSA, Ruchester Marreiros. Delegado natural é princípio basilar da devida investigação criminal. Disponível em: <https://www.conjur.com.br/2015-out-06/academia-policia-delegado-natural-principio-basilar-investigacao-criminal>.

BECK, Ulrich. Sociedade de risco: rumo a uma outra modernidade (título original: *Risk Society: Towards a New Modernity*). Tradução de Sebastião Nascimento. São Paulo: Editora 34; 2010.

BULOS, Uadi Lammêgo. Curso de Direito Constitucional – 7ª Edição. São Paulo: Saraiva, 2012.

CARVALHO, Salo de. O papel dos atores do sistema penal na era do punitivismo (o exemplo privilegiado da aplicação da pena). Rio de Janeiro: Lumen Júris, 2010.

CAVALCANTE, Márcio André Lopes. Comentários à Lei 12.830/2013 (investigação criminal conduzida por Delegado de Polícia). Disponível em: <https://www.dizerodireito.com.br/2013/06/comentarios-lei-128302013-investigacao.html>.

CHOUKR, Fauzi Hassan. Inquérito policial: novas tendências e prática. IBCRIM, São Paulo, boletim 84, novembro 1999.

CONCEIÇÃO, Fabrício Santis. **Delegado é o "Senhor da Tipicidade Penal"?.** Disponível em: <http://delegados.com.br/exclusivo/121-colunas/fabricio-de-santis/792-delegado-de-policia-senhor-da-tipicidade-penal. Acesso em 07/07/2020>.

CUNHA, Rogério Sanches. **Indiciamento é ato privativo do delegado de polícia**. Disponível em: <https://meusitejuridico.editorajuspodivm.com.br/2019/05/04/stf-indiciamento-e-ato-privativo-delegado-de-policia/>.

FERRAJOLI, Luigi. Direito e Razão: Teoria do Garantismo Penal (título original: *Diritto e ragione. Teoria del garantismo penale*). Tradução Ana Paula Zomer Sica e outros. São Paulo: Revista dos Tribunais, 2006.

FERREIRA, Luiz Pinto. Comentários à Constituição Brasileira. São Paulo: Saraiva, 1993.

FISCHER, Douglas. Garantismo penal *integral* (e não o *garantismo hiperbólico monocular*) e o princípio da proporcionalidade: breves anotações de compreensão e aproximação dos seus ideais. Disponível em: <https://revistadoutrina.trf4.jus.br/index.htm?https://revistadoutrina.trf4.jus.br/artigos/edicao028/douglas_fischer.html>.

GARCEZ, William; LEITÃO Jr., Joaquim. Aspectos essenciais ao controle de legalidade da requisição de diligências em sede de investigações policiais: fundamentação jurídica, imprescindibilidade, pertinência, momento e destinatário. Disponível em: <https://meusitejuridico.editorajuspodivm.com.br/2020/05/11/aspectos-essenciais-ao-controle-de-legalidade-da-requisicao-de-diligencias-em-sede-de-investigacoes-policiais-fundamentacao-juridica-imprescindibilidade-pertinencia-momento-e-destinatario/>.

GOMES, Luiz Flávio; SCLIAR, Fábio. Investigação preliminar, polícia judiciária e autonomia. Disponível em: <http://lfg.jusbrasil.com.br/noticias/147325/investigacao-preliminar-policia-judiciariaeautonomia-l...>.

HESSE, Konrad. A força Normativa da Constituição. Tradução de Gilmar Ferreira Mendes. Porto Alegre: Sergio Antônio Fabris Editor, 1991.

HOFFMANN, Henrique. **Missão da polícia judiciária é buscar a verdade e garantir direitos fundamentais.** disponível em: <http://www.conjur.com.br/2015-jul-14/academia-policia-missao-policia-judiciária-buscar-verdade-garantir-direitos-fundamentais>.

HOFFMANN, Henrique; Fontes, Eduardo. Advogado não pode fazer investigação criminal defensiva. Disponível em: <https://www.conjur.com.br/2019-jan-29/academia-policia-advogado-nao-realizar-investigacao-criminal>.

HOFFMANN, Henrique; HABIB, Gabriel. Carreira de delegado de polícia continua sendo jurídica. Disponível em: <https://www.conjur.com.br/2019-set-10/hoffmann-habibcarreira-delegado-policia-continua-sendo-juridica#_ftnref19>.

HOFFMANN, Henrique. Investigação e acusação não são regidas pelo *in dubio pro societate*. Disponível em: <https://www.conjur.com.br/2019-set-25/academia-policia-investigacao-acusacao-nao-sao-regidas-in-dubio-pro-societate#sdfootnote3anc>.

HOFFMANN, Henrique. Requisição de dados é imprescindível na busca do delegado pela verdade. Disponível em: <https://www.conjur.com.br/2016-fev-02/academia-policia-poder-requisitorio-delegado-essencial-busca-verdade>.

HOFFMANN, Henrique. Médico deve fornecer prontuário requisitado pela polícia judiciária. Disponível em: <https://www.conjur.com.br/2016-mar-15/

academia-policia-medico-fornecer-prontuario-requisitado-policia-judiciaria#_ftn1>.

HOFFMANN, Henrique. Inamovibilidade é prerrogativa do delegado e garantia do cidadão. Disponível em: <https://www.conjur.com.br/2015-out-27/academia-policia-inamovibilidade-prerrogativa-delegado-garantia-cidadao#_ftnref1>.

KHALED JR, Salah H.; ROSA, Alexandre Morais da. **Delegados** relevantes e lesões insignificantes: a legitimidade do reconhecimento da falta de tipicidade material pela autoridade policial. Disponível em <http://www.delegados.com.br/juridico/delegados-relevantes-e-lesoes-insignificantes Acessado em 07/07/2020>.

LIMA, Renato Brasileiro de. Legislação Criminal Especial Comentada. Salvador: Juspodivm, 2015.

LOPES Jr., Aury. Direito processual penal. São Paulo: Saraiva, 2014.

LOPES, José Reinaldo de Lima. Direitos Sociais: teoria e prática. São Paulo: Método, 2006.

LOPES, Fábio Motta. Os direitos de informação e de defesa na investigação **criminal. Porto Alegre: Livraria do Advogado Editora, 2009.**

MACHADO, Leonardo Marcondes. **O indiciamento criminal não pode ser ato surpresa.** Disponível em: <https://www.conjur.com.br/2018-abr-03/academia-policia-indiciamento-policial-nao-ato-surpresa>.

MACHADO, Leonardo Marcondes. Sobre requisições e requerimentos no inquérito policial: uma revisão necessária. Disponível em: <https://www.conjur.com.br/2018-nov-13/academia-policia-requisicoes-requerimentos-inquerito-revisao-necessaria>.

MARQUES, Archimedes. Delegado de Polícia: Fornecedor de informações ou Operador do Direito?. Disponível em: http://www.jurisway.org.br/v2/dhall.asp?id_dh=1383.

MAZZOLA, Marcelo. A dicotomia entre "fundamento legal" e "fundamento jurídico" na visão do STJ. Disponível em: <https://www.conjur.com.br/2019-set-12/marcelo-mazzola-fundamento-legal-fundamento-juridico-stj>.

MELLO, Celso Antônio Bandeira de. **Curso de Direito Administrativo** – 17ª edição. São Paulo: Malheiros, 2004

MIRABETE, Julio Fabrinni. **Juizados Especiais Criminais – Comentários, Jurisprudência e Legislação.** São Paulo: Atlas, 1997.

MORAES, Rafael Francisco Marcondes de. Indiciamento na investigação criminal conduzida pelo delegado de polícia. Revista Jus Navigandi, Teresina, ano 19, n. 3849, 14 jan. 2014. Disponível em: <https://jus.com.br/artigos/26390>.

NETO, Francisco Sannini. O que é o indiciamento complexo. Disponível em: <https://canalcienciascriminais.com.br/o-que-e-o-indiciamento-complexo>.

NICOLITT, André. *Manual de processo penal*. São Paulo: Revista dos Tribunais, 2016.

NUCCI, Guilherme de Souza. **Juizados Especiais Criminais Federais**. São Paulo: Saraiva, 2005.

NUCCI, Guilherme de Souza. **Código de Processo Penal Comentado** - 14ª edição. São Paulo: Forense, 2017.

NUCCI, Guilherme de Souza. Manual de Processo Penal e Execução Penal – 12ª edição. Rio de Janeiro: Forense, 2015.

NUCCI, Guilherme de Souza. Leis Penais e Processuais Penais Comentadas. Volume I, Rio de Janeiro: Forense, 2017.

NOVELINO, Marcelo. Direito Constitucional. – 3ª Edição. Rio de Janeiro: Forense; São Paulo: Método, 2012.

PEREIRA, Eliomar da Silva. Teoria da investigação criminal. São Paulo: Almedina, 2010.

PORTOCARRERO. Cláudia Barros; FERREIRA, Wilson Luiz Palermo. Leis penais extravagantes – Teoria, jurisprudência e questões comentadas, 4ª edição, Salvador: Juspodivm, 2019.

QUEIROZ, DAVID. Delegado de Polícia, o primeiro garantidor de direitos fundamentais! Mas quem garante os direitos do garantidor?. Disponível em: <https://emporiododireito.com.br/leitura/delegado-de-policia-o-primeiro-garantidor-de-direitos-fundamentais-mas-quem-garante-os-direitos-do-garantidor>.

ROCHA, Fernando A. N. Galvão da. **Direito Penal. Curso Completo. Parte Geral.** 2ª Ed. Belo Horizonte: Del Rey, 2007.

ROSA, Alexandre Morais da. **Guia Compacto de Processo Penal conforme a Teoria dos Jogos** - 1ª edição. Rio de Janeiro: Lumen Juris, 2013.

SARLET, Ingo Wolfgang. A eficácia dos Direitos Fundamentais. Porto Alegre: Editora do Advogado, 2009.

SILVA, Márcio Alberto Gomes. Inquérito Policial – Uma análise jurídica e prática da fase pré-processual. Salvador: Juspodivm, 2018.

STRECK, Lenio Luiz. **Hermenêutica Jurídica e(m) Crise: uma exploração hermenêutica da construção do direito**. 11ª edição. Porto Alegre: Livraria do Advogado, 2014.

TÁVORA, Nestor e ALENCAR, Rosmar Rodrigues. *Curso de Direito Processual Penal* - 10º edição. Salvador: JusPodivum, 2015.

TRINDADE, Daniel Messias da. O garantismo penal e a atividade de polícia judiciária. Porto Alegre: Núria Fabris, 2012.

42

LEI DA IDENTIFICAÇÃO CRIMINAL

Lei 12.037/2009

KLEBER LEANDRO TOLEDO RODRIGUES

1. CONSIDERAÇÕES INICIAIS

Comentários iniciais: Nosso CPP prevê em seu art. 6º, VIII, que é dever da autoridade policial, quando tomar conhecimento da infração penal, dentre outras diligências, *ordenar a identificação do indiciado pelo processo dactiloscópico, se possível, e fazer juntar aos autos sua folha de antecedentes*. A regra era, antes da CF de 1988, a identificação criminal de todos os indiciados, mesmo daqueles que apresentavam documento de identificação civil, não se tratando de constrangimento ilegal, conforme Súmula n.º 568 do STF[1], que passou, inclusive, a reconhecer que a identificação fotográfica integrava a identificação criminal[2].

Tal determinação decorreu do autoritarismo que marcou o período no qual o CPP foi editado[3], tendo sofrido forte influência do Código de Processo Penal italiano de 1930. Privilegiava-se a sociedade em detrimento dos direitos do indivíduo[4]. Em 1941, ano em que entrou em vigor nosso CPP, vigorava no Brasil a CF de 1937, a qual não fazia qualquer ressalva acerca do tema *identificação criminal*. Havia abusos quanto à exposição daqueles que eram indiciados e, por consequência, identificados criminalmente. A imprensa era chamada à delegacia de polícia para fotografar e noticiar o indivíduo "tocando piano"[5].

Identificação criminal na CF de 1988: A *Constituição Cidadã* prevê como um dos fundamentos da República a *dignidade da pessoa humana* (art. 1º, III), princípio do qual decorrem todos os demais princípios explícitos e implícitos que norteiam o processo penal no Brasil. A Carta Magna ainda traz em seu art. 5º uma série de direitos e garantias fundamentais, dentre os quais o direito do civilmente identificado não ser, exceto nos casos previstos em lei, identificado criminalmente (inciso LVIII).

Evolução legislativa: A Lei n.º 8.069/1990 (ECA) foi a primeira norma a discorrer sobre o tema

---

1. Segundo a Súmula n.º 568 do STF, *A identificação criminal não constitui constrangimento ilegal, ainda que o indiciado já tenha sido identificado civilmente.*
2. STF, RE 91013, 2ª Turma, rel. Min. Leitão de Abreu, DJ 29/08/1980.
3. Nosso Código de Processo Penal, o Decreto-Lei n.º 3.689/1941, foi elaborado pelo então Ministro da Justiça Francisco Campos, durante a ditadura do Estado Novo, no governo do Presidente Getúlio Vargas. Não decorreu de um processo legislativo democrático no Congresso Nacional, mas de uma imposição autoritária. Além do mais, referido diploma legal sofreu forte inspiração do Código de Processo Penal Italiano de 1930 (*Codice Rocco*), época na qual a Itália vivia o regime fascista, movimento político autoritário surgido após a Primeira Guerra Mundial no governo de Duce Benito Mussolini.
4. A Exposição de Motivos do CPP deixa clara essa ideia, vejamos: "(...) As nossas vigentes leis de processo penal asseguram aos réus, ainda que colhidos em flagrante ou confundidos pela evidência das provas, um tão extenso catálogo de garantias e favores, que a repressão se torna, necessariamente, defeituosa e retardatária, decorrendo daí um indireto estímulo à expansão da criminalidade. Urge que seja abolida a injustificável primazia do interesse do indivíduo sobre o da tutela social. Não se pode continuar a contemporizar os pseudodireitos individuais em prejuízo do bem comum. O indivíduo, principalmente quando vem de se mostrar rebelde à disciplina jurídico-penal da vida em sociedade, não pode invocar, em face do Estado, outras franquias ou imunidades além daquelas que o assegurem contra o exercício do poder público fora da medida reclamada pelo interesse social. Este é o critério que presidiu à elaboração do presente projeto de Código."
5. NUCCI, Guilherme de Souza. Código de Processo Penal Comentado. 19. Edição. Rio de Janeiro: Forense, 2020, p. 138 e 139.

identificação criminal no país ao estabelecer em seu art. 109 que "*O adolescente civilmente identificado não será submetido a identificação compulsória pelos órgãos policiais, de proteção e judiciais, salvo para efeito de confrontação, havendo dúvida fundada.*"

Após cinco anos, a Lei n.º 9.034/1995 excepcionou o art. 5º, LVIII, da CF ao estabelecer que "*A identificação criminal de pessoas envolvidas com a ação praticada por organizações criminosas será realizada independentemente da identificação civil*[6]."

Mas foi a Lei n.º 10.054/2000 que tratou especificamente da identificação criminal, estabelecendo os casos nos quais o civilmente identificado devia ser submetido a identificação criminal pelo processo dactiloscópico e por fotografia. Segundo a referida lei (art. 3º), seriam identificados criminalmente todos que perpetrassem crimes de homicídio doloso, crimes patrimoniais praticados com violência ou grave ameaça, crime de receptação qualificada, crimes contra a liberdade sexual e de falsificação de documento público (inciso I), bem como quando houvesse suspeita de falsificação ou adulteração da carteira de identidade (inciso II), quando o estado de conservação e o lapso temporal da expedição do documento impossibilitasse a completa identificação dos caracteres essenciais (inciso III), quando houvesse registros policiais de uso de outros nomes ou qualificações diferentes (inciso IV), quando houvesse registro de extravio da identidade (inciso V) ou quando o indiciado ou acusado não comprovasse sua identificação civil em quarenta e oito horas (inciso VI).

Nos dias atuais a regulação do assunto é feita pela Lei n.º 12.037/2009, a qual revogou integralmente a Lei n.º 10.054/2000.

A constitucionalidade da Lei n.º 12.037/2009: A Lei n.º 12.037/2009 promoveu significativo avanço acerca da identificação criminal por não mais instituir sua obrigatoriedade a determinadas infrações penais, como o fazia a Lei n.º 10.054/2000. Se o intuito era se chegar à perfeita individualização e identificação do autor da infração penal, não havia razão que justificasse a identificação criminal, mesmo sendo possível sua identificação civil, do indivíduo que praticou um roubo ou um homicídio doloso. Providenciava-se a identificação criminal em razão da gravidade do delito e não pela necessidade da perfeita identificação. A Lei n.º 12.037/2009 caminha em harmonia com os ditames do dispositivo constitucional ao estabelecer as hipóteses que autorizam a identificação criminal. Da leitura do art. 3º da lei é cristalina a orientação no sentido de se proceder a identificação criminal, mesmo havendo identificação civil, somente quando pairar dúvida acerca da lisura do documento apresentado ou quando não oferecer ele, em razão do tempo ou de seu estado de conservação, condições seguras para a certeza na identificação. "*Não há inconstitucionalidade no fato do legislador permitir, em certas hipóteses, a identificação criminal do civilmente identificado. A questão encontra sua pedra de toque na proporcionalidade com que atua o legislador ordinário. Essa proporcionalidade somente pode orientar-se pelo critério já mencionado da 'absoluta necessidade' da submissão à identificação criminal, a qual se consubstancia no fato de que a identificação civil apresentada não seja, por algum motivo plausível, suficientemente segura para a individualização e identificação da pessoa investigada. No seio desse proceder rigoroso respeita-se a dignidade humana, evitando humilhações e rituais de constrangimento desnecessários, bem como o interesse social na correta identificação dos envolvidos em investigações criminais*".[7]

2. CONCEITOS DE IDENTIDADE E DE IDENTIFICAÇÃO

Identidade humana: Pode ser considerada com o complexo de características individuais de uma pessoa que a torna diferente das demais. É a identidade que confere aos indivíduos "*uma situação temporoespacial específica e* status *social único.*"[8]

Identificação: Consiste na certeza sobre a identidade de uma pessoa. É necessário ter precisão de que a pessoa a ser indiciada, processada, julgada, condenada e que terá sua pena executada seja a que perpetrou o ilícito penal. Tendo em vista que no Direito Penal vigora o *princípio da personalidade ou da intranscendência*, segundo o qual ninguém pode ser responsabilizado por infração penal perpetrada por outrem e, além disso, a pena não pode passar da pessoa do condenado, conforme estampado no art. 5º, XLV, da CF, e levando-se em consideração

6. Art. 5º da revogada Lei n.º 9.034/1995.

7. CABETTE, Eduardo Luiz Santos. Comentários iniciais à nova de lei de identificação criminal (Lei n.º 12.037/2009). (Disponível em <https://jus.com.br/artigos/13628/comentarios-iniciais-a-nova-lei-de-identificacao-criminal-lei-n-12-037-2009>). Acesso em 06 de junho de 2020.

8. CROCE, Delton; CROCE JÚNIOR. Manual de medicina legal. 4ª Edição revista e ampliada. São Paulo: Saraiva, 1998, p. 36.

as possibilidades de simulação ou dissimulação, é evidente que a identificação deve preceder a qualquer responsabilização criminal. Nesse contexto, ensinam Delton Croce e Delton Croce Júnior que a "*Identificação é a determinação da identidade, ou seja, da individualidade. É a demarcação da individualidade.*"[9]

3. A IDENTIFICAÇÃO PARA A PERSECUÇÃO PENAL

Princípio da suficiência da identificação civil: À luz do disposto no art. 5º, LVIII, da CF e do que consta no art. 1º da Lei n.º 12.037/2009, para os fins de se atingir a perfeita individualização do sujeito ativo da infração penal emprega-se a identificação civil e, excepcionalmente, a identificação criminal. Assim, a individualização de uma pessoa é realizada, via de regra, através da identificação civil, a qual se verifica por meio de documentos reconhecidos pelo Estado, conforme se verá na sequência, e apenas e tão somente quando não for ela apta à conferir certeza da individualização do sujeito será possível a identificação criminal. Na lição conferida por Adriano Costa e Laudelina Inácio, adota-se no Brasil o *princípio da suficiência da identificação civil.*[10]

Identificação civil: A identificação civil é aquela realizada mediante a apresentação de qualquer um dos documentos elencados no art. 2º, I a VI, da Lei n.º 12.037/2009, quais sejam, carteira de identidade, a carteira de trabalho (CTPS), a carteira profissional (carteira da Ordem dos Advogados do Brasil e do Conselho Regional de Medicina são exemplos), o passaporte e, ainda, a carteira de identidade funcional (é a cédula de identificação do funcionário público).

Importante consignar que o rol do art. 2º não é taxativo, mas sim exemplificativo, de modo que outros documentos públicos podem ser considerados hábeis à identificação civil. Essa constatação decorre do disposto no inciso VI, segundo o qual "*outro documento público que permita a identificação do indiciado*" pode atestar a identificação civil. Cabe ao aplicador do direito realizar a interpretação analógica a partir da casuística para identificar quais outros documentos públicos guardam semelhança aos citados exemplificativamente nos incisos I a V. A título de exemplo citamos a Carteira Nacional de Habilitação, visto que ela possui nome, filiação, data de nascimento, número da carteira de identidade e do CPF, bem como fotografia do indivíduo.

Além disso, embora o documento de identificação militar não seja considerado de identificação civil, a este se equipara, por força do parágrafo único do art. 2º. Assim, o delegado de polícia que conduz investigação de crime de homicídio praticado por policial militar em folga deverá aceitar como documento hábil à identificação civil do investigado o documento de identificação expedido pela corporação militar à qual ele faz parte.

Identificação criminal: Diversos são os métodos que podem ser utilizados em conjunto para se individualizar uma pessoa, visto que características específicas da biometria humana são passíveis de alterações com o passar dos anos, tais como a cor dos cabelos e o envelhecimento da pele, por exemplo[11]. Assim, hodiernamente a identificação criminal é, em regra, feita através do método dactiloscópico aliado ao método fotográfico, podendo, excepcionalmente, ser feita a identificação do perfil genético[12].

A datiloscopia tem por escopo o estudo das impressões digitais, isto é, dos desenhos existentes na polpa dos dedos formados pelas cristas papilares da derme. Tais desenhos possuem características que tornam o método dactiloscópico universalmente aceito e são elas: *a) perenidade* (as impressões digitais surgem ainda durante a gestação e conservam-se por toda a vida); *b) imutabilidade* (as impressões digitais não se modificam nem desaparecem, sendo, portanto, indestrutíveis, seja pela ação humana seja decorrente de alguma patologia); e *c) variedade* (as impressões digitais são individuais, ou seja, até hoje não há duas pessoas no planeta com impressões digitais idênticas, nem mesmo gêmeos univitelinos)[13]. Assim, ao ser identificado criminalmente, o indivíduo é sujeito à coleta de suas impressões digitais, as quais serão confrontadas com bancos de dados e apresentarão resultado *confirmatório* (há coincidên-

9. CROCE, Delton; CROCE JÚNIOR. Manual de medicina legal. 4ª Edição revista e ampliada. São Paulo: Saraiva, 1998, p. 36.
10. COSTA, Adriano Souza; SILVA, Laudelina Inácio. Prática policial sistematizada. 4ª Edição. Niterói: Impetus, 2019, p. 28.
11. COSTA, Adriano Souza; SILVA, Laudelina Inácio. Prática policial sistematizada. 4ª Edição. Niterói: Impetus, 2019, p. 26.
12. Reza o art. 5º, *caput*, da Lei n.º 12.037/2009 que a "*identificação criminal incluirá o processo dactiloscópico e o fotográfico*". O parágrafo único do mesmo dispositivo legal estabelece que "*a identificação criminal poderá incluir a coleta de material biológico para a obtenção do perfil genético*" quando for essencial às investigações.
13. CROCE, Delton; CROCE JÚNIOR. Manual de medicina legal. 4ª Edição revista e ampliada. São Paulo: Saraiva, 1998, p. 81 e 82.

cia entre a identificação criminal e a identificação civil e, por isso, se trata da mesma pessoa), *contrapositivo* (não há correspondência entre a identificação criminal e a identificação civil, tratando-se de pessoa diversa) ou *inovador* (verifica-se que o sujeito não se submeteu a identificação civil).[14]

Em complementação serão retiradas fotografias do indivíduo. O registro fotográfico jamais poderá ser o único método quando da identificação criminal face à mutabilidade da feição das pessoas e também pela dificuldade em se ter um banco de dados fotográfico acessível.[15]

Excepcionalmente, como se verá adiante, a identificação criminal comportará a coleta de material biológico visando a obtenção de perfil genético, conforme passou a ser autorizado por meio da Lei n.º 12.654/2012 que acrescentou dispositivos relacionados ao tema na Lei n.º 12.037/2009.

4. HIPÓTESES PERMISSIVAS DA IDENTIFICAÇÃO CRIMINAL

Art. 3º Embora apresentado documento de identificação, poderá ocorrer identificação criminal quando:

Comentário: Como já afirmado, a identificação criminal é exceção, sendo regra a identificação civil com base em algum dos documentos mencionados no art. 2º, I a VI, da Lei n.º 12.037/2009. Os casos que autorizam a identificação criminal estão elencados no art. 3º, I a VII, do referido diploma.

A identificação criminal é ato discricionário ou vinculado? A identificação criminal não se caracteriza como um ato discricionário para a autoridade policial. Pelo contrário, é um ato vinculado. Uma vez identificada qualquer das hipóteses previstas no art. 3º, é dever da autoridade policial determinar a identificação criminal, logicamente que por meio de uma decisão devidamente fundamentada.

I – o documento apresentar rasura ou tiver indício de falsificação.

Comentário: É evidente que se a pessoa a ser indiciada, processada, condenada e punida é a culpada pela infração penal, e havendo dúvidas quanto à sua correta identificação à rasuras ou indícios de falsificação do documento apresentado, a identificação criminal deverá ser realizada.

Documento rasurado: É aquele que contém rabiscos ou riscos que inviabilizem sua leitura.

Documento falsificado: É o documento adulterado. A falsificação pode ser *material* (quando ela recai sobre a cédula do documento) ou *ideológica* (quando recai sobre o conteúdo do documento).

II – o documento apresentado for insuficiente para identificar cabalmente o indiciado.

Comentário: Para que haja uma identificação civil segura é necessário que no documento apresentado conste os dados básicos de sua qualificação, tais como exemplo o nome, a filiação, e a data e local de nascimento, dentre outros, além de fotografia recente. A falta desses dados torna a identificação insegura a ponto de justificar a identificação criminal.[16]

III - o indiciado portar documentos de identidade distintos, com informações conflitantes entre si.

Comentário: Caso o indivíduo apresente ou seja encontrado em seu poder documentos de identificação que, referindo-se à sua pessoa, apresentem dados diferentes quanto ao seu nome completo, filiação, dentre outras, mostra-se evidente a necessidade de ser ele identificado criminalmente para a apuração de sua real identidade. É o que acontece, por exemplo, com um indivíduo com o qual são encontradas duas carteiras de identidade, ou uma carteira de identidade e uma carteira nacional de habilitação, contendo a mesma fotografia, mas divergindo em algum outro dado.

IV - a identificação criminal for essencial às investigações policiais, segundo despacho da autoridade judiciária competente, que decidirá de ofício ou mediante representação da autoridade policial, do Ministério Público ou da defesa.

14. COSTA, Adriano Souza; SILVA, Laudelina Inácio. Prática policial sistematizada. 4ª Edição. Niterói: Impetus, 2019, p. 30 e 31.
15. LIMA, Renato Brasileiro de. Manual de Processo Penal. 7. Edição revista, atualizada e ampliada. Salvador: Editora Juspodivm, 2019, p. 147.
16. CABETTE, Eduardo Luiz Santos. Comentários iniciais à nova de lei de identificação criminal (Lei n.º 12.037/2009). (Disponível em <https://jus.com.br/artigos/13628/comentarios-iniciais-a-nova-lei-de-identificacao-criminal-lei-n-12-037-2009>). Acesso em: 06 de junho de 2020.

Comentário: Trata-se da hipótese mais ampla de todas, pois deixa ao crivo do operador no caso concreto a verificação de ser ou não a identificação criminal essencialmente necessária para as investigações. Deverão, ao nosso sentir, ser levados em consideração os princípios da *razoabilidade* e da *proporcionalidade*. Norberto Avena traz o exemplo do investigado que tem um irmão gêmeo. Em sendo comum que investigados apresentem documentos em nome de familiares com os quais se assemelham visando fugir da responsabilidade criminal, o certo é providenciar a identificação criminal.[17]

Reserva de jurisdição: Em decorrência da abrangência do dispositivo, a identificação criminal nesse caso será determinada pela autoridade judiciária. Importante consignar que, muito embora a lei mencione *despacho*, em verdade trata-se de decisão que, evidentemente, deverá ser fundamentada, nos termos do art. 93, IX, da CF.[18]

Impropriedade textual: Denota-se, nessa hipótese, carência técnica do legislador ao mencionar que o Ministério Público ou a defesa poderão pleitear a identificação criminal por meio de *representação*. É que, em verdade, o Ministério Público e a defesa postulam através de *requerimento*. A *representação* materializa pedido da autoridade policial.

Impossibilidade de ordenação pelo juiz *ex officio*: Apesar de o dispositivo prever que o juiz poderá ordenar a identificação criminal *de ofício*, entendemos não ser possível ante o sistema acusatório que rege o processo penal no Brasil previsto no art. 129, I, da CF e, mais recentemente, no art. 3º-A do CPP, acrescido pela Lei n.º 13.964/2019.

Cabimento em crimes de ação penal privada: Questão que se coloca diz respeito à possibilidade de o ofendido ou seu representante legal, por meio de advogado, pleitear em juízo a identificação criminal do investigado no inquérito policial instaurado para a apuração de crime de ação penal privada. Entendemos pela possibilidade, pois defender o contrário poderia implicar a inviabilização do exercício do direito de queixa. Nesse sentido, lecionada Norberto Avena que "*A lei é silente a respeito. Entretanto, não temos a menor dúvida de que a mesma faculdade deve ser assegurada ao ofendido ou seu representante legal nos crimes de ação penal privada. Afinal, mesmo nessa ordem de crime, a instauração do inquérito, quando requerida pelo respectivo legitimado, tem por fim embasar posterior queixa-crime a ser ajuizada contra o autor do fato. Nesse contexto, a imprescindibilidade para as investigações policiais é conceito que reflete diretamente no interesse do ofendido, pois a falta de êxito do inquérito na apuração de indícios da autoria do crime poderá ter como consequência a impossibilidade de ajuizamento da queixa.*"[19]

Identificação pelo perfil genético: É importante consignar que para fins de investigação policial, além da identificação criminal pelos processos dactiloscópico e fotográfico, é possível a coleta de material biológico para a obtenção de perfil genético (art. 5º, parágrafo único, c/c art. 3º, IV).

V - constar de registros policiais o uso de outros nomes ou diferentes qualificações.

Comentário: Quando a autoridade policial verificar que o indivíduo já se identificou anteriormente com nomes ou qualificações de terceiros, necessária será a identificação criminal.

VI - o estado de conservação ou a distância temporal ou da localidade da expedição do documento apresentado impossibilite a completa identificação dos caracteres essenciais.

Comentário: A identificação criminal terá cabimento quando a completa identificação dos caracteres essenciais do documento de identificação civil estiver impossibilitada em razão do *estado de conservação*, da *distância temporal* ou da *distância da localidade onde foi expedido o documento*. Não é incomum pessoas apresentando documentos de identificação pouco conservados, com as inscrições das informações desbotadas, borradas ou até mesmo rasgadas, de modo a restar impossível suas identificações. Também não é raro pessoas apresentando documentos antigos, expedidos há vários anos, nos quais a fotografia neles constantes não dão margem

17. AVENA, Norberto. Processo Penal. 10 Edição revista, atualizada e ampliada. Rio de Janeiro: Forense. São Paulo: Método, 2018, p. 240.
18. O art. 93, IX, da CF assim dispõe "todos os julgamentos dos órgãos do Poder Judiciário serão públicos, e fundamentadas todas as decisões, sob pena de nulidade, podendo a lei limitar a presença, em determinados atos, às próprias partes e a seus advogados, ou somente a estes, em casos nos quais a preservação do direito à intimidade do interessado no sigilo não prejudique o interesse público à informação".
19. AVENA, Norberto. Processo Penal. 10 Edição revista, atualizada e ampliada. Rio de Janeiro: Forense. São Paulo: Método, 2018, p. 240 e 241.

segura para se afirmar que se referem às mesmas pessoas de hoje. Por fim, pode ocorrer que a localidade onde está sendo apresentado o documento seja muito distante do local onde se deu sua expedição, de modo a dificultar sobremaneira a checagem das informações. Cuidado deve-se ter, todavia, com tal hipótese de cabimento, visto que com a globalização, a evolução tecnológica e a interligação dos bancos de dados das instituições ligadas à segurança pública, as dificuldades havidas no passado hoje não mais existem.

Parágrafo único. As cópias dos documentos apresentados deverão ser juntadas aos autos do inquérito, ou outra forma de investigação, ainda que consideradas insuficientes para identificar o indiciado.

Comentário: O dispositivo deixa cristalino que, caso o sujeito apresente algum documento, cópia deverá ser juntada aos autos de inquérito policial ou outro procedimento investigativo, mesmo que seja considerado insuficiente para sua perfeita identificação.

E se o indivíduo não apresenta nenhum documento? Evidente que, diante da necessidade de identificar perfeitamente o indivíduo deverá ele ser submetido à identificação criminal.

Art. 4º Quando houver necessidade de identificação criminal, a autoridade encarregada tomará as providências necessárias para evitar o constrangimento do identificado.

Comentário: Tal determinação decorre do princípio da *dignidade humana* previsto no art. 1º, III, CF, do qual decorrem todos os demais princípios explícitos e implícitos que norteiam o processo penal no Brasil. Ademais, a CF prevê no art. 5º, X, a inviolabilidade da intimidade, da vida privada, da *honra* e da *imagem* das pessoas, e no inciso LVII determina obediência ao princípio da presunção de não culpabilidade. Além disso, caso haja constrangimento do indivíduo, mediante violência ou grave ameaça, ou ainda, redução da sua capacidade de resistência a submeter-se a situação vexatória ou a constrangimento não autorizado em lei, poderá restar configurado crime de abuso de autoridade tipificado no art. 13, II, da Lei n.º 13.869/2019, cuja pena é de detenção de 1 (um) a 4 (quatro) anos, e multa, sem prejuízo da pena cominada à violência.

Art. 6º É vedado mencionar a identificação criminal do indiciado em atestados de antecedentes ou em informações não destinadas ao juízo criminal, antes do trânsito em julgado da sentença condenatória.

Comentário: Referida vedação decorre do princípio da presunção de não culpabilidade previsto no art. 5º, LVII, da CF.

Art. 7º No caso de não oferecimento da denúncia, ou sua rejeição, ou absolvição, é facultado ao indiciado ou ao réu, após o arquivamento definitivo do inquérito, ou trânsito em julgado da sentença, requerer a retirada da identificação fotográfica do inquérito ou processo, desde que apresente provas de sua identificação civil.

Comentário: Como já mencionado, a identificação criminal é realizada por meio da coleta das impressões digitais do indiciado, bem como pelo processo fotográfico. Caso não seja iniciada a ação penal, seja pelo não oferecimento da denúncia (ou da queixa), seja pela sua rejeição, ou em caso de absolvição, poderá o indiciado ou réu pleitear que sua identificação fotográfica seja retirada dos autos, desde que faça juntar provas de sua identificação civil.

5. IDENTIFICAÇÃO CRIMINAL A PARTIR DO PERFIL GENÉTICO

Comentários iniciais: A Lei n.º 12.654/2012 promoveu alterações tanto na Lei n.º 12.037/2009 quanto na Lei n.º 7.210/1984 (LEP), de modo a permitir um terceiro mecanismo para a identificação criminal, qual seja, a coleta de material biológico com o objetivo de obtenção de perfil genético (ácido desoxirribonucleico – DNA).

Renato Brasileiro de Lima lembra que "*o crescente desenvolvimento de outras técnicas de identificação biométrica, tais como a identificação por voz, a identificação através da íris, da retina, da face, entre outros*"[20] fomentou discussões sobre a possibilidade de a identificação ser realizada a partir dessas técnicas.

Vale lembrar que a CF, em seu art. 5º, LVII, afirma que o civilmente identificado não será submetido a identificação criminal, exceto nas hipóteses

20. LIMA, Renato Brasileiro de. Manual de Processo Penal. 7. Edição revista, atualizada e ampliada. Salvador: Editora Juspodivm, 2019, p. 151.

previstas *em lei*. A Carta Magna, como se percebe, não faz referência ao método a ser utilizado para a identificação criminal, tarefa que foi declinada ao legislador ordinário. Assim, tem-se como perfeitamente possível a identificação criminal com as utilizações dos processos datiloscópico, fotográfico e, mais recentemente, com a coleta de material biológico para obtenção do perfil genético.

Art. 5º (...)

Parágrafo único. Na hipótese do inciso IV do art. 3º, a identificação criminal poderá incluir a coleta de material biológico para a obtenção do perfil genético.

A obtenção de perfil genético na fase de investigação criminal: Conforme alinhavado acima, a Lei n.º 12.654/2012 promoveu alterações na Lei n.º 12.037/2009 de modo a permitir a identificação criminal através da coleta de material biológico do investigado/indiciado quando essencial para as investigações policiais. Ao autorizar a identificação criminal através da obtenção do perfil genético, a lei faz referência ao inciso IV do art. 3º, o que significa que esse processo somente terá cabimento quando essencial às investigações policiais e demandará decisão judicial decorrente de representação da autoridade policial ou requerimento do Ministério Público ou da defesa. Assim, é necessária a presença do *fummus comissi delicti* e do *periculum libertatis* e que haja ponderação entre os interesses em jogo, devendo o magistrado, sempre, decidir levando-se em conta os princípios da proporcionalidade e da razoabilidade.

Art. 5º-A. Os dados relacionados à coleta do perfil genético deverão ser armazenados em banco de dados de perfis genéticos, gerenciado por unidade oficial de perícia criminal.

Comentário: O armazenamento em banco de dados dos perfis genéticos coletados é de responsabilidade exclusiva do órgão oficial de perícia criminal que contará com unidade responsável para tal finalidade.

§ 1º As informações genéticas contidas nos bancos de dados de perfis genéticos não poderão revelar traços somáticos ou comportamentais das pessoas, exceto determinação genética de gênero, consoante as normas constitucionais e internacionais sobre direitos humanos, genoma humano e dados genéticos.

Comentário: As informações genéticas constantes do banco de dados poderão revelar apenas determinação de gênero (masculino ou feminino), sendo vedadas as revelações de traços somáticos ou comportamentais das pessoas.

Traços somáticos: São aqueles relacionados à morfologia externa da pessoa, como por exemplo a cor da pele e a compleição física.

Traços comportamentais: Dizem respeito ao comportamento da pessoa no seu dia-a-dia, por exemplo, no âmbito familiar, no trabalho e na sociedade.

§ 2º Os dados constantes dos bancos de dados de perfis genéticos terão caráter sigiloso, respondendo civil, penal e administrativamente aquele que permitir ou promover sua utilização para fins diversos dos previstos nesta Lei ou em decisão judicial.

Comentário: Os dados constantes dos bancos de dados de perfis genéticos são sigilosos. Utilizar ou permitir a utilização desses dados com objetivos diversos dos estabelecidos na Lei n.º 12.037/2009 ou em decisão judicial acarreta responsabilização civil, penal e administrativa.

§ 3º As informações obtidas a partir da coincidência de perfis genéticos deverão ser consignadas em laudo pericial firmado por perito oficial devidamente habilitado.

Comentário: Uma vez coletado material biológico e extraído o perfil genético, serão realizadas comparações no banco de dados e, caso seja identificada coincidência de perfis, será confeccionado laudo pericial firmado por perito oficial habilitado.

Art. 7º-A. A exclusão dos perfis genéticos dos bancos de dados ocorrerá:

I - no caso de absolvição do acusado; ou

II - no caso de condenação do acusado, mediante requerimento, após decorridos 20 (vinte) anos do cumprimento da pena.

Exclusão do perfil genético do bando de dados: É possível a exclusão de perfil genético do banco de dados, o que ocorrerá quando o réu for absolvido ou, quando condenado, após o decurso do prazo de 20 (vinte) anos contados a partir da data em que se encerrar o cumprimento da pena, caso em que deverá haver requerimento ao magistrado.

Necessários comentários sobre a obtenção de perfil genético na fase de execução penal: A Lei n.º 12.654/2012 inseriu o art. 9º-A e seus §§ 1º e 2º à Lei n.º 7.210/1984 (LEP), de modo a tornar obrigatória a identificação de perfil genético, mediante a extração de DNA (ácido desoxirribonucleico), de todos os condenados por crimes dolosos praticados com violência de natureza grave contra pessoa ou por qualquer crime hediondo[21]. A identificação de perfil genético integrará banco de dados sigiloso, conforme regulamento[22] do Poder Executivo[23], cujo acesso é permitido, mediante ordem judicial, à autoridade policial estadual ou federal durante a tramitação de investigação conduzida em sede de inquérito policial já instaurado[24].

A Lei n.º 13.964/2019 (pacote anticrime) também promoveu inclusões à Lei n.º 7.210/1984.

Ao art. 9º-A inseriu o § 1º-A dispondo que a regulamentação deverá fazer constar garantias mínimas de proteção de dados genéticos, observando as melhores práticas da genética forense.

Também inseriu o § 3º ao art. 9º-A que permite ao titular dos dados genéticos o acesso ao que constar no banco de dados de perfis genéticos e a todos os documentos da cadeia de custódia que gerou o dado, de modo a viabilizar contradita pela defesa.

Os condenados por crimes dolosos perpetrados mediante violência de natureza grave contra pessoa ou por crimes hediondos que não tiverem sido sujeitados à identificação do perfil genético por ocasião do ingresso no estabelecimento prisional deverão ser submetidos ao procedimento durante o cumprimento de suas penas, de modo que possíveis recusas à referida identificação constituirá falta grave[25].

Observações relevantes: Passando em revista a Lei n.º 13.964/2019 (pacote anticrime) denota-se que, em relação à obtenção de perfil genético na fase de execução penal, eram previstas, no projeto de lei, alteração à redação do art. 9º-A da Lei n.º 7.210/1984, bem como as inclusões dos §§ 5º, 6º e 7º ao art. 9º-A. Todavia, por meio da Mensagem n.º 726 de 24/12/2019 o Presidente da República vetou (Veto 56/2019), dentre outros, tais dispositivos. Seguem abaixo as redações dos dispositivos vetados e as razões de veto[26].

Art. 9º-A. O condenado por crime doloso praticado com violência grave contra pessoa, bem como por crime contra a vida, contra a liberdade sexual ou por crime sexual contra vulnerável, será submetido, obrigatoriamente, à identificação do perfil genético, mediante extração de DNA (ácido desoxirribonucleico), por técnica adequada e indolor, por ocasião do ingresso no estabelecimento prisional.

Razões de veto – "*A proposta legislativa, ao alterar o caput do art. 9º-A, suprimindo a menção expressa aos crimes hediondos, previstos na Lei n.º 8.072, de 1990, em substituição somente a tipos penais específicos, contraria interesse público, tendo em vista que a redação acaba por excluir alguns crimes hediondos considerados de alto potencial ofensivo, a exemplo do crime de genocídio e o de porte ilegal de arma de fogo de uso restrito, além daqueles que serão incluídos no rol de crimes hediondos com a sanção da presente proposta, tais como os crimes de comércio ilegal de armas, de tráfico internacional de arma e de organização criminosa*".

§ 5º A amostra biológica coletada só poderá ser utilizada para o único e exclusivo fim de permitir a identificação pelo perfil genético, não estando autorizadas as práticas de fenotipagem genética ou de busca familiar.

Razões de veto – "*A proposta legislativa, ao vedar a utilização da amostra biológica coletada para fins de fenotipagem e busca familiar infralegal, contraria o interesse público por ser uma técnica que poderá auxiliar no desvendamento de crimes reputados graves, a exemplo de identificação de irmãos gêmeos, que compartilham o mesmo perfil genético, e da busca familiar simples para identificar um estuprador, quando o estupro resulta em gravidez, valendo-se, no caso, do*

21. Os crimes considerados hediondos são os elencados no art. 1º da Lei n.º 8.072/1990.
22. O Banco Nacional de Perfis Genéticos e a Rede Integrada de Bancos de Perfis Genéticos foram instituídos, no âmbito do Ministério da Justiça e da Segurança Pública, pelo Decreto n.º 7.950/2013.
23. Art. 9º-A, § 1º, da Lei n.º 7.210/1984.
24. Art. 9º-A, § 2º, da Lei n.º 7.210/1984.
25. Art. 9º-A, §§ 4º e 8º da Lei n.º 7.210/1984.

26. Disponível em <https://www2.camara.leg.br/legin/fed/lei/2019/lei-13964-24-dezembro-2019-789639-veto-159755-pl.html>. Acesso em: 20 de abril de 2021. Disponível, ainda, em <https://www.congressonacional.leg.br/materias/vetos/-/veto/detalhe/12945>. Acesso em: 20 de abril de 2021.

feto abortado ou, até mesmo, do bebê, caso a gestação seja levada a termo".

§ 6º Uma vez identificado o perfil genético, a amostra biológica recolhida nos termos do *caput* deste artigo deverá ser correta e imediatamente descartada, de maneira a impedir a sua utilização para qualquer outro fim.

Razões de veto – "*A proposta legislativa, ao prever o descarte imediato da amostra biológica, uma vez identificado o perfil genético, contraria o interesse público tendo em vista que a medida pode impactar diretamente no exercício do direito de defesa, que pode solicitar a refeitura do teste, para os probatórios. Ademais, as melhores práticas e recomendações internacionais diz que após a obtenção de uma coincidência (match) a amostra do indivíduo deve ser novamente testada para confirmação do resultado. Trata-se de procedimento de controle de qualidade com o objetivo de evitar erros*".

§ 7º A coleta da amostra biológica e a elaboração do respectivo laudo serão realizadas por perito oficial.

Razões de veto – "*A proposta legislativa, ao determinar que a coleta da amostra biológica ficará a cargo de perito oficial, contraria o interesse público, notadamente por se tratar de mero procedimento de retirada do material. Ademais, embora a análise da amostra biológica e a elaboração do respectivo laudo pericial sejam atribuições exclusivas de perito oficial, já existe um consenso que a coleta deve ser supervisionada pela perícia oficial, não necessariamente realizada por perito oficial. Além disso, tal restrição traria prejuízos à execução da medida e até mesmo a inviabilizaria em alguns estados em que o número de peritos oficiais é insuficiente*".

Importante destacar que o Congresso Nacional, em sessão havida em 19/04/2021, rejeitou os vetos aos dispositivos acima comentados[27], de modo que os textos serão encaminhados ao Presidente da República para promulgação em 48 horas (art. 66, § 7º, CF), o que não ocorreu até a conclusão deste trabalho.

A apreensão de material biológico: Perpetrada uma infração penal, deverá a autoridade policial comparecer ao local do fato e preservá-lo até a chegada da equipe pericial, bem como apreender os objetos relacionados ao fato, nos termos do art. 6º, I e II, do CPP. Num local de crime ou em corpos de vítimas são possíveis de serem encontrados sangue, cabelo, saliva em copos ou pontas de cigarros, esperma, urina, dentre outros materiais biológicos de suspeitos que, guardando relação com o fato criminoso, devem ser apreendidos para exames periciais. Imagine o exemplo de crime no qual é encontrado o corpo de uma adolescente de treze anos de idade, disposto em decúbito dorsal em um colchão existente na sala da residência. A vítima permaneceu o dia todo sozinha. O corpo apresentava roupas desalinhadas e expondo a região do tórax. No pescoço da vítima são encontrados sinais de que a morte se deu possivelmente mediante esganadura. Ao exame pericial, ainda no local do crime, o perito colhe material com a utilização de *swab*[28] na região dos mamilos da vítima. Já no Instituto Médico Legal são coletados materiais embaixo das unhas da vítima que, ao ser esganada, possivelmente tentou se defender com as mãos que podem ter arranhado a pele do autor do crime. Também são encontradas no local bitucas de cigarros. A partir do momento em que surge um suspeito é realizado exame de DNA cujo resultado é positivo.

Denota-se, portanto, que a apreensão de material biológico de suspeitos não se confunde com a coleta de material biológico do indivíduo para fins de identificação criminal[29]. A primeira diferença reside na forma como é feita a coleta. Para a identificação criminal a coleta é feita diretamente no indivíduo a ser identificado ao passo que na apreensão, o material dele se despregou de maneira fortuita. Em segundo lugar, temos que a apreensão de material biológico tem por escopo subsidiar, no âmbito probatório, a investigação criminal. Já a coleta de material do investigado visa primordialmente sua identificação criminal, podendo também, servir reflexamente para a investigação criminal[30]. Uma terceira diferença diz respeito à reserva de jurisdição em relação à identificação criminal genética, o que não existe no que tange a apreensão de material genético.

6. IDENTIFICAÇÃO PELO PERFIL GENÉTICO E O PRINCÍPIO DO *NEMO TENETUR SE DETEGERE*

Comentário inicial: A identificação criminal através do perfil genético, como visto, pode se dar

27. Disponível em <https://www12.senado.leg.br/noticias/materias/2021/04/19/congresso-derruba-vetos-ao-pacote-anticrime>. Acesso em: 20 de abril de 2021.

28. O swab é um cotonete estéril utilizado na coleta de material para exames microbiológicos.

29. COSTA, Adriano Souza; SILVA, Laudelina Inácio. Prática policial sistematizada. 4ª Edição. Niterói: Impetus, 2019, p. 32 a 35.

30. O art. 8º do Decreto n.º 7.950/2013 prevê a possibilidade de utilização do Banco Nacional de Perfis Genéticos para fins de identificação de pessoas desaparecidas.

após requerimento da autoridade policial, da acusação ou da defesa quando essencial para as investigações policiais (art. 5º, parágrafo único, c/c art. 3º, IV, da Lei n.º 12.037/2009) ou na fase de execução penal em relação aos condenados por crimes dolosos praticados com violência de natureza grave contra pessoa ou por qualquer crime hediondo (art. 9º-A e §§ 1º e 2º, da Lei n.º 7.210/1984)[31]. Ambos os casos se submetem à reserva de jurisdição, vale dizer, para que seja realizada a identificação criminal através de coleta de material biológico para fins de DNA será necessária ordem judicial fundamentada. Não há maiores discussões quando a realização da identificação criminal parte de requerimento da defesa ou quando decorre de representação da autoridade policial ou de requerimento do *Parquet* e o investigado, indiciado, acusado ou condenado aceita a coleta de material biológico.

Em caso de recusa do indivíduo em autorizar a coleta de material biológico determinada judicialmente, poderá ela ser realizada coercitivamente? Uma primeira corrente (minoritária) entende não ser possível forçar o investigado, indiciado, acusado ou condenado a fornecer material biológico face ao princípio do *nemo tenetur se detegere*. Defende-se que princípio em questão consiste no direito que tem o investigado, o indiciado e o réu, de não produzir provas contra si mesmo. Veda-se, desta feita, qualquer tipo de coação ou intimidação ao indivíduo visando obter dele confissão ou que colabore com a prática de atos que possam acarretar sua condenação. Tem como desdobramentos ao investigado, indiciado ou acusado o direito de permanecer em silêncio, o direito de não ser coagido a confessar a prática da infração penal, o direito de não lhe poder ser exigido dizer a verdade, o direito de não praticar qualquer comportamento ativo que possa incriminá-lo e o direito de não produzir prova invasiva[32]. Importante salientar que o princípio do *nemo tenetur se deteger* encontra respaldo não apenas no art. 5º, LXIII, da CF[33] (o direito ao silêncio, como visto, é uma das facetas no princípio que confere o direito de não produzir prova contra si mesmo), mas também no art. 8º, § 2º, alínea *g*, da Convenção Americana de Direitos Humanos. Para Renato Brasileiro de Lima, "*em se tratando de prova invasiva ou que exija um comportamento ativo, não é possível a* produção forçada *da prova contra a vontade do agente*"[34]. Acompanhando esse entendimento, Paulo Queiroz argumenta que "*Se quisermos tratar o acusado como sujeito de direito, não como objeto de prova, a coleta de material biológico nunca poderá se realizar à força. O investigado, réu ou condenado, portanto, pode legitimamente recusar-se a se submeter a essa pequena tortura.*"[35]

Por outro lado, tem-se entendido majoritariamente ser plenamente possível realizar a identificação genética do indivíduo de maneira coercitiva, posicionamento com o qual concordamos. Tem-se dado uma interpretação extremamente ampla ao direito de não autoincriminação que decorre do direito ao silêncio (art. 5º, LXIII, CF). Ademais, é imperioso recordar que não existe direito constitucional absoluto, de modo que até mesmo o direito ao bem jurídico mais relevante, a vida, admite relativização, sendo permitido, por exemplo, que se mate em legítima defesa. Como bem lembram Cleber Masson e Vinícius Marçal, "*se de um lado a Constituição da República consagra o direito ao silêncio, de outro, autoriza a realização da identificação criminal 'nas hipóteses previstas em lei' (art. 5º, inc. LVIII)*"[36]. Nesse diapasão, não se pode deixar de lado que a identificação criminal pelo perfil genético para fins de investigação policial possui natureza cautelar submetida a reserva de jurisdição, de modo que terá cabimento quando presentes o *periculum libertatis* e o *fumus commissi delicti*. Além disso, há que se levar em consideração o princípio da proporcionalidade de modo que o interesse na identificação da autoria da infração penal, no caso concreto, deve se sobrepor

31. Vide comentários acima acerca das rejeições, pelo Congresso Nacional em 19/04/2021, dos vetos ao art. 9º-A e seus §§ 5º, 6º e 7º, da Lei n.º 7.210/1984, cujas alterações foram promovidas pela Lei n.º 13.964/2019 (pacote anticrime). Com as rejeições aos vetos, os textos originais seguem para promulgação.

32. LIMA, Renato Brasileiro de. Manual de Processo Penal. 7. Edição revista, atualizada e ampliada. Salvador: Editora Juspodivm, 2019, p. 72 a 81.

33. O direito ao silêncio previsto no art. 5º, LXIII, da CF, como visto, é uma das facetas no princípio que confere o direito de não produzir prova contra si mesmo. A CADH, em seu art. 8º, §2º, *g*, estipula que toda pessoa acusada de um delito tem como garantia mínima o direito de não ser obrigada a depor contra si mesma, nem de se declarar culpada.

34. LIMA, Renato Brasileiro de. Manual de Processo Penal. 7. Edição revista, atualizada e ampliada. Salvador: Editora Juspodivm, 2019, p. 81.

35. QUEIROZ, Paulo. Direito processual penal: Introdução. 2ª Edição, revista, atualizada e ampliada. Salvador: Editora Juspodivm, 2020, p. 149.

36. MARÇAL, Vinícius; MASSON, Cleber. A identificação compulsória pelo perfil genético e a hipérbole do direito ao silêncio. Revista Jus Navegandi, ISSN 1518-4862, Teresina, ano 22, n. 5089, 7-06-2017. Disponível em: https://jus.com.br/artigos/58233. Acesso em 22-06-2020.

ao direito de não produzir prova contra si, desde que respeitando-se a dignidade humana, a intimidade e a privacidade.

O mesmo raciocínio deve ser dado à coleta de perfil genético do condenado para a formação de cadastro nacional e propiciar futuras investigações. Não restam dúvidas de que na hipótese legal incide o princípio da proporcionalidade, já que restrita a crimes hediondos e aos praticados dolosamente com violência ou grave ameaça à pessoa.

Frisa-se que os tratados internacionais sobre o tema, bem como a própria LEP (art. 9º-A da Lei n.º 7.210/1984), estabelecem que a coleta do material deverá ser realizada por técnica adequada e indolor.

Nas palavras de Aury Lopes Jr[37], "*em duas situações (investigado e apenado), o sujeito passivo está obrigado a submeter-se a intervenção corporal (voluntariamente ou mediante coerção) para fornecimento de material genético. Com isso, fulminou-se a tradição brasileira de respeitar o direito de defesa pessoal negativo – nemo tenetur se detegere.*" E prossegue, "*A lei não diz (e nem precisava), mas, em caso de recusa do imputado em fornecer o material genético, poderá a autoridade fazê-lo compulsoriamente, ou seja, 'à força'. A única 'garantia' é o emprego de técnica 'adequada e indolor'. A lei disciplina a retirada coercitiva, porque voluntariamente sempre esteve autorizada e nem precisaria de qualquer disciplina legal (integra o direito de defesa positivo).*"

Por fim, Cleber Masson e Vinícius Marçal ainda argumentam que o Novo Código de Processo Civil, com as alterações realizadas pela Lei n.º 12.654/2012, estabelece no art. 379 que a parte, preservado o direito de não produzir prova contra si mesma, deverá comparecer em juízo, respondendo o que for interrogado, colaborar com o juízo na realização de inspeção judicial considerada necessária e praticar o ato que lhe for determinado, dispositivo este que se aplica supletivamente ao processo penal[38].

BIBLIOGRAFIA

AVENA, Norberto. Processo Penal. 10 Edição revista, atualizada e ampliada. Rio de Janeiro: Forense. São Paulo: Método, 2018.

CABETTE, Eduardo Luiz Santos. Comentários iniciais à nova de lei de identificação criminal (Lei n.º 12.037/2009). Disponível em <https://jus.com.br/artigos/13628/comentarios-iniciais-a-nova-lei-de--identificacao-criminal-lei-n-12-037-2009>. Acesso em: 06 de junho de 2020.

COSTA, Adriano Souza; SILVA, Laudelina Inácio. Prática policial sistematizada. 4ª Edição. Niterói: Impetus, 2019.

CROCE, Delton; CROCE JÚNIOR. Manual de medicina legal. 4ª Edição revista e ampliada. São Paulo: Saraiva, 1998.

LIMA, Renato Brasileiro de. Manual de Processo Penal. 7ª Edição revista, atualizada e ampliada. Salvador: Editora Juspodivm, 2019.

LOPES JR., Aury. Direito processual penal. 11ª Edição. São Paulo: Saraiva, 2014.

MARÇAL, Vinícius; MASSON, Cleber. A identificação compulsória pelo perfil genético e a hipérbole do direito ao silêncio. Revista Jus Navegandi, ISSN 1518-4862, Teresina, ano 22, n. 5089, 7-06-2017. Disponível em: https://jus.com.br/artigos/58233. Acesso em 22-06-2020.

NUCCI, Guilherme de Souza. Código de Processo Penal Comentado. 19. Edição. Rio de Janeiro: Forense, 2020.

QUEIROZ, Paulo. Direito processual penal: Introdução. 2ª Edição, revista, atualizada e ampliada. Salvador: Editora Juspodivm, 2020.

37. LOPES JR., Aury. Direito processual penal. 11ª Edição. São Paulo: Saraiva, 2014, p. 229-335.

38. MARÇAL, Vinícius; MASSON, Cleber. A identificação compulsória pelo perfil genético e a hipérbole do direito ao silêncio. Revista Jus Navegandi, ISSN 1518-4862, Teresina, ano 22, n. 5089, 7-06-2017. Disponível em: https://jus.com.br/artigos/58233. Acesso em 22-06-2020.

43

INTERCEPTAÇÕES TELEFÔNICAS

Lei 9.296/1996

THIAGO SOLON GONÇALVES ALBECHE

Art. 10. Constitui crime realizar interceptação de comunicações telefônicas, de informática ou telemática, promover escuta ambiental ou quebrar segredo da Justiça, sem autorização judicial ou com objetivos não autorizados em lei: (Redação dada pela Lei nº 13.869, de 2019):

Pena - reclusão, de 2 (dois) a 4 (quatro) anos, e multa. (Redação dada pela Lei nº 13.869, de 2019)

Comentários: Inicialmente, pontuamos que a Lei 9.296/1996, conhecida como Lei das Interceptações Telefônicas, deve adequar a festejada nomenclatura à atualidade do seu conteúdo. A Lei 9.296/1996, diga-se de passagem, nunca se restringiu às comunicações telefônicas, mas, também, regulamentou a relativização do sigilo das comunicações informáticas e telemáticas. Atualmente, com as alterações promovidas pela Lei de Abuso de Autoridade e pelo Pacote Anticrime, incriminaram-se as escutas ambientais efetuadas sem autorização judicial ou com objetivos não autorizados em lei. Desse modo, a Lei 9.296/1996 converte-se em *Lei das Interceptações* (apenas e em sentido mais amplo), congregando meios especiais de obtenção de prova alinhados com a necessidade de regulamentação, traduzindo maior segurança jurídica e preservação de direitos e garantias constitucionais.

No campo das ***interceptações telefônicas***, é preciso realizar algumas distinções.

Interceptação telefônica em sentido amplo abrange:

- interceptação telefônica *em sentido estrito*: terceiro intercepta a comunicação *sem* o conhecimento de todos os interlocutores;

- *escuta telefônica*: terceiro intercepta a comunicação com o conhecimento de um dos interlocutores;

- *gravação telefônica*: um dos interlocutores capta a comunicação sem o conhecimento do outro interlocutor.

A lei 9.296/1996 decorre da reserva legal estabelecida pelo art. 5º, XII da Constituição Federal que trata da inviolabilidade das comunicações telefônicas. A maioria da doutrina entende que a interceptação telefônica abrangida pela lei 9.296/1996 é interceptação telefônica *em sentido estrito* e a *escuta telefônica*, pois são modalidades de interceptação em que há o desconhecimento por parte de pelo menos um dos interlocutores de que há um elemento externo a obter o conhecimento da comunicação. Já a gravação telefônica, por se tratar de ação praticada por um dos interlocutores, não se trata de interceptação em si, mas de autogravação que se submete a outro tipo de tutela constitucional: a da intimidade e privacidade, previstas no art. 5º, inciso X da CF.

Em relação à *escuta ambiental*, trata-se de modalidade de interceptação de sinais eletromagnéticos, ópticos ou acústicos praticados por terceira pessoa com o conhecimento de um dos interlocutores/participantes. Cuida-se de inserção promovida pela Lei 13.864/2019, ampliando o teor do original art. 10 da Lei de Interceptações. Podemos discutir se era possível ao legislador prever na Lei 9.296/1996, a relativização de outras modalidades de comunicações diversas das telefônicas, tal como fez com a *informática* e a *escuta ambiental*. Pensemos em duas possibilidades:

a) A Lei 9.296/1996 somente poderia prever relativização do sigilo das comunicações telefônicas e telemáticas[1], não podendo regular o sigilo das comunicações informáticas e a escuta ambiental, sob pena de ofensa ao inciso XII da CF;

b) A CF, em seu art. 5º, inciso XII, exigiu que a relativização do sigilo das comunicações telefônicas fosse realizada *na forma da lei*, para fins de investigação criminal ou instrução processual penal. Isso, contudo, não impede que o legislador, por meio do mesmo diploma legal, discipline a relativização de outras espécies de comunicação.

Entendemos que a melhor interpretação é a segunda, pois preserva a constitucionalidade da norma. Em verdade, atendido o requisito *nas hipóteses e na forma que a lei estabelecer* para as comunicações telefônicas, o legislador poderia incluir tema correlato, pois já cumpriu o *mandamento constitucional mínimo* determinado por *reserva de lei qualificada*. Nas palavras de Gilmar Mendes,

> "tem-se uma *reserva legal* ou *restrição legal qualificada* quando a Constituição não se limita a exigir que eventual restrição ao âmbito de proteção de terminado direito seja prevista em lei, estabelecendo, também, as condições especiais, os fins a serem perseguidos ou os meios a serem utilizados."[2]

O resultado dos movimentos legislativos, especialmente após as alterações da Lei 9.296/1996 promovidas pelas subsequentes 13.869/2019 e 13.964/2019, foi de transmutar a primeira em *Estatuto das Interceptações*, sejam elas das comunicações telefônicas, de informática, telemática e ambientais.

1.1. Realizar interceptação de comunicações telefônicas, de informática ou telemática, *sem autorização judicial*

Verbos nucleares do tipo: *realizar* (efetuar, promover, implementar). Refere-se a ações de concretização da captação.

Consumação: Parte da doutrina sustenta que a consumação se dá com o conhecimento do conteúdo[3] da conversa por terceiro, sem a ciência dos interlocutores (interceptação telefônica em sentido estrito) ou de pelo menos um deles (escuta telefônica). Para nós, a consumação ocorre desde o momento em que iniciado o processo de captação da comunicação, independente do conhecimento do conteúdo e posterior divulgação, pois os bens jurídicos tutelados (Administração da Justiça e privacidade) já são expostos a risco de lesão. Caso a interceptação não se concretize por circunstâncias alheias à vontade do agente, então temos a possibilidade de tentativa.

Objetividade jurídica: A Administração da Justiça e a privacidade das comunicações. (a) a *Administração da Justiça*: a interceptação telefônica somente é autorizada nos casos previstos em lei e por mandamento constitucional. Quando a Constituição, em primeiro lugar, autoriza a interceptação somente para a investigação e o processo criminal, admitindo um excepcional e especial meio de obtenção de prova, ela está autorizando e determinado ao Estado, por meio da Administração da Justiça, a fiscalização dos pressupostos legais e a regularidade do procedimento de interceptação. Assim, quando ocorre o ilícito, antes de que a intimidade ou privacidade sejam violadas, a regularidade da Administração da Justiça já foi vulnerada pela não submissão da matéria à prévia reserva de jurisdição. (b) *a privacidade*: a comunicação privada constitui um dos meios pelos quais o indivíduo desenvolve sua personalidade. Ele decide o que, a quem e quando comunicar, sendo a privacidade o que permite a liberdade de pensamento e de expressão. Quando um terceiro intercepta uma conversa ilicitamente, está vulnerando a privacidade de alguém que, soubesse a existência de um estranho, comportar-se-ia de modo diferente, dentro das escolhas e do livre arbítrio que habitam a inteligência humana. Assim, a privacidade é bem jurídico tutelado-condição para que traços da personalidade possam ser exercidos ou desenvolvidos, somente podendo ser relativizada nos casos expressamente previstos em lei.

Objeto material: A comunicação telefônica, de informática ou telemática.

Elemento subjetivo: É o dolo genérico. Basta, pois, a vontade de realizar a interceptação consciente de que o faz sem título judicial.

1. Comunicação telemática: toda comunicação que, por outros meios tecnológicos, esteja integrada à comunicação telefônica. Portanto, ainda se enquadra em um conceito mais amplo de comunicação *telefônica*.
2. MENDES, Gilmar Ferreira; BRANCO, Paulo Gustavo Gonet. Curso de Direito Constitucional. – 13ª ed. rev. e atual. São Paulo: Saraiva. p. 206.
3. MACIEL, Silvio; GOMES, Luiz Flavio. p. 628.

Elemento normativo: *sem autorização judicial.* São os elementos que, ordinariamente, traduzem a ilicitude da conduta, mas estão descritos no fato típico. Dessa forma, sua não comprovação conduz à exclusão da tipicidade. Atente-se que autorização judicial posterior não tem o condão de validar a interceptação iniciada ilegalmente.

Sujeito ativo: Qualquer pessoa.

Sujeito passivo: O Estado (já que a Administração da Justiça é o bem jurídico primário) e, eventualmente, o interlocutor que teve a comunicação interceptada.

Classificação doutrinária: *Crime comum* (pode ser praticado por qualquer pessoa); *de mera conduta* (se consuma com a simples ação, sem previsão de resultado naturalístico); de *perigo abstrato* (o risco ao bem jurídico é presumido de forma absoluta pela lei); *doloso* (o agente quer o resultado ou assume o risco de produzi-lo); *de forma livre* (pode ser praticado por qualquer meio de execução); *comissivo* (os verbos indicam ações); *permanente* (a consumação se prolonga no tempo); *unissubjetivo ou de concurso eventual* (pode ser praticado por um só agente); *plurissubsistente* (admite fracionamento dos atos de execução); admite *tentativa.*

Ação Penal: Pública incondicionada.

Transação penal: Impossível (art. 76, Lei 9.099/1995).

Suspensão condicional do processo: Impossível (art. 89, Lei 9.099/1995).

Acordo de não persecução penal: Tem cabimento (art. 28-A, CPP).

1.2. Realizar interceptação de comunicações telefônicas, de informática ou telemática, *com objetivos não autorizados em lei*

Verbos nucleares do tipo: *Realizar* (efetuar, promover, implementar).

Consumação: Parte da doutrina sustenta que a consumação se dá com o conhecimento do conteúdo[4] da conversa por terceiro, sem a ciência dos interlocutores (interceptação telefônica em sentido estrito) ou de pelo menos um deles (escuta telefônica). Para nós, a consumação ocorre desde o momento em que iniciado o processo de captação da comunicação, independente do conhecimento do conteúdo e posterior divulgação, pois um dos bens jurídicos tutelados (Administração da Justiça) já está exposto a risco de lesão. Caso a interceptação não se concretize por circunstâncias alheias à vontade do agente, então temos a possibilidade de tentativa. Vale lembrar, contudo, que a tipicidade ainda depende da presença do elemento normativo do tipo.

Objetividade jurídica: A Administração da Justiça e a privacidade das comunicações. *(a) a Administração da Justiça*: a interceptação telefônica somente é autorizada nos casos previstos em lei e por mandamento constitucional. Quando a Constituição, em primeiro lugar, autoriza a interceptação somente para a investigação e o processo criminal, admitindo um excepcional e especial meio de obtenção de prova, ela está autorizando e determinando ao Estado, por meio da Administração da Justiça, a fiscalização dos pressupostos legais e a regularidade do procedimento de interceptação. Assim, quando ocorre o ilícito, antes de que a intimidade ou privacidade sejam violadas a regularidade da Administração da Justiça já foi vulnerada; *(b) a privacidade*: a comunicação privada constitui um dos meios pelos quais o indivíduo desenvolve sua personalidade. Ele decide o que transmitir e a quem transmitir, e a proteção conferida a esta comunicação é o que permite a liberdade de pensamento e de expressão. Quando um terceiro intercepta uma conversa ilicitamente, está vulnerando a privacidade de alguém que, soubesse a existência de um estranho, comportar-se-ia de modo diferente, dentro das escolhas e do livre arbítrio que habitam a inteligência humana. Assim, a privacidade é bem jurídico-condição para que traços da personalidade possam ser exercidos ou desenvolvidos, somente podendo ser relativizada nos casos expressamente previstos em lei.

Sugerimos atenção ao leitor sobre o elemento normativo do tipo.

Objeto material: A comunicação telefônica, de informática ou telemática.

Elemento subjetivo: É o dolo específico (especial) consistente na realização de interceptação *com objetivos não autorizados em lei.*

Elemento normativo: *com objetivos não autorizados em lei.* Presente a autorização judicial, nela se encontra implícita a cláusula de não desvio de finalidade. Um ponto importante é perceber que o objetivo da interceptação das comunicações telefônicas, de informática ou telemática é servir à

4. MACIEL, Silvio; GOMES, Luiz Flavio. p. 628.

investigação ou instrução criminal (art. 5.º, inciso XII, CF). "(...) o ideal é concluir, então, que o crime restará caracterizado quando a ordem judicial em questão for proferida para a consecução de finalidade diversa (v.g., infidelidade matrimonial, fins político-partidários)."[5]

É importante salientar que a utilização do resultado da interceptação em processos cíveis, administrativos ou trabalhistas, antecedida de autorização judicial, ou seja, como *prova emprestada*, não caracterizará o tipo penal analisado. A possibilidade de empréstimo probatório consta em consolidada jurisprudência, conforme súmula 591 do STJ (É permitida a "prova emprestada" no processo administrativo disciplinar, desde que devidamente autorizada pelo juízo competente e respeitados o contraditório e a ampla defesa) e diversas decisões do STF.[6]

Sujeito ativo: Qualquer pessoa.

Sujeito passivo: O Estado (já que a Administração da Justiça é o bem jurídico primário) e, eventualmente, o interlocutor que teve a comunicação interceptada.

Classificação doutrinária: *Crime comum* (pode ser praticado por qualquer pessoa); de *mera conduta* (se consuma com a simples ação, sem previsão de resultado naturalístico); *de perigo abstrato* (o risco ao bem jurídico é presumido de forma absoluta pela lei);*doloso* (o agente quer o resultado ou assume o risco de produzi-lo), havendo *dolo específico* de realizar a conduta com objetivo não autorizado em lei; *de forma livre* (pode ser praticado por qualquer meio de execução); *comissivo* (os verbos indicam ações); *permanente* (a consumação se prolonga no tempo enquanto ativa a interceptação; *unissubjetivo ou de concurso eventual* (pode ser praticado por um só agente); *plurissubsistente* (admite fracionamento dos atos de execução); admite *tentativa.*

Ação Penal: Pública incondicionada.

Transação penal: Impossível (art. 76, Lei 9.099/1995).

Suspensão condicional do processo: Impossível (art. 89, Lei 9.099/1995).

Acordo de não persecução penal: Tem cabimento (art. 28-A, CPP).

1.3. Promover escuta ambiental *sem autorização judicial*

Comentários: Como referido nos comentários iniciais, na escuta ambiental, há uma interceptação dos sinais eletromagnéticos, ópticos ou acústicos por um terceiro, com o conhecimento de um dos envolvidos.

Quanto à escuta ambiental, fazemos as seguintes distinções *quanto ao ambiente*:

- ambiente público;

- ambiente público, mas a conversa possui expectativa de privacidade;

- ambiente privado.

Para a caracterização do crime, a interceptação ambiental deverá ter sido realizada (a) *sem autorização judicial* em ambiente público, mas *com expectativa de privacidade*, ou (b) em *ambiente privado*[7], desde que caracterizado o dolo.

Nesta linha,

> "Do contrário, ou seja, se concluir que toda e qualquer interceptação ou escuta ambiental sem autorização judicial prévia teria o condão de subsumir à novel figura delituosa, ainda que realizada em lugar público, chegaríamos à conclusão absurda de que, doravante, condutas absolutamente neutras, insignificantes ou irrelevantes, como por exemplo, a colocação de uma câmera de vigilância na portaria de entrada de um prédio residencial, submir-se-iam ao tipo penal do art. 10-A da Lei 9.296/96."[8]

Verbos nucleares do tipo: *promover* (realizar, permitir, dar condições, efetuar. Refere-se a ações de concretização da captação).

Consumação: Consuma-se com o acionamento dos dispositivos tendentes a realizar a escuta, independente do conhecimento do conteúdo ou de sua revelação, pois os bens jurídicos tutelados (Administração da Justiça e privacidade) já são expostos a risco de lesão.

Objetividade jurídica: A Administração da Justiça e a privacidade das comunicações. *(a) a Administração da Justiça*: a escuta ambiental, enquanto espécie de interceptação, somente é autorizada nos

5. DE LIMA, Renato Brasileiro. Ob. cit. p. 559.
6. Exemplificando: STF. 1ª Turma. RMS 28774/DF, rel. orig. Min. Marco Aurélio, red. p/ o acórdão Min. Roberto Barroso, julgado em 9/8/2016 (Info 834).
7. Confiram-se informações complementares nos comentários ao art. 10-A da mesma lei.
8. DE LIMA, Renato Brasileiro. Ob. cit. p. 558.

casos previstos na Constituição. No presente delito, está-se diante de uma escuta realizada sem autorização judicial, eis que as interceptações de sinais eletromagnéticos, ópticos ou acústicos em ambiente público em que a conversa revela expectativa de privacidade ou em ambiente privado está submetida à reserva de jurisdição. A ofensa à essa reserva de jurisdição caracteriza ofensa à Administração da Justiça. *(b) a privacidade*: a comunicação privada constitui um dos meios pelos quais o indivíduo desenvolve sua personalidade. Ele decide o que transmitir, a quem transmitir e o local em que deseja estabelecer a comunicação, A privacidade assegurada é o que permite a liberdade de pensamento e de expressão. Quando um terceiro capta sinais eletromagnéticos, ópticos ou acústicos ilicitamente, está vulnerando a privacidade de alguém que, soubesse a existência de um estranho, comportar-se-ia de modo diferente, dentro das escolhas e do livre arbítrio que habitam a inteligência humana. Assim, a privacidade é bem jurídico-condição para que traços da personalidade possam ser exercidos ou desenvolvidos, somente podendo ser relativizada nos casos e conforme os pressupostos expressamente previstos em lei.

Objeto material: Os sinais eletromagnéticos, ópticos ou acústicos.

Elemento subjetivo: É o dolo genérico consistente em realizar o núcleo do tipo, sem exigência de qualquer finalidade especial. Renato Brasileiro[9] refere que se trata de dolo genérico, não se exigindo dolo específico estipulado na Lei de Abuso de Autoridade. Concordamos com o autor, pois, apesar do crime analisado ter sido inserido na Lei 9.296/1996 pela Lei de Abuso de Autoridade, não se trata de crime previsto nessa legislação. Portanto, o dolo específico previsto no art. 1º, §1º da Lei 13.869/2019 – e aplicável aos crimes nela expressos - não vincula eventuais tipos penais que por ela tenham sido introduzidos em outras legislações.

Elemento normativo: *sem autorização judicial.* A possibilidade de relativização da privacidade realizada por meio da escuta ambiental está submetida à reserva de jurisdição. Decisão judicial posterior não valida a escuta iniciada sem prévia autorização. Entendemos que o art. 4º, § 1º da Lei 9.296/1996 não se aplica restritivamente às interceptações das comunicações telefônicas, aplicando-se, para fins de eficiência e celeridade compatíveis com meio de obtenção de prova de similar natureza, às interceptações ambientais, admitindo pedido oral, reduzindo-se a respectiva decisão judicial a termo.

Sujeito ativo: Qualquer pessoa.

Sujeito passivo: O Estado (já que a Administração da Justiça é o bem jurídico primário).

Classificação doutrinária: *Crime comum* (pode ser praticado por qualquer pessoa); de *mera conduta* (se consuma com a simples ação, sem previsão de resultado naturalístico); de *perigo* abstrato (o risco ao bem jurídico é presumido de forma absoluta pela lei);*doloso* (o agente quer o resultado ou assume o risco de produzi-lo); *de forma livre* (pode ser praticado por qualquer meio de execução); *comissivo* (os verbos indicam ações); *permanente* (a consumação se prolonga no tempo); *unissubjetivo ou de concurso eventual* (pode ser praticado por um só agente); *plurissubsistente* (admite fracionamento dos atos de execução); admite *tentativa.*

Conflito de normas: Neste ponto, vamos discorrer sobre a sucessão de leis no tempo e suas consequências.

(a) A Lei 9.296/1996 foi alterada por duas leis: a 13.869/2019 (Lei de Abuso de Autoridade) e 13.964/2019 (Pacote Anticrime);

(b) A Lei de Abuso de Autoridade criou duas figuras novas no art. 10: a *escuta* telefônica *sem autorização judicial* e a *escuta* telefônica *com objetivos não autorizados em lei* (com autorização judicial).

(c) O Pacote Anticrime criou o art. 10-A, trazendo uma *captação ambiental sem autorização judicial.* Utilizando a mesma sistemática adotada para o conceito de *interceptação telefônica* (que se aplica às interceptações telefônicas em sentido estrito e à escuta telefônica), devemos entender a *captação ambiental* em um sentido amplo, como sendo *interceptação ambiental.* Assim, a *captação/ interceptação ambiental em sentido amplo* engloba os conceitos de *interceptação ambiental em sentido estrito* (quando terceiro intercepta a comunicação ambiental sem o conhecimento dos interlocutores) e a *escuta ambiental* (quando terceiro intercepta a comunicação ambiental com o conhecimento de pelo menos um dos interlocutores).

(d) Nesse contexto, a *escuta ambiental sem autorização judicial* prevista no art. 10 (inserida no tipo penal pela Lei 13.869/2019, vigente a partir de 3 de janeiro de 2020) se confunde com a *captação*

9. DE LIMA, Renato Brasileiro. Legislação Criminal Especial Comentada Volume Único. 8ª ed. rev., atual. e ampl. Salvador: Editora Juspodivm, 2020. p. 556.

ambiental sem autorização judicial na modalidade *escuta ambiental* também regulada, posteriormente, no art. 10-A (inserido pela Lei n. 13.964/19, com vigência em 23 de janeiro de 2020);

(e) Diante disto, há normação posterior sobre o crime "escuta/captação *ambiental sem autorização judicial*, havendo derrogação (revogação parcial) do art. 10 quanto a este delito, prevalecendo o art. 10-A. Contudo, o art. 10 permanece vigente quanto ao crime de escuta ambiental *com objetivos não autorizados em lei*.[10]

Sobre a sucessão de leis no tempo, Renato Brasileiro refere que:

> "especificamente, quanto à matéria ora tratada, o art. 10, *caput*, da Lei n. 9.296/96, com redação alterada pela nova Lei de Abuso de Autoridade, vigorou apenas entre a data da vigência da Lei n. 13.869/19, in casu, no dia 3 de janeiro de 2020, e a data da entrada em vigor da Lei n. 13.964/19, qual seja, 23 de janeiro de 2020."[11]

Ação Penal: Pública incondicionada

Transação penal: Impossível (art. 76, Lei 9.099/1995)

Suspensão condicional do processo: Impossível (art. 89, Lei 9.099/1995)

Acordo de não persecução penal: Tem cabimento (art. 28-A, CPP)

1.4. Promover escuta ambiental *com objetivos não autorizados em lei*

Verbos nucleares do tipo: *Promover* (realizar, permitir, dar condições, efetuar).

Consumação: Consuma-se com o acionamento dos dispositivos tendentes a realizar a escuta, independente do conhecimento do conteúdo ou de sua revelação, pois os bens jurídicos tutelados (Administração da Justiça e privacidade) já são expostos a risco de lesão.

Objetividade jurídica: A Administração da Justiça e a privacidade das comunicações. *(a) a Administração da Justiça*: a escuta ambiental, enquanto espécie de interceptação, somente é autorizada para os fins previstos no inciso XII, parte final, do art. 5º da Constituição: investigação ou instrução criminal; *(b) a privacidade*: a comunicação privada constitui um dos meios pelos quais o indivíduo desenvolve sua personalidade. Ele decide o que transmitir, a quem transmitir e o local em que deseja estabelecer a comunicação, A privacidade assegurada é o que permite a liberdade de pensamento e de expressão. Assim, a privacidade é bem jurídico-condição para que traços da personalidade possam ser exercidos ou desenvolvidos, somente podendo ser relativizada nos casos e para os fins expressamente previstos em lei, que atenderá requisitos constitucionais.

Objeto material: Os sinais eletromagnéticos, ópticos ou acústicos.

Elemento subjetivo: É o dolo específico consistente em realizar o núcleo do tipo, sem exigência de qualquer finalidade especial.

Elemento normativo: *com objetivos não autorizados em lei.* Presente a autorização judicial, nela também se encontra implícita a cláusula de não desvio de finalidade. Sobre o âmbito de utilização da escuta ambiental, ou seja, para investigação ou instrução criminal convém pontuar que não restou explícito no art. 10, mas o foi no art. 10-A[12]. Mesmo assim, convém conceber que o âmbito de utilização dos meios de prova previstos na Lei 9.296/1996 consta expresso no art. 1º do diploma legal e no inciso XII do art. 5º da Constituição Federal. Assim, todas a relativizações de direitos e garantias fundamentais previstas na Lei de Interceptações está vinculada à investigação ou instrução criminal.

Sujeito ativo: Qualquer pessoa.

Sujeito passivo: O Estado (já que a Administração da Justiça é o bem jurídico primário).

Classificação doutrinária: *Crime comum* (pode ser praticado por qualquer pessoa); de *mera conduta* (se consuma com a simples ação, sem previsão de resultado naturalístico); *de perigo abstrato* (o risco ao bem jurídico é presumido de forma absoluta pela lei);*doloso*[13] (o agente quer o resultado ou assume o risco de produzi-lo); *de forma livre* (pode ser praticado por qualquer meio de execução); *comissivo* (os verbos indicam ações); *permanente* (a consumação se prolonga no tempo enquanto ativa a escuta; *unis-*

10. Note-se que no art. 10-A, o elemento normativo do tipo restringiu-se à locução *sem autorização judicial*, não mencionando os *objetivos não autorizados em lei*. Portanto, quanto à escuta ambiental, esse último elemento normativo do tipo é vigente apenas no art. 10.
11. DE LIMA, Renato Brasileiro. Ob. cit. p. 558
12. Art. 10-A. Realizar captação ambiental de sinais eletromagnéticos, ópticos ou acústicos *para investigação ou instrução criminal* sem autorização judicial, quando esta for exigida: (Incluído pela Lei nº 13.964, de 2019)
13. Consulte o item *Elemento subjetivo*.

subjetivo ou de concurso eventual (pode ser praticado por um só agente); *plurissubsistente* (admite fracionamento dos atos de execução); *admite tentativa.*

Conflito de normas: Neste ponto, vamos discorrer sobre a sucessão de leis no tempo e suas consequências.

(a) A Lei 9.296/1996 foi alterada por duas leis: a 13.869/2019 (Lei de Abuso de Autoridade) e 13.964/2019 (Pacote Anticrime);

(b) A Lei de Abuso de Autoridade criou duas figuras novas no art. 10: a *escuta* telefônica *sem autorização judicial* e a *escuta* telefônica *com objetivos não autorizados em lei* (com autorização judicial).

(c) O Pacote Anticrime criou o art. 10-A, trazendo uma *captação ambiental sem autorização judicial.* Utilizando a mesma sistemática adotada para o conceito de *interceptação telefônica* (que se aplica às interceptações telefônicas em sentido estrito e à escuta telefônica), devemos entender a *captação ambiental* em um sentido amplo, como sendo *interceptação ambiental.* Assim, a *captação/interceptação ambiental em sentido amplo* engloba os conceitos de *interceptação ambiental em sentido estrito* (quando terceiro intercepta a comunicação ambiental sem o conhecimento dos interlocutores) e a *escuta ambiental* (quando terceiro intercepta a comunicação ambiental com o conhecimento de pelo menos um dos interlocutores).

(d) Nesse contexto, a *escuta ambiental sem autorização judicial* prevista no art. 10 (inserida no tipo penal pela Lei 13.869/2019, vigente a partir de no dia 3 de janeiro de 2020) se confunde com a *captação ambiental sem autorização judicial* na modalidade *escuta ambiental* também regulada, posteriormente, no art. 10-A (inserido pela Lei n. 13.964/2019, com vigência em 23 de janeiro de 2020);

(e) Diante disto, há normação posterior sobre o crime "escuta/captação *ambiental sem autorização judicial*, havendo derrogação (revogação parcial) do art. 10 quanto a este delito, prevalecendo o art. 10-A. Contudo, o art. 10 permanece vigente quanto ao crime de escuta ambiental *com objetivos não autorizados em lei.*[14]

14. Note-se que no art. 10-A, o elemento normativo do tipo restringiu-se à locução *sem autorização judicial*, não mencionando os *objetivos não autorizados em lei*. Portanto, quanto à escuta ambiental, esse último elemento normativo do tipo é vigente apenas no art. 10.

Sobre a sucessão de leis no tempo, Renato Brasileiro refere que

> "especificamente, quanto à matéria ora tratada, o art. 10, *caput*, da Lei n. 9.296/96, com redação alterada pela nova Lei de Abuso de Autoridade, vigorou apenas entre a data da vigência da Lei n. 13.869/19, in casu, no dia 3 de janeiro de 2020, e a data da entrada em vigor da Lei n. 13.964/19, qual seja, 23 de janeiro de 2020."[15]

Ação Penal: Pública incondicionada

Transação penal: Impossível (art. 76, Lei 9.099/1995)

Suspensão condicional do processo: Impossível (art. 89, Lei 9.099/1995)

Acordo de não persecução penal: Tem cabimento (art. 28-A, CPP)

1.5. Quebrar segredo de justiça

Comentários: Trata-se de delito intimamente vinculado à regularidade da Administração da Justiça.

Verbos nucleares do tipo: *Quebrar* o sigilo (violar, romper, faltar com o dever de reserva, ostensiva ou veladamente). Por vezes, se dá com o conhecido "vazamento de informação".

Consumação: Se consuma quando a informação sobre a existência ou conteúdo de interceptação telefônica ou escuta ambiental, dolosamente, desprende-se do ambiente protegido pelo sigilo, seja do expediente em si (autos do procedimento investigatório ou do processo judicial), seja do meio tecnológico por meio do qual se está realizando a obtenção do conteúdo sigiloso (ex: material registrado por gravadores de som ou imagem), chegando até o conhecimento de terceiros, independente da efetiva utilização das informações.

Objetividade jurídica: A Administração da Justiça e, eventualmente, a privacidade, honra e imagem. *(a) a Administração da Justiça*: quando um procedimento possui como característica o sigilo, existem razões justificáveis para tanto. Podemos elencar a *efetividade das diligências* e a *privacidade/intimidade/imagem* de envolvidos. O sigilo é a restrição imposta pelo Estado à regra da publicidade quando encontrados bens ou valores também importantes e que impõem a respectiva tutela. Quando esse sigilo é indevidamente desrespeita-

15. DE LIMA, Renato Brasileiro. Ob. cit. p. 558.

do, temos uma ofensa à Administração da Justiça que se revela sob pelo menos dois aspectos: (a.1) o regular trâmite e guarda de informações em processos e procedimentos sigilosos; (a.2) efetivação da segurança pública, já que o vazamento de decisões judiciais autorizadoras de interceptação telefônica e escuta ambiental, e da existência de procedimentos de interceptação em andamento constituem ofensa direta aos meios de que dispõe o Estado para investigar delitos e, em sendo o caso, processar e punir criminosos, fazendo operar os fins preventivos da pena que repercutem na segurança pública[16]. *(b) a privacidade, honra e imagem*: a comunicação privada constitui um dos meios pelos quais o indivíduo desenvolve sua personalidade. Ele decide o que transmitir, a quem transmitir e o local em que deseja estabelecer a comunicação, A privacidade assegurada é o que permite a liberdade de pensamento e de expressão. Quando se quebra o segredo de justiça e, eventualmente, dá-se conhecimento sobre o seu conteúdo, está vulnerando a privacidade ou intimidade dos interlocutores.

Objeto material: As informações relacionadas à interceptação telefônica e à escuta ambiental (desde a existência de decisão judicial de deferimento ou sobre o andamento de diligências interceptativas).

Elemento subjetivo: É o dolo genérico consistente em realizar o núcleo do tipo quanto ao crime de quebra de sigilo *sem autorização judicial*. Quando a quebra do sigilo é realizada *com objetivos não autorizados em lei*, temos o *dolo específico*.

Elemento normativo: *sem autorização judicial* ou *com objetivos não autorizados em lei.(a) sem autorização judicial:* a quebra de sigilo decorre da ausência de autorização pela autoridade judiciária para que informações sejam reveladas. O sigilo das interceptações telefônicas decorre de expressa previsão já exposta no art. 1º da Lei 9.296/1996. Note-se que, neste ponto, nem mesmo ao investigado deve ser permitido o conhecimento sobre quaisquer aspectos relacionados à interceptação telefônica ou escuta ambiental enquanto não finalizadas[17] e juntadas ao respectivo inquérito ou processo. Reforça a tese, o teor da Súmula Vinculante 14 (É direito do defensor, no interesse do representado, ter acesso amplo aos elementos de prova que, já documentados em procedimento investigatório realizado por órgão com competência de polícia judiciária, digam respeito ao exercício do direito de defesa). *(b) com objetivos não autorizados em lei:* trata-se de expressão a ser verificada no caso concreto. Note-se que o segredo de justiça, inicialmente, é oponível de forma absoluta inclusive ao investigado ou réu, havendo um *sigilo interno absoluto*. Após o término das diligências, teremos um *sigilo interno relativo*, quando então, é permitido ao investigado ou réu o conhecimento dos requerimentos, decisões e conteúdo das diligências. Somente então, quando for o caso, pode-se admitir eventual quebra do sigilo externo, permitindo-se o conhecimento do conteúdo por terceiros estranhos às investigações ou ao processo. Em qualquer desses estágios de sigilo, nenhuma das decisões de *acesso* pode ter como causa, explícita ou implícita, objetivos não autorizados em lei.

Sujeito ativo: Somente quem tem cargo, função ou profissão que permita o legítimo acesso a informações sobre a interceptação ou escuta ambiental (desde o pedido até o seu conteúdo) incide neste crime. Os que não possuem cargo, função ou profissão que permita o acesso poderão incidir no crime do art. 151, § 1º, II do CP. Trata-se de tipo penal especial em relação aos art. 154 e 325 do CP.

Sujeito passivo: o Estado (já que a Administração da Justiça é o bem jurídico primário). Eventualmente, os comunicadores podem ser sujeitos passivos.

Classificação doutrinária: *Crime próprio* (somente quem tem cargo, função ou profissão que permita o legítimo acesso a informações sobre a interceptação ou escuta ambiental); de *mera conduta*(se consuma com a simples ação, sem previsão de resultado naturalístico); de *perigo* abstrato (o risco ao bem jurídico é presumido de forma absoluta pela lei);*doloso18* (o agente quer o resultado ou assume o risco de produzi-lo); *de forma livre* (pode ser praticado por qualquer meio de execução); *comissivo* (os verbos indicam ações); *instantâneo* (a consumação ocorre em momento determinado, sem prolongamento no tempo); *unissubjetivo ou de concurso eventual* (pode ser praticado por um só agente); *unissubsistente* (não

16. Na mesma linha, GOMES, Luiz Flávio. MACIEL, Silvio. p. 628-629.

17. Sobre a impossibilidade de acesso a medidas investigatórias em andamento, o STF possui posição pacificada sobre o tema, especialmente analisando pleitos utilizando a SV 14 como parâmetro. Por todas elas: Rcl 30.957, rel. min. Luiz Fux, dec. monocrática, j. 10-8-2018, DJE 164 de 14-8-2018; Rcl 29.958, rel. min. Alexandre de Moraes, dec. monocrática, j. 9-8-2018, DJE 164 de 14-8-2018; Rcl 28.903 AgR, rel. min. Edson Fachin, red. p/ o ac. min. Dias Toffoli, 2ª T, j. 23-3-2018, DJE 123 de 21-6-2018).

18. Consultar item *Elemento subjetivo*.

admite fracionamento dos atos de execução); não admite *tentativa*.

Conflito de normas:

- violação de sigilo nas interceptações telefônicas e escuta ambiental por quem tem legítimo acesso em decorrência de cargo ou função. art. 10 da Lei 9.296/1996 (norma especial em relação ao art. 325, CP). Crime próprio.

- violação de segredo funcional não atrelado às interceptações telefônicas e escuta ambiental: art. 325, CP.

- violação de conversação telefônica: art. 151, § 1º, II, CP, sendo crime comum (qualquer pessoa pode praticar).

Ação Penal: Pública incondicionada

Transação penal: Impossível (art. 76, Lei 9.099/1995)

Suspensão condicional do processo: Impossível (art. 89, Lei 9.099/1995)

Acordo de não persecução penal: Tem cabimento (art. 28-A, CPP)

1.6. Determinação irregular de interceptação de comunicações telefônicas, de informática ou telemática, de escuta ambiental ou de quebra segredo da Justiça

> **Art. 10 (...)**
>
> **Parágrafo único. Incorre na mesma pena a autoridade judicial que determina a execução de conduta prevista no *caput* deste artigo com objetivo não autorizado em lei. (Incluído pela Lei nº 13.869, de 2019)**

Comentários: Busca-se punir a autorização judicial de interceptação telefônica, escuta telefônica ou de quebra de sigilo motivada por desvio de finalidade, especialmente como modo de realizar perseguições de qualquer ordem ou exposições dolosas para que objetivos diversos da investigação ou processo criminal sejam alcançados.

Verbos nucleares do tipo: *determinar* (mandar, dar a ordem, autorizar a interceptação ou quebra do segredo).

Consumação: Com a decisão que determina a realização da interceptação telefônica, de informática ou telemática, ou escuta ambiental, ou que determina o levantamento do sigilo judicial com objetivos não autorizados em lei. Neste aspecto, por boa técnica, vale dizer que não há uma decisão que "quebra o sigilo", mas despacho que autoriza a sua publicidade, comumente chamado de "levantamento de sigilo".

- *decisão que determina interceptação telefônica, informática ou telemática ou a escuta ambiental*: consuma-se com a mera autorização judicial. Trata-se de crime de mera conduta, que se consuma independente do início das interceptações, do conhecimento do conteúdo por terceiro ou da divulgação das informações interceptadas. Contudo, perceba-se que outros desdobramentos podem ser necessários para a aferição do elemento normativo do tipo *com objetivos não autorizados em lei*. Dentro da dinâmica das interceptações telefônicas, apesar da disposição expressa do art. 3º da Lei 9.296/1996, entendemos ser inconstitucional a autorização para a determinação da interceptação, de ofício, pelo juiz, por ofensa ao sistema acusatório. Portanto, a decisão judicial deve ser proferida mediante prévio requerimento da parte ou representação do Delegado. Por isso, é importante salientar que a demonstração dos requisitos, da utilidade e objetivos para o deferimento da medida, via de regra, são informados por aquele que provoca o Poder Judiciário, devendo ser analisado em quem efetivamente repousa o dolo de realizar uma interceptação telefônica com fins não autorizados em lei.

- *decisão que determina a quebra de segredo de justiça*: nesse caso, não se trata de decisão que determina "a quebra" de segredo de justiça, mas da decisão que, mais comumente, "levanta" o segredo justiça com objetivos não autorizados em lei. Assim, há um levantamento do segredo e a verificação de que se deu para fins escusos comprovados no caso concreto. Como há um sigilo interno, inicialmente, aplicável até mesmo ao investigado para não se frustrarem as diligências relativas aos meios especiais de obtenção de prova, não se descarta a incidência do tipo penal inclusive na fase de inquérito. Portanto, o crime não se aperfeiçoa apenas quando permitida, para objetivos não autorizados em lei, a publicidade externa.

Objetividade jurídica: A Administração da Justiça.

Objeto material: A decisão judicial que determina a interceptação, a escuta ou o levantamento do sigilo.

Elemento subjetivo: É o dolo específico de realizar a conduta com objetivos não autorizados em lei.

Elemento normativo: *com objetivo não autorizado em lei*: é quando resta caracterizado o desvio de finalidade, que, por si só, também constitui um elemento que deve ser verificado no caso concreto. Não se pode deixar de considerar, entretanto, que a previsão do art. 1º, § 1º da Lei 13.869/2019[19] possa servir de parâmetro hermenêutico quanto à locução *objetivos não autorizados em lei,* ainda que seja totalmente dispensável para fins da tipicidade ora analisada.

Sujeito ativo: A autoridade judiciária.

Sujeito passivo: O Estado e, eventualmente, a pessoa prejudicada com a divulgação de informações acobertadas pelos sigilos das comunicações telefônicas, telemáticas, informáticas, do conjunto de informações captadas pela escuta ambiental ou pelo levantamento do sigilo.

Classificação doutrinária: *Crime próprio* (pode ser praticado apenas pela autoridade judiciária; de *mera conduta* (se consuma com a simples ação, sem previsão de resultado naturalístico); de *perigo abstrato* (o risco ao bem jurídico é presumido de forma absoluta pela lei)*; doloso* (o agente quer o resultado ou assume o risco de produzi-lo); *de forma vinculada* (somente por meio de decisão judicial); *comissivo* (o verbo indicam ações); *instantâneo* (a consumação ocorre em momento determinado, sem prolongamento no tempo)*; unissubjetivo ou de concurso eventual* (pode ser praticado por um só agente); *unissubistente* (não admite fracionamento, pois a decisão existe somente quando há assinatura do magistrado); não admite *tentativa.*

Ação Penal: Pública incondicionada

Transação penal: Impossível (art. 76, Lei 9.099/1995)

Suspensão condicional do processo: Impossível (art. 89, Lei 9.099/1995)

Acordo de não persecução penal: Tem cabimento (art. 28-A, CPP)

Art. 10-A. Realizar captação ambiental de sinais eletromagnéticos, ópticos ou acústicos para investigação ou instrução criminal sem autorização judicial, quando esta for exigida: (Incluído pela Lei nº 13.964, de 2019)

Pena - reclusão, de 2 (dois) a 4 (quatro) anos, e multa. (Incluído pela Lei nº 13.964, de 2019)

§ 1º Não há crime se a captação é realizada por um dos interlocutores. (Incluído pela Lei nº 13.964, de 2019)

§ 2º A pena será aplicada em dobro ao funcionário público que descumprir determinação de sigilo das investigações que envolvam a captação ambiental ou revelar o conteúdo das gravações enquanto mantido o sigilo judicial. (Incluído pela Lei nº 13.964, de 2019)

Comentários: No campo das *captações ambientais*, é preciso estabelecer algumas premissas e diferenciações.

O termo *captação ambiental* refere-se a formas de apreensão e registro de sinais eletromagnéticos, ópticos ou acústicos. O *ambiente* está para a *captação* assim como as *comunicações telefônicas, de informática* e *telemática* estão para as *interceptações.* Dito de outro modo, *interceptação ecaptação* possuem pontos de identidade e, por isso, aplicaremos a mesma disciplina a ambas. Contudo, seguindo um melhor rigor quanto à denominação, faremos a seguinte distinção:

Captação ambiental em sentido amplo abrange:

- *captação ambiental em sentido estrito*: terceiro capta um conjunto de informações e elementos *semo* conhecimento de todos os interlocutores;

- *escuta ambiental*: terceiro capta um conjunto de informações e elementos *com* o conhecimento de um dos interlocutores;

- *gravação ambiental*: um dos interlocutores capta o conjunto de informações e elementos sem o conhecimento do outro interlocutor.

Perceba-se, assim, o paralelismo com a interceptação das comunicações telefônicas e do ambiente. Essa premissa é importante para a análise do tipo penal do art. 10-A, apontando-se conflitos, harmonizações e possíveis lacunas legislativas.

Verbos nucleares do tipo: *realizar* (levar a efeito, concretizar, proceder).

Objetividade jurídica: A intimidade e privacidade.

Objeto material: As comunicações e conjunto de informações (voz, som e imagens) transmissíveis por meio de sinais eletromagnéticos, ópticos ou acústicos.

19. As condutas descritas nesta Lei constituem crime de abuso de autoridade quando praticadas pelo agente com a finalidade específica de prejudicar outrem ou beneficiar a si mesmo ou a terceiro, ou, ainda, por mero capricho ou satisfação pessoal.

Elemento subjetivo: É o dolo direto consistente na vontade de captar a comunicação ambiental.

Elemento normativo do tipo: *sem autorização judicial, quando esta for exigida:* O elemento normativo do tipo busca esclarecer que, em se tratando de captação ambiental, nem sempre é necessária prévia autorização judicial. Assim, há crime quando a captação não conta com prévio título judicial *exigido* nas circunstâncias. Em ambientes públicos, a regra é a desnecessidade de autorização judicial. A exceção (exigência de autorização judicial) fica por conta dos casos em que, apesar dos interlocutores estarem em local público, haja uma expectativa de privacidade, como numa conversa entre um casal de namorados. Em ambientes privados, há necessidade de autorização para a realização da escuta ambiental.

Gravação ambiental. Atipicidade: Vale lembrar que a gravação ambiental, espécie de captação que é promovida por um dos interlocutores (autogravação), não se confunde com a captação/escuta ambiental, em que há uma verdadeira interceptação dos sinais eletromagnéticos, ópticos ou acústicos promovida por terceira pessoa estranha ao ambiente captado, ainda que o conhecimento de um dos interlocutores. A jurisprudência é pacífica no sentido de que a gravação ambiental, feita por um dos interlocutores, não está submetida à cláusula de reserva de jurisdição e a lei, no art. 10-A, § 1º, expressamente refere que a conduta é atípica.

Sujeito ativo: Qualquer pessoa.

Sujeito passivo: Pessoas que tiveram o conjunto de informações captado[20].

Classificação doutrinária: *Crime comum* (pode ser praticado por qualquer pessoa);*de mera conduta*(se consuma com a simples ação, sem previsão de resultado naturalístico);de *perigo abstrato* (o risco ao bem jurídico é presumido de forma absoluta pela lei);*doloso* (o agente quer o resultado ou assume o risco de produzi-lo); *de forma livre* (pode ser praticado por qualquer meio de execução); *comissivo* (os verbos indicam ações); *permanente* (a consumação se prolonga no tempo); *unissubjetivo ou de concurso eventual* (pode ser praticado por um só agente); *plurissubsistente* (admite fracionamento dos atos de execução); admite *tentativa*.

Conflito de normas: Neste ponto, vamos discorrer sobre a sucessão de leis no tempo e suas consequências.

(a) A Lei 9.296/1996 foi alterada por duas leis: a 13.869/2019 (Lei de Abuso de Autoridade) e 13.964/2019 (Pacote Anticrime);

(b) A Lei de Abuso de Autoridade criou duas figuras novas no art. 10: a *escuta* telefônica *sem autorização judicial* e a *escuta* telefônica *com objetivos não autorizados em lei* (com autorização judicial).

(c) O Pacote Anticrime criou o art. 10-A, trazendo uma *captação ambientalsem autorização judicial.* Utilizando a mesma sistemática adotada para o conceito de *interceptação telefônica* (que se aplica às interceptações telefônicas em sentido estrito e à escuta telefônica), devemos entender a *captação ambiental* em um sentido amplo, como sendo *interceptação ambiental.* Assim, a *captação/interceptação ambiental em sentido amplo* engloba os conceitos de *interceptação ambiental em sentido estrito* (quando terceiro capta/intercepta a comunicação ambiental sem o conhecimento dos interlocutores) e a *escuta ambiental* (quando terceiro capta/intercepta a comunicação ambiental com o conhecimento de pelo menos um dos interlocutores).

(d) Nesse contexto, a *escuta ambientalsem autorização judicial* prevista no art. 10 (inserida no tipo penal pela Lei 13.869/2019, vigente a partir de no dia 3 de janeiro de 2020) se confunde com a *captação ambiental sem autorização judicial* na modalidade *escuta ambiental* também regulada, posteriormente, no art. 10-A (inserido pela Lei n. 13.964/19, com vigência em 23 de janeiro de 2020);

(e) Diante disto, há normação posterior sobre o crime "escuta/captação *ambientalsem autorização judicial*, havendo derrogação (revogação parcial) do art. 10 quanto a este delito, prevalecendo o art. 10-A. Contudo, o art. 10 permanece vigente quanto ao crime de escuta ambiental *com objetivos não autorizados em lei.*[21]

20. Preferimos a expressão "conjunto de informações captado" porque a interceptação ambiental, neste caso, não é apenas de conversas, mas também de (outros) sons e imagens. Assim, e exemplificando, quando uma câmera registra a imagem de um assaltante em ação, ela não está captando uma *comunicação*em seu sentido usual, mas um conjunto de imagens (informações) sobre dados da realidade, o que demonstra que não apenas as *comunicações* constituem objeto material deste delito.

21. Note-se que no art. 10-A, o elemento normativo do tipo restringiu-se à locução *sem autorização judicial*, não mencionando os *objetivos não autorizados em lei*. Portanto, quanto à escuta ambiental, esse último elemento normativo do tipo é vigente apenas no art. 10.

Sobre a sucessão de leis no tempo, Renato Brasileiro refere que

> "especificamente, quanto à matéria ora tratada, o art. 10, *caput*, da Lei n. 9.296/96, com redação alterada pela nova Lei de Abuso de Autoridade, vigorou apenas entre a data da vigência da Lei n. 13.869/19, in casu, no dia 3 de janeiro de 2020, e a data da entrada em vigor da Lei n. 13.964/19, qual seja, 23 de janeiro de 2020."[22]

Ao final da análise dos arts. 10 e 10-A da Lei 9.296/1996, podemos realizar o seguinte resumo:

Conduta	Elemento normativo	Tipo penal
interceptação de comunicações telefônicas, de informática ou telemática	sem autorização judicial	Art. 10
interceptação de comunicações telefônicas, de informática ou telemática	com objetivos não autorizados em lei	Art. 10
escuta ambiental	sem autorização judicial	Conflito Art. 10 x Art. 10-A: prevalece art. 10 - A[23]
escuta ambiental	com objetivos não autorizados em lei	Art. 10
captação/interceptação ambiental em sentido estrito	sem autorização judicial	Art. 10-A
captação/interceptação ambiental em sentido estrito	com objetivos não autorizados em lei	Lacuna: fato atípico

Causa de exclusão de ilicitude:há expressa previsão de que a captação realizada por um dos interlocutores não constitui crime, conforme inserção do § 1º do art. 10-A realizada pelo Pacote Anticrime. A disposição legal, em verdade, acolheu entendimento da jurisprudência dos tribunais superiores existentes sobre a matéria (RE 583.937 QO-RG, Relator Ministro CEZARPELUSO, julgado em 19/11/2009, REPERCUSSÃO GERAL - MÉRITO DJe-237 de18/12/2009; STJ, HC 422285/MS, Relator Ministro Reynaldo Soares da Fonseca, 5ª Turma, publicado DJe em 11/10/2018)

Causa de aumento: aplica-se a pena em dobro caso funcionário público viole o sigilo das investigações que envolvam a captação ambiental ou revele o conteúdo das gravações enquanto mantido o sigilo.

Ação Penal: Pública incondicionada

Transação penal: Impossível (art. 76, Lei 9.099/1995)

Suspensão condicional do processo: Impossível (art. 89, Lei 9.099/1995)

Acordo de não persecução penal: Tem cabimento (art. 28-A, CPP)

BIBLIOGRAFIA

LIMA. Renato Brasileiro de. Legislação Criminal Especial Comentada: volume único. 8ª ed. rev., atual. e ampl. Salvador: Editora Juspodivm, 2020. 1.328 p.

MENDES, Gilmar Ferreira; BRANCO, Paulo Gustavo Gonet. Curso de Direito Constitucional. – 13ª ed. rev. e atual. São Paulo: Saraiva. 1.638 p.

TASSE, Adel El. et al. Legislação Criminal Especial. 2ª ed. rev., atual. e ampl.- São Paulo: Editora Revista dos Tribunais, 2010 (Coleção Ciências Criminais v. 6./ coordenação Luiz Flávio Gomes, Rogério Sanches Cunha). 1.277 p.

22. DE LIMA, Renato Brasileiro. Ob. cit. p. 558.

44

LEI DAS TELECOMUNICAÇÕES

Lei 9.472/1997

HIGOR VINICIUS NOGUEIRA JORGE

Art. 183. Desenvolver clandestinamente atividades de telecomunicação:

Pena - detenção de dois a quatro anos, aumentada da metade se houver dano a terceiro, e multa de R$ 10.000,00 (dez mil reais).

Parágrafo único. Incorre na mesma pena quem, direta ou indiretamente, concorrer para o crime.

Elementos nucleares do tipo: Desenvolver (desempenhar; prosseguir; produzir; aperfeiçoar; potencializar; avançar) atividades de telecomunicação.

A decisão infra apresenta um caso em que ocorreu o desenvolvimento clandestino da atividade de telecomunicação, conforme previsão legal.

> AGRAVO REGIMENTAL NO HABEAS CORPUS. PENAL E PROCESSUAL PENAL. HABEAS CORPUS SUBSTITUTIVO DE RECURSO EXTRAORDINÁRIO. INADMISSIBILIDADE. COMPETÊNCIA DO SUPREMO TRIBUNAL FEDERAL PARA JULGAR HABEAS CORPUS: CF, ART. 102, I, "D" E "I". ROL TAXATIVO. DESENVOLVIMENTO CLANDESTINO DE ATIVIDADE DE TELECOMUNICAÇÃO. SERVIÇO DE PROVEDOR DE INTERNET. ART. 183 DA LEI N.º 9.472/97. ALEGAÇÃO DE BAIXA FREQUÊNCIA. PRINCÍPIO DA INSIGNIFICÂNCIA. INAPLICABILIDADE. REVOLVIMENTO DO CONJUNTO FÁTICO-PROBATÓRIO. INADMISSIBILIDADE NA VIA ELEITA. AGRAVO REGIMENTAL DESPROVIDO. 1. **O desenvolvimento clandestino de atividade de transmissão de sinal de internet, via rádio, comunicação multimídia, sem a autorização do órgão regulador, caracteriza, por si só, o tipo descrito no artigo 183, da Lei n.º 9.472/97, pois se trata de crime formal, inexigindo, destarte, a comprovação de efetivo prejuízo.** 2. A inexistência de potencial ofensivo ou interferência ao sistema de telecomunicações ante a suposta baixa frequência do serviço, bem como a habitualidade não são passíveis de aferição na via estreita do habeas corpus, por demandar minucioso exame fático e probatório inerente a meio processual diverso. Precedente: HC 130.786, Segunda Turma, Rel. Min. Cármen Lúcia, DJe 16/06/2016. 3. In casu, o paciente foi condenado pela prática do crime previsto no artigo 183 da Lei 9.472/97, em razão de desenvolver clandestinamente atividade de telecomunicação, em especial, exploração de prestação de serviço de comunicação multimídia (internet), mediante link ADSL e antena TPLINK, sem a devida autorização legal. 4. A competência originária do Supremo Tribunal Federal para conhecer e julgar habeas corpus está definida, exaustivamente, no artigo 102, inciso I, alíneas d e i, da Constituição da República, sendo certo que o paciente não está arrolado em qualquer das hipóteses sujeitas à jurisdição desta Corte. 5. Agravo regimental desprovido (grifo nosso)[1].

Objeto jurídico: A lei tem a finalidade de proteger a segurança dos meios de telecomunicações, conforme trecho do acórdão decorrente do HC 104530

> EMENTA: HABEAS CORPUS. PENAL. RÁDIO COMUNITÁRIA. OPERAÇÃO SEM AUTORIZAÇÃO DO PODER PÚBLICO. IMPUTAÇÃO AOS PACIENTES DA PRÁTICA DO CRIME PREVISTO NO ARTIGO 183 DA LEI 9.472/1997. BEM JURÍDICO TUTELADO. LESÃO. INEXPRESSIVIDADE. PRINCÍPIO DA INSIGNIFICÂNCIA. APLICABILIDADE. CRITÉRIOS OBJETIVOS. EXCEPCIONALIDADE. PRESENÇA. APURAÇÃO NA ESFERA ADMINISTRATIVA. POSSIBILIDADE. ORDEM CONCEDIDA. I – Consta dos autos que o serviço de radiodifusão utilizado pela emissora é considerado de baixa potência, não tendo, deste modo, capacidade de causar

1 STF. HC 129807 AgR / PR – PARANÁ. AG.REG. NO HABEAS CORPUS. Relator(a): Min. LUIZ FUX. Julgamento: 31/03/2017. Publicação: 20/04/2017. DJe-079.

interferência relevante nos demais meios de comunicação. II – Rádio comunitária localizada em pequeno município do interior gaúcho, distante de outras emissoras de rádio e televisão, bem como de aeroportos, o que demonstra que **o bem jurídico tutelado pela norma – segurança dos meios de telecomunicações** – permaneceu incólume. III - A aplicação do princípio da insignificância deve observar alguns vetores objetivos: (i) conduta minimamente ofensiva do agente; (ii) ausência de risco social da ação; (iii) reduzido grau de reprovabilidade do comportamento; e (IV) inexpressividade da lesão jurídica. IV – Critérios que se fazem presentes, excepcionalmente, na espécie, levando ao reconhecimento do denominado crime de bagatela. V – Ordem concedida, sem prejuízo da possível apuração dos fatos atribuídos aos pacientes na esfera administrativa (grifo nosso)[2].

O artigo 157 que estabelece que "o espectro de radiofrequências é um recurso limitado, constituindo-se em bem público, administrado pela Agência Nacional de Telecomunicações".

Objeto material: As atividades de telecomunicações são consideradas objeto material do delito. Importante considerar o artigo 60 da Lei que estabelece que serviço de telecomunicações é o "conjunto de atividades que possibilita a oferta de telecomunicação". O § 1º do referido artigo conceitua telecomunicação como a "transmissão, emissão ou recepção, por fio, radioeletricidade, meios ópticos ou qualquer outro processo eletromagnético, de símbolos, caracteres, sinais, escritos, imagens, sons ou informações de qualquer natureza". São exemplos: equipamento radiotransmissor da polícia, serviço de internet via rádio, rádio comunitária etc.

Elemento subjetivo: Comete o crime aquele que, de forma livre e consciente (dolosa), promove o desenvolvimento clandestino de atividade de telecomunicação. O crime não pode ser praticado na forma culposa.

Elemento normativo: O elemento normativo do tipo é a clandestinidade. A clandestinidade é conceituada no parágrafo único do artigo 184 como sendo "a atividade desenvolvida sem a competente concessão, permissão ou autorização de serviço, de uso de radiofreqüência e de exploração de satélite".

Sujeito ativo: Qualquer pessoa pode ser autora do crime, independente de ser ou não titular dos recursos tecnológicos utilizados para as atividades telecomunicação. O parágrafo único estabelece que incorre na mesma pena aquele que, direta ou indiretamente, concorre para o crime.

Sujeito passivo: O sujeito passivo é a União.

Consumação: Basta que seja realizado o desenvolvimento clandestino da atividade clandestina de telecomunicação para que o crime seja consumado, independente das suas circunstâncias.

Tentativa: O delito admite tentativa (crime plurissubsistente).

Efeitos da condenação: São efeitos da condenação penal transitada em julgado, conforme o artigo 184 da Lei, tornar certa a obrigação de indenizar o dano causado pelo crime e a perda, em favor da Agência, ressalvado o direito do lesado ou de terceiros de boa-fé, dos bens empregados na atividade clandestina, sem prejuízo de sua apreensão cautelar.

Causa de aumento de pena: Se terceiro sofrer dano a pena será aumentada da metade.

Acordo de Não Persecução Penal: É admitido o acordo de não persecução, previsto no art. 28-A, do Código de Processo Penal (incluído pela nova Lei Federal nº 13.964/2019), desde que o delito não seja praticado mediante violência ou grave ameaça à pessoa. Também é necessário a confissão formal do agente, que a pena abstrata mínima seja inferior a 4 (quatro) anos e que não seja cabível a transação.

Ação penal: Conforme disposição do artigo 185, o crime é de ação penal pública incondicionada.

Classificação doutrinária: Crime formal (não exige resultado naturalístico); comum (pode ser praticado por qualquer pessoa); plurissubsistente (admite fracionamento dos atos de execução); crime de perigo abstrato (perigo é presumido pela lei, não exige que um bem jurídico sofra dano ou seja coloca em risco); crime praticado de forma livre (pode ser praticado por qualquer meio de execução); permanente (consumação se protrai no tempo em virtude da vontade do autor).

2. STF. HC 104530. Primeira Turma. Relator(a): Min. RICARDO LEWANDOWSKI. Julgamento: 28/09/2010. Publicação: 07/12/2010.

45

CRIMES DE TRÂNSITO

Lei 9.503/98

WILLIAM GARCEZ

1. CRIMES DE TRÂNSITO

A definição de uma infração penal como crime de trânsito requer a presença de **três requisitos**: **(a)** que a conduta seja praticada na direção de veículo automotor; **(b)** que esteja tipificada no Código de Trânsito; e **(c)** que a conduta seja praticada nas vias terrestres abertas à circulação.

Nesse passo, por exemplo, a lesão corporal dolosa na direção de veículo automotor não será considerada crime de trânsito, pois, não está descrita no Código de Trânsito, diploma que tipifica apenas a lesão corporal *culposa* (art. 303). Da mesma forma, não será considerada um crime de trânsito, por falta do elemento espacial, a lesão corporal culposa, praticada na direção de veículo automotor, cuja conduta tenha sido realizada na garagem de uma residência[1].

2. CRIMES DE PERIGO

Com exceção dos crimes de homicídio culposo (art. 302) e de lesão corporal culposa (art. 303), que são crimes de dano, todos os demais são crimes de perigo concreto ou abstrato.

Os crimes de *perigo concreto* são aqueles em que o perigo deve ser demonstrado caso a caso, i.e., deve existir prova da exposição do bem jurídico ao perigo. Os crimes de *perigo abstrato*, por sua vez, são aqueles em que o perigo ao bem jurídico é presumido pela lei, dispensando-se prova dessa circunstância, o que faz com que sejam chamados, também, de crimes de *perigo presumido*.

Registre-se que os crimes de perigo, via de regra, são absorvidos[2] pelos crimes de dano, não havendo razões para se punir o perigo quando o dano já estiver consumado. A exceção se dá nos *crimes qualificados pelo resultado*, quando o preterdolo é usado para qualificar a pena, como ocorre, por exemplo, no crime do art. 308, quando da ação resultar *lesão corporal de natureza grave* ou *homicídio*.

3. CRIMES DE PERIGO ABSTRATO

Nesses crimes, o legislador não espera um resultado naturalístico decorrente da conduta, apenas descrevendo o comportamento punível, razão pela qual possuem uma ligação umbilical com *crimes de mera conduta*.

Registre-se que há certa resistência de uma parcela minoritária da doutrina em admitir os crimes de perigo abstrato, por suposta ofensa ao *princípio da lesividade ou ofensividade*, segundo o qual qualquer conduta, para ser considerada criminosa, deve ofender um bem jurídico, i.e., provocar efetiva *lesão* ou, então, ao menos um *perigo concreto*, que deve restar provado. Essa corrente doutrinária tem o entendimento de que a mera conduta não deveria ter

1. Ver capítulo 4.

2. Ainda que essa seja a conclusão lógica quando crimes de perigo e crimes de dano são praticados no mesmo contexto fático, o Superior Tribunal de Justiça entende que o crime de dano do art. 303, *caput* (lesão corporal culposa simples) não absorve o crime do art. 306 (embriaguez ao volante), devendo o agente responder por ambos os crimes. Assim, a tipificação deverá ser feita no art. 303, *caput*, em concurso com o art. 306, combinado com art. 291, §1°, inc. I (STJ, REsp 1.688.517, AgRg no REsp 1.582.511 e REsp 1.629.107).

relevância penal e que, em razão disso, esses crimes seriam inconstitucionais.

Entretanto, o Supremo Tribunal Federal já teve a oportunidade de se manifestar sobre o tema, tendo assentado entendimento de que os *crimes de perigo abstrato são constitucionais* (HC 109.269). Argumenta-se que "a criação de crimes de perigo abstrato não representa, por si só, comportamento inconstitucional por parte do legislador penal, sendo que a tipificação de condutas que geram perigo em abstrato, muitas vezes, acaba sendo a melhor alternativa ou a medida mais eficaz para a proteção de bens jurídico-penais supraindividuais ou de caráter coletivo, como, v.g., o meio ambiente, a saúde etc." (HC 102.087).

Calcado nessa premissa, tem-se que "o legislador pode, dentro de suas amplas margens de avaliação e de decisão, definir quais as medidas mais adequadas e necessárias para a efetiva proteção de determinado bem jurídico, o que lhe permite escolher espécies de tipificação próprias de um direito penal preventivo. Apenas a atividade legislativa que, nessa hipótese, transborde os limites da proporcionalidade, poderá ser tachada de inconstitucional (STF, HC 104.410).

Caminhou bem a jurisprudência do Supremo Tribunal Federal, pois os crimes de perigo abstrato *tutelam bens jurídicos que afetam toda a coletividade*, não possuindo, em regra, uma vítima específica, como costumeiramente se verifica no modelo de punição criminal clássico. A sociedade está em constante evolução e com ela a criminalidade. Não há como se conceber que o legislador somente possa reprimir condutas após a *exposição concreta a perigo* ou a *efetiva lesão* do objeto jurídico, sob pena *de proteção deficiente*.

Não há outra forma de se promover a tutela penal de *bens jurídicos desmaterializados*, senão por meio dos *crimes de perigo abstrato*. Nesse passo, ou o legislador age dessa forma e tutela bens como a incolumidade pública, a saúde pública, etc., ou deixa a sociedade a mercê de condutas potencialmente perigosas, sob o pretexto da liberdade de ação.

Desmaterialização dos bens jurídicos: Se relaciona à proteção de bens jurídicos que tutelam a coletividade, tipificando crimes de perigo abstrato. A doutrina moderna também utiliza a expressão *espiritualização dos bens jurídicos*.

4. INCIDÊNCIA DO CÓDIGO DE TRÂNSITO

Conforme previsão do art. 1° "o trânsito de qualquer natureza nas vias terrestres do território nacional, abertas à circulação, rege-se por este Código". Logo, o regramento aplica-se em todas **as vias terrestres abertas à circulação.**

Seguindo a linha de definição conceitual, o art. 2° registra que "são vias terrestres urbanas e rurais as ruas, as avenidas, os logradouros, os caminhos, as passagens, as estradas e as rodovias, que terão seu uso regulamentado pelo órgão ou entidade com circunscrição sobre elas, de acordo com as peculiaridades locais e as circunstâncias especiais". Atenção deve ser despendida ao parágrafo único do artigo transcrito, o qual preconiza que "para os efeitos deste Código, são consideradas vias terrestres as praias abertas à circulação pública, as vias internas pertencentes aos condomínios constituídos por unidades autônomas e as vias e áreas de estacionamento de estabelecimentos privados de uso coletivo".

Conceito de vias terrestres: O conceito de vias terrestres abrange **(a)** praias abertas à circulação pública; **(b)** vias internas pertencentes a condomínios constituídos por unidades autônomas e **(c)** o estacionamento de estabelecimentos privados de uso coletivo.

5. APLICAÇÃO SUBSIDIÁRIA DA LEGISLAÇÃO CRIMINAL GERAL

Art. 291. Aos crimes cometidos na direção de veículos automotores, previstos neste Código, aplicam-se as normas gerais do Código Penal e do Código de Processo Penal, se este Capítulo não dispuser de modo diverso, bem como a Lei nº 9.099, de 26 de setembro de 1995, no que couber.

Aplicação subsidiária: As regras do Código Penal, do Código de Processo Penal e da Lei dos Juizados Especiais Criminais se aplicam aos crimes de trânsito sempre que não houver disposição em sentido contrário. O artigo não possui utilidade, pois tanto o Código Penal (art. 12), quanto o códex processual (art. 1°) já orientam sua subsidiariedade à legislação especial.

6. LESÃO CORPORAL CULPOSA NO TRÂNSITO E JECRIM

Art. 291. (...)

§1° Aplica-se aos crimes de trânsito de lesão corporal culposa o disposto nos arts. 74, 76 e 88 da Lei no 9.099, de 26 de setembro de 1995, exceto se o agente estiver:

Regra: As regras da Lei 9.099/95, no que diz respeito à composição civil (art. 74), à transação penal (art. 76) e à representação (art. 88) aplicam-se ao crime de lesão corporal culposa no trânsito, *salvo* se o agente praticar a conduta em uma das circunstâncias descritas.

I - sob a influência de álcool ou qualquer outra substância psicoativa que determine dependência;

Álcool e drogas: Não basta a suposição, deve haver comprovação de que o agente está sob a influência de álcool ou drogas. A prova da adulteração (influência) da capacidade psicomotora pode ser feita por qualquer meio de prova admitida pela legislação, respeitando-se, logicamente, o direito de não produzir provas contra si. Nesse aspecto, o art. 306, §2°, determina que a verificação da *influência* por álcool ou drogas poderá ser obtida mediante teste de alcoolemia ou toxicológico, exame clínico, perícia, vídeo, prova testemunhal ou qualquer outro meio de prova em direito admitido, observado o direito à contraprova.

II - participando, em via pública, de corrida, disputa ou competição automobilística, de exibição ou demonstração de perícia em manobra de veículo automotor, não autorizada pela autoridade competente;

Racha: O dispositivo abrange a figura típica do crime de racha (art. 308) com resultado preterdoloso de *lesão corporal leve*, o qual, conforme referimos no capítulo 2, restará absorvido pelo crime do art. 303, afastando-se, nesse caso, os benefícios da composição civil, da transação penal e da representação, previstos na lei 9.099/95.

III - transitando em velocidade superior à máxima permitida para a via em 50 km/h (cinqüenta quilômetros por hora).

Velocidade excessiva: O dispositivo, ao que parece, tentou fazer alusão à infração administrativa de natureza gravíssima prevista no art. 218, inc. III, a qual se refere a "dirigir em velocidade superior à máxima permitida para a via em 50%", tendo se utilizado, equivocadamente, da expressão "50 km/h".

§ 2º Nas hipóteses previstas no §1° deste artigo, deverá ser instaurado inquérito policial para a investigação da infração penal.

Aplicação subsidiária: Nos casos estudados o delegado de polícia não poderá determinar a instauração de termo circunstanciado. O dispositivo prevê que a lesão corporal culposa praticada nas circunstâncias descritas no §1° deve ser apurada em inquérito policial.

Constitucionalidade: Há quem sustente a inconstitucionalidade do dispositivo por alterar o conceito de infração de menor potencial ofensivo. Porém, há que se observar que a Constituição Federal, ao determinar a criação do JECrim, não fornece um conceito de infração de menor potencial ofensivo, delegando essa tarefa à lei ordinária (art. 98, I, CF). Assim, a vontade do legislador é que a lesão corporal culposa no trânsito, nas situações descritas no §1°, não seja considerada infração de menor potencial ofensivo. Não havendo qualquer inconstitucionalidade.

§3° (VETADO).

§4° O juiz fixará a pena-base segundo as diretrizes previstas no art. 59 do Decreto-Lei nº 2.848, de 7 de dezembro de 1940 (Código Penal), dando especial atenção à culpabilidade do agente e às circunstâncias e consequências do crime.

Dosimetria penal: O dispositivo estabelece que o juiz, na primeira fase da dosimetria penal, na fixação da pena-base, deverá dar maior relevância para três circunstâncias judiciais (art. 59, CP), i.e., culpabilidade; circunstâncias do crime; e consequências do crime. Anote-se que todas as circunstâncias judiciais previstas na lei continuarão a ser avaliadas e valoradas pelo juiz, entretanto, a culpabilidade, as circunstâncias e as consequências do crime devem ter *caráter preponderante*.

7. SUSPENSÃO OU PROIBIÇÃO DO DIREITO DE DIRIGIR

Art. 292. A suspensão ou a proibição de se obter a permissão ou a habilitação para dirigir veículo automotor pode ser imposta isolada ou cumulativamente com outras penalidades.

Suspensão: Incide sobre quem já possui o direito de dirigir.

Proibição: Incide sobre quem ainda não possui o direito de dirigir.

Permissão: É conferida ao aprovado nos exames de habilitação, com validade de um ano (art. 148, §2°), para período de teste.

Habilitação: É conferida após o período de teste (permissão) desde que o condutor não tenha cometido nenhuma infração grave ou gravíssima, nem seja reincidente em infração média (art. 148, §3°).

Natureza: É interdição temporária de direito.

Isolada ou cumulativamente: Não se trata de pena alternativa, i.e., substitutiva da prisão. Trata-se de pena autônoma que pode ser aplicada de forma *isolada* (independente) ou *cumulativa* (junto com a pena privativa de liberdade).

Aplicação isolada: Pode ocorrer, v.g., a título de transação penal. No mais, não verificamos possibilidade de aplicação isolada da restrição do direito de dirigir por faltar um tipo penal que prevê essa espécie isolada como pena.

Aplicação cumulada: É o mais comum. Ocorre nos casos em que a restrição ao direito de dirigir consta do tipo penal secundário, juntamente com a pena privativa de liberdade.

Pena restritiva de direitos do Código Penal: O art. 47, inc. III, do Código Penal, que se aplicava apenas aos crimes culposos de trânsito (art. 57, CP) foi revogado pelo artigo em estudo, o qual passou a reger a matéria.

Abrangência da restrição: A restrição ao direito de dirigir como pena principal cumulativa pode ser imposta aos crimes em que haja a previsão no tipo penal sancionador, i.e., homicídio culposo (art. 302), lesão corporal culposa (art. 303), embriaguez ao volante (art. 306) e racha (art. 308). **Atenção!** Nos demais casos, somente poderá ser imposta se o agente for reincidente específico (art. 296).

Aplicação aos crimes fora do Código de Trânsito: A restrição pode ser aplicada tanto aos crimes tipificados no CTB, quanto aos crimes tipificados na *legislação comum*, desde que, logicamente, sejam praticados na direção de veículo automotor, v.g., homicídio doloso (art. 121, CP).

Motorista profissional e direito ao trabalho: A imposição de pena de suspensão da habilitação para dirigir veículo automotor ao motorista profissional, condenado por homicídio culposo no trânsito, *não afronta o direito ao trabalho* (STF, RE 607.107). Não há, portanto, inconstitucionalidade na previsão.

Art. 293. A penalidade de suspensão ou de proibição de se obter a permissão ou a habilitação, para dirigir veículo automotor, tem a duração de dois meses a cinco anos.

Duração: O magistrado pode determinar a suspensão ou proibição do direito de dirigir pelo prazo de dois meses a cinco anos, devendo fundamenta a sua decisão segundo os parâmetros do art. 68 do Código Penal.

Receptação, descaminho e contrabando: A Lei 13.804/19 colocou no art. 278-A a previsão de que "o condutor que se utilize de veículo para a prática do crime de receptação, descaminho, contrabando, condenado em decisão judicial transitada em julgado, terá cassado seu documento de habilitação ou será proibido de obter a habilitação para dirigir veículo automotor pelo prazo de 5 (cinco) anos". Anote-se que neste caso, *independente da pena privativa de liberdade aplicada*, o *direito de dirigir será cassado por cinco anos.*

Aplicação cumulativa: Quando a restrição ao direito de dirigir for aplicada juntamente com pena privativa de liberdade deve haver proporcionalidade, i.e., os parâmetros mínimo (dois meses) e máximo (cinco anos) devem estar em harmonia e ser fundamentados tal qual a pena privativa de liberdade, nos termos do art. 68 do Código Penal. Nesse passo, se a pena privativa de liberdade for fixada no mínimo legal a suspensão da habilitação não pode ser fixada no máximo (STJ, REsp 1.714.857).

Prescrição: Segue as regras do art. 109 do Código Penal. Quando a suspensão ou proibição do direito de dirigir for aplicada juntamente com a pena privativa de liberdade, a prescrição ocorre no prazo desta, conforme dispõe o art. 109, parágrafo único do Código Penal (STF, HC 104.234).

§1° Transitada em julgado a sentença condenatória, o réu será intimado a entregar à autoridade judiciária, em quarenta e oito horas, a Permissão para Dirigir ou a Carteira de Habilitação.

48h para entregar o documento: Após a intimação da imposição da restrição ao direito de dirigir o réu terá 48h para entregar ao juiz a permissão ou habilitação. Se descumprir esse prazo estará passível de responsabilização pelo crime do art. 307, parágrafo único.

§2º A penalidade de suspensão ou de proibição de se obter a permissão ou a habilitação para dirigir veículo automotor não se inicia enquanto o sentenciado, por efeito de condenação penal, estiver recolhido a estabelecimento prisional.

Cumprimento da pena de prisão: Trata-se de regra que prima pela razoabilidade da aplicação da restrição ao direito de dirigir. A pena de suspensão ou proibição do direito de dirigir apenas tem seu início quando o sentenciado terminar o cumprimento da pena privativa de liberdade imposta ou, ao menos, seja transferido à regime de cumprimento que lhe permita a liberdade, como, v.g., regime aberto ou livramento condicional.

Art. 294. Em qualquer fase da investigação ou da ação penal, havendo necessidade para a garantia da ordem pública, poderá o juiz, como medida cautelar, de ofício, ou a requerimento do Ministério Público ou ainda mediante representação da autoridade policial, decretar, em decisão motivada, a suspensão da permissão ou da habilitação para dirigir veículo automotor, ou a proibição de sua obtenção.

Decretação como medida cautelar: É possível.

Pressupostos: Como qualquer medida cautelar, está condicionada aos requisitos gerais do *fumus comissi delicti* e do *periculum in mora*, devendo ser demonstrado que o agente coloca em risco a segurança viária.

Garantia da ordem pública: Leia-se garantia da *segurança viária*.

Pacote anticrime: Há necessidade de se realizar uma releitura do dispositivo à luz das alterações feitas pelo pacote anticrime nas *medidas cautelares em geral*, em especial no art. 282 do CPP[3], para alinhar-se a aplicação do instituto ao postulado do *sistema acusatório*.

Momento: Em qualquer fase da persecução penal.

Requerimento do Ministério Público: É possível.

Representação do delegado de polícia: É possível.

Decretação pelo juiz *ex officio*: Não é possível.

As alterações feitas pelo pacote anticrime no instituto das medidas cautelares do Código de Processo Penal (art. 282, §2°) impossibilitam que o juiz aplique qualquer medida cautelar *sponte sua*. Trata-se de *proibição absoluta* que não depende da fase da persecução penal, i.e., se durante a investigação criminal ou durante o processo penal.

Abrangência: Pode ser aplicada em qualquer crime[4], desde que a suspensão do direito se mostre necessária e a decisão seja fundamentada, uma vez que, sendo medida cautelar, não possui restrição a determinados crimes, estando condicionada apenas aos pressupostos legais de admissibilidade.

Crimes culposos: A medida cautelar em estudo pode ser imposta aos crimes culposos, diferentemente da prisão preventiva (art. 313, I, CPP).

Parágrafo único. Da decisão que decretar a suspensão ou a medida cautelar, ou da que indeferir

3. **Art. 282, CPP:** As medidas cautelares previstas neste Título deverão ser aplicadas observando-se a: §1° As medidas cautelares poderão ser aplicadas isolada ou cumulativamente. §2° As medidas cautelares serão decretadas pelo juiz a requerimento das partes ou, quando no curso da investigação criminal, por representação da autoridade policial ou mediante requerimento do Ministério Público. §3° Ressalvados os casos de urgência ou de perigo de ineficácia da medida, o juiz, ao receber o pedido de medida cautelar, determinará a intimação da parte contrária, para se manifestar no prazo de 5 (cinco) dias, acompanhada de cópia do requerimento e das peças necessárias, permanecendo os autos em juízo, e os casos de urgência ou de perigo deverão ser justificados e fundamentados em decisão que contenha elementos do caso concreto que justifiquem essa medida excepcional. §4° No caso de descumprimento de qualquer das obrigações impostas, o juiz, mediante requerimento do Ministério Público, de seu assistente ou do querelante, poderá substituir a medida, impor outra em cumulação, ou, em último caso, decretar a prisão preventiva, nos termos do parágrafo único do art. 312 deste Código. §5° O juiz poderá, de ofício ou a pedido das partes, revogar a medida cautelar ou substituí-la quando verificar a falta de motivo para que subsista, bem como voltar a decretá-la, se sobrevierem razões que a justifiquem. §6° A prisão preventiva somente será determinada quando não for cabível a sua substituição por outra medida cautelar, observado o art. 319 deste Código, e o não cabimento da substituição por outra medida cautelar deverá ser justificado de forma fundamentada nos elementos presentes do caso concreto, de forma individualizada.

4. Em sentido contrário, entendendo que a medida cautelar somente pode ser aplicada nas hipóteses em que o legislador comina no preceito secundário a suspensão ou proibição como pena: PORTOCARRERO. Cláudia Barros; FERREIRA, Wilson Luiz Palermo. Leis penais extravagantes – Teoria, jurisprudência e questões comentadas, 4ª edição, Salvador: Juspodivm, 2019, p. 1153.

o requerimento do Ministério Público, caberá recurso em sentido estrito, sem efeito suspensivo.

Recurso cabível: Recurso em sentido estrito.

Art. 295. A suspensão para dirigir veículo automotor ou a proibição de se obter a permissão ou a habilitação será sempre comunicada pela autoridade judiciária ao Conselho Nacional de Trânsito - CONTRAN, e ao órgão de trânsito do Estado em que o indiciado ou réu for domiciliado ou residente.

Comunicação: A restrição do direito de dirigir deve ser comunicada ao CONTRAN e ao DETRAN do estado em que o imputado residir. A medida visa a devida fiscalização pelos agentes de trânsito, bem como evitar que o imputado entregue sua habilitação ao juiz (art. 293, §1°) e providencie uma segunda via na esfera administrativa.

Art. 296. Se o réu for reincidente na prática de crime previsto neste Código, o juiz aplicará a penalidade de suspensão da permissão ou habilitação para dirigir veículo automotor, sem prejuízo das demais sanções penais cabíveis.

Reincidência específica: Se o réu for reincidente específico em crime de trânsito a aplicação da suspensão do direito de dirigir é obrigatória, ainda que não prevista no dispositivo secundário. Aliás, o presente dispositivo só pode se destinar aos crimes aos quais a pena de *suspensão ou proibição* não esteja descrita expressamente no tipo penal secundário, pois, do contrário, não haveria lógica. O dispositivo se destina, por tanto, aos crimes dos artigos 304, 305, 307, 309, 310, 311 e 312, aos quais não há a pena de suspensão ou proibição prevista no tipo penal sancionador. Nos demais casos em que há a previsão da restrição do direito de dirigir no tipo sancionador, i.e., artigos 302, 303, 306 e 308, a reincidência será considerada circunstâncias agravante preponderante (arts. 61, I, e 67 CP).

Cominação no tipo secundário: No caso de reincidência específica a penalidade da suspensão do direito de dirigir é obrigatória, ainda que não conste do tipo penal sancionador esta modalidade de pena.

Suspensão da permissão ou habilitação: O dispositivo refere-se apenas à *suspensão*, i.e., aplica-se apenas a quem já possui o direito de dirigir. Não há referência à *proibição* de obter a permissão ou a habilitação, destinada aquele que ainda não possui o direito de dirigir.

8. MULTA REPARATÓRIA

Art. 297. A penalidade de multa reparatória consiste no pagamento, mediante depósito judicial em favor da vítima, ou seus sucessores, de quantia calculada com base no disposto no § 1° do art. 49 do Código Penal, sempre que houver prejuízo material resultante do crime.

§1° A multa reparatória não poderá ser superior ao valor do prejuízo demonstrado no processo.

§2° Aplica-se à multa reparatória o disposto nos arts. 50 a 52 do Código Penal.

§3° Na indenização civil do dano, o valor da multa reparatória será descontado.

Natureza: Há divergência doutrinária sobre a natureza jurídica da multa reparatória. Há quem entenda que tem natureza penal[5]. Há quem entenda que tem natureza mista[6], sendo reparação civil, mas aplicada por juiz criminal. Para nós o instituto tem natureza cível já que busca unicamente o ressarcimento dos danos materiais suportados pela vítima[7].O §3°, inclusive, alude expressamente que o valor fixado como multa reparatória será descontado da indenização civil. Essa parece ser a vontade da lei, i.e., ainda que aplicada no processo-crime, tem natureza cível. Por importante, frisamos que a multa reparatória não pode se tratar de sanção penal, pois se assim fosse jamais poderia ser aplicada por não possuir previsão expressa nos tipos penais do Código de Trânsito[8], o que violaria o princípio da reserva legal, previsto no art. 5°, XXXIX, da Constituição Federal[9].

Privatização do direito penal: A multa reparatória, evidentemente, é um exemplo do fenômeno

5. Nesse sentido: PORTOCARRERO. Cláudia Barros; FERREIRA, Wilson Luiz Palermo. Leis penais extravagantes – Teoria, jurisprudência e questões comentadas, 4ª edição, Salvador: Juspodivm, 2019, p. 1155.
6. Com o mesmo entendimento: NUCCI, Guilherme de Souza. Leis Penais e Processuais Penais Comentadas. Volume II, Rio de Janeiro: Forense, 2017, p. 998.
7. Com o mesmo entendimento: HABIB, Gabriel. Leis Penais Especiais. 9ª Edição. Salvador: Juspodivm, 2017, p. 86.
8. Nesse sentido: CAPEZ, Fernando. Curso de Direito Penal, Volume 4, Legislação penal especial, 13ª edição. São Paulo: Saraiva, 2018, p. 344.
9. Damásio E. de Jesus *apud* CAPEZ, Fernando. Curso de Direito Penal, Volume 4, Legislação penal especial, 13ª edição. São Paulo: Saraiva, 2018, p. 344.

conhecido como privatização do Direito Penal, que se refere ao destacamento do papel da vítima no âmbito da persecução penal, a qual, durante séculos, ficou *neutralizada* no processo penal. Atualmente, como pode ser observado em vários sistemas penais pelo mundo, a figura da vítima vem ganhando fundamental importância no Direito Penal, preocupando-se a lei não apenas com a aplicação da sanção penal ao acusado, mas também com o ressarcimento dos danos sofridos pela vítima.

Objetivo: Visa a antecipação da reparação civil exclusivamente por dano material (STJ, REsp 1.039.015). O dispositivo não faz alusão ao dano moral, pois este, via de regra, demanda instrução probatória especifica, incompatível com o processo-crime. Para a fixação de dano moral há necessidade de produção de prova específica para apurar o grau de sofrimento, dor ou de constrangimento suportados pela vítima, o que acarretaria uma demora desarrazoada ao processo penal. Logo, o dano moral deve ser perquirido na esfera cível, em ação específica. Para a fixação da *multa reparatória por dano material*, basta que haja pedido expresso na denúncia para que o réu possa se defender e apresentar provas, exercendo o contraditório e a ampla defesa. Entendemos que a multa reparatória não pode ser fixada *sponte sua* pelo juiz, de modo surpresa, no momento da sentença[10].

Favorecido: É a vítima ou seus sucessores.

Cobrança do dano material no cível: Ainda que a multa reparatória vise a antecipação da indenização civil pelo dano material causado, ela não impede a ação civil *ex delicto* movida pela própria vítima, quando não concordar com o valor fixado na sentença penal.

Abrangência: Aplica-se aos crimes do Código de Trânsito dos quais resulte prejuízo material. Assim, consoante o entendimento de Fernando Capez[11],só poderá haver a aplicação da multa reparatória aos crimes que possuem ofendido, ou seja, o homicídio culposo (art. 302), a lesão corporal culposa (art. 303) e a omissão de socorro (art. 304). Discordamos desse entendimento, pois é perfeitamente possível que de um crime de perigo (sem vítima específica, portanto), decorra dano material a terceiro, como, v.g., no caso da embriaguez ao volante (art. 306) ou do racha (art. 308).

Diferença da multa reparatória e da pena de multa do CP: Não há o que se confundir. A multa do Código Penal é pena autônoma e tem natureza de sanção penal. A multa reparatória do Código de Trânsito não tem natureza jurídica de pena, possuindo caráter nitidamente cível. Outra diferença reside no fato de que a multa do CP se destina ao Fundo Penitenciário (art. 49) enquanto que a multa reparatória destina-se à vítima ou seus sucessores.

Diferença da multa reparatória e da prestação pecuniária: Os institutos assemelham-se, notadamente pelo destinatário, mas não se confundem. A multa reparatória tem natureza cível, sendo aplicada como decorrência do crime, juntamente com a sanção penal. A prestação pecuniária é pena substitutiva da pena privativa de liberdade (art. 43, I, CP), possuindo natureza penal. Dessa forma, pode haver aplicação cumulativa (STJ, Resp 772.721).

Execução: Conforme Guilherme de Souza Nucci, a multa deve ser paga dentro de dez dias, a contar do trânsito em julgado da sentença penal e, se descumprida, a sua execução deve ser promovida pela vítima ou seus sucessores, na vara cível[12]. É que, não se tratando de multa penal, inexistindo interesse público, não cabe ao Ministério Público a sua execução, afastando-se o entendimento fixado pelo Supremo Tribunal Federal quanto a execução da multa penal (ADI 3.150).

9. CIRCUNSTÂNCIAS AGRAVANTES

Agravantes: Estão vinculadas à segunda fase da dosimetria penal. A pena provisória é obtida pela análise das circunstâncias agravantes e atenuantes, previstas na parte geral do Código Penal (arts. 61 a 66) ou na parte geral de outras leis penais especiais. O fato de estarem previstas na *parte geral* é o que lhes confere o tratamento por *agravantes genéricas*, podendo incidir em qualquer crime. Conforme Cleber Masson[13], "agravantes e atenuantes genéricas são circunstâncias legais, de natureza objetiva ou subjetiva, não integrantes da estrutura do tipo penal, mas que a ele se ligam com a finalidade de

10. No mesmo sentido: NUCCI, Guilherme de Souza. Leis Penais e Processuais Penais Comentadas. Volume II, Rio de Janeiro: Forense, 2017, p. 999.
11. No mesmo sentido: CAPEZ, Fernando. Curso de Direito Penal, Volume 4, Legislação penal especial, 13ª edição. São Paulo: Saraiva, 2018, p. 344.
12. NUCCI, Guilherme de Souza. Leis Penais e Processuais Penais Comentadas. Volume II, Rio de Janeiro: Forense, 2017, p. 999.
13. MASSON, Cleber. Direito Penal Esquematizado – Parte Geral. 7. ed. Rio de Janeiro: Forense; São Paulo: Método, 2013. p. 662.

aumentar ou diminuir a pena", sendo que "as agravantes genéricas prejudiciais ao réu são previstas em rol taxativo, não se admitindo analogia *in malam partem*. Contrariamente, as atenuantes genéricas, favoráveis ao acusado, encontram-se descritas em rol exemplificativo".

Art. 298. São circunstâncias que sempre agravam as penalidades dos crimes de trânsito ter o condutor do veículo cometido a infração:

Aplicação compulsória: São de aplicação obrigatória pelo juiz, que não pode deixar de considerá-las, quando presentes no caso concreto, sendo que nunca podem conduzir a pena provisória aquém dos limites estabelecidos pela lei (STJ, súmula 231), i.e., resultar redução abaixo do mínimo, nem aumento acima do máximo. A exasperação da pena-base é obrigatória ao juiz, de modo que, como a lei não fixa o *quantum* de aumento ou diminuição das agravantes e atenuantes, cabe ao juiz adotar um critério proporcional de valoração diante do cenário apresentado.

***Quantum* de aumento:** Convém que seja observado o limite de 1/6.Com o objetivo de orientar os juízes, diante da ausência de *quantum* de valoração (aumento ou diminuição) estabelecido na lei para as agravantes e atenuantes, o STJ possui precedente no sentido de que "apesar de a lei penal não fixar parâmetro específico para o aumento na segunda fase da dosimetria da pena, o juiz deve se pautar pelo princípio da razoabilidade, não se podendo dar às circunstâncias agravantes maior expressão quantitativa que às próprias causas de aumentos, que variam de 1/6 a 2/3. Portanto, via de regra, deve se respeitar o limite de 1/6" (AgRg no HC 373.429 e HC 282.593).

Exceção à aplicação compulsória: As circunstâncias agravantes não deverão ser aplicadas apenas quando a sua consideração puder acarretar a *dupla valoração* de uma determinada circunstância que constitua ou qualifique o fato criminoso. Assim, não serão aplicadas quando se constituírem como circunstâncias elementares, qualificadoras ou causas de aumento da pena. Nesse passo, a agravante do inc. III (ausência de habilitação) trata-se de *elementar* do crime do art. 309, o qual tipifica a conduta de "dirigir veículo automotor, em via pública, sem a devida Permissão para Dirigir ou Habilitação ou, ainda, se cassado o direito de dirigir, gerando perigo de dano". Na mesma toada, a agravante do inc. VII trata-se de *causa de aumento da pena* do crime do art. 302, de modo que o § 1º prevê que "no homicídio culposo cometido na direção de veículo automotor, a pena é aumentada de 1/3 (um terço) à metade, se o agente o praticar em faixa de pedestres ou na calçada".

Compensação de agravante: Em observância ao critério trifásico da dosimetria da pena (art. 68, CP), não é possível a compensação entre institutos de fases distintas (STJ, HC 406.709). Dessa forma, não pode o juiz compensar as agravantes genéricas com circunstâncias judiciais favoráveis ou causas minorantes (STJ, AgRg no HC 447.785).

Agravantes genéricas do Código Penal: Podem ser aplicadas. O dispositivo estudado não afasta a aplicação das agravantes do artigo 61 do Código Penal, que podem ser também aplicadas aos crimes de trânsito.

I - com dano potencial para duas ou mais pessoas ou com grande risco de grave dano patrimonial a terceiros;

Incidência: Pode incidir em *qualquer crime*[14] no qual se verifique a situação descrita no dispositivo, i.e., geração de perigo (dano potencial) para duas ou mais pessoas ou de grave prejuízo ao patrimônio de terceiros.

II - utilizando o veículo sem placas, com placas falsas ou adulteradas;

Concurso material: Quando a falsificação ou adulteração da placa for promovida pelo próprio agente a agravante não será aplicada, pois, nesse caso, haverá *concurso material* com o crime do art. 311 do Código Penal, o qual tipifica a conduta daquele que "adulterar ou remarcar número de chassi ou qualquer sinal identificador de veículo automotor, de seu componente ou equipamento".

III - sem possuir Permissão para Dirigir ou Carteira de Habilitação;

14. Entendendo que a agravante somente se aplica aos *crimes de dano* (art. 302 e 303): NUCCI, Guilherme de Souza. Leis Penais e Processuais Penais Comentadas. Volume II, Rio de Janeiro: Forense, 2017, p. 999; Entendendo que a agravante somente se aplica aos *crimes de perigo*: CAPEZ, Fernando. Curso de Direito Penal, Volume 4, Legislação penal especial, 13ª edição. São Paulo: Saraiva, 2018, p. 346-347.

Dupla punição: O objetivo é agravar a pena do agente que possui a culpabilidade mais acentuada por dirigir veículo automotor sem estar legalmente autorizado. Entretanto, a majorante não se aplica aos crimes em que for *elementar* (art. 309), nem aos crimes que for considerada *causa de aumento da pena* (art. 302, §1°, inc. I, e art. 303, §1°).

IV - com Permissão para Dirigir ou Carteira de Habilitação de categoria diferente da do veículo;

Inutilidade do dispositivo: Ainda que esse dispositivo não existisse o agente teria a pena agravada no inc. III, pois a habilitação em categoria diferente daquela exigida para o veículo conduzido equivale a ausência de habilitação.

V - quando a sua profissão ou atividade exigir cuidados especiais com o transporte de passageiros ou de carga;

Dupla punição: O objetivo é agravar a pena do agente que possui a culpabilidade mais acentuada pela profissão ou atividade, a exigir maior cautela no tráfego viário. Entretanto, a majorante não se aplica aos crimes em for considerada *causa de aumento da pena* (art. 302, §1°, inc. IV, e art. 303, §1°).

Veículo particular: Aplica-se a majorante, pois o dispositivo não se refere à natureza do veículo, mas à profissão ou atividade desenvolvida pelo agente.

Agente fora da função, em atividade particular: Segundo leciona Guilherme de Souza Nucci[15] a majorante deve ser aplicada, pouco importando se o motorista pratica o crime fora das suas atividades. Para o autor, incide a majorante, por exemplo, ao agente que se encontra em férias, com a família, dirigindo seu carro particular.

VI - utilizando veículo em que tenham sido adulterados equipamentos ou características que afetem a sua segurança ou o seu funcionamento de acordo com os limites de velocidade prescritos nas especificações do fabricante;

Veículo adulterado: O objetivo do dispositivo é agravar a pena do agente que promover adulteração de características de fábrica do veículo, tais como o aumento de potência do motor[16], rebaixamento do sistema de suspensão[17] ou alteração do tamanho das rodas.

Afetação da segurança ou funcionamento: É necessário que as alterações promovidas tenham o condão de *afetar a segurança ou funcionamento de acordo com os limites de velocidade especificados pelo fabricante*. Dessa forma, o ato de instalar película (insulfim), que se revela prática muito comum, não acarreta a incidência dessa agravante, embora acarrete a aplicação de multa administrativa, se descumpridas as regras estabelecidas.

VII - sobre faixa de trânsito temporária ou permanentemente destinada a pedestres.

Dupla punição: O objetivo é agravar a pena do agente que possui a culpabilidade mais acentuada pela prática do ato em *faixa de segurança*. Entretanto, a agravante não se aplica aos crimes em for considerada *causa de aumento da pena* (art. 302, §1°, inc. II, e art. 303, §1°).

10. ATENUANTE EM RAZÃO DA IDADE

Art. 299 (Vetado)

Comentário: O artigo vetado estabelecia que nos crimes tipificados no Código de Trânsito não constituiria atenuante o fato de o agente ter menos de 21 anos na data do fato ou mais de 70 anos na data da sentença. Dessa forma, com o veto do dispositivo, continua tendo aplicação o art. 65, I, do Código Penal.

11. PERDÃO JUDICIAL

Art. 300 (Vetado)

Redação do artigo: O artigo vetado estabelecia que "nas hipóteses de homicídio culposo e lesão corporal culposa, o juiz poderá deixar de aplicar a pena, se as consequências de a infração atingirem, exclusivamente, o cônjuge ou companheiro, ascen-

15. NUCCI, Guilherme de Souza. Leis Penais e Processuais Penais Comentadas. Volume II, Rio de Janeiro: Forense, 2017, p. 1001.

16. Independentemente da técnica (turbo, nitrometano, "aspiração" ou "chipagem").

17. Independentemente da técnica (roca, ar, feixe, ou corte de molas).

dente, descendente, irmão ou afim em linha reta do condutor do veículo".

Razões do veto: As razões do veto sublinharam basicamente que o perdão judicial previsto no Código Penal (art. 121, §5° e art. 129, §8°) possui maior abrangência, sendo, portanto, mais benéfico ao agente. Não se pretendeu vetar, por assim dizer, o benefício legal do perdão judicial aos crimes de trânsito, muito pelo contrário, o que se pretendeu com o veto foi justamente que se aplicasse o instituto previsto no Código Penal, menos restritivo quanto às hipóteses de incidência.

Divergência doutrinária: Não obstante as razões do veto, pequena corrente doutrinária e jurisprudencial sustenta a inaplicabilidade do perdão judicial às infrações penais do Código de Trânsito, fundamentando-se na ausência de previsão legal na lei especial, que deve prevalecer sobre a lei geral, o que é um equívoco, diante das razões do veto, com todo o respeito aos que assim pensam, pois, o art. 291 orienta a aplicação das normas gerais do Código Penal quando não houver disposição expressa em sentido contrário, o que é o caso. Anote-se, assim, que é amplamente majoritário o entendimento de que o benefício do perdão judicial se aplica aos crimes de trânsito, utilizando-se os moldes preconizados no Código Penal (STJ, Resp 1.455.178 e HC 21.442). Conforme a doutrina de Guilherme de Souza Nucci[18], "não há sentido para a seguinte contradição: se o agente matar alguém culposamente fora do contexto do trânsito, pode receber o benefício; se o fizer na direção de veículo automotor, deixa de ser contemplado".

12. PRISÃO EM FLAGRANTE

Art. 301. Ao condutor de veículo, nos casos de acidentes de trânsito de que resulte vítima, não se imporá a prisão em flagrante, nem se exigirá fiança, se prestar pronto e integral socorro àquela.

Incidência: Crimes culposos (acidente de trânsito) com vítima.

Ainda que a redação do artigo indique a sua aplicação "nos casos de acidentes de trânsito de que resulte vítima", o que indica sua aplicação nos crimes culposos de homicídio culposo e lesões corporais culposas, na prática somente se torna viável sua aplicação no crime do art. 302, pois o crime do art. 303 se trata de uma infração de menor potencial ofensivo, ao qual, como regra, não se submete ao procedimento do auto de prisão em flagrante (art. 69, parágrafo único, Lei 9.099/95). O crime do art. 303 apenas estaria suscetível à prisão em flagrante se praticado nas hipóteses do art. 291, §1°, hipótese em que a lei o afasta do conceito de infração de menor potencial ofensivo[19].

Objetivo: Trata-se de incentivo ao agente, nos casos de acidente de trânsito, onde não há intenção de causar resultado (crime culposo), para estimular o causador do acidente a prestar socorro à vítima. Nesse caso, logicamente, não pode a prestação de socorro culminar na sua prisão em flagrante.

Prisão em flagrante: É cabível.

Regra: Não será imposta quando o agente prestar socorro à vítima.

Socorro: O socorro deve ser pronto (imediato) e integral (completo).

Omissão do socorro: Se o agente não prestar o socorro à vítima estará suscetível à prisão em flagrante, bem como incorrerá na prática majorada do crime (art. 302, §1°, inc. III ou art. 303, §1°, combinado com art. 291, §§ 1° e 2°).

13. HOMICÍDIO CULPOSO NA DIREÇÃO DE VEÍCULO AUTOMOTOR

Art. 302. Praticar homicídio culposo na direção de veículo automotor:

Elemento nuclear: *Praticar homicídio* (é matar alguém). A doutrina critica a descrição da conduta típica, uma vez que a lei utilizou o *nomen iuris* para descrever a conduta proibida, quando o ideal seria que o legislador tivesse descrito "matar alguém, culposamente, na direção de veículo automotor", tal qual descreve o crime de homicídio no Código Penal.

Objeto jurídico primário: É a vida.

Objeto jurídico secundário: É a segurança viária.

Objeto material: É a pessoa vítima da conduta.

18. NUCCI, Guilherme de Souza. Leis Penais e Processuais Penais Comentadas. Volume II, Rio de Janeiro: Forense, 2017, p. 1003.

19. Ver capítulo 6 (Lesão corporal culposa no trânsito e JECrim).

Sujeito ativo: Qualquer pessoa.

Sujeito passivo: Qualquer pessoa.

Elemento subjetivo: Não há.

Registramos que, muito embora a maioria da doutrina lecione que o elemento subjetivo do crime é a culpa, não concordamos com tal posicionamento, uma vez que a *culpa é elemento normativo* do tipo penal. A culpa não é elemento subjetivo do tipo, porque não há vontade na conduta culposa, i.e., a culpa não está no subjetivismo do agente.

Elemento normativo: É a culpa.

No Código de Trânsito há apenas a tipificação do homicídio culposo. Logo, se o agente matar alguém de forma dolosa, ainda que esteja na direção de veículo automotor, a sua conduta será tipificada no art. 121 do Código Penal.

Modalidades de culpa: A culpa pode ser consciente e inconsciente, sendo que o tipo penal não faz distinção entre elas. A *culpa inconsciente* é aquela que ocorre quando o agente não prevê o resultado previsível. A *culpa consciente* é aquela que ocorre quando o agente prevê o resultado, mas acredita que ele não ocorrerá, supondo poder evitá-lo com a sua habilidade. Em ambos os casos, a culpa se concretiza com a *quebra do dever objetivo de cuidado*, conforme previsão do art. 18, II, do Código Penal, verificando-se quando o agente dá causa ao resultado por *negligência* (forma omissiva), *imprudência* (forma comissiva) ou imperícia (falta de habilidade na profissão).Anote-se que nos crimes de trânsito, na maioria dos casos, como a realidade tem nos mostrado, o resultado se origina da culpa inconsciente por negligência (falta de atenção) ou imprudência (agir precipitado).

Negligência: É a modalidade omissiva da culpa.

O agente deixa de fazer aquilo que deveria, como, por exemplo, dar manutenção nos equipamentos de segurança do veículo ou acionar o freio em uma ladeira. É a falta de cuidado, desatenção.

Imprudência: É a modalidade comissiva da culpa.

O agente faz o que não deveria fazer, como, por exemplo, trafegar na contramão, realizar ultrapassagem em local proibido, dirigir em alta velocidade dentro de uma cidade. É o agir insensato, precipitado, sem cautela.

Imperícia: É a modalidade técnica da culpa.

Também chamada "culpa profissional". Ocorre quando o agente não possui aptidão técnica para a realização da atividade à qual se prontificou. Trata-se de uma modalidade de culpa que induz à inaptidão para o exercício da profissão e se materializa tanto por negligência (omissão) quanto por imprudência (ação), mas estará sempre relacionada ao exercício de uma profissão, arte ou ofício. Pressupõe a ausência de conhecimento técnico. No campo dos crimes de trânsito, entendemos que a imperícia pode ser verificada por exemplo (a) nos casos em que o condutor perde o controle do veículo, sem qualquer motivo circundante, provocando acidente; (b) no caso de condução por menor de 18 anos, que incontestavelmente não possui a aptidão técnica oficial para a condução; (c) motorista profissional que abalroa outro veículo supostamente mal estacionado[20].

Caracterização da culpa: Segundo preconizam Victor Eduardo Rios Gonçalves e José Paulo Baltazar Júnior[21], a caracterização da culpa nos delitos de trânsito se verifica, em regra, pelo desrespeito às normas disciplinares contidas no próprio Código de Trânsito, como, por exemplo, excesso de velocidade, embriaguez, direção na contramão, desrespeito à sinalização, conversão ou ultrapassagem em local proibido, conversa ao telefone celular, manobra de marcha a ré descuidada, desrespeito à faixa de segurança de pedestres, transporte de pessoas na caçamba de utilitário ou na carroceria de caminhão, etc.

Elemento normativo: Encontra-se na expressão *veículo automotor*. Trata-se de expressão que denota uma circunstância específica para o cometimento do crime. O crime só se verifica quando praticado na direção de veículo automotor, cuja definição se encontra no Anexo I do Código de Trânsito Brasileiro, sendo "todo veículo a motor de propulsão que circule por seus próprios meios, e que serve normalmente para o transporte viário de pessoas e coisas, ou para a tração viária de veículos utilizados para o transporte de pessoas e coisas. O termo compreende os veículos conectados a uma linha elétrica e que não circulam sobre trilhos (ônibus elétrico)". Não se inclui nessa definição veículos de propulsão humana, animal ou de engate (trailer e reboque).

---

20. Nesse sentido: TJRS, Apelação Cível 1890753451.
21. GONÇALVES, Victor Eduardo Rios; BALTAZAR JÚNIOR, José Paulo. Legislação penal especial - 2ª edição. Coordenador Pedro Lenza. São Paulo: Saraiva, 2016.

Presunção de culpa: Trata-se da culpa *in re ipsa*. Não existe culpa presumida em direito penal[22], sob pena de configuração de responsabilidade penal objetiva. A culpa deve ser sempre demonstrada e provada. O crime não surge do mero fato de o agente estar na direção do veículo (STJ, RHC 55.255 e HC 543.922).

Compensação de culpa: Não se admite compensação de culpas em direito penal (STJ, AgRg no AREsp 237618). Ocorre quando a vítima e o agente têm culpa no resultado, sendo que a conduta da vítima será valorada pelo juiz na dosimetria da pena, ao analisar as circunstâncias judiciais (art. 59, CP).

Concorrência de culpa: É admitida. Ocorre quando dois ou mais agentes dão causa ao resultado culposamente. Estabelece-se, portanto, entre vários sujeitos ativos. Trata-se da chamada *coautoria sem ligação psicológica*.

Culpa exclusiva da vítima: Exclui a responsabilidade do agente.

Concurso de agente em crime culposo: Predomina ser possível.

Em se tratando de crime culposo, há divergência doutrinária sobre a possibilidade de haver *concurso de agentes*. Em regra, a coautoria e a participação são institutos aplicáveis aos crimes dolosos, entretanto, o STJ possui decisão no sentido de que "é perfeitamente admissível a possibilidade de concurso de pessoas em crime culposo, que ocorre quando há um vínculo psicológico na cooperação consciente de alguém na conduta culposa de outrem. O que não se admite nos tipos culposos, ressalve-se, é a participação" (HC 40.474). O TJRS também já decidiu que "é possível cogitar de concurso de agentes no crime culposo, quando o resultado não é desejado, mas advém por ação culposa praticada nas mesmas circunstâncias e de maneira relevante para ambos os apelantes" (AC 70059949420). Dessa forma, no que se refere à *participação* em crime culposo, é quase unanimidade a impossibilidade da sua configuração[23]. Porém, em se tratando de *coautoria* há duas correntes. A primeira corrente sustenta não ser possível, pois nos crimes culposos não há liame subjetivo, acordo de vontades, para a prática de crime, já que, na culpa, o resultado típico não é desejado pelo autor. Assim se dois agentes atuam juntos, simultaneamente, faltando com o cuidado, e produzem um resultado típico, cada um será autor independente do seu próprio crime culposo, mas não serão coautores[24]. A segunda corrente sustenta que é possível, pois o liame subjetivo exigido para a coautoria seria apenas para a prática de um ato, e não necessariamente para a prática de crime, sendo que, se dois agentes acertam a prática de um ato que caracterize uma falta de cuidado e deste ato surgir um resultado típico culposo, haverá coautoria no crime culposo causado[25]. O Superior Tribunal de Justiça tem precedente no sentido de que "a doutrina majoritária admite a coautoria em crime culposo. Para tanto, devem ser preenchidos os requisitos do concurso de agentes, i.e., pluralidade de agentes; relevância causal das condutas; liame subjetivo entre os agentes; e identidade de infração penal" (HC 235.827). Dessa forma, embora exista controvérsia, a tendência atual é a de se aceitar a coautoria em delitos culposos, sendo que duas pessoas podem, em um ato conjunto, deixar de observar o dever objetivo de cuidado que lhes cabia e, com a união de suas condutas, produzir um resultado lesivo.

Princípio da especialidade: Afasta o art. 121, §3°, do CP.

Local do fato: Em tese, é *qualquer via terrestre aberta à circulação*. Lembre-se que, conforme art. 1°, o CTB tem incidência nas vias terrestres abertas à circulação, sendo que, no art. 2°, ao definir as vias terrestres como qualquer espaço público de tráfego de

22. Entretanto, para efeitos de indenização civil o Superior Tribunal de Justiça entende que a culpa pode ser presumida em determinadas situações, quando se constatar a violação das regras de trânsito. Nesse sentido, o motorista que colide na traseira é presumido culpado (AgRg no AREsp 517.346); o motorista que dirige em estado de embriaguez é presumido culpado (REsp 1.749.954). Segundo Márcio André Cavalcanti, trata-se de aplicação da tese da culpa contra a legalidade, segundo a qual se deve reconhecer a culpa presumida do agente que violar dever jurídico imposto em norma jurídica regulamentar. Assim, por exemplo, o condutor que tiver descumprido uma norma de trânsito será considerado presumivelmente culpado pelo acidente, devendo indenizar a vítima, salvo se comprovar uma causa excludente do nexo causal. Vale ressaltar que se trata de uma presunção relativa. Há, portanto, uma inversão do ônus da prova, considerando que o agente que descumpriu a norma é quem terá que comprovar a causa excludente. Se não conseguir, será condenado a indenizar (https://www.dizerodireito.com.br/2019/04/o-fato-de-o-condutor-do-veiculo-estar.html).

23. Em sentido contrário: Rogério Greco, 2017, p. 613, admite participação culposa em crime culposo. Na jurisprudência: "não é impossível o reconhecimento de um comportamento de participação, mesmo em se tratando de crime culposo" (TJRS, AC 70050219781).

24. Com esse entendimento: Luiz Regis Prado, Nilo Batista e Juarez Tavares.

25. Com esse entendimento: Rogério Greco e César Roberto Bitencourt.

veículos, acrescenta no parágrafo único o conceito de via terrestre por equiparação, abrangendo, assim, **(a)** praias abertas à circulação pública; **(b)** vias internas pertencentes a condomínios constituídos por unidades autônomas e **(c)** o estacionamento de estabelecimentos privados de uso coletivo. Nesse passo, ainda que exista corrente em sentido contrário, entendemos que o crime cometido, por exemplo, dentro da garagem ou no pátio de residência privada, não poderá ser considerado *crime de trânsito*, pois falta o *elemento espacial* previsto na legislação. Ainda que o tipo penal não exija um local específico à prática da conduta, o Código de Trânsito é expresso no sentido de que as suas regras se aplicam às vias terrestres abertas à circulação (arts. 1º e 2º). Fora desses locais, o fato deve ser tipificado no Código Penal (art. 121, §3º).

Arrependimento posterior: Há corrente doutrinária sustentando a incidência do instituto do arrependimento posterior (art. 16, CP) ao crime estudado, sob o argumento de que a violência do homicídio culposo não é intencional, razão pela qual deve ser admitida a causa de diminuição da pena[26]. Com a devida vênia, não concordamos. O instituto do arrependimento posterior somente se aplica em crimes patrimoniais ou com efeitos patrimoniais (STJ, HC 47.922), não sendo esse o caso do homicídio culposo no trânsito. O agente que efetuar composição dos danos com a família da vítima pode se valer tão somente da atenuante genérica do art. 65, inc. III, "b", do Código Penal.

Acordo de não persecução penal: É cabível.

Classificação doutrinária: *Crime comum* (pode ser praticado por qualquer pessoa); *material* (exige resultado naturalístico à consumação, i.e. a morte da vítima); *de dano* (exige efetiva lesão ao bem jurídico); *crime de forma vinculada* (deve ser praticado na direção de veículo automotor); *culposo* (o agente não quer o resultado); *comissivo* (o tipo objetivo indica ação); *instantâneo* (a consumação se dá em um momento específico); *unissubjetivo* (pode ser praticado por um só agente); *plurissubsistente* (admite fracionamento dos atos de execução); *não admite tentativa* (crime culposo).

Penas - detenção, de dois a quatro anos, e suspensão ou proibição de se obter a permissão ou a habilitação para dirigir veículo automotor.

Pena cumulativa: O dispositivo prevê a aplicação cumulativa da pena privativa de liberdade com a restrição do direito de dirigir, sendo desnecessária a reincidência do réu (STJ, REsp 556.928).

Pena mais grave que no Código Penal: No Código Penal, a pena para o homicídio culposo (art. 121, §3º) é de detenção de um a três anos, mais leve, portanto, do que no tipo penal ora analisado. Entendemos que não há violação ao princípio da proporcionalidade ou da isonomia, pois o legislador considera a especial circunstância do tráfego viário, bem de uso comum, para definir a pena mais grave[27] (STF, AI 847.110).

Substituição da PPL por PRD: Sendo crime culposo é possível a substituição da pena privativa de liberdade por uma pena restritiva de direitos, desde que preenchidos os requisitos do art. 44 do Código Penal.

§1º No homicídio culposo cometido na direção de veículo automotor, a pena é aumentada de 1/3 (um terço) à metade, se o agente:

Majorantes: O dispositivo apresenta causas de aumento da pena.

I - não possuir Permissão para Dirigir ou Carteira de Habilitação;

Comentário: O objetivo é majorar a pena do agente que possui a culpabilidade mais acentuada por dirigir veículo automotor sem estar legalmente autorizado. Afasta a aplicação do crime autônomo do art. 309 (STF, HC 128.921) e da circunstância agravante do art. 298, inc. III.

CNH vencida: Não acarreta a incidência da majorante.

Segundo o Superior Tribunal de Justiça (HC 226.128) "no art. 162 do CTB, o legislador, ao definir diferentes infrações administrativas, distinguiu duas situações: dirigir veículo "sem possuir Carteira Nacional de Habilitação ou Permissão para Dirigir" (inciso I); e dirigir "com validade da Carteira Nacional de Habitação vencida há mais de trinta dias" (inciso V). Essas situações, embora igualmente configurem

26. Nesse sentido: CAPEZ, Fernando. Curso de Direito Penal, Volume 4, Legislação penal especial, 13ª edição. São Paulo: Saraiva, 2018, p. 356.

27. Nesse sentido: NUCCI, Guilherme de Souza. Leis Penais e Processuais Penais Comentadas. Volume II, Rio de Janeiro: Forense, 2017, p. 1005.

infração de trânsito, foram tratadas separadamente, de forma diversa. Ora, se o legislador quisesse punir de forma mais gravosa o autor de homicídio culposo na direção de veículo automotor cuja CNH estivesse vencida, teria feito expressa alusão a esta hipótese (assim como fez, no §1°, I, do art. 302, quanto à situação de "não possuir Permissão para Dirigir ou Carteira de Habilitação").

II - praticá-lo em faixa de pedestres ou na calçada;

Comentário: O objetivo é majorar a pena do agente que possui a culpabilidade mais acentuada pela prática do ato em *faixa de segurança*. Afasta a aplicação da circunstância agravante do art. 298, inc. VII.

Fato ocorrido na calçada: A aplicação do dispositivo não exige que o agente esteja trafegando na calçada, sendo suficiente que o fato tenha ocorrido nesse local (STJ, AgRg nos EDcl no REsp 1.499.912).

III - deixar de prestar socorro, quando possível fazê-lo sem risco pessoal, à vítima do acidente;

Incidência: O dispositivo aplica-se apenas ao condutor de veículo envolvido no acidente *com culpa*, i.e., que tenha agido com negligência, imprudência ou imperícia. O motorista evolvido no acidente *sem culpa*, que deixar de prestar socorro à vítima, responde pelo crime autônomo do art. 304. E, por fim, o terceiro *não envolvido no acidente*, que deixar de prestar socorro à vítima, responde pelo crime do art. 135 do Código Penal.

Possibilidade de prestar o socorro: A majorante somente incide se o socorro puder ser prestado, i.e., esteja dentro das possibilidades do agente. Exclui a majorante, por exemplo, **(a)** existência de risco pessoal; **(b)** impossibilidade física decorrente do acidente; **(c)** socorro imediatamente prestado por terceiro; **(d)** morte instantânea da vítima, de fácil verificação.

Abalo emocional: Não é argumento razoável para evitar socorro.

IV - no exercício de sua profissão ou atividade, estiver conduzindo veículo de transporte de passageiros.

Comentário: O objetivo é agravar a pena do agente que possui a culpabilidade mais acentuada pela profissão ou atividade, a exigir maior cautela no tráfego viário. Afasta a aplicação da circunstância agravante do art. 298, V, quando o fato se referir ao *transporte de passageiros* e ocorrer no *exercício da profissão*.

Incidência: A majorante aplica-se apenas ao motorista profissional que atua com o *transporte de passageiros*. Ainda, a majorante somente se aplica se o crime ocorrer no *exercício da profissão*. Caso esteja fora do exercício da profissão pode incidir a agravante do art. 298, inc. V.

Exercício da profissão: Basta que o agente esteja no exercício da profissão, conduzindo veículo de transporte de passageiro, não sendo necessário que esteja efetivamente transportando passageiros no momento do fato (STJ, AgRg no REsp 1.255.562).

Transporte de carga: Se o crime envolver profissional do *transporte de carga* não há falar-se em aplicação da majorante, por ausência de previsão legal. Nesse caso, pode-se aplicar a agravante do art. 298, inc. V.

V - (Revogado)

§2° (Revogado)

§3° Se o agente conduz veículo automotor sob a influência de álcool ou de qualquer outra substância psicoativa que determine dependência:

Qualificadora: O dispositivo apresenta qualificadora do tipo básico.

Configuração: O crime se configura com **(a)** a direção em estado de embriaguez que **(b)** resulte em resultado morte.

***Bis in idem*:** Afasta a aplicação do crime autônomo do art. 306.

Embriaguez e dolo eventual: A embriaguez, por si, não pode servir de premissa bastante para a afirmação do dolo eventual em acidente de trânsito com resultado morte. Dessa forma, "é possível, em crimes de homicídio na direção de veículo automotor, o reconhecimento do dolo eventual na conduta do autor, desde que se justifique tal excepcional conclusão a partir de circunstâncias fáticas que, subjacentes ao comportamento delitivo, indiquem haver o agente previsto e anuído ao resultado morte. A embriaguez do agente condutor do automóvel, sem o acréscimo de outras peculiaridades que ultrapassem a violação do dever de cuidado objetivo, inerente ao tipo culposo, não pode servir de premissa bastante para a afirmação do dolo eventual. Conquanto tal circunstância contribua para a análise do elemento anímico que move o agente, não se ajusta ao melhor direito presumir o consentimento do agente com o resultado danoso apenas porque, sem outra peculiaridade excedente ao seu agir ilícito, estaria sob efeito de bebida alcoólica ao colidir seu veículo contra o automóvel conduzido pela vítima" (STJ, REsp 1.689.173).A decisão do Superior Tribunal de Justiça vem com acerto, pois, do contrário, se entendêssemos que a embriaguez ao volante, por si, já configuraria a existência de dolo eventual estaríamos afirmando que qualquer indivíduo que venha a conduzir veículo automotor em via pública com a capacidade psicomotora alterada pela influência de álcool pratica homicídio doloso. Ainda, com essa generalização, adotaríamos um sistema punitivo no qual atribuir-se a mesma reprovação a quem ingere uma dose de bebida e em seguida dirige em veículo, em comparação àquele que se embriaga totalmente e conduz veículo. Dessa forma, a melhor orientação é a de que o agente que dirige embriagado e que provoca homicídio possa ser punido por homicídio culposo ou doloso (dolo eventual), a depender das circunstâncias do caso concreto, tais como, quantidade de bebida ingerida, forma de condução do veículo (se irregular, como, por exemplo, velocidade excessiva, zigue-zague, contramão) e local de condução do veículo (em rodovia de alta velocidade ou local movimentado, por exemplo). O ponto nevrálgico do debate é que o direito penal praticado em um Estado Democrático não pode ser baseado em presunções, ainda mais no que se refere ao aspecto subjetivo do crime (aceitação do resultado morte), pois a sutil diferença teórica entre culpa consciente e dolo eventual produz substanciais diferenças na responsabilidade do agente. Em suma, entendemos que o crime do art. 302 é essencialmente culposo, trata-se de um acidente (e acidentes ocorrem por culpa, não por dolo), de modo que a migração do crime culposo para o dolo eventual requer a demonstração de que o agente consentiu com o resultado morte, ainda que não o desejasse, sendo indiferente ao bem jurídico tutelado.

Lei 13.546/2017: O dispositivo entrou em vigor apenas cento e vinte dias após a sua publicação, i.e., em 19 de abril de 2018.

Lex gravior: Ao determinar a pena de cinco a oito anos de reclusão, apresenta-se como *novatio legis in pejus*, não podendo retroagir para alcançar fatos passadas.

Penas - reclusão, de cinco a oito anos, e suspensão ou proibição do direito de se obter a permissão ou a habilitação para dirigir veículo automotor.

Fiança: É cabível, mas não pelo delegado de polícia (art. 322, CPP).

Acordo de não persecução penal: É cabível.

Pena cumulativa: O dispositivo prevê a aplicação cumulativa da pena privativa de liberdade com a restrição do direito de dirigir, sendo desnecessária a reincidência do réu (STJ, REsp 556.928).

Substituição da PPL por PRD: Não é cabível (art. 312-B).

Nos casos praticados antes da vigência da Lei 14.071/20, ainda que se trate de figura qualificada, sendo crime culposo, é possível a substituição da pena privativa de liberdade por pena restritiva de direitos, desde que preenchidos os requisitos do art. 44 do Código Penal.

14. LESÃO CORPORAL CULPOSA NA DIREÇÃO DE VEÍCULO AUTOMOTOR

Art. 303. Praticar lesão corporal culposa na direção de veículo automotor:

Elemento nuclear: *Praticar lesão corporal* (é ofender a integridade corporal ou a saúde de outrem). Tal qual no dispositivo anterior, a doutrina critica a descrição da conduta típica, uma vez que a lei utilizou o *nomen iuris* para descrever a conduta proibida, quando o ideal seria que o legislador tivesse descrito "ofender a integridade corporal ou a saúde de outrem, culposamente, na direção de veículo automotor", tal qual descreve o crime de lesão corporal no Código Penal.

Objeto jurídico primário: É a integridade corporal, física.

Objeto jurídico secundário: É a segurança viária.

Objeto material: É a pessoa vítima da conduta.

Sujeito ativo: Qualquer pessoa.

Sujeito passivo: Qualquer pessoa.

Elemento subjetivo: Não há.

Registramos que, muito embora a maioria da doutrina lecione que o elemento subjetivo do crime é a culpa, não concordamos com tal posicionamento, uma vez que a *culpa é elemento normativo* do tipo penal. A culpa não é elemento subjetivo do tipo, porque não há vontade na conduta culposa, i.e., a culpa não está no subjetivismo do agente.

Elemento normativo: É a culpa.

Nesse diploma legal está tipificada apenas a lesão corporal culposa. Logo, se o agente lesionar alguém de forma dolosa, ainda que esteja na direção de veículo automotor, a sua conduta será tipificada no art. 129 do Código Penal.

Notas do artigo anterior: Sobre modalidades de culpa; negligência; imprudência; imperícia; caracterização da culpa; presunção de culpa; compensação de culpa; concorrência de culpa; culpa exclusiva da vítima; concurso de agentes em crime culposo; remetemos à leitura dos comentários feitos ao art. 302.

Elemento normativo: Encontra-se na expressão *veículo automotor*. Trata-se de expressão que denota uma circunstância específica para o cometimento do crime. O crime só se verifica quando praticado na direção de veículo automotor, cuja definição se encontra no Anexo I do Código de Trânsito Brasileiro, sendo "todo veículo a motor de propulsão que circule por seus próprios meios, e que serve normalmente para o transporte viário de pessoas e coisas, ou para a tração viária de veículos utilizados para o transporte de pessoas e coisas. O termo compreende os veículos conectados a uma linha elétrica e que não circulam sobre trilhos (ônibus elétrico)". Não se inclui nessa definição veículos de propulsão humana, animal ou de engate (trailer e reboque).

Princípio da especialidade: Afasta o art. 129, §6°, do CP.

Local do fato: Em tese, é *qualquer via terrestre aberta à circulação*. Lembre-se que, conforme art. 1°, o CTB tem incidência nas vias terrestres abertas à circulação, sendo que, no art. 2°, ao definiras vias terrestres como qualquer espaço público de tráfego de veículos, acrescenta no parágrafo único o conceito de via terrestre por equiparação, abrangendo, assim, **(a)** praias abertas à circulação pública; **(b)** vias internas pertencentes a condomínios constituídos por unidades autônomas e **(c)** o estacionamento de estabelecimentos privados de uso coletivo. Nesse passo, ainda que exista corrente em sentido contrário, entendemos que o crime cometido, por exemplo, dentro da garagem ou no pátio de residência privada, não poderá ser considerado *crime de trânsito*, pois falta o *elemento espacial* previsto na legislação. Ainda que o tipo penal não exija um local específico à prática da conduta, o Código de Trânsito é expresso no sentido de que as suas regras se aplicam às vias terrestres abertas à circulação (arts. 1° e 2°). Fora desses locais, o fato deve ser tipificado no Código Penal (art. 129, §6°).

Gravidade da lesão: Quando se trata de lesões corporais culposas, não há que se mensurar a gravidade da lesão (leve, grave ou gravíssima), salvo no caso do §2°, por expressa previsão legal. A gravidade da lesão será valorada pelo juiz na primeira fase da dosimetria penal, ao analisar os vetores do art. 59 do CP.

Princípio da insignificância: É cabível (STF, RHC 66.869).

Arrependimento posterior: Há corrente doutrinária sustentando a incidência do instituto do arrependimento posterior (art. 16, CP) ao crime estudado, sob o argumento de que a violência da lesão corporal culposa não é intencional, de modo que deve ser admitida a causa de diminuição da pena[28]. Com a devida vênia, não concordamos. O instituto do arrependimento posterior, conforme já sedimentou a jurisprudência, só se aplica em crimes patrimoniais ou com efeitos patrimoniais (STJ, HC 47.922), não sendo esse o caso da lesão corporal culposa no trânsito.

Tratando-se de infração de menor potencial ofensivo, a reparação do dano, em audiência preliminar, como forma de composição civil dos danos (art. 74, Lei 9.099/95) acarreta a extinção da punibilidade do agente pela renúncia ao direito de representação. No mais, o agente que procurar efetuar a composição dos danos com vítima pode se valer da atenuante genérica do art. 65, III, "b", do Código Penal.

Acordo de não persecução penal: Não é cabível (art. 28-A, §2°, inc. I, do Código de Processo Penal).

Classificação doutrinária: *Crime comum* (pode ser praticado por qualquer pessoa); *material* (exige resultado naturalístico à consumação, i.e. a morte da vítima); *de dano* (exige efetiva lesão ao bem jurídico); *crime de forma vinculada* (deve ser pra-

28. Nesse sentido: CAPEZ, Fernando. Curso de Direito Penal, Volume 4, Legislação penal especial, 13ª edição. São Paulo: Saraiva, 2018, p. 356.

ticado na direção de veículo automotor); *culposo* (o agente não quer o resultado); *comissivo* (o tipo objetivo indica ação); *instantâneo* (a consumação se dá em um momento específico); *unissubjetivo* (pode ser praticado por um só agente); *plurissubsistente* (admite fracionamento dos atos de execução); *não admite tentativa* (crime culposo).

Penas - detenção, de seis meses a dois anos e suspensão ou proibição de se obter a permissão ou a habilitação para dirigir veículo automotor.

Infração de menor potencial ofensivo: Aplica-se a lei 9.099/95, de modo que não há instauração de inquérito policial, mas sim termo circunstanciado, seguindo o rito sumaríssimo com todos os seus institutos despenalizadores, salvo se o crime for praticado em uma das circunstâncias do art. 291, §1°, quando, então, se afasta do conceito de infração de menor potencial ofensivo.

Pena cumulativa: O dispositivo prevê a aplicação cumulativa da pena privativa de liberdade com a restrição do direito de dirigir, sendo desnecessária a reincidência do réu (STJ, REsp 556.928).

Pena mais grave que no Código Penal: No Código Penal, a pena para o homicídio culposo (art. 129, §6°) é de detenção de dois meses a um ano, mais leve, portanto, do que no tipo penal ora analisado. Entendemos que não há violação ao princípio da proporcionalidade ou da isonomia, pois a lei considera a especial circunstância do tráfego viário, bem de uso comum, para estabelecer uma pena mais grave[29] (STF, AI 847.110).

Suspensão condicional do processo: É Cabível, pois a pena mínima cominada não ultrapassa um ano (art. 89 da lei 9.099/95).

Substituição da PPL por PRD: Sendo crime culposo é possível a substituição da pena privativa de liberdade por uma pena restritiva de direitos, desde que preenchidos os requisitos do art. 44 do Código Penal.

§1° Aumenta-se a pena de 1/3 (um terço) à metade, se ocorrer qualquer das hipóteses do §1° do art. 302.

Majorantes: O dispositivo apresenta causas de aumento da pena.

Causas de aumento da pena: ver comentários ao art. 302, §1°.

§2° A pena privativa de liberdade é de reclusão de dois a cinco anos, sem prejuízo das outras penas previstas neste artigo, se o agente conduz o veículo com capacidade psicomotora alterada em razão da influência de álcool ou de outra substância psicoativa que determine dependência, e se do crime resultar lesão corporal de natureza grave ou gravíssima.

Qualificadora: O dispositivo apresenta qualificadora do tipo básico.

Configuração: O crime se configura com **(a)** a direção em estado de embriaguez que **(b)** resulte *lesão corporal de natureza grave ou gravíssima.*

***Bis in idem*:** Afasta a aplicação do crime autônomo do art. 306.

Direção em *estado de embriaguez*: A caracterização do estado de embriaguez não se verifica pela *simples ingestão* de álcool ou outra droga, mas sim pela *alteração da capacidade psicomotora.*

Alteração da capacidade psicomotora: Trata-se da diminuição das faculdades de percepção e reação.

Constatação do *estado de embriaguez*: Como o parágrafo não aponta de que forma deve ser feita essa aferição pelo delegado de polícia, no bojo do inquérito policial, ou pelo juiz, nos autos do processo penal, entendemos que a melhor opção é harmonizar a interpretação do dispositivo com o §1° do art. 306, o qual contém a mesma questão de fundo. Dessa forma, a *alteração da capacidade psicomotora* poderá ser constatada e provada pela "concentração igual ou superior a 6 decigramas de álcool por litro de sangue ou igual ou superior a 0,3 miligrama de álcool por litro de ar alveolar; ou por sinais que indiquem, na forma disciplinada pelo Contran, alteração da capacidade psicomotora".

Lesão corporal de natureza grave e gravíssima: Deve-se recorrer ao art. 129, §§ 1° e 2° do Código Penal para se estabelecer a abrangência do tipo. É pacífico o entendimento de que o Código Penal se utiliza da *mesma nomenclatura* (lesão corporal de natureza grave) para *tipificar duas formas de lesões*: graves (§1°) e gravíssimas (§2°). Assim,

29. Nesse sentido: NUCCI, Guilherme de Souza. Leis Penais e Processuais Penais Comentadas. Volume II, Rio de Janeiro: Forense, 2017, p. 1005.

considera-se *lesão corporal grave* aquela que resultar incapacidade para as ocupações habituais por mais de trinta dias; perigo de vida; debilidade permanente de membro, sentido ou função; e aceleração de parto. E, por sua vez, a *lesão corporal gravíssima* é aquela que resultar incapacidade permanente para o trabalho; enfermidade incurável; perda ou inutilização do membro, sentido ou função; deformidade permanente; aborto.

Resultado lesão corporal de natureza leve: Sublinhe-se que se a direção em estado de embriaguez resultar em *lesão corporal de natureza leve* não há incidência da figura qualificada. Nesse caso, a tipificação deverá ser feita no art. 303, *caput*, em concurso com o art. 306, combinado com art. 291, §1°, inc. I, pois não há consunção nesse caso (STJ, REsp 1.688.517e REsp 1.629.107).

Embriaguez e dolo eventual: Ver comentários ao art. 302, §3°.

Lei 13.546/2017: O dispositivo entrou em vigor apenas cento e vinte dias após a sua publicação, i.e., em 19 de abril de 2018.

Lex gravior: Ao determinar a pena de cinco a oito anos de reclusão, apresenta-se como *novatio legis in pejus*, não podendo retroagir para alcançar fatos passados.

Fiança: É cabível, mas não pelo delegado de polícia (art. 322, CPP).

Acordo de não persecução penal: É cabível.

Pena cumulativa: O dispositivo prevê a aplicação cumulativa da pena privativa de liberdade com a restrição do direito de dirigir.

Substituição da PPL por PRD: Não é cabível (art. 312-B).

Nos casos praticados antes da vigência da Lei 14.071/20, ainda que se trate de figura qualificada, sendo crime culposo, é possível a substituição da pena privativa de liberdade por pena restritiva de direitos, desde que preenchidos os requisitos do art. 44 do Código Penal.

15. OMISSÃO DE SOCORRO

Art. 304. Deixar o condutor do veículo, na ocasião do acidente, de prestar imediato socorro à vítima, ou, não podendo fazê-lo diretamente, por justa causa, deixar de solicitar auxílio da autoridade pública:

Elemento nuclear: *Deixar de prestar socorro* (omitir auxílio/ajuda).

Objeto jurídico: É a proteção à integridade física e a vida.

Objeto material: É a pessoa ferida, que precisa do socorro.

Sujeito ativo: Qualquer pessoa.

Sujeito passivo: Qualquer pessoa.

Elemento subjetivo: É o dolo.

Não se pune a forma culposa e não se exige dolo específico.

Socorro imediato: Vinculado ao elemento nuclear da ação (deixar de prestar socorro), o dispositivo exige que a prestação de socorro seja *imediata* (rápida, pronta, instantânea) e *direta* (pessoal).

Acidente com vítima: O socorro pressupõe acidente com vítima.

Incidência: O dispositivo aplica-se apenas ao condutor de veículo envolvido no acidente *sem culpa*. O motorista evolvido no acidente *com culpa* que deixar de prestar socorro à vítima, responde pela forma majorada do crime praticado (art. 302, §1°, III ou 303, §1°). E, por fim, o terceiro *não envolvido no acidente*, que deixar de prestar socorro à vítima, responde pelo crime do art. 135 do Código Penal.

Elemento normativo: Encontra-se na expressão *justa causa*. Trata-se de expressão que denota a possibilidade de o agente não prestar o socorro direto e imediato àquele que necessita. Justa causa está relacionada a um *motivo razoável* e, segundo Guilherme de Souza Nucci[30], liga-se aos padrões de legítima defesa ou estado de necessidade (ex. condutor ameaçado de linchamento).Assim, havendo *justa causa*, pode o agente não prestar socorro diretamente, solicitando auxílio à autoridade pública.

Medida supletiva: O dispositivo descreve como primeira opção do agente a prestação de socorro imediato e diretamente (pessoalmente), sendo que a solicitação de auxílio à autoridade pública é *não é medida alternativa*, mas supletiva, devendo ser feita apenas quando o socorro não puder ser prestado pelo agente, por justa causa. Em outras palavras, a solicitação à autoridade só é aceita quando não houver a possibilidade de prestar o socorro diretamente.

30. NUCCI, Guilherme de Souza. Leis Penais e Processuais Penais Comentadas. Volume II, Rio de Janeiro: Forense, 2017, p. 1014.

Solicitar auxílio à terceiro: Ainda que o artigo somente se refira à solicitação de auxílio à *autoridade pública*, nos parece aceitável que o agente solicite o auxílio a *qualquer pessoa* que possa prestar o socorro de forma efetiva. Imagine-se a situação onde o agente se envolve em acidente em local incomunicável ou com pouco fluxo de veículos. Nesse caso, passando outro veículo pelo local, entendemos que o agente não só pode como deve solicitar auxílio na prestação do socorro. Ou, ainda, caso o agente possa prestar o socorro diretamente, mas esteja acompanhado de terceiro melhor qualificado (profissional da área da médica, por exemplo) cremos ser possível - e indicado - que solicite auxílio na prestação do socorro.

Classificação doutrinária: *Crime próprio* (só pode ser praticado por sujeito com as qualidades descritas no dispositivo penal, i.e., condutor de veículo envolvido no acidente sem culpa); *formal* (não exige resultado naturalístico para sua consumação); *de perigo abstrato* (o perigo gerado pela conduta é presumido pela lei); *crime de forma livre* (pode ser executado por qualquer forma); *omissivo* (o tipo objetivo indica omissão, abstenção); *instantâneo* (a consumação se dá em um momento específico); *unissubjetivo* (pode ser praticado por um só agente); *unissubsistente* (não admite fracionamento dos atos de execução, se configura com um ato, o não fazer); *não admite tentativa* (crime comissivo próprio).

Penas - detenção, de seis meses a um ano, ou multa, se o fato não constituir elemento de crime mais grave.

Infração de menor potencial ofensivo: Aplica-se a lei 9.099/95, de modo que não há instauração de inquérito policial, mas sim termo circunstanciado, seguindo o rito sumaríssimo com todos os seus institutos despenalizadores.

Acordo de não persecução penal: Não é cabível (art. 28-A, §2°, inc. I, do Código de Processo Penal).

Suspensão condicional do processo: É Cabível, pois a pena mínima cominada não ultrapassa um ano (art. 89 da lei 9.099/95).

Substituição da PPL por PRD: É possível a substituição da pena privativa de liberdade por uma pena restritiva de direitos, desde que preenchidos os requisitos do art. 44 do Código Penal.

Subsidiariedade expressa: O crime somente se configura quando o fato não constituir crime mais grave, como por exemplo, o homicídio culposo no trânsito majorado pela omissão de socorro (art. 302, §1°, III). Trata-se de tipo penal subsidiário.

Parágrafo único. Incide nas penas previstas neste artigo o condutor do veículo, ainda que a sua omissão seja suprida por terceiros ou que se trate de vítima com morte instantânea ou com ferimentos leves.

Omissão suprida por terceiros: A omissão suprida por terceiro só se configura se o agente inicialmente se omitir, gerando a oportunidade ao terceiro. A caracterização do crime se verifica com a fuga do local ou com a simples retirada momentânea a qualquer pretexto injustificável (ex. acionar seguro). Entretanto, caso o socorro prestado por terceiro se dê por *impossibilidade física do agente* (ferido ou em estado de inconsciência em decorrência do acidente), não se configura o crime.

Morte instantânea: Muito embora o dispositivo preveja que o crime se configure ainda que advenha *morte instantânea da vítima*, dependendo do caso, a imputação não pode ser convergida. Imagine-se a situação onde a constatação da morte é feita de imediato e de forma inconteste (corpo desmembrado). Nesse caso, não há vida a ser tutelada, sendo irrazoável exigir-se a prestação do socorro. O que não se pode permitir é que o agente presuma a morte quando está não é constatada de forma simples e inconteste. Nessa hipótese, em que o agente presume a morte, a incidência do dispositivo é justa (STF, HC 84.380).

Ferimentos leves: O objetivo do dispositivo é reafirmar o dever de solidariedade e a necessidade de prestação de socorro mesmo que as lesões não sejam graves. O fundamento da lei é nobre. Entretanto, muito embora o dispositivo estabeleça que o crime se configure ainda que advenham *ferimentos leves à vítima*, ponderamos que, em determinados casos, a imputação não poderá ser convergida, sob pena de chancelar-se uma injustiça. É que, conforme a lição de Guilherme de Souza Nucci[31], para a prestação de socorro nesse caso é essencial a colaboração da vítima. Assim, caso esta, por qualquer razão, recuse o socorro, não teria sentido o agente constrangê-la a ser socorrida. Logicamente, a recusa do socorro só tem validade se a vítima estiver lúcida, pois, do con-

31. NUCCI, Guilherme de Souza. Leis Penais e Processuais Penais Comentadas. Volume II, Rio de Janeiro: Forense, 2017, p. 1015.

trário, a sua manifestação deve ser desconsiderada, devendo o agente prestar o devido socorro.

16. FUGA DO LOCAL DO ACIDENTE

Art. 305. Afastar-se o condutor do veículo do local do acidente, para fugir à responsabilidade penal ou civil que lhe possa ser atribuída:

Elemento nuclear: *Afastar-se* (retirar-se, sair).

Objeto jurídico primário: É a administração da justiça.

Objeto jurídico secundário: É o patrimônio alheio.

Objeto material: É o local do acidente.

Sujeito ativo: É o condutor do veículo causador do acidente.

Sujeito passivo: É o Estado, no que se refere ao objeto jurídico administração da justiça (evitar a responsabilidade penal) e qualquer pessoa, no que se refere ao objeto jurídico patrimônio alheio (evitar a responsabilidade civil).

Sujeito passivo: Qualquer pessoa.

Elemento subjetivo: É o dolo. O tipo penal pressupõe o elemento subjetivo específico, i.e., o verbo nuclear (afastar-se) deve ser praticado *para fugir à responsabilidade penal ou civil.* Não se admite a modalidade culposa. Diante da necessidade do especial fim de agir, é classificado como um *tipo penal incongruente* ou *assimétrico.*

Acidente sem vítima: O dispositivo pressupõe apenas a existência de dano material, não de vítima. Se houver vítima e o agente fugir do local, haverá a incidência de outros tipos penais (art. 302, §1º, III; art. 303, §1º; art. 304) conforme o caso.

(In)constitucionalidade: Se há questão que não encontra calmaria no meio acadêmico é que se refere à (in)constitucionalidade do dispositivo estudado. Doutrina majoritária considera o dispositivo inconstitucional por violação do princípio de que ninguém é obrigado a produzir provas contra si (*nemo tenetur se detegere32* ou *privilege against self incrimination*). Em suma, o entendimento majoritário é o de que não se pode obrigar o autor a ficar parado para assumir a autoria. Não obstante, o STF fixou entendimento de que o dispositivo é constitucional (RE 971.959).

Nosso entendimento: O dispositivo é inconstitucional.

O pleno do Supremo Tribunal Federal firmou o entendimento de que "a regra que prevê o crime do art. 305 do CTB é constitucional, posto não infirmar o princípio da não incriminação, garantido o direito ao silêncio e ressalvadas as hipóteses de exclusão da tipicidade e da antijuridicidade" (RE 971.959). A linha de raciocínio adotada pela Suprema Corte está ancorada no argumento de que o direito ao silêncio, insculpido no art. 5º, LXIII, da CF, não constitui obstáculo à imputação do crime de fuga do condutor do local do acidente de trânsito, não havendo qualquer incompatibilidade na coexistência das duas normas. Ainda, restou afastado o argumento de que impor ao agente que permaneça no local do acidente equivaleria a obrigá-lo a fazer prova contra si, em afronta ao disposto no art. 8º, inc. II, "g", do Pacto de São José da Costa Rica. A decisão tomada pelo STF contraria o posicionamento firmado por diversas Cortes Estaduais[33], as quais, ancoradas no entendimento de que a imposição de permanência na cena do crime é suficiente para caracterizar ofensa à garantia da não autoincriminação, alinharam a sua jurisprudência pela inconstitucionalidade do preceito legal em comento. A doutrina pátria majoritária, da mesma forma, aponta a incompatibilidade do art. 305 do Código de Trânsito com a garantia da não autoincriminação. Segundo Guilherme de Souza Nucci[34], o dispositivo "contraria, frontalmente, o princípio de que ninguém é obrigado a fazer prova contra si mesmo". E, na sequência, completa o referido autor, lecionando que "inexiste razão plausível para obrigar alguém a se autoacusar, permanecendo no local do crime para sofrer as consequências penais e civis do que provocou. Qualquer agente criminoso pode fugir à responsabilidade, exceto o autor de delito de trânsito". No mesmo sentido, Eduardo Luiz Santos Cabette[35], leciona que "o envolvido em acidente de

32. Expressões equivalentes: *nemo tenetur se ipsum accusare ou nemo tenetur se ipsum prodere.*

33. Nesse sentido: TJRS, IIN 70047947478; TJSP, AI 990.10.159020-4; TJMG, AI 1.0000.07.456021-0/000; TJSC, AI em ACrim 2009.026222-9/001.00; TRF4, AI 0004934- 66.2011.404.0000.

34. NUCCI, Guilherme de Souza. Leis Penais e Processuais Penais Comentadas. Volume II, Rio de Janeiro: Forense, 2017, p. 1015.

35. CABETTE, Eduardo Luiz Santos. **A inconstitucionalidade do artigo 305 do Código de Trânsito Brasileiro.** Disponível em: https://eduardocabette.jusbrasil.com.br/artigos/258222819/a-inconstitucionalidade-do-artigo-305-do-codigo-de-transito-brasileiro. Acessado em 02/07/2020.

trânsito seria compelido, mediante a ameaça de incriminação, a permanecer no local do fato, não atuando em seu direito de autodefesa que abrange inclusive a própria ocultação, tanto é verdade que a norma não existe para outros crimes, onde a fuga do local é apenas um *post factum* não punível". É a essa linha de raciocínio que nos juntamos, pois não há na legislação pátria qualquer dispositivo semelhante em relação a outro crime, inclusive os mais graves. Registre-se que o homicida e o estuprador, por exemplo, não recebem uma punição mais acentuada, ou sequer são responsabilizados em tipo penal autônomo, por se ausentarem do local do crime. Dessa forma, não se pode conceber a premissa de que, pelo simples fato de estar na condução de um veículo, o motorista que se envolve em um acidente de trânsito tenha que aguardar a chegada da autoridade competente para averiguação de eventual responsabilidade civil ou penal.Com a devida vênia ao entendimento do Supremo Tribunal Federal, entendemos que no julgamento em estudo foi implementada uma visão reducionista da garantia contra a não autoincriminação, violando-se o núcleo duro deste postulado, pois, para nós, essa garantia é bem mais ampla do que o simples direito ao silêncio, que se apresenta apenas como uma das facetas do *nemo tenetur se detegere*, postulado que escora inúmeras condutas de autodefesa, v.g., não fornecer material gráfico ou genético para perícia, não participar de reprodução simulada dos fatos ou, ainda, não se submeter ao etilômetro. Nesse ponto, assiste razão ao ministro Gilmar Mendes quando, abrindo divergência ao entendimento vencedor, referiu que "a comprovação da conduta criminosa pressupõe a configuração de autoria e de materialidade, e a permanência do imputado no local do crime inquestionavelmente contribui para a comprovação da autoria, assentando o seu envolvimento no fato". Ainda, para além do argumento acima ventilado, de afronta à garantia da não autoincriminação, entendemos que o dispositivo se equivale à imposição do agente no local do acidente para garantir quase que exclusivamente a responsabilidade civil, nos casos de dano (leia-se: dívida), afrontando, também, o artigo 5º, LXVII, da CF, que proíbe prisão por dívida, salvo nos casos de pensão alimentícia e depositário infiel[36], bem como o art. 7°, §7°, do Pacto de São José da Costa Rica, ainda mais restrito. Esse raciocínio se deve ao fato de que o dispositivo legal em análise possui aplicação apenas nos casos de acidente de trânsito "sem vítima". Ora, se a fuga do local do acidente ocorrer após a prática de lesão corporal culposa ou homicídio culposo, o agente já será mais severamente punido pela existência de circunstância majorante (art. 302, §1°, III e art. 303, §1°). Dessa forma, a inferência lógica decorrente do tirocínio acima posto, extraído a partir de uma leitura conglobante do CTB, aliado à experiência proporcionada pelo cotidiano, nos mostra que o restrito âmbito de aplicação do art. 305 tem o escopo punir a fuga destinada a evitar a responsabilização civil por danos (dano este que terá apenas efeitos cíveis, já que não existe crime de dano culposo).E, ainda que seja questionável o aspecto moral da conduta daquele que foge do local do acidente para evitar sua responsabilidade – atitude que, a toda evidência, não é compatível com a construção de uma sociedade justa e solidária –, não podemos olvidar que a fuga do local do acidente sem vítima pode ser objeto de tutela por outros âmbitos do Direito, suficientes para tutelar os interesses em questão.

Excludente de criminalidade: Conforme referimos, o dispositivo pressupõe o elemento subjetivo específico, i.e., o verbo nuclear (afastar-se) deve ser praticado *para fugir à responsabilidade penal ou civil*. Assim, caso o afastamento do local do acidente se dê por outra razão não haverá incidência do tipo penal. Assim, caso o agente se afaste do local por *perigo atual ou iminente*(risco de explosão, risco de agressão física, necessidade de atendimento médico) não estará praticando o crime. Trata-se de situações excludentes da ilicitude da conduta, apresentadas em legítima defesa ou estado de necessidade.

Agente que se vê envolvido em acidente sem culpa: Caso o agente fuja do local do acidente do qual não teve culpa, não há que se falar em aplicação do dispositivo, pois, se não atuou com culpa no acidente, não haverá fuga *para fugir à responsabilidade penal ou civil*, a qual sequer existe.

Classificação doutrinária: *Crime próprio* (só pode ser praticado por sujeito com as qualidades descritas no dispositivo penal, i.e., condutor de veículo causador do acidente, o culpado); *formal* (não

36. Atente-se para o fato de que o STF, no julgamento do **RE 349703 e do RE 466343**, que discutiam a prisão civil de alienante fiduciário infiel, decidiu por estender a proibição de prisão civil por dívida, prevista no artigo 5°, inciso LXVII, da Constituição Federal, às hipóteses de infidelidade no depósito de bens e alienação fiduciária. Assim, a prisão civil por dívida é aplicável apenas ao responsável pelo inadimplemento voluntário e inescusável de obrigação alimentícia.

exige resultado naturalístico para sua consumação); *de perigo abstrato* (o perigo gerado pela conduta é presumido); *crime de forma livre* (pode ser executado por qualquer forma); *comissivo* (o tipo objetivo indica ação, a fuga); *instantâneo* (a consumação se dá em um momento específico); *unissubjetivo* (pode ser praticado por um só agente); *plurissubsistente* (admite fracionamento dos atos de execução); *admite tentativa*.

Penas - detenção, de seis meses a um ano, ou multa.

Infração de menor potencial ofensivo: Aplica-se a lei 9.099/95, de modo que não há instauração de inquérito policial, mas sim termo circunstanciado, seguindo o rito sumaríssimo com todos os seus institutos despenalizadores.

Acordo de não persecução penal: Não é cabível (art. 28-A, §2°, inc. I, do Código de Processo Penal).

Suspensão condicional do processo: É Cabível, pois a pena mínima cominada não ultrapassa um ano (art. 89 da lei 9.099/95).

Substituição da PPL por PRD: É possível a substituição da pena privativa de liberdade por uma pena restritiva de direitos, desde que preenchidos os requisitos do art. 44 do Código Penal.

17. EMBRIAGUEZ AO VOLANTE

Art. 306. Conduzir veículo automotor com capacidade psicomotora alterada em razão da influência de álcool ou de outra substância psicoativa que determine dependência:

Verbo nuclear: *Conduzir* (dirigir, guiar, colocar em movimento).

Objeto jurídico: É a segurança viária.

Objeto material: É o veículo automotor.

Sujeito ativo: Qualquer pessoa.

Sujeito passivo: A coletividade.

Elemento subjetivo: É o dolo.

Não se pune a forma culposa e não se exige dolo específico.

Elemento normativo: Encontra-se na expressão *veículo automotor*. Trata-se de expressão que denota uma circunstância específica para o cometimento do crime. O crime só se verifica quando praticado na direção de veículo automotor, cuja definição se encontra no Anexo I do Código de Trânsito Brasileiro, sendo "todo veículo a motor de propulsão que circule por seus próprios meios, e que serve normalmente para o transporte viário de pessoas e coisas, ou para a tração viária de veículos utilizados para o transporte de pessoas e coisas. O termo compreende os veículos conectados a uma linha elétrica e que não circulam sobre trilhos (ônibus elétrico)". Não se inclui nessa definição veículos de propulsão humana, animal ou de engate (trailer e reboque).

Crime de perigo abstrato: O perigo é presumido, não havendo que se falar em demonstração da potencialidade lesiva da conduta em cada caso (STF, RE 856.930 e HC 109.269; STJ, RHC 80.363 e AgRg no AREsp 977.861).

Crime de perigo abstrato de perigosidade real: Há quem sustente que o crime em comento teria inaugurado uma nova modalidade de crime de perigo no ordenamento jurídico, qual seja, o crime de *perigo abstrato de perigosidade real*, definido como aquele em que o risco ao bem jurídico tutelado deve ser comprovado, dispensando vítima certa e determinada[37]. Em contraponto a essa doutrina, Eduardo Luiz Santos Cabette[38] leciona que "o neologismo não passa de uma alteração do nome daquilo que é conhecido desde antanho como *crimes de perigo comum* em oposição aos *crimes de perigo individual*. Acontece que as classificações de crime de perigo concreto e crime de perigo abstrato por um lado; e crime de perigo comum e crime de perigo individual por outro, nada têm a ver entre si, de modo que podem existir crimes de perigo comum abstrato ou concreto. Já quanto aos crimes de perigo individual, geralmente estão ligados a perigo concreto não porque sejam a mesma categoria jurídica, mas porque ao ser a conduta dirigida necessariamente a pessoa determinada, *normalmente* será exigida a criação de um perigo concreto. Enfim, essas denominações de perigo (comum e individual; concreto e abstrato)

37. Nesse sentido: CUNHA, Rogério Sanches. Você já ouviu falar de crime de perigo abstrato de perigosidade real?. Disponível em: https://rogeriosanches2.jusbrasil.com.br/artigos/121815106/voce-ja-ouviu-falar-de-crime-de-perigo-abstrato-de-perigosidade-real. Acessado em 03 de julho de 2020.
38. CABETTE, Eduardo Luiz Santos. A falácia do denominado crime de perigo abstrato de perigosidade real. Disponível em: https://www.migalhas.com.br/depeso/175310/a-falacia-do-denominado-crime-de-perigo-abstrato-de-perigosidade-real. Acessado em 03 de julho de 2020.

não se confundem, já que cada uma delas se refere a um aspecto que em nada influencia naquele versado pela outra. São dicotomias independentes".

Individualização de vítima: Não é necessário.

Local do fato: Em tese, é *qualquer via terrestre aberta à circulação*. Lembre-se que, conforme art. 1°, o CTB tem incidência nas vias terrestres abertas à circulação, sendo que, no art. 2°, ao definir as vias terrestres como qualquer espaço público de tráfego de veículos, acrescenta no parágrafo único o conceito de via terrestre por equiparação, abrangendo, assim, **(a)** praias abertas à circulação pública; **(b)** vias internas pertencentes a condomínios constituídos por unidades autônomas e **(c)** o estacionamento de estabelecimentos privados de uso coletivo. Nesse passo, ainda que exista corrente em sentido contrário, entendemos que o crime praticado, por exemplo, dentro da garagem ou no pátio de residência privada, não poderá ser considerado *crime de trânsito*, pois falta o *elemento espacial* previsto na legislação. Ainda que o tipo penal não exija um local específico à prática da conduta, o Código de Trânsito é expresso no sentido de que as suas regras se aplicam às vias terrestres abertas à circulação (arts. 1° e 2°)[39]. Se não for praticado em *via terrestre aberta à circulação* o fato será atípico.

Dar partida no veículo: Não há crime, pois se exige a *condução*.

Empurrar o veículo: Não há crime, pois não caracteriza *condução*.

Direção em *estado de embriaguez*: A caracterização do *estado de embriaguez* não se dá pela mera ingestão de álcool ou outra substância psicoativa que cause dependência, mas pela *alteração da capacidade psicomotora*.

Outra substância psicoativa: Pode ser qualquer droga, ainda que lícita, como, por exemplo, remédio para dormir.

Alteração da capacidade psicomotora: Trata-se da diminuição das faculdades de percepção e reação, i.e., a perturbação dos sentidos do agente. Essa é a circunstância que deve ser constatada e comprovada para a caracterização do crime, sendo dispensável provar-se eventual direção irregular do veículo.

Direção irregular: Não é indispensável à configuração do crime.

Concurso com lesão corporal leve: Conforme os ensinamentos de Cláudia Barros Portocarrero e Wilson Luiz Palermo Ferreira[40], na hipótese de o condutor embriagado causar lesão corporal leve a alguém, deverá responder unicamente pelo crime de embriaguez ao volante, sendo que, nesse caso, o crime de dano não absorve o crime de perigo, já que a pena deste é maior. Guilherme de Souza Nucci[41]diz que o crime de dano deve absorver o de perigo, pouco importando o fato de pena do crime de perigo ser menor do que a do crime de dano. Ainda que os dois entendimentos tenham argumentos razoáveis, entendemos que, nesse caso, não há que se falar em absorção, mas em concurso de crimes, devendo o agente responder pelo crime do art. 303, *caput*, em concurso com o art. 306, combinado com art. 291, §1°, inc. I. Sublinhe-se que o Superior Tribunal de Justiça possui esse entendimento (STJ, REsp 1.688.517, AgRg no REsp 1.582.511 e REsp 1.629.107).

Concurso com lesão corporal grave ou gravíssima: Nesse caso, a responsabilidade deve ser convergida no art. 303, §2°.

Condutor inabilitado: Caso o condutor não possua habilitação para a condução de veículo há divergência doutrinária sobre a sua responsabilização. Há quem entenda que o agente deve responder pelo crime do art. 306 com a agravante genérica do art. 298, inc. III[42]. E há quem entenda que o agente deverá responder pelo crime do art. 306 em concurso material com o crime do art. 309 (STJ, AgRg no HC 465.408). Esse é o nosso entendimento.

Crime permanente: A consumação do crime se prolonga durante todo o tempo em que estiver

39. Com entendimento semelhante: PORTOCARRERO. Cláudia Barros; FERREIRA, Wilson Luiz Palermo. Leis penais extravagantes – Teoria, jurisprudência e questões comentadas, 4ª edição, Salvador: Juspodivm, 2019, p. 1178. Os autores entendem que o art. 2° do CTB traz o conceito de *via pública*, considerando esse o elemento "modal do crime". Em sentido contrário, entendendo que o crime se configura em qualquer lugar: NUCCI, Guilherme de Souza. Leis Penais e Processuais Penais Comentadas. Volume II, Rio de Janeiro: Forense, 2017, p. 1018.

40. PORTOCARRERO. Cláudia Barros; FERREIRA, Wilson Luiz Palermo. Leis penais extravagantes – Teoria, jurisprudência e questões comentadas, 4ª edição, Salvador: Juspodivm, 2019, p. 1179.

41. NUCCI, Guilherme de Souza. Leis Penais e Processuais Penais Comentadas. Volume II, Rio de Janeiro: Forense, 2017, p. 1021-1022.

42. Nesse sentido: CAPEZ, Fernando. Curso de Direito Penal, Volume 4, Legislação penal especial, 13ª edição. São Paulo: Saraiva, 2018, p. 378.

dirigindo o veículo em estado de embriaguez. Assim, o agente está permanentemente em flagrante delito, estando suscetível à prisão em flagrante permanentemente.

Classificação doutrinária: *Crime comum* (pode ser praticado por qualquer pessoa); *formal* (não exige resultado naturalístico para sua consumação); *de perigo abstrato* (o perigo gerado pela conduta é presumido); *crime de forma livre* (pode ser executado por qualquer forma); *comissivo* (o tipo objetivo indica ação, a fuga);*crime vago* (sujeito passivo indeterminado); *permanente* (a consumação se prolonga no tempo); *unissubjetivo* (pode ser praticado por um só agente); *plurissubsistente* (admite fracionamento dos atos de execução); *admite tentativa*[43].

> **Penas - detenção, de seis meses a três anos, multa e suspensão ou proibição de se obter a permissão ou a habilitação para dirigir veículo automotor.**

Infração de menor potencial ofensivo: Aplica-se a lei 9.099/95, de modo que não há instauração de inquérito policial, mas sim termo circunstanciado, seguindo o rito sumaríssimo com todos os seus institutos despenalizadores.

Acordo de não persecução penal: É cabível.

Penas cumulativas: O dispositivo prevê três espécies de sanção, i.e., a pena privativa de liberdade; a multa; e a restrição do direito de dirigir, sendo desnecessária a reincidência do réu (STJ, REsp 556.928).

Suspensão condicional do processo: É Cabível, pois a pena mínima cominada não ultrapassa um ano (art. 89 da lei 9.099/95).

Substituição da PPL por PRD: É possível a substituição da pena privativa de liberdade por pena restritiva de direitos, desde que preenchidos os requisitos do art. 44 do código penal.

> **§1º As condutas previstas no *caput* serão constatadas por:**

Constatação do *estado de embriaguez*: O *estado de embriaguez*, isto é, a *alteração da capacidade psicomotora*, pode ser provado de acordo com as regras estabelecidas pelo dispositivo. Dessa forma, a *alteração da capacidade psicomotora* poderá ser provada pela "concentração igual ou superior a 6 decigramas de álcool por litro de sangue ou igual ou superior a 0,3 miligrama de álcool por litro de ar alveolar; <u>ou</u> por sinais que indiquem, na forma disciplinada pelo Contran, alteração da capacidade psicomotora".

> **I - concentração igual ou superior a 6 decigramas de álcool por litro de sangue ou igual ou superior a 0,3 miligrama de álcool por litro de ar alveolar; ou**

Concentração de álcool (inc. I): A aferição da concentração igual ou superior a 6 decigramas de álcool por litro de sangue (*exame de sangue*) ou igual ou superior a 0,3 miligrama de álcool por litro de ar alveolar (*bafômetro/etilômetro*) é medida que somente pode ser realizada com a concordância do condutor, pois, em homenagem ao princípio de que ninguém é obrigado a fazer prova contra si (*Nemo tenetur se detegere*), o agente não pode ser obrigado a realizar o teste. Entretanto, ainda que o agente se negue à verificação da *concentração de álcool*, a prova do estado de embriaguez pode ser feita por meio dos *sinais indicadores* (inc. II) ou, por qualquer outro meio admitido (§2°).

> **II - sinais que indiquem, na forma disciplinada pelo Contran, alteração da capacidade psicomotora.**

Sinais indicadores (inc. II): Os sinais indicadores da alteração da capacidade psicomotora são disciplinados na Resolução 432/2013 do Contran, não sendo suficiente apenas um único sinal, sendo imprescindível a constatação de *um conjunto de sinais indicadores do estado de embriaguez* (art. 5°, §1°). Os sinais que devem ser observados para fins de definição do estado de embriaguez constam no Anexo II da Resolução, onde se verifica *sinais quanto à aparência* (sonolência; olhos vermelhos; vômito; soluços; desordem nas vestes; odor de álcool no hálito); *sinais quanto à atitude* (agressividade; arrogância; exaltação; ironia; falante; dispersão); *sinais quanto à orientação* (sabe onde está; sabe a data e a hora); sinais quanto à memória (sabe seu endereço; lembra dos atos cometidos); sinais quanto à capacidade motora e verbal (dificuldade no equilíbrio; fala alterada).

Norma processual penal em branco: O dispositivo estabelece que o Contran fixará critérios

43. Em sentido contrário, entendendo ser inadmissível a tentativa: CAPEZ, Fernando. Curso de Direito Penal, Volume 4, Legislação penal especial, 13ª edição. São Paulo: Saraiva, 2018, p. 378.

técnicos para a aferição do estado de embriaguez, i.e., da alteração da capacidade psicomotora. Trata-se dos sinais indicadores constantes do Anexo II da Resolução 432/2013, os quais devem ser recebidos pelo delegado de polícia e pelo juiz de direito como integrantes de um rol exemplificativo, pois, como lembra Guilherme de Souza Nucci[44],não cabe a nenhum órgão de trânsito estipular como se comprova um crime.

§2° A verificação do disposto neste artigo poderá ser obtida mediante teste de alcoolemia ou toxicológico, exame clínico, perícia, vídeo, prova testemunhal ou outros meios de prova em direito admitidos, observado o direito à contraprova.

Comprovação do estado de embriaguez: Após indicar as formas de se constatar a conduta (§1°), o legislador oferece orientação de como se provar o crime, estabelecendo um rol exemplificativo e encerrando a redação do dispositivo com a obviedade de aceitar *qualquer meio de prova em direito admitido.* Nesse viés, não há necessidade de aferição da alteração da capacidade psicomotora por exame clínico, pericial ou teste de alcoolemia quando houver outro meio de prova, como, por exemplo, um vídeo ou testemunha (STJ, AgRg no AREsp 1.331.345), pois a lei é clara ao admitir a comprovação do fato por qualquer meio legal (STJ, RHC 51.528).

Direito a contraprova: É garantido ao imputado a contraprova.

§3° O Contran disporá sobre a equivalência entre os distintos testes de alcoolemia ou toxicológicos para efeito de caracterização do crime tipificado neste artigo.

Norma processual penal em branco: O dispositivo estabelece que o Contran fixará a equivalência entre os *testes de alcoolemia,* já que a concentração de álcool no organismo pode ser verificada no sangue ou nos alvéolos pulmonares, e *toxicológicos,* pois o crime não se verifica apenas com a alteração da capacidade psicomotora pela ingestão de álcool, mas também nos casos de ingestão de outras drogas (lícitas e ilícitas).

§4° Poderá ser empregado qualquer aparelho homologado pelo Instituto Nacional de Metrologia, Qualidade e Tecnologia - INMETRO - para se determinar o previsto no *caput*.

Aparelho para constatação do estado de embriaguez: O Contran pode determinar a utilização de qualquer aparelho para a constatação do estado de embriaguez, desde que seja *homologado pelo INMETRO.* O dispositivo visa evitar a atuação defensiva no sentido de arguir a nulidade da medição por supor que se utilizou aparelho inadequado. A única exigência legal, que deve ser observada em todo e qualquer aparelho de medição utilizado, é que seja aferido pelo INMETRO.

18. VIOLAÇÃO DA RESTRIÇÃO AO DIREITO DE DIRIGIR

Art. 307. Violar a suspensão ou a proibição de se obter a permissão ou a habilitação para dirigir veículo automotor imposta com fundamento neste Código:

Verbo nuclear: *Violar* (descumprir, transgredir).

Objeto jurídico primário: É a administração da justiça.

Objeto jurídico secundário: É a segurança viária.

Objeto material: É o veículo automotor

Sujeito ativo: É a pessoa proibida de dirigir.

Sujeito passivo: O Estado, quanto ao objeto jurídico administração da justiça; e a coletividade, quanto ao objeto jurídico segurança viária.

Elemento subjetivo: É o dolo.

Não se pune a forma culposa e não se exige dolo específico.

Elemento normativo: Encontra-se na expressão *veículo automotor*. Trata-se de expressão que denota uma circunstância específica para o cometimento do crime. O crime só se verifica quando praticado na direção de veículo automotor, cuja definição se encontra no Anexo I do Código de Trânsito Brasileiro, sendo "todo veículo a motor de propulsão que circule por seus próprios meios, e que serve normalmente para o transporte viário de pessoas e coisas, ou para a tração viária de veículos utilizados para o transporte de pessoas e coisas. O termo compreende os veículos conectados a uma

44. NUCCI, Guilherme de Souza. Leis Penais e Processuais Penais Comentadas. Volume II, Rio de Janeiro: Forense, 2017, p. 1022.

linha elétrica e que não circulam sobre trilhos (ônibus elétrico)". Não se inclui nessa definição veículos de propulsão humana, animal ou de engate (trailer e reboque).

Princípio da especialidade: O dispositivo é uma forma especial de desobediência. Logo, afasta a aplicação dos artigos 330 e 359 do Código Penal.

Restrição imposta com fundamento neste Código: O dispositivo descreve como típica a conduta de violar a restrição ao direito de dirigir imposta com *fundamento neste Código*. Assim, parte da doutrina leciona que o crime se configura independentemente de a restrição ter sido imposta como sanção administrativa (art. 261) ou como sanção penal (art. 293)[45], pois não há restrição no tipo penal. Outros entendem que o crime apenas se configura quando a violação à restrição do direito de dirigir tiver sido imposta como sanção penal, em decorrência de algum crime de trânsito, utilizando-se como interpretação o parágrafo único que se refere claramente ao *condenado46*. O STJ adota esse entendimento (HC 427.472). Essa é também a nossa posição.

Local do fato: Em tese, é *qualquer via terrestre aberta à circulação*. Lembre-se que, conforme art. 1°, o CTB tem incidência nas vias terrestres abertas à circulação, sendo que, no art. 2°, ao definir as vias terrestres como qualquer espaço público de tráfego de veículos, acrescenta no parágrafo único o conceito de via terrestre por equiparação, abrangendo, assim, **(a)** praias abertas à circulação pública; **(b)** vias internas pertencentes a condomínios constituídos por unidades autônomas e **(c)** o estacionamento de estabelecimentos privados de uso coletivo. Nesse passo, ainda que exista corrente em sentido contrário, entendemos que o crime praticado, por exemplo, dentro da garagem ou no pátio de residência privada, não poderá ser considerado *crime de trânsito*, pois falta o *elemento espacial* previsto na legislação. Ainda que o tipo penal não exija um local específico à prática da conduta, o Código de Trânsito é expresso no sentido de que as suas regras se aplicam às vias terrestres abertas à circulação (arts. 1° e 2°)[47]. Se não for praticado em *via terrestre aberta à circulação* o fato será atípico.

Classificação doutrinária: *Crime próprio* (só pode ser praticado por sujeito com as qualidades descritas no dispositivo penal, i.e., a pessoa proibida de dirigir); *de mera conduta* (não há resultado naturalístico); *de perigo abstrato* (o perigo gerado pela conduta é presumido pela lei); *crime de forma vinculada* (a forma de execução é dirigindo veículo automotor); *comissivo* (o tipo objetivo indica ação); *crime vago* (sujeito passivo indeterminado); *instantâneo* (a consumação se dá em um momento específico); *unissubjetivo* (pode ser praticado por um só agente); *plurissubsistente*(admite fracionamento dos atos de execução); *admite tentativa*[48].

Penas - detenção, de seis meses a um ano e multa, com nova imposição adicional de idêntico prazo de suspensão ou de proibição.

Infração de menor potencial ofensivo: Aplica-se a lei 9.099/95, de modo que não há instauração de inquérito policial, mas sim termo circunstanciado, seguindo o rito sumaríssimo com todos os seus institutos despenalizadores. Porém, como o dispositivo exige *condenação por crime previsto no Código de Trânsito*, o agente será necessariamente *reincidente específico*, o que inviabiliza a suspensão condicional do processo[49] e, conforme o caso, a transação penal (se a pena PPL não foi substituída por PRD ou aplicado o *sursis*).

Acordo de não persecução penal: Não é cabível (art. 28-A, §2°, inc. I, do Código de Processo Penal). Ademais, sublinhe-se que, no caso, o agente será obrigatoriamente reincidente (art. 28-A, §2°, II, do Código de Processo Penal).

45. Nesse sentido: PORTOCARRERO. Cláudia Barros; FERREIRA, Wilson Luiz Palermo. Leis penais extravagantes – Teoria, jurisprudência e questões comentadas, 4ª edição, Salvador: Juspodivm, 2019, p. 1180; HABIB, Gabriel. Leis Penais Especiais. 9ª Edição. Salvador: Juspodivm, 2017, p. 112.

46. Nesse sentido: CAPEZ, Fernando. Curso de Direito Penal, Volume 4, Legislação penal especial, 13ª edição. São Paulo: Saraiva, 2018, p. 378; NUCCI, Guilherme de Souza. Leis Penais e Processuais Penais Comentadas. Volume II, Rio de Janeiro: Forense, 2017, p. 1022.

47. Com entendimento semelhante: PORTOCARRERO. Cláudia Barros; FERREIRA, Wilson Luiz Palermo. Leis penais extravagantes – Teoria, jurisprudência e questões comentadas, 4ª edição, Salvador: Juspodivm, 2019, p. 1178. Os autores entendem que o art. 2° do CTB traz o conceito de *via pública*, considerando esse o elemento "modal do crime". Em sentido contrário, entendendo que o crime se configura em qualquer lugar: NUCCI, Guilherme de Souza. Leis Penais e Processuais Penais Comentadas. Volume II, Rio de Janeiro: Forense, 2017, p. 1018.

48. Em sentido contrário, entendendo ser inadmissível a tentativa: CAPEZ, Fernando. Curso de Direito Penal, Volume 4, Legislação penal especial, 13ª edição. São Paulo: Saraiva, 2018, p. 381.

49. Em sentido contrário, entendendo ser cabível a suspensão condicional do processo: HABIB, Gabriel. Leis Penais Especiais. 9ª Edição. Salvador: Juspodivm, 2017, p. 113.

Suspensão condicional do processo: É Cabível, pois a pena mínima cominada não ultrapassa um ano (art. 89 da lei 9.099/95).

Substituição da PPL por PRD: É possível a substituição da pena privativa de liberdade por pena restritiva de direitos, desde que preenchidos os requisitos do art. 44 do código penal.

Parágrafo único. Nas mesmas penas incorre o condenado que deixa de entregar, no prazo estabelecido no §1º do art. 293, a Permissão para Dirigir ou a Carteira de Habilitação.

Crime equiparado: Tipifica a conduta do condenado que deixar de entregar a CNH em 48 horas após a intimação.

Entrega da CNH: A Carteira Habilitação deve ser entregue ao Poder Judiciário, não à autoridade administrativa.

Comunicação: A restrição do direito de dirigir deve ser comunicada ao CONTRAN e ao DETRAN do estado em que o imputado residir (art. 295). A medida visa viabiliza a fiscalização pelos agentes de trânsito e evita que o imputado entregue a habilitação ao juiz e providencie segunda via na esfera administrativa.

Crime a prazo: O artigo prevê o prazo de 48h para a consumação.

Classificação doutrinária: *Crime próprio* (só pode ser praticado por sujeito com as qualidades descritas no dispositivo penal, i.e., o condenado por crime de trânsito); *de mera conduta* (não há resultado naturalístico); *de perigo abstrato* (o perigo gerado pela conduta é presumido pela lei); *crime de forma vinculada* (a forma de execução é não entregando a CNH); *omissivo* (o tipo objetivo indica omissão, abstenção); *crime vago* (sujeito passivo indeterminado); *crime a prazo* (estabelece decurso de um tempo para a configuração); *instantâneo* (a consumação se dá em um momento específico); *unissubjetivo* (pode ser praticado por um só agente); *unissubsistente* (não admite fracionamento dos atos de execução); *não admite tentativa* (crime omissivo próprio).

19. PARTICIPAÇÃO EM COMPETIÇÃO OU EXIBIÇÃO NÃO AUTORIZADA

Art. 308. Participar, na direção de veículo automotor, em via pública, de corrida, disputa ou competição automobilística ou ainda de exibição ou demonstração de perícia em manobra de veículo automotor, não autorizada pela autoridade competente, gerando situação de risco à incolumidade pública ou privada:

Elemento nuclear: *Participar* (tomar parte em algo). O verbo-núcleo é complementado pelas expressões *corrida* (ato de correr, geralmente, entre dois pontos), *disputa* (pressupõe rivalidade), *competição* (pressupõe vários participantes), exibição (exposição ostentatória) e demonstração (ato de mostrar habilidade).

Racha: O crime é vulgarmente conhecido como *racha* ou *pega*.

Unissubjetividade e plurissubjetividade: Antes das alterações da Lei 13.546/17 o artigo punia apenas as condutas de participação em *corrida, disputa ou competição*, pelo que o crime ganhou o chamamento de *racha* ou *pega*, pois havia a necessidade de pelo menos dois agentes para se estabelecer o evento ilegal. Tratava-se de crime exclusivamente plurissubjetivo (de concurso necessário). Atualmente, com o acréscimo das figuras de *exibição ou demonstração de perícia*, o crime passou a admitir a modalidade unissubjetiva, pois nesses casos, a conduta criminosa pode ser praticada por apenas um agente.

Objeto jurídico: É a segurança viária.

Objeto material: É o veículo automotor.

Sujeito ativo: É qualquer pessoa.

Sujeito passivo: É a coletividade.

Elemento subjetivo: É o dolo.

Não se pune a forma culposa e não se exige dolo específico.

Crime de perigo concreto: O dispositivo exige que a conduta *gere situação de risco à incolumidade pública ou privada*. Dessa forma, o perigo deve ser demonstrado no caso concreto.

Se a conduta não gerar perigo: O fato é atípico.

Autorização da autoridade: O dispositivo prevê uma elementar que se apresenta como causa excludente de criminalidade, vez que o crime somente se configura quando *não houver autorização da autoridade competente*. Trata-se, nos moldes do direito penal clássico, de excludente de ilicitude, pois a autorização indica que o agente estará no exercício regular de um direito. Salientamos que o penalista moderno, seguindo as diretrizes da tipicidade conglobante, dirá tratar-se de excludente da própria tipicidade, já que tal conduta estaria autorizada pelo Estado. E, mais, dizemos nós, ainda que se trabalhe exclusivamente com os padrões da teoria clássica, não seria errado afastar-se a tipicidade formal da conduta, pois a descriminalização está inserida, de forma expressa, no próprio tipo penal.

Organizador do evento: Responde pelo crime como partícipe[50].

Classificação doutrinária: *Crime comum* (pode ser praticado por qualquer pessoa); *formal* (não exige resultado naturalístico para sua consumação); *de perigo concreto* (deve existir prova da exposição do bem jurídico ao perigo, i.e., o perigo deve ser demonstrado); *crime de forma livre* (pode ser executado por qualquer forma); *comissivo* (o tipo objetivo indica ação); *crime vago* (sujeito passivo indeterminado); *instantâneo* (a consumação se dá em um momento específico); *unissubjetivo nos núcleos participar de exibição ou demonstração de perícia* (pode ser praticado por um só agente) *e plurissubjetivo nos núcleos participar de corrida, disputa ou competição* (pode ser praticado por um só agente); *plurissubsistente* (admite fracionamento dos atos de execução); *admite tentativa.*

Penas - detenção, de 6 (seis) meses a 3 (três) anos, multa e suspensão ou proibição de se obter a permissão ou a habilitação para dirigir veículo automotor.

Acordo de não persecução penal: É cabível.

Penas cumulativas: O dispositivo prevê três espécies de sanção, i.e., a pena privativa de liberdade; a multa; e a restrição do direito de dirigir, sendo desnecessária a reincidência do réu (STJ, REsp 556.928).

Suspensão condicional do processo: É Cabível, pois a pena mínima cominada não ultrapassa um ano (art. 89 da lei 9.099/95).

Substituição da PPL por PRD: É possível a substituição da pena privativa de liberdade por pena restritiva de direitos, desde que preenchidos os requisitos do art. 44 do código penal.

§1° Se da prática do crime previsto no *caput* resultar lesão corporal de natureza grave, e as circunstâncias demonstrarem que o agente não quis o resultado nem assumiu o risco de produzi-lo, a pena privativa de liberdade é de reclusão, de 3 (três) a 6 (seis) anos, sem prejuízo das outras penas previstas neste artigo.

Modalidade qualificada: Trata-se do resultado *lesão grave.*

Responsabilidade de todos os participantes: Ainda que a lesão grave seja praticada pela conduta exclusiva de um dos participantes da competição, todos responderão pelo resultado qualificador causado culposamente, pois todos anuíram à conduta inicial. É caso de concorrência de culpas. Porém, se a lesão grave ou gravíssima for praticada dolosamente por um agente este responderá pelo crime do art. 129, §§ 1° ou 2°, do CP e os demais pelo crime que pretendiam praticar (art. 308, CTB). É caso de aplicação do art. 29, §2°, do Código Penal.

Crime Preterdoloso: O resultado lesão grave deve advir de culpa. Caso o resultado qualificador advenha de dolo (direto ou eventual), responderá pelo crime de lesão corporal grave ou gravíssima, tipificado no Código Penal (art. 129, §§1° e 2°).

Concurso com lesão corporal leve: Conforme os ensinamentos de Cláudia Barros Portocarrero e Wilson Luiz Palermo Ferreira[51], na hipótese de a conduta causar lesão corporal leve a alguém, deverá responder unicamente pelo crime do art. 308, sendo que, nesse caso, o crime de dano não absorve o crime de perigo, já que a pena deste é maior. Guilherme de Souza Nucci[52] diz que o crime de dano deve absorver o de perigo, pouco importando o fato de pena do crime de perigo ser menor do que a do crime de dano. Ainda que os dois entendimentos tenham argumentos razoáveis, entendemos que, nesse caso, não há que se falar em absorção, mas em concurso de crimes, devendo o agente responder pelo crime do art. 303, *caput*, em concurso com o art. 308, combinado com art. 291, §1°, inc. II, aplicando-se analogicamente o entendimento do Superior Tribunal de Justiça no que se refere ao crime de embriaguez ao volante[53].

50. No mesmo sentido: HABIB, Gabriel. Leis Penais Especiais. 9ª Edição. Salvador: Juspodivm, 2017, p. 115.

51. PORTOCARRERO. Cláudia Barros; FERREIRA, Wilson Luiz Palermo. Leis penais extravagantes – Teoria, jurisprudência e questões comentadas, 4ª edição, Salvador: Juspodivm, 2019, p. 1182.

52. NUCCI, Guilherme de Souza. Leis Penais e Processuais Penais Comentadas. Volume II, Rio de Janeiro: Forense, 2017, p. 1025.

53. Ver comentários ao art. 306.

Acordo de não persecução penal: Não é cabível, uma vez que o crime pressupõe violência (art. 28-A, do Código de Processo Penal).

> **§2° Se da prática do crime previsto no *caput* resultar morte, e as circunstâncias demonstrarem que o agente não quis o resultado nem assumiu o risco de produzi-lo, a pena privativa de liberdade é de reclusão de 5 (cinco) a 10 (dez) anos, sem prejuízo das outras penas previstas neste artigo.**

Modalidade qualificada: Trata-se do resultado morte.

Responsabilidade de todos os participantes: Ainda que a morte seja praticada pela conduta exclusiva de um dos participantes da competição, todos responderão pelo resultado qualificador causado culposamente, pois todos anuíram à conduta inicial. É caso de concorrência de culpas. Porém, se a morte for praticada dolosamente por um agente este responderá pelo crime do art. 121 do Código Penal e os demais pelo crime que pretendiam inicialmente concorrer (art. 308, CTB). É caso de aplicação do art. 29, §2°, do Código Penal.

Crime Preterdoloso: O resultado morte deve advir de culpa. Caso o resultado qualificador advenha de dolo (direto ou eventual), responderá pelo crime de homicídio, tipificado no Código Penal (art. 121).

Dolo eventual e circunstância qualificadora: Referimos acima que se o resultado morte advier de dolo (direto ou eventual), responderá pelo crime de homicídio, tipificado no Código Penal. Nesse caso, o Supremo Tribunal Federal fixou o entendimento que, ainda que se trate de dolo eventual, pode incidir a qualificadora do recurso que impossibilitou a defesa da vítima, conforme previsão do art. 121, §2°, inc. IV, do Código Penal (STF, HC 120.175).

Acordo de não persecução penal: Não é cabível, uma vez que o crime pressupõe violência (art. 28-A, do Código de Processo Penal).

20. DIRIGIR SEM HABILITAÇÃO

> **Art. 309. Dirigir veículo automotor, em via pública, sem a devida Permissão para Dirigir ou Habilitação ou, ainda, se cassado o direito de dirigir, gerando perigo de dano:**

Verbo nuclear: *Dirigir* (conduzir).

Elemento normativo: Encontra-se na expressão *veículo automotor*. Trata-se de expressão que denota uma circunstância específica para o cometimento do crime. O crime só se verifica quando praticado na direção de veículo automotor, cuja definição se encontra no Anexo I do Código de Trânsito Brasileiro, sendo "todo veículo a motor de propulsão que circule por seus próprios meios, e que serve normalmente para o transporte viário de pessoas e coisas, ou para a tração viária de veículos utilizados para o transporte de pessoas e coisas. O termo compreende os veículos conectados a uma linha elétrica e que não circulam sobre trilhos (ônibus elétrico)". Não se inclui nessa definição veículos de propulsão humana, animal ou de engate (trailer e reboque).

Elemento espacial: O dispositivo faz referência à via pública, sendo que o legislador reforça o que já está basicamente sedimentado no art. 2°, quando conceitua *via terrestre aberta à circulação*. Em nosso entendimento, não há como se conceber um crime de trânsito praticado fora dessa circunstância (local), o que torna a previsão legal (via pública) inócua, diante da similitude de conceitos, pois o art. 2° e seu parágrafo único regem todo Código de Trânsito. Assim, ainda que o artigo não possuísse a previsão de local, o art. 2° supriria sistematicamente essa ausência.

Objeto jurídico: É a segurança viária.

Objeto material: É o veículo automotor.

Sujeito ativo: É qualquer pessoa.

Sujeito passivo: É a coletividade.

Elemento subjetivo: É o dolo.

Não se pune a forma culposa e não se exige dolo específico.

Crime de perigo concreto: O dispositivo exige que a conduta *gere perigo de dano*, de modo que para sua configuração o perigo deve ser demonstrado, não podendo ser presumido (STJ, 62.289; STF, ARE 845.103).

Derrogação do art. 32 da LCP: O art. 32 da Lei das Contravenções Penais descreve como típica a conduta de "dirigir, sem a devida habilitação, veículo na via pública, ou embarcação a motor em águas públicas". Descreve a conduta de dirigir, sem habilitação, veículo na via pública. Logo, trata-se de uma infração penal de perigo abstrato, pois não exige a "geração de perigo", diferentemente do art. 309 do CTB. Dessa forma, o Supremo Tribunal Federal fixou entendimento de que o art. 32 da LCP foi derrogado no que tange a conduta de dirigir sem habilitação, a qual passou a integrar o corpo jurídico do CTB, exigindo-se perigo concreto (STF, súmula 720).

Condutor desabilitado ou com direito cassado: O artigo exige que o condutor não possua permissão ou habilitação para a condução do veículo automotor ou que esteja com o direito de dirigir cassado.

Categoria diferente: Configura o crime o fato de o agente possuir habilitação em categoria diferente da prevista para o veículo conduzido (art. 143).

Não estar portando CNH: Não configura o crime, pois *não portar* o documento é diferente de *não ser habilitado*. Haverá apenas infração administrativa, já que a CNH é documento de porte obrigatório (art. 159, §1°).

CNH vencida: Não configura o crime (STJ, HC 226.128)[54].

Apresentação de CNH falsa: Caso o agente seja abordado por gerar perigo de dano e apresente CNH falsa, responderá pelo crime do art. 309 em concurso com o crime de uso de documento falso (art. 304, CP), conforme decidiu o STJ (AgRg no AREsp 1.360.713), sendo que o crime de falso se consuma ainda que a carteira seja exibida ao policial por solicitação deste, e não por iniciativa do agente (STJ, 240.201), bem como quando a falsidade é constatada em consulta ao sistema informatizado, logo após a apresentação do documento[55].

Dirigir sem habilitação e lesão corporal: Em tese, seria caso de absorção do crime de perigo (art. 309) pelo crime de dano (art. 303), porém, diante da previsão de majorante específica, *havendo representação da vítima*, o agente responde por lesão corporal culposa majorada no trânsito (art. 303, §1°, combinado com art. 302, §1°, inc. I).

Lesão corporal sem representação e condutor sem habilitação: O crime de lesão corporal culposa somente se procede mediante representação, de modo que, desejando a vítima não processar o autor do fato, por falta de condição de procedibilidade da ação, não pode o delegado instaurar o termo circunstanciado, nem mesmo o promotor oferecer denúncia. Dessa forma, mantendo-se a máxima de que crime de dano absorve crime de perigo, não oferecendo a vítima representação pelo fato (lesão corporal) está o Estado impossibilitado de apurar essa conduta, bem como, conforme decidiu o STF, a conduta do art. 309 (HC 80.436). Em suma, caso a vítima não ofereça representação pela lesão sofrida, desaparecem ambos os fatos.

Classificação doutrinária: *Crime comum* (pode ser praticado por qualquer pessoa); *formal* (não exige resultado naturalístico para sua consumação); *de perigo concreto*(deve existir prova da exposição do bem jurídico ao perigo, i.e., o perigo deve ser demonstrado); *crime de forma vinculada*(a forma de execução é dirigindo veículo automotor); *comissivo* (o tipo objetivo indica ação); *crime vago* (sujeito passivo indeterminado); *instantâneo* (a consumação se dá em um momento específico); *unissubjetivo* (pode ser praticado por um só agente); *plurissubsistente* (admite fracionamento dos atos de execução); *admite tentativa.*

Penas - detenção, de seis meses a um ano, ou multa.

Infração de menor potencial ofensivo: Aplica-se a lei 9.099/95, de modo que não há instauração de inquérito policial, mas sim termo circunstanciado, seguindo o rito sumaríssimo com todos os seus institutos despenalizadores.

Acordo de não persecução penal: Não é cabível (art. 28-A, §2°, inc. I, do Código de Processo Penal).

Suspensão condicional do processo: É Cabível, pois a pena mínima cominada não ultrapassa um ano (art. 89 da lei 9.099/95).

Substituição da PPL por PRD: É possível a substituição da pena privativa de liberdade por uma pena restritiva de direitos, desde que preenchidos os requisitos do art. 44 do Código Penal.

21. ENTREGAR A DIREÇÃO À PESSOA NÃO HABILITADA

Art. 310. Permitir, confiar ou entregar a direção de veículo automotor a pessoa não habilitada, com habilitação cassada ou com o direito de dirigir suspenso, ou, ainda, a quem, por seu estado

54. Em sentido contrário, entendendo que o crime se verifica após o prazo de 30 dias, diante do art. 162, V: CAPEZ, Fernando. Curso de Direito Penal, Volume 4, Legislação penal especial, 13ª edição. São Paulo: Saraiva, 2018, p. 386.

55. Com o mesmo entendimento: CUNHA, Rogério Sanches. Uso de CNH falsificada e pronta constatação do falso pela autoridade: crime impossível? Disponível em: https://meusitejuridico.editorajuspodivm.com.br/2018/02/21/uso-de-cnh-falsificada-e-pronta-constatacao-falso-pela-autoridade-crime-impossivel/. Acessado em 03 de julho de 2020.

de saúde, física ou mental, ou por embriaguez, não esteja em condições de conduzi-lo com segurança:

Verbos nucleares: *Permitir* (autorizar); *confiar* (incumbir, colocar sob os cuidados); entregar (passar às mãos, dar).

Complementação sêxtupla dos núcleos: O dispositivo abrange **(a)** a pessoa não habilitada; **(b)** a pessoa com habilitação cassada (já foi habilitada, mas perdeu o direito); **(c)** a pessoa com o direito de dirigir suspenso (é habilitado, mas está temporariamente impedido); **(d)** pessoa que por sua condição física não esteja em condições de dirigir (ainda que seja habilitada); **(e)** pessoa que por sua condição mental não esteja em condições de dirigir (ainda que seja habilitada); **(f)** pessoa que por embriaguez não esteja em condições de dirigir (ainda que seja habilitada).

Objeto jurídico: É a segurança viária.

Objeto material: É a direção do veículo automotor.

Sujeito ativo: É qualquer pessoa.

Sujeito passivo: É a coletividade.

Elemento subjetivo: É o dolo.

Não se pune a forma culposa e não se exige dolo específico.

Crime de perigo abstrato: O perigo ao bem jurídico é presumido, dispensando-se prova dessa circunstância (STJ, súmula 575). Guilherme de Souza Nucci[56] lembra que a segurança viária não se coaduna com pessoas desabilitadas.

Impossibilitado por condição física: Conforme referimos o artigo pune a conduta de entregar a direção do veículo a pessoa que por sua condição física não esteja em condições de dirigir, ainda que seja habilitada. Pode cogitar a imputação, aqui, do agente que entregar a direção à pessoa (com deficiência física) sem lentes de contato, sem aparelho de audição ou sem uma prótese, desde que o agente tenha ciência dessa circunstância.

Dupla punição: A pessoa que receber a direção do veículo e dirigir sem estar habilitada ou com o direito de dirigir cassado, *se gerar perigo de dano*, estará passível do crime do art. 309. Ainda, caso essa pessoa esteja com o direito de dirigir suspenso, ao conduzir o veículo pratica o crime do art. 307.

Efetiva condução: Para que o crime se configure é *dispensável* a efetiva condução do veículo pelo terceiro, basta a *permissão, confiança ou entrega* da direção. Trata-se de crime *de* mera conduta e perigo abstrato, sendo dispensável ocorrência de resultado ou geração de perigo.

Efetiva condução e crime de dano: Caso o agente que recebeu a direção do veículo praticar homicídio culposo ou lesão corporal culposa, o agente que lhe permitiu a direção responderá pelo crime de dano[57].

Filho que subtrai a chave do pai: O pai não pratica o crime, pois não possui conhecimento do fato. Entendimento em sentido contrário acarretaria responsabilidade penal objetiva, o que não é permitido em Direito Penal. Entretanto, se, ciente de que o filho pegará o veículo, não adotar providência para evitar, pratica o crime na modalidade comissiva por omissão, nos termos do art. 13, §2°, do CP.

Agravante do art. 298, III: Não se aplica nesse caso (*bis in idem*).

Classificação doutrinária: *Crime comum* (pode ser praticado por qualquer pessoa); *formal* (não exige resultado naturalístico para sua consumação); *de perigo abstrato* (o perigo gerado pela conduta é presumido pela lei); *crime de forma livre* (pode ser executado por qualquer forma); *comissivo* (o tipo objetivo indica ação); *crime vago* (sujeito passivo indeterminado); *instantâneo* (a consumação se dá em um momento específico); *unissubjetivo* (pode ser praticado por um só agente); *plurissubsistente* (admite fracionamento dos atos de execução); *admite tentativa.*

Penas - detenção, de seis meses a um ano, ou multa.

Infração de menor potencial ofensivo: Aplica-se a lei 9.099/95, de modo que não há instauração de inquérito policial, mas sim termo circunstanciado, seguindo o rito sumaríssimo com todos os seus institutos despenalizadores.

56. NUCCI, Guilherme de Souza. Leis Penais e Processuais Penais Comentadas. Volume II, Rio de Janeiro: Forense, 2017, p. 1028.

57. No mesmo sentido: PORTOCARRERO. Cláudia Barros; FERREIRA, Wilson Luiz Palermo. Leis penais extravagantes – Teoria, jurisprudência e questões comentadas, 4ª edição, Salvador: Juspodivm, 2019, p. 1182.

Acordo de não persecução penal: Não é cabível (art. 28-A, §2°, inc. I, do Código de Processo Penal).

Suspensão condicional do processo: É Cabível, pois a pena mínima cominada não ultrapassa um ano (art. 89 da lei 9.099/95).

Substituição da PPL por PRD: É possível a substituição da pena privativa de liberdade por uma pena restritiva de direitos, desde que preenchidos os requisitos do art. 44 do Código Penal.

22. TRAFEGAR COM VELOCIDADE INCOMPATÍVEL

Art. 311. Trafegar em velocidade incompatível com a segurança nas proximidades de escolas, hospitais, estações de embarque e desembarque de passageiros, logradouros estreitos, ou onde haja grande movimentação ou concentração de pessoas, gerando perigo de dano:

Verbo nuclear: *Trafegar* (transitar, passar, andar).

Velocidade incompatível: É aquela que não é adequada para a via. Não se trata necessariamente de velocidade excessiva. É possível que o agente esteja dentro do limite de velocidade e ainda assim esteja em velocidade inadequada, v.g., em rodovia cuja velocidade permitida é 100km/h, estará em velocidade incompatível o agente que trafegar a 80km/h quando houver pessoas trabalhando na pista. Da mesma forma, em uma estrada em que a velocidade permitida é 80km/h, estará em velocidade incompatível o agente que trafegar nessa velocidade durante passagem de uma procissão. No mesmo sentido, trafega com velocidade incompatível o agente que não reduz a velocidade para ingressar em propriedade cujo acesso é pela calçada; ou o agente que não reduzi a velocidade sob neblina ou chuva torrencial.

Objeto jurídico: É a segurança viária.

Objeto material: É o veículo automotor.

Sujeito ativo: É qualquer pessoa.

Sujeito passivo: É a coletividade.

Elemento subjetivo: É o dolo.

Não se pune a forma culposa e não se exige dolo específico.

Ciência da incompatibilidade: O agente deve conhecer a situação que torna a velocidade incompatível, i.e., por tratar-se de crime doloso, somente se configura quando o agente tiver ciência de que transita em velocidade incompatível. No trânsito, via de regra, a ciência ao condutor é dada por meio de placas, objetos ou sinais visuais e sonoros (sinalização de trânsito). Se em determinado local de via há um acidente, o qual acarretou concentração de pessoas, para a configuração do crime é imprescindível que a autoridade de trânsito ou terceiro tenha sinalizado a via, a fim de dar *conhecimento aos condutores* da circunstância excepcional que os obriga a *compatibilizar a velocidade* naquele trajeto.

Elemento espacial: O tipo penal exige local determinado. O crime somente se verifica nas proximidades de escolas, hospitais, estações de embarque e desembarque de passageiros, logradouros estreitos, ou onde haja aglomeração de pessoas.

Crime de perigo concreto: O dispositivo exige que a conduta *gere perigo de dano*, de modo que para sua configuração o perigo deve ser demonstrado, não podendo ser presumido (STJ, 62.289; STF, ARE 845.103).

Medição da velocidade: Não é necessário efetuar-se a medição da velocidade do veículo, devendo o aplicador da lei realizar uma análise criteriosa da circunstância da conduta para verifica se é incompatível com a ocasião.

Velocidade compatível: Velocidade compatível é aquela que não coloca em risco a segurança própria ou de terceiros, permitindo ao condutor total domínio do veículo, sem depender de condições externas. Entendemos que pode ser usado como parâmetro de interpretação as situações descritas no art. 220, que prevê a penalidade administrativa ao condutor que "deixar de reduzir a velocidade do veículo de forma compatível com a segurança do trânsito".

Manobra perigosa: A manobra perigosa não é a mesma coisa que velocidade incompatível. Assim, o agente que realizar *manobra perigosa*, como, v.g., cavalo de pau, empinar motocicleta, zigue-zague ou dirigir na contramão, não pratica crime do art. 311. Nesse caso, deverá responder pela contravenção penal do art. 34 da LCP, a qual não foi derrogada pelo Código de Trânsito (STF, HC 86.276)[58].

Classificação doutrinária: *Crime comum* (pode ser praticado por qualquer pessoa); *formal* (não exige

58. No mesmo sentido: CAPEZ, Fernando. Curso de Direito Penal, Volume 4, Legislação penal especial, 13ª edição. São Paulo: Saraiva, 2018, p. 396.

resultado naturalístico para sua consumação); *de perigo concreto* (deve existir prova da exposição do bem jurídico ao perigo, i.e., o perigo deve ser demonstrado); *de forma livre* (pode ser executado por qualquer forma); *comissivo* (o tipo objetivo indica ação); *crime vago* (sujeito passivo indeterminado); *instantâneo* (a consumação se dá em um momento específico); *unissubjetivo* (pode ser praticado por um só agente); *plurissubsistente* (admite fracionamento dos atos de execução); *admite tentativa.*

Penas - detenção, de seis meses a um ano, ou multa.

Infração de menor potencial ofensivo: Aplica-se a lei 9.099/95, de modo que não há instauração de inquérito policial, mas sim termo circunstanciado, seguindo o rito sumaríssimo com todos os seus institutos despenalizadores.

Acordo de não persecução penal: Não é cabível (art. 28-A, §2°, inc. I, do Código de Processo Penal).

Suspensão condicional do processo: É Cabível, pois a pena mínima cominada não ultrapassa um ano (art. 89 da lei 9.099/95).

Substituição da PPL por PRD: É possível a substituição da pena privativa de liberdade por uma pena restritiva de direitos, desde que preenchidos os requisitos do art. 44 do Código Penal.

23. INOVAÇÃO ARTIFICIOSA

Art. 312. Inovar artificiosamente, em caso de acidente automobilístico com vítima, na pendência do respectivo procedimento policial preparatório, inquérito policial ou processo penal, o estado de lugar, de coisa ou de pessoa, a fim de induzir a erro o agente policial, o perito, ou juiz:

Verbo nuclear: *Inovar* (mudar, renovar, fazer algo novo).

Artificiosamente: Expressão que qualifica o verbo nuclear, de modo a indicar que a inovação se dê de forma capciosa, enganador, engenhosa.

Acidente com vítima: O artigo prevê que é imprescindível que o acidente tenha *vítima*, sugerindo a atipicidade do fato caso ausente essa condição[59].

Ocorre que, na desconfiguração deste tipo penal pela ausência de vítima, restaria a punição do agente nos termos do art. 347, parágrafo único, do Código Penal (fraude processual majorada)[60], com a pena sensivelmente maior. Por essa razão, em homenagem ao *princípio da proporcionalidade*, a fim de se evitar que o agente que inove artificiosamente local de acidente *sem vítima* seja punido de maneira mais severa do que aquele que inova local de acidente *com vítima*, devemos aplicar o art. 312 também naquela situação. Trata-se de analogia *in bonam partem.*

Objeto jurídico: É a administração da justiça.

Objeto material: É o estado de lugar, coisa ou pessoa inovado.

Sujeito ativo: É qualquer pessoa.

Sujeito passivo: É a coletividade.

Elemento subjetivo: É o dolo. O tipo penal pressupõe o elemento subjetivo específico, i.e., o verbo nuclear (inovar) deve ser praticado *a fim de induzir a erro o agente policial, o perito, ou juiz.* Não se admite a modalidade culposa. Diante da necessidade do especial fim de agir, é classificado como um *tipo penal incongruente* ou *assimétrico.*

Momento: O crime se configura durante toda a persecução penal, i.e., durante a fase preliminar (procedimento investigatório) e a fase processual. E, o crime se verifica, ainda, antes de iniciada a investigação do fato (parágrafo único).

Consumação: Tratando-se de *crime formal*, se consuma na simples conduta (inovação artificiosa) com o dolo especial (induzir a erro o agente policial, o perito ou o juiz), não sendo necessário que o agente consiga o resultado pretendido. Portanto, ainda que a inovação artificiosa promovida pelo agente seja descoberta o crime estará consumado.

Descoberta da inovação: Não afasta o crime.

Princípio da especialidade: Afasta a aplicação do art. 347 do CP. Ainda que a pena no art. 312 seja mais leve, trata-se de norma especial destinada a punir a inovação ocorrida em cenário de *acidente de trânsito com ou sem vítima*, conforme referimos.

59. Nesse sentido: HABIB, Gabriel. Leis Penais Especiais. 9ª Edição. Salvador: Juspodivm, 2017, p. 122.

60. Art. 347 - Inovar artificiosamente, na pendência de processo civil ou administrativo, o estado de lugar, de coisa ou de pessoa, com o fim de induzir a erro o juiz ou o perito: Pena - detenção, de três meses a dois anos, e multa. Parágrafo único - Se a inovação se destina a produzir efeito em processo penal, ainda que não iniciado, as penas aplicam-se em dobro.

Processo civil: O dispositivo prevê que o crime pode se consumar na pendência de *processo penal*, nada referindo acerca da pendência de processo civil. Ocorre que, caso a inovação artificiosa ocorra na pendência de processo cível, inviabilizando-se a aplicação do art. 312 pela *ausência de elemento do tipo*, restaria a punição do agente pelo art. 347, *caput*, do Código Penal (fraude processual), com a pena maior. Por essa razão, em homenagem ao *princípio da proporcionalidade*, a fim de se evitar que o agente que inove artificiosamente na pendência de processo cível seja punido de maneira mais severa do que aquele que inova na pendência de processo penal (situação mais grave), devemos aplicar o art. 312 também naquela situação. Trata-se de analogia *in bonam partem*.

Crime mais grave: Caso a inovação artificiosa no local do acidente de trânsito se realize por meio da prática de conduta que configure crime mais grave restará por esta *absorvida*, v.g., após o acidente o agente oculta um cadáver. Nesse caso, responderá pelo crime do art. 211 do Código Penal (ocultação de cadáver) e, caso tenha tido culpa no acidente de trânsito, pelo crime do art. 302 do CTB, sendo caso de concurso material de crimes (STF, HC 88.733). No caso, a ocultação de cadáver representar forma especialíssima da fraude.

Direito de defesa: O direito à não autoincriminação não abrange a possibilidade de os acusados alterarem a cena do crime, inovando o estado de lugar, de coisa ou de pessoa, para, criando artificiosamente outra realidade, levar peritos ou o próprio Juiz a erro de avaliação relevante (STJ, HC 137.206).

Classificação doutrinária: *Crime comum* (pode ser praticado por qualquer pessoa); *formal* (não exige resultado naturalístico para sua consumação); *de perigo abstrato* (o perigo gerado pela conduta é presumido pela lei); *de forma livre* (pode ser executado por qualquer forma); *comissivo* (o tipo objetivo indica ação); *crime vago* (sujeito passivo indeterminado); *instantâneo* (a consumação se dá em um momento específico); *unissubjetivo* (pode ser praticado por um só agente); *plurissubsistente* (admite fracionamento dos atos de execução); *admite tentativa*.

> **Penas - detenção, de seis meses a um ano, ou multa.**

Infração de menor potencial ofensivo: Aplica-se a lei 9.099/95, de modo que não há instauração de inquérito policial, mas sim termo circunstanciado, seguindo o rito sumaríssimo com todos os seus institutos despenalizadores.

Acordo de não persecução penal: Não é cabível (art. 28-A, §2°, inc. I, do Código de Processo Penal).

Suspensão condicional do processo: É Cabível, pois a pena mínima cominada não ultrapassa um ano (art. 89 da lei 9.099/95).

Substituição da PPL por PRD: É possível a substituição da pena privativa de liberdade por uma pena restritiva de direitos, desde que preenchidos os requisitos do art. 44 do Código Penal.

> **Parágrafo único. Aplica-se o disposto neste artigo, ainda que não iniciados, quando da inovação, o procedimento preparatório, o inquérito ou o processo aos quais se refere.**

Configuração do crime antes da ação da autoridade: Conforme referimos o crime se configura durante toda a persecução penal. Porém, o parágrafo reforça o apontamento do *caput* no sentido de que o crime se configura mesmo que não iniciada a investigação criminal ou o processo penal. Trata-se de excesso de cautela do legislador, pois, como a realidade nos mostra a inovação artificiosa, na maioria dos casos, ocorre incontinenti ao acidente, antes de qualquer providência da autoridade policial.

24. SUBSTITUIÇÃO DA PENA PRIVATIVA DE LIBERDADE POR PENA RESTRITIVA DE DIREITOS

> **Art. 312-A. Para os crimes relacionados nos arts. 302 a 312 deste Código, nas situações em que o juiz aplicar a substituição de pena privativa de liberdade por pena restritiva de direitos, esta deverá ser de prestação de serviço à comunidade ou a entidades públicas, em uma das seguintes atividades:**
>
> **I - trabalho, aos fins de semana, em equipes de resgate dos corpos de bombeiros e em outras unidades móveis especializadas no atendimento a vítimas de trânsito;**
>
> **II - trabalho em unidades de pronto-socorro de hospitais da rede pública que recebem vítimas de acidente de trânsito e politraumatizados;**
>
> **III - trabalho em clínicas ou instituições especializadas na recuperação de acidentados de trânsito;**
>
> **IV - outras atividades relacionadas ao resgate, atendimento e recuperação de vítimas de acidentes de trânsito.**

Comentários: O dispositivo estabelece que, nos crimes de trânsito, quando o juiz substituir a pena privativa de liberdade por pena restritiva de direitos, a pena aplicada deverá consistir em prestação de serviços a ser cumprida nos locais descritos nos incisos, afetos ao atendimento de vítimas de trânsito.

Obrigatoriedade: O artigo refere que o juiz *deverá*. Logo, havendo a substituição da pena privativa de liberdade por pena restritiva de direitos, o juiz deve obedecer ao comando legal, aplicando a prestação de serviço nos locais indicado pelo legislador.

Art. 46 do Código Penal: Tendo em vista que o art. 312-A se trata de norma especial, afasta a aplicação do art. 46, *caput*, do CP, o qual determina que "a prestação de serviços à comunidade ou a entidades públicas é aplicável às *condenações superiores a seis meses* de privação da liberdade". Logo, ainda que o juiz eventualmente estabeleça uma pena inferior a seis meses *deverá* aplicar a prestação de serviço, conforme determina o legislador.

Finalidade educativa: Trata-se de conscientizar o apenado acerca dos reflexos negativos da má conduta no trânsito.

Em resumo: Nos crimes do CTB, havendo a substituição da PPL por PRD, **(a)** o juiz deverá aplicar a PSC e **(b)** a PSC deve ser cumprida nos locais indicados no dispositivo.

25. SUBSTITUIÇÃO DA PENA PRIVATIVA DE LIBERDADE POR PENA RESTRITIVA DE DIREITOS

Art. 312-B. Aos crimes previstos no §3º do art. 302 e no § 2º do art. 303 deste Código não se aplica o disposto no inciso I do *caput* do art. 44 do Decreto-Lei nº 2.848, de 7 de dezembro de 1940 (Código Penal).

Comentários: O dispositivo estabelece que, no homicídio culposo no trânsito, qualificado pela condução do veículo sob a influência de álcool ou de qualquer outra substância psicoativa que determine dependência (art. 302, §3º) e na lesão corporal culposa no trânsito, qualificada pela condução do veículo sob a influência de álcool ou de qualquer outra substância psicoativa que determine dependência, com resultado lesão grave ou gravíssima (art. 303, §2º) não se aplica o disposto no art. 44, I, do Código Penal, o qual prevê a possibilidade de substituição da pena privativa de liberdade por pena restritiva de direitos, independente do *quantum* da pena, se o crime for culposo. Em outras palavras, o dispositivo veda a substituição da PPL por PRD nos casos referidos.

BIBLIOGRAFIA

CABETTE, Eduardo Luiz Santos. **A inconstitucionalidade do artigo 305 do Código de Trânsito Brasileiro.** Disponível em: https://eduardocabette.jusbrasil.com.br/artigos/258222819/a-inconstitucionalidade-do-artigo-305-do-codigo-de-transito-brasileiro.

CABETTE, Eduardo Luiz Santos. A falácia do denominado crime de perigo abstrato de perigosidade real. Disponível em: https://www.migalhas.com.br/depeso/175310/a-falacia-do-denominado-crime-de-perigo-abstrato-de-perigosidade-real.

CAPEZ, Fernando. Curso de Direito Penal, Volume 4, Legislação penal especial, 13ª edição. São Paulo: Saraiva, 2018.

CUNHA, Rogério Sanches. Uso de CNH falsificada e pronta constatação do falso pela autoridade: crime impossível? Disponível em: https://meusitejuridico.editorajuspodivm.com.br/2018/02/21/uso-de-cnh-falsificada-e-pronta-constatacao-falso-pela-autoridade-crime-impossivel/

CUNHA, Rogério Sanches. Você já ouviu falar de crime de perigo abstrato de perigosidade real?. Disponível em: https://rogeriosanches2.jusbrasil.com.br/artigos/121815106/voce-ja-ouviu-falar-de-crime-de-perigo-abstrato-de-perigosidade-real.

GONÇALVES, Victor Eduardo Rios; BALTAZAR JÚNIOR, José Paulo. Legislação penal especial - 2ª edição. Coordenador Pedro Lenza. São Paulo: Saraiva, 2016.

HABIB, Gabriel. Leis Penais Especiais. 9ª Edição. Salvador: Juspodivm, 2017.

MASSON, Cleber. Direito Penal Esquematizado – Parte Geral. 7. ed. Rio de Janeiro: Forense; São Paulo: Método, 2013.

NUCCI, Guilherme de Souza. Leis Penais e Processuais Penais Comentadas. Volume II, Rio de Janeiro: Forense, 2017.

PORTOCARRERO. Cláudia Barros; FERREIRA, Wilson Luiz Palermo. Leis penais extravagantes – Teoria, jurisprudência e questões comentadas, 4ª edição, Salvador: Juspodivm, 2019.

46

ORGANIZAÇÕES CRIMINOSAS

Lei 12.850/13

ANTÔNIO FLÁVIO ROCHA FREIRE
WILLIAM GARCEZ

1. INTRODUÇÃO

Contexto histórico: Não há como se precisar a origem das organizações criminosas. No entanto, a mais famosa de todas é a Máfia Italiana, estruturada de maneira semelhante a uma família. A Itália é berço de diversas organizações criminosas, sendo as mais conhecidas a *Cosa Nostra* (Sicilia), a *Camorra* (Napoli), e a *N'drangheta* (Calábria). Inicialmente, atuavam somente com contrabando e extorsão. Com o passar dos anos, passaram a atuar com o tráfico de drogas e a necessária lavagem de capitais. E, a fim de garantir a prosperidade, passou a atuar na política, comprando votos e financiando campanhas eleitorais.

Também são conhecidas no cenário mundial a *Yakusa* (Japão), e a *Tríade Chinesa* (China), que atuam com prostituição, pornografia, extorsão, tráfico de pessoas, jogos de azar e tráfico de drogas, principalmente anfetamina. No Brasil, o crime organizado foi estruturado nas penitenciárias do Rio de Janeiro e de São Paulo, onde se reconhece a formação do *Comando Vermelho* (CV) e do *Primeiro Comando da Capital* (PCC), respectivamente. Tais organizações criminosas atuam precipuamente no tráfico de drogas.

2. CONCEITO DE ORGANIZAÇÃO CRIMINOSA

Art. 1º Esta Lei define organização criminosa e dispõe sobre a investigação criminal, os meios de obtenção da prova, infrações penais correlatas e o procedimento criminal a ser aplicado.

§1º Considera-se organização criminosa a associação de 4 (quatro) ou mais pessoas estruturalmente ordenada e caracterizada pela divisão de tarefas, ainda que informalmente, com objetivo de obter, direta ou indiretamente, vantagem de qualquer natureza, mediante a prática de infrações penais cujas penas máximas sejam superiores a 4 (quatro) anos, ou que sejam de caráter transnacional.

§ 2º Esta Lei se aplica também:

I - às infrações penais previstas em tratado ou convenção internacional quando, iniciada a execução no País, o resultado tenha ou devesse ter ocorrido no estrangeiro, ou reciprocamente;

II - às organizações terroristas, entendidas como aquelas voltadas para a prática dos atos de terrorismo legalmente definidos.

Evolução do conceitual: Durante a vigência da Lei 9.034/95, a doutrina nacional formulou o conceito de organização criminosa a partir do conceito de quadrilha ou bando, trazido pela redação original do art. 288 do Código Penal, ou seja, "associarem-se mais de três pessoas, em quadrilha ou bando, para o fim de cometer crimes". Desse conceito, a doutrina acrescentou características especiais à identificação de uma organização criminosa, v.g., estrutura hierárquica, participação de funcionários públicos, alto poder de intimidação, divisão de atividades e ligação com outras organizações.

Outro seguimento doutrinário pregava que o conceito de organização deveria ser retirado do art. 2º da Convenção de Palermo, ratificada pelo Brasil pelo Decreto 5.015/2004, o qual prevê ser organização criminosa o "grupo estruturado de três ou mais pessoas, existente há algum tempo e atuando concertadamente com o propósito de cometer uma ou mais infrações graves enunciadas na presente Convenção, com a intenção de obter, direta ou indiretamente, um benefício econômico ou outro benefício material".

A tipificação da conduta de organização criminosa criada pela Lei nº 9.034/95 não dispunha de efetividade jurídica, por não trazer o conceito sequer de organização criminosa. Em 2012, a Lei nº 12.694, que criou os juizados colegiados para o processo e julgamento dos crimes praticados por organizações criminosas, formulou o seguinte conceito em seu art. 2º: "... considera-se organização criminosa a associação, de 03 (três) ou mais pessoas, estruturalmente ordenada e caracterizada pela divisão de tarefas, ainda que informalmente, com objetivo de obter, direta ou indiretamente, vantagem de qualquer natureza, mediante a prática de crimes cuja pena máxima seja igual ou superior a 4 (quatro) anos ou que sejam de caráter transnacional".

Esse conceito vigorou por muito pouco tempo, pois, em 2013, entrou em vigor a Lei 12.850, que revogou expressamente a Lei nº 9.034/95 e tacitamente o art. 2º da Lei nº 12.694/12, trazendo um novo conceito para organização criminosa, como se verifica em seu art. 1°, §1°: "*considera-se organização criminosa a associação de 04 (quatro) ou mais pessoas estruturalmente ordenada e caracterizada pela divisão de tarefas, ainda que informalmente, com objetivo de obter, direta ou indiretamente, vantagem de qualquer natureza, mediante a prática de infrações penais cujas penas máximas sejam superiores a 04 (quatro) anos, ou que sejam de caráter transnacional*".

Requisitos para configuração do crime (elementos essenciais): Analisando o artigo em estudo, infere-se que o conceito legal de organização criminosa se forma através da reunião de cinco requisitos, i.e., **(a)** associação de quatro ou mais pessoas; **(b)** estrutura ordenada com divisão de tarefas; **(c)** finalidade de obter vantagem; **(d)** prática de infrações penais graves (crime ou contravenção com pena máxima superior a quatro anos ou de caráter transnacional, independentemente da pena; e **(e)** estabilidade e permanência, pois se trata de uma espécie qualificada de associação criminosa.

Especificação dos requisitos legais: Frise-se que, para verificar o número mínimo de associados, é possível contar com menor de dezoito anos[1]. O mesmo raciocínio se aplica no caso de algum integrante não ter sua identidade descoberta, mas não se computa no número mínimo de agentes, logicamente, eventual agente policial infiltrado. Deve haver comprovação da existência de hierarquia e divisão de tarefas à configuração da organização criminosa, ainda que de modo informal[2], sendo que o enquadramento em tipos penais diferentes para cada associado não é suficiente para configurar divisão de tarefas. Da mesma forma, necessário configurar o *animus associativo* e de colaboração para o mesmo fim. A organização criminosa deve ter como objetivo auferir vantagem de qualquer natureza, e não exclusivamente financeira. É possível, inclusive, a constituição de organização criminosa para fins de se obter vantagem sexual, a exemplo da organização criminosa para a prática da pedofilia[3]. Sublinhe-se que, por ser crime formal, se consuma ainda que não obtida essa vantagem. As infrações penais praticadas devem possuir pena máxima em abstrato superior a quatro anos[4], englobando tanto crime quanto contravenção penal e, também, se aplica às infrações penais de caráter transnacional[5],

1. Nesse ponto, caso determinado indivíduo tenha ingressado na organização quando ainda era menor, i.e., inimputável penalmente, deverá ser responsabilizado criminalmente se atingir a idade de dezoito anos enquanto o delito se encontrar em plena consumação, nos termos da súmula nº 711 do Supremo Tribunal Federal.
2. A divisão de tarefas pode ser determinada pela gerência (chefia) ou se estabelecer naturalmente com base na especialidade de cada um dos participantes da organização, v.g., no roubo de veículos: alguns serão responsáveis pela subtração, outros por tornar o objeto seguro, outros pelo desmanche, outros pela falsificação de documentos, outros pela revenda ou remessa ao exterior.
3. A lei não prevê que as infrações penais a que a organização se dedica sejam da mesma espécie, i.e., estejam tipificadas no mesmo tipo penal incriminador. Portanto, é irrelevante que as infrações penais praticadas sejam da mesma espécie.
4. O legislador utilizou a expressão infrações penais, de modo que, em tese, seria possível, incluir-se crimes e contravenções. No entanto, é bom registrar que não há contravenções penais na ordem jurídica nacional com pena máxima superior a 04 (quatro) anos. A razão pela qual o legislador escolheu o limite de 04 (quatro) anos para a incriminação do crime de organização criminosa é de ordem lógica, pois, no nosso regime jurídico, se o agente for condenado a uma pena igual ou inferior quatro anos, irá cumpri-la em regime aberto (art. 33, §2°, "c", do CP) ou, ainda, poderá ter a pena privativa de liberdade substituída por restritiva de direitos (art. 44, I, do CP), de modo que seria incoerente estabelecer-se o crime de organização criminosa, cuja própria expressão denota gravidade, e permitir-se a sua configuração em crimes nos quais o próprio ordenamento jurídico reconhece de menor relevância.
5. Em se tratando de crime de caráter transnacional, desconsidera-se a previsão de apenamento superior a 04 anos, podendo

i.e., quando as condutas são realizadas no estrangeiro com resultado no Brasil ou quando os atos são praticados no Brasil para que o resultado ocorra no estrangeiro. Por expressa previsão do art. 1º, §2º, a lei também se aplica às infrações penais previstas em tratado ou convenção internacional quando, iniciada a execução no país, o resultado tenha ou devesse ter ocorrido no estrangeiro, ou reciprocamente (chamado crime à distância ou crime de espaço máximo); e às organizações terroristas, entendidas como aquelas voltadas para a prática dos atos de terrorismo legalmente definidos.

Diferenciação com outros crimes que envolvem associação de pessoas: Organização Criminosa é associação de quatro ou mais pessoas. Não confundir com demais crimes que envolvem associação de pessoas, v.g., **(a)** associação criminosa do art. 288 do CP (três ou mais pessoas); **(b)** associação para o tráfico, previsto no art. 35 da Lei nº 11.343/06 (duas ou mais pessoas); **(c)** associação para a prática de genocídio, previsto no art. 2º da Lei nº 2.889/56 (três ou mais pessoas); e **(d)** constituição de milícia privada, prevista no art. 288-A do CP (três ou mais pessoas).

Julgamento por juízo colegiado: Comentários na Lei 12.694/12.

3. CONSTITUIR OU INTEGRAR ORGANIZAÇÃO CRIMINOSA

Art. 2º Promover, constituir, financiar ou integrar, pessoalmente ou por interposta pessoa, organização criminosa:

Pena - reclusão, de 3 (três) a 8 (oito) anos, e multa, sem prejuízo das penas correspondentes às demais infrações penais praticadas.

§ 8º As lideranças de organizações criminosas armadas ou que tenham armas à disposição deverão iniciar o cumprimento da pena em estabelecimentos penais de segurança máxima.

§ 9º O condenado expressamente em sentença por integrar organização criminosa ou por crime praticado por meio de organização criminosa não poderá progredir de regime de cumprimento de pena ou obter livramento condicional ou outros benefícios prisionais se houver elementos probatórios que indiquem a manutenção do vínculo associativo.

caracterizar-se a organização criminosa com a prática de qualquer infração penal.

Verbos nucleares do tipo: *Promover* (pôr em execução); *constituir* (estabelecer, organizar, formar); *integrar* (incluir-se, fazer sentir-se como um membro de uma organização criminosa, pessoalmente ou por interposta pessoa); *impedir* (dificultar a ação, tornar impraticável, estorvar investigação de infração penal que envolva organização criminosa); *embaraçar* (causar ou sentir confusão; perturbar, vexar investigação de infração penal que envolva organização criminosa).

Objeto jurídico: Paz pública.

Objeto material: Não há.

Elemento subjetivo: É o dolo. O tipo penal pressupõe elemento subjetivo específico, deve haver o *animus associativo*. Não se admite a modalidade culposa, tendo em vista a falta de previsão legal.

Sujeito ativo: Qualquer pessoa.

Sujeito passivo: É a coletividade.

Crime permanente: Enquanto houver o *animus associativo* o crime estará sendo consumado. Logo, a consumação se protrai no tempo, possibilitando a prisão em flagrante enquanto durar a estabilidade e permanência da organização criminosa. E, lembre-se que, nesses casos, a prescrição somente começará a fluir quando cessar a permanência, nos termos do art. 111, inc. III, do Código Penal.

Tentativa: É inadmissível, pois, sendo um crime permanente haverá constante situação de flagrante (crime consumado), inviabilizando o *conatus*, pois, ou estão presentes a estabilidade e a permanência e o delito se consuma ou o fato será atípico. Os atos praticados com o objetivo de formar a associação, anteriores à execução dos verbos nucleares, são atos preparatórios.

Classificação doutrinária: É *crime comum* (pode ser praticado por qualquer pessoa, não exigindo a lei qualquer característica especial); *doloso* (não há previsão de tipo culposo. Ademais, não há possibilidade fática de haver participação "sem intenção" em organização criminosa); *formal* (não se exigindo a produção do resultado à consumação, sendo que a "obtenção de qualquer vantagem" é mero exaurimento); *de perigo abstrato* (o perigo gerado pela conduta é presumido pela lei); *vago* (a vítima é a coletividade); *de conduta paralela* (pois os diversos agentes auxiliam-se mutuamente); *de forma livre* (pode ser praticado por qualquer meio de execução); *comissivo* (os verbos indicam ações); *permanente* (a consumação se protrai no tempo);

plurissubjetivo (chamado de crime de concurso necessário, pois a lei exige no mínimo quatro pessoas para a sua configuração); *unisubsistente* (não admite fracionamento dos atos de execução).

Tipo misto alternativo, de conteúdo variado ou de ação múltipla: O agente responderá por um único crime, mesmo que pratique mais de uma ação típica em um mesmo contexto fático.

Norma penal em branco: O crime se apresenta em *norma penal em branco homogênea homovitelinea*, pois o conceito de organização criminosa está no art. 1°, §1°, da mesma Lei.

Curso de crimes: Caso os membros da organização pratiquem, de fato, as infrações penais para as quais se agruparam, responderão pelo crime de organização criminosa, em *concurso material com os demais ilícitos praticados*, nos termos do preceito secundário do próprio art. 2°, o qual prevê pena de reclusão, de 03 (três) a 08 (oito) anos, e multa, "sem prejuízo das penas correspondentes às demais infrações penais praticadas".

Competência para julgamento: Em regra, a competência para julgamento do crime de organização criminosa será da justiça estadual. Será de competência da justiça federal quando presente um dos motivos previstos no art. 109 da CF/88.

Ação Penal: Sempre ação penal pública incondicionada.

Acordo de Não Persecução Penal: Se enquadra no chamado *espaço de consenso* ou *justiça negociada* no processo penal, ao lado da transação penal e da suspensão condicional do processo. Conforme redação do novo art. 28-A do Código de Processo Penal (incluído pela Lei nº 13.964/19), é possível a celebração do acordo de não persecução penal quando a organização criminosa não for praticada com violência ou grave ameaça, já que possui pena mínima inferior a 4 (quatro) anos. Dessa forma, é cabível o acordo de não persecução penal à infração penal em tela, obedecidos os demais requisitos.

§ 1º Nas mesmas penas incorre quem impede ou, de qualquer forma, embaraça a investigação de infração penal que envolva organização criminosa.

Crime monossubjetivo: Também chamado de *concurso eventual*, i.e., pode ser praticado por uma única pessoa. Nesse caso, é imprescindível que o agente não tenha concorrido para a formação da organização criminosa, pois, caso contrário responderá por esse crime.

Investigação: O tipo penal contempla o termo *investigação*. Logo, abarca o inquérito policial, no âmbito da Polícia Judiciária, e o procedimento de investigação criminal, no âmbito do Ministério Público. Dessa forma, por não fazer referência ao *processo judicial*, não se mostra viável a criminalização de conduta tendente a impedir ou embaraçá-lo, sob pena de violação ao princípio da legalidade, por *analogia in malam partem*. Entretanto, o Superior Tribunal de Justiça possui entendimento de que o crime abrange tanto a fase extrajudicial quanto a fase judicial, pois as investigações se prolongam durante toda a persecução penal (RHC 487.962).

Princípio da especialidade: Este crime se apresenta como uma modalidade especial em relação ao crime de coação no curso do processo, descrito no artigo 344 do Código Penal, sendo que, caso o agente se utilize de violência ou grave ameaça para impedir ou embaraçar investigação de procedimento criminal destinado a apuração de crime praticado por organização criminosa, sua adequação estará neste dispositivo legal, e não no Código Penal.

§ 2º As penas aumentam-se até a metade se na atuação da organização criminosa houver emprego de arma de fogo.

(...)

§ 3º A pena é agravada para quem exerce o comando, individual ou coletivo, da organização criminosa, ainda que não pratique pessoalmente atos de execução.

§ 4º A pena é aumentada de 1/6 (um sexto) a 2/3 (dois terços):

I - se há participação de criança ou adolescente;

II - se há concurso de funcionário público, valendo-se a organização criminosa dessa condição para a prática de infração penal;

III - se o produto ou proveito da infração penal destinar-se, no todo ou em parte, ao exterior;

IV - se a organização criminosa mantém conexão com outras organizações criminosas independentes;

V - se as circunstâncias do fato evidenciarem a transnacionalidade da organização.

Agravante da pena (§3°): A pena é agravada para quem exerce o comando individual ou coletivo da organização criminosa, ainda que não pratique pessoalmente atos de execução. É aplicável na segunda fase da dosimetria penal. Destina-se ao autor intelectual, que arquiteta o delito permitindo a sua realização, ainda que não pratique nenhum ato executório. Esse tipo de autoria também é conhecida como *autoria de escritório*. Sua aplicação afasta a incidência do art. 62 , I, do Código Penal, sob pena de *bis in idem*.

Causas de aumento de pena (§§2º e 4º): A pena será aumentada na metade se **(a)** houver emprego de arma de fogo[6]. No mesmo sentido, as penas serão aumentadas de 1/6 a 2/3 se **(a)** houver a participação de criança ou adolescente; **(b)** houver participação de funcionário público, valendo-se dessa condição[7]; **(c)** o produto da infração se destinar ao exterior; **(d)** houver conexão com outras organizações; ou **(e)** quando houver transnacionalidade da organização criminosa. Aplicam-se na terceira fase da dosimetria penal.

> **§ 5º Se houver indícios suficientes de que o funcionário público integra organização criminosa, poderá o juiz determinar seu afastamento cautelar do cargo, emprego ou função, sem prejuízo da remuneração, quando a medida se fizer necessária à investigação ou instrução processual.**
>
> **§ 6º A condenação com trânsito em julgado acarretará ao funcionário público a perda do cargo, função, emprego ou mandato eletivo e a interdição para o exercício de função ou cargo público pelo prazo de 8 (oito) anos subsequentes ao cumprimento da pena.**
>
> **§ 7º Se houver indícios de participação de policial nos crimes de que trata esta Lei, a Corregedoria de Polícia instaurará inquérito policial e comunicará ao Ministério Público, que designará membro para acompanhar o feito até a sua conclusão.**

Participação de servidor público na organização criminosa: Se houver participação de funcionário público, ele poderá ser afastado do cargo durante as investigações ou processo, sem prejuízo da remuneração. Se for policial, a corregedoria instaurará inquérito policial e comunicará ao Ministério Público[8]. E, a condenação com trânsito em julgado acarretará ao funcionário público a perda do cargo, função, emprego ou mandato eletivo e a interdição para o exercício de função ou cargo público pelo prazo de 8 anos, subsequentes ao cumprimento da pena.

Diferenciação quanto prazo de interdição: Não confundir com o prazo de interdição para exercer cargo ou função previsto nas leis de *tortura* e de *lavagem de capitais*, onde esse prazo será do dobro da pena aplicada, bem como com o prazo previsto na nova lei de *abuso de autoridade*, em que o prazo de interdição será de 1 a 5 anos.

Diferenciação quanto ao efeito automático: A perda do cargo aqui na organização criminosa é automática, assim como ocorre com o condenado por crime de *tortura*, i.e., não depende de motivação específica. Isso significa que na sentença condenatória não precisa constar de fundamentação nesse sentido, nem de requerimento expresso na inicial acusatória, entretanto, a perda do cargo só se efetivará com o trânsito em julgado da sentença penal condenatória. Ao contrário acontece nas Leis de *lavagem de capitais* e na nova lei de *abuso de autoridade*, em que a perda do cargo não é automática, necessitando de motivação específica na sentença condenatória para esse fim.

Medida cautelar e requisitos: O afastamento do exercício funcional está condicionado à presença do *fumus comissi delicti* e do *periculum libertatis*, pois se trata de medida cautelar, não podendo ser imposto automaticamente.

Momento de aplicação: A medida pode ser decretada em qualquer fase da persecução penal. É indispensável que haja nexo entre a prática da infração penal e a atividade funcional desenvolvida pelo agente do Estado, pois, caso contrário, o agente não se aproveitou efetivamente das suas funções para auxiliar as atividades do grupo.

Princípio do menor sacrifício do direito afetado: Em homenagem a esse princípio, que é um *consectário do princípio da proporcionalidade*, entende-se que, como a lei autoriza o afastamento cautelar do cargo, emprego ou função, é perfeitamente possível seja determinada a suspensão de apenas parte

6. Se a arma de fogo não for apreendida, inviabilizando a realização do exame pericial, é possível que sua ausência seja suprida pela prova testemunhal, nos termos do art. 167 do Código de Processo Penal.
7. É indispensável que haja nexo entre a prática da infração penal e a atividade funcional desenvolvida pelo agente do Estado, do contrário a causa de aumento não incide, pois, nesse caso, a organização criminosa não se aproveitou efetivamente das suas funções para auxiliar as atividades do grupo.
8. Como o dispositivo é expresso no sentido de que a investigação será presidida pela Corregedoria de Polícia, Entende que está afastada a possibilidade de as investigações serem realizadas pelo Ministério Público. No mesmo sentido, Guilherme de Souza Nucci (p. 783 e 784).

da atividade desenvolvida pelo funcionário público, v.g., no lugar de determinar o afastamento, o juiz pode determinar que se cumpra expediente interno.

4. INVESTIGAÇÃO E MEIOS DE OBTENÇÃO DA PROVA

Art. 3º Em qualquer fase da persecução penal, serão permitidos, sem prejuízo de outros já previstos em lei, os seguintes meios de obtenção da prova:

I - colaboração premiada;

II - captação ambiental de sinais eletromagnéticos, ópticos ou acústicos;

III - ação controlada;

IV - acesso a registros de ligações telefônicas e telemáticas, a dados cadastrais constantes de bancos de dados públicos ou privados e a informações eleitorais ou comerciais;

V - interceptação de comunicações telefônicas e telemáticas, nos termos da legislação específica;

VI - afastamento dos sigilos financeiro, bancário e fiscal, nos termos da legislação específica;

VII - infiltração, por policiais, em atividade de investigação, na forma do art. 11;

VIII - cooperação entre instituições e órgãos federais, distritais, estaduais e municipais na busca de provas e informações de interesse da investigação ou da instrução criminal.

§ 1º Havendo necessidade justificada de manter sigilo sobre a capacidade investigatória, poderá ser dispensada licitação para contratação de serviços técnicos especializados, aquisição ou locação de equipamentos destinados à polícia judiciária para o rastreamento e obtenção de provas previstas nos incisos II e V.

§ 2º No caso do § 1º, fica dispensada a publicação de que trata o parágrafo único do art. 61 da Lei nº 8.666, de 21 de junho de 1993, devendo ser comunicado o órgão de controle interno da realização da contratação.

Comentários: Em qualquer fase da persecução penal, serão permitidos, como meio de obtenção de provas, sem prejuízo de outros já previstos em lei, **(a)** a colaboração premiada; **(b)** captação ambiental de sinais eletromagnéticos, ópticos ou acústicos; **(c)** ação controlada; **(d)** acesso a registros de ligações telefônicas e telemáticas, a dados cadastrais constantes de bancos de dados públicos ou privados e a informações eleitorais ou comerciais; **(e)** interceptação de comunicações telefônicas e telemáticas, nos termos da legislação específica[9]; **(f)** afastamento dos sigilos financeiro, bancário e fiscal, nos termos da legislação específica[10]; **(g)** infiltração, por policiais, em atividade de investigação, na forma do art. 11; **(h)** cooperação entre instituições e órgãos federais, distritais, estaduais e municipais na busca de provas e informações de interesse da investigação ou da instrução criminal.

5. COLABORAÇÃO PREMIADA

Art. 3º-A. O acordo de colaboração premiada é negócio jurídico processual e meio de obtenção de prova, que pressupõe utilidade e interesse públicos.

Art. 3º-B. O recebimento da proposta para formalização de acordo de colaboração demarca o início das negociações e constitui também marco de confidencialidade, configurando violação de sigilo e quebra da confiança e da boa-fé a divulgação de tais tratativas iniciais ou de documento que as formalize, até o levantamento de sigilo por decisão judicial.

§ 1º A proposta de acordo de colaboração premiada poderá ser sumariamente indeferida, com a devida justificativa, cientificando-se o interessado.

§ 2º Caso não haja indeferimento sumário, as partes deverão firmar Termo de Confidencialidade para prosseguimento das tratativas, o que vinculará os órgãos envolvidos na negociação e impedirá o indeferimento posterior sem justa causa.

§ 3º O recebimento de proposta de colaboração para análise ou o Termo de Confidencialidade não implica, por si só, a suspensão da investigação, ressalvado acordo em contrário quanto à propositura de medidas processuais penais cautelares e assecuratórias, bem como medidas processuais cíveis admitidas pela legislação processual civil em vigor.

§ 4º O acordo de colaboração premiada poderá ser precedido de instrução, quando houver necessidade de identificação ou complementação de seu objeto, dos fatos narrados, sua definição jurídica, relevância, utilidade e interesse público.

§ 5º Os termos de recebimento de proposta de colaboração e de confidencialidade serão elaborados pelo celebrante e assinados por ele, pelo colaborador e pelo advogado ou defensor público com poderes específicos.

§ 6º Na hipótese de não ser celebrado o acordo por iniciativa do celebrante, esse não poderá se

9. Regulamentada pela Lei nº 9.296/96, cujos comentários são tecidos nesse diploma legal.
10. Regulamentado pela Lei Complementar 105/01, cujos comentários são tecidos nesse diploma legal.

valer de nenhuma das informações ou provas apresentadas pelo colaborador, de boa-fé, para qualquer outra finalidade.

Art. 3º-C. A proposta de colaboração premiada deve estar instruída com procuração do interessado com poderes específicos para iniciar o procedimento de colaboração e suas tratativas, ou firmada pessoalmente pela parte que pretende a colaboração e seu advogado ou defensor público.

§ 1º Nenhuma tratativa sobre colaboração premiada deve ser realizada sem a presença de advogado constituído ou defensor público.

§ 2º Em caso de eventual conflito de interesses, ou de colaborador hipossuficiente, o celebrante deverá solicitar a presença de outro advogado ou a participação de defensor público.

§ 3º No acordo de colaboração premiada, o colaborador deve narrar todos os fatos ilícitos para os quais concorreu e que tenham relação direta com os fatos investigados.

§ 4º Incumbe à defesa instruir a proposta de colaboração e os anexos com os fatos adequadamente descritos, com todas as suas circunstâncias, indicando as provas e os elementos de corroboração.

Conceito: Trata-se de um direito premial e consiste em uma técnica especial de investigação por meio da qual o coautor ou partícipe de crime, visando a obtenção de um prêmio, confessa seu envolvimento no fato e fornece informações eficazes para a consecução de um dos objetivos previstos em lei. Em outros termos é uma técnica de investigação onde um coautor ou partícipe, além de confessar seu envolvimento no fato delituoso, fornece aos órgãos responsáveis pela persecução penal informações objetivamente eficazes para a consecução de um dos objetivos previsto em lei, recebendo, em contrapartida, determinado prêmio legal.

Negócio jurídico processual: O acordo de colaboração premiada possui natureza jurídica de negócio jurídico processual e meio de obtenção de prova, que pressupõe utilidade e interesse públicos.

Personagens: O juiz não participará das negociações realizadas entre as partes para a formalização do acordo de colaboração, que ocorrerá entre o delegado de polícia, o investigado e seu defensor, com a manifestação do Ministério Público, ou, conforme o caso, entre o Ministério Público e o investigado ou acusado com seu defensor. Está pacificado no STF o entendimento de que o delegado de polícia é parte legítima para celebrar acordo de colaboração premiada com o investigado, após a manifestação do Ministério Público. Entretanto, registramos que a manifestação do Ministério Público é meramente opinativa, não vinculando a celebração ou não do acordo. Nesse sentido, a Suprema Corte decidiu que "o delegado de polícia pode formalizar acordos de colaboração premiada, na fase de inquérito policial, respeitadas as prerrogativas do Ministério Público, o qual deverá se manifestar, sem caráter vinculante, previamente à decisão judicial. Os §§ 2º e 6º do art. 4º da Lei nº 12.850/2013, que prevêem essa possibilidade" (ADI 5508, Relator: Min. MARCO AURÉLIO, Tribunal Pleno, julgado em 20/06/2018)[11].

Contaminação do juiz: O magistrado que participa da homologação de colaboração premiada não está impedido para futura ação penal (HC 97.553, STF). Porém, como referimos, o magistrado não pode participar das negociações, estando adstrito apenas a homologar o acordo, sob pena de violação do sistema acusatório. Com a edição lei 13.964/19, foi retirado da legislação a possibilidade de o juiz "adequar a proposta ao acaso concreto", o que parte da doutrina considerava já inconstitucional.

Procuração e presença do defensor: A proposta de colaboração premiada deve estar instruída com procuração do interessado com poderes específicos para iniciar o procedimento de colaboração e suas tratativas, ou firmada pessoalmente pela parte que pretende a colaboração e seu advogado ou defensor público. Nenhuma tratativa sobre colaboração premiada deve ser realizada sem a presença de advogado constituído ou defensor público. Em caso de eventual conflito de interesses, ou de colaborador hipossuficiente, o celebrante deverá solicitar a presença de outro advogado ou a participação de defensor público.

Narrativa e comprovação: No acordo de colaboração premiada, o colaborador deve narrar todos os fatos ilícitos para os quais concorreu e que tenham relação direta com os fatos investigados. Incumbe à defesa instruir a proposta de colaboração e os anexos com os fatos adequadamente descritos, com todas as suas circunstâncias, indicando as provas e os elementos de corroboração.

Sigilo da negociação do acordo de colaboração: A formalização do acordo de colaboração premiada configura o início das negociações e constitui marco de confidencialidade, configurando violação de sigilo (crime previsto no art. 325 do CP – violação de sigilo funcional) e quebra da confiança e da boa-fé

11. Informativo de nº 907 do STF.

a divulgação das tratativas iniciais ou de documento de formalização do acordo até o levantamento do sigilo pelo juiz. Conforme art. 7º, § 3º, o acordo de colaboração premiada e os depoimentos do colaborador serão mantidos em sigilo até o recebimento da denúncia ou da queixa-crime, sendo vedado ao magistrado decidir por sua publicidade em qualquer hipótese. Já o § 2º do mesmo artigo estabelece que o acesso aos autos será restrito ao juiz, ao Ministério Público e ao delegado de polícia, como forma de garantir o êxito das investigações, assegurando-se ao defensor, no interesse do representado, amplo acesso aos elementos de prova que digam respeito ao exercício do direito de defesa, devidamente precedido de autorização judicial, ressalvados os referentes às diligências em andamento. Ressalta-se que o advogado não terá acesso às diligências em andamento nem mesmo através de autorização judicial.

Diferença entre colaboração e delação: Alguns autores tratam a colaboração premiada e a delação premiada como sinônimos, entretanto, uma análise profícua dos institutos aponta que a *colaboração premiada é gênero do qual a delação premiada é espécie*. Em outras palavras, a delação premiada é uma espécie de colaboração. Nesse passo, assumir a culpa sem incriminar terceiros, v.g., fornecendo informações sobre a localização do produto do crime, configuraria a colaboração premiada. Para que exista a figura da delação premiada, o agente deve assumir a culpa e delatar outras pessoas. Frise-se que a delação é conhecida como *chamamento de correu*.

Art. 4º O juiz poderá, a requerimento das partes, conceder o perdão judicial, reduzir em até 2/3 (dois terços) a pena privativa de liberdade ou substituí-la por restritiva de direitos daquele que tenha colaborado efetiva e voluntariamente com a investigação e com o processo criminal, desde que dessa colaboração advenha um ou mais dos seguintes resultados:

I - a identificação dos demais coautores e partícipes da organização criminosa e das infrações penais por eles praticadas;

II - a revelação da estrutura hierárquica e da divisão de tarefas da organização criminosa;

III - a prevenção de infrações penais decorrentes das atividades da organização criminosa;

IV - a recuperação total ou parcial do produto ou do proveito das infrações penais praticadas pela organização criminosa;

V - a localização de eventual vítima com a sua integridade física preservada.

§ 1º Em qualquer caso, a concessão do benefício levará em conta a personalidade do colaborador, a natureza, as circunstâncias, a gravidade e a repercussão social do fato criminoso e a eficácia da colaboração.

§ 2º Considerando a relevância da colaboração prestada, o Ministério Público, a qualquer tempo, e o delegado de polícia, nos autos do inquérito policial, com a manifestação do Ministério Público, poderão requerer ou representar ao juiz pela concessão de perdão judicial ao colaborador, ainda que esse benefício não tenha sido previsto na proposta inicial, aplicando-se, no que couber, o art. 28 do Decreto-Lei nº 3.689, de 3 de outubro de 1941 (Código de Processo Penal).

§ 3º O prazo para oferecimento de denúncia ou o processo, relativos ao colaborador, poderá ser suspenso por até 6 (seis) meses, prorrogáveis por igual período, até que sejam cumpridas as medidas de colaboração, suspendendo-se o respectivo prazo prescricional.

§ 4º Nas mesmas hipóteses do caput deste artigo, o Ministério Público poderá deixar de oferecer denúncia se a proposta de acordo de colaboração referir-se a infração de cuja existência não tenha prévio conhecimento e o colaborador:

I - não for o líder da organização criminosa;

II - for o primeiro a prestar efetiva colaboração nos termos deste artigo.

§ 4º-A. Considera-se existente o conhecimento prévio da infração quando o Ministério Público ou a autoridade policial competente tenha instaurado inquérito ou procedimento investigatório para apuração dos fatos apresentados pelo colaborador.

§ 5º Se a colaboração for posterior à sentença, a pena poderá ser reduzida até a metade ou será admitida a progressão de regime ainda que ausentes os requisitos objetivos.

§ 6º O juiz não participará das negociações realizadas entre as partes para a formalização do acordo de colaboração, que ocorrerá entre o delegado de polícia, o investigado e o defensor, com a manifestação do Ministério Público, ou, conforme o caso, entre o Ministério Público e o investigado ou acusado e seu defensor.

§ 7º Realizado o acordo na forma do § 6º deste artigo, serão remetidos ao juiz, para análise, o respectivo termo, as declarações do colaborador e cópia da investigação, devendo o juiz ouvir sigilosamente o colaborador, acompanhado de seu defensor, oportunidade em que analisará os seguintes aspectos na homologação:

I - regularidade e legalidade;

II - adequação dos benefícios pactuados àqueles previstos no caput e nos §§ 4º e 5º deste artigo, sendo nulas as cláusulas que violem o critério de definição do regime inicial de cumprimento de pena do art. 33 do Decreto-Lei nº 2.848, de 7 de dezembro de 1940 (Código Penal), as regras de cada um dos regimes previstos no Código Penal e na Lei nº 7.210, de 11 de julho de 1984 (Lei de Execução Penal) e os requisitos de progressão de regime não abrangidos pelo § 5º deste artigo;

III - adequação dos resultados da colaboração aos resultados mínimos exigidos nos incisos I, II, III, IV e V do caput deste artigo;

IV - voluntariedade da manifestação de vontade, especialmente nos casos em que o colaborador está ou esteve sob efeito de medidas cautelares.

§ 7º-A O juiz ou o tribunal deve proceder à análise fundamentada do mérito da denúncia, do perdão judicial e das primeiras etapas de aplicação da pena, nos termos do Decreto-Lei nº 2.848, de 7 de dezembro de 1940 (Código Penal) e do Decreto-Lei nº 3.689, de 3 de outubro de 1941 (Código de Processo Penal), antes de conceder os benefícios pactuados, exceto quando o acordo prever o não oferecimento da denúncia na forma dos §§ 4º e 4º-A deste artigo ou já tiver sido proferida sentença.

§ 7º-B. São nulas de pleno direito as previsões de renúncia ao direito de impugnar a decisão homologatória.

§ 8º O juiz poderá recusar a homologação da proposta que não atender aos requisitos legais, devolvendo-a às partes para as adequações necessárias.

§ 9º Depois de homologado o acordo, o colaborador poderá, sempre acompanhado pelo seu defensor, ser ouvido pelo membro do Ministério Público ou pelo delegado de polícia responsável pelas investigações.

§ 10. As partes podem retratar-se da proposta, caso em que as provas autoincriminatórias produzidas pelo colaborador não poderão ser utilizadas exclusivamente em seu desfavor.

§ 10-A Em todas as fases do processo, deve-se garantir ao réu delatado a oportunidade de manifestar-se após o decurso do prazo concedido ao réu que o delatou.

§ 11. A sentença apreciará os termos do acordo homologado e sua eficácia.

§ 12. Ainda que beneficiado por perdão judicial ou não denunciado, o colaborador poderá ser ouvido em juízo a requerimento das partes ou por iniciativa da autoridade judicial.

§ 13. O registro das tratativas e dos atos de colaboração deverá ser feito pelos meios ou recursos de gravação magnética, estenotipia, digital ou técnica similar, inclusive audiovisual, destinados a obter maior fidelidade das informações, garantindo-se a disponibilização de cópia do material ao colaborador.

§ 14. Nos depoimentos que prestar, o colaborador renunciará, na presença de seu defensor, ao direito ao silêncio e estará sujeito ao compromisso legal de dizer a verdade.

§ 15. Em todos os atos de negociação, confirmação e execução da colaboração, o colaborador deverá estar assistido por defensor.

§ 16. Nenhuma das seguintes medidas será decretada ou proferida com fundamento apenas nas declarações do colaborador:

I - medidas cautelares reais ou pessoais;

II - recebimento de denúncia ou queixa-crime;

III - sentença condenatória.

§ 17. O acordo homologado poderá ser rescindido em caso de omissão dolosa sobre os fatos objeto da colaboração.

§ 18. O acordo de colaboração premiada pressupõe que o colaborador cesse o envolvimento em conduta ilícita relacionada ao objeto da colaboração, sob pena de rescisão.

Art. 5º São direitos do colaborador:

I - usufruir das medidas de proteção previstas na legislação específica;

II - ter nome, qualificação, imagem e demais informações pessoais preservados;

III - ser conduzido, em juízo, separadamente dos demais coautores e partícipes;

IV - participar das audiências sem contato visual com os outros acusados;

V - não ter sua identidade revelada pelos meios de comunicação, nem ser fotografado ou filmado, sem sua prévia autorização por escrito;

VI - cumprir pena ou prisão cautelar em estabelecimento penal diverso dos demais corréus ou condenados.

Art. 6º O termo de acordo da colaboração premiada deverá ser feito por escrito e conter:

I - o relato da colaboração e seus possíveis resultados;

II - as condições da proposta do Ministério Público ou do delegado de polícia;

III - a declaração de aceitação do colaborador e de seu defensor;

IV - as assinaturas do representante do Ministério Público ou do delegado de polícia, do colaborador e de seu defensor;

V - a especificação das medidas de proteção ao colaborador e à sua família, quando necessário.

Art. 7º O pedido de homologação do acordo será sigilosamente distribuído, contendo apenas informações que não possam identificar o colaborador e o seu objeto.

§ 1º As informações pormenorizadas da colaboração serão dirigidas diretamente ao juiz a que recair a distribuição, que decidirá no prazo de 48 (quarenta e oito) horas.

§ 2º O acesso aos autos será restrito ao juiz, ao Ministério Público e ao delegado de polícia, como forma de garantir o êxito das investigações, asse-

gurando-se ao defensor, no interesse do representado, amplo acesso aos elementos de prova que digam respeito ao exercício do direito de defesa, devidamente precedido de autorização judicial, ressalvados os referentes às diligências em andamento.

§ 3º O acordo de colaboração premiada e os depoimentos do colaborador serão mantidos em sigilo até o recebimento da denúncia ou da queixa-crime, sendo vedado ao magistrado decidir por sua publicidade em qualquer hipótese.

Objetivo da colaboração: Para que o acordo de colaboração premiada seja celebrado, o colaborador deverá ao menos fornecer uma das seguintes informações: identificação dos demais coautores e partícipes; Identificação demais infrações penais por eles praticadas; revelação da estrutura hierárquica e da divisão de tarefas da organização criminosa; prevenir a prática de infrações penais; recuperação total ou parcial do produto ou do proveito das infrações penais praticadas; localização de eventual vítima com a sua integridade física preservada.

Benefícios ao colaborador: A definição do benefício a ser concedido levará em conta a personalidade do colaborador, a natureza, as circunstâncias, a gravidade e a repercussão social do fato criminoso e a eficácia da colaboração. O benefício também será definido a depender da fase da persecução penal em que se encontra. **Antes da condenação** poderá ser concedido os benefícios **(a)** da redução em até 2/3 da pena; **(b)** do perdão Judicial, pois, considerando a relevância da colaboração prestada, o Ministério Público, a qualquer tempo, e o delegado de polícia, nos autos do inquérito policial, com a manifestação do Ministério Público, poderão requerer ou representar ao juiz pela concessão de perdão judicial ao colaborador, ainda que esse benefício não tenha sido previsto na proposta inicial, aplicando-se, no que couber, o art. 28 do CPP; e **(c)** do não oferecimento da denúncia, pois o Ministério Público poderá deixar de oferecer denúncia se a proposta do acordo de colaboração referir-se a infração de cuja existência não tenha prévio conhecimento e desde que o colaborador não seja o líder da organização criminosa e seja o primeiro a prestar efetiva colaboração. Considera-se existente o conhecimento prévio da infração quando o Ministério Público ou a autoridade policial competente tenha instaurado inquérito ou procedimento investigatório para apuração dos fatos apresentados pelo colaborador. O prazo para oferecimento de denúncia ou o processo, relativos ao colaborador, poderá ser suspenso por até seis meses, prorrogáveis por igual período, até que sejam cumpridas as medidas de colaboração, suspendendo-se o respectivo prazo prescricional (art. 3º, § 3º). Nas palavras do Professor Luiz Flávio Gomes, esse benefício se chama de pontes de prata qualificada ou pontes de diamante. **Após a condenação,** os benefícios a serem concedidos são **(a)** a substituição da pena privativa de liberdade por restritiva de direitos; **(b)** a redução da pena até a metade; e **(c)** a progressão de regime sem cumprir o requisito objetivo. Frise-se que, conforme nova redação do §7º, o benefício da progressão de regime engloba apenas a desobrigação de cumprir os requisitos objetivos (cumprimento de percentual da pena), mas os requisitos subjetivos (bom comportamento carcerário) devem ser observados para a concessão da progressão de regime.

Divergência doutrinária: A doutrina diverge quanto à possibilidade da concessão de benefícios não previstos nesta Lei. Entretanto, o STF entende ser possível a aplicação de outros benefícios, desde que sejam mais benéficos ao colaborador, inclusive foi o entendimento aplicado na Operação Lava-jato, quando se permitiu a prisão domiciliar a certos investigados, permitiu que familiares fizessem uso de bens produtos do crime; liberou imóveis de interesse do colaborador, supostamente produto de crime.

Simples confissão do imputado: A confissão não se confunde com a colaboração premiada. Para ter direito aos benefícios legais o colaborador deve fornecer elementos eficazes para a descoberta de fatos desconhecidos das autoridades, nos termos dos incisos I a V do art. 4°. Se o acusado somente confessar os fatos já conhecidos, reforçando as provas preexistentes, terá direito à *atenuante da confissão* prevista no art. 65, inc. I, alínea "d", do Código Penal, mas não aos benefícios da colaboração premiada[12].

Ofensa a não autoincriminação: Não havendo coação e existindo a prévia advertência quanto ao direito ao silêncio, o fato de firmar acordo de colaboração premiada não há violação ao direito de não produzir prova contra si mesmo. Veja-se que não há dever de silêncio, mas sim direito. O colaborador

12. A confissão é circunstância atenuante (art. 65, III, "d", do CP), e incide na segunda fase de aplicação da pena. A colaboração premiada, em algumas hipóteses, se apresenta como causa de diminuição de pena, sendo aplicada na terceira fase (art. 68 do CP). Logo, é possível a aplicação simultânea dos benefícios, uma vez que possuem natureza distinta (STJ, HC 84.609).

tem livre arbítrio para decidir se utiliza, ou não, esse direito. Ademais, o colaborador deverá sempre estar acompanhado de seu defensor em qualquer ato do acordo.

Valor probatório: A colaboração não pode ser usada de forma exclusiva para a condenação. Entretanto, se a colaboração estiver em consonância com outras provas adquire poderá ser utilizada para fundamentar um decreto condenatório. É o que se denomina de *regra da corroboração*, pois o colaborador precisa trazer elementos capazes de confirmar suas declarações, v.g., indicar o produto do crime, informar contas bancárias, identificar de números de telefone, viabilizar interceptação ambiental. A colaboração premiada pode ser usada para dar início a uma investigação criminal.

Procedimento: Será escrito e sempre que possível a colaboração será gravada com a presença obrigatória do advogado do colaborador. Nos depoimentos que prestar, o colaborador renunciará, na presença de seu defensor, ao direito ao silêncio e estará sujeito ao compromisso legal de dizer a verdade (art. 4º, §14). Em seguida será encaminhada ao juiz o termo, as declarações do colaborador e cópia da investigação para homologação, devendo o juiz ouvir sigilosamente o colaborador, acompanhado de seu advogado, e verificar o preenchimento dos requisitos de **(a)** regularidade; **(b)** legalidade, **(c)** voluntariedade e **(d)** adequação do resultado da colaboração aos benefícios concedidos. O pedido de homologação do acordo será sigilosamente distribuído, contendo apenas informações que não possam identificar o colaborador e o seu objeto (art. 7º). O juiz terá o prazo de 48h para decidir sobre a homologação ou não do acordo de colaboração premiada, após analisados requisitos (art. 7º, § 1º). Somente depois de homologado o acordo de colaboração é que o celebrante poderá ouvir/interrogar o colaborador (art. 4º, § 9º).

Falta de adequação do acordo: Verificada falta de adequação do acordo entre os benefícios concedidos e a efetiva colaboração, o juiz não homologará e devolverá o acordo para as partes fazerem a devida adequação (art. 4º, § 8º). Jamais o próprio juiz fará a adequação, tendo em vista a observância do sistema acusatório e do princípio da imparcialidade do órgão julgador.

Recurso: A lei 12.850/13 é silente quanto ao recurso cabível contra decisão de não homologação do acordo de colaboração premiada. Entretanto, é possível se utilizar do *Recurso em Sentido Estrito* (RESE), tendo por base o art. 581, I e XXV, do Código de Processo Penal, cabível ao acordo de não persecução penal. Porém, o Superior Tribunal de Justiça possui entendimento de que a *apelação* é o recurso adequado para impugnar a decisão que recusa a homologação do acordo de colaboração premiada, porém, diante da existência de dúvida objetiva é cabível a aplicação do princípio da fungibilidade, aceitando-se o RESE (REsp 1.834.215). É de se registrar que é nula qualquer previsão de renúncia ao direito de impugnar a decisão homologatória (art. 4º, § 7º-B).

Registro das tratativas: O registro das tratativas e dos atos de colaboração deverá ser feito pelos meios ou recursos de gravação magnética, estenotipia, digital ou técnica similar, inclusive audiovisual, destinados a obter maior fidelidade das informações, garantindo-se a disponibilização de cópia do material ao colaborador (Art. 4º, § 13). Em todas as fases do processo, deve-se garantir ao réu delatado a oportunidade de manifestar-se após o decurso do prazo concedido ao réu que o delatou (Art. 4º, § 10-A).

Natureza jurídica da decisão que homologa o acordo: A decisão homologatória do acordo de colaboração premiada é simples fator de eficácia do acordo, limitando-se à pronúncia sobre sua regularidade, legalidade, voluntariedade e adequação do resultado da colaboração aos benefícios concedidos. A homologação não representa juízo de valor sobre as declarações eventualmente já prestadas pelo colaborador à autoridade policial ou ao Ministério Público. Homologar o acordo não significa dizer que o juiz admitiu como verídicas ou idôneas as informações prestadas pelo colaborador.

Desistência do acordo: Na hipótese de não ser celebrado o acordo por iniciativa do celebrante, i.e., do delegado de polícia ou do Ministério Público, este não poderá se valer de nenhuma das informações ou provas apresentadas pelo colaborador de boa-fé, ou para qualquer outra finalidade (art. 3º-B, § 6º).

Rescisão do acordo: haverá rescisão do acordo de colaboração premiada sempre que o colaborador praticar omissão dolosa sobre fatos objeto da colaboração ou continuar praticando atividade ilícita, objeto da colaboração. A prática de nova infração penal que não tenha relação com o objeto da colaboração não justifica rescisão do acordo (art. 4º §§ 17 e 18).

Retratação do acordo de colaboração premiada: As partes podem se retratar da proposta, caso em que as provas autoincriminatórias produzidas pelo colaborador não poderão ser utilizadas exclusivamente em seu desfavor. Não confundir com a desistência do acordo realizada por iniciativa do celebrante. Nesse caso, não poderá se valer de nenhuma das informações ou provas apresentadas pelo colaborador. Também não confundir com rescisão, que ocorre quando o colaborador pratica omissão dolosa sobre os fatos objetos do acordo ou continua a praticar conduta ilícita relacionada ao objeto da colaboração (situações que não impedem de as provas serem utilizadas em desfavor do colaborador). Já em caso de retratação, ocorre uma desistência do acordo por iniciativa do colaborador ou do celebrante, situação em que as provas não poderão ser utilizadas exclusivamente em desfavor do colaborador. A retratação do acordo só pode ocorrer até a homologação realizada pelo juiz, enquanto o acordo ainda é uma proposta (art. 4º §10º).

Decisões com base apenas nas declarações do colaborador: Nenhuma das seguintes medidas será decretada ou proferida com fundamento apenas nas declarações do colaborador: medidas cautelares reais ou pessoais; recebimento de denúncia ou queixa-crime; sentença condenatória. Entretanto, nada impede que as declarações, de forma isolada, fundamentem sentença absolutória, rejeição da inicial ou revogação de medida cautela. Também não há qualquer restrição quanto à instauração de Inquérito Policial tendo por base apenas as declarações do colaborador (art. 4º, § 16). Essas vedações se referem apenas às declarações do colaborador e não da colaboração em si. A colaboração vai além das declarações do colaborador, envolve documentos, objetos e elementos que levam à produção de provas. Dessa forma, não haverá restrições quando as declarações são acompanhadas de elementos que comprovem as declarações (regra da corroboração), caso em que poderá fundamentar uma sentença condenatória, recebimento de denúncia ou decretação de medida cautelar. Nesse sentido Renato Brasileiro de Lima (2015, p. 545) ressalta "a importância daquilo que a doutrina chama de regra da corroboração, ou seja, que o colaborador traga elementos de informação e de prova capazes de confirmar suas declarações (v.g., indicação do produto do crime, de contas bancárias, localização do produto direto ou indireto da infração penal, auxílio para identificação de números de telefone a serem grampeados ou na realização de interceptação ambiental etc.)".

Corroboração cruzada ou recíproca: Ocorre quando uma colaboração premiada corrobora outra, i.e., quando o teor de uma colaboração confirma outra anteriormente firmada. Em outras palavras, ocorre quando diversos colaboradores fazem apontamentos contra um mesmo imputado. Nesse caso, ainda que existam diversas colaborações, estas não podem fundamentar a decretação de medidas cautelares (reais ou pessoais), recebimento de denúncia ou queixa-crime ou uma sentença condenatória. Sublinhe-se que, de acordo com o entendimento do Supremo Tribunal Federal, a *corroboração cruzada* ou *recíproca* não significa colaboração, mas sim meras declarações.

Direitos do colaborador: Celebrado e cumprido fielmente o acordo de colaboração premiada, o colaborador terá **(a)** a usufruir de medidas de proteção; **(b)** ter nome, qualificação, imagem e demais informações pessoais preservadas; **(c)** ser conduzido, em juízo, separadamente dos demais coautores e partícipes; **(d)** participar das audiências sem contato visual com os outros acusados; **(e)** não ter sua identidade revelada pelos meios de comunicação, nem ser fotografado ou filmado, sem sua prévia autorização por escrito[13]; e **(f)** cumprir pena ou prisão cautelar em estabelecimento penal diverso dos demais corréus ou condenados.

Acordo de colaboração premiada celebrado com investigado ou réu preso: Há duas posições quanto a possibilidade de celebração do acordo de colaboração premiada com réu ou investigado preso: a primeira entende que não seria possível tendo em vista que retira um dos requisitos legais para a celebração do acordo, a voluntariedade; já a segunda defender ser possível o investigado/réu preso celebrar acordo de colaboração premiada por não haver vedação legal, entretanto, alerta-se para a impossibilidade de se decretar prisão preventiva ou temporária com o intuito de pressionar investigado/réu a celebrar o acordo, corrente essa que nos parece ser a mais adequada.

Impossibilidade de o acordo de colaboração ser impugnado por terceiro delatado: Segundo o

13. Incorre no crime do art. 18 da lei quem revelar a identidade, fotografar ou filmar o colaborador, sem sua prévia autorização por escrito, sujeitando-se a uma pena de reclusão de 1 a 3 anos e multa. Lado outro, o colaborador que, para receber os benefícios do acordo, imputar falsamente, sob pretexto de colaboração com a justiça, a prática de infração penal a pessoa que sabe ser inocente, ou revelar informações sobre a estrutura de organização criminosa que sabe inverídicas, pratica o crime do art. 19.

Supremo Tribunal Federal (HC 127.483), o acordo não pode ser impugnado por terceiro não participante do negócio jurídico, ainda que seja uma pessoa citada na colaboração. Assim, eventual coautor ou partícipe dos crimes praticados pelo colaborador não tem legitimidade para impugnar o acordo de colaboração. Isso porque, o acordo é personalíssimo e, por si só, não vincula o delatado nem afeta diretamente sua situação jurídica. O que poderá atingir eventual corréu delatado são as imputações posteriores, constantes do depoimento do colaborador. Negar ao delatado a possibilidade de impugnar acordo de colaboração premiada assinado por outro acusado não significa negar-lhe direito ao contraditório, pois a lei estabelece que nenhuma sentença condenatória será proferida com fundamento apenas nas declarações de agente colaborador. O que deve ser assegurado ao delatado é o direito de defesa e de contraditar as informações do acordo, inclusive com a possibilidade de efetuar perguntas ao colaborador. Registre-se ainda, que, nesse sentido, o terceiro delatado tem direito de acessar às declarações do colaborador quando já documentadas e desde que não se referia à diligências em andamento que possa ser prejudicada (STF, Rcl 30.742). Sublinhe-se que, para que seja autorizado o acesso são necessários dois requisitos, i.e., um positivo, consistente no fato de que a colaboração aponte a responsabilidade penal do requerente e outro negativo, consistente no fato de a colaboração não referir-se a diligência em andamento (STF, Inq. 3.983 e Rcl 24.116). Reforce-se que o acesso terá a finalidade exclusiva de confrontar os termos do acordo de colaboração, em garantia do contraditório e da ampla defesa, sendo vedada a impugnação dos seus termos (STF, Rcl 21.258).

6. AÇÃO CONTROLADA

Art. 8º Consiste a ação controlada em retardar a intervenção policial ou administrativa relativa à ação praticada por organização criminosa ou a ela vinculada, desde que mantida sob observação e acompanhamento para que a medida legal se concretize no momento mais eficaz à formação de provas e obtenção de informações.

§ 1º O retardamento da intervenção policial ou administrativa será previamente comunicado ao juiz competente que, se for o caso, estabelecerá os seus limites e comunicará ao Ministério Público.

§ 2º A comunicação será sigilosamente distribuída de forma a não conter informações que possam indicar a operação a ser efetuada.

§ 3º Até o encerramento da diligência, o acesso aos autos será restrito ao juiz, ao Ministério Público e ao delegado de polícia, como forma de garantir o êxito das investigações.

§ 4º Ao término da diligência, elaborar-se-á auto circunstanciado acerca da ação controlada.

Art. 9º Se a ação controlada envolver transposição de fronteiras, o retardamento da intervenção policial ou administrativa somente poderá ocorrer com a cooperação das autoridades dos países que figurem como provável itinerário ou destino do investigado, de modo a reduzir os riscos de fuga e extravio do produto, objeto, instrumento ou proveito do crime.

Conceito: É uma técnica de investigação sigilosa[14] que consiste em retardar a intervenção policial ou administrativa relativa à ação praticada por organização criminosa ou a ela vinculada, desde que mantida sob observação e acompanhamento para que a medida legal se concretize no momento mais eficaz à formação de provas e obtenção de informações.

Estratégia no âmbito da investigação criminal: De acordo com o caso, é estrategicamente mais produtivo e inteligente, do ponto de vista investigatório, evitar a prisão de integrantes do primeiro escalão da organização criminosa, em um primeiro momento, permitindo o seu monitoramento e a consequente identificação dos demais membros, principalmente daqueles que exercem o comando das atividades ilícitas. Nesse contexto, surge a necessidade do instituto da ação controlada, viabilizando o retardamento da ação estatal, a fim de que as medidas legais sejam efetivadas no momento mais eficaz à investigação criminal e, logicamente, ao processo penal.

Entrega monitorada: É uma das técnicas mais tradicionais de ação controlada. Realiza-se por meio de atividades de *campana discreta* e seu objetivo é a identificação do maior número possível de agentes, bem como a localização de ativos ocultos e a descoberta de outras fontes de prova.

Flagrante prorrogado, retardado, protelado ou diferido: A ação controlada funciona como uma autorização para que a prisão em flagrante não seja formalizada, postergando-se a privação da liberdade para outro momento. É o *flagrante prorrogado, retardado, protelado ou diferido*. No entanto, se, no

14. O procedimento é sigiloso para garantir a eficácia da investigação, configurando crime, previsto no art. 20, a conduta de "descumprir determinação de sigilo das investigações que envolvam a ação controlada e a infiltração de agentes".

futuro, não houver outra situação de flagrância, o delegado de polícia não pode realizar a prisão em flagrante com base no fato pretérito. Nesse caso, a prisão posterior dependerá de ordem judicial e será preventiva ou temporária, conforme dispõe o artigo 5°, XIV da Constituição Federal.

Desnecessidade de autorização judicial: A diligência não possui reserva de jurisdição, i.e., não se exige autorização judicial para realização da ação controlada no âmbito da Lei de Organização Criminosa, apenas *comunicação ao juiz* que poderá estabelecer limites. Repare-se que, quando a Lei 12.850/13 pretende exigir autorização judicial para a execução de determinada medida, ela faz de forma expressa, v.g., art. 10, *caput*, que se refere à infiltração policial. Vale ressaltar que a Lei de Drogas exige prévia autorização judicial[15]; já Lei de Lavagem de Capitais possui duas espécies de ação controlada, uma destinada a atuação judicial (exige autorização judicial) e outra destinada a atuação investigativa. Nesta última, a Lei de Lavagem foi omissa quanto à necessidade de autorização judicial, assim, prevalece o entendimento de utilizar por analogia o regramento da Lei de 12.850/13, i.e., exige-se apenas comunicação ao juiz.

Objetivo da comunicação prévia ao juiz: A comunicação ao juiz busca **(a)** evita que uma autoridade corrupta utilize o mecanismo da ação controlada como justificativa para o fato de ter permanecido inerte diante de situação de flagrância; **(b)** afastar a responsabilidade criminal das autoridades por crime de prevaricação nas hipóteses não autuação em flagrante; **(c)** o juiz pode estabelecer limite temporal (fixar prazo máximo de duração) e funcional (determinar a atuação imediata de acordo com o bem jurídico em risco). A ausência de comunicação ao juiz acarretaria a existência de uma *ação controlada descontrolada*.

Intervenção policial ou administrativa: A redação do art. 8°, *caput*, preconiza o retardamento da intervenção policial ou administrativa. Portanto, conclui-se que a não atuação abrange a atividade da polícia judiciária e dos demais órgãos administrativos, v.g., agentes da receita e das corregedorias, caso exista agente público envolvido.

15. Entretanto, como grande parte dos crimes de tráfico de drogas são cometidos por organizações criminosas, não se pode descartar a possibilidade de se aplicar a regulamentação constante da Lei 12.850/13, dispensando-se prévia autorização judicial. Nesse sentido: STJ, HC119.205 e HC 29.658.

Delito transnacional: O art. 9° preconiza que, se a ação controlada envolver transposição de fronteiras, o retardamento da intervenção somente poderá ocorrer com a *cooperação das autoridades* do país de provável itinerário ou destino do agente, a fim de reduzir os riscos de fuga e extravio do produto do crime.

Auto circunstanciado: Ao término da diligência que realizar ação controlada, deverá ser elaborado auto circunstanciado informando os atos que concretizaram o retardamento da ação, bem como o resultado da diligência. Se a ação controlada tiver que envolver transposição de fronteiras deverá contar com a cooperação das autoridades do outro país.

7. INFILTRAÇÃO DE AGENTES POLICIAIS

Art. 10. A infiltração de agentes de polícia em tarefas de investigação, representada pelo delegado de polícia ou requerida pelo Ministério Público, após manifestação técnica do delegado de polícia quando solicitada no curso de inquérito policial, será precedida de circunstanciada, motivada e sigilosa autorização judicial, que estabelecerá seus limites.

§ 1° Na hipótese de representação do delegado de polícia, o juiz competente, antes de decidir, ouvirá o Ministério Público.

§ 2° Será admitida a infiltração se houver indícios de infração penal de que trata o art. 1° e se a prova não puder ser produzida por outros meios disponíveis.

§ 3° A infiltração será autorizada pelo prazo de até 6 (seis) meses, sem prejuízo de eventuais renovações, desde que comprovada sua necessidade.

§ 4° Findo o prazo previsto no §3°, o relatório circunstanciado será apresentado ao juiz competente, que imediatamente cientificará o Ministério Público.

§ 5° No curso do inquérito policial, o delegado de polícia poderá determinar aos seus agentes, e o Ministério Público poderá requisitar, a qualquer tempo, relatório da atividade de infiltração.

Art. 10-A. Será admitida a ação de agentes de polícia infiltrados virtuais, obedecidos os requisitos do caput do art. 10, na internet, com o fim de investigar os crimes previstos nesta Lei e a eles conexos, praticados por organizações criminosas, desde que demonstrada sua necessidade e indicados o alcance das tarefas dos policiais, os nomes ou apelidos das pessoas investigadas e, quando possível, os dados de conexão ou cadastrais que permitam a identificação dessas pessoas.

§ 1° Para efeitos do disposto nesta Lei, consideram-se:

I - dados de conexão: informações referentes a hora, data, início, término, duração, endereço de Protocolo de Internet (IP) utilizado e terminal de origem da conexão

II - dados cadastrais: informações referentes a nome e endereço de assinante ou de usuário registrado ou autenticado para a conexão a quem endereço de IP, identificação de usuário ou código de acesso tenha sido atribuído no momento da conexão.

§ 2º Na hipótese de representação do delegado de polícia, o juiz competente, antes de decidir, ouvirá o Ministério Público.

§ 3º Será admitida a infiltração se houver indícios de infração penal de que trata o art. 1º desta Lei e se as provas não puderem ser produzidas por outros meios disponíveis.

§ 4º A infiltração será autorizada pelo prazo de até 6 (seis) meses, sem prejuízo de eventuais renovações, mediante ordem judicial fundamentada e desde que o total não exceda a 720 (setecentos e vinte) dias e seja comprovada sua necessidade.

§ 5º Findo o prazo previsto no § 4º deste artigo, o relatório circunstanciado, juntamente com todos os atos eletrônicos praticados durante a operação, deverão ser registrados, gravados, armazenados e apresentados ao juiz competente, que imediatamente cientificará o Ministério Público.

§ 6º No curso do inquérito policial, o delegado de polícia poderá determinar aos seus agentes, e o Ministério Público e o juiz competente poderão requisitar, a qualquer tempo, relatório da atividade de infiltração. (Incluído pela Lei nº 13.964, de 2019)

§ 7º É nula a prova obtida sem a observância do disposto neste artigo. (Incluído pela Lei nº 13.964, de 2019)

Art. 10-B. As informações da operação de infiltração serão encaminhadas diretamente ao juiz responsável pela autorização da medida, que zelará por seu sigilo.

Parágrafo único. Antes da conclusão da operação, o acesso aos autos será reservado ao juiz, ao Ministério Público e ao delegado de polícia responsável pela operação, com o objetivo de garantir o sigilo das investigações.

Art. 10-C. Não comete crime o policial que oculta a sua identidade para, por meio da internet, colher indícios de autoria e materialidade dos crimes previstos no art. 1º desta Lei.

Parágrafo único. O agente policial infiltrado que deixar de observar a estrita finalidade da investigação responderá pelos excessos praticados.

Art. 10-D. Concluída a investigação, todos os atos eletrônicos praticados durante a operação deverão ser registrados, gravados, armazenados e encaminhados ao juiz e ao Ministério Público, juntamente com relatório circunstanciado.

Parágrafo único. Os atos eletrônicos registrados citados no caput deste artigo serão reunidos em autos apartados e apensados ao processo criminal juntamente com o inquérito policial, assegurando-se a preservação da identidade do agente policial infiltrado e a intimidade dos envolvidos.

Art. 11. O requerimento do Ministério Público ou a representação do delegado de polícia para a infiltração de agentes conterão a demonstração da necessidade da medida, o alcance das tarefas dos agentes e, quando possível, os nomes ou apelidos das pessoas investigadas e o local da infiltração.

Parágrafo único. Os órgãos de registro e cadastro público poderão incluir nos bancos de dados próprios, mediante procedimento sigiloso e requisição da autoridade judicial, as informações necessárias à efetividade da identidade fictícia criada, nos casos de infiltração de agentes na internet.

Art. 12. O pedido de infiltração será sigilosamente distribuído, de forma a não conter informações que possam indicar a operação a ser efetivada ou identificar o agente que será infiltrado.

§ 1º As informações quanto à necessidade da operação de infiltração serão dirigidas diretamente ao juiz competente, que decidirá no prazo de 24 (vinte e quatro) horas, após manifestação do Ministério Público na hipótese de representação do delegado de polícia, devendo-se adotar as medidas necessárias para o êxito das investigações e a segurança do agente infiltrado.

§ 2º Os autos contendo as informações da operação de infiltração acompanharão a denúncia do Ministério Público, quando serão disponibilizados à defesa, assegurando-se a preservação da identidade do agente.

§ 3º Havendo indícios seguros de que o agente infiltrado sofre risco iminente, a operação será sustada mediante requisição do Ministério Público ou pelo delegado de polícia, dando-se imediata ciência ao Ministério Público e à autoridade judicial.

Art. 13. O agente que não guardar, em sua atuação, a devida proporcionalidade com a finalidade da investigação, responderá pelos excessos praticados.

Parágrafo único. Não é punível, no âmbito da infiltração, a prática de crime pelo agente infiltrado no curso da investigação, quando inexigível conduta diversa.

Art. 14. São direitos do agente:

I - recusar ou fazer cessar a atuação infiltrada;

II - ter sua identidade alterada, aplicando-se, no que couber, o disposto no art. 9º da Lei nº 9.807, de 13 de julho de 1999, bem como usufruir das medidas de proteção a testemunhas;

III - ter seu nome, sua qualificação, sua imagem, sua voz e demais informações pessoais preservadas

durante a investigação e o processo criminal, salvo se houver decisão judicial em contrário;

IV - não ter sua identidade revelada, nem ser fotografado ou filmado pelos meios de comunicação, sem sua prévia autorização por escrito.

Conceito: Trata-se de técnica de investigação sigilosa[16] que consiste um agente de polícia judiciária (civil ou federal) é introduzido dissimuladamente em uma organização criminosa, passando a agir como um de seus integrantes, ocultando sua verdadeira identidade, com objetivo de identificar fontes de prova e informações capazes de permitir a desarticulação da organização.

Outras previsões legais: Sublinhe-se que também há previsão da infiltração de agentes na Lei de Drogas (art. 53, inc. I, da Lei 11.343/06), no Estatuto da Criança e do adolescente (art. 190-A a 190-E da Lei 8.069/90) e na Lei de Lavagem de Capitais (art. 1º, §6º, da Lei 9.613/98).

Distinção para o agente disfarçado: A figura do agente infiltrado não se confunde com a figura do agente disfarçado, previsto apenas no Estatuto do Desarmamento e na Lei de Drogas. Enquanto o agente infiltrado se coloca dentro de uma organização criminosa, atuando *interna corporis*, passando a atuar como se um criminoso fosse, o agente disfarçado apenas oculta sua identidade policial, agindo como um se fosse um cidadão comum, para colher informações acerca de eventual fato criminoso preexistente. O agente disfarçado não se insere no seio do ambiente criminoso, atua do lado de fora *(externa corporis)* e não macula a voluntariedade na conduta delitiva do autor dos fatos.

Agente da polícia judiciária: Tratando-se de técnica especial de investigação, somente pode ser efetuada por agentes da polícia judiciária, i.e., Polícia Civil ou da Polícia Federal. Nesse sentido, o Supremo Tribunal Federal (HC 147.437) já decidiu que policial militar e agente de inteligência da ABIN não podem atuar como agente infiltrado. Também, nos procedimentos investigatórios criminais conduzidos pelo Ministério Público, não será possível designar servidores do órgão para atuarem como agentes infiltrados, pois não se tratam de agentes policiais.

Infiltração por particular: É proibida a infiltração de particulares, sendo a lei expressa no sentido de admiti-la apenas por agentes policiais. Frise-se que Renato Brasileiro de Lima (2015, p. 574), porém, entende que, "caso um dos integrantes da organização criminosa resolva colaborar com as investigações para fins de ser beneficiado com a celebração de possível acordo de colaboração premiada, há quem entenda ser possível que o colaborador atue de modo infiltrado. Nesse caso, por mais que esse colaborador não seja servidor policial, desde que haja autorização judicial para a conjugação dessas duas técnicas especiais de investigação - colaboração premiada e agente infiltrado -, é possível que o colaborador mantenha-se infiltrado na organização criminosa com o objetivo de coletar informações capazes de identificar os demais integrantes do grupo".

Momento: Pode ocorrer em qualquer fase da persecução penal.

Representação ou requerimento verbal: Não é possível. Atente-se que a interceptação telefônica permite (art. 4°, §1°, Lei 9.296/96).

Procedimento: A infiltração de agentes poderá ser representada pelo delegado de polícia, ouvido o Ministério Público ou requerida pelo Ministério Público, com manifestação técnica do delegado de polícia. O pedido de infiltração será sigilosamente distribuído, de forma a não conter informações que possam indicar a operação a ser efetivada ou identificar o agente que será infiltrado (art. 12). Antes de concluída a operação, o acesso aos autos será reservado ao juiz, ao Ministério Público e ao delegado de polícia responsável, configurando crime do art. 20 o descumprimento do sigilo.

Espécies de infiltração quanto ao meio[17]: Com o advento do pacote anticrimes, a Lei de Organização Criminosa passou a permitir duas espécies de infiltração, presencial e virtual (cibernética ou eletrônica).

Infiltração presencial: É a espécie de infiltração realizada fisicamente, em que um agente de

16, Em caso de descumprimento da determinação de sigilo das investigações que envolvam a infiltração de agente, a pessoa cometerá o crime previsto no art. 20, o qual tipifica a conduta de "descumprir determinação de sigilo das investigações que envolvam a ação controlada e a infiltração de agentes".

17. Registre-se, ainda, que existem outras formas de classificação da infiltração policial. Assim, **quanto à duração,** pode ser ela *ligth cover* (de curta duração, pode se exaurir em um único encontro para coletar provas) ou *deep cover* (se prolonga no tempo, necessitando uma imersão mais profunda na organização). E, **quanto à execução,** pode ser ela *preventiva* (o agente apenas se infiltra para acompanhar o que acontece, sem adotar postura ativa) ou *agressiva* (o agente atua efetivamente na organização, cometendo condutas ilícitas inerentes à organização).

polícia oculta sua identidade funcional e passa a integrar uma organização criminosa, agindo como um de seus membros com o fim de localizar fontes de prova, identificar criminosos e obter elementos de convicção para elucidar o delito e desarticular a organização criminosa.

Requisitos: A utilização da infiltração de agente presencial, como meio de obtenção de prova, depende de prévia autorização judicial (prazo de 24h) e somente será concedida se obedecidos os requisitos de **(a)** indícios de infração penal de organização criminosa ou crimes conexos, praticados por organização criminosa (*fumus commissi delicti*); **(b)** demonstração da necessidade da medida (*periculum in mora*); **(c)** não houver outro meio de se obter a prova (*ultima ratio*); **(d)** demonstração do alcance das tarefas dos agentes e, quando possível, os nomes ou apelidos das pessoas investigadas e o local da infiltração; e **(e)** aceitação do agente de polícia[18].

Prazo: A utilização da infiltração de agentes de maneira presencial possui o prazo de 6 meses, prorrogáveis sucessivas vezes, desde que demonstrados todos os requisitos necessários para sua concessão. A prorrogação também terá o prazo de 6 meses e não possui limite de renovação.

Excludente de criminalidade: Eventualmente, o agente infiltrado precisará cometer crimes, enquanto membro da organização criminosa, durante a realização da infiltração *(interna corporis)*. Neste caso, o agente policial infiltrado estará acobertado pela *excludente de inexigibilidade de conduta diversa*, causa que exclui a culpabilidade, tornando-o isento de pena. Entretanto, o agente infiltrado que não guardar, em sua atuação, a devida proporcionalidade com a finalidade da investigação, responderá pelos excessos praticados (art. 13).

Relatório circunstanciado: Ao final da infiltração presencial deverá ser encaminhado ao magistrado um relatório circunstanciado, informando todos os atos praticados durante a diligência. O juiz deve cientificar o Ministério Público. Frise-se que, como decorrência lógica do sigilo de sua identidade, o agente policial infiltrado não assinará os relatórios circunstanciados.

Infiltração virtual (cibernética ou eletrônica): espécie de infiltração realizada através da rede mundial de computadores, em que um agente de polícia oculta sua identidade funcional e passa a integrar uma organização criminosa, agindo como um de seus membros, com o fim de localizar fontes de prova, identificar criminosos e obter elementos de convicção para elucidar o delito e desarticular a organização criminosa.

Requisitos: A utilização da infiltração de agentes virtual, como meio de obtenção de prova, depende de prévia autorização judicial (prazo de 24h) e somente será concedida se obedecidos todos os requisitos previstos para a infiltração de agentes presencial, bem como o fornecimento, quando possível, dos dados da conexão[19] ou cadastrais[20] que permitam a identificação dos investigados.

Prazo: A utilização da infiltração de agentes de maneira virtual também possui o prazo de 6 meses, prorrogáveis sucessivas vezes, desde que demonstrados todos os requisitos necessários para sua concessão, entretanto a prorrogação somente será possível até atingir o limite máximo de 720 dias, diferentemente como ocorre na infiltração presencial, que não possui esse limite de prazo para a renovação. Não se deve confundir com o prazo para infiltração de agentes virtual previsto no Estatuto da Criança e do Adolescente, em que a infiltração de agentes virtual possui prazo 90 dias, podendo ser prorrogado até 720 dias.

Relatório circunstanciado: Ao final da infiltração virtual deverá ser encaminhado ao juiz relatório circunstanciado, informando todos os atos praticados durante a diligência, juntamente com todos os atos eletrônicos praticados durante a operação, que cientificará o Ministério Público (art. 10-A, §5º), assegurando-se a preservação da identidade do agente policial infiltrado e a intimidade dos envolvidos (art. 10-D, p. único). No curso do inquérito policial, o delegado de polícia poderá determinar aos seus agentes, e o Ministério Público e o juiz competente poderão requisitar, a qualquer tempo, relatório da atividade de infiltração (art. 10-A, §6º). Frise-se que, como decorrência lógica do sigilo de sua identidade, o agente policial infiltrado não assinará os relatórios circunstanciados.

18. Eventual recusa do agente policial em participar da infiltração não caracteriza insubordinação, nem tampouco violação aos seus deveres funcionais.

19. Dados da conexão consiste em identificação do dia, hora e duração do acesso, bem como identificação o IP de origem da conexão.

20. Dados Cadastrais consiste em nome, endereço do assinante ou usuário da rede.

Denúncia: Os autos contendo as informações da infiltração policial acompanharão a denúncia do Ministério Público, quando serão disponibilizados à defesa, assegurando-se a preservação da identidade do agente (Art. 12, §2º).

Excludente de criminalidade: Não raras vezes, o agente infiltrado deverá cometer crimes durante a realização da infiltração. Neste caso, não comete crime o policial que oculta a sua identidade para, por meio da internet, colher indícios de autoria e materialidade dos crimes de organização criminosa (art. 10-C). Entretanto, o agente policial infiltrado que deixar de observar a estrita finalidade da investigação responderá pelos excessos praticados. Observe que em caso de infiltração virtual a lei não excluir a culpabilidade do policial quando tiver que praticar crimes durante a infiltração, mas a ilicitude de seu comportamento, por *estrito cumprimento do dever legal*. Isso por que, durante a infiltração virtual não há risco iminente à segurança do agente, tendo em vista praticar atos sem contato físico com os demais integrantes da organização criminosa, ou seja, o agente infiltrado quando pratica crimes durante a infiltração, pratica por que a lei assim o determina e não por que seria inexigível essa sua conduta.

Direitos do agente policial infiltrado: Segundo o art. 13, antes, durante e após a infiltração de agentes presencial ou virtual, o policial terá direito **(a)** a recusar ou fazer cessar a atuação infiltrada a qualquer momento[21]; **(b)** ter sua identidade alterada, bem como usufruir das medidas de proteção a testemunhas (Lei nº 9.807/99); **(c)** ter seu nome, sua qualificação, sua imagem, sua voz e demais informações pessoais preservadas durante a investigação e o processo criminal, salvo se houver decisão judicial em contrário; e **(d)** não ter sua identidade revelada[22], nem ser fotografado ou filmado pelos meios de comunicação, sem sua prévia autorização por escrito.

8. ACESSO A REGISTROS, DADOS, DOCUMENTOS E INFORMAÇÕES

Art. 15. O delegado de polícia e o Ministério Público terão acesso, independentemente de autorização judicial, apenas aos dados cadastrais do investigado que informem exclusivamente a qualificação pessoal, a filiação e o endereço mantidos pela Justiça Eleitoral, empresas telefônicas, instituições financeiras, provedores de internet e administradoras de cartão de crédito.

Art. 16. As empresas de transporte possibilitarão, pelo prazo de 5 (cinco) anos, acesso direto e permanente do juiz, do Ministério Público ou do delegado de polícia aos bancos de dados de reservas e registro de viagens.

Art. 17. As concessionárias de telefonia fixa ou móvel manterão, pelo prazo de 5 (cinco) anos, à disposição das autoridades mencionadas no art. 15, registros de identificação dos números dos terminais de origem e de destino das ligações telefônicas internacionais, interurbanas e locais.

Comentários: O delegado de polícia e o Ministério Público terão acesso, independentemente de autorização judicial **(a)** aos dados cadastrais do investigado que informem exclusivamente a qualificação pessoal, a filiação e o endereço mantidos pela Justiça Eleitoral, empresas telefônicas, instituições financeiras, provedores de internet e administradoras de cartão de crédito; **(b)** às reservas e aos registros de viagens durante os últimos 5 anos, constantes em bancos de dados das empresas de transporte terrestre, aéreo, marítimo ou fluvial; **(c)** aos registros de ligações telefônicas efetuadas e recebidas dos últimos 5 anos, constantes em banco de dados das empresas telefônicas, móvel ou fixa.

Responsabilidade penal pela recusa do responsável: O agente responsável pela pessoa jurídica portadora da informação que recusar ou omitir dados cadastrais, registros, documentos e informações requisitadas pelo juiz, Ministério Público ou delegado de polícia, no curso da investigação ou do processo, incorrerá no crime previsto no art. 21.

9. COOPERAÇÃO ENTRE INSTITUIÇÕES E ÓRGÃOS

Não há dispositivo na lei que o especifique, embora esteja expresso, no art. 3°, VIII, como um meio de obtenção de provas. Consiste na cooperação entre instituições e órgãos federais, distritais, estaduais e municipais na busca de provas e informações de interesse da investigação ou da instrução criminal.

Com o objetivo de otimizar a investigação de crimes praticados por organizações criminosas é essencial que haja um esforço conjunto de todos os órgãos responsáveis pela persecução penal. Por essa

21. Registre-se que, havendo indícios seguros de que o agente infiltrado sofre risco iminente, a operação será sustada mediante requisição do Ministério Público ou pelo Delegado de Polícia, dando-se imediata ciência ao Ministério Público e à autoridade judicial (art. 12, §3º).
22. Registre-se que, conforme referido, em respeito ao sigilo de sua identidade, o agente policial infiltrado não assinará os relatórios circunstanciados.

razão, a lei autoriza a cooperação entre instituições e órgãos federais, distritais, estaduais e municipais na busca de provas e informações de interesse da persecução criminal.

Essa atuação conjunta deve abranger os órgãos de segurança pública, o Ministério Público e os demais órgãos que, eventualmente, tomem conhecimento de informações relevantes à investigação criminal ou à instrução penal, v.g., COAF, Receita Federal, Tribunal de Contas e instituições financeiras.

Nesse ínterim, cumpre salientar que "não constitui violação do dever de sigilo imposto às instituições financeiras a comunicação, às autoridades competentes, da prática de ilícitos penais ou administrativos, abrangendo o fornecimento de informações sobre operações que envolvam recursos provenientes de qualquer prática criminosa" (art. 1º, §3º, IV, da LC 105/01).

10. REVELAR IDENTIDADE DE COLABORADOR

Art. 18. Revelar a identidade, fotografar ou filmar o colaborador, sem sua prévia autorização por escrito:

Pena - reclusão, de 1 (um) a 3 (três) anos, e multa.

Verbo nuclear do tipo: *Revelar* (significa fazer conhecer, divulgar, propagar a identidade do colaborador); *fotografar* (reproduzir imagem do colaborador por processo fotográfico, sem sua prévia autorização por escrito); *filmar* (gravar, passar para a linguagem de vídeo).

Objeto jurídico: Administração da justiça.

Objeto material: Fotografia ou vídeo.

Elemento subjetivo: É o dolo. O tipo penal não exige elemento subjetivo específico. Não se admite a modalidade culposa por falta de previsão legal.

Elemento normativo: Encontra-se na expressão *sem prévia autorização por escrito*. Trata-se de expressão que afasta a tipicidade da conduta. Logo, se houver autorização do colaborador está afastado o criminalidade.

Sujeito ativo: Qualquer pessoa.

Sujeito passivo: Sujeito passivo primário/direito, a coletividade; sujeito passivo secundário/indireto, o colaborador.

Crime instantâneo: Consuma-se com a prática dos verbos nucleares, entretanto os efeitos são permanentes.

Tentativa: É admitida.

Classificação doutrinária: *Crime comum* (pode ser praticado por qualquer pessoa); *material* (o resultado naturalístico é imprescindível para sua consumação); *de perigo abstrato* (não exige a comprovação de dano, ele é presumido por lei); *doloso* (o agente quer o resultado ou assume o risco de produzi-lo); *de forma livre* para o verbo revelar (pode ser praticado por qualquer meio de execução); *de forma vinculada* para os verbos fotografar ou filmar (deve ser praticado de forma específica); *comissivo* (os verbos indicam ações); *instantâneo* (a consumação se dá em um momento específico); *unissubjetivo ou de concurso eventual* (pode ser praticado por um ou mais agentes); *plurissubsistente* (admite fracionamento dos atos de execução).

Justiça competente: Em regra, a competência para julgamento será da justiça estadual. Será de competência da justiça federal quando presente um dos motivos previstos no art. 109 da CF/88.

Ação penal: Crime de ação penal pública incondicionada.

Acordo de não persecução penal: Se enquadra no chamado *espaço de consenso* ou *justiça negociada* no processo penal, ao lado da transação penal e da suspensão condicional do processo. Conforme redação do novo art. 28-A do Código de Processo Penal (incluído pela Lei nº 13.964/19), é possível a celebração do acordo de não persecução penal quando infração penal não for praticada com violência ou grave ameaça e possuir pena mínima inferior a 4 (quatro) anos. Dessa forma, é cabível o acordo de não persecução penal à infração penal em tela, obedecidos os demais requisitos.

11. DENUNCIAÇÃO CALUNIOSA NA COLABORAÇÃO PREMIADA

Art. 19. Imputar falsamente, sob pretexto de colaboração com a Justiça, a prática de infração penal a pessoa que sabe ser inocente, ou revelar informações sobre a estrutura de organização criminosa que sabe inverídicas:

Pena - reclusão, de 1 (um) a 4 (quatro) anos, e multa.

Verbo nuclear do tipo: *Imputar falsamente* (atribuir a alguém a responsabilidade da prática de infração penal a pessoa que sabe ser inocente); *revelar* (significa fazer conhecer, divulgar, propagar informações sobre a estrutura de organização criminosa que sabe inverídicas).

Objeto jurídico: Administração da justiça.

Objeto material: Documento que se materializa o acordo de colaboração premiada.

Elemento subjetivo: É o dolo. Registre-se que o tipo penal admite apenas o *dolo direto*, pois o tipo penal utiliza a expressão "que sabe ser inocente" e "que sabe inverídicas", incompatíveis com o dolo eventual. Não se admite a modalidade culposa por falta de previsão legal.

Sujeito ativo: Investigado ou réu em acordo de colaboração premiada.

Sujeito passivo: Sujeito passivo primário/direito, a coletividade; sujeito passivo secundário/indireto, a pessoa fruto das falsas imputações.

Crime instantâneo: Consuma-se com a prática dos verbos nucleares.

Tentativa: É admitida, embora de difícil consumação devido ao seu momento consumativo.

Consumação: Com a aposição da assinatura no termo. Há doutrina lecionando que o crime somente se consuma com a homologação judicial do acordo, com o que não concordamos, pois o dolo do agente é manifestado na firmação do acordo, ainda que este não seja homologado.

Crime de mão própria: Só pode ser praticado pelo colaborador, pois o dispositivo exige que a informação falsa seja prestada "sob o pretexto de colaboração com a justiça". Lembre-se que, nesses casos, não se admite coautoria, mas se admite participação. Nesse jaez, o advogado que, por exemplo, induza ou instigue o colaborador a firmar o falso, poderá ser partícipe do crime.

Princípio da especialidade: Este crime se apresenta como uma modalidade especial em relação ao crime de denunciação caluniosa, descrito no artigo 339 do Código Penal, afastando a sua aplicação.

Classificação doutrinária: *Crime de mão própria*; *material* (o resultado naturalístico é imprescindível para sua consumação); *de perigo abstrato* (não exige a comprovação de dano, ele é presumido por lei); *doloso* (o agente quer o resultado ou assume o risco de produzi-lo); *de forma vinculada* (deve ser praticado em acordo de colaboração premiada); *comissivo* (os verbos indicam ações); *instantâneo* (a consumação se dá em um momento específico); *unissubjetivo ou de concurso eventual* (pode ser praticado por um ou mais agentes); *plurissubsistente* (admite fracionamento dos atos de execução).

Competência: Em regra, a competência para julgamento será da justiça estadual. Será de competência da justiça federal quando presente um dos motivos previstos no art. 109 da CF/88.

Ação penal: Crime de ação penal pública incondicionada.

Acordo de Não Persecução Penal: Se enquadra no chamado *espaço de consenso* ou *justiça negociada* no processo penal, ao lado da transação penal e da suspensão condicional do processo. Conforme redação do novo art. 28-A do Código de Processo Penal (incluído pela Lei nº 13.964/19), é possível a celebração do acordo de não persecução penal quando infração penal não for praticada com violência ou grave ameaça e possuir pena mínima inferior a 4 (quatro) anos. Dessa forma, é cabível o acordo de não persecução penal à infração penal em tela, obedecidos os demais requisitos.

12. DESCUMPRIMENTO DE SIGILO

> **Art. 20. Descumprir determinação de sigilo das investigações que envolvam a ação controlada e a infiltração de agentes:**
>
> **Pena - reclusão, de 1 (um) a 4 (quatro) anos, e multa.**

Verbo nuclear do tipo: *Descumprir* (significa deixar de cumprir, transgredir determinação de sigilo das investigações que envolvam a ação controlada e a infiltração de agentes).

Objeto jurídico: Administração da justiça.

Objeto material: Não há.

Elemento subjetivo: É o dolo. O tipo penal não exige elemento subjetivo específico. Não se admite a modalidade culposa por falta de previsão legal.

Sujeito ativo: Agente público que detém a informação da infiltração de agente ou ação controlada em razão de suas funções.

Sujeito passivo: A coletividade.

Crime instantâneo: Consuma-se no momento em que deixa de guardar sigilo sobre as investigações que atua com ação controlada ou infiltração de agentes.

Destinatário da informação protegida por sigilo: É irrelevante se as informações sigilosas foram repassadas a outro funcionário público ou a um particular. Por questões de segurança dos agentes e autoridades envolvidas, não pode haver fornecimento de informação protegidas a outras autoridades.

Princípio da especialidade: Este crime se apresenta como uma modalidade especial em relação ao crime de violação do sigilo funcional, descrito no artigo 325 do Código Penal, afastando a sua aplicação.

Classificação doutrinária: *Crime próprio* (somente pode ser praticado por funcionário público que sabe do sigilo); *crime de mera conduta* (não há previsão de resultado naturalístico para sua consumação); *de perigo abstrato* (não exige a comprovação de dano, ele é presumido por lei); *doloso* (o agente quer o resultado ou assume o risco de produzi-lo); *de forma livre* (pode ser praticado por qualquer meio de execução); *comissivo* (os verbos indicam ações); *instantâneo* (a consumação se dá em um momento específico); *unissubjetivo ou de concurso eventual* (pode ser praticado por um ou mais agentes); *unisubsistente* (não admite fracionamento dos atos de execução).

Competência: Em regra, a competência para julgamento será da justiça estadual. Será de competência da justiça federal quando presente um dos motivos previstos no art. 109 da CF/88.

Ação penal: Crime de ação penal pública incondicionada.

Acordo de não persecução penal: Se enquadra no chamado *espaço de consenso* ou *justiça negociada* no processo penal, ao lado da transação penal e da suspensão condicional do processo. Conforme redação do novo art. 28-A do Código de Processo Penal (incluído pela Lei nº 13.964/19), é possível a celebração do acordo de não persecução penal quando infração penal não for praticada com violência ou grave ameaça e possuir pena mínima inferior a 4 (quatro) anos. Dessa forma, é cabível o acordo de não persecução penal à infração penal em tela, obedecidos os demais requisitos.

13. RECUSAR A FORNECER DADOS REQUISITADOS

> **Art. 21. Recusar ou omitir dados cadastrais, registros, documentos e informações requisitadas pelo juiz, Ministério Público ou delegado de polícia, no curso de investigação ou do processo:**
>
> **Pena - reclusão, de 6 (seis) meses a 2 (dois) anos, e multa.**

Verbos nucleares do tipo: *Recusar* (significa não aceitar, repelir informações requisitadas pelo juiz, Ministério Público ou delegado de polícia); *omitir* (deixar de agir ou de se manifestar sobre informações requisitadas pelo Juiz, Ministério Público ou delegado de polícia).

Tipo objetivo: Somente se consuma em caso de *requisição legal*, i.e., aquela confeccionada de acordo com a lei. A requisição tem natureza jurídica de mandamento legal. Logo, toda requisição, independente de qual autoridade emane, precisa ter lastro na lei. Requisições ilegais não obrigam o seu cumprimento. Assim, por exemplo, não obriga cumprimento a requisição feita diretamente pelo delegado de polícia à instituição financeira para ter acesso à quebra de sigilo bancário, medida que está protegida por cláusula de reserva de jurisdição. Da mesma forma, caso o magistrado formalize uma requisição, onde pretenda criar obrigação não prevista em lei, v.g., que fuja da responsabilidade ou atribuição do agente, o desatendimento não implicará em crime. Aliás, nos termos do art. 5, II, da Constituição Federal, ninguém é obrigado a fazer ou deixar de fazer alguma coisa senão em virtude de lei.

Objeto jurídico: Administração da justiça.

Objeto material: Dados cadastrais.

Elemento subjetivo: É o dolo. O tipo penal não exige elemento subjetivo específico. Não se admite a modalidade culposa por falta de previsão legal.

Sujeito ativo: Qualquer pessoa, a quem for dirigida a requisição.

Sujeito passivo: A coletividade.

Crime instantâneo: Consuma-se com a prática dos verbos.

Tentativa: Admite-se, exceto na modalidade *omitir*.

Consumação: Ocorre com o término do prazo estipulado.

Classificação doutrinária: *Crime próprio* (só pode ser praticado pelas pessoas responsáveis, destinatárias da requisição, pelas empresas e órgãos referidos nos arts. 15 a 17)[23]; *formal* (não exige-se

---

23. Em sentido contrário, Guilherme de Souza Nucci (p. 825) entende que se trata de crime comum. Não concordamos com esse entendimento, pois o *particular* que descumpre requisição legal de autoridade é passível de responsabilização pelo crime de desobediência (art. 330, CP) e o funcionário público,

resultado naturalístico, v.g., prejuízo à administração da justiça); *de perigo abstrato* (não exige a comprovação de dano, ele é presumido por lei); *doloso* (o agente quer o resultado ou assume o risco de produzi-lo); *de forma livre* para o verbo revelar (pode ser praticado por qualquer meio de execução); *omissivo* (os verbos indicam uma inação); *instantâneo* (a consumação se dá em um momento específico); *unissubjetivo ou de concurso eventual* (pode ser praticado por um ou mais agentes); *plurissubsistente* (admite fracionamento dos atos de execução), exceto na modalidade *omitir*.

Competência: Em regra, a competência para julgamento será da justiça estadual. Será de competência da justiça federal quando presente um dos motivos previstos no art. 109 da CF/88.

Ação penal: Crime de ação penal pública incondicionada.

Transação penal: Tendo em vista possuir pena máxima de até dois anos, será cabível o oferecimento da transação penal, obedecidos os demais requisitos previstos no art. 76 da Lei nº 9.099/90.

Acordo de não persecução penal: Se enquadra no chamado *espaço de consenso* ou *justiça negociada* no processo penal, ao lado da transação penal e da suspensão condicional do processo. Conforme redação do novo art. 28-A do Código de Processo Penal (incluído pela Lei nº 13.964/19), é possível a celebração do acordo de não persecução penal quando a infração penal não for praticada com violência ou grave ameaça e tiver pena mínima inferior a 4 (quatro) anos. Ressalta-se que o acordo de não persecução penal é subsidiário à transação penal, dessa forma, não será cabível o acordo de não persecução penal à infração penal em tela, tendo em vista ser cabível a transação penal.

Parágrafo único. Na mesma pena incorre quem, de forma indevida, se apossa, propala, divulga ou faz uso dos dados cadastrais de que trata esta Lei.

Verbos nucleares do tipo: *apossar indevidamente* (apoderar-se indevidamente, usurpar de dados cadastrais); *propalar indevidamente* (tornar público, divulgar, espalhar dados cadastrais); *divulgar indevidamente* (tornar público dados cadastrais); *fazer uso indevidamente* (utilizar dados cadastrais de forma indevida).

Objeto jurídico: Administração da justiça.

Objeto material: Dados cadastrais.

Elemento subjetivo: É o dolo. O tipo penal não exige elemento subjetivo específico. Não se admite a modalidade culposa por falta de previsão legal.

Elemento normativo: Encontra-se na expressão *de forma indevida*, inserida no parágrafo único. Trata-se de expressão que afasta a tipicidade da conduta. A expressão de *forma indevida* denota que todas as condutas devem ser praticadas em desacordo com a finalidade para a qual a lei introduziu o acesso a esses dados, i.e., obtenção de elementos de prova em crimes praticados por organização criminosa.

Distinção de tipicidade: Não se confunde com o art. 10 da Lei 7.347/85[24], pois este se refere exclusivamente à ação civil, conduzida pelo Ministério Público.

Sujeito ativo: Qualquer pessoa.

Sujeito passivo: A coletividade.

Crime instantâneo: Consuma-se com a prática dos verbos.

Classificação doutrinária: *Crime comum* (pode ser praticado por qualquer pessoa)[25]; *formal* (não exige-se resultado naturalístico); *de perigo abstrato* (não exige a comprovação de dano, ele é presumido por lei); *doloso* (o agente quer o resultado ou assume o risco de produzi-lo); *de forma livre* (pode ser praticado por qualquer meio de execução); *comissivo* (os verbos indicam ações); *instantâneo* (a consumação se dá em um momento específico); *unissubjetivo ou de concurso eventual* (pode ser praticado por um

de acordo com o caso, se tiver intenção de "satisfazer interesse ou sentimento pessoal", poderá responder por crime de prevaricação (art. 319, CP) ou estar sujeito a medidas administrativo-disciplinares, já que, para nós, não é passível de crime de desobediência.

24. **Art. 10.** Constitui crime, punido com pena de reclusão de 1 (um) a 3 (três) anos, mais multa de 10 (dez) a 1.000 (mil) Obrigações Reajustáveis do Tesouro Nacional - ORTN, a recusa, o retardamento ou a omissão de dados técnicos indispensáveis à propositura da ação civil, quando requisitados pelo Ministério Público.

25. No mesmo sentido, Guilherme de Souza Nucci (p. 826). Há quem entenda que, assim como o "caput", trata-se de crime próprio, que só pode ser praticado pelos funcionários das empresas e órgãos referidos nos arts. 15 a 17 ou por funcionário público que tenha acesso aos dados cadastrais. Não concordamos com esse entendimento, pois entendemos ser perfeitamente possível que qualquer pessoa se apossе do modo indevido dos dados cadastrais referidos na lei.

ou mais agentes); *plurissubsistente* (admite fracionamento dos atos de execução).

Competência: Em regra, a competência para julgamento será da justiça estadual. Será de competência da justiça federal quando presente um dos motivos previstos no art. 109 da CF/88.

Ação penal: Crime de ação penal pública incondicionada.

Transação penal: Tendo em vista possuir pena máxima de até dois anos, será cabível o oferecimento da transação penal, obedecidos os demais requisitos previstos no art. 76 da Lei nº 9.099/90.

Acordo de não persecução penal: Se enquadra no chamado *espaço de consenso* ou *justiça negociada* no processo penal, ao lado da transação penal e da suspensão condicional do processo. Conforme redação do novo art. 28-A do Código de Processo Penal (incluído pela Lei nº 13.964/19), é possível a celebração do acordo de não persecução penal quando a infração penal não for praticada com violência ou grave ameaça e tiver pena mínima inferior a 4 (quatro) anos. Ressalta-se que o acordo de não persecução penal é subsidiário à transação penal, dessa forma, não será cabível o acordo de não persecução penal à infração penal em tela, tendo em vista ser cabível a transação penal.

14. DISPOSIÇÕES FINAIS

Art. 22. Os crimes previstos nesta Lei e as infrações penais conexas serão apurados mediante procedimento ordinário previsto no Decreto-Lei nº 3.689, de 3 de outubro de 1941 (Código de Processo Penal), observado o disposto no parágrafo único deste artigo.

Parágrafo único. A instrução criminal deverá ser encerrada em prazo razoável, o qual não poderá exceder a 120 (cento e vinte) dias quando o réu estiver preso, prorrogáveis em até igual período, por decisão fundamentada, devidamente motivada pela complexidade da causa ou por fato procrastinatório atribuível ao réu.

Art. 23. O sigilo da investigação poderá ser decretado pela autoridade judicial competente, para garantia da celeridade e da eficácia das diligências investigatórias, assegurando-se ao defensor, no interesse do representado, amplo acesso aos elementos de prova que digam respeito ao exercício do direito de defesa, devidamente precedido de autorização judicial, ressalvados os referentes às diligências em andamento.

Parágrafo único. Determinado o depoimento do investigado, seu defensor terá assegurada a prévia vista dos autos, ainda que classificados como sigilosos, no prazo mínimo de 3 (três) dias que antecedem ao ato, podendo ser ampliado, a critério da autoridade responsável pela investigação.

Rito para processamento: Os crimes de Organização Criminosa e conexos serão processados pelo rito comum ordinário do Código de Processo Penal (art. 396 e seguintes) e a instrução processual não poderá exceder 120 dias quando o réu estiver preso, prorrogável por igual período quando motivado pela complexidade da causa ou práticas procrastinatórias do réu.

Sigilo das investigações: O juiz poderá decretar o sigilo das investigações para garantia da celeridade e da eficácia das investigações. Nesse caso, o defensor somente terá acesso aos elementos do expediente investigatório quando precedido de autorização judicial, ressalvadas as diligências em andamento. Entretanto, quando determinado o depoimento do investigado, o seu defensor terá acesso aos autos no prazo mínimo de três dias que antecedem ao ato. Entendemos que, nesse caso, quando da intimação do investigado para inquirição, a prévia vista dos autos ao defensor dispensa autorização judicial.

REFERÊNCIAS BIBLIOGRÁFICAS

LIMA, Renato Brasileiro de. **Legislação criminal especial comentada.** Salvador: Juspodivm, 2015.

LIMA, Renato Brasileiro de. **Pacote Anticrime.** Salvador: Juspodivm, 2020.

NUCCI, Guilherme de Souza. **Leis Penais e Processuais Penais Comentadas. Volume II,** Rio de Janeiro: Forense, 2017.

47

LEI DE JULGAMENTOS COLEGIADOS EM ORGANIZAÇÕES CRIMINOSAS

Lei 12.694/12

ANTÔNIO FLÁVIO ROCHA FREIRE
WILLIAM GARCEZ

1. INTRODUÇÃO

A lei em estudo foi criada com o objetivo de permitir o julgamento por um **colegiado** de membros, em **sede de primeiro grau**, dos crimes praticados por organizações criminosas. De acordo com ao regramento, o colegiado é **criado pelo juiz natural da causa**, de forma fundamentada, sempre que apresentar risco à sua integridade física. Na decisão, o juiz deve **apontar os motivos e as circunstancias** da criação do colegiado e **dar conhecimento ao órgão correcional**.

Sublinhe-se que, em que pese o conceito de organização criminosa, descrito no art. 2°, tenha sido revogado pela Lei 12.850/13, os demais dispositivos continuam vigentes. Nesse passo, é perfeitamente possível a formação do juízo colegiado para o processo e julgamento de crimes praticados por organizações criminosas, porém com a conceituação prevista no **art. 1 °, §1°, da Lei n° 12.850/13**.

Sublinhe-se que a falta de atenção do legislador ordinário não pode ser utilizada como justificativa para a convivência de normas jurídicas incompatíveis entre si, tratando do conceito de organizações criminosas de maneira convergente. Nesse caso, não há sobreposição de dispositivos legais, mas simples integração do ordenamento jurídico.

2. FORMAÇÃO DE JUÍZO COLEGIADO (PRIMEIRO GRAU)

Art. 1º Em processos ou procedimentos que tenham por objeto crimes praticados por organizações criminosas, o juiz poderá decidir pela formação de colegiado para a prática de qualquer ato processual, especialmente:

I - decretação de prisão ou de medidas assecuratórias;

II - concessão de liberdade provisória ou revogação de prisão;

III - sentença;

IV - progressão ou regressão de regime de cumprimento de pena;

V - concessão de liberdade condicional;

VI - transferência de preso para estabelecimento prisional de segurança máxima; e

VII - inclusão do preso no regime disciplinar diferenciado.

§ 1º O juiz poderá instaurar o colegiado, indicando os motivos e as circunstâncias que acarretam risco à sua integridade física em decisão fundamentada, da qual será dado conhecimento ao órgão correicional.

§ 2º O colegiado será formado pelo juiz do processo e por 2 (dois) outros juízes escolhidos por sorteio eletrônico dentre aqueles de competência criminal em exercício no primeiro grau de jurisdição.

§ 3º A competência do colegiado limita-se ao ato para o qual foi convocado.

§ 4º As reuniões poderão ser sigilosas sempre que houver risco de que a publicidade resulte em prejuízo à eficácia da decisão judicial.

§ 5º A reunião do colegiado composto por juízes domiciliados em cidades diversas poderá ser feita pela via eletrônica.

§ 6º As decisões do colegiado, devidamente fundamentadas e firmadas, sem exceção, por todos os seus integrantes, serão publicadas sem qualquer referência a voto divergente de qualquer membro.

§ 7º Os tribunais, no âmbito de suas competências, expedirão normas regulamentando a composição do colegiado e os procedimentos a serem adotados para o seu funcionamento.

Criação e formação do colegiado: O colegiado será criado pelo juiz competente para o julgamento do processo e será formado por si e por outros dois juízes escolhidos por sorteio eletrônico dentre aqueles de competência criminal em exercício no primeiro grau de jurisdição.

Faculdade do juiz: A formação do colegiado é uma faculdade do juiz natural. Trata-se de uma faculdade. Não é obrigatória, nem automática em todo e qualquer caso. Aliás, é imprescindível a fundamentação.

Critério de escolha: O critério de escolha adotado pela lei, i.e., sorteio eletrônico, é objetivo e impessoal, estando em harmonia com o princípio do juiz natural, afastando indesejada discricionariedade na formação do colegiado, impedindo a formação de um "tribunal de exceção" após a prática do fato.

Momento de instauração: O colegiado pode ser instaurado em qualquer processo ou procedimento que envolva crimes praticados por organizações criminosas. É dizer: sua formação não se restringe ao processo penal. O colegiado, assim, pode ser criado antes, durante, ou após a ação penal. Nesse passo, frisamos que a leitura dos incisos do art. 1° não deixam dúvidas acerca da possibilidade de instauração do colegiado em primeiro grau de jurisdição tanto durante o *processo de conhecimento* quanto o *processo de execução*, uma vez que o legislador se reporta a decisões proferidas em ambas as fases. É possível ainda a formação do colegiado durante a *investigação criminal*. Advertimos apenas que a formação do colegiado durante o processo deve preceder a audiência de instrução, sob pena de violação aos princípios da identidade física do juiz e da imediatidade.

Audiência de instrução: Formado o colegiado, este deve atuar em todos os atos do processo. Em homenagem aos princípios da identidade física do juiz e da imediatidade, todos os três magistrados que formarem o colegiado devem presidir a audiência de instrução, não sendo razoável que apenas um deles presida a colheita da prova oral e os demais apenas se juntem no momento da sentença. É possível que a presidência coletiva da audiência se dê de forma remota (analogia ao §5°), mas não é possível, sob pena de patente irrazoabilidade e desvirtuamento das regras dom processo penal, que a audiência seja presidida por apenas um juiz, após formado o colegiado de juízes.

Tribunal do Júri: É possível a atuação do colegiado, exceto no que se refere ao julgamento pelo conselho de sentença, i.e., o veredito dos jurados (art. 5º, XXXVIII, "c", CF). Dessa forma, o colegiado pode atuar em todas as demais fases, i.e., no inquérito policial, na fase de formação da culpa ou no julgamento em plenário, para a elaboração da sentença, onde haverá a dosimetria da pena (STF, ADI 4414).

Atuação: O colegiado atuará em todos os atos decisórios durante a investigação e o processo, especialmente para **(a)** decretação de prisão ou de medidas assecuratórias; **(b)** concessão de liberdade provisória ou revogação de prisão; **(c)** sentença; **(d)** progressão ou regressão de regime de cumprimento de pena; **(e)** concessão de liberdade condicional; **(f)** transferência de preso para estabelecimento prisional de segurança máxima; e **(g)** inclusão do preso no regime disciplinar diferenciado.

Fundamentação: A criação do colegiado deve ser fundamentada.

Comunicação à corregedoria: O juiz natural, que criar o colegiado, deverá dar conhecimento de sua decisão ao órgão correicional. Sublinhe-se que o órgão correicional não pode *rever* a decisão do magistrado, pois se trata de decisão em caráter jurisdicional, não administrativo. Pensamos que a exceção ocorreria, contudo, se o magistrado produzisse a instauração do colegiado de forma totalmente ilegal, fora dos contornos previstos na lei, v.g., fora dos casos de crime praticado por organização criminosa, ou, ainda, com utilização claramente abusiva do instituto ou, também, se ausente ou anêmica a fundamentação. Afinal, ao alargamento do juiz natural deve ser admitido apenas excepcionalmente, nos exatos termos da lei e com a devida fundamentação.

Recurso cabível: A lei não prevê, o que torna a decisão irrecorrível. Porém, entendemos que a decisão pode ser impugnada por *Habeas Corpus* sempre que possuir contornos ilegais, abuso de direito ou ausência de fundamentação.

Risco à integridade física de familiares do juiz: Muito embora a lei apenas se refira ao *risco à* *integridade física do juiz* (§1º), entendemos que, em homenagem ao princípio da razoabilidade, o colegiado poderá ser criado também quando houver *risco à integridade física dos familiares do magistrado*. Afinal, a vontade da lei é proteger não somente a pessoa do juiz, mas a Justiça enquanto fim do processo penal, garantindo que haja um julgamento livre de vício, o que, s.m.j., não se teria realizado quando o juiz esteja imbuído de temor de que algum mal possa ocorrer à sua família, tanto quanto para si.

Reuniões: As reuniões do colegiado poderão ser sigilosas, inclusive por videoconferência, sempre que houver risco de que a publicidade resulte em prejuízo à eficácia da decisão judicial.

Decisões: As decisões do colegiado, devidamente fundamentadas e firmadas, sem exceção, por todos os seus integrantes, serão publicadas sem qualquer referência a voto divergente de qualquer membro.

Voto divergente no colegiado: Para preservar a independência de cada um dos juízes, a lei determina que não deve haver menção a voto divergente. Afinal, caso fosse obrigatória a individualização dos votos, o próprio escopo da criação de um órgão colegiado estaria esvaziado.

Constitucionalidade: Não há violação do princípio do juiz natural (art. 5º, XXXVII e LIII, da CF). A formação do colegiado assegura a imparcialidade do julgador, dada a sua forma de designação, evitando nomeações com finalidades obscuras, e reafirma a independência do magistrado, o qual se sentirá a vontade para decidir livre de qualquer espécie de constrangimento.

Juiz sem rosto (secreto): O juízo colegiado não se confunde com a polêmica figura do juiz sem rosto, também conhecido como juiz secreto. O *juiz secreto* é aquele que não tem seu nome divulgado, sendo desconhecido pelas partes. O *juízo colegiado* será composto por integrantes cujo nome e a assinatura constará de todas as decisões do órgão, com a única ressalva de que não devem ser divulgadas eventuais divergências entre eles.

3. FORMAÇÃO DE VARAS CRIMINAIS COLEGIADAS (SEGUNDO GRAU)

Art. 1º-A. Os Tribunais de Justiça e os Tribunais Regionais Federais poderão instalar, nas comarcas sedes de Circunscrição ou Seção Judiciária, mediante resolução, Varas Criminais Colegiadas com competência para o processo e julgamento:

I - de crimes de pertinência a organizações criminosas armadas ou que tenham armas à disposição;

II - do crime do art. 288-A do Decreto-Lei nº 2.848, de 7 de dezembro de 1940 (Código Penal); e (Incluído pela Lei nº 13.964, de 2019)

III - das infrações penais conexas aos crimes a que se referem os incisos I e II do caput deste artigo.

§ 1º As Varas Criminais Colegiadas terão competência para todos os atos jurisdicionais no decorrer da investigação, da ação penal e da execução da pena, inclusive a transferência do preso para estabelecimento prisional de segurança máxima ou para regime disciplinar diferenciado.

§ 2º Ao receber, segundo as regras normais de distribuição, processos ou procedimentos que tenham por objeto os crimes mencionados no caput deste artigo, o juiz deverá declinar da competência e remeter os autos, em qualquer fase em que se encontrem, à Vara Criminal Colegiada de sua Circunscrição ou Seção Judiciária.

§ 3º Feita a remessa mencionada no § 2º deste artigo, a Vara Criminal Colegiada terá competência para todos os atos processuais posteriores, incluindo os da fase de execução.

Pacote anticrime: Trata-se de dispositivo incluído pelo pacote anticrime (Lei 13.964/19).

Varas Criminais Colegiadas: Os Tribunais de Justiça dos Estados e do Distrito Federal, bem como os Tribunais Regionais Federais poderão instalar, nas comarcas sedes de Circunscrição ou Seção Judiciária, mediante resolução, Varas Criminais Colegiadas com competência para o processo e julgamento **(a)** de crimes de pertinência a organizações criminosas armadas ou que tenham armas à disposição; **(b)** do crime de milícia privada, previsto no art. 288-A do CP; e **(c)** das infrações penais conexas aos crimes a que se referem os incisos I e II.

As Varas Criminais Colegiadas terão competência para todos os atos jurisdicionais no decorrer da investigação, da ação penal e da execução da pena, inclusive a transferência do preso para estabelecimento prisional de segurança máxima ou para regime disciplinar diferenciado.

4. CONCEITO DE ORGANIZAÇÃO CRIMINOSA

Art. 2º Para os efeitos desta Lei, considera-se organização criminosa a associação, de 3 (três) ou mais pessoas, estruturalmente ordenada e caracterizada pela divisão de tarefas, ainda que informalmente, com objetivo de obter, direta ou indiretamente, vantagem de qualquer natureza, mediante a prá-

tica de crimes cuja pena máxima seja igual ou superior a 4 (quatro) anos ou que sejam de caráter transnacional.

Comentários: Com o advento da Lei das Organizações Criminosas, entende-se que o dispositivo foi tacitamente revogado. Desta forma, o conceito de organização criminosa a ser observado é o previsto no art. 1º, §1º da Lei 12.850/13, onde se lê que "considera-se organização criminosa a associação de 4 (quatro) ou mais pessoas estruturalmente ordenada e caracterizada pela divisão de tarefas, ainda que informalmente, com objetivo de obter, direta ou indiretamente, vantagem de qualquer natureza, mediante a prática de infrações penais cujas penas máximas sejam superiores a 4 (quatro) anos, ou que sejam de caráter transnacional".

5. SEGURANÇA NOS PRÉDIOS DA JUSTIÇA

Art. 3º Os tribunais, no âmbito de suas competências, são autorizados a tomar medidas para reforçar a segurança dos prédios da Justiça, especialmente:

I - controle de acesso, com identificação, aos seus prédios, especialmente aqueles com varas criminais, ou às áreas dos prédios com varas criminais;

II - instalação de câmeras de vigilância nos seus prédios, especialmente nas varas criminais e áreas adjacentes;

III - instalação de aparelhos detectores de metais, aos quais se devem submeter todos que queiram ter acesso aos seus prédios, especialmente às varas criminais ou às respectivas salas de audiência, ainda que exerçam qualquer cargo ou função pública, ressalvados os integrantes de missão policial, a escolta de presos e os agentes ou inspetores de segurança próprios.

Comentários: Com o propósito de garantir maior segurança aos juízes, servidores e aos particulares que freqüentam os prédios do Poder Judiciário, o dispositivo estabelece medidas de segurança que podem ser adotadas com essa finalidade.

REFERÊNCIAS BIBLIOGRÁFICAS

LIMA, Renato Brasileiro de. **Legislação criminal especial comentada.** Salvador: Juspodivm, 2015.

LIMA, Renato Brasileiro de. **Pacote Anticrime.** Salvador: Juspodivm, 2020.

NUCCI, Guilherme de Souza. **Leis Penais e Processuais Penais Comentadas. Volume II,** Rio de Janeiro: Forense, 2017.

48

LAVAGEM DE CAPITAIS

Lei 9.613/98

ANTÔNIO FLÁVIO ROCHA FREIRE
WILLIAM GARCEZ

1. INTRODUÇÃO

Contexto histórico: A lavagem de dinheiro passou a ser uma preocupação mundial no final do Século XX. Nos anos 80, o tráfico de drogas gerava uma lucratividade absurda (até hoje) e as autoridades passaram a entender que criminalizar unicamente o comércio de entorpecentes já não era mais suficiente. Perceberam que somente a pena privativa de liberdade já não era mais eficaz para prevenir e reprimir a traficância.

Foi então que em 20 de dezembro de 1988 foi celebrada, em Viena, a Convenção das Nações Unidas contra o Tráfico Ilícito de Entorpecentes e Substâncias Psicotrópicas, entrando em vigor em 11 de novembro de 1990. O Brasil só ratificou a Convenção em 26 de junho de 1991, através do Decreto nº 154/91, comprometendo-se a criminalizar a conduta de lavagem de dinheiro, mas somente em 1998 foi aprovada a Lei nº 9.613 que passou a criminalizar a Lavagem de Capitais e regulamentar outras situações correlatas.

O termo "lavagem de dinheiro" (*moneylaundering*) surgiu no Estados Unidos, na década de 20, quando *gangsters*, com o intuito de limpar a sujeira do dinheiro fruto de ilícitos penais, colocavam o dinheiro em lavanderias para serem lavados e, assim, despistar as autoridades quanto a sua origem. Há outras nomenclaturas conhecidas no mundo. Em Portugal se utiliza a expressão *branqueamento*; na Itália, *reciclaggiodidenarosporco*; na Espanha, *blanqueo de capitales* e *lavado de dinero*; na França, *blanchiment d'argent*; e na Alemanha, *geldwaschen* ou *geldwäscerei*.

Conceito de Lavagem de Capitais: A lavagem de capitais consiste na realização de atividades econômico-financeiras que buscam dissimular ou esconder a origem ilícita de determinados bens, direitos e valores, de modo que, do ponto de vista econômico, esses ativos tenham aparência de licitude e, do ponto de vista investigativo, seja difícil sua demonstração.

> Lavagem de capitais é o método pelo qual uma ou mais pessoas ou uma ou mais organizações criminosas, processam os ganhos financeiros ou patrimoniais obtidos com determinadas atividades ilícitas. Sendo assim, lavagem de capitais consiste na operação financeira ou transação comercial que visa ocultar ou dissimular a incorporação, transitória ou permanente, na economia ou no sistema financeiro do país, de bens, direitos ou valores que, direita ou indiretamente, são resultados de outros crimes, e a cujo produto ilícito se pretende dar lícita aparência (BARROS, 2012, p. 47).

Gerações da lavagem de capitais: Consiste nas espécies de infrações penais antecedentes que são utilizadas para a configuração da lavagem de capitais. **1ª) Geração:** a infração penal antecedente somente podia ser o Tráfico de drogas e estava regulamentada na Convenção de Palermo. **2ª) Geração:** geração que o Brasil passou a fazer parte, quando da aprovação da Lei em estudo, que previa em seu artigo primeiro um rol de crimes que podia ser considerado infração antecedente para a prática da Lavagem de dinheiro. **3ª) Geração:** qualquer infração penal. Geração atual, em que qualquer infração penal (crime ou contravenção penal) pode servir para a prática da Lavagem. Vale ressaltar que somente se admite infração de natureza penal como infração antecedente da lavagem de capitais, dessa forma os ilícitos de improbidade administrativa não são incluídos.

2. LAVAGEM DE CAPITAIS

Art. 1º Ocultar ou dissimular a natureza, origem, localização, disposição, movimentação ou propriedade de bens, direitos ou valores provenientes, direta ou indiretamente, de infração penal.

Pena: reclusão, de 3 (três) a 10 (dez) anos, e multa.

§ 1º Incorre na mesma pena quem, para ocultar ou dissimular a utilização de bens, direitos ou valores provenientes de infração penal:

I - os converte em ativos lícitos;

II - os adquire, recebe, troca, negocia, dá ou recebe em garantia, guarda, tem em depósito, movimenta ou transfere;

III - importa ou exporta bens com valores não correspondentes aos verdadeiros.

§ 2º Incorre, ainda, na mesma pena quem:

I - utiliza, na atividade econômica ou financeira, bens, direitos ou valores provenientes de infração penal;

II- participa de grupo, associação ou escritório tendo conhecimento de que sua atividade principal ou secundária é dirigida à prática de crimes previstos nesta Lei.

Verbos nucleares do tipo: *Ocultar* (não revelar, não demonstrar, ato de esconder a natureza, origem, localização, disposição, movimentação ou propriedade de bens, direitos ou valores provenientes, direta ou indiretamente, de infração penal); *dissimular* (esconder com fraude, tornar invisível ou pouco perceptível; ocultar, disfarçar a natureza, origem, localização, disposição, movimentação ou propriedade de bens, direitos ou valores provenientes, direta ou indiretamente, de infração penal); *converter em ativos lícitos* (dar aparência de licitude a bens, direitos ou valores);*adquirir* (tornar-se proprietário); *receber* (passar a ter a posse);*trocar* (permutar); *negociar* (vender, alugar ou trocar); *dar ou receber em garantia*; *guardar* (manter sob sua posse); *ter em depósito* (ter a posse em depósito); *movimentar* (mover entre transações); *transferir* (repassar a outras pessoas); *importar* (entrar no país); *exportar* (sair do país); *utilizar na atividade econômica* (utilizar através de pessoa jurídica para negociar); *participar de grupo, associação ou escritório* (integrar como participante-tendo conhecimento de que sua atividade principal ou secundária é dirigida à prática de crimes previstos nesta Lei).

Objeto jurídico: Não há unanimidade quanto a definição do bem jurídico tutelado pelo crime de lavagem de dinheiro, divergindo a doutrina quanto ao seu objeto jurídico. A primeira corrente defende que o bem jurídico tutelado pela lavagem de capitais deverá ser o mesmo da infração antecedente; a segunda entende que será a administração da justiça (espécie de crime contra a administração pública); outra corrente entende que a lavagem de dinheiro protege a ordem econômico-financeira; e a quarta, por fim, entende que há uma pluralidade de bens jurídicos tutelados: a administração da justiça e a ordem econômico-financeira. Muito embora haja grande divergência, parece-nos claro que a lavagem de capitais é autônoma em relação à infração penal antecedente, logo, não há vinculação entre os bens jurídicos tutelados. A ordem econômico-financeira é uma espécie de bem protegido pela administração pública, mas com ela não se confunde, pois está previsto em legislação própria. Dessa forma, parece-nos mais coerente enquadrar o objeto jurídico do crime de lavagem de capitais como sendo a própria ordem econômico-financeira, tendo em vista a especialidade da proteção da lei em análise, não se confundindo com os crimes contra a administração pública.

Objeto material: Bens, direitos ou valores.

Sujeito ativo: Qualquer pessoa.

Sujeito passivo: É a coletividade.

Elemento subjetivo: É o dolo. Não se admite a modalidade culposa por falta de previsão legal.

Crime acessório: Também chamado crime secundário, parasitário. É necessário haver uma infração penal antecedente. Só haverá crime de lavagem de capitais se houver a prática de uma infração penal anterior que justifique as condutas da lavagem.

Conhecimento específico (detalhado): A lei não exige que o agente tenha conhecimentos específicos acerca dos elementos e circunstâncias da infração antecedente, o que dificultaria a sua própria aplicação. Assim, o dolo deve abranger apenas a consciência de que os bens, direitos ou valores objeto da lavagem provém, direta ou indiretamente, de uma infração penal.

Dolo eventual: Em regra, os tipos penais admitem tanto a modalidade do dolo direto, quanto a do dolo eventual, salvo nos casos em que a redação legal do dispositivo conduza à exclusão do dolo eventual. Geralmente o legislador utiliza-se da expressão "que sabe" para evidenciar o dolo direito e afastar o eventual, como ocorre, v.g., no crime de receptação (art. 180, caput, do Código Penal). Destarte, todos os crimes da lei 9.613/98 são punidos a titulo de dolo direto ou eventual, exceto o do art. 1°, §2°, inciso II, onde o legislador acrescentou a expressão "tendo conhecimento" que confere a idéia de dolo direito.

Conhecimento posterior: O conhecimento da origem espúria dos bens deve existir no momento em que o agente executar o ato de lavagem, i.e., quando houver a realização do verbo nuclear. O conhecimento posterior não contrai a tipicidade.

Participação anterior: a participação na infração antecedente não é condição para que se possa ser sujeito ativo do crime de lavagem de capitais.

Crime instantâneo: Nas modalidades *dissimular, converter em ativos lícitos, adquirir, receber, trocar, negociar, dar ou receber em garantia, movimentar, transferir, importar, exportar, utilizar na atividade econômica.*

Crime permanente: Nas modalidades *ocultar, guardar, ter em depósito eparticipar de grupo, associação ou escritório.* Ressalta-se que quanto à conduta de ocultar, como crime permanente, o prazo prescricional[1] somente se iniciará quando as autoridades responsáveis pela fiscalização e controle tomarem conhecimento.

Crime de ação múltipla: Trata-se crime de **ação múltipla** ou de **conteúdo variado**. Logo, se no mesmo contexto, o agente praticar mais de uma ação, responderá por crime único.

Ilícito civil ou administrativo: Se o objeto material da lavagem for proveniente de ilícito civil ou improbidade administrativa não há crime.

Condutas recorrentes: De acordo com o STF[2], não configura lavagem de dinheiro a conduta do agente que esconde as notas de dinheiro recebido como pagamento de propina no bolso do paletó, na cintura ou nas meias. Também não configura lavagem o simples fato de receber propina em espécie por interposta pessoa[3]. Entretanto, o recebimento de propina através de depósito bancário fracionado pode configurar lavagem de dinheiro[4]. Não se aplica o princípio da consunção entre a corrupção passiva e o crime de lavagem de capitais quando a propina é recebida no exterior, por meio de transação que envolve *offshore,* no qual resta evidente a intenção de ocultar os valores[5]. É possível a configuração do crime de Lavagem de Capitais quando a infração antecedente é de sonegação fiscal, prevista na Lei nº 8.137/90, desde que haja a constituição definitiva do crédito tributário.

Autolavagem: Conhecida como *self-laundering.* Procedimento que ocorre quando o autor da lavagem também é o responsável pela infração antecedente. Exemplo de autolavagem se dá no caso do agente que compra um bem imóvel depois de obter vantagem indevida, mediante a prática de corrupção passiva e, posteriormente, registra a propriedade no próprio nome. Há quem entenda não ser possível a punição do autor da infração antecedente em concurso material com o delito de lavagem de capitais, aludindo que em tal caso haveria *bis in idem,* pois essa ação deveria ser considerada exaurimento da primeira, ou que afrontaria o *nemo tenetur se detegere,* posto que o agente teria o direito esquivar-se da ação do estão encobrindo seu delito mediante a ocultação dos bens que dele obteve. No entanto prevalece o entendimento segundo o qual ao contrário do que se dá com a receptação e o favorecimento real, nada impede que o sujeito ativo da infração antecedente também responda pela autolavagem. Em primeiro lugar, porque, em regra, o objeto jurídico tutelado pela lavagem e o sujeito passivo são diversos do crime antecedente, o que afasta o bis in idem. Em segundo lugar, porque a ocultação do produto da infração antecedente configura lesão autônoma, praticada mediante nova conduta que objetiva encobrir um crime, o que afasta o *nemo tenetur se detegere.* Do contrário, a ocultação de cadáver também não deveria ser punida. Há que se compreender que o crime de lavagem de capitais não funciona como mero exaurimento da infração antecedente. Apesar da divergência doutrinária, o entendimento do Supremo Tribunal Federal é no sentido de ser possível a punição da autolavagem (Inq. 2471).

Reserva de auto lavagem: Trata-se de instituto previsto na Convenção de Palermo. É a possibilidade de não punição pelo crime de lavagem de capital quando praticada pelo autor do crime antecedente. Cumpre asseverar que o Brasil não adota essa orientação, sendo possível a punição do agente por ambos os crimes, o principal e o acessório (lavagem de capital). No Brasil não existe a reserva de autolavagem.

Aplicação do princípio da insignificância: Tendo por base que o bem jurídico tutelado é a ordem

1. Informativo de nº 866 do STF.
2. Informativo de nº 955 do STF.
3. Informativo de nº 904 do STF.
4. Informativo de nº 904 do STF.
5. Informativo de nº 937 do STF.

econômico-financeira e não a administração pública, é perfeitamente cabível a aplicação do princípio da insignificância ao crime de lavagem de capitais.

Classificação doutrinária: *Crime comum* (pode ser praticado por qualquer pessoa); *material* (há previsão de resultado naturalístico e ele é imprescindível para sua consumação); *de perigo abstrato* (o perigo gerado pela conduta é presumido pela lei); *crime vago* (tem como sujeito passivo a coletividade); *doloso* (o agente quer o resultado ou assume o risco de produzi-lo); *de forma livre* (pode ser praticado por qualquer meio de execução); *comissivo* (os verbos indicam ações); *instantâneo* nas condutasdissimular, converter em ativos lícitos, adquirir, receber, trocar, negociar, dar ou receber em garantia, movimentar, transferir, importar, exportar, utilizar na atividade econômica (a consumação se dá em um momento específico); *permanente* nas condutas de ocultar, guardar, ter em depósito, participar de grupo, associação ou escritório (a consumação se protrai no tempo*); unissubjetivo ou de concurso eventual* (pode ser praticado por um só agente); *plurissubsistente* (admite fracionamento dos atos de execução); admite tentativa, excetos paras as condutas permanentes.

Ação Penal: Sempre ação penal pública Incondicionada.

Acordo de Não Persecução Penal: Se enquadra no chamado *espaço de consenso* ou *justiça negociada* no processo penal, ao lado da transação penal e da suspensão condicional do processo. Conforme redação do novo art. 28-A do Código de Processo Penal, é possível a celebração do acordo de não persecução penal quando a infração penal não for praticada com violência ou grave ameaça e tiver pena mínima inferior a quatro anos. Dessa forma, é cabível o acordo de não persecução penal à infração penal em tela, obedecidos os demais requisitos.

§ 3º A tentativa é punida nos termos do parágrafo único do art. 14 do Código Penal.

Tentativa: É possível a tentativa por expressa previsão legal (art. 1º, §3º), sendo punida conforme art. 14, II do Código Penal. Entretanto, nas modalidades em que se verifica crime permanente a tentativa é inadmissível, pois o agente estará sob constante situação de flagrante (crime sendo consumado).

§ 4º A pena será aumentada de um a dois terços, se os crimes definidos nesta Lei forem cometidos de forma reiterada ou por intermédio de organização criminosa.

Causas de aumento de pena: A pena será aumentada de um a dois terços, se a lavagem for cometida de forma reiterada ou por intermédio de organização criminosa (art. 1º, § 4º).

Exasperação da pena-base: É legítima a exasperação da pena-base pela valoração negativa das consequências do crime em decorrência da movimentação de expressiva quantioa de recursos envolvidos que extrapole o elemento natural do tipo penal (STJ, AgRg no REsp 1.197.969).

§ 5º A pena poderá ser reduzida de um a dois terços e ser cumprida em regime aberto ou semiaberto, facultando-se ao juiz deixar de aplicá-la ou substituí-la, a qualquer tempo, por pena restritiva de direitos, se o autor, coautor ou partícipe colaborar espontaneamente com as autoridades, prestando esclarecimentos que conduzam à apuração das infrações penais, à identificação dos autores, coautores e partícipes, ou à localização dos bens, direitos ou valores objeto do crime.

Colaboração premiada: Caso o agente espontaneamente forneça elementos com esclarecimentos que conduzam à apuração das infrações penais, à identificação dos autores, coautores e partícipes, ou à localização dos bens, direitos ou valores objeto do crime, fará jus aos benefícios da **(a)** redução da pena de 1 a 2/3, **(b)** cumprimento da pena em regime aberto ou semiaberto, **(c)** substituição da pena privativa de liberdade por restritiva de direito ou **(d)** deixar de aplicar a pena.

Momento: A colaboração pode ser prestada a qualquer tempo, ou seja, durante toda a persecução penal, desde a investigação até o final do processo.

Espontaneamente: Ressalta-se que, de acordo com a interpretação literal do dispositivo, a colaboração precisa que ser *espontânea*, não bastando ser voluntária. Isso quer dizer que a iniciativa da colaboração deve partir do próprio colaborador, sem a interferência de terceiros. Ato espontâneo é aquele cuja intenção de praticá-lo nasce exclusivamente da vontade do agente, sem interferência alheia. Sob esse conceito, o agente que fosse orientado a colaborar não poderia se valer do instituto da delação. Espontaneidade não se confunde com voluntariedade. Entretanto, entendemos que deve preponderar a vontade de colaborar com as autoridades estatais.

Portanto, para que o agente faça jus aos benefícios referentes à delação premiada, nada impede que tenha sido aconselhado e incentivado por terceiro.

Infrações Penais: Não há nenhuma referência no dispositivo a qual das infrações penais a colaboração se refere, se apenas à lavagem de capitais ou, também, às infrações penais antecedentes. Diante do silêncio da Lei, o ideal é concluir que o dispositivo refere-se à apuração de ambas as infrações, i.e., tanto à lavagem de capitais quanto às infrações antecedentes, desde que, logicamente, o colaborador tenha concorrido para estas, pois o crime de lavagem é autônomo em relação às infrações antecedentes, não sendo descartada a hipótese não haver a sua participação na infração antecedente.

Motivação: é irrelevante para fins de colaboração análise quanto aos motivos do agente, pouco importando se decorre de arrependimento, de medo, de desejo de vingança em relação aos antigos comparsas, ou mesmo simplesmente em interesse na obtenção da vantagem prometida pela Lei.

> **§ 6º Para a apuração do crime de que trata este artigo, admite-se a utilização da ação controlada e da infiltração de agentes.**

Meios de prova: Comentários tecidos em tópico específico.

3. FASES DA LAVAGEM DE CAPITAIS

A doutrina divide a prática da lavagem de capitais em três fases:

1°) Colocação (*placement*): Consiste na primeira operação financeira realizada para desvincular o capital da sua origem criminosa. É a atividade criminosa agregada no primeiro verbo nuclear do art. 1º. Nesta fase, o criminoso introduz o dinheiro ilícito no mercado financeiro, dificultando a identificação da sua procedência e tentando evitar a sua ligação com a prática do crime antecedente. Trata-se da fase mais vulnerável. Nessa fase é possível se utilizar a chamada *técnica dos murfing* (fracionamento de grande quantia em pequenos valores para não chamar a atenção das autoridades), pois essa prática escapa do controle administrativo imposto às instituições financeiras, nos termos dos artigos 10, inc. II, e 11, inc. II, "a", da Lei 9.613/98. Registre-se que a conduta não necessita ser realizada através de atos complexos com requintada engenharia financeira transnacional, com os quais se ocupa a literatura[6]. Mostra-se suficiente o deposito de dinheiro proveniente de fato ilícito em conta de terceiros para configurar a ocultação de valores. As formas de execução mais comuns são: **a)** fracionamento de grandes quantias em pequenos valores (*smurfing*); **b)** utilização de comércios que trabalham com dinheiro em espécie; **c)** remessas ao exterior através de mulas; **d)** transferências eletrônicas para paraísos fiscais; e **e)** troca por moeda estrangeira.

2°) Dissimulação (*layering*): Também chamado de mascaramento ou ocultação. Consiste na realização de diversos negócios ou operações financeiras, com objetivo de impedir a detecção da infração originária, buscando aprofundar o distanciamento do capital da sua origem. Nesta fase, o criminoso faz com que os valores inseridos no sistema financeiro na etapa anterior sejam pulverizados, por meio de transações variadas e sucessivas, no Brasil ou em outros países, dificultando o seu rastreamento. Há quem diga que essa fase é a lavagem propriamente dita. É a atividade incriminada no segundo verbo nuclear do art. 1º. As formas de execução mais comuns são: **a)** transferências eletrônicas; e **b)** envio do dinheiro convertido em moeda estrangeira para o exterior.

3°) Integração (*integration*): Consiste na conduta de fazer o capital retornar ao mercado econômico, com a aparência de licitude. Nesta fase, o criminoso faz com que objetos e valores sejam incorporados à economia. Também se materializa com a aquisição de bens de pequeno tamanho físico, mas de altos valores (obras de arte, ouro, joias) que passa a incorporar o patrimônio do infrator. Não possui verbo nuclear próprio, mas é reconhecida pela doutrina. Trata-se, em suma, do exaurimento do processo de lavagem. As formas de execução mais comuns **(a)** investimento no mercado imobiliário ou mobiliário; **(b)** transações com preços superfaturados; **(c)** aquisição de bens em geral (obras de arte, ouro, joias, automóveis); e **(d)** reinvestimento na mesma atividade criminosa antecedente.

Repare que, de acordo com a descrição das condutas proibidas, não é necessária a prática de todas as etapas do processo de lavagem de capitais para a consumação do crime. Nesse passo, v.g., não é necessário que o agente integre os valores à economia nacional, pois para a consumação do crime é suficiente a realização de qualquer das etapas, ainda que não obtido o resultado completo.

6. STF, RHC 80.816, 1º Turma, j. 18/06/01.

Refira-se, por pertinente, que os atos relativos às fases de ocultação e dissimilação não serão considerados atos iniciais do crime, quando então acarretariam punição por tentativa. A prática de qualquer das etapas basta para a consumação. E, de acordo com o cenário apresentado, haverá um só crime de lavagem quando, por exemplo, for verificada a existência de condutas variadas, i.e., a prática de mais de um verbo (STF, RHC 80816). É o que se denomina "estado de lavagem".

4. TEORIA DA CEGUEIRA DELIBERADA

Teoria da Cegueira Deliberada: Também chamada de Teoria das Instruções da Avestruz, Teoria da Evitação da Consciência ou Teoria do Ato de Ignorância Consciente. A lavagem de dinheiro somente é punida quando praticada através de conduta dolosa, seja de forma direta, seja de forma eventual. A Teoria da Cegueira Deliberada ocorre quando o agente se depara com situação em que há fortes indícios de que os valores, bens ou direitos são oriundo de infração penal, mas age de forma indiferente a esse conhecimento. Nesse passo, parte da doutrina sustenta que quem assim procede age imbuído de *dolo eventual*, podendo ser punido pela prática de lavagem de capitais. Entende-se que caso o imputado possua condições de saber que participa de uma atividade ilícita, mas opta por fechar os olhos para essa circunstância, é tão culpável quanto se possuísse o conhecimento.

A teoria foi aplicada pela primeira vez no Brasil, em primeiro grau de jurisdição, na Ação Penal 2005.81.00.014586-0, na ocasião do furto praticado no Banco Central do Brasil, localizado em Fortaleza/CE, quando o gerente de uma concessionária de veículos foi condenado em primeira instância por lavagem ao vender diversos carros a uma só pessoa, pago em dinheiro em espécie, que estava dentro de sacos de náilon. Nesse caso, em recurso de apelação, o TRF5 reverteu a condenação, justificando que, embora se entenda possível a aplicação da cegueira deliberada e sua equiparação ao dolo eventual, na época do crime o tipo penal da lavagem de capitais admitia apenas o dolo direto, inviabilizando a condenação.

Posteriormente, na Ação Penal 470, que apurou o caso Mensalão, o Supremo Tribunal Federal, pela primeira vez, utilizou-se da Teoria da Cegueira Deliberada, ainda que de modo incidental, extraindo-se dos votos a possibilidade de configuração do crime de lavagem de capital na modalidade de dolo eventual, sendo feito aporte à teoria da cegueira deliberada.

Existem outros precedentes jurisprudenciais onde a teoria estudada foi também utilizada, usando-se basicamente o argumento de que o agente que realiza conduta típica à lavagem de dinheiro, v.g., ocultação ou dissimulação, age com dolo (eventual) quando decide permanecer em estado de ignorância quanto à natureza dos bens, direitos ou valores envolvidos, se tinha como aprimorar seu conhecimento e optou por não o fazer.

E, como o crime de lavagem de capital traz como elementar do tipo uma infração penal antecedente, na hipótese de o agente desconhecer a procedência criminosa dos bens, faltar-lhe-á o dolo, impedindo a tipicidade da conduta. Daí exsurge a importância da teoria da cegueira deliberada, a qual deve ser aplicada nas hipóteses em que o agente tem consciência da possível origem ilícita dos bens ou valores por ele ocultados ou dissimulados, mas, mesmo assim, conscientemente esmorece a sua representação acerca da realidade, furtando-se de conhecer os fatos.

Segundo Sergio Moro (p. 99-100), seus pressupostos são: **a)** que o agente tenha conhecimento da elevada possibilidade de que os bens, direitos ou valores envolvidos são provenientes de crime; e **b)** que o agente atue de modo indiferente a esse conhecimento.

Sublinhe-se que parte da doutrina sustenta que a referida Teoria da Cegueira Deliberada não se presta à equiparação de uma conduta ao dolo eventual, aduzindo que esse possui requisitos próprios, como, v.g., a indiferença do agente quanto ao resultado, o que não ocorre na cegueira deliberada, que possui origem no direito inglês e reflexões no direito norte-americano, a partir de padrões da *common law*, não aplicáveis no Brasil.

5. DISPOSIÇÕES PROCESSUAIS ESPECIAIS

Art. 2º O processo e julgamento dos crimes previstos nesta Lei:

I – obedecem às disposições relativas ao procedimento comum dos crimes punidos com reclusão, da competência do juiz singular;

II - independem do processo e julgamento das infrações penais antecedentes, ainda que praticados em outro país, cabendo ao juiz competente para os crimes previstos nesta Lei a decisão sobre a unidade de processo e julgamento;

III - são da competência da Justiça Federal:

a) quando praticados contra o sistema financeiro e a ordem econômico-financeira, ou em detrimento

de bens, serviços ou interesses da União, ou de suas entidades autárquicas ou empresas públicas;

b) quando a infração penal antecedente for de competência da Justiça Federal.

§1° A denúncia será instruída com indícios suficientes da existência da infração penal antecedente, sendo puníveis os fatos previstos nesta Lei, ainda que desconhecido ou isento de pena o autor, ou extinta a punibilidade da infração penal antecedente.

§ 2° No processo por crime previsto nesta Lei, não se aplica o disposto no art. 366 do Decreto-Lei nº 3.689, de 3 de outubro de 1941 (Código de Processo Penal), devendo o acusado que não comparecer nem constituir advogado ser citado por edital, prosseguindo o feito até o julgamento, com a nomeação de defensor dativo.

Competência: Em regra, a competência para julgamento do crime de lavagem de capitais será da Justiça Estadual. Será de competência da Justiça Federal quando: **a)** praticado contra o sistema financeiro e a ordem econômico-financeira, ou em detrimento de bens, serviços ou interesses da União, ou de suas entidades autárquicas ou empresas públicas; **b)** a infração penal antecedente for de competência da Justiça Federal. Registre-se que, conforme art. 109, IV e VI da CF/88, os crimes praticados contra o sistema financeiro e contra a ordem econômico-financeira, ou em detrimento de bens, serviços ou interesses da União, ou de suas entidades autárquicas ou empresas públicas são de competência da Justiça Federal, ressalvadas as contravenções. Desta forma, é possível seguir exclusivamente a regra da alínea "b" que engloba a alínea "a", isto é, o crime de lavagem de dinheiro será de competência da justiça federal sempre que a infração penal antecedente for de competência da Justiça federal, ressalvadas as contravenções.

Crime acessório: Também chamado crime secundário, parasitário. É necessário haver uma infração penal antecedente. Só haverá crime de lavagem de capitais se houver a prática de uma infração penal anterior que justifique as condutas da lavagem.

Reflexos da Teoria da acessoriedade limitada na lavagem de capitais: Conforme se verifica pela redação legal do inciso II do art. 2°, "o processo e julgamento dos crimes de lavagem de capitais independe do processo e julgamento das infrações penais antecedentes, ainda que praticados em outro país, cabendo ao juiz competente para os crimes previstos na Lei de Lavagem a decisão sobre a unidade de processo e julgamento". A interpretação deste artigo deve ser necessariamente ponderada pela redação do §1° para que não se induza a erro. A lógica do inciso II está no fato de que a condenação pela infração antecedente não é pressuposto para a condenação pelo crime de lavagem, mas, logicamente, o crime antecedente (principal) precisa ter a sua existência e materialidade demonstradas. Do contrário, sem a demonstração do fato antecedente, não há como se punir o crime de lavagem (acessório). Ainda, o fato antecedente deve ser típico e ilícito, sendo desnecessária, todavia, a comprovação de elementos da autoria, culpabilidade ou punibilidade. Nesse sentido, o §1°, dispõe que "a denúncia será instruída com indícios suficientes da existência da infração penal antecedente, sendo puníveis os fatos previstos nesta Lei, ainda que desconhecido ou isento de pena o autor, ou extinta a punibilidade da infração penal antecedente". Dessa forma, tendo sido adotada a *teoria da acessoriedade limitada* (exigência de tipicidade e ilicitude da infração antecedente), não haverá condenação pelo delito de lavagem de capitais se o autor da infração antecedente for absolvido com fundamento na inexistência do fato (art. 386, I e II, do CPP), não constituir o fato infração penal (art. 386, III, do CPP), ou quando existirem circunstâncias que excluam o crime ou se houver fundada dúvida sobre a existência de causas excludentes de ilicitude (art. 386, VI, 1ª parte, do CPP). Noutro giro, subsiste a possibilidade de processamento do crime de lavagem de capitais se presente uma causa excludente da culpabilidade (por exemplo, inimputabilidade, erro de proibição, coação moral irresistível) em relação à infração antecedente ou uma causa que exclua a pena, v.g., prescrição ou morte do agente.

Punição da infração antecedente: O agente que pratica lavagem de dinheiro, responderá pelo crime mesmo que isento de pena ou extinta a punibilidade do autor da infração penal antecedente ou até mesmo desconhecido ou se praticada em outro país (art. 2º, II e §1º). Entretanto, o autor da lavagem de capitais não será punido quando houver ocorrido a *abolitio criminis* da infração penal antecedente ou quando o autor da infração penal antecedente for anistiado. Essas duas causas possuem a natureza jurídica de extinção da punibilidade, configurando exceções às regras do art. 2º, II.

Tentativa da infração penal antecedente: A configuração da lavagem de capitais existe mesmo que a infração antecedente tenha sido apenas tentada, desde que, logicamente, em decorrência da tentativa, existam bens aptos a serem lavados. Como exemplo, imagine-se a lavagem de dinheiro obtida pelo homicida mercenário que recebeu determinada quantia para cometer um assassinato, o qual não se consuma por circunstâncias alheias a sua vontade. Há que se observar, porém, que, nos termos da súmula vinculante n° 24 do STF, "não se tipifica crime material contra a ordem tributária, previsto no art. 1 °, incisos I a IV, da Lei n° 8.137/90, antes do lançamento definitivo do tributo". Dessa forma, em se tratando de crimes materiais contra a ordem tributária como infrações penais antecedentes do crime de lavagem de capitais, há de se aplicar o mesmo raciocínio. Ou seja, é inviável a persecução penal pela lavagem em relação a tais delitos enquanto não houver a constituição definitiva do crédito tributário no âmbito administrativo.

Justa causa duplicada: A justa causa duplicada tem lugar nos chamados crimes parasitários ou acessórios, i.e., que dependem da existência de outro. Consiste na necessidade de se provar não só a justa causa (*fumus commissi delicti*) da lavagem de capitais, mas também a justa causa da infração antecedente, quando do oferecimento da denúncia. Para a Lavagem de Capitais, o Ministério Público deve provar não só os indícios do crime de lavagem, mas também que há indícios suficientes da existência da infração penal antecedente (Art. 2º, §1º). De acordo com o Supremo Tribunal Federal[7], não é necessário que o Ministério Público faça uma descrição exaustiva e pormenorizada da infração penal antecedente, bastando apenas apontar a existência de indícios suficientes da infração antecedente e que os bens, direitos ou valores ocultados ou dissimulados sejam provenientes dessa infração.

Lavagem em cadeia: Trata-se, em miúdos, da lavagem da lavagem. Verifica-se quando crime de lavagem de capitais será o crime antecedente de outro crime de lavagem. Ocorre quando a lavagem é utilizada para a prática de outro crime. Nesse caso, ocorrerá o que a denomina justa causa triplicada, devendo ficar demonstrado a justa causa do terceiro crime de lavagem, juntamente com os outros dois crimes anteriores.

Citação por edital: Conforme art. 366 do CPP, o indivíduo que for citado por edital não comparecer, nem constituir advogado, ficará suspenso o curso do processo e o curso do prazo prescricional, podendo o juiz determinar a produção de provas consideradas urgentes e decretar a prisão preventiva se estiverem presentes os requisitos para tal. Entretanto, no processo por crime de lavagem de capitais não se aplica o disposto no art. 366 do CPP, devendo o acusado que não comparecer nem constituir advogado ser citado por edital, prosseguindo o feito até o julgamento, com a nomeação de defensor dativo (art. 2º, § 2º), isto é, não haverá suspensão do processo, nem do curso do prazo prescricional.

7. Informativo de nº 657 do STF.

Art. 4° O juiz, de ofício, a requerimento do Ministério Público ou mediante representação do delegado de polícia, ouvido o Ministério Público em 24 (vinte e quatro) horas, havendo indícios suficientes de infração penal, poderá decretar medidas assecuratórias de bens, direitos ou valores do investigado ou acusado, ou existentes em nome de interpostas pessoas, que sejam instrumento, produto ou proveito dos crimes previstos nesta Lei ou das infrações penais antecedentes.

§ 1° Proceder-se-á à alienação antecipada para preservação do valor dos bens sempre que estiverem sujeitos a qualquer grau de deterioração ou depreciação, ou quando houver dificuldade para sua manutenção.

§ 2° O juiz determinará a liberação total ou parcial dos bens, direitos e valores quando comprovada a licitude de sua origem, mantendo-se a constrição dos bens, direitos e valores necessários e suficientes à reparação dos danos e ao pagamento de prestações pecuniárias, multas e custas decorrentes da infração penal.

§ 3° Nenhum pedido de liberação será conhecido sem o comparecimento pessoal do acusado ou de interposta pessoa a que se refere o caput deste artigo, podendo o juiz determinar a prática de atos necessários à conservação de bens, direitos ou valores, sem prejuízo do disposto no § 1o.

§4° Poderão ser decretadas medidas assecuratórias sobre bens, direitos ou valores para reparação do dano decorrente da infração penal antecedente ou da prevista nesta Lei ou para pagamento de prestação pecuniária, multa e custas.

Medidas assecuratórias: O juiz, de ofício, a requerimento do Ministério Público ou mediante representação do delegado de polícia, ouvido o Ministério Público em 24 horas, havendo indícios suficientes de infração penal, poderá decretar medidas assecuratórias de bens, direitos ou valores do investigado ou acusado, ou existentes em nome de interpostas pessoas, que sejam instrumento, produto ou proveito dos crimes previstos nesta Lei ou das infrações penais antecedentes.

Espécies: Estão descritas entre os arts. 125 e 144-A do Código de Processo Penal, referindo-se ao *sequestro, arresto e hipoteca legal*. Tais medidas possuem *natureza instrumental e cautelar*. **a)** sequestro é a medida destinada aos bens móveis ou imóveis que sejam proveitos da infração antecedente ou da lavagem de capitais; **b)** arresto é a Medida destinada aos bens móveis e imóveis indeterminados do investigado/réu com a finalidade de reparar o dano causado pelo delito; **c)** Hipoteca legal é a Medida destinada aos bens imóveis determinados, com objetivo de assegurar a reparação do dano causado pelo delito.

Medida cautelar: Como qualquer medida cautelar, somente podem ser deferidas quando preenchidos os seus requisitos gerais, i.e., o *fumus boni iuris* (prova da materialidade e indícios suficientes da origem ilícita dos bens), o *periculum in mora* (demora que possa esvaziar a pretensão almejada), e a razoabilidade (deve-se agir com bom senso).

Inversão do ônus da prova: Na decretação de medidas cautelares assecuratórias sobre bens e valores do investigado aplica-se a inversão do ônus da prova, bastando indícios do crime para a sua indisponibilidade, devendo a defesa demonstrar a licitude do bem objeto de constrição para evitar a medida. Porém, essa situação não permanece no momento da sentença, quando o perdimento do bem exige a demonstração da sua ilicitude pela acusação.

Art. 4°-A. A alienação antecipada para preservação de valor de bens sob constrição será decretada pelo juiz, de ofício, a requerimento do Ministério Público ou por solicitação da parte interessada, mediante petição autônoma, que será autuada em apartado e cujos autos terão tramitação em separado em relação ao processo principal.

§ 1° O requerimento de alienação deverá conter a relação de todos os demais bens, com a descrição e a especificação de cada um deles, e informações sobre quem os detém e local onde se encontram.

§ 2° O juiz determinará a avaliação dos bens, nos autos apartados, e intimará o Ministério Público.

§ 3° Feita a avaliação e dirimidas eventuais divergências sobre o respectivo laudo, o juiz, por sentença, homologará o valor atribuído aos bens e determinará sejam alienados em leilão ou pregão, preferencialmente eletrônico, por valor não inferior a 75% (setenta e cinco por cento) da avaliação.

§ 4° Realizado o leilão, a quantia apurada será depositada em conta judicial remunerada, adotando-se a seguinte disciplina:

I - nos processos de competência da Justiça Federal e da Justiça do Distrito Federal:

a) os depósitos serão efetuados na Caixa Econômica Federal ou em instituição financeira pública, mediante documento adequado para essa finalidade;

b) os depósitos serão repassados pela Caixa Econômica Federal ou por outra instituição financeira pública para a Conta Única do Tesouro Nacional, independentemente de qualquer formalidade, no prazo de 24 (vinte e quatro) horas; e

c) os valores devolvidos pela Caixa Econômica Federal ou por instituição financeira pública serão debitados à Conta Única do Tesouro Nacional, em subconta de restituição;

II - nos processos de competência da Justiça dos Estados:

a) os depósitos serão efetuados em instituição financeira designada em lei, preferencialmente pública, de cada Estado ou, na sua ausência, em instituição financeira pública da União;

b) os depósitos serão repassados para a conta única de cada Estado, na forma da respectiva legislação.

§ 5° Mediante ordem da autoridade judicial, o valor do depósito, após o trânsito em julgado da sentença proferida na ação penal, será:

I - em caso de sentença condenatória, nos processos de competência da Justiça Federal e da Justiça do Distrito Federal, incorporado definitivamente ao patrimônio da União, e, nos processos de competência da Justiça Estadual, incorporado ao patrimônio do Estado respectivo;

II - em caso de sentença absolutória extintiva de punibilidade, colocado à disposição do réu pela instituição financeira, acrescido da remuneração da conta judicial.

§ 6° A instituição financeira depositária manterá controle dos valores depositados ou devolvidos.

§ 7° Serão deduzidos da quantia apurada no leilão todos os tributos e multas incidentes sobre o bem alienado, sem prejuízo de iniciativas que, no âmbito da competência de cada ente da Federação, venham a desonerar bens sob constrição judicial daqueles ônus.

§ 8° Feito o depósito a que se refere o § 4° deste artigo, os autos da alienação serão apensados aos do processo principal.

§ 9° Terão apenas efeito devolutivo os recursos interpostos contra as decisões proferidas no curso do procedimento previsto neste artigo.

§ 10. Sobrevindo o trânsito em julgado de sentença penal condenatória, o juiz decretará, em favor, conforme o caso, da União ou do Estado:

I - a perda dos valores depositados na conta remunerada e da fiança;

II - a perda dos bens não alienados antecipadamente e daqueles aos quais não foi dada destinação prévia; e

III - a perda dos bens não reclamados no prazo de 90 (noventa) dias após o trânsito em julgado da sentença condenatória, ressalvado o direito de lesado ou terceiro de boa-fé.

§ 11. Os bens a que se referem os incisos II e III do § 10 deste artigo serão adjudicados ou levados a

leilão, depositando-se o saldo na conta única do respectivo ente.

§ 12. O juiz determinará ao registro público competente que emita documento de habilitação à circulação e utilização dos bens colocados sob o uso e custódia das entidades a que se refere o caput deste artigo.

§ 13. Os recursos decorrentes da alienação antecipada de bens, direitos e valores oriundos do crime de tráfico ilícito de drogas e que tenham sido objeto de dissimulação e ocultação nos termos desta Lei permanecem submetidos à disciplina definida em lei específica.

Alienação antecipada: Proceder-se-á à alienação antecipada para preservação do valor dos bens sempre que estiverem sujeitos a qualquer grau de deterioração ou depreciação, ou quando houver dificuldade para sua manutenção (art. 4°, §1°).

Condenação: É prescindível, pois se trata de alienação cautelar.

Legitimados: A medida por ser decretada pelo juiz, de ofício, a requerimento do Ministério Público ou por solicitação da parte interessada.

Início e tramitação: Se inicia por petição autônoma e tramita em separado do processo principal. Registre-se que, após o depósito (§4°) os autos da alienação antecipada serão apensados aos do processo principal (§8°).

Relação, descrição e especificação dos bens: O requerimento de alienação deverá conter a relação de todos os demais bens, com a descrição e a especificação de cada um deles, e informações sobre quem os detém e local onde se encontram.

Avaliação: É necessária uma avaliação dos bens relacionados, determinada pelo magistrado, intimando-se o Ministério Público. Em regra, essa diligência é realizada pelo oficial de justiça.

Depósito da quantia: Realizado o leilão, a quantia apurada será depositada em conta judicial remunerada.

Trânsito em julgado: Após o trânsito em julgado da sentença, o juiz poderá autorizar, que: **a)** em caso de sentença condenatória, nos processos de competência da Justiça Federal e da Justiça do Distrito Federal, o valor seja incorporado definitivamente ao patrimônio da União, e, nos processos de competência da Justiça Estadual, o valor seja incorporado ao patrimônio do Estado respectivo; **b)** em caso de sentença absolutória extintiva de punibilidade, o valor seja colocado à disposição do réu pela instituição financeira, acrescido da remuneração da conta judicial.

Tributos e multas sobre os bens alienados: Serão deduzidos da quantia apurada no leilão. Porém, é possível que ocorra, no âmbito da competência de cada ente da Federação, a desoneração dos bens sob constrição judicial.

Recursos e efeito devolutivo: Os recursos interpostos contra as decisões proferidas no curso do procedimento da alienação antecipada terão apenas efeito devolutivo.

Perda dos bens e valores: Em caso de condenação com trânsito em julgado, o juiz determinará a perda, em favor da União ou do Estado, conforme o caso, **(a)** dos valores depositados na conta remunerada; **(b)** do valor de eventual fiança; **(c)** dos bens não alienados antecipadamente; **(d)** dos bens aos quais não foi dada destinação prévia; **(e)** dos bens não reclamados no prazo de noventa dias após o trânsito em julgado da condenação, ressalvado o direito de lesado ou terceiro de boa-fé.

Tráfico de drogas: Em se tratando do crime de tráfico de drogas, os valores provenientes da alienação antecipada de bens e os recursos que tenham sido objeto de dissimulação e ocultação, permanecem submetidos à disciplina definida em lei específica.

Art. 7° São efeitos da condenação, além dos previstos no Código Penal:

I - a perda, em favor da União - e dos Estados, nos casos de competência da Justiça Estadual -, de todos os bens, direitos e valores relacionados, direta ou indiretamente, à prática dos crimes previstos nesta Lei, inclusive aqueles utilizados para prestar a fiança, ressalvado o direito do lesado ou de terceiro de boa-fé;

II - a interdição do exercício de cargo ou função pública de qualquer natureza e de diretor, de membro de conselho de administração ou de gerência das pessoas jurídicas referidas no art. 9°, pelo dobro do tempo da pena privativa de liberdade aplicada.

§ 1° A União e os Estados, no âmbito de suas competências, regulamentarão a forma de destinação dos bens, direitos e valores cuja perda houver sido declarada, assegurada, quanto aos processos de competência da Justiça Federal, a sua utilização pelos órgãos federais encarregados da prevenção, do combate, da ação penal e do julgamento dos crimes previstos nesta Lei, e, quanto aos processos de competência da Justiça Estadual, a preferência dos órgãos locais com idêntica função.

§ 2° Os instrumentos do crime sem valor econômico cuja perda em favor da União ou do Estado for decretada serão inutilizados ou doados a museu criminal ou a entidade pública, se houver interesse na sua conservação.

Efeitos da sentença condenatória: O condenado por crime de lavagem de capitais estará sujeito aos seguintes efeitos: **a)** a perda, em favor da União - e dos Estados, nos casos de competência da Justiça Estadual -, de todos os bens, direitos e valores relacionados, direta ou indiretamente, à prática dos crimes previstos nesta Lei, inclusive aqueles utilizados para prestar a fiança, ressalvado o direito do lesado ou de terceiro de boa-fé; **b)** a interdição do exercício de cargo ou função pública de qualquer natureza pelo dobro do tempo da pena privativa de liberdade aplicada.

Art. 8° O juiz determinará, na hipótese de existência de tratado ou convenção internacional e por solicitação de autoridade estrangeira competente, medidas assecuratórias sobre bens, direitos ou valores oriundos de crimes descritos no art. 1o praticados no estrangeiro.

§ 1º Aplica-se o disposto neste artigo, independentemente de tratado ou convenção internacional, quando o governo do país da autoridade solicitante prometer reciprocidade ao Brasil.

§ 2° Na falta de tratado ou convenção, os bens, direitos ou valores privados sujeitos a medidas assecuratórias por solicitação de autoridade estrangeira competente ou os recursos provenientes da sua alienação serão repartidos entre o Estado requerente e o Brasil, na proporção de metade, ressalvado o direito do lesado ou de terceiro de boa-fé.

Colaboração internacional: Havendo Tratado ou Convenção Internacional, a autoridade jurisdicional brasileira poderá determinar medidas assecuratórias sobre bens, direitos ou valores oriundos de crime de lavagem de capital praticado no estrangeiro. Também será possível a cooperação internacional brasileira mesmo não havendo Tratado ou Convenção Internacional, quando o Governo do país estrangeiro prometer reciprocidade ao Brasil. Na falta de tratado ou convenção, os bens, direitos ou valores privados sujeitos a medidas assecuratórias por solicitação de autoridade estrangeira competente ou os recursos provenientes da sua alienação serão repartidos entre o Estado requerente e o Brasil, na proporção de metade, ressalvado o direito do lesado ou de terceiro de boa-fé. Para execução da medida assecuratória quando do pedido de Governo estrangeiro, impõe-se carta rogatória, a ser cumprida pela Justiça Federal do local do bem, após concessão do *exequatur* pelo STJ.

Cooperação internacional: A cooperação internacional é um modo formal onde um estado soberano solicita a realização de alguma medida. Esta medida pode ser de qualquer natureza, i.e., administrativa, investigativa ou judicial, por exemplo, de acordo com as circunstâncias do caso. Atualmente, em grande parte dos casos, a repressão à lavagem de capitais não pode ser feita isoladamente, devendo ser promovida de modo globalizado e de forma integrada pelos estados soberanos. Não há como se enfrentar eficazmente esse crime desconsiderando-se a *transnacionalidade* que, de longa data, se apresenta como uma realidade. O mundo assiste, e não é de hoje, mudanças de tamanha amplitude e profundidade que alteraram todos os padrões até então vigentes em praticamente todos os campos do conhecimento humano. No mundo do crime não foi diferente, as organizações criminosas ganharam muito espaço em diversos ramos, sendo que, na lavagem de capitais, está uma das suas atividades mais antigas e lucrativas. Definitivamente, não há como se enfrentar o crime organizado sem o auxílio de outros países, por meio de intercâmbio de informações sobre leis, técnicas de inteligência policial e até mesmo entendimentos judiciais aplicados nos casos concretos. A cooperação internacional homenageia o princípio da justiça universal. É certo que pode existir lavagem de capitais sem organização criminosa, mas não existe organização criminosa que sem lavagem de capitais. O crime organizado abala toda a estrutura de poder existente e desafia a força das instituições oficiais de manutenção da ordem, razão pela qual deve ser pronta e integralmente combatido de forma global e em constante cooperação.

6. MEIOS DE OBTENÇÃO DA PROVA

Comentários: A lei de lavagem de capitais prevê expressamente os meios de obtenção de provas a seguir expostos.

Art. 4°-B. A ordem de prisão de pessoas ou as medidas assecuratórias de bens, direitos ou valores poderão ser suspensas pelo juiz, ouvido o Ministério Público, quando a sua execução imediata puder comprometer as investigações.

Art. 1°(...)

§ 6º Para a apuração do crime de que trata este artigo, admite-se a utilização da ação controlada e da infiltração de agentes.

Ação controlada: O art. 4º-B prevê espécie de ação controlada em que a ordem de prisão ou de medida assecuratória poderá ser suspensa pelo juiz quando a execução puder comprometer as investigações. O Pacote Anticrimes incluiu, recentemente, nova modalidade de ação controlada no art. 1º, §6º, sem, contudo, especificar a quem se destina sua atuação. Prevalece o entendimento de que a essa nova possibilidade de ação controlada deve utilizar por analogia o regramento da Lei nº 12.850/13 (Lei de Organização Criminosa). Assim, a Lei de Lavagem, atualmente, possui duas modalidades de ação controlada: **a)** suspensão de prisão ou de execução de medida assecuratória, mediante autorização judicial; e **b)** ação controlada destinada a postergação de prisão em flagrante, com apenas comunicação ao juiz.

Infiltração de Agentes: O Pacote Anticrimes também incluiu no art. 1º, §6º a possibilidade de se utilizar da infiltração de agentes como meio de obtenção de provas do crime de lavagem de capitais. Assim como ocorreu com a ação controlada, também não há regulamentação desse meio de obtenção de prova na Lei de Lavagem, prevalecendo o entendimento de se utilizar do regramento constante também na Lei de Organização Criminosa.

Art. 17-B. A autoridade policial e o Ministério Público terão acesso, exclusivamente, aos dados cadastrais do investigado que informam qualificação pessoal, filiação e endereço, independentemente de autorização judicial, mantidos pela Justiça Eleitoral, pelas empresas telefônicas, pelas instituições financeiras, pelos provedores de internet e pelas administradoras de cartão de crédito.

Acesso a Dados Cadastrais do Investigado : A autoridade policial e o Ministério Público terão acesso, exclusivamente, aos dados cadastrais do investigado que informam qualificação pessoal, filiação e endereço, independentemente de autorização judicial, mantidos pela Justiça Eleitoral, pelas empresas telefônicas, pelas instituições financeiras, pelos provedores de internet e pelas administradoras de cartão de crédito. Frise-se que esse acesso não depende de autorização judicial (STJ, REsp 1.716.224).

7. TORRES DE VIGIA

Art. 9º Sujeitam-se às obrigações referidas nos arts. 10 e 11 as pessoas físicas e jurídicas que tenham, em caráter permanente ou eventual, como atividade principal ou acessória, cumulativamente ou não:

I - a captação, intermediação e aplicação de recursos financeiros de terceiros, em moeda nacional ou estrangeira;

II – a compra e venda de moeda estrangeira ou ouro como ativo financeiro ou instrumento cambial;

III - a custódia, emissão, distribuição, liqüidação, negociação, intermediação ou administração de títulos ou valores mobiliários.

Parágrafo único. Sujeitam-se às mesmas obrigações:

I – as bolsas de valores, as bolsas de mercadorias ou futuros e os sistemas de negociação do mercado de balcão organizado;

II - as seguradoras, as corretoras de seguros e as entidades de previdência complementar ou de capitalização;

III - as administradoras de cartões de credenciamento ou cartões de crédito, bem como as administradoras de consórcios para aquisição de bens ou serviços;

IV - as administradoras ou empresas que se utilizem de cartão ou qualquer outro meio eletrônico, magnético ou equivalente, que permita a transferência de fundos;

V - as empresas de arrendamento mercantil (leasing), as empresas de fomento comercial (factoring) e as Empresas Simples de Crédito (ESC);

VI - as sociedades que efetuem distribuição de dinheiro ou quaisquer bens móveis, imóveis, mercadorias, serviços, ou, ainda, concedam descontos na sua aquisição, mediante sorteio ou método assemelhado;

VII - as filiais ou representações de entes estrangeiros que exerçam no Brasil qualquer das atividades listadas neste artigo, ainda que de forma eventual;

VIII - as demais entidades cujo funcionamento dependa de autorização de órgão regulador dos mercados financeiro, de câmbio, de capitais e de seguros;

IX - as pessoas físicas ou jurídicas, nacionais ou estrangeiras, que operem no Brasil como agentes, dirigentes, procuradoras, comissionárias ou por qualquer forma representem interesses de ente estrangeiro que exerça qualquer das atividades referidas neste artigo;

X - as pessoas físicas ou jurídicas que exerçam atividades de promoção imobiliária ou compra e venda de imóveis;

XI - as pessoas físicas ou jurídicas que comercializem jóias, pedras e metais preciosos, objetos de arte e antigüidades.

XII - as pessoas físicas ou jurídicas que comercializem bens de luxo ou de alto valor, intermedeiem

a sua comercialização ou exerçam atividades que envolvam grande volume de recursos em espécie;

XIII - as juntas comerciais e os registros públicos;

XIV - as pessoas físicas ou jurídicas que prestem, mesmo que eventualmente, serviços de assessoria, consultoria, contadoria, auditoria, aconselhamento ou assistência, de qualquer natureza, em operações:

a) de compra e venda de imóveis, estabelecimentos comerciais ou industriais ou participações societárias de qualquer natureza;

b) de gestão de fundos, valores mobiliários ou outros ativos;

c) de abertura ou gestão de contas bancárias, de poupança, investimento ou de valores mobiliários;

d) de criação, exploração ou gestão de sociedades de qualquer natureza, fundações, fundos fiduciários ou estruturas análogas;

e) financeiras, societárias ou imobiliárias; e

f) de alienação ou aquisição de direitos sobre contratos relacionados a atividades desportivas ou artísticas profissionais;

XV - pessoas físicas ou jurídicas que atuem na promoção, intermediação, comercialização, agenciamento ou negociação de direitos de transferência de atletas, artistas ou feiras, exposições ou eventos similares;

XVI - as empresas de transporte e guarda de valores;

XVII - as pessoas físicas ou jurídicas que comercializem bens de alto valor de origem rural ou animal ou intermedeiem a sua comercialização; e

XVIII - as dependências no exterior das entidades mencionadas neste artigo, por meio de sua matriz no Brasil, relativamente a residentes no País.

Torres de vigia: Também conhecidos como *gatekeepers*. Para que a investigação criminal e o processo penal tenham eficácia na apuração do crime é imprescindível a interação deste sistema. É certo que o Estado não conseguiria combater a lavagem de capitais sem a colaboração das pessoas envolvidas no mercado financeiro (físicas e jurídicas). Assim, as torres de vigia consistem nas pessoas físicas ou jurídicas, públicas ou privadas, que possuem a incumbência legal de informar às autoridades competentes qualquer movimentação financeira em que houver suspeita quanto a sua ilicitude, a exemplo do COAF, Comissão mobiliárias de Valores (CVM) e Entidades Financeiras.

Art. 10. As pessoas referidas no art. 9º:

I - identificarão seus clientes e manterão cadastro atualizado, nos termos de instruções emanadas das autoridades competentes;

II - manterão registro de toda transação em moeda nacional ou estrangeira, títulos e valores mobiliários, títulos de crédito, metais, ou qualquer ativo passível de ser convertido em dinheiro, que ultrapassar limite fixado pela autoridade competente e nos termos de instruções por esta expedidas;

III - deverão adotar políticas, procedimentos e controles internos, compatíveis com seu porte e volume de operações, que lhes permitam atender ao disposto neste artigo e no art. 11, na forma disciplinada pelos órgãos competentes;

IV - deverão cadastrar-se e manter seu cadastro atualizado no órgão regulador ou fiscalizador e, na falta deste, no Conselho de Controle de Atividades Financeiras (Coaf), na forma e condições por eles estabelecidas;

V - deverão atender às requisições formuladas pelo Coaf na periodicidade, forma e condições por ele estabelecidas, cabendo-lhe preservar, nos termos da lei, o sigilo das informações prestadas.

§ 1º Na hipótese de o cliente constituir-se em pessoa jurídica, a identificação referida no inciso I deste artigo deverá abranger as pessoas físicas autorizadas a representá-la, bem como seus proprietários.

§ 2º Os cadastros e registros referidos nos incisos I e II deste artigo deverão ser conservados durante o período mínimo de cinco anos a partir do encerramento da conta ou da conclusão da transação, prazo este que poderá ser ampliado pela autoridade competente.

§ 3º O registro referido no inciso II deste artigo será efetuado também quando a pessoa física ou jurídica, seus entes ligados, houver realizado, em um mesmo mês-calendário, operações com uma mesma pessoa, conglomerado ou grupo que, em seu conjunto, ultrapassem o limite fixado pela autoridade competente.

Art. 10-A. O Banco Central manterá registro centralizado formando o cadastro geral de correntistas e clientes de instituições financeiras, bem como de seus procuradores.

Art. 11. As pessoas referidas no art. 9º:

I - dispensarão especial atenção às operações que, nos termos de instruções emanadas das autoridades competentes, possam constituir-se em sérios indícios dos crimes previstos nesta Lei, ou com eles relacionar-se;

II - deverão comunicar ao Coaf, abstendo-se de dar ciência de tal ato a qualquer pessoa, inclusive àquela à qual se refira a informação, no prazo de 24 (vinte e quatro) horas, a proposta ou realização:

a) de todas as transações referidas no inciso II do art. 10, acompanhadas da identificação de que trata o inciso I do mencionado artigo; e

b) das operações referidas no inciso I;

III - deverão comunicar ao órgão regulador ou fiscalizador da sua atividade ou, na sua falta, ao Coaf, na periodicidade, forma e condições por eles estabelecidas, a não ocorrência de propostas, transações ou operações passíveis de serem comunicadas nos termos do inciso II.

§ 1º As autoridades competentes, nas instruções referidas no inciso I deste artigo, elaborarão relação de operações que, por suas características, no que se refere às partes envolvidas, valores, forma de realização, instrumentos utilizados, ou pela falta de fundamento econômico ou legal, possam configurar a hipótese nele prevista.

§ 2º As comunicações de boa-fé, feitas na forma prevista neste artigo, não acarretarão responsabilidade civil ou administrativa.

§ 3o O Coaf disponibilizará as comunicações recebidas com base no inciso II do caput aos respectivos órgãos responsáveis pela regulação ou fiscalização das pessoas a que se refere o art. 9o.

Art. 11-A. As transferências internacionais e os saques em espécie deverão ser previamente comunicados à instituição financeira, nos termos, limites, prazos e condições fixados pelo Banco Central do Brasil.

Obrigação legal: As torres de vigia (art. 9°) possuem o dever legal de identificação dos clientes, manutenção dos registros e comunicação de operações financeiras, nos termos dos artigos 10 e 11. O órgão responsável por receber, examinar e identificar as ocorrências suspeitas de atividades ilícitas é o Conselho e Controle de Atividades Financeiras – COAF, nos termos do art. 14 da Lei 9.613/98.

8. INDICIAMENTO DE SERVIDOR PÚBLICO

Art. 17-D. Em caso de indiciamento de servidor público, este será afastado, sem prejuízo de remuneração e demais direitos previstos em lei, até que o juiz competente autorize, em decisão fundamentada, o seu retorno.

Afastamento do cargo: A lei prevê que, em caso de indiciamento de servidor público, este será afastado, sem prejuízo de remuneração e demais direitos previstos em lei, até que o juiz competente autorize, em decisão fundamentada, o seu retorno. O afastamento não é automático com o indiciamento, é necessária decisão específica. Ressalta-se o Supremo Tribunal Federal declarou a inconstitucionalidade do dispositivo por permitir o afastamento do servidor público pela autoridade policial, sem a necessidade de manifestação judicial nesse sentido (ADI 4911).

Registramos, por pertinente, que o ministros Edson Fachin, ao votar pela constitucionalidade do dispositivo, utilizou como fundamento, o trecho da obra *Medidas Protetivas de Urgência e Poder Geral de Cautela do Delegado de Polícia,* de autoria dos delegados Henrique Hoffmann e Ruchester Marreiros Barbosa, onde se verifica que:

> Neste jaez, não há dúvidas sobre a constitucionalidade da decisão do delegado como anteparo jurídico, constitucional e democrático, pois haverá sempre a possibilidade de controle pelo Judiciário perante a certeza da existência concreta de um direito fundamental, por uma decisão fundamentada e adequada ao caso concreto, tanto quanto à proteção concreta da vida ou incolumidade física da vítima em iminente perigo e a garantia individual do investigado de se socorrer de controle jurisdicional, acesso aos autos, assistência jurídica por advogado etc. (...)
>
> Quanto à possibilidade da cautelaridade como medida a ser decidida na esfera do Poder Executivo, além da possibilidade doutrinária, não faltam exemplos no ordenamento jurídico nacional, como na Lei 8.112/90, artigo 147; Lei 8.906/94 (EOAB): artigo 70, parágrafo 3º; Lei 9.472/97, artigo 175, parágrafo único; Lei 9.784/99, artigo 45; Lei 12.529/11, artigo 84; Lei 12.846/13, artigo 10, parágrafo 2º; e Lei 9.613/98, artigo 17-D, que respaldam um sistema de cautelaridade ou autoexecutoriedade no âmbito administrativo[8].

REFERÊNCIAS BIBLIOGRÁFICAS

BARBOSA, Ruchester Marreiros. HOFFMANN, Henrique. **Medidas Protetivas de Urgência e Poder Geral de Cautela do Delegado. Polícia Judiciária no Estado de Direito.** Rio de Janeiro: Lumen Juris, 2017, p. 88-89.

BARROS, Marco Antônio. **Lavagem de Capitais e obrigações civis correlatas: com comentários, por artigo, à Lei nº 9.613/98.** 3ª Ed. São Paulo: Editora Revista dos Tribunais, 2012, p. 47.

LIMA, Renato Brasileiro de. **Legislação criminal especial comentada.** Salvador: Juspodivm, 2015.

LIMA, Renato Brasileiro de. **Pacote Anticrime.** Salvador: Juspodivm, 2020.

MORO, Sérgio. **Lavagem de dinheiro: comentários à lei pelos juízes das varas especializadas em homenagem ao Ministro Gilson Dipp**. Porto Alegre: Livraria do Advogado, 2007.

8. BARBOSA, Ruchester Marreiros. Medidas Protetivas de Urgência e Poder Geral de Cautela do Delegado. In: HOFFMANN, Henrique. Polícia Judiciária no Estado de Direito. Rio de Janeiro: Lumen Juris, 2017, p. 88-89.

49

CRIMES CONTRA A PROPRIEDADE INDUSTRIAL

Lei 9.279/96

WAGNER MARTINS CARRASCO DE OLIVEIRA

1. CONSIDERAÇÕES INICIAIS

A Lei 9.279, de 14 de maio de 1996, não se trata de uma norma exclusivamente penal, visto que seu objetivo não é somente tipificar condutas criminais e estabelecer seu preceito secundário (pena), mas regular direitos e obrigações relativos à propriedade industrial em todos os seus aspectos.

Porém, a Lei de Propriedade Industrial, levando-se em conta os princípios da Intervenção Penal Mínima[1], da Fragmentariedade Penal[2] e da Subsidiariedade Penal[3] reservou o título V para cuidar dos delitos relacionados ao tema.

Os crimes tipificados na citada lei foram divididos em 6 (seis) capítulos, e ainda há um sétimo capítulo para tratar das disposições gerais relacionadas a estes delitos.

A Constituição Federal estabelece no *caput* do artigo 5º a inviolabilidade do direito à propriedade, nos seguintes termos:

> Art. 5º Todos são iguais perante a lei, sem distinção de qualquer natureza, garantindo-se aos brasileiros e aos estrangeiros residentes no País a inviolabilidade do direito à vida, à liberdade, à igualdade, à segurança e à propriedade, nos termos seguintes: (grifo nosso)

E ainda complementa a proteção à propriedade industrial, especificamente no inciso XXIX do art. 5º, o qual transcrevo:

> XXIX - a lei assegurará aos autores de inventos industriais privilégio temporário para sua utilização, bem como proteção às criações industriais, à propriedade das marcas, aos nomes de empresas e a outros signos distintivos, tendo em vista o interesse social e o desenvolvimento tecnológico e econômico do País;

Nos preceitos acima, podemos extrair o fundamento constitucional da propriedade industrial, esta que pode ser entendida, em suma, como o direito que detém o inventor e/ou o empresário, sobre suas invenções, modelos de utilidade, desenhos industriais, marcas e sinais distintivos.

O Direito Penal buscou tutelar a propriedade em suas diversas formas através do Código Penal, quando disciplina crimes contra o patrimônio (arts. 155 a 180-A) e crimes contra a propriedade imaterial / intelectual (arts. 184 e respectivos parágrafos, ou seja, crime de violação de direito autoral), ou mesmo

1. Princípio da Intervenção Penal Mínima: o Estado, no afã de estabelecer o controle social, deve escolher outros ramos do direito em caso de violações a alguns bens jurídicos, evitando assim de criminalizar todas estas violações, bem como deixando o direito penal como *ultimaratio*. Ou seja, o direito penal deverá intervir minimamente na vida social.
2. Princípio da Fragmentariedade Penal: é decorrência do princípio da Intervenção Penal Mínima. Segundo Estefam e Gonçalves (2013, p. 138), "cabe ao Direito Penal atribuir relevância somente a pequenos fragmentos de ilicitude. Existem, assim, inúmeros comportamentos cujo caráter ilícito é conferido pelo ordenamento jurídico, mas somente uma pequena parcela interessa ao Direito Penal, notadamente as que correspondem aos atos mais graves, atentatórios dos bens mais relevantes para a vida em comum".
3. Princípio da Subsidiariedade Penal: determina que o Direito Penal somente agirá diante de violação a bem jurídico considerado de suma importância, ou mesmo se os outros ramos do direito não conseguirem dar uma resposta proporcional diante da violação a determinado bem jurídico, de modo que a sua violação precise ser criminalizada; subsidiariamente o Estado se valerá do Direito Penal (este princípio também é decorrência do Princípio da Intervenção Penal Mínima).

através da lei em comento, em que são tipificados os crimes contra propriedade industrial.

É importante ainda estabelecer uma diferenciação entre propriedade industrial e direitos de autor, que basicamente diferem-se pelo fato dos direitos de autor terem como requisito a originalidade, enquanto a propriedade industrial tem como requisito imprescindível a novidade.

Vistos esses aspectos introdutórios sobre a Lei 9.279/1996, passo a discorrer sobre os crimes tipificados em seu bojo, que se dividem em: crimes contra as patentes; crimes contra os desenhos industriais; crimes contra as marcas; crimes cometidos por meio de marca, título de estabelecimento e sinal de propaganda; crimes contraindicações geográficas e demais indicações; e os crimes de concorrência desleal.

2. DOS CRIMES CONTRA AS PATENTES

Comentários: A prática das condutas criminosas, descritas nos tipos desse capítulo, recebem a denominação doutrinária de contrafação. O legislador não usou a técnica legislativa de estabelecer *nomen juris* a cada um dos tipos penais, porém definiu todos os crimes contra as patentes no capítulo I do título V da Lei 9.279/1996. Ainda, o legislador descreveu as condutas criminais nesse e em alguns dispositivos dessa lei de forma anormal ou anômala, pois ao invés de simplesmente expressar uma conduta omissiva ou comissiva no preceito primário (tipo), como ocorre (em regra) nos demais crimes dispostos no Código Penal e em outras Leis Especiais, e posteriormente explicitar a pena de reclusão ou detenção e seu *quantum* e/ou multa (preceito secundário), preferiu definir os crimes contra as patentes da seguinte forma: inseriu no *caput* a afirmação de que "Comete crime contra patente de invenção ou de modelo de utilidade quem". Posteriormente trouxe as condutas criminais nos respectivos incisos. Podemos citar como exemplo o modelo, em regra, utilizado pelo legislador penal pátrio para tipificação de crimes, usado no Crime de Homicídio, em que foi dado um *nomen juris* ao crime, estabelecida uma conduta (neste caso, comissiva) e fixando uma pena e seu montante mínimo e máximo, diferentemente do modelo adotado na lei em comento. Exemplo:

> **Homicídio simples**
>
> Art. 121. Matar alguém:
>
> Pena - reclusão, de seis a vinte anos.

A todos os crimes tipificados nesse capítulo aplica-se a causa de aumento de 1/3 à metade, nas hipóteses do artigo 196 da Lei em comento:

> Art. 196. As penas de detenção previstas nos Capítulos I, II e III deste Título serão aumentadas de um terço à metade se:
>
> I - o agente é ou foi representante, mandatário, preposto, sócio ou empregado do titular da patente ou do registro, ou, ainda, do seu licenciado; ou
>
> II - a marca alterada, reproduzida ou imitada for de alto renome, notoriamente conhecida, de certificação ou coletiva.

É importante ainda citar o artigo 186 da Lei em comento que se trata de uma disposição geral e de caráter explicativo, aplicável a todos os crimes contra a patente previstos no capítulo estudado. Segundo dispõe o artigo 186, para que se configure esses crimes, não é necessário que a violação diga respeito a todas as reivindicações da patente, bastando que atinja uma delas. Também é possível caracterizar-se o delito, ainda que a violação seja apenas relacionada à utilização de meios equivalentes ao objeto da patente.

> Art. 186. Os crimes deste Capítulo caracterizam-se ainda que a violação não atinja todas as reivindicações da patente ou se restrinja à utilização de meios equivalentes ao objeto da patente.

Para melhor entendimento, a patente é dotada de diversas reivindicações, que deverão ser definidas. Conforme leciona Domingues:

> No aspecto substantivo, as reivindicações estabelecem os limites da matéria a ser protegida, devem manter conexão com o relatório descritivo e caracterizar suas particularidades de modo claro e preciso. No aspecto formal, as reivindicações podem ser de uma ou várias categorias, tais como: produto e processo, processo e aparelho, produto, processo e aparelho etc., desde que ligadas por um mesmo conceito inventivo, e arranjadas de maneira mais prática possível. (2009, p. 121)

Art. 183. Comete crime contra patente de invenção ou de modelo de utilidade quem:

I - fabrica produto que seja objeto de patente de invenção ou de modelo de utilidade, sem autorização do titular; ou

Verbo nuclear: *Fabricar* (fazer, produzir, engendrar).

Objeto jurídico: É a patente de invenção ou modelo de utilidade, e, então, a propriedade industrial.

Objeto material: O objeto material do crime é o "produto que seja objeto de patente de invenção ou de modelo de utilidade". Como patente, podemos entender o registro executado, pelos legitimados, junto ao Instituto Nacional de Propriedade Industrial (INPI) quanto à invenção ou modelo de utilidade. Invenção é a criação que apresente os requisitos da novidade (artigo 11 da Lei de Propriedade Industrial), da atividade inventiva (artigo 13 da Lei de Propriedade Industrial) e da aplicação industrial; e desde que compreenda os citados requisitos é patenteável, se não estiverem compreendidas nas hipóteses do artigo 18 da Lei de Propriedade Industrial. Abaixo o modelo de utilidade segundo Ramos e Guterres:

> [...] é o que a doutrina chama de mini-invenção, isto é, trata-se de um aprimoramento de algo já existente. Assim, o modelo de utilidade, para ser patenteado, precisa preencher alguns requisitos a mais: tem que apresentar nova forma ou disposição, diferenciando-se, assim, do que já existe no mercado; e precisa, necessariamente, produzir uma melhoria funcional no uso ou na fabricação da coisa. (2016, p. 60)

Elemento subjetivo: É o dolo. O legislador não puniu a conduta culposa, ou seja, estaremos tratando de fato atípico caso os elementos nucleares do tipo tenham sido praticados com imprudência, negligência ou imperícia.

Elemento normativo: Encontra-se presente nesse crime o elemento normativo "sem autorização do titular". É imprescindível para a caracterização do delito que não haja a autorização por parte do titular da patente; isto é, embora haja uma patente sobre o produto ou acerca do meio ou processo, se houver uma autorização do titular destes, o crime não se constitui, já que o legislador expressamente estabeleceu o elemento normativo ("sem autorização do titular"), sendo esta autorização *conditio sinequa non* para o reconhecimento do crime.

Sujeito ativo: Qualquer pessoa pode ser sujeito ativo desse delito, não se exigindo uma condição especial por parte do agente.

Sujeito passivo: O sujeito passivo é o titular da patente de invenção ou modelo de utilidade. A Lei de Propriedade Industrial não estabelece rol exaustivo quanto aos titulares das patentes, que segundo fixa o artigo 6º, podemos elencar o autor da invenção, os herdeiros ou sucessores do autor, o cessionário e aquele a quem a lei, o contrato de trabalho ou de prestação de serviços determinar. Inclusive, caso a patente pertença a uma coletividade, podemos ter duas pessoas ou mais figurando como vítimas.

Crime instantâneo: Este crime é instantâneo, já que produz seus efeitos e considera-se consumado no momento da prática da conduta de fabricar.

Consumação: O crime se consuma com a pratica da conduta, independente da produção do resultado.

Tentativa: É entendida admissível a tentativa, pois o crime pode não se realizar por circunstâncias alheias à vontade do agente; sendo assim, podemos reconhecer a tentativa. Importante frisar que os crimes ocorrerão independentemente de a violação atingir todas as reivindicações da patente, conforme exprime o artigo 186 da Lei de Propriedade Industrial; ou seja, mesmo que a contrafação seja parcial, o crime se configura; entretanto, nada impede a admissão da tentativa quanto aos crimes previstos no artigo em comento.

Classificação doutrinária: *Crime comum* (pode ser praticado por qualquer pessoa); *formal* (não há exigência de resultado naturalístico da conduta); *de perigo abstrato* (há uma presunção da lei quanto ao perigo da conduta, configurando-se os crimes contra patentes, independentemente de prejuízo efetivo); *doloso* (o agente quer o resultado ou assume o risco de produzi-lo); *de forma livre* (não se exige a prática de uma conduta de uma maneira específica, podendo ser praticado por qualquer meio de execução); *comissivo* (as condutas são praticadas por meio de ações); *instantâneo* (a consumação se dá em um momento específico; no caso em tela, no momento em que houve a fabricação); *unissubjetivo ou de concurso eventual* (pode ser praticado por um só agente); *crime de menor potencial ofensivo* (a pena não é superior a dois anos); *admite tentativa.*

Ação penal: Esse crime se processa mediante queixa-crime; portanto, é crime de ação penal privada, nos termos do artigo 199 da Lei de Propriedade Industrial.

Pena: detenção de 3 (três) meses a 1 (um) ano, ou multa.

Transação Penal: Haja vista tratar-se de Crime de Menor Potencial Ofensivo permite-se a transação penal, nos termos da Lei 9.099/95.

Suspensão Condicional do Processo: É cabível.

Acordo de Não Persecução Penal: A Lei 13.964/19 incluiu o artigo 28-A, no Código de Processo Penal. Este estabelece o "acordo de não persecução penal", elencando os requisitos autorizadores deste instituto. O *caput* do artigo possibilita ao Ministério Público propor o acordo de não persecução penal desde que: a) não seja caso de arquivamento do procedimento persecutório; b) o investigado tenha confessado formalmente e de forma circunstanciada a prática da infração penal; c) que a infração penal seja praticada sem violência ou grave ameaça; d) que a pena mínima da infração penal seja inferior a 4 (quatro) anos. Ainda, os incisos do artigo 28-A apresentam as condições que poderão ser aplicadas, cumulativa ou alternativamente, aos beneficiados pelo acordo de não persecução penal. Embora, objetivamente, alguns requisitos explanados acima estejam presentes nos crimes da lei em comento, cabe observar, que o inciso I, do §2º, do artigo 28-A do Código de Processo Penal assevera que quando for cabível a transação penal (como no caso do desse crime), não se aplica o acordo de não persecução penal.

II - usa meio ou processo que seja objeto de patente de invenção, sem autorização do titular

Verbo nucleare: *Usar* (utilizar, fazer uso, desfrutar, fruir).

Objeto jurídico: O objeto jurídico é a patente de invenção, e então, a propriedade industrial.

Objeto material: O objeto material é o meio ou processo que seja objeto de patente de invenção.

Elemento subjetivo: É o dolo. O legislador não puniu a conduta culposa, ou seja, estaremos tratando de fato atípico caso os elementos nucleares do tipo tenham sido praticados com imprudência, negligência ou imperícia.

Elemento normativo: É imprescindível para a caracterização do delito que não haja a autorização por parte do titular da patente.

Sujeito ativo: Qualquer pessoa pode ser sujeito ativo desse delito, não se exigindo uma condição especial por parte do agente.

Sujeito passivo: O sujeito passivo é o titular do meio ou processo que seja objeto de patente de invenção.

Crime permanente: Temos um caso de crime permanente, em que a consumação se prolonga no tempo, pois o verbo nuclear é usar. Assim, durante o período em que está sendo usado o meio ou processo que seja objeto de patente de invenção, sem autorização de seu titular, temos a consumação do crime em testilha.

Consumação: O crime se consuma com a pratica da conduta, independente da produção do resultado.

Tentativa: É entendida admissível a tentativa, pois o crime pode não se realizar por circunstâncias alheias à vontade do agente.

Classificação doutrinária: *Crime comum* (pode ser praticado por qualquer pessoa); *formal* (não há exigência de resultado naturalístico da conduta); *de perigo abstrato* (há uma presunção da lei quanto ao perigo da conduta, configurando-se os crimes contra patentes, independentemente de prejuízo efetivo); *doloso* (o agente quer o resultado ou assume o risco de produzi-lo); *de forma livre* (não se exige a prática de uma conduta de uma maneira específica, podendo ser praticado por qualquer meio de execução); *comissivo* (as condutas são praticadas por meio de ações); *permanente* (a consumação se protrai no tempo*); unissubjetivo ou de concurso eventual* (pode ser praticado por um só agente); *crime de menor potencial ofensivo* (a pena não é superior a dois anos); *admite tentativa.*

Ação penal: Ação penal privada, nos termos do artigo 199 da Lei de Propriedade Industrial.

Pena: detenção de 3 (três) meses a 1 (um) ano, ou multa.

Transação Penal: Haja vista tratar-se de Crime de Menor Potencial Ofensivo permite-se a transação penal, nos termos da Lei 9.099/95.

Suspensão Condicional do Processo: É cabível.

Acordo de Não Persecução Penal: A Lei 13.964/19 incluiu o artigo 28-A, no Código de Processo Penal. Este estabelece o "acordo de não persecução penal", elencando os requisitos autorizadores deste instituto. O *caput* do artigo possibilita ao Ministério Público propor o acordo de não persecução penal desde que: a) não seja caso de arquivamento do procedimento persecutório; b) o investigado tenha confessado formalmente e de forma circunstanciada a prática da infração penal; c) que a infração penal seja praticada sem violência ou grave ameaça; d) que a pena mínima da infração penal seja inferior a 4 (quatro) anos. Ainda, os incisos do artigo 28-A apresentam as condições que poderão ser aplicadas, cumulativa ou alternativamente, aos beneficiados pelo acordo de não persecução penal. Embora, objetivamente, alguns requisitos explanados acima estejam presentes nos crimes da lei em comento, cabe observar, que o inciso I, do §2º, do artigo 28-A do Código de Processo Penal assevera que quando for cabível a transação penal (como no caso do desse crime), não se aplica o acordo de não persecução penal.

Art. 184. Comete crime contra patente de invenção ou de modelo de utilidade quem:

I - exporta, vende, expõe ou oferece à venda, tem em estoque, oculta ou recebe, para utilização com fins econômicos, produto fabricado com violação de patente de invenção ou de modelo

de utilidade, ou obtido por meio ou processo patenteado; ou

Verbos nucleares: *Exportar* (remeter para o exterior, enviar ao exterior); *vender* (comercializar, praticar a mercancia, alienar mediante contraprestação); *expor* (exibir, colocar em exibição, deixar disposto); *oferecer à venda* (ofertar, pôr à disposição); *ter em estoque* (ter em: reserva, provisão, depósito); *ocultar* (esconder, dissimular, obscurecer); *receber* (ter, obter, adquirir, conseguir), para utilização com fins econômicos; *importar* (traz do exterior, introduz de fora). Nucci (2019, p. 844), em razão dos verbos do tipo, diz que este crime é "uma espécie de receptação do crime de violação de patente ou modelo de utilidade".

Objeto jurídico: O objeto jurídico é a patente de invenção ou modelo de utilidade, e então, a propriedade industrial cuja patente faz parte.

Objeto material: O produto fabricado com violação de patente de invenção, de modelo de utilidade ou obtido por meio ou processo patenteado.

Elemento subjetivo: É o dolo, que pode ser direto ou eventual. O dolo desse delito possui finalidade específica, pois consiste "na utilização para fins econômicos".

Sujeito ativo: Qualquer pessoa.

Sujeito passivo: O titular da patente.

Crime instantâneo: É crime instantâneo quando praticado por meio das condutas exportar, vender, receber. Quanto ao verbo "oferecer", entendo que dependerá da forma de oferecimento, para considerá-lo instantâneo ou permanente. Supondo que o oferecimento é pessoal, em que o autor na presença do outro indivíduo oferece-lhe o objeto material, neste caso estaríamos diante de um crime instantâneo em que a consumação se deu no exato momento em que houve o oferecimento a terceiro. Diversamente, se esse oferecimento é através de internet, de *marketplace* ou por meio de aplicativo de comunicação (como WhatsApp, Telegram e outros), é entendido que durante todo o tempo em que a oferta estiver disposta nesses meios de comunicação persiste a consumação do delito, e, portanto, é permanente. Poderíamos questionar se, ao tratar dessa segunda hipótese, não estaríamos diante do elemento nuclear "expor à venda", porém é entendido que não, pois o oferecimento do produto pode se dar ainda que não haja sua exposição à venda, que se daria disponibilizando imagens e outras especificações técnicas mais detalhadas.

Crime permanente: Se o crime for praticado por meio das condutas de oferecer (nas hipóteses acima), expor à venda, ter em estoque ou ocultar, é permanente, tendo sua consumação persistindo enquanto persistir o oferecimento, a exposição à venda, a manutenção em estoque e a ocultação.

Consumação: O crime se consuma com a pratica da conduta, independente da produção do resultado.

Tentativa: É possível, já que pode não se consumar por circunstâncias alheias à vontade do agente.

Classificação doutrinária: *Crime comum* (pode ser praticado por qualquer pessoa); *formal* (não se exige resultado naturalístico à sua consumação); *de perigo abstrato* (o perigo gerado pela conduta é presumido pela lei); *doloso* (o agente quer o resultado ou assume o risco de produzi-lo); *de forma livre* (pode ser praticado por qualquer meio de execução); *comissivo* (os verbos indicam ações); *instantâneo na conduta exportar, vender, oferecer – em algumas situações – e receber* (a consumação se dá em um momento específico); *permanente nas condutas de ter em estoque, ocultar, expor ou oferecer – em algumas situações – à venda* (a consumação se protrai no tempo*); unissubjetivo ou de concurso eventual* (pode ser praticado por um só agente); *plurissubsistente* (admite fracionamento dos atos de execução); *admite tentativa.*

Ação penal: Ação penal privada, nos termos do artigo 199 da Lei de Propriedade Industrial.

Pena: detenção de 3 (três) meses a 1 (um) ano, ou multa.

Transação Penal: Haja vista tratar-se de Crime de Menor Potencial Ofensivo permite-se a transação penal, nos termos da Lei 9.099/95.

Suspensão Condicional do Processo: É cabível.

Acordo de Não Persecução Penal: A Lei 13.964/19 incluiu o artigo 28-A, no Código de Processo Penal. Este estabelece o "acordo de não persecução penal", elencando os requisitos autorizadores deste instituto. O *caput* do artigo possibilita ao Ministério Público propor o acordo de não persecução penal desde que: a) não seja caso de arquivamento do procedimento persecutório; b) o investigado tenha confessado formalmente e de forma circunstanciada a prática da infração penal; c) que a infração penal seja praticada sem violência ou grave ameaça; d) que a pena mínima da infração penal seja inferior a 4 (quatro) anos. Ainda, os incisos do artigo 28-A apresentam as condições que poderão ser aplicadas, cumulativa ou alternativamente, aos beneficiados pelo acordo de não persecução penal. Embora, objetivamente, alguns requisitos explanados acima estejam presentes nos crimes da lei em comento, cabe observar, que o inciso I, do §2º, do artigo 28-A do Código de Processo Penal assevera que quando for cabível a transação penal (como no caso do desse crime), não se aplica o acordo de não persecução penal.

II - importa produto que seja objeto de patente de invenção ou de modelo de utilidade ou obtido por meio ou processo patenteado no País, para os fins previstos no inciso anterior, e que não tenha sido colocado no mercado externo diretamente pelo titular da patente ou com seu consentimento.

Verbo nuclear: importar (trazer do exterior, introduzir no país, trazer de fora).

Objeto jurídico: O objeto jurídico é a patente; logo, a propriedade industrial.

Objeto material: Produto que seja objeto de patente de invenção ou de modelo de utilidade, obtido por meio ou processo patenteado no País.

Elemento subjetivo: É o dolo, que pode ser direto ou eventual. Este delito prevê um fim específico, quer seja, o econômico, haja vista que o inciso menciona expressamente "para fins do inciso anterior".

Sujeito ativo: Qualquer pessoa.

Sujeito passivo: O titular da patente.

Crime instantâneo: É crime instantâneo, consumando-se no momento em que ocorre a importação, isto é, da entrada do produto em território nacional. **Consumação:** O crime se consuma com a pratica da conduta, independente da produção do resultado.

Tentativa: Admite-se a tentativa, desde que a importação não tenha ocorrido por circunstâncias alheias à vontade do agente.

Classificação doutrinária: *Crime comum* (pode ser praticado por qualquer pessoa); *formal* (não é necessário que se produza o resultado à sua consumação); *de perigo abstrato* (o perigo gerado pela conduta é presumido pela lei); *crime vago* (tem como sujeito passivo a coletividade); *doloso* (o agente quer o resultado ou assume o risco de produzir o resultado); *admite-se tentativa.*

Ação penal: Ação penal privada, nos termos do artigo 199 da Lei de Propriedade Industrial.

Pena: detenção de 3 (três) meses a 1 (um) ano, ou multa.

Transação Penal: Haja vista tratar-se de Crime de Menor Potencial Ofensivo permite-se a transação penal, nos termos da Lei 9.099/95.

Suspensão Condicional do Processo: É cabível.

Acordo de Não Persecução Penal: A Lei 13.964/19 incluiu o artigo 28-A, no Código de Processo Penal. Este estabelece o "acordo de não persecução penal", elencando os requisitos autorizadores deste instituto. O *caput* do artigo possibilita ao Ministério Público propor o acordo de não persecução penal desde que: a) não seja caso de arquivamento do procedimento persecutório; b) o investigado tenha confessado formalmente e de forma circunstanciada a prática da infração penal; c) que a infração penal seja praticada sem violência ou grave ameaça; d) que a pena mínima da infração penal seja inferior a 4 (quatro) anos. Ainda, os incisos do artigo 28-A apresentam as condições que poderão ser aplicadas, cumulativa ou alternativamente, aos beneficiados pelo acordo de não persecução penal. Embora, objetivamente, alguns requisitos explanados acima estejam presentes nos crimes da lei em comento, cabe observar, que o inciso I, do §2º, do artigo 28-A do Código de Processo Penal assevera que quando for cabível a transação penal (como no caso do desse crime), não se aplica o acordo de não persecução penal.

Art. 185. Fornecer componente de um produto patenteado, ou material ou equipamento para realizar um processo patenteado, desde que a aplicação final do componente, material ou equipamento induza, necessariamente, à exploração do objeto da patente.

Verbo nuclear: *Fornecer* (dar, prover, conceder, providenciar).

Objeto jurídico: A patente de invenção ou do modelo de utilidade, e, por consequência, a propriedade industrial.

Objeto material: Componente de um produto patenteado, ou material ou equipamento para realizar um processo patenteado.

Elemento subjetivo: É o dolo; inclusive há no tipo em comento a finalidade específica que consiste na "exploração do objeto da patente".

Sujeito ativo: Qualquer pessoa.

Sujeito passivo: O titular da patente.

Crime instantâneo: Se consuma no exato momento em que o verbo do tipo é praticado.

Consumação: O crime se consuma com a pratica da conduta, independente da produção do resultado.

Tentativa: Inadmissível. Nucci leciona com precisão o seguinte:

> não admite tentativa, pois este tipo já consagra uma exceção à regra geral de que a preparação não é punida no direito brasileiro. Diante disso, argumentar com a figura tentada seria o mesmo que punir a preparação da preparação, o que é inverossímil, atingindo-se a mera idealização do crime. (2019, p. 848)

Classificação doutrinária: *Crime comum* (pode ser praticado por qualquer pessoa); *formal* (não necessita da produção de resultado naturalístico à sua consumação); *de perigo abstrato* (o perigo gerado pela conduta é presumido pela lei); *doloso* (o agente quer o resultado ou assume o risco de produzi-lo); *de forma livre* (pode ser praticado por qualquer meio de execução);*comissivo* (o verbo indica ações); *instantâneo* (a consumação se dá em um momento específico); *unissubjetivo ou de concurso eventual* (pode ser praticado por um só agente); *plurissubsistente* (admite fracionamento dos atos de execução); *inadmite-se a tentativa.*

Ação penal: Crime de ação penal privada.

Pena: detenção de 1 (um) a 3 (três) meses, ou multa.

Transação Penal: Haja vista tratar-se de Crime de Menor Potencial Ofensivo permite-se a transação penal, nos termos da Lei 9.099/95.

Suspensão Condicional do Processo: É cabível.

Acordo de Não Persecução Penal: A Lei 13.964/19 incluiu o artigo 28-A, no Código de Processo Penal. Este estabelece o "acordo de não persecução penal", elencando os requisitos autorizadores deste instituto. O *caput* do artigo possibilita ao Ministério Público propor o acordo de não persecução penal desde que: a) não seja caso de arquivamento do procedimento persecutório; b) o investigado tenha confessado formalmente e de forma circunstanciada a prática da infração penal; c) que a infração penal seja praticada sem violência ou grave ameaça; d) que a pena mínima da infração penal seja inferior a 4 (quatro) anos. Ainda, os incisos do artigo 28-A apresentam as condições que poderão ser aplicadas, cumulativa ou alternativamente, aos beneficiados pelo acordo de não persecução penal. Embora, objetivamente, alguns requisitos explanados acima estejam presentes nos crimes da lei em comento, cabe observar, que o inciso I, do §2º, do artigo 28-A do Código de Processo Penal assevera que quando for cabível a transação penal (como no caso do desse crime), não se aplica o acordo de não persecução penal.

3. DOS CRIMES CONTRA OS DESENHOS INDUSTRIAIS

Comentários: Embora o legislador não tenha usado a técnica legislativa de estabelecer *nomen juris* a cada um dos tipos penais, tal qual no capítulo anterior, tutelou os desenhos industriais no capítulo II do título V da Lei 9.279/1996, tipificando condutas que entende como de maior relevância, como crimes. O desenho industrial não é passível de patente, mas recebe proteção por meio de registro. O registro estabelece direitos de exploração econômica exclusiva, em caráter temporário, sobre o desenho industrial, nacionalmente. Cabe estabelecer que deve ser feito junto ao Instituto Nacional de Propriedade Industrial (INPI). Encontramos a definição de desenho industrial na própria Lei de Propriedade Industrial, mais precisamente em seu artigo 95:

> Art. 95. Considera-se desenho industrial a forma plástica ornamental de um objeto ou o conjunto ornamental de linhas e cores que possa ser aplicado a um produto, proporcionando resultado visual novo e original na sua configuração externa e que possa servir de tipo de fabricação industrial.

Ainda, deve-se observar que a todos os crimes tipificados nesse capítulo aplica-se a causa de aumento de 1/3 à metade, nas hipóteses do artigo 196 da Lei em comento.

Art. 187. Fabricar, sem autorização do titular, produto que incorpore desenho industrial registrado, ou imitação substancial que possa induzir em erro ou confusão.

Verbo nuclear: *Fabricar* (criar, produzir, construir).

Objeto jurídico: O desenho industrial, e, consequentemente, a propriedade industrial.

Objeto material: É objeto material desse crime o produto que incorpore desenho industrial registrado e a imitação substancial.

Elemento subjetivo: É o dolo. Não se admite a modalidade culposa. Nucci afirma que, ao menos na segunda parte do dispositivo, há o elemento subjetivo específico, embora oculto:

> Parece-nos estar presente, embora oculto, o elemento subjetivo específico, ao menos na segunda parte, pois se demonstra que o imitador pretende induzir em erro ou causar confusão; questiona-se: em quem? A resposta parece nítida: no destinatário do desenho industrial, um potencial comprador ou consumidor. (2019, p. 851)

Elemento normativo: O crime possui um elemento normativo, dada a expressão do tipo "sem autorização do titular". É imprescindível para a caracterização do delito que não haja a autorização por parte do titular do desenho industrial. Porém, faculta-se que o detentor do desenho industrial autorize a prática das condutas tipificadas no dispositivo, e, nesse caso, não podemos falar na configuração do delito, já que faltou para sua configuração o elemento normativo, que no caso em testilha é imprescindível para a configuração do delito.

Sujeito ativo: Qualquer pessoa.

Sujeito passivo: É o detentor do registro do desenho industrial.

Crime instantâneo: É crime instantâneo, pois se configura com a fabricação.

Consumação: O crime se consuma com a pratica da conduta, independente da produção do resultado.

Tentativa: Admite-se a tentativa, desde que a fabricação não tenha ocorrido por circunstâncias alheias à vontade do autor.

Classificação doutrinária: *Crime comum* (pode ser praticado por qualquer pessoa, sem que seja necessário possuiu qualquer atributo ou circunstância peculiar); *formal* (a consumação independe da produção do resultado); *de perigo abstrato* (o perigo gerado pela conduta é presumido pela lei); *crime vago* (tem como sujeito passivo a coletividade); *doloso* (o agente quer o resultado ou assume o risco de produzi-lo); *de forma livre* (pode ser praticado por qualquer meio de execução); *comissivo* (o verbo indica ação – fabricar); *instantâneo* (a consumação se dá em um momento específico); *unissubjetivo ou de concurso eventual* (pode ser praticado por um só agente); *plurissubsistente* (admite fracionamento dos atos de execução); *admite tentativa.*

Ação penal: Trata-se de crime de ação penal privada.

Pena: detenção de 3 (três) meses a 1 (um) ano, ou multa.

Transação Penal: Haja vista tratar-se de Crime de Menor Potencial Ofensivo permite-se a transação penal, nos termos da Lei 9.099/95.

Suspensão Condicional do Processo: É cabível.

Acordo de Não Persecução Penal: A Lei 13.964/19 incluiu o artigo 28-A, no Código de Processo Penal. Este estabelece o "acordo de não persecução penal", elencando os requisitos autorizadores deste instituto. O *caput* do artigo possibilita ao Ministério Público propor o acordo de não persecução penal desde que: a) não seja caso de arquivamento do procedimento persecutório; b) o investigado tenha confessado formalmente e de forma circunstanciada a prática da infração penal; c) que a infração penal seja praticada sem violência ou grave ameaça; d) que a pena mínima da infração penal seja inferior a 4 (quatro) anos. Ainda, os incisos do artigo 28-A apresentam as condições que poderão ser aplicadas, cumulativa ou alternativamente, aos beneficiados pelo acordo de não persecução penal. Embora, objetivamente, alguns requisitos explanados acima estejam presentes nos crimes da lei em comento, cabe observar, que o inciso I, do §2º, do artigo 28-A do Código de Processo Penal assevera que quando for cabível a transação penal (como no caso do desse crime), não se aplica o acordo de não persecução penal.

Art. 188. Comete crime contra registro de desenho industrial quem:

I - exporta, vende, expõe ou oferece à venda, tem em estoque, oculta ou recebe, para utilização com fins econômicos, objeto que incorpore ilicitamente desenho industrial registrado, ou imitação substancial que possa induzir em erro ou confusão; ou

Verbos nucleares: *Exportar* (remeter para o exterior, enviar ao exterior); *vender* (comercializar, praticar a mercancia, alienar mediante contraprestação); *expor à venda* (exibir, colocar em exibição, deixar disposto); *oferecer à venda* (ofertar, colocar à disposição); *ter em estoque* (ter em: reserva, provisão, depósito); *ocultar* (esconder, dissimular, obscurecer); *receber* (ter, obter, adquirir, conseguir), para utilização com fins econômicos.

Objeto jurídico: O desenho industrial, e, consequentemente, a propriedade industrial.

Objeto material: É objeto material desse crime o produto que incorpore desenho industrial registrado e a imitação substancial que possa induzir em erro ou confusão.

Elemento subjetivo: É o dolo, que pode ser direto ou eventual. O dolo desse delito possui finalidade específica, pois consiste "na utilização para fins econômicos".

Sujeito ativo: Qualquer pessoa.

Sujeito passivo: É o detentor do registro do desenho industrial.

Crime instantâneo: É crime instantâneo quando praticado por meio das condutas exportar, vender, receber. Quanto ao verbo oferecer, entendo que dependerá da forma de oferecimento para considerá-lo instantâneo ou permanente. Supondo que o oferecimento é pessoal, em que o autor liga para outro indivíduo oferecendo-lhe o objeto material, estaríamos diante de um crime instantâneo em que a consumação se deu no exato momento em que houve o oferecimento a terceiro. Diversamente, se esse oferecimento é para número ilimitado ou limitado de pessoas através de *marketplace* ou por meio de aplicativo de comunicação (como WhatsApp, Telegram e outros), é entendido que durante todo o tempo em que a oferta estiver disposta nesses meios de comunicação persiste a consumação do delito, e, portanto, é permanente. Poderíamos questionar se ao tratar dessa segunda hipótese não estaríamos diante do elemento nuclear "expor à venda", porém é entendido que não, pois o oferecimento do produto pode se dar ainda que não haja sua exposição à venda, disponibilizando imagens e outras especificações técnicas mais detalhadas.

Crime permanente: Se o crime for praticado por meio das condutas de oferecer (nas hipóteses acima), expor à venda, ter em estoque ou ocultar, é permanente, tendo sua consumação enquanto persistir o oferecimento, a exposição à venda, a manutenção em estoque e a ocultação.

Tentativa: É possível, já que pode não se consumar por circunstâncias alheias à vontade do agente.

Consumação: O crime se consuma com a pratica da conduta, independente da produção do resultado.

Classificação doutrinária: *Crime comum* (pode ser praticado por qualquer pessoa); *formal* (não se exige resultado naturalístico à sua consumação); *de perigo abstrato* (o perigo gerado pela conduta é presumido pela lei); *doloso* (o agente quer o resultado ou assume o risco de produzi-lo); *de forma livre* (pode ser praticado por qualquer meio de execução); *comissivo* (os verbos indicam ações); *instantâneo na conduta exportar, vender, oferecer – em algumas situações – e receber* (a consumação se dá em um momento específico); *permanente nas condutas de ter em estoque, ocultar, expor ou oferecer – em algumas situações – à venda* (a consumação se protrai no tempo*); unissubjetivo ou de concurso eventual* (pode ser praticado por um só agente); *plurissubsistente* (admite fracionamento dos atos de execução); *admite tentativa.*

Ação penal: Esse crime se processa mediante queixa-crime; portanto, é crime de ação penal privada, nos termos do artigo 199 da Lei de Propriedade Industrial.

Pena: detenção de 1 (um) a 3 (três) meses, ou multa.

Transação Penal: Haja vista tratar-se de Crime de Menor Potencial Ofensivo permite-se a transação penal, nos termos da Lei 9.099/95.

Suspensão Condicional do Processo: É cabível.

Acordo de Não Persecução Penal: A Lei 13.964/19 incluiu o artigo 28-A, no Código de Processo Penal. Este estabelece o "acordo de não persecução penal", elencando os requisitos autorizadores deste instituto. O *caput* do artigo possibilita ao Ministério Público propor o acordo de não persecução penal desde que: a) não seja caso de arquivamento do procedimento persecutório; b) o investigado tenha confessado formalmente e de forma circunstanciada a prática da infração penal; c) que a infração penal seja praticada sem violência ou grave ameaça; d) que a pena mínima da infração penal seja inferior a 4 (quatro) anos. Ainda, os incisos do artigo 28-A apresentam as condições que poderão ser aplicadas, cumulativa ou alternativamente, aos beneficiados pelo acordo de não persecução penal. Embora, objetivamente, alguns requisitos explanados acima estejam presentes nos crimes da lei em comento, cabe observar, que o inciso I, do §2º, do artigo 28-A do Código de Processo Penal assevera que quando for cabível a transação penal (como no caso do desse crime), não se aplica o acordo de não persecução penal.

II - importa produto que incorpore desenho industrial registrado no País, ou imitação substancial que possa induzir em erro ou confusão, para os fins previstos no inciso anterior, e que não tenha sido colocado no mercado externo diretamente pelo titular ou com seu consentimento.

Verbo nuclear: *Importa* (traz do exterior, introduz no país, traz de fora).

Objeto jurídico: O objeto jurídico é o desenho industrial; logo, a propriedade industrial.

Objeto material: Produto que tenha registro de desenho industrial no país.

Elemento subjetivo: É o dolo, que pode ser direto ou eventual. Nesse inciso exige-se a finalidade específica, quer seja, o fim econômico.

Sujeito ativo: Qualquer pessoa.

Sujeito passivo: O detentor do registro industrial.

Crime instantâneo: É crime instantâneo, consumando-se no momento em que ocorre a importação, isto é, da entrada do produto em território nacional.

Consumação: O crime se consuma com a pratica da conduta, independente da produção do resultado.

Tentativa: Admite-se a tentativa, desde que a importação não tenha ocorrido por circunstâncias alheias à vontade do agente.

Classificação doutrinária: *Crime comum* (pode ser praticado por qualquer pessoa); *de mera conduta* (não há previsão de resultado naturalístico à sua consumação); *de perigo abstrato* (o perigo gerado pela conduta é presumido pela lei); *crime vago* (tem como sujeito passivo a coletividade); *doloso* (o agente quer o resultado ou assume o risco de produzir o resultado); admite tentativa.

Ação penal: Esse crime se processa mediante queixa-crime; portanto, é crime de ação penal privada, nos termos do artigo 199 da Lei de Propriedade Industrial.

Pena: detenção de 1 (um) a 3 (três) meses, ou multa.

Transação Penal: Haja vista tratar-se de Crime de Menor Potencial Ofensivo permite-se a transação penal, nos termos da Lei 9.099/95.

Suspensão Condicional do Processo: É cabível.

Acordo de Não Persecução Penal: A Lei 13.964/19 incluiu o artigo 28-A, no Código de Processo Penal. Este estabelece o "acordo de não persecução penal", elencando os requisitos autorizadores deste instituto. O *caput* do artigo possibilita ao Ministério Público propor o acordo de não persecução penal desde que: a) não seja caso de arquivamento do procedimento persecutório; b) o investigado tenha confessado formalmente e de forma circunstanciada a prática da infração penal; c) que a infração penal seja praticada sem violência ou grave ameaça; d) que a pena mínima da infração penal seja inferior a 4 (quatro) anos. Ainda, os incisos do artigo 28-A apresentam as condições que poderão ser aplicadas, cumulativa ou alternativamente, aos beneficiados pelo acordo de não persecução penal. Embora, objetivamente, alguns requisitos explanados acima estejam presentes nos crimes da lei em comento, cabe observar, que o inciso I, do §2º, do artigo 28-A do Código de Processo Penal assevera que quando for cabível a transação penal (como no caso do desse crime), não se aplica o acordo de não persecução penal.

4. DOS CRIMES CONTRA AS MARCAS

Comentários: O legislador definiu todos os crimes contra as marcas nos dois artigos (189 e 190), constantes no capítulo III do título V da Lei 9.279/96, sem ter a preocupação de intitular cada um dos tipos penais. Ainda, o legislador descreveu as condutas criminais no capítulo que define os crimes contra as marcas, de maneira anormal ou anômala. Assim, ao invés de simplesmente expressar uma conduta omissiva ou comissiva e estabelecer a pena, preferiu usar no *caput* do artigo 189 e 190 a expressão: "Comete crime contra registro de marca quem", para posteriormente defini-los nos incisos I e II, em se tratando do artigo 189, e no próprio *caput*, no caso do artigo 190, reservando nesse último caso o estabelecimento de objetos materiais em seus incisos. Ainda, cabe esclarecer que, aos crimes tipificados nesse capítulo, aplica-se a causa de aumento de 1/3 à metade, nas hipóteses do artigo 196 da Lei em comento.

Cabe estabelecer que o próprio artigo 122 da Lei de Propriedade Industrial (Lei 9.279/96) conceituou o que podemos entender como marca, e ainda o artigo 123 da Lei a dividiu em três espécies, todas estas sendo tuteladas nesse capítulo pelo legislador: a) marca de produto ou de serviço; b) marca de certificação; c) marca coletiva. Seguem abaixo os dispositivos legais mencionados:

> Art. 122. São suscetíveis de registro como marca os sinais distintivos visualmente perceptíveis, não compreendidos nas proibições legais.
>
> Art. 123. Para os efeitos desta Lei, considera-se:
>
> I - marca de produto ou serviço: aquela usada para distinguir produto ou serviço de outro idêntico, semelhante ou afim, de origem diversa;
>
> II - marca de certificação: aquela usada para atestar a conformidade de um produto ou serviço com determinadas normas ou especificações técnicas, notadamente quanto à qualidade, natureza, material utilizado e metodologia empregada; e
>
> III - marca coletiva: aquela usada para identificar produtos ou serviços provindos de membros de uma determinada entidade.

Existem diversos símbolos ou desenhos, que, ao observarmos, já nos induzem à identificação da empresa que desenvolveu aquele produto ou aquele serviço. Assim, estamos diante de uma marca de produto ou serviço. Entretanto, além da marca de produto ou serviço, também existe a marca de certificação, que é aquela criada por institutos especializados, estatais ou credenciados pelos órgãos estatais que dota os produtos ou serviços de credibilidade, desde que atendam critérios estabelecidos pelo instituto. Outra espécie de marca é a marca coletiva, que, segundo Ramos e Guterres:

> é aquela que atesta a proveniência de determinado produto ou serviço. Ela indica ao consumidor, por

exemplo, que os empresários que a utilizam são membros de determinada associação, e que seus produtos ou serviços estão em conformidade com as regulamentações técnicas dessa entidade. (2016, p. 155)

Quanto à marca, para melhor entendimento, ainda podemos defini-la como nominativa, figurativa, mista e tridimensional. As marcas nominativas são as desenvolvidas com utilização de letras e/ou números. As marcas figurativas são aquelas criadas por "figuras" (imagens, símbolos, desenhos, etc.). As marcas mistas são a junção das duas anteriores. Já as marcas tridimensionais são aquelas em que a forma do produto exprime a identidade da marca.

Art. 189. Comete crime contra registro de marca quem:

I - reproduz, sem autorização do titular, no todo ou em parte, marca registrada, ou imita-a de modo que possa induzir confusão; ou

Verbos nucleares: *Reproduzir* (fazer novamente, produzir novamente, engendrar); *imitar* (copiar, plagiar, fazer parecido).

Objeto jurídico: É o registro da marca; portanto, a propriedade industrial. Cabe esclarecer que as marcas são passíveis de registro junto ao Instituto Nacional de Propriedade Industrial.

Objeto material: O objeto material é a marca.

Elemento subjetivo: É o dolo. O legislador não puniu a conduta culposa. Ainda, na segunda parte do dispositivo, quanto ao verbo "imitar", existe um elemento subjetivo específico que se encontra explicitado no próprio tipo, quer seja "de modo que possa induzir confusão"; isto é, além do dolo de imitar, deve-se ter a ideia de que possa confundir quanto à legitimidade daquela marca.

Elemento normativo: Este crime possui o elemento normativo "sem autorização do titular". É imprescindível para a caracterização do delito, no caso da conduta de reproduzir, que não haja a autorização por parte do titular da marca. Caso o titular da marca tenha autorizado sua reprodução, o crime não se constitui, já que o legislador expressamente estabeleceu o elemento normativo ("sem autorização do titular"), sendo esta autorização *conditio sine qua non* para o reconhecimento do crime. Com relação ao verbo "imitar", o legislador não explicitou o mesmo elemento normativo, nem precisava fazê-lo, já que está implícito no tipo.

Sujeito ativo: Qualquer pessoa pode ser sujeito ativo desse delito, não se exigindo uma condição especial por parte do agente.

Sujeito passivo: O sujeito passivo é o titular da marca, podendo ser tanto a pessoa física quanto a pessoa jurídica, esta que pode ainda ser de direito público ou de direito privado.

Crime instantâneo: Tanto no verbo "reproduzir" quanto "imitar", o crime é instantâneo, bastando a prática das condutas para sua consumação; inclusive a reprodução não precisa ser completa, bastando que seja parcial para que o crime se configure.

Consumação: O crime se consuma com a prática da conduta, independente da produção do resultado.

Tentativa: É entendida admissível a tentativa, visto que a conduta pode ter sido iniciada, mas pode não ter se consumado por circunstâncias alheias à vontade do agente; sendo assim, podemos reconhecer a tentativa.

Classificação doutrinária: *Crime comum* (pode ser praticado por qualquer pessoa); *formal* (não há exigência de resultado naturalístico da conduta); *de perigo abstrato* (há uma presunção da lei quanto ao perigo da conduta, configurando-se os crimes contra patentes, independentemente de prejuízo efetivo); *doloso* (o agente quer o resultado ou assume o risco de produzi-lo); *de forma livre* (não se exige a prática de uma conduta de uma maneira específica, podendo ser praticado por qualquer meio de execução); *comissivo* (as condutas são praticadas por meio de ações); *instantâneo* (a consumação se dá em um momento específico; no caso em tela, no momento em que houve a reprodução ou imitação); *unissubjetivo ou de concurso eventual* (pode ser praticado por um só agente); *crime de menor potencial ofensivo* (a pena não é superior a dois anos); *admite tentativa.*

Ação penal: Esse crime se processa mediante queixa-crime; portanto, é crime de ação penal privada, nos termos do artigo 199 da Lei de Propriedade Industrial.

Pena: detenção de 3 (três) meses a 1 (um) ano, ou multa.

Transação Penal: Haja vista tratar-se de Crime de Menor Potencial Ofensivo permite-se a transação penal, nos termos da Lei 9.099/95.

Suspensão Condicional do Processo: É cabível.

Acordo de Não Persecução Penal: A Lei 13.964/19 incluiu o artigo 28-A, no Código de Processo Penal. Este estabelece o "acordo de não persecução penal", elencando os requisitos autorizadores deste instituto. O *caput* do artigo possibilita ao Ministério Público propor o acordo de não persecução penal desde que: a) não seja caso de arquivamento do procedimento persecutório; b) o investigado tenha confessado formalmente e de forma circunstanciada a prática da infração penal; c) que a infração penal seja praticada sem violência ou grave ameaça; d) que a pena mínima da infração penal seja inferior a 4 (quatro) anos. Ainda, os incisos do artigo 28-A apresentam as condições que poderão ser aplicadas, cumulativa ou alternativamente, aos beneficiados pelo acordo de não persecução penal. Embora, objetivamente, alguns requisitos explanados acima estejam presentes nos crimes da lei em comento, cabe observar, que o inciso I, do §2º, do artigo 28-A do Código de Processo Penal assevera que quando for cabível a transação penal (como no caso do desse crime), não se aplica o acordo de não persecução penal.

II - altera marca registrada de outrem já aposta em produto colocado no mercado.

Verbo nuclear: *Alterar* (corromper, adulterar, falsear, falsificar).

Objeto jurídico: É o registro da marca; portanto, a propriedade industrial. Cabe esclarecer que as marcas são passíveis de registro junto ao Instituto Nacional de Propriedade Industrial.

Objeto material: O objeto material é a marca.

Elemento subjetivo: É o dolo. O legislador não puniu a conduta culposa. Não há um elemento subjetivo específico na conduta prevista nesse inciso; porém, Nucci defende que tal elemento deveria ser exigido:

> É interessante observar que nessa hipótese não se exige elemento subjetivo específico, embora devesse, pois a finalidade, como regra, será a exploração e o lucro indevido. O objetivo de alteração de marca existente é colocá-la em outro produto, gerando erro no comprador ou consumidor, que, fiel à marca original, compra uma coisa por outra. (2019, p. 858)

Sujeito ativo: Qualquer pessoa pode ser sujeito ativo desse delito, não se exigindo uma condição especial por parte do agente.

Sujeito passivo: O sujeito passivo é o titular da marca, podendo ser tanto a pessoa física quanto a pessoa jurídica, esta que pode ainda ser de direito público ou de direito privado.

Crime instantâneo: É crime instantâneo, que se consuma com o ato de alterar a marca.

Consumação: O crime se consuma com a pratica da conduta, independente da produção do resultado.

Tentativa: É entendida admissível a tentativa.

Classificação doutrinária: *Crime comum* (pode ser praticado por qualquer pessoa); *formal* (não há exigência de resultado naturalístico da conduta); *de perigo abstrato* (há uma presunção da lei quanto ao perigo da conduta, configurando-se os crimes contra patentes, independentemente de prejuízo efetivo); *doloso* (o agente quer o resultado ou assume o risco de produzi-lo); *de forma livre* (não se exige a prática de uma conduta de uma maneira específica, podendo ser praticado por qualquer meio de execução); *comissivo* (as condutas são praticadas por meio de ações); *instantâneo* (a consumação se dá em um momento específico; no caso em tela, no momento em que houve a reprodução ou imitação); *unissubjetivo ou de concurso eventual* (pode ser praticado por um só agente); *crime de menor potencial ofensivo* (a pena não é superior a dois anos); *admite tentativa.*

Ação penal: Esse crime se processa mediante queixa-crime; portanto, é crime de ação penal privada, nos termos do artigo 199 da Lei de Propriedade Industrial.

Pena: detenção de 3 (três) meses a 1 (um) ano, ou multa.

Transação Penal: Haja vista tratar-se de Crime de Menor Potencial Ofensivo permite-se a transação penal, nos termos da Lei 9.099/95.

Suspensão Condicional do Processo: É cabível.

Acordo de Não Persecução Penal: A Lei 13.964/19 incluiu o artigo 28-A, no Código de Processo Penal. Este estabelece o "acordo de não persecução penal", elencando os requisitos autorizadores deste instituto. O *caput* do artigo possibilita ao Ministério Público propor o acordo de não persecução penal desde que: a) não seja caso de arquivamento do procedimento persecutório; b) o investigado tenha confessado formalmente e de forma circunstanciada a prática da infração penal; c) que a infração penal seja praticada sem violência ou grave ameaça; d) que a pena mínima da infração penal seja inferior a 4 (quatro) anos. Ainda, os incisos do artigo 28-A apresentam as condições que poderão ser aplicadas, cumulativa ou alternativamente, aos beneficiados pelo acordo de não persecução penal. Embora, objetivamente, alguns requisitos explanados acima estejam presentes nos crimes da lei em comento, cabe observar, que o inciso I, do §2º, do artigo 28-A do Código de Processo Penal assevera que quando for cabível a transação penal (como no caso do desse crime), não se aplica o acordo de não persecução penal.

Art. 190. Comete crime contra registro de marca quem importa, exporta, vende, oferece ou expõe à venda, oculta ou tem em estoque:

I - produto assinalado com marca ilicitamente reproduzida ou imitada, de outrem, no todo ou em parte; ou

II - produto de sua indústria ou comércio, contido em vasilhame, recipiente ou embalagem que contenha marca legítima de outrem.

Verbos nucleares: *Importar* (traz do exterior, introduz de fora); *exportar* (remeter para o exterior, enviar ao exterior); *vender* (comercializar, praticar a mercancia, alienar mediante contraprestação); *oferecer* (ofertar, pôr à disposição); *expor à venda* (exibir, colocar em exibição, deixar disposto); *ocultar* (esconder, dissimular, obscurecer); *ter em estoque* (tem em: reserva, provisão, depósito).

Objeto jurídico: A titularidade da marca; portanto, a propriedade industrial.

Objeto material: Produto assinalado com marca ilicitamente reproduzida ou imitada (I) e o produto de sua indústria ou comércio, contido em vasilhame, recipiente ou embalagem que contenha marca legítima de outrem (II).

Elemento subjetivo: É o dolo. O legislador não puniu a conduta culposa. Não há um elemento subjetivo específico.

Sujeito ativo: Qualquer pessoa pode ser sujeito ativo desse delito, não se exigindo uma condição especial por parte do agente.

Sujeito passivo: O sujeito passivo é o titular do registro da marca, podendo ser tanto a pessoa física quanto a pessoa jurídica.

Crime instantâneo: É crime instantâneo quando praticado por meio das condutas exportar, vender, receber. Quanto ao verbo "oferecer", é entendido que dependerá da forma de oferecimento para considerá-lo instantâneo ou permanente. Supondo que o oferecimento é pessoal, em que o autor na presença do outro indivíduo oferece-lhe o objeto material, neste caso estaríamos diante de um crime instantâneo em que a consumação deu-se no exato momento em que houve o oferecimento a terceiro. Diversamente, se esse oferecimento é para número ilimitado ou limitado de pessoas através de *marketplace* ou por meio de aplicativo de comunicação (como WhatsApp, Telegram e outros), é entendido que, durante todo o tempo em que a oferta estiver disposta nesses meios de comunicação, persiste a consumação do delito, e, portanto, é permanente. Poderíamos questionar se, ao tratar dessa segunda hipótese, não estaríamos diante do elemento nuclear "expor à venda", porém é entendido que não, pois o oferecimento do produto pode se dar ainda que não haja sua exposição à venda, que se daria disponibilizando imagens e outras especificações técnicas mais detalhadas.

Crime permanente: Se o crime for praticado por meio das condutas de oferecer (nas hipóteses acima), expor à venda, ter em estoque ou ocultar, é permanente, tendo sua consumação persistindo enquanto persistir o oferecimento, a exposição à venda, a manutenção em estoque e a ocultação.

Consumação: O crime se consuma com a pratica da conduta, independente da produção do resultado.

Tentativa: É entendida admissível a tentativa, visto que a conduta pode não se consumar por circunstâncias alheias à vontade do agente.

Classificação doutrinária: *Crime comum* (pode ser praticado por qualquer pessoa); *formal* (não se exige resultado naturalístico à sua consumação); *de perigo abstrato* (o perigo gerado pela conduta é presumido pela lei); *doloso* (o agente quer o resultado ou assume o risco de produzi-lo); *de forma livre* (pode ser praticado por qualquer meio de execução); *comissivo* (os verbos indicam ações); *instantâneo na conduta exportar, vender, oferecer – em algumas situações – e receber* (a consumação se dá em um momento específico); *permanente nas condutas de ter em estoque, ocultar, expor ou oferecer – em algumas situações – à venda* (a consumação se protrai no tempo*); unissubjetivo ou de concurso eventual* (pode ser praticado por um só agente); *plurissubsistente* (admite fracionamento dos atos de execução); *admite tentativa.*

Ação penal: Esse crime se processa mediante queixa-crime; portanto, é crime de ação penal privada, nos termos do artigo 199 da Lei de Propriedade Industrial.

Pena: detenção de 1 (um) a 3 (três) meses, ou multa.

Transação Penal: Haja vista tratar-se de Crime de Menor Potencial Ofensivo permite-se a transação penal, nos termos da Lei 9.099/95.

Suspensão Condicional do Processo: É cabível.

Acordo de Não Persecução Penal: A Lei 13.964/19 incluiu o artigo 28-A, no Código de Processo Penal. Este estabelece o "acordo de não persecução penal", elencando os requisitos autorizadores deste instituto. O *caput* do artigo possibilita ao Ministério Público propor o acordo de não persecução penal desde que: a) não seja caso de arquivamento do procedimento persecutório; b) o investigado tenha confessado formalmente e de forma circunstanciada a prática da infração penal; c) que a infração penal seja praticada sem violência ou grave ameaça; d) que a pena mínima da infração penal seja inferior a 4 (quatro) anos. Ainda, os incisos do artigo 28-A apresentam as condições que poderão ser aplicadas, cumulativa ou alternativamente, aos beneficiados pelo acordo de não persecução penal. Embora, objetivamente, alguns requisitos explanados acima estejam presentes nos crimes da lei em comento, cabe observar, que o inciso I, do §2º, do artigo 28-A do Código de Processo Penal assevera que quando for cabível a transação penal (como no caso do desse crime), não se aplica o acordo de não persecução penal.

5. DOS CRIMES COMETIDOS POR MEIO DE MARCA, TÍTULO DE ESTABELECIMENTO E SINAL DE PROPAGANDA

Art. 191. Reproduzir ou imitar, de modo que possa induzir em erro ou confusão, armas, brasões ou distintivos oficiais nacionais, estrangeiros ou internacionais, sem a necessária autorização, no todo ou em parte, em marca, título de estabelecimento, nome comercial, insígnia ou sinal de propaganda, ou usar essas reproduções ou imitações com fins econômicos.

Verbos nucleares: *Reproduzir* (fazer novamente, produzir novamente, engendrar); *imitar* (copiar, plagiar, fazer parecido).

Objeto jurídico: A proteção aos símbolos explicitados no dispositivo.

Objeto material: São as armas, os brasões e os distintivos oficiais.

Elemento subjetivo: É o dolo. O legislador não puniu a conduta culposa. Há um elemento subjetivo específico, quer sejam, os fins econômicos.

Elemento normativo: Não possui elemento normativo.

Sujeito ativo: Qualquer pessoa pode ser sujeito ativo desse delito, não se exigindo uma condição especial por parte do agente.

Sujeito passivo: Será sujeito passivo o titular dos símbolos oficiais (armas, brasões ou distintivos oficiais nacionais), podendo ser, inclusive, o próprio Estado.

Crime instantâneo: O crime é instantâneo, já que produz seus efeitos e considera-se consumado no momento da prática das condutas comissivas de reproduzir e imitar.

Consumação: O crime se consuma com a prática da conduta, independente da produção do resultado.

Tentativa: É entendida admissível a tentativa, visto que a conduta pode ter sido iniciada, mas não tenha se consumado por circunstâncias alheias à vontade do agente; sendo assim, podemos reconhecer a tentativa.

Classificação doutrinária: *Crime comum* (pode ser praticado por qualquer pessoa); *formal* (não há exigência de resultado naturalístico da conduta); *de perigo abstrato* (há uma presunção da lei quanto ao perigo da conduta, configurando-se os crimes contra patentes, independentemente de prejuízo efetivo); *doloso* (o agente quer o resultado ou assume o risco de produzi-lo); *de forma livre* (não se exige a prática de uma conduta de uma maneira específica, podendo ser praticado por qualquer meio de execução); *comissivo* (as condutas são praticadas por meio de ações); *instantâneo* (a consumação se dá em um momento específico; no caso em tela, no momento em que houve a reprodução ou imitação); *unissubjetivo ou de concurso eventual* (pode ser praticado por um só agente); *crime de menor potencial ofensivo* (a pena não é superior a dois anos); *admite tentativa.*

Ação penal: Ação penal pública incondicionada. Inclusive é o único crime da Lei que se processa mediante esse tipo de ação. O artigo 199 da Lei de Propriedade Industrial estabeleceu a regra geral no que tange ao tipo de ação penal a ser aplicável aos crimes da Lei (ação penal privada) e excepcionou a regra, estabelecendo que este crime se processa mediante ação penal pública; assim, podemos entender ação penal pública incondicionada, haja vista que o legislador não mencionou o termo "esse crime se procede mediante representação".

Pena: detenção de 1 (um) a 3 (três) meses, ou multa.

Parágrafo único. Incorre na mesma pena quem vende ou expõe ou oferece à venda produtos assinalados com essas marcas.

Figura equiparada: O parágrafo único do dispositivo trouxe uma figura equiparada ao crime previsto no *caput*, e incluiu outros três núcleos do tipo, quer sejam: *vender* (comercializar, praticar a mercancia, alienar mediante contraprestação); *expor à venda* (exibir, colocar em exibição, deixar disposto); *oferecer à venda* (ofertar, colocar à disposição).

Transação Penal: Haja vista tratar-se de Crime de Menor Potencial Ofensivo permite-se a transação penal, nos termos da Lei 9.099/95.

Suspensão Condicional do Processo: É cabível.

Acordo de Não Persecução Penal: A Lei 13.964/19 incluiu o artigo 28-A, no Código de Processo Penal. Este estabelece o "acordo de não persecução penal", elencando os requisitos autorizadores deste instituto. O *caput* do artigo possibilita ao Ministério Público propor o acordo de não persecução penal desde que: a) não seja caso de arquivamento do procedimento persecutório; b) o investigado tenha confessado formalmente e de forma circunstanciada a prática da infração penal; c) que a infração penal seja praticada sem violência ou grave ameaça; d) que a pena mínima da infração penal seja inferior a 4 (quatro) anos. Ainda, os incisos do artigo 28-A apresentam as condições que poderão ser aplicadas, cumulativa ou alternativamente, aos beneficiados pelo acordo de não persecução penal. Embora, objetivamente, alguns requisitos explanados acima estejam presentes nos crimes da lei em comento, cabe observar, que o inciso I, do §2º, do artigo 28-A do Código de Processo Penal assevera que quando for cabível a transação penal (como no caso do desse crime), não se aplica o acordo de não persecução penal.

6. DOS CRIMES CONTRA INDICAÇÕES GEOGRÁFICAS E DEMAIS INDICAÇÕES

> **Art. 192. Fabricar, importar, exportar, vender, expor ou oferecer à venda ou ter em estoque produto que apresente falsa indicação geográfica.**

Verbos nucleares: *Fabricar* (fazer, produzir, engendrar); *importar* (traz do exterior, introduz de fora); *exportar* (remeter para o exterior, enviar ao exterior); *vender*; *expor à venda* (exibir, colocar em exibição, deixar disposto); *oferecer à venda* (ofertar, pôr à disposição).

Objeto jurídico: É a proteção dos interesses do produtor da região que detém a indicação geográfica.

Objeto material: É o produto que possua a falsa indicação geográfica.

Elemento subjetivo: É o dolo. O legislador não puniu a conduta culposa.

Sujeito ativo: Qualquer pessoa pode ser sujeito ativo desse delito, não se exigindo uma condição especial por parte do agente.

Sujeito passivo: Será sujeito passivo desse crime tanto o produtor da região a que pertença a indicação geográfica como também o consumidor que adquire o produto.

Crime instantâneo: É crime instantâneo quando praticado por meio das condutas exportar, vender, receber. Quanto ao verbo "oferecer", é entendido que dependerá da forma de oferecimento para considerá-lo instantâneo ou permanente. Supondo que o oferecimento é pessoal, em que o autor na presença do outro indivíduo oferece-lhe o objeto material, neste caso estaríamos diante de um crime instantâneo em que a consumação se deu no exato momento em que houve o oferecimento a terceiro. Diversamente, se esse oferecimento é através de *internet*, de *marketplace* ou por meio de aplicativo de comunicação (como WhatsApp, Telegram e outros), é entendido que, durante todo o tempo em que a oferta estiver disposta nesses meios de comunicação, persiste a consumação do delito, e, portanto, é permanente. Poderíamos questionar se, ao tratar dessa segunda hipótese, não estaríamos diante do elemento nuclear "expor à venda", porém é entendido que não, pois o oferecimento do produto pode se dar ainda que não haja sua exposição à venda, que se daria disponibilizando imagens e outras especificações técnicas mais detalhadas.

Crime permanente: Se o crime for praticado por meio das condutas de oferecer (nas hipóteses acima), expor à venda, ter em estoque ou ocultar, é permanente, tendo sua consumação persistindo enquanto persistir o oferecimento, a exposição à venda, a manutenção em estoque e a ocultação.

Consumação: O crime se consuma com a pratica da conduta, independente da produção do resultado.

Tentativa: Entendo admissível a tentativa, visto que a conduta pode ter sido iniciada, mas pode não ter se consumado por circunstâncias alheias à vontade do agente; sendo assim, podemos reconhecer a tentativa.

Classificação doutrinária: *Crime comum* (pode ser praticado por qualquer pessoa); *formal* (não se exige resultado naturalístico à sua consumação); *de perigo abstrato* (o perigo gerado pela conduta é presumido pela lei); *doloso* (o agente quer o resultado ou assume o risco de produzi-lo); *de forma livre* (pode ser praticado por qualquer meio de execução); *comissivo* (os verbos indicam ações); *instantâneo* *na conduta exportar, vender, oferecer - em algumas situações - e receber* (a consumação se dá em um momento específico); *permanente nas condutas de ter em estoque, ocultar, expor ou oferecer - em algumas situações - à venda* (a consumação se protrai no tempo); *unissubjetivo ou de concurso eventual* (pode ser praticado por um só agente); *plurissubsistente* (admite fracionamento dos atos de execução); *admite tentativa.*

Ação penal: O crime é de ação penal privada, consoante prevê o artigo 199 da Lei de Propriedade Industrial.

Pena: detenção de 1 (um) a 3 (três) meses, ou multa.

Transação Penal: Haja vista tratar-se de Crime de Menor Potencial Ofensivo permite-se a transação penal, nos termos da Lei 9.099/95.

Suspensão Condicional do Processo: É cabível.

Acordo de Não Persecução Penal: A Lei 13.964/19 incluiu o artigo 28-A, no Código de Processo Penal. Este estabelece o "acordo de não persecução penal", elencando os requisitos autorizadores deste instituto. O *caput* do artigo possibilita ao Ministério Público propor o acordo de não persecução penal desde que: a) não seja caso de arquivamento do procedimento persecutório; b) o investigado tenha confessado formalmente e de forma circunstanciada a prática da infração penal; c) que a infração penal seja praticada sem violência ou grave ameaça; d) que a pena mínima da infração penal seja inferior a 4 (quatro) anos. Ainda, os incisos do artigo 28-A apresentam as condições que poderão ser aplicadas, cumulativa ou alternativamente, aos beneficiados pelo acordo de não persecução penal. Embora, objetivamente, alguns requisitos explanados acima estejam presentes nos crimes da lei em comento, cabe observar, que o inciso I, do §2º, do artigo 28-A do Código de Processo Penal assevera que quando for cabível a transação penal (como no caso do desse crime), não se aplica o acordo de não persecução penal.

Art. 193. Usar, em produto, recipiente, invólucro, cinta, rótulo, fatura, circular, cartaz ou em outro meio de divulgação ou propaganda, termos retificativos, tais como "tipo", "espécie", "gênero", "sistema", "semelhante", "sucedâneo", "idêntico", ou equivalente, não ressalvando a verdadeira procedência do produto.

Verbo nuclear: *Usar* (utilizar, fazer uso, desfrutar, fruir).

Objeto jurídico: Podemos reconhecer nesse crime uma dupla objetividade jurídica, visto que tutela tanto a propriedade industrial (especificamente "outras indicações") e também a relação de consumo.

Objeto material: Produto, recipiente, invólucro, cinta, rótulo, fatura, circular, cartaz ou em outro meio de divulgação ou propaganda.

Elemento subjetivo: É o dolo. O legislador não puniu a conduta culposa.

Sujeito ativo: Qualquer pessoa pode ser sujeito ativo desse delito.

Sujeito passivo: O sujeito passivo será tanto o produtor do produto original quanto o consumidor.

Crime instantâneo: Se consuma no momento da prática da conduta.

Consumação: O crime se consuma com a pratica da conduta, independente da produção do resultado.

Tentativa: É entendida admissível a tentativa, visto que a conduta pode ter sido iniciada, mas pode não ter se consumado por circunstâncias alheias à vontade do agente; sendo assim, podemos reconhecer a tentativa.

Classificação doutrinária: *Crime comum* (pode ser praticado por qualquer pessoa); *formal* (não há exigência de resultado naturalístico da conduta); *de perigo abstrato* (há uma presunção da lei quanto ao perigo da conduta, configurando-se os crimes contra patentes, independentemente de prejuízo efetivo); *doloso* (o agente quer o resultado ou assume o risco de produzi-lo); *de forma livre* (não se exige a prática de uma conduta de uma maneira específica, podendo ser praticado por qualquer meio de execução); *comissivo* (as condutas são praticadas por meio de ações); *instantâneo* (a consumação se dá em um momento específico; no caso em tela, no momento em que houve a reprodução ou imitação); *unissubjetivo ou de concurso eventual* (pode ser praticado por um só agente); *crime de menor potencial ofensivo* (a pena não é superior a dois anos); *admite tentativa.*

Ação penal: É crime de ação penal privada.

Pena: detenção de 1 (um) a 3 (três) meses, ou multa.

Transação Penal: Haja vista tratar-se de Crime de Menor Potencial Ofensivo permite-se a transação penal, nos termos da Lei 9.099/95.

Suspensão Condicional do Processo: É cabível.

Acordo de Não Persecução Penal: A Lei 13.964/19 incluiu o artigo 28-A, no Código de Processo Penal. Este estabelece o "acordo de não persecução penal", elencando os requisitos autorizadores deste instituto. O *caput* do artigo possibilita ao Ministério Público propor o acordo de não persecução penal desde que: a) não seja caso de arquivamento do procedimento persecutório; b) o investigado tenha confessado formalmente e de forma circunstanciada a prática da infração penal; c) que a infração penal seja praticada sem violência ou grave ameaça; d) que a pena mínima da infração penal seja inferior a 4 (quatro) anos. Ainda, os incisos do artigo 28-A apresentam as condições que poderão ser aplicadas, cumulativa ou alternativamente, aos beneficiados pelo acordo de não persecução penal. Embora, objetivamente, alguns requisitos explanados acima estejam presentes nos crimes da lei em comento, cabe observar, que o inciso I, do §2º, do artigo 28-A do Código de Processo Penal assevera que quando for cabível a transação penal (como no caso do desse crime), não se aplica o acordo de não persecução penal.

Art. 194. Usar marca, nome comercial, título de estabelecimento, insígnia, expressão ou sinal de propaganda ou qualquer outra forma que indique procedência que não a verdadeira, ou vender ou expor à venda produto com esses sinais.

Verbos nucleares: *Usar* (utilizar, fazer uso, desfrutar, fruir); *vender* (comercializar, praticar a mercancia, alienar mediante contraprestação); *expor à venda* (exibir, colocar em exibição, deixar disposto).

Objeto jurídico: A propriedade industrial e a relação de consumo.

Objeto material: Marca, nome comercial, título de estabelecimento, insígnia, expressão ou sinal de propaganda ou qualquer outra forma que indique procedência que não a verdadeira.

Elemento subjetivo: É o dolo. O legislador não puniu a conduta culposa.

Sujeito ativo: Qualquer pessoa.

Sujeito passivo: Será sujeito passivo o titular da marca, nome comercial, título de estabelecimento, insígnia, expressão ou sinal de propaganda ou qualquer outra forma que indique procedência que não a verdadeira, e, ainda, o consumidor.

Crime instantâneo: Com relação ao verbo "usar" e "vender", o crime é instantâneo, já que se consuma com a prática das condutas.

Crime permanente: Em se tratando da conduta de expor à venda, esse crime é permanente.

Consumação: O crime se consuma com a pratica da conduta, independente da produção do resultado.

Tentativa: Admite-se a tentativa.

Classificação doutrinária: *Crime comum* (pode ser praticado por qualquer pessoa); *formal* (não há exigência de resultado naturalístico da conduta); *de perigo abstrato* (há uma presunção da lei quanto ao perigo da conduta, configurando-se os crimes contra patentes, independentemente de prejuízo efetivo); *doloso* (o agente quer o resultado ou assume o risco de produzi-lo); *de forma livre* (não se exige a prática de uma conduta de uma maneira específica, podendo ser praticado por qualquer meio de execução); *comissivo* (as condutas são praticadas por meio de ações); *instantâneo* (a consumação se dá em um momento específico; no caso em tela, no momento em que houve a reprodução ou imitação), quando os verbos praticados forem "vender" e "usar"; *permanente* (a consumação se prolonga no tempo), quanto ao verbo "expor" à venda; *unissubjetivo ou de concurso eventual* (pode ser praticado por um só agente); *crime de menor potencial ofensivo* (a pena não é superior a dois anos); *admite tentativa.*

Ação penal: A ação penal é privada para este crime.

Pena: detenção de 1 (um) a 3 (três) meses, ou multa.

Transação Penal: Haja vista tratar-se de Crime de Menor Potencial Ofensivo permite-se a transação penal, nos termos da Lei 9.099/95.

Suspensão Condicional do Processo: É cabível.

Acordo de Não Persecução Penal: A Lei 13.964/19 incluiu o artigo 28-A, no Código de Processo Penal. Este estabelece o "acordo de não persecução penal", elencando os requisitos autorizadores deste instituto. O *caput* do artigo possibilita ao Ministério Público propor o acordo de não persecução penal desde que: a) não seja caso de arquivamento do procedimento persecutório; b) o investigado tenha confessado formalmente e de forma circunstanciada a prática da infração penal; c) que a infração penal seja praticada sem violência ou grave ameaça; d) que a pena mínima da infração penal seja inferior a 4 (quatro) anos. Ainda, os incisos do artigo 28-A apresentam as condições que poderão ser aplicadas, cumulativa ou alternativamente, aos beneficiados pelo acordo de não persecução penal. Embora, objetivamente, alguns requisitos explanados acima estejam presentes nos crimes da lei em comento, cabe observar, que o inciso I, do §2º, do artigo 28-A do

Código de Processo Penal assevera que quando for cabível a transação penal (como no caso do desse crime), não se aplica o acordo de não persecução penal.

7. DOS CRIMES DE CONCORRÊNCIA DESLEAL

Comentários: O legislador definiu todos os crimes de concorrência desleal no capítulo VI do título V da Lei 9.279/96, mais especificamente no artigo 195, descrevendo as condutas criminais de forma anormal ou anômala; pois em vez de simplesmente expressar uma conduta omissiva ou comissiva e estabelecer a pena, preferiu usar no *caput* do artigo 195 a expressão: "Comete crime de concorrência desleal:" para posteriormente defini-los em seus quatorze (14) incisos.

Art. 195. Comete crime de concorrência desleal quem:

I - publica, por qualquer meio, falsa afirmação, em detrimento de concorrente, com o fim de obter vantagem;

Verbo nuclear: *Publicar* (divulgar, difundir, dar publicidade).

Objeto jurídico: A liberdade de competir e as relações de consumo.

Objeto material: O objeto material desse crime é a afirmação falsa, inverídica.

Elemento subjetivo: É o dolo. Há um elemento subjetivo específico, quer seja, o fim de obtenção de vantagem. O legislador não puniu a conduta culposa.

Sujeito ativo: Somente poderá ser sujeito ativo desse crime aquele que é comercialmente concorrente, ou seja, quem concorra com o comércio do sujeito passivo. Portanto, é considerado um crime próprio, pois exige uma qualidade especial do agente.

Sujeito passivo: Será sujeito passivo quem exerça um comércio.

Crime instantâneo: É crime instantâneo, já que se configura com o simples ato de publicar, independentemente do meio utilizado.

Consumação: O crime se consuma com a pratica da conduta, independente da produção do resultado.

Tentativa: É entendida admissível a tentativa, visto que a conduta de publicar pode ter sido iniciada, mas pode não ter se consumado por circunstâncias alheias à vontade do agente; sendo assim, podemos reconhecer a tentativa.

Classificação doutrinária: *Crime próprio* (só pode ser praticado por agente que detenha qualidades específicas; no caso em tela, por aquele que concorra no comércio com o sujeito passivo); *formal* (não há exigência de resultado naturalístico da conduta); *de perigo abstrato* (há uma presunção da lei quanto ao perigo da conduta, configurando-se os crimes contra patentes, independentemente de prejuízo efetivo); *doloso* (o agente quer o resultado ou assume o risco de produzi-lo); *de forma livre* (não se exige a prática de uma conduta de uma maneira específica, podendo ser praticado por qualquer meio de execução); *comissivo* (as condutas são praticadas por meio de ações); *instantâneo* (a consumação se dá em um momento específico; no caso em tela, no momento em que houve a reprodução ou imitação); *unissubjetivo ou de concurso eventual* (pode ser praticado por um só agente); *crime de menor potencial ofensivo* (a pena não é superior a dois anos); *admite tentativa.*

Ação penal: Ação penal privada.

Pena: detenção de 3 (três) meses a 1 (um) ano, ou multa.

II - presta ou divulga, acerca de concorrente, falsa informação, com o fim de obter vantagem;

Verbos nucleares: *Prestar* (dar, fazer, praticar); *divulgar* (difundir, dar publicidade, noticiar).

Objeto jurídico: A liberdade de competir e as relações de consumo.

Objeto material: Falsa informação.

Elemento subjetivo: O elemento subjetivo é o dolo; e, nesse caso, há uma finalidade específica, quer seja, a obtenção de vantagem.

Sujeito ativo: Somente poderá ser sujeito ativo desse crime aquele que é comercialmente concorrente, ou seja, quem concorra com o comércio do sujeito passivo. Portanto, é considerado um crime próprio, pois exige uma qualidade especial do agente.

Sujeito passivo: Será sujeito passivo quem exerça um comércio.

Crime instantâneo: É crime instantâneo, já que se configura com o simples ato de publicar, independentemente do meio utilizado.

Consumação: O crime se consuma com a pratica da conduta, independente da produção do resultado.

Tentativa: É entendida admissível a tentativa, visto que a conduta de publicar pode ter sido iniciada, mas pode não ter se consumado por circunstâncias alheias à vontade do agente; sendo assim, podemos reconhecer a tentativa.

Classificação doutrinária: *Crime próprio* (só pode ser praticado por agente que detenha qualidades específicas; no caso em tela, por aquele que concorra no comércio com o sujeito passivo); *formal* (não há exigência de resultado naturalístico da conduta); *de perigo abstrato* (há uma presunção da lei quanto ao perigo da conduta, configurando-se os crimes contra patentes, independentemente de prejuízo efetivo); *doloso* (o agente quer o resultado ou assume o risco de produzi-lo); *de forma livre* (não se exige a prática de uma conduta de uma maneira específica, podendo ser praticado por qualquer meio de execução); *comissivo* (as condutas são praticadas por meio de ações); *instantâneo* (a consumação se dá em um momento específico, no caso em tela, no momento em que houve a reprodução ou imitação); *unissubjetivo ou de concurso eventual* (pode ser praticado por um só agente); *crime de menor potencial ofensivo* (a pena não é superior a dois anos); *admite tentativa.*

Ação penal: Ação penal privada.

Pena: detenção de 3 (três) meses a 1 (um) ano, ou multa.

Transação Penal: Haja vista tratar-se de Crime de Menor Potencial Ofensivo permite-se a transação penal, nos termos da Lei 9.099/95.

Suspensão Condicional do Processo: É cabível.

Acordo de Não Persecução Penal: A Lei 13.964/19 incluiu o artigo 28-A, no Código de Processo Penal. Este estabelece o "acordo de não persecução penal", elencando os requisitos autorizadores deste instituto. O *caput* do artigo possibilita ao Ministério Público propor o acordo de não persecução penal desde que: a) não seja caso de arquivamento do procedimento persecutório; b) o investigado tenha confessado formalmente e de forma circunstanciada a prática da infração penal; c) que a infração penal seja praticada sem violência ou grave ameaça; d) que a pena mínima da infração penal seja inferior a 4 (quatro) anos. Ainda, os incisos do artigo 28-A apresentam as condições que poderão ser aplicadas, cumulativa ou alternativamente, aos beneficiados pelo acordo de não persecução penal. Embora, objetivamente, alguns requisitos explanados acima estejam presentes nos crimes da lei em comento, cabe observar, que o inciso I, do §2º, do artigo 28-A do Código de Processo Penal assevera que quando for cabível a transação penal (como no caso do desse crime), não se aplica o acordo de não persecução penal.

III - emprega meio fraudulento, para desviar, em proveito próprio ou alheio, clientela de outrem;

Verbo nuclear: *Empregar* (utilizar, usar, fazer uso de, aplicar).

Objeto jurídico: A liberdade de competição, ou seja, a concorrência; e então, a tutela da propriedade industrial.

Objeto material: O objeto material é a expressão ou sinal de propaganda.

Elemento subjetivo: É o dolo. O legislador não puniu a conduta culposa.

Sujeito ativo: Somente poderá ser sujeito ativo desse crime aquele que é comercialmente concorrente, ou seja, quem concorra com o comércio do sujeito passivo. Portanto, é considerado um crime próprio, pois exige uma qualidade especial do agente.

Sujeito passivo: Será sujeito passivo quem exerça um comércio.

Crime instantâneo: Em virtude de a prática do delito dar-se pelo verbo "empregar", trata-se de crime instantâneo, consumando-se quando o autor emprega o meio fraudulento.

Consumação: O crime se consuma com a pratica da conduta, independente da produção do resultado.

Tentativa: É entendida admissível a tentativa, visto que a conduta pode ter sido iniciada, mas pode não ter se consumado por circunstâncias alheias à vontade do agente; sendo assim, podemos reconhecer a tentativa.

Classificação doutrinária: *Crime comum* (pode ser praticado por qualquer pessoa); *formal* (não há exigência de resultado naturalístico da conduta); *de perigo abstrato* (há uma presunção da lei quanto ao perigo da conduta, configurando-se os crimes contra patentes, independentemente de prejuízo efetivo); *doloso* (o agente quer o resultado ou assume o risco de produzi-lo); *de forma livre* (não se exige a prática de uma conduta de uma maneira específica, podendo ser praticado por qualquer meio de execução); *comissivo* (as condutas são praticadas por meio de ações); *instantâneo* (a consumação se dá em um momento específico; no caso em tela, no momento em que houve a reprodução ou imitação); *unissubjetivo ou de concurso eventual* (pode ser praticado por um só agente); *crime de menor potencial ofensivo* (a pena não é superior a dois anos); *admite tentativa.*

Ação penal: Ação penal privada.

Pena: detenção de 3 (três) meses a 1 (um) ano, ou multa.

Transação Penal: Haja vista tratar-se de Crime de Menor Potencial Ofensivo permite-se a transação penal, nos termos da Lei 9.099/95.

Suspensão Condicional do Processo: É cabível.

Acordo de Não Persecução Penal: A Lei 13.964/19 incluiu o artigo 28-A, no Código de Processo Penal. Este estabelece o "acordo de não persecução penal", elencando os requisitos autorizadores deste instituto. O *caput* do artigo possibilita ao Ministério Público propor o acordo de não persecução penal desde que: a) não seja caso de arquivamento do procedimento persecutório; b) o investigado tenha confessado formalmente e de forma circunstanciada a prática da infração penal; c) que a infração penal seja praticada sem violência ou grave ameaça; d) que a pena mínima da infração penal seja inferior a 4 (quatro) anos. Ainda, os incisos do artigo 28-A apresentam as condições que poderão ser aplicadas, cumulativa ou alternativamente, aos beneficiados pelo acordo de não persecução penal. Embora, objetivamente, alguns requisitos explanados acima estejam presentes nos crimes da lei em comento, cabe observar, que o inciso I, do §2º, do artigo 28-A do Código de Processo Penal assevera que quando for cabível a transação penal (como no caso do desse crime), não se aplica o acordo de não persecução penal.

IV - usa expressão ou sinal de propaganda alheios, ou os imita, de modo a criar confusão entre os produtos ou estabelecimentos;

Verbos nucleares: *Usar* (utilizar, fazer uso, desfrutar, fruir); imitar (copiar, plagiar, fazer parecido).

Objeto jurídico: O delito protege a liberdade e lealdade de concorrência, portanto, a propriedade industrial.

Objeto material: Expressão ou sinal de propaganda.

Elemento subjetivo: É o dolo. O legislador não puniu a conduta culposa. É possível vislumbrar do tipo um fim específico, que é criar confusão entre produtos ou estabelecimentos, inclusive sendo de possível detecção através do termo empregado, isto é, "de modo a", que nada mais é do que "com o fim de", numa interpretação literal.

Sujeito ativo: É crime próprio, exigindo-se uma condição especial por parte do agente, que é o fato de ser um concorrente comercial.

Sujeito passivo: O concorrente comercial.

Crime instantâneo: Trata-se de crime instantâneo, pois ao serem realizadas as condutas de usar e imitar já temos a consumação do delito.

Consumação: O crime se consuma com a pratica da conduta, independente da produção do resultado.

Tentativa: É entendida admissível a tentativa, visto que a conduta pode ter sido iniciada, mas pode não ter se consumado por circunstâncias alheias à vontade do agente; sendo assim, podemos reconhecer a tentativa.

Classificação doutrinária: *Crime próprio* (pois exige uma qualidade especial do agente); *formal* (não há exigência de resultado naturalístico da conduta); *de perigo abstrato* (há uma presunção da lei quanto ao perigo da conduta, configurando-se os crimes contra patentes, independentemente de prejuízo efetivo); *doloso* (o agente quer o resultado ou assume o risco de produzi-lo); *de forma livre* (não se exige a prática de uma conduta de uma maneira específica, podendo ser praticado por qualquer meio de execução); *comissivo* (as condutas são praticadas por meio de ações); *instantâneo* (a consumação se dá em um momento específico, no caso em tela, no momento em que houve a reprodução ou imitação); *unissubjetivo ou de concurso eventual* (pode ser praticado por um só agente); *crime de menor potencial ofensivo* (a pena não é superior a dois anos); *admite tentativa.*

Ação penal: Ação penal privada.

Pena: detenção de 3 (três) meses a 1 (um) ano, ou multa.

Transação Penal: Haja vista tratar-se de Crime de Menor Potencial Ofensivo permite-se a transação penal, nos termos da Lei 9.099/95.

Suspensão Condicional do Processo: É cabível.

Acordo de Não Persecução Penal: A Lei 13.964/19 incluiu o artigo 28-A, no Código de Processo Penal. Este estabelece o "acordo de não persecução penal", elencando os requisitos autorizadores deste instituto. O *caput* do artigo possibilita ao Ministério Público propor o acordo de não persecução penal desde que: a) não seja caso de arquivamento do procedimento persecutório; b) o investigado tenha confessado formalmente e de forma circunstanciada a prática da infração penal; c) que a infração penal seja praticada sem violência ou grave ameaça; d) que a pena mínima da infração penal seja inferior a 4 (quatro) anos. Ainda, os incisos do artigo 28-A apresentam as condições que poderão ser aplicadas, cumulativa ou alternativamente, aos beneficiados pelo acordo de não persecução penal. Embora, objetivamente, alguns requisitos explanados acima estejam presentes nos crimes da lei em comento, cabe observar, que o inciso I, do §2º, do artigo 28-A do Código de Processo Penal assevera que quando for cabível a transação penal (como no caso do desse crime), não se aplica o acordo de não persecução penal.

V - usa, indevidamente, nome comercial, título de estabelecimento ou insígnia alheios ou vende, expõe ou oferece à venda ou tem em estoque produto com essas referências;

Verbos nucleares: *Usar* (utilizar, fazer uso, desfrutar, fruir); *vender* (comercializar, praticar a mercancia, alienar mediante contraprestação); *expor* (exibir, colocar em exibição, deixar disposto); *oferecer à venda* (ofertar, pôr à disposição); *ter em estoque* (ter em: reserva, provisão, depósito).

Objeto jurídico: O legislador tutela a liberdade e lealdade de concorrência, e, consequentemente, a propriedade industrial.

Objeto material: Nome comercial, título de estabelecimento e insígnias.

Elemento subjetivo: É o dolo. O legislador não puniu a conduta culposa.

Sujeito ativo: É crime próprio, exigindo-se uma condição especial por parte do agente, que é o fato de ser um concorrente comercial.

Sujeito passivo: O concorrente comercial.

Crime instantâneo: Trata-se de crime instantâneo, nas condutas de usar e vender. Com relação às condutas de expor e oferecer à venda, também pode ser instantâneo, havendo necessidade de se analisar o caso concreto.

Crime permanente: Trata-se de crime permanente na conduta de manter em estoque, e dependendo da forma sobre como se realiza a exposição e o oferecimento à venda, também poderão essas condutas terem sua consumação prolongando-se no tempo.

Consumação: O crime se consuma com a pratica da conduta, independente da produção do resultado.

Tentativa: É entendida admissível a tentativa, visto que a conduta pode ter sido iniciada, mas pode não ter se consumado por circunstâncias alheias à vontade do agente; sendo assim, podemos reconhecer a tentativa.

Classificação doutrinária: *Crime próprio* (pois exige uma qualidade especial do agente); *formal* (não há exigência de resultado naturalístico da conduta); *de perigo abstrato* (há uma presunção da lei quanto ao perigo da conduta, configurando-se os crimes contra patentes, independentemente de prejuízo efetivo); *doloso* (o agente quer o resultado ou assume o risco de produzi-lo); *de forma livre* (não se exige a prática de uma conduta de uma maneira específica, podendo ser praticado por qualquer meio de execução); *comissivo* (as condutas são praticadas por meio de ações); *instantâneo em algumas hipóteses* (a consumação se dá em um momento específico; no caso em tela, no momento em que houve a reprodução ou imitação); *permanente* com a prática de algumas condutas (é aquele cuja consumação se protrai no tempo); *unissubjetivo ou de concurso eventual* (pode ser praticado por um só agente); *crime de menor potencial ofensivo* (a pena não é superior a dois anos); *admite tentativa.*

Ação penal: Ação penal privada.

Pena: detenção de 3 (três) meses a 1 (um) ano, ou multa.

Transação Penal: Haja vista tratar-se de Crime de Menor Potencial Ofensivo permite-se a transação penal, nos termos da Lei 9.099/95.

Suspensão Condicional do Processo: É cabível.

Acordo de Não Persecução Penal: A Lei 13.964/19 incluiu o artigo 28-A, no Código de Processo Penal. Este estabelece o "acordo de não persecução penal", elencando os requisitos autorizadores deste instituto. O *caput* do artigo possibilita ao Ministério Público propor o acordo de não persecução penal desde que: a) não seja caso de arquivamento do procedimento persecutório; b) o investigado tenha confessado formalmente e de forma circunstanciada a prática da infração penal; c) que a infração penal seja praticada sem violência ou grave ameaça; d) que a pena mínima da infração penal seja inferior a 4 (quatro) anos. Ainda, os incisos do artigo 28-A apresentam as condições que poderão ser aplicadas, cumulativa ou alternativamente, aos beneficiados pelo acordo de não persecução penal. Embora, objetivamente, alguns requisitos explanados acima estejam presentes nos crimes da lei em comento, cabe observar, que o inciso I, do §2º, do artigo 28-A do Código de Processo Penal assevera que quando for cabível a transação penal (como no caso do desse crime), não se aplica o acordo de não persecução penal.

VI - substitui, pelo seu próprio nome ou razão social, em produto de outrem, o nome ou razão social deste, sem o seu consentimento;

Verbo nuclear: *Substituir* (trocar, mudar, colocar outro).

Objeto jurídico: O delito protege a liberdade e lealdade de concorrência, portanto, a propriedade industrial.

Objeto material: Nome ou razão social.

Elemento subjetivo: É o dolo. O legislador não puniu a conduta culposa. É possível vislumbrar do tipo um fim específico, que é criar confusão entre produtos ou estabelecimentos, inclusive sendo de possível detecção através do termo empregado, isto é, "de modo a", que nada mais é do que "com o fim de", numa interpretação literal.

Sujeito ativo: É crime próprio, exigindo-se uma condição especial por parte do agente, que é o fato de ser um concorrente comercial.

Sujeito passivo: O concorrente comercial.

Crime instantâneo: Trata-se de crime instantâneo, pois ao serem realizadas as condutas de usar e imitar já temos a consumação do delito.

Consumação: O crime se consuma com a pratica da conduta, independente da produção do resultado.

Tentativa: É entendida admissível a tentativa, visto que a conduta pode ter sido iniciada, mas pode não ter se consumado por circunstâncias alheias à vontade do agente; sendo assim, podemos reconhecer a tentativa.

Classificação doutrinária: *Crime próprio* (pois exige uma qualidade especial do agente); *formal* (não há exigência de resultado naturalístico da conduta); *de perigo abstrato* (há uma presunção da lei quanto ao perigo da conduta, configurando-se os crimes contra patentes, independentemente de prejuízo efetivo); *doloso* (o agente quer o resultado ou assume o risco de produzi-lo); *de forma livre* (não se exige a prática de uma conduta de uma maneira específica, podendo ser praticado por qualquer meio de execução); *comissivo* (as condutas são praticadas por meio de ações); *instantâneo* (a consumação se dá em um momento específico; no caso em tela, no momento em que houve a reprodução ou imitação); *unissubjetivo ou de concurso eventual* (pode ser praticado por um só agente); *crime de menor potencial ofensivo* (a pena não é superior a dois anos); *admite tentativa.*

Ação penal: Ação penal privada.

Pena: detenção de 3 (três) meses a 1 (um) ano, ou multa.

Transação Penal: Haja vista tratar-se de Crime de Menor Potencial Ofensivo permite-se a transação penal, nos termos da Lei 9.099/95.

Suspensão Condicional do Processo: É cabível.

Acordo de Não Persecução Penal: A Lei 13.964/19 incluiu o artigo 28-A, no Código de Processo Penal. Este estabelece o "acordo de não persecução penal", elencando os requisitos autorizadores deste instituto. O *caput* do artigo possibilita ao Ministério Público propor o acordo de não persecução penal desde que: a) não seja caso de arquivamento do procedimento persecutório; b) o investigado tenha confessado formalmente e de forma circunstanciada a prática da infração penal; c) que a infração penal seja praticada sem violência ou grave ameaça; d) que a pena mínima da infração penal seja inferior a 4 (quatro) anos. Ainda, os incisos do artigo 28-A apresentam as condições que poderão ser aplicadas, cumulativa ou alternativamente, aos beneficiados pelo acordo de não persecução penal. Embora, objetivamente, alguns requisitos explanados acima estejam presentes nos crimes da lei em comento, cabe observar, que o inciso I, do §2º, do artigo 28-A do Código de Processo Penal assevera que quando for cabível a transação penal (como no caso do desse crime), não se aplica o acordo de não persecução penal.

VII - atribui-se, como meio de propaganda, recompensa ou distinção que não obteve;

Verbo nuclear: *Atribuir* (tachar, conceder, imputar).

Objeto jurídico: O delito protege a liberdade e lealdade de concorrência, portanto, a propriedade industrial.

Objeto material: Recompensa ou distinção.

Elemento subjetivo: É o dolo. O legislador não puniu a conduta culposa.

Sujeito ativo: É crime próprio, exigindo-se uma condição especial por parte do agente, que é o fato de ser um concorrente comercial.

Sujeito passivo: O concorrente comercial.

Crime instantâneo: Trata-se de crime instantâneo, pois ao serem realizadas as condutas de usar e imitar já temos a consumação do delito.

Consumação: O crime se consuma com a pratica da conduta, independente da produção do resultado.

Tentativa: É entendida admissível a tentativa, visto que a conduta pode ter sido iniciada, mas pode não ter se consumado por circunstâncias alheias à vontade do agente; sendo assim, podemos reconhecer a tentativa.

Classificação doutrinária: *Crime próprio* (pois exige uma qualidade especial do agente); *formal* (não há exigência de resultado naturalístico da conduta); *de perigo abstrato* (há uma presunção da lei quanto ao perigo da conduta, configurando-se os crimes contra patentes, independentemente de prejuízo efetivo); *doloso* (o agente quer o resultado ou assume o risco de produzi-lo); *de forma livre* (não se exige a prática de uma conduta de uma maneira específica, podendo ser praticado por qualquer meio de execução);*comissivo* (as condutas são praticadas por meio de ações); *instantâneo* (a consumação se dá em um momento específico; no caso em tela, no momento em que houve a reprodução ou imitação); *unissubjetivo ou de concurso eventual* (pode ser praticado por um só agente); *crime de menor potencial ofensivo* (a pena não é superior a dois anos); *admite tentativa.*

Ação penal: Ação penal privada.

Pena: detenção de 3 (três) meses a 1 (um) ano, ou multa.

Transação Penal: Haja vista tratar-se de Crime de Menor Potencial Ofensivo permite-se a transação penal, nos termos da Lei 9.099/95.

Suspensão Condicional do Processo: É cabível.

Acordo de Não Persecução Penal: A Lei 13.964/19 incluiu o artigo 28-A, no Código de Processo Penal. Este estabelece o "acordo de não persecução penal", elencando os requisitos autorizadores deste instituto. O *caput* do artigo possibilita ao Ministério Público propor o acordo de não persecução penal desde que: a) não seja caso de arquivamento do procedimento persecutório; b) o investigado tenha confessado formalmente e de forma circunstanciada a prática da infração penal; c) que a infração penal seja praticada sem violência ou grave ameaça; d) que a pena mínima da infração penal seja inferior a 4 (quatro) anos. Ainda, os incisos do artigo 28-A apresentam as condições que poderão ser aplicadas, cumulativa ou alternativamente, aos beneficiados pelo acordo de não persecução penal. Embora, objetivamente, alguns requisitos explanados acima estejam presentes nos crimes da lei em comento, cabe observar, que o inciso I, do §2º, do artigo 28-A do Código de Processo Penal assevera que quando for cabível a transação penal (como no caso do desse crime), não se aplica o acordo de não persecução penal.

VIII - vende ou expõe ou oferece à venda, em recipiente ou invólucro de outrem, produto adulterado ou falsificado, ou dele se utiliza para negociar com produto da mesma espécie, embora não adulterado ou falsificado, se o fato não constitui crime mais grave;

Verbos nucleares: *Vender* (comercializar, praticar a mercancia, alienar mediante contraprestação); *expor* (exibir, colocar em exibição, deixar disposto); *oferecer à venda* (ofertar, pôr à disposição); *utilizar* (fazer uso; empregar; é tornar útil; servir-se de; tirar proveito de).

Objeto jurídico: O delito protege a liberdade e lealdade de concorrência, portanto, a propriedade industrial.

Objeto material: O objeto material é o produto, quer seja ele adulterado, falsificado ou produto da mesma espécie.

Elemento subjetivo: É o dolo. O legislador não puniu a conduta culposa.

Sujeito ativo: É crime próprio, exigindo-se uma condição especial por parte do agente, que é o fato de ser um concorrente comercial.

Sujeito passivo: O concorrente comercial.

Crime instantâneo: Trata-se de crime instantâneo em se tratando do verbo "vender" e do verbo "utilizar".

Crime permanente: Ao praticar o crime expondo à venda o produto, este poderá ser permanente em algumas hipóteses, como por exemplo quando esse produto for deixado disposto em uma vitrine ou em um *site*, sendo que durante todo o tempo de exposição a consumação estará ocorrendo, isto é, a consumação do crime se prolonga no tempo.

Consumação: O crime se consuma com a pratica da conduta, independente da produção do resultado.

Tentativa: É entendida admissível a tentativa, visto que a conduta pode ter sido iniciada, mas pode não ter se consumado por circunstâncias alheias à vontade do agente; sendo assim, podemos reconhecer a tentativa.

Classificação doutrinária: *Crime próprio* (pois exige uma qualidade especial do agente); *formal* (não há exigência de resultado naturalístico da conduta); *de perigo abstrato* (há uma presunção da lei quanto ao perigo da conduta, configurando-se os crimes contra patentes, independentemente de prejuízo efetivo); *doloso* (o agente quer o resultado ou assume o risco de produzi-lo); *de forma livre* (não se exige a prática de uma conduta de uma maneira específica, podendo ser praticado por qualquer meio de execução); *comissivo* (as condutas são praticadas por meio de ações); *instantâneo* (nas condutas de vender e usar, a consumação se dá em um momento específico; no caso em tela, no momento em que houve a reprodução ou imitação); *permanente; unissubjetivo ou de concurso eventual* (pode ser praticado por um só agente); *crime de menor potencial ofensivo* (a pena não é superior a dois anos); *admite tentativa.*

Ação penal: Ação penal privada.

Pena: detenção de 3 (três) meses a 1 (um) ano, ou multa.

Transação Penal: Haja vista tratar-se de Crime de Menor Potencial Ofensivo permite-se a transação penal, nos termos da Lei 9.099/95.

Suspensão Condicional do Processo: É cabível.

Acordo de Não Persecução Penal: A Lei 13.964/19 incluiu o artigo 28-A, no Código de Processo Penal. Este estabelece o "acordo de não persecução penal", elencando os requisitos autorizadores deste instituto. O *caput* do artigo possibilita ao Ministério Público propor o acordo de não persecução penal desde que: a) não seja caso de arquivamento do procedimento persecutório; b) o investigado tenha confessado formalmente e de forma circunstanciada a prática da infração penal; c) que a infração penal seja praticada sem violência ou grave ameaça; d) que a pena mínima da infração penal seja inferior a 4 (quatro) anos. Ainda, os incisos do artigo 28-A apresentam as condições que poderão ser aplicadas, cumulativa ou alternativamente, aos beneficiados pelo acordo de não persecução penal. Embora, objetivamente, alguns requisitos explanados acima estejam presentes nos crimes da lei em comento, cabe observar, que o inciso I, do §2º, do artigo 28-A do Código de Processo Penal assevera que quando for cabível a transação penal (como no caso do desse crime), não se aplica o acordo de não persecução penal.

IX - dá ou promete dinheiro ou outra utilidade a empregado de concorrente, para que o empregado, faltando ao dever do emprego, lhe proporcione vantagem;

Verbos nucleares: *Dar* (entregar, conceder, transmitir); *prometer* (fazer promessa, garantir que fará ou não fará algo).

Objeto jurídico: O delito protege a liberdade e lealdade de concorrência, portanto, a propriedade industrial.

Objeto material: Dinheiro ou outra utilidade.

Elemento subjetivo: É o dolo. Neste delito há uma finalidade especial, quer seja, a obtenção da vantagem. O legislador não puniu a conduta culposa.

Sujeito ativo: É crime próprio, exigindo-se uma condição especial por parte do agente, que é o fato de ser um concorrente comercial.

Sujeito passivo: O concorrente comercial.

Crime instantâneo: O crime pode ser considerado instantâneo em ambas as condutas pelas quais ele pode ser praticado.

Consumação: O crime se consuma com a pratica da conduta, independente da produção do resultado.

Tentativa: É entendida admissível a tentativa, visto que a conduta pode ter sido iniciada, mas pode não ter se consumado por circunstâncias alheias à vontade do agente; sendo assim, podemos reconhecer a tentativa.

Classificação doutrinária: *Crime comum* (pode ser praticado por qualquer pessoa); *formal* (não há exigência de resultado naturalístico da conduta); *de perigo abstrato* (há uma presunção da lei quanto ao perigo da conduta, configurando-se os crimes contra patentes, independentemente de prejuízo efetivo); *doloso* (o agente quer o resultado ou assume o risco de produzi-lo); *de forma livre*(não se exige a prática de uma conduta de uma maneira específica, podendo ser praticado por qualquer meio de execução); *comissivo* (as condutas são praticadas por meio de ações); *instantâneo* (a consumação se dá em um momento específico; no caso em tela, no momento em que houve a reprodução ou imitação); *unissubjetivo ou de concurso eventual* (pode ser praticado por um só agente); *crime de menor potencial ofensivo* (a pena não é superior a dois anos); *admite tentativa.*

Ação penal: Ação penal privada.

Pena: detenção de 3 (três) meses a 1 (um) ano, ou multa.

Transação Penal: Haja vista tratar-se de Crime de Menor Potencial Ofensivo permite-se a transação penal, nos termos da Lei 9.099/95.

Suspensão Condicional do Processo: É cabível.

Acordo de Não Persecução Penal: A Lei 13.964/19 incluiu o artigo 28-A, no Código de Processo Penal. Este estabelece o "acordo de não persecução penal", elencando os requisitos autorizadores deste instituto. O *caput* do artigo possibilita ao Ministério Público propor o acordo de não persecução penal desde que: a) não seja caso de arquivamento do procedimento persecutório; b) o investigado tenha confessado formalmente e de forma circunstanciada a prática da infração penal; c) que a infração penal seja praticada sem violência ou grave ameaça; d) que a pena mínima da infração penal seja inferior a 4 (quatro) anos. Ainda, os incisos do artigo 28-A apresentam as condições que poderão ser aplicadas, cumulativa ou alternativamente, aos beneficiados pelo acordo de não persecução penal. Embora, objetivamente, alguns requisitos explanados acima estejam presentes nos crimes da lei em comento, cabe observar, que o inciso I, do §2º, do artigo 28-A do Código de Processo Penal assevera que quando for cabível a transação penal (como no caso do desse crime), não se aplica o acordo de não persecução penal.

X - recebe dinheiro ou outra utilidade, ou aceita promessa de paga ou recompensa, para, faltando ao dever de empregado, proporcionar vantagem a concorrente do empregador;

Verbos nucleares: *Receber* (obter, adquirir, conseguir); *aceitar* (aquiescer, anuir, assentir).

Objeto jurídico: O delito protege a liberdade e lealdade de concorrência, portanto, a propriedade industrial.

Objeto material: Dinheiro, utilidade ou promessa de paga ou recompensa.

Elemento subjetivo: É o dolo. O legislador não puniu a conduta culposa. Há um elemento subjetivo específico, quer seja, a obtenção de vantagem.

Sujeito ativo: Será sujeito passivo o comerciário que é empregado do concorrente.

Sujeito passivo: O comerciante concorrente.

Crime instantâneo: É crime instantâneo em todas as formas de realização.

Consumação: O crime se consuma com a pratica da conduta, independente da produção do resultado.

Tentativa: É entendida admissível a tentativa, visto que a conduta pode ter sido iniciada, mas pode não ter se consumado por circunstâncias alheias à vontade do agente; sendo assim, podemos reconhecer a tentativa.

Classificação doutrinária: *Crime comum* (pode ser praticado por qualquer pessoa); *formal* (não há exigência de resultado naturalístico da conduta); *de perigo abstrato* (há uma presunção da lei quanto ao perigo da conduta, configurando-se os crimes contra patentes, independentemente de prejuízo efetivo); *doloso* (o agente quer o resultado ou assume o risco de produzi-lo); *de forma livre* (não se exige a prática de uma conduta de uma maneira específica, podendo ser praticado por qualquer meio de execução); *comissivo* (as condutas são praticadas por meio de ações); *instantâneo* (a consumação se dá em um momento específico; no caso em tela, no momento em que houve a reprodução ou imitação); *unissubjetivo ou de concurso eventual* (pode ser praticado por um só agente); *crime de menor potencial ofensivo* (a pena não é superior a dois anos); *admite tentativa.*

Ação penal: Ação penal privada.

Pena: detenção de 3 (três) meses a 1 (um) ano, ou multa.

Transação Penal: Haja vista tratar-se de Crime de Menor Potencial Ofensivo permite-se a transação penal, nos termos da Lei 9.099/95.

Suspensão Condicional do Processo: É cabível.

Acordo de Não Persecução Penal: A Lei 13.964/19 incluiu o artigo 28-A, no Código de Processo Penal. Este estabelece o "acordo de não persecução penal", elencando os requisitos autorizadores deste instituto. O *caput* do artigo possibilita ao Ministério Público propor o acordo de não persecução penal desde que: a) não seja caso de arquivamento do procedimento persecutório; b) o investigado tenha confessado formalmente e de forma circunstanciada a prática da infração penal; c) que a infração penal seja praticada sem violência ou grave ameaça; d) que a pena mínima da infração penal seja inferior a 4 (quatro) anos. Ainda, os incisos do artigo 28-A apresentam as condições que poderão ser aplicadas, cumulativa ou alternativamente, aos beneficiados pelo acordo de não persecução penal. Embora, objetivamente, alguns requisitos explanados acima estejam presentes nos crimes da lei em comento, cabe observar, que o inciso I, do §2º, do artigo 28-A do Código de Processo Penal assevera que quando for cabível a transação penal (como no caso do desse crime), não se aplica o acordo de não persecução penal.

XI - divulga, explora ou utiliza-se, sem autorização, de conhecimentos, informações ou dados confidenciais, utilizáveis na indústria, comércio ou prestação de serviços, excluídos aqueles que sejam de conhecimento público ou que sejam evidentes para um técnico no assunto, a que teve acesso mediante relação contratual ou empregatícia, mesmo após o término do contrato;

Verbos nucleares: *Divulgar* (difundir, dar publicidade, noticiar); *explorar* (aproveitar, tirar proveito, tirar vantagem); *utilizar* (fazer uso; empregar; é tornar útil; servir-se de; tirar proveito de).

Objeto jurídico: O delito protege a liberdade e lealdade de concorrência, portanto, a propriedade industrial.

Objeto material: Conhecimentos, informações ou dados confidenciais da indústria, comércio ou prestação de serviços.

Elemento subjetivo: É o dolo. O legislador não puniu a conduta culposa.

Sujeito ativo: Indivíduo que teve acesso a conhecimentos, informações ou dados confidenciais, utilizáveis na indústria, comércio ou prestação de serviços mediante relação contratual ou empregatícia, independentemente da vigência ou após o termo do contrato. Poderão ser sujeito ativo o empregador, sócio ou administrador da empresa, nos termos do § 1º desse artigo.

Sujeito passivo: Será sujeito passivo o comerciante competidor.

Crime instantâneo: Em todas as condutas previstas no tipo, o crime é considerado instantâneo.

Consumação: O crime se consuma com a pratica da conduta, independente da produção do resultado.

Tentativa: É entendida admissível a tentativa, visto que a conduta pode ter sido iniciada, mas pode não ter se consumado por circunstâncias alheias à vontade do agente; sendo assim, podemos reconhecer a tentativa.

Classificação doutrinária: *Crime comum* (pode ser praticado por qualquer pessoa); *formal* (não há exigência de resultado naturalístico da conduta); *de perigo abstrato* (há uma presunção da lei quanto ao perigo da conduta, configurando-se os crimes contra patentes, independentemente de prejuízo efetivo); *doloso* (o agente quer o resultado ou assume o risco de produzi-lo); *de forma livre* (não se exige a prática de uma conduta de uma maneira específica, podendo ser praticado por qualquer meio de execução); *comissivo* (as condutas são praticadas por meio de ações); *instantâneo* (a consumação se dá em um momento específico; no caso em tela, no momento em que houve a reprodução ou imitação); *unissubjetivo ou de concurso eventual* (pode ser praticado por um só agente); *crime de menor potencial ofensivo* (a pena não é superior a dois anos); *admite tentativa.*

Ação penal: Ação penal privada.

Pena: detenção de 3 (três) meses a 1 (um) ano, ou multa.

Transação Penal: Haja vista tratar-se de Crime de Menor Potencial Ofensivo permite-se a transação penal, nos termos da Lei 9.099/95.

Suspensão Condicional do Processo: É cabível.

Acordo de Não Persecução Penal: A Lei 13.964/19 incluiu o artigo 28-A, no Código de Processo Penal. Este estabelece o "acordo de não persecução penal", elencando os requisitos autorizadores deste instituto. O *caput* do artigo possibilita ao Ministério Público propor o acordo de não persecução penal desde que: a) não seja caso de arquivamento do procedimento persecutório; b) o investigado tenha confessado formalmente e de forma circunstanciada a prática da infração penal; c) que a infração penal seja praticada sem violência ou grave ameaça; d) que a pena mínima da infração penal seja inferior a 4 (quatro) anos. Ainda, os incisos do artigo 28-A apresentam as condições que poderão ser aplicadas, cumulativa ou alternativamente, aos beneficiados pelo acordo de não persecução penal. Embora, objetivamente, alguns requisitos explanados acima estejam presentes nos crimes da lei em comento, cabe observar, que o inciso I, do §2º, do artigo 28-A do Código de Processo Penal assevera que quando for cabível a transação penal (como no caso do desse crime), não se aplica o acordo de não persecução penal.

XII - divulga, explora ou utiliza-se, sem autorização, de conhecimentos ou informações a que se refere o inciso anterior, obtidos por meios ilícitos ou a que teve acesso mediante fraude; ou

Verbos nucleares: *Divulgar* (difundir, dar publicidade, noticiar); explorar (aproveitar, tirar proveito, tirar vantagem); utilizar (fazer uso; empregar; é tornar útil).

Objeto jurídico: O delito protege a liberdade e lealdade de concorrência, portanto, a propriedade industrial.

Objeto material: Conhecimentos, informações ou dados confidenciais da indústria, comércio ou prestação de serviços obtidos de forma fraudulenta.

Elemento subjetivo: É o dolo. O legislador não puniu a conduta culposa.

Sujeito ativo: Qualquer pessoa pode ser sujeito ativo desse delito, não se exigindo uma condição especial por parte do agente. Poderão ser sujeito ativo o empregador, sócio ou administrador da empresa, de acordo com o que prevê o § 1º desse artigo.

Sujeito passivo: Será sujeito passivo o comerciante competidor.

Crime instantâneo: Pode ser considerado um crime instantâneo, pois se consuma com a simples prática de qualquer dos verbos do tipo.

Consumação: O crime se consuma com a pratica da conduta, independente da produção do resultado.

Tentativa: É entendida admissível a tentativa, visto que a conduta pode ter sido iniciada, mas pode não ter se consumado por circunstâncias alheias à vontade do agente; sendo assim, podemos reconhecer a tentativa.

Classificação doutrinária: *Crime comum* (pode ser praticado por qualquer pessoa); *formal* (não há exigência de resultado naturalístico da conduta); *de perigo abstrato* (há uma presunção da lei quanto ao perigo da conduta, configurando-se os crimes contra patentes, independentemente de prejuízo efetivo); *doloso* (o agente quer o resultado ou assume o risco de produzi-lo); *de forma livre* (não se exige a prática de uma conduta de uma maneira específica, podendo ser praticado por qualquer meio de execução); *comissivo* (as condutas são praticadas por meio de ações); *instantâneo* (a consumação se dá em um momento específico, no caso em tela, no momento em que houve a reprodução ou imitação); *unissubjetivo ou de concurso eventual* (pode ser praticado por um só agente); *crime de menor potencial ofensivo* (a pena não é superior a dois anos); *admite tentativa.*

Ação penal: Ação penal privada.

Pena: detenção de 3 (três) meses a 1 (um) ano, ou multa.

Transação Penal: Haja vista tratar-se de Crime de Menor Potencial Ofensivo permite-se a transação penal, nos termos da Lei 9.099/95.

Suspensão Condicional do Processo: É cabível.

Acordo de Não Persecução Penal: A Lei 13.964/19 incluiu o artigo 28-A, no Código de Processo Penal. Este estabelece o "acordo de não persecução penal", elencando os requisitos autorizadores deste instituto. O *caput* do artigo possibilita ao Ministério Público propor o acordo de não persecução penal desde que: a) não seja caso de arquivamento do procedimento persecutório; b) o investigado tenha confessado formalmente e de forma circunstanciada a prática da infração penal; c) que a infração penal seja praticada sem violência ou grave ameaça; d) que a pena mínima da infração penal seja inferior a 4 (quatro) anos. Ainda, os incisos do artigo 28-A apresentam as condições que poderão ser aplicadas, cumulativa ou alternativamente, aos beneficiados pelo acordo de não persecução penal. Embora, objetivamente, alguns requisitos explanados acima estejam presentes nos crimes da lei em comento, cabe observar, que o inciso I, do §2º, do artigo 28-A do Código de Processo Penal assevera que quando for cabível a transação penal (como no caso do desse crime), não se aplica o acordo de não persecução penal.

XIII - vende, expõe ou oferece à venda produto, declarando ser objeto de patente depositada, ou concedida, ou de desenho industrial registrado, que não o seja, ou menciona-o, em anúncio ou papel comercial, como depositado ou patenteado, ou registrado, sem o ser;

Verbos nucleares: *Vender* (comercializar, praticar a mercancia, alienar mediante contraprestação); *expor* (exibir, colocar em exibição, deixar disposto); *oferecer à venda* (ofertar, pôr à disposição); *mencionar* (dizer, alegar, declarar).

Objeto jurídico: O delito protege a liberdade e lealdade de concorrência, portanto, a propriedade industrial.

Objeto material: Produto que não tenha registro de patente verdadeiro.

Elemento subjetivo: É o dolo. O legislador não puniu a conduta culposa.

Sujeito ativo: Qualquer pessoa pode ser sujeito ativo desse delito, não se exigindo uma condição especial por parte do agente.

Sujeito passivo: Será sujeito passivo o comerciante competidor.

Crime instantâneo: Quando o crime é praticado por meio dos verbos "vender" e "mencionar", podemos considerar o delito instantâneo quanto à sua consumação. Entretanto, tendo o crime sido realizado por meio do verbo "oferecer", dependerá da forma de exposição à venda para considerá-lo instantâneo ou permanente. No que tange à prática delitiva pela exposição à venda, este será permanente.

Crime permanente: Será permanente o delito quando for realizado pela conduta de expor à venda. Também poderá ser considerado permanente, dependendo da forma como o verbo "oferecer" foi realizado.

Consumação: O crime se consuma com a pratica da conduta, independente da produção do resultado.

Tentativa: É entendida admissível a tentativa, visto que a conduta pode ter sido iniciada, mas pode não ter se consumado por circunstâncias alheias à vontade do agente; sendo assim, podemos reconhecer a tentativa.

Classificação doutrinária: *Crime comum* (pode ser praticado por qualquer pessoa); *formal* (não há exigência de resultado naturalístico da conduta); *de perigo abstrato* (há uma presunção da lei quanto ao perigo da conduta, configurando-se os crimes contra patentes, independentemente de prejuízo efetivo); *doloso* (o agente quer o resultado ou assume o risco de produzi-lo); *de forma livre* (não se exige a prática de uma conduta de uma maneira específica, podendo ser praticado por qualquer meio de execução); *comissivo* (as condutas são praticadas por meio de ações); *instantâneo* em algumas condutas(a consumação se dá em um momento específico; no caso em tela, no momento em que houve a reprodução ou imitação); permanente em algumas condutas (a consumação se protrai no tempo); *unissubjetivo ou de concurso eventual* (pode ser praticado por um só agente); *crime de menor potencial ofensivo* (a pena não é superior a dois anos); *admite tentativa.*

Ação penal: Ação penal privada.

Pena: detenção de 3 (três) meses a 1 (um) ano, ou multa.

Transação Penal: Haja vista tratar-se de Crime de Menor Potencial Ofensivo permite-se a transação penal, nos termos da Lei 9.099/95.

Suspensão Condicional do Processo: É cabível.

Acordo de Não Persecução Penal: A Lei 13.964/19 incluiu o artigo 28-A, no Código de Processo Penal. Este estabelece o "acordo de não persecução penal", elencando os requisitos autorizadores deste instituto. O *caput* do artigo possibilita ao Ministério Público propor o acordo de não persecução penal desde que: a) não seja caso de arquivamento do procedimento persecutório; b) o investigado tenha confessado formalmente e de forma circunstanciada a prática da infração penal; c) que a infração penal seja praticada sem violência ou grave ameaça; d) que a pena mínima da infração penal seja inferior a 4 (quatro) anos. Ainda, os incisos do artigo 28-A apresentam as condições que poderão ser aplicadas, cumulativa ou alternativamente, aos beneficiados pelo acordo de não persecução penal. Embora, objetivamente, alguns requisitos explanados acima estejam presentes nos crimes da lei em comento, cabe observar, que o inciso I, do §2º, do artigo 28-A do Código de Processo Penal assevera que quando for cabível a transação penal (como no caso do desse crime), não se aplica o acordo de não persecução penal.

XIV - divulga, explora ou utiliza-se, sem autorização, de resultados de testes ou outros dados não divulgados, cuja elaboração envolva esforço considerável e que tenham sido apresentados a entidades governamentais como condição para aprovar a comercialização de produtos.

Verbos nucleares: *Divulgar* (difundir, dar publicidade, noticiar); explorar (aproveitar, tirar proveito, tirar vantagem); *utilizar* (fazer uso; empregar; é tornar útil; servir-se de; tirar proveito de).

Objeto jurídico: O delito protege a liberdade e lealdade de concorrência, portanto, a propriedade industrial.

Objeto material: Resultados de testes ou outros dados não divulgados apresentados a entidades governamentais como condição para aprovar a comercialização.

Elemento subjetivo: É o dolo. O legislador não puniu a conduta culposa. Há um elemento subjetivo específico, quer sejam, os fins econômicos.

Elemento normativo: Sem autorização. Caso haja autorização, não estamos diante de crime.

Sujeito ativo: Qualquer pessoa pode ser sujeito ativo desse delito.

Sujeito passivo: Será sujeito passivo o comerciante competidor.

Crime instantâneo: É crime instantâneo em todas as suas formas de realização.

Consumação: O crime se consuma com a pratica da conduta, independente da produção do resultado.

Tentativa: É entendida admissível a tentativa, visto que a conduta pode ter sido iniciada, mas pode não ter se consumado por circunstâncias alheias à vontade do agente; sendo assim, podemos reconhecer a tentativa.

Classificação doutrinária: *Crime comum* (pode ser praticado por qualquer pessoa); *formal* (não há exigência de resultado naturalístico da conduta); *de perigo abstrato* (há uma presunção da lei quanto ao perigo da conduta, configurando-se os crimes contra patentes, independentemente de prejuízo efetivo); *doloso* (o agente quer o resultado ou assume o risco de produzi-lo); *de forma livre* (não se exige a prática de uma conduta de uma maneira específica, podendo ser praticado por qualquer meio de execução); *comissivo* (as condutas são praticadas por meio de ações); *instantâneo* (a consumação se dá em um momento específico; no caso em tela, no momento em que houve a reprodução ou imitação); *unissubjetivo ou de concurso eventual* (pode ser praticado por um só agente); *crime de menor potencial ofensivo* (a pena não é superior a dois anos); *admite tentativa.*

Ação penal: Ação penal privada.

Pena: detenção de 3 (três) meses a 1 (um) ano, ou multa.

Causa excludente de tipicidade: O §2º do presente artigo traz uma causa que exclui a tipicidade do funcionário público: "O disposto no inciso XIV não se aplica quanto à divulgação por órgão governamental competente para autorizar a comercialização de produto, quando necessário para proteger o público".

Transação Penal: Haja vista tratar-se de Crime de Menor Potencial Ofensivo permite-se a transação penal, nos termos da Lei 9.099/95.

Suspensão Condicional do Processo: É cabível.

Acordo de Não Persecução Penal: A Lei 13.964/19 incluiu o artigo 28-A, no Código de Processo Penal. Este estabelece o "acordo de não persecução penal", elencando os requisitos autorizadores deste instituto. O *caput* do artigo possibilita ao Ministério Público propor o acordo de não persecução penal desde que: a) não seja caso de arquivamento do procedimento persecutório; b) o investigado tenha confessado formalmente e de forma circunstanciada a prática da infração penal; c) que a infração penal seja praticada sem violência ou grave ameaça; d) que a pena mínima da infração penal seja inferior a 4 (quatro) anos. Ainda, os incisos do artigo 28-A apresentam as condições que poderão ser aplicadas, cumulativa ou alternativamente, aos beneficiados pelo acordo de não persecução penal. Embora, objetivamente, alguns requisitos explanados acima estejam presentes nos crimes da lei em comento, cabe observar, que o inciso I, do §2º, do artigo 28-A do Código de Processo Penal assevera que quando for cabível a transação penal (como no caso do desse crime), não se aplica o acordo de não persecução penal.

REFERÊNCIAS

ANDREUCCI, Ricardo Antonio. *Legislação Penal Especial.* 8. ed. São Paulo: Saraiva, 2011.

CAPEZ, Fernando. *Curso de Direito Penal*: Legislação Penal Especial. São Paulo: Saraiva, 2012. v. 4.

DELMANTO, Roberto; DELMANTO JUNIOR, Roberto; ALMEIDA, Fabio M. de. *Leis penais especiais comentadas.* 2. ed. São Paulo: Editora Saraiva, 2014.

DOMINGUES, Douglas Gabriel. *Comentários à lei de propriedade industrial.* Rio de Janeiro: Forense, 2009. p. 121.

ESTEFAM, André; GONÇALVES, Victor Eduardo R. *Direito penal esquematizado*: parte penal. 2. ed. São Paulo: Editora Saraiva, 2013. p. 138.

NUCCI, Guilherme de Souza. *Leis penais e processuais penais comentadas.* 2. ed. Rio de Janeiro: Editora Revista dos Tribunais, 2007.

NUCCI, Guilherme de Souza. *Leis penais e processuais penais comentadas.* 12. ed. Rio de Janeiro: Forense, 2019.

RAMOS, André Luiz Santa Cruz; GUTERRES, Thiago Martins. *Lei de propriedade industrial comentada*: Lei 9.279, de 14 de maio de 1996. São Paulo: Editora Juspodivm, 2016. p. 70.

50

CRIMES CONTRA A ORDEM TRIBUTÁRIA, ECONÔMICA E CONTRA AS RELAÇÕES DE CONSUMO

Lei 8.137/1990

EVERSON APARECIDO CONTELLI

DOS CRIMES PRATICADOS POR PARTICULARES

1. SUPRESSÃO OU REDUÇÃO DE TRIBUTO, CONTRIBUIÇÃO SOCIAL OU DE QUALQUER ACESSÓRIO

Art. 1° Constitui crime contra a ordem tributária suprimir ou reduzir tributo, ou contribuição social e qualquer acessório, mediante as seguintes condutas:

Comentários: Os tipos penais tratados no Art. 1º, incisos I a IV são crimes materiais, que exigem resultado naturalístico, consistente em efetiva supressão e redução de tributo, contribuição ou de qualquer acessório. A maioria dos autores considera desnecessária a inserção contribuição social que não deixa de ser um tributo. Atente-se que o quadro das imposições tributárias estão sujeitas a interferências dos princípios constitucionais e do sistema constitucional tributário.

Elementos nucleares do tipo: *Suprimir* (afastar o pagamento); *reduzir* (pagar menos que o devido).

Os dois núcleos causam prejuízo ao erário público, sonegação fiscal, com a ressalva de que a conduta de *suprimir* elimina completamente o ingresso público, enquanto que *reduzir* tem o significo recolher um valor menor aos cofres públicos, de tributo, contribuição social ou qualquer acessório. O simples inadimplemento e a elisão fiscal não constituem o crime.

Objeto jurídico: a objetividade jurídica protegida é a ordem tributária. Proteção do erário público. Para compreender os tipos penais, mister o prévio estudo de crédito tributário; lançamento; obrigação tributária; extinção do crédito tributário e processo administrativo tributário como primeiro passo para avançar no *iter* tributário.

Objeto material: São os documentos, livros ou qualquer outro suporte previsto na legislação tributária.

Elemento subjetivo: É o dolo. Não admite a modalidade culposa.

Sujeito ativo: Contribuinte, responsável tributário ou mesmo terceiro que engendra a fraude. Por disposição expressa do art. 11 quem, de qualquer modo, inclusive por meio de pessoa jurídica, concorre para os crimes definidos nesta lei, incide nas penas a estes cominadas, na medida de sua culpabilidade.

Sujeito passivo: Fazenda Pública lesada.

Tentativa: A despeito de crime material, o STF considera-o crime condicionado, pela condição objetiva de punibilidade.

Classificação doutrinária: *Crime comum* (a responsabilidade penal recai não somente no contribuinte, mas também no responsável tributário e até mesmo no administrador de fato ou terceiro que execute a conduta); Para NUCCI o crime é próprio porque somente pode ser praticado pela pessoa física, indicada pela lei como contribuinte; *material* (exige resultado naturalístico à sua consumação. Em decorrência, exige lançamento definitivo); *de dano* (exige inadimplemento); *doloso* (o agente quer o resultado ou assume o risco de produzi-lo); *de forma livre* (pode ser praticado por qualquer meio de execução); *comissivo* (os verbos indicam ações); *unissubjetivo ou de concurso eventual* (pode ser praticado por um só agente); *plurissubsistente* (admite fracionamento dos atos de execução).

Comentário 1: Conforme a Súmula Vinculante 24, não se tipifica crime material contra a ordem tributária, previsto no art. 1º, incisos I a IV, da Lei 8.137/1990, antes do lançamento definitivo do tributo.

Comentário 2: Os crimes tributários integram o denominado Direito Penal Econômico e como tal protegem a ordem econômica.

Comentário 3: De forma concomitante outras normas de Direito Penal poderão decorrer de matéria tributária, tais como estelionato (art. 171 do CP); contrabando e descaminho (art. 334 do CP); falsificação de documentos (art. 298) dentre outros.

Pena: reclusão, de 2 (dois) a 5 (cinco) anos, e multa.

Acordo de Não Persecução Penal: Tem cabimento.

1.1. Omissão de informação ou declaração falsa às autoridades fazendárias

> **I - omitir informação, ou prestar declaração falsa às autoridades fazendárias;**

Elementos nucleares do tipo: *Omitir* (ocultar informações à Fazenda Pública); *prestar* (apresentar declaração falsa às autoridades fazendárias).

Objeto jurídico: Erário público.

Objeto material: São os documentos, livros ou qualquer outro suporte previsto na legislação tributária.

Elemento subjetivo: É o dolo. Não admite a modalidade culposa.

Sujeito ativo: Contribuinte, responsável tributário ou mesmo terceiro que engendra a fraude. Por disposição expressa do art. 11 quem, de qualquer modo, inclusive por meio de pessoa jurídica, concorre para os crimes definidos nesta lei, incide nas penas a estes cominadas, na medida de sua culpabilidade.

Sujeito passivo: Fazenda Pública lesionada.

Tentativa: Possível na modalidade comissiva.

Classificação doutrinária: *Crime comum* (a responsabilidade penal recai não somente no contribuinte, mas também no responsável tributário e até mesmo no administrador de fato); Nucci considera *crime próprio*; *omissivo* (na ocultação da informação); *comissivo* (quanto a prestar declaração falsa); *material* (exige resultado naturalístico à sua consumação. Exige lançamento definitivo); *de dano* (exige inadimplemento); *doloso* (o agente quer o resultado ou assume o risco de produzi-lo); *de forma livre* (pode ser praticado por qualquer meio de execução); *unissubjetivo ou de concurso eventual* (pode ser praticado por um só agente); *plurissubsistente* (admite fracionamento dos atos de execução).

1.2. Fraude na fiscalização tributária

> **II - fraudar a fiscalização tributária, inserindo elementos inexatos, ou omitindo operação de qualquer natureza, em documento ou livro exigido pela lei fiscal;**

Elementos nucleares do tipo: *Fraudar* (praticar a sonegação levando a Fazenda Pública a um erro); *inserir* (lançar elementos inexatos) e omitir (deixar de registrar operações em documentos ou livros em poder da empresa).

Objeto jurídico: Erário público.

Objeto material: são os documentos, livros ou qualquer outro suporte previsto na legislação tributária que permanecem em poder da empresa. Neste aspecto a diferença com o inciso I. Necessidade de definir quais são os documentos e livros está a cargo da norma penal em branco.

Elemento subjetivo: É o dolo. Não admite a modalidade culposa.

Sujeito ativo: Contribuinte, responsável tributário ou mesmo terceiro que engendra a fraude. Por disposição expressa do art. 11 quem, de qualquer modo, inclusive por meio de pessoa jurídica, concorre para os crimes definidos nesta lei, incide nas penas a estes cominadas, na medida de sua culpabilidade.

Sujeito passivo: Fazenda Pública lesionada.

Tentativa: Possível na modalidade comissiva.

Classificação doutrinária: *Crime comum* (a responsabilidade penal recai não somente no contribuinte, mas também no responsável tributário e até mesmo no administrador de fato); *omissivo* (na ocultação da informação nos livros e documentos); *comissivo* (quanto a inserir elementos inexatos); *material* (exige resultado naturalístico à sua consumação. Exige lançamento definitivo); *de dano* (exige inadimplemento); *doloso* (o agente quer o resultado ou assume o risco de produzi-lo); *de forma livre* (pode ser praticado por qualquer meio de execução); *unissubjetivo ou de concurso eventual* (pode ser praticado por um só agente); *plurissubsistente* (admite fracionamento dos atos de execução); *admite tentativa.*

Pena: reclusão, de 2 (dois) a 5 (cinco) anos, e multa.

Acordo de Não Persecução Penal: Tem cabimento.

1.3. Falsificação ou alteração de documento relativo à operação tributável

> **III - falsificar ou alterar nota fiscal, fatura, duplicata, nota de venda, ou qualquer outro documento relativo à operação tributável;**

Elementos nucleares do tipo: *Falsificar* (praticar a sonegação a partir de contrafração. Falsidade material); *alterar* (modificar).

Interpretação analógica: A Lei Penal pretende abranger qualquer outro documento relativo à operação tributável.

Objeto material: A nota fiscal, fatura, duplicata, nota de venda, ou qualquer outro documento relativo à operação tributável.

Elemento subjetivo: É o dolo. Não admite a modalidade culposa.

Pena: reclusão, de 2 (dois) a 5 (cinco) anos, e multa.

Acordo de Não Persecução Penal: Tem cabimento.

1.4. Elaboração, distribuição, fornecimento, emissão ou utilização de documento que saiba ou deva saber falso ou inexato

> **IV - elaborar, distribuir, fornecer, emitir ou utilizar documento que saiba ou deva saber falso ou inexato;**

Elementos nucleares do tipo: *Elaborar* (preparar); *distribuir* (repartir); *fornecer* (entregar, arranjar); *emitir* (preencher e enviar); *utilizar* (usar).

Objeto material: São os documentos que saiba ou deva saber falso ou inexato. Como exemplo cita-se o uso de notas *frias*.

Elemento subjetivo: É o dolo. Não admite a modalidade culposa.

Pena: reclusão, de 2 (dois) a 5 (cinco) anos, e multa.

Acordo de Não Persecução Penal: Tem cabimento.

1.5. Negativa de fornecimento ou ausência de fornecimento de nota fiscal ou fornecimento em desacordo com a legislação

> **V - negar ou deixar de fornecer, quando obrigatório, nota fiscal ou documento equivalente, relativa a venda de mercadoria ou prestação de serviço, efetivamente realizada, ou fornecê-la em desacordo com a legislação.;**

Elementos nucleares do tipo: *Negar* (recusar o fornecimento); *deixar* (omissão ou falta de emissão) ou *fornecer* (emitir, apresentar os documentos em desacordo). Existe recusa ou falta de emissão diante de obrigatoriedade de fornecimento.

Objeto jurídico: Erário público.

Objeto material: nota fiscal ou documento equivalente. Uma vez mais, possibilitando interpretação analógica, como na hipótese de registros por meio de máquina registradora.

Elemento subjetivo: É o dolo. Não admite a modalidade culposa.

Sujeito ativo: Contribuinte, responsável tributário ou mesmo terceiro que engendra a fraude.

Sujeito passivo: Fazenda Pública lesionada.

Tentativa: Possível na modalidade comissiva. Como omissão, a simples conduta é suficiente para caracterizar o delito. 1. A falta de atendimento da exigência feita pela autoridade fiscal, para que seja apresentada a documentação solicitada, é o que basta para a configuração do crime previsto no parágrafo único do art. 1º da Lei n. 8.137/1990[1].

1. A consumação do crime ocorre com a simples inobservância à exigência da autoridade fiscal (falta de atendimento.(HC 241770 / RJ; Ministro ROGERIO SCHIETTI CRUZ; T6 - SEXTA TURMA; 21/06/2016; DJe 29/06/2016). A consumação ocorre ao termo do prazo. O conteúdo da Súmula Vinculante 24 não inclui o parágrafo único do artigo 1º.

Classificação doutrinária: *Crime omissivo* (na modalidade deixar de fornecer); *material* (depende do prejuízo ao Erário Público); *omissivo* (omissão em dever); *unissubjetivo* (pode ser praticado por um só agente) e *plurissubsistente* (admite fracionamento dos atos de execução).

Comentário: Tratando-se de serviços essenciais, vide art. 2º, inciso IV, da Lei 1.521, de 26 de dezembro de 1951.

Pena: reclusão, de 2 (dois) a 5 (cinco) anos, e multa.

Acordo de Não Persecução Penal: Tem cabimento.

1.6. Falta de atendimento da exigência da autoridade (desobediência fazendária)

Parágrafo único. A falta de atendimento da exigência da autoridade, no prazo de 10 (dez) dias, que poderá ser convertido em horas em razão da maior ou menor complexidade da matéria ou da dificuldade quanto ao atendimento da exigência, caracteriza a infração prevista no inciso V.

Comentário 1: Oposição social aos tributos. Não prevalência nos tribunais. Manutenção do Estado.

Comentário 2: Como argumento de defesa tem-se utilizado o princípio que veda a autoincriminação, a partir do direito ao silencio e da inexigibilidade de confissão. Assevera-se ainda quanto a desproporção da pena comparado ao delito de desobediência previsto no Art. 330 do Código Penal. Não prevalência nos Tribunais Superiores. Doutrina não economiza críticas a este tipo penal, especialmente a controvertida possibilidade de conversão do prazo em horas.

2. ART. 2º DA LEI 8.137/90

Art. 2° Constitui crime da mesma natureza:

I - fazer declaração falsa ou omitir declaração sobre rendas, bens ou fatos, ou empregar outra fraude, para eximir-se, total ou parcialmente, de pagamento de tributo;

II - deixar de recolher, no prazo legal, valor de tributo ou de contribuição social, descontado ou cobrado, na qualidade de sujeito passivo de obrigação e que deveria recolher aos cofres públicos;

III - exigir, pagar ou receber, para si ou para o contribuinte beneficiário, qualquer percentagem sobre a parcela dedutível ou deduzida de imposto ou de contribuição como incentivo fiscal;

IV - deixar de aplicar, ou aplicar em desacordo com o estatuído, incentivo fiscal ou parcelas de imposto liberadas por órgão ou entidade de desenvolvimento;

V - utilizar ou divulgar programa de processamento de dados que permita ao sujeito passivo da obrigação tributária possuir informação contábil diversa daquela que é, por lei, fornecida à Fazenda Pública.

Pena - detenção, de 6 (seis) meses a 2 (dois) anos, e multa.

Comentários: O Art. 2º, inciso I inicia prevendo condutas formais, que prescindem da constituição definitiva do crédito tributário. Com menos rigor na consumação, o legislador atribui preceito secundário mais brando, com penas de detenção, de seis meses a dois anos, e multa. Criticada a redação do texto legal pela maioria da doutrina. Considerado por outros a *tentativa* dos crimes do art. 1º.

Subsidiariedade: A declaração falsa e a omissão de declaração do inciso I são condutas realizadas *para* uma finalidade muito específica apontada pelo dispositivo, eximir-se, total ou parcialmente, de pagamento de tributo, daí a desnecessidade da constituição definitiva. Ocorrendo a finalidade descrita, teremos a consumação do Art. 1º da Lei 8.137/90.

Tentativa: Considerados pela maioria da doutrina como crimes formais na maioria das condutas. Não admitem tentativa. Por outro recorte, têm-se que a redação da lei insere a consumação destes tipos penais do inciso I, do art. 2º, como a tentativa daquelas condutas correlatos do art. 1º.

Objeto jurídico: A arrecadação tributária estatal.

Elemento subjetivo: É o dolo. Todos os tipos penais mistos alternativos do art. 2º são dolosos. Necessidade, porém, de uma leitura de acordo com a vontade da lei que consiste em estabelecer condutas para fraudar o fisco, de modo que o mero inadimplemento não conduz ao tipo penal. De igual modo, necessária a compreensão de cada um dos incisos para identificação de elemento subjetivo específico, vale dizer, não basta a produção de um programa de processamento de dados (inciso V). Sistemas de dados contábeis são produzidos para visualização de cenários, inclusive para o planejamento e aplicação de eventual elisão fiscal. Obviamente não é essa a previsão legal, mas aqueles voltados a produção de caixa dois e manipulação de contabilidade para sonegação fiscal, gerenciando informações tributárias paralelas e diversas daquelas que, por lei, foram fornecidas à Fazenda Pública. Ocorrendo efetiva supressão, vide condutas previstas no Art. 1º.

Prisão civil por dívida e crime contra a ordem tributária: O inciso II do art. 2º trata da denominada apropriação indébita tributária. Disposição penal que não importa em violação ao art. 5º, inciso LXVII, da Constituição Federal, que proíbe a prisão civil por dívida. Neste sentido, ARE 1177736 AgR / SC do STF. Aplicabilidade do princípio da insignificância.

Sujeito ativo: O sujeito ativo decorre da análise da responsabilidade no direito tributário em cada inciso. Por exemplo, as condutas do Inciso I ensejam responsabilidade penal do contribuinte ou do substituto tributário; somente o substituto tributário na conduta do inciso II e, por outro turno, outras pessoas podem ser sujeitos ativos, como na conduta do inciso III, a do encarregado de realizar a dedução tributária, na modalidade *exigir*. Cuida-se de crime próprio sempre que indicado o sujeito ativo pela lei. Crime comum na hipótese do inciso V.

Sujeito passivo: Fazenda Pública lesada.

Norma penal em branco[2]: A hipótese do inciso IV exige o complemento normativo na legislação tributária para compreensão da correta aplicabilidade do incentivo tributário.

3. DOS CRIMES PRATICADOS POR FUNCIONÁRIOS PÚBLICOS

Art. 3° Constitui crime funcional contra a ordem tributária, além dos previstos no Decreto-Lei n° 2.848, de 7 de dezembro de 1940 - Código Penal (Título XI, Capítulo I):

I - extraviar livro oficial, processo fiscal ou qualquer documento, de que tenha a guarda em razão da função; sonegá-lo, ou inutilizá-lo, total ou parcialmente, acarretando pagamento indevido ou inexato de tributo ou contribuição social;

II - exigir, solicitar ou receber, para si ou para outrem, direta ou indiretamente, ainda que fora da função ou antes de iniciar seu exercício, mas em razão dela, vantagem indevida; ou aceitar promessa de tal vantagem, para deixar de lançar ou cobrar tributo ou contribuição social, ou cobrá-los parcialmente.

Pena - reclusão, de 3 (três) a 8 (oito) anos, e multa.

III - patrocinar, direta ou indiretamente, interesse privado perante a administração fazendária, valendo-se da qualidade de funcionário público.

Pena - reclusão, de 1 (um) a 4 (quatro) anos, e multa.

Comentários: O Art. 3º apresenta crimes funcionais específicos, o que não esgota os demais crimes funcionais previstos no Código Penal e na legislação penal extravagante.

Objeto jurídico: A arrecadação tributária estatal e a higidez da administração pública.

Elemento subjetivo: É o dolo.

Sujeito ativo: Funcionário Público.

Sujeito passivo: O Estado.

Classificação: *Crime próprio*, inciso I: (exige qualidade especial do agente); *material* (exige prejuízo) e de *forma livre* (pode ser utilizado qualquer meio para execução); *crime próprio* no inciso II (exige qualidade especial do agente); formal (independe de prejuízo) e de forma livre (pode ser utilizado qualquer meio para execução); crime próprio inciso III (exige qualidade especial do agente); formal (independe de prejuízo) e de forma livre (pode ser utilizado qualquer meio para execução).

Tentativa: Admitem tentativa na forma plurissubsistente.

Interpretação extensiva: NUCCI[3] entende possível a interpretação extensiva no inciso I, se em razão do extravio, sonegação ou inutilização do livro, processo ou documento, o contribuinte não efetuar o recolhimento. Na hipótese não será aplicado o crime do art. 314 do Código Penal, mas o crime deste inciso II, da Lei 8.137/90.

Acordo de Não Persecução Penal: Tem cabimento.

4. CONSIDERAÇÕES FINAIS

Ação Penal: Crimes de ação penal pública incondicionada. Nos crimes materiais, requer o lançamento definitivo do crédito tributário, sem o qual não há justa causa para o Inquérito Policial ou Ação Penal.

Cancelamento da constituição definitiva do crédito tributário e manutenção de Inquérito Policial instaurado: Inviável a instauração do Inquérito

2. NUCCI, Guilherme de Souza. **Leis penais e processuais penais comentadas.** 7ª Edição revista, atualizada e ampliada. São Paulo: Editora Revista dos Tribunais, 2013, p. 513.

3. Id. **Leis penais e processuais penais comentadas.** 7ª Edição revista, atualizada e ampliada. São Paulo: Editora Revista dos Tribunais, 2013, p. 517.

Policial antes da constituição definitiva do crédito tributário. Contudo, a superveniência de vícios formais no crédito tributário não tem o condão de afastar a justa causa do Inquérito Policial ou da ação penal[4], porquanto não suficientes para o afastamento das premissas fáticas e jurídicas, restando preservada a materialidade do crime tributário.

REFERENCIAL

BAUTZER, Sérgio. **Legislação Penal Especial**. Brasília: Vesticon, 2012.

BITENCOURT, Cezar Roberto. **Tratado de Direito Penal.** São Paulo, Saraiva, 2009. v. 1.

BRASIL. Presidência da República. Casa Civil. **Lei nº 8.137, de 27 de dezembro de 1990.** Brasília, 1990. Disponível em: < http://www.planalto.gov.br/ccivil_03/leis/l8137.htm>. Acesso em: 23 ago. 2020.

CARVALHO, Paulo de Barros. **Curso de Direito Tributário.** 16ª Ed. São Paulo: Saraiva, 2004.

ICHIHARA, Yoshiaki. **Direito Tributário.** 14ª Ed. São Paulo: Atlas, 2005.

NUCCI, Guilherme de Souza. **Leis penais e processuais penais comentadas.** 7ª Ed. São Paulo: Editora Revista dos Tribunais, 2013.

PAULSEN, Leandro. **Crimes Federais**. São Paulo: Saraiva, 2017.

SILVA, José Geraldo da; LAVORENTI, Wilson e GENOFRE, Fabiano. **Leis penais especiais anotadas.** 3ª ed. São Paulo: Editora Millenium, 2002.

4. O Supremo Tribunal Federal (STF) em recente decisão (2020), na Rcl 31194 AgR, de relatoria do Ministro Roberto Barroso que a superveniência de cancelamento da inscrição em dívida ativa, por vícios formais relacionados à intimação no procedimento administrativo fiscal, não enseja a nulidade do recebimento da denúncia, nem o trancamento da ação penal, pois não foram anuladas as premissas fáticas e jurídicas que embasaram o lançamento tributário. A materialidade do crime tributário ficou, assim, preservada. (Disponível em: < https://jurisprudencia.stf.jus.br/pages/search?base=acordaos&sinonimo=true&plural=true&page=1&pageSize=10&queryString=constituicao%20definitiva%20inquerito&sort=date&sortBy=desc>. Acesso em 23 de agosto de 2020).

51

CRIMES PREVISTOS NO CÓDIGO DE DEFESA DO CONSUMIDOR

Lei 8.078/1990

EVERSON APARECIDO CONTELLI

1. CONSIDERAÇÕES INICIAIS

Comentários: A partir de um mandado constitucional, a Proteção do Consumidor encontra amparo administrativo, civil e penal. A proteção do consumidor constitui um direito fundamental, previsto no Art. 5º, inciso XXXII, da Constituição Federal (CF). Ademais, a defesa do consumidor é princípio de consolidação da justiça social apregoada pela Ordem Econômica, nos termos do art. 170 da CRFB/88. Para além das ondas de acesso à justiça de Mauro Cappelletti, possibilitadas pelo espírito da Lei 8.078/90, mister a adoção de mecanismos de maior impacto, como o Direito Penal Econômico, sempre que determinadas condutas indesejadas não forem obstadas pelos demais ramos do direito. Reconheça-se, no entanto, que nem todas as condutas descritas na Lei 8.078/1990 observam o princípio da intervenção mínima e o caráter fragmentário do Direito Penal.

2. ART. 63

Art. 63. Omitir dizeres ou sinais ostensivos sobre a nocividade ou periculosidade de produtos, nas embalagens, nos invólucros, recipientes ou publicidade:

Pena - Detenção de seis meses a dois anos e multa.

§ 1° Incorrerá nas mesmas penas quem deixar de alertar, mediante recomendações escritas ostensivas, sobre a periculosidade do serviço a ser prestado.

§ 2° Se o crime é culposo:

Pena Detenção de um a seis meses ou multa.

Elementos nucleares do tipo: *Omitir* (não informar) a nocividade ou periculosidade de produtos ou serviços.

Confronto do art. 38 Lei 8.078/1990 e art. 7º, II, da Lei 8.137/90: O tipo penal previsto no art. 7º, II, da Lei 8.137/90 estabelece condutas consistentes em vender ou expor à venda mercadoria cuja embalagem, tipo, especificação, peso ou composição esteja em desacordo com as prescrições legais, ou que não corresponda à respectiva classificação oficial. Prevalece na doutrina que a Lei 8.137/90, superveniente, não derroga o art. 63 no que tange a correlata conduta por meio de publicidade; deixar de alertar (não promover anuncio ostensivo) sobre a periculosidade de serviço que será prestado.

Objeto jurídico: Consumidor e coletividade.

Objeto material: A informação esclarecedora. Alerta de perigo.

Elemento subjetivo: É o dolo. Admite a modalidade culposa.

Sujeito ativo: Fabricante ou fornecedor de produtos ou serviços.

Sujeito passivo: Consumidor potencial o efetivo. Inclui o destinatário final (donatário), pessoa física ou jurídica.

Elementos normativos do tipo: Periculosidade e nocividade são conceitos abertos que exigem reflexão do julgador.

Tentativa: Não é possível.

Classificação doutrinária: *Crime próprio* (exige a qualidade especial); *mera conduta* (independe de efetivo prejuízo para consumação); *de forma livre*(pode ser praticado por qualquer meio de execução); *omissivo*; *unissubjetivo* (pode ser praticado por um só agente); *plurissubsistente* (admite fracionamento dos atos de execução).

3. ART. 64

Art. 64. Deixar de comunicar à autoridade competente e aos consumidores a nocividade ou periculosidade de produtos cujo conhecimento seja posterior à sua colocação no mercado:

Pena - Detenção de seis meses a dois anos e multa.

Parágrafo único. Incorrerá nas mesmas penas quem deixar de retirar do mercado, imediatamente quando determinado pela autoridade competente, os produtos nocivos ou perigosos, na forma deste artigo.

Elementos nucleares do tipo: *deixar* (não comunicar) à autoridade competente e aos consumidores a nocividade ou periculosidade de produtos. Identificando-se a periculosidade ou nocividade antes da colocação no mercado, o tipo penal será o do art. 63. *Deixar de retirar* (omissão na retirada dos produtos do mercado), hipótese de *recall* voluntário. Tipo cumulativo. Hipótese de concurso material entre as condutas do *caput* e do parágrafo único.

Objeto jurídico: Consumidor e coletividade.

Objeto material: Comunicação ostensiva.

Elemento subjetivo: É o dolo. Não admite a modalidade culposa.

Sujeito ativo: Fabricante ou fornecedor de produtos ou serviços.

Sujeito passivo: Consumidor potencial o efetivo. Inclui o destinatário final (donatário), pessoa física ou jurídica.

Elementos normativos do tipo: Periculosidade e nocividade são conceitos abertos que exigem reflexão do julgador. Imediatamente no parágrafo único também requer avaliação do magistrado, a dimensionar o intervalo entre a determinação e a retirada dos produtos do mercado.

Tentativa: Não é possível.

Classificação doutrinária: *Crime próprio* (exige a qualidade especial); *mera conduta* (independe de efetivo prejuízo para consumação); *de forma livre*(pode ser praticado por qualquer meio de execução); *omissivo*; *instantâneo*; *unissubjetivo ou de concurso eventual* (pode ser praticado por um só agente); *plurissubsistente* (admite fracionamento dos atos de execução).

4. ART. 65

Art. 65. Executar serviço de alto grau de periculosidade, contrariando determinação de autoridade competente:

Pena Detenção de seis meses a dois anos e multa.

§ 1º As penas deste artigo são aplicáveis sem prejuízo das correspondentes à lesão corporal e à morte. (Redação dada pela Lei nº 13.425, de 2017)

§ 2º A prática do disposto no inciso XIV do art. 39 desta Lei também caracteriza o crime previsto no caput deste artigo. (Incluído pela Lei nº 13.425, de 2017).

Elementos nucleares do tipo: *Executar* (realizar) serviço de alto grau de periculosidade; *contrariar* (afrontar) determinação de autoridade competente.

Norma penal em branco: Definidora, como complemento, de determinação genérica ou específica.

Objeto jurídico: Consumidor e coletividade.

Objeto material: Serviço.

Elemento subjetivo: É o dolo. Não admite a modalidade culposa.

Sujeito ativo: Fornecedor do serviço.

Sujeito passivo: Consumidor potencial o efetivo. Inclui o destinatário final (donatário), pessoa física ou jurídica. Administração Pública.

Elementos normativos do tipo: Alto grau de periculosidade é conceito aberto que exige reflexão do julgador. No campo probatório, admite exame pericial, o que pode conduzir a discussão para baliza menos vaga que a expressão impõe.

Tentativa: Possível.

Classificação doutrinária: *Crime próprio* (exige a qualidade especial); formal; de forma livre; comissivo; instantâneo; de perigo abstrato; *unissubjetivo ou de concurso eventual* (pode ser praticado por um só agente); *plurissubsistente* (admite fracionamento dos atos de execução).

Concurso de crimes: Possibilidade de concurso material de crimes com lesão corporal ou homicídio.

5. ART. 66

Art. Art. 66. Fazer afirmação falsa ou enganosa, ou omitir informação relevante sobre a natureza, característica, qualidade, quantidade, segurança, desempenho, durabilidade, preço ou garantia de produtos ou serviços:

Pena - Detenção de três meses a um ano e multa.

§ 1º Incorrerá nas mesmas penas quem patrocinar a oferta.

§ 2º Se o crime é culposo;

Pena Detenção de um a seis meses ou multa..

Elementos nucleares do tipo: *fazer afirmação* (realizar) falsa ou enganosa; *contrariar* (afrontar) determinação de autoridade competente.

Confronto do art. 66 Lei 8.078/1990 e art. 7º, VII, da Lei 8.137/90: Para o professor NUCCI[1], as condutas melhor se adequam ao tipo penal superveniente previsto no art. 7º, VII, da Lei 8.137/90 (VII - induzir o consumidor ou usuário a erro, por via de indicação ou afirmação falsa ou enganosa sobre a natureza, qualidade do bem ou serviço, utilizando-se de qualquer meio, inclusive a veiculação ou divulgação publicitária;). Quanto a omissão de informação, vide art. 7º, II, da Lei 8.137/90 (II - vender ou expor à venda mercadoria cuja embalagem, tipo, especificação, peso ou composição esteja em desacordo com as prescrições legais, ou que não corresponda à respectiva classificação oficial).

Objeto jurídico: Consumidor e coletividade.

Objeto material: Afirmação falsa ou enganosa.

Elemento subjetivo: É o dolo. Admite a modalidade culposa.

Sujeito ativo: Fabricante ou fornecedor de produtos ou serviços.

Sujeito passivo: Consumidor potencial o efetivo. Inclui o destinatário final (donatário), pessoa física ou jurídica. Administração Pública.

Elementos normativos do tipo: Alto grau de periculosidade é conceito aberto que exige reflexão do julgador. No campo probatório, admite exame pericial, o que pode conduzir a discussão para baliza menos vaga que a expressão impõe.

Tentativa: Possível quando comissivo.

Classificação doutrinária: *Crime próprio* (exige a qualidade especial); formal; de forma livre; comissivo (fazer) e omissivo (deixar de fazer); instantâneo; de perigo abstrato; *unissubjetivo ou de concurso eventual* (pode ser praticado por um só agente); *plurissubsistente* (admite fracionamento dos atos de execução). *Unissubsistente* na modalidade omissiva.

6. ART. 67

Art. 67. Fazer ou promover publicidade que sabe ou deveria saber ser enganosa ou abusiva:

Pena: Detenção de três meses a um ano e multa.

Elementos nucleares do tipo: *Fazer* (efetivar); *promover* (levar a diante) publicidade que sabe ou deveria saber ser enganosa ou abusiva.

Objeto jurídico: Consumidor e coletividade.

Objeto material: Publicidade.

Elemento subjetivo: É o dolo. Possibilidade do dolo eventual. Não há modalidade culposa.

Sujeito ativo: Fabricante ou fornecedor de produtos ou serviços contratante da propaganda, ou o responsável pela propaganda.

Sujeito passivo: Consumidor potencial ou efetivo. Coletividade.

Tentativa: Possível quando comissivo.

Classificação doutrinária: *Crime próprio* (exige a qualidade especial); *mera conduta*; de *forma livre*; *comissivo*; *instantâneo* na conduta fazer e *permanente* (que se protrai no tempo), em decorrência do verbo promover; de *perigo abstrato*; *unissubjetivo ou de concurso eventual* (pode ser praticado por um só agente); Unissubsistente (não admite fracionamento dos atos de execução) ou *plurissubsistente* (admite fracionamento dos atos de execução).

Confronto do art. 67 Lei 8.078/1990 e art. 7º, VII, da Lei 8.137/90: Existindo erro do consumidor, aplica-se o Art. 7º, VII, da Lei 8137/90.

7. ART. 68

Art. 68. Fazer ou promover publicidade que sabe ou deveria saber ser capaz de induzir o consumidor a se comportar de forma prejudicial ou perigosa a sua saúde ou segurança:

Pena - Detenção de seis meses a dois anos e multa:

1. NUCCI, Guilherme de Souza. Leis penais e processuais penais comentadas. 7ª Edição revista, atualizada e ampliada. São Paulo: Editora Revista dos Tribunais, 2013, p. 97.

Elementos nucleares do tipo: *Fazer* (efetivar); promover (levar a diante) publicidade que sabe ou deveria saber capaz de induzir o consumidor a se comportar de forma prejudicial ou perigosa a sua saúde ou segurança.

Objeto jurídico: Consumidor e coletividade.

Objeto material: Peça publicitária.

Elemento subjetivo: É o dolo. Possibilidade do dolo eventual. Não há modalidade culposa.

Sujeito ativo: Fabricante ou fornecedor de produtos ou serviços contratante da propaganda, ou o responsável pela publicidade com potencial de causar perigo.

Sujeito passivo: Consumidor potencial ou efetivo. Coletividade.

Tentativa: Possível quando comissivo.

Classificação doutrinária: *Crime próprio* (exige a qualidade especial); *formal*; de *forma livre*; *comissivo*; *instantâneo* na conduta fazer e *permanente* (que se protrai no tempo), em decorrência do verbo promover; *unissubjetivo ou de concurso eventual* (pode ser praticado por um só agente); Unissubsistente (não admite fracionamento dos atos de execução) ou *plurissubsistente* (admite fracionamento dos atos de execução).

Confronto do art. 67 Lei 8.078/1990 e art. 7º, VII, da Lei 8.137/90: Existindo erro do consumidor, aplica-se o Art. 7º, VII, da Lei 8137/90.

8. ART. 69

> **Art Art. 69. Deixar de organizar dados fáticos, técnicos e científicos que dão base à publicidade:**
>
> **Pena Detenção de um a seis meses ou mult.**

Elementos nucleares do tipo: *Deixar* (omissão ou falta de organização) de dados fáticos, técnicos e científicos que dão base à publicidade.

Objeto jurídico: Consumidor e coletividade.

Objeto material: Dados fáticos, técnicos e científicos.

Elemento subjetivo: É o dolo. Não há modalidade culposa.

Sujeito ativo: Fabricante ou fornecedor de produtos ou serviços contratante da propaganda, ou o responsável pela.

Sujeito passivo: Consumidor potencial ou efetivo. Coletividade.

Tentativa: Não admite tentativa.

Classificação doutrinária: *Crime próprio* (exige a qualidade especial); *mera conduta*; de *forma livre*; *omissivo*; *instantâneo*; *unissubjetivo ou de concurso eventual* (pode ser praticado por um só agente); e *unissubsistente* (não admite fracionamento dos atos de execução).

9. ART. 70

> **Art. 70. Empregar na reparação de produtos, peça ou componentes de reposição usados, sem autorização do consumidor:**
>
> **Pena Detenção de três meses a um ano e multa.**

Elementos nucleares do tipo: *Empregar* (aplicar) na reparação de produtos, peça ou componentes de reposição usados, sem autorização do consumidor.

Objeto jurídico: Consumidor.

Objeto material: Dados fáticos, técnicos e científicos.

Elemento subjetivo: É o dolo. Não há modalidade culposa.

Sujeito ativo: Fornecedor de produtos ou serviços que aplica peça ou componentes de reposição usados.

Sujeito passivo: Consumidor potencial ou efetivo. Coletividade.

Tentativa: Admite tentativa.

Classificação doutrinária: *Crime próprio* (exige a qualidade especial); material; de forma livre; comissivo; instantâneo; *unissubjetivo ou de concurso eventual* (pode ser praticado por um só agente); *plurissubsistente* (admite fracionamento dos atos de execução).

> **Art. 71. Utilizar, na cobrança de dívidas, de ameaça, coação, constrangimento físico ou moral, afirmações falsas incorretas ou enganosas ou de qualquer outro procedimento que exponha o consumidor, injustificadamente, a ridículo ou interfira com seu trabalho, descanso ou lazer:**
>
> **Pena Detenção de três meses a um ano e multa..**

Elementos nucleares do tipo: *Utilizar* (fazer uso; praticar) na cobrança de dívidas, de ameaça, coação, constrangimento físico ou moral, afirmações falsas incorretas ou enganosas ou de qualquer outro procedimento que exponha o consumidor, injustificadamente, a ridículo ou interfira com seu trabalho, descanso ou lazer; *qualquer outro procedimento* possibilita a interpretação analógica.

Objeto jurídico: Proteção das relações de consumo.

Objeto material: Dados fáticos, técnicos e científicos.

Elemento subjetivo: É o dolo. Não há modalidade culposa.

Sujeito ativo: Credor, fornecedor de produtos ou serviços.

Sujeito passivo: Consumidor potencial ou efetivo. Coletividade.

Tentativa: Admite tentativa na forma plurissubsistente.

Classificação doutrinária: *Crime próprio* (exige a qualidade especial); *formal*; de *forma livre*; *comissivo*; *instantâneo*; *unissubjetivo ou de concurso eventual* (pode ser praticado por um só agente); Unissubsistente (não admite fracionamento dos atos de execução) ou *plurissubsistente* (admite fracionamento dos atos de execução), conforme o meio utilizado.

10. ART. 72

Art. Art. 72. Impedir ou dificultar o acesso do consumidor às informações que sobre ele constem em cadastros, banco de dados, fichas e registros:

Pena Detenção de seis meses a um ano ou multa.

Elementos nucleares do tipo: *Impedir* (obstar); *dificultar* (conduzir a maior custo; afastar) dificultar o acesso do consumidor às informações que sobre ele constem em cadastros, banco de dados, fichas e registros.

A retenção de dados na atualidade gera conflitos a partir de sua disseminação sem controle em sistemas eletrônicos e redes sociais. O inciso IV do art.5º, da Lei 13.709/2018 (LGPD) define banco de dados como o conjunto estruturado de dados pessoais, estabelecido em um ou em vários locais, em suporte eletrônico ou físico.

Objeto jurídico: Proteção das relações de consumo.

Objeto material: O consumidor.

Elemento subjetivo: É o dolo. Não há modalidade culposa.

Sujeito ativo: Credor, fornecedor de produtos ou serviços.

Sujeito passivo: Consumidor potencial ou efetivo. Coletividade.

Tentativa: Admite tentativa na forma plurissubsistente.

Classificação doutrinária: *Crime próprio* (exige a qualidade especial); *mera conduta*; de *forma livre*; *comissivo*; *instantâneo*; *unissubjetivo ou de concurso eventual* (pode ser praticado por um só agente); Unissubsistente (não admite fracionamento dos atos de execução) ou *plurissubsistente* (admite fracionamento dos atos de execução), conforme o meio utilizado.

LGPD e CDC: É fundamento da proteção de dados pessoais a defesa do consumidor (Art. 2º, inciso VI, parte final, da LGPD). Nesse aspecto, sob o recorte criminal, a LGPD vai ao encontro, ou constitui até mesmo um complemento normativo da lei penal incriminadora, da lei penal imperfeita, como na descrição legal dos Arts. 72 e 73 da Lei 8.078/1990.

11. ART. 73

Art. 73. Deixar de corrigir imediatamente informação sobre consumidor constante de cadastro, banco de dados, fichas ou registros que sabe ou deveria saber ser inexata:

Pena Detenção de um a seis meses ou multa.

Elementos nucleares do tipo: *Deixar* (omitir na correção) imediatamente informação sobre consumidor constante de cadastro, banco de dados, fichas ou registros que sabe ou deveria saber ser inexata.

Elemento normativo: Imediatamente. Exigirá do julgador a análise do caso concreto.

Objeto jurídico: Proteção das relações de consumo.

Objeto material: O cadastro, banco de dados, fichas ou registros.

Elemento subjetivo: É o dolo. Não há modalidade culposa.

Sujeito ativo: Credor, fornecedor de produtos ou serviços ou o responsável pelas informações.

Sujeito passivo: Consumidor potencial ou efetivo. Coletividade.

Tentativa: Não admite tentativa.

Classificação doutrinária: *Crime próprio* (exige a qualidade especial); *mera conduta*; de *forma livre*; *omissivo*; *instantâneo*; *unissubjetivo ou de concurso eventual* (pode ser praticado por um só agente) e *unissubsistente* (não admite fracionamento dos atos de execução).

Lei Geral de Proteção de Dados Pessoais (LGPD): A disciplina da proteção de dados pessoais tem como fundamentos a livre iniciativa, a livre concorrência e a defesa do consumidor, de maneira que o dispositivo previsto no art.73 da Lei 8.078/1990 vai ao encontro das diretrizes da LGPD.

12. ART. 74

Art. 74. Deixar de entregar ao consumidor o termo de garantia adequadamente preenchido e com especificação clara de seu conteúdo;

Pena: Detenção de um a seis meses ou multa.

Elementos nucleares do tipo: *Deixar* (omitir na entrega) ao consumidor o termo de garantia adequadamente preenchido e com especificação clara de seu conteúdo.

Objeto jurídico: Proteção das relações de consumo.

Objeto material: O termo de garantia.

Elemento subjetivo: É o dolo. Não há modalidade culposa.

Sujeito ativo: Fornecedor de produtos ou serviços.

Sujeito passivo: Consumidor potencial ou efetivo. Coletividade.

Tentativa: Não admite tentativa.

Classificação doutrinária: *Crime próprio* (exige a qualidade especial); *mera conduta*; de *forma livre*; *omissivo*; *instantâneo*; *unissubjetivo ou de concurso eventual* (pode ser praticado por um só agente) e *unissubsistente* (não admite fracionamento dos atos de execução).

13. CONSIDERAÇÕES FINAIS

Ação Penal: Crimes de ação penal pública incondicionada.

Circunstâncias agravantes: quando cometidos em época de grave crise econômica ou por ocasião de calamidade; ocasionarem grave dano individual ou coletivo; dissimular-se a natureza ilícita do procedimento; quando cometidos por servidor público, ou por pessoa cuja condição econômico-social seja manifestamente superior à da vítima; em detrimento de operário ou rurícola; de menor de dezoito ou maior de sessenta anos ou de pessoas portadoras de deficiência mental interditadas ou não; serem praticados em operações que envolvam alimentos, medicamentos ou quaisquer outros produtos ou serviços essenciais.

Gravidade: Ressalvada hipótese de dosimetria extraprocessual, consistente na somatória das penas máximas em abstrato, na aplicação de concurso material, ou na exasperação decorrente do concurso formal ou continuidade delitiva, todos são crimes de menor potencial ofensivo, o que pode afastar o acordo de não persecução penal.

Acordo de Não Persecução Penal: Não cabimento nas hipóteses de transação penal.

REFERENCIAL

BAUTZER, Sérgio. **Legislação Penal Especial**. Brasília: Vesticon, 2012.

BITENCOURT, Cezar Roberto. **Tratado de Direito Penal.** São Paulo, Saraiva, 2009. v. 1.

BRASIL. Presidência da República. Casa Civil. **Lei nº 8.078, de 11 de setembro de 1990.** Brasília, 1990. Disponível em: < http://www.planalto.gov.br/ccivil_03/leis/l8078compilado.htm>. Acesso em: 23 ago. 2020.

BRASIL. Presidência da República. Casa Civil. **Lei nº 8.137, de 27 de dezembro de 1990.** Brasília, 1990. Disponível em: < http://www.planalto.gov.br/ccivil_03/leis/l8137.htm>. Acesso em: 23 ago. 2020.

CAPPELLETTI, Mauro; GARTH, Bryant. **Acesso à Justiça.** Porto Alegre: Sérgio Antônio Fabris, 2002.

CONTELLI, Everson A. **Acesso à Justiça Criminal:** NECRIM's – Núcleos Especiais Criminais como alternativa Consensual, Restaurativa e Dialógica na Persecução Criminal. 2.Ed. Rio de Janeiro: Lumen Juris, 2019.

NUCCI, Guilherme de Souza. **Leis penais e processuais penais comentadas.** 7ª Edição revista, atualizada e ampliada. São Paulo: Editora Revista dos Tribunais, 2013.

PAULSEN, Leandro. **Crimes Federais**. São Paulo: Saraiva, 2017.

SILVA, José Geraldo da; LAVORENTI, Wilson e GENOFRE, Fabiano. **Leis penais especiais anotadas.** 3ª ed. São Paulo: Editora Millenium, 2002.

52

CRIMES CONTRA A ECONOMIA POPULAR

Lei 1.521/1951

RUCHESTER MARREIROS BARBOSA

1. FUNDAMENTO

Art. 1º. Serão punidos, na forma desta Lei, os crimes e as contravenções contra a economia popular, Esta Lei regulará o seu julgamento.

Comentários: a lei traz a previsão de que os crimes e as contravenções contra a economia popular serão regulados por essa lei.

Mais especificadamente previa 8 contravenções penais no art. 9º, que foram revogados expressamente pelo art. 59 da Lei 6.649/79. Esta lei era a antiga lei de locações. A atual lei de locações, Lei 8.245/91, a revogou expressamente, contudo prevê uma contravenção penal no seu art. 43 e uma modalidade criminosa no art. 44.

Além das infrações penais, prevê o diploma regras processuais penais sobre julgamento por júri popular, não foi recepcionado pela Constituição da República de 88, porquanto o Tribunal do Júri é competente para os crimes dolosos contra vida e aqueles a eles conexos.

2. DOS CRIMES

2º. São crimes desta natureza:

I - recusar individualmente em estabelecimento comercial a prestação de serviços essenciais à subsistência; sonegar mercadoria ou recusar vendê-la a quem esteja em condições de comprar a pronto pagamento;

II - favorecer ou preferir comprador ou freguês em detrimento de outro, ressalvados os sistemas de entrega ao consumo por intermédio de distribuidores ou revendedores;

III - expor à venda ou vender mercadoria ou produto alimentício, cujo fabrico haja desatendido a determinações oficiais, quanto ao peso e composição;

IV - negar ou deixar o fornecedor de serviços essenciais de entregar ao freguês a nota relativa à prestação de serviço, desde que a importância exceda de quinze cruzeiros, e com a indicação do preço, do nome e endereço do estabelecimento, do nome da firma ou responsável, da data e local da transação e do nome e residência do freguês;

V - misturar gêneros e mercadorias de espécies diferentes, expô-los à venda ou vendê-los, como puros; misturar gêneros e mercadorias de qualidades desiguais para expô-los à venda ou vendê-los por preço marcado para os de mais alto custo;

VI - transgredir tabelas oficiais de gêneros e mercadorias, ou de serviços essenciais, bem como expor à venda ou oferecer ao público ou vender tais gêneros, mercadorias ou serviços, por preço superior ao tabelado, assim como não manter afixadas, em lugar visível e de fácil leitura, as tabelas de preços aprovadas pelos órgãos competentes;

VII - negar ou deixar o vendedor de fornecer nota ou caderno de venda de gêneros de primeira necessidade, seja à vista ou a prazo, e cuja importância exceda de dez cruzeiros, ou de especificar na nota ou caderno - que serão isentos de selo - o preço da mercadoria vendida, o nome e o endereço do estabelecimento, a firma ou o responsável, a data e local da transação e o nome e residência do freguês;

VIII - celebrar ajuste para impor determinado preço de revenda ou exigir do comprador que não compre de outro vendedor;

IX - obter ou tentar obter ganhos ilícitos em detrimento do povo ou de número indeterminado de pessoas mediante especulações ou processos fraudulentos («bola de neve», «cadeias», «pichardismo» e quaisquer outros equivalentes);

X - violar contrato de venda a prestações, fraudando sorteios ou deixando de entregar a coisa vendida, sem devolução das prestações pagas, ou descontar destas, nas vendas com reserva de domínio, quando o contrato for rescindido por culpa do comprador, quantia maior do que a correspondente à depreciação do objeto.

XI - fraudar pesos ou medidas padronizados em lei ou regulamentos; possuí-los ou detê-los, para efeitos de comércio, sabendo estarem fraudados.

Pena - detenção, de 6 (seis) meses a 2 (dois) anos, e multa, de dois mil a cinqüenta mil cruzeiros.

Parágrafo único. Na configuração dos crimes previstos nesta Lei, bem como na de qualquer outro de defesa da economia popular, sua guarda e seu emprego considerar-se-ão como de primeira necessidade ou necessários ao consumo do povo, os gêneros, artigos, mercadorias e qualquer outra espécie de coisas ou bens indispensáveis à subsistência do indivíduo em condições higiênicas e ao exercício normal de suas atividades. Estão compreendidos nesta definição os artigos destinados à alimentação, ao vestuário e à iluminação, os terapêuticos ou sanitários, o combustível, a habitação e os materiais de construção.

Comentários: Não obstante a economia popular seja de interesse da União, ou seja, de interesse nacional, a competência da justiça federal é restritiva, conforme já mencionamos no capítulo sobre competência da justiça federal nos comentários do art. 11 da Lei 13.260/16, na qual remetemos o leitor, os crimes previstos na lei, não necessariamente ofenderá bens, serviços ou interesses da união, razão pela qual a competência para os delitos em tela é da justiça estadual, salvo se conexo com um crime federal, conforme entendimento majoritário da doutrina e jurisprudência.

Nesta esteira, o enunciado da súm. 498 da Suprema Corte, que dispõe: *"Compete à Justiça dos Estados, em ambas as instâncias, o processo e o julgamento dos crimes contra a economia popular"*.

Outrossim, todos os incisos preveem pena detenção, de 6 (seis) meses a 2 (dois) anos, e multa, de dois mil a cinqüenta mil cruzeiros, razão pela qual possuem natureza de menor potencial ofensivo, sujeitando-se as regras da Lei 9.099/85.

Há um certo consenso na doutrina que os incisos I ao VIII e XI foram revogados pelo art. 7º da Lei 8.137/90, ao tratar dos crimes contra a relação de consumo, havendo dissonância em um ou outro inciso, como veremos.

Art. 2º, I

Comentários: revogado pelo art. 7º, VI da Lei 8.137/90, donde se extrai: *"sonegar insumos ou bens, recusando-se a vendê-los a quem pretenda comprá-los nas condições publicamente ofertadas, ou retê-los para o fim de especulação;"*, na qual remetemos o leitor aos comentários sobre este dispositivo.

Art. 2º, II

Comentários: revogado pelo art. 7º, I da Lei 8.137/90, donde se extrai: *"favorecer ou preferir, sem justa causa, comprador ou freguês, ressalvados os sistemas de entrega ao consumo por intermédio de distribuidores ou revendedores;"*, na qual remetemos o leitor aos comentários sobre este dispositivo.

Art. 2º, III

Comentários: para a doutrina majoritária, este inciso foi revogado pelo art. 7º, II da Lei 8.137/90, ao dispor que *"vender ou expor à venda mercadoria cuja embalagem, tipo, especificação, peso ou composição esteja em desacordo com as prescrições legais, ou que não corresponda à respectiva classificação oficial;"*

Conflito aparente de normas: em se tratando de fraude na *"fabricação de substância ou produto alimentício destinado a consumo, tornando-o nociva à saúde ou reduzindo-lhe o valor nutritivo"*, pelo princípio da especialidade a adequação típica prevista é do art. 272 do CP.

Importante observar também que sendo o caso de fraude em produtos específicos e que o agente a venda, ou à exponha à venda, ou a tenha em depósito para vender ou, de qualquer forma, a entregar a consumo, gêneros alimentícios, terapêuticos ou medicinais, fraudados com emprego de processo proibido ou de substância não permitida, conforme art. 274 do CP ou com Invólucro ou recipiente com falsa indicação, na forma do art. 275 do CP, em razão da especialidade que se impõe, aplica-se o art. 276 do CP.

Art. 2º, IV

Comentários: este inciso foi revogado pelo art. 1º, V da Lei 8.137/90, ao dispor que *"negar ou deixar de fornecer, quando obrigatório, nota fiscal ou documento equivalente, relativa a venda de mercadoria ou prestação de serviço, efetivamente realizada, ou fornecê-la em desacordo com a legislação."*, na qual remetemos o leitor aos comentários sobre este dispositivo.

Art. 2º, V

Comentários: este inciso foi revogado pelo art. 7º, III da Lei 8.137/90, ao dispor que *"misturar gêneros e mercadorias de espécies diferentes, para vendê-los ou expô-los à venda como puros; misturar gêneros e mercadorias de qualidades desiguais para vendê-los ou expô-los à venda por preço estabelecido para os demais mais alto custo."*, na qual remetemos o leitor aos comentários sobre este dispositivo.

Conflito aparente de normas: em se tratando de mistura entre espécies de combustíveis, incide o crime previsto no art. 1º, I da Lei 8.176/91

Art. 2º, VI

Comentários: este inciso foi revogado tacitamente pelo art. 6º da Lei 8.137/90. Posteriormente, o art. 6º foi revogado expressamente pelo art. 127 da Lei 12.529/11. Nesse sentido, como a revogação tácita equivale a uma revogação expressa e tem o poder de extirpar do ordenamento jurídico uma norma, sendo a norma revogadora revogada posteriormente, não se poder dizer que que sua vigência tenha retornado a produzir efeitos, sob pena de admitirmos em nosso ordenamento o instituto da repristinação. Pelo contrário, esse fenômeno é vedado no ordenamento jurídico brasileiro, razão pela qual esse inciso se encontra revogado.

Art. 2º, VII

Comentários: este inciso foi, também, revogado pelo art. 1º, V da Lei 8.137/90, que também abrangeu a revogação do art. 2º, IV da Lei 1.521/51, ao dispor que *"negar ou deixar de fornecer, quando obrigatório, nota fiscal ou documento equivalente, relativa a venda de mercadoria ou prestação de serviço, efetivamente realizada, ou fornecê-la em desacordo com a legislação."*, na qual remetemos o leitor aos comentários sobre este dispositivo.

Art. 2º, VIII

Comentários: este inciso foi revogado pelo art. 4º, I da Lei 8.137/90, ao dispor que *"Constitui crime contra a ordem econômica, abusar do poder econômico, dominando o mercado ou eliminando, total ou parcialmente, a concorrência mediante qualquer forma de ajuste ou acordo de empresas;"*, na qual remetemos o leitor aos comentários sobre este dispositivo.

Art. 2º, IX

Verbos nucleares: obter (conseguir ou ter êxito) e tentar obter (quase conseguir ou ter êxito). A distinção doutrinária desse delito para o crime de estelionato, previsto no art. 171 do Código Penal o sujeito passivo. Neste a vítima é individualmente determinada, enquanto nos crimes contra a economia popular as vítimas não pessoas indeterminadas, não sendo relevante identificá-las, não obstante a declaração de uma delas ou de algumas sirva como prova para a existência das práticas fraudulentas para a obtenção de "ganhos ilícitos".

Elementos normativos:

a) "ganhos ilícitos" significa vantagem indevida que possui conteúdo necessariamente econômico.

b) "bola de neve" é um sistema cooperativo onde uma pessoa é levada a acreditar que na compra de um bilhete de valor pequeno poderá ganhar uma grande quantia, ao induzir outras pessoas a adquirir bilhetes, de forma que ao terminar a sua quota de venda de bilhetes, logrará êxito em ser premiada (STOCO, 2001, p. 1443).

c) "cadeias" são também denominadas de "correntes da felicidade" ou também "correntes da sorte", nas quais as pessoas são levadas a acreditar que colocando seu nome no final de uma lista e remetendo dinheiro para o primeiro que consta nela, poderá formar uma nova lista e ganhar muito dinheiro. (STOCO, 2001, p. 1443)

d) "Pichardismo" é um nome que deriva do autor do famoso golpe, o italiano Manuel Severo Pichardo, que consiste na promessa fraudulenta, ao comprador, do fornecimento de determinada mercadoria e, após algum tempo, restituir-lhe os valores pagos. (STOCO, 2001, p. 1443)

Delito semelhante ao "pichardismo" foi identificado em pessoas já foram processadas criminalmente porque criaram sites na internet para venda de mercadorias com o intuito de não as entregar, após a compra.

Segundo o STJ[1] essa forma delituosa não se adequa ao crime de estelionato, mas sim deste inciso:

> *"A criação de site na internet por quadrilha, sob o falso pretexto de vender mercadorias, mas sem a intenção de entregá-las, amolda-se mais ao crime contra a economia popular, previsto no art. 2º, inciso IX, da Lei n. 1.521/1951, do que ao estelionato (art. 171, caput, CP), dado que a conduta não tem por objetivo enganar vítima(s) determinada(s), mas, sim, um número indeterminado de pessoas, vendendo para qualquer um que acesse o site."*

e) "outros meios equivalentes" é uma técnica legislativa de interpretação analógica na qual podemos identificar como a *venda fraudulenta* de linhas telefônicas, máquinas de caça níquel e videopôquer. Com relação às máquinas de caça níquel e videopôquer, quando adulterados caracterizam o crime em tela, quando não, é hipótese de contravenção penal de jogo de azar, art. 50 da LCP. Há ainda o "marketing multi nível", uma espécie de pirâmide financeira, que também caracteriza o tipo penal em estudo. Trazemos a colação, julgado do STJ[2] nesse sentido:

> *"1. As operações denominadas de "pirâmide financeira", sob o disfarce de "marketing multinível", caracterizam-*

1. CC 133.534/SP, 3ª Seção, Rel. Min. Reinaldo Soares da Fonseca, j. 28/10/2015.
2. CC 146.153/SP, 3ª Seção, Rel. Min. Reinaldo Soares da Fonseca, j. 11/05/2016.

-se por oferecer a seus associados uma perspectiva de lucros, remuneração e benefícios futuros irreais, cujo pagamento depende do ingresso de novos investidores ou de aquisição de produtos para uso próprio, em vez de vendas para consumidores que não são participantes do esquema. 2. Nesse sentido, a captação de recursos decorrente de "pirâmide financeira" não se enquadra no conceito de "atividade financeira", para fins da incidência da Lei n. 7.492/1986, amoldando-se mais ao delito previsto no art. 2º, IX, da Lei 1.521/1951 (crime contra a economia popular). Precedentes."

Objeto jurídico: equilíbrio econômico nas relações de consumo.

Objeto material: vantagens ilícitas de cunho econômico que atinjam a economia popular.

Sujeito ativo: qualquer pessoa.

Sujeito passivo: coletividade.

Elemento subjetivo: É o dolo como vontade livre e consciente de obter ou tentar obter vantagem ilícita da economia popular.

Consumação: O crime para se consumar não exige o aferimento dos ganhos ilícitos, visto que se pune sua tentativa, não obstante seja o crime essencialmente material.

Tentativa: inadmissível por punir como consumado um comportamento tentado.

Conflito aparente de normas: caso o agente venda ingressos de evento esportivo, por preço superior ao estampado no bilhete, por for;a da especialidade, pratica o crime previsto no art. 41-F da Lei da Lei 10.671/2003, denominado de crime de cambismo. Antes desta lei essa conduta adequava-se no tipo penal ora estudado no entendimento majoritário da doutrina. Caso o evento não seja esportivo, por exemplo, show musical, a adequação típica e a deste inciso.

Classificação doutrinária: Crime comum; material ou formal; comissivo; instantâneo; unissubjetivo; plurissubsistente no verbo obter e unissubsistente no tentar obter; doloso.

Medidas despenalizadoras: admissível transação penal e suspensão condicional do processo.

Acordo de Não Persecução Penal: incabível, conforme art. 28-A, §2º, I do CPP

Ação penal: Ação penal pública incondicionada.

Art. 2º, X

Verbos nucleares: violar (infringir ou descumprir) e descontar (subtrair ou fazer dedução).

Elementos normativos: *"contrato de venda a prestações fraudando sorteios ou deixando de entregar a coisa vendida, sem devolução das prestações pagas"* na primeira parte, ou *"nas vendas com reserva de domínio, quando o contrato for rescindido por culpa do comprador, quantia maior do que a correspondente à depreciação do objeto"* diz respeito a negócio jurídico regulado pelo Código Civil ou Código de Defesa do Consumidor.

Objeto jurídico: equilíbrio econômico nas relações de consumo.

Objeto material: a coisa vendida.

Sujeito ativo: contratante vendedor.

Sujeito passivo: coletividade.

Elemento subjetivo: É o dolo como vontade livre e consciente de descumprir o contrato de compra e venda sem devolver as parcelas pagas ou ficar com um valor a maior do que as parcelas pagas em relação a depreciação do objeto, quando o negócio for rescindido por culpa do comprador.

Consumação: O crime para se consumar exige que o vendedor não devolva parcelas pagas ou fique com parcela maior, na segunda parte, caracterizando um crime material.

Tentativa: admissível.

Conflito aparente de normas: este delito não se confunde com o estelionato, não obstante seja a doutrina o considera uma espécie, denominado de *estelionato consumerista* (MARCÃO, 2012, p. 374) .

Classificação doutrinária: Crime próprio; material; comissivo; instantâneo; vinculado; plurissubsistente; doloso.

Medidas despenalizadoras: admissível transação penal e suspensão condicional do processo.

Acordo de Não Persecução Penal: incabível, conforme art. 28-A, §2º, I do CPP

Ação penal: Ação penal pública incondicionada.

Art. 2º, XI

Comentários: este inciso foi revogado, segundo entendimento majoritário, no qual nos filiamos, pelo art. 7º, IV da Lei 8.137/90, ao dispor sobre *"fraudar preços por meio de: a) alteração, sem modificação essencial ou de qualidade, de elementos tais como denominação, sinal externo, marca, embalagem, especificação técnica, descrição, volume, peso, pintura ou acabamento de bem ou serviço; ou b) divisão em partes de bem ou serviço, habitualmente oferecido à venda em conjunto; ou c) junção de bens ou serviços, comumente oferecidos à venda em separado; ou d) aviso de inclusão* *de insumo não empregado na produção do bem ou na prestação dos serviços;*", na qual remetemos o leitor aos comentários sobre este dispositivo.

Contudo, a corrente doutrinária a favor da manutenção do dispositivo aduz que quando a fraude recai sobre pesos e medidas padronizados, será a hipótese deste inciso, como fraudar a balança do estabelecimento que serve de peso para entregar produtos ao consumidor, como restaurantes com serviço self-service ou na bomba de combustível que marca uma quantidade na bomba, mas o que efetivamente é entregue é a menor.

Parágrafo único

Comentários: trata-se de uma norma descritiva que complementa o sentido da norma penal em branco prevista no inciso VII, apesar deste inciso ter sido revogado e o tipo penal que o substituiu não precisa dos conceitos previstos neste dispositivo, ainda possui aplicabilidade no art. 3º, I.

Art. 3º. São também crimes desta natureza:

I - destruir ou inutilizar, intencionalmente e sem autorização legal, com o fim de determinar alta de preços, em proveito próprio ou de terceiro, matérias-primas ou produtos necessários ao consumo do povo;

II - abandonar ou fazer abandonar lavoura ou plantações, suspender ou fazer suspender a atividade de fábricas, usinas ou quaisquer estabelecimentos de produção, ou meios de transporte, mediante indenização paga pela desistência da competição;

III - promover ou participar de consórcio, convênio, ajuste, aliança ou fusão de capitais, com o fim de impedir ou dificultar, para o efeito de aumento arbitrário de lucros, a concorrência em matéria de produção, transportes ou comércio;

IV - reter ou açambarcar matérias-primas, meios de produção ou produtos necessários ao consumo do povo, com o fim de dominar o mercado em qualquer ponto do País e provocar a alta dos preços;

V - vender mercadorias abaixo do preço de custo com o fim de impedir a concorrência.

VI - provocar a alta ou baixa de preços de mercadorias, títulos públicos, valores ou salários por meio de notícias falsas, operações fictícias ou qualquer outro artifício;

VII - dar indicações ou fazer afirmações falsas em prospectos ou anúncios, para fim de substituição, compra ou venda de títulos, ações ou quotas;

VIII - exercer funções de direção, administração ou gerência de mais de uma empresa ou sociedade do mesmo ramo de indústria ou comércio com o fim de impedir ou dificultar a concorrência;

IX - gerir fraudulenta ou temerariamente bancos ou estabelecimentos bancários, ou de capitalização; sociedades de seguros, pecúlios ou pensões vitalícias; sociedades para empréstimos ou financiamento de construções e de vendas e imóveis a prestações, com ou sem sorteio ou preferência por meio de pontos ou quotas; caixas econômicas; caixas Raiffeisen; caixas mútuas, de beneficência, socorros ou empréstimos; caixas de pecúlios, pensão e aposentadoria; caixas construtoras; cooperativas; sociedades de economia coletiva, levando-as à falência ou à insolvência, ou não cumprindo qualquer das cláusulas contratuais com prejuízo dos interessados;

X - fraudar de qualquer modo escriturações, lançamentos, registros, relatórios, pareceres e outras informações devidas a sócios de sociedades civis ou comerciais, em que o capital seja fracionado em ações ou quotas de valor nominativo igual ou inferior a um mil cruzeiros com o fim de sonegar lucros, dividendos, percentagens, rateios ou bonificações, ou de desfalcar ou de desviar fundos de reserva ou reservas técnicas.

Pena - detenção, de 2 (dois) anos a 10 (dez) anos, e multa, de vinte mil a cem mil cruzeiros.

Art. 3º

Comentários: os crimes previstos nesses incisos possuem pena em abstrato máxima cominada de 10 anos, não obstante a previsão de cumprimento de pena no regime de detenção, o que admitiria a fixação de fiança pelo Delegado de Polícia, conforme defendemos na obra Temas Avançados de Polícia Judiciária (BARBOSA, 2020, p. 139).

Art. 3º, I

Comentários: este inciso foi revogado pelo art. 7º, VIII da Lei 8.137/90, ao dispor sobre "*destruir, inutilizar ou danificar matéria-prima ou mercadoria, com o fim de provocar alta de preço, em proveito próprio ou de terceiros.*", na qual remetemos o leitor aos comentários sobre este dispositivo.

Art. 3º, II

Verbos nucleares: abandonar (largar ou abdicar), fazer abandonar (realizar sabotagem para justificar o abandono), suspender (paralisar), fazer suspender (realizar sabotagem para justificar a suspensão)

Elementos normativos:

a) "lavoura ou plantações": significa atividade agrícola consistente em traçar sulcos ou valetas na terra com uma pelo agricultor, seja com uma ferramenta de mão ou com um equipamento denominado de arado.

b) "fábricas, usinas ou quaisquer estabelecimentos de produção": são estabelecimentos onde ocorre manutafuramento de bens através do emprego de máquinas que processam um produto, transfomando-o em um outro. No caso da usina essa atividade se dá com o aproveitamento ou produção de energia

c) meios de transporte: meio de transporte: consiste em uma ferramenta ou meio de deslocamento de pessoas ou coisas de um lugar para outro, cujo termo técnico podemos encontrar no anexo I da Lei 9.503/97 que elenca todos os meios de transportes terrestres, como também devem ser citados os meios de transportes aéreos, consoante arts. 106 e 107 da Lei 7.565/86, o transporte aquaviário, conforme Lei 9.432/97 e art. 2º, V da Lei 9.966/00, e por último, o meio ferroviário Decreto 1.832/96, regulamento dos transportes ferroviários, que não traz o conceito de trens, que era realizado pelo Decreto revogado 90.959/85 e Decreto 98.973/90, que regulamente o transporte ferroviários de produtos perigosos.

d) mediante indenização pela desistência da competição: indenização significa uma contraprestação para não participar de competição e da livre concorrência.

Objeto jurídico: a livre concorrência.

Objeto material: a competição.

Sujeito ativo: agricultor na primeira parte e o responsável pela tomada de decisões da fábrica, usina ou outro estabelecimento de produção.

Sujeito passivo: coletividade.

Elemento subjetivo: É o dolo como vontade livre e consciente de não mais realizar produção de produtos para não mais fazer parte da competição do mercado.

Consumação: O crime para se consumar quando o agente abandona ou suspende as atividades de produção.

Tentativa: admissível.

Conflito aparente de normas: pode ensejar o crime do art. 90, 93 ou 95, da Lei 8.666/93 a depender da forma de se driblar a competição entre os concorrentes do certame. Se o objetivo do agente ou dos agentes é o monopólio do mercado configuraria o crime de cartel que estava previsto no art. 4º da Lei 8.137/90, revogado pela Lei 12.529/11, que ainda prevê modalidades de cartel, art. 4º, I e II, "c" da Lei 8.137/90.

Classificação doutrinária: Crime próprio; formal; comissivo ou omissivo; instantâneo; vinculado; unissubsistente ou plurissubsistente; doloso.

Acordo de Não Persecução Penal: cabível.

Ação penal: Ação penal pública incondicionada.

Art. 3º, III e IV

Comentários: este inciso foi revogado pelo art. 4º, I e IV da Lei 8.137/90, que foram revogados pela Lei 12.529/11, atualmente, art. 4º, I e II, ao dispor sobre *"abusar do poder econômico, dominando o mercado ou eliminando, total ou parcialmente, a concorrência mediante qualquer forma de ajuste ou acordo de empresa "* ou *"formar acordo, convênio, ajuste ou aliança entre ofertantes, visando: a) à fixação artificial de preços ou quantidades vendidas ou produzidas; b) ao controle regionalizado do mercado por empresa ou grupo de empresas; c) ao controle, em detrimento da concorrência, de rede de distribuição ou de fornecedores"*, na qual remetemos o leitor aos comentários sobre este dispositivo.

Art. 3º, V

Comentários: este inciso foi revogado pelo art. 4º, VI da Lei 8.137/90, que foram revogados pela Lei 12.529/11, atualmente, art. 4º, I e II, ao dispor sobre *"abusar do poder econômico, dominando o mercado ou eliminando, total ou parcialmente, a concorrência mediante qualquer forma de ajuste ou acordo de empresa "* ou *"formar acordo, convênio, ajuste ou aliança entre ofertantes, visando: a) à fixação artificial de preços ou quantidades vendidas ou produzidas; b) ao controle regionalizado do mercado por empresa ou grupo de empresas; c) ao controle, em detrimento da concorrência, de rede de distribuição ou de fornecedores"*, na qual remetemos o leitor aos comentários sobre este dispositivo.

Art. 3º, VI

Verbos nucleares: provocar (forçar ou dar causa)

Elementos normativos:

a) "mercadoria": é qualquer produto suscetível a ser comprado ou vendido, como matérias-primas, gêneros alimentícios etc.

b) "títulos públicos": é uma espécie de valor mobiliário.

c) "valores ou salários": são contraprestações a título de um produto alienado ou um serviço prestado, neste caso, relacionado a um funcionário da empresa.

Objeto jurídico: a economia popular

Objeto material: a alta ou baixa de preços, valores ou salários.

Sujeito ativo: qualquer pessoa.

Sujeito passivo: coletividade.

Elemento subjetivo: É o dolo como vontade livre e consciente de provocar variações de preços por meio de notícias falsas, operações fictícias ou qualquer outro artifício.

Consumação: o crime para se consumar quando efetivamente ocorre a alta ou a baixa de preços, valores ou salário.

Tentativa: admissível.

Classificação doutrinária: Crime comum; material; comissivo ou omissivo impróprio; instantâneo; vinculado; plurissubsistente; doloso.

Acordo de Não Persecução Penal: cabível.

Ação penal: Ação penal pública incondicionada.

Art. 3º, VII

Verbos nucleares: dar (oferecer ou tornar disponível) ou fazer (produzir ou realizar)

Objeto jurídico: mercado de capitais

Objeto material: afirmações falsas em publicidade sobre empresas ou instituições para compra ou venda de títulos, ações ou quotas;

Sujeito ativo: qualquer pessoa.

Sujeito passivo: coletividade.

Elemento subjetivo: É o dolo como vontade livre e consciente de provocar variações de preços por meio de notícias falsas, operações fictícias ou qualquer outro artifício.

Consumação: o crime para se consumar basta a efetiva indicação ou afirmação falsa na publicidade veiculada, independentemente de qualquer substituição, compre ou venda de títulos, ações ou quotas.

Tentativa: admissível.

Classificação doutrinária: Crime comum; formal; comissivo; instantâneo; vinculado; plurissubsistente; doloso.

Acordo de Não Persecução Penal: cabível.

Ação penal: Ação penal pública incondicionada.

Art. 3º, VIII

Verbos nucleares: exercer (desempenhar ou pôr em ação ou em atividade)

Objeto jurídico: livre concorrência

Objeto material: funções de direção, administração ou gerência de mais de uma empresa ou sociedade do mesmo ramo de indústria ou comércio;

Sujeito ativo: qualquer pessoa.

Sujeito passivo: coletividade.

Elemento subjetivo: É o dolo como vontade livre e consciente de desempenhar com habitualidade funções de direção, administração ou gerência de mais de uma empresa ou sociedade do mesmo ramo de indústria ou comércio e o especial fim de agir de impedir ou dificultar a concorrência.

Consumação: o crime para se consumar basta que o exercício das funções de direção, administração ou gerência de mais de uma empresa ou sociedade do mesmo ramo de indústria ou comércio seja realizada com habitualidade.

Tentativa: inadmissível.

Classificação doutrinária: Crime comum; formal; comissivo; habitual; plurissubsistente; doloso.

Acordo de Não Persecução Penal: cabível.

Ação penal: Ação penal pública incondicionada.

Art. 3º, IX

Verbos nucleares: gerir (administrar ou gerenciar ou dirigir)

Elementos normativos:

a) Fraudulenta: significa gestão de instituição ou sociedade *"com fraude, dolo, ardil ou com malícia, visando a obter indevida vantagem, independentemente de ser para si ou para terceiro"* (PRADO, 2014, p. 157), como por exemplo, simulação de operações ou maquiagem de balanços para desviar ativos da instituição e enganar cooperados, ou as autoridades que fiscalizem suas atividades.

b) Temerariamente: "é caracterizada pela abusiva conduta, que ultrapassa os limites da prudência, arriscando-se o agente além do permitido mesmo a um indivíduo arrojado. É o comportamento afoito, arriscado, atrevido" (PRADO, 2014, p. 157)

Objeto jurídico: a higidez da gestão das instituições e das atividades daí decorrentes, com a consequente proteção do patrimônio delas e de seus investidores, sócios, acionistas, cooperados ou associados.

Objeto material: por força da revogação tácita não se incluem mais os "bancos ou estabelecimentos bancários, ou de capitalização; sociedades de seguros, pecúlios ou pensões vitalícias; sociedades para empréstimos ou financiamento de construções e de vendas e imóveis a prestações, com ou sem sorteio ou preferência por meio de pontos ou quotas; caixas econômicas; caixas Raiffeisen; caixas mútuas de empréstimos. Assim sendo, o objeto material deste delito recai caixas mútua sobre beneficência e socorros; caixas de pecúlios, pensão e aposentadoria; caixas construtoras; cooperativas; sociedades de economia coletiva, levando-as à falência ou à insolvência;

Sujeito ativo: qualquer pessoa.

Sujeito passivo: as pessoas jurídicas que falirem ou insolventes e secundariamente as pessoas a elas relacionadas.

Elemento subjetivo: É o dolo como vontade livre e consciente de gerenciar mal ou com descuido deliberado levando a falência ou insolvência na primeira parte e na segunda ou de forma comissiva ou omissiva de inadimplemento contratual que cause prejuízo aos interessados.

Consumação: o crime para se consumar basta a efetiva indicação ou afirmação falsa na publicidade veiculada, independentemente de qualquer substituição, compre ou venda de títulos, ações ou quotas.

Tentativa: inadmissível.

Classificação doutrinária: Crime próprio; material; comissivo; habitual; plurissubsistente; doloso.

Conflito aparente de normas: a doutrina entende que este inciso foi parcialmente revogado pelo art. 4º da Lei 7.942/86 ao dispor sobre "gerir fraudulentamente instituição financeira, pena de reclusão, de 3 (três) a 12 (doze) anos, e multa ou em seu parágrafo único, se a gestão for temerária, pena de reclusão, de 2 (dois) a 8 (oito) anos, e multa. Neste dispositivo *"evitou o inconveniente de estabelecer um rol taxativo"*, tal como vem elencado neste inciso, *"que tende a desatualizar-se em razão da dinamicidade do sistema financeiro, que pode torná-la inaplicável, por falta de previsão expressa de determinada instituição financeira."* (PRADO, 2014, p. 155)

Acordo de Não Persecução Penal: cabível.

Ação penal: Ação penal pública incondicionada.

Art. 3º, X

Verbos nucleares: fraudar (burlar), desfalcar (suprimir de um todo ou desinteirar) e desviar (destinação diversa a finalidade original)

Objeto jurídico: o patrimônio da pessoa jurídica e secundariamente dos seus beneficiários.

Objeto material: escriturações, lançamentos, registros, relatórios, pareceres e outras informações devidas a sócios de sociedades civis ou comerciais e os fundos de reserva ou reservas técnicas;

Sujeito ativo: qualquer pessoa.

Sujeito passivo: os sócios das sociedades civis e comerciais e secundariamente a coletividade.

Elemento subjetivo: É o dolo como vontade livre e consciente de ludibriar escriturações, lançamentos, registros, relatórios, pareceres e outras informações devidas a sócios de sociedades civis ou comerciais, em que o capital seja fracionado em ações ou quotas de valor nominativo igual ou inferior a um mil cruzeiros e o especial fim de agir de sonegar lucros, dividendos, percentagens, rateios ou bonificações e o dolo como vontade livre e consciente de desfalcar ou de desviar fundos de reserva ou reservas técnicas. Entendemos que a primeira parte por ter vinculado o especial fim de agir a um valor monetário inexistente, tornou essa parte do tipo penal inaplicável.

Consumação: o crime para se consumar basta a efetiva ocorrência da fraude, independentemente da sonegação dos lucros ou destinação dos desvios dos fundos de reserva ou reservas técnicas.

Tentativa: admissível.

Classificação doutrinária: Crime comum; formal na fraude e material no desfalque ou desvio; comissivo; plurissubsistente; doloso.

Acordo de Não Persecução Penal: cabível.

Ação penal: Ação penal pública incondicionada.

Art. 4º. Constitui crime da mesma natureza a usura pecuniária ou real, assim se considerando:

a) cobrar juros, comissões ou descontos percentuais, sobre dívidas em dinheiro superiores à taxa permitida por lei; cobrar ágio superior à taxa oficial de câmbio, sobre quantia permutada por moeda estrangeira; ou, ainda, emprestar sob penhor que seja privativo de instituição oficial de crédito;

b) obter, ou estipular, em qualquer contrato, abusando da premente necessidade, inexperiência ou leviandade de outra parte, lucro patrimonial que exceda o quinto do valor corrente ou justo da prestação feita ou prometida.

Pena - detenção, de 6 (seis) meses a 2 (dois) anos, e multa, de cinco mil a vinte mil cruzeiros.

§ 1º. Nas mesmas penas incorrerão os procuradores, mandatários ou mediadores que intervierem na operação usuária, bem como os cessionários de crédito usurário que, cientes de sua natureza ilícita, o fizerem valer em sucessiva transmissão ou execução judicial.

§ 2º. São circunstâncias agravantes do crime de usura:

I - ser cometido em época de grave crise econômica;

II - ocasionar grave dano individual;

III - dissimular-se a natureza usurária do contrato;

IV - quando cometido:

a) por militar, funcionário público, ministro de culto religioso; por pessoa cuja condição econômico-social seja manifestamente superior à da vítima;

b) em detrimento de operário ou de agricultor; de menor de 18 (dezoito) anos ou de deficiente mental, interditado ou não.

Circunstâncias agravantes específicas: se os crimes forem cometidos em época de grave crise econômica; ocasionar grave dano individual; dissimular-se a natureza usurária do contrato; quando cometido por militar, funcionário público, ministro de culto religioso; por pessoa cuja condição econômico-social seja manifestamente superior à da vítima; ou quando cometido em detrimento de operário ou de agricultor; de menor de 18 (dezoito) anos ou de deficiente mental, interditado ou não.

Classificação doutrinária: Crime comum; formal na cobrança e material no empréstimo sob penhor; comissivo; plurissubsistente; doloso.

Acordo de Não Persecução Penal: cabível.

Ação penal: Ação penal pública incondicionada.

Usura pecuniária

Art. 4º, "a"

Verbos nucleares: cobrar (fazer com que seja pago) e emprestar (ceder). Trata-se de norma penal em branco na qual encontra seu complemento nas resoluções do Conselho Monetário Nacional, órgão vinculado ao Banco Central do Brasil. A prática de usura pecuniária caracteriza o que denomina de anatocismo, que significa cobrança de juros sobre juros dos valores não pagos.

Objeto jurídico: sistema econômico popular

Objeto material: juros, comissões ou descontos percentuais, sobre dívidas em dinheiro superiores à taxa permitida por lei. Esta lei é a denominada lei de usura, Decreto nº 22.626, de 7 de Abril de 1933, ágio superior à taxa oficial de câmbio, sobre quantia permutada por moeda estrangeira e empréstimo sob penhor que seja privativo de instituição oficial de crédito.

Sujeito ativo: qualquer pessoa, bem como procuradores, mandatários ou mediadores que intervierem na operação usuária, bem como os cessionários de crédito usurário.

Sujeito passivo: a coletividade.

Elemento subjetivo: É o dolo como vontade livre e consciente de cobrar ou emprestar valores regulados pelo Banco Central do Brasil, sem respeitar as regras sobre autorização devida.

Consumação: o crime para se consumar basta a simples cobrança, independentemente da obtenção dos valores e no empréstimo quando o valor for cedido.

Tentativa: admissível.

Usura real

Art. 4º, "b"

Verbos nucleares: obter (conseguir) e estipular (estabelecer ou fazer ajuste)

Objeto jurídico: sistema econômico popular

Objeto material: negócio jurídico (qualquer contrato).

Sujeito ativo: qualquer pessoa.

Sujeito passivo: a coletividade.

Elemento subjetivo: É o dolo como vontade livre e consciente de lograr êxito no negócio jurídico obrigacional por meio do abuso da premente necessidade, inexperiência ou leviandade de outra parte, lucro patrimonial que exceda o quinto do valor corrente ou justo da prestação feita ou prometida.

Consumação: o crime para se consumar com a obtenção da vantagem de um quinto do valor corrente ou justo da prestação feita, na primeira modalidade, e na segunda, basta o ajuste dos valores a maior que um quinto do valor corrente ou justo da prestação prometida.

Tentativa: admissível.

Classificação doutrinária: Crime comum; material na obtenção e formal no ajuste; vinculado; comissivo; plurissubsistente; doloso.

Acordo de Não Persecução Penal: cabível.

Ação penal: Ação penal pública incondicionada.

Art. 5º Nos crimes definidos nesta lei, haverá suspensão da pena e livramento condicional em todos os casos permitidos pela legislação comum. Será

a fiança concedida nos têrmos da legislação em vigor, devendo ser arbitrada dentro dos limites de Cr$ 5.000,00 (cinco mil cruzeiros) a Cr$ 50.000,00 (cinqüenta mil cruzeiros), nas hipóteses do artigo 2º, e dentro dos limites de Cr$ 10.000,00 (dez mil cruzeiros) a Cr$100.000,00 (cem mil cruzeiros) nos demais casos, reduzida à metade dentro dêsses limites, quando o infrator fôr empregado do estabelecimento comercial ou industrial, ou não ocupe cargo ou pôsto de direção dos negócios.

Comentários: aplicam-se as regras dos susis da pena e livramento condicional previstas no Código Penal, respectivamente os artigos 77 e 83, e quando à fiança, as do Código de Processo Penal, alterado pela Lei 12.403/11, diante da inexequibilidade dos valores monetários previstos na norma.

Art. 6º. Verificado qualquer crime contra a economia popular ou contra a saúde pública (Capítulo III do Título VIII do Código Penal) e atendendo à gravidade do fato, sua repercussão e efeitos, o juiz, na sentença, declarará a interdição de direito, determinada no art. 69, IV, do Código Penal, de 6 (seis) meses a 1 (um) ano, assim como, mediante representação da autoridade policial, poderá decretar, dentro de 48 (quarenta e oito) horas, a suspensão provisória, pelo prazo de 15 (quinze) dias, do exercício da profissão ou atividade do infrator.

Comentários: a sentença contendo a interdição de direitos é aplicável a título de pena principal e não substituída. Essa regra não perdeu o sentido após a alteração do art. 44 do CP que prevê as penas restritivas de direitos, substitutivas às privativas de liberdade. Não podemos olvidar que um dos critérios à pena substitutiva é de que a pessoa seja condenada com uma pena de até quatro anos, e a regra contida nesse dispositivo não possui essa limitação, ou seja, segundo a regra em comento o réu pode ser condenado a pena privativa de liberdade e também a interdição temporária de direitos. Ademais, prevê uma modalidade de cautelar real através da representação pelo Delegado de Polícia de suspensão provisória, pelo prazo de 15 (quinze) dias, do exercício da profissão ou atividade do infrator.

Art. 7º. Os juízes recorrerão de ofício sempre que absolverem os acusados em processo por crime contra a economia popular ou contra a saúde pública, ou quando determinarem o arquivamento dos autos do respectivo inquérito policial.

Comentários: trata-se do denominado recurso de ofício, cuja expressão, é amplamente criticada pela doutrina, haja vista que os recursos têm como característica a voluntariedade e das partes. Juiz não é parte. Trata0se, na verdade, de verdadeiro reexame necessário da sentença ou condição suspensiva para o trânsito em julgado. Até a vigência da Lei 13.964/19 a regra era o da irrecorribilidade da decisão de arquivamento do inquérito policial, restando poucas hipóteses excepcionais, sendo uma delas, o dispositivo ora em estudo. Contudo, com o pacote anticrime o art. 28 do CPP, passou a admitir como regra a recorribilidade, não obstante a eficácia do mesmo estar suspensa por decisão do Ministro do Supremo Tribunal Federal, Luiz Fux, por liminar, no bojo das ADIs 6298, 6299, 6300 e 6305, em 22 de janeiro de 2020.

Art. 8º. Nos crimes contra a saúde pública, os exames periciais serão realizados, no Distrito Federal, pelas repartições da Secretaria-Geral da Saúde e Assistência e da Secretaria da Agricultura, Indústria e Comércio da Prefeitura ou pelo Gabinete de Exames Periciais do Departamento de Segurança Pública e nos Estados e Territórios pelos serviços congêneres, valendo qualquer dos laudos como corpo de delito.

Comentários: como expusemos nos comentários às normas penais incriminadoras, alguns delitos são materiais, consequentemente deixam vestígios, restando necessário exame pericial, nos moldes do art. 158 do CPP. Esta regra flexibilizava a elaboração dos laudos porquanto não exige que seja realizado por perito oficial, diante da enumeração dos órgãos previstos no dispositivo. Tecnicamente, norma especial não é revogada por lei posterior alteradora do texto da regra geral. Em outras palavras, a Lei 11.690/08 que altera as regras gerais sobre perícia e perito no CPP, não revogam regras especiais, previstas em leis extravagantes, conforme art. 2º, §2º da LINDB. Contudo, seria um descalabro que nos crimes previstos nessa lei a perícia fosse realizada, por exemplo, por alguém que não tivesse ensino superior administração ou contabilidade para perícias sobre gestão fraudulenta e temerária, como também seria passível de nulidade ou de menor credibilidade a prova produzida sem os critérios sobre a cadeia de custódia da prova, prevista a partir do art. 158-A, introduzidos pela Lei 13.964/19, vulgarmente denominada de "pacote anticrime". Nesta feita, entendemos que acima de um dispositivo legal está o sistema processual penal democrático, que prima pelo maior controle dos atos do Estado, razão pela qual, os dispositivos do Código de Processo Penal devem ser aplicados para todos os crimes previstos nessa lei. Por fim, essa possibilidade está prevista no art. 31 desta lei, ao prevê a aplicação subsidiária do Código de Processo Penal, naquilo que não for incompatível.

Art. 10. Terá forma sumária, nos termos do Capítulo V, Título II, Livro II, do Código de Processo Penal, o processo das contravenções e dos crimes contra a economia popular, não submetidos ao julgamento pelo júri. (Vide Decreto-lei nº 2.848, de 1940)

§ 1º. Os atos policiais (inquérito ou processo iniciado por portaria) deverão terminar no prazo de 10 (dez) dias.

§ 2º. O prazo para oferecimento da denúncia será de 2 (dois) dias, esteja ou não o réu preso.

§ 3º. A sentença do juiz será proferida dentro do prazo de 30 (trinta) dias contados do recebimento dos autos da autoridade policial (art. 536 do Código de Processo Penal).

§ 4º. A retardação injustificada, pura e simples, dos prazos indicados nos parágrafos anteriores, importa em crime de prevaricação (art. 319 do Código Penal).

Comentários: os procedimentos processuais penais foram alterados pela Lei 11.719/08, inclusive o rito sumário e o tribunal do júri é competente para os crimes dolosos contra a vida conforme previsão constitucional, não se aplicando o rito do tribunal do júri para os crimes previstos nessa lei. Outrossim, não há mais previsão de contravenção penal na norma, e se tivesse, seria da competência da Lei 9.099/95. A previsão de rito sumário para os crimes previstos na lei de economia popular excepcionará a regra do art. 394, §1º, II ao dispor que se o processo tiver por objeto crime cuja sanção máxima cominada seja inferior a 4 (quatro) anos de pena privativa de liberdade se adote o rito sumário. Assim, teremos o emprego do rito sumário para crimes com pena máxima cominada de 10 (dez) anos, conforme os crimes previstos no art. 3º. Os prazos do inquérito e da denúncia são menores dos que os previstos no art. 10 e 46, ambos do CPP. O prazo do §3º não se aplica mais porque o art. 536 do CPP aludido na norma dizia respeito ao processo judicialiforme, não recepcionado pela constituição e a nova redação do referido artigo, não apresenta mais nenhuma pertinência. O crime de prevaricação exige espefial fim de agir consistente no interesse ou sentimento pessoal, além da injustificada demora no cumprimento dos prazos.

Art. 11. No Distrito Federal, o processo das infrações penais relativas à economia popular caberá, indistintamente, a todas as varas criminais com exceção das 1ª e 20ª, observadas as disposições quanto aos crimes da competência do júri de que trata o art. 12.

Comentários: a constituição estabeleceu competência aos Estados para sua organização e divisão judiciária, razão pela qual, possui autonomia para definir sobre as regras de competência, incluindo-se as do Distrito Federal.

Art. 12. São da competência do Júri os crimes previstos no art. 2º desta Lei. (Vide Emenda Constitucional nº 1, de 1969)

Art. 13. O Júri compõe de um juiz, que é o seu presidente, e de vinte jurados sorteados dentre os eleitores de cada zona eleitoral, de uma lista de cento e cinqüenta a duzentos eleitores, cinco dos quais constituirão o conselho de sentença em cada sessão de julgamento. (Vide Emenda Constitucional nº 1, de 1969)

Art. 14. A lista a que se refere o artigo anterior será semestralmente organizada pelo presidente do Júri, sob sua responsabilidade, entre pessoas de notória idoneidade, incluídos de preferência os chefes de família e as donas de casa. (Vide Emenda Constitucional nº 1, de 1969)

Art. 15. Até o dia quinze de cada mês, far-se-á o sorteio dos jurados que devam constituir o tribunal do mês seguinte. (Vide Emenda Constitucional nº 1, de 1969)

Art. 16. o Júri funcionará quando estiverem presentes, pelo menos quinze jurados. (Vide Emenda Constitucional nº 1, de 1969)

Art. 17. O presidente do Júri fará as convocações para o julgamento com quarenta e oito horas de antecedência pelo menos, observada a ordem de recebimento dos processos. (Vide Emenda Constitucional nº 1, de 1969)

Art. 18. Além dos casos de suspeição e impedimento previstos em Lei, não poderá servir jurado da mesma atividade profissional do acusado. (Vide Emenda Constitucional nº 1, de 1969)

Art. 19. Poderá ser constituído um Júri em cada zona eleitoral. (Vide Emenda Constitucional nº 1, de 1969)

Art. 20. A presidência do Júri caberá ao Juiz do processo, salvo quando a Lei de organização judiciária atribuir a presidência a outro. (Vide Emenda Constitucional nº 1, de 1969)

Art. 21. No Distrito Federal, poderá o juiz presidente do Júri representar ao Tribunal de Justiça para que seja substituído na presidência do Júri por Juiz substituto ou Juízes substitutos, nos têrmos do art. 20 da Lei nº 1.301, de w28 de dezembro de 1950. Servirá no Júri o Promotor Público que fôr designado. (Vide Emenda Constitucional nº 1, de 1969)

Art. 22. O Júri poderá funcionar com pessoal, material e instalações destinados aos serviços eleitorais. (Vide Emenda Constitucional nº 1, de 1969)

Art. 23. Nos processos da competência do Júri far-se-á a instrução contraditória, observado o

disposto no Código de Processo Penal, relativamente ao processo comum (livro II, título I, capítulo I) com às seguintes modificações: (Vide Emenda Constitucional nº 1, de 1969)

I) o número de testemunhas, tanto para a acusação como para a defesa, será de seis no máximo.

II) Serão ouvidas as testemunhas de acusação e de defesa, dentro do prazo de quinze dias se o réu estiver prêso, e de vinte quando sôlto.

III) Havendo acôrdo entre o Ministério Público e o réu, por seu defensor, mediante têrmo lavrado nos autos, será dispensada a inquirição das testemunhas arroladas pelas partes e cujos depoimentos constem do inquérito policial.

IV) Ouvidas as testemunhas e realizada qualquer diligência porventura requeda, o Juiz, depois de sanadas as nulidades e irregularidades e determinar ou realizar qualquer outra diligência, que entender conveniente, ouvirá, nos autos, sucessivamente, por quarenta e oito horas, o órgão do Ministério Público e o defensor.

V) Em seguida, o Juiz poderá absolver, desde logo, o acusado, quando estiver provado que êle não praticou o crime, fundamentando a sentença e recorrendo ex-officio.

VI) Se o Juiz assim não proceder, sem manifestar, entretanto, sua opinião, determinará a remessa do processo ao presidente do Júri ou que se faça a inclusão do processo na pauta do julgamento se lhe couber a presidência.

VII) São dispensadas a pronúncia e a formação de libelo.

Art. 24 O órgão do Ministério Público, o réu e o seu defensor, serão intimados do dia designado para o julgamento. Será julgado à revelia o réu sôlto que deixar de comparecer sem justa causa. (Vide Emenda Constitucional nº 1, de 1969)

Art. 25 Poderão ser ouvidas em plenário as testemunhas da instrução que, previamente, e com quarenta e oito horas de antecedência, forem indicadas pelo Ministério Público ou pelo acusado.

Art. 26 Em plenário, constituído o conselho de sentença, o Juiz tomará aos jurados o juramento de bem e sinceramente decidirem a causa, proferindo o voto a bem da verdade e da justiça. (Vide Emenda Constitucional nº 1, de 1969)

Art. 27. Qualificado a réu e sendo-lhe permitida qualquer declaração a bem da defesa, observada as formalidades processuais, aplicáveis e constantes da seção IV do cap. II do livro II, tit. I do Código de Processo Penal, o juiz abrirá os debates, dando a palavra ao órgão do Ministério Público e ao assistente, se houver, para dedução da acusação e ao defensor para produzir a defesa. (Vide Emenda Constitucional nº 1, de 1969)

Art. 28. O tempo, destinado à acusação e à defesa será de uma hora para cada uma. Havendo mais de um réu, o tempo será elevado ao dôbro, desde que assim seja requerido. Não haverá réplica nem tréplica. (Vide Emenda Constitucional nº 1, de 1969)

Art. 29. No julgamento que se realizará em sala secreta com a presença do Juiz, do escrivão e de um oficial de Justiça, bem como dos acusadores e dos defensores que se conservarão em seus lugares sem intervir na votação, os jurados depositarão na urna a resposta - sim ou não - ao quesito único indagando se o réu praticou o crime que lhe foi imputado. (Vide Emenda Constitucional nº 1, de 1969)

Parágrafo único. Em seguida, o Juiz, no caso de condenação, lavrará sentença tendo em vista as circunstâncias atenuantes ou agravantes existentes nos autos e levando em conta na aplicação da pena o disposto nos arts. 42 e 43 do Código Penal.

Art. 30. Das decisões do Júri, e nos têrmos da legislação em vigor, cabe apelação, sem efeito suspensivo, em qualquer caso. (Vide Emenda Constitucional nº 1, de 1969)

Comentários: os dispositivos já haviam sido revogados pela EC nº1/69, pelo art. 153, §18, que já dispunha o que está previsto no art. 5º, XXXVIII, na qual é reconhecida a instituição do júri, com a organização que lhe der a lei, assegurados, alínea "d", a competência para o julgamento dos crimes dolosos contra a vida. Por sua vez o art. 74, §1º, define que "compete ao Tribunal do Júri o julgamento dos crimes previstos nos arts. 121, §§ 1º e 2º, 122, parágrafo único, 123, 124, 125, 126 e 127 do Código Penal, consumados ou tentados. Assim sendo, os dispositivos do art. 12 ao 30 da Lei 1.521/51 não foram recepcionados pelas constituições de 1969 e 1988.

REFERÊNCIAS

AMODEO, Felipe. Gestão fraudulenta – Crime contra o sistema financeiro nacional (art. 4.º da Lei 7.492/86). In: SALOMÃO, Heloísa Estellita (Org.). Direito Penal empresarial. São Paulo: Dialética, 2001.

ANDREUCCI, Ricardo Antonio, Legislação Penal Especial. 13ª Ed. atual. e ampl., São Paulo: Saraiva Educação, 2018.

BARBOSA, Ruchester Marreiros. *Concessão de fiança pelo delegado de polícia*. In HOFFMANN, Henrique e FONTES, Eduardo (Coord.) Temas Avançados de Polícia Judiciária, 4ª Ed. Salvador; Juspodivm, 2020.

MARCÃO, Renato. Crimes contra a ordem tributária e relações de consumo: comentários e interpretação jurisprudencial da Lei 8.137, de 27-12-1990. São Paulo: Saraiva, 2017.

PRADO, Luiz Regis. Direito Penal Econômico. 6ª ed. São Paulo: RT, 2014.

STOCO, Rui. Leis penais especiais e sua interpretação judicial. São Paulo: RT, 7ª ed., 2001.

53

ATRIBUIÇÕES DA POLÍCIA FEDERAL

Lei 10.446/2002

MARCELO DE LIMA LESSA
RAFAEL FRANCISCO MARCONDES DE MORAES

Art. 1º Na forma do inciso I do § 1º do art. 144 da Constituição, quando houver repercussão interestadual ou internacional que exija repressão uniforme, poderá o Departamento de Polícia Federal do Ministério da Justiça, sem prejuízo da responsabilidade dos órgãos de segurança pública arrolados no art. 144 da Constituição Federal, em especial das Polícias Militares e Civis dos Estados, proceder à investigação, dentre outras, das seguintes infrações penais:

I – sequestro, cárcere privado e extorsão mediante sequestro (arts. 148 e 159 do Código Penal), se o agente foi impelido por motivação política ou quando praticado em razão da função pública exercida pela vítima;

II – formação de cartel (incisos I, a, II, III e VII do art. 4º da Lei nº 8.137, de 27 de dezembro de 1990); e

III – relativas à violação a direitos humanos, que a República Federativa do Brasil se comprometeu a reprimir em decorrência de tratados internacionais de que seja parte; e

IV – furto, roubo ou receptação de cargas, inclusive bens e valores, transportadas em operação interestadual ou internacional, quando houver indícios da atuação de quadrilha ou bando em mais de um Estado da Federação.

V - falsificação, corrupção, adulteração ou alteração de produto destinado a fins terapêuticos ou medicinais e venda, inclusive pela internet, depósito ou distribuição do produto falsificado, corrompido, adulterado ou alterado (art. 273 do Decreto-lei nº 2.848, de 7 de dezembro de 1940 - Código Penal).

VI - furto, roubo ou dano contra instituições financeiras, incluindo agências bancárias ou caixas eletrônicos, quando houver indícios da atuação de associação criminosa em mais de um Estado da Federação.

VII – quaisquer crimes praticados por meio da rede mundial de computadores que difundam conteúdo misógino, definidos como aqueles que propagam o ódio ou a aversão às mulheres.

Parágrafo único. Atendidos os pressupostos do *caput*, o Departamento de Polícia Federal procederá à apuração de outros casos, desde que tal providência seja autorizada ou determinada pelo Ministro de Estado da Justiça.

Art. 2º Esta Lei entra em vigor na data de sua publicação.

Origem da Polícia Federal: Por meio do Decreto nº 6.378, de 28 de março de 1944, o então presidente Getúlio Vargas transformou a Polícia Civil do Distrito Federal (à época estabelecida no Rio de Janeiro), no Departamento Federal de Segurança Pública, a ele incumbindo, na capital da República, os serviços de polícia judiciária, científica, preventiva e política, além dos de polícia marítima, aérea e de fronteiras. Em 13 de junho de 1946, o Decreto nº 9.353 ampliou as atribuições do Departamento Federal de Segurança Pública, a fim de que este, em todo território brasileiro, apurasse infrações que atentassem contra a personalidade internacional; a estrutura e a segurança do Estado; a ordem social e a organização do trabalho; as referentes à entrada permanência ou saída de estrangeiros do território nacional; as definidas nos Títulos X e XI da Parte Especial do Código Penal (quando interessada a Fazenda Nacional) e o comércio clandestino ou a facilitação do uso de entorpecentes, serviços que, com anuência federal, também poderiam ser executados pelas polícias estaduais. Com o advento da Constituição de 1946, ficou estabelecido que caberia à União superintender, em todo o território, os serviços de polícia marítima, aérea e de fronteiras (art. 5º, VII), os quais, em alguns Estados, já eram realizados por suas Divisões de Polícia Marítima e Aérea[1].Em meio à construção da futura capital do Brasil, o governador de Goiás, José Ludovico de Almeida, criou, pelo o Decreto nº 2.364, de 9 de dezembro de 1958, o Departamento Regional de Polícia e a Guarda Civil Especial de Brasília, até que se transferisse o Distrito Federal para o Planalto. Quando isso ocorreu, em 21 de abril de 1960, a grata parte do efetivo do Departamento Federal de Segurança Pública permaneceu no Rio de Janeiro, passando a compor a Polícia Civil do Estado da Guanabara. No mesmo ano foi editada a Lei nº 3.751 (organização administrativa do Distrito Federal), que passou a prever que os serviços de policiamento metropolitano seriam integrados ao Departamento Federal de Segurança Pública. Mirando guarnecer o Distrito Federal de uma estrutura condizente com a capital, veio a lume a Lei nº 4.483, de 16 de novembro de 1964, a qual reorganizou o Departamento Federal de Segurança Pública e deu a ele um novo rol de atribuições, dentre elas a de apurar, com a cooperação dos órgãos competentes do Ministério da Fazenda e em colaboração com as autoridades dos Estados, os delitos praticados em detrimento de bens, serviços ou interesses da União. Publicada a Lei nº 4.878, de 3 de dezembro de 1965, o regime jurídico dos funcionários policiais civis da União e do Distrito Federal foram disciplinados, passando a norma a pautar temas como admissão de pessoal, matrícula na Academia Nacional de Polícia, vantagens, deveres e transgressões disciplinares, quando então as denominações "Departamento Federal de Segurança Pública" e "Departamento de Polícia Federal" eram aparentemente citadas como sinônimas. Em 1967 foi promulgada uma nova Constituição, a qual, em seu art. 8º, VII, dizia competir à União organizar e manter a Policia Federal com a finalidade de prover os serviços de política marítima, aérea e de fronteiras; a repressão ao tráfico de entorpecentes; a apuração de infrações penais contra a segurança nacional, a ordem política e social, ou em detrimento de bens, serviços e interesses da União, assim como de outras infrações cuja prática tivesse repercussão interestadual e exigisse repressão uniforme, segundo se dispusesse em lei, além da censura de diversões públicas. E enfim, no ano de 1988 a chamada "Constituição Cidadã" trouxe nova roupagem ao sistema se segurança pública brasileiro e, no tocante à Polícia Federal, estabeleceu ser ela, em seu artigo 144, I, § 1º, um órgão permanente (no sentido da perenidade institucional), organizado e mantido pela União e estruturado em carreira (Delegado de Polícia Federal, Perito Criminal Federal, Escrivão de Polícia Federal, Agente de Polícia Federal e Papiloscopista Policial Federal) e, enfim, com atribuições expressas exercidas em âmbito nacional.

Hierarquia: Nos termos do artigo 1º da Lei nº 13.047, de 2 de dezembro de 2014 (que deu nova redação à Lei nº 9.266, de 15 de março de 1996), a Polícia Federal, instituição permanente de Estado, organizada e mantida pela União para o exercício das competências previstas no § 1º do artigo 144 da Constituição Federal, é fundada na hierarquia e na disciplina. Os Delegados de Polícia Federal, bacharéis em Direito obrigatoriamente, são Autoridades Policiais[2] e responsáveis pela direção das atividades do órgão, exercendo função de natureza jurídica e policial, a qual, pela letra da lei, é essencial e exclusiva de Estado. No mais, o cargo de Diretor-Geral da instituição é privativo de Delegado de Polícia Federal de classe especial e, por ser tal carreira a dirigente do órgão, por extensão, as demais – na qualidade de agentes da autoridade – estão a ela hierarquicamente subordinadas, ressalvada a autonomia técnica, científica e funcional dos Peritos Criminais Federais, no exercício da atividade de perícia oficial (Lei nº 12.030, de 17 de setembro de 2009).

Precedentes judiciais sobre a existência de hierarquia na Polícia Federal: Antes da edição da Lei nº 13.047, de 2 de dezembro de 2014, algumas entidades de classe da Polícia Federal tentaram judicialmente desconstruir o princípio da hierarquia naquele órgão, com o intuito de declarar suposta ilicitude de normas administrativas sob a alegação de que, na Polícia Federal, a hierarquia entre as ca-

1. Decreto nº 34.506, de 14 de janeiro de 1959 -*"Regulamenta a Divisão de Polícia Marítima e Aérea dos Portos do Estado de São Paulo"*. Disponível em:<https://www.al.sp.gov.br/repositorio/legislacao/decreto/1959/decreto-34506-14.01.1959.html>. Acesso em 26 mai. 2020.

2. Lei nº 12.820, de 20 de junho de 2013 - *"Dispõe sobre a investigação criminal conduzida pelo delegado de polícia"*. Disponível em: <http://www.planalto.gov.br/ccivil_03/_ato2011-2014/2013/Lei/L12830.htm>. Acesso em 24 mai. 2020.

tegoriais não teria espeque jurídico. O Juiz Federal Márcio de França Moreira, substituto na 8ª Vara do Distrito Federal, não atendeu a pretensão dos autores, afirmando que a própria Lei nº 4.878, de 3 de dezembro de 1965, estabelecia que a função policial é fundada na hierarquia e na disciplina, pois "o fato da citada lei não especificar, não detalhar como esses princípios seriam aplicados dentro das corporações policiais da União e do Distrito Federal não significa que houve omissão do legislador ou que este não quis que existisse relação de subordinação entre cargos, na verdade o detalhamento, a forma como esses princípios seriam aplicados ficou a cargo de regulamentação, de normatização do Poder Executivo"[3]. No mesmo sentido, é da polícia judiciária paranaense a informação de que a "Advocacia Geral da União apresentou parecer em que afirma que a hierarquia é elemento típico da atividade policial e que o Delegado de Polícia é a autoridade policial competente para conduzir as investigações criminais, com poder de coordenação das equipes envolvidas nas operações. O relatório foi apresentado em resposta à consulta formulada pela Associação Nacional dos Delegados de Polícia Federal, a respeito de interpretação e aplicação do Parecer GQ-35 da Advocacia-Geral da União no âmbito das atividades policiais. De acordo com a AGU, esse parecer não se aplica à atividade policial, pois sua fundamentação e conclusão tratam de matéria diversa. Com base no Parecer GQ-35, que afirmava inexistir "subordinação funcional entre os ocupantes de cargos efetivos", servidores da Polícia Federal estavam se insurgindo contra ordens emanadas por Delegado de Polícia Federal, não ocupante de cargos de chefia, provocando insubordinação no serviço e conflitos administrativos. Para fundamentação do novo parecer, a AGU citou os arts. 1º e 2º do Decreto-Lei 2.320 de 1987, o art. 144 da Constituição Federal, o art. 4º do Código de Processo Penal, a Lei 4.878 de 1965 e a Lei 12.830 de 2013, para concluir assistir razão à ADPF que o Parecer GQ-35 não pode ser aplicado à Polícia Federal. Dessa forma, a AGU consolidou que a observância da hierarquia é imprescindível para um funcionamento racional da atividade policial e para assegurar a atuação harmônica e coordenada das atividades administrativas"[4]. Hoje o Regimento Interno da Polícia Federal está disciplinado na Portaria nº 155, de 27 de setembro de 2018, da lavra do Ministro de Estado da Segurança Pública, Raul Jungmann. Já o Código de Ética da Instituição, está materializado na Resolução nº 004-CSP/DPF, de 26 de março de 2015.

Atribuições: Nos termos gerais do artigo 144, § 1º, I, da Carta Magna, a Polícia Federal destina-se a apurar infrações penais contra a ordem política e social ou em detrimento de bens, serviços e interesses da União ou de suas entidades autárquicas e empresas públicas, assim como outras infrações cuja prática tenha repercussão interestadual ou internacional e exija repressão uniforme, segundo se dispuser em lei. É certo afirmar, desde já, que as atribuições investigatórias da Polícia Federal por vezes diferem da competência da Justiça Federal, e uma infração penal eventualmente investigada pela primeira (um roubo de carga interestadual, por exemplo), nem sempre será processada pela segunda, cuja medida de jurisdição está taxativamente definida no artigo 109 na Constituição Federal[5].

Incidentes de deslocamento de competência: A legislação pátria ainda prevê a hipótese dos incidentes de deslocamento de competência a serem suscitados com escora no artigo 109, § 5º da Lei Maior, quando houver grave violação de direitos humanos. Nesse caso, o Procurador-Geral da República, com o condão de assegurar o cumprimento de obrigações decorrentes de tratados internacionais de direitos humanos dos quais o Brasil faça parte, poderá, segundo o dispositivo, suscitar perante o Superior Tribunal de Justiça (STJ) em qualquer fase do inquérito policial ou do processo judicial, o incidente de deslocamento de competência para a Justiça Federal, cabendo à polícia judiciária da União (Polícia Federal), nos casos de repercussão nacional ou internacional do evento, assumir as investigações, na forma do artigo 1º, III, da Lei nº 10.446, de 29 de maio de 2002. Sobre a impossibilidade de aplicação

---

3. *"Justiça reafirma hierarquia na Polícia Federal"*. Sítio da Associação Nacional dos Delegados de Polícia. Disponível em: <**http://www.adpf.org.br/adpf/admin/painelcontrole/materia/materia_portal.wsp?tmp.edt.materia_codigo=6117#.XvEdC-JpKhdg**>. Acesso em 24 jun. 2020.

4. *"AGU reafirma hierarquia na Polícia Federal"*. Sítio da Polícia Civil do Paraná. Disponível em: <**http://www.dpi.policiacivil.pr.gov.br/modules/noticias/article.php?storyid=2440**>. Acesso em 24 jun. 2020.

5. Mesmo em alguns delitos previstos na Lei nº 10.446/2002, a competência para julgamento, ainda que as investigações tramitem pela Polícia Federal, será da Justiça Estadual, isso se não ocorrer interesse da União. Caso exista deslocamento de competência da Justiça Federal, tal não implica, por si só, o deslocamento de atribuição da Polícia Federal, porquanto as Polícias Civis estaduais permanecem legitimadas a agir.

do incidente de deslocamento de competência sem a existência de critérios técnicos, há entendimento, com notória propriedade, pela necessidade de juízos determinados, precisos e certos, sob pena da ocorrência de diferenciação entre as polícias judiciárias estaduais e a da União[6].

Apuração de crimes contra a ordem política e social (CF, art. 144, § 1º, I, 1ª parte): Os crimes contra a ordem política e social são aqueles que atentam contra a integridade, a soberania, o regime representativo e a democracia do Brasil. Em regra, estão previstos na Lei nº 7.710, de 14 de dezembro de 1983 (Lei de Segurança Nacional), a qual, em seu artigo 31, dispõe que, para a apuração de fato que configure crime nela previsto, instaurar-se-á inquérito policial pela Polícia Federal. Atualmente tem se entendido que: "diante do novo ordenamento constitucional, cabe à Justiça Federal julgar os crimes previstos na Lei de Segurança Nacional, não mais à Justiça Militar"[7]. De modo complementar, delitos outros que tenham motivação essencialmente política (ativismos, genocídio[8] em concurso com o homicídio[9], movimentos contra a união dos Estados e que mirem burlar interesses da União), também podem atrair a atribuição da Polícia Federal.

Apuração de infrações praticadas em detrimento de bens, serviços e interesses da União ou de suas entidades autárquicas e empresas públicas (CF, art. 144, § 1º, I, 2ª parte): Por "interesse da União" entende-se consubstanciar as causas jurídicas que guardem prejuízo, importância ou simetria com aquelas descritas nos artigos 20, 21[10] e 109 da Constituição Federal, bem como as que tenham indícios de internacionalidade ou transnacionalidade, de modo a atrair a atribuição da Polícia Federal em razão de lesão a um bem tutelado pelo país. No que tange às demais circunstâncias (bens, serviços, entidades e empresas), citam-se alguns exemplos a seguir, para a solução de eventual conflito de atribuições entre a Polícia Federal e as Polícias Civis dos Estados.

Atos infracionais: "Ainda que a conduta praticada determine a competência da Justiça Federal, por caracterizar ofensa aos interesses da União, sendo o autor dos fatos inimputável não há que se falar em crime, mas, sim, ato infracional, afastando a aplicação do art. 109, IV da Constituição Federal" (CC 86.408/MA, Rel. Ministra Maria Thereza de Assis Moura, 3ª Seção, DJ de 17/09/2007)[11]. Desse modo, compete à Justiça Estadual da Infância e da Juventude processar o menor de 18 anos[12]. Conquanto a Instrução Normativa nº 11/2001 do DPF (art. 128, I) oriente acerca do encaminhamento à Delegacia Especializada do local os casos de apreensão em flagrante por ato infracional, a despeito da competência da Justiça Estadual para conhecer tais feitos, a Polícia Federal, excepcionalmente e como instituição de polícia judiciária da União, não estaria, a nosso ver, impedida de registrar tais ocorrências e, de ofício, remetê-las à Justiça da Infância e da Juventude dos

6. IBRAHIN, Francinilmene. *O incidente de deslocamento de competência e o enfraquecimento das instâncias estaduais de polícia judiciária na proteção dos direitos humanos*. Teresina, Jus Navigandi, jul. 2020. Disponível em: <**https://jus.com.br/artigos/83853/o-incidente-de-deslocamento-de-competencia-e-o-enfraquecimento-das-instancias-estaduais-de-policia-judiciaria-na-protecao-dos-direitos-humanos**>. Acessado em 13 jul. 2020.
7. Superior Tribunal de Justiça STJ – Conflito de competência CC 148939 SP 2016/0251855-6. Disponível em: <**https://stj.jusbrasil.com.br/jurisprudencia/461227993/conflito-de-competencia-cc-148939-sp-2016-0251855-6/decisao-monocratica-461228022**>. Acessado em 24 jun. 2020 e CC 124133/BA, Relator Ministro Marco Aurélio Bellizze, DJe de 17/04/2013. Disponível em: <**https://stj.jusbrasil.com.br/jurisprudencia/461227993/conflito-de-competencia-cc-148939-sp-2016-0251855-6?ref=serp**>. Acessado em 24 de jun. 2020.
8. Vide artigo VII do Decreto nº 30.822, de 6 de maio de 1952, onde o genocídio e os outros atos enumerados no Artigo III da mesma norma não serão considerados crimes políticos para efeitos de extradição.
9. "Qual a competência para o julgamento de genocídio?": Competência criminal. Ação penal. Conexão. Concurso formal entre genocídio e homicídios dolosos agravados. Feito da competência da Justiça Federal. Julgamento cometido, em tese, ao tribunal do júri. Inteligência do art. **5º**, **XXXVIII**, da **CF**, e art. **78**, **I**, cc. Art. **74**, **§ 1º**, do **Código de Processo Penal**. Condenação exclusiva pelo delito de genocídio, no juízo federal monocrático. Recurso exclusivo da defesa. Improvimento. Compete ao tribunal do júri da Justiça Federal julgar os delitos de genocídio e de homicídio ou homicídios dolosos que constituíram modalidade de sua execução. (STF, RE 351.487/RR, Plenário, Rel. Min. Cezar Peluso, 03/08/2006). Disponível em: <**https://professorlfg.jusbrasil.com.br/artigos/121928261/qual-a-competencia-para-o-julgamento-de-genocidio** 01.07>. Acessado em 2 de jul. 2020.
10. Leandro Paulsen diz que "os arts. 20 e 21 da Constituição podem constituir elementos sinalizadores da competência da Justiça Federal", mas ressalta que não existe uma "aplicação automática" de tais artigos", o que, segundo entendemos, dá a ideia de interpretação caso a caso (Crimes Federais. Editora Saraiva. Edição do Kindle). Acesso em: 2 de jul. 2020.
11. **Superior Tribunal de Justiça (STJ) – Conflito de competência: CC 170265 ES 2020/0000431-5**. Disponível em: <**https://stj.jusbrasil.com.br/jurisprudencia/860739705/conflito-de-competencia-cc-170265-es-2020-0000431-5/decisao-monocratica-860739715?ref=serp**>. Acessado em 2 de jul. 2020.
12. *STJ - CC 33349. Disponível em:* <https://stj.jusbrasil.com.br/jurisprudencia/295990/conflito-de-competencia-cc-33349-mg-2001-0131091-8/inteiro-teor-100221429>. Acessado em 2 de jul. 2020.

Estados[13], pois, independentemente da divergência sobre a diferença entre os conceitos de infração penal e ato infracional, o que importa é o interesse da União, que pode ocorrer tanto num (infração penal) como no outro caso (ato infracional), pouco importando a competência para julgamento, salvo naquelas localidades, por óbvio, onde exista repartição especializada em adolescentes infratores, em atenção ao artigo 172, parágrafo único do Estatuto da Criança e do Adolescente (Lei Federal nº 8.069, de 13 de julho de 1990).

Banco do Brasil: O Banco do Brasil é uma sociedade de economia mista (colaboração entre Estado e particulares), pessoa jurídica de direito privado e, por força da Súmula 42 do STJ, "compete à Justiça Comum Estadual processar e julgar as causas cíveis em que é parte sociedade de economia mista e os crimes praticados em seu detrimento". Nesses casos, impende às instituições de polícia judiciária estaduais (Polícias Civis) investigar.

Caixa Econômica Federal: A Caixa Econômica Federal é uma empresa pública (Decreto-lei nº 759/1969, art. 1º), vale dizer, tem natureza jurídica de pessoa jurídica de direito privado administrada exclusivamente pelo Poder Público e, em razão disso, pertence à administração pública indireta. Destarte, os delitos contra ela cometidos (ou perpetrados pelos seus funcionários[14]) são de competência da Justiça Federal, cabendo à polícia judiciária da União (Polícia Federal) a respectiva investigação. Os furtos eletrônicos praticados pela internet em desfavor de contas bancárias mantidas junto à Caixa Econômica Federal atingem os serviços e o patrimônio da instituição, atraindo, assim, a atribuição da Polícia Federal.

Casas lotéricas: Casas lotéricas constituem-se em pessoas jurídicas de direito privado e agem por permissão da União. Diante disso, a atribuição compete às polícias judiciárias estaduais (Polícias Civis)[15].

Contravenções penais: No que tange às contravenções penais, há o teor da Súmula 38 do STJ, a qual estabelece que "Compete à Justiça Estadual comum, na vigência da Constituição de 1988, o processo por contravenção penal, ainda que praticada em detrimento de bens, serviços ou interesse da União ou de suas entidades". Conquanto a competência seja estranha à Justiça Federal, não haveria óbice, em tese, para a atuação investigatória da Polícia Federal nesses casos, desde que exista prejuízo a bens, serviços e interesses do país, como, por exemplo, nos eventos que, residualmente, atinjam interesses do Estado brasileiro, como a recusa de moeda legal em curso no país (LCP, art. 43) ou o uso ilegítimo de uniforme das Forças Armadas (LCP, art. 46). As regras de competência não se confundem com as de atribuição.

Crimes eleitorais: Consoante Resolução nº 23.393/13 do Tribunal Superior Eleitoral (TSE), o Departamento de Polícia Federal ficará à disposição da Justiça Eleitoral sempre que houver eleições, gerais ou parciais, em qualquer parte do Território Nacional. A Polícia Federal exercerá, com prioridade sobre suas atribuições regulares, a função de polícia judiciária em matéria eleitoral, limitada às instruções e requisições dos Tribunais e Juízes Eleitorais. Todavia quando no local da infração não existirem órgãos da Polícia Federal, a Polícia do respectivo Estado terá atuação supletiva[16].

---

13. *STJ - CC 33349. Disponível em:* <https://stj.jusbrasil.com.br/jurisprudencia/295990/conflito-de-competencia-cc--33349-mg-2001-0131091-8/inteiro-teor-100221429>. Acessado em 2 de jul. 2020

14. CC 143954 SP 2015/0280684-9, STJ. Disponível em: <**https://stj.jusbrasil.com.br/jurisprudencia/449712477/conflito--de-competencia-cc-143954-sp-2015-0280684-9**>. Acessado em 25 jun. 2020.

15. *"Roubo em casa lotérica não é de competência da Justiça Federal (Info. 402)"*. Teor: "Cinge-se a questão em saber se a Justiça Federal é a competente para o processo e julgamento do feito relativo ao delito de roubo em casa lotérica. A Seção conheceu do conflito e declarou competente o juízo de Direito, o suscitado, por entender que o roubo ocorrido em casa lotérica, estabelecimento de pessoa jurídica de direito privado permissionária de serviço público, não caracteriza hipótese de competência da Justiça Federal, pois inexiste detrimento de bens, serviços ou interesses da União e suas entidades. Precedente citado : CC 40.771-SP , DJ 9/5/2005. CC 100.740-PB, Rel. Min. Maria Thereza de Assis Moura, julgado em 12/8/2009". Disponível em: <**https://lfg.jusbrasil.com.br/noticias/1765312/roubo-em-casa-loterica-nao-e-de-competencia-da-justica-federal-info-402#:~:text=ROUBO.,de%20roubo%20em%20casa%20lot%C3%A9rica.&text=Sendo%20assim%2C%20%C3%A9%20poss%C3%ADvel%20concluir,federal%20e%20pela%20justi%C3%A7a%20estadual.**>. Acesso em 25 jun. 2020.

16. Vide Resolução nº 23.396 – Instrução nº 958-26.2013.6.00.0000 – classe 19 – Brasília – Distrito Federal. Disponível em: <http://www.tse.jus.br/eleicoes/eleicoes-anteriores/eleicoes-2014/normas-e-decisoes/normas-e-documentacoes/resolucao--no-23.396>. Acesso em: 25 jun. 2020; TUCUNDUVA, Ricardo Cardozo de Mello (coord.); FERNANDES, Silmar; MORAES, Rafael Francisco Marcondes de; POMINI, Anderson; SOARES, João Pedro Wamosy Ribeiro de Souza; TONELLI, Helena Cecília Diniz Teixeira Calado. *Manual Prático de Polícia Judiciária Eleitoral.* São Paulo: Academia de Polícia "Dr. Coriolano Nogueira Cobra", 2014.

Empresa Brasileira de Correios e Telégrafos: Consiste em uma empresa pública de cunho federal, responsável pelo trâmite das correspondências no Brasil. Aqui há duas hipóteses. Se a infração penal for cometida em agência diretamente subordinada a empresa (ou no caso de dano ao serviço postal por extravio ou supressão de correspondência) a atribuição investigativa é da Polícia Federal. Tratando-se de agência franqueada, a atribuição é da polícia judiciária dos Estados[17]. Em caso de roubo de Sedex, o entendimento do STJ é de que a competência é da Justiça Federal[18].

Indígenas: De acordo com a Súmula 140 do STJ, "Compete à Justiça Comum Estadual processar e julgar crime em que o indígena figure como autor ou vítima", a não ser que a motivação envolva disputa sobre direitos indígenas, oportunidade em que a competência passa a ser da Justiça Federal.

Material pornográfico envolvendo criança ou adolescente quando operado pela internet: O STF entende que "compete à Justiça Federal processar e julgar os crimes consistentes em disponibilizar ou adquirir material pornográfico envolvendo criança ou adolescente (arts. 241, 241-A e 241-B da Lei n. 8.069, de 13 de julho de 1990) em sendo praticados por meio da rede mundial de computadores", isso quando o fato for previsto como crime no Brasil e no estrangeiro; o Brasil for signatário de convenção ou tratado internacional por meio do qual assume o compromisso de reprimir criminalmente aquela espécie delitiva e quando a conduta tenha ao menos se iniciado no Brasil e o resultado tenha ocorrido, ou devesse ter ocorrido no exterior, ou reciprocamente[19].

Meio ambiente: Na hipótese de extração ilegal de minérios (delito previsto no artigo 55 da Lei º 9.605, de 12 de fevereiro de 1998), é certo que tais recursos, ainda que no subsolo, são bens da União (CF, art. 20, IX), atraindo assim a atribuição investigativa da Polícia Federal.

Moeda falsa: A utilização de papel moeda grosseiramente falsificado, configura, em tese, delito de estelionato, cuja competência, segundo a Súmula 73 do STJ, é da Justiça Estadual. Tratando-se de moeda nacional ou estrangeira não visivelmente contrafeita, a competência é da Justiça Federal e, por se tratar de delito que atenta contra interesse da União (a quem compete emitir moeda, nos termos do art. 21, VII da Constituição Federal), a Polícia Federal atrairá para si, conforme o artigo144, § 1º, I, 2ª parte da Carta Magna, a atribuição investigatória criminal.

Ordem dos Advogados do Brasil (OAB): Nos autos do RE 595332, decidiu o STF que compete à Justiça Federal processar e julgar ações em que a Ordem dos Advogados do Brasil, quer mediante o Conselho Federal, quer o Seccional, figure na relação processual[20]. A OAB, acresça-se, foi declarada entidade *sui generis* pelo STF[21].

Organização do trabalho: Já ficou decidido que "para a caracterização do crime contra a organização do trabalho, o delito deve atingir a liberdade individual dos trabalhadores, como também a Organização do Trabalho e a Previdência, a ferir a própria

17. CUNHA, Rogério Sanches. *"O crime de roubo cometido contra os Correios"*: "Conclui-se, portanto, que a competência para o julgamento do roubo cometido em agência dos Correios será determinada de acordo com a natureza daquele estabelecimento: se próprio da empresa pública, o julgamento se dá na Justiça Federal; se franqueado, na Justiça Estadual. É o que tem decidido a Terceira Seção do STJ. Precedentes: CC 116.386/RN, Rel. Ministro GILSON DIPP, 3ª SEÇÃO, julgado em 25/05/2011, DJe 07/06/2011 e CC 27.343/SP, Rel. Ministro FELIX FISCHER, 3ª SEÇÃO, julgado em 08/08/2001, DJ 24/09/2001, p. 235". Disponível em: <**https://meusitejuridico.editorajuspodivm.com.br/2017/07/07/o-crime-de-roubo-cometido-contra-os-correios/#:~:text=%E2%80%9C1.,federal%2C%20nos%20termos%20do%20art.**>. Acessado em: 25 jun. 2020.
18. "Sedex. Conflito de competência. Processual penal. Roubo. Pacotes de Sedex. Lesão ao serviço postal. Agência dos Correios. Competência federal. 1. Nos crimes praticados com dano à agência franqueada dos Correios, como no roubo aos valores de caixa da empresa, a competência será da jurisdição estadual, mas nos danos ao serviço postal, pelo extravio ou supressão de correspondência, dá-se a competência da jurisdição federal, nos termos do art. 109, IV, da Constituição Federal. 2. Evidenciado o dano ao serviço postal, em razão do roubo de material enviado por Sedex, está caracterizada a lesão ao serviço-fim dos Correios, a atrair a competência federal. 3. Declarada a competência do Juízo suscitante" (STJ - CC: 133751 SP 2014/0108202-3, Relator: Ministro Rogério Schietti Cruz, Julgamento: 24/09/2014, S3 – 3ª Seção, Data de Publicação: DJe 04/12/2014). Disponível em: <https://stj.jusbrasil.com.br/jurisprudencia/155241602/conflito-de-competencia-cc-133751-sp-2014-0108202-3>. Acessoem: 25 jun. 2020.
19. STF, RE 628.624, rel. Min. Edson Fachin, out. 2015.
20. *"Plenário decide que cabe à Justiça Federal julgar ações integradas pela OAB"*. Disponível em: <http://www.stf.jus.br/portal/cms/verNoticiaDetalhe.asp?idConteudo=324285>. Acessado em 25 jun. 2020.
21. *"Uma análise da natureza jurídica da Ordem dos Advogados do Brasil à Luz do Entendimento Jurisprudencial"*. "No julgamento da ADIn n° 3.026, o STF reconheceu que a OAB não é uma entidade da Administração Indireta da União. A Ordem é um serviço público independente, categoria ímpar no elenco das personalidades jurídicas existentes no direito brasileiro". Disponível em: <http://ulbra-to.br/geda/wp content/uploads/2018/10/uma_analise_da_natureza_juridica_da_or.pdf>. Acessado em 25 jun. 2020.

dignidade da pessoa humana e colocar em risco a manutenção da Previdência Social e as Instituições Trabalhistas, evidenciando a ocorrência de prejuízo a bens, serviços ou interesses da União, conforme as hipóteses previstas no art. 109 da CF (...)" (CC 2006/0077849-5)[22]. Nessa hipótese, havendo tal liame, cabe à Polícia Federal a atribuição investigação criminal.

Patrimônio nacional: Não se confunde "patrimônio nacional" (mata atlântica[23], por exemplo) com "bens da União". O primeiro, explicitado no art. 225, § 4º, da Constituição Federal, não atrai a competência da Justiça Federal, a quem compete tutelar os bens da União, conforme decidido pela 3ª Seção do STJ no CC 99.294[24].

Pichação ou conspurcação de bens da União: O delito do artigo 65 da Lei nº 9.605, de 12 de fevereiro de 1998, quando perpetrado em detrimento de bens do Estado brasileiro, deve ser investigado pela Polícia Federal, na inteligência do artigo 144, §1º, I, 2ª parte, da Lei Maior.

Servidores públicos federais: Quando tais agentes figuram como autores (suspeitos) ou vítimas de delitos em razão da função, o interesse da União é atraído e, em razão disso, a atribuição investigatória criminal e o correlato julgamento são da seara federal. Se não houver ligação com a atividade pública, a competência fica com a Justiça Estadual, bem como a atribuição investigativa.

Sonegação fiscal: A atribuição de polícia judiciária, nas hipóteses de delitos contra a ordem tributária, deve ser verificada de acordo com a natureza do ente beneficiário do tributo. Se envolver imposto sobre a renda (implica arrecadação da União), a atribuição será da Polícia Federal. Se envolver tributo estadual ou municipal, a atribuição recairá sobre as polícias civis estaduais (Polícias Civis).

Tráfico de pessoas: "A atribuição para investigação é da Polícia Civil, salvo se houver repercussão interestadual ou internacional (art. 144, §1º da CF), ocasião em que a apuração será deslocada para a Polícia Federal. Já a competência é da Justiça Estadual, em regra, devendo atuar a Justiça Federal em caso de transnacionalidade (art. 109, V da CF)"[25].

Apuração de outras infrações cuja prática tenha repercussão interestadual ou internacional e exija repressão uniforme, segundo disposto em lei (CF, art. 144, § 1º, I, 3ª parte): Os delitos cuja prática tenha repercussão interestadual (entre Estados) ou internacional (entre países) e exija repressão uniforme segundo a norma, são as especificados na Lei nº 10.466, de 29 de maio de 2002, a qual dispõe que o Departamento de Polícia Federal, nesses casos, poderá, sem prejuízo da responsabilidade dos órgãos de segurança pública arrolados no art. 144 da Constituição Federal, proceder, dentre outras[26], a investigação, independente de competência da Justiça Federal.

Sequestro, cárcere privado e extorsão mediante sequestro (CP, arts. 148 e 159 do Código Penal): Se o agente foi impelido por motivação política[27] ou quando praticado em razão da função pública exercida pela vítima.

Formação de cartel (Lei nº 8.137/1990, artigo 4º, incisos I, a, II, III e VII): São delitos contra a ordem econômica que, em suma, resultam do abuso do poder econômico, dominando o mercado ou eliminando, total ou parcialmente, a concorrência mediante ajustes e acordo entre empresas.

Infrações penais relativas à violação a direitos humanos28, que a República Federativa do Brasil se comprometeu a reprimir em decorrência de

---

22. Disponível em: <https://stj.jusbrasil.com.br/jurisprudencia/4146645/agravo-regimental-no-conflito-de-competencia-agrg-no-cc-62875-sp-2006-0077849-5>. Acessado em 25 jun. 2020.
23. STJ - Agravo regimental no conflito de competência 93083 PE 2008/0000881-6 1/7. Disponível em: <**https://stj.jusbrasil.com.br/jurisprudencia/785717/agravo-regimental-no-conflito-de-competencia-agrg-no-cc-93083-pe-2008-0000881-6**>. Acessado em 1 jul. 2020.
24. STJ - **CC 99294 RO 2008/0220610-5**: "Não há se confundir patrimônio nacional com bem da União. Aquela locução revela proclamação de defesa de interesse do Brasil diante de eventuais ingerências estrangeiras. Tendo o crime de desmatamento ocorrido em propriedade particular, área que já pertenceu – hoje não mais – a Parque Estadual, não há que se falar em lesão a bem da União. Ademais, como o delito não foi praticado em detrimento do IBAMA, que apenas fiscalizou a fazenda do réu, ausente prejuízo para a União". Disponível em: <**https://stj.jusbrasil.com.br/jurisprudencia/6061773/conflito-de-competencia-cc-99294-ro-2008-0220610-5/inteiro-teor-12194044**>. Acessado em 01 de jul. 2020.
25. HOFFMANN, Henrique. "Lei de Tráfico de Pessoas traz avanços e causa perplexidade". Disponível em <**https://www.conjur.com.br/2016-out-11/academia-policia-lei-trafico-pessoas-traz-avancos-causa-perplexidade**>. Acesso em: 01 jul. 2020.
26. Tortura perpetrada de maneira interestadual.
27. Em que se busca afetar a estrutura do Estado como um todo.
28. Sobre a definição de crimes contra os direitos humanos, vide ARAS, Vladmir, *in"Federalização dos crimes contra os direitos humanos"*. Disponível em: <**https://jus.com.br/artigos/6762/federalizacao-dos-crimes-contra-os-direitos-humanos/3**>. Acessado em 6 jul. 2020.

tratados internacionais de que seja parte: Como na hipótese dos incidentes de deslocamento de competência a serem suscitados com base no artigo 109, § 5º da Constituição Federal.

Furto, roubo ou receptação de cargas, inclusive bens e valores, transportadas em operação interestadual ou internacional, quando houver indícios da atuação de quadrilha ou bando29 em mais de um Estado da Federação: A atuação do grupo deve envolver pelo menos mais de um Estado da Federal ou outros países.

Falsificação, corrupção, adulteração ou alteração de produto destinado a fins terapêuticos ou medicinais e venda, inclusive pela internet, depósito ou distribuição do produto falsificado, corrompido, adulterado ou alterado (Código Penal, art. 273)30: Reclama-se a repercussão interestadual ou internacional, mais comum no comércio eletrônico de tais produtos.

Furto, roubo ou dano contra instituições financeiras, incluindo agências bancárias ou caixas eletrônicos, quando houver indícios da atuação de associação criminosa31 em mais de um Estado da Federação[32]: Hipótese que costuma envolver facções criminosas que atuam de modo organizado em várias regiões pelo país.

Quaisquer crimes praticados por meio da rede mundial de computadores que difundam conteúdo misógino (antipatia ou aversão), definidos como aqueles que propagam o ódio ou a aversão às mulheres[33]: A norma não inclui, textualmente, homens ou pessoas LGBTI como sujeitos passivos. Como exemplo de misoginia virtual há a hipótese do sujeito que, pela internet, faz apologia a agressões ou ofensas perpetradas em desfavor de mulheres. Nesses casos, segundo o § 2º do artigo 1º, existindo repercussão interestadual ou internacional e exigência de repressão uniforme, o Departamento de Polícia Federal procederá à apuração de outros casos, desde que tal providência seja autorizada ou determinada pelo Ministro de Estado da Justiça. Isso significa que a lista legal não é taxativa, podendo ser ampliada para outros casos, desde que haja a aludida repercussão e a consentânea autorização ministerial.

Prevenção e repressão do tráfico ilícito de entorpecentes e drogas afins, o contrabando e o descaminho, sem prejuízo da ação fazendária e de outros órgãos públicos nas respectivas áreas de competência (CF, art. 144, § 1º, II): No inciso II, compete à Polícia Federal prevenir e reprimir o tráfico ilícito de entorpecentes e drogas afins, o contrabando e o descaminho, sem prejuízo da ação fazendária e de outros órgãos públicos nas respectivas áreas de competência[34]. Nota-se que o dispositivo fala em "prevenção" e "repressão", ampliando-se a ação de polícia judiciária para também a de polícia ostensiva. Assim, quando houver, nesses casos, repercussão interestadual ou internacional que exijam repressão uniforme, as ações preventivas e persecutórias ficarão a cargo da Polícia Federal (em razão da exceção "dentre outras" previstas no art. 1º da Lei 10.446, de 8 de maio de 2002), remanescendo as demais hipóteses as polícias civis dos Estados, geralmente através das suas agências antinarcóticos. Registra-se, ainda, o disposto no artigo 70 da Lei nº 11.343, de 23 de agosto de 2006 (competência da Justiça Federal nos casos dos crimes dos artigos 33 a 37 da Lei de Drogas que tenham caráter transnacional), bem como, a Súmula 522 do STF, a qual preceitua que "salvo ocorrência de tráfico para o exterior, quando, então, a competência será da justiça federal, compete à justiça dos estados o processo e julgamento dos crimes relativos a entorpecentes".

Funções de polícia marítima, aeroportuária e de fronteiras (CF, art. 144, § 1º, III**):** Junto ao inciso III, é atribuição da Polícia Federal exercer as funções de polícia marítima, aeroportuária e de fronteiras. A polícia marítima é aquela executada de maneira a rigor ostensiva, em cursos naturais de água e em

29. O art. 24 da Lei nº 12.850, de 2 de agosto de 2013 (posterior a Lei nº 10.466, de 8 de maio de 2002), alterou a redação original do art. 288 do Código Penal (que previa o crime de quadrilha ou bando) e criou a figura da "associação criminosa", consistente na junção de três ou mais pessoas para o fim específico de cometer crimes. Note-se que "associação criminosa" e "organização criminosa" possuem conceitos diversos, sendo aquela o ajuntamento de três ou mais pessoas para o fim específico de cometer crimes, e esta última, a associação de quatro ou mais pessoas estruturalmente ordenada e caracterizada pela divisão de tarefas, ainda que informalmente, com objetivo de obter, direta ou indiretamente, vantagem de qualquer natureza, mediante a prática de infrações penais cujas penas máximas sejam superiores a quatro anos, ou que sejam de caráter transnacional (art. 1º, § 1º da Lei nº 12.850, de 2 de agosto de 2013).
30. Incluído pela Lei nº 12.894, de 17 de dezembro de 2013.
31. Vide art. 288 do Código Penal, com a alteração dada pela Lei nº 12.850, de 2 de agosto de 2013.
32. Incluído pela Lei nº 13.124, de 21 de maio de 2015.
33. Incluído pela Lei nº 13.642, de 3 de abril de 2018.
34. Neste sentido, temos a Súmula 151 do Superior Tribunal de Justiça: "A competência para o processo e julgamento por crime de contrabando ou descaminho define-se pela prevenção do Juízo Federal do lugar da apreensão dos bens".

embarcações junto às águas territoriais nacionais[35]. No caso de delitos cometidos a bordo de navios ancorados a atribuição é da polícia judiciária estadual, remanescendo à Polícia Federal apenas os casos de embarcação em deslocamento internacional[36].A polícia aeroportuária mira a atuação em aeroportos e em aeronaves, sendo que eventuais delitos verificados nessas condições (a bordo[37] inclusive) são apurados pela Polícia Federal, nos termos do art. 5º, I, da Instrução Normativa nº 08, de 18 de outubro de 1988[38].No caso de aeronave, independente dela estar no solo ou em voo, a competência é da Justiça Federal[39]. Na hipótese de infrações penais cometidas a bordo de balões de ar quente tripulados, a competência recai a Justiça Estadual, pois aqueles não se enquadram no conceito de "aeronave" (art. 106 da Lei nº 7.565, de 19 de dezembro de 1986), motivo pelo qual a persecução recai as polícias civis estaduais[40]. Já a chamada "polícia de fronteiras", tanto na forma ostensiva como na repressiva, é aquela exercida nas fronteiras do país, visando o controle de tráfego de pessoas.

Funções exclusivas de polícia judiciária da União (CF, art. 144, § 1º, IV): Ao contrário dos que sustentam que a expressão "polícia investigativa" e "polícia judiciária" seriam supostamente funções diversas (FOREAUX, RODRIGO, 2019), filia-se ao entendimento clássico, no sentido de que tais expressões são sinônimas, pois a própria lei, ao se referir a uma, alude à outra. Nos termos do artigo 144, § 1º, IV da Constituição Federal, a Polícia Federal exerce, com exclusividade, atividade de "polícia judiciária" da União. Pelo art. 4º do Código de Processo Penal, a apuração de delitos é finalidade (escopo) da "polícia judiciária". E "polícia judiciária", por sua vez, é uma ação exercida pelas Autoridades Policiais ("Delegados de Polícia"[41]). Ou seja, a "polícia judiciária", nesse diapasão, é aquela exercida pelos Delegados de Polícia (estaduais ou federais), e tem por fim apurar delitos. Com base nessa equação jurídica, fica claro que são conceitos subliminarmente simbióticos, e que entendimentos contrários, a nosso ver, teriam apenas o condão de tentar retirar das polícias judiciárias à exclusividade da investigação criminal.

Polícias legislativas: No que tange às chamadas polícias legislativas, é certo que a Constituição não as previu expressamente com tal nomenclatura, mas apenas as citou, de maneira genérica, no contexto de competências das duas Casas Legislativas, nos termos dos art. 51, IV e 52, XIII da Carta Magna. Não são propriamente órgãos de segurança pública (isto é, "polícias"), pois estão fora do rol especificado no art. 144 e do Capítulo III do Título V da Lei Maior ("Da Segurança Pública"), tendo as suas atribuições apenas descritas em resoluções administrativas internas, cuja constitucionalidade, ao menos quanto à titularidade de funções de polícia judiciária (diante da reserva legal legalmente emprestada a Polícia Federal), é bastante questionável[42]. Desse modo, em razão das Casas Legislativas encontrarem-se vinculadas à União, pela exegese constitucional, reputa-se que as "polícias legislativas" funcionam apenas como um órgão de segurança orgânica (e dos seus membros), não possuindo quaisquer atribuições de polícia judiciária, cujas providências, privativamente, devem ser levadas a efeito pela polícia judiciária da União (Polícia Federal), para onde devem ser encaminhadas pessoas capturadas em flagrante ou as notícias

35. As atividades de polícia marítima no âmbito da Polícia Federal são exercidas pelos *Núcleos Especiais de Polícia Marítima (NEPOM), disciplinados pela* Instrução Normativa DPF nº 2 de 05 de agosto de 1999.
36. STJ, 3ª seção, CC 118.503/PR, relator ministro Rogerio Schietti Cruz, j. em 22/04/15.
37. No sentido de reconhecimento da competência da Justiça Federal para processar e julgar crime perpetrado a bordo de aeronave, no ar ou em terra, vide o teor do HC nº 108.478-SP (2008/0128786-3), julgado pelo STJ. Disponível em: <https://stj.jusbrasil.com.br/jurisprudencia/18664242/habeas-corpus-hc-108478-sp-2008-0128786-3/inteiro-teor-18664243>. Acessado em 9 de jul. 2020.
38. Vide os arts. 28, I e 214, III, ambos da Instrução Normativa nº 013/2005-DG/DPF, de 15 de junho de 2005, os quais dizem caber, respectivamente, à Divisão de Assuntos Sociais e Políticos planejar, orientar, controlar e avaliar a execução das operações policiais relativas a crimes cometidos a bordo de navios e aeronaves, ressalvada a atribuição da Justiça Militar, e a outros crimes correlatos de atribuição do DPF, praticados por organização criminosa que tenham repercussão interestadual ou internacional e que exijam repressão uniforme e, à Delegacia de Defesa Institucional, apurar os atos ilícitos cometidos a bordo de navios e aeronaves.
39. Nesse sentido: **Superior Tribunal de Justiça STJ : CC 143343 MS 2015/0241800-2**. Disponível em: **https://stj.jusbrasil.com.br/jurisprudencia/863288205/conflito-de-competencia-cc-143343-ms-2015-0241800-2/inteiro-teor-863288218?ref=serp**>. Acessado em 9 jul. 2020.
40. Nesse sentido: STJ - 3ª Seção - CC 143.400-SP, Rel. Min. Ribeiro Dantas, julgado em 24/04/2019.
41. Lei Federal nº 12.830, de 20 de junho de 2013, art. 2º, § 2º.
42. Segundo a Súmula 397 do STF, "O poder de polícia da Câmara dos Deputados e do Senado Federal, em caso de crime cometido nas suas dependências, compreende, consoante o regimento, a prisão em flagrante do acusado e a realização do inquérito". Por outro lado, tal verbete foi publicado em 3 de abril de 1964 e, em razão dos novos princípios trazidos pela Constituição Federal de 1988, entendemos não mais ser ele compatível com o atual cenário legal brasileiro.

de infração penal perpetradas nas dependências do Congresso Nacional.

Crimes conexos de competência estadual e federal: Nos casos em que exista conflito de atribuição entre as polícias civis dos Estados e a Polícia Federal em razão de conexão ou continência, entendemos cabível a Súmula 122 do STJ, a qual diz que compete à Justiça Federal o processo e julgamento unificado dos crimes conexos de competência federal e estadual, não se aplicando a regra do art. 78, II, a, do Código de Processo Penal. Desse modo, em existindo conexão ou continência (e havendo interesse da União, frise-se), entendemos que o expediente, pelas devidas vias (judicialmente, se já aforado), deverá ser remetido à Polícia Federal, para prosseguimento.

Juizados Especiais Federais: A Lei nº 10.259, de 12 de julho de 2001, instituiu os Juizados Especiais Criminais no âmbito da Justiça Federal, a quem, conforme seu artigo 2º, compete processar e julgar os feitos de competência da Justiça Federal relativos às infrações de menor potencial ofensivo, respeitadas as regras de conexão e continência[43]. Como exemplo, há os delitos previstos nos artigos 55 da Lei nº 9.605, de 12 de fevereiro de 1998 (extração ilegal de recursos minerais) e 2º da Lei nº 8.137, de 27 de dezembro de 1990 (falsa declaração de rendas), ambos com pena máxima igual a dois anos.

REFERÊNCIAS

ARAS, Vladmir, in "Federalização dos crimes contra os direitos humanos". Disponível em: <**https://jus.com.br/artigos/6762/federalizacao-dos-crimes-contra-os-direitos-humanos/3**>. Acessado em 6 jul. 2020.

COSTA, Milton Lopes da. Manual de Polícia Judiciária. Rio de Janeiro: Forense, 1983.

CUNHA, Rogério Sanches. in "O crime de roubo cometido contra os Correios". Disponível em: <**https://meusitejuridico.editorajuspodivm.com.br/2017/07/07/o-crime-de-roubo-cometido-contra-os-correios/#:~:text=%E2%80%9C1.,federal%2C%20nos%20termos%20do%20art.**>. Acessado em: 25 jun. 2020.

FOREAUX, Rodrigo. Segurança Pública. Salvador: Juspodivm, 2019.

FOREAUX, Rodrigo. GAIGER, Filipe Castro. in "Análise do encaminhamento de ocorrências policiais militares e sua vinculação com as atribuições de polícia judiciária no Brasil – Parte I". Meu Site Jurídico. Disponível em: <**https://meusitejuridico.editorajuspodivm.com.br/2020/01/15/analise-encaminhamento-de-ocorrencias-policiais-militares-e-sua-vinculacao-com-atribuicoes-de-policia-judiciaria-no-brasil-parte/**>. Acessado em 21 jun. 2020.

GRECO, Rogério. Atividade Policial: aspectos penais, processuais penais, administrativos e constitucionais – 2ª edição. Niterói, RJ: Impetus, 2010.

HOFFMANN, Henrique. in "Lei de Tráfico de Pessoas traz avanços e causa perplexidade". Disponível em <**https://www.conjur.com.br/2016-out-11/academia-policia-lei-trafico-pessoas-traz-avancos-causa-perplexidade**>. Acessado em: 01 jul. 2020.

IBRAHIN, Francinilmene. in "O incidente de deslocamento de competência e o enfraquecimento das instâncias estaduais de polícia judiciária na proteção dos direitos humanos". Teresina, Jus Navigandi, jul. 2020. Disponível em: <**https://jus.com.br/artigos/83853/o-incidente-de-deslocamento-de-competencia-e-o-enfraquecimento-das-instancias-estaduais-de-policia-judiciaria-na-protecao-dos-direitos-humanos**>. Acessado em: 13 jul. 2020.

MOREIRA, Romulo de Andrade. in "A nova (e fundamental) atribuição investigatória da polícia federal". Jusbrasil. Disponível em: **https://romulomoreira.jusbrasil.com.br/artigos/121938890/a-nova-e-fundamental-atribuicao-investigatoria-da-policia-federal?ref=serp**>. Acessado em 10 jul. 2020.

PAULSEN, Leandro. Crimes Federais. São Paulo: Saraiva, 2017.

PEREIRA, Jeferson Botelho. in "Noções básicas sobre crimes federais e a polícia federal como instrumento de proteção social". Disponível em: <**https://jus.com.br/artigos/43200/nocoes-basicas-sobre-crimes-federais-e-a-policia-federal-como-instrumento-de-protecao-social**>. Acessado em 5 de jul. 2020.

ROCHA, Luiz Carlos. Manual do Delegado de Polícia – Procedimentos Policiais Civil e Federal. São Paulo: Edipro, 2002.

SILVA, José Afonso da. Curso de Direito Constitucional Positivo. São Paulo: RT, 1990.

TUCUNDUVA, Ricardo Cardozo de Mello (coord.); FERNANDES, Silmar; MORAES, Rafael Francisco Marcondes de; POMINI, Anderson; SOARES, João Pedro Wamosy Ribeiro de Souza; TONELLI, Helena Cecília Diniz Teixeira Calado. Manual Prático de Polícia Judiciária Eleitoral. São Paulo: Academia de Polícia "Dr. Coriolano Nogueira Cobra", 2014.

43. Redação dada pela Lei nº 11.313, de 28 de junho de 2013.

54

SISTEMA FINANCEIRO NACIONAL

Lei 7.492/86

BRUNO FONTENELE CABRAL
JOÃO PAULO FIRPO FONTES

Lei nº 7.492/86 - Lei que define os crimes contra o Sistema Financeiro Nacional, e dá outras providências

A Lei nº 7.429/86 trata dos crimes contra o Sistema Financeiro Nacional.

Sistema Financeiro Nacional (SFN): É o conjunto de entidades e instituições que promovem a intermediação financeira, isto é, o encontro entre credores e tomadores de recursos. As pessoas, as empresas e o governo circulam a maior parte dos seus ativos, pagam suas dívidas e realizam seus investimentos pelo Sistema Financeiro Nacional. O SFN é organizado por agentes normativos, supervisores e operadores.

Órgãos normativos do SFN: Determinam regras gerais para o bom funcionamento do sistema.

Entidades Supervisoras do SFN: As entidades supervisoras trabalham para que os integrantes do sistema financeiro sigam as regras definidas pelos órgãos normativos.

Operadores do SFN: Os operadores são as instituições que ofertam serviços financeiros, no papel de intermediários.

Conselho Monetário Nacional (CMN): É o órgão normativo responsável pela formulação da política da moeda e do crédito. É o órgão que decide a meta para a inflação, as diretrizes para o câmbio e as normas principais para o funcionamento das instituições financeiras, entre outras atribuições.

Banco Central (BCB): Garante o cumprimento das normas do CMN. O BC monitora e fiscaliza o sistema financeiro e executa as políticas monetária, cambial e de crédito.

Instituição financeira: É a pessoa jurídica de direito público ou privado, que tenha como atividade principal ou acessória, cumulativamente ou não, a captação, intermediação ou aplicação de recursos financeiros de terceiros, em moeda nacional ou estrangeira, ou a custódia, emissão, distribuição, negociação, intermediação ou administração de valores mobiliários.

Instituição financeira equiparada: É a pessoa jurídica que capte ou administre seguros, câmbio, consórcio, capitalização ou qualquer tipo de poupança, ou recursos de terceiros ou a pessoa natural que exerça quaisquer das atividades referidas neste artigo, ainda que de forma eventual.

Responsabilidade penal nos crimes financeiros previstos na Lei nº 7.492/86: São penalmente responsáveis o controlador e os administradores de instituição financeira, assim considerados os diretores, gerentes. Equiparam-se aos administradores de instituição financeira o interventor, o liquidante ou o síndico.

Possibilidade de delação premiada: O art. 25, §2º, da Lei nº 7.492/86 estabelece que o coautor ou partícipe que através de confissão espontânea revelar à autoridade policial ou judicial toda a trama delituosa terá a sua pena reduzida de um a dois terços.

Competência da Justiça Federal e atribuição investigativa da Polícia Federal: O art. 26 da Lei nº 7.492/86 dispõe que a ação penal será promovida pelo Ministério Público Federal, perante a Justiça Federal. Logo, a atribuição investigativa dos crimes previstos nessa Lei será da Polícia Federal, por força do disposto no art. 144, §1º, IV, da Constituição Federal de 1988.

Assistência da Comissão de Valores Mobiliários - CVM: É admitida a assistência da Comissão de Valores Mobiliários - CVM, quando o crime contra o SFN tiver sido praticado no âmbito de atividade sujeita à disciplina e à fiscalização dessa Autarquia.

Assistência do Banco Central: É admitida a assistência do Banco Central do Brasil quando o crime contra o SFN houver sido cometido na órbita de atividade sujeita à sua disciplina e fiscalização.

Denúncia: Quando a denúncia não for intentada no prazo legal, o ofendido poderá representar ao Procurador-Geral da República, para que este a ofereça, designe outro órgão do Ministério Público para oferecê-la ou determine o arquivamento das peças de informação recebidas.

Dever de informação: Quando, no exercício de suas atribuições legais, o Banco Central do Brasil - BCB ou a Comissão de Valores Mobiliários - CVM, verificar a ocorrência de crime contra o SFN, tal fato deverá ser informado ao Ministério Público Federal, enviando-lhe os documentos necessários à sua comprovação.

O dever de informação também será observado pelo interventor, liquidante ou síndico que, no curso de intervenção, liquidação extrajudicial ou falência, quando verificar a ocorrência de crime.

Poder de requisição: O Ministério Público Federal, sempre que julgar necessário, poderá requisitar, a qualquer autoridade, informação, documento ou diligência, relativa à prova dos crimes financeiros. Ademais, o sigilo dos serviços e operações financeiras não pode ser invocado como óbice ao atendimento da requisição ministerial.

Prisão Preventiva: A prisão preventiva do acusado da prática de crime contra o SFN poderá ser decretada em razão da "magnitude da lesão causada".

1. DOS CRIMES CONTRA O SISTEMA FINANCEIRO NACIONAL

Art. 2º Imprimir, reproduzir ou, de qualquer modo, fabricar ou pôr em circulação, sem autorização escrita da sociedade emissora, certificado, cautela ou outro documento representativo de título ou valor mobiliário:

Pena - Reclusão, de 2 (dois) a 8 (oito) anos, e multa.

Parágrafo único. Incorre na mesma pena quem imprime, fabrica, divulga, distribui ou faz distribuir prospecto ou material de propaganda relativo aos papéis referidos neste artigo.

Verbos nucleares do tipo: *Imprimir* (reproduzir dados, arquivo de computador em papel ou outro suporte, por meio de impressora ou plotadora). *Reproduzir* (exibir, mostrar novamente, expor, refazer). *Fabricar* (produzir algo, manufaturar, forjar, maquiar). *Pôr em circulação* significa movimentar, pôr em movimento.

Objetividade jurídica: Higidez do Sistema Financeiro Nacional. A credibilidade pública com ofensa reflexa ao patrimônio de terceiros ou a regularidade do Sistema Financeiro Nacional.

Objeto material: Certificado, cautela ou outro documento representativo de título ou valor mobiliário.

Elemento subjetivo: Somente dolo, traduzido na consciência e vontade de praticar a conduta.

Elemento normativo: A expressão "sem autorização escrita".

Sujeito ativo: Qualquer pessoa.

Sujeito passivo: Estado e a pessoa que sofrer prejuízo com a conduta.

Consumação: Com a prática de qualquer das condutas, sem necessidade de resultado.

Tentativa: É admissível.

Classificação doutrinária: Crime comum.

Ação penal: Ação penal pública incondicionada.

Pena: Reclusão, de 2 (dois) a 8 (oito) anos, e multa.

Suspensão condicional do processo: Não é cabível, pois a pena mínima cominada não é igual ou inferior a um ano.

Acordo de Não Persecução Penal: Cabível, em tese, pois a pena mínima é inferior a 4 (quatro) anos.

Art. 3º Divulgar informação falsa ou prejudicialmente incompleta sobre instituição financeira:

Pena - Reclusão, de 2 (dois) a 6 (seis) anos, e multa.

Verbos nucleares do tipo: *Divulgar* (tornar pública, propagar ou publicar).

Objetividade jurídica: Higidez do Sistema Financeiro Nacional.

Objeto material: Informação falsa ou incompleta.

Elemento subjetivo: Dolo.

Elemento normativo: Não há.

Sujeito ativo: Qualquer pessoa.

Sujeito passivo: Estado e a instituição financeira.

Consumação: Consuma-se quando a informação falsa chega ao conhecimento de terceiro, independentemente de outro resultado.

Tentativa: É admissível.

Classificação doutrinária: Crime comum.

Ação penal: Ação penal pública incondicionada.

Pena: Reclusão, de 2 (dois) a 6 (seis) anos, e multa.

Suspensão condicional do processo: Não é cabível, pois a pena mínima cominada não é igual ou inferior a um ano.

Acordo de Não Persecução Penal: Cabível, em tese, pois a pena mínima é inferior a 4 (quatro) anos.

Art. 4º Gerir fraudulentamente instituição financeira:

Pena - Reclusão, de 3 (três) a 12 (doze) anos, e multa.

Parágrafo único. Se a gestão é temerária:

Pena - Reclusão, de 2 (dois) a 8 (oito) anos, e multa.

Verbos nucleares do tipo: *Gerir* (exercer a gerência, administrar, dirigir, gerenciar).

Objetividade jurídica: Funcionamento do Sistema Financeiro Nacional. Também protege a credibilidade pública, a saúde financeira da instituição e proteção ao investidor.

Objeto material: Instituição Financeira.

Elemento subjetivo: Dolo.[1]

Sujeito ativo: Pessoas indicadas no art. 25 da lei.

Sujeito passivo: Estado e a instituição financeira, seus acionistas ou investidores.

Consumação: O Enunciado 8 da I Jornada de Direito Penal e Processo Penal CJF/STJ afirma que o crime de gestão temerária de instituição financeira exige a demonstração da violação das regras e parâmetros objetivos de gerenciamento de riscos e limites operacionais na administração, intermediação e aplicação de recursos de terceiros, instituídos pelas autoridades de regulação do sistema financeiro nacional. [2]

Tentativa: Não admite, pois exige habitualidade. [3]

Gestão fraudulenta x Gestão temerária: A principal diferença entre estas duas gestões é que, enquanto a fraudulenta comete atos ilícitos, como falsificação de documentos, a gestão temerária não, mas mesmo assim coloca em risco a segurança da instituição, por ser perigosa e arriscada além do comum.

Concurso de crimes: Há 2 correntes no que tange ao concurso com a gestão temerária:

1ª Corrente: Sendo distintos os fatos, admite-se o concurso material entre gestão fraudulenta e temerária, na mesma instituição financeira [4] ainda que os fatos sejam contemporâneos. [5]

2ª Corrente: A gestão fraudulenta absorve a gestão temerária.

Concurso de normas: Na Lei n.º 6.385/1976, encontramos o crime de Manipulação do Mercado de Capitais, no Art. 27-C.

Classificação doutrinária: Crime de mão própria e habitual (Exige-se a habitualidade, uma sequência de atos com a finalidade de obtenção de vantagem indevida em prejuízo da pessoa jurídica).

1. BRASIL. Superior Tribunal de Justiça. REsp 1613260/SP, Rel. Ministra MARIA THEREZA DE ASSIS MOURA, SEXTA TURMA, julgado em 09/08/2016, DJe 24/08/2016. Disponível em: <www.stj.jus.br>. Acesso em 15/09/2020.

2. CAVALCANTE, Márcio André Lopes. **Enunciado 8 da I Jornada de Direito Penal e Processo Penal CJF/STJ.** Buscador Dizer o Direito, Manaus. Disponível em: <https://www.buscadordizerodireito.com.br/jurisprudencia/detalhes/23b023b22d0bf47626029d5961328028>. Acesso em: 15/09/2020.

3. BRASIL. Superior Tribunal de Justiça. STJ, HC 101381 / RJ. Disponível em: <www.stj.jus.br>. Acesso em 15/09/2020.

4. BRASIL. Superior Tribunal de Justiça. STJ, HC 618 70/RJ, Dipp, 5ª T. Disponível em: <www.stj.jus.br>. Acesso em 15/09/2020.

5. BRASIL. Tribunal Regional Federal da 4ª Região. TRF4, AC, 200071000 19318-9/RS, Néfi Cordeiro, 7ª T. Disponível em: <www.trf4.jus.br>. Acesso em 15/09/2020.

Ação penal: Ação penal pública incondicionada.

Pena: Gestão fraudulenta: Reclusão, de 3 (três) a 12 (doze) anos, e multa. Gestão temerária: Reclusão, de 2 (dois) a 8 (oito) anos, e multa.

Suspensão condicional do processo: Não é cabível, pois a pena mínima cominada não é igual ou inferior a um ano.

Acordo de Não Persecução Penal: Cabível, pois a pena mínima é inferior a 4 (quatro) anos.

> **Art. 5º Apropriar-se, quaisquer das pessoas mencionadas no art. 25 desta lei, de dinheiro, título, valor ou qualquer outro bem móvel de que tem a posse, ou desviá-lo em proveito próprio ou alheio:**
>
> **Pena - Reclusão, de 2 (dois) a 6 (seis) anos, e multa.**
>
> **Parágrafo único. Incorre na mesma pena qualquer das pessoas mencionadas no art. 25 desta lei, que negociar direito, título ou qualquer outro bem móvel ou imóvel de que tem a posse, sem autorização de quem de direito.**

Verbos nucleares do tipo: *Apropriar-se* (apoderar-se de algo que não lhe pertence; tomar a posse de). *Desviar* (mudar a direção, mudar a orientação, desviar dinheiro, título, ou valor em proveito próprio ou alheio).

Objetividade jurídica: Higidez do Sistema Financeiro Nacional. A credibilidade pública com ofensa reflexa ao patrimônio de terceiros.

Objeto material: Dinheiro, título, valor ou qualquer outro bem móvel

Elemento subjetivo: O dolo, traduzido pela consciência e vontade de praticar a conduta criminosa.

Elemento normativo: Não há.

Sujeito ativo: Somente praticado pelo controlador ou administradores (diretores, gerentes, interventor, liquidante, síndico).

Sujeito passivo: Estado e a instituição financeira ou titular do bem indevidamente apropriado ou desviado.

Consumação: No caso da apropriação ou desvio, com a inversão do *animus* da posse, agindo como se dono fosse.

Tentativa: Admite-se a tentativa. No caso do parágrafo único, com a prática de atos negociais, sendo admissível a tentativa.

Classificação doutrinária: Crime próprio.

Ação penal: Ação penal pública incondicionada.

Pena: Reclusão, de 2 (dois) a 6 (seis) anos, e multa.

Suspensão condicional do processo: Não é cabível, pois a pena mínima cominada não é igual ou inferior a um ano.

Acordo de Não Persecução Penal: Cabível, em tese, pois a pena mínima é inferior a 4 (quatro) anos.

> **Art. 6º Induzir ou manter em erro, sócio, investidor ou repartição pública competente, relativamente a operação ou situação financeira, sonegando-lhe informação ou prestando-a falsamente:**
>
> **Pena - Reclusão, de 2 (dois) a 6 (seis) anos, e multa.**

Verbos nucleares do tipo: *Induzir* (ser causa ou motivo de, inspirar ou provocar). *Manter* (fazer ficar em determinada posição, estado ou situação).

Objetividade jurídica: Higidez do Sistema Financeiro Nacional. A credibilidade pública com ofensa reflexa ao patrimônio de terceiros.

Objeto material: Operação financeira e informação.

Elemento subjetivo: O dolo de induzir ou manter o sujeito passivo em erro.

Elemento normativo: Não há.

Sujeito ativo: Qualquer pessoa que disponha da informação, seja para sonegá-la, seja para prestá-la falsamente.

Sujeito passivo: O Estado, o sócio, o investidor ou repartição pública induzida ou mantida em erro.

Consumação: Ocorre com a sonegação da informação.

Tentativa: Crime omissivo, que não comporta tentativa, ou, com a prestação de informação falsa, conduta comissiva que comporta tentativa.

Concurso de normas: No art. 171, da Lei n. 11.101/05, encontramos o crime de "indução" a erro, mediante a sonegação ou omissão de informações ou prestação de informações falsa, punido com pena de 2 a 4 anos e multa.

Classificação doutrinária: Crime comum: qualquer um pode praticar. **Crime omissivo:** Na modalidade de sonegação de informações. **Crime comissivo:** Na modalidade de prestação de informações falsas. **Crime formal:** O delito do art. 6º da Lei 7.492/86 constitui crime formal (não é necessária a ocorrência de resultado, eventual prejuízo econômico caracteriza mero exaurimento), e não material; não prevê o especial fim de agir do sujeito ativo (para si ou para outrem); não exige, como elemento obrigatório, o meio fraudulento (artifício, ardil, etc.), apenas a prestação de informação falsa ou omissão de informação verdadeira.[6]

Ação penal: Ação penal pública incondicionada.

Pena: Reclusão, de 2 (dois) a 6 (seis) anos, e multa.

Suspensão condicional do processo: Não é cabível, pois a pena mínima cominada não é igual ou inferior a um ano.

Acordo de Não Persecução Penal: Cabível, em tese, pois a pena mínima é inferior a 4 (quatro) anos.

Art. 7º Emitir, oferecer ou negociar, de qualquer modo, títulos ou valores mobiliários:

I - falsos ou falsificados;

II - sem registro prévio de emissão junto à autoridade competente, em condições divergentes das constantes do registro ou irregularmente registrados;

III - sem lastro ou garantia suficientes, nos termos da legislação;

IV - sem autorização prévia da autoridade competente, quando legalmente exigida:

Pena - Reclusão, de 2 (dois) a 8 (oito) anos, e multa.

Verbos nucleares do tipo: *Emitir* (fazer circular dinheiro ou papéis). *Oferecer* (pôr à disposição). *Negociar* (transacionar comercialmente, comerciar).

Objetividade jurídica: Higidez do Sistema Financeiro Nacional. A credibilidade pública com ofensa reflexa ao patrimônio de terceiros.

Objeto material: Títulos ou valores mobiliários.

Elemento subjetivo: O dolo, traduzido pela consciência e vontade de praticar a conduta criminosa.

Elemento normativo: Não há.

Sujeito ativo: Qualquer pessoa. Na modalidade "emitir" somente o gestor de pessoa jurídica.

Sujeito passivo: Estado e a pessoa física ou jurídica que venha sofrer prejuízo.

Consumação: Ocorre com as condutas de "emitir", "oferecer" ou "negociar".

Tentativa: A conduta de "oferecer" por meio da escrita, comporta tentativa. A conduta de "negociar" também comporta tentativa.

Valores mobiliários: São títulos mobiliários definidos no art. 2º da Lei n. 6.385/76: as ações, debêntures e bônus de subscrição; os cupons, direitos, recibos de subscrição e certificados de desdobramento relativos aos valores mobiliários; os certificados de depósito de valores mobiliários; as cédulas de debêntures; as cotas de fundos de investimento em valores mobiliários ou de clubes de investimento em quaisquer ativos; as notas comerciais; os contratos futuros, de opções e outros derivativos, cujos ativos subjacentes sejam valores mobiliários; outros contratos derivativos, independentemente dos ativos subjacentes; e quando ofertados publicamente, quaisquer outros títulos ou contratos de investimento coletivo, que gerem direito de participação, de parceria ou de remuneração, inclusive resultante de prestação de serviços, cujos rendimentos advêm do esforço do empreendedor ou de terceiros.

Classificação doutrinária:

Crime comum. Na modalidade "emitir", crime de mão própria.

Ação penal: Ação penal pública incondicionada.

Pena: Reclusão, de 2 (dois) a 8 (oito) anos, e multa.

Suspensão condicional do processo: Não é cabível, pois a pena mínima cominada não é igual ou inferior a um ano.

Acordo de Não Persecução Penal: Cabível, em tese, pois a pena mínima é inferior a 4 (quatro) anos.

Art. 8º Exigir, em desacordo com a legislação, juro, comissão ou qualquer tipo de remuneração sobre operação de crédito ou de seguro, administração de fundo mútuo ou fiscal ou de consórcio, serviço de corretagem ou distribuição de títulos ou valores mobiliários:

Pena - Reclusão, de 1 (um) a 4 (quatro) anos, e multa.

6. CAVALCANTE, Márcio André Lopes. **Sujeito ativo do delito previsto no art. 6º da Lei 7.492/86.** Buscador Dizer o Direito, Manaus. Disponível em: <https://www.buscadordizerodireito.com.br/jurisprudencia/detalhes/ab541d874c7bc19ab77642849e02b89f>. Acesso em: 14/09/2020.

Verbos nucleares do tipo: *Exigir* (estabelecer, impor).

Objetividade jurídica: Higidez do Sistema Financeiro Nacional.

Objeto material: Operação de crédito ou de seguro, administração de fundo mútuo ou fiscal ou de consórcio.

Elemento subjetivo: Dolo.

Elemento normativo: Não há.

Sujeito ativo: Somente as pessoas autorizadas por Lei podem praticá-lo.

Sujeito passivo: Estado e pessoas prejudicadas.

Consumação: Consuma-se com a simples exigência.

Tentativa: É cabível se a exigência for por escrito.

Concurso de normas: Se for agiotagem praticada por particular, com recursos próprios, o delito será o do art. 4º da Lei n. 1.521/51 (Crime contra a Economia Popular).[7]

Classificação doutrinária:

Crime próprio e formal.

Ação penal: Ação penal pública incondicionada.

Pena: Reclusão, de 1 (um) a 4 (quatro) anos, e multa.

Suspensão condicional do processo: É cabível, visto que a pena mínima é igual ou inferior a 1 (um) ano, portanto aplicável o art. 89 da Lei n. 9.099/95.

Acordo de Não Persecução Penal: Cabível, em tese, pois a pena mínima é inferior a 4 (quatro) anos.

Art. 9º Fraudar a fiscalização ou o investidor, inserindo ou fazendo inserir, em documento comprobatório de investimento em títulos ou valores mobiliários, declaração falsa ou diversa da que dele deveria constar:

Pena - Reclusão, de 1 (um) a 5 (cinco) anos, e multa.

Verbos nucleares do tipo: *Fraudar* (burlar, falsear).

Objetividade jurídica: Higidez do Sistema Financeiro Nacional.

Objeto material: Documento comprobatório de investimento em títulos ou valores mobiliários.

Elemento subjetivo: Dolo.

Sujeito ativo: Pode ser qualquer pessoa.

Sujeito passivo: Estado e investidores lesados.

Consumação: A consumação do delito ocorre com a conduta de fraudar, onde na conduta de inserir ocorre exatamente no momento que o agente finaliza o documento inserindo nele aspectos falsos. Em síntese, a consumação ocorre com a ocorrência da fraude contra a fiscalização ou o investidor, com a prática de da falsidade ideológica da inserção de declaração falsa ou diversa da que deveria constar.

Tentativa: É admissível em todas as modalidades.

Conflito Aparente de Normas e Concurso de Delitos: Conflito com o artigo 3º, VII e X, Lei 1.521/51 e o artigo 299, Código Penal. Diferença com o crime de falsidade ideológica: Pela aplicação do princípio da especialidade incidirá a lei dos delitos contra o sistema financeiro. Diferença com o crime contra a economia popular: A lei dos crimes contra a economia popular terá vez se a oferta for realizada a um número não individualizável de pessoas, ainda que realizada por instituição financeira.

Classificação doutrinária:

Crime comum.

Ação penal: Ação penal pública incondicionada.

Pena: Reclusão, de 1 (um) a 5 (cinco) anos, e multa.

Suspensão condicional do processo: É cabível, visto que a pena mínima é igual ou inferior a 1 (um) ano, portanto aplicável o art. 89 da Lei n. 9.099/95.

Acordo de Não Persecução Penal: Cabível, em tese, pois a pena mínima é inferior a 4 (quatro) anos.

Art. 10. Fazer inserir elemento falso ou omitir elemento exigido pela legislação, em demonstrativos contábeis de instituição financeira, seguradora ou instituição integrante do sistema de distribuição de títulos de valores mobiliários:

Pena - Reclusão, de 1 (um) a 5 (cinco) anos, e multa.

7. BRASIL. Superior Tribunal de Justiça. STJ - CC 25519 / SP. Disponível em: <www.stj.jus.br>. Acesso em: 15/09/2020.

Verbos nucleares do tipo: *Fazer inserir* (fazer entrar, introduzir elemento falso). *Omitir* (deixar de mencionar ou de escrever).

Objetividade jurídica: Higidez do Sistema Financeiro Nacional.

Objeto material: Demonstrativos contábeis de instituição financeira.

Elemento subjetivo: Somente o dolo manifestado pela consciência e vontade de praticar a conduta criminosa.

Elemento normativo: Não há.

Sujeito ativo: Qualquer pessoa.

Sujeito passivo: O Estado e a pessoa lesada.

Consumação: Na modalidade comissiva consuma-se com a inserção de elemento falso. Na modalidade omissiva, com a efetiva omissão de elemento exigido pela legislação.

Tentativa: somente é cabível na modalidade comissiva.

Suspensão condicional do processo: É cabível, visto que a pena mínima é igual a 1 (um) ano, portanto aplicável o art. 89 da Lei n. 9.099/95.

Classificação doutrinária: Crime comum. Crime comissivo: representado pela expressão "fazer inserir". Crime omissivo: representado pela expressão "omitir".

Ação penal: Ação penal pública incondicionada.

Pena: Reclusão, de 1 (um) a 5 (cinco) anos, e multa.

Suspensão condicional do processo: É cabível, visto que a pena mínima é igual ou inferior a 1 (um) ano, portanto aplicável o art. 89 da Lei n. 9.099/95.

Acordo de Não Persecução Penal: Cabível, em tese, pois a pena mínima é inferior a 4 (quatro) anos.

Art. 11. Manter ou movimentar recurso ou valor paralelamente à contabilidade exigida pela legislação:

Pena - Reclusão, de 1 (um) a 5 (cinco) anos, e multa.

Verbos nucleares do tipo: *Manter* (conservar, fazer ficar em determinada posição). *Movimentar* (pôr em movimento, alocar recursos de um local para o outro).

Objetividade jurídica: Higidez do Sistema Financeiro Nacional.

Objeto material: Demonstrativos contábeis.

Elemento subjetivo: Dolo.

Elemento normativo: Não há.

Sujeito ativo: Somente é praticado por controlador ou administrador ou equiparados pelo art. 25 da Lei.

Sujeito passivo: O Estado e acionista ou terceiro prejudicado.

Consumação: Consuma-se com a reiteração de atos tendentes a manter ou movimentar recurso ou valor paralelamente à contabilidade exigida pela Lei.

Tentativa: não admite, por se tratar de crime habitual.

Concurso de normas: Na Lei nº. 11.101/2005, a contabilidade paralela é causa de aumento de pena do crime de fraude contra os credores (§ 2º do art. 168).

Classificação doutrinária: Crime próprio e habitual.

Ação penal: Ação penal pública incondicionada.

Pena: Reclusão, de 1 (um) a 5 (cinco) anos, e multa.

Suspensão condicional do processo: É cabível, visto que a pena mínima é igual ou inferior a 1 (um) ano, portanto aplicável o art. 89 da Lei n. 9.099/95.

Acordo de Não Persecução Penal: Cabível, em tese, pois a pena mínima é inferior a 4 (quatro) anos.

Art. 12. Deixar, o ex-administrador de instituição financeira, de apresentar, ao interventor, liquidante, ou síndico, nos prazos e condições estabelecidas em lei as informações, declarações ou documentos de sua responsabilidade:

Pena - Reclusão, de 1 (um) a 4 (quatro) anos, e multa.

Verbos nucleares do tipo: *Deixar de apresentar* (se omitir, não apresentar as informações, declarações ou documentos de sua responsabilidade).

Objetividade jurídica: Higidez do Sistema Financeiro Nacional. A credibilidade pública com ofensa reflexa ao patrimônio de terceiros.

Objeto material: Informações, declarações ou documentos.

Elemento subjetivo: Dolo.

Elemento normativo: Não há.

Sujeito ativo: Só pode ser praticado pelo ex-administrador de instituição financeira.

Sujeito passivo: Estado e o acionista ou investidor prejudicado.

Consumação: Consuma-se com a não apresentação das informações, declarações ou documentos de sua responsabilidade.

Tentativa: Não cabe a tentativa.

Suspensão condicional do processo:

Classificação doutrinária:

Crime próprio e omissivo.

Ação penal: Ação penal pública incondicionada.

Pena: Reclusão, de 1 (um) a 4 (quatro) anos, e multa.

Suspensão condicional do processo: É cabível, visto que a pena mínima é igual ou inferior a 1 (um) ano, portanto aplicável o art. 89 da Lei n. 9.099/95.

Acordo de Não Persecução Penal: Cabível, em tese, pois a pena mínima é inferior a 4 (quatro) anos.

Art. 13. Desviar bem alcançado pela indisponibilidade legal resultante de intervenção, liquidação extrajudicial ou falência de instituição financeira.

Pena - Reclusão, de 2 (dois) a 6 (seis) anos, e multa.

Parágrafo único. Na mesma pena incorra o interventor, o liquidante ou o síndico que se apropriar de bem abrangido pelo *caput* deste artigo, ou desviá-lo em proveito próprio ou alheio.

Verbos nucleares do tipo: *Desviar* (alterar o destino, desencaminhar ou extraviar).

Objetividade jurídica: Higidez do Sistema Financeiro Nacional.

Objeto material: Qualquer bem alcançado pela indisponibilidade legal.

Elemento subjetivo: Dolo.

Elemento normativo: Não há.

Sujeito ativo: Qualquer pessoa que tenha a disponibilidade de bens, incluindo as relacionadas no art. 25 da Lei, considerando o teor do parágrafo único.

Sujeito passivo: Estado e pessoas físicas lesadas.

Consumação: Ocorre com o "desvio" ou com a "apropriação" do bem indisponível.

Tentativa: É possível.

Classificação doutrinária: Crime comum e comissivo.

Ação penal: Ação penal pública incondicionada.

Pena: Reclusão, de 2 (dois) a 6 (seis) anos, e multa.

Suspensão condicional do processo: Não é cabível, visto que a pena mínima é superior a 1 (um) ano, portanto não aplicável o art. 89 da Lei n. 9.099/95.

Acordo de Não Persecução Penal: Cabível, em tese, pois a pena mínima é inferior a 4 (quatro) anos.

Art. 14. Apresentar, em liquidação extrajudicial, ou em falência de instituição financeira, declaração de crédito ou reclamação falsa, ou juntar a elas título falso ou simulado:

Pena - Reclusão, de 2 (dois) a 8 (oito) anos, e multa.

Parágrafo único. Na mesma pena incorre o ex-administrador ou falido que reconhecer, como verdadeiro, crédito que não o seja.

Verbos nucleares do tipo: *Apresentar* ("pôr na presença de", mostrar).

Objetividade jurídica: Higidez do Sistema Financeiro Nacional.

Objeto material: Declaração de crédito falsa.

Elemento subjetivo: Dolo.

Elemento normativo: Não há.

Sujeito ativo: No *caput*, pode ser qualquer pessoa. No parágrafo único, somente o ex-administrador ou o falido.

Sujeito passivo: Estado e terceiro prejudicado.

Consumação: Conduta instantânea

Tentativa: Não admite tentativa.

Classificação doutrinária: *Caput*: crime comum. No parágrafo único: somente o ex-administrador ou o falido (crime próprio).

Ação penal: Ação penal pública incondicionada.

Pena: Reclusão, de 2 (dois) a 8 (oito) anos, e multa.

Suspensão condicional do processo: Não é cabível, visto que a pena mínima é superior a 1 (um) ano, portanto não aplicável o art. 89 da Lei n. 9.099/95.

Acordo de Não Persecução Penal: Cabível, em tese, pois a pena mínima é inferior a 4 (quatro) anos.

Art. 15. Manifestar-se falsamente o interventor, o liquidante ou o síndico, à respeito de assunto relativo a intervenção, liquidação extrajudicial ou falência de instituição financeira:

Pena - Reclusão, de 2 (dois) a 8 (oito) anos, e multa.

Verbos nucleares do tipo: *Manifestar-se* (declarar, divulgar).

Objetividade jurídica: Higidez do Sistema Financeiro Nacional.

Objeto material: Assunto relativo a intervenção, liquidação extrajudicial ou falência de instituição financeira

Elemento subjetivo: Dolo.

Elemento normativo: Não há.

Sujeito ativo: Qualquer pessoa.

Sujeito passivo: Estado e terceiro prejudicado pela manifestação falsa.

Consumação: Consuma-se com a manifestação falsa, independentemente de qualquer outro resultado.

Tentativa: é cabível, exceto na forma oral.

Classificação doutrinária: Crime comum.

Ação penal: Ação penal pública incondicionada.

Pena: Reclusão, de 2 (dois) a 8 (oito) anos, e multa.

Suspensão condicional do processo: Não é cabível, visto que a pena mínima é superior a 1 (um) ano, portanto não aplicável o art. 89 da Lei n. 9.099/95.

Acordo de Não Persecução Penal: Cabível, em tese, pois a pena mínima é inferior a 4 (quatro) anos.

Art. 16. Fazer operar, sem a devida autorização, ou com autorização obtida mediante declaração (Vetado) falsa, instituição financeira, inclusive de distribuição de valores mobiliários ou de câmbio:

Pena - Reclusão, de 1 (um) a 4 (quatro) anos, e multa.

Verbos nucleares do tipo: *Fazer operar* (fazer funcionar, autorizar indevidamente a operação de instituição financeira).

Objetividade jurídica: Higidez do Sistema Financeiro Nacional.

Objeto material: Autorização obtida mediante declaração falsa.

Elemento subjetivo: Dolo.

Elemento normativo: Não há.

Sujeito ativo: Pode ser praticado por qualquer pessoa.

Sujeito passivo: O Estado.

Consumação: Consuma-se com a efetiva operação, ou seja, trata-se de crime que requer a habitualidade. O crime pode se consumar ainda que a instituição financeira não tenha instalações físicas. [8] Configura o crime do art. 16 quando a pessoa pratica atividades de seguro, de câmbio, de consórcio ou de capitalização, sem autorização legal.

Observação 1: a factoring não é uma instituição financeira. Assim, a factoring não pode emprestar dinheiro. O que a factoring pode fazer é "comprar" títulos de crédito que ainda irão vencer, fazendo com que a empresa aumente seu capital de giro. Desse modo, a factoring não pode fazer empréstimos. Se o dono da factoring realizar empréstimos, ele pratica o crime do art. 4º da Lei nº 1.521/51.[9] Se a factoring ilegalmente captou e aplicou recursos de terceiros, operou como verdadeira instituição financeira, o que configura, em tese, o crime do art. 16 da Lei n. 7.492/86, de competência da Justiça Federal.[10]

8. MAIA, Rodolfo Tigre. Dos Crimes contra o Sistema Financeiro Nacional. Anotações à Lei Federal n. 7.492/86. São Paulo: Malheiros, 1996, p. 444.
9. BRASIL. Superior Tribunal de Justiça. CC 98062/SP, Rel. Min. Jorge Mussi, Terceira Seção, julgado em 25/08/2010. Disponível em: <www.stj.jus.br>. Acesso em: 15/09/2020.
10. BRASIL. Superior Tribunal de Justiça. CC 115.338/PR, Rel. Min. Marco Aurélio Bellizze, Terceira Seção, julgado em 26/06/2013. Disponível em: <www.stj.jus.br>. Acesso em: 15/09/2020.

Observação 2: O agiota não pratica o delito do art. 16. O agiota é aquela pessoa que empresta dinheiro seu a outras pessoas, cobrando juros e multa superiores aos que são legalmente permitidos. O agiota não pode ser equiparado a instituição financeira em razão de emprestar recursos financeiros próprios (e não de terceiros). Logo, o agiota responde pelo delito do art. 4º da Lei n.º 1.521/51 (Lei de Economia Popular). [11]

O quadro a seguir sintetiza o entendimento dos Tribunais:

Art. 4º da Lei nº 1.521/51	Art. 16 da Lei n.º 7.492/86
Recursos próprios	Recursos de terceiros

A simulação de consórcio por meio de venda premiada, operada sem autorização do Banco Central do Brasil, configura crime contra o sistema financeiro, tipificado pelo art. 16 da Lei nº 7.492/86, o que atrai a competência da Justiça Federal. [12]

Tentativa: É cabível.

Concurso de normas:

O crime do art. 16 da Lei nº 7.492/86 não foi revogado pelo delito do art. 27-E da Lei nº 6.404/76.[13]

Classificação doutrinária:

Trata-se de crime comum e de mera conduta. O crime previsto também é formal, pois a lei descreve uma ação e um resultado, no entanto, o delito restará consumado no momento da prática da ação, independentemente do resultado, que se torna mero exaurimento do delito. Por fim, prevalece o entendimento de que não se trata de crime habitual.

Ação penal: Ação penal pública incondicionada.

Pena: Reclusão, de 1 (um) a 4 (quatro) anos, e multa.

Suspensão condicional do processo: Cabível, visto que a pena mínima é igual ou inferior a 1 (um) ano, portanto aplicável o art. 89 da Lei n. 9.099/95.

Acordo de Não Persecução Penal: Cabível, em tese, pois a pena mínima é inferior a 4 (quatro) anos.

Art. 17. Tomar ou receber crédito, na qualidade de qualquer das pessoas mencionadas no art. 25, ou deferir operações de crédito vedadas, observado o disposto no art. 34 da Lei no 4.595, de 31 de dezembro de 1964: (Redação dada pela Lei nº 13.506, de 2017)

Pena - Reclusão, de 2 (dois) a 6 (seis) anos, e multa.

Parágrafo único. Incorre na mesma pena quem:

I - em nome próprio, como controlador ou na condição de administrador da sociedade, conceder ou receber adiantamento de honorários, remuneração, salário ou qualquer outro pagamento, nas condições referidas neste artigo;

II - de forma disfarçada, promover a distribuição ou receber lucros de instituição financeira.

Verbos nucleares do tipo: *Tomar* (adquirir, contratar empréstimo ou adiantamento). *Conceder* (dar) e *Receber* (perceber, ganhar).

Objetividade jurídica: Higidez do Sistema Financeiro Nacional. A credibilidade pública com ofensa reflexa ao patrimônio de terceiros.

Objeto material: Operações de crédito.

Elemento subjetivo: Dolo.

Elemento normativo: Não há.

Sujeito ativo: Apenas o rol de pessoas do art. 25 da Lei. [14]

Sujeito passivo: Estado e terceiro prejudicado.

Consumação: Consuma-se com a prática das condutas previstas no tipo ou no parágrafo único, independentemente de gerar prejuízo.

Tentativa: É cabível a tentativa.

Classificação doutrinária: Crime próprio.

Ação penal: Ação penal pública incondicionada.

Pena: Reclusão, de 2 (dois) a 6 (seis) anos, e multa.

Suspensão condicional do processo: Não é cabível, visto que a pena mínima é superior a 1

11. BRASIL. Superior Tribunal de Justiça. CC 99305/PR, Min. Maria Thereza De Assis Moura, Terceira Seção, julgado em 11/02/2009. Disponível em: <www.stj.jus.br>. Acesso em: 15/09/2020.
12. BRASIL. Superior Tribunal de Justiça. 3ª Seção. CC 160077-PA, Rel. Min. Joel Ilan Paciornik, julgado em 10/10/2018 (Info 637). Disponível em: <www.stj.jus.br>. Acesso em: 15/09/2020.
13. BRASIL. Supremo Tribunal Federal. HC 94955/SP, rel. Min. Ellen Gracie, 21.10.2008. Disponível em: <portal.stf.jus.br>. Acesso em: 15/09/2020.
14. Art. 25. São penalmente responsáveis, nos termos desta lei, o controlador e os administradores de instituição financeira, assim considerados os diretores, gerentes.

(um) ano, portanto não aplicável o art. 89 da Lei n. 9.099/95.

Acordo de Não Persecução Penal: Cabível, em tese, pois a pena mínima é inferior a 4 (quatro) anos.

Art. 18. Violar sigilo de operação ou de serviço prestado por instituição financeira ou integrante do sistema de distribuição de títulos mobiliários de que tenha conhecimento, em razão de ofício:

Pena - Reclusão, de 1 (um) a 4 (quatro) anos, e multa.

Verbos nucleares do tipo: *Violar* (devassar ou revelar indevidamente).

Objetividade jurídica: Higidez do Sistema Financeiro Nacional.

Objeto material: Operação de distribuição de títulos mobiliários.

Elemento subjetivo: Dolo.

Elemento normativo: Não há.

Sujeito ativo: Somente pode ser praticado por funcionários de instituição financeira.

Sujeito passivo: Estado e pessoa física prejudicada.

Consumação: Ocorre com a efetiva violação, que implica a divulgação da informação ou dado sigiloso.

Tentativa: É cabível.

Concurso de normas: A Lei n.º 6.385/1976 traz o crime de Uso Indevido de Informação Privilegiada (art. 27-D). Na Lei n. 11.101/2005, há o crime de Violação de Sigilo Empresarial (art. 169).

Classificação doutrinária: Crime próprio.

Ação penal: Ação penal pública incondicionada.

Pena: Reclusão, de 1 (um) a 4 (quatro) anos, e multa.

Suspensão condicional do processo: Cabível, visto que a pena mínima é igual ou inferior a 1 (um) ano, portanto aplicável o art. 89 da Lei n. 9.099/95.

Acordo de Não Persecução Penal: Cabível, em tese, pois a pena mínima é inferior a 4 (quatro) anos.

Art. 19. Obter, mediante fraude, financiamento em instituição financeira:

Pena - Reclusão, de 2 (dois) a 6 (seis) anos, e multa.

Parágrafo único. A pena é aumentada de 1/3 (um terço) se o crime é cometido em detrimento de instituição financeira oficial ou por ela credenciada para o repasse de financiamento.

Verbos nucleares do tipo: *Obter* (conseguir, adquirir).

Objetividade jurídica: Higidez do Sistema Financeiro Nacional. A credibilidade pública com ofensa reflexa ao patrimônio de terceiros.

Objeto material: Contrato de financiamento.

Elemento subjetivo: Dolo.

Elemento normativo: Não há.

Sujeito ativo: Qualquer pessoa.

Sujeito passivo: Estado e pessoa física ou jurídica lesada.

Consumação: Com a obtenção do financiamento.

Tentativa: É possível.

Classificação doutrinária: Crime comum.

Ação penal: Ação penal pública incondicionada.

Pena: Reclusão, de 2 (dois) a 6 (seis) anos, e multa.

Suspensão condicional do processo: Não é cabível, visto que a pena mínima é superior a 1 (um) ano, portanto não aplicável o art. 89 da Lei n. 9.099/95.

Acordo de Não Persecução Penal: Cabível, em tese, pois a pena mínima é inferior a 4 (quatro) anos.

Art. 20. Aplicar, em finalidade diversa da prevista em lei ou contrato, recursos provenientes de financiamento concedido por instituição financeira oficial ou por instituição credenciada para repassá-lo:

Pena - Reclusão, de 2 (dois) a 6 (seis) anos, e multa.

Verbos nucleares do tipo: *Aplicar* (empregar ou utilizar).

Objetividade jurídica: Higidez do Sistema Financeiro Nacional. A credibilidade pública com ofensa reflexa ao patrimônio de terceiros.

Objeto material: Recursos provenientes de financiamento.

Elemento subjetivo: Dolo.

Elemento normativo: Não há.

Sujeito ativo: Qualquer pessoa.

Sujeito passivo: Estado e pessoa física ou jurídica prejudicada.

Consumação: No momento da aplicação dos recursos.

Tentativa: É cabível.

Classificação doutrinária: Crime comum e comissivo.

Ação penal: Ação penal pública incondicionada.

Pena: Reclusão, de 2 (dois) a 6 (seis) anos, e multa.

Suspensão condicional do processo: Não é cabível, visto que a pena mínima é superior a 1 (um) ano, portanto não aplicável o art. 89 da Lei n. 9.099/95.

Acordo de Não Persecução Penal: Cabível, em tese, pois a pena mínima é inferior a 4 (quatro) anos.

Art. 21. Atribuir-se, ou atribuir a terceiro, falsa identidade, para realização de operação de câmbio:

Pena - Detenção, de 1 (um) a 4 (quatro) anos, e multa.

Parágrafo único. Incorre na mesma pena quem, para o mesmo fim, sonega informação que devia prestar ou presta informação falsa.

Verbos nucleares do tipo: *Atribuir* (conceder alguma prerrogativa a alguém, dar, conferir). *Sonegar* (omitir, negar).

Objetividade jurídica: Higidez do Sistema Financeiro Nacional. A credibilidade das operações de câmbio.

Objeto material: Operação de câmbio.

Elemento subjetivo: Dolo, exigindo o fim específico de realizar operação de câmbio.

Elemento normativo: Não há.

Sujeito ativo: Qualquer pessoa.

Sujeito passivo: Estado.

Consumação: O crime do art. 21 da Lei 7.492/86 pressupõe fraude.[15] A utilização de "laranjas" para comprar moeda estrangeira configura o crime do art. 21 da Lei 7.492/86: [16]

Tentativa: Admite-se na modalidade comissiva.

Classificação doutrinária: Crime comissivo no *caput*. Crime omissivo na conduta de sonegar informações.

Ação penal: Ação penal pública incondicionada.

Pena: Detenção, de 1 (um) a 4 (quatro) anos, e multa.

Suspensão condicional do processo: Cabível, visto que a pena mínima é igual ou inferior a 1 (um) ano, portanto aplicável o art. 89 da Lei n. 9.099/95.

Acordo de Não Persecução Penal: Cabível, em tese, pois a pena mínima é inferior a 4 (quatro) anos.

Art. 22. Efetuar operação de câmbio não autorizada, com o fim de promover evasão de divisas do País:

Pena - Reclusão, de 2 (dois) a 6 (seis) anos, e multa.

Parágrafo único. Incorre na mesma pena quem, a qualquer título, promove, sem autorização legal, a saída de moeda ou divisa para o exterior, ou nele mantiver depósitos não declarados à repartição federal competente.

Verbos nucleares do tipo: *Efetuar* (realizar). *Promover* (dar impulso, pôr em execução, efetuar) e *Manter* (ter, conservar).

Objetividade jurídica: Higidez e regularidade do Sistema Financeiro Nacional.

Objeto material: Credibilidade do Sistema Financeiro Nacional.

Elemento subjetivo: Dolo, com o dolo específico de promover evasão de divisas.

Elemento normativo: Não há.

Sujeito ativo: Qualquer pessoa.

Sujeito passivo: Estado.

Consumação: A consumação se dá com a operação de câmbio, com o fim de promover a evasão de divisas do país. Nos casos de evasão de divisas

15. BRASIL. Superior Tribunal de Justiça. REsp 1595546/PR, Rel. Ministro NEFI CORDEIRO, SEXTA TURMA, julgado em 02/05/2017, DJe 11/05/2017. Disponível em: <www.stj.jus.br>. Acesso em 15/09/2020.

16. BRASIL. Superior Tribunal de Justiça.. REsp 1595546/PR, Rel. Ministro NEFI CORDEIRO, SEXTA TURMA, julgado em 02/05/2017, DJe 11/05/2017. Disponível em: <www.stj.jus.br>. Acesso em 15/09/2020.

praticada mediante operação do tipo "dólar-cabo", não é possível utilizar o valor de R$ 10 mil como parâmetro para fins de aplicação do princípio da insignificância.[17] A aplicação financeira realizada por meio da aquisição de cotas de fundo de investimento no exterior sem que isso seja declarado ao BACEN configura o crime do art. 22, parágrafo único, parte final, da Lei nº 7.492/86. [18]

Tentativa: É possível.

Classificação doutrinária: Crime formal, não exigindo resultado naturalístico para sua consumação.

Ação penal: Ação penal pública incondicionada.

Pena: Reclusão, de 2 (dois) a 6 (seis) anos, e multa.

Suspensão condicional do processo: Não é cabível, visto que a pena mínima é superior a 1 (um) ano, portanto não aplicável o art. 89 da Lei n. 9.099/95.

Acordo de Não Persecução Penal: Cabível, em tese, pois a pena mínima é inferior a 4 (quatro) anos.

Art. 23. Omitir, retardar ou praticar, o funcionário público, contra disposição expressa de lei, ato de ofício necessário ao regular funcionamento do sistema financeiro nacional, bem como a preservação dos interesses e valores da ordem econômico-financeira:

Pena - Reclusão, de 1 (um) a 4 (quatro) anos, e multa.

Verbos nucleares do tipo: *Omitir* (deixar de agir), *Retardar* (adiar) ou *Praticar* (realizar).

Objetividade jurídica: Higidez do Sistema Financeiro Nacional. Credibilidade do Sistema Financeiro Nacional.

Objeto material: Ato de ofício.

Elemento subjetivo: Dolo.

Elemento normativo: Não há.

Sujeito ativo: Funcionário Público no exercício de suas funções.

Sujeito passivo: Estado e terceiro prejudicado.

Consumação: Consuma-se com a prática dos verbos omitir, retardar ou praticar.

Tentativa: Na modalidade omissiva, não cabe tentativa.

Classificação doutrinária: Crime comissivo na modalidade "praticar". Crime omissivo na modalidade "omitir" ou "retardar".

Ação penal: Ação penal pública incondicionada.

Pena: Reclusão, de 1 (um) a 4 (quatro) anos, e multa.

Suspensão condicional do processo: Cabível, visto que a pena mínima é igual ou inferior a 1 (um) ano, portanto aplicável o art. 89 da Lei n. 9.099/95.

Acordo de Não Persecução Penal: Cabível, em tese, pois a pena mínima é inferior a 4 (quatro) anos.

REFERÊNCIAS

BRASIL. Superior Tribunal de Justiça. REsp 1613260/SP, Rel. Ministra MARIA THEREZA DE ASSIS MOURA, SEXTA TURMA, julgado em 09/08/2016, DJe 24/08/2016. Disponível em: <www.stj.jus.br>. Acesso em 15/09/2020.

BRASIL. Superior Tribunal de Justiça. STJ, HC 101381 / RJ. Disponível em: <www.stj.jus.br>. Acesso em 15/09/2020.

BRASIL. Superior Tribunal de Justiça. STJ, HC 618 70/RJ, Dipp, 5ª T. Disponível em: <www.stj.jus.br>. Acesso em 15/09/2020.

BRASIL. Tribunal Regional Federal da 4ª Região. TRF4, AC, 200071000 19318-9/RS, Néfi Cordeiro, 7ª T. Disponível em: <www.trf4.jus.br>. Acesso em 15/09/2020.

BRASIL. Superior Tribunal de Justiça. STJ - CC 25519 / SP. Disponível em: <www.stj.jus.br>. Acesso em: 15/09/2020.

BRASIL. Superior Tribunal de Justiça. CC 98062/SP, Rel. Min. Jorge Mussi, Terceira Seção, julgado em 25/08/2010. Disponível em: <www.stj.jus.br>. Acesso em: 15/09/2020.

BRASIL. Superior Tribunal de Justiça. CC 115.338/PR, Rel. Min. Marco Aurélio Bellizze, Terceira Seção, julgado em 26/06/2013. Disponível em: <www.stj.jus.br>. Acesso em: 15/09/2020.

17. BRASIL. Superior Tribunal de Justiça. STJ. 6ª Turma. REsp 1535956-RS, Rel. Min. Maria Thereza de Assis Moura, julgado em 1º/3/2016 (Info 578). Disponível em: <www.stj.jus.br>. Acesso em 15/09/2020.
18. CAVALCANTE, Márcio André Lopes. Buscador Dizer o Direito, Manaus. Disponível em: <https://www.buscadordizerodireito.com.br/jurisprudencia/detalhes/23b023b22d0bf47626029d5961328028>. Acesso em: 15/09/2020.

BRASIL. Superior Tribunal de Justiça. CC 99305/PR, Min. Maria Thereza De Assis Moura, Terceira Seção, julgado em 11/02/2009. Disponível em: <www.stj.jus.br>. Acesso em: 15/09/2020.

BRASIL. Superior Tribunal de Justiça. 3ª Seção. CC 1600 77-PA, Rel. Min. Joel Ilan Paciornik, julgado em 10/10/2018 (Info 637). Disponível em: <www.stj.jus.br>. Acesso em: 15 set. 2020.

BRASIL. Supremo Tribunal Federal. HC 94955/SP, rel. Min. Ellen Gracie, 21.10.2008. Disponível em: <portal.stf.jus.br>. Acesso em: 15/09/2020.

BRASIL. Superior Tribunal de Justiça. REsp 1595546/PR, Rel. Ministro NEFI CORDEIRO, SEXTA TURMA, julgado em 02/05/2017, DJe 11/05/2017. Disponível em: <www.stj.jus.br>. Acesso em 15/09/2020.

BRASIL. Superior Tribunal de Justiça. REsp 1595546/PR, Rel. Ministro NEFI CORDEIRO, SEXTA TURMA, julgado em 02/05/2017, DJe 11/05/2017. Disponível em: <www.stj.jus.br>. Acesso em 15/09/2020.

BRASIL. Superior Tribunal de Justiça. STJ. 6ª Turma. REsp 1535956-RS, Rel. Min. Maria Thereza de Assis Moura, julgado em 1º/3/2016 (Info 578). Disponível em: <www.stj.jus.br>. Acesso em 15/09/2020.

CAVALCANTE, Márcio André Lopes. **Enunciado 8 da I Jornada de Direito Penal e Processo Penal CJF/STJ**. Buscador Dizer o Direito, Manaus. Disponível em: <https://www.buscadordizerodireito.com.br/jurisprudencia/detalhes/23b023b22d0bf47626029d5961328028>. Acesso em: 15/09/2020.

CAVALCANTE, Márcio André Lopes. **Sujeito ativo do delito previsto no art. 6º da Lei 7.492/86**. Buscador Dizer o Direito, Manaus. Disponível em: <https://www.buscadordizerodireito.com.br/jurisprudencia/detalhes/ab541d874c7bc19ab77642849e02b89f>. Acesso em: 14/09/2020.

CAVALCANTE, Márcio André Lopes. Buscador Dizer o Direito, Manaus. Disponível em: <https://www.buscadordizerodireito.com.br/jurisprudencia/detalhes/23b023b22d0bf47626029d5961328028>. Acesso em: 15/09/2020.

MAIA, Rodolfo Tigre. Dos Crimes contra o Sistema Financeiro Nacional. Anotações à Lei Federal n. 7.492/86. São Paulo: Malheiros, 1996, p. 444.

55

SEGURANÇA NACIONAL

Lei 7.170/1983

MARCELO DE LIMA LESSA[1]
RAFAEL FRANCISCO MARCONDES DE MORAES[2]

O PRESIDENTE DA REPÚBLICA, faço saber que o CONGRESSO NACIONAL decreta e eu sanciono a seguinte Lei:

Divisão: A Lei de Segurança Nacional possui trinta e cinco artigos, divididos em três títulos específicos, a saber, "Disposições Gerais", "Dos crimes e das penas" e "Da competência, do processo e das normas especiais de procedimentos".

Constitucionalidade: salvo dispositivos manifestamente contrários à nova ordem constitucional, que serão apontados, a Lei de Segurança Nacional continua vigente, apesar de divergências envolvendo a aplicação do diploma[3]. Partindo da premissa que aludida lei não pode ser considerada exclusivamente como um produto circunscrito à ordem política na qual foi editada, assim como centenas de outras normas – inclusive penais e processuais penais – que da mesma maneira ainda estão vigentes, busca-se uma leitura da Lei nº 7.170/1983 com o desiderato de tutelar, de um modo geral, o Estado Democrático de Direito. A segurança interna de uma nação, por mais liberal que seja o regime político por ela adotado, jamais pode ser deixada em segundo plano, pois é dever do Estado manter a ordem e assegurar que o país tenha preservada a soberania e os princípios de integridade, de representatividade e de democracia. Diante disso, em não havendo crassa incompatibilidade com a atual Carta Magna (o que deve ser avaliado de maneira pontual), a Lei nº 7.170/1983 permanece aplicável em desfavor dos que, tencionando violar os princípios elencados no seu artigo 1º, a burlarem.

Bens jurídicos tutelados: a segurança nacional e a ordem política e social, as quais, hodiernamente, confundem-se com a irrestrita proteção e a manutenção do Estado Democrático de Direito, no qual,

1. Delegado de Polícia do Estado de São Paulo. Professor concursado da Academia de Polícia "Dr. Coriolano Nogueira Cobra" (ACADEPOL). Graduado em Gerenciamento de Crises e Negociação de Reféns pelo *Federal Bureau of Investigation* (FBI) e em Controle e Resolução de Conflitos e Situações de Crise com Reféns pelo Ministério da Justiça. Atuou no Grupo de Operações Especiais (GOE), no Grupo Especial de Reação (GER) e no Grupo Armado de Repressão a Roubos (GARRA) da Polícia Civil do Estado de São Paulo. Autor de livros e artigos. Redes sociais: www.facebook.com/marcelo.l.985 (facebook); @mlimalessa (instagram); @marcelolessa72 (twitter).
2. Delegado de Polícia do Estado de São Paulo. Professor concursado da Academia de Polícia "Dr. Coriolano Nogueira Cobra" de São Paulo (ACADEPOL). Mestre e Doutorando em Direito Processual Penal pela Faculdade de Direito da Universidade de São Paulo (USP). Graduado pela Faculdade de Direito de Sorocaba (FADI). Autor de livros e artigos. Redes sociais: www.facebook.com/rafael.moraes.3745 (facebook); @rafaelfmmoraes (instagram); @rafaelfmarc (twitter).
3. De um modo geral, as críticas lançadas à Lei nº 7.170/1983 consistem no argumento de utilização politico-ideológica do diploma, ensejando inquéritos e prisões de cidadãos por manifestações contra governantes, o que violaria preceitos fundamentais relativos à liberdade de expressão, à igualdade e ao Estado democrático de Direito, aspectos discutidos em sede de Arguição de Descumprimento de Preceito Fundamental (ADPF nº 821). No mesmo contexto, houve também enquadramento em figuras penais da Lei de Segurança Nacional em inusitado "mandado de prisão em flagrante" de deputado federal, ordenada por ministro do Supremo Tribunal Federal (STF) e ocorrida no âmbito do Inquérito nº 4.781, igualmente alvo de controvérsias.

nos termos do artigo 1º da Constituição Federal, constitui-se, atualmente, a República Federativa do Brasil. A segurança nacional, cuja conotação é ampla e visa a proteger a federação contra ataques externos, alude à integridade; à soberania; ao regime democrático e à individualidade dos chefes dos três Poderes da União (rol taxativo de sujeição passiva), bens jurídicos igualmente invocados no artigo 1º, incisos I, II e III da norma em comento. Já a ordem política e social refere-se à solidez da base política estatal, isto é, à segurança interna do país contra a ação daqueles que, ilegal ou violentamente, busquem alterar a estrutura político-social ou ferir os objetivos nacionais (soberania, integridade, democracia e paz). Há que se ter, portanto, particular fim de agir (dolo político-subversivo) para a prática das infrações previstas na Lei, a qual, em suma, protege o Estado enquanto ente abstrato. Ela, ao contrário do que se pode querer fazer ver, é essencial para a manutenção do regime democrático, o qual deve ser albergado por regras coativas idôneas a manter o controle social da nação e dos que, em paz, nela tencionam viver.

Crime político: no que concerne à definição da expressão crime político (sinônimo do que hoje costuma ser entendido por crime contra a segurança nacional), o STF já entendeu que: "Como a Constituição não define crime político, cabe ao intérprete fazê-lo diante do caso concreto e da lei vigente. Só há crime político quanto presentes os pressupostos do art. 2º da Lei de Segurança Nacional (Lei 7.170/82), ao qual se integram os do art. 1º: a materialidade da conduta deve lesar real ou potencialmente ou expor a perigo de lesão a soberania nacional, de forma que, ainda que a conduta esteja tipificada no art. 12 da LSN, é preciso que se lhe agregue a motivação política. Precedentes" (STF – Plenário – RO Criminal 1.468-5 – Rel. Maurício Corrêa – j. 23.03.2000 – DJU 16.08.2002, p. 88)[4].

TÍTULO I

Disposições Gerais

Art. 1º - Esta Lei prevê os crimes que lesam ou expõem a perigo de lesão:

I - a integridade territorial e a soberania nacional;

Integridade territorial: a integridade territorial visa à manutenção de um espaço próprio e soberano onde os poderes legalmente constituídos possam ser exercidos de maneira plena e sem a possibilidade de fragmentações territoriais para a concepção de novas nações, manobra esta não prevista no contexto legal pátrio. A Constituição Federal, inclusive, autoriza a União a intervir nos Estados para manter a integridade nacional, nos termos do artigo 34, I.

Soberania nacional: a soberania nacional (ou do povo) é a capacidade do Estado envergar irrestrito poder territorial sobre núcleos sociais e de pessoas, por meio da edição de normas jurídicas. Desse modo, no Brasil não existe qualquer poder interno que se sobreponha ao Estado e, em âmbito externo, vigoram princípios de equivalência (respeito à igualdade) estatal e de não intervenção em assuntos de caráter interno.

II - o regime representativo e democrático, a Federação e o Estado de Direito;

Regime representativo e democrático: o regime representativo e democrático é aquele, na Constituição brasileira, é representado pelo pluralismo político (artigo 1º, V); pela separação de poderes (artigo 2º) e pelo direito ao voto (artigo 14);

Federação: a Federação é um Estado soberano formado por diversas entidades territoriais autônomas que possuam governo próprio.

Estado de Direito: o Estado de Direito, hoje, possui laços inquebrantáveis com a democracia, posto ser aquele, unicamente, constituído pela vontade legítima do povo, do qual deriva a vontade política. Assim, a expressão deve ser interpretada à luz do Estado "Democrático" de Direito, vale dizer, com obrigatório espeque popular.

III - a pessoa dos chefes dos Poderes da União.

Chefes: o item alude ao Presidente da República (Executivo), do Senado Federal e da Câmara dos Deputados (Legislativo bipartido) e do Supremo Tribunal Federal (Judiciário). O rol não admite interpretação extensiva, haja vista ser dispositivo incriminador e textualmente taxativo.

4. "Decisões: Penal. Crime político. Falta de motivação política". Disponível em: <https://arquivo.ibccrim.org.br/artigo/207-Decisoes-Penal-Crime-politico-Falta-de-motivacao-politica>. Acesso em 5 ago. 2020.

Art. 2º - Quando o fato estiver também previsto como crime no Código Penal, no Código Penal Militar ou em leis especiais, levar-se-ão em conta, para a aplicação desta Lei:

Regra da especialidade: legitimação do princípio da especialidade, como sendo aquele em que, no caso de conflito aparente, a norma especial afasta a de aplicabilidade geral.

I - a motivação e os objetivos do agente;

Motivação: a motivação deve ser de cunho político, isto é, deve mirar não apenas o bem jurídico afetado, mas também, a vontade do autor.

Elemento subjetivo: o elemento subjetivo é aqui consubstanciado no dolo específico (político-subversivo), isto é, na finalidade de lesar ou por em risco os itens do artigo 1º da norma em epígrafe, não se admitindo a figura culposa.

II - a lesão real ou potencial aos bens jurídicos mencionados no artigo anterior.

Motivação: não é suficiente a simples adequação típica à norma, devendo existir clara motivação política e lesão efetiva ou potencial aos bens protegidos pelo artigo 1º da Lei de Segurança Nacional. É o exemplo do porte de arma de uso privativo das Forças Armadas sem a comprovação de que o autor tinha o escopo de praticar crimes políticos nos termos do artigo 1º, conforme já decidiu o STJ[5]. Nesse caso, o delito é comum.

Art. 3º - Pune-se a tentativa com a pena correspondente ao crime consumado, reduzida de um a dois terços, quando não houver expressa previsão e cominação específica para a figura tentada.

Parágrafo único - O agente que, voluntariamente, desiste de prosseguir na execução, ou impede que o resultado se produza, só responde pelos atos já praticados.

Crime de empreendimento ou de empresa: a pena em geral é mesma do Código Penal, ressalvada a hipótese de cominação própria para a tentativa, como no caso do artigo 9º da lei ora em comento, a qual pune a tentativa de submeter o território nacional, ou parte dele, ao domínio ou à soberania de outro país. Nessa hipótese a tentativa ganha contornos de delito já consumado, sendo exemplo típico do chamado crime de empreendimento ou de empresa (exceção à regra do parágrafo único do artigo 14 do Código Penal), em que o tipo penal equipara a tentativa do resultado com a produção deste.

Desistência voluntária e arrependimento eficaz: dispositivo similar ao disposto no artigo 15 do Código Penal, restando a responsabilidade apenas para os atos já perpetrados.

Art. 4º - São circunstâncias que sempre agravam a pena, quando não elementares do crime:

I - ser o agente reincidente;

II - ter o agente:

a) praticado o crime com o auxílio, de qualquer espécie, de governo, organização internacional ou grupos estrangeiros;

b) promovido, organizado ou dirigido a atividade dos demais, no caso do concurso de agentes.

Reincidência: a reincidência está definida no artigo 64 do Código Penal, inexistindo restrição de aplicabilidade do disposto no inciso I do referido dispositivo. No caso do agente, já condenado por crime político, incidir em outro da mesma linha, haverá reincidência para os fins da Lei de Segurança Nacional.

Natureza do auxílio: o auxílio deve ser de natureza material, ofertando meios idôneos à empreitada, tais quais equipamentos, armas de fogo ou dinheiro. A mera conjugação informal de ideias (atenção para os atos preparatórios de sabotagem, adiante estudados), por não representar ação física no mundo jurídico, não pode ser apenada.

Governos e organizações: governos são entes Executivos que detêm soberania sobre determinado território. As organizações internacionais são aquelas que possuam reconhecimento nas leis estrangeiras como tais, a exemplo da Organização das Nações Unidas (ONU). Já a expressão "grupos estrangeiros" é vaga e deve ser interpretada de modo a abarcar qualquer organização alienígena (com o mínimo de estrutura) que conglomere pessoas com objetivos comuns.

5. Superior Tribunal de Justiça STJ: CC 21835 RJ 1998/0015766-2. Disponível em: <https://stj.jusbrasil.com.br/jurisprudencia/19711613/conflito-de-competencia-cc-21835-rj-1998-0015766-2/inteiro-teor-104496477>. Acesso em 4 ago. 2020.

Art. 5º - Em tempo de paz, a execução da pena privativa da liberdade, não superior a dois anos, pode ser suspensa, por dois a seis anos, desde que:

I - o condenado não seja reincidente em crime doloso, salvo o disposto no § 1º do art. 71 do Código Penal Militar;

II - os seus antecedentes e personalidade, os motivos e as circunstâncias do crime, bem como sua conduta posterior, autorizem a presunção de que não tornará a delinqüir.

Parágrafo único - A sentença especificará as condições a que fica subordinada a suspensão.

Revogação: em razão da reforma do Código Penal em 1984 e, portanto, em período posterior à edição da Lei de Segurança Nacional, pode se entender que tal dispositivo foi revogado, devendo ser observado os ditames dos artigos 77 "usque" 82 do Estatuto Repressivo, evitando-se assim práticas diferenciadas. Desse modo, vale a regra da possibilidade de suspensão da execução da pena privativa de liberdade não superior a dois anos por dois a quatro anos, observadas as restrições legais.

Art. 6º - Extingue-se a punibilidade dos crimes previstos nesta Lei:

I - pela morte do agente;

II - pela anistia ou indulto;

III - pela retroatividade da lei que não mais considera o fato como criminoso;

IV - pela prescrição.

Rol: o rol é similar ao do artigo 107 do Código Penal, não abrangendo, entretanto, a graça, o perdão judicial, a prescrição, a decadência, a perempção, a renúncia do direito de queixa e o perdão aceito nos crimes de ação privada. A graça pode equivaler ao indulto individual e, por isso, pode ser concedida[6]. Quanto ao perdão judicial, tem se entendido possível a sua concessão nos termos do artigo 13 da Lei nº 9.807/99[7].

Art. 7º - Na aplicação desta Lei, observar-se-á, no que couber, a Parte Geral do Código Penal Militar e, subsidiariamente, a sua Parte Especial.

Parágrafo único - Os menores de dezoito anos são penalmente inimputáveis, ficando sujeitos às normas estabelecidas na legislação especial.

Nova ordem constitucional: em razão da vigência da Constituição Federal, a competência para processar tais crimes passou a ser da Justiça Federal (artigo 109, IV), tornando o *caput* do artigo 7º inaplicável no atual cenário normativo, devendo ser aplicado o Código Penal e o Código de Processo Penal.

Menor inimputável: no que tange ao menor inimputável, este possui legislação própria, estando ele hoje sujeito aos ditames da Lei nº 8.069, de 13 de julho de 1990 (Estatuto da Criança e do Adolescente). Ao menos em tese, nos termos do artigo 103 do ECA, o adolescente, caso pratique condutas que se subsumam aos tipos previstos na Lei nº 7.170/1983, poderá ser processado por ato infracional análogo ao respectivo delito, submetendo-se ao regime de responsabilização especial da Lei nº 8.069/1990.

TÍTULO II

Dos Crimes e das Penas

Art. 8º - Entrar em entendimento ou negociação com governo ou grupo estrangeiro, ou seus agentes, para provocar guerra ou atos de hostilidade contra o Brasil.

Pena: reclusão, de 3 a 15 anos.

Parágrafo único - Ocorrendo a guerra ou sendo desencadeados os atos de hostilidade, a pena aumenta-se até o dobro.

Elementos nucleares do tipo: entrar em entendimento (combinação ou consenso) ou negociação (tratativa).

Objeto jurídico: a segurança nacional e o Estado Democrático de Direito, ou seja, a integridade e a soberania do país.

Objeto material: informações (dados confirmados) e dados (elementos à disposição para análise) que possam provocar guerra ou atos de hostilidade contra o Brasil.

Elemento subjetivo: é o dolo, ou seja, a vontade livre consciente de manter conluio espúrio para os fins objetivados na norma. Não se admite a modalidade culposa. Em razão do elemento subjetivo do tipo, é classificado como tipo penal incongruente assimétrico (exige-se o dolo e uma intenção especial, isto é, "provocar guerra ou atos de hostilidade").

6. SILVARES, Ricardo, "Segurança Nacional – Lei 7.170/1983", in "Leis Especiais Comentadas", CUNHA, Rogério, Sanches – Salvador: 2 ed. Revista, ampl. e atualiz. Editora Juspodivm, 2019, p. 452.
7. SILVARES, Ricardo, Op. cit., p. 452.

Sujeito ativo: qualquer pessoa.

Sujeito passivo: o Estado e a Coletividade.

Crime instantâneo: na modalidade entrar em entendimento ou negociação entre o sujeito ativo e o governo ou grupo estrangeiro ou seus agentes.

Tentativa: admite-se, pois o crime é praticado com a diversidade de atos.

Classificação doutrinária: crime comum (pode ser praticado por qualquer pessoa, nacional ou estrangeiro, desde que o crime seja praticado no Brasil); de mera conduta (não há previsão de resultado naturalístico à sua consumação); de perigo abstrato (o perigo gerado pela conduta é presumido pela lei); crime vago (tem como sujeito passivo a segurança nacional e não pessoa específica); doloso (o agente quer o resultado ou assume o risco de produzi-lo); de forma livre (pode ser praticado por qualquer meio de execução); comissivo (os verbos indicam ações); instantâneo na conduta "entrar entendimento ou negociar"; unissubjetivo ou de concurso eventual (pode ser praticado por um só agente) e plurissubsistente (admite fracionamento dos atos de execução).

Aumento de Pena: ocorrendo a guerra ou sendo desencadeados os atos de hostilidade, a pena aumenta-se até o dobro.

Art. 9º - Tentar submeter o território nacional, ou parte dele, ao domínio ou à soberania de outro país.

Pena: reclusão, de 4 a 20 anos.

Parágrafo único - Se do fato resulta lesão corporal grave, a pena aumenta-se até um terço; se resulta morte aumenta-se até a metade.

Elementos nucleares do tipo: tentativa de submissão (subordinação irrestrita).

Objeto jurídico: a segurança nacional e o Estado Democrático de Direito.

Objeto material: a soberania do país.

Elemento subjetivo: é o dolo, a vontade livre consciente de tentar entregar o país ou parte dele ao domínio de outro, fulminando a soberania nacional. Não se admite modalidade culposa.

Sujeito ativo: qualquer pessoa, não se exigindo qualidade individual específica.

Sujeito passivo: o Estado e a Coletividade.

Tentativa: temos aqui o chamado delito de empreendimento ou atentado, que pune o crime consumado com a própria tentativa.

Classificação doutrinária: crime comum (pode ser praticado por qualquer pessoa); formal (consuma-se com a realização da tentativa de atos tendentes a submeter o país a autoridade de outro); de perigo abstrato (o perigo gerado pela conduta é presumido); crime vago (tem como sujeito passivo a segurança nacional e não sujeito específico); doloso (o agente quer o resultado ou assume o risco de produzi-lo); de forma livre (pode ser praticado por qualquer meio de execução); comissivo (os verbos indicam ações); unissubjetivo ou de concurso eventual (pode ser praticado por um só agente) e unissubsistente (conjunto de um só ato, "tentativa de submissão").

Aumento de Pena: se do fato resulta lesão corporal grave, a pena aumenta-se até um terço; se resulta morte aumenta-se até a metade. É crime preterdoloso, qual seja, aquele em que a conduta dolosa, menos grave, é seguida de um resultado mais grave do que o inicialmente pretendido, na modalidade culposa.

Art. 10 - Aliciar indivíduos de outro país para invasão do território nacional.

Pena: reclusão, de 3 a 10 anos.

Parágrafo único - Ocorrendo a invasão, a pena aumenta-se até o dobro.

Elementos nucleares do tipo: aliciamento (sedução) de pessoas estrangeiras.

Objeto jurídico: a segurança nacional e o Estado Democrático de Direito.

Objeto material: a soberania do país.

Elemento subjetivo: é o dolo, a vontade livre consciente de aliciar pessoas de outro país para invadir o território brasileiro. Não se admite modalidade culposa.

Sujeito ativo: qualquer pessoa, não se exigindo qualidade individual específica. O aliciamento, entretanto, deve ser de pessoa estrangeira. Em se tratado de nacional, o crime pode ser outro.

Sujeito passivo: o Estado e a Coletividade.

Crime instantâneo: ocorre na modalidade "aliciar", não se exigindo outro resultado.

Tentativa: hipótese do delito de empreendimento ou atentado, em que o crime é punido com a mera tentativa.

Classificação doutrinária: crime comum (pode ser praticado por qualquer pessoa, nacional ou estrangeiro, desde que o crime seja praticado no Brasil); formal; de perigo abstrato (o perigo é presumido); crime vago (o sujeito passivo é a segurança nacional, não se exigindo pessoa específica); doloso (se quer o resultado ou se assume o risco de produzi-lo); de forma livre (pode ser praticado por qualquer meio de execução); comissivo (o verbo pressupões uma ação ativa); unissubjetivo ou de concurso eventual (pode ser praticado por um só agente) e unissubsistente (encerra um só ato, isto é, o aliciamento).

Aumento de Pena: se ocorre efetivamente a invasão, a pena é dobrada.

Art. 11 - Tentar desmembrar parte do território nacional para constituir país independente.

Pena: reclusão, de 4 a 12 anos.

Elementos nucleares do tipo: tentativa de ação de desmembramento, isto é, divisão em novas nações.

Objeto jurídico: a segurança nacional e o Estado Democrático de Direito.

Objeto material: a soberania.

Elemento subjetivo: o dolo, a vontade livre consciente de tentar desmembrar parte do país para a criação de outro. Não se admite modalidade culposa.

Sujeito ativo: qualquer pessoa, não se exigindo condição específica.

Sujeito passivo: o Estado e a Coletividade.

Crime instantâneo: ocorre com a simples tentativa.

Tentativa: hipótese de crime de empreendimento ou atentado, em que a punição para o crime consumado decorre da própria tentativa.

Classificação doutrinária: crime comum (pode ser praticado por qualquer pessoa); formal (consuma-se com a realização da tentativa de desmembrar parte do país para constituir outro); de perigo abstrato (o perigo é presumido); crime vago (o sujeito passivo é a segurança nacional); doloso (o agente quer o resultado ou assume o risco de produzi-lo); de forma livre (pode ser praticado por qualquer meio idôneo de execução); comissivo (os verbos indica uma ação, isto é, "desmembrar"); unissubjetivo ou de concurso eventual (pode ser praticado por um só agente) e unissubsistente (conjunto de um só ato, "tentativa de desmembramento").

Idoneidade do meio: meras pesquisas não oficiais efetuadas por grupos de ideologia separatista não teriam, a nosso ver, o condão de gerar a idoneidade material apta a, de fato, dar azo à conduta prevista no tipo, podendo, quanto muito, esbarrar em outros tipos penais, como os que punem a propaganda aos crimes previstos na Lei de Segurança Nacional. O STJ, entretanto, já entendeu que movimentos como o do Partido da República Farroupilha podem ser investigados, por se tratar de providência constitucional e que defende o princípio da unidade nacional[8]. De outra banda, se o levante for levado a efeito por um ente federado de maneira oficial (os meios seriam idôneos), o crime em epígrafe em tese ocorre, podendo gerar, inclusive, intervenção da União no Estado, nos termos do artigo 34, I da Constituição Federal[9].

Art. 12 - Importar ou introduzir, no território nacional, por qualquer forma, sem autorização da autoridade federal competente, armamento ou material militar privativo das Forças Armadas.

Pena: reclusão, de 3 a 10 anos.

Parágrafo único - Na mesma pena incorre quem, sem autorização legal, fabrica, vende, transporta, recebe, oculta, mantém em depósito ou distribui o armamento ou material militar de que trata este artigo.

Elementos nucleares do tipo: importação (fazer comercialmente entrar no território nacional) ou introdução (colocar de maneira alternativa) desprovida de autorização da autoridade federal competente, bem como, nos mesmos termos, fabricação (produção), venda (alienação), transporte (transferência de local), recebimento (obtenção), ocultação (esconder), manutenção em depósito (guarda) e distribuição (entrega).

Objeto jurídico: a segurança nacional e o Estado Democrático de Direito.

Objeto material: "armas ou materiais privativos das Forças Armadas", quais sejam, os produtos controlados restritos ou proibidos que tenham interesse

8. Superior Tribunal de Justiça STJ - Habeas Corpus: HC 1893 RS 1993/0010808-5. Disponível em: <https://stj.jusbrasil.com.br/jurisprudencia/572111/habeas-corpus-hc-1893?ref=juris-tabs>. Acesso em 8 ago. 2020.
9. SILVARES, Ricardo. Op. cit., p. 467.

ao se prestem ao emprego tipicamente militar, nos termos dos Decretos nº 9.847 e nº 10.030, ambos de 2019.

Elemento subjetivo: dolo direto, consistente na vontade livre e consciente de executar as ações nucleares do tipo. Não se admite modalidade culposa (vide artigo 14 da Lei de Segurança Nacional).

Sujeito ativo: qualquer pessoa.

Sujeito passivo: o Estado e a Coletividade.

Tentativa: admite-se. Nos casos dos verbos "transportar", "manter em depósito" e "ocultar", o crime em questão enverga modalidade permanente, em contrapartida ao caráter instantâneo das demais ações.

Classificação doutrinária: crime comum (pode ser praticado por qualquer pessoa); formal (consuma-se com a realização de uma das condutas do tipo); crime vago (o sujeito passivo é a segurança nacional); doloso (o agente quer o resultado ou assume o risco de produzi-lo); de forma livre (pode ser praticado por qualquer meio de execução); comissivo (os verbos indica ações positivas); unissubjetivo ou de concurso eventual (pode ser praticado por um só agente) e unissubsistente (ato único).

Confronto com o Estatuto do Desarmamento: conforme o STF, para que exista o crime contra a segurança nacional, é necessária a demonstração de motivação política do agente, com real ou potencial lesão a integridade territorial e a soberania nacional, sem os quais o delito prevalente, de competência da justiça comum, acaba sendo o previsto na Lei nº 10.826, de 22 de dezembro de 2003[10].

Art. 13 - Comunicar, entregar ou permitir a comunicação ou a entrega, a governo ou grupo estrangeiro, ou a organização ou grupo de existência ilegal, de dados, documentos ou cópias de documentos, planos, códigos, cifras ou assuntos que, no interesse do Estado brasileiro, são classificados como sigilosos.

Pena: reclusão, de 3 a 15 anos.

Parágrafo único - Incorre na mesma pena quem:

I - com o objetivo de realizar os atos previstos neste artigo, mantém serviço de espionagem ou dele participa;

II - com o mesmo objetivo, realiza atividade aerofotográfica ou de sensoreamento remoto, em qualquer parte do território nacional;

III - oculta ou presta auxílio a espião, sabendo-o tal, para subtraí-lo à ação da autoridade pública;

IV - obtém ou revela, para fim de espionagem, desenhos, projetos, fotografias, notícias ou informações a respeito de técnicas, de tecnologias, de componentes, de equipamentos, de instalações ou de sistemas de processamento automatizado de dados, em uso ou em desenvolvimento no País, que, reputados essenciais para a sua defesa, segurança ou economia, devem permanecer em segredo.

Elementos nucleares do tipo: comunicação (transmissão), entrega (cessão) ou permissão (autorização).

Objeto jurídico: a segurança nacional, as informações sensíveis ao país e o Estado Democrático de Direito.

Objeto material: dados (materiais ou eletrônicos), documentos (físicos ou telemáticos) ou cópias, planos (estratégias), códigos (métodos de transmissão segura), cifras (caracteres numerários) ou assuntos sigilosos (classificados por grau de acesso e temporalidade, conforme a Lei nº 12.527, de 18 de novembro de 2011).

Elemento subjetivo: dolo, consistente na vontade livre e consciente de executar as ações nucleares do tipo. Não se admite modalidade culposa (vide art. 14 da Lei de Segurança Nacional).

Sujeito ativo: qualquer pessoa.

Sujeito passivo: o Estado e a coletividade.

Tentativa: admite-se. No *caput*, consuma-se com a execução da ação descrita no verbo. No inciso I, não se admite, dada a habitualidade do delito.

Classificação doutrinária: crime comum (pode ser praticado por qualquer pessoa); formal (consuma-se com a realização de uma das condutas do tipo); crime vago (o sujeito passivo é a segurança nacional); doloso (o agente quer o resultado ou assume o risco de produzi-lo); de forma livre (pode ser praticado por qualquer meio de execução); comissivo (os verbos indicam ações positivas nas ações de "comunicar" ou "entregar"); omissivo (na ação de "permitir a comunicação" ou a "entrega"); unissubjetivo ou de concurso eventual (praticado em concurso com mais pessoas) e plurissubsistente no "caput" (atos variados). No inciso I do parágrafo 1º, o

10. Supremo Tribunal Federal STF - RECURSO CRIMINAL: RC 1470 PR. Disponível em: <https://stf.jusbrasil.com.br/jurisprudencia/14748975/recurso-criminal-rc-1470-pr>. Acesso em: 8 de ago. 2020.

delito, que é formal, consuma-se com a manutenção ou participação no serviço de espionagem. No inciso II, o delito consuma-se com a extração de imagem. No inciso III, consuma-se com a prestação do auxílio e, se cometido de forma comissiva, admite-se a tentativa. No inciso IV temos um delito formal, o qual se consuma com a aferição do objeto ou revelação a terceiro, admitindo-se, nos moldes do inciso III, a figura da tentativa.

Manutenção ou participação em serviço de espionagem: manter ou fazer parte de serviço ligado a investigação levada a cabo por pessoa ou pessoas designada(s) para auferir informações sigilosas ou sensíveis de outros Estados (no caso, o Brasil) ou pessoas, a fim de subsidiar a tomada de decisões por parte de quem passe a deter o dado, geralmente em desfavor de algo (o país) ou alguém (pessoas que ocupe funções de relevo).

Realização, no território nacional, de atividade aerofotográfica ou de sensoreamento remoto: atividade aerofotográfica é aferição de foto com emprego de aparelho instalado em aeronave, ao passo que o sensoriamento remoto alude à obtenção de dados através de satélites ou radares.

Ocultação ou auxílio a espião conhecido, a fim de subtraí-lo à ação da autoridade pública: o dispositivo, similar ao do favorecimento pessoal, alude à necessidade de que o agente saiba da condição da pessoa ("espião conhecido"), sob pena de ocorrência, em tese, do disposto no artigo 14 da Lei de Segurança Nacional.

Obtenção ou revelação, para fins de espionagem, de desenhos, projetos, fotografias, notícias ou informações a respeito de técnicas, de tecnologias, de componentes, de equipamentos, de instalações ou de sistemas de processamento automatizado de dados, em uso ou em desenvolvimento no País, que, essenciais à sua defesa, segurança ou economia, devem permanecer em segredo: aqui temos a incriminação da aferição (obtenção) ou da revelação (anúncio), para fins específicos de espionagem (note-se o dolo específico), de dados sobre itens específicos que estejam em uso ou desenvolvimento no Brasil (condição necessária) e que, pela condição especial que ostentam, devam ser de defesa revelação.

Divulgação de conversas telefônicas dos chefes dos três Poderes: sem a ocorrência de tipificação (*caput*) e do especial fim de agir ("divulgação a governo, grupo estrangeiro, organização ou grupo de existência ilegal"), o fato é atípico sob o ponto de vista da Lei de Segurança Nacional.

Art. 14 - Facilitar, culposamente, a prática de qualquer dos crimes previstos nos arts. 12 e 13, e seus parágrafos.

Pena: detenção, de 1 a 5 anos.

Elementos nucleares do tipo: facilitação (tornar fácil ou executável).

Objeto jurídico: a segurança nacional e o Estado Democrático de Direito.

Objeto material: não se trata propriamente de tipo penal, mas de norma que prevê a punição, a título de culpa, das infrações previstas nos artigos 12 e 13 da Lei de Segurança Nacional.

Elemento subjetivo: no caso, a culpa.

Sujeito ativo: qualquer pessoa, mormente as que infringem um dever objetivo de cautela. No que tange aos artigos 12 e 13, há o entendimento de que o sujeito ativo deveria ficar limitado ao servidor público que possa ou deva evitar a introdução de equipamento bélico no país, ou, ainda, o acesso aos objetos materiais do art. 13[11].

Sujeito passivo: o Estado e a Coletividade.

Tentativa: não se admite, em razão da natureza do dispositivo.

Classificação doutrinária: crime comum (vide o verbete "sujeito ativo"); crime vago (o sujeito passivo é a segurança nacional) e exclusivamente culposo (o agente age por imprudência, negligência ou imperícia).

Art. 15 - Praticar sabotagem contra instalações militares, meios de comunicações, meios e vias de transporte, estaleiros, portos, aeroportos, fábricas, usinas, barragem, depósitos e outras instalações congêneres.

Pena: reclusão, de 3 a 10 anos.

§ 1º - Se do fato resulta:

a) lesão corporal grave, a pena aumenta-se até a metade;

b) dano, destruição ou neutralização de meios de defesa ou de segurança; paralisação, total ou parcial, de atividade ou serviços públicos reputados essenciais para a defesa, a segurança ou a economia do País, a pena aumenta-se até o dobro;

11. SILVARES, Ricardo. Op. cit., p. 479.

c) morte, a pena aumenta-se até o triplo.

§ 2º - Punem-se os atos preparatórios de sabotagem com a pena deste artigo reduzida de dois terços, se o fato não constitui crime mais grave.

Elementos nucleares do tipo: sabotagem (ato intencional que busca comprometer negativamente organismo governamental ou danificar equipamento específico).

Objeto jurídico: a segurança nacional e o Estado Democrático de Direito.

Objeto material: instalações militares, meios de comunicações, meios e vias de transporte, estaleiros, portos, aeroportos, fábricas, usinas, barragem, depósitos e outras instalações congêneres.

Elemento subjetivo: dolo, consubstanciado na vontade livre e consciente de executar as ações nucleares do tipo. Se a intenção não for a de verter bem jurídico protegido pela Lei de Segurança Nacional, o delito pode ser outro, previsto no Código Penal (*v.g.*, dano) ou na legislação esparsa (*v.g.*, Lei de Terrorismo ou Código Brasileiro de Telecomunicações). Não se admite modalidade culposa.

Sujeito ativo: qualquer pessoa.

Sujeito passivo: o Estado e, secundariamente, a coletividade.

Tentativa: admite-se. No "caput", se consuma com a execução da ação descrita no verbo. No inciso I, não se admite, dada a habitualidade do delito.

Classificação doutrinária: crime comum (pode ser praticado por qualquer pessoa); formal (consuma-se com a realização de uma das condutas do tipo); crime vago (o sujeito passivo é a segurança nacional); doloso (o agente quer o resultado ou assume o risco de produzi-lo); de forma livre (pode ser praticado por qualquer meio de execução); comissivo (os verbos indicam ações positivas; unissubjetivo ou de concurso eventual (pode ser praticado por um só agente); plurissubsistente no *caput* (atos variados) e preterdoloso[12] no caso do parágrafo 1º.

Atos preparatórios: o parágrafo 2º apresenta exceção à regra do Direito pátrio, pois pune, com pena reduzida (salvo se houver delito mais grave), os atos preparatórios de uma conduta a rigor dotada de aptidão para a produção do resultado que vise a violar o bem jurídico da Lei de Segurança Nacional.

Confronto: vide artigo 202 do Código Penal (invasão de estabelecimento industrial, comercial ou agrícola e sabotagem) e artigo 2º, parágrafo 1º, IV, da Lei nº 13.260, de 16 de março de 2016 (sabotagem, com violência ou grave ameaça, de funcionamento de meio de comunicação ou de transporte, de portos, aeroportos, estações ferroviárias ou rodoviárias, hospitais, casas de saúde, escolas, estádios esportivos, instalações públicas ou locais onde funcionem serviços públicos essenciais, instalações de geração ou transmissão de energia, instalações militares, instalações de exploração, refino e processamento de petróleo e gás e instituições bancárias e sua rede de atendimento). Importante frisar que, na hipótese de sabotagem, em não havendo violência ou grave ameaça[13] (caso da Lei de Terrorismo), prevalece a Lei de Segurança Nacional, cujo tipo se contenta com a destreza ou a habilidade do sabotador.

Furto de fios telefônicos: "o furto deles, ainda que interferindo na normalidade das comunicações, não configura crime contra a segurança nacional, sem que haja o desígnio especial político; caso o objetivo fosse atentar contra a normalidade do serviço, incidiria no art. 265 do CP (TFR, RTFR69/216)"[14].

"Blackblocs" ou grupos similares: sem prejuízo do disposto no artigo 288 do Código Penal (associação criminosa), vislumbra-se possível e em tese a configuração da figura penal diante de partícipes de tais grupos que, a despeito de exercerem protestos políticos com o uso de máscaras (embora a Constituição, em seu artigo 5º, IV, vede o anonimato), atuem de forma violenta e sabotem (danifiquem como forma de comprometer) meios de transporte públicos[15], pondo em risco, assim, a segurança social do Estado, mote que compõe o cerne bipartido da segurança interna (ordem política e, também, social). Conquanto o ato seja por vezes único (depredação de um veículo policial por exemplo), a intenção por trás dele é atingir o sistema democraticamente constituído, daí o compromentimento dos bens ju-

12. Em sentido contrario: Guilherme Nucci, citado por Ricardo Silvares. Op. cit., p. 484.

13. SOUZA, Renne Ó. "Terrorismo – Lei 13.260/2016", in "Leis Especiais Comentadas", CUNHA, Rogério, Sanches – Salvador: 2 ed. Revista, ampl. e atualiz. Editora Juspodivm, 2019, p. 2115.

14. DELMANTO, Celso. CÓDIGO PENAL COMENTADO, 6ª edição, 2002, Editora Renovar, p. 339.

15. Em sentido contrário: Manifestações não são crimes contra a segurança nacional, decide juiz. Disponível em: <https://www.conjur.com.br/2014-jun-30/manifestacoes-nao-sao-crimes-seguranca-nacional>. Acesso em 13 ago. 2020.

rídicos protegidos pela Lei de Segurança Nacional. O exemplo citado, longe de caracterizar simples ato de levante, protesto ou mera desobediência civil, quando eivado da intenção de propagar caos social ou lesionar e expor a perigo de lesão o exercício dos Poderes constituídos (mormente os do Executivo e dos demais órgãos que o representam), fere de maneira mordaz o regime democrático do país, que veda ações populares violentas e não pacíficas. Nessa hipótese, o interesse coletivo, por princípio de ordem geral de quem vive em sociedade, sobrepõe-se ao individual de caráter ilícito.

Regime representativo e democrático: o regime representativo e democrático é aquele, na Constituição Federal, é representado pelo pluralismo político (art. 1º, V); pela separação de poderes (art. 2º) e pelo direito ao voto (art. 14).

Federação: a Federação é um Estado soberano formado por diversas entidades territoriais autônomas que possuam governo próprio.

Estado de Direito: o Estado de Direito, hoje, possui laços inquebrantáveis com a democracia, posto ser aquele, unicamente, constituído pela vontade legítima do povo, do qual deriva a vontade política. Assim, a expressão deve ser interpretada à luz do Estado "Democrático" de Direito, isto é, com obrigatório espeque popular.

> **III - a pessoa dos chefes dos Poderes da União.**

Chefes: o item alude ao Presidente da República (Executivo), do Senado Federal e da Câmara dos Deputados (Legislativo bipartido) e do Supremo Tribunal Federal (Judiciário). O rol não admite interpretação extensiva, haja vista ser ele textualmente taxativo.

> **Art. 16 - Integrar ou manter associação, partido, comitê, entidade de classe ou grupamento que tenha por objetivo a mudança do regime vigente ou do Estado de Direito, por meios violentos ou com o emprego de grave ameaça.**
>
> **Pena: reclusão, de 1 a 5 anos.**

Elementos nucleares do tipo: integrar (fazer parte) ou manter (conservar).

Objeto jurídico: a segurança nacional e o Estado Democrático de Direito.

Objeto material: associação, partido, comitê, entidade de classe ou grupamento (inclusive o paramilitar, se o foco for o de subverter os bens jurídicos da lei; remanescendo, em caso contrário, o delito previsto no artigo 288-A do Código Penal, que define a milícia privada). O ajuntamento a rigor precederia a tentativa efetiva de mudança de regime, ação incriminada pelo artigo 17 da Lei de Segurança Nacional. É bom que se frise que o dispositivo em comento não fere o direito de liberdade a associação, porquanto a Constituição impõe certas restrições quanto ao seu objeto, o qual não pode ser ilícito (CF, artigo 5º, XVII).

Elemento subjetivo: dolo específico, consistente na vontade livre e consciente de, por meios violentos ou com emprego de grave ameaça, mudar o regime vigente ou o Estado de Direito. Se não houver especial fim de agir, o tipo não se consuma, podendo o ajunte, quanto muito, configurar outras infrações penais, dependendo do caso concreto. Note-se que a norma fala em "grave ameaça", isto é, no anúncio de mal injusto e dotado de aceitável idoneidade que o faça ter conotação grave (proporção e razão de intimidação ao homem médio), cuja análise é subjetiva e deve ser vista caso a caso.

Sujeito ativo: qualquer pessoa.

Sujeito passivo: o Estado e a Coletividade.

Tentativa: não se admite, dado o caráter permanente do verbo "integrar" e a habitualidade do verbo "manter".

Classificação doutrinária: crime comum (pode ser praticado por qualquer pessoa); formal (consuma-se com a realização de uma das condutas do tipo); crime vago (o sujeito passivo é a segurança nacional); doloso (o agente quer o resultado ou assume o risco de produzi-lo); de forma livre (pode ser praticado por qualquer meio de execução, desde por meios violentos ou com grave ameaça); comissivo (os verbos indicam ações positivas); plurissubjetivo ou de concurso eventual (praticado em concurso com outras pessoas) e plurissubsistente (vários atos).

Mudança de regime politico: deve ser ultimada pelos meios convencionais (consulta popular), e não por atos violentos, sob pena do delito existir.

Mudança do Estado de Direito: a alteração do Estado de Direito implica num regime desprovido de democracia, prejudicando a ordem constitucional em vigor no país.

Liberdade constitucional de expressão e pensamento: se os atos descritos no tipo forem exercidos sem o emprego de meios violentos ou com grave ameaça (artigos, pensamentos, manifestos pacíficos, divulgação de ideias etc.), não há se falar no crime do artigo 16 da Lei de Segurança Nacional, em razão da existência das liberdades de pensamento e expressão asseguradas no artigo 5º, IV e IX, da Carta Magna.

Confronto: se for organização ilegal de tipo militar, de qualquer forma ou natureza armada ou não, com ou sem fardamento, com finalidade combativa, o crime será o do artigo 24.

Art. 17 - Tentar mudar, com emprego de violência ou grave ameaça, a ordem, o regime vigente ou o Estado de Direito.

Pena: reclusão, de 3 a 15 anos.

Parágrafo único. - Se do fato resulta lesão corporal grave, a pena aumenta-se até a metade; se resulta morte, aumenta-se até o dobro.

Elementos nucleares do tipo: tentativa de mudança (alteração do sistema político ou do Estado de Direito).

Objeto jurídico: a segurança nacional e o Estado Democrático de Direito, os quais devem ser protegidos de qualquer espécie de levante ilícito.

Objeto material: a ordem (segurança da nação), o regime vigente (democracia) ou o Estado de Direito.

Elemento subjetivo: o dolo, caracterizado pela vontade livre e consciente de executar a ação nuclear do tipo, qual seja, uma tentativa de ação violenta ou armada contra o regime estatal. Não se admite modalidade culposa.

Sujeito ativo: qualquer pessoa, com menção de se tratar de delito de concurso necessário (mais de um agente).

Sujeito passivo: o Estado e, secundariamente, a Coletividade.

Tentativa: não se admite. Trata-se de crime de atentado, em que a tentativa já é punida como se delito consumado fosse.

Classificação doutrinária: crime comum (pode ser praticado por qualquer pessoa); formal (consuma-se com a realização da conduta do tipo); crime vago (o sujeito passivo é a segurança nacional); doloso (o agente quer o resultado ou assume o risco de produzi-lo); de forma livre (pode ser praticado por qualquer meio de execução); comissivo (os verbos indica ação positiva); plurissubjetivo (requer-se o concurso de várias pessoas para uma tentativa idônea de "golpe contra o Estado) e unissubsistente (ato único, qual seja, a tentativa de mudança violenta).

Crime imprescritível e inafiançável: em razão do que dispõe o artigo 5º, XLIV da Constituição Federal.

Pedidos públicos de intervenção militar: ainda que sagrada, a liberdade de expressão deve envergar limites. Desse modo, em havendo violência ou grave ameaça num movimento que pregue tal ação (e não mera exposição pacífica de ideias), o delito em tese pode ser cogitado e apurado[16].

Aumento de pena: se do fato resulta lesão corporal grave, a pena aumenta-se até a metade; se resulta morte aumenta-se até o dobro. É crime preterdoloso, em que a conduta dolosa, menos grave, é seguida de um resultado mais grave do que o inicialmente pretendido, a título culposo.

Art. 18 - Tentar impedir, com emprego de violência ou grave ameaça, o livre exercício de qualquer dos Poderes da União ou dos Estados.

Pena: reclusão, de 2 a 6 anos.

Elementos nucleares do tipo: tentativa (ação que visa auferir algo) violenta de impedimento do livre exercício dos três Poderes.

Objeto jurídico: o Estado Democrático de Direito, através dos seus Poderes.

Objeto material: o livre exercício de qualquer dos Poderes da União ou dos Estados.

Elemento subjetivo: o dolo, caracterizado pela vontade livre e consciente de tentar impedir, de forma violenta, o exercício dos Poderes da União, dos Estados e do Distrito Federal. No caso dos Municípios não se aplica, por não haver, em princípio, ataque à segurança nacional. Não se admite modalidade culposa.

Sujeito ativo: qualquer pessoa.

16. "Após pedidos de intervenção militar em atos, MPF apura se houve violação da Lei 7.170/83. Disponível em: <https://www.rondoniadinamica.com/arquivo/noticia25839.shtml?utm_source=dlvr.it&utm_medium=facebook>. Acesso em 11 ago. 2020.

Sujeito passivo: o Estado e, secundariamente, a coletividade.

Tentativa: não se admite. Trata-se de crime de atentado, em que a tentativa já é punida como se delito consumado fosse.

Classificação doutrinária: crime comum (pode ser praticado por qualquer pessoa); formal (consuma-se com a realização da conduta do tipo); crime vago (o sujeito passivo é a segurança nacional); doloso (o agente quer o resultado ou assume o risco de produzi-lo); de forma livre (pode ser praticado por qualquer meio de execução); comissivo (os verbos indica ação positiva); de atentado; unissubjetivo (pode ser executado por uma pessoa) e unissubsistente (ação de impedimento).

Ação de grupo armado: nesse caso o delito será imprescritível e inafiançável, conforme o artigo 5, XLIV da Constituição Federal.

Manifestos não violentos ou desprovidos de grave ameaça: não integram o tipo penal, por ausência dos elementos exigidos no tipo. O mesmo raciocínio aplica-se ao antagonismo político, desde que limitado ao campo das ideias e a atos não amplamente agressivos.

Art. 19 - Apoderar-se ou exercer o controle de aeronave, embarcação ou veículo de transporte coletivo, com emprego de violência ou grave ameaça à tripulação ou a passageiros.

Pena: reclusão, de 2 a 10 anos.

Parágrafo único - Se do fato resulta lesão corporal grave, a pena aumenta-se até o dobro; se resulta morte, aumenta-se até o triplo.

Elementos nucleares do tipo: apoderamento (tomada) ou exercício de controle (monitorar) violento.

Objeto jurídico: a segurança nacional e o Estado Democrático de Direito.

Objeto material: a incolumidade das pessoas (tripulação e passageiros) e do patrimônio (aeronave, embarcação ou veiculo de transporte coletivo).

Elemento subjetivo: o dolo, caracterizado pela vontade livre e consciente de por em perigo os objetos jurídicos protegidos pela Lei de Segurança Nacional. Não se admite modalidade culposa.

Sujeito ativo: qualquer pessoa.

Sujeito passivo: o Estado e, secundariamente, a coletividade.

Tentativa: não se admite. Trata-se de crime de atentado, em que a tentativa já é punida como se delito consumado fosse.

Classificação doutrinária: crime comum (pode ser praticado por qualquer pessoa); formal (consuma-se com a realização da conduta do tipo); pode ser permanente (caso exista privação da liberdade mediante sequestro); crime vago (o sujeito passivo é a segurança nacional); doloso (o agente quer o resultado ou assume o risco de produzi-lo); de forma livre (pode ser praticado por qualquer meio de execução); comissivo (os verbos indica ação positiva); plurissubjetivo (requer o concurso de várias pessoas) e purissubsistente (conduta de vários atos).

Confronto: se não houver objetivo de atentar contra a segurança nacional, o delito, em sendo o caso, poderá ser um dos previstos no Título VIII, Capítulo II do Código Penal (dos crimes contra a segurança dos meios de comunicação e transporte e outros serviços públicos). **Há de se considerar, ainda, a Lei nº 13.260/2016, a qual, em seu artigo 5º, IV, diz ser ato de terrorismo** apoderar-se, com violência, grave ameaça à pessoa ou servindo-se de mecanismos cibernéticos, do controle total ou parcial, ainda que de modo temporário, de meio de comunicação ou de transporte, de portos, aeroportos, estações ferroviárias ou rodoviárias, hospitais, casas de saúde, escolas, estádios esportivos, instalações públicas ou locais onde funcionem serviços públicos essenciais, instalações de geração ou transmissão de energia, instalações militares, instalações de exploração, refino e processamento de petróleo e gás e instituições bancárias e sua rede de atendimento, desde que, conforme o parágrafo 1º, o ato seja motivado por razões xenofobia, discriminação ou preconceito de raça, cor, etnia e religião, com a finalidade de provocar terror social ou generalizado, expondo a perigo pessoa, patrimônio, a paz pública ou a incolumidade pública.

Apoderamento ilícito de aeronaves: cabe à Polícia Federal assumir o comando das operações policiais, até solução final, nos casos de apoderamento ilícito de aeronaves[17]. Vide ainda o Decreto nº 7.168, de 5 de maio de 2010, o qual dispõe sobre o Programa Nacional de Segurança da Aviação Civil Contra Atos de Interferência Ilícita.

17. Instrução Normativa DPC nº 08, de 18-10-1988, art. 5º, I.

Aumento de pena: resultado punido a título de preterdolo, nas hipóteses de ocorrência de lesão corporal ou morte.

Art. 20 - Devastar, saquear, extorquir, roubar, sequestrar, manter em cárcere privado, incendiar, depredar, provocar explosão, praticar atentado pessoal ou atos de terrorismo, por inconformismo político ou para obtenção de fundos destinados à manutenção de organizações políticas clandestinas ou subversivas.

Pena: reclusão, de 3 a 10 anos.

Parágrafo único - Se do fato resulta lesão corporal grave, a pena aumenta-se até o dobro; se resulta morte, aumenta-se até o triplo.

Elementos nucleares do tipo: devastar (destruir), saquear (subtrair), extorquir (constranger com o fim de auferir), roubar (subtrair com violência ou grave ameaça), sequestrar (privação ampla de liberdade), manter em cárcere privado (privação restrita de liberdade), incendiar (inflamar), depredar (arruinar) provocar explosão (arrebentação súbita por libertação ou expansão de matéria), praticar atentado (ataque) pessoal ou atos de terrorismo.

Objeto jurídico: a segurança nacional, o Estado Democrático de Direito e a integridade pessoal.

Objeto material: a incolumidade das pessoas e do patrimônio.

Elemento subjetivo: o dolo, caracterizado pela vontade livre e consciente de praticar as condutas descritas no tipo. Não se admite modalidade culposa.

Sujeito ativo: qualquer pessoa.

Sujeito passivo: o Estado, a coletividade e, secundariamente, a integridade pessoal da vítima, em caso de atentado pessoal ou ação que contra ela repercuta.

Tentativa: admite-se.

Classificação doutrinária: crime comum (pode ser praticado por qualquer pessoa); formal (consuma-se com a realização da conduta do tipo); pode ser permanente (no caso de privação da liberdade mediante sequestro ou cárcere privado); doloso (o agente quer o resultado ou assume o risco de produzi-lo); de forma livre (pode ser praticado por qualquer meio de execução); comissivo (os verbos indica ação positiva); unissubjetivo (pode, em tese, ser praticado de forma isolada) e plurissubsistente (conduta de vários atos).

Confronto: no caso da imprecisa expressão "ou atos de terrorismo", entende-se que a ação não pode ter conotação política, já que o terrorismo, por exegese constitucional, não deve ser tratado como crime meramente político[18]. Segundo o STF, os atos terroristas, em razão do repúdio constitucional a tais ações, não se subsumem à noção de criminalidade política, não podendo ser vistos como crimes de opinião, impedindo proteção, assim, aos seus executores[19]. Quanto à Lei nº 13.260/2016, esta considera terrorismo o ato motivado por razões de xenofobia, discriminação ou preconceito de raça, cor, etnia e religião, quando cometidos com a finalidade de provocar terror social ou generalizado, expondo a perigo pessoa, patrimônio, a paz pública ou a incolumidade pública, nada mencionando com relação a motivação política. Logo, ou as condutas tidas como "terrorismo político" enquadram-se num dos dez verbos do artigo 20 ou devem ser tratadas como crimes comuns, não se considerando a Lei de Segurança Nacional para fins de atos terroristas imprecisos, os quais ela sequer define quais seriam.

Atentado pessoal por inconformismo político: no exemplo do atentado à vida de um então candidato a presidência da República no ano de 2018, vislumbra-se que o evento revelou um delito consumado, qual seja, o do artigo 20 do diploma em comento (em razão de inconformismo político, dolo do tipo), o qual se contenta com a prática de atentado pessoal, ao fim acrescido da causa de aumento em dobro em razão das lesões graves resultantes da ação[20]. O indiciamento e a denúncia foram nesse sentido[21], restando ao final um decreto absolutório impróprio em razão da inimputabilidade do autor.

Liberdade de expressão política: conquanto cláusula pétrea, a liberdade de expressão, ainda que política, não pode ser confundida com liberdade

18. SILVARES, Ricardo. Op. cit., p. 499.
19. Nesse sentido: STF, Extradição 855-2, Chile, rel. Min. Celso de Mello. Disponível em: <http://redir.stf.jus.br/paginadorpub/paginador.jsp?docTP=AC&docID=325004>. Acesso em 10 ago 2020.
20. Cabette, Eduardo Luiz Santos. "Atentado contra Bolsonaro: tipificação, atribuição de Polícia Judiciária e competência para processo e julgamento". Disponível em: <https://eduardocabette.jusbrasil.com.br/artigos/622987540/atentado-contra-bolsonaro-tipificacao-atribuicao-de-policia-judiciaria-e-competencia-para-processo-e-julgamento>. Acesso em 11 ago 2020.
21. "Caso Bolsonaro: qual foi o crime cometido e de quem é a competência para julgá-lo?" Disponível em: <https://www.dizerodireito.com.br/2018/09/caso-bolsonaro-qual-foi-o-crime.html>. Acesso em 10 ago. 2020.

irrestrita de ação, afinal direito algum é absoluto, mormente os que, violentamente, atentem contra a segurança coletiva da nação. Desse modo, há que se ter cautela na linha tênue que separa o foco dos movimentos que, a despeito de invocar e zelar pela democracia, agem de modo a maculá-la e comprometê-la.

Aumento de pena: resultado punido a título de preterdolo, nas hipóteses de ocorrência de lesão corporal ou morte.

Art. 21 - Revelar segredo obtido em razão de cargo, emprego ou função pública, relativamente a planos, ações ou operações militares ou policiais contra rebeldes, insurretos ou revolucionários.

Pena: reclusão, de 2 a 10 anos.

Elementos nucleares do tipo: revelar (anunciar).

Objeto jurídico: a unicidade nacional, a soberania do país e o Estado Democrático de Direito.

Objeto material: a segurança da nação, o regime democrático, os chefes dos Poderes e as informações sensíveis e o Estado de Direito.

Elemento subjetivo: o dolo, caracterizado pela vontade livre e consciente de praticar a conduta descrita no tipo. Não se admite modalidade culposa.

Sujeito ativo: pessoa que tenha cargo, emprego ou função pública.

Sujeito passivo: o Estado e a sociedade.

Ações: revelação de segredo (informação sigilosa) obtido em razão de cargo, emprego ou função pública (condição profissional), relativamente a planos, ações ou operações militares ou policiais (contingenciais ou em curso) contra rebeldes (insubmissos), insurretos (revoltosos) ou revolucionários (agitadores), isto é, contra pessoas que tencionem, pela violência ou ameaça, atentar contra o objeto jurídico protegido pela Lei de Segurança Nacional.

Tentativa: admite-se, no caso da modalidade plurissubsistente, em que a ação de revelar um plano, por exemplo, ingressa no mundo físico (dados deixados numa caixa postal) mas não chega ao conhecimento do destinatário em razão de apreensão pela Polícia.

Classificação doutrinária: crime próprio (pode ser praticado por pessoa que detenha cargo, emprego ou função pública); formal (consuma-se com a realização da conduta do tipo); pode ser permanente (no caso de privação da liberdade mediante sequestro ou cárcere privado); doloso (o agente quer o resultado ou assume o risco de produzi-lo); de forma livre (pode ser praticado por qualquer meio de execução); comissivo (os verbos indica ação positiva); unissubjetivo (pode, em tese, ser praticado por um sujeito) e unissubsistente (em tese, quando praticado de forma isolada, como na revelação sumária de um segredo), sem prejuízo da modalidade plurissubisistente, mencionada no verbete "tentativa".

Art. 22 - Fazer, em público, propaganda:

I - de processos violentos ou ilegais para alteração da ordem política ou social;

II - de discriminação racial, de luta pela violência entre as classes sociais, de perseguição religiosa;

III - de guerra;

IV - de qualquer dos crimes previstos nesta Lei.

Pena: detenção, de 1 a 4 anos.

§ 1º - A pena é aumentada de um terço quando a propaganda for feita em local de trabalho ou por meio de rádio ou televisão.

§ 2º - Sujeita-se à mesma pena quem distribui ou redistribui:

a) fundos destinados a realizar a propaganda de que trata este artigo;

b) ostensiva ou clandestinamente boletins ou panfletos contendo a mesma propaganda.

§ 3º - Não constitui propaganda criminosa a exposição, a crítica ou o debate de quaisquer doutrinas.

Elementos nucleares do tipo: fazer propaganda pública.

Objeto jurídico: a unidade do Estado, a soberania e a democracia.

Objeto material: o regime democrático e o Estado de Direito.

Elemento subjetivo: o dolo, caracterizado pela vontade livre e consciente de praticar a conduta descrita no tipo. Não se admite modalidade culposa.

Sujeito ativo: qualquer pessoa.

Sujeito passivo: o Estado e a sociedade brasileira.

Propaganda pública: acessível a um número indeterminado de pessoas.

Processos violentos ou ilegais para alteração da ordem política ou social: aqui, ao contrário do disposto nos artigos 16 e 17, se pune a propaganda que se refira a ações violentas ou fora da lei para a alteração do regime democrático, isto é, de levantes armados contra o Estado e os seus representantes. A liberdade de expressão, como qualquer Direito, não é absoluta, pois requer responsabilidade e consonância com os princípios e garantias fundamentais do povo brasileiro.

Propaganda de discriminação racial, de luta pela violência entre as classes sociais, de perseguição religiosa: conquanto se entenda que o dispositivo não foi recepcionado pela Constituição[22], vislumbra-se que cuida da repressão ao denominado "discurso de ódio" e, portanto, deve ser visto de modo a proteger as classes sociais (que naturalmente fazem parte de qualquer conglomerado humano) e coibir a discriminação racial ou religiosa em larga escala (com foco no bem jurídico da norma), a qual, em alguns países do mundo, dá base, inclusive, para guerras civis quase que intermináveis. No mais, se exercida com fito diverso e restrito (sem o viés da norma em estudo), a incitação da discriminação ou preconceito de raça, cor, etnia, religião ou procedência nacional pode, dependendo do caso, configurar o crime previsto no artigo 20 da Lei nº 7.716, de 5 de janeiro de 1989.

Propaganda de guerra: guerras são confrontos entre grupos distintos (que podem ser do mesmo povo), geralmente organizados. O dispositivo parece querer punir não a simples propaganda à guerra (histórica, que conforme o caso pode ter amparo no direito de expressão), mas sim à guerra futura (ou a explícita necessidade dela) enquanto processo necessário para, de maneira violenta, chegar-se a determinado fim.

Propaganda de qualquer crime previsto na Lei de Segurança Nacional: tipo autoexplicativo, pune a apologia a evento criminoso íntimo à Lei em estudo.

Qualificadora: o parágrafo 1º diz que a pena é aumentada de um terço quando a propaganda for feita em local de trabalho (onde pessoa exerce ofício ou atividade laborativa) ou por meio de rádio ou televisão. Como a norma não fala em "outros meios", teoricamente a difusão pela rede mundial de computadores não pode ser meio hábil para a incidência da majorante, por se tratar de norma incriminadora.

22. SILVARES, Renato. Op. cit., p. 510.

Distribuição e redistribuição de fundos destinados a realizar a propaganda em epígrafe: o tipo pune a ação de financiar (participação, pois "distribui fundos"), entregar ou redistribuir numerários para dar base a propaganda ora vedada.

Distribuição ostensiva ou clandestina de boletins ou panfletos contendo a mesma propaganda: o ato aqui descrito é o de panfletagem e distribuição de boletins alusivos à propaganda defesa pela norma. A disseminação de boletins por via eletrônica pode, conforme o caso, configurar.

Excludente de tipicidade: conforme o parágrafo 3º, não constitui propaganda criminosa a exposição, a crítica ou o debate de quaisquer doutrinas.

Tentativa: admite-se, salvo no caso de "propaganda oral" (delito unissubisistente).

Classificação doutrinária: crime comum (pode ser praticado por qualquer pessoa); formal (consuma-se com a realização da conduta); doloso (o agente quer o resultado ou assume o risco de produzi-lo); comissivo (os verbos indica ações positivas); unissubjetivo (pode, em tese, ser praticado por um sujeito) e unissubsistente (a rigor, quando praticado de forma isolada, como na propaganda oral).

Art. 23 - Incitar:

I - à subversão da ordem política ou social;

II - à animosidade entre as Forças Armadas ou entre estas e as classes sociais ou as instituições civis;

III - à luta com violência entre as classes sociais;

IV - à prática de qualquer dos crimes previstos nesta Lei.

Pena: reclusão, de 1 a 4 anos.

Constitucionalidade: apesar de entendimentos de que os incisos I, II e III não teriam sido recepcionados pela nova ordem constitucional[23], vislumbra-se aplicável o dispositivo na hipótese de conduta imbuída de manifesto antagonismo com a democracia, considerando ainda a necessidade de não emprestar legitimidade a atos antissociais que incitem a violência e a discórdia.

Elementos nucleares do tipo: incitação (entusiasmar ou estimular).

Objeto jurídico: a unicidade nacional, a soberania do país e o Estado Democrático de Direito.

23. SILVARES, Ricardo. Op.cit., p. 512.

Objeto material: a segurança da nação brasileira, a democracia e as instituições legalmente constituídas.

Elemento subjetivo: o dolo, caracterizado pela vontade livre e consciente de praticar a conduta descrita no tipo. Não se admite modalidade culposa.

Sujeito ativo: qualquer pessoa.

Sujeito passivo: o Estado e a sociedade.

Tentativa: admite-se, salvo na incitação oral.

Incitação à subversão da ordem política ou social: subverter é corromper, transtornar, revolucionar. E incitar é estimular, encorajar, incentivar. Assim, aquele que, de qualquer forma (oral ou escrita), incide num desses comportamentos visando a atingir, diretamente, os bens jurídicos do artigo 1º da Lei de Segurança Nacional, não pode alegar liberdade de expressão, posto ser esta limitada, e não absoluta. Note-se que o crime é doloso e, se perpetrado num ímpeto de cólera ou rancor social, o elemento subjetivo pode ruir, dando margem a um fato penalmente atípico, mas moralmente censurável.

Incitação à animosidade entre as Forças Armadas ou entre estas e as classes sociais ou as instituições civis: o inciso pune aquele que (de qualquer forma) incita à animosidade (cria rancor ou malquerença) entre as Forças Armadas (Exército, Marinha e Aeronáutica) ou entre elas e as classes sociais (povo) ou as instituições civis (de qualquer natureza, posto não restritas). Seria, por exemplo, a incitação de um levante do povo contra as Forças Armadas constitucionalmente constituídas ou vice-versa.

Incitação à luta com violência entre as classes sociais: aqui temos a incitação à luta violenta (inclusive armada) entre as classes sociais, assim entendidas como as provenientes da mesma nação, o que equivaleria a estimular uma guerra civil no país.

Incitação à prática de qualquer dos crimes previstos nesta Lei: dispositivo similar ao previsto no artigo 286 do Código Penal, mas aqui prevalente em razão da regra da especialidade.

Classificação doutrinária: crime comum (pode ser praticado por qualquer pessoa); formal (consuma-se com a realização da conduta do tipo); doloso (o agente quer o resultado ou assume o risco de produzi-lo); comissivo (os verbos indicam ações positiva) e unissubjetivo (pode, em tese, ser praticado por um sujeito).

Art. 24 - Constituir, integrar ou manter organização ilegal de tipo militar, de qualquer forma ou natureza armada ou não, com ou sem fardamento, com finalidade combativa.

Pena: reclusão, de 2 a 8 anos.

Elementos nucleares do tipo: constituir (criar), integrar (fazer parte) ou manter (dar estabilidade a qualquer título).

Objeto jurídico: a soberania e o Estado Democrático de Direito. Tipo que guarda consonância com o disposto no artigo 5º, XVII da Constituição Federal.

Objeto material: a segurança do Estado, a democracia e as instituições legalmente constituídas.

Elemento subjetivo: o dolo, caracterizado pela vontade livre e consciente de praticar a conduta descrita no tipo. Não se admite modalidade culposa.

Sujeito ativo: qualquer pessoa.

Sujeito passivo: o Estado e a sociedade.

Tentativa: não se admite.

Organização ilegal de tipo militar: organização de cunho paramilitar, isto é, ajuntamento civil com princípios castrenses; milícia privada.

De qualquer forma ou natureza armada ou não: a organização pode ser de qualquer contexto (mas estruturada), desde que a margem da lei e assemelhada à militar (isto é, minimamente hierarquizada). Pode ser armada ou não, bastando a forma descrita.

Com ou sem fardamento, com finalidade combativa: pode ser fardada ou não[24], mas dever ter finalidade beligerante, isto é, combativa. Seria o grupo revolucionário com fins de guerrilha.

Classificação doutrinária: crime comum (pode ser praticado por qualquer pessoa); formal (na modalidade constituir); permanente (nas modalidades integrar ou manter); doloso (o agente quer o resultado ou assume o risco de produzi-lo); comissivo (os verbos indicam ações positiva); plurissubjetivo (exige várias pessoas).

Art. 25 - Fazer funcionar, de fato, ainda que sob falso nome ou forma simulada, partido político ou

24. Farda é a veste tipicamente militar, ao passo que o uniforme pode ser usado por qualquer entidade civil, pública ou privada, mas organizada.

associação dissolvidos por força de disposição legal ou de decisão judicial.

Pena: reclusão, de 1 a 5 anos.

Elementos nucleares do tipo: fazer funcionar (colocar em atividade).

Objeto jurídico: o Estado Democrático de Direito.

Objeto material: a democracia e as instituições legalmente constituídas.

Elemento subjetivo: o dolo, caracterizado pela vontade livre e consciente de praticar a conduta descrita no tipo. Não se admite modalidade culposa.

Sujeito ativo: qualquer pessoa.

Sujeito passivo: o Estado e os Poderes constituídos.

Tentativa: não se admite.

Funcionamento de fato, ainda que sob falso nome ou forma simulada: é a ação dissimulada[25], que visa a dar falsa aparência de legalidade.

Partido político ou associação dissolvidos por força de disposição legal ou de decisão judicial: conquanto se questione a constitucionalidade de tal dispostitivo[26], entende-se que permanece em vigor, pois não está descartada a possibilidade da Justiça, num evento ainda que remoto, proibir determinada associação[27] ou partido de funcionar, e um deles, na forma descrita no tipo, buscar se reestabelecer de forma apartada da lei.

Classificação doutrinária: crime comum (pode ser praticado por qualquer pessoa); formal; doloso (o agente quer o resultado ou assume o risco de produzi-lo); comissivo (os verbos indicam ações positiva); plurissubjetivo (exige várias pessoas).

Art. 26 - Caluniar ou difamar o Presidente da República, o do Senado Federal, o da Câmara dos Deputados ou o do Supremo Tribunal Federal, imputando-lhes fato definido como crime ou fato ofensivo à reputação.

Pena: reclusão, de 1 a 4 anos.

Parágrafo único - Na mesma pena incorre quem, conhecendo o caráter ilícito da imputação, a propala ou divulga.

Elementos nucleares do tipo: caluniar (imputar fato definido como crime) ou difamar (imputar fato ofensivo a reputação).

Objeto jurídico: o Estado Democrático de Direito e a pessoa dos chefes dos Poderes da República.

Objeto material: a democracia, a honra subjetiva dos chefes dos Poderes e as instituições.

Elemento subjetivo: o dolo, caracterizado pela vontade livre e consciente de praticar a conduta descrita no tipo. Não se admite modalidade culposa.

Sujeito ativo: qualquer pessoa.

Sujeito passivo: o Estado, os Poderes constituídos e, secundariamente, as pessoas daqueles que, transitoriamente, titulam as funções políticas descritas no tipo. Não se protege aqui o ser, mas sim, o que ele representa para a nação como gestor, por vezes eleito (Executivo e Legislativo), de um dos três Poderes livres da República.

Tentativa: não admitida na forma oral.

Confronto com o Código Penal: o tipo em estudo é similar aos descritos no Código Penal (artigos 138 e 139), o qual, inclusive, majora a pena do ofensor quando a vítima for o Presidente da República (art. 141, I). A diferença está no dolo, isto é, quando a ofensa for irrogada com o fito de lesar ou expor a perigo de lesão a integridade territorial e a soberania nacional; o regime representativo e democrático, a Federação e o Estado de Direito e, enfim, a pessoa dos chefes dos Poderes da União, o delito será o da Lei de Segurança Nacional. Note-se que o tipo em tela não usa a expressão "falsamente", originalmente prevista como condição no artigo 138 do Código Penal.

Injúria: a Lei de Segurança Nacional não trata dessa figura delitiva, a qual, em ocorrendo, pode configurar delito contra honra do estatuto criminal.

Classificação doutrinária: crime comum (pode ser praticado por qualquer pessoa); formal; doloso (o agente quer o resultado ou assume o risco de produzi-lo); comissivo (os verbos indicam ações positiva); unissubjetivo (pode ser cometido por uma pessoa).

25. "Grupo agiu no Espírito Santo. Após proibição, ex-membros da Le Cocq teriam criado nova entidade, mas acabaram presos em 2015". Disponível em: <https://www.otempo.com.br/cidades/grupo-agiu-no-espirito-santo-1.1272856>. Acesso em 14 ago 2020.
26. SILVARES, Ricardo. Op. cit., p. 516.
27. "Justiça Federal determina extinção da Scuderie Le Cocq". Disponível em: <https://www.conjur.com.br/2004-dez-11/justica_federal_determina_extincao_scuderie_le_cocq>. Acesso em 14 ago 2020.

Art. 27 - Ofender a integridade corporal ou a saúde de qualquer das autoridades mencionadas no artigo anterior.

Pena: reclusão, de 1 a 3 anos.

§ 1º - Se a lesão é grave, aplica-se a pena de reclusão de 3 a 15 anos.

§ 2º - Se da lesão resulta a morte e as circunstâncias evidenciam que este resultado pode ser atribuído a título de culpa ao agente, a pena é aumentada até um terço.

Elementos nucleares do tipo: ofender (causar lesão ao conjunto orgânico).

Objeto jurídico: a integridade da pessoa dos chefes dos Poderes da República.

Objeto material: a incolumidade dos chefes dos Poderes.

Elemento subjetivo: o dolo, caracterizado pela vontade livre e consciente de praticar a conduta descrita no tipo. Não se admite modalidade culposa.

Sujeito ativo: qualquer pessoa.

Sujeito passivo: o Estado e, de maneira decorrente, as integridade das pessoas que transitoriamente ocupem as funções políticas acima descritas.

Tentativa: admite-se.

Integridade corporal ou a saúde: saúde física ou mental (dar causa a desordens psíquicas ou funcionais do organismo). Se não houver lesão pode-se aventar delito comum, tal qual a contravenção de vias de fato. Dor não configura ofensa para os fins do tipo em estudo.

Autoridades: o Presidente da República, o do Senado Federal, o da Câmara dos Deputados ou o do Supremo Tribunal Federal.

Lesão grave: descrita no art. 129, parágrafos 1º e 2º do Código Penal, aplicando-se a pena de reclusão de 3 a 15 anos.

Lesão com resultado morte e circunstâncias inclinadas a evidenciar que o resultado pode ser atribuído a título de culpa ao agente: caso de preterdolo, onde a pena majorada até um terço.

Classificação doutrinária: crime comum (pode ser praticado por qualquer pessoa); formal (basta a ofensa); doloso (o agente quer o resultado ou assume o risco de produzi-lo); comissivo (os verbos indicam ações positiva); unissubjetivo (pode ser cometido por uma pessoa).

Art. 28 - Atentar contra a liberdade pessoal de qualquer das autoridades referidas no art. 26.

Pena: reclusão, de 4 a 12 anos.

Elementos nucleares do tipo: atentar (agir contra, perpetrar algo em desfavor de).

Objeto jurídico: a integridade do território, a soberania, o Estado de Direito e a liberdade dos chefes dos Poderes da República.

Objeto material: a liberdade pessoal das autoridades que chefiam os três Poderes.

Elemento subjetivo: o dolo, caracterizado pela vontade livre e consciente de praticar a conduta delituosa. Não se admite ação culposa.

Sujeito ativo: qualquer pessoa.

Sujeito passivo: o Estado e, de forma subsidiária, a liberdade das pessoas que transitoriamente ocupam as funções políticas nos três Poderes.

Tentativa: admite-se, respeitada a modalidade delitiva.

Conduta: a expressão "atentado" deve ser entendida de forma ampla, de modo a abranger qualquer ação que vise atacar a liberdade da vítima, nos moldes dos consentâneos delitos já previstos no Código Penal, mormente os dos artigos 146, 147 ou 148.

Autoridades: o Presidente da República, o do Senado Federal, o da Câmara dos Deputados ou o do Supremo Tribunal Federal.

Classificação doutrinária: crime comum (pode ser praticado por qualquer pessoa); formal (se consuma com o atentado); doloso (o agente quer o resultado ou assume o risco de produzi-lo); comissivo (os verbos indicam ações positiva); unissubjetivo (pode ser cometido por uma pessoa).

Art. 29 - Matar qualquer das autoridades referidas no art. 26.

Pena: reclusão, de 15 a 30 anos.

Elementos nucleares do tipo: matar (ceifar a vida).

Objeto jurídico: a integridade do território, a soberania, o Estado de Direito e a pessoa dos chefes dos Poderes da República.

Objeto material: a vida das autoridades que chefiam os três Poderes.

Elemento subjetivo: o dolo, caracterizado pela vontade livre e consciente de praticar a conduta delituosa. Não se admite ação culposa.

Sujeito ativo: qualquer pessoa.

Sujeito passivo: o Estado e, de forma subsidiária, a vida das pessoas que ocupam as funções descritas.

Tentativa: admite-se, caso a morte não ocorra por circunstâncias alheias a vontade do agente.

Autoridades: o Presidente da República, o do Senado Federal, o da Câmara dos Deputados ou o do Supremo Tribunal Federal.

Classificação doutrinária: crime comum (pode ser praticado por qualquer pessoa); material (se consuma com a morte); doloso (o agente quer o resultado ou assume o risco de produzi-lo); comissivo (os verbos indicam ações positiva); unissubjetivo (pode ser cometido por uma pessoa).

TÍTULO III

Da Competência, do Processo e das normas Especiais de Procedimentos

Art. 30 - Compete à Justiça Militar processar e julgar os crimes previstos nesta Lei, com observância das normas estabelecidas no Código de Processo Penal Militar, no que não colidirem com disposição desta Lei, ressalvada a competência originária do Supremo Tribunal Federal nos casos previstos na Constituição.

Parágrafo único - A ação penal é pública, promovendo-a o Ministério Público.

Não recepção constitucional: em razão do artigo 109, V, da Constituição de 1988, esse dispositivo não tem mais aplicabilidade (foi derrogado), cabendo à Justiça Federal[28] julgar os crimes políticos, isto é, os aqui previstos. Nos casos do artigo 29 da norma em comento, a competência é a mesma, em razão do bem jurídico, além da vida, ser o da segurança nacional. Crimes culposos seguem a mesma linha, por força do aludido princípio de proteção.

Art. 31 - Para apuração de fato que configure crime previsto nesta Lei, instaurar-se-á inquérito policial, pela Polícia Federal:

I - de ofício;

II - mediante requisição do Ministério Público;

III - mediante requisição de autoridade militar responsável pela segurança interna;

IV - mediante requisição do Ministro da Justiça.

Parágrafo único - Poderá a União delegar, mediante convênio, a Estado, ao Distrito Federal ou a Território, atribuições para a realização do inquérito referido neste artigo.

Não recepção constitucional: o inciso III e o parágrafo único não tem mais aplicação fática, diante da competência hoje constitucionalmente emprestada à Justiça federal.

Expulsão de estrangeiro: nos termos do artigo 71 da Lei nº 6.815/1980, nas hipóteses de crime contra a segurança nacional, o inquérito, respeitando-se o direito de defesa, será sumário e não ultrapassará o prazo de quinze dias.

Art. 32 - Será instaurado inquérito Policial Militar se o agente for militar ou assemelhado, ou quando o crime:

I - lesar patrimônio sob administração militar;

II - for praticado em lugar diretamente sujeito à administração militar ou contra militar ou assemelhado em serviço;

III - for praticado nas regiões alcançadas pela decretação do estado de emergência ou do estado de sítio.

Não recepção constitucional: diante da competência já descrita, é certo que os crimes descritos na presente lei atentam contra a segurança nacional e, por isso, não tem conotação essencialmente militar. Devem, portanto, ser apurados pela polícia judiciária da União e julgados pela Justiça Federal[29].

Art. 33 - Durante as investigações, a autoridade de que presidir o inquérito poderá manter o indiciado preso ou sob custódia, pelo prazo de quinze dias, comunicando imediatamente o fato ao juízo competente.

§ 1º - Em caso de justificada necessidade, esse prazo poderá ser dilatado por mais quinze dias,

28. Nesse sentido: Supremo Tribunal Federal STF - SEG. RECURSO CRIMINAL: RC 1468 RJ. Disponível em: <https://stf.jusbrasil.com.br/jurisprudencia/14755404/seg-recurso-criminal-rc--1468-rj 14.8>. Acesso em 16 ago. 2020.

29. Superior Tribunal Militar STM - CONFLITO DE COMPETÊNCIA: Ccomp 316 DF 2004.02.000316-1. Disponível em: <https://stm.jusbrasil.com.br/jurisprudencia/1117531/conflito=-de-competencia-ccomp316--df200402000316-1-?ref-serp>. Acesso em 16 ago. 2020.

por decisão do juiz, a pedido do encarregado do inquérito, ouvido o Ministério Público.

§ 2º - A incomunicabilidade do indiciado, no período inicial das investigações, será permitida pelo prazo improrrogável de, no máximo, cinco dias.

§ 3º - O preso ou custodiado deverá ser recolhido e mantido em lugar diverso do destinado aos presos por crimes comuns, com estrita observância do disposto nos arts. 237 a 242 do Código de Processo Penal Militar.

§ 4º - Em qualquer fase do inquérito, a requerimento da defesa, do indiciado, de seu cônjuge, descendente ou ascendente, será realizado exame na pessoa do indiciado para verificação de sua integridade física e mental; uma via do laudo, elaborado por dois peritos médicos e instruída com fotografias, será juntada aos autos do inquérito.

§ 5º - Esgotado o prazo de quinze dias de prisão ou custódia ou de sua eventual prorrogação, o indiciado será imediatamente libertado, salvo se decretadas prisão preventiva, a requerimento do encarregado do inquérito ou do órgão do Ministério Público.

§ 6º - O tempo de prisão ou custódia será computado no de execução da pena privativa de liberdade.

Prisão ou custódia por quinze dias: o disposto no *caput* e nos parágrafos 1º e 5º não mais possui guarida constitucional, já que essas modalidades constritivas perderam a razão de ser quando da promulgação da Constituição Federal de 1988, a qual passou a exigir ordem judicial (e não apenas da "autoridade competente") para a prisão que não a em flagrante (artigo 5º, LXI). Em razão disso, adveio a Lei nº 7.960/1989, que criou a figura da prisão temporária, apenas decretada pelo Juiz de Direito, e não mais pela autoridade policial, que até então, e por intermédio de boletim, decretava a chamada "custódia correcional", hoje em desuso. Não se deve confundir a expressão "custódia" da norma em análise com a mera retenção cautelar de alguém na Delegacia de Polícia até a análise de representação da autoridade policial competente sobre a necessidade da emissão de ordem de prisão temporária, nas hipóteses legais[30].

Incomunicabilidade: também perdeu utilidade em razão do disposto no art. 136, parágrafo 3º, IV, da Constituição de 1988, sendo eivada de inconstitucionalidade material (incompatibilidade entre a norma legal e a Constituição).

Art. 34 - Esta Lei entra em vigor na data de sua publicação.

Art. 35 - Revogam-se a Lei nº 6.620, de 17 de dezembro de 1978, e demais disposições em contrário.

Brasília, em 14 de dezembro de 1983; 162º da Independência e 95º da República.

JOÃO FIGUEIREDO

Ibrahim Abi-Ackel

Danilo Venturini

REFERÊNCIAS

CABETTE, Eduardo Luiz Santos. "Atentado contra Bolsonaro: tipificação, atribuição de Polícia Judiciária e competência para processo e julgamento". Disponível em: <https://eduardocabette.jusbrasil.com.br/artigos/622987540/atentado-contra-bolsonaro-tipificacao-atribuicao-de-policia-judiciaria-e-competencia-para-processo-e-julgamento>. Acesso em 11 ago 2020.

CUNHA, Rogério, Sanches. Leis penais especiais: comentadas artigo por artigo/Coordenadores: Rogério Sanches Cunha, Ronaldo Batista Pinto, Reneé do Ó de Souza – Salvador: 2 ed. Revista, ampl. e atualiz. Editora Juspodivm, 2019.

DELMANTO, Celso. CÓDIGO PENAL COMENTADO, 6ª edição, 2002, Editora Renovar, p. 339.

LESSA, Marcelo de Lima; MORAES, Rafael Francisco Marcondes de; GIUDICE, Benedito Ignácio. *Nova Lei de Abuso de Autoridade:* diretrizes de polícia judiciária. São Paulo: Academia de Polícia, 2020.

SILVA, José Afonso da. Curso de Direito Constitucional Positivo. São Paulo: RT, 1990.

30. Nesse sentido: "Importante destacar que, enquanto vigora a captura do suspeito apresentado, ou seja, enquanto os fatos em tese delituosos estão sob a apreciação técnica e jurídica do Delegado de Polícia responsável, não há que se falar em abuso, em razão da ausência de elemento subjetivo, porquanto a privação momentânea da liberdade não pode ser confundida, sequer em tese, com efetiva decretação de medida privativa de liberdade (detenção ou prisão em flagrante).O mesmo raciocínio pode ser aplicado ao período em que um investigado sob o qual recaia fundada imputação da prática de infração penal pretérita, permaneça sob breve custódia na Delegacia de Polícia enquanto a Autoridade Policial representa de pronto por medidas cautelares, já que o interesse, nesse caso, não é particular, mas público" (LESSA, Marcelo de Lima; MORAES, Rafael Francisco Marcondes de; GIUDICE, Benedito Ignácio. *Nova Lei de Abuso de Autoridade:* diretrizes de atuação de Polícia Judiciária. São Paulo: Academia de Polícia, 2020, p. 23 e 24).

56

LEI DO MERCADO DE CAPITAIS

Lei 6.385/76

BRUNO FONTENELE CABRAL
JOÃO PAULO FIRPO FONTES

O Mercado de valores mobiliários é a parte do mercado financeiro que viabiliza a transferência de recursos entre os agentes econômicos. Nesse mercado, as instituições financeiras atuam como prestadoras de serviços.

No tocante ao aspecto processual a competência para julgar os crimes contra o mercado de valores mobiliários será da Justiça Federal, pois há o interesse direto da União na tutela do Sistema Financeiro Nacional, conforme interpretação constitucional, no art. 109, inc. VI da Constituição Federal de 1988.

1. DOS CRIMES CONTRA O MERCADO DE CAPITAIS

Art. 27-C. Realizar operações simuladas ou executar outras manobras fraudulentas destinadas a elevar, manter ou baixar a cotação, o preço ou o volume negociado de um valor mobiliário, com o fim de obter vantagem indevida ou lucro, para si ou para outrem, ou causar dano a terceiros: (Redação dada pela Lei nº 13.506, de 2017)

Pena – reclusão, de 1 (um) a 8 (oito) anos, e multa de até 3 (três) vezes o montante da vantagem ilícita obtida em decorrência do crime. (Incluído pela Lei nº 10.303, de 31.10.2001)

Verbos nucleares do tipo: *Realizar ou Executar* (proveniente do fazer, efetuar, botar em prática, fazer com que tenha existência concreta). *Operar de forma simulada* (Afigura-se como toda e qualquer operação na bolsa de valores mobiliários, no entanto, tais operações não possam corresponder com realidade demonstrada, ocultando a verdade).

Outras manobras fraudulentas: A legislação deixou um espaço de interpretação (norma penal em branco imprópria), exigindo-se um complemento normativo de estruturação diversa para composição do conceito normativo. A Instrução Normativa 08/1979 trouxe outras formas de fraudes. Outras formas de fraude: Condições artificiais de demanda, oferta ou preço de valores mobiliários; Manipulação de preços no mercado de valores mobiliários; Operação fraudulenta no mercado de valores mobiliários; Prática não equitativa no mercado de valores mobiliários

Elemento subjetivo: Dolo específico, ou seja, a vontade livre e consciente de promover o resultado. A conduta deverá ser finalística ou de resultado final.

Sujeito ativo: Qualquer pessoa.

Sujeito passivo: Toda a coletividade e acionistas minoritários lesados.

Consumação: Com a realização das operações simuladas ou execução das manobras fraudulentas.

Tentativa: Não cabe tentativa.

Classificação doutrinária: Crime comissivo e material.

Ação penal: Ação penal pública incondicionada.

Pena: Reclusão, de 1 (um) a 8 (oito) anos, e multa.

Suspensão condicional do processo: Cabível, visto que a pena mínima é igual ou inferior a 1 (um) ano, portanto aplicável o art. 89 da Lei n. 9.099/95.

Acordo de Não Persecução Penal: Cabível, em tese, pois a pena mínima é inferior a 4 (quatro) anos.

> **Art. 27-D. Utilizar informação relevante de que tenha conhecimento, ainda não divulgada ao mercado, que seja capaz de propiciar, para si ou para outrem, vantagem indevida, mediante negociação, em nome próprio ou de terceiros, de valores mobiliários: (Redação dada pela Lei nº 13.506, de 2017)**
>
> **Pena – reclusão, de 1 (um) a 5 (cinco) anos, e multa de até 3 (três) vezes o montante da vantagem ilícita obtida em decorrência do crime. (Incluído pela Lei nº 10.303, de 31.10.2001)**
>
> **§ 1º Incorre na mesma pena quem repassa informação sigilosa relativa a fato relevante a que tenha tido acesso em razão de cargo ou posição que ocupe em emissor de valores mobiliários ou em razão de relação comercial, profissional ou de confiança com o emissor. (Incluído pela Lei nº 13.506, de 2017)**
>
> **§ 2º A pena é aumentada em 1/3 (um terço) se o agente comete o crime previsto no *caput* deste artigo valendo-se de informação relevante de que tenha conhecimento e da qual deva manter sigilo. (Incluído pela Lei nº 13.506, de 2017)**

Verbos nucleares do tipo: *Utilizar informação* ("lançar mão de", "fazer uso", empregar ou aplicar). *Repassar informação* (transferir ou entregar).

Elemento subjetivo: Dolo, ou seja, a vontade livre e consciente de obtenção de vantagem indevida mediante negociação de valores mobiliários, devido às informações privilegiadas obtidas.

Sujeito ativo: os sujeitos ativos do delito podem ser: a) Sócios e Administradores; b) Conselheiros e diretores; c) Membros integrantes de órgãos técnicos e consultivos, d) Membros do conselho fiscal; e) Os Acionistas controladores; f) Pessoas que, no exercício de sua função exercem atividade, tem o dever de sigilo de informações: controladores, auditores, advogados, intermediários de corretoras de bolsa de valores mobiliários, os agentes de fiscalização, etc.

Sujeito passivo: A coletividade.

Insider Trading: O crime do art. 27-D da Lei nº 6.385/76 é chamado de *Insider Trading*. Trata-se da utilização de informações relevantes sobre uma companhia, por parte das pessoas que, por força do exercício profissional, para transacionar com suas ações antes que tais informações sejam de conhecimento do público.[1]

Consumação: Com a utilização indevida da informação.

Tentativa: É possível.

Competência: A competência para julgar o crime do art. 27-D da Lei nº 6.385/76 é da Justiça Federal, nos termos do art. 109, IV, da CF/88, conforme já decidiu o STJ. [2]

Classificação doutrinária: Crime formal.

Ação penal: Ação penal pública incondicionada.

Pena: Reclusão, de 1 (um) a 5 (cinco) anos, e multa.

Suspensão condicional do processo: Cabível, visto que a pena mínima é igual ou inferior a 1 (um) ano, portanto aplicável o art. 89 da Lei n. 9.099/95.

Acordo de Não Persecução Penal: Cabível, em tese, pois a pena mínima é inferior a 4 (quatro) anos.

> **Art. 27-E. Exercer, ainda que a título gratuito, no mercado de valores mobiliários, a atividade de administrador de carteira, agente autônomo de investimento, auditor independente, analista de valores mobiliários, agente fiduciário ou qualquer outro cargo, profissão, atividade ou função, sem estar, para esse fim, autorizado ou registrado na autoridade administrativa competente, quando exigido por lei ou regulamento: (Redação dada pela Lei nº 13.506, de 2017)**
>
> **Pena – detenção de 6 (seis) meses a 2 (dois) anos, e multa. (Incluído pela Lei nº 10.303, de 31.10.2001)**

Verbos nucleares do tipo: *Exercer* ("pôr em ação" ou "praticar").

Elemento subjetivo: Dolo, a vontade livre e consciente de praticar a conduta criminosa.

Sujeito ativo: Qualquer pessoa que exercer a atividade de administrador de carteira, agente autônomo de investimento, auditor independente, analista de valores mobiliários, agente fiduciário ou qualquer outro cargo, profissão, atividade ou função, sem estar autorizado ou registrado.

Sujeito passivo: Estado.

Tentativa: É possível.

Classificação doutrinária: Crime formal.

1. BRASIL. Superior Tribunal de Justiça. 5ª Turma. REsp 1.569.171-SP, Rel. Min. Gurgel de Faria, julgado em 16/2/2016 (Info 577). Disponível em: <www.stj.jus.br>. Acesso em 15/09/2020.

2. BRASIL. Superior Tribunal de Justiça. STJ. 3ª Seção. CC 135.749/SP, Rel. Min. Ericson Maranho (Desembargador convocado do TJ/SP), julgado em 25/03/2015. Disponível em: <www.stj.jus.br>. Acesso em 15/09/2020.

Ação penal: Ação penal pública incondicionada.

Pena: Detenção de 6 (seis) meses a 2 (dois) anos, e multa.

Infração de menor potencial ofensivo: O Crime será processado e julgado perante o Juizado Especial Criminal Federal, pois é crime de menor potencial ofensivo.

Suspensão condicional do processo: Cabível, visto que a pena mínima é igual ou inferior a 1 (um) ano, portanto aplicável o art. 89 da Lei n. 9.099/95.

Acordo de Não Persecução Penal: Cabível, em tese, pois a pena mínima é inferior a 4 (quatro) anos.

REFERÊNCIAS

BRASIL. Superior Tribunal de Justiça. 5ª Turma. REsp 1.569.171-SP, Rel. Min. Gurgel de Faria, julgado em 16/2/2016 (Info 577). Disponível em: <www.stj.jus.br>. Acesso em 15/09/2020.

BRASIL. Superior Tribunal de Justiça. STJ. 3ª Seção. CC 135.749/SP, Rel. Min. Ericson Maranho (Desembargador convocado do TJ/SP), julgado em 25/03/2015. Disponível em: <www.stj.jus.br>. Acesso em 15/09/2020.

ROMANO, Rogério Tadeu. Ações perniciosas contra o mercado de capitais. Revista Jus Navigandi, ISSN 1518-4862, Teresina, ano 22, n. 5216, 12 out. 2017. Disponível em: https://jus.com.br/artigos/60644. Acesso em: 16 set. 2020.

ROMANO, Rogério Tadeu. Os direitos dos acionistas minoritários. Revista Jus Navigandi, ISSN 1518-4862, Teresina, ano 22, n. 5114, 2 jul. 2017. Disponível em: https://jus.com.br/artigos/58245. Acesso em: 16 set. 2020.

BRASIL. Comissão de Valores Mobiliários. Entendendo o Mercado de Valores Mobiliários. Disponível em: <https://www.investidor.gov.br/menu/primeiros_passos/Entendendo_mercado_valores.html>. Acesso em: 16/09/2020.

57

CRIMES FALIMENTARES

Lei 11.101/2005

PAULO REYNER CAMARGO MOUSINHO

1. CONSIDERAÇÕES INICIAIS

A Lei n. 11.101, de 9 de fevereiro de 2005, substitutivo do Decreto-Lei 7.661/45 (antiga Lei de Falências) regula a recuperação judicial, a recuperação extrajudicial e a falência do empresário e da sociedade empresária. Tema pouco discutido fora do âmbito do Direito Empresarial, que pode gerar diversas dúvidas por suas peculiaridades e nomenclaturas próprias, motivo pelo qual faremos algumas breves considerações introdutórias, a fim de descortinar a aparente complexidade dos tipos penais elencados na Lei em comento.

Inicialmente, cumpre apontar os conceitos dos principais institutos relacionados aos crimes falimentares, tais como *falência, recuperação judicial, credores, falido, administrador judicial*, desde já deixando claro que os demais detalhes serão oportunamente esclarecidos nos comentários específicos dos tipos penais, de maneira suficiente para a compreensão, sem perder a objetividade que a obra requer.

Recuperação judicial: Consiste num processo judicial no qual será executado um plano objetivo com vistas à auxiliar o empresário ou sociedade empresária a se restabelecer, evitando a falência, observados determinados requisitos. Para tanto, há uma renegociação das dívidas com os credores. Trata-se de um instituto que tem por escopo preservar a atividade econômica empresarial (princípio da preservação da empresa), representado pelo tríplice interesse institucional (interesse dos demais acionistas da empresa, dos empregados e da comunidade em que atua – *stakeholders*).

Nas palavras de Márcio André Cavalcante (2020, on-line)[1] "Na recuperação judicial, a empresa devedora, que está "sufocada" por dívidas, irá pagar seus credores de uma forma mais suave, a fim de que consiga quitar todos os débitos e se manter funcionando".

Recuperação extrajudicial: Com o mesmo objetivo da via judicial, ou seja, preservação da atividade econômica empresarial e dos empregos, existe a possibilidade de ser realizada a recuperação extrajudicial, quando há negociação entre a empresa devedora e os grupos de credores, com submissão do acordo firmado à homologação judicial. Conforme Ricardo Negrão (2012, p. 237), a recuperação extrajudicial é:

> A modalidade de ação integrante do sistema legal destinado ao saneamento de empresas regulares, que tem por objetivo constituir título executivo a partir da sentença homologatória de acordo, individual ou por classes de credores, firmado pelo autor com seus credores.

Falência: Por falência entende-se o processo coletivo de execução forçada de um empresário ou de uma sociedade empresaria, cuja recuperação, judicial ou extrajudicial, mostra-se inviável. A falência é decretada por sentença judicial (Lei n. 11.101/05, art. 99), requerida por legitimados específicos, tais como o cônjuge supérstite, qualquer herdeiro do devedor ou inventariante, qualquer credor, cotista

1. CAVALCANTE, Márcio André Lopes. **Falência**. Buscador Dizer o Direito, Manaus. Disponível em: https://www.buscadordizerodireito.com.br/dodpedia/detalhes/05f971b5ec196b8c65b75d2ef8267331?categoria=8&subcategoria=68. Acesso em: 12/08/2020

ou acionista e, inclusive, o próprio devedor (Lei n. 11.101/05, art. 97). A partir da prolação da decisão que decreta a falência, surge para o devedor uma série de consequências, sendo a principal delas a inabilitação para exercer qualquer atividade empresarial a partir da decisão judicial até a (segunda) sentença que extingue suas obrigações (Lei n. 11.101/05, art. 102, *caput*).

Falido ou sociedade falida: Empresário individual ou sociedade empresária cuja falência foi decretada por sentença judicial.

Administrador judicial: É o responsável por diversas atribuições no âmbito da recuperação judicial e da falência. Nos termos do art. 21 da Lei n. 11.101/05, deverá ser profissional idôneo, preferencialmente advogado, economista, administrador de empresas ou contador, ou pessoa jurídica especializada. As atribuições do administrador judicial estão descritas no art. 22 da Lei n. 11.101/05.

Assembleia Geral de Credores: Trata-se de órgão de deliberação formado pelos credores sujeitos ao processo concursal e de formação obrigatória na recuperação judicial, salvo no caso de micro e pequenas empresas, mas de formação facultativa na falência. Suas atribuições estão previstas na Lei n. 11.101/05. Na lição de Alberto Camiña Moreira (2005, 247): "é órgão de deliberação e expressão da vontade dos credores considerando que o problema da crise da empresa é um problema que envolve a relação débito-crédito de modo coletivo: daí o necessário envolvido dos interessados."

Figuras equiparadas ao devedor: É importante mencionar que nos casos das sociedades, os sócios, os diretores, os gerentes, os administradores, os conselheiros, bem como o administrador judicial, são equiparados ao devedor ou falido para efeitos penais, nos termos do art. 179 da Lei de Falências e Recuperação.

Espécies de crimes falimentares: Inicialmente, cumpre dizer que a própria nomenclatura *crimes falimentares* não se mostra muito apropriada, pois vários crimes tipificados na Lei n. 11.101/05 têm como objetivo tutelar não só o processo falimentar, mas também o de concessão da recuperação judicial e de homologação judicial da recuperação extrajudicial.

De toda forma, a doutrina aponta quatro espécies de crimes dito falimentares. São elas: **próprios**: compreendidos como aqueles praticados pelo próprio falido, no processo de falência ou sujeito a recuperação judicial ou extrajudicial, assim como pelos responsáveis pela sociedade empresária; **impróprios**: quando outras pessoas, que não o falido ou devedor, podem ser sujeitos ativos do delito, tal como ocorre com o juiz, o membro do Ministério Público, o administrador judicial, o escrivão, o oficial de justiça, o leiloeiro e, até mesmo, os credores; **pré-falimentares**: embora haja aqui também certa impropriedade na nomenclatura, são aqueles praticados antes da sentença de decretação da falência ou antes da concessão da recuperação judicial ou homologação da recuperação extrajudicial; e **pós-falimentares:** evidentemente, aqueles praticados após a decretação da falência, concessão da recuperação judicial ou homologação da recuperação extrajudicial.

Condição objetiva de punibilidade: À luz do art. 180 da Lei n. 11.101/05 os crimes falimentares são classificados como condicionados, pois dependem de uma condição especial para punição. Veja: "*A **sentença que decreta a falência**, concede a recuperação judicial ou concede a recuperação extrajudicial de que trata o art. 163 desta Lei **é condição objetiva de punibilidade das infrações penais descritas nesta Lei**.*" (grifo nosso)

Desse modo, extrai-se dessa redação que, conforme o crime analisado, a Lei prevê uma situação jurídica sem a qual não se mostra legítima a punição do delito, justamente a sentença que concede a recuperação judicial, extrajudicial ou decreta a falência. Consoante nos ensinava o saudoso Damásio de Jesus (1990, p. 590) acerca das condições objetiva de punibilidade:

> Elas se encontram fora do crime praticado pelo agente e a sua ocorrência não depende do dolo do agente, pois este faz parte do tipo. A separação, porém, tem em vista tornar mais clara a compreensão. Se a punibilidade não é requisito do crime, a circunstância que a condiciona não pode encontrar-se no crime, mas fora dele (...)

Denúncia genérica: É certo que a denúncia dos crimes falimentares pode envolver diversas pessoas, sobretudo sócios da sociedade empresária que possam ter agido em conluio. No entanto, embora haja certa flexibilidade, não significa que o Ministério Público esteja dispensado de descrever as condutas típicas de cada envolvido, de maneira a possibilitar o contraditório e a ampla defesa. Essa maior tolerância para com a peça vestibular dos crimes societários pode ser vista no julgado abaixo:

1. Não pode ser acoimada de inepta a denúncia formulada em obediência aos requisitos traçados no artigo 41 do Código de Processo Penal, descrevendo perfeitamente as condutas típicas, cuja autoria é atribuída ao recorrente devidamente qualificado, circunstâncias que permitem o exercício da ampla defesa no seio da persecução penal, na qual se observará o devido processo legal. 2. Nos chamados crimes societários, embora a vestibular acusatória não possa ser de todo genérica, é válida quando, apesar de não descrever minuciosamente a atuação individual do acusado, demonstra um liame entre o seu agir e a suposta prática delituosa, estabelecendo a plausibilidade da imputação e possibilitando o exercício da ampla defesa, caso em que se consideram preenchidos os requisitos do artigo 41 do Código de Processo Penal. TRANCAMENTO DA AÇÃO PENAL. FALTA DE JUSTA CAUSA. AUSÊNCIA DE PROVAS. NECESSIDADE DE DILAÇÃO PROBATÓRIA. VIA INADEQUADA. **STJ. Agravo Regimental no Agravo em Recurso Especial : AgRg no AREsp 986276 / RS. Relator: Ministro Jorge Mussi. DJe: 17/08/2018.**

Importante lembrar o entendimento jurisprudencial do STF, o qual exige que o magistrado, ao receber a denúncia nos crimes falimentares fundamente sua decisão. Esse entendimento é consubstanciado no teor da **Súmula n. 564/STF**. Vejamos: "A ausência de fundamentação do despacho de recebimento de denúncia por crime falimentar enseja nulidade processual, salvo se já houver sentença condenatória."

Prisão preventiva: A Lei n. 11.101/05 traz previsão expressa da possibilidade de o juiz que decretar a falência determinar a prisão preventiva do devedor (art. 99, VII), quando requerida com fundamento em provas da prática de crimes definidos naquela Lei. Trata-se de uma situação peculiar em que um juízo cível, exceto no caso de cumulação de funções criminais, expede decreto de segregação cautelar preventiva.

Aqui é pertinente ressaltar dois pontos: *a)* a prisão, como se nota da leitura do inciso VII do art. 99, deve ser **requerida** em respeito ao Sistema Acusatório, sobretudo após a nova redação (dada pela Lei n. 13.964/19) do art. 311 do CPP e, *b)* e os demais requisitos previstos nos art. 312 do CPP devem ser satisfeitos, pois não se cogita motivação idônea a mera incidência nos crimes falimentares.

2. FRAUDE A CREDORES

Art. 168. Praticar, antes ou depois da sentença que decretar a falência, conceder a recuperação judicial ou homologar a recuperação extrajudicial, ato fraudulento de que resulte ou possa resultar prejuízo aos credores, com o fim de obter ou assegurar vantagem indevida para si ou para outrem.

Pena – reclusão, de 3 (três) a 6 (seis) anos, e multa.

Aumento da pena

§ 1º A pena aumenta-se de 1/6 (um sexto) a 1/3 (um terço), se o agente:

I – elabora escrituração contábil ou balanço com dados inexatos;

II – omite, na escrituração contábil ou no balanço, lançamento que deles deveria constar, ou altera escrituração ou balanço verdadeiros;

III – destrói, apaga ou corrompe dados contábeis ou negociais armazenados em computador ou sistema informatizado;

IV – simula a composição do capital social;

V – destrói, oculta ou inutiliza, total ou parcialmente, os documentos de escrituração contábil obrigatórios.

Comentários: Embora o art 180 da Lei n. 11.101/05 preveja como condição objetiva de punibilidade dos crimes falimentares a sentença que decretar a falência, conceder recuperação judicial ou extrajudicial, o ato fraudulento que possa prejudicar ou resulte prejuízo aos credores, pode ser praticado **antes ou depois** da prolação do ato judicial, sendo punível, todavia, apenas quando esse ocorrer. Como essas decisões judiciais referenciadas estão no próprio tipo penal, ousamos dizer que, se ausentes, o caminho será o da atipicidade da conduta ou desclassificação para outro crime.

Verbo nuclear: *Praticar* (levar a efeito, realizar, pôr em prática, trabalhar).

Objeto jurídico: Lisura do processo de recuperação judicial, extrajudicial ou falimentar, além do patrimônio dos credores, secundariamente. Pode-se dizer, também, que o tipo penal visa tutelar as condições de igualdade entre os credores, preservando o patrimônio da massa falida para sua distribuição de forma justa entre os credores, nos termos estipulados pela Lei Falimentar (Barbosa, 2017).

Ato fraudulento: Consiste em ato simulado, torpe ou ardil do qual possa resultar (crime formal) ou resulte (crime material) prejuízo aos credores, a exemplo da venda simulada de determinado bem da empresa, com falsificação da data do negócio, visando descaracterizar os prazos do art. 129 da Lei n. 11.101/05, por exemplo.

Objeto material: Patrimônio dos credores que foi colocado em risco ou efetivamente prejudicado pela prática do ato fraudulento.

Sujeito Ativo: Crime próprio em relação ao sujeito passivo, na medida em que embora não descrito no tipo penal, apenas pode praticá-lo o falido, aquele cuja empresa esteja em processo de recuperação judicial ou extrajudicial, empresário individual ou responsável pela sociedade empresaria, bem como os indivíduos descritos no § 3º do art. 168, quais sejam: "*contadores, técnicos contábeis, auditores e outros profissionais que, de qualquer modo, concorrerem para as condutas criminosas descritas neste artigo, na medida de sua culpabilidade.*" Lembramos, também, das pessoas equiparas ao falido, conforme previsão do art. 179 da Lei de Falências.

Sujeito Passivo: O tipo penal requer uma condição especial do sujeito passivo, pois só pode figurar como vítima algum integrante do grupo de credores.

Consumação: Embora a doutrina majoritária descreva como crime formal, no nosso entendimento há que se fazer uma diferenciação, pois na modalidade ***que possa resultar prejuízo*** a consumação se dá quando da prática do ato com potencial para tanto, independente do efetivo prejuízo (crime formal e de perigo concreto). Na modalidade *que **resulte*** **prejuízo**, deve ser demonstrada a efetiva lesão ao direito dos credores (crime material e de dano).

Tentativa: Em razão de a execução poder ser fracionada em vários atos, é possível a tentativa, quando o delito não se consuma por circunstâncias alheias à vontade do agente. Por exemplo, quando ocorre de o ato fraudulento ser descoberto antes que possa causar qualquer prejuízo.

Para Cleber Masson (2014, p. 142), todavia, em se tratando de crime subordinado à condição objetiva de punibilidade, não é possível a tentativa, pois se o próprio delito completo não é punível se não houver aquela condição, muito menos será sua tentativa, posição com a qual não concordamos, na medida em que a efetiva verificação da condição objetiva de punibilidade está dissociada do fracionamento da execução do crime, como demonstrado pelo exemplo acima.

Concurso de crimes: O princípio da unicidade estabelece que, havendo o concurso de diversas condutas voltadas ao cometimento de fraudes aos credores da empresa em processo de falência, considera-se a prática de apenas um único tipo penal, para o qual deve ser aplicada a pena do mais grave deles, sendo esse o entendimento jurisprudencial. (STJ. Habeas Corpus: HC n. 94.632/MG. Relator: Ministro Og Fernandes, Sexta Turma. DJe 20/3/2013).

Elemento subjetivo especial: A redação é clara ao exigir um fim especial de agir, qual seja, obter ou assegurar vantagem indevida para si ou para outrem. Ressalta-se, porém, que caso o agente não tenha por escopo colocar em risco o patrimônio dos credores em geral, pode restar configurado o crime de estelionato.

Ação penal: Todos os crimes falimentares são de ação penal pública incondicionada (Lei n. 11.101/05, art. 184).

Causas especiais de aumento de pena: A Lei de Falências prevê (art. 168, § 1º) quatro hipóteses em que a pena é aumentada de 1/6 a 1/3. Na verdade, ao analisá-las, notamos que se tratam de modalidades do cometimento do ato fraudulento, em que há maior reprovabilidade em razão do desvalor da conduta por fraudar a escrituração contábil ou o valor do capital social. Vejamo-las: *A pena aumenta-se de 1/6 (um sexto) a 1/3 (um terço), se o agente: I) elabora escrituração contábil ou balanço com dados inexatos; II) omite, na escrituração contábil ou no balanço, lançamento que deles deveria constar, ou altera escrituração ou balanço verdadeiros; III) destrói, apaga ou corrompe dados contábeis ou negociais armazenados em computador ou sistema informatizado; IV) simula a composição do capital social; V) destrói, oculta ou inutiliza, total ou parcialmente, os documentos de escrituração contábil obrigatórios.*

Acompanhando o autor Ricardo Schimit (2016, p. 286), entendemos que **deve ser adotado o critério sucessivo, cumulativo ou de efeito cascata** às causas de aumento de pena. Isto é, após a fixação da pena base, aplicação de eventuais atenuantes e/ou agravantes, com a fixação da pena intermediária resultante da segunda fase do sistema trifásico, se houver incidência em mais de uma causa de aumento, elas devem ser aplicadas uma após a outra e sobre o resultado obtido na operação anterior.

Dessa maneira, se o agente no crime de fraude a credores elabora balanço contábil com dados inexatos e, ainda, destrói dados contábeis, duas causas de aumento deverão ser aplicadas sucessivamente, a segunda sobre o resultado obtido do aumento anterior (e não sobre a pena intermediária) [2].

2. O critério da incidência isolada se contrapõe ao critério sucessivo, onde, igualmente, as causas de diminuição e aumento de

Acordo de Não Persecução Penal: Em se tratando de crime cuja pena mínima é inferior a quatro anos, atendidos os demais requisitos, tais como reparação do dano ou restituição da coisa à vítima, confissão formal e circunstanciada etc., mostra-se possível a celebração de acordo de não persecução penal, a teor do art. 28-A do CPP.

Suspensão condicional do processo: Não aplicável, na medida em que a pena mínima ultrapassa um ano, conforme prevê o art. 89 da Lei n. 9.099/95.

Classificação doutrinária: *Crime bipróprio* (exige uma condição especial tanto do sujeito ativo quanto do sujeito passivo); *formal* na modalidade que *possa resultar prejuízo* (se consuma independente do resultado), mas material na modalidade *que resulte prejuízo* (depende da demonstração do efetivo prejuízo à vítima); crime de perigo concreto na modalidade *que possa resultar prejuízo* (exige demonstração de perigo efetivo ao bem jurídico tutelado), mas de *dano* na modalidade *que resulte prejuízo* (causa efetiva diminuição/destruição do patrimônio dos credores); *doloso* (o agente quer o resultado ou assume o risco de produzi-lo); *de forma livre* (pode ser praticado por qualquer meio de execução); *comissivo*, em regra (só pode ser praticado mediante ação); *unissubjetivo* ou *de concurso eventual* (pode ser praticado apenas por uma pessoa); *plurissubsistente* (admite fracionamento dos atos de execução); *admite tentativa; crime próprio pré ou pós-falimentar.*

Jurisprudência selecionada:

> ACÓRDÃO DEVIDAMENTE FUNDAMENTADO. CRIME FALIMENTAR. artigo 168, § 1º, IV, DA LEI N. 11.101/2005. PRETENSÃO ABSOLUTÓRIA. SÚMULA 7/STJ. 1. Não há falar em ofensa ao artigo 619 do Código de Processo Penal se todas as questões necessárias ao deslinde da controvérsia foram analisadas e decididas pelo Tribunal de origem, com motivação clara e adequada, ainda que contrária à pretensão da parte agravante, não havendo falar em omissão ou mesmo negativa de prestação jurisdicional. 2. Concluído as instâncias ordinárias, após exame minucioso dos elementos colhidos ao longo da instrução criminal, pela existência de elementos concludentes para fundamentar o decreto condenatório em desfavor dos ora agravantes quanto ao crime descrito no artigo 168, § 1º, IV, da Lei n. 11.101/2005, ficando suficientemente comprovado que, durante o período suspeito, ambos os sócios praticaram atos fraudulentos, com o intuito de obter vantagens indevidas e em prejuízo dos credores, a desconstituição do julgado, com o intuito de abrigar o pleito absolutório, não encontra espaço na via eleita, porquanto seria necessário um aprofundado revolvimento do contexto fático-probatório, providência descabida em recurso especial, por força da Súmula 7/STJ. 3. Agravo regimental improvido (grifo nosso). **STJ: Agravo em Recurso Especial. AREsp. nº 1.359.924/MG RELATOR : Ministro Sebastião Reis Júnior. DJe: 09/10/18.**

> 1. O princípio da unicidade estabelece que, havendo o concurso de diversas condutas voltadas ao cometimento de fraudes aos credores da empresa em processo de falência, considera-se a prática de apenas um único tipo penal, para o qual deve ser aplicada a pena do mais grave deles (HC n. 94.632/MG, Ministro Og Fernandes, Sexta Turma, DJe 20/3/2013). 2. Tratando-se de crime único, vê-se que o último fato descrito na denúncia ocorreu em 11 de dezembro de 2007 e, portanto, somente nessa data a fraude foi definitivamente realizada. Consumando-se em 2007, aplicável a Lei n. 11.101/2005, cujos prazos prescricionais são regidos pelo artigo 182 da referida lei e pelas disposições do Código Penal. Delito que não se encontra prescrito. 3. Uma vez que o tipo penal ao artigo 168 da Lei n. 11.101/2005 tutela a conduta que possa causar prejuízo, desnecessária a demonstração de efetiva prejuízo, pois o crime é classificado como de perigo. Sendo assim, não é necessário demonstrar que a criação de uma outra empresa, no mesmo ramo comercial que a falida, efetivamente acarretou prejuízo aos credores. 4. Ademais, verifica-se que a Corte a quo afirma que o prejuízo sofrido pelos credores ficou comprovado com a demonstração de liquidação de débitos da Fazenda Pública estadual e Federal. Sendo assim, para rever o posicionamento, seria necessário o reexame fático-probatório dos autos, o que não é possível em razão do disposto na Súmula 7/STJ. 5. O fato de o pleito referente à venda de ponto comercial pertencente à falida (2º fato) ser mero exaurimento da acusação relacionada ao 1º fato não foi debatido pelo Tribunal de origem sob o enfoque trazido no recurso especial. O tema também não foi tratado nos embargos de declaração, motivo pelo qual o tema carece de prequestionamento, nos termos da Súmula 211/STJ. não pertencia à falida, seria indispensável compulsar os autos, a fim de verificar se todas as provas neles constantes sustentariam a conclusão almejada. E esse revolvimento do material probante não é permitido em sede de recurso especial, a teor da Súmula 7/STJ. 7. O pedido de reconhecimento de que a locação de imóvel é mero exaurimento da acusação relacionada ao 1º fato não merece ser conhecido, uma vez que, com relação a ele, a defesa não indicou o dispositivo de lei federal tido por violado. Óbice previsto

pena deverão ter incidência uma após a outra, contudo, sempre sobre a pena provisória ou intermediária fixada, o que pode conduzir a penas definitivas bastantes distintas, conforme salienta Schmitt (2016, p. 286). Há grande divergência a respeito da incidência cumulativa das causas de aumento de pena. Há quem entenda, inclusive, que as causas de aumento devem incidir sobre a pena base, posição, no entanto, que não prevalece, pois no caso das causas de diminuição poderia resultar à pena zero. Por fim, também existe entendimento pela majoração do quantum da fração em razão da quantidade de causas de aumento. Contudo, predominante o critério sucessivo.

na Súmula 284/STF. 8. O pleito de reconhecimento de que a venda de ponto comercial seria mero exaurimento do 1º fato não foi debatido pelo Tribunal de origem sob o enfoque trazido no recurso especial. Súmula 211/ STJ (grifo nosso). **STJ. Agravo Regimental no Agravo em Recurso Especial : AgRg no AREsp 986276 / RS. Relator: Ministro Jorge Mussi. DJe: 17/08/2018.**

3. CONTABILIDADE PARALELA E DISTRIBUIÇÃO DE LUCROS OU DIVIDENDOS A SÓCIOS E ACIONISTAS ATÉ A APROVAÇÃO DO PLANO DE RECUPERAÇÃO JUDICIAL

§ 2º A pena é aumentada de 1/3 (um terço) até metade se o devedor manteve ou movimentou recursos ou valores paralelamente à contabilidade exigida pela legislação, inclusive na hipótese de violação do disposto no art. 6º-A desta Lei.

Comentários: Poderia ser um tipo autônomo, mas o § 2º dispõe apenas de uma causa especial e aumento de pena com *nomen iuris* próprio[3], que tanto o desvalor da conduta quanto o desvalor do resultado justificam o aumento no patamar de um terço à metade, haja vista que a prática do cognominado "caixa dois" tem por objetivo inicial subjacente enganar os credores e, até mesmo, o fisco.

Recentemente, a Lei n. 14.112, de 24 de dezembro de 2020, acrescentou a parte final do § 2º, inserindo "*inclusive na hipótese de violação do art. 6º-A desta Lei*". O art. 6º-A, por sua vez, também acrescentado à Lei n. 11.101/05 pela mesma legislação, tem a seguinte previsão:

> Art. 6º-A. É vedado ao devedor, até a aprovação do plano de recuperação judicial, distribuir lucros ou dividendos a sócios e acionistas, sujeitando-se o infrator ao disposto no art. 168 desta Lei.

Nota-se, assim, que o legislador buscou impingir maior reprovabilidade à precipitada distribuição de lucros e dividendos, em detrimento da escorreita observância do plano de recuperação judicial. Ora, bastante plausível a vedação, pois a repartição de lucros ou dividendos pode tanto prejudicar credores quanto o próprio soerguimento da empresa, configurando verdadeira fraude.

Concurso de pessoas

§ 3º Nas mesmas penas incidem os contadores, técnicos contábeis, auditores e outros profissionais que, de qualquer modo, concorrerem para as condutas criminosas descritas neste artigo, na medida de sua culpabilidade.

Comentários: O § 3º, por sua vez, indica os profissionais que, geralmente, podem concorrer para a prática do crime, lembrando que se trata de concurso eventual de pessoas, ou seja, a fraude pode ser praticada somente pelo falido ou por este em concurso com seu contador, por exemplo. Salienta-se, porém, que o crime pode ser praticado, também, pelas pessoas descritas no art. 179 da Lei de Falências e Recuperação. Ademais, aplicável a regra geral descrita no art. 29 do Código Penal, ou seja, " quem, de qualquer modo, concorre para o crime incide nas penas a este cominadas, na medida de sua culpabilidade".

Redução ou substituição da pena

§ 4º Tratando-se de falência de microempresa ou de empresa de pequeno porte, e não se constatando prática habitual de condutas fraudulentas por parte do falido, poderá o juiz reduzir a pena de reclusão de 1/3 (um terço) a 2/3 (dois terços) ou substituí-la pelas penas restritivas de direitos, pelas de perda de bens e valores ou pelas de prestação de serviços à comunidade ou a entidades públicas.

Causa especial de diminuição de pena: Aqui temos circunstância que enseja à diminuição de pena ou, à critério do magistrado, substituição da pena privativa de liberdade por restritiva de direito, caso se trate de falência de microempresa ou empresa de pequeno porte, com o requisito adicional de que o ato fraudulento não seja prática habitual. Microempresa e empresa de pequeno porte são elementos normativos jurídicos que têm seu conteúdo extraído da Lei Complementar n. 123, de 14 de dezembro de 2006, em seu art. 3º, incisos I e II. A diminuição se justifica pelo menor impacto econômico no mercado.

4. VIOLAÇÃO DE SIGILO EMPRESARIAL

Art. 169. Violar, explorar ou divulgar, sem justa causa, sigilo empresarial ou dados confidenciais

3. Importante lembrar que a manutenção de contabilidade paralela pode configurar crime contra a ordem tributária (Lei n. 8.137\90, art. 1º). Se o agente, por este expediente, omite operações, de lançamentos ou qualquer outro meio fraudulento capaz de suprimir ou reduzir tributo, a conduta subsome-se à Lei n. 8.137\90 (PRADO, 2019, p. 446). A manutenção de contabilidade paralela também é punida pelo art. 11 da Lei n. 7.492\86, que trata dos crimes contra o sistema financeiro nacional, com pena de reclusão de 01 a 05 anos e multa. A 'contabilidade paralela' ou 'caixa dois' é jargão utilizado nos meios empresariais para designar as despesas e receitas de uma empresa que não são registradas oficialmente, e, portanto, podem dar lugar a transações sem o respectivo pagamento de impostos (SANDRONI, P. Novíssimo dicionário de economia, p. 72, '*apud*' LUIZ RÉGIS PRADO. *Direito penal econômico*, pg. 271, *nota* 103).

sobre operações ou serviços, contribuindo para a condução do devedor a estado de inviabilidade econômica ou financeira:

Pena – reclusão, de 2 (dois) a 4 (quatro) anos, e multa.

Comentários: Trata-se de modalidade de violação de sigilo especial, que afasta a incidência do crime previsto no art. 154 do CP (Violação de segredo profissional), se praticada no contexto da falência, recuperação judicial ou extrajudicial, mesmo antes da sentença de decretação da falência. Caso a conduta não seja apta a conduzir ou contribuir para o estado de inviabilidade econômica do devedor, pode restar configurado o crime do Código Penal.

Verbos nucleares: Tipo misto alternativo, em que a incidência em qualquer dos verbos leva à sua configuração, bem como a execução de mais de uma conduta, se no mesmo contexto fático, configura crime único. *Violar* (descumprir, desobedecer, infringir, postergar, quebrantar), *explorar* (enganar, ludibriar, especular, auferir lucro) ou *divulgar* (difundir, tornar público, repassar informações, noticiar, propagar).

Objeto jurídico: O Patrimônio do devedor e, secundariamente, de seus próprios credores. Além disso, o ambiente probo para que o devedor mantenha a viabilidade de seu negócio.

Objeto material: Os documentos sigilosos empresariais ou dados confidenciais sobre operações ou serviços violados, explorados ou divulgados.

Elemento normativo do tipo: Consiste na expressão *sem justa causa*. Assim, não é qualquer violação, exploração ou divulgação de sigilo empresarial, dados confidenciais sobre operações ou serviços – deve ser realizada sem justa causa. A justa causa conduz à exclusão da tipicidade do fato. Podemos citar como justa causa, por exemplo, a comunicação à autoridade policial, ao Ministério Público ou ao Poder Judiciário de infração penal; o consentimento do interessado para servir de prova da existência de uma infração penal ou de sua autoria; o dever de testemunhar em juízo e a defesa de interesse legítimo.

Entendemos que o sigilo pode ser imposto tanto por lei quanto por contrato entre as partes. A divulgação, por exemplo, de segredo industrial pode contribuir para o estado de insolvência do devedor, sobretudo pelo prejuízo dos lucros potenciais que poderia auferir com o produto.

Sujeito ativo: Qualquer pessoa pode ser sujeito ativo. Assim, trata-se de crime falimentar impróprio. Mais comumente praticado por concorrentes, terceiros prestadores de serviço, advogados ou funcionários que tenham acesso à informação sigilosa.

Sujeito passivo: O devedor que se encontre em estado de inviabilidade econômica. Lembramos do art. 180 da Lei Falimentar, que exige como condição objetiva de punibilidade a decretação da falência ou concessão da recuperação judicial ou extrajudicial. Secundariamente, toda a coletividade pode ser atingida, considerado o desequilíbrio que pode ser causado no mercado.

Consumação: O tipo penal em análise exige que se produza um resultado (crime material e de dano), qual seja: que a violação, exploração ou divulgação do sigilo empresarial ou dado confidencial contribua, efetivamente, para o estado de insolvência do devedor.

Nosso entendimento é que se trata de crime necessariamente pré-falimentar em sentido estrito, pois se a conduta for praticada quando já houver sido decretada a falência, outro crime poderá se configurar, mas não o do tipo penal em análise. A razão é muito simples, a absoluta impropriedade do objeto, conduzindo ao crime impossível, consoante art. 17 do CP. Ora, se o devedor já está falido, não há que se falar em contribuição para o seu estado de insolvência. Diferentemente ocorre se ainda em curso processo de recuperação judicial ou homologação da recuperação extrajudicial contra o devedor, quando se mostra perfeitamente possível a caracterização do crime de violação de sigilo empresarial.

Tentativa: Em razão de a execução poder ser fracionada em vários atos, é possível a tentativa, quando o delito não se consuma por circunstâncias alheias à vontade do agente. Por exemplo, na hipótese de o agente tentar divulgar informação sigilosa sobre operação empresarial com potencial de causar a insolvência do devedor, contudo, não levar a cabo sua intenção por ter enviado um e-mail com informações sensíveis a destinatário errado, por engano.

Elemento subjetivo: Dolo direto ou eventual.

Ação penal: Todos os crimes falimentares são de ação penal pública incondicionada (Lei n. 11.101/05, art. 184).

Suspensão condicional do processo: Não aplicável, na medida em que a pena mínima ultrapassa um ano, conforme prevê o art. 89 da Lei n. 9.099/95.

Acordo de Não Persecução Penal: Em se tratando de crime cuja pena mínima é inferior a quatro anos, atendidos os demais requisitos, tais como reparação do dano ou restituição da coisa à vítima, confissão formal e circunstanciada etc., mostra-se possível a celebração de acordo de não persecução penal, a teor do art. 28-A do CPP.

Classificação doutrinária: *Crime comum* (pode ser praticado por qualquer pessoa); *material* (exige a produção do resultado para sua configuração) *doloso* (o agente quer o resultado ou assume o risco de produzi-lo); *de forma livre* (pode ser praticado por qualquer meio de execução); *de dano* (o ato deve contribuir para o estado de insolvência do devedor); *comissivo*, em regra (só pode ser praticado mediante ação); *unissubjetivo* ou *de concurso eventual* (pode ser praticado apenas por uma pessoa); *plurissubsistente* (admite fracionamento dos atos de execução); *admite tentativa; crime impróprio pré-falimentar em sentido estrito* (somente pode ser praticado antes da falência do devedor, por qualquer pessoa).

5. DIVULGAÇÃO DE INFORMAÇÕES FALSAS

Art. 170. Divulgar ou propalar, por qualquer meio, informação falsa sobre devedor em recuperação judicial, com o fim de levá-lo à falência ou de obter vantagem:

Pena – reclusão, de 2 (dois) a 4 (quatro) anos, e multa.

Comentários: O crime de divulgação de informações falsas é especial em relação aos crimes de calúnia e difamação, que podem ter como vítimas pessoas jurídicas. Além de o fato falso alardeado não necessariamente precisar se criminoso, existe uma finalidade que integra o tipo penal, justamente a intenção de levar o devedor em recuperação judicial à falência.

Se a informação for verdadeira, a depender do caso concreto, pode restar configurado o crime previsto no art. 169 da Lei de Falências. A infração penal pode ser praticada por qualquer meio, seja na forma verbal ou escrita, pela imprensa, redes sociais etc.

Podemos exemplificar conduta que se enquadraria nesse tipo a hipótese de o agente, concorrente de determinada empresa em recuperação judicial, divulgar em suas redes sociais, falsamente, que o devedor vendeu todo o patrimônio e pretende se evadir, com a intenção de levá-lo à falência.

Se, porventura, a notícia alardeada for verdadeira, atípica a conduta (STJ, RHC n. 95304/RJ).

Verbos nucleares: Tipo misto alternativo, em que a incidência em qualquer dos verbos leva à sua configuração, bem como a execução de mais de uma conduta, se no mesmo contexto fático, configura crime único. *Divulgar* (difundir, tornar público, repassar informações, noticiar, propagar) ou *propalar* (apregoar, espalhar, noticiar).

Objeto jurídico: O Patrimônio do devedor e, secundariamente, de seus próprios credores. Além disso, o ambiente probo para que o devedor mantenha a viabilidade de seu negócio.

Objeto material: A informação falsa propagada ou divulgada.

Sujeito ativo: Qualquer pessoa pode ser sujeito ativo. Assim, trata-se de crime falimentar impróprio.

Sujeito passivo: Trata-se de crime próprio quanto ao sujeito passivo, podendo figurar como vítima apenas o devedor em recuperação judicial. Secundariamente, toda a coletividade pode ser atingida, considerado o desequilíbrio que pode ser causado no mercado.

Consumação: O crime se consuma independente do resultado almejado, assim, pode ocorrer que a notícia falsa não seja capaz de levar à falência o devedor em recuperação judicial. Desse modo, temos aqui um crime formal, cujo resultado pode ou não ocorrer e não integra a consumação, mas sim o exaurimento do delito.

A mesma observação em relação ao delito anterior deve ser feita aqui. Entendemos que se trata de crime necessariamente pré-falimentar em sentido estrito, pois se a conduta for praticada quando já houver sido decretada a falência, outro crime poderá se configurar, mas não o do tipo penal em análise. A razão é muito simples, a absoluta impropriedade do objeto, conduzindo ao crime impossível, consoante art. 17 do CP.

Tentativa: Em se tratando de crime plurissubsistente é possível a tentativa, ou seja, a execução poder ser fracionada em vários atos. Imaginemos a hipótese de a notícia falsa, embora gravosa e na forma escrita, não seja divulgada em determinado site de notícia por ordem judicial liminar, considerando que o devedor ficou sabendo previamente da intenção da publicação contra ele ou contra a sociedade empresária.

Elemento subjetivo: É o dolo, com um fim especial de agir, qual seja, levar o devedor em recuperação judicial à falência.

Ação penal: Todos os crimes falimentares são de ação penal pública incondicionada (Lei n. 11.101/05, art. 184).

Elemento normativo do tipo: *Recuperação judicial* é um conceito jurídico que pode ser extraído da própria Lei de Falências, conforme já explicado em linhas anteriores. Importante lembrar que o tipo penal não engloba a recuperação extrajudicial. Se a falsa notícia conduzir o devedor em recuperação extrajudicial à falência, poderá restar configurado outro crime, a exemplo dos crimes contra a hora previstos no Código Penal, exceto injúria em relação à Pessoa Jurídica, vez que ausente honra subjetiva.

Suspensão condicional do processo: Não aplicável, na medida em que a pena mínima ultrapassa um ano, conforme prevê o art. 89 da Lei n. 9.099/95.

Acordo de Não Persecução Penal: Em se tratando de crime cuja pena mínima é inferior a quatro anos, atendidos os demais requisitos, tais como reparação do dano ou restituição da coisa à vítima, confissão formal e circunstanciada etc., mostra-se possível a celebração de acordo de não persecução penal, a teor do art. 28-A do CPP.

Confronto com art. 3º da Lei n. 7.492/86 (Crimes contra o Sistema Financeiro): O art. 3º da Lei de Crimes contra o Sistema Financeiro tem previsão semelhante ao delito de Divulgação de Informações Falsas tipificado na Lei de Falência e Recuperação. O tipo da LCSF dispõe: "Art 3º Divulgar informação falsa ou prejudicialmente incompleta sobre instituição financeira: Pena - Reclusão, de 2 (dois) a 6 (seis) anos, e multa."

O aparente conflito se resolve pela análise do dolo do agente, pois o crime falimentar tem um fim especial de agir, o dolo especial de levar a vítima à falência ou de obter vantagem, enquanto do tipo do art. 3º visa, evidentemente, a proteção do Sistema Financeiro nacional como um todo. Ademais, o delito do art. 170 requer vítima específica, qual seja, o devedor em recuperação judicial.

Classificação doutrinária: *Crime comum* quanto ao sujeito ativo (pode ser praticado por qualquer pessoa) *e próprio* quanto ao sujeito passivo (somente o devedor em recuperação judicial pode ser vítima); *formal* (não exige a produção do resultado para sua configuração, embora esse possa ocorrer)*; doloso* (o agente quer o resultado ou assume o risco de produzi-lo); *de forma livre* (pode ser praticado por qualquer meio de execução); *comissivo* (só pode ser praticado mediante ação); *de concurso eventual* (pode ser praticado apenas por uma pessoa); plurissubsistente (admite fracionamento dos atos de execução); *admite tentativa. crime impróprio pré-falimentar em sentido estrito* (somente pode ser praticado antes da falência do devedor, por qualquer pessoa).

Jurisprudência selecionada:

1. O trancamento da ação penal, bem como do inquérito policial, na via estreita do habeas corpus somente é possível, em caráter excepcional, quando se comprovar, de plano, a inépcia da denúncia, a atipicidade da conduta, a incidência de causa de extinção da punibilidade ou a ausência de indícios de autoria ou de prova da materialidade do delito. 2. A materialidade do delito não é certa. Tem-se apenas matéria jornalística afirmando que "atribui-se ao SINDICOM a autoria dos dossiês contra Manguinhos que seriam baseados em informações fiscais sigilosas e distorcidas". Ou seja, não se sabe se existem mencionados dossiês, não se sabe quem os produziu e não se sabe o que consta neles. Nesse contexto, tem-se prematura instauração de inquérito policial para apurar divulgação de informação falsa que nem sequer se sabe se foi divulgada nem se é falsa. O que se tem é uma informação jornalística e nada mais. 3. Ainda que se supere a dificuldade em se aferir a efetiva materialidade delitiva, não há como imputar aos recorrentes a conduta do artigo 170 da Lei n. 11.101/2005. Com efeito, se não houve sequer acesso aos mencionados dossiês com informações falsas, torna-se, por certo, temerário imputar sua autoria a quem quer que seja. Inexiste demonstração mínima, ainda que de maneira sutil, da ligação entre a conduta dos recorrentes e o fato delitivo, o qual, repita-se, nem tem a materialidade configurada. 4. A investigação limitou-se a vincular os recorrentes ao suposto crime em virtude de sua posição ocupada no SINDICOM. Como é de conhecimento, não apenas o processo penal, mas igualmente o inquérito policial, devem ser embasados em indícios mínimos de que foi cometido um crime e de que a pessoa investigada pode ter contribuído para o fato típico. Necessário, portanto, que existam elementos mínimos que preservem o direito do acusado ou do investigado de conhecer o conteúdo da imputação contra si. A mera atribuição de uma qualidade não é forma adequada para se conferir determinada prática delitiva a quem quer que seja. 5. Não é possível vislumbrar a materialidade nem o nexo causal que alcance eventual autoria dos recorrentes, a revelar a ausência de justa causa na manutenção do inquérito policial que ora se pretende o trancamento. Note-se que o trancamento não impede que, diante da obtenção de outras provas, sejam realizadas novas pesquisas, nos termos do artigo 18 do CPP e do enunciado n. 524/STF. 6. Recurso em habeas corpus provido, para trancar o inquérito policial n. 0096474-35.2017.8.19.0001, por ausência de

justa causa, sem prejuízo de seu desarquivamento, nos termos do artigo 18 do CPP. (grifo nosso). **STJ. Recurso Ordinário em Habeas Corpus: RHC n. 95304/RJ. Relator: Ministro Reinaldo Soares da Fonseca. Quinta turma. DJe: 25/04/2018.**

6. INDUÇÃO A ERRO

Art. 171. Sonegar ou omitir informações ou prestar informações falsas no processo de falência, de recuperação judicial ou de recuperação extrajudicial, com o fim de induzir a erro o juiz, o Ministério Público, os credores, a assembleia-geral de credores, o Comitê ou o administrador judicial:

Pena – reclusão, de 2 (dois) a 4 (quatro) anos, e multa.

Comentários: Temos aqui mais um tipo penal que tem por objetivo tutelar a lisura do processo falimentar ou de recuperação judicial ou extrajudicial, coibindo condutas que prejudiquem o fornecimento de informações inverídicas ou mesmo o não fornecimento de informações relevantes. Trata-se de expressão do princípio da boa-fé processual, tutelada penalmente. Para que o Estado-juiz dê a solução mais justa ao caso, faz-se necessária a disponibilização de informações fidedignas.

Verbos nucleares: Tipo misto alternativo, em que a incidência em qualquer dos verbos leva à sua configuração, bem como a execução de mais de uma conduta, se no mesmo contexto fático, configura crime único. *Sonegar* (dizer que não tem informação que de fato tem, ocultar, deixando de mencionar ou descrever quando oportuno), *omitir* (deixar de apresentar ou se manifestar, quedar-se inerte quando deveria fornecer a informação) ou *prestar* informações falsas (fornecer, conceder, apresentar em juízo).

Objeto jurídico: A lisura do processo de recuperação judicial, extrajudicial ou falimentar, além do patrimônio dos credores, secundariamente.

Objeto material: A informação sonegada, omitida ou prestada falsamente no processo de falência, recuperação judicial ou extrajudicial.

Sujeito ativo: Qualquer pessoa pode ser sujeito ativo da infração penal ora analisada, embora seja mais comum sua prática por alguma das partes do processo falimentar ou de recuperação. Contudo, o delito pode ser praticado, por exemplo, pelo próprio devedor, contadores e, inclusive, por outros credores e pelo próprio administrador judicial.

Sujeito passivo: Aqui é preciso cautela, pois entendemos que embora a redação do crime de indução a erro mencione algumas figuras que fazem parte do processo falimentar e de recuperação, tais como o juiz, o Ministério Público os credores, a assembleia geral de credores, o comitê ou administrador judicial, eles não necessariamente são vítimas do delito. Podemos dizer, assim, que as reais vítimas do crime são aqueles que foram efetivamente prejudicados pela sonegação, omissão ou prestação da informação falsa, bem como a Administração da Justiça, pois o Estado também figura como vítima.

Consumação: Trata-se de crime formal, ou seja, independe do resultado almejado pela conduta para sua consumação. Se o resultado ocorrer, tem-se apenas o mero exaurimento do crime. Nesse caso, o resultado seria a efetiva indução a erro dos sujeitos mencionados no tipo, que não precisa, necessariamente, ocorrer para sua consumação. Conforme entendimento do STJ (AgRg no AREsp 986276 / RS), "Para configuração do crime de erro de indução na modalidade prestar informações falsas não é necessário que as informações sejam prestadas apenas quando reclamadas, elas podem ser apresentadas pelo réu, no processo de falência, de forma voluntária. "

Tentativa: O crime em análise pode ser classificado como plurissubsistente na modalidade comissiva, representada pela expressão prestar informações falsas, ou seja, sua execução pode ser fracionada. Exemplo de tentativa seria a prestação de informação falsa por escrito, extraviada por circunstâncias alheias à vontade do agente. Caso, porém, a informação chegue ao conhecimento da autoridade, o crime estará consumado.

Por outro lado, nas modalidades omissivas *sonegar* ou *omitir* a posição doutrinária majoritária é pela impossibilidade de dividir a execução, tratando-se de crime unissubsistente, sendo inadmissível a tentativa.

Elemento subjetivo: É o dolo, acrescido de um fim especial de agir, qual seja, a intenção de induzir a erro o juiz, o Ministério Público, os credores, a assembleia geral de credores, o comitê ou administrador judicial.

Ação penal: Todos os crimes falimentares são de ação penal pública incondicionada (Lei n. 11.101/05, art. 184).

Suspensão condicional do processo: Não aplicável, na medida em que a pena mínima ultrapassa um ano, conforme prevê o art. 89 da Lei n. 9.099/95.

Acordo de Não Persecução Penal: Em se tratando de crime cuja pena mínima é inferior a quatro anos, atendidos os demais requisitos, tais como reparação do dano, confissão formal e circunstanciada etc., mostra-se possível a celebração de acordo de não persecução penal, a teor do art. 28-A do CPP.

Classificação doutrinária: *Crime comum* (pode ser praticado por qualquer pessoa); *formal* (não exige a produção do resultado para sua configuração) *doloso* (o agente quer o resultado ou assume o risco de produzi-lo); *comissivo* na modalidade prestar e *omissivo* nas modalidades omitir ou sonegar; *de forma livre* (pode ser praticado por qualquer meio de execução); *de concurso eventual* (pode ser praticado apenas por uma pessoa); *plurissubsistente na modalidade prestar informações falsas e unissubsistente* nas modalidades *sonegar* e *omitir*; *admite tentativa* a depender da modalidade; *crime impróprio pré ou pós-falimentar* (pode ser praticado antes ou depois da falência, recuperação judicial ou extrajudicial, por qualquer pessoa).

Jurisprudência selecionada:

> (...) 9. Para configuração do crime de erro de indução na modalidade prestar informações falsas não é necessário que as informações sejam prestadas apenas quando reclamadas, elas podem ser apresentadas pelo réu, no processo de falência, de forma voluntária. 10. Após promoverem o exame do arcabouço fático-probatório dos autos, as instâncias ordinárias concluíram que o réu tinha acesso aos livros contábeis. Para desconstituir a conclusão das instâncias ordinárias, na forma pretendida pela ora agravante, implica necessariamente a incursão no conjunto probatório dos autos, revelando-se inadequada a análise da pretensão recursal em função do óbice da Súmula 7/STJ. 11. Recurso especial parcialmente conhecido e, nessa extensão, parcialmente provido apenas para reconhecer a existência de crime único entre os fatos n. 1. 2. 3 e 4 descritos na denúncia, devendo os autos retornar ao Tribunal de origem para que proceda à nova dosimetria da pena. **STJ. Agravo Regimental no Agravo em Recurso Especial : AgRg no AREsp 986276 / RS. Relator: Ministro Jorge Mussi. DJe: 17/08/2018.**

7. FAVORECIMENTO DE CREDORES

Art. 172. Praticar, antes ou depois da sentença que decretar a falência, conceder a recuperação judicial ou homologar plano de recuperação extrajudicial, ato de disposição ou oneração patrimonial ou gerador de obrigação, destinado a favorecer um ou mais credores em prejuízo dos demais:

Pena – reclusão, de 2 (dois) a 5 (cinco) anos, e multa.

Parágrafo único. Nas mesmas penas incorre o credor que, em conluio, possa beneficiar-se de ato previsto no *caput* deste artigo.

Comentários: Para que possamos compreender o tipo penal em questão, faz-se necessário entender que o principal objetivo do processo falimentar, de recuperação judicial ou extrajudicial é o rateio do patrimônio do devedor conforme critérios legalmente preestabelecidos na Lei n. 11.101/05.

Por própria característica, nesses casos o patrimônio não é suficiente para atender a todos os credores, estabelecendo-se uma ordem legal de pagamento dos créditos concursais. Conforme determina a Lei n. 11.101/05, existe uma fase para verificação e habilitação dos créditos (art. 7º usque art. 20); são estabelecidos órgãos específicos, tais como a assembleia geral de credores, o comitê de credores, sendo consolidado o quadro-geral de credores e a ordem de preferencia entre eles, conforme art. 83 da Lei de Falência.

Assim, tem preferência o pagamento de créditos derivados da legislação de trabalho, limitados a 150 (cento e cinquenta) salários mínimos por credor e os decorrentes de acidentes de trabalho em relação aos créditos quirografários, por exemplo. Desse modo, qualquer ato de disposição ou oneração patrimonial ou, ainda, gerador de obrigação em discordância com os critérios legais, tendo como finalidade beneficiar determinado credor, pode caracterizar o delito de favorecimento de credores.

Verbos nucleares: *Praticar* (levar a efeito, realizar, pôr em prática, trabalhar).

Objeto jurídico: Lisura do processo de recuperação judicial, extrajudicial ou falimentar, além do patrimônio dos credores prejudicados, secundariamente. Pode-se dizer, também, que o tipo penal visa tutelar as condições de igualdade entre os credores, preservando o patrimônio da massa falida para sua distribuição de forma justa entre os credores, nos termos estipulados pela Lei Falimentar.

Objeto material: O patrimônio disposto, onerado ou objeto de obrigação a determinado credor ou grupo de credores em discordância com os critérios legais.

Consumação: Avaliando que o crime de favorecimento de credores não exige a produção de um resultado naturalístico para se configurar, trata-se de delito formal, de resultado cortado ou de consumação antecipada. Destarte, não se exige que o ato de disposição, de oneração patrimonial ou gerador de obrigação efetivamente favoreça os credores almejados inicialmente. Se favorecer, cuida-se de mero exaurimento do crime.

Tentativa: Em se tratando de crime plurissubsistente é possível a tentativa, ou seja, a execução poder ser fracionada em vários atos.

Sujeito passivo: Os credores prejudicados e preteridos com o ato de disposição ou oneração patrimonial ou gerador de obrigação.

Sujeito ativo: O devedor e as figuras a ele equiparadas, conforme previsão do art. 179 da Lei de Falências. Lembra-se que o Administrador Judicial tem papel preponderante, na medida em que após a abertura da falência, da recuperação judicial ou da extrajudicial, é o único legitimado a gerir o patrimônio.

O parágrafo único do art. 172 inclui o credor que, em conluio, possa beneficiar-se. Mostra-se imprescindível o acerto do credor com aquele que, efetivamente, pratica os atos de disposição patrimonial em desacordo com a legislação.

Elemento subjetivo: Dolo é o elemento subjetivo do tipo, no entanto, exige-se o fim especial de agir, consistente na intenção de beneficiar um ou mais credores em prejuízo dos demais.

Ação penal: Todos os crimes falimentares são de ação penal pública incondicionada (Lei n. 11.101/05, art. 184).

Suspensão condicional do processo: Não aplicável, na medida em que a pena mínima ultrapassa um ano, conforme prevê o art. 89 da Lei n. 9.099/95.

Acordo de Não Persecução Penal: Em se tratando de crime cuja pena mínima é inferior a quatro anos, atendidos os demais requisitos, tais como reparação do dano ou restituição da coisa às vítimas, confissão formal e circunstanciada etc., mostra-se possível a celebração de acordo de não persecução penal, a teor do art. 28-A do CPP.

Classificação doutrinária: *Crime bipróprio* (somente pode ser praticado pelo devedor, pelo responsável pela sociedade empresária ou pelo administrador judicial no processo falimentar ou de recuperação judicial ou extrajudicial contra os credores dos processos respectivos); *formal* (não se exige que os credores sejam beneficiados em detrimento dos demais para sua configuração); *doloso* (o agente quer o resultado ou assume o risco de produzi-lo); *de forma livre* (pode ser praticado por qualquer meio de execução); *comissivo* (só pode ser praticado mediante ação); *de concurso eventual* (pode ser praticado apenas por uma pessoa); *plurissubsistente* (admite fracionamento dos atos de execução); *admite tentativa. crime impróprio pré ou pós-falimentar* (pode ser praticado antes ou depois da falência, recuperação judicial ou extrajudicial, pelo devedor, sujeitos equiparados a ele ou credor beneficiado).

8. DESVIO, OCULTAÇÃO OU APROPRIAÇÃO DE BENS

Art. 173. Apropriar-se, desviar ou ocultar bens pertencentes ao devedor sob recuperação judicial ou à massa falida, inclusive por meio da aquisição por interposta pessoa:

Pena – reclusão, de 2 (dois) a 4 (quatro) anos, e multa.

Comentários: Mais uma vez notamos a preocupação do legislador com a apresentação e disponibilização correta dos bens. Uma vez decretada a falência ou concedida a recuperação judicial, os bens passam a integrar a massa falida (no caso da falência) e devem ser partilhados conforme ordem de preferência legal (Lei n. 11.101/05, art. 83).

Os créditos passam a ser chamados concursais justamente porque são os créditos provenientes da atividade do empresário devedor enquanto esse ainda estava na condução de sua atividade empresarial. Nas palavras de Arão Júnior (2019, on-line):

> Os créditos concursais seriam aqueles que em si fundam a falência. Sua denominação advém de uma das acepções inerentes à falência, a de procedimento instaurado para o concurso entre credores em situação idêntica para a satisfação dos direitos patrimoniais que detêm sobre o devedor, que na verdade se apresenta apenas como efeito da quebra e instrumentaliza a responsabilização patrimonial da empresa. Esse concurso em procedimento conjunto impõe a igualdade de condições entre os credores, não permitindo que a satisfação dos créditos se dê por outro critério que não aquele legalmente estabelecido, revelando, assim, a perpetuação na legislação vigente da "*par conditio creditorum*", presente no direito romano, que é um fundamento jurídico que consiste na ideia de assegurar perfeita igualdade entre os credores da mesma classe. Este princípio constitui-se na base lógica do processo insolvencial, sendo considerando pela doutrina o mais importante desse processo.

Desse modo, compreendido o escopo principal da Lei de Falências, fica fácil notar que aquele que se apropria, oculta ou desvia os bens que devem ser colacionados deve ser punido penalmente. Salienta-se, em atenção ao princípio da legalidade estrita, não se mostra tutelado penalmente essas condutas em relação aos bens no processo de recuperação extrajudicial, que é apenas homologado em juízo.

Para ilustrar o cometimento do crime em análise, cita-se a hipótese de o administrador judicial que desvia bens da massa falida por meio de interposta pessoa (pode ser um funcionário da sociedade empresária, por exemplo) ou diretamente.

Verbos nucleares: Tipo misto alternativo, em que a incidência em qualquer dos verbos leva à sua configuração, bem como a execução de mais de uma conduta, se no mesmo contexto fático, configura crime único. *Apropriar-se* (apoderar-se, apossar-se, apreender, assenhorar-se, assenhorear-se, confiscar, ocupar, tomar, usurpar) o bem que tem posse, incorporando ao seu patrimônio o bem, *desviar* (mudar o destino correto, entregar a quem não tem direito) ou *ocultar* (deixar de apresentar quando necessário, esconder, encobrir, não revelar, disfarçar, dissimular), ou seja, coloca o bem fora do alcance dos credores ou da massa falida.

Objeto jurídico: Lisura do processo de recuperação judicial ou falimentar, além do patrimônio dos credores prejudicados, secundariamente. Pode-se dizer, também, que o tipo penal visa tutelar as condições de igualdade entre os credores, preservando o patrimônio da massa falida para sua distribuição de forma justa entre os credores, nos termos estipulados pela Lei Falimentar.

Objeto material: Os bens patrimoniais apropriados, desviados ou ocultados durante o processo de recuperação judicial ou falimentar.

Sujeito ativo: O crime comumente é praticado pelo Administrador Judicial, pelos representantes legais da sociedade empresária ou pelo próprio devedor, inclusive por interposta pessoa.

Sujeito passivo: O devedor, exceto quando ele mesmo for o sujeito ativo, e os credores prejudicados.

Consumação: Cuida-se de crime mera conduta, assim, a lei descreve somente a conduta criminosa, não prevendo qualquer resultado. O crime se consuma com a efetiva inversão da posse no caso da apropriação, com a destinação incorreta no caso do desvio ou com o encobrimento do bem, no caso da ocultação. Se houver desvio, apropriação o ocultação na recuperação extrajudicial não há enquadramento típico no delito do art. 173. Podem restar configurados os crimes de furto (art. 155) ou apropriação indébita (art. 168), previstos no Código Penal.

Tentativa: A tentativa é possível, uma vez que o delito pode ter sua execução fracionada, sendo classificado como plurissubsistente.

Elemento subjetivo: O dolo é o elemento subjetivo, que deve ser demonstrado indubitavelmente, sob pena de a denúncia ser inepta por falta de justa causa (CPP, art. 395, III).

Ação penal: Todos os crimes falimentares são de ação penal pública incondicionada (Lei n. 11.101/05, art. 184).

Suspensão condicional do processo: Não aplicável, na medida em que a pena mínima ultrapassa um ano, conforme prevê o art. 89 da Lei n. 9.099/95.

Acordo de Não Persecução Penal: Em se tratando de crime cuja pena mínima é inferior a quatro anos, atendidos os demais requisitos, tais como reparação do dano ou restituição da coisa à vítima, confissão formal e circunstanciada etc., mostra-se possível a celebração de acordo de não persecução penal, a teor do art. 28-A do CPP.

Confronto com art. 13, parágrafo único da Lei n. 7.492/86 (Crimes contra o Sistema Financeiro): O art. 13, parágrafo único, da Lei de Crimes contra o Sistema Financeiro tem previsão semelhante ao delito em análise. No entanto, a LCSF se relaciona ao conjunto de instituições, sejam monetárias, bancárias e sociedades por ações, e ao mercado financeiro de capitais e valores mobiliários, de modo a proteger o Sistema Financeiro Nacional.

Além disso, o crime financeiro tem sujeitos ativos próprios, quais sejam, o liquidante e o síndico, em relação aos bens tornados indisponíveis pela intervenção, liquidação extrajudicial ou falência, especificamente de instituição financeira. Lembramos que o art. 2º, inciso II, da Lei n. 11.101/05 afasta a sua incidência em relação às instituições financeiras. Já o art. 13 da Lei n. 7.492/86 assim dispõe:

> **Art. 13.** Desviar (Vetado) bem alcançado pela indisponibilidade legal resultante de intervenção, liqüidação extrajudicial ou falência de instituição financeira. Pena - Reclusão, de 2 (dois) a 6 (seis) anos, e multa.

Parágrafo único. Na mesma pena incorra o interventor, o liqüidante ou o síndico que se apropriar de bem abrangido pelo caput deste artigo, ou desviá-lo em proveito próprio ou alheio.

Classificação doutrinária: *Crime comum* (pode ser praticado por qualquer pessoa); *de mera conduta* (a lei não descreve qualquer resultado); *doloso* (o agente quer o resultado ou assume o risco de produzi-lo); *de forma livre* (pode ser praticado por qualquer meio de execução); *comissivo* (pode ser praticado mediante ação); *de concurso eventual* (pode ser praticado apenas por uma pessoa); *plurissubsistente* (admite fracionamento dos atos de execução); *admite tentativa; crime impróprio pré ou pós-falimentar* (pode ser praticado antes ou depois da falência, recuperação judicial, por qualquer pessoa).

9. AQUISIÇÃO, RECEBIMENTO OU USO ILEGAL DE BENS

Art. 174. Adquirir, receber, usar, ilicitamente, bem que sabe pertencer à massa falida ou influir para que terceiro, de boa-fé, o adquira, receba ou use:

Pena – reclusão, de 2 (dois) a 4 (quatro) anos, e multa.

Comentários: De modo diverso de outros crimes previstos na Lei n. 11.101/05, o crime de aquisição, recebimento ou uso ilegal de bens exige que os bens sejam da massa falida, ou seja, bens que estejam sendo objeto de constrição durante o processo de recuperação judicial ou extrajudicial estão fora do alcance do tipo penal.

É de ser ressaltar que para a configuração do crime os bens devem ser adquiridos, recebidos ou utilizados de forma não condizente com a legislação de regência, sob pena de atipicidade. É o que extrai-se do vocábulo *ilicitamente.*

Conforme salienta Vidal (2005, on-line), trata-se de uma modalidade especial de receptação, que atenta contra os credores da massa falida. Na esteira do mesmo autor, visualizamos exemplos da incidência no crime em comento:

> A *compra em nome de terceira pessoa* (cônjuge, p. ex.) é típica forma de execução deste delito, razão pela qual o legislador a especificou na parte final do art. 173. Nesse caso, o agente que recebeu o bem responde pelo delito do art. 174 (*aquisição, recebimento ou uso ilegal de bens*). De outro lado, é muito comum e, aliás, criminoso, p. ex., que o devedor, logo após o decreto da falência, transfira rapidamente maquinários, utensílios, matéria prima etc., para outro estabelecimento, especialmente quando ele é sócio ou tem interesse em ambas as empresas.

Verbos nucleares: Tipo misto alternativo, em que a incidência em qualquer dos verbos leva à sua configuração, bem como a execução de mais de uma conduta, se no mesmo contexto fático, configura crime único. *Adquirir* (torna-se proprietário, entrar na posse, ter ou obter), *receber* (entrar na posse de bem, aceitando a entrega efetuada por outrem), *usar* (utilizar como próprio, usufruir) de bem que sabe pertencer à massa falida e, por fim, *influir* (sugerir, induzir, concorrer para terceiro, que nada sabe sobre a condição subjacente, adquira, receba ou use).

Objeto jurídico: A integralidade dos bens da massa falida e a satisfação dos créditos.

Objeto material: Os bens adquiridos, recebidos ou utilizados ilicitamente.

Sujeito ativo: Qualquer pessoa que adquira, use ou receba, ilicitamente, bem da massa falida pode ser sujeito ativo do crime. De igual forma, aquele que influi para que terceiro de boa-fé, que obviamente não responderá pelo crime, utilize, receba ou adquira bens nessas condições. Comumente praticado pelo próprio devedor ou administrador judicial em conluio com o adquirente.

Sujeito passivo: Os credores prejudicados com a utilização, aquisição ou recebimento dos bens.

Consumação: Cuida-se de crime de mera conduta, assim, a lei descreve somente a conduta criminosa, não prevendo qualquer resultado. O crime se consuma com a aquisição, recebimento ou utilização ilícita do bem do acervo patrimonial da massa falida. No caso do uso, mesmo sem qualquer prejuízo aos credores, estará consumado o delito.

Tentativa: A tentativa é possível, uma vez que o delito pode ter sua execução fracionada, sendo classificado como plurissubsistente.

Elemento subjetivo: O dolo é o elemento subjetivo, que deve ser demonstrado indubitavelmente, sob pena de a denúncia ser inepta for falta de justa causa (CPP, art. 395, III).

Elemento normativo do tipo: ilicitamente é elemento normativo jurídico que reclama um juízo de valor do interprete, o qual deve ter seu conceito extraído da análise da possibilidade de uso, aquisição ou recebimento lícito dos bens da massa falida. O art. 139 até o art. 148 da Lei de Falências e Recuperação disciplinam a realização do ativo, com a especificação da maneira de ser feita alienação e aquisição dos bens da massa falida, estabelecendo todo um rito para tanto. Infringência a essas normas pode configurar o crime do art. 174.

Ação penal: Todos os crimes falimentares são de ação penal pública incondicionada (Lei n. 11.101/05, art. 184).

Suspensão condicional do processo: Não aplicável, na medida em que a pena mínima ultrapassa um ano, conforme prevê o art. 89 da Lei n. 9.099/95.

Acordo de Não Persecução Penal: Em se tratando de crime cuja pena mínima é inferior a quatro anos, atendidos os demais requisitos, tais como reparação do dano ou restituição da coisa à vítima, confissão formal e circunstanciada etc., mostra-se possível a celebração de acordo de não persecução penal, a teor do art. 28-A do CPP.

Classificação doutrinária: *Crime comum* (pode ser praticado por qualquer pessoa); *mera conduta* (a lei não descreve qualquer resultado); *doloso* (o agente quer o resultado ou assume o risco de produzi-lo); *de forma livre* (pode ser praticado por qualquer meio de execução); *comissivo* (só pode ser praticado mediante ação); *de concurso eventual* (pode ser praticado apenas por uma pessoa ou várias em conluio); *plurissubsistente* (admite fracionamento dos atos de execução); *admite tentativa; crime impróprio pós-falimentar* (pode ser praticado somente depois da falência, por qualquer pessoa).

10. HABILITAÇÃO ILEGAL DE CRÉDITO

> Art. 175. Apresentar, em falência, recuperação judicial ou recuperação extrajudicial, relação de créditos, habilitação de créditos ou reclamação falsas, ou juntar a elas título falso ou simulado:
>
> Pena – reclusão, de 2 (dois) a 4 (quatro) anos, e multa.

Comentários: O crime de habilitação ilegal de crédito, incialmente, revelar-se complexo pela quantidade de elementos que contêm significado próprio no contexto da Lei de Falência e Recuperação. Dessa maneira, faz-se necessário esclarecer os conceitos de relação de crédito, habilitação de crédito ou reclamações falsas a que se refere o tipo.

Relação de créditos é a lista de direitos relativos aos credores, consoante sua classe e preferência nos termos do art. 83 da Lei n. 11.101/05 (créditos trabalhistas, créditos com garantia real, créditos tributários, créditos com privilégio especial etc.).

No que diz respeito à habilitação de crédito, temos que relembrar o leitor acerca do disciplinamento pertinente constante nos artigos 7º a 20 da Lei n. 11.101/05. Nessa fase, os credores apresentam seus créditos para que possam ser verificados e habilitados por meio da análise dos livros contábeis, documentos comerciais e fiscais do devedor. Caso sejam apresentados documentos falsos, há que se imputar ao agente o crime de habilitação ilegal de crédito.

Os interessados no processo falimentar ou de recuperação judicial ou extrajudicial podem apresentar reclamações, as quais serão analisadas pelo Comitê de Credores (Lei n. 11.101/05, art. 27, I, "d"). Em se tratando de reclamações fingidas, dissimuladas ou desleais, abre-se azo novamente para configuração do crime em tela.

Há, também, a possibilidade de juntar títulos falsos ou simulados. Basta imaginar a hipótese em que o devedor, em conluio com determinado indivíduo, simule a emissão de um título de crédito em data pretérita à decretação da sua falência, a fim de obter habilitação do crédito simulado e posterior pagamento que retornará a ele por interposta pessoa.

Verbos nucleares: Tipo misto alternativo, em que a incidência em qualquer dos verbos leva à sua configuração, bem como a execução de mais de uma conduta, se no mesmo contexto fático, configura crime único. *Apresentar* (expor, mostrar, exibir) ou juntar (colacionar, acostar, anexar).

Objeto jurídico: O bem jurídico tutelado é a lisura do processo falimentar ou de recuperação, bem como a satisfação dos créditos pendentes e o interesse legítimo dos demais credores enganados.

Objeto material: A relação de créditos, habilitação de créditos ou reclamação falsos ou, ainda, os títulos falsos eventualmente juntados no processo de falência, recuperação judicial ou extrajudicial.

Sujeito ativo: Aqueles que estão habilitados a apresentar créditos no processo falimentar ou de recuperação judicial ou extrajudicial, geralmente os credores, conforme se depreende do art. 7º da Lei n. 11.101/05. No caso de apresentação de reclamação falsa, qualquer interessado pode ser sujeito ativo.

Sujeito passivo: Os credores prejudicados ou os que poderiam potencialmente ser prejudicados figuram como vítimas do crime do art. 175.

Consumação: O delito consuma-se independente da ocorrência de qualquer resultado, assim, trata-se de crime formal ou de resultado cortado, em que o tipo não prevê qualquer resultado e, se ocorrer, configura-se mero exaurimento. Sendo desse modo, caso o documento falso seja apresentado e posteriormente desconsiderado ainda sim podemos dizer que houve consumação.

Tentativa: De difícil configuração, na medida em que a mera apresentação dos documentos falsos no processo falimentar ou de recuperação já configura o delito. Por isso, entendemos que se trata de delito unissubsistente.

Elemento subjetivo: O dolo é o elemento subjetivo, que deve ser demonstrado indubitavelmente, sob pena de a denúncia ser inepta for falta de justa causa (CPP, art. 395, III). Nesse sentido, o agente deve ter ciência que se trata de documento contrafeito, se porventura não tiver ciência o caminho é o reconhecimento da atipicidade da conduta.

Ação penal: Todos os crimes falimentares são de ação penal pública incondicionada (Lei n. 11.101/05, art. 184).

Suspensão condicional do processo: Não aplicável, na medida em que a pena mínima ultrapassa um ano, conforme prevê o art. 89 da Lei n. 9.099/95.

Acordo de Não Persecução Penal: Em se tratando de crime cuja pena mínima é inferior a quatro anos, atendidos os demais requisitos, tais como reparação do dano ou restituição da coisa à vítima, confissão formal e circunstanciada etc., tem-se como possível a celebração de acordo de não persecução penal, a teor do art. 28-A do CPP.

Confronto com art. 14, parágrafo único da Lei n. 7.492/86 (Crimes contra o Sistema Financeiro): A Lei de Crimes contra o Sistema Financeiro, em seu artigo 14, prevê

> Art. 14. Apresentar, em liquidação extrajudicial, ou em falência de instituição financeira, declaração de crédito ou reclamação falsa, ou juntar a elas título falso ou simulado:
>
> Pena - Reclusão, de 2 (dois) a 8 (oito) anos, e multa.

Mais uma vez ressaltamos que a LCSF se relaciona ao conjunto de instituições, sejam monetárias, bancárias e sociedades por ações, e ao mercado financeiro de capitais e valores mobiliários, de modo a proteger o Sistema Financeiro Nacional. A fim de proteger os mesmos bens jurídicos da Lei de Falências e Recuperação, mas relacionados ao diferenciado processo de falência ou liquidação extrajudicial das instituições financeiras, há tipo penal específico, conforme transcrito acima.

Classificação doutrinária: *Crime próprio* (exige a condição de credor para legitimidade para apresentação dos documentos mencionados falsos); *formal* (não exige a produção do resultado para sua configuração); *doloso* (o agente quer o resultado ou assume o risco de produzi-lo); *de forma livre* (pode ser praticado por qualquer meio de execução); *comissivo* (só pode ser praticado mediante ação); *de concurso eventual* (pode ser praticado apenas por uma pessoa); *unissubsistente* (não admite fracionamento dos atos de execução); *não admite tentativa; crime impróprio pré ou pós-falimentar* (pode ser praticado antes ou depois da falência, por qualquer pessoa).

11. EXERCÍCIO ILEGAL DE ATIVIDADE

> **Art. 176. Exercer atividade para a qual foi inabilitado ou incapacitado por decisão judicial, nos termos desta Lei:**
>
> **Pena – reclusão, de 1 (um) a 4 (quatro) anos, e multa.**

Comentários: Nos termos do art. 102 da Lei n. 11.101/05 "O falido fica inabilitado para exercer qualquer atividade empresarial a partir da decretação da falência e até a sentença que extingue suas obrigações, respeitado o disposto no § 1º do art. 181 desta Lei." Desse modo, temos um tipo especial de desobediência e de exercício ilegal da atividade, que afasta a incidência do art. 359 do Código Penal (Desobediência a decisão judicial sobre perda ou suspensão de direito).

O art. 181 da Lei n. 11.101/05 estabelece como efeitos não automáticos da condenação por crime previsto na Lei: a inabilitação para o exercício da atividade empresarial; o impedimento para o exercício de cargo ou função em conselho de administração, diretoria ou gerência das sociedades sujeitas a esta Lei e a impossibilidade de gerir empresa por mandato ou por gestão de negócio. Nesse sentido, é possível que o agente possa cometer o crime de exercício ilegal de atividade por desobedecer os efeitos da condenação em outro crime previsto na Lei de Falências e Recuperação.

Importante dizer que só se configura o crime de exercício ilegal da atividade se a inabilitação ou incapacidade tiver sido determinada por decisão judicial, caso haja mera desobediência de determinação administrativa, entendemos que pode restar configurado o crime previsto no art. 205 do Código

Penal (Exercício de atividade com infração de decisão administrativa).

Verbos nucleares: *Exercer* (praticar, por em ação ou atividade). É o desempenho da atividade para o qual houve prévia inabilitação ou declaração de incapacidade por provimento judicial.

Objeto jurídico: A administração da justiça é tutelada penalmente, coibindo rebeldia e desobediência daquele que, no interesse próprio ou de outrem, despreza seus mandamentos, colocando-se em flagrante choque com ela, provocando-lhe o descrédito e o desprestígio, de maneira similar ao que ocorre no crime do art. 359 do CP descrito por Masson (2014, p. 1.417).

Objeto material: É a atividade indevidamente exercida em infringência à determinação judicial de inabilitação ou incapacidade.

Sujeito ativo: Cuida-se de crime próprio, na medida em que só pode ser praticado por aquele que, no contexto do processo falimentar ou de recuperação judicial ou extrajudicial foi inabilitado ou declarado incapaz de exercer a atividade.

Sujeito passivo: É o Estado.

Consumação: O crime é de mera conduta, consumando-se com o exercício da atividade para o qual foi inabilitado ou incapacitado por decisão judicial, que se compreende como condição objetiva de punibilidade. A lei não prevê qualquer resultado, nenhum prejuízo a terceiro, apenas o mero descumprimento configura o crime, embora o prejuízo possa ocorrer. Pode ser classificado, ainda, como crime de perigo abstrato. De mais a mais, lembramos que deve haver demonstração que o agente foi devidamente intimado da decisão judicial.

Tentativa: De difícil configuração. Entendemos que se trata de crime habitual, cuja prática de apenas um ato não é suficiente para a sua consumação. Assim, exige reiteração de atos inerentes ao exercício da atividade que foi inabilitado ou incapacitado judicialmente. Por isso, não se revela possível na forma tentada conforme ampla maioria da doutrina em análise aos crimes habituais.

Elemento subjetivo: O dolo é o elemento subjetivo, que deve ser demonstrado indubitavelmente, sob pena de a denúncia ser inepta for falta de justa causa (CPP, art. 395, III).

Ação penal: Todos os crimes falimentares são de ação penal pública incondicionada (Lei n. 11.101/05, art. 184).

Suspensão condicional do processo: Aplicável, na medida em que a pena mínima não ultrapassa um ano, conforme autorizado pelo art. 89 da Lei n. 9.099/95.

Acordo de Não Persecução Penal: Em se tratando de crime cuja pena mínima é inferior a quatro anos, atendidos os demais requisitos, tais como reparação do dano ou restituição da coisa à vítima, confissão formal e circunstanciada etc., revela-se possível a celebração de acordo de não persecução penal, a teor do art. 28-A do CPP.

Classificação doutrinária: *Crime próprio* (exige uma condição especial do sujeito ativo); *de mera conduta* (a lei não prevê a ocorrência de qualquer resultado para sua configuração); *doloso* (o agente quer o resultado ou assume o risco de produzi-lo); *de forma livre* (pode ser praticado por qualquer meio de execução); *comissivo* (só pode ser praticado mediante ação); *de concurso eventual* (pode ser praticado apenas por uma pessoa); *unissubsistente* (não admite fracionamento dos atos de execução); *não admite tentativa; crime habitual; crime próprio pré ou pós-falimentar* (pode ser praticado antes ou depois da falência, somente pelo devedor ou falido).

Jurisprudência selecionada:

1. Se o Tribunal a quo, com base na análise dos elementos fático-probatórios dos autos, entendeu que: "o recorrente exerceu (depois do decreto falimentar e depois da sua ciência da situação de falido) atividade empresarial para a qual estava inabilitado na forma do artigo 102 da Lei 11.101/05", afastar tal entendimento implicaria o reexame de provas, a incidir o enunciado da Súmula 7 do Superior Tribunal de Justiça. (grifo nosso). **STJ. Agravo Regimental nos Embargos de Declaração no Agravo Regimental no Agrado em Recurso Especial: AREsp 905278/MG. Relator: Ministro Joel Ilan Paciornik. DJe : 10/02/2017.**

12. VIOLAÇÃO DE IMPEDIMENTO

Art. 177. Adquirir o juiz, o representante do Ministério Público, o administrador judicial, o gestor judicial, o perito, o avaliador, o escrivão, o oficial de justiça ou o leiloeiro, por si ou por interposta pessoa, bens de massa falida ou de devedor em recuperação judicial, ou, em relação a estes, entrar em alguma especulação de lucro, quando tenham atuado nos respectivos processos:

Pena – reclusão, de 2 (dois) a 4 (quatro) anos, e multa.

Comentários: O crime de violação de impedimento tem por escopo evitar ações daqueles agentes estatais ou particulares que tiram proveito das circunstâncias em proveito próprio, uma vez que têm contato com dados sigilosos da falência ou recuperação judicial (aqui se excluiu a recuperação extrajudicial).

Verbos nucleares: Tipo misto alternativo, em que a incidência em qualquer dos verbos leva à sua configuração, bem como a execução de mais de uma conduta, se no mesmo contexto fático, configura crime único. *Adquirir* (tornar-se proprietário, entrar na posse, ter ou obter); *entrar em alguma especulação de lucro* diz respeito ao aproveitamento das informações privilegiadas em proveito patrimonial pessoal, adotando conduta que, no futuro, possa contribuir para o enriquecimento do agente, tal como ocorre com a venda ou compra de ações em bolsa de valores.

Objeto jurídico: Certamente, aqui temos como objeto jurídico a credibilidade do Poder Judiciário no processo falimentar ou de recuperação judicial, que pode ser aviltada pela conduta oportunista dos indivíduos que podem ter acesso privilegiado aos autos.

Objeto material: A aquisição efetivada ou o direito objeto de especulação levados a efeito pelo sujeito ativo.

Sujeito ativo: Cuida-se de crime próprio funcional, que só pode ser praticado pelo juiz, o representante do Ministério Público, o administrador judicial, o gestor judicial, o perito, o avaliador, o escrivão, o oficial de justiça ou o leiloeiro, assim como o coautor, interposta pessoa.

Sujeito passivo: É o Estado. O devedor ou os credores podem figurar como sujeitos passivos secundários, se acarretar prejuízo ao seu patrimônio.

Consumação: O prejuízo não integra o tipo penal, assim, não se faz necessário para a consumação que a aquisição ou especulação diminua o patrimônio ou prejudique o curso das alienações do processo falimentar ou de recuperação judicial. Por isso, entendemos que se trata de crime formal, cujo resultado naturalístico não compõe o tipo penal.

Tentativa: Uma vez que se pode vislumbrar o fracionamento da execução, tal como ocorre, por exemplo, no caso do juiz, em conluio com pessoa interposta e com a finalidade de adquirir determinado bem da massa falida abaixo do preço de mercado, tem descortinado o ajuste antes do lance no leilão, quando já oferecida proposta fechada (Lei n. 11.101/05, art. 142, II). Nesse caso, não houve aquisição, mas mera tentativa que não se consumou por circunstâncias alheias às vontades dos agentes mancomunados.

Elemento subjetivo: O dolo é o elemento subjetivo, que deve ser demonstrado indubitavelmente, sob pena de a denúncia ser inepta for falta de justa causa (CPP, art. 395, III).

Ação penal: Todos os crimes falimentares são de ação penal pública incondicionada (Lei n. 11.101/05, art. 184).

Suspensão condicional do processo: Não aplicável, na medida em que a pena mínima ultrapassa um ano, conforme prevê o art. 89 da Lei n. 9.099/95.

Acordo de Não Persecução Penal: Em se tratando de crime cuja pena mínima é inferior a quatro anos, atendidos os demais requisitos, tais como reparação do dano ou restituição da coisa à vítima, confissão formal e circunstanciada etc., mostra-se possível a celebração de acordo de não persecução penal, a teor do art. 28-A do CPP.

Classificação doutrinária: *Crime próprio* (exige condição especial do sujeito ativo); *formal* (não exige a produção do resultado para sua configuração) *doloso* (o agente quer o resultado ou assume o risco de produzi-lo); *de forma livre* (pode ser praticado por qualquer meio de execução); *comissivo* (só pode ser praticado mediante ação); *de concurso eventual* (pode ser praticado apenas por uma pessoa ou em concurso entre várias); pl*urissubsistente* (admite fracionamento dos atos de execução); *admite tentativa; crime impróprio pré ou pós-falimentar* (pode ser praticado antes ou depois da falência, não pelo falido, mas pelos sujeitos indicados no tipo penal).

13. OMISSÃO DOS DOCUMENTOS CONTÁBEIS OBRIGATÓRIOS

Art. 178. Deixar de elaborar, escriturar ou autenticar, antes ou depois da sentença que decretar a falência, conceder a recuperação judicial ou homologar o plano de recuperação extrajudicial, os documentos de escrituração contábil obrigatórios:

Pena – detenção, de 1 (um) a 2 (dois) anos, e multa, se o fato não constitui crime mais grave.

Comentários: No âmbito da atividade empresarial existem diversos documentos contábeis, os quais são exigidos a fim de manter os órgãos competentes, os credores e o fisco informados sobre a lisura da escrituração

É importante lembrar o Decreto nº 9.555, de 2018, que trata da autenticação de livros contábeis de pessoas jurídicas não sujeitas ao Registro do Comércio. Este ato complementar passou a permitir a dispensa de autenticação dos livros contábeis no Registro do Comércio para as pessoas jurídicas que apresentem a escrituração contábil digital por meio do Sistema Público de Escrituração Digital (SPED). Se dispensada a autenticação, não se trata de ato obrigatório, afastando a tipicidade penal.

O tipo penal exige que a omissão em relação à elaboração, à escrituração e à autenticação se dê no interstício anterior ou posterior à sentença que decreta a falência, concede a recuperação judicial ou homologa a extrajudicial. Assim, cuida-se de crime pré e pós-falimentar.

Verbos nucleares: Tipo misto alternativo, em que a incidência em qualquer dos verbos leva à sua configuração, bem como a execução de mais de uma conduta, se no mesmo contexto fático, configura crime único. *Deixar* (não fazer quando deveria, quedar-se inerte) de *elaborar* (confeccionar, abrir o livro), *escriturar* (preencher corretamente).

Objeto jurídico: Lisura e transparência da atividade empresarial.

Objeto material: Os documentos de escrituração contábil obrigatórios que deixam de ser elaborados, escriturados ou autenticados.

Sujeito ativo: Somente o empresário individual, os gestores ou responsáveis pela sociedade empresaria podem cometer o crime. Portanto, trata-se de crime próprio.

Sujeito passivo: O Estado, a coletividade e o próprio mercado.

Consumação: O crime se consuma com a omissão do empresário ou responsável pela sociedade empresaria, quando deixa de, tempestiva e corretamente, elaborar, escriturar ou autenticar documentos contábeis, independente da ocorrência de qualquer resultado. Por esse motivo, entendemos que se trata de crime formal. Caso ocorra algum resultado agravador, pode haver desclassificação para outro tipo penal, a exemplo da fraude contra credores.

Tentativa: O crime é omissivo próprio, assim, conforme posição doutrinária majoritária há impossibilidade de dividir a execução, tratando-se de crime unissubsistente, sendo inadmissível a tentativa.

Elemento subjetivo: Pune-se a conduta dolosa do agente, que deixa de elaborar, escriturar ou autenticar documentos contábeis obrigatórios.

Ação penal: Todos os crimes falimentares são de ação penal pública incondicionada (Lei n. 11.101/05, art. 184).

Normal penal em branco: Os documentos de escrituração contábil obrigatórios têm definição própria no contexto do Direito Empresarial, assim como autenticação.

Consoante nos ensina Rossignoli[4] (2015, p. 71):

> No que diz respeito aos livros, a escrituração é composta de livros facultativos e obrigatórios, sendo que o único que é obrigatório para todos os tipos de atividades empresaria é o Livro Diário, previsto no art. 1.180 do Código Civil.

A mesma autora aduz que a **escrituração** é o dever de manter seus livros organizados, em razão da relevância social. Tem, basicamente, três funções: a gerencial – mais interna, para controle do empresário do seu negócio, lucros etc.; a documental – pela escrituração é possível fazer a demonstração dos resultados da empresa, tanto para o próprio empresário, como para investidores e credores e, por fim, a fiscal – através da análise dos livros que se faz a incidência tributária.

Cita-se, também, o importante art. 1.179 do Código Civil que trata da escrituração. Vejamos:

> Art. 1.179. O empresário e a sociedade empresária são obrigados a seguir um sistema de contabilidade, mecanizado ou não, com base na escrituração uniforme de seus livros, em correspondência com a documentação respectiva, e a levantar anualmente o balanço patrimonial e o de resultado econômico.

4. Rossignoli, Estefânia. Coleção sinopses para concursos. Direito empresarial. 4ª ed. rev., ampl. e atul. Ed: Juspovivm. Salvador, 2015. p. 71/72.

Além da previsão do Código Civil, tem-se ainda o modo de escrituração das Sociedades Anônimas, tratado no art. 177 da Lei n. 6.404/76. Confira:

> Art. 177. A escrituração da companhia será mantida em registros permanentes, com obediência aos preceitos da legislação comercial e desta Lei e aos princípios de contabilidade geralmente aceitos, devendo observar métodos ou critérios contábeis uniformes no tempo e registrar as mutações patrimoniais segundo o regime de competência.

A obrigação contábil se divide em duas, a de preencher os livros de acordo com os documentos comprobatórios do movimento financeiro e de fazer ao menos uma vez ao ano um balanço que resuma a situação patrimonial e resultado econômico.

Na **autenticação**, o órgão competente, geralmente a junta comercial, irá conferir a escrituração e tirar cópia dos documentos e usos e costumes assentados em seus registros.

Nesse contexto, é bom observar o teor dos enunciados 260, 390 do Supremo Tribunal Federal, bem como dos artigos 226 e 970 c/c art. 1.179, §§ 1º e 2º do Código Civil, os quais auxiliam e complementam o entendimento sobre escrituração contábil. Confira abaixo:

> Súmula 260 – STF. O exame de livros comerciais, em ação judicial, fica limitado as transações entre os litigantes.
>
> Súmula 390 – STF. A exibição judicial de livros comerciais pode ser requerida como medida preventiva.
>
> Art. 226. Os livros e fichas dos empresários e sociedades provam contra as pessoas a que pertencem, e, em seu favor, quando, escriturados sem vício extrínseco ou intrínseco, forem confirmados por outros subsídios.
>
> Art. 970. A lei assegurará tratamento favorecido, diferenciado e simplificado ao empresário rural e ao pequeno empresário, quanto à inscrição e aos efeitos daí decorrentes.
>
> Art. 1.179. O empresário e a sociedade empresária são obrigados a seguir um sistema de contabilidade, mecanizado ou não, com base na escrituração uniforme de seus livros, em correspondência com a documentação respectiva, e a levantar anualmente o balanço patrimonial e o de resultado econômico.
>
> § 1º Salvo o disposto no art. 1.180, o número e a espécie de livros ficam a critério dos interessados.
>
> § 2º É dispensado das exigências deste artigo o pequeno empresário a que se refere o art. 970.

Crime subsidiário: O preceito secundário do crime de omissão de documentos contábeis obrigatórios tem informação importante, ao inserir a frase "*se o fato não constitui crime mais grave*". Com isso, claramente verifica-se que se cuida de tipo penal subsidiário; desse modo, caso a omissão na escrituração, por exemplo, seja feita dolosamente com o fim de fraudar credores, há que se reconhecer a incidência no crime previsto no art. 168, § 1º, II, da Lei de Falências e Recuperação.

Suspensão condicional do processo: Possível, na medida em que a pena mínima não ultrapassa um ano, conforme prevê o art. 89 da Lei n. 9.099/95. Trata-se de crime de menor potencial ofensivo, pois a pena máxima não ultrapassa dois anos. Assim, a competência é do juizado criminal especial.

Acordo de Não Persecução Penal: Em se tratando de crime cuja pena mínima é inferior a quatro anos, atendidos os demais requisitos, tais como reparação do dano ou restituição da coisa à vítima, confissão formal e circunstanciada etc., revela-se possível a celebração de acordo de não persecução penal, a teor do art. 28-A do CPP.

Classificação doutrinária: *Crime próprio* (só pode ser praticado por empresário ou responsável por sociedade empresária); *formal* (não exige a produção do resultado para sua consumação); *doloso* (o agente quer o resultado ou assume o risco de produzi-lo); *de forma livre* (pode ser praticado por qualquer meio de execução); *omissivo* (só pode ser praticado mediante inação); *de concurso eventual* (pode ser praticado apenas por uma pessoa ou em concurso com outras); *unissubsistente* (não admite fracionamento dos atos de execução); *não admite tentativa; crime próprio pré ou pós-falimentar* (pode ser praticado antes ou depois da falência, somente pelo falido, devedor, empresário individual ou responsável pela sociedade empresária).

14. DISPOSIÇÕES COMUNS

Art. 179. Na falência, na recuperação judicial e na recuperação extrajudicial de sociedades, os seus sócios, diretores, gerentes, administradores e conselheiros, de fato ou de direito, bem como o administrador judicial, equiparam-se ao devedor ou falido para todos os efeitos penais decorrentes desta Lei, na medida de sua culpabilidade.

Comentários: Conforme já delineado nas linhas iniciais, a Lei equiparou ao devedor ou falido, para todos os efeitos penais, os sócios, os diretores, os gerentes, os administradores, os conselheiros, bem como o administrador judicial, nos termos do art. 179. Dessa forma, em se tratando de crime tipificado na Lei n. 11.101/05, quando o tipo penal se referir a condutas que podem ser praticadas pelo falido ou devedor, como ocorre no art. 178, por exemplo, há norma de extensão subjetiva abrangendo os sócios, diretores, gerentes etc.

Se faz necessário certo cuidado aqui, pois no Direito Penal brasileiro o dolo do agente integra o primeiro substrato do crime, o Fato Típico, mais precisamente no âmbito da conduta.

Assim sendo, considerando que todos os crimes falimentares são dolosos, o Estado precisa provar, por meio de seus órgãos de persecução penal, nomeadamente a Polícia Judiciária e o Ministério Público, primeiro a ciência da conduta criminosa dos agentes equiparados ao falido e ao devedor, bem como que desejavam o resultado ou, ao menos, assumiram o risco de produzi-lo. Não é qualquer sócio que tem poder de administrar a sociedade empresária, portanto, provavelmente não terá ciência de eventuais fraudes, ausência de escrituração, autenticação ou qualquer outro ato comissivo ou omissivo penalmente relevante.

Art. 180. A sentença que decreta a falência, concede a recuperação judicial ou concede a recuperação extrajudicial de que trata o art. 163 desta Lei é condição objetiva de punibilidade das infrações penais descritas nesta Lei.

Comentários: Tópico já tratado nas considerações introdutórias.

Art. 181. São efeitos da condenação por crime previsto nesta Lei:

I - a inabilitação para o exercício de atividade empresarial;

II - o impedimento para o exercício de cargo ou função em conselho de administração, diretoria ou gerência das sociedades sujeitas a esta Lei;

III - a impossibilidade de gerir empresa por mandato ou por gestão de negócio.

§ 1º Os efeitos de que trata este artigo não são automáticos, devendo ser motivadamente declarados na sentença, e perdurarão até 5 (cinco) anos após a extinção da punibilidade, podendo, contudo, cessar antes pela reabilitação penal.

§ 2º Transitada em julgado a sentença penal condenatória, será notificado o Registro Público de Empresas para que tome as medidas necessárias para impedir novo registro em nome dos inabilitados.

Comentários: A Lei de Falências e de Recuperação aponta três efeitos específicos da condenação. A primeira coisa que precisa ficar clara é que não se trata de efeitos automáticos, desse modo, deve o magistrado fundamentar minuciosamente sua decisão nesse sentido.

Vale ressaltar o teor do art. 102 da LFR, quando determina que o falido fica inabilitado para exercer qualquer atividade empresarial a partir da decretação da falência e até a sentença que extingue suas obrigações, respeitado o disposto no § 1º do art. 181 desta Lei, ou seja, o limite de até 5 (cinco) anos após a extinção da punibilidade, exceto se houver reabilitação antes desse período.

Outro ponto importante que deve ser lembrado é a previsão constante no art. 158, incisos III e IV da LFR, que dispõe sobre o prazo de extinção das obrigações do falido, distinguindo o prazo do gravame caso tenha havido condenação por crime falimentar. Vejamos o artigo na íntegra:

> Art. 158. Extingue as obrigações do falido:
>
> I – o pagamento de todos os créditos;
>
> II – o pagamento, depois de realizado todo o ativo, de mais de 50% (cinquenta por cento) dos créditos quirografários, sendo facultado ao falido o depósito da quantia necessária para atingir essa porcentagem se para tanto não bastou a integral liquidação do ativo;
>
> III – o **decurso do prazo de 5 (cinco) anos**, contado do encerramento da falência, **se o falido não tiver sido condenado por prática de crime previsto nesta Lei;**
>
> IV – o **decurso do prazo de 10 (dez) anos**, contado do encerramento da falência, **se o falido tiver sido condenado por prática de crime previsto nesta Lei. (grifo nosso)**

Reabilitação: Sobre a reabilitação do empresário, ou seja, a recuperação por parte do falido de sua capacidade empresarial que havia sido retirada por conta da condenação, pode ser civil ou penal. A primeira ocorre quando, considerando a inexistência de crime falimentar, o juiz da falência prolata sentença declarando extintas as obrigações do falido. A reabilitação civil ocorre atendidos os requisitos do art. 158, incisos I a IV da LFR. A segunda, por sua vez, há de ser proclamada pelo juízo criminal, de acordo com o disposto nos artigos 93 a 95 do Código Penal.

Art. 182. A prescrição dos crimes previstos nesta Lei reger-se-á pelas disposições do Decreto-Lei nº 2.848, de 7 de dezembro de 1940 - Código Penal, começando a correr do dia da decretação da falência, da concessão da recuperação judicial ou da homologação do plano de recuperação extrajudicial.

Parágrafo único. A decretação da falência do devedor interrompe a prescrição cuja contagem tenha iniciado com a concessão da recuperação judicial ou com a homologação do plano de recuperação extrajudicial.

Comentários: A prescrição é regulada pelo Código Penal (arts. 109 a 119) e começa a correr do dia da decretação de falência, da concessão da recuperação judicial ou da homologação do plano de recuperação extrajudicial. Na hipótese de o crime ser cometido durante a recuperação judicial ou extrajudicial e haver, posteriormente, decretação de falência, esta interrompe o prazo prescricional. (Lei n. 11.101/05, art. 182, parágrafo único).

Sobre o termo *a quo* do prazo prescricional, o Supremo Tribunal Federal já sedimentou entendimento que começa da data em que deveria estar encerrada a falência ou do trânsito em julgado da sentença que a encerrar ou que julgar cumprida a concordata (Súmula 147/STF).

Importante mencionar a exceção ao princípio da unicidade, que não se aplica no caso de concurso de crimes comuns e os previstos na Lei n. 11.101/05. Assim, reconhecida a prescrição do crime falimentar, o crime previsto no CP, por exemplo, se não prescrito por regra própria, deve continuar seu normal processamento.

Jurisprudência selecionada:

HABEAS CORPUS Nº 94.632 - MG (2007/0270707-3) RELATOR : MINISTRO OG FERNANDES IMPETRANTE : PEDRO CAVALHEIRO HERRERA ADVOGADO : CESAR AUGUSTO OLIVEIRA IMPETRADO : TRIBUNAL DE JUSTIÇA DO ESTADO DE MINAS GERAIS PACIENTE : PEDRO CAVALHEIRO HERRERA EMENTA HABEAS CORPUS. PENAL. LEI DE FALÊNCIAS. CRIMES FALIMENTARES. PRESCRIÇÃO. ESTELIONATO E FORMAÇÃO DE QUADRILHA. CONCURSO MATERIAL DE CRIMES. INAPLICABILIDADE DO PRINCÍPIO DA UNICIDADE. DELITOS AUTÔNOMOS. 1. **A jurisprudência consagrada no âmbito deste Superior Tribunal de Justiça e no Supremo Tribunal Federal orienta que o prazo prescricional de 2 (dois) anos para os crimes falimentares deve correr a partir do trânsito em julgado da sentença que encerra a falência, ou da data em que esta deveria estar encerrada.** Inteligência do artigo 132, § 1.º, do Decreto-Lei n.º 7.661/45, e da Súmula 147/STF. 2. Decretada a falência da empresa na data de 05.08.1999, a denúncia só foi oferecida em 21.03.2005, havendo o transcurso de mais de três anos e meio após a data em que deveria ter se encerrado a falência, razão pela qual torna-se imperioso o reconhecimento da prescrição da pretensão punitiva do Estado, no que tange ao crime falimentar imputado ao ora paciente. 3. **O princípio da unicidade estabelece que, havendo o concurso de diversas condutas voltadas ao cometimento de fraudes aos credores da empresa em processo de falência, considera-se a prática de apenas um único tipo penal, para o qual deve ser aplicada a pena do mais grave deles. 4. Tal princípio não se aplica no caso de concurso de crimes falimentares e delitos comuns elencados no Código Penal brasileiro, que devem ser apurados e punidos separadamente, segundo as regras do concurso material de crimes, conforme previa expressamente o artigo 192 do Decreto-Lei n.º 7.661/45, revogado pela nova Lei de Falências. 5. Ordem de habeas corpus parcialmente concedida, tão somente para declarar prescrita a pretensão punitiva do Estado com relação ao crime falimentar que se imputou ao ora paciente, devendo prosseguir a ação penal para a apuração dos outros delitos comuns pelos quais foi denunciado.** (grifo nosso) **STJ. Habeas Corpurs: HC 94632/MG. Relator: Min. Og Fernandes. DJe 20.03.2013.**

1. Não pode ser acoimada de inepta a denúncia formulada em obediência aos requisitos traçados no artigo 41 do Código de Processo Penal, descrevendo perfeitamente as condutas típicas, cuja autoria é atribuída aos recorrentes devidamente qualificados, circunstâncias que permitem o exercício da ampla defesa no seio da persecução penal, na qual se observará o devido processo legal. 2. Nos chamados crimes de autoria coletiva, embora a vestibular acusatória não possa ser de todo genérica, é válida quando, apesar de não descrever minuciosamente as atuações individuais dos acusados, demonstra um liame entre o seu agir e a suposta prática delituosa, estabelecendo a plausibilidade da imputação e possibilitando o exercício da ampla defesa. Precedentes. 3. No caso dos autos, verifica-se que a participação dos recorrentes no ilícito descrito na exordial foi devidamente explicitada, pois simularam o encerramento das atividades da empresa falida, criando e mantendo a nova pessoa jurídica para continuação da mesma atividade, ludibriando assim os seus credores. PLEITO ABSOLUTÓRIO. INSUFICIÊNCIA DE PROVAS. REEXAME FÁTICO-PROBATÓRIO. NÃO CABIMENTO. RECURSO IMPROVIDO. Concluído pelas instâncias de origem, a partir da análise do arcabouço probatório existente nos autos, que os acusados simularam o encerramento das atividades da empresa falida, criando e mantendo nova pessoa jurídica, a fim de ludibriar seus credores, a desconstituição do julgado no intuito de abrigar o pleito defensivo absolutório não encontra espaço na via eleita, porquanto seria necessário a este Tribunal Superior de Justiça aprofundado revolvimento do contexto fático-probatório, providência incabível em Recurso Especial, conforme já assentado pelo Enunciado nº 7 da Súmula desta Corte. EXTINÇÃO DA PUNIBILIDADE. PRESCRIÇÃO DA PRETENSÃO PUNITIVA ESTATAL DO CRIME FALIMENTAR. APLICAÇÃO DA LEGISLAÇÃO REVOGADA MAIS BENÉFICA. IMPOSSIBILIDADE. ÚLTIMO ATO FRAUDULENTO PRATICADO NA VIGÊNCIA DA NORMA VIGENTE. INOCORRÊNCIA DE TRANSCURSO DO LAPSO TEMPORAL ENTRE OS MARCOS INTERRUPTIVOS. 1. Nos termos da jurisprudência deste Sodalício, em homenagem ao princípio da unicidade, havendo pluralidade de condutas praticadas

no intuito de fraudar os créditos da empresa durante o processo de falência deve ser considerada a prática de apenas um crime, de forma que, para fins de contagem do prazo prescricional, seja aplicada a legislação vigente à época do último ato fraudulento. 2. Considerando-se, no caso, que o último ato fraudulento foi praticado no ano de 2012, tendo, inclusive, o órgão acusatório enquadrado os ilícitos atribuídos aos acusados na Lei n. 11.101/05, não há duvidas de que as regras a serem utilizadas para a contagem do prazo prescricional devem ser as previstas na nova Lei de Falências. 3. E, sendo a Lei n. 11.101/2005 a que incide em relação aos crimes falimentares examinados, não há que se falar em prescrição da pretensão punitiva do Estado pelo transcurso do lapso de tempo entre os marcos interruptivos. Isto porque, condenados à pena de 3 anos de reclusão, entre a data da decretação da falência (18.8.2008), termo inicial da contagem do prazo prescricional, consoante o artigo 182 da Lei 11.101/2005, e o dia em que recebida a inicial acusatória (10.4.2013), e entre este e a sentença condenatória, não transcorreram mais de 8 (oito) anos, nos termos do artigo 109, inciso IV do CP. **STJ. Agravo Regimental no Agravo em Recurso Especial: AgRg no Agravo Em Recurso Especial 986.276/RS. Relator: Ministro Jorge Mussi. DJe: 17.08.2018.**

15. DO PROCEDIMENTO PENAL

Art. 183. Compete ao juiz criminal da jurisdição onde tenha sido decretada a falência, concedida a recuperação judicial ou homologado o plano de recuperação extrajudicial, conhecer da ação penal pelos crimes previstos nesta Lei.

Comentários: Conforme se verifica da leitura do art. 183 da LFR, o juízo competente para o processo e julgamento dos crimes falimentares é o do local onde tenha sido decretada a falência, concedida a recuperação judicial ou homologada a recuperação extrajudicial.

Assim, caso a falência tenha sido decretada em determinado juízo da comarca do município de Cuiabá, por exemplo, o juízo criminal da mesma localidade será o competente para o conhecimento de eventual ação penal relacionada ao processo falimentar.

Mesmo com a previsão expressa da Lei pode ocorrer uma situação inusitada. Indagamos: é possível que o próprio juízo universal da falência cumule funções cíveis e criminais? A situação foi analisada quando da declaração de constitucionalidade do art. 15 da Lei n. 3.947/83 do Estado de São Paulo pelo STF (RHC 63787/SP). Veja também a opinião do STJ sobre a possibilidade de haver essa cumulação:

HABEAS CORPUS Nº 485.767 - SP (2018/0342360-0) RELATOR : MINISTRO FELIX FISCHER IMPETRANTE : DIEGO ALVES MOREIRA DA SILVA E OUTROS ADVOGADOS : SÉRGIO LUIZ DE ALMEIDA PEDROSO - SP074389 ANDRÉ LUÍS CERINO DA FONSECA - SP225178 DIEGO ALVES MOREIRA DA SILVA - SP376599 IMPETRADO : TRIBUNAL DE JUSTIÇA DO ESTADO DE SÃO PAULO PACIENTE : ANDRE LUIS CARRARO EMENTA HABEAS CORPUS SUBSTITUTIVO DE RECURSO ESPECIAL. NÃO CABIMENTO. PROCESSO PENAL. JUÍZO UNIVERSAL DA FALÊNCIA. COMPETÊNCIA. ORGANIZAÇÃO JUDICIÁRIA. LEGISLAÇÃO ESTADUAL. WRIT NÃO CONHECIDO. I - A Terceira Seção desta Corte, seguindo entendimento firmado pela Primeira Turma do col. Pretório Excelso, sedimentou orientação no sentido de não admitir habeas corpus em substituição ao recurso adequado, situação que implica o não conhecimento do writ, ressalvados casos excepcionais em que, configurada flagrante ilegalidade apta a gerar constrangimento ilegal, seja possível a concessão da ordem de ofício. **II - No caso concreto, alega-se a incompetência absoluta do Juízo Universal da Falência no Estado de São Paulo para a apuração criminal.** III - **"Especificamente no Estado de São de Paulo, a Lei Estadual nº 3.947/83, em seu artigo 15, determina que as ações por crime falimentar e as que lhe sejam conexas são da competência do respectivo Juízo Universal da Falência, tendo sido tal diploma legislativo declarado constitucional pelo c. Supremo Tribunal Federal**, por se tratar de norma típica de organização judiciária, inserida, portanto, no âmbito da competência legislativa privativa dos Estados, a teor do artigo 125, § 1º, da Lex Fundamentalis" (grifo nosso). **STJ. Habeas Corpus: HC 106.406/SP. Relator: Ministro Felix Fischer. Quinta Turma. DJe 03/08/2009.**

Art. 184. Os crimes previstos nesta Lei são de ação penal pública incondicionada.

Parágrafo único. Decorrido o prazo a que se refere o art. 187, § 1º, sem que o representante do Ministério Público ofereça denúncia, qualquer credor habilitado ou o administrador judicial poderá oferecer ação penal privada subsidiária da pública, observado o prazo decadencial de 6 (seis) meses.

Comentários: Considerando o alto grau de reprovabilidade e interesse público na investigação e processamento dos crimes falimentares, inclusive pelo potencial de desequilíbrio no mercado econômico, a Lei n. 11.101/05 estabeleceu, como regra, ação penal pública incondicionada para todos os crimes.

Como expressão de direito constitucional previsto no art 5º, inciso LIX, parágrafo único, há possibilidade de que qualquer credor habilitado ou o administrador judicial ofereça ação penal privada subsidiária da pública em caso de inação do órgão ministerial, dentro do lapso temporal de 6 meses, sob pena de decadência.

Como ocorre em qualquer ação penal privada subsidiária da pública, nesse caso o Ministério Público atua como interveniente adesivo obrigatório (ou parte adjunta), intervindo em todas as fases do processo, sob pena de nulidade, inclusive retomando o processo como parte principal em caso de inércia ou negligência do querelante, o que é chamado de ação penal indireta (Brasileiro, 2018, p. 180).

Art. 185. Recebida a denúncia ou a queixa, observar-se-á o rito previsto nos arts. 531 a 540 do Decreto-Lei nº 3.689, de 3 de outubro de 1941 - Código de Processo Penal.

Comentários: A Lei n. 11.101/05 determina a aplicação do rito do processo sumário para os crimes falimentares. Após o recebimento da denúncia, a audiência de instrução e julgamento deve ser realizada em no máximo 30 dias, com inquirição do ofendido, testemunhas (no máximo cinco para cada parte), acusação e da defesa, nessa ordem. Há possibilidade de esclarecimento dos peritos, acareações e, ainda, reconhecimento de pessoas e coisas e, ao final, procede-se ao interrogatório do acusado.

O art. 534 do Código de Processo Penal disciplina que as alegações finais serão orais, concedendo-se a palavra, respectivamente, à acusação e à defesa, pelo prazo de 20 (vinte) minutos, prorrogáveis por mais 10 (dez), proferindo o juiz, a seguir, sentença.

Em importante julgado que hoje não tem mais tanta relevância por conta do relativo tempo de promulgação da Lei n. 11.101/05, o STJ (HC 88000/SP) entendeu que "aos delitos falimentares cometidos anteriormente à vigência da Lei n.º 11.101/05 aplica-se o rito previsto nos artigos 503 a 512 do Código de Processo Penal, por expressa disposição de seu artigo 192."

Jurisprudência selecionada:

1. O artigo 192 da Lei 11.101/2005 prevê a sua não aplicação "aos processos de falência ou concordata ajuizados anteriormente ao início de sua vigência, que serão concluídos nos termos do Decreto-lei nº 7.661, de 21 de junho de 1945". 2. O referido dispositivo legal se refere aos processos de falência ou concordata propriamente ditos, e não aos crimes falimentares que lhes são correlatos, cuja legislação de regência é estabelecida a partir da data em que os supostos fatos delituosos foram praticados. Conclusão diversa conflitaria com o princípio da anterioridade, previsto no artigo 5º, inciso XXXIX, da Constituição Federal e reproduzido no artigo 1º do Código Penal. 3. No caso dos autos, da leitura da denúncia, depreende-se que os delitos imputados ao recorrente teriam ocorrido posteriormente à decretação da falência aos 23.2.2007, ou seja, quando já estava em vigor a Lei 11.101/2005. 4. Embora o órgão acusatório tenha enquadrado os ilícitos atribuídos aos acusados no Decreto-lei 7.661/1945, não há duvidas de que as condutas a eles assestadas teriam ocorrido já na vigência da nova Lei de Falências, diploma legal aplicável à espécie, que suprimiu a necessidade de instauração de inquérito judicial antes da deflagração da ação penal, motivo pelo qual não há que se falar em nulidade do processo ante a ausência da referida formalidade. INÉPCIA DA DENÚNCIA. APONTADA FALTA DE DESCRIÇÃO DA CONDUTA DO RECORRENTE. PEÇA INAUGURAL QUE ATENDE AOS REQUISITOS LEGAIS EXIGIDOS E DESCREVE CRIME EM TESE. AMPLA DEFESA GARANTIDA. INÉPCIA NÃO EVIDENCIADA. (grifo nosso). **STJ. Recurso em Habeas Corpus: RHC 31811/ES Relator: Ministro Jorge Mussi. DJe: 11/03/2014.**

Art. 186. No relatório previsto na alínea e do inciso III do *caput* do art. 22 desta Lei, o administrador judicial apresentará ao juiz da falência exposição circunstanciada, considerando as causas da falência, o procedimento do devedor, antes e depois da sentença, e outras informações detalhadas a respeito da conduta do devedor e de outros responsáveis, se houver, por atos que possam constituir crime relacionado com a recuperação judicial ou com a falência, ou outro delito conexo a estes.

Parágrafo único. A exposição circunstanciada será instruída com laudo do contador encarregado do exame da escrituração do devedor.

Comentários: O art. 186 trata da exposição circunstanciada que o administrador judicial deve apresentar ao juiz a respeito da conduta do falido, antes e depois da sentença, das causas da falência, conforme previsão do art. 22, III, alínea "e", da Lei n. 11.101/05. Confira a redação do supramencionado texto legal:

> **Art. 22.** Ao administrador judicial compete, sob a fiscalização do juiz e do Comitê, além de outros deveres que esta Lei lhe impõe:
>
> (...)
>
> **III. Na falência:**
>
> (...)
>
> e) apresentar, no prazo de 40 (quarenta) dias, contado da assinatura do termo de compromisso, prorrogável por igual período, **relatório sobre as causas e circunstâncias que conduziram à situação de falência, no qual apontará a responsabilidade** civil e **penal dos envolvidos, observado o disposto no art. 186 desta Lei;** (grifo nosso)

Como forma de acrescer em substância as informações apresentadas pelo administrador judicial, o relatório deverá ser acompanhado de laudo do contador encarregado do exame e escrituração do devedor.

Art. 187. Intimado da sentença que decreta a falência ou concede a recuperação judicial, o Ministério Público, verificando a ocorrência de qualquer crime previsto nesta Lei, promoverá imediatamente a competente ação penal ou, se entender necessário, requisitará a abertura de inquérito policial.

§ 1º O prazo para oferecimento da denúncia regula-se pelo art. 46 do Decreto-Lei nº 3.689, de 3 de outubro de 1941 - Código de Processo Penal, salvo se o Ministério Público, estando o réu solto ou afiançado, decidir aguardar a apresentação da exposição circunstanciada de que trata o art. 186 desta Lei, devendo, em seguida, oferecer a denúncia em 15 (quinze) dias.

§ 2º Em qualquer fase processual, surgindo indícios da prática dos crimes previstos nesta Lei, o juiz da falência ou da recuperação judicial ou da recuperação extrajudicial cientificará o Ministério Público.

Comentários: A Lei, atenta aos princípios das oficiosidade e oficialidade, em se tratando de crime de ação penal pública incondicionada, tanto a Polícia Judiciária quanto o Ministério Público devem agir de ofício, dando prosseguimento à persecução penal, conforme determinação do art. 187 da Lei de Falências e Recuperação.

Lembramos que, via de regra, a atribuição para a investigação é das Polícias Judiciárias Civis dos Estados, acompanhando a competência da Justiça Estadual do local do juízo universal da falência, ou concessão da recuperação judicial ou homologação da recuperação extrajudicial.

O § 1º, por sua vez, contém uma previsão interessante, pois o prazo de oferecimento da denúncia, embora regido pelas regras do Código de Processo Penal, pode ser postergado, a fim de aguardar o importante relatório circunstanciado que trata do art. 22, inciso III, alínea "e" c/c art. 186 da Lei, de modo que o Ministério Público possa ter à sua disposição mais elementos para fundamentar a denúncia, se for o caso, no prazo de 15 dias, a partir do recebimento do relatório. Só existe possibilidade de postergação do prazo se o investigado/indiciado estiver solto ou afiançado.

No § 2º há determinação para que o magistrado, de ofício, encaminhe ao MP expediente informando do surgimento de indícios da prática dos crimes falimentares.

Art. 188. Aplicam-se subsidiariamente as disposições do Código de Processo Penal, no que não forem incompatíveis com esta Lei.

Comentários: Como é comum em legislações especiais, a Lei n. 11.101/05 determina a aplicação subsidiária do Código de Processo Penal no processo e julgamento dos crimes falimentares, a exemplo da citação expressa constante no art. 185, sobre a aplicação do rito sumário.

Art. 192. Esta Lei não se aplica aos processos de falência ou de concordata ajuizados anteriormente ao início de sua vigência, que serão concluídos nos termos do Decreto-Lei nº 7.661, de 21 de junho de 1945.

Ultratividade legal: Nosso último artigo a ser comentado pode gerar alguma controvérsia. Por isso, é bom esclarecer que o art. 192 da Lei n. 11.101/05 se refere aos processos de **natureza civil** de falência ou concordata, **não procedimento penal.** Evidentemente, a ultratividade diz respeito à norma mais favorável aplicada ao agente, mesmo revogada, diante de novel legislação mais gravosa. *In casu*, uma vez instaurada a ação falimentar após a vigência da Lei n. 11.101/05, as normas processuais têm aplicação imediata (CPP, art. 2º) e os crimes são os tipificados pela mesma Lei, se a ação ou omissão criminosa foi praticada sob sua égide.

Vejamos a transcrição de jurisprudência que abordou o tema:

> 1. O fenômeno da ultratividade legal ou normativa é de aplicação restrita aos casos em que a norma anterior, mesmo revogada, conduz à solução mais favorável à pessoa processada, diante da norma afluente que contempla solução mais severa, mas a sua aplicação também se submete a outros preceitos do sistema jurídico, como o da incidência imediata da regra processual, respeitada obviamente a validade dos atos processuais já consumados sob a égide da lei anterior. 2. **Não se cogita do benefício da ultratividade, autorizado pelo artigo 192 da Lei de Recuperação de Empresas (Lei 11.101/05), se a Ação Penal Falimentar foi ajuizada após a sua vigência; além desse insuperável óbice de ordem temporal, a previsão do artigo 192 da LRE somente se aplica aos processos de falência e de concordata, ficando fora da sua abrangência, por ausência de contemplação no dispositivo, os feitos de natureza criminal.** Precedente da 5a. Turma: HC 86.337-RS (DJU 08.09.08). 3. À luz do que preconiza o artigo 182, caput da Lei 11.101/2005, aplicável na hipótese, a prescrição dos crimes previstos na aludida LRE será regida pelo Código Penal, começando a correr do dia da decretação da falência, da concessão da recuperação judicial ou da homologação do plano de recuperação extrajudicial. 4. In casu, o Juízo da 3a. Vara da Comarca de Barueri/SP decretou a falência da empresa BRASIMAC S/A Eletrodomésticos em 23/06/2003. O ora Recorrido foi denunciado pela prática dos crimes previstos no artigo 186, VI e VII, do DL 7.661/45, cuja pena máxima cominada é de 3 anos de

detenção. Nos termos do artigo 109, IV do CPB, a prescrição para os crimes cuja pena privativa de liberdade máxima cominada seja superior a 2 anos e não exceda a 4 anos, como no caso, é de 8 anos. Dessa forma, não há como ser reconhecida a prescrição da pretensão punitiva, uma vez que não decorreram oito anos entre a data da sentença que decretou a quebra (23/06/2003) e a data em que a denúncia foi recebida (22/06/2007) nem entre 22/06/2007 (recebimento da denúncia) e a presente data. 5. Recurso Especial conhecido e provido, a fim de restabelecer a decisão do Juízo de primeiro grau que recebeu a denúncia, determinando-se o regular prosseguimento da Ação Penal em relação ao ora recorrido, FERNANDO ALBERTO DE SANT'ANA. **STJ. Recurso Especial: REsp 1107195. Relator: Ministro Napoelão Nunes Maia Filho. DJe. 29/03/2010.**

REFERÊNCIAS BIBLIOGRÁFICAS:

BARBOSA, Paulo Henrique. Crimes falimentares: procedimento e tipos penais. Disponível em: https://www.direitonet.com.br/artigos/exibir/3688/Crimes-falimentares-procedimento-e-tipos-penais. Acesso em 15 ago. 2020.

BRANDÃO, Bernardo. Crimes falimentares em espécie. Disponível: https://jus.com.br/artigos/46145/crimes-falimentares-em-especie. Acesso em: 12 ago. 2020.

BRASIL. Decreto-Lei nº 2.848, de 7 de dezembro de 1940. Disponível em: http://www.planalto.gov.br/ccivil_03/decreto-lei/del2848compilado.htm. Acesso em 10 jun. 2020.

BRASIL. Decreto-Lei nº 3.689, de3 de outubro de 1941. Disponível em: http://www.planalto.gov.br/ccivil_03/decreto-lei/del3689compilado.htm. Acesso em 10 jun. 2020.

BRASIL. Lei n. 11.101, 2005. Brasília: Presidência da República, Casa Civil, 2006. Disponível em: www.presidencia.gov.br. Acesso em: 12 ago. 2020.

BRASIL. Lei nº 11.101, de 9 de fevereiro de 2005. Regula a recuperação judicial, a extrajudicial e a falência do empresário e da sociedade empresária. Disponível em: http://www.planalto.gov.br/ccivil_03/_ato2004-2006/2005/lei/l11101.htm. Acesso em 10 jun. 2020.

JESUS, Damásio E. de. *Direito Penal.* São Paulo: ed. Saraiva, 1990, vol. 1.

JÚNIOR, Arão Teodomiro de Sousa. A classificação dos créditos na Lei 11.101/05 e o limite legal para pagamento dos créditos trabalhistas. Disponível em: https://jus.com.br/artigos/75809/a-classificacao-dos-creditos-na-lei-11-101-2005-e-o-limite-legal-para-pagamento-de-creditos-trabalhistas. Acesso em 15 ago. 2020.

JÚNIOR, Nivan de Jesus Viegas. Dos crimes falimentares. Disponível em: https://jus.com.br/artigos/55741/dos-crimes-falimentares. Acesso em: 10 ago. 2020.

LIMA, Renato Brasileiro de. Código de Processo Penal comentado. 3 ed. rev. e atual. Salvador : Juspodivm, 2018.

MASSON, Cleber. Código Penal comentado. 2. ed. rev., atual. e ampl. - Rio de Janeiro: Forense; São Paulo: MÉTODO, 2014

MOREIRA, Alberto Camiña. Poderes da assembleia de credores, do juiz e atividade do Ministério Público. *Direito falimentar e a nova lei de falências e recuperação de empresas.* Luiz Fernando Valente Paiva (coord). São Paulo: Quartier Latin, 2005.

NEGRÃO, Ricardo. *Manual de direito comercial e de empresa.* 7. ed. São Paulo: Saraiva, 2012. Volume 3.

PRADO. Luiz Regis. Direito penal econômico. 8ª ed. rev. atual. e ampl. São Paulo: Gen Jurídico, 2019.

ROSSIGNOLI, Estefânia. Coleção sinopses para concursos. Direito empresarial. 4ª ed. rev., ampl. e atul. Ed: Juspodivm. Salvador, 2015.

SCHMITT. Ricardo Agusto. Sentença Penal Condenatória. Teoria e prática. 10ª ed. rev. e atul. Ed: Juspodivm. Salvador, 2016.

STJ - RHC: 31538 SP 2011/0278381-6, Relator: Ministra MARIA THEREZA DE ASSIS MOURA, Data de Julgamento: 20/03/2014, T6 - SEXTA TURMA, Data de Publicação: DJe 09/04/2014

STJ: Agravo em Recurso Especial. AREsp. nº 1.359.924/MG RELATOR : Ministro Sebastião Reis Júnior. DJe: 09/10/18.

STJ. Agravo Regimental no Agravo em Recurso Especial : AgRg no AREsp 986276/RS. Relator: Ministro Jorge Mussi. DJe: 17/08/2018.

STJ. Habeas Corpus: HC 106.406/SP. Relator: Ministro Felix Fischer. Quinta Turma. DJe: 03/08/2009

STJ. Habeas Corpus: HC n. 94.632/MG. Relator: Ministro Og Fernandes, Sexta Turma. DJe: 20/3/2013.

STJ. HC n. 106.406/SP, Rel. Min. Felix Fischer. Quinta Turma, DJe de 03/08/2009

STJ. Recurso em Habeas Corpus: RHC /ES. Relator: Ministro Jorge Mussi. DJe: 11/03/2014

STJ. Recurso Especial: REsp 1107195. Relator: Ministro Napoelão Nunes Maia Filho. DJe. 29/03/2010.

STJ. Recurso Ordinário em Habeas Corpus: RHC n. 95304/RJ. Relator: Ministro Reinaldo Soares da Fonseca. Quinta turma. DJe: 25/04/2018.

VIDAL, Hélvio Simões. Os tipos penais na nova Lei de Falências e Recuperação de Empresas. **Jus Navigandi**, Teresina, ano 10, n. 739, [14] jul. [2005]. Disponível em: http://jus.com.br/artigos/7002. Acesso em: 15 ago. 2020.

58

LEI DE EXECUÇÃO PENAL

Lei 7.210/1984

GABRIELA MADRID AQUINO

1. INTRODUÇÃO

Legislação aplicável: O chamado "Pacote Anticrime" (Lei 13.964/2019) trouxe relevantes modificações para a Lei de Execuções Penais (Lei 7.210/1984), as quais analisaremos ponto a ponto ao decorrer deste capítulo. As rejeições aos vetos presidenciais pelo Congresso Nacional causaram alterações especificamente em dois principais pontos desta análise: quanto a coleta de material genético e quanto ao requisito subjetivo da necessidade de bom comportamento para progressão de regime disciplinar. Analisaremos ambos os pontos.

Principais alterações: A legislação reformada invoca principalmente a identificação do perfil genético do condenado e regulamenta o uso do banco de dados decorrente. Também podemos destacar alterações quanto as faltas disciplinares de natureza grave, o regime disciplinar diferenciado e requisitos para inclusão do preso no RDD, alterações nos requisitos para progressão de regime de cumprimento de pena e saída temporária.

Eixo central da lei: Segundo Soraia da Rosa Mendes[1], a criação de um Banco de Dados Multibiométrico requer a utilização de materiais e tecnologias adequadas, que estão distantes da realidade brasileira. A criação de uma falta grave para punir aqueles que se recusam a produzir provas contra si mesmos seria uma afronta ao Estado Democrático de Direito. Porém, defensores da novel legislação, como Guilherme de Souza Nucci[2] apontam que a identificação criminal prevista no artigo 9º - A da Lei 13.964/2019 traz segurança e não está de nenhuma forma viciada quanto a constitucionalidade.

2. IDENTIFICAÇÃO DO PERFIL GENÉTICO DO CONDENADO

> **Art. 9º-A. (VETADO com VETO DERRUBADO PELO CN)**
>
> ....
>
> **§ 1º-A. A regulamentação deverá fazer constar garantias mínimas de proteção de dados genéticos, observando as melhores práticas da genética forense.**
>
> ....
>
> **§ 3º Deve ser viabilizado ao titular de dados genéticos o acesso aos seus dados constantes nos bancos de perfis genéticos, bem como a todos os documentos da cadeia de custódia que gerou esse dado, de maneira que possa ser contraditado pela defesa.**
>
> **§ 4º O condenado pelos crimes previstos no caput deste artigo que não tiver sido submetido à identificação do perfil genético por ocasião do ingresso no estabelecimento prisional deverá ser submetido ao procedimento durante o cumprimento da pena.**
>
> **§ 5º (VETADO com VETO DERRUBADO PELO CN)**
>
> **§ 6º (VETADO com VETO DERRUBADO PELO CN)**
>
> **§ 7º (VETADO com VETO DERRUBADO PELO CN)**

1. MENDES, Soraia da Rosa. Pacote Anticrime: comentários críticos à Lei 13.964/2019 – São Paulo: Editora Atlas, 2020.
2. NUCCI, Guilherme de Souza. Pacote Anticrime Comentado: Lei 13.964, de 24.12.2019 – Rio de Janeiro: Forense, 2020.

§ 8º Constitui falta grave a recusa do condenado em submeter-se ao procedimento de identificação do perfil genético.

Conceitos abrangidos pelo dispositivo: A identificação criminal em fase de execução da pena de que trata a Lei 13.964/2019 deve levar em consideração as alterações trazidas pela Lei 12.654/12, que trouxe a obrigatoriedade de identificação para condenados por qualquer dos crimes considerados hediondos. Atualmente são hediondos: homicídio (art. 121 do CP), quando praticado em atividade típica de grupo de extermínio, ainda que cometido por um só agente e homicídio qualificado (art. 121 § 2º, I, II, III, IV, V, VI e VII); lesão corporal seguida de morte (art. 129, §3º, quando praticadas contra autoridade ou agente descrito nos artigos 142 e 144 da Constituição Federal, integrantes do sistema prisional e da Força Nacional de Segurança Pública, no exercício da função ou em decorrência dela, ou contra seu cônjuge, companheiro ou parente consanguíneo até terceiro grau, em razão dessa condição, roubo com restrição de liberdade da vítima (ar. 157, §2º, inciso V), com emprego de arma de fogo (art. 157, § 2º - A, I), com emprego de arma de fogo de uso proibido ou restrito (art. 157, §2º - B) e qualificado pelo resultado lesão corporal grave ou morte (art. 157, §3º, d), extorsão qualificada pela restrição da liberdade da vítima, ocorrência de lesão corporal ou morte, extorsão mediante sequestro e na forma qualificada (art. 159, *caput,* e §§ 1º, 2º e 3º), estupro (art. 213, *caput,* e §§ 1º e 2º)estupro de vulnerável (art. 217 – A, *caput e* §§ 1º a 4º), epidemia com resultado morte (art. 267, §1º), falsificação, corrupção, adulteração ou alteração de produto destinado a fins terapêuticos ou medicinais (ar. 273, *caput,* e §1º, § 1º- A e § 1º - B), favorecimento da prostituição ou de outra forma de exploração sexual de criança ou adolescente ou de vulnerável (art. 218 – B, *caput,* e §§ 1º e 2º), furto qualificado pelo emprego de explosivo ou de artefato análogo que cause perigo comum (art. 155, § 4º - A), genocídio (art. 1º, 2º e 3º da Lei 2.889/56), posse ou porte de arma de fogo de uso proibido (art. 16 da Lei 10.826/03), comércio ilegal de arma de fogo (art. 17 da Lei 10.826/03), tráfico internacional de arma de fogo, acessório ou munição (art. 18 da Lei 10.826/03), organização criminosa quando direcionada à prática de crime hediondo ou equiparado.

A coleta de perfil genético durante a investigação está regulamentada na Lei 12.037/09 a qual versa sobre a identificação criminal de civis e prevê que mediante autorização judicial e sendo essencial à investigação é possível a coleta de material genético e também de registros biométricos, impressões datiloscópicas, dados de individualização por íris, voz e face de investigados e presos provisórios e definitivos.

Como anteriormente citamos, há uma discussão bastante latente na doutrina sobre a constitucionalidade da coleta de material genético. Uma corrente defende a inconstitucionalidade do instituto por ferir a segurança jurídica, desconsiderando os direitos e garantias do indivíduo. Outra defende a eficiência no combate à criminalidade e a importância de obtermos a elucidação dos delitos.

Ressaltamos que a constitucionalidade da Lei já foi reconhecida pelo STF (RCL 24484, j. 05/07/2016).

Parece unânime a doutrina quando trata da inconstitucionalidade da compulsoriedade da medida, ferindo o direito de não produção de provas contra si mesmo, assunto que trataremos quando falarmos da falta grave (§8º).

Quanto ao material genético colhido na cena do crime (os chamados vestígios já abandonados, fora da esfera de domínio e descartados do corpo do investigado), como por exemplo cigarros fumados, fios de cabelo, pedaços de unhas, saliva, sêmen, já houve julgamento do STJ em HC, através de decisão do Ministro relator Reynaldo Soares da Fonseca, que considerou a coleta regular. Não havendo recolhimento do material à força, contra a vontade do paciente, não está impedido o Estado do uso destes vestígios como prova.

Após a rejeição ao veto presidencial pelo congresso nacional ficou estabelecida novamente a implementação de bancos de dados de perfil genético com a respectiva coleta e armazenamento de material decisivo para o deslinde de investigações a respeito de crimes violentos. A coleta compulsória do material genético para autores de um rol taxativo de crimes estava prevista originalmente no Pacote Anticrime, e com a derrubada do veto presidencial ficou em vigor a seguinte redação:

Art. 9º-A. O condenado por crime doloso praticado com violência grave contra apessoa, bem como por crime contra a vida, contra a liberdade sexual ou por crime sexual contra vulnerável, será submetido, obrigatoriamente, à identificação do perfil genético, mediante extração de DNA (ácido desoxirribonucleico), por técnica adequada e

indolor, por ocasião do ingresso no estabelecimento prisional.

...

§ 1º-A. A regulamentação deverá fazer constar garantias mínimas de proteção de dados genéticos, observando as melhores práticas da genética forense.

...

§ 3º Deve ser viabilizado ao titular de dados genéticos o acesso aos seus dados constantes nos bancos de perfis genéticos, bem como a todos os documentos da cadeia de custódia que gerou esse dado, de maneira que possa ser contraditado pela defesa.

§ 4º O condenado pelos crimes previstos no caput deste artigo que não tiver sido submetido à identificação do perfil genético por ocasião do ingresso no estabelecimento prisional deverá ser submetido ao procedimento durante o cumprimento da pena.

§ 5º A amostra biológica coletada só poderá ser utilizada para o único e exclusivo fim de permitir a identificação pelo perfil genético, não estando autorizadas as práticas de fenotipagem genética ou de busca familiar.

§ 6º Uma vez identificado o perfil genético, a amostra biológica recolhida nos termos do caput deste artigo deverá ser correta e imediatamente descartada, de maneira a impedir a sua utilização para qualquer outro fim.

§ 7º A coleta da amostra biológica e a elaboração do respectivo laudo serão realizadas por perito oficial.

§ 8º Constitui falta grave a recusa do condenado em submeter-se ao procedimento de identificação do perfil genético.

Comentários: Importa destacarmos, comparando ambas as redações, que para crimes violentos foi mantida a obrigatoriedade de coleta do material genético. Em que pese a falta de uma definição taxativa do rol de crimes abrangidos, em relação a expressão "violência grave contra a pessoa" temos umadefinição taxativa quando se trata de crimes contra a vida, contra a liberdade sexual, por crime sexual contra vulnerável, não importando se trata de crime praticado na modalidade dolosa ou culposa (abrangido o homicídio culposo, por exemplo). Cabe o destaque para a falta de previsão de coleta obrigatória para os crimes previstos na Lei 8.072/90, a lei dos crimes hediondos.

3. FALTAS DISCIPLINARES DE NATUREZA GRAVE

Art. 50...

...

VIII - recusar submeter-se ao procedimento de identificação do perfil genético.

Comentários: O tema foi objeto de Recurso Extraordinário (973.837), com repercussão geral reconhecida, ainda pendente de julgamento pelo STF. É tema controverso pois a recusa na submissão a identificação por perfil genético seria hipótese de falta disciplinar grave com evidente confronto com o direito constitucional de não autoincriminação.

O art. 50 da LEP (Lei de Execuções Penais) lista taxativamente as faltas graves. São faltas administrativas com repercussão direta na execução da pena criminal, podendo ocasionar inclusive a regressão de regime. Assim, o caráter compulsório do fornecimento de material genético previsto na Lei 13.964/19, por constituir falta grave a sua negativa, parece ferir o direito a não produção de prova contra si mesmo (*nemotenetur se detegere*), além da integridade física e privacidade do preso. Mais uma vez destacamos que a coleta de vestígios de materiais usados e descartados não constitui infração pois se trata de material abandonado.

4. REGIME DISCIPLINAR DIFERENCIADO (RDD)

Art. 52. A prática de fato previsto como crime doloso constitui falta grave e, quando ocasionar subversão da ordem ou disciplina internas, sujeitará o preso provisório, ou condenado, nacional ou estrangeiro, sem prejuízo da sanção penal, ao regime disciplinar diferenciado, com as seguintes características:

I - duração máxima de até 2 (dois) anos, sem prejuízo de repetição da sanção por nova falta grave de mesma espécie;

II - recolhimento em cela individual;

III - visitas quinzenais, de 2 (duas) pessoas por vez, a serem realizadas em instalações equipadas para impedir o contato físico e a passagem de objetos, por pessoa da família ou, no caso de terceiro, autorizado judicialmente, com duração de 2 (duas) horas;

IV - direito do preso à saída da cela por 2 (duas) horas diárias para banho de sol, em grupos de até 4 (quatro) presos, desde que não haja contato com presos do mesmo grupo criminoso;

V - entrevistas sempre monitoradas, exceto aquelas com seu defensor, em instalações equipadas para impedir o contato físico e a passagem de objetos, salvo expressa autorização judicial em contrário;

VI - fiscalização do conteúdo da correspondência;

VII - participação em audiências judiciais preferencialmente por videoconferência, garantindo-se a participação do defensor no mesmo ambiente do preso.

§ 1º O regime disciplinar diferenciado também será aplicado aos presos provisórios ou condenados, nacionais ou estrangeiros:

I - que apresentem alto risco para a ordem e a segurança do estabelecimento penal ou da sociedade;

II - sob os quais recaiam fundadas suspeitas de envolvimento ou participação, a qualquer título, em organização criminosa, associação criminosa ou milícia privada, independentemente da prática de falta grave.

§ 2º (Revogado).

§ 3º Existindo indícios de que o preso exerce liderança em organização criminosa, associação criminosa ou milícia privada, ou que tenha atuação criminosa em 2 (dois) ou mais Estados da Federação, o regime disciplinar diferenciado será obrigatoriamente cumprido em estabelecimento prisional federal.

§ 4º Na hipótese dos parágrafos anteriores, o regime disciplinar diferenciado poderá ser prorrogado sucessivamente, por períodos de 1 (um) ano, existindo indícios de que o preso:

I - continua apresentando alto risco para a ordem e a segurança do estabelecimento penal de origem ou da sociedade;

II - mantém os vínculos com organização criminosa, associação criminosa ou milícia privada, considerados também o perfil criminal e a função desempenhada por ele no grupo criminoso, a operação duradoura do grupo, a superveniência de novos processos criminais e os resultados do tratamento penitenciário.

§ 5º Na hipótese prevista no § 3º deste artigo, o regime disciplinar diferenciado deverá contar com alta segurança interna e externa, principalmente no que diz respeito à necessidade de se evitar contato do preso com membros de sua organização criminosa, associação criminosa ou milícia privada, ou de grupos rivais.

§ 6º A visita de que trata o inciso III do caput deste artigo será gravada em sistema de áudio ou de áudio e vídeo e, com autorização judicial, fiscalizada por agente penitenciário.

§ 7º Após os primeiros 6 (seis) meses de regime disciplinar diferenciado, o preso que não receber a visita de que trata o inciso III do caput deste artigo poderá, após prévio agendamento, ter contato telefônico, que será gravado, com uma pessoa da família, 2 (duas) vezes por mês e por 10 (dez) minutos.

Características do RDD: O RDD foi alterado de forma significativa pela Lei 13.964/19. Inserido na LEP através da Lei 10.792/03, é consenso na doutrina que se trata de sanção de natureza disciplinar, ou modalidade diferenciada de cumprimento de pena. A disciplina do RDD restringe a já limitada locomoção e alguns direitos do preso.

Tem duração máxima de dois anos, prevê recolhimento em cela individual e vistas quinzenais de duas pessoas, por vez, com duração de duas horas. Também traz o direito a saída da cela por 2 (duas) horas diárias para banho de sol em grupos de até 4 (quatro) presos, não sendo estes do mesmo grupo criminoso. As entrevistas são monitoradas e há fiscalização do conteúdo de correspondência. As participações em audiências serão preferencialmente por vídeo conferência, visando evitar deslocamentos desnecessários.

Hipóteses de cabimento: Delineados no art. 52, *caput*, e parágrafos, consistem em: a) fato previsto como crime doloso que cause tumulto carcerário, b) presos que apresentem alto risco para a sociedade, provisórios ou definitivos, c) suspeitos de participação em organização criminosa, milícia privada, associação criminosa, independentemente da prática de falta grave.

Prorrogação sucessiva: Prevista no §4 º, por períodos de um ano, caso haja indícios de que o preso mantém os requisitos que o enquadraram no RDD.

Inclusão do preso no RDD: O art. 54 da LEP preconiza que a aplicação de sanções disciplinares ficará a cargo da autoridade administrativa. Portanto, o diretor prisional, no caso de apuração de falta disciplinar, decidirá a natureza dessa falta e a sanção a ser aplicada entre as previstas no art. 53. Porém, no que se refere ao RDD a autorização para inclusão do preso dependerá de decisão do juiz para sua aplicação. Assim a partir de requerimento circunstanciado (art. 54, §1º) da autoridade administrativa, conforme a Lei 10.792/03, o judiciário determinará a inclusão do preso no RDD.

RDD preventivo: O art. 60 da LEP preconiza que tão logo registrada a falta disciplinar a autoridade administrativa poderá proceder o isolamento cautelar do preso, comunicando, em seguida, a autoridade judiciária. Destacamos que o tempo cumprido preventivamente em RDD será computado no cumprimento da sanção disciplinar (parágrafo único).

Constitucionalidade do RDD: Uma corrente de defensores da inconstitucionalidade do RDD defende que este fere a dignidade da pessoa humana, eis que seria desproporcional aos fins da pena, desrespeitando o princípio da legalidade e constituindo sanção de caráter cruel ou degradante. Por outro lado, defensores da constitucionalidade do RDD argumentam que não há previsão de sofrimento físico ou psíquico no RDD e a regulamentação do instituto pela LEP o torna passível de controle administrativo e judicial (art. 52 da LEP). Ademais, a manutenção da ordem interna nos presídios surge da relação entre o condenado e o Estado, o que afasta o argumento de que a Lei 10.792/2003 trouxe nova modalidade de regime de cumprimento de pena além dos previstos no art. 33 do CP.

5. PROGRESSÃO DE REGIME DE CUMPRIMENTO DE PENA

Art. 112. A pena privativa de liberdade será executada em forma progressiva com a transferência para regime menos rigoroso, a ser determinada pelo juiz, quando o preso tiver cumprido ao menos:

I - 16% (dezesseis por cento) da pena, se o apenado for primário e o crime tiver sido cometido sem violência à pessoa ou grave ameaça;

II - 20% (vinte por cento) da pena, se o apenado for reincidente em crime cometido sem violência à pessoa ou grave ameaça;

III - 25% (vinte e cinco por cento) da pena, se o apenado for primário e o crime tiver sido cometido com violência à pessoa ou grave ameaça;

IV - 30% (trinta por cento) da pena, se o apenado for reincidente em crime cometido com violência à pessoa ou grave ameaça;

V - 40% (quarenta por cento) da pena, se o apenado for condenado pela prática de crime hediondo ou equiparado, se for primário;

VI - 50% (cinquenta por cento) da pena, se o apenado for:

a) condenado pela prática de crime hediondo ou equiparado, com resultado morte, se for primário, vedado o livramento condicional;

b) condenado por exercer o comando, individual ou coletivo, de organização criminosa estruturada para a prática de crime hediondo ou equiparado; ou

c) condenado pela prática do crime de constituição de milícia privada;

VII - 60% (sessenta por cento) da pena, se o apenado for reincidente na prática de crime hediondo ou equiparado;

VIII - 70% (setenta por cento) da pena, se o apenado for reincidente em crime hediondo ou equiparado com resultado morte, vedado o livramento condicional.

§ 1º Em todos os casos, o apenado só terá direito à progressão de regime se ostentar boa conduta carcerária, comprovada pelo diretor do estabelecimento, respeitadas as normas que vedam a progressão.

§ 2º A decisão do juiz que determinar a progressão de regime será sempre motivada e precedida de manifestação do Ministério Público e do defensor, procedimento que também será adotado na concessão de livramento condicional, indulto e comutação de penas, respeitados os prazos previstos nas normas vigentes.

....

§ 5º Não se considera hediondo ou equiparado, para os fins deste artigo, o crime de tráfico de drogas previsto no § 4º do art. 33 da Lei nº 11.343, de 23 de agosto de 2006.

§ 6º O cometimento de falta grave durante a execução da pena privativa de liberdade interrompe o prazo para a obtenção da progressão no regime de cumprimento da pena, caso em que o reinício da contagem do requisito objetivo terá como base a pena remanescente.

§ 7º O bom comportamento é readquirido após 1 (um) ano da ocorrência do fato, ou antes, após o cumprimento do requisito temporal exigível para a obtenção do direito.

Progressividade no cumprimento da pena: Consiste na permissão de que o condenado migre para um sistema menos rigoroso de cumprimento de pena em caso de cumprimento de certos requisitos. Considera como premissa o caráter educativo da pena e pode ser processado por iniciativa do juiz, do Ministério Público, do advogado, do defensor público ou do próprio sentenciado.

Requisitos para progressão de regime: Podemos dividi-los em objetivos e subjetivos. Os objetivos foram alterados pela Lei 13.964/2019, pois foram adicionados lapsos temporais a serem observados para a permissão do benefício. O subjetivo foi reestabelecido após a rejeição ao veto presidencial que trouxe o parágrafo sétimo com a expressão "bom comportamento" que analisaremos a seguir.

Para progressão do regime fechado ao semiaberto (mais rigoroso para intermediário): **a)** condenação (apesar de admitida a progressão por antecipação de benefício da execução penal - STF - Súmula 716)[3]; **b)** cumprimento de parcela da pena, conforme tabela a seguir, onde se encontram as maiores inovações trazidas pela Lei 13.964/19 em relação a LEP. Agora considera-se se o reeducando é reincidente para análise dos prazos de progressão de regime, além da natureza do delito.

3. Súmula 716 - STF Admite-se a progressão de regime de cumprimento da pena ou a aplicação imediata de regime menos severo nela determinada, antes do trânsito em julgado da sentença condenatória.

	Violência ou Grave ameaça	Lei 13.964/19	Tempo para progressão
Primário	Crime **sem** violência ou grave ameaça	Art. 112, I	16%
	Crime **com** violência ou grave ameaça	Art. 112, II	20%
Reincidente	Crime **sem** violência ou grave ameaça	Art. 112, III	25%
	Crime **com** violência ou grave ameaça	Art. 112, IV	30%
Primário	Crime **hediondo** ou equiparado	Art. 112, V	40%
	Crime **hediondo** ou equiparado com resultado morte	Art. 112, VI, "a"	50%
Indiferente	Comando de organização **criminosa** estruturada para a prática de crime hediondo ou equiparado	Art. 112, VI, "b"	
Indiferente	Crime de **milícia privada**	Art. 112, VI, "c"	
Reincidente	Crime **hediondo** ou equiparado	Art. 112, VII	60%
Reincidente	Crime **hediondo** ou equiparado com resultado morte, vedado o livramento condicional	Art. 112, VIII	70%
Condenada gestante ou responsável por crianças ou menores com deficiência (inclusive por crimes hediondos)	Não pode ter cometido: crime com violência ou grave ameaça a pessoa, contra filho ou dependente, deve ser primária, não pode ter integrado OrCrim	Art. 112, §3º	12% (1/8)

Ainda exige o art. 112, que para progressão de regime o reeducando apresente bom comportamento carcerário durante a execução, decorrente da ausência de registro de falta disciplinar - leve, média ou grave. Também deve ser consultado o Ministério Público e o juiz poderá requisitar exame criminológico.

Para progressão do regime semiaberto para o aberto (intermediário par ao mais leve), o STF e o STJ têm adotado o entendimento de que a contagem do prazo para progressão começa sua contagem do implemento dos requisitos do art. 112 da LEP, entendendo que a decisão é meramente declaratória. Contudo, há entendimentos de que a contagem se inicia com a publicação do ato.

Bom comportamento: A boa conduta carcerária, a ser comprovada pelo diretor do estabelecimento prisional, reproduz de forma alterado o antigo e revogado art. 112, *caput*, da LEP. Assim, essa comprovação tornou-se elemento obrigatório de convencimento do Juiz de Execuções, eis que a autoridade deve serinformada pelo diretor do estabelecimento prisional de houve falta disciplinar pelo apenado e qual a sua classificação (leve, moderada ou grave). Ressaltamos a necessidade de verificação quanto a depuração prevista no art. 112 da LEP após a aprovação da Lei 13.964/19, o qual prevê que o bom comportamento é readquirido após um ano da decorrência do fato, sendo o requisito temporal chamado de "reaquisição do bom comportamento". Mais especificamente, destacamos que há duas hipóteses de depuração das penas disciplinares: a) após um ano da ocorrência do fato, b) antes do lapso temporal cumprido de um ano, caso tenha havido cumprimento dos requisitos objetivos, condicionada a manifestação positiva do diretor do estabelecimento prisional (art. 112, § 1º, após a Lei 13.964/19).

Progressão no RDD: Não há proibição para que o preso em RDD progrida de regime. Porém, deve ser cumprida a sanção disciplinar que originou o RDD em sua integralidade, antes da progressão de fato.

6. SAÍDA TEMPORÁRIA

> Art. 122...
>
> § 1º ....
>
> **§ 2º Não terá direito à saída temporária a que se refere o caput deste artigo o condenado que cumpre pena por praticar crime hediondo com resultado morte.**

Hipótese de cabimento: Visita à família, frequência a curso supletivo profissionalizante, ou instrução de segundo grau ou superior, na comarca do Juízo da Execução ou participação em atividades que concorram para o retorno social.

Características da saída temporária: Autorizada pelo Juiz da execução[4], ouvidos o Ministério Público e a Administração Penitenciária, caracteriza-se por: a) Prazo não superior a 7 (sete) dias, podendo ser renovada por 4 9quatro) vezes durante o ano (em caso de instrução o tempo será de acordo com a atividade), b) Sem escolta, sendo permitida a vigilância eletrônica (tornozeleira), c) Pode ser revogada, d) Não será concedida a condenados por crimes hediondos (tendo sido omitidos da redação os equiparados) com resultado morte. Vedação incluída pela Lei 13.964/19.

Prazo máximo anual: Pelo entendimento do STJ é possível à autoridade judicial conceder mais de 5 saídas temporárias no ano, de menor duração do que 7 dias, desde que respeitado o limite de 35 dias durante o prazo anual, sendo o fracionamento coerente com a finalidade de ressocialização da pena (REsp 1.544.036-RJ)

BIBLIOGRAFIA

CUNHA, Rogério Sanches. **Pacote Anticrime – Lei 13.964/2019: Comentários às Alterações no CP, CPP e LEP**. Salvador: Editora Juspodivm, 2020.

MENDES, Soraia da Rosa. **Pacote Anticrime: comentários críticos à Lei 13.964/2019** – São Paulo: Editora Atlas, 2020.

NUCCI, Guilherme de Souza. **Pacote Anticrime Comentado – Lei 13.964, de 24.12.2019** – Rio de Janeiro: Editora Forense, 2020.

4. No HC 130502 o STF decidiu que havendo um calendário de saídas temporária aprovado anualmente pelo Juízo não há necessidade de aprovação para cada um dos eventos. O STJ reviu o posicionamento a respeito no REsp 1.544.036-RJ quando admitiu o calendário de saídas aprovado anualmente.

59

VIOLÊNCIA DOMÉSTICA E FAMILIAR CONTRA A MULHER

Lei 11.340/06

WILLIAM GARCEZ

1. FUNDAMENTO CONSTITUCIONAL E CONVENCIONAL

Art. 1º Esta Lei cria mecanismos para coibir e prevenir a violência doméstica e familiar contra a mulher, nos termos do §8º do art. 226 da Constituição Federal, da Convenção sobre a Eliminação de Todas as Formas de Violência contra a Mulher, da Convenção Interamericana para Prevenir, Punir e Erradicar a Violência contra a Mulher e de outros tratados internacionais ratificados pela República Federativa do Brasil; dispõe sobre a criação dos Juizados de Violência Doméstica e Familiar contra a Mulher; e estabelece medidas de assistência e proteção às mulheres em situação de violência doméstica e familiar.

Constituição Federal: O art. 226, *caput*, da CF prevê que "a família, base da sociedade, tem especial proteção do Estado", determinando no §8° que "o Estado assegurará a assistência à família na pessoa de cada um dos que a integram, criando mecanismos para coibir a violência no âmbito de suas relações". A Lei 11.340/06 vem para atender a esse *mandamento constitucional*, estabelecendo como paradigma os princípios da dignidade e da igualdade de gêneros.

Convenção da Mulher: Também conhecida como *Convenção sobre a eliminação de todas as formas de discriminação contra a mulher*. É considerado o tratado precursor, o primeiro tratado internacional que dispõe sobre os direitos da mulher, baseando-se na constatação empírica de que as mulheres são vítimas de grandes discriminações. Possui duas frentes de ação, i.e., promover os direitos da mulher, buscando a igualdade entre os gêneros e reprimir quaisquer discriminações contra a mulher. Foi elaborado em 18 de dezembro de 1979, pela Assembleia Geral da Organização das Nações Unidas (ONU), e entrou em vigor em 3 de setembro de 1981, traçando os padrões legais de tratamento das mulheres. A premissa básica do tratado é que a discriminação contra a mulher viola os princípios da igualdade e da dignidade da pessoa, prevendo normas que buscam o alcance da igualdade entre homens e mulheres, independentemente do seu estado civil. A Convenção prevê a possibilidade de implementação de *ações afirmativas* em todos os aspectos da vida política, econômica, social e cultural. Foi ratificada pelo Brasil em 1° de fevereiro de 1984, aprovada pelo Congresso Nacional no Dec. Legislativo 26/1994 e promulgada por meio do Decreto 4.377/2002.

Convenção de Belém do Pará: Também conhecida por *Convenção Interamericana para Prevenir, Punir e Erradicar a Violência Doméstica*. Foi adotada pela Assembleia Geral da Organização dos Estados Americanos, em 1994, frisando que a expressão *discriminação contra a mulher* abrange "qualquer ato ou conduta baseada no gênero, que lhe cause morte, dano ou sofrimento físico, sexual ou psicológico, tanto na esfera pública como na esfera privada" (art. 1°). Foi ratificada pelo Brasil em 27 de novembro de 1995, aprovada pelo Congresso Nacional no

Dec. Legislativo 107/95 e promulgada por meio do Decreto 1.973/96.

A Lei Maria da Penha: A despeito das normas acima predicadas, a legislação nacional específica à tutela das mulheres surgiu apenas no ano de 2006, em atendimento a uma recomendação da Organização dos Estados Americanos, em decorrência da responsabilização imposta ao Brasil, pela Comissão Interamericana de Direitos Humanos, no caso *Maria da Penha Maia Fernandes vs. Brasil.*

Direitos humanos: Antes de estudar o fato histórico que deu nome e origem à lei, frise-se que a *Conferência de Direitos Humanos de Viena*, de 1993, definiu a violência contra a mulher como *espécie de violação aos direitos humanos.* O art. 6° da Lei 11.340/06 não deixa dúvidas dessa definição.

Nome e origem da Lei: A lei é conhecida por *Lei Maria da Penha* em razão da violência que vitimou a farmacêutica Maria da Penha Maia Fernandes, em 1983, na cidade de Fortaleza/CE. Enquanto dormia, a senhora Maria da Penha foi atingida por um disparo de espingarda desferido pelo marido, tendo ficado paraplégica. Uma semana após, logo que havia regressado do hospital, a vítima sofreu nova tentativa de homicídio por parte do companheiro, o qual lhe aplicou uma descarga elétrica enquanto se banhava. O agressor foi denunciado em 1984, sendo que, passados catorze anos, o fato ainda não possuía sentença definitiva. Apenas em 2002, dezoito anos após o fato, o réu foi definitivamente condenado, tendo cumprido apenas dois anos de pena em regime fechado. Em 1998, a vítima denunciou o caso à Comissão Interamericana de Direitos Humanos, sendo que, provocado a se manifestar sobre o fato, o Brasil não apresentou nenhuma resposta às solicitações feitas em 1998, 1999 e 2000[1]. No ano de 2001 o Brasil foi responsabilizado por violação ao art. 7° da Convenção de Belém do Pará[2] e ao art. 11 da Convenção Americana de Direitos Humanos[3]. No julgamento, a Comissão Interamericana de Direitos Humanos da Organização dos Estados Americanos, frisou que "a ineficácia judicial, a impunidade e a impossibilidade de a vítima obter uma reparação, mostra a falta de cumprimento do compromisso assumido pelo Brasil de reagir adequadamente ante a violência doméstica" (CIDH, Rel. 54/2001). A Comissão impôs o pagamento de indenização à vítima no valor de vinte mil dólares e recomendou a adoção de várias medidas, entre elas simplificar os procedimentos judiciais penais, a fim de que possa ser reduzido o tempo processual[4]. Então, cinco anos depois da recomendação, entrou em vigor a Lei 11.340/06, que se trata de um *microssistema protetivo* que cria mecanismos para coibir a violência doméstica e familiar contra a mulher, em virtude do patriarcado e da cultura machista impregnada na sociedade brasileira, que faz com que a mulher ainda seja oprimida, especialmente pelo homem.

2. MICROSSISTEMA DE PROTEÇÃO À MULHER

Art. 2° Toda mulher, independentemente de classe, raça, etnia, orientação sexual, renda, cultura, nível educacional, idade e religião, goza dos direitos fundamentais inerentes à pessoa humana, sendo-

1. PAIVA, Caio Cezar de Figueiredo; HEEMANN, Thimotie Aragon. Jurisprudência internacional de direitos humanos. Manaus: Dizer o Direito, 2015, p. 317.
2. Art. 7°, Convenção de Belém do Pará: Os Estados Partes condenam todas as formas de violência contra a mulher e convêm em adotar, por todos os meios apropriados e sem demora, políticas destinadas a prevenir, punir e erradicar tal violência e a empenhar-se em: a. abster-se de qualquer ato ou prática de violência contra a mulher e velar por que as autoridades, seus funcionários e pessoal, bem como agentes e instituições públicos ajam de conformidade com essa obrigação; b. agir com o devido zelo para prevenir, investigar e punir a violência contra a mulher; c. incorporar na sua legislação interna normas penais, civis, administrativas e de outra natureza, que sejam necessárias para prevenir, punir e erradicar a violência contra a mulher, bem como adotar as medidas administrativas adequadas que forem aplicáveis; d. adotar medidas jurídicas que exijam do agressor que se abstenha de perseguir, intimidar e ameaçar a mulher ou de fazer uso de qualquer método que danifique ou ponha em perigo sua vida ou integridade ou danifique sua propriedade; e. tomar todas as medidas adequadas, inclusive legislativas, para modificar ou abolir leis e regulamentos vigentes ou modificar práticas jurídicas ou consuetudinárias que respaldem a persistência e a tolerância da violência contra a mulher; f. estabelecer procedimentos jurídicos justos e eficazes para a mulher sujeitada a violência, inclusive, entre outros, medidas de proteção, juízo oportuno e efetivo acesso a tais processos; g. estabelecer mecanismos judiciais e administrativos necessários para assegurar que a mulher sujeitada a violência tenha efetivo acesso a restituição, reparação do dano e outros meios de compensação justos e eficazes; h. adotar as medidas legislativas ou de outra natureza necessárias à vigência desta Convenção.
3. Art. 11, Convenção Americana de Direitos Humanos: Proteção da honra e da dignidade: 1. Toda pessoa tem direito ao respeito de sua honra e ao reconhecimento de sua dignidade; 2. Ninguém pode ser objeto de ingerências arbitrárias ou abusivas em sua vida privada, na de sua família, em seu domicílio ou em sua correspondência, nem de ofensas ilegais à sua honra ou reputação; 3. Toda pessoa tem direito à proteção da lei contra tais ingerências ou tais ofensas.
4. DIAS, Maria Berenice. A Lei Maria da Penha na Justiça – 5ª ed. Salvador: Juspodivm, 2018, p. 22.

-lhe asseguradas as oportunidades e facilidades para viver sem violência, preservar sua saúde física e mental e seu aperfeiçoamento moral, intelectual e social.

Art. 3º Serão asseguradas às mulheres as condições para o exercício efetivo dos direitos à vida, à segurança, à saúde, à alimentação, à educação, à cultura, à moradia, ao acesso à justiça, ao esporte, ao lazer, ao trabalho, à cidadania, à liberdade, à dignidade, ao respeito e à convivência familiar e comunitária.

§1º O poder público desenvolverá políticas que visem garantir os direitos humanos das mulheres no âmbito das relações domésticas e familiares no sentido de resguardá-las de toda forma de negligência, discriminação, exploração, violência, crueldade e opressão.

§2º Cabe à família, à sociedade e ao poder público criar as condições necessárias para o efetivo exercício dos direitos enunciados no *caput*.

Consagração da obviedade: Os dispositivos referem que a mulher goza dos direitos fundamentais inerentes à pessoa (art. 3°) e que tem a garantia do exercício de direitos fundamentais (art. 4°), sendo considerados redundantes[5], pois a Constituição Federal prevê esses direitos e garantias a *todas as pessoas*, homens e mulheres (art. 5°, I; art. 3°, IV).

Ações afirmativas: o art. 3°, §1°, prevê que o poder público deve desenvolver políticas voltadas à garantia dos direitos das mulheres no âmbito das relações domésticas e familiares. O dispositivo determina, assim, a implementação de *ações afirmativas*, i.e., adoção de medidas aptas a beneficiar determinado grupo que historicamente sofre com discriminação e opressão, com objetivo de equilibrar a desigualdade social estabelecida.

Transexual: Questão que ganha cada vez mais espaço nos debates diz respeito à proteção, ou não, do *trans* pela lei em estudo. Antes de adentrar nessa discussão é imprescindível observar-se que a lei estabelece a proteção em virtude do *gênero*, não em virtude do *sexo*. É muito comum empregar-se a palavra gênero como sinônimo de sexo, porém, são coisas diferentes. Sem adentrar proficuamente nos campos da biologia e da psicologia, podemos estabelecer algumas diferenças, a fim de se determinar o âmbito de proteção jurídica a ser despendido a determinada pessoa. Assim, o *sexo* da pessoa é verificado sob o ponto de vista biológico, i.e., trata-se de análise do seu aspecto físico, possuindo relação com a presença de pênis (homem) ou vagina (mulher). Trata-se da leitura visual realizada pelo médico para declarar se a pessoa é macho ou fêmea, no momento do seu nascimento. O *gênero*, por sua vez, está relacionado à construção sócio-cultural, i.e., aquilo que se considera "coisa de homem" ou "coisa de mulher". Trata-se de uma verificação feita a partir do padrão de comportamento definido como masculino e feminino, v.g., jeito de se vestir ou o jeito de falar. Em breve resumo, o sexo é uma diferença biológica; o gênero é uma diferença sociológica ou cultural. Assim, entendemos que, quando analisado sob o aspecto individual, a partir daquilo que a pessoa internaliza para si (a forma como se sente), o gênero assume um caráter psicológico. O sexo somente pode ser alterado por cirurgia; o gênero, por simples modificação do sentimento. Feita essa breve distinção, cremos que ao incorporar o conceito de *gênero*, a lei não restringiu seu campo de proteção à mulher enquanto ser biológico. Sexo e gênero podem não ser correspondentes. Compartilhando desse entendimento, Carmen Hein de Campos[6] leciona que as *mulheres trans* são protegidas pela Lei, sendo que "essa proteção não se limita à identidade sexual, mas engloba a identidade de gênero, isto é, aquela cujo sexo biológico (masculino) não corresponde à identidade de gênero (feminino)". Assim, a lei protege a mulher biológica (sexo e gênero feminino) e também a *mulher trans* (sexo masculino e gênero feminino). Veja-se que, a troca de sexo não é o ponto determinante à aplicação da lei, mas sim o *gênero dominante*. Logicamente, nos parece que a transexualidade (troca de sexo) somente ocorre depois que a pessoa já se identificou com o gênero divergente para que seu corpo (biológico) corresponda ao seu gênero (psicológico). Nessa esteira, registre-se que o Supremo Tribunal Federal preconiza que o transgênero pode promover alterações (nome) no registro civil sem que tenha feito a alteração de sexo, demonstrando que o sexo (biológico) não é preponderante dobre o gênero (psicológico) para fins de identificação social. Entende-se que "o transgênero tem direito fundamental subjetivo à alteração de seu prenome e de sua classificação de gênero no registro civil, não se exigindo, para tanto, nada além da manifestação

5. NUCCI, Guilherme de Souza. Leis Penais e Processuais Penais Comentadas. Volume I, Rio de Janeiro: Forense, 2017, p. 940-941; CUNHA, Rogério Sanches; PINTO, Ronaldo Batista; SOUZA, Renee do Ó. Leis Penais Especiais: comentada artigo por artigo. Salvador: Juspodivm, 2019, p. 1762-1763.

6. CAMPOS, Carmen Hein de. Lei Maria da Penha comentada em uma perspectiva jurídico-feminista. Rio de Janeiro: Lumen Juris. 2011, p. 179-180.

de vontade do indivíduo, o qual poderá exercer tal faculdade tanto pela via judicial como diretamente pela via administrativa" (STF, RE 670.422). Não restam dúvidas de que "o direito à igualdade sem discriminações abrange a identidade ou expressão de gênero, que é manifestação da própria personalidade da pessoa e, como tal, cabe ao Estado apenas o papel de reconhecê-la, nunca de constituí-la" (STF, ADI 4.275). No mesmo sentido, o Superior Tribunal de Justiça possui precedente onde aponta que o fato de a pessoa ser transexual e exteriorizar tal orientação no plano social, vivendo publicamente como mulher, justifica a mudança do nome, se o nome registral é compatível com o sexo masculino. Assim, caso o nome de registro da pessoa esteja em dissonância com a sua identidade social (gênero), sendo capaz de lhe causar situação vexatória ou submetê-la ao ridículo, é justificada a sua alteração. Entretanto, foi ponderado ser "descabida a alteração do registro civil para fazer constar dado não verdadeiro, isto é, que o autor seja do sexo feminino, quando inequivocamente ele é do sexo masculino, pois ostenta órgão genitais tipicamente masculinos, de modo que a definição do sexo é ato médico e o registro civil de nascimento deve conter a verdade biológica, somente podendo ser corrigido quando se verifica erro" (STJ, REsp 1.626.739). Registre-se que, em caso concreto, o Tribunal de Justiça do Distrito Federal e dos Territórios já admitiu a aplicação da lei em caso de agressões contra mulher transgênero (TJDFT, RSE 2018071001953-0). Em outra oportunidade, ficou definido que o *gênero feminino* parte da liberdade de autodeterminação da vítima, apresentando-se através do nome que adota, da forma como se veste e da maneira como deseja ser tratada em suas relações, sendo que a alteração do registro de identidade ou a cirurgia de transgenitalização são apenas opções para que exerça de forma plena sua liberdade de escolha, não se tratando de condicionantes para que seja considerada mulher. Dessa forma, ao se apresentar como mulher, a vítima carrega consigo os estereótipos de vulnerabilidade e sujeição impostos ao gênero feminino, de modo que, negar a proteção da Lei 11.340/06 seria desconsiderar sua dupla fragilidade - por ser mulher e por ser transgênero –, sem garantir-lhe qualquer forma especial de tutela (TJDFT, RSE 2017 16 1 007612-7).

Art. 4º Na interpretação desta Lei, serão considerados os fins sociais a que ela se destina e, especialmente, as condições peculiares das mulheres em situação de violência doméstica e familiar.

Parâmetro de interpretação: Reforça-se o caráter hermenêutico e sistemático que deve guiar a interpretação desse *microssistema protetivo da mulher*, de modo que as dúvidas de interpretações que surjam na aplicação da lei devem ser sanadas sem que o interprete perca de vista "os fins sociais a que ela se destina" ou "as condições peculiares das mulheres expostas à violência doméstica e familiar" (STJ, RHC 43.927). Segundo doutrina de Guilherme de Souza Nucci[7], o parâmetro interpretativo recomenda uma interpretação restritiva e não ampliativa da lei, devendo esta ser aplicada apenas nos casos em que a mulher for considerada frágil e desassistida, e não a todo e qualquer caso em que a mulher figure como vítima. Ainda, Carmen Hein de Campos[8] salienta que o dispositivo reforça o equívoco em que incorrem alguns magistrados ao estender a aplicação da lei aos homens, pois o seu objetivo é claro, i.e., a proteção às mulheres em situação de violência. Este é o motivo, como bem observa Renato Brasileiro de Lima[9], pelo qual causou bastante polêmica uma decisão judicial oriunda da Comarca de Sete Lagoas – MG, na qual um juiz definiu a Lei Maria da Penha (por ele qualificada como um monstrengo tinhoso), como um "conjunto de regras diabólicas", referindo que a "desgraça humana começou no Éden: por causa da mulher, mas também em virtude da ingenuidade, da tolice e da fragilidade emocional do homem", e, ainda, aludiu que "o mundo é masculino! A ideia que temos de Deus é masculina! Jesus foi homem!". Logicamente, a decisão foi reformada (TJMG, AC 10672062253055).

Princípio da insignificância: Tratando-se de um microssistema que visa proteger a mulher em situação de violência doméstica e familiar, com o objetivo de amenizar uma desigualdade social histórica, que é fruto de uma cultura machista e patriarcal, entende-se que é inaplicável o princípio da insignificância nos crimes ou contravenções penais praticados contra a mulher no âmbito doméstico e familiar (STJ, súmula 589).

7. NUCCI, Guilherme de Souza. Leis Penais e Processuais Penais Comentadas. Volume I, Rio de Janeiro: Forense, 2017, p. 941.
8. CAMPOS, Carmen Hein de. Lei Maria da Penha comentada em uma perspectiva jurídico-feminista. Rio de Janeiro: Lumen Juris. 2011, p. 182.
9. LIMA, Renato Brasileiro de. Legislação Criminal Especial Comentada. Salvador: Juspodivm, 2015, p. 906.

3. SUJEITO DA TUTELA: VÍTIMA

Mulher: O objetivo da lei é tutelar a mulher. Logo, a lei somente tem incidência quando a vítima for mulher. A ementa da lei é clara no sentido de que "cria mecanismos para coibir a violência doméstica e familiar contra a mulher, nos termos do § 8º do art. 226 da CF, da Convenção sobre a Eliminação de Todas as Formas de Discriminação contra as Mulheres e da Convenção Interamericana para Prevenir, Punir e Erradicar a Violência contra a Mulher; dispõe sobre a criação dos Juizados de Violência Doméstica e Familiar contra a Mulher; altera o CP, o CPP e a LEP; e dá outras providências". A Lei Maria da Penha é um microssistema que *visa tutelar especialmente a mulher*, buscando a concretização da igualdade material (real ou substancial). O espírito da lei é conferir uma maior proteção à mulher que, em regra, é hipossuficiente no seio familiar, em virtude de um problema social histórico, fruto de uma cultura machista e patriarcal. Assim, a vontade do legislador foi amenizar essa desigualdade social, protegendo a mulher, vítima da violência de gênero.

Homem: O homem não pode ser sujeito da tutela da Lei Maria da Penha, i.e., não há aplicação da lei, muito menos incidência das medidas protetivas, quando a vítima for homem (STJ, RHC 27.622 e RHC 101.794)[10]. Há quem sustente que a lei pode ser utilizada para tutelar também o homem, excepcionalmente, quando se encontrar em situação de vulnerabilidade[11]. Com a devida vênia a quem entende dessa forma, a lei não sugere em nenhum momento essa possibilidade, possuindo clareza solar no sentido de que se destina à proteção da mulher em situação de violência.

Transgênero12 e transexual13: Pode ser sujeito da tutela quando se identificar com o gênero feminino[14]. Conforme referimos no ponto 2, a troca de sexo não é o ponto determinante à aplicação da lei, mas sim o *gênero dominante*. A lei protege o "gênero feminino". Parece-nos que o transexualismo (uso de hormônios ou procedimento cirúrgico) somente se verifica quando a pessoa já assumiu *gênero feminino*. O transexualismo é posterior a assunção do gênero escolhido. Os olhos da lei são voltados ao gênero, não ao sexo ou orientação sexual. É por essa razão que, além do transgênero e do transexual, a lésbica e o travesti também podem gozar da proteção legal.

Violência simultânea contra homem e mulher: Nos casos em que houver violência simultânea contra homem e mulher, no âmbito doméstico e familiar, a solução é o desmembramento dos processos[15]. Entretanto, Renato Brasileiro de Lima, leciona que, ante a conexão probatória dos crimes, é possível a reunião dos feitos perante o Juizado de Violência Doméstica e Familiar contra a Mulher, segundo autoriza o art. 60, parágrafo único, da Lei nº 9.099/95[16].

4. SUJEITO ATIVO: AGRESSOR

Homem ou mulher: O agressor pode ser homem ou mulher, desde que vítima seja mulher (STJ, HC 181.246). Portanto, não é requisito para a aplicação da lei que a agressão seja praticada por homem (STJ, CC 88.027). A lei admite que a agressora seja mulher (STJ, HC 250.435). Sendo que as medidas protetivas da Lei Maria da Penha alcançam as relações em desequilíbrio, onde uma das partes está em condição inferior à outra, por fragilidade ou hipossuficiência, necessitando de uma proteção especial (STJ, REsp 1.777.795). Deve-se identificar apenas a hipossuficiência ou vulnerabilidade da vítima em relação à agressora (STJ, HC 277.561). Registre-se que doutrina minoritária sustenta que a lei não se aplica quando a violência for de uma mulher contra outra, pois se o sujeito ativo também é mulher, não se trata de violência em razão do gênero, bem como não está presente a superioridade de força[17].

---

10. No mesmo sentido é o entendimento da maioria dos Tribunais de Justiça: TJRS, ACR 70054560107; TJMS, CC 00113931420168120110; TJAP, CC 00006531720188030000; TJMG, CJ 10000170750681000. Em sentido contrário, admitindo o homem como sujeito passivo, há uma decisão do TJMG (AC 10672072493170).
11. Nesse sentido: CUNHA, Rogério Sanches. Aplicação da lei maria da penha para homens. Disponível em: https://rogeriosanches2.jusbrasil.com.br/artigos/121814746/aplicacao-da-lei-maria-da-penha-para-homens. Acessado em 18 de junho de 2020.
12. Pessoa cuja identidade de gênero difere do sexo biológico.
13. Pessoa que busca uma transição social por tratamentos hormonais ou cirúrgicos para se identificar fisicamente com sua identidade de gênero.
14. No mesmo sentido: DIAS, Maria Berenice. A Lei Maria da Penha na Justiça – 5ª ed. Salvador: Juspodivm, 2018, p. 81; LIMA, Renato Brasileiro de. Legislação Criminal Especial Comentada. Salvador: Juspodivm, 2015, p. 909.
15. Nesse sentido: TJMS, CJ 16020968720158120000.
16. LIMA, Renato Brasileiro de. Legislação Criminal Especial Comentada. Salvador: Juspodivm, 2015, p. 910-911.
17. PORTO, Pedro Rui da Fontoura. Violência doméstica e familiar contra a mulher: Lei 11.340/06: análise crítica e sistêmica. Porto Alegre: Livraria do Advogado, 2007, p. 31.

5. ÂMBITO DE INCIDÊNCIA DA LEI

Art. 5º Para os efeitos desta Lei, configura violência doméstica e familiar contra a mulher qualquer ação ou omissão baseada no gênero que lhe cause morte, lesão, sofrimento físico, sexual ou psicológico e dano moral ou patrimonial:

Qualquer ação ou omissão: Não se exige habitualidade.

Requisitos para a incidência da Lei: Para haver incidência da Lei, é imprescindível que a violência seja praticada *em virtude do gênero feminino* e que a vítima seja *vulnerável*, i.e., se encontre em uma situação de *hipossuficiência física ou econômica* (STJ, CC 88.027), de modo que fique clara a motivação de opressão à mulher que se encontre em uma das *situações previstas nos incisos do art. 5º*. O Superior Tribunal de Justiça preconiza que os três requisitos são *cumulativos* (HC 175.816), sendo que a *motivação de gênero* e a *vulnerabilidade da vítima*[18] funcionam como uma espécie de *dolo específico exigido para a aplicação da lei* (AgRg no REsp 1.427.927).

Vulnerabilidade (Hipossuficiência): O Superior Tribunal de Justiça possui precedentes no sentido de que, mesmo que a agressão seja praticada por homem contra mulher, *a vulnerabilidade da vítima deve ser demonstrada no caso*, sob pena de ser afastada a incidência da lei (CC 96.533), v.g., agressões mútuas cometidas entre namorados, motivadas por ciúmes da namorada. Entretanto, tal entendimento foi modificado, sendo que, em decisões mais recentes, fixou-se o entendimento de que quando a agressão for praticada por homem contra mulher, a *vulnerabilidade é presumida*, se revelando *ipso facto*, sendo dispensável prova nesse sentido (HC 280.082; RHC 92.825, AgRg no EDcl no REsp 1.720.536; AREsp nº 1.256.950). Dessa forma, nos parece que a vulnerabilidade da vítima deve ser concretamente demonstrada apenas quando o crime for praticado por outra mulher.

Vítima famosa: Não afasta aplicação da lei. A condição de destaque da mulher no meio social, seja por situação profissional ou econômica, não afasta a incidência da Lei, nos casos em que esta for submetida a uma situação de violência decorrente de relação íntima afetiva (STJ, REsp 1.416.580).

Princípio da insignificância: Não se aplica (STJ, súmula 589).

Crimes dolosos: Como se trata de violência motivada pelo gênero, deve ficar evidenciada a *vontade de oprimir a mulher*. Dessa forma, entendemos que a lei somente tem aplicação na hipótese de crimes dolosos. Entretanto, o Superior Tribunal de Justiça possui alguns julgados no sentido de que o crime de lesão corporal contra a mulher, ainda que leve ou culposo, praticado no âmbito doméstico ou familiar, se procede mediante ação penal pública incondicionada (STJ, REsp 1.537.749 e RHC 33.881).

Traição: A existência de relação extraconjugal (amantes) entre autor e vítima não afasta a aplicação da lei (STJ, HC 310.154), que incide em qualquer relação íntima de afeto (STJ, RHC, 43.927).

Coabitação: A configuração da violência doméstica e familiar contra a mulher não exige a coabitação entre autor e vítima (STJ, súmula 600).

I - no âmbito da unidade doméstica, compreendida como o espaço de convívio permanente de pessoas, com ou sem vínculo familiar, inclusive as esporadicamente agregadas;

Ambiente doméstico: Trata-se do espaço de convívio permanente de pessoas, com ou sem vínculo familiar, inclusive as esporadicamente agregadas. O dispositivo leva em conta o *local da agressão*, pouco importando se existe vinculo familiar. Assim, não exige coabitação e não exige vínculo familiar, abrangendo, v.g., amiga, colega de trabalho, doméstica[19] e pessoa sob tutela ou curatela[20].

II - no âmbito da família, compreendida como a comunidade formada por indivíduos que são ou se consideram aparentados, unidos por laços naturais, por afinidade ou por vontade expressa;

Ambiente familiar: É a unidade formada por indivíduos que são ou se consideram aparentados (parentesco socioafetivo), unidos por laços naturais (sangue), por afinidade (casamento) ou por vonta-

18. Entendemos que, quando a agressão é praticada por homem contra mulher, a vulnerabilidade (física, social ou financeira) é presumida. Entretanto, se a agressão for praticada por mulher contra mulher, a vulnerabilidade deve ser apontada no caso concreto.

19. Nesse sentido: DIAS, Maria Berenice. A Lei Maria da Penha na Justiça – 5ª ed. Salvador: Juspodivm, 2018, p. 84.
20. Nesse sentido: LIMA, Renato Brasileiro de. Legislação Criminal Especial Comentada. Salvador: Juspodivm, 2015, p. 911-912.

de expressa (adoção). Leva-se em consideração o *vínculo familiar*, abrangendo, v.g., irmã (STJ, HC 184.990), sobrinha (STJ, HC 250.435), enteada (STJ, HC 42.092), sogra (STJ, HC 175.816), avó (STJ, AgRg no AREsp 1.626.825).

III - em qualquer relação íntima de afeto, na qual o agressor conviva ou tenha convivido com a ofendida, independentemente de coabitação.

Relação íntima de afeto: Refere-se às relações em que o agressor conviva ou tenha convivido com a ofendida. Dispensa-se a atualidade da relação e a coabitação. Aplica-se a qualquer relação amorosa ou sexual, v.g., namorada (STJ, REsp 1.416.580), ex-namorada (STJ, HC 182.411) e amante (STJ, HC 310.154).

Parágrafo único. As relações pessoais enunciadas neste artigo independem de orientação sexual.

União homoafetiva: A aplicação da lei não depende da orientação sexual, sendo que pode haver incidência quando tratar-se de casal homoafetivo formado por duas mulheres (STJ, HC 175.816). Atente-se que o parágrafo único do art. 5° não se estende ao homem vítima em relação homoafetiva.

Art. 6º A violência doméstica e familiar contra a mulher constitui uma das formas de violação dos direitos humanos.

Violação de direitos humanos: O dispositivo é inútil, pois qualquer forma de violência representa um atentado aos direitos humanos[21], de modo que o dispositivo não tem qualquer eficiência no mundo jurídico[22].

Competência: O fato de o dispositivo estabelecer que a violência doméstica e familiar contra a mulher viola os direitos humanos, não significa que a competência para processo e julgamento dos casos seja Justiça Federal (art. 109, inc. V-A, CF). Conforme ensina Renato Brasileiro de Lima[23], por mais que a violência doméstica e familiar contra a mulher funcione como uma das formas de violação dos direitos humanos, subsiste a competência da Justiça Estadual para o julgamento desses processos, exceto se restar evidenciada a inércia do Estado-membro em proceder à persecução penal, quando, então, poderá ser proposto o incidente de deslocamento de competência.

6. FORMAS DE VIOLÊNCIA CONTRA A MULHER

Art. 7º São formas de violência doméstica e familiar contra a mulher, entre outras:

Violência *lato sensu*: A Lei emprega o termo "violência" em sentido amplo, de modo a abarcar não apenas a violência física, como também a violência psicológica, sexual, patrimonial e moral.

Tipicidade penal: Nem todas as condutas descritas como violência doméstica e familiar contra a mulher encontram subsunção típica. Isso, contudo, não impede a aplicação da lei. A Lei 11.340/06 não se trata de uma lei penal, inclusive, possui apenas um único crime no seu corpo. Trata-se de uma lei multidisciplinar cujo principal objetivo é proteger a mulher, sendo que o fato de a conduta *não constituir crime* impede a instauração de inquérito policial, mas não impede a aplicação das *medidas protetivas da urgência*. É de suma importância que as autoridades policiais estejam atentas a essa circunstância, prestando um atendimento completo e eficaz à mulher vítima de agressão doméstica ou familiar, evitando que se sinta desacolhida pela legislação e menosprezada pela instituição policial. O fato de não existir crime não significa que a vítima não precise da especial proteção da lei. Dessa forma, ainda que não se deva instaurar um procedimento investigatório para apurar fato atípico, o delegado de polícia pode (deve) determinar a formalização do ato, em registro de ocorrência, para viabilizar que a vítima peça medidas protetivas contra o agressor.

Habitualidade: A caracterização da violência doméstica ou familiar contra a mulher não exige habitualidade (ver comentários ao art. 5°).

Ressarcimento dos danos causados: O art. 9°, §4°, determina que aquele que causar lesão, violência física, sexual, psicológica, dano moral ou material à mulher fica obrigado a ressarcir os danos causados, inclusive ressarcir ao SUS os custos dos serviços de saúde prestados ao tratamento da vítima.

21. CUNHA, Rogério Sanches; PINTO, Ronaldo Batista; SOUZA, Renee do Ó. Leis Penais Especiais: comentada artigo por artigo. Salvador: Juspodivm, 2019, p. 1774.
22. NUCCI, Guilherme de Souza. Leis Penais e Processuais Penais Comentadas. Volume I, Rio de Janeiro: Forense, 2017, p. 948.
23. LIMA, Renato Brasileiro de. Legislação Criminal Especial Comentada. Salvador: Juspodivm, 2015, p. 915-916.

Matrícula de filhos dependentes: O art. 9°, nos §§ 7° e 8°, prevê que a vítima tem *prioridade para matricular seus dependentes* em instituição de educação básica mais próxima de sua casa, ou transferi-los, mediante apresentação dos documentos comprobatórios do registro da ocorrência policial ou do processo de em curso, sendo que serão *sigilosos os dados da ofendida e de seus dependentes* matriculados ou transferidos nas condições referidas.

Rol exemplificativo: O dispositivo utiliza a expressão *entre outras*, apontando não se tratar de um rol taxativo, permitindo-se interpretação analógica.

I - a violência física, entendida como qualquer conduta que ofenda sua integridade ou saúde corporal;

Violência física: Também chamada *vis corporalis*. É o emprego de força física sobre a vítima, visando causar lesão à integridade corporal ou à saúde corporal da vítima.

Palavra da vítima: Nos delitos praticados em ambiente doméstico e familiar, geralmente praticados à clandestinidade, sem a presença de testemunhas, a palavra da vítima possui especial relevância, notadamente quando corroborada por outros elementos de informações acostados aos autos (STJ, AgRg nos EDcl no AREsp 1.256.178 e AgRg no AREsp 1.225.082).

Inversão do ônus da prova: A palavra da vítima tem especial valor e relevância para fundamentar a condenação nos casos de violência doméstica ou familiar contra a mulher (STJ, AgRg no AREsp 423.707), sendo que, como corolário desse entendimento, há verdadeira inversão do ônus da prova nos processos dessa natureza. Maria Berenice Dias[24] leciona que, "apesar de se tratar de prova negativa, difícil de ser produzida, empresta-se mais credibilidade à palavra de quem procedeu ao registro de ocorrência", principalmente quando o crime não deixa vestígios, v.g., vias de fato e ameaça.

Feminicídio: Trata-se do homicídio qualificado pela discriminação de gênero, i.e., praticado contra a mulher por razões da condição de sexo feminino (art. 121, §2°, VI, CP). Assentou-se na jurisprudência o entendimento de que se trata de uma *qualificadora de natureza objetiva*, sendo possível, portanto, sua cumulação com outra qualificadora de natureza subjetiva, bem como com as privilegiadoras (STJ, HC 430.222 e REsp 1.707.113). Registre-se que a competência para o *sumário de culpa* no feminicídio dependerá das leis de organização judiciária, podendo ser do juiz da Vara do Júri, do juiz criminal ou do juiz do Juizado Especial da Violência Doméstica e Familiar contra a Mulher (STJ, HC 73.161).

Estresse crônico: O crime de lesão corporal configura-se com a ofensa à integridade corporal ou à saúde (art. 129, CP). Dessa forma, ainda que não resulte em hematoma, facilmente constatado por perícia, resultante a agressão física direta, é necessário observar-se os casos de *lesão corporal invisível*, resultante da ofensa à *saúde*. Maria Berenice Dias[25], com seu brilhantismo peculiar, ensina que o estresse crônico pode desencadear sintomas físicos, v.g., distúrbio do sono, fadiga, dores de cabeça, dores nas costas. Esses sintomas não aparentes, ainda, podem acarretar ansiedade ou depressão que, se gerarem incapacidade para as ocupações habituais por mais de 30 dias, tipificam o crime do art. 129, §§ 9° e 10, CP.

Laudo médico ou exame pericial: É dispensável para o registro de ocorrência, bem como para que o juiz analise a viabilidade de aplicação de medida protetiva de urgência, mormente em se considerando que a palavra da vítima recebe especial relevo, viabilizando até a condenação (STJ, AgRg no AREsp 423.707).

II - a violência psicológica, entendida como qualquer conduta que lhe cause dano emocional e diminuição da autoestima ou que lhe prejudique e perturbe o pleno desenvolvimento ou que vise degradar ou controlar suas ações, comportamentos, crenças e decisões, mediante ameaça, constrangimento, humilhação, manipulação, isolamento, vigilância constante, perseguição contumaz, insulto, chantagem, violação de sua intimidade, ridicularização, exploração e limitação do direito de ir e vir ou qualquer outro meio que lhe cause prejuízo à saúde psicológica e à autodeterminação;

Violência psicológica: Também chamada *vis compulsiva*. Trata-se da agressão emocional, que pode ser verificada toda a vez em que o agressor faz com que a vítima se sinta amedrontada, inferiori-

24. DIAS, Maria Berenice. A Lei Maria da Penha na Justiça – 5ª ed. Salvador: Juspodivm, 2018, p. 89.

25. DIAS, Maria Berenice. A Lei Maria da Penha na Justiça – 5ª ed. Salvador: Juspodivm, 2018, p. 89.

zada ou diminuída. É a violência que deixa dores na alma[26].

***Gaslighting*:** É a manipulação. Ocorre quando o agressor distorce, omite ou inventa fatos para que a vítima fique desorientada e passe a duvidar de si mesma, da sua memória e de seus sentimentos. Caracteriza abuso psicológico.

***Stalking*:** É a perseguição. Se verifica quando o agressor invade a intimidade da vítima insistentemente, v.g., forçando encontros que parecem casuais, efetuando ligações, enviando mensagens. Quando praticado pelas redes sociais, é chamado *cyberstalking*. Caracteriza abuso psicológico. A Lei 14.132/21 acrescentou o art. 147-A ao Código Penal para tipificar a conduta de "perseguir alguém, reiteradamente e por qualquer meio, ameaçando-lhe a integridade física ou psicológica, restringindo-lhe a capacidade de locomoção ou, de qualquer forma, invadindo ou perturbando sua esfera de liberdade ou privacidade."

***Revenge porn*:** É a pornografia de vingança. Se verifica quando o agressor divulga fotos, vídeos ou conversas íntimas que possui em decorrência da relação afetiva. Caracteriza abuso psicológico.

***Manterrupting*:** É a interrupção constante da fala da mulher. Trata-se de um neologismo originado da fusão das palavras em inglês *man* (homem) e *interrupting* (interrompendo) para indicar a interrupção desnecessária da fala de uma mulher por um homem, impedindo que ela conclua seu raciocínio.

***Mansplaining*:** É explicar o óbvio, tratando a mulher como incapaz. Trata-se de um neologismo originado da fusão das palavras em inglês *man* (homem) e *splaining* (explicando) para indicar a explicação feita pelo homem à mulher com ar de confiança, supondo que ele provavelmente tem mais conhecimento do que ela.

***Bropriating*:** É apropriar-se das ideias da mulher. Trata-se de um neologismo criado a partir da união de *bro*, abreviatura da palavra inglesa *brother* (irmão) e *appropriating* (apropriação) para indicar a situação onde o homem leva o crédito pelas ideias que pertencem à mulher.

Violência invisível: A ofensa à saúde, conforme referimos acima, é, muitas vezes, uma violência invisível. O fato de não deixar vestígios, entretanto, não exclui a sua existência. Relembramos que a violência psicológica, quando afetar a saúde da vítima, caracteriza crime de lesão corporal. A dor nem sempre é vista, mas isso não significa que não esteja ali.

Fato atípico: Nem todas as condutas acima referidas têm tipicidade na legislação criminal. Às vezes, chega aos balcões das Delegacias fatos que não possuem um enquadramento típico específico. Nesse caso, registramos que, ainda que o fato relatado pela vítima não se amolde a algum *tipo penal*, não restará afastada aplicação da lei. O fato de não existir crime não significa que a vítima não precise da especial proteção da lei. Dessa forma, ainda que não se deva instaurar um inquérito policial para apurar um fato atípico, o delegado de polícia pode (deve) determinar a formalização do ato, em registro de ocorrência, para viabilizar que a vítima peça medida protetiva de urgência contra o agressor. O fato de não haver crime, impede a instauração de procedimento investigatório, mas não impede a aplicação das medidas protetivas da lei. É de suma importância que as autoridades policiais estejam atentas a essa circunstância, prestando um atendimento completo e eficaz à mulher vítima de agressão doméstica ou familiar, evitando que se sinta desacolhida pela legislação e menosprezada pela instituição policial.

III - a violência sexual, entendida como qualquer conduta que a constranja a presenciar, a manter ou a participar de relação sexual não desejada, mediante intimidação, ameaça, coação ou uso da força; que a induza a comercializar ou a utilizar, de qualquer modo, a sua sexualidade, que a impeça de usar qualquer método contraceptivo ou que a force ao matrimônio, à gravidez, ao aborto ou à prostituição, mediante coação, chantagem, suborno ou manipulação; ou que limite ou anule o exercício de seus direitos sexuais e reprodutivos;

Violência sexual: Esta espécie se concretiza por meio de diversos crimes da legislação penal, tais como o estupro, estupro de vulnerável, etc., todos previsto no capitulo dos "crimes contra a dignidade sexual". Conforme ensinamento de Maria Berenice Dias[27], há uma resistência histórica em se admitir a possibilidade de ocorrência de violação sexual nas relações entre marido e mulher, sendo que a ainda hoje se identifica o sexo como um dos "deveres do casamento", de modo que a mulher deva satisfazer o desejo sexual do seu par.

26. DIAS, Maria Berenice. A Lei Maria da Penha na Justiça – 5ª ed. Salvador: Juspodivm, 2018, p. 92.

27. DIAS, Maria Berenice. A Lei Maria da Penha na Justiça – 5ª ed. Salvador: Juspodivm, 2018, p. 95.

Abrangência: Devido a abrangência dos conceitos trazidos pela lei, algumas situações podem não configurar um crime contra a dignidade sexual, mas ainda assim configurar violência sexual, nos termos da lei, v.g., o pai que impede a filha maior de manter relações sexuais com quem lhe apraz; o pai que sugere à filha que se prostitua para obter alguma vantagem.

IV - a violência patrimonial, entendida como qualquer conduta que configure retenção, subtração, destruição parcial ou total de seus objetos, instrumentos de trabalho, documentos pessoais, bens, valores e direitos ou recursos econômicos, incluindo os destinados a satisfazer suas necessidades;

Violência patrimonial: Esta forma se concretiza por diversos crimes previstos no capítulo dos "crimes contra o patrimônio", v.g., furto, roubo, estelionato, apropriação indébita, dano, etc., sendo que o objetivo do agente, que atua motivado pelo gênero, é causar tristeza ou aflição à mulher, razão pela qual não se aplica o princípio da insignificância (STJ, REsp 1.537.749).

Imunidades penais (escusas): O assunto é controverso. A primeira corrente entende que não são aplicáveis as imunidades absolutas (art. 181) e relativas (art. 182) previstas no Código Penal, pois se trata de um microssitema para aumentar a proteção destinada à mulher, sendo injustificável o afastamento da punição[28]. A segunda corrente (majoritária) leciona que, diante do silêncio da lei, que não veda a aplicação das imunidades, o ideal é concluir que elas continuam aplicáveis, pois, quando a lei quis afastá-las, o fez de maneira expressa, art. 95 do Estatuto do Idoso[29] (STJ, RHC 42.918 e AREsp 1.356.492).

V - a violência moral, entendida como qualquer conduta que configure calúnia, difamação ou injúria.

Violência moral: Refere-se especificamente aos crimes de calúnia, difamação e injúria. Anote-se a diferença de tratamento para o Código Penal, onde o termo *violência moral* é usado para se referir à grave ameaça, i.e., a *vis compulsiva*.

Dano moral *in re ipsa*: Trata-se do dano presumido em decorrência do próprio fato. Significa que não é necessária a apresentação de provas da ofensa suportada pela vítima. *O próprio fato já configura o dano*, bastando apenas que haja *pedido expresso na denúncia* para garantir o exercício do contraditório e da ampla defesa por parte do réu, sendo que não há razoabilidade na exigência de instrução probatória acerca do dano psíquico, do grau de humilhação, da diminuição da auto-estima, se a própria conduta criminosa empregada pelo agressor já está imbuída de desonra, descrédito e menosprezo ao valor da mulher como pessoa e à sua própria dignidade (STJ, REsp 1.643.051). O preceito esculpido no art. 387, IV, do Código de Processo Penal, não estabelece nenhuma restrição quanto à natureza dos danos suscetíveis de reparação mediante o valor indenizatório mínimo. A aferição do dano moral, na maior parte das situações, *não ensejará nenhum alargamento da instrução criminal*, porquanto tal modalidade de dano, de modo geral, dispensa a produção de prova específica acerca da sua existência, encontrando-se *in re ipsa*. Não há necessidade de produção de prova específica para apuração do grau de sofrimento, de dor e de constrangimento suportados pela vítima (STJ, AgRg no REsp 1.626.962). Nessa esteira, o art. 387, IV, do CPP, que, contempla a viabilidade de indenização para as duas espécies de dano (material e moral), desde que tenha havido pedido expresso na inicial, exigindo-se produção de prova dos danos morais sofridos com a violência doméstica, senão a prova do próprio fato criminoso, o que reduzir sua revitimização e a violência institucional, que se verificam em sucessivas oitivas e pleitos perante juízos diversos (STJ, REsp. 1.675.874).

7. DAS PROVIDÊNCIAS DA AUTORIDADE POLICIAL

Art. 10. Na hipótese da iminência ou da prática de violência doméstica e familiar contra a mulher, a autoridade policial que tomar conhecimento da ocorrência adotará, de imediato, as providências legais cabíveis.

Parágrafo único. Aplica-se o disposto no *caput* deste artigo ao descumprimento de medida protetiva de urgência deferida.

Dispositivo dispensável: Não havia necessidade da previsão legal, já que apenas transcreve a obviedade, i.e., que a autoridade policial deve agir ao tomar

28. Nesse sentido: DIAS, Maria Berenice. A Lei Maria da Penha na Justiça – 5ª ed. Salvador: Juspodivm, 2018, p. 99.
29. CUNHA, Rogério Sanches; PINTO, Ronaldo Batista; SOUZA, Renee do Ó. Leis Penais Especiais: comentada artigo por artigo. Salvador: Juspodivm, 2019, p. 1781-1782; NUCCI, Guilherme de Souza. Leis Penais e Processuais Penais Comentadas. Volume I, Rio de Janeiro: Forense, 2017, p. 951; LIMA, Renato Brasileiro de. Legislação Criminal Especial Comentada. Salvador: Juspodivm, 2015, p. 920.

conhecimento de um caso de violência doméstica e familiar contra a mulher (*caput*) ou do descumprimento de medida protetiva de urgência (parágrafo único). O delegado de polícia deve desempenhar as suas atribuições estabelecidas em lei, *em todos os casos*, não apenas nos casos de violência doméstica e familiar contra a mulher, sendo desnecessário que isso esteja expresso em cada lei especial. É como se o legislador estivesse dizendo que o delegado deve cumprir a lei.

Art. 10-A. É direito da mulher em situação de violência doméstica e familiar o atendimento policial e pericial especializado, ininterrupto e prestado por servidores - preferencialmente do sexo feminino - previamente capacitados.

Atendimento especializado: É direito da mulher vítima de agressão doméstica ou familiar ter atendimento especializado, prestado preferencialmente por servidores do sexo feminino, devidamente capacitados. O objetivo é que a mulher, pela condição de vulnerabilidade presumida, não seja tratada da mesma forma que as demais vítimas. Trata-se de política pública de atendimento, onde mais uma vez se verifica a presença da *discriminação positiva*, conferindo tratamento diferenciado ao grupo vulnerável tutelado, buscando-se evitar a *revitimização*, com linguajar e atitudes apropriadas ao caso, para que a vítima se sinta acolhida pelo Estado, por meio de atendimento por profissionais capacitados.

Servidores do sexo feminino: O atendimento deverá ser realizado, *preferencialmente*, por servidora mulher. Não há obrigatoriedade, porém, para que a vítima se sinta melhor acolhida, a medida é muito importante. Não há como se negar que é mais constrangedor à vítima relatar uma agressão sofrida a um homem do que a outra mulher.

Inexistência de servidor do sexo feminino: A determinação feita é elogiável, porém encontra grandes dificuldades práticas na sua aplicação. Diversas cidades não contam com Delegacias Especializadas, outras não possuem mulheres lotadas no quadro de funcionários e o mesmo acontece com o setor das perícias. Nessa esteira, entendemos pertinente que, quando não houver servidora do sexo feminino para realizar o atendimento, o delegado de polícia deve, de acordo com as *peculiaridades do caso*, requisitar auxilio ao Centro de Referência Especializado de Assistência Social (CREAS), a fim de que uma profissional do sexo feminino auxilie nos atos de formalização do registro de ocorrência (art. 10-A, §2°, II e art. 12-A, §3°).

Atendimento policial e pericial: O dispositivo determina que se dê atendimento especializado na esfera policial e pericial. Inclusive, o art. 8°, IV, prevê que "a política pública que visa coibir a violência doméstica e familiar contra a mulher far-se-á por meio de um conjunto articulado de ações da União, dos Estados, do Distrito Federal e dos Municípios e de ações não-governamentais, tendo por diretrizes a implementação de atendimento policial especializado para as mulheres, em particular nas Delegacias de Atendimento à Mulher". Na mesma esteira, o art. 12-A, visando essa finalidade, estabelece que "os Estados e o Distrito Federal, na formulação de suas políticas e planos de atendimento à mulher em situação de violência doméstica e familiar, darão prioridade, no âmbito da Polícia Civil, à criação de Delegacias Especializadas de Atendimento à Mulher, de Núcleos Investigativos de Feminicídio e de equipes especializadas para o atendimento e a investigação das violências graves contra a mulher".

Atendimento ininterrupto: É sem interrupção, de forma contínua.

§ 1° A inquirição de mulher em situação de violência doméstica e familiar ou de testemunha de violência doméstica, quando se tratar de crime contra a mulher, obedecerá às seguintes diretrizes:

Diretrizes da inquirição: As diretrizes da inquirição não se aplicam apenas à *mulher vítima*, mas também àquela que esteja nas condições de *familiar* ou *testemunha*.

I - salvaguarda da integridade física, psíquica e emocional da depoente, considerada a sua condição peculiar de pessoa em situação de violência doméstica e familiar;

Salvaguarda da integridade: O legislador novamente confere tutela especial a mulher em condição de vulnerabilidade, orientando especial atenção no *ato de inquirição* da vítima que, em regra, se encontra fragilizada emocionalmente, determinando que se adotem cuidados para *salvaguardar sua integridade*, em todos os aspectos.

II - garantia de que, em nenhuma hipótese, a mulher em situação de violência doméstica e familiar, familiares e testemunhas terão contato direto com

investigados ou suspeitos e pessoas a eles relacionadas;

Contato direto com o agressor: O dispositivo pretende assegurar a formalização do registro da ocorrência, realização de atos preliminares e a oitiva em si, livres de contato direto (visual) com o agressor na unidade policial ou pericial. Em vista disso, a vítima, familiares e testemunhas nunca podem ser deixadas no mesmo recinto em que o agressor, a fim de que as pessoas envolvidas possam dar seu depoimento da forma mais tranquila possível, livres de qualquer pressão.

Acareação: Nesse aspecto, frisamos que, para nós, em casos de violência doméstica e familiar contra a mulher, *jamais* se deve promover acareação entre a vítima e seu agressor.

III - não revitimização da depoente, evitando sucessivas inquirições sobre o mesmo fato nos âmbitos criminal, cível e administrativo, bem como questionamentos sobre a vida privada.

Proibição da revitimização: É imprescindível que a autoridade policial esteja atenta a essa circunstância, prestando um atendimento completo e eficaz, evitando-se sucessivas inquirições, bem como questionamentos inoportunos acerca da intimidade da vítima, salvo, logicamente, o necessário para a formalização do registro da ocorrência e apuração dos fatos.

Renovação do depoimento em juízo: É sabido que, via de regra, o processo penal não passa de uma *reprodução do inquérito*, não havendo nenhum acréscimo substancial no material probatório. Assim, ainda que a autoridade policial preste um serviço eficaz e completo, a vítima precisará ser reinquirida em juízo, nos autos do processo. Dessa forma, tendo em vista a observância da *não revitimização* estabelecida pelo dispositivo, bem como a previsão do art. 155 do CPP, no sentido de que os elementos colhidos no inquérito policial não podem ser utilizados de forma *exclusiva* para fundamentar a decisão judicial, mas podem ser usados, entretanto, de forma *complementar*, entendemos que os demais atores da persecução penal, i.e., o promotor e o juiz, avaliem a efetiva necessidade de renovação da inquirição da vítima durante o processo. No mesmo sentido, ainda que a lei não estabeleça a possibilidade de *produção antecipada de prova* no que se refere à oitiva da mulher, como o fez com o depoimento sem dano (depoimento especial) da criança e adolescente, nos termos do art. 11, §1°, da Lei 11.431/2017, sua realização deve ser aceita, ao menos nos casos mais graves, v.g., tentativa de homicídio ou violência sexual. Aliás, para nós, essa prática deveria ser aceita em todos os microssistemas que tutelam grupos vulneráveis.

§2º Na inquirição de mulher em situação de violência doméstica e familiar ou de testemunha de delitos de que trata esta Lei, adotar-se-á, preferencialmente, o seguinte procedimento:

Procedimento da oitiva: O procedimento estabelecido para o ato de oitiva não se aplica apenas à *mulher vítima*, mas também àquela que esteja nas condições de *familiar* ou *testemunha*.

Preferencialmente: Não se trata de imposição, mas o procedimento deve ser adotado sempre que possível. O legislador não desconhece as dificuldades e limitações dos órgãos estatais, orientando que o procedimento deve ser adotado *preferencialmente* nos moldes previstos.

I - a inquirição será feita em recinto especialmente projetado para esse fim, o qual conterá os equipamentos próprios e adequados à idade da mulher em situação de violência doméstica e familiar ou testemunha e ao tipo e à gravidade da violência sofrida;

Recinto projetado: Não há uma determinação ou, ao menos, uma diretriz, de como seria esse ambiente. Diante das limitações estruturais dos órgãos policiais e do fato de que não possuem autonomia administrativo-financeira, cremos que a existência de uma sala onde se resguarde a intimidade da vítima já é de bom tamanho. Em algumas localidades foram "projetadas" salas com paredes coloridas, com gravuras ou adornos femininos, a fim de melhor acolher a vítima. A iniciativa é elogiável, entretanto parece-nos que esse recurso seria mais bem empregado, e o objetivo da lei alcançado, se fosse destinado à aquisição de "equipamentos próprios e adequados" à formalização do atendimento, como, por exemplo, computadores e equipamentos de gravação audiovisual às unidades policiais.

II - quando for o caso, a inquirição será intermediada por profissional especializado em violência doméstica e familiar designado pela autoridade judiciária ou policial;

Oitiva intermediada: A agressão doméstica e familiar, em qualquer caso, gera reflexos psicológicos à vítima e outros membros da unidade familiar, mas quando a vítima for a mulher, vulnerável, especial atenção lhe dispensa o legislador. O objetivo é que a mulher não seja tratada como uma vítima qualquer. Trata-se de política pública, conferindo-se tratamento diferenciado à mulher, buscando evitar a *revitimização*, com linguajar e atitudes apropriadas. Assim, de acordo com o caso, o delegado ou o juiz poderão requisitar auxilio ao Centro de Referência Especializado de Assistência Social (CREAS) para que a vítima se sinta melhor acolhida, por meio de atendimento intermediado por *profissionais especializados*.

III - o depoimento será registrado em meio eletrônico ou magnético, devendo a degravação e a mídia integrar o inquérito.

Registro do depoimento: O legislador procurou evitar que a oitiva fique registrada apenas nos termos de inquirição, prevendo o seu registro em meio eletrônico ou magnético. A ideia é excelente, pois permite a constatação, por parte dos demais atores da persecução criminal, de fatores que o papel não registra, tais como, o estado emocional da vítima, que fica visível apenas à autoridade policial e seus agentes no momento de atendimento da ocorrência. No entanto, infelizmente, a maioria das Delegacias de Polícia não conta com equipamentos de gravação audiovisual, impossibilitando a adoção da providência.

Art. 11. No atendimento à mulher em situação de violência doméstica e familiar, a autoridade policial deverá, entre outras providências:

Providências da autoridade policial: A lei elenca providências que devem ser tomadas pelo delegado de polícia, sem prejuízo de outras que sejam necessárias para cessar ou evitar a violência.

Rol exemplificativo: Além das providências elencadas, o delegado de polícia pode determinar outras que entenda pertinente ao caso.

Determinação e execução: Pela redação legal do artigo, parece que o delegado de polícia deveria executar pessoalmente as medidas estabelecidas, entretanto, tais medidas devem ser adotadas (determinadas) pela autoridade, mas podem ser executadas pelos seus agentes ou, inclusive, pelos agentes da polícia militar, quando houver a possibilidade.

Atendimento integral: A polícia civil, verdadeira porta de entrada do sistema de justiça criminal, responsável pela primeira instância de formação da culpa no processo penal brasileiro, foi encarregada de um novo desafio, i.e., deixar de atuar apenas com foco voltado à formação da prova, à atividade investigativa, uma vez que o atendimento à mulher vítima de violência doméstica ou familiar deve abarcar todas as providências elencadas, visando a segurança da vítima. Entretanto, conforme já referimos, a falta de investimento por parte do Estado inviabiliza que as medidas sejam adotadas na sua integralidade. O dispositivo estabelece aquilo que seria o ideal, mas a realidade está longe disso.

I - garantir proteção policial, quando necessário, comunicando de imediato ao Ministério Público e ao Poder Judiciário;

Proteção policial: A proteção policial quase nunca é conferida à vítima, pois a polícia civil não dispõe de recursos humanos e materiais para tanto. Já referimos que a maioria das cidades não possui delegacia especializada e as que possuem, não contam com número de agentes que permita uma proteção pessoal e permanente. Conforme lembra Guilherme de Souza Nucci[30], nem a lei de proteção a vítimas e testemunhas (Lei 9.807/99) vem sendo aplicada de forma eficaz, por falta de estrutura do Estado. Na maioria das unidades policiais não há número suficiente de agentes nem mesmo para a consecução das atividades básicas, sendo que há delegacias de polícia com apenas um agente policial lotado, em flagrante descaso por parte do poder público.

II - encaminhar a ofendida ao hospital ou posto de saúde e ao Instituto Médico Legal;

Exame médico ou pericial: Essa medida ocorreria ainda que não existisse o dispositivo, pois se apresenta como parte da formação da prova, ligada à existência e materialidade do crime. Inclusive, conforme veremos adiante, o atestado ou prontuário médico de atendimento são aceitos como meio de

30. NUCCI, Guilherme de Souza. Leis Penais e Processuais Penais Comentadas. Volume I, Rio de Janeiro: Forense, 2017, p. 954.

prova (art. 12, §3°), dispensando-se auto de exame de corpo de delito.

III - fornecer transporte para a ofendida e seus dependentes para abrigo ou local seguro, quando houver risco de vida;

Risco de vida: Anote-se que o transporte da ofendida somente deve ser fornecido quando houver *risco de vida para a vítima*.

Transporte da ofendida: É outra medida que demanda recursos, os quais a polícia não dispõe, sendo o Estado omisso no seu papel. Na maioria das cidades não existe um *abrigo* para onde a vítima e seus dependentes possam ser levados. Dessa forma, a saída que o delegado de polícia possui é encaminhar a vítima a algum *local seguro*, onde esteja protegida e não mantenha contato com o agressor. Geralmente, opta-se pela residência de algum familiar da vítima. Porém, às vezes, o familiar indicado não reside na mesma cidade onde ocorreu o fato, o que gera um novo problema, pois na maioria das Delegacias não há agentes suficientes para o transporte em viatura, sem prejuízo das atividades normais, e nem mesmo existe uma verba especial destinada ao transporte das vítimas. Dessa forma, cremos que, não possuindo a vítima recursos para o deslocamento por conta própria, o delegado deve contatar a Secretaria Municipal da Assistência Social, verificando a possibilidade de que o transporte seja disponibilizado pela municipalidade ou, então, o custeio de uma passagem de ônibus ao destino pretendido.

IV - se necessário, acompanhar a ofendida para assegurar a retirada de seus pertences do local da ocorrência ou do domicílio familiar;

Acompanhamento da ofendida: Trata-se de medida mais simples que visa conferir proteção à vítima, *imediatamente após o registro de ocorrência*, para que possa deslocar em segurança ao local da ocorrência ou do seu domicílio, a fim de retirar *pertences pessoais*, v.g., documentos, roupas, medicamentos e objetos de uso pessoal, não havendo que se falar em retirada de utensílios domésticos do lar, i.e., geladeira, fogão, cama, etc., sendo que, para isso, deve a vítima aguardar a decisão judicial de afastamento do lar do agressor e, então, por sua conta, depois de dissolvidas quaisquer questões sobre a propriedade dos objetos, retira do lar aquilo que por direito lhe couber. Registramos que, ainda que o dispositivo somente faça referência ao acompanhamento da ofendida ao "local da ocorrência ou do domicílio familiar", entendemos que o acompanhamento possa ser realizado a *qualquer outro local onde o agressor possa se encontrar*, já que o objetivo é justamente proteger a vítima, fragilizada, *logo após o registro da ocorrência*.

V - informar à ofendida os direitos a ela conferidos nesta Lei e os serviços disponíveis, inclusive os de assistência judiciária para o eventual ajuizamento perante o juízo competente da ação de separação judicial, de divórcio, de anulação de casamento ou de dissolução de união estável.

Informação dos direitos: Medida demasiadamente simples, sendo que a autoridade policial deve informar à vítima todos os direitos a ela disponíveis, v.g., assistência social, saúde, segurança, etc., sendo enfático o dispositivo no que se refere à informação "de assistência judiciária para o ajuizamento das ações de separação judicial, divórcio, anulação de casamento e dissolução de união estável", caso assim queira.

Crime de ação penal pública incondicionada: Se o crime relatado pela vítima for de *ação pública incondicionada*, a autoridade policial deve informar à vítima de que não poderá "voltar atrás", i.e., desistir do procedimento, o qual deverá prosseguir ainda que contra a sua vontade, inclusive, no delito de lesões corporais, diante do entendimento firmado pelo Supremo Tribunal Federal. Sobre a "vontade da vítima" remetemos o leitor ao ponto 08.

Fato atípico: Conforme vimos no art. 7°, nem todas as condutas descritas como violência doméstica e familiar contra a mulher encontram subsunção típica, isso, contudo, não impede a aplicação da lei, cujo principal objetivo é proteger a mulher. Assim, o fato de a conduta *não constituir crime*, impede a instauração de inquérito policial, mas não impede, por exemplo, a aplicação das *medidas protetivas da urgência*, que podem ser formalizadas e encaminhas ao Poder Judiciário, como veremos a seguir. É de suma importância que as autoridades policiais estejam atentas a essa circunstância, prestando um atendimento completo e eficaz à mulher vítima de agressão doméstica ou familiar, evitando que se sinta desacolhida pela legislação e menosprezada pela instituição policial. O fato de não existir crime não significa que a vítima não precise da especial proteção da lei. Dessa forma, ainda que não se deva instaurar um procedimento investigatório para apurar fato atípico, o delegado de polícia pode (deve) determinar a formalização do ato, em registro de ocorrência, para viabilizar que a vítima peça medidas protetivas contra o agressor.

Art. 12. Em todos os casos de violência doméstica e familiar contra a mulher, feito o registro da ocorrência, deverá a autoridade policial adotar, de imediato, os seguintes procedimentos, sem prejuízo daqueles previstos no Código de Processo Penal:

I - ouvir a ofendida, lavrar o boletim de ocorrência e tomar a representação a termo, se apresentada;

II - colher todas as provas que servirem para o esclarecimento do fato e de suas circunstâncias;

III - remeter, no prazo de 48 (quarenta e oito) horas, expediente apartado ao juiz com o pedido da ofendida, para a concessão de medidas protetivas de urgência;

IV - determinar que se proceda ao exame de corpo de delito da ofendida e requisitar outros exames periciais necessários;

V - ouvir o agressor e as testemunhas;

VI - ordenar a identificação do agressor e fazer juntar aos autos sua folha de antecedentes criminais, indicando a existência de mandado de prisão ou registro de outras ocorrências policiais contra ele;

VI-A - verificar se o agressor possui registro de porte ou posse de arma de fogo e, na hipótese de existência, juntar aos autos essa informação, bem como notificar a ocorrência à instituição responsável pela concessão do registro ou da emissão do porte, nos termos da Lei nº 10.826, de 22 de dezembro de 2003 (Estatuto do Desarmamento);

VII - remeter, no prazo legal, os autos do inquérito policial ao juiz e ao Ministério Público.

Procedimento após o registro: O dispositivo retrata aquilo que já se encontra previsto no Código de Processo Penal, que possui aplicação subsidiária em todos os procedimentos, tornando-se de certa forma inútil por apenas repetir o que já está na positivado. A exceção fica por conta dos incisos III e VI-A, os quais se destacam pela autenticidade da redação.

Diligências: O art. 6° do Código de Processo Penal já possui um rol exemplificativo de *diligências a serem adotadas pela autoridade policial*, nos incisos I a X, onde se lê que "logo que tiver conhecimento da prática da infração penal, a autoridade policial deverá: dirigir-se ao local, providenciando para que não se alterem o estado e conservação das coisas, até a chegada dos peritos criminais; apreender os objetos que tiverem relação com o fato, após liberados pelos peritos criminais; colher todas as provas que servirem para o esclarecimento do fato e suas circunstâncias; ouvir o ofendido; ouvir o indiciado, com observância, no que for aplicável, do disposto no Capítulo III do Título Vll, deste Livro, devendo o respectivo termo ser assinado por duas testemunhas que Ihe tenham ouvido a leitura; proceder a reconhecimento de pessoas e coisas e a acareações; determinar, se for caso, que se proceda a exame de corpo de delito e a quaisquer outras perícias; ordenar a identificação do indiciado pelo processo datiloscópico, se possível, e fazer juntar aos autos sua folha de antecedentes; averiguar a vida pregressa do indiciado, sob o ponto de vista individual, familiar e social, sua condição econômica, sua atitude e estado de ânimo antes e depois do crime e durante ele, e quaisquer outros elementos que contribuírem para a apreciação do seu temperamento e caráter; colher informações sobre a existência de filhos, respectivas idades e se possuem alguma deficiência e o nome e o contato de eventual responsável pelos cuidados dos filhos, indicado pela pessoa presa".

Palavra da vítima: Nos delitos praticados em ambiente doméstico e familiar, geralmente praticados à clandestinidade, sem a presença de testemunhas, a palavra da vítima possui especial relevância, notadamente quando corroborada por outros elementos de informações acostados aos autos (STJ, AgRg nos EDcl no AREsp 1.256.178 e AgRg no AREsp 1.225.082).

Inversão do ônus da prova: A palavra da vítima tem especial valor e relevância para fundamentar a condenação nos casos de violência doméstica ou familiar contra a mulher (STJ, AgRg no AREsp 423.707), sendo que, como corolário desse entendimento, há verdadeira inversão do ônus da prova nos processos dessa natureza. Maria Berenice Dias[31] leciona que, "apesar de se tratar de prova negativa, difícil de ser produzida, empresta-se mais credibilidade à palavra de quem procedeu ao registro de ocorrência", principalmente quando o crime não deixa vestígios, v.g., vias de fato e ameaça.

Condução da vítima: Conforme art. 201, §1°, do CPP, que se aplica subsidiariamente, tem-se que, se intimada para inquirição, em crime de ação penal

31. DIAS, Maria Berenice. A Lei Maria da Penha na Justiça – 5ª ed. Salvador: Juspodivm, 2018, p. 89.

pública, a vítima não comparecer, é possível que o delegado de polícia determine a sua condução coercitiva. O mesmo raciocínio se aplica caso a vítima se recuse ao exame médico ou pericial. A aplicação desse dispositivo pode causar uma situação de muito constrangimento, tanto à vítima, quanto aos executores da medida, sendo que deve ser utilizada com muita cautela. Sobre a "vontade da vítima" reportamos à leitura do ponto 08, onde tecemos comentários mais aprofundados sobre o tema.

Pedido da ofendida com medidas protetivas de urgência: Deve o delegado de polícia "remeter, em 48h, ao juiz" o pedido da ofendida à concessão de medidas protetivas de urgência. Anote-se que as medidas protetivas de urgência dependem da manifestação da vítima, sendo que o *delegado não pode representar* (formular em nome próprio), devendo apenas remeter o pedido ao juiz, que também não pode decretá-las *ex officio*[32]. Registre-se que o Ministério Público pode requerer a aplicação das medidas protetivas de urgência (art. 19, *caput*), sendo uma saída a ser adotada pelo delegado de polícia, vislumbrando gravidade da situação, para os casos em que a vítima, fragilizada, opta por não solicitar as medidas de proteção no momento do registro da ocorrência. Entendemos que o delegado de polícia pode encaminhar cópia do registro ao Ministério Público para providências cabíveis, sugerindo sejam requeridas as medidas de proteção à vítima[33].

Desnecessidade de advogado: A solicitação de medidas protetivas feita pela vítima à autoridade policial, no ato do registro da ocorrência, não precisa ser subscrita por advogado (art. 27).

Exame de corpo de delito: Não é indispensável. A redação do §3° relativiza sua exigência, conforme veremos a diante. Portanto, havendo prontuário médico de atendimento, tem-se por satisfeita a prova da existência e materialidade do crime, viabilizando, inclusive a condenação criminal (STJ, AREsp 627.263). Ainda, registre-se, o art. 158, parágrafo único, inc. I, do Código de Processo Penal preconiza que "dar-se-á prioridade à realização do exame de corpo de delito quando se tratar de crime que envolva violência doméstica e familiar contra mulher". Ainda, quanto aos crimes sexuais, o art. 1° da Lei 12.845/13 prevê que "os hospitais devem oferecer às vítimas de violência sexual atendimento emergencial, integral e multidisciplinar, visando ao controle e ao tratamento dos agravos físicos e psíquicos decorrentes de violência sexual, e encaminhamento, se for o caso, aos serviços de assistência social", sendo que, conforme o art. 3°, §2°, da mesma lei, "no tratamento das lesões, caberá ao médico preservar materiais que possam ser coletados no exame médico legal".

Identificação do agressor: Há quem entenda que a lei criou nova hipótese de identificação criminal obrigatória. Esta posição, porém, não encontrou amparo na jurisprudência. Com a devida vênia aos que assim entendem, a lei não instituiu a identificação criminal obrigatória do agressor doméstico. O inc. VI refere-se apenas à *identificação do agressor*, sem fazer qualquer referência à identificação fotográfica e datiloscópica, espécies de identificação criminal. Ainda, lembre-se que o art. 1° da Lei da Identificação Criminal (Lei 12.037/09) é claro ao determinar que "o civilmente identificado não será submetido à identificação criminal, salvo nos casos previstos na referida Lei". Logo, o dispositivo trata da *identificação civil* do agressor, mediante documento específico (art. 2°, Lei 12.037/09).

§1º O pedido da ofendida será tomado a termo pela autoridade policial e deverá conter:

I - qualificação da ofendida e do agressor;

II - nome e idade dos dependentes;

III - descrição sucinta do fato e das medidas protetivas solicitadas pela ofendida.

IV - informação sobre a condição de a ofendida ser pessoa com deficiência e se da violência sofrida resultou deficiência ou agravamento de deficiência preexistente.

§2º A autoridade policial deverá anexar ao documento referido no §1º o boletim de ocorrência e cópia de todos os documentos disponíveis em posse da ofendida.

Providencias do delegado no pedido da ofendida: Os §§ 1° e 2° estão diretamente vinculados ao inc. III, onde o legislador determina que o delegado de polícia deve "remeter, no prazo de 48 horas, expediente apartado ao juiz com o pedido da ofendida, para a concessão de medidas protetivas de urgência".

Requisições judiciais: Os dispositivos analisados externam todas as diligências a que o delegado

32. Em sentido contrário: NUCCI, Guilherme de Souza. Leis Penais e Processuais Penais Comentadas. Volume I, Rio de Janeiro: Forense, 2017, p. 965.

33. Em sentido contrário, entendendo que o Ministério Público somente pode requer medidas protetivas de urgência após o início da ação penal: CUNHA, Rogério Sanches; PINTO, Ronaldo Batista; SOUZA, Renee do Ó. Leis Penais Especiais: comentada artigo por artigo. Salvador: Juspodivm, 2019, p. 1791.

de polícia está obrigado por lei para a formalização e remessa do pedido da ofendida ao Poder Judiciário, que possui 48h para análise (art. 18). Assim, registramos, não há que se falar em requisição judicial para se formalizarem atos não previstos na lei. Há um procedimento positivado em lei, de rito cautelar e célere que deve ser observado para a maior segurança da vítima. Sobre o assunto, remetemos à leitura do ponto 09 onde escrevemos sobre o tema de forma específica.

§3º Serão admitidos como meios de prova os laudos ou prontuários médicos fornecidos por hospitais e postos de saúde.

Admissão como prova: O dispositivo é claro no sentido de permitir a prolação de um *decreto condenatório* com a comprovação da materialidade delitiva atestada única e exclusivamente por laudos ou prontuários médicos. Se a própria lei faz referência a tais documentos como verdadeiros *meios de prova* é evidente que os laudos ou prontuários médicos podem ser utilizados na sentença condenatória (STJ, AREsp 627.263, HC 316.680 e HC 295.979)[34]. Entretanto, outros sustentam que os laudos e prontuários médicos podem ser utilizados apenas para fins de indiciamento, oferecimento da denúncia e para a decretação de medidas cautelares, de modo que, para fins de prolação de uma sentença condenatória, subsiste a indispensabilidade do exame de corpo de delito para as infrações que deixam vestígios, nos termos do art. 158 do Código de Processo Penal[35]. Com o devido respeito aos seus defensores, entendemos que esse entendimento torna absolutamente inócua a previsão do art. 12, §3°, pois teria a lei determinado apenas uma obviedade que já faz parte do processo penal comum, i.e., a dispensa de auto de exame de corpo de delito para o indiciamento ou oferecimento da denúncia, por exemplo. O fato é que a lei não faz qualquer referência no sentido de limitar para quais atos tais documentos possuem validade. Em outras palavras, a lei não estipula que os laudos ou prontuários médicos só podem ser utilizados para o indiciamento, o oferecimento da denúncia ou a decretação de medida cautelar. Com o perdão pela tautologia, mas a dispensa da perícia oficial para indiciamento e para oferecimento da denúncia já ocorre, à obviedade, nos demais procedimentos, salvo raras exceções, onde o exame de corpo de delito é indispensável à denúncia, v.g., crimes contra a propriedade intelectual.

Requisição dos documentos médicos: A requisição do atestado, laudo ou prontuário médico pode (deve) ser feita pelo próprio delegado de polícia, não havendo necessidade de se convergir representação ao Poder Judiciário para tanto. Não há sigilo que se possa alegar, neste caso, que possa servir de obstáculo ao atendimento da requisição da autoridade policial. O art. 6° do CPP estabelece que tão logo tenha conhecimento da prática de uma infração penal, a autoridade policial deverá, entre outras diligências, colher todas as provas que servirem para o esclarecimento do fato, bem como determinar o exame de corpo de delito e outras perícias. É certo que o sigilo quanto às informações particulares de terceiros deve ser mantido pelas instituições e pelos seus profissionais, não se desprezando esse dever, o qual, diga-se de passagem, é louvável. Entretanto, o sigilo profissional e a privacidade do paciente não são absolutos e a compreensão da sua real extensão comporta relativo elastério (STF, MS 23.452; STJ, RMS 11.453). Em situações de flagrante interesse público, evidenciada pertinência lógica entre a requisição e os fatos motivadores da instauração de inquérito policial ou outro procedimento investigatório, é vedada a simples negativa das informações às autoridades públicas dedicadas à apuração dos fatos. Aliás, a Lei 12.527/2011, que parece regulamentar a situação, é expressa ao dispensar o consentimento da pessoa a quem se referem as informações quando estas forem necessária à proteção do interesse público e geral preponderante (art. 31, §3°, inc. V). De mais a mais, não há qualquer previsão legal ou constitucional de necessidade de autorização judicial embasando o poder requisitório da autoridade policial. Pelo contrário, o art. 2°, §2°, da Lei 12.830/2013, é claro ao estabelecer o poder requisitório do delegado de polícia nos procedimentos investigatórios de sua presidência. No mesmo sentido, e de forma específica, o art. 12-B, §3° do diploma legal estudado determina que "a autoridade policial poderá requisitar os serviços públicos necessários à defesa da mulher em situação de violência doméstica e familiar e de seus dependentes". Não há dúvidas, assim, de que o poder requisitório do delegado de polícia está completamente assentado na legislação vigente, de modo que a recusa no fornecimento

34. No mesmo sentido: TJRS, AC 70053657144 e AC 70059247692. Na doutrina: LIMA, Renato Brasileiro de. Legislação Criminal Especial Comentada. Salvador: Juspodivm, 2015, p. 925.
35. CUNHA, Rogério Sanches; PINTO, Ronaldo Batista; SOUZA, Renee do Ó. Leis Penais Especiais: comentada artigo por artigo. Salvador: Juspodivm, 2019, p. 1792.

dos documentos requisitados poderá acarretar a responsabilidade pelos crimes descrito no art. 319 (prevaricação) ou 330 (desobediência), ambos do Código Penal, dependendo de condição do agente, se particular ou público.

Art. 12-A. Os Estados e o Distrito Federal, na formulação de suas políticas e planos de atendimento à mulher em situação de violência doméstica e familiar, darão prioridade, no âmbito da Polícia Civil, à criação de Delegacias Especializadas de Atendimento à Mulher (Deams), de Núcleos Investigativos de Feminicídio e de equipes especializadas para o atendimento e a investigação das violências graves contra a mulher.

Art. 12-B. (VETADO).

§1º (VETADO).

§2º (VETADO).

Atendimento especializado: É direito de a mulher vítima de agressão doméstica ou familiar ter atendimento especializado, prestado preferencialmente por servidores do sexo feminino, devidamente capacitados (art. 10-A). O dispositivo se coaduna com o art. 8º, inc. IV, onde se estabelece que "a política pública que visa coibir a violência doméstica e familiar contra a mulher far-se-á por meio de um conjunto articulado de ações da União, dos Estados, do Distrito Federal e dos Municípios e de ações não-governamentais, tendo por diretrizes a implementação de atendimento policial especializado para as mulheres, em particular nas Delegacias de Atendimento à Mulher".

Fundamento da previsão: O objetivo é que a mulher, pela condição de vulnerabilidade presumida, não seja tratada da mesma forma que as demais vítimas. Trata-se de política pública guiada por ideais de uma *discriminação positiva*, conferindo tratamento diferenciado ao grupo vulnerável tutelado pela lei, buscando evitar a "revitimização da mulher", com linguajar e atitudes apropriadas, para que a vítima se sinta acolhida, mediante atendimento por profissionais capacitados e que, acima de tudo, revelem aptidão e sensibilidade na abordagem da situação relatada e suportada pela vítima.

§3º A autoridade policial poderá requisitar os serviços públicos necessários à defesa da mulher em situação de violência doméstica e familiar e de seus dependentes.

Requisição de serviços: O dispositivo permite à autoridade policial que requisite serviços públicos à defesa da vítima. O dispositivo se coaduna com o art. 2º, §2º da Lei 12.830/13, o qual estabelece que "durante a investigação criminal, cabe ao delegado de polícia a requisição de perícia, informações, documentos e dados que interessem à apuração dos fatos". Assim o delegado de polícia pode requisitar serviços, por exemplo, ao Conselho Tutelar, nos casos em que houver necessidade de atuação junto à vítima ou dependente menor de 18 anos, ou, ainda, ao Centro de Referência Especializado de Assistência Social (CREAS) para que disponibilize profissional para intermediar a inquirição da vítima (art. 10-A, §2º, II) ou equipe multidisciplinar para acompanhar o núcleo familiar onde exista vítima de violência.

Art. 12-C. Verificada a existência de risco atual ou iminente à vida ou à integridade física da mulher em situação de violência doméstica e familiar, ou de seus dependentes, o agressor será imediatamente afastado do lar, domicílio ou local de convivência com a ofendida:

Comentários: O dispositivo contempla um regramento especifico no que se refere à medida protetiva de *afastamento do agressor* do domicilio familiar ou local de convivência com a ofendida.

Risco atual ou iminente: Para a aplicação do afastamento do lar é necessário existência de risco atual ou iminente à vida ou à integridade física da vítima ou seus dependentes.

I - pela autoridade judicial;

II - pelo delegado de polícia, quando o Município não for sede de comarca; ou

III - pelo policial, quando o Município não for sede de comarca e não houver delegado disponível no momento da denúncia.

Reserva de jurisdição: A Constituição Federal não prevê reserva de jurisdição no caso em apreço, razão pela qual a medida está em total sintonia com o ordenamento constitucional vigente. Ainda que se trate de medida cautelar penal, não há dispositivo constitucional que a coloque apenas no âmbito de análise do Poder Judiciário, sendo permitido ao legislador que estabeleça as regras que acreditar mais apropriadas para a tutela pretendida[36]. Ademais, é

36. Nesse sentido: HOFFMANN, Henrique. Concessão de medidas protetivas por delegado amplia direitos da mulher. Disponível em: https://www.conjur.com.br/2017-nov-01/

preciso ponderar-se os interesses protegidos. Trata-se de proibir excessos ou proteção deficiente. Não se discute que a reserva de jurisdição seja uma garantia do investigado contra atuações arbitrárias, porém se o fato ocorre em um município que não é sede de comarca, a exclusiva decisão por parte do juiz, de sabida demora, gera indiscutível risco de dano à vítima vulnerável[37]. Em vista disso, entendemos que se trata de verdadeiro avanço na proteção da mulher, alvo de violência doméstica e familiar, pretendendo-se com a medida viabilizar a tutela imediata da incolumidade da vítima e seus dependentes.

Regra: A medida deve ser determinada pela autoridade judicial.

Exceção primária: A medida pode ser adotada pelo delegado de polícia quando o município não for sede de comarca.

Exceção secundária: A medida pode ser adotada por qualquer agente policial quando o município não for sede de comarca e não houver delegado de polícia disponível no ato da ocorrência. O inc. III utiliza-se inapropriadamente do termo *denúncia*, quando na verdade está se referindo ao momento em que o policial toma ciência do fato. Trata-se de expressão atécnica e coloquial, onde claramente o legislador se refere ao momento em que a vítima comunica o fato à polícia.

Descumprimento do afastamento imposto pelo delegado: Não configura o crime do art. 24-A, pois o dispositivo tipifica apenas o descumprimento de decisão judicial, não havendo como se fazer analogia *in malan partem*. Cabe ao delegado representar pela prisão preventiva do agressor desobediente (art. 20, Lei 11.340/06 e art. 313, III, do CPP.

Irrecorribilidade da decisão do delegado: A decisão do delegado de polícia é irrecorrível, cabendo ao agressor, caso a medida ainda não tenha sido ratificada pelo juiz (§1°), impetrar *habeas corpus*.

Comunicação ao juiz: É imprescindível, em 24h (§1°).

Comunicação ao Ministério Público: Não é necessária.

---

concessao-medida-protetiva-delegado-amplia-direitos-mulher. Acessado em 22 de junho de 2020.

37. CAVALCANTE, Márcio André Lopes. Comentários à Lei 13.827/2019, que autoriza a aplicação de medida protetiva de urgência pela autoridade policial. Disponível em: https://www.dizerodireito.com.br/2019/05/comentarios-lei-138272019-que-autoriza.html. Acessado em 22 de junho de 2020.

§1º Nas hipóteses dos incisos II e III do *caput* deste artigo, o juiz será comunicado no prazo máximo de 24 (vinte e quatro) horas e decidirá, em igual prazo, sobre a manutenção ou a revogação da medida aplicada, devendo dar ciência ao Ministério Público concomitantemente.

Comunicação ao juiz: Sempre que a medida de afastamento do lar for decretada pelo delegado de polícia ou outro policial o juiz deve ser comunicado em 24h, devendo decidir se mantém ou revoga a medida protetiva aplicada. O juiz deve comunicar o Ministério Público da decisão proferida.

§2º Nos casos de risco à integridade física da ofendida ou à efetividade da medida protetiva de urgência, não será concedida liberdade provisória ao preso.

Liberdade provisória: Em sua definição mais simples, é o instituto que substitui a prisão em flagrante. O dispositivo não proíbe a liberdade provisória de modo automático, devendo ser demonstrado o risco concreto à integridade física da vítima ou à efetividade da medida protetiva de urgência. A decisão judicial deve ser fundamentada, apontando a imprescindibilidade da custódia cautelar, sob pena de nulidade por configuração da rechaçada prisão *ex lege* (STF, HC 104.339). Não se deve olvidar também, que devem estar presentes todos os demais requisitos da prisão preventiva (arts. 312 e 313 do CPP). Dessa forma, "a prisão preventiva poderá ser decretada como garantia da ordem pública, da ordem econômica, por conveniência da instrução criminal ou para assegurar a aplicação da lei penal, quando houver prova da existência do crime e indício suficiente de autoria e de perigo gerado pelo estado de liberdade do imputado", podendo ser decretada apenas "nos crimes dolosos punidos com pena privativa de liberdade máxima superior a 4 anos; se tiver sido condenado por outro crime doloso, em sentença transitada em julgado, ressalvado o disposto no inc. I do *caput* do art. 64 do Código Penal; ou se o crime envolver violência doméstica e familiar contra a mulher, criança, adolescente, idoso, enfermo ou pessoa com deficiência, para garantir a execução das medidas protetivas de urgência".

O art. 313, III, do CPP: O art. 313, III, do Código de Processo Penal determina que a prisão preventiva pode ser decretada "se crime envolver violência doméstica e familiar contra a mulher (...) para garantir a execução das medidas protetivas de urgência". Desde a vigência do dispositivo, com a Lei 11.403/2011, tem se sedimentado o entendimento de que a prisão preventiva, nesse caso, exige o efetivo descumprimento da medida protetiva deferida (STJ, HC 542.381). Entretanto, agora, parece-nos que o legislador está excepcionando essa regra, autorizando a decretação da prisão quando *houver risco concreto* ao descumprimento da medida protetiva, não sendo necessário aguardar-se o *efetivo descumprimento*.

8. A (DES)CONSIDERAÇÃO DA VONTADE DA VÍTIMA

Desconsidera-se a vontade da mulher para que seja submissa àquilo que se definiu ser o melhor, colocando-a em uma condição de ser inferior, incapaz de decidir o que é melhor para si, tal qual o ideal de cultura machista que a própria lei busca corrigir.

A Lei 11.340/06, conhecida como Lei Maria da Penha, entre outros objetivos, cria mecanismos para coibir a violência doméstica e familiar contra a mulher, atendendo às diretrizes preconizadas em diversos tratados internacionais dos quais o Brasil é signatário[38] e, em especial, ao disposto no art. 226, §8°, da Constituição Federal, onde se lê que *"o Estado assegurará a assistência à família na pessoa de cada um dos que a integram, criando mecanismos para coibir a violência no âmbito de suas relações"*.

Anote-se que a criação de uma lei para proteger a mulher é louvável, notadamente em um país onde a engrenagem social funciona a partir de pilares que apontam o gênero masculino como o dominador. Ainda que a Constituição Federal proclame a igualdade de todos (art. 5°, I) e, de forma enfática, equipare o homem e a mulher (art. 226, §5°), subsiste até os dias de hoje essa ideologia patriarcal.

A superioridade masculina é tão enraizada na sociedade que sequer necessita de discurso para legitimá-la[39], de modo que esta concepção é vista como um padrão normal de comportamento social. Esse paradigma se encontra tão historicamente cristalizado que ditados populares, com natureza jocosa, como, por exemplo, *em briga de marido e mulher ninguém mete a colher* ou *ele pode não saber por que bate, mas ela sabe por que apanha*, acabam por naturalizar a violência doméstica[40].

Não há dúvidas, assim, de que a Lei 11.340/06 representa um incomensurável avanço na proteção da mulher, que vai desde a criação dos Juizados de Violência Doméstica e Familiar contra a Mulher, para tratar de forma mais segura e menos burocrática essas situações, até a previsão de medidas protetivas de urgência, para viabilizar uma resposta mais célere por parte do Estado nos casos de infrações penais.

Assim, tratando-se de violência doméstica e familiar contra a mulher, cujo conceito se extrai de interpretação conjunta dos arts. 5° e 7° da Lei 11.340/06, há incidência de toda a gama de *proteção multidiciplinar41* conferida à mulher vítima.

Registrados esses breves apontamentos, e entrando, agora, no tema objeto deste capítulo, chamamos atenção ao disposto no art. 41, o qual prevê que *não se deve aplicar a Lei 9.099/95 aos crimes42 praticados com violência doméstica e familiar contra a mulher, independentemente da pena prevista.*

Diante dessa determinação, como o *instituto da representação*, no *crime de lesões corporais leves*, está previsto no art. 88 da lei 9.099/95, sedimentou-se na jurisprudência (STF, ADI 4424 e ADC 19) o entendimento de que, nesse caso, a ação penal é pública incondicionada (STJ, Pet. 11.805), ou seja, não depende de manifestação da vítima, devendo o Estado proceder de ofício.

Esse entendimento, em outras palavras, significa que além de não se prescindir da vontade da vítima para o início da persecução penal, deve ser *desconsiderada a sua manifestação em sentido contrário*, i.e., ainda que a vítima manifeste o desejo de não querer a instauração de um processo penal, devem as

38. Convenção sobre a Eliminação de Todas as Formas de Discriminação contra as Mulheres; Convenção Interamericana para Prevenir, Punir e Erradicar a Violência contra a Mulher (chamada de Convenção de Belém do Pará).
39. BOURDIEU, Pierre. A dominação masculina. 11ª edição. Rio de Janeiro: Bertrand Brasil, 2012, p.18.
40. DIAS, Maria Berenice. A Lei Maria da Penha na Justiça. 5ª edição. Salvador: Juspodivm, 2018, p. 25.
41. Diz-se *proteção multidiciplinar* porque a Lei 11.340/06 possui dispositivos de natureza civil, previdenciária, trabalhista, processual, etc., não se tratando, ao contrário do que muitos pensam, de uma lei exclusivamente penal. Aliás, refira-se, o único tipo penal nela previsto (art. 24-A) foi incluído pela Lei 13.641/18, praticamente doze anos após a sua vigência.
42. Neste aspecto, registramos que, embora a lei refira-se apenas aos *crimes*, diante dos fins sociais a que a lei se destina, o entendimento do Superior Tribunal de Justiça (HC 280.788) e do Supremo Tribunal Federal (HC 106.212) é no sentido de que o dispositivo também deve abarcar as *contravenções penais*, pois a vontade do legislador não poderia ser outra, senão a de alcançar todas as infrações penais.

autoridades desconsiderar sua vontade, obrigando-a a suportá-lo.

O Supremo Tribunal Federal, em 2012, fixou o entendimento de que *não seria razoável deixar a atuação estatal a critério da mulher*, pois a exigência dessa condição permitiria a reiteração da violência, caso a vítima não representasse ou se retratasse da representação oferecida, esvaziando-se a proteção pretendida pela lei, sendo, assim, necessária a intervenção estatal desvinculada da vontade da vítima.

É como se o processo penal fosse a "solução imprescindível" do problema da vítima. O entendimento do Tribunal Supremo, longe da realidade, é no sentido de que, submetendo-se o agressor (e a vítima) ao processo penal, os problemas estão resolvidos e a agressão não vai ocorrer novamente. Seria bom se fosse assim, mas, lembrando do saudoso Nelson Rodrigues, essa não é *a vida como ela é*. Não demorou muito e, em 2015, com a edição da súmula 542[43], o STJ passou a adotar o mesmo entendimento do STF.

Com a devida vênia à jurisprudência dos Tribunais Superiores, nos parece que *retirar da mulher o direito de decidir* sobre se quer ou não a instauração de um processo criminal, quando se está diante do crime de lesão corporal leve, *significa negar sua liberdade*, reduzindo-a a mera espectadora da ação estatal.

Nesse sentido, Renato Magalhães[44] sustenta:

> A idéia de retirar da vítima-mulher o direito de decidir sobre a autorização para instauração de ação penal nos casos de lesão corporal dolosa leve praticados com violência de gênero, nos parece, com a devida vênia, um equivocado contra-discurso na sua política emancipacionista. Alie-se o pedantismo de pretender saber o que é melhor para a mulher, subestimando-lhe força, coragem e capacidade de gerir sua própria vida. Na verdade, aderindo à natureza incondicionada da ação, estamos suprindo o Direito Penal de um paternalismo estatal que decide pela mulher o seu próprio destino.

Pretende-se que a mulher vítima seja submissa àquilo que se definiu ser o melhor para ela, desconsiderando e desrespeitando sua vontade, colocando-a em uma condição de ser inferior, como se fosse incapaz de decidir o que é melhor para si, tal qual o ideal de cultura machista e patriarcal que a própria lei pretende corrigir.

Compactuando do mesmo entendimento, e entendendo que a desconsideração da vontade da vítima é pura *violência processual*, Leonardo Marcondes[45] lembra a importância que tem o papel da vítima na persecução penal, sendo a sua vontade, na maioria das vezes, imprescindível. Veja-se:

> Não queria absolutamente nada (na esfera penal). Havia um grito oculto, porém flagrante, que clamava pela não intervenção estatal. Ela, definitivamente, não queria uma "solução" fictícia do Estado. Prisão ou falsas medidas de proteção não resolveriam aquela questão.
>
> Inconformada com a total desconsideração de sua manifestação de vontade e com a supressão absoluta de sua autonomia para gerir os próprios conflitos, até os mais íntimos, passou a responder da mesma forma que fora tratada pelo Estado. Com sabotagem! Negou, em suas declarações oficiais, que fora agredida, e se recusou a ser submetida a exame de corpo de delito. Em suma: tratou de sabotar o sistema que insistia em desconsiderá-la!

E assim é, sob o manto da suposta proibição de proteção deficiente, ofende-se a dignidade da mulher vítima de violência doméstica e familiar, quando, na verdade, se deveria protegê-la. Afinal, como entender que o propósito protetivo da Lei 11.340/06 se perfaz suprimindo o direito de escolha da mulher?

Conforme enfatiza Marcondes[46], é visível o desrespeito aos tratados internacionais e, notadamente à recomendação da Assembleia Geral das Nações Unidas no sentido de que a vítima seja tratada com compaixão e respeito pela sua dignidade.

Cumpre frisar, por oportuno, que a lei é totalmente *compatível com o instituto da representação*, sendo que o art. 16 é claro ao estabelecer que, nas ações penais públicas condicionadas à representação da vítima, só será admitida a renúncia perante o juiz, em audiência especialmente designada para essa finalidade[47], antes do recebimento da denúncia.

43. Nesta ocasião em que foi revista a tese fixada no REsp 1.097.042, julgado em 2010, quando se estabeleceu entendimento em sentido contrário.
44. MAGALHÃES, Renato Vasconcelos. A representação da vontade da vítima na Lei Maria da Penha. Disponível em: https://jus.com.br/artigos/13191/a-representacao-da-vontade-da-vitima-na-lei-maria-da-penha. Acessado em 23/04/2020.
45. MACHADO, Leonardo Marcondes. Desconsiderar vontade da vítima na Lei Maria da Penha é pura violência processual. Disponível em: https://www.conjur.com.br/2015-out-20/academia-policia-desconsiderar-vontade-vitima-pura-violencia-processual#_ednref3. Acessado em 23/04/2020.
46. MACHADO, Leonardo Marcondes. *Loc. cit*.
47. Logicamente que a audiência de retratação da representação pressupõe a iniciativa da vítima, a fim de que a providência não ganhe cunho constrangedor, viciando a sua vontade, induzindo-a à retratação (STF, HC 98.880).

A própria lei enfatiza que a manifestação de vontade da vítima, como condição de procedibilidade, nos casos autorizados pela legislação, deve ser respeitada, sendo que a supressão de seu direito de escolha se dá apenas *porque o instituto da representação, no caso de lesão corporal leve está na Lei 9.099/95, caso estivesse no Código Penal, como no crime de ameaça, v.g, estaria tudo certo.*

Não se olvide que, para além do Direito Penal, há uma questão de Direito de Família muito mais relevante do que a imposição da pena criminal ao agressor. É essa questão de fundo que precisa ser resolvida e, s.m.j., ela passa longe do processo penal. Além disso, a imposição de um processo penal pode estremecer ainda mais as bases da relação doméstica e familiar, sendo que a consideração da vontade da vítima em muito facilitaria a composição do conflito, se essa for a sua vontade.

De que forma as partes irão se reconciliar, dividindo o mesmo teto, quando há um processo criminal em andamento, cuja finalidade primordial (livre de demagogia) não é outra senão a aplicação da pena? Como referimos, a *solução efetiva* do problema passa longe do direito penal.

Entretanto, lamentavelmente, como assevera Marcondes[48]:

> O foco não está no conflito, na violência ou na vítima; muito menos em qualquer ideia de terapia ou composição. O centro gravitacional é sempre o castigo e, por via indireta, o meio necessário para se chegar até ele. O que importa, em suma, é a pena criminal e o processo penal.

Esse desvio de foco parece desconhecer que o Direito Penal, como instrumento formal de controle, possui objetivos não aparentes que vão além do discurso produzido na superfície e que, na maioria dos casos, não resolve o problema, apenas pune aquele que violou a norma.

Assentados esses argumentos, entendemos que o disposto no art. 41 deveria ser interpretado no sentido de impedir a aplicação das medidas despenalizadoras da Lei 9.099/95 ao agressor, mas não para desconsiderar a vontade da vítima quanto ao início do processo no crime de lesões corporais leves.

Inclusive, esse é o entendimento que parece se coadunar com o espírito da lei que, no seu art. 17, preconiza ser vedada a aplicação de penas de cesta básica, prestação pecuniária ou, ainda, a substituição de pena que implique o pagamento isolado de multa.

Nesse aspecto, andou bem o Superior Tribunal de Justiça ao definir que *"a suspensão condicional do processo e a transação penal não se aplicam na hipótese de delitos sujeitos ao rito da Lei Maria da Penha"* (súmula 536) e que *"a prática de crime ou contravenção penal contra a mulher com violência ou grave ameaça no ambiente doméstico impossibilita a substituição da pena privativa de liberdade por restritiva de direitos"* (súmula 588).

A necessidade de se respeitar a vontade da vítima faz parte da vontade da lei, pois, quanto ao regramento das *medidas protetivas de urgência*, que têm caráter cautelar e nitidamente protetivo, a lei não confere ao delegado de polícia a possibilidade de *representar* pela proteção da vítima, podendo (devendo) apenas *remeter* ao Poder Judiciário o pedido da vítima (art. 12, III), i.e., a lei entende que deve o delegado de polícia deve respeitar a vontade da vítima no sentido de querer ou não a especial proteção.

Portanto, se para a sua proteção cautelar o legislador condicionou a efetivação à necessidade de manifestação de vontade da vítima, é *evidente paradoxo* desconsiderar a sua vontade para o início da persecução penal, no caso de lesão corporal leve, mormente em se considerando que o Direito Penal é a última forma de resolução dos conflitos, sendo regido pelo princípio da subsidiariedade.

9. A ILEGITIMIDADE DE REQUISIÇÃO JUDICIAL PARA INTERROGATÓRIO EM SEDE DE MEDIDAS PROTETIVAS DE URGÊNCIA[49]

Nesse tópico estudaremos a requisição judicial que visa determinar que a autoridade policial realize interrogatório, oitiva de testemunhas ou informantes no bojo de em procedimento cautelar e medidas protetivas de urgência, onde o objeto se restringe à análise dos pressupostos e requisitos legais afetos a todas as medidas cautelares.

48. MACHADO, Leonardo Marcondes. *Loc. cit.*

49. O presente capítulo é fruto do estudo produzido em conjunto com o amigo e colega *Joaquim Leitão Júnior*, publicado com o título "A problemática da requisição judicial no âmbito de medidas cautelares penais para oitivas de testemunhas/informantes e até mesmo interrogatórios: ausência de lastro legal". Disponível em: https://meusitejuridico.editorajuspodivm.com.br/2020/04/16/problematica-da-requisicao-judicial-no-ambito-de-medidas-cautelares-penais-para-oitivas-de-testemunhasinformantes-e-ate-mesmo-interrogatorios-ausencia-de-lastro-legal/.

No processo penal brasileiro, o instituto da requisição pode ser conceituado como um mandamento legal. Partindo-se desse conceito, tendo em vista a sua natureza mandamental, é um corolário lógico que qualquer requisição deva, independentemente da autoridade de que emanar, possuir lastro na lei, i.e., dispositivo que lhe confira legalidade e legitimidade, sob pena de se converter em uma ordem ilegal.

Dessa forma, pode-se dizer que qualquer requisição deve preencher um requisito básico, qual seja: *previsão legal*. Não nos referimos aqui à previsão legal genérica quanto ao poder de requisitar, mas à previsão legal específica quanto à diligência objeto da requisição. É dizer que, além da previsão legal no que se refere a quem pode requisitar, deve haver previsão legal quanto ao que se pode requisitar.

Dito isso, ainda que não se discuta a legalidade do poder requisitório das autoridades judiciais, nem mesmo o dever da autoridade policial de cumprir as requisições que lhe são destinadas (art. 13, II, CPP), é necessário analisar o lastro legal do objeto de requisição, i.e., se a diligência pretendida possui previsão na lei.

O fato de uma autoridade deter o poder requisitório não a autoriza a utilizá-lo para toda e qualquer diligência, deve haver um filtro de legalidade daquilo que se pretende requisitar. Deste modo, constituindo-se em um mandamento, somente pode ser objeto de requisição diligências que tenham previsão legal.

Isso significa que, além de ser formalmente legal, a requisição deve ser materialmente legal, no sentido de que a análise de seu conteúdo deve se inserir na previsão de algum artigo de lei. O poder requisitório não pode ser exercido fora das hipóteses em que a lei lhe autoriza, sob pena de se transformar em uma ponte para a imposição de mandamento pessoal, sem lastro na lei. Trata-se de um limite e esse limite tem que ser a lei.

Feitas essas considerações, passaremos a comentar duas situações constatadas durante a persecução criminal que, ao nosso juízo, não possuem lastro legal a embasar requisições. Registre-se que ambas as situações concernem à requisição judicial para inquirição de pessoas antes da decisão em sede de medidas cautelares.

O primeiro caso refere-se às medidas cautelares diversas da prisão, previstas no artigo 319 do Código de Processo Penal e o segundo caso se refere às medidas protetivas de urgência, previstas no artigo 22 da Lei 11.340/06.

Nesse passo, por expressa determinação legal, cabe ao delegado de polícia, no curso da investigação criminal, representar pelas medidas cautelares diversas da prisão (art. 282, §2°, CPP) ou, nos casos de medidas protetivas de urgência, encaminhar o pedido da ofendida ao magistrado em 48 (art. 12, III, LMP).

As medidas cautelares são instrumentos colocados à disposição do juiz para, dentro das regras do devido processo legal[50] e preenchidos os requisitos do art. 282 do CPP, *decidir questões urgentes* antes da sentença. É a possibilidade legal de o juiz driblar o longo curso do devido processo legal da justiça criminal, trazendo eficácia instantânea à proteção de um direito.

Via de regra, as medidas cautelares se dividem em reais, pessoais e probatórias, sendo que, independente da modalidade, diferentemente do processo civil, no processo penal não há um procedimento cautelar autônomo, pois a tutela cautelar penal é prestada de modo incidental na persecução criminal, durante o inquérito policial ou durante o processo penal.

Gize-se que, tanto as medidas cautelares diversas da prisão quanto as medidas protetivas de urgência nos casos de violência doméstica e familiar contra a mulher, são protegidas pela *cláusula de reserva de jurisdição*, pois apenas o juiz é quem pode emitir juízo decisório[51].

É digno de nota que a Lei 13.964/20 promoveu diversas alterações nas medidas cautelares[52] e, em

50. A decretação de qualquer medida cautelar depende de prévia análise quanto ao fumus comissi delicti (prova da materialidade e indícios da autoria), bem como do periculum libertatis (art. 282, CPP).

51. Registramos que existem algumas medidas cautelares que podem ser decididas e determinadas pelo delegado de polícia, escapando estas, por expressa disposição legal, da cláusula de reserva de jurisdição, v.g., a liberdade provisória, fiança, condução coercitiva, afastamento excepcional do agressor nos casos de violência doméstica.

52. Algumas das alterações promovidas foram, por exemplo: **a)** a competência do juiz das garantias na fase preliminar da persecução penal (Art. 3°-B, inc. V, CPP). Registramos que o presidente do Supremo Tribunal Federal deferiu medida cautelar nas Ações Diretas de Inconstitucionalidade 6228, 6229 e 6300 para suspender a implantação do instituto por 180 dias; **b)** a impossibilidade de que sejam decretadas de ofício pelo juiz (Art. 182, §2°, e art. 311, CPP); **c)** indício suficiente de perigo gerado pelo estado de liberdade como novo requisito da prisão preventiva

alguns casos, repetiu institutos já preconizados pela Lei 12.403/11, como a *necessidade de contraditório prévio*, ressalvados os casos de urgência ou de perigo de ineficácia da medida (art. 282, §3°, CPP).

Aqui, trazemos à baila a questão levantada: Havendo representação do delegado ou requerimento do promotor para aplicação de medida cautelar, pode o juiz, antes de decidir, requisitar interrogatório e inquirições à polícia judiciária como condição para decidir? Cremos que a resposta é negativa.

Tratando-se de procedimento marcado pela *judicialidade*, é forçoso concluir que, em homenagem ao princípio do devido processo legal, o contraditório deve ser *obrigatoriamente exercido perante o juiz*, ainda que a representação ou requerimento sejam formulados na fase preliminar da persecução penal.

Anotamos aqui que, como o dispositivo legal não estabelece forma, a *manifestação do contraditório pode ser escrita*, mediante defensor constituído ou nomeado (caso o intimado não se manifeste no prazo legal), como meio de garantir a defesa técnica, *ou oral*, mediante sua inquirição em audiência. Frisamos, além de perder a celeridade pretendida pela lei, o que, sem dúvida, ocorre com a requisição de interrogatório, este, se houver, deve se dar em contraditório judicial.

A requisição para inquirir testemunhas também não goza de lastro legal neste momento processual. A um, porque a redação do artigo 282, §3°, é clara no sentido de estabelecer o procedimento legal a ser seguido, determinando apenas a inquirição judicial do requerido ou representado. A dois, porque o que deve ser analisado neste momento são os requisitos para a concessão da medida cautelar, o que se verifica pelo *fumus comissi delicti* e pelo *periculum libertatis*.

Grifamos que, se nem mesmo o inquérito policial é o momento para o exaurimento de elementos informativos e eventuais provas, contentando-se com a existência de elementos mínimos de autoria e prova da materialidade, nos termos da lei, com muito menos razão seria uma cautelar incidente, regida por um rito extremamente célere[53]. Nesse passo, registre-se que o promotor ou o delegado que provocar o juízo coalescem ao pedido as peças necessárias, as quais entendem suficientes para demonstrar a materialidade e autoria do fato, e, na mesma toada, justificar a adoção da cautelar, nos termos do art. 282 do CPP.

Cabe ao juiz, analisando os requisitos, deferir ou indeferir o pedido.

Ainda, não se pode esquecer que no *sistema acusatório* é vedado ao juiz substituir o órgão acusador, tomando a iniciativa de determinar a produção de provas não requeridas pelas partes, salvo nos casos excepcionais em que a própria lei o autoriza a determinar a produção de provas de modo subsidiário ou supletivo. Esta preocupação ganha maior densidade ainda com o advento do pacote anticrime que veio com o desiderato de conferir um modelo *acusatório puro ou próprio* – em que pese entendermos a possibilidade de sempre haver exceções nos modelos –. A mensagem do legislador foi clara ao traçar às definições rígidas das atribuições de atuação de cada órgão de persecução penal. Outrossim, a preocupação se eleva mais ainda com a vigência da nova lei de abuso de autoridade, a qual tipifica como crime a requisição sem amparo legal (art. 33, Lei 13.869/19), o que nos leva a crer que os magistrados devam se abster de medidas deste jaez.

Não vamos ingressar na discussão sobre se a medida requisitória poderia contribuir positivamente à imagem das atividades policiais ou para proteger o âmbito da mulher, vítima de violência de gênero no âmbito familiar ou doméstico. Igualmente, poderiam surgir vozes no sentido de que esta discussão serviria apenas e tão somente para obstaculizar inultimente à proteção que o Estado deve conferir a vítima, já que a prioridade deve ser a tutela dada à vítima[54]

(art. 312, *caput*, CPP); **d)** existência concreta de fatos novos ou contemporâneos para motivar a prisão preventiva (art. 312, §2°, CPP); **e)** criação de um sistema periódico obrigatório de revisão da prisão preventiva (Art. 316, parágrafo único, CPP); entre outras.

53. Obviamente, é recomendável que na prática, o delegado de polícia seja diligente e cauteloso, amealhando o máximo de elementos informativos possíveis e até mesmo provas para instruir a cautelar ou medida de proteção, a fim de propiciar ao julgador a maior segurança possível, sob a ótica dos pressupostos e requisitos legais na eventual concessão das medidas, embora a maioria destas infrações penais sejam praticadas clandestinamente, i.e., apenas com a presença do suspeito e da vítima – onde as partes podem criar todas as versões possíveis, nos parecendo mais inócua ainda qualquer requisição judicial para diligências nesses pontos, reforçando nosso ponto de vista de ilegalidade e ilegitimidade da medida.

54. Aliás, nesse ponto, entendemos que, pensando justamente na proteção das vítimas, é que a lei estabelece de forma clara o rito célere de apreciação judicial das medidas cautelares, determinando a instrução da representação ou requerimento com a declaração da vítima e prova da materialidade do crime (nas infrações penais não transeuntes). Anote-se, aqui, que a palavra da vítima tem especial relevância, e, assim, prepondera sobre eventual negativa do imputado, sendo suficiente, inclusive,

com violação ao princípio da vedação à proteção deficiente.

O fato é que, em um Estado Democrático de Direito, ninguém pode ser obrigado a fazer ou deixar de fazer alguma coisa, senão em virtude da lei (art. 5º, II, CF). Se há alguma inconsistência na disciplina das medidas ou do nosso modelo, que seja objeto de *lege ferenda*, mas não podemos atuar às margens da legalidade.

De mais a mais, registramos, com a devida vênia, que a requisição de inquirições à polícia judiciária não deve ocorrer no curso da investigação criminal, uma vez que a condução do apuratório (determinação de quais elementos e provas serão produzidos, bem como o momento em que serão produzidos) compete apenas ao delegado de polícia.

As requisições de diligências à polícia judiciária somente têm lugar após a remessa definitiva do inquérito policial ao Poder Judiciário e somente devem ser admitidas quando imprescindíveis ao oferecimento da denúncia (art. 16, CPP), já que não se trata o inquérito policial de um procedimento probatório exauriente (art. 10, §2°, CPP), sob pena de fomentar a morosidade do sistema de justiça criminal e subverter a essência de ser das coisas, transformando-se em regra aquilo que é para ser a exceção.

Agora, comentaremos outro ponto da questão estudada: Havendo pedido de medidas protetivas de urgência pela mulher vítima de violência doméstica ou familiar, pode o juiz, antes de decidir, requisitar interrogatório do imputado à polícia judiciária como condição para decidir? A resposta, novamente, é negativa.

Antes de comentarmos essa questão especificamente, frisamos que as medidas protetivas de urgência são espécies de medidas cautelares e, como tal, se submetem às regras das medidas cautelares diversas da prisão previstas no CPP. Logo, todos os argumentos acima escandidos aplicam-se aqui.

Portanto, caso o juiz entenda que o caso não está ressalvado pela urgência ou perigo de ineficácia da medida, hipótese em que poderia postergar o contraditório, decidindo *inaudita altera pars*, deve promover a intimação do imputado para manifestação em juízo[55].

para sustentar uma condenação, conforme o entendimento do Superior Tribunal de Justiça (RHC 115.554).

55. Art. 19, §1°, Lei 11.340/06 e aplicação supletiva do art. 182, §3°, CPP.

Portanto, não possui lastro legal requisições à polícia judiciária para realização de inquirição neste momento. Aliás, a Lei 11.340/06 também estabelece a forma de agir de cada autoridade da persecução penal. E, frise-se, fugindo do procedimento legal adotado, o qual prima pela celeridade do rito cautelar, é de se concluir pela ilegitimidade e ilegalidade da requisição, pois não há lastro legal.

Neste momento, cabe ao delegado de polícia: a) remeter, no prazo de 48 horas, expediente apartado ao juiz com o pedido da ofendida, à concessão de medidas protetivas de urgência (art. 12, III); b) fazer constar no pedido a qualificação da ofendida e do agressor, nome e idade dos dependentes, descrição sucinta do fato e das medidas protetivas solicitadas pela ofendida, informação sobre a condição de a ofendida ser pessoa com deficiência e se da violência sofrida resultou deficiência ou agravamento de deficiência preexistente (art. 12, §1°); c) anexar ao pedido da ofendida o boletim de ocorrência e cópia dos documentos disponíveis em sua posse (art. 12, §2°).

Essas são as obrigações legais do delegado de polícia frente ao rito célere do procedimento cautelar. Não há espaço para interrogatório ou inquirições de testemunhas e informantes nos autos da medida cautelar, diligências estas que serão adotadas a critério do delegado nos autos do inquérito policial, sendo vedada toda e qualquer ingerência na sua atividade investigatória.

No que se refere ao procedimento legal, a legislação determina que, em quarenta e oito horas, deve o juiz: a) conhecer do expediente e decidir sobre as medidas protetivas de urgência; b) determinar o encaminhamento da ofendida ao órgão de assistência judiciária, quando for o caso, inclusive para o ajuizamento da ação de separação judicial, de divórcio, de anulação de casamento ou de dissolução de união estável perante o juízo competente; c) comunicar ao promotor de justiça para que adote as providências cabíveis; d) determinar a apreensão imediata de arma de fogo sob a posse do agressor (art. 18, I a IV).

Posto isso, concluímos pela ausência de lastro legal na requisição judicial para que o delegado de polícia realize interrogatório, oitiva de testemunhas ou informantes em procedimento cautelar e medidas protetivas de urgência em que o objeto se restringe à análise dos pressupostos e requisitos legais afetos a todas as medidas cautelares (*fumus comissi delicti* e *periculum in mora*). Nesse caso, deve a autoridade policial, fundamentadamente, rejeitar o seu cumprimento. Pensamos que os magistrados devem se abster de medidas deste jaez, mormente com a vigência da Lei 13.869/19, em que determinações sem lastros legais podem tipificar o crime previsto no art. 33. Por fim, reforçamos que qualquer requisição que se desenlace do procedimento determinado pelo legislador, tumultuando o andamento processual e impondo uma obrigação não prevista na lei, é ilegal e ilegítima.

10. JUIZADOS ESPECIAIS PARA JULGAMENTOS DE CASOS

Leitura conjunta: A compreensão do deste ponto da lei depende de uma leitura conjunta do art. 14, *caput*, art. 14-A e art. 33.

Art. 14. Os Juizados de Violência Doméstica e Familiar contra a Mulher, órgãos da Justiça Ordinária com competência cível e criminal, poderão ser criados pela União, no Distrito Federal e nos Territórios, e pelos Estados, para o processo, o julgamento e a execução das causas decorrentes da prática de violência doméstica e familiar contra a mulher.

Parágrafo único. Os atos processuais poderão realizar-se em horário noturno, conforme dispuserem as normas de organização judiciária.

Juizado especial em razão da matéria: O artigo prevê a criação de Juizados de Violência Doméstica e Familiar contra a Mulher para o processo e julgamento das causas que digam respeito à matéria. É caso de competência legal em razão da matéria (violência doméstica e familiar contra a mulher).

Competência dúplice: O Juizado de Violência Doméstica e Familiar contra a Mulher possui competência cível e criminal.

Fundamento: Objetiva evitar que a mulher tenha que percorrer os caminhos da justiça criminal e civil para a resolução de seu problema[56].

Justiça comum: O Juizado de violência Doméstica e Familiar contra a Mulher é órgão da justiça comum.

Feminicídio: Deve-se respeitar a competência do Tribunal do Júri, de vértice constitucional. Nesse caso, lembre-se, a competência para o *sumário de culpa* dependerá das leis de organização judiciária, podendo ser do juiz da Vara do Júri, do juiz criminal ou do juiz do Juizado Especial da Violência Doméstica e Familiar contra a Mulher (STJ, HC 73.161).

Art. 14-A. A ofendida tem a opção de propor ação de divórcio ou de dissolução de união estável no Juizado de Violência Doméstica e Familiar contra a Mulher.

§1º Exclui-se da competência dos Juizados de Violência Doméstica e Familiar contra a Mulher a pretensão relacionada à partilha de bens.

§2º Iniciada a situação de violência doméstica e familiar após o ajuizamento da ação de divórcio ou de dissolução de união estável, a ação terá preferência no juízo onde estiver.

Divórcio ou dissolução de união estável: A vítima pode propor a ação no Juizado de Violência Doméstica e Familiar contra a Mulher. É uma opção da vítima, não uma obrigatoriedade.

Separação e anulação de casamento: Muito embora o dispositivo não tenha feito referência expressa à separação judicial e à anulação de casamento, entendemos que essas ações também estão abarcadas pelo artigo. Não há uma razão lógica para se afastar essas ações do campo de opção da vítima, conferindo-lhe uma tutela parcial. Aliás, o art. 14 já prevê a possibilidade de que o *Juizado Especial* aplique medidas de natureza cível, sendo que o art. 11, inc. V, e o art. 18, inc. II, fazem menção expressa a essas ações.

Ação de alimentos: Embora não tenha constado expressamente do dispositivo, também pode ser proposta pela vítima no Juizado Especial de Violência Doméstica e Familiar contra a Mulher. Aliás, é possível que o juiz os conceda como medida protetiva de urgência, logo após a prática do fato, conforme estabelecido no art. 22, inc. V e no art. 23, inc. III. Nesse sentido, o Superior Tribunal de Justiça possui decisão onde refere que "o legislador pátrio, ao editar a Lei Maria da Penha, o fez para que a mulher pudesse contar não apenas com legislação repressiva contra o agressor, mas também visando criar mecanismos céleres protetivos, preventivos e assistenciais a ela e, em razão de tais finalidades, é que se justifica que a própria vara especial seja competente para julgar também as querelas cíveis decorrentes de tal violência. Assim, ninguém melhor que o magistrado da vara especializada para aferir toda a magnitude da agressão sofrida e fixar as medidas protetivas. Entre elas os próprios alimentos,

56. Exceto no que se refere à partilha de bens (art. 14-A, §1º).

que possuem nítido caráter emergencial, visando prover a pessoa necessitada (STJ, REsp 1.475.006).

Partilha de bens: Está expressamente excluída da competência do Juizado de Violência Doméstica e Familiar contra a Mulher. Logo, a partilha de bens deverá ser feita na Vara de Família.

> **Art. 33. Enquanto não estruturados os Juizados de Violência Doméstica e Familiar contra a Mulher, as varas criminais acumularão as competências cível e criminal para conhecer e julgar as causas decorrentes da prática de violência doméstica e familiar contra a mulher, observadas as previsões do Título IV desta Lei, subsidiada pela legislação processual pertinente.**
>
> **Parágrafo único. Será garantido o direito de preferência, nas varas criminais, para o processo e o julgamento das causas referidas no *caput*.**

Comentário: Trata-se de uma regra de transição. Assim, enquanto não forem criados os *Juizados Especiais* para o processo e julgamento das causas relativas à violência doméstica e familiar contra a mulher, *as varas criminais terão competência cumulativa dos juízos cível e criminal.*

Constitucionalidade: Uma corrente minoritária sustentava que esse artigo seria inconstitucional, pois invadiria competência legislativa dos Estados em matéria de organização judiciária (art. 96, inc. I, "a" e art. 125, *caput*, e §1° da CF). O STF decidiu, no entanto, não haver ofensa às normas constitucionais, uma vez que não implica obrigação, mas mera faculdade de criação dos Juizados de Violência Doméstica e Familiar contra a Mulher, conforme disposto nos artigos 14, *caput*, e 29, do mesmo diploma (ADC 19).

11. RETRATAÇÃO DA REPRESENTAÇÃO

> **Art. 16. Nas ações públicas condicionadas à representação da ofendida de que trata esta Lei, só será admitida a renúncia à representação perante o juiz, em audiência especialmente designada com tal finalidade, antes do recebimento da denúncia e ouvido o Ministério Público.**

Erro do legislador: O dispositivo utiliza a palavra *renúncia* de forma equivocada. O instituto da renúncia é afeto ao direito de queixa-crime (ação privada) e que ocorre *antes* de seu oferecimento. No caso analisado, o legislador refere-se à retratação da representação que é instituto afeto à ação penal pública condicionada e que ocorre *após* a manifestação de vontade inicial da vítima. Portanto, oferecida a representação, no ato do registro da ocorrência, mudando a vítima de ideia, *deve ela retratar-se da representação*, não a renunciar.

Representação: É condição de procedibilidade da ação penal. Em relação à representação, vigora o princípio da conveniência, de modo que a vítima, ou seu representante legal, pode optar pelo seu oferecimento, ou não. Da mesma forma, como corolário da conveniência, a lei prevê a possibilidade de retratação da representação, i.e., dá à vítima a oportunidade de "voltar atrás".

Retratação da vítima: Logicamente, só cabe nos crimes em que se exige a representação como condição de procedibilidade.

Extinção da punibilidade: A retratação da representação acarreta a extinção da punibilidade do autor do fato, conforme o art. 107, VI, do Código Penal.

Condição de procedibilidade: A representação condiciona a ação das autoridades. Dessa forma, caso a vítima não manifeste esse interesse no ato do registro de ocorrência policial, o delegado de polícia sequer poderá determinar a instauração do inquérito policial. Nesse caso, não havendo representação, não há que se falar em retratação em audiência judicial.

Audiência: A retratação da representação só é válida em audiência judicial especialmente designada para essa finalidade.

Acompanhamento por advogado: É imprescindível que a vítima possua assistência jurídica na audiência marcada para ratificação ou retratação da representação oferecida, sob pena de nulidade do ato caso resulte prejuízo (art. 27).

Retratação no cartório judicial: A retratação somente é valida em audiência judicial específica, não sendo válida a retratação da ofendida ocorrida no cartório da vara judicial, uma vez que não atinge a finalidade pretendida pelo art. 16 da Lei 11.340/06 (STJ, HC 138.143).

Vontade da vítima: A audiência referida no dispositivo não pode ser marcada de ofício pelo juiz, nem ser requerida pelo Ministério Público. Ela apenas deve ocorrer *se a vítima manifestar interesse na retratação*, sob pena de configurar-se verdadeiro *constrangimento à vítima* para questioná-la se "ainda possui interesse na punição do autor". Essa prática iria de encontro com todo o sistema protecionista pretendido pela lei. A designação dessa audiência sem a manifestação da vítima soaria como se o Estado estivesse estimulando a vítima a desistir do processo, exigindo-se uma espécie de *ratificação da representação* oferecida perante a autoridade policial. Logo, a realização dessa audiência só deve ser determinada quando houver prévia manifestação de vontade da vítima, v.g., perante o delegado de polícia, no sentido de que deseja desistir do procedimento. Apenas nessa hipótese o juiz deve designar a audiência para *verificar a espontaneidade* da sua manifestação, certificando-se de que não foi coagida pelo agressor ou qualquer outra pessoa.

Momento: A retratação pode ocorrer até o *recebimento* da denúncia oferecida pelo Ministério Público. Há que se sublinhar a diferença em relação ao que estabelece o Código Penal, cuja regra geral é de que a retratação da representação por parte da vítima pode ocorrer até o *oferecimento* da denúncia (art. 102).

Oitiva do Ministério Público: É imprescindível, mas, como leciona Guilherme de Souza Nucci[57], é infrutífero, pois o promotor não pode impedir que se realize a audiência. Dessa forma, o ideal seria que o promotor se fizesse presente na audiência para ser ouvido ante a vítima, por orientação subsidiária do art. 698, parágrafo único, do CPC. Esse parece ser o espírito do legislador, efetuando-se uma análise conglobante do sistema, a fim de que o promotor de justiça auxilie o juiz na conscientização da vítima sobre as consequências da retratação, inclusive no que se refere à extinção da punibilidade do autor, impedindo-lhe de oferecer a denúncia. É de se salientar que essa oitiva do Ministério Público não resultará na emissão de parecer sobre a vontade da vítima, desautorizando ou vinculando a sua vontade.

12. VEDAÇÃO DE PENAS PECUNIÁRIAS OU PAGAMENTO DE MULTA

Art. 17. É vedada a aplicação, nos casos de violência doméstica e familiar contra a mulher, de penas de cesta básica ou outras de prestação pecuniária, bem como a substituição de pena que implique o pagamento isolado de multa.

Política criminal: Trata-se de política criminal. É expediente do qual se utilizou o legislador para impedir a banalização de *punições monetárias* irrisórias e a estimulação da sensação de impunidade. A medida, sem dúvidas, objetiva para a proteção integral da mulher e da célula familiar, impedindo que o agressor pobre retire mantimentos da própria casa para cumprir a *pena monetária* aplicada.

Cesta básica: A "pena de cesta básica" não existe na lei. Segundo Guilherme de Souza Nucci[58] a expressão surgiu pela má utilização do art. 45, §2°, do Código Penal por parte de alguns juízes que, ilegalmente, substituem a *prestação pecuniária* por pena de *cesta básica* à entidades assistenciais. O art. 45, §1°, do CP prevê que "a prestação pecuniária consiste no pagamento em dinheiro à vítima, a seus dependentes ou a entidade pública ou privada com destinação social, de importância fixada pelo juiz, não inferior a 1 salário mínimo nem superior a 360 salários mínimos". Portanto, o juiz deveria fixar a pena de prestação pecuniária à vítima ou seus dependentes, sendo que, apenas na falta de vítima ou dependentes, a prestação pecuniária deveria ser fixada à entidade assistencial. Veja-se, não se fixa pena de cesta básica, fixa-se prestação pecuniária. A tal pena de cesta básica decorre da aplicação *automática* do art. 45, §2°, do CP (pulando-se a aplicação do §1°) o qual preconiza que "no caso do parágrafo anterior, se houver aceitação do beneficiário, a prestação pecuniária pode consistir em prestação de outra natureza". A pena de cesta básica, portanto, seria a *prestação de outra natureza*, referida no dispositivo. Entretanto, esse procedimento, de acordo com a lei, deveria ser o segundo passo, não o primeiro. Ademais, apenas deveria ser aplicada com a concordância do beneficiário, i.e., da vítima ou de seus dependentes. Portanto, vedar a cesta básica é vedar o que juridicamente inexiste.

Prestação pecuniária: Conforme visto acima, é o pagamento em dinheiro à vítima, a seus dependentes ou a entidade pública ou privada com destinação social, de importância fixada pelo juiz, não inferior a 1 salário mínimo nem superior a 360 salários mínimos (art. 45, §1°, CP).

Multa: Trata-se da pena prevista no art. 49 do CP, o qual prevê que "a pena de multa consiste no pagamento ao fundo penitenciário da quantia fixada na sentença e calculada em dias-multa. Será, no mínimo, de 10 (dez) e, no máximo, de 360 (trezentos e sessenta) dias-multa".

57. NUCCI, Guilherme de Souza. Leis Penais e Processuais Penais Comentadas. Volume I, Rio de Janeiro: Forense, 2017, p. 960.

58. NUCCI, Guilherme de Souza. Leis Penais e Processuais Penais Comentadas. Volume I, Rio de Janeiro: Forense, 2017, p. 962.

Multa substitutiva e multa alternativa do preceito secundário: A multa não pode ser aplicada isoladamente, pouco importando que se trate de multa substitutiva da prisão ou alternativa, prevista no preceito secundário do dispositivo penal (STJ, REsp 1.691.667).

Penas restritivas de direitos: É possível se a infração penal não for praticada com violência ou grave ameaça (STJ, súmula 588). Logo, não se tratando de crime ou contravenção praticada com violência ou grave ameaça há a possibilidade de substituição da pena privativa de liberdade por restritivas de direitos, desde que preenchidos os requisitos do art. 44 do CP e desde que não se resuma ao pagamento das penas (monetárias) vedadas pelo dispositivo (STF, HC 131.219; STJ, HC 207.978).

13. MEDIDAS PROTETIVAS DE URGÊNCIA

Natureza jurídica: Já que a lei se refere às medias protetivas como *medidas protetivas de urgência*, entendemos que se trata de *medidas cautelares*.

Pressupostos: Como espécies de *provimento cautelar*, as medidas protetivas de urgência não são automáticas. Sua decretação está condicionada aos requisitos gerais do *fumus comissi delicti* e do *periculum libertatis*.

Pacote anticrime: Há necessidade de se realizar uma releitura das medidas protetivas de urgência à luz das alterações feitas pelo pacote anticrime nas *medidas cautelares em geral*, em especial no art. 282 do CPP[59], para alinhar-se a aplicação do instituto ao postulado do *sistema acusatório*.

Caráter autônomo: As medidas protetivas não estão vinculadas ao processo criminal, possuindo caráter autônomo. Assim, não necessariamente terão origem nos procedimentos criminais instaurados pelo delegado de polícia, podendo ter origem em ações cíveis intentadas pela vítima ou pelo Ministério Público, a título de tutela cautelar, quando verificada a situação de violência doméstica ou familiar contra a mulher (art. 7°)[60]. O §1° do art. 24-A, acrescentado pela lei 13.641/2018, não deixa dúvida da possibilidade de aplicação das medidas protetivas em processo de natureza cível, independente na existência de processo-crime.

Princípio da atipicidade: As medidas protetivas previstas na lei não são taxativas, de modo que o juiz pode determinar a aplicação de medidas atípicas, i.e., não previstas expressamente na lei, sempre que reputar necessária, adequada e proporcional ao caso[61].

Segredo de justiça: A lei não determina expressamente, porém, por interpretação do art. 189, II e III, do Código de Processo Civil, entendemos que os procedimentos que envolvam violência doméstica e familiar corram em segredo de justiça. Logo, caso o juiz não determine, pode a parte requerer.

Descumprimento das medidas protetivas: De nada adiantaria as medidas protetivas de urgência se a elas não possuíssem força coercitiva. Caso haja descumprimento, o juiz pode substituir uma medida aplicada por outra de maior eficácia (art. 19. §§ 2° e 3°) ou decretar a prisão preventiva (art. 20). Entretanto, não poderá fazê-lo de ofício, devendo sempre ser provocado (art. 282, §4°, CPP).

Art. 18. Recebido o expediente com o pedido da ofendida, caberá ao juiz, no prazo de 48 (quarenta e oito) horas:

I - conhecer do expediente e do pedido e decidir sobre as medidas protetivas de urgência;

II - determinar o encaminhamento da ofendida ao órgão de assistência judiciária, quando for o caso,

59. **Art. 282, CPP:** As medidas cautelares previstas neste Título deverão ser aplicadas observando-se a: §1° As medidas cautelares poderão ser aplicadas isolada ou cumulativamente. §2° As medidas cautelares serão decretadas pelo juiz a requerimento das partes ou, quando no curso da investigação criminal, por representação da autoridade policial ou mediante requerimento do Ministério Público. §3° Ressalvados os casos de urgência ou de perigo de ineficácia da medida, o juiz, ao receber o pedido de medida cautelar, determinará a intimação da parte contrária, para se manifestar no prazo de 5 (cinco) dias, acompanhada de cópia do requerimento e das peças necessárias, permanecendo os autos em juízo, e os casos de urgência ou de perigo deverão ser justificados e fundamentados em decisão que contenha elementos do caso concreto que justifiquem essa medida excepcional. §4° No caso de descumprimento de qualquer das obrigações impostas, o juiz, mediante requerimento do Ministério Público, de seu assistente ou do querelante, poderá substituir a medida, impor outra em cumulação, ou, em último caso, decretar a prisão preventiva, nos termos do parágrafo único do art. 312 deste Código. §5° O juiz poderá, de ofício ou a pedido das partes, revogar a medida cautelar ou substituí-la quando verificar a falta de motivo para que subsista, bem como voltar a decretá-la, se sobrevierem razões que a justifiquem. §6° A prisão preventiva somente será determinada quando não for cabível a sua substituição por outra medida cautelar, observado o art. 319 deste Código, e o não cabimento da substituição por outra medida cautelar deverá ser justificado de forma fundamentada nos elementos presentes do caso concreto, de forma individualizada.

60. Nesse sentido: DIAS, Maria Berenice. A Lei Maria da Penha na Justiça – 5ª ed. Salvador: Juspodivm, 2018, p. 172.

61. Nesse sentido: Fredie Didier Jr. e Rafael Oliveira *apud* DIAS, Maria Berenice. A Lei Maria da Penha na Justiça – 5ª ed. Salvador: Juspodivm, 2018, p. 173.

inclusive para o ajuizamento da ação de separação judicial, de divórcio, de anulação de casamento ou de dissolução de união estável perante o juízo competente;

III - comunicar ao Ministério Público para que adote as providências cabíveis.

IV - determinar a apreensão imediata de arma de fogo sob a posse do agressor.

Providências do juiz: O dispositivo estabelece as obrigações do juiz quando do recebimento do pedido de medidas protetivas feito pela vítima.

Prazo: O juiz possui o prazo de 48h para análise. Ainda que se trate de um prazo impróprio, i.e., sem estabelecimento de sanção, tendo em vista que se trata de um procedimento cautelar, é de extrema importância que os juízes atendam o prazo estabelecido pela lei, mormente em se considerando o espírito protecionista que norteia a matéria, para que a vítima não se sinta desacolhida pelo Estado.

Requisição de interrogatório à autoridade policial: É uma prática bastante recorrente em algumas comarcas, onde o juiz, para ganhar tempo, requisita o interrogatório do investigado ao delegado de polícia. Trata-se de prática ilegal e totalmente descabida. Em primeiro lugar, porque não faz parte do procedimento estabelecido pela lei, acarretando demora desnecessária. Em segundo lugar, porque, caso entenda o juiz pela necessidade de contraditório, este deve ocorrer em sede judicial. Em terceiro lugar, porque se nota clara violação do princípio acusatório, não podendo o juiz determinar diligências *ex officio*, salvo nos raríssimos casos previstos na lei. E, em quarto lugar, porque não existe lastro legal para essa requisição, de modo que não se pode exigir o cumprimento de algo que não esteja previsto em lei. Nesse ponto, remetemos o leitor ao ponto 09, onde abordamos o assunto de modo exauriente.

Art. 19. As medidas protetivas de urgência poderão ser concedidas pelo juiz, a requerimento do Ministério Público ou a pedido da ofendida.

Concessão pelo juiz: Apenas o juiz pode decidir sobre aplicação de medidas protetivas, *exceto* a medida de afastamento do agressor do lar, domicílio ou local de convivência com a ofendida, *quando o município não for sede de comarca*, conforme estudado no art. 12-C.

Requerimento do Ministério Público: É possível.

Pedido da vítima: É a regra.

Representação do delegado de polícia: Não é possível.

Entendemos ser uma possibilidade à autoridade policial, nos casos em que a vítima, fragilizada, opta por não solicitar as medidas protetivas de urgência no ato do registro da ocorrência, que, verificando a gravidade do caso, encaminhe cópia dos documentos ao Ministério Público para providências cabíveis, sugerindo sejam requeridas as medidas de proteção à vítima[62].

Decretação pelo juiz *ex officio*: Não é possível.

As alterações feitas pelo pacote anticrime no instituto das medidas cautelares do Código de Processo Penal (art. 282, §2°) impossibilitam que o juiz aplique qualquer medida cautelar *sponte sua*. Trata-se de *proibição absoluta* que não depende da fase da persecução penal, i.e., se durante a investigação criminal ou durante o processo penal.

Desnecessidade de advogado: O pedido de medidas protetivas de urgência feito pela vítima não precisa ser subscrito por advogado (art. 27).

Recurso cabível contra o indeferimento: Não há unanimidade na doutrina. Uma corrente entende ser cabível recurso de *apelação* (art. 593, II, CPP), por ausência de previsão nas hipóteses de recurso em sentido estrito; outra corrente entende que ser cabível *recurso em sentido estrito* (art. 581, V, CPP), pois não trata-se de decisão definitiva quanto ao mérito[63].

Recurso cabível contra o deferimento: Não há recurso previsto.

Entende-se que cabe *Habeas Corpus* (STJ, HC 42.895).

§ 1º As medidas protetivas de urgência poderão ser concedidas de imediato, independentemente de audiência das partes e de manifestação do

62. Em sentido contrário, entendendo que o Ministério Público somente pode requer medidas protetivas de urgência após o início da ação penal: CUNHA, Rogério Sanches; PINTO, Ronaldo Batista; SOUZA, Renee do Ó. Leis Penais Especiais: comentada artigo por artigo. Salvador: Juspodivm, 2019, p. 1791.

63. Nesse sentido: PORTOCARRERO. Cláudia Barros; FERREIRA, Wilson Luiz Palermo. Leis penais extravagantes – Teoria, jurisprudência e questões comentadas, 4ª edição, Salvador: Juspodivm, 2019, p. 1261.

Ministério Público, devendo este ser prontamente comunicado.

Audiência das partes: Não é necessária.

Contraditório: Não é necessário. As medidas protetivas de urgência podem ser *concedidas de imediato*. Inclusive, sempre que for caso de *urgência* ou que existir *risco de ineficácia da medida*, os procedimentos cautelares gerais podem ser deferidos *inaudita altera pars* (art. 282, §3°, CP)

Manifestação do ministério Público: Não é necessária.

A lei exige apenas a *comunicação* ao Ministério Público.

§2º As medidas protetivas de urgência serão aplicadas isolada ou cumulativamente, e poderão ser substituídas a qualquer tempo por outras de maior eficácia, sempre que os direitos reconhecidos nesta Lei forem ameaçados ou violados.

§3º Poderá o juiz, a requerimento do Ministério Público ou a pedido da ofendida, conceder novas medidas protetivas de urgência ou rever aquelas já concedidas, se entender necessário à proteção da ofendida, de seus familiares e de seu patrimônio, ouvido o Ministério Público.

Aplicação cumulativa: As medidas protetivas de urgência previstas na lei podem ser aplicadas isolada ou cumulativamente.

Substituição da medida: É possível.

Revisão das medidas: É possível.

Substituição e revisão *ex officio*: Entendemos não ser possível se acarretar *agravamento* na situação do imputado, sendo admitida apenas quando a medida visar atenuar-lhe a condição. É que as alterações promovidas pelo pacote anticrime no instituto das medidas cautelares do Código de Processo Penal (art. 282, §4°) impossibilitam que o juiz substitua uma medida cautelar *sponte própria*. A única possibilidade de o juiz agir de ofício no campo das medidas cautelares seria para *revogar* a medida protetiva de urgência ou, então, *substituí-la por outra menos gravosa*, para atenuar a situação do imputado, quando verificar a falta de motivo para a subsistência da medida inicialmente decretada (art. 282, §5°, CPP).

Nova decretação de medida revogada: Nessa hipótese, como já houve inicialmente a provocação judicial, a lei permite que o juiz decrete novamente uma medida que tenha revogado, sem necessidade de nova provocação. Trata-se de aplicação da clausula *rebus sic stantibus*, i.e., haverá sempre a possibilidade de modificar-se a decisão judicial, que não possui caráter definitivo, caso se altere o estado das coisas (art. 282, §5°, CPP).

14. PRISÃO PREVENTIVA

Leitura conjunta: A compreensão deste ponto da lei depende de uma leitura conjunta do art. 20 da Lei 11.340/06 e dos arts. 312[64] e 313[65] do Código de Processo Penal.

Pacote anticrime: Há imperiosa necessidade de se realizar uma releitura da prisão preventiva à luz das alterações promovidas pelo pacote anticrime, especialmente nos art. 311[66] e 316[67] do Código de

64. **Art. 312, CPP:** A prisão preventiva poderá ser decretada como garantia da ordem pública, da ordem econômica, por conveniência da instrução criminal ou para assegurar a aplicação da lei penal, quando houver prova da existência do crime e indício suficiente de autoria e de perigo gerado pelo estado de liberdade do imputado. §1º A prisão preventiva também poderá ser decretada em caso de descumprimento de qualquer das obrigações impostas por força de outras medidas cautelares (art. 282, §4º). §2º A decisão que decretar a prisão preventiva deve ser motivada e fundamentada em receio de perigo e existência concreta de fatos novos ou contemporâneos que justifiquem a aplicação da medida adotada.
65. **Art. 313, CPP:** Nos termos do art. 312 deste Código, será admitida a decretação da prisão preventiva: **I** - nos crimes dolosos punidos com pena privativa de liberdade máxima superior a 4 (quatro) anos; **II** - se tiver sido condenado por outro crime doloso, em sentença transitada em julgado, ressalvado o disposto no inciso I do *caput* do art. 64 do Decreto-Lei no 2.848, de 7 de dezembro de 1940 - Código Penal; **III** - se o crime envolver violência doméstica e familiar contra a mulher, criança, adolescente, idoso, enfermo ou pessoa com deficiência, para garantir a execução das medidas protetivas de urgência; §1º Também será admitida a prisão preventiva quando houver dúvida sobre a identidade civil da pessoa ou quando esta não fornecer elementos suficientes para esclarecê-la, devendo o preso ser colocado imediatamente em liberdade após a identificação, salvo se outra hipótese recomendar a manutenção da medida. §2º Não será admitida a decretação da prisão preventiva com a finalidade de antecipação de cumprimento de pena ou como decorrência imediata de investigação criminal ou da apresentação ou recebimento de denúncia.
66. **Art. 311, CPP:** "Em qualquer fase da investigação policial ou do processo penal, caberá a prisão preventiva decretada pelo juiz, a requerimento do Ministério Público, do querelante ou do assistente, ou por representação da autoridade policial".
67. **Art. 316, CPP:** "O juiz poderá, de ofício ou a pedido das partes, revogar a prisão preventiva se, no correr da investigação ou do processo, verificar a falta de motivo para que ela subsista, bem como novamente decretá-la, se sobrevierem razões que a justifiquem".

Processo Penal, para alinhar-se a aplicação do instituto ao postulado do *sistema acusatório*.

> **Art. 20. Em qualquer fase do inquérito policial ou da instrução criminal, caberá a prisão preventiva do agressor, decretada pelo juiz, de ofício, a requerimento do Ministério Público ou mediante representação da autoridade policial.**
>
> **Parágrafo único. O juiz poderá revogar a prisão preventiva se, no curso do processo, verificar a falta de motivo para que subsista, bem como de novo decretá-la, se sobrevierem razões que a justifiquem.**

Momento: É cabível em qualquer fase da persecução penal.

Clausula de reserva de jurisdição: Apenas o juiz pode decretar.

Prisão preventiva *ex officio*: Não é cabível. Ainda que o dispositivo autorize a decretação da prisão preventiva de ofício pelo juiz, tanto na fase do inquérito policial quanto na fase do processo, é forçoso reconhecer que, com as alterações promovidas pelo pacote anticrime, não mais subsiste a possibilidade jurídica de aplicação de qualquer medida cautelar *ex officio* pelo juiz, muito menos a prisão preventiva. A mudança em questão aprimora o sistema acusatório, impedindo o juiz de praticar qualquer ato *sponte propria*, sendo que o *ne procedat judex ex officio* assume caráter absoluto.

Fato novo ou contemporâneo: A prisão cautelar exige a presença de fato novo ou contemporâneo, não se admitindo no caso de fatos antigos que não se reiteraram.

***Ultima ratio*:** A prisão preventiva deve ser decretada somente em último caso (art. 282, §4°). Dessa forma, havendo o descumprimento de uma medida protetiva de urgência, o juiz deve verificar a possibilidade de *substituição* por outra ou a sua *cumulação* com outra para somente após, decretar a prisão cautelar.

Prisão preventiva autônoma ou originária: É aquela aplicada em primeira análise, por entender o juiz que as medidas cautelares diversas da prisão são inadequadas (art. 282, §6°, CPP). Nessa hipótese, a prisão preventiva deve obedecer todos os requisitos legais, previstos nos artigos 312 e 313 do Código de Processo Penal.

Prisão preventiva substitutiva ou subsidiária: A jurisprudência se firmou no sentido de permitir a decretação da prisão preventiva, com base no art. 313, III, do CPP, apenas quando houver o *efetivo descumprimento* de uma medida protetiva aplicada (STJ, HC 392.631), não se admitindo com base na mera previsão de descumprimento. Nesse caso, a prisão preventiva é decretada como *ultima ratio* em substituição à medida protetiva de urgência descumprida (art. 282, §4°, CPP).

Art. 313, III, CPP: A prisão preventiva decretada com base no inc. III do art. 313 do Código de Processo Penal dispensa a análise dos fundamentos do art. 312, i.e., garantia da ordem pública, da ordem econômica, por conveniência da instrução criminal ou para assegurar a aplicação da lei penal. Assim, basta que haja o *descumprimento de uma medida protetiva* para que o juiz possa decretar a prisão preventiva. Ou seja, quando embasada nessa condição de admissibilidade, não se exige qualquer outro requisito. Salientamos que, conforme frisamos nos comentários ao §2° do art. 12-C, parece-nos que, com a edição deste dispositivo, o legislador autoriza a decretação da prisão preventiva quando houver risco concreto ao descumprimento da medida protetiva, não sendo necessário aguardar-se o efetivo descumprimento.

Infração de menor potencial ofensivo: Quando estiver embasada no art. 313, III, do CPP a prisão preventiva pode ser decretada inclusive em infração de menor potencial ofensivo, v.g., ameaça, pois o seu objetivo é garantir a aplicação das medidas protetivas de urgência. Essa máxima não se aplica às contravenções penais.

Contravenções penais: Não se admite a prisão preventiva no caso de prática de contravenção penal, ainda que o fato ocorrido no âmbito de aplicação da lei, pois o art. 313, III, do CPP faz menção expressa a "crime" (STJ, HC 437.535).

Princípio da homogeneidade: É consectário da proporcionalidade. Orienta que a prisão preventiva não deve ser decretada se a segregação cautelar representar medida mais gravosa do que a própria condenação. Assim, antevendo fixação de pena definitiva em regime aberto não se mostra razoável a decretação da prisão preventiva, o que configuraria uma prisão ilegal (STJ, HC 182.750). Trata-se do mesmo raciocínio esboçado acima, quando nos referimos às contravenções.

15. INTIMAÇÃO DA VÍTIMA

> **Art. 21. A ofendida deverá ser notificada dos atos processuais relativos ao agressor, especialmente**

dos pertinentes ao ingresso e à saída da prisão, sem prejuízo da intimação do advogado constituído ou do defensor público.

Erro do legislador: O dispositivo usa a palavra *notificação* de forma equivocada. No caso, como se trata de comunicação de *atos ou fatos passados*, o correto é intimação.

Parágrafo único. A ofendida não poderá entregar intimação ou notificação ao agressor.

Comentário: A lei parece dizer o óbvio, entretanto, foi necessário que o legislador assim o fizesse para se evitar a infeliz prática de solicitar à vítima do próprio crime que "entregue" a intimação ao seu algoz.

16. MEDIDAS PROTETIVAS QUE OBRIGAM O AGRESSOR

Art. 22. Constatada a prática de violência doméstica e familiar contra a mulher, nos termos desta Lei, o juiz poderá aplicar, de imediato, ao agressor, em conjunto ou separadamente, as seguintes medidas protetivas de urgência, entre outras:

Destinatário direto: É o agressor.

Descumprimento: Configura a o crime do art. 24-A.

I - suspensão da posse ou restrição do porte de armas, com comunicação ao órgão competente, nos termos da Lei nº 10.826, de 22 de dezembro de 2003;

Suspensão da posse e restrição ao porte de arma: Se o agressor possuir arma de fogo registrada poderá o juiz determinar a suspensão do registro e, nesse caso, o juiz deve comunicar à autoridade competente. A medida visa proteger a mulher do perigo representado pelo agressor, que continuaria a ter uma arma de fogo em casa.

Agente da segurança pública: Caso o agressor seja um policial, o juiz poderá determinar, v.g, que porte sua arma apenas quando estiver em serviço, deixando-a no local de trabalho ao final da jornada, evitando que a possua no recesso do lar, conforme refere o §2° do dispositivo.

Posse da arma após a intimação: Se o agente mantiver a arma de fogo em casa após ter sido intimado da decisão judicial que lhe suspendeu a posse, incorrerá no crime de posse ilegal de arma de fogo, descrito no art. 12 ou art. 16, da Lei 10.826/03, conforme o caso.

Posse ilegal de arma de fogo: Se a posse de arma do agressor for ilegal (clandestinamente), sem registro, cabe à autoridade policial, no ato do registro da ocorrência, representar por busca e apreensão.

II - afastamento do lar, domicílio ou local de convivência com a ofendida;

Separação de corpos: É o fundamento da medida.

Afastamento do lar: Esta possibilidade já havia sido introduzida no ordenamento jurídico por ocasião do advento da Lei n° 10.455/02, que fez o seguinte acréscimo ao parágrafo único do art. 69 da Lei n° 9.099/95, "em caso de violência doméstica, o juiz poderá determinar, como medida de cautela, seu afastamento do lar, domicílio ou local de convivência com a vítima". Esse dispositivo, entretanto, com o advento da Lei 11.340/06, restou sem aplicabilidade.

Legitimidade: O dispositivo contempla um regramento específico, estabelecido no art. 12-C.

Reserva de jurisdição: A Constituição Federal não prevê reserva de jurisdição no caso em apreço, razão pela qual a medida está em total sintonia com o ordenamento constitucional vigente. Ainda que se trate de medida cautelar penal, não há dispositivo constitucional que a coloque apenas no âmbito de análise do Poder Judiciário, sendo permitido ao legislador que estabeleça as regras que acreditar mais apropriadas para a tutela pretendida[68]. Ademais, é preciso ponderar-se os interesses protegidos. Trata-se de proibir excessos ou proteção deficiente. Não se discute que a reserva de jurisdição seja uma garantia do investigado contra atuações arbitrárias, porém se o fato ocorre em um município que não é sede de comarca, a exclusiva decisão por parte do juiz, de sabida demora, gera indiscutível risco de dano à vítima vulnerável[69]. Em vista disso, entendemos que se trata

68. Nesse sentido: HOFFMANN, Henrique. Concessão de medidas protetivas por delegado amplia direitos da mulher. Disponível em: https://www.conjur.com.br/2017-nov-01/concessao-medida-protetiva-delegado-amplia-direitos-mulher. Acessado em 22 de junho de 2020.

69. CAVALCANTE, Márcio André Lopes. Comentários à Lei 13.827/2019, que autoriza a aplicação de medida protetiva de urgência pela autoridade policial. Disponível em:

de verdadeiro avanço na proteção da mulher, alvo de violência doméstica e familiar, pretendendo-se com a medida viabilizar a tutela imediata da incolumidade da vítima e seus dependentes.

Regra: A medida deve ser determinada pela autoridade judicial.

Exceção primária: A medida pode ser adotada pelo delegado de polícia quando o município não for sede de comarca.

Exceção secundária: A medida pode ser adotada por qualquer agente policial quando o município não for sede de comarca e não houver delegado de polícia disponível no ato da ocorrência. O inc. III utiliza-se inapropriadamente do termo *denúncia*, quando na verdade está se referindo ao momento em que o policial toma ciência do fato. Trata-se de expressão atécnica e coloquial, onde claramente o legislador se refere ao momento em que a vítima comunica o fato à polícia.

Descumprimento do afastamento imposto pelo delegado: Não configura o crime do art. 24-A, pois o dispositivo tipifica apenas o descumprimento de decisão judicial, não havendo como se fazer analogia *in malan partem*. Cabe ao delegado representar pela prisão preventiva do agressor desobediente (art. 20, Lei 11.240/06 e art. 313, III, do CPP).

Competência para julgamento de causas cíveis: A vítima poderá propor a ação de separação, divórcio, dissolução de união estável ou anulação de casamento no Juizado de Violência Doméstica e Familiar contra a Mulher (art. 14-A). É uma *opção da vítima*, não uma obrigatoriedade.

> **III - proibição de determinadas condutas, entre as quais:**
>
> **a) aproximação da ofendida, de seus familiares e das testemunhas, fixando o limite mínimo de distância entre estes e o agressor;**
>
> **b) contato com a ofendida, seus familiares e testemunhas por qualquer meio de comunicação;**
>
> **c) freqüentação de determinados lugares a fim de preservar a integridade física e psicológica da ofendida;**

Proibição de aproximação: Não caracteriza constrangimento ilegal à liberdade de locomoção do agressor, pois o seu direito de ir e vir não pode ser utilizado como instrumento para a prática de infrações.

Limite mínimo de distância: É perfeitamente possível a fixação, em metros, da distância que deve ser mantida pelo agressor da vítima, seus familiares ou testemunhas do fato. Na ponderação ente a vida e a liberdade há que se limitar essa para assegurar aquela (STJ, RHC 34.035).

Habeas Corpus: Segundo o entendimento de Maria Berenice Dias, não tem cabimento nesse caso[70]. Entretanto, o Superior Tribunal de Justiça admite a possibilidade (HC 42.895).

Proibição de contato: O contato pessoal é o mais importante, no entanto, não se pode descartar a possibilidade de utilização da medida para fins de se impedir eventuais contatos telefônicos, por whatsapp, messenger, e-mail ou por qualquer meio de comunicação.

Objetivo: A medida visa a proteção de determinadas pessoas, bem como impedir que o agressor possa influenciar o depoimento da vítima, de seus familiares, ou de alguma testemunha.

Proibição de frequentar lugares: Apesar de fazer referência só à *frequentação* de determinados lugares, o que dá ideia de repetição ou habitualidade, parece-nos que a proibição também pode abranger o mero *acesso* a algum lugar, no sentido de lhe ser vedada a entrada ou ingresso[71].

> **IV - restrição ou suspensão de visitas aos dependentes menores, ouvida a equipe de atendimento multidisciplinar ou serviço similar;**

Visita aos dependentes menores: O juiz pode determinar que as visitas sejam realizadas em local diverso da residência da vítima, acontecendo em um lugar de forma *supervisionada*, sem que haja contato do ofensor com a vítima. É possível, ainda, que o juiz determine que as visitas do agressor aos dependentes menores se dê mediante *intermediação*,

---

https://www.dizerodireito.com.br/2019/05/comentarios-lei-138272019-que-autoriza.html. Acessado em 22 de junho de 2020.

70. Nesse sentido: DIAS, Maria Berenice. A Lei Maria da Penha na Justiça – 5ª ed. Salvador: Juspodivm, 2018, p. 184.

71. Com o mesmo entendimento: LIMA, Renato Brasileiro de. Legislação Criminal Especial Comentada. Salvador: Juspodivm, 2015, p. 956.

i.e., com auxílio de um terceiro, como, por exemplo, assistente social ou conselheiro tutelar.

Oitiva prévia de equipe multidiciplinar: A lei faz referência à oitiva prévia de uma equipe multidisciplinar ou serviço similar à aplicação desta medida, de modo que o objetivo é preservar o vínculo de convivência entre pais e filhos.

V - prestação de alimentos provisionais ou provisórios.

Objetivo: Busca-se a manutenção da entidade familiar.

Alimentos provisórios: São aqueles fixados antes da sentença na ação de alimentos que segue o rito especial da Lei 5.478/68 (Lei de Alimentos). Tais alimentos têm fundamento na obrigação alimentar, daí por é necessário prova pré-constituída do parentesco, casamento ou união estável. São arbitrados em cognição sumária e *inaudita altera pars*.

Alimentos provisionais: São os fixados em outras ações que não seguem o rito especial da Lei de Alimentos (separação de corpos, divórcio, etc.) e tem como objetivo manter o requerente durante o curso do processo. Em regra, são fixados em antecipação de tutela, estando condicionados aos requisitos gerais do *fumus boni juris* e *periculum in mora*. Nesses casos, não precisa haver prova pré-constituída de parentesco ou união.

Ação principal: Há divergência de opiniões sobre o assunto.

Renato Brasileiro de Lima[72] alude que, como se trata de uma medida cautelar, incumbe ao alimentando propor, no prazo de 30 dias, a ação principal, seja ela de alimentos, divórcio, etc., nos termos do art. 308 do Código de Processo Civil. Em sentido contrário, Maria Berenice Dias[73] preconiza que não há necessidade de propositura de ação principal em 30 dias, uma vez que as medidas protetivas não possuem caráter temporário. Juntamo-nos a essa posição, pois se trata de uma medida cautelar satisfativa, e não assecuratória. Dessa forma, o dever de prestar alimentos subsiste enquanto perdurar a situação de vulnerabilidade, gerada pela agressão doméstica ou familiar praticada pelo agressor, não sendo necessário que se ingresse com ação específica (STJ, RHC 100.446 e REsp 1.594.024).

VI – comparecimento do agressor a programas de recuperação e reeducação; e

VII – acompanhamento psicossocial do agressor, por meio de atendimento individual e/ou em grupo de apoio.

Comentários: Os incisos foram acrescentados pela Lei 13.984/20, porém, diante do princípio da atipicidade das medidas protetivas, essas medidas já podiam ser aplicadas muito antes da sua inclusão no rol exemplificativo.

Positividade das medidas: Conforme lecionam Larissa Mascotte e Ana Paula Balbino[74], o comparecimento dos agressores em cursos e grupos de reflexão que abordam temáticas relativas à identidade de gênero, masculinidade tóxica, machismo, assunção de responsabilidade por seus próprios atos, entre outros, é um método reconhecido para coibir, prevenir e reduzir a reincidência da violência doméstica contra a mulher. Essas atividades tendem a reduzir os índices de reincidência e o acionamento das vias policiais por parte das vítimas.

§1º As medidas referidas neste artigo não impedem a aplicação de outras previstas na legislação em vigor, sempre que a segurança da ofendida ou as circunstâncias o exigirem, devendo a providência ser comunicada ao Ministério Público.

Outras medidas protetivas não previstas: Podem ser aplicadas.

Princípio da atipicidade: As medidas protetivas previstas na lei não são taxativas, de modo que o juiz pode determinar a aplicação de medidas atípicas, i.e., não previstas expressamente na lei, sempre que reputar necessária, adequada e proporcional ao caso[75].

72. LIMA, Renato Brasileiro de. Legislação Criminal Especial Comentada. Salvador: Juspodivm, 2015, p. 956.

73. DIAS, Maria Berenice. A Lei Maria da Penha na Justiça – 5ª ed. Salvador: Juspodivm, 2018, p. 187.

74. MASCOTTE, Larissa. BALBINO, Ana Paula. Lei 13.984/20: As novas medidas protetivas da Lei Maria da Penha. Disponível em: https://blog.supremotv.com.br/lei-13-984-20-as-novas-medidas-protetivas-da-lei-maria-da-penha/. Acessado em 25 de junho de 2020.

75. Nesse sentido: Fredie Didier Jr. e Rafael Oliveira *apud* DIAS, Maria Berenice. A Lei Maria da Penha na Justiça – 5ª ed. Salvador: Juspodivm, 2018, p. 173.

§2º Na hipótese de aplicação do inciso I, encontrando-se o agressor nas condições mencionadas no *caput* e incisos do art. 6º da Lei nº 10.826, de 22 de dezembro de 2003, o juiz comunicará ao respectivo órgão, corporação ou instituição as medidas protetivas de urgência concedidas e determinará a restrição do porte de armas, ficando o superior imediato do agressor responsável pelo cumprimento da determinação judicial, sob pena de incorrer nos crimes de prevaricação ou de desobediência, conforme o caso.

Profissionais que usam armas de fogo: Caso o agressor seja um agente previsto no art. 6° do Estatuto do Desarmamento, o juiz poderá determinar v.g, que porte sua arma apenas quando estiver em serviço, deixando-a no local de trabalho ao final da jornada, evitando que a possua no recesso do lar.

Posse da arma após a intimação: Se o agente mantiver a arma de fogo em casa após ter sido intimado da decisão judicial que lhe suspendeu a posse, incorrerá no crime de posse ilegal de arma de fogo, descrito no art. 12 ou art. 16, da Lei 10.826/03, conforme o caso.

Responsável pelo cumprimento da decisão: O *superior imediato* do agressor é o responsável pelo cumprimento da decisão judicial que suspender a posse ou restringir o porte da arma de fogo. Caso descumpra estará passível de responsabilização administrativa e por crime de prevaricação.

§3º Para garantir a efetividade das medidas protetivas de urgência, poderá o juiz requisitar, a qualquer momento, auxílio da força policial.

Auxilio de força policial: É uma opção de que dispõe o juiz caso as medidas não estejam sendo devidamente cumpridas pelo agressor. O afastamento do agressor do lar, para a posterior recondução da vítima (art. 23, II), por exemplo, pode ensejar o apoio policial.

§4º Aplica-se às hipóteses previstas neste artigo, no que couber, o disposto no *caput* e nos §§ 5º e 6º do art. 461 da Lei no 5.869, de 11 de janeiro de 1973 (Código de Processo Civil).

Adequação do dispositivo: Com a revogação da Lei 5.869/73, o correto é entender-se aplicáveis às medidas protetivas de urgência o disposto nos arts. 497, *caput*[76]; 536, §1º[77]; e 537, §1º[78], da Lei 13.105/18 (Novo CPC).

17. MEDIDAS PROTETIVAS DE URGÊNCIA À OFENDIDA

Art. 23. Poderá o juiz, quando necessário, sem prejuízo de outras medidas:

Natureza: O dispositivo elenca medidas de natureza pessoal.

I - encaminhar a ofendida e seus dependentes a programa oficial ou comunitário de proteção ou de atendimento;

Transporte da ofendida: Maria Berenice Dias[79], leciona que, forte no art. 11, III, caso o juiz determine a aplicação dessa medida o transporte da vítima deveria ser realizado pela autoridade policial. Entendemos tratar-se de um equívoco da renomada autora. Em primeiro lugar porque o art. 11 tem aplicação quando do *atendimento da ofendida pela autoridade policial*, i.e., quando houver a iminência ou prática de violência doméstica ou familiar contra a mulher. Em outras palavras, quando vítima procurar a polícia judiciária em decorrência do fato. E, em segundo lugar, por que o inc. III do art. 11, é expresso no sentido de somente aplicar-se quando *houver risco*

76. **Art. 497, *caput*, CPC:** Na ação que tenha por objeto a prestação de fazer ou de não fazer, o juiz, se procedente o pedido, concederá a tutela específica ou determinará providências que assegurem a obtenção de tutela pelo resultado prático equivalente.
77. **Art. 536, CPC:** No cumprimento de sentença que reconheça a exigibilidade de obrigação de fazer ou de não fazer, o juiz poderá, de ofício ou a requerimento, para a efetivação da tutela específica ou a obtenção de tutela pelo resultado prático equivalente, determinar as medidas necessárias à satisfação do exequente. §1º Para atender ao disposto no *caput*, o juiz poderá determinar, entre outras medidas, a imposição de multa, a busca e apreensão, a remoção de pessoas e coisas, o desfazimento de obras e o impedimento de atividade nociva, podendo, caso necessário, requisitar o auxílio de força policial.
78. **Art. 537, CPC:** A multa independe de requerimento da parte e poderá ser aplicada na fase de conhecimento, em tutela provisória ou na sentença, ou na fase de execução, desde que seja suficiente e compatível com a obrigação e que se determine prazo razoável para cumprimento do preceito. §1º O juiz poderá, de ofício ou a requerimento, modificar o valor ou a periodicidade da multa vincenda ou excluí-la, caso verifique que: **I** - se tornou insuficiente ou excessiva; **II** - o obrigado demonstrou cumprimento parcial superveniente da obrigação ou justa causa para o descumprimento.
79. DIAS, Maria Berenice. A Lei Maria da Penha na Justiça – 5ª ed. Salvador: Juspodivm, 2018, p. 181.

de vida, não tendo aplicação de modo automático em todo e qualquer caso. Assim, o transporte deve ser feito pelo serviço de assistência social disponível.

II - determinar a recondução da ofendida e a de seus dependentes ao respectivo domicílio, após afastamento do agressor;

Recondução ao domicílio: Logicamente, deve ocorrer apenas após o agressor ter sido afastado do lar. Para essa finalidade, pode o juiz requisitar força policial (art. 22, §3°).

III - determinar o afastamento da ofendida do lar, sem prejuízo dos direitos relativos a bens, guarda dos filhos e alimentos;

Recondução ao domicílio: Para garantir a interrupção da situação de violência doméstica e familiar o juiz pode determinar a saída da vítima do lar. No caso, se ao juiz parecer mais adequado afastar a vítima, no lugar de afastar o autor, seja pelas condições financeiras (vítima possui mais recursos do que o agressor), de amparo local (vítima possui maior acolhimento com parentes) ou qualquer outra, tem amparo legal para assim proceder, o importante é que a vítima fique protegida e que haja efetivamente a *separação de corpos*. Pensamos que uma situação em que justificaria o afastamento do lar da ofendida, no lugar do afastamento do agressor, seria no caso de a ofendida ter ido morar com o agressor há pouco tempo, sendo a residência exclusivamente de propriedade dele, podendo ela retornar à sua antiga acomodação. Outras situações, em que se justificaria o afastamento da ofendida do lar, poderiam se verificar no caso de existirem dependentes menores apenas do agressor, os quais poderiam restar desamparados com o afastamento do lar de seu pai, ou, ainda, a existência de criação de animais no local (pecuária, por exemplo), cujo trato dependa exclusivamente do agressor.

IV - determinar a separação de corpos.

Distanciamento: Maria Berenice Dias[80] leciona ter andado bem o legislador ao não definir a extensão da distância, de modo que esse papel cabe ao juiz, de acordo com as circunstâncias do caso concreto. Não seria coerente, v.g., se estipular distanciamento de 100m quando autor e vítima estiverem afastados do lar, mas a nova residência do agressor se situar a 50m do domicílio da vítima. Estaria o juiz aplicando uma medida fadada ao insucesso.

V - determinar a matrícula dos dependentes da ofendida em instituição de educação básica mais próxima do seu domicílio, ou a transferência deles para essa instituição, independentemente da existência de vaga.

Matrícula de dependentes: O dispositivo reforça a previsão contida no art. 9°, §7°, onde se estabelece que a vítima tem *prioridade para matricular seus dependentes* em instituição de educação básica mais próxima de sua casa, ou transferi-los, mediante apresentação dos documentos comprobatórios do registro da ocorrência policial ou do processo de em curso.

Inexistência de vaga: Não pode ser usada como argumento para negar a matrícula ou transferência dos dependentes da ofendida.

Art. 24. Para a proteção patrimonial dos bens da sociedade conjugal ou daqueles de propriedade particular da mulher, o juiz poderá determinar, liminarmente, as seguintes medidas, entre outras:

Natureza: O dispositivo elença medidas de natureza patrimonial.

Violência patrimonial: O art. 7°, IV, define a violência patrimonial como "qualquer conduta que configure retenção, subtração, destruição parcial ou total de seus objetos, instrumentos de trabalho, documentos pessoais, bens, valores e direitos ou recursos econômicos, incluindo os destinados a satisfazer suas necessidades". Esta espécie de violência se concretiza por diversos crimes previstos no capítulo dos crimes contra o patrimônio, como, v.g., furto, roubo, estelionato, apropriação indébita, dano, etc., sendo que o objetivo do agente, que atua motivado pelo gênero, é causar tristeza ou aflição à mulher. Nesses casos, não se aplica o princípio da insignificância e, no que se refere às imunidades absolutas (art. 181) e relativas (art. 182) previstas no Código Penal, predomina o entendimento de que, diante do silêncio da lei, o ideal é concluir que elas continuam aplicáveis, pois, quando a lei quis afastá-las, o fez de maneira expressa[81].

80. DIAS, Maria Berenice. A Lei Maria da Penha na Justiça – 5ª ed. Salvador: Juspodivm, 2018, p. 184.

81. Sugerimos a leitura dos comentários tecidos ao art. 7°, inc. IV.

Rol exemplificativo: Esse rol de medidas não é exaustivo, podendo o juiz determinar outras medidas protetivas inominadas (princípio da atipicidade). O fato é que cada situação concreta ditará qual a mais apropriada e, muitas vezes, exigirá uma decisão construtiva do juiz.

I - restituição de bens indevidamente subtraídos pelo agressor à ofendida;

Restituição de bens subtraídos: Conforme esclarece Pedro Rui da Fontoura Porto[82], a medida pode ser determinada em várias situações, v.g, quando se tratar dos bens particulares da ofendida, retidos pelo agressor; quando se tratar de bens comuns que o agressor está subtraindo do casal, em hipótese similar ao de furto de coisa comum; ou quando se tratar de bens comuns, mas de uso profissional da ofendida.

II - proibição temporária para a celebração de atos e contratos de compra, venda e locação de propriedade em comum, salvo expressa autorização judicial;

Proibição de atos e contratos: O dispositivo autoriza ao juiz que proíba temporariamente o agressor de realizar atos e contratos de compra, venda e de locação de qualquer propriedade em comum do casal, exceto, entendemos nós, se houver expressa autorização do juiz ou da ofendida. Para a aplicação dessa medida é conveniente que a vítima arrole os bens que deverão ser protegidos.

Comunicação ao cartório: Adotada a medida pelo juiz, este deve providenciar a necessária divulgação do ato para evitar danos a terceiros de boa-fé, conforme estabelece o parágrafo único.

III - suspensão das procurações conferidas pela ofendida ao agressor;

Suspensão de procurações: Trata-se de excelente medida da lei, pois a outorga de procuração trata-se de um *gesto de confiança*. Assim, havendo a violência doméstica e familiar é legítimo que a ofendida não se sinta à vontade com o agressor possuindo o direito de agir em seu nome, praticando os mais variados atos da vida civil, sendo perfeitamente cabível a revogação do mandato (art. 682, I, CC).

Comunicação ao cartório: Adotada a medida pelo juiz, este deve providenciar a necessária divulgação do ato para evitar danos a terceiros de boa-fé, conforme estabelece o parágrafo único.

IV - prestação de caução provisória, mediante depósito judicial, por perdas e danos materiais decorrentes da prática de violência doméstica e familiar contra a ofendida.

Objetivo: A medida garante a satisfação de um direito que venha a ser reconhecido em demanda judicial a ser proposta pela vítima, determinando o depósito judicial de bens e valores.

Caução: É garantia.

Danos materiais: O dispositivo refere-se apenas a danos materiais, entretanto, acreditamos que se trata de lapso do legislador, não havendo razão justa para não se permitir a exigência de caução provisória quando o dano causado tiver natureza moral, o qual, inclusive, é considerado dano *in re ipsa* pela jurisprudência do Superior Tribunal de Justiça[83].

Ressarcimento dos danos causados: O art. 9°, §4°, determina que aquele que causar lesão, violência física, sexual, psicológica, dano moral ou material à mulher fica obrigado a ressarcir os danos causados, inclusive ressarcir ao SUS os custos dos serviços de saúde prestados ao tratamento da vítima.

Violência *lato sensu*: A lei emprega o termo "violência" em sentido amplo, de modo a abarcar não apenas a violência física, como também a violência psicológica, sexual, patrimonial e moral (art. 7°).

Parágrafo único. Deverá o juiz oficiar ao cartório competente para os fins previstos nos incisos II e III deste artigo.

Publicação de ato: Adotadas as medidas dos incisos II e III o juiz deve dá-las publicidade, comunicando ao cartório competente, visando evitar danos a terceiros de boa-fé.

82. PORTO, Pedro Rui da Fontoura. Violência doméstica e familiar contra a mulher: análise crítica e sistêmica. Porto Alegre: Livraria do Advogado, 2007, p. 114.

83. Sugerimos a leitura dos comentários tecidos ao art. 7°, inc. V.

18. DESCUMPRIMENTO DE MEDIDAS PROTETIVAS DE URGÊNCIA

> **Art. 24-A. Descumprir decisão judicial que defere medidas protetivas de urgência previstas nesta Lei:**
>
> **Pena – detenção, de 3 (três) meses a 2 (dois) anos.**
>
> **§1º A configuração do crime independe da competência civil ou criminal do juiz que deferiu as medidas.**
>
> **§2º Na hipótese de prisão em flagrante, apenas a autoridade judicial poderá conceder fiança.**
>
> **§3º O disposto neste artigo não exclui a aplicação de outras sanções cabíveis.**

Verbo nuclear: *Descumprir* (desatender, desobedecer, infringir). E, na sequência, o verbo indicador da ação criminosa é completado pela expressão *decisão judicial*, que, naturalmente, é aquela emanada de um magistrado, seja ele cível ou criminal, conforme orientação interpretativa referida no §1°. Registre-se que o tipo penal estudado se trata de uma forma especial de desobediência.

Sujeito ativo: Em regra, é o *agressor ou agressora*. Entretanto, não se trata de crime próprio, pois pode ser praticado por *terceiro* (ex. após ter conhecimento da decisão judicial que determinou o afastamento de corpos, o irmão do agressor promove um encontro entre o casal, sem que ambos tenham conhecimento) ou mesmo, conforme nosso entendimento, pela própria *mulher vítima do crime primário* (ex. após solicitar as medidas protetivas e tê-las deferida, a ofendida descumpre a ordem judicial de afastamento, procurando o agressor).

Sujeito passivo: É o Estado.

Ainda que exista entendimento em sentido contrário, entendemos que a mulher não é vítima desse crime. Por mais que a decisão judicial que defere as medidas protetivas possa buscar a sua proteção, não há como admitir a mulher, sem certo *contorcionismo interpretativo*, com vítima desse crime. A mulher é vítima do crime primário (aquele que originou a medida protetiva) ou, então, se a forma de descumprimento da medida protetiva pelo sujeito ativo se constituir em novo crime, v.g., ameaça, quando, então, será vítima deste (caso de concurso formal). Porém, tratando-se de um crime contra a administração da justiça, cujo objeto material é a decisão judicial, não há como se considerar que a vítima seja a mulher.

Objeto material: É a decisão judicial.

A ação do agente não recai sobre a mulher, caso recaia estaremos diante de outro crime (v.g. ameaça ou lesão corporal) a ser apurado em concurso formal com o crime ora estudado.

Objeto jurídico: É a administração da justiça, no seu viés moral.

Elemento subjetivo: É o dolo. O delito não exige dolo específico.

Não há previsão de modalidade culposa.

Elementos implícitos: A consumação do crime exige a presença de elementos implícitos que condicionam a sua existência, i.e., a *ciência* da decisão judicial por parte do sujeito ativo (intimação) e que a decisão judicial seja *válida* (não tenha expirado ou sido revogada).

Desconhecimento da decisão: É hipótese de erro de tipo.

Crime formal: Se consuma com o mero descumprimento da ordem judicial, independentemente de qualquer resultado naturalístico.

Crime de forma livre: O sujeito ativo pode praticá-lo por qualquer meio. Aliás, observe-se que o verbo indicador da conduta criminosa (descumprir), pode ser executado tanto na forma *comissiva* quanto na *omissiva*, a depender da medida protetiva aplicada. Assim, por exemplo, se, intimado a se afastar do lar não o fizer, responderá pelo crime na modalidade omissiva. Mas, se estiver impedido de se aproximar da vítima o fizer, responderá pelo crime na modalidade comissiva.

Descumprimento concomitante ou subsequencial: Nos casos em que houver o descumprimento simultâneo (violação concomitante) ou subsequencial (violação sucessiva) de diversas medidas protetivas de urgência impostas na mesma decisão judicial, o agente deverá responder por crime único. Em outras palavras, o agente não responderá por tantos crimes quantas forem as medidas violadas, pois trata-se da violação de um único bem jurídico. Ademais, o objeto material do crime é a decisão judicial como um todo, enquanto ato oficial que externa mais do que simplesmente cada uma das medidas de proteção adotadas, mas a fundamentação do juiz ao conceder tais medidas, a *ordem em si*. O crime em estudo não tem como escopo tutelar a vítima, nem cada uma das medidas isoladamente descritas, mas sim a *decisão judicial*.

Vítima que procura o agressor: A vítima que, após ter deferidas as medidas protetivas de urgência procura o agressor, descumprindo a decisão judicial, pratica o crime. Não se trata de um crime próprio, e o fato de a lei ter a louvável ideia de conferir especial proteção à mulher vítima de violência doméstica e familiar, não autoriza as vítimas a *brincar* com sistema de persecução penal ou com o sistema de proteção estabelecido pela lei. Registre-se que a "ofendida beneficiada com a proteção", tal como quando "vítima do crime de lesão corporal" não pode estar impune ao transtorno que prestar à justiça criminal. Assim, da mesma forma que pode responder pelo *crime de desobediência*, caso se recuse a colaborar com a polícia judiciária na investigação, não participando do exame médico ou da elaboração do exame de corpo de delito, que imprescinde da sua presença, poderá responder pelo crime do art. 24-A quando mobilizar todo o aparato estatal e, depois, intencionalmente, descumprir a decisão judicial que ela mesma buscou. Por isso, após a intimação das medidas protetivas deferidas pelo Poder Judiciário, aquele que as descumprir estará praticando o crime ora estudado.

Princípio da especialidade: Afasta a aplicação dos art. 330 e 359 do Código Penal, muito embora o crime do art. 24-A tenha surgido para fazer frente ao entendimento jurisprudencial que havia sedimentado pela *não aplicação* dos tipos penais referidos, diante da subsidiariedade do Direito Penal (STJ, REsp 1.492.757). O entendimento dos tribunais era no sentido de que o descumprimento de medida protetiva de urgência era passível multa ou prisão preventiva, medidas extrapenais que afastavam a incidência da tipificação, já que não havia a ressalva expressa à configuração daqueles crimes (STJ, AgRg no HC 305.436).

Crime de menor potencial ofensivo: Existe divergência doutrinária. Uma corrente, à qual nos filiamos, entende que o crime se trata de uma infração de menor potencial ofensivo, pois a pena máxima abstrata não excede dois anos, nos termos do art. 61, Lei 9.099/95. Outra corrente entende não se tratar de infração de menor potencial ofensivo, pois o considera um crime praticado "contra a mulher" ou pelo fato de o legislador ter vedado a fiança pelo delegado de polícia (§2°). Para a melhor compreensão do assunto, remetemos à leitura do ponto 19.

Fiança: É possível, mas somente pode ser aplicada pelo juiz. Trata-se de exceção a redação do art. 322 do Código de Processo Penal, impedindo o delegado de polícia de arbitrar fiança. Remetemos à leitura do ponto 20.

Prisão preventiva: É possível. A configuração do crime não afasta a possibilidade de prisão preventiva (§3°). Porém, está não é a primeira providência a ser adotada pelo juiz no caso de descumprimento da medida protetiva. Dessa forma, antes da constrição da liberdade há a possibilidade de aplicação de outra medida protetiva[84], multa[85], outra medida cautelar prevista na legislação processual[86], para, após, decretar-se prisão preventiva[87], sempre de forma gradativa[88]. Remetemos o leitor ao ponto 14 para um estudo aprofundado sobre as peculiaridades da prisão preventiva.

Descumprimento do afastamento imposto pelo delegado ou outro policial (art. 12-C): Não configura o crime do art. 24-A, pois o dispositivo tipifica apenas o descumprimento de *decisão judicial*, não havendo como se fazer analogia *in malan partem*. Assim, caso a determinação da autoridade policial seja descumprida, cabe ao delegado de polícia representar pela prisão preventiva do agressor desobediente (art. 20, Lei 11.340/06 e art. 313, III, do CPP).

Feminicídio e descumprimento de medida protetiva: O art. 121, §7º, IV, do Código Penal prevê que "a pena do feminicídio é aumentada de 1/3 até a metade se o crime for praticado (...) em descumprimento das medidas protetivas de urgência previstas no art. 22, incisos I, II e III". Assim, se o descumprimento ocorrer no contexto do feminicídio, o agente deve responder pela majorante, não pelo crime autônomo do art. 24-A.

Suspensão condicional do processo: É Cabível, pois a pena mínima cominada não ultrapassa um ano (art. 89 da lei 9.099/95).

Acordo de não persecução penal: Não é cabível (art. 28-A, §2°, inc. I, do Código de Processo Penal).

84. Art. 19. §§ 2° e 3° da Lei 11.340/06.
85. Art. 139, art. 536, §1° e art. 537, §1°, I e II, do Novo CPC, combinado com art. 22, §4°, da Lei 11.340/06.
86. Art. 319 do CPP.
87. Art. 20 da Lei 11.340/06 e art. 313, III, do CPP.
88. Art. 282, §§ 4º e 6º e art. 312, §1°, do CPP.

Classificação doutrinária: *Crime comum* (pode ser praticado por qualquer pessoa que tenha ciência da decisão judicial); *crime acessório* (depende da existência de outro); *formal* (não se exige resultado naturalístico à sua consumação); *doloso* (o agente quer o resultado ou assume o risco de produzi-lo); *de forma livre* (pode ser praticado por qualquer meio de execução); *comissivo* (praticado por ação) ou omissivo (praticado por abstenção); *instantâneo* (a consumação se dá em um momento específico); *unissubjetivo ou de concurso eventual* (pode ser praticado por um só agente); unissubsistente (praticado por ato único) ou *plurissubsistente* (admite fracionamento dos atos de execução); *admite tentativa na forma comissiva, quando plurissubsistente.*

19. O CRIME DO ART. 24-A É INFRAÇÃO DE MENOR POTENCIAL OFENSIVO

A identificação de infrações penais de menor potencial ofensivo, atualmente, é feita segundo **critério dicotômico**, que leva em conta a quantidade da pena e a qualidade da vítima. Partindo dessa premissa, afirmamos que o art. 24-A é uma infração de menor potencial ofensivo.

Para a compreensão da questão faremos uma construção acerca do *conceito* de infração de menor potencial ofensivo. A necessidade de a legislação prever *infrações de menor potencial ofensivo* decorre do mandamento inserido no art. 98, inc. I, da CF, onde se lê que "a União, no Distrito Federal e nos Territórios, e os Estados criarão juizados especiais, providos por juízes togados, ou togados e leigos, competentes para a conciliação, o julgamento e a execução de causas cíveis de menor complexidade e infrações penais de menor potencial ofensivo, mediante os procedimentos oral e sumaríssimo, permitidos, nas hipóteses previstas em lei, a transação e o julgamento de recursos por turmas de juízes de primeiro grau".

A criação do Juizado Especial Criminal (JECrim), ao que nos parece, trata-se de uma opção do legislador constitucional para desafogar as diversas varas e instâncias do Poder Judiciário, tutelando mais rapidamente direitos e acelerando a decisão sobre diversos e determinados fatos criminosos.

Entretanto, em que pese a Constituição Federal determinar a criação dos Juizados Especiais Criminais para julgamento das infrações de menor potencial ofensivo, não há referência na Lei Maior quanto ao conceito dessas infrações. Essa tarefa coube, então, ao legislador infraconstitucional, que, ao editar a Lei 9.099/95, no art. 61, estabeleceu que "consideram-se infrações penais de menor potencial ofensivo, para os efeitos desta Lei, as contravenções penais e os crimes a que a lei comine pena máxima não superior a 2 (dois) anos, cumulada ou não com multa".

A evidência, portanto, é de que o *conceito* de infração de menor potencial ofensivo está na lei infraconstitucional, não na Constituição Federal. Aliás, por essa razão, também, a validade do próprio art. 41 da Lei 11.340/06 foi mantida pelo Supremo Tribunal Federal quando esse dispositivo teve sua constitucionalidade questionada[89] por afastar da competência do JECrim as infrações praticadas com violência doméstica e familiar contra a mulher.

Com o perdão pela tautologia, é inferência lógica que a Constituição, ao definir a *competência* do JECrim, não estabeleceu um *conceito constitucional* que identificasse as infrações penais de menor poder ofensivo, pelo que, dentro desse cenário, a lei infraconstitucional está autorizada a fazê-lo.

Dessa forma, de acordo com a legislação positiva vigente, é possível formular-se um conceito de infração de menor potencial ofensivo extraído dos artigos acima referidos, em harmonia com a interpretação lançada pelo STF[90]. Nessa linha de raciocínio, entendemos que a identificação de infrações

89. Inferência que se faz do julgamento da ADC 19 e da ADI 4424, quando todos os artigos da Lei 11.340/06 que tiveram a sua validade questionada, i.e., os artigos 1°, 33 e 41, foram declarados constitucionais.

90. "(...) o art. 41 da Lei Maria da Penha não colide com o art. 98, I, da CF, porque esse dispositivo constitucional se limita a prever a competência dos juizados especiais para a conciliação, o julgamento e a execução de infrações penais de menor potencial ofensivo, sem, no entanto, prefixar o seu conteúdo. Ora, a qualificação de determinados crimes como de "menor potencial ofensivo" foi deixada ao alvedrio do legislador que, ao elaborar e atualizar a política criminal, valora as condutas penalmente imputáveis, definindo o que avalia deva ser inserido ou não no conceito. Se a duração da pena máxima imputada a uma dada conduta tipificada foi e é um critério utilizado pelo legislador para assim proceder, nada impede que dele extraia exceções com base em critérios outros ou que venha a definir novos critérios para empreender essa conceituação. E a escolha do legislador na elaboração de um diploma normativo não o vincula na elaboração de novas leis. No julgamento mencionado, entendeu-se, pois, que aprouve ao legislador da Lei Maria da Penha, no exercício de uma reavaliação do tratamento conferido aos crimes praticados com violência doméstica contra a mulher, excluí-los do conceito de infrações penais de menor potencial ofensivo, não se aplicando, assim, o critério objetivo da duração máxima da pena nestes casos porque eleito outro fator para a determinação do seu tratamento em termos de política criminal" (STF, ADI 4424).

penais de menor potencial ofensivo, atualmente, é feita segundo critério por nós definido como **sistema dicotômico de identificação**, que leva em conta (a) a quantidade da pena e (b) a qualidade da vítima.

Assim, para nós, infrações penais de menor potencial ofensivo são as contravenções penais e os crimes a que a lei comine pena máxima não superior a dois anos (art. 61, Lei 9.099/95), salvo quando o fato criminoso for praticado com violência doméstica e familiar contra a mulher (art. 41, Lei 11.340/06).

Logo, segundo o conceito de infração de menor potencial vigente na legislação nacional, o art. 24-A da Lei 11.340/06, inserido pela Lei 13.641/18, é uma infração de menor potencial ofensivo. A um, porque a *pena máxima cominada* não é superior a dois anos (incluindo-se no conceito básico do art. 61 da Lei 9.099/95). A dois, porque o crime em estudo não é praticado *contra a mulher* (mantendo-se longe da hipótese especial de incidência do art. 41 da Lei 11.340/06).

Conforme lecionamos no capítulo anterior, o crime do art. 24-A tem como *objeto material* a decisão judicial; o *objeto jurídico* tutelado é a administração da justiça, pois a tutela é destinada ao cumprimento da decisão judicial; a vítima do crime é o Estado.

O que se deve observar, nesta análise, a nosso juízo, não é a opção de política criminal do legislador ao instituir a Lei 11.340/06, mas a validade, perante a ordem jurídica vigente, acerca da interpretação do *conceito de infrações de menor potencial ofensivo*. Nesse passo, quisesse o legislador que o crime do art. 24-A não fosse uma infração de menor potencial ofensivo, bastaria que tivesse cominado-lhe pena superior a dois anos.

Salientamos, na esteira desses argumentos, que, como postulado basilar da hermenêutica jurídica, "não cabe ao intérprete distinguir onde o legislador não distinguiu"[91], para excluir do conceito de infração de menor potencial ofensivo crime (a) que não possui pena superior a dois anos e (b) que não é praticado contra a mulher.

Portanto, para nós, sendo a infração penal estudada um crime de menor potencial ofensivo, devem ser aplicadas todas as medidas despenalizadoras previstas na Lei 9.099/95, quais sejam, transação penal e suspensão condicional do processo, além, é claro, da medida descarcerizadora incutida no art. 69, lavrando-se *termo circunstanciado*, e não auto de prisão em flagrante, quando o autor do fato se comprometer a comparecer ao JECrim.

Entendemos que, muito embora possamos admitir a mulher como *vítima indireta* deste crime, essa circunstância reflexa não é suficiente para afastar o dispositivo em estudo do *conceito legal* de infração de menor potencial ofensivo.

20. A INAFIANÇABILIDADE DO ART. 24-A PELO DELEGADO DE POLÍCIA

Ao estabelecer o crime de "descumprimento de decisão judicial que decreta medida protetiva de urgência" (art. 24-A), o legislador criou uma hipótese de especial inafiançabilidade relativa, na contramão do ordenamento processual e constitucional vigente, inserindo na legislação uma infração de menor potencial ofensivo na qual o delegado de polícia é impedido de arbitrar a fiança.

Antes de qualquer coisa, friso que o fato de o crime ser inafiançável por parte da autoridade policial em nada afeta a sua caracterização como infração de menor potencial ofensivo, conforme exaurimos a análise no capítulo anterior. É que a identificação de infrações penais de menor potencial ofensivo, atualmente, é feita segundo critério por nós definido como *sistema dicotômico de identificação*, que leva em conta (a) a quantidade da pena e (b) a qualidade da vítima.

Verificando-se a caracterização do tipo penal primário e secundário do art. 24-A, temos um crime que pune conduta praticada contra a administração da justiça, cuja pena é inferior a dois anos. E, o conceito de infração de menor potencial ofensivo, conforme referimos, é pautado segundo parâmetros de hermenêutica que engloba infrações penais que não possuam pena superior a dois anos (quantidade da pena) e que não sejam praticadas com violência doméstica ou familiar contra a mulher (qualidade da vítima).

Saliente-se que, caso a jurisprudência dos Tribunais venha a afastar o crime do art. 24-A do rito previsto na Lei 9.099/95, deverá dar início a um novo *sistema tricotômico* de identificação das infrações de menor potencial ofensivo, pois o dispositivo, a toda evidência, se encaixa nesse conceito.

Respaldando nosso raciocínio, cremos não ser plausível sustentar que o crime do art. 24-A esteja abrangido pela circunstância do art. 41. Esse posicio-

91. Expressão usada pelo ministro Aliomar Baleeiro, no julgamento do RE 71.284.

namento seria no seguinte sentido: como o artigo 41 da Lei 11.340/06 impede a aplicação da Lei 9.099/95 em fatos relativos à violência doméstica e familiar contra a mulher, em interpretação sistemática, deve-se entender compreendido o crime do artigo 24-A, pois, de forma implícita ou indireta, esta forma de violência existe. Em Direito Penal, isso é ***interpretação in malam partem***, pois o crime do art. 24-A não é praticado com *violência*, nem, muito menos, é praticado *contra a mulher*.

Ainda, na esteira desse tirocínio, a própria Lei 11.340/06, define o que seja *violência doméstica e familiar contra a mulher*, de modo que, nos termos do art. 5°, esta expressão é definida como a "ação ou omissão baseada no gênero que lhe cause morte, lesão, sofrimento físico, sexual ou psicológico e dano moral ou patrimonial". Assim, não é razoável ampliar a interpretação do art. 41 para abranger situações que não estão abarcadas pela lei.

Com o mesmo entendimento, Ruchester Barbosa[92] argumenta:

> Isso não é novidade no ordenamento. O mesmo ocorre na Lei 9.605/98, que prevê condutas pelas quais o sujeito passivo é a fauna ou a flora, porém, tipifica condutas cuja sujeito passivo seja a administração pública ambiental. No Estatuto do Idoso, a Lei 10.741/03, tem com sujeito principal a pessoa com idade igual ou superior a 60 anos de idade, mas pune o embaraço ou impedimento de atividade de representante do Ministério Público ou outro agente fiscalizador, e assim também na Lei 8.069/90, e o mesmo se repete, tardiamente, na Lei Maria da Penha, contudo, em nenhum desses ordenamentos citados, e são todos direitos com previsão de proteções transindividuais e de minorias, que o legislador não interferiu indevidamente na função materialmente judicial do delegado de polícia de analisar a possibilidade de liberdade provisória, o que chega a ser teratológico, diante de um comportamento delituoso, que não tem como sujeito passivo a violência contra a mulher, conforme o rol previstas do artigo 7º da Lei 11.340/06.
>
> É evidente que não olvidamos de que a proteção seja indireta à mulher diante do descumprimento de uma medida protetiva que visa a integridade física, moral, psicológica, patrimonial e sexual da mulher, como também ocorre no bojo das legislações acima mencionadas, e nem por isso o fato de uma conduta ser contra a administração da Justiça, que indiretamente protegeria um idoso ou uma criança, o comportamento do agente passaria a ser considerado um ato contra o idoso ou a criança.

Não se ignora que a vontade do legislador ao criar o art. 24-A tenha sido aumentar a proteção das vítimas de violência de gênero. No entanto, não foi feliz na técnica escolhida. Ao criar o dispositivo analisado, aparentemente, tem-se que a proteção aumentou, afinal, o delito está tipificado e, agora, superando-se entendimento jurisprudencial que havia se concretizado, o descumprimento da decisão judicial que decreta medidas protetivas caracteriza crime, punido com sanção penal autônoma. Mas, por incoerência, pecou o legislador ao mesclar uma pena identificadora de infrações de menor potencial ofensivo com a inafiançabilidade pela autoridade policial. Isso é incoerente e vai de encontro com o processo penal democrático moderno.

Veja-se, ainda, na esteira do que temos sustentando, que a natureza da infração penal (i.e., se de menor, médio ou alto potencial ofensivo) é definida com base em critérios de **direito penal**. A fiança, ao seu turno, é um instituto do **direito processual** e, como tal, a sua análise ocorre em momento posterior.

Sendo, portanto, o crime tipificado no artigo 24-A uma infração de menor potencial ofensivo, deve receber da autoridade policial o tratamento jurídico dispensado pela lei às infrações desta natureza, i.e., deve ser apurado mediante a formalização de *termo circunstanciado* e, havendo hipótese de flagrante, o seu autor somente deve ser conduzido ao cárcere quando for renitente em não assinar o termo de compromisso de comparecimento ao JECrim.

É a partir desse *momento* que deve incidir a regra do §2º[93], i.e., havendo hipótese de flagrante, negando-se o conduzido a comparecer à audiência do JECrim, deve o delegado de polícia, então, determinar a lavratura do respectivo auto de prisão e, nessa hipótese, *não arbitrar a fiança*, diante da vedação expressa na norma analisada[94].

A lei criou uma hipótese de **especial inafiançabilidade relativa**. É absurdo, mas, por falta de téc-

92. BARBOSA, Ruchester Marreiros. Cabe fiança pelo delegado no descumprimento de medida protetiva. Disponível em: https://delegados.com.br/juridico/cabe-fianca-pelo-delegado-no-descumprimento-de-medida-protetiva. Acessado em 26 de junho de 2020.

93. Compartilhando deste entendimento: LEITÃO JÚNIOR, Joaquim; SILVA, Raphael Zanon. Impactos jurídicos da Lei nº 13.641/2018 e o novo crime de desobediência de medidas protetivas. Disponível em: https://jus.com.br/artigos/65424/impactos-juridicos-da-lei-n-13-641-2018-e-o-novo-crime-de-desobediencia-de-medidas-protetivas. Acessado em 26 de junho de 2020.

94. Aqui registramos o entendimento exposado por Ruchester Marreiros Barbosa (*loc. cit.*), ao qual nos filiamos, segundo o qual, diante da evidente incoerência e incompatibilidade da norma insculpida no §2° com o ordenamento processual e constitucional vigente, deve a autoridade policial, em caso de prisão em flagrante, analisar a possibilidade de arbitrar a fiança.

nica, o legislador inseriu na legislação uma infração de menor potencial ofensivo na qual o delegado de polícia está impedido de arbitrar a fiança.

Conforme refere Francisco Sannini[95], "embora seja compreensível e até elogiável a intenção do legislador na proteção da mulher, vislumbramos uma violação ao princípio da proporcionalidade" e, completa o referido autor, "parece desproporcional a vedação de fiança pelo delegado de polícia em um crime de perigo, quando o benefício pode ser concedido nos crimes de dano, tais como lesão corporal, ameaça, injúria, etc.".

A atecnia do legislador na elaboração do artigo 24-A é tamanha que chega ao ponto de impor um tratamento processual mais grave (vedação de fiança em abstrato pelo delegado) ao crime acessório do que ao crime principal. Em outros termos, atribui-se *tratamento mais rigoroso ao crime menos grave.*

Dessa forma, o agente que agredir a companheira, praticando um crime diretamente *contra a mulher* poderá ter a fiança arbitrada pelo delegado, mas, quando o autor desse crime antecedente descumprir uma medida protetiva, crime que atenta contra a administração da justiça e possui pena máxima de dois anos, somente poderá ter a fiança arbitrada pelo juiz.

A inferência acima tracejada é feita na medida em que art. 322 do CPP estabelece ser possível à autoridade policial conceder fiança nos casos em que a infração tenha pena privativa de liberdade máxima não superior a quatro anos. Na esteira desse intelecto, como corolário (i)lógico, a fiança poderá ser arbitrada pelo delegado nos crimes que envolvam violência doméstica e familiar contra a mulher, como, v.g., a lesão corporal. Entretanto, com escusas pela tautologia, no crime de descumprimento de medidas protetivas de urgência, somente poderá ser concedida fiança pelo magistrado.

E, refira-se, a norma insculpida no artigo 129, §9°, do Código Penal foi incluída no diploma repressivo pela própria lei 11.340/06. Agora, na contramão de todo o processo penal moderno, o legislador pretende vedar a fiança pela autoridade policial ao praticante de um crime cuja pena máxima é dois anos. Ou seja, pretende impor uma prisão cautelar (ou pré-cautelar) ao agente que, em tese, mesmo ao final do processo, ainda que condenado, não passará um único dia na prisão, salvo se for reincidente[96]. Trata-se de uma afronta escancarada ao princípio da homogeneidade da prisão cautelar. Como bem sintetizou Barbosa[97], "para onde se olha, não há pena privativa de liberdade a se cumprir". A incoerência é inacreditável.

Como conclusão, afirmamos nosso entendimento de que o crime do art. 24-A, conforme o sistema dicotômico de identificação, enquadra-se no conceito de infração de menor potencial ofensivo e como tal deve ser tratado. Assim, o arbitramento da fiança[98], ou não[99], pelo delegado de polícia, deve ser analisado no momento posterior, caso esteja o autor do fato obstinado a não firmar o termo de comparecimento ao JECrim, quando, então, será formalizado o respectivo auto de prisão em flagrante.

21. ATUAÇÃO DO MINISTÉRIO PÚBLICO

Comentários: Os dispositivos deste capítulo reforçam a redação do art. 129, II, da Constituição Federal, onde se estabelece ser função institucional do Ministério Público "zelar pelo efetivo respeito dos Poderes Públicos e dos serviços de relevância pública aos direitos assegurados nesta Constituição, promovendo as medidas necessárias a sua garantia".

Art. 25. O Ministério Público intervirá, quando não for parte, nas causas cíveis e criminais decorrentes da violência doméstica e familiar contra a mulher.

Intervenção obrigatória: O dispositivo determina a necessidade de intervenção ministerial nas causas decorrentes da violência doméstica e familiar contra a mulher. Trata-se de intervenção obrigatória. Nesse aspecto, o que interessa é a *qualidade da parte*, i.e., mulher vítima de violência doméstica. Repare-se que a lei não condiciona a intervenção ministerial à natureza do direito discutido, se disponível ou indisponível. Assim, segundo lição de Fausto Rodrigues de Lima[100], a tendência de o Ministério Público não

95. NETO, Francisco Sannini. Descumprir medida protetiva agora é crime. Disponível em: https://canalcienciascriminais.com.br/medidas-protetivas-urgencia-crime/. Acessado em 26 de junho de 2020.

96. Inferência que se extrai da análise sistemática do art. 33, §2°, "c"; art. 44 e art. 77, todos do Código Penal.

97. BARBOSA, Ruchester Marreiros. *Loc. cit.*

98. Interpretação sistemática ancorada no artigo 322 do Código de Processo Penal.

99. Redação literal do §2° do art. 24-A da Lei 11.340/06.

100. LIMA, Fausto Rodrigues de. *In* Lei Maria da Penha comentada em uma perspectiva jurídico-feminista (org. Caren Hein de Campos). Rio de Janeiro: Lumen Juris. 2011, p. 333.

atuar nas causas de *separação consensual* ou de *alimentos* quando as partes forem maiores e capazes, deve ser relativizada quando houver interesse de mulher vítima de violência doméstica.

Ações penais privadas: O dispositivo estabelece que o Ministério Público deverá intervir em todas as ações penais que não for parte.

Art. 26. Caberá ao Ministério Público, sem prejuízo de outras atribuições, nos casos de violência doméstica e familiar contra a mulher, quando necessário:

Proteção da vítima: Além das atribuições previstas nesse capítulo, o legislador previu a possibilidade de o promotor requerer medidas protetivas em favor das vítimas (art. 19), sendo prescindível a sua manifestação de vontade. Aliás, pode requerer as medidas protetivas *contra a vontade da própria vítima*, esta parece ser a razão da lei, pois a vulnerabilidade da vítima que sofre violência doméstica ou familiar baseada no gênero a impede de se opor aos agressores[101].

I - requisitar força policial e serviços públicos de saúde, de educação, de assistência social e de segurança, entre outros;

II - fiscalizar os estabelecimentos públicos e particulares de atendimento à mulher em situação de violência doméstica e familiar, e adotar, de imediato, as medidas administrativas ou judiciais cabíveis no tocante a quaisquer irregularidades constatadas;

Fiscalização e adoção de medidas cabíveis: O dispositivo prevê a atuação, mas não estabelece a forma de apuração das irregularidades por ventura constatadas. Assim, conforme Rogério Sanches Cunha e Ronaldo Batista Pinto[102], é possível aplicar-se o procedimento de apuração previsto no Estatuto do Idoso. Aliás, o inc. II possui redação essencialmente idêntica a do art. 74, VIII, da Lei 10.741/03, no que se refere à atuação ministerial. O raciocínio se completa na medida em que o art. 13, determina que "ao processo, ao julgamento e à execução das causas cíveis e criminais decorrentes da prática de violência doméstica e familiar contra a mulher aplicar-se-ão as normas dos Códigos de Processo Penal e Processo Civil e da legislação específica relativa à criança, ao adolescente e ao idoso que não conflitarem com o estabelecido nesta Lei". Dessa forma, é possível aplicar penalidades às entidades que descumprem obrigações no acolhimento de mulheres vítimas de violência doméstica, conforme art. 97 do Estatuto da Criança e do Adolescente e art. 55 do Estatuto do Idoso, observando-se o procedimento de apuração previsto no Estatuto do Idoso[103].

III - cadastrar os casos de violência doméstica e familiar contra a mulher.

Cadastramento de casos: O dispositivo estabelece que o Ministério Público cadastre casos de violência doméstica e familiar contra a mulher, visando a criação de uma base de dados confiável que possa ser utilizada na implementação de políticas públicas, formulação de novas leis ou simplesmente para padronizar a forma de atuação da instituição no enfrentamento da criminalidade.

22. ASSISTÊNCIA JUDICIÁRIA

Art. 27. Em todos os atos processuais, cíveis e criminais, a mulher em situação de violência doméstica e familiar deverá estar acompanhada de advogado, ressalvado o previsto no art. 19 desta Lei.

Art. 28. É garantido a toda mulher em situação de violência doméstica e familiar o acesso aos serviços de Defensoria Pública ou de Assistência Judiciária Gratuita, nos termos da lei, em sede policial e judicial, mediante atendimento específico e humanizado.

Objetivo: Evitar a revitimização (ou vitimização secundária), que se reflete no tratamento recebido pela mulher após a prática da violência doméstica ou familiar, v.g., quando presta declarações como vítima na polícia ou em juízo, com a submissão a atitudes ou linguajar inapropriados por conta da insensibilidade ou falta de capacitação dos agentes públicos; quando

101. Por essa razão sustentamos que uma saída a ser adotada pelo delegado de polícia, vislumbrando gravidade da situação, para os casos em que a vítima, fragilizada, opta por não solicitar as medidas de proteção no momento do registro da ocorrência, encaminhar cópia do registro ao Ministério Público, sugerindo sejam requeridas as medidas de proteção à vítima (ver comentários ao art. 12, III).

102. CUNHA, Rogério Sanches; PINTO, Ronaldo Batista; SOUZA, Renee do Ó. Leis Penais Especiais: comentada artigo por artigo. Salvador: Juspodivm, 2019, p. 1824-1825.

103. Com o mesmo entendimento: LIMA, Fausto Rodrigues de. Lei Maria da Penha comentada em uma perspectiva jurídico-feminista. Rio de Janeiro: Lumen Juris. 2011, p. 334.

se submete a sucessivas inquirições; quando é intimada à realização de exame ou perícia prescindível; quando é intimada para acareação com o agressor; etc. Pode-se apontar como objetivo, ainda, a correta orientação da vítima sobre seus direitos.

Acompanhamento por advogado: Em todos os atos processuais a vítima deve estar acompanhada por advogado, exceto para o pedido de medidas protetivas de urgência (art. 19), para o qual não se exige capacidade postulatória. A determinação de assistência jurídica por advogado é de extrema importância para reduzir a vulnerabilidade da vítima.

Defensoria Pública: É o órgão encarregado de prestar a assistência jurídica e judiciária gratuita aos necessitados (art. 134, CF), sendo vedada qualquer outra forma de custeio de assistência jurídica estatal (STF, ADI 4163). Muito embora alguns lecionem que a Defensoria Pública somente deva atuar quando o beneficiário do serviço não possua condições econômico-financeiras (art. 4°, Lei Complementar 80/94), entendemos que, nesse caso, a regra é mitigada, de modo que deve haver a assistência jurídica à mulher vítima de violência doméstica ou familiar independente de sua condição financeira, caso ela não deseje contratar um advogado particular.

Autorização: É dispensável. Não é necessário autorização da autoridade (delegado ou juiz) para que a vítima seja acompanhada por advogado ou defensor público. Trata-se, aliás, de uma assistência obrigatória, apontando a lei que a vítima *deverá* ter assistência jurídica prestada por profissional habilitado em todos os atos processuais. Nessa esteira, não há margem para a discricionariedade das autoridades, sendo que, possuindo a vítima um advogado ele deve estar presente em todo e qualquer ato. Aliás, pelo teor do dispositivo *não deveriam ser realizados atos* enquanto a vítima não contasse com a assistência de advogado. Entretanto, tendo em vista a carência de defensores públicos, notadamente para atuar nos procedimentos investigatórios, causaria maior prejuízo à vítima a demora do ato do que a sua realização sem a devida assistência. Nesse cenário, entendemos que aumenta a responsabilidade da autoridade policial, do promotor de justiça e do juiz no acolhimento da mulher vítima de violência doméstica e familiar.

23. DISPOSIÇÕES TRANSITÓRIAS

Art. 33. Enquanto não estruturados os Juizados de Violência Doméstica e Familiar contra a Mulher, as varas criminais acumularão as competências cível e criminal para conhecer e julgar as causas decorrentes da prática de violência doméstica e familiar contra a mulher, observadas as previsões do Título IV desta Lei, subsidiada pela legislação processual pertinente.

Parágrafo único. Será garantido o direito de preferência, nas varas criminais, para o processo e o julgamento das causas referidas no *caput*.

Comentários: Trata-se de uma norma de transição que estabelece a competência cumulativa das varas criminais para conhecer e julgar as causas cíveis e criminais decorrentes da lei, enquanto não forem criados os Juizados de Violência Doméstica e Familiar, referidos no art. 1º e no art. 14.

Constitucionalidade: Uma corrente minoritária sustentava que esse artigo seria inconstitucional, pois invadiria competência legislativa dos Estados em matéria de organização judiciária (art. 96, inc. I, "a" e art. 125, *caput*, e §1° da CF). O STF decidiu, no entanto, não haver ofensa às normas constitucionais, uma vez que não implica obrigação, mas mera faculdade de criação dos Juizados de Violência Doméstica e Familiar contra a Mulher, conforme disposto nos artigos 14, *caput*, e 29, do mesmo diploma (ADC 19).

24. FASTAMENTO DA LEI DOS JUIZADOS ESPECIAIS CRIMINAIS

Art. 41. Aos crimes praticados com violência doméstica e familiar contra a mulher, independentemente da pena prevista, não se aplica a Lei nº 9.099, de 26 de setembro de 1995.

Objetivo: O dispositivo veda a possibilidade de aplicação da Lei 9.099/95 aos crimes praticados com violência doméstica e familiar contra a mulher.

Interpretação extensiva: Apesar de o dispositivo referir-se apenas aos *crimes*, predomina o entendimento de que a vontade da lei abrange todas as infrações penais, incluídas as *contravenções penais* (STF, HC 106.212; STJ CC 102.571).

Constitucionalidade: Uma corrente minoritária sustentava que esse artigo seria inconstitucional por violar o princípio da igualdade, pois o simples fato de um crime ser praticado contra uma mulher no contexto de violência doméstica e familiar contra a mulher não seria, na essência, distinto de um crime praticado contra um homem no mesmo contexto, acarretando desigualdade quanto à aplicação dos institutos despenalizadores da Lei 9.099/95, que não se aplicam apenas quando a mulher for vítima. Entretanto, prevaleceu na doutrina e nos tribunais o entendimento de que a vedação do art. 41 é constitucional (STF, ADC 19 e ADI 4424). Segundo Renato Brasileiro de Lima[104], quando a lei veda a aplicação dos institutos despenalizadores da Lei 9.099/95 às infrações penais praticadas com violência doméstica e familiar contra a mulher ela não atenta contra o princípio da isonomia, pois o seu objetivo é exatamente o de adequar a pena às necessidades especiais em torno dessa forma de violência, muito mais grave que aquela praticada contra vítimas do sexo masculino. Não há dúvidas de que o dispositivo é um consectário do *princípio* da *proibição de proteção deficiente* no que se refere aos direitos fundamentais, pois a lei representa um movimento legislativo que visa assegurar às mulheres agredidas o acesso efetivo à reparação, à proteção e à justiça.

Afronta ao conceito de infração de menor potencial ofensivo: O argumento foi levantado para sustentar a inconstitucionalidade do dispositivo, pelo que o Supremo esclareceu que ao determinar a criação do JECrim para o processo e julgamento das infrações de menor potencial ofensivo, a Constituição Federal não se encarregou dessa definição (art. 98, I), delegando a tarefa ao legislador ordinário. Dessa forma, não há como existir inconstitucionalidade de um conceito que não está na Constituição, mas no art. 61 da Lei 9.099/95. Assim, a Lei 11.340/06, alterando o conceito geral existente, estabeleceu que os crimes de violência doméstica e familiar contra a mulher não são considerados de menor potencial ofensivo. Nesse passo, conforme exaustivamente frisamos no ponto 19, de acordo com a legislação vigente, é possível formular-se um conceito de infração de menor potencial ofensivo de acordo com a interpretação do STF[105], sendo que a identificação de infrações penais de menor potencial ofensivo é feita segundo critério por nós definido como *sistema dicotômico de identificação*, que leva em conta (a) a quantidade da pena e (b) a qualidade da vítima.

Ação penal no crime de lesão corporal leve: Afastada a aplicação da Lei 9.099/95, entende-se que nos casos de *lesão corporal leve dolosa* praticada no âmbito doméstico e familiar <u>contra mulher</u>, a *ação penal é pública incondicionada*, pois o dispositivo que prevê necessidade de representação está no art. 88 daquele diploma. Porém, se o crime de lesão corporal leve dolosa for praticado em âmbito doméstico e familiar <u>contra homem</u>, a ação é *pública condicionada à representação*.

A desconsideração da vontade da vítima: Remetemos à leitura do ponto 8 para aprofundamento do assunto, observando-se uma visão crítica sobre a desconsideração da manifestação de vontade da mulher vítima nos casos de lesão corporal dolosa de natureza leve.

Reflexos na jurisprudência do STJ: Sedimentado o entendimento do Supremo Tribunal Federal, o Superior Tribunal de Justiça moldou suas posições em relação a alguns assuntos, estabelecendo que "a ação penal relativa ao crime de lesão corporal resultante de violência doméstica contra a mulher é pública incondicionada" (STJ, súmula 542) e que "a suspensão condicional do processo e a transação penal não se aplicam aos delitos sujeitos ao rito da Lei Maria da Penha" (STJ, súmula 536).

BIBLIOGRAFIA

BARBOSA, Ruchester Marreiros. Cabe fiança pelo delegado no descumprimento de medida protetiva. Disponível em: <https://delegados.com.br/juridico/cabe-fianca-pelo-delegado-no-descumprimento-de-medida-protetiva>.

BOURDIEU, Pierre. A dominação masculina. 11ª edição. Rio de Janeiro: Bertrand Brasil, 2012.

104. LIMA, Renato Brasileiro de. Legislação Criminal Especial Comentada. Salvador: Juspodivm, 2015, p. 969.

105. "(...) o art. 41 da Lei Maria da Penha não colide com o art. 98, I, da CF, porque esse dispositivo constitucional se limita a prever a competência dos juizados especiais para a conciliação, o julgamento e a execução de infrações penais de menor potencial ofensivo, sem, no entanto, prefixar o seu conteúdo. Ora, a qualificação de determinados crimes como de "menor potencial ofensivo" foi deixada ao alvedrio do legislador que, ao elaborar e atualizar a política criminal, valora as condutas penalmente imputáveis, definindo o que avalia deva ser inserido ou não no conceito. Se a duração da pena máxima imputada a uma dada conduta tipificada foi e é um critério utilizado pelo legislador para assim proceder, nada impede que dele extraia exceções com base em critérios outros ou que venha a definir novos critérios para empreender essa conceituação. E a escolha do legislador na elaboração de um diploma normativo não o vincula na elaboração de novas leis. No julgamento mencionado, entendeu-se, pois, que aprouve ao legislador da Lei Maria da Penha, no exercício de uma reavaliação do tratamento conferido aos crimes praticados com violência doméstica contra a mulher, excluí-los do conceito de infrações penais de menor potencial ofensivo, não se aplicando, assim, o critério objetivo da duração máxima da pena nestes casos porque eleito outro fator para a determinação do seu tratamento em termos de política criminal" (STF, ADI 4424).

CAMPOS, Carmen Hein de. Lei Maria da Penha comentada em uma perspectiva jurídico-feminista. Rio de Janeiro: Lumen Juris. 2011.

CAVALCANTE, Márcio André Lopes. Comentários à Lei 13.827/2019, que autoriza a aplicação de medida protetiva de urgência pela autoridade policial. Disponível em: <https://www.dizerodireito.com.br/2019/05/comentarios-lei-138272019-que-autoriza.html>.

CUNHA, Rogério Sanches; PINTO, Ronaldo Batista; SOUZA, Renee do Ó. Leis Penais Especiais: comentada artigo por artigo. Salvador: Juspodivm, 2019.

DIAS, Maria Berenice. A Lei Maria da Penha na Justiça – 5ª ed. Salvador: Juspodivm, 2018.

GARCEZ, William. A vontade da vítima na Lei Maria da Penha: o paradoxo criado pela jurisprudência. Disponível em: <https://meusitejuridico.editorajuspodivm.com.br/2020/04/24/vontade-da-vitima-na-lei-maria-da-penha-o-paradoxo-criado-pela-jurisprudencia/>.

GARCEZ, William. JÚNIOR, Joaquim Leitão. A problemática da requisição judicial no âmbito de medidas cautelares penais para oitivas de testemunhas/informantes e até mesmo interrogatórios: ausência de lastro legal. Disponível em: <https://meusitejuridico.editorajuspodivm.com.br/2020/04/16/problematica-da-requisicao-judicial-no-ambito-de-medidas-cautelares-penais-para-oitivas-de-testemunhasinformantes-e-ate-mesmo-interrogatorios-ausencia-de-lastro-legal/>.

HOFFMANN, Henrique. Concessão de medidas protetivas por delegado amplia direitos da mulher. Disponível em: <https://www.conjur.com.br/2017-nov-01/concessao-medida-protetiva-delegado-amplia-direitos-mulher>.

LEITÃO JÚNIOR, Joaquim; SILVA, Raphael Zanon. Impactos jurídicos da Lei nº 13.641/2018 e o novo crime de desobediência de medidas protetivas. Disponível em: <https://jus.com.br/artigos/65424/impactos-juridicos-da-lei-n-13-641-2018-e-o-novo-crime-de-desobediencia-de-medidas-protetivas>.

LIMA, Renato Brasileiro de. Legislação Criminal Especial Comentada. Salvador: Juspodivm, 2015.

MACHADO, Leonardo Marcondes. Desconsiderar vontade da vítima na Lei Maria da Penha é pura violência processual. Disponível em: <https://www.conjur.com.br/2015-out-20/academia-policia-desconsiderar-vontade-vitima-pura-violencia-processual#_ednref3>.

MAGALHÃES, Renato Vasconcelos. A representação da vontade da vítima na Lei Maria da Penha. Disponível em: <https://jus.com.br/artigos/13191/a-representacao-da-vontade-da-vitima-na-lei-maria-da-penha>.

MASCOTTE, Larissa. BALBINO, Ana Paula. Lei 13.984/20: As novas medidas protetivas da Lei Maria da Penha. Disponível em: <https://blog.supremotv.com.br/lei-13-984-20-as-novas-medidas-protetivas-da-lei-maria-da-penha/>.

NETO, Francisco Sannini. Descumprir medida protetiva agora é crime. Disponível em: <https://canalcienciascriminais.com.br/medidas-protetivas-urgencia-crime/>.

NUCCI, Guilherme de Souza. Leis Penais e Processuais Penais Comentadas. Volume I, Rio de Janeiro: Forense, 2017.

PAIVA, Caio Cezar de Figueiredo; Heemann, Thimotie Aragon. Jurisprudência internacional de direitos humanos. Manaus: Dizer o Direito, 2015.

PORTO, Pedro Rui da Fontoura. Violência doméstica e familiar contra a mulher: Lei 11.340/06: análise crítica e sistêmica. Porto Alegre: Livraria do Advogado, 2007.

PORTOCARRERO. Cláudia Barros; FERREIRA, Wilson Luiz Palermo. Leis penais extravagantes – Teoria, jurisprudência e questões comentadas, 4ª edição, Salvador: Juspodivm, 2019.

60

GENOCÍDIO

Lei 2.889/1956

PAULO REYNER CAMARGO MOUSINHO

CONSIDERAÇÕES INICIAIS

Comentários: Acompanhando toda a história da humanidade, o genocídio não é novidade em nenhuma sociedade. A Bíblia, por exemplo, narra diversos casos de genocídio, ocasiões em que o grupo vencedor dizimava o vencido. Em ilustrativo exemplo no Livro de Números, Capítulo 31, Moisés determinou que todos os midianitas fossem mortos, porém, desobedecendo suas ordens, o exército de Israel aprisionou as mulheres e crianças, ao que o líder religioso mandou matar toda criança do sexo masculino, bem como todas as mulheres que tinham tido relação sexual com algum homem.

A Idade Média conta com outros inúmeros episódios, tais como a Cruzada Albigense, as Vésperas Sicilianas (1282) e o Massacre da Noite de São Bartolomeu (1572). Casos emblemáticos, geralmente praticados com a intenção de destruir determinado grupo nacional, étnico, racial e, principalmente, religioso.

Savazzoni (2020, on-line), em excepcional texto, nos lembra que no Século XX as práticas genocidas continuaram a acontecer, sendo, talvez, o século mais assassino que temos registro, em escala e extensão, por ter havido genocídio sistematizado. Em apertada síntese, temos o massacre dos armênios pelo Império Turco-Otomano (1915 a 1923), o Grande Expurgo ocorrido na URSS (1936 a 1938), o holodomor (genocídio de ucranianos pelos soviéticos) e, evidentemente, o holocausto [1] (genocídio praticado pelos nazistas) durante a Segunda Guerra Mundial (1939-1945).

Por tudo isso, em 11 de dezembro de 1948, na capital francesa Paris, a Assembleia Geral das Nações Unidas editou a Convenção para a prevenção e a repressão do crime de Genocídio, documento que veio a ser incorporado ao ordenamento jurídico brasileiro em 1952, pelo Decreto n. 30.822, de 6 de maio. No entanto, a primeira lei a tipificar o conjunto de condutas caracterizadas como genocídio foi promulgada somente em 1º de outubro de 1956 (Lei n. 2.889/56).

---

1. "A palavra "holocausto" deriva da palavra grega "λόκαυστον" *[holokauston]* grego, significando "oferta de sacrifício completamente (ὅλος) queimada (καυστον)" ou "algo queimado oferecido a um deus". Em ritos pagãos gregos e romanos, deuses da terra e do submundo recebiam animais queimados, que eram oferecidos à noite. A palavra "holocausto" foi adotada mais tarde na tradução grega da Torá para se referir ao Olah,que são ofertas de sacrifícios queimados individuais e comunais que os judeus eram obrigadosa fazer nos tempos do *BeitHamicdash* (Templo de Jerusalém). **Na sua forma latina,** holocaustum**, o termo foi usado pela primeira vez com referência específica a um massacre de judeus pelos cronistas Roger de Howdene Richard de Devizes na Inglaterra do anos 1190**. Apesar de ainda haver discussão sobre o uso e abrangência do termo "Holocausto", **o genocídio nazista contra os judeus foi parte de um conjunto mais amplo de atos de opressão e de assassinatos em massa agregados cometidos pelo governo nazista contra vários grupos étnicos, políticos e sociais na Europa.**Entre as principais vítimas não judias do genocídio estão ciganos, poloneses, comunistas, homossexuais, prisioneiros de guerra soviéticos, Testemunhas de Jeová e deficientes físicos e mentais.Segundo estimativas recentes baseadas em números obtidos desde a queda da União Soviética em 1991, um total de cerca de onze milhões de civis (principalmente eslavos) e prisioneiros de guerra foram intencionalmente mortos pelo regime nazista." Holocausto." (grifo nosso) **Wikipédia. Disponível em: https://pt.wikipedia.org/wiki/Holocausto#Etimologia_e_uso_do_termo. Acesso em 29/08/2020.**

Observando apenas a data da convenção supracitada, nota-se que se deu em decorrência do término da Segunda Guerra Mundial, como reflexão mundial sobre as atrocidades praticadas contra determinados grupos, notadamente contra os judeus, os ciganos, os poloneses, entre outros.

A palavra genocídio foi concebida em 1944 pelo polonês Rafael Lemkin, um sobrevivente das perseguições nazistas, pela junção do vocábulo grego *genos* (grupo, gente) e do sufixo latino *cidio* (matar). Embora genocídio, literalmente, signifique matar um grupo, sua concepção jurídica não se encerra apenas na morte de determinado conjunto de pessoas, mas sim pela prática de determinados atos dirigidos ao extermínio, destruição, total ou parcial, de um grupo nacional, étnico, racial ou religioso. O saudoso doutrinador Nelson Hungria (1980, p. 363), no entanto, entendia que o termo se origina do latim *genus,* com o sentido de raça, provo, nação e *excidium,* vocábulo latino que denota destruição ou ruína.

Importante ressaltar, ainda no âmbito internacional, o Estatuto de Roma do Tribunal Penal Internacional, incorporado ao ordenamento jurídico brasileiro pelo Decreto n. 4.388, de 25 de setembro de 2002, quando dispõe ser competência da supracitada Corte Internacional o julgamento do crime de genocídio (art. 5º, 1, alínea "a"). Lembramos, todavia, da aplicação do princípio da complementariedade, pois a competência do TPI é atraída apenas quando da inércia das Cortes e instituições locais.

Também há previsão no Estatuto de Roma do TPI do conceito de genocídio, conforme descrito no art. 6º:

Crime de Genocídio:

> Para efeitos do presente Estatuto, entende-se por "genocídio", qualquer um dos atos que a seguir se enumeram, praticado com a intenção de destruir, no todo ou em parte, um grupo nacional, étnico, racial ou religioso, enquanto tal:
>
> a) Homicídio de membros do grupo;
>
> b) Ofensas graves à integridade física ou mental de membros do grupo;
>
> c) Sujeição intencional do grupo a condições de vida com vista a provocar a sua destruição física, total ou parcial;
>
> d) Imposição de medidas destinadas a impedir nascimentos no seio do grupo;
>
> e) Transferência, à força, de crianças do grupo para outro grupo.

A Constituição Federal de 1988, embora não contenha expressamente o vocábulo *genocídio,* protege a vida, a integridade física, psicológica e, sobretudo, a pluralidade e a diversidade humanas, por serem garantias do Estado Democrático de Direito. Ademais, o art. 5º do texto constitucional determina que a lei puna qualquer discriminação atentatória dos direitos e liberdades fundamentais (inciso XLI), bem como a punição mais severa aos crimes considerados hediondos (inciso XLII), como é o caso do genocídio (Lei n. 8.072/90, art. 1º, parágrafo único, inciso I).

Tribunal de Nuremberg: Quando estudamos os princípios da legalidade, da irretroatividade da lei penal e do juiz natural sempre há referência crítica ao Tribunal de Nuremberg, que foi criado para julgar os crimes de guerra, dentre eles o genocídio (ainda que com outras nomenclaturas).

Aqui se mostra pertinente fazer um pequeno aparte para explicar um dos momentos históricos mais interessantes para o Direito Constitucional.

Os documentos normativos editados após a Segunda Guerra Mundial são considerados **marco histórico do neoconstitucionalismo**, enfatizando-se na Alemanha a Lei Fundamental de Bonn (1949) e o Tribunal Constitucional Federal (1951); na da Itália, a instalação da Corte Constitucional (1956), todos focados na perspectiva de redemocratização e Estado Democrático de Direito. No Brasil, o destaque recai sobre a Constituição de 1988, em importante processo democrático (LENZA, 2020, p. 71).

Isto porque o Direito no período nazista foi considerado apenas um instrumento de controle e legitimação ideológica. O Direito positivo durante o nazismo e fascismo autorizava as barbaridades cometidas. Nesse sentido, as palavras de Lenza (2020, p. 71):

> Considerado metafísico e anticientífico, o direito natural foi empurrado para a margem da história pela ascensão do **positivismo jurídico**, no final do século XIX. Em busca de objetividade científica, o positivismo equiparou o Direito à lei, afastou-o da filosofia e de discussões como legitimidade e justiça e dominou o pensamento jurídico da primeira metade do século XX. Sua decadência é emblematicamente associada à derrota do fascismo na Itália e do nazismo na Alemanha, regimes que **promoveram a barbárie sob a proteção da legalidade.** Ao fim da 2ª Guerra, a ética e os valores começaram a retornar ao Direito.

Por isso, tecnicamente, não havia tipificação como condutas criminosas dos atos cometidos durante o período nazista. Daí surgiu a problemática: como punir juridicamente os autores das barbáries?

A questão foi resolvida com a criação do Tribunal de Nuremberg pela Carta de Londres, datada de 8 de agosto de 1945, ou seja, um juízo *expost facto*.

Nesse contexto, importante esclarecer que a citada Corte funcionou de 20 de novembro de 1945 a 21 de outubro de 1946, instituída, assim, após o término da Segunda Guerra Mundial como um tribunal *ad hoc*, organizado pelos vencedores para julgar os vencidos em processos relativos aos massacres de guerra cometidos, principalmente, na Alemanha nazista.

A crítica é mais incisiva ainda em relação à violação do postulado *nullum crimen, nulla poena-sine lege*, vez que, supostamente, os atos cometidos estavam sob amparo da lei vigente à época. Não havia, portanto, tipificação anterior das condutas consideradas criminosas.

Buscando apresentar ao leitor uma visão jurídica diferenciada, ao nos aprofundarmos um pouco sobre o tema, há que se ressaltar o entendimento de parte da doutrina (minoritária), com o qual concordamos, no sentido de que os crimes perpetrados em detrimento da dignidade da pessoa humana, especialmente os crimes contra a humanidade, alicerçam-se no Direito Internacional, o qual tem como característica ser costumeiro.

Ademais, deveriam ter sido respeitadas leis morais ou de direito natural; ressalta-se, ainda, a existência de leis naquela época que proibiam práticas similares. Por fim, deve se considerar, também, a ponderação de valores, na medida em que o princípio da irretroatividade não seria absoluto quando confrontado com o direito de punir o autor de atos nocivos contra toda humanidade. Confira a visão de YannJurovics (2006):

> **se faz parte da essência do direito internacional ser, de fato, um direito costumeiro, um direito fundado sobre padrões não escritos de comportamento, o princípio da legalidade é aí avaliado pela medida dessa especificidade**, enunciando-se então não como *nullum crimen sine lege*, mas como ***nullum crimen sine jure***"; b) haveria no caso leis morais ou de direito natural preexistentes tendo os instrumentos internacionais, portanto, **caráter declarativo de infrações**; c) haveria proibições legais similares preexistentes; e d) já que nem todos os países consideram o princípio da retroatividade um princípio absoluto, ele seria um princípio inferior, sendo, portanto, muito mais justo e, portanto, juridicamente superior, punir o autor de atos prejudiciais à humanidade do que satisfazer o formalismo de um princípio de força absolutamente relativa e sujeito a tantas exceções. (grifo nosso)

No mesmo sentido Ricardo Ribeiro Campos (2008, on-line):

> Qualquer fenômeno jurídico deve ser enfocado segundo o contexto histórico e social em que inserido. Há atualmente razoável consenso de que inexiste direito imutável no tempo e no espaço. Mesmo os que se dedicam ao estudo dos direitos fundamentais não negam que se trata de direitos delimitados espacial e temporalmente.

A título de reforço argumentativo, salienta-se que os princípios da legalidade, do juiz natural e da irretroatividade da lei penal foram forjados, justamente, no pós-guerra, com a finalidade de proteger cidadãos contra arbítrios de governantes. Essa ótica, nesse prisma de ideias, não poderia ser subvertida para gerar impunidade naquela ocasião.

Por outro lado, nos parece justa a crítica de que a Corte de Nuremberg tenha sido instituída eivada de parcialidade, na medida em que diversos crimes de guerra também foram cometidos pelos aliados (Inglaterra, URSS, Estados Unidos, França), contudo, nenhum deles foi objeto de apreciação pela Corte Internacional.

No entanto, lembramos que nossa posição é minoritária, pois a doutrina de autores como Nelson Hungria, Renato Brasileiro e outros, sustenta que houve efetiva violação dos princípios supracitados durante os julgamentos no Tribunal de Nuremberg, que resultaram em 12 condenações à morte, três à prisão perpétua, duas de 20 anos de prisão, uma de 15 anos e outra de 10 anos.

GENOCÍDIO

Art. 1º Quem, com a intenção de destruir, no todo ou em parte, grupo nacional, étnico, racial ou religioso, como tal:

Comentários: Os crimes previstos no art. 1º da Lei n. 2.889, de 1º de outubro de 1956 (Lei de Genocídio) transcrevem o mandamento convencional previsto no artigo II da Convenção para a prevenção e a repressão do crime de Genocídio, enquanto o art. 2º obedece ao disposto no artigo III do documento internacional. Desse modo, a Lei brasileira guarda grande similitude com a Convenção de 1948.

Crime doloso: Todos os tipos penais previstos na Lei de Genocídio são dolosos. Nota-se essa condição explicitamente logo no art. 1º da Lei, pois contém a expressão "*com a intenção de destruir*", atraindo, inexoravelmente, o dolo específico do agente. Há, dessa forma, um especial fim de agir, sem o qual não se configura genocídio para fins criminais.

Grupo nacional, étnico, racial ou religioso: Não se encontra o conceito de grupo étnico, racial ou religioso nem na Lei, nem tampouco na Convenção, revelando-se elementos normativos extrajurídicos, extraídos da antropologia e de outras ciências.

Grupo nacional: Compreende-se aquele constituído de pessoas, ocupantes ou não de um mesmo Estado, vinculadas por uma unidade de origem, de território, idioma, costumes, cultura e aspirações coletivas. Assim, o vínculo é de ordem sociocultural, e não biológica ou antropológica. Claro exemplo de grupo nacional são os judeus que, mesmos ocupando diversos Estados soberanos, antes da criação do Estado de Israel, tinham em comum as características acima referenciadas.

Grupo étnico ou racial: É um conjunto relativamente estável de indivíduos que mantém continuidade histórica porque se reproduz biologicamente e seus membros estabelecem entre si vínculos de identidade social distinta, a partir do que se assumem como uma unidade política (real ou virtual, presente ou passada), que tem direito exclusivo e controle de um universo de elementos culturais que consideram próprios, conforme nos ensina Luiz Regis Prado [2].

Concordamos que é grande a dificuldade de distinguir, de maneira estanque, grupo étnico de grupo racial, pois há ponto de convergência em relação às características biológicas, com laços de sangue, genéticos, de anatomia, cor da pele, cor dos olhos, traços físicos etc. Exemplo de grupo étnico e racial que podemos citar são os negros e os índios. Ressalta-se, todavia, que não há que se falar em raças puras, conforme a moderna antropologia.

Sem sombra de dúvidas, no âmbito do crime de genocídio, visando grupos étnicos e raciais, podemos elencar como exemplo o caso brasileiro denominado Massacre do Haximu, ocorrido em 1993, que resultou na morte de doze índios Yanomami, sendo um homem adulto, duas mulheres, uma idosa cega, três mulheres e cinco crianças entre um e oito anos de idade, bem como três índios feridos, entre eles, duas crianças.

Grupo religioso: São aqueles integrantes de determinado segmento adeptos da mesma fé religiosa ou, ainda, seguidores do esoterismo ou prática de culto comum. Caso emblemático que podemos especificar como exemplo foi o Massacre da Noite de São Bartolomeu, ocorrido na França em 23 e 24 de agosto de 1573, quando mais de 50.000 protestantes foram mortos (há divergência em relação ao número de mortos), em ação orquestrada pelos reis franceses católicos.

Espécies de genocídio: A doutrina especializada aponta algumas espécies de genocídio, embora nem todas tenham sido previstas pelo ordenamento brasileiro ou mesmo por documentos internacionais. Questão que gera controvérsia são os massacres em massa por questões políticas, não abrangidos pela finalidade específica racial, étnica, religiosa ou nacional, bastante comum em guerras civis.

Podemos apontar como espécies de genocídio o **físico** (art. 1º, alíneas "a", "b" e "c"), **o biológico** (art. 1º, alíneas "d" e "e"), **o cultural,** e o **político**, sendo que esses **dois últimos não são capazes de configurar as práticas criminosas definidas pela lei brasileira, nem tampouco contempladas pela Convenção.**

O proeminente autor Sídio Rosa de Mesquita Júnior[3] nos ensina que:

> Fala-se nas seguintes espécies de genocídio: **(I) físico** – assassinato e atos que podem causar a morte; **(II) biológico** - este se caracteriza pelo fato de se esterilizar pessoas, ou miscigenar membros do grupo, extinguindo-o. Tal espécie de genocídio é classificada pelos meios utilizados para sua concretização, não pela sua motivação; **(III) cultural** – a ordem jurídica moderna não reconhece o genocídio cultural. O Afeganistão, por exemplo, experimentou a destruição de todos seus símbolos religiosos, o que foi feito com a intenção de se destruir um pensamento religioso no País. No entanto, tal delito pode até constituir o dano ao patrimônio artístico, cultural ou histórico, mas não chega a caracterizar o delito de genocídio. (grifo nosso)

Além das espécies supramencionadas, podemos destacar a figura do **autogenocídio**. O termo *autogenocídio* é designado para conceituar assassinatos em massa em que **tanto os executores como as vítimas** são membros do mesmo grupo. Na doutrina internacional encontramos resistência em classificar,

2. PRADO. Luiz Regis. Genocídio. Lei 2.889/1956. Disponível em: http://www.regisprado.com.br/Material%20didatico/GENOC%CDDIO.pdf. Acesso em: 03 de ago. 2020.

3. MESQUITA JÚNIOR, Sidio Rosa de. Reflexões acerca do genocídio. **Revista Jus Navigandi**, ISSN 1518-4862, Teresina, ano 17, n. 3327, 10ago. 2012. Disponível em: https://jus.com.br/artigos/22386. Acesso em: 3 ago. 2020.

para fins penais, o autogenocídio como prática de genocídio. A autora Alícia Gil (1999, p. 183) assevera que se trata de crime contra humanidade. Confira:

En mi opinión el término autogenocidio no puede ser aceptado sino enun sentido técnico. **La matanza masiva de personas pertenecientes a una misma nacionalidade podrá constituir crímenes contra la humanidad, pero no genocídio cuando la intención no sea acabar conese grupo.** Y laintención de quien elimina masivamente a personas pertenecientes a supropianacionalidad por elhecho de no someterse a un determinado régimenpolítico no es destruir supropianacionalidadnien todo nien parte, sino, por elcontrario, destruir a la parte de sus nacionales que no se somete a sus dictados. Conello el grupo identificado como víctima no lo es en tanto que grupo nacional sino como un subgrupo del grupo nacional cuyo criterio de cohesión es el dato de oponerse o de no acomodarse a las directrices del criminal. (grifo nosso)

Bem jurídico tutelado: Um tema bem interessante diz respeito ao bem jurídico tutelado, surgindo três correntes doutrinárias.

A primeira delas defende a que o genocídio busca tutelar bens jurídicos individuais, de que são titulares cada indivíduo membro do grupo ofendido.

A Segunda, entretanto, advoga que se trata de proteção a direito coletivo, de substrato transindividual, com vistas à inadmissibilidade de efetuar qualquer critério baseado na inferioridade ou superioridade racial, étnica, nacional ou religiosa.

Por fim, há corrente doutrinária que preconiza se trata de crime pluriofensivo, ou seja, que num primeiro momento busca proteger o bem individual (vida, integridade física, liberdade) e, de forma reflexa, o bem jurídico coletivo, consistente no direito do grupo à existência e diversidade.

Em rara oportunidade em que a jurisprudência se manifestou, ficou assentado pelo STF que se cuida de bem coletivo ou transindividual:

> 1. CRIME. Genocídio. Definição legal. Bem jurídico protegido. Tutela penal da existência do grupo racial, étnico, nacional ou religioso, a que pertence a pessoa ou pessoas imediatamente lesionadas. **Delito de caráter coletivo ou transindividual. Crime contra a diversidade humana como tal.** Consumação mediante ações que, lesivas à vida, integridade física, liberdade de locomoção e a outros bens jurídicos individuais, constituem modalidade executórias. Inteligência do art. 1º da Lei nº 2.889/56, e do art. 2º da Convenção contra o Genocídio, ratificada pelo Decreto nº 30.822/52. O tipo penal do delito de genocídio protege, em todas as suas modalidades, bem jurídico coletivo ou transindividual, figurado na existência do grupo racial, étnico ou religioso, a qual é posta em risco por ações que podem também ser ofensivas a bens jurídicos individuais, como o direito à vida, a integridade física ou mental, a liberdade de locomoção etc. (...) (grifo nosso). **STF. Recurso Extraordinário: RE 351487/RR. Relator: Ministro Cézar Peluso. DJe: 10/11/2006. JusBrasil, 2006**

No mesmo sentido o STJ, cuja transcrição se faz na íntegra em razão da relevância das informações acostadas:

> 1 - Inicialmente, reconhecida extinta a punibilidade de FRANCISCO ALVES RODRIGUES, em virtude de seu falecimento, conforme certidão de óbito juntada às fls. 1.807 dos autos (art. 107, I, CP).2 - **Aos réus-recorridos é imputada a perpetração dos delitos de lavra garimpeira ilegal, contrabando ou descaminho, ocultação de cadáver, dano, formação de quadrilha ou bando, todos em conexão com genocídio e associação para o genocídio, na figura da alínea "a", do art. 1.º da Lei n.º 2.889/56, cometidos contra os índios YANOMAMI, no chamado "MASSACRE DE HAXIMÚ", que resultou na morte de 12 índios, sendo 01 homem adulto, 02 mulheres, 01 idosa cega, 03 moças e 05 crianças (entre 01 e 08 anos de idade), bem como em 03 índios feridos, entre eles, 02 crianças. 3** - Esta Corte, através de seu Órgão Especial, posicionou-se no sentido de que a violação à determinada norma legal ou dissídio sobre sua interpretação, não requer, necessariamente, que tal dispositivo tenha sido expressamente mencionado no v. acórdão do Tribunal de origem. Cuida-se do chamado prequestionamento implícito (cf. EREspnºs 181.682/PE, 144.844/RS e 155.321/SP). Sendo a hipótese dos autos, afasta-se a aplicabilidade da Súmula 356/STF para conhecer do recurso, no tocante à suposta infringência aos arts. 74, parág. 1º, do Código de Processo Penal e 1º, "a", da Lei nº 2.889/56. 4 - Como bem asseverado pela r. sentença e pelo v. decisum colegiado, **cuida-se, primeiramente, de competência federal, porquanto deflui do fato de terem sido praticados delitos penais em detrimento de bens tutelados pela União Federal, envolvendo, no caso concreto, direitos indígenas, entre eles, o direito maior à própria vida** (art. 109, incisos IV e XI, da Constituição Federal). Precedente do STF (RE nº 179.485/2-AM). Logo, a esta Corte de Uniformização sobeja, apenas e tão somente, **a análise do crime de genocídio e a competência para seu julgamento, em face ao art. 74, parág. 1º, do Código de Processo Penal, tido como violado**. 5 - Pratica genocídio quem, intencionalmente, pretende destruir, no todo ou em parte, um grupo nacional, étnico, racial ou religioso, cometendo, para tanto, atos como o assassinato de membros do grupo, dano grave à sua integridade física ou mental, submissão intencional destes ou, ainda, tome medidas a impedir os nascimentos no seio do grupo, bem como promova a transferência forçada de menores do grupo para outro. Inteligência dos arts. 2º da Convenção Contra o Genocídio, ratificada pelo De-

> creto nº 30.822/52, c/c 1º, alínea "a", da Lei nº 2.889/56. 6 - **Neste diapasão, no caso sub judice, o bem jurídico tutelado não é a vida do indivíduo considerado em si mesmo, mas sim a vida em comum do grupo de homens ou parte deste, ou seja, da comunidade de povos, mais precisamente, da etnia dos silvícolas integrantes da tribo HAXIMÚ, dos YANOMAMI, localizada em terras férteis para a lavra garimpeira.** 7 - **O crime de genocídio** têm objetividade jurídica, tipos objetivos e subjetivos, bem como sujeito passivo, inteiramente distintos daqueles arrolados como crimes contra a vida. Assim, a ideia de submeter tal crime ao Tribunal do Júri encontra óbice no próprio ordenamento processual penal, porquanto não há em seu bojo previsão para este delito, sendo possível apenas e somente a condenação dos crimes especificamente nele previstos, não se podendo neles incluir, desta forma, qualquer crime que haja morte da vítima, ainda que causada dolosamente. Aplicação dos arts. 5º, inciso XXXVIII, da Constituição Federal c/c 74, parág. 1º, do Código de Processo Penal. 8 - Recurso conhecido e provido para, reformando o v. aresto a quo, **declarar competente o Juiz Singular Federal para apreciar os delitos arrolados na denúncia, devendo o Tribunal de origem julgar as apelações que restaram**, **naquela oportunidade, prejudicadas**, bem como o pedido de liberdade provisória formulado às fls. 1.823/1.832 destes autos. Decretada extinta a punibilidade em relação ao réu FRANCISCO ALVES RODRIGUES, nos termos do art. 107, I, do CP, em razão de seu falecimento. (grifo nosso). **STJ. Recurso Especial: RE 222653/RR. Relator: Ministro Jorge Scartezzini. DJe: 12/09/2000.**

Crime hediondo: Inicialmente, a Lei n. 8.072, de 25 de julho de 1990 não previa sequer o homicídio como crime hediondo. Somente com o advento da Lei n. 8.930, de 6 de setembro de 1994, o genocídio (bem como o homicídio) passou a ser considerado crime hediondo. O genocídio, especialmente, foi incluído pelo parágrafo único do art. 1º da Lei n. 8072/90 e, agora, encontra sua previsão no parágrafo único, inciso I, do mesmo artigo, com redação dada pela Lei n. 13.964, de 24 de dezembro de 2019.

Prisão temporária: Importante lembrar que todas as formas de genocídio são passíveis de segregação cautelar temporária, nos termos do art. 1º, inciso III, alínea "m" da Lei n. 7.960, de 21 de dezembro de 1989 (Lei da Prisão Temporária). O § 4º do art. 2º da Lei n. 8.072/90 reforça o cabimento da prisão temporária, inclusive com o prazo estendido para 30 dias, renováveis por igual período, em caso de extrema e comprovada necessidade.

Concursos de crimes: Caso sejam praticados diversos genocídios, nos moldes das condições previstas no art. 71, parágrafo único, do CP, há que se reconhecer a continuidade delitiva específica. No entanto, se forem praticadas ações diversas, em momentos distintos, evidentemente, não se tratará apenas do mesmo genocídio somente porque o agente terá um único ideal delituoso. Na hipótese, haverá concurso material (CP, art. 69) ou continuidade delitiva específica. Se, porém, o sujeito ativo, mediante uma única ação ou omissão, gerar, dolosamente, a morte de duas ou mais pessoas, não haverá concurso formal de crimes (CP, art. 70), uma vez que a pluralidade de vítimas apenas influenciará nas consequências do crime e, portanto, na dosimetria da pena.

Ainda nos termos da decisão contida no RE n. 351487/RR, o STF estatuiu que:

> (...) 2. CONCURSO DE CRIMES. Genocídio. Crime unitário. Delito praticado mediante execução de doze homicídios como crime continuado. Concurso aparente de normas. Não caracterização. **Caso de concurso formal. Penas cumulativas. Ações criminosas resultantes de desígnios autônomos. Submissão teórica ao art. 70, caput, segunda parte, do Código Penal. Condenação dos réus apenas pelo delito de genocídio.** Recurso exclusivo da defesa. Impossibilidade de reformatio *in peius*. Não podem os réus, que cometeram, em concurso formal, na execução do delito de genocídio, doze homicídios, receber a pena destes além da pena daquele, no âmbito de recurso exclusivo da defesa. (...). (grifo nosso). STF. Recurso Extraordinário: **STF. RE 351487. Relator: Ministro César Peluso. DJe: 10/11/2006.**

Alguns pontos merecem destaque a respeito da decisão acima transcrita. O primeiro deles é o fato de o STF ter considerado os doze homicídios cometidos como meio de execução do crime de genocídio, ou seja, modalidades executórias, nos exatos termos usados pelo tribunal. Assim, houve apenas um único crime de genocídio em concurso formal com os homicídios. O segundo ponto, no entanto, é que no caso apreciado o Supremo apenas reconheceu a impossibilidade de haver recurso *in pejus*, em recurso exclusivo da defesa, de os réus serem condenados pelos homicídios, além da já prolatada decisão condenatória em relação ao genocídio.

Competência para processo e julgamento: Se porventura houver a prática de genocídio em concurso com homicídio, conforme previsão constitucional (inciso XXXVIII, art. 5º), deve ser reconhecida a competência do Tribunal do Júri da Justiça Federal, que contém força atrativa para processar e julgar os crimes conexos. De toda forma, se afastada a configuração de crime doloso contra a vida, compete ao juízo federal monocrático nos termos do entendimento do STF:

> (...) 3. COMPETÊNCIA CRIMINAL. Ação penal. Conexão. Concurso formal entre genocídio e homicídios

dolosos agravados. Feito da competência da Justiça Federal. Julgamento cometido, em tese, ao tribunal do júri. Inteligência do art. 5º, XXXVIII, da CF, e art. 78, I, cc. art. 74, § 1º, do Código de Processo Penal. Condenação exclusiva pelo delito de genocídio, no juízo federal monocrático. Recurso exclusivo da defesa. Improvimento. Compete ao tribunal do júri da Justiça Federal julgar os delitos de genocídio e de homicídio ou homicídios dolosos que constituíram modalidade de sua execução. **STF. Recurso Extraordinário: RE 351487/RR. Relator: Ministro César Peluso. DJe: 10/11/2006.**

Aquiescendo com o entendimento do STF, o STJ já se manifestou sobre a competência da Justiça Federal nos casos de genocídio. Vejamos o exceto do julgado:

(...) II. O Plenário do Supremo Tribunal Federal já se manifestou no sentido de que a competência da Justiça Federal, fixada no art. 109, XI, da Constituição Federal, "só se desata quando a acusação seja de genocídio, **ou** quando, na ocasião ou motivação de outro delito de que seja índio o agente ou a vítima, tenha havido disputa sobre direitos indígenas, não bastando seja aquele imputado a silvícola, nem que este lhe seja vítima e, tampouco, que haja sido praticado dentro de reserva indígena. (grifo nosso) **STJ. Conflito de Competência: CC 38517/RS. Relator: Ministro Assusete Magalhães. DJe: 31/10/2012.**

Atribuição para investigação: Por se tratar de crime previsto em Convenção Internacional, iniciada a execução no País, o resultado tenha ou devesse ter ocorrido no estrangeiro, ou reciprocamente (CF, art. 109, V), a competência para processo e julgamento é da Justiça Federal, conforme já delineado no item anterior e, por consequência, a atribuição para a investigação é da Polícia Judiciária Federal (CF, art. 144, § 1º), em regra. Não obsta, contudo, uma vez ausente corpo de Polícia Federal na localidade, que a Polícia Judiciária Civil estadual possa adotar diligências investigativas, remetendo os autos do inquérito policial à Justiça Federal, não havendo que se falar em nulidade ou colheita ilícita de provas.

Prescrição: Já houve controvérsia no que tange à prescrição do crime de genocídio, pois a Convenção sobre a Imprescritibilidade dos Crimes Contra a Humanidade, de 1968, não foi ratificada pelo Brasil e a Lei n. 2.889 /56 não lhe faz qualquer menção.

Na doutrina de Direito Internacional predomina o entendimento que a supracitada Convenção tem caráter *jus cogens,* isto é, de aplicação obrigatória mesmo que não incorporada ao ordenamento jurídico interno. Tal posição, no entanto, não é aceita pelos penalistas, vez que advogam a estrita observância às normas de prescrição do Código Penal, em obediência à soberania do Estado brasileiro. Entendimento prevalente.

Crime militar: É importante lembrar que existe previsão específica de genocídio no Código Penal Militar. Há dois tipos penais que se diferenciam, primordialmente, se praticados em tempo de paz ou de guerra. Vejamos:

Art. 208. Matar membros de um grupo nacional, étnico, religioso ou pertencente a determinada raça, com o fim de destruição total ou parcial desse grupo:

Pena - reclusão, de quinze a trinta anos.

Casos assimilados

Parágrafo único. Será punido com reclusão, de quatro a quinze anos, quem, com o mesmo fim:

I - inflige lesões graves a membros do grupo;

II - submete o grupo a condições de existência, físicas ou morais, capazes de ocasionar a eliminação de todos os seus membros ou parte deles;

III - força o grupo à sua dispersão;

IV - impõe medidas destinadas a impedir os nascimentos no seio do grupo;

V - efetua coativamente a transferência de crianças do grupo para outro grupo.

(...)

Art. 401. Praticar, em zona militarmente ocupada, o crime previsto no art. 208:

Pena - morte, grau máximo; reclusão, de vinte anos, grau mínimo.

Casos assimilados

Art. 402. Praticar, com o mesmo fim e na zona referida no artigo anterior, qualquer dos atos previstos nos n. I, II, III, IV ou V, do parágrafo único, do art. 208:

Pena - reclusão, de seis a vinte e quatro anos.

Tipo misto alternativo: Na classificação doutrinária, o crime previsto no art. 1º é considerado tipo misto alternativo, ou seja, são diversas ações incriminadas nas alíneas, todas com o propósito específico referenciado no *caput*, a intenção de destruir, no todo ou em parte, grupo nacional, étnico, racial ou religioso, como tal. Desse modo, torna cognoscível o tipo penal por meio da sua análise conjunta com as alíneas que o compõem, tema que passaremos a analisar logo mais.

Ademais, no tipo misto alternativo, a incidência em qualquer das alíneas leva à sua configuração, bem como a execução de mais de uma conduta, se no mesmo contexto fático, configura crime único.

Sujeito ativo: O crime de genocídio, em todas as suas modalidades, pode ser praticado por qualquer pessoa. É possível que seja cometido por um único indivíduo, sendo provável, todavia, que seja praticado em concurso eventual. Importante mencionar, entrementes, que pessoa jurídica não pode ser sujeito ativo do crime, seja por ausência de previsão constitucional ou legal, seja porque os artigos IV e V da Convenção para a prevenção e a repressão do crime de Genocídio mencionam pessoas culpáveis, subtendendo-se capacidade de ação, de culpabilidade, presente o elemento volitivo, compreendido como faculdade psíquica da pessoa natural.

O mais comum, contudo, é que o genocídio seja praticado por ocupantes de funções públicas, incidindo, também, na causa especial de aumento de pena, conforme previsto no art. 4º da Lei de Genocídio. Ademais, o Estatuto de Roma, no artigo 27, I e II, aduz, inclusive, que:

> as imunidades ou normas de procedimento especiais decorrentes da qualidade oficial de uma pessoa, nos termos do direito interno ou do direito internacional, não deverão obstar a que o Tribunal exerça a sua jurisdição sobre essa pessoa.

É de se relembrar que o próprio membro do grupo não pode ser sujeito ativo dos atos de genocídio, podendo restar configurado crime contra a humanidade, como, por exemplo, quando se quer dizimar não um grupo nacional, étnico, racial ou religioso, mas sim dissidentes, por razões ideológicas.

Sujeito passivo: Em todos os casos de genocídio o sujeito passivo imediato é o membro da coletividade que se procura extirpar. Por outro lado, o sujeito passivo mediato é a coletividade, compreendida como os grupos nacionais, étnicos, raciais ou religiosos cuja existência e diversidade a Lei visa tutelar e proteger.

GENOCÍDIO FÍSICO – HOMICÍDIO

matar membros do grupo;

Comentários: Classificado como uma das espécies de genocídio físico ao lado das lesões corporais (letra *b*) e submissão a condições capazes de ocasionar a destruição total ou parcial (letra *c*) a letra *a* do art. 1º da Lei n. 2.889/56traz o homicídio como um meio para que o agente consiga alcançar o fim descrito na norma, qual seja, a intenção de destruir, no todo ou em parte, grupo nacional, étnico, racial ou religioso.

Desse modo, a primeira observação que fazemos é a diferença entre o bem jurídico tutelado no crime contra a vida previsto no art. 121 do CP e o da Lei de Genocídio, uma vez que a morte não se encerra em si mesma, mas sim como instrumento à prática delitiva ora em análise. O bem tutelado, portanto, como já explanado alhures, é transindividual ou coletivo[4], que vulnera a diversidade humana enquanto tal (STF, RE 222653/RR).

É possível notar a diversidade de bens jurídicos tutelados, também, pelo concurso formal de crimes entre o homicídio e o genocídio levado a efeito por meio dele. Ora, se se tratasse de bem jurídico único, não haveria razão para imputar dupla punição.

Verbo nuclear: *Matar* (tirar a vida, assassinar, levar à morte). Cabe aqui tomar emprestado o conceito do art. 121 do CP, compreendido como supressão da vida extrauterina praticada por outra pessoa. Assim, a extirpação da vida humana, por qualquer meio, direto ou indireto, físico, químico, térmico etc.

Pode ser praticado eventualmente por omissão, quando o sujeito ativo tenha o dever de impedir o resultado, tal como ocorre com os servidores da Fundação Nacional do Índio - FUNAI em relação aos índios ou, ainda, com membros das forças de segurança pública, classificado, nesse caso, de crime comissivo por omissão (CP, art. 13, § 2º).

Objeto jurídico: Embora a vida seja objeto de proteção, o principal objetivo do tipo penal é tutelar penalmente a existência do grupo racial, étnico, nacional ou religioso, a que pertence a pessoa ou pessoas imediatamente vitimadas. Delito que tutela bem de caráter coletivo ou transindividual. Crime contra a diversidade humana como tal. A morte de um ou mais membros do grupo é utilizada como modalidade executória do genocídio.

Objeto material: A pessoa sobre a qual recai a conduta delituosa, vítima do homicídio.

4. Conforme o Dicionário Houaiss, coletividade é um "grupo mais ou menos extenso de indivíduos que possuem interesses comuns"; para o Novo DicionárioAurélio, é um "conjunto, agrupamento, agremiação". Para Ricardo Ribeiro Campos (2008, on-line), *Coletividade* não é um termo unívoco na legislaçãopátria. É utilizado para referir-se de um modo aproximativo ora a uma simples pluralidade de pessoas (CDC, arts. 2º, p. único, 103, § 1º), ora com referência à população (CF, arts. 192 e 225; Lei 6.015/1973, art. 115; Lei 9.472/1997, art. 135; Lei 11.105/2005, art. 7º, III) e ora para designar uma associação (Lei 9.279/1996, art. 128, § 2º).

Membros do grupo: Consoante já analisado, trata-se de membros de grupo nacional, étnico, racial ou religioso, com suas características próprias.

Consumação: A consumação do crime, à luz da decisão do STF no Recurso Extraordinário 351487-RR, se dá com a morte do integrante da coletividade atacada. Desse modo, coincide com a consumação do homicídio.

Tentativa: Em razão de a execução poder ser fracionada em vários atos, é possível a tentativa.

Elemento subjetivo especial: É o dolo. Inexiste genocídio culposo. O *caput* prevê, expressamente, a ação intencional do agente de destruir, no todo ou em parte, grupo nacional, étnico, racial ou religioso. Ausente esse dolo específico, não há que se falar em genocídio. Ressalta-se, todavia, que conforme a teoria do domínio do fato, não se pode exigir que para a configuração do crime o autor tenha intenção de, sozinho e pessoalmente, destruir, no todo ou em parte o grupo. Basta que saiba que sua conduta faz parte de uma cadeia de planos com esse fim.

Ação penal: Ação penal pública incondicionada.

Classificação doutrinária: *Doloso* (exige o querer ou o assumir o resultado, não há genocídio culposo); *comissivo* ou *omissivo* (a conduta pode ser praticada por ação ou omissão); *plurissubsistente* (a conduta pode ser fracionada e, portanto, pode ser praticado na forma tentada); *de dano ou material* (depende da ofensa ao objeto jurídico – vida – para sua consumação); *unissubjetivo* (pode ser praticado por uma única pessoa); *comum* (quanto ao sujeito ativo), *próprio* (quanto ao sujeito passivo); *instantâneo* (pode se consumar no momento da ação ou omissão delituosa); *hediondo* (Lei n. 8.072/1990, art. 1º, parágrafo único, inciso I); de *dupla subjetividade passiva* (eis que exige necessariamente mais de um objeto jurídico, mesmo que uma única pessoa seja atingida, é necessário que a intenção seja exterminar determinado grupo, portanto, mais de uma vida estará sendo visada); *de forma livre* (podem ser praticados de qualquer modo pelo agente).

GENOCÍDIO FÍSICO – LESÃO CORPORAL

> **causar lesão grave à integridade física ou mental de membros do grupo;**

Comentários: Tal como todos os crimes tipificados pela Lei de Genocídio, as lesões corporais são utilizadas como meio para uma finalidade, qual seja, a destruição total ou parcial de grupo nacional, racial, étnico ou religioso.

Da mesma forma como ocorre no delito analisado anteriormente, o agente responde pelo genocídio em concurso formal impróprio com lesão corporal grave ou gravíssima, a depender o caso concreto. Entendemos que cada tipo penal protege bens jurídicos distintos, sendo inaplicável o princípio da consunção, até por completa falta de lógica, já que a pena no preceito secundário é remetida para a pena do crime de Lesão Corporal Grave, prevista no art. 129, § 2º, do CP.

Verbo nuclear: *Causar* (ser causa, originar, provocar). Pode ser praticado eventualmente por omissão, quando o sujeito ativo tenha o dever de impedir o resultado, tal como ocorre com os servidores da Fundação Nacional do Índio - FUNAI em relação aos índios, ou ainda, com membros das forças de segurança pública, tratando, nesse caso, de crime comissivo por omissão (CP, art. 13, § 2º).

Objeto jurídico: Embora a integridade física ou mental seja objeto de proteção, o principal objetivo do tipo penal é tutelar penalmente a existência e a diversidade do grupo racial, étnico, nacional ou religioso, a que pertence a pessoa ou pessoas imediatamente vitimadas. Delito que tutela bem de caráter coletivo ou transindividual. Crime contra a diversidade humana como tal. A lesão grave de um ou mais membros do grupo é utilizada como modalidade executória do genocídio.

Objeto material: A pessoa sobre a qual recai a conduta delituosa, vítima da lesão grave à sua integridade física ou mental.

Lesão grave: Devemos extrair o conceito de lesão grave a partir do § 2º do art. 129 do CP, pois, inclusive, o preceito secundário remete à pena deste tipo penal. Aqui, evidentemente, englobam-se também as lesões gravíssimas, apontadas doutrinariamente como previstas no § 3º do mesmo artigo. Conforme nos ensina Cleber Masson (2014, p. 559), lesão corporal é a afronta humana direcionada à integridade corporal ou à saúde de outra pessoa. Para sua ocorrência, faz-se necessária a produção de algum dano no corpo da vítima, interno ou externo, englobando qualquer alteração prejudicial à sua saúde, inclusive problemas psíquicos.

Integridade física ou mental: Entende-se que a lesão à integridade física diz respeito à violação do bem-estar e saúde da vítima e, em última análise, do próprio grupo atingido. São exemplos de ofensa física as fraturas, as queimaduras, as equimoses, os hematomas, as escoriações, as fissuras etc. Lesão à integridade mental são violações de ordem psíquica, que atingem o estado emocional e as faculdades intelectuais da vítima.

Membros do grupo: São os membros dos grupos referidos no *caput* do art. 1º, quais sejam: grupos nacionais, raciais, étnicos ou religiosos, já explanados em linhas anteriores.

Consumação: A consumação do crime, nos termos da decisão do STF no RE 351487/RR, embora tenha tratado de homicídio, induz-se que se dá com a ofensa à integrante física ou mental da coletividade atacada. Desse modo, coincide com a consumação da lesão corporal, cuidando-se de crime material. Basta que um único membro do grupo seja lesionado para a consumação do crime. Ressalta-se, todavia, que a lesão corporal leve, como escoriações superficiais, não é suficiente para consumação do delito em tela.

Tentativa: Em razão de a execução poder ser fracionada em vários atos, é possível a tentativa.

Elemento subjetivo especial: É o dolo. Inexiste genocídio culposo. O *caput* prevê, expressamente, a ação intencional do agente de destruir, no todo ou em parte, grupo nacional, étnico, racial ou religioso. Ausente esse dolo específico, não há que se falar em genocídio.

Ação penal: Ação penal pública incondicionada.

Classificação doutrinária: *Doloso* (exige o querer ou o assumir o resultado, não há genocídio culposo); *comissivo* ou *omissivo* (a conduta pode ser praticada por ação ou omissão); *plurissubsistente* (a conduta pode ser fracionada e, portanto, pode ser praticado na forma tentada); *de dano ou material* (depende da ofensa ao objeto jurídico – integridade física ou mental – para sua consumação). *unissubjetivo* (pode ser praticado por uma única pessoa); *comum* quanto ao sujeito ativo, *próprio* quanto ao sujeito passivo; *instantâneo* (pode se consumar no momento da ação ou omissão delituosa); *hediondo* (Lei n. 8.072/1990, art. 1º, parágrafo único, inciso I); de *dupla subjetividade passiva* (eis que exige necessariamente mais de um objeto jurídico, mesmo que uma única pessoa seja atingida, é necessário que a intenção seja exterminar determinado grupo, portanto, mais de uma vida estará sendo visada); *de forma livre* (podem ser praticados de qualquer modo pelo agente).

GENOCÍDIO FÍSICO - SUBMISSÃO A CONDIÇÕES DE DESTRUIÇÃO DE GRUPO

submeter intencionalmente o grupo a condições de existência capazes de ocasionar-lhe a destruição física total ou parcial;

Comentários: Cumpre mencionar que o crime em análise possui redação bastante vaga a indeterminada, violando, portanto, o princípio da taxatividade. Nem o modo, nem tampouco a intensidade das ações são descritos no tipo penal. Da mesa forma, difícil mensurar o que seria "*condições de existência capazes de ocasionar destruição física total ou parcial*". Assim, torna-se difícil a exemplificação.

Com algum esforço podemos imaginar a conduta daquele que, visando atingir todo o grupo, age para interromper a distribuição ou a produção de alimentos, remédios, água potável, assistência médica para seus membros. É de se notar que o crime da alínea "c" do art. 1º da Lei de Genocídio se dirige à proteção de todo o grupo, não se configurando se apenas um de seus integrantes for atingido.

Verbo nuclear: *Submeter* (dominar, reprimir, subjugar). Pode ser praticado eventualmente por omissão, quando o sujeito ativo tenha o dever de impedir o resultado, tal como ocorre com médico vinculado à Fundação Nacional do Índio - FUNAI em relação aos índios, ou ainda, com membros das forças de segurança pública, tratando, nesse caso, de crime comissivo por omissão (CP, art. 13, § 2º).

Objeto jurídico: A existência e a diversidade ou coletividade dos grupos nacionais, étnicos, raciais ou religiosos objeto de tutela pela Lei de Genocídio.

Objeto material: O grupo nacional, étnico, racial ou religioso sobre o qual recai a conduta.

Grupo: São os membros dos grupos referidos no *caput* do art. 1º, quais sejam: grupos nacionais, raciais, étnicos ou religiosos, já explanados em linhas anteriores.

Condições de existência: Expressão altamente subjetiva, as condições de existência podem variar conforme o caso concreto. Podemos citar como exemplo a falta de disponibilidade de água potável, alimentos e medicamentos.

Destruição física total ou parcial: De difícil verificação, a destruição total ocorreria com a completa aniquilação dos membros dos grupos protegidos. A destruição parcial, por sua vez, plenamente possível e verificável. Como se trata de tipo voltado à proteção do grupo como um todo, nosso entendimento é no sentido de que deve haver ação que comprometa número considerável de integrantes, sendo arriscado predizer um número exato, devido à vagueza da redação.

Consumação: A consumação se dá com a submissão do grupo a condições que possam ameaçar, no todo ou em parte, sua existência, levada a cabo contra um número considerável de indivíduos daquela coletividade, independente de ter havido lesão corporal ou morte de algum membro. Do verbo *submeter,* denota-se que deve haver certa habitualidade das condições aviltantes ao grupo. Por isso, entendemos que se cuida de delito permanente, cuja consumação se protrai no tempo enquanto durar a submissão do grupo às condições degradantes.

Tentativa: Em razão de a execução poder ser fracionada em vários atos, é possível a tentativa.

Elemento subjetivo especial: De forma interessante, o tipo penal reafirma o elemento subjetivo do agente novamente com o vocábulo ***intencionalmente***, caracterizador do dolo. Revela-se desnecessária essa redundância, uma vez que o *caput* do art. 1º já menciona a ação dirigida à intenção de destruir, no todo ou em parte, os grupos protegidos. Há que se ressaltar, também, como em todos os crimes tipificados na Lei de Genocídio, o elemento subjetivo especial, ou especial fim de agir, sem o qual não se caracteriza o crime.

Ação penal: Ação penal pública incondicionada.

Classificação doutrinária: *Doloso* (exige o querer ou o assumir o resultado, não há genocídio culposo); *comissivo* ou *omissivo* (a conduta pode ser praticada por ação ou omissão); *plurissubsistente* (a conduta pode ser fracionada e, portanto, pode ser praticado na forma tentada); *de dano ou material* (depende da destruição total ou parcial do grupo); *unissubjetivo* (pode ser praticado por uma única pessoa); *comum* (quanto ao sujeito ativo), *próprio* (quanto ao sujeito passivo); *permanente* (sua consumação se estende no tempo por vontade do agente); *hediondo* (Lei n. 8.072/1990, art. 1º, parágrafo único, inciso I).

GENOCÍDIO BIOLÓGICO – IMPEDIMENTO DE NASCIMENTOS

adotar medidas destinadas a impedir os nascimentos no seio do grupo;

Comentários: Da mesma forma como ocorre com o tipo penal anterior, a alínea "d" prescreve conduta muito vaga e indeterminada, vez que ausente mínima descrição de quais medidas seriam punidas para impedir os nascimentos. No entanto, de fácil visualização, bastando imaginar a hipótese do médico ou enfermeiro que distribui anticoncepcionais às mulheres de determinado grupo indígena, ocultando os efeitos do medicamento, com vistas a impedir novos nascimentos e, assim, diminuir ou destruir, a longo prazo, o grupo.

O crime da alínea "d" é conhecido por genocídio biológico, pois tem como escopo impedir a reprodução de determinado grupo nacional, étnico, racial ou religioso, a exemplo de cirurgias de esterilização, métodos contraceptivos, separação física entre homens e mulheres ou qualquer outro meio que impossibilite o nascimento de crianças.

Como se nota da leitura da redação, para a configuração do crime não se faz necessária a concretização do resultado, ou seja, os nascimentos não precisam, necessariamente, ser impedidos para a consumação do delito. Assim, trata-se de delito formal, de consumação antecipada ou de resultado cortado.

Lei 9.263/96: Interessante mencionar a Lei n. 9.263, de 12 de janeiro de 1996, que trata do planejamento familiar. No art. 17 o legislador tipificou como crime a conduta de: "*Induzir ou instigar dolosamente a prática de esterilização cirúrgica.*" No entanto, no parágrafo único do mesmo artigo ficou definido que **"Se o crime for cometido contra a coletividade, caracteriza-se como genocídio, aplicando-se o disposto na Lei nº 2.889, de 1º de outubro de 1956"** (grifo nosso).

Para Ricardo Ribeiro Campos[5](2020, on-line), esse diploma normativo alargou aparentemente a proteção não apenas para grupos raciais, étnicos,

5. CAMPOS. Ricardo Ribeiro. O genocídio e sua punição pelos tribunais internacionais. Disponível em: https://www12.senado.leg.br/ril/edicoes/45/178/ril_v45_n178_p91.pdf. Acesso em: 04 ago. 2020.

nacionais ou religiosos, mas para a toda a coletividade. Contudo, no escólio do mesmo autor:

Apesar da atecnia da redação, creio que na verdade não houve a ampliação dos sujeitos passivos do crime de genocídio. A esterilização é apenas uma das formas da prática do genocídio biológico, que também pode ocorrer, por exemplo, com abortos, castrações e segregações de homens e mulheres. Assim, o que houve foi apenas uma remissão ou explicitação de que a esterilização efetuada com um especial fim de agir implicará crime de genocídio e não o que é tipificado no *caput* do art. 17 da Lei 9.263.

Voltaremos a analisar a diferença entre o tipo da Lei de Planejamento Familiar e o crime de incitação ao genocídio logo mais quando tratarmos do art. 3º da Lei de Genocídio. Por ora, importante dizer apenas que não houve ampliação do sujeito passivo do crime de genocídio, apenas remissão no caso específico de atentado contra a coletividade relativa aos grupos mencionados na Lei.

Verbo nuclear: *Adotar* (providenciar, fazer, optar por. Eventualmente, pode se configurar por omissão imprópria, quando o agente tem o dever de evitar o resultado, tal como ocorre com os servidores dos órgãos de proteção dos grupos protegidos, a teor do art. 13, § 2º, do CP).

Objeto jurídico: A existência e a diversidade ou coletividade dos grupos nacionais, étnicos, raciais ou religiosos objeto de tutela pela Lei de Genocídio.

Objeto material: A pessoa ou conjunto de pessoas pertencentes ao grupo nacional, étnico, racial ou religioso cuja conduta visou impedir o nascimento dos filho e, em última análise, o próprio grupo protegido.

Grupo: São os membros dos grupos referidos no *caput* do art. 1º, quais sejam: grupos nacionais, raciais, étnicos ou religiosos, já explanados em linhas anteriores.

Impedir os nascimentos: Qualquer medida capaz de obstar o nascimento de crianças no seio do grupo, desde cirurgias até a simples separação de homens e mulheres pertencentes a coletividade tutelada pela Lei.

Consumação: O delito se consuma com a adoção de qualquer ato destinado a impedir o nascimento no seio dos grupos tutelados, independentemente de o agente atingir seu objetivo. Se porventura houver ministração de contraceptivos com o fim previsto na Lei, por exemplo, e mesmo assim os nascimentos continuarem acontecendo, há que se reconhecer a consumação do delito. Como já delineado alhures, cuida-se de delito formal, cujo resultado não se faz necessário para consumação. É delito de perigo concreto, pois se consuma com a possibilidade de dano ao grupo.

Tentativa: Em razão de a execução poder ser fracionada em vários atos, é possível a tentativa. Imaginemos o caso do médico, o qual no momento em que iria iniciar determinada cirurgia de esterilização é surpreendido pela ação policial.

Elemento subjetivo especial: É o dolo. Inexiste genocídio culposo. O *caput* prevê, expressamente, a ação intencional do agente de destruir, no todo ou em parte, grupo nacional, étnico, racial ou religioso. Ausente esse dolo específico, não há que se falar em genocídio. Ressalta-se, todavia, que conforme a teoria do domínio do fato, não se pode exigir que para a configuração do crime o autor tenha intenção de, sozinho e pessoalmente, destruir, no todo ou em parte o grupo. Basta que saiba que sua conduta faz parte de uma cadeia de planos com esse fim.

Ação penal: Ação penal pública incondicionada.

Confronto com o crime de aborto: os artigos 125 a 128 do CP tipificam várias modalidades de aborto. Incialmente, pode surgir alguma dúvida sobre a aplicação da Lei de Genocídio ou incidência no delito do CP. Porém, o simples aprofundamento demonstra que para a caracterização do tipo previsto na alínea "d" é necessário o elemento subjetivo especial, qual seja, o desejo de destruir, no todo ou em parte, grupo nacional, étnico, racial ou religioso, o que inocorre com o aborto criminoso.

Ademais, só se configura como conduta abortiva a ação após a concepção, existente vida intrauterina, o que não se faz necessário para configuração do genocídio biológico, uma vez que mesmo antes de qualquer ato conceptivo é possível adotar medidas que impeçam o nascimento. No raro caso de ação abortiva contra diversas mulheres com o fim de destruição do grupo a que pertencem, entendemos aplicável a Lei de Genocídio, em concurso formal com o crime de aborto, por tutelarem bens jurídicos diversos.

Classificação doutrinária: *Doloso* (exige o querer ou o assumir o resultado, não há genocídio culposo); *comissivo* ou *omissivo* (a conduta pode ser praticada por ação ou omissão); *plurissubsistente* (a conduta pode ser fracionada e, portanto, pode ser praticado na forma tentada); *formal* (se consuma independente do resultado); *unissubjetivo* (pode ser praticado por uma única pessoa); *de perigo concreto* (se consuma com a mera possibilidade de dano ao grupo); *comum* (quanto ao sujeito ativo), *próprio* (quanto ao sujeito passivo); *instantâneo* (pode se consumar no momento da ação ou omissão delituosa); *hediondo* (Lei n. 8.072/1990, art. 1º, parágrafo único, inciso I); de *dupla subjetividade passiva* (eis que exige necessariamente mais de um objeto jurídico, mesmo que uma única pessoa seja atingida, é necessário que a intenção seja exterminar determinado grupo, portanto, mais de uma vida estará sendo visada); *de forma livre* (pode ser praticado de qualquer modo pelo agente).

GENOCÍDIO BIOLÓGICO – TRANSFERÊNCIA DE CRIANÇAS

Efetuar a transferência forçada de crianças do grupo para outro grupo;

Comentários: Segunda modalidade de genocídio biológico[6], o crime em análise busca evitar que as característica essenciais de cada grupo protegido pela Lei se percam com o decurso de tempo em razão da transferência impositiva de crianças para outro grupo. A transferência compulsória de crianças, infere-se, deve se dá com emprego de violência ou grave ameaça, coação moral irresistível ou outro meio capaz de impor temor aos familiares ou grupo desprovido da posse das crianças transferidas.

É de se notar, também, que em atenção ao princípio da legalidade estrita, não configura a infração penal a transferência de adolescentes, adultos ou idosos para outros grupos. Por criança, nos termos do art. 2º da Lei n. 8.069, de 13 de julho de 1990, entende-se a pessoa com até doze anos de idade incompletos.

Verbo nuclear: *Efetuar* (fazer, levar a cabo, realizar, cumprir. Eventualmente, pode se configurar por omissão imprópria, quando o agente tem o dever de evitar o resultado, tal como ocorre com os servidores dos órgãos de proteção dos grupos tutelados, a teor do art. 13, § 2º, do CP).

Objeto jurídico: A existência e a diversidade ou coletividade dos grupos nacionais, étnicos, raciais ou religiosos objeto de tutela pela Lei de Genocídio.

Objeto material: As crianças transferidas compulsoriamente para grupo distingo do de origem.

Transferência forçada de crianças intergrupal: Em necessária interpretação sistemática, até para atender o requisito previsto no *caput* do art. 1º, as crianças devem ser transferidas, necessariamente, de um dos grupos tutelados pela Lei, ou seja, nacional, étnico, racial ou religioso, pouco importando o destino que lhe seja dado, desde que seja grupo diverso do seu de origem.

Consumação: Como a redação da alínea "e" utiliza a palavra ***crianças*** no plural, impende que seja efetuada a transferência efetiva de pelo menos duas crianças para a consumação do delito em tela. A transferência de apenas uma criança, com a intenção futura de transferir outra, pode caracterizar tentativa. Se ausente essa intenção, em se tratando de única criança remanejada, outro tipo pode se configurar, a exemplo de sequestro (CP, art. 148) ou subtração de incapazes (art. CP, 249), a depender do caso concreto.

Tentativa: Em razão de a execução poder ser fracionada em vários atos, é possível a tentativa.

Elemento subjetivo especial: É o dolo. Inexiste genocídio culposo. O *caput* do art. 1º prevê, expressamente, a ação intencional do agente de destruir, no todo ou em parte, grupo nacional, étnico, racial ou religioso. Ausente esse dolo específico, não há que se falar em genocídio. Ressalta-se, todavia, que conforme a teoria do domínio do fato, não se pode exigir que para a configuração do crime o autor tenha intenção de, sozinho e pessoalmente, destruir, no todo ou em parte o grupo. Basta que saiba que sua conduta faz parte de uma cadeia de planos com esse fim.

Ação penal: Ação penal pública incondicionada.

Classificação doutrinária: *Crime comum* (pode ser praticado por qualquer pessoa); *material* (depende da efetiva transferência das crianças); *doloso* (o agente quer o resultado ou assume o risco de produzi-lo); *de forma livre* (pode ser praticado por qualquer meio de execução); *comissivo* (o verbo efetuar indica ações); *instantâneo* (a consumação

6. Para parte da **doutrina clássica**, hoje **minoritária**, entende que o crime da alínea "e" trata-se de espécie de **genocídio cultural**, na medida em que visa subtrair crianças do seu meio cultural originário, para evitar sua educação, crenças tradicionais. Por todos, Anor Butler Maciel (1955, p. 507).

se dá em um momento específico); *unissubjetivo ou de concurso eventual* (pode ser praticado por um só agente); *plurissubsistente* (admite fracionamento dos atos de execução); *admite tentativa;* de *dupla subjetividade passiva* (eis que exige necessariamente mais de um objeto jurídico, mesmo que uma única pessoa seja atingida, é necessário que a intenção seja exterminar determinado grupo, portanto, mais de uma vida estará sendo visada).

TIPO PENAL REMETIDO, NORMA PENAL EM BRANCO AO REVÉS OU ÀS AVESSAS

Será punido:

Com as penas do art. 121, § 2º, do Código Penal, no caso da letra a;

Preceito secundário remetido: Todos os tipos penais constantes na Lei de Genocídio contêm o preceito secundário que remete às penas previstas no Código Penal. Assim, a Lei de Genocídio não tratou das penas dos crimes por ela tipificados. Nesse caso, em se tratando de norma penal em branco às avessas, o complemento deverá ser descrito, necessariamente, em outra lei, sob pena de violação do princípio da legalidade, conforme determina art. 5º, inciso XXXIX, da Constituição Federal: "não há crime sem lei anterior que o defina, **nem pena sem prévia cominação legal**" (grifo nosso).

No caso da **letra "a" do art. 1º** (*matar membros do grupo*), a pena é a mesma do **homicídio qualificado**, tipificado no art. 121, § 2º, do CP, ou seja, de doze a trinta anos de reclusão.

Suspensão condicional do processo: Não aplicável, uma vez que a pena mínima ultrapassa um ano, conforme prevê o art. 89 da Lei n. 9.099/95.

Acordo de Não Persecução Penal: De acordo coma redação do art. 28-A, do Código de Processo Penal (incluído pela nova Lei Federal nº 13.964/2019), se a infração penal não for cometida mediante violência ou grave ameaça à pessoa; a pena abstrata mínima ser inferior a 4 (quatro) anos e havendo confissão formal. Assim, cuidando-se de crime praticado com violência ou grave ameaça, não é possível o cabimento de Acordo de Não Persecução Penal (ANPP).

Com as penas do art. 129, § 2º, no caso da letra b;

No caso da **letra "b" do art. 1º** (*causar lesão grave à integridade física ou mental de membros do grupo*), a pena é a mesma da **lesão corporal de natureza grave**, tipificada no art. 129, § 2º, do CP, ou seja, de dois a oito anos de reclusão.

Suspensão condicional do processo: Não aplicável, uma vez que que a pena mínima ultrapassa um ano, conforme prevê o art. 89 da Lei n. 9.099/95.

Acordo de Não Persecução Penal: De acordo coma redação do art. 28-A, do Código de Processo Penal (incluído pela nova Lei Federal nº 13.964/2019), se a infração penal não for cometida mediante violência ou grave ameaça à pessoa; a pena abstrata mínima ser inferior a 4 (quatro) anos e havendo confissão formal. Assim, cuidando-se de crime praticado com violência ou grave ameaça, não é possível o cabimento de Acordo de Não Persecução Penal (ANPP).

Com as penas do art. 270, no caso da letra c;

Preceito secundário remetido: Em se tratando da **letra "c" do art. 1º** (*submeter intencionalmente o grupo a condições de existência capazes de ocasionar-lhe a destruição física total ou parcial*), a pena é a mesma do crime de **Envenenamento de água potável ou de substância alimentícia ou medicinal**, previsto no art. 270 do CP, ou seja, de dez a quinze anos de reclusão. O legislador buscou uma conduta próxima com tipificação no Código Penal para vincular o seu preceito secundário, na medida em que o envenenamento de água potável pode ser meio para a prática de genocídio nessa modalidade delitiva.

Suspensão condicional do processo: Não aplicável, uma vez que a pena mínima ultrapassa um ano, conforme prevê o art. 89 da Lei n. 9.099/95.

Acordo de Não Persecução Penal: De acordo coma redação do art. 28-A, do Código de Processo Penal (incluído pela nova Lei Federal nº 13.964/2019), se a infração penal não for cometida mediante violência ou grave ameaça à pessoa; a pena abstrata mínima ser inferior a 4 (quatro) anos e havendo confissão formal.

Interessante discussão deve surgir a respeito da possibilidade de celebração de Acordo de não Persecução Penal (ANPP) nessa modalidade de genocídio físico, pois embora o art. 28-A do CP exija que o crime não seja praticado com violência ou grave ameaça, é certo que nessa modalidade o sujeito ativo não pratica, necessariamente, violência ou grave ameaça, apenas submete intencionalmente o grupo a condições de existência capazes de ocasionar-lhe a destruição física total ou parcial.

Nosso entendimento é no sentido de que devem ser observados os demais requisitos do acordo de não persecução penal, sobretudo **a necessidade de suficiência para a reprovação e prevenção do crime** prevista no *caput* do art. 28-A. Nesse prisma de ideias, não nos parece suficiente à reprovação de qualquer modalidade do crime de genocídio, na medida em que tal prática é considerada violadora do meta princípio da dignidade humana, com imposição de criminalização por documentos internacionais e pela própria constituição brasileira. Há de ser ponderado, ainda, o desvalor do resultado da ação do sujeito ativo.

Com as penas do art. 125, no caso da letra d;

Preceito secundário remetido: A letra "d" do art. 1º (*adotar medidas destinadas a impedir os nascimentos no seio do grupo*), a pena é a mesma do crime de **Aborto provocado por terceiro,** previsto no art. 125 do CP, ou seja, de três a dez anos de reclusão.

Suspensão condicional do processo: Não aplicável, pois a pena mínima ultrapassa um ano, conforme prevê o art. 89 da Lei n. 9.099/95.

Acordo de Não Persecução Penal: Vide comentário sobre a pena da letra "*c*", a respeito do acordo de não persecução penal.

Com as penas do art. 148, no caso da letra e;

Preceito secundário remetido: No que tange à letra "e" do art. 1º (*efetuar a transferência forçada de crianças do grupo para outro grupo*), a pena é a mesma do crime de **Sequestro ou cárcere privado,** previsto no art. 148 do CP, ou seja, de dez a 15 anos de reclusão.

Suspensão condicional do processo: Não aplicável, na medida em que a pena mínima ultrapassa um ano, conforme prevê o art. 89 da Lei n. 9.099/95.

Acordo de Não Persecução Penal: Vide comentário sobre a pena da letra "*c*", a respeito do acordo de não persecução penal.

ASSOCIAÇÃO CRIMINOSA PARA FINS DE GENOCÍDIO

Art. 2º Associarem-se mais de 3 (três) pessoas para prática dos crimes mencionados no artigo anterior:

Pena: Metade da cominada aos crimes ali previstos.

Comentários: Trata-se de uma modalidade especial de associação criminosa, vez que caso mais de três pessoas, em conluio com certa estabilidade, unirem-se para a prática dos crimes descritos no art. 1º da Lei de Genocídio, configurado estará o crime do art. 2º da mesma Lei.

Cumpre dizer que, em atenção ao princípio da legalidade, se houver associação de mais de três pessoas para a prática do crime subsequente, ou seja, previsto no art. 3º da Lei de Genocídio, restará aplicável o art. 288 do Código Penal. Atente-se para um detalhe importante, o crime do CP requer três ou mais pessoas e não mais de três pessoas como o tipo especial da Lei de Genocídio.

Associação criminosa é delito permanente, cuja consumação se protrai no tempo. Conforme nos ensina Cleber Masson (2014, p. 1083), daí decorre três importantes consequências:

(a) é possível a prisão em flagrante a qualquer tempo, enquanto subsistir a associação criminosa; (b) a prescrição da pretensão punitiva tem como termo inicial a data da cessação da permanência, a teor da regra inscrita no art. 111, inc. III, do Código Penal; e (c) se qualquer dos delitos for cometido no território de duas ou mais comarcas, a competência será firmada pelo critério da prevenção, nos moldes do art. 83 do Código de Processo Penal.

Verbo nuclear: *Associar* (reunir, agregar, integrar um grupo destinado a um fim específico. A associação deve ser estável e permanente, mas não se faz necessário que seja organizada e com hierarquia definida).

Objeto jurídico: Proteção da coletividade dos grupos nacionais, raciais, étnicos ou religiosos objeto de tutela pela Lei de Genocídio.

Objeto material: Como a conduta não recai sobre coisas nem pessoas, além de se tratar de crime formal, entendemos de difícil definição do objeto material.

Consumação: Por não demandar qualquer resultado, ou seja, não haver necessidade da prática efetiva de nenhum crime, apenas associação estável e permanente mais de três pessoas com fim específico de praticar as modalidades de genocídio descritas no art. 1º. Cuida-se de crime formal, de consumação antecipada ou de resultado cortado.

Tentativa: Como se trata de crime obstáculo, a impossibilidade de tentativa deve ser reconhecida. Assim, ou há associação estável e permanente com mais de três pessoas para a prática de genocídio, ou o fato pode ser atípico. Há, ainda, a possibilidade subsidiária de configuração do crime do art. 288 do CP, se houver associação estável e permanente de apenas três pessoas.

Elemento subjetivo especial: É o dolo com o objetivo especial de agir, ou seja, a vontade inconteste de associar-se com o fim de praticar as modalidades de genocídio previstas no artigo antecedente.

Preceito secundário remetido ou norma penal em branco ao revés: O tipo é construído de maneira atécnica e confusa, sobretudo pela necessidade de cálculo e dupla remissão a penas em legislação diferente da Lei de Genocídio, o Código Penal.

Além disso, faz-se necessário dividir pela metade cada pena remetida, em incompreensível e desnecessária complexidade. Por fim, indaga-se qual a pena deverá ser aplicada caso não se saiba ao certo qual modalidade de genocídio prevista no art. 1º os indivíduos associados pretendiam praticar, caso não tenham ainda praticada nenhuma delas? Entendemos que a menor das penas, em atenção ao princípio do favor rei.

Em síntese, assim ficam estabelecidas as penas da Associação Criminosa com fim de praticar as modalidades de genocídio previstas no art. 1º da Lei: art. 1º, alínea "**a**" – **seis a quinze anos de reclusão**; art. 1º, alínea "**b**" - **um a quatro anos de reclusão**; art. 1º, alínea "**c**" – **cinco a sete anos e meio de reclusão**; art. 1º, alínea "**d**" – **um ano e meio a cinco anos de reclusão** e, por fim, art. 1º, alínea "**e**" – **seis meses a um ano e meio de reclusão.**

Ação penal: Ação penal pública incondicionada.

Acordo de Não Persecução Penal: De acordo coma redação do art. 28-A, do Código de Processo Penal (incluído pela nova Lei Federal nº 13.964/2019), se a infração penal não for cometida mediante violência ou grave ameaça à pessoa; a pena abstrata mínima ser inferior a 4 (quatro) anos e havendo confissão formal.

Pelo *quantum* da pena (pena mínima inferior a quatro anos), bem como ausência de violência ou grave ameaça, a depender da finalidade da associação, seria possível, em tese, o Acordo de Não Persecução Penal (ANPP). No entanto, o art. 28-A do CP exige também que o acordo de não persecução penal seja necessário e suficiente para a reprovação e prevenção do crime, o que não se mostra razoável, em se tratando de delito internacional, com mandado de criminalização convencional e hediondo.

Classificação doutrinária: *Crime comum* (pode ser praticado por qualquer pessoa); *formal* (se consuma independente do resultado); *de perigo abstrato* (a norma presume de maneira absoluta a violação ao bem jurídico); *doloso* (o agente quer o resultado ou assume o risco de produzi-lo); *de forma livre* (pode ser praticado por qualquer meio de execução); *comissivo* (só pode ser praticado mediante ação); *de concurso necessário* (deve ser praticado por mais de três pessoas para sua configuração); *unissubsistente* (não admite fracionamento dos atos de execução); *permanente* (a consumação se estende no tempo por vontade dos agentes); não admite tentativa; hediondo.

INCITAÇÃO AO GENOCÍDIO

Art. 3º Incitar, direta e publicamente alguém a cometer qualquer dos crimes de que trata o art. 1º:

Pena: Metade das penas ali cominadas.

Comentários: Trata-se de uma modalidade especial de incitação ao crime (CP, art. 286), contudo, tem como objeto a prática das modalidades de genocídio previstas no art. 1º da Lei.

Verbo nuclear: *Incitar* (estimular, encorajar, instigar).

Objeto jurídico: A existência e a diversidade ou coletividade dos grupos nacionais, étnicos, raciais ou religiosos objeto de tutela pela Lei de Genocídio.

Objeto material: A pessoa sobre a qual recai a incitação à prática dos crimes previstos no art. 1º da Lei de Genocídio.

Consumação: O crime é de perigo abstrato e de mera atividade, ou seja, a lei presume de forma absoluta a violação ao bem jurídico tutelado independente de qualquer resultado; se consuma com a incitação pública dirigida a uma pessoa determinada, desde que seja feita publicamente, com o fim de que cometa algum dos crimes indicados no tipo penal.

Diferentemente do que ocorre no art. 286 do CP, na redação do art. 3º da Lei de Genocídio foi incluída a palavra *alguém*, o que demanda que seja pessoa certa e determinada.

Tentativa: Em tese, embora de difícil configuração, a tentativa é possível, como ocorre na hipótese de documento escrito, físico ou digital, que não chega ao seu destinatário por circunstâncias alheias à vontade do agente.

Elemento subjetivo especial: É o dolo com o objetivo especial de agir, ou seja, a vontade inconteste de incitar publicamente a prática das modalidades de genocídio.

Preceito secundário remetido ou norma penal em branco ao revés: Construído de maneira atécnica e confusa, sobretudo pela necessidade de cálculo e dupla remissão a penas em legislação diferente da Lei de Genocídio, o Código Penal. Nota-se, ainda, espantosa violação ao princípio da proporcionalidade, eis que as penas de incitação são exatamente as mesmas das de Associação Criminosa para fins de Genocídio.

Em síntese, assim ficam estabelecidas as penas da incitação às modalidades de genocídio previstas no art. 1º da Lei: art. 1º, alínea **"a" – seis a quinze anos de reclusão**; art. 1º, alínea **"b" - um a quatro anos de reclusão**; art. 1º, alínea **"c" – cinco a sete anos e meio de reclusão**; art. 1º, alínea **"d" – um ano e meio a cinco anos de reclusão** e, por fim, art. 1º, alínea "e" – **seis meses a um ano e meio de reclusão.**

Ação penal: Ação penal pública incondicionada.

Acordo de Não Persecução Penal: Pelo *quantum* da pena (pena mínima inferior a quatro anos), a depender da modalidade incitada, seria possível o acordo de não persecução penal. No entanto, o art. 28-A do CP exige também que o acordo de não persecução penal seja necessário e suficiente para a reprovação e prevenção do crime, o que não se mostra razoável, em se tratando de delito internacional, com mandado de criminalização convencional e hediondo.

Classificação doutrinária: *Crime comum* (pode ser praticado por qualquer pessoa); *de mera conduta ou atividade* (se consuma independente de alteração no multo exterior); *de perigo abstrato* (a norma presume de maneira absoluta a violação ao bem jurídico); *doloso* (o agente quer o resultado ou assume o risco de produzi-lo); *de forma livre* (pode ser praticado por qualquer meio de execução); *comissivo* (só pode ser praticado mediante ação); *instantâneo* (a consumação se dá em um momento específico); *de concurso eventual* (pode ser praticado por somente uma pessoa); *plurissubsistente* (admite fracionamento dos atos de execução); *admite tentativa; hediondo* (Lei n. 8.072/1990, art. 1º, parágrafo único, inciso I).

§ 1º A pena pelo crime de incitação será a mesma de crime incitado, se este se consumar.

Comentários: Trata-se de qualificadora pelo resultado, pois a pena terá um novo patamar mínimo e máximo. Quase teratológica essa previsão, pois fere de morte o princípio da proporcionalidade. Vejamos: basta imaginar a hipótese em que determinado agente incite a prática do genocídio como meio de execução o homicídio. Se a vítima sobreviver, ao agente que instigou a conduta será aplicada uma pena relativa à metade do crime de homicídio, ou seja, seis a quinze anos de reclusão; caso, todavia, a vítima venha à óbito, responderá da mesma forma daquele que executou o genocídio, absurdamente a uma pena de doze a trinta anos de reclusão.

Assim, nota-se que o legislador adotou a teoria subjetiva ou unitária do conceito de autor, na medida em que não diferencia o autor do partícipe no que tange à pena aplicada no caso de crime consumado.

Como não existem muitos casos de genocídio analisados pela Justiça brasileira, não se tem jurisprudência a respeito, mas entendemos que deve o magistrado, ao julgar caso nessas condições, declarar a inconstitucionalidade deste parágrafo por violação ao princípio da proporcionalidade.

§ 2º A pena será aumentada de 1/3 (um terço), quando a incitação for cometida pela imprensa.

Comentários: Temos aqui uma causa especial de aumento de pena, considerando a potencialidade de divulgação da incitação pela imprensa, a qual pode atingir um número muito mais elevado de pessoas. Qualquer meio de imprensa, seja televisiva, radiofônica ou pela internet é capaz de alcançar a causa de aumento em análise.

Art. 4º A pena será agravada de 1/3 (um terço), no caso dos arts. 1º, 2º e 3º, quando cometido o crime por governante ou funcionário público.

Comentários: Outra causa de aumento de pena que se justifica pela maior culpabilidade dos agentes. Por governante, entende-se quaisquer dos chefes do Poder Executivo, seja na esfera municipal (Prefeitos), estadual (Governadores) ou federal (Presidente da República).

O conceito de funcionário público pode ser extraído do art. 327 do Código Penal, considerando-se como tal quem, "embora transitoriamente ou sem remuneração, exerce cargo, emprego ou função pública", bem como, por equiparação, "quem exerce cargo, emprego ou função em entidade paraestatal, e quem trabalha para empresa prestadora de serviço contratada ou conveniada para a execução de atividade típica da Administração Pública." De fato, a reprovabilidade é maior no caso de cometimento do delito por agente público, demandando maior punição.

Art. 5º Será punida com 2/3 (dois terços) das respectivas penas a tentativa dos crimes definidos nesta lei.

Comentários: Um patamar específico e fixo para punição dos crimes de genocídio na modalidade tentada. Enquanto o Código Penal tem um interstício de diminuição em relação ao crime consumado de um a dois terços, aqui qualquer que seja a proximidade da consumação, ou seja, o percorrer do *iter criminis*, aplica-se o patamar fixo de dois terços. Certamente, mostra-se questionável tal inflexão, pois deixa-se de disponibilizar ao magistrado a possiblidade de ponderação conforme o desvalor do resultado da conduta.

Art. 6º Os crimes de que trata esta lei não serão considerados crimes políticos para efeitos de extradição.

Comentários: Em atenção ao previsto no artigo VII da Convenção para a prevenção e a repressão do crime de Genocídio, a Lei descaracteriza os crimes por ela tipificados como políticos, visando, justamente, afastar possíveis benefícios por eventual interpretação equivocada, o que possibilitaria, dessa forma, a extradição.

Em raro caso jurisprudencial datado do ano de 1967, o Supremo Tribunal Federal julgou processos de extradição e *habeas corpus* envolvendo Franz Paul Stangl, servidor da Polícia Judiciária alemã, acusado de genocídio em campos de extermínio na Áustria (Hartheim) e Polônia (Sobibór e Treblinka) Por curiosidade e a título de importante registro histórico, abaixo a transcrição do julgado:

1) extradição. A) o deferimento ou recusa da extradição e direito inerente a soberania. B) a efetivação, pelo governo, da entrega do extraditando, autorizada pelo Supremo Tribunal Federal, depende do direito internacional convencional. 2) reciprocidade. A) e fonte reconhecida do direito extradicional. Extr. 232(1961), extr. 288(1962), extr. 251(1963). B) a constituição de 1967, art. 83, viii, não exige 'referendum' do congresso para aceitação da oferta do estado requerente. C) a lei brasileira autoriza o governo a oferecer reciprocidade. 3) comutação de pena a) a extradição esta condicionada a vedação constitucional de certas penas, como a prisão perpétua, embora haja controvérsia a respeito, especialmente quanto as vedações da lei penal ordinária, extr. 165(1953), extr. 230(1961), extr. 241(1962), extr. 234(1965). B) o compromisso de comutação da pena deve constar do pedido, mas pode ser prestado pelo estado requerente antes da entrega do extraditando, extr. 241(1962). Voto do min. Luiz gallotti na extr. 218(1950). 4) instrução. A documentação suplementar foi oferecida em tempo oportuno, pelos estados requerentes, sem prejuízo da defesa exercitada com eficiência e brilhantismo. 5) territorialidade. A) jurisdição da Áustria (crimes de martheim) e da Polônia (crimes de Sobibor e Treblinka). B) falta de jurisdição da Alemanha (Sobibor e Treblinka), porque a ocupação militar não transformou essas localidades em território alemão, nem ali permanecem suas tropas, nem o extraditando continua no serviço. 6) nacionalidade ativa. A) jurisdição da Áustria (Sobibor e Treblinka) por ser Stanglaustriaco. B) jurisdição da Alemanha (Sobibor e Treblinka), não porque stangl tivesse ao tempo a nacionalidade alemã, mas porque estava a serviço do governo germânico. 7) narrativa. Foi minuciosa, e até excessiva, a descrição dos fatos delituosos, dependendo a apuração da culpabilidade, ou o grau desta, de juízo da ação penal. 8) **genocídio. A ulterior tipificação do genocídio, em convenção internacional e na lei brasileira, ou de outro estado, não exclui a criminalidade dos atos descritos, pois a extradição e pedida com fundamento em homicídio qualificado. 9) crime político. A exceção do crime político não cabe, no caso, mesmo, sem aplicação imediata da convenção sobre o genocídio, ou da l. 2.889/56, porque essa escusativa não ampara os crimes cometidos com especial perversidade ou crueldade (extr. 232, 1961).** O presumido altruismo dos delinquentes políticos não se ajusta a fria premeditação do extermínio em massa. 10) ordem superior. A) **não se demonstrou que o extermínio em massa da vida humana fosse autorizado por lei do estado nazista.** B) instruções secretas (caso Bohne) ou deliberações disfarçadas, como a 'solução final' da conferência de Wannsee, não tinham eficácia de lei. C) **graduado funcionário da polícia judiciária não podia ignorar a criminalidade do morticínio, cujos vestígios as autoridades procuraram metodicamente apagar**. D) A regra 'respondeat' superior está vinculada a coação moral não presumida para quem fez carreira bem sucedida na administração de estabelecimentos de extermínio. E) de resto, o exame dessa prova depende do juízo da ação penal. 11) julgamento regular. A parcialidade da Justiça dos Estados requerentes não se presume; nem poderia o extraditando ser julgado pela

justiça brasileira, ou responder perante jurisdição internacional, que não é obrigatória. 12) prescrição. A) **ficou afastado o problema da retroatividade**; examinou-se a matéria pelo direito comum anterior, porque o Brasil, que observa o princípio da lei mais favorável, não subscreveu convenção, nem editou lei especial, sobre prescrição em caso de **genocídio**. B) no que respeita a Polônia, a prescrição não foi interrompida, segundo os critérios da nossa lei; também não o foi quanto a Áustria, em relação aos crimes de Sobibor e Treblinka, porque nenhum dos atos praticados pelo Tribunal de Viena equivale ao recebimento da denúncia, do direito brasileiro. C) a abertura da instrução criminal nos tribunais de linz e Dusseldorf, tendo efeito equivalente ao recebimento da denúncia, do direito brasileiro, interrompeu a prescrição relativamente aos pedidos da Áustria, pelos crimes de Hartheim, e da Alemanha, pelos crimes de Sobibor e Treblinka. 13) preferência. A) a determinação da preferência, entre os estados requerentes, cabe ao supremo tribunal, e não ao governo, porque o caso se enquadra em um dos critérios da lei, cuja interpretação final compete ao judiciário. B) afastou-se a preferência pela territorialidade, pleiteada pela Alemanha, pelas razões já indicadas quanto a jurisdição. C) pelo critério da gravidade da infração, o exame do tribunal não se limita ao tino do crime, mas pode recair sobre o crime 'in concreto' (combinação do art. 42 do c. Penal com o art. 78, ii, 'b', do c. Pr. Pen.). D) em consequência, foi reconhecida a preferência da Alemanha (Sobibor e Treblinka), e não da Áustria (Hartheim), consideradas, não somente as consequências do crime, como também as finalidades daqueles estabelecimentos e a função que o extraditando neles exercia. 14) entrega. **Entrega do extraditando a Alemanha, sob as condições da lei, especialmente as do art. 12, e com o compromisso de comutação de pena e da entrega ulterior a Áustria**. 15) 'habeas corpus'. Ficou prejudicado o 'habeas corpus', requerido, aliás, a revelia do extraditando. Decisão: Indeferido o pedido da Polônia; autorizada a entrega do extraditando, em primeiro lugar à Alemanha, com o compromisso de conversão da pena de prisão perpétua em prisão temporária, e bem assim, o da ulterior entrega do extraditando à Justiça da Áustria, observadas as demais condições da lei, especialmente as do Artigo 12; julgado prejudicado o Habeas corpus. Decisões unânimes. (grifo nosso). **STF. Extradição: Ext. 272/AI Austrália. Relator: Ministro Victor Nunes. Publicação em 20/12/1967.**

Casos do Tribunal Penal Internacional: Como existem poucas situações julgadas pela jurisprudência nacional a respeito dos crimes relacionados à prática de genocídio, abaixo colacionamos um pequeno resumo de casos analisados pelo Tribunal Penal Internacional, instituído pelo Estatuto de Roma, do qual o Brasil é signatário (Decreto n. 4.388, de 25 de setembro de 2002). Benigno Núñes Novo (2017, on-line) relaciona:

Caso: GaspardKanyarukiga - Ruanda

O empresário ruandês GaspardKanyarukiga, 65, era acusado pelo Tribunal Penal Internacional para o Ruanda (TPIR) de envolvimento no massacre de 2.000 tutsis em uma igreja de Nyange, em abril de 1994. Segundo o TPIR, sediado em Arusha, Kanyarukiga foi considerado culpado dos crimes de genocídio, extermínio e crimes contra a humanidade. Os policiais e os integrantes da milícia comandada pelo empresário lançaram combustível através do telhado da igreja e depois usaram armas e granadas para matar os que se refugiaram no interior do local. Kanyarukiga foi acusado de supervisionar esses acontecimentos e, depois, ordenar que os corpos fossem retirados e a igreja, destruída. Resultado: Foi condenado a 30 anos de prisão em 2010.

Caso: Augustin Bizimungu - Ruanda

O ex-comandante do Estado-Maior do Exército ruandês, Augustin Bizimungu, foi acusado de genocídio pelo Tribunal Penal Internacional para Ruanda (TPIR). Segundo ONU, 800 mil pessoas foram assassinadas em Ruanda, em 1994, em sua maioria da etnia tutsi. Resultado: Condenado a 30 anos de prisão em maio de 2011.

Caso: VujadinPopovic e LjubisaBeara - Bósnia

Em junho de 2010 o Tribunal Penal Internacional para a ex-Iugoslávia (TPIY) condenou sete sérvios bósnios pela morte de mais de 7.000 muçulmanos bósnios, após a queda dos enclaves de Srebrenica e Zepa, na Bósnia e Herzegovina, em julho de 1995. O massacre, considerado o pior cometido na Europa desde a Segunda Guerra Mundial, foi qualificado de genocídio pelo TPI e pelo Tribunal Internacional de Justiça (TIJ). Resultado: O ex-tenente-coronel VujadinPopovic, 53, e o ex-coronel Ljubisa Beara, 70, foram condenados à prisão perpétua por serem reconhecidos culpados de genocídio, extermínio, homicídios e perseguições. Outros cinco oficiais também foram condenados.

Art. 7º Revogam-se as disposições em contrário.

Comentários: Não havia legislação nacional anterior a respeito da prática de genocídio.

REFERÊNCIAS BIBLIOGRÁFICAS

BÍBLIA, do homem. Números. A vingança contra os midianitas. Tradução de Omar de Sousa. Santo André: King Cross Publicações, 2010. Velho Testamento e Novo Testamento.

BRASIL. Constituição da República Federativa do Brasil de 1988. Disponível em: http://www.planalto.gov.br/ccivil_03/constituicao/constituicao.htm. Acesso em 14 jun. 2020.

BRASIL. Decreto nº 30.822, de 6 de maio de 1952. Promulga a convenção para a prevenção e a repressão do crime de Genocídio, concluída em Paris, a 11 de dezembro de 1948, por ocasião da III Sessão da Assembleia Geral das Nações Unidas. Disponível em: http://www.planalto.gov.br/ccivil_03/Atos/decretos/1952/D30822.html. Acesso em: 01 de jun. 2020.

BRASIL. Decreto-Lei nº 1.001, de 21 de outubro de 1969. Código Penal Militar. Disponível em: http://www.planalto.gov.br/ccivil_03/Decreto-Lei/Del1001.htm. Acesso em 23 jul. 2020.

BRASIL. Decreto-Lei nº 2.848, de 7 de dezembro de 1940. Código Penal. Disponível em: http://www.planalto.gov.br/ccivil_03/decreto-lei/del2848compilado.htm. Acesso em 10 jun. 2020.

BRASIL. Decreto-Lei nº 3.689, de3 de outubro de 1941. Código de Processo Penal. Disponível em: http://www.planalto.gov.br/ccivil_03/decreto-lei/del-3689compilado.htm. Acesso em 10 jun. 2020.

BRASIL. Lei nº 2.889, de 1 de outubro de 1956. Define e pune o crime de genocídio. Disponível em: http://www.planalto.gov.br/ccivil_03/leis/l2889.htm. Acesso em 14 jun. 2020.

BRASIL. Lei nº 9.099, de 26 de setembro de 1995. Dispõe sobre os Juizados Especiais Cíveis e Criminais e dá outras providências. Disponível em: http://www.planalto.gov.br/ccivil_03/leis/l9099.htm. Acesso em 14 jun. 2020.

CAMPOS. Ricardo Ribeiro. O genocídio e sua punição pelos tribunais internacionais. Disponível em: https://www12.senado.leg.br/ril/edicoes/45/178/ril_v45_n178_p91.pdf. Acesso em: 04 ago. 2020.

GIL, Alicia. Derecho penal internacional: especial consideración del delito de genocídio. Madrid: Tec- nos, 1999.

HOLOCAUSTO. In: Wikipédia: a enciclopédia livre. Disponível em: https://pt.wikipedia.org/wiki/Holocausto#Etimologia_e_uso_do_termo. Acesso em 29/08/2020.

HUNGRIA, Nelson. Comentários ao Código Penal. 5. ed. 6V. Rio de Janeiro: Forense, 1980.

JUROVICS, Yann. O processo internacional penal diante do tempo. Revista Brasileira de Ciências Criminais, São Paulo, v. 61, p. 181-213, jul./ago. 2006.

LENZA, Pedro. Direito constitucional esquematizado. 24ª ed. rev. ampl. e atul. São Paulo: Saraiva Educação, 2020.

MACIEL, Anor Butler. Genocídio. Revista Forense, Rio de Janeiro, v. 169, p. 501-508, jan./mar. 1955.

MASSON. Cleber. Código penal comentado. 2 ed.rev., atual. e ampl. Rio de Janeiro: Forense; São Paulo: Método. 2014.

MESQUITA JÚNIOR, Sidio Rosa de. Reflexões acerca do genocídio. Revista Jus Navigandi, ISSN 1518-4862, Teresina, ano 17, n. 3327, 10ago. 2012. Disponível em: https://jus.com.br/artigos/22386. Acesso em: 3 ago. 2020.

NOVO, Benigno Núñes. Tribunal Penal Internacional. Disponível em: https://benignonovonovo.jusbrasil.com.br/artigos/487810530/tribunal-penal-internacional?ref=serp. Acesso 20/08/2020.

PRADO. Luiz Regis. Genocídio. Lei 2.889/1956. Disponível em: http://www.regisprado.com.br/Material%20didatico/GENOC%CDDIO.pdf. Acesso em: 03 de ago. 2020.

SAVAZZONI, Simone de Alcantara. Crime de Genocídio. Disponível em: https://lfg.jusbrasil.com.br/noticias/1497576/crime-de-genocidio-simone-de-alcantara-savazzoni. 03 ago. 2020.

STF. Extradição: Ext. 272/AI Austrália. Relator: Ministro Victor Nunes. Publicação em 20/12/1967.

STF. Recurso Extraordinário: RE 351487. Relator: Ministro Cézar Peluso. DJ: 10/11/2006. JusBrasil, 2006. Disponível em: https://stf.jusbrasil.com.br/jurisprudencia/14731840/recurso-extraordinario-re-351487-rr?ref=serp. Acesso em: 03 de ago. 2020.

STF. Recurso Extraordinário. RE 351487. Relator: Ministro César Peluso. DJe: 10/11/2006.

STJ. Conflito de Competência: CC 38517/RS. Relator: Ministro Assusete Magalhães. DJe: 31/10/2012.

STJ. Recurso Especial: RE 222653/ RR. Relator: Ministro Jorge Scartezzini. DJe: 12/09/2000.

61

RESPONSABILIDADE DE PREFEITOS E VEREADORES

Dec.-lei 201/1967

KLEBER LEANDRO TOLEDO RODRIGUES

1. INTRODUÇÃO

Comentário: Como sabido, nossa CF, em seus arts. 18[1] e 29[2], conferiu autonomia política, administrativa e orçamentárias aos municípios. Foi reconhecido aos municípios "*o poder de* auto-organização, *ao lado do* governo próprio *e de* competências exclusivas, *e ainda com a ampliação destas, de sorte que a Constituição criou verdadeiramente uma nova instituição municipal no Brasil. Por outro lado, não há mais qualquer hipótese de prefeitos nomeados. Tornou-se plena, pois, a capacidade de autogoverno municipal entre nós.*"[3] Assim, a autoridade máxima do Poder Executivo municipal é o prefeito municipal, o qual exercer as "*funções de representação política do município, direção e gestão orçamentária, além de representação jurídica*"[4] e, portanto, deve pautar sua atuação em respeito ao interesse público, à probidade e à moralidade administrativa. Nesse contexto, havendo desvio de conduta por parte do Chefe do Poder Executivo municipal, poderá ele sofrer responsabilizações por infrações político-administrativas descritas no art. 4º do Decreto-Lei n.º 201/1967, as quais são processadas e julgadas pelo Poder Legislativo Municipal e acarretam na cassação do cargo (*impeachment*) e inabilitação para o seu exercício. Além disso, o art. 1º do Decreto-Lei n.º 201/1967 prevê outras infrações que denomina de *crimes de responsabilidade*, as quais são efetivamente infrações penais cujos preceitos secundários estabelecem penas privativas de liberdade, são julgadas pelo Poder Judiciário e serão objeto de estudo a seguir.

2. CRIMES DE RESPONSABILIDADE DE PREFEITOS

> **Art. 1º. São crimes de responsabilidade dos Prefeitos Municipal, sujeitos ao julgamento do Poder Judiciário, independentemente do pronunciamento da Câmara de Vereadores:**

Impropriedade da denominação "crimes de responsabilidade": Tecnicamente denominam-se crimes de responsabilidade as infrações político-administrativas, ou seja, os crimes de natureza política que são praticados por agentes políticos de alto escalão e que sujeitam os responsáveis a processo de *impeachment* (perda do cargo) pelo Poder Legislativo. Assim, os crimes definidos no art. 1º do

1. Art. 18. A organização político-administrativa da República Federativa do Brasil compreende a União, os Estados, o Distrito Federal e os Municípios, todos autônomos, nos termos desta Constituição.
2. Art. 29. O Município reger-se-á por lei orgânica, votada em dois turnos, com o interstício mínimo de dez dias, e aprovada por dois terços dos membros da Câmara Municipal, que a promulgará, atendidos os princípios estabelecidos nesta Constituição, na Constituição do respectivo Estado e os seguintes preceitos:
3. SILVA, José Afonso da. Curso de direito constitucional positivo. 15ª edição revista e atualizada. São Paulo: Ed. Malheiros, 1998. p. 620.
4. CUNHA, Rogério Sanches; PINTO, Ronaldo Batista; SOUZA, Renne do Ó. Leis penais especiais comentadas. 3ª Edição, revista, atualizada e ampliada. Salvador: Juspodivm, 2020. p. 143.

Decreto-Lei n.º 101/1967 são, em verdade, *crimes funcionais* perpetrados pelo Prefeito no exercício do cargo, cujas penas são privativas de liberdade, e que são julgados pelo Poder Judiciário.

Desnecessidade de manifestação da Câmara de Vereadores: A investigação por parte da Polícia Judiciária, bem como o processo e julgamento dos Prefeitos pela prática dos crimes funcionais descritos no art. 1º do Decreto-Lei n.º 101/1967 independem de prévia manifestação da Câmara de Vereadores. A Súmula n.º 301 do STF dispunha que "*Por crime de responsabilidade, o procedimento penal contra prefeito municipal fica condicionado ao seu afastamento do cargo por 'impeachment', ou à cessação do exercício por outro motivo*", mas fora ela cancela quando do julgamento do RHC 49.038 pelo próprio STF.

Independência de instâncias: A expressão "*independentemente do pronunciamento da Câmara de Vereadores*" reforça o conceito de independência de instâncias que, nas palavras de Renne do Ó Souza, "*é decorrência do princípio republicano, de modo que, não raro, o agente que realiza uma conduta ilícita pode ser responsabilizado na esfera civil, penal, administrativa e política*". Lembra o doutrinador que até mesmo "*eventual aprovação do ato na esfera dos* ***Tribunais de Contas*** *não prejudica sua análise na esfera penal, visto não ser condição objetiva de punibilidade, nem de procedibilidade*", mas salienta que tal decisão "*pode servir como* ***alerta*** *suficiente da ilegalidade da conduta ou de identificação do dolo*."[5]

I – apropriar-se de bens ou rendas públicas, ou desviá-las em proveito próprio ou alheio6.

Verbos nucleares: *Apropriar* (assumir a posse; agir como se dono fosse) e *desviar* (dar destinação diversa). Por se tratar de um tipo misto alternativo (de ação múltipla ou de conteúdo variado), caso as condutas sejam praticadas no mesmo contexto fático entende-se pela ocorrência de apenas um delito[7].

Objetividade jurídica: Busca-se proteger a Administração Pública tanto com relação à preservação dos bens e rendas públicas quanto no que toca à moralidade administrativa.

Objeto material: São os bens e rendas públicas. Os *bens públicos* são todos os bens móveis[8] e imóveis que integram o patrimônio do Poder Público, inclusive de suas autarquias e outros entes paraestatais. Para efeito de caracterização do crime em estudo, até mesmo os bens móveis e imóveis locados e que são utilizados na administração pública são caracterizados bens públicos[9]. As *rendas públicas*, por sua vez, "*são os valores, numerários e recursos financeiros pertencentes à administração pública, fruto de repasses advindos de convênios, contratos, fundos, repasses constitucionais etc.*"[10]

Sujeito ativo: Trata-se de crime próprio praticado pelo Prefeito Municipal. Também podem figurar como sujeitos ativos o Vice-Prefeito ou quem quer que esteja substituindo o Prefeito no exercício do cargo, mesmo que em caráter transitório, face ao disposto no artigo 3º[11]. Admite-se a coautoria e a participação, uma vez que a condição especial do agente (Prefeito) é elementar do crime e, nos termos do art. 30 do CP, comunica-se a terceiros desde que tenham ciência dessa condição.

Sujeito passivo: É o Município, suas autarquias ou paraestatais.

Elemento subjetivo: É o dolo natural (genérico), consistente na vontade livre e consciente de apropriar-se ou desviar bens ou rendas públicas em proveito próprio ou de terceiro. Exige-se, portanto, o fim de assenhoramento definitivo (*animus rem sibi habendi*), não sendo necessário o escopo de causar prejuízo.

Não se admite a modalidade culposa ante a ausência de previsão. Entretanto, caso o prefeito concorra culposamente para o peculato de algum

5. CUNHA, Rogério Sanches; PINTO, Ronaldo Batista; SOUZA, Renne do Ó. Leis penais especiais comentadas. 3ª Edição, revista, atualizada e ampliada. Salvador: Juspodivm, 2020. p. 147.
6. É o peculato-apropriação e o peculato-desvio perpetrados pelo Prefeito Municipal. Como exemplos citamos a contratação de advogado pelo prefeito com recursos públicos para patrocinar interesses particulares, o pagamento de diárias de viagens não realizadas ou, ainda, a instalação e utilização de equipamento informático do poder público na residência do prefeito para fins particulares.
7. CUNHA, Rogério Sanches. Manual de direito penal: parte geral (art. 1º ao 120). 6ª Edição, revista, ampliada e atualizada. Salvador: Juspodivm, 2018. p. 201.
8. A energia elétrica, nos termos do art. 155, §3º, do Código Penal, é considerada bem móvel, de modo que se a energia elétrica que abastece o Poder Público municipal for apropriada ou desviada pelo prefeito em proveito próprio ou alheio, estará caracterizado o crime em estudo.
9. STOCO, Rui. Responsabilidade dos prefeitos e vereadores. São Paulo: Ed. Revista dos Tribunais, 2017. p. 70.
10. CUNHA, Rogério Sanches; PINTO, Ronaldo Batista; SOUZA, Renne do Ó. Leis penais especiais comentadas. 3ª Edição, revista, atualizada e ampliada. Salvador: Juspodivm, 2020. p. 150.
11. Art. 3º O Vice-Prefeito, ou quem vier a substituir o Prefeito, fica sujeito ao mesmo processo do substituído, ainda que tenha cessado a substituição.

funcionário responderá pelo crime tipificado no art. 312, § 2º, do CP.

Consumação: Trata-se de crime material. Na conduta *apropriar*, o crime se consuma no momento que o sujeito ativo se assenhora do bem ou da renda pública agindo como se deles fosse dono. Já na conduta *desviar*, a consumação ocorre quando é dada a destinação diversa ao bem ou renda pública.

Tentativa: Como se trata de crime material a tentativa é plenamente possível e ocorre quando a apropriação ou o desvio não se configuram por circunstâncias alheias à vontade do agente.

Classificação doutrinária: *crime próprio* (só pode ser praticado pelo Prefeito); *material* (exige a produção do resultado naturalístico para a consumação); *doloso*; *admite tentativa*; *comissivo* (os verbos do tipo exigem ação como forma de conduta); *instantâneo*; *unissubjetivo* (pode ser praticado por uma única pessoa, admitindo, porém, o concurso de agentes); *tipo misto alternativo*.

Ação penal: É pública incondicionada (art. 1º, § 1º).

Pena: Reclusão de dois a doze anos (art. 1º, § 1º).

Suspensão condicional do processo: Não tem possibilidade.

Acordo de Não Persecução Penal: Nos termos do art. 28-A do CPP (incluído pela Lei n.º 13.964/2019), o Acordo de Não Persecução Penal (ANPP) tem cabimento nas infrações penais cometidas sem violência ou grave ameaça à pessoa, cuja pena abstrata mínima seja inferior a 4 (quatro) anos e haja confissão formal e circunstancial do investigado, desde que presentes os demais requisitos. Assim, o Acordo de Não Persecução Penal tem cabimento na infração penal em comento.

II – utilizar-se, indevidamente, em proveito próprio ou alheio, de bens, rendas ou serviços públicos[12].

Verbo nuclear: *Utilizar* (usar; empregar; aplicar).

Objetividade jurídica: Busca-se proteger a Administração Pública tanto com relação à preservação dos bens, rendas e serviços públicos quanto no que toca à moralidade administrativa.

Objeto material: São os bens, rendas e serviços públicos. Quanto aos bens e rendas públicas, vide comentários ao crime do art. 1º, II. *Serviços públicos* são todas as atividades prestadas ou exercidas pela administração pública para o atingimento de seus fins[13].

Sujeito ativo: Trata-se de crime próprio praticado pelo Prefeito Municipal. Também podem figurar como sujeitos ativos o Vice-Prefeito ou quem quer que esteja substituindo o Prefeito no exercício do cargo, mesmo que em caráter transitório, face ao disposto no artigo 3º[14]. Admite-se a coautoria e a participação, uma vez que a condição especial do agente (Prefeito) é elementar do crime e, nos termos do art. 30 do CP, comunica-se a terceiros desde que tenham ciência dessa condição.

Sujeito passivo: É o Município, suas autarquias ou paraestatais.

Elemento normativo do tipo: Está consubstanciado na palavra *indevidamente*, que deve ser interpretada como sendo a utilização inadequada, em desacordo com formalidades legais e regulamentares, e ainda em conflito com a moralidade administrativa.

Elemento subjetivo: É o dolo natural (genérico), direto ou eventual, consistente na vontade livre e consciente de utilizar-se dos bens, rendas ou serviços públicos em proveito próprio ou de terceiro. Ao contrário do crime tipificado no inciso I do art. 1º, no crime em estudo não se exige o fim de assenhoramento definitivo (*animus rem sibi habendi*).

Não se admite a modalidade culposa ante a ausência de previsão.

Consumação: Trata-se de crime material que se consuma no momento que há a efetiva utilização do bem, renda ou serviço público de forma indevida e em proveito próprio ou alheio.

Tentativa: Como se trata de crime material a tentativa é plenamente possível e ocorre quando a

12. É o peculato de uso. Como exemplos citamos a utilização de veículo oficial pelo Prefeito para fins particulares e o emprego de máquinas e servidores públicos em obra particular.

13. O art. 6º, II, da Lei n.º 8.666/1993 define serviço (público) como sendo toda atividade destinada a obter determinada utilidade de interesse para a Administração, tais como: demolição, conserto, instalação, montagem, operação, conservação, reparação, adaptação, manutenção, transporte, locação de bens, publicidade, seguro ou trabalhos técnico-profissionais.

14. Art. 3º O Vice-Prefeito, ou quem vier a substituir o Prefeito, fica sujeito ao mesmo processo do substituído, ainda que tenha cessado a substituição.

utilização não se efetiva por circunstâncias alheias à vontade do agente.

Classificação doutrinária: *crime próprio* (só pode ser praticado pelo Prefeito); *material* (exige a produção do resultado naturalístico para a consumação); *doloso*; *admite tentativa*; *comissivo* (o verbo do tipo exige ação como forma de conduta); *instantâneo*; *unissubjetivo* (pode ser praticado por uma única pessoa, admitindo, porém, o concurso de agentes).

Ação penal: É pública incondicionada (art. 1º, § 1º).

Pena: Reclusão de dois a doze anos (art. 1º, § 1º).

Suspensão condicional do processo: Não tem possibilidade.

Acordo de Não Persecução Penal: Nos termos do art. 28-A do CPP (incluído pela Lei n.º 13.964/2019), o Acordo de Não Persecução Penal (ANPP) tem cabimento nas infrações penais cometidas sem violência ou grave ameaça à pessoa, cuja pena abstrata mínima seja inferior a 4 (quatro) anos e haja confissão formal e circunstancial do investigado, desde que presentes os demais requisitos. Assim, o Acordo de Não Persecução Penal tem cabimento na infração penal em comento.

III – desviar, ou aplicar indevidamente, rendas ou verbas públicas[15].

Verbos nucleares: *Desviar* (dar destinação diversa; descaminhar; remanejar) e *aplicar* (empregar; investir)[16]. Por se tratar de um tipo misto alternativo (de ação múltipla ou de conteúdo variado), caso as condutas sejam praticadas no mesmo contexto fático entende-se pela ocorrência de apenas um delito[17].

Objetividade jurídica: Busca-se proteger a Administração Pública tanto com relação à preservação patrimonial quanto no tocante à moralidade administrativa. Protege-se, ainda, o orçamento público.

Objeto material: São as verbas ou rendas públicas. De acordo com Pedro Franco Campos *et al.*[18], a *verba pública "é o dinheiro destinado pela lei orçamentária à satisfação de um serviço, de uma finalidade de interesse público"*, ao passo que a *renda pública* é o "*dinheiro percebido pela Fazenda Pública, seja qual for sua origem*".

Sujeito ativo: Trata-se de crime próprio praticado pelo Prefeito Municipal. Também podem figurar como sujeitos ativos o Vice-Prefeito ou quem quer que esteja substituindo o Prefeito no exercício do cargo, mesmo que em caráter transitório, face ao disposto no artigo 3º[19]. Admite-se a coautoria e a participação, uma vez que a condição especial do agente (Prefeito) é elementar do crime e, nos termos do art. 30 do CP, comunica-se a terceiros desde que tenham ciência dessa condição.

Sujeito passivo: É o Município, suas autarquias ou paraestatais.

Elemento normativo do tipo: Está consubstanciado na palavra *indevidamente*, que deve ser interpretada como sendo a utilização inadequada, em desacordo com formalidades legais e regulamentares, e ainda em conflito com a moralidade administrativa.

Elemento subjetivo do tipo: É o dolo natural (genérico), direto ou eventual, consistente na vontade livre e consciente de desviar, ou aplicar indevidamente, verba ou renda pública. Não se exige a finalidade específica de causar prejuízo ou obter lucro.

Não se admite a modalidade culposa ante a ausência de previsão.

Consumação: Trata-se de crime formal que se consuma no momento que há o desvio ou a aplicação indevida da renda ou verba pública.

Tentativa: Como se trata de crime formal a tentativa é plenamente possível e ocorre quando a

15. Trata-se de um delito bem semelhante ao definido no art. 315 do CP. Como exemplos citamos a aplicação de verbas oriundas de programas federais, como o Plano Nacional de Alimentação Escolar – PNAE do Ministério da Educação, em desacordo com o programa, ou ainda, a utilização de recursos dos fundos municipais sem que tenha havido aprovação do respectivo conselho, nos termos da lei.
16. Como bem salienta Rui Stoco (Responsabilidade dos prefeitos e vereadores. São Paulo: Ed. Revista dos Tribunais, 2017. p. 78) *"**Desviar** tem o sentido de descaminhar, tirar do caminho, mudar a destinação das rendas ou verbas públicas. O verbo tem, aqui, quase o mesmo significado de aplicar indevidamente, o que quer dizer dar destinação diversa daquela prevista nos orçamentos e nos planos administrativos, bem como nas instruções ou regulamentos referentes aos planos de aplicação de fundos ou quaisquer outras espécies de recursos."*
17. CUNHA, Rogério Sanches. Manual de direito penal: parte geral (art. 1º ao 120). 6ª Edição, revista, ampliada e atualizada. Salvador: Juspodivm, 2018. p. 201.
18. CAMPOS, Pedro Franco *et al.* Direito penal aplicado: parte especial do código penal (arts. 121 a 361). 3ª Edição. São Paulo: Saraiva, 2010. p. 461.
19. Art. 3º O Vice-Prefeito, ou quem vier a substituir o Prefeito, fica sujeito ao mesmo processo do substituído, ainda que tenha cessado a substituição.

utilização não se ocorre por circunstâncias alheias à vontade do agente. Imagine o exemplo do prefeito que determina a transferência de valores de um fundo para outro e a operação não se consuma face a uma falha no sistema bancário.

Classificação doutrinária: *crime próprio* (só pode ser praticado pelo Prefeito); *formal* (não exige a produção do resultado naturalístico para a consumação); *doloso*; *admite tentativa*; *comissivo* (os verbos do tipo exigem ação como forma de conduta); *instantâneo*; *unissubjetivo* (pode ser praticado por uma única pessoa, admitindo, porém, o concurso de agentes); *tipo misto alternativo*.

Ação penal: É pública incondicionada (art. 1º, § 1º).

Pena: Detenção, de três meses a três anos (art. 1º, § 1º).

Suspensão condicional do processo: É possível.

Acordo de Não Persecução Penal: Nos termos do art. 28-A do CPP (incluído pela Lei n.º 13.964/2019), o Acordo de Não Persecução Penal (ANPP) tem cabimento nas infrações penais cometidas sem violência ou grave ameaça à pessoa, cuja pena abstrata mínima seja inferior a 4 (quatro) anos e haja confissão formal e circunstancial do investigado, desde que presentes os demais requisitos. Assim, o Acordo de Não Persecução Penal tem cabimento na infração penal em comento.

IV – empregar subvenções, auxílios, empréstimos ou recursos de qualquer natureza, em desacordo com os planos ou programas a que se destinam[20].

Verbo nuclear: *Empregar* (dar destinação; utilizar; aplicar).

Objetividade jurídica: Busca-se proteger a Administração Pública tanto com relação à preservação patrimonial quanto no tocante à moralidade administrativa. Protege-se, ainda, o orçamento público.

Objeto material: São as *subvenções, auxílios, empréstimos* ou *outros recursos de qualquer natureza*.

As *subvenções* são as transferências destinadas a cobrir despesas de custeio das entidades beneficiadas. Se distinguem em *subvenções sociais*, que são as que se destinam a instituições públicas ou privadas de caráter assistencial ou cultural, sem finalidade lucrativa, e em *subvenções econômicas*, que são as destinadas a empresas públicas ou privadas de caráter industrial, comercial, agrícola ou pastoril (art. 12, I e II, da Lei n.º 4.320/1964).

Auxílios, que não se confundem com subvenções, já que não destinadas ao custeio, são transferências de capital às dotações para investimentos ou inversões financeiras que outras pessoas de direito público ou privado devam realizar, conforme previsto na lei orçamentária (art. 12, § 6º, da Lei n.º 4.320/1964).

Geraldo Ataliba, citando Dídimo Veiga, leciona que o *empréstimo público* consiste no "*contrato pelo qual alguém transfere a uma pessoa pública – seja ela política ou meramente administrativa – certa quantia em dinheiro, com ou sem vantagens pecuniárias, no prazo convencionado.*"[21] Importante consignar que para a contratação de empréstimo pelo Executivo municipal, deverá haver lei aprovada pela Câmara de Vereadores.

Recursos de qualquer natureza são todos os demais valores das mais variadas origens. Como exemplo citamos os valores do Fundo de Participação dos Municípios – FPM.

Sujeito ativo: Trata-se de crime próprio praticado pelo Prefeito Municipal. Também podem figurar como sujeitos ativos o Vice-Prefeito ou quem quer que esteja substituindo o Prefeito no exercício do cargo, mesmo que em caráter transitório, face ao disposto no artigo 3º[22]. Admite-se a coautoria e a participação, uma vez que a condição especial do agente (Prefeito) é elementar do crime e, nos termos do art. 30 do CP, comunica-se a terceiros desde que tenham ciência dessa condição.

---

20. Configura esse delito a transferência de valores decorrentes de um convênio firmado para determinada finalidade para serem aplicados em outra, por exemplo, ou ainda, mandar pagar precatório sem previsão na lei orçamentária e valendo-se de empréstimo obtido para outra finalidade. Segundo leciona Rui Stoco (Responsabilidade dos prefeitos e vereadores. São Paulo: Ed. Revista dos Tribunais, 2017. p. 81.), "*O emprego de subvenções, auxílios, empréstimos ou recursos de qualquer natureza, estes geralmente oriundos de transferências de entidades de direito público ou privado, a exemplo dos Fundos Federais e de tributos outros de origem estadual, mesmo a destinação mínima de 25% da receita tributária na manutenção e desenvolvimento do ensino (CF/88, art. 212,* caput*), tem que obedecer, rigorosamente, os planos de aplicação previamente aprovados pelos órgãos superiores e competentes.*"

21. ATALIBA, Geraldo. Empréstimos públicos e seu regime jurídico. São Paulo: E, Revista dos Tribunais, 1972. p. 5 e 6.

22. Art. 3º O Vice-Prefeito, ou quem vier a substituir o Prefeito, fica sujeito ao mesmo processo do substituído, ainda que tenha cessado a substituição.

Sujeito passivo: É o Município, suas autarquias ou paraestatais.

Elemento subjetivo: É o dolo natural (genérico), direto ou eventual, consistente na vontade livre e consciente de desviar, ou aplicar indevidamente, verba ou renda pública. Não se exige a finalidade específica de causar prejuízo ou obter lucro.

Não se admite a modalidade culposa ante a ausência de previsão.

Consumação: Trata-se de crime formal que se consuma no momento que ocorre o emprego da subvenção, auxílio, empréstimo ou outro recurso público qualquer de forma diversa da prevista nos planos ou programas a que destinam.

Tentativa: É plenamente possível e ocorre quando o emprego não ocorre por circunstâncias alheias à vontade do agente.

Classificação doutrinária: *crime próprio* (só pode ser praticado pelo Prefeito); *formal* (não exige a produção do resultado naturalístico para a consumação); *doloso*; *admite tentativa*; *comissivo* (o verbo do tipo exige ação como forma de conduta); *instantâneo*; *unissubjetivo* (pode ser praticado por uma única pessoa, admitindo, porém, o concurso de agentes).

Ação penal: É pública incondicionada (art. 1º, § 1º).

Pena: Detenção, de três meses a três anos (art. 1º, § 1º).

Suspensão condicional do processo: É possível.

Acordo de Não Persecução Penal: Nos termos do art. 28-A do CPP (incluído pela Lei n.º 13.964/2019), o Acordo de Não Persecução Penal (ANPP) tem cabimento nas infrações penais cometidas sem violência ou grave ameaça à pessoa, cuja pena abstrata mínima seja inferior a 4 (quatro) anos e haja confissão formal e circunstancial do investigado, desde que presentes os demais requisitos. Assim, o Acordo de Não Persecução Penal tem cabimento na infração penal em comento.

V – ordenar ou efetuar despesas não autorizadas por lei, ou realizá-las em desacordo com as normas financeiras pertinentes[23].

Verbos nucleares: *Ordenar* (determinar), *efetuar* (efetivar; praticar) e *realizar* (concretizar). Por se tratar de um tipo misto alternativo (de ação múltipla ou de conteúdo variado), caso as condutas sejam praticadas no mesmo contexto fático entende-se pela ocorrência de apenas um delito[24].

Norma penal em branco: Trata-se de uma *norma penal em branco*, cujo complemento é dado por outras leis, especialmente a CF (art. 167, II)[25], a LRF (LC n.º 101/2000), a Lei n.º 4.320/1964 (que estatui normas gerais sobre Direito Financeiro para elaboração e controle dos orçamentos e balanços da União, Estados, Distrito Federal e Municípios) e a novel Lei de Licitações e Contratos Administrativos (Lei n.º 14.133/2021).

Objetividade jurídica: Busca-se proteger a Administração Pública tanto com relação à preservação patrimonial quanto no tocante à moralidade administrativa. Protege-se, ainda, o orçamento público.

Objeto material: As condutas recaem sobre a despesa pública, que pode ser conceituada como destinação de parcela de dinheiro realizada pela autoridade ou agente público com competência para tal, visando atingir determinada finalidade, em conformidade com a lei.

Sujeito ativo: Trata-se de crime próprio praticado pelo Prefeito Municipal. Também podem figurar como sujeitos ativos o Vice-Prefeito ou quem quer que esteja substituindo o Prefeito no exercício do cargo, mesmo que em caráter transitório, face ao disposto no artigo 3º[26]. Admite-se a coautoria e a participação, uma vez que a condição especial do agente (Prefeito) é elementar do crime e, nos termos do art. 30 do CP, comunica-se a terceiros desde que tenham ciência dessa condição.

Sujeito passivo: É o Município, suas autarquias ou paraestatais.

Elemento subjetivo: É o dolo natural (genérico), direto ou eventual, consistente na vontade livre e consciente de ordenar a realização de despesa pública não autorizada em lei ou realizá-la em desconfor-

23. Como exemplos citamos o prefeito que faz um pagamento a um credor sem emitir nota de empenho ou sem realizar a liquidação ou que realiza o pagamento integral por obra sequer iniciada.

24. CUNHA, Rogério Sanches. Manual de direito penal: parte geral (art. 1º ao 120). 6ª Edição, revista, ampliada e atualizada. Salvador: Juspodivm, 2018. p. 201.

25. O art. 167, II, da CF estabelece que são vedados a realização de despesas ou a assunção de obrigações diretas que excedam os créditos orçamentários ou adicionais.

26. Art. 3º O Vice-Prefeito, ou quem vier a substituir o Prefeito, fica sujeito ao mesmo processo do substituído, ainda que tenha cessado a substituição.

midade com as normas financeiras pertinentes. Não se exige nenhuma finalidade específica do agente.

Não se admite a modalidade culposa ante a ausência de previsão.

Consumação: Trata-se de crime de mera conduta que se consuma no momento que ocorre a emissão da ordem (escrita ou oral) que gera a despesa não autorizada em lei ou em desacordo com as normas financeiras. Pouco importa se a ordenação da despesa será efetiva, bastando a emissão da ordem.

Tentativa: Não se admite.

Classificação doutrinária: *crime próprio* (só pode ser praticado pelo Prefeito); *de mera conduta* (a consumação ocorre com a prática da conduta); *doloso*; *não admite tentativa*; *comissivo* (os verbos do tipo exigem ação como forma de conduta); *instantâneo*; *unissubjetivo* (pode ser praticado por uma única pessoa, admitindo, porém, o concurso de agentes); *tipo misto alternativo*.

Ação penal: É pública incondicionada (art. 1º, § 1º).

Pena: Detenção, de três meses a três anos (art. 1º, § 1º).

Suspensão condicional do processo: É possível.

Acordo de Não Persecução Penal: Nos termos do art. 28-A do CPP (incluído pela Lei n.º 13.964/2019), o Acordo de Não Persecução Penal (ANPP) tem cabimento nas infrações penais cometidas sem violência ou grave ameaça à pessoa, cuja pena abstrata mínima seja inferior a 4 (quatro) anos e haja confissão formal e circunstancial do investigado, desde que presentes os demais requisitos. Assim, o Acordo de Não Persecução Penal tem cabimento na infração penal em comento.

VI – deixar de prestar contas anuais da administração financeira do município à câmara de vereadores, ou ao órgão que a constituição do estado indicar, nos prazos e condições estabelecidos[27].

Verbo nuclear: *Deixar* (omitir; sonegar; não cumprir). Trata-se de um crime omissivo próprio.

Objetividade jurídica: Busca-se proteger a Administração Pública tanto com relação à preservação patrimonial quanto no tocante à moralidade administrativa. Protege-se, ainda, o princípio republicano que impõe aos agentes públicos o dever de prestar contas.

Objeto material: Por se tratar de crime omissivo próprio e ainda crime de mera conduta, não há que se falar em objeto material.

Sujeito ativo: Trata-se de crime próprio praticado pelo Prefeito Municipal. Também podem figurar como sujeitos ativos o Vice-Prefeito ou quem quer que esteja substituindo o Prefeito no exercício do cargo, mesmo que em caráter transitório, face ao disposto no artigo 3º[28]. Admite-se a coautoria e a participação, uma vez que a condição especial do agente (Prefeito) é elementar do crime e, nos termos do art. 30 do CP, comunica-se a terceiros desde que tenham ciência dessa condição. Importante consignar que o dever de prestar contas é do chefe do executivo municipal que estiver em exercício no momento do término do prazo para tal, mesmo que as contas sejam referentes ao mandatário anterior, salvo em caso de impossibilidade material demonstrada pelo novo Prefeito, caso em que não há que se falar em crime[29].

Sujeito passivo: É o Município, suas autarquias ou paraestatais.

Elemento subjetivo: É o dolo natural (genérico) consistente na vontade livre e consciente de se omitir quanto ao dever de prestar contas. Tratando-se de crime omissivo, não se admite o dolo eventual. Não se exige nenhuma finalidade específica do agente.

Não se admite a modalidade culposa ante a ausência de previsão.

Consumação: O crime se consuma quando se finda o prazo fixado na lei para a prestação de contas. Trata-se de crime de mera conduta, visto que o tipo penal não prevê nenhum resultado naturalístico.

Ademais, a prestação de contas intempestiva não exclui do crime[30]. Além disso, não é demasiado lem-

27. Via de regra, o Prefeito, além da Câmara de Vereadores, deve prestar contas anualmente ao Tribunal de Contas do Estado e ao Tribunal de Contas da União no que diz respeito aos recursos recebidos do Estado e da União, respectivamente. Há que se salientar que o dever de prestar contas decorre do princípio da publicidade e tem por escopo viabilizar aos cidadãos ciência acerca da gestão do município e ainda controle por parte das instituições fiscalizadoras.

28. Art. 3º O Vice-Prefeito, ou quem vier a substituir o Prefeito, fica sujeito ao mesmo processo do substituído, ainda que tenha cessado a substituição.

29. CUNHA, Rogério Sanches; PINTO, Ronaldo Batista; SOUZA, Renne do Ó. Leis penais especiais comentadas. 3ª Edição, revista, atualizada e ampliada. Salvador: Juspodivm, 2020. p. 167 e 168.

30. STJ, 5ª Turma, Resp. 448543 MA, Rel. Ministro Arnaldo Esteves Lima, DJ 19-11-2007.

brar que, nos termos do art. 4º do CP, considera-se o crime praticado no momento da ação ou da omissão.

Tentativa: Não se admite.

Classificação doutrinária: *crime próprio* (só pode ser praticado pelo Prefeito); *de mera conduta* (mão exige a produção do resultado naturalístico para a consumação); *doloso*; *não admite tentativa*; *omissivo* (o verbos do tipo exige omissão como forma de conduta); *instantâneo*; *unissubjetivo* (pode ser praticado por uma única pessoa, admitindo, porém, o concurso de agentes).

Ação penal: É pública incondicionada (art. 1º, § 1º).

Pena: Detenção, de três meses a três anos (art. 1º, § 1º).

Suspensão condicional do processo: É possível.

Acordo de Não Persecução Penal: Nos termos do art. 28-A do CPP (incluído pela Lei n.º 13.964/2019), o Acordo de Não Persecução Penal (ANPP) tem cabimento nas infrações penais cometidas sem violência ou grave ameaça à pessoa, cuja pena abstrata mínima seja inferior a 4 (quatro) anos e haja confissão formal e circunstancial do investigado, desde que presentes os demais requisitos. Assim, o Acordo de Não Persecução Penal tem cabimento na infração penal em comento.

VII – deixar de prestar contas, no tempo devido, ao órgão competente, de aplicação de recursos, empréstimos, subvenções ou auxílios internos ou externos, recebidos a qualquer título[31].

Verbo nuclear: *Deixar* (omitir; sonegar; não cumprir). Trata-se de um crime omissivo próprio.

Objetividade jurídica: Busca-se proteger a Administração Pública tanto com relação à preservação patrimonial quanto no tocante à moralidade administrativa. Protege-se, ainda, o princípio republicano que impõe aos agentes públicos o dever de prestar contas.

Objeto material: Por se tratar de crime omissivo próprio e ainda crime de mera conduta, não há que se falar em objeto material.

Sujeito ativo: Trata-se de crime próprio praticado pelo Prefeito Municipal. Também podem figurar como sujeitos ativos o Vice-Prefeito ou quem quer que esteja substituindo o Prefeito no exercício do cargo, mesmo que em caráter transitório, face ao disposto no artigo 3º[32]. Admite-se a coautoria e a participação, uma vez que a condição especial do agente (Prefeito) é elementar do crime e, nos termos do art. 30 do CP, comunica-se a terceiros desde que tenham ciência dessa condição. Importante consignar que o dever de prestar contas é do chefe do executivo municipal que estiver em exercício no momento do término do prazo para tal, mesmo que as contas sejam referentes ao mandatário anterior, salvo em caso de impossibilidade material demonstrada pelo novo Prefeito, caso em que não há que se falar em crime[33].

Sujeito passivo: É o Município, suas autarquias ou paraestatais.

Elemento subjetivo: É o dolo natural (genérico) consistente na vontade livre e consciente de se omitir quanto ao dever de prestar contas. Tratando-se de crime omissivo, não se admite o dolo eventual. Não se exige nenhuma finalidade específica do agente.

Não se admite a modalidade culposa ante a ausência de previsão.

Consumação: O crime se consuma quando se finda o prazo fixado na lei para a prestação de contas. Trata-se de crime de mera conduta, visto que o tipo penal não prevê nenhum resultado naturalístico.

Ademais, a prestação de contas intempestiva não exclui do crime[34]. Além disso, não é demasiado lembrar que, nos termos do art. 4º do CP, considera-se o crime praticado no momento da ação ou da omissão.

Tentativa: Não se admite.

Classificação doutrinária: *crime próprio* (só pode ser praticado pelo Prefeito); *de mera conduta* (a consumação ocorre com a prática da conduta); *do-*

31. Como exemplo, citamos a omissão do Prefeito na prestação de contas ao Tribunal de Contas da União acerca da aplicação de recursos oriundos de um empréstimo firmado entre a municipalidade e o BNDES, quando previsto no contrato a necessária prestação de contas. Trata-se de delito especial em relação ao definido no art. 1º, VI.

32. Art. 3º O Vice-Prefeito, ou quem vier a substituir o Prefeito, fica sujeito ao mesmo processo do substituído, ainda que tenha cessado a substituição.

33. CUNHA, Rogério Sanches; PINTO, Ronaldo Batista; SOUZA, Renne do Ó. Leis penais especiais comentadas. 3ª Edição, revista, atualizada e ampliada. Salvador: Juspodivm, 2020. p. 167 e 168.

34. STJ, 5ª Turma, Resp. 448543 MA, Rel. Ministro Arnaldo Esteves Lima, DJ 19-11-2007. Embora o julgado se refira ao delito tipificado no art. 1º, VI, pela mesma razão aplica-se ao definido no inciso VII.

loso; *não admite tentativa*; *omissivo* (o verbo do tipo exige omissão como forma de conduta); *instantâneo*; *unissubjetivo* (pode ser praticado por uma única pessoa, admitindo, porém, o concurso de agentes).

Ação penal: É pública incondicionada (art. 1º, § 1º).

Pena: Detenção, de três meses a três anos (art. 1º, § 1º).

Suspensão condicional do processo: É possível.

Acordo de Não Persecução Penal: Nos termos do art. 28-A do CPP (incluído pela Lei n.º 13.964/2019), o Acordo de Não Persecução Penal (ANPP) tem cabimento nas infrações penais cometidas sem violência ou grave ameaça à pessoa, cuja pena abstrata mínima seja inferior a 4 (quatro) anos e haja confissão formal e circunstancial do investigado, desde que presentes os demais requisitos. Assim, o Acordo de Não Persecução Penal tem cabimento na infração penal em comento.

VIII – contrair empréstimo, emitir apólices, ou obrigar o município por títulos de crédito, sem autorização da câmara, ou em desacordo com a lei.

Verbos nucleares: *Contrair* (celebrar; acordar; adquirir), *emitir* (expedir; confeccionar) e *obrigar* (sujeitar; vincular). Há que se perceber que as condutas não guardam relação entre si[35], de modo que se trata de tipo misto cumulativo. Assim, caso tais condutas sejam praticadas consecutivamente haverá concurso material.

Norma penal em branco: As operações financeiras descritas no tipo, para que ocorrem de forma lícita, necessitam não apenas de autorização do Poder Legislativo municipal. É necessário que estejam previstas na lei orçamentária e obedeçam ao que dispõe a Resolução n.º 43/2001 do Senado Federal.

Objetividade jurídica: Busca-se proteger a Administração Pública tanto com relação à preservação patrimonial quanto no tocante à moralidade administrativa. Protegem-se, também, as finanças públicas municipais e o equilíbrio orçamentário.

Objetos materiais: São os *empréstimos*, as *apólices* e os *títulos de crédito*. Os *empréstimos* contraídos são contratos celebrados pelo Município, o qual recebe determinado valor para restituí-lo posteriormente acrescido de juros, conforme reza o CC em seus arts. 579 e seguintes. Já as *apólices* e os *títulos de crédito* são documentos emitidos que acarretam o dever de pagamento, ou seja, são títulos da dívida pública, nos termos do art. 29, II, da LRF.

Sujeito ativo: Trata-se de crime próprio praticado pelo Prefeito Municipal. Também podem figurar como sujeitos ativos o Vice-Prefeito ou quem quer que esteja substituindo o Prefeito no exercício do cargo, mesmo que em caráter transitório, face ao disposto no artigo 3º[36]. Admite-se a coautoria e a participação, uma vez que a condição especial do agente (Prefeito) é elementar do crime e, nos termos do art. 30 do CP, comunica-se a terceiros desde que tenham ciência dessa condição.

Sujeito passivo: É o Município, suas autarquias ou paraestatais.

Elemento subjetivo: É o dolo natural (genérico), direito ou eventual consistente na vontade livre e consciente de contrair empréstimo, emitir apólices, ou obrigar o município por títulos de crédito, sem autorização da câmara, ou em desacordo com a lei. Não se exige nenhuma finalidade específica do agente.

Não se admite a modalidade culposa ante a ausência de previsão.

Consumação: Tendo em vista que o crime é formal, a consumação se dá no momento que o Prefeito contrai empréstimo, emite apólices ou título de crédito sem autorização legal.

Tentativa: É possível e ocorre quando, embora iniciados os atos executórios tendentes à contratação do empréstimo, emissão da apólice ou de título de crédito não se atinge consumação por circunstâncias alheias à vontade do Prefeito.

Classificação doutrinária: *crime próprio* (só pode ser praticado pelo Prefeito); *formal* (não exige a produção do resultado naturalístico para a consumação); *doloso*; *admite tentativa*; *comissivo* (os verbos do tipo exigem ação como forma de conduta); *instantâneo*; *unissubjetivo* (pode ser praticado por uma única pessoa, admitindo, porém, o concurso de agentes); *tipo misto cumulativo*.

35. CUNHA, Rogério Sanches; PINTO, Ronaldo Batista; SOUZA, Renne do Ó. Leis penais especiais comentadas. 3ª Edição, revista, atualizada e ampliada. Salvador: Juspodivm, 2020. p. 170.

36. Art. 3º O Vice-Prefeito, ou quem vier a substituir o Prefeito, fica sujeito ao mesmo processo do substituído, ainda que tenha cessado a substituição.

Confronto com o art. 359-H do CP: Face ao princípio da especialidade, o crime em estudo aplica-se aos prefeitos, ao passo que o tipificado no CP incide sobre os demais agentes públicos.

Ação penal: É pública incondicionada (art. 1º, § 1º).

Pena: Detenção, de três meses a três anos (art. 1º, § 1º).

Suspensão condicional do processo: É possível.

Acordo de Não Persecução Penal: Nos termos do art. 28-A do CPP (incluído pela Lei n.º 13.964/2019), o Acordo de Não Persecução Penal (ANPP) tem cabimento nas infrações penais cometidas sem violência ou grave ameaça à pessoa, cuja pena abstrata mínima seja inferior a 4 (quatro) anos e haja confissão formal e circunstancial do investigado, desde que presentes os demais requisitos. Assim, o Acordo de Não Persecução Penal tem cabimento na infração penal em comento.

IX – conceder empréstimo, auxílios ou subvenções sem autorização da câmara, ou em desacordo com a lei.

Verbo nuclear: *Conceder* (permitir; autorizar; fornecer).

Norma penal em branco: Além de autorização legislativa específica para a realização dessas operações, é imperiosa a observância à LRF (art. 26 e seguintes), bem como à Lei Orgânica do Município, dentre outras aplicáveis tais como as Leis n.ºs 9.637/1993, 9.790/1999 e a novel Lei de Licitações e Contratos Administrativos (Lei n.º 14.133/2021).

Objetividade jurídica: Busca-se proteger a Administração Pública tanto com relação à preservação patrimonial quanto no tocante à moralidade administrativa. Protegem-se, também, as finanças públicas municipais e o equilíbrio orçamentário.

Objeto material: São os *empréstimos*, os *auxílios* e as *subvenções*. Os empréstimos concedidos são contratos celebrados pelo município por meio do qual ele transfere dinheiro para recebê-lo posteriormente com o acréscimo de juros.

Auxílios, que não se confundem com subvenções, já que não destinadas ao custeio, são transferências de capital às dotações para investimentos ou inversões financeiras que outras pessoas de direito público ou privado devam realizar, conforme previsto na lei orçamentária (art. 12, § 6º, da Lei n.º 4.320/1964).

As *subvenções* são as transferências destinadas a cobrir despesas de custeio das entidades beneficiadas. Se distinguem em *subvenções sociais*, que são as que se destinam a instituições públicas ou privadas de caráter assistencial ou cultural, sem finalidade lucrativa, e em *subvenções econômicas*, que são as destinadas a empresas públicas ou privadas de caráter industrial, comercial, agrícola ou pastoril (art. 12, I e II, da Lei n.º 4.320/1964).

Sujeito ativo: Trata-se de crime próprio praticado pelo Prefeito Municipal. Também podem figurar como sujeitos ativos o Vice-Prefeito ou quem quer que esteja substituindo o Prefeito no exercício do cargo, mesmo que em caráter transitório, face ao disposto no artigo 3º[37]. Admite-se a coautoria e a participação, uma vez que a condição especial do agente (Prefeito) é elementar do crime e, nos termos do art. 30 do CP, comunica-se a terceiros desde que tenham ciência dessa condição.

Sujeito passivo: É o Município, suas autarquias ou paraestatais.

Elemento subjetivo: É o dolo natural (genérico), direito ou eventual consistente na vontade livre e consciente de conceder empréstimo, auxílios ou subvenções sem autorização da câmara, ou em desacordo com a lei. Não se exige nenhuma finalidade específica do agente.

Não se admite a modalidade culposa ante a ausência de previsão.

Consumação: Tendo em vista que o crime é formal, a consumação se dá no momento que o Prefeito concede empréstimo, auxílios e subvenções sem autorização legal ou em desacordo com a lei.

Tentativa: É possível e ocorre quando, embora iniciados os atos executórios tendentes à concessão das benesses não se atinge consumação por circunstâncias alheias à vontade do Prefeito.

Classificação doutrinária: *crime próprio* (só pode ser praticado pelo Prefeito); *formal* (não exige a produção do resultado naturalístico para a consumação); *doloso*; *admite tentativa*; *comissivo* (o verbo do tipo exige ação como forma de conduta); *instantâneo*; *unissubjetivo* (pode ser praticado por uma única pessoa, admitindo, porém, o concurso de agentes).

37. Art. 3º O Vice-Prefeito, ou quem vier a substituir o Prefeito, fica sujeito ao mesmo processo do substituído, ainda que tenha cessado a substituição.

Ação penal: É pública incondicionada (art. 1º, § 1º).

Pena: Detenção, de três meses a três anos (art. 1º, § 1º).

Suspensão condicional do processo: É possível.

Acordo de Não Persecução Penal: Nos termos do art. 28-A do CPP (incluído pela Lei n.º 13.964/2019), o Acordo de Não Persecução Penal (ANPP) tem cabimento nas infrações penais cometidas sem violência ou grave ameaça à pessoa, cuja pena abstrata mínima seja inferior a 4 (quatro) anos e haja confissão formal e circunstancial do investigado, desde que presentes os demais requisitos. Assim, o Acordo de Não Persecução Penal tem cabimento na infração penal em comento.

X – alienar ou onerar bens imóveis, ou rendas municipais, sem autorização da câmara, ou em desacordo com a lei[38].

Verbos nucleares: *Alienar* (transferir a título oneroso ou gratuito) e *onerar* (gravar com ônus real). Por se tratar de um tipo misto alternativo (de ação múltipla ou de conteúdo variado), caso as condutas sejam praticadas no mesmo contexto fático entende-se pela ocorrência de apenas um delito[39].

Objetividade jurídica: Busca-se proteger a Administração Pública tanto com relação à preservação patrimonial quanto no tocante à moralidade administrativa.

Objeto material: São os bens imóveis e as rendas públicas. Importante recordar que, se a alienação recair sobre *bem móvel*, restará configurado o crime tipificado no inciso I[40].

Sujeito ativo: Trata-se de crime próprio praticado pelo Prefeito Municipal. Também podem figurar como sujeitos ativos o Vice-Prefeito ou quem quer que esteja substituindo o Prefeito no exercício do cargo, mesmo que em caráter transitório, face ao disposto no artigo 3º[41]. Admite-se a coautoria e a participação, uma vez que a condição especial do agente (Prefeito) é elementar do crime e, nos termos do art. 30 do CP, comunica-se a terceiros desde que tenham ciência dessa condição.

Sujeito passivo: É o Município, suas autarquias ou paraestatais.

Elemento subjetivo: É o dolo natural (genérico), direito ou eventual consistente na vontade livre e consciente de alienar ou onerar imóveis ou rendas públicas municipais sem autorização da câmara, ou em desacordo com a lei. Não se exige nenhuma finalidade específica do agente.

Não se admite a modalidade culposa ante a ausência de previsão.

Consumação: Em relação à alienação ou oneração de bens imóveis, a consumação se dá com o respectivo registro no Cartório de imóveis. Já quanto às rendas públicas, a consumação ocorre quando da conduta do sujeito ativo que as aliena ou onera. Trata-se de crime material.

Tentativa: A tentativa é possível e ocorre quando, iniciados os atos executórios tendentes à alienação ou oneração dos bens imóveis ou rendas públicas em desconformidade com a lei, o crime não se consuma por circunstâncias alheias à vontade do agente.

Classificação doutrinária: *crime próprio* (só pode ser praticado pelo Prefeito); *material* (exige a produção do resultado naturalístico para a consumação); *doloso*; *admite tentativa*; *comissivo* (os verbos do tipo exigem ação como forma de conduta); *instantâneo*; *unissubjetivo* (pode ser praticado por uma única pessoa, admitindo, porém, o concurso de agentes); *tipo misto alternativo*.

Ação penal: É pública incondicionada (art. 1º, § 1º).

Pena: Detenção, de três meses a três anos (art. 1º, § 1º).

Suspensão condicional do processo: É possível.

38. Importante considerar que, o que diz respeito às rendas públicas municipais, o crime em tela só se configura na conduta de *onerar*, uma vez que a *alienação* de rendas públicas caracteriza o seu desvio, de modo que a conduta, nesse caso, é a do art. 1º, I. Como exemplos, citados a doação de um terreno pertencente ao município a um particular sem a observância das formalidades legais ou a oneração de um imóvel ou renda pública como garantia para a obtenção de um empréstimo.

39. CUNHA, Rogério Sanches. Manual de direito penal: parte geral (art. 1º ao 120). 6ª Edição, revista, ampliada e atualizada. Salvador: Juspodivm, 2018. p. 201.

40. Há que se notar que a pena prevista para o crime definido no inciso I é maior que a pena estipulada para o crime do inciso X, não sendo demasiado se falar em uma evidente contradição normativa. Isso devido a dois fatores. Num primeiro ponto, é de se afirmar que, geralmente, os bens imóveis possuem valor superior aos bens móveis. Ademais, alienação e oneração de bens imóveis exigem alteração no registro do imóvel. Por ambos os motivos a reprimenda deveria ser maior em comparação.

41. Art. 3º O Vice-Prefeito, ou quem vier a substituir o Prefeito, fica sujeito ao mesmo processo do substituído, ainda que tenha cessado a substituição.

Acordo de Não Persecução Penal: Nos termos do art. 28-A do CPP (incluído pela Lei n.º 13.964/2019), o Acordo de Não Persecução Penal (ANPP) tem cabimento nas infrações penais cometidas sem violência ou grave ameaça à pessoa, cuja pena abstrata mínima seja inferior a 4 (quatro) anos e haja confissão formal e circunstancial do investigado, desde que presentes os demais requisitos. Assim, o Acordo de Não Persecução Penal tem cabimento na infração penal em comento.

XI – adquirir bens, ou realizar serviços e obras, sem concorrência ou coleta de preços, nos casos exigidos em lei.

O presente dispositivo legal foi revogado de forma tácita pelo art. 89 da Lei n.º 8.666/1993 que assim dispunha: *Dispensar ou inexigir licitação fora das hipóteses previstas em lei, ou deixar de observar as formalidades pertinentes à dispensa ou à inexigibilidade.* A pena prevista era de detenção, de 3 a 5 anos, e multa e, nos termos do parágrafo único, aquele que, para contratar com o poder público, concorresse para a ilegalidade, beneficiasse da dispensa ou da inexigibilidade ilegal, incorria na mesma pena. Ocorre que o art. 89 da Lei n.º 8.666/1993 foi revogado expressamente pelo art. 193, I, da novel Lei de Licitações e Contratos Administrativos (Lei n.º 14.133/2021) a qual também inseriu, por intermédio do art. 178, o art. 337-E no CP definindo o crime de **contratação direta ilegal.** Tal dispositivo prevê pena de reclusão, de 4 a 8 anos, e multa, àquele que *Admitir, possibilitar ou dar causa à contratação direta fora das hipóteses previstas em lei.* Entendemos que a conduta descrita no inciso XI em comento adequa-se ao novo crime tipificado no art. 337-E do CP, razão pela qual mantemos nosso posicionamento pela revogação tácita do inciso XI do Decreto-Lei n.º 201/1967.

XII – antecipar ou inverter a ordem de pagamento a credores do município, sem vantagem para o erário.

Verbos nucleares: *Antecipar* (adiantar) e *inverter* (trocar). Trata-se de tipo misto alternativo (de ação múltipla ou de conteúdo variado). Assim, caso as condutas sejam praticadas no mesmo contexto fático entende-se pela ocorrência de apenas um delito[42].

Objetividade jurídica: Busca-se proteger a moralidade administrativa, bem como a boa-fé e a isonomia entre aqueles que se mostram credores da administração pública.

Sujeito ativo: Trata-se de crime próprio praticado pelo Prefeito Municipal. Também podem figurar como sujeitos ativos o Vice-Prefeito ou quem quer que esteja substituindo o Prefeito no exercício do cargo, mesmo que em caráter transitório, face ao disposto no artigo 3º[43]. Admite-se a coautoria e a participação, uma vez que a condição especial do agente (Prefeito) é elementar do crime e, nos termos do art. 30 do CP, comunica-se a terceiros desde que tenham ciência dessa condição.

Sujeito passivo: É o Município, suas autarquias ou paraestatais que acabam por serem lesados em sua moral e/ou em seu patrimônio. Sujeitos passivos secundários são os credores que foram preteridos.

Elemento normativo do tipo: Encontra-se na expressão "sem vantagem para o erário". Assim, caso a antecipação ou inversão na ordem de pagamento aos credores acarrete alguma vantagem de cunho econômico-financeiro ao Poder Público, não há que se falar em crime. Segundo Rui Stoco, "*O pagamento é a última fase do processamento da despesa pública, com rigorosa obediência às disposições ordinárias e constitucionais preceituado nos arts. 62, 64, 65 e 67 da Lei n.º 4.320/64, devendo, obrigatoriamente, ser efetuado após regular liquidação e por despacho expresso da autoridade competente.*" E prossegue afirmando que "*Naturalmente que as ordens de pagamento, em decorrência do entendimento do inciso ora em comento, deverão ser efetivadas segundo a sua colocação cronológica na repartição pagadora (...) e somente poderão sofrer antecipação ou inversão quando oferecer o procedimento de vantagem para o erário público (...).*"[44]

Elemento subjetivo: É o dolo natural (genérico), direito ou eventual consistente na vontade livre e consciente de antecipar ou inverter a ordem de pagamento aos credores. Não se exige nenhuma finalidade específica do agente.

Não se admite a modalidade culposa ante a ausência de previsão.

42. CUNHA, Rogério Sanches. Manual de direito penal: parte geral (art. 1º ao 120). 6ª Edição, revista, ampliada e atualizada. Salvador: Juspodivm, 2018. p. 201.

43. Art. 3º O Vice-Prefeito, ou quem vier a substituir o Prefeito, fica sujeito ao mesmo processo do substituído, ainda que tenha cessado a substituição.

44. STOCO, Rui. Responsabilidade dos prefeitos e vereadores. São Paulo: Ed. Revista dos Tribunais, 2017. p. 123.

Consumação: Trata-se de um crime de mera conduta, visto que a lei não prevê nenhum resultado naturalístico decorrente da conduta. Assim, o crime se consuma no exato momento em que é determinada a antecipação ou a inversão na ordem de pagamento. Importante frisar que o efetivo pagamento é irrelevante para a configuração do crime. Há entendimento diverso, encabeçado por Rui Stoco, no sentido de que a consumação não se dá quando do despacho determinando a antecipação ou a inversão da ordem de pagamento, mas sim quando tal pagamento é efetivamente realizado antecipadamente ou invertido[45].

Tentativa: Não se admite a modalidade tentada. Havendo determinação por parte do sujeito ativo em antecipar ou inverter a ordem cronológica de pagamento o crime se consuma, caso contrário não há crime. Adotando-se o posicionamento de Rui Stoco no que tange ao momento consumativo, vislumbra-se a possibilidade do crime na forma tentada, o que ocorreria, por exemplo, quando a antecipação ou inversão do pagamento não se realiza por um recurso interno ou em decorrência de ação judicial, muito embora tenha havido a determinação do Prefeito.[46]

Classificação doutrinária: *crime próprio* (só pode ser praticado pelo Prefeito); *de mera conduta* (a consumação ocorre com a prática da conduta); *doloso*; *não admite tentativa*; *comissivo* (os verbos do tipo exigem ação como forma de conduta); *instantâneo*; *unissubjetivo* (pode ser praticado por uma única pessoa, admitindo, porém, o concurso de agentes); *tipo misto alternativo*.

Ação penal: É pública incondicionada (art. 1º, § 1º).

Pena: Detenção, de três meses a três anos (art. 1º, § 1º).

Suspensão condicional do processo: É possível.

Acordo de Não Persecução Penal: Nos termos do art. 28-A do CPP (incluído pela Lei n.º 13.964/2019), o Acordo de Não Persecução Penal (ANPP) tem cabimento nas infrações penais cometidas sem violência ou grave ameaça à pessoa, cuja pena abstrata mínima seja inferior a 4 (quatro) anos e haja confissão formal e circunstancial do investigado, desde que presentes os demais requisitos. Assim, o Acordo de Não Persecução Penal tem cabimento na infração penal em comento.

XIII – nomear, admitir ou designar servidor, contra expressa disposição de lei[47].

Verbos nucleares: *Nomear* (*"é a forma originária de investidura em cargo público, isolado ou de carreira"*[48], a qual, via de regra, pressupõe aprovação em concurso público, exceto em se tratando de cargo de provimento em comissão e os expressamente indicados em lei), *admitir* (é *"o ato pelo qual o Estado, sem efetuar preenchimento de cargo público, inclui certa pessoa entre os que, sob relação de dependência, lhes prestam serviços profissionais não eventuais"*[49]) e *designar* (é *"o ato pelo qual o chefe do Executivo atribui a alguém o encargo de exercer determinadas funções no serviço público, em caráter precário e temporário"*[50]). Trata-se de tipo misto alternativo (de ação múltipla ou de conteúdo variado). Assim, caso as condutas sejam praticadas no mesmo contexto fático entende-se pela ocorrência de apenas um delito[51].

Objetividade jurídica: Busca-se proteger os princípios da impessoalidade, da exigência de concurso público, da moralidade administrativa, os quais refletem a probidade administrativa.

Norma penal em branco: Determina a CF, em seu art. 37, II, que *a "investidura em cargo ou emprego público depende de aprovação prévia em concurso público de provas ou de provas e títulos, de acordo com a natureza e a complexidade do cargo ou emprego, na forma prevista em lei, ressalvadas as nomeações para cargo em comissão declarado em lei de livre nomeação e exoneração."* Nos termos do inciso III do mesmo artigo, os concursos públicos terão validade de dois anos prorrogáveis por até dois anos uma única vez.

45. STOCO, Rui. Responsabilidade dos prefeitos e vereadores. São Paulo: Ed. Revista dos Tribunais, 2017. p. 125.
46. STOCO, Rui. Responsabilidade dos prefeitos e vereadores. São Paulo: Ed. Revista dos Tribunais, 2017. p. 125.
47. Como exemplo citamos a nomeação para cargo comissionado de professor que já ocupa dois cargos na rede pública e a nomeação de servidores aprovados em concurso em número superior ao quantitativo de cargos vagos.
48. STOCO, Rui. Responsabilidade dos prefeitos e vereadores. São Paulo: Ed. Revista dos Tribunais, 2017. p. 127.
49. MELLO, Celso Antônio Bandeira de. Apontamentos sobre os Agentes e Órgãos Públicos. São Paulo: Ed. Revista dos Tribunais, 1972. p. 32.
50. STOCO, Rui. Responsabilidade dos prefeitos e vereadores. São Paulo: Ed. Revista dos Tribunais, 2017. p. 128.
51. CUNHA, Rogério Sanches. Manual de direito penal: parte geral (art. 1º ao 120). 6ª Edição, revista, ampliada e atualizada. Salvador: Juspodivm, 2018. p. 201.

Como bem lembra Renee do Ó Souza[52], a não observância dessas disposições ensejará a nulidade do ato e a punição da autoridade responsável, nos termos da lei, conforme disposto no art. 37, § 2º, da CF.

O mesmo art. 37, em seu inciso IX, prevê a possibilidade de contratação por tempo determinado para atender necessidade temporária de excepcional interesse público e o art. 198, § 4º, autoriza aos gestores locais do sistema único de saúde a admitir agentes comunitários de saúde e agentes de combate a endemias através de processo seletivo público.

Caso a nomeação, admissão ou designação de servidor se dê de forma diversa das expostas acima, caracterizado estará do delito em estudo.

Sujeito ativo: Trata-se de crime próprio praticado pelo Prefeito Municipal. Também podem figurar como sujeitos ativos o Vice-Prefeito ou quem quer que esteja substituindo o Prefeito no exercício do cargo, mesmo que em caráter transitório, face ao disposto no artigo 3º[53]. Admite-se a coautoria e a participação, uma vez que a condição especial do agente (Prefeito) é elementar do crime e, nos termos do art. 30 do CP, comunica-se a terceiros desde que tenham ciência dessa condição.

Sujeito passivo: É o Município, suas autarquias ou paraestatais que acabam por serem lesados em sua moral e/ou em seu patrimônio.

Elemento subjetivo: É o dolo natural (genérico), direito ou eventual consistente na vontade livre e consciente de contratar servidor contrariando a lei. Não se exige nenhuma finalidade específica do agente.

Não se admite a modalidade culposa ante a ausência de previsão.

Consumação: O tipo penal não descreve nenhum resultado naturalístico, razão pela qual trata-se de crime de mera conduta, o qual se consuma com o ato do Prefeito que nomeia, admite ou designa servidor em desacordo com determinado em lei.

Tentativa: Não se admite a tentativa.

Classificação doutrinária: *crime próprio* (só pode ser praticado pelo Prefeito); *de mera conduta* (a consumação ocorre com a prática da conduta); *doloso*; *não admite tentativa*; *comissivo* (os verbos do tipo exigem ação como forma de conduta); *instantâneo*; *unissubjetivo* (pode ser praticado por uma única pessoa, admitindo, porém, o concurso de agentes); *tipo misto alternativo*.

A prática do nepotismo configura o crime em tela? Não existe lei genérica para o serviço público que verse sobre um conceito de nepotismo. Tem-se, contudo, que o nepotismo se caracteriza pela nomeação de parentes para cargos comissionados. A Súmula Vinculante n.º 13 do STF reza que *"A nomeação de cônjuge, companheiro ou parente em linha reta, colateral ou por afinidade, até o terceiro grau, inclusive, da autoridade nomeante ou de servidor da mesma pessoa jurídica investido em cargo de direção, chefia ou assessoramento, para o exercício de cargo em comissão ou de confiança ou, ainda, de função gratificada na administração pública direta e indireta em qualquer dos poderes da União, dos Estados, do Distrito Federal e dos Municípios, compreendido o ajuste mediante designações recíprocas, viola a Constituição Federal."* Assim, compartilhamos do entendimento de que o Prefeito que contrata contrariando o disposto na Súmula Vinculante n.º 13 do STF perpetra o crime em questão, visto que está nomeando, admitindo ou designando em clara violação aos ditames constitucionais, especialmente no que toca aos princípios da moralidade, da impessoalidade e da eficiência.

Ação penal: É pública incondicionada (art. 1º, § 1º).

Pena: Detenção, de três meses a três anos (art. 1º, § 1º).

Suspensão condicional do processo: É possível.

Acordo de Não Persecução Penal: Nos termos do art. 28-A do CPP (incluído pela Lei n.º 13.964/2019), o Acordo de Não Persecução Penal (ANPP) tem cabimento nas infrações penais cometidas sem violência ou grave ameaça à pessoa, cuja pena abstrata mínima seja inferior a 4 (quatro) anos e haja confissão formal e circunstancial do investigado, desde que presentes os demais requisitos. Assim, o Acordo de Não Persecução Penal tem cabimento na infração penal em comento.

XIV (primeira parte) – negar execução a Lei federal, estadual ou municipal (...)[54].

52. CUNHA, Rogério Sanches; PINTO, Ronaldo Batista; SOUZA, Renne do Ó. Leis penais especiais comentadas. 3ª Edição, revista, atualizada e ampliada. Salvador: Juspodivm, 2020. p.177.

53. Art. 3º O Vice-Prefeito, ou quem vier a substituir o Prefeito, fica sujeito ao mesmo processo do substituído, ainda que tenha cessado a substituição.

54. O inciso XIV do art. 1º traz, em verdade, dois delitos diversos, razão pela qual dividimos a análise do dispositivo em primeira e segunda partes.

Verbo nuclear: *Negar* (ignorar; refutar).

Objetividade jurídica: Busca-se proteger o princípio da legalidade, previsto no art. 5º, II, e no art. 37, *caput*, da CF. Tal princípio implica na afirmação de que ao cidadão não se pode obrigar que faça ou deixe de fazer alguma coisa se não houver determinação em lei. Noutro viés, importa na obrigação ao administrador público de somente fazer o que a lei manda. Em suma, o particular pode fazer tudo aquilo que a lei não lhe proíbe e o administrador público só pode fazer aquilo que a lei lhe permite. Ademais, ninguém se escusa de cumprir a lei alegando que não a conhece, nos termos do art. 3º da LINDB.

Sujeito ativo: Trata-se de crime próprio praticado pelo Prefeito Municipal. Também podem figurar como sujeitos ativos o Vice-Prefeito ou quem quer que esteja substituindo o Prefeito no exercício do cargo, mesmo que em caráter transitório, face ao disposto no artigo 3º[55]. Admite-se a coautoria e a participação, uma vez que a condição especial do agente (Prefeito) é elementar do crime e, nos termos do art. 30 do CP, comunica-se a terceiros desde que tenham ciência dessa condição.

Sujeito passivo: É o Município, suas autarquias ou paraestatais.

Objeto material: É a lei federal, estadual e municipal. Como observa Renee do Ó Souza[56], via de regra, para a caracterização do crime em estudo exige-se que a lei sobre a qual recai a conduta do Prefeito seja de *efeito concreto*, ou seja, "*aquela que regula situação certa e determinada, que opera um comando específico e exequível e que se dirige às pessoas certas e determinadas*". Explica o doutrinador que nessa hipótese o descumprimento da lei acarreta prejuízo quanto aos efeitos específicos por ela almejados e ainda às pessoas certas e determinadas que por ela são ou seriam alcançadas.

Elemento subjetivo: É o dolo natural (genérico), direito ou eventual consistente na vontade livre e consciente de negar execução a Lei federal, estadual ou municipal. Não se exige nenhuma finalidade específica do agente.

Não se admite a modalidade culposa ante a ausência de previsão.

Consumação: Ocorre com a não execução do que determina a lei, seja pela prática de ato manifestamente contrário à lei, seja pelo decurso do prazo.

Tentativa: Tratando-se de crime omissivo próprio, inadmissível a tentativa.

Classificação doutrinária: *crime próprio* (só pode ser praticado pelo Prefeito); *de mera conduta* (a consumação ocorre com a prática da conduta); *doloso*; *não admite tentativa*; *omissivo* (o verbo do tipo exige omissão como forma de conduta); *instantâneo*; *unissubjetivo* (pode ser praticado por uma única pessoa, admitindo, porém, o concurso de agentes).

Ação penal: É pública incondicionada (art. 1º, § 1º).

Pena: Detenção, de três meses a três anos (art. 1º, § 1º).

Suspensão condicional do processo: É possível.

Acordo de Não Persecução Penal: Nos termos do art. 28-A do CPP (incluído pela Lei n.º 13.964/2019), o Acordo de Não Persecução Penal (ANPP) tem cabimento nas infrações penais cometidas sem violência ou grave ameaça à pessoa, cuja pena abstrata mínima seja inferior a 4 (quatro) anos e haja confissão formal e circunstancial do investigado, desde que presentes os demais requisitos. Assim, o Acordo de Não Persecução Penal tem cabimento na infração penal em comento.

XIV (segunda parte) – (...) deixar de cumprir ordem judicial, sem dar o motivo da recusa ou da impossibilidade, por escrito, à autoridade competente[57].

Verbo nuclear: *Deixar de cumprir* (descumprir; desobedecer).

Objetividade jurídica: Busca-se proteger a força, a eficácia das decisões judiciais.

Sujeito ativo: Trata-se de crime próprio praticado pelo Prefeito Municipal. Também podem figurar como sujeitos ativos o Vice-Prefeito ou quem quer que esteja substituindo o Prefeito no exercício do cargo, mesmo que em caráter transitório, face ao

55. Art. 3º O Vice-Prefeito, ou quem vier a substituir o Prefeito, fica sujeito ao mesmo processo do substituído, ainda que tenha cessado a substituição.

56. CUNHA, Rogério Sanches; PINTO, Ronaldo Batista; SOUZA, Renne do Ó. Leis penais especiais comentadas. 3ª Edição, revista, atualizada e ampliada. Salvador: Juspodivm, 2020. p. 181 e 182.

57. A segunda parte do inciso XIV do art. 3º traz o crime de desobediência praticado pelo Prefeito em relação a decisão judicial.

disposto no artigo 3º[58]. Admite-se a coautoria e a participação, uma vez que a condição especial do agente (Prefeito) é elementar do crime e, nos termos do art. 30 do CP, comunica-se a terceiros desde que tenham ciência dessa condição.

Sujeito passivo: É o Município, suas autarquias ou paraestatais.

Objeto material: É a ordem contida em decisão judicial.

Elemento subjetivo: É o dolo natural (genérico), direito ou eventual consistente na vontade livre e consciente de deixar de cumprir ordem judicial injustificadamente. Não se exige nenhuma finalidade específica do agente.

Não se admite a modalidade culposa ante a ausência de previsão.

Consumação: Ocorre no momento que o Prefeito descumpre a ordem judicial, seja pela prática de ato manifestamente contrário a ela, seja pelo decurso do prazo.

Tentativa: Tratando-se de crime omissivo próprio, inadmissível a tentativa.

Classificação doutrinária: *crime próprio* (só pode ser praticado pelo Prefeito); *de mera conduta* (a consumação ocorre com a prática da conduta); *doloso*; *não admite tentativa*; *omissivo* (o verbo do tipo exige omissão como forma de conduta); *instantâneo*; *unissubjetivo* (pode ser praticado por uma única pessoa, admitindo, porém, o concurso de agentes).

Ação penal: É pública incondicionada (art. 1º, § 1º).

Pena: Detenção, de três meses a três anos (art. 1º, § 1º).

Suspensão condicional do processo: É possível.

Acordo de Não Persecução Penal: Nos termos do art. 28-A do CPP (incluído pela Lei n.º 13.964/2019), o Acordo de Não Persecução Penal (ANPP) tem cabimento nas infrações penais cometidas sem violência ou grave ameaça à pessoa, cuja pena abstrata mínima seja inferior a 4 (quatro) anos e haja confissão formal e circunstancial do investigado, desde que presentes os demais requisitos. Assim, o Acordo de Não Persecução Penal tem cabimento na infração penal em comento.

XV – deixar de fornecer certidões de atos ou contratos municipais, dentro do prazo estabelecido em lei.

Verbo nuclear: *Deixar* (não apresentar; se omitir; sonegar).

Objetividade jurídica: Tem-se como escopo proteger a Administração Pública, o princípio da publicidade e o direito à informação.

A CF, em seu art. 37, *caput*, prevê a *publicidade* como um dos princípios norteadores de toda a Administração Pública. Além disso, a CF prescreve ser direito de todos receber informações dos órgãos públicos, as quais devem ser prestadas no prazo legal (art. 5º, XXXIII), cujas certidões são gratuitas (art. 5º, XXXIV, *b*).

Norma penal em branco: A complementação ao tipo penal diz respeito ao prazo para o fornecimento da certidão. A Lei n.º 9.051/1995 dispõe que o prazo para que os órgãos da administração centralizada ou autárquica, das empresas públicas, das sociedades de economia mista e fundações públicas da União, Estados, Distrito Federal e Municípios expeçam certidões aos requerentes para fins particulares é de 15 (quinze) dias improrrogáveis[59]. Ademais, reza a Lei n.º 12.527/2011 que qualquer interessado poderá requerer informações à administração direta dos Poderes Executivo, Legislativo, Judiciário, Tribunais de Contas e Ministérios Públicos, assim como às autarquias, fundações, empresas públicas, sociedades de economia mista e demais entidades controladas pela União, Estados, Distrito Federal e Municípios, sendo o prazo de 20 (vinte) dias, prorrogável por mais 10 (dez), para que seja o interessado comunicado da data, local e modo de consulta, extração de cópia ou obtenção de certidão, ou informado sobre o impossibilidade de fornecimento total ou parcial da informação, ou ainda, comunicado que o órgão não possui a informação. Nessa terceira hipótese, o órgão deverá indicar quem detém a informação ou encaminhar o requerimento a quem a detém, cientificando-se o interessado[60].

58. Art. 3º O Vice-Prefeito, ou quem vier a substituir o Prefeito, fica sujeito ao mesmo processo do substituído, ainda que tenha cessado a substituição.

59. Art. 1º da Lei n.º 9.051/1995.

60. Art. 11, §§ 1º e 2º c/c art. 1º, da Lei n.º 12.527/2011.

Objeto material: São as certidões acerca de atos e contrato municipais. Certidões são documentos escritos que têm por escopo comprovar informações constantes de atos, processos, contratos e bancos de dados das repartições públicas. Os atos municipais a que se refere o dispositivo são os atos administrativos em sentido amplo, assim como em relação aos contratos. O cidadão tem direito a obter certidão de qualquer ato administrativo e qualquer contrato firmado pelo município.

Sujeito ativo: Trata-se de crime próprio praticado pelo Prefeito Municipal. Também podem figurar como sujeitos ativos o Vice-Prefeito ou quem quer que esteja substituindo o Prefeito no exercício do cargo, mesmo que em caráter transitório, face ao disposto no artigo 3º[61]. Admite-se a coautoria e a participação, uma vez que a condição especial do agente (Prefeito) é elementar do crime e, nos termos do art. 30 do CP, comunica-se a terceiros desde que tenham ciência dessa condição. Importante sublinhar que, para a configuração do delito em questão, *"é necessário que a negativa de fornecimento de certidões tenha origem em ato do Prefeito Municipal, e não em omissão por parte do funcionário subalterno, eis que, nesta hipótese, não se caracteriza, sequer em tese, o tipo penal"*[62].

Sujeito passivo: É o Município, suas autarquias ou paraestatais.

Elemento subjetivo: É o dolo natural (genérico), direito ou eventual consistente na vontade livre e consciente de se omitir em fornecer certidões acerca dos atos e contratos municipais dentro do prazo legal. Não se exige nenhuma finalidade específica do agente.

Não se admite a modalidade culposa ante a ausência de previsão.

Consumação: Trata-se de crime omissivo próprio que se consuma no exato momento que se extingue o prazo legal sem a expedição da certidão.

Tentativa: Tratando-se de crime omissivo próprio e de mera conduta, não se admite a tentativa.

Classificação doutrinária: *crime próprio* (só pode ser praticado pelo Prefeito); *de mera conduta* (a consumação ocorre com a prática da conduta); *doloso; não admite tentativa; omissivo* (o verbo do tipo exige omissão como forma de conduta); *instantâneo; unissubjetivo* (pode ser praticado por uma única pessoa, admitindo, porém, o concurso de agentes).

Ação penal: É pública incondicionada (art. 1º, § 1º).

Pena: Detenção, de três meses a três anos (art. 1º, § 1º).

Suspensão condicional do processo: É possível.

Acordo de Não Persecução Penal: Nos termos do art. 28-A do CPP (incluído pela Lei n.º 13.964/2019), o Acordo de Não Persecução Penal (ANPP) tem cabimento nas infrações penais cometidas sem violência ou grave ameaça à pessoa, cuja pena abstrata mínima seja inferior a 4 (quatro) anos e haja confissão formal e circunstancial do investigado, desde que presentes os demais requisitos. Assim, o Acordo de Não Persecução Penal tem cabimento na infração penal em comento.

XVI – deixar de ordenar a redução do montante da dívida consolidada, nos prazos estabelecidos em lei, quando o montante ultrapassar o valor resultante da aplicação do limite máximo fixado pelo senado federal.

Verbo nuclear: *Deixar de ordenar* (se omitir; não determinar).

Objetividade jurídica: A finalidade é proteger a administração pública no que tange à moralidade, probidade e austeridade.

Norma penal em branco: O conceito de *dívida consolidada* é conferido pelo art. 29, em seu inciso I e § 3º, e art. 30, ambos da LRF. Reza o inciso I que se trata do "*montante total, apurado sem duplicidade, das obrigações financeiras do ente da Federação, assumidas em virtude de leis, contratos, convênios ou tratados e da realização de operações de crédito, para amortização em prazos superiores a doze meses*". Acrescenta o § 3º as "*operações de crédito de prazo inferior a doze meses cujas receitas tenham constado do orçamento*". Já o art. 30 estipula que "*Os precatórios judiciais não pagos durante a execução do orçamento em que houverem sido incluídos integram a dívida consolidada, para fins de aplicação de limites*".

O dispositivo incriminador também menciona "*prazos estabelecidos em lei*". Tal prazo também é fixado pela LRF, em seu art. 30, § 4º, e segundo ele

61. Art. 3º O Vice-Prefeito, ou quem vier a substituir o Prefeito, fica sujeito ao mesmo processo do substituído, ainda que tenha cessado a substituição.

62. STOCO, Rui. Responsabilidade dos prefeitos e vereadores. São Paulo: Ed. Revista dos Tribunais, 2017. p. 139.

o Prefeito deverá aferir o montante da dívida consolidada no final de cada quadrimestre.

O limite máximo para a dívida consolidada é fixado pelo Senado Federal através da Resolução n.º 40/2001.

Sujeito ativo: Trata-se de crime próprio praticado pelo Prefeito Municipal. Também podem figurar como sujeitos ativos o Vice-Prefeito ou quem quer que esteja substituindo o Prefeito no exercício do cargo, mesmo que em caráter transitório, face ao disposto no artigo 3º[63]. Admite-se a coautoria e a participação, uma vez que a condição especial do agente (Prefeito) é elementar do crime e, nos termos do art. 30 do CP, comunica-se a terceiros desde que tenham ciência dessa condição.

Sujeito passivo: É o Município, suas autarquias ou paraestatais.

Elemento subjetivo: É o dolo natural (genérico), direito ou eventual consistente na vontade livre e consciente de se omitir em reduzir o montante da dívida consolidada, até o limite máximo fixado pelo Senado Federal. Não se exige nenhuma finalidade específica do agente.

Não se admite a modalidade culposa ante a ausência de previsão.

Consumação: O crime se consuma com o transcurso do prazo estabelecido para o Prefeito reduzir o montante da dívida consolidada.

Tentativa: Não é possível a forma tentada, visto que se trata de crime omissivo próprio.

Classificação doutrinária: *crime próprio* (só pode ser praticado pelo Prefeito); *de mera conduta* (a consumação ocorre com a prática da conduta); *doloso*; *não admite tentativa*; *omissivo* (o verbo do tipo exige omissão como forma de conduta); *instantâneo*; *unissubjetivo* (pode ser praticado por uma única pessoa, admitindo, porém, o concurso de agentes).

Ação penal: É pública incondicionada (art. 1º, § 1º).

Pena: Detenção, de três meses a três anos (art. 1º, § 1º).

Suspensão condicional do processo: É possível.

Acordo de Não Persecução Penal: Nos termos do art. 28-A do CPP (incluído pela Lei n.º 13.964/2019), o Acordo de Não Persecução Penal (ANPP) tem cabimento nas infrações penais cometidas sem violência ou grave ameaça à pessoa, cuja pena abstrata mínima seja inferior a 4 (quatro) anos e haja confissão formal e circunstancial do investigado, desde que presentes os demais requisitos. Assim, o Acordo de Não Persecução Penal tem cabimento na infração penal em comento.

XVII – ordenar ou autorizar a abertura de crédito em desacordo com os limites estabelecidos pelo senado federal, sem fundamento na Lei orçamentária ou na de crédito adicional ou com inobservância de prescrição legal.

Verbo nuclear: *Ordenar* (determinar) e *autorizar* (permitir). Trata-se de tipo misto alternativo (de ação múltipla ou de conteúdo variado). Assim, caso as condutas sejam praticadas no mesmo contexto fático entende-se pela ocorrência de apenas um delito[64].

Objetividade jurídica: A finalidade é proteger a administração pública no que tange à moralidade, probidade e austeridade.

Norma penal em branco: O conceito de *operação de crédito* é conferido pela LRF em seu art. 29, III, segundo a qual trata-se de "*compromisso financeiro assumido em razão de mútuo, abertura de crédito, emissão e aceite de título, aquisição financiada de bens, recebimento antecipado de valores provenientes da venda a termo de bens e serviços, arrendamento mercantil e outras operações assemelhadas, inclusive com o uso de derivativos financeiros*". Ademais, o § 1º do mesmo art. 29 estipula que se equipara a operação de crédito "*a assunção, o reconhecimento ou a confissão de dívidas pelo ente da Federação, sem prejuízo do cumprimento das exigências dos arts. 15 e 16*". Os arts. 32 e 33 da mesma lei traz os critérios para a contratação de operações de crédito.

Rui Stoco[65] ensina que o crime se dá "*quando ocorram as irregularidades ali apontadas: 'a) em desacordo com os limites estabelecidos pelo Senado Federal; b) sem fundamento na lei orçamentária ou na de crédito adicional; c) ou com inobservância de*

63. Art. 3º O Vice-Prefeito, ou quem vier a substituir o Prefeito, fica sujeito ao mesmo processo do substituído, ainda que tenha cessado a substituição.

64. CUNHA, Rogério Sanches. Manual de direito penal: parte geral (art. 1º ao 120). 6ª Edição, revista, ampliada e atualizada. Salvador: Juspodivm, 2018. p. 201.

65. STOCO, Rui. Responsabilidade dos prefeitos e vereadores. São Paulo: Ed. Revista dos Tribunais, 2017. p. 154.

prescrição legal". Segundo o doutrinador, "*não se exige que o agente pratique todas as condutas da norma para que o crime se configure*", sendo suficiente "*que o Prefeito ordene ou autorize a abertura de crédito com infração a qualquer uma das três proibições contidas no inciso*".[66]

Sobre limites para abertura de crédito, a Constituição Federal estipula que compete privativamente ao Senado Federal "*dispor sobre limites globais e condições para as operações de crédito externo e interno da União, dos Estados, do Distrito Federal e dos Municípios, de suas autarquias e demais entidades controladas pelo Poder Público federal*" (art. 52, VII).

Em relação aos créditos adicionais, estes podem ser *suplementares* (são previamente autorizados por lei, abertos por mediante decreto do chefe do Poder Executivo, destinam-se a reforçar as dotações orçamentárias já existentes e sua vigência restringe-se ao exercício do orçamento em execução), *especiais* (são autorizados por lei específica, abertos por decreto do chefe do Poder Executivo, destinam-se a autorizar despesas não previstas no orçamento em vigor e sua vigência restringe-se ao exercício que o autorizou, exceto se a autorização for promulgada nos últimos quatro meses do exercício, caso em que a abertura no exercício seguinte é permitida) e *extraordinários* (são abertos por decreto do chefe do Poder Executivo, devem ser convertidos em lei pelo Poder Legislativo em trinta dias, destinam-se ao atendimento de despesas urgentes e imprevisíveis e sua vigência restringe-se ao exercício que o autorizou, exceto se a autorização for promulgada nos últimos quatro meses do exercício, caso em que a abertura no exercício seguinte é permitida). A abertura de créditos adicionais deve obedecer aos ditames constitucionais e à Lei n.º 4.320/1964, que estabelece normas gerais de Direito Financeiro para elaboração e controle dos orçamentos e balanços da União, dos Estados, dos Municípios e do Distrito Federal[67].

Objeto material: É a operação de crédito.

Sujeito ativo: Trata-se de crime próprio praticado pelo Prefeito Municipal. Também podem figurar como sujeitos ativos o Vice-Prefeito ou quem quer que esteja substituindo o Prefeito no exercício do cargo, mesmo que em caráter transitório, face ao disposto no artigo 3º[68]. Admite-se a coautoria e a participação, uma vez que a condição especial do agente (Prefeito) é elementar do crime e, nos termos do art. 30 do CP, comunica-se a terceiros desde que tenham ciência dessa condição.

Sujeito passivo: É o Município, suas autarquias ou paraestatais.

Diferença entre o crime em análise e o definido no inciso XX: Em ambos os crimes a operação de crédito se dá em desconformidade com a lei. A diferença reside no fato de que no crime do inciso XVII a operação de crédito se dá com violação ao limite estipulado pelo Senado Federal e sem fundamentação na Lei orçamentária ao passo que no delito do inciso XX a contratação da operação de crédito em contrariedade com a lei se dá com ente da federação impedida de realizar tal celebração.

Elemento subjetivo: É o dolo natural (genérico), direito ou eventual consistente na vontade livre e consciente de ordenar ou autorizar a abertura de crédito em desacordo com os limites estabelecidos pelo Senado Federal, sem fundamento na Lei orçamentária ou na de crédito adicional ou com inobservância de prescrição legal. Não se exige nenhuma finalidade específica do agente.

Não se admite a modalidade culposa ante a ausência de previsão.

Consumação: O crime se consuma no momento que o Prefeito ordena ou autoriza a abertura de crédito, independentemente de sua efetivação. Trata-se de crime de mera conduta, visto que a lei não prevê nenhum resultado naturalístico.

Tentativa: É inadmissível a tentativa, pois se trata de crime de mera conduta. A ordem ou a autorização são atos administrativos perfeitos e simples, ou seja, contém neles mesmos todos os elementos que os tornam exequíveis e não dependem de nenhuma outra providência para que sejam válidos. Assim, ou a ordem ou a autorização são emitidas e o crime se

66. Há quem entenda, entretanto, que as elementares descritas no tipo são cumulativas de modo que, se por exemplo, o prefeito realizar abertura de crédito com inobservância das leis mencionadas no tipo, porém em conformidade com os limites previstos pelo Senado Federal, não há que se falar em crime. Nesse sentido, BITENCOURT, Cezar Roberto. Tratado de direito penal. Parte especial. Volume 5. 8ª edição. São Paulo: Saraiva, 2014, p. 536 e 537.

67. CUNHA, Rogério Sanches; PINTO, Ronaldo Batista; SOUZA, Renne do Ó. Leis penais especiais comentadas. 3ª Edição, revista, atualizada e ampliada. Salvador: Juspodivm, 2020. p. 188 e 189.

68. Art. 3º O Vice-Prefeito, ou quem vier a substituir o Prefeito, fica sujeito ao mesmo processo do substituído, ainda que tenha cessado a substituição.

considera consumado, ou não são emitidas e não há que se falar em crime.

Classificação doutrinária: *crime próprio* (só pode ser praticado pelo Prefeito); *de mera conduta* (a consumação ocorre com a prática da conduta); *doloso*; *não admite tentativa*; *comissivo* (os verbos do tipo exigem ação como forma de conduta); *instantâneo*; *unissubjetivo* (pode ser praticado por uma única pessoa, admitindo, porém, o concurso de agentes); *tipo misto alternativo*.

Ação penal: É pública incondicionada (art. 1º, § 1º).

Pena: Detenção, de três meses a três anos (art. 1º, § 1º).

Suspensão condicional do processo: É possível.

Acordo de Não Persecução Penal: Nos termos do art. 28-A do CPP (incluído pela Lei n.º 13.964/2019), o Acordo de Não Persecução Penal (ANPP) tem cabimento nas infrações penais cometidas sem violência ou grave ameaça à pessoa, cuja pena abstrata mínima seja inferior a 4 (quatro) anos e haja confissão formal e circunstancial do investigado, desde que presentes os demais requisitos. Assim, o Acordo de Não Persecução Penal tem cabimento na infração penal em comento.

XVIII – deixar de promover ou de ordenar, na forma da lei, o cancelamento, a amortização ou a constituição de reserva para anular os efeitos de operação de crédito realizada com inobservância de limite, condição ou montante estabelecido em lei.

Verbos nucleares: *Deixar de promover* (não agir; não fazer) e *deixar de ordenar* (não determinar). Trata-se de tipo misto alternativo (de ação múltipla ou de conteúdo variado). Assim, caso as condutas sejam praticadas no mesmo contexto fático entende-se pela ocorrência de apenas um delito[69].

Tais condutas recaem sobre medidas que devem ser adotadas pelo Prefeito com o escopo de anular operações de crédito ilegais. As medidas são o *cancelamento*, a *amortização* e a *constituição de reserva*. *Cancelamento* é a anulação, a invalidação de uma operação de crédito realizada com inobservância da LRF. Dispõe o § 1º do art. 33 da referida lei que a operação será considerada nula, devendo ser cancelada, devolvendo-se o principal e vedados juros e encargos financeiros. A *amortização* é o pagamento da dívida periodicamente, de forma parcelada. Já a *constituição de reserva* consiste em formar um fundo visando aglutinar valores para pagamento futuro da dívida.

Objetividade jurídica: A finalidade é proteger a administração pública no que tange à moralidade, probidade e austeridade.

Norma penal em branco: O tipo penal faz referência a *"limite, condição ou montante estabelecido em lei"*. A complementação é dada pela Lei n.º 9.995/2000.

Fato posterior impunível: Como visto, no inciso XVII está definido o crime consistente em ordenar ou autorizar a abertura ilegal de crédito, ou seja, promover o indevido endividamento do município. Caso o prefeito incorra no referido crime, entende-se que não poderá ele ser responsabilizado pelo delito previsto no inciso XVIII, por se tratar e *post factum* impunível. Caso haja sucessão de prefeitos, tendo o primeiro incorrido no crime do inciso XVII, é possível se imputar ao sucessor o crime do inciso XVIII, pois surgiu para ele o dever de promover ou de ordenar o cancelamento, a amortização ou a constituição de reserva para anular os efeitos da operação de crédito ilegal perpetrada pelo primeiro[70].

Sujeito ativo: Trata-se de crime próprio praticado pelo Prefeito Municipal. Também podem figurar como sujeitos ativos o Vice-Prefeito ou quem quer que esteja substituindo o Prefeito no exercício do cargo, mesmo que em caráter transitório, face ao disposto no artigo 3º[71]. Admite-se a coautoria e a participação, uma vez que a condição especial do agente (Prefeito) é elementar do crime e, nos termos do art. 30 do CP, comunica-se a terceiros desde que tenham ciência dessa condição.

Sujeito passivo: É o Município, suas autarquias ou paraestatais.

Elemento subjetivo: É o dolo natural (genérico), direito ou eventual consistente na vontade livre e consciente de se omitir em relação ao o cancelamento, a amortização ou a constituição de reserva para

69. CUNHA, Rogério Sanches. Manual de direito penal: parte geral (art. 1º ao 120). 6ª Edição, revista, ampliada e atualizada. Salvador: Juspodivm, 2018. p. 201.

70. CUNHA, Rogério Sanches; PINTO, Ronaldo Batista; SOUZA, Renne do Ó. Leis penais especiais comentadas. 3ª Edição, revista, atualizada e ampliada. Salvador: Juspodivm, 2020. p. 190.

71. Art. 3º O Vice-Prefeito, ou quem vier a substituir o Prefeito, fica sujeito ao mesmo processo do substituído, ainda que tenha cessado a substituição.

anular os efeitos de operação de crédito realizada com inobservância de limite, condição ou montante estabelecido em lei. Não se exige nenhuma finalidade específica do agente.

Não se admite a modalidade culposa ante a ausência de previsão.

Consumação: O tipo penal não prevê resultado naturalístico. Trata-se, portanto, de crime de mera conduta que se consuma com a omissão do Prefeito.

Tentativa: A tentativa é inadmissível.

Classificação doutrinária: *crime próprio* (só pode ser praticado pelo Prefeito); *de mera conduta* (a consumação ocorre com a prática da conduta); *doloso*; *não admite tentativa*; *omissivo* (o verbo do tipo exige omissão como forma de conduta); *instantâneo*; *unissubjetivo* (pode ser praticado por uma única pessoa, admitindo, porém, o concurso de agentes).

Ação penal: É pública incondicionada (art. 1º, § 1º).

Pena: Detenção, de três meses a três anos (art. 1º, § 1º).

Suspensão condicional do processo: É possível.

Acordo de Não Persecução Penal: Nos termos do art. 28-A do CPP (incluído pela Lei n.º 13.964/2019), o Acordo de Não Persecução Penal (ANPP) tem cabimento nas infrações penais cometidas sem violência ou grave ameaça à pessoa, cuja pena abstrata mínima seja inferior a 4 (quatro) anos e haja confissão formal e circunstancial do investigado, desde que presentes os demais requisitos. Assim, o Acordo de Não Persecução Penal tem cabimento na infração penal em comento.

XIX – deixar de promover ou de ordenar a liquidação integral de operação de crédito por antecipação de receita orçamentária, inclusive os respetivos juros e demais encargos, até o encerramento do exercício financeiro.

Verbos nucleares: *Deixar de promover* (não agir; não fazer) e *deixar de ordenar* (não determinar). Trata-se de tipo misto alternativo (de ação múltipla ou de conteúdo variado). Assim, caso as condutas sejam praticadas no mesmo contexto fático entende-se pela ocorrência de apenas um delito[72].

Tais condutas recaem sobre o dever o Prefeito de liquidar, isto é, quitar integralmente operação de crédito por antecipação de receita dentro do exercício financeiro no qual houve a antecipação[73].

Objetividade jurídica: A finalidade é proteger a administração pública no que tange à moralidade, probidade e austeridade.

Sujeito ativo: Trata-se de crime próprio praticado pelo Prefeito Municipal. Também podem figurar como sujeitos ativos o Vice-Prefeito ou quem quer que esteja substituindo o Prefeito no exercício do cargo, mesmo que em caráter transitório, face ao disposto no artigo 3º[74]. Admite-se a coautoria e a participação, uma vez que a condição especial do agente (Prefeito) é elementar do crime e, nos termos do art. 30 do CP, comunica-se a terceiros desde que tenham ciência dessa condição.

Sujeito passivo: É o Município, suas autarquias ou paraestatais.

Elemento subjetivo: É o dolo natural (genérico), direito ou eventual consistente na vontade livre e consciente de se omitir quanto à liquidação integral de crédito por antecipação de receita. Não se exige nenhuma finalidade específica do agente.

Não se admite a modalidade culposa ante a ausência de previsão.

Consumação: Tratando-se de crime de mera conduta, o crime se consuma com o encerramento do exercício financeiro, tendo o Prefeito se omitido quando à liquidação integral de crédito por antecipação de receita.

Tentativa: É inadmissível.

Classificação doutrinária: *crime próprio* (só pode ser praticado pelo Prefeito); *de mera conduta* (a consumação ocorre com a prática da conduta); *doloso*; *não admite tentativa*; *omissivo* (os verbos do tipo exigem omissão como forma de conduta); *instantâneo*; *unissubjetivo* (pode ser praticado por

72. CUNHA, Rogério Sanches. Manual de direito penal: parte geral (art. 1º ao 120). 6ª Edição, revista, ampliada e atualizada. Salvador: Juspodivm, 2018. p. 201.

73. Não raro ocorre de a receita obtida não ser suficiente para honrar os compromissos financeiros assumidos pelo município. Em tais casos, é permitido o endividamento do ente público mediante antecipação de receita, que nada mais é do que um empréstimo com lastro em receita futura prevista no orçamento. O art. 38 da LRF traz as exigências para que seja possível a antecipação de receita e estipula que deverá a liquidação se dar no mesmo exercício financeiro.

74. Art. 3º O Vice-Prefeito, ou quem vier a substituir o Prefeito, fica sujeito ao mesmo processo do substituído, ainda que tenha cessado a substituição.

uma única pessoa, admitindo, porém, o concurso de agentes); *tipo misto alternativo*.

Ação penal: É pública incondicionada (art. 1º, § 1º).

Pena: Detenção, de três meses a três anos (art. 1º, § 1º).

Suspensão condicional do processo: É possível.

Acordo de Não Persecução Penal: Nos termos do art. 28-A do CPP (incluído pela Lei n.º 13.964/2019), o Acordo de Não Persecução Penal (ANPP) tem cabimento nas infrações penais cometidas sem violência ou grave ameaça à pessoa, cuja pena abstrata mínima seja inferior a 4 (quatro) anos e haja confissão formal e circunstancial do investigado, desde que presentes os demais requisitos. Assim, o Acordo de Não Persecução Penal tem cabimento na infração penal em comento.

XX – ordenar ou autorizar, em desacordo com a lei, a realização de operação de crédito com qualquer um dos demais entes da federação, inclusive suas entidades da administração indireta, ainda que na forma de novação, refinanciamento ou postergação de dívida contraída anteriormente.

Verbos nucleares: *Ordenar* (determinar; mandar) e *autorizar* (permitir; anuir; admitir). Trata-se de tipo misto alternativo (de ação múltipla ou de conteúdo variado). Assim, caso as condutas sejam praticadas no mesmo contexto fático entende-se pela ocorrência de apenas um delito[75].

Norma penal em branco: É necessário que a conduta seja perpetrada *em desacordo com a lei* e o art. 35 da LRF dispõe que "*é vedada a realização de operação de crédito entre um ente da Federação, diretamente ou por intermédio de fundo, autarquia, fundação ou empresa estatal dependente, e outro, inclusive suas entidades da administração indireta, ainda que sob a forma de novação, refinanciamento ou postergação de dívida contraída anteriormente.*"

Objetividade jurídica: A finalidade é proteger a administração pública no que tange à moralidade, probidade e austeridade. Tem-se por escopo evitar pendências financeiras entre os entes da federação[76].

Objeto material: É a operação de crédito que, segundo o art. 29, III, da LRF, é o "*compromisso financeiro assumido em razão de mútuo, abertura de crédito, emissão e aceite de título, aquisição financiada de bens, recebimento antecipado de valores provenientes de venda a termo de bens e serviços, arrendamento mercantil e outras operações assemelhadas, inclusive com o uso de derivativos financeiros*". E nota-se que referido dispositivo apresenta um rol exemplificativo de operações de crédito. E o tipo penal do crime em estudo estabelece que também são operações de crédito a *novação*, o *refinanciamento* ou a *postergação de dívida* contraída anteriormente.

Ocorre a *novação*, nos termos do art. 360 do CC, em três hipóteses: "*I – quando o devedor contrai com o credor nova dívida, para extinguir e substituir a anterior; II – quando novo devedor sucede o antigo, ficando este quite com o credor; III – quando, em virtude de obrigação nova, outro credor é substituído ao antigo, ficando o devedor quite com este*".

"*O refinanciamento é a renovação do financiamento primitivo, através do alargamento do prazo para pagar, mantendo-se, ou não, as mesmas cláusulas originais.*"[77]

Como a administração pública não pode postergar uma dívida sem qualquer formalidade, entende-se que a expressão "*postergação de dívida contraída anteriormente*" se mostra como dispensável e redundante, já que se adequa perfeitamente à novação ou ao refinanciamento[78].

Sujeito ativo: Trata-se de crime próprio praticado pelo Prefeito Municipal. Também podem figurar como sujeitos ativos o Vice-Prefeito ou quem quer que esteja substituindo o Prefeito no exercício do cargo, mesmo que em caráter transitório, face ao disposto no artigo 3º[79]. Admite-se a coautoria e a participação, uma vez que a condição especial do agente (Prefeito) é elementar do crime e, nos termos do art. 30 do CP, comunica-se a terceiros desde que tenham ciência dessa condição.

Sujeito passivo: É o Município, suas autarquias ou paraestatais.

75. CUNHA, Rogério Sanches. Manual de direito penal: parte geral (art. 1º ao 120). 6ª Edição, revista, ampliada e atualizada. Salvador: Juspodivm, 2018. p. 201.

76. CUNHA, Rogério Sanches; PINTO, Ronaldo Batista; SOUZA, Renne do Ó. Leis penais especiais comentadas. 3ª Edição, revista, atualizada e ampliada. Salvador: Juspodivm, 2020. p. 194.

77. STOCO, Rui. Responsabilidade dos prefeitos e vereadores. São Paulo: Ed. Revista dos Tribunais, 2017. p. 171.

78. STOCO, Rui. Responsabilidade dos prefeitos e vereadores. São Paulo: Ed. Revista dos Tribunais, 2017. p. 171.

79. Art. 3º O Vice-Prefeito, ou quem vier a substituir o Prefeito, fica sujeito ao mesmo processo do substituído, ainda que tenha cessado a substituição.

Diferença entre o crime em análise e o definido no inciso XVII: Em ambos os crimes a operação de crédito se dá em desconformidade com a lei. A diferença reside no fato de que no delito do inciso XX a contratação da operação de crédito em contrariedade com a lei se dá com ente da federação impedida de realizar tal celebração ao passo que no crime do inciso XVII a operação de crédito se dá com violação ao limite estipulado pelo Senado Federal e sem fundamentação na Lei orçamentária.

Confronto com o art. 359-A do CP: Embora sejam dispositivos semelhantes, não se confundem. O inciso XX criminaliza as operações de crédito realizadas com qualquer ente da federação, ao passo que o art. 359-A veda a operação de crédito, mas não diz com quem. O inciso XX não faz referência à *prévia autorização legislativa*, ao contrário do art. 359-A. No art. 359-A as condutas são *ordenar, autorizar* ou *realizar*, enquanto no inciso XX as condutas são *ordenar* e *autorizar*. Ademais, o inciso XX mostra-se especial em relação ao art. 359-A.

Pedaladas fiscais configuram o crime? As chamadas *pedaladas fiscais* são uma manobra contábil que consiste no atraso nos pagamentos destinados aos bancos públicos ou privados, cujas verbas seriam aplicadas em programas sociais. Com isso, o Poder Executivo alivia a situação fiscal do governo ao mesmo passo que dá aparência de equilíbrio financeiro, mas na verdade a dívida com os bancos aumentam. Uma corrente defende que não caracteriza o crime uma vez que o crédito gerado com a manobra não pode ser considerado operação de crédito, pois não se trata de uma operação originária, mas sim uma de consequência do inadimplemento da obrigação. Para essa corrente, considerar o crédito decorrente da manobra como operação de crédito é ampliar o conceito trazido pelo art. 29, III, da LRF, o que é vedado, visto que seria uma analogia *in malan partem*. Outra corrente entende que resta caracterizado o crime em questão, visto que o crédito gerado se caracteriza como operação de crédito que fora realizada em descompasso com a LRF[80]. Compartilhamos do posicionamento de Renee do Ó Souza, para quem a segunda corrente é a correta, pois não há que se falar em analogia *in malam partem*, mas sim em interpretação extensiva, de modo que a manobra consistente na *pedalada fiscal* se enquadra perfeitamente na expressão "*postergação de dívida contraída anteriormente*"[81].

Elemento subjetivo: É o dolo natural (genérico), direito ou eventual consistente na vontade livre e consciente de ordenar ou autorizar a realização de operação de crédito com qualquer um dos demais entes da federação, inclusive suas entidades da administração indireta, ainda que na forma de novação, refinanciamento ou postergação de dívida contraída anteriormente, em desacordo com a lei. Não se exige nenhuma finalidade específica do agente.

Não se admite a modalidade culposa por ausência de previsão.

Consumação: O tipo não prevê resultado naturalístico, tratando-se, portanto, de crime de mera conduta. Assim, a consumação ocorre com o ato de Prefeito que ordena ou realiza a operação de crédito com outro ente da federação em desacordo com a lei.

Tentativa: É inadmissível.

Classificação doutrinária: *crime próprio* (só pode ser praticado pelo Prefeito); *de mera conduta* (a consumação ocorre com a prática da conduta); *doloso*; *não admite tentativa*; *comissivo* (os verbos do tipo exigem ação como forma de conduta); *instantâneo*; *unissubjetivo* (pode ser praticado por uma única pessoa, admitindo, porém, o concurso de agentes); *tipo misto alternativo*.

Ação penal: É pública incondicionada (art. 1º, § 1º).

Pena: Detenção, de três meses a três anos (art. 1º, § 1º).

Suspensão condicional do processo: É possível.

Acordo de Não Persecução Penal: Nos termos do art. 28-A do CPP (incluído pela Lei n.º 13.964/2019), o Acordo de Não Persecução Penal (ANPP) tem cabimento nas infrações penais cometidas sem violência ou grave ameaça à pessoa, cuja

80. O art. 29, III, da LRF define operação de crédito como sendo compromisso financeiro assumido em razão de mútuo, abertura de crédito, emissão e aceite de título, aquisição financiada de bens, recebimento antecipado de valores provenientes da venda a termo de bens e serviços, arrendamento mercantil e outras operações assemelhadas, inclusive com o uso de derivativos financeiros e o § 1º estabelece que se equipara operação de crédito a assunção, o reconhecimento ou a confissão de dívidas pelo ente da Federação, sem prejuízo do cumprimento das exigências dos arts. 15 e 16. A pedalada fiscal tem por escopo camuflar a infringência aos arts. 35 e 36 da LRF.

81. CUNHA, Rogério Sanches; PINTO, Ronaldo Batista; SOUZA, Renne do Ó. Leis penais especiais comentadas. 3ª Edição, revista, atualizada e ampliada. Salvador: Juspodivm, 2020. p. 194.

pena abstrata mínima seja inferior a 4 (quatro) anos e haja confissão formal e circunstancial do investigado, desde que presentes os demais requisitos. Assim, o Acordo de Não Persecução Penal tem cabimento na infração penal em comento.

XXI – captar recursos a título de antecipação de receita de tributo ou contribuição cujo fato gerador ainda não tenha ocorrido.

Verbo nuclear: *Captar* (obter; conseguir; adquirir).

Objetividade jurídica: A finalidade é proteger a administração pública no que tange à moralidade, probidade e austeridade.

Sujeito ativo: Trata-se de crime próprio praticado pelo Prefeito Municipal. Também podem figurar como sujeitos ativos o Vice-Prefeito ou quem quer que esteja substituindo o Prefeito no exercício do cargo, mesmo que em caráter transitório, face ao disposto no artigo 3º[82]. Admite-se a coautoria e a participação, uma vez que a condição especial do agente (Prefeito) é elementar do crime e, nos termos do art. 30 do CP, comunica-se a terceiros desde que tenham ciência dessa condição.

Sujeito passivo: É o Município, suas autarquias ou paraestatais.

Objeto material: São os recursos orçamentários decorrentes de operações de crédito sem que tenha sido implementado o fato gerador do tributo. Não é dado ao Prefeito, com base em mera expectativa de arrecadação tributária (fato gerador ainda não ocorrido), obter recursos através da antecipação de receita orçamentária.

Elemento subjetivo: É o dolo natural (genérico), direito ou eventual consistente na vontade livre e consciente de captar recursos a título de antecipação de receita de tributo ou contribuição cujo fato gerador ainda não tenha ocorrido. Não se exige nenhuma finalidade específica do agente.

Não se admite a modalidade culposa por ausência de previsão.

Consumação: O tipo penal descreve resultado naturalístico, qual seja, a obtenção de recursos. Trata-se de crime material e, portanto, se consuma com a captação de recursos.

Tentativa: É possível e ocorre quando, iniciados os atos executórios a obtenção dos recursos não se efetiva por circunstâncias alheias à vontade do Prefeito.

Classificação doutrinária: *crime próprio* (só pode ser praticado pelo Prefeito); *material* (para a consumação é necessária a ocorrência do resultado naturalístico); *doloso*; *admite tentativa*; *comissivo* (o verbo do tipo exige ação como forma de conduta); *instantâneo*; *unissubjetivo* (pode ser praticado por uma única pessoa, admitindo, porém, o concurso de agentes).

Ação penal: É pública incondicionada (art. 1º, § 1º).

Pena: Detenção, de três meses a três anos (art. 1º, § 1º).

Suspensão condicional do processo: É possível.

Acordo de Não Persecução Penal: Nos termos do art. 28-A do CPP (incluído pela Lei n.º 13.964/2019), o Acordo de Não Persecução Penal (ANPP) tem cabimento nas infrações penais cometidas sem violência ou grave ameaça à pessoa, cuja pena abstrata mínima seja inferior a 4 (quatro) anos e haja confissão formal e circunstancial do investigado, desde que presentes os demais requisitos. Assim, o Acordo de Não Persecução Penal tem cabimento na infração penal em comento.

XXII – ordenar ou autorizar a destinação de recursos provenientes da emissão de títulos para finalidade diversa da prevista na Lei que a autorizou.

Verbos nucleares: *Ordenar* (determinar; mandar) e *autorizar* (permitir; anuir; admitir). Trata-se de tipo misto alternativo (de ação múltipla ou de conteúdo variado). Assim, caso as condutas sejam praticadas no mesmo contexto fático entende-se pela ocorrência de apenas um delito[83].

Objetividade jurídica: A finalidade é proteger a administração pública no que tange à moralidade, probidade e austeridade.

Sujeito ativo: Trata-se de crime próprio praticado pelo Prefeito Municipal. Também podem figurar

82. Art. 3º O Vice-Prefeito, ou quem vier a substituir o Prefeito, fica sujeito ao mesmo processo do substituído, ainda que tenha cessado a substituição.

83. CUNHA, Rogério Sanches. Manual de direito penal: parte geral (art. 1º ao 120). 6ª Edição, revista, ampliada e atualizada. Salvador: Juspodivm, 2018. p. 201.

como sujeitos ativos o Vice-Prefeito ou quem quer que esteja substituindo o Prefeito no exercício do cargo, mesmo que em caráter transitório, face ao disposto no artigo 3º[84]. Admite-se a coautoria e a participação, uma vez que a condição especial do agente (Prefeito) é elementar do crime e, nos termos do art. 30 do CP, comunica-se a terceiros desde que tenham ciência dessa condição.

Sujeito passivo: É o Município, suas autarquias ou paraestatais.

Objeto material: São os recursos, ou seja, as rendas públicas decorrentes da emissão de títulos. Trata-se de dinheiro que tem destinação específica nos termos da lei que autorizou a emissão. De acordo com Cesar Roberto Bitencourt, "*a emissão de títulos da dívida pública depende sempre de Lei que a autorize e será sempre vinculada, isto é, terá destinação específica, ou seja, sua finalidade deverá, necessariamente, constar do texto legal.*"[85]

Elemento subjetivo: É o dolo natural (genérico), direito ou eventual consistente na vontade livre e consciente de captar recursos a título de antecipação de receita de tributo ou contribuição cujo fato gerador ainda não tenha ocorrido. Não se exige nenhuma finalidade específica do agente.

Não se admite a modalidade culposa por ausência de previsão.

Consumação: O tipo não prevê resultado naturalístico, tratando-se, portanto, de crime de mera conduta. Assim, a consumação ocorre com o ato do Prefeito que ordenar ou autorizar a destinação de recursos provenientes da emissão de títulos para finalidade diversa da prevista na Lei que a autorizou.

Tentativa: Não é admitida.

Classificação doutrinária: *crime próprio* (só pode ser praticado pelo Prefeito); *de mera conduta* (a consumação ocorre com a prática da conduta); *doloso*; *não admite tentativa*; *comissivo* (os verbos do tipo exigem ação como forma de conduta); *instantâneo*; *unissubjetivo* (pode ser praticado por uma única pessoa, admitindo, porém, o concurso de agentes); *tipo misto alternativo*.

Ação penal: É pública incondicionada (art. 1º, § 1º).

Pena: Detenção, de três meses a três anos (art. 1º, § 1º).

Suspensão condicional do processo: É possível.

Acordo de Não Persecução Penal: Nos termos do art. 28-A do CPP (incluído pela Lei n.º 13.964/2019), o Acordo de Não Persecução Penal (ANPP) tem cabimento nas infrações penais cometidas sem violência ou grave ameaça à pessoa, cuja pena abstrata mínima seja inferior a 4 (quatro) anos e haja confissão formal e circunstancial do investigado, desde que presentes os demais requisitos. Assim, o Acordo de Não Persecução Penal tem cabimento na infração penal em comento.

XXIII – realizar ou receber transferência voluntária em desacordo com limite ou condição estabelecida em lei.

Verbos nucleares: *Realizar* (implementar; proceder; efetuar) e *receber* (obter; adquirir; auferir). Trata-se de tipo misto alternativo (de ação múltipla ou de conteúdo variado). Assim, caso as condutas sejam praticadas no mesmo contexto fático entende-se pela ocorrência de apenas um delito[86].

Objetividade jurídica: A finalidade é proteger a administração pública no que tange à moralidade, probidade e austeridade.

Sujeito ativo: Trata-se de crime próprio praticado pelo Prefeito Municipal. Também podem figurar como sujeitos ativos o Vice-Prefeito ou quem quer que esteja substituindo o Prefeito no exercício do cargo, mesmo que em caráter transitório, face ao disposto no artigo 3º[87]. Admite-se a coautoria e a participação, uma vez que a condição especial do agente (Prefeito) é elementar do crime e, nos termos do art. 30 do CP, comunica-se a terceiros desde que tenham ciência dessa condição.

Sujeito passivo: É o Município, suas autarquias ou paraestatais.

84. Art. 3º O Vice-Prefeito, ou quem vier a substituir o Prefeito, fica sujeito ao mesmo processo do substituído, ainda que tenha cessado a substituição.

85. BITENCOURT, Cesar Roberto. Tratado de direito penal. Parte especial. Vol. 5. 8ª Edição. São Paulo: Saraiva, 2014. p. 550.

86. CUNHA, Rogério Sanches. Manual de direito penal: parte geral (art. 1º ao 120). 6ª Edição, revista, ampliada e atualizada. Salvador: Juspodivm, 2018. p. 201.

87. Art. 3º O Vice-Prefeito, ou quem vier a substituir o Prefeito, fica sujeito ao mesmo processo do substituído, ainda que tenha cessado a substituição.

Objeto material: São os recursos concorrentes ou de capital (exceto aqueles decorrentes de determinação constitucional ou destinados ao SUS) entregues de forma voluntária por um ente político como forma de assistência financeira, cooperação ou auxílio. Nos termos do art. 25 da LRF, a transferência voluntária de recursos exige como requisitos: *a)* existência de dotação específica na Lei Orçamentária Anual do ente que fará a transferência; *b)* os recursos não podem ser destinados para pagamentos de despesas com pessoal ativo, inativo ou pensionista; *c)* comprovação pelo recebedor que está adimplente com o ente transferidor nos âmbitos tributário e financeiro e que está cumprindo os limites constitucionais referentes à educação e à saúde.

Elemento subjetivo: É o dolo natural (genérico), direito ou eventual consistente na vontade livre e consciente de realizar ou receber transferência voluntária em desacordo com limite ou condição estabelecida em lei. Não se exige nenhuma finalidade específica do agente.

Não se admite a modalidade culposa por ausência de previsão.

Consumação: O tipo penal prevê como resultado naturalístico a realização ou o recebimento da transferência de recurso, tratando-se de crime material que se consuma com a ocorrência do resultado.

Tentativa: A tentativa é possível e ocorre quando, iniciados os atos executórios, a transferência do recurso não se efetiva por circunstâncias alheias à vontade do Prefeito.

Classificação doutrinária: *crime próprio* (só pode ser praticado pelo Prefeito); *material* (exige-se a ocorrência do resultado naturalístico para a consumação); *doloso*; *admite tentativa*; *comissivo* (os verbos do tipo exigem ação como forma de conduta); *instantâneo*; *unissubjetivo* (pode ser praticado por uma única pessoa, admitindo, porém, o concurso de agentes); *tipo misto alternativo*.

Ação penal: É pública incondicionada (art. 1º, § 1º).

Pena: Detenção, de três meses a três anos (art. 1º, § 1º).

Suspensão condicional do processo: É possível.

Acordo de Não Persecução Penal: Nos termos do art. 28-A do CPP (incluído pela Lei n.º 13.964/2019), o Acordo de Não Persecução Penal (ANPP) tem cabimento nas infrações penais cometidas sem violência ou grave ameaça à pessoa, cuja pena abstrata mínima seja inferior a 4 (quatro) anos e haja confissão formal e circunstancial do investigado, desde que presentes os demais requisitos. Assim, o Acordo de Não Persecução Penal tem cabimento na infração penal em comento.

3. PERDA DO CARGO E INABILITAÇÃO PARA EXERCÍCIO DE CARGO OU FUNÇÃO PÚBLICA

> **§ 2º A condenação definitiva em qualquer dos crimes definidos neste artigo, acarreta a perda do cargo e a inabilitação, pelo prazo de cinco anos, para o exercício de cargo ou função pública, eletivo ou de nomeação, sem prejuízo da reparação civil do dano causado ao patrimônio público ou particular.**

Perda do cargo: É um efeito secundário da sentença penal condenatória. Trata-se de dispositivo semelhante ao art. 92, I, do CP, o qual prevê a perda do cargo, função pública ou mantado eletivo quando aplicada pena privativa de liberdade por tempo igual ou superior a um ano, nos crimes praticados com abuso de poder ou violação de dever para com a Administração Pública. Em se tratando da ocorrência dos crimes definidos no art. 1º do Decreto-Lei n. 201/1967, a perda do cargo se dá pela determinação contida no § 2º do art. 1º, face ao princípio da especialidade. Há que se frisar que, embora o texto legal disponha que a condenação definitiva acarreta a perda do cargo, não se trata de um efeito automático, devendo o juiz, levando em consideração a natureza do fato, as condições pessoais e o grau de culpa do agente, a extensão do dano, dentre outros fatores, motivar sua decisão[88]. Nesse sentido já decidiu o STF[89] e o STJ[90].

Inabilitação para o exercício do cargo ou função pública, eletivo ou de nomeação pelo prazo de cinco anos: Embora haja entendimento no sentido de que se trata de efeito secundário da sentença

88. STOCO, Rui. Responsabilidade dos prefeitos e vereadores. São Paulo: Ed. Revista dos Tribunais, 2017. p. 221.
89. STF, AP 441/SP, Tribunal Pleno, Rel. Min. Dias Toffoli, julgado em 08/03/2012.
90. STJ, HC 481.010/BA, 5ª Turma, Rel. Min. Joel Ilan Paciornik, julgado em 13/12/2018, DJe 19/12/2018.

penal condenatória, assim como a perda do cargo[91], prevalece o entendimento, tanto no STF[92] quanto no STJ[93], que a natureza jurídica da inabilitação para o exercício do cargo ou função pública é pena autônoma, não sendo restrita ao Prefeito, isto é, alcança coautores e partícipes[94].

Extinção da punibilidade pela prescrição: Existem divergências entre o tempo para a ocorrência da prescrição para as penas privativas de liberdade (dois a doze anos para os crimes dos incisos I e II e três meses a três anos para os demais) e a pena autônoma consistente da inabilitação para o exercício do cargo ou função pública pelo prazo de cinco anos. Face a essa discrepância, pode ocorrer de o crime estar prescrito em relação à pena privativa de liberdade, mas não estar quanto à pena de inabilitação para o cargo ou função pública, e vice-versa. Ora, para os crimes definidos no art. 1º do Decreto-Lei n.º 201/1967 cuja pena máxima é de doze anos a prescrição se dá em dezesseis anos (art. 109, II, CP), para aqueles cuja pena máxima é de três anos a prescrição ocorre em oito anos (art. 109, IV, CP) e quanto à pena autônoma de cinco anos a prescrição se dá em doze anos (art. 109, III, CP).

4. COMPETÊNCIA PARA PROCESSO E JULGAMENTO

Foro por prerrogativa de função: A CF, em seu art. 29, X, estabelece que os prefeitos possuem foro por prerrogativa de função, de modo que são julgados pelo Tribunal de Justiça. Há que se esclarecer que prevalece a competência do Tribunal de Justiça caso seja o crime de competência da Justiça Estadual. Caso o crime seja de competência da Justiça Federal, a competência será do respetivo Tribunal Regional Federal[95].

Extinção do mandato: Caso no curso do processo sobrevenha a extinção do mandato do prefeito, cessado estará, também, o foro por prerrogativa de função, razão pela qual o processo será remetido à primeira instância (juízo singular) para prosseguimento, salvo se já concluída a instrução[96].

Competência da Justiça Federal: Ocorrerá quando o crime for praticado em detrimento de bens, serviços ou interesses da União, de suas entidades autárquicas ou de empresas públicas, nos termos do art. 109, IV, da CF. Em se tratando de verba federal, caso já tenha sido ela incorporada ao patrimônio do município quando da prática do crime, a competência será da Justiça Estadual[97].

Competência da Justiça Estadual: Em todos os demais casos, a competência será da Justiça Estadual.

5. ATRIBUIÇÃO PARA A INVESTIGAÇÃO PRELIMINAR

Atribuição da Polícia Federal: Caso o crime perpetrado pelo prefeito seja em desfavor de bens, serviços ou interesses da União, de suas entidades autárquicas ou de empresas públicas, nos termos do art. 109, IV, da CF.

Atribuição das Polícias Civis: Nos demais casos.

Investigação pelo Ministério Público: É possível a investigação ser realizada pelo Ministério Público, conforme decisão do STF. Porém, não de forma ordinária, mas excepcionalmente em casos de "abuso de autoridade, prática de delito por policiais, crimes contra a Administração Pública, inércia dos organismos policiais, ou procrastinação indevida no desempenho da investigação penal, *situações que* exemplificativamente *justificariam a intervenção subsidiária do órgão ministerial.*"[98]

Desnecessidade de autorização do Poder Judiciário para início da investigação: Não existe qualquer previsão constitucional que exija prévia autorização do Poder Judiciário para que seja viabilizado o início de investigação acerca de crime perpetrado por prefeito municipal, posicionamento este, inclusive, encampado pelo STJ[99].

91. STOCO, Rui. Responsabilidade dos prefeitos e vereadores. São Paulo: Ed. Revista dos Tribunais, 2017. p. 218.
92. STF, ARE 643.672 AgR, 2ª Turma, Rel. Min. Gilmar Mendes, julgado em 11/09/2012, DJe 15/10/2012.
93. STJ, AgRg nos EDcl no AREsp 21.137/PR, 5ª Turma, Rel. Min. Laurita Vaz, julgado em 03/05/2012, DJe 10/05/2012.
94. STJ, REsp 905.326/SC, 5ª Turma, Rel. Min. Gilson Dipp, julgado em 10/05/2007, DJ 29/06/2007.
95. Súmula n.º 702 do STF: A competência do Tribunal de Justiça para julgar prefeitos restringe-se aos crimes de competência da justiça comum estadual; nos demais casos, a competência originária caberá ao respectivo tribunal de segundo grau.
96. STF, AP 937 QO/RJ, Plenário, Rel. Min. Roberto Barroso, julgado em 03/05/2018.
97. Súmula n.º 209 do STJ: Compete à Justiça Estadual processar e julgar prefeito por desvio de verba transferida e incorporada ao patrimônio municipal.
98. LIMA, Renato Brasileiro. Manual de processo penal. 7ª edição revista, ampliada e atualizada. Salvador: Ed. Juspodivm, 2019. p. 192.
99. STJ, REsp 1563962/RN, 5ª Turma, Rel. Min. Reynaldo Soares da Fonseca, julgamento em 08/11/2016, DJe 16/11/2016.

6. RITO PROCESSUAL

Art. 2º. O processo dos crimes definidos no artigo anterior é o comum do juízo singular, estabelecido pelo código de processo penal, com as seguintes modificações:

Rito especial: Embora referido dispositivo do Decreto-Lei n.º 201/1967 disponha a tramitação pelo rito comum, há que se recordar que o prefeito municipal possui foro por prerrogativa de função, razão pela qual deve ser obedecido o rito estampado na Lei n.º 8.038/1990, que trata dos processos de competência do STF e do STJ, cuja aplicação aos Tribunais de Justiça e Tribunais Regionais Federais foi estendida pela Lei n.º 8.658/1993. Assim, o Decreto-Lei n.º 201/1967 será aplicado quando compatível com o rito especial previsto na Lei n.º 8.038/1990 ou quando extinto o mandato, caso em que cessa o foro por prerrogativa de função[100].

I – Antes de receber a denúncia, o juiz ordenará a notificação do acusado para apresentar defesa prévia, no prazo de cinco dias. Se o acusado não for encontrado para a notificação, ser-lhe-á nomeado defensor, a quem caberá apresentar a defesa, dentro do mesmo prazo.

Notificação prévia: Oferecida a denúncia pelo Ministério Público, antes do seu recebimento, deverá haver a notificação prévia do acusado para apresentação de defesa. Essa notificação preliminar consta também do art. 4º da Lei n.º 8.038/1990.

Acusado não encontrado: Caso o acusado não seja encontrado para ser notificado, lhe será nomeado defensor para que apresente a defesa prévia em cinco dias.

II – Ao receber a denúncia, o juiz manifestar-se-á, obrigatória e motivadamente, sobre a prisão preventiva do acusado, nos casos dos itens I e II do artigo anterior, e sobre o seu afastamento do exercício do cargo durante a instrução criminal, em todos os casos.

Prisão preventiva: A prisão preventiva está disciplinada nos art. 311 e seguintes do CPP. Assim, terá cabimento quando houver prova da materialidade do crime e indícios de autoria e de perigo decorrente da liberdade do acusado em crimes dolosos cuja pena máxima seja superior a quatro anos, desde que fundamentada na garantia da ordem pública, na garantia da ordem econômica, na conveniência da instrução criminal ou para assegurar a aplicação da lei penal. Terá cabimento, portanto, para os crimes definidos no art. 1º, I e II, do Decreto-Lei n.º 201/1967 e, por se tratar de medida cautelar excepcional, somente será decretada quando efetivamente necessária.

Afastamento do exercício do cargo: É medida cautelar diversa da prisão nos mesmos moldes do disposto no art. 319, IV, do CPP. Tem cabimento em qualquer dos crimes definidos no art. 1º do Decreto-Lei n.º 201/1967. Porém, por se tratar de medida cautelar somente será decretada quando efetivamente necessária.

Vedação à decretação de ofício: A redação do dispositivo leva à falsa conclusão de que o julgador (relator ou juiz singular, a depender do caso) deve se manifestar sobre a decretação da prisão preventiva e sobre o afastamento do cargo automática e obrigatoriamente. Não se pode deixar de considerar que o processo penal no Brasil é regido pelo sistema acusatório, nos termos do art. 129, I, da CF e do novel art. 3º-A do CPP. Assim, não pode o julgador decidir de ofício, mas apenas quando houver representação da autoridade policial ou requerimento do Ministério Público, nos termos do art. 282, § 2º, e do art. 311, ambos do CPP.

III – Do despacho, concessivo ou denegatório, de prisão preventiva, ou de afastamento do cargo do acusado, caberá recurso, em sentido estrito, para o tribunal competente, no prazo de cinco dias, em autos apartados. O recurso do despacho que decreta a prisão preventiva ou o afastamento do cargo terá efeito suspensivo.

Recurso em sentido estrito: É o recurso cabível contra a decisão que decreta ou denega prisão preventiva ou o afastamento do cargo, com prazo de 5 (cinco) dias, nos exatos termos do disposto no art. 588 do CPP. Entende-se que o prazo para apresentação das razões do recurso é de 2 (dois) dias por aplicação analógica do art. 584 do CPP. Decretado o afastamento do cargo ou a prisão preventiva, o recurso terá efeito suspensivo. Tal recurso somente terá cabimento se extinto o mandato do prefeito.

100. CUNHA, Rogério Sanches; PINTO, Ronaldo Batista; SOUZA, Renne do Ó. Leis penais especiais comentadas. 3ª Edição, revista, atualizada e ampliada. Salvador: Juspodivm, 2020. p. 205.

Agravo regimental: Estando o prefeito no exercício do mandato, o recurso cabível contra a decisão que cause qualquer gravame ao acusado nos processos de competência originária dos tribunais é o agravo regimental, conforme estabelece o art. 39 da Lei n.º 8.038/1990.

§ 1º Os órgãos federais, estaduais ou municipais, interessados na apuração da responsabilidade do prefeito, podem requerer a abertura de inquérito policial ou a instauração da ação penal pelo ministério público, bem como intervir, em qualquer fase do processo, como assistente de acusação.

***Delatio criminis*:** Não só os órgãos federais, estaduais ou municipais podem requerer a apuração de crimes perpetrados por prefeitos, mas qualquer pessoa, nos termos do art. 5º, § 3º, e do art. 27, ambos do CPP.

Intervenção como assistente de acusação: Órgãos federais, estaduais ou municipais podem intervir no processo como assistentes de acusação, não sendo possível a intervenção como *amicus curiae*[101].

§ 2º Se as previdências para a abertura do inquérito policial ou instauração da ação penal não forem atendidas pela autoridade policial ou pelo Ministério Público estadual, poderão ser requeridas ao Procurador-Geral da República.

Omissão da autoridade policial: O dispositivo em comento contraria a regra contida no art. 5º, § 2º, do CPP, o qual prevê recurso administrativo ao chefe de polícia em caso de indeferimento de pedido de instauração de inquérito policial e, portanto, é a regra aplicável.

Omissão do Ministério Público estadual: Os Ministérios Públicos estadual e federal são dotados de independência e autonomia funcional, não sendo possível a atuação do Ministério Público federal de forma supletiva, mas apenas de forma conjunta. Caso haja omissão por parte do Ministério Público estadual, o fato deve ser levado ao conhecimento do chefe da instituição, ou seja, ao Procurador-Geral de Justiça.

Art. 3º. O vice-prefeito, ou quem vier a substituir o prefeito, fica sujeito ao mesmo processo do substituído, ainda que cessado a substituição.

Comentário: O dispositivo estabelece podem ser responsabilizados criminalmente pelas infrações penais definidas no art. 1º o vice-prefeito ou quem quer que esteja substituindo o prefeito, mesmo que transitoriamente.

BIBLIOGRAFIA

ATALIBA, Geraldo. Empréstimos públicos e seu regime jurídico. São Paulo: E, Revista dos Tribunais, 1972.

BITENCOURT, Cezar Roberto. Tratado de direito penal. Parte especial. Vol. 5. 8ª Edição. São Paulo: Saraiva, 2014.

CAMPOS, Pedro Franco *et al.* Direito penal aplicado: parte especial do código penal (arts. 121 a 361). 3ª Edição. São Paulo: Saraiva, 2010.

CUNHA, Rogério Sanches. Manual de direito penal: parte geral (art. 1º ao 120). 6ª Edição, revista, ampliada e atualizada. Salvador: Juspodivm, 2018.

CUNHA, Rogério Sanches; PINTO, Ronaldo Batista; SOUZA, Renne do Ó. Leis penais especiais comentadas. 3ª Edição, revista, atualizada e ampliada. Salvador: Juspodivm, 2020.

LIMA, Renato Brasileiro. Manual de processo penal. 7ª edição revista, ampliada e atualizada. Salvador: Ed. Juspodivm, 2019.

MASSON, Cleber. Direito penal esquematizado. Parte geral. Volume 1 (arts. 1º ao 120). 10ª Edição, revista, atualizada e ampliada. Rio de Janeiro: Forense; São Paulo: Método, 2016.

MELLO, Celso Antônio Bandeira de. Apontamentos sobre os Agentes e Órgãos Públicos. São Paulo: Ed. Revista dos Tribunais, 1972.

SILVA, José Afonso da. Curso de direito constitucional positivo. 15ª edição revista e atualizada. São Paulo: Ed. Malheiros, 1998.

STOCO, Rui. Responsabilidade dos prefeitos e vereadores. São Paulo: Ed. Revista dos Tribunais, 2017.

101. STF, AP 504/DF, 1ª Turma, Rel. Min. Carmen Lúcia, red. p/ o acordão Min. Dias Toffoli, julgado em 09/08/2016, DJe 01/08/2017.

62

CRIMES DE ESTOQUE DE COMBUSTÍVEL

Lei 8.176/91

RODOLFO LUIZ DECARLI

1. NOÇÕES PRELIMINARES

O Direito Penal Econômico tem por objetivo equilibrar os valores patrimoniais e individuais e os de ordem pública, dividindo-se duas vertentes: sentido amplo e restrito. Em sentido restrito é definido como "conjunto de normas jurídico-penais que protegem a ordem econômica entendida como regulação jurídica do intervencionismo estatal na economia do país[1]". Já em sentido amplo, consiste no "conjunto de normas jurídico-penais que protege a ordem econômica entendida como regulação jurídica da produção, distribuição e consumo de bens e serviços[2]".

Os crimes contra a ordem econômica lesam diversos bens jurídicos, fazendo com que haja cada vez mais a necessidade de uma intervenção penal na seara econômica. Assim, a lei visa reprimir atividades relacionadas às fontes energéticas, de modo a garantir uma justiça social.

2. CRIMES EM ESPÉCIE

Art. 1° Constitui crime contra a ordem econômica:

I - adquirir, distribuir e revender derivados de petróleo, gás natural e suas frações recuperáveis, álcool etílico, hidratado carburante e demais combustíveis líquidos carburantes, em desacordo com as normas estabelecidas na forma da lei;

Pena: detenção de um a cinco anos.

Verbos nucleares: Adquirir (obter gratuitamente ou de forma onerosa), distribuir (espalhar, dividir, dispor) e revender (tornar a vender) derivados de petróleo, gás natural e suas frações recuperáveis, álcool etílico, hidratado carburante e demais combustíveis líquidos carburantes.

Objeto jurídico: Segundo Andreucci[3], "tutela-se a política econômica do Estado relativa à normalidade do abastecimento nacional de petróleo, de seus combustíveis derivados, de álcool destinado a fins carburantes, além do Sistema de Estoque de Combustíveis".

Objeto material: São os derivados de petróleo, o gás natural e suas frações recuperáveis, o álcool etílico hidratado carburante e demais combustíveis líquidos carburantes.

Elemento subjetivo: É o dolo. Inexiste a forma culposa.

Elemento normativo: Encontra-se na expressão *em desacordo com as normas estabelecidas na forma da lei.* Trata-se de norma penal em branco, em que o tipo penal depende de complementação, devendo observar as Leis 9.478/97 e 9.847/99, as quais trazem as respectivas definições. Assim, havendo referida observância, a conduta seria atípica.

Sujeito ativo: É o proprietário, diretor ou gerente de estabelecimento industrial ou comercial.

1. VELLOSO, Ricardo Ribeiro (coord.). Crimes Tributários e Econômicos. São Paulo: QuartierLatin, 2009. p. 138.
2. DEODATO, Felipe Augusto Forte de Negreiros. Direito Penal Econômico: A pessoa coletiva como agente de crimes e sujeito de penas. Curitiba: Juriá Editora. 2010. p.120.
3. ANDREUCCI, Ricardo Antonio. Legislação penal especial. 14ª ed. São Paulo: Saraiva Educação, 2019. p. 124.

Sujeito passivo: É a coletividade, e, secundariamente, a pessoa eventualmente prejudicada.

Consumação: Ocorre com a efetiva aquisição, distribuição e revenda dos derivados de petróleo, gás natural e suas frações recuperáveis, álcool etílico, hidratado carburante e demais combustíveis líquidos carburantes.

Tentativa: É admitida.

Ação Penal: Ação penal pública incondicionada.

Suspensão condicional do processo: É admitida.

Acordo de Não Persecução Penal: Não tem cabimento.

Classificação doutrinária: crime de próprio (cometido por sujeito específico); material (depende da ocorrência do resultado naturalísitco); de forma livre (praticado por qualquer meio eleito pelo agente); unissubjetivo (cometido por uma só pessoa) ou plurissubjetivo; plurissubsistente (praticado em vários atos).

Competência: o STF tem entendido que a competência é da Justiça Estadual[4].

II – usar gás liquefeito de petróleo em motores de qualquer espécie, saunas, caldeiras e aquecimento de piscinas, ou para fins automotivos, em desacordo com as normas estabelecidas na forma da lei.

Pena: detenção de um a cinco anos.

Verbos nucleares: Usar (empregar, utilizar) gás liquefeito de petróleo em motores de qualquer espécie, saunas, caldeiras e aquecimento de piscinas, ou para fins automotivos.

Objeto jurídico: tutela-se a política econômica do Estado relativa à normalidade do abastecimento nacional de petróleo, de seus combustíveis derivados, de álcool destinado a fins carburantes, além do Sistema de Estoque de Combustíveis[5].

Objeto material: É o gás liquefeito de petróleo - GLP.

Elemento subjetivo: É o dolo. Inexiste a forma culposa.

Elemento normativo: Encontra-se na expressão *em desacordo com as normas estabelecidas na forma da lei*. Trata-se de norma penal em branco, em que o tipo penal depende de complementação, devendo observar as Leis 9.478/97 e 9.847/99, as quais trazem as respectivas definições. Assim, havendo referida observância, a conduta seria atípica.

Sujeito ativo: Qualquer pessoa.

Sujeito passivo: É a coletividade, e, secundariamente, a pessoa eventualmente prejudicada.

Consumação: Ocorre com a efetiva utilização do GLP em motores de qualquer espécie, saunas, caldeiras e aquecimento de piscinas ou para fins automotivos, em desacordo com as normas estabelecidas na forma da lei.

Tentativa: É admitida.

Ação Penal: Ação penal pública incondicionada.

Suspensão condicional do processo: É admitida.

Acordo de Não Persecução Penal: Não tem cabimento.

Classificação doutrinária: crime de comum (cometido por qualquer pessoa); material (depende da ocorrência do resultado naturalísitco); de forma livre (praticado por qualquer meio eleito pelo agente); unissubjetivo (cometido por uma só pessoa) ou plurissubjetivo (várias pessoas); plurissubsistente (praticado em vários atos).

Competência: o STF (RE 513.446) entende que a competência é da Justiça Estadual.

Art. 2° Constitui crime contra o patrimônio, na modalidade de usurpacão, produzir bens ou explorar matéria-prima pertencentes à União, sem autorização legal ou em desacordo com as obrigações impostas pelo título autorizativo.

Pena: detenção, de um a cinco anos e multa.

4. COMPETÊNCIA. Criminal. Ação penal. Crime contra a ordem econômica. Comercialização de combustível fora dos padrões fixados pela Agência Nacional do Petróleo. Art. 1º, inciso I, da Lei nº 8.176/91. Interesse direto e específico da União. Lesão à atividade fiscalizadora da ANP. Inexistência. Feito da competência da Justiça estadual. Recurso improvido. Precedentes. Inteligência do art. 109, IV e VI, da CF. Para que se defina a competência da Justiça Federal, objeto do art. 109, IV, da Constituição da República, é preciso tenha havido, em tese, lesão a interesse direto e específico da União, não bastando que esta, por si ou por autarquia, exerça atividade fiscalizadora sobre o bem objeto do delito (STF – RE 513446/SP – Rel. Min. Cezar Peluso – j. 16-12-2008).

5. Op. Cit.

Verbos nucleares: produzir (gerar, fazer) e explorar (aproveitar, tirar lucro) matéria-prima pertencentes à União, sem autorização ou em desacordo com as obrigações impostas pelo título autorizativo.

Objeto jurídico: Tutela-se o patrimônio público.

Objeto material: São os bens e a matéria-prima pertencentes à União.

Elemento subjetivo: É o dolo. Inexiste a forma culposa.

Elemento normativo do tipo: Encontra-se na expressão *sem autorização legal ou em desacordo com as obrigações impostas pelo título autorizativo*. A produção ou exploração sem a observâncias dos ditames legais acaba por tornar elemento do fato típico.

Sujeito ativo: Qualquer pessoa.

Sujeito passivo: É o Estado e a coletividade.

Consumação: Ocorre com a efetiva produção de bens ou exploração de matéria-prima pertencentes à União sem autorização legal ou em desacordo com as obrigações impostas pelo título autorizativo.

Tentativa: É admitida.

Ação Penal: Ação penal pública incondicionada.

Suspensão condicional do processo: É admitida.

Acordo de Não Persecução Penal: Não tem cabimento.

Classificação doutrinária: crime de comum (cometido por qualquer pessoa); material (depende da ocorrência do resultado naturalísitco); de forma livre (praticado por qualquer meio eleito pelo agente); unissubjetivo (cometido por uma só pessoa) ou plurissubjetivo (várias pessoas); plurissubsistente (praticado em vários atos).

Competência: da Justiça Federal, uma vez que há lesão ao patrimônio da União.

§ 1° Incorre na mesma pena aquele que, sem autorização legal, adquirir, transportar, industrializar, tiver consigo, consumir ou comercializar produtos ou matéria-prima, obtidos na forma prevista no *caput* deste artigo.

Verbos nucleares: adquiri (conseguir, obter), transportar (levar de um local para o outro), industrializar (promover o desenvolvimento industrial), ter consigo (ter em poder, portar), consumir (gastar, usar) ou comercializar (comprar e vender, negociar) produtos ou matéria-prima, obtidos na forma prevista no "*caput*" do artigo.

Objeto jurídico: Tutela-se o patrimônio público.

Objeto material: São os bens e a matéria-prima pertencentes à União.

Elemento subjetivo: É o dolo. Inexiste a forma culposa.

Elemento normativo do tipo: Encontra-se na expressão *sem autorização legal*. A inobservância dos ditames legais acaba por tornar elemento do fato típico.

Sujeito ativo: Qualquer pessoa.

Sujeito passivo: É o Estado e a coletividade.

Consumação: Ocorre com a efetiva aquisição, transporte, industrialização, posse, consumo ou comercialização de produtos ou matéria-prima produzidos ou explorados sem autorização legal ou em desacordo com as obrigações impostas pelo título autorizativo.

Tentativa: É admitida.

Ação Penal: Ação penal pública incondicionada.

Suspensão condicional do processo: É admitida.

Acordo de Não Persecução Penal: Não tem cabimento.

Classificação doutrinária: crime de comum (cometido por qualquer pessoa); material (depende da ocorrência do resultado naturalísitco); de forma livre (praticado por qualquer meio eleito pelo agente); unissubjetivo (cometido por uma só pessoa) ou plurissubjetivo (várias pessoas); plurissubsistente (praticado em vários atos).

Competência: da Justiça Federal, uma vez que há lesão ao patrimônio da União.

§ 2° No crime definido neste artigo, a pena de multa será fixada entre dez e trezentos e sessenta dias-multa, conforme seja necessário e suficiente para a reprovação e a prevenção do crime.

Comentários: A aplicação da pena de multa é baseada na capacidade econômica do sentenciado.

Num primeiro momento o magistrado deve fixar a quantidade de dias-multa variando de no mínimo de 10 (dez) e no máximo 360 (trezentos e sessenta). Trabalha-se com o critério trifásico descrito no artigo 68 do Código Penal, conforme seja necessário e suficiente para a reprovação e a prevenção do crime.

§ 3° O dia-multa será fixado pelo juiz em valor não inferior a quatorze nem superior a duzentos Bônus do Tesouro Nacional (BTN).

Comentários: Depois de calculada a quantidade, deve o magistrado decidir o valor de cada dia-multa, não podendo ser inferior a quatorze nem superior a duzentos Bônus do Tesouro Nacional (BTN)[6]. Convém destacar que o Bônus foi extinto em 1991, não havendo mais um valor base para a sua fixação. Deste modo, deve ser utilizado o Código Penal para a fixação do valor, não podendo ser inferior a um trigésimo do maior salário mínimo mensal vigente ao tempo do fato, nem superior a 5 (cinco) vezes esse salário.

6. O BTN foi criado em fevereiro de 1989 para substituir a antiga OTN (Obrigação do Tesouro Nacional) que deixou de existir. Porém, só vigorou até 1991, quando foi extinto depois da edição da Lei 8.177/91. Com isso, grande parte dos valores e contratos indexados pelo Bônus do Tesouro Nacional passaram a ser informalmente corrigidos pela variação da TR (Taxa Referencial), a qual é uma taxa de juros utilizada para determinar o rendimento da poupança, FGTS e financiamentos imobiliários.

3. BIBLIOGRAFIA

ANDREUCCI, Ricardo Antonio. Legislação penal especial. 14ª ed. São Paulo: Saraiva Educação, 2019.

CUNHA, Rogério Sanches. Leis Penais especiais: comentadas / Coordenadores Rogério Sanches Cunha, Ronaldo Batista Pinto, Renee de Ó Souza – 3ª. ed. Salvador: Juspodivm, 2020.

DINIZ, Maria Helena. Lei de Locações e imóveis urbanos comentada. 13ª. ed. São Paulo: Saraiva, 2013.

DEODATO, Felipe Augusto Forte de Negreiros. Direito Penal Econômico: A pessoa coletiva como agente de crimes e sujeito de penas. Curitiba: Juriá Editora. 2010.

NUCCI, Guilherme de Souza. Leis penais e processuais penais comentadas. 9ª ed. rev., atual. E ampl. – Rio de Janeiro: Forense, 2015.

VELLOSO, Ricardo Ribeiro (coord.). Crimes Tributários e Econômicos. São Paulo: QuartierLatin, 2009.

VENOSA, Sílvio de Salvo. Lei do Inquilinato Comentada-doutrina e prática. 14ª ed. São Paulo: Atlas, 2010.

63

PROTEÇÃO DE VÍTIMAS E TESTEMUNHAS

Lei 9.034/1995

RUBENS SALLES PEREIRA ORRIN
PATRICIA CHALFUN DE MATOS FONSECA ORRIN

1. INTRODUÇÃO E PRECEDENTES

Por anos, conforme as variadas formas de criminalidade se desenvolvem, que se inicia no criminoso ocasional, ao habitual e, por fim às organizações criminosas, que atuam, como molde, às atividades terroristas, financeiras e em vertentes que demandam um engendrado esquema de violência contra o Estado.

Aos meios de investigação disponíveis, tanto aqueles mais complexos, e.g. infiltração de agentes, interceptação telefônica, colaboração premiada, entre outros, quanto os mais tradicionais, o que entre tais, para nossa análise, desponta a prova testemunhal.

Antes conhecida, injustamente, como "prostituta das provas", seu valor desponta, de demasiada importância, quando conjugados com outros elementos de convicção que permitam, em um silogismo, concluir sobre algo, obtendo-se assim o sonho da instrumentalização do Processo Penal, isto é, a verdade real.

A prova testemunhal, sendo um elemento que compõem o rol das denominadas provas pessoais, demandam um contato da testemunha com o crime e o criminoso, o que muitas vezes geram tensões no portador dos fatos, pois a testemunha sente-se constrangida, ameaçada e inibida de oferecer a real dinâmica dos acontecimentos. Agora, imaginem ainda se a testemunha possuía um relacionamento mais próximo contra o qual aquele que se pretende testemunhar, cujas palavras determinam a clausura ou a liberdade de um indivíduo.

É neste escopo que emerge o dever do Estado, como prestador de atividade jurisdicional, que ocupa o lugar de instrumentalizar a reprimenda da sociedade ao criminoso, de proteger a quem tem o dever de auxiliar, nascendo os procedimentos de proteção à testemunha.

A testemunha, neste âmbito, deve ser interpretada em sentido amplo, abrangendo também o investigado ou o indiciado colaborador, definido como aquele que não somente tem conhecimento dos fatos, mas além desse conhecimento, possui atividade com o crime em si, o que atuou como coautor ou partícipe do delito.

A evolução dos meios de prova é intrinsecamente relacionada à própria evolução do crime e seus meios de cometimento, urgindo ao Estado, uma forma mais incisiva de combatê-lo, daí se extrai que o desenvolvimento dos meios proteção da testemunha, que nada mais é que a própria proteção da prova e sua instrumentalização no Processo Penal se inicia nos países onde emergiu categoricamente, a criminalidade organizada, sendo importante o estudo em matéria de direito comparado dos primeiros sistemas criminais que adotaram e inseriram, métodos de proteção à testemunha em suas legislações: Estados Unidos da América, Itália e Colômbia.

Claro que em nossa realidade, pelo Sistema de Justiça Criminal adotado, encontra-se imensa dificuldade em propiciar uma adequada proteção à testemunha, pois ela busca a segurança dentro do completo anonimato, o que não é possível, em primeiro momento, haja vista que a principiologia agregada ao Processo Penal não permite a completa imersão da testemunha em uma outra vida.

A lei busca a efetividade, mas a interpretação sistemática que se faz, junto a um complexo ramo de princípios, leis, decretos, provimentos e toda sorte da inflação legislativa atual, faz com que a insegurança seja gerada, dificultando o trabalho de todos os operadores do direito, sejam eles Delegados de Polícia, Promotores de Justiça e Advogados.

O "fair play" embutido no devido processo legal, como corolário do Sistema Acusatório (por vezes misto ou inquisitivo garantista), como será detalhado, impede que, no Brasil, a proteção à testemunha seja integral e eficiente, como pretendeu o legislador, quando editou a Lei 9.807/1999.

Como exemplo, um caso vergonhoso e que gerou grande comoção e um estudo mais detalhado da eficiência na proteção à testemunha no Brasil, se refere ao conhecido como "Deputado da Motosserra", onde o então Deputado Estadual do Acre, Hildebrando Pascoal, apontado à época dos fatos, como sendo o líder de grupos de extermínio naquele estado, entre outros crimes.

As testemunhas principais do caso, os quais também presos, foram conduzidos, juntamente com o acusado, e um mesmo avião da Força Aérea Brasileira, algemados lado a lado. Em juízo, todas as testemunhas se recusaram a depor em razão das ameaças sofridas pelo próprio acusado e por familiares deste, que se encontravam no mesmo voo.

1.1. Estados Unidos da América

Quando se menciona o termo "programa de proteção à testemunha", é inevitável que se vem à mente, a famosa e mais antiga agência policial dos Estados Unidos da América, o United States Marshals Services (USMS), criada em 1789, pelo então Presidente George Washington, tem como atribuições atuais, a recaptura de fugitivos, a proteção do transporte de dispositivos nucleares em território norte americano e, entre outras, o programa de proteção à Testemunhas, denominada de "WITSEC" ou "Witness Security Program", considerada uma das funções mais sensíveis desempenhadas pelo USMS.

O programa "WITSEC" nasceu no ano de 1970, com e edição do *Organized Crime Control Act*, mas somente começou a operar, de forma estruturada, em 1971, sendo sucessora do Programa de Proteção à Testemunhas, antes gerido diretamente pelo Departamento de Justiça Norte Americano. Ressaltando que as testemunhas que estão presas, cumprindo pena, sua proteção é realizada pelo Federal Bureau of Prisons, órgão também ligado ao referido Departamento de Justiça e que tem como função por zelar pela custódia de indivíduos encarcerados.

O *WITSEC* é o primeiro programa deste tipo no mundo e reconhecida eficiência, sendo que, conforme estatísticas por eles divulgadas, nenhuma testemunha sob a proteção ativa do programa, foi morta ou sofreu qualquer tipo de lesão em razão disso, quando seguidas estritamentes todas as orientações dos agentes.[1]

Como falhas acontecem, até nas engenharias mais sofisticadas, o agente federal (*USMS)* John T. Ambrose, um dos responsáveis pela segurança do assassino Nicholas Calabrese, que se tornou umas das mais importantes testemunhas contra a máfia em Chicago, foi acusado de vazar informações sobre a localização da testemunha mafiosa.

A aceitação ao *WITSEC* é muito rigorosa e passa por diversas etapas, sendo que a manutenção da testemunha no programa á mais rigorosa ainda, envolvendo horas e horas de oitivas do próprio interessado e sua família, infindáveis restrições e fases para a permanência da testemunha sob proteção estatal. Qualquer descumprimento é causa para desligar o interessado do *WITSEC.*

O programa garante a mudança de endereço, identidade, alocação em uma nova cidade, escola para os filhos e um emprego condizente à testemunha protegida, tudo isso em um prazo que deve ser cumprido em seis meses, sendo que até que a testemunha esteja empregada, é paga uma remuneração, como se fosse um salário.

Os agentes do *WITSEC* não garantem somente a proteção domiciliar e a instalação da testemunha e sua família em uma nova vida, mas também cuidam do transporte ao tribunal onde ocorrerá a instrução, a vistoria e a preparação de todo o ambiente no qual a testemunha prestará depoimento.

Diante desse resumido relato que, retrata um painel sofisticado de proteção à testemunha, um dos maiores pontos fracos e motivo de várias críticas reside no custo anual milionário do programa aos cofres públicos.

1. https://www.usmarshals.gov/witsec/ - acesso em 06/07/2020

O imenso propósito do alto valor a ser pago pelos contribuintes para se chegar à prisão de criminosos sugere um conceito utilitarista, conduzido por um Direito Penal do Autor, em que nenhum preço é tão alto para se pagar pelo modo de vida pregado na Constituição Norte Americana e à submissão ao regramento jurídico daquela Nação.

1.2. Itália

O segundo programa de proteção à testemunha devidamente estruturado, com um formato legal, é o italiano (gerido pela Procuradoria Nacional Antimáfia), instituído no ano de 1982, com a edição da Lei Antimáfia, conhecida também como "A Torre", em razão do nome do congressista italiano Pio La Torre (assassinado posteriormente pela máfia), que deu início ao processo legislativo da lei italiana de combate ao crime organizado.

A Lei Antimáfia italiana insere em seu ordenamento jurídico, diversas medidas de caráter urgente e cautelar, que visam resguardar a integridade física de testemunhas e colaboradores em ações judiciais contra a máfia italiana, reconhecendo a extrema importância das testemunhas na investigação, julgamento e condenação de diversos chefes mafiosos proeminentes naquele Estado.

A figura do delator, apelidados de *pentiti,* ficaram muito conhecidos nas ações criminais que ocorreram em Palermo, denominada de *maxiprocesso,* onde centenas de mafiosos, somando-se o total de 2.665 anos de prisão, excluindo as condenações de 19 chefes da máfia siciliana à prisão perpétua, foram confirmadas no ano de 1992.

A relevância para resultados positivos alcançados no *maxiprocesso* italiano, se deve, em grande parte a dois *pentiti,* Tommaso Buscetta e Salvatore Contorno, anteriormente, chefes da máfia siciliana, que se tornaram testemunhas e colaboradores da Justiça Italiana.

Nesta breve introdução, podemos constatar a importância da testemunha em um processo criminal, mais ainda, o quão relevante foi o programa italiano de proteção à testemunha no combate à máfia.

Assim como o programa norte americano, *WITSEC,* o sistema de proteção aos colaboradores da Justiça italiano, possui regras rígidas, dentro de um período denominado de medidas urgentes e cautelares, constituído, após a aprovação da admissão do colaborador pela Comissão Central, que constitui o órgão de administração vinculado ao Ministério do Interior Italiano, dirigido por um Subsecretário de Estado e composto de dois magistrados e cinco outros componentes do Sistema de Justiça Criminal Italiano, como policiais e funcionários ligados à Segurança Pública e Judicial daquele país, os quais possuem a função de investigar e averiguar a conveniência da inclusão do indivíduo como colaborador, partindo-se da premissa de que este, antes fora um membro da organização criminosa.

As medidas urgentes e cautelares, constituem na fase inicial do programa, que é o período mais intenso do procedimento de proteção ao colaborador, onde os esforços são concentrados na segurança do colaborador/testemunha, em consonância com a manutenção dele e sua família em local seguro e subsidiado pelo governo italiano, conforme os estudos realizados pela Comissão Central. Esse período possui prazo de noventa dias, podendo ser prorrogado, apenas uma única vez, por igual período.

Finda a fase cautelar, os esforços convergem para sua reinserção à sociedade, passasse então à fase definitiva, onde o colaborador deve procurar meios de se autossustentar, sendo lhe garantido, após estudos pela Comissão Central, de assistência econômica, visando o que se denomina de "aterrisagem" do colaborador, isto é, seu retorno ao convívio social.

Ocorre que este modelo se tornou um pouco desgastado, em razão do alto custo que ele possui, pois em 1997 constatou-se um número muito grande de pessoal protegidas, o que motivou a adoção de critérios mais seletivos, o que não convém esmiuçá-las nesta obra.

Um pouco diferente do modelo americano, ao colaborador que esteja preso, o próprio Serviço de Proteção aos Colaboradores o toma sob sua tutela, concedendo-lhe o benefício da detenção extracarcerária, recebendo custódia e tratamento diferenciado dos demais presos.

Por fim, a revogação da permanência no programa termina quando o perigo concreto se esvai ou por quebra de conduta consistente nos compromissos assumidos pelo protegido, após oitiva do Procurado que propôs a proteção à Comissão ou do Procurador Geral Antimáfia, em alguns casos.

1.3. Colômbia

Como se torna amplamente conhecido, a violência na Colômbia, em meados da segunda metade do século XX, por questões latifundiárias, sociais, envolvendo guerrilhas de regimes de governo e, ainda, de forma mais evidente, o narcotráfico, aquele país passou por sérios problemas no que tange ao crime organizado.

O país como maior produtor mundial de cocaína se viu emergido em um misto de guerra civil, bandidagem, narcotraficância e toda sorte da violência que trouxe a bateu às portas dos colombianos, chegando a seu ápice nas décadas de 1980 e 1990, onde as estatísticas de violência assumiram os noticiários mundiais.

A produção, venda e exportação de cocaína, se transformou no maior negócio do país e sua responsabilidade dividia-se em cartéis, Medellin, Cali, Norte del Valle e de La Costa, conforme a região em que atuavam, que juntamente com as guerrilhas de direita e esquerda, por meio de ações ousadas e agressivas, se insurgiam entre si e contra o Estado.

Mais uma vez, outra nação que, urgentemente, percebeu que deveriam criar formas mais enérgicas e sofisticadas de combate à criminalidade organizada. Com o apoio de diversos países, principalmente os Estados Unidos da América, o recrudescimento do aparato operacional e legal da Colômbia deveria ser revisto e modernizado na denominada Guerra contra as Drogas.

No ano de 1991, com a advento de uma nova Constituição, foi criado no âmbito da *Fiscalia General de La Nación2, o Programa de Protección y Asistencia de la Fiscalía General de La Nación3,* cujo objetivo é a proteção de vítimas, testemunhas e qualquer pessoa que atue em um determinado processo de caráter penal.

Inicialmente, cumpre destacar o alcance da legislação colombiana de Proteção à Vítimas e Testemunhas, justamente por abranger algumas qualificações de pessoas que atue em determinado processo penal e que possam ter suas integridades físicas ameçadas ou que suas vidas corram perigo, em razão deste processo judicial, realizada por um procedimento de exclusão, conforme delimita o âmbito da Resolução n. 0-1006/2016, sucessora da Resolução n. 0-5101/2008, que regulamenta o programa de proteção à vítimas e testemunhas na Colômbia.

Como exemplo, cite-se que os magistrados não poderia ingressar no proteção à testemunhas e vítimas colombiano, vez que são abarcados por outra sistemática governamental, ou seja, *o Programa de Protección Intervinientes em el Proceso Penal,* abarcando os funcionários da justiça (incluindo peritos criminais) que, de fato, sofrem perigo no constante à sua atividade antes, durante e depois de determinado processo criminal.

Cada Estado colombiano também é facultado a introdução de programas específicos, nos mesmos moldes daquele que serve a todo território nacional, como a *Ley de Protección de Intervinientes em el Proceso Penal del Estado de Michoacán,* específico daquela região e voltado também ao processo judicial envolvendo adolescentes, conhecido como *Justicia Integral para Adolescentes.*

Enfim, o ato normativo que insere o programa colombiano é demasiado detalhista quanto a quem teria ou não o direito de ingressar na rede de proteção.

No âmbito federal, as medidas de proteção se classificam conforme sua duração, se temporárias ou permanentes e por sua natureza, o que abrange a proteção física, segurança pessoal, mudança de identidade e de domicílio e, muito interessante, viagens e hospedagens temporárias ao exterior.

Seu ingresso se dá por meio dos agentes denominados *Fiscales de Conocimiento,* o qual fica responsável pela análise inicial encaminhamento das solicitações à diretoria do programa de proteção e assistência, isto é, é o agente encarregado de realizar o levantamento de toda a documentação referente ao protegido para verificação do preenchimento das condições pela *Dirección Nacional de Protección y Asistencia.*

As hipóteses de exclusão e desvinculação são diferenciadas, pois se entende a exclusão como ato irregular e incompatível com as normas do programa e a desvinculação ocorre quando, de alguma forma, o protegido não é mais abarcado com a proteção antes a ele conferida, sem o cometimento de irregularidades ao que preveem o regulamento.

Como já mencionado, o programa colombiano de proteção a testemunhas e vítimas é extenso e complexo, cabendo aqui a sua verificação de existência geral, pois se trata de um dos primeiros sistemas mundiais de tutela da testemunha e vítimas de crimes que possam colaborar com a Justiça.

2. *Fiscalía General de La Nación,* é a instituição equivalente ao Ministério Público Federal / Estadual, no Brasil, de poderes semelhantes á congênere colombiana.
3. Programa de Proteção e Assistência – tradução livre do autor.

2. A PROVA TESTEMUNHAL E AS DECLARAÇÕES DA VÍTIMA NO BRASIL

Não há como se falar em proteção à testemunha, sem mencionar o próprio objeto que a tutela, a prova testemunhal. Os mecanismos de proteção não são fins em si mesmos, mas procedimentos de manuseio e de conferir maior eficiência ao meio de prova nominado pelo Código de Processo Penal.

A testemunha é o indivíduo que, através de percepções sensoriais, tem conhecimento e sabe sobre determinado fato investigado. Materializado através do depoimento, a prova testemunhal é inserida no ordenamento jurídico nacional como prova típica, merecendo sua normatização no Título VII (Das Provas), sem seu Capítulo VI (Das Testemunhas), do Decreto Lei 3689/1941 (Código de Processo Penal).

A prova testemunhal cerca-se de importância e polêmica ímpar, pois é nela que se colocam as impressões individuais e a forma como a pessoal se vê e compreende o mundo, por isso se reveste de cautela na sua relevância como tal, prova.

Aspectos subjetivos e de impressão, quanto ao acontecimento que se narra devem ser excluídos, conforme se analisa a própria origem, idade, instrução, entre outros fatores, da testemunha. Tanto se faz verdade que em duas ocasiões, o ordenamento jurídico, com sede em lei, toma para si a balança do peso que o depoimento possui: uma, quando a testemunha é considerada informante [4], as quais dispensam seu compromisso em razão de que suas declarações sejam suspeitas, pela proximidade com o investigado e pelo compreendimento geral que possuem, ou como questão de bem estar e proteção psicológica ao menor[5], como bem a Lei 13.431/2017 criou os institutos de Depoimento Especial e Escuta Especializada da criança e do adolescente vítima ou testemunha de crimes.

Independe o fato do que a testemunha presenciou ou apenas ouviu dizer, o importante é que ela faça um retrato mais fiel possível do ocorrido, explanando à Autoridade Policial o que realmente se sucedeu, permitindo-se assim, que se faça um juízo de valor em determinada investigação, assim criada, respectivamente, a classificação de testemunha direta e indireta, dentre tantas outras que doutrina e jurisprudência informam.

Por outro lado, a prova testemunhal tem grande vulto na valoração das provas, quando corroborados com outros meios de convencimento, incluindo outros depoimentos, provas periciais, entre outros permitidos.

As mesmas ressalvas se fazem às declarações da vítima, não é uma prova testemunhal em si, pois o alicerce desta é o compromisso que prestam em dizer a verdade, mas atualmente as declarações da vítima possuem grande valor em determinadas situações, àquelas chamadas pela doutrina de "crimes às escuras", isto é, os delitos praticados onde não há testemunhas ou outras formas de verificar os fatos, a não ser pelas declarações da vítima, qual sejam, estupro, roubo, violência doméstica, etc.

A jurisprudência vem, reiteradamente, confirmando condenações onde a palavra da vítima, consubstanciada em suas declarações, reconhecimentos fotográficos e pessoais bastam, naquela exceção, para um juízo de valor condizente ao narrado por ela[6].

Mas nem sempre houve essa clareza, pois sempre vista com desconfiança e desdém, a versão da vítima toma a devida importância no contexto da investigação, repetindo, cotejadas com outros elementos probatórios.

4. **Art. 206.** A testemunha não poderá eximir-se da obrigação de depor. Poderão, entretanto, recusar-se a fazê-lo o ascendente ou descendente, o afim em linha reta, o cônjuge, ainda que desquitado, o irmão e o pai, a mãe, ou o filho adotivo do acusado, salvo quando não for possível, por outro modo, obter-se ou integrar-se a prova do fato e de suas circunstâncias. **Art. 207**. São proibidas de depor as pessoas que, em razão de função, ministério, ofício ou profissão, devam guardar segredo, salvo se, desobrigadas pela parte interessada, quiserem dar o seu testemunho. **Art. 208**. Não se deferirá o compromisso a que alude oart. 203 aos doentes e deficientes mentais e aos menores de 14 (quatorze) anos, nem às pessoas a que se refere o art. 206. – Decreto Lei 3689/1941;

5. Art. 2º A criança e o adolescente gozam dos direitos fundamentais inerentes à pessoa humana, sendo-lhes asseguradas a proteção integral e as oportunidades e facilidades para viver sem violência e preservar sua saúde física e mental e seu desenvolvimento moral, intelectual e social, e gozam de direitos específicos à sua condição de vítima ou testemunha. – Lei 13431/2017

6. Apelação Criminal 1.0290.17.003666-6/001 0036666-73.2017.8.13.0290 (1)TJMG - EMENTA: ROUBO. NEGATIVA DO AGENTE. ALEGAÇÃO DE AUSÊNCIA DE ANIMUS FURANDI. PALAVRA FIRME E CONSISTENTE DA VÍTIMA. ABSOLVIÇÃO. IMPOSSIBILIDADE. CORRUPÇÃO DE MENORES. CONCURSO FORMAL. RECONHECIMENTO. Em crimes cometidos as escuras, como é o caso do roubo, a palavra da vítima, desde que se apresente segura, coesa e condizente com as demais provas dos autos, pode render ensejo à condenação, mesmo que o agente negue a prática do delito. Ocorrendo o crime de roubo e, no mesmo momento, o crime de corrupção de menores, aplica-se o concurso formal, considerando-se que os dois delitos foram praticados mediante uma só ação, nos termos do art. 70 do Código Penal.

Para o escopo deste trabalho basta entender que neste diapasão é que a Lei de Proteção de Testemunhas atua, considerando a testemunha / vítima como meio a alcançar o fim, a instrumentalização do processo penal, tutelando, neste conjunto, os direitos fundamentais do investigado e preservando a integridade da testemunha e vítimas, tentando trazer segurança e conforto a elas.

3. OS DIREITOS CONSTITUCIONAIS E A PROTEÇÃO À TESTEMUNHA

Tanto quanto complexo, definir o escopo da Lei de Proteção à Testemunha, quanto compatibilizar o sentido que ela possui com os ditames que cerca a aplicação dos Direitos e Garantias Fundamentais inerentes ao Processo Criminal, porquanto há de se compatibilizar o acesso completo da defesa técnica com a testemunha.

O que se impõem indagar é até que ponto a testemunha protegida, em sentido amplo, ou seja, que abarque o réu colaborador e a vítima sob tutela da Lei 9034/1995 colidem com direitos e garantias previstas na constituição, no que tange à autodefesa, devido processo legal, publicidade, entre outros.

A colisão fica ainda mais patente nas medidas de caráter administrativo dos tribunais, em forma de provimento, as quais visam resguardar a identidade das testemunhas protegidas, mas que de certa forma, em determinado momento da instrução do processo, devem ser reveladas à defesa técnica, conforme será melhor explorado no capítulo posterior desta obra.

De fato, muito se alega que a preservação da identidade da testemunha protegida, fere princípios basilares, como o contraditório, na hipótese de que não haveria como exercê-lo, sem que se soubesse, na verdade a real identificação testemunha, sendo que muitas vezes acabam por ter refutada esta alegação defensiva[7].

Disto, se infere uma provável colisão de direitos fundamentais, visto que, de um lado, deve se zelar pela vida, integridade física e psicológica da testemunha, enquanto, por outro lado, há que se fornecer e possibilitar todo o acesso aos meios de defesa no Processo Penal.

Primeiramente, cumpre destacar que a principiologia concernente à defesa do acusado, quanto as que visam resguardar a integridade da testemunha, possuem equivalência preemente no que tange ao respeito à instrumentalização de um processo equalitário às partes.

Como casuística comum, a defesa, nas hipóteses em que há testemunhas protegidas e réus colaboradores, sempre arguem cerceamento à possibilidade da realização do contraditório, alegando o que se denominou "testemunha sem rosto", colocando em risco o exercício da ampla defesa. Por outro lado, há uma testemunha que teme por sua vida.

Assim como o direito à vida é garantido como enunciado do Artigo 5 da Constituição Federal, direito este basilar e que fundamenta todo o rol explícito e implícito das garantias, não somente constitucionais, mas fundamentadoras de todo um sistema jurídico e natural de uma sociedade organizada, as instrumentalização do Sistema Processual Penal deve ter, a tal fim, que possibilite atingir os fins em sua plenitude, organismo este fundamentador do sistema, ou seja, o resultado do processo dá sentido a validade de uma testemunha ou réu colaborador que tenha sua identidade protegida.

E que não se fale em deslealdade, em fomentar comportamentos antiéticos, carreado pelo fato do Estado fomentar a conduta do réu colaborador que trai a organização criminosa, seu(s) comparsa(s), pois a reprimenda ao criminoso fundamenta o sentido do processo penal como finalidade em si mesmo, ou seja, o relato do réu colaborador não possui sentido em si só, mas sim busca sua finalidade na resolução do Estado, como sociedade, frente ao combate deste ao crime e ao criminoso.

Obviamente, se há uma colisão de direitos fundamentais, há que solucioná-las, para isso aplicam-se regras que, em suma, possam sobrepor um direito a outro, possam ponderar a aplicação das garantias constitucionais e todo seu conjunto de princípios em um caso concreto, balanceando, reduzindo o alcance e, por fim, compatibilizando as regras em determinada situação, tendo em vista que nenhum direito é absoluto.

Não existe uma fórmula mágica de regra e aplicação matemática dos métodos de solução de impasses constitucionais, o que existe é a avaliação em concreto da expectativa do que mais se compatibiliza com uma sociedade cujo ordenamento jurídico baliza as relações entre seus membros, neste caso, o Estado e o dever deste no combate ao crime.

Pior situação ainda se vê na hipótese em que a testemunha for um policial, como se bem sabe, é

7. RHC 68767-ES, Quinta Turma, rel. Félix Fischer, 25.04.2017.

dever do preso, saber a identificação de quem realizou sua detenção, é uma obrigação constitucional [8] e o contrário resulta em ainda em crime de abuso de autoridade, previsto na Lei 13.869/2019 [9].

Logo, a Lei 9.807/99, em tese, não poderia ser aplicada a policiais que apresentam determinado indivíduo detido em flagrante delito, à Autoridade Policial pois pela hierarquia normativa, uma legislação ordinária não modifica ou regula uma garantia constitucional, essa é a interpretação normativa que se faz, demasiado simplista dentro da complexidade do caso.

Porém, saindo do espectro normativo, adentrando à principiologia humanista, raciocine-que, relevando e balanceando proporcionalmente cada situação em concreto em que o policial que atua em determinada investigação ou ação, sendo ou não relacionada ao crime organizado, que percebe sua família e si, em um perigo iminente à vida e a integridade física, não lhe abrangeria o direito à vida, à igualdade material, à sua liberdade e de sua família?

Parece insensato responder de forma negativa, pois a Autoridade Policial e seus agentes não podem ser penalizados por uma interpretação desse teor, visto quer sequer a Lei 9.807/99 faz qualquer tipo de ressalva e os mandamentos constitucionais são resolvidos pelo peso da colisão de seus direitos fundamentais.

Neste diapasão, agiu bem o legislador, quando prevê na Lei 12.850/2013[10], como direito do agente infiltrado e tão somente a este, a remissão à Lei 9.807/99, em ter sua identidade protegida, mediante avaliação do Conselho Deliberativo das entidades de proteção à testemunha, mediante o requerimento ao juiz competente para registros públicos, estendido a seus familiares, conforme regramento próprio[11].

Certo é que se deve, de alguma forma, compatibilizar e interpretar a rede legislativa de proteção à testemunha, em seu sentido teleológico e sistemático, trazendo à eficiência da efetiva de proteção à testemunha, à realidade em que estamos inseridos, sob pena de relegar a Lei 9.807/99 e todo seu sistema a uma legislação simbólica e apática em nosso ordenamento jurídico, longe então, de se esgotar o tema nesta obra.

4. OS PROVIMENTOS ADMINISTRATIVOS DO PODER JUDICIÁRIO

Como medida de cunho específico, de caráter administrativo, o Poder Judiciário de alguns estados[12], emitiram, no exercício de função atípica, provimentos que visaram, em um primeiro momento, viabilizar o mecanismo de proteção às testemunhas, de forma mais simplificada do que prevê a Lei 9.807/99, ou seja, por intermédio de um procedimento simplificado, bastando um pedido da vítima ou testemunha, diretamente, à Autoridade Policial ou Judiciária, sendo mais comum, até mesmo pela natureza do trabalho desenvolvido, que a Autoridade Policial tenha acesso ao pedido da vítima ou testemunha para que tenha seu pedido de ocultação dos dados qualificativos, apreciado.

O cerne e essência da edição de tais provimentos, repousa na possibilidade de simplificar, andando pela beira do que dispõem a Lei 9.807/99 e todo seu aparato de proteção à vítima ou testemunha que reclamem de coação ou grave ameaça no curso do Inquérito Policial ou Processo Judicial em razão de depoimentos, declarações, reconhecimentos ou qualquer outro meio de prova que seja essencial ao deslinde da verdade.

No Estado de São Paulo, o Tribunal de Justiça editou o Provimento n. 032/00 da Corregedoria Geral de Justiça, que abarca a possibilidade da vítima ou testemunha, mediante simples reclamação de que está sendo coagida ou ameaçada, de ter seus dados qualificativos e endereços omitidos do depoimento prestado, desde que os crimes em que são investigados ou acusados sejam os mesmos do rol taxativo

8. CF/88, Artigo 5, LXIV – " o preso tem direito à identificação dos responsáveis por sua prisão ou por seu interrogatório policial";

9. Art. 16. "Deixar de identificar-se ou identificar-se falsamente ao preso por ocasião de sua captura ou quando deva fazê-lo durante sua detenção ou prisão: Pena - detenção, de 6 (seis) meses a 2 (dois) anos, e multa. Parágrafo único. Incorre na mesma pena quem, como responsável por interrogatório em sede de procedimento investigatório de infração penal, deixa de identificar-se ao preso ou atribui a si mesmo falsa identidade, cargo ou função"

10. Art. 14. "São direitos do agente: II - ter sua identidade alterada, aplicando-se, no que couber, o disposto no art. 9º da Lei nº 9.807, de 13 de julho de 1999, bem como usufruir das medidas de proteção a testemunhas;"

11. Art. 9º "Em casos excepcionais e considerando as características e gravidade da coação ou ameaça, poderá o conselho deliberativo encaminhar requerimento da pessoa protegida ao juiz competente para registros públicos objetivando a alteração de nome completo."

12. Estudaremos os provimentos emitidos pelo Poder Judiciário do Estado de São Paulo e do Estado de Santa Catarina, por serem de grande expressão no Brasil e, pela diferença que um possui em relação ao outro.

da Lei 7.960/89, ou seja, aqueles em que se permite a expedição do mandado de prisão temporária.

Pela dicção do provimento, tanto os Juízes de Direito quando os Delegados de Polícia, estão autorizados as proceder conforme as diretrizes expressas, ou seja, trata-se de direito não subjetivo da vítima ou testemunha, pois a autorização demanda de prévia análise do caso concreto, acatando a reclamação de coação ou grave ameaça da vítima, se crível e abarcada pelo provimento 032/00.

Ocorre que, tal provimento é de eficiência duvidável, pois se em um primeiro momento, a testemunha ou vítima tem a sensação de proteção que se desfaz durante a instrução, visto que as partes componentes da tríplice atuação processual poderão ter acesso aos dados qualificativos e nome da testemunha, os quais permanecerão arquivados em cartório judicial.

Longe de tecer levianos comentários, o advogado do réu também terá acesso aos dados qualificativos da testemunha e esta possui, como única garantia, um controle de vistas feito pelo escrivão do fórum que tenha a guarda dos documentos.

Não se tratando então, de um sistema complexo que, de forma efetiva, vá trazer a proteção integral, como se pretenderia a testemunha que demanda tutela estatal e até mesmo na finalidade teleológica de qualquer engenharia de proteção à testemunha.

Diferente do Provimento n. 032/00 da Corregedoria Geral de Justiça de São Paulo, há o Provimento n. 05/2010, proveniente do Tribunal de Justiça do Estado de Santa Catarina, que evolui à sua congênere paulista, permitindo- se que a testemunha permaneça integralmente no escuro, isto é, somente o Delegado de Polícia e o Juiz de Direito teria acesso à testemunha e somente após deferimento destes, no âmbito de suas atribuições e, mediante termo de compromisso judicial em não identificá-las, a defesa teria acesso aos dados da testemunha.

Demonstrou ainda sobriedade o Provimento catarinense, quando permite que o Ministério Público tenha acesso aos dados da testemunha, como parte na instrução, mediante requerimento, em igualdade de armas com a defesa, sendo dispensado, tão somente, do compromisso judicial[13].

O Provimento 05/2010 CGSC-TJ, introduz o depoente sem rosto, quando cria a possibilidade de usar vestes que não o identifiquem ou anteparos que impeçam que o réu e seu defensor o visualizem.

Ao magistrado, também é possibilitado que se ouça a vítima e a testemunha protegida pelo ato administrativo em dia e hora diversa da oitiva das demais testemunhas no processo, deixando expresso que não há nulidade decorrente da violação à audiência única, conforme previsto no Artigo 400 do Código de Processo Penal[14].

O intuito da edição de tais provimentos remonta à tentativa do Poder Judiciário, mediante ato administrativo, regulamentar a Lei 9.807/99, no que tange, principalmente, ao sigilo e proteção da identidade das testemunhas protegidas.

Ocorre que acaba por criar algo cruel e em desconformidade formal, que extrapola a mera regulamentação de lei, criando uma figura híbrida que, se não houver um olhar mais atento, acaba-se por confundir com a testemunha protegida, ou seja, insere no trâmite processual o que se acaba por denominar de *testemunha anônima*.

Há que se diferenciar uma testemunha anônima de uma testemunha protegida, a testemunha anônima é aquela que se pretende elencar nos provimentos administrativos dos tribunais, visto que desprovida de qualquer tipo de proteção, apenas e, parcialmente, tem sua identidade ocultada, tendo em vista que o defensor tem acesso à sua qualificação, o que diferencia, e muito, da testemunha protegida, cuja identidade é ocultada e dispõem de todo o aparato pra prover sua segurança e de sua família.

Se tornam um engodo, os provimentos dos tribunais, na medida em que a testemunha acaba por pensar estar, pelo menos, com a identidade ocultada, acreditando que a defesa jamais teria acesso a sua qualificação, o que não ocorre. Nisso, o ato admi-

13. Essa dispensa de compromisso ao Ministério Público não se dá pela conficança irrestrita aos membros do *parquet,* mas sim porque estão inseridos em normas próprias de conduta funcional do agente público, os aquais já são compromissados no desempenho de suas funções, devendo guardar sigilo de ofício, desde sua posse.

14. Art. 400 do CPP. " Na audiência de instrução e julgamento, a ser realizada no prazo máximo de 60 (sessenta) dias, proceder-se-á à tomada de declarações do ofendido, à inquirição das testemunhas arroladas pela acusação e pela defesa, nesta ordem, ressalvado o disposto no art. 222 deste Código, bem como aos esclarecimentos dos peritos, às acareações e ao reconhecimento de pessoas e coisas, interrogando-se, em seguida, o acusado. § 1º As provas serão produzidas numa só audiência, podendo o juiz indeferir as consideradas irrelevantes, impertinentes ou protelatórias. § 2º Os esclarecimentos dos peritos dependerão de prévio requerimento das partes."

nistrativo de Santa Catarina, procura resguardar com mais rigidez, o que não ocorre no Estado de São Paulo. O Estado acaba por oferecer algo que não pode cumprir.

É cruel, pois a testemunha acaba por prestar um depoimento que coloca a sua vida em risco, tendo a convicção de estar protegida pela ocultação de seus dados, o que não ocorre, pelo menos durante todo o processo, sendo tal medida mais eficiente (não eficaz).

Ora, a única coisa com que se conseguiu almejar, caso as ameaças contra a testemunha forem concretas, é que ela não sofrerá de imediato, mas sim postergada a um futuro próximo.

No mais, não haveria sequer a violação aos direitos do investigado e réu, pois é garantido o contraditório, a ampla defesa e autodefesa, visto que na instrução, saberá que é a testemunha.

No mais, e ainda, os tribunais estaduais acabam por legislar, inovando em matéria processual penal, que é de competência exclusiva da União.

O certo é que se instrumentalize a proteção integral à testemunha, vítima ou réu colaborador, através da Lei 9.807/99, para que esta se torne o único, porém eficiente instrumento de anonimato e suporte à testemunha, garantindo a ela o direito à vida, e mais, uma existência pacífica, sabedora que cumpriu seu papel em uma sociedade organizada.

5. HISTÓRICO DA LEI 9807/99

A Organização das Nações Unidas já editou diversas resoluções que afirmam o direito das testemunhas e vítimas de crimes como carentes de proteção do Estado e este, como na obrigação de protegê-las, podendo ser citadas a Resolução 20/2005 do Conselho Econômico e Social das Nações Unidas, que tem como título, *Diretrizes para a justiça em assuntos envolvendo crianças, vítimas ou testemunhas de crime*, impondo, obviamente o dever do Estado em protegê-las.

No Artigo 32 da *Convenção das Nações Unidas contra a Corrupção*, aprovado e incorporado no Brasil, através do Decreto n. 5.687/2010, determina que os Estados encontrem formas eficazes de realizar a proteção efetiva das testemunhas[15].

A legislação que cuida e normatiza o sistema de proteção à testemunha é nova e caminhou vagarosamente até que fosse editada e ainda, devido às diversas dificuldades de implementação continua tímida quanto às suas congêneres internacionais, por questões que transitam pelo garantismo, instrumentalização em face de princípios constitucionais e também por questões orçamentárias.

No ano de 1996, foi implementado pelo governo federal, o Programa Nacional de Direitos Humanos, denominado *"À luta contra a impunidade"*, em paralelo ao programa de proteção às testemunhas criado pelo Estado de Pernambuco, através do Gabinete de Assessoria Jurídica às Organizações Populares (GAJOP), esta foi a primeira experiência prática que se teve no Brasil, o qual fora constituída basicamente pela boa vontade e altruísmo dos gestores do GAJOP.

Com o sucesso da iniciativa pernambucana, firmou-se a parceria com o Ministério da Justiça, onde elaborou-se convênios com diversos estados da União para a criação do PROVITA, no âmbito da Secretaria Nacional de Direitos Humanos, mas com atuação estadual e federal, ou seja, são programas elaborados por cada ente federativo no intuito de regulamentar e colocar em prática os moldes previstos na Lei 9807/99, cerando-se ainda o Sistema Nacional de Assistência a Vítimas e Testemunhas, também vinculado àquela Secretaria e englobando diversos Estados da federação.

---

15. Artigo 32 da Convenção das Nações Unidas contra a Corrupção (Decreto n. 5687/2010) "Proteção a testemunhas, peritos e vítimas 1. Cada Estado Parte adotará medidas apropriadas, em conformidade com seu ordenamento jurídico interno e dentro de suas possibilidades, para proteger de maneira eficaz contra eventuais atos de represália ou intimidação as testemunhas e peritos que prestem testemunho sobre os delitos qualificados de acordo com a presente Convenção, assim como, quando proceder, a seus familiares e demais pessoas próximas. 2. As medidas previstas no parágrafo 1 do presente Artigo poderão consistir, entre outras, sem prejuízo dos direitos do acusado e incluindo o direito de garantias processuais, em: a) Estabelecer procedimentos para a proteção física dessas pessoas, incluída, na medida do necessário e do possível, sua remoção, e permitir, quando proceder, à proibição total ou parcial de revelar informação sobre sua identidade e paradeiro; b) Estabelecer normas probatórias que permitam que as testemunhas e peritos prestem testemunho sem pôr em perigo a segurança dessas pessoas, por exemplo, aceitando o testemunho mediante tecnologias de comunicação como a videoconferência ou outros meios adequados. 3. Os Estados Partes considerarão a possibilidade de celebrar acordos ou tratados com outros Estados para a remoção das pessoas mencionadas no parágrafo 1 do presente Artigo. 4. As disposições do presente Artigo se aplicarão também às vítimas na medida em que sejam testemunhas. 5. Cada Estado Parte permitirá, com sujeição a sua legislação interna, que se apresentem e considerem as opiniões e preocupações das vítimas em etapas apropriadas das ações penais contra os criminosos sem menosprezar os direitos de defesa."

6. VÍTIMAS, TESTEMUNHAS E RÉUS COLABORADORES NA LEI 9807/99

A Lei de Proteção à Testemunha possui abrangência aos indivíduos que tiveram alguma relação com crimes graves e que, por meio de suas declarações e depoimentos, visam auxiliar na formação do conjunto probatório e possibilitar a instrumentalização do processo penal, são elas, a vítima, a testemunha e o réu colaborador.

A vítima é a pessoa que sofreu as consequências do crime, é o sujeito passivo cujo bem jurídico foi ofendido como causa pela prática da infração penal, geralmente sua oitiva se materializa pelo termo de declarações, onde poderá indicar provas e oferecer dados que se presuma da(s) pessoa(s) que cometeram o crime contra ela[16].

O sujeito passivo do crime, por muito tempo, sempre foi relegado pelo Estado a um segundo plano e dentro da própria instrução criminal, suas declarações sempre foram vistas com ressalva e desconfiança.

Após a Segunda Guerra Mundial, como reação ao holocausto, os juristas e cientistas sociais estabilizam estudos que elegem a vítima a um contexto de maior importância, cuidando-se, inclusive de sua reparação pelos traumas sofridos, como um resultado secundário do crime em que foi vítima.

Inicia-se então o estudo da vitimologia, como ciência autônoma, tendo o grande marco no ano de 1947, com a conferência proferida na Universidade de Budapeste pelo advogado israelense e naturalizado norte- americano, Benjamin Mendelsohn e intitulado *"Um novo Horizonte na ciência biopsicossocial – a Vitimologia"*[17].

A Lei 9.807/99 dá amparo legal à vítima, em troca de sua contribuição na elucidação dos fatos, ressaltando que um dos requisitos para a sua inserção no Programa de Proteção às Testemunhas é justamente o fato de que a coação ou a grave ameaça deve ser atrelada ao fato da vítima colaborar com investigação ou processo criminal.

À testemunha, dedicou-se um item para falar de sua atuação no processo criminal e na investigação, devido à importância do meio de prova produzido por ela, remetendo o leitor àquelas anotações.

O Réu Colaborador, cuja Lei 9.807/99 também inclui em seu rol de proteção, é o delator, ou seja, aquele que acusa, admitindo também ser coautor ou partícipe do crime investigado, sendo beneficiado, quando presentes os requisitos de eficácia e resultado da delação com benesses que vão desde a redução de pena até o perdão judicial.

Não somente a Lei 9.807/99 trata do réu colaborador, outras leis também o fazem, cada uma especificando a quantidade de pena que será reduzida e os requisitos para tal, e.g. Lei 8072/1990 (Lei dos Crimes Hediondos), Lei 12.850/2013 (Lei de Combate a Organizações Criminosas) , Lei 9.613/1998 (Lei de Lavagem de Capitais, Lei 7.492/1996 (Lei de Crimes contra o Sistema Financeiro Nacional), Lei 8.137/90 (Lei de Crimes contra a Ordem Tributária, entre outros.

A peculiaridade em comum das normas que tratam da concessão de benefícios ao réu colaborador reside na hipótese em que todas são direcionadas a crimes que atentam à própria organização do Estado, pois são medidas que se assemelham a um direito penal de emergência, exceção, daí se flui a polêmica que a cerca.

A doutrina se divide na moralidade de abarcar e conceder benefícios ao delator, aquiescendo o Estado em fomentar a traição, vinganças pessoais e conduta antiética de criminosos quando oferecem benesses em troca da quebra de confiança entre "mafiosos", em autêntica e literal interpretação de que os fins justificariam os meios.

Mas essa crise moral não assiste amparo na jurisprudência que, conforme os últimos acontecimentos da nação, foram utilizadas redes de delatores para desacobertar organizações criminosas que geraram danos que lesaram efetivamente o país.

Parece estranho falar na moralidade entre criminosos, quando a própria essência de suas atividades é imoral e ilegal, logo, acreditamos não haver razão no fomento da traição pela atividade probatória consistente na delação premiada. O Estado, dentro da legalidade, luta com os meios que possui e se o fim os justifica, é porque foi necessário, naquele contexto, utilizá-los.

7. A LEI 9.807/1999 COMENTADA

Por questões didáticas e de compreensão, elegemos dividir a norma comentada em duas partes,

16. Art. 201 do Código de Processo Penal. Sempre que possível, o ofendido será qualificado e perguntado sobre as circunstâncias da infração, quem seja ou presuma ser o seu autor, as provas que possa indicar, tomando-se por termo as suas declarações.
17. Há polêmica sobre quem seria o estudioso que introduziu a vitimologia como ciência autônoma, cuja discussão não se sujeita ao foco deste trabalho.

a que trata das vítimas e testemunhas da que normatiza a proteção aos réus colaboradores, tendo em vista a complexidade e o procedimento que permeia cada um.

7.1. Da proteção especial às vítimas e testemunhas (art. 1º ao 12º)

Artigo 1º As medidas de proteção requeridas por vítimas ou por testemunhas de crimes que estejam coagidas ou expostas a grave ameaça em razão de colaborarem com a investigação ou processo criminal serão prestadas pela União, pelos Estados e pelo Distrito Federal, no âmbito das respectivas competências, na forma de programas especiais organizados com base nas disposições desta Lei.

§ 1º A União, os Estados e o Distrito Federal poderão celebrar convênios, acordos, ajustes ou termos de parceria entre si ou com entidades não-governamentais objetivando a realização dos programas.

§ 2º A supervisão e a fiscalização dos convênios, acordos, ajustes e termos de parceria de interesse da União ficarão a cargo do órgão do Ministério da Justiça com atribuições para a execução da política de direitos humanos.

O Programa de Proteção à Testemunhas no Brasil, assim como em outros países que também o adotam, é oferecido primordialmente à vítimas e testemunhas que estão, de fato, sendo coagidas ou expostas a grave ameaça.

Da dicção da palavra coagido, se entende a pessoa que está, mediante violência ou grave ameaça, sendo obrigado a fazer ou deixar de fazer algo. A coação no curso de um processo criminal, procedimento policial ou administrativo configura, por si só, o crime previsto no Artigo 344 do Código Penal Brasileiro, sob o *nomen juris*, coação no curso do processo.[18]

A grave ameaça se refere a uma promessa de mal grave, isto é, não basta meros devaneios de perseguição ou deduções sem base na realidade, a ameaça deve ser, de fato, existente e plausível, passível de ser cumprida e, mais ainda, tanto a coação ou grave ameaça deve ter nexo com o requisito da testemunha ou vítima, colaborar efetivamente na investigação ou processo criminal.

18. Art. 344 do CPB – "Usar de violência ou grave ameaça, com o fim de favorecer interesse próprio ou alheio, contra autoridade, parte, ou qualquer outra pessoa que funciona ou é chamada a intervir em processo judicial, policial ou administrativo, ou em juízo arbitral: Pena - reclusão, de um a quatro anos, e multa, além da pena correspondente à violência."

O Programa de Proteção às testemunhas não é de aplicação imediata a todos aqueles que contribuem na investigação ou processo criminal, a vítima ou a testemunha, devem manifestar sua vontade de ser inserida no rol de proteção, bem como na obrigatoriedade de se submeter aos ditames do programa e a seu regulamento.

Acertou a lei neste sentido, pois a voluntariedade é primordial ao protegido, devido as rígidas restrições, mudanças de hábito em que a vítima ou testemunha são submetidos, logo, o fato dela querer ser inserida em determinado programa de proteção à testemunha, pressupõem, pele menos inicialmente, que cumprirá com seus mandamentos, sob pena de sua exclusão.

O parágrafo 1º, que prevê a possibilidade de realização de convênios, acordos ou termos de parceria entre os entes federativos se materializa através dos programas denominados PROVITA, o qual foi expandida aos Estados, dessa forma temos o Programa Federal de Proteção às Vítimas e Testemunhas (Decreto 3.518/2000), no âmbito da União e os PROVITA, no âmbito estadual.

Todos os programas são parte do Sistema Nacional de Proteção às Vítimas e Testemunhas, que por sua vez é supervisionado e fiscalizado pelo Ministério da Justiça, por intermédio da Secretaria Nacional de Direitos Humanos.

Essa possibilidade de comunhão dos Estados e União, por intermédio da Secretaria Nacional de Direitos Humanos é muito importante, permitindo-se assim o intercâmbio de informações e a possibilidade de que a testemunha ou vítima, cujo processo criminal ou investigação esteja vinculado em um Estado, possa cumprir as benesses do programa em outros Estados, como a mudança de endereço, por exemplo, entre outros que sejam compatíveis.

O que pode gerar certa controvérsia se refere à palavra "crime" o que, em um primeiro momento pode parecer que se exclui as contravenções, porém interpretação literal do dispositivo causa prejuízo à justiça, à medida que criminosos se sustentam de contravenções, como é o caso daquelas que exploram o jogo do bicho e jogos de azar, logo, a locução crime, deve ser interpretado de forma ampla, a abranger também os delitos caracterizados por serem contravenção penal, pois a gravidade da ameaça ou coação não distingue e não diferencia se o fato investigado é crime ou contravenção, na concepção técnica dos termos.

Artigo 2º A proteção concedida pelos programas e as medidas dela decorrentes levarão em conta a gravidade da coação ou da ameaça à integridade física ou psicológica, a dificuldade de preveni-las ou reprimi-las pelos meios convencionais e a sua importância para a produção da prova.

§ 1º A proteção poderá ser dirigida ou estendida ao cônjuge ou companheiro, ascendentes, descendentes e dependentes que tenham convivência habitual com a vítima ou testemunha, conforme o especificamente necessário em cada caso.

§ 2º Estão excluídos da proteção os indivíduos cuja personalidade ou conduta seja incompatível com as restrições de comportamento exigidas pelo programa, os condenados que estejam cumprindo pena e os indiciados ou acusados sob prisão cautelar em qualquer de suas modalidades. Tal exclusão não trará prejuízo a eventual prestação de medidas de preservação da integridade física desses indivíduos por parte dos órgãos de segurança pública.

§ 3º O ingresso no programa, as restrições de segurança e demais medidas por ele adotadas terão sempre a anuência da pessoa protegida, ou de seu representante legal.

§ 4º Após ingressar no programa, o protegido ficará obrigado ao cumprimento das normas por ele prescritas.

§ 5º As medidas e providências relacionadas com os programas serão adotadas, executadas e mantidas em sigilo pelos protegidos e pelos agentes envolvidos em sua execução.

Conforme anteriormente explanado, a coação ou a ameaça devem ser reais e passíveis de serem cumpridas, tanto é que a Lei 9.807/99 elenca como a utilização da rede de proteção, o esgotamento de outras formas de cercear o reprimi-las.

Como outras formas de reprimir a coação e a grave ameaça, por meios convencionais, entendemos a possibilidade de decretação da prisão preventiva, sob fundamento da conveniência da instrução criminal. Caso não se verificasse a efetividade de proteção à testemunha, à mesma seria submetida à rede de proteção.

Tanto o depoimento da testemunha/vítima, quanto à ameaça ou coação sofrida, deve ter ligação direta com a investigação e aquilo que se quer provar no procedimento investigatório ou no processo e, principalmente, pela relevância do depoimento no contexto probatório.

Caminhou bem o legislador, ao prescrever que os elementos da rede de proteção são estendidos aos familiares, cônjuges, companheiros, ascendentes, descendentes, com o requisito de que tenham convivência habitual, ou seja, que possuam regularidade na divisão do mesmo teto.

Há ainda a fórmula genérica consistente em incluir o dependente como pessoa a ser protegida pelo programa, quando também possuir convivência habitual, percebendo então, o dependente, como aquele parente ou amigo[19], que possua uma relação de proximidade, tal qual, viabilize a sua proteção em todo o contexto de garantir sua integridade física e na produção da prova em si.

Da rede de proteção, ficam excluídos, três classes de indivíduos: *1) cuja conduta ou personalidade seja incompatível com as restrições de comportamentos exigidas pelo programa;2) os condenados que estejam cumprindo pena e os indiciados ou acusados sob prisão cautelar em qualquer de suas modalidades.*

Inicialmente, para o sucesso da proteção ao requerente, são previstas diversas restrições de sua vida comum, que incluem medidas óbvias que fica impossibilitado do protegido a voltar às suas atividades habituais, por sua segurança, além disso, requerem que haja mudança comportamental, o que muitas vezes é difícil ao protegido e sua família, que sempre viveram de uma forma e abruptamente ocorre uma mudança em sua rotina.

Assim, a lei exclui da rede de proteção às testemunhas quem tiver personalidade incompatível, ou seja, pessoa incapaz e avessa de cumprir com os mandamentos do programa e aquele com conduta também incompatível, isto é, seu modo de agir revela a incapacidade do programa de proteção à testemunha seguir normalmente, de forma eficiente ao seu objetivo.

Quanto àqueles condenados a penas privativas de liberdade e pessoas presas cautelarmente também são excluídos do programa, haja vista que já se encontram sob tutela estatal, neste caso, entendeu o legislador que já obrigação do estado em fornecer toda a proteção ao preso, não sendo necessário a inserção do mesmo em programas de proteção à testemunha.

19. Entendemos a descrição do parágrafo primeiro do Artigo 2º da Lei 9.807/99, na dicção da palavra dependente, como qualquer pessoa que, nesta dupla relação de habitualidade na convivência, possa depender de qualquer forma seu sustento ou mesmo na divisão da residência e que seja primordial e componente, mesmo que não oficial, do ciclo familiar interno do protegido principal. Dessa forma abrangeriam os irmãos, tios, sobrinhos ou até mesmo amigos que se encaixem nesta situação excepcional.

Importante ressaltar que o próprio dispositivo não exclui de serem promovidos pelos órgão de segurança pública, para preservação da integridade física de indivíduos encarcerados, medidas coerentes com a própria situação fática de tais pessoas, como a sua separação dos demais detentos[20].

No âmbito do Programa Federal de Proteção à Vítimas e Testemunhas, o Decreto 3.518/2000 prevê em capítulo próprio a proteção de tais indivíduos, denominando-o de *Depoente Especial* e estabelece um, Serviço Proteção ao Depoente Especial.

Por ser um programa constituído de regras bem específicas e rígidas quanto ao cerceamento da liberdade da testemunha, através da proibição de frequência certos locais, da mudança de identidade e de endereço, proibindo que esta volte a frequentar bares, restaurantes e clubes que fazia habitualmente com sua família e amigos, a voluntariedade é primordial, a testemunha deve querer se submeter a tais restrições, por intermédio de sua manifestação, ou quando menor de idade ou incapaz, por seu representante legal.

Mas vale destacar que se submetendo ou não à rede de proteção à testemunha, esta não é eximida de depor, pelo fato do dever legal existente e que paira sobre a mesma através do compromisso, em regra, que presta nos autos de Inquérito Policial ou Processo Criminal[21].

Por motivos óbvios, para a manutenção da segurança e eficiência do programa, deverão ser mantidos o sigilo, não somente pelos agentes envolvidos, mas sim a obrigação é estendida aos próprios protegidos, como obrigação fundamental.

Artigo 3º Toda admissão no programa ou exclusão dele será precedida de consulta ao Ministério Público sobre o disposto no art. 2º e deverá ser subsequentemente comunicada à autoridade policial ou ao juiz competente.

Toda a atitude destinada à inclusão ou exclusão da rede de proteção à testemunha é obrigatória a consulta ao órgão do Ministério Público que atuará naquele processo em que a testemunha deporá, cujo parecer será comunicado à Autoridade Policial presidente das investigações e ao juiz competente para julgamento.

Parece-nos deveras inútil a inserção deste dispositivo na lei, vez que não somente o órgão do Ministério Público, mas todo o conjunto participativo da investigação criminal deva ser consultado. Em fase de Inquérito Policial, o Delegado de Polícia deve ser consultado se a testemunha deve ser incluída ou excluída, por preside e dá rumo às investigações, partindo-se a um processo criminal, aí sim, não somente ao Ministério Público, como órgão acusador, mas ao

20. RECURSO ORDINÁRIO EM HABEAS CORPUS. HOMICÍDIO QUALIFICADO (CONSUMADO E TENTADO). PRISÃO PREVENTIVA. FUNDAMENTAÇÃO. MODUS OPERANDI. EVENTO CRIMINOSO COM PARTICIPAÇÃO DE INTEGRANTE DA ORGANIZAÇÃO CRIMINOSA PCC. PROGRAMA DE PROTEÇÃO A VÍTIMAS E TESTEMUNHAS. EXCLUSÃO LEGAL (ART. 2º, §2º, DA LEI 9.807/1999). AUSÊNCIA DE CONSTRANGIMENTO ILEGAL. EXCESSO DE PRAZO. SUPRESSÃO DE INSTÂNCIA. RECURSO PARCIALMENTE CONHECIDO E, NESSA EXTENSÃO, IMPROVIDO. 1. Para a decretação da prisão preventiva é indispensável a demonstração da existência da prova da materialidade do crime e a presença de indícios suficientes da autoria. Exige-se, mesmo que a decisão esteja pautada em lastro probatório, que se ajuste às hipóteses excepcionais da norma em abstrato (art. 312 do CPP), demonstrada, ainda, a imprescindibilidade da medida. Precedentes do STF e STJ. 2. Caso em que a segregação cautelar foi mantida pelo Tribunal impetrado em razão da periculosidade da recorrente, evidenciada pelo modus operandi dos delitos imputados - homicídio de uma servidora da penitenciária federal, que se encontrava inclusive com uma criança, e tentativa de homicídio do seu marido, um policial civil. Os crimes teriam sido cometidos com a participação de membros de uma organização criminosa de âmbito nacional (PCC), de forma premeditada, com divisão de tarefas, com armamento de uso restrito, rajadas de tiros, inclusive colocando em risco a vida de terceiros que transitavam no local dos fatos, como forma de intimidar os funcionários do sistema penitenciário e com isso reduzir a disciplina do regime imposto nas penitenciárias federais. Prisão preventiva mantida, nos termos do art. 312 do Código de Processo Penal, para a garantia da ordem pública. Precedentes. 3. De acordo com o § 2º do art. 2º da Lei n. 9.807/1999, estão excluídos de programas especiais de proteção a vítimas e testemunhas ameaçadas os acusados sob prisão cautelar em qualquer de suas modalidades, sendo que tal exclusão não trará prejuízo a eventual prestação de medidas de preservação da integridade física desses indivíduos por parte dos órgãos de segurança pública. 4. Na hipótese, a recorrente se encontra presa por força de um decreto de prisão preventiva, estando, portanto, sob a tutela do Estado, que deve assegurar a sua Integridade física. Assim, eventual risco de morte decorrente de ameaças de outros envolvidos vinculados à organização criminosa PCC, uma vez noticiado pelas autoridades responsáveis pela segurança da custodiada, pode ensejar nova análise pelo Juízo de primeiro grau. 5. Acerca da alegação de excesso de prazo, não houve manifestação por parte do Tribunal regional, circunstância que veda a análise direta por esta Corte, por configurar indevida supressão de instância. 6. Recurso ordinário em habeas corpus parcialmente conhecido e, nessa extensão, desprovido.

21. Art. 206 do Código de Processo Penal. " A testemunha não poderá eximir-se da obrigação de depor. Poderão, entretanto, recusar-se a fazê-lo o ascendente ou descendente, o afim em linha reta, o cônjuge, ainda que desquitado, o irmão e o pai, a mãe, ou o filho adotivo do acusado, salvo quando não for possível, por outro modo, obter-se ou integrar-se a prova do fato e de suas circunstâncias."

juiz competente, deve emitir as razões de admissão e exclusão da testemunha.

De outra, se já existe órgão deliberativo para tal, inclusive composto por Promotores de Justiça, Juízes de Direito e outros componentes dos órgãos de segurança pública, não existe razão de existência a mais um entrave burocrático, expresso nesta consulta anterior ao Ministério Público, mesmo porque a consulta prevista no artigo 3º não é vinculativa às decisões do Conselho Deliberativo.

> **Artigo 4º Cada programa será dirigido por um conselho deliberativo em cuja composição haverá representantes do Ministério Público, do Poder Judiciário e de órgãos públicos e privados relacionados com a segurança pública e a defesa dos direitos humanos.**
>
> **§ 1º A execução das atividades necessárias ao programa ficará a cargo de um dos órgãos representados no conselho deliberativo, devendo os agentes dela incumbidos ter formação e capacitação profissional compatíveis com suas tarefas.**
>
> **§ 2º Os órgãos policiais prestarão a colaboração e o apoio necessários à execução de cada programa**

Os programas de proteção às vítimas e testemunhas funcionam em três esferas, cujas atribuições se diferenciam uma da outra, porém se completam, visando o funcionamento do todo, são elas: o Conselho Deliberativo, o Órgão Gestor e a Equipe Técnica.

O artigo 4º da Lei 9.807/99 trata da composição e funcionamento do Conselho Deliberativo, que possui a função decisória superior e é composto por membros do Ministério Público, do Poder Judiciário e de órgãos públicos e privados, ligados à segurança pública e a defesa dos direitos humanos.

Logo, constitui um órgão colegiado incumbido de decidir sobre os variados temas que compõem os Programas de Proteção às Vítimas e Testemunhas, que vão desde a inclusão ou exclusão de algum indivíduo, quanto questões orçamentárias e organizacionais concernentes a cada programa constituído.

> "Na verdade, o Conselho Deliberativo é o cerne do Provita, pois além das suas tarefas de aprovar o ingresso ou a exclusão do beneficiário na rede de proteção, garante o equilíbrio representativo dos diversos órgãos responsáveis pela Segurança Pública, gestão da justiça, defesa dos Direitos Humanos e inclusive pela participação da sociedade nas ações do programa. Um Conselho Deliberativo atuante é o segredo do sucesso do Provita"[22]

Como consequência da complementação da legislação, cada PROVITA possui suas prerrogativas e funções específicas constituídas, por decreto, no caso do PROVITA Federal[23], ou por lei especial estadual, quando concernentes às Unidades da Federação.

O Órgão Executor, previsto no parágrafo primeiro, obrigatoriamente compõem o Conselho Deliberativo e se incumbe de operacionalizar as decisões deste, adotando todas as medidas necessárias para a execução do programa, formando o que se denomina de rede solidária, ou seja, a gestão dos colaboradores da sociedade civil e da Equipe Técnica

São geralmente compostos, como órgãos executores do PROVITA, entidades da sociedade civil, composta por Organizações Não Governamentais que tenham como fim, a promoção dos Direitos Humanos, cujo pessoal tenha formação e capacitação profissional compatível com as ações desenvolvidas.

Como terceiro pilar da rede de proteção, há a Equipe Técnica, cuja responsabilidade é a proteção direta daqueles que usufruem do programa. Liderada por um coordenador, serão compostos por um advogado, assistente social e psicólogo e outros profissionais, conforme a demanda.

22. Cf. SILVEIRA, José Braz da. **A proteção à testemunha e o crime organizado no Brasil**. 3º Edição. Curitiba: Juruá, 2014. p. 79.

23. Art. 6º do Decreto 3.518/2000 – "Ao Conselho Deliberativo Federal, instância de direção superior, compete:I - decidir sobre os pedidos de admissão eexclusão do Programa; II - solicitar às autoridades competentes medidas de proteção;III - solicitar ao Ministério Público as providências necessárias à obtenção de medidas judiciais acautelatórias;IV - encaminhar as pessoas que devem ser atendidas pelo Serviço de Proteção ao Depoente Especial, de que trata o Capítulo II deste Decreto;V - adotar as providências necessárias para a obtenção judicial de alteração da identidade civil; VI - fixar o valor máximo da ajuda financeira mensal aos beneficiários da proteção; e VII - deliberar sobre questões relativas ao funcionamento e aprimoramento do Programa.§ 1º As decisões do Conselho são tomadas pela maioria dos votos de seus membros. § 2º O Presidente do Conselho, designado pelo Ministro de Estado da Justiça dentre seus membros, pode decidir, em caráter provisório, diante de situações emergenciais e na impossibilidade de imediata convocação de reunião do Colegiado, sobre a admissão e a adoção de medidas assecuratórias da integridade físicae psicológica da pessoa ameaçada. Art. 7º O Conselho é composto pelos seguintes membros, designados pelo Ministro de Estado da Justiça: I - um representante da Secretaria de Estado dos Direitos Humanos; II - um representante da Secretaria Nacional de Segurança Pública; III - um representante da Secretaria Nacional de Justiça; IV - um representante do Departamento de Polícia Federal; V - um representante do Ministério Público Federal;VI - um representante do Poder Judiciário Federal, indicado pelo Superior Tribunal de Justiça; e VII - um representante de entidade não-governamental com atuação na proteção de vítimas e testemunhas ameaçadas, indicado pelo Secretário de Estado dos Direitos Humanos. Parágrafo único. Os membros do Conselho têm mandato de dois anos, sendo permitida a recondução."

Além das tarefas de apoio, possuem a incumbência de encontrar locais seguros e fornecer o suporte adequado para afastá-los do perigo, em condições não policiais.

"Na maioria dos Estados, as Equipes Técnicas são compostas por sete pessoas. Há uma pequena variação nesse sentido entre os Programas Estaduais. Em alguns Estados, como Santa Catarina, existe a figura do Gestor do Programa, um profissional de confiança da entidade gestora, o Órgão Executor, que normalmente responde pelo acompanhamento das despesas, organização contábil e prestações de contas do convênio"[24]

A contratação se dá por meio de concurso, divulgado nos órgãos e repartições públicas ligadas, de alguma forma, à eficiência da proteção à testemunha, ou seja, entidades públicas e privadas voltadas à consecução e promoção dos Direitos Humanos.

O parágrafo segundo prevê a obrigação dos órgãos de segurança pública, através de suas polícias, de prestar a colaboração e o apoio necessário à execução programa, o que não poderia deixar de ser diferente, visto que a sua própria essência constitui de natureza policial, efetuando a proteção em si, de forma especializada, com *know-how* próprio que somente as agências policiais possuem.

Artigo 5º A solicitação objetivando ingresso no programa poderá ser encaminhada ao órgão executor:

I - pelo interessado;

II - por representante do Ministério Público;

III - pela autoridade policial que conduz a investigação criminal;

IV - pelo juiz competente para a instrução do processo criminal;

V - por órgãos públicos e entidades com atribuições de defesa dos direitos humanos.

§ 1º A solicitação será instruída com a qualificação da pessoa a ser protegida e com informações sobre a sua vida pregressa, o fato delituoso e a coação ou ameaça que a motiva.

§ 2º Para fins de instrução do pedido, o órgão executor poderá solicitar, com a aquiescência do interessado:

I - documentos ou informações comprobatórios de sua identidade, estado civil, situação profissional, patrimônio e grau de instrução, e da pendência de obrigações civis, administrativas, fiscais, financeiras ou penais;

II - exames ou pareceres técnicos sobre a sua personalidade, estado físico ou psicológico.

§ 3º Em caso de urgência e levando em consideração a procedência, gravidade e a iminência da coação ou ameaça, a vítima ou testemunha poderá ser colocada provisoriamente sob a custódia de órgão policial, pelo órgão executor, no aguardo de decisão do conselho deliberativo, com comunicação imediata a seus membros e ao Ministério Público.

Quanto aos legitimados ao pedido de ingresso na rede de proteção, infere o Artigo 5º, inciso I ao V, aqueles que possuem legitimidade para solicitar ao Conselho Deliberativo, a quem pode ser inserido no Programa de Proteção à Testemunhas.

Esse pedido deve ser realizado contendo a qualificação da pessoa, a sua vida pregressa, qual o fato delituoso está sendo investigado e, principalmente a coação ou ameaça que motiva o pleito de entrada na rede de proteção, esta última parte é deveras importante, visto que assim se evita que meras conjecturas e temores infundados baseados em caprichos e devaneios de testemunhas e vítimas sejam acrescentados a um programa caro e dispendioso. Reforçamos que a coação ou a grave ameaça devem ser sérias e pautadas na realidade e na possibilidade de sua execução.

Cabe ao Órgão Executor, solicitar, para a instrução do pedido, demais dados de cunho muito pessoal, que vão desde documentos pessoais, profissionais, obrigações civis, administrativas, fiscais, financeiras ou penais, até exames de personalidade e estado físico.

Tais informações somente serão fornecidas se houver concordância do interessado em ser inserido no rol de protegidos pelo Programa. Diante disso, entendemos que apesar de ser de escolha do interessado em prover o Órgão Executor de tais informações, o Conselho Deliberativo, que irá decidir sobre sua inserção na rede de proteção, deve ter total liberdade, até por razão de bom senso, de analisar se há possibilidade de aprovar ou não o ingresso, com base na recusa de fornecimento de tais informações.

A legislação ainda preveu a possibilidade de admissão de forma cautelar do interessado, no programa de proteção, como medida de urgência ao relevar a gravidade da ameaça ou coação e sua possibilidade iminente de ser concretizada, acertada decisão, que caminha junto às legislações mais modernas que tratam do assunto.

24. Cf. SILVEIRA, José Braz da. **A proteção à testemunha e o crime organizado no Brasil**. 3º Edição. Curitiba: Juruá, 2014. p. 85.

No entanto, não há motivo para a previsão que, com exceção dos membros do Conselho Deliberativo, somente o Ministério Público, fiscal da lei, deva ser comunicado da inserção cautelar do interessado na rede de proteção, ignorando o legislador como se forma todo o sistema de justiça criminal, logo, a Autoridade Policial e a Autoridade Judicial deve ser comunicada imediatamente para sua ciência, se determinada testemunha ou vítima foi incluída cautelarmente no programa:

> "Embora positiva a previsão de admissão cautelar no programa de proteção, até que se apure a gravidade da coação ou ameaça e a situação pessoal da vítima oi da testemunha, novamente não se compreende a razão de somente o Ministério Público ser comunicado dessa decisão. Assim, o órgão executor coloca a pessoa sob proteção de órgão policial, aguardando deliberação do conselho, comunicando os membros desse conselho e o Ministério Público, mas não a autoridade policial ou o juiz, autoridades que efetivamente conduzem a investigação ou processo"[25]

Artigo 6º O conselho deliberativo decidirá sobre:

I - o ingresso do protegido no programa ou a sua exclusão;

II - as providências necessárias ao cumprimento do programa.

Parágrafo único. As deliberações do conselho serão tomadas por maioria absoluta de seus membros e sua execução ficará sujeita à disponibilidade orçamentária

Cabe ao Conselho Deliberativo, a decisão no que tange ao ingresso do indivíduo no programa e sua exclusão e de todas as providências necessárias para o correto funcionamento de todo o Programa de Proteção à testemunha, daí se extrai a importância da formação do conselho por pessoas realmente comprometidas e conhecedores do mecanismo e de toda a dificuldade que cerca uma rede de proteção eficiente e segura.

As deliberações serão tomadas pela maioria absoluta de seus membros, pois se há a possibilidade de ser inserido cautelarmente, nada mais sério que as decisões definitivas sejam tomadas por maioria absoluta, de um programa tão dispendioso. Em sentido contrário:

> "Inexiste razão para esse quórum. O ideal seria a maioria simples dos conselheiros presentes à reunião. A decisão de proteger alguém deve ser rápida e eficiente, motivo pelo qual atingir a maioria *absoluta* (metade mais um) do conselho é inexplicável."[26]

Outra disposição que trata o artigo, se refere a questão orçamentária condicionante do programa, o que nos faz indagar: se a previsão de orçamento para políticas públicas de combate ao crime, inclusive de repressão ao crime organizado não for suficiente naquele momento, a testemunha ou a vítima permanecem desamparada? Ora, se é um programa estatal que visa a eficiência no esclarecimento de crimes graves, como o Estado pode, sequer, imaginar que não haverá erário disponível para a concretização de políticas voltadas aos Direitos Humanos? Se o aparato governamental tiver dinheiro, protege-se, se não, deixe morrer.

Trata-se de disposição que deve ser revista, sob pena de tornar inócuo e em segundo plano, a própria proteção dos Direitos Humanos e a dignidade da pessoa humana, como fundamento da República.

Artigo 7º Os programas compreendem, dentre outras, as seguintes medidas, aplicáveis isolada ou cumulativamente em benefício da pessoa protegida, segundo a gravidade e as circunstâncias de cada caso:

I - segurança na residência, incluindo o controle de telecomunicações;

II - escolta e segurança nos deslocamentos da residência, inclusive para fins de trabalho ou para a prestação de depoimentos;

III - transferência de residência ou acomodação provisória em local compatível com a proteção;

IV - preservação da identidade, imagem e dados pessoais;

V - ajuda financeira mensal para prover as despesas necessárias à subsistência individual ou familiar, no caso de a pessoa protegida estar impossibilitada de desenvolver trabalho regular ou de inexistência de qualquer fonte de renda;

VI - suspensão temporária das atividades funcionais, sem prejuízo dos respectivos vencimentos ou vantagens, quando servidor público ou militar;

VII - apoio e assistência social, médica e psicológica;

VIII - sigilo em relação aos atos praticados em virtude da proteção concedida;

IX - apoio do órgão executor do programa para o cumprimento de obrigações civis e administrativas que exijam o comparecimento pessoal.

25. Cf. NUCCI, Guilherme de Souza.**Leis Penais e Processuais Penais Comentadas** - Volume. 1 - 13º Edição. Rio de Janeiro: Forense, 2020. p. 798.

26. Cf. NUCCI, Guilherme de Souza.**Leis Penais e Processuais Penais Comentadas** - Volume. 1 - 13º Edição. Rio de Janeiro: Forense, 2020. p. 799.

Parágrafo único. A ajuda financeira mensal terá um teto fixado pelo conselho deliberativo no início de cada exercício financeiro.

As medidas podem ser aplicadas isoladas ou cumulativamente, tratando-se de cláusulas extensivas que não se restringem ao que prevê a lei, desde que morais e aceitos pelo direito, assim, dentre outras, são previstas aquelas que se referem aos incisos do Artigo 7º da Lei 9.807/99.

A primeira delas, constitui na segurança na residência e o controle de telecomunicações, consistente na hipótese em que o indivíduo coagido ou ameaçado, inserido no programa, permanece em sua residência, sendo então fornecido policiamento com todo o aparato de segurança disponível para sua proteção.

O controle das telecomunicações, há que se atentar, não constitui em interceptação telefônica, pois a ligação é efetuada por um dos interlocutores sem que o outro saiba, tratando-se então de escuta telefônica, cuja autorização judicial é dispensável.

A segurança na residência também é amparada pelo inciso II, que prevê que os deslocamentos a trabalho e em juízo para a prestação de depoimentos, deve ser acompanhada de escolta e segurança, tratando-se assim da extensão da segurança estática, realizada na residência, compreendendo um aparato a mais que visa acompanhar o protegido em seus deslocamentos.

Bem sensível e complicada é a situação confrontada no inciso III do Artigo 7º, em que autoriza o protegido a acomodação provisória e até mesmo à transferência de residência, pois decorre de uma profunda mudança de hábitos do interessado, o que muitas vezes causa a desistência deste e a grande dificuldade de se manter na rede de proteção.

Somando ainda ao fato que as novas acomodações que seriam providenciadas para o protegido, dificilmente seriam aquelas que ele estava acostumado, pois se tratando de dinheiro público que custeia o programa, por óbvio que a nova residência, nada de luxo deveria haver, mas sim que seja capaz de manter o protegido, escondido.

Depende ainda do comprometimento do sigilo do interessado e de todas as pessoas que atuam no processo de inclusão deste indivíduo em uma sistemática de vida e do alto risco que esta atividade constitui.

A preservação da imagem e dos dados pessoais deve garantir ao protegido, conforme a gravidade da coação ou da ameaça, consubstanciado nas circunstâncias do caso concreto, que não tenha seus dados divulgados.

Discorremos em capítulo anterior, sobre o segredo quanto aos dados qualificativos e identidade do protegido elencados no processo, ou seja, quanto à possibilidade e qual o limite de conhecimento da defesa, ao se deparar com o sigilo determinado pela lei, quanto ao acesso, respeitando o contraditório e ampla defesa, inclusive, mencionando os arremedos administrativos dos tribunais de justiça, na tentativa de prover a preservação da identidade da testemunha ou vítima.

O inciso IV, do parágrafo 3º do artigo 9º, se preocupa em trazer a preservação da identidade, como medida de proteção geral, inclusive antes de se iniciar e após findo o processo em que a testemunha protegida atue, garantindo, por óbvio, sigilo de sua identidade e dados pessoais.

A Lei n. 6.015/1973, com a alteração dada pela Lei 9.807/99, permite que seja realizada a alteração de prenome, por determinação judicial, mediante averbação nos registros de origem, o qual se findará quando houver a cessação da coação ou grave ameaça da qual a alteração se originou.[27]

Como veremos posteriormente, a Lei 9.807/99, prevê o término das medidas de proteção à testemunha quando os fatos que lhe derem causar, cessarem, incluindo também a alteração de prenome no registro público do protegido.

A ajuda financeira é essencial, em conjunto com todas as demais medidas para a eficiência do

27. Lei 6015/73 -"Art. 57. A alteração posterior de nome, somente por exceção e motivadamente, após audiência do Ministério Público, será permitida por sentença do juiz a que estiver sujeito o registro, arquivando-se o mandado e publicando-se a alteração pela imprensa, ressalvada a hipótese do art. 110 desta Lei. § 7º Quando a alteração de nome for concedida em razão de fundada coação ou ameaça decorrente de colaboração com a apuração de crime, o juiz competente determinará que haja a averbação no registro de origem de menção da existência de sentença concessiva da alteração, sem a averbação do nome alterado, que somente poderá ser procedida mediante determinação posterior, que levará em consideração a cessação da coação ou ameaça que deu causa à alteração.
Art. 58. O prenome será definitivo, admitindo-se, todavia, a sua substituição por apelidos públicos notórios. Parágrafo único. A substituição do prenome será ainda admitida em razão de fundada coação ou ameaça decorrente da colaboração com a apuração de crime, por determinação, em sentença, de juiz competente, ouvido o Ministério Público."

programa. Não podemos olvidar que, se trata da utilização de verba pública para uma política de segurança, dependente do orçamento que o Conselho Deliberativo estabelecer no início de cada exercício.

No entanto, o custeio de despesas condizentes com um padrão mínimo de sobrevivência do protegido, é primordial para que permaneça na rede de proteção até que este seja reinserido profissionalmente.

Situação semelhante ocorre quando ocorrer a suspensão temporária das atividades funcionais de servidores públicos amparados pelo sistema de proteção à testemunha, não deixa o erário público de continuar mantendo a testemunha em uma situação de dignidade financeira. O servidor público deixa de trabalhar, mas continua recebendo normalmente seus vencimentos, sem redução.

O apoio e a assistência médica, social e psicológica também constitui direito do protegido, haja vista o grande abalo que a mudança repentina da rotina, carreado ainda pela tensão da violência moral que a situação abarcou, causa na testemunha. Essa rede de apoio deve ser fomentada sua execução pela inserção dos meios da sociedade civil, através de Organizações Não Governamentais compromissadas com a defesa dos Direitos Humanos, componentes da rede solidária de proteção.

Todos os membros da rede de proteção, incluindo o próprio protegido, tem o dever de sigilo de todos os dados concernentes aos mecanismos de proteção à testemunha e à vítima ameaçada, em um pacto (Termo de Compromisso), que obrigam as partes a manutenção de segredo dos dados fundamentais do programa:

> "São sigilosos, e justifica-se o sigilo no âmbito do programa de proteção, os registros de embarque e desembarque em aeronaves, as notas fiscais ou recibos de aluguéis de imóveis utilizados pelos protegidos, bem como os respectivos contratos de locações, as contas de energia e outros serviços públicos em nome dos protegidos; as ligações telefônicas que, quando realizadas, devem ser monitoradas pelos agentes do programa, entre outras que possam colocar em risco a vida das pessoas envolvidas"[28]

Como não poderia ser ignorado, o órgão de execução do programa, deve fornecer o amparo específico, intercedendo pelo protegido, quando for necessário seu comparecimento pessoal, após a devida comunicação às partes interessadas, ou seja, em audiências relacionadas à família, propriedade e todas aquelas de cunho civil e administrativo.

Como política que afeta diretamente o erário da administração pública, o Conselho Deliberativo possui a obrigação de fiscalizar e administrar as contas dispendidas com o programa, não somente quanto à sua organização e manutenção, mas sim à ajuda financeira fornecida mensalmente em cada caso concreto. Para isso, em cada exercício financeiro, o conselho fixa, como forma do controle formal da administração pública, o teto para dispêndio com a ajuda financeira mensal.

A rigidez na fiscalização deve ficar patente na transparência com as quais as contas devem ser administradas, tão patente nos princípios que norteiam o direito administrativo.

Artigo 8º Quando entender necessário, poderá o conselho deliberativo solicitar ao Ministério Público que requeira ao juiz a concessão de medidas cautelares direta ou indiretamente relacionadas com a eficácia da proteção.

Neste caso, o Conselho Deliberativo, quando perceber que de necessidade à eficiência da execução do programa, poderá comunicar ao Ministério Público para que requeira junto ao Juiz competente para o julgamento do processo em que a vítima ou testemunha figure, que defira as medidas cautelares elencadas com a eficácia da proteção.

As medidas cautelares são aquelas intentadas ao Poder Judiciário com o intuito de preservar, defender e conservar direitos que estão sob risco de lesão quanto a gravidade do fato e podem ser nominadas, ou seja, aquelas previstas diretamente em lei, que no caso de proteção às testemunhas, podem ser de caráter cível ou criminal, ou inominadas, entendidas aquelas que não contrariem a lei e os bons costumes.

Tais medidas devem ter relação direta com a proteção da testemunha ou vítima no processo em que forem determinadas.

Artigo 9º Em casos excepcionais e considerando as características e gravidade da coação ou ameaça, poderá o conselho deliberativo encaminhar requerimento da pessoa protegida ao juiz competente para registros públicos objetivando a alteração de nome completo.

§ 1º A alteração de nome completo poderá estender-se às pessoas mencionadas no § 1º do art. 2º

28. Cf. SILVEIRA, José Braz da. **A proteção à testemunha e o crime organizado no Brasil**. 3º Edição. Curitiba: Juruá, 2014. p. 101.

desta Lei, inclusive aos filhos menores, e será precedida das providências necessárias ao resguardo de direitos de terceiros.

§ 2º O requerimento será sempre fundamentado e o juiz ouvirá previamente o Ministério Público, determinando, em seguida, que o procedimento tenha rito sumaríssimo e corra em segredo de justiça.

§ 3º Concedida a alteração pretendida, o juiz determinará na sentença, observando o sigilo indispensável à proteção do interessado:

I - a averbação no registro original de nascimento da menção de que houve alteração de nome completo em conformidade com o estabelecido nesta Lei, com expressa referência à sentença autorizatória e ao juiz que a exarou e sem a aposição do nome alterado;

II - a determinação aos órgãos competentes para o fornecimento dos documentos decorrentes da alteração;

III - a remessa da sentença ao órgão nacional competente para o registro único de identificação civil, cujo procedimento obedecerá às necessárias restrições de sigilo.

§ 4º O conselho deliberativo, resguardado o sigilo das informações, manterá controle sobre a localização do protegido cujo nome tenha sido alterado.

§ 5º Cessada a coação ou ameaça que deu causa à alteração, ficará facultado ao protegido solicitar ao juiz competente o retorno à situação anterior, com a alteração para o nome original, em petição que será encaminhada pelo conselho deliberativo e terá manifestação prévia do Ministério Público.

Diretamente ligado à preservação da identidade da vítima, a previsão para a mudança de nome completo encontra ressonância na Lei n. 6015/1973 (Lei de Registros Públicos), no Artigo 57, parágrafo 7 e Artigo 58, o qual reproduzimos acima.

A mudança do nome possui como requisitos a excepcionalidade, avaliado pelo Conselho Deliberativo conforme a gravidade da ameaça e da coação, isto é, deve ser levado em conta quem faz a ameaça ou coage o protegido e na possibilidade de materialização do mal injusto prometido, sendo possível que tal benefício seja estendido ao cônjuge ou companheiro, ascendente e descendente, menores ou maiores de idade, desde que tenham convivência habitual com o protegido.

O resguardo de direitos de terceiros, cujas obrigações foram contraídas em seu nome original são preservadas. Nada mais que correto, até mesmo para que esta mudança não seja utilizada como guarida ao protegido de se imiscuir de dívidas e compromissos legais e comerciais assumidos anteriormente.

O requerimento realizado pelo Conselho Deliberativo deve ser fundamentado, sendo a oitiva prévia do Ministério Público, obrigatória, correndo o procedimento de mudança de nome, pelo rito sumaríssimo e em segredo de justiça.

Outro aspecto de relevo é a possibilidade de a pessoa protegida retornar ao status quo anterior, quando cessada a situação ensejadora da coação ou a ameaça. Desta forma, é conferido ao indivíduo protegido a faculdade de retornar a usar o nome original, desde que seja efetuado o requerimento ao juízo competente.

Artigo 10º A exclusão da pessoa protegida de programa de proteção a vítimas e a testemunhas poderá ocorrer a qualquer tempo:

I - por solicitação do próprio interessado;

II - por decisão do conselho deliberativo, em consequência de:

a) cessação dos motivos que ensejaram a proteção;

b) conduta incompatível do protegido.

O artigo 10 versa sobre a possibilidade de exclusão da pessoa protegida do programa de proteção a vítimas e testemunhas, o que pode ocorrer através da solicitação do próprio interessado ou por meio de decisão do Conselho Deliberativo Federal.

No tocante a solicitação do próprio interessado, importa destacar que ninguém poderá ser obrigado a permanecer no Programa de Proteção, que contém uma série de restrições à liberdade do beneficiário, motivo pelo qual admite-se, a qualquer tempo, o requerimento de exclusão da pessoa protegida.

Outrossim, segundo o artigo 6º do Decreto nº 3. 518/2000, cabe ao Conselho Deliberativo Federal, por maioria de votos, promover a exclusão da pessoa protegida quando cessarem os motivos que ensejaram a inclusão no Programa de Proteção ou na hipótese de o indivíduo protegido apresentar conduta incompatível com as restrições de comportamento exigidas pelo programa.

Vale dizer que, a pessoa protegida assume compromissos e obrigações atreladas a sua segurança e de sua família, quando adere ao programa. Portanto, a quebra de qualquer regra imposta, como por exemplo a testemunha que não mantém o sigilo de sua imagem, ou do seu novo local de moradia, impede que o interessado permaneça no programa. Isso porque, a natureza jurídica do vínculo entre a pessoa protegida e o Estado (Administração Pública) é contratual.

Assim sendo, diante do inadimplemento contratual por parte do beneficiário do programa, o Estado, através do Conselho Deliberativo Federal, poderá rescindir unilateralmente aquele contrato, ou fazer uso de outra clausula exorbitante prevista no artigo 58 da Lei 8.666/93. Como é sabido, as chamadas cláusulas exorbitantes conferem uma posição de supremacia à Administração Pública, que para atender o interesse público, poderá fazer uso de prerrogativas.

Artigo 11º A proteção oferecida pelo programa terá a duração máxima de dois anos.

Parágrafo único. Em circunstâncias excepcionais, perdurando os motivos que autorizam a admissão, a permanência poderá ser prorrogada

A legislação em comento conferiu o prazo máximo de dois anos para duração do programa de proteção, admitindo excepcionalmente sua prorrogação em caso de manutenção dos motivos que ensejaram a inclusão da pessoa protegida no programa.

Artigo 12º Fica instituído, no âmbito do órgão do Ministério da Justiça com atribuições para a execução da política de direitos humanos, o Programa Federal de Assistência a Vítimas e a Testemunhas Ameaçadas, a ser regulamentado por decreto do Poder Executivo.

Em virtude da estrita relação entre a proteção de vítimas e testemunhas e os direitos humanos, importante trazer à baila algumas considerações a respeito do artigo 12 da Lei de Proteção a Vítimas e Testemunhas, regulamentado pelo Decreto nº 3.518/2000.

O dispositivo em comento proclama a instituição do Programa Federal de Assistência a Vítimas e a Testemunhas. Trata-se de uma manifestação evidente de compromisso da República Federativa do Brasil com a proteção e promoção dos direitos humanos de todas as pessoas que se encontrem sob grave coação ou expostas a grave ameaça à sua integridade física ou psicológica.

Com efeito, os direitos humanos visam a proteção, dentre outros, da dignidade da pessoa humana, seja na esfera individual, seja na esfera social. Assim, podemos afirmar que a dignidade humana é gênese de diversos direitos previstos em nossa Constituição Federal, a saber: direito à vida, à saúde, à habitação, dentre outros. Desta forma, proteger vidas humanas contra situações de elevado risco é, com certeza, uma tarefa árdua.

Por esta razão, que a criação de um Programa Federal de Assistência a Vítimas e Testemunhas, representa a concretização de políticas públicas para solucionar eventuais conflitos concretos, constantes nas relações intersubjetivas em que predominam conflitos de interesses, sendo o princípio da dignidade da pessoa humana o fundamento proteção de um direito, em detrimento de outro.

7.2. Da proteção aos réus colaboradores

CAPÍTULO II

DA PROTEÇÃO AOS RÉUS COLABORADORES

Artigo 13º. Poderá o juiz, de ofício ou a requerimento das partes, conceder o perdão judicial e a consequente extinção da punibilidade ao acusado que, sendo primário, tenha colaborado efetiva e voluntariamente com a investigação e o processo criminal, desde que dessa colaboração tenha resultado:

I - a identificação dos demais coautores ou partícipes da ação criminosa;

II - a localização da vítima com a sua integridade física preservada;

III - a recuperação total ou parcial do produto do crime.

Parágrafo único. A concessão do perdão judicial levará em conta a personalidade do beneficiado e a natureza, circunstâncias, gravidade e repercussão social do fato criminoso.

A Lei 9.807/99 em seu segundo capítulo, regula a participação dos réus colaboradores nas investigações ou processos judiciais, o que se denomina colaboração premiada, possibilitando o desmantelamento de grupos, quadrilhas e organizações criminosas, através das informações fornecidas a respeito do funcionamento do grupo, ou de suas atividades. Importa destacar que o instituto da colaboração premiada também é regulado pela Lei nº 13.964/2019, Lei nº 12.850/2013, Lei 11.343/2006, dentre outras.

O artigo 13º, aborda as consequências das informações prestadas pelo investigado ou réu, à Polícia, ao Poder Judiciário ou a o Ministério Público, acerca da identificação de outras pessoas nos delitos cometidos em coautoria ou participação, bem como da localização da vítima com sua integridade preservada, ou a recuperação total ou parcial do produto do crime.

Assim, o dispositivo legal ora comentado exige que a colaboração seja efetiva, ou seja, que tenha como consequência obrigatória, alternativamente, pelo menos uma das opções previstas pelo legislador nos três incisos do artigo 13.

Com efeito, o resultado da colaboração efetiva do acusado ou do réu com a investigação e o processo criminal, poderá provocar a extinção de sua punibilidade, pela concessão do perdão judicial.

Além disso, a colaboração deve ser voluntária e não necessariamente espontânea, isto é, basta a vontade própria do investigado ou réu em colaborar, independentemente de quem tomou a inciativa, se a pedido ou influência de alguém ou não.

Outro aspecto de relevo é a exigência da primariedade do acusado para concessão do perdão judicial. Importante ressaltar que o conceito de réu primário é extraído do artigo 63 do Código Penal, conjugado com o artigo 7º da Lei de Contravenções Penais. Desta forma, considera-se reincidente, o réu que pratica um crime, depois de ser condenado por outro crime, ou aquele que é condenado pela prática de uma contravenção penal e, em sequência, pratica outra contravenção penal.

Por fim, no parágrafo do artigo em estudo, o legislador prevê requisitos subjetivos, tais como a análise da personalidade do beneficiário, da gravidade dos fatos, repercussão do caso concreto, para concessão do perdão judicial.

Artigo 14º O indiciado ou acusado que colaborar voluntariamente com a investigação policial e o processo criminal na identificação dos demais coautores ou partícipes do crime, na localização da vítima com vida e na recuperação total ou parcial do produto do crime, no caso de condenação, terá pena reduzida de um a dois terços.

O dispositivo legal supra sofreu influência da legislação italiana, criando uma diminuição da pena para o indiciado ou acusado que colaborar voluntariamente com a investigação criminal identificando os coautores e partícipes do delito, assim como a vítima e o produto do referido delito.

A diferença entre o dispositivo em comento e o anterior é que neste último, exige-se a primariedade do delator e a presença de requisitos subjetivos, o que não se exige no artigo 14.

Conforme dito nos comentários feitos ao artigo anterior, o acusado que colabora voluntariamente com a investigação, terá um benefício, que segundo o artigo ora comentado consiste na redução da pena, no importe de um a dois terços. Trata-se de *novatio legis in mellis*, razão pela qual a aplicação da causa especial de diminuição de pena retroage, alcançando delitos praticados antes da vigência da lei em comento.

Artigo 15º Serão aplicadas em benefício do colaborador, na prisão ou fora dela, medidas especiais de segurança e proteção a sua integridade física, considerando ameaça ou coação eventual ou efetiva.

§ 1º Estando sob prisão temporária, preventiva ou em decorrência de flagrante delito, o colaborador será custodiado em dependência separada dos demais presos.

§ 2º Durante a instrução criminal, poderá o juiz competente determinar em favor do colaborador qualquer das medidas previstas no art. 8º desta Lei.

§ 3º No caso de cumprimento da pena em regime fechado, poderá o juiz criminal determinar medidas especiais que proporcionem a segurança do colaborador em relação aos demais apenados.

O artigo ora comentado versa sobre a aplicação de medidas de segurança para colaborador preso ou não, tendo em vista a difícil tarefa de combater a criminalidade e conter a impunidade.

Com efeito, o mundo do crime possui regras próprias e as faz cumprir, o que representa um elevado risco de morte para aquele que viola a chamada "lei do silêncio". Na verdade, as organizações criminosas aplicam a pena de morte para o delator que quebrou a regra do sigilo, por esta razão, a custódia separada do colaborador e os demais presos, além do componente humanitário é uma medida de extrema importância para proteção de sua integridade física.

No tocante ao colaborador preso que está cumprindo a pena em regime fechado, o juiz criminal, também poderá determinar medidas especiais que proporcionem a segurança do colaborador em relação aos demais apenados, tais como estipulação de horário diferenciado para atividades durante o cumprimento da prisão, dentre outros, pois a lei não apresenta rol taxativo.

Outro aspecto importante disciplinado no parágrafo segundo do artigo 15, refere-se à possibilidade de o juiz determinar a aplicação de medidas cautelares direta ou indiretamente relacionadas com a proteção da vida do colaborador que não está preso, tais como: escolta de segurança em deslocamentos, acomodação sigilosa, ajuda financeira, médica ou psicológica, dentre outras.

64

CRIMES DO ESTATUTO DO TORCEDOR

Lei 10.671/2003

THIAGO SOLON GONÇALVES ALBECHE

ESTATUTO DO TORCEDOR (LEI 10.671/2003)

> **Art. 41-B. Promover tumulto, praticar ou incitar a violência, ou invadir local restrito aos competidores em eventos esportivos: (Incluído pela Lei nº 12.299, de 2010).**
>
> **Pena - reclusão de 1 (um) a 2 (dois) anos e multa. (Incluído pela Lei nº 12.299, de 2010).**

Verbos nucleares do tipo: *Promover* (realizar, dar causa); *praticar* (realizar, pôr em ação): *incitar* (incentivar); *invadir* (ingressar sem autorização, transpor limites). Entendemos que as condutas do *caput* se aplicam exclusivamente à parte interna dos locais de eventos esportivos tendo em vista a redação de seu § 1º, como será visto adiante.

Consumação: Com efetiva ação descrita no tipo penal. Conforme o verbo nuclear, teremos diferentes classificações doutrinárias.

Objetividade jurídica: A regularidade das atividades e organização esportiva.

Objeto material: Espaços esportivos e a segurança e integridade física

Elemento subjetivo: É o dolo, vontade deliberada de praticar as ações descritas no tipo, sem qualquer finalidade específica.

Elemento normativo: *local restrito aos competidores em eventos esportivos.* **São locais assim definidos pelas entidades organizadoras dos eventos esportivos, tratando-se de norma penal em branco que deve ser complementada por atos que identifiquem as áreas restritas, a bem da segurança jurídica e do princípio da** *certeza* (componente do princípio da legalidade).

Sujeito ativo: Qualquer pessoa.

Sujeito passivo: A coletividade.

Classificação doutrinária: *Crime comum* (qualquer pessoa pode praticá-lo); *crime material* (que se consuma com o resultado naturalístico) nas formas *promover tumultuo, praticar violência* ou *invadir local restrito.* Quanto à *incitação* à violência, trata-se de crime *formal*(que se consuma com a conduta, independente do resultado naturalístico previsto); de *perigo concreto* (deve ser comprovado o perigo real para vítima certa e determinada) nas formas *provocar tumultuo* e *praticar violência,* e de *perigo abstrato (o risco ao bem jurídico é presumido de forma absoluta pela lei)* nas modalidades *incitar violência* e *invadir local restrito; doloso* (o agente quer o resultado ou assume o risco de produzi-lo); *de forma livre* (pode ser praticado por qualquer meio de execução); *comissivo* (os verbos indicam ações); *unissubjetivo ou de concurso eventual* (pode ser praticado por um só agente); *instantâneo* (consumação se dá em momento determinado, não se prolongando no tempo); *plurissubsistente* (admite fracionamento dos atos de execução); admite *tentativa.*

Confronto do art. 41-B com o art. 137 do CP: no delito de rixa (art. 137, CP), temos uma agressão generalizada, em que todos os contendores são sujeitos ativos e passivos. O dolo é de participar de uma briga desordenada, com agressões múltiplas a vítimas indeterminadas que estiverem naquele contexto. Além disso, classifica-se a rixa crime plurissubjetivo ou de concurso necessário. No art. 41-B, temos um crime unissubjetivo ou de concurso eventual. Ademais, todas as circunstâncias de local da conduta podem configurar especializantes da ação de "praticar violência" em relação ao crime de rixa. Por fim, a violência citada no artigo, para nós, pode ser empregada contra coisas. Ex.: torcedor chuta grades de estádios.

Ação Penal: Pública Incondicionada

Transação penal: Tem cabimento (art. 76, Lei 9.099/95)

Suspensão condicional do processo: Tem cabimento (art. 89, Lei 9.099/95)

Acordo de não persecução penal: Impossível (art. 28-A, § 2º, I, CPP)

FIGURAS EQUIPARADAS

> **§ 1º Incorrerá nas mesmas penas o torcedor que: (Incluído pela Lei nº 12.299, de 2010).**
>
> **I - promover tumulto, praticar ou incitar a violência num raio de 5.000 (cinco mil) metros ao redor do local de realização do evento esportivo, ou durante o trajeto de ida e volta do local da realização do evento; (Incluído pela Lei nº 12.299, de 2010).**
>
> **II - portar, deter ou transportar, no interior do estádio, em suas imediações ou no seu trajeto, em dia de realização de evento esportivo, quaisquer instrumentos que possam servir para a prática de violência. (Incluído pela Lei nº 12.299, de 2010).**
>
> **I - promover tumulto, praticar ou incitar a violência num raio de 5.000 (cinco mil) metros ao redor do local de realização do evento esportivo, ou durante o trajeto de ida e volta do local da realização do evento; (Incluído pela Lei nº 12.299, de 2010).**

Verbos nucleares do tipo: *Promover* (realizar, dar causa); *praticar* (realizar, por em ação); *incitar* (provocar, incentivar);

Consumação: Com efetiva ação descrita no tipo penal. Conforme o verbo nuclear, teremos diferentes classificações.

Objetividade jurídica: A regularidade das atividades e organização esportivas e a incolumidade pública.

Objeto material: As adjacências até 5 mil metros ao redor do local de realização do evento esportivo ou o trajeto de ida e volta do local da realização do evento.

Elemento subjetivo: É o dolo, vontade deliberada de praticar as ações descritas no tipo, sem qualquer finalidade específica.

Elemento normativo: *(a)num raio de 5.000 (cinco mil) metros ao redor do local de realização do evento esportivo*: área de proteção dos arredores do local do evento, que deve ser comprovada para fins de tipicidade. *(b) durante o trajeto de ida e volta do local da realização do evento*: serve para que o deslocamento até o local do evento tenha a tranquilidade e ordem necessárias para salvaguardar a incolumidade pública. Exemplo típico é o deslocamento de torcedores, tanto em pequenos grupos como em grupos maiores, como as torcidas organizadas que, muitas vezes, deslocam-se de um ponto a outro caminhando. Causará alguma perplexidade, em situações concretas, a caracterização do *trajeto de ida e volta,* pois a depender das circunstâncias, esse trajeto poderá ter início e fim em qualquer lugar, o que demandará esclarecimentos para a plena subsunção dos fatos à norma penal. Considerando tais elementos normativos espaciais, o inciso I aplica-se apenas às áreas externas do local de realização do evento esportivo, ao contrário do previsto no *caput* do artigo.

Sujeito ativo: Qualquer pessoa.

Sujeito passivo: A coletividade.

Classificação doutrinária: *Crime comum* (qualquer pessoa pode praticá-lo); *crime material*(que se consuma com o resultado naturalístico) nas formas *promover* tumultuo e *praticar* violência; *crime formal* (que se consuma com a conduta, independente do resultado naturalístico previsto) na modalidade *incitar* a violência; de *perigo concreto*(deve ser comprovado o perigo real para vítima certa e determinada);*doloso* (o agente quer o resultado ou assume o risco de produzi-lo); *de forma livre* (pode ser praticado por qualquer meio de execução); *comissivo* (os verbos indicam ações); *unissubjetivo ou de concurso eventual* (pode ser praticado por um só agente); *instantâneo* (consumação se dá em momento determinado, não se prolongando no tempo); *plurissubsistente* (admite fracionamento dos atos de execução); admite *tentativa.*

Ação Penal: Pública incondicionada

Transação penal: Tem cabimento (art. 76, Lei 9.099/95)

Suspensão condicional do processo: Tem cabimento (art. 89, Lei 9.099/95)

Acordo de não persecução penal: Impossível (art. 28-A, § 2º, I, CPP)

II - portar, deter ou transportar, no interior do estádio, em suas imediações ou no seu trajeto, em dia de realização de evento esportivo, quaisquer instrumentos que possam servir para a prática de violência.

Verbos nucleares do tipo: *portar* (estar na posse exercendo sujeição sobre coisa em nome próprio); *deter* (possuir a coisa, ainda que de forma precária e em favor de terceiro. Ex: aquele que, a pedido de um amigo, guarda uma faca para que ele não seja surpreendido pela fiscalização, está na detenção da arma branca).

Consumação: Com efetiva ação descrita no tipo penal.

Objetividade jurídica: A regularidade das atividades e organização esportivas e a incolumidade pública.

Objeto material: Instrumentos que possam servir para a prática de violência.

Elemento subjetivo: É o dolo, vontade deliberada de praticar as ações descritas no tipo, sem qualquer finalidade específica.

Elemento normativo: *(a) no interior do estádio, em suas imediações ou no seu trajeto:* Temos elementos normativos espaciais que demonstram que o tipo penal se aplica tanto *dentro* como *fora* do local do evento esportivo. Neste inciso II, contudo, perceba-se que o legislador não definiu metragem específica (5000 metros) para os arredores como fez no inciso I do parágrafo único, preferindo o elemento "imediações", o que deverá ser analisado no caso concreto, à falta de um parâmetro objetivo. De outro lado, utilizou-se o elemento "no seu trajeto" em vez de "trajeto de ida e volta" (previsto no inciso I). Trata-se, ao nosso ver, de ausência de padrão normativo, devendo ser considerado, implicitamente, em razão do bem jurídico tutelado, que se trata de *trajeto de ida e volta*, não caracterizando analogia *in malam partem*, mas sim, interpretação analógica e sistemática *(b) em dia de realização de evento esportivo:* trata-se de elemento normativo temporal. Basta a comprovação, por qualquer meio de prova admitido, da existência de evento esportivo programado para ocorrer no dia do fato, independente da comprovação formal por meio de calendário oficial de agremiação ou entidade organizadora da competição ou evento. *(c)quaisquer instrumentos que possam servir para a prática de violência*: revela o conceito de *arma imprópria*, como por exemplo, pedras, porretes, que, apesar de não serem destinados à realização de atos violentos, circunstancialmente, podem ter esta finalidade ou utilidade. *(d) em dia de realização de evento esportivo*: deve-se demonstrar que ocorreria evento esportivo, sem a necessidade de comprovação da existência formal de calendário de eventos esportivos.

Sujeito ativo: Qualquer pessoa.

Sujeito passivo: A coletividade.

Classificação doutrinária: *Crime comum* (qualquer pessoa pode praticá-lo); *crime de mera conduta* (se consuma com a simples ação, sem previsão de resultado naturalístico);de *perigo abstrato* (o risco ao bem jurídico é presumido de forma absoluta pela lei);*doloso* (o agente quer o resultado ou assume o risco de produzi-lo); *de forma livre* (pode ser praticado por qualquer meio de execução); *comissivo* (os verbos indicam ações); *unissubjetivo ou de concurso eventual* (pode ser praticado por um só agente); *crime permanente* (a consumação se prolonga no tempo); *plurissubsistente*[1];(admite fracionamento dos atos de execução). Admite *tentativa*.

Conflito do art. 41-B, parágrafo único, inciso II e o art. 19 da Lei de Contravenções Penais: Para nós, em razão das especializantes trazidas na descrição típica, tais como o local dos fatos e o contexto em que praticada a posse de instrumentos que possam levar à violência efetiva, entendemos que a posse de arma branca[2] prevista na Lei de Contravenções Penais cede lugar ao crime previsto no inciso II do parágrafo único do art. 41-B da presente lei. Vale ressaltar, contudo, que a expressão *instrumentos que possam servir para a prática de violência* possui significado bem mais abrangente do que o de *arma branca*, aplicando-se, sobretudo, às chamadas *armas impróprias*, que são as concebidas com finalidade diversa, mas que também podem ser utilizadas para ataque ou defesa.[3]

1. Imagine-se o ato em que um agente, no momento em que irá obter o instrumento em suas mãos ou tê-lo colocado em seu veículo, é surpreendido por intervenção policial, que permite a apreensão do objeto. Demonstra que o agente apenas não *portou* ou *deteve* a coisa por circunstâncias alheias a sua vontade.
2. No RHC 56.128, 5ª Turma do Superior Tribunal de Justiça, reafirmou-se a tipicidade do art. 19 do Decreto-Lei 3.688/1941, que trata da contravenção penal do porte de arma branca. Deve-se acompanhar o julgamento do agravo no RE 901.623 junto ao Supremo Tribunal Federal, que discute a mesma controvérsia com o reconhecimento de Repercussão Geral.
3. MASSON, Cleber. Código Penal Comentado. 5ª ed. rev., atual. e ampl. – Rio de Janeiro: Forense; São Paulo: Método, 2017. p. 711.

Ação penal: Pública incondicionada

Transação penal: Cabível (art. 76, Lei 9.099/95)

Suspensão condicional do processo: Cabível (art. 89, Lei 9.099/95)

Acordo de não persecução penal: Impossível (art. 28-A, § 2º, I do CPP)

Art. 41-C. Solicitar ou aceitar, para si ou para outrem, vantagem ou promessa de vantagem patrimonial ou não patrimonial para qualquer ato ou omissão destinado a alterar ou falsear o resultado de competição esportiva ou evento a ela associado: (Redação dada pela Lei nº 13.155, de 2015)

Pena - reclusão de 2 (dois) a 6 (seis) anos e multa. (Incluído pela Lei nº 12.299, de 2010).

Verbos nucleares do tipo: *Solicitar* (pedir, requerer); *aceitar* (consentir, concordar).

Consumação: Com a prática do verbo descrito no tipo, independente do recebimento da vantagem patrimonial ou não patrimonial.

Objetividade jurídica: A regularidade das competições esportivas e dos eventos a ela associados.

Objeto material: Os resultados das competições ou eventos a elas associados.

Elemento subjetivo: É o dolo, vontade deliberada de praticar as ações descritas no tipo. Neste caso, temos o *elemento subjetivo específico*, que é a vontade de solicitar ou aceitar a vantagem *para alterar ou falsear o resultado.*

Elemento normativo: *Alterar ou falsear o resultado de competição esportiva ou evento a ela associado.* Competição esportiva é todo o ciclo de jogos e disputas realizadas tendentes a reconhecer um vencedor. O *evento a ela associado* pode ser considerado uma partida isolada ou fase da competição ou outro evento que tenha ligação direta com o competitório. Note-se que a locução *evento a ela associado* somente integrou a tipicidade penal deste artigo a partir da vigência da Lei 13.155 de 05.08.2015, o que deve ser considerado para fins de aplicação da lei penal no tempo. *Vantagem patrimonial* significa qualquer vantagem que se possa traduzir em aumento de patrimônio, seja em pecúnia, sejam em bens materiais conversíveis em pecúnia. *Vantagem não patrimonial* é aquela de cunho imaterial, que não possa ser convertida, imediatamente, em pecúnia, mas que represente uma vantagem de cunho político, social, que garanta posição, importância, cargo, função, ou qualquer forma de ascensão ou superioridade em determinado núcleo, como agremiação, associação, entre outros.

Sujeito ativo: Qualquer pessoa.

Sujeito passivo: A coletividade de torcedores e, eventualmente, as entidades organizadoras das competições e a entidade de prática desportiva prejudicada.

Classificação doutrinária: *Crime comum* (qualquer pessoa pode praticá-lo); *crime formal* (que se consuma com a conduta, independente do resultado naturalístico previsto); de *perigo concreto*(-deve ser comprovado o perigo real para vítima certa e determinada); *doloso* (o agente quer o resultado ou assume o risco), havendo o dolo específico (intenção de alterar ou falsear o resultado de competição esportiva ou evento a ela associado); *de forma livre* (pode ser praticado por qualquer meio de execução); *comissivo* (os verbos indicam ações);*unissubjetivo ou de concurso eventual* (pode ser praticado por um só agente); *unissubsistente* (não admite fracionamento dos atos de execução) na modalidade *solicitar*, e *plurissubsistente*(admite fracionamento dos atos de execução) na modalidade *receber*[4]; quando plurissubsistente, admite *tentativa.*

Ação penal: Pública incondicionada

Transação penal: Impossível (art. 76, Lei 9.099/1995)

Suspensão condicional do processo: Impossível (art. 89, Lei 9.099/1995)

Acordo de não persecução penal: Tem cabimento (art. 28-A, CPP)

Art. 41-D. Dar ou prometer vantagem patrimonial ou não patrimonial com o fim de alterar ou falsear o resultado de uma competição desportiva ou evento a ela associado: (Redação dada pela Lei nº 13.155, de 2015)

Pena - reclusão de 2 (dois) a 6 (seis) anos e multa. (Incluído pela Lei nº 12.299, de 2010).

Verbos nucleares do tipo: *Dar* (entregar com o objetivo de alterar a propriedade, doar, transferir); *prometer* (comprometer-se a algo, obrigar-se, jurar).

4. Imagine que terceira pessoa tenha negociado a vantagem em favor do beneficiário que pretende alterar ou falsear o resultado e, no momento em que ele iria recebê-la, acaba sendo surpreendido, evitando-se a consumação.

Consumação: Com a prática do verbo descrito no tipo, independente da efetiva alteração ou falsidade do resultado de uma competição desportiva ou evento a ela associado.

Objetividade jurídica: A regularidade das competições esportivas e dos eventos a ela associados.

Objeto material: Os resultados das competições ou eventos a elas associados.

Elemento subjetivo: É o dolo, vontade deliberada de praticar as ações descritas no tipo. Neste caso, temos o *elemento subjetivo específico*, que é a vontade de dar ou prometer a vantagem *para alterar ou falsear o resultado*.

Elemento normativo: *alterar ou falsear o resultado de competição esportiva ou evento a ela associado*. Competição esportiva é todo o ciclo ou série de jogos e disputas realizadas tendentes a reconhecer um vencedor. O *evento a ela associado* pode ser considerado uma partida, rodada, fase etapa ou outro evento isolado, desde que no contexto da competição. Note-se que a locução *evento a ela associado* somente integrou a tipicidade penal deste artigo a partir da vigência da Lei 13.155 de 05.08.2015, o que deve ser considerado para fins de aplicação da lei penal no tempo. A *vantagem patrimonial* significa qualquer vantagem que se possa traduzir em aumento de patrimônio, seja em pecúnia, sejam em bens materiais conversíveis em pecúnia. *Vantagem não patrimonial* é aquela de cunho imaterial, que não possa ser convertida, imediatamente, em pecúnia, mas que represente uma vantagem de cunho político, social, que garanta posição, importância, cargo, função, ou qualquer forma de ascensão ou superioridade em determinado núcleo, como agremiação, associação, entre outros.

Sujeito ativo: Qualquer pessoa.

Sujeito passivo: A coletividade de torcedores e, eventualmente, as entidades organizadoras das competições e a entidade desportiva prejudicada.

Classificação doutrinária: *Crime comum* (qualquer pessoa pode praticá-lo); *crime formal* (que se consuma independente do resultado naturalístico previsto); *crime* de perigo concreto (deve ser comprovado o perigo real para vítima certa e determinada); *doloso* (o agente quer o resultado ou assume o risco de produzi-lo), havendo o dolo específico (intenção de alterar ou falsear o resultado de competição esportiva ou evento a ela associado); *de forma livre* (pode ser praticado por qualquer meio de execução); *comissivo* (os verbos indicam ações); *unissubjetivo ou de concurso eventual* (pode ser praticado por um só agente); *unissubsistente* (não admite fracionamento dos atos de execução) na modalidade *prometer*; *plurissubsistente*(admite fracionamento dos atos de execução)na modalidade *dar*[5]; quando plurissubsistente, admite *tentativa*.

Ação penal: Pública incondicionada

Transação penal: Impossível (art. 76, Lei 9.099/1995)

Suspensão condicional do processo: Impossível (art. 89, Lei 9.099/1995)

Acordo de Não Persecução Penal: Tem cabimento (art. 28-A, CPP)

Art. 41-E. Fraudar, por qualquer meio, ou contribuir para que se fraude, de qualquer forma, o resultado de competição esportiva ou evento a ela associado: (Redação dada pela Lei nº 13.155, de 2015)

Pena - reclusão de 2 (dois) a 6 (seis) anos e multa. (Incluído pela Lei nº 12.299, de 2010).

Verbos nucleares do tipo: *Fraudar* (enganar, iludir); *contribuir* (auxiliar, ajudar).

Consumação: Com a realização do verbo nuclear do tipo, ou seja, com a efetiva fraude do resultado de competição esportiva ou evento a ela associado.

Objetividade jurídica: A regularidade das atividades e competições esportivas, bem como de eventos a elas associados.

Objeto material: Os resultados das competições ou eventos a elas associado.

Elemento subjetivo: É o dolo, vontade deliberada de praticar as ações descritas no tipo. Não há elemento subjetivo específico nesse caso.

Sujeito ativo: Qualquer pessoa.

Sujeito passivo: A coletividade de torcedores e, eventualmente, a própria entidade organizadora das competições e entidade desportiva prejudicada.

Classificação doutrinária: *Crime comum* (qualquer pessoa pode praticá-lo); *crime material* (que se consuma com o resultado naturalístico); *de perigo*

5. Imagine alguém que, no momento em que está prestes a *dar* a vantagem, é surpreendido.

concreto (deve ser comprovado o perigo real para vítima certa e determinada); *doloso* (o agente quer o resultado), havendo o dolo específico (intenção de fraudar o resultado de competição esportiva ou evento a ela associado); *de forma livre* (pode ser praticado por qualquer meio de execução); *comissivo* (os verbos indicam ações);*instantâneo* (a consumação ocorre em momento determinado, sem prolongamento no tempo); *unissubjetivo ou de concurso eventual* (pode ser praticado por um só agente); *plurissubsistente* (admite fracionamento dos atos de execução); admite *tentativa*.

Ação penal: Pública incondicionada

Transação penal: Impossível (art. 76, Lei 9.099/1995)

Suspensão condicional do processo: Impossível (art. 89, Lei 9.099/1995)

Acordo de Não Persecução Penal: Tem cabimento (art. 28-A, CPP)

Art. 41-F. Vender ingressos de evento esportivo, por preço superior ao estampado no bilhete: (Incluído pela Lei nº 12.299, de 2010).

Pena - reclusão de 1 (um) a 2 (dois) anos e multa. (Incluído pela Lei nº 12.299, de 2010).

Verbos nucleares do tipo: *Vender (*entregar mediante pagamento, alterar a propriedade de forma onerosa).

Consumação: Com a realização do verbo nuclear do tipo, ou seja, com a efetiva venda por preço superior ao estampado do bilhete.

Objetividade jurídica: A regularidade do acesso de torcedores a competições e eventos esportivos.

Objeto material: O ingresso do evento esportivo.

Elemento subjetivo: É o dolo, vontade deliberada de praticar as ações descritas no tipo. Não há elemento subjetivo específico.

Elemento normativo: *por preço superior ao do bilhete.* A venda de ingressos para eventos esportivos acima do preço estampado no bilhete, também chamado de *preço de face*, constitui a prática conhecida como *cambismo*. Em uma leitura formal e restritiva, qualquer valor acima daquele estampado no bilhete configura o delito. E para entender tal posição, há que se apreender o objetivo da proibição da venda por preço superior: evitar que pessoas comprem ingressos em grandes quantidades para revendê-los, prejudicando o amplo acesso ao evento e restringindo direitos como de acesso ao lazer, à cultura, ao esporte, à integração social, essenciais à saúde e ao livre desenvolvimento da personalidade. Contudo, é bem verdade que as condições econômicas de inúmeras famílias brasileiras, especialmente as que trabalham na informalidade para obter o seu sustento, acabam por gerar situações de conflito com o Direito Penal. Portanto, é de se perguntar sobre o quão acima do valor estampado no bilhete deverá ser o valor de venda para que haja a *tipicidade material* do art. 41-F do Estatuto. É de se perguntar, portanto, se há espaço para aplicação do Princípio da Insignificância na venda de ingressos por preço superior ao estampado no bilhete. A nossa posição é de que, analisado o caso concreto e preenchidos os requisitos legais, é possível a aplicação do Princípio da Insignificância, ainda que se trate de infração de menor potencial ofensivo. Existem decisões que, no caso concreto, reconheceram que a prática da venda do ingresso acima do preço estampado no bilhete, quando constitui em mero conforto para o adquirente que não se dispôs a ingressar em filas, não constitui delito. Ainda, exigiu-se prova de que os ingressos vendidos em bilheteria tivessem acabado ou que ela estivesse fechada, pois, somente assim, o comprador teria sido prejudicado e *impedido* de participar do evento esportivo[6], ficando a mercê da aquisição junto a cambistas. Contudo, a posição do Superior Tribunal de Justiça é de que o *cambismo*

> (...) Trata-se de comportamento dotado de reprovabilidade penal, pela simples razão de envolver a exploração, artificiosa, de um bem finito: a quantidade de lugares nos estádios. Desta maneira, abusando de certo privilégio decorrente de se chegar antes ao guichê, adquirem-se mais unidades, que são vendidas com ágio. É desinfluente a circunstância, eventual, de ainda existirem ingressos à venda nas bilheterias. A uma porque o tipo penal, expressamente, a tal não se refere. A duas, porque, pela simples conduta enunciada no modelo incriminador, o bem jurídico já é afetado, porquanto materializa-se exploração do preço, em mercado de bem finito, operado por um único fornecedor. Gera-se indevida especulação, promovendo a daninha quebra da isonomia, que seria assegurada pela exclusividade nas vendas.
>
> 2. Recurso improvido.
>
> (RHC 47.835/RJ, Rel. Ministra MARIA THEREZA DE ASSIS MOURA, SEXTA TURMA, julgado em 09/12/2014, DJe 19/12/2014)

6. PROCESSO Nº 0024343-72.2007.8.19.0208. CONSELHO RECURSAL CRIMINAL. JUIZ: DR. JOAQUIM DOMINGOS DE ALMEIDA NETO. JULGAMENTO EM 03/02/2011)

Questão que se coloca é sobre a tipicidade da conduta de vender *o ingresso-cortesia*, que não tem valor expresso no bilhete. Entendemos que há perfeita adequação típica ao art. 41-F do Estatuto. No bilhete-cortesia está implícito ao "valor zero", ou seja a venda, por qualquer valor, será considerada crime. Trata-se de conclusão permitida por meio da uma interpretação analógica ou *intralegem* do tipo penal.

Sujeito ativo: Qualquer pessoa.

Sujeito passivo: A coletividade de torcedores e, eventualmente, a própria organização das competições e a entidade desportiva prejudicada.

Classificação doutrinária: *Crime comum* (qualquer pessoa pode praticá-lo); *crime material* (que se consuma com o resultado naturalístico); de *perigo concreto*(deve ser comprovado o perigo real para vítima certa e determinada); *doloso* (o agente quer o resultado ou assume o risco de produzi-lo); *de forma livre* (pode ser praticado por qualquer meio de execução); *comissivo* (os verbos indicam ações); *instantâneo* (a consumação se dá em momento determinado, sem efeitos que se prolongam no tempo);*unissubjetivo ou de concurso eventual* (pode ser praticado por um só agente); *plurissubsistente* (admite fracionamento dos atos de execução); admite *tentativa*.

Ação penal: Pública incondicionada

Transação penal: Tem cabimento (art. 76, Lei 9.099/1995)

Suspensão condicional do processo: Tem cabimento (art. 89, Lei 9.099/1995)

Acordo de não Persecução Penal: Impossível (art. 28-A, § 2º, inciso I, CPP)

Art. 41-G. Fornecer, desviar ou facilitar a distribuição de ingressos para venda por preço superior ao estampado no bilhete: (Incluído pela Lei nº 12.299, de 2010).

Pena - reclusão de 2 (dois) a 4 (quatro) anos e multa. (Incluído pela Lei nº 12.299, de 2010).

Comentários: Note-se que o presente delito poderia constituir uma espécie de participação no crime anterior previsto no art. 41-F, pois contribui para a conduta da *venda* de ingressos por preço superior ao estampado no bilhete (chamado "preço de face"). Contudo, o legislador optou por prever conduta específica para possíveis atos ilícitos anteriores à efetiva venda por cambistas, atribuindo maior reprovabilidade à conduta-causa.

Verbos nucleares do tipo: *Fornecer* (entregar, alcançar, suprir); *desviar* (retirar do curso normal, dar destinação diversa da esperada, prevista ou regulamentada, mudar o destino); *facilitar* (tornar menos trabalhoso, contribuir para que algo ocorra com maior celeridade ou com menos empecilhos, proporcionar resultados mais rápidos ou fáceis).

Consumação: Com a realização do verbo nuclear do tipo, ou seja, com o fornecimento, desvio ou facilitação da distribuição de ingressos para venda por preço superior ao estampado do bilhete.

Objetividade jurídica: A regularidade do acesso de torcedores a competições e eventos esportivos.

Objeto material: O ingresso do evento esportivo.

Elemento subjetivo: É o dolo, vontade deliberada de praticar as ações descritas no tipo. Há o elemento subjetivo específico nesse caso, que é a prática do verbo *para venda por preço superior ao estampado no bilhete.*

Elemento normativo: *por preço superior ao do bilhete.* A venda de ingressos acima do preço estampado no bilhete, também chamado de *preço de face*, constitui a prática conhecida como *cambismo*. Em uma leitura formal e restritiva, qualquer valor acima daquele estampado no bilhete configura o delito. E para entender tal posição, há que se entender o objetivo da proibição da venda por preço superior: evitar que pessoas comprem ingressos em grandes quantidades para revendê-los a torcedores que não os tenham conseguido, impedindo que torcedores tenham acesso ao evento e restringindo direitos como de acesso ao lazer, à cultura, ao esporte, à integração social, essenciais à saúde e ao livre desenvolvimento da personalidade. Contudo, é bem verdade que as condições econômicas de inúmeras famílias brasileiras, especialmente as que trabalham na informalidade para obter o seu sustento, acabam por gerar situações de conflito com o Direito Penal. Portanto, é de se perguntar sobre o quão acima do valor estampado no bilhete deverá ser o valor de venda para que haja uma *tipicidade material* do art. 41-F do Estatuto. É de se perguntar, portanto, se há espaço para aplicação do Princípio da Insignificância na venda de ingressos por preço superior ao estampado no bilhete. A nossa posição é de que, analisado o caso concreto e preenchidos os requisitos legais, é possível a aplicação do princípio da insignificância, apesar de se tratar de infração de menor potencial ofensivo. Existem decisões que, no caso concreto, reconheceram que a prática da venda do ingresso acima do preço estampado no bilhete, quando constitui em mero conforto para o adquirente que não se dispôs a ingressar em filas não constitui delito. Ainda, exigiu-se prova de que os ingressos vendidos em bilheteria tivessem acabado ou que ela estivesse fechada, pois, somente assim, o comprador teria sido prejudicado e *impedido* de participar do evento esportivo[7], ficando a mercê da aquisição junto a cambistas. Contudo, a posição do Superior Tribunal de Justiça é que o cambismo

> (...) Trata-se de comportamento dotado de reprovabilidade penal, pela simples razão de envolver a exploração, artificiosa, de um bem finito: a quantidade de lugares nos estádios. Desta maneira, abusando de certo privilégio decorrente de se chegar antes ao guichê, adquirem-se mais unidades, que são vendidas com ágio. É desinfluente a circunstância, eventual, de ainda existirem ingressos à venda nas bilheterias. A uma porque o tipo penal, expressamente, a tal não se refere. A duas, porque, pela simples conduta enunciada no modelo incriminador, o bem jurídico já é afetado, porquanto materializa-se exploração do preço, em mercado de bem finito, operado por um único fornecedor. Gera-se indevida especulação, promovendo a daninha quebra da isonomia, que seria assegurada pela exclusividade nas vendas.
> 2. Recurso improvido.
> (RHC 47.835/RJ, Rel. Ministra MARIA THEREZA DE ASSIS MOURA, SEXTA TURMA, julgado em 09/12/2014, DJe 19/12/2014) citar fonte

Sujeito ativo: Qualquer pessoa.

Sujeito passivo: A coletividade de torcedores e, eventualmente, a própria organização das competições e a entidade desportiva prejudicada.

Classificação doutrinária: *Crime comum* (qualquer pessoa pode praticá-lo); *material* (se consuma com o resultado naturalístico) na modalidade *fornecer*, e *formal* (que se consuma com a conduta, independente do resultado naturalístico previsto) nas formas *desviar ou facilitar*; de *perigo concreto* (deve ser comprovado o perigo real para vítima certa e determinada);*doloso* (o agente quer o resultado), havendo o dolo específico (para venda por preço superior ao estampado no bilhete); *de forma livre* (pode ser praticado por qualquer meio de execução); *comissivo* (os verbos indicam ações); *unissubjetivo ou de concurso eventual* (pode ser praticado por um só agente); *instantâneo*(a consumação ocorre em momento determinado, sem prolongamento no tempo); *plurissubsistente* na modalidade *fornecer* (admite fracionamento dos atos de execução); *unissubsistente* nas formas *desviar ou facilitar* (não admite fracionamento dos atos de execução); admite *tentativa* apenas na forma plurissubsistente.

Ação penal: Pública incondicionada

Transação Penal: Impossível (art. 76, Lei 9.099/1995)

Suspensão condicional do processo: Impossível (art. 89, Lei 9.099/1995)

Acordo de Não Persecução Penal: Tem cabimento (art. 28-A, § 2º, II, CPP)

Parágrafo único. A pena será aumentada de 1/3 (um terço) até a metade se o agente for servidor público, dirigente ou funcionário de entidade de prática desportiva, entidade responsável pela organização da competição, empresa contratada para o processo de emissão, distribuição e venda de ingressos ou torcida organizada e se utilizar desta condição para os fins previstos neste artigo. (Incluído pela Lei nº 12.299, de 2010).

Comentários: O legislador estabeleceu causa de aumento diante da maior reprovabilidade da conduta daqueles sujeitos ativos descritos no parágrafo único. Sobre servidor público, dirigente ou funcionário de entidade de prática desportiva, entidade responsável pela organização da competição, empresa contratada para o processo de emissão, distribuição e venda de ingressos ou torcida organizada, recai maior exigência de comportamento conforme o Direito - já que estão diretamente ligados ao regular funcionamento da competição ou evento a ela relacionado e, por isso, deles se esperam maiores zelo, comprometimento e lealdade.

BIBLIOGRAFIA

DA SILVA, Joseane Suzart Lopes. Estatuto do Torcedor. Salvador: Juspodivm, 2010.

7. PROCESSO Nº 0024343-72.2007.8.19.0208. CONSELHO RECURSAL CRIMINAL. JUIZ: DR. JOAQUIM DOMINGOS DE ALMEIDA NETO. JULGAMENTO EM 03/02/2011)

65

LEI DO PLANEJAMENTO FAMILIAR

Lei 9.263/1996

PATRICIA CHALFUN DE MATOS FONSECA ORRIN

1. INTRODUÇÃO

O presente trabalho tem por objetivo a seleção de temas atuais e importantes acerca da Lei nº 9.263 de 12 de janeiro de 1996, denominada Lei do Planejamento Familiar, que regula o § 7º do art. 226 da Constituição Federal de 1988. A Lei do Planejamento Familiar é dividida em três capítulos, totalizando 25 artigos. O primeiro capítulo versa sobre conceitos, prevê direitos e obrigações impostas ao Estado e aos cidadãos. Na sequência, o capítulo segundo, proclama crimes e penalidades, temática que será o objeto principal deste estudo. Por fim, o capítulo terceiro trata das disposições finais.

Merece destaque o conceito de planejamento familiar, previsto no artigo 2º da Lei 9.263/96, como um "conjunto de ações de regulação da fecundidade que garanta direitos iguais de constituição, limitação ou aumento de prole pela mulher, pelo homem ou pelo casal". Vale dizer que o planejamento familiar é um direito de todos, portanto, a criação de políticas públicas voltadas a assegurar o exercício do livre planejamento familiar é um dever do Estado.

Outro aspecto importante é que a lei prevê a obrigação do Estado de fornecer, assistência durante a gravidez e no momento do parto, para a mulher, bem como a criação de mecanismos de controle e prevenção de doenças sexualmente transmissíveis (DTS), cânceres de mama, cérvico-uterino, de próstata e de pênis. Além disso, o Estado tem o dever de disponibilizar informações e meios de acesso aos métodos e técnicas de conceptivas e contracepção.

Cita-se por oportuno que, o assunto de maior destaque, que inclusive é objeto da maior parte do conteúdo da lei em comento é à regulamentação da esterilização voluntária. Assim, a lei estabelece requisitos para a realização do procedimento, penalidades aplicáveis aos médicos, instituições hospitalares e a quaisquer outros agentes que efetuá-las em desacordo com o diploma legal em comento.

Vale dizer que, a lei exige a participação do Sistema Único de Saúde (SUS), ainda que de forma indireta, no processo de esterilização voluntária, devendo autorizar, fiscalizar, cadastrar e controlar as instituições que realizam a cirurgia, mesmo que de regime privado. A lei também exige a notificação compulsória dos procedimentos de esterilização cirúrgica voluntárias realizadas, caso isso não ocorra, o médico que deixe de notificar comete crime.

Importa destacar que, o intuito não foi esgotar o conteúdo da lei em análise, mesmo porque as questões relativas a direitos reprodutivos femininos são temas que provocam grande discussão, já que de um lado temos uma sociedade patriarcal, que incentiva a função "procriativa" da mulher, e do outro a própria mulher que opta por não ter filhos.

Ademais, o presente estudo abarca a análise dos requisitos legais e outras limitações impostas pela Lei de Planejamento Familiar, a luz dos princípios constitucionais, uma vez que tramitam no Supremo Tribunal Federal duas Ações Diretas de Inconstitucionalidade, as ADINs 5097 e 5911[1], questionando sua constitucionalidade, tema que merece destaque.

Outrossim, o material foi organizado na forma de resumo, bem como se apresenta de maneira simples e completa, com o propósito de condensar o conteúdo, otimizando o seu estudo.

2. DAS PRINCIPAIS REGRAS SOBRE A ESTERILIZAÇÃO CIRÚRGICA

A Lei nº 9. 263/96 trata sobre o tema em seus artigos 10 a 14. A seguir, vamos analisar os principais aspectos do artigo 10, dispositivo legal de maior relevo, o qual possui a seguinte redação:

> **Artigo 10. Somente é permitida a esterilização voluntária nas seguintes situações:**
>
> **I - em homens e mulheres com capacidade civil plena e maiores de vinte e cinco anos de idade ou, pelo menos, com dois filhos vivos, desde que observado o prazo mínimo de sessenta dias entre a manifestação da vontade e o ato cirúrgico, período no qual será propiciado à pessoa interessada acesso a serviço de regulação da fecundidade, incluindo aconselhamento por equipe multidisciplinar, visando desencorajar a esterilização precoce;**
>
> **II - risco à vida ou à saúde da mulher ou do futuro concepto, testemunhado em relatório escrito e assinado por dois médicos.**
>
> **§ 1º É condição para que se realize a esterilização o registro de expressa manifestação da vontade em documento escrito e firmado, após a informação a respeito dos riscos da cirurgia, possíveis efeitos colaterais, dificuldades de sua reversão e opções de contracepção reversíveis existentes.**
>
> **§ 2º É vedada a esterilização cirúrgica em mulher durante os períodos de parto ou aborto, exceto nos casos de comprovada necessidade, por cesarianas sucessivas anteriores.**
>
> **§ 3º Não será considerada a manifestação de vontade, na forma do § 1º, expressa durante ocorrência de alterações na capacidade de discernimento por influência de álcool, drogas, estados emocionais alterados ou incapacidade mental temporária ou permanente.**
>
> **§ 4º A esterilização cirúrgica como método contraceptivo somente será executada através da laqueadura tubária, vasectomia ou de outro método cientificamente aceito, sendo vedada através da histerectomia e o oforectomia.**
>
> **§ 5º Na vigência de sociedade conjugal, a esterilização depende do consentimento expresso de ambos os cônjuges.**
>
> **§ 6º A esterilização cirúrgica em pessoas absolutamente incapazes somente poderá ocorrer mediante autorização judicial, regulamentada na forma da Lei.**

É importante ressaltar que a Lei do Planejamento Familiar, surgiu durante a vigência do Código Civil de 1916, por esta razão apresenta em seu bojo alguns princípios e fundamentações diretamente relacionados a sociedade patriarcal daquela época. Com isso, ainda encontramos em seu corpo alguns ideais estritamente masculinos, que são criticados pela doutrina e jurisprudência, pois o legislador ao conceber os requisitos e exigências para a concretização do procedimento de esterilização voluntária baseou-se, na submissão da esposa ao marido prevista no Código Civil de 1916.

Com o advento do novo Código Civil, em 2002, houve o reconhecimento da isonomia entre os cônjuges, bem como o artigo 1.565, em seu §2º reconhece expressamente o livre planejamento familiar como um dos princípios fundamentais do direito de família.

A seguir, passaremos a analisar as principais discussões e implicações jurídicas das regras contidas na Lei nº 9.263 de 1996 e na Constituição Federal de 1988, com enfoque para a parte criminal.

2.1. O planejamento familiar à luz da Constituição Federal de 1988

É bom lembrar que a Lei nº 9.263/96, denominada Lei do Planejamento Familiar, regula o § 7º do art. 226 da Constituição Federal de 1988, que segue abaixo para análise. Tal norma nos remete aos seguintes dispositivos constitucionais: dignidade da pessoa humana (artigo 1º, III); direito de liberdade (artigo 5º, *caput*), temas que serão abordados em seguida.

> **Artigo 226 (...)**
>
> **(...)**
>
> **§ 7º - Fundado nos princípios da dignidade da pessoa humana e da paternidade responsável, o planejamento familiar é livre decisão do casal, competindo ao Estado propiciar recursos educacionais e científicos para o exercício desse direito, vedada qualquer forma coercitiva por parte de instituições oficiais ou privadas".**

A Lei do Planejamento Familiar é objeto de discussão de duas Ações Diretas de Inconstitucionali-

1. http://www.stf.jus.br/portal/cms/verNoticiaDetalhe.asp?idConteudo=37559. Acesso em 09 de agosto de 2020.

dades (ADINs), no Supremo Tribunal Federal (STF). A primeira é a Ação Direta de Inconstitucionalidade (ADI) 5097, ajuizada pela Associação Nacional de Defensores Públicos (Anadep). A segunda é a Ação Direta de Inconstitucionalidade (ADI 5911), ajuizada pelo Partido Socialista Brasileiro (PSB). O relator de ambas ações é o ministro Celso de Mello.

A exigência do consentimento expresso do cônjuge, prevista no §5 do artigo 10, é objeto da Ação Direta de Inconstitucionalidade (ADI nº 5.097)[2], pois viola a autonomia corporal, o direito ao planejamento familiar livre e incondicionado, representando uma interferência indevida do Estado na autonomia privada.

A Ação Direta de Inconstitucionalidade (ADI 5911)[3] propõe que políticas públicas de planejamento familiar não podem se sobrepor à dignidade da pessoa humana nem à autonomia individual privada. Com efeito, o Partido Socialista Brasileiro (PSB), pede a concessão de medida cautelar para suspender a eficácia do artigo 10, inciso I e parágrafo 5º, da Lei 9.263/1996 e, no mérito, a declaração de inconstitucionalidade parcial com redução de texto do inciso I do artigo 10 da Lei 9.263/96, quanto à exigência de idade superior a 25 anos ou existência de dois filhos vivos para a realização da esterilização cirúrgica, bem como a inconstitucionalidade total do parágrafo 5º do artigo 10 da mesma lei.

Assim, em apertada síntese as ações descritas acima questionam algumas limitações impostas pela lei em comento, tais como a exigência da idade superior a 25 anos para realização do procedimento, a existência de dois filhos vivos, e autorização expressa de ambos os cônjuges para a realização de esterilização voluntária. A discussão envolve a violação de princípios constitucionais tais como a dignidade da pessoa humana (art. 1º, inciso III), a liberdade de escolha (art. 5º), a autonomia privada (art. 5º), igualdade (art. 5º), liberdade de planejamento familiar (art. 226, § 7º) e dos direitos sexuais e reprodutivos.

2.2. Da violação da dignidade da mulher

Santo Tomás de Aquino, filósofo e frade católico, nos ensina que todos os homens possuem dignidade e são iguais, pois foram criados à imagem e semelhança de Deus. Desta forma, conforme o pensamento tomista, a pessoa é um fim em si mesmo e não um meio[4], em outras palavras as pessoas merecem respeito absoluto e não podem ser meios para conquistar determinados fins.

Outrossim, os estudos de Immanuel Kant, no livro *"A Metafisica dos Costumes" (1785),* foram de grande valia para a construção do conceito de dignidade da pessoa humana, haja vista que Kant desenvolveu a máxima de que todo homem tem dignidade e não preço, como as coisas.[5]

Nesse mesmo sentido decidiu o Supremo Tribunal Federal, no julgamento da ADPF 54[6], entendendo que é "inumano e impensável tratar a mulher como mero instrumento para atender a certa finalidade".

Ocorre que, apesar da Lei de Planejamento Familiar ser aplicada a homens e mulheres, percebe-se um maior rigor no caso das mulheres que buscam pela cirurgia de esterilização, senão vejamos.

O primeiro ponto de relevo é a vedação da esterilização cirúrgica em mulheres, nos períodos de parto e aborto, prevista no artigo 10, parágrafo 2º. Tal dispositivo, infringe o princípio da isonomia previsto no artigo 5º, I da Constituição Federal de 1988, tendo em vista que impõe maiores obstáculos à mulher esterilizar-se, em comparação com o homem, já que impede, por exemplo que a mulher aproveite a realização da cesariana, para fazer também a laqueadura, obrigando a mulher a se submeter a outro procedimento cirúrgico após o parto ou aborto, de recuperação dolosa e demorada, ofendendo sua dignidade.

Um segundo ponto controverso, é a exigência de autorização do cônjuge para realização da esterilização voluntária, fato que provoca a diminuição da autonomia de vontade da mulher, afrontando seu direito de dispor do próprio corpo e da sua intimidade como bem quiser.

A seguir, vamos abordar a parte criminal da Lei do Planejamento Familiar.

2. http://www.stf.jus.br/portal/cms/verNoticiaDetalhe.asp?idConteudo=37559. Acesso em 12 de agosto de 2020.
3. http://www.stf.jus.br/portal/cms/verNoticiaDetalhe.asp?idConteudo=37559. Acesso em 13 de agosto de 2020.
4. GUERRA, Sidney. *Direitos Humanos: Curso Elementar.* 5ª Edição. São Paulo: Saraiva, 2017, p.56.
5. KANT, Immanuel. *A Metafísica dos Costumes.* 2ª Edição. Bauru: Edipro, 2008, p.66.
6. http://www.stf.jus.br/portal/cms/verNoticiaDetalhe.asp?idConteudo=. Acesso em 12 de agosto de 2020.

3. DOS CRIMES E DAS PENALIDADES PREVISTAS NA LEI 9.263/96

Artigo 15. Realizar esterilização cirúrgica em desacordo com o estabelecido no art. 10 desta Lei.

Pena - reclusão, de dois a oito anos, e multa, se a prática não constitui crime mais grave.

Parágrafo único - A pena é aumentada de um terço se a esterilização for praticada:

I - durante os períodos de parto ou aborto, salvo o disposto no inciso II do art. 10 desta Lei.

II - com manifestação da vontade do esterilizado expressa durante a ocorrência de alterações na capacidade de discernimento por influência de álcool, drogas, estados emocionais alterados ou incapacidade mental temporária ou permanente;

III - através de histerectomia e o oforectomia;

IV - em pessoa absolutamente incapaz, sem autorização judicial;

V - através de cesária indicada para fim exclusivo de esterilização.

Elemento nuclear do tipo: *realizar* (alcançar, atingir, conseguir, obter a título oneroso ou gratuito).

Objeto jurídico: Tutela-se a organização da família, considerada a base da sociedade.

Objeto material: é o ser humano

Elemento subjetivo: É o dolo. Não se admite a modalidade culposa.

Elemento normativo: Encontra-se na expressão *em desacordo com o estabelecido no art. 10 desta Lei.* Trata-se de expressão que afastaria a ilicitude da conduta, no entanto, como está inserida no tipo penal, acaba por se tornar elemento do fato típico.

Sujeito ativo: Qualquer pessoa.

Sujeito passivo: o Estado, tendo em vista o bem jurídico tutelado.

Crime instantâneo: o crime se consuma no momento da *realização* da esterilização voluntária entre o homem ou a mulher e o médico.

Tentativa: É admissível.

Classificação doutrinária: *Crime comum* (pode ser praticado por qualquer pessoa); *material* (há previsão de resultado naturalístico à sua consumação); *de dano* (o tipo penal exige a lesão ou dano ao bem juridicamente tutelado); *crime vago* (tem como sujeito passivo o Estado);*doloso* (o agente quer o resultado ou assume o risco de produzi-lo);*de forma livre* (pode ser praticado por qualquer meio de execução); *comissivo* (os verbos indicam ações); *instantâneo* (a consumação se dá em um momento específico); *unissubjetivo ou de concurso eventual* (pode ser praticado por um só agente); *plurissubsistente* (admite fracionamento dos atos de execução); *admite tentativa.*

Artigo 16. Deixar o médico de notificar à autoridade sanitária as esterilizações cirúrgicas que realizar.

Pena - detenção, de seis meses a dois anos, e multa

Verbo nuclear: *Deixar* (não admitir, não realizar, não fazer).

É irrelevante a obtenção da vantagem econômica auferida para fins de configurar o crime, embora possa ser dosada na pena.

Objeto jurídico: É a proteção da saúde, bem como a organização da família, considerada a base da sociedade.

Sujeito ativo: apenas o médico pode cometer este crime.

Sujeito passivo: O Estado.

Elemento subjetivo: É o dolo com a vontade livre e consciente de dirigir a conduta para o fim *de deixar de notificar a realização de esterilização cirúrgica*. Não se exige elemento subjetivo específico e não há previsão de modalidade culposa.

Tentativa: não é admissível a tentativa, por ser crime unissubsistente (de um ato só), ou o agente comunica ou deixa de comunicar a conduta negativa.

Classificação doutrinária: Crime de mão própria ou atuação especial (a lei requer qualidade especial do sujeito ativo – médico, sendo-lhe impossível a coautoria);de mera conduta ou de simples atividade (o tipo penal apenas descreve a conduta, sem fazer menção a qualquer resultado naturalístico); de forma ou execução livre; omissivo; instantâneo; unissubjetivo; unissubsistente, doloso; não admite tentativa.

Artigo 17. Induzir ou instigar dolosamente a prática de esterilização cirúrgica.

Pena - reclusão, de um a dois anos.

Parágrafo único - Se o crime for cometido contra a coletividade, caracteriza-se como genocídio, aplicando-se o disposto na Lei nº 2.889, de 1º de outubro de 1956.

Verbo nuclear: *induzir* (fazer surgir a ideia), *instigar* (reforçar a vontade preexistente na vítima).

Objeto jurídico: É a proteção da saúde, bem como a organização da família, considerada a base da sociedade.

Sujeito ativo: qualquer pessoa.

Sujeito passivo: pessoa capaz (aquela com discernimento), caso contrário pode configurar genocídio se o crime for cometido contra a coletividade, na forma do parágrafo único.

Elemento subjetivo: É o dolo com a vontade livre e consciente de dirigir a conduta para o fim *de induzir ou instigar a prática de esterilização cirúrgica.* Não há previsão de modalidade culposa.

Tentativa: não é admissível a tentativa

Classificação doutrinária: Crime comum (a lei não requer qualidade especial do sujeito ativo); formal (o tipo penal descreve a conduta e o resultado, consumando-se independentemente da ocorrência do resultado naturalístico); de dano; de forma ou execução livre; comissivo; instantâneo; unissubsistente, doloso; não admite tentativa.

Artigo 18. Exigir atestado de esterilização para qualquer fim.

Pena - reclusão, de um a dois anos, e multa.

Elemento nuclear do tipo: *exigir* (mandar, ordenar, estabelecer, obter a título oneroso ou gratuito)

Objeto jurídico: Tutela-se a organização da família, considerada a base da sociedade.

Objeto material: é o ser humano

Elemento subjetivo: É o dolo. Não se admite a modalidade culposa.

Sujeito ativo: Qualquer pessoa.

Sujeito passivo: o Estado, tendo em vista o bem jurídico tutelado. Figura também no polo passivo, de maneira secundária, a pessoa de quem se exige o atestado de esterilização.

Tentativa: É admissível na forma escrita, caso o iter criminis seja fracionado.

Classificação doutrinária: *Crime comum* (pode ser praticado por qualquer pessoa); *formal* (se consuma independentemente da apresentação do atestado de esterilização); *de dano* (o tipo penal exige a lesão ou dano ao bem juridicamente tutelado); *crime vago* (tem como sujeito passivo o Estado); *doloso* (o agente quer o resultado ou assume o risco de produzi-lo); *de forma livre* (pode ser praticado por qualquer meio de execução); *comissivo* (o verbo indica ação); *instantâneo* (a consumação se dá em um momento específico); *unissubjetivo ou de concurso eventual* (pode ser praticado por um só agente); *plurissubsistente* (admite fracionamento dos atos de execução); *admite tentativa.*

Artigo 19. Aplica-se aos gestores e responsáveis por instituições que permitam a prática de qualquer dos atos ilícitos previstos nesta Lei o disposto no *caput* e nos §§ 1º e 2º do art. 29 do Decreto-lei nº 2.848, de 7 de dezembro de 1940 - Código Penal.

Comentários: A lei prevê a aplicação das regras do concurso de pessoas, previstas no artigo 29 do Código Penal, para os gestores e responsáveis por instituições que de qualquer modo contribuam para a prática dos delitos previstos na Lei do Planejamento Familiar.

BIBLIOGRAFIA

BARROSO, Luiz Roberto. *Interpretação e Aplicação da Constituição.* 2ª ed. São Paulo: Saraiva, 1998.

BARROSO, Luís Roberto. *A Dignidade da Pessoa Humana no Direito Constitucional Contemporâneo.* Belo Horizonte: Fórum, 2012.

BONAVIDES, Paulo. Curso de Direito Constitucional. 11 Edição. São Paulo: Malheiros, 2001 p.

CANÇADO TRINDADE, Antônio Augusto. A incorporação das normas internacionais de proteção dos direitos humanos no direito brasileiro. San José, Costa Rica: IIDH, ACNUR, CIVC, CUE, 1996.

CUNHA, Rogério Sanches. Código Penal Para Concursos. 7ª Edição. Salvador. Juspodivm. 2014.

DIAS, Maria Berenice. Manual de direito das famílias. 12ª Ed. São Paulo: Editora RT. 2017

GUERRA, Sidney. *Direitos Humanos: Curso Elementar.* 5ª Edição. São Paulo: Saraiva, 2017.

KANT, Immanuel. *A Metafísica dos Costumes.* 2ª Edição. Bauru: Edipro, 2008.

MENDES, Gilmar; BRANCO, Paulo Gustavo Gonet. Curso de Direito Constitucional. 10ª ed. São Paulo: Saraiva. 2015.

TARTUCE, Flávio. Direito Civil: Lei de Introdução e Parte Geral. 10ª ed. Vol. 1. São Paulo: Editora Método. 2014.

SILVA, José Afonso da. *Curso de Direito Constitucional Positivo*. 27 ª edição São Paulo: Malheiros, 2006.

ZANOTTI, Bruno Taufner; SANTOS, Cleopas Isaías. Os limites e as possibilidades da investigação particular: as relevantes repercussões da Lei nº 13.432/17 na investigação criminal. Empório do direito, 6 maio 2017.

(10) ANDRADE, Andressa Paula de; ÁVILA, Gustavo Noronha de. 'Sherlock Holmes' no processo penal brasileiro? Lineamentos sobre a lei 13.432 de 11 de abril de 2017 e a investigação criminal defensiva. Boletim IBCCRIM - Instituto Brasileiro de Ciências Criminais. Ano 25, nº 296, julho/2017, p.8-9.

(11) ZANOTTI, Bruno Taufner; SANTOS, Cleopas Isaías. Os limites e as possibilidades da investigação particular...op.cit.

(12) CABETTE, Eduardo Luiz Santos. O Detetive particular na investigação criminal. Jus navigandi, abril 2017.

(13) A título de exemplo, no caso da Defensoria Pública do Estado de São Paulo, as classes de apoio como os oficiais e agentes de Defensoria são regulados pela Lei Complementar Paulista 1.050/2008. Não se pode olvidar a possibilidade do investigado e de seu defensor terem acesso aos autos, requererem oitivas, juntada de documentos, apresentarem razões e argumentos fáticos e jurídicos, bem como quesitos em exames periciais ou quaisquer outras providências correlatas, nos moldes do artigo 14 do CPP, dos artigos 7º, XIV e XXI do Estatuto da OAB e da Súmula Vinculante 14.

(14) MACHADO, André Augusto Mendes. Investigação criminal defensiva. São Paulo: Revista dos Tribunais, 2010.

Henrique Hoffmann Monteiro de; COSTA, Adriano Sousa. Lei 13.432/2017 limitou investigação por detetive particular. Revista Consultor Jurídico, 18 abril 2017. Disponível em:

66

ALIMENTOS

Lei 5.478/1968

MARCELO DE LIMA LESSA
RAFAEL FRANCISCO MARCONDES DE MORAES

Art. 22. Constitui crime contra a administração da Justiça deixar o empregador ou funcionário público de prestar ao juízo competente as informações necessárias à instrução de processo ou execução de sentença ou acordo que fixe pensão alimentícia:

Pena - Detenção de 6 (seis) meses a 1 (um) ano, sem prejuízo da pena acessória de suspensão do emprego de 30 (trinta) a 90 (noventa) dias.

Parágrafo único. Nas mesmas penas incide quem, de qualquer modo, ajuda o devedor a eximir-se ao pagamento de pensão alimentícia judicialmente acordada, fixada ou majorada, ou se recusa, ou procrastina a executar ordem de descontos em folhas de pagamento, expedida pelo juiz competente.

Verbos nucleares: *Deixar de prestar* (*caput*) tem o sentido de omitir-se, não realizar ou adiar a realização. Já *ajudar* (parágrafo único) significa auxiliar, participar ou concorrer de qualquer modo para que o devedor se exima do pagamento alimentício, enquanto *recusar-se* (parágrafo único), significa opor-se, não acatar, e o *procrastinar* (também parágrafo único) tem o sentido de demorar, adiar, delongar ou postergar.

Objeto jurídico: Administração da justiça.

Objeto material: Informações necessárias à instrução de processo ou execução de sentença ou acordo que fixe pensão alimentícia.

Elemento subjetivo: Dolo de praticar a conduta típica (Código Penal, artigo 18, parágrafo único).

Sujeito ativo: Empregador ou funcionário público instados a prestar as informações descritas no tipo penal (*caput*) e partícipe nas condutas do parágrafo único.

Sujeito passivo: Pessoa credora dos alimentos devidos (imediato) e Estado (mediato).

Tentativa: Não admitida.

Classificação doutrinária: Crime próprio, doloso, unissubjetivo, omissivo (regra) ou omissivo (exceção) e de menor potencial ofensivo.

Conflito com crime de abandono material: A figura em comento não se confunde com o delito de abandono material, do artigo 244 do Código Penal, que inclusive chegou a ter a redação reformada pela própria Lei nº 5.478/1968 e depois novamente teve o texto modificado pela Lei nº 10.741/2003 e que criminaliza a conduta de deixar, sem justa causa, de prover a subsistência do cônjuge, ou de filho menor de 18 anos ou inapto para o trabalho, ou de ascendente inválido ou maior de 60 anos, não lhes proporcionando os recursos necessários ou faltando ao pagamento de pensão alimentícia judicialmente acordada, fixada ou majorada ou de deixar, sem justa causa, de socorrer descendente ou ascendente, gravemente enfermo, cominando pena mais severa, de 1 a 4 anos de detenção e multa de 1 a 10 vezes o maior salário mínimo vigente no país. De igual modo, há figura equiparada no parágrafo único, do artigo 244 do Código Penal, que prevê a mesma pena para quem sendo solvente, frustra ou ilide, de qualquer modo, inclusive por abandono injustificado de emprego ou função, o pagamento de pensão alimentícia judicialmente acordada, fixada ou majorada. Logo, o inadimplente doloso da dívida alimentícia, além da prisão civil, sujeita-se aos tipos penais do artigo 244, do Estatuto Criminal, enquanto o delito do artigo 22, da Lei nº 5.478/1968 direciona-se ao servidor omisso na prestação de informações ao juízo bem como ao partícipe que presta auxílio ao devedor, afastando, neste ponto particular, a regra do concurso de pessoas do artigo 29 do Código Penal, segundo a qual quem, de qualquer modo, concorre para o crime incide nas penas a este cominadas, na medida de sua culpabilidade.

Comentários: A Lei nº 5.478/1968 dispõe sobre a ação de alimentos e estabelece rito especial, prevendo, inclusive, a possibilidade de decretação de prisão do devedor (artigo 19). Vale lembrar que o Código de Processo Civil (Lei nº 13.105/2015), também disciplinou a prisão do executado que não pagar ou que não tiver justificativa aceita acerca de obrigação de prestar alimentos, assinalando que o débito alimentar que autoriza a prisão civil do alimentante é o que compreende até as 3 (três) prestações anteriores ao ajuizamento da execução e as que se vencerem no curso do processo (CPC, artigo 528, §§ 3º a 9º). Anota-se ainda que, conquanto a Constituição Federal, no inciso LXVII, autorize a prisão civil por dívida de obrigação alimentícia e a do depositário infiel, esta última foi considerada derrogada pelo Supremo Tribunal Federal a partir da subscrição pelo Brasil da Convenção Americana sobre Direitos Humanos (Decreto nº 678/1992), que em seu artigo 7º, item 7 só admite a prisão civil em virtude de inadimplemento de obrigação alimentar, entendimento que ensejou a Súmula Vinculante nº 25 segundo a qual "É ilícita a prisão civil de depositário infiel, qualquer que seja a modalidade de depósito».

Acordo de não persecução penal: Não aplicável, em razão da possibilidade de transação penal (vide artigo 28-A, § 2º, I do Código de Processo Penal, incluído pela nova Lei Federal nº 13.964/2019).

REFERÊNCIAS

BADARÓ, Gustavo Henrique Righi Ivahy. *Processo penal.* Rio de Janeiro: Elsevier, 2014.

BALDAN, Édson Luis. Devida investigação legal como derivação do devido processo legal e como garantia fundamental do imputado. In: KHALED JR., Salah (coord.). *Sistema penal e poder punitivo:* estudos em homenagem ao prof. Aury Lopes Jr. Florianópolis: Empório do Direito, 2015, p.155-182.

CUNHA, Rogério Sanches. *Manual de direito penal:* parte especial (arts.121 a 361). Salvador: Juspodivm, 2016, p. 710-711;

DELMANTO, Celso [et al]. *Código penal comentado.* Rio de Janeiro: Renovar, 2002.

HOUAISS, Antônio (1915-1999) e VILLAR, Mauro de Salles (1939-). *Dicionário Houaiss da língua portuguesa.* Rio de Janeiro: Objetiva: 2001.

MORAES, Rafael Francisco Marcondes de. *Prisão em flagrante delito constitucional.* Salvador: Juspodivm, 2020.

67

LEI DA AÇÃO CIVIL PÚBLICA

Lei 7.347/85

RAPHAEL ZANON DA SILVA

Comentários: a ação civil pública tem seu fundamento no artigo 129, III da Constituição Federal que dispõe ser função institucional do Ministério Público a promoção do "inquérito civil e da ação civil pública, para a proteção do patrimônio público e social, do meio ambiente e de outros interesses difusos e coletivos".

Nos moldes do art. 1° da lei, poderá o Ministério Público propor "ações de responsabilidade por danos morais e patrimoniais causados: l - ao meio-ambiente; ll - ao consumidor; III – a bens e direitos de valor artístico, estético, histórico, turístico e paisagístico; IV - a qualquer outro interesse difuso ou coletivo; V - por infração da ordem econômica; VI - à ordem urbanística; VII – à honra e à dignidade de grupos raciais, étnicos ou religiosos; VIII – ao patrimônio público e social".

Mas, não só o Ministério Público detém legitimidade para ingressar com a respectiva ação. Nos termos do art. 5° da Lei n° 7.347/85 poderão propô-la a Defensoria Pública; a União, os Estados, o Distrito Federal e os Municípios; a autarquia, empresa pública, fundação ou sociedade de economia mista; e associação que atender, concomitantemente os requisitos de estar constituída há pelo menos 1 (um) ano nos termos da lei civil, e que inclua, entre suas finalidades institucionais, a proteção ao patrimônio público e social, ao meio ambiente, ao consumidor, à ordem econômica, à livre concorrência, aos direitos de grupos raciais, étnicos ou religiosos ou ao patrimônio artístico, estético, histórico, turístico e paisagístico.

No que toca a legitimidade da Defensoria Pública, inserida por meio da Lei n° 11.448/2007, houve questionamento por parte da Associação Nacional dos Membros do Ministério Público (CONAMP), a qual ajuizou ação direta de inconstitucionalidade (ADI n° 3943-DF), tendo o Supremo Tribunal Federal entendido pela constitucionalidade da lei.

De ressaltar que, caso o Ministério Público não figure como parte da ação, atuará como fiscal da lei – art. 5, § 1°.

O inquérito civil, por sua vez, trata-se de procedimento investigativo ligado aos objetos da ACP, podendo o Ministério Público "requisitar, de qualquer organismo público ou particular, certidões, informações, exames ou perícias, no prazo que assinalar, o qual não poderá ser inferior a 10 (dez) dias úteis" - art. 8°, § 1°.

Jurisprudência:

> O Ministério Público tem legitimidade para promover ação civil pública cujo fundamento seja a ilegalidade de reajuste de mensalidade escolares. [**Súmula 643**.]
>
> (...) o Ministério Público tem legitimidade para a propositura de ação civil pública em defesa de direitos sociais relacionados ao FGTS. [**RE 643.978**, rel. min. Alexandre de Moraes, j. 9-10-2019, P, *DJE* de 25-10-2019, Tema 850.]
>
> O Ministério Público possui legitimidade para ajuizar ação civil pública com objetivo de compelir entes federados a entregarem medicamentos a portadores de certa doença. [**RE 605.533**, rel. min. Marco Aurélio, j. 15-8-2018, P, *DJE* de 12-2-2020.]
>
> (...) o Ministério Público possui legitimidade ativa para ajuizar ação civil pública que tenha por objeto a condenação de agente público ao ressarcimento de prejuízos

causados ao erário. [**RE 629.840 AgR**, rel. min. Marco Aurélio, j. 4-8-2015, 1ª T, *DJE* de 28-8-2015.]

(...)

Art. 10. Constitui crime, punido com pena de reclusão de 1 (um) a 3 (três) anos, mais multa de 10 (dez) a 1.000 (mil) Obrigações Reajustáveis do Tesouro Nacional - ORTN, a recusa, o retardamento ou a omissão de dados técnicos indispensáveis à propositura da ação civil, quando requisitados pelo Ministério Público.

Comentários: busca-se por meio deste tipo penal evitar demora ou o não atendimento a requisição ministerial de dados ou informações no bojo do inquérito civil. Há que se ter em mente o fato de os dados requisitados serem ***"indispensáveis à propositura da ação civil"***, sob pena de a conduta ser atípica.

Nos termos do informativo n° 560 do STJ, caso o inquérito civil seja arquivado com base na conclusão de que os atos investigados são lícitos, a recusa, o retardamento, ou a omissão dos dados requisitados pelo MP tratar-se-á de conduta atípica. Isto, pois tais dados não eram indispensáveis à propositura da ação civil.

Verbos nucleares: recusar (rejeitar, não admitir); retardar (atrasar, demorar); omitir (não atender, deixar de agir).

Objeto material: é a ordem propriamente dita.

Objetividade jurídica: é o interesse do Estado na proteção dos direitos transindividuais (difusos, coletivos e individuais homogêneos).

Elemento subjetivo: dolo, consistente na vontade de não atender a ordem ministerial.

Sujeito Ativo: crime comum, podendo ser praticado por qualquer pessoa.

Sujeito Passivo: o Estado.

Consumação: se dá com a omissão do agente quanto ao não atendimento da requisição ministerial. Por ser crime omissivo próprio, não admite a tentativa.

Classificação doutrinária: crime comum, formal, doloso, omissivo próprio, instantâneo.

Aplicação da Lei n° 9.099/95: nos termos do art. 61 da Lei dos Juizados Especiais Cíveis e Criminais, trata-se de crime de menor potencial ofensivo. Neste sentido, são cabíveis a aplicação dos institutos despenalizadores previstos pela lei 9.099/95, tal como a transação penal e a suspensão condicional do processo.

Acordo de não persecução penal: nos termos do art. 28-A do Código de Processo Penal (incluído pela nova Lei Federal nº 13.964/2019), se a infração penal não for cometida mediante violência ou grave ameaça à pessoa; a pena abstrata mínima ser inferior a 4 (quatro) anos e havendo confissão formal, é possível o cabimento de Acordo de Não Persecução Penal (ANPP), desde que presentes os demais requisitos para tanto.

O crime em tela admite a realização do ANPP, haja vista que sua pena mínima não ultrapassa o patamar de 04 anos, bem como e não possui "violência" e "grave ameaça" como elementares.

Importante mencionar que o ANPP será aplicado desde que não tenha o investigado direito a transação penal (art. Art. 28-A, § 2°, I do CPP), sendo instituto de natureza residual.

Confronto com o art. 330 do Código Penal: trata-se de tipo especial frente ao crime de desobediência previsto no Código Penal.

Jurisprudência: PENAL E PROCESSUAL PENAL. HABEAS CORPUS. RECUSA, RETARDAMENTO OU OMISSÃO DE DADOS TÉCNICOS INDISPENSÁVEIS À PROPOSITURA DE AÇÃO CIVIL PÚBLICA. TRANCAMENTO. POSSIBILIDADE. ARQUIVAMENTO DO INQUÉRITO CIVIL PÚBLICO. PRECEDENTE DO STJ. HABEAS CORPUS NÃO CONHECIDO. ORDEM CONCEDIDA DE OFÍCIO. (...) IV - O paciente foi denunciado pela suposta prática do crime previsto no art. 10, da Lei n. 7.347/85, por não ter cumprido requisição ministerial de fornecer cópias dos documentos alusivos às aquisições de medicamentos e materiais médicos ao longo do ano de 2009, bem como da movimentação de estoque destes, na condição de titular da Secretaria de Saúde do Município de Campos dos Goytacazes/RJ. V - Com efeito, verifico do caso que, não obstante tenha ocorrido o retardamento na remessa dos dados requeridos, observa-se que, após envio, o parquet concluiu pela licitude das aquisições feitas pela Secretaria Municipal de Saúde e arquivou o inquérito civil, caracterizando, assim, a prescindibilidade das informações. VI - Nesse sentido, forçoso reconhecer a ausência da elementar dados técnicos indispensáveis à propositura da ação civil, face à verificação da legalidade dos atos praticados pelo recorrente (Precedente). Habeas corpus não conhecido. Ordem concedida de ofício para trancar a ação penal n. 0034869-93.2010.8.19.0014, em trâmite perante o eg. Tribunal de Justiça do Estado do Rio de Janeiro, pela atipicidade da conduta. (HC 303.856/RJ,

Rel. Ministro FELIX FISCHER, QUINTA TURMA, julgado em 07/04/2015, DJe 22/04/2015).

Siglas e Abreviações

ADO: Ação Declaratório de Inconstitucionalidade por Omissão

APFD: Auto de Prisão em Flagrante Delito

ART.: Artigo

CF: Constituição Federal

CONAMP: Associação Nacional dos Membros do Ministério Público

CP: Código Penal

CPP: Código de Processo Penal

CNCD: Conselho Nacional de Combate À Discriminação

LGBTI+: Lésbicas, Gays, Bissexuais, Travestis, Transexuais e Transgêneros.

HC: Habeas Corpus

STF: Supremo Tribunal Federal

STJ: Superior Tribunal de Justiça

TC: Termo Circunstanciado.

68

CONTRABANDO DE IMIGRANTES (ESTRANGEIRO)

Lei 13.445/17

GABRIELA MADRID AQUINO
WILLIAM GARCEZ

1. INTRODUÇÃO

Legislação aplicável: Além da legislação objeto desse estudo, afeta especialmente ao migrante, a matéria que envolve ingresso e saída de pessoas do território nacional, é completada pela Lei 13.344/16, que trata do tráfico de pessoas, e pela Lei 9.474/97, que estabelece o Estatuto dos Refugiados.

Especial proteção: A legislação estudada promove a proteção dos direitos humanos, com ênfase nas atividades de migração de pessoas, promovendo e preservando a tutela da dignidade humana, de vértice constitucional. A vigência da Lei 11.445/17, em que pese não escapar de críticas, foi festejada pelos especialistas da área, de modo que "o Estado brasileiro enfim revoga o Estatuto do Estrangeiro (Lei 6815/1980), triste herança do regime ditatorial pretérito. Embora adotada em período de grande turbulência na história de nosso país, a nova lei representa um significativo avanço no que diz respeito à proteção dos direitos dos migrantes no Brasil"[1]. Registramos que a legislação atual apresenta uma visão contemporânea e harmonizada com o grande fluxo migratório que se tem identificado de modo global, trazendo instrumentos que devem ser utilizados em prol dos migrantes.

Eixo central da lei: Segundo leciona André de Carvalho Ramos[2], "o eixo central da lei é a proteção de direitos humanos na temática das migrações, intuída já na escolha da epígrafe: trata-se de uma lei de migração, aplicando-se ao migrante que vive no Brasil e, inclusive, ao brasileiro que vive no exterior. O reconhecimento da universalidade, indivisibilidade e interdependência dos direitos humanos como princípio de regência da política migratória brasileira (artigo 3º, I) é decorrência da proteção da dignidade humana, vetor axiológico da Constituição (artigo 1º, III) e dos tratados de direitos humanos celebrados pelo Brasil".

2. DESTINATÁRIOS DA LEI

Art. 1º Esta Lei dispõe sobre os direitos e os deveres do migrante e do visitante, regula a sua entrada e estada no País e estabelece princípios e diretrizes para as políticas públicas para o emigrante.

§ 1º Para os fins desta Lei, considera-se:

I - (VETADO);

II - imigrante: pessoa nacional de outro país ou apátrida que trabalha ou reside e se estabelece temporária ou definitivamente no Brasil;

III - emigrante: brasileiro que se estabelece temporária ou definitivamente no exterior;

1. RAMOS, André de Carvalho *et al.* Regulamento da nova Lei de Migração é contra *legem* e *praeter legem.* Disponível em: https://www.conjur.com.br/2017-nov-23/opiniao-regulamento-lei-migracao-praetem-legem. Acessado em 17/08/2020.

2. RAMOS, André de Carvalho *et al.* Direitos humanos são eixo central da nova lei de migração.. Disponível em: https://www.conjur.com.br/2017-mai-26/andre-ramos-direitos-humanos-sao-eixo-central-lei-migracao. Acessado em 17/08/2020.

IV - residente fronteiriço: pessoa nacional de país limítrofe ou apátrida que conserva a sua residência habitual em município fronteiriço de país vizinho;

V - visitante: pessoa nacional de outro país ou apátrida que vem ao Brasil para estadas de curta duração, sem pretensão de se estabelecer temporária ou definitivamente no território nacional;

VI - apátrida: pessoa que não seja considerada como nacional por nenhum Estado, segundo a sua legislação, nos termos da Convenção sobre o Estatuto dos Apátridas, de 1954, promulgada pelo Decreto nº 4.246, de 22 de maio de 2002, ou assim reconhecida pelo Estado brasileiro.

§ 2º (VETADO).

Art. 2º Esta Lei não prejudica a aplicação de normas internas e internacionais específicas sobre refugiados, asilados, agentes e pessoal diplomático ou consular, funcionários de organização internacional e seus familiares.

Conceitos abrangidos pelo dispositivo: *Imigrante* é a pessoa nacional e outro país ou apátrida que trabalha ou reside e se estabelece temporária ou definitivamente no Brasil; *Emigrante* é o brasileiro que se estabelece temporária ou definitivamente no exterior; *Visitante* é pessoa nacional de outro país ou apátrida que vem ao Brasil para estadas de curta duração, sem pretensão de se estabelecer temporária ou definitivamente no território nacional; *Apátrida* é pessoa que não seja considerada como nacional por nenhum Estado, segundo a sua legislação, nos termos da Convenção sobre o Estatuto dos Apátridas.

3. PRINCÍPIOS E GARANTIAS

Art. 3º A política migratória brasileira rege-se pelos seguintes princípios e diretrizes:

I - universalidade, indivisibilidade e interdependência dos direitos humanos;

II - repúdio e prevenção à xenofobia, ao racismo e a quaisquer formas de discriminação;

III - não criminalização da migração;

IV - não discriminação em razão dos critérios ou dos procedimentos pelos quais a pessoa foi admitida em território nacional;

V - promoção de entrada regular e de regularização documental;

VI - acolhida humanitária;

VII - desenvolvimento econômico, turístico, social, cultural, esportivo, científico e tecnológico do Brasil;

VIII - garantia do direito à reunião familiar;

IX - igualdade de tratamento e de oportunidade ao migrante e a seus familiares;

X - inclusão social, laboral e produtiva do migrante por meio de políticas públicas;

XI - acesso igualitário e livre do migrante a serviços, programas e benefícios sociais, bens públicos, educação, assistência jurídica integral pública, trabalho, moradia, serviço bancário e seguridade social;

XII - promoção e difusão de direitos, liberdades, garantias e obrigações do migrante;

XIII - diálogo social na formulação, na execução e na avaliação de políticas migratórias e promoção da participação cidadã do migrante;

XIV - fortalecimento da integração econômica, política, social e cultural dos povos da América Latina, mediante constituição de espaços de cidadania e de livre circulação de pessoas;

XV - cooperação internacional com Estados de origem, de trânsito e de destino de movimentos migratórios, a fim de garantir efetiva proteção aos direitos humanos do migrante;

XVI - integração e desenvolvimento das regiões de fronteira e articulação de políticas públicas regionais capazes de garantir efetividade aos direitos do residente fronteiriço;

XVII - proteção integral e atenção ao superior interesse da criança e do adolescente migrante;

XVIII - observância ao disposto em tratado;

XIX - proteção ao brasileiro no exterior;

XX - migração e desenvolvimento humano no local de origem, como direitos inalienáveis de todas as pessoas;

XXI - promoção do reconhecimento acadêmico e do exercício profissional no Brasil, nos termos da lei; e

XXII - repúdio a práticas de expulsão ou de deportação coletivas.

Comentários: Visando a especial proteção do migrante, a lei prevê um rol de princípios que orientam política migratória, recebendo especial destaque a não criminalização da migração, a promoção de entrada regular e de regularização documental, acolhida humanitária, a igualdade de tratamento e de oportunidade ao migrante e a seus familiares; a igualdade de tratamento ao migrante e seus familiares; acesso igualitário e livre do migrante a serviços, programas e benefícios sociais, bens públicos, educação, assistência jurídica integral pública, trabalho, moradia, serviço bancário e seguridade social; e repúdio a práticas de expulsão ou de deportação coletivas.

Art. 4º Ao migrante é garantida no território nacional, em condição de igualdade com os nacionais, a inviolabilidade do direito à vida, à liberdade, à

igualdade, à segurança e à propriedade, bem como são assegurados:

I - direitos e liberdades civis, sociais, culturais e econômicos;

II - direito à liberdade de circulação em território nacional;

III - direito à reunião familiar do migrante com seu cônjuge ou companheiro e seus filhos, familiares e dependentes;

IV - medidas de proteção a vítimas e testemunhas de crimes e de violações de direitos;

V - direito de transferir recursos decorrentes de sua renda e economias pessoais a outro país, observada a legislação aplicável;

VI - direito de reunião para fins pacíficos;

VII - direito de associação, inclusive sindical, para fins lícitos;

VIII - acesso a serviços públicos de saúde e de assistência social e à previdência social, nos termos da lei, sem discriminação em razão da nacionalidade e da condição migratória;

IX - amplo acesso à justiça e à assistência jurídica integral gratuita aos que comprovarem insuficiência de recursos;

X - direito à educação pública, vedada a discriminação em razão da nacionalidade e da condição migratória;

XI - garantia de cumprimento de obrigações legais e contratuais trabalhistas e de aplicação das normas de proteção ao trabalhador, sem discriminação em razão da nacionalidade e da condição migratória;

XII - isenção das taxas de que trata esta Lei, mediante declaração de hipossuficiência econômica, na forma de regulamento;

XIII - direito de acesso à informação e garantia de confidencialidade quanto aos dados pessoais do migrante, nos termos da Lei nº 12.527, de 18 de novembro de 2011 ;

XIV - direito a abertura de conta bancária;

XV - direito de sair, de permanecer e de reingressar em território nacional, mesmo enquanto pendente pedido de autorização de residência, de prorrogação de estada ou de transformação de visto em autorização de residência; e

XVI - direito do imigrante de ser informado sobre as garantias que lhe são asseguradas para fins de regularização migratória.

§ 1º Os direitos e as garantias previstos nesta Lei serão exercidos em observância ao disposto na Constituição Federal, independentemente da situação migratória, observado o disposto no § 4º deste artigo, e não excluem outros decorrentes de tratado de que o Brasil seja parte.

§ 2º (VETADO).

§ 3º (VETADO).

§ 4º (VETADO).

Comentários: Preocupado com a proteção do migrante, o legislador repete a redação do art. 5, *caput*, da Constituição Federal, estabelecendo o rol de garantias fundamentais que devem ser observadas. Destacamos a tutela legal para o pleno exercício dos direitos e liberdades civis, sociais, culturais e econômicos; o Direito de reunião para fins pacíficos; o amplo acesso à justiça e à assistência jurídica integral gratuita aos que comprovarem insuficiência de recursos; o direito à educação pública, vedada a discriminação em razão da nacionalidade e da condição migratória; garantia de cumprimento de obrigações legais e contratuais trabalhistas e de aplicação das normas de proteção ao trabalhador, sem discriminação em razão da nacionalidade e da condição migratória; direito a abertura de conta bancária; e direito de sair, de permanecer e de reingressar em território nacional, mesmo enquanto pendente pedido de autorização de residência, de prorrogação de estada ou de transformação de visto em autorização de residência.

4. DA SITUAÇÃO DOCUMENTAL DO MIGRANTE E DO VISITANTE

Art. 6º O visto é o documento que dá a seu titular expectativa de ingresso em território nacional.

Parágrafo único. (VETADO).

Art. 7º O visto será concedido por embaixadas, consulados-gerais, consulados, vice-consulados e, quando habilitados pelo órgão competente do Poder Executivo, por escritórios comerciais e de representação do Brasil no exterior.

Parágrafo único. Excepcionalmente, os vistos diplomático, oficial e de cortesia poderão ser concedidos no Brasil.

Art. 8º Poderão ser cobrados taxas e emolumentos consulares pelo processamento do visto.

Art. 9º Regulamento disporá sobre:

I - requisitos de concessão de visto, bem como de sua simplificação, inclusive por reciprocidade;

II - prazo de validade do visto e sua forma de contagem;

III - prazo máximo para a primeira entrada e para a estada do imigrante e do visitante no País;

IV - hipóteses e condições de dispensa recíproca ou unilateral de visto e de taxas e emolumentos consulares por seu processamento; e

V - solicitação e emissão de visto por meio eletrônico.

Parágrafo único. A simplificação e a dispensa recíproca de visto ou de cobrança de taxas e emolumentos consulares por seu processamento poderão ser definidas por comunicação diplomática.

Art. 10. Não se concederá visto:

I - a quem não preencher os requisitos para o tipo de visto pleiteado;

II - a quem comprovadamente ocultar condição impeditiva de concessão de visto ou de ingresso no País; ou

III - a menor de 18 (dezoito) anos desacompanhado ou sem autorização de viagem por escrito dos responsáveis legais ou de autoridade competente.

Art. 11. Poderá ser denegado visto a quem se enquadrar em pelo menos um dos casos de impedimento definidos nos incisos I, II, III, IV e IX do art. 45.

Parágrafo único. A pessoa que tiver visto brasileiro denegado será impedida de ingressar no País enquanto permanecerem as condições que ensejaram a denegação.

Visto: É o documento que dá ao seu titular expectativa de ingresso em território nacional.

Concessão: O visto será concedido por embaixadas, consulados-gerais, consulados, vice-consulados e, quando habilitados pelo órgão competente do Poder Executivo, por escritórios comerciais e de representação do Brasil no exterior.

Regulamentação própria: Em regulamento próprio serão fixados os *requisitos de concessão de visto*, bem como de sua simplificação, *prazo de validade* e sua forma de contagem; prazo máximo para a primeira entrada e para a estada do imigrante e do visitante no País; hipóteses e condições de dispensa recíproca ou unilateral de visto e de taxas e emolumentos consulares por seu processamento; e solicitação e emissão de visto por meio eletrônico.

Não concessão de visto: O visto não será concedido quando **(a)** não for preenchido os requisitos para o tipo de visto pleiteado; **(b)** se ocultar condição impeditiva de concessão de visto ou de ingresso no País; ou **(c)** se referir a menor de dezoito anos desacompanhado ou sem autorização de viagem por escrito dos responsáveis legais ou de autoridade competente.

Art. 12. Ao solicitante que pretenda ingressar ou permanecer em território nacional poderá ser concedido visto:

I - de visita;

II - temporário;

III - diplomático;

IV - oficial;

V - de cortesia.

Tipos de visto: O dispositivo elenca um rol com os tipos de visto.

Art. 13. O visto de visita poderá ser concedido ao visitante que venha ao Brasil para estada de curta duração, sem intenção de estabelecer residência, nos seguintes casos:

I - turismo;

II - negócios;

III - trânsito;

IV - atividades artísticas ou desportivas; e

V - outras hipóteses definidas em regulamento.

§ 1º É vedado ao beneficiário de visto de visita exercer atividade remunerada no Brasil.

§ 2º O beneficiário de visto de visita poderá receber pagamento do governo, de empregador brasileiro ou de entidade privada a título de diária, ajuda de custo, cachê, pró-labore ou outras despesas com a viagem, bem como concorrer a prêmios, inclusive em dinheiro, em competições desportivas ou em concursos artísticos ou culturais.

§ 3º O visto de visita não será exigido em caso de escala ou conexão em território nacional, desde que o visitante não deixe a área de trânsito internacional.

Visto de vista: Concedido ao visitante que venha ao Brasil para estada de curta duração, *sem intenção de estabelecer residência*, sendo aplicável nos casos de turismo; negócios; trânsito; atividades artísticas ou desportivas; e outras hipóteses definidas em regulamento.

Vedação: É vedado ao beneficiário exercer atividade remunerada.

Competições desportivas, artísticas e culturais: São permitidas.

Escala ou conexão em território nacional: Não é exigido o visto se o visitante não deixar a área de trânsito internacional.

Art. 14. O visto temporário poderá ser concedido ao imigrante que venha ao Brasil com o intuito de estabelecer residência por tempo determinado e que se enquadre em pelo menos uma das seguintes hipóteses:

I - o visto temporário tenha como finalidade:

a) pesquisa, ensino ou extensão acadêmica;

b) tratamento de saúde;

c) acolhida humanitária;

d) estudo;

e) trabalho;

f) férias-trabalho;

g) prática de atividade religiosa ou serviço voluntário;

h) realização de investimento ou de atividade com relevância econômica, social, científica, tecnológica ou cultural;

i) reunião familiar;

j) atividades artísticas ou desportivas com contrato por prazo determinado;

II - o imigrante seja beneficiário de tratado em matéria de vistos;

III - outras hipóteses definidas em regulamento.

§ 1º O visto temporário para pesquisa, ensino ou extensão acadêmica poderá ser concedido ao imigrante com ou sem vínculo empregatício com a instituição de pesquisa ou de ensino brasileira, exigida, na hipótese de vínculo, a comprovação de formação superior compatível ou equivalente reconhecimento científico.

§ 2º O visto temporário para tratamento de saúde poderá ser concedido ao imigrante e a seu acompanhante, desde que o imigrante comprove possuir meios de subsistência suficientes.

§ 3º O visto temporário para acolhida humanitária poderá ser concedido ao apátrida ou ao nacional de qualquer país em situação de grave ou iminente instabilidade institucional, de conflito armado, de calamidade de grande proporção, de desastre ambiental ou de grave violação de direitos humanos ou de direito internacional humanitário, ou em outras hipóteses, na forma de regulamento.

§ 4º O visto temporário para estudo poderá ser concedido ao imigrante que pretenda vir ao Brasil para frequentar curso regular ou realizar estágio ou intercâmbio de estudo ou de pesquisa.

§ 5º Observadas as hipóteses previstas em regulamento, o visto temporário para trabalho poderá ser concedido ao imigrante que venha exercer atividade laboral, com ou sem vínculo empregatício no Brasil, desde que comprove oferta de trabalho formalizada por pessoa jurídica em atividade no País, dispensada esta exigência se o imigrante comprovar titulação em curso de ensino superior ou equivalente.

§ 6º O visto temporário para férias-trabalho poderá ser concedido ao imigrante maior de 16 (dezesseis) anos que seja nacional de país que conceda idêntico benefício ao nacional brasileiro, em termos definidos por comunicação diplomática.

§ 7º Não se exigirá do marítimo que ingressar no Brasil em viagem de longo curso ou em cruzeiros marítimos pela costa brasileira o visto temporário de que trata a alínea "e" do inciso I do *caput*, bastando a apresentação da carteira internacional de marítimo, nos termos de regulamento.

§ 8º É reconhecida ao imigrante a quem se tenha concedido visto temporário para trabalho a possibilidade de modificação do local de exercício de sua atividade laboral.

§ 9º O visto para realização de investimento poderá ser concedido ao imigrante que aporte recursos em projeto com potencial para geração de empregos ou de renda no País.

§ 10. (VETADO).

Visto temporário: Concedido ao imigrante que venha ao Brasil para *estabelecer residência por tempo determinado*, e desde que (**a**) tenha a *finalidade* de pesquisa, ensino ou extensão acadêmica; tratamento de saúde; acolhida humanitária; estudo; trabalho; férias-trabalho; prática de atividade religiosa ou serviço voluntário; realização de investimento ou de atividade com relevância econômica, social, científica, tecnológica ou cultural; reunião familiar; atividades artísticas ou desportivas com contrato por prazo determinado; (**b**) o imigrante seja beneficiário de tratado em matéria de vistos; (**c**) outras hipóteses definidas em regulamento.

Art. 15. Os vistos diplomático, oficial e de cortesia serão concedidos, prorrogados ou dispensados na forma desta Lei e de regulamento.

Parágrafo único. Os vistos diplomático e oficial poderão ser transformados em autorização de residência, o que importará cessação de todas as prerrogativas, privilégios e imunidades decorrentes do respectivo visto.

Art. 16. Os vistos diplomático e oficial poderão ser concedidos a autoridades e funcionários estrangeiros que viajem ao Brasil em missão oficial de caráter transitório ou permanente, representando Estado estrangeiro ou organismo internacional reconhecido.

§ 1º Não se aplica ao titular dos vistos referidos no *caput* o disposto na legislação trabalhista brasileira.

§ 2º Os vistos diplomático e oficial poderão ser estendidos aos dependentes das autoridades referidas no *caput*.

Art. 17. O titular de visto diplomático ou oficial somente poderá ser remunerado por Estado estrangeiro ou organismo internacional, ressalvado o disposto em tratado que contenha cláusula específica sobre o assunto.

Parágrafo único. O dependente de titular de visto diplomático ou oficial poderá exercer atividade remunerada no Brasil, sob o amparo da legislação trabalhista brasileira, desde que seja nacional de país que assegure reciprocidade de tratamento ao nacional brasileiro, por comunicação diplomática.

Art. 18. O empregado particular titular de visto de cortesia somente poderá exercer atividade remunerada para o titular de visto diplomático, oficial

ou de cortesia ao qual esteja vinculado, sob o amparo da legislação trabalhista brasileira.

Parágrafo único. O titular de visto diplomático, oficial ou de cortesia será responsável pela saída de seu empregado do território nacional.

Autorização de residência: Os vistos diplomático e oficial poderão ser transformados em autorização de residência, o que importará cessação de todas as prerrogativas, privilégios e imunidades decorrentes do respectivo visto.

Concessão: Os vistos diplomático e oficial poderão ser concedidos a autoridades e funcionários estrangeiros que viajem ao Brasil em missão oficial de caráter transitório ou permanente, representando Estado estrangeiro ou organismo internacional reconhecido.

Legislação trabalhista nacional: Não se aplica ao titular dos vistos estudados o disposto na legislação trabalhista brasileira.

Extensão aos dependentes: Os vistos diplomático e oficial poderão ser estendidos aos dependentes das autoridades referidas no *caput*.

Remuneração: O titular de visto diplomático ou oficial apenas pode ser remunerado por Estado estrangeiro ou organismo internacional, ressalvado o disposto em tratado que contenha cláusula específica. Saliente-se que o dependente de titular de visto diplomático ou oficial é autorizado a exercer atividade remunerada no Brasil, sob o amparo da legislação trabalhista brasileira, desde que seja nacional de país que assegure reciprocidade de tratamento ao brasileiro.

5. DA CONDIÇÃO JURÍDICA DO IMIGRANTE E DO VISITANTE

Art. 23. A fim de facilitar a sua livre circulação, poderá ser concedida ao residente fronteiriço, mediante requerimento, autorização para a realização de atos da vida civil.

Parágrafo único. Condições específicas poderão ser estabelecidas em regulamento ou tratado.

Art. 24. A autorização referida no *caput* do art. 23 indicará o Município fronteiriço no qual o residente estará autorizado a exercer os direitos a ele atribuídos por esta Lei.

§ 1º O residente fronteiriço detentor da autorização gozará das garantias e dos direitos assegurados pelo regime geral de migração desta Lei, conforme especificado em regulamento.

§ 2º O espaço geográfico de abrangência e de validade da autorização será especificado no documento de residente fronteiriço.

Art. 25. O documento de residente fronteiriço será cancelado, a qualquer tempo, se o titular:

I - tiver fraudado documento ou utilizado documento falso para obtê-lo;

II - obtiver outra condição migratória;

III - sofrer condenação penal; ou

IV - exercer direito fora dos limites previstos na autorização.

Residente fronteiriço: Para facilitar a livre circulação do fronteiriço, poderá ser concedida, mediante requerimento, autorização para a realização de atos da vida civil, sendo que, para essa finalidade, poderão ser estabelecidas condições específicas em regulamento ou tratado.

Autorização: Deverá indicar o município de sua abrangência.

Direitos e garantias do fronteiriço: O residente fronteiriço detentor da autorização gozará das garantias e dos direitos assegurados pelo regime geral de migração desta Lei, conforme especificado em regulamento.

Cancelamento: O documento será cancelado, a qualquer tempo, se o titular **(a)** tiver fraudado documento ou utilizado documento falso para obtê-lo; **(b)** obtiver outra condição migratória; **(c)** sofrer condenação penal; ou **(d)** exercer direito fora dos limites previstos na autorização.

Art. 26. Regulamento disporá sobre instituto protetivo especial do apátrida, consolidado em processo simplificado de naturalização.

§ 1º O processo de que trata o *caput* será iniciado tão logo seja reconhecida a situação de apatridia.

§ 2º Durante a tramitação do processo de reconhecimento da condição de apátrida, incidem todas as garantias e mecanismos protetivos e de facilitação da inclusão social relativos à Convenção sobre o Estatuto dos Apátridas de 1954, promulgada pelo Decreto nº 4.246, de 22 de maio de 2002 , à Convenção relativa ao Estatuto dos Refugiados, promulgada pelo Decreto nº 50.215, de 28 de janeiro de 1961 , e à Lei nº 9.474, de 22 de julho de 1997 .

§ 3º Aplicam-se ao apátrida residente todos os direitos atribuídos ao migrante relacionados no art. 4º.

§ 4º O reconhecimento da condição de apátrida assegura os direitos e garantias previstos na Convenção sobre o Estatuto dos Apátridas, de 1954,

promulgada pelo Decreto nº 4.246, de 22 de maio de 2002 , bem como outros direitos e garantias reconhecidos pelo Brasil.

§ 5º O processo de reconhecimento da condição de apátrida tem como objetivo verificar se o solicitante é considerado nacional pela legislação de algum Estado e poderá considerar informações, documentos e declarações prestadas pelo próprio solicitante e por órgãos e organismos nacionais e internacionais.

§ 6º Reconhecida a condição de apátrida, nos termos do inciso VI do § 1º do art. 1º, o solicitante será consultado sobre o desejo de adquirir a nacionalidade brasileira.

§ 7º Caso o apátrida opte pela naturalização, a decisão sobre o reconhecimento será encaminhada ao órgão competente do Poder Executivo para publicação dos atos necessários à efetivação da naturalização no prazo de 30 (trinta) dias, observado o art. 65.

§ 8º O apátrida reconhecido que não opte pela naturalização imediata terá a autorização de residência outorgada em caráter definitivo.

§ 9º Caberá recurso contra decisão negativa de reconhecimento da condição de apátrida.

§ 10. Subsistindo a denegação do reconhecimento da condição de apátrida, é vedada a devolução do indivíduo para país onde sua vida, integridade pessoal ou liberdade estejam em risco.

§ 11. Será reconhecido o direito de reunião familiar a partir do reconhecimento da condição de apátrida.

§ 12. Implica perda da proteção conferida por esta Lei:

I - a renúncia;

II - a prova da falsidade dos fundamentos invocados para o reconhecimento da condição de apátrida; ou

III - a existência de fatos que, se fossem conhecidos por ocasião do reconhecimento, teriam ensejado decisão negativa.

Direitos do apátrida: Ao apátrida residente no Brasil se aplicam todos os direitos atribuídos ao migrante.

Finalidade do processo de reconhecimento: O processo de reconhecimento da condição de apátrida tem como objetivo verificar se o solicitante é considerado nacional pela legislação de algum Estado.

Simplificação de naturalização: Regulamento disporá sobre a proteção especial do apátrida, por meio de processo simplificado de naturalização, o qual será iniciado tão logo seja reconhecida a situação de apatridia.

Reconhecimento: Reconhecida a situação de apatridia, o solicitante será consultado sobre o desejo de adquirir a nacionalidade brasileira.

Opção pela naturalização: Caso o apátrida opte pela naturalização, a decisão sobre o reconhecimento será encaminhada ao órgão competente do Poder Executivo para publicação dos atos necessários à efetivação da naturalização no prazo de trinta dias, observado o art. 65.

Não opção pela naturalização: O apátrida reconhecido que não opte pela naturalização imediata terá a autorização de residência outorgada em caráter definitivo.

Recurso: Cabe recurso contra decisão negativa de reconhecimento da condição de apátrida. Subsistindo a denegação, é vedada a devolução do indivíduo a país onde sua vida, integridade pessoal ou liberdade estejam em risco.

Reunião familiar: É reconhecido o direito de reunião familiar a partir do reconhecimento da condição de apátrida.

Perda da proteção legal: Implica perda da proteção conferida por esta Lei a **(a)** renúncia; **(b)** prova da falsidade dos fundamentos invocados para o reconhecimento da condição de apátrida; ou **(c)** existência de fatos que, se fossem conhecidos por ocasião do reconhecimento, teriam ensejado decisão negativa.

Art. 27. O asilo político, que constitui ato discricionário do Estado, poderá ser diplomático ou territorial e será outorgado como instrumento de proteção à pessoa.

Parágrafo único. Regulamento disporá sobre as condições para a concessão e a manutenção de asilo.

Art. 28. Não se concederá asilo a quem tenha cometido crime de genocídio, crime contra a humanidade, crime de guerra ou crime de agressão, nos termos do Estatuto de Roma do Tribunal Penal Internacional, de 1998, promulgado pelo Decreto nº 4.388, de 25 de setembro de 2002 .

Art. 29. A saída do asilado do País sem prévia comunicação implica renúncia ao asilo.

Asilo político: É ato discricionário do Estado e ocorre quando uma pessoa é perseguida por motivos políticos, via de regra, vinculado a algum *crime de opinião*, verificado por manifestação contrária ao governo ou, também, por questões ideológicas.

Modalidades: Poderá ser *diplomático* (quando o agente perseguido busca proteção em uma embaixada de um país estrangeiro) ou *territorial* (quando agente perseguido busca proteção diretamente no território do estado estrangeiro).

Natureza jurídica: O Supremo Tribunal Federal possui decisão na qual preconiza que o ato de concessão de asilo trata-se de *ato vinculado* (STF, EXT 1.085), após a concretização dos conceitos jurídicos indeterminados pelo aplicador da norma, não havendo margem de escolha do intérprete, o qual estará limitado ao padrão conceitual traçado pelo legislador ou pela convenção internacional. Frisamos que, em sentido contrário, há quem entenda que a concessão de asilo se trata de ato discricionário.

Finalidade: É outorgado como instrumento de proteção à pessoa.

Condições: Regulamento disporá sobre as condições para a concessão e a manutenção de asilo.

Vedação: Não se concederá asilo a quem tenha cometido crime de genocídio, crime contra a humanidade, crime de guerra ou crime de agressão.

Renúncia do asilo: Implica renúncia ao asilo a saída do asilado do País sem prévia comunicação.

Art. 30. A residência poderá ser autorizada, mediante registro, ao imigrante, ao residente fronteiriço ou ao visitante que se enquadre em uma das seguintes hipóteses:

I - a residência tenha como finalidade:

a) pesquisa, ensino ou extensão acadêmica;

b) tratamento de saúde;

c) acolhida humanitária;

d) estudo;

e) trabalho;

f) férias-trabalho;

g) prática de atividade religiosa ou serviço voluntário;

h) realização de investimento ou de atividade com relevância econômica, social, científica, tecnológica ou cultural;

i) reunião familiar;

II - a pessoa:

a) seja beneficiária de tratado em matéria de residência e livre circulação;

b) seja detentora de oferta de trabalho;

c) já tenha possuído a nacionalidade brasileira e não deseje ou não reúna os requisitos para readquiri-la;

d) (VETADO);

e) seja beneficiária de refúgio, de asilo ou de proteção ao apátrida;

f) seja menor nacional de outro país ou apátrida, desacompanhado ou abandonado, que se encontre nas fronteiras brasileiras ou em território nacional;

g) tenha sido vítima de tráfico de pessoas, de trabalho escravo ou de violação de direito agravada por sua condição migratória;

h) esteja em liberdade provisória ou em cumprimento de pena no Brasil;

III - outras hipóteses definidas em regulamento.

§ 1º Não se concederá a autorização de residência a pessoa condenada criminalmente no Brasil ou no exterior por sentença transitada em julgado, desde que a conduta esteja tipificada na legislação penal brasileira, ressalvados os casos em que:

I - a conduta caracterize infração de menor potencial ofensivo;

II - (VETADO); ou

III - a pessoa se enquadre nas hipóteses previstas nas alíneas "b", "c" e "i" do inciso I e na alínea "a" do inciso II do *caput* deste artigo.

§ 2º O disposto no § 1º não obsta progressão de regime de cumprimento de pena, nos termos da Lei nº 7.210, de 11 de julho de 1984 , ficando a pessoa autorizada a trabalhar quando assim exigido pelo novo regime de cumprimento de pena.

§ 3º Nos procedimentos conducentes ao cancelamento de autorização de residência e no recurso contra a negativa de concessão de autorização de residência devem ser respeitados o contraditório e a ampla defesa.

Art. 31. Os prazos e o procedimento da autorização de residência de que trata o art. 30 serão dispostos em regulamento, observado o disposto nesta Lei.

§ 1º Será facilitada a autorização de residência nas hipóteses das alíneas "a" e "e" do inciso I do art. 30 desta Lei, devendo a deliberação sobre a autorização ocorrer em prazo não superior a 60 (sessenta) dias, a contar de sua solicitação.

§ 2º Nova autorização de residência poderá ser concedida, nos termos do art. 30, mediante requerimento.

§ 3º O requerimento de nova autorização de residência após o vencimento do prazo da autorização anterior implicará aplicação da sanção prevista no inciso II do art. 109.

§ 4º O solicitante de refúgio, de asilo ou de proteção ao apátrida fará jus a autorização provisória de residência até a obtenção de resposta ao seu pedido.

§ 5º Poderá ser concedida autorização de residência independentemente da situação migratória.

Art. 32. Poderão ser cobradas taxas pela autorização de residência.

Art. 33. Regulamento disporá sobre a perda e o cancelamento da autorização de residência em razão de fraude ou de ocultação de condição impeditiva de concessão de visto, de ingresso ou de permanência no País, observado procedimento administrativo que garanta o contraditório e a ampla defesa.

Art. 34. Poderá ser negada autorização de residência com fundamento nas hipóteses previstas nos incisos I, II, III, IV e IX do art. 45.

Art. 35. A posse ou a propriedade de bem no Brasil não confere o direito de obter visto ou autorização de residência em território nacional, sem prejuízo do disposto sobre visto para realização de investimento.

Art. 36. O visto de visita ou de cortesia poderá ser transformado em autorização de residência, mediante requerimento e registro, desde que satisfeitos os requisitos previstos em regulamento.

Autorização de residência: A residência poderá ser autorizada, mediante registro ao *imigrante*, ao *residente fronteiriço* ou ao *visitante*, desde que **(a)** tenha como *finalidade* pesquisa, ensino ou extensão acadêmica; tratamento de saúde; acolhida humanitária; estudo; trabalho; férias-trabalho; prática de atividade religiosa ou serviço voluntário; realização de investimento ou de atividade com relevância econômica, social, científica, tecnológica ou cultural; reunião familiar; **(b)** a *pessoa* seja beneficiária de tratado em matéria de residência e livre circulação; seja detentora de oferta de trabalho; já tenha possuído a nacionalidade brasileira e não deseje ou não reúna os requisitos para readquiri-la; seja beneficiária de refúgio, de asilo ou de proteção ao apátrida; seja menor nacional de outro país ou apátrida, desacompanhado ou abandonado, que se encontre nas fronteiras brasileiras ou em território nacional; tenha sido vítima de tráfico de pessoas, de trabalho escravo ou de violação de direito agravada por sua condição migratória; esteja em liberdade provisória ou em cumprimento de pena no Brasil; **(c)** outras hipóteses definidas em regulamento.

Vedação legal: A pessoa condenada criminalmente no Brasil ou no exterior, por sentença transitada em julgado, não terá direito à autorização de residência, desde que a conduta esteja tipificada na legislação penal brasileira, exceto nos casos de **(a)** infração de menor potencial ofensivo; **(b)** beneficiário de tratado em matéria de residência e livre circulação; **(c)** tratamento de saúde; **(d)** acolhida humanitária e **(e)** reunião familiar.

Contraditório e ampla defesa: Nos procedimentos conducentes ao cancelamento de autorização de residência e no recurso contra a negativa de concessão de autorização de residência devem ser respeitados o contraditório e a ampla defesa.

Deliberação: A deliberação sobre a autorização deverá ocorrer em prazo não superior a sessenta dias, a contar de sua solicitação.

Nova autorização: Saliente-se que nova autorização poderá ser concedida, nos termos do art. 30, mediante requerimento, de modo que o requerimento de nova autorização após o vencimento do prazo da autorização anterior acarreta sanção prevista no inciso II do art. 109.

Validade da autorização: O solicitante de refúgio, de asilo ou de proteção ao apátrida fará jus à autorização provisória de residência *até a obtenção de resposta ao seu pedido*. Registre-se que poderá ser concedida autorização de residência *independentemente da situação migratória*.

Cobrança de taxas: É possível cobradas taxas pela autorização.

Perda ou cancelamento: Regulamento disporá sobre a perda e o cancelamento da autorização de residência em razão de fraude ou de ocultação de condição impeditiva de concessão de visto, de ingresso ou de permanência nó País.

Transformação de visto: O visto de visita ou de cortesia poderá ser transformado em autorização de residência, mediante requerimento e registro, desde que satisfeitos os requisitos previstos em regulamento.

Art. 37. O visto ou a autorização de residência para fins de reunião familiar será concedido ao imigrante:

I - cônjuge ou companheiro, sem discriminação alguma;

II - filho de imigrante beneficiário de autorização de residência, ou que tenha filho brasileiro ou imigrante beneficiário de autorização de residência;

III - ascendente, descendente até o segundo grau ou irmão de brasileiro ou de imigrante beneficiário de autorização de residência; ou

IV - que tenha brasileiro sob sua tutela ou guarda.

Parágrafo único. (VETADO).

Reunião familiar: O visto ou a autorização de residência para fins de reunião familiar será concedido ao *imigrante* (**a**) cônjuge ou companheiro, sem discriminação alguma; (**b**) filho de imigrante beneficiário de autorização de residência, ou que tenha filho brasileiro ou imigrante beneficiário de autorização de residência; (**c**) ascendente, descendente até o segundo grau ou irmão de brasileiro ou de imigrante beneficiário de autorização de residência; ou (**d**) que tenha brasileiro sob sua tutela ou guarda.

6. ENTRADA OU SAÍDA DO TERRITÓRIO NACIONAL

Art. 38. As funções de polícia marítima, aeroportuária e de fronteira serão realizadas pela Polícia Federal nos pontos de entrada e de saída do território nacional.

Parágrafo único. É dispensável a fiscalização de passageiro, tripulante e estafe de navio em passagem inocente, exceto quando houver necessidade de descida de pessoa a terra ou de subida a bordo do navio.

Art. 39. O viajante deverá permanecer em área de fiscalização até que seu documento de viagem tenha sido verificado, salvo os casos previstos em lei.

Art. 40. Poderá ser autorizada a admissão excepcional no País de pessoa que se encontre em uma das seguintes condições, desde que esteja de posse de documento de viagem válido:

I - não possua visto;

II - seja titular de visto emitido com erro ou omissão;

III - tenha perdido a condição de residente por ter permanecido ausente do País na forma especificada em regulamento e detenha as condições objetivas para a concessão de nova autorização de residência;

IV - (VETADO); ou

V - seja criança ou adolescente desacompanhado de responsável legal e sem autorização expressa para viajar desacompanhado, independentemente do documento de viagem que portar, hipótese em que haverá imediato encaminhamento ao Conselho Tutelar ou, em caso de necessidade, a instituição indicada pela autoridade competente.

Parágrafo único. Regulamento poderá dispor sobre outras hipóteses excepcionais de admissão, observados os princípios e as diretrizes desta Lei.

Polícia Federal: As funções de polícia marítima, aeroportuária e de fronteira serão realizadas pela Polícia Federal nos pontos de entrada e de saída do território nacional.

Passagem inocente: É dispensável a fiscalização de passageiro, tripulante e estafe de navio em passagem inocente, exceto quando houver necessidade de descida de pessoa a terra ou de subida a bordo do navio.

Autorização de entrada especial: Poderá ser autorizada, de forma excepcional, a admissão no País de pessoa que se encontre em uma das seguintes condições, desde que esteja de posse de documento de viagem válido (**a**) nao possua visto; (**b**) seja titular de visto emitido com erro ou omissão; (**c**) tenha perdido a condição de residente por ter permanecido ausente do País na forma especificada em regulamento e detenha as condições objetivas para a concessão de nova autorização de residência; (**d**) seja criança ou adolescente desacompanhado de responsável legal e sem autorização expressa para viajar desacompanhado, independentemente do documento de viagem que portar, hipótese em que haverá imediato encaminhamento ao Conselho Tutelar ou, em caso de necessidade, a instituição indicada pela autoridade competente.

Art. 41. A entrada condicional, em território nacional, de pessoa que não preencha os requisitos de admissão poderá ser autorizada mediante a assinatura, pelo transportador ou por seu agente, de termo de compromisso de custear as despesas com a permanência e com as providências para a repatriação do viajante.

Art. 42. O tripulante ou o passageiro que, por motivo de força maior, for obrigado a interromper a viagem em território nacional poderá ter seu desembarque permitido mediante termo de responsabilidade pelas despesas decorrentes do transbordo.

Art. 43. A autoridade responsável pela fiscalização contribuirá para a aplicação de medidas sanitárias em consonância com o Regulamento Sanitário Internacional e com outras disposições pertinentes

Entrada condicional: A entrada condicional de quem não preencha os requisitos de admissão poderá ser autorizada mediante a *assinatura de termo de compromisso* de custear as despesas com a permanência e com as providências para a repatriação do viajante, firmada pelo transportador ou por seu agente.

Desembarque por força maior: O tripulante ou o passageiro que, por motivo de força maior, for obrigado a interromper a viagem em território nacional poderá ter seu desembarque permitido mediante termo de responsabilidade pelas despesas decorrentes do transbordo.

Medidas sanitárias: A autoridade responsável pela fiscalização contribuirá para a aplicação de medidas sanitárias em consonância com o Regulamento Sanitário Internacional e com outras disposições pertinentes.

Art. 44. (VETADO).

Art. 45. Poderá ser impedida de ingressar no País, após entrevista individual e mediante ato fundamentado, a pessoa:

I - anteriormente expulsa do País, enquanto os efeitos da expulsão vigorarem;

II - condenada ou respondendo a processo por ato de terrorismo ou por crime de genocídio, crime contra a humanidade, crime de guerra ou crime de agressão, nos termos definidos pelo Estatuto de Roma do Tribunal Penal Internacional, de 1998, promulgado pelo Decreto nº 4.388, de 25 de setembro de 2002 ;

III - condenada ou respondendo a processo em outro país por crime doloso passível de extradição segundo a lei brasileira;

IV - que tenha o nome incluído em lista de restrições por ordem judicial ou por compromisso assumido pelo Brasil perante organismo internacional;

V - que apresente documento de viagem que:

a) não seja válido para o Brasil;

b) esteja com o prazo de validade vencido; ou

c) esteja com rasura ou indício de falsificação;

VI - que não apresente documento de viagem ou documento de identidade, quando admitido;

VII - cuja razão da viagem não seja condizente com o visto ou com o motivo alegado para a isenção de visto;

VIII - que tenha, comprovadamente, fraudado documentação ou prestado informação falsa por ocasião da solicitação de visto; ou

IX - que tenha praticado ato contrário aos princípios e objetivos dispostos na Constituição Federal.

Parágrafo único. Ninguém será impedido de ingressar no País por motivo de raça, religião, nacionalidade, pertinência a grupo social ou opinião política.

Impedimento de ingresso: Poderá ser impedida de ingressar no País a pessoa (**a**) anteriormente expulsa do País, enquanto os efeitos da expulsão vigorarem; (**b**) condenada ou respondendo a processo por ato de terrorismo ou por crime de genocídio, crime contra a humanidade, crime de guerra ou crime de agressão; (**c**) condenada ou respondendo a processo em outro país por crime doloso passível de extradição segundo a lei brasileira; (**d**) que tenha o nome incluído em lista de restrições por ordem judicial ou por compromisso assumido pelo Brasil perante organismo internacional; (**e**) que apresente documento de viagem que não seja válido para o Brasil, esteja com o prazo de validade vencido, ou esteja com rasura ou indício de falsificação; (**f**) que não apresente documento de viagem ou documento de identidade, quando admitido; (**g**) cuja razão da viagem não seja condizente com o visto ou com o motivo alegado para a isenção de visto; (**h**) que tenha, comprovadamente, fraudado documentação ou prestado informação falsa por ocasião da solicitação de visto; ou (**i**) que tenha praticado ato contrário aos princípios e objetivos dispostos na Constituição Federal.

Ato fundamentado: o impedimento deve ser fundamentado.

Motivação discriminatória: Ninguém será impedido de ingressar no País por motivo de raça, religião, nacionalidade, pertinência a grupo social ou opinião política.

Art. 46. A aplicação deste Capítulo observará o disposto na Lei nº 9.474, de 22 de julho de 1997, e nas disposições legais, tratados, instrumentos e mecanismos que tratem da proteção aos apátridas ou de outras situações humanitárias.

Art. 47. A repatriação, a deportação e a expulsão serão feitas para o país de nacionalidade ou de procedência do migrante ou do visitante, ou para outro que o aceite, em observância aos tratados dos quais o Brasil seja parte.

Art. 48. Nos casos de deportação ou expulsão, o chefe da unidade da Polícia Federal poderá representar perante o juízo federal, respeitados, nos procedimentos judiciais, os direitos à ampla defesa e ao devido processo legal.

Repatriação: Conforme art. 42 da Lei 9.474/ 97, "a repatriação de refugiados aos seus países de origem deve ser caracterizada pelo caráter voluntário do retorno, salvo nos casos em que não possam recusar a proteção do país de que são nacionais, por não mais subsistirem as circunstâncias que determinaram o refúgio". Trata-se do *direito de retorno*.

Deportação: Ocorre por motivo de entrada ou estada irregular no território nacional, caso este não se retire voluntariamente no prazo fixado para o país de origem ou outro que consinta em seu recebimento.

Expulsão: Ocorre por motivos de segurança nacional ou de ordem pública (art. 36 da Lei 9.474/ 97). Ademais, a expulsão do território nacional não poderá resultar na retirada para país onde a vida, liberdade ou integridade física do expulso possam estar em risco (art. 37 da Lei 9.474/ 97).

Princípio da não devolução: Registre-se que, mesmo que se trate de *estrangeiro nocivo ou perigoso*, em homenagem ao princípio da não devolução (ou *non-refoulement*), observado em seu viés amplo, a tutela dos direitos humanos deve ser sempre referendada, não devendo ocorrer a sua retirada involuntária para país onde possa estar em risco ou sofrer qualquer tipo de perseguição odiosa.

Art. 49. A repatriação consiste em medida administrativa de devolução de pessoa em situação de impedimento ao país de procedência ou de nacionalidade.

§ 1º Será feita imediata comunicação do ato fundamentado de repatriação à empresa transportadora e à autoridade consular do país de procedência ou de nacionalidade do migrante ou do visitante, ou a quem o representa.

§ 2º A Defensoria Pública da União será notificada, preferencialmente por via eletrônica, no caso do § 4º deste artigo ou quando a repatriação imediata não seja possível.

§ 3º Condições específicas de repatriação podem ser definidas por regulamento ou tratado, observados os princípios e as garantias previstos nesta Lei.

§ 4º Não será aplicada medida de repatriação à pessoa em situação de refúgio ou de apatridia, de fato ou de direito, ao menor de 18 (dezoito) anos desacompanhado ou separado de sua família, exceto nos casos em que se demonstrar favorável para a garantia de seus direitos ou para a reintegração a sua família de origem, ou a quem necessite de acolhimento humanitário, nem, em qualquer caso, medida de devolução para país ou região que possa apresentar risco à vida, à integridade pessoal ou à liberdade da pessoa.

§ 5º (VETADO).

Repatriação: Consiste em *medida administrativa* de devolução de pessoa em situação de impedimento ao país de procedência ou de nacionalidade.

Vedação: Não será aplicada medida de repatriação à pessoa em situação de **(a)** *refúgio ou de apatridia*, de fato ou de direito, **(b)** ao *menor de dezoito anos desacompanhado ou separado de sua família*, exceto nos casos em que se demonstrar favorável para a garantia de seus direitos ou para a reintegração a sua família de origem, ou **(c)** a *quem necessite de acolhimento humanitário*, nem, **(d)** em qualquer caso, medida de devolução para país ou região que possa apresentar *risco à vida, à integridade pessoal ou à liberdade da pessoa*. Neste último caso, trata-se novamente de homenagem ao *princípio da não devolução*.

Art. 50. A deportação é medida decorrente de procedimento administrativo que consiste na retirada compulsória de pessoa que se encontre em situação migratória irregular em território nacional.

§ 1º A deportação será precedida de notificação pessoal ao deportando, da qual constem, expressamente, as irregularidades verificadas e prazo para a regularização não inferior a 60 (sessenta) dias, podendo ser prorrogado, por igual período, por despacho fundamentado e mediante compromisso de a pessoa manter atualizadas suas informações domiciliares.

§ 2º A notificação prevista no § 1º não impede a livre circulação em território nacional, devendo o deportando informar seu domicílio e suas atividades.

§ 3º Vencido o prazo do § 1º sem que se regularize a situação migratória, a deportação poderá ser executada.

§ 4º A deportação não exclui eventuais direitos adquiridos em relações contratuais ou decorrentes da lei brasileira.

§ 5º A saída voluntária de pessoa notificada para deixar o País equivale ao cumprimento da notificação de deportação para todos os fins.

§ 6º O prazo previsto no § 1º poderá ser reduzido nos casos que se enquadrem no inciso IX do art. 45.

Deportação: Ocorre por motivo de entrada ou estada irregular no território nacional, caso este não se retire voluntariamente no prazo fixado para o país de origem ou outro que consinta em seu recebimento.

Notificação e prazo: A deportação será precedida de *notificação pessoal* ao deportando, da qual constem as irregularidades verificadas e *prazo* para a regularização não inferior a sessenta dias, podendo ser prorrogado, por igual período, por despacho fundamentado e mediante compromisso de a pessoa manter atualizadas suas informações domiciliares. Expirado o prazo sem que se regularize a situação migratória, a deportação poderá ser executada.

Circulação no território nacional: Logicamente, a notificação não impede a livre circulação em território nacional, devendo o deportando informar seu domicílio e suas atividades.

Direito adquiridos: A deportação não exclui direitos adquiridos em relações contratuais ou decorrentes da lei brasileira.

Saída voluntária: A saída voluntária de pessoa notificada para deixar o País equivale ao cumprimento da notificação de deportação.

Art. 51. Os procedimentos conducentes à deportação devem respeitar o contraditório e a ampla defesa e a garantia de recurso com efeito suspensivo.

§ 1º A Defensoria Pública da União deverá ser notificada, preferencialmente por meio eletrônico, para prestação de assistência ao deportando em todos os procedimentos administrativos de deportação.

§ 2º A ausência de manifestação da Defensoria Pública da União, desde que prévia e devidamente notificada, não impedirá a efetivação da medida de deportação.

Art. 52. Em se tratando de apátrida, o procedimento de deportação dependerá de prévia autorização da autoridade competente.

Art. 53. Não se procederá à deportação se a medida configurar extradição não admitida pela legislação brasileira.

Contraditório e ampla defesa: Os procedimentos conducentes à deportação devem respeitar o contraditório e a ampla defesa e a garantia de recurso com efeito suspensivo.

Assistência jurídica: A Defensoria Pública da União deverá ser notificada, preferencialmente por meio eletrônico, para prestação de assistência ao deportando em todos os procedimentos administrativos de deportação. Entretanto, a ausência de manifestação da instituição não impedirá a efetivação da medida de deportação.

Deportação de apátrida: Em se tratando de apátrida, a deportação dependerá de prévia autorização da autoridade competente.

Vedação: Não se procederá à deportação quando esta configurar extradição não admitida pela legislação brasileira.

Art. 54. A expulsão consiste em medida administrativa de retirada compulsória de migrante ou visitante do território nacional, conjugada com o impedimento de reingresso por prazo determinado.

§ 1º Poderá dar causa à expulsão a condenação com sentença transitada em julgado relativa à prática de:

I - crime de genocídio, crime contra a humanidade, crime de guerra ou crime de agressão, nos termos definidos pelo Estatuto de Roma do Tribunal Penal Internacional, de 1998, promulgado pelo Decreto nº 4.388, de 25 de setembro de 2002 ; ou

II - crime comum doloso passível de pena privativa de liberdade, consideradas a gravidade e as possibilidades de ressocialização em território nacional.

§ 2º Caberá à autoridade competente resolver sobre a expulsão, a duração do impedimento de reingresso e a suspensão ou a revogação dos efeitos da expulsão, observado o disposto nesta Lei.

§ 3º O processamento da expulsão em caso de crime comum não prejudicará a progressão de regime, o cumprimento da pena, a suspensão condicional do processo, a comutação da pena ou a concessão de pena alternativa, de indulto coletivo ou individual, de anistia ou de quaisquer benefícios concedidos em igualdade de condições ao nacional brasileiro.

§ 4º O prazo de vigência da medida de impedimento vinculada aos efeitos da expulsão será proporcional ao prazo total da pena aplicada e nunca será superior ao dobro de seu tempo.

Art. 55. Não se procederá à expulsão quando:

I - a medida configurar extradição inadmitida pela legislação brasileira;

II - o expulsando:

a) tiver filho brasileiro que esteja sob sua guarda ou dependência econômica ou socioafetiva ou tiver pessoa brasileira sob sua tutela;

b) tiver cônjuge ou companheiro residente no Brasil, sem discriminação alguma, reconhecido judicial ou legalmente;

c) tiver ingressado no Brasil até os 12 (doze) anos de idade, residindo desde então no País;

d) for pessoa com mais de 70 (setenta) anos que resida no País há mais de 10 (dez) anos, considerados a gravidade e o fundamento da expulsão; ou

e) (VETADO).

Art. 56. Regulamento definirá procedimentos para apresentação e processamento de pedidos de suspensão e de revogação dos efeitos das medidas de expulsão e de impedimento de ingresso e permanência em território nacional.

Art. 57. Regulamento disporá sobre condições especiais de autorização de residência para viabilizar medidas de ressocialização a migrante e a visitante em cumprimento de penas aplicadas ou executadas em território nacional.

Art. 58. No processo de expulsão serão garantidos o contraditório e a ampla defesa.

§ 1º A Defensoria Pública da União será notificada da instauração de processo de expulsão, se não houver defensor constituído.

§ 2º Caberá pedido de reconsideração da decisão sobre a expulsão no prazo de 10 (dez) dias, a contar da notificação pessoal do expulsando.

Art. 59. Será considerada regular a situação migratória do expulsando cujo processo esteja pendente de decisão, nas condições previstas no art. 55.

Art. 60. A existência de processo de expulsão não impede a saída voluntária do expulsando do País.

Expulsão: Ocorre por motivos de segurança nacional ou de ordem pública (art. 36 da Lei 9.474/ 97). Ademais, a expulsão do território nacional não poderá resultar na retirada para país onde a vida, liberdade ou integridade física do expulso possam estar em risco (art. 37 da Lei 9.474/ 97). É medida administrativa de retirada compulsória de migrante ou visitante do território nacional, conjugada com o impedimento de reingresso por prazo determinado.

Sentença definitiva: Poderá dar causa à expulsão a condenação com *sentença transitada em julgado* relativa à prática de **(a)** crime de genocídio, crime contra a humanidade, crime de guerra ou crime de agressão; **(b)** crime comum doloso passível de pena privativa de liberdade, consideradas a gravidade e as possibilidades de ressocialização em território nacional.

Benefícios em crime comum: O processamento da expulsão em caso de *crime comum* não prejudicará a progressão de regime, o cumprimento da pena, a suspensão condicional do processo, a comutação da pena ou a concessão de pena alternativa, de indulto coletivo ou individual, de anistia ou de quaisquer benefícios concedidos em igualdade de condições ao nacional brasileiro.

Vedação: Não se procederá a expulsão quando **(a)** a medida configurar extradição inadmitida pela legislação brasileira; **(b)** o expulsando **(b.1)** tiver filho brasileiro que esteja sob sua guarda ou dependência econômica ou socioafetiva ou tiver pessoa brasileira sob sua tutela; **(b.2)** tiver cônjuge ou companheiro residente no Brasil, sem discriminação alguma, reconhecido judicial ou legalmente; **(b.3)** tiver ingressado no Brasil até os doze anos de idade, residindo desde então no País; **(b.4)** for pessoa com mais de setenta anos que resida no País há mais de dez anos, considerados a gravidade e o fundamento da expulsão.

Contraditório e ampla defesa: No procedimento de expulsão serão garantidos o contraditório e a ampla defesa.

Defensoria Pública: A Defensoria Pública da União será notificada da instauração de processo de expulsão, *se não houver defensor constituído.*

Pedido de reconsideração: Caberá pedido de reconsideração da decisão sobre a expulsão no prazo de dez dias, a contar da notificação pessoal do expulsando.

Situação pendente: Será considerada regular a situação migratória do expulsando cujo processo esteja pendente de decisão, nas condições previstas no art. 55.

Saída voluntária: A existência de processo de expulsão não impede a saída voluntária do expulsando do País.

Art. 61. Não se procederá à repatriação, à deportação ou à expulsão coletivas.

Parágrafo único. Entende-se por repatriação, deportação ou expulsão coletiva aquela que não individualiza a situação migratória irregular de cada pessoa.

Art. 62. Não se procederá à repatriação, à deportação ou à expulsão de nenhum indivíduo quando subsistirem razões para acreditar que a medida poderá colocar em risco a vida ou a integridade pessoal.

Procedimentos coletivos: É vedado o processamento coletivo de repatriação, deportação ou expulsão. Entende-se por repatriação, deportação ou expulsão coletiva aquela que não individualiza a situação migratória irregular de cada pessoa.

Princípio da não devolução: Registre-se que, em homenagem ao princípio da não devolução (ou *non-refoulement*), observado em seu viés amplo, a tutela dos direitos humanos deve ser sempre referendada, não devendo ocorrer a retirada involuntária do estrangeiro para país onde possa estar em risco ou sofrer qualquer tipo de perseguição odiosa. Dessa forma, não se procederá à repatriação, à deportação ou à expulsão de nenhum indivíduo quando subsistirem razões para acreditar que a medida poderá colocar em risco a vida ou a integridade pessoal.

7. DAS MEDIDAS DE COOPERAÇÃO

Art. 81. A extradição é a medida de cooperação internacional entre o Estado brasileiro e outro Estado pela qual se concede ou solicita a entrega de pessoa sobre quem recaia condenação criminal definitiva ou para fins de instrução de processo penal em curso.

§ 1º A extradição será requerida por via diplomática ou pelas autoridades centrais designadas para esse fim.

§ 2º A extradição e sua rotina de comunicação serão realizadas pelo órgão competente do Poder Executivo em coordenação com as autoridades judiciárias e policiais competentes.

Extradição: A extradição é a medida de cooperação internacional realizada entre o Brasil e outra Nação, por meio da qual se concede ou se solicita a entrega de pessoa sobre quem recaia *condenação criminal definitiva* ou para fins de *instrução de processo penal em curso.*

Via diplomática: A extradição é requerida por via diplomática ou pelas autoridades centrais designadas para esse fim, sendo sua execução realizada pelo órgão competente do Poder Executivo em coordenação com as autoridades judiciárias e policiais competentes.

Art. 82. Não se concederá a extradição quando:

I - o indivíduo cuja extradição é solicitada ao Brasil for brasileiro nato;

II - o fato que motivar o pedido não for considerado crime no Brasil ou no Estado requerente;

III - o Brasil for competente, segundo suas leis, para julgar o crime imputado ao extraditando;

IV - a lei brasileira impuser ao crime pena de prisão inferior a 2 (dois) anos;

V - o extraditando estiver respondendo a processo ou já houver sido condenado ou absolvido no Brasil pelo mesmo fato em que se fundar o pedido;

VI - a punibilidade estiver extinta pela prescrição, segundo a lei brasileira ou a do Estado requerente;

VII - o fato constituir crime político ou de opinião;

VIII - o extraditando tiver de responder, no Estado requerente, perante tribunal ou juízo de exceção; ou

IX - o extraditando for beneficiário de refúgio, nos termos da Lei nº 9.474, de 22 de julho de 1997 , ou de asilo territorial.

§ 1º A previsão constante do inciso VII do *caput* não impedirá a extradição quando o fato constituir, principalmente, infração à lei penal comum ou quando o crime comum, conexo ao delito político, constituir o fato principal.

§ 2º Caberá à autoridade judiciária competente a apreciação do caráter da infração.

§ 3º Para determinação da incidência do disposto no inciso I, será observada, nos casos de aquisição de outra nacionalidade por naturalização, a anterioridade do fato gerador da extradição.

§ 4º O Supremo Tribunal Federal poderá deixar de considerar crime político o atentado contra chefe de Estado ou quaisquer autoridades, bem como crime contra a humanidade, crime de guerra, crime de genocídio e terrorismo.

§ 5º Admite-se a extradição de brasileiro naturalizado, nas hipóteses previstas na Constituição Federal.

Vedação: Não se concederá a extradição quando **(a)** o indivíduo cuja extradição é solicitada ao Brasil for brasileiro nato; **(b)** o fato que motivar o pedido não for considerado crime no Brasil ou no Estado requerente; **(c)** o Brasil for competente, segundo suas leis, para julgar o crime imputado ao extraditando; **(d)** a lei brasileira impuser ao crime pena de prisão inferior a 2 (dois) anos; **(e)** o extraditando estiver respondendo a processo ou já houver sido condenado ou absolvido no Brasil pelo mesmo fato em que se fundar o pedido; **(f)** a punibilidade estiver extinta pela prescrição, segundo a lei brasileira ou a do Estado requerente; **(g)** o fato constituir crime político ou de opinião; **(h)** o extraditando tiver de responder, no Estado requerente, perante tribunal ou juízo de exceção; ou **(i)** o extraditando for beneficiário de refúgio, nos termos da Lei no 9.474, de 22 de julho de 1997, ou de asilo territorial.

Extradição ativa: Ocorre quando o Estado Brasileiro solicita a outro país a entrega de um indivíduo.

Extradição passiva: Ocorre quando um Estado estrangeiro solicita ao Brasil a entrega de alguém. Saliente-se que a Constituição Federal trata apenas desta modalidade.

Crime político ou de opinião: Em regra, inviabilizam a extradição (art. 5°, LII, CF). Porém, sublinhe-se que não se impedirá a extradição quando o fato constituir, principalmente, *infração à lei penal comum* ou quando o *crime comum, conexo ao delito político, constituir o fato principal*, sendo que caberá à autoridade judiciária competente a apreciação do caráter da infração.

Competência: Compete ao Supremo Tribunal Federal processar e julgar, originariamente, a extradição solicitada por Estado estrangeiro (art. 102, I, "g", Constituição Federal).

Desconsideração do crime político: O Supremo Tribunal Federal poderá deixar de considerar crime político o *atentado contra chefe de Estado ou quaisquer autoridades*, bem como *crime contra a humanidade, crime de guerra, crime de genocídio e terrorismo.*

Extradição de brasileiro naturalizado: Admite-se a extradição de brasileiro naturalizado, nas hipóteses previstas na Constituição Federal. Conforme o art. 5°, LI, da Constituição Federal "nenhum brasileiro será extraditado, salvo o naturalizado, em caso de crime comum, praticado antes da naturalização, ou de comprovado envolvimento em tráfico ilícito de entorpecentes e drogas afins, na forma da lei".

Brasileiro nato: Não pode ser extraditado. Nesse sentido, o STF, no julgamento do HC 83.113, já decidiu que "o brasileiro nato, quaisquer que sejam as circunstâncias e a natureza do delito, não pode ser extraditado, pelo Brasil, a pedido de governo estrangeiro, pois a CR, em cláusula que não comporta exceção, impede, em caráter absoluto, a efetivação da entrega extradicional daquele que é titular, seja pelo critério do jus soli, seja pelo critério do jus sanguinis, de nacionalidade brasileira primária ou originária. Esse privilégio constitucional, que beneficia, sem exceção, o brasileiro nato (art. 5º, LI), não se descaracteriza pelo fato de o Estado estrangeiro, por lei própria, haver-lhe reconhecido a condição de titular de nacionalidade originária pertinente a esse mesmo Estado (art. 12, §4º, II, a)". De acordo com o art. 12, I, da Constituição, "são brasileiros natos **(a)** os nascidos na República Federativa do Brasil, ainda que de pais estrangeiros, desde que estes não estejam a serviço de seu país; **(b)** os nascidos no estrangeiro, de pai brasileiro ou mãe brasileira, desde que qualquer deles esteja a serviço da República Federativa do Brasil; **(c)** os nascidos no estrangeiro de pai brasileiro ou de mãe brasileira, desde que sejam registrados em repartição brasileira competente ou venham a residir na República Federativa do Brasil e optem, em qualquer tempo, depois de atingida a maioridade, pela nacionalidade brasileira".

Brasileiro que adquire voluntariamente outra nacionalidade: Há nesse caso, *perda da nacionalidade brasileira.* O art. 12, §4°, da CF estabelece que será declarada a perda da nacionalidade do brasileiro que **(a)** tiver cancelada sua naturalização, por sentença judicial, em virtude de atividade nociva ao interesse nacional; **(b)** adquirir outra nacionalidade, salvo nos casos **(b.1)** de reconhecimento de nacionalidade originária pela lei estrangeira; e **(b.2)** de imposição de naturalização, pela norma estrangeira, ao brasileiro residente em estado estrangeiro, como condição para permanência em seu território ou para o exercício de direitos civis". Nesse passo, atente-se que é vedada a extradição de brasileiro nato quando de brasileiro se trata, pois a CF alude que o brasileiro perde a sua nacionalidade ao adquirir voluntariamente outra nacionalidade. Portanto, quando uma pessoa assume outra nacionalidade, ela se submete ao regime jurídico político daquele outro país. E, nesse caso, a extradição passa a ser possível (STF, MS 33.864). Nesse contexto, reforçamos que, havendo aquisição voluntária de nacionalidade estrangeira por brasileiro nato, devidamente declarada, então, a perda da nacionalidade brasileira pelo ministro da justiça, não sendo os casos que a Constituição excepciona (art. 12, §4°), é possível a extradição de brasileiro nato, o qual, agora, se encontra na condição de cidadão estrangeiro em solo nacional.

Art. 83. São condições para concessão da extradição:

I - ter sido o crime cometido no território do Estado requerente ou serem aplicáveis ao extraditando as leis penais desse Estado; e

II - estar o extraditando respondendo a processo investigatório ou a processo penal ou ter sido condenado pelas autoridades judiciárias do Estado requerente a pena privativa de liberdade.

Condições legais: A extradição depende de **(a)** ter sido o crime cometido no território do Estado requerente ou serem aplicáveis ao extraditando as leis penais desse Estado; e **(b)** estar o extraditando respondendo a processo investigatório ou a processo penal ou ter sido condenado pelas autoridades judiciárias do Estado requerente a pena privativa de liberdade.

Art. 84. Em caso de urgência, o Estado interessado na extradição poderá, previamente ou conjuntamente com a formalização do pedido extradicional, requerer, por via diplomática ou por meio de autoridade central do Poder Executivo, prisão cautelar com o objetivo de assegurar a executoriedade da medida de extradição que, após exame da presença dos pressupostos formais de admissibilidade exigidos nesta Lei ou em tratado, deverá representar à autoridade judicial competente, ouvido previamente o Ministério Público Federal.

§ 1º O pedido de prisão cautelar deverá conter informação sobre o crime cometido e deverá ser fundamentado, podendo ser apresentado por correio, fax, mensagem eletrônica ou qualquer outro meio que assegure a comunicação por escrito.

§ 2º O pedido de prisão cautelar poderá ser transmitido à autoridade competente para extradição no Brasil por meio de canal estabelecido com o ponto focal da Organização Internacional de Polícia Criminal (Interpol) no País, devidamente instruído com a documentação comprobatória da existência de ordem de prisão proferida por Estado estrangeiro, e, em caso de ausência de tratado, com a promessa de reciprocidade recebida por via diplomática.

§ 3º Efetivada a prisão do extraditando, o pedido de extradição será encaminhado à autoridade judiciária competente.

§ 4º Na ausência de disposição específica em tratado, o Estado estrangeiro deverá formalizar o pedido de extradição no prazo de 60 (sessenta) dias, contado da data em que tiver sido cientificado da prisão do extraditando.

§ 5º Caso o pedido de extradição não seja apresentado no prazo previsto no § 4º, o extraditando deverá ser posto em liberdade, não se admitindo novo pedido de prisão cautelar pelo mesmo fato sem que a extradição tenha sido devidamente requerida.

§ 6º A prisão cautelar poderá ser prorrogada até o julgamento final da autoridade judiciária competente quanto à legalidade do pedido de extradição.

Prisão cautelar: É possível. Em caso de urgência, o Estado interessado na extradição poderá requerer prisão cautela com o objetivo de assegurar a executoriedade da medida de extradição. O requerimento da prisão cautelar pode ocorrer previamente ou conjuntamente com a formalização do pedido extradicional. Registre-se que o pedido de prisão cautelar deve conter informação sobre o crime cometido e deverá ser fundamentado, podendo ser apresentado por correio, fax, mensagem eletrônica ou qualquer outro meio que assegure a comunicação por escrito.

Transmissão do pedido: O pedido de prisão poderá ser transmitido à autoridade competente para extradição no Brasil por meio de canal estabelecido com o ponto focal da Organização Internacional de Polícia Criminal (Interpol) no País, devidamente instruído com a documentação comprobatória da existência de ordem de prisão proferida por Estado estrangeiro, e, em caso de ausência de tratado, com a promessa de reciprocidade recebida por via diplomática.

Execução da prisão: Efetivada a prisão do extraditando, o pedido de extradição será encaminhado à autoridade judiciária competente. Na ausência de disposição específica em tratado, o Estado estrangeiro deverá formalizar o pedido de extradição no prazo de sessenta dias, contado da data em que tiver sido cientificado da prisão.

Descumprimento do prazo: Caso o pedido de extradição não seja apresentado no prazo previsto no §4º, o extraditando deverá ser posto em liberdade, não se admitindo novo pedido de prisão cautelar pelo mesmo fato sem que a extradição tenha sido devidamente requerida.

Art. 85. Quando mais de um Estado requerer a extradição da mesma pessoa, pelo mesmo fato, terá preferência o pedido daquele em cujo território a infração foi cometida.

§ 1º Em caso de crimes diversos, terá preferência, sucessivamente:

I - o Estado requerente em cujo território tenha sido cometido o crime mais grave, segundo a lei brasileira;

II - o Estado que em primeiro lugar tenha pedido a entrega do extraditando, se a gravidade dos crimes for idêntica;

III - o Estado de origem, ou, em sua falta, o domiciliar do extraditando, se os pedidos forem simultâneos.

§ 2º Nos casos não previstos nesta Lei, o órgão competente do Poder Executivo decidirá sobre a preferência do pedido, priorizando o Estado requerente que mantiver tratado de extradição com o Brasil.

§ 3º Havendo tratado com algum dos Estados requerentes, prevalecerão suas normas no que diz respeito à preferência de que trata este artigo.

Duplo requerimento de extradição: Se verifica quando mais de um Estado requer a extradição da mesma pessoa, pelo mesmo fato, terá *preferência* o pedido daquele em *cujo território a infração foi cometida.*

Hipótese de crimes diversos: Em caso de *crimes diversos*, terá preferência, sucessivamente, **(a)** o Estado requerente em cujo território tenha sido cometido o crime mais grave, segundo a lei brasileira; **(b)** o Estado que em primeiro lugar tenha pedido a entrega do extraditando, se a gravidade dos crimes for idêntica; **(c)** o Estado de origem, ou, em sua falta, o domiciliar do extraditando, se os pedidos forem simultâneos.

Caso de lacuna legislativa: Nos casos não previstos nesta Lei, o órgão competente do Poder Executivo decidirá sobre a preferência do pedido, priorizando o Estado requerente que mantiver tratado de extradição com o Brasil.

Art. 86. O Supremo Tribunal Federal, ouvido o Ministério Público, poderá autorizar prisão albergue ou domiciliar ou determinar que o extraditando responda ao processo de extradição em liberdade, com retenção do documento de viagem ou outras medidas cautelares necessárias, até o julgamento da extradição ou a entrega do extraditando, se pertinente, considerando a situação administrativa migratória, os antecedentes do extraditando e as circunstâncias do caso.

Art. 87. O extraditando poderá entregar-se voluntariamente ao Estado requerente, desde que o declare expressamente, esteja assistido por advogado e seja advertido de que tem direito ao processo judicial de extradição e à proteção que tal direito encerra, caso em que o pedido será decidido pelo Supremo Tribunal Federal.

Prisão albergue ou domiciliar: O STF, ouvido o Ministério Público, poderá autorizar prisão albergue ou domiciliar ou determinar que o extraditando responda ao processo de extradição em liberdade, com retenção do documento de viagem ou outras medidas cautelares necessárias, até o julgamento da extradição ou a entrega do extraditando, se pertinente, considerando a situação administrativa migratória, os antecedentes do extraditando e as circunstâncias do caso.

Entrega voluntária: O extraditando poderá entregar-se ao Estado requerente voluntariamente, desde que esteja assistido por advogado e o faça de forma expressa, sendo advertido do direito ao processo judicial de extradição e à proteção que tal direito encerra.

Art. 88. Todo pedido que possa originar processo de extradição em face de Estado estrangeiro deverá ser encaminhado ao órgão competente do Poder Executivo diretamente pelo órgão do Poder Judiciário responsável pela decisão ou pelo processo penal que a fundamenta.

§ 1º Compete a órgão do Poder Executivo o papel de orientação, de informação e de avaliação dos elementos formais de admissibilidade dos processos preparatórios para encaminhamento ao Estado requerido.

§ 2º Compete aos órgãos do sistema de Justiça vinculados ao processo penal gerador de pedido de extradição a apresentação de todos os documentos, manifestações e demais elementos necessários para o processamento do pedido, inclusive suas traduções oficiais.

§ 3º O pedido deverá ser instruído com cópia autêntica ou com o original da sentença condenatória ou da decisão penal proferida, conterá indicações precisas sobre o local, a data, a natureza e as circunstâncias do fato criminoso e a identidade do extraditando e será acompanhado de cópia dos textos legais sobre o crime, a competência, a pena e a prescrição.

§ 4º O encaminhamento do pedido de extradição ao órgão competente do Poder Executivo confere autenticidade aos documentos.

Art. 89. O pedido de extradição originado de Estado estrangeiro será recebido pelo órgão competente do Poder Executivo e, após exame da presença dos pressupostos formais de admissibilidade exigidos nesta Lei ou em tratado, encaminhado à autoridade judiciária competente.

Parágrafo único. Não preenchidos os pressupostos referidos no *caput*, o pedido será arquivado mediante decisão fundamentada, sem prejuízo da possibilidade de renovação do pedido, devidamente instruído, uma vez superado o óbice apontado.

Art. 90. Nenhuma extradição será concedida sem prévio pronunciamento do Supremo Tribunal Federal sobre sua legalidade e procedência, não cabendo recurso da decisão.

Órgão competente: Todo pedido que possa originar processo de extradição em face de Estado estrangeiro deverá ser encaminhado ao órgão competente do Poder Executivo diretamente pelo órgão do Poder Judiciário responsável pela decisão ou pelo processo penal que a fundamental.

Orientação, informação e avaliação: Registre-se que compete a órgão do Poder Executivo o papel de orientação, de informação e de avaliação dos elementos formais de admissibilidade dos processos preparatórios para encaminhamento ao Estado requerido.

Documentos e manifestações: Compete aos órgãos do sistema de Justiça vinculados ao processo penal gerador de pedido de extradição a apresentação de todos os documentos, manifestações e demais elementos necessários para o processamento do pedido, inclusive suas traduções oficiais.

Instrução documental do pedido: O pedido deverá ser instruído com **(a)** cópia autêntica ou com o original da *sentença condenatória* ou da *decisão penal proferida*, (**b**) conterá indicações precisas sobre o *local, a data, a natureza e as circunstâncias do fato criminoso* e (**c**) a *identidade do extraditando* e será acompanhado de (**d**) *cópia dos textos legais sobre o crime*, (**e**) a *competência*, (**f**) a *pena* e (**g**) a *prescrição*.

Recebimento e encaminhamento oficial: O pedido de extradição originado de Estado estrangeiro será recebido pelo órgão competente do Poder Executivo e, após exame da presença dos pressupostos formais de admissibilidade exigidos nesta Lei ou em tratado, encaminhado à autoridade judiciária competente.

Ausência dos pressupostos: Não preenchidos os pressupostos referidos no *caput*, o pedido será *arquivado mediante decisão fundamentada*, sem prejuízo da possibilidade de renovação do pedido, devidamente instruído, uma vez superado o óbice apontado.

Manifestação do Supremo Tribunal Federal: Nenhuma extradição será concedida sem prévio pronunciamento do STF acerca de sua legalidade e procedência, não cabendo recurso da decisão.

Art. 91. Ao receber o pedido, o relator designará dia e hora para o interrogatório do extraditando e, conforme o caso, nomear-lhe-á curador ou advogado, se não o tiver.

§ 1º A defesa, a ser apresentada no prazo de 10 (dez) dias contado da data do interrogatório, versará sobre a identidade da pessoa reclamada, defeito de forma de documento apresentado ou ilegalidade da extradição.

§ 2º Não estando o processo devidamente instruído, o Tribunal, a requerimento do órgão do Ministério Público Federal correspondente, poderá converter o julgamento em diligência para suprir a falta.

§ 3º Para suprir a falta referida no § 2º, o Ministério Público Federal terá prazo improrrogável de 60 (sessenta) dias, após o qual o pedido será julgado independentemente da diligência.

§ 4º O prazo referido no § 3º será contado da data de notificação à missão diplomática do Estado requerente.

Art. 92. Julgada procedente a extradição e autorizada a entrega pelo órgão competente do Poder Executivo, será o ato comunicado por via diplomática ao Estado requerente, que, no prazo de 60 (sessenta) dias da comunicação, deverá retirar o extraditando do território nacional.

Art. 93. Se o Estado requerente não retirar o extraditando do território nacional no prazo previsto no art. 92, será ele posto em liberdade, sem prejuízo de outras medidas aplicáveis.

Interrogatório: Ao receber o pedido, o relator designará dia e hora para o interrogatório do extraditando e, conforme o caso, nomear-lhe-á curador ou advogado, se não o tiver.

Prazo para a defesa: A defesa, a ser apresentada no prazo de dez dias após o interrogatório, versará sobre (**a**) a identidade da pessoa reclamada, (**b**) defeito de forma de documento apresentado ou (**c**) ilegalidade da extradição.

Julgamento procedente: Julgada procedente a extradição e sendo autorizada a entrega, será o ato comunicado ao Estado requerente, que, no prazo de sessenta dias, deverá retirar o extraditando do território nacional. Caso o Estado requerente não retire o extraditando do território nacional no prazo determinado na lei, será ele posto em liberdade, sem prejuízo de outras medidas aplicáveis.

Art. 94. Negada a extradição em fase judicial, não se admitirá novo pedido baseado no mesmo fato.

Art. 95. Quando o extraditando estiver sendo processado ou tiver sido condenado, no Brasil, por crime punível com pena privativa de liberdade, a extradição será executada somente depois da conclusão do processo ou do cumprimento da pena, ressalvadas as hipóteses de liberação antecipada pelo Poder Judiciário e de determinação da transferência da pessoa condenada.

§ 1º A entrega do extraditando será igualmente adiada se a efetivação da medida puser em risco sua vida em virtude de enfermidade grave comprovada por laudo médico oficial.

§ 2º Quando o extraditando estiver sendo processado ou tiver sido condenado, no Brasil, por infração de menor potencial ofensivo, a entrega poderá ser imediatamente efetivada.

Vedação do *bis in idem*: Negada a extradição em fase judicial, não se admitirá novo pedido baseado no mesmo fato.

Processo correndo na justiça brasileira: Acarreta o adiamento da entrega do extraditando. Assim, quando o extraditando estiver sendo processado ou tiver sido condenado, no Brasil, por crime punível com pena privativa de liberdade, a extradição será executada somente depois da conclusão do processo ou do cumprimento da pena, exceto se houver liberação antecipada pelo Poder Judiciário e de determinação da transferência da pessoa condenada.

Entretanto, quando o extraditando estiver sendo processado ou tiver sido condenado, no Brasil, por infração de menor potencial ofensivo, a entrega poderá ser imediatamente efetivada.

Risco para a vida do extraditando: A entrega do extraditando será igualmente adiada se a efetivação da medida puser em risco sua vida em virtude de enfermidade grave comprovada por laudo médico oficial.

> Art. 96. Não será efetivada a entrega do extraditando sem que o Estado requerente assuma o compromisso de:
>
> I - não submeter o extraditando a prisão ou processo por fato anterior ao pedido de extradição;
>
> II - computar o tempo da prisão que, no Brasil, foi imposta por força da extradição;
>
> III - comutar a pena corporal, perpétua ou de morte em pena privativa de liberdade, respeitado o limite máximo de cumprimento de 30 (trinta) anos;
>
> IV - não entregar o extraditando, sem consentimento do Brasil, a outro Estado que o reclame;
>
> V - não considerar qualquer motivo político para agravar a pena; e
>
> VI - não submeter o extraditando a tortura ou a outros tratamentos ou penas cruéis, desumanos ou degradantes.
>
> Art. 97. A entrega do extraditando, de acordo com as leis brasileiras e respeitado o direito de terceiro, será feita com os objetos e instrumentos do crime encontrados em seu poder.
>
> Parágrafo único. Os objetos e instrumentos referidos neste artigo poderão ser entregues independentemente da entrega do extraditando.
>
> Art. 98. O extraditando que, depois de entregue ao Estado requerente, escapar à ação da Justiça e homiziar-se no Brasil, ou por ele transitar, será detido mediante pedido feito diretamente por via diplomática ou pela Interpol e novamente entregue, sem outras formalidades.
>
> Art. 99. Salvo motivo de ordem pública, poderá ser permitido, pelo órgão competente do Poder Executivo, o trânsito no território nacional de pessoa extraditada por Estado estrangeiro, bem como o da respectiva guarda, mediante apresentação de documento comprobatório de concessão da medida.

Vedação na entrega do extraditando: Não será feita a entrega do extraditando sem que o Estado requerente assuma o compromisso de **(a)** não submeter o extraditando a prisão ou processo por fato anterior ao pedido de extradição; **(b)** computar o tempo da prisão que, no Brasil, foi imposta por força da extradição; **(c)** comutar a pena corporal, perpétua ou de morte em pena privativa de liberdade, respeitado o limite máximo de cumprimento de 30 (trinta) anos; **(d)** não entregar o extraditando, sem consentimento do Brasil, a outro Estado que o reclame; **(e)** não considerar qualquer motivo político para agravar a pena; e **(f)** não submeter o extraditando a tortura ou a outros tratamentos ou penas cruéis, desumanos ou degradantes.

Objetos e instrumentos do crime: A entrega do extraditando, de acordo com as leis brasileiras e respeitado o direito de terceiro, será feita com os objetos e instrumentos do crime encontrados em seu poder. Inclusive, os objetos e instrumentos poderão ser entregues independentemente da entrega do extraditando.

Extraditado que regressa ao Brasil: O extraditando que, depois de entregue ao Estado requerente, escapar à ação da Justiça e homiziar-se no Brasil, ou por ele transitar, será detido mediante pedido feito diretamente por via diplomática ou pela Interpol e novamente entregue, sem outras formalidades.

Permissão de trânsito: Salvo motivo de ordem pública, poderá ser permitido o trânsito no território nacional de *pessoa extraditada por Estado estrangeiro*, bem como o da respectiva guarda, mediante apresentação de documento comprobatório de concessão da medida.

> Art. 100. Nas hipóteses em que couber solicitação de extradição executória, a autoridade competente poderá solicitar ou autorizar a transferência de execução da pena, desde que observado o princípio do non bis in idem.
>
> Parágrafo único. Sem prejuízo do disposto no Decreto-Lei nº 2.848, de 7 de dezembro de 1940 (Código Penal) , a transferência de execução da pena será possível quando preenchidos os seguintes requisitos:
>
> I - o condenado em território estrangeiro for nacional ou tiver residência habitual ou vínculo pessoal no Brasil;
>
> II - a sentença tiver transitado em julgado;
>
> III - a duração da condenação a cumprir ou que restar para cumprir for de, pelo menos, 1 (um) ano, na data de apresentação do pedido ao Estado da condenação;
>
> IV - o fato que originou a condenação constituir infração penal perante a lei de ambas as partes; e
>
> V - houver tratado ou promessa de reciprocidade.
>
> Art. 101. O pedido de transferência de execução da pena de Estado estrangeiro será requerido por via diplomática ou por via de autoridades centrais.

§ 1º O pedido será recebido pelo órgão competente do Poder Executivo e, após exame da presença dos pressupostos formais de admissibilidade exigidos nesta Lei ou em tratado, encaminhado ao Superior Tribunal de Justiça para decisão quanto à homologação.

§ 2º Não preenchidos os pressupostos referidos no § 1º, o pedido será arquivado mediante decisão fundamentada, sem prejuízo da possibilidade de renovação do pedido, devidamente instruído, uma vez superado o óbice apontado.

Art. 102. A forma do pedido de transferência de execução da pena e seu processamento serão definidos em regulamento.

Parágrafo único. Nos casos previstos nesta Seção, a execução penal será de competência da Justiça Federal.

Transferência de execução da pena: Quando couber solicitação de extradição executória, a autoridade competente poderá solicitar ou autorizar a transferência de execução da pena, observado o princípio do *ne bis in idem* e desde que preenchidos os requisitos estabelecidos, i.e., **(a)** o condenado em território estrangeiro for nacional ou tiver residência habitual ou vínculo pessoal no Brasil; **(b)** a sentença tiver transitado em julgado; **(c)** a duração da condenação a cumprir ou que restar para cumprir for de, pelo menos, um ano, na data de apresentação do pedido ao Estado da condenação; **(d)** o fato que originou a condenação constituir infração penal perante a lei de ambas as partes; e **(e)** houver tratado ou promessa de reciprocidade.

Pedido: O pedido de transferência de execução da pena de Estado estrangeiro será requerido por via diplomática ou por via de autoridades centrais, de modo que este será recebido pelo órgão competente do Poder Executivo e, após exame da presença dos pressupostos formais de admissibilidade exigidos nesta Lei ou em tratado, encaminhado ao STJ para decisão quanto à homologação.

Ausência dos pressupostos: Não preenchidos os pressupostos, o pedido será arquivado mediante decisão fundamentada, sem prejuízo da possibilidade de renovação do pedido, devidamente instruído, uma vez superado o óbice apontado.

Competência: A execução penal é competência da Justiça Federal.

Art. 103. A transferência de pessoa condenada poderá ser concedida quando o pedido se fundamentar em tratado ou houver promessa de reciprocidade.

§ 1º O condenado no território nacional poderá ser transferido para seu país de nacionalidade ou país em que tiver residência habitual ou vínculo pessoal, desde que expresse interesse nesse sentido, a fim de cumprir pena a ele imposta pelo Estado brasileiro por sentença transitada em julgado.

§ 2º A transferência de pessoa condenada no Brasil pode ser concedida juntamente com a aplicação de medida de impedimento de reingresso em território nacional, na forma de regulamento.

Art. 104. A transferência de pessoa condenada será possível quando preenchidos os seguintes requisitos:

I - o condenado no território de uma das partes for nacional ou tiver residência habitual ou vínculo pessoal no território da outra parte que justifique a transferência;

II - a sentença tiver transitado em julgado;

III - a duração da condenação a cumprir ou que restar para cumprir for de, pelo menos, 1 (um) ano, na data de apresentação do pedido ao Estado da condenação;

IV - o fato que originou a condenação constituir infração penal perante a lei de ambos os Estados;

V - houver manifestação de vontade do condenado ou, quando for o caso, de seu representante; e

VI - houver concordância de ambos os Estados.

Art. 105. A forma do pedido de transferência de pessoa condenada e seu processamento serão definidos em regulamento.

§ 1º Nos casos previstos nesta Seção, a execução penal será de competência da Justiça Federal.

§ 2º Não se procederá à transferência quando inadmitida a extradição.

§ 3º (VETADO).

Transferência de pessoa condenada: A transferência de pessoa condenada poderá ser concedida quando o pedido se fundamentar em tratado ou houver promessa de reciprocidade.

Interesse na transferência: O condenado no território nacional poderá ser transferido para seu país de nacionalidade ou país em que tiver residência habitual ou vínculo pessoal, desde que expresse interesse nesse sentido, a fim de cumprir pena a ele imposta pelo Estado brasileiro por sentença transitada em julgado.

Impedimento de reingresso: A transferência de pessoa condenada pode ser concedida concomitantemente com a aplicação de medida de impedimento de reingresso em território nacional.

Requisitos legais: A transferência de pessoa condenada é possível quando **(a)** o condenado no território de uma das partes for nacional ou tiver residência habitual ou vínculo pessoal no território da outra parte que justifique a transferência; **(b)** a sentença tiver transitado em julgado; **(c)** a duração da condenação a cumprir ou que restar para cumprir for de, pelo menos, um ano, na data de apresentação do pedido ao Estado da condenação; **(d)** o fato que originou a condenação constituir infração penal perante a lei de ambos os Estados; **(e)** houver manifestação de vontade do condenado ou, quando for o caso, de seu representante; e **(f)** houver concordância de ambos os Estados.

Competência: A execução penal é competência da Justiça Federal.

Vedação: Não haverá transferência quando inadmitida a extradição.

8. DAS INFRAÇÕES E DAS PENALIDADES ADMINISTRATIVAS

Art. 106. Regulamento disporá sobre o procedimento de apuração das infrações administrativas e seu processamento e sobre a fixação e a atualização das multas, em observância ao disposto nesta Lei.

Art. 107. As infrações administrativas previstas neste Capítulo serão apuradas em processo administrativo próprio, assegurados o contraditório e a ampla defesa e observadas as disposições desta Lei.

§ 1º O cometimento simultâneo de duas ou mais infrações importará cumulação das sanções cabíveis, respeitados os limites estabelecidos nos incisos V e VI do art. 108.

§ 2º A multa atribuída por dia de atraso ou por excesso de permanência poderá ser convertida em redução equivalente do período de autorização de estada para o visto de visita, em caso de nova entrada no País.

Art. 108. O valor das multas tratadas neste Capítulo considerará:

I - as hipóteses individualizadas nesta Lei;

II - a condição econômica do infrator, a reincidência e a gravidade da infração;

III - a atualização periódica conforme estabelecido em regulamento;

IV - o valor mínimo individualizável de R$ 100,00 (cem reais);

V - o valor mínimo de R$ 100,00 (cem reais) e o máximo de R$ 10.000,00 (dez mil reais) para infrações cometidas por pessoa física;

VI - o valor mínimo de R$ 1.000,00 (mil reais) e o máximo de R$ 1.000.000,00 (um milhão de reais) para infrações cometidas por pessoa jurídica, por ato infracional.

Art. 109. Constitui infração, sujeitando o infrator às seguintes sanções:

I - entrar em território nacional sem estar autorizado:

Sanção: deportação, caso não saia do País ou não regularize a situação migratória no prazo fixado;

II - permanecer em território nacional depois de esgotado o prazo legal da documentação migratória:

Sanção: multa por dia de excesso e deportação, caso não saia do País ou não regularize a situação migratória no prazo fixado;

III - deixar de se registrar, dentro do prazo de 90 (noventa) dias do ingresso no País, quando for obrigatória a identificação civil:

Sanção: multa;

IV - deixar o imigrante de se registrar, para efeito de autorização de residência, dentro do prazo de 30 (trinta) dias, quando orientado a fazê-lo pelo órgão competente:

Sanção: multa por dia de atraso;

V - transportar para o Brasil pessoa que esteja sem documentação migratória regular:

Sanção: multa por pessoa transportada;

VI - deixar a empresa transportadora de atender a compromisso de manutenção da estada ou de promoção da saída do território nacional de quem tenha sido autorizado a ingresso condicional no Brasil por não possuir a devida documentação migratória:

Sanção: multa;

VII - furtar-se ao controle migratório, na entrada ou saída do território nacional:

Sanção: multa.

Art. 110. As penalidades aplicadas serão objeto de pedido de reconsideração e de recurso, nos termos de regulamento.

Parágrafo único. Serão respeitados o contraditório, a ampla defesa e a garantia de recurso, assim como a situação de hipossuficiência do migrante ou do visitante.

9. CONTRABANDO OU TRÁFICO DE MIGRANTES

Introdução: O contrabando de migrantes ou tráfico de migrantes está relacionado aos fluxos sazonais flexíveis, como fatores históricos (guerras, conflitos internos), fatores naturais (eventos ambientais), fatores socioeconômicos e fatores individuais. Todos esses fatores influenciam na decisão de deslocamento e, via de regra, fomentam os destinos de origem e destino das pessoas. Assim, os fluxos de pessoas têm origem em países em desenvolvimento ou pós conflito, com destino aos países desenvolvidos. O Brasil é considerado, atualmente, como país de origem, trânsito e destino de vítimas de contrabando de migrantes.

Tipificação legal: Art. 232-A do Código Penal.

> **Art. 232-A. Promover, por qualquer meio, com o fim de obter vantagem econômica, a entrada ilegal de estrangeiro em território nacional ou de brasileiro em país estrangeiro:**
>
> **Pena – reclusão, de 2 (dois) a 5 (cinco) anos, e multa.**
>
> **§1° Na mesma pena incorre quem promover, por qualquer meio, com o fim de obter vantagem econômica, a saída de estrangeiro do território nacional para ingressar ilegalmente em país estrangeiro.**
>
> **§2° A pena é aumentada de 1/6 (um sexto) a 1/3 (um terço) se:**
>
> **I – o crime é cometido com violência; ou**
>
> **II – a vítima é submetida a condição desumana ou degradante.**
>
> **§ 3º A pena prevista para o crime será aplicada sem prejuízo das correspondentes às infrações conexas.**

Verbo nuclear: *Promover* (realizar, efetivar). O dispositivo tipifica a conduta daquele que promover a entrada ilegal de estrangeiro no Brasil ou brasileiro no exterior. Segundo André Estefan[3], o crime pode ser cometido por qualquer meio, v.g., a conduta dos chamados "coiotes", que se incumbem, por remuneração, de viabilizar a entrada de estrangeiros em território nacional, ou a saída de brasileiros para ingresso em outros países. A conduta deve ser praticada para obter vantagem econômica.

Bem jurídico protegido: A tutela da política migratória brasileira, a soberania nacional e a manutenção da ordem interna.

Sujeito ativo: É crime comum que pode ser praticado por qualquer pessoa. Doutrinariamente o atravessador é chamado de "coiote".

Sujeito passivo: Qualquer pessoa.

Elemento subjetivo: É o dolo. Exige-se o dolo específico de obter vantagem econômica. Não admite forma culposa.

Conceito de território: No caso, o conceito de território nacional a ser considerado deve ser restrito ao território físico ou geográfico, uma vez que somente neste se mostra possível o exercício do controle migratório.

Controle do tráfego: O controle do tráfego internacional é realizado pela Polícia Federal em pontos de fiscalização em área fluvial (16 pontos), aérea (39 pontos), terrestre (26 pontos) e marítima (26 pontos). Convém recordar que o Brasil conta com 8.515.759,090 km2 de superfície, uma fronteira marítima de 7.367 km e uma extensão na ordem de 16.886 km de fronteira seca.

Consumação: É insuficiente a saída do brasileiro migrante irregular do território nacional para a consumação do delito. A redação estampada no regramento jurídico em comento exige que o migrante ingresse efetivamente em país estrangeiro, lastro probatório este que inevitavelmente redundará em pleito de cooperação internacional.

Crime equiparado: Incorre na mesma pena quem promover, por qualquer meio, com o fim de obter vantagem econômica, a saída de estrangeiro do território nacional para ingressar ilegalmente em país estrangeiro (§1°).

Concurso de normas: O delito de promoção de migração ilegal pode se relacionar a delitos outros, como tráfico de pessoas (art. 149-A do CP); homicídio (art. 121 do CP); lesão corporal (art. 129 do CP); redução à condição análoga à de escravo (art. 149 do CP); sequestro e cárcere privado (art. 148 do CP); crimes de exposição da vida e da saúde da pessoa a perigo (art. 132 do CP); omissão de socorro (art. 135 do CP); extorsão (art. 158 do CP); extorsão mediante sequestro (art. 159 do CP); falsificações diversas (arts. 297, 299, 304 do CP e outros); associação criminosa (art. 288 do CP); organização criminosa (Lei nº 12.850/2013, art. 1º §1º); posse e porte ilegal de arma de fogo (Lei nº 10.826/03, arts.12 e 16), dentre outros.

Diferença para o tráfico de pessoas: A seguir, elaboramos um quadro onde comparamos as principais diferenças entre o crime de contrabando de migrantes e o crime de tráfico de pessoas, que, para nós, podem ser apontadas em três vetores centrais, i.e., o consentimento da pessoa deslocada; a finalidade do agente; a transnacionalidade.

3. ESTEFAM, André. Direito penal, volume 2: parte especial (arts. 121 a 234-B). 5ª edição. São Paulo: Saraiva Educação, 2018, p. 722.

	Contrabando de migrantes (art. 232-A, CP)	Tráfico de Pessoas (art. 149-A, CP)
Consentimento da pessoa deslocada	Há consentimento. O deslocamento se dá em seu benefício, com a sua vontade.	Não há consentimento. O deslocamento se dá mediante grave ameaça, violência, coação, fraude ou abuso.
Finalidade do agente	Obter vantagem econômica, i.e., um benefício financeiro ou outro benefício de ordem material.	a) remover-lhe órgãos, tecidos ou partes do corpo; b) submetê-la a trabalho em condições análogas à de escravo; c) submetê-la a qualquer tipo de servidão; d) adoção ilegal; ou, e) exploração sexual.
Caráter transnacional	Internacional	Interno e internacional

Competência para julgamento: É da Justiça Federal (art. 109, CF)

Atribuição investigatória: É da Polícia (art. 144, §1º, CF).

Classificação doutrinária: *Crime comum* (pode ser praticado por qualquer pessoa); *formal* (não exige resultado naturalístico para sua consumação); *crime de forma livre* (pode ser executado por qualquer forma); *instantâneo* (a consumação se dá em um momento específico, i.e., a consumação não se prolonga no tempo); *unissubjetivo* (pode ser praticado por um só agente, crime de concurso eventual); *plurissubsistente* (admite fracionamento dos atos de execução); *admite tentativa.*

Acordo de não persecução penal: É cabível (art. 28-A, CPP).

Suspensão condicional do processo: Não é cabível, pois a pena mínima cominada não ultrapassa um ano (art. 89 da lei 9.099/95).

Substituição da PPL por PRD: É possível a substituição da pena privativa de liberdade por uma pena restritiva de direitos, desde que preenchidos os requisitos do art. 44 do Código Penal.

Ação Penal: É pública incondicionada.

BIBLIOGRAFIA

DORNELAS, Luciano; TERESI, Verônica. Curso EaD Tráfico de Pessoas. Brasília: SENASP, 2012.

ESTEFAM, André. Direito penal, volume 2: parte especial (arts. 121 a 234-B). 5ª edição. São Paulo: Saraiva Educação, 2018.

GRECO, Rogério. Curso de Direito Penal: parte especial, volume II: introdução à teoria geral da parte especial: crimes contra a pessoa. Niterói, RJ: Imperatriz, 2017.

NUCCI, Guilherme de Souza. Curso de Direito Penal: parte especial – art. 121 a 2012 do Código Penal. Rio de Janeiro: Forense, 2017.

69

LEI DOS DOCUMENTOS DE USO PESSOAL

Lei 5.553/1998

MARCELO DE LIMA LESSA
RAFAEL FRANCISCO MARCONDES DE MORAES

Art. 3º Constitui contravenção penal, punível com pena de prisão simples de 1 (um) a 3 (três) meses ou multa de NCR$ 0,50 (cinquenta centavos) a NCR$ 3,00 (três cruzeiros novos), a retenção de qualquer documento a que se refere esta Lei.

Parágrafo único. Quando a infração for praticada por preposto ou agente de pessoa jurídica, considerar-se-á responsável quem houver ordenado o ato que ensejou a retenção, a menos que haja, pelo executante, desobediência ou inobservância de ordens ou instruções expressas, quando, então, será este o infrator.

Verbos nucleares: *Reter* tem o sentido de guardar em seu poder, não restituir a quem de direito.

Objeto jurídico: Administração da justiça.

Objeto material: Documento de identificação pessoal, ainda que apresentado por fotocópia autenticada ou pública-forma, inclusive comprovante de quitação com o serviço militar, título de eleitor, carteira profissional, certidão de registro de nascimento, certidão de casamento, comprovante de naturalização e carteira de identidade de estrangeiro (Lei nº 5.553/1968, art. 1º).

Elemento subjetivo: Dolo de praticar a conduta típica (Código Penal, artigo 18, parágrafo único).

Sujeito ativo: Qualquer pessoa (ilícito comum).

Sujeito passivo: Titular do documento retido indevidamente.

Tentativa: Não admitida.

Classificação doutrinária: Infração penal comum, dolosa, unissubjetiva, omissiva e de menor potencial ofensivo.

Comentários: A Lei Federal nº 5.553/1998 dispõe sobre a apresentação e uso de documentos de identificação pessoal e estabelece que a nenhuma pessoa física ou jurídica é lícito reter qualquer documento de identificação pessoal, ainda que apresentado por fotocópia autenticada ou pública-forma, de modo que, na necessidade da apresentação de documento de identificação, a pessoa que fizer a exigência extrairá, no prazo de até 5 dias, os dados que interessarem devolvendo em seguida o documento ao seu exibidor. Ademais, vale lembrar que o civilmente identificado não será submetido a identificação criminal, regra excepcionada se o documento apresentar rasura ou tiver indício de falsificação, se for insuficiente para identificar o indiciado, na hipótese de informações conflitantes entre si, se a identificação criminal for essencial às investigações policiais, segundo despacho da Autoridade Judicial competente, que decidirá de ofício ou mediante representação do Delegado de Polícia, da acusação ou da defesa, se constar de registros policiais o uso de outros nomes ou diferentes qualificações ou se o estado de conservação ou a distância temporal ou da localidade da expedição do documento apresentado impossibilitar a completa identificação dos caracteres essenciais (Lei nº 12.037/2009, artigos 1º e 2º).

Conflito com crime de supressão de documento: A contravenção penal do artigo 3º da Lei nº 5.553/1998 consubstancia ilícito subsidiário ao do artigo 305 do Código Penal, que veicula a figura criminal sob o *nomen iuris* "supressão de documento" e criminaliza a conduta de destruir, suprimir ou ocultar, em benefício próprio ou de outrem, ou em prejuízo alheio, documento público ou particular verdadeiro, de que não podia dispor, diante da pena mais severa a esta cominada, de reclusão, de 2 a 6 anos e multa, se o documento é público, e de 1 a 5 anos se for particular. Portanto, a mera retenção, vale dizer, a conduta de guardar ou permanecer na posse de documento de identificação pessoal, enseja a contravenção penal em comento. Já condutas mais graves como destruir (extinguir, anular, eliminar etc.), suprimir (fazer desaparecer) e especialmente ocultar (esconder, colocar em lugar que não possa ser encontrar), podem configurar o delito mais severo do artigo 305 do estatuto criminal[1].

Acordo de não persecução penal: Não aplicável, em razão da possibilidade de transação penal (vide artigo 28-A, § 2º, I do Código de Processo Penal, incluído pela nova Lei Federal nº 13.964/2019).

REFERÊNCIAS

BADARÓ, Gustavo Henrique Righi Ivahy. *Processo penal.* Rio de Janeiro: Elsevier, 2014.

BALDAN, Édson Luis. Devida investigação legal como derivação do devido processo legal e como garantia fundamental do imputado. In: KHALED JR., Salah (coord.). *Sistema penal e poder punitivo:* estudos em homenagem ao prof. Aury Lopes Jr. Florianópolis: Empório do Direito, 2015, p.155-182.

CUNHA, Rogério Sanches. *Manual de direito penal:* parte especial (arts.121 a 361). Salvador: Juspodivm, 2016, p. 710-711.

DELMANTO, Celso [et al]. *Código penal comentado.* Rio de Janeiro: Renovar, 2002.

ESTEFAM, André. *Direito penal* - volume 4: parte especial. São Paulo: Saraiva, 2005.

HOUAISS, Antônio (1915-1999) e VILLAR, Mauro de Salles (1939-). *Dicionário Houaiss da língua portuguesa.* Rio de Janeiro: Objetiva: 2001.

MORAES, Rafael Francisco Marcondes de. *Prisão em flagrante delito constitucional.* Salvador: Juspodivm, 2020.

1. DELMANTO, Celso [et al]. *Código penal comentado.* Rio de Janeiro: Renovar, 2002, p. 608-609; CUNHA, Rogério Sanches. *Manual de direito penal:* parte especial (arts.121 a 361). Salvador: Juspodivm, 2016, p. 710-711; ESTEFAM, André. *Direito penal* - volume 4: parte especial. São Paulo: Saraiva, 2005, p. 54.

70

ESTATUTO DO ÍNDIO

Lei 6.001/1973

JAKELLINE COSTA BARROS DOS SANTOS

1. DOS PRINCÍPIOS E DEFINIÇÕES

Art. 1º Esta Lei regula a situação jurídica dos índios ou silvícolas e das comunidades indígenas, com o propósito de preservar a sua cultura e integrá-los, progressiva e harmoniosamente, à comunhão nacional.

Parágrafo único. Aos índios e às comunidades indígenas se estende a proteção das leis do País, nos mesmos termos em que se aplicam aos demais brasileiros, resguardados os usos, costumes e tradições indígenas, bem como as condições peculiares reconhecidas nesta Lei.

Cronologia da tutela do indígena: A doutrina[1] considera a Bula Sublimis Deus, de 02 de junho de 1537, escrita pelo Papa Paulo III, como sendo o primeiro documento que buscou amparar a figura do indígena. Foi, pois, exigido da comunidade católica o respeito aos índios e às suas propriedades. Citado documento possuiu breve vigência, já que foi revogado em 19 de junho de 1538. A Organização Internacional do Trabalho - OIT, em 05 de junho de 1957, aprovou a Convenção nº 107, a qual tratava da proteção e integração das populações indígenas e outras populações tribais e semitribais de países independentes. O ponto central dessa norma era a integração da população indígena. No plano nacional, em 1973, sob a égide da "Constituição" de 1969[2] e, portanto, no governo do General Emílio Médici, foi sancionado o Estatuto do Índio que, logicamente, foi influenciado pela Convenção nº 107 da OIT. No final da década de 1980, dois importantes documentos, nas searas internacional e nacional, nasceram. Internamente, tem-se a promulgação da Constituição Federal de 1988, tida por ser democrática e cidadã. A *Lex Mater* reconhece a organização social, costumes, línguas, crenças e tradições dos índios, além dos direitos originários sobre as terras que tradicionalmente ocupam[3]. No âmbito internacional, vislumbra-se, em 1989, a Convenção nº 169 da OIT, que versa sobre povos indígenas e tribais e revisa a Convenção nº 107. Tal Convenção, cuja natureza é de tratado[4], foi ratificada e incorporada pelo ordenamento jurídico brasileiro através do Decreto nº 5.051, de 19 de abril de 2004[5]. Nas palavras de RAMOS[6], "sempre que for necessário, deverão ser estabelecidos procedimentos para solucionar os conflitos que possam surgir de maneira a compatibilizar as regras indígenas com as regras de direitos humanos". Essa é, segundo o doutrinador, a

1. VITORELLI, 2018, p. 27.
2. Conforme Lenza (2016, p. 140), "o caráter revolucionário da EC nº 1/69 manifestou-se como um novo poder constituinte originário". Nesse mesmo rumo, Fernandes (2017, p. 281), assevera que "apesar de ser comumente intitulada de Emenda Constitucional nº 01/69, sem dúvida, se tratou de um diploma constitucional".
3. DA CUNHA JÚNIOR, 2013, p. 1285.
4. Uma vez que versa sobre direitos humanos, com fulcro no HC 466.343/SP, julgado pelo STF, ocupa posição hierárquica de supralegalidade.
5. Decreto nº 5.051, de 19 de abril de 2004 foi revogado pelo Decreto nº 10.088, de 5 de novembro de 2019, o qual consolida atos normativos editados pelo Poder Executivo Federal que dispõem sobre a promulgação de convenções e recomendações da Organização Internacional do Trabalho - OIT ratificadas pela República Federativa do Brasil.
6. RAMOS, 2017, p. 332.

essência da Convenção. Tem-se, doravante, um novo paradigma, de sorte que a situação do indígena não mais é vista como algo transitório. Não se pretende, assim, a integração desses povos, mas o respeito às crenças, costumes e tradições. Em 2007, a Declaração da ONU sobre os Direitos dos Povos Indígenas foi aprovada pela Assembleia Geral dessa organização internacional. Cuida-se de mais um documento que promove o respeito aos direitos indígenas, em que pese suas normas não sejam de cunho vinculante. Por fim, torna-se relevante trazer à baila a Resolução nº 287, de 25 de junho de 2019, do Conselho Nacional de Justiça, a qual estabelece procedimentos ao tratamento das pessoas indígenas acusadas, rés, condenadas ou privadas de liberdade, e dá diretrizes para assegurar os direitos dessa população no âmbito criminal do Poder Judiciário.

Recepção da Lei nº 6.001/73 pela CF/88: Com espeque no princípio da contemporaneidade, discorre Lenza[7], uma lei só é constitucional perante o paradigma de confronto em relação ao qual ela foi produzida. É de se questionar, nesse sentido, se o Estatuto do Índio foi recepcionado pela CF/88. Atentando-se ao contexto histórico no qual foi editada, bem como ao novo panorama internacional e constitucional acerca do tratamento que deve ser dispensado aos índios, é forçoso concluir que alguns dispositivos da Lei nº 6.001/73 não apresentam compatibilidade material com a CF/88, tornando-se imprescindível que se proceda com interpretação em conformidade com os direitos humanos e fundamentais. Objetiva-se, dessarte, explorar o entendimento consubstanciado em normas de aplicação cogente no Estado Democrático de Direito, considerando a ideia nodal de subsistência de diferentes povos e da preservação de suas culturas e crenças. Convém registrar que, ainda que eventualmente não recepcionados pela CF/88, a literalidade dos artigos deve ser conhecida, posto que não é rara a sua cobrança em provas de concursos públicos.

Art. 2° Cumpre à União, aos Estados e aos Municípios, bem como aos órgãos das respectivas administrações indiretas, nos limites de sua competência, para a proteção das comunidades indígenas e a preservação dos seus direitos:

I - estender aos índios os benefícios da legislação comum, sempre que possível a sua aplicação;

II - prestar assistência aos índios e às comunidades indígenas ainda não integrados à comunhão nacional;

III - respeitar, ao proporcionar aos índios meios para o seu desenvolvimento, as peculiaridades inerentes à sua condição;

IV - assegurar aos índios a possibilidade de livre escolha dos seus meios de vida e subsistência;

V - garantir aos índios a permanência voluntária no seu habitat , proporcionando-lhes ali recursos para seu desenvolvimento e progresso;

VI - respeitar, no processo de integração do índio à comunhão nacional, a coesão das comunidades indígenas, os seus valores culturais, tradições, usos e costumes;

VII - executar, sempre que possível mediante a colaboração dos índios, os programas e projetos tendentes a beneficiar as comunidades indígenas;

VIII - utilizar a cooperação, o espírito de iniciativa e as qualidades pessoais do índio, tendo em vista a melhoria de suas condições de vida e a sua integração no processo de desenvolvimento;

IX - garantir aos índios e comunidades indígenas, nos termos da Constituição, a posse permanente das terras que habitam, reconhecendo-lhes o direito ao usufruto exclusivo das riquezas naturais e de todas as utilidades naquelas terras existentes;

X - garantir aos índios o pleno exercício dos direitos civis e políticos que em face da legislação lhes couberem.

Parágrafo único. (Vetado).

Integração: A nova ordem constitucional[8] **não apresenta resistência ao pluralismo cultural**[9], de sorte que inexiste a necessidade de se integrar o índio. Esse não deve ser, pois, um objetivo do Estado. Culturas, costumes e crenças diversos coexistem numa sociedade democrática de direito e, nessa toada, o dispositivo em apreço deve ser aplicado em harmonia com os ideais constitucionais, bem como com os direitos reconhecidos na seara internacional[10]. Cabe, logo, à Administração Pública, direta e indireta, adotar medidas que protejam e preservem os direitos indígenas.

7. LENZA, 2017, p. 238.

8. Conclusão extraída do art. 231, da CF.

9. Para Vitorelli (2018, p. 35), "a ordem constitucional brasileira, inaugurada em 1988, é pluriétnica e multicultural, acolhendo a diversidade como um valor a ser preservado".

10. A Convenção nº 169 da OIT reconhece e protege os valores e práticas sociais, culturais religiosos e espirituais próprios dos povos indígenas e tribais.

Art. 3º Para os efeitos de lei, ficam estabelecidas as definições a seguir discriminadas:

I - Índio ou Silvícola - É todo indivíduo de origem e ascendência pré-colombiana que se identifica e é identificado como pertencente a um grupo étnico cujas características culturais o distinguem da sociedade nacional;

II - Comunidade Indígena ou Grupo Tribal - É um conjunto de famílias ou comunidades índias, quer vivendo em estado de completo isolamento em relação aos outros setores da comunhão nacional, quer em contatos intermitentes ou permanentes, sem contudo estarem neles integrados.

Autodeclaração: É sabido que deve prevalecer o autorreconhecimento para fins de identificar o índio. Este é, portanto, aquele que, brasileiro ou não, falante tanto da língua portuguesa quanto de línguas nativas, independentemente do local de moradia, em contexto urbano, acampamentos, assentamentos, áreas de retomada, terras indígenas regularizadas e em diferentes etapas de regularização fundiária, identifique-se como tal[11].

Silvícola: Na forma do Estatuto, trata-se de sinônimo de índio. Ocorre que silvícola corresponde àquele que nasce ou vive na selva[12] e isso, por óbvio, vai de encontro ao próprio sentido da autodeclaração, pois o indígena não necessariamente deve habitar regiões isoladas. Nesse viés, interessante constar que o termo silvícolas estava previsto na Constituição brasileira de 1934 e a nomenclatura permaneceu em 1937, 1946, 1967 e 1969. Na Constituição Federal de 1988, contudo, foi substituído por índios, termo que entendemos mais apropriado.

Art. 4º Os índios são considerados:

I - Isolados - Quando vivem em grupos desconhecidos ou de que se possuem poucos e vagos informes através de contatos eventuais com elementos da comunhão nacional;

II - Em vias de integração - Quando, em contato intermitente ou permanente com grupos estranhos, conservam menor ou maior parte das condições de sua vida nativa, mas aceitam algumas práticas e modos de existência comuns aos demais setores da comunhão nacional, da qual vão necessitando cada vez mais para o próprio sustento;

III - Integrados - Quando incorporados à comunhão nacional e reconhecidos no pleno exercício dos direitos civis, ainda que conservem usos, costumes e tradições característicos da sua cultura.

Classificação: Essa classificação é guiada pelo grau de integração do indígena. Embora existam críticas doutrinárias[13], os Tribunais superiores se utilizam desse parâmetro para aplicação dos benefícios do presente Estatuto e isso será objeto de análise de forma mais detalhada quando tratarmos dos crimes.

2. DOS DIREITOS CIVIS E POLÍTICOS

2.1. Dos princípios

Art. 5º Aplicam-se aos índios ou silvícolas as normas dos artigos 145 e 146, da Constituição Federal, relativas à nacionalidade e à cidadania.

Parágrafo único. O exercício dos direitos civis e políticos pelo índio depende da verificação das condições especiais estabelecidas nesta Lei e na legislação pertinente.

Comentários: As regras constitucionais concernentes à nacionalidade e à cidadania são empregadas aos povos indígenas. Assim, os índios brasileiros[14] gozarão de todos os direitos fundamentais, além de, em atenção do princípio da isonomia, experimentarem de discriminação positiva. Outrossim, relativamente aos direitos políticos, importante constar que o TSE entende ser restrição indevida exigir fluência da língua portuguesa para que indígena possa se alistar[15].

Art. 6º Serão respeitados os usos, costumes e tradições das comunidades indígenas e seus efeitos, nas relações de família, na ordem de sucessão, no regime de propriedade e nos atos ou negócios realizados entre índios, salvo se optarem pela aplicação do direito comum.

Parágrafo único. Aplicam-se as normas de direito comum às relações entre índios não integrados e pessoas estranhas à comunidade indígena, excetuados os que forem menos favoráveis a eles e ressalvado o disposto nesta Lei.

11. Conceito extraído do art. 2º, da Resolução nº 287, de 25 de junho de 2019, do CNJ.
12. RIBEIRO, 2020.
13. O pressuposto da aculturação, conforme bem discorre Vitorelli (218, p. 69), apresenta cunho preconceituoso.
14. Vide art. 12, da CF/88.
15. TSE. Processo Administrativo nº 19840 - TABATINGA – AM. Rel. Min. Fernando Gonçalves. DJe 20.08.2010.

Comentários: A norma enfatiza o respeito que é devido à cultura da comunidade indígena[16].

2.2. Da assistência ou tutela

Art. 7º Os índios e as comunidades indígenas ainda não integrados à comunhão nacional ficam sujeito ao regime tutelar estabelecido nesta Lei.

§ 1º Ao regime tutelar estabelecido nesta Lei aplicam-se no que couber, os princípios e normas da tutela de direito comum, independendo, todavia, o exercício da tutela da especialização de bens imóveis em hipoteca legal, bem como da prestação de caução real ou fidejussória.

§ 2º Incumbe a tutela à União, que a exercerá através do competente órgão federal de assistência aos silvícolas.

Regime tutelar: O Código Civil[17] assevera que a capacidade dos indígenas será regulada por legislação especial. A leitura constitucional do Estatuto (lei especial) possibilita o entendimento de que o índio, em regra, é plenamente capaz, não devendo, a integração, ser fator a indicar a sua capacidade. Não por outra razão, a Constituição Federal conferiu aos indígenas, suas comunidades e organizações legitimidade para ingressarem em juízo em defesa de seus direitos e interesses[18]. Em recente julgado[19], o STJ decidiu que a FUNAI não deve ser responsabilizada por atos praticados por indígenas, os quais agem por autodeterminação e livre arbítrio. A tutela orfanológica, logo, não foi recepcionada pela CF/88.

Art. 8º São nulos os atos praticados entre o índio não integrado e qualquer pessoa estranha à comunidade indígena quando não tenha havido assistência do órgão tutelar competente.

Parágrafo único. Não se aplica a regra deste artigo no caso em que o índio revele consciência e conhecimento do ato praticado, desde que não lhe seja prejudicial, e da extensão dos seus efeitos.

Validade dos atos: Para que o ato praticado por índio não integrado à comunhão nacional seja válido, dispõe o Estatuto que deve existir assistência da FUNAI. Diante do que foi apresentado no artigo anterior, não faz sentido aplicar ao indígena, reconhecidamente capaz pelo constituinte de 88, regime tutelar. Vitorelli[20], acertadamente, sugere que se utilize a teoria do erro regulamentada no Código Civil[21].

Art. 9º Qualquer índio poderá requerer ao Juiz competente a sua liberação do regime tutelar previsto nesta Lei, investindo-se na plenitude da capacidade civil, desde que preencha os requisitos seguintes:

I - idade mínima de 21 anos;

I - conhecimento da língua portuguesa;

III - habilitação para o exercício de atividade útil, na comunhão nacional;

IV - razoável compreensão dos usos e costumes da comunhão nacional.

Parágrafo único. O Juiz decidirá após instrução sumária, ouvidos o órgão de assistência ao índio e o Ministério Público, transcrita a sentença concessiva no registro civil.

Comentários: Considerando que ao índio foi conferida, pela Constituição Federal de 1988, a plena capacidade, compreendemos que este artigo é materialmente incompatível com a nova ordem constitucional.

Art. 10. Satisfeitos os requisitos do artigo anterior e a pedido escrito do interessado, o órgão de assistência poderá reconhecer ao índio, mediante declaração formal, a condição de integrado, cessando toda restrição à capacidade, desde que, homologado judicialmente o ato, seja inscrito no registro civil.

Comentários: Entendemos que este dispositivo, pelas razões expostas nos comentários antecedentes, não foi recepcionado pela CF/88.

Art. 11. Mediante decreto do Presidente da República, poderá ser declarada a emancipação da comunidade indígena e de seus membros, quanto ao regime tutelar estabelecido em lei, desde que requerida pela maioria dos membros do grupo e comprovada, em inquérito realizado pelo órgão

16. O art. 8º, da Convenção nº 169 da OIT versa sobre a mesma temática.
17. Art. 4º, parágrafo único, do CC.
18. Art. 232, da CF. Nesses casos, a intervenção do Ministério Público é obrigatória.
19. STJ. REsp 1650730/MS. Segunda Turma. Rel. Min. Mauro Campbell Marques. DJe 27.08.2019.
20. Para o autor, com o advento da CF/88, migrou-se de um regime de tutela dos povos indígenas para um regime de proteção. (VITORELLI, 2018).
21. Artigos 138 a 144, do citado Diploma Legal.

federal competente, a sua plena integração na comunhão nacional.

Parágrafo único. Para os efeitos do disposto neste artigo, exigir-se-á o preenchimento, pelos requerentes, dos requisitos estabelecidos no artigo 9º.

Comentários: O artigo em observância, pelos motivos discorridos em momento anterior, não foi recepcionado pela nova ordem constitucional.

2.3. Do registro civil

Art. 12. Os nascimentos e óbitos, e os casamentos civis dos índios não integrados, serão registrados de acordo com a legislação comum, atendidas as peculiaridades de sua condição quanto à qualificação do nome, prenome e filiação.

Parágrafo único. O registro civil será feito a pedido do interessado ou da autoridade administrativa competente.

Registro civil: As peculiaridades da cultura indígena deverão ser consideradas no momento do registro civil, descabendo qualquer restrição nesse sentido.

Art. 13. Haverá livros próprios, no órgão competente de assistência, para o registro administrativo de nascimentos e óbitos dos índios, da cessação de sua incapacidade e dos casamentos contraídos segundo os costumes tribais.

Parágrafo único. O registro administrativo constituirá, quando couber documento hábil para proceder ao registro civil do ato correspondente, admitido, na falta deste, como meio subsidiário de prova.

Registro administrativo: A FUNAI possui a incumbência de proceder com o registro administrativo, na forma prevista no *caput*.

2.4. Das condições de trabalho

Art. 14. Não haverá discriminação entre trabalhadores indígenas e os demais trabalhadores, aplicando-se-lhes todos os direitos e garantias das leis trabalhistas e de previdência social.

Parágrafo único. É permitida a adaptação de condições de trabalho aos usos e costumes da comunidade a que pertencer o índio.

Comentários: É inadmissível qualquer atitude que discrimine negativamente o indígena no âmbito do trabalho. Os governos, portanto, consoante prevê a Convenção 169 da OIT[22], deverão adotar medidas que evitem distinções de acesso, salário, assistência social e médica, saúde e higiene e, ainda, que visem a inspeção do atendimento ao regramento imposto. Adaptações que se mostrem necessárias serão adotadas, de forma a garantir a igualdade material.

Art. 15. Será nulo o contrato de trabalho ou de locação de serviços realizado com os índios de que trata o artigo 4º, I.

Comentários: A regra em questão apresenta situação de nulidade do contrato de trabalho ou locação de serviços com índio isolado. A leitura mais apropriada do artigo, contudo, enseja o entendimento segundo o qual o contrato, nessas condições, somente será nulo se não se vislumbrar a capacidade de compreensão do índio[23].

Art. 16. Os contratos de trabalho ou de locação de serviços realizados com indígenas em processo de integração ou habitantes de parques ou colônias agrícolas dependerão de prévia aprovação do órgão de proteção ao índio, obedecendo, quando necessário, a normas próprias.

§ 1º Será estimulada a realização de contratos por equipe, ou a domicílio, sob a orientação do órgão competente, de modo a favorecer a continuidade da via comunitária.

§ 2º Em qualquer caso de prestação de serviços por indígenas não integrados, o órgão de proteção ao índio exercerá permanente fiscalização das condições de trabalho, denunciando os abusos e providenciando a aplicação das sanções cabíveis.

§ 3º O órgão de assistência ao indígena propiciará o acesso, aos seus quadros, de índios integrados, estimulando a sua especialização indigenista.

Comentários: A interpretação constitucional do dispositivo determina que, sendo o índio capaz, a intervenção da FUNAI nesses contratos tem o condão de evitar eventual exploração, não se mostrando necessária pelo fator integração. A regra apresentada relativamente ao contrato de trabalho por equipe ou a domicílio revela a intenção de manutenção da vida comunitária. Quanto a fiscalização, esta será responsabilidade não apenas da FUNAI, mas também do Ministério Público do Trabalho[24]. Tem-se, ainda,

22. Vide art. 20.
23. VITORELLI, 2018, p. 121.
24. Na forma do art. 83, V, da Lei Complementar 75/93.

que a pretensão do legislador foi facilitar o acesso do indígena aos cargos da FUNAI[25].

3. DAS TERRAS DOS ÍNDIOS

3.1. Das disposições gerais

> **Art. 17. Reputam-se terras indígenas:**
>
> **I - as terras ocupadas ou habitadas pelos silvícolas, a que se referem os artigos 4º, IV, e 198, da Constituição; (Regulamento) (Vide Decreto nº 22, de 1991) (Vide Decreto nº 1.775, de 1996)**
>
> **II - as áreas reservadas de que trata o Capítulo III deste Título;**
>
> **III - as terras de domínio das comunidades indígenas ou de silvícolas.**

Terras indígenas: As terras tradicionalmente ocupadas pelos índios correspondem àquelas por eles habitadas em caráter permanente, as utilizadas para suas atividades produtivas, as imprescindíveis à preservação dos recursos ambientais necessários a seu bem-estar e as necessárias a sua reprodução física e cultural, segundo seus usos, costumes e tradições[26]. São bens públicos de uso especial que pertencem à União.

> **Art. 18. As terras indígenas não poderão ser objeto de arrendamento ou de qualquer ato ou negócio jurídico que restrinja o pleno exercício da posse direta pela comunidade indígena ou pelos silvícolas.**
>
> **§ 1º Nessas áreas, é vedada a qualquer pessoa estranha aos grupos tribais ou comunidades indígenas a prática da caça, pesca ou coleta de frutos, assim como de atividade agropecuária ou extrativa.**
>
> **§ 2º (Vetado).**

Comentários: O regime jurídico aplicável às terras indígenas faz com que sejam inalienáveis, imprescritíveis e indisponíveis. Além dessa proteção, cumpre citar que recebem tutela na seara criminal, traduzindo-se conduta criminosa a invasão dessas terras com o dolo de ocupá-las[27].

> **Art. 19. As terras indígenas, por iniciativa e sob orientação do órgão federal de assistência ao índio, serão administrativamente demarcadas, de acordo com o processo estabelecido em decreto do Poder Executivo.**
>
> **§ 1º A demarcação promovida nos termos deste artigo, homologada pelo Presidente da República, será registrada em livro próprio do Serviço do Patrimônio da União (SPU) e do registro imobiliário da comarca da situação das terras.**
>
> **§ 2º Contra a demarcação processada nos termos deste artigo não caberá a concessão de interdito possessório, facultado aos interessados contra ela recorrer à ação petitória ou à demarcatória.**

Demarcação: O procedimento de demarcação, de natureza declaratória, é, antes de tudo, uma determinação constitucional[28]. A demarcação auxilia a política de ordenamento fundiário do Estado, garante a diversidade étnica e cultural, bem como contribui para a manutenção do meio ambiente[29]. Acerca da ação de interdito possessório, denota-se a sua inviabilidade em se tratando da demarcação.

> **Art. 20. Em caráter excepcional e por qualquer dos motivos adiante enumerados, poderá a União intervir, se não houver solução alternativa, em área indígena, determinada a providência por decreto do Presidente da República.**
>
> **1º A intervenção poderá ser decretada:**
>
> **a) para pôr termo à luta entre grupos tribais;**
>
> **b) para combater graves surtos epidêmicos, que possam acarretar o extermínio da comunidade indígena, ou qualquer mal que ponha em risco a integridade do silvícola ou do grupo tribal;**
>
> **c) por imposição da segurança nacional;**
>
> **d) para a realização de obras públicas que interessem ao desenvolvimento nacional;**
>
> **e) para reprimir a turbação ou esbulho em larga escala;**
>
> **f) para a exploração de riquezas do subsolo de relevante interesse para a segurança e o desenvolvimento nacional.**
>
> **2º A intervenção executar-se-á nas condições estipuladas no decreto e sempre por meios suasórios, dela podendo resultar, segundo a gravidade do fato, uma ou algumas das medidas seguintes:**
>
> **a) contenção de hostilidades, evitando-se o emprego de força contra os índios;**

25. Entendemos que restringir o acesso ao cargo público exclusivamente aos indígenas não é constitucional. No entanto, impor condições específicas, em conformidade com a natureza e complexidade do cargo, atende ao interesse público de preservar a cultura indígena.
26. Art. 231, § 1º, da Constituição Federal.
27. Art. 20, da Lei 4.947/1966, que fixa normas de direito agrário, dispõe sobre o sistema de organização e funcionamento do instituto brasileiro de reforma agrária, e dá outras providências.
28. Vide art. 231, *caput*, da CF/88.
29. FUNAI, 2020.

b) deslocamento temporário de grupos tribais de uma para outra área;

c) remoção de grupos tribais de uma para outra área.

3º Somente caberá a remoção de grupo tribal quando de todo impossível ou desaconselhável a sua permanência na área sob intervenção, destinando-se à comunidade indígena removida área equivalente à anterior, inclusive quanto às condições ecológicas.

4º A comunidade indígena removida será integralmente ressarcida dos prejuízos decorrentes da remoção.

5º O ato de intervenção terá a assistência direta do órgão federal que exercita a tutela do índio.

Intervenção da União em terras indígenas: A intervenção em estudo é medida excepcional que se procede, desde que presentes uma das hipóteses apresentadas pelo legislador, mediante Decreto do Presidente da República.

Remoção de grupos indígenas: A retirada de grupos indígenas de suas terras é, assim como a intervenção, medida a ser adotada em *ultimaratio30.*

Art. 21. As terras espontânea e definitivamente abandonadas por comunidade indígena ou grupo tribal reverterão, por proposta do órgão federal de assistência ao índio e mediante ato declaratório do Poder Executivo, à posse e ao domínio pleno da União.

Abandono de terras indígenas: Havendo abandono definitivo e espontâneo pela comunidade indígena das terras tradicionalmente ocupadas, por serem bens públicos que pertencem à União, a posse e o domínio pleno a ela retornarão.

3.2. Das terras ocupadas

Art. 22. Cabe aos índios ou silvícolas a posse permanente das terras que habitam e o direito ao usufruto exclusivo das riquezas naturais e de todas as utilidades naquelas terras existentes.

Parágrafo único. As terras ocupadas pelos índios, nos termos deste artigo, serão bens inalienáveis da União (artigo 4º, IV, e 198, da Constituição Federal).

Comentários: A Carta Política, em seu art. 231, § 2º, assegura caber aos índios o usufruto exclusivo das riquezas do solo, dos rios e dos lagos existentes nas terras por eles tradicionalmente ocupadas. O aproveitamento dos recursos hídricos, entretanto, incluídos os potenciais energéticos, a pesquisa e a lavra das riquezas minerais em terras indígenas, está condicionado a autorização (expressa e formal) do Congresso Nacional[31], ouvidas as comunidades afetadas, ficando-lhes assegurada participação nos resultados da lavra, na forma da lei. Relativamente à inalienabilidade, esta foi mencionada no art. 18, desta Lei, quando então discorremos sobre o regime jurídico.

Art. 23. Considera-se posse do índio ou silvícola a ocupação efetiva da terra que, de acordo com os usos, costumes e tradições tribais, detém e onde habita ou exerce atividade indispensável à sua subsistência ou economicamente útil.

Comentários: O artigo em comento apresenta a conceituação de posse indígena, a qual não se confunde com a posse regrada pelo Direito Civil[32].

Art. 24. O usufruto assegurado aos índios ou silvícolas compreende o direito à posse, uso e percepção das riquezas naturais e de todas as utilidades existentes nas terras ocupadas, bem assim ao produto da exploração econômica de tais riquezas naturais e utilidades.

§ 1° Incluem-se, no usufruto, que se estende aos acessórios e seus acrescidos, o uso dos mananciais e das águas dos trechos das vias fluviais compreendidos nas terras ocupadas.

§ 2° É garantido ao índio o exclusivo exercício da caça e pesca nas áreas por ele ocupadas, devendo ser executadas por forma suasória as medidas de polícia que em relação a ele eventualmente tiverem de ser aplicadas.

Comentários: O direito ora apresentado, é cediço, é limitado pela Lei Maior, consoante já asseveramos no art. 22.

30. Nesse sentido, reza o art. 231, § 5º, da CF/88: "É vedada a remoção dos grupos indígenas de suas terras, salvo, «ad referendum» do Congresso Nacional, em caso de catástrofe ou epidemia que ponha em risco sua população, ou no interesse da soberania do País, após deliberação do Congresso Nacional, garantido, em qualquer hipótese, o retorno imediato logo que cesse o risco".

31. Nos termos do art. 49, XVI, do CF/88, a autorização pelo Congresso Nacional ocorre mediante decreto legislativo.

32. Vide art. 1.196, do CC.

Art. 25. O reconhecimento do direito dos índios e grupos tribais à posse permanente das terras por eles habitadas, nos termos do artigo 198, da Constituição Federal, independerá de sua demarcação, e será assegurado pelo órgão federal de assistência aos silvícolas, atendendo à situação atual e ao consenso histórico sobre a antiguidade da ocupação, sem prejuízo das medidas cabíveis que, na omissão ou erro do referido órgão, tomar qualquer dos Poderes da República.

Comentários: Extrai-se da norma em análise que a demarcação possui cunho declaratório, isto é, apenas reconhece a existência de uma situação jurídica.

3.3. Das áreas reservadas

Art. 26. A União poderá estabelecer, em qualquer parte do território nacional, áreas destinadas à posse e ocupação pelos índios, onde possam viver e obter meios de subsistência, com direito ao usufruto e utilização das riquezas naturais e dos bens nelas existentes, respeitadas as restrições legais.

Parágrafo único. As áreas reservadas na forma deste artigo não se confundem com as de posse imemorial das tribos indígenas, podendo organizar-se sob uma das seguintes modalidades:

a) reserva indígena;

b) parque indígena;

c) colônia agrícola indígena.

Comentários: Áreas reservadas à posse e ocupação pelos índios, instituídas pela União, são bens diversos das terras tradicionalmente ocupadas pelos mesmos povos. As modalidades de áreas reservadas serão conceituadas nos dispositivos legais que seguem.

Art. 27. Reserva indígena é uma área destinada a servidor de habitat a grupo indígena, com os meios suficientes à sua subsistência.

Comentários: Denota-se que, havendo insuficiência de subsistência em terras tradicionais, a União pode instituir uma reserva indígena e designá-la à posse e ocupação de certo grupo indígena.

Art. 28. Parque indígena é a área contida em terra na posse de índios, cujo grau de integração permita assistência econômica, educacional e sanitária dos órgãos da União, em que se preservem as reservas de flora e fauna e as belezas naturais da região.

§ 1º Na administração dos parques serão respeitados a liberdade, usos, costumes e tradições dos índios.

§ 2º As medidas de polícia, necessárias à ordem interna e à preservação das riquezas existentes na área do parque, deverão ser tomadas por meios suasórios e de acordo com o interesse dos índios que nela habitem.

§ 3º O loteamento das terras dos parques indígenas obedecerá ao regime de propriedade, usos e costumes tribais, bem como às normas administrativas nacionais, que deverão ajustar-se aos interesses das comunidades indígenas.

Comentários: O que diferencia o parque indígena das outras áreas reservadas é o interesse na preservação ambiental e a diversidade de povos numa mesma área territorial, com mistura de culturas e idiomas (VITORELLI, 2018). Cuida-se de área reservada que objetiva a preservação ambiental e a diversificação de povos indígenas[33].

Art. 29. Colônia agrícola indígena é a área destinada à exploração agropecuária, administrada pelo órgão de assistência ao índio, onde convivam tribos aculturadas e membros da comunidade nacional.

Comentários: A colônia agrícola é área reservada e ocupada por índios e povos diversos, na qual se explora a atividade agropecuária.

Art. 30. Território federal indígena é a unidade administrativa subordinada à União, instituída em região na qual pelo menos um terço da população seja formado por índios.

Comentários: Ao território federal indígena aplica-se o regramento para criação dos territórios federais[34]. Ocorre que, além das condições apresentadas no texto constitucional, há que se observar a necessidade de existência de, pelo menos, um terço de índios na população. Esses territórios integram a União e ostentam a natureza de autarquias administrativas territoriais[35].

33. Parque Indígena do Xingu, 2020.
34. Vide art. 18, § 2º, da CF/88.
35. DA CUNHA JÚNIOR, 2013, p. 898.

Art. 31. As disposições deste Capítulo serão aplicadas, no que couber, às áreas em que a posse decorra da aplicação do artigo 198, da Constituição Federal.

Comentários: Procedendo-se com a devida adaptação ao texto da CF/88, vê-se que serão aplicadas às áreas reservadas, no que for pertinente, as disposições concernentes às terras tradicionalmente ocupadas pelos indígenas.

3.4. Das terras de domínio indígena

Art. 32. São de propriedade plena do índio ou da comunidade indígena, conforme o caso, as terras havidas por qualquer das formas de aquisição do domínio, nos termos da legislação civil.

Comentários: Dispõe o legislador que as terras que forem adquiridas pelos indígenas, nos termos das regras cíveis, serão de sua plena propriedade. Em situação diametralmente oposta, as terras tradicionalmente ocupadas pelos referidos povos pertencem à União.

Art. 33. O índio, integrado ou não, que ocupe como próprio, por dez anos consecutivos, trecho de terra inferior a cinqüenta hectares, adquirir-lhe-á a propriedade plena.

Parágrafo único. O disposto neste artigo não se aplica às terras do domínio da União, ocupadas por grupos tribais, às áreas reservadas de que trata esta Lei, nem às terras de propriedade coletiva de grupo tribal.

Usucapião especial indígena: Refere-se, o artigo em estudo, a forma especial de usucapião, meio originário para aquisição de propriedade. Os pressupostos legais para tanto são: posse, pelo índio, por dez anos consecutivos, de parcela de terra[36] inferior a cinquenta hectares.

3.5. Da defesa das terras indígenas

Art. 34. O órgão federal de assistência ao índio poderá solicitar a colaboração das Forças Armadas e Auxiliares e da Polícia Federal, para assegurar a proteção das terras ocupadas pelos índios e pelas comunidades indígenas.

36. Inclusive aquela concernente a aldeamento extinto, nos termos do enunciado da Súmula 650, do STF.

Comentários: Com o fito de tutelar as terras ocupadas pelos povos indígenas e, obviamente, os seus habitantes, as Forças Armadas e Auxiliares, bem como a Polícia Federal, órgão de Segurança Pública, poderão ser acionados pela FUNAI.

Art. 35. Cabe ao órgão federal de assistência ao índio a defesa judicial ou extrajudicial dos direitos dos silvícolas e das comunidades indígenas.

Comentários: É responsabilidade da FUNAI defender, judicial e extrajudicialmente, os direitos dos índios e das comunidades indígenas.

Art. 36. Sem prejuízo do disposto no artigo anterior, compete à União adotar as medidas administrativas ou propor, por intermédio do Ministério Público Federal, as medidas judiciais adequadas à proteção da posse dos silvícolas sobre as terras que habitem.

Parágrafo único. Quando as medidas judiciais previstas neste artigo forem propostas pelo órgão federal de assistência, ou contra ele, a União será litisconsorte ativa ou passiva.

Comentários: As ações judiciais que buscam salvaguardar a posse das terras habitadas pelos indígenas serão, à luz da CF/88, intentadas pela Advocacia-Geral da União perante a Justiça Federal.

Art. 37. Os grupos tribais ou comunidades indígenas são partes legítimas para a defesa dos seus direitos em juízo, cabendo-lhes, no caso, a assistência do Ministério Público Federal ou do órgão de proteção ao índio.

Comentários: Os povos indígenas são dotados de capacidade processual (norma com respaldo no art. 232, da CF/88), devendo o Ministério Público intervir nos atos processuais.

Art. 38. As terras indígenas são inusucapíveis e sobre elas não poderá recair desapropriação, salvo o previsto no artigo 20.

Comentários: Como consequência do regime jurídico aplicável aos bens públicos, as terras indígenas são imprescritíveis, inviabilizando a configuração da usucapião[37].

37. Não se pode olvidar do teor da Súmula 650 do STF.

4. DOS BENS E RENDA DO PATRIMÔNIO INDÍGENA

Art. 39. Constituem bens do Patrimônio Indígena:

I - as terras pertencentes ao domínio dos grupos tribais ou comunidades indígenas;

II - o usufruto exclusivo das riquezas naturais e de todas as utilidades existentes nas terras ocupadas por grupos tribais ou comunidades indígenas e nas áreas a eles reservadas;

III - os bens móveis ou imóveis, adquiridos a qualquer título.

Comentários: O dispositivo apresenta a composição dos bens que formam o patrimônio indígena e torna hialino que não é constituído, tão somente, pelas terras tradicionalmente ocupadas.

Art. 40. São titulares do Patrimônio Indígena:

I - a população indígena do País, no tocante a bens ou rendas pertencentes ou destinadas aos silvícolas, sem discriminação de pessoas ou grupos tribais;

II - o grupo tribal ou comunidade indígena determinada, quanto à posse e usufruto das terras por ele exclusivamente ocupadas, ou a ele reservadas;

III - a comunidade indígena ou grupo tribal nomeado no título aquisitivo da propriedade, em relação aos respectivos imóveis ou móveis.

Comentários: Duas regras básicas merecem destaque, a saber: as terras tradicionalmente ocupadas pelos indígenas são bens públicos pertencentes à União e, no tocante aos bens que foram adquiridos, na forma da legislação cível, pela comunidade, sua é a propriedade.

Art. 41. Não integram o Patrimônio Indígena:

I - as terras de exclusiva posse ou domínio do índio ou silvícola, individualmente considerado, e o usufruto das respectivas riquezas naturais e utilidades;

II - a habitação, os móveis e utensílios domésticos, os objetos de uso pessoal, os instrumentos de trabalho e os produtos da lavoura, caça, pesca e coleta ou do trabalho em geral dos silvícolas.

Comentários: O presente dispositivo apresenta os bens que não compõem o patrimônio indígena.

Art. 42. Cabe ao órgão de assistência a gestão do Patrimônio Indígena, propiciando-se, porém, a participação dos silvícolas e dos grupos tribais na administração dos próprios bens, sendo-lhes totalmente confiado o encargo, quando demonstrem capacidade efetiva para o seu exercício.

Parágrafo único. O arrolamento dos bens do Patrimônio Indígena será permanentemente atualizado, procedendo-se à fiscalização rigorosa de sua gestão, mediante controle interno e externo, a fim de tornar efetiva a responsabilidade dos seus administradores.

Comentários: É atribuição da FUNAI arrolar e atualizar os bens do patrimônio indígena. Com referência a possibilidade de o próprio grupo gerir os seus bens, através de interpretação conforme a constituição, nada obsta que isso ocorra. Nesse ponto, o mesmo argumento foi apresentado por diversas vezes no estudo dessa Lei.

Art. 43. A renda indígena é a resultante da aplicação de bens e utilidades integrantes do Patrimônio Indígena, sob a responsabilidade do órgão de assistência ao índio.

§ 1º A renda indígena será preferencialmente reaplicada em atividades rentáveis ou utilizada em programas de assistência ao índio.

§ 2° A reaplicação prevista no parágrafo anterior reverterá principalmente em benefício da comunidade que produziu os primeiros resultados econômicos.

Comentários: O Estatuto caracteriza a renda indígena e determina a forma como deverá ser aplicada.

Art. 44. As riquezas do solo, nas áreas indígenas, somente pelos silvícolas podem ser exploradas, cabendo-lhes com exclusividade o exercício da garimpagem, faiscação e cata das áreas referidas. (Regulamento)

Comentários: A menos que se trate de atividade de mineração sem cunho econômico, não obstante o Estatuto assegure que apenas os índios exercerão a garimpagem, o STF, no julgamento da Pet 3388, demonstrou que esse exercício não é pleno, encontrando limitações.

Art. 45. A exploração das riquezas do subsolo nas áreas pertencentes aos índios, ou do domínio da União, mas na posse de comunidades indígenas, far-se-á nos termos da legislação vigente, observado o disposto nesta Lei. (Regulamento)

§ 1º O Ministério do Interior, através do órgão competente de assistência aos índios, representará

os interesses da União, como proprietária do solo, mas a participação no resultado da exploração, as indenizações e a renda devida pela ocupação do terreno, reverterão em benefício dos índios e constituirão fontes de renda indígena.

§ 2º Na salvaguarda dos interesses do Patrimônio Indígena e do bem-estar dos silvícolas, a autorização de pesquisa ou lavra, a terceiros, nas posses tribais, estará condicionada a prévio entendimento com o órgão de assistência ao índio.

Comentários: O regramento em destaque deve ser lido em harmonia com o disposto no art. 231, da Lei Mãe do ordenamento jurídico brasileiro.

Art. 46. O corte de madeira nas florestas indígenas, consideradas em regime de preservação permanente, de acordo com a letra g e § 2º, do artigo 3º, do Código Florestal, está condicionado à existência de programas ou projetos para o aproveitamento das terras respectivas na exploração agropecuária, na indústria ou no reflorestamento.

Comentários: Esse artigo foi revogado tacitamente, de modo que as regras ambientais estabelecidas pela Lei 12.651/12 (novo Código Florestal) têm aplicação ao caso em questão.

5. DA EDUCAÇÃO, CULTURA E SAÚDE

Art. 47. É assegurado o respeito ao patrimônio cultural das comunidades indígenas, seus valores artísticos e meios de expressão.

Comentários: Em atenção ao que dispõe a CF/88, garante-se o pluralismo étnico, cultural e artístico.

Art. 48. Estende-se à população indígena, com as necessárias adaptações, o sistema de ensino em vigor no País.

Comentários: A educação, direito de todos e dever do Estado e da família, é garantida à população indígena com as adaptações que se mostrarem devidas.

Art. 49. A alfabetização dos índios far-se-á na língua do grupo a que pertençam, e em português, salvaguardado o uso da primeira.

Comentários: Essa convivência deve ser harmônica, de forma a respeitar a perpetuação da cultura indígena, não impondo, de forma alguma, o aprendizado da língua portuguesa como forma de integrar esses povos na comunhão nacional, posto que, sem prejuízo do ensino fundamental ser ministrado em língua portuguesa, é assegurada às comunidades indígenas o uso de suas línguas de origem e processos peculiares de aprendizado[38].

Art. 50. A educação do índio será orientada para a integração na comunhão nacional mediante processo de gradativa compreensão dos problemas gerais e valores da sociedade nacional, bem como do aproveitamento das suas aptidões individuais.

Comentários: A ideia de integração do indígena, objeto de debate em vários artigos, foi abolida pelo constituinte de 88, de forma que esse dispositivo, decerto, não foi recepcionado pela nova ordem constitucional.

Art. 51. A assistência aos menores, para fins educacionais, será prestada, quanto possível, sem afastá-los do convívio familiar ou tribal.

Comentários: A educação deverá ser prestada, sempre que possível, no âmbito da comunidade, assegurando ao indígena o direito ao convívio familiar e, dessa forma a manutenção cultural.

Art. 52. Será proporcionada ao índio a formação profissional adequada, de acordo com o seu grau de aculturação.

Comentários: Garante-se ao índio formação profissional adequada. Querendo, portanto, poderá participar de cursos de formação, os quais serão baseados no entorno econômico, nas condições sociais e culturais e nas necessidades concretas dos povos interessados[39].

Art. 53. O artesanato e as indústrias rurais serão estimulados, no sentido de elevar o padrão de vida do índio com a conveniente adaptação às condições técnicas modernas.

38. CF/88, art. 210, §2º.
39. Vide art. 23, da Convenção 169 da OIT.

Comentários: O Estado fomentará as atividades referidas, reconhecendo-as como fatores importantes para manutenção de sua cultura e da sua autossuficiência e desenvolvimento econômico[40].

Art. 54. Os índios têm direito aos meios de proteção à saúde facultados à comunhão nacional.

Parágrafo único. Na infância, na maternidade, na doença e na velhice, deve ser assegurada ao silvícola, especial assistência dos poderes públicos, em estabelecimentos a esse fim destinados.

Comentários: O direito social à saúde pertence a todos e o Estado deve garantir especial assistência à comunidade indígena, atentando-se às peculiaridades existentes.

Art. 55. O regime geral da previdência social será extensivo aos índios, atendidas as condições sociais, econômicas e culturais das comunidades beneficiadas.

Comentários: Os indígenas gozam de todos os direitos inerentes a previdência social. Em verdade, aplica-se ao índio a seguridade social, de forma a assegurar não apenas a previdência, mas também a saúde e assistência social.

6. DAS NORMAS PENAIS

6.1. Dos princípios

Art. 56. No caso de condenação de índio por infração penal, a pena deverá ser atenuada e na sua aplicação o Juiz atenderá também ao grau de integração do silvícola.

Parágrafo único. As penas de reclusão e de detenção serão cumpridas, se possível, em regime especial de semiliberdade, no local de funcionamento do órgão federal de assistência aos índios mais próximos da habitação do condenado.

Responsabilidade penal do índio: O Código Penal nenhuma regra específica trouxe acerca da responsabilidade criminal do índio. Vitorelli[41] entende que, partindo da teoria da tipicidade conglobante, desenvolvida pelo autor argentino Eugenio Raúl Zaffaroni, se o Estado fomenta a cultura indígena (e isso fica bastante evidente no art. 231, da CF/88), eventual conduta ocorrida no seio dessa comunidade não será considerada criminosa. Faltaria, pois, a antinormatividade, isto é, a contrariedade com todo o sistema normativo. A responsabilização do indígena figura no substrato da culpabilidade e, especificamente, no elemento imputabilidade (MASSON, 2013). Com efeito, a inimputabilidade por desenvolvimento mental incompleto abrange os silvícolas e, segundo o referido autor, dá-se de forma graduada[42]. O fato de ser índio não integrado, *de per si*, não presume sua incapacidade penal. Entretanto, essa condição pode, excepcionalmente, ensejar causa excludente de culpabilidade por ausência de potencial consciência da ilicitude ou inexigibilidade de conduta diversa (CUNHA, 2016). Entendemos que não se trata de questão pertinente a inimputabilidade. Esta, é sabido, à luz do art. 26, do CP, é extraída de dois critérios, quais sejam, o biopsicológico e o biológico. Evidentemente, pode, o indígena, enquadrar-se em quaisquer dos mencionados parâmetros, mas, o simples fato de pertencer a uma comunidade indígena não o torna pessoa portadora de doença mental e, por consequência, desprovida de capacidade para entender o caráter ilícito do fato ou determinar-se conforme esse entendimento. O erro de proibição, no caso do indígena, também enverga aplicabilidade[43]. Nesse rumo, sob a ótica constitucional da responsabilidade penal do índio, a qual prioriza a autodeterminação dos povos, não sendo razoável, por ter cultura diversa, tachar o povo indígena como aquele que possui desenvolvimento mental incompleto, é possível constatar que, em regra, o índio pode praticar um fato típico, ilícito e culpável, na forma do conceito analítico de crime, adotando-se a teoria tripartida. Sua condição, porém, com incidência do princípio da isonomia, permite que se observe se houve ou não erro de proibição na espécie, pois, é bem verdade, ainda que possua desenvolvimento mental completo e, portanto, seja imputável, a depender do caso concreto, poderá

40. Vide art. 23, da Convenção 169 da OIT.

41. VITROLLI, 2018, p. 391.

42. "Os silvícolas, por outro lado, nem sempre serão inimputáveis. Depende do grau de assimilação dos valores sociais, a ser revelado pelo exame pericial. Destarte, dependendo da conclusão da perícia, o silvícola pode ser: a) imputável: se integrado à vida em sociedade; b) semi-imputável: no caso de estar dividido entre o convívio na tribo e na sociedade; e c) inimputável: quando completamente incapaz de viver em sociedade, desconhecendo as regras que lhe são inerentes" (MASSON, 2013, p. 472).

43. É a doutrina de Villares, no que: "O erro de proibição deve ser aplicado, excluindo a responsabilidade penal do índio, por não conhecer ou compreender a proibição legal, ou, mesmo conhecendo a proibição, por uma razão cultural, não puder interiorizar a norma em sua conduta e evitar sua ação" (Op. cit, p.302)

ter agido sem potencial conhecimento da ilicitude ou, ainda, de forma que não fosse possível exigir conduta diversa.

Princípio da isonomia: Pertinente considerarmos que o tratamento diferenciado atribuído pela Lei em questão decorre do que a doutrina denomina discriminação lícita[44]. Logo, tanto na fixação da pena, quanto na imposição de regime inicial para cumprimento da reprimenda, há regras especiais voltadas ao grupo indígena que se encontra, comparado com a coletividade, em situação peculiar. Eis a concretização da igualdade aristotélica[45], de forma a tratar os desiguais na forma de suas desigualdades e, pois, lograr êxito em prover a verdadeira igualdade (material). Há, anote-se, real ligação com o princípio da individualização da pena, previsto no art. 5º, XLVI, da CF/88, que se destina aos poderes legislativo, judiciário e administrativo e tem por escopo, em linhas gerais, particularizar as normas em conformidade com os aspectos objetivos e subjetivos de uma conduta criminosa.

Competência: Pertinente, de início, dispor que o legislador reconheceu a competência preferencial da própria tribo para julgamento dos delitos, tema que será, em momento oportuno, mais aprofundado. Na forma do art. 109, XI, da CF combinado com o enunciado da Súmula 140, do STJ, tem-se que, não subsistindo o sistema jurídico criminal indígena, nos crimes em que o indígena figure como autor ou vítima, em regra, a competência será da Justiça Estadual. Doutra banda, havendo disputa sobre direitos indígenas ou mesmo verificado que a infração penal tenha sido praticada em detrimento de bens, serviços ou interesse da União ou de suas entidades autárquicas ou empresas públicas, excluídas as contravenções e ressalvada a competência da Justiça Militar e da Justiça Eleitoral, a competência será deslocada para a Justiça Federal. Havendo violação aos direitos indígenas, sob a ótica coletiva, ainda que diante de contravenção penal, forte no que dispõe o art. 109, XI, da CF/88, a competência será da Justiça Federal[46].

Atenuante: Sendo o índio condenado, na segunda fase da dosimetria da pena, caberá a aplicação de uma atenuante específica. Para tanto, na forma da Lei, muito embora não deva ser este o parâmetro adotado, mormente na forma da CF/88, quanto mais integrado for o índio, menor será a redução da pena[47].

Perícia antropológica: Tratando dessa prova pericial, dispõe a Resolução nº 287/2019, do CNJ:

> Art. 6º Ao receber denúncia ou queixa em desfavor de pessoa indígena, a autoridade judicial poderá determinar, sempre que possível, de ofício ou a requerimento das partes, a realização de perícia antropológica, que fornecerá subsídios para o estabelecimento da responsabilidade da pessoa acusada, e deverá conter, no mínimo:
>
> I - a qualificação, a etnia e a língua falada pela pessoa acusada;
>
> II - as circunstâncias pessoais, culturais, sociais e econômicas da pessoa acusada;
>
> III - os usos, os costumes e as tradições da comunidade indígena a qual se vincula;
>
> IV - o entendimento da comunidade indígena em relação à conduta típica imputada, bem como os mecanismos próprios de julgamento e punição adotados para seus membros; e
>
> V - outras informações que julgar pertinentes para a elucidação dos fatos.
>
> Parágrafo único. O laudo pericial será elaborado por antropólogo, cientista social ou outro profissional designado pelo juízo com conhecimento específico na temática.

A Resolução assegura a autodeclaração, mas não descarta a possibilidade de realização de prova pericial na segunda fase da persecução penal (após o recebimento da peça inaugural). A perícia antropológica possui o condão de oferecer dados técnicos concretos acerca da condição do indígena processado, o que viabiliza a aplicação da legislação de forma justa. Nada obstante sua importância, a jurisprudência dos tribunais superiores é no sentido de que, diante de situação na qual o juiz disponha de outros elementos que demonstrem o nível de integração do índio à sociedade civil, essa prova técnica é dispensável[48]. Apesar das severas críticas, tal posicionamento mostra-se em consonância com

44. FERNANDES, 2017, p. 463.
45. ARISTÓTELES, 1979.
46. DA SILVA, 2012.
47. Decidiu o STJ que "a atenuante prevista no art. 56 da Lei n. 6.001/1973 tem sua aplicação limitada aos indígenas em fase de aculturação, não sendo cabível sua incidência a silvícolas adaptados à sociedade civil". (REsp 1129637/SC, Rel. Ministro Sebastião Reis Júnior, sexta turma, julgado em 25/02/2014, DJe 10/03/2014). O entendimento foi novamente manifestado pela Corte no REsp 1.859.728/PR, decisão monocrática, Rel. Ministro Nefi Cordeiro, DJe 06/05/2020.
48. Nessa toada, STF. RE 1.252.107/SC. Relator Min. Roberto Barroso. DJ: 03.02.2020. Ademais, STJ. 5ª Turma. HC nº 40.884/PR. Relator Min. José Arnaldo Fonseca. DJ. 07.04.2005.

o sistema da persuasão racional[49], conforme o qual, o magistrado, de forma fundamentada[50], manifesta sua convicção jurídica e julga os casos por ele apreciados. Logo, independentemente da elaboração de laudo pericial, o juiz poderá deixar de aplicar o artigo em questão se considerar, motivadamente, que o acusado, em que pese indígena, é absolutamente integrado à comunhão nacional[51].

Regime de cumprimento de pena: Assevera a legislação que as penas de reclusão e de detenção serão cumpridas, se possível, em regime especial de semiliberdade. Cuida-se, por óbvio, de situação que mitiga o regramento constante do Código Penal. Regra geral[52], três fatores são relevantes para fixação do regime inicial de cumprimento da pena privativa de liberdade, a saber: reincidência, quantidade da pena e circunstâncias judiciais. Em se tratando do indígena, destarte, é imprescindível que se analise o dispositivo em comento em concordância com a Resolução nº 287/2019, do CNJ. Antes mesmo, pois, de aplicar a semiliberdade, buscar-se-á, atentando-se às características culturais, sociais e econômicas, suas declarações e a perícia antropológica, aplicar penas restritivas de direitos condizentes com as peculiaridades do condenado; avaliar a conversão de multa pecuniária em prestação de serviço à comunidade, a qual, sendo possível e mediante consulta prévia, será cumprida na própria comunidade. De se notar, nesse sentido, que o regime de semiliberdade, a ser cumprido junto a FUNAI, há de ser adotada excepcionalmente, situação em que nenhuma das outras medidas que mais preservam a cultura indígena se mostre mais adequada. É dizer, o encarceramento do indígena é medida extrema e excepcional e, quando ocorre, o respeito aos costumes e organização social do indígena deve prevalecer. Importa reiterar, finalmente, ser entendimento dos tribunais superiores aquele conforme o qual, para fins de imposição do regime especial, o grau de integração é fator primordial.

Prisão em estabelecimento penal: Por tudo o quanto se mencionou, não é difícil concluir que esta modalidade de cumprimento de prisão somente é apresentada ao caso concreto em última hipótese. Para tanto, em ordem de preferência, o Estado deve optar por homologar método de solução oriundo do sistema jurídico-penal indígena (previsto no art. 57). Não sendo possível, em caso de condenação, priorizará a pena restritiva de direitos. Ato contínuo, optará pelo regime da semiliberdade e, na impossibilidade de cumprimento desta, o que restará devidamente demonstrado nos autos, determinará que se cumpra a reprimenda, com as devidas cautelas, em estabelecimento penal. Prevendo essa possibilidade, o CNJ[53] dispõe ser incumbência do juízo de execução penal fiscalizar e zelar para que seja garantida à pessoa indígena assistência material, à saúde, jurídica, educacional, social e religiosa, que serão prestadas nos moldes da cultura.

Prisão domiciliar: Para fins de domicílio, considera-se o território ou circunscrição geográfica de comunidade indígena, quando compatível e mediante consulta prévia[54]. A consulta à comunidade indígena assegura a sua efetiva participação no processo, vez que, inequivocamente, é de seu total interesse o andamento do feito. Nesse viés[55]:

> [...] por mais que o processo criminal se volte contra a figura do indivíduo, ele necessariamente tem efeitos sobre toda a comunidade, seja pela maior estigmatização da comunidade por conta da conduta de um membro ter sido criminalizada, seja pelos impactos financeiros para acompanhar o andamento do processo ou mesmo pelas funções na comunidade que deixarão de ser cumpridas caso a pessoa condenada tenha que cumprir uma pena ou uma medida cautelar.

Prisão cautelar: Partindo do pressuposto de que a prisão pena apenas será aplicada em caráter extraordinário, mais excepcional é a segregação cautelar. No tocante a medidas cautelares diversas da prisão, estas serão impostas em consonância com as especificidades culturais[56], inclusive quanto as decorrentes da Lei 11.340/2006 e da audiência de custódia, prevista no art. 310, do CPP.

49. CPP. Art. 155. O juiz formará sua convicção pela livre apreciação da prova produzida em contraditório judicial, não podendo fundamentar sua decisão exclusivamente nos elementos informativos colhidos na investigação, ressalvadas as provas cautelares, não repetíveis e antecipadas.
50. CF. Art. 93, IX - todos os julgamentos dos órgãos do Poder Judiciário serão públicos, e fundamentadas todas as decisões, sob pena de nulidade, podendo a lei limitar a presença, em determinados atos, às próprias partes e a seus advogados, ou somente a estes, em casos nos quais a preservação do direito à intimidade do interessado no sigilo não prejudique o interesse público à informação.
51. STJ. REsp. 1.782.933/PR. Relator Min. Nefi Cordeiro. DJ. 27.02.2019.
52. Art. 33, § 2º, do CP.
53. Assim reza o art. 14, da Resolução nº 287/2019, do CNJ.
54. Conceito definido no art. 11, da Resolução nº 287/2019, do CNJ.
55. CNJ. Manual Resolução 287/2019, 2019, p. 17.
56. Vide art. 12, da Resolução nº 287/2019, do CNJ.

Tratamento penal à mulher indígena: Tendo em vista que as mulheres desempenham papel ímpar para fins de manutenção da comunidade indígena, dispensa-se a esse grupo tratamento diferenciado no âmbito do processo e da execução penal[57]. É entendimento do CNJ[58], nesse diapasão, que a prisão domiciliar[59]imposta à mulher indígena mãe, gestante, ou responsável por crianças ou pessoa com deficiência, seja cumprida na comunidade. Outrossim, uma vez beneficiada pela progressão de regime, o acompanhamento ocorrerá em parceria com a comunidade. Demais regras previstas no ordenamento jurídico brasileiro e que se prestam à proteção da mulher, naturalmente, serão aplicadas, com as devidas adaptações, às indígenas[60].

Art. 57. Será tolerada a aplicação, pelos grupos tribais, de acordo com as instituições próprias, de sanções penais ou disciplinares contra os seus membros, desde que não revistam caráter cruel ou infamante, proibida em qualquer caso a pena de morte.

Sistema jurídico penal indígena: Certamente, diante de um fato praticado por pessoa indígena que se apresente relevante ao Direito Penal, surge ao Estado o interesse de agir. Nesse caso, todavia, prefere-se a atuação da própria comunidade, respeitando-se, assim, os métodos que os povos interessados recorrem tradicionalmente para a repressão dos delitos cometidos pelos seus membros, desde que haja compatibilidade com os direitos humanos e com as garantias fundamentais[61]. Dessa forma, atende-se ao mandamento constitucional de proteção aos indígenas, sobretudo ao princípio da proteção da identidade[62].

6.2. Dos crimes contra os índios

Art. 58. Constituem crimes contra os índios e a cultura indígena:

I - escarnecer de cerimônia, rito, uso, costume ou tradição culturais indígenas, vilipendiá-los ou perturbar, de qualquer modo, a sua prática. Pena - detenção de um a três meses;

II - utilizar o índio ou comunidade indígena como objeto de propaganda turística ou de exibição para fins lucrativos. Pena - detenção de dois a seis meses;

III - propiciar, por qualquer meio, a aquisição, o uso e a disseminação de bebidas alcoólicas, nos grupos tribais ou entre índios não integrados. Pena - detenção de seis meses a dois anos.

Parágrafo único. As penas estatuídas neste artigo são agravadas de um terço, quando o crime for praticado por funcionário ou empregado do órgão de assistência ao índio.

Verbos nucleares do tipo: O inciso I apresenta os seguintes elementos: *escarnecer* (zombar), *vilipendiar* (desprezar), *perturbar* (causar desordem).

No inciso II, observa-se *utilizar* (fazer uso de).

Acerca do inciso III, denota-se *propiciar* (favorecer).

Objetividade jurídica: A tutela da cultura indígena.

Objeto material: No inciso I a conduta delituosa recai sobre a cerimônia, rito, uso, costume ou tradição culturais indígenas. No inciso II, o objeto material é o índio ou a comunidade indígena. No inciso III, a conduta é direcionada aos grupos tribais ou índios não integrados.

Condutas: São criminosas as condutas a seguir:

a) Achincalhar cerimônia, rito, uso, costume ou tradição culturais indígenas e aviltar ou incomodar, de qualquer maneira, a sua prática.

b) Fazer uso da imagem do índio ou de sua comunidade com a finalidade lucrativa ou, ainda, para fins de angariar turistas.

c) Favorecer, de qualquer modo, a obtenção, o uso e a generalização de bebidas alcoólicas no seio de grupos tribais ou, especificamente, entre índios não integrados.

57. **É sabido que, no plano internacional, existem as regras** das Nações Unidas para o Tratamento de Mulheres Presas e Medidas não Privativas de Liberdade para Mulheres Infratoras (Regras de Bangkok). Ainda que essas normas não apresentem força vinculante (*soft law*), têm aplicabilidade quando do tratamento das mulheres indígenas.
58. Situação tratada no art. 13, da Resolução nº 287/2019, do CNJ.
59. Prisão domiciliar na forma do art. 318-A, do CPP.
60. Oportuno citar o art. 292, parágrafo único, do CPP: É vedado o uso de algemas em mulheres grávidas durante os atos médico-hospitalares preparatórios para a realização do parto e durante o trabalho de parto, bem como em mulheres durante o período de puerpério imediato.
61. Assim dispõe o art. 9º, da Convenção nº 169, da OIT Sobre Povos Indígenas e Tribais.
62. Conforme Fernandes (2017, p. 1670), "faz-se extremamente necessária a proteção das terras por eles tradicionalmente ocupadas, bem como da sua organização social, costumes, línguas, crenças e tradições".

Resta claro que a Lei não pune o consumo de bebida pelo indígena, que é um ser livre, mas sim a conduta daquele que, dolosamente, propicia produto que causa dependência e efeitos negativos na comunidade ou entre os indivíduos não integrados.

Sujeito ativo: Qualquer pessoa.

Sujeito passivo: É o índio ou a comunidade indígena. Deve-se atentar para o fato de, no inciso III, ser sujeito passivo grupo tribal ou índio não integrado (próprio).

Elemento subjetivo: É o dolo, ou seja, a vontade e consciência de realizar os elementos do tipo. Pode ocorrer de forma direta ou eventual.

Consumação: Uma vez que os crimes em comento são formais (de resultado cortado), a consumação ocorrerá com a prática das condutas, de sorte que o resultado naturalístico representará apenas o exaurimento do delito.

Tentativa: A tentativa se mostra possível.

Classificação doutrinária: *Crime comum* (pode ser praticado por qualquer pessoa) relativamente ao sujeito ativo e próprio (o tipo exige condição especial) quanto ao sujeito passivo; *formal* (o resultado naturalístico é prescindível); *doloso* (o agente quer o resultado ou assume o risco de produzi-lo);*de forma livre* (pode ser praticado por qualquer meio de execução); *comissivo* (os verbos indicam ações); *unissubjetivo, unilateral, monossubjetivo ou de concurso eventual* (pode ser praticado por um só agente); *plurissubsistente* (admite fracionamento dos atos de execução, o que viabiliza a tentativa);*de forma livre* (admite qualquer meio de execução)*; principal* (não depende da prática de outro crime)*; de menor potencial ofensivo* (a lei comina pena máxima não superior a dois anos).

Ação Penal: Na ausência de disposição em contrário, a ação é pública incondicionada.

Pena: As reprimendas se diferenciam conforme o inciso, sendo todas de detenção.

Causa de aumento de pena: O parágrafo único apresenta a causa de aumento de pena de um terço. Será aplicável quando o delito for praticado por funcionário ou empregado do órgão de assistência ao índio.

Suspensão condicional do processo: Mostra-se pertinente a aplicação da suspensão condicional do processo, posto que a pena mínima é inferior a um ano (art. 89, da Lei 9.099/95). Evidentemente, o acusado não pode estar sendo processado ou ter sido condenado por outro crime, sendo, ainda, imprescindível a presença dos demais requisitos que autorizariam a suspensão condicional da pena, na forma do art. 77 do Código Penal.

Acordo de não persecução penal: De acordo coma redação do art. 28-A, do Código de Processo Penal (incluído pela nova Lei Federal nº 13.964/2019), se a infração penal não for cometida mediante violência ou grave ameaça à pessoa; a pena abstrata mínima ser inferior a 4 (quatro) anos e havendo confissão formal, é possível o cabimento de Acordo de Não Persecução Penal (ANPP), desde que presentes os demais requisitos para tanto.

Art. 59. No caso de crime contra a pessoa, o patrimônio ou os costumes, em que o ofendido seja índio não integrado ou comunidade indígena, a pena será agravada de um terço.

Causa de aumento de pena: O dispositivo em questão apresenta nova causa de aumento de pena correspondente a um terço, a qual será aplicada (na terceira fase da dosimetria da pena) quando o sujeito passivo for índio não integrado ou a própria comunidade indígena. Mais uma vez, o legislador faz uso de critério não agasalhado pela CF/88 para aplicação do direito.

7. DISPOSIÇÕES GERAIS

Art. 60. Os bens e rendas do Patrimônio Indígena gozam de plena isenção tributária.

Isenção tributária: Denota-se regra que apresenta isenção absoluta de tributos que incidam sobre os bens e rendas do patrimônio indígena[63].

Art. 61. São extensivos aos interesses do Patrimônio Indígena os privilégios da Fazenda Pública, quanto à impenhorabilidade de bens, rendas e serviços, ações especiais, prazos processuais, juros e custas.

Privilégios processuais: Os privilégios previstos no art. 183, do CPC, são estendidos às causas em que haja interesse ao patrimônio indígena.

63. Os conceitos de bens e rendas encontram-se previstos, respectivamente, nos arts. 39 e 43, desta Lei.

Art. 62. Ficam declaradas a nulidade e a extinção dos efeitos jurídicos dos atos de qualquer natureza que tenham por objeto o domínio, a posse ou a ocupação das terras habitadas pelos índios ou comunidades indígenas.

§ 1° Aplica-se o disposto deste artigo às terras que tenham sido desocupadas pelos índios ou comunidades indígenas em virtude de ato ilegítimo de autoridade e particular.

§ 2° Ninguém terá direito a ação ou indenização contra a União, o órgão de assistência ao índio ou os silvícolas em virtude da nulidade e extinção de que trata este artigo, ou de suas conseqüências econômicas.

§ 3° Em caráter excepcional e a juízo exclusivo do dirigente do órgão de assistência ao índio, será permitida a continuação, por prazo razoável dos efeitos dos contratos de arrendamento em vigor na data desta Lei, desde que a sua extinção acarrete graves conseqüências sociais.

Comentários: A regra ora estudada encontra semelhança com o previsto no art. 231, § 6º, da CF. As terras tradicionalmente ocupadas por índios ou comunidades indígenas[64], bens públicos de uso especial, são protegidas pelo constituinte, bem como pelas leis infraconstitucionais. Em leitura conforme a CF/88, pois, somente diante de relevante interesse público da União, segundo lei complementar, será possível mitigar a regra em apreço. Importa constar que, havendo ocupação de boa fé e benfeitorias dela derivadas, em tese, caberá indenização ou eventual ação em face da União.

Art. 63. Nenhuma medida judicial será concedida liminarmente em causas que envolvam interesse de silvícolas ou do Patrimônio Indígena, sem prévia audiência da União e do órgão de proteção ao índio.

Liminar: Extrai-se, a partir de interpretação em consonância com a CF/88, que, a fim de legitimar qualquer liminar que venha a ser proferida no bojo de um processo judicial, é devida a prévia manifestação, em audiência, da União, esta representada pela Advocacia-Geral da União[65], e da FUNAI. Não se pode olvidar que, em atenção ao art. 129, V, da CF/88, é imprescindível a atuação do Ministério Público no sentido de defender judicialmente os direitos e interesses das populações indígenas.

Art. 64 (Vetado).

Parágrafo único. (Vetado).

Art. 65. O Poder Executivo fará, no prazo de cinco anos, a demarcação das terras indígenas, ainda não demarcadas.

Demarcação das terras indígenas: O Estatuto presente estabeleceu prazo quinquenal para fins de demarcação. A CF/88, no ADCT, art. 67, impôs à União o dever de concluir citada demarcação, a partir da promulgação da Constituição, no prazo de cinco anos, norma que não foi cumprida de forma integral.

Art. 66. O órgão de proteção ao silvícola fará divulgar e respeitar as normas da Convenção 107, promulgada pelo Decreto nº 58.824, de 14 julho de 1966.

Convenção 169 da OIT: A Convenção trazida no dispositivo legal foi revogada pela Convenção 169 da OIT.

Art. 67. É mantida a Lei nº 5.371, de 5 de dezembro de 1967.

FUNAI: A Lei 5.371/67, que instituiu a Fundação Nacional do Índio, órgão indigenista oficial do Estado Brasileiro e vinculado ao Ministério da Justiça[66], foi mantida. Essa fundação pública teve, em virtude do Decreto 9.010/2017, aprovado o seu novo Estatuto.

Art. 68. Esta Lei entrará em vigor na data de sua publicação, revogadas as disposições em contrário.

Vacatio legis: Inexistiu previsão de *vacatio legis*, de sorte que o Estatuto do Índio entrou em vigor em 21.12.1973, quando publicado no DOU.

REFERÊNCIAS

ARISTÓTELES. Ética a Nicômaco. Os Pensadores – Vida e Obra. São Paulo: Abril Cultural, 1979.

64. CF. Art. 231. § 1º São terras tradicionalmente ocupadas pelos índios as por eles habitadas em caráter permanente, as utilizadas para suas atividades produtivas, as imprescindíveis à preservação dos recursos ambientais necessários a seu bem-estar e as necessárias a sua reprodução física e cultural, segundo seus usos, costumes e tradições.
65. Na forma do art. 131, da CF, à AGU incumbe a representação da União em juízo.
66. FUNAI, 2020.

DA CUNHA JR, Dirley. Curso de direito constitucional. 7 ed. Salvador: Juspodivm. 2013.

DA SILVA, Rodrigo Soares. Contravenções penais: a (excepcional) competência da Justiça Federal - Jus. com.br | Jus Navigandi. 2012. Disponível em: https://jus.com.br/artigos/21629/a-excepcional-competencia-da-justica-federal-para-o-julgamento-de-contravencoes-penais. Acesso em: 2 set. 2020.

FERNANDES, Bernardo Gonçalves. Curso de Direito Constitucional. 9. Ed. Salvador: Juspodivm, 2017.

FUNAI, Fundação Nacional do Índio. Por que demarcar? [s.d.]. Disponível em: http://www.funai.gov.br/index.php/2014-02-07-13-25-20. Acesso em: 2 set. 2020.

FUNAI, Fundação Nacional do Índio. QUEM SOMOS, FUNAI. Disponível em: http://www.funai.gov.br/index.php/quem-somos. Acesso em: 2 set. 2020.

LENZA, Pedro. Direito constitucional esquematizado. 20 ed. São Paulo: Saraiva, 2016.

MASSON, Cleber. Direito penal esquematizado - parte geral. Vol I. 7 ed. São Paulo: MÉTODO, 2013.

Parque Indígena do Xingu. In Britannica Escola. Web, 2020. Disponível em: <https://escola.britannica.com.br/artigo/Parque-Indígena-do-Xingu/483650>. Acesso em: 2 de setembro de 2020.

RAMOS, André de Carvalho. Curso de direitos humanos. 5 ed. São Paulo: Saraiva Educação, 2018.

RIBEIRO, Débora. Silvícola - Dicio, Dicionário Online de Português. 2020. Disponível em: https://www.dicio.com.br/silvicola/. Acesso em: 2 set. 2020.

VITORELLI, Edilson. Estatuto do Índio. 4 ed. Salvador: Juspodivm, 2018.

BIBLIOGRAFIA

AVENA, Norberto. Processo penal. 10 ed. São Paulo: MÉTODO, 2018.

CARVALHO FILHO, José dos Santos. Manual de Direito Administrativo. 4 ed. Salvador: Juspodivm. 2018.

CNJ, Conselho Nacional de Justiça. Resolução acusadas, rés, condenadas ou privadas de liberdade da Resolução 287 / 2019 do Conselho Nacional de Justiça. [S. l.], 2019.

CUNHA, Rogério Sanches. Manual de direito penal: parte geral. 4 ed. Salvador: Juspodivm. 2016.

CUNHA, Rogério Sanches; PINTO, Ronaldo Batista; SOUZA. Renee do Ó. Leis penais especiais: comentadas. 3. ed. Salvador: Juspodivm, 2020.

GRECO, Rogério. Curso de direito penal - Parte geral. 18 ed. Rio de Janeiro: Impetus. 2016.

JUSPODIVM. VadeMecum. 7 ed. Salvador: Juspodivm. 2020.

LIMA, Renato Brasileiro de. Manual de processo penal: volume único. 8. ed. Salvador: Juspodivm, 2020.

SILVA, José Afonso da. Curso de direito constitucional positivo .41 ed. São Paulo: Malheiros, 2018.

VILLARES, Luiz Fernando. Direito e povos indígenas. 2. ed. Curitiba: Juruá, 2009.

71

LEI DO DETETIVE PARTICULAR

Lei 13.432/17

PATRICIA CHALFUN DE MATOS FONSECA ORRIN
RUBENS SALLES PEREIRA ORRIN

CONSIDERAÇÕES PRELIMINARES

A Lei 13.432, de 11 de abril de 2017, regula o exercício da profissão de detetive particular, em conjunto com a Lei 3.099/57 e o Decreto 50.532/61[1], os quais não foram revogados expressa ou tacitamente pela Lei do Detetive Particular. A Lei do Detetive Particular é composta por 13 artigos, sendo que os artigos 1º, 2º §2º, 3º e 4º, foram vetados. Com efeito, os dispositivos em vigor preveem conceitos, deveres e direitos impostos aos detetives profissionais, os quais serão estudados com maiores detalhes, a seguir.

Vale dizer que, antes do advento da lei em comento, atividades semelhantes às dos detetives privados, já vinham sendo exercidas por entidades não estatais, tais como Sindicatos, Imprensa, Defensoria Pública, Ordem dos Advogados. Assim, a novel legislação almejou a regulamentação da investigação criminal defensiva exercida pelo detetive particular.

Sobre o tema, Renato Brasileiro[2] nos ensina que a investigação defensiva visa obter as seguintes provas: constatação de álibi ou de outras causas que apontem a inocência do investigado; identificação e localização de possíveis peritos e testemunhas; afastar a responsabilização do investigado em virtude da ação de terceiros; verificação de evidências que demonstrem a ocorrência de causas excludentes de ilicitude ou de culpabilidade; exclusão de possíveis erros de raciocínio a quem possam induzir alguns fatos; apontar eventual vulnerabilidade técnica ou material de algumas diligências efetuadas na investigação pública; análise do local e a reconstituição do crime para comprovar falha nas teses acusatórias.

Importa destacar que, o Projeto de Lei nº 156/2009 (Novo Código de Processo Penal) dispõe expressamente acerca do instituto da investigação criminal defensiva.

A seguir vamos tecer comentários sobre os artigos em vigor da Lei do Detetive Particular.

Artigo 2º. Para os fins desta Lei, considera-se detetive particular o profissional que, habitualmente, por conta própria ou na forma de sociedade civil ou empresarial, planeje e execute coleta de dados e informações de natureza não criminal, com conhecimento técnico e utilizando recursos e meios tecnológicos permitidos, visando ao esclarecimento de assuntos de interesse privado do contratante.

CONCEITO DE DETETIVE PARTICULAR

O detetive particular atua exercendo função de natureza não criminal, com o fim de esclarecer assuntos de interesse privado do contratante, que num primeiro momento, não configuram ilícitos penais, como por exemplo a infidelidade matrimo-

1. Henrique Hoffmann Monteiro de; COSTA, Adriano Sousa. Lei 13.432/2017 limitou investigação por detetive particular. Revista Consultor Jurídico, 18 abril 2017. Disponível em: https://www.conjur.com.br/2017-abr-18/academia-policia-lei-1343217-limitou-investigacao-detetive-particular. Acesso em 15 de agosto de 2020.
2. Brasileiro, Renato. *Manual de Processo Penal.* Salvador: Juspodivm, 2015, p. 188.

nial, desaparecimento de coisas, pessoas ou animais, investigação eletrônica, dentre outros.

Outrossim, o detetive particular tem a opção de atuar por conta própria ou na forma de sociedade civil ou empresarial. Entretanto, no último caso, deve registrar a sociedade civil ou empresarial na Junta Comercial do estado respectivo, na forma do artigo 1º da Lei 3.099/57, bem como na Delegacia de Polícia do local de atuação, de acordo com o artigo 1º do Decreto 50.532/61.

Outro aspecto importante é que o detetive particular, aplica seus conhecimentos técnicos, mas sua atuação é meramente complementar, ao contrário da atuação dos membros da polícia judiciária. Assim, o detetive profissional, não poderá utilizar técnicas de investigação policial como por exemplo, quebra de sigilo de dados, infiltração policial comum ou virtual, porque o detetive particular não possui poder de polícia, e consequentemente não pode impor limites a liberdade e a propriedade dos indivíduos através de suas ações.

Desta forma, a coleta de dados dos detetives não são atos administrativos, e por tal razão não possuem os atributos da discricionariedade, autoexecutoriedade e coercibilidade. Com isso, o detetive apenas poderá se valer dos recursos de pesquisa permitidos para qualquer cidadão, tais como as redes sociais, sites de órgãos públicos e privados, em locais públicos. Importa destacar que, a atividade do detetive envolve a indicação de fontes de prova (indicação de testemunha, objeto e exibição de documento), não podendo violar direitos fundamentais alheios, na forma do artigo 3º do Decreto 50.532/61, devendo respeitar o direito à intimidade, à privacidade, à honra e à imagem das pessoas.

Assim, a obtenção do meio de prova indicado pelo detive (intimação e oitiva da testemunha, apreensão e perícia na coisa e requisição de dados) é efetuada pela polícia judiciária. Conta-se que, a profissão de detetive é semelhante as funções de investigador ou perito criminal das polícias judiciárias, que respectivamente coletam provas para encontrar o autor de um crime, ou efetuam a análise científica de vestígios pela prática de infrações penais.

Entretanto, é preciso atentar para o fato de que a legislação em comento não criou a figura de investigador privado, pois a atuação do detetive particular é extrapenal. Assim, apenas os órgãos expressamente previstos em lei possuem competência para exercer as funções de segurança pública, sob pena de incursão no crime de usurpação de função pública, previsto no artigo 328 do Código Penal.

Artigo 5º O detetive particular pode colaborar com investigação policial em curso, desde que expressamente autorizado pelo contratante.

Parágrafo único. O aceite da colaboração ficará a critério do delegado de polícia, que poderá admiti-la ou rejeitá-la a qualquer tempo.

DA POSSIBILIDADE DE COLABORAÇÃO COM INVESTIGAÇÃO EM CURSO

O artigo 5º da Lei nº 13.432/2017 versa sobre à autorização do contratante e do Delegado de Polícia, para que o detetive particular contribua formalmente com a investigação policial, atividade essencial e exclusiva do Estado, executada sob a presidência do delegado de polícia (artigo 144 da CF e artigo 2º, parágrafo 1º da Lei 12.830/13). Com efeito, o responsável pelo inquérito policial é o Delegado de Polícia, que poderá conceder ou não, autorização para a participação do detetive particular.

Desta forma, a colaboração do detetive particular é admitida excepcionalmente, para indicar possíveis fontes de prova desconhecidas (testemunhas, documentos, por exemplo) bem como para auxiliar advogados e as partes. Além disso, ao instaurar o inquérito policial, já existe justa causa para o início da persecução penal e o Delegado de Polícia possui dados suficientes para iniciar as investigações, apenas admitindo a apresentação de quesitos ou o acesso a diligências inseridas no bojo do inquérito policial ao advogado das partes.

Outrossim, o detetive profissional não poderá solicitar diligências em nome do cliente, haja vista que não celebra contrato de mandato, mas sim contrato de prestação de serviços de coleta de dados, na forma dos artigos 2º e 8º da Lei 13.432/17, diferentemente do advogado que conforme artigos 653 do Código Civil e artigo 1º, II do Estatuto da Ordem dos Advogados do Brasil, pode elaborar requerimento de diligências perante a polícia judiciária.

Artigo 6º Em razão da natureza reservada de suas atividades, o detetive particular, no desempenho da profissão, deve agir com técnica, legalidade, honestidade, discrição, zelo e apreço pela verdade.

Em que pesem as restrições existentes em relação à atuação dos Detetives Privados, é importante salientar que a atividade exercida pelos mesmos deve ser pautada na legalidade, honestidade, discrição, zelo e apreço pela verdade. Para tanto, apesar da lei não exigir formação específica desse profissional, muitos dele é fazem cursos específicos na área a fim de adquirir um conhecimento teórico e técnico para solucionar os casos.

Desta forma, os Detetives Particulares são profissionais que atuam no campo privado, visando o lucro e exercendo serviços específicos, conforme as necessidades dos seus clientes.

Artigo 7º O detetive particular é obrigado a registrar em instrumento escrito a prestação de seus serviços.

Artigo 8º O contrato de prestação de serviços do detetive particular conterá:

I - qualificação completa das partes contratantes;

II - prazo de vigência;

III - natureza do serviço;

IV - relação de documentos e dados fornecidos pelo contratante;

V - local em que será prestado o serviço;

VI - estipulação dos honorários e sua forma de pagamento.

Parágrafo único. É facultada às partes a estipulação de seguro de vida em favor do detetive particular, que indicará os beneficiários, quando a atividade envolver risco de morte.

DO CONTRATO DE PRESTAÇÃO DE SERVIÇOS

Um aspecto inovador e extremamente positivo diz respeito a regulamentação do contrato de prestação de serviços do detetive particular, nos artigos 7º e 8º da lei em comento.

O artigo 7º dispõe sobre a obrigação do detetive particular registrar em instrumento escrito a prestação de seus serviços. Vale lembrar que caso opte em adotar a forma societária, deve registrar a sociedade civil ou empresarial na Junta Comercial do estado respectivo, na forma do artigo 1º da Lei 3.099/57, bem como na Delegacia de Polícia do local de atuação, de acordo com o artigo 1º do Decreto 50.532/61.

O artigo 8º regula a forma do contrato de prestação de serviços que deve conter obrigatoriamente: a qualificação completa, natureza dos dados coletados (se não criminais ou criminais), local de coleta de dados, prazo de vigência, relação de documentos e dados fornecidos pelo contratante e estipulação de honorários com a consequente forma de pagamento.

Henrique Hoffman e Adriano Costa[3] denominam o referido documento de "*termo de colaboração particular circunstanciada*", que, segundo os doutrinadores, possuem as seguintes características: "termo de colaboração é a autorização escrita do delegado de polícia para que o detetive auxilie a polícia judiciária provendo elementos mínimos iniciais; particular, pois o detetive atua em caráter privado, preservando a oficialidade da investigação criminal e a presidência do procedimento policial nas mãos do delegado de polícia (sem qualquer protagonismo do prestador de serviço); circunstanciada, já que a atuação do detetive deve ser especificada do modo mais detalhado possível. É restrita, não podendo o detetive participar diretamente de diligência policial (artigo 10, IV) e só podendo realizar pesquisas disponíveis a qualquer cidadão, sem imperatividade e sem atingir direitos fundamentais alheios (artigo 11, II e artigo 3º do Decreto 50.532/61)".

Outro aspecto importante é a necessidade de o instrumento prever expressamente, o local onde o serviço deverá ser prestado, tal regra corrobora com o artigo 1º do Decreto 50.532/61, que exige também o registro na Delegacia do local dos fatos.

Além disso, é facultada às partes a estipulação de seguro de vida em favor do detetive particular, que deverá indicar os beneficiários, quando a atividade envolver risco de morte. Desta forma, os Detetives Privados devem examinar muito bem o local em que vão trabalhar para que não coloquem sua integridade física em risco. Assim, nos locais considerados perigosos, os Detetives Privados devem avaliar o grau do risco a ser suportado e em caso de atuação, deixar pactuado o seguro de vida. Importa destacar que caso a atuação do detetive envolva crime violento, poderá renunciar ao serviço contratado face ao risco à sua integridade física ou moral, na forma do artigo 12, III da lei em comento. Ademais, importa destacar que a lei concedeu porte de arma de fogo ao detetive.

3. Henrique Hoffmann Monteiro de; COSTA, Adriano Sousa. Lei 13.432/2017 limitou investigação por detetive particular. Revista Consultor Jurídico, 18 abril 2017. Disponível em: https://www.conjur.com.br/2017-abr-18/academia-policia-lei--1343217-limitou-investigacao-detetive-particular. Acesso em 19 de agosto de 2020.

Artigo 9º Ao final do prazo pactuado para a execução dos serviços profissionais, o detetive particular entregará ao contratante ou a seu representante legal, mediante recibo, relatório circunstanciado sobre os dados e informações coletados, que conterá:

I - os procedimentos técnicos adotados;

II - a conclusão em face do resultado dos trabalhos executados e, se for o caso, a indicação das providências legais a adotar;

III - data, identificação completa do detetive particular e sua assinatura.

DO RELATÓRIO CIRCUNSTANCIADO

O artigo 9º da Lei do Detetive trata da obrigação de fazer consistente na elaboração do relatório circunstanciado, ao final do prazo estipulado para concretização dos serviços profissionais.

O relatório deverá conter os procedimentos técnicos adotados tais como, recursos tecnológicos (câmeras de alta qualidade, atuação disfarçada, instalação de rastreadores em veículos, uso de microgravadores nos ambientes, condução de drones para filmagens). Vale lembrar que o detetive apenas poderá utilizar recursos permitidos aos demais cidadãos, sob pena de cometer crimes tais como o delito de interceptação telefônica clandestina, previsto no artigo 10 da Lei 9.296/96, ou a violação de domicílio, na forma do artigo 150 do Código Penal.

Na sequência, deverá conter a conclusão em face do resultado dos trabalhos executados e, se for o caso, a indicação das providências legais a adotar. Por fim, colocação da data, identificação completa do detetive particular e sua assinatura.

Cita-se por oportuno que, a lei não instituiu carteira de identidade profissional ao detetive particular, apesar dessa possibilidade ter sido ventilada na versão inicial do projeto de lei.

Após esses detalhamentos, o detetive particular entregará ao contratante ou a seu representante legal, mediante recibo, relatório circunstanciado sobre os dados e informações coletados.

Assim sendo, o relatório previsto no artigo 9º não é anexado ao inquérito policial, pois configura mera prestação de contas do serviço realizado, e portanto, não há qualquer relação com o relatório final apresentado pela Autoridade Policial, ao final das investigações policiais.

Artigo 10 É vedado ao detetive particular:

I - aceitar ou captar serviço que configure ou contribua para a prática de infração penal ou tenha caráter discriminatório;

II - aceitar contrato de quem já tenha detetive particular constituído, salvo:

a) com autorização prévia daquele com o qual irá colaborar ou a quem substituirá;

b) na hipótese de dissídio entre o contratante e o profissional precedente ou de omissão deste que possa causar dano ao contratante;

III - divulgar os meios e os resultados da coleta de dados e informações a que tiver acesso no exercício da profissão, salvo em defesa própria;

IV - participar diretamente de diligências policiais;

V - utilizar, em demanda contra o contratante, os dados, documentos e informações coletados na execução do contrato.

DAS PROIBIÇÕES

O artigo 10º versa sobre as vedações no exercício da profissão de detetive particular. Como regra, o detetive opera em casos penalmente atípicos, motivo pelo qual a lei vedou a atuação deste profissional em situações que configurem ou contribuam para a prática de infrações penais.

Além disso, o detetive não pode violar direitos fundamentais dos cidadãos, na forma do artigo 3º do Decreto 50.532/61, nem aceitar ou captar serviços que tenham caráter discriminatório.

No tocante ao contrato, é importante destacar que o detetive particular não poderá aceitar serviços de quem já tenha outro colega de profissão constituído, salvo se houver autorização prévia daquele com o qual irá colaborar ou a quem substituirá; ou na hipótese de dissídio entre o contratante e o profissional precedente ou ainda em caso de omissão detetive contratado que possa causar dano ao contratante.

Quanto aos meios e os resultados da coleta de dados e informações a que o detetive tiver acesso, no exercício da profissão, apenas se admite a divulgação, em caso de defesa própria. Ou seja, em regra é proibida a divulgação para terceiros, de dados obtidos pelo detetive particular. Também não poderá utilizar, em demanda contra o contratante, os dados, documentos e informações coletados na execução do contrato.

Outro ponto de relevo é a proibição da participação direta do detetive particular em diligências policiais, como por exemplo cumprimento de mandado de prisão, demonstrando mais uma vez que a intenção da lei é promover uma colaboração complementar deste profissional. Nesse sentido, não prosperou a redação original do Projeto de Lei 1.211/11, que permitia a realização da investigação criminal pelo detetive profissional, através de diligências tais como relatórios de investigações privadas, contendo análises, descrições, croquis, gráficos, fotografias, filmes e gravações magnéticas, alusivos a fatos típicos ou não.

Artigo 11º São deveres do detetive particular:

I - preservar o sigilo das fontes de informação;

II - respeitar o direito à intimidade, à privacidade, à honra e à imagem das pessoas;

III - exercer a profissão com zelo e probidade;

IV - defender, com isenção, os direitos e as prerrogativas profissionais, zelando pela própria reputação e a da classe;

V - zelar pela conservação e proteção de documentos, objetos, dados ou informações que lhe forem confiados pelo cliente;

VI - restituir, íntegro, ao cliente, findo o contrato ou a pedido, documento ou objeto que lhe tenha sido confiado;

VII - prestar contas ao cliente.

DOS DEVERES

O artigo 11º da lei em comento, possui oito incisos que versam sobre os deveres a serem cumpridos pelo detetive particular no exercer da profissão.

No que concerne ao dever de preservação do sigilo da fonte de informação, devemos ter em mente o fato de que o exercício da atividade do detetive profissional é de natureza investigativa, e como tal protege-se o direito de não revelar a origem dos dados ou das notícias que veiculadas. Partindo dessa premissa, o detetive não pode ser obrigado a informar o nome da pessoa (mostrar a identidade), nem a oferecer documentos (ou até gravações ou fotografias, que revelem a origem de uma informação).

Na sequência, o artigo 11, em seu inciso II, proclama o respeito à intimidade, à privacidade, à honra e à imagem das pessoas. Constata-se a imposição do dever de não violar direitos fundamentais, no exercício da atividade profissional do detetive particular. De fato, o artigo 5º, inciso X da Constituição Federal, prevê que são invioláveis intimidade, a vida privada, à honra e à imagem das pessoas, e, portanto, impõe um dever de abstenção para todos os cidadãos.

Igual tratamento é despendido as informações que lhe forem confiados pelo cliente, a conservação e proteção de documentos, objetos, dados.

Ademais, o detetive particular tem o dever de exercer a profissão com zelo e probidade, defender, com isenção, os direitos e as prerrogativas profissionais, zelando pela própria reputação e a da classe.

Outro ponto importante é o dever de restituir, íntegro, ao cliente, findo o contrato ou a pedido, documento ou objeto que lhe tenha sido confiado, bem como o dever de prestar contas ao cliente.

Artigo 12º São direitos do detetive particular:

I - exercer a profissão em todo o território nacional na defesa dos direitos ou interesses que lhe forem confiados, na forma desta Lei;

II - recusar serviço que considere imoral, discriminatório ou ilícito;

III - renunciar ao serviço contratado, caso gere risco à sua integridade física ou moral;

IV - compensar o montante dos honorários recebidos ou recebê-lo proporcionalmente, de acordo com o período trabalhado, conforme pactuado;

V - (VETADO);

VI - reclamar, verbalmente ou por escrito, perante qualquer autoridade, contra a inobservância de preceito de lei, regulamento ou regimento;

VII - ser publicamente desagravado, quando injustamente ofendido no exercício da profissão.

DOS DIREITOS

O artigo 12º apresenta os direitos conferidos aos detetives profissionais.

Cita-se por oportuno que numa primeira leitura, aparentemente encontramos uma dicotomia entre os artigos 8º, V e 12, I. Entretanto, os referidos dispositivos legais se completam, pois apesar da atuação do detetive ser exercida territorialmente, isto é, na forma da clausula contratual que prevê o local em que será prestado o serviço (artigo 8º, V), o exercício da profissão em todo o território nacional é efetuado na forma da lei em comento.

Outrossim, o detetive particular tem direito a recusar serviço que considere imoral, discriminatório ou ilícito, bem como renunciar ao serviço contratado, caso gere risco à sua integridade física ou moral.

No que concerne ao contrato de prestação de serviços, o detetive poderá compensar o montante dos honorários recebidos ou recebê-lo proporcionalmente, de acordo com o período trabalhado, conforme pactuado.

Outro aspecto importante acerca dos direitos conferidos aos detetives, é a possibilidade de reclamar, verbalmente ou por escrito, perante qualquer autoridade, contra a inobservância de preceito de lei, regulamento ou regimento.

Por fim, o detetive profissional poderá ser publicamente desagravado, quando injustamente ofendido no exercício da profissão.

BIBLIOGRAFIA

ANDRADE, Andressa Paula de; ÁVILA, Gustavo Noronha de. 'Sherlock Holmes' no processo penal brasileiro? Lineamentos sobre a lei 13.432 de 11 de abril de 2017 e a investigação criminal defensiva. Boletim IBCCRIM - Instituto Brasileiro de Ciências Criminais. Ano 25, nº 296, julho/2017.

Brasileiro, Renato. *Manual de Processo Penal.* Salvador: Juspodivm, 2015.

Henrique Hoffmann Monteiro de; COSTA, Adriano Sousa. Lei 13.432/2017 limitou investigação por detetive particular. Revista Consultor Jurídico, 18 abril 2017.

MACHADO, André Augusto Mendes. Investigação criminal defensiva. São Paulo: Revista dos Tribunais, 2010.

ZANOTTI, Bruno Taufner; SANTOS, Cleopas Isaías. Os limites e as possibilidades da investigação particular: as relevantes repercussões da Lei nº 13.432/17 na investigação criminal. Empório do direito, 6 maio 2017.

72

LEI DO SIGILO FINANCEIRO

Lei Complementar 105/01

ANTÔNIO FLÁVIO ROCHA FREIRE
WILLIAM GARCEZ

1. QUEBRA DO SIGILO ILEGALMENTE

> **Art. 10. A quebra de sigilo, fora das hipóteses autorizadas nesta Lei Complementar, constitui crime e sujeita os responsáveis à pena de reclusão, de um a quatro anos, e multa, aplicando-se, no que couber, o Código Penal, sem prejuízo de outras sanções cabíveis.**

Verbo nuclear do tipo: *Quebrar sigilo* (dar publicidade a informações protegidas por sigilo).

Objeto jurídico: Intimidade e vida privada.

Objeto material: Dados protegidos por sigilo.

Elemento subjetivo: É o dolo. Não se admite a modalidade culposa por falta de previsão legal.

Sujeito ativo: Qualquer pessoa.

Sujeito passivo: Pessoa protegida pelo sigilo.

Crime instantâneo: O crime se consuma no momento em que dá publicidade às informações protegidas por sigilo.

Elemento normativo: Consta nas expressões *fora das hipóteses autorizadas nesta Lei Complementar*, caso em que excluirá a ilicitude do comportamento.

Tentativa: Punida conforme art. 14, II do Código Penal.

Classificação doutrinária: *Crime comum* (pode ser praticado por qualquer pessoa); *material* (há previsão de resultado naturalístico e ele é imprescindível para sua consumação); *de perigo abstrato* (o perigo gerado pela conduta é presumido pela lei); *de forma livre* (pode ser praticado por qualquer meio de execução); *comissivo* (os verbos indicam ações); *instantâneo* (a consumação se dá em um momento específico); *unissubjetivo ou de concurso eventual* (pode ser praticado por um só agente); *plurissubsistente* (admite fracionamento dos atos de execução).

Competência para julgamento: Em regra, a competência para julgamento será da Justiça Estadual. Será de competência da Justiça Federal quando envolver bem jurídico previsto no art. 109 da CF/88.

Ação Penal: Processado por meio de ação penal pública incondicionada.

Acordo de Não Persecução Penal: Se enquadra no chamado *espaço de consenso* ou *justiça negociada* no processo penal, ao lado da transação penal e da suspensão condicional do processo. Conforme redação do novo art. 28-A do Código de Processo Penal (incluído pela Lei nº 13.964/19), é possível a celebração do acordo de não persecução penal quando a infração penal não for praticada com violência ou grave ameaça e tiver pena mínima inferior a 4 (quatro) anos. Dessa forma, é cabível o acordo de não persecução penal à infração penal em tela, obedecidos os demais requisitos.

Praticado por servidor público: O servidor público que utilizar ou viabilizar a utilização de qualquer informação obtida em decorrência da quebra de sigilo de que trata esta Lei Complementar, responde pessoal e diretamente pelos danos decorrentes, sem prejuízo da responsabilidade objetiva da entidade pública, quando comprovado que o servidor agiu de acordo com orientação oficial (Art. 11).

Acesso a informações protegidas por sigilo bancário e fiscal pelas autoridades fiscais e tributárias sem a necessidade de autorização judicial (art. 6º): As autoridades e os agentes fiscais tributários da União, dos Estados, do Distrito Federal e dos Municípios poderão examinar documentos, livros e registros de instituições financeiras, inclusive os referentes a contas de depósitos e aplicações financeiras, quando houver processo administrativo instaurado ou procedimento fiscal em curso, sem a necessidade de autorização judicial, e tais exames sejam considerados indispensáveis pela autoridade administrativa competente.

O tema sofreu, recentemente, controle de constitucionalidade para verificar sua compatibilidade com a Constituição Federal de 1988, através da ADI nº 2390/DF, ADI nº 2386/DF, ADI nº 2397/DF e ADI nº 2859/DF. Ficou decido pela constitucionalidade do art. 6º da Lei Complementar nº 105/01, permitindo ao fisco ter acesso às informações protegidas por sigilo bancário ou fiscal sem a necessidade de intervenção do Poder Judiciário, desde que seja para instruir processo administrativo ou fiscal. Ficou assentado que as informações obtidas pelo fisco não podem instruir processo criminal, somente processo administrativo, dessa forma, as autoridades policiais e o Ministério Público necessitam de autorização judicial para utilizarem de tais informações.

2. PRESTAR INFORMAÇÕES FALSAS

> **Art. 10...**
>
> **Parágrafo único. Incorre nas mesmas penas quem omitir, retardar injustificadamente ou prestar falsamente as informações requeridas nos termos desta Lei Complementar.**

Verbo nuclear do tipo: *Omitir* (deixar de agir ou de se manifestar); *retardar injustificadamente* (atuar forma morosa sem justificativa); *prestar falsamente informações* (repassar informações que não correspondem com a verdade).

Objeto jurídico: Administração da justiça.

Objeto material: Informações requeridas.

Elemento subjetivo: É o dolo. Não se admite a modalidade culposa por falta de previsão legal.

Sujeito ativo: Pessoa responsável por compartilhar as informações.

Sujeito passivo: A coletividade.

Crime instantâneo: Consuma-se no momento em que *prestar falsamente informações.*

Crime Permanente: Consumação ocorrerá durante todo o momento em que estiver omitindo ou retardando injustificadamente as informações requeridas.

Elemento normativo: consta na expressão *nos termos desta Lei Complementar,* caso em que excluirá a ilicitude do comportamento.

Tentativa: Punida conforme art. 14, II do Código Penal apenas na modalidade *prestar falsamente informações.*

Classificação doutrinária: *Crime próprio* (somente pode ser praticado por quem tem qualidade especial); *material* (há previsão de resultado naturalístico e ele é imprescindível para sua consumação); *de perigo abstrato* (o perigo gerado pela conduta é presumido pela lei); *de forma livre* (pode ser praticado por qualquer meio de execução); *comissivo* na modalidade *prestar falsamente informações* (os verbos indicam ações); *omissivo* nas modalidades *omitir* e *retardar injustificadamente* (os verbos indicam uma inação); *instantâneo* na modalidade *prestar falsamente informações* (a consumação se dá em um momento específico); *permanente* nas modalidades *omitir* e *retardar injustificadamente* (a consumação se protrai no tempo); *unissubjetivo ou de concurso eventual* (pode ser praticado por um só agente); *plurissubsistente* na modalidade *prestar falsamente informações* (admite fracionamento dos atos de execução); *unissibisistente* nas modalidades *omitir* e *retardar injustificadamente* (não admite fracionamento dos atos de execução).

Competência para julgamento: Em regra, a competência para julgamento será da Justiça Estadual. Será de competência da Justiça Federal quando envolver bem jurídico previsto no art. 109 da CF/88.

Ação Penal: Processado por meio de ação penal pública incondicionada.

Acordo de Não Persecução Penal: Se enquadra no chamado *espaço de consenso* ou *justiça negociada* no processo penal, ao lado da transação penal e da suspensão condicional do processo. Conforme redação do novo art. 28-A do Código de Processo Penal (incluído pela Lei nº 13.964/19), é possível a celebração do acordo de não persecução penal quando a infração penal não for praticada com violência ou grave ameaça e tiver pena mínima inferior a 4 (quatro) anos. Dessa forma, é cabível o acordo de não persecução penal à infração penal em tela, obedecidos os demais requisitos.

Praticado por servidor público: O servidor público que utilizar ou viabilizar a utilização de qualquer informação obtida em decorrência da quebra de sigilo de que trata esta Lei Complementar responde pessoal e diretamente pelos danos decorrentes, sem prejuízo da responsabilidade objetiva da entidade pública, quando comprovado que o servidor agiu de acordo com orientação oficial (Art. 11).

Torres de vigia: Consiste nas pessoas jurídicas, públicas ou privadas, que possuem a incumbência legal de informar às autoridades competentes qualquer movimentação financeira em que houver suspeita quanto a sua ilicitude.

Quando, no exercício de suas atribuições, o Banco Central do Brasil e a Comissão de Valores Mobiliários verificarem a ocorrência de crime definido em lei como de ação pública, ou indícios da prática de tais crimes, informarão ao Ministério Público, juntando à comunicação os documentos necessários à apuração ou comprovação dos fatos (art. 9º). A comunicação de que trata este artigo será efetuada pelos Presidentes do Banco Central do Brasil e da Comissão de Valores Mobiliários, admitida delegação de competência, no prazo máximo de quinze dias, a contar do recebimento do processo, com manifestação dos respectivos serviços jurídicos.

REFERÊNCIAS BIBLIOGRÁFICAS

BARBOSA, Ruchester Marreiros. **HOFFMANN**, Henrique. Medidas Protetivas de Urgência e Poder Geral de Cautela do Delegado. Polícia Judiciária no Estado de Direito. Rio de Janeiro: Lumen Juris, 2017, p. 88-89.

73

LEI GERAL DE PROTEÇÃO DE DADOS PESSOAIS (LGPD)

Lei 13.709/2018

EVERSON APARECIDO CONTELLI

1. LEI Nº 13.709, DE 14 DE AGOSTO DE 2018

Art. 1º Esta Lei dispõe sobre o tratamento de dados pessoais, inclusive nos meios digitais, por pessoa natural ou por pessoa jurídica de direito público ou privado, com o objetivo de proteger os direitos fundamentais de liberdade e de privacidade e o livre desenvolvimento da personalidade da pessoa natural.

Parágrafo único. As normas gerais contidas nesta Lei são de interesse nacional e devem ser observadas pela União, Estados, Distrito Federal e Municípios. (Incluído pela Lei nº 13.853, de 2019)

Comentários: Em consonância com a Carta dos Direitos Fundamentais da União Europeia, com o Tratado sobre o Funcionamento da União Europeia e com a Constituição Federal de 1.988 no que tange à efetiva proteção dos direitos fundamentais de liberdade, privacidade e de livre desenvolvimento da personalidade da pessoa natural, conceitos e prospectivas do Marco Civil da *Internet* e da Lei do Cadastro Positivo são sistematizados pela LGPD, Legislação que inova, de forma objetiva, acerca do adequado, proporcional, transparente e necessário tratamento de dados pessoais, inclusive nos meios digitais, por pessoa natural ou por pessoa jurídica de direito público ou privado.

Note-se que é chamado à responsabilidade o Poder Público. As normas gerais contidas nesta Lei são de interesse nacional e devem ser observadas pela União, Estados, Distrito Federal e Municípios, disposição prevista tão-somente no inserido parágrafo único do art. 1° da LGPD, pela Lei nº 13.853, de 2019.

Sob o ponto de vista jurídico-penal há uma importante mensagem, inclusive no que tange à politica criminal, às políticas públicas e escolha adequada dos comportamentos indesejados pelo Estado que, no momento adequado, eventualmente, poderá ser instado para dialogar sobre condutas e tipos penais, de *lege ferenda*.

Mas o livre tratamento e fluxo de dados pessoais domésticos e entre fronteiras, o denominado *free data flow*, ao mesmo tempo em que é motivo de preocupação sob o ponto de vista do Regulamento Geral de Proteção de Dados Pessoais Europeu n. 679, aprovado em 27 de abril de 2016 (GDPR), abre espaço para uma outra discussão, qual seja, até que ponto esse controle não constituirá barreiras tarifárias na nova economia digital?

Com efeito, o âmbito de debate, inclusive para uma análise criminal, uma vez mais retoma o tema que perpassa pelo Direito Penal Econômico. Inevitável decorrência de um modo de negócio digital, do seu fluxo nacional e internacional de dados, aspecto da globalização, da *internet* das coisas e das imediatas consequências que se avizinham com a revolução digital. Esse é o ponto a fixar para fins de uma eventual interpretação histórica.

Note-se que a disciplina da proteção de dados pessoais tem como fundamentos o respeito à privacidade; a autodeterminação informativa; a liberdade de expressão, de informação, de comunicação e de opinião; a inviolabilidade da intimidade, da honra e da imagem; o desenvolvimento econômico e tecnológico e a inovação e a livre iniciativa, a livre concorrência e a defesa do consumidor; e os direitos humanos, o livre desenvolvimento da personalidade, a dignidade e o exercício da cidadania pelas pessoas naturais.

Relação da LGPD e o sistema de justiça criminal: A *persecutio criminis*, como exercício do monopólio estatal de aplicação da lei penal, nas atividades de persecução desenvolvidas tanto na primeira fase, quanto na segunda, evidencia obviamente um ambiente extremamente conflituoso, vale dizer, é o direito fundamental de liberdade em contraposição ao direito de manutenção da segurança pública. Um aparente conflito de princípios superado pelas lições de direitos fundamentais de Alexy e sua reveladora relatividade dos mandamentos deônticos e substantivação dos direitos.

Ainda que superado sob o ponto de vista epistemológico, no Brasil principalmente, prepondera a quase completa ausência de diálogo da persecução criminal, infelizmente, senão com algumas janelas como a presente tendência de aplicação de justiça negocial e restaurativa, a exemplo da expansão gradual da colaboração premiada e da mediação e conciliação no aspecto criminal, como tem ocorrido com a transação penal da Lei 9.099/1995 e com o termo de composição preliminar na fase de investigação, a partir da Lei de Mediação Lei 13.140/2016 e Lei 9.099/1995 .

Afora eventos pontuais, o sistema de justiça criminal, na prática, é absolutamente conflituoso. Embora em alguns aspectos imprescindível sim essa conflituosidade, como na aplicação da pena privativa de liberdade, na interceptação telefônica e coleta de dados telemáticos. É uma conflituosidade necessária, sempre que observado o devido processo penal, até mesmo em sua dimensão material. Conflituosidade que não pode prejudicar a eficiência do sistema de justiça ou do hígido e ético funcionamento da segurança pública de um país.

Desse modo, durante o ciclo de vida do uso da informação a atividade de Polícia Judiciária com muita frequência realiza tratamento de dados, inclusive submetidos a processos de anonimização ou pseudonimização, analisa juridicamente o conflito, ou o aparente conflito e alcança sim informações de bancos de dados, também digitais e informações sensíveis para a produção do conhecimento em segurança publica e, mediante ordem judicial, ordem do promotor de justiça ou do delegado de polícia, a depender do tipo de dado, produz conhecimento que se consubstanciam em investigações policiais.

Nessas atividades, quando realizadas de forma proporcional e ética, vale dizer, sem violação ou confronto a direito fundamental, a despeito da relativização de aspectos da privacidade e intimidade, o operador do direito se depara com este relevante mundo dos dados. Atualmente não há investigação criminal que não perpasse pelo aspecto cibernético, daí dentre as diversas nomenclaturas, a identificação dos *crimes cibernéticos*. Desde uma simples injúria, passando por um homicídio, latrocínio, extorsão mediante sequestro, atualmente, ou o tipo penal tem parte do *iter criminis* que o desloca para a conceituação de crime cibernético ou mesmo, sob o ponto de vista probatório, ainda que não identificado como *crime cibernético*, relevantes aspectos da produção probatória envolvem banco de dados digitais.

Dentro dessa conceituação a LGPD interfere tanto no direito material, quanto no direito processual penal e, ademais, decorrência de ambos, pode interferir na produção do conhecimento de segurança pública ou de saúde pública, como exemplos. Interferindo no aspecto material, pontua-se sua relevância para os tipos penais previstos no Código de Defesa do Consumidor.

É fundamento da proteção de dados pessoais a defesa do consumidor (Art. 2º, inciso VI, parte final, da LGPD). Nesse aspecto, sob o recorte criminal, a LGPD vai ao encontro, ou constitui até mesmo um complemento normativo da lei penal incriminadora, da lei penal imperfeita, como na descrição legal do Art. 72 da Lei 8.078/1990 que estabelece o tipo penal de impedir ou dificultar o acesso do consumidor às informações que sobre ele conste em cadastros, banco de dados, fichas e registros, com pena de detenção de seis meses a um ano ou multa e no art. 73 do diploma consumerista ao estabelecer responsabilidade penal ao sujeito ativo que deixar de corrigir imediatamente informação sobre consumidor constante de cadastro, banco de dados, fichas ou registros que sabe ou deveria saber ser inexata, com pena de detenção de um a seis meses ou multa.

Obviamente estas primeiras anotações, ainda sob a ausência de diálogo entre Congresso Nacional e Poder Executivo nessa malfadada e histórica discussão – vigência de determinados dispositivos –, não tem o propósito de esgotar a repercussão da LGPD no sistema de justiça criminal, mas tão somente apresentar alguns caminhos ou levantar reflexões sobre as repercussões da LGPD e Direito Penal, Processual Penal e na produção de conhecimento em segurança pública.

LGPD e atividades de investigação e repressão de infrações penais: A LGPD não se aplica ao tratamento de dados pessoais realizado para fins exclusivos de segurança pública; defesa nacional; segurança do Estado; ou atividades de investigação e repressão de infrações penais, como previsto no art. 4º, inciso III, da LGPD. Não é uma lei voltada à proteção de dados na investigação criminal, o que não é o mesmo que afirmar que as disposições normativas da LGPD não são aplicáveis à investigação e instrução processual penal.

Aplicabilidade das disposições da LGPD e investigação policial: Desde a edição do Código de Processo Penal, até mesmo passando pela vigência da lei de intercepções telefônicas e telemáticas, o legislador nunca se preocupou em regrar ou apresentar balizas conceituais seguras para o procedimento de investigação policial, tendência que somente se altera nos últimos 20 anos no Brasil. Com destaque leis que tratam de técnicas investigativas, como a Lei de Organização Criminosa, Lei de Lavagem, dentre outras que seguem esta moderna tendência de controle da criminalidade de massa e organizada, levando para o texto legal, disposições sobre investigação criminal ou sobre técnicas de investigação. Basta lembrar o que ocorreu no Brasil com a colaboração premiada. O tema era tão distante de uma sistematização que até parece que a previsão inicial da colaboração ocorre pós Lei de Crime Organizado.

Quando se analisa acesso a dados, muitos telemáticos, inevitável, de alguma maneira, com aplicação direta ou mesmo indireta, de conceitos extraídos da lei de interceptação, ou mesmo de coleta e apreensão. Contudo, essa coleta de dados e consequente tratamento é realizada sem a segurança jurídica necessária para os operadores do direito que produzem a prova e a entregam para o sistema acusatório distribuí-la à acusação e defesa. Daí as reiteradas decisões anulando processos penais.

Sob esse aspecto, para além de interferir em complementos normativos do direito material, a despeito da vedação legal, nos parece impossível concluir que a LGPD afasta por completo seu campo de incidência normativo no sistema de justiça criminal.

Conceitos básicos como o que é um banco de dados; agentes de tratamento; consentimento, dentre outros serão utilizados por analogia; interpretação analógica (quando previsto na lei penal) ou mesmo como interpretação teleológica a partir dos conceitos da LGPD.

Por paradoxal, a Autoridade Nacional (art. 4º, §3º, da LGPD) emitirá opiniões técnicas ou recomendações referentes às exceções como investigação policial e deverá solicitar aos responsáveis relatórios de impacto à proteção de dados pessoais. Mas o pressuposto. Quem é Autoridade Nacional? E seu contexto de política criminal, senão aquela que for explicitada a partir da legislação complementar à LGPD.

O tratamento de dados pessoais relacionados à investigação policial, nos termos do (§2º do art. 4º da LGPD) será regido por legislação específica, que deverá prever medidas proporcionais e estritamente necessárias ao atendimento do interesse público, observados o devido processo legal, os princípios gerais de proteção e os direitos do titular previstos nesta Lei.

Com efeito, doravante, até que condutas sejam tidas como indesejadas pelo Estado e quiçá desenhada e construída legislação penal que trate sobre o tema, desde que de forma adequada, proporcional e a partir de intervenção mínima, de tipos penais específicos, o operador do sistema de justiça criminal terá que conviver com aspectos reflexos da LGPD no direito material penal e com aspectos reflexos e mesmo diretos na produção probatória do Processo Penal brasileiro.

2. CONCEITOS LEGISLATIVOS

Art. 5º Para os fins desta Lei, considera-se:

I - dado pessoal: informação relacionada a pessoa natural identificada ou identificável;

II - dado pessoal sensível: dado pessoal sobre origem racial ou étnica, convicção religiosa, opinião política, filiação a sindicato ou a organização de caráter religioso, filosófico ou político, dado referente à saúde ou à vida sexual, dado genético ou biométrico, quando vinculado a uma pessoa natural;

III - dado anonimizado: dado relativo a titular que não possa ser identificado, considerando a utilização de meios técnicos razoáveis e disponíveis na ocasião de seu tratamento;

IV - banco de dados: conjunto estruturado de dados pessoais, estabelecido em um ou em vários locais, em suporte eletrônico ou físico;

V - titular: pessoa natural a quem se referem os dados pessoais que são objeto de tratamento;

VI - controlador: pessoa natural ou jurídica, de direito público ou privado, a quem competem as decisões referentes ao tratamento de dados pessoais;

VII - operador: pessoa natural ou jurídica, de direito público ou privado, que realiza o tratamento de dados pessoais em nome do controlador;

VIII - encarregado: pessoa natural, indicada pelo controlador, que atua como canal de comunicação entre o controlador e os titulares e a autoridade nacional;

VIII - encarregado: pessoa indicada pelo controlador e operador para atuar como canal de comunicação entre o controlador, os titulares dos dados e a Autoridade Nacional de Proteção de Dados (ANPD); (Redação dada pela Lei nº 13.853, de 2019)

IX - agentes de tratamento: o controlador e o operador;

X - tratamento: toda operação realizada com dados pessoais, como as que se referem a coleta, produção, recepção, classificação, utilização, acesso, reprodução, transmissão, distribuição, processamento, arquivamento, armazenamento, eliminação, avaliação ou controle da informação, modificação, comunicação, transferência, difusão ou extração;

XI - anonimização: utilização de meios técnicos razoáveis e disponíveis no momento do tratamento, por meio dos quais um dado perde a possibilidade de associação, direta ou indireta, a um indivíduo;

XII - consentimento: manifestação livre, informada e inequívoca pela qual o titular concorda com o tratamento de seus dados pessoais para uma finalidade determinada;

XIII - bloqueio: suspensão temporária de qualquer operação de tratamento, mediante guarda do dado pessoal ou do banco de dados;

XIV - eliminação: exclusão de dado ou de conjunto de dados armazenados em banco de dados, independentemente do procedimento empregado;

XV - transferência internacional de dados: transferência de dados pessoais para país estrangeiro ou organismo internacional do qual o país seja membro;

XVI - uso compartilhado de dados: comunicação, difusão, transferência internacional, interconexão de dados pessoais ou tratamento compartilhado de bancos de dados pessoais por órgãos e entidades públicos no cumprimento de suas competências legais, ou entre esses e entes privados, reciprocamente, com autorização específica, para uma ou mais modalidades de tratamento permitidas por esses entes públicos, ou entre entes privados;

XVII - relatório de impacto à proteção de dados pessoais: documentação do controlador que contém a descrição dos processos de tratamento de dados pessoais que podem gerar riscos às liberdades civis e aos direitos fundamentais, bem como medidas, salvaguardas e mecanismos de mitigação de risco;

XVIII - órgão de pesquisa: órgão ou entidade da administração pública direta ou indireta ou pessoa jurídica de direito privado sem fins lucrativos legalmente constituída sob as leis brasileiras, com sede e foro no País, que inclua em sua missão institucional ou em seu objetivo social ou estatutário a pesquisa básica ou aplicada de caráter histórico, científico, tecnológico ou estatístico; e (Redação dada pela Lei nº 13.853, de 2019)

XIX - autoridade nacional: órgão da administração pública responsável por zelar, implementar e fiscalizar o cumprimento desta Lei em todo o território nacional. (Redação dada pela Lei nº 13.853, de 2019)

Comentários: Não há dúvidas de que sob o ponto de vista hermenêutico ou até mesmo de aplicação da lei penal, os conceitos oriundos da fonte autêntica atuarão complementando as normas penais imperfeitas, permissivas e incriminadoras, nos seus aspectos elementos normativos; subjetivos; tipos penais em branco; interpretação analógica, repercutindo no direito material e processual penal brasileiro. Por analogia, suas disposições poderão integrar o direito penal e processual penal permissivo.

3. LGPD NA PRÁTICA INVESTIGATIVA

Comentários: Como reflexões finais apresenta-se um conjunto de possibilidades de discussões que poderão surgir a partir da LGPD, com consequências práticas preliminares ao delegado de polícia e ao promotor de justiça, cuja interpretação alcançará todo o sistema de justiça e operadores do direito, magistrados e defensores.

Cadeia de Custódia: A Cadeia de Custódia, como rastreamento e controle de vestígios em suas etapas, conforme art. 158-B do Código de Processo Penal, nos precisos termos da Lei 13.964/2019 (Pacote Anticrime), à luz de uma interpretação constitucional de proteção de intimidade e privacidade, a partir de um conceito geral de microssistema, se assim poderíamos conceituar a LGPD, receberá importantes influxos normativos, conceituais ou mesmo legais que juntamente com a Portaria SENASP 82/2014 conduzirão a um rigor científico no tratamento adequado de dados digitais na investigação criminal.

Possibilidade de "Pedido de Emergência" (requisição para operadores e controladores nacionais): Rotineiramente o delegado de polícia requisita, sem ordem judicial, ao operador ou controlador internacional, nos termos de legislações alienígenas, por exemplo a Norte Americana, informações (sem conteúdo de dados obviamente) relativas a dados correlatos aos registros cadastrais brasileiros, como identificação de conexão *IP* (*internet protocol*) mas que eventualmente forneçam algo mais para a atividade de investigação e preservação do bem jurídico. Uma preparação para a consequente representação judicial para acesso ao conteúdo dos bancos de dados das principais empresas que, sem mencionar expressamente os nomes, estão situadas ou que mantém bancos de dados nos Estados Unidos, muitas operando no Brasil, com sua constante discussão sobre a localização real dos bancos de dados e sistemas, que não compete nestas linhas preliminares.

O certo é que motivos de perigo de morte, extorsão mediante sequestro ou atividades de pedofilia desafiam o conflito destas medidas que quando utilizadas adequadamente possibilitam a eficiência na investigação criminal.

Com efeito, a pergunta que se faz é, a partir da LGPD o denominado *pedido de emergência* internacional, de forma análoga pode ser utilizado no Brasil para requisição de âmbito doméstico, vale dizer, quando os bancos de dados estão localizados no território nacional? A resposta inicial, a depender do conteúdo obviamente é sim e a partir da compreensão da possibilidade de tratamento de dados pessoais para a proteção da vida ou da incolumidade física do titular ou de terceiro (art. 7º, inciso VII, da LGPD). Esse tormentoso tema rotineiramente utilizado no Brasil ainda é um não assunto no Processo Penal, mas é chegada a hora de inserir no campo da reflexão e de discussão, inclusive jurisprudencial acerca de sua existência e possibilidade, que defendemos, doravante, no ambiente doméstico, com a ressalva apenas de modulação quanto ao conteúdo, alcance e até que ponto a informação se transmutará para o campo probatório, com consequente carga de discussão acerta de prejuízo à defesa. Note-se, desde já que o pedido de emergência antes de mais nada tem por finalidade salvar vidas, salvar crianças, como nos diversos relatos de crianças resgatadas durante a prática criminosa e uma carga reduzida de produção probatória. A discussão está aberta.

Falso cadastros e LGPD: Conforme defendemos em capítulo de livro Tratado de Investigação Criminal Tecnológica, o falso cadastro de telefônico e de redes sociais interferem na privacidade (COSTA, p. 301), intimidade e até mesmo coloca em risco o direito fundamental de liberdade, isso porque a manipulação desses cadastros e o inadequado tratamento dos dados durante as investigações pode levar a prisão pessoas inocentes, como já ocorreu no Brasil. A questão que se coloca, a partir das conclusões daquele capítulo que se propõe, de *lege ferenda*, a criação de tipo penal específico e da responsabilidade penal dos falseadores. Aquelas conclusões são reafirmadas com a entrada em vigor da LGPD e da obrigatoriedade de aplicação da boa fé objetiva, inclusive quanto ao estabelecimento de critérios seguros de inserção de dados, sob pena de responsabilidade civil e criminal.

Acesso a aparelho celular, Consentimento e LGPD: Não há ilegalidade na perícia de aparelho de telefonia celular pela polícia, sem prévia autorização judicial, na hipótese em que seu proprietário - a vítima - foi morto, tendo o referido telefone sido entregue à autoridade policial por sua esposa(RHC 86.076-MT). Sem entrar na discussão acesso em nuvem do investigado, apresenta-se a hipótese de acesso, através de celular, a informações armazenas em nuvem, na hipótese de consentimento. Sem uma disposição legal expressa a apontar as formalidades para o acesso, mister analisar o que dispõe o Art. 7º da LGDP para finalidade diversa a criminal. O tratamento de dados pessoais somente poderá ser realizado mediante o fornecimento de consentimento pelo titular (inciso I). Ainda, o Art. 8º ao estabelecer que o consentimento previsto no inciso I do art. 7º desta Lei deverá ser fornecido por escrito ou por outro meio que demonstre a manifestação de vontade do titular e em seus parágrafos os requisitos – cláusula destacada das demais cláusulas contratuais; Cabe ao controlador o ônus da prova de que o consentimento foi obtido em conformidade com o disposto nesta Lei; o consentimento deverá referir-se a finalidades determinadas, e as autorizações genéricas para o tratamento de dados pessoais serão nulas; o consentimento pode ser revogado a qualquer momento mediante manifestação expressa do titular, por procedimento gratuito e facilitado, ratificados os tratamentos realizados sob amparo do consentimento anteriormente manifestado enquanto não houver requerimento de eliminação, nos termos do inciso VI do caput do art. 18 desta Lei. Não se está a afirmar que essas regras literalmente deverão ser utilizadas na persecução criminal, mas é um indicativo de como deverá se portar a autoridade policial caso conclua e nas hipóteses em que a própria jurisprudência do STF e STJ admitem o acesso mediante consentimento (RHC 86.076-MT[1]).

4. CONSIDERAÇÕES FINAIS

Considerações: A partir de reflexões iniciais, certamente será possível extrair importantes repercussões da LGPD ao sistema de justiça criminal brasileiro. O Brasil vivencia um momento em que a criminalidade de massa e organizada migrou de forma absolutamente consciente para dois ambientes de vulnerabilidades. O que denominamos de limo de atuação estatal interestadual e o ambiente virtual. O aprofundamento das pesquisas e estudos no segundo ambiente pode representar o primeiro importante passo para o controle da criminalidade virtual, desde que a LGPD receba o complemento na legislação criminal ("LGPD Penal") no momento oportuno, observando-se a adequação, a proporcionalidade e o princípio da intervenção mínima.

REFERENCIAL

BITENCOURT, Cezar Roberto. **Tratado de Direito Penal.** São Paulo, Saraiva, 2009. v. 1.

BRASIL. Presidência da República. Casa Civil. **Lei nº 8.078, de 11 de setembro de 1990.** Brasília, 1990.

Disponível em: < http://www.planalto.gov.br/ccivil_03/leis/l8078compilado.htm>. Acesso em: 23 ago. 2020.

BRASIL. Presidência da República. Casa Civil. **Lei nº 13.709, de 14 de agosto de 2018.** Brasília, 2018. Disponível em: < http://www.planalto.gov.br/ccivil_03/_ato2015-2018/2018/lei/L13709.htm>. Acesso em: 23 ago. 2020.

CONTELLI, Everson A. **Acesso à Justiça Criminal:** NECRIM's – Núcleos Especiais Criminais como alternativa Consensual, Restaurativa e Dialógica na Persecução Criminal. 2.Ed. Rio de Janeiro: Lumen Juris, 2019.

COSTA, Ilton Garcia da; CONTELLI, Everson Aparecido; PEDRÃO, Ramon Euclides Guarnieri. Terceiro inocente, chips de celular e o controle de cadastros telefônicos: tipos penais, eficiência da investigação criminal e estudos de casos. In: JORGE, Higor Vinicius Nogueira. **TRATADO DE INVESTIGAÇÃO CRIMINAL TECNOLÓGICA**. Salvador: Jus Podivm, 2020. Cap. 493. p. 1-493.

CUNHA, Rogério Sanches. **Pacote Anticrime.** Lei 13.964/2019 – Comentários às alterações no CP, CPP e LEP. São Paulo: Editora Juspodivm, 2020.

PINHEIRO, Patrícia Peck. **Proteção de Dados Pessoais.** Comentários à Lei 13.709/2018 (LGPD). São Paulo: Editora Saraiva, 2020.

1. STJ. 6ª Turma. RHC 86.076-MT, Rel. Min. Sebastião Reis Júnior, Rel. Acd. Min. Rogerio Schietti Cruz, julgado em 19/10/2017 (Info 617).

74

LEI DO BANCO NACIONAL DE PERFIS GENÉTICOS

Lei 12.654/2012

WAGNER MARTINS CARRASCO DE OLIVEIRA

1. CONSIDERAÇÕES INICIAIS

Visto como uma forma eficiente de identificação de pessoas, o perfil genético passou a ser considerado mais um excelente meio ao deslinde da autoria delitiva, que pode servir de maneira muito eficaz à investigação e à instrução criminal.

Para tanto, tornou-se necessário regulamentar a coleta, utilização e o armazenamento desse material biológico a fim de servir aos propósitos explicitados acima.

Destarte, o legislador criou a Lei 12.654/2012 (Lei do Banco Nacional de Perfis Genéticos), esta que trouxe alterações à Lei 12.037/2009 (Lei de Identificação Criminal) e à Lei 7.210/1984 (Lei de Execuções Penais). A partir daí, teríamos um regramento legal no que tange à coleta, armazenamento e utilização do material genético no âmbito criminal. Posteriormente, a fim de regulamentar os dispositivos da Lei 12.654/2012, foi editado o Decreto Federal 7.950/2013, este que instituiu, no âmbito do Ministério da Justiça e Segurança Pública, o Banco Nacional de Perfis Genéticos e a Rede Integrada de Bancos de Perfis Genéticos. Cabe complementar que, no ano de 2019, este decreto sofreu algumas alterações em virtude da edição do Decreto Federal 9.817/2019.

Recentemente, no ano de 2019, com o advento do denominado "pacote anticrime", a Lei 13.964/2019 revogou o artigo 7º-A da Lei de Identificação Criminal (Lei 12.037/2009), modificando as disposições que teriam sido incluídas naquela Lei, pela Lei do Banco Nacional de Perfis Genéticos. E ainda, a Lei 13.964/2019 acrescentou parágrafos ao artigo 9º-A da Lei de Execução Penal (Lei 7.210/1984), artigo este que já teria sido incluído na citada lei por força da Lei do Banco Nacional de Perfis Genéticos (Lei 12.654/2012).

Trataremos adiante acerca da Lei 12.654/2012, que é a Lei do Banco Nacional de Perfis Genéticos, e os aspectos que a norteiam.

2. ALTERAÇÕES DA LEI DO BANCO NACIONAL DE PERFIS GENÉTICOS (LEI 12.654/2012) E DO PACOTE ANTICRIME (LEI 13.964/2019) À LEI DE IDENTIFICAÇÃO CRIMINAL (LEI 12.037/2009), NO QUE CONCERNE AO BANCO NACIONAL DE PERFIS GENÉTICOS

> **Art. 1º O art. 5º da Lei nº 12.037, de 1º de outubro de 2009, passa a vigorar acrescido do seguinte parágrafo único:**
>
> **Art. 5º ....**
>
> **Parágrafo único. Na hipótese do inciso IV do art. 3º, a identificação criminal poderá incluir a coleta de material biológico para a obtenção do perfil genético." (NR)**

Comentários: este parágrafo único foi acrescido ao artigo 5º da Lei 12.037/2009, e incluiu à identificação criminal a coleta de material genético caso seja essencial às investigações criminais. Imprescindível para tanto que haja despacho do juiz de ofício ou atendendo representação da autoridade policial, requerimento do MP ou requerimento da defesa. Cabe estabelecer que o inciso IV do art. 3º da Lei de Identificação Criminal (Lei 12.037//2009) traz impropriamente a utilização do termo "representação" do Ministério Público e da defesa, já que, tecnicamente, o correto seria requerimento.

Para uma melhor compreensão, o *caput* do artigo 5º da Lei 12.037/2009 estabeleceu que a identificação criminal será composta de "processo datiloscópico" e "fotográfico"; ou seja, das impressões digitais e fotografia que comporão os autos do inquérito policial, da prisão em flagrante ou de outro tipo de investigação criminal. Além desses meios de identificação, o parágrafo único acrescentou "a coleta de material biológico para a obtenção do perfil genético", nos casos em que "a identificação criminal for essencial às investigações policiais"; neste caso, dependendo de despacho da autoridade judiciária competente, que tomará sua decisão de ofício ou atendendo representação da autoridade policial, requerimento do Ministério Público ou da defesa.

Art. 2º A Lei nº 12.037, de 1º de outubro de 2009, passou a vigorar acrescida dos seguintes artigos:

Art. 5º-A. Os dados relacionados à coleta do perfil genético deverão ser armazenados em banco de dados de perfis genéticos, gerenciado por unidade oficial de perícia criminal.

Comentários: Este artigo definiu o local de armazenamento dos dados relacionados à coleta do perfil genético, quer seja, o banco de dados de perfis genéticos. O Decreto Federal 7.950/2013, com as alterações impostas pelo Decreto Federal 9.817/2019, regulamenta esta disposição, estipulando que perito oficial federal que componha a unidade de perícia oficial do Ministério da Justiça e Segurança Pública, e cuja designação deva ser feita pelo Ministro da Justiça, devendo ser um servidor com experiência comprovada em genética, será o responsável por gerenciar o banco de dados do perfil genético.

> Art. 1º Ficam instituídos, no âmbito do Ministério da Justiça e Segurança Pública, o Banco Nacional de Perfis Genéticos e a Rede Integrada de Bancos de Perfis Genéticos. (Redação dada pelo decreto nº 9.817, de 2019).
>
> § 1º ...
>
> § 2º ...
>
> § 3º ...
>
> § 4º O Banco Nacional de Perfis Genéticos será instituído na unidade de perícia oficial do Ministério da Justiça e Segurança Pública e será administrado por perito criminal federal habilitado e com experiência comprovada em genética, designado pelo Ministro de Estado da Justiça e Segurança Pública..

§ 1º As informações genéticas contidas nos bancos de dados de perfis genéticos não poderão revelar traços somáticos ou comportamentais das pessoas, exceto determinação genética de gênero, consoante as normas constitucionais e internacionais sobre direitos humanos, genoma humano e dados genéticos.

Comentários: Este parágrafo estabelece vedações no que tange à revelação de traços somáticos ou comportamentais das pessoas.

§ 2º Os dados constantes dos bancos de dados de perfis genéticos terão caráter sigiloso, respondendo civil, penal e administrativamente aquele que permitir ou promover sua utilização para fins diversos dos previstos nesta Lei ou em decisão judicial.

Comentários: Foi estipulado que deverá ser mantido sigilo quanto aos dados armazenados. Caso esse sigilo seja violado, poderão os responsáveis responder civil, penal e administrativamente por isso. Ainda, dada a exclusividade de sua utilização para fins penais, também deverão ser responsabilizados todos que utilizarem esses dados para fins diversos.

§ 3º As informações obtidas a partir da coincidência de perfis genéticos deverão ser consignadas em laudo pericial firmado por perito oficial devidamente habilitado.

Comentários: Imaginemos a situação em que uma balaclava usada por um ladrão de bancos é encontrada na cena do crime, e esta é devidamente preservada e encaminhada à perícia, que na consecução de seu trabalho identifica a presença de fios de cabelos no interior do objeto, os recolhe e executa exames a fim de verificar o perfil genético do roubador. A partir dos dados armazenados no Banco de Dados de Perfis Genéticos, estabelece uma coincidência entre dado perfil armazenado e o estabelecido através da análise daquele fio de cabelo. Essa coincidência deverá constar de um laudo pericial redigido e assinado por perito oficial devidamente habilitado. Foi isso que estabeleceu referido parágrafo.

Art. 7º-A. A exclusão dos perfis genéticos dos bancos de dados ocorrerá no término do prazo estabelecido em lei para a prescrição do delito.

Comentários: A Lei 12.654/2012 inseriu à Lei de Identificações Criminais o dispositivo acima, que estabelecia que o banco de dados não se manteria ín-

tegro por tempo indeterminado. Cada um dos perfis seria mantido no banco de dados durante o tempo de prescrição do delito. Porém, poderíamos nos perguntar o seguinte: a qual delito está se referindo o legislador? Ficava evidente que o delito referido pelo legislador era aquele em decorrência do qual foi propiciada a coleta do material genético e consequente armazenamento do perfil genético no banco de dados. Entretanto, embora fosse possível considerar esse tempo como razoável, já que os crimes que admitem a coleta do material genético como identificação criminal (elencados acima) são delitos graves e seus prazos prescricionais são longínquos, nada obsta que após o tempo da prescrição desse delito o indivíduo venha praticar outro crime, e, assim sendo, não haverá possibilidade de comparação de possível material genético com os dados deste indivíduo que constavam no banco de dados genéticos, trazendo um prejuízo à elucidação de autorias delitivas. Com o advento do denominado "pacote anticrime" (Lei 13.964/2019) o artigo 7º-A da Lei de Identificação Criminal (Lei 12.037/2009) foi revogado, em virtude de lei posterior disciplinar sobre mesmo conteúdo, conforme se infere do artigo 12 do "pacote anticrime" (Lei 13.964/2019), transcrito *ipsis literis*:

Art. 12. A Lei nº 12.037, de 1º de outubro de 2009, passa a vigorar com as seguintes alterações:

Art. 7º-A. A exclusão dos perfis genéticos dos bancos de dados ocorrerá:

I - no caso de absolvição do acusado; ou

II - no caso de condenação do acusado, mediante requerimento, após decorridos 20 (vinte) anos do cumprimento da pena. (NR)

Comentários: O artigo 12-A da Lei 13.964/2019 alterou o artigo 7º-A da Lei de Identificação Criminal (Lei 12.037/2009) e elencou em seus respectivos incisos duas hipóteses de exclusão dos perfis genéticos do banco de dados. A primeira delas dá-se no caso de absolvição do acusado. A segunda ocorre após decorridos 20 anos do cumprimento da pena para o condenado e desde que haja requerimento. Poder-se-ia perguntar se a morte do agente não poderia possibilitar a exclusão de seu perfil genético do banco de dados? A lei nada trata a respeito, mas levando-se em conta a busca da verdade real, premissa do processo penal, acertou o legislador em não prever que se exclua o perfil genético desse indivíduo em virtude da sua morte. Pois, ainda que não seja punido devido à extinção da punibilidade pela morte do agente, pode ele ser considerado o autor de um delito pretérito ao seu falecimento, estabelecendo-se a verdade real naquela circunstância, e, ainda, evitando a identificação injusta de autoria delitiva. Portanto, deixou de ser parâmetro para exclusão dos perfis genéticos do banco de dados o prazo prescricional, tal como era disciplinado antes dessa alteração e mencionado acima.

Art. 7º-B. A identificação do perfil genético será armazenada em banco de dados sigiloso, conforme regulamento a ser expedido pelo Poder Executivo.

Comentários: Ficará a cargo do denominado comitê gestor a tarefa de padronizar e determinar as técnicas de coleta e análise de material genético, de inclusão, armazenamento e manutenção dos perfis genéticos nos bancos de dados. O Decreto 7.950/2013 criou a Rede Integrada de Bancos de Perfis Genéticos com a finalidade de propiciar o compartilhamento e comparação de perfis genéticos constantes dos bancos de dados da União, dos Estados e do Distrito Federal. A Rede Integrada pertence ao Ministério da Justiça e Segurança Pública. O citado decreto, com alterações promovidas pelo Decreto Federal 9.817/2019, criou e regulamentou a composição, atribuições e funcionamento do comitê gestor, que se encontra inserto na Rede Integrada de Bancos de Perfis Genéticos. O comitê gestor possui grande importância em todo esse processo de coleta e armazenamento de perfis genéticos, pois tem dentre suas incumbências a coordenação das ações dos órgãos gerenciadores de banco de dados de perfis genéticos e a integração dos dados nos âmbitos da União, dos estados e do Distrito Federal.

3. ALTERAÇÕES DA LEI DO BANCO NACIONAL DE PERFIS GENÉTICOS (LEI 12.654/2012) E DO PACOTE ANTICRIME (LEI 13.964/2019 À LEI DE EXECUÇÕES PENAIS (LEI 7.210/1984), NO QUE CONCERNE AO BANCO NACIONAL DE PERFIS GENÉTICOS

Art. 3º A Lei nº 7.210, de 11 de julho de 1984 - Lei de Execução Penal-, passa a vigorar acrescida do seguinte art. 9º-A:

Art. 9º-A. O condenado por crime doloso praticado com violência grave contra a pessoa, bem como por crime contra a vida, contra a liberdade sexual ou por crime sexual contra vulnerável, será submetido, obrigatoriamente, à identificação do perfil genético, mediante extração de DNA (ácido desoxirribonucleico), por técnica adequada e indolor, por ocasião do ingresso no estabelecimento prisional.

Comentários: Interpretando o que foi estabelecido na redação desse artigo, o legislador suprimiu do rol de obrigatoriedade à identificação do perfil genético, àqueles que cometam qualquer crime hediondo ou assemelhado, exceto os que sejam praticados dolosamente com violências grave contra a pessoa, crimes contra a vida, contra a liberdade sexual ou crime sexual praticado em desfavor de vulnerável. O artigo 9º-A, antes da nova redação, previa, expressamente, que os condenados por Crime Hediondo previsto no art. 1º da Lei 8.072/1990 seriam submetidos, obrigatoriamente, à identificação do perfil genético.

Segundo nossa interpretação, quando o legislador estabeleceu que os condenados por crime praticado dolosamente com violência de natureza grave contra pessoa devam ser submetidos à identificação do perfil genético, entendemos que a utilização do termo "violência grave" não foi bem empregada pelo legislador, pois diversamente do que ocorre nos crimes de lesão corporal, em que o legislador elencou quais seriam as lesões corporais graves e as gravíssimas, em vários crimes praticados com violência à pessoa, como por exemplo o roubo, não há uma gradação dessa violência, visto que compõe elemento essencial do crime; portanto, bastaria ao legislador ter empregado tão somente o termo "violência", pois se falamos em violência, estamos tratando de algo grave.

O meio de extração do DNA será feito, segundo disciplina o artigo, com utilização de técnica adequada e indolor.

É importante citar a previsão constitucional do artigo 5º, inciso LVIII, segundo a qual "o civilmente identificado não será submetido à identificação criminal, salvo nas hipóteses previstas em lei". Portanto, a própria constituição possibilitou que lei infraconstitucional trouxesse previsão acerca da identificação criminal.

Assim, o legislador estabeleceu essas hipóteses de identificação criminal através da Lei 12.037/2009, inclusive com as alterações da Lei 12.654/2012 e da Lei 13.964/2019.

Considero o banco de dados de perfil genético excelente fonte de produção de provas no processo penal e à investigação, e que auxilia de forma significativa, de maneira que não seja feita injustiça em condenações, condenando um indivíduo em lugar de outro.

Surgiram discussões acerca da constitucionalidade da Lei 12.654/2012, em especial, no que tange ao artigo 9º-A da Lei de Execuções Penais, cujos defensores da inconstitucionalidade desta tecem seus argumentos pautando-se na violação dos seguintes princípios: a) no princípio constitucional de que ninguém é obrigado a produzir prova contra si mesmo ou princípio da não autoincriminação (*nemotenetur se detegere*); b) no princípio da proteção à integridade física; c) no princípio da proibição de violação à intimidade; d) no princípio da igualdade. Entendemos que não há o que se aventar quanto à inconstitucionalidade da Lei 12.654/2012 e do artigo 9º-A Lei de Execuções Penais. Não existe violação aos princípios acima, pelas seguintes razões: a) a Lei em comento não ofende o princípio da autoincriminação, pois a coleta do material genético se dará após a condenação; b) não há infringência ao princípio da proteção à integridade física, pois os métodos utilizados para a coleta do material genético não são invasivos ao ponto de termos reconhecida essa violação; c) não é plausível discutir a violação à intimidade, em especial, a violação à intimidade genética, pois além dos critérios e do sigilo estabelecidos legalmente, com relação a todos o procedimento de coleta e armazenamento, nenhum princípio tem caráter absoluto, portanto, nesse contexto, a segurança pública, a segurança jurídica e a justiça se sobrepõe ao princípio da intimidade; d) não deve ser levado em conta o argumento de que existe a violação ao princípio da igualdade, justificando que apenas alguns criminosos teriam seu material genético coletado, enquanto outros não, pois o princípio da igualdade nada mais é do que tratar os iguais de maneira igual e os desiguais de maneira desigual, sendo que o legislador elencou quais os tipos de criminosos devem fornecer seu material genético para compor o Banco de Dados, e além disso, o interesse social no esclarecimento do crime deve se sobrepor à igualdade, nesse contexto.

Convém citar decisão do Supremo Tribunal Federal acerca do assunto:

> Repercussão geral. Recurso Extraordinário. Direitos fundamentais. Penal. Processo Penal. 2. A Lei 12.654/12 introduziu a coleta de material biológico para a obtenção do perfil genético, na execução penal por crimes violentos ou por crimes hediondos (Lei 7.210/84, art. 9-A). Os limites dos poderes do Estado de colher material biológico de suspeitos ou condenados por crimes, de traçar o respectivo perfil genético, de armazenar os perfis em bancos de dados e de fazer uso dessas informações são objeto de discussão nos diversos sistemas jurídicos. Possível violação a direitos da personalidade e da prerrogativa de não se autoincriminar – art. 1º, III, art. 5º, X, LIV e LXIII, da CF.

3. Tem repercussão geral a alegação de inconstitucionalidade do art. 9-A da Lei 7.210/84, introduzido pela Lei 12.654/12, que prevê a identificação e o armazenamento de perfis genéticos de condenados por crimes violentos ou por crimes hediondos. 4. Repercussão geral em recurso extraordinário reconhecida.

Decisão: O Tribunal, por unanimidade, reputou constitucional a questão. O Tribunal, por unanimidade, reconheceu a existência de repercussão geral da questão constitucional suscitada (STF RG RE 973837 MG, Relator: Min. Gilmar Mendes, Data de Julgamento: 23/06/2016, Tribunal Pleno – meio eletrônico, Data de Publicação: DJe 217, 11/10/2016).

Convém mencionar, que em 19 de abril de 2021, o Congresso Nacional derrubou o veto presidencial ao caput do art. 9-A. Destarte, a "derrubada do veto" alterará o texto legal do dispositivo em comento, que conterá a seguinte redação:

§ 1º A identificação do perfil genético será armazenada em banco de dados sigiloso, conforme regulamento a ser expedido pelo Poder Executivo.

Ao Poder Executivo incumbirá a regulação quanto ao armazenamento da identificação por perfil genético, devendo este banco de dados ser sigiloso.

§ 2º A autoridade policial, federal ou estadual, poderá requerer ao juiz competente, no caso de inquérito instaurado, o acesso ao banco de dados de identificação de perfil genético.

Vimos acima que o banco de dados de identificação do perfil genético será sigiloso, sendo facultado ao juiz competente, obedecendo aos critérios de discricionariedade e livre convencimento o seu acesso a esse banco de dados. Este parágrafo estabeleceu expressamente que são legitimados a requerer ao juiz o acesso a referido banco de dados tanto o Delegado da Polícia Federal quanto o Delegado das polícias estaduais, desde que esteja procedendo uma investigação e haja um inquérito policial instaurado.

O parágrafo em comento não explicitou a possibilidade do juiz, *exoficio*, buscar informações junto ao banco de dados de identificação genética, nem tampouco possibilitou ao Promotor de Justiça (Federal ou Estadual) buscar esse acesso do juiz por meio de requerimento.

Ainda, o dispositivo legal eliminou que esse acesso seja feito em outro meio de investigação que não o inquérito policial.

Nucci critica as restrições impostas e defende a não persistência destas, entendendo que tanto o Ministério Público pode requerer ao juiz o acesso ao banco de dados como também a autoridade judiciária pode acessá-lo de ofício. Além disso, o brilhante autor também defende sua utilização em outras formas legitimas de investigação:

> Segundo cremos, essa estreiteza não pode permanecer. Em primeiro lugar, o magistrado pode, de ofício, acessar tais dados para garantir a perfeita identificação de acusado em processo sob sua apreciação. Afinal, é ele o destinatário da prova produzida, cabendo-lhe formar a sua convicção como bem quiser, dentro da legalidade. Em segundo, o Ministério Público, podendo requisitar diligências da autoridade policial, certamente tem legitimidade para se dirigir, diretamente, ao magistrado, solicitando acesso ao banco de dados de perfil genético, desde que se trate de investigação criminal legitimamente instaurada. (2019, p. 207)

Em 2019, o "pacote anticrime" (Lei 13.964/2019), modificou o artigo 9º-A da Lei de Execução Penal, mantendo *seu caput*, §1º e 2º, mas acrescentando outros parágrafos. Foram incluídos: §1º-A; §3º; §4º e § 8º, já que os parágrafos 5º, 6º e 7º sofreram veto. Assim, o artigo 9º-A passou a ter as seguintes alterações;cabendo ainda estabelecer que houve uma tentativa de alteração no próprio *caput* do artigo, que também foi vetado, permanecendo intacto o que foi disposto anteriormente.

Art. 4º A Lei nº 7.210, de 11 de julho de 1984 (Lei de Execução Penal), passa a vigorar com as seguintes alterações:

Art. 9º-A. O condenado por crime doloso praticado com violência grave contra a pessoa, bem como por crime contra a vida, contra a liberdade sexual ou por crime sexual contra vulnerável, será submetido, obrigatoriamente, à identificação do perfil genético, mediante extração de DNA (ácido desoxirribonucleico), por técnica adequada e indolor, por ocasião do ingresso no estabelecimento prisional.

§ 1º-A. A regulamentação deverá fazer constar garantias mínimas de proteção de dados genéticos, observando as melhores práticas da genética forense.

Comentários: Esta regulação encontra-se nos Decretos Federais 7.950/2013 e 9.817/2019. Aqui temos uma alusão implícita ao princípio da eficiência que rege o direito administrativo. Decerto que o legislador nem precisava ter disciplinado isso, já que é obrigação da administração pública agir de forma eficiente, e nisso inclui-se adotar os melhores métodos e as maneiras mais eficazes de realização de qualquer atividade. Não seria diferente no que tange ao banco de dados de perfis genéticos.

§ 3º Deve ser viabilizado ao titular de dados genéticos o acesso aos seus dados constantes nos bancos de perfis genéticos, bem como a todos os documentos da cadeia de custódia que gerou esse dado, de maneira que possa ser contraditado pela defesa.

Comentários: O legislador tomou o cuidado de expressar a possibilidade de acesso do titular dos dados genéticos que esteja armazenado no banco de dados de perfil genético. Com isso, deu garantias a esse titular para que possa utilizá-lo como bem entender em sua defesa. É uma importante disposição, já que garante a lisura e transparência do processo e dirime equívocos e ilações que advenham no curso do processo. Ainda, não é impossível que haja uma falha humana nesse processo e inviabilize a prova, e, assim sendo, também possibilita à defesa do acusado estabelecer a justiça quanto à imputação da autoria delitiva.

§ 4º O condenado pelos crimes previstos no *caput* deste artigo que não tiver sido submetido à identificação do perfil genético por ocasião do ingresso no estabelecimento prisional deverá ser submetido ao procedimento durante o cumprimento da pena.

Comentários: Nesse parágrafo o legislador tomou o cuidado de estabelecer um outro momento à coleta e identificação do perfil genético. Aqui, o legislador acautelou-se de eventual impossibilidade de sua realização quando do ingresso do preso no estabelecimento prisional, possibilitando proceder à identificação do perfil genético enquanto este estiver cumprindo sua pena.

§ 5º A amostra biológica coletada só poderá ser utilizada para o único e exclusivo fim de permitir a identificação pelo perfil genético, não estando autorizadas as práticas de fenotipagem genética ou de busca domiciliar.

Esse parágrafo, simplesmente definiu a finalidade exclusiva da utilização da amostra coletada, quer seja a identificação do perfil genético.

§ 6º Uma vez identificado o perfil genético, a amostra biológica recolhida nos termos do caput deste artigo deverá ser correta e imediatamente descartada, de maneira a impedir a sua utilização para qualquer outro fim.

No mesmo sentido do parágrafo anterior, fica evidente a exclusividade da utilização da amostra biológica recolhido, e expressamente determina ainda, seu descarte, com o fito de não possibilitar qualquer outra forma de utilização.

§ 7º A coleta da amostra biológica e a elaboração do respectivo laudo serão realizadas por perito oficial.

Com este, estabelece-se a necessidade da coleta da amostra e do laudo serem elaborados por perito oficial.

§ 8º Constitui falta grave a recusa do condenado em submeter-se ao procedimento de identificação do perfil genético. (NR)

"Art. 50. ...

VIII - recusar submeter-se ao procedimento de identificação do perfil genético.

Comentários: Tanto no § 8º do artigo 9º-A quanto no inciso VIII do artigo 50, ambos incluídos pela Lei 13.964/2019, o legislador considerou falta grave a recusa a submissão ao procedimento de identificação do perfil genético. Praticamente as disposições constantes em ambos se repetem, portanto entendemos que seria desnecessário o texto do § 8º, visto que os incisos do artigo 50 da Lei de Execuções Penais elencam as faltas graves que podem ser praticadas.

REFERÊNCIAS

ANDREUCCI, Ricardo Antonio. *Legislação Penal Especial*. 8. ed. São Paulo: Saraiva, 2011.

CAPEZ, Fernando. *Curso de Direito Penal*: Legislação Penal Especial. São Paulo: Saraiva, 2012. v. 4.

DELMANTO, Roberto; DELMANTO JUNIOR,Roberto; ALMEIDA, Fabio M. de.*Leis penais especiais comentadas*. 2. ed. São Paulo: Editora Saraiva, 2014.

GANDELMAN, Henrique. *O que você precisa saber sobre Direitos Autorais*. Rio de Janeiro: Ed. Senac Nacional, 2004.

NUCCI, Guilherme de Souza. *Leis penais e processuais penais comentadas*. 2.ed. Rio de Janeiro: Editora Revista dos Tribunais, 2007.

NUCCI, Guilherme de Souza. *Leis penais e processuais penais comentadas*. 12. ed.Rio de Janeiro: Forense, 2019.

RAMOS, André Luiz Santa Cruz e Guterres, Thiago Martins. *Lei de Propriedade Industrial comentada*. Salvador: Ed. JusPodivm, 2016.